中国园林鉴赏辞典

上册

陈从周 —— 主编
刘天华 —— 执行主编
姜汉椿 —— 副主编

华东师范大学出版社
·上海·

图书在版编目(CIP)数据

中国园林鉴赏辞典/陈从周主编;姜汉椿副主编.—上海:华东师范大学出版社,2022
ISBN 978-7-5760-2828-7

Ⅰ.①中… Ⅱ.①陈…②姜… Ⅲ.①园林-鉴赏-中国-词典 Ⅳ.①K928.73-61

中国版本图书馆 CIP 数据核字(2022)第 104978 号

中国园林鉴赏辞典

主　　编	陈从周
执行主编	刘天华
副 主 编	姜汉椿
策划编辑	许　静
责任编辑	乔　健
特约审读	韩　蓉
责任校对	王丽平　陈　易　时东明　杨婷婷
装帧设计	姚　荣

出版发行	华东师范大学出版社
社　　址	上海市中山北路 3663 号　邮编 200062
网　　址	www.ecnupress.com.cn
电　　话	021-60821666　行政传真 021-62572105
客服电话	021-62865537　门市(邮购)电话 021-62869887
地　　址	上海市中山北路 3663 号华东师范大学校内先锋路口
网　　店	http://hdsdcbs.tmall.com

印 刷 者	上海中华商务联合印刷有限公司
开　　本	889 毫米×1194 毫米　1/32
印　　张	42.25
字　　数	1461 千字
版　　次	2024 年 1 月第 1 版
印　　次	2024 年 1 月第 1 次
书　　号	ISBN 978-7-5760-2828-7
定　　价	298.00 元

出版人　王　焰

(如发现本版图书有印订质量问题,请寄回本社客服中心调换或电话 021-62865537 联系)

《中国园林鉴赏辞典》编委会

主　　编　陈从周
执行主编　刘天华
副 主 编　姜汉椿
编　　委（按姓氏笔画排序）

王亚南	刘天华	李振宇	张小岗	张振宇	陆宏仁
郑士寿	姜汉椿	徐家和	曾永年	雍振华	蔡达峰

撰稿人（按姓氏笔画排序）

万　平	王　乐	王　爽	王亚南	王绍玺	王惠松
韦金笙	文　和	文　德	田建中	边玉龙	华　宁
庄裕光	刘　兴	刘　流	刘天华	刘天鸣	刘玉峰
刘如文	孙锡华	李　东	李　源	李子龙	李永棠
李振宇	李积慧	杨　洁	杨本源	杨永辉	杨赤子
杨连富	时　勇	何剑琤	沈　舟	沈文忠	沈以澄
沈玉才	宋广春	宋永纪	张　舟	张　科	张小岗
张建中	张振宇	张莲英	张晓春	张海鸥	张惠林
陆卫明	陆进祥	陆宏仁	陈　明	陈　晶	陈从周
陈伟军	陈星文	陈晶晶	邵迎进	茅永宽	罗抗迈
季士家	金荣生	周　岚	周文欣	周所贵	郑士寿
郑玉浦	郑彭龄	宗　和	房忙忙	项纯文	赵义元
赵光华	赵仲华	赵国庆	郝建荣	胡江萍	钟必凤
侯　旭	律永宽	施　众	姜　峻	姜汉椿	洪海雁
袁世文	夏泉生	徐　奎	徐伯元	徐家和	高义朋
高玉峰	郭玉安	郭坤聪	展树堂	黄有圣	曹　帆
梁　恒	彭金棣	程荣华	焦　莲	鲁安娜	曾永年
曾宪辉	雷　阳	雍来云	雍振华	蔡达峰	蔡曾煜
蔺永茂	廖庆和	魏贵祥			

序

　　园林立体画本也，予人以游，游必有导，导必有书，无书等园盲。故历来有文有诗，固人尽知者。园可游，游中有赏，解其美，赏其美，往往一言道破，史实景美之特点，游者从中得之，斯者真游园也。近华东师范大学出版社约予主持《中国园林鉴赏辞典》，实乃有心者也。予以病衰之体，勉为其难，约众同志，数易寒暑，草成此书，为游园者所作之功尚矣。书可为导游，可作卧游，人手一册，在家可读，入园可作导游，助人实多。半生湖海，日步名园，今见是书，欢喜无量，读毕，为序数语，以告读者，读者当不以予言非也。梅雨江南，花飞春尽，梓园岑寂，梓翁书此。

陈从周　甲戌四月

中国的园林艺术与美学(代前言)

陈从周

我国的园林艺术源远流长,它涉及建筑,也涉及美学,同美学的关系很深。而建筑、园林毕竟是一个单独的学科,所以我只能从园林的角度,从建筑的角度,把自己学到的一点东西,与君略话。

自旅游事业兴起以来,世界上不少国家都在掀起一阵中国园林热。1979年我去美国纽约帮助筹建了一个中国园林,影响很大,深感那里的人士对我国园林推崇备至。

大家都知晓中国园林好、漂亮。到底好在哪里?为什么漂亮?这个问题同美学有关系,同情感有关系。过去我国有句话说"私订终身后花园,落难公子中状元"。为什么在后花园私订终身?为什么不在大门口私订终身?花园里有诗情画意,有情感。内因是根据,外因是条件,有这个条件就促进了他们的爱情。

对于中国人欣赏美的观点,我们只要稍微探讨一下,就不难看出,无论我们的文学、戏剧,还是我们的古典园林,都是重情感的抒发,突出一个"情"字。所以"私订终身后花园,落难公子中状元",他们就在这个花园里有了情。中国人讲道义,讲感情,讲义气,这都同情有关系。文学艺术如果脱离了感情的话,就很难谈了。中国人以情悟物,进而达到人格化。比如以园林里的石峰来说,中国园林里堆石峰,有的叫美人峰,有的叫狮子峰、五老峰,名称各异。其实它像不像狮子呢?并不像。像美人吗?也并不像。还讲它像什么五老。为什么有这么多名称?这是感情悟物,使狮子、石头人格化,欣赏的是它们的品格。而国外花园中的雕塑搞得很像很像,这就是各个国家、各个民族的审美习惯不同。中国人看东西,欣赏艺术往往带有自己的感情,要加入人的因素。比如,中国的花园建造有大量的建筑物,有廊柱、花厅、水榭、亭子,等等。我们知道一个园林里有建筑物,它就有了生活。有生活才有情感,有了情感,它才有诗情画意。"芳草有情,夕阳无语,雁横南浦,人倚西楼。"这里最关键是后面那句,"人倚西楼"。有楼就有人,有人就有情。有了人,景就同情发生了关系。所以中国园林以建筑为主,自有它的道理。原始森林是美,大自然风光也美,但大自然给人的美同人为的美在感情上就有区别。为什么过去中国造花园,必先造一个花厅？花厅可以接客,有了花厅以后,再围绕花厅造景,凿池栽树,堆叠假山。所以中国的风景区必然要点缀建筑物,以便于游览者行脚。比如泰山就有个十八盘。登泰山开始,先要游岱庙;到了泰山脚,还有一个岱宗坊,过了岱宗坊还有大红门;再到中天门,中天门上去才到南天门。在这个风景区也盖了大量的建筑物。这样步步加深,步步有景。所以中国的园林和风景区,同建筑有着极为密切的关系。从美学观点看就是同人发生关系,同生活发生关系,同人的感情发生关系。

中国的园林,它的诗情画意的产生,是中国园林美的反映。它同文学、戏剧、书画,是同一种感情不同形式的表现。比方说,明末清初的园林,同晚明的文学、书画、戏剧,是同一种思想感情,只是表现的形式不同。明末的计成,他既是园林家,也是画家。清朝的李渔也是园林家,又是一个戏剧家。中国文化是个大宝库,从这个宝库中可以产生出很多很多不同的学问来。而中国文化又不是孤立的,它们互相联系,互相感染。可以说中国园林是建筑、文学艺术等的综合体。

中国建园叫"构园",着重在"构"。有了"构"以后,就有了思想,就有了境界。"构"就牵涉到美学,所以构思很重要。中国好的园林就有构思,就有境界。王国维在《人间词话》中说,词要有境界,晏几道有晏几道的境界,李清照有李清照的境界。所以我就提出八个字:"园以景胜,景以园异。"面对众多慕名而来的国外游客,中国导游讲花园,却讲不出境界。外国人看这个花园有景,那个花园也有景,有什么不同？导游讲不出,他不懂得"园以景胜,景以园异"的道理。我们造园林有一条,就是同中求异。同中求不同,不同中求同,即所谓"有法而无式"。"法"是有的,但是"式"却没有,没有硬性规定。有许多人造园,就好像庸医,凡是发烧就用一个方子。如果烧不退,另外方子就拿不出来,这就说明他没有理论上的武装。有了园林的理论再去学习园林设计,那个园林才是好的。我们有些风景区所以搞不好,就是因为不懂园林美学,例如泰山造缆车。泰山,是国家统一、民族团结的象征,是我们国家的山、民族的山,是风景区,是国宝。要在那里搞个缆车,原则上讲不通。我们知道,旅游旅游,一个是旅,一个是游。旅要快,游要慢。国外旅游是旅的时间少,游的时间多。我们是登山唯恐不高,入山唯恐不深。你这个缆车一装以后,泰山就不高了,根本违反旅游原则。另一方面,人家一游就跑了,我们还有什么生意买卖可做呢？这叫愚蠢之极。日本的富士山是他们的国宝,他们就不造缆车。日本人到中国来做生意,要造缆车,他们算计得很精。如果我们在泰山装缆车就上当了,就得不偿失,就等于从上海到北京,坐上飞机一下子就到了,还搞什么旅游?

中国园林,各园都有不同的特点,不同的指导思想。做事情没有一个指导思想,就不能将事办好。比如上海最近搞绿化,都喜欢在围墙边种水杉。好啊!围墙是为了防盗,墙里种水杉正好方便了小偷。古园靠墙,只种芭蕉不种树,就是这个道理。所以中国造花园,首举立意。立意之后就要考虑如何得体。立意与得体是相关联的。造园要讲究得体,大花园有大花园的神韵,小花园有小花园的意味。苏州的狮子林,贝聿铭建筑大师去看了觉得不舒服,说这个花园是哪个修的,我说,你家的那个账房先生请来一些宁波匠人,宁波匠人造苏州花园,搞了一些大的亭子、大的桥,风格就不对,园林小而东西塞得多,这就不得体。苏州网师园有什么好?就是它得体,它园林小,亭子也造得小,廊子也造得小,看上去就很相称。所以,造园要因地制宜。

园林的立意,首先考虑一个"观"字。我曾经提出过"观",有静观,有动观。动与静,是相对的,世界上没有相对论,便没有辩证法,就不成其为世界。怎样确定这个园子以静态为主,或者以动观为主呢?这和园林的大小有关系。小园以静观为主,动观为辅。大园以动观为主,静观为辅,这是辩证法,园林里面的辩证法最多。这样一来得到什么结论呢?小园不觉其小,大园不觉其大,小园不觉其狭,大园不觉其旷,所以动观、静观有其密切关系。我们现在的画,展览会里的大幅画,是动观的画。这种大画挂到书房里,那就不得体了,书房画要耐看,宜静观。

动观、静观这原则要互相结合,要达到"奴役风月,左右游人"。什么叫"奴役风月"呢?就是我这个地方要它月亮来,就掘个水池,要它风来,就建个敞口的亭廊,这样风月就归我处置了。"左右游人",就是说设计好要他坐就坐,要他停就停,要他跑就跑。说句笑话:"叫他立正不稍息,叫他朝东不朝西,叫他吃干不吃稀。"这就涉及心理学、美学。要这样做,就要"引景"。杭州西湖,有两个塔,一个保俶塔在北山,一个雷峰塔在南山。后来雷峰塔塌了,所有的游人,全部往北部孤山、保俶塔去了。后来我提出,"雷峰塔圮后,南山之景全虚",南山风景没有了。这就是说没有一座建筑去"引"他了。所以说西湖只有半个西湖。北面西湖有游人,南面西湖无游人。我建议重建雷峰塔,以雷峰塔作引景,把人引过去。园林要有"引景"把游客"引"过去。所以,山峰上造个亭子,游客就会往上爬。"引景"之外呢,还有"点景"。景一"点",这样景就"显"了。所以,你看,西湖的北山,保俶塔一"点"以后,北山就"显"出来了。同样颐和园的佛香阁一"点"以后,万寿山也就"显"出来了。不懂得"引景",不晓得"点景",就不了解园林的画意。还有"借景",什么叫"借景"呢?"借景"就是把园外的景,组合到园内来。你看颐和园,如果没有外面的玉泉山和西山,这个颐和园就不生色了。一定要把园外的景物借进来。比方说,一座高房子,旁边隔壁有花园,透过窗户,人家的花园就同自己的花园一样;如果隔壁是工厂,就觉得不舒服。所以我们现在要讲环境美,这也要"借景"。还有呢?是"对景",使这个景同那个景相映成趣。

动观、静观、点景、引景、对景,总的还在于"因地制宜"。"因地制宜"也是个辩证法,就是根据客观的条件来巧妙安排,比如说:园林的凹地就因它的低,挖成池子,那面的高地,就再增加其高度堆积假山。这叫做因地制宜。我们造园,就要因地而造成"山麓园、平地园、市园、郊园"……山麓建的园,就要按山麓的地形来造园。

陕西骊山有个华清池,是杨贵妃洗澡的地方,它应该按山麓园布置高低。可是搞设计的那位大先生,却是法国留学生,他把地全部铲平,用法国图案式的设计,这样就不妥当了。所以说,"因地制宜"是相当重要的设计原则。造园先要懂得许多原则,而这些原则在美学上是什么理论呢?我个人的看法,就是真,真就是美。不真不美,例如堆山,完全能表现出石纹石质,那才是美的。树木参差也是美。人也如此,讲真话是美,讲假话不美。矫揉造作,两面派,包括建筑上的虚假性装饰,如西郊公园的水泥熊猫,城隍庙池子里搞的水泥鱼,就不美!现在搞水印木刻,唐伯虎的画,齐白石的画,风格几乎一样,毛病就是不真,它不是作者自己的表现,而是雕刻人的手法。我们园林艺术要"虽由人作,宛自天开",这就是"真"。外国有个建筑师说:"最好的建筑是地上生出来的,而不是上面加上去的。"这句话还是深刻中肯的。最好的园林确定哪里造一个亭子,哪里造几间廊子,这应该是天配地适,就是说早已安排好了的。这就是好建筑。最近对大观园争论很多,我讲,你们不要上曹雪芹的当呀!曹雪芹已经讲了,大观园洋洋大观,是夸张之词,对不对?硬拿着曹雪芹的《红楼梦》来设计大观园,一设计就要三百亩地呀!所以上次《红楼梦》大观园模型展览会上,我就这么讲:"红楼一梦真中假,大观园虚假幻真,欲究当年曹氏笔,莫凭世上说纷纭。"这就是《红楼梦》中大观园真中有假,假中有真。这个花园,有花园之意,无花园之实,它是一个园林艺术的综合品。所以,以虚的东西去求实的,就没意思!园林上的许多问题,不提到美学高度来分析,只停留在一个形式,这就是形式主义。中国园林具有中国的美学思想、文学艺术的境界。这个学问是边缘科学,涉及比较多的方面。一般说,我们看花园凡是得体的,都是比较好的;凡是矫揉造作的,就不是好花园。归根结底,是一个境界的问题。

我讲园林有法,而没有式,到底法是什么呢?因地制宜,动观静观,借景对景,引景点景,还有什么对比、均衡等许多手法。这许多手法,怎么具体灵活来运用它,看来简单,实际并不简单,说它不简单又简单,这如做和尚一样,有的人终身做和尚,做了一辈子,还没有"悟"道,不是真和尚。这有境界高低之分,园林艺术,对于设计的人来说是水平问题。计成讲过一句话:"三分匠七分主。"他说七分主,是主其事者,即负责设计的人。匠呢,是工作者。设计人境界高,花园就好。一本戏的好坏关键在导演。

中国园林艺术很巧妙,它运用了许多美学原理。就拿花木种植来讲,主要是求精,求精之外适当求多。先要讲姿态好,尤珍爱古树能入画,这才有艺术性,才能有提高。多而滥还不如少而精。中国人看花,看一朵两朵。外国人求多,要十朵几十朵。中国人看花重花之品德,外国人重色,中国人重香,这种香也要含蓄。有香而无香,无香而有香,如兰花,香幽。外国人的玫瑰花,香得厉害,刺激性重,这也是不同的欣赏习惯。

中国园林的好,在于求精不求滥。比如讲"小有亭台亦耐看","黄茅亭子小楼台,料理溪山煞费才"。黄茅亭子,设计得好,也是精品,并不是所有亭子造得金碧辉煌,才是好。"小有亭台亦耐看",着眼在个"耐"字。所以说要得体,恰如其分。

中国园林艺术是以少胜多。外国要几公顷造一花园,中国造园少而精。"少而精",这是艺术的概括和提炼。中国古代写文章精炼,五言绝句只有二十个字,写得好。现在剧本中为什么一些对白这么长呀!他不是去从古代剧本中吸收精华,所以废话特别多。你去看《玉簪记》,"琴挑"的对白多么好,一个男的(潘必正)在弹琴,弹的是《凤求凰》。女的(陈妙常)问他:"君方盛年,为何弹此无妻之曲?"回答是"小生实未有妻",他马上坦白交代。女的接着说:"也不干我事。"好!这三句话,调情说爱,统统有了。所以"精炼"这个手法是我们美学上、文艺理论上一个值得称道的手法。

园林中,美的亭台楼阁,可以入画,丑的也可以入画,如园林中的石峰,有清、丑、顽、拙等各种姿态,经过设计者的精心安排,均可以入画,这里就有"丑""美"的辩证关系。所以说园林艺术与中国古代美学思想、哲学思想有着紧密联系。有人喜欢游新园,这也是不在行。从前扬州人骂盐商,骂得好:"入门但闻油漆香"——

新房子；"箱中没有旧衣裳,堂上仕画时人古"——假古董；下面一句骂得凶,"坟上松柏三尺长"。我们现在有的花园"入园但闻油漆香,园中树木三尺长"。所以园林还要具备一定的历史,它太新也不好,要"适得其中",这个"中",在中国美学中很重要。孔子有言,"无过不及",不可做过头,要"得体","得体"者就是"中"。

园林中还有一个"还我自然"的问题。怎么叫"还我自然"？我们造花园,就要自然。自然是真,真就是美,我们欣赏风景区,就要欣赏它的自然。当然风景区并不是一个荒山,需要我们人工的点缀,这就涉及美学问题。什么样的风景区,就要加上什么样的建筑,当然包括点景、引景等许多原则。搞得好,它是烘云托月,把自然的景色烘托得更美。我们要"相地",要"观势"。从前的风水先生,他也要"观",要"相"呢。中国的名山大部分都有和尚庙,它也要"相地"也要"选址"。选地点,是有规律的,它是一个综合的研究。你看和尚庙,它选的地方一定有水,有日照,没有风。房子没有造,他先搭茅棚住在这里,住上一年之后,完全调查清楚之后才正式建造。所以天下名山僧占多。他要生活,又要安静,他就要有一个很好的地点。所以选地非常重要,不但庙的选址,有名的陵墓的选址,也是这样。比如南京的明孝陵,风不管多么大,跑到明孝陵便没有风。了不起啊！跑到中山陵则性命交关,风大得不得了。明孝陵望出去,隔江就是对景,中山陵就没有对景。所以过去好的坟墓,比如北京的十三陵,群山完全是抱起来的,因此选址很重要。

我主张风景区的建筑物,宜隐不宜显,宜低不宜高,宜麓不宜顶,宜散不宜聚。搞个大建筑,外国人来,喜欢住你这个高楼大厦么？风景区搞建筑,先把老的公认为优美的建筑修好,大的错误就不会犯。在设计的问题上,要研究历史,要到现场去,不看现址不行。不能割断历史,我们搞美学也不能割断中国的美学历史。不懂中国历史,又不了解今天,你不做历史的研究,不做一个调查,那就要犯错误。拿外国的当成神仙,会出笑话。你不明白中国美学体系,不明白中国美学特征,不明白中国人的思想感情,你拿洋的一套来论证,怎么行？我们要立足于本国,以其他做旁证。他山之石,可以攻玉。我们有中国的美学体系、中国的思想体系,中国之所以不亡,也在于此。所以要读中国历史,要读中国地理。如果不读中国历史,不读中国地理,将来就有亡国灭种的危险。

中国园林,除了建筑、绿化之外,还同中国的画、诗结合得很紧。画是纸上的,诗是文字上的,园林是具体的。把中国人的感情在具体的东西上体现出来,这就是中国园林了不起的地方。中国园林有许多是真山的概括,真山的局部,真山的一角。从山的局部能想象出整体,由真实的东西概括出简单的东西,这叫做提炼概括。一株树只看到一枝不看到整体,一个亭子只看到一角不看到整体。所以有"假山看脚,建筑看顶"的说法。此外,还有虚景。虚景就是风花雪月,随时间的转移而景有不同。春有春景,夏有夏景。中国园林是春夏秋冬、晦明风雨都可以游。说来说去就是要从局部见整体。你想要无所不包,结果是一无所包,你越想全就越走向不全。搞中国园林就得懂得这个道理。

除了上面说的以外,园林还要借用文学,比如亭子的命题之类,来说明风景好坏。大明湖是"四面荷花三面柳,一城山色半城湖"。这两句题诗就点出了大明湖的景致特点。所以园林的题词是点景。然而,苏州园林的一间外宾接待室挂了四件东西,一件是井冈山,一件南湖,一件延安,一件遵义。你这里是外宾招待所,还是纪念馆?还有苏州花园里挂桂林风景画,简直是笑话。园林还要用什么风景画来烘托。中国园林是综合艺术,中国的园林是从中国文学、中国画中得来的。如果一个园林经不起想象,这个园林就不成功了。一个人到了景色宜人的花园里就会想入非非,园林要使人觉得游一次不够以后还想来,这个园林就成功了。园林除了讲究一个树木姿态、假山层次、建筑高低之外,还讲究一个雅致问题。雅同审美有关系,同文化有关系。雅能养性,使人身处花园连烦恼都没有了。比如苏州网师园,我们游一次要半天,两个小青年五分钟就看完了。我有一次陪外宾,游半天,他们越看越有味道。有许多东西他们不理解,你一讲他明白了,也觉得有味道。真正对这个园林有所理解,才能把握美在哪里,这样的导游才能像我们老师一样做到循循善诱。

一个园林有一个园林的特征,代表了设计者的思想感情和境界。没有自己特征的园林就不好。一所好的花园要用美学观点去苦心经营设计,这里构思很重要,它体现了人的思想感情、思想境界,对游人产生陶冶性情的作用。园林是一个提高文化的地方,陶冶性情的地方,而不是吃喝玩乐的场所。园林是一首活的诗,一幅活的画,是一件活的艺术作品。

"游"也是一种艺术,有人会游,有人不会游。我问一些人:你们到苏州,那里的园林好吗?他们说:差不多,倒是天平山爬爬更有劲。为什么叫拙政园?他连"拙政园"三个字都不知道,他不懂得游。游要有层次,比如进网师园,就要一道一道进去看,现在它开了后门,让游人从后门进去,就是不懂这个道理,因为他不了解园林以及古代生活情况、起居情况。

造园难,品园也难,品园之后才能知道它的好与坏在哪里。1958年,苏州网师园修好以后,邀我去,一看不行,有些东西搞错了。比如网师园有个简单的道理,这边假山那边建筑,这边建筑那边假山,它们位置是交叉的。现在西部修成这一边相对假山,那一边相对建筑,把原来的设计原则搞错了。园林上有许多原则,其实很简单,就是要处理好调配关系。所以能品园才能游园,能游园就能造园。现在造花园像卖拼盆,不像艺术建筑,这就是缺少文化,没有美学修养。比如我们看画,这幅是唐伯虎的,那幅是祝枝山的,要弄清它的"娘家"。任何东西都有个来龙去脉,有个根据。做学问要有所本,营建园林也要有所本。另外,我国古典园林是代表了它那个时代的面貌、时代的精神、时代的文化,这同美学的关系也很大。要全面研究园林艺术,美学工作者的责任也相当重。

(本文文字略有删改)

编写说明

我国有着五千年的文明史。"名园依绿水,野竹上青霄",唐代大诗人杜甫这两句诗中所描绘的园林佳景,在我国不可胜数。在漫长的发展过程中,园林与诗文、绘画等艺术紧密结合,互相影响,形成了颇具特色的、富有诗情画意的中国园林,其在世界艺术史上独树一帜,享有很高的声誉。为了适应近年来国内旅游和文化事业的发展,为了推动全社会审美水准的提高,我们在著名园林专家陈从周教授的主持下,编纂了这本信息量较大、条目较全、图文并茂的《中国园林鉴赏辞典》。

本辞典按内容可分为两部分,其中"私家园林""皇家园林""纪念园林""寺庙园林""名胜园林"这五辑约占总篇幅的五分之四,重点介绍国内现存园林及园内主要景点;"品园杂识"约占总篇幅的五分之一,系统介绍中国园林的文化内涵及品园的相关知识。

"私家园林"等五辑条目收编标准有如下三条:1.由于本辞典内容是关于中国园林审美鉴赏的,因此,近代建造的受西方造园艺术影响较大的各类园林,如城市公园,动物、植物园等均不收录。2.传统的名山胜水风景区从宏观上讲也是我国园林艺术的一部分,但它们占地较大,又远离城市,且多以自然山水林泉风貌为观赏主题,为了突出本辞典的艺术鉴赏性,对此一般也不收。本书所收的名胜园林仅指那些离城市较近的,又结合农田水利建设,经过艺术家全面规划整饬的山水名胜园林,如杭州西湖、扬州瘦西湖等。3.中国名园从古到今数量极多,本书所收以现在基本保留完好的为主,有些园林虽已毁(如北京圆明园),但遗址尚存,且影响很大,也酌情收入,对于最近兴建的仿古典式园林,以营造精良、构思新颖,且具有较高历史文化价值者入选。在设计本辞典的总体框架时,我们对上篇条目的分类有过反复周详的考虑:为了方便人们旅游揽胜时查阅,开始曾设想按行政区划来排列,但这样往往使各种不同性质的园林混杂在一起,忽略了园林的艺术特征,不利于系统地鉴赏分析。我国古典园林常常因为其服务对象的不同而出现各异的风貌,因而园林史的研究主要亦以园林的使用性质来分类。从艺术性及鉴赏性考虑,我们决定将条目分成五大部分,依序排列即私家园林、皇家园林、纪念园林、寺庙园林、名胜园林。

就我国现有的传统园林而言,私家园林留存最多,分布亦最广,艺术水准也相对较高。在古代,园林营造实际上是较为大众性的环境美化活动,无论在城市还是在乡村,无论是官僚还是百姓,都会在宅旁屋后栽花点石,构筑小景。有的地方官员在任上所居衙署,虽不是私家邸宅,但在某一时期内,亦为家庭使用,此类衙署官府花园,姑且归属本类。另外在皖南丘陵地区,山水风光秀丽,百姓对花园甚为钟爱,有些村落小镇的居民并不重视各家小花园的营建,而是注重村落整体花园环境的建设,这类园林化的村落颇具特色,从严格意义上讲,它们不能算作私家花园,但其服务对象还是村中每家每户,本辞典依然将其归入第一类中。

皇家园林泛指那些为皇帝及朝廷使用的花园,它们小的仅是宫内一隅,大的山水苑囿可达数千万亩,规模相差悬殊。还有一些专供帝王祭天祭祖的园林,按往常将其归入坛庙园林,它们数量不多,同时其景观特色及风格与一般皇家园林亦相差无几,本辞典将它们一并归入皇家园林。

纪念园林这一名词的使用是鉴于如下考虑:在古典园林分类上,有部分园林很难准确归入其他类中。如以彰扬某历史名人遗迹为主的园林,纪念古代先贤高士的园林,以及墓园、祠堂园地等,但它们有一个共同的特点,即均有强烈的纪念意义、常与历史上某一名人或重大事迹相关,故本辞典将其集中在一起,并冠以纪念园林之名。

寺庙园林是指那些附属于宗教寺庙的园林。我国宗教除了道教外,均从国外传入。其中佛教自东汉就传入本土,对我国传统文化产生了极其深远的影响。本辞典的寺庙园林条目,主要收入佛教寺院及道教宫观的园林。清真寺也有我国传统形式的,如明代营建的西安化觉寺等,它们也有自己的园林,但因为这些园林往往比较规正,受伊斯兰教影响较大,本辞典没有收入。

名胜园林主要指紧邻城镇,百姓经常能去游览的山水风景名胜地,如杭州西湖、扬州瘦西湖等。它们一般均有真山真水,地域较大,没有明确的界限范围,是古代大众游玩的好去处。名胜园林还包括那些以某一名胜古迹为观赏主题的城市园林,如南昌的滕王阁、武汉的黄鹤楼等。这些名楼具有极为丰富的文化内涵,本身就是古迹名胜。当初建造这些景点,主要是为了观赏四周的自然景色。

需要说明的是,园林艺术上的任何一种分类方法都不是绝对的,各类之间不可能有一个恒定的分界线。有许多园林既具有名胜园林的特点,又有很强的纪念意义;有些园林是完全按私家园林风格来建造的,但却为寺庙所拥有,允许寻常人入内游览,带有某种公共园林的性质。因此本辞典这五辑亦只是一种相对的、较为适合艺术鉴赏的划分。

由于现存各类园林的分布很不平衡,如私家园林大多集中在长江三角洲的江浙两省,皇家园林则集中在北京与河北省。因此本辞典名园鉴赏类的分类条目不按以北京为中心的行政区划排列,而是按该类园林留存的数量、知名度及观赏性来确定大致的次序,然后按地区作相对集中的排列。这些条目主要由各地的园林工作者提供稿件。

"品园杂识"条目的撰写基于如下考虑:我国传统园林是一种综合艺术,非仅土木绿化之事,不少古园建造年代久远,或者出于某一大家之手,要全面欣赏把握它们的美景必须具备一定的历史背景知识及审美能力。因此"品园杂识"较全面地介绍了我国园林艺术的历史发展,各时期各朝代园林的不同特点,历代著名造园家、重要园林论著及园林文学瑰丽篇章。为了提高读者对园林具体景致的品评能力,还介绍了中国传统的造园理论,园林构成要素,各种景物诸如假山石峰、溪流池塘、林木花草、亭台楼阁甚至风花雪月等虚景的艺术特征和鉴赏方法。

中国园林鉴赏讲究意境,讲究内在的审美体验与外在的美丽景色相沟通、融合,讲究"以情悟物"和"以情看景"。这就必须了解园林同古典诗文艺术、绘画雕刻艺术,甚至与戏曲音乐艺术的关系。在漫长的历史发展中,我国传统艺术的表现主题常常是相通的,园林中有诗情画意,绘画中有园林美景,诗中文中也常常描绘园林,三者互相影响、相得益彰。因此"品园杂识"还专门介绍了园林与诗文、绘画及音乐、戏曲的关系。

在古代士大夫知识分子的闲情文化中,除了园林文化之外,还有酒文化、茶文化,因此"品园杂识"条目最后也简要介绍了园林与茶、酒的关系。

"品园杂识"条目主要约请从事中国园林艺术研究的学者撰写,以体现当前国内园林审美研究的水准,条目行文尽量做到科学性、知识性与趣味性相结合,以满足中等以上文化水平的园林爱好者的需要。

正文后附有较为详细的中国园林历史大事年表,以备查。

刘天华

目录

上 册

序　陈从周 / 1
中国的园林艺术与美学（代前言）　陈从周 / 1
编写说明　刘天华 / 1

私家园林

私家园林概述 / 2

拙政园 / 4
　兰雪堂 / 6
　涵青亭 / 7
　芙蓉榭 / 7
　天泉亭 / 7
　秫香馆 / 7
　放眼亭 / 8
　腰门 / 8
　文徵明手植紫藤 / 9
　远香堂 / 9
　枇杷园 / 10
　嘉实亭 / 11
　玲珑馆 / 11
　绣绮亭 / 11
　听雨轩 / 12
　海棠春坞 / 12
　倚虹亭 / 12
　梧竹幽居 / 13
　绿漪亭 / 13
　雪香云蔚亭 / 13
　待霜亭 / 14
　荷风四面亭 / 14
　倚玉轩 / 15
　小飞虹 / 15
　得真亭 / 15
　听松风处 / 16
　小沧浪 / 16
　志清意远 / 17
　香洲 / 17
　玉兰堂 / 18
　见山楼 / 18
　柳阴路曲 / 19
　别有洞天 / 19
　卅六鸳鸯馆 / 20
　十八曼陀罗花馆 / 20
　宜两亭 / 21
　拜文揖沈之斋 / 21
　浮翠阁 / 22
　与谁同坐轩 / 22
　留听阁 / 22
　塔影亭 / 23

留园 / 23
　园门 / 25
　古木交柯 / 25
　华步小筑 / 25
　绿荫轩 / 26
　明瑟楼 / 26
　涵碧山房 / 26
　闻木樨香轩 / 26
　可亭 / 27
　远翠阁 / 27
　小蓬莱 / 27

濠濮亭 / 27
曲溪楼 / 27
西楼 / 28
清风池馆 / 28
五峰仙馆 / 28
汲古得绠处 / 29
鹤所 / 29
石林小院 / 29
还我读书处 / 30
东园一角 / 30
林泉耆硕之馆 / 30
冠云峰　瑞云峰
　岫云峰 / 31
浣云沼 / 31
冠云台　冠云亭 / 31
冠云楼 / 31
伫云庵　亦不二亭 / 32
佳晴喜雨快雪之亭 / 32
又一村　盆景园 / 32
至乐亭　舒啸亭 / 32
射圃　缘溪行 / 33
活泼泼地 / 33

网师园 / 33
门庭广场 / 34
门厅、轿厅 / 34
万卷堂 / 35
撷秀楼 / 35
梯云室 / 36
小山丛桂轩 / 36
蹈和馆 / 36
琴室 / 37

樵风径 / 37
彩霞池 / 38
射鸭廊 / 38
濯缨水阁 / 38
云岗 / 39
月到风来亭 / 39
看松读画轩 / 39
竹外一枝轩 / 40
集虚斋 / 40
五峰书屋 / 40
殿春簃 / 40

狮子林 / 41
燕誉堂 / 43
小方厅 / 43
指柏轩 / 43
古五松园 / 44
见山楼 / 44
荷花厅 / 44
真趣亭 / 45
石舫 / 45
暗香疏影楼 / 45
飞瀑亭 / 45
问梅阁 / 46
扇子亭 / 46
文天祥诗碑亭 / 46
长廊 / 46
湖心亭 / 47
湖石假山 / 47
卧云室 / 47
小赤壁 / 48
修竹阁 / 48

立雪堂 / 48
沧浪亭 / 48
土石山 / 50
石亭 / 50
面水轩 / 50
观鱼处 / 50
明道堂 / 51
五百名贤祠 / 51
看山楼 / 51
翠玲珑 / 52
仰之亭 / 52
御碑亭 / 52
可园 / 52
怡园 / 53
四时潇洒亭 / 54
坡仙琴馆 / 54
拜石轩 / 55
复廊 / 55
藕香榭 / 55
螺髻亭 / 56
慈云洞 / 56
小沧浪 / 57
碧梧栖凤 / 57
画舫斋 / 58
湛露堂 / 58
鹤园 / 58
曲园 / 59
环秀山庄 / 60
戈裕良假山 / 60
耦园 / 61

黄石假山 / 62
山水间 / 62
城曲草堂 / 62
听橹楼 / 62
艺圃 / 63
织造署花园 / 64
 瑞云峰 / 64
畅园 / 65
残粒园 / 65
柴园 / 66
听枫园 / 66
笑园 / 66
五峰园 / 66
半园（南）/ 67
半园（北）/ 67
退思园 / 67
 退思草堂 / 68
 闹红一舸 / 68
 菰雨生凉 / 68
 辛台 / 69
 眠云亭 / 69
寄畅园 / 69
 寄畅园大门 / 71
 凤谷行窝大厅 / 71
 秉礼堂 / 71
 含贞斋 / 72
 九狮台 / 72
 邻梵阁 / 72
 美人石 / 72
 锦汇漪 / 73

郁盘亭、廊 / 73
知鱼槛 / 74
鹤步滩 / 74
七星桥 / 74
涵碧亭 / 74
嘉树堂 / 74
八音涧 / 75
愚公谷 / 76
 荷轩 / 76
 滤泉 / 77
 太伯殿 / 77
 惠麓草堂 / 77
 明代古玉兰 / 77
 滨湖山馆 / 77
 金粟堂 / 78
 春申涧 / 78
 映山湖 / 78
梅园 / 79
 梅园刻石　洗心泉 / 79
 三星石　天心台 / 80
 香海轩　诵幽堂 / 80
 招鹤亭　小罗浮 / 80
 念劬塔　豁然洞 / 80
 松鹤亭　锡明亭 / 81
 清芬轩　碑廊 / 81
 吟风阁 / 81
蠡园 / 81
 南堤春晓 / 82
 月波平眺 / 82
 千步长廊 / 82
 层波叠影 / 83

云层假山 / 83
吟苑 / 83
 壶中天 / 83
 丽秾轩　芳草轩 / 84
 好山入座楼 / 84
近园 / 84
赵园 / 85
曾园 / 86
燕园 / 87
 "燕谷"黄石假山 / 88
 三婵娟室 / 89
个园 / 89
 春山 / 90
 夏山 / 90
 秋山 / 91
 冬山 / 92
 七间长楼 / 93
 亭廊奇景 / 94
何园 / 95
 水心亭 / 96
 蝶厅楼廊 / 97
片石山房 / 97
小盘谷 / 98
怡庐 / 98
平园 / 99
珍园 / 99
萃园 / 99
逸圃 / 100
匏庐 / 100
水绘园 / 101

水明楼 / 102
琴台 / 103
雨香庵 / 103
宋桧 / 103
乔园 / 104
瞻园 / 104
　静妙堂 / 105
　北假山 / 106
　西假山 / 106
　南假山 / 106
　东瞻园 / 107
　布政使衙署 / 107
煦园 / 108
　中心水池 / 108
　桐音馆 鸳鸯亭 / 109
　印心石屋 / 109
　石舫 / 109
　三段碑 / 110
　原总统府 / 110
豫园 / 110
　三穗堂 / 112
　仰山堂 / 113
　大假山 / 114
　渐入佳景 / 115
　望江亭 / 115
　萃秀堂 / 115
　万花楼 / 116
　鱼乐榭 / 116
　会心不远 / 117
　两宜轩 / 117
　点春堂 / 118

抱云岩 / 118
凤舞鸾吟 / 118
和煦堂 / 119
静宜轩 / 119
会景楼 / 120
流觞亭 / 120
浣云 / 121
九狮轩 / 121
积玉山 / 122
玉玲珑 / 122
玉华堂 / 123
寰中大快 / 123
积玉峰 / 124
得月楼 / 124
人镜壶天 / 125
内园 / 125
晴雪堂 / 126
耸翠山亭 / 126
观涛楼 / 127
九龙池 / 127
大观园 / 128
大观楼 / 129
怡红院 / 130
潇湘馆 / 131
蘅芜院 / 132
紫菱洲 / 133
秋爽斋 / 133
暖香坞 / 133
红香圃 / 134
稻香村 / 134
梨香院 / 135

栊翠庵 / 135
太虚幻境照壁 / 136
汉白玉雕十二钗 / 136
体仁沐德院 / 136
凸碧亭 / 137
凹晶馆 / 137
秋霞圃 / 138
　山光潭影厅 / 139
　池上草堂 / 140
　舟而不游轩 / 140
　三星石 / 141
　丛桂轩 / 141
　即山亭 / 142
　延绿轩 / 142
　碧光亭 / 142
　枕流漱石轩 / 142
　南山 / 143
　桃花潭 / 143
　三曲桥 / 143
　涉趣桥 / 144
古猗园 / 144
醉白池 / 145
郭庄 / 146
　静必居 / 147
　一镜天开 / 147
刘庄 / 147
　蕉石鸣琴 / 148
汪庄 / 149
　翠芳园 / 149
藏山阁 / 150

金衙庄花园 / 150
墅园 / 150
莲花庄与潜园 / 151
小莲庄与嘉业堂藏书楼 / 152
绮园 / 154
 潭影轩 / 156
 环潭假山 / 156
 两堤三桥 / 158
 卧虹水阁 / 159
 大假山 / 159
 滴翠亭 / 160
青藤书屋 / 160
沈园 / 161
 陆游纪念馆 / 162
 葫芦池 / 163
 孤鹤轩 / 163
 遗物壁 / 163
檀干园 / 164
 八角石柱亭 / 165
 确皋精舍 / 165
 镜亭 / 165
培筠园 / 165
 张九成诗碑 / 166
西递 / 167
 胡文光刺史牌坊 / 168
 过马楼 / 168
 履福堂 / 168
 敬爱堂 / 169
 青云轩 / 169

海蚌化石盆景 / 169
桃李园 / 169
西园 / 170
大夫第　绣楼 / 170
棠樾 / 170
 保艾堂 / 171
 敦本堂 / 172
 世孝祠 / 172
 清懿堂 / 173
 慈孝门 / 173
 存爱堂 / 174
 安素轩法帖 / 174
 遵训堂 / 174
 《鲍氏五伦述》屏门 / 175
 骢步亭 / 175
宏村 / 175
 村口古树 / 177
 塘式庭院 / 177
 承志堂 / 177
 观鱼厅 / 178
 南湖 / 178
 南湖书院 / 178
 月沼春晓 / 179
 百年牡丹王 / 179
恭王府花园 / 179
 静含太古 / 180
 独乐峰 / 180
 听莺坪与樵香径 / 181
 北山叠石 / 181
 紫兰庭　芭蕉簃
 梧桐馆 / 181

蝠厅 / 182
海棠馆 / 182
半亩园 / 183
 云荫堂 / 183
 拜石轩 / 183
 近光阁 / 183
 嫏嬛妙境 / 184
可园 / 184
莲园 / 185
那桐府花园 / 186
万柳堂 / 186
怡园 / 187
孙公园 / 187
古藤书屋 / 187
寄园 / 188
索家花园 / 188
刘墉宅园 / 188
余园 / 188
崇礼宅园 / 188
马辉堂宅园 / 189
洪涛生墅园 / 190
鲍丹亭园 / 191
偶园 / 191
十笏园 / 192
 十笏草堂 / 193
 园中园 / 194
 蔚秀亭 / 194
 砚香楼 / 194
绛守居园池 / 195
 洄莲亭 / 197

嘉禾楼 / 198
宴节楼 / 198
望月台 / 198
半亭 / 199
影壁　嵩巫亭 / 199
斛律光墓 / 199
孤岛　拙亭 / 199
虎豹门 / 200
可园 / 200
草草草堂 / 201
可轩 / 202
双清室 / 202
滋树台 / 202
可堂 / 203
雏月池馆 / 203
诗窝 / 203
可亭 / 204
绿绮楼 / 204
邀山阁 / 205
可园三奇石 / 205

余荫山房 / 205
瑜园 / 206
深柳堂 / 206
临池别馆 / 207
玲珑水榭 / 207
清晖园 / 207
船厅 / 209
惜荫书屋 / 209
花㚻亭 / 209
狮子山 / 209
绿云深处 / 210
菽庄花园 / 210
明秀园 / 211
园门 / 212
虎豹石碑 / 212
壮文策源 / 212
别有洞天 / 212
修志亭 / 213
荔林石桌凳古迹 / 213

谢鲁山庄 / 213
树人堂 / 214
折柳亭 / 215
琅嬛福地 / 215
半山亭 / 215
望鹤亭 / 216
楠园 / 216
楠园门亭 / 217
春苏轩 / 217
春影廊 / 218
楠亭 / 218
随宜轩 / 219
鸳鸯厅 / 219
安宁阁 / 220
大假山 / 220
音谷 / 220
怡心居 / 221
习家池 / 221
林维源园 / 222

皇家园林

皇家园林概述 / 226
御花园 / 230
　天一门 / 231
　堆秀山 / 231
　御景亭 / 232
　摛藻堂 / 232
　凝香亭 / 232
　浮碧亭 / 232

万春亭 / 232
绛雪轩 / 233
木变石 / 233
延晖阁 / 233
四神祠 / 234
位育斋 / 234
养性斋 / 235
承光门 / 235

乾隆花园 / 235
　古华轩 / 236
　遂初堂 / 237
　耸秀亭 / 237
　符望阁 / 238
　倦勤斋 / 238
景山 / 239
　万春亭 / 240

倚望楼 / 241
罪槐 / 241
北海 / 241
　琼华岛 / 242
　永安桥 / 243
　永安寺 / 243
　白塔 / 244
　善因殿 / 244
　塔山 / 244
　静心斋 / 245
　西天梵境 / 246
　九龙壁 / 247
　五龙亭 / 247
　阐福寺 / 247
　极乐世界 / 248
　万佛楼 / 248
　铁影壁 / 249
　澂观堂 / 249
　濠濮间 / 249
　画舫斋 / 250
　蚕坛 / 250
　陟山门 / 250
　团城 / 250
　承光殿　白玉佛 / 251
　玉瓮亭 / 252
　古松 / 252
中南海 / 252
　瀛台 / 253
　涵元殿 / 254
　香扆殿 / 254
　木变石 / 254

迎薰亭 / 255
补桐书屋 / 255
待月轩 / 255
人字柳碑 / 255
牣鱼亭 / 255
新华门 / 255
丰泽园 / 256
菊香书屋 / 256
静谷 / 256
紫光阁 / 257
万善殿 / 257
流水音 / 258
结秀亭 / 258
颐和园 / 258
　仁寿殿 / 260
　玉澜堂 / 261
　宜芸馆 / 261
　乐寿堂 / 261
　青芝岫 / 262
　扬仁风 / 262
　谐趣园 / 263
　宫苑"农舍" / 263
　景福阁 / 263
　自在庄 / 264
　养云轩 / 264
　德和园大戏楼 / 264
　长廊 / 264
　佛香阁 / 265
　排云殿 / 266
　智慧海 / 267
　铜亭 / 267

转轮藏 / 267
画中游 / 268
耶律楚材祠 / 268
知春亭 / 269
廓如亭 / 269
十七孔桥 / 269
铜牛 / 270
蓬莱岛 / 270
清晏舫 / 270
凤凰墩 / 271
西堤六桥 / 271
玉带桥 / 271
治镜阁 / 271
藻鉴堂 / 272
后湖 / 272
四大部洲 / 272
"四智"喇嘛塔 / 272
多宝琉璃塔 / 273
圆明园 / 273
　正大光明 / 276
　勤政殿 / 277
　长春仙馆 / 277
　九洲清晏 / 277
　福海 / 277
　蓬岛瑶台 / 278
　接秀山房 / 278
　曲院风荷 / 278
　夹镜鸣琴 / 279
　方壶胜境 / 279
　廓然大公 / 279
　镂月开云 / 279

天然图画 / 279
上下天光 / 279
杏花春馆 / 280
坦坦荡荡 / 280
万方安和 / 280
山高水长楼 / 280
同乐园 / 280
水木明瑟 / 280
舍卫城 / 281
西峰秀色 / 281
安澜园 / 281
北远山村 / 281
长春园 / 281
大水法 / 281
万花阵 / 282
海晏堂 / 282
万春园 / 282

静明园 / 282
  玉泉 / 285
  裂帛湖光 / 286
  玉峰塔 / 286
  玉泉湖 / 286
  玉泉趵突 / 286
  翠云嘉荫 / 287
  永泽皇畿 / 287
  溪田课耕 / 287
  香岩寺 / 287
  妙高寺 / 287

香山 / 288
  昭庙 / 289
  见心斋 / 289
  琉璃塔 / 290
  眼镜湖 / 290
  玉华山庄 / 290
  西山晴雪 / 291
  鬼见愁 / 291
  璎珞岩 / 291
  青未了 / 291
  香山寺 / 292
  唳霜皋 / 292
  洪光寺 / 292
  外垣 / 293
  双清 / 293
  蟾蜍峰 / 293
  森玉笏 / 293
  "梅"字巨石 / 293

南苑 / 294
  团河行宫 / 294

钓鱼台 / 295

乐善园 / 297

中山公园 / 298
  社稷坛 / 298
  戟门 / 298
  拜殿 / 299
  五色坛 / 299
  保卫和平坊 / 299
  长廊 / 300
  水榭 / 300
  四宜轩 / 300
  青莲朵 / 300
  古城倒影 / 300
  柏树林 / 300

  唐花坞 / 301
  兰亭碑亭 / 301
  习礼亭 / 301
  来今雨轩 / 301
  青云片石 / 302
  太湖山石 / 302

太庙 / 302
  戟门 / 303
  正殿 / 303
  寝宫 / 304
  后殿 / 304
  井亭 / 304
  小燎炉 / 304

天坛 / 305
  祈年殿 / 306
  圜丘坛 / 306
  皇穹宇 / 306
  回音壁 / 307
  三音石 / 307
  丹陛桥 / 307
  九龙柏 / 308
  双环亭景区 / 308

地坛 / 308

日坛 / 308

月坛 / 309

先农坛 / 309

十三陵 / 310
  长陵 / 312
  定陵 / 312

清东陵 / 312

清西陵 / 314
避暑山庄 / 314
　正宫 / 319
　万壑松风 / 320
　松鹤斋 / 320
　东宫 / 320
　芝径云堤 / 321
　环碧洲 / 321
　月色江声 / 321
　如意洲 / 322
　无暑清凉 / 322
　金莲映日 / 323
　西岭晨霞　云帆月舫 / 323
　澄波叠翠 / 324
　观莲所 / 324
　沧浪屿 / 324
　一片云 / 324
　般若相 / 324
　如意湖 / 324
　芳渚临流 / 325
　水流云在 / 325
　濠濮间想 / 325
　莺啭乔木 / 325
　甫田丛樾 / 325

烟雨楼 / 325
小金山 / 326
水心榭 / 327
文园狮子林 / 327
涌翠岩 / 328
文津阁 / 328
万树园 / 329
蘋香沜 / 330
驯鹿坡 / 331
永佑寺 / 331
青枫绿屿 / 332
锤峰落照 / 332
凌太虚 / 332
四面云山 / 332
南山积雪 / 333
北枕双峰 / 333
外八庙 / 333
　溥仁寺 / 333
　普宁寺 / 333
　安远庙 / 334
　普乐寺 / 334
　普陀宗乘之庙 / 335
　须弥福寿之庙 / 335
古莲花池 / 336

春午坡 / 340
牌楼 / 340
濯锦亭 / 340
古藤花 / 340
花南研北草堂 / 341
万卷楼 / 341
高芬阁 / 341
响琴 / 341
君子长生馆 / 342
昆阆 / 342
蕊藏精舍 / 342
宛虹亭 / 343
藻咏楼 / 343
篇留洞 / 343
观澜亭 / 343
绿野梯桥 / 344
寒绿轩 / 344
红枣坡 / 344
不如亭 / 344
莲漪夏艳 / 344
东西碑廊 / 344
碑群 / 345
北碑刻长廊 / 345
福陵 / 345

纪念园林

纪念园林概述 / 348
晋祠 / 349
　圣母殿 / 350

献殿 / 351
鱼沼飞梁 / 351
金人台 / 351

水镜台 / 351
智伯渠 / 352
难老泉 / 352

晋祠铭 / 352
　周柏 / 353
解州关帝庙 / 353
　春秋楼 / 353
　崇宁殿 / 354
晋窦大夫祠 / 354
孟姜女庙 / 354
　前后殿 / 355
　姜女坟 / 355
成吉思汗陵 / 356
　纪念堂 / 356
昭君墓 / 357
明孝陵 / 357
　梅花山 / 358
南唐二陵 / 359
　地下宫殿 / 359
彭园 / 360
戏马台 / 361
　风云阁 / 362
史公祠 / 363
隋炀帝陵 / 363
罗聘故居 / 364
阮元故第 / 364
舣舟亭 / 364
青山园 / 366
　青山山庄 / 366
　高攀龙墓园 / 366
亭林园 / 366
　玉峰山 / 367
　昆山石 / 368

林迹亭 / 369
文笔峰 / 369
遂园 / 369
奇花古木 / 369
西泠印社 / 370
　柏堂 / 371
　竹阁 / 371
　四照阁 / 371
　三老石室 / 371
岳飞墓园 / 372
　岳王庙 / 372
　岳坟 / 373
　精忠柏亭 / 373
　碑廊 / 373
文澜阁 / 374
先贤堂 / 375
张苍水　章太炎
墓园 / 375
钱王陵园 / 376
郁氏双烈亭 / 376
严子陵钓台 / 377
　严先生祠堂 / 378
桐君祠 / 378
兰亭 / 378
　鹅池 / 379
　流觞亭 / 380
　右军祠 / 380
　御碑亭 / 381
大禹陵 / 381
　禹庙 / 381

窆石亭 / 382
岣嵝碑 / 382
天一阁 / 382
　天一池 / 384
　明州碑林 / 385
　东园 / 385
　北库 / 386
包公祠园 / 386
　包公祠 / 386
　廉泉 / 387
　包拯墓园 / 387
教弩台 / 388
　屋上井 / 389
　听松阁 / 389
逍遥津 / 389
　张辽冢 / 389
吴敬梓故居 / 390
米公祠 / 391
　宝晋斋 / 392
　投砚亭　墨池 / 392
　拜石 / 393
　杏花泉 / 394
　铁山 / 394
　宝晋斋碑刻 / 394
宝纶阁园 / 395
　宝纶阁 / 395
　柏桂古木 / 396
竹山书院 / 396
　桂花厅 / 397
　清旷轩 / 397

文昌阁 / 397
新安碑园 / 397
 太白楼 / 398
 《余清斋法帖》/ 399
 《清鉴堂帖》/ 399
少昊陵 / 399
铁山园 / 400
孔林 / 401
 挡墓门 / 402
 孔子墓 / 402
 孔尚任墓 / 402
蒲松龄故居 / 403
范公亭 / 403
 顺河楼 / 404
孟府 / 404
孟林 / 406
嵩阳书院 / 406
 将军柏 / 407
 大唐感应碑 / 408
太昊陵 / 409
关林 / 409
紫云书院 / 410
古隆中 / 410
 石牌坊 / 412
 武侯祠 / 412
 三顾堂 / 412
 草庐 / 413
 卧龙深处 / 413
 六角井 / 413
 襄陵 / 413

草庐亭 / 413
古柏亭 / 414
抱膝亭 / 414
躬耕田 / 414
老龙洞 / 414
古书院 / 414
吟啸山庄 / 415
观星台 / 415
梁父岩 / 415
草庐碑 / 415
棋盘石 / 415
半月溪 / 416
琴台 / 416
小虹桥 / 416
抱膝石 / 416
荷花池 / 416
龙泉书院 / 417
陆羽纪念馆 / 418
 文学泉 / 419
 陆子泉 / 419
 陆羽亭 / 419
 古雁桥 / 420
 雁叫关 / 420
 鸿渐关 / 420
柳子庙 / 420
 大戏台 / 421
 荔子碑 / 421
芙蓉楼 / 422
 玉壶亭 / 422
 碑廊 / 423
 迎宾亭 / 423

柳侯祠 / 423
 正殿 / 424
 衣冠冢 / 425
秦始皇陵园 / 425
 秦东陵 / 426
 兵马俑坑 / 426
 铜车马 / 427
黄帝陵 / 427
 黄帝庙 / 428
 轩辕柏 / 429
辋川遗址 / 429
武侯祠 / 430
 戟门 / 431
 拜殿 / 431
 大殿 / 431
 唐碑 / 432
 桂树 / 432
 凌霄花树 / 432
 旱莲 / 433
 蝴蝶梅 / 433
汉张留侯祠 / 433
 拜石亭 / 435
 授书楼 / 435
 仙牛拐竹 / 436
 于右任"三绝碑" / 436
兴庆宫公园 / 436
 沉香亭 / 437
 花萼相辉楼 / 437
 长庆轩 / 438
 南薰阁 / 438

阿倍仲麻吕纪念碑 / 438
司马迁祠 / 438
伏羲庙 / 439
  伏羲庙林 / 440
成都武侯祠 / 440
  听鹂园 / 442
  荷花世界 / 443
  三绝碑 / 443
  惠陵 / 444
  蜀汉英烈塑像 / 444
杜甫草堂 / 445
  少陵草堂图 / 447
  杜公草堂图 / 448
文君井 / 448
望江楼 / 450
  崇丽阁 / 451
  崇丽阁长联 / 451
  薛涛井 / 451
  翠竹海 / 452
二王庙 / 452
  都江堰灌区图 / 454
  李冰父子塑像 / 454
  文物廊 / 454
  商木 / 454
  堰功堂 / 454
伏龙观 / 454
  飞龙鼎 / 455
  都江堰灌区模型 / 455
  怀古亭 / 455
  观澜亭 / 456
眉山三苏祠 / 456

寺庙园林

寺庙园林概述 / 458
白马寺 / 460
少林寺 / 462
  常住院 / 463
  少室晴雪 / 464
  塔林 / 465
  初祖庵 / 465
  少林碑林 / 465
中岳庙 / 466
  太室阙 / 467
  中华门 / 467
  天中阁 / 467
  镇库将军 / 468
  四状元碑 / 468
  四岳殿 / 468
  峻极门 / 468
  峻极殿 / 469
  岳神寝殿 / 470
  黄盖亭 / 470
会善寺 / 471
  常住院 / 471
  古碑 / 472
  戒坛遗址 / 472
  净藏禅师塔 / 472
  松林龙泉 / 472
法王寺 / 473
  法王寺塔 / 474
相国寺 / 474
  大雄宝殿 / 475
  八角琉璃殿 / 476
  悬钟楼 / 476
风穴寺 / 476
  七祖塔 / 477
  中佛殿 / 477
  悬钟阁 / 478
  喜公池 / 478
  桂香庵 / 478
潭柘寺 / 479
  大雄宝殿 / 480
  帝王树 / 481
  毗卢阁 / 481
  猗玕亭 / 481
  戒台 / 481
  观音殿 / 481
  文殊殿 / 482
  石鱼 / 482
  塔院 / 482
  潭柘古松 / 482
  龙潭 / 482

柘树 / 482
西观音洞 / 483
西山八大处 / 483
  一处"长安寺" / 484
  二处"灵光寺" / 484
  三处"三山庵" / 485
  四处"大悲寺" / 485
  五处"龙王堂" / 486
  六处"香界寺" / 486
  七处"宝珠洞" / 487
  八处"证果寺" / 487
碧云寺 / 487
  石狮 / 488
  天王殿 / 488
  正殿 / 488
  菩萨殿 / 489
  罗汉堂 / 489
  塔院 / 489
  金刚宝座塔 / 490
  水泉院 / 491
大觉寺 / 491
卧佛寺 / 492
  琉璃牌坊 / 492
  三佛殿 / 493
  卧佛殿 / 493
  藏经楼 / 494
  樱桃沟 / 494
法源寺 / 494
戒台寺 / 495
  戒台 / 496

活动松 / 496
墓塔群 / 497
千佛阁 / 497
白云观 / 497
海神庙 / 498
  海神殿 / 499
  天后宫 / 499
  观海亭 / 499
显通寺 / 500
佛光寺 / 501
  佛光寺大殿 / 501
  文殊殿 / 502
殊像寺 / 502
塔院寺 / 502
罗睺寺 / 503
菩萨顶 / 503
碧山寺 / 503
纯阳宫 / 504
  八卦楼 / 505
美岱召 / 505
  大殿 / 505
千山 / 506
  无量观 / 507
  祖越寺 / 509
  龙泉寺 / 510
  南泉庵 / 511
  五佛顶 / 512
  五龙宫 / 512
  慈祥观 / 513
  中会寺 / 514

大安寺 / 515
香岩寺 / 515
冰洞 / 516
仙人台 / 516
岱庙 / 517
  遥参亭 / 518
  岱庙坊 / 518
  庙墙与门楼 / 518
  配天门 / 519
  仁安门 / 519
  阁老池 / 519
  天贶殿 / 519
  后寝宫 / 520
  后花园 / 520
  汉柏院 / 520
  东御座 / 520
普照寺 / 520
  钟鼓楼院 / 521
  大雄宝殿 / 521
  筛月亭 / 521
  菊林院 / 522
千佛山 / 522
  登山盘道 / 523
  唐槐亭 / 523
  娥英池 / 524
  齐烟九点坊 / 524
  云径禅关坊 / 524
  兴国禅寺 / 524
  隋唐摩崖造像 / 525
  千佛崖下三奇洞 / 525
  吕祖洞 / 526

对华亭 / 526
"十二屏风"碑刻 / 527
历山院 / 527
文昌阁 / 527
鲁班祠 / 527
舜祠 / 527
赏菊阁　望岱亭 / 528
黄石崖 / 528
开元寺遗址 / 528
大佛头 / 528
万佛洞 / 529
灵岩寺 / 529
灵岩胜境坊 / 530
千佛殿 / 530
摩顶松 / 531
御书阁 / 532
墓塔林 / 532
蓬莱阁 / 532
崂山 / 533
下清宫 / 533
上清宫 / 534
太平宫 / 534
华楼宫 / 534
华严寺 / 534
栖霞寺 / 535
明镜湖 / 536
千佛崖 / 536
舍利塔 / 537
鸡鸣寺 / 538
台城 / 539
胭脂井 / 540

药师佛塔 / 540
灵谷寺 / 541
无量殿 / 542
三绝碑 / 542
半山寺园 / 542
半山园 / 542
报宁禅寺 / 543
宅院 / 544
方亭 / 544
碑刻 / 544
惠济寺 / 544
古惠济寺遗存 / 545
古银杏树 / 545
林散之诗碑 / 546
郁林观 / 546
"唐隶" / 547
"宋篆" / 547
三元宫 / 547
屏竹禅院 / 548
团圆宫 / 549
水帘洞 / 549
玉皇阁 / 549
自在天 / 550
拐杖柏 / 550
美人松 / 550
大明寺 / 551
平远楼 / 551
鉴真纪念堂 / 552
平山堂 / 552
西园 / 553

高旻寺 / 554
观音山禅寺 / 554
金山 / 555
山门　天王殿 / 558
大雄宝殿 / 558
楞伽台 / 558
志公殿　稻仓楼 / 558
妙高台 / 558
文魁阁　夕照阁 / 559
观音阁 / 559
佛印山房 / 559
慈寿塔 / 560
留云亭 / 560
法海洞　头陀岩 / 560
金鳌岭　七峰亭 / 561
古仙人洞　如意寮 / 561
白龙洞　松风石
　浮玉亭 / 561
玉带桥 / 561
朝阳洞　日照岩 / 562
御码头 / 562
信矶　盘陀石 / 562
鹘山 / 562
石牌山　云艮风
　月亭 / 562
郭璞墓 / 563
塔影湖　百花洲 / 563
中泠泉 / 563
鉴亭 / 564
中泠阁 / 564
芙蓉楼 / 564

焦山 / 565
 海不扬波亭 / 567
 定慧寺 / 567
 御碑亭　枕江阁 / 568
 海云堂　念佛堂 / 568
 华严阁　安隐岩 / 568
 香泉　"龙飞凤舞"
  碑刻 / 568
 观澜阁　文昌阁 / 568
 古炮台 / 569
 松寥山　夷山 / 569
 三诏洞 / 569
 壮观亭　六朝柏 / 570
 百寿亭 / 570
 别峰庵 / 570
 吸江楼 / 570
 碑林　宝墨轩 / 571
 瘗鹤铭 / 572
 槐荫精舍 / 572
 摩崖石刻 / 572
 雷震石 / 573
 象山古渡 / 573

北固山 / 573
 前峰汉墓 / 575
 南麓山门 / 575
 凤凰池　凤凰亭 / 575
 试剑石 / 576
 太史慈墓 / 576
 石阙　凝虚亭 / 576
 海岳庵遗址 / 576
 柳永墓遗址 / 577
 晴晖亭 / 577
 铁塔 / 577
 "天下第一江山"
  碑刻 / 577
 北固碑刻　摩崖
  石刻 / 577
 东廊 / 578
 双麟冢 / 578
 甘露寺 / 578
 祭江亭 / 579
 狠石 / 579
 溜马𥗁 / 579
 甬道券门
  一览亭 / 580
 石帆楼遗址 / 580
 多景楼 / 580
 头头是道亭 / 581
 彭公祠　杨公祠 / 581
 观音洞 / 581
 晁衡望月望乡诗碑 / 582
 临江亭 / 582

惠山寺 / 582
 唐宋石经幢 / 582
 金刚殿 / 583
 金莲池 / 583
 金莲桥 / 584
 御碑亭 / 584
 洪武古银杏 / 584
 听松石床 / 585
 大同殿 / 585
 点易台 / 586
 云起楼 / 586

戒幢律寺 / 587
 牌坊 / 587
 天王殿 / 588
 大雄宝殿 / 588
 藏经楼 / 588
 观音殿 / 588
 罗汉堂 / 588

寒山寺 / 589
 大雄宝殿 / 590
 碑廊 / 590
 钟楼 / 590
 枫江第一楼 / 591

紫金庵 / 591
 罗汉殿彩塑 / 591
 金玉满堂 / 592

兴福寺 / 592
 米芾碑亭 / 593
 降龙古涧 / 594
 空心潭 / 594
 救虎阁 / 594
 唐幢 / 594
 四高僧墓 / 594
 联珠洞 / 595

方塔园 / 595
 崇教兴福寺井 / 596

曲水园 / 596
 凝和堂 / 598
 有觉堂 / 598
 花神祠 / 598

夕阳红半楼 / 599
迎仙阁 / 599
舟居非水 / 600
得月轩 / 600
喜雨桥 / 600
荷花池 / 601
绿波廊 / 601
虎跑寺 / 601
　虎跑泉 / 602
　梦虎雕塑 / 603
　弘一大师塔 / 603
净慈寺 / 603
　运木古井 / 604
韬光 / 604
天竺古园 / 605
　上天竺 / 606
　中天竺 / 606
　下天竺 / 606
灵隐寺 / 607
　经幢 / 608
　大雄宝殿 / 608
　石塔 / 609
　理公塔 / 609
　翠微亭 / 609
　飞来峰 / 610
　摩崖石刻艺术集
　　萃园 / 611
　呼猿洞 / 612
　冷泉 / 612
　冷泉亭 / 612

黄龙吐翠 / 613
　黄龙洞 / 613
　方竹园 / 614
玉皇飞云 / 614
抱朴庐 / 615
宝成寺造像 / 615
　青衣古泉 / 615
保国寺 / 615
　宋构大殿 / 616
　叠锦台 / 617
　灵龙泉 / 617
　望日亭 / 617
天童寺 / 618
　玲珑岩 / 618
　太白绝顶 / 619
　冷香塔院 / 619
　古天童 / 619
　罗汉沟 / 619
　清关桥 / 619
　镇蟒塔 / 619
阿育王寺 / 620
　阿耨达池 / 620
　舍利殿 / 621
国清寺 / 621
　大雄宝殿 / 622
　丰干桥 / 622
　一行墓 / 622
普济寺 / 623
　南海圣境坊 / 623
　正趣亭 / 624

海印池 / 624
御碑亭 / 624
多宝塔 / 625
法雨寺 / 625
延福寺 / 625
　正殿 / 626
广慈寺 / 626
　胡公庙 / 627
广济寺 / 627
玉虚宫 / 628
　唐寅碑 / 629
太素宫 / 629
　登封古桥 / 630
　渐入仙关 / 630
　洞天福地 / 630
　真仙洞府 / 630
　小壶天 / 631
西禅寺 / 631
南普陀寺 / 632
　放生池 / 632
　大悲殿 / 633
　石刻题字 / 633
雪峰寺 / 633
六榕寺 / 634
　花塔 / 635
　六榕碑 / 635
　六祖紫铜像 / 635
南岳庙 / 636
祝圣寺 / 637
福严寺 / 638

藏经殿 / 639
西塔寺 / 640
文殊院 / 641
青羊宫 / 642
新都宝光寺 / 643
青城山 / 644
 建福宫 / 646
 长生宫 / 647
 天师洞 / 648
 祖师殿 / 651
 上清宫 / 652
 圆明宫 / 653
 玉清宫 / 654
泰安寺 / 654
普照寺 / 655
香积寺 / 656
般若寺 / 657
碧水寺 / 658
 碧波轩 凌云阁 / 658
 馨香园 / 659
曹溪寺 / 659

南宋古殿 / 660
天涵宝月 / 660
华严三圣像 / 661
三绝碑 / 661
碑廊 / 662
钟、鼓楼 / 662
元梅 / 663
优昙花 / 663
珍珠泉 / 664
曹溪夜月 / 665
三潮圣水 / 665
金殿 / 666
 太和宫 / 667
 钟楼 / 668
圆通寺 / 669
 圆通胜境坊 / 669
 圆通宝殿 / 670
 采芝径 / 670
 咒蛟台 / 671
黑龙潭 / 671
 黑龙宫 / 672

龙泉观 / 672
三异木 / 673
明墓 / 673
筇竹寺 / 674
 五百罗汉塑像 / 675
 圣旨碑 / 676
西岳庙 / 677
华严寺 / 678
白云山庙 / 678
仙游寺 / 679
 宝塔放光 / 680
 龙潭虎穴 / 680
 九峰叠翠 / 680
 茅碥积雪 / 680
 玉女垂帘 / 680
兴教寺 / 680
楼观台 / 681
 说经台 / 682
 仰天池 / 682
白云观 / 682

下册

名胜园林

名胜园林概述 / 684
杭州西湖 / 686
 湖滨 / 687
 柳浪闻莺 / 688

涌金公园 / 689
长桥公园 / 689
钱王祠 / 689
白堤 / 690

断桥残雪 / 690
云水光中水榭 / 691
孤山 / 691
西泠桥 / 692

慕才亭 / 693
放鹤亭 / 693
中山公园 / 693
西湖天下景亭 / 694
苏堤春晓 / 695
六桥烟柳 / 696
小瀛洲 / 696
三潭印月 / 697
竹径通幽 / 697
洲上三亭 / 698
湖心亭 / 698
阮公墩 / 699
环碧小筑 / 699
云水居 / 700
曲院风荷 / 700
掇景园 / 701
绉云峰 / 701
花港观鱼 / 701
花港 / 702
鱼乐园 / 703
撑水园 / 703
牡丹园 / 703
太子湾山水园 / 704
琵琶洲 / 704
翡翠园 / 704
南屏晚钟 / 705
小有天园 / 705
雷峰夕照 / 706
雷峰塔遗址 / 706
湖曲院 / 706

胜景院 / 706
宝石山 / 707
保俶塔 / 707
来凤亭 / 708
秦皇系缆石 / 708
葛岭 / 708
初阳台 / 709
吴山 / 709
吴山大观 / 710
极目阁 / 711
宋樟 / 711
紫阳石林 / 711
巫山十二峰 / 711
江湖汇观亭 / 712
感花岩 / 712
玉泉 / 712
玉泉鱼跃 / 713
鱼乐园 / 713
晴空细雨池 / 714
古珍珠泉 / 714
九里云松 / 714
茶人之家 / 714
水乐洞 / 715
石屋洞 / 716
桂花厅 / 716
烟霞洞 / 717
烟霞胜景 / 718
霞园 / 718
九溪烟树 / 718
灵峰梅坞 / 719

龙井 / 720
一片云 / 721
神运石 / 721
过溪亭 / 721
水城门园 / 721
六和塔园 / 722
中华古塔博览苑 / 723
超山梅园 / 723
宋梅亭 / 724
鹳山 / 725
春江第一楼 / 725
龟川阁 / 726
龟川秋月 / 726
双烈园 / 727
桐君山 / 727
桐君祠 / 728
桐君白塔 / 728
四望亭 / 728
江天极目阁 / 728
南北湖 / 729
湖畔诸山 / 730
云岫庵 / 730
鹰窠顶 / 731
日月并升 / 731
石帆蜃气 / 732
葫芦山 / 732
长墙山 / 732
茶磨山 / 733
黄沙坞 / 733
鉴湖 / 733

绍兴东湖 / 734
雪窦山 / 735
　雪窦寺 / 736
　千丈岩 / 736
　妙高台 / 737
　隐潭 / 737
　徐凫岩 / 737
　商量岗 / 737
江心屿 / 738
　江心寺 / 739
　双塔 / 739
　文天祥祠 / 739
　浩然楼 / 740
　澄鲜阁 / 740
　雪来亭 / 741
　王十朋长联 / 741
　樟抱榕 / 742
方塔园 / 742
　方塔 / 743
　明刻照壁 / 743
汇龙潭 / 744
　百鸟朝凤台 / 745
虞山 / 745
　言子墓 / 746
　石屋涧 / 747
　桃源春霁 / 747
　春秋烽燧墩 / 748
　剑门奇石 / 748
　拂水晴岩 / 749
　剑阁 / 749

　藏海寺 / 749
　报国院 / 750
　瞿式耜墓 / 750
　秦坡瀑布 / 751
　小石洞 / 751
　老石洞 / 752
　黄公望墓 / 752
　翁同龢墓 / 752
　翁氏丙舍 / 753
　虞山公园 / 754
　维摩山庄 / 755
　巫咸祠 / 756
　仲雍墓 / 756
　周章墓 / 757
　辛峰夕照 / 757
　虞山门　虞山古
　　城垣 / 758
　书台积雪 / 758
　雅集亭 / 760
尚湖 / 760
虎丘 / 761
　云岩寺塔 / 762
　剑池 / 763
　千人石 / 763
　二山门 / 764
　第三泉 / 764
　拥翠山庄 / 764
石湖 / 765
　楞伽塔 / 766
　范成太祠 / 766
　行春桥 / 767

　渔庄 / 767
　名墓 / 768
灵岩山 / 768
　十二奇石 / 768
　古苑遗韵 / 769
　灵岩寺 / 769
　灵岩山馆 / 770
　山路景亭 / 771
天平山 / 771
　万笏朝天 / 771
　白云泉 / 772
　万丈红霞 / 772
　天平山庄 / 773
　高义园 / 773
惠山 / 774
　半山亭 / 775
　九龙坡 / 776
　忍草庵 / 776
　惠山头茅峰 / 776
　惠山二茅峰 / 777
　秦少游墓 / 777
　东坡诗碑 / 777
　惠山三茅峰 / 778
　惠山石门 / 778
锡山 / 778
　龙光塔 / 779
　龙光洞 / 779
　九龙壁 / 779
　石浪庵 / 780
　晴云亭　观涧亭
　　百花亭 / 780

张中丞庙 / 780
无锡先民遗址 / 781
天下第二泉 / 781
　漪澜堂 / 783
　陆子祠 / 783
　竹炉山房 / 783
　雨秋堂 / 784
　万卷楼 / 784
　华孝子祠 / 784
　碧山吟社 / 785
　若冰洞 / 785
　九龙十三泉 / 786
　华彦钧（阿炳）墓 / 786
杜鹃园 / 787
　鉴塘 / 787
　沁芳涧 / 787
　枕流亭 / 787
　踯躅廊 / 788
　云锦堂 / 788
　醉红坡 / 788
　绣霞轩 / 788
城中公园 / 789
鼋头渚 / 789
　鼋渚春涛 / 790
　长春桥 / 790
　光明亭　涵虚亭 / 790
　澄澜堂 / 790
　横云石壁 / 791
　飞云阁　聂风亭 / 791
　憩亭　戊辰亭 / 791
　陶朱阁　广福寺 / 792

万浪卷雪 / 792
太湖别墅 / 792
湖山真意 / 793
天远楼 / 793
挹秀桥 / 793
鹿顶迎晖 / 793
西子池　范蠡堂 / 793
金沤亭　碑刻影壁 / 794
舒天阁 / 794
呦呦亭 / 794
充山隐秀 / 794
聂耳亭 / 795
江南兰苑 / 795
三山映碧 / 795
红梅阁 / 796
云台山 / 797
　伯先公园 / 798
　绍宗藏书楼 / 798
　伯先祠遗址 / 798
　西津渡古街景 / 799
　古渡口 / 800
　昭关石塔 / 800
　救生会 / 801
　超岸寺 / 801
莫愁湖 / 801
　胜棋楼 / 802
　郁金堂 / 803
　莫愁像 / 803
　莫愁烟雨 / 804
　莫愁海棠 / 804
雨花台 / 805

江南第二泉 / 806
杨忠襄公剖心处 / 807
玄武湖 / 807
　环洲假山 / 809
　郭璞墩 / 809
　诺那庙　诺那塔 / 809
　樱洲 / 810
　梁洲 / 810
　湖神庙　铜钩井 / 811
　览胜楼　阅兵台 / 811
　观鱼池 / 811
　八功德水 / 811
　荷艳藕香 / 812
　武庙闸 / 812
清凉山 / 813
　清凉寺 / 813
　崇正书院 / 814
　清凉台　翠微亭 / 814
　扫叶楼 / 814
燕子矶 / 815
　陶行知劝生碑 / 816
　观音阁 / 817
　头台洞 / 817
　二台洞 / 817
　三台洞 / 817
白鹭洲 / 818
　烟雨轩 / 818
栖霞山 / 819
　奇石名泉 / 820
牛首山 / 821

岳飞抗金故垒 / 821
宏觉寺塔 / 822
瘦西湖 / 822
　卷石洞天 / 824
　盆景园 / 825
　虹桥揽胜 / 826
　西园曲水 / 827
　长堤春柳 / 827
　徐园 / 827
　小金山 / 828
　四桥烟雨 / 829
　水云胜概 / 829
　五亭桥 / 829
　凫庄 / 829
　白塔 / 830
　白塔晴云 / 830
　叶林 / 831
　二十四桥 / 831
　静香书屋 / 832
　长廊 / 833
二分明月楼 / 833
冶春园和绿杨村 / 834
荷花池公园 / 835
茱萸湾公园 / 835
竹西园 / 836
狼山 / 836
　葵竹山房 / 838
　康熙御碑亭 / 838
　北麓园 / 838
　林溪精舍 / 840

题名坡 / 840
云龙山 / 841
　放鹤亭 / 841
　云龙公园 / 841
　燕子楼 / 842
快哉亭公园 / 843
　快哉亭 / 844
云台山 / 845
孔望山 / 846
　龙洞庵 / 846
　龙洞石刻 / 847
　孔望山摩崖造像 / 847
　圆雕石象 / 848
　将军崖岩画 / 848
　胸园 / 848
宿城 / 848
　船山飞瀑 / 849
　四望亭 / 850
　仙人屋 / 850
　金刚石 / 851
　卧龙松 / 851
花果山 / 851
　海清寺塔 / 852
　南天门 / 852
　迎曙亭 / 852
　水帘洞 / 853
　照海亭 / 853
　娲遗石 / 854
　九龙桥 / 854
　草堂庵 / 854

九龙桥茶庵 / 855
仙人桥 / 855
八戒石 / 855
琅琊山 / 855
　琅琊寺 / 856
　深秀湖 / 856
　醉翁亭 / 857
　酿泉 / 857
　野芳园 / 857
　丰乐亭 / 858
采石矶 / 858
　翠螺山 / 860
　锁犀河 / 860
　太白楼 / 861
　清风亭 / 862
　暮云亭 / 862
　怀谢亭 / 863
　李白衣冠冢 / 863
　翠螺轩 / 863
　蛾眉亭 / 864
　然犀亭 / 865
　联璧台 / 865
　广济寺 / 866
　赤乌井 / 866
　三元洞 / 866
　横江馆 / 867
　江上草堂 / 867
　万竹坞 / 868
　摩崖石刻 / 868
多景园 / 869
　挹秀廊 / 869

敬亭山 / 870
　双塔 / 871
　云根石 / 871
　独坐楼 / 871
赭山 / 871
　翠明园 / 872
汀棠园 / 872
镜湖 / 873
鞋山 / 876
石钟山 / 877
　怀苏亭 / 879
　船厅 / 879
　泛舟崖 / 880
　清浊亭 / 880
　上谕亭 / 881
　梅花厅 / 881
　飞捷楼 / 881
　昭忠祠 / 882
南门湖 / 882
　烟水亭 / 883
滕王阁 / 884
　匾额　楹联 / 887
　滕王阁铜器 / 887
　"九"数趣闻 / 888
　玉坊迎宾 / 888
　长堤波光 / 888
　曲桥廊亭 / 888
　潭影风荷 / 889
　绿野寻踪 / 889
　仿古夜市 / 889

阁内壁画 / 889
乌石山 / 890
　宿猿洞 / 890
　薛老峰 / 890
　凌霄台 / 890
　三古亭 / 891
　乌塔 / 891
福州西湖 / 892
鼓山 / 893
　鼓山涌泉寺 / 894
　鼓山摩崖石刻 / 895
　鼓山达摩十八景 / 895
于山 / 896
　万岁寺 / 897
　九仙观 / 897
　戚公祠 / 898
　大士殿 / 899
鼓浪屿 / 899
　日光岩 / 899
万石岩 / 900
　醉仙岩 / 901
　太平岩 / 901
潮州西湖 / 901
　涵碧楼 / 902
　葫芦山 / 902
惠州西湖 / 902
　苏堤　孤山 / 904
　百花洲 / 904
　红棉水榭 / 905
　点翠洲 / 905

泗洲塔 / 905
肇庆星湖 / 905
　石室岩 / 907
　阆风岩 / 908
　玉屏岩 / 908
　天柱岩 / 908
　蟾蜍岩 / 908
　仙掌岩 / 908
　阿坡岩 / 908
榕湖　杉湖 / 909
　榕湖 / 909
　杉湖 / 909
　古南门 / 910
独秀峰 / 911
　读书岩 / 912
　王城 / 912
叠彩山 / 913
　风洞 / 915
　明月峰 / 915
　木龙洞 / 915
伏波山 / 916
　临江阁 / 917
　还珠洞 / 918
雁山园 / 919
灵水园 / 920
　九泉 / 922
　龙津吐碧 / 922
　螃蟹壮观 / 922
　九层皮 / 923
经略台园 / 923

真武阁 / 923
景子铜钟 / 924
岳麓山 / 925
爱晚亭 / 925
岳麓书院 / 925
麓山寺 / 926
云麓宫 / 926
麓山寺碑 / 926
禹王碑 / 927
天心阁 / 927
石鼓山 / 927
石鼓书院 / 928
浯溪 / 928
桃花源 / 928
蹑风亭 / 929
玩月亭 / 929
龟山 / 929
禹功矶 / 930
晴川阁 / 930
古琴台 / 930
莲花湖 / 931
蛇山 / 931
黄鹤楼 / 931
胜象宝塔 / 932
长春观 / 932
陈友谅墓 / 932
东坡赤壁 / 933
二赋堂 / 934
酹江亭 / 934
坡仙亭 / 935

睡仙亭 / 935
留仙阁 / 936
挹爽楼和碑阁 / 936
栖霞楼 / 937
鹿门山 / 937
西山 / 938
灵泉寺 / 938
陶然亭公园 / 939
慈悲庵 / 940
陶然亭 / 940
云绘楼 / 941
刺梅园 / 941
封氏园 / 941
龙树寺园 / 942
龙泉寺 / 942
窑台 / 942
紫竹院 / 943
澄海楼 / 944
墨宝名碑 / 944
宁海城 / 945
医巫闾山 / 946
观艺亭 / 947
观音阁 / 947
道隐谷 / 947
圣水盆 / 948
吕公岩 / 948
耶律楚材读书堂 / 948
桃花洞 / 948
望海寺 / 948
将军松 / 949

大芦花峰 / 949
青岩寺 / 949
千家寨 / 949
望海峰 / 949
大明湖 / 950
门坊 / 951
鹊华桥 / 952
百花洲 / 952
曲水亭 / 952
明湖居 / 953
遐园 / 953
稼轩祠 / 954
历下亭 / 955
汇泉堂 / 956
秋柳园遗址 / 956
汇波桥 汇波楼 / 956
南丰祠 / 956
北极阁 / 957
月下亭 / 958
铁公祠 / 958
小沧浪亭 / 958
趵突泉公园 / 959
龟石 / 960
漱玉泉 / 961
李清照纪念堂 / 961
尚志堂 / 962
泺源堂(娥英祠) / 962
趵突泉 / 962
观澜亭 / 963
来鹤桥 / 963
蓬山旧迹坊 / 963

蓬莱茶社 / 964
金线泉 / 964
皇华泉 / 964
柳絮泉 / 965
卧牛泉 / 965
马跑泉 / 965
沧园 / 965
枫溪 / 966
万竹园 / 966

泉林风景园 / 967
陪尾山泉群 / 969
泉林行宫 / 969
泉林寺 / 970
卞桥双月 / 970
虎斗坡 观虎石 / 971
三坊 / 971
五亭 / 971
水部公署 / 971
雷泽秋声 / 972

尼山 / 972

禹王台 / 973

龙亭 / 974
龙亭大殿 / 975
潘杨二湖 / 975

龙门 / 976
潜溪寺 / 976
万佛洞 / 976
宾阳洞 / 977
古阳洞 / 977
香山寺 / 977

许昌西湖 / 978
德星亭 / 979
欧阁 / 979
梅花堂 / 980
读书亭 / 980
展江亭 / 980
卧虎桥 / 980
珍珠泉 / 980

百泉 / 981
泉湖 / 981
苏门山 / 982
邵雍祠 / 982

飞云楼 / 982

秋风楼 / 982

雁塔风景园 / 983
大雁塔 / 984
长安盆景园 / 984
清流园 / 984
蔷薇园 / 985
春晓园 / 985

骊山 / 985
骊山晚照 / 986
烽火台 / 987
老君殿 / 987
虎斑石 / 987
骊山绝壁 / 988
举火楼 / 988
东花园 / 988
石瓮寺 / 989
石瓮谷 / 989

三元洞 / 989
骊山胡王汉槐 / 989

华清池 / 990
御汤遗址 / 991
九龙湖 / 992
五间厅 / 992
华清池碑林石刻 / 993
骊山温泉 / 993
金沙洞 / 993

玉泉院 / 994
希夷洞 / 995

凤翔东湖 / 995
喜雨亭 / 996
岸柳飞雪 / 996
石螭吐甘 / 997
凌虚台 / 997
苏轼书画石刻 / 997

渼陂湖 / 997
三星台 / 998
空翠堂 / 998
王季陵 / 998

新繁东湖 / 999
罨画池 / 1001
琴鹤堂 / 1002
同心亭 / 1002
升庵桂湖 / 1003

鹅岭 / 1004
瞰胜楼 / 1005
江山一览台 / 1005
桐轩 / 1005

漪矸桥 / 1006
缙云山 / 1006
　缙云寺 / 1006
　狮子峰 / 1006
　洛阳桥 / 1006
　北温泉 / 1006
　石刻园 / 1007
　钓鱼城 / 1007
　护国寺 / 1007
　钓鱼台 / 1007
　钓鱼城卧佛 / 1007
五泉山 / 1007
　千佛阁 / 1008

白塔山 / 1008
　白塔 / 1009
大观楼园 / 1009
　大观楼 / 1010
　大观楼长联 / 1010
　近华浦 / 1011
　翠湖 / 1012
西山 / 1014
　华亭寺 / 1015
　太华寺 / 1016
　三清阁 / 1017
　龙门 / 1018
　杨升庵祠 / 1020

普贤寺 / 1021
洱海 / 1021
　团山 / 1021
　金梭岛 / 1022
　小普陀 / 1022
　天生桥 / 1023
　大理三塔 / 1023
　蝴蝶泉 / 1023
黑龙潭 / 1024
　五凤楼 / 1024
黔灵公园 / 1025
甲秀楼 / 1026
梵净山 / 1027

品园杂识

一、园林沿革 / 1032
园林起源 / 1032
村野绿化 / 1032
畋猎苑囿 / 1034
祭祀游娱 / 1035
园林史观 / 1036
先秦之囿 / 1037
文王灵囿 / 1039
秦汉苑园 / 1039
　上林苑 / 1041
　昆明池 / 1042
　影娥池 / 1043
　琳池 / 1043
　建章宫太液池 / 1043

　甘泉苑 / 1044
　广成苑 / 1045
　毕圭灵昆苑 / 1046
　梁孝王兔园 / 1046
　梁冀园 / 1046
　袁广汉园 / 1047
魏晋南北朝园林 / 1047
　铜雀园 / 1049
　西游园 / 1049
　芳林园 / 1050
　华林园 / 1051
　乐游园 / 1051
　龙腾苑 / 1052
　仙都苑 / 1052
　湘东苑 / 1053

　金谷园 / 1053
　始宁园 / 1054
　宝光寺 / 1055
　景明寺 / 1055
　冲觉寺 / 1055
　河间寺 / 1055
　景林寺 / 1056
　庐山东林寺 / 1056
隋唐园林 / 1056
　西苑 / 1059
　大明宫 / 1060
　兴庆宫 / 1060
　华清宫 / 1061
　九成宫 / 1061
　芙蓉苑曲江池 / 1062

辋川别业 / 1063
浣花溪草堂 / 1064
白氏履道里宅园 / 1065
庐山草堂 / 1065
平泉庄 / 1065
两宋园林 / 1066
琼林苑 / 1068
金明池 / 1069
寿山艮岳 / 1070
富郑公园 / 1072
独乐园 / 1072
乐圃 / 1073
环溪 / 1073
湖园 / 1074
德寿宫 / 1074
大内御苑 / 1075
南园 / 1075
石湖别墅（附范村）/ 1076
西湖 / 1077
辽金苑园 / 1078
西山八院 / 1079
元代园林 / 1080
万岁山太液池 / 1081
万柳园 / 1082
临漪亭园 / 1082
明代园林 / 1082
弇山园 / 1085
熙园 / 1086
日涉园 / 1087
淳朴园 / 1088
西佘山居 / 1088

清华园 / 1088
米氏三园 / 1089
影园 / 1091
清代园林 / 1092
平山堂西园 / 1095
随园 / 1095
安澜园 / 1095
就园 / 1096
云泉山馆 / 1096
蘦园 / 1096
露香园 / 1096
二、造园理论 / 1096
相地选址 / 1097
山水地 / 1098
田园地 / 1100
城市地 / 1101
基地与边界 / 1102
造园原则 / 1104
虽由人作　宛自
　天开 / 1104
主匠合一 / 1105
因地制宜 / 1106
有法无式 / 1106
顺应自然 / 1106
叠山理水 / 1106
山水关系 / 1107
花木栽植 / 1108
动物点缀 / 1108
建筑合宜 / 1109
对比与协调 / 1110

动静对比 / 1110
虚实相济 / 1111
以曲带直 / 1113
山水开合 / 1114
小中见大 / 1115
收放与畅阻 / 1116
协调与统一 / 1117
空间美的创造 / 1118
空间观念和园林
　风格 / 1119
围而不隔　隔而
　不断 / 1121
园林空间的构成 / 1122
风景主题 / 1122
通感赏景 / 1124
全身心的欣赏 / 1124
园林空间的时
　间性 / 1125
园林的音乐美感 / 1127
借景对景 / 1129
远借 / 1130
邻借 / 1131
实借　虚借 / 1132
俯借　仰借 / 1132
借景和距离说 / 1132
园林意境 / 1133
情景的统一 / 1134
点题和规定 / 1135
题对和意境设计 / 1136
园林的意趣及象征 / 1136

鱼乐我乐 / 1137
沧浪之水 / 1137
舟船之趣 / 1138
自然情趣 / 1139
巧构奇趣 / 1140

赏景方法 / 1141
　游园先问 / 1142
　远望近观 / 1144
　动静结合 / 1145
　情景交融 / 1147

三、园景构成 / 1149
园林假山 / 1150
　土假山 / 1150
　土石假山 / 1150
　全石假山 / 1151
　分峰用石 / 1151
　看假成真 / 1152
园林石峰 / 1153
　石峰与造景 / 1154
　点峰 / 1154
　屏峰 / 1155
　引峰 / 1155
　补峰 / 1155
　石峰的置树 / 1156
　石峰选点 / 1156
　造奇 / 1157
　藏拙 / 1157
　石峰欣赏 / 1157
　品石标准 / 1158
　石峰寓意 / 1159
　选石 / 1160

太湖石 / 1160
北太湖石 / 1161
黄石 / 1161
灵璧石 / 1161
英石 / 1161
昆山石 / 1162
宣石 / 1162
松皮石 / 1162
黄蜡石 / 1162
园林水景 / 1162
　静水如镜 / 1163
　泉瀑动水 / 1165
　流水有清音 / 1166
　水与山林 / 1168
　水与建筑 / 1170
　曲水流觞 / 1170
园林植物 / 1171
　自然与生机 / 1173
　花木品类 / 1175
　白皮松 / 1175
　桧柏　侧柏 / 1175
　垂柳 / 1176
　枫　红叶 / 1176
　竹 / 1176
　银杏 / 1177
　梧桐 / 1177
　南天竹 / 1177
　山茶 / 1178
　海棠 / 1178
　梅花 / 1178
　玉兰 / 1179

蜡梅 / 1179
石榴 / 1179
紫薇 / 1179
牡丹 / 1180
木芙蓉 / 1180
桂花 / 1180
紫藤 / 1181
凌霄 / 1181
木香 / 1181
荷花 / 1181
芍药 / 1182
菊花 / 1182
兰花 / 1182
芭蕉 / 1183
萱草 / 1183
书带草 / 1183
园林建筑 / 1184
　宫殿 / 1186
　厅堂 / 1186
　楼阁 / 1187
　斋 / 1187
　馆 / 1188
　轩 / 1188
　榭 / 1189
　台 / 1189
　亭 / 1189
　廊 / 1190
　舫 / 1190
　舟 / 1191
　桥 / 1191
　屋顶 / 1192

庑殿 / 1192
歇山 / 1192
悬山 / 1193
硬山 / 1193
攒尖 / 1193
单坡 / 1194
盝顶 / 1194
卷棚 / 1194
装修 / 1194
门 / 1195
槅扇 / 1195
窗 / 1195
挂落与罩 / 1196
栏杆 / 1196
墙垣 / 1197
铺地 / 1198
字画 / 1198
家具 / 1199
陈设 / 1200
灯具 / 1201

园林风月景 / 1202
动态变幻之美 / 1203
烟水迷离之美 / 1204
日光转换 / 1205
朦胧的雨景 / 1206
纯净的白雪 / 1207
醉人的月色 / 1208

四、园林文化 / 1210
园林与文学 / 1211
楹联 / 1211
楹联的基本形式 / 1212

名园与名联 / 1213
匾额 / 1213
题名的艺术 / 1214
碑与书条石 / 1216
文因景成　景借
　文传 / 1216
名诗与名楼 / 1217
园林与绘画 / 1219
同出一源 / 1219
郭熙与造园 / 1221
辋川别业与辋川图 / 1222
艮岳与画院 / 1224
画家与名园 / 1225
园林与戏曲音乐 / 1227
山水有清音 / 1228
园中听乐 / 1228
园林顾曲 / 1229
戏曲与园林建筑 / 1230
戏曲中的园林 / 1230
《牡丹亭》与府邸
　园林 / 1231
《玉簪记》中的庙园 / 1232
《西厢记》中的寺园 / 1233
园家与曲家 / 1233
园林与茶 / 1235
茶之风物景观 / 1236
龙井问茶 / 1237
名泉伴名茶 / 1238
天下第一泉 / 1239
人间第二泉 / 1239
竹炉煮茶 / 1240

品茶赏景 / 1241
饮茶之相宜 / 1241
饮茶与人品 / 1242
园林与酒 / 1243
苑囿酒事 / 1243
流杯赏春 / 1244
醉翁与醒亭 / 1245
园林酒景 / 1246
酒与山水诗文 / 1247

五、名家名著 / 1248
曹操 / 1248
曹丕 / 1248
戴逵　戴颙 / 1249
慧远 / 1249
谢灵运 / 1249
崔士顺 / 1249
蒋少游 / 1249
周景 / 1249
蒯祥 / 1250
文震亨 / 1250
李斗 / 1250
石虎 / 1250
张伦 / 1250
杨广 / 1250
杨务廉 / 1250
李德裕 / 1251
白居易 / 1251
梁师成 / 1251
朱勔 / 1252
俞澂 / 1252
倪瓒 / 1252

米万钟 / 1252
高倪 / 1253
林有麟 / 1253
计成 / 1253
陆叠山 / 1253
张涟　张然 / 1254
叶洮 / 1254
李渔 / 1254
道济 / 1255
仇好石 / 1255
董道士 / 1255
戈裕良 / 1255
大汕 / 1255
周师濂 / 1256
三辅黄图 / 1256
上林赋 / 1256

东京赋 / 1256
水经注 / 1256
山居赋 / 1257
小园赋 / 1257
洛阳伽蓝记 / 1257
滕王阁序 / 1257
永州八记 / 1257
訾家洲亭记 / 1257
零陵三亭记 / 1258
平泉山居草木记 / 1258
草堂记 / 1258
岳阳楼记 / 1258
沧浪亭记 / 1258
醉翁亭记 / 1258
独乐园记 / 1259
梦溪自记 / 1259

洛阳名园记 / 1259
吴兴园林记 / 1259
玉女潭山居记 / 1259
谐赏园记 / 1259
弇山园记 / 1260
游金陵诸园记 / 1260
灵洞山房记 / 1260
愚公谷乘 / 1260
梅花墅记 / 1260
帝京景物略 / 1261
西苑 / 1261
圆明园 / 1261
扬州画舫录 / 1261
将就园记 / 1261
愚园记 / 1261

中国园林历史大事年表 / 1263

后记 / 1298

补记 / 1299

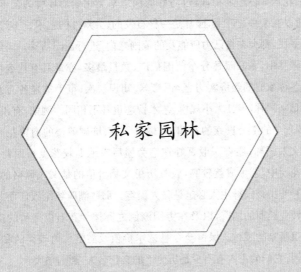

私家园林

私家园林概述　　私家园林是指私人拥有的花园,它主要是为家庭和个人服务的。在古代,造园是一种社会性较强且极为普遍的艺术活动。实际上,中国园林是利用山石、花木等自然之物,经过巧妙的构思来美化生活环境的艺术。人皆有爱美之心,所以在某种程度上,园林是一种自发的、大众性的艺术。不管是达官贵人还是市井平民,都会在自己力所能及的范围之内,进行造园活动。因此,在留存至今的古典园林中,私家园林分布范围最广,数量最多,亦最具有代表性。同时,由于社会上各种家庭的经济实力、学识修养、知识层次、审美情趣各有差异,也使得虽同属于私家园林,但其大小规模、艺术旨趣也各不相同。例如,有模仿帝王苑囿,追求景多景全的王公贵族的花园;有耀富争胜、堆砌雕镂的商贾花园;有讲究诗情画意的文人园林;还有一般百姓在宅旁屋后空地上栽花点石而营建的小庭园。在这些花园中,艺术成就较高,较具历史文物价值的是文人风格的园林。所谓文人风格并非指该园林主人必定是骚人墨客。那些满腹经纶致仕而归的官僚,屡考不中而转业经商的儒贾,以及在穷困潦倒之际摆弄花石以遣情的落拓文人,均可以造出很精雅的园林。保留至今且艺术价值及游赏价值较高的私家园林多数为文人花园,它们的主人有不少是历史上的文化名人,影响颇大。

　　从园林所处的位置来看,私家园林多数是与住宅府第相连,而成为城镇的府邸园或宅旁园。在山明水秀的风景胜地,也有不少私人花园,它们往往是单独的别墅式园林,主人并不常年居于此,而是春来赏花,夏来避暑,待时令一过便回城居住。不管是宅旁园还是山水园,私家园林一般均占地较少。"小"对建造园林是不利的,然而,古代造园家却能自如地掌握艺术创作的辩证法原则,化不利为有利,在"小"字上做文章,精心设计和布置,在有限的范围内创造出无限的景色来,做到小中见大。有时还以小为荣,如苏州的壶园、残粒园,南京的芥子园,北京的半亩园,潍坊的十笏园,皆以小著称。"三五步,行遍天下;六七人,雄会万师",这是中国古典戏曲艺术以少胜多、一以当十的形象描绘。古典园林艺术也一样,要在较小范围内表现出大千世界的美景,就更重视"一以当十"的艺术原则。园中景物,无论是山水造景,还是亭、台、廊、桥,均以小巧为上,以能入画者为佳,其立基定位、排列布置,都要反复锤炼,以收到笔愈少气愈壮、景愈简意愈浓的艺术效果。这是文人私家园林艺术创作的第一个特点。

　　富有文意和书卷气是私家园林的第二个特点。由于园林主人具有较高的文学艺术修养，所以他们常如吟诗作文一般来对待园林创作。清代园林评论家钱泳从江南文人园林的构思布局中看到了造园与文学创作之间的共同点。他在《履园丛话》中说："造园如作诗文，必使曲折有法，前后呼应，最忌堆砌，最忌错杂，方称佳构。"游赏好的文人园林，便会感到画境中的一股文心，园景中的一山一水、一草一木、一亭一榭，似乎都经过仔细推敲，就像作诗时对字的锤炼一样，使它们均妥帖地各就其位，有曲有直，有藏有露，彼此呼应而成为一首动人的风景诗篇。如网师园是苏州文人园中的极品，园林家曾这样来评论它的书卷气："网师园清新有韵味，以文学作品拟之，正如北宋晏几道《小山词》之'淡语皆有味，浅语皆有致'，建筑无多，山石有限，其奴役风月，左右游人，若非造园家'匠心'独到，不克臻此。"

　　私家园林的第三个特点是其景色大多比较雅朴。雅是我国传统美学中独有的范畴，主要指宁静自然、风韵清新、简洁淡泊、落落大方。这和以少胜多、以简胜繁是密切关联的。园中没有苑囿风景中那种艳丽夺目的色彩，建筑几乎都是清一色的灰瓦白墙，木装修也多深褐色。台基及铺地或用青砖灰石，或用更为朴素大方的卵石、碎砖碎瓦等砌铺而成。其图案花纹较多选用格子纹、冰裂纹或简洁的植物花叶式样，室内陈设也多为古雅的艺术品。就是作为园林各景区点景的匾额和楹联，也极雅朴，或用木板，或用剖开大竹阴刻，以求显得自然古雅，与园景相协调融合。

　　私家园林的第四个特点是在较小的范围之内，能使园林的游赏功能与居住功能密切结合在一起，实现"游"与"居"的统一。北宋画家郭熙曾说过，山水有"可行""可望""可游"和"可居"数种，只有达到"可游"和"可居"的境界，才能称为"妙品"。我国风景资源丰富，名山胜水的美丽景色曾使历代许多文人艺术家为之陶醉，山水游历成了一时的风尚，然而真正像隐士逸人和僧道弟子那样甘愿居于一隅山水之中的，终究为数很少。因此古代士人既想耽乐于名山大川，又不甘心放弃都市的世俗生活，存在着自然美欣赏和物质美享受的矛盾。私家园林既有山水林泉，重视自然美景的再造，又有厅堂书斋，讲究起居生活的舒适和方便，是调和这一矛盾的良方。这也是古代私家园林极为繁荣的根本原因。

　　私家园林的第五个特点在其构思和造景上，往往能不拘俗套，富有个性。由于古代士人一般都具有较高的审美修养，对自然美较为敏感，又有丰富的游历经验，因此在构园造景时，能自觉按自然规律办事，因地制宜地处理好园中山石、水体、花木等景物的关系。不求景多景全而求其精，以突出自己园林的风景主题和个性。这和文学理论提倡的自然清新、不落窠臼，追求性灵神韵有较大关系。如北宋李格非所著的《洛阳名园记》所记十九园,有的以远眺取胜,有的以景物苍古擅名,有的园水景幽邃,有的园竹篁千亩,有的以赏牡丹为主,有的以泉水瀑水取胜。那些名园都是根据不同的环境条件而建造的。再看今天甲于天下的苏州园林,虽然总属江南水乡风格,有其一定的共性,但各园还是有自己的个性特点:拙政园以水为主景,建筑简雅,具有朴素开朗、平淡天真的自然风格;留园则山池建筑并重,庭院玲珑幽静,亭台华瞻而不俗;网师园则以精巧幽深见胜,结构紧凑,有览而不尽之致;沧浪亭苍古而清幽,富有山林野趣。可见古代文人雅士的园林也和他们的诗文绘画一样,注重各自独特风格的熔铸和个性的塑造,这一点在今天鉴赏时应该格外注意。

拙政园　　位于苏州城区东北隅娄门内,占地约七十二亩,是苏州最大的古典园林。园址最初为唐代诗人陆龟蒙的住宅,元时建有大弘寺。明正德四年(1509),因官场失意而还乡的御史王献臣,购下大宏寺遗址和附近的低洼地营建园林,并取晋代潘岳《闲居赋》中"灌园鬻蔬,以供朝夕之膳……此亦拙者之为政也"文意,取名为"拙政园"。园主与当时画坛吴门派领袖文徵明是好朋友,故邀其共同进行规划设计:因低凿池,因高堆山,又随宜点缀花圃、竹丛、果园、桃林,并错落构置堂、楼、亭、轩于园中,使这座园林一开始就具有清秀典雅的自然风貌。嘉靖十二年(1533),文徵明依园景绘成拙政园图三十一幅,并各题以咏景诗,又作《王氏拙政园记》,记录了建园之初自然雅朴的景象。王献臣去世后,其子一夜赌博将园输给徐氏,清人袁学澜曾有绝句"十亩名园宰相家,花时门外集香车。百年堂构经纶业,只付樗蒲一掷奢"来感慨是园命运之多变。徐氏子孙后亦衰落,园渐荒废。

崇祯四年(1631),侍郎王心一购得园东部废地十余亩,悉心经营布置丘壑,因慕东晋陶潜隐士风骚,取名为"归田园居"。中有秫香楼、芙蓉榭、泛红轩、兰雪堂、竹香廊、啸月台、放眼亭等景,当时诗人沈德潜曾作《兰雪堂图记》来赞美园景,后来园林亦渐荒废。园林中、西部的兴衰变化较多。清初名士钱谦益(牧斋)曾构曲房于此,安置金陵名妓柳如是。后来大学士海宁陈之遴购得花园,重加修葺,多置奇花美石,其中有珍贵的宝珠山茶花,冠绝当时江南文人园林。清康熙元年(1662),因园主获罪,园没为官产,随即改为兵备道行馆,成为苏州一处府署花园。后来陈之遴案平反,花园发还其子,不久即售与吴三桂之婿王永宁。在吴三桂举兵反清被歼之后,王永宁自尽,花园又归公,改为苏松常道新署。康熙二十三年(1684),康熙帝玄烨南巡曾到过此园。以后苏松常道署裁撤,园林颓圮,渐渐散为民居。乾隆初年,太守蒋棨修复了中间部分花园,取名为"复园";太史叶士宽购得西部旧地营建"书园",拙政园便成为相互分离的几座小园林。其中复园景色最佳,当时文坛名人如袁枚、赵翼、钱大昕等均游赏过,并有觞咏诗文留存,盛极一时。

咸丰十年(1860),太平军攻占苏州,忠王李秀成以复园为主,加上东西两面的民宅及花园合建忠王府,对花园进行大规模改建,然而园未完工,李鸿章便攻破苏州,忠王府成了他的江苏巡抚行辕。同治十年(1871),能书善画的张子万任江苏巡抚,在他的带领下,又一次对园林进行大规模修整,由于有艺术修养很高的官员主持工作,拙政园初建时的自然雅洁风格渐渐恢复,中部格局如远香堂、玉兰堂、枇杷坞、柳堤等景点基本保留至今。

吴县富商张履谦于光绪三年(1877)购得破残不堪的西部,请画家顾若波等人共事修葺,取名"补园"。又新建了卅六鸳鸯馆、十八曼陀罗花馆、拜文揖沈之斋,装修精细华丽,使花园具有典型晚清园林风格。

此后,连年兵燹战乱,园林残破不堪,直到新中国成立后,拙政园才得到了新生。1951年划归文物部门管理,延请专家名匠整饬修复,中、西部于1952年竣工并接待游人。1960年东部又修整完工,历史上分开的三个部分重新合而为一。一代名园重放光彩,1961年经国务院批准,拙政园成为全国第一批重点保护的古典园林。

拙政园山青池广、竹木掩映、建筑得宜,风格隽雅而疏朗,是明清江南文人私家园林的典型代表。全园大致可分成东、中、西三个相对独立的景区。东部是在荒废已久的"归田园居"旧址上新建的,主厅为兰雪堂,堂东北的一泓清池边,有芙蓉榭,另有天泉亭、黑松冈、秋香馆、涵青亭等景。这一部分较为开朗,其构思布局既继承传统,又有创新,使古朴的竹坞曲水景色与自然的松冈山岛风光互衬互补,相映成趣。

中部是拙政园的精华所在,留有许多著名景点,这部分的景色以自然的山池风光为主调。中间大水池有聚有分,清广而漫远,约占总面积的五分之二。池南岸紧接住宅区,所以厅堂亭榭较为集中,围绕着主题风景,开敞的、半开敞的以及封闭的小院一个套一个,很有特色,可以说是从住宅延伸过来的休憩之处。池北岸则山池树木并重,其丘壑布局尚保留明代遗风,疏朗而有野趣。池中偏北,置有一大一小两座山岛,将池水分为南北两部:山南水面开阔,山北溪涧环流,池西南又分流导出为小沧浪水院,非常幽邃曲折,另有支溪或断或续,萦回于亭馆林墅之间。中部主要景点如梧竹幽居、见山楼、绿漪亭、香洲、南轩、远香堂等均面水而立,造型多样别致,再联络以各式游廊益桥,使得这一部分景色真正做到了"隐现无穷之态,招摇不尽之春"。

西部也是以水池为中心,池南建有拙政园唯一的、由两种不同木构架组成的一座鸳鸯厅:北为卅六鸳鸯馆,南为十八曼陀罗花馆,厅西有一条曲折小溪,向南流去,直达住宅部分;厅东叠石为山,登山可隔墙眺望中部山池,故建亭名为"宜两"。山南是一泓曲尺形清池,池西岸是一带游廊,滨水凌波而建,曲折自然,直通此区东北隅的倒影楼,廊壁墙上开有各式花窗,循廊漫步,中部景色若隐若现,是江南园林游廊中的佳作。与鸳鸯厅隔池相望的是一座山岛,假山顶建有笠亭,临水筑有与谁同坐轩。岛西北另有一土山,山上置有浮翠阁,为全园最高点,是登高远眺之处。与中部相比,西部建筑较密,装饰华丽,景色基本保留了晚清补园时的风貌,是拙政园中一个饶有趣味的别有洞天之所在。

兰雪堂 拙政园东部之主厅。20世纪60年代拙政园园门由中部移至东部后,此厅成为入园游赏的第一景,位置十分重要。堂名取自李白"独立天地间,清风洒兰雪"的诗意。据明王心一之《归田园居记》所载,当时兰雪堂面阔五楹,爽垲整洁,"东西桂树为屏,其后则有山如幅,纵横皆种梅花。梅之外有竹,竹临僧舍,旦暮梵声,时从竹中来"。清初文学家沈德潜曾有《兰雪堂园记》专门记载此景的美丽。20世纪50年代后期重建拙政园东部时,设计者细心查找原"归田园居"之资料,尽量按原来格式恢复厅堂建筑和周围景色。今日游人一进仿古的园大门,便是一个较为开阔的朴素庭院,地面为浅色方石铺筑,三面粉墙相围,东边墙根下,一株百年女贞枝叶婆娑,姿态十分入画;正面墙中,以湖石砌成一雅素花坛,上以古松、奇石为造景主题,点明了古园的景色格调。花坛两侧为圆形洞门,是游人出入古园的通道,上有砖刻门额二块,左为"入胜",右为"通幽",其字体仿自明书画家文徵明之遗墨。穿过洞门,又是小天井,迎面便是兰雪堂。堂坐北朝南,内有中堂隔板区分前后。原先这里是六扇屏门式隔板,其裙板上刻有精细的廿四孝图,毁于"文化大革命"时。为了使游人入园后有一个总体印象,堂中隔板前置苏州漆雕厂制的艺术漆雕"拙政园全景图",图上各著名景点按其方位错落布置,板北面则是一幅巨大的翠竹图。堂内除了花几、琴桌等家具外,还有四块大理石屏,较具文物价值,亦显出江南文人园林主要厅堂的庄重和典雅。

与堂北一排落地长窗相对的是一座湖石假山,山形高下曲折,既是堂中静赏的主题,又起到了一定的障景作用,使园内景色不会一览无余。山之西峰,较为高耸,颇具透漏之姿,题名曰"联璧"。山之中峰名"缀云",轮廓飞舞多姿。这一组建筑、庭院及山石景连成一串,成为以平岗曲坞草地为特色的东部景区很重要的观赏主题。

涵青亭 又名钓鱼台,位于拙政园东部兰雪堂之西的水池南,紧靠园林南界墙,是一座平面为凸字形的倚壁面水的小筑。据明王心一《归田园居记》,"涵青"原为水池之名,取自储光羲"池草涵青色"之诗句。重建时,于兰雪堂西土山后的草地上掘一弧形水池,以体现诗句之意境,复于界墙下临水构一小筑,以池名题其额,故曰"涵青亭"。此处景观较为开朗,池之北为连片草地,一条石板小路弯曲穿过草地,渐渐斜上高坡,通向进入中部景区的门亭。涵青亭又是连接东部与中部游览路线上的主要观赏对象。由于这一区域以坡地、草坪、花树等自然景观为主,风格比较平和疏朗,于水池对岸,点缀一座平面独特且屋顶多样变化的风景建筑,具有很强的点题作用。特别是这一景区,以动观为主,在曲径上漫步,涵青亭各个侧面的造型能无遗地逐渐呈现在面前,确能使游人获得移步换景的审美体验。

芙蓉榭 拙政园东部一方形歇山顶临水风景建筑,位于主厅兰雪堂之北,大荷花池尽东头。荷池约略为矩形,东西长,南北窄,故西向的小榭前有很深远的水景。水中植荷,荷又名芙蓉,小榭之名也由此而来。当年王心一营筑"归田园居"时,这里为一派水乡景色:"池之广四五亩,种有荷花,杂以荇藻,芬葩灼灼,翠带柅柅。修廊蜿蜒,驾沧浪而度,为'芙蓉榭'。"现游廊尚未恢复,然小榭已成为东部很有特色的风景,特别是夏晚在此赏景,待到皓月当空,清风、月影、荷香齐至,确能给观赏者带来美不胜收之感。小榭室内装修也甚为精美。中间置竹节圆台,周围为四只竹节圆鼓凳,梁下悬红木宫灯。榭临水的西面装点有雕刻精美之圆光罩,东面为落地罩门,南北两面为古朴之窗格,颇有苏州园林小筑的古雅书卷之气。

天泉亭 拙政园东部之古迹纪念性建筑。亭八角尖攒顶,原先亭内有古井,相传为元代大弘寺东斋遗物,人说此井不枯,犹似天泉,今借以名亭。亭位于芙蓉榭西北的大草坪中,草为紫薇草,浓绿如茵,草坪四周绿树相绕,景物较为疏朗,适宜于游憩、娱乐活动。亭北为缓坡土山,山上广植黑松,以创造平岗松林的风景意境。为了配合八角形的亭子造型,建筑内部亦置一只八角形仿古木台,窗格、短墙上也均饰有八角形的图案。在拙政园东部,唯此亭为多边形,因立于空旷之地,此亭体量较大,但从远处看来,仍不失为一个较好的景点。

秫香馆 原为秫香楼,位于天泉亭北土山松岗之西,为拙政园东部最大的厅堂,现辟为茶室。秫者,是稷、稻之精品的统称,宋人范成大《冬日田园杂兴》有"屋居何似山居乐,秫米新来禁入城"之句。此处原来为归田园居之北界,墙外为北园,乃园主的家田,故于此建楼,以观赏农桑田园之景,秫香之名,亦由此得。王心一《归田园居记》载云:"折北,为'秫香楼',楼可四望,每当夏秋之交,家田种秫,皆在望中。"农田以北,则是苏州古城齐门一带的城墙,城上女墙雉堞亦历历在目,这是古代园林家极喜爱的借景,计成《园冶》中所讲的"斜飞堞雉"便是指的此类风景。王心一《归田园居记》中也对此赞美不已,谓"北则齐女门雉堞,半控中野,似辋川之孟城"。当年复建此堂时,馆内所有落地长窗裙板及夹堂板上,均刻有《西厢记》人物故事图案,1966年为保护起见,将图案翻入室内,以无雕刻的反面窗板向外,一直沿用至今,成为园林工人热爱古典艺术和传统文化的一段佳话。今日秫香馆四周景色开朗,南边隔水为山岛,是游人品茗休憩之好去处。

放眼亭 拙政园东部假山上的矩形景亭。其位置在涵青亭正北,隔水池、草地互为对景,两者一北一南、一方一凸、一高一低、一山一水,互对互衬,是中国古典园林灵活应用艺术辩证法的佳例。此区地域开阔,建筑无多,亭下假山土石相间,四周环以河道,形成规则不一的山岛。岛上树木葱郁,小路盘曲,又扼进入中部主景区之要冲,是东部景区的景观重心。因此,立于山巅的放眼亭位置重要,具有很强的点景作用。亭取唐白居易"放眼看青山"诗意而得名。原先此处尚未形成景观,假山上树木未成,为弥补山景之单调而立此亭,故初名"补拙亭"。现已成为游人乐于登临观赏之处:山上树木森森,山下曲水萦绕,东南聚为清池,山石倒影其中,夹岸翠柳成行,繁花弥望。西边又正对分隔东、中部的长廊半亭。透过树梢,中部山池美景约略可见,正与亭名之意境相契。

腰门 拙政园中部的正式入口,是一座图案精美的砖雕门楼,在东大门新修前,一直是园林的正门。腰门没有新门宽大和雄伟,但却保留了江南古园入口处含而不露的艺术风格。原先拙政园的临街旧门极为朴素,仅以粉墙上一方砖刻园名表示。从大街到花园的正式入口,要步过一条长长的夹弄,通道的起首便是一座娟雅小庭,其隅植有一架古藤,为文徵明亲手栽植。夹弄匝砖铺地,青苔点点,墙上嵌有"得山水趣""规模式焕"等数方砖刻。犹如文章的开头,这是一段极为朴素的引子,是进入园林游赏前的很好铺垫。走到尽头,隶书贴金的"拙政园"三个大字匾额悬于腰门上,腰门用磨砖制作,极为工整,两侧曾挂有一联:"拙补以勤,问当年学士联吟,月下花前,留得几人诗酒;政余自暇,看此日名公雅集,辽东冀北,蔚成一代文章。"这是清光绪年间娄东(今太仓)王藻林为缅怀王献臣而撰写的。过腰门即有游廊接引,游人至此,但见一座峻奇刚劲、山骨磊磊的黄石假山耸立眼前,山上草木葱茏,下有曲洞,两侧奇峰散点,它基本保留了清同治年间张子万修建奉直会馆时"峭石当门,群峰玉立"的格局。这一石山所起的作用,与《红楼梦》大观园进门处的一带翠嶂完全相同,它使游人入园后仍不能窥探到山明水秀的景色,只有依"右达"曲廊绕过假山,渡桥而去,或者出"左通"砖门,步下石阶,沿小径穿过山洞,折西北而上,才能至园内景观中心之一的远香堂。

文徵明手植紫藤 拙政园古木名景,在园中部旧大门内庭园一隅。藤为建园之初,书画家文徵明亲手栽植,至今已逾400年。紫藤主干胸径达22厘米,夭矫蟠曲,鹤形龙势,花时璎珞流苏,下垂如串紫玉,极有观赏价值,被誉为"苏州三绝"之一。历代骚人墨客题咏甚多,晚清蒋吟秋曾有诗曰:"拙政名园访紫藤,繁花密叶一层层。衡山手植资回念,盘旋神龙势欲腾。"20世纪30年代园外马路拓宽时,为避免危及古藤,特地将原设计线路向南移让,可见市民对其之珍爱。藤架下立石碑一块,上刻"文衡山先生手植藤",为清光绪年间苏州巡抚端方所题。壁间尚有"蒙茸一架自成林"的碑刻。为了保护这株具有文物价值之古木,园东部新大门竣工后,这一方小天井已划归隔壁的苏州博物馆(原拙政园南部的住宅区)管理。

远香堂 拙政园中部主要厅堂。古人造园,厅堂位置的确定均要再三推敲斟酌,认为"奠一园之体势者,莫如堂"。故堂一般均位于离园大门不远的主要游览线上,是园内佳景的理想观赏点。远香堂的立基是这造园理论的完美实践。堂是一座四平厅,平面为矩形。南北为主向,开有一列落地长窗,东西两面亦是,但一般均关闭,这一四周为窗的做法在古典园林营造学上被称为落地明罩,能使厅堂内非常空透,方便赏景。堂之南数步,是一泓清池,其间一色清雅花砖铺地,池边栽广玉兰数株,枝叶扶苏。池上架一座小桥,跨水而去,通向彼岸的黄石假山和曲廊。山岩古拙,古榆依石,幽竹摇曳,坐厅中南望,是一轴自然古木竹石小景,看不出明显的入口腰门,堪称园林造景上"隔"的大手笔。

北向跨出长窗下槛,便是临水的大月台,台石砌,扑入水中,粼粼清波直接台下,游人至此,眼前才豁然开朗。环顾四周,池水碧波,山石亭榭,毕呈眼前。最引人注目的是隔水一东一西两座岛山,山上林木苍翠,磊石玲珑,山顶绿丛中不时透露出小筑的翘角。山下水面开阔,夏日满池荷花,清香四溢,因而取宋代学者周敦颐《爱莲说》中"香远益清"的意境,取名为远香堂。当年蒋吟秋曾有七绝一首赞其美曰:"拙政名园好景多,池塘屈曲漾清波。远香堂外清如画,四面凉风万柄荷。"堂西则是一带曲廊和倚玉轩,小轩实为远香堂的副厅,亦面水,其歇山顶的山花与主厅的山花一直一横,成为很动人的曲线轮廓,从堂北大月台可直接进入小轩,这两座建筑的组合主要是为了满足园主人在园内举行宴会或集会的使用要求,而同时又考虑了点景的需要。远香堂东边则是一座缀有玲珑湖石的土假山,山势奇峭,盘曲有致,山巅立有绣绮亭,亭如其名,造型极为精美,与堂一高一下互对互借,使远香堂成为这一风景空间中名副其实的中心。

远香堂四面皆佳景,又是骚人墨客游园的必到之处,因此题对楹联等文化景致很是集中,原先厅堂四面均悬有联,除了檐柱(外柱),步柱(内柱)也有联,如南步柱的联文为:"建业报襄,临淮总榷,数年间大江屡渡,沧海曾经,更持节南来,息劳劳宦辙,探胜寻幽,良会几忘新拙政;蛇门遥接,鹤市旁连,此地有佳木千章,崇峰百叠,当凭轩北望,与衮衮群公,开尊合坐,名园且作故乡看。"北步柱联文是:"旧雨集名园,风前煎茗,琴酒留题,诸公回望燕云,应喜清游同茂苑;德星临吴会,花外停旌,桑麻闲课,笑我徒寻鸿雪,竟无佳句续梅村。"这些联文均为清代文坛名士所题,既抒情又写景,并追溯历史、议论古今,是游园赏景发掘古典园林文化意蕴时不可缺少的佐助。

枇杷园 远香堂东南隅的一座小院,以白墙灰瓦和高下起伏的云墙作为分隔,墙外是大的山池景色,墙内则是一座幽静的园中园。进园的月洞门安排得甚是巧妙:腰门北的黄石假山在贴近枇杷园云墙处,突然转折而怒出,恰巧遮住小园入口,游人必须行至远香堂东侧牡丹花台处折而南望,才会不期地发现这一方小天地。园门上方有一朴素的砖雕点明了主题。园内原先植有多株枇杷,每至初夏,一片葱翠的浓绿上金果累累,独具江南村舍小庭的风光。我国古典园林中除了塑造山水风景外,也常常设置模拟田园山野风光的景点。当年园主人取名"拙政",即欲治理园圃,收收果子种种菜,有较强的归农思想。枇杷园就是这一思想在造景上的反映。小园的布局构思也较富特色:它的南边是嘉实亭,亭名是对园名很好的烘托,小亭周围树茂峰秀,游人未进园就能从月洞门中欣赏到,而入得枇杷园返身回望,水池中山岛之巅的雪香云蔚亭又正好处于洞门的圆环之中,恰似古代的团扇山水小景,园门上砖刻"晚翠"便是其很好的题画。这一极为巧妙的对景借景增添了这座园中园的艺术魅力。小院之西,玲珑馆凸出于游廊之前;馆北为湖石假山,外形很是婉转玲珑,宛如天上云彩。一边,分隔小院的云墙依势斜上山去;山上,小巧的绣绮亭翼然而立。这里造园家以云墙、假山、圆洞、花窗和回廊灵活地将小园从大的山水空间中分隔出来,创造了两个既通又分的游赏空间。枇杷园并不是孤立的小园,向东,它还联系着听雨轩、海棠春坞等庭园,形成拙政园中部东南角层层相套的"庭院深深深几许"的景色。

嘉实亭 枇杷园内南界墙前一座小亭,取宋人黄庭坚"江梅有嘉实"诗意而名之,其题额为隶书,款署"徵明",悬于亭内,系今人仿文徵明字体重题刻的。小亭为矩形,尽管面积很小,但设计上颇有特色。首先,利用其南面界墙的一段作为背景,墙前栽翠竹,点松皮石笋,这是古代园林理论中称的"藉以粉墙为纸,以石为绘也"。其次,为了使游人在亭中细赏这幅竹石小景,造园家在亭南壁墙上开了一个很大的空窗,正好框住后面的青竹美石,空窗的大小、位置均经过周密推敲,使这幅立体风景画呈现出最完美的构图。它的两侧挂有一联:"春秋多佳日,山水有清音。"乃是集古人诗句而成。亭旁植有多株枇杷,相传为太平天国忠王李秀成所栽,点出了小亭及小园的欣赏主题。

玲珑馆 枇杷园中的主要建筑,坐东朝西,南向有曲廊通向听雨轩小院,馆前原置有玲珑剔透的太湖石峰,现其北假山之麓尚留存一些峰石,馆侧栽有凤尾细竹。这一风景格局颇有宋人苏舜钦诗"日光穿竹翠玲珑"之意境,馆即得名于翠竹美石。小馆前边是一色卵石铺地,环境极为清幽洁静,实为闲居读书之好去处。故馆内正中悬有"玉壶冰"的横匾。匾名摘自南朝鲍照"清如玉壶冰"之诗句,借景色以喻主人自己的心境。馆内窗格纹样及庭院铺地均用冰裂纹图案,甚为古雅。玉壶冰额两侧,悬有当年主持修复古园的张之万手书的楹联:"曲水崇山,雅集逾狮林虎阜;莳花种竹,风流继文画吴诗。"馆内还挂有晚清王文治所撰一联:"林阴清和,兰言曲畅;流水今日,修竹古时。"这些题对是游赏小院风景时很好的说明及指导,同时也增加了古园的文化内涵。

绣绮亭 枇杷园北边假山上的长方亭。登高远眺是游赏古典园林风景的重要方式,私家花园尽管占地不大,但每每也要设立高处的赏景小筑。绣绮亭是拙政园中部水池南边唯一的山巅亭台,这里向北可观望大荷花池及水中两座山岛,向南看便是洁静的枇杷小园,西边与远香堂互为对景,东向则是海棠春坞等几组建筑。山下由湖石围成的自然形花坛中种植多本牡丹,每当阳春三月,姚黄魏紫,娇艳欲滴。登亭四望红花绿叶,烂漫如锦,正合杜甫"绣绮相展转,琳琅愈青荧"的诗意,故名。小亭造型很是清秀美丽,四角起翘轻盈又舒展,台座、柱身及屋顶之间的比例恰到好处,充分表现了古典园林小筑之美。亭西檐下,悬挂着横卷形的匾额,上边行楷书写着亭名。原先,西柱上挂有清人所写的楹联:"人远忽闻清籁起,心闲频得异书看。"现原联佚失,改悬从它处移来的劝人处世的联文:"处世和而厚,生平直且勤。"亭内复有额对,横匾为"晓丹晚翠",上联是"露香红玉树",下联为"风绽紫蟠桃"。据姑苏文化老人回忆,亭中在抗战前曾悬有梁山舟撰书的景联:"闲寻诗册应多味,得意鱼鸟来相亲。"其境界似乎比今联要高。

听雨轩　玲珑馆东南的独立小院,其主要建筑北向,其题额为"听雨轩"。小轩前庭院中有清水一泓,池中植荷几叶,池边栽芭蕉翠竹,轩后也有一本芭蕉,如此置景是为了突出小院听雨的风景主题。我国古典园林是融视、听欣赏于一体的综合艺术,故园中喜欢栽植大叶植物,逢雨天便可欣赏多样而又变化的声景。南宋诗人杨万里曾作《秋雨叹》,留下"蕉叶半黄荷叶碧,两家秋雨一家声"的名句,南唐李中亦有诗"听雨入秋竹,留僧覆旧棋"。这院内蕉、荷、竹一应俱有,雨天于轩中静观,目可赏濛濛雨景,耳可听潇潇淅淅的雨声,别有情趣。小庭四周以围廊相绕,看似封闭,其实处处畅通。右出,沿分隔东部中部的复廊向北,便是海棠春坞。

海棠春坞　枇杷园玲珑馆东北的小庭院,院中建筑坐北向南,形式极为雅洁朴素,它不拘泥于中国古典建筑—明两暗三开间的传统形式,在结构上采用了半间的形式,总共为一大一小一间半,这在古建筑上是很少见的,表明了江南园林小筑灵活随宜的风格。小轩两边各配一个小天井,分植海棠和天竹;天井有小洞门与轩前院子相通,院子布置得很是素净,依白壁置数块太湖石略成小景,前面仅海棠二本,翠竹一丛。白墙正中嵌一书卷形的砖额,上镌"海棠春坞"楷书。因天井甚小,反衬出这一素石铺筑的小院的宽大。庭院西以花墙分隔,东临复式长廊,环境恬静而有幽趣。

　　江南文人的私家园林占地均不大,为了营造"小中见大"的观赏效果,造园艺术家要应用众多艺术手法,园园相套、层层推进便是一种。枇杷园从入月洞门始便是一串相连的庭院,海棠春坞是最后一个朴素又雅致的景观。从院东长廊往北,便又进入大的山水景区中了。这些园中小园,形状、大小、主题均不同,但有一个共同的特点——小巧,与中部主要的山池风景形成了较强烈的对比。同时,它们又通过门洞、漏花窗、曲廊等与外边的山水主题相互沟通,彼此呼应,极大地丰富了园林的游赏趣味。

倚虹亭　分隔拙政园东、中部长廊上的半亭,其位置恰巧将廊南北一分为三,亭西向,正对大荷花池。游人要是从山坡草地的东部穿过设置在复廊间壁上的院门进入倚虹亭,眼前便是古色古香、风格完全不同的山池亭台,波光塔影,苑若步入瑶池仙境,真实体会到中国古典园林艺术的魅力。古人的园林文字常将宛曲的长廊比作卧虹,小亭倚廊,故得倚虹之名。亭前有石栏小桥,系明代遗物,大池之水穿过桥下向海棠春坞流去。半亭面西墙上,原悬有近代学者翁方纲写的大幅"鹅"字,可能是清波涵养的书卷气引发了学者对书圣王羲之的追忆之情。"鹅"字两侧挂有一诵景佳联:"婆娑青凤舞松柏,缥缈丹霞聚偓佺。"

梧竹幽居 拙政园中部水池东端,正方形平面、单檐四角攒尖顶(即方锥形顶)的亭式建筑,始建于清代。亭背枕分隔园东、中部的复式长廊,西临大池,北有小曲桥通池中山岛并隔水与绿漪亭互为对景。与一般园林亭榭相异的是此亭以墙代柱,四边围有白墙。为了便于赏景及室内外之沟通,在四壁方墙上开了四个圆形洞门,坐亭中心石凳外望,景色面面不同,颇似观赏古代团扇山水画。要是从亭后长廊透过小筑双重圆洞看池上景色,环环相套,极有趣味。亭侧原广栽梧、竹,其得名也源于此。梧桐叶杆皆鲜碧可爱,又传凤凰非高梧不栖,故古园栽植极多;竹乃岁寒三友之一,为古代士人极喜爱的造景植物。此处上有蔽日之高梧,下有"凤尾森森,龙吟细细"之翠竹,环境甚为清幽。亭西为这一景点的主景面;池南为面水的远香堂、倚玉轩等主厅,加上耸立于湖石山上的绣绮亭,泊于水中的香洲等,堪称亭台掩映,楼阁依稀。而水池北则是莽莽苍苍、青翠欲滴的两座岛山,极富自然之野趣。清乾隆年间诗人袁枚曾有诗赏曰:"碧槛红栏屈曲成,海棠含雨近清明。半池雪霁水微绿,坐看野塘春草生。"南北两岸的不同景色是园林设计上"自然"与"人为"极成功的对比。景点的构思立意层次较高,设计者借助于题对等文字景观将其深层意蕴传达给游赏者。亭内悬有文徵明书的"梧竹幽居"匾额,点明了周围的环境美特点。在面池的西向墙上,又挂有署清末著名书画家赵之谦题识的楹联:"爽借清风明借月,动观流水静观山。"不仅道出了粼粼清波、磊磊假山的动静对比,还借入了大自然的清风明月,构成了虚实相济的迷人意境。

绿漪亭 又名劝耕亭,位于拙政园中部大荷花池的东北角,东边山岛之背面,小亭又是分隔东部和中部长廊之端头。这里北倚界墙,南瞰水池和东边山岛。亭西沿着池北的土岸,一溜排着的桃红柳绿伴着小路直通西部,靠界墙则是竹林掩映,极富江南水乡的野趣。绿漪亭是这一带唯一的小筑,亭方形攒尖顶,小巧而端方,使人想起水乡路旁的休息小亭。原先东边亭柱上曾挂有一方板刻:"诗经曰:'绿竹猗猗。'唐张率诗:'戢鳞隐繁藻,颔首承绿漪。'此处有水、有竹、有鱼,故名。亭西沿池栽植垂柳、梅花、碧桃,花时灿烂如锦,南岸山林屏障,隔绝繁华,北面翠竹丛丛,顺小径西行,但见芦苇摇曳,别有一番乡村风味,故又名'劝耕亭'。"由此可知,小亭和枇杷园一样,是当初阐发"拙政"含义的重要景致。

雪香云蔚亭 位于园水池西边山岛之巅,系一古朴雅健的矩形方亭。古代造园经典《园冶》云:"池上理山,园中第一胜也,若大若小,更有妙境。"拙政园池中两山,一大一小并列,堪称运用这一理论的活样板。东岛较小,但较高耸陡峭,山间有待霜亭。西岛较大，山势比较平缓，沿石阶拾步而上，到顶便是雪香云蔚亭。雪香是古代诗人形容洁白有香之花景的常用语，有的指白菊，有的指杏花，但最多的是指梅花，如梅林便有香雪海之雅称。此小亭高踞一园之上，似乎与云相映，四周植梅多本，冬春开花，冷香四溢，故名。池中山岛，全以自然景为胜，四望一片郁郁苍苍，极有野趣。两岛间以一溪相隔，上架小桥，桥旁幽篁丛出，古树扑水，沟通池北池南的涓涓清流，好似与树上莺歌蝉唱相酬答。这一如画的景色恰如南朝梁诗人王籍名句"蝉噪林逾静，鸟鸣山更幽"所描绘的意境。为了点题，亭中悬一额，为元璐草书"山花野鸟之间"，其旁楹联即为文徵明行草所写这一古人名句。雪香云蔚亭是主厅远香堂隔水的主要对景，它既是赏景的好去处，又是重要的点景之笔，在拙政园中部的风景结构中起着举足轻重的作用。

待霜亭　园中部池中东岛高处的六角景亭。循梧竹幽居北侧游路西去，跨过一座三曲平桥，便踏上池中东岛。岛为土山，沿岸用黄石砌成自然式驳岸，小径穿越地势较低的岛南部，北部则是陡坡，高处的深树丛中立此一亭，使小岛之景顿生颜色。亭名取唐诗人韦应物"洞庭须待满林霜"的诗意。太湖洞庭东西山盛产橘，待霜降始红，此处原种洞庭橘十余株，故名。当年文徵明《王氏拙政园记》中就记有这一景点，现亭名"待霜"二字便取自碑记。亭外原悬有清末翁同龢撰写楹联："葛巾羽扇红尘静，紫李黄瓜村路香。"待霜亭所处位置甚佳，东、西、南、北四面隔水与梧竹幽居、雪香云蔚亭、绣绮亭和绿漪亭互为对景，正是："处处有水处处景，翠竹绿树四相围。"

荷风四面亭　池中西岛西南方的六角小亭。这里山岛伸出一只三角形小脚，池水周环，三条游路交汇于亭前；东北，小路绕山岛而来；南边三曲平桥浮水可通主厅远香堂的西邻依玉轩；正西，经由五曲桥可直接柳荫曲路游廊，是拙政园中部游览的交通枢纽。同时，小亭四面贴水，位置低平，绰约立于池中央，与高处的雪香云蔚亭相映成趣，是整个水景画面的中心。古代园林理论认为水景有聚、散之分，它与园的大小有关，小园之水以聚为主；大园则要适当分散，有分有合。荷风四面亭与两侧曲桥是拙政园中部理水的大手笔。有此一亭两桥，便使中部水面有了明显的分隔，而两曲桥桥身空透，桥栏低平，使视线能一直延伸过去，这种似分非分的处理，仍保持了池水的开阔和绵延。小亭是桥的中介，若是无亭，两桥相接便显得过长，与江南园林的风格相违，又使池面相对显得狭小，有此一亭，可使这池中小景显现出两种虚实变化的对比：亭身空透，无遮无拦，与山脚石矶正好互对互衬；桥下有水谓之虚，亭下有石谓之实，从远处赏景，又是横向的一虚一实的对比。李鸿章之弟李鸿裔当年游园曾留诗云："柳浪接双亭，荷风来四面。"很恰当地道出了当年风景设计的立意，小亭也得名于此。其额悬于东向柱上，两边挂有一联板对："四壁荷花三面柳，半潭秋水一房山。"画龙点睛地告诉游览者这一景区的迷人意境。

倚玉轩 又名南轩，位于远香堂西侧临池，是四周带廊的三开间小轩。主向朝西，与旱船香洲隔水相望。步下三级石阶向北，即是三曲平桥，可去荷风四面亭；向南有游廊，通向小飞虹廊桥。这一带曲廊弯环回转，形成一曲尺形的小庭院，院内原先植青竹数十竿。青竹在诗人笔下有碧玉之美称。成园之初，文徵明《拙政园图咏》中曾有"倚楹碧玉万竿长"之句，轩之得名亦源于此。小轩东廊直接主厅北边的大月台，与之成犄角之势，是拙政园中部名景之一。清代学者曲园居士俞樾当年游园后曾为园主人题小篆"听香深处"四字额悬于轩西小廊内，并评曰："吴下名园以拙政园为最，其南一小轩，花光四照，水石俱香，尤为园中胜处。"后此匾遗佚。小轩在建筑上也颇有特色，为了方便赏景，共有三个出口，除了西向主门外，南向、东向的轩廊上均有出入口，堪称处处邻虚。屋顶为歇山构造，曲线优美，歇山山花探入水面，从对岸山岛看来，其倒影上下相衔，分外娇好。

小飞虹 倚玉轩西南的廊桥，斜跨于从大水池分流南去的河汊上，东接由倚玉轩南下的曲廊，西接得真亭。廊桥是游廊涉水时的一种延续，底下架空而成为桥，古代造园论著中多有提及，但在现存之苏州园林中，小飞虹为仅有孤例，具有较高的文物及观赏价值。在园林设计上，廊桥为远香堂西南隅小沧浪水院的北部边界，为了使小院之水在视觉上与大池有更多的联络，这座木构廊桥采用了中跨高边跨低的结构形式，宛若拱桥。拱桥自古有飞虹的美称，南朝宋鲍照便有"飞虹眺秦河，泛雾弄轻弦"之句，故名。其题匾悬于东边进口处。廊桥造型秀美，曲线柔和，朱柱朱栏上承托弧形灰瓦卷棚顶，加上水光的映照和涵影，无论在水院内，还是水院外的山池景致看来，均是很别致的观赏主题。

得真亭 小沧浪水院西北隅的景亭，三条游廊交汇于此：东北是小飞虹廊桥，南边水廊由小沧浪水阁而来；西向，游廊曲折通向玉兰堂。亭北向，与水中之荷风四面亭遥遥相望，而造型别具一格的香洲又在假山之后大片花木丛中隐现不定。"得真"之名似乎颇多学究气，《荀子》曰："至于松柏，经隆冬而不凋，蒙霜雪而不变，可谓得其真矣。"晋左思亦有诗云"竹柏得其真"，当年园主借松柏以自喻清高。原先此处松柏翠竹葱郁喜人。现在亭前绿地上植桂多株，伴以紫竹，更有一座小假山相点缀，"得真"之原意已演化为"得自然之真"的纯粹审美性质了。亭正中，悬有一面大镜,四周山水花木悉映入镜中,颇有"镜里云山若画屏"的境界,自然之真趣于镜中得之。亭子由于要接续廊桥,故于矩形平面之前凸出一个方形小披屋,大亭作歇山顶,小披屋则是攒尖顶,两者相加,使亭的轮廓变化多样。

听松风处　小沧浪水院东廊转角处的景亭。小亭四方,攒尖顶,其布局不拘传统的四位正方向,而是斜向西北,与四周风景建筑夹角45度,甚为别致,使水院显现出一种活泼的生气,这一处理又使小亭正对小飞虹和得真亭,便于静处亭中的观赏者得到最佳的观赏画面。据《南史·陶弘景传》载,这位名动一时的山中宰相"特爱松风,庭院皆植松,每闻其响,欣然为乐"。当年园主追慕陶风,于此亭侧植松多株,水院又多回风,每当清风吹拂、松涛岚岚,合着水面皱波叠纹,极有韵味。此处近水,又是赏水月之佳处。亭东南入口处悬有查士标撰写的额匾"一庭秋月啸松风",点出了这一迷人意境。此亭还有松风水阁之别称,室内西北向亭柱上,还有一联亦与风相关:"鹓雏晓旭鸣丹谷,棠棣和风秀紫芝。"

小沧浪　小飞虹廊桥之南跨建于水上的建筑。小阁三间,南窗北槛,两面临水。南边水面尽头是高高的界墙,是一处较为封闭的水景小庭。北边,两侧亭、廊相围,对面是斜跨的飞虹,构成既隔断又空透的闲静的水院,是我国古典园林中很著名的景致。小沧浪得名于上古的歌谣:"沧浪之水清兮,可以濯我缨;沧浪之水浊兮,可以濯我足。"这实际上是古代士大夫文人"达则兼济天下,穷则独善其身"思想的形象体现。所以那些官场不得意的文人造园时均要设以沧浪水为主题的风景。

拙政园的小沧浪水阁,也包含了园主沧浪濯足,自我安慰的寓意。这里原先曾是园主人的静养读书之处,其额匾原为晚清名士翁同龢所书,后佚,现仿文徵明字体补题。室内悬有一篆书联:"茗杯眠起味,书卷静中缘。"是对水阁恬静闲适情调很好的概括。原先阁内还挂有一联专写四周的声景:"风篁类长笛,流水当鸣琴。"上联写风吹院中新竹声响胜过笛韵,下联形容池水流经阁下的清音赛过琴声。今天,小沧浪是游览拙政园的必到之处,进水阁凭窗南望,除了南边墙前栽竹点石外,其余全是水面。岸东有一小廊沿墙而出,并以倚壁半亭"静深"作为收头。碧水从北边大池穿阁而来,阁静而水流,形成很独特的小院水景。水阁北边是从大池分成的一个水湾,如果在水阁槛外轩廊中北眺,透过廊桥的栏杆,掠过荷风四面亭,可望到远处的见山楼。在纵深七八十米的水面上,层次众多,景观深远,湖光倒影,满目清新。小沧浪一南一北两个水院,虽然均以水为主题,但景观完全不同,南幽闭而北畅透,水为一而景各异,堪称园林艺术理水之高招。

志清意远 小沧浪西侧的独立封闭小院。由水阁北向轩廊西行,穿过廊间圆门可入此小景区。这里北边是雅洁的庭院,东北隅有一高大古枫杨,其荫足以蔽护整个院子,其下花木数株,青藤缭绕,甚有古意。在小庭北向及东向的墙上,皆有漏花窗,与院外景色相沟通。庭院小筑紧接水阁,故其南侧与小沧浪共一个水院,推窗外望,碧水一泓,与北边小亭一水一陆形成对比。其题额取自《义训》"临深使人志清,登高使人意远"之句,与小沧浪一样,侧重于水景的欣赏。小筑北边轩廊西端,接一座小巧半亭,亭倚高墙而设,中间为一门洞,可通小庭院西边的曲廊,此廊由北而南去,其尽头便是小沧浪南水院之界墙,廊中面东临水建有一景亭名曰"静深",静深亭倚廊而出,亦是一半亭形制。它是南水院中唯一的建构,环境极为幽静,故取唐诗人宋之问"深入清净里,妙断往来趣"之诗意而名之。这一景名在当年初建时已有,文徵明曾为之题咏过,亭上所悬匾额即为录其诗而制作。亭内还悬有一联:"相与观所尚,时还读我书。"乃明吴中名士祝枝山手书。小沧浪、志清意远和静深亭三座风景建筑的布局立基,极见匠意:水阁两边皆水,志清意远南水北庭,而小亭则是面水倚墙,虽均以水为观赏主题,但所见景色各异,加上四周游廊的曲折回绕,各式洞门的穿引,使这一幽静水院具有别处很难见到的景色,蕴含着古代文人园林特有的审美趣味和人格理想。

香洲 倚玉轩对面池水中的旱船。舟船景是中国古典园林中特殊的建筑景,它常常被用来表达园中的某种理想情操。古代文人名士,如果官场失意,对现实生活不满意,总想遁世隐逸,耽乐山水之间,这种逍遥优游,多半是买舟前往。正如李白诗中所写的:"人生在世不称意,明朝散发弄扁舟。"对舟船生活有着特别的感情。但是能像李白那样遁世山林的终究是少数,于是便在园林水边造旱船石舫,似乎园主人一踏上旱船,就会有泛舟荡漾于湖山间的感觉,以此来寄寓他们难以实现的理想。香洲上楼下轩,形似画舫,船头向东,三面伸入水中,仅尾部与陆地相接,是拙政园中部著名的船景。旱船北向水面开阔,透过荷风四面亭西边的五曲桥,粼粼清波直接见山楼下,南侧是得真亭前较开畅的绿地,中间仅以小石假山相隔,犹如江南水乡田野中停泊的一艘画船。从岸边经一条石制跳板,可到船首,再往下穿过雕刻精美,图案为花果麒麟的落地门罩,便是船舱,舱门上悬有文徵明手书的"香洲"额匾。画船得名于唐徐元固诗句:"香飘杜若洲。"典出屈原《九歌·湘君》:"采芳洲兮杜若,将以遗兮下女。"另外,《述异记》也记有海外香洲"洲中出诸异香,往往不知名焉",船以此名,暗示其环境之优美。船舱中置明镜一面,映写出对面倚玉轩一带景色,虚实相济,饶有趣味。大镜上亦悬有一匾,上书"烟波画船"四字,十分神妙地点出了眼前的风景意境。由镜旁可入后舱,登船梯而上,可到"澂观楼"。江南一带民船,每每于后舱上建楼,故澂观楼即香洲上层。古文"澂"与"澄"通。澂观即"澄怀观道"之意。据《南史·宗炳传》载:"(少文)'老疾俱至,名山恐难遍睹,唯澄怀观道,卧以游之。'凡所游履,皆图之于室,谓之:'抚琴动操,欲令众山皆响。'"这楼靠近园西部,四望景色俱入画,以前为园主休息怡养之处。

玉兰堂 香洲尾部南边的独立式院落,院内有数株高大的广玉兰,故名。其主厅玉兰堂坐北朝南,高大轩敞,为拙政园中部最大的建筑,传为原先文徵明作画之处,故又名笔花堂。堂前小院较为封闭幽静,南边为高墙,穿过小门可通往原来的住宅部分(现为苏州博物馆)。沿南墙筑花坛,并立有湖石数块,并以青竹丛和天竹与之相配,情趣甚为高雅。整个建筑与院落结合得自然妥帖。小院通向大园的门开在堂东侧的游廊上,原先这里挂有文徵明署款的一联:"名香播兰蕙,妙墨挥岩泉",点出了小院的景观主题和使用特征。堂向步柱上,曾挂有劝学楹联:"道不达人,子臣弟友;学惟逊志,礼乐诗书。"自古,士人读书喜觅山明水秀、环境幽静之处,玉兰堂处于花园与住宅之交接处,服务方便,风景优美,故历来用作正规的书房。书房北侧为一排雕花精细的长窗,窗外为宽敞的轩廊,步下石阶,是一个较大的平台,台东即为澄观楼。这里北临中部水池之西端隔水,柳阴路曲一景中垂柳掩映的画廊若隐若现。西侧,游廊向北通往进入西部的门户——别有洞天,廊间的漏花窗又朦胧地透出西部山池景色,在风景布局上堪称中部游赏曲结束前的一组重音。

见山楼 拙政园中部水池西北角的一座水上楼阁。楼名典出晋代大隐士陶渊明的名句"采菊东篱下,悠然见南山"。从题名可以看出当年园主人对田园隐逸生活的追慕。但楼虽以见山为名,其实是园中水景中很重要的一个主题。当年楼内曾悬有这样一副楹联:"林气映天,竹阴在地;日长若岁,水静于人",恰如其分地点出了这一景致的意境。这里三面环水,主面向北,推窗外望,但见一座村居小石板曲桥将水池北岸的游路与楼底层东边轩廊连接起来,平岸的竹林古树郁郁葱葱,正如联中所写的映天蔽地。它们倒映于水中,被蓝天白云一衬,更显出静水的迷人。由于这里退居于池之最西北,与四周各景点间隔距离较大,所以登楼赏景,层次特别分明。如南眺,从近到远,则有曲桥、四面亭、香洲、廊桥,直至小沧浪水院,水面从开阔至狭窄,从坦荡至幽深,山水、树石、建筑,层层叠起,非常深远和多变。往东看,则是池中西岛葱茏野趣的景色,山巅小亭雪香云蔚在绿丛中探露出其轻巧翼然的屋角。

见山楼在设计上亦颇具特色,它是拙政园池水中体量最大的建筑,因为四周池面平阔,积水弥漫,故而建此重楼而不觉其高耸。相反楼台映于水中,倒影清晰,倍添了水景的魅力。此楼的立面线条均以横向为主,以与水平向的池水协调一致;楼层高度在满足使用条件下也尽量压低,窗亦采用横向的和合窗等,这样处理,便使重楼在静水的衬托下,产生一种舒适稳定的艺术效果。楼室内的装修亦甚高雅,据说当年忠王李秀成甚爱这里景色,曾将此楼作为其处理公务之所。常从柳阴路曲的爬山游廊中直入楼上。现在保留的室内陈设很是庄重:中间为书桌及太师椅,依北墙置琴桌三只,两隅花几各一。书桌前对称置官帽式靠背椅四只,茶几两只;西边靠墙为十景橱,全堂家具均为明式,线条简洁,造型大方。楼南檐下原悬有郑板桥隶书所写一联:"束云归砚盒,裁梦入花心。"原联"文化大革命"中佚失,由吴进贤补书。楼下室内还有一联:"西南诸峰,林壑尤美;春秋佳日,觞咏其间。"为集句联。精美家具及点景诗对的装点使这一著名风景更加令人流连忘返。

柳阴路曲 见山楼以西的一组曲廊景致。成园之初,拙政园便多柳林,文徵明曾有诗云:"春深高柳翠烟迷,风约柔条拂水齐。不向长安管离别,绿阴都付晓莺啼。"以后多次改建,便在水池尽西头设立此景,以山石植物等小景作为观赏主题,其间曲曲弯弯盘绕着游廊,故名。中国古代造园讲究曲折多变,所以园林中多曲水、曲路、曲廊、曲桥。从观赏学上讲,曲景增大了游览路线的距离,延长了赏景的时间,扩大了园林的空间感。在布局时,游廊曲路两旁常安排不同的风景,以使游人随廊游去,视线不时进行小角度的变换,获得移步换景的审美观感。柳阴路曲是这一理论在古代名园中的最佳实践。曲廊共有五个入口,东南向可由荷风四面亭步过五曲桥而入;西南向则接续由玉兰堂向北折行的分隔中、西部的长廊;西北向,廊子穿过边界,与西部的滨水曲廊衔接,这段廊在东端沿假山而逐步升高,成为爬山廊,是见山楼二层西边的直接入口。而在它的下面,从楼底层引出的游廊作一个垂直转折,滨水直向南去,迎接从四面亭来的游客。这里,东边是波光闪烁的池面和青葱山岛,西边因着廊的曲势,设置了一些半封闭、半透敞的小院,点置山石竹木小景,形成了开朗和幽曲的对比,是路曲看景最佳处,景名题额便悬在此处。

别有洞天 分隔拙政园中、西部长廊上的一座半亭。亭面水,隔着宽阔的水面与东端的梧竹幽居及倚虹亭遥遥相望,为园内长距离对景的佳例。其得名于唐章碣《对月诗》:"别有洞天三十六,水晶台殿冷层层。"洞天的说法源出于道教,为了采药炼丹,道士走遍了天下名山大川,到东晋,他们将海内一些秀丽山川封为三十六洞天、七十二福地,于是洞天福地便成了山水美景的代名词。此半亭以"别有洞天"颜其额,即是一种文学意味的暗示,它含蓄地告诉游赏者:只要穿过亭后墙上的圆月洞门,就可到达另一个美丽的世界。亭中原先颇多题对,均有某些指引游览之意,如"西山佳气""拥翠"等。曾有一联:"唤我开门对晓月,送人何处啸秋风",将门与风月之景相联系,颇有意境。

卅六鸳鸯馆 拙政园西部的主厅,位于西部大水池之南岸,由别有洞天随曲廊西去可至。这是由前后两厅相结合,统一于一个大屋顶之下的特殊建筑,营造上称之为鸳鸯厅。中间隔以银杏木雕刻的屏风。北厅即为卅六鸳鸯馆。馆北临荷花池,宜于夏居,暑日依窗小憩,可细赏荷池中驯善的鸳鸯戏水。这一景点设计是仿汉代古园蓄珍禽的做法,《真率笔记》载:"霍光园中凿大池,植五色睡莲,养鸳鸯卅六对,望之烂若披锦。"馆名之出典也自此。已故文学家周瘦鹃曾有《苏州好·调寄〈望江南〉》记此景:"苏州好,拙政好园林。卅六鸳鸯成双对,浴波戏水结同心。池馆蓄文禽。"除了赏鸳鸯外,这里景域开阔,是看西部风景的佳处:隔水,对面山上的浮翠阁与之上下互对,水池西岸是方正小轩留听阁,东北向,造型别致的笠亭和与谁同坐轩一高一低,半露半隐地掩藏于古木之后,再远处,则是一带游廊高下起伏,曲折奔走于水际。馆内陈设的古式家具及书画文物极为精致。靠屏风门置一长几,上有大理石插屏一架,瓷花瓶一只。几前有供桌,桌两侧太师椅各一,均为灵芝花纹,椅背嵌大理石的精品,东西靠墙各有八仙桌一,太师椅二,相对布列。屏门上悬洪钧所题正楷馆名匾额,两侧挂有书法家林散之补题的楹联:"绿意红情春风夜雨,高山流水琴韵书声。"原先馆内还有一副宋欧阳修词的集句联:"燕子来时,细雨满天风满院,阑干倚处,青梅如豆柳如烟。"馆的东西耳房的出入口外,分别有篆书的砖额,东镌"迎旭",西刻"延爽"。这些对联题额点明了风景主题,增添了观赏时的文化意韵。

十八曼陀罗花馆 卅六鸳鸯馆的南厅,前有小院,栽植多株名贵山茶花,山茶别名曼陀罗花,为与北厅相呼应,题额作"十八曼陀罗花馆"。据园史资料,明末清初之际,古园最负盛名的花树景是几株山茶中最名贵、最华丽的宝珠山茶。诗人吴梅村在《咏拙政园山茶花》一诗序中说:"山茶三四株,交柯合理,得势争高,每花时,巨丽鲜妍,纷披照瞩,为江南所仅见。"其诗中如此形容花之美:"艳如天孙织云锦,赪如姹女烧丹砂。吐如珊瑚缀火齐,映如蜻蛛凌朝霞。"正如红云翻滚,锦缎铺陈。当时,骚人文士题咏不绝,均以一睹名花为快事。后名花枯死,人人为之感叹,张履谦修复补园时,还费尽心机觅到名贵山茶十八株,有东方亮、洋白、渥丹、西施舌等名种,栽于馆前,其间略点小块湖石,成为冬春游览之佳处。晚清蒋吟秋有诗赞曰:"梅村诗好久留传,拙政山茶写笔颠。十八曼陀罗尚在,宝珠色相永春妍。"馆内悬清末状元陆润庠行楷写的额匾,两侧挂着已故人大常委会副委员长胡厥文先生补书的原有景联:"迎春地暖花争坼,茂苑莺声雨后新。"

　　这座容南北两厅的建筑除了春冬赏花、秋夏观荷纳凉之外,还是园主宴待宾客、听戏唱曲的场所。当年园主广交文友,又嗜好唱曲,已故昆曲家俞振飞先生的父亲俞粟庐老人曾作为张履谦的宾客长住园中,俞振飞的童年亦在此园中度过,这座鸳鸯厅便是他们顾曲、听曲的地方。厅堂的设计也为了这一需要而进行了独特的处理:首先是采用了连续四卷的卷棚顶作为室内的天花顶棚,卷棚是弧形的,能反射声音,增强表现效果。其次是在厅堂的四角门外各加建了一间耳房,形成一大厅带四耳的特殊形式,成为古代园林建筑中的孤例。这四间小耳房在冬天可阻挡入门时带进的寒风,具有门斗的作用,而在宴会迎宾时则可作为仆从等候之处,要是厅内有唱曲等表演活动,则它们又可作为临时的后台。在考虑赏景之外,厅堂建造还如此周密地考虑园林中生活起居的方便,正是我国古典园林"游""居"结合艺术目的性的很好体现。

宜两亭　　位于从别有洞天到卅六鸳鸯馆游廊南侧的假山上。晚清张氏修筑补园,为了能借赏花园中部的山池景色,便在主厅东侧靠近中部的界墙处垒石为山,山巅构一六角小亭,亭高逾墙顶,放眼东望,可览中部水光山色,而向南看,西部主要的假山亭台景致隔着水池又能完全摄入眼帘。故其名便借用白居易"明月好同三径夜,绿杨宜作两家春"之诗意而题作"宜两亭"。这一亭景是我国园林史上隔院邻借的佳例。我国古园在设计上极重视借景,计成在《园冶》中总结道,借景有远借、邻借、俯借、仰借、虚借、因时而借等。拙政园之借景也有多种形式,如中部梧竹幽居的借风、借月是因时而借,香洲和得真亭中大镜屏能将对面景致导入室内,是谓虚借。然而,简洁明了地点明借景主题,使游赏者能立即领悟到艺术家匠心的大手笔当推宜两亭。

拜文揖沈之斋　　拙政园西部东北隅的一座方形楼阁,是东界墙下滨水长廊的北边尽头,隔着狭长的水湾与宜两亭互为对景。此建构专为纪念明代苏州画坛著名画家文徵明及沈石田而设,故名。斋内两壁嵌置陈列着当年园主人张履谦收集和刻置的许多碑刻,如明嘉靖十二年(1533)文徵明撰书的《王氏拙政园记》,此记共分四个部分,后附有园主撰写的《补园记》,另有《文待诏小像》及王世贞撰《文先生传》《沈石田像》及《沈石田传》，颇具文物价值。小斋后壁有梯可上，即是倒影楼，上下虽为同一建筑，但因功用和景色的不同而题名各异，以指导游人不失时机地观赏各种类别的景观。楼名得自唐温庭筠的诗句："鸟飞天外斜阳尽，人过桥心倒影来。"此楼正南有很深远的水面。东侧浮廊曲折宛转，随地势而起伏高下，廊背即是分隔中、西部的花墙。廊随波而去，既是人们赏景的一条精彩游路，又是水岸凌波点缀的一条彩带，彩带倒映水中，上下一实一虚，相映交辉。楼西侧，则是山石峰峦与古柯花木景，在假山上的绿丛中，浮翠阁、笠亭等亭台约略可见，其于水中的倒影翠岚一片，波浮影动，景色绝妙，与曲廊之影各具异韵。倒影之名还具有另一层意思——楼青瓦歇山顶。白墙花格窗，其自身于水中的倒影亦极生动而丰富，是西部水景塑造中的重笔。楼中原悬有一联："得月便佳，是山都好；无书不读，有酒即仙。"很精要地点出了这一建构下斋上楼，既能看景赏月，又能赋闲读书的综合功能。

浮翠阁 主厅对面山巅之楼阁。倒影楼西南方为面积较大的土石相间的山地，从大池分出的一股水流从东向西斜穿山地，将其分为南北二峰，较成功地塑造了颇具野趣的山涧小溪景。北山大而高，其峰顶为西部景区之最高处，于此立基建阁，阁八角双层，更增其高。登楼四望，满园葱翠皆在脚下，好似建筑浮于树丛之上，故摘苏东坡"三峰已出天浮翠"之句而名之。楼内原曾悬过一联："天连树色参千尺，地借波心拓半弓。"道出了阁中赏景俯仰之间的不同特点。南山较低矮，四面环水，顶部建有一小亭，其顶为圆形攒尖顶，形似一斗笠，故称笠亭。亭尺度甚小，周围植松柏、黄杨等常青树，使其终年掩于绿色之中，更衬托出高阁之巍峨。

与谁同坐轩 位于西部景区水中山岛之东南隅，为临水构筑的扇面形的小榭，隔池与滨水长廊相对，是看水赏月、迎风小憩的佳处。其得名来自苏东坡词中名句"与谁同坐，明月清风我"中所描绘的意境，非常高雅。古人游园赏景，很重视大自然中天光云气之景的点缀和修饰，这些被称为风月之景的美是园林艺术的表情与神采，起着至关重要的作用，然而鉴赏这些虚幻变动的景致，需要较高的审美修养，故造园家常借助景点题名对游人进行某种暗示，"与谁同坐"便是较为含蓄的点题。这一小轩在建筑设计上很有特色，为了突出风的象征意味，其平面形式以及门、窗、桌、椅等形状均为扇形，连悬于室内扇形窗之上的额匾之形也为扇形。两边挂有一古人集句联："江山如有待，花柳更无私。"整座水轩小巧精雅，文意浓郁，是园中别具一格的景点。

留听阁 由主厅西门出转北渡曲桥，水池西尽头的小阁。小阁是拙政园最西端的建构,背以青山为屏,南有临水之平台,东侧是山间小溪汇入大池之处,东南向隔水与主厅卅六鸳鸯馆相对,位置较为重要。这是西部主赏水景听声之处,取唐李商隐"秋阴不散霜飞晚,留得枯荷听雨声"的诗意而名。池中植荷,时值仲秋季节,于此倾听雨打残荷的嘀嗒声,确实饶有风趣。小阁建筑及装修极为精美,南向临平台为银杏木透雕的飞罩,其纹样为松、竹、梅、雀,构图匀称,手法精妙,隔扇裙板上为蟠螭纹雕刻,这类图案级别甚高,似为当初太平天国忠王府之遗物,阁内原先还陈列着闽派著名工艺嵌螺钿雕漆屏风十二扇,现已佚。

塔影亭　拙政园西部最南端的临溪小亭。从中部流来的池水经过卅六鸳鸯馆之后,来了一个转折,并突然变窄,成为一条溪流,深深向南流去。两边栽植桃、柳、梧桐等,颇有小溪幽谷的趣味,循廊缘溪南行,可到塔影亭。亭筑于水中,两边小溪相绕,这里是拙政园的最西南处,据说当年园外尚无房屋遮挡,于此可以看到西边北寺塔的倩影,故取唐许棠"径接河源润,庭容塔影凉"之诗意,而名之(另一说是此亭倒影水中,宛如一座宝塔,故称塔影)。亭为八角形,从顶到底及周围窗格均为八角形图案,是园中最精致的建筑物之一。亭旁铺砌了石磴,下可直抵水面,濯足嬉耍,更有如入真涧谷之感。亭南原是张氏住宅进补园的入口,将一条狭长通道处理成别有特色的景区,可见造园家艺术水平的高超。

留园　位于苏州古城姑苏区,占地五十余亩,是苏州著名的大型古典园林。园始建于明万历二十一年(1593),太仆寺少卿徐泰时罢职返里,大治别业园圃名东园,偏西另有西园。园中杂莳花竹,前楼后厅,有"后乐堂"宏丽轩举。堂后清池石屏,由里之巧人周时臣叠奇石为片云峰,高三丈,阔二十丈,形状似普陀天台诸峰,玲珑峭削,宛如巨幅山水横披画。堂侧坡上多古木,有太湖石巨峰,名瑞云峰,高三丈余,妍巧甲于江南,相传为宋花石纲遗物。园中杂植牡丹、芍药、红梅、木犀、木兰、紫薇、修竹诸卉。明末清初,园废为踹布坊,又散为民居。后为陈氏重建,屡易园主。

　　清乾隆五十九年(1794),园归观察刘恕,园中平池涵漾,嘉树绕植,就旧址增地扩建。历时五年于嘉庆三年(1798)修葺落成,山水毕俱,树石嵌崎,有半野草堂、卷石山房、寻真阁、明瑟楼、听雨楼、绿荫轩、曲溪楼、垂杨池馆、餐秀轩、个中亭诸胜。全园"竹色清寒、波光澄碧",又多植白皮松,改名寒碧庄。嘉庆五年(1800),钱大昕题额"华步小筑"。嘉庆十二年(1807),增建凭眺之含青楼。新得峰石,又筑还读书馆与石林小院,贮之。刘恕世居洞庭东山莫厘峰下,饱赏太湖七十二峰山水之巨观。后居城市,欣羡山林,性嗜花石,在园中聚奇石十二峰,并著有《石供说》《牡丹新谱》《茶花说》。又喜法书名画,集古今石刻,环顾壁间,即今著名于世之《留园法帖》。道光三年(1823)寒碧庄始开放,曾倾动一时,游者无虚日,人称刘园。咸丰年间,寒碧庄泉石之幽、花木之美、亭榭之胜,为吴中名园之冠。庚申(1860)战后,园幸然独存。同治年间园貌依旧,但无人修葺,芜秽不治。后部分住宅售与程氏,改建二程夫子祠。

同治十二年(1873),布政使盛旭人购得刘氏寒碧庄,经大力修葺,于光绪二年(1876)竣工。因民间俗称刘园,再加上庚申之战吴中名园俱遭破坏,唯是园留存,遂谐刘园之音易名为留园。园内嘉树佳卉,奇石清流,凉台暖阁,风亭月馆,上下参差,迤逦相属,比昔日盛时更增雄丽。有涵碧山房、闻木樨香轩、远翠阁、五峰仙馆、花好月圆人寿轩、心旷神怡之楼、石林小院、鹤亭、绣圃诸胜。光绪十四年(1888),辟建西部别有洞天,筑山小蓬莱,上置至乐亭和月榭星台。临溪筑活泼泼地水阁,辟射圃。光绪十七年(1891),又扩建东部,购得园旁奇石冠云峰,隙地筑仙苑停云庭园,有奇石寿太古轩、东山丝竹戏台、云满峰头月满天楼诸胜,宅园广袤四十余亩。1911年园归其子盛宣怀。之后园数次被没收、查封。1929年6月18日,园归吴县政府管理,经修葺后向公众开放。每当春秋佳日,游客如云,为当时苏州第一游览胜处。1937年11月,园东部的东山丝竹戏台焚毁。1940年后,留园为侵华日军所蹂躏,墙垣倾倒,栋折榱崩,假山欲坠,花木枯萎,家具陈设被劫取一空。1945年抗战胜利后,此园曾为国民党部队的"马厩"。楠木厅等庭柱被军马啃啮成葫芦形。园内满目疮痍,一片瓦砾,仅存古树山池。

1949年后,国家保护抢修重要名园。1953年政府拨款50000元,由市文管会延请专家顾问、能工巧匠,历时百天,除了"少风波处"、花好月圆人寿轩等少数景点之外,全园得以精心修复。1954年元旦,留园重新开放,游人络绎不绝,被誉为全国四大名园之一。1961年,国务院公布留园为第一批全国重点文物保护单位。1992年,修复留园祠堂、义庄古建筑群,使名园更趋完美。

留园综合了江南造园艺术,尤以建筑庭院划分与组合园林空间精湛见长。全园经历年兴废扩建,布局分为中部山水、东部庭园、北部田园、西部山林四大景区。中部是全园的山水主景,山水布局自然,建筑造型奇美。坦荡的水池位于中央,山上有小涧,池中置小岛,形成池水之"源",又聚分相宜,使水景生动有致。水池西北岸山丘起伏,古木参天,花木茂盛,小巧亭轩隐约可见。东南向多建筑,房厅楼阁,高下进退依水而建,倒影清晰明丽。主要景点有华步小筑、绿荫轩、明瑟楼、涵碧山房、闻木樨香轩、可亭、小蓬莱、濠濮亭、曲溪楼、清风池馆、远翠阁等。由曲溪楼进入园之东部，华丽精雅的大小建筑庭园令人目不暇接。楠木大厅"五峰仙馆"规模宏敞，陈设讲究，前后庭园映衬，十分富丽堂皇。其东转入小巧幽雅的石林小院，花石小景，精彩纷呈。再东行至"仙苑停云"庭园，冠云奇峰独立居中，浣云沼萦回峰下。瑞云、岫云两峰倚立两侧，亭台楼馆四向围合，共赏巨峰佳景，宛似人间仙境。北部柳暗花明"又一村"呈现农家田园风光，有葡萄棚架、梅花丛林、盆景花圃，栽培提供万堂室内摆设的四季盆花，又展示古雅、自然、清秀的苏州树桩盆景。西部山林，富有野趣，黄石抱叠土山，山势高耸，石径盘旋，枫树成林，秋色佳丽。踞高有至乐、舒啸两亭，昔日登山可借景，近望西园，远眺虎丘，现今已为高楼遮挡。山南溪流一湾，引向傍山而筑的水榭"活泼泼地"。山溪之南辟有绿草如茵的"射圃"和"缘溪行"长廊，通向中部主厅"涵碧山房"。

园门 留园的花园大门，位于住宅和祠堂之间，朝南临街。苏州园林一般只有大型园林才设有花园专用入口，以便于日常接待客人游览，并供维修园林工匠的出入。园门为处理简洁的石库墙门，上有门额"留园"。入门即三间两进门厅，中有方形小天井。门厅新置彩玉镶嵌的留园全景图屏，以精美的玉雕工艺来展示留园景观，屏之背面为俞樾的《留园记》。靠墙两侧置"懒凳"（长板凳），为古代轿夫歇息之处。过门厅经曲折陪弄走廊，间有种植修竹的方寸天井，至内门厅庭院，玲珑的太湖石花坛和树姿优雅的二乔玉兰，才稍露园林气息。厅悬光绪年间吴云书"留园"匾额，并撰记称："若园为天留此名胜也，吴下名园之冠。"边门有明刘伯温书的"长留天地间"砖额。至此，透过迎面一排六个图案精致的漏窗，隐约可窥园中山水，再入内则豁然开朗。留园的入口处理，充分运用空间的收放开合、光线的明暗变化、心理的由闹而静、漏窗透景等手法，成功地营造出先抑后扬、引人入胜的艺术效果。

古木交柯 留园古木小景。在中部入园廊间，贴墙花坛之中，有古柏、女贞交柯连理，壁间砖额"古木交柯"。廊柱上有陈从周教授作的古诗集联："素壁写归来，青山遮不住。"在廊畔素壁的小空间中，常青的古柏、女贞岁寒不凋、姿态苍劲，形成构图美丽、意境高洁坚贞的植物景观。小景对面则是一排粉墙漏窗，锁不住园中的青山绿水。

华步小筑 与古木交柯相邻的花石小景。位于绿荫轩之南，贴壁点湖石，配以清秀的天竺和游龙似的爬山虎巨藤。壁嵌清钱大昕题隶书"华步小筑"砖额，周镶精美的石雕边框。"华步小筑"又为留园别名，因园所在地名花步里，"有池有石、花木翳然",为吴之胜地。"华步小筑"配置自然,构图雅致,成为"粉墙作纸、竹石为绘"的传统园林小景的佳作。

绿荫轩 园中部水池的东南岸,单间卷棚硬山顶的敞轩。轩北临池为吴王靠坐槛,面对池中的蓬莱小岛、紫藤棚架和濠濮亭,成为入园后游赏山水园景的序幕。两侧山墙开设砖细空窗,可观明瑟楼湖石楼山。轩南向置十字海棠图案的木制桶扇,与"华步小筑"相对成景。轩西侧原有古老而枝叶青翠潇洒的青枫,犹如绿色的华盖支撑在小轩之上,夏日凭栏或隔岸相望,颇有"艳发朱光里,丛依绿阴边"的诗意,更有《绿荫轩》诗"华轩窈且旷,结构依平林。春风一以吹,众绿森成阴"为其写照。

明瑟楼 池南,东北面水,西侧紧靠涵碧山房主厅,单向卷棚歇山顶的二层小楼,造型奇巧,充分体现了苏州园林建筑布局和造型灵巧多变的特色。楼在池上,旁有青枫,环境明净清幽,取古诗意境"(大明寺)池上有客亭,左右楸桐,负日俯仰,目对鱼鸟,水木明瑟"而名明瑟楼。底层为敞轩,两面临水,三面坐靠,取杜甫"野航恰受两三人"诗意,名"恰航"。坐憩其中,恍如舟楫,游赏山水景色。楼层三面为古朴的明瓦半窗,楼上楼下虚实对比。楼南巧妙空间,运用太湖石置"济仙石",叠"一梯云"楼山,玲珑峭峻,登楼犹入仙境,使实用功能与造景艺术达到完美的统一。隔岸远望,楼后假山隐现,景深意远,使明瑟楼更为明丽奇美。

涵碧山房 与明瑟楼紧邻的中花园主厅,面阔三间,硬山卷棚屋顶,南北均置落地长窗。朝北是空间开阔的山水主景,厅前平台,碧池青山,香樟、银杏古木参天。取宋朱熹"一水方涵碧,千林已变红"诗意和蕴涵翠碧的山林画境,故名"涵碧山房"。厅南是较为封闭的庭院空间,院中花木扶疏,自然古雅的湖石牡丹花坛位居庭院中央。春日玲珑透剔的太湖石与花色艳丽的牡丹互相映衬,形成一幅令人赏心悦目的富贵图画。苏州园林主厅与山水的布局,宜水近居中,厅位池南,山在池北,厅堂朝北隔水观山,可欣赏到阳光明媚、层次丰富的山水主景画面,留园"涵碧山房"即为此佳例。厅内"涵碧山房"额为香禅居士潘钟瑞书写,并有"胸次广博天所开"匾额和清张之万叙事抒情而撰。董寿平书有对联:"卅年前曾记来游,登楼看雨,倚槛临风,俯仰已成今昔感;三径外重增结构,引水通舟,因峰筑榭,吟歌长集友朋欢"。厅前壁上嵌有钱大昕《寒碧庄宴集序》书条石,为留园宝贵史料。

闻木樨香轩 池西山上,贴近云墙,为平面呈方形,三面坐槛,卷棚歇山顶的小轩。两翼有蜿蜒曲折的爬山走廊,分别与南北的涵碧山房和远翠阁相连。轩周围桂树成丛,峰石林立,因植物造景生动地命名为"闻木樨香轩",在此可情景交融地享受

"奇石尽含千古秀,桂花香动万山秋"的秋日佳景。池东南岸多建筑,涵碧山房、明瑟楼、绿荫轩、曲溪楼、西楼、清风池馆等高低大小的园林建筑,沿着池岸进出自如的配置,形成层次丰富、造型优美的园景;池西北岸皆山林,石包土山,峰峦起伏,中涵山涧。银杏、桧柏、香樟、桂花、紫薇等,古木森森、花木茂盛,呈现出古朴自然的山林景象。两者形成"自然"与"人工"的巧妙对比,又互为对景,充分体现了留园的"泉石之胜、草木之美、亭榭之幽胜"。

可亭 池北山上的单檐攒尖顶六角亭(柱距仅1.2米),为涵碧山房隔池观山的主景画面。从亭中南望,涵碧山房与明瑟楼完美的组合,神似停泊水边的舟舫。亭者,停也,游人跋山涉涧至此,可以停憩赏景,林木葱茏、碧池粼粼、楼台倒影、池岛蓬莱,尽收眼底。亭中有楹联:"园林甲天下,看吴下游人,载酒携琴,日涉总成彭泽趣;潇洒满江南,自济南到此,疏泉叠石,风光合读涪翁诗。"赏景抒情,令人心旷神怡。

远翠阁 中花园山后东北隅,两层重檐卷棚歇山顶楼阁。因唐诗"前山含远翠,罗列在窗中"而名"远翠阁"。登阁宜远眺山林之翠色,扩大视野空间,寻求自然野趣。底层可近览,前置石砌牡丹花坛,石雕精美,春花烂漫,故取宋诗"高高下下天成景,密密疏疏自在花"之意境,名为"自在处",系一闲适自在的小天地。

小蓬莱 蓬莱、方丈、瀛洲三神山仙岛的神话传说,从秦代开始成为中国造园的传统题材。留园主人取其意境,在"园西小筑成山,层垒而上,仿佛蓬莱烟景,宛然在目"。小蓬莱为飞落池中的小岛,中央有"仙鹤展翅"花街铺地。岛之两端连着上覆紫藤花架的曲桥,恍如漂浮在碧池上的仙境。

濠濮亭 小蓬莱旁的小池畔,平面四方单檐歇山卷棚顶小亭,取《庄子·秋水》篇之意而名为"濠濮亭",为垂钓观鱼之所。池亭偏安一隅,环境清幽,自成天地,如亭中匾上所题:"林幽泉胜,禽鱼自亲,如在濠上,如临濮滨。昔人谓会心处便自有濠濮间想,是也",表现超然尘世烦恼,追求自然情趣的高远意境。

曲溪楼 濠濮亭之东池岸旁,与明瑟楼、闻木樨香轩互为对景的秀丽楼房。楼之平面狭长五间,由于进深较浅,形似长廊。特将楼层屋顶灵巧地处理成纹头脊单面坡歇山屋顶,致使曲溪楼的造型更为完美。楼层三间半窗,两侧为八角磨砖的花窗,图案精美。楼下的粉墙上开设磨细砖框的地穴和空窗,人在室内可观赏幅幅园中框景,使自然美升华为艺术美。楼之砖额"曲溪"两字,取文徵明书体所题,用王羲之《兰亭集序》中"流觞曲水"之意。楼前清流回荡,古枫杨树掩映,自然形胜相类似,以此借景寓情。楼下内壁嵌有著名的留园碑帖,有苏东坡、米芾、文徵明等书刻38石,均为书法艺术珍品。

西楼 曲溪楼北侧,清风池馆之南,三者呈曲尺形布局,平面上有进出变化,立面上有高低之别,从而丰富了园林空间。西楼是东部五峰仙馆庭园西侧的配景建筑,卷棚歇山屋顶,成为中部花园与东部庭园之间的过渡空间。楼之西侧凹进的小空间中,有小水湾、石板桥,池畔置太湖石峰,点缀花竹;池中立有水幢,景观丰富而别致。

清风池馆 由西楼北行即到清风池馆,这是一座朝西开敞临池的卷棚歇山顶小轩。取《楚辞·九辨》中"秋风起兮天气凉"句,化之题额"清风起兮池馆凉",故名清风池馆。临池而观景色开畅爽朗,近览濠濮亭、小蓬莱,远眺山林可亭、闻木樨香轩和明瑟楼,山池景色历历在目。馆旁古树峰石交相掩映衬托,使位于水池一隅的池馆更显得幽雅清静。馆中有对联"墙外春山横黛色,门前流水带花香"和"松阴满石闲飞鹤,潭影通云暗上龙",两联切题点景,借景抒情,使人们产生美好的联想。

五峰仙馆 盛氏扩建的东花园大厅——五峰仙馆。大厅梁柱皆为楠木所构,故俗称楠木厅,这是苏州园林中规模最为宏大的厅堂。面阔五间,进深11架,卷棚硬山屋顶,面积达288平方米。厅堂前后置庭园,周围有廊室楼所相附,形成一组厅堂宏畅、陈设精雅、庭园华丽的园林建筑群。大厅室内由屏门、纱槅和飞罩曲尺形地分隔成南北两个部分。朝南主厅宽敞,三间落地长窗,家具陈设古朴典雅。分隔空间的纱槅,上部为大幅真丝花鸟绢画,鲜艳俏丽;下部裙板上雕刻着精美的暗八仙图案。细看会发现,绢画纱槅隔而不断,可透视前后厅堂和庭园的景色,别有妙趣。北馆西侧置有落地大理石圆心立屏一架,圆屏直径达1.4米,石屏有跋,谓此石产于滇南点苍山,是一幅具有"雨后静观山意思,风前闲看月精神"景象的天然水墨图画。这是留园一宝,令人赞叹大自然的造化。馆悬"五峰仙馆"匾额,是园主盛旭人得停云馆藏石后,请吴大澂书额,取李白《望五老峰》诗"庐山东南五老峰,青天削出金芙蓉"句意。馆南庭园中堆叠的湖石厅山,五峰如老人相逐,峰峦突兀,逶迤连绵,富有天然神趣。馆中楹联有园主自撰的"历宦海四朝身,且住为佳,休辜负清风明月;借他乡一廛地,因寄所托,任安排奇石名花"和"迤逦出金阊,看青萝织屋,乔木干霄,好楼台旧址重新,尽堪邀子敬清游,元之醉饮;经营参画稿,邻郭外枫江,城中花坞,倚琴樽古怀高寄,想见寒山诗客,吴会才人"。得留园后,吸取诸园之长,巧构佳筑,重加扩建,融山水、建筑、田园、山林于一园,享有"吴中第一园"之誉。馆北有状元陆润庠抒情写志联:"读书取正、读易取变、读骚取幽,读庄取达,读汉文取坚,最有味卷中岁月";与菊同野、与梅同疏、与莲同洁、与兰同芳、与海棠同韵,定自称花里神仙。"该联概括了五书精髓和五花品性,以喻人之品格,情志高雅,寄托遥深。馆北庭院回廊环绕,湖石花坛花木扶疏,是特有的天然金鱼缸,环境清幽。

汲古得绠处 五峰仙馆北馆东侧的附属小轩,硬山卷棚屋顶,朝东三间,面向中花园。周围有牡丹花坛、太湖石峰,花木掩映。这里原是书房,环境幽静,适宜攻读。匾额"汲古得绠处"和对联"汲古得修绠,开琴弄清弦"均讲治学之道理,取自唐韩愈《秋怀》"归愚识夷涂,汲古得修绠"诗意。《说苑》亦云:"管仲曰:短绠不可以汲深井"。说明钻研学问,须有恒心,找到方法,犹如深井汲水,必须得用长绳(绠)一样,颇有理趣。

鹤所 五峰仙馆南庭园的东侧,与西楼相对应的一曲尺形宽廊。其功能为至"东园一角"的通道,但又不失赏景的功能。鹤所之东西两壁开有宽敞的地穴和空窗,西观宏敞的五峰假山之景,东赏幽深的小院蕉影石林之景。壁上还嵌有宋代米芾书"名花诗"的书条石,现在又置办画廊,可谓满壁框景诗画生辉。砖额为文徵明隶书"鹤所",意为养鹤之所。鹤为传统的吉祥之物,早在汉代就被列入仙籍,历代文人隐士视其为宠爱之物,喜在园中饲养。鹤秉性恬静闲放,姿态清美高雅。鹤与"贤人君子"共情,文人诗画多借鹤咏志。

石林小院 五峰仙馆和冠云峰两宏敞庭园之间的小院,以赏峰石取胜。由五峰仙馆东侧进"静中观"砖额的月洞门入院,全院由揖峰轩、石林小屋、回廊和七个花木点缀的峰石庭园空间组成,布局灵巧,景观雅丽。揖峰轩是一座硬山顶两间半的轩屋,室内家具陈设精雅,有红木藤面坑床、红木七拼棋桌、丝绣四季花鸟挂屏和嵌有四十块大理石的大挂屏。石屏上题有"仁者寿"和书联"汉柏秦松骨气,商彝夏鼎精神",朝南长短窗上木刻梅兰博古和封神榜神怪图案。轩之三向庭园相围,南面主庭园峰石玲珑,花木丰茂。西北空间狭小,点缀竹石芭蕉。透过轩窗形成幅幅册页画景。回廊通石林小屋,与揖峰轩隔院南北相望。小屋卷棚歇山顶,内置金石小桌。四向庭院,石林成景,有太湖石峰、石笋,配置翠竹、罗汉松、绣球、芭蕉,透过空窗框景,皆有画意。尤其是小屋的南北两峰,相对似镜中之峰,富有妙趣。静中观之取唐刘禹锡诗"众音徒起灭,心在净中观"意,静观院中内蕴。揖峰轩则取宋朱熹《百丈山记》"前揖庐山,一峰独秀"句意,突出院中峰石秀美,待石如宾,人石有情,其趣无穷。轩中有清郑板桥作对联:"蝶欲试花犹护粉,莺初学啭尚羞簧。"石林小屋意为仿宋叶梦得的石林精舍,有对联:"曲径每过三益友,小庭长对四时花。"融生活哲理于情景之中,情思绵长,令人回味,流连忘返。

还我读书处 揖峰轩之北的独立封闭、自成天地的小院,是一座幽雅宁静的书房庭院。院中书斋为硬山顶二重之楼。楼坐西朝东,前有回廊庭院,院中置湖石花坛,植有古朴乔木、古黄杨,树姿苍劲。院之西有廊院,点缀竹石,可作窗景。斋悬匾额"还我读书处",取自晋陶渊明《读山海经》诗中"既耕亦已种,时还读我书"之意,此斋为藏书读书佳所。廊壁上嵌有珍贵的宋贤书条石 65 种,计 105 石,又为书艺珍藏之所。

东园一角 石林小院东南的庭院,原为园主盛家的大戏厅,名为东山丝竹,用来欣赏戏曲艺术。戏台是苏州宅园的组成部分,也是古代文化生活的重要内容。留园的戏台规模宏大,而且是室内的,可称为戏厅。厅内有戏台和两翼的包厢,中央大厅可容纳十张圆桌的客人,边吃喝边看戏,其场景十分热闹壮观。故戏厅东侧有厨房等附设建筑和水井。抗日战争后期戏厅被毁。1949 年后整修留园时,改建成东园一角,花坛曲径布局自然,以花木取胜,有攒尖八角亭、天然石桌石凳和精美的花街铺地,人们由建筑密度紧凑、曲廊盘回的石林小院至此,则豁然开朗,自然疏朗的花草树木,令人赏心悦目,别有一番情趣。

林泉耆硕之馆 "东园一角"之北,冠云峰庭园的主体建筑。坐南朝北,于此可欣赏到苏州园林中最为高耸峻美的太湖石奇峰——冠云峰。此馆是一座典型的鸳鸯厅,面阔五间,四周回廊,歇山飞檐屋顶。因此又是一座四面厅。厅堂进深较大,脊柱前后地盘对称,其脊柱落地,柱间以纱槅和挂落飞罩分隔前后。用料以脊柱为界,梁架一用扁作,施以雕饰;另一为圆料。甚至地面方砖铺砌有正方和菱角形之别,一厅两作,故称鸳鸯厅。"之馆"则以屏门和落地雕花圆光罩分隔南北。北馆雕花扁作,悬"林泉耆硕之馆"匾,意为老人和名流的游赏之所,并有叙事写景抒情之联:"此峰疑天外飞来,历劫饱风霜,复绝尘寰谁伯仲;斯地为吴中最胜,后堂绕丝竹,婆娑岁月若神仙。"中间六扇屏门上刻有"冠云峰图",与院中屹立的巨峰相映照。南馆梁架用圆料。悬匾"奇石寿太古",右联为:"胜地长龟,即今历劫重新,共话给云来父老,奇峰特立,依旧干霄直上,旁罗拳石似儿孙。"均为赞赏含太古之云气、具太古之美姿的三奇峰。屏门上刻有俞樾撰的《冠云峰赞有序》,生动记述园主爱石、护石,为石"规余地、建周垣、营精舍、布芳筵……主人乐之,石也欣然",使"冠云之峰,永镇林泉"。人们在北馆,可以欣赏到正面向阳的冠云峰,以蓝天和深暗色冠云楼为背景,前有浣云沼柏映,侧有冠云台和冠云亭陪衬所构成一幅完美的奇峰图。馆南庭院紧窄,作为对景的门楼上有"东山丝竹"砖额。原戏厅与林泉耆硕之馆布局在同一轴线之上,形成一组动静有序、各具特色的园林建筑空间,可谓独具匠心。

冠云峰　瑞云峰　岫云峰　冠云峰是"仙苑停云"庭园的主景和构图中心,位居中央浣云沼畔,瑞云、岫云两峰退立两侧。四向林泉耆硕之馆、冠云台、冠云楼、冠云亭和伫云庵围绕巨峰而建而赏。冠云峰为孤石巨峰,屹立在用榫眼相接的石座上,峰高6.5米,独具瘦、漏、透、皱之秀美,既雄伟又秀丽,为留园诸峰之冠。就其形似又名观音峰,从石之西北观之,亭亭玉立,犹如一尊送子观音佛像。冠云峰原为留园之旁的奇石,前园主刘恕性爱石而未获,盛旭人得园后,以善价得石,后又购得峰前隙地,筑屋建庭园,前后历时20年之久,冠云峰入园中。相国张之万(字子青)为之书赠"奇石寿太古"五字,俞樾为之赞贺,皆成美谈。

瑞云峰位于冠云峰左首,冠云亭之东侧,为停云庵北向对景,峰高4.5米。此峰疑为明代园主徐泰时五峰之一的"舞袖峰",飘逸如仙。岫云峰在冠云峰右后侧,峰高5.5米,有百年枸杞藤穿洞缠绕附石,春秋时成花之峰果之石,别有奇趣。冠云、瑞云、岫云又被称为留园姊妹三峰,据说盛旭人曾以三峰分别名其三孙女。

浣云沼　为位于冠云峰之前的洗云池,形成峰池之景。沼之造型东南池岸成规则直角形,砌筑条石驳岸和条石栏杆;西北池岸呈自然弯月状,湖石驳岸曲折起伏,两者巧妙地由跨水的小石板桥和临水的冠云台作自然过渡。池水清澈,点(缸)植睡莲,游鱼可数。

冠云台　冠云亭　冠云台是一座卷棚歇山顶方亭,位于浣云沼西岸,挑临水面之上。在台上既可隔池赏景,又可临池欣赏冠云峰倒影,形似古代梳妆仕女,别有意趣。台有匾额"安知我不知鱼之乐",取自《庄子·秋水》篇,在此可得赏鱼之乐。冠云亭是一座攒尖六角小亭,位于巨峰东侧,与冠云台相映衬,更显冠云峰巍峨壮观。亭有对联:"飞来乍讶从灵鹫,下拜何妨学米颠。"在亭中昂首近赏,更觉冠云峰如飞来奇峰,爱峰仿学米颠来拜石。

冠云楼　冠云峰之北,面阔五间呈曲尺形,中间三间楼层卷棚歇山屋顶,两侧为卷棚硬山顶,造型狭长而轻巧。作为背景的冠云楼与突兀高耸的冠云峰,产生了横竖、明暗鲜明对比的艺术效果。冠云楼有室内楼梯,南向又特置楼山,亦可登楼。同时起到对比中求得自然协调,可谓匠心独运。登楼可俯瞰庭园全景,又可远眺虎丘塔影,美不胜收。冠云楼悬"仙苑停云"匾额,是冠云峰庭园形象诗意的总称。古代把峰石称为"云根",又将其比喻为仙女。庭园中吸引停留三云,可谓人间天堂胜仙境。

伫云庵　亦不二亭　伫云庵为旧时园主念佛修行之所,位于冠云峰西侧,自成院落。伫云庵是座三间卷棚歇山顶轩屋,庵名取自唐孟郊"开亭拟贮云,凿石先得泉"诗意。此庵北对瑞云峰,有井泉。西侧有众峰池沼,其境与诗境相符。庵之南向为长方形小院,与南端的亦不二亭相对,庵与亭西侧有长廊经林泉耆硕之馆相联,院东为园之界墙。院中满植竹林,一片青翠绿意。亦不二亭为院南附廊壁之半亭,亭名为佛教语,出自《维摩诘经不二法门品》,意为直接入道,不可言传的法门之亭,亦为园中学佛之亭。

佳晴喜雨快雪之亭　卷棚歇山顶单檐方亭,东与冠云台隔廊相望。亭名为集诗文碑帖之语妙合而成。"佳晴"取宋范成大"佳晴有新课"诗句;"喜雨"即及时雨,取《春秋穀梁传》中"喜雨者,有志乎民者也"句意;"快雪"则为晋王羲之《快雪时晴帖》。此均对农事有利,又可指园中四时景物,均可游赏。亭中有楠木纱槅六扇,夹堂板上刻有猿羊虎象犬狮图案,裙板上刻有兰花图案,为明代遗物,园藏珍品。亭外曲廊相围,有对景石雕牡丹花坛。

又一村　盆景园　又一村位于园之北部,原为一片竹林、桃林、杏李圃和花房,呈现出田园风光。现在植物景观保持原有特色的基础上,辟为盆景园和花房区。"又一村"之额名取自宋陆游《游山西村》"山重水复疑无路,柳暗花明又一村"诗意,具有引人入胜之魅力。由佳晴亭西行,见粉墙洞门,上有砖额"又一村",入洞门为一卷棚歇山顶石柱半亭,亭接蜿蜒曲折的石结构葡萄廊架,棚架南面有一片桃花林,北侧是由竹篱相围的盆景园和花圃,这也是古典园林的传统,每个园林都有大小不同的花圃、花房,培养盆花盆景,供园内厅堂轩馆室内陈设,把花木绿意引入室内。苏州盆景具有悠久的栽培历史和艺术特色,是我国盆景艺术的重要流派,尤以苍劲古雅的树桩盆景著称。盆景是"移天缩地""缩龙成寸"的"盆盎山林",可以陶冶情趣,供人们品赏"神游",因此深受人们的喜爱。盆景艺术是苏州园林艺术的明珠。盆景园内有小巧的接待室"小桃坞",室内家具陈设精美雅致,室外盆景、桃林自然幽趣,犹为世外桃源,是品茗憩息的佳处。

至乐亭　舒啸亭　又一村的葡萄棚架一直通至西部的黄石假山,石包土山,层叠而上。山上枫树成林,以秋色取胜,呈现出一派山林风光。其东侧有云墙与中部山池分隔。登山西望,原来可以近览西园,远借虎丘之景。可惜现在已为新建楼房遮挡。山之北部有平面菱形的六柱至乐亭,取《阴符经》"至乐性余,至静性廉"之意,这样优美的自然山林环境,给人以美的享受和欢愉快乐。而在偏南的山林中有小巧的攒尖圆顶的舒啸亭,以晋陶渊明《归去来兮辞》中"登东皋以舒啸,临清流而赋诗"取名。亭位于山林之上,下有溪流,情景相符,具有弃官归田、自我陶醉和舒啸豪情之情怀。亭之造型,六柱单檐圆亭,体量小巧简雅,在疏朗的枫林的掩映中,显得十分可爱。

射圃 缘溪行 西部山林以黄石包土假山为主,水则成山溪,沿山林南部蜿蜒曲折而流,在溪流之南为一片地势低平的草地,面积二亩有余,称为射圃。古时在此进行"六艺"之一的家庭射箭习武活动。在射圃的草坪上,隔溪北望,可见壮观的山势层叠,林木葱茏的山林景观,山溪由山畔又流向射圃西侧,原与园林的河流水系相通,故射圃之南沿园界有砖额"缘溪行"长廊,原为复廊,辟有洞门。廊之一侧必有溪水相伴,使廊缘溪而行,又可赏山林景色,情趣盎然。廊东至宅墙折北延伸,其间原有廊亭"君子所履",再沿廊北行即至小阁"活泼泼地"。

活泼泼地 靠山跨溪的水阁,卷棚歇山屋顶,翼角飞翘,四面围廊通透,内室三面粉墙分隔。其境僻静而幽雅,富有山林溪涧之幽趣与自然生态之乐趣。阁名"活泼泼地",取自《诗经·大雅·旱麓》的"鸢飞戾天,鱼跃于渊"和殷迈《自励》"窗外鸢鱼活泼,床头经典交加"之诗意,林间飞鸟,水中游鱼,自然活泼,充满天机生意,在此静赏,雅趣无穷。阁中对联:"水转桐溪约秋禊,路循花步赋春游。"更点出春天山花烂漫,秋天红叶斑斓的山溪景色,令人赏心悦目,富有情趣。出水阁,经"别有天"砖额小门就回到了中部的"涵碧山房"主厅。这样形成一条贯穿全园,风景画面起结开合,动态连续构图的完美游览路线,不断引人入胜,使游人在不知不觉中完成了留园的游赏。

网师园 位于苏州城东南阔家头巷,宅园面积不足九亩,其中花园占地约五亩,是苏州著名的保护完整且对外开放的住宅园林。

网师园始建于南宋,侍郎史正志于南宋淳熙初年(1174)建宅万卷堂和花圃渔隐,隐居于此,著有《菊谱》。后归丁氏,分割为四,园圃荒废。至清乾隆三十至三十五年(1765—1770)宋宗元购得部分园地,建构别业,有幽崖池汻、亭台楼阁十二景。宋氏托渔隐之意,又因花园坐落于王思巷,取其谐音,名园为"网师小筑",宋卒后园遂颓废。嘉庆元年(1796)富商瞿远村购得是园,目测手画,葺而新之。因树石池水之胜,重构轩馆,统循旧名,有梅花铁石山房、小山丛桂轩、月到风来亭、竹外一枝轩、云岗亭诸胜,曾易名为瞿园、遽园,后复称网师园。钱大昕、沈德潜都为园作记,称:"园虽不大,而有纡回不尽之致,遂为吴中名园。"同治初年(1862),园归江苏按察使李鸿裔,以园位于苏舜钦沧浪亭之东,故易名为"苏东邻",其子建撷方楼。光绪三十三年(1907)园归退居苏州的达桂将军,园中虽仍水木明瑟,然轩馆已废旧,重加修葺,恢复旧观。至民国,张作霖购此园赠其师张锡銮,易名"逸园"。1932年名画家张善子、张大千和叶恭绰曾共赁此园居住。1940年文物书画鉴赏家、收藏家何亚农购得此园,亲手摹画,历时三年,全面整修山池亭屋,增植花木,充实古玩字画,恢复名园旧观。并精心构思,修筑增华,改竹外一枝轩为敞轩,辟潭西渔隐园门。1949年前何氏夫妇先后去世,何氏子女于1950年将父母遗产网师园捐献给国家,将文物字画珍藏捐献给博物馆。之后园中首驻部队,为学校使用。1958年经陈从周教授建议,苏州市政府决定拨专款抢修网师园,园林处接管搬迁单位、居民,10月动工,精心施工,月到风来亭落地重建,就建梯云室庭院,西部殿春簃庭院建墙分隔建花圃,院中叠石疏泉,新构半亭,内置灵璧石。宅园精心配置家具陈设,1959年国庆正式开放游览。1963年网师园被列为苏州市文物保护单位。"文化大革命"期间,一度易名为友谊公园,家具陈设和匾都遭受破坏。1974年开始整修,复名开放。1982年国务院公布网师园为全国重点文物保护单位。1986年后网师园开放古典夜园游览,充实传统姑苏戏曲、江南丝竹等文化内涵,深受中外游人的赞赏和喜爱。

  网师园以宅园完整、小巧精雅、以少胜多、迂回有致著称,尤以水景取胜。第宅居东,规模中等;格局规划严整,为苏州典型的清代官僚住宅,由照壁门庭广场、门厅、轿厅、大厅、内厅及后院、下房组成。宅西为花园,宅园既分明,又处处相通,布局合理。花园以水为主,坦荡清旷,主题突出,布局紧凑,简洁自然。亭阁建筑,造型秀丽,小巧精致,家具陈设精雅。黄石假山自然古拙,林木花草注重色、香、姿,种植少而精。有小山丛桂轩、蹈和馆、琴室、樵风径、彩霞池、射鸭廊、濯缨水阁、云岗、月到风来亭、看松读画轩、竹外一枝轩、集虚斋、五峰书屋、殿春簃庭院等景点。

门庭广场 网师园坐落在阔家头巷11号,由于园主地位较高,门庭显赫,因此其第宅大门前,跨巷设东西辕门和照壁,形成门庭广场。广场上传统地对植盘槐,成为大门的对景。两侧的围墙上各设四副马环,古时骑马来访的武官和客人,可在此拴马停马。

门厅、轿厅 网师园第宅门厅三间,设在正间中部的大门为传统的黑漆将军门,有象征门第的伐阅、门当、户对、门环和高高的门槛及雕刻精美的青石、坤石,显得庄重和威严。两侧边间为门房间。大门东侧临巷辟有边门,内有陪弄直通后宅。一般为下人出入之通道,又是太平安全之门,由此出入便捷。

门厅往里为轿厅,硬山屋顶面阔三间,其正间有廊轩与门厅相联,使之出入不走露天,风雪无碍。两厅呈工字形,两侧有小天井。轿厅正间北向设有中门,由六扇屏门组成,遇到有重要宾客或家中婚丧寿诞大事,可以开启使用。平时则绕中门而行。轿厅的功能是供停轿、下轿之用。在廊轩的两侧放置长板凳,俗称懒凳,为辛劳的轿夫休息坐候之处。轿厅悬挂匾额"清能早达",意指为官清廉,富有才能,而早年发达,为祝福之语。左右小天井门上砖额"锁云""钮月""梦楼""桂芬"。在中门之后的石库门上设有壁龛,上供祖先的神位。轿厅两侧有边门,东通陪弄,西往花园。如果客人直接到花园活动,则由此入园,不必进入内宅。可谓宅园布局合理,既功能分明,又联系方便。

万卷堂 住宅第二进为大厅,亦称正厅,高敞宏深,面阔三间,硬山屋顶,两侧有高大的三山屏风墙,俗称封火山墙。石库门的木门上镶有磨细方砖,这均起到防火的作用。堂内进深的七分之五处置有屏门,这既表明园主的地位,同时又使室内光线敞亮。厅堂内家具陈设规范,有天然几、供桌、花几、座椅、茶几等,均为明式红木家具,造型大方,结构简练,线条流畅,实用美观,陈设精美,古色古香,有供石、剑并、大理石插屏、挂屏和青铜器。中堂有《劲松图》,旁有对联:"紫髯夜湿千山雨,铁甲春生万壑雷。"上悬文徵明书体的"万卷堂"匾额。此为始建园主史正志的宅名,其虽然身为武官兵部侍郎,但是家中有藏书万卷之堂。抱柱对联为现代书画家吴进贤所撰书:"南宋溯风流,万卷堂前渔歌写韵;葑溪增旖旎,网师园里游侣如云",以追溯名园历史,发思古之幽情;畅叙今日风采,颂名园之形胜。

万卷堂为全宅主厅,其功能为会客、宴请和办理寿诞、婚丧大事。主、客在堂内,朝南面对天井庭院,有对植的玉兰,更有"藻耀高翔"砖雕门楼为对景。门楼有飞椽、斗拱、花板、栏杆、挂落;传统的"郭子仪上寿"和"天国进爵"戏文和遍饰的蝙蝠、寿字、狮子滚绣球图案,均为磨细方砖,采用浮雕、深雕、空雕工艺精雕细镂而成。为此必须做到"选料、烧制、雕镂"三精,才能创造出如此美轮美奂的砖雕艺术杰作。在大厅的西侧有次间,俗称密室,在此便于个别交谈。室前有廊通往南通园门,廊畔小庭院内有桂花古树,点缀太湖峰石,作为住宅到花园的过渡空间,稍稍显露一点自然景色。

撷秀楼 大厅之后的第三进住宅为内厅,又称女厅,是一座两层的楼厅。其屋顶哺鸡脊,两侧封火山墙,楼层腰檐置仿宋砖细凭栏。楼厅上下面阔六间:正中三间,东二间,西一间。朝南相应由花墙分隔成三个天井,中间轴线上有图饰简洁的砖雕门楼。楼上悬俞樾题书的匾额"撷秀楼",并有跋:"……园中筑楼,凭槛而望,全园在目,即上方浮屠尖亦若在几案间,晋人所谓千崖竞秀者,俱见于此,因此撷秀名楼。"对联为:"山前倚杖看云起;松下横琴待鹤归",具有自然山野、清闲悠然的意境。此厅为旧时女主人接待女眷、女宾之用,厅内陈设有清式镶嵌大理石的紫檀坐床、炕桌、踏脚,什景浮雕紫檀靠椅、茶几等,两壁有四幅大理石山水挂屏。如要游园,则厅西侧有便门通花园敞亭。宅园既功能明确,又联系紧密方便。

梯云室 撷秀楼之北为湖石假山、花木扶疏的庭院,梯云室位于院之北端,是一座卷棚硬山屋顶、面阔三间的轩屋。正间南北均设落地长窗,两侧边间为矮墙半窗。窗之裙板上雕刻有精美的花鸟山水和什景摆件图案。室内面北置有珍贵的雕工极精的黄柏木雀梅落地罩,与北面小庭院中的太湖石峰、蜡梅、藤本月季花坛,构成一幅生动美丽的画面。室悬匾额"梯云室",室之南向有古朴的石栏平台,对景有梯云湖石假山,沿蹬道上山可通书楼。故以《宣室志》中"唐太和中,周生有道术,能梯云取月"的故事取名为梯云室。庭院中罗汉松、白皮松、枸骨、红枫等花木均种植在湖石花坛之中,峰石玲珑,花木扶疏,四季有景。南端通撷秀楼和五峰书屋的亭廊之畔有紫竹石笋小景。门亭之前有"五福捧寿"的吉祥图案的花街铺地。庭院之东与圆通寺毗邻,部分殿堂辟为工艺卖品部,有月洞门相通。据传梯云室为用膳之室,在此用餐赏景,可谓美矣。室北小庭院两侧走廊分别通向厨房、下房区和宅园后门。与门厅、轿厅、万卷堂、撷秀楼共同组成网师园的住宅部分。

小山丛桂轩 花园之门在轿厅西侧,门楣上有清乾隆年间宋氏时的砖额"网师小筑",点出渔翁之小园具有小巧精雅之特色。入园门即见小桥流水,园景之一隅。沿廊西行即至小山丛桂轩,为一座小巧精致的四面厅,卷棚歇山屋顶,面阔三间,三面回廊。厅南一排花窗粉墙之下,湖石假山,峰石起伏,桂树成丛,间有海棠、蜡梅等花木,成为厅之对景,故取北周文学家庾信《枯树赋》中"小山则丛桂留人"句,情景相符,其匾题为"小山丛桂轩"。并有清代何绍基撰对联:"山势盘陀真是画,泉流宛委遂成书",写景抒情,成为小山丛桂轩周围景物的形象写照。人在轩内,四面置窗皆成景。南对湖石小山,丛桂飘香;北置冰梅纹圆窗,云冈黄石假山屏立;东侧山涧溪流,并在住宅墙面上巧妙地以攀缘附壁的木香形成春景画面;西边曲廊和蹈和馆之间,羽毛枫潇洒入画,室内外空间融汇一体,虽在室内却置身于琳琅满目的园景之中,使人赏心悦目,心胸畅朗。

蹈和馆 小山丛桂轩的西侧,馆轩之间曲廊相联。馆之造型,以卷棚歇山屋顶稍加变形,仅在东北屋角发戗起翘。因地制宜,按造景需要而灵活变化,可谓巧作。馆坐西朝东,东北两面置廊,与小山丛桂轩共享一个庭园空间。馆三开间,内外均为砖砌墙面,中间以板壁分隔,有小门相通。朝东为落地长窗,山墙和北墙置有精美质朴的链条套结图案的木花窗。馆之西部是园内"宜春簃"小花圃,窗前花影婆娑,相映成趣。蹈和馆为古时园主宴居之所。额寓平和安吉之意。"和"为儒家的处世原则和审美标准。所谓"履贞蹈和",即要使自然和社会得到和谐的发展,求得国家安宁,天下太平。现在蹈和馆成为著名的苏州版画廊,陈列着富有传统桃花坞木刻艺术特色的版画,画面充满着古色古香的小桥流水人家的水乡情韵,深受中外游人的喜爱。

琴室 蹈和馆之南的琴室庭院。琴室位居小巧方整的庭院东北隅,占去四分之一的面积,为一卷棚歇山顶半亭,北面靠墙,三面空敞,下置砖砌坐槛。墙悬"琴室"匾额,额下有"苍岩叠翠"大理石山水挂屏。室内陈设木座古琴砖一方,据传为珍贵的汉代琴砖,铭刻图纹古朴精雅。琴砖中空,操琴其上,产生共鸣,琴声更为悠扬动听。琴室西侧沿院壁置廊,内有旧园主李鸿裔扇面梅花诗等十首的书条石六方。在咫尺空间的庭院中,琴室南对大型古桩盆景,其座架和古盆均为磨细方砖精制而成,刻有寿字纹饰,造型古朴端庄,比例完美。盆内栽有三百龄的石榴古桩,苍干虬枝,叶茂果丰,犹如枯木逢春,其春叶、夏花、秋果、冬干四季成景,为网师园花木珍赏之一。与之相映衬的是庭植百年古枣树,树干高大虬曲,姿态自然优美。枣和石榴均为苏州传统的园林树种,象征子孙满堂、家族繁荣兴旺。更令人赞赏的是琴室面对的贴壁假山,俗称碧山,其构思和技艺独具匠心。立意为园外有高山流水,琴室院内的壁山是破墙而入的高山余脉,在此操琴,襟怀坦荡,意境深远,可得自然山水之真谛,可觅高山流水之知音。琴室之东有砖额"铁琴"的三间琴房,房北廊外有花窗粉墙与小山丛桂轩相隔,而悠扬的琴声为古园增添无限的情趣。至今"吴门琴社"不时在此聚会操琴,其乐无穷。琴房之东通住宅轿厅,宅园之间,处处依存。

樵风径 小山丛桂轩、蹈和馆和琴室等均为网师园南部的庭院区,布局紧凑,空间小巧,各具特色。由蹈和馆沿廊北行,至廊间小门有砖额"樵风径",取自汉郑弘上山打柴,求得若邪溪风,也称"樵风"的典故,谓隐居山林打柴归家顺风之路。至此眼前豁然开朗,池水坦荡,花木掩映,亭阁秀丽,始展花园主景,给人以深刻印象。樵风径走廊位于花园西侧水池和园墙之间,在平直的20米之内,精心地处理成沿池岸,靠园墙,平面上有曲折,立面上有起伏的爬山走廊,东联濯缨水阁,北经月到风来亭,西通殿春簃庭院。廊壁之间,变死角为竹石小景,极尽变化造景之妙趣,充分反映了网师园小巧精雅的造园艺术特色。

彩霞池 网师园中央的水池。网师园的造园艺术中理水十分成功,水景成为主要特色。小园理水宜聚不宜散。全园布局以彩霞池为中心,十分之九的池水汇集园之中央,仅在西北隅延伸出小水湾和东北角山下有溪涧。黄石池岸低平突兀,石矶漂贴水面,池水渗流入山岩和亭阁之下,形成池面坦荡旷远、池水不尽之感,给人们留下深刻美好的印象。而实际的水面积仅四百余平方米,这就是苏州园林"小中见大"的艺术魅力。山有脉,水有源。在水池的西南向,樵风径爬山走廊西壁有"岩腹唇涧"黄石壁岩,为池水源头之景。环池配置的假山、花木和建筑,采用大小、高低、凹凸、进退、错位和对应的变化,形成丰富美丽的水景倒影。如小巧的亭阁挑水、跨水而建;高大的楼轩则离岸退后而构。亭阁建筑与假山花木隔池互为对景。水湾和山涧之上分别架设石板曲桥和小石拱桥。拱桥名"引静",长2.45米,宽0.92米,雕凿精致,造型优美,是苏州园林中典型的小桥流水。云冈黄石假山东坡下的山涧,取《诗经·卫风·考槃》"考槃在涧,硕人之宽"句,意贤者乐在涧水而名"槃涧",有古朴的摩崖石刻。涧之南端有"待潮"古闸门。石桥石闸,小巧玲珑,古朴典雅,别具妙趣。

  网师园小池依照传统方法在池底凿井,池水与地下水贯通,俗称有泉眼,整个水池犹如一口大井。因此池水清澈见底,池中游鱼成群,缸坛睡莲,翠叶红花,点缀水面,波光倒影。环池东南西北方位,相应形成春夏秋冬四季景观。这一切令人心旷神怡,流连忘返。

射鸭廊 彩霞池东岸有短小仅一间的射鸭廊,"射鸭"为古代宫廷仕女喜爱的游戏,在花园水池中放养水禽,宫女以藤圈投套,形成生动有趣的情景。临水而建的射鸭廊由此得名,廊北通竹外一枝轩,南连敞亭,其临水面为卷棚歇山屋顶,发戗有翘角,与射鸭廊形成高低变化的构图。敞亭东与住宅撷秀楼相接,亭内置金砖小桌。金砖为明清宫殿铺地之砖,规格较民间的方砖更大更厚(一般约700×700×100毫米),是由苏州近郊的陆墓御窑专制。收藏和散失在民间的金砖,一般作为桌面,供下棋或置炉烹茶之用。敞亭之南为大片高大的住宅山墙,沿墙前有通直的小径。为了丰富单调的墙面景观,采用在高墙上开设浮雕式花窗,加以装饰,又运用"粉墙作纸,竹石为绘"的传统手法,在池岸边堆叠黄石峭壁山,临池置石矶,山上紫藤攀覆,墙面垂植绿化种木香,春天紫藤花似流苏,木香盛开飘香,迎春黄花垂枝,形成一幅春花烂漫的山水图。

濯缨水阁 彩霞池南岸偏西跨水而筑的小水榭,卷棚歇山屋顶,翼角飞举,水流其下,造型轻盈可爱。临池廊间置木栏杆,室内装修精雅,中间槅扇裙板正反面,精雕八骏图和《三国》戏文图案。榭额"濯缨水阁",取自先秦歌谣"沧浪之水清兮,可以濯吾缨;沧浪之水浊兮,可以濯吾足"。园主以此自喻清高。额旁有郑板桥书对联:"曾三颜四,禹寸陶分",引曾参三省吾身,颜渊恪守四勿,大禹惜寸阴,陶侃更惜分阴四个典故,字简意深。另有抱柱竹联:"于书无所不读,凡物皆有可观。"水阁面北临池,夏日凭栏,凉风习习,碧波荡漾,观鱼赏莲,是纳凉歇夏的佳构。濯缨水阁又兼作园中的水上舞台,在此拍曲唱戏,别具情趣。

云岗 濯缨水阁东侧的黄石假山,似巨岩山崖耸立池畔,成为全园主景假山。体量不大,但是气势古朴雄伟,峥嵘峭峻,高耸池上。临水构危崖峭壁,其下设石矶、钓台和石梁,使山水浑然一体。岩壁似巨岩自然凹凸进出,临池摩岩而行,如身临名山大川之境。山上磴道山径盘旋,山下涧溪曲折蜿蜒。石山之上,岩石之隙配植松桧、青枫,薜荔藤萝附岩,呈横卧之势的二乔玉兰,花色紫白相间,花时使山池满园增辉。

月到风来亭 水池西岸爬山走廊之畔的六角攒尖顶的亭子,坐西朝东,高挑于池面之上,可谓"近水楼台先得月"。在亭中乘秋夜清风送爽时,凭栏欣赏月光波影。故以唐韩愈"晚色将秋至,长风送月来"诗句,取名为月到风来亭。亭有清何绍基撰抱柱竹联:"园林到日酒初熟,庭户开时月正圆。"小亭挑临水上,五向临水,廊壁之面置大镜,对岸遥望似亭设园门另有天地,系为虚实之手法,以错觉扩大园林空间。该亭朝南与濯缨水阁互为对景,不仅是观赏秋景之佳所,亦是看戏听曲的佳座。

看松读画轩 池之北岸,轩南有黄石牡丹花坛,水湾之上架设石板曲桥,临池置有石矶,由于画轩体量较大,实为厅堂,故离池岸退居在花坛之后,在景观上就不会产生逼压水池之感。看松读画轩硬山屋顶,面阔三间,砖砌墙面。其窗景为竹石、蕉石之尺幅画。板壁上陈设山水画条幅。朝南花坛之中,有两株数百年生的古老松柏,可惜罗汉松已不存,仅存古桧虬干垂枝,苍劲独秀,为网师园珍贵的活文物。另有树干斑白的白皮松和树姿苍古的黑松,形成一幅常青松柏图。看松读画轩为赏景观画作画之轩,中国画是熔诗、书、画于一炉的综合艺术,故欣赏中国画古称"读画",才得画中之寓意哲理和诗画韵味。在这里既是"读画",更是"看松"赏天然画本。画轩之外,园景皆是画。轩中有对联"满地绿阴飞燕子,一帘晴雪卷梅花"和"风风雨雨,暖暖寒寒,处处寻寻觅觅;莺莺燕燕,花花叶叶,卿卿暮暮朝朝",联语所描述的均是园林情景所独具的画面,画轩东侧为峰石当窗、花木相映的小庭院,西边是板壁相围的小书房,内有治国治家之联:"天心资岳牧,世业重韦平。"

竹外一枝轩 看松读画轩东南方有廊连接的临池,轩为卷棚硬山屋顶,东西狭长三间,临水面设吴王靠坐槛,远望似一叶小舟。轩北为集虚斋庭院,庭植青翠潇洒的慈竹两丛,有花窗相映,有洞门相通。东面通五峰书屋,东墙上有两方精美的园林和花鸟砖雕。西墙上开设空窗,窗外点植垂丝海棠,框景入画。轩外池岸畔植梅花,原有横卧偃伏的黑松,成为轩外一景。在轩内隔池远望,池上理山的云岗黄石假山,成为园中第一山景。轩额为"赏梅花",取宋苏轼《和秦太虚梅花》"江头千树春欲暗,竹外一枝斜更好"诗意。梅以曲为美,直则无姿;以欹为美,正则无景。桂梅讲究"横、斜、倚、曲、古、雅、苍、疏"。轩前松梅横斜,岁寒为友,冬景如画。轩有抱柱竹联:"护砚小屏山缥缈,摇风团扇月婵娟",如在轩中读书赏月,亦为赏心乐事。

集虚斋 二层小楼,退居在竹外一枝轩之北。间有庭院翠竹,形成高低层次变化的北岸景观,使水池没有压抑之感,处理十分成功。集虚斋为楼之底层,其额取自《庄子·人间世》:"唯道集虚,虚者,心斋也。"心斋后为道教斋法之一。《云笈七签》载:"三者心斋,谓疏瀹其心,除嗜欲也。澡雪精神,去秽累也。掊击其智,绝思虑也。"在斋中读书养心,去除尘世烦嚣,心境澄澈明净,悠闲自得,展示清雅超逸之美。楼为硬山顶风头屋脊,据传楼上为旧时小姐闺房绣楼。斋中间屏门后有直通楼梯可供登楼。楼上朝南有外廊,可凭栏俯视园中山水全景;并与濯缨水阁相望,亦为女眷观戏之所。集虚斋东接五峰书屋,呈曲尺形,楼之上下均相通达。

五峰书屋 位于住宅与花园之间,自成庭院一区。书屋亦为楼房,硬山顶哺鸡屋脊,面阔五间。书屋自身不设楼梯,室内空间宽敞完整,上下西靠集虚斋楼梯,东依室外梯云假山登楼。楼之南北有庭院,朝南中间设落地长窗,其余边间均为半窗,室内外空间流通敞朗。室内墙面护以板壁,以利藏书防潮,并根据需要可以自由分隔室内空间。南庭院堆叠湖石厅山,峰峦起伏,峰石峻美。青柏、蜡梅、海棠、青枫及山茶名品"十三太保"等花木互相掩映配植,神似唐李白《望五老峰》"庐山东南五老峰,青天削出金芙蓉"诗句,取其诗意画境,名额"五峰书屋"。另说暗示手掌五指翻书之书屋。屋后庭院栽植紫薇、芭蕉,点缀湖石,以赏夏景为主,营造了书楼较为幽静闲适的理想环境。

殿春簃 花园之西的内园,其功能为园主子女读书的书房庭院,平面呈长方形,高墙四围,自成天地,布局简洁清雅。东向与花园爬山走廊相通,也与看松读画轩相联,其南为花圃。庭院门额"潭西渔隐",渔隐为始建园主史正志的花圃渔隐,现为别有天地的殿春簃。其门背面砖额"真意",取自晋陶渊明《饮酒》诗:"此中有真意,欲辨已忘言。"在此观景能领略到网师园湖山真意之妙趣。

殿春簃位于庭院之北,"簃"为阁边小屋,"殿春"指春末开放的芍药。匾额跋文:"庭前隙地数弓,昔之芍药圃也。"昔日网师园的芍药品种名贵,可与扬州芍药齐名。现院中仍有芍药花坛。殿春簃卷棚硬山顶,朝南有廊,北面置窗。室内陈设有关芍药的诗画,如宋邵雍诗:"一声啼鴂画楼东,魏紫姚黄扫地空。多谢化工怜寂寞,尚留芍药殿春风。"此间俗称外书房,其西侧有内书房两间,南北均开半窗,板壁墙面,陈设几案、书橱等书房家具。其南窗下西墙角有张大千书"先仲兄所豢虎儿之墓"碑。20世纪30年代张善子和张大千兄弟寓居园中,善子善画虎,饲虎儿于园中,绘虎为《十二金钗图》,虎死葬于此。1982年大千追忆往事补书墓碑,立石纪念名园手足虎儿情。书房北留有小天井,墙角壁前叠石立峰,并植有丛竹、蜡梅、天竺、芭蕉,透过红木边框的窗框,形成幅幅国画小品框景。正如对联所云:"巢安翡翠春云暖,窗护芭蕉夜雨凉",富有诗情画意。内书房有对联:"镫火夜深书有味,墨华晨湛字生香。"书房前有石栏平台,庭院宽敞,鱼网状的花街铺地,以示渔隐。庭院沿墙堆叠湖石假山和花坛,在西墙湖石山坡上贴壁有六角攒尖半亭,因亭下有泉故名冷泉亭,亭内有罕见的巨型石供灵璧峰石,形似巨鹰,击之有清脆的金属之声,原产安徽灵璧县,为传统的清供石品。此石于20世纪50年代从桃花坞废宅移此。庭院西南角的太湖石假山之中,冷泉亭下,岩壑深邃,绿荫如盖,寒气逼人,其下深潭潜藏一泓天然泉眼,泉水清澈明净,取宋朱熹"一水方涵碧"诗意而名,摩崖石刻"涵碧泉"。泉水之脉与中部园池水脉相通,致使网师园有源之水的水景更为清丽动人。简雅秀丽的殿春簃庭院被作为范本,于1979年在美国纽约大都会艺术博物馆中,成功地仿建成明轩庭院,开创了中国古典园林工程的出口,促进了中外园林文化交流不断趋于深入。

狮子林　　在苏州市城东北园林路西,始建于元代,是苏州四大名园之一。园地近十七亩,以假山洞壑最有特色,为世人称道。狮子林的历史久远,而且经过了由寺庙园林变为私家园林的过程。元至正二年(1342),天如禅师维则的弟子为其建庵于此,初名"狮林寺",后改名"菩提正宗寺",又名"狮子林"。园在寺北,其址原为宋代废园,多竹林,且留有北宋造"艮岳"所征花石纲遗石。用"狮子"作名,既是由于僧维则之师中峰本公倡道于浙江天目山狮子岩,又因为园中怪石姿态各异,如狮子形状,正合佛经中佛陀说法"狮子座"之意。僧维则有《狮子林即景十四首》,记叙园林景象。明洪武五年(1372),归并承天能忍寺;次年著名画家倪云林应住持僧如海上人之邀,作《狮子林图》,并题词作诗,从此狮子林名声大振。洪武七年(1374),如海复邀徐贲绘狮林十二景,朱德润为之作《狮子林图序》,此处一时成为吴门文人雅集之胜地。如海身后,寺园荒废,垣颓屋败,嘉靖间被豪家占为私园。万历十七年(1589),僧明性于此重建狮子林圣恩寺;清顺治五年(1648),会稽居士陈日新增建藏经阁。康熙四十二年(1703),玄烨南巡,亲临狮子林,赐题"狮林寺"额。乾隆初,寺园分开,园归川东道黄轩,成为私家园林。黄氏精修府第,重整庭园,取名"涉园",又因园中有五株合抱大松,亦名"五松园"。咸丰末年,园渐荒芜。至光绪中叶,园中木石变卖,亭台坍圮。其后几经变迁,巨商贝润生于1917年以9900银元买下废园,又购园东房宅,改大门在园东,周筑高墙,园三面环以长廊,廊墙上置"听雨楼藏帖""乾隆御碑""文天祥诗碑"等碑刻七十一块,增建燕誉堂、小方厅、九狮峰、牛吃蟹、湖心亭、九曲桥、石舫、荷花厅、见山楼等景点,园旁建有贝氏家祠,余均循故址,复旧观,整理峰石,至1926年全部竣工。今天的狮子林园貌,基本上是贝氏重修后的格局。

综观狮子林的总体布局,其平面呈东西略宽的长方形,四周是高墙峻宇,围出一方园林天地。园内主要建筑集中在东、北两面,著名的湖石假山在东南面,西、南两面为长廊,水面集中在中央,呈现出建筑围绕山石池水的典型布置方式。从园林路东大门而入,有照壁立于前庭,门厅前石狮一对,门厅后是贝氏家祠,祠后还有建筑物二进,轩敞气派。由祠堂向西隔开一条复廊,平行的南北轴线上,依次有燕誉堂、小方厅和九狮峰。园北侧,从东向西有指柏轩、见山楼、荷花厅、古五松园、真趣亭、石舫、暗香疏影楼等建筑和景点,高低错落、前后参差,成为园中坐北朝南的造型最丰富的建筑群落。园西面和南面,以长廊贯穿各园林建筑景点,从西北向东南依次有飞瀑亭、问梅阁、双香仙馆、扇子亭、文天祥碑亭、御碑亭、立雪堂。园中央水面回环曲折,层次丰富,池上有湖心亭、曲桥、石桥。池水东南岸就是著名的湖石假山,占地约1000平方米。石径千回百转,洞壑深幽空灵,石峰姿态各异,是狮子林中最有特色的景点。假山上筑有卧云室,西南麓有修竹阁,与假山配置得当,成为全园的中心。园中建筑,风格杂糅,尺度较为高大;室内装修精细,家具陈设丰富。

狮子林既以假山叠石竭尽奇巧而取胜,又因历史上许多名人逸事而扬名四海。清代康熙、乾隆二帝先后到此游赏,留下御题,承德避暑山庄中曾建有模仿此园的"文园狮子林"。园中古树丛生,景色多姿,有楼阁,有长廊,有厅堂,有小亭,还有紫藤架、曲桥、石舫、瀑布,罗致名家碑帖,实属难得。但假山几经改造,已不似早期那样古朴,显得有些夸张;建筑物尺度不一,稍欠含蓄;布局上东、北面较繁密,与西、南面不大平衡,山水立意略显俗味,算不上高雅淡泊,然而瑕不掩瑜,狮子林仍不失为苏州园林佳作之一。

燕誉堂 在狮子林东部,建于民国初年。堂为三间鸳鸯厅,是园中主厅。堂名为"燕誉",意为安闲快乐,取自《诗经·小雅·车辖》:"式燕且誉,好尔无射"。建筑高敞宏丽,中柱设屏门,隔成南北两厅。两厅顶棚,各不相同。南厅屏上刻有民国十四年(1925)贝仁元识《重修狮子林记》,北厅有"绿玉青瑶之馆"额,额下屏上刻民国十六年(1927)刘照《狮子林图》,十分精致。堂内陈设,雍容华贵,精雕细琢。堂内悬对联一副:"具峰岚起伏之奇,晴云吐月,夕朝含晖、尘劫几经年,胜地重新狮子座;于觞咏流连而外,瞻族承先,树人裕后、名园今得主,高风不让谢公墩。"对联既描绘了园中奇石景观,又简要概括了园林的历史变迁,还褒赞了贝氏家族。贝家后来出了一位享誉世界的建筑大师贝聿铭,从这一点来说,"瞻族承先,树人裕后",倒也恰如其分。

堂前后有廊,廊端各有洞门"听香""读画""幽观""赏胜",东可通复廊和祠堂,西可达立雪堂和湖石假山。堂南庭园,方正规整,东有月洞门通祠堂,南面粉墙高筑,衬托出立于庭中的石笋、玉兰,宛如一幅水墨画,最宜静观,与一墙之隔的欢快活泼的湖石假山正好形成对比。

小方厅 在狮子林东部,燕誉堂北。其屋顶形式别致,类似前出抱厦形式。草架顶棚,把室内空间与前廊、后廊区分开来。厅东、西两侧有小天井,通过山墙上的窗洞把竹木造型框成图画。厅南庭院,东有复廊,西有云墙,对称之中又有变化。厅北庭院,东有短廊,西有半亭,北面粉墙上有漏窗四幅,分别为琴、棋、书、画图案,设计精美,线条流畅。北庭院中央,立有巨大湖石九狮峰,粗看是一块透漏石峰,古雅苍劲;细看仿佛有九只不同姿态的小狮子,惹人喜爱,是园中一宝。庭院西面有多处门洞可通西部主要景区,因此小方厅成为游览线路中的一个重要铺垫。

指柏轩 在狮子林北部,建于民国初年,为三进三间重檐二层楼阁,又名"揖峰指柏轩"。楼名取自朱熹诗"前揖芦山,一峰独秀"和高启诗"人来问不应,笑指庭前柏"。此楼体量较大,底层副阶周匝,屋顶檐角高翘。楼北侧正中凸出楼梯间,可登二楼,已属近代布置方法。底层檐下,用"盘长"图案省替,亦属少见。楼内有对联一副:"看十二处奇峰依旧,遍寻云虹月雪溪山,最爱轩前千岁柏;喜七百年名迹重新,好展朱赵倪徐图画,并赓元季八家诗。"联中"朱赵倪徐",是指朱德润、赵善长、倪云林、徐幼文四位名画家。轩中红木家具和字画陈设,皆庄重典雅。此楼所处环境是园中较重要位置,北靠园墙,有两个小天井分于楼梯间左右;东面庭院中植有蜡梅、梧桐,西面一片竹林,与古五松园隔廊相望。楼南面视野开阔,景色多姿;东南面有海棠形月洞门可通小方厅;西南面有见山楼耸立,曲廊转折可通荷花厅;正南面与湖石假山形成对景,奇峰林立,石笋挺拔。峰间古柏苍劲,虬根盘绕,一株名为"腾蛟"者,树龄已逾百年;有一条小溪名曰"玉鉴",横于楼前,溪上架弓形石桥,可由此信步而上湖石假山;登楼而望,园中景色大半在目,尤其是可以俯瞰湖石假山全貌。

古五松园 在狮子林北部,三开间东西向小轩,前后有小院。建于清乾隆初年,民国初年重新修建。前院东、南两面有廊,东北角有半亭,北面园墙高筑。院中东南角以石峰遮蔽视线,游人初到,建筑半隐半现,稍露头角;转入园中,方觉开朗。庭中元代五棵大松,今已不存,然石峰散立,丹桂飘香,仍显示出清静、古朴的小园景色。前廊洞门上有砖刻"兰芬""桂馥"额,室内有"古五松园"额。建筑长窗落地,装修用落地芭蕉图案挂落。室内陈设,一架云石落地古屏尤为珍贵。屏高1.35米,宽0.80米,红木架座,双面天然山水风景,纹理清晰,景色天成。正面镌"绿树青松江天一色"字样,古五松园主人附款"画理之澈,言之旨之远,可以夜读,可以朝吟";反面题"江山如画,宛在萧湘洞庭之间"之句。据考,此屏制于清乾隆年间,距今已二百余年。西面后院,方正整齐,中央有花木湖石。南面有复廊紧靠,与真趣亭相邻。复廊两面,嵌《听雨楼藏帖》书条石刻,与园西面、南面的长廊之中书条石刻连成一片。

见山楼 在狮子林湖石假山北面,建于民国初年,为两层歇山顶小楼。其名取自陶渊明诗:"采菊东篱下,悠然见南山。"建筑外墙皆为砖砌,封闭厚重,已掺杂近代西洋建筑手法,与周围建筑不够协调,布局上也稍嫌重复。但登楼推窗外望,可仔细观赏叠山之美,俯瞰池中倒影,感受到山水灵动之趣。

荷花厅 在狮子林北部正中,建于民国初年。厅平面扁长,五开间,采用"花篮厅"形式,东西两开间退后,形成凹角。室内明椽顶棚,木刻挂落东西成对,中间屏门四扇,刻松竹兰芝图。厅北有庭园,与古五松园东院仅隔一廊,又有曲廊东往见山楼、西通真趣亭。厅南通设落地长窗,大平台伸入水池之中,成为池北主景。平台上曾建有高大的西洋式凉棚,现存平台石栏杆,花饰也带有西洋风格。平台西南,有一组假山石,石径可通九曲桥。荷花厅是全园交通和景观的中心,北部游览路,交汇于此,廊榭空间,到此开阔,面对池水、假山和远处长廊,成为静观山水风景的佳处。厅中悬"水殿风来"额,有对联一副:"尘世阅沧桑,问昔年翠辇经过,石不能言,叠嶂奇峰还依旧;清谈只风月,于此地碧筒酣饮,花应解语,凌波出水共争妍。"联、额点出了所在山水环境。

真趣亭 在狮子林北部、荷花厅以西。亭傍池而筑,后有复廊,卷棚歇山顶,为花篮厅式面水亭。亭内结构装饰精美,屋架、梁柱刻有凤穿牡丹图案,六扇屏门上,刻有花卉、人物图案。亭东、南、西三面刻有狮头及万字花饰,油漆间以描金,富丽堂皇。由亭中向外望去,石峰重叠,树木葱茏,一弯池水,几曲平桥,景色十分秀丽。亭中有对联一副:"浩劫空踪,畸人独远;居园日涉,来者可追。"所悬乾隆帝御题匾额"真趣",还有一段故事。据说乾隆二十七年(1762)清帝弘历巡视江南,到狮子林中游玩。来到此亭,见山水宜人,新奇有趣,一时兴起,御题"真有趣"三字,赐作匾额。从臣黄熙,感到此句过俗,灵机一动,拜奏乞将其中"有"字赐给自己。弘历闻奏,听出弦外之音,领悟到省去"有"字方显脱俗风雅,又合宋王禹偁"忘机得真趣,怀古生远思"诗句,当即顺水推舟,恩准赐黄熙"有"字,于是留下了这块匾额。亭北面廊壁,还嵌有《听雨楼藏帖》石刻。

石舫 在狮子林水池西北,建于民国初年。舫身四面皆在水中,船首有小石板桥与池岸相通,犹如跳板。船身、梁柱、屋顶为石构,门窗、挂落、装修为木制。前舱耸起,屋顶呈弧形曲面,中船低平,屋顶为平台,屋舱上下两层,有楼梯相通。其制作精巧,造型逼真,细部花饰,已带有一些西洋风味。

暗香疏影楼 在狮子林西北,为两层楼房。楼名取自宋林和靖诗"疏影斜横水清浅,暗香浮动月黄昏"。此楼平面布置和造型都很特别。底层游览路线上,仅为一稍宽之敞廊,面对着石舫,北面用墙隔开,不能相通。廊东端沿楼梯而上,有五间楼房,走廊直接连通假山,可通向飞瀑亭。空间上高低变化,成为升高游线的一个重要转折点。造型上一反常规,楼梯间东面四间,呈硬山式样,二楼出挑,设统长窗扇和花饰栏杆;楼梯间西面一间,采用歇山卷棚亭半顶式样,两者巧妙结合,浑然一体,轮廓优美,形成全园西北角的边界。楼前有山石、梅花和池水,正合"暗香疏影"之名。

飞瀑亭 在狮子林西部,建于民国初年,又名"听涛亭"。此亭建在一座石包土假山上,石崖三叠,树木森然。造型为卷棚歇山顶半亭形式,南北与爬山廊相接,亭中有额曰"听涛",四扇槅扇窗心上,刻有《飞瀑亭记》云:"园主久客海上,建此亭,寓闻声不忘航海景象,有居安思危之意。"裙板上有木刻四幅,分别为杏林春慈、荷净纳凉、东篱佳色、山家清供,玲珑精致,象征四季之景。亭侧假山高处,水源出自山涧之中，沿湖石三叠而下，落入池中，成为苏州园林中唯一的人造瀑布，其形其声，动人心弦。山下池中湖心亭，又名观瀑亭，与飞瀑亭一高一低，相互应答，更增添了园中情趣。

问梅阁　在狮子林西部，建于民国初年。阁名取自王维诗："君自故乡来，应知故乡事。来日绮窗前，寒梅著花未？"早在元代，已建有此阁，后贝氏重建，沿用旧名。建筑背靠园墙，面对池水，地势较高，南北均与长廊相连，外型采用重檐歇山顶形式。阁顶暗置水柜蓄水，可以将水流导向山石之间，形成瀑布，造就"飞瀑亭""观瀑亭"二景。阁中有"绮窗春汛"额，桌椅、藻井、地面均用梅花形图案，窗格采用冰梅纹，楣扇上书画内容，也取材于梅花，紧扣阁名。阁外梅树数株，叠石层层，下临一泓池水，远眺园东景色，是逗留观赏的极好位置。阁旁还有水井一口，名曰"冰壶"，因凿井时于此挖得古壶樽而得名。

扇子亭　在狮子林西南角。亭平面呈扇形，正好位于园西、园南两条长廊的相交处。亭外侧扇面敞向园中山池，内侧一小段弧形实墙上，开有扇形漏窗，窗内塑松鹤图案；窗外在亭与粉墙的转角之中，辟有一个小小天井，以竹石点景，手法简练而令人回味，与外侧山池景色形成对比，空间的组织和光影的变化生动有趣。亭内还有竹刻抱柱对联一副："相逢柳色还青眼，坐听松声起碧涛。"亭的屋顶部分，向外侧呈扇形平面单坡顶，顶上沿高于廊顶，与园墙齐平，造型舒展优美，在全园众多的建筑造型中独树一帜。

文天祥诗碑亭　在狮子林南部。造型采用半顶形式，恰好为八角攒尖亭的一半，附于南墙之上。尖顶略高于墙端，四角高翘，左右与长廊相接，造型轻盈活泼，避免了南面高墙长廊水平线条的单一。亭中有"正气凛然"额，壁嵌元代旧物、文天祥狂草手迹《梅花诗》碑，诗曰："静虚群动息，身雅一心清。春色凭谁记，梅花插座瓶。"文天祥，南宋状元宰相，抗元英雄，被俘后宁死不降，其"人生自古谁无死，留取丹心照汗青"之句，被人们千古传诵。此亭以纪念文天祥为旨，其碑也是全园碑刻中最为珍贵的文物之一。

长廊　在狮子林中，长廊贯通园中北、西、南三面诸多景点和建筑物，总长二百余米。长廊的形式和高低随所处位置而各有不同。在园北，穿插于亭台楼阁之间，连接各景点的交通，并随景致的变换时而开敞，时而封闭，甚至延伸到暗香疏影楼下，与楼合为一体，地坪与其他建筑物的地坪基本同高，廊的方向却曲折迂回，令游人视线陡转，莫辨东西，空间效果极为丰富。在园西，长廊跃上石山之巅，西靠园墙，东向山池，贯穿飞瀑亭、问梅阁、双香仙馆三个建筑物，廊身高低变化，西墙开有漏窗,构成西面生动优美的园景边界。在园南,长廊连通扇子亭、文天祥诗碑亭、御碑亭,最后与立雪堂复廊相接,平面上稍有曲折,留出三处小天井,上下缓缓起伏,但三个亭子体量接近,手法相似。园南景色略显单薄而重复。廊中依次嵌《听雨楼藏帖》书条石刻六十七方,为历代名家颜真卿、苏轼、黄庭坚、米芾、蔡襄、黄道周等人法帖,连同文天祥诗碑、乾隆御碑等,共有书法碑刻七十一方。游人穿行其中,一侧风景如画,一侧翰墨留香,如同置身于书画长廊。长廊围合成了山水空间,也有机地组织了游览路线,一举多得,构成了狮子林造景、布局和交通流线的特色。

湖心亭 在狮子林水池中,又名观瀑亭。六角攒尖顶小亭立于水中湖石基座上,东、西两面有石板曲桥与池岸相通,共计九曲。亭中有"观瀑"之额,抬头西望,瀑布从天而降,气势不凡;独坐亭中,清风徐来,涟漪微起,芙蓉出水,藕香四溢,是水池之上一处优雅怡人的景观。可惜曲桥上的铁栏杆已属近代做法,与湖心亭造型殊难协调,为美中不足。

湖石假山 在狮子林园中央。假山规模颇大,占地约1000平方米,北到指柏轩庭院前,东止于燕誉堂墙下,南面逶迤至修竹阁,西端延伸入池水中央,与池水西岸仅隔一石拱桥。山上石峰林立,造型奇巧,洞壑穿插幽深,石径上下盘旋,构成上、中、下三层空间,有山洞二十一个,曲径九条,并以山涧一道,把假山分为东西两个部分。东部由指柏轩跨小桥渡玉鉴溪,可步入假山群峰之中,先后有棋盘洞、禅窝峰、狮子峰、含晖峰、缉经台、玄玉峰诸景。游线上下起伏,登山入洞,最后可达假山高处平台,有楼阁名卧云室。西部石洞曲折盘旋,有如回纹。两部分之间的山涧,北段有石径横跨,连接东西两面;南段有修竹阁坐于涧上,最后汇入山南池湾,池水得以绕山相通。

综观狮子林湖石假山,有很明显的特点。其石峰造型模拟狮、鱼、鼋、鸟等各种动物造型,特别是各式各样的狮子形象,有舞狮、睡狮、吼狮、搏球之狮、相斗之狮,等等,可随游人的想象而变幻;其立意含有佛教思想,假山群体象征佛教胜地九华山的耸峰峻石,传说可辨认出五百个狮子形状,隐附五百尊罗汉身形。在叠山手法上,较为通俗和夸张,不求含蓄婉转,但求怪异奇巧。假山的石径与洞壑,如同迷宫一般,令游人上下转折,高低冥迷,咫尺之间,可望而不可即,把有限空间里的游览线路延长到了无以复加的地步。

卧云室 在狮子林湖石假山上,为两层重檐歇山卷棚顶楼阁。其四周石峰相拥,如在云间,因取宋金时期诗人元好问诗句"何时卧云身,因节逐疏懒"为名。楼阁飞檐高翘，造型充满动感，与四周的奇峰怪石配合协调，成为湖石假山上的中心景点。室内有程德全所书匾额和对联一副："吴会名园此第一，云林画本旧无双。"

小赤壁　在狮子林湖石假山南端，为一拱桥状黄石假山。山体模仿天然石壁溶洞、藤蔓纷披，古朴自然。虽然体量不大，却苍劲有力，气势不凡，在狮子林假山叠石中堪称高雅之作。山下水洞，连接东西两面水池，意趣深远，含蓄自然。

修竹阁　在狮子林湖石假山南部，为卷棚歇山顶敞轩。建筑横跨于山涧之上，基座是叠石而成的拱形涵洞。北迎溪流、南临水池、东接复廊、西傍石峰，环境十分优雅，充满山林野趣。阁中南北开敞两面，均设有美人靠，游人可以在此小憩，静观山水景色。阁内有砖刻"飞阁""通波"两方，制作精美，也起到了点景的作用。

立雪堂　在狮子林东南部。堂为卷棚歇山顶三开间建筑，背倚燕誉堂东院墙，坐东朝西，前有小院。小院三面有廊，庭中立有石峰，成为狮子林内的园中之园，平面布局很有特色，为苏州园林所少见。此处旧为书斋，室内设圆光罩，其上有"立雪"额，取自"程门立雪"典故，意为尊敬师长。据《朱子语录》记载，北宋著名学者程颐的弟子游酢、杨时，40岁那年去洛阳拜见老师，正逢程颐午睡，游、杨二人就在门外等候，当时天降大雪，等程颐醒来，积雪已有一尺，因此传为尊师之美谈。立雪堂庭院中的石峰，叠砌成牛、蟹、狮、蛙之形，所谓"狮子静观牛吃蟹"，虽然有趣，却嫌太俗，似与立雪之雅事相悖。

沧浪亭　位于苏州城南三元坊，是现存苏州园林中历史最久的一处。园址面积约十六亩，五代时，曾是吴越广陵王钱元璙近戚、中吴军节度使孙承祐的池馆所在，后因世事更迭而废。北宋庆历五年（1045）时，苏舜钦遭贬后流寓吴中，见孙氏旧园遗址高爽静僻，野水萦洄，心生爱意，并以为数不多的四万钱购得，构亭于北山上，取先秦的《沧浪歌》"沧浪之水清兮，可以濯吾缨；沧浪之水浊兮，可以濯吾足"之意，取名"沧浪亭"，自号"沧浪翁"，并作《沧浪亭记》。不数年，苏舜钦卒，园归章、龚二氏。章氏建阁起堂，重加扩建，发现地下有嵌空大石，传为广陵王时所藏。扩建后因亭之胜，两山相对，名甲东南，为一时之雄观。南宋绍兴初年，园为抗金名将韩世忠所得，在两山之间筑飞虹桥，并筑有寒光堂、冷风亭、翊运堂、濯缨亭、瑶华境界、翠玲珑、清香馆等。元代，沧浪亭废为僧居，先后为大云庵、妙隐庵等。明嘉靖年间，知府胡缵宗于此建韩世忠祠，又废。释文瑛复建沧浪亭，归有光曾作记。清康熙年间，巡抚王新命在此又筑苏子美祠，不久再废；康熙三十四年（1695）宋荦抚吴，重修沧浪亭于山上，并得文徵明隶书"沧浪亭"三字揭诸楣，自作

《重修沧浪亭记》。道光七年(1827),布政使梁章钜重修此园,增建五百名贤祠于亭之隙地,每岁以时致祭,有记。咸丰十年(1860),沧浪亭再次毁于兵火。同治十二年(1873),巡抚张树声再度重修,建亭原址,并在亭之南增建明道堂,堂后有东菑、西爽,西有五百名贤祠。祠之南北有翠玲珑、面水轩、静吟、藕花水榭、清香馆、闻妙香室、瑶华境界、见心书屋、步碕、印心石屋、看山楼等,其轩馆亭榭,有旧名,有新题。此次重修的沧浪亭园林建筑,大部分得以保存,形成了今天的园林风貌。

沧浪亭历经兴废更迭,已非宋时原貌;但山丘古木,苍老森然,还保持一些当时的格局,建筑物也较朴实厚重,并无雕梁画栋、金碧辉煌的奇巧,呈现出古朴虬劲、饱经沧桑的特点。园林的总体布置非常有特点,未及入园,已有葑溪沿园南侧自西而东流过,岸南复廊逶迤曲折,漏窗影影绰绰,老树参差近水,岸石形态各异,正所谓"未成曲调先有情",颇不同于其他苏州私家园林高墙围绕、自成丘壑的封闭形象,这与沧浪亭长期以来带有公共园林的性质是一致的。游人经"沧浪胜迹"石牌坊,过平桥,进园门,到三间面宽的碑石厅。厅两侧有石刻对联曰:"景行维贤,鉴貌辨色;求古寻论,勒碑刻铭。"意指五百名贤祠画像刻石。厅东西两壁,嵌有苏舜钦《沧浪亭记》,清宋荦、梁章钜、张树声《重修沧浪亭记》,清沧浪僧济航《沧浪亭图》,都是很有价值的园林史资料。出厅四望,主景山隆然横卧,沧浪石亭翼然其上,成为全园之核心;建筑物沿四周建造,围合成为园林内部空间,形成水景在园外、山景在园内、以亭台复廊相分隔的山水组合方式。山之北面临水建筑有面水轩、观鱼处,以复廊相连接,高低曲折,多有变化,游人缘此而行,左瞰一带清流、游鱼闲闲;右望山丘高耸,竹木森森。山之东面,沿园墙筑有曲廊、半亭、闲吟亭、小轩、闻妙香室,与山南建筑群相连。山之西面,北部紧靠碑石厅有一方庭院,近西墙处,曲廊穿过御碑亭,绕出小水池,几经曲折,与东面曲廊相通。人们可从各个角度观赏主景山和沧浪石亭,产生"步移景异"的效果。山之南部,建筑物较为繁密,有明道堂、清香馆、五百名贤祠、翠玲珑、瑶华境界、仰止亭,最南端为三层高的看山楼。其布置稍欠疏密对比,所幸建筑物之间多留有庭院,植乔木修竹以丰富景色。

沧浪亭对后来园林影响甚大。苏舜钦因主持进奏院时,集名士公宴被人借题发挥,遭革职为民的宦途经历,反倒造就了沧浪亭这个名园。其人、其事、其园、其记,影响日隆,声名益彰,从此园林越发成为失意文人政客意趣所托,"拙政""网师""退思"诸园之取名皆与此有关。就连"沧浪"之句,也每被引用:如拙政园、怡园都有"小沧浪",网师园有"濯缨水阁",可园有"濯缨处"等。沧浪亭园内的漏窗计一百零八式，无一雷同，花纹多变，构图精巧，为苏州园林一绝；复廊隔而不断，效果尤佳，开风气之先。这些手法都被其后的园林如怡园、狮子林等相袭沿用。

土石山 沧浪亭之主景山，位于沧浪亭园之中央。自西向东，古朴幽静，属于土多石少的陆山。用黄石抱土构筑，中为土阜，四周山脚垒石护坡，沿坡砌磴道，山体高下起伏，具天然透迤之妙，且以土间石，即便种树，又省人工，混假山于真山之中，足见宋元时期筑山之巧妙。山体东段用黄石垒砌，山间小径，曲折高低，上设桥梁，下有溪谷，引人入胜，为宋代所遗。山体西段，杂用湖石补缀，虽有玲珑之态，而失之杂芜，属后世所补。山西南石壁陡峭，其下凿池，临池之石上有俞樾篆书"流玉"二字。山西北麓、曲廊檐下，有美人山茶一株，高5米，蓬径7米，每年11月至次年4月，满树繁花，可多达六七千朵，一批凋落，一批又开，艳若锦屏。沿山上石径盘桓，但见树老石拙、竹绿天青、藤萝蔓挂、野卉丛生，有如真山野林，是苏州园林假山中的精品。山之东北，筑石亭曰"沧浪亭"，点出全园主题。

石亭 在沧浪亭主景山上。亭为方形平面，石构梁柱，灰瓦歇山卷棚顶，屋角高高翘起。石枋上刻有仙童、鸟兽、花卉图案，檐口四周为琵琶形牌科。亭额为俞樾所书"沧浪亭"，园名即以亭名而来。石柱上镌有俞樾所书对联："清风明月本无价，近水远山皆有情"，系梁章钜重修沧浪亭时集句而成。上联出自宋欧阳修庆历七年所作《沧浪亭》诗句："清风明月本无价，可惜只卖四万钱。"下联源于苏舜钦《过苏州》诗句"绿杨白鹭俱自得，近水远山皆有情"，为此亭增色不少。亭旁有百年古树数棵，形成古雅幽远的意境，似与城外之山、园边之水相呼应。

亭的位置，宋代时原在葑溪之畔。苏舜钦《沧浪亭记》曰："构亭北埼，号'沧浪'焉。前竹后水，水之阳又竹，无穷极。"清康熙时，宋荦重修此园，"构亭于山之巅"，也就是现在石亭的所在。

面水轩 在沧浪亭主景山北面，紧靠园北葑溪，东南、西北角上都有复廊与其他建筑物相连，是一个四面厅式的三开间建筑。溪水流到此处，河面豁然开朗，该轩得以东、北两向皆面水，环境尤佳。轩名取自杜甫诗句"层轩皆面水，老树饱经霜"。又因北侧假山壁立，南面下临清流，貌似旱船，吴昌硕题有"陆舟水屋"匾额；另有张之万撰楹联"短艇得鱼撑月去，小轩临水为花开"。轩四面落地长窗，窗心嵌明瓦，裙板并无雕刻，朴实无华。与之相连的复廊，曲折上下，又有许多图案各异的漏窗，沟通了内外不同的山水景观，虚实相间，若隐若现，韵味无穷。

观鱼处 在沧浪亭园之东北角，是一个凸出河面的四角攒尖方亭，亭与复廊相连，坐落在河岸与水中石柱之上，造型丰富，层次分明。亭内有屏门四扇，有蒋吟秋隶书苏舜钦之《沧浪亭记》。此处又曾名"濠上观",典出《庄子》:"庄子与惠子游于濠梁之上,庄子曰:'鲦鱼出游从容,是鱼之乐也。'惠子曰:'子非鱼,安知鱼之乐?'庄子曰:'子非我,安知我不知鱼之乐?'"从此观鱼题材在园林中每被运用,如上海豫园有"鱼乐榭"。

明道堂　沧浪亭土石山南面,面阔三间、进深三间的卷棚歇山厅堂,也是全园的主体建筑。园名取自苏舜钦《沧浪亭记》中"观听无邪则道以明"之句,清同治十二年(1873)为巡抚张树声所建,其前身是南宋时期的寒光堂。这里是明清两代文人讲学之所。堂四周围廊周匝,南面经过一个正方形庭院可以到达小轩"瑶华境界",庭中植梧桐两株、梅树两株,明快而宁静。堂北山峦若屏,竹木苍翠,古朴而幽深。堂之东西两侧,各有一个天井,植梅花梨树,修竹海棠,通过堂东西两面的窗洞,借景引入室内。堂内悬挂大理石挂屏四幅,深得自然之趣;东西墙上有砖额曰"东菑""西爽",取自唐代诗人王维诗句,意指隐居农耕。室内装修也很有特点,采用五界回顶式草架顶棚装修,室内空间得以分出主次,增强了层次感。在古树、山石、庭院的衬托下,明道堂更显得宏敞、肃穆。

五百名贤祠　沧浪亭土石山南面的小院,面阔五间,正厅三间。北面与之平行建有清香馆,仅相隔数步,中间留出夹弄,祠馆有门相通,其布局方式非常独特。清道光七年(1827)梁章钜重修沧浪亭时,巡抚陶澍集吴郡名贤画像五百余人,钩摹刻石,建名贤祠于隙地,咸丰年间被毁;同治十二年(1873)得以重建。其南面是落地长窗,裙板刻如意花纹,内部三面粉墙上,嵌有549幅历代人物平雕石刻像,为清代名家顾湘舟所刻,每五幅刻为一方石上,每幅还刻有传赞四句并姓名职衔,刻像尚能看出各位名贤的相貌。所刻为春秋至清代2500年间与苏州历史有关的人物,大体分政治、文学、忠节、礼义、循吏、经学、隐士、军事、理学、水利、医学、历算十二个类别,既有吴籍人氏,也有来苏州任职或居住的名人。祠内还有"作之师"额,语出《论语》,月洞门上嵌砖刻"周规""折矩",取自《礼记》"周旋中规,折旋中矩",皆表景仰之意。

祠北清香馆,有漏窗粉墙之院落,植桂花数株;室内门窗装修颇为精致,树根制成的陈设家具,作飞禽走兽状,造型颇特别。

看山楼　沧浪亭园最南端的三层建筑物,楼名取自元虞集诗句"有客归谋酒,无言卧看山"。其底层为石屋两间,名为印心石屋,横额石刻由道光皇帝御书;屋内置石凳,是暑夏纳凉之佳处。石屋前砌有假山,围成小院,洞门上"圆灵证盟"题额,乃林则徐所书。登临洞屋之上,但见飞檐翘角,结构精巧;二层卷棚顶叠落有致,造型美观；近俯南园，平畴美池，屋舍俨然；远眺城外，西南诸峰似隐约槛前；返身回望沧浪亭，则茂林幽竹，恍若置身于深山丛林之中。此楼筑于清同治十二年（1873），因建明道堂、五百名贤祠后，西南视野被挡，乃筑此楼以为补救，可见当时造园者用心之良苦。

翠玲珑　沧浪亭五百名贤祠南的几间平面曲折布置的小馆，取苏舜钦诗意"秋色入林红黯淡，日光穿竹翠玲珑"为名。建筑以竹为主题，盖因沧浪亭是苏州园林中种竹最早、品种最多者，现存有近二十个品种的竹子，如箬竹、苦竹、慈孝竹、毛环竹、湘妃竹、水竹、青秆竹、哺鸡竹、"黄金嵌碧玉"竹和"碧玉嵌黄金"竹等。小馆长窗近地，窗外芭蕉掩映，竹影移墙，清风乍来，万竿摇曳，是文人雅士觞咏作画的佳处。室内桌椅均刻竹节图案，并有对联一副曰："风篁类长笛，流水当鸣琴。"

仰之亭　沧浪亭内五百名贤祠院前西侧的六角半亭，前后皆有廊与翠玲珑和五百名贤祠相连。亭始建于清同治年间，名取自《诗经·小雅·车舝》"高山仰止，景行行止"。亭中间嵌有文徵明画像石刻，简古有神，乾隆帝为之题诗一首。西廊壁上有金天翮《沧浪亭诗》书条石，南廊上嵌陶澍记《沧浪五老图咏》《七友图》《沧浪亭小坐图》等石刻，生动传神，均出于当时苏州名匠之手，是记载清代士大夫在沧浪亭活动的形象资料。

御碑亭　沧浪亭园内主景山西侧的四角方亭，南北均与曲廊相连；东面缘石级而下，可达假山石壁之侧的水池，池水清澈，池旁有俞樾篆书石刻"流玉"。亭内有康熙御书对联"膏雨足时农户喜，昙花明处长官清。"御碑题曰："曾记临吴十二年，文风人杰并堪传。予怀常念穷黎困，勉而勤箴官吏贤。"由御碑亭东望，土石假山似有"横看成岭侧成峰"之意，满目苍翠、石亭隐约，深得幽远之趣。

可园　位于苏州城南三元坊，又名"近山林""乐园"，与沧浪亭仅一巷之隔。虽然现存园林面积很小，仅四亩半许，但其园址却历史久远，甚至在宋代还是沧浪亭的一部分。早在五代末年，此处是吴越中吴军节度使孙承祐别墅一隅，后渐废。南宋时韩世忠居沧浪亭时，辟其址为宅院，增修扩建。元明之间并入大云庵。清乾隆年间，巡抚沈德潜重建园林于斯，名曰"近山林"，意在借景沧浪亭。又取"智者乐水，仁者乐山"之意，名曰"乐园"，却被人误以为"行乐"之意，清乾隆间大吏谓"行乐不可训也"。乾隆三十二年（1767）乐园建成后，其东面为正谊书院，西面是沈氏宗祠和宅院，三部分实为一体。道光七年（1827），布政使梁章钜重加修葺，成为书院园林，易名为"可园"。当时占地二十余亩，有挹清堂、坐春舻、濯缨处等景点。朱琦《可园记》曰:"园之堂,深广可容。堂前池水,清泫可挹,故颜堂曰'挹清'。池亩许,蓄鲦鱼可观,兼可种荷,缘涯磊石可憩,左平台临池可钓,右亭作舟形曰'坐春舻',可风,可观月。四周廊庑可步,出廊数武,屋三楹,冬日可延客,曰'濯缨处',盖园外隔溪即沧浪亭,故援孺子之歌,可以濯缨也。"由此可见,园址与沧浪亭同源,园名也与沧浪亭同源,取自《沧浪歌》"沧浪之水清兮,可以濯吾缨"之句。后曾改名"学古堂""存古学堂",民国时早期省立图书馆也曾设于此,现仍名"可园"。

　　园门开在南面巷内,与沧浪亭共享一湾清流;其粉墙洞门与沧浪亭开敞的河岸一实一虚、一小一大,形成有趣的对比。入得园来,居中一泓池水,水岸聚而不分,池岸叠石玲珑。池东有小轩"濯缨处",池北临水建有全园主体建筑挹清堂,这是一个四面厅式的建筑,又名学古堂。堂北山阜逶迤,花木扶疏,山顶有方亭一座,名为浩歌。山脚以西是一幢面宽五间的楼房。曲径回廊之间,水池山石之侧,到处是一派宁静幽深的气氛。不论是坐在挹清堂内读圣贤古书,还是登高浩歌亭上望沧浪胜迹,都可以感受到一种置身尘世之外的境界。

怡园　　位于苏州市人民路,北临弹子巷,南临尚书里,现有园林面积约6000平方米,为晚清同治、光绪年间所建,是典型的与住宅、义庄、祠堂相结合的江南私家园林。其前身是明成化年间尚书吴宽宅园"复园",清末同治十一年(1872),浙江宁绍台道顾文彬(号子山)在其遗址上开始大兴土木,先后建义庄、祠堂和园林,耗银二十万两,历时七年而成。园林的规划设计,由顾文彬、顾承父子亲自筹划,并邀任阜长等画家反复研讨,着意吸取其他各个园林的长处,因此面积虽小,而罗致景物甚多;园内建筑形式丰富,疏朗有致,叠石秀美,池水清幽,形成了自然宁静的园林特色;又与住宅、义庄、祠堂有机结合,实现了可游、可观、可居的城市园林功能。园名取自《论语·子路》"兄弟怡怡"之句,以"怡性养寿"。

　　园用复廊分隔为东西两个部分。东部基本上是明"复园"旧址所在,以建筑庭院为主,循廊可达玉延亭、四时潇洒廊、坡仙琴馆(石听琴室)、拜石轩(岁寒草庐)、玉虹亭、石舫等处。建筑形式多样,庭院分别以碑刻、叠石和花木见长。复廊以西是顾氏拓建的园区,以叠山和池水为主,也是怡园的精华所在。环绕池水,有锁绿轩、小沧浪、螺髻亭、慈云洞、绛霞洞、金粟亭、藕香榭(锄月轩)、南雪亭、碧梧栖凤、面壁亭、画舫斋、湛露堂等景点。在平面布置上,以主要建筑藕香榭、中央水池和小沧浪假山形成一条由南到北的对景主轴线,通过周围的复廊、亭轩把园景层层展开,宛转变化,围绕水池和假山构筑景致,形成动观、静观两者皆宜的游园线路。在具体造景手法上,由于怡园建造年代较晚,得以借鉴宋、元、明、清历代优秀实例,博采众长,集仿于一园之中:复廊仿沧浪亭,水池仿网师园,假山似环秀山庄,洞壑肖狮子林,画舫与面壁亭效拙政园。山水构图,多出自画家勾勒设计,颇得中国画之神韵;奇峰异石,湖石是园主从当时的三个废园中求购而得,又经叠石名匠龚锦如加工堆叠,姿态优美,玲珑剔透。加上园中小巧精致的建筑物、茂密葱郁的花卉竹木,在小小的园林空间中,构成了幽深曲折、变化丰富的立体图卷。其建筑物多飞檐翘角,意态轻灵,室内外空间隔而不断,流动通畅。善用对景、借景手法,远观层次丰富,造型生动;近看细部精巧,工艺尤佳。园中每个景点、每个角落,都经过造园者反复推敲,悉心经营,因而园虽小而耐人玩味,成为晚清江南名园。

园内馆亭楼榭、山池木石整体保存完好,基本上还是顾氏当年造园格局,便于我们欣赏当时园林建筑艺术的整体风格。怡园曾因"湖石多、联额多、白皮松多、动物多"而有"四多"美名;并由于将园林艺术与文学、书法、绘画、音乐等艺术相结合,而体现了中国古典文化艺术的融会贯通。

四时潇洒亭 怡园东部的六柱四角方亭,卷棚顶。亭东面、北面向庭院开敞,南有曲廊连接玉延亭。亭西第二柱间有月洞墙壁,可通西面坡仙琴馆和石舫,并把小小的方亭分隔为两层空间,饶有趣味。东面庭院,铺地精致,植有象竹、梧桐、桑树、枣树,竹林中有"天眼泉",加上迂回曲折的回廊和坐南朝北的玉延亭,构成一组开朗明快的园林建筑小景。这一组建筑中保存的历代书法石刻非常有名,共有王羲之、怀素、米芾等名家法帖刻石一百零一方,人称"怡园法帖"。其中,在四时潇洒亭墙壁上,嵌有著名的"玉枕兰亭"摹本刻石;曲廊中墙壁上依次嵌有大小石刻书条石;玉延亭有明代董其昌草书石刻楹联"静坐参众妙,清谭适我情"。在这里,园林艺术和书法艺术融为一体,相得益彰。亭名源于宣和《书画谱》"宋宗室令庇,善画墨竹,凡落笔,潇洒可爱"之句,取赏竹之意,与玉延亭"万竿夏玉,一笠延秋"的立意相互映衬,更让人们专注于欣赏庭院之中茂密幽深的竹林景致。

坡仙琴馆 在怡园东部,为硬山卷棚顶建筑,隔为东、西两间,东为坡仙琴馆,西为石听琴室,南北皆有庭院。这是一组以音乐为主题的园林建筑。当时,园主顾文彬三子顾乐泉学习抚琴以养性情,有人持古琴求售,试听下来,琴声清越,十分优美,仔细看琴身识语,原来此琴是宋元祐四年东坡居士所监制。顾氏无意之中得到了这张苏东坡"玉涧流泉琴",十分珍爱,便命名此斋为坡仙琴馆,室内藏东坡古琴,并图东坡小像,一时被吴中文人雅士传为美谈。西间石听琴室,内有琴桌,上置空腹琴砖。琴室北槛外,遥对玉虹亭,似成应答;窗前有湖石二峰,宛如人像;一石直立似中年,一石伛偻若老叟,仿佛在倾听室内琴声,琴室以此得名。顾文彬在额跋中写道:"生公说法,顽石点头,少文抚琴,众山响应,琴固灵物,石亦非顽",室内主人弄琴,室外顽石倾听,高山流水,如遇知音,勾勒出情景交融的园林境界,美妙的音乐感受,凝结在园林建筑之中。

拜石轩 在怡园东部,又名岁寒草庐,为三间歇山卷棚顶四面厅建筑,周边围廊。轩北庭园中怪石嶙峋,峰窍嵌空如古树倒垂,云霞横出,幻为奇观,遂取"米颠拜石"典故为轩名。费衮《梁谿漫志》载,北宋著名书法家米芾"闻有怪石在河壖,莫知其所自来,人以为异而不敢取。公命移至州治,为燕游之玩,石至而惊,遽命设席,拜于庭下曰:'吾欲见石兄二十年矣!'"。此典与实物相对照,更显得生动有趣。之所以又名岁寒草庐,是因为轩南方形庭院中遍植树木,四季常青,尤以"岁寒三友"的松、竹、梅为特色。园主集张玉田、姜白石词句于此为联曰:"竹边松底,只赠梅花,共结岁寒三益","薜老苔荒,摩挲峭石,恍然月白千峰""欺寒茸帽,拂雪金鞭,渐为寻花来去;款语梅边,虚堂松外,几番问竹平安",点出了此处景色的主题。

复廊 在怡园东、西两部之间,南面起于南雪亭,北面止于锁绿轩,全长三十余米。此廊模仿沧浪亭复廊而建,平面上由十二对立柱自南向北排列,蜿蜒伸展;两坡屋顶微微起伏,姿态优美。廊内的空间以一道粉墙从中把曲廊平均分为东、西两半,粉墙上开有一排高低适中、制作精细、图案各异的漏窗,正好每跨柱间一方,借助于墙后的园景,廊两侧的游人都可以看到一幅幅立体的图画,起到了借景、泄景的作用。游人沿复廊缓缓而行,一边是开敞的视野,可以看到全园的景色,如欣赏立体山水长卷;一面是粉墙上漏窗时隐时现,更加吸引着游人探寻园林深处的景色。复廊借助于廊中之墙,把游览线路延长了一倍,增加了造景的层次,是在有限的小园面积里创造丰富的园林空间的优秀手法。廊南端南雪亭,取"南山积雪"之意,是卷棚顶四角方亭;廊北端锁绿轩,取唐朝诗人杜甫"江头宫殿锁千门,细柳新蒲为谁绿"之句,是卷棚顶长方形小轩,一头一尾,轮廓鲜明,与舒缓的复廊屋顶成为有机的组合。

藕香榭 在怡园西部,是园景主体建筑,清光绪年间由苏州著名匠师、《营造法原》作者姚承祖精心建造。建筑平面采取鸳鸯厅布置方式,分隔为南北二厅;北面主厅悬"藕香榭"匾额,又名荷花厅;南厅称为锄月轩,又名梅花厅。建筑造型呈四面厅形式,四周有围廊,歇山灰瓦屋顶,是怡园内最大体量的建筑,在园林造景中起到了举足轻重的作用。厅北有大平台凸入水池之中,池岸虽是以湖石砌筑,却仿得几分网师园黄石池岸意趣,姿态多变,水无常形。池中植有睡莲,红白相间,花形硕大,夏风吹过,清香四漫,正是"藕香""荷花"的厅名来由。从平台上北望,左面池水绕岸西去,意犹未尽;右面石桥曲折低平,可达对岸。岸北树木葱茏参差,山石怪乱奇巧,望之俨然深山幽林;更有螺髻亭、小沧浪、金粟亭三者呈犄角之势高低布置,倒影于池水之中,成为很好的山水构图。厅南面庭院内建湖石花坛,立有石峰,遍植牡丹、芍药、杉、桂、白皮松等花木,尤以东侧几十株梅花最为出色,遂取萨天赐"今日归来如昨梦,自锄明月种梅花"诗意,命名南厅为"锄月""梅花"。厅东面有曲廊通向南雪亭,与复廊相接;厅西面近处即是面壁亭、碧梧栖凤等建筑,东面开旷,西面紧凑,形成对比。

室内布置和装饰,颇具特色,中间用长窗分隔成南北两厅。两厅各有梁架,从室内看是两个屋顶,外檐却是一个飞檐翘角的歇山顶,这种构造,既缩小了屋架跨度,又巧妙地装饰了室内,并起着隔热防寒作用。厅内装饰,原极精致,日军占领时遭毁。厅内用地罩围屏,长窗六扇。裙板夹堂上刻铜器博古图案,扇格边上刻石榴、蝙蝠。南厅原悬何绍基书"自锄明月种梅花"额。北厅内挂郑板桥画翠竹银杏画屏四块,清影摇风,生动有致,和李文田书银杏字屏四块,皆为珍品。陈列黄杨、楠木根雕桌椅,既为人作,又若天成,姿态自然,古雅质朴。园主集辛幼安、吴梦窗、史梅溪、秦少游、周草窗等历代词人名句,作多副对联于两厅之中,对景咏情;起到了点题的作用。

螺髻亭 在怡园西部主景石山西端,为六角攒尖小亭,六面开敞。亭下石山,采用岩层竖向结构,把姿态各异的湖石上下叠砌,以形成洞水幽深、山崖高耸的意境。山体西北,用夹持法砌筑峭壁。石壁略略收进,本块完整,凹凸分明。石山层次与石材纹理相统一,形成的山峦轮廓形状如螺,因此取苏轼"乱峰螺髻出,绝涧阵云崩"诗意,命名山头之亭。此乃园中最高视点处,四周景色尽收眼底。进入螺髻亭,南面为开阔的水池,池南是主体建筑藕香榭,成为园中主要的对景画面;亭东复有小沧浪亭立于石山东端,远处复廊宛如裙带,衬托出园景的不同层次;亭西隔开一个小水池是画舫斋,仿佛一艘楼船朝此缓缓驶来;亭北是茂林修竹、花窗高墙,皆成背景。亭下山中还有石洞"慈云洞"。俯瞰山脚,石峰参差,千姿百态,山道高低起伏,盘旋而下,充满山野奇趣。

慈云洞 在怡园螺髻亭下石山中。洞中石如观音像,因而得名。山洞全部用石垒成,石壁整体自然,大块大面,手法自然。山洞与石道、丘壑有机结合,高低转折,形成有趣的空间,与盘旋曲折石级共同组成游览路线。拾级而上,可登上山顶螺髻亭纵览全景。穿洞而出,可沿蜿蜒小溪缓缓而行,成为组景手法中抑扬顿挫的一个景点,此乃学习借鉴了苏州狮子林、环秀山庄的凿洞垒石方法。

小沧浪 在怡园西部主景石山东端,为六角攒尖顶小亭。亭北面砖墙上有六角形漏窗,并有祝允明所书对联"竹月漫当局,松风如在弦",其余五面开敞,亭中置有石几。匾额"小沧浪"集文徵明书法,亭名源于苏州古园林沧浪亭。小沧浪与螺髻亭同在石山上,同为六角攒尖顶、一东一西、一前一后,成应答之势;小沧浪体量稍大,檐角起翘更多,但地势较螺髻亭低,所以其屋顶轮廓线也稍稍低一些,从南面藕香榭看去,构图、造型的搭配生动有趣。亭外北侧有三块大石并立如屏,上镌"屏风三叠"四字,乃怡园中非常著名的奇石。清李鸿裔《题顾子山方伯怡园图》云:"苏家饮马桥头水,君住水西我住东。一样沧浪草亭子,愧无三叠好屏风",认为此亭此石可以胜过苏舜钦之沧浪亭。亭东假山石上刻有"听松"二字;由小沧浪拾级而下,左转进入石洞,名曰"紫霞洞",内有石台石凳,洞顶有钟乳石倒挂,仿佛置身于溶洞之中;洞中光线渐暗,疑无出路,然而暗处石缝隐隐透光,吸引游人沿仅通一人的狭缝中侧身而过,便又豁然开朗。到达洞外,可登上通向螺髻亭的石阶。这种峰回路转、曲折起伏的游线组织,是中国古典园林造景中常用的处理手法。

碧梧栖凤 在怡园西部、藕香榭西侧,是一间歇山顶小轩。轩名取自白居易"栖凤安于梧,潜鱼乐于藻"诗句。轩南庭院用波浪形平面的云墙,与锄月轩南庭院分隔,又有月洞门相通,造型柔和、优美。狭长的庭院之中,植有梧桐、山茶、紫薇,小巧幽静。庭院西侧沿园墙还有短廊可通旧时月色轩,廊壁上嵌有米芾、唐寅书条石,由此分隔出的庭院空间趣味十足,成为园中之园。碧梧栖凤轩建筑物也颇精致,南面开敞,仅设矮墙,北墙一排冰纹窗扇,中间有木装修挂落。室内所设家具简洁雅致,方砖铺地,窗明几净。北窗外是用粉墙围成的小天井,植有一丛凤尾竹,透过墙壁上的漏窗,隐约可见北面螺髻亭之景。循廊往东北面行数步,即是四方亭,名曰"面壁亭",四角攒尖顶,取佛教禅宗一世祖达摩面壁静坐修炼之典故。亭的平面布置由两圈共八根柱子构成;内圈南面二柱间有墙壁,壁北悬一面大镜,面壁对镜,池北山石亭显映于镜中,犹如画境。亭旁廊内,还有石刻一块,是明末东林党人五君子手札。

由碧梧栖凤、面壁亭构成的这组园林建筑小景,体量不大,尺度小巧,布置密集而又不失疏落,空间紧凑却也能意境幽远,充分运用了动静观相结合、巧于借景的造园手法。

画舫斋 在怡园西北,为抱绿湾池水边的船形建筑。前部平台伸入池水之中,台下由湖石支撑架空;两侧临池之处与其他池岸一样叠石而成;由此三面临水,宛如一叶轻舟,浮于水面之上,轻盈舒展。平台又有一小石桥与池岸相连,仿佛登船的跳板。建筑仿船身样式,分为前舱、中舱、后舱三个部分。前舱为卷棚歇山顶敞轩,轩前平台上有黄石栏柱和石几一条,凭栏俯视水面,游鱼可数;轩内设石台、石凳,可以小憩。抱柱悬竹刻对联一副曰:"春江万斛若为量,长松百尺不自觉。"中舱卷棚顶与前舱同样高低,但坡顶方向与前舱、后舱垂直,舱左右共十六扇冰纹扇窗,窗下设宫式花纹尺栏,图案精美。后舱共上、下两层,重檐歇山卷棚顶,室内以八扇冰纹落地长窗与中舱隔开,窗上配嵌十六幅图画,左右墙壁,开有六角形窗洞;一应家具陈设,精致得体,正中悬沈秉成手书"舫斋籁有小溪山"。登楼而上,内悬俞樾篆书"碧涧之曲古松之阴"额和集辛幼安词"还我鱼蓑,依然画舫清溪笛;忽呼斗酒,搏得东家种树书"联,皆成点景之笔。举目四望,东面景色最佳,池水绕石而过,流经石桥两重,形成三个水面,层次分明,令人意犹未尽;复廊以远,屋舍俨然,整齐有序;近处小沧浪、螺髻亭立于石山之上,松竹茂盛,石径隐隐,可以体会到深远的园林意境。画舫斋虽然是模仿拙政园香洲而建,但也形成了自己的特色。在环境处理上结合小园地形,平台架空于水面之上,加强了池水的动感,建筑轮廓流畅,整体小巧紧凑,成为怡园西部景色的终端。其室内装修尤为精美,为江南旱船之冠。

湛露堂 在怡园最西端,为三间两进大厅,硬山顶,原是顾氏家祠。堂名取自《诗经·小雅·湛露》"湛湛露斯,匪阳不晞",含世泽长久之意。堂前方形庭院,筑牡丹台,栽名贵牡丹,配有山茶、含笑、白皮松、桂树、紫薇等花木,四时茂盛。堂后小院,遍种修竹,一片翠绿。堂东侧开有小门,与画舫斋仅隔一廊之宽,把祠堂与园林结合在了一起。

鹤园 在苏州韩家巷西口,与曲园、听枫园南北为邻,占地近三亩。清光绪三十三年(1907)观察洪鹭汀卜宅韩家巷,规宅西为园,取俞樾书"携鹤草堂"而名"鹤园"。但园未完工,即转归吴江庞氏,传其孙庞蘅裳。1923年秋庞蘅裳葺园归居,取谐音改园名为"鹤缘",次年春,金天羽为作《鹤园记》。1942年,园归苏庆祥,1949年后,苏氏将此园捐赠国家。1978年,政府修复鹤园旧观。

鹤园布置,小巧紧凑,简洁幽雅。住宅五间三进,与花园东西并列布置,以粉墙、花窗、曲廊作为两者之间的分隔和连接。园内池塘居中偏北,分流蜿蜒至西南山阜下,意犹未尽。绕池石峰参差,花木扶疏,池中倒影如镜,呈现出一种舒缓开朗的特征。四周布置园林建筑,四面厅、桂花厅南北相对,风亭、月馆东西互望,听秋山馆隐现于翠丛之中,颇得对景、借景之意。宅园大门南开,五间门厅以粉墙花窗为屏障,在苏州园林中别具一格。园西南有土石假山,山上建六角小亭,并散种广玉兰、青桐、罗汉松、白皮松、棕榈、木槿、桃树,从园北南望,界墙为花木、山丘、小亭掩映,层次丰富。门厅与四面厅之间形成一个过渡空间,东侧有曲廊相连。

园中最有特点的建筑是池西的月馆和池东的风亭曲廊。月馆呈梯形平面,三开间重檐卷棚顶,底层三面有廊,再以曲廊与北面桂花厅相连,其丰富多变的造型取代了原来平直的园西高墙。池东风亭,方形平面,卷棚顶,亭角高翘;南北与曲廊相连,可通桂花厅和四面厅。曲廊高低上下,曲折曼延,与东园墙时合时分,间以花草竹木,充分体现了步移景异的效果。

曲园 在苏州马医科,建于清同治十三年(1874),是晚清著名学者俞樾起居、著述之处。俞樾,字荫甫,浙江德清人,道光进士,官翰林院编修、河南学政,晚年退而著书讲学,先后主讲苏州紫阳书院、杭州诂经精舍等,海内及日本师从追随者纷纷而至,号称"门秀三千",章太炎、吴昌硕等大家皆出其门。其著作专治经、子、小学,亦重笔记、小说、戏曲、诗词,所撰汇编为《春在堂全书》,共250卷。曲园是俞樾在苏州马医科潘世恩旧宅废地上建造的,他亲自参与规划设计,筑有乐知堂、春在堂、认春轩、小竹里馆、内春堂楼等建筑三十余楹。门厅有李鸿章题额"德清俞太史著书之庐"。宅园因地制宜,利用宅地西北两侧隙地布置庭院,开凿水池,筑曲水亭、回峰阁、艮宧、达斋等园林建筑;因庭院形如曲尺,与篆文的曲字相似,又因其范围很小,仅"一曲而已",俞樾以《老子》"曲则全"之意,取宅园名为"曲园",并自号"曲园居士"。

俞樾身后,曲园渐失修。1954年,其曾孙、著名红学家俞平伯将宅园捐赠国家,1957年进行了大修。后几番更迭,毁坏严重。1982年起,苏州市政府应俞平伯、顾颉刚、叶圣陶、章元善、陈从周、谢国桢六位著名人士之请,开始分三期逐步修复曲园,并按原貌恢复陈列布置。

曲园虽然面积较小,却因其丰富的人文历史背景而著名。园中有紫薇树一株,是百年前所植。小竹里馆,是当年俞樾读书处,正中有俞樾半身画像,室内陈列年谱及部分遗物。春在堂,原是俞樾讲学会友之所,正中屏门上刻有俞樾撰、吴大澂书《春在堂记》,上悬曾国藩题"春在堂"额,堂内陈列俞樾部分著作和《春在堂全书》木刻原版。堂名"春在",源于道光三十年(1850)俞樾进京复试答卷首句"花落春仍在",此句深得复试题卷官曾国藩的赏识;俞樾后来以"春在"为堂名、文集名,以此表示师恩难忘。整个宅园,并无雕梁画栋,朴素大方,简洁清静,隐约透出园主致力学术、严谨求实的文化气息。

环秀山庄 位于苏州景德路。五代时,此处为吴越广陵王钱元璙金谷园旧址,宋时朱长文在此建有乐圃,后改为景德寺和书院、官衙。明万历年间为申时行宅第,清康熙初年其后人改筑为"蘧园"。清乾隆年间,蒋楫居之,叠石凿池,初具泉石规模。嘉庆年间,相国孙士毅得之,延请叠山名家戈裕良叠假山一座。道光年间,宅园变为汪氏"耕荫义庄",其东花园称为"环秀山庄",又名"颐园",后渐颓毁。至20世纪50年代,仅存补秋山房、问泉亭和戈裕良所叠假山,面积不足两亩。1979年,对假山进行了维修,并重建了"半潭秋水一房山"亭。1984年,又恢复了园南四面厅和楼廊,加固假山,疏浚水池,并与园前旧王鏊祠贯通,成为一体。

园景以山为主,池水相辅,建筑不多,但高低起伏,疏朗有致,布局上利用有限面积,山水相依,组合方法奇特,咫尺之地,显示出深山幽谷之意。湖石假山占地仅330平方米,但危径、洞穴、石崖、飞梁、绝壁互相呼应,所谓"园小则见其大,山小却显其深",成为苏州园林湖石假山最出色者。假山之侧,池水缭绕,对假山起到了很好的衬托作用,也把假山分为东、北两个部分。池南四面厅为近年恢复;池西有廊可通向问泉亭,亭四周泉水环绕,北面有小桥通往补秋山房(又称补秋舫)。山房三间面宽,四周开窗,南临水池,面对假山。山房之西有飞雪泉遗址,山房之东有小崖石潭,潭边小亭名为"半潭秋水一房山"。

山庄占地不大,布局上一反以水池为中心的小园处理手法,而是以山为中心,从四面建筑中看去,形态多姿;步入假山之中,空间变化无穷,细部逼真自然,气势雄伟峭拔,人称其假山"独步江南"。

戈裕良假山 在环秀山庄中,是清乾隆年间叠山名家、常州人戈裕良叠造,虽经后世修补,仍基本保持原来的面貌。假山以水池为辅,以池东为主山,以池北为次山。次山紧贴西北墙角,临池一面作石壁,为飞雪泉遗址。主山分前后两部分,在东北部以土坡作起势,西南部累叠湖石,中间有两道幽谷,一自南向北,一自西北向东南,会于山之中央,将山分为三区。前山全部用石叠成,外观峰峦峭立,内部洞壑空灵。后山临池用湖石作石壁,与前山之间形成宽1.5米,高4—6米的洞谷,气势不凡。洞谷南北山中有石洞、石室各一。石洞与山南峭壁下石径相通,洞直径约3米,高约2.7米,中设石桌石凳,可供小坐。洞壁有五六处小孔,不但能通风采光,而且能增添情趣。石桌旁又有小石洞下通水面,水色天光映入洞中,面对涧谷。石梁架于涧谷之上,西北与问泉亭形成对景。山的主峰置于西南角,高约7.2米,并以三个较低的山峰环卫衬托,山势雄奇,形状灵活,层次丰富。山体占地仅三百多平方米,山上蹊径却迂回盘旋,总长近70米。山景和空间变化多端,有危径、山洞、水谷、飞梁、石室、绝壁、石峰,与四周厅、舫、楼、廊、亭等建筑互成对景,由不同角度观赏形成高低变化,山形随游线步移景移,百看不厌。

假山的结构和局部处理也不同凡响。戈裕良创造了"大小石钩带联络,如造环桥法,可以千年不坏,要如真山一般,然后方称能事"的叠山方法,比一般用花岗岩石梁悬挑的方法更胜一筹,不仅山体自然逼真,而且结构牢固。山石按自然形状和纹理巧妙拼接,以大块竖石为骨,小石缀补,大胆落笔,小心收拾,如石涛画卷笔意,宛转多姿,浑然天成。灰浆隐于石缝内,和天然石缝近似,不露痕迹。由此形成很高的艺术水平,在苏州园林湖石假山中堪称第一。

耦园 位于苏州城东小新桥巷内,三面临河,占地约十一亩。中间为住宅,东、西两面为花园,故称耦园(耦与偶通)。其东花园原为清初保宁太守陆锦所筑"涉园",又名"小郁林",后归祝氏。光绪年间,安徽巡抚署两江总督沈秉成得之,聘请画家顾沄主持修整扩建,增西花园,始成现状。民国时期又归常州实业家刘国钧所有。其整体布局,因花园分处住宅两边而颇有特色。西花园以书斋为中心分隔成前后两处庭院。前院以湖石假山半掩园门,造型朴素自然,山上筑云墙,山下有石洞,配以花木,间置湖石。书斋名为织帘老屋,三间两进,硬山顶。书斋北面庭院中有山石树木,庭院北面建有凹字形两层书楼,装修精致,这一组园林和建筑小景结合得很好。

东园面积约四亩,景物较集中。布局以山池为中心,主体建筑城曲草堂坐北朝南,是一组重檐楼厅,西与住宅相通,东南面有双照楼。楼厅前有平坦草地,叠有黄石假山,气势雄伟,较为有名。假山东侧凿水池一泓,南北狭长。池东有廊,北通双照楼,南通临水小方亭。曲桥横跨水池中部,连接假山和池东亭廊。池南端有水阁跨于池上,名为"山水间"。水阁、假山、水池构成了耦园东部的主景。园东南角建有小楼听橹楼,成为园南的一个制高点,丰富了正面轮廓。又有曲廊沿园南墙、东墙起伏曲折,连通园门处枕波轩和船厅,最后又与城曲草堂相连。

耦园以小见大,建筑和园林布置精到。园主立意,颇具浪漫主义色彩,处处围绕夫妻双双隐居城曲这一主题,以抒情怀。布局上既吸收了常见的以山水为中心的小园手法,又有创造和突破,建筑物和假山、水池、庭院结合得当,是苏州第宅园林的佳作。园中镌刻、题额、楹联等文字,围绕隐居主题,也显得十分风雅和得体。

黄石假山　在耦园东园内、城曲草堂南。假山由东、西两部分组成,东半部较大,自北面石径可通山上东侧平台和西侧石室。平台之东,山势耸起,转为石壁,壁东南角设磴道,依势降至池边,此处叠石气势雄伟,是假山最精彩的部分。假山西半部较小,并自东向西缓缓降低。东西部之间辟有峡谷,宽仅一米余,两侧陡壁如削,名曰"邃谷"。山顶不建亭阁,立石峰"留云岫"于其上。假山的叠理手法,整体大气,浑厚苍老,参照中国山水画的斧劈皴法,取竖向岩层结构叠成耸立的峰体,构筑成参差错落的纵向造型,同时,又适当融入水平岩层的堆叠手法,与竖向造型形成对比。凹凸自然,石势错综,犹如黄石天然风化之纹理,绝壁缝间,有树木藤萝生出,如真山之趣味。假山与水池,相互衬托,配置得当。此山与上海豫园中明代嘉靖年间叠山名家张南阳所筑黄石假山非常相似,很可能是清初涉园的遗物,属苏州园林假山中的珍品。

山水间　在耦园南部,跨于水池南端水口之上,是一处面阔、进深皆为一间,四周皆有围廊的水阁。屋顶为歇山卷棚,戗角高翘,造型优美。水阁北面临水,如浮池上,环境宜人。隔假山水池与园北城曲草堂形成对景,构成了主景区的园林空间。水阁外廊檐柱间有万字形挂落,周围设吴王靠,雕有荷花莲叶,做工精致。阁内地面方砖墁地,东西两侧置红木茶几靠椅,古色古香。最为著名的是阁中"岁寒三友"落罩,高3.5米,宽4米,用杞梓木刻成的松、竹、梅图案贯穿于银杏木制作的罩体当中,雕镂精湛,层次分明,线条清晰,精美绝伦,为苏州各园落罩之冠。

城曲草堂　在耦园东园北部,是园林中的主体建筑。堂名取自唐李贺诗"女牛渡天河,柳烟满城曲",寓意园主夫妇自甘于"草堂白屋"的清苦生活,亦切双隐之意。建筑为重檐楼厅,正厅三间,另有厢房回廊,东西总宽将近40米。楼东南角向前扩展,名为"双照楼"。建筑内部东、西、北面各有一个内天井。这组建筑规模较大,形制特别,为苏州园林中罕见。室内用企口杉木板壁,装饰精美,悬有多面天然大理石挂屏,风格雅致。堂中有四把坐椅,分别镌有"醉月""嚼雪""听风""话雨"之名,给人留下很深刻的印象。登楼而望,园内景色和园外城廓尽在眼底,是观赏园景的佳处。

听橹楼　在耦园东园东南角,为一厅一楼,以阁道相连。小楼平面为一间半,卷棚歇山顶,内与"山水间"、东面小亭构成园林小景,外可俯视城河,故取陆游诗"参差邻舫一时发,卧听满江柔橹声"之意为楼名。城河外接娄江,旧时船只来往不绝,一派水乡意境。楼北山坡,叠黄石作堤,掩以竹丛,散植杏、梅、广玉兰、紫藤等花木,与隔池雄浑峭拔的黄石假山恰成对应。

艺圃　　位于苏州城西北隅文衙弄内,占地约五亩。明嘉靖年间学宪袁祖庚始建,初名"醉颖堂";崇祯间文徵明曾孙文震孟得之,更名"药圃",后废圮。清初进士姜埰复建为"敬亭山房",后其子姜实节更名"艺圃",画家王翚作《艺圃图》描绘园景,汪琬作《艺圃记》。道光年间,园归丝绸业七襄公所,后渐失修。20世纪50年代和80年代两次修整,恢复为明末清初旧貌。

艺圃为宅园格局,西南部是花园,东北部是住宅。从文衙弄进入住宅大门,门厅是明代风格;经曲折长巷到二门,上嵌砖刻"艺圃"额。由此北行,是住宅前厅"世纶堂",堂西边廊通花园。园以面积约一亩的水池为中心,分为两个部分:前部以山石花木为主,后部以建筑庭院为主。水池采取聚合形式,开阔明朗,仅在东南角和西南角伸出水湾各一,水口各架石板桥一座,令曲折的水湾小池与主体池面形成对比,有意犹未尽之感。池南假山用土堆成,临池用湖石叠成绝壁和危径,从池北眺望,山石嶙峋,树木葱茏,极富山林野趣。石径、绝壁、水池三者相互结合,成为苏州园林叠山理水的常见手法。山巅设六角亭,名曰"朝爽";有石级盘旋而下,进入石洞,转出池边,过平桥可达池东之乳鱼亭。亭为明代遗构,西临水池,东对曲廊,造型舒缓优美。沿石壁下石径西行,又可达水池西南角水湾上曲桥,桥名"渡香",低贴水面,小巧亲切。桥西侧有花墙围成小院,成为园中之园。由月洞门进入其中,有小水池与墙外大水池相通,称为"浴鸥池",周边点缀石峰,种植花木,是僻静雅致的园林小景;透过月洞门向外望去,山石、花木、建筑犹如一幅层次分明的山水册页,耐人玩味。浴鸥池西侧是一组南北对照厅庭院,朱门粉墙,又成为小园之中的庭院,构成了大、中、小三级平面空间。庭院名曰"芹庐",南厅名"南斋",北厅名"香草居",两厅间庭院中有湖石花坛。

出浴鸥池月洞门,经水池西侧长廊"响月廊",可达艺圃北部的建筑庭院部分。池北水榭"延光阁",取阮籍"养性延寿,与自然齐光"之句,面阔五间,临池而筑,架于水面之上;阁南面用"和合窗"和栏杆裙板;北面有落地长窗开向庭院。从阁中推窗南望,是园中最佳视点:绝壁倒影于池中,尽收山水之美。这里是园主吟诗作画之处,也是苏州园林中最大的水榭。两侧厢房,亦临水布置,东曰"旸谷书堂",西曰"思敬居",与水榭连成一体。水榭北面有园中主体建筑"博雅堂",采用硬山形式,面阔五间,高大宽敞,门户重叠。堂内窗明几净,陈设典雅,其木构梁架,系明代旧物。堂前有对联两副,其一为"一池碧水,几叶荷花,三代前贤松柏寒;满园春光,盈亭皓月,数朝遗韵芝兰馨";其二为"艺圃溯流风,旧屿青瑶留胜迹;敬亭传韵事,故家乔木仰名贤",起到了点景作用。堂前庭院,叠湖石花坛,植牡丹数丛,趣味盎然。博雅堂东,是住宅部分的大厅和世伦堂。

纵观艺圃的造园风格,园景开朗自然,手法质朴古雅,较多地保存了明代园林的布局特点,具有较高的历史价值和艺术价值。

织造署花园 位于苏州市葑门内带城桥东,今苏州市第十中学内。清顺治三年(1646)在此设"苏州总织局",康熙十三年(1674)改为苏州织造署和织造局,即衙门与工场。康熙二十三年(1684)起,在织造署西部创建行宫,敞以亭阁,延以廊庑,翠竹碧梧,交荫于庭,景色十分优美。康熙、乾隆二帝南巡时多次在此驻跸。乾隆四十四年(1779),著名湖石瑞云峰由阊门外徐泰时之东园迁移至此,留存至今。现存大门、仪门等建筑是同治十年(1871)重建,还保存有《织造经制记》等珍贵碑刻,花园中仍保存有假山水池、林木亭馆。园景以秀美苍润的瑞云峰为中心,配以水池、驳岸、峰石、假山、山洞、石桥、平台,林木葱茏,环境优雅,是署衙花园的珍贵实例。

瑞云峰 在织造署花园内,是北宋花石纲遗物,人称"江南三大名峰",是"苏州三绝"之一。据记载,朱勔在太湖洞庭西山采得两块巨型湖石峰,名为"大谢姑""小谢姑"。"大谢姑"先运往汴梁艮岳,"小谢姑"因沉船打捞,未及北运。朱勔身败,石峰弃之荒郊。明嘉靖年间,乌程富豪董氏得之,后董氏与苏州阊门外东园(今留园)园主徐泰时联姻,遂以石峰作陪嫁。船运途中再次沉入湖底,复募人打捞,运至徐氏东园中,更名瑞云峰,传为一时佳话。清乾隆四十四年(1779),瑞云峰移至织造署行宫花园,为运此峰,沿途拆民房千余间。今存留完好。

瑞云峰由两块巨石叠置而成,上为嵌空石峰,下为盘石底座,峰座相配,宛若天成。石峰通高5.12米,宽3.25米,厚1.3米,远看如雄师搏食,气势逼人;近看玲珑剔透,清秀奇特。通体多褶皱孔窍,涡洞相连,石中透光,身集米芾论石之"瘦、皱、漏、透"特色,被誉为"妍巧甲于天下"。石峰踞于水池中央,池周环设各种姿态的配峰十多个,呈众星捧月之势;瑞云峰屹立水中,影若祥云,令人惊叹造化之神奇。

畅园 位于苏州城西庙堂巷内,是晚清所建宅园,花园与住宅部分东西平行布置,总面积约四亩许,园、宅各半。其园史记载不详,只知早期园主姓潘。20世纪50年代,园林保存尚完好,惜于"文化大革命"中惨遭毁坏,面目全非,仅存水池、曲桥和部分建筑。20世纪80年代开始,逐步按原样修复。园位于住宅之东,南面临巷辟有园门。园中采用封闭式环形布置游赏路线,水池居中,周围设置厅堂、亭廊、假山、花木,形成一个集中向心的小园空间。

门厅在园东南角,又称桂花厅,与北面桐华书屋围成一方小小庭院,成为园景的序曲。过桐华书屋,视线豁然开朗,水池亭廊展现于前。池水南北狭长,大部分池岸以湖石砌筑,平缓开朗,疏植花木。南部以曲桥把水面分为大小两个部分,形成远近层次。池东傍水建长廊,高低曲折,廊间有小亭两座,一名"延辉成趣",为六角攒尖亭;一名"憩间",为四方半亭。廊与园墙之间留有空间,缀湖石,植花木,设洞门花窗,趣味盎然。池北为园内主体建筑留云山房,平台宽大,建筑素雅,与其左右的方厅和长廊围合成一个三面建筑、一面临水的外部空间。池西有船厅名为"涤我尘襟",歇山顶方亭和用斜廊相连的六角攒尖亭"待月亭",最后以池南小廊与桐华书屋相连,形成一个用长廊环通的游览线路。待月亭建于园西南角的假山上,是园内最高处,可俯瞰全园景色。

园内建筑物较多,造型丰富;室外空间集中,局部处理手法细腻,山石花木疏落有致,是小型园林精致玲珑的典型。

残粒园 位于苏州装驾桥巷内,是住宅东侧的一方小园,面积仅140平方米。清光绪年间,扬州某盐商建此宅园,原名"东园",后归姚氏。1927年,又归画家吴待秋,取杜甫句"香稻啄残鹦鹉粒"之意,改名残粒园,现仍为吴氏后人宅园。园之布局,善于利用空间,假山、池塘、花木、亭台俱备,是小中见大的典范。由园北住宅后部经圆洞门"锦窠"入园,迎面有湖石峰作屏障,避免一览无余之感。绕过石峰,水池居园中央,花台树丛沿四周布置。池岸用湖石叠砌,以石矶挑于水面,并有石峰参差布置,藤萝丛密,浮萍泛青,颇有幽远苍古之趣。池旁植有桂树、天竹、蜡梅、榆树,园墙开漏窗数方,蔓以薜荔、爬墙虎等,又使小景更添层次。池西北立有湖石假山,石洞幽深;进山洞拾级盘旋而上,山巅有亭曰栝苍亭,可俯瞰全园景色,是园景的构图中心。此亭采用歇山半亭形式,倚于高耸的园墙之旁,檐角高翘,造型生动。亭内有壁龛书橱,侧门可通住宅花厅。此园较成功地运用了传统的园林小空间处理手法,半亭、石洞、水池、花台比例适当,且高下求变,组合紧凑,堪称苏州小型园林之精品。

柴园　　位于苏州醋库巷内,始建于清道光年间,原名现园(茧园),后因园主姓柴,俗称柴园。园本在住宅西南部,设有庭园四处,以中园为最佳,水池假山,花木相衬,小巧幽雅。园中鸳鸯厅与画舫的造型优美,装修精致。20世纪50年代以来,先后为机关和学校所用,建筑园林面貌已非旧观。现花园部分尚存鸳鸯厅、画舫、水轩、曲廊、纱帽亭和假山、池塘、花木,住宅部分保留有清光绪九年(1883)宁绍台道顾文彬题"嘉门善祥"额之砖雕门楼。

听枫园　　位于苏州市庆元坊内,为清光绪年间知府、金石考据家吴云所筑,1928年陈寿先重建。园在宅东,占地约一亩七分,幽深曲折,玲珑精致。园以"听枫仙馆"居中,西为待霜亭、味道居、两巷轩。东南叠石为山,小屋墨香阁高居其上,底层隐于山中,别具一格。北部小池一潭,池畔有水榭、半亭,点缀山石花木,成为山水相依之佳景。

听枫园以精致著称,早年园主吴云与著名画家吴昌硕颇有交谊,吴昌硕曾教馆吴宅。20世纪50年代,此园成为学校、机关等,后又成为宿舍,假山建筑损坏许多。1983年开始重新修复,后成为苏州国画院所在。

笑园　　位于苏州城西升平桥弄内,现存面积约二亩八分。明末为徐俟斋后人宅园,又名紫藤花园。清同治年间,翰林编修冯桂芬曾居此处,园依城墙而筑,假山、水池、花木、亭阁俱全,又可登城墙远眺。后归状元陆润庠,陆氏后人于1937年将花园北部住宅翻建为楼房。后笑园因年久失修,原有假山、池塘、曲桥、戏台和大量花木逐渐被毁。现存有四面厅、花篮厅、楼阁、旱船、门厅、茶厅及住宅楼,并保留有"笑园"砖额和清嘉庆年间书条石二十三块,还有古白皮松一株。现笑园已修复。

五峰园　　位于苏州阊门西街下塘,今五峰园弄内。遗存面积二亩二分,始建于明嘉靖年间,为长洲尚书杨成所筑,俗称杨家园(一说园为文徵明之侄、画家文伯仁所筑,其号五峰老人)。园中以五座太湖石峰著名,其高均6.6米,具皱瘦玲珑之态,并峙于高阜之上,形似老丈,故又名五老峰。相传五峰为宋代朱勔养殖园遗物,周围辅以水池、假山、石桥、古树、旱船、圆亭等诸景。园西南有土墩,俗传为唐柳毅墓。因年久失修,园景已颓败,幸五峰尚存。现已修复。

半园(南) 位于苏州城中人民路仓米巷内,清末第宅园林。宅园面积6200平方米,其中花园近四亩。清同治十二年(1873),布政使溧阳史杰始建第宅园林,园中有山石、水池、石桥,并建有厅堂、长廊、亭轩。宅中有三层楼阁,规模不小,装饰华丽。俞樾为之作园记,谓此园"少少许胜多多许"。后曾改作公廨。20世纪40年代,园林逐渐颓败,后又为工厂所用。1984年开始,逐步修整园林及第宅建筑。现园址完整,存有主厅半园草堂及部分亭廊,山石花木,旧貌依稀;住宅建筑中古建筑保存尚完整,厅堂四进,其中花篮厅两座,尤为精美!

半园(北) 位于苏州市白塔东路。因在城北,又与仓米巷半园同名,人称"北半园"。现存花园和宅第面积约2000平方米。园初名"止园",清乾隆年间沈其奕所筑,后归周氏,改称"朴园";清末陆氏改建后又更名为"半园"。20世纪50年代变作厂房,西部住宅破损严重,东部花园维护尚好。80年代开始,得以逐步修复。花园占地约1200平方米,与住宅东西平行布置,南北狭长,水池居中,筑以黄石驳岸。西墙设园门与住宅相通,嵌有"半园"砖额。环池四周建有四面厅、旱船、小轩、半亭等建筑,以曲廊断续相连,形成典型的建筑围绕水池的小园布置格局。园中建筑常以"半"为立意,东墙角假山上有五边形半亭,园东北为重檐两层半藏书楼,造型独特,装修精美,为苏州园林中罕见。池畔屋旁,花木扶疏,白皮松、广玉兰、黄杨、蜡梅、紫藤等掩映错落,衬托出园林的幽静清雅和小巧精致。

退思园 位于江苏吴江区同里古镇中心,是苏南太湖风景区的重要景点,1982年被列为江苏省重点文物保护单位。该园建于清光绪十一年(1885),园主为凤颖六泗兵备道任兰生,因退职返归故里,营园以度晚年。该园设计者系该镇名画家袁龙。"退思"二字取"退则思过"之意。

退思园占地仅九亩八分。因地形所限,其格局突破常规,改纵向为横向。自西向东,左为宅,中为庭,右为园,是江南园林的孤例。

宅分内外,外宅有前后三进,即门厅(轿厅)、茶厅、正厅;内宅建有南北两幢以主人之室名命名的"畹芗楼",为主人与家眷居用,楼与楼之间由双重走廊相贯通,廊下东西各设楼梯,雨天不走水路,晴天又可遮阳。

中间的庭院堪称宅之尾、园之序,是由左面住宅到右面花园的自然过渡。庭中樟叶如盖,玉兰飘香。整个中庭设计围绕"待客"的主题。旱船,俨然一艘"到客船";岁寒居系主客舞文弄墨之处;而主楼坐春望月楼能令客人不觉旅居异乡而落枕安眠;楼之一端为揽胜阁,在其中可饱览满园景色。

中庭与花园之间有月洞门相通,进内即九曲回廊,曲径通幽,墙上窗格中嵌有"清风明月不须一钱买"的擘窠大字。

东部为全园之精髓,面积亦占整个宅园一半多,这是一个相对独立的江南小园,布局完整,立意高雅,居中是荷池,环池一周置若干景点。其景名多取自古代文学名作,富有意境。主厅退思草堂南面临池,隔池为著名的闹红一舸、辛台和菰雨生凉,草堂东有琴台,西有曲廊及水香榭,东南复有三曲桥通向眼云亭。退思园虽小但景精意深,园林家陈从周曾这样来称赞它:"吴江同里镇,江南水乡之著者,镇环四流,户户相望,家家隔河,因水成街,因水成市,因水成园。任氏退思园于江南园林中独辟蹊径,具贴水园之特例。山、亭、馆、廊、轩、榭等皆贴水面,园如出水上。"

退思草堂 在花园的北边,从中部庭院穿洞门,沿九曲回廊向北游去,其尽端即是草堂,堂朝南五间,歇山顶,前边临水池,有宽敞的月台,台下即是清澈池水,锦鳞酣游,石栏伸手可及,是观鱼、赏月、纳凉的好地方。月台西侧,湖石叠峰直接于池中升起,并沿着游廊渐渐向外扩展,使这一区域的水面岸矶很富于变化,这种水乳交融的处理手法正合古代造园理论著作《园冶》中所说的"池上理山,园中第一胜也。若大若小,更有妙境"的原则。堂为全园主景,"奠一园之势者莫如堂",它秀巧而不失稳重,端庄而又不失变化,站在堂前月台上环顾四周,全园各景均汇于眼前,构成一幅舒展旷远、浓淡相宜的山水画卷。

闹红一舸 在中心水池西南角,是从九曲回廊凸向池中的旱舟之景,因池面不大,故画舫体量亦小,船身很浅,由湖石凌波托起,十分贴近水面。小舫造型较为简洁,没有一般船景的雕镂细作,前舱为一正面悬山小筑,两扇小门开向船首,后舱设有起楼,为一侧向的双坡建筑,整座小舫漆成暗红色,与灰瓦、浅白色石制船身及四周湖石在色彩上互衬互映,很是突出。小舸是园内精华之景,它伸入水中较深,微风轻吹,犹如扁舟随波荡漾。盛夏季节,四周红荷嫣然摇曳,如舟行红云中,更能令人心醉。景名直接取自南宋词人姜夔(号白石道人)的名作《念奴娇·闹红一舸》的首句。当年姜白石客武陵(今湖南常德)与友人日日荡舟于乔木参天的古城野水之间,在菱荷中饮酒吟诗,"意象幽闭,不类人境",有感于心,便作此名篇。

菰雨生凉 退思园中心水池四周有一些景点题名,与南宋姜白石词的意境有着某种特定的联系,这在江南园林中是不多见的,它从一个侧面反映了当年园主人对姜词的偏爱,也使这座小园之景透出了较浓的文意。其中《念奴娇·闹红一舸》对园林的影响最大。姜词上阕是这样的:"闹红一舸,记来时,尝与鸳鸯为侣。三十六陂人未到,水佩风裳无数。翠叶吹凉,玉容销酒,更洒菰蒲雨。嫣然摇动,冷香飞上诗句。"园中旱舟景直题"闹红一舸",而水池东南隅的"菰雨生凉"则由"菰蒲雨"而来。小轩三间面池贴水而筑。当年此处荷菰丛生,甚有野趣,轩后有湖石假山,沿石磴拾级而上,可由天桥转至池南的辛台,游赏空间丰富而多变,轩中置有一面从异国觅来的大镜,人立镜前宛若置身于湖水环抱之中,空间上很是开阔。此处最宜盛夏剖瓜赏鱼,令人顿觉烦渴尽消,是园中四季之景中的夏景。

辛台 在中心水池之南,与退思草堂隔水南北相望,辛台名为台,实际上是依水而筑的两层小阁,造型简洁朴素,富有江南水乡民居风格。它原为园主人的书斋,取"辛苦读诗书"之意,名之为辛台。据记载,晚清营园时所请的设计师袁龙(号东篱)是颇有名的画家兼园林家,曾主持苏州怡园的营造,因此精选了苏州园林中亭、台、楼、阁、轩、斋以及曲桥、回廊等典型园林小筑,集中布置于此园,使退思园春、夏、秋、冬、琴、棋、诗、画各景俱全。庭院六楼六宅的坐春望月楼是春景;菰雨生凉小轩主赏夏景;桂花厅可赏秋之金桂;岁寒居内围炉聚会,赏户外松竹梅。更有琴房内可焚香操琴;眠云亭内就石对弈;揽胜阁上扶栏学画,辛台既可读书又可临窗吟诗,故又称诗景。在辛台与东边的菰雨生凉小轩之间,建有临池的"天桥"。实际上是上下两层的复道敞廊,这在江南小园中较为少见,很有观赏价值。

眠云亭 在水池东部,由退思草堂东南侧三曲桥可至。顾名思义,小亭位置较高,堪与蓝天白云相接。从池西曲廊远眺,小亭恰似立于假山之巅,四周绿树葱葱,浓荫欲滴,是池东的重要景点。眠云亭之美,美在石。这里景致与退思园水池的南、西、北三边稍有不同,亭前没有曲廊回抱,建筑相对较少。而以太湖石为主景,各种植物景相辅助,是园中顺应自然的一个小景区。亭前池边,立有不少姿态各异的湖石峰,其峰脚一直延伸到池中,成为散点步石。为了突出景色的自然,小亭在建造上也别出新意:将亭向上拔高,实际上成为两层的亭阁,而在底层四周镶包太湖石,做成湖石峭壁假山式样。从外边看,上层歇山式的小亭就像立在假山之巅,这一用建筑来妙造自然的做法,堪称江南园林的一绝。

寄畅园 位于无锡市西惠山横街锡惠公园东北隅,占地10000平方米,是江南现存最古老、保存最完整的古典园林之一。该园始建于明代正德年间(1506—1521),曾任南京兵部尚书的秦金购惠山寺的"南隐房""沤寓房"两所僧舍改建为别墅园林,取名为"凤谷行窝"。

秦金去世后,该园归族侄秦瀚及其子秦梁所有。任湖广按察使的秦梁在嘉靖四十五年(1566)回籍奔丧葬父后,不再出仕,即着手整修此园,改名为"凤谷山庄"。万历十九年(1591)秦梁之侄秦耀被解除了巡抚湖广之职返籍,寄抑郁之情于山水之间,对家园进行了全面改造,花了七年时间,于二十七年(1599)竣工,全园造景点二十处,它们是:嘉树堂、清响斋、锦汇漪、清籞、知鱼槛、清川华薄、涵碧亭、悬淙涧、卧云堂、邻梵阁、大石山房、丹邱小隐、环翠楼、先月榭、鹤步滩、含贞斋、爽台、飞泉、凌云阁、栖玄堂。取王羲之"寄畅山水之情"句,把该园更名为"寄畅园"。

万历三十二年(1604),秦耀将家产分给四个儿子,此园被一分为二,明末清初再二分为四。到了清顺治十四年(1657),秦耀的曾孙秦德藻把此园重新合并,特请当时造园名家张涟全面设计,并由其侄张鉽施工巧叠山石,引二泉之流曲注其中,增加了八音涧、七星桥、美人石等景点。由于这次存精删芜,全面改造,使园景更趋幽美,更有特色。康熙二十二年至四十六年(1683—1707)圣祖六次南巡,都驻跸该园,因此寄畅园名声大振。

雍正初年,秦耀六世孙秦道然因王子间争夺皇位受到牵连而下狱,寄畅园被充公。乾隆即位,道然之子秦蕙田考中探花后,疏请代父赎罪,道然获释,园也发还。寄畅园在雍正一朝被封禁了十几年,园景破败不堪,该园西南部已在雍正六年(1728)改建为贞节祠。乾隆八年(1743)秦德藻孙出资初步修葺。乾隆十一年(1746)秦氏二十四房合议把寄畅园作为"祠园",在东北隅建双孝祠,各户捐祭田,由出资修葺的孙子一房管理园产。后为迎接乾隆南巡,秦氏于乾隆十六年(1751)对该园作了全面整修,其后乾隆六次南巡,次次来此游园,留下了不少翰墨诗章,并命绘图携京,在万寿山东麓仿建一园,名"惠山园"(即现在颐和园的谐趣园)。

同治二年(1863),在太平军和清军激战中,此园受到严重破坏。光绪九年(1883)秦氏子孙又出资整修,恢复旧貌。民国时期在1926年又作了一次修葺。

1952年秦氏后裔秦亮工将祖园献给国家,政府拨款全面整修,使全园又恢复了原貌。1955年正式对外开放。

寄畅园四百多年来为秦氏家族一姓所有,这在现存古园中绝无仅有。不少古典园林造园手法很高明,但因空间有限,视野无处延伸,更因无山可借,无水可引,总有假山假水之感,而寄畅园却得天独厚。寄畅园的造园艺术,是充分利用周围秀丽的山峦、清洌的石泉,因地制宜,引水延山,巧借环境之胜。在叠砌山石、设计水景、布置林木、组织空间诸方面都有独到之处，因而在园林的风格、气势方面更显古朴自然，它已成为我国传统造园艺术的优秀典范。

值得一提的是，寄畅园采用常绿的香樟作为骨干绿化树种，和其他榉树、枫香等落叶乔木适当搭配，这在园林绿化方面是一个成功的实例。现在这些生长了三四百年的壮健而雄伟的古树名木，点缀在各主要景点，使园内一年四季郁郁葱葱，景色更为清幽、古朴而富有生机。

寄畅园大门　南大门在惠山寺内和愚公谷大门隔寺相望，东大门在惠山横街上。两座大门各有特色。

南大门是后来建造的一座朴素的中式门厅，入门可见镶于西侧壁间的明代两位著名文学家王稚登、屠隆分别撰写的《寄畅园记》石刻。虽然个别字迹略有模糊，但这些石刻终究已历经近四百个春秋了。穿过门厅，天井中花木扶苏，西侧壁间嵌有两块巨大的石刻，一块"山色溪光"是当年康熙帝南巡游览寄畅园后题的，还有一块"玉戛金枞"是乾隆帝游览寄畅园后专为园内八音涧题的。

东大门是一座仿明的砖刻门楼。门楣刻有"寄畅园"三个金字。背面刻有马羊虎犬，含有忠孝节义之意。门楼上还刻有暗指八仙过海的神话图案。门楼内紧接着一座月洞门，上刻"清响"两字，原为寄畅园一个景点之笔，这是原来寄畅园正门的式样，1954年因拓宽秦园街（横街）而内移后仿建的。清响门左右置有一对含笑相迎的石狮，穿过月洞门虽有假山作屏，但园内的秀丽景色已呈现在游人眼前。

凤谷行窝大厅　在寄畅园南大门内。穿过大门迎面一座厅堂，即凤谷行窝大厅。正中悬有朱屺瞻书写的厅额。"凤谷行窝"这是寄畅园初期园主秦金取的园名。秦金别号"凤山"，惠山俗称"龙山"，以凤对龙，以山代谷，"凤谷"可能由此而来。当然也含有藏凤于山谷，是块风水宝地之意；帝王用行宫，他谦用"行窝"，"凤谷行窝"由此得名。大厅幽雅肃穆，壁间悬有玉石挂屏和名人字画。厅前抱柱由无锡金石家高石农篆写清末状元翁同龢一联："杂树垂荫，云淡烟轻；风泽清畅，气爽节和"，简明扼要地点出园内的气氛。厅前走廊通道两边门楣上有砖刻，东为"侵云"，出此门可以窥锡峰塔影；西为"碍月"，在这里可以眺望高高的九龙山峰，寄畅园借景手法，在此初见一斑。

秉礼堂　在寄畅园凤谷行窝大厅西边，这是一组十分讲究的江南民居宅院。古雅的厅堂坐落在池塘南侧，堂的前后饰有木格子门，堂匾、字画、摆式精致，四周回廊复合。此处是当年园主执掌礼仪的场所。堂前池塘用玲珑多姿的湖石堆砌，池水清澈，游鱼可数。堂的前后和回廊之外，点缀着丛丛花木、翠竹。回廊之内镶嵌着整齐的《寄畅园法帖》石刻,其中还有《秦园记》等体现此园历史的刻石。游人漫步回廊,虽处咫尺天地,仍可移步换景。

含贞斋　在寄畅园秉礼堂北边。出秉礼堂小院就可看到坐西面东的三间古屋,廊栏齐全,这里是当年园主明代右副都御史秦耀罢官后读书处。斋前原植有不少古松,这位失意园主曾吟有:"盘桓抚孤松,千载怀渊明;岁寒挺高节,吾自含我贞。"含贞斋由此得名。现斋内悬有钱南周所撰的一联:"池含林采明于缬;山露苔华媚若钿。"斋前植有苍松、银杏,对景九狮台成为宅的自然屏障,使环境更显清雅。

九狮台　在寄畅园含贞斋前。它是一座大型假山,巧妙地用许多狮形太湖石峻峭地叠在一起,构成一只巨大的雄狮,俯伏在树丛中。据传这是根据元代大画家倪云林所画的《九狮图》意境堆砌而成的。如果对这座雄狮形态的湖石假山仔细揣摩,可以从构成这座假山的一组组、一块块奇形怪状的石峰中进一步分辨出千姿百态、大小不等的许多狮子来:有张牙舞爪的,有对天长啸的,有伏地窥测的,有相互嬉戏的,有回首顾盼的。游人至此,不禁赞叹叠石大师的别具匠心。如有兴趣还可盘旋而上,登巨狮之首,这里是寄畅园的最高点,可以欣赏古园全貌。

邻梵阁　在寄畅园九狮台之南。它砌在一座和九狮台风格完全不同的假山之上。它因居高临下,紧靠南边的惠山寺而得名。原筑已毁,今阁根据明代王稚登《寄畅园记》记载的位置于1980年设计重建。由尉天池书额。此阁在假山之巅翼然凌立,游人登临其中,眺望远方,锡惠山色尽收眼底。凭栏俯视,古寺游人历历可数。虽然没有当年园主秦耀所吟的"时闻钟梵声,维摩此中住"的意境,但的确是欣赏寺容庙貌和园景山色的好处所。

美人石　在寄畅园的东南角。它依着一座高高的园墙而立。这座瘦削的太湖石高3米多,像一位窈窕的妙龄少女,在方池前以水为镜,对镜理妆,因而得名。石下水池,就取名"镜池"。

　　不过此石不是从各种角度看都像少女,而是一定要立于池的西南角,才能欣赏到这栩栩如生的少女理妆的姿态,同时还能看到倒映在池中的倩影。但是当年清帝乾隆来此游览时走的是正面大道,看到的是此石巍然而立,有丈夫气魄,而无裙钗之风,当他第二次(1757年)来游此园时,亲自把这块湖石画成图,并作诗一首,着重指出:"视之颇有丈夫气,谁欤号以巾帼行?"郑重提出将其改名为"介如峰"。后来地方官特地把此图和诗都刻在石碑上,立于镜池之前,并筑亭保护。可是即使乾隆下令改名,并立碑正名,也不能否定此石像像美女这个事实,因此直到现在人们还是把它称为"美人石"。

在美人石的南墙角,还置有一块不显眼的石块,形似癞蛤蟆对着美人石张口垂涎,酷似想吃天鹅肉状。当人们一旦发现它这丑态,很自然地会发出阵阵哂笑。

锦汇漪 在寄畅园的中心地带,是园内仅有的一片碧波弥漫、明净开朗的大水面。它是寄畅园的核心,寄畅园的主要景点布局可以说是围绕着这一泓池水展开的。

锦汇漪南北长九十余米,东西宽二十多米,面积只有 2.5 亩,但给人的感觉却是水面开阔,萦回曲折,深邃莫测。这主要是由于造园家对池形作了不少巧妙的处理。从池的南岸北望,在广阔的池面北端,七星桥紧依水面,斜跨水池,东北角还有一条廊桥高过七星桥,凌驾于尾水的池面,使人感到池水穿过廊桥,向东北流去,不知所终。池的西岸假山脚一直延伸到池边,形成两个小水湾,上架两条贴水的石板,很自然地变成和锦汇漪相连的两个小水面,池水好像从西边惠山山沟流入。而且在锦汇漪中段伸向水中的知鱼槛和对面的鹤步滩头的一株枫杨面水舒展,东西呼应,使这池面最宽处突然收缩,通过对这些池形的组织,有分有聚,有收有放,曲折多变,使整个锦汇漪的风采展现得格外生动有致。

在锦汇漪的四周布局方面,也进行了精心安排,东岸有意建造了高低错落的亭台廊榭,利用这一连串的风景建筑,有机地把遥远的锡山宝塔引入园中,倒映池面,这是本园采用借景手法中最成功的一个例子。两岸设计几座土山岩石环抱,土山之间筑有幽深的山径,土山之上植有寿木巨柯,很自然地让青翠的惠山和园内的假山外引内连,结合在一起,汇影于池中。而南岸很空旷,使阳光直射池面。经过造园家的精心安排,锦汇漪就成了一面不规则的巨大镜面,使周围的山影、塔影、亭影、廊影、树影、花影,穿红戴绿的人影尽汇池中,加上成群锦鲤游弋池面,真可谓名副其实的"锦汇漪"。

郁盘亭、廊 寄畅园内锦汇漪东畔,沿池边而筑,长廊之中有亭,名"郁盘",取自唐代王维《辋川园图》中"岩岫盘郁,云水飞动"之句。亭中有青石圆台和石鼓凳,是明代遗物,在亭中小憩,可以欣赏对岸郁郁葱葱的古树名木和高低起伏的九龙山冈。

郁盘亭南北的长廊,设有不少八角漏窗,使墙外的竹石花木,透入廊内,好似悬在壁面上的一幅幅花鸟小品,让人逐一观赏。这条长廊设计得特别高敞,也不设挂落,使对景中挺拔的树木和雄伟的惠山,在廊内就一览无遗。长廊壁间嵌有《寄畅园法帖》石刻的精彩部分,有秦氏始祖秦观及其族孙秦金、秦旭等手迹,还有秦氏收藏的陆游、沈周、祝允明、唐寅、文徵明、董其昌以及无锡名人王问、顾可久、顾宪成、高攀龙等墨迹,一共七十多方,内容十分丰富。

知鱼槛 在寄畅园锦汇漪长廊的北端。与长廊紧连,凸出在锦汇漪中,三面环水。这是园主秦耀罢官北归,当寄畅园改建成后,他凭槛观景,看到鱼儿在水中自由自在地漫游,不禁咏道:"槛外秋水足,策策复堂堂。焉知我非鱼,此乐思蒙庄。"蒙庄指的是庄子,在《庄子·秋水》中有个关于鱼乐的故事,知鱼槛之名就取此意。游人在此凭栏俯察池水,不仅可以欣赏秀丽景色倒映池中,而且有时也能看到数尺长的各色鱼儿成群结队游出水面,逍遥自在,令人神往。若向池中投入食物,成群红鲤、青鲩,蹿跃翻滚,争抢食饵,蔚为奇观。

鹤步滩 在寄畅园的知鱼槛对面假山脚下。这里临水的假山全部采用惠山黄石,自然式驳岸,并在山脚下设置了涧沟谷道,在道口精心布置了一些零星石矶,好像很自然地散落在锦汇漪中,使人感到这里是惠山山体直接伸向池面的一个滩头。水石交融,意趣清逸,如有白鹤降临,可以成群栖息,漫步滩头,因此取名"鹤步滩"。人行滩上,池水随手可掬,倍感亲切。土冈之上古木森森,盘根错节,更添山野丛林情趣。难怪清帝嘉庆(当时作为皇子随乾隆南巡)在这一带游览时,作诗赞道:"名园正对九龙岗,鹤步滩头引径长。树有百年多古黛,花开千朵发清香。流泉戛玉通芳沼,修竹成荫覆曲廊。燕子来时春未老,故巢忆否旧华堂。"

七星桥 在寄畅园锦汇漪上。它斜跨水池,用七块大石板直铺而成,平卧波面,朴实无华,名"七星桥"。当年园主秦耀抒发他"仰观宇宙之大,俯察品类之盛"的胸怀,在此水天一色之处,置身碧波清澈的水面之上,抬头遥望北斗七星,有如凌云登仙,因而得此桥名。游人至此,处于全园最低处,水波轻拂,游鱼穿梭,倒影楚楚,环顾左右,另有一番情趣。

涵碧亭 在寄畅园东北隅的锦汇漪水湾处,是一座小巧玲珑飞檐翘角的方亭。它背靠长年青翠、枝叶茂盛的古香樟,面对青山绿水,碧波荡漾,人处亭中完全置身于绿色世界。园主秦耀在改建成寄畅园后,对园内二十个景点分别题咏,为此亭留下了"微风水上来,衣与寒潭碧"的诗句。1993 年对这一带的风景建筑进行全面修缮,碧亭西去,整修了桥、廊,使景色更显清雅。

嘉树堂 在寄畅园的最北边,面对锦汇漪。这座寄畅园内坐北朝南的主要风景建筑,在"文化大革命"前后修建成飞檐翘角的歇山式顶,体量又较大,这和具有山林野趣的寄畅园很不相配。1993 年根据清代《南巡盛典》中寄畅园图中的形状,按图把此堂重新翻修,改建成明代民居建筑形式,并适当缩小体量,把屋顶改成悬山式,使其和周围环境相协调,这样使嘉树堂更显古雅、体宜、幽深。堂前加建游廊,向东连接原有曲廊,在绿树成荫中弯弯曲曲伸向涵碧亭,故东廊门上嵌有砖刻"浣绿"两字,廊的西边可至涧水淙淙的八音涧,故在西廊门上特刻"闻韵"两字。从堂内引颈南望,远处秀丽的锡山、挺拔的古塔和园中的知鱼槛、郁盘亭等风景建筑的粉墙灰瓦、朱栏曲廊有机结合,很自然地使人感到锡山也在园中,古塔如悬檐下;俯首细赏池水,绿树幽幽,塔影倩倩,很形象地出现山池塔影的奇妙景色,这是寄畅园中按照"巧于因借"的古典造园原则所塑造的十分成功的借景实例。当年秦耀在建造这座建筑后,留下了"嘉木围清流,草堂置其上。周遭林樾深,倒影池中漾"的诗句。"嘉树堂"由此定名。

从嘉树堂东侧穿过月洞门,见一小院,由曲廊分割自成院落。院内东有锦汇漪尾水伸入,靠围墙处,一棵四百龄的古香樟,双枝冲天,浓荫如盖,《寄畅园法帖》部分石刻整齐地嵌于院壁。1993年对这里加以调整,另成一小院,并修复了辅助用房,特辟敞开式茶苑,游人可在此茗饮小憩,还可通过一扇扇廊窗,品味园中美景。

八音涧　在寄畅园西北角的假山中,原名"悬淙涧",又名"三叠泉"。此涧顺惠山山势,西高东低。总长36米,涧最宽处4.5米,最窄处0.6米,山谷深1.9到2.6米。这是清代初年,园主秦德藻特聘当时闻名江南的造园家张涟设计,由他侄子张鉽精排巧叠而成的。

晋代诗人左思曾有"非必丝与竹,山水有清音"的名句,"八音涧"生动地反映了这一名句。此涧全用惠山黄石堆叠,迂回曲折,绿苔点石,苍古自然,上有茂林遮天,下有清泉潺湲,周围怪石峥嵘。人行其中,时感清风徐来,如入深山峡谷,出奇宁静清幽,只有悦耳的清音在耳际隐约可闻。这是造园家从园外把天下第二泉的泉流引入此山涧中,通过巧妙叠石,时左时右,时宽时窄,时明时暗,使泉水流淌其间,忽急忽慢,忽聚忽散,忽断忽续,高低跌落,空谷回响,从而产生出我国古乐中"金石丝竹匏土革木"八种音响,所以这条九曲三弯的石涧,取名"八音涧"。这种将流水之音极其精妙地运用于园林空间的手法,在现存的古典园林中,可称是叠石理水之典范,也是我国古代人为地利用清泉流水创造出赏声景致的精彩实例。有位游人不禁写下了这样的诗句:"森森古木映台榭,石径盘旋照晚霞。泉水潺潺流不息,八音涧里听琵琶。"

另外,在八音涧的空间布局上,也使人叫绝,它在两个土冈之间,独辟奇径,随着水声由浅入深,先是渐渐地将人们从宽阔平坦的山径引向浅谷,再从浅谷导向深壑,一路涧道崎岖,盘旋回曲,将人们的视觉空间愈收愈小,到临近山涧终端时,几乎将人带到了"山穷水复疑无路"的绝境之中,临近却发现一线转机,突然把人们送到了"柳暗花明又一村"的另一个天地——八音涧的出口处——锦汇漪北端那一片山明水秀、豁然开朗的广阔空间之中。这一收一放、一暗一明的艺术处理，使人感到变幻莫测，险象环生，在游览中高潮迭起，兴致倍增。

愚公谷 位于无锡市惠山东麓锡惠公园内，为明万历年间邑人邹迪光所建，是明代晚期在江南极负盛名的山水园林。邹曾任湖广提学副使，因长期为官，解职时门生又馈赠"数千万缗"，成为巨富，回到无锡购山买地营建此园。

愚公谷主体建筑，原为惠山寺僧人住所，名"听泉山房"，正德年间（1506—1521）由冯夔改建为私园，园西有龙缝泉，故名"龙泉精舍"，以后成为顾氏墓地，邹迪光买得此地后，扩为五十多亩，苦心经营十多年，依山就势，精心布局，引春申涧和二泉水入园，巧叠假山，建亭台楼阁，植奇花名木。当时园内有六十多景，做到亭阁有山，厅榭轩屋有山，几席之下有山，使涧溪沼池萦回贯通，山光水色，相映成趣。

建园初期，有人笑邹"不米而炊，未卯而求"，他以"愚公"自勉，园建成以后他撰写了8000多字的《愚公谷乘》，反映了他整个设计构思、园名及园内各景点的由来。他以柳宗元"名溪为愚溪，丘为愚丘"为例，取园名为"愚公谷"，并一连写了二十四首诗，十分得意地赞美园中景色。但是由于后代不振，继承乏力，此园前后仅存五十多年，便崩析瓦解，任人分割，搞得面目全非。直到1958年，在愚公谷旧址上，政府进行了重建工作。在东部开挖了二十多亩的人工水面——映山湖；将西部一些零乱的祠宇寺庙，在保护文物名胜的前提下，考虑庭园景色，拆除了破败密集的旧房，改变了原来杂乱无章的格局，有重点地修复了太伯殿、碧山吟社等古建筑，并浚治了原有的莲沼，保存了当年的古银杏、古玉兰以及"石公堕履处"石梁等遗物；还新建了滨湖山馆、惠麓草堂、金粟堂、荷轩等，并适当安排了曲廊、土山、花墙、树丛，既保持了明代古典园林特色，又使各个景物有机贯通，浑然一体。1960年郭沫若还为重建后的此园题写了"愚公谷"匾，置于大门之上。

荷轩 在愚公谷大门南边。入门随长廊来到荷花池畔，荷轩就在环池缭绕而筑的曲廊中间。轩名为当代著名画家吴作人所书，轩前面对荷花池挂有一联："得山水清气，极天地大观"，为著名国画家钱松嵒84岁时所书。池中所植的荷花多为并蒂莲及品字莲，十分名贵。夏日凭栏赏荷，翠绿荷叶间，挺立着朵朵千叶莲花，随风摇晃，清香扑鼻，大有"红荷绿叶满清池，山影岚光绝妙姿"之感，是目前锡城赏荷最佳处。

滤泉 在愚公谷荷轩的南端。它紧靠荷池，设有泉亭，并与曲廊相连，为金山石所制的八角形泉井，系惠山九龙十三泉之一。早在明代建愚公谷时就有此泉。园主邹迪光之子、书画家邹德基曾在泉旁枝峰阁中书有唐人联句："扫石月盈帚，滤泉花满筛。"此泉由此得名。现在阁和此联早已不复存在，但在连接此泉的曲廊尽头一方亭中尚存他所书的四字联："老龙听法，顽石点头。"这是锡惠公园现存的最古老的楹联。这副对联精练地描述了当年惠山寺高僧讲经布道之妙法，它竟使大同殿前的听松石也连连点头称是。这副短联，从一个侧面反映了当时惠山的历史状况。

太伯殿 在愚公谷映山湖西北隅，原为至德祠的一部分。清乾隆三十年（1765）安徽吴钺出任无锡知县，自称吴太伯后裔，认为在雍正四年（1726）把建有太伯墓、庙的地区划入金匮县，致使无锡县境内没有祭祀太伯的祠庙甚为不妥，因此他特地在这里修建至德祠，供奉太伯。后来因长期无人管理，到1957年已破败不堪。1958年在修复愚公谷时，把至德祠中的主体建筑保留了下来，改为"太伯殿"。殿坐西向东，为三开间大厅，硬山式瓦顶，前后建有月台，两边有石阶上下。殿中有"至德无上"匾，为武中奇重书。1989年大殿内布置装饰了大型刻漆壁画，太伯画像居中，周围配有"断发纹身""荆蛮义归""泰伯吴建城""开发江南"四组国画，反映了当年太伯初创吴国的史实。两边山墙上挂有八扇刻漆条屏，摘录《史记》中有关太伯创建吴国后的情况。大殿周围松柏常青，巍巍翠峰，衬于殿后，庄严肃穆。

惠麓草堂 坐落在愚公谷中心地带的小广场上，是一座面宽三间的歇山式厅堂建筑，四周廊檐雕梁画窗，高雅古朴。面南一边和广场相接，坐北的一面是下坡，采用层层平台栏杆相围，使草堂外观更显稳重，堂额由当代书法家沈尹默手书。这里东临荷轩，西靠垂虹廊，南有"石公堕履处"土丘隔峙，北靠二泉庭园，绿树成荫，宁静高爽，常有画眉、鹧鸪、白头翁等飞禽在周围树林中相互争鸣，游人在此廊下小坐，可以领略鸟语花香的山林野趣。

明代古玉兰 在愚公谷滤泉之南的小石桥畔，是明万历中期愚公谷的遗物。园主明朝湖广提学副使邹迪光曾记有"后墀玉兰十二株，株株挺秀"句。现只剩此一株，而且粗大的树干早已中空枯朽，仅存树干东侧一片由残留的树皮组成树干，而上部却枝叶茂盛，生机盎然，每年早春二月，点点蓓蕾缀满枝头，盛开之际群花绽开，如朵朵白云，春风舞动，削玉万片，晶莹夺目，大有枯木逢春之奇感。

滨湖山馆 位于映山湖西畔的山坡上，坐西朝东，和锡山隔水相望，呈迎抱之势。整座建筑平面呈"凹"字布局，其前有石阶平台，正面的两个瓦房，向东山墙上各有一扇八角形景窗，正好将锡山和龙光塔作为框景，构成一幅天然的优美画面。正中一厅高悬魏文伯所题写的匾额，厅内布置古雅得体，有精美的漆屏和大理石红木家具。馆前平台宽敞，凭栏东望，湖光山色，舟影塔影，尽收眼底。馆后紧凑凝聚，近临莲沼，碧水一泓，点点睡莲漂浮其中，沼旁一棵四百龄的古银杏，树瘿累累，新枝丛生；远眺九峰，高低起伏，如翠龙静卧，十分幽静。在莲沼之东的土山上架有一块石梁，长约3米，上刻有"石公堕履处"五字，这些都是愚公谷遗物。这里的景物基本上保存了当年愚公谷的风貌。

金粟堂 在愚公谷，南临春申涧北畔。一排九间，坐南朝北，为桂花丛林所抱，俗称"桂花厅"，根据清代诗人董士锡"香林映月，有黄英数树，金粟重叠"之句命名，由苏州书家沙曼翁书额。这里桂树密布，厅堂掩于浓林之中，中秋前后，桂子飘香，沁人肺腑。厅南侧建有檐廊，每逢雨季，游人欣赏春申涧飞瀑之后，可以在此小憩，倾听高山流水之声。

春申涧 位于惠山东麓，是惠山东部的一条主要山涧，它又名"黄公涧"。春秋战国时，无锡地区属楚公子春申君黄歇的封地。据传春申君曾在此山涧饮马而得名。后人曾在此涧旁作春申祠，唐代诗人张继曾来惠山凭吊，留下了"春申祠宇空山里，古柏阴阴石泉水。日暮江南无主人，弥令过客思公子。萧条寒景傍山村，寂寞谁知楚相尊"之句。春申祠早已不复存在，现在山涧北边筑有春申涧石牌坊，旁有一块巨石横卧涧中，如中流砥柱，使山涧分流，石上刻有恭正的"卧云"二字，为明代南京礼部尚书邵宝所书。涧北山坡筑有别致的三角"卧云亭"。倚立亭中，环顾四周，苍松成林，巨石嶙峋，野花丛丛，浮云片片。大雨过后，飞瀑直泻，如万马奔腾，发出雷电轰鸣之声，很有气势。而在春雨绵绵之际，这里烟雨濛濛，涧流汩汩，层层云雾在松林中飘浮，细细清泉在足下流淌，另有一番情趣。曾任无锡市副市长的已故诗人臧晨光留下了优美的诗句，概括了这一带的风景："潺潺流水半空悬，潭碧泉清一路欢。游子洗心神采奕，春申饮马美谈传。仰瞻古塔山巅立，俯视翠亭绿树环。华墓台前弦不绝，映山湖里客悠闲。"

映山湖 位于锡、惠两山间，这里原为惠山秦王坞，是一片芦苇低洼地。1958年开挖了一个1400平方米的湖面，使春申涧水顺流而下，注入湖中，为苍翠的群峰开辟了一片明净开朗、碧波荡漾的水域，使锡惠两山的翠峰、古塔、秀亭、巨柯倒影湖中，融为一体，风景更加美妙动人。

映山湖周围花木丛生，湖岸曲折多变，还有一个翡翠般的小岛点缀湖中。每逢雨天，山中泉源顺着春申涧奔流而下，形成数条瀑布，洒向湖面，景色更显朦胧多姿。映山湖东岸筑有壮丽隽美的石牌坊,石刻纤巧精致,上嵌湖名,十分古雅。湖中游艇点点,穿梭荡漾;阿炳墓前乐曲隐隐,悠悠如诉,情与景如水乳交融。有位游人不禁吟道:"映山湖畔沐清风,飘拂垂杨挺拔松。三口一家摇小艇,游鱼惊散绿波中。"

梅园 位于无锡市西郊东山、浒山、横山之间,面对一望无际的太湖,背依高低错落的惠山,离市中心7千米,是清末民初建造的以植物景观为观赏主题的古典式私家园林。

1912年我国著名实业家荣宗敬、荣德生兄弟俩在这里建造以梅花为主题的园林,取名为"梅园"。收集了国内外梅花名种,栽植千余株,林间饰有古拙多姿的太湖石,并不断扩大到浒山,先后建造了一些亭台堂榭和接待宾客的房舍。1930年还在园内建造了"念劬塔"和"开原寺"。这时梅园已初具规模,占地约有10万平方米。

1955年荣毅仁根据其父荣德生的遗愿,把梅园献给国家,无锡市园林部门便着手全面整修扩建。20世纪60年代初,景点范围扩充到东边的横山,在东南部建松鹤园,形成绿草如茵、清流环注、苍松如虬、梅花成林的新园区。

1980年以后,景点又进一步充实、扩大,先后建造了七座风景亭,还布置了碑廊、石坊,在横山之巅构双层吟风阁。南麓辟牡丹院,取名"小金谷",还开凿了"梅溪",特地开辟了几条园路和磴道,使东部新区和老区自然景色气脉贯通,浑然一体。

今日梅园已占地五十多万平方米,每逢早春,在青山绿水之间三十多个品种的3000多枝梅花如彩雪飞舞,暗香四溢,美不胜收。春夏之交,小金谷中牡丹国色天香,竞相争艳。炎夏三伏,新老交界处的清芬轩溪流之中,莲花朵朵,荷风送爽。中秋前后,松鹤亭周围丹桂盛开,甜香满园。隆冬季节,踏雪寻梅,疏影斜枝,幽香浮动。名为"梅园",其实一年四季芳香四溢,近山远峰,历历在目,正如园中一副对联所写的:园外"七十二峰青未断",园内"万八千株芳不孤",成为颇具特色的江南名园。

梅园刻石 洗心泉 梅园大门有东西两门,东门为新造的,式样新颖宽敞;西门为原有的,古朴雅致。入西门只见紫藤盘曲,枝繁叶茂,在紫藤的引导下,一座高2米多的紫藤巨石树立正中,上刻荣德生亲笔所书的遒劲楷书"梅园"二字。刻石周围,散植花色素雅的果梅以点出梅园的主题。梅园刻石在"文化大革命"中被毁,

1980年觅得荣氏手迹重刻。此石背后衬有一块古朴的太湖石，使梅园刻石更显雅致。刻石附近有一泉，名洗心泉，园主在此泉题跋中说："物洗则洁，心洗则清。"泉深不到1米，泉水清冽。

三星石　天心台　入梅园沿园道，渐进渐高，见一草坪，有高大的湖石数峰，高六七米，充分显示了太湖石瘦、皱、透、漏的特色，石畔散植数株古老红梅，虬枝斜展，酷似数幅花卉国画。其中面向南的有三峰，名"福、禄、寿"，意思是仙界福禄寿三星聚此赏梅。面对三峰而立的上有古藤攀缠的一峰，人称"米襄阳拜石"，典出宋代大书法家米芾，爱石成癖，见奇石就拜。此石峰上部前倾，真有下拜的姿态。

在这几峰奇特的湖石之后，有一高台，用黄石砌成，有古诗"梅花点点皆天心"，此台因此名"天心台"。台四周溪流环绕，有一小桥可上，寓意"骑驴过小桥，独叹梅花瘦"。台中建有六角翼然的亭子，在此可逐一欣赏周围名贵梅花。

天心台西筑有小亭，立于梅花丛中，可窥蠡湖、太湖，小亭似拱手迎送范蠡西去，故名"揖蠡亭"，体现了园主十分崇敬范蠡。

香海轩　诵豳堂　从天心台循石径而上，可到丹桂簇拥、梅花绕屋的"香海轩"和"诵豳堂"。"香海"为三间敞轩，前左有"研泉"，逢梅花盛开季节，在轩前纵目四望，正有"遥知不是雪，为有暗香来"的意境。轩壁嵌有艺术大师刘海粟所赠的"梅花"石刻一方。轩中悬有"一生低首拜梅花"匾，道出了园主对梅花品性的敬重心情。另有荣德生铜像一尊，置于轩的大门前。

和香海轩南北呼应，以廊相连的"诵豳堂"是梅园的主建筑，三间正厅，为楠木结构。此堂宽敞古雅，朴实庄重。后壁悬有《诗经》中的《豳风》八章，表示推崇勤劳耕种之意。"四面有山皆入画，一年无日不看花。"堂中此联真实地反映了周围的环境。

招鹤亭　小罗浮　诵豳堂北边有一讲究的八角小亭，名"招鹤"，建于1915年。园主之所以取名招鹤，是因为他爱梅，想起了一千多年前北宋时代有位名叫林逋的高士，不慕名利，隐居杭州孤山，植梅养鹤，西湖边建有放鹤亭纪念他，而梅园却有梅无鹤，故以"招鹤"名之。一放一招，南北呼应，游人至此，见梅思鹤，遐想成趣。

亭北有一巨石，横卧于地，正面镌"小罗浮"，背面刻有老梅一枝，为无锡名画家吴观岱1917年的作品，用笔苍劲，气颜清逸。到过广东增城的游客，从小罗浮很自然联想到那丛丛梅花、层层青峰的罗浮山，园主谦称十分得体。

念劬塔　豁然洞　念劬塔雄踞浒山山腰，它是梅园组景中一个游赏视线的焦点，是梅园的标志。有了此塔，把梅园烘托得更加壮丽。这是园主于1930年为其母八十冥寿而建,取《诗经·邶风·凯风》中"棘心夭夭,母氏劬劳"之句,故名"念劬"。塔高18米,八角三层,飞檐攒尖,形制得体,登塔遥望南天,马山、崋峰、太湖、蠡湖、远山近水,酷似元代云林淡墨画卷。俯视园景,绿树丛中,虬枝横插,梅花点点,这里和天心台、香海轩是梅园三大赏梅点,位置不同,景色各异。

从塔东穿过秋丹阁、经畬堂可以入山野地道。这是1923年开凿的"之"字形曲折隧道,交叉处还有10米见方的地下厅堂。登塔入洞,情趣迥然不同,从洞穴穿出,即可上山顶,使人有豁然开朗之感,故名豁然洞。

松鹤亭　锡明亭　松鹤亭屹立于梅园东部新区的松鹤园中,是一座两层四角方亭,这里除了梅花之外,还配植松树、李树、樱花、桂花,亭前还有一大片草坪,外围有梅溪环流,落英缤纷时,飞花随水流。

不远处另有一亭,名"锡明",是无锡市和日本明石市结为友好城市而造的纪念性建筑,另一座形制相同的建于明石市,取名"明锡"。这两座亭子都用无锡宜兴孔雀蓝彩釉琉璃瓦,还用卷草花装饰,亭顶采用梅花蓓蕾,象征和平友谊和吉祥如意。

清芬轩　碑廊　在锡明亭北边,1961年把原有的荷轩改建成清芬轩。轩三间,四面临窗,身居轩内可以观赏四面景色,轩前凸出处,设有敞亭。在梅花开过以后,还可以欣赏碧桃、海棠、荷花、丹秋,一年四季清芬四溢。

碑廊是梅园东部的主要建筑群,它自东向西,沿山坡起伏而筑,是幽雅古朴的亭阁式长廊,于1987年建成。廊中嵌有当年园主珍藏的石碑《玉虹楼帖》《墨池堂遗帖》等法帖,并由荣毅仁、荣尔仁、荣鸿仁兄弟三人分别题写"梅园碑廊""积雪堂"和"梅影亭"。荣氏昆仲共同题字可谓梅园一绝。

吟风阁　从梅园开原寺向东,可直上横山南峰,在20世纪80年代末,这里建造了一座红瓦金顶的两层高阁,屹立峰顶,面临太湖。登临其上,可昂首抒怀,故以清代著名的无锡戏剧家杨潮观的"吟风阁"名之。阁前有知春亭,下有寒香榭,高低错落,左右对应,形成一组变化多姿的建筑群,给横山添上了极其精彩的一笔。入阁远眺,梅园胜迹、太湖风采、梁溪玉带、惠山九龙,尽收眼底。吟风阁不仅和园内的念劬塔东西呼应,还和前面鹿顶山的舒天阁、背后惠山青峰遥相顾盼,脉脉传情。

蠡园　在无锡市区西南10千米处的五里湖畔。相传2400多年前越国大夫范蠡助越灭吴后,功成身退,携西施到无锡,留恋五里湖景色,久久不忍离去,故此湖又名蠡湖。蠡园是将优美的自然风景和范蠡、西施的动人故事融合在一起，经过精心点缀修饰而成。原来这里有民国初年建的蠡园、渔庄两个私家庭园，1950年合并后逐步改造扩建，现有面积16.4万平方米，三面环水，园中多池，以水景见长，假山临水而叠，建筑多近水、贴水、压水而构。园内有南堤春晓、月波平眺、千步长廊、层波叠影等主要景色。既具有江南私家园林的典雅秀巧，又有山水风景园的开朗明媚，是我国古典滨水园林中的精品。

南堤春晓　入园门，出山洞，登绿树环抱的"濯绵楼"俯视前方，沿蠡湖筑有一条近300米的环形湖堤。阳春三月，堤上柳丝垂金、桃花吐艳，一湖碧水、数峰青山，分外妖娆。堤内有方池，内植莲藕，盛夏季节，枝枝荷花，亭亭玉立，散发清香，沁人肺腑。荷塘四边各建一式方亭，每座周围植有不同的花卉，总名四季亭，春亭周围所植以梅花为主，以红色居多，取名"溢红"；夏亭浓荫密布，青翠欲滴取名"滴翠"；秋亭西风吹，菊花黄，取名"醉黄"；冬亭青松映雪，红装素裹，故名"吟白"。

月波平眺　在南堤西南端，临湖建一六角亭，额名"望湖"，飞檐翘角，绿瓦红柱，与水光争艳。亭内斗拱上雕有六十只金凤凰，每五只凤凰有一条金龙率领，正中绘有双龙戏珠，故此亭又名"龙凤亭"。游人至此，可以平眺五里湖明净的水色和峰嶂山青翠的峰峦，细细品味湖光山色之美，如逢月下，蠡湖朦胧之美更为迷人，简直再现了元代无锡大画家倪云林的淡墨山水。所以亭内悬有倪云林后裔倪小迂所书的"月波平眺"，点出了景色的特点。

千步长廊　位于蠡园东部沿湖处，始建于1927年，长289米。1952年蠡园和渔庄合并，扩建长廊，并架桥把两园连接起来。长廊曲岸枕水，蜿蜒东去，一侧依墙而筑，廊墙之上用青瓦砌成八十九个图案各不相同的漏空花窗，使廊窗外"层波叠影"的景色，若隐若现，尽得移步换景之妙。长廊面湖一侧，贴水敞开，设朱栏望槛，大有"山光照槛水绕廊"的意境。廊上有廊桥两座和月洞门七个，使长廊高低起伏，深邃多变。

　　长廊东部墙上还嵌有宋代苏东坡、米芾等名家的书法石刻三十多方。廊近末端有一联概括了长廊的风貌："百尺爱长廊，风景宛如游北海；四时饶胜概，烟波不再忆西湖。"

　　长廊尽头，有一50米的平桥直伸湖中，在湖面上架一四角飞翘、瓦顶辉煌的方形水榭，名"湖心亭"，内悬"晴红烟绿"一匾，点出了蠡园晴雨朝夕景物色调的变化。亭东侧隔水处还设有一小巧玲珑的凝春塔。这里的水榭塔影，成了蠡园的代表性景色。

层波叠影　是蠡园新区,它在千步长廊背后的荒凉地带,1978年着手建设。这里的风景建筑取江南水乡的传统形式,黛瓦粉墙,典雅秀丽。其中的"春秋阁"拔地而起,它高畅宏丽,飞阁流丹,为全园创造出仰视的景观。阁内布置《范蠡西施太湖泛舟图》,触发人们的联想,增添一份情思。阁的前后,临于鱼池,可供观鱼垂钓,水面收敛平静,和蠡湖大水面的宽旷开朗适成对比。池曲折多变,池畔建有水榭、曲廊、数鱼槛、绿漪亭、问鱼渊等小筑,游人小憩其间,清心疏朗,悠然自得,垂钓处更显清静幽雅。时有游鱼击水,绿波涟漪,使柳荫亭、映月桥、邀鱼轩的倒影,随波晃动,景色格外宜人。

云层假山　蠡园的湖石假山。早在20世纪30年代初建渔庄时,叠山名家曾花了六七年时间,精心叠砌了七座大山和二十余座小山,假山具有石灰岩溶洞的特征,洞洞贯通,似云层盘旋,所以各座假山都以"云"字题名,如"云窝""盘云""归云""留云"等。在这盘旋曲折的假山群周围,还布置了小亭、岸舫、小溪、曲桥,并间植青松翠竹和名贵花木,创造了山谷特有的静谧气氛。游人在此休闲小憩,别有一种情趣,如登假山最高峰,可饱览全园秀丽景色。

吟苑　在无锡市区西边,面临京杭运河,背靠锡、惠两山,园的对岸是高楼林立的闹市区,园的背后是文物古迹保护区。1985年,设计者大胆运用古今造园手法,推陈出新,建成了一座典雅清幽的江南民居形式的仿古园林。吟苑之胜在于因地制宜。在外围环绕掇山,中间巧妙理水,胜处点缀建筑,劣处以假山林木、粉墙曲廊遮挡,形成"闹中取静"的清幽空间。又将锡、惠两山巧借入园,使2.6万平方米的小园,曲径通幽,深远宽广。园中有以山水园林格局布置的花卉区和命名为"壶中天"的盆景展区。

壶中天　盆景有"取山川来掌上,移天地入壶中"的美誉,所以吟苑盆景展区以"壶中天"命名。这里取庭院形式,以门洞、小径、曲廊为导向,并通过粉墙、廊架、山石、花木分隔,使游人可以从不同角度欣赏盆景。无锡盆景多以元代大画家倪云林的山水画为蓝本进行创作,清秀古雅,淡泊幽深。因此门厅之上悬有"云林画稿"匾,这里展出了无数盆景,使人初步领略"无声诗""立体画"的奇妙景色。

　　在曲折多变、有山林野趣的院落,青苔白石、红榴雀梅间,有一条冰裂石板小径把人引入逸林馆。这里集中了树桩盆景的精品,有两三百年的古木,疏枝横斜,层层积翠,尺树参差,古朴苍劲,再现了大自然的山林野逸,故名"逸林"。

　　出逸林馆,登一小亭,此亭有"晴川历历汉阳树"的意境,故名"历历亭"。亭西为套峰馆。这里展出的水石盆景,集中再现了大自然的山水胜境。馆内后墙贴壁假山,以人造的瀑布、山涧,再现了飞流急湍、曲水流觞的意境。东墙以玻璃镜面作壁,扩大了景观,虚虚实实,相映成趣,恰如山水长卷。

丽秾轩　芳草轩　穿过月洞门,进入吟苑的花卉区,这里按山水园格局布置,凿池造景,借山入园,有一长廊自东至西,东名"寻芳",西名"撷茎",廊的中部即丽秾轩。循廊而行,回首可见水波迷漫、古塔凌空、山坡透迤、花影丛丛的妙景。廊西端紧靠假山处有驻春小筑,过此峰驻足反顾,长廊、曲岸在碧草似茵、花木扶疏的衬托下,影落清波,分外多姿。

丽秾轩是苑中时花展所,坐北朝南,面山临水,正厅三楹,厢房与长廊相接,从轩内望去,草坪、花丛、绿漪、翠岗,层次分明,景色生动。

和丽秾轩隔水相望另有一轩,名"芳草"。此轩伫立于碧草、疏林之中,和附近的蒲风菰雨榭以花架穿插。入轩而望,假山如锡山余脉,和惠山九峰绵绵相连,假山之巅有漱香亭,又与锡山古塔和惠峰道观呼应。透过芳草轩漏窗,可窥"壶中天"一角,廊榭弯弯,庭院深深。如入蒲风菰雨榭西眺,透过渡碧桥的曲栏,见清溪西来,好似从锡、惠两山之间的山谷流出,汇入苑中曲水平湖。

好山入座楼　清雅高耸的好山入座楼三面临水,是吟苑的盆景、花卉两区的连接处,又是全园的主要风景建筑。登楼四顾,园内景色如画,一水烟霞,满目青山,平岗小坂的假山错落,花木丛生,苍松送涛,小亭隐现,锡山、惠山如在园中,历历可数。

楼左照壁间嵌有《梁溪吟苑记》,对此苑造园艺术作了概括:"……兹苑之胜,一曰审理地势,巧于借景,引视线连空间,遂使甘苗之区,不感狭仄,反觉深广。二曰因地制宜,随机设景,掇山饶回环之意,理水擅漾带之情,建筑为助胜而设,草木以掩映为容,挥洒自如,臻于佳境。三曰发扬传统,刻意求新,综观斯苑,古朴清幽,遗韵如缕,建筑突出江南民居形式,髹漆多为石绿,淡妆素雅,简洁脱俗……"

近园　在常州市长生巷的常州宾馆内。最早的园主杨青岩,字兆鲁,清顺治九年(1652)进士,著有《遂初堂文集》,曾在福建任官。康熙四年(1665)回到常州,在他的住宅注经堂后,购地六七亩兴建园林,历五年而后竣工。他说这座园林只不过"近似乎园",所以命名为"近园"。同治初,杨氏后代将此园卖给刘翊震(曾任福建按察使),改名为静园,光绪初年归恽氏,又称恽家花园。

近园原先布局,杨青岩的文集中记述很详细:其中为堂,称"西野草堂",不过三楹，可以宴客。堂前凿池叠山，黄石堆砌，假山在水池中间，亭榭、书斋、轩馆回廊都是依水而筑，且各处缀以不同景色。"见一亭"立假山之中，后面作小台植牡丹，西部植一片竹林，移步入花径曲栏，题曰"药栏乘兴"。山前隔水安置一组建筑，左面是天香阁，右有书斋"安乐窝"，临池有得月轩，池中游鱼与波光上下，此景正合读书、垂钓。园西围廊起伏，与北边秋水亭相接，过小石板桥可登假山。"鉴湖一曲"清流从西野草堂面前穿过，迤逦而东。东侧岸有"虚舟"伸出水面。过"虚舟"入容膝居。舟前砌石矶，置一小桥，桥高不足1米，宽0.60米，长不过2米，用三块花岗石，凿出圆拱及相连的踏步，无栏无杆，拱桥贴水而架，煞是入画。过小拱桥登假山，盘行而上，有三梧亭，亭下垂纶洞，石磴径路，洞壑宛转，洞口临水面，倒影水中，更有水石之妙趣。还有各种树木点缀山间，景色更觉丰富。

康熙十一年（1672），近园完工以后，园主曾邀请当时著名文人、艺术家在园中作客，被邀请的有虞山王石谷，桐城方邵村，润州笪重光，常州恽南田、龚百药、董文骥等，近园中匾额就是出于这些名家手笔。石谷为园主画了《近园图》，可惜这件作品及刻石已散落。今存笪重光《近园题跋》刻石，其中说到"静夜步石谷榻，较论书画，漏下三鼓始就寝"，几位画家在近园"长宵秉烛，忘言倾赏，意兴之时，挥毫伸纸"，创作的书画不下数十。石谷临子久《富春图》《云溪高逸图》《水竹幽居图》《秋浦涣庄》等诸卷都为园中所作。

历经三百多年，近园依然是一座保存较完整的古典园林，然而，过去竟然很少有人注意，"近园"之名几近湮没。直到20世纪70年代末，才被陈从周教授于无意之中发现。1978年，陈从周先生经过常州，晚宿常州宾馆，步庭园小憩，看到此园结构非凡，不禁为之惊喜，经过仔细搜寻，发现康熙十年九月三日题记刻石。《近园记》另一刻石，为园主杨兆鲁撰、园客恽寿平书（《韵兰草堂帖》有此拓片），刻石不知所在。

作为一座古典园林，近园有自己的特色，如陈从周教授在《苏州环秀山庄》文中所说："清初犹承晚明风格，意简而蕴藉，虽叠一山，仅台、洞、磴道、亭榭数事，不落常套，而光景常新，雅隽如晚明小品文，耐人寻味。"近园即此典例。

赵园

位于常熟城西南隅翁府前，与曾园相邻。原为明万历监察御史钱岱小辋川部分遗址。清嘉庆、道光间为邑人吴峻基所有，初名水壶园，又名水吾园。清同治、光绪间，园归阳湖赵烈文，门额"静圃"，俗称赵吾园。时赵宦游易州，由夫人邓嘉祥（邓廷桢之女）及内弟邓家缉襄其园事。民国后园归武进盛宣怀。盛氏复舍于常州天宁寺,以此为下院,故又更名为宁静莲社。

赵园园门东向,傍临九万圩。全园以水景取胜,景点皆环池而筑,参差错落,布置得宜。能静居南向为居室,是一座三进院落。西行有长廊,名"先春"。廊中有榭北向,设石制几案。又西侧北面有经堂五间。直西长廊名"殿春",折而向北,依围墙而筑,中置八角及方形水榭各一。临园墙处老柳盈堤,偃卧波上,远望虞山峰峦亘绵,蔚然深秀。廊北端建桥名"柳风",城河之水自柳风桥入,名"静溪"。溪之北有楼,名"天放楼";南向,为赵烈文藏书处。溪南有假山耸立,暗岚挺秀,掩映波光。山西麓有石梁与柳风桥通;山南有九曲石桥跨水面,中设石台,绕以石凳,南达"似舫"石船。舫后有老柳数株,名"舫楼柳浪",涧溪曲折萦回,旁有湖石假山一座,玲珑剔透,峻秀挺拔。折而东又有黄石假山,平岗小坂,上置石井栏一,镌赵烈文书题"梅泉"。园内有桧柏三株,虬枝参天,蟠根嵌石,为钱岱小辋川遗物。

赵园将园外活水引入园内池中,以较辽阔的水面与回廊、平冈相配合,并以园外虞山为借景,引山色入园,使之俯仰皆得。园周围长廊,间以漏窗,可见园外景物。

曾园 又名虚廓园、虚廓居。位于常熟古城区西南隅九万圩翁府前,与赵园相邻。原为明万历间御史钱岱别业小辋川部分遗址,清同治光绪间刑部郎中曾之撰构筑,习称曾家花园。亦为其子晚清文学家曾朴故居。清光绪《常昭合志稿》载:"虚廓居在九万圩西,即小辋川废址也。光绪年间刑部郎中曾之撰凿池构屋,兵燹后,园亭之胜,此当首推矣。"

曾园以水面为中心,水中置荷花厅,四周亭榭、假山、小桥、古树、修竹,布置得宜,且借虞山之景,水光山色,融为一体,建筑别具匠心。园内有虚廓村居(翁同龢题额)、君子长生室、寿尔康室、归耕课读庐(吴大澂题)、莲花世界、邀月轩、水天闲话诸景。园中央清池一泓,源头活水从城河入。环池有黄石假山,用虞山石掇成,名"小有天",题云:"光绪丙戌,筑石室为静坐处,故友庄亦耕经营之,越六年曾之撰补记。"山巅筑亭,亭北有小榭,山下有"盘矶",镌刻"虚廓子濯足处"。东、北二隅砌围廊,壁嵌《勉耘先生归耕图》《山庄课读图》两部石刻,并有李鸿章、翁同龢等书法石刻三十余块。《勉耘先生归耕图》石刻系里人曾济任云南宁化县令离去时,请画师所绘的肖像图。其子裕谦及孙熙文倩友好题记,装裱成卷。其曾孙曾之撰(君表)于清光绪十六年(1890)购钱氏小辋川部分遗址筑虚廓居时,请吴门刻工陈伯玉摹勒上石,砌于园东廊墙内。石刻共十六块,有伊秉绶、阴东林、伊襄甲、言朝标、孙原湘、翁心存、鲍伟、景燮、陶贵鉴、吴卓信、许廷诰、杨景仁、张大镛、邵渊耀、王家相、翁同龢、吴大澂等人题记。石刻集正、草、隶、篆及颜、柳、苏、米、黄、赵、董各家书法,可资书法艺术之研究及欣赏。《山庄课读图》石刻系晚清曾熙文致仕回籍课读其子君表、君麟兄弟而作,由江阴画师吴子重绘图,时人题词记事。题名者有汪鸣銮、屈茂曾、陆宗泰、李芝绶、邵渊耀、王宪成、席根逮、吴大澂、杨靖、杨沂孙、陈彝、陈熙诒、翁同龢、邵亨豫、夏同善、李慈铭、张珮纶、杨思海、张之洞、赵烈文、李文田等。卷首系光绪四年(1878)两江总督李鸿章书额"山庄课读图"。光绪十八年(1892),请吴门刻工陈伯玉摹勒上石,共刻石二十三块。池中央之"莲花世界",装雕栏,架曲桥。池内植莲千枝,为暑日赏荷之处;坐厅中,可眺望虞山。池边遍插桃柳,柔枝拂地;间以红梅、绿竹、翠柏、丹枫,佳木繁荫,各尽其态,有城市山林之妙。寿尔康室旁植红豆树一株,为明小辋川遗物,已历数百年,堪为珍奇。西有邀月轩,东南隅为"水天闲话"。庭中白皮松、香樟各一株,亦为小辋川遗物。并有太湖石妙有峰矗立于庭,题曰:"余营虚廓园,倚虞山为胜,未尝有意致奇石。乃落成而是石适至,非所谓运自然之妙有者耶? 即以'妙有'二字题其巅。石高丈许,皱、瘦、透三者咸备。光绪二十年十月初三日曾之撰并记,男朴书"。向东越长廊直达归耕课读庐,可登琼玉楼,昔弹劾"三凶"之沈鹏被清廷所逮,吴大澂罢官鬻书,曾朴著《孽海花》,诗人杨圻、杨无恙皆息隐此园。

燕园 又名燕谷园、张园,至今已有200年的历史,它占地不多,而构思奇巧,别具一格,为江南著名私家园林之一。

燕园位于常熟城内辛峰巷,为清乾隆东阁大学士蒋溥之子、台湾知府蒋元枢所建,一名蒋园。乾隆四十五年(1780),当时任福建台澎观察使兼学政的蒋元枢渡海遇险,回常熟后,即在其从父蒋泂旧宅辟建园林,取其回常熟似"燕归来"之意,故名燕园。

蒋元枢因其父蒋溥、祖父蒋廷锡均任过清朝宰相,家世豪富,所以筑园极其讲究,如窗棂、栏槛等都用名贵的紫檀、楠木雕刻而成。

道光九年(1829),燕园为蒋元枢族侄、泰安县令蒋因培(号伯生)出资购得后,大加修葺,请晋陵叠石名手戈裕良堆建黄石假山,名"燕谷",故燕园又称"燕谷园"。

道光十四年(1834),燕园又为举人归子瑾购得。

光绪年间,蒋鸿逵(字蔚青)重得之,燕园重归蒋家。蒋鸿逵所著《吾好庐诗抄》中有诗赞颂此园:"故园荷净绝尘埃,怪石玲珑布绿苔。岭上云归千嶂合,池中月映一夜开。风榭水榭如盘转,玉竹银藤费剪裁。长夜纳凉惟小饮,樽前稚子共栽陪。"

至晚清时,燕园又为外务部郎中张鸿(字隐南、映南,别号蛮公)购得,燕园遂又称"张园"。张鸿亦为晚清著名文人和研究新元史的专家,著有《蛮巢诗词稿》《成吉思汗实录》等。张因园中有"燕谷"假山,故自号"燕谷老人"。他所撰文学作品《续孽海花》即在此园内完成。

燕园占地十亩多。地形狭长,划分为三区。入门为一区,利用直(西侧长廊)横两廊以及其后的山石,使得园景隐约幽深,使人入园有深邃不可测之感。东折小园一方,有荷花池、"七十二石猴"假山,山石嶙峋,别有天地。尤为可取的是从绿转廊经小桥导入山南的童初仙馆(书斋),更为独具曲笔。后部五芝堂为第二区,以"燕谷"假山中隔,两处遥望,则觉庭院深深,空间莫测。假山之东有高低错落之砖梯与修竹构成的"诗境",由此北入赏诗阁,再进为临水石船,名曰"天际归舟"。五芝堂后为第三区,是园主人生活居住之处,中亦用假山与五芝堂相隔。

园内有五芝堂、赏诗阁、三婵娟室、天际归舟、童初仙馆、诗境、燕谷、引胜岩、过云桥、绿转廊、伫秋簃、冬荣老屋、竹里行厨、梦青莲花庵、一瓻阁、十愿楼,有"燕园十六景"之美誉。诸景中尤以"燕谷"假山为最。

常熟为倚山之城。燕园地处深僻小巷,临近间有高墙,其借景虞山之法,别具匠心。在园内建梦青莲花庵、赏诗阁等高阁,使其背东面西,以西借虞山,登高凭栏远眺,收纳虞山无限风光,使有限的空间变成了无限的空间。俯身下瞰,则幽谷深涧,秀木繁荫,池水曲折,清流蜿蜒,与虞山遥相呼应。

"燕谷"黄石假山　　位于燕园中部五芝堂前,为晋陵戈裕良传世杰作(见钱泳《履园丛话》"燕谷"条),戈氏所掇黄石假山仅此一处,故尤为珍贵。

戈裕良模拟常熟虞山,用虞山黄石叠砌,将虞山剑门之石壁奇景浓缩于作品之中,且洞壑中有清澈池水,如真山幽谷一般,故极为逼真。戈裕良运石如笔,变化万端。"燕谷"以大块石为骨,小石补缀,叠砌时并不都用整齐的横向积叠,而是凹凸富有变化,且山石色彩、纹理,相接自然和谐,故觉浑成。假山上贯石梁,下有洞壑,题名"燕谷",曲折可通。洞窟东南有水流入,上点"步石",巧思独运。自北山蹬道而上,山巅植松栽竹,宛若天生。其中五针松一本,为张鸿出任日本长崎领事归国时携来栽植。古松高不盈丈,虬枝曲展,情趣倍添。沿山巅达主峰至引胜岩,宛如置身虞山剑门,缥缈于云雾之间,堪称佳绝。

"燕谷"黄石假山,巧夺天工,为后世园冶家所赞赏。

三婵娟室 在燕园前区,为清乾隆年间蒋元枢所建。为一四面厅,结构与苏州拙政园内卅六鸳鸯馆相同,仅体量略小而已。因厅前有湖石三块,亭亭玉立如美女,故名"三婵娟室",其工巧艺精,景致极幽雅。厅南为一荷花池,池南端耸立湖石假山,玲珑剔透,状如群猴嬉耍,奔、跳、卧、立,姿态各异,形象生动,人称"七十二石猴大闹天宫",别具情趣。山巅植白皮松一棵,高数丈,已二百余年,苍劲挺拔,虬枝映水,气势雄伟,亦为园内珍品。

个园 位于扬州城里东关街北侧,是清道光年间大盐商、两淮盐业商总黄应泰(字至筠)的私人宅园,现为全国重点文物保护单位。园林位于住宅的后面(北边),原先这一带是寿芝园的旧址,个园主人辟而新之,于是成了一座"曲廊邃宇,周以虚槛,敞以层楼。叠石为小山,通泉为平池。绿萝袅烟而依回,嘉树翳晴而蓊匌。闉爽深靓,各极其致"的佳园。所以取名"个园",很明显是受到盛清文坛领袖袁枚"月映竹成千个字"的影响,但深究其意,尚包含着不少哲理意蕴。

"未出土时先有节,纵凌云处也无心",这是清代扬州画派郑板桥的两句赞竹诗。竹子竿直挺拔,四季常青,与松和梅一起,被人们誉为"岁寒三友"。无论是单植的几竿碧玉,还是成片的竹林,其形、其色以及被风一吹而发出的飒飒声响,都是园林中极受欢迎的景致。竹叶的叶形结构很像一个个的"个"字,写"个"是中国画中画竹的基本笔法;而"个"又是"竹"的一半,因而以"个"名园充分表达了园林主人对竹的喜好。当年,个园初成,园中植竹万竿,密筱连片,成为园林的主要景致,黄应泰也别号个园,堪称以竹为名、以竹为家了。

除了竹子的外形、风姿之外,古代人们更爱竹的品格。竹子有节,谐音为"气节";竹竿挺直不弯,又隐喻着士人的刚直不阿;它中间是空心的,又暗喻着虚心谦让的美德;而终年苍翠、不畏严寒又象征着不畏权势。个园建成之后,文人刘凤诰曾为主人作过一篇园记,其中除了写景之外,也阐述了黄应泰攀附风雅、爱竹种竹的原因:"主人性爱竹,盖以竹本固。君子见其本,则思树德之先沃其根;竹心虚,君子观其心,则思应用之务宏其量;至夫体直而节贞,则立身砥行之攸系者,实大且远。岂独冬青夏彩,玉润碧鲜,著斯筱荡之美云尔哉!主人爰称曰:个园。"这里,作者将竹的各种特性如"本固""心虚""体直"等和君子的品格美德互相比拟,这实际上是我国古代审美欣赏中的"比德"方法。我们在园林中赏竹,除了"冬青夏彩"等形式特征之外,还要更进一步去领会它所包含的深层意蕴,最后达到情景交融的审美境界。

与竹最相配的造景材料是各种奇峰异石，如玲珑透巧的太湖石峰、瘦削嶙峋的石笋等，竹与石组合在一起，形成我国古园很有特色的竹石小景。这一特点，在以竹为名的个园中，表现得最为充分。园中，除了楼厅等建筑，便是山石景、竹木花草景，尤为人们称道的是造园家妥善应用古典造园艺术"分峰用石"的手法，塑造出"春、夏、秋、冬"四季假山景，为我国现存的古园的孤例。

春山 个园入门处的花坛竹石小景。个园在黄家邸宅的后面，从住宅中间的小夹弄（即住宅中路与东路间的火巷）进入，往左一转，便见一左一右两个花台，台上翠竹亭亭，竹间置放了参差的松皮石笋，竹后的花墙上正中开了一个月洞门，门额上题"个园"二字，园内林木苍翠，透过漏窗，像是在向游人招手。因为前面是住宅部分的高墙，处于夹弄内的入口就显得较为局促，设置以花台、洞门和漏窗为背景的竹石小景，是以虚救实的大手笔。这样，当游人从小巷来到此处，会感到进入了一个幽雅的小庭园，既是进入大园前的铺垫，又巧妙地点出了主题。

清代中叶，骚人墨客荟集扬州，开创一代画风的"扬州八怪"，在这一时期也先后在扬州活动，他们对竹石小景都非常喜爱，其中以郑板桥为最，他曾写过一段小文，来抒发自己与竹石为友的心情："十笏茅斋，一方天井，修竹数竿，石笋数尺，其地无多，其费亦无多也。而风中雨中有声，日中月中有影，诗中酒中有情，闲中闷中有伴，非唯我爱竹石，即竹石亦爱我也。……而吾辈欲游名山大川，又一时不得即往，何如一室小景，有情有味，历久弥新乎？"对竹石实在是情深意长。郑板桥是扬州人引以为豪的艺术家，对他的雅兴嗜好，后世效法者也大有人在，个园入门处的竹石小庭式的布局，很可能也是步了郑板桥的遗韵。

更为巧妙的是，这一雅朴的竹石景致还含有丰富的"景外之意"，它是个园著名的四季假山景中的春景。修竹中的石笋象征着雨后春笋，那在微风中摇曳的新篁又象征着春日山林，这一真一假的竹景被粉墙一衬，立于园门两边，很有"春山是开篇"的意味，给游人以春回大地、气象万千之感。

夏山 在园内荷花池北侧。由四面厅西出可至。从两座花台春景中步入园门，迎面便是一座四面厅，厅前复有两个湖石平叠花台，西台植竹，东台种桂，因而此厅又称为桂花厅（今其题额为"宜雨轩"）。坐厅中南望，近处是青竹、丛桂，透过围墙上四个水磨砖砌的漏窗及月洞门，入口处的竹石小景也历历在目。既内外有别，又隔而不闭。以内外的互对互借来增加入园第一景的深度，真可谓别出心裁。由厅西首轩廊出，经过一片密密的竹林，便来到水池边上，隔水往北望去，只见蓝色的天幕之下，立着一座苍古浓郁的太湖石假山，下洞上台，形姿多变，状若天上云朵,这就是夏山。山前为一泓清水,水上架曲桥一道,达于洞口,使水尾藏起,给人以一种无限幽深的观感。池中植荷点点,"映日荷花别样红",突出了"夏"的主题意境。

沿渡曲桥来到山下,只见山岸曲折,石矶穿水,溪流环绕,水声淙淙,秀木繁荫,有松如盖,清幽无比。特别是在藤葛蔓延的石缝中小珠滴滴,更增添了夏日的凉意。步入洞室,起初觉得颇为阴森,继而习惯了斜上方石隙中落下的丝丝光线,便觉得洞室颇大,曲折幽邃,苍健夭矫,玲珑的湖石堆叠的洞壁变化多端,莫穷其变。洞口上部山石外挑,而水又分出一支流入洞中,加上湖石色呈青灰,夏日在洞中赏景,更觉凉爽。石洞深处有岔道蜿蜒,平折而出,可达长楼底下。要是拾级而上,数转即可到达山巅,顶上新建了一座小亭,亭前留有一株古松,松枝虬曲,伸出崖际,增添了夏山的葱郁气氛。

秋山 在个园东部,是园内之主山。由夏山向上,可转至位于花园北部的七间长楼,循楼廊东行,经过架空的夏道廊,可达位于园尽东头的黄石大假山——秋山。假山主面向西,每当夕阳西下,红霞映照,色彩极为醒目,光影变幻之中,嵯峨山势毕露,危崖峻峭凌云,气势磅礴。在悬崖石隙中,又有松柏傲立,其苍绿的枝叶与褐黄色的山石恰成对比,宛如一幅秋山图景。山巅有亭,人立其中俯瞰全园,但见古树掩映、绿水漪漪、鸟声清越,眼耳俱适,园中所有假山及建筑瓦顶皆在自己脚下。再向北远眺,绿杨城廓、瘦西湖、平山堂及观音山诸景又一一招入园内,是很好的借景。我国古代,素有秋日登高远望的传统,个园黄石山是全园的最高点,又以重九登高来渲染秋的主题。

秋山的外形高峻突兀,其内部结构更为复杂。石洞、石台、石磴、石梁与山中小筑交错融合在一起,形成一条扑朔迷离的山中立体游览通道。

扬州有位园林鉴赏家朱江这样来写山的结构和景色:"在黄山的顶部,有三条磴道盘旋。其中有一条磴道,由洞口而进,两折之后,依旧回到原处。另一个洞口,也是两转而出,直抵西峰绝壁处。游人至此,往往迷途而后知返。唯有中间洞里的磴道,可以深入群山之间。或下至山腹里的幽室,有光自洞天外来,一室皆明。幽室傍岩而筑,面南而坐,有窗洞、有户穴、有石凳、有石桌,可容十人立与四人坐。幽室之外,为洞天一方,四壁皆山。谷地中央,有小石兀立,植夭桃一株其旁,为濯濯洞天赋予一派生机。由谷道南出,即是厅东南一区。若由山顶中洞拾级下至半途,径随磴道平折而出,天地豁然开朗。依山傍岩处,凿有山径可通。过一线天险峻处,两山陡岩之间,有一座石梁飞架两岸。步上飞梁,上有悬岩峭壁,下有深谷绝洞,令人心悬悬而汗浸浸然。过此,步至山之南冈,此处新建一轩。更南处,有一峰突兀,遮人视野。山南为楼阁所在。沿南山之麓,凿有山径,随径曲折而下,即抵厅的左翼。随径而上,上有小阁一间,面西而立,南与楼屋三楹相接,是为套间。推开门户,临窗而坐,直对厅的东山墙一角。时有和风吹来,花气袭人。步入楼屋正身,面南而立,楼下别有一个小院落,已是步入园东偏的住宅区域。南山下有通道,壁间有门,与山南楼下暗室相通,今已闭没。踏上南冈,沿着冈的北缘小径,委婉拾级而下,即达夭桃所在的谷地。由此平折而出,或是经由幽室缘着磴道盘旋而上,由山顶一登长楼,当又有一番别趣。腿健者可以因山而楼,再由楼而山,方知此山无穷的奥妙,不仅有平面的迂回,而且有立体的盘曲,这在而今江南园林中,可说是仅存的孤例。"(《扬州园林品赏录》)

  由于这座假山设计非常巧妙,堆叠技法又十分高超,其塑造的峰峦洞壑很有皖南名山黄山的气势,一直受到造园界的重视。又因为个园的基地范围原来是寿芝园的旧址,而寿芝园的假山相传为清代著名画家、叠山家石涛和尚堆叠的,石涛最喜爱黄山景,因此有人也推测这座秋山也出于石涛和尚之手,当然这仅是没有根据的附会,但将此山与一代绘画宗师联系起来,也说明了其艺术上的高度成就。

冬山 堆于黄石秋山之西南侧透风漏月小厅之南。黄石假山南边三楹小楼之西,别有一个幽静的景区,这区域的主体建筑是一座南北敞达、东西用墙围闭的小厅,上面悬挂的匾额题作"透风漏月"。厅南有一座用宣石平叠的花台,台上倚着花园的南界墙,又有宣石堆起的小型倚壁假山,这就是冬山。宣石产于安徽宣城,其色洁白如雪,人们又称它为雪石。这一景区,原是冬日围着火炉,边赏雪边品茶的地方。为了使假山在不下雪之时仍有雪意,便将宣石山置于南界墙北面的墙下,从厅中望去,台上小山一色皆白,犹如积雪未消。因为宣石中含有石英,其色虽白,但在阳光下会闪闪发光,如将其置于向阳处,就与赏雪的主题有些相违,冬山背阴,也可见叠山家观察仔细了。

  宣石山的东侧界墙外,便是个园的入口处。为了使冬天的意味更足,造园家在此墙上有规律地排列了二十四个圆洞,组成了一幅别具一格的漏窗图景。每当阵风吹过,这些洞口犹如笛箫上的音孔,会发出不同的声响,像是冬天西北风呼叫,以声来辅助主题意境。更为奥妙的是,当游人通过那几排透风漏月的圆洞,看到的是春景的翠竹、石笋,马上会产生"冬去春来"的联想。

  在个园景区规划时,艺术家按照主要游览路线顺时针方向布置了春、夏、秋、冬四处山石景,立意新颖,用材精细,配景融洽,结构严密。在这些以假山为主题的风景序列中,时令特征是创作的命题,春山是开端,夏山是发展,秋山是高潮,冬山是尾声,就像音乐创作或写文章那样,有着严密的章法。这种塑造风景的手法和山水画论中有关时景的论述也是息息相关的。例如石涛在他的《苦瓜和尚画语录》中就说过:"凡写四时之景,风味不同,阴晴各异,审时度候为之。古人寄情于诗。其春曰:'每同沙草发,长共水云连。'其夏曰:'树下地常荫,水边风最凉。'其秋曰:'寒城一以眺,平楚正苍然。'其冬曰:'路渺笔先到,池寒墨更远。'"以石涛的画语来看个园四季假山景,可知当时叠山艺术家的匠心。

当代园林专家陈从周也以传统画论来品评个园的假山景,在《扬州园林》中,他论说道:"个园以假山堆叠的精巧而出名,在建造时就有超出扬州其他园林之上的意图,故以石斗奇,采用分峰用石的手法,号称'四季假山',为国内园林之孤例。……这种假山似乎概括了画家所谓'春山澹冶而如笑,夏山苍翠而如滴,秋山明净而如妆,冬山惨淡而如睡'(见郭熙《林泉高致》)与'春山宜游,夏山宜看,秋山宜登,冬山宜居'(见戴熙《习苦斋题画》)的画理,实为扬州园林中最具地方特色的一景。"

七间长楼 在湖石夏山之东,楼开间七楹,造型修长,如屏障般横亘于荷池之北。西部与湖山夏山巧为连接,东部与复道廊相接,可达于黄石秋山上的小筑,是夏山与秋山间很自然的联系通道。楼的南边为廊,依栏俯瞰,园中山水花木之景悉呈眼前,正如刘凤诰《个园记》所说的,是观赏"珍卉丛生,随候异色,物象意趣"之处。因为楼后便是街坊住宅,晚上登楼,又能远望城廓的万家灯火。清代扬州八怪之一的高翔所作诗句"登楼清听市声远,倚槛潜窥鸟梦闲",真实地描绘了这一意境。要是缓步廊中,以动观静,则栏外景物参差错落,高下相间,随步变幻,似尽而又未尽,余味无穷,的确是个园景色布局中的大手笔。

明末造园家计成在《园冶》中说:"凡园圃立基,定厅堂为主。先乎取景,妙在朝南。"然而在个园中,入口处的四面厅并不位于全园的精华之区,只不过是进门时的建筑障景。代替主厅,而在园林风景结构中起重要作用的便是这七间长楼。这里视野开阔,有景可赏,且朝向又好,有很大的室内空间,可以用来集会、宴客、迎宾,可以舒适地起居生活。类似的以楼代厅堂的布局在扬州园林中是常见的,例如今日与个园齐名的城南何园(寄啸山庄)的主建筑,也是在水池北边的一座七间长楼,它表明了扬州园林和江南园林在风格上的差异。这与扬州的地理位置和社会经济状况是密切相关的。

扬州地处江淮平原,是我国南北交通要道上的重镇,商业极其繁荣,四方商贾云集。明中叶以后,大规模建造宅第园林,建筑营造业相应发展起来。由于水利交通的方便,随着徽商的到来,大批徽州匠师被吸引至此,江南苏州一带的香山匠师因手艺闻名,也被请来扬州参加营造,于是徽州和苏南的建筑手法就因地制宜地融合在扬州建筑艺术之中,形成了我国园林建筑介于南北之间的独特风格。

另外,在清盛世时期,帝王南巡,都要在扬州游玩驻跸,扬州商人(特别是盐商)经济实力雄厚,为了所谓的"迎銮",费尽心机来揣摩皇帝的喜好,因而有不少园林建筑就仿造了北京建筑的款式,渐渐地,扬州园林中有些建筑也带有了某些"京味"。例如屋角起翘较小,屋面较平缓,造型显得比较厚重等,从而形成了扬州园林特有的建筑风格。

七间长楼这种建筑形式,也是南北结合的一个范例。在北京帝王苑囿及王府的花园中,长楼是不少见的。例如北京恭王府花园前就有东西长达160米,共计四十余间的两层长楼。它既可以作为山石景致的背景,又是观看园景的好地方,同时又可集中大量的建筑面积供主人使用。扬州盐商实力雄厚,建造园林不在乎金钱,为了赏景使用的需要,每每在花园中也设置了长楼,其主要原因有三:首先,楼房体量大,有气派,可以表明园主人的地位和实力,是以建筑耀富的一种手段;其次,为了生意业务,园主亦经常需要在园林中请客谈生意,或接待各界的朋友,平时,楼房也可以用作舒适的生活起居之所,且相对而言楼房的室内建筑空间更集中,有利于活动的安排;最后,商人们有了钱,亦要攀附风雅,常常收购一些字画、古董玉器等,长楼前有围廊,可以将这些艺术品依次陈列在室中,供人观赏,并以此来同他人斗胜。

亭廊奇景　"奇亭巧榭,构分红紫之丛;层阁重楼,迥出云霄之上。"个园的建筑景,具有《园冶》中这两句描写风景建筑的意境。长楼前水池东,有一座小巧的六角亭,而池东原来有两只小旱船,名为鸳鸯舫。这些建筑体量小巧、贴水而构,与后边的一字长楼正好形成了对比。秋山顶上,筑一方亭,亭檐起翘若飞,名为拂云亭,此为个园最高点。每当夕阳西下,在黄石丹枫衬托下的小亭,分外妖娆。

复道廊是个园建筑中的又一特色。复道即是上、下两层均可通行的道路,本来是宫殿中分隔人流用的。扬州园林将它用到园中来,并和曲廊相结合,使之成为上、下两层的游廊,既有水平的联络功能,又有上下垂直交通功能,特别是如果和假山磴道、楼梯相配合,复道廊就更有变化了。像个园从长楼到秋山,要是没有楼东的一段复道廊,游人就要下了楼再上山,而有此一廊,便可从廊直达山巅,方便了游赏。本来从火巷进,在园门入口处西边,亦有一复道廊横贯花园,直接从夏山转而可通长楼(现已毁,但复道转折处的角楼还存),这样,住宅的楼层可直通园中的长楼,成为园林中的立体交通系统的一部分,这也从一个方面反映了商人园林注重生活享受的特点。"廊引人随,径缘池转"是在我国古园中缓步动观赏景的形象描绘,而有了复道廊,随步而异的景色又多了一种因视点高度不同而带来的变化,使赏景观感更加有味。

利用粉墙漏花窗对景借景,是古典园林中风景创造常用的手法,它能使园林各景区的景色互相照应、互相渗透,营造小中见大、层次无穷的风景效果。对于这一园林建筑小品的布置,个园的设计家亦能别出新意。首先,造园师利用住宅后同园林之间的一块隙地,布置了花台竹石造景——春景,既作为入口处的引景,又是园中透过围墙上花窗而设置的巧妙对景。除了正面对着桂花厅的漏窗之外,春景东边还临近透风漏月景区,景区内的游人也可透过花窗侧面来观赏春景。这道花窗的设计也极为大胆,窗子不做花纹图案,不雕仙鹤松云,唯用最简单的几何形——圆形,排列亦很规整,数排共二十四个月洞窗。就像乐曲中相同旋律的反复奏出一样,强化勾勒出这一空窗对景的主题,是全国园林建筑小品中的孤例。

何园

本名寄啸山庄,位于古运河北岸徐凝门街中段。为清光绪九年(1883)道台何芷舠购吴氏片石山房(又名双槐园)旧址所建。取陶渊明"倚南窗以寄傲""登东皋以舒啸"之意,故题园名为"寄啸山庄",世人俗称何园,是清代后期扬州园林的代表作,为全国重点文物保护单位。

寄啸山庄是一座大型住宅园林,全园由片石山房、中西合璧的住宅院落和住宅园林三个部分组成。

西南端为片石山房。中部为中西合璧的住宅院落,分为三进。前进为楠木大厅,大厅后为二层楼房两幢,两楼相对,白矾石基座,清水磨砖墙壁,中式小瓦屋面,楠木百叶门窗,内层镶嵌玻璃,地下筑有通风室,上端设有对流风孔,冬暖夏凉。室内配有壁炉、木雕容镜、拉门套间等,用料十分精细,工艺极为考究。更妙处还在于将住宅楼道与复道回廊巧妙地串为一体,十分和谐。整组建筑带有明显的西洋格调。这种中西合璧、反映时代特色的建筑风格,在我国古典园林中可谓开风气之先。通过住宅庭院的漏窗,可见北部后花园的景色。后园分东、西两园。东园二厅房,前为牡丹厅,因其东歇山嵌有凤凰牡丹砖雕而得名。后为船厅,正面廊柱有楹联:"月作主人梅作客,花为四壁船为家。"四周以鹅卵石、瓦片铺地,纹作水波状。船厅四壁皆是明窗,人处其中,如在画舫。月夜在厅中举杯邀明月,那一片平整的铺地在四周湖石叠峰的衬托下,现出十分的水意,此时的明月,真正成了园林景色的主人。东南湖石贴墙作山,因山势而立"月亭",衔连山道,逶迤西行,拾级登楼为半月台。西园四面设景,以水池居其中,池上建水心亭,为纳凉赏曲之所在。池之西南,湖石山峰拔水而起,上植白皮松两株,势若凌空欲飞。池西有桂花厅,南有赏月楼独占幽院,尘氛不入。池北有楼七楹,因其形而名"蝴蝶厅"。

全园植物配置精湛。厅前山间有百年老桂,花池花坛广种牡丹、芍药,阶前院间种植玉兰、绣球,山麓腰间植白皮松,转角回曲处点缀芭蕉、棕榈、黄杨、紫薇、蜡梅等。枝叶苍苍,繁花簇簇,有春天绚丽、夏日浓荫、秋季馥郁、冬令苍青之景观。

何园建筑艺术的另一特色是廊腰迂回,复道行空,周匝四百余米,贯通全园,把园景分成高、下两层,川流环运,步移景换,美不胜收。廊墙壁板嵌刻名人字画,洋溢着浓郁的书卷气息。

水心亭 位于寄啸山庄西园大水池的东首。亭平面为正方形,中置石桌石凳,四根亭柱外,文石栏杆围绕,唯西向有出口,可下三级石阶到水中之月台,如此布置使亭内坐栏之外有一圈临水匝道,方便游人依栏看景观鱼。月台上南北各出贴水飞梁曲桥,北可至明楼,南可转入复道。亭顶较为朴素,为四角攒尖小青瓦顶,翘角飞檐没有江南园林那种深远的出挑,介于北方与南方园林之间。此亭为何园的景观中心,若在亭中静心细赏,可以倚栏临水,俯视鱼游之乐;可以凭栏闲坐,环视楼阁之美。在扬州园林中,这类水心亭台,被称作小方壶,喻作东海三仙山之一,此亭立于池东水中,正是附会神山仙阁之意。有些园林家从使用功能分析,认为此亭是纳凉拍曲的地方,故小亭又有戏亭之称。在亭中演戏,可以利用水面回音,增加音响效果。水池四周的两层围廊又很自然地作为观剧的看台,可以让女宾坐在宅内贴墙的复道廊中,通过疏帘,如从今日戏院之楼座向下观看。在清朝盛期,私家园林中举办曲会唱戏是很普遍的,当时称作诗文曲会。据《扬州画舫录》记载,盛大的曲会会邀请郡城文士及外来名士来园中赏景。建筑内设文房四宝及茶果甜食招待,诗韵由主人定,要是客人和上诗来,立即交付刻印,三日之内诗集即可送达城中各人之手。每会"酒肴俱极珍美,一日共诗成矣,请听曲"。请各位诗人听曲也是有意安排的,园主人往往先把客人请到一座旧厅内,厅内只挂绿琉璃灯四盏,由几个老得没有牙的乐工演奏。正当客人们纳闷时,忽然间屏门大开,里边皆是楼房,红灯千盏,客人上楼后复听曲,男女乐部中,都是十五六岁的妙龄演员,一时主客皆欢,尽情玩乐。这里利用灯光、乐工和旧厅新楼的对比,造成先抑后扬的戏剧效果,于此亦可见出扬州园林较为浓重的娱乐功能。何园的水心亭当初亦是曲会供伶人演唱表现之地,在建筑设计上颇具特色。

蝶厅楼廊 位于西园大水池北侧。中间三楹进深较大,凸于池岸,东、西各有两间小厅翼围正厅,共七间,前有轩廊相连,因其形似蝴蝶,故名。厅上有楼,其形制、布局相同,此楼为何园之主楼,亦是赏景之佳处,于此凭栏,可览可眺,可歌可啸。全园景物,全在指顾间。在那明月当空之夜赏景,大有"天下三分明月色,无奈二分在此园"的气概。楼之东隅,旧有一株棕榈,高与楼檐齐,甚为壮观。由楼上东行不远,楼廊分为两道:一向东向北折,重返花园东部;一向南而折西,转入复道,沿着西园的南界墙,蜿蜒三折后转入园之西南原片石山房之内。廊由南部院落左侧北出,重又转入西部园亭,沿着池边回廊,一路上步移景异,在回廊西壁,嵌有颜鲁公《三表帖》石,随读随行,碑尽而身转,已是在南廊下行走了。面北而立,眼前正是池水宽阔处,隔水却好正对蝴蝶厅,仰首而视,只见屋宇参差,上下回旋,作为背景,尤增山池林谷之美。在现今的江南园林中,何园之楼廊是孤例。花园的东、南、北三面,上有串楼,下有回廊,迂回曲折,层层叠叠,把楼阁亭台连接在一起,构成一个整体。园景分为高、下两个层次,转换成前、后、左、右四面。同一园景,由于欣赏视角的不同,所见画面形象也不同,给人以耳目一新之感受。这实在是寄啸山庄造园设计及游览组织的大手笔。游此园,如果不在楼上楼下曲曲折折、高高低低走一回,便很难全面领略它的美妙所在。

片石山房 位于徐凝门街花园巷东首,一名双槐园,是清乾隆(1736—1796)年间歙人吴家龙的别业,相传为清初大画家石涛和尚所拟构。石涛是中国画坛的一代巨匠,也是杰出的造园叠石大师。他在扬州造了万石园、片石山房两处园林,前者早已焚毁,后者部分假山和楠木厅保留至今,其假山被誉为石涛叠石的"人间孤本",1989年修复。主峰高约10米,奇峭耸翠,临池而立;片石峥嵘,腹藏石屋,故称"片石山房"。现与东北部的寄啸山庄组合成一园,对外接待游人。

片石山房门厅西向。步入门厅,只见滴泉跃入眼帘,形成自然屏障。晴日,泉水石上流;雨时,瀑布挂飞帘。园中有曲池横贯南北。

池南岸有水榭三楹,凸出池面,与假山主峰相对。水榭东室有古槐棋桌,中室引水围泉伴以琴台,西室置半壁书屋,可谓琴棋书画融为一体。石涛有诗云:"白云迷古洞,流水心澹然。半壁好书屋,知是隐真仙。"

园东有明末楠木大厅一座,造型古朴,结构简练,浑厚端庄,给人以宁静安详之感。西歇山山墙设"不系舟",可倚栏观鱼,又恰与西南半壁书屋呼应。楠木厅东壁镶有砖刻"片石山房"四字,仿石涛字体。驻足环视丘壑池面,景随步移,则有月缺月圆之变化。这种"人工造月"堪称一绝,与承德避暑山庄文津阁月台之景相似,是利用光的折射原理建造的。"明月"映入碧波,与摇曳芦花相映成趣,寓有欧阳修及苏舜钦的诗句"清风明月本无价,近水远山皆有情"之意境。西廊壁上横嵌石涛诗词九首,既有较高的审美价值,又有画龙点睛之妙,还增添了整个山房的书卷气。西北部有半亭伴水,亭中装饰有镜面,从半亭镜中呈现出的景色,酷似一幅立体山水画。

假山倚墙东西蜿蜒。西首为主峰,独峰依云,俯临水池,渡飞梁,越瀑布,拾级可达峰巅。俯视全景,廊道亭榭相连,婉转多姿,波光岚影,上下辉映。峰下有石屋两间,即所谓的"片石山房"。

该园占地仅 780 平方米,却丘壑宛然,水势潆洄,经营极为精当,是一件不可多得的精品。

小盘谷 在扬州城南丁家湾大树巷内,建筑总面积 2633 平方米,系清光绪三十年(1904)两江总督周馥购得徐氏旧园重修而成。因为园内假山峰危路险,苍岩探水,溪谷幽深,石径盘旋,故名小盘谷,为省级文物保护单位。

小盘谷总体分为三大部分:西部为平房住宅区,正中为一大厅,东部为花园所在。自大厅东侧可入月洞形园门,门上嵌有清书画家陈鸿寿书"小盘谷"石额。园内以花墙隔为东、西两个庭院,进园门,即入西院,有楠木花厅三楹,湖石假山一座,为"九狮图山",因其山石,外观有如群狮探鱼而得名。山顶有风亭一座,为花园的最高点,全园景色尽收眼底。山下有洞,多孔穴,上可透入天光,旁可观赏园景。洞出西口,有池水一泓,池上架石梁三折,池西有一水阁凉厅,三面临水,是游人凭栏观鱼、临窗看山的最佳处。山洞北口,临水设"踏步"石,东墙有悬崖滨水,上嵌"水云深处"四字额,以寓其意。东、西花园以走廊和花墙为分隔,进入东院桃形门,上题"丛翠"二字。园南有花厅三间,庭前植木立石,栽花种竹;庭后旷若大野,丛其翠,见其朴。今之东园已非旧时之景象。

小盘谷为扬州城市山林中以小见大的最为杰出的建筑。它占地很小,楼台建筑物、累叠山石也不多,但却能集中紧凑,以少胜多,以小见大,典型地体现了古代园林的美学思想和艺术特色,为我国著名古典私家园林之一。

怡庐 在扬州稽家湾 3 号宅内,民国初年,钱庄业经纪人黄益之建。花园的设计与叠石,由冶春园主人余继之经办。在怡庐的构筑中,因地制宜,巧用建筑分隔、增大空间的手法,再点缀以花木、山石,使整个园子疏密得当,妙趣横生。

怡庐分前后两个院落。门厅东向,门内有游廊三折,花厅一座,西墙叠雪石(宣石)一丘,桂花点缀石旁,地铺鹅卵石吉祥图案。花厅西有一道花墙,自月门进,又有小轩内院。在园中两边各有精舍一间,一额题"寄傲",一额书"藏拙"。花厅后有狭长天井,雪石堆叠的假山上,石笋修竹,枝叶纷披。后院构三间书斋,面对湖石花坛,望墙外景色,显得宽绰有余,清幽爽朗。

平园　　在扬州花园巷路北,何园西部,与道光年间包松溪的"棣园"后门相对,为民国年间盐商周静成所建。其住宅的西部是花园,由面南的磨砖门楼进入,迎面有厅屋三间。向西月洞门额上刻楷书"平园"。

花园南部植有两株百年以上的广玉兰,四季常绿,花香沁人。玉兰树旁衬以一道花墙,墙上有数面由绿釉瓷板拼成的漏窗,精致典雅。花墙正中开有园门,迎面额题"惕息",背面额题"小苑风和"。进门是一个宽大的庭园,有花厅五楹坐北朝南,洁爽幽静。厅堂间有楠木屏条四扇,上刻名人字画,填以靛蓝与石绿,古色古香。厅前小院各有角门进入,东角门上题"夕照明村",西角门上刻"朝晖净郭"。小院内用湖石叠有一丘假山,并植凌霄、黄杨、梧桐、桂花等花木,隔墙相望,花木扶疏,山石参差,充满生机。

平园在构筑上巧妙地利用建筑、花墙、植物等,自然分隔空间,互为借景,给小庭院增加了无限情趣,显得淡中有味,平中见奇。

珍园　　位于扬州城区小秦淮西岸的珍园饭店内,为清末盐商李锡珍所建。园门原在旧城九巷内,现为东向。门额题"珍园"二字,两侧筑花墙,园址范围已比当初缩小。园东南角有湖石假山,山中有洞,可拾级而上;山下有水池,池中养金鱼,植睡莲,池上架曲桥,临池筑半亭,颇富画意。假山西向有回廊,通方亭。园内卵石铺径,花木繁盛,有紫藤、丹桂、玉兰、枇杷、松竹等。另有百余年白皮松一株以及月季、迎春花。园西筑隔墙,有门通内宅,门额书"柘庵"。门内为平房,其地旧为庵堂。内有假山、水池、花木,有一六角形井栏,栏上刻"泉源"二字,背面刻"珍园主人习真氏题,岁在丙寅天中节"字样,环境雅静。

萃园　　在扬州旧城7巷4号宅内。园门朝南,旧有"萃园"二字额,为盐运使方颐辅题写。萃园原是潮音庵故址，清宣统末年（1911），丹徒人包黎先生在此筑大同歌楼，后毁于火。1918年，扬州又集资营造园林，即"萃园"。1921年，日本人高洲曾占据萃园，掌管两淮盐务稽查所，高洲回国后，此园渐荒废。抗日战争期间，汉奸熊育衡占据此园，改名为"衡园"。

1949年后，改萃园为市第一招待所，并将西部的"息园"并入。1980年，开辟三元路，大门在三元路南侧。经过历次整修，现园中建筑古雅，花木茂盛，环境清洁，常年接待海内外宾客。

萃园的布局，不落俗套。四面亭台楼阁相连，花坛起伏，园路曲折，竹树掩映，满园皆绿。从旧南门进入，一丘平冈横列，约3米高，似屏障把全园的景色遮挡。山上遍植常绿的书带草，间以点石，栽有梅花、桂花，四季飘香。平冈上筑一六角平亭，不远处瓦屋三楹临池，池中种植睡莲，非常幽静。绕池北行，有高屋连宇，屋基作"工"字形，仿五亭桥样，原草亭五座，现已改为瓦屋连宇。再沿着起伏曲廊，就达北面仿古住宅楼。整个花园，清新自然。

逸圃　在扬州东关街个园西部353号住宅内，为钱庄业经纪人李鹤生所建。其旧址原属朱四麻脚，清末民初被李鹤生购买，构筑住宅与花园。从大门进入，左转为住宅，迎面园门为八角形，额书"逸圃"二字。

门内贴东墙叠一列湖石假山，委婉屈曲，壁岩森严，与墙上的花窗形成虚实对比。山旁筑牡丹、芍药台。山尽北头，倚墙有五边形半亭，亭下临池假山，花卉倒映池中。池北三间花厅南向，木刻精美。厅后三间小轩，置花木、点石，质朴幽静。

左边角门，额曰"问径"。由此北行，大巷尽头，有一个较大的院落，复道与山石相连，折向西北，有楼三间朝西，面峰而筑。院子西南，有紫藤一架，老干若虬，满阶披绿。

匏庐　位于扬州甘泉路81号住宅内。民国初年，镇扬汽车公司董事长卢殿虎建造。园名由来：一是整个园子委婉紧凑，横长别致，由狭巷进入，分左、右两个小院，形如瓢葫芦；二是"匏"的引申义是赋闲、归隐。

进入匏庐小院，经回廊达半亭，亭栏临水，隔池尽端有三间小轩，雅致幽静。池边花坛上置数峰点石，小径用鹅卵石镶嵌。缘池到西院，南端为花厅，厅北以黄石叠花坛，厅南以湖石叠小山，山上古树青藤，一片葱郁。山下有小水池，池旁植一丛芭蕉。沿墙构水阁架于池上，似觉池水从墙外流进，以有限面积造无限空间。

匏庐系园主人请扬州叠石名家兼画家余继之所构筑,以横长别致著称,小中见大,别有洞天,至今保存较好。

水绘园　位于江苏如皋市城东北隅。该园始建于明朝万历年间,为冒一贯的别业,冒氏是如皋望族,世代为官,筑园主要是为告老辞官后颐养天年而用。明万历之后,党朋之争愈演愈烈,政坛各派彼此倾轧,后又阉党专权,为文人所不齿。到一贯玄孙冒襄时,他便隐居不仕,并效仿陶渊明,栽松种菊,与自然林家为伍,水绘园也于此时得到很大的发展。冒襄字辟疆,自号巢民,在当时文坛上很有名气,曾与桐城方以智、宜兴陈贞慧、商丘侯方域一起反对宦官魏忠贤,是明天启年间四大公子之一。水绘园在他的主持下,成为当时苏北的一大名园,也是我国园林史上明清文人私家园林的代表,素为后世文人所仰慕。园名"水绘",点出了园林因水成景的特点。清人陈其年《水绘园记》写道:"水绘之义者,会也。南北东西皆水绘其中,林峦葩卉,块扎掩映,若绘画然。"水绘园在全盛时,占地六万余平方米,四面环水,园内河道纵横,最后均汇注于洗钵池中;又积土为山,临溪架桥,傍水建榭,嘉木成荫,芙蓉夹岸,真景与涵水之虚影相辉映,极有艺术魅力。主要有长堤垂柳、妙隐香林、小浯溪、枕烟亭、寒碧堂、烟波玉亭、镜阁、碧落庐等景点,整座园林充满着诗情画意。冒辟疆偕董小宛隐于园中读书作文,宴客清谈,成为一时之佳话。当时天下名士如董其昌、吴伟业、陈维崧、汪琬、陈继儒等曾先后寓居园中,诗文唱和,说古论今,曾有诗文《同人集》刊行于世。

入清以后,冒辟疆易园为庵。据当时园记可知:庵门前有小桥(即现在的霞山桥),桥趾有亭,过亭是芙蕖夹岸、桃柳交荫的画堤,直通水绘庵大门,庵门中铺着黄石。山上有一座小楼阁相衬,门额横匾上有"水绘庵"三个大字,为冒襄自题。进门沿水阁一百来步有"妙隐香林",从这儿向前有两条路:一条向左通壹默斋、枕烟亭,另一条直达寒碧堂。堂前有洗钵池,是因为宋代大学者曾肇曾在这儿习文洗钵而得名的。池前是逸园,右边连着中禅寺,庙中有曾肇于隐玉斋读书的遗迹,这儿绿树环绕,前面那向东临水而建的楼阁便是余氏壶领园。由余氏壶领园乘船向左转,再转弯向北就是小浯溪,因为小溪在芦苇中进进出出就像楚浯溪一样,因此得名。由小浯溪再转弯向西就到了鹤屿,上建一亭叫"小三吾",还有一座阁叫"月鱼基",均独自耸立,此处北边靠着城墙,南边面临悬雷峰。稍一拐弯向东,有一座亭子名"烟波玉",是据唐代李贺的诗意命名的。

从"烟波玉"向上有湘中阁、悬雷山房,其高低不齐,有凹有凸;向西可到一个很大的石洞,往往可从小石缝中间下看到滟浪坡。坡上青苔、石纹就像天然形成的,其坡宽十丈,都用小石排在那儿;坡下有石渠,可在此学古人做流觞游戏,前面的因树楼则宛如匍匐在地上。再向上就到了悬雷峰,峰顶平坦如桌面,或摆酒,或弈棋,四面望去,水绘园全景尽收眼底。

悬雷峰西边有座镜阁,像宝塔一样巍然高耸,下方有许多小屋,北边还有一座土山,土山后有碧落庐。由碧落庐向西有竹桥通向鹤屿,从鹤屿过小桥走两百步,向东即到逸园。清康熙十九年(1680),园内不幸失火,劫后余生的水绘园日益衰败。道光年间有人来游,但见断垣残壁,感慨而作诗云:"一代风骚主坛坫,百年云物剩蒿莱。数椽茅屋留香火,无复斜阳燕子来。"后冒氏族人将园地赎回作为家祠公业,园曾稍有修复。至1949年后,水绘园仅留有清代建的水明楼和雨香庵等建筑,以及周围的水面池塘,被辟作水绘公园。20世纪80年代初,为了保护这一著名园林,政府对园进行了全面的修复整理,请著名园林家陈从周主其事,修整后的水绘园基本保留了明清江南文人园林清秀、典雅的风格,主要有隐玉、雨香、琴台、竹屏、水明楼、佳话永传、影梅等景点,业已成为如皋的主要名胜风景地。

水明楼 位于水绘园洗钵池西岸。据传,此处曾是董小宛的梳妆楼,故知名度极高,是园内最主要的景点。它是董小宛辞世百余年后的清乾隆二十三年(1758),安徽盐使汪之珩在迹近荒芜的如皋水绘园内绿水空流的洗钵池畔构筑的,饱含着仰慕辟疆、崇奉小宛的深意。其得名来自于诗圣杜甫的名句"残夜水明楼"。水明楼原先以木桩为支撑,建于水上——丹楹翠飞,倒映碧波,水色光天,明艳如画,取名句而命名,既切合楼的实际,又增添了楼的诗意。

水明楼南北展开,中部耸起,头尾稍平,空间组合很是别致。加之楼下碧水漾波,对面绿柳夹岸,给人以船浮于水上的真切感受。

水明楼南北长达四十余米,前有轩亭,中有厅室,后有阁楼,借九曲三弯之回廊相衔接,远远望去,此楼侧向延伸,十分开阔,仿佛重重叠叠,深不可测,使人觉得其规模宏大,难以穷尽。然登楼游览,方知楼宽不过5米,而且处处小巧、玲珑、精致。墙是青砖细刻,窗则雕花见漏,室内空间不大,布置井然有序;室外玉梅翠竹、蕉石掩映,特别是中部以漏窗隔景,内室、中道、外廊层次分明,那冰片月洞门使全楼更添风雅。整座楼实际上是一组水上院落,建筑全建在水上,相互串通有曲桥画廊,绕以水花墙。院内点石栽花,明净雅洁,合着倒影,使人顿起"笙歌归院落,灯火下楼台"的联想。此楼又是园内主要的赏景之处,登楼临窗,纵目四顾,可以南观逸园古树亭台,东眺余氏壶岭景色,北望水绘园故址。一年四季景色不同——春天桃李芬芳,灿若云霞,紫燕戏水,斜掠轻飞;夏天楼台倒影,相映如画,连舟游荡,其乐融融;秋则北有枫树,如火如荼,东有黄花,明艳照眼;冬来隔池小山白雪皑皑,雪中青松挺立,松下红梅傲霜,绿水迎风……

水明楼内张挂着冒辟疆、董小宛的写真画像,可以瞻仰凭吊;陈列着冒辟疆的诗文、董小宛的琴台、举世罕见的红木竹屏,供人仔细拜读、倾心鉴赏。水明楼体现了我国古典园林艺术的出类拔萃、无与伦比。

琴台 置于水明楼前轩中,相传为董小宛抚琴时所用,后人习惯将置此古琴台的小巧而又雅静的前轩亭也称为琴台,是以器物而名建筑。

董小宛,名白,一字青莲。明天启四年(1624)生。金陵名妓,后客苏州。小宛天资巧慧,容貌娟妍,针神曲圣、食谱茶经,莫不精晓,尝集古今闺闱之事,汇为书,名《奁艳》。遇冒辟疆坚欲委身。后两人一起在园中度过了一段幸福的日子,直至清兵入侵。琴台为瓦制,中空,长约1.67米,宽约0.5米,厚0.27米,琴置台上琤琤共鸣声,可谓绕梁三日不绝。游人至此,睹物思情,似乎能看到在那阳春三月风和日丽之日,这位姑苏才女、金陵名妓端坐在洗钵池畔的月台上,凝思敛神,一边手拨玉弦,一边低声吟唱:"病眼看花愁思深,幽窗独坐抚瑶琴。黄鹂亦似知人意,柳外时时弄好音。"

雨香庵 在水明楼西、洗钵池上,庵之边门可通水明楼,两座园林古建筑与池结合而成为一个整体,于古园造景中别具一格。庵原是隐玉斋故地,据县志记载,唐宋八大家之一的曾巩有弟名曾肇,幼年随父居于如皋,并读书于中禅寺内洗钵池畔,置斋名为隐玉。北宋哲宗绍圣年间,曾肇防守泰州时,又将斋名镌石送到斋中以作纪念,元末斋毁,石碑也被弃,到清初才复建并更名为"雨香庵"。

庵前后共三进,中间为两座庭院,院内点石栽竹,布置很是雅静,是典型的明末清初建筑,虽经过多次修缮,仍基本保持旧观,现为南通市的重要文物。

宋桧 水绘园内著名的古木景,相传为宋代文学家曾巩之弟曾肇手植。当年曾巩之父曾出任如皋县令,曾肇随父赴任,读书于中禅寺内隐玉斋,植此桧树以娱兴。在历史沧桑变迁中,寺院变为园林,几度兴废,而此桧以特有的顽强生命力一直存活至今,仍然枝繁叶茂,郁郁葱葱,晨昏朝暮迎送着络绎不绝的游人。如今这株古桧虽历经九百春秋,却依旧枝干如铁,老而弥坚,并具清、奇、古、怪的特异风采。

"清":古桧枝干交叠,层次分明,给人清而不浑、秀姿可人的感觉。它色泽青翠,流碧泻玉,又使人顿觉悦目舒心。"奇":古桧顶如华盖,它的枝干弯曲延展,似游龙飞动。"古":古桧轮纹重重,明晰地标示着它的年龄。它植根于宋代,却健存于今朝。历数年轮,可确认这株古桧已九百开外了。"怪":古桧清新美目,它孤枝旁逸,一丈有余,而且起伏尽致,呈虬龙腾飞之势。

乔园 位于江苏泰州城内八字桥直街,创建于明万历年间,为苏北地区现存最古老的私家园林。

园林由陈应芳于明万历年间建造,因取晋陶潜《归去来兮辞》中"园日涉以成趣"之意,故名"日涉园"。后几易其主,清康熙初年归田氏所有,雍正年间为高氏所有,更名"三峰园"。咸丰年间属吴文锡,名"蛰园",后入两淮盐运使乔松年之手,遂名"乔园"。

园以山响草堂为中心,其前水池如带,山石环抱,正峙三石笋,故又名三峰草堂。山麓西首壁间嵌有一湖石,宛如漏窗。池上有小环洞桥及石梁。过桥入洞曲,洞名囊云,曲折蜿蜒山间。山响草堂之北,通花墙月门,垒黄石为台,循迂回的石磴达正中之绠汲堂。堂四面通敞,左为松吹阁,右为因巢亭。今阁与亭名存而实非。绠汲堂翼然邻虚,周以花坛丛木、修竹古藤,山石森然,丘壑独存。虽点缀无多,颇曲尽画理,是一园中另辟蹊径的幽境。

在总体布局上,以山响草堂为中心,其前凿池叠山以构成主景。后部辟一小园,别具曲笔,使人于兴尽之余,又入佳境,巧妙地组合空间。而厅北,水池横中,假山对峙,河曲藏岩,石梁卧波,相互组合,不落常套,光景自新,各风景又互为"借景"。

叠山方面,此园在运用湖石与黄石两种不同的石种上,有统一的选择与安排,使人无拼凑之感。在池中,水面以下用黄石,水面以上用体形较多变化的湖石。在洞中,下脚用黄石,其上砌湖石。在石料不足时,则以砖拱隧道代之。砖构与石构利用山涧的小院作过渡,一无生硬相接之处。

花木的配置以乔木为主,古柏重点突出,辅以高松、梅林。山坳水曲则多植天竹。庭前栽蜡梅、丛桂,厅周荫以修竹、芭蕉,花坛间布置牡丹、芍药,故建筑物的命名遂有皆绿山房、松吹阁、蕉雨轩等,从而形成四季景色的变化,充满诗情画意。

瞻园 位于南京城南瞻园路北侧,坐北朝南,是南京保存完好的明代古典园林,曾与上海豫园、无锡寄畅园、苏州拙政园和留园并称为"江南五大名园"。据明正德年间《正德江宁县志》记载,瞻园"为金陵池馆胜处",因而也被誉为"金陵第一园"。

瞻园已有六百余年历史,最早建于明初洪武年间,是明朝开国元勋中山王徐达王府内的西圃。徐达曾在此度过了他的晚年。徐达的子孙也世代居于此,并在正德年间,对瞻园进行了修葺和扩建。明末清初,虽然许多建筑毁于兵火,但瞻园却侥幸保存了下来。清代,徐达中山王府第成为江宁布政使司所在地,瞻园也就从私家花园变为官衙的附属园林。太平天国时期,这里先是东王杨秀清的府第,后来成为夏官副丞相赖汉英的衙署。太平天国农民运动失败以后,瞻园又成为藩署所在地,这园中玲珑挺拔的山石,如友松、倚云、凌云、仙人峰等,以及曲折深邃的盘石、伏虎、三猿、明通和垂云等石洞,都是明代就有的胜迹。到了清代,园中极具池、沼、竹、木之胜,小小的园林有十八景之称。清乾隆皇帝南巡回到北京以后,还特地命工匠在西郊的长春园内仿照瞻园的布局,兴建了一座小花园,取名"茹园",以示其形如同瞻园一样。清初名画家王石谷曾专门为瞻园绘图。袁枚、王士祯、朱彝尊等名流学士也都写过一些赞美该园的名诗佳句。

清同治三年(1864),清军攻陷天京,瞻园毁于兵燹。同治四年(1865)和光绪二十九年(1903)两次重修,但失却原有风貌。民国时期,瞻园为江苏省长公署、国民政府内政部及水利委员会等所占用。瞻园数经官民侵削,范围日狭,花木凋零,峰石徙散。

1960年,南京市政府委托刘敦桢教授对瞻园进行全面整修,并在保留、发扬江南私家园林风格的基础上逐步扩建。一期工程自1960年起至1966年5月止,主要依照原有格局对西部景色进行全面恢复,用太湖石1800吨,使瞻园西部景观重现了昔日风采。

1987年,国家旅游局为建设秦淮风光带,在瞻园东部按古典造园原理新建一组建筑群,有亭廊、草坪和水院,称东瞻园。竣工后,增加园林面积近4000平方米,修建楼台亭阁十三间。扩建后,东、西瞻园合而为一,成为一个整体。其山水布局保留了明清独具的风格,兼具现代造园艺术精华,瞻园成了南京古典园林艺术的代表。

静妙堂 为西瞻园的主体建筑。就中国古典园林艺术的鉴赏标准而言,西瞻园是瞻园之精华所在,也是保留明代造园风格最集中的一处。它由静妙堂和北假山、西假山及南假山组成。这里建筑无多,地域不大,但几座假山相呼顾盼,一水湾环,时而为溪、为涧、为池,将假山、建筑合宜地串合在一起,极有自由之野趣,完全符合我国传统园林"虽由人作,宛自天开"的造园原则。堂位于园之南部,隔水池与南假山相对。堂建于明代,三开间附有前廊,面积195.75平方米,室内以隔扇划厅为南、北两个部分,厅南建有月台和坐栏,可观水池和南假山风景。静妙堂明时名"止鉴堂",清乾隆时改"绿野堂",同治年间江宁布政使李宗羲修葺后,改为静妙堂,取"静坐观众妙,得此壮胜迹"之意。

静妙堂东南还有一组深深的庭院,以植物花木和湖石为风景主题,由门厅、小轩、花篮厅、半亭组成,依廊还有玉兰院、海棠院和桂花院,皆以院内花木命名。门厅兼作瞻园的出入口,为一间卷棚廊屋,门外砖门头上镌刻着乾隆手书的"瞻园"二字。沿廊步入,东为玉兰院,院中有三株玉兰、南天竺及小湖石;西为海棠院,院中除了植有海棠外,还耸立着一座奇峭的太湖石"仙人峰",此乃宋徽宗赵佶生辰遗物,高2.7米,宛若仙女含羞而立;廊之尽头为小轩,名"致爽轩",东有一门廊通东瞻园,北有一门廊通西瞻园,东北角为桂花院,院内植三株金桂,院中间亦有一明名石,名"倚云峰",高3.41米,似朵朵白云相互依偎,波纹起伏,峻峭挺拔。循廊向北,为矩形半亭,亭西可观静妙堂与南假山,东入花篮厅,花篮厅面阔三间,因两垂莲柱下端雕刻似花篮而得名,沿曲廊向北至尽头,有水榭,可俯览水池游鱼,也可西观瞻园全貌。在水榭偏东方向,又有一座小院。院内有一架紫藤,相传为二百余年前乾隆时的故物。全园布局合理,山水相映,亭榭相间,使游人远观有势,近看生趣,于平正中有奇巧,宛如天成。

北假山 面积1100平方米,为明代遗存,由太湖石堆成,临水石壁、深邃的山谷、谷上旱桥、山顶平台都保存完好。尤其是石壁下低而平的石矶两层,名"石矶戏水",为明代旧物。矶上有"水镜石",形似铜盘,聚满雨水时,犹如水镜。山顶平台采用大块石,竖缝紧贴,平面略有凹凸,立面呈三叠状石屏,高出水面9.5米,陡峭雄峙。其西有一座三折石板桥,宽仅盈尺,距水面数寸,与普生泉形成"曲桥幽泉"景点。普生泉为南宋淳熙年间挖掘,清光绪二十四年(1898),秦淮河断流,然此泉未涸。舍桥登岸,便为西假山。

西假山 面积1050平方米,横贯瞻园南北,临池以太湖石驳岸,山上有一方亭,名曰"岁寒厅",因其旁栽有松、竹、梅而得名,亦称"三友亭"。亭前为"梅花坞",植梅数十株,此处植梅自明代起,清时瞻园更以梅取胜,吴敬梓在《儒林外史》中描述过瞻园有梅几百株的盛况。沿亭拾级向南,到最高处,有扇面亭一座,原此亭以铜铸成,天寒时可于内生煤火驱寒。吴敬梓在《儒林外史》中,记述了徐达十一世孙徐咏邀请表兄陈木南在铜亭内赏梅的情景。

南假山 面积900平方米,系刘敦桢教授指导,以1000多吨太湖石堆砌而成,临池峭壁7米高,主峰9米高,由危崖、溶洞、钟乳石、磴道、石矶、瀑布和步石组成,气势雄伟,山水花木相映衬,恍如人间仙境,或大幅山水画卷。

东瞻园 由水院、大草坪和建筑三个部分组成,景色开朗明快,与西瞻园的古朴典雅形成对比。水院之中心为三开间两层楼阁,名曰"一览阁",是瞻园的最高建筑。登临楼阁,俯瞰园中山水亭台,一览无余,何宾笙曾叹道:"远笼钟阜近吞江,一览楼中景入窗。此是秣陵名胜地,许多王气酒能降。"袁枚也赞曰:"妙绝瞻园景,平章颇费心。一楼春雨足,三寸落花深。"阁下有清池一泓,池西为碑亭,嵌有清江宁布政使黄建炫的《重修瞻园记》石碑,及宫庭画家袁江绘《瞻园图》刻。池之东北有延晖亭,因夕阳余晖在此延长而得名。池之南为跌宕起伏的叠落廊,沿廊南行便进入草坪区。草坪区位于东瞻园中部,面积1026平方米,以375平方米之草坪为中心,草坪周布大块湖石,配植有松、竹、梅、海棠、樱花、枫、茶花、木槿等树木,并有玫瑰、菊、构杞、虞美人、鸡冠花、石竹、月季、一串红、金鱼草等花卉。姹紫嫣红,一派自然风趣。草坪北部有一飞檐翘角似鸟翼的小亭,名"翼然亭",为园中旧构复建,名取自清袁枚诗:"山顶翼然亭,登临见杳冥。炊烟离瓦白,高树出墙青。海镜明初日,江灯落远星。台城千万雉,拱列似围屏。"系东瞻园最佳观赏点。东瞻园的东南部由一组古朴典雅的传统建筑组成一个独特的区域,中心建筑为籁爽风清堂,面阔三间,其东为一览楼,楼门外为四品海棠院,院中有木瓜海棠、西府海棠和贴梗海棠等名贵海棠,有石桌石凳,院边有海石,间植玫瑰、一品红、书带草等。一览楼前有荷花池,籁爽风清堂南有一小院,院东为迎翠轩,对面耸立着明代遗石招鹤峰,依墙而立,原为徐达别业栝园之石,峰高3.61米,重数吨,正面凿有海水纹,古诗云:"每看孤云招野鹤,频携樽酒对名花。"招鹤峰上刻有明沈周、吴宽、钱福等人的诗词,其周还配置湖石,栽植松、柏、竹、茶花、芭蕉等花木,极其雅致恬静。

布政使衙署 清朝江宁布政使的衙署,亦是原中山王府之所在。主建筑由照壁和五进庭堂组成。照壁位于大门正对面,高7米,宽17米,厚0.5米,明黄色,镶"金田起义"浮雕。庭堂第一进由六扇对开的大门和耳房组成,面积216平方米;二进仪门面阔五间24米,进深9米;二进与三进之间,有一甬道相连,甬道长32米,宽7.5米,两旁有香樟与草坪,香樟前筑有18个炮台,放置太平天国铜炮二十尊和擂石十几枚;三进正堂为"工"字型,面阔五间24米,总进深29米,面积560.25平方米。在"工"字建筑两侧,各有一封闭庭院,面积为100平方米,院内湖石堆砌,松竹倚墙,十分幽雅;四进为暖阁,面阔五间24米,进深23米;第五进为二层小楼,面积483平方米,此楼为清历任布政使专门祭祀中山王徐达及王妃的"延安殿",现为南京市秦淮区公安分局占用。三进与四进间有回廊相连，两侧是对称的庭院。由门东入为"客次"；由门西入为"便座"；再西入为屋五楹，凡五进，现仅存一进。现三进厅堂为"太平天国通史"陈列厅，四进为"太平天国历史文物精品"展厅。四进西面第一厅为太平天国历史博物馆外宾服务部，厅前有牡丹台，袁枚曾云："牡丹者，公(方伯)所手植瞻园者也。"名冠"绛纱笼玉"，已有百年历史。其旁另有芍药、山茶、杜鹃、菖蒲兰、紫薇、红枫等花木，每花节，如袁枚诗"一自青溪拥绛纱，年年冷处受繁华"，倚南墙耸立着太湖石和石笋，配植红枫、蜡梅。西进第二厅为临时展览厅，厅前有诸多景点，厅前小院有一葡萄架，架下设石桌凳，小院南面有一方门与东瞻园相通；小院西南角有一"虎"字碑，此碑为汪伪南京考试院院长江亢虎的笔迹；小院西面有一门与西瞻园相连，门楣上有碑刻"瞻园"二字，为清乾隆御笔。

煦园　　俗称西花园。位于南京长江路 292 号大院西侧，始建于明初，虽历经兴废，但多次修葺，有着近 600 年的历史，仍为金陵有名的园囿，为全国重点文物保护单位太平天国天王府的组成部分。

明成祖二子朱高煦因"性凶悍"而不为祖父所喜，但在夺位战争中，"成祖屡濒于危而转败为功者，高煦力为多"，深得其父赞赏，永乐二年(1404)"封高煦(为)汉王"，在此建汉王府第。这个园子，就是汉王府的西园，后人以汉王之名"煦"而名其为"煦园"。

清顺治二年(1645)五月，清军占领南京。顺治四年(1647)七月，清廷在南京设立江南总督(后改称两江总督)，在此建立总督衙门。乾隆二十二年(1757)，乾隆皇帝第二次南巡时，以此为行宫花园。1853 年 3 月，太平天国建都南京，将此扩建为天朝宫殿，煦园成为天王府的御花园。1864 年 7 月，天朝被推翻后，这里又重建为总督衙门。1912 年元旦，孙中山先生在煦园暖阁宣誓就任中华民国临时大总统，园西一座西式七开间的平房为中央临时政府的办公室，园东北角小院内三开间中式两层楼房为孙中山的起居室。孙中山先生在煦园内工作和生活了整整三个月。1927 年后，国民政府的总统府设在这里，煦园就成为总统府的花园。

煦园内花木翠竹参差、亭台楼榭俱全、假山奇石散落、清水碧潭相映，景色优美，气候宜人，具有较为典型的江南园林的特色。虽历经沧桑，几经修整，仍然花木繁茂，湖水荡漾，四周楼阁亭台倒映池面，宛如优美的山水风景画卷。

中心水池　　由西厢北端西入园门小院，园门上方镶嵌砖刻"煦园"二字的门额。入门迎面为一六角亭矗立于假山之上,有石径可拾级登亭。倚亭从高处看景,最引人入胜的是中心水池。水池系人工开挖,长15.5米,最宽有5.2米,形如花瓶,曲岸颇具韵趣。其居园子中央,水面分互相关联的三个部分:南端置石舫,由石桥与两岸相通;中部为宽阔水面,形成石舫向北航行的意境;偏北段建"漪澜阁",左右以两石拱桥与两岸相连。漪澜阁为园内主体建筑,歇山顶、三楹,漏窗、花隔扇,木雕精致,现辟为太平天国历史陈列室。

水池周边布景巧妙,独具江南园林曲径通幽、小中见大的特质。池东置一卷棚顶水榭,称"忘飞阁",临水设美人靠,是观鱼嬉水的好去处。榭东南隔院有一茅亭,六角起翘,中竖巨石,形似怪兽。亭后建一"花厅",有曲廊相通,相传洪秀全常在此看戏,现辟为孙中山事迹陈列室。沿曲廊北进,可达孙中山起居室小院。池西南有望亭。亭分上、下两层。下层室内墙上嵌一小石碑,碑面镌刻陶澍上清道光皇帝的小楷奏折致谢文字和《资江印心石屋山水全图》,故此亭又有"印心石屋亭"之名。登亭北望,全园景色可尽收入眼底。池西,与水榭正对为夕阳楼。楼为三楹,歇山顶,分上、下两层,室内陈列杂木家具供人歇息。楼西别院为孙中山临时大总统办公室,现陈列着辛亥革命史料。楼北池边有一座用太湖石堆砌的假山,山巅置一用花岗岩刻制的龙头,形似盘龙戏水;山后设一平台,中置石桌、石凳,可供游人休息。山西贴围墙建一半边方亭,亭内嵌有乾隆皇帝手书赐给两江总督萨载和书麟的石碑。

桐音馆 鸳鸯亭 在中心水池东侧,梧桐丛中有一翘角飞檐的方形建筑,因其掩映于桐荫之下,风雨带来特有的悦耳声响而得名为"桐音馆"。其内摆设方桌、藤椅,是盛夏谈天消暑的好去处。馆南建有金陵独有的亭子,两亭相连,压角重叠,形二实一,浑为一体,密不可分。因其投影之下为吉祥图案方胜形,故雅号为"方胜亭";又因其从基础到亭顶难解难分,形似鸳鸯,故又俗称"鸳鸯亭"。

印心石屋 假山在桐音馆北,山内设洞,洞洞有石径相连,高低起伏,盘绕贯通,步入石径,犹如进入迷宫。假山底部中置一石刻横额,上刻道光皇帝赐给两江总督陶澍而亲题的"印心石屋"四个大字。故陶澍将他的文集也冠以《印心石屋文集》之名。

石舫 中心水池南部的石船,系两江总督尹继善于清乾隆十一年(1746)所造,名为"不系舟",现称石舫。舫长14.5米,头宽4.63米,尾宽4.56米,棚高2.77米,分前后两舱,坐南向北。前舱为正厅,摆设红木家具;后舱为驾驶室,水下设舵,后座外壁砖雕精美。石舫左右有石桥与两岸相接。相传天王洪秀全常与诸王在此讨论政事。孙中山先生也曾在舫内接待过外国友人。

三段碑 中心水池西边墙上嵌有青石碑三段,俗称"天发神谶碑",原刻于东吴天玺元年(276),系吴末帝孙皓的纪功碑。因断成三段,故称"三段碑"。相传为华核撰文,皇象以垂露体篆书。原碑毁于清嘉庆十年(1805),现碑为宣统元年(1909)两江总督端方请名家摹刻,自撰题跋于旁。

原总统府 煦园占地3.1万平方米,因为其性质是属于官衙、府第的花园,建筑占有较大比重,因此鉴赏其妙处,还须要从整个建筑角度去考察,方能领略其情趣。北洋政府倒台后,国民政府以南京为都,以原两江总督衙门为总统府。这里的建筑均为清末同光年间所造,唯后楼系民国十七年(1928)林森所建。因林森字子超,故将这一西式五层楼房命名为子超楼。林森和蒋介石都曾在楼内办公。子超楼西侧的图书馆三层楼亦为国民政府所建。号称999间半的两江总督衙门,坐北朝南,气势雄伟。高大的门楼三门出入,两旁石狮蹲坐左右,对面为高大的弧形照壁。照壁前竖立郭沫若所书的汉白玉石质的"太平天国百周年纪念碑"。步入大门,是长110米、宽86米的天井,迎面为五楹大殿,红柱青瓦,气势威严,后壁上方高悬孙中山手书"天下为公"匾额。从大门向里望,通过天井、大殿,为一长340米的深不可测的长廊,更显出其森严无比。大殿前东、西两厢房相接;长廊左右安排若干院落相连,结构严密,布局合理。

豫园 位于上海市区东南隅旧城(即老城隍庙)内北部,是市区内唯一保留完好的一座明代古园。园始建于明嘉靖三十八年(1559),为当时刑部尚书潘恩之子潘允端所建,其初营之目的乃为其父母安度晚年提供一个美好的环境,故题名为"豫园"。"豫"在古代汉语中有"安泰""平安"之意,常用于小辈对长辈的敬词,"豫园"即为豫悦双亲、敬养父母的园林,带有"孝"的意味。为了方便老人们的游赏,花园选址紧靠潘家宅第东边的一块菜地,"稍稍聚石,凿池,构亭,艺竹",开始了建园活动。后潘允端考中进士,离开故里去四川为官,无法主持园林之修建,正如他在《豫园记》中所说:"垂二十年,屡作屡止,未有成绩。"万历五年(1577),园主告病归沪,一心营建园林,规模渐大,总面积达七十余亩,现在豫园围墙外的大荷花池、湖心亭(当时称凫佚亭)、绿波廊、湖滨点心店(鹤闲亭)、南翔馒头店(濠乐舫)、春风松月楼(凝晖阁)等大片地区当时均为园中著名景点。费资千万,潘家所拥大片田产尽"每岁耕获,尽为营治之资"。园主知诗懂画,又不惜工本,故园中亭阁楼台相比而立,曲径游廊相绕,奇峰异石兀立,花树古木相互掩映,景色极为秀丽。

豫园建园之初,正值明中叶江南文人造园最繁荣时期,上海附近的松江、太仓、昆山直至苏州,私园不下数千,而豫园"陆具涧岭洞壑之胜,水极岛滩梁渡之趣",为当时文人所称誉。有人将豫园同文坛领袖王世贞在家乡太仓所建的弇山园相提并论,称此两园一东一西,"百里相望,为东南名园之冠"。王世贞本人亦与潘允端相好,曾多次游豫园并作诗文以记之,而堆叠豫园黄石大假山的山师张南阳,亦是弇山园假山景的建造者,可见两座名园艺术上的相通。

明末清初,潘氏家族衰落,豫园也渐荒废。清康熙年间,上海城隍庙为了城内士人乡绅公共活动之需,购买了庙堂东部一块地建造庙园,即灵苑,乾隆年间,有影响的士人乡绅又集资将庙堂北边及西北的大片豫园旧地集中买下,"醵金购其地,仍筑为园",恢复当年的园林风貌,于是豫园旧地上便有了两座园林:东园(即原灵苑)及新修复的西园。尽管东、西园在性质上有所改变,从文人私园变为士人、乡绅集会雅玩的公共游豫花园,但基本上还保留了潘氏旧园的规划布局和明秀雅洁的风貌。文人萧承尊有诗写当时湖心绿波亭一带美丽景色:"如墨云明掩夕晖,模糊烟柳影依依。无端几点催诗雨,惊起闲鸥水面飞。水心亭子夕阳红,九曲栏干宛转通。小坐忽惊帘自卷,晚凉刚动藕花风。"完全不是今日看到的臃肿沉重的湖心茶室、38米长的混凝土呆板曲桥及四周商店林立的大煞风景的形象。

1840年,鸦片战争爆发,豫园也随着帝国主义列强的枪炮声,度过了血泪斑斑的一个多世纪。1842年,英军攻陷上海,强占西园为驻军营房,花园遭到毁灭性的破坏。1853年,小刀会起义,以西园点春堂为指挥部,失败后清军驻扎于园,又使花园"风光如洗,泉石无色";为了防备太平军进攻,请来的外国雇佣兵洋枪队也驻扎于园内。除了兵灾战火的蹂躏,豫园还遭到商业行会的蚕食。清后叶,上海商业发展较快,各行业均成立同业公所,道光年间,一些商会开始在园内设立公所。同治六年(1867),西园房地产被二十一家同业公所瓜分完毕,城隍庙的庙市渐渐与豫园旧址连成一片,园内茶馆酒楼相继兴起,商贩丛集,算命测字的、江湖献艺的,以及贩卖花鸟虫鱼的充斥其间。寮棚货栈到处乱搭,园林幽趣已荡然无存。1949年后,为了保护这一珍贵文化遗产,人民政府拨专款对豫园进行了数次大规模修复,1959年,豫园被定为上海市级文物保护单位,1982年,又升为全国重点文物保护单位,古老园林再一次焕发出青春的魅力。

现存豫园占地约三十亩,除了荷花池、湖心亭及九曲桥被划为园外景点,当年佳景已基本恢复。全园的布局章法特点,可用三个字概括:"屏":由于花园处于商业极繁华的地区,故四周以高墙围闭,除了东界墙(临安仁街)之高处开有装饰性的花窗外,其余均为实墙,以使花园能"闹中取静""门掩无哗"。"隔":花园占地不大,又因历史原因有数组较为正规的厅堂,故全园以各式花墙隔成相对独立的六个分景区,各有其自己的观赏主题,计有仰山堂、大假山景区、万花楼景区、点春堂景区、会景楼景区、玉玲珑景区,以及自成体系的园中之园——内园景区。"通":各景区间以曲廊、各式门洞、小径相贯通。除了内园之外,其余五区间联络极为方便,游人常在一转身、一抬头间便步入下一个景区,给人以曲折无尽、隔而不断、含而不露的审美观感。园中佳景多以建造精美的厅堂楼台为主题,建筑密度较大,此乃历史原因造成,经造园家以水、石、花木等自然物之装点,犹可藏拙。而园西北隅之黄石大假山及玉华堂前之玉玲珑,为集中表现自然美之佳品,名垂我国古典园林艺术的史册。

三穗堂 正对豫园大门的一座高敞轩昂的主厅。以今天布局看,主厅当门而立,直而露,并不符合古典园林造园原则,而从历史看,三穗堂却是主赏荷池水景的重要风景建筑。潘允端《豫园记》云:"前距大池(即园外荷花池),限以石栏,有堂五楹,岿然临之,曰'乐寿堂'。"清乾隆二十五年(1760),在此堂旧址上重建的三穗堂仍然是园中主要赏景点,当时"堂之前分植桧柏,面当大湖,颇具广远之势,湖心有亭,渺然浮水上,东西筑石梁九曲以达于岸"(乔钟吴《西园记》)。今堂前柱上挂有清人所作一联:"山墅深藏峰高树古,湖亭遥对桥曲波皱。"颇能勾勒出当年四周的优美景象。盛清时,朝廷曾实行"弛海禁"之政策,上海成为海上南北运输的枢纽,商业发展极快,当时城内及小东门一带店号鳞次栉比,唯有到此才能觅到一块静地,"觉城市而有山林之趣,尘障为之一空"。故道光时兵部侍郎翰林院编修陶澍曾书"城市山林"四字匾悬于豫园这座主厅之内。此厅在清代曾是上海绅士富商集会活动如庆贺圣典、宣讲圣谕之处,其题名出自《后汉书·蔡茂传》所载三穗禾的故事;蔡茂未出仕时,曾梦见梁上长出一枝有三穗的禾,他只采到中间一支。第二天有人告诉他,梁喻为栋梁之才,梁上有禾喻为君子之俸禄,而取得中禾预示着将要得到中台之位。未几,蔡茂果然被征辟为官,后人就以三穗来比喻读书人可望入仕的祥兆。因为此厅常有文人聚会,故其额对亦较具文意,今日在"三穗堂"匾之上悬有"灵台经始"一匾,脱文于《诗经·大雅·灵台》中的"经始灵台,经之营之"。灵台是周文王苑囿中的高台,是祭拜上天和观察天上祥瑞所用的。这类匾额一般在私家园林中很少有敢挂的,因该堂曾经为庙园,又是宣讲圣谕之地,故挂此联用以象征天降祥兆,保国安民。堂内还挂有一联:"此即濠间,非我非鱼皆乐境;恰来海上,在山在水有遗音。"此联以看水景、听水音为契机,引用了古代两个著名的典故，上联用了庄子和惠子在濠水上观鱼讨论鱼乐我乐的故事，下联暗嵌了俞伯牙、钟子期奏高山流水结知音的典故。"海上"是上海的别称，此联既点出了豫园的所在地，又含蓄地表明了园内风景、看鱼玩水及游山的主题，堪称堂中之佳联。堂之木构为五开间，单檐歇山顶，建造精美。门窗槅扇上雕有稻穗、黍稷、麦苗和瓜果，屋顶垂脊下立有砖雕三国故事，此堂形制完好地保留了盛清厅堂建筑之特点，是豫园也是上海旧城内最古老的建筑之一。

仰山堂 位于三穗堂北的一座两层楼厅，底层题作仰山堂，楼则称卷雨楼，是豫园大假山区重要的风景建筑。堂与主厅三穗堂位于同一轴线上，中间仅隔一小天井，堂南正中悬有"仰山堂"额匾，其名取自《诗经·小雅·车舝》中的"高山仰止，景行行止"句。后来司马迁在《史记》中将孔子比作泰山、北斗，"仰山"一词又常被古代文人借用于表达对孔夫子的仰慕。此处旧时常作文人集会之所，"仰山"首先表达了景仰孔子这一层含义。然而，转过堂中隔板，映入人们眼帘的便是荷池对岸的黄石大假山，山高 16.7 米多，在低平的上海，可算作是"高山"了，题名又如实地点出了此处赏景之特点，这一实一虚的双重含义增强了厅堂建筑的文化内涵。于此隔水观山堪称豫园一绝。堂北临水有曲折的敞廊，专为赏景而设，山之主面朝南，阳光一照，山石嶙峋有明有暗，立体感很强。石之飞梁悬岩，涧谷一层一层，极有层次。古木丛中，山巅望江亭隐约透出，犹如一幅溪山古木图。曲槛上悬有一额匾，其辞为王羲之《兰亭集序》中的名句："此地有崇山峻岭。"点景言简意赅，又能令人发思古之幽情。堂内复有清代上海名绅毛祥麟所作一联："馆蒨深亭高敞效敬恭于明神，山芊确水沦涟极林泉之幽致。"上联写厅堂的建筑之美和使用功能，下联则道出所赏景色的自然之美，是以诗文形式对古典园林主要厅堂实用和赏景双重功能的很好说明。堂侧有梯可登卷雨楼，楼为曲折楼台，形制极为美观，临池的双重飞檐，前后参差错落，升起十数只翘角，宛如一群飞雁振翅欲飞，极有动感，堪称古典园林建筑的一大杰作。屋顶曲线的复杂多变和反翘，能使雨水向许多方向飞卷和溅落，为雨天观赏增加了一道美景。唐王勃有"画栋朝飞南浦云，珠帘暮卷西山雨"之句，宋苏轼有"春风摇江天漠漠，暮云卷雨山娟娟"之诗，均写雨景之美，楼之得名也来于此。楼古时为文人雅集咏吟之地，写景联文较多，如清人沈炳垣有联云："楼高但任云飞去，池小能将月送来。"文字朴素简练，近乎白描。与之相反的是晚清著名国学大师俞樾所撰一联："邻碧上层楼，疏帘卷雨，画槛临风，乐与良朋数晨夕；送青仰灵岫，曲涧闻莺，闲亭放鹤，莫教佳日负春秋。"此联结合赏景用典，雅致而无人工雕凿之痕，可惜原联已佚，今联由俞樾之曾外孙、著名数学家许宝騄先生重书,也续了这一段园林文学之轶事。

大假山 耸立于豫园西北隅,与仰山堂隔水相望,为现存江南最大、最完整的黄石山,由明代江南著名叠山艺术家张南阳设计堆叠。豫园建造400年来,厅堂亭榭毁了又建,多不是原物,唯有此山历经万劫而安然无恙,历代文人因它的山水之美,留下了许多赞美文字。到晚清,王韬还很真实地写下它的山林野趣:"奇峰攒岪,重峦错叠,为西园胜观。其上绣以莹瓦,平坦如砥。左右磴道,行折盘旋曲赴,或石壁峭空,或石池下注,偶而洞口嵯岈,偶而坡陀突兀,陟其巅视及数里之外,循径而下又转一境,则垂柳千丝,平池十顷,横通略约,斜露亭台,取景清幽,恍似别有一天。"这一宛自天开的艺术境界的创造,反映了作者叠山造景技艺的高超。据史籍载,张南阳用画法叠假山,随地赋形,能做到千变万化,仿佛真山水,其作品妙于用石,见石不露土,能应用大量山石塑造各种自然峰峦奇观。尽管他当时堆叠过许多名园的假山,但均已无存,此山为他杰作之人间孤本。

大假山有三大特点:一为气势宏大,整体性强。虽然它是以浙江武康黄石一块块堆叠而成,但艺术家运用多种手法将无数大小不同的石块组成一个浑然整体。山中有石壁深谷,有幽壑磴道,有悬崖岩洞,还有泉流山涧。无论从远处观望还是深入其中,都能感到它磅礴宏大之气势,宛如来到自然界的万山丛中。二是开合得体,自然多趣。古园堆假山与画山一样,妙在开合,据古代画论,"开"是分散,"合"是集中,开合便是妥善处理"散"与"聚",即分散和集中的矛盾。陈从周教授在《说园》中说:"明代假山,其布局至简。磴道、平台、主峰、洞壑,数事而已,千变万化,其妙在于开合。何以言之?开者山必有分,以涧谷出之,上海豫园大假山佳例也。合者必主峰突兀,层次分明,而山之余脉,石之散点,皆开之法也。"此山之开法得力于一条纵深的涧谷,它切入山的腹地,使雄浑的山体向南伸出两条支脉,渐渐低下而与水池、涧溪交融在一起,这在国内古园假山中是独具一格的。三为山路磴道,尽曲尽变。假山不仅能看,还要能游,此山游道设计极有趣味,一条从"溪山清赏"门到前山,经过山麓的挹秀亭,沿山势起伏曲折蜿转而上,或为磴道,或为斜坡,有时要攀援在从绝壁挑出的悬石上,有时则跨越凌空架于一涧谷的小石板(亦称飞梁),山道尽曲尽变,又奇又险,趣味无穷。另一条由后山上,磴道从萃秀堂右侧起,穿过曲洞盘旋而上,路线很陡,几乎是盘旋垂直向上,更是危险无比。拾级而上,两侧危石崚嶒,涧谷幽深,好像是从山石绝壁上开出的云梯上向上爬。大假山景色奇佳,体量又大,但它并不是一览无余地显露在游赏道上让人观看,而是用楼廊相绕,藏在花园之一角,可谓中国园林讲究含蓄、注意"曲而有奥思"的佳例。

渐入佳景 仰山堂东侧的游廊,廊跨于水湾之上,是进入大假山及豫园其他景区游览的必经通道。廊之入口处建有半亭,两侧以粉墙遮隔;亭左右立一对姿态生动、铸工精细的元代铁狮,使廊口处理宛如亭台建筑的正门。游人于仰山堂北轩廊隔水观山,美则美,但却是"可望而不可即",欲进入山间细赏,必定要步下堂奥经由此"门"。未入廊口,便可见远处的游廊正中粉墙小隔断前立有一苗条太湖石峰,状似美女柔腰顾盼,秋波频频,此为著名的峰石"美人腰",奇石上悬有一匾,题为"渐入佳景",点出了游廊赏景的美学特征,其典出自晋代大画家顾恺之的轶事。据《晋书》记载,顾恺之十分喜食甘蔗,并很讲究吃法,即先从甘蔗头部往根部吃,有人问其道理,他答道:甘蔗越到根部越甜,从上往下吃,可始终感到美味,而且越吃越甜,此谓"渐入佳景"。以后这一典故常被用来作园林中引人入胜风景的题名,如避暑山庄便有一景叫"食蔗居"。此廊由厅堂通向主要山水景点,正有此功效,故名。信步廊中,两边景色形成绝然对比,两侧为仰山堂多姿的倩影以及大荷池一泓清波,建筑及假山一南一北倒影其上,浮光掠影,分外有味。东侧则利用廊及花墙间的隙地,布置成一狭长的小庭,内植竹栽花,十分雅致朴实。游廊向北深入假山,尽头粉墙上有一石碑曰"峰回路转",道出假山游径之曲折多变;墙东有一洞门即是入山通道,门上题额为明代东吴四大才子之一祝枝山所书的"溪山清赏",辞文取自晋谢朓诗,是豫园中珍贵的文物。游廊在此作一垂直转折,正向东去,通往万花楼景区。

望江亭 黄石大假山顶上之小亭。因古时上海城厢没有高楼,假山为城内制高点,站此亭中向东眺望,"视黄浦吴淞皆在足下。而风帆云树,则远及于数十里之外"。此亭是海上文人重九登高赏景之处,故名。亭四方,攒尖顶,其立基很有特点,并不建于最高岩石上,而是退一步于次高之平台上,如此既衬出了顶峰之高峻,又可缓冲夏时强劲的风力,是古典园林风景建筑讲究含蓄的佳例。亭柱悬有一联:"凌虚瞻极浦风帆梢头秋色,俯视挹层楼觚影石畔波光。"上联写高瞻远瞩遥望黄浦江的景色之美,下联则写近景,突出建筑亭台之美。因大假山高于卷雨楼,从上俯视能全面欣赏层楼多变和飞翘的屋顶。"觚"即觚棱,系古建筑屋角呈方角棱瓣的屋脊,其倒映荷池中,合着山石波光,恰如联中所写出的美妙意境。

萃秀堂 在大假山东北隅的峭壁异石间。堂为这一景区的尽端建筑,后边即邑庙闹市,故用高墙围闭,为了更好地屏隔噪声,堂西北用了两重白粉墙高高围起。前边和正西向均是大山的峭壁危崖,唯东边可通向万花楼后侧的亦舫。其环境位置犹如山中的小盆地，周围的高墙石壁阻隔了尘世间的喧哗，显得格外静谧。而静坐堂中，推窗便可细赏黄石假山的磊块石壁，以及石面的质地纹理，是为古代画论"近观取其质"而特别设立的近赏山景的建筑，由于堂与山之间距离很短，堪称开门即山，因此更觉主山之高大险峻。清人乔钟吴曾记述过他在此处观山的体会："由萃秀堂出，右仰巨山，层崖峭壁，森森若万笏状。其金碧秀润之气，常扑人眉宇。遥望之若壶中九华，天造地设，几不知其为人力也。"壶中九华为仙人居住之地，金碧秀润之气亦是仙境洞天福地散发的祥瑞之气，以此来比拟萃秀堂前的山景，评价是很高的。堂始建于清乾隆二十五年（1760），是重修西园工程的一部分，历时两年完工，建筑精美雅朴，据《西园萃秀堂记》说，其得名萃秀，"盖取一园山光水色，竹坞花栏，吐纳深藏，别成妙界……"现堂内挂有一联："花香入座春风霭，曙色凝堂椒气浓。"描绘的是山野花香、春风曙色之美。据专家评定，此堂实为豫园最幽静宜人之处。

万花楼 大假山东边院落中的主体建筑。这一景区以花木竹石景为主题，在游览过大假山周围较为雄伟的山水景之后，沿曲廊进入此院，耳目为之一新：楼前是一片洁净的卵石铺地，尽头文石栏杆下，则是一湾从西边荷池流来的小溪，溪南为分隔景区的粉墙，墙前有一长条隙地，被造园家因地制宜地堆叠起一座峰峦突起的依壁假山。峰石前，翠竹、南天竹、兰草等植物迎风摇曳。楼前近水处，一左一右挺立着两株古木，原为园主潘允端亲手栽植之银杏，树龄已有400年，后东边一株病死，补植巨大广玉兰一株，枝叶蔽天，是一幅宁静的溪流竹石小景。楼内挂有楹联一对："桂馥兰芬水流山静，花明柳媚日朗风清。"恰如其分地点出了这一庭院水动山静和风花雪月虚景的交织，意境绝佳。依照我国园林的格局，在作为花园主体的大山水景区近旁，每每要设置一些较小的庭院，里边叠些小假山，立几座峰石，栽植些大中型花草及小型观赏植物，以作为大的山水风景空间的陪衬和调剂。这是形式美对比手法在古典园林中的活用，能较好地增强艺术的感染力。万花楼庭院与西邻的荷池大假山，便是存在着这种互衬互补的关系。楼建于豫园花神阁遗址上，改建西园后题名为"万花深处"，在清道光二十三年（1843）又重建。晚清因与城隍庙诸神相隔咫尺而被饼豆业公所改为神尺堂，1949年后恢复旧名。

鱼乐榭 位于会心不远复廊南边的溪水之上，从假山前大水池分流而来的水经过花墙从东、南两边围绕着小榭。小筑凸入水中，造型简洁，比例得体，傍山枕水，环境独特。榭前溪水中，养金色、红色鲤鱼无数，是园内观鱼之佳处。两侧亭柱上原悬有一联："鱼乐人亦乐，水清心也清。"点明了以情悟物、以情看景的赏景主题。

我国古典园林多设立玩水观鱼的景点,其源头亦来自此,它结合了形象、情感、趣味、理念等多种因素,成为备受游人喜爱的静观小景。除了观鱼,小榭还有两个别处不易看到的景色:一是隔水花墙。榭前溪水东流,为了使环境更幽闭,于水上筑花墙一垛以分隔园景。墙灰瓦为顶、白粉刷面,墙下临水处开半圆洞门以通水流,半圆拱上开一精巧之漏窗。此墙隔水,隔而不断,景色有障有透,是园林艺术在有限面积内创造无限感观的大手笔。二是吉木景。榭南隔水有小假山,旁有一架古紫藤,为建园时所植,龄逾四百年,每到春日,开出白色花朵,璎珞满架。

会心不远 万花楼南边的一条复廊,西起鱼乐榭北侧的一座方亭,并与大假山区的渐入佳景游廊相贯通,东端至两宜轩。其题匾悬挂于方亭中。复廊是将游廊用白墙一隔为二形成的,墙上设有各种花果图案形式的窗洞,人行廊中左顾楼台掩映,右望溪流峰石,不同景致相映成趣。廊之得名来自《世说新语》:南朝梁简文帝萧纲和大臣们一起游御苑华林园,对左右跟随的人说:"会心处不必在远,翳然林水,便自有濠濮间想也,觉鸟兽禽鱼自来亲人。"意思是说领会理解风景不必从远处去觅寻答案,它就在我们的心中。只有提高自身修养和审美能力,看山水时便会有濠梁观鱼的体会,就会对自然界的一切产生一种恋恋不舍的亲切之感。这便是古代品园"以情悟物"的观赏方法。清代园林鉴赏家张潮在《幽梦影》中曾说过:"山之光,水之声,月之色,花之香,……真足以摄召魂梦,颠倒情思。"万花楼小院有清溪流水,有各种花香,花隔墙上下又能见到大假山之倩影,再加上朦胧月色,堪称赏景"四美俱"了。在进入此一景区的廊首悬"会心不远"一匾,既是点景,又可发人暇思,不失为风景建筑与文学艺术相结合的佳例。

两宜轩 位于万花楼西南的复廊东端,面山对溪面,有古人"观山观水两相宜"的情趣,故名。"落霞与孤鹜齐飞,秋水共长天一色。"唐王勃《滕王阁序》中的这对名句之所以被千古传颂,是因为点出了秋水秋景的神韵,精于赏景的古代文人认为秋水透澈可鉴,最为吸引人,后来又常用秋水借喻人的品格神采清澈有风格,如杜甫便有诗云:"大儿九龄色清澈,秋水为神玉为骨。"两宜轩古时就被视为赏秋水之佳处。它凸出于水中,从水花墙流来的溪流清澈可鉴,一边是曲廊小榭,一边是粉墙前湖石堆叠成的自然形驳岸,犹如山涧石矶。此处水面较窄,清流有声,其景象与大假山前作为衬托涵影的大池之水相比,又别有一种情调。轩内挂一联:"闲看秋水心无事,静得天和兴自浓。"它勾勒出此轩静赏秋水的风景意境。在探首俯赏秋水长流之余,抬头细看隔岸石壁假山,翠竹弄影,在白墙的衬托之下,格外清丽。

点春堂 豫园东北部景区的主厅。厅堂原建于清道光之前,是西园赏春的主要景致。"点"即点缀、勾勒,"点春"即勾画出春天的景色。古人多有点春之说,晚唐温庭筠便有"风飘弱柳平桥晚,雪点寒梅小苑春"之句,苏东坡的"翠点春妍"更是有名,以点春为名明确表明了此处的赏景主题。道光初年,在上海经商的福建花糖洋货商在这里成立了花糖洋货公所,曾进行了修缮。1853年9月,上海爆发了以陈阿林和刘丽川为首的反清武装斗争,即小刀会起义,以此堂为指挥所,所以点春堂的雕梁画栋是上海市民反清斗争浴血奋战的见证。1961年,郭沫若游园时曾挥笔作诗:"小刀会址忆陈刘,一片红巾起海陬。日月金钱昭日月,风流人物领风流。玲珑玉垒千钧重,曲折楼台万姓游。坐使湖山增彩色,豫园有史足千秋。"见景而触发了对小刀会斗争的赞美之情。起义失败后,此区春妍的风光毁坏殆尽。到同治年间,这里重归花糖公所,并经历了一番集资重修,历时四载才完工。修复后的厅堂规模较宏大,为五间加两梢的正规歇山顶建筑,装修精致细巧,门窗隔扇上均雕有精美的戏曲人物。除了主厅,这一景区还包括飞飞跃跃、学圃、古井亭、藏宝楼、打唱台、和煦堂、钓鱼矶、快楼、静宜轩及听鹂亭等厅堂亭楼,建筑较为密集,但造园家还是妥帖地导以泉溪、堆以假石、配以花树美石小景,在较为正规的布置中做到了"花木阴翳,虚槛对引,泉水漾洄,精庐数楹,流连不尽"。其主要山水造景有两处:一是堂东南的抱云岩及流向和煦堂的水池;另一处位于堂北,池水直接流向堂下,池畔有假山,山下有洞,流水漾洄,上有小轩,即"学圃",池边复有水榭飞飞跃跃,西侧则是古井亭,用以保护一口明代古井。这一组山水景平日游人少至,较为幽静,与堂南一区适成对比。

抱云岩 点春堂东南的湖石假山。山倚界墙凌空垒起,腹空而为洞壑。洞较深,双双联立,有曲径贯通,洞前石矶伸入池中,山脚散点小峰,塑造出水石交融的山林景象。洞上建有双层高阁,下层题作延爽阁,上层即快楼。小阁是这一区的赏景制高点,登高远望,心旷神怡,胸臆为之大快,故名。楼的造型亦很别致,回廊低栏,四边开敞,以便赏景,而其立于假山上的高耸体形及多变复杂的屋顶,又点缀勾勒了峰峦之美,是点春堂、和煦堂中静赏的很好对景。楼内有一联:"曲槛遥通沧海月,虚檐不隔泖峰云。"游人每至此,均要翘首西望,似乎能隐约看到松江的九峰三泖诸山。此联以文学的夸张来形容其位置之高。在极小的基地范围内堆叠起如此高耸的假山,又能使之与两侧厅堂及花木景致相协调,可明证我国古典园林堆山技艺水平之高超。

凤舞鸾吟 俗称打唱台,在点春堂正南,台口北向,正对着点春堂的明间,为目前上海地区保存最为完好的一座清式戏台,当年原是花糖公所岁时作祭供和平日作宴请演唱之用。戏台规模不大,但制作极为精细,梁栋涂金染彩,装修精雕细镂,台面及柱均为石构,戏台后半架于小水池中,以利用水面的反射,增加声音的共鸣,使之更圆润动听。台口原先挂有"凤舞鸾吟"的大匾,很形象地反映了中国古典戏曲"以歌舞演故事"的特点,戏台也因此而得名。这座独特的小筑造型很美,平面作"亞"字形,八只翘角飞檐柔曲向上,四面均可观赏,因此绕台一周可见四副对联,古代常将东、南、西、北四向与春、夏、秋、冬四季一一对应起来,戏台的四联亦分别描绘了四季风景。东联写春:"大地春回看处处柳眠兰笑,小园客住听声声燕语莺歌。"南联写夏:"一曲薰风允矣阜财能解愠,三生拳石宛然含笑共争妍。"这两联在写景之余,均暗嵌了听歌唱曲的场景,点明了建筑的使用功能。西联写秋:"花扫闲阶仰仙子凌波未去,榻悬高阁逢诗人扶杖遨游。"秋为落花时节,故要扫花,凌波仙子即是水仙花,产自福建,这里借喻福建商会。下联以徐孺与陈蕃的友谊来表明点春堂的主人都是高雅之士。北联在戏台正面,其联文为:"遥望楼台斜倚夕阳添暮景,闲谈风月同浮大白趁良辰。"冬为岁之暮,文人咏冬皆有伤感之意,浮白指满杯饮酒。旧时,乡绅文人常于点春堂内一边听曲看戏,一边饮酒,此联劝人们不要错过良辰美酒,尽享美好时光,反映了晚清士大夫消极颓废的思想。明中叶以后,园林同昆曲关系越来越密切,在园中唱曲,音美、景美、人美,是文人雅士很喜爱的娱乐活动,凤舞鸾吟小戏台是园林艺术与戏曲艺术相通相亲的一个佐证。

和煦堂 在凤舞鸾吟小戏台南,是一座方形四面厅。抱云岩下水池包过戏台之后,又向南分流,直至堂北,南向是分隔景区之隔墙,其瓦顶作龙身状,与点春堂南东围墙上之砖塑龙首相呼应。隔墙前有倚壁小假山,小坐堂中有背水面山之感。此堂与点春堂一南一北,构成了景区的骨架。"和煦"的本意是阳光明媚暖和,田园山水诗的创始人谢灵运有"当严劲而葱倩,承和煦而芬腴"之句,后世文人常以和煦来形容春天的阳光,所以,此堂题名与点春堂又是承上启下,相互呼应,非常自然。该堂在晚清是上海名人聚会研讨艺术之处,现堂内挂有一联:"六艺笙簧百家枕籍,流声金石落纸云烟。"为上海著名画家徐渭仁(任伯年之老师)所书,联文道出了当时画坛雅集名园,"挥毫落纸如云烟"的盛况。

静宜轩 点春堂景区东南角的园中之园。点春堂区的布局较为严整,全区平面基本为方形,南北长,东西窄,前后排列了好几进建筑,这在古典园林中是较为少见的。为了打破建筑较密集而引起的呆板气氛,艺术家煞费苦心,利用边缘隙地筑山凿水，塑造自然景致，或者于局促的范围内再造小园，以有限的基地创造出多变绵延的景色，静宜轩小院便是利用抱云岩南边界墙前的隙地建造的。小院紧靠和煦堂东侧，四周绕以花墙，南边入口位于堂前空地上，门小而雅，并不醒目，游人只有步到其前，才知里边还另有洞天。小院精小而幽静，轩面西，背倚界墙，轩外植花木少许。午后，西边的阳光透过有别致图案的漏窗投射到地面和轩墙上，形成光和影的变动构图，饶有趣味。由轩侧穿过小廊，可至听鹂亭，此为豫园唯一的以赏鸟语为名的景点。元人杨载诗云："柳梢听得黄鹂语，此是春来第一声。"故名，以此与"点春""和煦"相配合，突出景区赏春的主题。

会景楼 在点春堂景区的西南侧，为一两层楼阁，楼下厅堂题作敦厚堂。由和煦堂南的西墙穿过一砖雕隔弄可至。楼外形高耸，始建于清同治九年（1870），原为这一景区的最高观赏点，登楼可观全园及墙外湖心亭一带景物，故名"会景"。楼坐北朝南，与玉华堂遥遥相对，原先它们之间未有粉墙相隔，两区乃合称豫园东部，地广而景空，仅有几座建筑错落其间，特别是西南边的得月楼的两层长屋耸立眼前，体量过大，与水边的流觞亭等景不相协调。根据古代造园理论"园必隔，水必曲"的原则，近年修复园景时在月华堂、得月楼前建起一道粉墙，又将会景楼西侧水池扩展延伸，转至南边，使粉墙倒映于其间。由楼前平台西侧的自然石磴顺势而下数级，可到浮于水面的一座制作精美的三曲平桥，石桥彼岸可通一圆月洞门，洞门之大小、位置经过精心推敲，正好可作南边景区的主景玉玲珑，游人随曲桥行，石也在圆洞门中左右移动，恍惚间更令人感到玲珑石峰之妩媚，是古园中构思极为精妙的对景。陈从周亲笔题写"引玉"两字作为此洞门之题额，更增强了此景在游赏中的引导作用。粉墙还有藏拙的妙用，它调和了得月楼北立面一色朱漆门窗的强烈色彩，犹如舞台上的艳装花旦着了一身素裙，顿使角色灵秀飘逸。这实是古代画论"远山无脚，远树无根"的灵活应用，有此粉墙，从会景楼外望，得月楼便退远不少，园林空间就似乎变得更开阔，也就更容易产生"隔院楼台，隔院笙歌"的意境。

流觞亭 在会景楼西南荷池对面的石矶上，亭六角攒尖顶，小巧玲珑，是旧时上海文人骚客每年三月初三（上巳节）集聚欢娱之地，此处正当会景楼一区水面的转折处，北向池水从远处的九狮轩流来，到此稍见收缩，在亭前穿过小石桥而汇入粉墙前的大池。亭正南，隔水便是浣云湖石假山，一股山泉从山涧洞中流出，亦汇入大池；亭之西南，便是正对圆月洞门的三曲平桥，故取曲水流觞之意，题名为流觞亭。古诗曰："清泉吐翠流，渌醽漂素濑。""醽"即古代的一种美酒，将盛满酒的小杯放在碟子上，置碟于清澈的溪流之上，使之顺水漂下，人们列坐两边，每当小杯在转弯处停住，当面的文人便要即席吟诗一首，否则便要罚酒。这便是古代文人雅士很喜爱的游戏，即"流觞曲水"。最著名的流觞是东晋永和九年(353)上巳节，王羲之等人在会稽山阴兰亭的聚会。《兰亭集序》中说："此地有崇山峻岭，茂林修竹，又有清流激湍，映带左右，引以为流觞曲水，列坐其次。虽无丝竹管弦之盛，一觞一咏，亦足以畅叙幽情。"记述的便是这种将风景欣赏同饮酒娱乐，又与诗文创作相结合的文化活动。小亭临水的倩影，又是玉华堂景区透过粉墙圆洞门北望的对景。取"清泉吐翠流"之意，洞门南侧就题额为"流翠"，亦为陈从周手书。一边为"引玉"，一边为"流翠"，一石一水，一实一虚，堪称古园洞门组景之高招。

浣云 为流觞亭对面湖石大假山之名，山为池山，直接从山池垒起，全以色青黝的优质大块太湖石堆筑。假山背倚得月楼，西高东低，面临清流，曲折自然，经水中散点的步石，可进山下曲洞，顺洞内小径盘桓，可登山顶。洞内有清泉，出洞而成为涧，于得月楼和流觞亭内清赏，而隐约闻叮咚水声，自然山水林泉之美，于此可领略矣。此山为新修复，其创作先依照古时颂园诗文构思。例如清人苏元烈的《豫园》中写的山洞溪涧，诗云："石叠新溪涧，桃开小洞天。诗情谁最捷，共擘薛涛笺。"其诗中意境确如浣云的风景意境。山之得名，推敲再三，豫园东部修复笔记中有如下一段说明："假山主峰下有泉，贯入山洞，洞中刻'浣云'。大假山由湖石相叠，掇法体态，气势如云，自然柔和。假山临池，倒影与彩云浑然一体，池波上下，清流漂染，如洗白云于水中，如染假山于云间，故取其名曰'浣云'。山有临流石径，依山脉而迂回曲折，循径而上，径时隐时显，如凌云而升空。'溪边照影行，天在清溪底；天上有行云，人在行云里'，所以取名'云径'。"此段文字，也是鉴赏浣云山的最好引导。

九狮轩 会景楼区水池最北端的临水小筑。轩三开间，周有回廊相绕，方形歇山顶，造型朴素大方。小轩坐落于仰山堂、万花楼及点春堂三个景区的交汇处，东、北、西三面均有院墙分隔，环境很是幽静，南边有大月台挑出水上，是夏时赏荷、秋时赏月之佳处。水面曲折绵延，向南一直伸展到得月楼前，是豫园水景进深最大处，颇有缥缈无尽之感；复有曲栏小桥和体态娟好的流觞亭为远处对景，更增加了景色的层次。西侧வ岸，叠石驳岸差参凸入水中，稍南依墙又垒有黄石壁山，山外形磊磊甚有阳刚之气，与浣云山在色彩、体形上均成对比。山下有曲洞，循行几折穿出，当面一座伟构，却又回到三穗堂前，颇有迷宫回转之趣味。小轩与东墙间的空地上花木繁茂，姿态各异，小溪相绕，曲径通幽，是园中很难见到的以植物为主题的游赏区，甚得"花木深深"的意趣。该轩为20世纪50年代拆去市房后所建。旧时，九龙、九狮之名表示吉祥及权力，豫园曾为城隍庙园，故有九龙池、九狮亭等景，轩之题"九狮"，有续其余绪之意。

积玉山 耸立于会景楼西侧长廊之西，山势高耸而绵延，东接豫园沿安仁街的界墙，南向直达玉华堂西，与该区的滨水长廊积玉廊相衔，实际上成为景区之间的自然分界线。假山以大块湖石堆叠，其造景设计及堆叠手法吸收了江南名园中湖石山精品的优点，整体设计上着眼于山的气势，局部处理又注重山石的脉理走向，使大小山石紧密连成一体，使占地不大的山体现出较多的风景变化，有峰、冈、崖、壁、洞、室、罅、瀑、泉等多种景观。其主景在跨水长廊之西，山壁直接从水中升起，至高处开为两峰，中间泉水汇流而成瀑，瀑从谷音涧飞流而入池，形声皆美。北侧山脉如屏障，弯环回抱，将近街的办公生活用房围隔在视线之外，起到明显的藏拙作用。假山一脉伸过花墙而南去。此脉山体下有洞室，层层相套，与山径错综交汇，路扩而为洞，洞中又盘有道，南室出口即积玉长廊。游人过门洞必须沿山道、跨小涧、走步石，几转而进石室，洞内又要九曲回行，跳过淙淙小溪，才能随长廊而去。正如此山总设计师陈从周所说，"此假山堪称巧夺天工"。

玉玲珑 一尊极为宝贵的太湖石峰，为豫园的镇园之宝。置立于会景楼景区之南，以它为主题，构成了一个欣赏美石的景区。以前石身上镌有"玉华"二字，因年久日长，风化雨溶，字迹已不可辨。此石是潘允端豫园旧物，其所作《豫园记》中便有奇石"玲珑玉"的记载，为了能与石朝夕相对，园主还专门在其前面盖了一座玉华堂，作为自己的书斋。"玉华"即玉中精华，古人常常"玉""石"混用，石之精即为玉，故玉玲珑乃是玉中之上品。石是江南园林三大名峰之一，明王世贞曾著文说其"秀润透漏，天巧宛然，……皆隋唐时物也，不知何以得免宣和纲"。宣和纲即"花石纲"，北宋徽宗赵佶为筑开封的艮岳而在全国征集花木石峰，现在江南各古园中有不少名峰均是入选花石纲而未被运走流落下来的，史称艮岳遗石，玉玲珑是这批遗石中的上品。石高3米多，全身布满大小弹窝及孔穴，外形清秀，亭亭玉立，石呈青黝色，犹如一株生长千年的灵芝草，其轮廓飞舞跌宕，极为多变，观之玲珑剔透，具有漏、瘦、皱、透之美。传说石中万窍灵通，"以一炉香置石底，孔孔烟出；以一盂水灌石顶，孔孔泉流"。传说总有文学想象的成分，但从传统的评石标准来看，此峰确为石之上品。历代文人雅士品咏较多，清人陈维城曾作《玉玲珑石歌》，其起首四句为"一卷奇石何玲珑，五丁巧力夺天工。不见嵌空皱瘦透，中涵玉气如白虹"。歌中还写道："石峰面面滴空翠，春阴云气犹蒙蒙。一霎神游造化外，恍疑坐我缥缈峰。耳边滚滚太湖水，洪涛激石相撞舂。庭中荒凳开奁镜，插此一朵青芙蓉。"对石峰的形成、产地、气势、景观效果等都作了独到的描绘。玉玲珑左右，有两座较小的湖石峰与之呼应，边有绿树数株以作陪衬。原先，三峰被孤置于方场中，全无趣味，后按原园格局，在石峰后衬以粉墙，此墙南面以磨砖砌筑，又成了"寰中大快"照壁，一墙而作两用，实为园林小品设计的大手笔。

玉华堂 玉玲珑景区的主体建筑，南向与奇石隔水相对，东边为百米滨水长廊，即积玉廊，西侧是得月楼等一组庭院，为此区的景观中心。堂原为潘允端的书斋，四周景色绝佳，乃豫园之精华之区，园主当年在此每日必有小记，称《玉华堂日记》〔从明万历十四年到二十九年（1586—1601）〕。可证其对此堂的喜爱，其题名得自石之精华玉玲珑，匾额是拾明文徵明字而成。堂内原悬有一联："清妙合天机水色山光相上下，玲珑开胜境云轩月榭互参差。"李白曾有诗云："忽思剡溪去，水石远清妙。"这里借以形容堂周山水林泉的典雅和恬静，并赞扬了大自然造化而塑造成的玲珑美石的奇妙。明清时，该堂经多次修葺，一直为园中主景，但到清末民初，这里屡经战火兵灾，当年佳景被夷为一片空地，独留巨峰孤影相吊。20世纪50年代，重修了玉华堂，拆除了后建的民宅店铺，但一直没有着手恢复园景。1986年，在市政府和文管会的支持下，按照当年的面貌，开始对这一景区进行全面恢复。工程由园林艺术家陈从周主持，历时一年余。在布局上，在得月楼后从西侧界墙向东，经玉华堂北修了一道花窗粉墙，将这一区域一隔为二，南边赏石景以玉玲珑为主题，北边以会景楼为中心主赏水，使原本较为松散、景物较少的东部形成两个主题鲜明的景区，园景也由空旷变为幽深，从直露无遗变为含蓄耐看。此墙一立，原本孤独的书斋便有了依靠，并且同西侧的得月楼发生了联系，在堂后窗与墙间的盈尺隙地上，植竹、点石，又使其成为堂中静赏很隽雅的对景。在堂前的开阔地上凿一曲池，直达玉玲珑下，坐堂中可同时欣赏到上下虚实两座奇峰。堂东侧，又堆叠起高大险峻的积玉假山与曲池衔接，形成水石交融的自然景观。在修复过程中发现，土方开挖后所显露的地下原来的木桩、地脚及水道的位置，基本上与新的修复设计相符，由此可证实豫园所留存历史文献的正确性，也表明了今日豫园的美丽风光是当年名园的延续和发展。

寰中大快 玉玲珑南的照壁，壁由磨砖饰面，上做小瓦顶，壁间嵌有四个砖雕篆书大字，即"寰中大快"，并以此名墙。"寰中"即宇内，原为佛教语，南朝梁简文帝《大爱敬寺刹下铭》中有"功超域外，道迈寰中"，意为佛法的功力超越疆域之外，道布天下而大快，后转意为普天同快。潘允端好佛，原先园内也建有佛寺，故立此照墙。墙前有一座明式青石拱形小桥，桥上题曰"环龙"，其书法与"寰中大快"一起出自当代著名书法家兼学者顾廷龙先生之手。桥下清流来自园外湖池，并与玉华堂前曲池相通。这里原先为豫园的主要入口，据《豫园记》，潘氏宅在园东今安仁街一带，过街即为园门，进门不远为"人境壶天"牌楼，牌楼北为小虹桥（即环龙桥），过桥有照墙曰寰中大快，后面依次为玉玲珑及玉华堂。1986年修复时按当时格局予以重建，今日这一带风景已重现昔日风貌：美石、水廊、拱桥、砖壁等组合在一起，已成为豫园中最具江南古园特色的景区。

积玉峰 玉华堂东南的湖石名峰，隔水与玉玲珑及玉华堂鼎足而立，是这一景区又一处著名石景。此峰石原为清代上海也是园的旧物，后园毁，此石迁至豫园保存，峰身上镌有隶体"积玉"二字，其义取自《法书要录》中的"玄圃积玉，炎洲聚桂"。玄圃是传说中神仙的苑囿，里面堆积着无数的美玉，石以积玉名表明了它的价值。此石较玉玲珑要小，但其外形曲线美妙明晰，峰身凹凸不平，纹理畅达，颇具清秀娟雅之神韵。峰石现立于景区东界墙下的滨水长廊中，故廊也名之"积玉廊"。廊址在豫园初建时为楼，《豫园记》中载："园东面，架楼数椽，以隔尘市之嚣。"清重修时改建为水廊，现廊为按照明园水廊样式复建的，起于玉华堂东侧的积玉假山，止于内园门前方场。廊缘水曲折高下，是缓步观赏玉玲珑名峰的好去处。廊内间壁上，嵌有许多书条石，石由当代文化名人书篆，其文均为有关豫园的记、文、诗词等宝贵文献资料。这些均为园内另一种形式的"玉"，名廊"积玉"，还有这一层文化意味。

得月楼 玉华堂西有一组建筑围成一座相对独立的庭院，其主构为位于最北面的两层楼房，因楼西、北两面临水，故取"近水楼台先得月"之义题作得月楼，庭院也因楼而名。楼下大厅取名为"绮藻堂"，其词来自旧句"楼台近水，水面风来，水波如绮，藻采纷披"。这座庭院西边紧接园外大池，由绮藻堂西出可至滨湖回廊，廊中建有一半亭，凸出湖面，正对湖心亭，题作跂织亭。该亭建于光绪年间，原为布业公所活动之地，为纪念江南棉织技术的创始人黄道婆而建。亭中有屏门十六扇，镌刻十六幅黄杨木雕，记载了我国古代棉花栽培技术和纺纱织布技术。由亭南出回廊接入一座精致的小楼，称书画楼，又叫藏书楼，是清末海上画家聚会之地，虚谷和尚、任伯年、吴昌硕等名家当年均在此作过画。宣统三年（1911），由画家高邕之、蒲作英等发起的"书画善会"，也以此楼为会址。

得月楼庭院晚清为上海布业公所拥有，现园内廊墙上嵌有一块《重建得月楼绮藻堂记》碑，记述了当时此处胜景和修建前后经过。因为楼为商业机关所占，故其装修布置较为华贵富丽,有失文人和园的雅朴情调;但又因当年文坛画家的参与,这一小院置景甚精,陈设贵重而无甜俗气。主楼建筑精致,画梁彩栋,修廊曲栏,华丽典雅。楼前有"皓月千里"的匾额,每当皓月当空之时,登上此楼,俯视湖心亭、九曲桥上月色,别有一番情趣。楼上挂有数联,其中一联是光绪年间修复后撰的:"劫过鹤归来喜花外众山依然无恙,主贤客忘返同叶根三宿未免有情。"豫园原有闲鹤亭,后毁于战火,故有"劫过鹤归来"之说。另有一联为陈从周所书:"近水楼台先得月,临流泉石最宜人。"如实道出登楼赏景的感受。绮藻堂的木装修极为有名,在檐下,有一百个不同写法的木雕"寿"字,称为百寿图,是传统木雕工艺之精品。堂内诸联中写景最佳的当推此联:"秋水藕花潭蟾窟流辉楼台倒影涵金粟,晓风杨柳岸莺梭织翠村巷随声纬木棉。"联文对仗工整,取典雅致,又集景以时,以时喻物,以物指事,点明主题,可谓动静相宜、空色互衬之佳对。

人镜壶天 得月楼庭院东廊墙上所悬的大匾,字体风雅洒脱,是近代文学家苏曼殊之手笔,系据潘允端《豫园记》所写环龙桥南的牌坊重写的,因此廊最近旧坊址,且小庭形状又犹如一方形茶壶的内部,所以挂联于此。壶庭中,原来置有峰石五,称五老峰;植古槐二,现古木已毁;峰石,亦只剩其三,市人谓之福、禄、寿三星石,石位于花坛中,两侧点松栽花,是较好的静赏小景。小庭东廊开有一圆月洞门,正对玉玲珑石,此门三侧均有额对,外边匾题"衬玉玲珑",点出了此庭与美石相互衬托致趣。联云:"日捧月华缀如紫贝花无数,砥平土脉胎自乌泥泾有灵。"主要讲黄道婆的功绩。门内额匾上写"洞门启开",联为:"罗列峰峦阶除旧迹支机石,涵空杼轴亭榭新秋促织声。"罗列峰峦指的是门外的玉玲珑及庭中的五老峰,支机石是古代神话中天上织女用来支撑纺机用的,借喻为纺织。东廊墙还有一块很出名的月宫砖刻,据重建此院记中所说:"东廊为月洞,洞之中于墙壁嵌月府,雕镂出奇,为前此所未有。"这块清代烧制的"广寒宫"砖刻,现保存完好。砖刻为圆形,以象征"满月",其上刻满了民间传说的月宫故事:嫦娥起舞、玉兔捣杵、吴刚伐桂树、刘海喜金蟾等,形象生动,姿态逼真,线条流畅,刀法老练,具有典型的上海商埠的色彩,又反映了晚清砖刻工艺的水平和风格。最为难得的是雕刻的精细:在画面中的月宫楹柱上,竟然悬挂着两对楹联,其中一联为写景:"新桂香涵金粟影,支机圆转玉梭声。"新桂即新月,唐李贺诗曰:"新桂如蛾眉,秋风吹小绿。"金粟即金桂,既写了秋时的月景,又将影、声等园林虚景巧妙地结合起来,点明了月宫图景之美。

内园 豫园东南端的园中之园,又称东园。其门北向,正对着玉玲珑景区的环龙小拱桥,门楼上有精细的砖雕图案及描金的园名题匾。小园原来是上海城隍庙的庙园,初建于清康熙四十八年(1709),由庙内道士管理,园虽小,但风景宜人,是城内士人百姓乐于游憩之处,有诗云:"神祠北际名园辟,寝庙东偏别殿开。更拟登高望云物,人间重筑小灵台。"当时园址范围极小,仅城隍庙大殿东侧一块方寸之地,到乾隆四十一年(1776),上海钱业公所正式成立,买进与内园毗邻的晴雪堂一亩四分地,扩建并修葺内园。钱业公所资产甚厚,故其山石花木及厅堂选材均很考究,做工亦精细,具有清代富家园林的华瞻风格。鸦片战争以后,内园同豫园一样,饱经沧桑,特别在1860年太平天国东进上海时,这里成为西方侵略者洋枪队的营房达四年之久,园景遭到严重破坏,辛亥革命后,豫园发还钱业公所,又一次大修后,基本恢复了清盛期的风光。20世纪50年代修复豫园时,将东、西园合并,内园变为园中之园。内园面积仅二亩一分八厘六毫,但结构完整,自成体系。厅堂、亭榭、假山、水池、小院等一应俱全,其布局特点是堂山相对,层楼环绕,清池旁带。又有龙墙、洞门、砖雕、木刻等装饰,景色满而不乱,华丽又雅致,是一座颇具文物价值、保留完整的清代小园。

晴雪堂 内园之主厅,堂坐北朝南,中央悬有一大匾,上书"静观"二字,故又称静观堂。在我国古典哲学思想中,静观哲学的影响颇大,"万物静观皆自得,四时佳兴与人同",静思默想是古代士人认识大自然的主要方法。堂前有一片雅洁的花街铺地,直至当堂而立、处于庭园构图中心的假山山麓。假山堆叠形姿变化颇为丰富,旧称有九狮石、天官石,以及象、虎、猴、鹿等形象。山上古木均是前清所植,参差苍古。静坐堂中,此山很自然地成为主要的观赏对象。古人常说:"动观流水静观山。"堂名静观还包含着对赏山景的指导。晴雪堂落成后有相当长时间为城隍庙道士所居,道家修炼也讲"静",而"观"又是道教建筑的专用名,这又是题名的第三层含义,一名而能适合多种解释,堪称古典园林题额的佳品。堂木构高敞轩亮,装修很精细考究,其图案有老君炉、佛手、香炉、药葫芦、张天师伏魔等,都与道教相关。"静观"匾上,还有一匾,题"灵昭浡峙",也具有宗教意味。大厅内对联较多,写历史演变的有:"沧桑惊迭变,幸此地林泉无恙,咸沐神庥;栋宇喜重新,看满园花草有情,俱含生意。"此联作于清同治九年(1870)新修以后,为豫园现存最早的板联之一。还有一联写庭园风景布局特点:"岩壑在中庭,对烟复云环,何殊神岛;壶觞宜小驻,觉水流花放,别有人间。"对内园以假山为中心、水院幽曲别趣的景色作了很独到的总结。

耸翠山亭 静观堂对面假山既是山石造景,静观可以悟出"三官献寿""白鹿望月""蝙蝠起舞""九狮盘球"等富有象征意味的形象,又可从东侧山麓拾级攀登。山上及四周植有石榴、黄杨、白皮松等,树龄均有一二百年,表现出苍古浓郁之态,因此山虽小,但山林趣味甚浓。上山转东高处,立有一小亭,亭名"耸翠",此处古木甚多,透过茂密枝桠,可见对面高高耸立着的观涛楼;向北则可俯看九龙池及盘山龙墙,是赏景最佳处。亭柱挂有一联:"翼然阆苑蓬壶上,卓尔瑶池翠水间。""阆苑"是昆仑山上神仙所住的花园;"瑶池"为传说中西王母所居;"翠水"即翠妫,是黄帝得河图之处。将山亭景色与几位著名神仙居地相类比,可看出这座曾作为城隍庙灵苑的小园之文化特点。

观涛楼 古人曰:"仙人好楼居。"内园既作为灵苑,环山便作多处楼居。除了点缀仙山之外,楼阁建筑有较多的室内使用面积,是游赏休憩及集会宴聚等公共活动所必需的。与静观大厅相对,环着假山自东至西有延清楼、还云楼,假山西侧还有观涛楼。前两者彼此相连,俗称串楼;观涛楼亦有天桥与还云楼相连接,形成环山面堂的高处游赏线,是闲谈静赏的好地方。三座楼中以观涛楼最为有名,楼共有三层,是园内层数最多、楼身最高的建筑,在江南园林中亦不多见。旧时,此楼亦称小灵台,是登高望祥气之处,亦是观赏黄浦江秋涛的好地方,故名。古时上海有著名的沪城八景,"黄浦秋涛"亦为八景之一,因此每年中秋之后,沪上文人雅士均汇集于此,看潮听涛,堪称一时之盛事。随着城市的发展,现在这里已无法看见黄浦江了,为了弥补这一缺陷,在楼下及山上种植了许多松柏,秋风一吹,其声如涛,倒也与景名相符,只是易观为听而已。楼高,又离假山近,赏景有其特色,楼上悬有一联:"且欣咫尺窥岩壑,便抱清风就白云。"点出了窥山摩云的景色特点。

九龙池 静观堂东邻的一座小水院。由堂前轩廊东行可至。院中央为一湖石叠岸的不规则水池,原来池岸中间嵌有四条小石龙,龙身倒映水中亦有四条,而池形状又颇似曲曲之龙身,故称九龙池。水池三面绕以游廊,南边有一道水花墙隔断山脚,形成一个曲折幽静的水院,东侧池水经一水口穿过花墙,成为一山涧深入山中,观之显得源远流长、幽深莫测。北边廊前,一枝古木探出湖石池岸,斜向水面,不时有细叶飘落水面,惊起各色游鱼;透过墙上的漏窗,南边假山峭壁的山野之气又飘然来到院中,堪称内园中最有奥思的水景。从九龙池东廊转过隔墙,可到别有天小院,廊尽头一座半亭稍凸入小庭,其额悬"别有天",天井内有少许山石,石隙间出古树数株,绿冠遮蔽天日,环境极为幽静,炎夏时小庭要比别处凉爽许多,可称暑坐小憩的别有洞天。小庭北边,又套着一处小院,院西便是内园中心假山,以一垣精工雕制的爬山花墙分隔。墙上嵌有数方砖雕,最著名的是《郭子仪上寿图》,展示郭子仪百岁庆诞,场面热烈,人物形象生动,能与得月楼广寒宫媲美。

此院主建筑为"可以观",小筑四方,建造精致而典雅,从九龙池一路游来,这一组在外部山水空间隙地上安排的景致幽曲而封闭,人称螺蛳壳内的园林。

大观园　　位于上海市西南65千米的青浦区淀山湖西境。这是一处根据曹雪芹名著《红楼梦》中的描述,运用我国传统造园艺术营建的大型仿古私家园林。

曹雪芹在《红楼梦》里构造了一座"天上人间诸景备"的大观园,营造了有似千丘万壑不知所穷、琼树珠楼耀眼迷人的奇异境界,使万千读者心驰神往。曹雪芹着笔创作时,究竟有没有从尘间园苑中取材?这是"红楼"一谜,不少人为此寻索、论说,疑真疑幻,真可谓"一梦红楼二百秋,大观园址费寻求"。1980年1月,上海的园林部门在淀山湖与鼋荡之间的一片绿洲上,创建了"大观园",将太虚幻境化为现实,梦中奇景在人间出现了。

曹雪芹在描写大观园景时,曾提到"俯而视之,则清溪泻雪,石磴穿云",巧的是,青浦正有"清溪"的别称。它是典型的水乡泽国,境内河港纵横交叉,池沼星罗棋布。大观园东依烟波浩瀚的淀山湖,湖之面积为杭州西湖的十二倍;西临与江浙一衣带水的鼋荡,鼋荡之面积是杭州西湖的三倍。双湖环抱,景色天成。大观园建造在湖畔,巧妙而充分地利用了湖光水色这一先天条件,使景色既有天然湖山之胜,又有园林建筑的理性之美。

大观园占地约六十亩,整体布局奇巧。大门外,按皇亲国戚家园建筑惯例,矗立着高大的牌坊。正对大门是长18米的大影壁,壁上浮雕,正面为女娲补天,背面为太虚幻境和金陵十二钗。门前置石狮子一对,这是特意从北京运来的乾隆年间遗物。进大门后,便见一座曲径通幽的大假山挡在面前,不致使游人一进门,就将园中之景悉入目中。由曲径过岩涧翠嶂,便是前湖。湖上有桥,上有沁芳亭。过亭是"体仁沐德"堂,初为元妃更衣下船处,后探春等人替凤姐代理家政时又曾将其作为议事厅,在此可浏览园内全景。大观园以贾元春的省亲别墅为主体,其中轴线部位从元妃更衣处到大观楼,依次渐进,整个园林共有庭院八进,纵深而开阔,显示出堂堂皇家气派。园内的中央大湖约长70米,宽40米。大湖驳岸,北面是直线转折的条石砌筑,南岸以湖石为主,活泼自然,和主体建筑大观楼的庄严雄伟形成对比,既协调又恰如其分地烘托了主体。

大观楼居于全园轴线的中央,是元妃省亲时族人朝觐之所,建筑为宫殿格局。宫门之间,全做将军门,前置小石狮一对,门上铜钉兽环铺首,前庭设东、西两庑。过当中三间大垂花门,即是正殿。楼下设置屏风、凤座等,上楼可凭眺园景,楼内天花板上作精美绝伦的藻井。楼之东西设含芳、缀锦二阁,这三座楼阁都使用斗拱,并各连以纵向游廊,与前庭的两庑相接。大观楼后是寝宫,为元妃更衣休息处。元妃的三个胞妹迎春、探春、惜春的居所——紫菱洲、秋爽斋、暖香坞,则傍依大观楼而立。

除了中轴建筑群之外,大观园自然形成东、西两个部分:西部有怡红院、芦雪亭、红香圃、栊翠庵,以及凹晶馆、凸碧亭;东部有潇湘馆、蘅芜院、稻香村、沁芳桥等。潇湘馆位于一片繁茂的修竹之中,总体布置疏朗而自然。从正院蜿蜒向上进入有凤来仪主厅,这是黛玉的住所。这里自北流入的溪水两旁点缀着假山,岸上竹林翠阴郁郁。后院植梨树、芭蕉,出后门可见大湖一角。北面有一桃花烂漫的小山坡,是黛玉葬花之地。怡红院内建筑繁多,深宅重院,红壁、朱柱、绿琉璃瓦,富贵气中透出些脂粉气,很符合宝玉的身份和性格。一脉水流穿入园中,在其后院形成两个大小不同、形状各异的池子。院内建筑为并列的东西两路。东路以绛芸轩宝玉住所为主体,西屋是袭人、晴雯等大丫头住处。中间过厅置屏风一架,用碧纱橱和博古架隔开。轩前中庭右植海棠,左种芭蕉,是当时晴雯撕扇的地方。后院另有一园,引入一股水展开为池,池北有小亭,水中置石灯笼。蘅芜院中,大石玲珑,瀑布柔泻,登楼才见得满院花香,很似薛宝钗含而不露的个性。

大观园共有二十余处景点,这些景致各异的景点之间,一条条曲曲弯弯的小径、几处似断又通的回廊、蜿蜒其间,交织着萍漂绿水、蝉噪青山的田野景象,与崇阁巍峨、琳宫合抱的豪奢气氛相互映衬,令游人时而慨叹,时而惊奇,时而会心微笑,在景象顿挫、俯仰、迂回之间,感受到中国古典园林美的意境。大观园汇集了我国南北园林的特色,其气势之宏伟,建筑之精致,风格之典雅,可谓开近年我国园林艺术之大观。

在大观园的外围,有淀山湖景区,建有"梅坞春浓""柳堤春晓""群芳争艳""金雪飘香"四大景观。七十亩名桂成林,每当金秋佳日,桂子盛开,黄如金,白似银,十里飘香,沁人心脾。两百亩的"群芳争艳",长年累月花开不绝,姹紫嫣红。"柳堤春晓"是一条长380米的人造长堤,宛如玉臂伸向淀山湖,揽来一池澄碧晶莹的内湖。两百亩的"梅坞春浓"有四五千株梅树,20多个品种,罕见的珍品"银红台阁"老梅,高居冷香亭前。春寒料峭时节,梅花如海似潮,已成为国内著名的赏梅胜地。大观园周围还有古朴的青云塔、崧泽文化遗址等胜迹,游大观园之余,可择一二同游之。

大观楼 大观园的主体建筑。从"体仁沐德"堂后的水榭隔湖眺望,一池镜湖清波荡漾,湖上一个大石平台,汉白玉栏杆后巍然高耸着一座汉白玉牌楼,上书"省亲别墅"四字。牌楼后崇楼杰阁层层叠起,雕梁画栋,飞檐轩昂,琉璃瓦闪闪发光,一派富丽豪华的皇家气势。绕湖行抵大观楼正门,两扇宫门上各有五排九颗一行的大铜钉,显示皇家宫室建制。院内两侧为厢房。再进仪门,东有缀锦阁,西是含芳阁,正中是大观楼。正殿高悬匾额"顾恩思义",楹联为:"天地启宏慈,赤子苍生同感戴;古今垂旷典,九州万国被恩荣。"石阶前有铜麒麟、铜凤凰各一对,既表明了贾元春皇妃的身份,又使整个院落洋溢着一种吉祥、庄重的气氛。正殿内,正面是百鸟朝凤巨大立屏,立屏前是元春专座凤椅。左右分列熏香铜炉、立鹤铜灯和雉羽宫扇。东侧红木书桌上放文房四宝,西侧桌上陈设金玉如意等物。小说《红楼梦》中元春省亲时,便在此正殿内大摆筵席。楼上大厅,正中顶上,藻井灿然,二十行弯弯的木沿上栖息着十八只木刻金凤凰,光彩熠熠。四周壁上悬挂着各式字画,古色古香,雅致秀逸。在此小坐品茗,丝竹管弦缭绕于耳,湖光波影呈现于目,令人心境平和幽远。楼之东、南、西、北各有走廊通连,在廊中远眺全园和淀山湖诸多景点,皆历历在目,亭台楼阁,绿树繁花,影影绰绰;近处湖水平铺,云水交栖,万般景物尽收眼底,始悟此真乃洋洋大观之大观楼也。正殿后面是辅仁谕德堂,为贾母正室。门前有铜鹿、铜鹤各一对。内室置红木罗汉榻、九狮太师椅以及青铜鼎、彝等物。元春省亲在正殿行过皇家大礼后,于此处再行家礼,骨肉团聚。小说《红楼梦》描写大观楼"崇阁巍峨,层楼高起,面面琳宫合抱,迢迢复道萦纡。青松拂檐,玉栏绕砌,金辉兽面,彩焕螭头"。今大观园中的这一仿古建筑群,尽可能地再现了作家笔下宏丽、富贵的情景,同时也是当代造园者继承我国优秀传统造园艺术的成功典范。

怡红院 在大观园西南部,是《红楼梦》中贾宝玉的住处。院分三进,有亭阁楼台十余景。跨入大门,首先映入眼帘的是海棠和芭蕉,正合大门匾额"怡红快绿"之意。庭院中一棵罗汉松已有500年历史,暗喻贾宝玉最终出家当和尚的结局。沿长廊至"通灵"(书房)之地,此为贾宝玉吟诗弈棋、读书写字之处,房中摆设颇为精心,长案上古朴凝重的青铜古钟和精美华贵的西洋自鸣钟,象征着主人出身于钟鸣鼎食之家。中间棋桌上是一副残局、两盅清茶,生动地反映了主人悠闲舒适的生活。墙上挂着《四时即景诗》,是宝玉一年四季与众姐妹众丫鬟朝夕相处写下的诗作。最为惹人注目的是大桌上一本翻开着的《西厢记》,贾宝玉蔑视权贵、憎恶功名、离经叛道的形象跃然眼前。这一笔恰似画龙点睛,令人会心微笑。从书房沿长廊至怡红院的主体建筑绛云轩,它的西部是袭人和晴雯的卧室;东部是宝玉的卧室,精雕细镂的大床,幔帐低垂,绣着牡丹、海棠、玉兰等花卉图案,寓意着"玉堂富贵"。室内两侧的博古架、什锦橱中琳琅满目地摆放着铜鼎、玉器、玛瑙、瓷瓶等珍稀古玩,恰如其分地烘托出宝玉身上的"富贵气"。听雨楼与南楼遥遥相对,造园者在原著的基础上进行了再创造,使这一贾宝玉与姐妹丫鬟们一起观景的地方,楼阁错落有致,结构布局比原著更趋完美。听雨楼之侧的东厢房,内置落地大漆瓶和檀香木雕,镶嵌大理石地屏,中间设榻。其余书架案凳存放各类古典书籍和古董玩物,周壁悬挂名人书画。窗外一泓清水,鱼翔其间,中有汉白玉雕灯笼。后厢房是贾宝玉的膳房,《红楼梦》中"寿怡红群芳开夜宴"就设于此。膳房的中堂摆设着精致的供桌,两次间设平时进膳的红木圆台。怡红院的整体设计和布局既忠于原著,又有新意和创造,其创意一景一物都围绕着主人公的性格,将曹雪芹笔下的一个文学形象通过园林艺术展现出来。

潇湘馆 在大观园东南隅,是《红楼梦》中林黛玉的住处。与游人如织的大观楼、怡红院截然不同,这是一处恬静幽雅的院落。入园取东路沿石板道行至沁芳溪,左首一座石拱桥,桥上建有大观园试才的第一主景"沁芳亭",重檐飞角,翼然轻灵。四周柳翠花明,好水好景。继续逶迤东行,翠竹指路,桃李相伴,不久便见潇湘馆的凝碧门悄然隐于院墙南首。进门迎面的粉墙上是"绛珠草庐"四字篆书,独峰山石上苍松横出,修篁亭亭绕墙而植。一方小小的前庭院落,收拾得如此洁净雅致,隐而不露,给人以"庭院深深深几许"的感受。伫立院中,丝竹之声远远飘来,似有似无,抬眼唯见"竹梢风动,月影移墙",犹如置身于无尘无埃的仙境上界。跨入潇湘馆正门,两边为曲折游廊,千百竿参天翠竹依廊傍溪,伸展至目不可及处。这样赏心悦目的人工巧设,在江南园林中是不可多得的胜景。西边游廊依势衔有凤尾榭,沁芳溪绕屋缘廊由此而出。东、西游廊合抱着素装淡裹的内园,内园正中有曲桥跨溪,引向潇湘馆主人的内室。信步过桥,一路慈孝竹夹道,并配植凤尾竹丛,枝叶婆娑,极尽潇洒之态。两种竹子相摩相映,把整个园子装点得眉清目秀。园中道路均用鹅卵石铺砌。雅静的园子衬托着幽幽的居室,筒脊细瓦,一厅两房,一字儿南向排开。厅前挂"有凤来仪"匾额,东边是黛玉闺阁,西边是紫鹃、雪雁住处。室内一色方砖铺地,家具摆设贵而不华,物物见个性,件件映遗风。素净的床榻,小小的药罐,焚毁了倾吐百般痴情怨恨的诗稿的火盆都默默地被搁置着,令人怀想林姑娘的一生,久久不忍移步。黛玉和紫鹃是大观园中最清净洁白的两个上等女孩儿,犹如两株出污泥而不染的白莲花,最堪叹怜。由度月门转入后院,那里原是农家的一片竹林,荫翳翠润,林间疏朗处小径绕贯,满地竹影摇曳,其间有亭即名篁影亭,小坐可览四周胜景。在此消暑纳凉,凉风习习,舒心爽骨,竟不知世上还有盛夏。经后院过溪是"梨花春雨"、秀玉轩一组建筑。原著中此处仅为"两间小小退步",造园者按后院"有大株梨花"的思路,大胆设计出"梨花春雨",为潇湘馆添上一抹亮丽的色彩。"梨花春雨"是为黛玉而设的书房,两旁各植一株梨树,细看树上还都挂着梨子。书房内,临窗琴桌上放古琴一架,使人想起小说中黛玉抚琴的精湛描写,睹物思人,回味无穷。门侧边置花锄花篮,又勾起游人对葬花人和葬花词那缠绵悱恻词句的缅想。秀玉轩是厢式敞轩结构,是黛玉会客之地。室内落地花罩分隔成三间,南放红木书桌,北摆棋桌茶凳,中间为聚坐品诗论文之所。一物一景均与黛玉高洁之气相符。潇湘馆四季堪游,各有其妙:春日易兴"花落人亡两不知"之叹,秋天难禁"冷月葬花魂"之思,寒冬体味"风刀霜剑严相逼"之苦,最相宜是酷暑游潇湘馆,步入"竿竿青欲滴,个个绿生凉"的院内,小坐于"幽窗棋罢指犹凉"的房内,暑气全消,心静如水。潇湘馆是大观园中意境高远的一方净土。

蘅芜院 从大观园中的沁芳桥东折,便是《红楼梦》中薛宝钗的住处蘅芜院。它一色水磨砖墙的院落,院门上"蘅芜院"三个颜体榜楷,均合宝钗"品性端方""处事平稳"的性格。院内,楼堂亭轩之中见山见水,富丽而不失雅静。进大门,迎面是砖刻大漏窗,左侧经游廊是会客之处,称鸳鸯厅;右侧长廊别致地依山而筑,沿坡拾级而上与楼门相接。至山顶有冷翠亭,乃宝钗与众姐妹赋诗吟句之处。在此俯瞰庭园景色,但见楼宇衔廊,古木依墙,秀峰泻瀑,藤蔓盘阶,景色宛然如画。回廊环抱之处是宝钗焚香操琴之地,"迎面突出插天的大玲珑山石来,四面群绕各式石块",十分清雅。过廊即是主体建筑蘅芷清芬楼。从院外望楼,它背水而立,亭楼辉映,气度不凡;从院内观楼,它傍山而建,引廊坡间,与众不同,显示出主人在贾府众姐妹中独特的地位。宝钗平日追求朴素清雅、宁静淡泊的生活方式,因此此处虽是新房,陈设却十分简朴。床前一只古铜熏香炉,一架丁字形衣架,梳妆桌上摆放着化妆盒。洞房北间是宝钗书房,案上也仅放文房四宝而已。与曹雪芹笔下描写的宝钗住所如同"雪洞一般"吻合,突出了"冷"的特色。但设计者在色调处理上通过室内铺的红色地毯和楼四周的朱红横栏,增加了暖色调,冷暖对比鲜明,更添美感。倚栏四眺,景色秀美。尤其是院后,紫菱湖九曲桥上的亭楼、蓼风轩、暖香坞、大观楼、缀锦阁等俱倒映于湖心,凭着空阔的湖水,蘅芜院似乎被无限地扩大了,此正是造园借景之妙。蘅芷清芬楼正厅,是宝玉行结婚大礼之处。一幅"花开富贵"图,两侧对联"吟成豆蔻诗犹艳,睡足荼蘼梦亦香",横批"蘅芷清芬",都是祝愿婚姻美满之意。出此楼,南面是青峰叠翠的假山。主峰形如一尊罗汉,奇石玲珑;次峰顾盼多姿,恰似罗汉前的神童。山之巅,有瀑布飞流直下,经一条小溪流向院外荷花池,起到了以动衬静的作用。蘅芜院中虽无水池,但假山凸起,平地低伏,两相对比,使无池之地也似乎有了水意。假山周围是一大片杜鹃花,更有树龄达700年的桧柏和数棵树龄300年以上的紫藤,盘根错节,生意盎然,弥足珍贵,使该院平添几分古意。蘅芜院的建造继承了江南园林的优秀传统,在有限的面积中创造出无限的空间,难能可贵。

紫菱洲 这是《红楼梦》中贾迎春的住处。由稻香村往南,穿过题有"藕香"的牌坊,便是一座弯弯曲曲的平桥,它紧贴水面,行其上,有凌波之趣。平桥上是两座玲珑剔透、四面轩窗敞亮的亭楼。此桥、此水、此亭楼组成了紫菱洲一景。按书中所描绘,紫菱洲傍水而立,岸边花树争妍斗艳;水中,菱花白,芙蓉红,美不胜收。眼下的紫菱洲,精巧雅丽,它把小说中以竹桥相连的小榭装扮设计得更富有诗情画意。亭楼的楹联为:"芙蓉影破归兰桨,菱藕香深泻竹桥。"可谓是此景的点睛之笔。迎春因是庶出,生性又木讷懦弱,所以紫菱洲是绝难与蘅芜院、潇湘馆相提并论的。它的清雅淡泊正是迎春"侯门艳质"却最终未能避免被封建礼教吃掉的命运的写照。

秋爽斋 位于大观楼之左,是《红楼梦》中贾探春的寓所。在大观园众姐妹中,探春最聪明伶俐,"粗细处不让凤姐,只不过言语文静,性情和顺"。她诗才极好,书中描写秋爽斋偶结海棠诗社的情景,探春才思敏捷,咏海棠诗,她第一个交卷。宝玉建议众人指梧桐芭蕉起别号,因为秋爽斋四周多梧桐芭蕉。探春便自称"蕉下客",她自认最喜欢芭蕉。如今,走进秋爽斋,人们首先被"桐剪秋风"的匾额所吸引,院中芭蕉和梧桐,长得枝繁叶茂,有"红了樱桃,绿了芭蕉"之意境。探春素喜阔朗,秋爽斋的三间房子,却不相互隔断。正中是一张花梨大理石案桌,陈设数方宝砚,各式笔筒和名人法帖。笔海内斗笔如林,谓之笔林。墙上有米襄阳的《烟雨图》,水墨淋漓,气韵生动。左右挂对联:"烟霞闲骨格,泉石野生涯。"案上还设着大鼎和一个盛着娇黄色大佛手的瓷盘。一切都合乎探春的诗情才艺,如见其人,如闻其声,令人回味无穷。

暖香坞 《红楼梦》中贾惜春的住所。从紫菱洲走完石桥,进入一个庭院,庭院尽头有游廊直贯南北。从廊内南拐,便是暖香坞了。小说中并没有专门描绘惜春住所的陈设,园林设计者根据小说中的情节特意作了一些安排。外室是惜春的画室,红木大画桌上是文房四宝,桌边摆着一个铜香炉。东窗临水,从窗口望出去,可见紫菱洲的亭子玉立于湖中。卧室的北墙下是一张木榻,东窗下设一供桌,桌上是青灯、古佛。南面临窗置一棋桌,原著中有惜春与妙玉对弈的故事情节。暖香坞看似不起眼,但这些陈设都很有深意,它预示了惜春后来"缁衣顿改昔年妆,削发为尼伴佛旁"的悲惨结局。

红香圃 位于怡红院东面,由三个部分组成:主体建筑是三间一统的厅堂,上悬题有"红香圃"字样的匾额;前有牡丹亭,双层飞檐,流丹溢彩;后有芍药栏,奇葩争艳,遍地飞红。假山石边,青溪水旁,栽种了上千株牡丹和芍药。古人云:"牡丹为花王,芍药为花相。"两者常相提并论,向被认为是中国名花之冠。每当暮春三月,红香圃牡丹盛开,芍药怒放,娉婷娇娜,花香四溢,真似"千片赤英霞灿灿,百枝绛点灯煌煌"。此情此景,很自然地令人想起《红楼梦》中"憨湘云醉眠芍药裀"的情节。史湘云醉眠的青石板凳置于花丛中,迎候着游人。回首再看大门口的一副楹联:"看遍好花春睡足,醉残红日夜唫(同'吟')多。"叫人回味无穷。

稻香村 坐落在大观园北隅,是《红楼梦》中李纨的住所。它那"富贵气象一洗皆尽"的景观特色,与园内朱楼画栋的各景点形成强烈的反差。但正是那近似乡野农舍的风格,不仅符合曹雪芹的原意,而且体现了稻香村的特色。小说中稻香村的范围颇大:佳蔬菜花,一望无际。淀山湖大观园中的稻香村作为园林,就只留几畦农田作为象征了。但规模虽小,农家气息已扑面而来。正房茆堂是一瓦房,廊柱屋梁、窗棂门扉,无一上彩,尽为建材本色。正房之南,一近一远盖有小草亭和小茅屋,田园风味更浓。院内还设有桔槔辘轳,整个院落较完美地保持了书中所描绘的那种质朴无华的风格。从茆堂到小草亭,有一条长廊相通,走廊外面,就是"分畦列亩"的农田。小茅屋南面还有两三间瓦房,那是供大观园内的役夫们加工粮食制品的。稻香村的这种建筑风格,恰如其分地体现了主人公李纨的人生遭际和性格特征。她早年守寡,恪守封建妇道,将全部心思放在儿子贾兰身上,望子成龙。在贾府,她不问是非,好似局外之人。这种被扭曲的性格,受到当时封建卫道士们的赏识,被举为封建社会遵守妇道的典范。因此,稻香村在大观园中成为仅次于怡红院、潇湘馆、蘅芜院之后的重要院落。元妃省亲时,曾命宝玉为这"四大处"赋诗,可见李纨在贾府中的地位。稻香村墙外植有几百株杏花,杏花开时如绯云朝霞一般,这亮丽的色彩与泥墙内灰黑色的低调色彩形成强烈反差。其实这片杏花别有含义,暗示着贾兰将有幸及第。据说古代开科选才,殿试一甲第三名将被委派去御花园折杏助兴。杏和幸谐音,"杏"者,"幸"也;折花者也因此被名为"探花"。"一畦春韭绿,十里稻花香",作为一处田园牧歌风格的园林,淡淡的稻香村给人留下了深深的印象。

梨香院 位于大观园建筑最密集的景区,与大戏台仅一墙之隔。东面的大戏台,是贾府家宴喜庆时演戏用的,台的上下左右遍体雕花木刻,古色古香,异常精致。西面的梨香院,原著中是荣国府东北角的一处前厅后舍俱全的建筑,约有十余间。为了便于游客游览,在设计上作了一番处理:前厅改为一座重檐四角飞亭,后舍是一排小巧玲珑、别致雅静的平房。《红楼梦》中为元妃省亲故,用三万两银子到姑苏采买了十二个女孩,梨香院成了她们日日排演大戏和居住之所。她们个个花容月貌,歌舞俱佳,天然美姿倾倒了宝哥哥。但到宫中太妃一死,一年内不得筵席奏乐,于是梨香院中的女孩子,除了药官已死,龄官、宝官、玉官被遣送回家外,其余分到各园中听候使唤。人去楼空,台上台下的人只要还活着,便在那梨香院外继续演绎着各自的命运。

栊翠庵 位于大观园西北隅,掩映于茂密挺秀的竹林中。浅黄色的围墙。门楣上镌刻着"栊翠庵"三个金字。栊翠庵与一般佛寺相比,似乎大同小异。踏进山门,是石砌的放生池,再往前便是观音殿。东、西两侧钟、鼓楼对峙;中央置放一座2米多高的香炉铜宝鼎,顶部似六角玲珑宝塔,飞檐翘角,灵巧端秀;浑圆凝重的鼎身,三只狮子雄踞于汉白玉石座上。殿内供奉一尊高2米的杨枝观音,下置朱漆描金供桌,桌上细瓷玉供,釉色清雅,为我国瓷器中之珍品。观音座后面是火焰云龙雕镂,上悬"苦海慈航"横匾。据小说描述,这是元妃省亲来此焚香拜佛时所题。东厢房是贾母携女眷及刘姥姥来庵内观花赏竹品茗时的歇息之处。西首有一门楼,上书"梅格竹品"。门楼里系庵主禅房和卧室。禅房是三间敞厅,正中供奉观音菩萨,对联是:"自在自观观自在,如来如见见如来。"言明了庵主的出世心态。东间置放一张红木榻床,棋桌临窗,瑶琴挂墙;西间设有书桌,最有特色的是博古架上陈列着精巧名贵的各式茶具。环视整座禅房,脱俗离尘的氛围令人怦然心动。小说中的庵主妙玉,是位"文墨也极通,经典也极熟,模样又极好"的18岁少女,是严酷的现实才使她最终"离开红尘百戏地,顿作佛门缁衣人"的。妙玉擅长养花,所以栊翠庵内花木繁盛,简直是一座精巧的花园,其中以松、梅、竹为最,尤其是那雪中红梅,傲霜斗雪,孤高自芳,恰好是妙玉心态的写照。园中的枝枝红梅,或如蟠螭,或似游龙,虬枝横斜,孤出峭立。值得一提的还有栊翠庵的耳房,即观音殿内的西厢房,它是一座精巧的茶室。栊翠庵观音殿背面还有一处原著中未曾描述的景点。那里是一片葱郁的紫竹林,寓意为紫竹观音所到之处。竹林中的听涛亭对着围墙外山坡上一片松林,乃成功的借景之作。镶嵌在围墙之中的"沧海横流"石壁,十分引人注目,那是用上百块青灰和米黄色花岗岩凿成的,一尊用汉白玉雕成的观世音,正衣裾飘飞蹈波而来,细细品味,不得不钦佩大观园设计者的匠心独运。世人素称松、竹、梅为"岁寒三友",妙玉对它们的偏爱,在栊翠庵内生动地、贴切地、自然地反映出来,含蓄地衬托出妙玉的纯洁形象,是园林艺术家对《红楼梦》小说的一种再创造。

太虚幻境照壁 进入大观园,一座三门牌楼巍然耸立在大道中央,朱漆门柱,黛色筒瓦盖顶,重檐飞角,匾额上书"太虚幻境"四字。过牌楼,迎面是18米宽的巨型照壁,高约10米。照壁中间是巨幅花岗岩浮雕,由女娲补天、顽石思凡、宝玉出世、归真返本四组画面组成,概括了《红楼梦》的全貌。这组浮雕刀法柔细,人物传神。照壁的左右对称地连接着一对小照壁,小照壁镶嵌着砖雕。按我国的传统建筑,大门内有照壁只有大户人家才能使用,而照壁竖在大门外,更是豪门大宅、显赫门第的规格了。造园者如此设计,不仅在布局上给人气势磅礴之感,更增强了全园的艺术气氛。

汉白玉雕十二钗 玉雕位于大照壁背面,它栩栩如生地再现了《红楼梦》中第五回"贾宝玉神游太虚境"的情节,以及十二金钗悲欢离合的故事。浮雕画面有明暗两层含义。明意似指薄命以警世,训顽愚于不悟。至于深奥的暗意,层层叠叠,只能由各人去充分想象了。浮雕居中是警幻仙子,身旁是"质本洁来还洁去"的林黛玉和宝玉;再往左第一人是妙玉,青灯古殿,无瑕白玉,偏惨遭诬陷;左二是李纨,当儿子及第,她已"昏惨惨黄泉路近"了;左三是凤辣子王熙凤,最终"机关算尽太聪明,反误了卿卿性命";左四是才情豪爽的史湘云,也终究"云散高唐,水涸湘江";左五的巧姐,弱质堕奸谋;左侧最后一位是"擅风情,秉月貌,便是败家的根本"的秦可卿了。元春在浮雕右侧,往右第二是"三春去后诸芳尽,剪发修行伴青灯"的惜春;第三位是"才自清明志自高"的探春,最终却"一番风雨路三千,把骨肉家园齐来抛闪";探春右侧是生性懦弱的迎春,但嫁给小人,受尽折磨,可怜"金闺花柳质,一载赴黄梁";右面最后一位才是与宝玉结成金玉良缘的宝钗。虽恪守封建道德,最后也落个"半生赢受绣帷孤"的结局。十二金钗石雕与大照壁一样是引导游人游览大观园、思索人物命运、理解不朽名著内涵的艺术创造。

体仁沐德院 元妃省亲、临幸大观园的第一处。飞檐高耸的门庭下,两扇朱红大门,门面上是澄黄的大铜钉,上方悬挂"体仁沐德"横匾。这是一组四方的庭院,一溜青砖石板铺道,两旁是用彩色鹅卵石镶嵌的花状地坪。青砖石板道尽头为正厅;门前两棵枝状虬曲多姿的盘槐,像是把门的将军。厅内竖着金玉满堂大立屏,用料和制作均极讲究。屏面上浮雕着朵朵玉兰花,一式描金。大厅中间,一座熏香古铜鼎飘浮着阵阵幽香。铜鼎两旁排开八座红木太师椅。东隅有一米多高的松鹤青花大瓷瓶,西隅放置一枚紫金木雕大水桃,上刻有众多神仙,神情各异,似乎在用不同的目光冷眼看着世态炎凉的人间。出大厅,绕过回廊,一排汉白玉栏杆展现在眼前,那是后院,内设假山、水榭,元妃去大观楼就在此登舟,故名"丹凤榭"。但龙舟已荡然无影,取而代之的是不系舟——石舫。倚汉白玉栏杆眺览,波光粼粼的湖那边,大观楼等建筑群如玉宇琼宫,错落有致;映于水中,影影绰绰,引人遐想。体仁沐德院是集南方古典园林与北方皇家宫苑特点于一身的建筑。值得一看的还有东、西耳房。西耳房内陈列着一顶鸾轿,金漆的轿顶,金黄包的绣凤帐幔,要由八人抬杠。皇家尊贵豪华的气派,由此可见一斑。东耳房内陈列的均是仪仗用品,其中一把曲柄七凤黄金伞特别引人瞩目,金黄色的缎子伞面上绣有七只凤凰。据专家考证,清雍正年间,皇后以下嫔妃皆用红缎伞,到了乾隆十年(1745)才改用金黄色,更显示了贵妃的华丽高贵。

凸碧亭 在梨香院北面,建在山的峰脊上。在《红楼梦》中它与凹晶馆一样是"特因玩月而设"的。凹晶馆傍水,所以喜爱山高月小的赏月者,可上凸碧亭;爱好皓月清波的,可去凹晶馆。去凸碧亭的山道旁,遍植金桂银桂,金秋之夜最宜赏月的时候,桂花飘香,一路令人神清气爽。石板铺就的小路,透迤伸展,凸碧亭为青枝绿叶掩蔽,只是露出亭尖。亭者,停也,人们抵达山顶小憩,环顾四周,满目青翠,俗虑顿消。在小说中,凸碧是一座敞厅,叫凸碧山庄,规模大得多,可排下两桌人吃团圆饭。大观园被抄检后的中秋之夜,贾母在此设宴赏月,结果场面冷清。贾母闻笛声凄凉,蒙眬睡去,醒时众人都已走散,预示着这一钟鸣鼎食之大家族日趋没落衰败的命运已不可挽回。如今大观园的建造者将凸碧山庄简化为凸碧亭,虽是园林中不太起眼的小景点,但却同样意蕴深长。

凹晶馆 由凸碧亭沿北坡小径下山,山凹里有一汪清池。从山上俯瞰,水面呈凹形,凹晶馆就建在近凹底处。馆内陈设简洁,仅有茶几坐具,是品茶论诗的清静之地。馆后竹木参天,馆前碧水晶莹澄澈,一片幽雅古朴之气。原著中此馆名"凹晶溪馆",独在异乡而同病相怜的林黛玉和史湘云,在中秋赏月席间悄悄来到此馆临水赏月,天上池中明月争辉,但她俩却倍感凄凉寂寞,进一步反映了贾府树倒猢狲散的景象在每个成员心中所投下的阴影。凸碧和凹晶之名,都系林黛玉所拟,它们新奇鲜灵而不落窠臼,这也为全园增添了情趣和色彩。

秋霞圃 位于上海嘉定区嘉定镇东大街,是江南的一座古典名园。"达人寄兴在山水,叠石疏泉引幽致。经营佳圃名秋霞,丘壑纡回列次第。来到城市俨山林,柳溪花径相攀寻。""莺语堤边照隔林,寒香室外花盈坞。""徘徊还憩层云后,宛转仍归数雨斋。坐久更深濠濮兴,频歌水槛波凝镜。"(邓钟麟《秋霞圃诗》)这些诗句均是嘉定人邓钟麟所写,意在描绘秋霞圃的景物,如莺语堤、寒香室、层云石、数雨斋等,从中可见当年这座名园初建时之佳境。

它是明代工部尚书龚弘的私人花园,县志上称其为"龚氏园"。明隆庆年间,其孙龚敏行将园卖给徽商汪某。万历年间,因龚敏行之子龚锡爵中举,汪某将园归还。未久,又有沈弘正在园东另建一园。到清康熙、乾隆年间,地方上的士绅富商购下秋霞圃和沈氏园,捐给前面的城隍庙,作为庙园。咸丰十年(1860),园内的亭台楼阁全毁于兵燹,只存几堆湖石和一泓池水。光绪二年(1876)以后陆续重建,但在厅堂轩室内开设茶肆、商店,几乎形成庙市。以后,秋霞圃没有整修,山石颓毁,亭台破落,只剩下危岩巉石、草满池塘。1980年,这座古园终于得到了修复,重展昔日风采。

秋霞圃占地只有九亩余,明代书画家董其昌曾为园题额"十亩之间",颇有意趣。这样的小园如以一般步行速度走一圈,只要半小时就足够了。但人们往往在它的山水林泉、亭榭小筑间盘桓半日,仍感游兴未尽,这是因为这座小园颇多宜细赏之景,令人流连忘返。

踏进白粉墙上的乌漆大门,是两庭相连的一组小院,峰石竹木,衬以粉墙,宛若一幅抒情小品画。从小庭西北门出,一条卵石铺地的曲径蜿蜒而去,这一带多竹,已栽植十余种,有方竹、紫竹、斑竹、佛肚竹、金镶玉嵌竹等,微风过处,潇潇有声。这是游园朴素简洁的起首,是到达主要游赏空间前的铺垫。转过山脚,水池边的舟而不游轩便在眼前,其形似一条旱船,站在"船首"隔水观望,可见园中旖旎的湖光山色,清代诗人王鸣韶"十亩园林一望丹"的诗句顿时涌上心头。往西绕过水池,是丛桂轩和池上草堂两组联立的幽雅庭院。院中有名峰福禄寿三星石,老树下的这三座假山,远望酷似老态龙钟的三位老者,极为传神。丛桂轩最初建于清光绪十三年(1887),原有黄宗起题额,此轩的花窗和轿式穹顶富有特色。轩前有假山荷池,池畔一棵古槐,大可数人合抱,华盖遮天,风过似有涛声入耳。轩后小院内有老梅一株,银桂两株,是三秋赏桂佳处。戴思恭有竹枝词道:"小山北耸树荫笼,丛桂轩开四面风。薄暮一尊同抱爽,解衣磅礴兴无穷。"循山道登黄石假山,层峦叠嶂,深藏丘壑。山顶有古银杏,旁为即山亭,可览全园景色,据说早先还能听到法华寺塔的风铃声。山下有深邃曲折的"归云""洞天"二洞,二洞相通,一眼望不到底。山北麓,有延绿轩,建在波光粼粼的清镜塘畔。传说清代乾隆皇帝游江南时,指名要吃塘里的银爪甲鱼。建在湖面的水榭扑水亭,不仅是俯看水景的静观处,更是隔水近看湖石假山沿池岸峭壁的专门景点。秋霞圃全园以水池为中心,绕池一周布置了许多景点。池之南北各置一假山,池南为湖石大假山,积土掇石而成,上有多株古树,疏密有致,饶有山野之趣。池北是黄石假山,所叠石壁宛若自然。黄石山的浑厚与湖石山的玲珑,隔水形成了很好的对比。平地造园,用隔水叠山分隔空间、增加山林野趣的处理手法,在江南园林中是不少见的。水池狭长,池岸断续,间有水口曲折引出,仿佛泉水自山中流出。在断岸处,贴水架石板平桥,名曰"涉趣"。东南部有一溪流回环,直至湖石假山南麓。造园家在这样的山水结构布局上,巧妙地设置了一些亭台建筑,导引出游览路线,使小园有环环相套的游赏空间,主题别致耐看,延长了园林空间所含的时间量。

　　池之北岸,是园内主要建筑四面厅,额曰"山光潭影"。在厅堂前的临水大月台上,可坐赏假山、小溪、曲桥、花树,远近景物全汇集眼前。从四面厅穿过荷花池上的三曲石桥,沿湖岸而行,便又回到舟而不游轩。这时会发觉,绕池一周正好游园一周,造园者的匠心独运,令人回味无穷。

　　如果秋季游秋霞圃,红枫丹桂,银杏老榆,不禁使人想起"霜叶红于二月花"的名句,而这也正是园名"秋霞圃"的含义。

山光潭影厅　位于园内中心水池桃花潭东北,隔水与湖石大假山相对,系赏山水景之佳处,故名。厅为秋霞圃中极为别致的一座主要建筑,其形制为四面厅,又名碧梧轩,取杜甫《秋兴(其八)》句:"香稻啄余鹦鹉粒,碧梧栖老凤凰枝"之诗意。原匾已失,今由胡厥文题额,所书"山光潭影"悬于厅内正位。另一匾为"静观自得",乃著名建筑家杨廷宝先生所题。厅内挂有清人周承忠所撰楹联:"绿杨春蔼,白苕夏香,丹桂秋芳,青松冬秀,年年月月,暮暮朝朝,无古无今,好景随时惬幽赏;霞阁东崇,山亭西峙,华池南绕,镜塘北环,左左右右,前前后后,可望可即(接),清光满座绝尘怀。"此联绘景如画,上联展现了秋霞圃春、夏、秋、冬四季美景,下联记述了园内东、西、南、北亭台轩阁布局。厅前有宽敞的石台临池,筑石栏。两棵盘槐枝繁叶茂,都已有百年历史。厅后有小院,院中假山、桂树,隔着花窗望去,宛若一幅山水图,因而被称为"园中之画"。有诗曰:"水绕城隅晓气凉,碧潭荡漾映清光。薰风不断天怀畅,冷艳相看俗虑忘。"厅的东边有一花圃,春天姹紫嫣红,满目芳菲。尤其值得一提的是,花丛中有一株牡丹,远从杭州运来,已过百岁,依然岁岁开花。花旁有卧石状似古筝,取名横琴。花圃之东,小巧幽雅的观水亭前有一棵木莲,根似虬龙绕石而生,盘根错节,苍古而又充满了生命力。在临水的大平台上慢慢啜茗,细细赏景,游人自然会将刚刚游览过的远眺的即山亭、扑水亭的湖石壁、旱船凌波、丛桂幽香以及延绿轩的清凉等景在脑中组接起来,从而感知艺术空间结构与建筑、山水的虚实和疏密对比,加深对风景空间美的理解。游园赏景是一个积累的过程,因此秋霞圃环池而设的主要亭台建构,均设有宜坐宜留之外供人静观细赏的处所,四面厅大月台是其中最大者。游人在经过一段时间的游赏之后,小憩片刻,对前一段风景空间的观感体会进行整理,从而对整个园林风景结构有个完整印象。同时这又加大了欣赏的时间宽度,使园林艺术在时间特性上表现出动静、快慢的节奏变化。

池上草堂 位于中心水池桃花潭之东南隅,是赏荷读书之佳处。"爱尔淤泥能不染,吹余衣袂亦生香。一堂静对移时久,胜似西湖十里长。"这是清代诸生嘉定人李子宣《池上草堂观荷》诗四首中的一首。可见当年的堂下池塘荷花盛开,竟至于"不少名人来玩赏,晚凉归去月初圆"。上述诗句虽有过誉,但也真实地反映出池上草堂是昔日秋霞圃内纳凉避暑之一胜。即使今日,在草堂北面凭栏俯视池塘红藕,荷叶田田,清淡幽静,仍别有情味。

池上草堂初建于清道光年间(1821—1850),咸丰庚申年(1860)毁于兵燹,重建于光绪二年(1876),南向,共三楹两披,位于池之南岸。

《池上篇》和《草堂记》同为唐代诗人白居易的晚年作品,寄托了作者隐身息躬的情怀,表达了封建士大夫悠闲自得的意趣。此处取名"池上草堂"实为追忆先祖避世隐居之意,以他人之曲,唱己胸中之歌。

凭轩临栏,向北眺望,"轩窗傍水琴诗静,涧谷新晴草木香"的情趣油然而生。堂前略置湖石,配以桂花、天竹、芭蕉和杜鹃花坛,构成一幅幅精致秀美的小景。堂南有一楹联曰:"池上春光早,丽日迟迟,天朗气清,惠风和畅;草堂霜气晴,秋风飒飒,水流花放,疏雨相过。"此联将秋霞圃春、秋两季景色描绘得淋漓尽致。

堂西有"三星石",堂东相连一室,取名"舟而不游轩"。堂内清静雅洁,安置有明代式样的红木家具,因其形似乌纱帽,故称"官帽椅",陈设简洁,古朴雅致,庄重大方。

舟而不游轩 位于池上草堂东,隔小溪南去便是湖石大假山。轩与池上草堂连为一体,东向为一室。形似船而不能游,故取名"舟而不游轩",俗称"旱船"。"船头"采用湖石作船头自然式布置,这在我国古典园林轩舫中极为少见。另外,轩内还置有大镜一面,尽收北岸碧光亭和南山涉趣桥一带景物,从镜中看景物,真幻莫辨,镜内之景与园内之景相映成趣。"虚中有实,实中有虚;或藏或露,或浅或深",意境深远,是虚实对比和借景造园的极好范例。

轩中挂有描绘此景的楹联:"红藕香中,一角雕栏临水出;绿杨荫里,几双蜡屐过桥来。"站在轩内,吟联赏景,倍感真切,仿佛置身于船头,在"亭亭万柄荷"池上游览。还有一联曰:"云树远涵青,偏教十二阑凭,波平如镜;山窗浓叠翠,恰受两三人坐,屋小于舟。"

三星石 置放于池上草堂与丛桂轩之间的庭院内。石峰共三座,为明代遗物,直立于绿荫丛中。乍看乃湖石鼎立,细观似老态龙钟的三位老者正在向游人拱手作揖,恭候致词:"欢迎光临,幸会幸会。"这三个"老寿星"分别取名为"福""禄""寿"。古人李笠翁品石云:"言山石之美者,俱在透、漏、瘦三字。""三星石"秀、润、透、漏,良多趣味,品石之根本几乎无一不备,可与上海豫园的"玉玲珑"相媲美,故驰名远近,实为珍品。

丛桂轩 位于三星石庭院之北。轩名取淮南小山《招隐士》"桂树丛生兮山之幽"句意,故轩四周遍植桂花树,长年绿叶扶疏。嘉定学者戴思恭有竹枝词称道:"小山北耸树荫笼,丛桂轩开四面风。薄暮一尊同抱爽,解衣磅礴兴无穷。"坐在轩内小憩,轩窗四面敞开,环顾东、南、西、北,恰如春、夏、秋、冬四幅立体画。

向东远眺,桃花潭水波平似镜,迎春花黄伴有丝丝绿柳,真是"风乍起,吹皱一池春水","春江水暖鸭先知"。春光美景跃然入目。朝南观望,绿叶扶疏,入夏芭蕉在微风中摇曳,有"室内宾客无虚座,窗外芭蕉时有声"之情,坐在穹顶型的轩内休息,凉风徐徐而来,顿觉褥暑全消。轩西,内有一小院,院内不但有百多年的桂花树,还配植修竹、蜡梅、南天竹,并加以太湖石点缀,构成一幅精致秀丽的秋景图,使人感受到"十月霜枫醉,九秋金桂香"之趣。望北,轩紧依山。据记载,山上种有成片青松,取名为"松风岭",到冬天,晴雪耀金,青松挺秀,分外妖娆。小小一景,给人以四季之美,可见设计者的造园艺术是何等高超啊!

步入小院,却有园中园的感受,透过花式各异的漏窗门洞,向外观望,景外有景,层层叠叠,景深意远,使局促逼仄的空间顿觉疏朗开阔,达到了以少胜多、以小胜大的效果。轩外花影移墙,景物若隐若现,含蓄无尽,使小园内外的景色,彼此呼应,对比成趣,相得益彰。真可谓"室雅何须大,花香不在多"。

此轩初建于清康熙九年(1670),毁于咸丰十年(1860),重建于光绪十二年(1886)仲夏。

即山亭 立于池北黄石大假山上,此亭始建于清乾隆年间(1736—1795),屡建屡毁,1981年再建。"丛桂轩"东北横卧一座人造假山,以黄石叠之,山势平缓,可安步当车。沿着暗香浮动的花径,拾级登北山之巅,真有一种"入山无处不花枝,远近高低路不知"的快感。每当晨曦染色之时,云气缭绕,大得飘举登仙之趣。山顶建六角小亭,就是"即山亭"。早先,在亭内北眺,能观农家田园风貌、古城墙和晚霞,据说还能听到法华寺塔的铃声。清代著名学者王鸣盛有诗为证:"法华古寺塔铃催,瑞竹轩窗面面开。陌上女郎连袂出,即山亭子探春来。"

亭旁有石凳石桌,有棵百余年的银杏树,高大挺拔,绿荫如盖。盛夏在树下亭中纳凉休息,着实惬意。可贵的是古树年年开花结果,每逢秋季,折扇形的碧叶会变成金黄一片,一阵风吹来,像蝴蝶满园飞;雨后天晴,果实遍地白如银。站在亭中,全园景色历历在目。亭内有楹联一副曰:"树老化龙易,亭高得月多。"极写景抒情之能,颇有新意。即山亭下的黄石假山辟有石洞,石洞南口取名为"归云"。在嘉定方言中,"归云"与"观音"是谐音,以示吉祥如意。石洞北口称"洞天",洞口隐蔽在古枫杨树旁,不为游人所注意。洞不大,仅可容一人躬身而过,但洞内曲折深邃,渐入窥见一线天光,很得陆放翁"山重水复疑无路,柳暗花明又一村"的诗意。

延绿轩 原在"三星石"之南,后颓圮。重建于山之北麓,亭名取自《汉瓦砖文》"延年益寿作长乐"之意。此轩小巧玲珑,四周青松翠竹相间,梅花、芭蕉互映,花态传情,山岚设色,跟轩内张挂的名家书法和诗画融为一体,别有一番风韵。该轩有回廊和曲廊与"四面厅"相连。清代著名史学家钱大昕有诗云:"刺眼繁花细细开,陌头女伴踏歌来。烧香才罢游园去,延绿轩前薄相回。"旧时戏玩称其为"薄相",可见延绿轩前亭台水石是一胜景。

碧光亭 位于山光潭影厅西边,亭建在湖池上,俗称"扑水亭"。此亭面水依山,取宋代著名诗人苏轼诗"呼吸湖光饮山渌"的意境而名之。

坐在亭内向南隔水遥望,果然山容水色,池岸之上,嶙峋怪石,各呈异态,酷似骆驼、乌龟、大隼……形象逼真,栩栩如生。近处,鱼戏莲叶,月出水上,人在镜中,正如前清秀才蒋械士在《碧光亭观荷口占二绝句》中描绘的:"看到亭亭万柄荷,朱华翠盖映清波。晚来香气随风送,此际引人吟兴多。"中秋佳节,在亭内赏景,确有"栏前观荷数鱼,亭中吟诗赏月"之情趣,自有一番诗情画意。旧有楹联一副:"对月凭阑,此间得少佳趣;涉江放棹,幽人别有闲情。"

枕流漱石轩 位于山光潭影四面厅东北。小轩北临池塘,为原金氏园内清镜塘,故又称"观水亭",以《世说新语·排调》:"孙子荆年少时欲隐,语王武子'当枕石漱流',误曰'漱石枕流'。王曰:'流可枕,石可漱乎?'孙曰:'所以枕流,欲洗其耳;所以漱石,欲砺其齿。'"故取"枕流漱石"命之。

亭南地势较低,故以耐湿花卉植之,远望仿佛为池,即所谓"旱园水做"的假象法。亭前有一棵木莲,又称薜荔。根似长蛇绕石而生,盘根错节,形象生动,十分有趣。每年春季开花,夏末秋初结果,果实累累,形似"无花果",可入药,入夏还可做凉粉,是民间防暑的极好饮料。

亭内悬一联曰:"春色满园,中有洞天,蓄极则泄;幽亭枕水,下临无地,游以忘归。"

亭外塘水清碧,凭栏远眺,原金氏园美景尽收眼底。相传秋霞圃清镜塘内的银爪甲鱼味道特别鲜美,不知怎么传到乾隆皇帝耳里,乾隆命人到嘉定秋霞圃捕捉进贡,品尝后,赞美不绝,秋霞圃清镜塘内银爪甲鱼从此出名。旧有一联言及此事:"临溪而渔,稻熟鱼肥信清美;凭阑遥瞩,天光云影共徘徊。"

南山 即池南湖石大假山,当年园主慕东晋陶潜之高风亮节,园内景点题名多与陶公隐居之地有关,南山一名即来自"采菊东篱下,悠然见南山"句。其石壁直接从大水池桃花潭中生起,峭峻嶙峋,为江南园林中山景之一绝。山上植落叶乔木,树古枝虬,错落有致。林间置湖石,砌石为路,逶迤曲折。山分两脉,其间有一曲径,漫步在林间小道上,满目新绿;在高林之下,山坳中另有一小径,蜿蜒曲折,旁有湖石山洞,莺啼鸟啭,落花缤纷,身临其境,如入深山,深为园林专家所赞赏,故被誉为"城市山林"。南山最佳处,当推临池之北侧,这里山石堆叠独特,深涧丘壑,似悬崖峭壁。沿池又缀以玲珑湖石,颇具丘壑之美。曲岸石矶,池岸弯曲,小径断续,水口塘湾,不乏板桥滴泉。如果沿池岸漫步,简直贴水而行,形影不离,宛如凌波。若配一叶小舟,垂钓老翁其上,又如一幅天然的丹青山水画卷。

桃花潭 秋霞圃所有园景均以荷池为中心,环池遍筑亭台楼阁,积土掇石为山,荷池取名"桃花潭"。登高俯视桃花潭,湖光山影恬淡、明净、秀丽。潭周"曲岸断续,水口湾环,泉流仿佛出自山中,复汇集于池内,又溢出于园外"。水随山而转,山因水而活,不知其源自何处,又流向何方,显得源远流长,幽深莫测,实为造园之妙笔。

三曲桥 景桥,以石条平架于桃花潭东南角,共三折,故称"三曲桥",也称"福寿桥"。两边有低栏,栏柱凿有狮子,粗看有狮四只,细看则不然。桥面两侧刻有圆形"寿"字,两端刻有蝙蝠,以示吉祥。

当你手抚栏柱石狮,信步漫游之时,不妨向西眺望,园内山水、亭台榭阁一览无遗,远近高低、前后左右,布局紧凑,画图难足。因背景极佳,故是一摄影留念之佳处。

涉趣桥　在荷池桃花潭南岸湾塘口有一石板小桥,长不足一丈,宽仅二尺余。它由整块石板构成,既无精致的雕饰画栏,也没有奇异优美的造型,可当你登桥四观,立刻觉得妙趣横生。涉趣桥横跨滴泉小溪,连接着傍湖的曲径断岸。左侧虽是假山,却俨然绝壁,抬头望,悬崖之巅古树参天,疏密相间。右侧一泓华池,波平似镜,对岸的碧光亭、四面厅倒映水中,红鲤鱼在碧波中戏游,也为秋霞圃一景。

明天启元年(1621),嘉定著名四先生之一娄坚为石桥题名,取陶潜《归去来兮辞》中"园日涉以成趣"而名之为"涉趣桥"。两百多年后,清道光十八年(1838),由秀才葛玉峰重镌。这么小而古老且有题名的园林桥,在全国为数不多,在上海堪称首屈一指。

古猗园　位于上海嘉定区南翔镇。初名"猗园",取自《诗经·卫风·淇奥》中"绿竹猗猗"(美盛的意思)。此园建于16世纪中叶,即明嘉靖至万历年间,为河南嵩县通判闵士籍所建,后归明代文学家李流芳侄子李宜之所有。清乾隆十一年(1746),洞庭东山人叶锦重葺之,更名为"古猗园"。抗战时,大部分园景遭到轰炸,几成废墟。1958年修复,面积从原来的二十余亩扩充到九十多亩。

古猗园为竹刻名家朱三松所设计,因此布局生动典雅,叠山莳花皆成诗画。园中有逸野堂、幽赏亭、小云兜、采香廊、怡翠亭、环碧楼、浮筠阁等景点。后来又开凿了荷花池,增建鹤寿轩等建筑,全园给人一种清新幽雅的感觉。

全园以戏鹅池为中心。从北大门入园向东走,首先可见一池绿水中一艘泊岸的画舫古舟,这一景系"不系舟"石舫,它小巧玲珑,朱漆彩绘,楼阁敞轩,富丽堂皇。"不系舟"三字,最初是吴中才子祝允明的手迹,后毁于战火,由青浦名医吴长治重新题写。石舫西是白鹤亭,亭子顶端有一只昂首南望、展翅欲飞的仙鹤。此亭宜远望,远望比近看更美。白鹤亭与南翔镇的来历,有一个古老的传说。约在1500年前,南翔还是吴郡(今苏州市)的一个偏僻乡村。一天,一个老农种地时挖出一块奇怪的大石头。这时,忽有两只白鹤飞来,停在石上,又飞入云霄,一去不返,但石上却出现了一首诗:"白鹤南翔去不归,唯留真迹在名基。可怜后代空王子,不绝薰修享二时。"有个叫行齐的和尚见了,认为此地是佛地仙迹,便化缘建庙,取名为白鹤南翔寺,南翔镇也因此得名。白鹤亭正是取"白鹤南翔"之含义。

竹枝山是全园最高点，山巅有座方亭，结构造型十分特别。几何形的拱顶，彩绘九条云中飞龙，三只拳状翘角似铁臂凌空，而东北方向则人为地短缺一角。原来，1931年"九一八"事变爆发，日本帝国主义侵占了我东北三省，南翔人民为了铭记这一国耻，在古猗园集资建亭，并故意少塑东北一角，以不忘东北国土沦陷；其他三个亭角塑成高举的拳头，表示收复失地昭雪国耻的决心。此亭初建时名为"补阙亭"，意即收复失地再补缺角，因而又有"缺角亭"之称。如今，在亭中举目四望，眼底是曲水红桥，竹木掩映；山南有九曲桥、河心亭，波光潋滟，浮银跃金；山北麓有小径可通浮筠阁，这是一座半浮于池上的水榭，阁中梁木椽子都呈竹子形状，俗称竹节亭。初建时用木料，现虽改为水泥结构，但由于工艺精细，仍真伪难辨。

从竹枝山跨过石板桥，即是梅花厅。厅四周有梅树数十棵，其中有百年老梅。每逢冬去春来，此处一片香雪海；若遇雪天，雪中红梅更是俏丽无比，是赏梅佳处。由梅花厅向东，沿曲径至戏鹅池南岸，这里视野开阔，长廊、南亭、假山掩映于茂林修竹、芭蕉枫叶之中，另有一番情趣。

鸢飞鱼跃轩，为临池一水榭，轩额题词是宋代理学家朱熹的手笔。这里原是一座下临曲沼的茅舍，所谓鸢飞鱼跃，是取"抬头能见鸟飞，低首可观鱼跃"之意。鸢飞鱼跃轩与古盘槐、四面厅中间，有一状似云团雾聚的假山空谷，取名为小云兜，是中秋赏月佳地。三五之夜，月光皎皎似水，丹桂阵阵飘香，令人有置身于广寒宫之感。新葺的逸野堂，本有楠木厅、四面厅之称。早先厅内悬有明代书画大家董其昌所题"华岩墨海"匾额，后面还有鸳鸯厅等建筑，堪称园中之冠，可惜，两厅均毁于兵燹。

值得一提、一看的，还有园中两座青灰色的经幢，分别坐落在南厅之前、梅花厅之后，它们和荷花池中那座亭亭玉立的普同石塔，均是有千年历史的珍贵历史文物。

醉白池 位于上海松江区西南。醉白池之名出于这样一个典故：唐代大诗人白居易，晚年厌倦宦海生涯，在洛阳旧宅旁，建屋于池上，每日饮酒赋诗，以一醉为乐。北宋年间，宰相韩琦文武双全，被封为魏国公，他仰慕白居易风流闲逸、逍遥放任的性格，在晚年仿效白居易的隐士生活，建堂于池上，作为觞咏之所，苏东坡为之写了《醉白堂记》。五六百年后，清初松江画家顾大申，因不得志而思隐退。他曾任工部主事，管理水利工程，于是效法古人，凿池筑室，取名"醉白"，后来扩充为园林，亦以"醉白池"作为园名。

明清时期,松江城内外的私家园林,盛极一时,规模较大的就不下数十,而今唯醉白池风貌犹存。今日的醉白池分东、西两个部分。西部面积约八十余亩,大部分是草坪、水杉林、花坛及很多近年增建的古典式亭台廊榭,还将小西湖畔西湖道院废址内的五色泉移来。这是一口小井,垒以山石,传说是晋代道家葛洪炼丹之处。其实葛洪是在杭州西湖葛岭修道的,而不是在松江的小西湖,这是传说之讹。西部有拱形石桥,石桥堍上有一对茅亭,桥上可纵览南北开阔的荷花池。夏秋之际,湖中翠盖摇曳,荷香在衣。池上有曲尺形长廊和鹤亭。

东部是旧园,是醉白池的精华所在。穿过一道粉墙,有庭院和雪海堂,五间敞厅,为品茗处。再过一墙,有一庭院,有峰石和古木。过洞门,入曲廊,就见中间偌大一泓池水。旧园占地数亩,池水面积一亩余。四周置有长廊,前后可凭栏观鱼。此外,云墙和楼阁高低错落,迤逦相连;花圃水榭、石桥漏窗,小巧精致。池北有棵树龄三百余年的大樟树,大可两三人合抱。另有大榆树三棵,伟岸挺拔,依俯池面。池东有牡丹花圃,池西雪海堂后院有金桂、银桂,相映成趣。池四周怪石林立,用我国明代见石不露土的传统手法叠成,精巧剔透。"池上草堂"横跨于水池之上,堂正中挂"醉白池"匾额,屋檐前乔木参天,窗北翠竹一片,屋下一泓清水流过,碧波涟漪,在此小憩十分闲适幽雅。堂屋东面是一座四面厅,其建筑具有典型的明代风格,著名书画家董其昌曾有对联:"堂敞四面,面池背石,轩豁爽垲,前有广庭;乔柯丛筱,映带左右,临世濯足,希古振缨。"水池四周还有不少精雕细刻的亭子:东南面的大湖亭、东北面的小湖亭、西面的六角亭,均与廊相贯连;有槛凳,可小坐欣赏鱼及池中亭榭古木的倒影。黄之隽诗记:"小憩桐阴坐曲廊,一规镜槛绿泱泱。鱼跳密藻深无影,燕掠平芜静有香。"池之东北还有卧树轩和一座旱船形式的船屋,名"疑舫",都是颇有特色的古建筑。

池南原有河流与池相通,隔河为村落、茅舍、竹篱、小桥、流水等田园景色。后来造了房屋,缭以高墙。墙内有廊,壁上有石刻《云间邦彦图》二十八块,每块镌刻四人画像,为松江府属各县从元到清初的名宦、乡贤、文士共百余人,如徐光启、陈子龙、夏允彝、夏完淳、陆深、莫是龙、董其昌等。此图与苏州沧浪亭五百名贤祠的石刻有异曲同工之妙。

郭庄 位于杭州环湖西路卧龙桥畔,又名端友别墅、汾阳别墅。郭庄始建于清咸丰年间(1851—1861),几经变迁,近乎湮没,1991年修复开放。修复后的郭庄基本保持原有的面积和布局。郭庄是西湖园林中最具江南古典特色的私家园林。

"环水为榭,雅洁有似吴门之网师。"整个庄园分静必居景区和一镜天开景区两个部分,前者为宅院部分,后者为园林部分。庄内的楼、轩、阁、榭、亭、廊都是沿池参差而筑,均为两坡屋面,砖雕马头墙并配以磨砖门框、窗框,木雕枋额落地长窗,窗内是仿清和略带宋代格调的陈设,给人以古朴、典雅之感。园内的假山叠石、池畔石塌,也均有一种皱、漏、透、瘦的风格,而且造型非常生动。漫步其中,通过楼、阁、亭、廊中的不同角度、不同形状的窗框,与园内粉墙上或圆形、或方形、或扇形的框格,形成步移景异、变化无穷的景观效果。

静必居 设于郭庄静必居景区内。从卧龙桥畔大香樟下的石库门砖雕门楼入内,便是一个不规则的门厅,照壁上书有唐代诗人张志和的《渔歌子》。门厅左方开有一个长方形小窗洞,进入园内,右侧是一庭园小景,左侧是两宜轩和伫云亭。几经转折,走过回廊,便是静必居小区的正厅,厅中高悬"香雪分春"四个镏金大字的匾额,后堂挂有一副楹联:"红杏领春风,愿不速客来醉千日;绿杨足烟水,在小新堤上第三桥。"将人引入一种高雅的境界。后堂和左右厢房构成了一座颇具浙江民居特色的四合院。院中空地由清一色的石板铺成,正中有个用石板栏杆围成的莲池,池中涓涓细流不断,清澈可掬,形成恬淡、闲适的气氛。院中各室内陈设都是按庄主原先会客和生活的方式布置,古朴端庄,精致典雅。

一镜天开 设于郭庄一镜天开景区内。景区的南头湖畔是一座名为"乘风邀月"的水轩,敞室临湖,可尽览水光山色。水轩的北处是一镜天开景区的主体建筑景苏阁,此阁为两层楼,面向西湖,可借苏堤之景入园。该阁原为绣楼,今为陈列琴棋书画和接待宾客的地方。楼后是花园,园内有一呈三角形的小亭,阁前是一矮墙,月门前后分别题有"枕湖""摩月"字样。跨出月门,便是船埠。离景苏阁不远处的临湖假山上建有"爽心悦目"亭。景区南北凿有两池,南池呈自然形态,周围湖石砌砌,池畔曲廊,给人以曲折紧凑之感,似苏州园林;而北池是石板铺成的方池,上架石板平桥,给人以空旷之感,犹如绍兴池塘格局。南北两池错落分布,疏密对比强烈,使园内空间开合得体。

刘庄 位于杭州西湖丁家山畔,是西湖苏堤两旁历史上庄园别墅中最大、最富丽的一处,有"西湖第一名园"之称。

刘庄原名水竹居,由晚清举人、广东香山人刘学询建于1905年。中举的次年,他到北京会试,归途中经过杭州,畅游西湖后,深感"故乡无此好湖山",拟在西湖建园林。当年营建时,他把广东刘园中部分建筑物如雕镂篆隶文字、钟鼎图案的楠木门窗及广州当时已经家道中落的潘仕成家的"海上仙馆"中的精美家具如数买来，运到刘庄。因此，刘庄的庭园设计、房舍布置颇带些岭南风味。他又耗资三十余万银元，植名花异树，建亭榭楼台，造林泉玉脉，筑长廊曲桥，并广罗名贵家具，博采古玩字画，使刘庄以华丽典雅的陈设和超然绝俗的风姿，成为"西湖名珠"。在望山楼内曾安置一面特制的凸镜，站在镜前，足不出户，湖上风光，尽收眼帘，而且步移景换。如今的刘庄是1954年经过我国著名园林建筑师戴念慈精心设计改建的，现为西湖国宾馆，它的范围覆盖了包括原韩庄、杨庄、康庄、范庄在内的五个私家园林的大片面积，曾接待过前美国总统尼克松和前南斯拉夫总统铁托等国家元首。尼克松陶醉在刘庄的园景中，他说："我到过80个国家，还没有住过这样美的地方。人们说上有天堂，下有苏杭，名不虚传！"在众芳簇拥的水竹居亭，铁托设立了临时的总统办公处。他赞叹："太美了，我真舍不得离开这里。"

刘庄占地36万平方米，山、湖、河、岛齐全，园林设计颇具匠心。房屋深邃，路径曲折。门楼外，绿水环绕，青林密匝，是园林专家根据"门开绿水桥通野"的艺术主题设计的。门楼内，正中是由高耸的云松、广玉兰和红枫、红叶李组成的"屏障"，如翠盖红云，使庭院隐而不露。右前方，在一个"湖中之湖"的小岛上，十四棵黑松苍劲挺拔，作"迎客"状，一方"松岛长春"碑迎面而立，为建园时原物。小岛两端有曲桥相接。由此曲折向前，穿花墙，踩石径，忽水忽岸，忽榭忽亭。名花时显，呈色浮香；名木频接，流黄堆翠。刘庄树木共八十四种，包括杭州最大的五针松和最大的紫藤在内。一号楼陈设典雅高洁，用借景的手法，将远近景色纳入明窗长廊，借山以增高远，借园而拓平阔，借苏堤以显幽深，借花港而添秀色。园内草坪如茵，树丛苍翠，其间的各单体建筑分别有"湖山春晓"、望山楼、梦香阁、半隐庐、延秋水榭、藕耕草堂、花竹安乐斋等，题名极雅，造型别致。它们或坐落于花影树丛之中，或挑出湖面，若隐若显，布局得体，错落有致。园内溪流、池泊、林木、叠石，更增添了赏景的意趣。

蕉石鸣琴　位于刘庄内丁家山东麓，为西湖十八景之一。蕉石鸣琴，三面临湖，与孤山遥遥相对，故又名"小孤山"。相传清雍正九年（1731）浙江总督李卫常在这块形如蕉屏的石崖前弹琴，音韵绕石，响入行云，故此地有"蕉石鸣琴"之雅称。他爱丁家山幽静，开辟一条幽道，共两百余级，沿湖遍植桃花，并在山腰筑亭，山顶造一座八角亭，亭旁有一座舫室，轩槛临空，远望恍若漂浮于清波之上。舫室前面，秀石林立，形状似芭蕉，所以题名为"蕉石山房"。蕉石根下，有一天然小池，泉水从石罅中进出。磴道之南还有一石壁，高丈许，前有一石，卓立如屏，称为"蕉屏"。

屏以内置石桌、矶,莹润无尘。携琴来此,奏一曲《梅花三弄》,确属赏心乐事,所以称"蕉石鸣琴"实在是名副其实。清汪沆有《蕉石鸣琴》诗:"西湖罗绮丛,歌吹日夕竞。畴能携枯桐,尽洗靡靡听。舣棹丁家山,策杖上涩磴。拔地一片石,清润蔽苔径。纹裂斜界纸,叶叶似掩映。小息涤尘喧,松风引清兴。临流一再弹,泠然虚窦应。毕竟吹商飙,余音入波冷。"民国庚申(1920)三月,康有为又在此题刻"蕉石鸣琴"四字,并建造了"一天阁"。

汪庄 位于夕照山麓东北侧,现为西子宾馆。汪庄与其他园林相比,建筑年代不长,它建于1929年,原系安徽茶商汪自新的私宅茶庄庭院,故称汪庄。园内亭阁参差、水木清华,颇具特色。其中亭阁楼榭、假山石洞的设计独具匠心。石洞中石笋林立,庄内布置雅洁。园主善莳花,每当秋令,庄内菊花盛开,一派灿然美景。汪庄园林以苏堤六桥烟柳为借景,隔水相望,沿湖栽植的垂柳、花桃与对岸婀娜多姿的杨柳相互掩映,互为呼应,增加了汪庄园林的纵深感。现在,汪庄已改为西子宾馆,扩大了园林面积,将夕照山上的"雷峰夕照"遗址及山上的诸多古迹包括其中,有建于南宋时的著名道观上清宫和云涛观旧址,有建于南宋的著名园林翠芳园。因此,汪庄是一处历史与文化的纪念地,显示了杭州西湖人杰地灵的景观特色。

翠芳园 又名白云庵,位于汪庄内。翠芳园建于南宋开庆年间(1259),初名屏山园、翠芳园。园内有五花亭、八面亭、兰槐、梅槎等园林建筑,朱栏碧槛,绮丽清幽。南宋时,理宗皇帝常泊舟于此。明末,翠芳园改名为"白云庵"。清人汪献珍于雍正年间(1723—1735)对该园又进行了修葺,庵旁增筑亭榭,沿堤遍植垂柳,架设小桥,引进湖水,使渐已荒芜的园林又呈现出楚楚风貌,遂改名为"慈云庵"。乾隆二十二年(1757),清高宗巡游至此,赐额"漪园",复为皇家御园。咸丰年间(1851—1861),该园被大火焚毁。光绪十二年(1886),杭州著名藏书家"八千卷楼"主人丁松生重建了翠芳园。重建后的翠芳园增添了许多颇具雅趣的楹联。园内又塑了一尊月下老人像,设五十五条签经诗,前面挂有楹联:"愿天下有情人都成了眷属,是前生注定事莫错过姻缘。"使许多痴情男女拜倒于此。这里景色佳绝,"园中水木清华,交映绀碧,天光云影,绝底明漪。寺后丛植万花,浓淡相间,山石荦确,堆叠玲珑。而一径通幽,别成风景"。20世纪初,翠芳园也是辛亥革命时期革命党人的秘密活动场所,孙中山曾两度来此,并为翠芳园题书"明禅达义"匾额。

藏山阁　　耸峙于花港观鱼公园大草坪的假山上。藏山阁原为红栎山庄(又名高庄,原为邑人高云麟别墅)内的庭院小品。它运用我国造园艺术中的借景手法,把园外的景色有机地组合到园内来,使有限的"小"融合到无限的"大"自然景色中去,使人工与天工浑然一体。登阁平眺,南屏山峰峦耸秀,栖霞岭万木萧森,里西湖、小南湖绿水盈盈,六桥烟柳,遮断外湖。鱼乐园、牡丹园脚下呈秀。园内园外,互相映衬,湖山秀色,一览在目,真是"近水远山皆有情"。凭园中假山上一耸峙小阁,借得群山景致,这就是"藏山"名之由来。

金衙庄花园　　位于杭州解放路东端,金衙庄是明代官僚金学智的私家别墅。金是杭州(仁和县)人,明隆庆二年(1568)中进士后,一直在外做官。归退后,在杭州城东隅筑园,楼极高,构筑精致,"极尽水木之妙",引水入园,小桥流水、奇花古木、揽水花林木之胜,成为一大名园。以后金衙庄几易园主,但大家还是喜欢叫金衙庄。清顺治年间,户部侍郎严颢亭归居杭州,占据金衙庄一半建"皋园",在园内建有清校楼,藏书万卷。园林中模山范水,建成梧月楼、绿雪轩、沧浪书屋、芙蓉亭、墨琴堂等及小太湖诸景,又引水筑成水泽园,水流经亭榭阁轩,潺湲有声。园内还广植丹桂、梅花,常邀名人雅士赏桂探梅,诗文唱和,"言飞羽觞",留下不少题咏之作。严颢亭自称其园"古树当轩,流泉绕户",皋园在当时曾被誉为"湖山异景"。由于历史变迁,皋园多次变换主人,逐渐衰败。新中国成立后,杭州市人民政府修建了金衙庄公园,其与贴沙河畔的青年公园连成一片,成为花木扶疏、开敞秀美的城区花园。

墅园　　位于西湖正北面莫干山路侧,为一座集江南园林艺术的山水名园。由苏杭两地园林设计师设计修建。墅园占地四十八亩,占水面十二亩,云墙缭曲,亭榭连阁,园中有水,花树扶疏,倒影入画,一派江南园林风味。入墅园大门,回廊楼台迎迓,移步转身则是一泓池水,水面上点缀几株淡雅的睡莲。过假山石洞,又是弯弯水面,可见曲廊萦回,亭台参差,绿杨柳丝拂人面,华榭碧波两相依,使人流连观赏,顿生奇幻之灵悟。在绿杨清水中并设有"垂钓处",几多老少,抱竿垂钓,颇有几分悠闲逸趣。在墅园北侧,有墨林和乐颐园,两处隔水相望。墨林掩映在幽篁奇石之中,衬以红花绿树,辅以长廊亭台,显得清幽而有韵味。乐颐园以苏州古典园林为基调,突出"以水环园"的特色,四周植物造景,延伸景观空间,体现"天光云影共徘徊"的虚涵之美。

莲花庄与潜园　　位于湖州城东南隅,现占地约一百十二亩,其中三分之一是水面,为湖州城内唯一的古典园林。莲花庄正门西向,面对苕溪。后门东向,即潜园。1983年湖州地方政府重修潜园,1986年又在重建莲花庄时将毗邻的潜园划入,形成了如今两园一体的独特格局。

早在唐宋时代,莲花庄一带称白萍洲。徐贲有诗赞:"洲渚绿萦回,菱荷面面开。路从花外过,山向柳间来。鸣鹭惊回舫,游鱼仰酹杯。同为城郭里,此地绝尘埃。"不难想象当年白萍洲碧水风荷,景色宜人,故而它一直是文人骚客悠闲的佳处,颜真卿、白居易、杜牧等都有赞誉的诗文墨宝传世。至元,著名书画家赵孟頫在此营建别墅,始名莲花庄。此后庄园一直盛誉江南,至清末才渐趋衰败。1949年以后,政府曾辟一隅为青年公园;至20世纪80年代,始拨资重建莲花庄,使昔日名园重显英姿。

与莲花庄一衣带水的潜园占地十余亩,是清末四大藏书家之一陆心源的私家花园,故又名陆家花园。陆心源晚号潜园老人,著有《潜园总集》等。其酷好古籍及金石书画收藏,收藏了两百余种宋版珍本的"皕宋楼"使他名扬海内外。陆心源病逝后,潜园几易其主,抗日战争时毁于兵乱。20世纪50年代,潜园为湖州园林管理部门接管;至20世纪80年代初,终于修葺一新,与莲花庄连成一体,向游人开放。

莲花庄与潜园傍水放莲、遇池垒石,亭台楼阁、水榭曲廊之间保存了大量的翰墨文物,是较典型的江南文人园。"莲、石、翰墨"三者正勾勒出其特色。

西临莲花庄正门,有赵朴初手书"莲花庄"三字,颇具赵吴兴笔意。入园门向左,有赵孟頫撰文并书写的《吴兴赋》碑刻。其洋洋九百言,备述湖州山水清远、物华人杰之盛况。赵孟頫,字子昂,号松雪道人,系宋代赵氏宗室,高宗南渡,其祖上居吴兴,遂为吴兴人,人称赵吴兴。入元,其经人举荐官刑部主事,后累官至翰林学士承旨,封魏国公,谥文敏。赵孟頫诗、书、画皆绝,而莲花庄保存他的手迹颇丰。为了纪念这位书画宗师,1993年秋,海内外文人学者曾在此举行了赵孟頫书学国际研讨会。赵氏一家均善画能书,园门附近壁间还嵌有赵氏父子的《吴兴山水清远图》。园门右侧的"青卞居"茶室,也正是以赵孟頫之甥王蒙的《青卞隐居图》名为室号的。园中题山楼则是为了纪念赵孟頫之妻管道升的。赵朴初在松雪斋曾撰写对联:"儒雅风流,一时二妙兼三绝;江山故里,青盖碧波拥白莲。"其中"二妙"正是誉赵氏夫妇,而"三绝"所指便是诗、书、画三者。除了题山楼、青卞居、松雪斋外，庄内主要建筑还有大雅堂、集芳园、晓清阁、鸥波亭，等等。这里不仅保存了古代文人雅士的众多金石字画，也收藏了现代书画名家的大量精品墨宝。像沙孟海、吴作人、吴小如、黄苗子、王秋野、冯其庸、郭仲选等人都曾题字留墨。真可谓园林同文物相辉映，莲花与翰墨共芬芳。

说到莲，这正是莲花庄的本色。湖州植藕历史悠久，盛产玉白嫩脆的"湖州雪藕"。苏东坡当年曾环湖州城观荷花，留下了"绕郭荷花一千顷"的佳句。清光绪《归安县志》亦载，当年莲花庄"四面皆水，荷花盛开时，锦云百顷"。如今莲花庄虽无"千顷""百顷"之壮观，但几十亩水面上，或沟或渠间都放养着各色莲种。无论是池边小径还是荡桨舟中，都能置身于莲与荷的世界里。尤其是庄中景区特辟的数池荷塘，更为画龙点睛之作。每年夏季，白荷点点，田田绿叶托起晶莹透亮的露珠，阵阵微风送来城居人久违的清新。那番感受、那番恬静真，可与朱自清《荷塘月色》中的意境相媲美了。

如果说荷塘、小池是撒落的珍珠，那么层层叠叠的太湖石便是串联珍珠的玉带了。太湖石又名弁山花石，呈银白色，产于湖州弁山南麓。莲花庄全园置有太湖石两千多吨，选料考究，布局精心，将所有建筑、水域连缀成一个整体，显得错落有致，别具风格。最值得称道的是潜园内的山石，或堆垒成丘、盘旋穿穴，或镶砌池畔、造型如意。其中最为名贵的是立于如意池畔的一处太湖石。其状如出水芙蓉，高3.8米、宽约1.2米，原为赵孟頫松雪斋名物，上有"莲花峰"三字篆书，传为赵孟頫手迹。明沈梦麟有《松雪斋池中太湖石诗》赞云："魏公池上玉芙蓉，元气淋漓湿贝宫。汉女梳头云冉冉，天丁凿翠雨珑珑……"太湖石之"皱、瘦、漏、透"，在"莲花峰"上得以集中体现。该石现为湖州市市级文物保护对象。

小莲庄与嘉业堂藏书楼 位于湖州市东北边缘的南浔镇，西距湖州城33千米，东离上海市120千米。小莲庄为清末南浔镇首富刘镛的私家花园和家庙，占地二十七亩多。其始建于1885年，竣工于1924年，其间经刘氏父子营建达40年之久。因慕元代书画家赵孟頫别业"莲花庄"之名而称"小莲庄"。嘉业堂藏书楼与小莲庄隔溪相望，有小桥相连。它是我国近代著名的私家藏书楼之一，由刘镛之孙刘承干创建。嘉业堂藏书楼因逊帝溥仪题赠"钦若嘉业"九龙金匾而得名。书楼"糜金十二万，拓地二十亩"，于1920年初冬破土，1924年岁尾竣工。其后又历时20年，费银30万，藏书60万卷。书楼全盛时期(1925—1932)藏有宋刻本77种、元刻本78种、地方志书1200余种、丛书220余种和不少明刊本、明抄本、稿本以及大量清人文集和各种史书。书楼不仅以搜藏古籍闻名,而且还以雕版刻印古书著称。曾拥有红梨木书版三四万块,刻书计三百几十种,约3000卷。

小莲庄与嘉业堂藏书楼几乎同时建成于20世纪20年代中期。在那灾难深重的年代,它们都饱历坎坷。小莲庄园林部分于日寇侵华时同南浔这个万人古镇一起惨遭灭顶之灾,或焚或毁,面目全非。书楼由于种种原因,虽在战火中幸存下来,但因楼主家道中落,书楼的大量珍本开始变卖外流。1949年,解放大军南渡,陈毅司令员奉周恩来之命派兵保护书楼。1951年11月,楼主刘承干写信给浙江图书馆:"愿将书楼与四周空地并藏书书版连同各项设备等,悉以捐献与贵馆永久保存。"后书楼由浙江图书馆接收,时藏书有11万册。"文化大革命"期间,书楼又一次险遭浩劫,亏管理人员机智应对,大量古籍才得以幸存。党的十一届三中全会以后,在各级政府、当地企业及广大人民的关心支持下,小莲庄几经修缮。如今这座在著名作家徐迟笔下的"废园"已恢复原貌,成为人们休憩游玩的佳处。嘉业堂藏书楼的书楼和园林亦彻底修整,重新焕发了生机。1981年和1984年,嘉业堂藏书楼与小莲庄分别被列为浙江省重点文物保护单位。

小莲庄和嘉业堂藏书楼的园林建筑颇有特色,具有较为典型的江南文人园风格。

小莲庄由园林和建筑群两者组成。家庙为其建筑群主体,共三进。有石牌坊、下马石、石狮、走马楼等,总体建筑保存尚完整。园林部分则分外园和内园两块。外园有十亩荷花池,楼台亭阁绕池而筑。其布局得体和谐,颇有水乡风情。荷花池西有碑廊,壁间有《紫藤花馆藏帖》《梅花仙馆藏真》等名家手迹砖刻四十五方。廊下临池有净香书窟、水榭和法国式建筑东升阁。其阁四面凿窗,登高既可观日出,亦可览全园胜景;东有小荷花池与大池相接,上设五曲石桥。小池两侧有钓鱼台、小鹤亭和七十二鸳鸯楼;南有退修小榭,两翼凸于水上,平面呈凹字形,造型奇特;北为柳堤,宽丈余,与外河相隔。内园以假山为中心布局,假山均以剔透玲珑的上乘太湖石堆垒。北有高墙与外园相阻,西设太湖石作屏,与外园似接似离。假山东植青松,西树红枫,有小道盘旋、洞穴穿越、石桥飞跨其间。山巅筑亭、山麓凿池,绿水青山,仰俯皆景。

嘉业堂藏书楼虽以藏书及楼台建筑著称,但其楼外有园,整个书楼掩映于园林之中,故又是一处绝佳的园林胜景。书楼坐北朝南,是一座两层中式建筑,为口字形回廊式。门楣有"嘉业藏书楼"五个金字,出自书法家刘廷琛手笔。书楼四面环水,园中又有一莲叶造型的荷花池,绿水盈盈,水源充足。既用作防火,又可作为园林水景,供人观赏,集实用与审美于一体。在环园滨河地带广植林木,置身其中,遍地芳草,满目飘翠。那古木森森、修竹摇曳的绿色世界真给人远离尘世之感。在荷花池周,精心堆砌着成吨太湖石,其独具匠心的十二生肖造型,勾起游人无尽的遐想,充分显现了江南古典园林构思造型艺术的极高境界。书楼园林是以水为中心展开的,依伴着池和水,于是又有了亭和桥等建筑。小桥、流水、紫藤、古木营造了幽静恬淡的意境,使书楼与园林浑然一体、相互辉映。还值得一提的是,书楼园林中珍藏着一品奇石,它高约3米,腹有小孔。人嘴对孔吹气,会发出似虎般的吼叫。上有清朝著名学者、金石家阮元所题"啸石"二字真迹。游人到此争相一试,别有一番乐趣。此石与湖州潜园莲花峰、上海豫园玉玲珑、苏州拙政园缀云峰和留园冠云峰等都是湖州弁山产的太湖石名贵珍品。

绮园 位于浙江省海盐县武原镇,占地约十五亩,是浙江现存文人私家园林中规模最大、保存最完好的一座。绮园虽地偏浙江一隅,是一座城镇小园,但在造园设计上却吸取了苏州园林的雅致和扬州园林的豪放等特点,使之与浙江古园的风格融合起来,雅健而不纤巧,豪放而不生硬,成为浙中很有代表性的古园。据园林家陈从周研究,浙江的吴兴、嘉兴两地,在南宋后园林营造很盛,但随着历史的变迁,两地园林均毁坏殆尽,目前仅以吴兴的南浔小莲庄及嘉兴海盐的绮园为鲁殿灵光了。绮园风景的最大特点是自然野趣,它虽处于城镇中,但却以山水景色为主,是一座名副其实的城市山林。一般的江南文人私家园林,往往是游居并重,除了给人们游览欣赏之外,主人常常要在园中举行许多活动,因此园中厅堂馆舍较多,并且又每每以曲廊将它们连接起来,既作为游览路线,又作为交通路线(就像现存的许多苏州园林一样)。这一类的花园,实际上可以看作住宅部分的延伸。然而绮园的布局构思却不落这一套式,全园除了南部入口处的花厅——潭影轩较大之外,仅有山顶一小亭、水边一小榭,以及大池北边扑出水面的水阁小筑三处,其余全是山水。水池曲溪之外,便是连绵奔走的大山。山间小径忽而盘旋山下,穿曲洞、渡小桥;忽而达于山巅,沿山脊飞梁过去,又到了另一处山中。山上山下满是樟、朴、枫、杨等古树,峭壁间又有古藤攀援,一派自然山野风光。

这所隐居于江南小小古镇上的古园的艺术价值,是园林家陈从周教授首先发现的。他在20世纪60年代调查研究江南古园时来到了绮园,深为此园的美景所打动,不久即在《文物》杂志上向学术界介绍了绮园的造景特点:一是以树木山石水池为主,少量建筑点缀其间,与以自然风景为主的现代造园手法相近;二是园林虽是冯家的宅园,但是自成一区,不依附于住宅;三是水池面积较大,以聚为主,以散为辅,形成假山依傍水、溪流随山转的布局特点,陈从周由此总结出"水随山转,山因水活"这一我国古典园林艺术山水造景的布局原则。绮园的价值,足以名垂我国园林艺术的史册!

绮园原是清代海盐富商冯缵斋的宅园。冯家祖上居于海盐县城西乡的待莳庙,当地盛产大豆和食盐,有酿造优质酱油的传统,冯家也以酿造业起家,生产的酱油运销上海,曾一度占领了上海市场。冯氏发家之后,迁居县城(武原镇),冯缵斋虽是经商致富,但颇通文墨。清咸丰九年(1859),他娶了当时著名诗人、剧作家黄燮清的次女黄琇为妻,黄琇自幼受父亲的艺术熏陶,知书达礼,才识过人,于是和冯缵斋一起主持修建了绮园,作为游憩之处。园成于同治十年(1871),当时,冯氏正在上海经商,花园的布局规划实际上是由黄琇一人主持,所以此园仍然继承了江南文人园林雅健、充满野趣的风格。

绮园虽然建于清晚期,但是它的历史却可上溯至明中叶。海盐地处杭嘉湖平原,南边濒临杭州湾,物产丰富,风光绮丽,明中叶掀起的文人造园之风,自然也影响了这里。位于城南的彭氏园是文人彭绍贤在明嘉靖三十七年(1558)建造的,它是武原镇历史上最早的一座花园。据明天启《海盐县图经》记载,这座园林因水成景,林木清茂,其中佳景为水月居。园主曾作《避暑水月居杂咏》,诗前有序说明:"戊午夏日……避暑家园,高树生荫……花间竹下,啜茗清谈,琴韵悠然,棋声落确,观游鱼之出没,聆野禽之相和。"很有文人宅园的情趣。

入清之后,彭氏园已圮,康熙年间,海宁杨中纳在彭氏园故址上建拙宜园。杨中纳是清初著名学者朱彝尊、黄宗羲的学生,曾出任江南学政,致仕后筑拙宜园。园中"有苔径、撷芳轩、得树堂、晚砚斋、西榭、晴云阁、剩舫、巢经楼诸胜",景色佳丽。乾隆年间,黄燮清的祖父黄耕山购得拙宜园旧园,加以修葺,此园便成了黄氏的家产。到黄燮清手中,他对这座园林又进行了扩建。首先,诗人以七万钱买下了西邻的砚园废址,砚园是清初建的古园,园主为康熙时举人张小白,到黄氏购进,已经四易其主了。黄燮清买下砚园之后,连同自家的拙宜园,重加修整,增补景点,以自己的学识修养,对园林美景一一进行锤炼。道光二十七年(1847),又在园中新筑倚晴楼三间,诗人极喜爱这里的景色,曾作诗记之:"拙宜园之西偏,旧有晴云阁,后为风雨所圮,易楼三楹,取涪翁快阁诗意,额曰'倚晴',丁未二月落成,赋诗志盛。"诗中有"苍苍三径松,嶙嶙数石峰""醇穆含太和,万事戒雕饰"以及"清风被竹柏""性真寄闲适"等句,可见当时景色的古拙雅朴。园修竣后,诗人半生优游其中,美丽的园林风景陶冶了诗人的情怀,激发了他艺术创作的欲望,所以园居其间是他创作最旺盛的时期。为了寄托对园林的深情,诗人还以倚晴楼作为自己的室名,在著作前均冠以"倚晴楼"三字,如《倚晴楼七种曲》《倚晴楼诗集》《倚晴楼诗余》等,这是我国古代文学家与园林艺术之间的又一桩佳话。咸丰十一年(1861),太平军攻克海盐,诗人离开故乡赴武汉长女处暂住。次年,拙宜园及倚晴楼也在战火中被毁,诗人得知后,十分痛心,随即写下长歌《倚晴楼为劫火所毁》。诗中有一段写到园景的美丽:"四时杂花铺隙地,两园乔木森苍天。楼下何所有,朱阑白石青琅玕。楼上何所有,琴尊卷轴书画全。闲云入帘月窥案,方塘镜座凤鸣泉。客来文酒互啸咏,客去鱼鸟相流连。有时眷属共登眺,一家潇洒如神仙。"不久,黄燮清在武汉逝世,残存的园林便由其次女黄琇继承,而冯缵斋经商所得颇丰,于是他们便在自己的住宅"冯三乐堂"后辟地修建园林。由于黄氏自幼在拙宜园中生活,又利用了原来花园中残留的古树名木和大量假山石,新筑的绮园甚有诗人当年故园的风姿,继承了倚晴楼和拙宜园的精华,"地虽异而神犹存",成为浙江园林中的一颗名珠。1985年5月15日,电视连续剧《红楼梦》剧组经著名园林家陈从周的推荐,来到了绮园拍戏。从此,这座"隐居"于江南小城的名园声誉日增。今天,绮园声名日扬,它连同海盐的著名山水园林南北湖,已成为江浙沪新的风景旅游热点。

潭影轩 绮园的主厅,位于园西侧门内曲径旁,为单檐歇山顶四面厅的形制。由于此厅体量较大,为了不使它直接显露在主要山水风景面上,造园家匠心独运,用假山在其南、东、北三面包绕,仅西边稍微开敞,使其好像是安置在山谷中的一所别墅。即使在西边,造园家也种植了几株古树,放置两座石峰,将轩厅遮掩起来。游人进园,往往要走到跟前,才会从浓树枝叶的缝隙处,看到这一山间小筑的一角翘檐,很有点"深山藏古寺"的意境。

厅轩南向紧靠深池。池水清澈,对面是湖石叠成的峭壁,山石翠树,静涵水中,开阔处映出白云在蓝色天幕上缓缓移动,这一动一静的水中倒影,使人联想起唐初才子王勃《滕王阁序》中的名句:"闲云潭影日悠悠,物换星移几度秋。"厅轩也因此而得名。潭池之上,一座精致而又不规则的九曲小桥跨水而去,桥身朱栏低护,曲势随意而多致。一般园林中的九曲桥往往是对称而曲,较有规律,显得有点造作,而这座桥,从北岸开始,随意而曲,达于南岸,正好九曲,既延长了桥上的游览时间,又给平静的池水增添了变幻的一景,实在是造园的大手笔。

环潭假山 环绕潭影轩及池潭为连绵之假山,由南山、东山及北山组成。其中,南山高耸陡峭，东山奔走绵延，北山层层向上，较有山林意味。步过潭影轩南池上之曲桥，便是上南山之磴道，只需几步，人便行走于山石峭壁间。对岸的厅堂绿树、方才游过的潭影曲桥均隐去了，游人时而蹭踏于嶙峋山石间，时而宛转于洞壑中，时而贴石蛇行，时而弯腰低首，真有置身于群山之中的感觉。待到走完层层相连的山路和曲洞，已经来到了南山之巅。这里是绮园南区的制高点，顿时，对岸的敞轩、远处的湖水、石桥和亭台又重现于眼前……潭水绕过厅的东侧折向北去，穿过北山下的暗洞，汇归北部的大池。在厅东一段，池水变窄而成溪，两岸湖石驳岸或高或低，奔走起伏，组成了厅东边的山丘，交汇于北山。北山是分割绮园南北景区的界山，亦是潭影轩的北边屏障。它的北向直临大池，所以又是池北观赏的主要对景，一山而具数种造景功能，亦是绮园景色之特点。

  北山的结构与高耸陡峭的南山有所不同，它的基础较大，层层向上，呈台阶状。由于南来溪水和游览道路的切割，它又分成东、西两个部分。西部顶端较平整，形成了小台，上置石椅石桌，是观湖景（即大水池）的好地方，要是盛夏在此边品茗边赏景，实是一大快事！再顺着山道而上，跨过飞梁，可达东部的山脊。飞梁下为南北穿越北山的游路，桥、路空间相交，组成了游山的立体交通线。北山东部看上去像是西部主山分出的一条支脉，其山脚绵延宛转直达花园最东部的界墙。在这一脉的东北，一条深沟又将它同大水池东部的大山分隔开。这东、西两部分在地貌上虽然有所分隔，但是叠山艺术家又应用了各种艺术手法，使之分中有合。首先，南来的水溪并没有切割北山，而是潜入山下暗洞，悄悄地汇入大地。其次，穿越北山的游路也没有直达北边的池岸，而是被东部伸过去的一只小山脚所阻挡，小径在这里转了两个弧形的大弯，逐渐地向湖边行去。因此从大池对面来看，这一座假山并没有分成东、西两岭，而是连成一气，拱卫在湖的南岸。更被人称绝的是山中的漫步小径，它们由滨湖的岸道、上山的磴道、山上的飞梁、山中的曲洞以及低于地面的隧道组成，迂曲盘旋，组成幽谷山林特有的迷离不尽的景观，陈从周教授评其曰"江南园林所仅见"。要是从潭影轩后游此山，可以直上山顶的平台，可以沿小溪，经几处回转到达山顶，亦可渡溪上平板小桥，转至假山东岭。要是从山北麓滨湖岸道而来，小径会慢慢地转入山谷，不一会儿，湖水堤柳隐没了，眼前是层层的山壁，穿过高架于山巅的飞梁，来到了山涧小溪的边上，步过紧贴峭壁的小桥，又来到了三叉路口，左边是向下穿越假山的曲洞，右边则是隐没于山石后的磴道。只有选择左边的游路进洞游览，才会洞尽天开，又回到另一段湖岸边，对面便是池东大山的滴翠亭一区，真是"柳暗花明又一村"了。

"取势在曲不在直,命意在空不在实",这是清末大诗人赵翼评古园的两句诗,以潭影轩为中心的绮园南部景区的立意构思,也存此意境。这里潭水不广,但是矶岸曲折,流水迂回;假山不高,但峰峦环抱,洞壑俱全。而且山依水行,水随山转,互相交融在一起。景区主建筑造型端方朴素、傍水依山,四周绿树掩映、奇石点缀,组成了一处幽闲、宁静又多奇趣的游赏区。

两堤三桥 位于绮园北部大水池中,是分隔水面和增加水景层次的重要景观。潭影轩景区之北,是一处开阔、畅达的大山大水景区。它以轩北大假山为南部边界,东、北、西部都直接界墙,约占全园面积的三分之二以上。这一区域东北边为连成一气的大假山,东南部是面积很大的中心水池。池中筑有两堤(东堤、南堤),架有三桥,将水面分成三块,西北最大,东和南两块较小。以堤、桥分隔水面的做法在江南文人私家园林中是不多见的,很明显,当年设计者是吸取了杭州西湖及扬州瘦西湖理水的经验,将其灵活应用于小园之中。从今天的景色来看,这一应用是成功的。湖中造了三桥二堤,并没有使水面显得狭小,反倒是增加了池水的层次,使之更变幻多姿,富有韵味。要做到这一点,主要还得归功于三座桥景的作用。

"两水夹明镜,双桥落彩虹",这是绮园罨画桥上的一副对联。罨画桥是园中唯一的一座拱桥,位于东堤的北端,桥拱甚高,蹬九级踏步方到桥顶,底下桥洞宽大,非常像江南河网地区便于行船的高拱桥。园池中造此拱桥,实在是艺术上的大胆之笔。由于桥身较长,东堤就显得稍短,从池西的平沙岸边看来,这一水面的分隔就呈半虚半实的状态,粼粼清水在空透的桥下流动,东岸山上茂林的倒影透过桥洞伸展到东边的大池中,再加上两端桥堍各有一棵亭亭如盖的百年大香樟,更增添了桥堤景致的风姿;后边又有作为屏障的大假山,使这以桥堤为主题的景色充满着浓郁的画意。

东堤和南堤呈直角相联,布列于湖中如一反写的"L",在转折点上,又置立了一座姿态秀丽的三跨平桥。此桥正好架于堤南水面折向东去的转弯处,跨度较大,所以在水中立了两个桥墩。同时为了让漫步岸边曲径的游人能看到南边水面的转曲延伸,桥面造得颇高,空架于桥墩上。然而,要是桥墩做得很厚实,同样会遮挡观赏者的视线,因此设计者就化大为小、化整为零,用两片削得极扁的菱形石柱插入河底,代替桥墩,石柱也用青石制成,远远望去,整个桥身好像是架在四把青石磨制的剑刃上,所以人们又称其为"四剑桥"。此桥秀巧别致,是国内园林桥景中的孤例。

南堤的最西端,与北山西北凸入水中的石矶相望。这里水窄流急,形成一个水口，在上面架了第三座桥，此桥是从南区游览湖景的要道，北边是宽广的水面，为了不抢夺风景主题，桥造得小而简朴，仅一石板横跨水上，是绮园堤桥风景很随和素净的开端。

这三座桥，大小、高矮、跨度和形态各不相同，然而却和周围景色结合得很协调，增添了绮园水景的变化和趣味。特别是弯曲的东堤和北端的拱桥，是江南田园风光中很有代表性的景色，游人在这一带漫步游览，常常会产生如入郊野水乡的感觉。这是绮园风景中的一大特色。

卧虹水阁　位于中心大水池的西北隅，两边临水，既是园中欣赏山水堤桥的静观点，又是水池岸线上的重要点缀。大水池三面环山，唯有西部较为平坦，这边的池岸也比较平直，与另外三边由假山石矶组成的曲岸正好是一个对比。在平直砂岸的尽北头，有几间小阁横卧波上，这是大池周围仅有的一座凸入水中的建筑，题名为"卧虹水阁"。此阁是西边平砂岸及北边石矶曲岸的自然收头，亦是两种不同景致的分隔，它两边临水，是观赏湖水堤桥景致的好去处。水阁南边，隔着池面正对着潭影轩景区北假山的石矶及平板小桥。东边，苍苍假山下与曲岸相连的便是那座石拱桥，透过桥洞，堤东水面及东部大假山麓的滴翠亭也历历在目，但见池水荡漾，古树垂荫，虹桥卧波，真是一幅恬静秀丽的江南田园风情画。此阁题名"卧虹"便道出了其与东堤石拱桥的对景关系。

大假山　绵延耸立于园东部和北部，是创造绮园山林野趣的主要景观。光有水景还不足以留人，绮园北部景区的自然天趣还在于山容水态结合的美。水池之外，整个景区的东北及北部，是一座脉理连贯、气势磅礴的大假山，山中奇峰叠嶂、岩壑幽深、曲径弯环、泉流涓涓，满山均是青葱的林木，浓绿欲滴，一派山野景色，正是"曲径弯环石级高，满亭山色绿周遭。松风似厌泉声小，自写云门百尺涛"（张藻《松径》）。大山的主峰在罨画桥北，峰巅立一六角小亭，题名"依云"，这里是全园的最高点，似乎伸手可揽天上闲云，故名。因其高，可俯瞰四周景色。山南，明镜似的池水被虹桥东堤一分为二，稍远，四剑桥横卧水中。至此，你方能完全领悟罨画桥联中所描绘的"两水明镜""双桥彩虹"的意味。山北悬岩之下，是一片密密的竹林，几株苍古的榆树、朴树及枫香树挺立于奇石间、枝丫缝隙中，只见一石板小径绕山麓而去，步石上还留着点点苍苔……是一处静极、奥极的幽曲之处。

依云亭正西，有一条陡峭的下山小路，穿行在岩壁树丛间。循径而下转过一处山冈，眼前便觉得忽然一亮，原来是一片小潭躺在山下谷中闪闪发光，再在坡陡苔滑的磴道上几经曲折，才能来到此水潭边。这小潭实际上是山中的一处低盆地,用来蓄水点景,以渲染山景的水意。小潭四周全被山崖石壁所包围,杂树枯藤参差其间。从外边看来,一点也不能窥其形踪,要是从后山脚下的小道走来,人们往往在转过一处山冈之后突然发现这一片小水,出其不意的发现常常更添加了人们的游趣。忽而,一只小鸟从潭边灌木丛中飞出,影子在潭水中掠过,使这一曲藏的含蓄小景充满了"一鸟掠溪镜,四山明画帘"的诗情画意。

小池中央筑有小岛,两边又点了若干步石与岸边小路接通,游人可踩步石于水中穿行而上岛,继而从对岸谷中穿出而转至后山,形成一条游览的回环路线。无论是从依云亭下游或是从后山穿谷而来,两旁均是高高下下树、重重叠叠石、曲曲弯弯路、叮叮咚咚泉,仿佛是在真实的低山幽谷风景中游览。城中私人宅园的假山能创造出如此自然野趣的景色,是难能可贵的,也可看出造园设计师的深厚艺术素养。

滴翠亭 位于大假山向东南伸出的余脉之下,面湖背山。小亭为一四坡顶的敞轩,北、东、南三面被山峦石壁回环,形成一处半开敞的谷地,谷中莳花种竹,并有小路沿山岭而上,直至北边主峰。亭东边较开阔,隔水面与东堤及虹桥相对,是赏绿水及堤桥风景的依山观赏点。因为四周是翠山浓树和碧水,一片浓绿欲滴,所以题名为"滴翠亭",匾额为陈从周教授手书。当年电视剧《红楼梦》中宝钗扑蝶一场戏便是在这里拍摄的。

滴翠亭是大假山景区中最为别致和优雅的景点之一,有着很好的环境条件和观赏条件。它背后的山岭低平和缓,坡脚曲线自然,没有主峰区大山那种高峻雄伟的气势。前边数步便是"东湖",透过虹桥桥洞又可观看大池的清波,左边空透的四剑桥横跨水面,于一点而可观"双桥落彩虹"的名景,完美地创造了清朝诗人陈古渔诗句"花阴拂地香方觉,桥影横波动即不"所描绘的迷人意境。在左右两边的谷地中,花卉和竹木相掩映,堪称为"百叠波纹绉墨痕,疏花细叶淡生春"的境界,是我国古典园林艺术中不可多得的清幽而不闭塞、依山而傍水、充满野趣而又富有田园味的一处胜景。

青藤书屋 位于浙江绍兴市前观巷大乘弄内。它是我国古代十大画家之一徐渭诞生和读书的地方,也是一处小巧精致的文人园林。

徐渭,字文长,别号青藤道士、天池山人。明正德十六年(1521)生于山阴县观庵内(即今青藤书屋),殁于1593年。徐渭擅长书画、诗文和戏曲,在许多方面很有造诣。他的画卓然自成一家,特擅花鸟,用笔放纵,水墨淋漓,对后世写意花卉画很有影响。他的书法亦是一绝,他继承宋代书法家米芾,但更为放纵,笔法苍劲恣肆。字如其人,在书法中显示出他的铁骨和磊落不平之气。徐渭的诗文豪气豁达,才情过人。他在《榴实图》上题诗:"山深熟石榴,向日便开口。深山少人收,颗颗明珠走。"寄情于物,倾诉了英雄无路、托足无门的悲愤。徐渭创作的杂剧《四声猿》《歌代啸》等打破历代陈规,创造了短小精悍的文体形式。他的戏曲论著《南词叙录》在戏曲史研究上作出了重大贡献。这样一位才华横溢且具有革新精神的艺术家和文学家却一生困顿,最后在贫病交加中逝去。

一进青藤书屋,穿过清幽的小园,是一间旧式平屋,屋旁是一小天井,平屋中隔一墙,分为前、后两室,前室正中悬挂明末大画家陈洪绶题写的"青藤书屋"匾额和徐渭画像。靠南是一排方格长窗,前置具有明代特色的黑漆长桌和椅子,南窗上方有徐渭手书"一尘不到"匾。东、西两壁有《天池山人自题像赞碑》和《陈氏重修青藤书屋记》。书屋后室现辟为徐渭文物陈列室,展出他部分的书画诗文作品,如《驴背吟诗图》《黄甲图》《墨葡萄图》等,笔触狂放恣肆,展现了独具一格的画风。

书屋旁的小天井,在青砖砌成的花坛里,种有一棵青藤,郁郁葱葱,盘旋而上。相传为徐渭童年时手植,枝干蟠曲,大如虬松,覆盖方池。徐渭爱慕青藤长于顽石之中而终年葱绿的倔强孤傲性格,故将书屋取名"青藤",并作为自己的别号。今青藤系近年补栽。小天井里另有石砌小池,长2.75米,宽2.64米,徐渭称"此池通泉,深不可测,水旱不涸,若有神异",因而取名"天池",后来这也成了他的别号。天池中立着方形石柱,上刻徐渭手书"砥柱中流"四字。

近五百年来,青藤书屋历经沧桑。明末清初杰出的画家陈洪绶曾慕名在此居住过。此后,屋宇几度易主,虽一度荒芜,但名迹终不废。青藤书屋在清朝康熙、乾隆、嘉庆年间,都进行过扩建和重修。近年又进行了整修:清理天池,复原石栏,补植青藤,挖出水井,重刻楹联,修葺书屋,整治小园,基本恢复了青藤书屋的本来面目。

朴素简洁的青藤书屋,正如主人清贫、清白的一生。徐渭晚年题《墨葡萄图》诗之一说:"半生落魄已成翁,独立书斋啸晚风。笔底明珠无处卖,闲抛闲掷野藤中。"再读徐渭像两旁的对联:"数椽风雨,几劫沧桑,想月中跨鹤来归,诗魂当下陈蕃榻;半架青藤,一池乳液,看石上飞鸿留影,名迹应光越绝书。"游园睹物,读画吟联,感慨自是良多。

沈园 位于绍兴市延安路洋河弄,原为宋代名园,园主姓沈,故名。后圮颓,仅留小池及附近假山、水井等,因此园是南宋著名爱国诗人陆游与唐琬爱情悲剧的鲜活见证,在文学史上有着较为重要的地位,故近年以原先残留的古园景物为基础,将此园扩建成以纪念陆游为主题且富有宋代私家园林风格的古典园林。园中保留了原有的葫芦形小池、小石板桥、水井等,还将原沈园建筑物的一段残垣保留起来,略加改造,名曰遗物壁,使之成为颇具古意的新景点。园中挖池堆山,栽松植竹,临池新建仿宋木构台榭孤鹤轩。此外还有六朝井、明池等,均是以保护古代园林小品或构筑物为创作立意的小景点。园内西部堆叠有石假山,整个花园建筑无多,满地绿荫、竹影,极为古朴典雅,充满书卷气。对于残存的古园修复,以往的一般做法是按造园的文字记载重新建造,但往往使原先的残存古物遭到更大的破坏。沈园的复建以保留原来遗物为宗旨,使历史的艺术脉络得以延续,亦使园林更具历史感和文意,深得文学艺术界和建筑园林界专家的赞赏。

陆游纪念馆 为园内主建筑,是一组典型的江南民居院落,带有某些南宋风格。前后数进,中间为庭院,前面有柴门栅栏围起的前庭,是入园游览的主要景点。院落四周林木葱茏,兰菊吐芳,环境很是典雅宜人。馆中主要展出南宋文学家陆游的生平事迹,其中诗人与沈园剪不断的关系特别引起游人的兴趣。陆游是绍兴人,原娶其母亲的侄女唐琬,两人感情极好,后来诗人母亲不喜唐琬,遂与妻别处他住,最终还是迫于母命而离异了。绍兴二十五年(1155),陆游31岁,两人在沈园邂逅,当时唐琬已改嫁南宋宗室赵士程,陆游也另娶,他一时感慨万分,在壁间题《钗头凤》词一阕:"红酥手,黄滕酒,满城春色宫墙柳。东风恶,欢情薄,一怀愁绪,几年离索。错,错,错!春如旧,人空瘦,泪痕红浥鲛绡透。桃花落,闲池阁。山盟虽在,锦书难托。莫,莫,莫!"唐琬见了,不胜悲切,也和词一阕:"世情薄,人情恶,雨送黄昏花易落。晓风干,泪痕残,欲笺心事,独语斜阑,难,难,难!人成各,今非昨,病魂常似秋千索。角声寒,夜阑珊,怕人寻问,咽泪装欢,瞒,瞒,瞒!"园中相逢后不久,唐琬病死,陆游悲痛万分,这最后一面的情景一直深刻在他的脑海中。绍熙三年(1192),陆游68岁,那年秋天,又游沈园,见壁间旧墨,又作诗一首:"枫叶初丹槲叶黄,河阳愁鬓怯新霜。林亭感旧空回首,泉路凭谁说断肠。坏壁醉题尘漠漠,断云幽梦事茫茫。年来妄念消除尽,回向禅龛一炷香。"并在诗前加小序云:"禹迹寺南有沈氏小园,四十年前尝题小阕壁间,偶复一到,而园已易主,刻小阕于石,读之怅然。"诗人晚年居于城外鉴湖边的小山上,每次入城,必登寺眺望沈园一番,75岁那年游园,又感慨万分,再赋诗两首。第一首云:"梦断香消四十年,沈园柳老不吹绵。此身行作稽山土,犹吊遗踪一泫然。"第二首云:"城上斜阳画角哀,沈园非复旧池台。伤心桥下春波绿,曾是惊鸿照影来。"到开禧元年(1205),诗人已八十高龄,又作《十二月二日夜梦游沈氏园亭》二首:"路近城南已怕行,沈家园里更伤情。香穿客袖梅花在,绿蘸寺桥春水生。""城南小陌又逢春,只见梅花不见人。玉骨久成泉下土,墨痕犹锁壁间尘。"已是垂老情怀,还是难忘这段旧事。近年陆放翁与唐琬这段故事已随着电影、电视等媒介走进千家万户,沈园知名度越来越高,已成为绍兴最重要的仿宋风格的文人园林之一。

葫芦池 在纪念馆西侧,因其形状两头大中间瘦、形似葫芦而得名,其中间池腰上,跨有一小石板桥,池南为一座平冈缓坡的土假山,山上点缀着许多黄石。游人从纪念馆看完陆游、唐琬的有关事迹,唏嘘之间步出边门,但见嫩绿的柳丝,一泓清池,波光粼粼,对岸小山树丛背后隐约露出亭台一角,极为淡泊清雅,对这座文人名园便有了美好的第一印象。据传,这一带是原沈园旧址,池、桥及山后的古井是当年沈园旧物,为了保护古井,已在井上筑方亭一座,题曰"井亭"。一边树有介绍古迹的导游牌。为了使这一景区在空间上更完整,在小土山南端林木中又建了一座造型很古朴的茅亭,向池一面悬匾额"如故",两边楹联联文绝佳:"花老沈园,艺苑争传钗头凤;心存华夏,神州竞诵示儿诗。"道出了游园者对放翁的崇敬与缅怀。

孤鹤轩 在沈园中部,是新辟建园林部分的景观中心。北临大荷花池宋池,与东北边滨水小榭遥遥相对,西边紧靠六朝井,南边是遗物壁和明池,可谓四望皆美景,六朝宋明古物聚于阶下。轩为单檐歇山顶两面带廊的敞厅,平面为倒"凸"字形,宽而临水。构架为仿宋式木构,下为青石栏板围起的挑空平台,造型秀丽曲雅。檐下悬匾两块,内檐"孤鹤轩"三个字出自沪上名家谢稚柳之手,两边柱上挂有楹联一对,上联曰"宫墙柳一片柔情付与东风飞白絮",下联为"六曲阑几多绮思频抛细雨送黄昏"。

遗物壁 在孤鹤轩南,是一堵外形类似古建筑照壁的景点。尽管此壁是近年沈园扩建时新设置的,但它的内涵则可追溯到约900年前的南宋。在进行古建筑古园林调查时,有关专家对此处原存的一段断墙残壁作了鉴定,认为在沈园范围内,这一段墙年代最久远,实为宋代遗物,是沈园历史的见证,决定就地保护。景点没有采用在古代遗物外加盖建筑的形式,而是尊重原样,在原有墙垣的破残处,做最少量的修补。墙垣的用料、砌法,皆清楚显露,甚至一些风化崩落之处也顺其自然。为了不使此古壁倒圮,在其顶上加了一古式瓦压顶保护,墙侧嵌一碑,由著名学者夏承焘题,碑文为:"遗物壁,原沈园旧物,甲子秋夏承焘题碑于北京。"此古壁不仅增加了沈园的历史文化价值,又以其别具匠心的形式吸引着众多的游赏者。

檀干园　　俗称小西湖,位于歙县城西 11 千米的唐模村口,占地约二十四亩,是徽州古典园林中村镇宗族所有的私家园林代表。据《歙县志》载:"檀干园昔为许氏文会馆,清初建,乾隆间增修。"明末清初,唐模村许氏经商获利,成为雄资厚本且拥有"三十六典"的巨贾富商。许氏事母甚孝,百依百从,老母时常提及游玩杭州西湖的夙愿,因关山阻隔,交通不便,未能成行。许氏不惜巨资,大兴土木,营建小西湖以供其母游览。乾隆间,许氏家业发展到鼎盛时期,村中甲第连云,屋宇重门叠户,规范宏敞,其大厅匾额"式榖堂"与檀干园"响松亭"横匾皆出自清代书法家王锋(觉之)手笔。后许氏将各地典当同时闭歇,把资财分散给各处店伙,成为一时美谈。清代袁枚《随园随笔》所记"许翁散财"便指此事。"三十六典"衰微后,檀干园修缮管理经费,由许氏宗祠用祠产支付。1934 年大旱成灾,许氏家族曾以工代赈,疏浚了檀干溪,掏深了园内水塘,对全园作了一次较大修整。抗战期间,国民党 23 集团军总司令唐式遵一度将此园盘居为公馆,使其免遭兵燹之灾。其后,安徽省右任中学内迁,借此园作校舍,曾作了一些修葺,直到 1949 年前后,檀干园园景基本保持完好。

檀干园以山水为骨架,以水体为构图中心,山有神,水有情,风格清新秀丽。园有界而不设墙垣,园有景而不为园主所独有,是清代徽州古园中村镇游豫园林的代表。全园大致分东、中、西三个独立景区,东部南依平岗山,檀干溪自西向东南,空间较有变化,收放自然,视觉效果极佳。该区沿园路西进,建有三层八角石柱亭、《同胞翰林》石牌坊作入园导向,过溪桥往南,上平岗山,原建有双层楼阁,里外上下开设月洞门户,游人入内,扑朔迷离,甚得游趣。平岗山上古木森森,檀干溪天然曲折,桥头古樟浓荫如云,建筑造型别致得体,通过三角构图将山、溪、路、景有机融为一体,使得这部分景致舒适、明快、纯朴、自然。

中部居于石牌坊以西至里外湖以南区域。石牌坊以西,傍溪建有响松亭,亭外沿溪设游廊,亭再之西便是檀干园正门,两旁以楹联点题:"溪流无岁月,堤树有春秋。"门内厅壁上嵌有《重修檀干园碑记》,正对园门拾级而上,建有确皋精舍,舍北建有廊亭,亭临外湖,倚立荷塘,开圆洞门,额题"花香洞里天",楹联对为:"沽酒好从沙口店,看花同上水心亭。"中部建筑较为稠密,但相互间连接搭配得很得体,从风景空间构成看,它既是东部景致之延伸,又是西部水景之掩伏,通过各种额联或即景或抒怀,突出文人写意山水园中心主题,引游人入境。中部景点在 20 世纪

50年代末及60年代末两次遭到破坏,正在修复中。

西部以水体为中心,仿杭州西湖,以湖堤、拱桥、卧波横跨为界,分为内外湖。湖心建有镜亭,镜亭以东是内湖,建有笠亭、沙堤、石舫诸景。湖北岸长堤横亘,模拟西湖白堤,间植碧桃、垂柳,设有石桌、石凳,供游客憩足,堤东镌碑刻"桃花林"三字。外湖两岸,缘檀干溪,紫荆、檀树错综交臂,春日竞妍,浓香扑鼻,檀干园由此得名。路旁建有造型别致的双棱连环景亭,额题"环中",楹联为"山红涧碧纷烂漫,天光云影共徘徊。"摘借韩愈、朱熹名句,恰如其分。该景区天高水阔,仿西湖之神似而不求其形似,使湖面曲荷与平岗山古木相映成趣,创造山为水峙,水为山映之绵绵意境。

八角石柱亭 建于檀干园序景区入口、檀干溪旁,上、中、下三层,四面虚阁,亭高约6米,面阔2.5米,三层层高比为3∶2∶1,造型奇特,古朴典雅,别具一格。亭柱全部采用青石,飞檐八角各悬铁马,上方匾额西题"云路",东书"沙堤"。亭前溪桥静卧、古樟覆掩,透过亭门西眺,古树、牌坊、湖亭,相映成趣,微风徐来,铁马叮当,溪流潺潺,构成一幅声乐画面。

确皋精舍 居檀干园中部,是檀干园主体建筑,清初徽式建筑风格,规模宏敞,双廊结构。上廊恢宏大度,气宇轩昂;下廊客室窗明。各题即景联:"春秋多佳日,山水有清晖。""一水通烟留月,四时扫石看花。"悬联点明周围环境景致,贴切朴实耐品。抒怀联:"或疑秦时人,避乱来此;是为愚公谷,以臣名之。"闲适、恬淡,颇具雅士遗风。舍间杂植四时花木,陈设徽派盆景,使其自成园中园,同时与周围建筑浑然一体,构成全园景观中心。

镜亭 位于外湖中心。飞檐如翼,精巧雅致,外亭云形,周围石栏水榭。柱上长联:"喜桃露春浓,荷云夏净,桂芬秋馥,梅雪冬妍,地僻historical俱忘,四序且凭花事告;看紫霞西耸,飞瀑东横,天马南驰,灵金北倚,山深人不觉,全村同在画中居。"形象描绘了美丽山村和小西湖的四时景色。内亭入门处悬有"镜亭"横额,大理石亭壁上镶嵌着宋明以来苏、黄、米、蔡以及文、祝、董诸家书法碑刻18块,正、草、隶、篆诸体皆备,镌刻精湛。亭外荷风四面,亭内四面文风,令游人怡然自得,叹为观止。

培筠园 位于黟县城北4千米处的碧山村,占地2000余平方米,为南宋碧山人汪勃所建,距今已有八百六十余年历史,为徽州私家园林的代表。汪勃,字彦及,黟县碧山人,18岁首次乡试金榜题名,45岁考中进士,南宋绍兴十七年(1147)任御史中丞兼参知政事,因与奸相秦桧政见不和,屡遭秦桧排挤,羞与为伍,遂辞官还乡。8年后秦桧死去,重新出任湖州知府,享年84岁。宋孝宗时,诏复龙图阁学士。罗愿、叶适分别为其作传和墓志铭。汪勃为人淳厚,刚正直言,为官廉俭,有"贤哲太守"之誉。退隐乡里期间,就故居建造培筼园,筼者,竹之皮,古时又称小竹为筼,取名"培筼园"概与其当年愤世辞官还乡、决意闭门谢客、无心功名利禄之心境不无关系。碧山的天然地理,也给汪勃寄情山水、颐养天年创造了天、地、人融合为一的悠、旷、空、灵的外部环境。乡人为了纪念其功德,在碧山村建有"学士祠",刻有汪勃像。祠侧赋有楹联两副,一为"万仞冠冕天官耸,全浙源流掌上观";另一联为"流水桃花天别有,金堂玉马运重开"。碧山山间瀑泉如丝如带,春天桃花如霞似锦,诗仙李白酬游碧山时曾留下赞美诗句:"问余何意栖碧山,笑而不答心自闲。桃花流水窅然去,别有天地非人间。"(《山中问答》)碧山的山光水色及汪勃的政治生涯、人生准则,为培筼园的风格、特点奠定了基础。培筼园,山池天理,古木扶疏,不点一廊半亭,风格朴真,充满野趣。

  全园依据平面布局自然地一分为三,东部与北院廊、起居室相连;西南隅修竹成林,点石成景;中部曲池形似弯月,使全园小中见大,充满着活泼的生气。东部、西南部连接处,建有巨石砌就的四角卷洞,虚隔东、西园中景色。洞顶敷设石桌、石凳,拾阶临顶,碧山远山近水尽收眼底,同时位居全园构图中心,控制全园。平面构成上三个部分全然依山、水自然脉理有机融为一体,区区小园,闲步踱来,给人一种白到尽处是文章的意会感受。石洞之口植有一石碑,碑刻张九成《碧山访友》七绝诗文,历经八百五十余年风雨剥蚀,字迹可辨。诗碑本身是一极具价值的文物,而诗文的字里行间既点出了培筼园的内涵造诣,更深深表达了张九成与汪勃的同病相怜和忧国思报之情。培筼园,全园构图严谨,犹如国画泼墨一气呵成,师法自然,不露人工痕迹。踱步园中,心静致远,是园主退隐心境的写照,更不失为南宋时期我国园林的佳作。

张九成诗碑 置于培筼园东部石门洞之口。碑高1.5米,宽0.6米,厚0.18米,勒石刻记张九成《碧山访友》七绝一首:"万仞巍然叠嶂中,泻来峻落几千重。森森桧柏松花老,又见黄山六六峰。"张九成是汪勃的同榜进士,原籍开封,后迁钱塘,官至礼部侍郎。在对金人战和问题上,与奸相秦桧发生殿争,被罢免官职,那时,汪勃也已返归故里。张九成远道来碧山拜访汪勃,见碧山有林泉之胜,流连数月,同汪勃一道整日寄情山水。诗中用阴森冷寂的"桧柏"借喻秦桧奸党得势,"松花老"暗指刚正之臣遭贬受摧残,只好辞官归里。汪勃对老友来访十分高兴,不仅赋诗酬誉,而且将张九成所赠之诗,勒石刻碑植于培筼园内,既留作友情思念,又使园中增加了不可多得的一景。汪勃回赠张九成诗《喜张子韶学士见过》亦较著名,既记述了二人的友谊,也描述了培筠园的景色:"故人江上来,顾我万山中。别久十余年,相见颜若童。契阔言宿好,叹我已成翁。虽从忧患后,道气荡人胸。碧山春自霭,湖水映天空。鸢鱼欣若靓,永日畅和风。山中足鸡黍,为我开眊蒙。"

西递 位于黟县城东8千米,占地2.1万平方米。群山环抱,溪水萦绕;东西长、南北宽,是皖南著名的山水园林式的村落,其明清古建筑群的环境选择更是备受中外学者的赞赏。据《新安名族志》载:"其地罗峰高其前,阳尖障其后,石狮盘其北,天马霭其南,中有二水环绕,不之东而之西,故名西递。"西递宅院华丽、园林秀美、装饰高雅、楹题超境,是人类生活理想之桃花源。

公元1077年,歙州婺源(今属江西)望族胡氏五世祖胡士良以公务赴京,途经西递,发现其山形有"天马涌泉之胜,犀牛望月之奇"。凭其对地理、风水的研究,胡士良认定山形水势奇异的西递是块风水宝地,于是将全家从考水迁居西递。

入清以后,胡氏宗族达到鼎盛辉煌时期,不仅涌现出大批巨贾名儒,更以贾儒结合、亦官亦商的方式跻身经济强林,给西递整体规划建设及文化蕴涵的创造提供了物质基础。"青山云外深,白屋烟中出。双溪左右环,群木高下密。曲径如弯弓,连墙若比栉。自入桃源来,墟落此第一。"在曹文埴所作《咏西递》诗中不难看出西递村的整体园林风貌。

西递村规划严谨、布局天工,文化意蕴博大精深,风格含蓄、质朴、典雅。全村大致分为东、西两大部分。

西部为水口所在。双溪汇流,地旷山远,建有胡文光刺史牌坊、过马楼。在总体上将船形头部作光宗耀祖之载体,以牌坊群(原建有十三座牌坊)这一独特建筑形式作入园导向。依山势走向,借水流之永恒,树历史之千古。造园手法简洁洗练,建筑形式粗犷通透,空间感受亲切凝重。透过深层文化景象的展示,创造"天人合一"之境地。

东部为起居、特定活动所在,是西递之中心和精华。溪流穿巷、曲径蜿蜒,以环抱群山为峙,以西向溪流作畔,庭园宅院鳞次栉比,错落有致。依次建有履福堂、敬爱堂、大夫第彩楼、桃李园、西园、亦园、兰舫斋、半间斋、东园、百可园、笔萧轩、青云轩和追慕堂等。清道光年间全盛期的西递,拥有六百座华丽宅院、两条大街、九十九条巷道。轩、楼、坊、阁点缀其间。雕梁画栋、壁画彩绘、碑廊菊圖、楹联、书画和条屏,俨然一座庞大的艺术宫殿。时逢迎神赛会、富商巨贾眷属搭台看戏,其阔绰排场,几与《红楼梦》大观园无异。

前庭后院侧花园的精巧布局,配以粉墙漏窗,饰以砖石镂刻,植以名贵花木,赋予庭院深深处以"墙阴古桂,交柯连阴,风动影碧,浮映连袂"的淡雅风姿和绵绵意趣。该部分总体布局上延山引水,以山为骨架,以水为血脉,以云烟作神采,以岚霭为气象,园林建筑、宅院庭屋装点其间。庭院互通、溪泉共饮,衬以豁达、超俗的诗联,达到一种人与人、人与自然之间的和谐统一,同时创造了一种独特的艺术文化氛围。

胡文光刺史牌坊 位于全园西部,高12.3米、宽9.95米,三间四柱五楼式结构,用材为黟县青大理石。建于明万历六年(1578),距今已有四百余年。胡文光生于1521年,1555年登进士后,任江西万载县知县,后升迁为山东胶州前刺史。任期因政绩卓著得到长沙王的赏识,被调至王府(今湖南、湖北)任长史,官称"荆藩首相"。1578年,胡文光为官23年时,获神宗皇帝恩许在家乡建造牌坊。牌坊底座雕有四只高2.5米的俯冲式势石狮,造型生动,威猛传神,乃国内罕见。一楼月梁,刻有精美古朴浮雕。正中额坊刻成"五狮戏绣球",两侧额坊雕刻有凤凰、麒麟、仙鹤、梅花鹿。梁柱间嵌以石雕花窗。二楼横梁东西向分别刻有"荆藩首相"和"胶州刺史"。檐下斗拱两侧,饰有圆形花盘三十二面,寓意花团锦簇。在十二个穿榫上立"八仙"及"文武"雕塑,表达胡文光或"出则为将,入则为相",或"八仙过海,各显神通"之思想。"胡坊"造型优美、工艺精良、气势雄伟,结合水口作入园导向。同时,在川野(自然)与屋宇(人工)间创造了过渡共享空间。

过马楼 位于胡文光刺史牌坊西侧,建于清道光年间。其时西递首富胡贯三之子与当朝宰相曹振镛女儿攀亲,为迎接宰相亲家拜会,胡贯三不惜重资,在园中主干道上建独家宴会厅迪吉堂。族人胡积成为了助兴,赶在曹振镛到达西递前在村西建造了过马楼。该楼为阁楼式长廊,宽两米多,长数十米。据传,当年曹振镛一路风尘在西递村头疲惫跨出轿门后,应邀登上过马楼,凭栏眺望,远山近水,尽收眼底,八面来风,瞬间荡尽了数日鞍马劳顿。以致其后在西递逗留期间,一直情绪高昂。此楼后来成为胡氏宗族中有闲阶级的聚会、娱乐场所,由族中委派专人管理,院内栽种四时花草,将轻盈秀巧之过马楼拥簇于锦花之中。每当秋高气爽、皓月临空,或雨雪放霁之时,族中文人墨客登楼行云,吟诗作赋,纵谈古今,使文风四溢满园。

履福堂 居全园东部,原为书画、古玩收藏家胡琴生故居,建于清康熙年间,三层砖木结构,距今已有三百余年。堂不大,陈设十分古朴典雅。松鹤中堂上方,高悬

"履福堂"三字横匾,案桌上东瓶西镜(谐音平静)、文房四宝、古瓷"帽筒"及八仙桌、罗汉椅等搭配组合,给全堂增添了一缕书香气息。中堂两侧及厅柱上,是两对泥金木制楹联。上刻"世事让三分天宽地阔,心田存一点子种孙耕";"几百年人家无非积善,第一等好事只是读书"。板壁上有保存完好的胡氏《五世传知录》记载。胡琴生不仅收藏宋元至清古书字画数以千计,而且在丁峰前建造了一座近观西递四时变幻之景,远收黄山天都、三门诸峰秀色的笔啸轩。今日履福堂主人胡福基也成了小有名气的收藏家。其所藏之古字画、古图书、古器具、古三雕、水浮石颇具历史研究价值。从陈设、楹联、画轴到鱼池花台,营造了一方独特的文化氛围。

敬爱堂 建于明万历年间,占地 1800 平方米。原为西递村胡氏十四世祖仕享公住宅,后毁于火,清代重建时扩为族祠。敬爱堂结构粗犷古朴,宏伟壮观,门楼飞檐翘角,气势恢宏。中门之内为祭祀大厅。二进为供奉厅,二厅间开有较大的天井,左右分设东、西两庑,配以挺拔的大理石方柱,光可鉴人。大厅横枋上高悬"敬爱堂"楷书匾额,东、西两庑悬挂名人字画,梁檀间悬挂"天恩重沐""上国琳琅""四世承恩""盛朝英俊"四块金字匾额,宣示了胡氏宗族当年之显赫辉煌。步过典雅的天井庭院,为楼式建筑供奉厅,上悬"百代蒸尝",表示对列祖列宗四时祭祀。敬爱堂一方面启示后人敬老爱幼,另一方面昭示族人互敬互爱。三朝宰相曹振镛为敬爱堂作序。敬爱堂是西递这幅优美画卷中极为精美的一页,充分展示了胡氏宗族强大势力和宗法观念的巨大影响力。

青云轩 四合院式,由云纹图案的黑色大理石砌成"月亮门",门外东西厢房,庭院雅洁,条石井然,各种盆栽花木、山石假山,陈列有致。院中心是一小花坛,其中植牡丹、芍药、文竹、玉簪众花。东厢墙根置放海蚌化石盆景,两"峰"对峙,苔痕斑斑,奇特古朴,属我国园林盆艺界上乘稀有珍品。青云轩平面布局紧凑,空间比例尺度适宜,优雅、精美、别致。

海蚌化石盆景 蚌盆长 0.6 米,石高 0.52 米,据考属寒武纪时产物,距今约五六亿年之久。蚌壳的外层被地热化尽,露出非常清晰的纹路。原有一对,合起来是一大海蚌。相传化石主人胡春开,由屠夫而做生意变成巨富。清同治年间,他在江西景德镇开了钱庄,某年出现赤字,腊月二十四存户纷纷要求兑银,银庄濒临绝境。胡春开以一死为誓,向南北杂货批发商胡恒顺求援,本家胡恒顺慷慨解囊。胡春开为答谢胡恒顺,便将视为珍宝的一对海蚌化石分赠一个给他。两家自此情谊与日俱增,成为四代老世谊。

桃李园 清代秀才胡允明所建,分前、中、后三个厅堂,作为教师授业之私塾,庭园占地约 80 平方米。小巧玲珑,典雅别致。花园门楣上有胡允明所题"桃李园",园中栽植桃李。通过园路分隔将庭园平面分成大小不等、长宽不一的三块面。布局结构上各有侧重,入门亭沿南边小房屋顶可眺望远处山色;西南角设小绣楼,四周开景窗。整个庭院,形制虽小,构图却完整紧凑,布局合理,园林意趣盎然。

西园 位于西递东首,占地约 300 平方米。清道光年间知府胡文照营建。三幢主楼"一"字并联,坐南朝北,园入口西向,故而得名。全园通过拱券门、景墙、漏窗分隔为前、中、后三个部分。胡文照为官时志怀千秋,抱负甚远,曾任河南开封知府,后因官场失意辞官还乡,隐居林泉。借物寄情,将"姜子牙渭水垂钓""周文王访贤"之戏文故事石雕于中门门罩。主厅门楼两侧,镶补"松、竹、梅"三友石雕漏窗,出神入画,一气呵成。西南园墙粉白如纸,其前敷设花台,缀置假山、鱼池、盆景,与棕榈、古柏相映成趣。西园玲珑精巧,朴实无华,空间有机渗透,清淡而素雅。

大夫第　绣楼 大夫第是胡文照任开封知府时所建,厅堂宽敞明亮。楼沿护板为精致木雕,下堂门柱上悬有"扬州八怪"之一郑板桥手书楹联:"以八千岁为春,之九万里而南。"主人为修心养性,于南向凌空修建阁楼(又叫绣楼),并在阁楼下门洞上方,嵌"作退一步想"石雕题额,平面空间有意识退了一步,使门前道路更趋宽敞,其构思用意千古耐品。也许是登上阁楼,举目环顾四周皆山,那连绵奔涌的群峰,使他联想起开封府繁华都市中万人攒动、人流接踵之景致,因而题阁楼匾额为"山市"。我国著名书法家赖少其更以其别体洒脱泼墨题联"桃花源里人家",使阁楼更具诗韵,同时也烘托了整个西递之园林意趣。

棠樾 又名慈孝里,位居歙县西北,距县城约 11 千米,占地 3 万平方米,是皖南著名的集建筑艺术、环境设计、村镇规划为一体的山水园林化村落。棠樾之"樾"即指树荫之意,棠樾为世代鲍氏族居。明成化版《棠樾鲍氏宗谱》记载有元儒学教授鲍寿孙写给学者鲍元康(号仲安)的《次韵寄鲍仲安》诗一首,其诗写道:"千寻练水绿差差,百里溪山晓霁时。纵使梦中能晤语,那堪别后苦相思。春风苒苒生梅萼,春意青青上柳枝。遥想棠阴清昼永,无边光景总堪诗。"字里行间尽情描绘了棠樾村如诗如画的园林风光。

棠樾初祖鲍荣,世居郡城之西,建别墅于棠樾。其四世曾孙居美深谙堪舆之道,考棠樾山川之胜、原野之广,认定足以立子孙百世大业,遂自府邑西门携家迁居棠樾。经宋、元两代的开拓,至明清已趋鼎盛。清嘉庆年间,鲍志道曾理两淮盐务,成为藏镪百万之大官商。于是竭力宣扬宗法礼教,大兴土木,兴建园林,使全村成为一座以宗族教化为主要内容的公共园林,素有"村即是园,园即是村"的美誉。从引水入园,建桥墩、沟渠、道路、堤坝、官第、书院、文会、义仓到修筑厅堂、馆所、祠堂社庙以及牌坊群,形成了由民居(起景)——祠堂(中心)——牌坊群(高潮)这一特定历史背景下构成的特定景观序列。把自然引入楼堂馆所,同时又使整个村落犹如艺术殿堂般掩映于风光明媚之大自然中。

棠樾布局严谨,轴线(宗法、礼教之线)分明,延山引水。风格凝重、深沉而又富有田园诗韵。全园分西、中、东三大部分。以民居(庭院)、祠堂、牌坊构成棠樾"三绝"。中部以祠堂群为主,建有敦本祠、世孝祠、清懿堂,通过"L"形围合草坪广场与牌坊群这一序列空间有机相连。郭本祠、世孝祠坐北朝南,平行而立。其间建有血畴书院(现已毁)、文会馆、大和社。清懿堂位于这组建筑群西南,坐南朝北,与两祠横向垂直而立。南北向通过前后街及纵横巷与民居(庭院)部分相通。该部分建筑宏敞、高深威严,以其特定形式和内容控制全园。半围合草坪广场既满足了整体功能需要,又巧妙地将民居、祠堂、牌坊群有机串联为一体。

西部引水入园,以东西向前后街作主干道,依水临街建有世济桥、鲍氏祖墓、掌书园、存爱堂、大方井、遵训堂、保艾堂等著名徽州古庭院。该部分建筑密集,厅、堂、廊、院、山石花木与路水巷街达到和谐统一,给人以"庭院深深深几许"之意境感受。

东部以牌坊群为展示主题,在内容上将序列空间推向高潮。七座牌坊纵向成群,跨甬道而立。自西向东、自东向西依序排列"忠孝节义"坊。在第五和第六座牌坊间建有"骢步亭"。甬道两旁田野阡陌,槐杨肃立。水口四周原栽有古梅、苍松、紫荆。该部分构图优美、气势壮观,以牌坊群这一独特的建筑形体通过对"忠、孝、节、义"这一鲍氏世代庭训的颂扬,在青川旷野间向人们展示了一种独特的文化景象。在全村的园林总体布局上以"西引水、东延山"构成了完美的"山水园林"格局。

保艾堂 位于全园西部后街。建于清嘉庆六年(1801)左右,乃当时任两淮盐务总商鲍志道及其子鲍漱芳所建。其时,鲍氏众多族人包括屋主均远贾扬州,只有少数看守家园。相传鲍漱芳先辈多有未满五十夭寿者。因据《礼记》所云"五十曰艾",故取名"保艾堂",又"保艾"一词出自《诗经·小雅·南山有台》篇:"乐只君子,保艾尔后。"保艾者,安养也。

保艾堂共有一百零八间,三十六个天井,按《易经》八卦方位避凶就吉组合而成。先入院墙大门,内有门厅及廊屋一列;再入为正式大门,门上有砖雕门罩;再入为保艾堂主厅外之廊屋,厅大门位于东侧,西侧有一条南北向内巷,将宅院串通,北通花园。东边白果厅、楠木厅、红木厅为全屋构造中心和装饰重点,各厅因其上等名贵木料得名,气势轩敞华丽,陈设精致典雅。其中楠木厅悬有"安且吉兮"匾额,东边屋内设安素轩书斋,著名《安素轩法帖》即藏于此。"安素轩"匾额为鲍志道裔孙稽庵所书。保艾堂建造精细,布局玄妙,楼房叠映,间进缀连,门户曲折相通,厢房斋室隐现再见,山石花木别有天地,犹如曹雪芹笔下之大观园,其构筑规模、造园艺术实乃国内罕见。

敦本堂 居于全园中部,占地 752.82 平方米。始建于明嘉靖末年,至清嘉庆初,已"晦昧摧剥"。二十四祖鲍志道与其子漱芳出资鸠工重建,嘉庆六年(1801)告竣。祠坐北朝南,位于慈孝里坊之北,三进五间,通进深 47.11 米;通面阔 15.98 米,砖木结构,硬山式;门厅原为五凤楼式(现毁后改建),仅存八字墙及前檐石柱,二进廊庑已拆毁,天井保存完整。敦本堂大厅构筑宏敞,宽五间。明次间深用四柱,梢间五柱,山面六柱,前后檐用方形石柱。明次间后金柱山装有灰漆屏门十六扇,上刻邓石如隶书《鲍氏五伦述》全文(屏门刻字现藏于歙县博物馆)。明间后檐柱间立有嘉庆皇帝上谕三道碑一座,后进天井为深池式,两庑墙壁上嵌砌《重修万四公支祠记》碑一方、《公议敦本·体源两户规条》碑六方。后进寝堂地坪高起,沿两庑石阶而上,寝堂五间深七檩,檐下置青石栏杆,后部做木主龛座,须弥座式。前檐两侧墙壁上各嵌有《义田禁碑》一方,循廊石阶两壁各嵌有清梁同书、刘墉、黄钺等书家《鲍氏义田记》碑刻八方。

敦本堂建筑结构简洁明了,木石构件雕饰精致大方。木装饰出神入化,形态逼真,显具浓厚的地方特色。在祠堂群和牌坊群的叠交整体构图中,敦本堂以恢宏气势之形体控制了视觉中心,又以近 50 米之纵向进深与横向牌坊群甬道取得空间虚实对比中的纵横文化宗法轴线的统一。嵌于祠内的谕碑石刻强化了文化内涵和历史意蕴,给人一种时空凝聚和无可跨越的艺术感受。堂内现陈设了歙县艺人创制的徽州历史石牌坊模型,精工巧妙之致令人叫绝,同时也烘托出整个园林的文化艺术氛围。

世孝祠 居全园中部,与敦本堂间隔文会馆平行而立,由清乾隆年间鲍氏二十四世祖鲍志道所建。原为三进,现前、中进已拆毁改建。门楼及后进寝堂尚存。大门为牌坊式门罩,水磨砖砌就,一方面,与牌坊群保持统一;另一方面,大门形式又为内容性质所体现:四柱三楼式,驼梁、枋、雀替等构件雕刻精致,正中字牌上"世孝祠"隶书乃邓石如手书。世孝祠建筑结构形式为清代通行做法,装饰力求简洁,在外观和体量上不与敦本堂争雄,以自己独特之门楼造型引起空间视觉上的共融。檐步两侧墙壁嵌有《世孝事实碑》六块,东、西两侧廊庑墙上各砌有乾隆四十二年(1777)画家汪恭书《重修慈孝、孝子两坊碑记》一通及清书家铁保书记事碑一通。《世孝事实碑》及鲍志道所撰《世孝事实序》中记有建祠之缘由。《实碑》记:"鲍志道……复龙山慈孝堂、新慈孝、孝子两坊。又以里中世多孝子,自宋至今,不下数十人,手辑世孝事实,刊刻行世,并建'世孝祠',令子孙自八岁以上咸入祠观礼。"《世孝事实序》中称"今兹世孝之祀,乃以教后嗣之孝",显然,世孝祠在内容上进一步强化了"慈孝为本"这一宗法族规观念。

清懿堂 俗名女祠,占地817.96平方米。清嘉庆间鲍氏二十四祖鲍启用(志道弟)因"家祠旧俸男主,未附女位,遗命其子有莱重建女祠"。女祠坐南朝北,与男祠(敦本堂)相向,根据《易经》男乾女坤、阴阳相悖之哲理而设计。北向之另一层意思源出《诗经·卫风·伯兮》篇诗句"焉得谖草,言树之背","背"即指北堂,古为母氏所居,旨在颂扬母恩母德。清懿堂通面阔16.9米,进深45.4米,三进五开间,祠外观为硬山式,未做博风板,前院正面墙上做有大漏窗,现已毁坏。门厅外之八字墙,满饰砖雕,玲珑剔透,华采纷呈,属徽州祠宇砖雕之最。照壁正中高悬"清懿堂"三字匾额,为嘉庆、道光年间书法家鲍钤(里人)手书。殿堂柱间名家书迹楹联林立,铁划银钩,涂金镂炭,琳琅满目。金柱梁坊之上有清文正公曾国藩手书"贞烈两全"匾额,为表彰知府鲍书芸女秀鸾贞烈事迹所题。寝堂天井为深池式,两旁有廊庑。寝堂地面高出享堂1.08米,堂后有须弥座式青石龛,座高1.20米,其束腰处刻有如意纹样。该祠平面布局合理,功能区分明确,梁架结构紧凑,构件用材匀称,造型洗练流畅,工艺精湛,内秀外朴,华丽而不冶艳,端庄而不刻板。特别是门厅不采用男祠翼面高耸的五凤楼式,而采用与享堂相连的高低错落的马头墙,空间氛围与男祠既统一和谐而又有区别。东侧高深外墙作牌坊群的视觉屏障,使在祠堂群和牌坊群半围合之外的草坪空间明敞而威严。清懿堂属国内罕见的规模最大的女祠,也是徽州清代祠堂建筑之典型代表。多年前北影厂和歙县旅游局曾共同投资,开展全面修复工作。

慈孝门 元鲍氏十一世元康故居,其父景曾为纪念曾祖宋岩、祖寿孙遇难争死之事而建。内设慈孝堂,元翰林学士揭傒斯题匾,明永乐皇帝旌表其门宅为"慈孝门",并镌慈孝诗两首于门额。忠济为清光绪副贡、元康裔孙,其宅与慈孝堂有门相通,且厅室轩敞,天井、廊屋及砖雕门楼、黟县青石门颜、石马为明末清初徽州民居建筑的典型风格。鲍氏宋岩、寿孙父子争死之事不仅在棠樾传为佳话,更被历代编史官写入史册和典籍。《宋史·孝义传》、清《钦定古今图书集成》均编载其事。最殊荣誉当推明永乐皇帝所赐御制《慈孝诗》:"父遭盗缚迫凶危,生死存亡在一时。有子诣前求代死,此身遂保百年期。救父由来孝义深,顿令强暴肯回心。鲍家父子全仁孝,留取声名照古今。"

存爱堂 位于全园西部前街,明代始建,为鲍氏十四世祖、孝子鲍仙父辈所居。鲍仙,字时明,以孙象贤浩赠兵部右侍郎。"存爱堂"匾额为明周潘王所书,《宗谱》刊凤阳府教授韩冏《存爱堂记》论述"爱莫大于爱亲,故人子之于亲心存其爱焉,……"等道义思想。后清嘉庆名医鲍集成居此,鲍集成精疡科,著有《疮疡经验》一书。其妻有懿德阃范,主持五代同堂大家庭和睦相处,清嘉庆十年(1805)得到皇帝恩赐"五世同堂"圣谕匾一方。旌表于门额额上,故又呼其宅为"五世同堂"。清末民初,大家庭生活极为艰苦,曾出现"两人吃一块豆腐干,八人吃一个咸鸭蛋"的境况,但五代同堂不分家的家风还是延续了下来。

安素轩法帖 原藏于保艾堂安素轩内,家传世袭古书斋,安素轩珍藏历史文物极丰,其中有稀世唐、宋、元、明各大家书法墨迹与宋拓墨本数十件。保艾堂主人鲍志道三子鲍漱芳"少多能,长而练达,有深识","儒雅好学,富文采"。平时酷爱书画,毕生搜访,摩挲研玩,亲自鉴定评判,择其精者,汇为《安素轩法帖》,并于清嘉庆四年(1799)延请扬州著名篆刻家党锡龄(字梦涛)精心勾摹上石镌刻。开镌第九年(1807)漱芳壮盛夭亡,嘱二子承其夙愿。二子不堕父训,致志二十余年,至道光九年(1829)夏,才大功告成。《安素轩法帖》历经两代人之手,耗时30年,这在我国书法史上是少有的。《法帖》是我国晚清一部内容丰富、镌刻精良的丛帖。原刻石计唐八册、宋二十二册、元二十四册、明八册,计十二卷,共收集唐、宋、元、明名家书法五十余件。《法帖》收集历代名家小楷,既富且精,可以说是集小楷之大成。《法帖》刻石传有两套,一藏于安素轩书屋,存石已零落散失。1981年,鲍训初、鲍训经姐弟(鲍漱芳后人)将家中秘藏《法帖》部分早期拓本,捐献给安徽省博物馆。另一套由鲍氏二十九世孙鲍娄先(久居扬州,民主人士、画家)累年搜集保护珍藏,生前将一套完整原刻碑石捐献给扬州博物馆。

遵训堂 位于西部后街,由清嘉庆年间鲍启运所建,与保艾堂相向而立。鲍启运,字芳陶,号甓斋,以孙维坦赠资政大夫,任两淮盐务法道员。生平敦本好义,族中孤寡无依者,置义田一千二百亩以恤之。生平言行刚直不阿,为两淮总督陈大文所重。遵训堂毁于太平天国战火,现存傍屋存养山房、忻所遇斋。客厅匾额为王梦楼所书,书屋匾额由胡长庚书,三进两间,中有巨型漏窗,通而阔,几与屋等。窗前盆景山石很具意蕴,漏窗保存完整,剔透通明,在空间处理手法上,犹如透明屏风,虚实用笔,令人叫绝。如此巨型漏窗,亦属国内罕见。

《鲍氏五伦述》屏门　原装嵌于敦本堂次间后金柱上,现收藏于歙县博物馆。全文544字,每字约15厘米×15厘米大小。由清代著名书法篆刻家邓石如刻写。邓石如成名前,大约于清乾隆四十六年(1781),辞别扶植恩人——宣城梅镠,来到古城歙县,有幸结识了经学家程瑶田、编修张惠言、状元金榜,得到了他们的赏识和帮助。后金榜又将其举荐于丞相曹文植,遂书名日噪,号为"国朝第一"。《五伦述》乃鲍氏二十二世孙鲍逢仁为承传世泽家风而撰写,标榜历代鲍氏在"君臣、父子、夫妇、兄弟、朋友"五伦方面的范例,希冀"启后人之则效,所当交相砥砺,嗣家声以绵世泽"。邓石如也是孝子,对书写展示于敦本堂内的这篇宏文巨制激动不已,在情感上引起强烈共鸣,于是驾驭椽笔,排奡纵横,抑扬顿挫,一气呵成。屏门隶书参合篆意,笔法雄健,刚柔相济,间架紧密结实,内稠外拓,纵横恣肆。通篇布局气势磅礴,苍古沉雄,蔚然壮观。

骢步亭　居全园东部牌坊群序列中,建于明隆庆年间,由棠樾人贵州都匀知府鲍献书和侄儿元臣共建。鲍献书远祖西汉鲍宣,一家祖孙三人,俱为御史,直言敢谏,无所回避。御史常乘青白色的骢马出巡,路遇不平事,先斩后奏,以至汉朝京城广为流传"行行且止,避骢马御史"之民谣。鲍氏为其纪念远祖而兴建"骢步亭"。骢步亭为单檐攒尖方亭,翼角悬风铎,东西有门贯通牌坊群甬道,南北两边临溪。有石凳、石椅,磉墩下有拱形水道引流注入溪涧,水声淙淙,赏心悦耳,甚得佳境。"水口"正处于甬道弯曲处,原栽有古梅、苍松、紫荆林。亭内有四柱,上有攒枋承托天花,东西两门额"骢步亭"出自邓石如手笔。"骢步亭"以其独特的造型打破了牌坊群的纵列竖向构图,并借助水口古泉溪流将牌坊群这一独特文化景象推向美的永恒。亭历经屡圮屡修,明制未尽复原。

宏村　又名弘村。地处黟县城东11千米,是徽州山水园林化村落的典型代表。据《宏村志》载:南宋以前,这里"幽谷茂林,蹊径茅塞"。南宋绍兴元年(1131),鲁成公次子颖川侯后裔汪氏祖先迁居此地,并"卜筑数椽于雷岗之下",始建十三楼,应弘广发达之意,取名弘村,又名宏村。汪氏祖先精通风水之术,认定宏村是块"风水宝地"。由于受当时客观条件及自然灾害影响,汪氏宗族人丁发展极其缓慢,直至15世纪,笃信风水的汪氏祖先认为宗族未能兴旺发达,是因为没有充分了解和利用这一风水宝地。于是三次聘请当时久负盛名的休宁县海阳风水先生何可达察看地势。何可达前后整整花了10年时间,遍访远近山水,最后认定宏村的地理风水形势是一卧牛形,于是按照"牛形"着手山水共融、人天合一的园林化村落的规划建设。明永乐年间,任山西粮运主簿的汪辛资助了一万两白银用于家乡"牛形"村落工程建设,使之成为我国古代建筑园林史上"仿生"村宅规划的特别范例。汪氏祖先首先将村中一天然泉水,扩掘成半月形的月塘,作为"牛胃",然后自村西河中引溪流开凿一道四百余米长的水圳作"牛肠",南转东出,形成九曲十八弯,贯穿"牛胃"。此后,又在村西虞山溪上,架起四座木桥,作为"牛脚"。高处俯瞰,"山为牛头,树为角,屋为牛身,桥为脚",整个村落宛如一头青牛斜卧于绿山青水之中。然而从仿生学角度言,反刍动物的牛,应有双胃。风水先生何可达也认为,凤塘作为"内阳水",还需有一"外阳水"与之相合,村庄才能真正图腾发达。明万历年间,汪氏祖先再次在风水先生的指点下,将村南百亩良田开掘成南湖,作为另一"牛胃"。历经一百三十余年极致的精工巧筑,一座严谨、和谐、生动而富有山水诗情画意的园林化村落终于大功告成。"何事就此卜邻居,月沼南湖画不如。浣汲何妨溪路远,家家门巷有清渠",便是黟县诗人胡成浚对宏村特有园林景色的描述。

宏村拥有月塘、南湖、雷岗、西溪、石碣等八大胜景。一幢幢精巧别致的厅、堂、花、院,粉墙黛瓦映衬于青山绿水间;一行行情意可掬的曲溪川流穿行于青石古巷中,由对山水的图腾崇拜到"山水的为我所用",人、构筑、自然在这里达到了最完美的和谐统一。

宏村依山傍水,古木掩映,建筑朴素淡雅,风格清幽秀美,富有田园诗韵。宏村大致可分西、南、中三大独立景区。西部以羊栈河、西溪河为隔,两河交汇处横波架桥,为全园入口。其北上游筑砌石碣水坝,就此引水入园;其南与南湖相连。这部分狭长疏朗,布局手法因循自然、渗透自然。小桥、流水、人家与参天古木相得益彰,给人以"两水夹明镜,双桥落彩虹"之意境的感受。中部以人文景观为主,建筑较为密集,现存明清民居158幢,保存完好的有138幢。"牛肠"水系源接石碣,南转东出入"南湖",流经之处穿园入户,形成"园内水流园外水"的别情意趣。建筑单体庭院融砖雕、石雕、木雕于一体,题额、楹联、陈列、摆设及山池花木,通过人工水系使得每一庭院自成一独立完整的精致小园林。沿水圳自北向南错落而建的塘式庭院、承志堂、月沼水域为该部分的重要景点。中部布局灵活、构思精巧、曲径通幽、黑白交映，给人以中国画里乡村的真切感受。南部以南湖水体为中心，明朗开阔，有湖面弯月、桃柳夹岸、绿荷飘香。湖堤画桥分南湖为东、西两半，北畔建有南湖书院和望湖阁，重檐叠落、粉墙黛瓦，在立面上与中部深深庭院、流水人家有机融为一体。该部分烟波浩淼，似纱如绸，景色层出，依稀入画，犹如轻描淡写自然的文章。

村口古树 位于西部入村水口，羊栈河畔。不仅枝繁叶茂，鸟鸣啁啾，勾画出整个村落楚楚轮廓，更使村落散发出一阵清凉明秀的园林气息。其中河东古枫杨，树高19米，树围6米，树体盘曲交错，树冠形如巨伞，覆荫面积达数千平方米之广。另一古银杏，树高20米，树围3.2米，形似长鞭驱云。河西三株古红杨，已成为宏村的吉祥象征。村民举办红白喜事、婚丧嫁娶，迎新娘的花轿、百岁老翁辞世后用的寿棺都分别要绕红杨木和古银杏转三圈，或预祝新人百年好合，或祈求高福高寿。在园林布局上，以自然水口创造了公共活动场所，以古树、小桥、流水铺垫了村落园林化格局。

塘式庭院 居宏村中部，位于"牛肠"水圳上首。宅院建筑朴实洗练，楼屋面河而建，楼厅窗扇规整明快、可开可卸，登高望远，山峦河流尽收眼底。庭院布置别具一格，沿水圳旁石立基，引水入园，掘池养鱼；池旁设石桌、石凳，摆盆花、盆景；池东侧设有美人靠木制栏杆。并有小亭间，设长廊，出厅堂可入水榭。结构严谨、用料节俭、构思巧妙、趣味无穷，使人工美、自然美浑然融为一体。

承志堂 位于中部上水圳，建于清咸丰五年（1855）前后，是清末大盐商汪定贵住宅。全宅砖木结构，砖、木、石三雕俱全，尤以木雕最胜。全屋有木柱136根，大小天井九个，占地面积2100平方米，建筑面积3000平方米。厅、堂、院、廊、井台、花园大小六十余间。据传当时建造全屋共花白银60万两，其中木雕上镀饰黄金百两，全部木雕由二十个工匠精雕细刻耗时四年才完工。整座庭院阔绰豪华、堂皇富丽，空间组合巧妙合理。全屋分外院、内院、前厅、后堂、东厢、西厢、书房厅、小客厅、回廊、花园及排山阁、吞云轩等。布局上外院以三面回廊围合，中置花台，以满足停轿之需要。同时创造了室内外过渡空间。主厅堂之东依次建有东厢房、书房厅、小客厅、吞云轩、排山阁以及后花园。西侧依次建有观鱼厅、西厢房、井台、地仓、马厩等。前厅的支柱、横梁、额枋分别雕有"渔樵耕读""百子闹元宵""三英战吕布""唐肃宗宴客""八仙过海"及"四星高照"等。后堂主雕"郭子仪上寿""九世同堂""仙鹤长寿"和"南北寿星"。从内容上看,前厅主旨是"八仙过海,各显神通";后厅是祈颂高龄高寿、世代发达,寓意含蓄而深刻。在造型刻画上,层次丰富,人物众多,且神态各异,栩栩如生。连故宫博物院专家见之也击掌叫绝,誉为木雕瑰宝。承志堂建筑恢宏、木雕绝伦、内涵丰富、平淡含蓄,实现了人工与自然完美的统一。

观鱼厅 位于外院轿廊之西,呈三角形结构。据说当时建造承志堂大院楼房时,靠水圳多出块三角形空地。工匠别出心裁,因地制宜,凿一下阶水池,引圳水入院,而后又经石栏栅出水回圳。上面建三角亭式账房,池畔置以美人靠。水池上方就院墙空出小天井,院墙嵌以喜鹊登梅石雕漏窗。四只喜鹊神态各异,或飞、或眠、或叫、或跳,有一呼即去之感。此石雕又名"四喜图",堪称徽州石雕之精品。美国麻省理工学院吉姆斯博士在参观承志堂时,一踏进这一三角空间便顿感惊诧,原来他们多年研究的课题"建筑巧用三角空间",中国早在一百多年前就已实际应用。通过空间的巧妙构思和节省利用,创造奇情妙趣。

南湖 位于宏村南首,明万历三十五年(1607)就村南百亩良田凿深数丈,砌石立岸,仿西湖平湖秋月建成南湖,至此,宏村牛形水系已趋完整。湖堤分上、下两层,上层宽4米,原为石板铺成;下层临水,杨柳成荫。湖面弓形,湖心绿荷摇曳,群鸭戏水,别有一番景致。南湖北岸,建有著名的南湖书院。清嘉庆十九年(1814)秋,浙江钱塘(今杭州)名士吴锡麟游南湖后,撰文述道:"宏村南湖游迹之盛堪比浙江西湖。"因而南湖又有"黄山脚下小西湖"之称。历代赞美此景诗文较多,如:"无边细雨湿春泥,隔雾时闻水鸟啼。杨柳含颦桃带笑,一边吟过画桥西。"(清汪彤雯)"青山绿水本无价,谁引碧渠到百家?洗出粉墙片片清,映红南湖六月花。"诗人笔下之南湖清新、明丽,同时又有着一层淡淡的朦胧。南湖作为村落园林的主要部分之一,不仅使水系更趋合理,也充分显示了全园对山水之骨架的依托。南湖本身人工着笔不露痕迹,远峰近宅映湖中,晴雨霜雪看不厌,明暗浓淡总相宜。师法自然,又使自然生情入画。

南湖书院 又名"以文家塾",居南湖北岸。建于清嘉庆十九年(1814),占地十余亩,是一处具有浓厚徽州建筑风格的书香楼舍庭院。书院大门巍峨壮观,门楼保存良好,上悬由清朝翰林院侍讲、大书法家梁同书93岁高龄时所书的"以文家塾"金色匾额。西侧望湖阁为卷棚式屋顶,楼窗面临南湖,上挂"湖光山色"横匾,系清代歙人、当时黟县县令罗尹孚所题。登高远眺,极目四野,湖光山色尽收眼底。书院历来是文人墨客兴会讲学之处。原籍宏村、后任民国初期国务总理的汪大燮幼年曾就读于此。香港著名摄影家陈复礼见了这座浓荫绿树碧水间之古宅书院,赞叹不止。书院内假山玲珑,明堂恢宏,古柏峥嵘,与南湖如纱似绸、浩淼烟波之自然景色,构成了相渗相融之有机统一体。

月沼春晓　位于全园中部,全园引水规划将其作"牛形"之"牛胃"。从仿生学角度讲,它与南湖形成反刍动物牛的"双胃"。实际上,"月沼""南湖"的截流蓄水使全园水系更趋合理科学,同时将自然、泉水巧妙引景入园。月沼水广数亩,原为一泓泉水,冬夏泉涌不息,在风水先生何可达制定宏村整体规划后,于明永乐年间(1403—1424)引西溪之水入园,经"牛肠"水圳至天然井泉处,扩凿为半月形月沼。月沼北畔正中为乐叙堂祠堂,为汪氏总祠。四周青石铺展,民居保存完好,粉墙黛瓦整齐有序,分列于微波涟漪的月沼四周。炊烟氤氲,村姑红装浣纱,映衬着蓝天白云,与春光下的月沼形成中国画里乡村之恬淡意境。

百年牡丹王　位于月沼畔一座庭院内,主干色如墨染,枝叶繁茂,丫枝嫩绿,如今已占满整个大花坛。树龄已逾百年,每逢春日融融之日,层层浓绿间,玫瑰红色花朵含珠带露,秋波暗度,妖而不艳。花朵繁如星,多达百余。"落尽残红始吐芳,佳名唤作百花王。竞夸天下无双艳,独占人间第一香。"花令时节,蜂蝶逐恋百花丛中,整个庭院一片春意盎然。

恭王府花园　亦称"萃景花园"。地处北京什刹前海三座桥。为恭亲王奕䜣的邸宅园林。它的前身,为乾隆宠臣和珅的宅园。建筑形制有仿皇家苑囿之嫌。清嘉庆初年,和珅获罪抄没。宅园转赐庆王永璘,由永璘第三子"量加修葺"。咸丰年间,转赐恭亲王奕䜣后,其依曹雪芹所著《红楼梦》中大观园的意境,进行了大规模改建,增建游廊、台榭,并引水入园,加大了水景体量,使得园内建筑更为精细,碧水环绕,"小溪轻驶"。该园占地面积为三十八亩六分,内有园林建筑三十一处,主要有蝠殿、邀月台、大戏楼、沁秋亭、榆关、水座(湖心敞厅)、独秀峰等。此园汇聚了我国府宅园林的精华,有很高的艺术价值,是目前保存最完整,也是最典型的一座府宅园林。其布局特点是宅府在前,花园在后,住宅中有两栋建筑极为突出:一个是西列上的锡晋斋,七开间后出五间抱厦,院子四周廊庑周接,后厦的柱础是在一层覆莲上加鼓墩制成的,极其考究。更甚者为内装修,上层有仙楼,仙楼与下层槅扇皆为紫檀及楠木雕镂,梁柱亦用楠木包镶。此建筑现状与早期和珅居住时期构成罪状之逾制的建筑形象极为相似。另一个是府与邸园之间横亘的一栋朱楼,长达160米,亦称后罩楼或简称后楼。此楼气势极为宏大,是北京王府中第一号长楼,长楼后即是花园。

花园以山环之,山之首在正北,位置在中轴线正中,即在主体建筑前方,然后按顺时针方向环园将近一周,是为龙脉。山之尾在西北,有巨石压尾,渐渐隐没在韬华馆一带,藏而不露。山之首则主露,体形大于群山,阳面为土负太湖石,为一大宝塔形象。朱屺瞻先生极欣赏此山,一些叠石家也认为此山石为明代制法,整个龙脉为首尾相顾、首露尾藏的格局。全山有六处断口,南侧的三个成为三列布局之门,亦即进山之口,正口之景称"静含太古",东口之景称"曲径通幽",西口之景称"榆关"。

园内体量较大的风景建筑有三处:蝠厅、戏厅、海棠馆,它们各有其功能要求,所以体型稍大,但是又由于大型建筑在园林中,与园林这种艺术的生态境域有矛盾,所以它必须服从自然空间生态艺术的基本性质。故而这三大建筑都采用了不同的处理方式,或是运用各种隐蔽手法,或是使用与体量强大的山水融合随同纳入的方法。如蝠厅便是隐蔽在山后;戏厅是利用廊轩院宇等小型园林建筑的包围、掩盖、分隔、烘衬进行伪装,求藏避露,既产生了丰富感、层次感、不尽感,又达到了掩饰的目的。海棠轩则是唯一暴露的建筑,它借强大的山水景物的平衡纳入园林中。

萃景园几易其主,又随清廷朝政变化,多有沉浮,景色损坏较多。其全盛时期,名景荟萃,据载滢《补题邸园二十景》所列,有曲径通幽、垂青樾、沁秋亭、吟香醉月、蓺蔬圃、渡鹤桥、滴翠岩、秘云洞、绿天小隐、倚松屏等。此园现已逐步恢复。

静含太古 为园之正门,门和两端的连墙为中西混合古典式,进门便是一个古木参天的断山山谷。这样一个半西洋古典式的门与"静含太古"的景题,与进门后小山谷古木参天的实景,有密切关系。因为那个时代还没有多少人研究西洋古典建筑,人们见到这种建筑时必然产生"远瀛""方外"的道家观感。非人间景,自然是仙境,大自然与仙境,乃是园林境界的最高追求标准。用这个门产生的仙气来烘托"静含太古"的景题与山谷之景,则相得益彰。"静含太古"这个外侧的门额,与"秀挹恒春"这个内侧的门额,不仅是起景的意境,而且可作为全园的标题。它把静与古的时空感融合在一起,把恒春韶秀之气,挹注充满全园。

独乐峰 位于园大门之内的奇峰异石景,亦称独秀峰,以其形象特征著称。近年园林整修,在其顶发现"独乐"两字,则又以"独乐"名之。作为园正门的对景,石峰位于中轴线上。通过山谷与后部山口叠石的一道石门的框景,隐约见到正中立着一尊峰石,那便是"独乐峰",为三米多高的一块北太湖峰石。这块奇石高挑苗条,姿态优美。起伏的纹理,颇有水旋软涡、淡云舒卷之势。透过表面现象深入地从思想意念上来看,则其充满了园主人隐秘的怨愤之气。独乐峰立意很明显,取自司马光的独乐园。宋朝司马光营建独乐园是在政治上受到打击之后,与奕䜣当时兴建王府花园时的处境几乎相同,所以奕䜣把"独乐峰"三字秘密地镌刻在峰石顶部,半露半隐,只有他自己知道,或者还有另一位军机大臣,即他的亲信宝鋆知道。在他生前,这个园子没有园名,只称邸园,其故当在此。

听莺坪与樵香径　此两景在假山上同一段山中。"径"在上部,而"坪"在下部。载滢有《闻莺》一题,小注云:"园旧有石,镌'听莺坪'三字。"丰绅殷德(乾隆婿、和珅子)有《春日小园独步》一题云:"啼莺断还续。"据园址遗迹和诗文考其位置,当在樵香径下,那些凹入山间而又一侧临水的坪浦地带,临水处有垂柳。那樵香径,其掇山基础之高明,真是无与伦比。一个四岔路口,显出了山腹之深广。一条支路可以盘旋登峰,一条支路为入山之羊肠小道,另一条则下行入谷,还有一条路则道出涧上。山不在高,全在谷景幽深。副山掩谷,则倍显厚广。

北山叠石　原北部假山毁坏严重,近年配合重建戏厅及其他外围建筑,对原假山叠石及花木种植等,进行了全面整理;并请著名学者周汝昌先生、台湾的高阳先生以及廖沫沙、胡洁青题写了匾额或诗文,以增加景点的文化内涵。其掇山叠石的风格气质,可以概括为峻厚、博大,具有幽燕沉雄之气,藏巧于拙而窈折幽胜。由于对石料讲究因材施用,故非全用青云片做法,而是略参用黄石做法,主体较实,但又突出使用大凹穴、大探头、大起伏、大虚大实的做法;并且重用副山、子山,大范围点峦以求全面呼应,同时采用了多种形式的富于变化的结顶。又在游览路线的关键处设置了洞门与峡门,使之有分有合,形成北部一系列完整的小景区。这些小景区,各自以不同的植物为主景来点染意境。

紫兰庭　芭蕉簃　梧桐馆　紫兰庭系大戏厅附近的一个隽小景点。北部一山横亘,峡门伟立,两侧密竹猗猗;南边正对戏厅北面,戏厅檐牙高啄,雕梁画栋,用一株大紫玉兰作为主景以笼罩全庭。作为建筑景的丰富与烘托,这一横亘之庭山的顶肩一带,除了已有之叠石、偃桧等外,尚宜学仿潘天寿笔意,以硬线条巨石与宿根之萱草等来充实。

　　芭蕉簃乃北部一处小院,院内一色青砖墁地,生态气息较弱,故以具有强烈生命力的绿色植物来丰富、点缀这一较小的建筑空间。选择芭蕉作为主景,配以几株紫薇,略合"怡红快绿"之意。雨季芭蕉快长,势不可挡,高出屋檐两米,真有石涛之《芭蕉略雨图》"芭蕉略雨点婆娑,一夜轻雷洗剩魔"的神韵。

梧桐馆是北部大戏厅景区的又一处小院,四周青石壁立,环境极幽,为了更好地烘托小院之庭山环境,远借大规模山石以与洞门相呼应,奥中取旷,故而种植八株梧桐,自成一局。每当夏季走进此院时,阳光透过梧桐叶洒下,绿光布满人们的肌肤与淡色的衣物。而到了秋天则别是一番滋味:"寂寞梧桐深院锁清秋。"院名由廖沫沙和胡洁青题匾。

蝠厅 府园中的主体建筑,正名为"望瀅堂",载滢时期又改称为"云林书屋",溥儒时又称为"寒玉堂",深到最后一进,又在中轴线的北尽,是男主人的寝室起居之所。根据传统文化中谐音讨彩、纳福的习俗,该厅建筑平面呈蝙蝠形,故多简称其为蝠厅。此厅四面出廊,极曲折,四面均开窗。此厅之藏于山后,不仅仅是为了藏,而且是取"山居"意境,以收纳山水林泉之野趣。此厅面山,有仁者乐山的寓意。后部临墙,故墙上镶叠壁山,密植竹丛,成为障景。此处自厅中南望,小山如屏而苍松翠柏错综其间。自厅中北望,则壁山与修篁交相辉映。清籁都延伸到厅内,故称延清籁。厅外东、西两端,东有鹤苑,西有鹿苑,此中为蝠厅,是取福禄寿祥瑞之意。恭亲王之孙、名画家溥儒曾居此室,并在此作画多年。1989年,文化部接受了海外华侨捐赠的大量溥氏遗作,均置于此处展出。

海棠馆 与蝠厅相对的另一座园林建筑,海棠馆为这一建筑的俗称、便称,正名叫"花月玲珑"或"澄怀撷秀"。它位临方塘北岸,是女眷的寝室和起居处所。馆五楹,前后两卷,甚宽敞。东耳房两间,称"醉红渚";西耳房两间,称"韬华馆",又西接小耳房两间,称"梅香坞"。这样一字排开,前后左右共二十余间。东边的"醉红渚"东接龙脉之首,西边的"梅香坞"西接龙脉之尾。而主体部分以方塘东侧之长廊为左臂,又以方塘西侧之西山为右臂,怀抱方塘,山光水影纳西路诸景,如诗画舫、花月玲珑、吟青霭、浣云居、松风水月、凌倒景、养云精舍、雨香岑等。方塘南北长60米,东西宽35米,西倚峰峦,古松参天(现已毁),山水映照,为西路诸景核心。水榭居方塘中心,是纳景揽爽之所。澄怀撷秀主体建筑前,曾有古海棠多本,为此花月玲珑自成一景。红云、俏影、素娥、春水,所以称东耳房为"醉红渚"。当年曾有诗赞这里景色之美:"到眼春光照玉山,雨停风过静娟娟。百年老树含生意,一抹朝阳上紫绵。"方塘一带除了百年古海棠外,尚有百年以上紫丁香一株,园主人曾为之作《紫云歌》。澄怀撷秀的后部空地,原来是花圃、花洞子、花神庙。我国园林中大多有花神庙,这花神并不是真正的自然神崇拜,而是一种浪漫的联想和精神寄托,为我国园林艺术的鉴赏增添无限生机、无限情趣、无限爱意。

半亩园　坐落于北京东城区黄米胡同(今中国美术馆之后),东部为住宅,西部为园林,始建于清康熙年间,至今历时三百余年,虽屡易其主,却始终保持了上等园林风貌,且愈葺愈精,愈益生辉,是清代北京府宅园林常盛不衰的典范。园主为贾汉复。由江南著名造园家李笠翁营造,"叠石成山,引水作沼,平台曲室,奥如旷如"。所叠山石,誉"京城之冠"。其后易主,逐渐荒落。乾隆初年,园归杨静庵所有,并重加修整。旋归春馥园观察所得,后改作歌舞场。道光二十一年(1841)该园又归完颜麟庆所得。麟庆,号见亭,满族镶黄旗人,金代皇帝完颜氏后裔,生于乾隆五十六年(1791),卒于道光二十六年(1846),累官至兼署两江总督管两淮盐政,是一位势大财丰的朝廷重臣。他购得此园时正在两江任内,乃命长子崇实,请良工修复,绘图烫样,均寄江南亲自核定。园中主体建筑名"云荫堂",其旁有拜石轩、曝画廊、近光阁、退思斋、赏春亭、凝香室。此外,还有嫏嬛妙境、海棠吟社、玲珑池馆、潇湘小影、云容石态、罨秀山房等建筑和景点。整座园林以铺陈古雅见长,富丽且有书卷气而擅名京师。1911年之后,园林逐渐沦为民居杂院,园景破残颓圮。现已拆毁改作别用。

云荫堂　园中正堂。内悬两副楹联,一为自撰,大意是叙述家世和对清廷的依附。上联为"源溯白山,幸相承七叶金貂,那敢问清风明月",下联为"居邻紫禁,好位置廿年琴鹤,愿常依舜日尧天"。第二副对联乃购自扬州梁阶平相国手迹,可反映半亩园的文学气氛和园林格调,即麟见亭先生所谓"句奇而法,与园景合,因同悬之"。上联为"文酒聚三楹,晤对间今今古古",下联为"烟霞藏十笏,卧游边水水山山"。

拜石轩　为园中突出一景,体现了园以石胜。原出于清康熙年间李笠翁之手,麟见亭重修时,又收集四方奇石罗列其间,使石胜的特色更为突出。文献记载说:"乃集旧存灵璧、英德、太湖、锦州诸盆玩,并滇黔硃砂、水银、铜、铅各矿石,罗列一轩,而嵌窗几。以文石架叠石经、石刻,壁悬石笛、石箫。"该轩前后共有六楹。前三楹一贮砚,一贮图章,一镌朱石璋"洞天一品石论"于板壁。后三楹一为木假石,高3米,洞窍玲珑;一为星石,围1.3米,色黑而黝,古光可鉴;一为大理石屏,高2.3米,九峰嶙峋。又有一插牌,天然云山,云中一月,影圆而白,山头有亭,四柱分明,承以基座,取名见亭石。着袍笏拜之,故以"拜石"名其轩。

近光阁　置于平台之上,为半亩园中最高处,可览紫禁城大内门楼、琼岛白塔、景山五亭,故名近光。阁中楹联为:"万井楼台疑绣画,五云宫阙见蓬莱。"平台宽一丈有余,长倍于宽。南有一松,生长于石洞之上。西有石磴三折,为登台石路。下磴,东有一亭,取名为"会客处"。过亭为一小桥,此即石洞。入洞再转为退思斋。对斋有偃月门,门内一院植海棠两株,西轩为"海棠吟社"。见亭先生自书楹联为:"逸兴遄飞,任他风风雨雨;春光如许,招来燕燕莺莺。"东出为曝画廊,廊与退思斋顶,即近光阁下之平台相连。台上宜观于清晓夕阳,而尤宜观于月闺。麟庆(号见亭)曾作《近光伫月诗》云:"中秋未到又孟兰,喜向平台得大欢。随分杯盘真趣味,相携儿女共团圆。微云华月松阴露,流水高山石上弹。试向隔墙瞻紫禁,琼楼玉宇不胜寒。"

娜嬛妙境 坐落于半亩园最后部。叠石为山,顶建小亭。西仿娜嬛山势,辟二石洞。后轩三间,为园中藏书屋,取名"娜嬛妙境"。轩内楹联为:"万卷藏书宜子弟,一家终日在楼台。"

可园 位于北京皇城东北角帽儿胡同,是一座清代咸丰年间建造的私人宅园。园主荣源对宅园的见解是:"凫渚鹤洲以小为贵,云巢花坞惟曲斯幽。若杜佑之樊川别墅,宏景之华阳山居,非敢所望,但可供游钓,备栖迟,足矣,命之曰'可',亦窃比卫大夫'苟合苟完'之意云尔。"这个园名的来历也反映了园主兴造宅园的意图和设想。

可园位于宅邸之东,南北长约100米,东西宽约26米,面积四亩有余。全园布局以建筑为主,以山水为辅,以树木为点缀。园分两进,主体建筑坐落在中轴线上,将园分隔成前、后两个部分。由于两厢建筑有所变化,突破了对称的排列方式,加上池水曲折,园路并不循轴线相通,这样便增加了自然幽曲的变化。由于园南北和东西长度相差悬殊,在布局上利用建筑、假山、水池作为分隔,减少了过于狭长的感觉,并丰富了空间层次的变化。前、后两个空间,主次分明,特点也不相同。前部疏朗,后部幽曲,二者又以边廊相沟通,联成一体。

除了主体建筑外,其余都依周边而设,而且东、西两面都以廊为主。这种手法对扩大空间感,特别是不占东西向很有限的空间有明显效果。东面的园林建筑形式多变,高低错落。六角攒尖亭高踞假山东端,下山而入游廊,可向东至东部假山上。向北而入四方攒尖半壁亭,再以曲折的游廊道至卷棚半壁亭、八角亭、卷棚歇山楼阁等。后园的阁构思尤为精巧:阁在两米多的高台上,它的南北部接着爬山廊,有高低起伏的变化。

前园的假山面对厅堂,作为南向入园的障景和厅堂的对景。山高3米多,山东端置六角亭以增添山势。山的结构为外石内土,包石不见土。山的北端做成"谷",池水由谷引出。山的南面视距很短,采取了"以近求高"的手法,而且空间经过压缩后再经山洞入园便显得更为疏朗。山的北面石纹以竖纹为主,在一个挑伸的小平台(摹拟仙人承露之台)下面用"悬"的做法显示了钟乳垂挂的自然景观。假山上的榆槐等树木,树干占地不大却浓荫蔽日,有山林之感。

后园的假山分为两处:一组位于中轴线附近,它交错高低,突破了整形的格局,也使后园有所分隔,不至于一眼望穿;另一组山石位于东侧台、阁附近,以环洞引入,在台下有山洞,台的边角用山石相抱,或作散点,十分自然。

莲园 又称南园,坐落在北京东城南小街红岩胡同,占地约五亩,建于晚清,其西侧是住宅,东侧是园林部分。

莲园呈长方形,花园部分南北长约60米,东西宽约40米,正房是坐北朝南的八间大厅,卷棚歇山顶,厅前有一座平台,高不足0.5米,长砖铺地,宽敞开朗,形成从建筑到庭园的过渡,给主厅增添了精雅的气氛。主厅两侧配有耳房,为卷棚硬山顶,左右有游廊相连,向南地势渐高,游廊亦随之升起。东南面有双卷棚(勾连搭)建筑一座,正南最高点廊前有凸出的卷棚小亭一座,与主厅南北遥遥相对,背倚界墙,前瞰水池,既有增加山的高度的作用,又取得了最大的控制面,显示了"远山"的效果。

莲园的游廊回绕全园,达到了点明环境与便利游览的双重目的。园内建有四角攒尖方亭两座,其中一座在中部西侧,亭前之西溪池环绕,池边有精雕的汉白玉栏杆,大槐荫蔽,是消夏观莲之所。小溪在亭北的一座假山处发源,折到亭东,汇而成池。再向西南方向流经一座汉白玉石雕小桥,隐没在山石之间,给人以"流水悠悠远去若无尽处"的联想。

水池旁边堆叠几座山石,与主山呼应,给人以千山层叠、连绵不尽的感觉。其中一座山石叠置成一道两米多高的曲折峡谷,初看是一座屏障,走近才发现有石级蜿蜒而上,丰富了园内的游览路线。如同在绘画中可以"竖划三寸,当千仞之高;横墨数尺,体百里之迥"一样,在小小的园林面积中,展现出崇山峻岭的磅礴气势。

园内种植大槐树六株,承袭古人"怀(槐)来人于此"的意思,以表示对客人的欢迎。厅前种有丁香、西府海棠、核桃等观赏果木,全园都在绿荫的遮蔽之下。

主厅前的平台是一个重要的观赏点。从这里放眼南望,开始将视线引到一片低矮的平地,而后是水池、假山,层层升高,直到尽端山峰峰顶的廊亭为止,背景是蓝天白云,一望无际,使人顿感心旷神怡。在有限的面积内创造了无限的空间。

那桐府花园　　坐落在北京东城金鱼胡同,清宣统时大学士官中堂那桐府邸,府邸西部为住宅,东部为花园,通名那家花园。

进入大门,向东转到一个小院落,院北有游廊,廊正中为方亭,穿过方亭就到了花园部分。进大门往西设有另一组院落,它的东北有曲廊与花园相连。花园中心部分堆山叠石植树,有山林情趣;曲廊、叠落廊和高低错落的建筑,使小小的宅园观赏点不断转换,产生了丰富多彩的景象。

花园的东、南、北三边有廊子围绕,与庄宅既有分隔,又相互渗透,融成一体。花园西北端高台上有一座休息、观景用的主景建筑,然后由随高度下降的叠落廊南连半圆亭,花园中部为西池东山,池面积约200平方米,池周缀以山石,山为高4—5米的青石假山,东麓有一座六角亭。山几面均有盘绕而上的磴道,山顶有平台,可停步俯瞰全园,增加游园情趣。池西岸池水环绕的高台上,是一座八间勾连搭卷棚的悬山建筑,南、北两端连接叠落廊。沿池南小路西行至尽头处是设有什锦窗的白粉墙,墙前点缀着太湖石壁山。往北,湖石间有台阶,可拾级而上至高台,游人如同行走在两石之间,十分别致。也可从池北游廊后面,穿过青石山洞,顺自然山石台阶上行至高台。台上建筑居高临下,向东可俯瞰金鱼池,仰眺青石假山,是观赏园景的好地方。建筑西面对着住宅庭院,院内植有疏朗的合欢数株,并点缀有海棠、丁香、山桃等花木。春、夏、秋三季百花争艳,季季有花观赏。花园西南隅的两组廊子交接处,是一座半圆亭,它富有变化,可与台上建筑呼应,同时又可作为西面院子进花园的入口。池子正南的曲廊、方亭既是前院的一个组成部分,又是花园的观景建筑,这些位于院落到花园转折处的建筑,在位置和造型处理上都恰如其分。

万柳堂　　坐落于北京外城东南隅广渠门内,为清康熙年间文华殿大学士冯溥别业。园地面积三十亩。园中建筑亦出自华亭张然之手。园无杂树,"迤逦上下皆柳",故仿元代右丞相廉希宪"万柳堂"之名而名之,是康熙年间京城中一处颇负盛名的宅第园林。康熙皇帝开博学鸿词科,待诏者常常雅集于此。后归石文桂侍郎所得。康熙皇帝临幸,赐御书额曰"廉俭",联曰:"隔岸数间斗室,临河一叶扁舟。"

不久，石氏舍宅为寺，康熙赐额曰："拈花禅寺。"嘉庆年间，阮云台巡抚重修，朱野云植柳五百株。有诗述及其事："堂空人去落花悉，幸有中丞著意修。台榭尽栽新草木，光阴全换旧春秋。"道光年间，"柳枯堂圮"，唯有附近的夕照寺尚完整。道光二十三年（1843）秋，麟庆还到此观看寺僧表演《飞铙经》，并作《夕照飞铙图记》。

怡园 坐落于北京宣武门外菜市口以南的北半截胡同、南半截胡同以及南横街等巷，园域范围相当广阔。起初为明代权臣严嵩别业，清初归王崇简、王熙父子所有。他们父子二人都是清初较有影响的汉大臣。王崇简累官至礼部尚书（顺治朝），加太子太保。王熙官至保和殿大学士。可见清廷倚恃之重。他们的府宅园林也反映了他们的权势。园中最佳景点要数江南华亭（今上海市松江区）著名造园家张然入京叠砌的假山石。王士禛《居易录》记载："怡园水石之妙，有若天然，华亭张然所造。"园中主要建筑有席庞堂、射堂、摘星岩等。清初著名学者毛奇龄《怡园诗》赞："清溪百折伏流低，不见桃花路已迷。""行过摘星岩畔望，红庭高出碧云间。""草花绿树晚犹生，石绕连云断复行。"可见此处园域广阔，景点多变，颇有"山重水复疑无路，柳暗花明又一村"的格局。

孙公园 坐落于北京和平门外琉璃厂以西，清康熙年间左侍郎、《春明梦余录》《天府广记》的作者孙承泽的宅园。规模宏大，内有晚红堂、兰韵堂、研山堂和戏楼等园林建筑，是清代园林艺术与戏曲艺术关系史上的重要事件发生处。清后期大部分房舍用作会馆。康熙年间的"长生殿传奇案"就发生在这座园内。当年钱塘洪昇所著的《长生殿传奇》问世后，一时名士张酒治具，"大会孙公园"，以示庆贺。担任该剧演出的乃内聚班著名演员，主持者系位居相国的保和殿大学士梁清标，签发请柬者则是右赞善赵执信。这样高规格的名剧首演，强烈地吸引着京师名流。获柬与会者，以此为乐为荣；不得与会者，妒而生怒。时处王给谏幕僚地位的赵微介，因未得入会，怒而生恨，便极力怂恿王给谏具疏入奏，诡称时值孝懿仁皇后忌辰（实为皇后国恤年，并非忌辰），设宴张乐为大不敬，必须给予严惩。疏上，皇帝降旨命刑部拿人，引发了一场冤案。

古藤书屋 坐落于北京宣武区海柏胡同内原顺德会馆内，为清代著名学者朱彝尊（号竹垞）的宅园。朱氏曾参与编纂《明史》，擅长写诗作文，很受清廷的赏识。他的最大贡献是康熙年间，从一千六百余种古籍中选辑了有关北京的记载和资料，定名为《日下旧闻》。当年，朱氏寓居于顺德会馆的一间南屋。房前植春藤两株、柳一株，旁置湖石三五，可坐岩赋诗，故得"古藤书屋"之名。

寄园　　坐落于北京宣武门外长椿街 39 号，原为李文勤别墅。清乾隆年间归赵恒夫给谏所有，改名为寄园，内有戏楼、假山石等园林建筑。后因与子籍贯不同，其子中试后遭弹劾，由给谏降为助教，遂将寄园捐作全浙会馆。嘉庆年间，浙江旅京人士重建全浙会馆，并立碑以记。

索家花园　　坐落于北京东城区南锣鼓巷秦老胡同 35 号院，清总管内务府大臣索家的宅园。索家后代曾崇的儿媳是溥仪皇后的姨母，故又称此园为"皇后的姥姥家"。该园又名"绮园"，至今假山上还留有"绮园"刻石。园中有假山、水池、亭台、桥梁和仿自江南园林中常有的船形敞轩等。索家后代败落后，将住宅和花园分别出售变卖。宅园的新主人未能保留原物，根据自己的需要，拆旧换新，另建三进院落大宅，园林景点只剩下大门东隅一组叠石假山。

刘墉宅园　　位于北京东城礼士胡同，清代中堂刘墉的宅邸，宅园位于宅邸的东北角。

建筑布局以三组四合院组成"品"字形排列，虽可分别出入，而又互相联系，各组建筑的装修精巧别致，尤以砖雕漏窗等别具风格为特色，宅园部分东西约 40 米，南北约 35 米。东北隅为带石土山蜿蜒如山之余脉，高约 5 米，土山下为曲折水池，园中树木郁郁葱葱，颇具野趣。在规则的四合院后侧，有这样自然的山水，可称为"城市山林"。

余园　　亦名漪园，坐落于北京东城区王府井大街北口东厂胡同，为清咸丰年间文华殿大学士两广总督瑞麟宅园。内置山石池沼、台榭花木，幽雅宜人，故名"漪园"。1900 年曾被八国联军侵占，1904 年公开对外开放，取"劫后余存"之意，改名为"余园"，此乃北京最早开放的一座府宅园林。1911 年辛亥革命后，这里曾作袁世凯的陆海军联欢社，后又改作黎元洪私邸。其址今为中国社科院考古研究所、近代史研究所、世界史研究所等单位所在地。

崇礼宅园　　坐落于北京东城区东四六条西口内，为清光绪年间大学士、兵部尚书崇礼宅园。该园占地一万余平方米,内分东住宅区、西住宅区和中部花园区。东部住宅区为主体,可与中部花园区组成一体。西部住宅区规模较小,但可自成一体。东部住宅区所属一跨院内,置有假山、凉亭,是和中部花园区相通连的组成部分。中部花园区内有叠石假山、亭台游廊。山前一道月牙河环绕,山上建有戏台,山北侧与戏台相对者为一面宽五间的大厅,取名为"定静堂"。"定静堂"三字额为光绪皇帝的老师翁同龢所书。

马辉堂宅园 在北京东四北魏家胡同44号。园主人马文盛,字辉堂,经营恒茂木厂,为晚清古建园林营缮世家,曾承办皇家颐和园及诸陵寝等重大工程。这一宅园系于光绪晚期购得的一座大戏园,园主用所拆得的建筑材料自行设计营建了一座住宅园林,总占地约1万平方米。

园林位于整个基地的西部,大体上分隔为五个主要空间。园主人本人及少部分家属便分散居住于此园区中。园区建筑密度甚稀,游廊较多。在五个小景区中,大部分均有水景,这在北方宅园中是比较可贵的,其中三处为池塘,一处为泉流。现行之大门本为车门,原来的大门在略偏东处,开门正对一大山,这便是第一个空间,或称序曲,它首先给人一个城市山林浓重的大自然气势。山的尺度很大,全部障住第一空间,山上花木葱茏,山石峰峦泉瀑,给人一种强烈的自然气势,这就是总体布局和比例尺度上的成功处。绕过大主山,走向山的南侧,便进入第二个空间。背倚山坐落在高台上,是一座四面出廊、卷棚歇山顶的五间"山堂",名"谈经堂",匾额为翁同龢书。堂西接下行爬山廊,廊又有一岔折而南去。堂以东则山势蜿蜒,山之东南坡有泉流下泻,系由自来水控制,泉水顺山势注入东院之池塘。东院原本也是一区小园,可称第三个空间,原本有山池花木,20世纪40年代初期,建了一组地下室,完工后上部之山池没有恢复。西南方与游廊相连有两卷之惜阴轩,这便是第四个空间的主体建筑。惜阴轩后卷为暖阁,有地炕、火墙,为金砖硬地,后卷之西尽头小间为烧火处。惜阴轩之前庭面对池塘与井亭,其东厢,在山石嶙峋之高台上,有两卷之悬山顶建筑,后部系三正两耳,前卷为五间一连,十分别致。向南有山石相隔成的一独立小院,在东西两侧合围折向南侧,游廊之正中有南书房三间。此院半廊一侧之墙壁上,绘有《红楼梦》全部壁画。向北延伸的半廊之一侧墙壁上,绘有《三国志》壁画。井亭以西之院,南部有山石池沼,跨池并有南北走向之木桥,院北部有四卷建筑一组,为此第五个空间的主体建筑。前三卷加最后的老虎尾巴共计四卷,另外还有佛堂相连。这是园主人马辉堂本人的居室,通过一条走廊可达大客厅谈经堂,用以会客及欣赏山泉流水;通过另一条走廊又可达惜阴轩,这个四季如春的暖阁,是逢年过节及喜庆时与家人共度佳节的处所。全园各处游廊做法多为一侧是坐凳,另一侧则下部为坎墙、上部透花雕窗,围与透的程度合宜。

此外,在园林建筑上,还有一个别致的地方,即在住宅区的第一个院的东过厅(即饭厅),其走廊上顶均为玻璃顶子,以利于附近南北房的采光,此亦灵活运用不泥古之一例。

综观这一宅园的特色:一是筑山叠石与当时的新园比较,水平很高,全部都是名家力作;二是不但重视掇山置石,而且极重理水,五个主要空间中四个有水,这在北京宅园中比较少见;三是重视自然生态环境的丰富综合效果,园中饲养花鸟、鱼虫、幼鹿、羊等动物;四是尽管从大布局上论之,只是利用游廊分隔为网块以划分空间,但是对每一个局部的处理都十分精到。

洪涛生墅园 位于北京广安门外迤南,昔称南河泡子,占地十余亩。此地多池沼,地下水渗出,水清见底,清塘相连,面积甚广,故金中都时曾为一些御园之旧址。洪涛生系德国人,为著名汉学家,老京师大学堂教授。于清末来我国时,不幸于新婚中丧偶,购得此墅园后将其作为墓地以葬其妻。此墅园中之墓地、果园、莲池与园林居处部分均相连属。建筑均朴实敦厚,深廊高柱而陈旧如其人。建筑布局亦只有北房五间、西方五间,因系略仿《西厢记》之"待月西厢"大意而建,故以西为上。当时北京昆曲界诸先生如韩世昌、白云生等,常以洪先生处为聚会点,谈词论曲,并作演唱。20世纪30年代,洪先生已年近八旬,犹为客演唱《游园·惊梦》一曲,身材颇魁梧奇伟,着长袍,满头白发,常以大玻璃杯饮白酒代茶,仍孜孜于将中国古典戏曲名著译成德文之艰苦工作,在中德文化交流上极有贡献。

园之最东部为墓园,墓园在果园中,坟墓为西洋式,果园中栽有莓果一类的野果。墓园以西为较大面积的莲池地段,分为若干小池,阡陌交通,这也是为了人便于深入藕花丛中。水生植物除了以莲为主外,尚有菱、芡、慈菇、蒲草、红蓼。再向西便是别墅与园林之区了。园林与池沼相互交错渗透,亦略有曲岸、小冈、平滩、浅石之景。老柳两株极苍古,颇具扬州瘦西湖清秀婉丽风韵。记得当时正值晚春时节,柳堤浅草中蛱蝶蹁跹,并时闻阵阵杜鹃声。洪先生所居之北斋五间有抄手廊通向西厢,西厢室内则陈设其妻生前使用之家具等用具。此西厢斜对一月门,月门上部有紫藤架甚高大,两侧有古杏与海棠数株,唯此时已花褪残红矣。西厢斜对之月门所收入之框景,正好是其妻之墓,上下左右衬托之景皆极美。此白发老人常于月色凄凄中、杜鹃声声里,透过此月门神往其妻之墓以待惊鸿……这一墅园的内容与布局虽极简单,但主题鲜明,意境凄绝。其与"待月西厢"之意有同有异,所同者翘首痴吟也,所异者生死相隔也。此墅园真乃京中唯一哀婉凄清之园、"断肠人在天涯"之园也。盖所谓景无情不发,情无景不生。情以景幽,单情则露;景以情妍,独景则滞。此正为造园家宜重视之根本。所谓鉴赏者也必须是神内而形外,情为主,景为客。

鲍丹亭园 位于北京什刹后海南沿26号,园主人鲍丹亭为京剧武生名票,20世纪20年代,看中了这里门前一片横塘水的优美环境,买了这所十分破旧的小院,全部拆光重建,化腐朽为神奇,成了有名的鲍氏小园。后张伯驹先生于50年代迁入此园。园总面积不足600平方米,以窄小见称,小而精,小而富有不尽感,小而层次深厚,十分难得。鲍氏当年请了几位木瓦工中的老哲匠,自行主持设计,哲匠们极善于掌握高雅的形象与优美的尺度比例关系。因此这个小园就成为北京文人住宅花园的范例。

小院呈东西长、南北极窄的长条形。鲍丹亭善于因势利导,他先把南墙根邻家那破旧的后檐墙挡着,就按那墙的参差出入,外边贴上一层尺度极小的带什锦窗的半廊,作为掩盖、伪装与障景。整个院子是一排北房,大门在西部,主人的起居室偏东部,为此入门后逐渐东行的深长的院子鲍丹亭把它分隔为三段空间处理,以便环环相套、层层进深,以增加变化与不尽感。一进大门后的第一个空间,整个是凤尾森森的密竹林,窄路紫绕,曲折幽深,接着便是一段长径,"伤心最是邻家笛,摧老嫣红一径花",这便是游览第二个空间的感受。这两个空间间隔着尺度很小的走廊,半隔半透,这段小廊,北与北房相接,南与半廊相连,廊上有一横穿之门为半亭式,这一切皆没于竹影中。第二个空间与第三个空间的间隔是粉墙月门,粉墙西侧有一个抱门小花架,爬满了蔓蔷薇;粉墙南北两端山石相接,墙与山石上都爬满了攀援植物;月门东侧是一座木影壁,上面画有《聊斋》故事。转过影壁令人豁然开朗的才是主院,其东尽头的台地上一架古藤甚大,藤架下有雕刻十分精美的石桌石凳,石凳旁古藤下点缀山石。全院亦多牡丹与山石,至今犹可见残存之古藤、石桌、石凳与牡丹一二本,真可谓小颜风范,颜色依旧。

偶园 位于山东青州市民主南街东侧,原是清康熙间文华殿大学士、太子太傅冯溥的私人花园,当地人称为"冯家花园"。园的北面是古朴宏敞的冯氏宗祠,再北是楼台参差的冯氏宅第,是一座宅第、宗祠、园林相互衬托而又连为一体的建筑群。整个建筑群虽只占地不足十亩,但其建筑尤其是园林部分却别具一格,为我国北方所少见,园中的假山更是我国仍有"康熙风貌"的唯一古迹。

偶园原貌,据冯溥曾孙冯时基的《偶园记略》介绍,主要建筑有:一山(假山,分东、西、中三峰)、一堂(佳山堂)、二水(瀑布水、洞泉水)、二门(偶园门、楷绿门)、三桥(大石桥、横石桥、瀑水桥)、三阁(云镜阁、绿格阁、松风阁)、四池(鱼池、蓄水池、方池、瀑水池)、四亭(友石亭、一草亭、近樵亭、卧云亭)。友石亭前有奇巧的太湖石。此园整体结构严谨,布局得体。亭阁棋布,怪石嶙峋,泉水叮咚,曲径通幽,花木隐翳,竹柏森森,体现了高超的造园艺术水平。假山尤为独绝,三峰沿园墙东、南环列,分坪、峰、涧、台四个部分,每个部分均有各自的主题,特色分明又谐和统一,使整座假山分而不乱,静中有变,于一园内显千里之势。另兼有亭、阁、台、峰、洞、溪、瀑、池、泉、桥,移步换景,变化万千。

时异势异,泉、瀑今已不存,桥亦多成平地横石,然假山仍具原貌。1949 年后,青州博物馆曾设于此园。现在已辟为公园,增添了珍禽异兽、奇花异草,更有许多用"青州怪石"精心制作的水石盆景,使古老偶园锦上添花。

十笏园　　位于山东半岛胶济铁路中段的潍坊市潍城区胡家牌坊街,始建于清光绪十一年(1885),原为清末丁善宝的一处私家花园。这所以小著称、别具风格的晚清园林,初为明嘉靖年间刑部侍郎胡邦佐的故宅,清顺治时陈兆鸾、道光时郭熊飞等曾先后在这里居住过,后潍邑首户丁善宝以重金购买,保留一处楼宇,其余房舍拆除重建,仅用八个月就将此园建成。十笏园建成后,园主丁善宝亲撰《十笏园记》并刻于石,原刻石至今完好如初地镶嵌于十笏园回廊南端墙壁上。

十笏,是以十块笏板形容庭园之小。正如园主人丁善宝在其自撰碑刻《十笏园记》中所说:"以其小而易就也,署其名曰十笏园,亦以其小而名之也。"十笏园以"门藏苏秀"小巧玲珑而著称。该园面积虽然仅有两千余平方米,但却建有假山、池塘、曲桥、回廊、亭榭、书斋、客房等二十余处建筑,且布局合理,安排得当,巧妙地融为一体,紧凑而不拥挤,体现出我国花园式庭院建筑的高度艺术水平。步入十笏园,身临其境,如在诗情画意之中,令人心旷神怡,乐不思归。十笏园以其"楼台池馆之胜,为城中诸园之冠"。

兴建十笏园之初,主人丁善宝饱览南北名园,力图建成一座南北方建筑艺术巧妙结合的园林建筑。刻石《十笏园记》说明：原来的旧宅"前有厅事,后有复室,俱颓败不可收拾,中有楼三楹,独屹立无恙"。修葺后,"题曰砚香楼,为藏书之所"。"废厅为池,置亭其上,曰四照、曰漪岚、曰小沧浪、曰稳如舟,更筑小西楼,题曰春雨。楼下绕以回廊,架平桥通其曲折。"在池东"叠而为山,立蔚香亭于最高处……山逶南为十笏草堂"。西院"中为深柳读书堂,作家塾。旁曰秋声馆、曰静如山房,为留客下榻处"。"园之东,高梧百尺,绿荫满庭,即余家居坐卧之碧云斋也。"这些记载,形象地勾画出了十笏园的整体布局,展示出山、水、楼、台、亭、榭俱全的蓝图。

位于中轴线上的砚香楼与十笏草堂南北相对,登楼俯瞰,园中景物尽收眼底；前绕回廊,左盘山径；曲桥通达四照亭,回廊顺接春雨楼。池塘中,莲叶田田,蒲草蓬蓬；山崖峭壁,瀑布流淌,水花潼潼。中为四照亭,傲立池中,亭、廊、山峦环抱,犹如拱辰。可谓"岫高横远野,桥曲架回溪"。

十笏园以其园林、庭院住宅有机结合,巧夺天工,布局精巧,使其亭榭、曲桥、回廊通连,鱼池、红荷、假山点缀其间,莳花巧木装点过道庭院,更显水木清华,营造了不出城镇而获山林之怡的意境。因此古今文人雅士莅潍,无不以畅游此园为幸,并多有即兴挥毫题咏。

康有为先生1925年秋游十笏园曾题诗赞曰："峻岭寒松荫薜萝,芳池水面立红荷。我来桑下几三宿,毕至群贤主客多。"

著名古建筑学家陈从周教授,先后多次考察此园,题诗赞曰："老去江湖兴未阑,园林佳处说般般。亭台虽小情无限,别有缠绵水石间。"北国小园,能绕水石之胜者,以此为最。

十笏草堂　十笏园平面图呈长方形,该园由东、中、西三条古建轴线构成,左右对称,中轴线上的建筑布局,层层变化,景致叠起,是十笏园的主体所在。中轴线上的首院正厅即为"十笏草堂",其建筑结构为三开间七檩硬山顶,明间雕花门,上悬清代金石学家陈介祺先生手迹"无数青山拜草庐"匾额,字体俊秀飘逸,诱人驻足研读,令人遐思万千。十笏草堂前,鹅卵石铺路,山石花木散点,竞向草堂礼拜。正中池塘,碧波涟漪,荷香四溢。四照亭正居池中,该亭结构系六檩卷棚式歇山顶,四周设美人靠坐凳栏杆。西有曲桥、回廊相连。亭内高悬清末状元曹鸿勋手迹"四照亭"匾额,笔力雄健,刚劲流畅。此亭阳光四照,四面环水,曲桥相通,荷风水月,诗情画意。亭北隔水相望的花墙六角门上,有"鸢飞鱼跃"四字刻石,字体飞动宛转,气贯长虹,是唐代著名学者韩愈手迹。四照亭东北角筑有船形建筑名曰

"稳如舟",系六檩卷棚式顶,建筑精巧,其外形如船,恰似抛锚水中随时准备起锚解缆,宛如人间仙境。稳如舟小亭的北门悬挂一副对联:"雷文古鼎八九个,日铸新茶三两瓯。"是著名扬州八怪之一郑板桥手书。小亭的门楣上"涛音"匾额,为清代书法家桂馥手迹。

园中园 位于十笏园中轴线回廊以西,意为园中之园。西轴线上一排西厢房共八开间,自南而北依次为静如山房、秋声馆,前者立意为安定洁静之意;后者前出抱厦并有坐凳栏杆,系取欧阳修《秋声赋》为名。此过厅名"深柳读书堂",因唐诗人刘昚虚诗中有名句"闲门向山路,深柳读书堂",园主人将其借用为书塾名称,更显温文尔雅。该建筑结构为三开间七檩前后出廊硬山顶,起到调整格局、承前继后、增加意境的功能。过深柳读书堂进入小四合院,西为厢房,北厅高台出厦,名曰"颂芬书屋",厅内雕梁画栋,熠熠生辉。此厅后院,西为厢房,北厅高台出厦,高大宏伟,名曰"雪庵",康有为过潍县(今潍坊市)游十笏园,其改题名为"小书巢",并延续至今。

蔚秀亭 在十笏园水池东临的半壁假山上,假山依东轴线上院落的院墙、屋山顶而建。山高10米,南北长约30米,东西宽约15米。拾级登山,山径崎岖,怪石嶙峋,峰嶂列岫,路随峰转,其势巍峨。间有水池山洞、平桥、瀑布、山门之设;山间杂植松柏草木,四时常青,经冬不凋。山之顶端建有蔚秀亭,结构是六角攒尖顶,亭内东墙壁上装嵌着"扬州八怪"之一的金农绘白描罗汉刻石,姿态妩媚,造意新奇。旁有孤松一株,直插霄汉。山南端筑有落霞亭,风格为四檩卷棚式,此亭内东壁装嵌郑板桥手迹刻石"笔墨三则""田游岩"和"题画竹"各一,亭上所悬"聊避风雨"匾额,亦是郑板桥手笔。顺山径而下,卵石铺路,山角下临水建有一座六角攒尖顶小亭,名"漪岚亭",系取依山傍水之意。小坐亭槛,平视喷泉,银珠万点,边起边落;俯看游鱼,飘忽无定。与此亭隔池相对,是一座四角攒尖顶茅草亭,此亭四立柱为原始松木,更显野趣横生,起名为"小沧浪",此亭下池水边有天成方石一块,可濯足濯缨,故取此名,因而愈见其古朴淡雅,富有山林情趣。

砚香楼 十笏园的主体建筑。出小沧浪亭,向西是长廊,它把西轴线与中轴线景观巧妙而有机地隔开,既使景观格局合理分隔,又增加了观赏性建筑,加之长廊的墙壁上镶有郑板桥题画刻石多块,北端有清末潍县学者张昭潜撰文、状元曹鸿勋所书《十笏园记》,它与南端园主人丁六斋自写的《十笏园记》遥遥相对,篇名虽同,但所述各异。出回廊,西接一栋两层小楼,结构为三开间七檩庑殿式建筑;楼门抱厦出廊,辅以坐凳栏杆,名曰"春雨楼",系借宋代诗人陆游诗中名句"小楼一夜听春雨,深巷明朝卖杏花"而名。春雨楼名由曹鸿勋手书。此院中的北楼,系明代建筑,名曰"砚香楼",是两层三开间五檩硬山顶式建筑结构,楼前有月台,楼上门窗外有前廊,设栏杆护之,该楼是园主人原藏书之处。砚香楼之名,系借用唐代诗人李贺《杨生青花紫石砚歌》中"纱帷昼暖墨花春,轻沤漂沫松麝薰"之句,因研出的墨汁芳香袭人之意而名。此楼始建于明代,园主人保留后又加以修葺,并定名为"砚香楼"。

绛守居园池 绛州衙府花园,是供太守、官僚、士大夫及其妻室游玩娱乐的地方。唐宋时代的诗人岑参、欧阳修、梅尧臣、范仲淹等曾闲步其间,咏诗作赋,留有文墨,流传至今,传为佳话。此园历代俗称"隋园""莲花池""新绛花园"。

古绛州系今山西省新绛县。位居晋西南汾浍谷地,北枕吕梁,南脉中条,土地肥沃,盛产粮棉,是一块人杰地灵的风水宝地,是华夏古人类繁衍生息的摇篮地之一。这里有新旧石器时代的人类遗址一百多处,足见这块宝地的渊源与悠久的历史。晋文公曾在此完成了他的霸业;唐太宗李世民曾屯兵此地巩固了唐初基业,为开元盛世铺平了道路。悠久的历史为这块宝地增添了抹不掉的光环。

古绛城嵌于汾、浍两河岸边,傍丘沿岭,依地势布建县城,战国时期名为汾城,隋开皇三年(583)修建为绛郡,郡守衙门设立在县城西部高垣上(即现在的新绛中学校址),在州衙的后面即是闻名遐迩的绛守居园池。

居园池始建于隋开皇十六年(596),由内军将军临汾令梁轨开创。当时他为官,体察民情,看到风不调雨不顺,常常有旱灾威胁百姓;城池附近,井水又多卤咸,既不能饮,又不可浇灌田园。于是他从距县城北15千米的鼓堆泉引来清凉的泉水,开了十二道灌渠,大部分浇灌沿途田地,小部分流入当时刺史的"牙城",从州衙的后面经过,流入街市和城郊,解决了人民饮水和田园灌溉的问题。时至隋炀帝大业元年(605),隋炀帝的弟弟汉王杨谅造反,绛州薛雅和闻喜裴文安居高垣"伐土筑台"以拒隋军,因此形成了大水池,中建回莲亭,旁植竹木花柳,故"豪王才侯"在此处建起"台亭沼池","袭以奇意相胜",几经添建修饰,居园池的雏形便形成了。

居园池历经隋、唐、宋、元、明、清各代官衙州牧的添建维修。一千三百多年的风云变幻、时尚追求,使绛守居园池形成了几个大的格局和面貌,成为我国园林史研究的重要资料。从隋唐时期的"自然山水园林",到宋元时期的"建筑山水园林",直至明清时期的"写意山水园林",一脉相承,形成了我国北方园林的独特面貌,展现了各个时代独具匠心的造园艺术特色。

隋唐时期的园林面貌已荡然无存,只能从唐穆宗长庆三年(823)绛州刺史樊宗师的《绛守居园池记注》中寻觅到大概的面貌。

隋唐时园池构建以水为主,水面面积约占全园的四分之一,是我国北方典型的"自然山水园林"。园中有五个亭轩、一个堂庑和一个入园门,建筑形制都很简洁明快。水从西北注入园池,形成悬瀑,好像喷珠溅玉。水池中子午桥贯通南北,池中一亭名曰洄莲亭,有两座小桥通岸,高高屹立,远望如观蜃景一般,池边芳草、蔷薇、翠蔓、红刺相映成辉。池南是井阵形的轩亭,香亭居中耸立,与太守寝室相通。池西南有虎豹门,左壁画猛虎与野猪搏斗图,右壁画胡人训豹图。池东西建有新亭和槐亭。东流的渠水穿过望月渠,流到尽头,便是柏枝舒展、浓荫密布的柏亭。正东是苍塘,西望水面,倒映在水中的梨树林粼粼闪光。正北是横贯东西的凤堤,倚渠假池,观望池南亭榭的栏杆槛柱倒映水中,如烛光摇曳,如蛟龙缠绕,如灵龟浮波,真是色彩斑斓。苍塘西北的高地叫鳖豕原,景色令人惊叹,开阔的天空与苍茫的佳境,配以箫声琴韵,真让人赏心悦耳。苍塘西是一片茂密的梨林,这里叫白滨,每逢梨花盛开,如素衣女郎翩翩起舞。唐代居园池布局以水为主体,以原、隰、堤、谷、墼、塘等地貌单元为骨架,以花木、柏槐等植物题材为主题,再加上少数几个供游憩的园林建筑物,构成唐代园林以自然风光为主的特有风貌。

宋代居园池在唐代的基础上已大有改观,但随着历史的年轮滚滚向前,也湮没在尘埃中,仅从宋咸平六年(1003)绛州通判孙冲所作的《重刻绛守居园池记序》中可以找到大致的轮廓。宋时园池水面大大缩减,其时苍塘已淹没,园中的建筑物已由五个亭轩、一个堂庑、一个门增至十二个亭轩、一庙、一门。水池上跨起高高的昂桥,池中玉立的水芙蓉、穿梭的游鱼、玩赏的山石构成另一番景观。难怪范仲淹在《绛州园池》诗中写道:"池鱼或跃金,水帘长布雨。怪柏锁蛟虬,丑石斗貙虎。群花相倚笑,垂杨自由舞。静境合通仙,清阴不知暑。"建园的手法已从唐代的"自然山水园"转向"建筑山水园"。

宋代复建的园池已毁于宋末元初。明代由于政治稳定,经济恢复,园池又开始复建。明正德元年(1506),知州韩辙重修洄莲亭。正德十五年(1520),绛州李文洁建嘉禾楼,嘉靖十二年(1533)改建。乾隆十八年(1753)知州张成德因楼圮重修。光绪二十五年(1899),知州李寿芝再修园池遗址,"缭以周垣,重加建筑,亭榭渠塘,一如旧制"。经明清几代人的修建,根据时尚的追求,"自然山水园林"又添加了"写意山水园林"的意境。现存园池基本上是清李寿芝重建,后经民国初修建的风貌。

园池的面积已比唐宋时期减少了许多。东西长，南北窄，南北最长处71米，东西最宽处是185米，总面积约十九亩，与明代"纵二十丈，横四十丈"的史料基本相符。园林的建筑已与唐宋时期大相径庭，一条子午梁（甬道）横贯园池南北，高高隆起，将园池分为东、西两个部分。整个园林根据植物花卉的不同将其划分成春、夏、秋、冬四个景区，咫尺园林将游客带到写意式的山水图画中。甬道西"洄莲亭"屹立于芙蓉池南岸，夏日红莲翠盖飘送着藕香，在洄莲亭中饮酒、弈棋、抚琴，在藕乡里觉得石骨都清，此为园池夏景。

透过洄莲亭，园池西墙中部有一依墙而筑的重檐半亭，半亭周围广植修竹花木，冬季雪压绿竹、竹在风中摇曳却是另一番的意境，此为园池冬景。

子午梁东、嘉禾楼东有一个攒尖顶的园亭，据传是宋代富弼的嵩巫亭旧址，亭周广植迎春花，春暖花开，柠黄的迎春点缀其间，笑迎游人。"值春光九十日，最好是几杆竹，几朵花；与良友二三人，消遣在一局棋，一樽酒。"此为园池春景。

园池东部水塘即樊宗师园池记中的苍塘旧址。中有两岛，西为孤岛，以木桥通岸；东为拙亭，曲折石堤相连，岛上筑有四角茅亭。当深秋时节，在一泓秋水间，金风送爽，亭周秋菊迎风独立，傲霜而开，此为园池秋景。

茅亭东北有宴节楼，东南有斛律光墓。拙亭北有塑月台。这些建筑以"借景法"大大扩展了"咫尺园林"的意境。

明清园林，从明正德李文洁到清光绪李寿芝，几经构建，园内盛设亭台楼阁，建筑秀丽，假山耸峙，清水环绕，花卉争艳，古柏参天，曲径小桥，景色幽美，成为古代园林中有据可查、有遗迹可寻的最古老的名园，具有文物及园林艺术价值。现在园池的地形地貌基本保持完整，总体布局仍可辨认，国家已将此园作为山西省重点文物保护单位，并于2009年将其选作"国家重点公园"，供游人游览。

洄莲亭　入居园池虎豹门下台阶二十九阶，直达洄莲亭。亭为正方形，半陆半水，亭北以四根石柱架于洄莲池之上，亭高约10米，歇山顶，四角微翘。门向南，三面敞窗，瘦长窗棂，窗外木平台挑出，环以回廊，游人可以凭栏观望池中美景。此亭高耸，仿唐代的建筑比例，纯木构筑，元、明、清一直按此风格重修，因此唐风犹存。据史料记载：唐时的洄莲亭，建在水池的中央，有桥通岸；元至正年间（1341—1368）"刘名安重构洄莲亭"，就建在目前洄莲亭的位置。明正德年间（约1506）知州韩辙重修洄莲亭，现存的洄莲亭即明代重修后建筑。亭前有明代李文洁书写的"动与天游"石匾，亭南北各有砖刻楹联两副。

亭南:"快从曲径穿来,一带雨添杨柳色;好把疏帘卷起,半池风送藕花香。"

亭北:"放明月出山,快携酒,于石泉中把尘心一洗;引薰风入座,好抚琴,在藕乡里觉石骨都清。"

莲池为正方形,石砌池岸,围以青砖矮花墙,池水由园西北水渠引入,沉淀后,由蓄水池龙头吐入池中。池中植有红白荷花,仲夏红荷盛开,翠盖摇曳,五色鲤鱼游戏其间,薰风吹来,荷香扑鼻,游人逗留亭中,饮茶、抚琴、作赋、咏诗,卷起窗帘,依栏乘凉,喜看金鱼闹莲,饱吸芙蓉散香。水中倒映的蓝天、白云、洄莲亭柱在吹皱的水波中"动与天游",周围古柏青松,浓荫蔽日,知了声声,这引人入胜的夏景确实使游客尘心一洗,觉得石骨都寒。

嘉禾楼 又名静观楼,亦名大仙楼。居园池子午梁(甬道)横贯南北,将园池分割为东、西各半,宽敞的甬道用青砖铺就,两边砖砌护栏,栏台上放置各类奇花异草供游人赏玩。护栏两旁古槐、翠柏、青松杂居相携,使得子午梁浓荫遮道,如进入清凉之景。在甬道的北端高地上筑有嘉禾楼。

楼为五间,进深一间,两层硬山,南北均敞窗,建于八尺土台之上,系明代建筑遗物。据史料记载,为明正德十五年(1520)知州李文洁所建,清乾隆十八年(1753),知州张成德因楼圮重修。楼西侧有明嘉靖年立《绛州嘉禾楼记事》碑,碑旁有古槐拥抱,别有一番古韵。楼前设砖栏杆,登台南可观园景,上楼可眺园外廛市。

相传,每逢农历二月二,乡间百姓至此磕头,顶礼膜拜,求子拜药者络绎不绝,香烟缭绕,热闹非凡。民国初年每逢初一、十五,鼓水放入园内,流水潺潺,游人涌至,登楼远眺,顿觉一身疲劳消散在红花绿树间。

宴节楼 穿子午梁过望月台,在园池的东北隅依墙筑有宴节楼,面宽三间进深两间,楼高两层,歇山顶,屋顶琉璃瓦饰,为清时所建,檐下匾额为"远山如黛,大河前横",清光绪时知州李寿芝所书。登楼近览全城繁华景色,远眺汾水如钩似带,岚气东来,"紫金积雪""峨嵋风光"尽收眼底。楼前一湾秀水,环绕拙亭、茅亭,波光粼粼。微风吹来,松涛阵阵,宴节楼在松柏的护拥中另是一番仙景通幽的地方。难怪文人学士在此聚会饮酒咏诗,抒发胸中豪情,评点社稷安危。

望月台 居园池东园,在拙亭与茅亭的北边,有一高高隆起的土丘,有台阶四十二级,拾阶而上,丘顶有一平台,可供文人学士望月兴叹,故名"望月台"。平台周围植有古槐、怪柏、杨柳、杂树,郁郁葱葱,此间鸟语花香、景色宜人。望月台南,须弥座上,置一特大的嶙峋怪石,它向人们展示着大千世界的奥秘。从望月台居高临下,北看龙兴寺古塔,拔地参天,气势雄伟;东览秀丽汾水,像飘带透迤而来,金波细浪,奔腾在田园之间;近观园池隽美景色,使人心旷神驰,心生无限感慨。

园池虽小,游人却可站在园中高地,俯视园内之景,远观廛市阡陌。使园内园外浑成一体,令小小园池无局促感,这是造园艺术"借景法"的魅力所在。

半亭 在居园池最西边,绕涧莲亭西行便是半亭。重檐,依墙而建,雕梁画栋;亭极浅,很别致,可作为戏台。左右筑有花墙,亭前设有石桌石凳。平地广植花木,绿草如茵,绕半亭植有翠竹万根,再加上古柏苍松相杂其间,游人至此似有寒意,故称为冬景。

影壁 嵩巫亭 居园池东东西走向的大型六角门影壁。左右敞花窗,透过花窗,可以看到远处的景致。影壁前有怪石堆起的两座假山,曲径通幽,可以使人联想翩翩。最引人注目和难解的是影壁门洞上方的石刻篆额,古篆"紫气无强"四个字,使好多文人学士哑口无言,驻足不前。

透过影壁六角洞门是一派春光明媚的画面。影壁北有一攒尖顶的半园亭,上饰绿釉琉璃瓦,半亭园柱五根,其中立一大柱。据传是宋代河南洛阳人富弼(1004—1083)建的嵩巫亭旧址。亭柱有楹联:"值春光九十日,最好是几杆竹,几朵花;与良友二三人,消遣在一局棋,一樽酒。"亭周广植迎春花,每逢大地解冻,阳气回升,一片迎春花争相开放,预报着早春的信息。此为园池之春景。

此处在造园时采用影壁划分空间,利用影壁的月洞门使空间形成半隔半连的局面,增加了风景的层次与深度,营造出曲折回旋之感。

斛律光墓 在居园池的东南隅高垣之上,北齐丞相、咸阳郡王斛律光的墓穴,与宴节楼南北遥遥相对。据《斛律光王庙碑》〔后晋天福五年(940)立,正书〕记载,王庙在绛州城内州衙东偏,正好是现在斛律光墓所在位置。按县志史料记载:王姓斛律名光,字明月,朔州勒勒部人,世载忠谨,仕北齐为祖,与穆提婆不和,逸死。王之祠堂旧在州衙子城东北隅,俚俗相传云,王尝指此地曰:"吾死之后必葬于此。若及百年,当有二千石为吾守坟。"后人遵其遗旨葬焉。清末民初,其穴尚在,并有民国初年县政府竖立的"斛律光墓"石刻碑,穴前开口,可见墓内红漆棺木,铁链悬空,棺上并放有一宝剑。斛律光独在居园池享祭,让历代游人凭吊,乃荣享之至。

孤岛 拙亭 居园池的东部,即唐樊宗师《绛守居园池记注》文中的苍塘旧址,池塘中有两岛,西为孤岛,岛上广植细竹,置砖石旧凳,可饮酒、弈棋、抚琴,岛与岸木桥相通,上岸正对望月台。东为九边形小岛,以曲折石堤相接,岛上筑有四角茅亭,名曰拙亭,亭内设有石凳石桌,四根柱在假山中耸立,亭柱悬有楹联一副,上书:"笑这小茅亭,有几斗俗尘气;凑些好木石,在一泓秋水间。"岛四周盛植傲霜秋菊、艳红桃李,当深秋时节,金风送爽,亭周菊花迎风独立、傲霜而开,一派深秋的景象,此为园池之秋景。

虎豹门 居园池通过虎豹门与州衙相通,虎豹门因绘有虎豹而得名,虎豹为兽中之王,易用为权力威严之象征。门敞在园池的西南部高垣上。门的左壁绘有猛虎搏斗图,那虎似有万千力气从身上发出,旁有一野猪伏地,头与前腿拼力挣扎,张大口露出利齿。背景绘有熊熊烈火、风吼雷鸣、天昏地暗,一道电光闪击在山峰上。门右壁画一胡人,发须蓬乱,头戴黄色帽子,颈悬项珠,身着红绿相间的锦袄,佩腰刀、系红绦、背布袋、着皮靴、手执一鞭,身边伏一白色黑斑的豹子,安闲地吃着食物,一副驯顺的神态。

可园 位于广东省东莞市莞城大桥东,占地三亩三分,有一百七十多年历史,原是晚清军官张敬修的私家园林,与顺德的清晖园、番禺的余荫山房、佛山的梁园并称为广东近代四大名园。

可园始建于清道光三十年(1850)。建园人张敬修(1824—1864),字德圃,亦写作德甫、德父,莞城镇博厦村人。自幼胸怀大志,文才武略兼备。21岁任广西庆远县同知,后调任百色等数县知县。27岁(1850)辞官回到莞城,修建可园,在大门口挂起秀才简士良献的对联"未荒黄菊径,权作赤松乡",明示要像陶渊明、张良那样退隐乡园,实则暗寓待时再起之意。传说他本想为此园取名意园,后来在园子落成庆典上征求众宾朋的意见,众人一时语塞,谁也不敢轻易表态,就随口应付道:"可以,可以。"张敬修灵机一动:"可以"与"可意"同音,"可"在"意"先,又比"意"意蕴丰富,既有"可以"的认可、谦虚之意,又有可人心、合人意之意。陆游《闲居自述》云:"花如解语应多事,石不能言最可人。"于是定名为可园。次年,朝廷起用他去广西与太平军作战。五年后(1856),他戴罪第二次辞职回乡,进一步修建可园。此后他又复出,官至江西按察使署理布政使,无奈伤病劳疾,38岁(1861)即回乡养病,加建可园。1864年2月,41岁的张敬修病危,他叫人把自己抬上邀山阁(可园中最高的建筑),环视心爱的家园,才合上了双眼。

后来,张敬修的侄儿张嘉谟在《可轩跋》中说:可园之名,有无可无不可、模棱两可之意。因张敬修宦海浮沉,沙场成败,曾三起三落,乃知"坎止流行,纯任自然,无所濡滞"。盖人生无定,可行则行,当止则止,乐天知命,无可无不可。此虽为张敬修后人的诠释,以之为子孙诫,但张敬修有此用意也是完全可能的。

张敬修之后,可园仍属张家。辛亥革命后,张家衰落,可园数经战乱,不仅文物书画荡然无存,庭园亦破败不堪。1965年,人民政府重修可园。可惜刚刚修好,又逢"文化大革命",可园又遭破坏。20世纪80年代以来,可园得以重修,又扩建了前门楼、后花园。

可园虽小,却因聚集过许多文化名人而成为广东近代文化的策源地之一。张敬修虽为武将,却首先是一位文化人。他不仅博通书史,而且多才多艺,金石书画、琴棋诗赋,样样精通,又在可园广邀文人逸士,吟诗颂赋、作画刻石、雅集论世事。画家居巢、居廉客居可园10年,采用没骨法、撞粉法画花鸟,并传之于人,开岭南画派之先河。诗人张维屏、郑献甫、简士良、陈良玉、何仁山等,都曾在此作客联吟。篆刻名家徐三庚亦曾在可园传艺授徒。多年的文化积累,使可园"图书满壁",陶瓷、古玩、铜鼓等文物众多,甚至有价值连城的绿绮台琴、鸡血石山等珍稀文物。可惜历经战乱,所剩无多。

可园建筑构思以精巧取胜,将住宅、客厅、别墅、庭院、花圃、书斋等艺术地融汇在一起。张敬修建可园时曾亲自撰并书对联:"十万买邻多占水,一分起屋半栽花。"高度概括了可园占水栽花的南方园林特色。在这"三亩三分"园林中信步观赏,可见草草草堂、环碧廊、擘红小榭、可轩、双清室、曲池、湛明桥、滋树台、花之径、问花小院、可堂、雏月池馆、博溪渔隐、观鱼簃、诗窝、可舟、可亭、花隐园、息窠、绿绮楼、邀山阁等众多景观。它们各具风格,高低错落,曲折回环,处处相通却又扑朔迷离,疏密得体,小中见大,静中有趣,幽而有芳。小小可园携带着丰厚的文化蕴涵,印证着悠悠世事,从历史走向未来。

草草草堂 可园大门左转,可见一大厅,这就是著名的草草草堂。它是张敬修为了纪念自己的戎马生涯而命名的。他曾说:一个人对自己的品行,不能草草轻率,但衣食住行,并不一定要特别讲究。他回忆自己领兵打仗时,饮的水中尘,吃的饭有沙,住的是丛林,睡的是草地。"偶尔饥,草草俱膳;偶尔倦,草草成寐;晨而起,草草盥洗;洗毕,草草就道行之。"因此辟一堂名为草草草堂。草草草堂其实只是在厅堂前的屋檐处,铺上一行稻草,草下挂一榜名而已。草草草堂为居巢、居廉客居和作画的地方。重修可园时,屋墙根有不少颜色斑点,是二居作画时留下来的遗迹。楼上有可园的藏书阁,至今尚有书房联曰:"雨余窗竹图书润,风过瓶梅笔砚香。"穿过前厅,可见墙上有一阶板砌成的墙橱,呈万字形,是二居用来放置颜料、工具的,这橱制作得十分精细,连一根头发也插不进去。由此可见可园营建时的不苟且,绝非草草所建。

可轩 在可园最高建筑物——邀山阁的楼下,是张敬修待客的地方。地板用板砖与青砖加工成桂花形,因此俗名桂花厅。传说可园在建造时十分讲究,每个工人每天加工地砖不得超过两块,多了不但不赏,反而要罚,生怕质量不佳。地板不仅打磨得十分光滑,而且拼接得天衣无缝,针插不入。可轩地板正中有一铜管,连通着隔壁小房,小房设有一风柜——类似今天农村仍用的鼓风机。由仆人在小房内鼓风,风由铜管徐徐冒出。管上有台桌,客人们在盛夏到此饮宴,凉风阵阵沁人心肺,其舒适可想而知。由于有这一设置,宾主不管高谈阔饮,或密语细斟,不为仆人干扰。可轩是人们入可园后第一个以"可"命名的建筑物。张嘉谟有《可轩跋》云:"廉访既名其园曰:'可园。'凡园中之轩馆亦多以'可'名之,若三致意焉者。盖公尝再仕再己,坎止流行,纯任自然,无所濡滞。其于乐天知命之学,深造有得,固无入而不可者,一轩一馆云乎哉?"从《可轩跋》可看出,可园内的"可"字,确有"无可无不可"的含义。

双清室 在可轩、曲池之间。张敬修有《双清室题榜跋后》,记述双清室命名缘由,全文曰:"双清室者,界于笅筜菡萏间,红丁碧亚,日在定香净绿中,故以名之也。予尝拟裴王体,分咏可园景色,中一绝云:'拓室竹枝左,凭阑荷叶间。坐中有佳士,夹侍两婵娟。'可以想其境界矣。此境无尘,其人如玉,即谓之人境双清,亦无溢美。"可见双清室的命名,原意是指这里厅旁有苍翠大竹,前有曲池上的荷花,取荷、竹双清之意。步出厅后回顾,见此境因有池、竹相隔,绝少尘垢,十分清雅;而能到此厅的客人,都是清高文雅之高士,便取人、境双清之意。双清室俗名亚字厅,其厅本身建筑与地板、窗棂,乃至台、椅、茶几、托盘、茶具,等等,都作繁体的"亞"字形。这"亞"字是个神秘难测的字形,文字学者至今也没找出令人满意的解释。但大家都认为"亞"字表示崇高无比的意思。因此远古的图腾、古代皇帝的墓道、皇帝祭天祀祖的圣地,都筑以"亞"字形。至于张敬修为什么取"亞"字形作双清室的主体、地板、窗棂等的形状,大抵是认为这里是可园庄严神圣的地方。人们游可园,不妨细细观看那"亞"字形的建筑、物品,推测那形状的真正含义。

滋树台 俗称兰花亭,是个有砖栏而没有顶的小台。台名源于屈原诗句:"余既滋兰之九畹兮,又树蕙之百亩。"滋和树,都是种的意思。兰花属宿根花卉,多年生常绿草木,种类繁多,以季节分,春有春兰,夏有蕙兰,秋有建兰,冬有墨兰。因此蕙即兰。滋树台就是种兰花的台子。张敬修的父亲字九畹,名字也源于屈原这个名句。张敬修建滋树台,亦有纪念父亲的用意。梅、兰、菊、竹,中国人素称其为四君子,对它们特别喜爱。兰花原生幽林涧边,在我国栽培历史悠久,是"暴雨不曾惊,含笑把风迎。绿骨春长在,素心永坚贞"的花,历代诗人多赞它为"幽客""空谷佳人""无人亦自芳""自有幽香似德人"……张敬修筑滋树台,也有用以自比下野回乡、具有高尚品格的意思。张敬修常说自己"性喜蕙,绘者蕙,植者亦蕙"。从他给四侄张汝南的《题画蕙兰》诗,可见可园植兰的景况:"黄甃绕砌也成供,玉体尘侵韵不丰。那似可园寠石畔,偎烟殚雨两三丛。"为了购得兰花名种,张敬修常常不惜重金。这从他的《题盆蕙》诗可以得知:"素心佳种说龙岩,远道移根亦大难。多少饼金方购得,破悭为汝写来看。"从这首诗还可以得知,不仅二居作画有写生,张敬修画兰,也不是凭空靠画稿而画的,是有过写生的。怪不得张敬修的画在当时就有名,很受人们的喜爱。居巢有《滋树台》诗曰:"露台养名香,疏簺量风日。时见南村人,乐与共晨夕。"

可堂 可园的主体建筑之一,是可园喜庆宴会的地方。原有屏风、门栏、檐楣、壁楣,装饰得金碧辉煌。在"文化大革命"中被拆得只剩一个空厅,后经修复,著名画家、书法家赖少其书"可堂"两字悬于堂上,左右设台桌凳案,供游人小憩。堂上原有楼,就是最负盛名的可楼。张敬修有《可楼记》载:"居不幽者,志不广;览不远者,怀不畅。吾营可园,自喜颇得幽致。然游目不骋,盖囿于园。园之外,不可得而有也。既思建楼,而窘于边幅,乃加楼于可堂之上,亦名曰'可楼'。"可堂两侧有四个房间,应是张敬修与亲属住的地方。居巢有《可堂》诗:"新堂成负廓,水木恰幽偏。未妨丝与竹,陶写未中年。"

雏月池馆 常言道:"近水楼台先得月。"此馆傍水,因此"先得月",名之为雏月池馆。雏月,指初升的月亮。馆似船形,俗名船厅。此馆后多为张敬修大儿子张桂生(字振烈)所居用,因此张桂生诗集名为《雏月池馆吟稿》。此馆是宾主对弈之所,旧有"金角银边"的八仙台一张,而今不复存在。从此台可知,可园里琴、棋、书、画俱全,确是当年文人聚居的好地方。馆名之为池,而旁边的池,却名之为祠,叫"雏月祠"。1965年重建后,群鱼塘连结为湖,统名为"可湖"。馆门栏处原有一流传甚广的"百鸟归巢",是一大型海底藤木雕,栩栩如生。后人在擘红小榭旁作一群鸟图,是水泥浮塑,有人将其误认为"百鸟归巢"。雏月池馆原有由张敬修亲撰并书的集张家玉语为联:"大可浮家泛宅,岂肯随波逐流。"表现出张敬修与众不同的性格和志趣。

诗窝 顾名思义,诗窝是吟诗的地方。这里临水,风凉水冷,正是避暑的好地方。当年主人张敬修与居巢、简士良、陈良玉、何仁山等,都常在此吟诗。张敬修的《可园遗稿》、张桂山的《雏月池馆吟稿》也多在此吟成。诗窝原有一酸枝大床和一石床。石床由两块黄腊石组成,两石一高一低。高者短,可作枕头;低者长,可作小床。诗人可躺在石床上,寻章觅句。张敬修多在此间午睡、作诗。曾挂诗窝的诗,仅录得张敬修的曾孙张台耀(字孟荣)的《春雨》诗:"谁谓黄金粪土轻?丹砂未就误今生。十年人事中宵雨,一夜旅怀空自惊。"

可亭 可园有两处名堂是互相颠倒的。其一是将雏月池馆名之为池,其二是将雏月池馆旁的水塘名之为雏月祠。这是说水塘里有馆的倒影,馆在水中,水中有祠的意思。可亭处在雏月祠这个水塘中间,可谓亭亭玉立,楚楚可人。它原由一条长桥直通雏月池馆。从曲桥往可亭,既可欣赏外景、池鱼,也可观赏可园的琼台玉阁,更可以沐浴清凉的微风,也是可园的胜景之一。可园第二代主人张桂生最爱在此静坐吟诗,他有《可亭秋坐》一诗传世。

绿绮楼 以闻名海内外的绿绮台琴而名的。绿绮台琴是明朝武宗所用的御琴。由明武宗赐给刘姓大官,开始流落民间。明末南海人邝湛若从刘家后人手里以高价购得,和宋理宗的御用南风琴一起,出入相携。邝湛若5岁能诗,隆庆五年(1571)成进士。明朝灭亡,清兵入粤后,他奋起抵抗。不幸广州城破,他将宝琴、宝剑、怀素真迹等名贵珍品,环置身边而死。绿绮台琴因邝湛若这一轰轰烈烈的事迹而名照人间。邝湛若死后,绿绮台琴由一清骑兵拿到集市上去卖。叶犹龙见了,大吃一惊,当场用一百两银子从清兵手中购得。叶犹龙祖父叶梦熊是明朝嘉靖年间的兵工两部尚书。叶犹龙世袭为锦衣卫指挥同知。明亡后在惠州西湖筑沁园隐居。当时的明末遗老、名流屈大均、今释和尚、梁药亭、陈独漉等人,亦退居惠州。叶犹龙请他们一起泛舟西湖。叶犹龙在船上将此琴取出,让名流们弹之,大家纷纷赋诗纪念。后来此琴落入马平县人杨氏家里。他是个有名的琴师,十分珍惜绿绮台琴。杨氏后寄籍番禺,杨氏后裔杨小遂,因清咸丰八年(1858)太平天国的战乱,将此琴托付于东莞朋友陈氏保管。陈氏竟私自将琴押在张敬修的当铺里,这琴便落入可园。张敬修得了此琴,惊喜异常。不仅作诗纪念,还筑此绿绮楼珍藏。辛亥革命后,可园张家衰落,东莞著名的篆刻家邓尔雅到可园借得此琴,见琴的头、尾已有一些损坏,加上弦试弹,有些走音,很为张家已无人能保管好此珍贵文物而可惜。1914年中秋,邓尔雅以很便宜的价钱买下此琴,立即回家再三摩挲,并作诗《记得绿绮台琴》二首。1922年,邓尔雅讨厌军阀混战,避地香港。1929年,邓尔雅在香港大埔筑绿绮园珍藏此琴。1944年7月,一场飓风使绿绮园遭灾,仅存四壁,邓尔雅一生所藏珍贵书籍付之东流,此琴幸得流传,至今仍由邓家人保存。

邀山阁　可园的最高建筑。一百三十多年来,不仅久经风雨,也经历了抗日、内战的破坏,但一直基本完好,重修时只改其窗棂木柱。这样的建筑,在没有水泥、钢筋的当时,不愧为一流。过去,邀山阁是整个县城的最高建筑,因此而扬名。白天到此远眺,大海、群山如迎面而来;下瞰人群,听到人们的谈话声,仅像苍蝇嗡嗡而已。夜间,可以看到其联所云"大江前横,明月直入"的妙景,此联平仄倒置,是破格联,而且破得气壮雄伟,一气呵成。据记载,建邀山阁的原因,是"既营可楼,而览仍不畅。乃度园西,置杰阁,凡三层,期于见山而止。于是来青环碧,数百里之山,咸赴其高视远览。"张敬修对邀山阁十分欣赏,他曾对张嘉谟说:"空谷来风,高山占云。不期然而然者,倘以卑隘,而欲拍挹跅弛之士,岂可得哉?汝其知所处矣。"张敬修临终前,让人将他抬至阁上,他环视四野后,才告别人世。

可园三奇石　可园有三块奇石,不可不赏。其一是正门侧的英德石,像起舞跳动的狮子,名之为迎宾石。曲池旁有一太湖石,如一只向天张开口的麒麟,名之为"麒麟吐月"。花之径旁有一英石,酷似一小狮,立起身来,捧着茶盘,似伺候人的样子,名之为侍人石。人们乐于在此留下倩影,享受一下被石狮子服侍的奇趣。

余荫山房　又名余荫园,位于广东省广州市番禺区南村,原是清咸丰时期举人邬彬的私家庭园,始建于咸丰五年(1855),咸丰十年(1860)建成,至今已有一百六十余年历史,与东莞的可园、佛山的梁园、顺德的清晖园并称为广东近代四大名园。余荫园在四园中面积最小,仅2000平方米,但其景色精巧别致、清幽宜人,将我国古典的京、苏园林风格和岭南情调相融,是不可多得的园林艺术珍品。

邬彬,号燕天,中举后捐粟获任七品内阁中书,后成五品员外郎,签分刑部为堂主事。由此获祖赏三亩地兴建此园,故名"余荫"。邬彬在京供职4年,以母老辞归,居此园,亲撰楹联曰:"鸿爪为谁忙?忍抛故里园林,春花几度,秋花几度,蜗居容我寄,愿集名流笠屐,旧雨重来,今雨重来。"可见主人建园旨趣。邬彬的长子和次子后来也中举,故有"一门三举人,父兄弟登科"之说。余荫山房随世事变迁,不免年久失修。1949年后,政府曾数次拨款修葺,近年复按原貌进行了大规模修建,并将其旁的瑜园(小姐楼)归并为一园,1985年对社会公众开放。

这座古典庭园精巧别致。二门对联"余地三弓红雨足,荫天一角绿云深"是点题之作。置身园中,仔细赏玩,则知建园三巧:一是嘉树浓荫,藏而不露。满园绿树遮蔽,阴凉幽静。"余荫"之意不言而喻。二是缩龙成寸,小中见大,布成咫尺山林。园中无中轴线,不求布局之平稳对称,一步一景,随意而赏。三亩地虽小,而容纳颇丰。不唯楼台堂馆、亭榭轩桥、假山莲池皆备,而且园中有园、景中含景,小中见大,令人"每思所过名山,坐看奇石皴云依然在目"。三是以水居中,环水建园。一般园林要有开阔的地面才可以环水设景,余荫山房却在三亩地内,奇险地筑两池于园中央,架廊桥把东西南北景物连贯起来,造景借景而得层层景色,曲岸弯环,径随池转,廊引人随,或小桥流水,或山石森严,或窗含山色。又有满园花木,且四时花果常新,树木常青。游人环水而行,深浅曲折,峰回路转,柳暗花明,常有似尽未尽之感。

余荫山房的观赏价值颇高。从大门外表看,除了石楣额刻有"余荫山房"外,便与普通青砖石脚平房无异,但园内却非寻常百姓家。南北果木,名花异卉,真是满园春色,加上亭台堂榭、小桥流水,富有诗情画意。进大门入前庭,当中一幅砖雕照壁,精细工巧。从旁边月洞入二门,两旁倚壁花坛,蜡梅迎客,曲径留香。过二门,别有天地。一水居中,拱桥上托起四角桥亭,朱栏拱护,俯临八角池,西眺四方莲池。莲池西北的深柳堂是主体建筑。与深柳堂隔池相望有临池别馆,原为藏书之地。桥东有玲珑水榭立于池中,又称八角亭。北岸来熏亭半身倚墙而筑,孔雀亭跨水而设,卧瓢庐幽辟北隅,杨柳楼台通连内外,近可观南山第一峰,远可望莲花古塔。

余荫山房的建筑艺术极精美。园中不论花坛、墙壁、台阶、地面都有雕刻图案,精细素雅、玲珑可品。据说当年建造之时,为了防止工匠粗心急躁影响质量,主人规定每天只能铺几块砖,超额者罚,从而为后人留下了这座园林建筑精品。古园历时百余年,园内文物虽已无存,但建筑基本保存下来了,成为广东四大名园中建筑物最具旧时原貌的庭园。

瑜园 现又称小姐楼,原是余荫山房旁边独立的一所庭园。余荫山房建成后,山房右侧尚有空地一块,原主人拟出售。邬彬的第四代侄孙邬仲瑜将其购下,建成瑜园,以作息居宴客之所,其子女亦曾在瑜园居住。瑜园内迂回曲折,桥、亭、池、馆工艺精奇,其中百寿堂、罗汉堂、百年浮雕、砖雕乃骄人之作,后花园时花灿烂,小中见大,观鱼亭与百鸟亭相映成趣。近年开放后,改名小姐楼,游人及此,无不驻足流连。登楼可闻琴声缭绕,只见身着古装的"深闺仕女"飘逸而至,随着古调雅韵,翩翩起舞。此时此刻,品一口山房特制香茗,听一曲鸾凤和鸣,妙不可言。如有雅兴,可请老书法家即席题诗挥毫。楼内设琴房、书斋、焚香阁、卧房。精品柜内陈列各地精美纪念品,其中苏州精制宫廷手绘绢扇,尤为游客喜爱。

深柳堂 是余荫山房的主体建筑,更是文化遗产、工艺装饰精华所在。堂前满开的窗棂图案精美,色彩缤纷。堂内两副木雕通花大挂落,正面"松鹤延年",西侧"菩提引兽",栩栩如生。两旁间壁三十二副扇棂,尽藏昔日名人诗画,碧纱橱四副双面屏风,上刻张船山、翁方纲、梁山舟、陈恭尹、刘墉等名家诗书拓本。扇棂屏风均用紫檀、桃木、楠木镶嵌,四周雕刻各种花鸟图案,玲珑浮凸,巧夺天工,不可多得。天花藻井也有木雕顶饰,中雕蟠龙,吊悬九托花灯,四角雕麒麟瑞兽,下悬宫灯。书匾"大雅含宏"高挂正堂。堂外开阔前廊和庭阶直透池面,庭阶左右花坛中有两株百年古树:一是百年老榆,矫健挺拔;一是老年炮仗花蟠龙绕柱,绿叶金花铺满花檐,复像悬缨下垂池面,气势万千。

临池别馆 原为藏书小库,以木构花纹图案镶玻璃为门壁,极其精美玲珑;前廊紧贴池边,长栏偎傍,两旁花窗楣额塑有"吞虹""印月"字样,寓"步月寻诗,凭栏钓影"的意境于其间。临池别馆门联"好作风月主人,邀来池畔鸥盟,领略诗情画意;莫放光阴过客,唤起花间蝶梦,相量红瘦绿肥",表达了主人的闲情雅趣。

玲珑水榭 立于园内水池中,呈八角形,又称八角亭。亭身八面均为各种木构花纹的玻璃门窗,真个通明剔透,八面玲珑。亭内有"百鸟归巢"通花木雕大花罩,细数只得七十九只,原来有些是一鸟双首,分向前后,令人忍俊不禁。从亭内环视园中景致,四周花径回环,八方入目。透过廊桥莲池远望西墙,有"童子拜观音"叠石。北岸靠东有倚墙而筑半身笠亭——来熏亭,原是西席居室。庐前小内庭,周植木樨、紫薇、红梅、白茶,色香飘溢;高耸的洋玉兰、塔松与树下石台石凳,敷设"林间扫石安棋局"。南瞻假山叠石,伟岸嶙峋,洞穴穿插其间,大有"波暖尘香"之感。玲珑水榭,昔日园主人常邀集沙茭二司文人雅士至此作文酒诗钟之举,借以"领略诗情画意","相量红瘦绿肥",实为吟风弄月之所。

清晖园 位于广东省佛山市顺德区大良镇华盖里,占地约五亩,是一座已有近四百年历史的古典园林。它与佛山市的梁园、东莞市的可园、番禺市的余荫山房并称为广东四大名园。

明万历三十五年(1607),顺德黄士俊中了状元,后来官至礼部尚书、大学士。天启元年(1621),他在原太艮城(后改名为大良,因有凤山,故别称凤城,即今顺德)南郊修建了黄家祠和天章阁、灵阿之阁,环之以花园。这是清晖园最早的踪迹。

清乾隆年间,黄家衰落,天章阁和灵阿之阁被进士龙应时购得。后来他将庭园中部分给其子龙廷槐,左、右两个部分给龙廷梓。廷槐于乾隆五十三年(1788)

中进士。嘉庆十一年(1806)秋,廷槐请书法家李兆洛写"清晖园"三字塑于西园门上方,以喻父母之恩如日之晖。龙家人从应时、廷槐、元任、景灿到渚惠,历五代而苦心修园,使清晖园成为颇具规模而又独具特色的岭南私家园林。廷梓分得的左、右两个部分庭园,被建成以居室为主的龙太常花园和楚芗园,俗称左花园和右花园。后来龙太常花园易主曾姓,改名为广大园。

抗日战争期间,清晖园主龙渚惠逝后,庭园渐废。20世纪50年代,人民政府拨款修复清晖园,将清晖园、楚芗园、龙太常花园及龙家住宅介眉堂等归为一园,基本恢复了黄士俊花园的范围,总名为清晖园。在东面增建了宽敞的园门,又增建星级酒店楚香楼等一系列旅游服务设施,美丽壮观,与古园林风景相映生辉。

清晖园景区分南、中、北三个部分。从旧园门入园,穿过绿潮红雾门,便进入南部景区。这是园中的主要水景区。一鉴方塘,满目清爽开朗。澄漪亭水榭扑入水面,与塘西侧的碧溪草堂、六角亭鼎足分布,改变了方塘单调挺直的线条,增加了曲折变化之感。隔水而望,对岸假山、竹廊、花甤等高低错落的亭台山石掩映在四围绿荫之中,好一派绿潮红雾的南国园林秀色。清代大书法家李文田(咸丰朝探花)在澄漪亭书有"临江缘山池,沿钟天地之美,揽英接秀苑,令有公卿之才"对联。

沿方塘西行经澄漪亭、碧溪草堂,再向北经长廊,过六角亭,便进入中部景区。中部主要有船厅、惜阴书屋、花甤亭、狮子山以及许多珍奇花木,是全园之精华部分。

北部景区主要有竹苑、归寄庐等。竹苑并非只有竹树,而是竹林掩映着房舍、巷道、走廊、假山、斗洞等,建筑构思精巧丰富,隐含着主人的高雅情趣和高洁志趣。从竹苑到归寄庐要穿过一个隐蔽的斗洞,给人以园中有园、别有洞天之感。归寄庐在假山竹树之间,蕴含了一种山林隐逸之趣。这里的"百寿桃"木浮雕是一件罕见的艺术珍品。北部景区从前是园主人生活起居之处,建筑较为密集。这就与南部、中部共同形成一个南疏北密、南低北高、南水北屋的整体格局,适合岭南夏季炎热、凉风多自南来的气候特点,构造出一个风凉水暖的生活环境。

古清晖园虽只有五亩多,但却容纳了丰富的景色,小中见大,以小胜大。它既融汇了中国古典园林的许多传统的优点,又独具岭南私家园林特色。其建筑造型也轻巧灵活,开畅通透。装修丰富多变,几乎无一处雷同。图案题材都选择岭南特色瓜果,雕刻巧而不纤,美而不俗。园内花木种类近百,四季常青,四时换景,全年飘香,极富粤中特色。

船厅 坐落在水池之北,模仿原来珠江紫洞艇的楼船造型,又融合了园林艺术,体现出浓郁的粤中特色。传说当年园主人有一位千金小姐,貌美如花,举止贤淑,精通诗书,善弄琴画,被园主视为掌上明珠,特建此楼作为闺阁,故别称"小姐楼"。船厅尾部相近的一座叫"丫鬟楼"。从丫鬟楼到小姐楼,虽近在咫尺,却要通过架空的走道,几经曲折才能到达船舷。船舷的走道以水波纹的栏杆装饰,有碧波荡漾之感。船厅上、下两层都是通排的窗户,饰以各种图案,既敞亮又美观。船厅二楼门两旁挂上现代广东书法家关晓峰所书对联:"楼台浸明月,灯火耀清晖。"前舱和内舱之间,以镂空成芭蕉双面图案的木刻落地挂落做间隔。两边芭蕉树下的石头上各刻有两只蜗牛,定睛细看片刻,好像蜗牛在缓缓蠕动,栩栩如生。厅内窗户的格子是以竹树图案的木雕装饰。人在厅内,仿佛在蕉林浓密、竹荫蔽天的珠江三角洲水乡之中,意趣盎然。即使是在盛暑炎夏,也自觉荫翳生凉,盛暑顿消。船舷左前边伸出一条游廊,与惜荫书屋相连,游廊下有一石池,蓄一池水,使人联想到珠江边的泊船码头,游廊如跳板,惜荫书屋若码头。船厅前面左、右两旁各有一池塘,把楼船衬托得好像泊在水面之上。在船头左前方的池塘边种了一棵沙柳树,象征着稳住船头的一支竹竿。并且还在沙柳树旁种了一棵攀援植物——紫藤,象征着缚在竹竿上的一条缆索。现在沙柳枝叶婆娑,长得比船还高。紫藤缠着沙柳往上盘曲,阳春三月,一串串倒垂盛放的紫蓝色花朵,清香袭人,瑰丽多姿。

惜荫书屋 园主人的读书做学问之所,和真砚斋是一组相连的园林小筑。这两处建筑较为朴素,外檐廊用两根石柱支撑,石柱与木制横梁间,各有一副木刻镂空蝙蝠为饰,古雅朴素。真砚斋前方,设有凸出地面的六角长方水池,池中建有精美的石山,养殖各种金鱼。鱼群穿梭于山洞之间,嬉戏在水面之上,相当有趣,使人流连忘返。在惜荫书屋左面地势高处,建有"花㞒"四角亭,好像是待渡休息之处。

花㞒亭 原名凤台,后来被大风刮倒,龙渚惠于清光绪十四年(1888)重建改此名。这座小亭在结构上颇有特点,它不用一般的梁柱结构体系,而是采用木制空间结构;也不用天花板,把结构与装饰融成一体,使人仰望有简洁、明快、通敞之感。亭顶以筒瓦和石灰塑造而成,轻巧古雅。亭内梁柱相接处是精致木刻通花"撑角",十分美观。据广东省古建筑专家评价,花㞒亭是岭南古建筑亭台的代表之作。这种建亭方法,在清晖园中普遍采用。花㞒亭内南面两柱上挂有"连嶂叠巘崿,长林罗户庭"的对联,原为清代书法家邓云伯所书。

狮子山 位于花㞒亭旁,所用石为岭南著名的叠山石材——英石。英石主要产于广东英德,其石质坚而润,色黑灰,形姿嶙峋突兀,纹理清晰,折皱繁密。因为英石峰体量较小，很少有如江南太湖石那样的孤赏石峰，所以岭南园林中一般用小峰来拼叠大峰或假山。另外，粤中园林假山堆叠，常有将山叠成某些象征性主题的传统，这座狮子山也继承了这一传统，它以三狮戏球为主题：用一只大狮作为主峰，挺胸昂首，气概非凡，两只小狮偎依在大狮旁，前扑后逐，交相呼应，造型新奇自然，有栩栩如生、呼之欲出之感。在这一叠石主景周围，又自然妥帖地点缀了一些散点石，使主山和周围的环境比较自然地连接了起来。狮山前边种植了一些稀疏的楠竹，它既不遮挡游人观赏石狮的视线，又使人感到这些狮子似乎蹲坐在山林草丛中嬉闹，增加了山景的趣味。

绿云深处　船厅至花胚周围遍植各种岭南奇花异木，形成了绿海。乾隆皇帝之子成亲王手书"绿云深处"四字的拓本牌匾悬于船厅游廊下的小亭中。花胚与惜荫书屋之间有一株玉棠春，又名木兰，为龙元任之侄耀衢于清光绪二十九年（1903）赴开封应顺天乡试，落第后取道北京游颐和园，经花匠介绍，到苏州购得两棵，种在华盖里二巷中和园内，只存活一棵，后移植至今址。玉棠春是花木中的上品，每年冬季落叶，春季花朵盛放，花大如碗，晶莹洁白，清香可爱。玉棠春下长着一棵超百年的白茶花，主干虽然早已枯死，但从主干旁重新发出新枝，每年冬春之间仍然叶茂花繁，实属罕见。花胚旁边，还有一棵百岁龙眼树，1962年被强台风吹断，只剩下一米多的树干，经过管理人员的精心护理，它重新发芽，茁壮成长，而今仍然开花结果，果肉厚而清甜，成为一景，被人们誉为"枯木逢春"，寓意祥瑞。船厅后面长着一棵百龄以上的白木棉，盘根错节，高十多米，六七人才能合抱，每到春季，盛开千万朵黄中透红的鲜花，十分壮观。

菽庄花园　位于鼓浪屿日光岩东南麓海滨，是厦门一处著名的滨海园林。建于1913年，园主人林尔嘉，字叔臧，又字菽庄，故取名为菽庄花园。林叔臧原籍福建龙溪，他的父亲林维源随前辈迁到台湾淡水（属台北）。林家在淡水有一座板桥别墅，叔臧少年时代便在其中度过。1894年甲午战争，清廷失败，第二年，割让台湾给日本。林维源父子不愿当亡国奴，便迁到鼓浪屿居住。叔臧长大，乡愁倍增，便决定在鼓浪屿建造一座花园，仿板桥别墅。菽庄花园仿《红楼梦》大观园中贾宝玉居住的怡红院而建，利用自然环境，巧作布局，全园分为"补山""藏海"两个部分，山海掩映，极臻"人工自然"之致，园林艺术，自创一格。藏海园，园门照墙，小阻视线，名曰"藏海园"。其右侧为"谈瀛轩"（又名眉寿堂），可纵眺远海，开拓心胸。往左过花圃，为"壬秋阁"。从此而行，可横海而跨"九曲四十四桥"，桥上筑"观钓台"

"渡月亭""千波亭"等建筑,并立有"海阔天空"等垒石。"长桥支海三千丈,明月浮空十二栏",潮涨过桥,犹如浮海,此为园游主线,蜿蜒可达山麓。自山麓拾级而上,即为补山园,园中设熙春亭、芳亭等供人休息。继之建有假山,洞室十二,各具其状,上下盘旋,曲折上通,假山称"连环洞",又俗称"猴山"。此外,尚有小板桥、亦爱吾庐等错落其间。菽庄花园的特色,在于"藏",即藏海之宽,把大海的一隅藏入园中;在于"借",借景、借声、借意、借影,化他物为我物,纳外景成内景;在于"巧",根据石坡、礁石的大小高低,垒台建亭,围池砌阶,联以曲桥,以有限的面积造无限的空间,静中有动,动中有静。

明秀园　　位于广西省南宁市武鸣区城西约1千米处,占地约五十亩,为广西三大名园之一。原址是一片三面邻水、怪石嶙峋、榛莽丛生的荒凉地。清朝道光初年,县城西郊的乡宦屯举人梁生杞,出资让其子梁源纳、梁源洛负责在此地开辟营建一私家园林,以栽果木为景,名曰"富春园"。园内广种荔枝、龙眼、黄皮、桃、李等果树,主要建筑为一座雕梁画栋的蝶楼和一座富丽堂皇的桐花馆。

1919年,两广巡阅使陆荣廷以三千白银和思林知县官职之价向梁流廷(梁源纳之孙)购得了富春园,即以其叔父陆明秀名改称为明秀园,沿用至今。陆荣廷得园后,筑围墙,建园门,铺设园道,营建亭台楼阁。在园中部按东西方向筑一道园内围墙,于墙中通道处开一拱门,门上塑"啸傲溪山"四字(今墙无存),把整个园分为南、北两个部分。北部建有朝东的园门,门内建一个近似椭圆形的鱼池,池中放养各色观赏鱼类,池旁附近种植奇花异草和珍树名木。北部的南边是一片突兀的怪石,造园家依形就势,将它们凿成形态各异的石凳石椅供游人休憩,十分有趣。南部主要为自然石景及百年荔枝林,建有别有洞天亭,荔枝林内置石桌石凳。西面建有荷风簃小亭,亭前挖有荷花池。

明秀园是省城南宁北郊的一座私家别墅式园林,现已定为武鸣文物保护单位。它三面受武鸣西江河环绕,形成一个半岛,是一个十分幽雅的游览胜地。园内处处显现出一种天然之美,园中石阶游园小道蜿蜒曲折,古树两旁夹道相迎。嶙峋怪石时显时隐,树木森森,翠竹飒飒,偶有几声鸟语虫鸣,清幽静寂。军阀陆荣廷把园修好后,曾交给其部下武卫军司令马济作战后休整,以示安抚。1921年秋,粤桂军阀战争时,明秀园的大部分建筑被粤军焚毁。此后,直至1933年,明秀园因无人管理而荒废。

1955年后,广西壮文研究委员会设在明秀园,对园曾有过修建。当时我国的语言学家袁家骅、罗季光、王均、廖沫沙等,就在这里研究创造壮文拼音。明秀园亦成了壮族文字研究的策源地。

1963年春,我国大文学家、杰出诗人郭沫若在游明秀园时感怀赋诗道:"人间天地改,军阀付东流。明秀园仍在,武鸣事远游。园荒林转茂,溪曲境逾幽。公社双桥好,灵源近可求。"

1989年后明秀园经过整修,恢复了往日的光彩。1991年6月,曾任中华诗词学会副会长的张报到武鸣游览了明秀园,对园景很是赞赏,并赋诗曰:"三面临江一面山,奇花异木万千般。蓬莱曾被独夫占,今喜明时换秀颜。"

园门 在明秀园北部,朝东开,红门八字,挑檐画壁,是陆荣廷买得此园后所建。1921年秋,粤桂军阀混战时,明秀园大部分建筑被毁。直至1933年,又因无人管理而荒废。1934年,驻武鸣的南宁区民团指挥官梁瀚嵩修葺园内遗存的亭阁建筑及园门,并将已残落的"明秀园"三字重题于上,并有"梁瀚嵩题"款。1970年,武鸣县城建局维修明秀园门,又重涂彩漆,重描园门壁画。

虎豹石碑 明秀园北端一幢砖木结构的两层楼房,是1934年驻武鸣的南宁区民团指挥官梁瀚嵩利用新加坡华侨胡文虎、胡文豹兄弟俩捐资兴建的,当时用作城厢二乡中心国民基础学校的教学楼。为了纪念胡氏兄弟的义举,勒碑两通,名曰"虎豹石碑",嵌于楼南端门的两侧。在石碑的后面,有许多天然突兀的怪石,陆荣廷时期派人依形就势,通过艺术加工将其塑成形态各异的石凳石椅,既可欣赏,又可享受,古雅灵异,妙趣横生。

壮文策源 1955—1956年,广西壮文研究委员会设在明秀园,园中部东侧建两幢木构房舍,供语言专家们使用,后经修缮,成为壮文研究策源地,亦为园中一景。近几年来,在壮文策源地的东、西沿着河边修建了观赏河岸风光的临河游廊,游人依栏观赏,风光甚为秀丽。河岸怪石,奇突陡峭,参天古树,绿叶红花倒影在水中,江河如带萦绕而去,远处林木葱茏,一派南国风光,诗情画意尽在不言中,是明秀园著名的景点。游人至此,往往驻足流连。

别有洞天 位于明秀园南部的亭子,是陆荣廷买得此园后所建。它建于磐石之上,木结构六角形,飞檐攒尖顶,小巧玲珑,游人穿过亭前天然形成的奇石拱门,才能登亭凭栏纵目,但见江河玉带,林木苍葱,果实累累,百花争艳,一幅仙境画意,尽收目中,令人心旷神怡。1934年,驻武鸣的南宁区民团指挥官梁瀚嵩曾修过"别有洞天"亭;1970年武鸣县城建局和1991年6月武鸣县城乡建设委员会分别再次维修了别有洞天亭,并按原亭彩绘重描彩画,使小亭保持了晚清园林建构的风格。

修志亭　原名荷风簃,为园初建时构筑,四周荔林河塘,风景绝佳,后因县人在此亭修志,故改称"修志亭",亭为木结构造。依亭赏荷,甚为雅致。修志亭于1921年军阀混战中和1966年曾遭破坏,1970年又得到重修。亭为四方亭,坐西向东;亭四围为半墙栏,可坐可依;游道南、北两方通向其间;亭西隔道临河,可坐亭观赏河岸风光,亭周围荔枝、龙眼、黄皮等花果树木繁茂,清风徐来,芳香阵阵,可有无穷享受。

荔林石桌凳古迹　在明秀园南部邻河,百年荔枝成林,林下石桌石凳摆设其中,乃陆荣廷购园后派人精心制造之景。荔林石桌石凳玲珑古雅,可供游人伏台阅读或下棋游憩。在此品果赏花,倾听鸟语虫鸣,环境幽静,空气清新,令人心旷神怡。过去,两广巡阅使陆荣廷曾在这里召开过高级军事秘密会议。1966年曾遭到破坏,过后才得到重修,现虽仍有残缺,但其特殊的环境、特殊的造型仍显出一种古朴雅致的美。

谢鲁山庄　位于广西陆川县乌石镇谢鲁村,占地四百八十亩,是清末民初兴建的著名私人别墅式花园,园地于1910年开始筹备建设,在20世纪20年代完工。园主吕芋农原为晚清秀才,后从军,当过国民党陆军少将,任化、廉、陆、博四县清乡督办和保安司令等职。建园之初,园取名为"树人书屋",原是教书育人、光大门庭之意,是广西著名的私人风景园林。1950年陆川县人民政府接管后,改名为谢鲁花园,1980年改名为谢鲁山庄。1981年11月21日,经广西壮族自治区批准,成为陆川县重点文物保护单位,现系自治区级风景区。

园主吕芋农是秀才出身,知书懂画,树人书屋的建造由他本人亲自进行规划设计,就村子的向阳山坡,依山构筑,因地设景,就地取材。建筑虽无雕梁画栋,但设计古朴别致,灵巧奇特,小径逶迤,布局得当,曲径通幽。这方圆数百亩青翠欲滴的倾斜山坡间,装点着亭台楼阁,使这座园林一开始就具有清秀典雅的自然风貌。远远看去,那青瓦白墙在层林绿海中若隐若现,花树掩映,四季如春,置身其中,如入仙境,前来游览的人都赞叹这里独具"花谢花开无日了,春来春去不相关"的诗情画意,可与苏州园林相媲美。

谢鲁山庄自山坡下拱门入园,迎人的是满目飞花,扑鼻奇香。沿着花树掩映、盘旋曲折的幽径,经过折柳亭、迎履门、含笑路、又一邨、瑯嬛福地、赏荷亭、邀云竹径等向上攀登。径面平直光洁,径边砌有青砖,一溜深青色的马鬃草,沿途而栽,使人感到雅洁。在园内长约5000米的彩带般的花径上,设有十三个游门和二十七间砖瓦平房。据说树人书屋用数字一至九总结其构思设计:一个小门,两座围墙,三层立体建筑,四个东西南北门,五处人造石山,六座房屋,七个鱼池莲塘,八座各式凉亭,九曲巷道。山腰间,清泉喷涌,园中鱼池莲塘常年不竭,花草果树四季皆可灌溉。春有迎春,夏有牡丹,秋有菊花,冬有蜡梅,此外满天星、白玉兰、兰花、月季、杜鹃、茶花、水莲、桂花、水仙花、千里香、绣球花、瑞香花、茉莉花、木芙蓉、吊钟等各色花草,计有两百余种,四季吐艳,春色满园。在那清波粼粼的鱼池里,假山立于其上,鱼儿游于其中,水色山光,闪烁生辉。天地虽小,却也生机盎然。盘山而上到庄园中心区,这里有三层建筑:第一层叫"湖隐轩",又名"船厅",原是园主的书房和卧室,前后左右环绕着五彩缤纷的花草和盆景。第二层称"水抱山环处",这原是园主的客厅和娱乐场所。在湖隐轩和水抱山环处之间,有一口人工挖成的"凹"字形池塘,池水从三面围住房子,故曰"水抱",房后是陡峭的山坡,故曰"山环"。山坡上是第三层建筑物,悬着一匾,"树人堂"三个秀丽的字赫然在目。原主人便在此教子读书,培养人才。右侧是听松涛阁。水抱山环处与树人堂间,有左、中、右三条通道。其中最有趣的一条石级甬道,每登七八级便拐一弯。洞道一游,意趣横生。中心区主要景点为小兰亭、茶厅、留墨亭、湖隐轩、水抱山环处、树人堂、听松涛阁等。这一部分较为开朗,其构思布局既继承传统,又有创新,造型多样别致,再连接各式游廊曲桥,使得这一部分景色真正做到了"隐现无穷之态,招摇不尽之春"。

美景引入,沿山道盘旋而上,倚云亭、导云别径、堂荫亭、白云路、白云深处、樵径、寻梅别径、小庚岭、梅谷、望鹤亭等景均依山而立。在山顶的望鹤亭居高临下,极目远眺,观百鹤归巢,铺天盖地的松林,以势不可挡之威朝谢鲁山庄扑来;山下阡陌纵横,金风吹拂,稻浪千重。桂东南那苍翠的山峦和农家风采,皆历历在目。与中心区相比,后山区松树、荔枝、乌榄、杨桃、龙眼等树荫茂密、青翠欲滴,极富自然之野趣,景色基本保留了民国初年的风貌,是山庄一个饶有趣味的景观,别有洞天。晚清古典园林于广西留存甚少,谢鲁山庄的自然清雅堪称是桂中园林的代表,它与广东、四川园林在风格上有相同之处,但又别具特色,游人曾赞曰:"谢鲁景物好,到此多留恋。人间有仙境,胜似桃花源。"

树人堂 位于谢鲁山庄的中部,为一正方形平面、单檐四角攒尖顶的两层楼阁,屋顶建瓦,气势轩昂。门前有一个三面濒水的船厅,这船厅气势非凡,犹如一艘昂首翘尾、乘风破浪的轮船。它的寓意是相当深刻的:只要刻苦攻读"三千车奇书",必将大显身手,所向披靡。树人堂右侧是听松涛阁,阁边有一个小巧金鱼池及小曲桥,池边有一座假山,且有一股清泉从假山滴入一个小水缸,发出叮叮咚咚的泉声,在此倾听松涛声及泉水声,乃读书人之雅兴。树人堂右侧广栽红花羊蹄甲、山茶花、洒金榕等花树,左侧种有一棵山庄最高大茂密的白玉兰树,由园主吕芋农亲手栽植,另有五色山茶花、千年矮、黄皮树、胭脂树、九里香等,堪称花树掩映,楼阁依稀。而树人堂后山是倚云亭、半山亭、堂荫亭及茂密的荔枝、葡萄树、松树等,极富自然之野趣。树人堂前后山不同景色是园林设计上"自然"与"人为"极为成功的对比。景点的构思立意层次较高,园主吕芋农借助题对等文字将其深层意蕴传达给后人,堂内悬有"树人堂"匾额,点明了此处是教子读书、培养人才的场所,且匾额下两旁对联"花色欲迷仙半阁,书声长伴月三更",不仅道出了此处周围环境幽美,还借书童的勤奋好学,说明整个庄园取名为"树人书屋"的深刻含义。

折柳亭 位于谢鲁山庄二门入口对面处,为一六角形平面、单檐六角攒尖顶的亭式建筑,始建于民国初期。与一般园林亭榭相异的是此亭以墙代柱,并且三面墙上的窗都由三个"喜"字构成,代表吕芋农一生中有三件大喜事:文喜、武喜、屋喜。折柳亭前有一个泥鳅塘,有二桥与二门相连,亭后有一口池塘,左边有一条路可达迎履门,右边有一条路达含笑路,亭前游道旁广栽柳树、山茶花、杜鹃花、紫薇花、梅花等,折柳亭门前有"万象在旁控物自富,独鹤与飞握手已违"之联,不仅道出了此处环境之优雅,还借此说明此处乃送别客人之所。

瑯嬛福地 位于谢鲁山庄中下部,为一个正方形拱门式建筑,始建于民国初期。据唐朝伊世珍《瑯嬛记》载,瑯嬛是个花果飘香、四季如春的幸福宝地。园主吕芋农据名之,则表明这里也是百花齐放、幸福快乐的宝地。它前门对着一棵 30 米高的槟根树,门前两侧植有山茶、牡丹,左侧是迎履门,右侧是又一邨。又一邨拱门两侧有漏窗,从漏窗看外面景色,环环相套,极有趣味。又一邨左侧是两株梅树,右侧可观含笑路,路边花木簇拥,飞红点绿,环境甚为清幽。瑯嬛福地门后是眼镜塘,眼镜塘意为学生的眼镜,即两边有两个塘,中间是个游道;左侧塘中种有荷花,面水有赏荷亭,此地是供学生游玩、休息的好地方。赏荷亭内悬有"瑯嬛福地"匾额,点明此亭周围环境美丽,是幸福的宝地。在"又一邨"匾额两旁挂有对联:"柳荫路曲,水流花开。"不仅道出了此处柳绿成荫、道路弯曲的特点,还借"水流花开"说明了此处花树掩映、细水长流的迷人意境。

半山亭 位于谢鲁山庄半山处,为一正方形平面、单檐四角攒尖顶的亭式建筑,始建于民国初期。半山亭正门面对棠荫亭,下侧与倚云亭、树人堂等相向,堪称亭台掩映、楼阁依稀。亭四周广栽松树、龙眼、葡萄、荔枝、杨桃等,一片莽莽苍苍、青翠欲滴的山坡,极富自然之野趣。在半山亭亭壁上镶嵌着两行墨书字迹:"若问前尘才到此山一半,寄语来者所期树人百年。"此系园主吕芋农亲手所书,不仅提醒游人到此是山的一半,还点明了"十年树木,百年树人"的深刻含义。

望鹤亭 位于谢鲁山庄最高处,为一正方形平面、单檐四角攒尖顶的亭式建筑,始建于 1980 年,与一般园林亭榭相异的是此亭以墙代柱,两侧围有白墙。为了便于赏景及室内外之沟通,在两壁方墙上开两扇圆窗,站在亭中向外观望,景色面面不同,颇似观赏古代团扇山水画。居其间极目远眺,四周山头连绵不断,犹如波涛万顷的大海。铺天盖地的松林,以势不可挡之势朝谢鲁山庄涌来,大风呼呼,林涛滚滚。朝正前方望去,只见对面是一座高耸入云的山峰——谢鲁嶂。它虽然坐落在群山环抱之中,但独自屹立,大有平地崛起之势。山脚下阡陌纵横,农舍点点,一棵巨大的紫荆树耸立其间。这树被当地村民称为"白鹤树"。每年春暖时节,便有数百只白鹤从海南方向迁徙归来,安居在大树上,景状确实壮观,极富自然之野趣。亭内悬有"望鹤亭"匾额,点明在此亭极目远眺,可观百鹤归巢。曾有诗曰:"楼台亭阁幽,柳绿花木深。乐在此山居,不愿回桂林。"不仅道出了柳绿花木、楼台亭阁的动静对比,更描绘了谢鲁山庄环境优雅的迷人意境。

楠园 位于云南昆明市西南 32 千米的安宁市百花山公园内,是国内严格按照古典造园法则营造的古典园林。园中建筑物之梁柱等构件、装修材料、匾对以及家具全部采用云南出产之上等楠木,又植楠为林,故称楠园。整座花园的立意构思、总体设计及山水造景均由我国著名古典园林专家、同济大学教授陈从周先生主持,始建于 1989 年秋,1991 年底竣工。园林占地六千余平方米,总投资两百四十余万元。楠园的建成,使得享誉海内外的我国江南文人园林精华,再现于西南边陲的高原上,为云南的风景名胜添加了迷人的一笔,业已成为高原旅游观光的新景点。

楠园为陈从周对我国古典园林艺术理论毕生研究心得的物化,是他造园理论的最完美实践。园林的总体规划应用了江南文人小园常见的以大水池(荷花池)为中心的格局,只是因基地条件所限,其厅堂轩阁均基本朝西,但建筑亭、廊等人工构筑物仍然隔水与假山石峰相对顾盼,主要景点也均绕池一周而设,使整个园林有一个相对集中的观赏空间。在这一区域内,南边为滨水长廊凌波而渡,廊之中点有楠亭扑水而立,东端有三开间小轩——随宜轩,轩北据一园之景观重心的是园内主厅鸳鸯厅,厅坐东朝西,隔水与花厅春苏轩遥遥相望。而水池东岸则是逶迤曲折的大假山,山上有小径可游,下有玲珑曲洞与三曲平桥相接。据山之一隅,有春涧亭,亭下有小溪涓涓流出。

"园必隔,路必曲",这是古典造园理论的重要原则。楠园灵活运用了这一经典,在假山水池的中心游览区之外,用粉墙、曲廊、曲洞隔出了一个个小庭院:西边进门处为春苏轩的天井式庭院;园之西北隅为怡心居书斋小院;鸳鸯厅北向为小山流水轩小院;院东南假山上为尽端建筑安宁阁,阁南是一串相套的深庭宅院。这些小院均有各自的景观主题,它们以自身的小巧精雅,既衬托出了大园山水造景的古拙野朴,又满足了诸如读书、宴客、清谈、远眺等多种需要,实是设计的大手笔。

池南长廊侧壁粉墙上开有一列各式纹样的花窗,墙外植有松竹花卉小景。这一区域从组景上讲,已在楠园之外,但考虑到楠园并不是古代文人私家园林,游赏者较多,需要有一个相对独立的休憩品茗娱乐之区,故于花墙外专辟一狭长区域,一边栽花点石作为园内之借景,一边仿江南小巷建一列古建筑,并以廊子相连,作小卖、茶室、客房、饮食之用房,俗称安宁一条街。这种将游赏区同服务区严格区分的做法,既保证了古典艺术的完整性,又方便了游赏者,实是一种古今结合的创举。云南位于亚热带气候区,植物极易成活生长,楠园虽为新建,但花木配置已楚楚有致,配以古色古香的江南亭台楼阁,景色极为精雅,加上诸多名人的题咏墨迹,文化气息浓郁,被誉为云南第一园。

楠园门亭 楠园构筑在安宁百花山公园东南隅的高地上。公园为现代风格的园林,具有各类游憩娱乐设施及西南少数民族的民俗风情景观。为了保持艺术风格的完整性,楠园四周均绕以带有漏窗的高粉墙,墙基为当地所产毛石,垒砌成虎皮墙,在色彩、质地和纹理上形成强烈的对比。门亭为园之正门,开于园墙之西南侧。为了使入口不显得严肃呆板,门亭舍弃了江南园林常见的雕花规整大门的做法,而采用以小亭倚墙成半亭,在墙上开门的做法。如此,从公园内看去,但见一条石径缓缓斜上山去,高处是一带粉墙围绕的深深院落,倚墙的平台上建有一座小巧玲珑的半亭,檐下悬挂陈从周教授手书的"楠园"匾额,处理手法甚为雅朴,而入口又很醒目。在布局上,门亭隔天井与春苏轩相对,但亭并不与轩位于同一条中轴线上,而是偏于轴线的南侧,使游人在门亭中能直接看到曲折远去的眷醒廊,同时又使小小庭院呈现出一种活泼随宜的生气。

春苏轩 楠园正门内的一座四面厅。其位置和功能颇类似江南文人花园住宅部分的花厅,是游人入园门后进入大的山水游赏空间之前的一个缓冲暂留之地,在景观学上也起到了一定的障景作用。轩南向,与作为园门的半亭一起围成一个幽静朴素的天井庭院,院内植楠树两株,是点题之笔。轩四面皆窗,南边紧接着曲折东去的长廊——春影廊,北边为一带粉墙,墙上有一狭长瓶形门洞及几许花式空窗,透漏出北边怡心居小院的风采。坐轩中静观东望,有一座用安宁本地产出的石灰石山岩堆起的假山,山形浑朴而伸展,恰似一道屏障立于空灵的和合窗前。然而假山有开有合,有透有空,使游人仍能从山之空缺处约略看到后面的粼粼波光及山水楼台,从而引发观赏者游园的强烈冲动。小轩在构造上取面阔三间带两廊的布置,西向有轩廊,开一色落地长窗,其余三面皆为和合窗,四边均能观景,故称四面厅。景名"春苏轩"之匾额为已故前清秀才、上海著名百岁老人苏局仙于108岁时所题,较具文化价值。此轩为入门第一厅,以"春苏"名之,暗寓着游园赏景的开始。且昆明又称春城,春苏轩又是楠园一系列以"春"为名的风景之启首,立意之高可见。

春影廊 楠园南界墙内的一条滨水长廊,西起春苏轩,东至随宜轩,曲折浮水而去,是游赏者进入主景区的主要通道,具有引导游览的作用。游廊大致可分成三段,西段为一曲尺形,一边是粉墙漏窗,北边主景是春苏轩东边的土太湖假山;中段到楠亭为止,主要功能是隔水波细赏北部的大假山及曲桥;东段由楠亭到随宜轩,其观赏主题是主厅春花秋月之馆,以及与之相配的竹木山石小景。全廊总长达五六十米,如果从池对面观之,长廊高下曲折盘桓于水际,倒影如带,分外好看,故名春影。由于廊的曲折,它与南界墙之间便自然形成一个个不规则的小庭院,院内点石、植花草竹木等小景,是游人漫步廊内观赏山水风景的很好补充,这一设计手法取自苏州名园拙政园中部柳荫曲路一景,堪称古为今用的佳例。

楠亭 位于大水池南岸之中点,背靠春影廊,为楠园水池南岸的主要静观点。亭平面六角,屋面采用攒尖顶形式,顶部高耸,檐口反曲飞出甚大,起翘优美,是典型的江南园林小筑。它立基在水平线条较多的粉墙曲廊之中,具有较强的点景作用,能使池南景观呈现出较多的层次和变化。楠亭虽小,在全园布局中却举足轻重。首先,由于位置凸出,扑向水面,因此楠亭成为随宜轩隔水的主要对景。而坐在主厅前宽阔的临水月台上,玲珑的小亭又是离得最近的建筑,便于细赏。要是漫步在池北大假山的曲径上,小亭富有曲线的屋顶随步在廊后的白墙上移动,真可谓步移景异,是园中不可多得的建筑景,而穿渡假山下的曲洞和凌波小桥,所观赏到的楠亭又是别一番景象。其次,小亭又是静赏池北大假山跌宕形姿和开合层次以及明暗块面的最好去处,每当日斜影移之时,山形丰富多样的变化之美唯有在这里才能完整领略到。西向斜过水面,著名峰石"谷音"以及春苏轩前的山峦曲岸,又历历在目,真是一园之景悉呈眼前,大有美不胜收之观感。"楠亭"匾额为著名数学家、书法家许宝騄先生所题。

随宜轩 春影廊东端的三开间小斋。轩廊面水,北出直接与小山流水轩之前廊相接。在整体布置上,此小轩是次要入口东便门内一组互相套叠的小庭院的收头,游人从东门入,需经两列由四五个小院组成的层层庭院,才能到达此小轩而真正观赏到园内之美景,颇有"庭院深深深几许"的意境。而从花园主体欣赏区域看,随宜轩又位于大水池东边的尽端,与主厅毗邻而立,两者一正一副,一大一小,一前一后,相互呼应,是主厅很好的辅助和陪衬。由于小轩前廊架空立于水面上,从远处看来,似乎池水穿过轩下而远去,给人以水流邈渺的感觉,增加了水面的深度,使花园的水景更加富有层次。因此,轩虽题名为随宜,似乎为不经意的随手之作,实则是经过了反复周密的思考和推敲,是花园不可缺少的重笔。

鸳鸯厅 楠园之主厅。"殿一园之势者,莫如堂",中国古典园林是融生活起居和游玩赏景于一体的艺术,因此花园每每建有一座面积较大、装修级别较高的主要厅堂。在园林创作上,这厅堂选址甚为重要,要能"殿一园之势"。楠园的鸳鸯厅以江南私家园林的主厅为蓝本,背山面水,前面出一大月台,跨建于水上,是月夜赏月、吟诗,夏日纳凉、聚会的最佳处。月台两侧均有通道,南边可去随宜轩,北出即为大假山的余脉,顺石砌磴道而上,可至高处之春涧亭,若滨水西行,则可穿越大假山之曲洞。而于平台上隔水远眺,可赏西岸的小假山全景,此后的春苏轩在树木竹石掩映之中亦依稀可见。其地位正处于全园的景观中心之上。

主厅在构造上采用鸳鸯厅形制,面水的前厅为扁作,面山的后厅为圆作。这种形式江南著名园林厅堂采用较多,它能使一厅两用,前后有各自的观赏主题,而建筑的室内空间又是互相流通的,观赏者能极为方便地从一种风景意境转换到另一种意境,增加了园林艺术的神韵。楠园鸳鸯厅前厅面水,观赏面开阔,天光云影、风花雪月均呈眼前。为了点明春城之花和临水赏月之主题,题名为"春花秋月馆",其匾为一代昆曲艺术大师俞振飞所书,字体清丽飘逸,为俞老墨宝中之精品。两边悬沪上名书画家西泠石伽所书楹联:"天增岁月人增寿,花满池台景满园。"额对合奏,描绘了前厅的意境美。

转过厅中分隔前后的中堂木屏板,映入游人眼帘的便是另一番景象:轩廊前假山一支余脉从北向南迂回伸展,其后衬以一道粉墙,山石与墙围成了一个小小庭院。山脚的裂隙中,流水汩汩涌出,汇成一条小溪,又转过粉墙上的弧形洞门流去。由主厅步下数级石阶,有一小径引向溪边,水中散点步石数块,穿过洞门将小径连接至对岸,又斜上山去,成为通向安宁阁之磴道。如此设计将院内小山流水接引到另一庭院空间。山水间随处栽有松竹,点有小峰,使小院显得十分静谧、雅朴,与前厅景观适成对比。著名学者、书法家顾廷龙先生为此题有"小山流水轩"之匾额,高悬厅中。小山流水是园林风景中永恒的主题,流水不断,小山常青,其意境构思较之前厅的因时而借——随季节而变化的春花秋月主题又是别出韵趣。

安宁阁 在小山流水轩东南隅的假山上,小阁为矩形平面,单檐歇山顶,体量不大,但形姿飞舞轻巧。阁下为假山曲洞,穿洞即是上阁的石磴道,是古典园林建筑中典型的下洞上台的做法。小阁斜向与鸳鸯厅相对,东侧又与随宜轩后小院相接,三座建筑鼎足而立,是楠园东部布局中的重头。最初设计时无此阁,后因园外有一楼房紧迫,影响观瞻,遂于小山上加建,以增加其高度,起到一定遮挡藏拙的作用。故小阁仅两面有廊,可居高赏景,背后即园之界墙,封实,另一侧只开花窗,是古代造园中尽端建筑手法的活用。立此一阁,既为点景又能藏拙,它以建筑来统领小溪、石山、曲洞等自然小景,使主厅东部景区更为集中和生动。

大假山 假山,绵延于楠园北部,隔水与长廊相对,其东,山之一脉伸展到小山流水轩庭院;其西,山脚延至怡心居后。山临水一面均为石构,其中有一峰凸入池中,形成气势较大的绝壁、悬岩,好似直接从池中升起。峰下有弯盘曲折的岩洞,是由主厅沿池面下游观赏的必经之路,出洞接三曲浮桥,桥尽头处为一半岛形石矶,边矶即为怡心居小园之月洞门。石山之背,地势高下起伏。此区土石相间,鲜草碧树随风摇曳,山道随势曲折高低,甚得山林野趣。由春花秋月馆北去,一小道斜上山去,可至春涧亭,亭位于山之东北部,小巧隽好,周围绿荫蔽天,是极幽静的山间小筑。从景观特征上看,大假山可成三个部分:东部以山林野景为主调,有江南丘陵风光之遗韵;中部较为完美地表现了古代全石假山堆叠艺术的险、峻、顽、奇的特点,外形飞舞跌宕,前后层次分明,山脚参差凸出于池中,并有散点奇石与之似连非连、互相呼应,创造了古典园林水石交融的风景意境;西部山体开合,出之以小涧谷,泉水潺潺流出,形成了另一个颇有野趣的景点——音谷。

音谷 三曲浮桥西头石矶凸出部所立巨石峰。峰石上大下小,有岌岌可危之势,其外形曲折多变,石身起伏,颇具皱瘦之姿,是当地峰石之佳品。峰身镌有楠园主设计师陈从周教授所题"音谷"。峰立于半岛形石矶之端部,三面环水,为大水池西部的主要点景。音谷之得名实源于山中流出的小涧。大假山西部因曲水伸入,变成狭长之峻岭,复于三曲桥端伸展而形成石矶凸出水中。矶西,山体再度开合成谷,于贴近怡心居之界墙处流出一股泉水,汇成小涧,溪涧弯环流经由一三步小石拱桥,于巨石峰西北汇入大水池。山间流水,叮咚有声,故名。为了造成小涧自山中来的观感,造园家以一壁粉墙横过溪去,下开花墙水洞门,这一处理借鉴于上海豫园。音谷小涧汇入大池之前有一较狭窄之弯流,其上建一小巧玲珑之小石拱桥,两三步便可涉过。这一小桥仿自苏州名园网师园黄石假山之东的三步拱桥,除了点景之需外,拱桥抬高了桥面,使游人能从桥下看清水流之去向,增加了景致的进深。水池、溪流、假石、石峰,均是古典园林中表现自然美的景物,设计师在自然的主调中又融入了粉墙和小拱桥,既表现了自然与人工的对比,又使这一楠园最主要的山水景观透出宜人的生活情趣。

怡心居 春苏轩北小庭院中的书斋。小筑甚为朴素简洁,其平面不作传统建筑一大二小的三间布置,而采用了两间半的格局,显得很是自由随宜,构思设计得自苏州留园的揖峰轩。小筑东头,一带清流相绕,为音谷之源头;一道起伏的云墙自南边弯曲盘桓而来,渡过小溪,斜上大假山去,围起了一个略带矩形的不规则庭院。此庭院处楠园之西北隅,院中翠竹摇曳,高梧留荫,西边界墙处又点美石少许,地面为一色鹅卵石子花街铺地,于素雅中显出变化。在小筑西头与围墙之间的隙地上,又用墙隔出一方寸小院,栽芭蕉一株,壁间漏窗投影,随日光而转动,静坐斋中观赏分外有趣。怡心居小院有两处入口:一处为春苏轩前廊端部墙上的瓶形门洞,另一处是正对主景区的月洞门。游人要是于怡心景庭中小坐,抬头便可见正东的圆月门正好环住石矶尽头的音谷石峰。石峰后边衬以粼粼波光,远处主厅春花秋月馆又历历在目,可观赏的景色进深深远、层次分明,堪称楠园中最佳的对景。由于小筑用作书斋,故室内外布置以雅朴为主调,富有书卷气,斋正中匾额为海上著名书画家谢稚柳先生所题。

习家池 位于湖北古城襄阳以南 5 千米的岘山东南麓的郊野名园,建于汉代,至今有一千九百多年历史,占地面积达 4000 平方米。

据史籍记载,东汉建武年间,侍中襄阳侯习郁在襄阳岘山东、凤凰山南之阎家冲谷地引白马泉水,仿春秋末越国大夫范蠡养鱼之法筑池养鱼,其后,著名史学家、荆州刺史桓温的别驾习凿齿在此浚泉水、筑荷池、立水台、建拱桥,构成了一处"澄波澹澹芙蓉发,绿岸毿毿杨柳垂"的私家名园。自此之后的千余年间,历代志士都对此进行过修葺。清同治五年(1866),后人在芙蓉台上修建了一个青砖布瓦的六角檐亭。1949 年后,在此又树立了一座雕龙画凤的青石牌坊。

"谷口一径入,苍山四面开。"习家池三面相拥白马山,一面直通悠悠流长的汉水。其近染岘山苍翠,远听鹿门钟声。西南部临水而筑的凤凰古亭,犹如一名勇士威然扼守于阎家冲口。

"泉源初喷薄,交流遂萦回。"相伴习池的白马泉水清澈甘洌,似珍珠滚滚,如银线缕缕,在阳光照射下五彩缤纷,分外妖娆。

"飞鸟镜中度,行云天外来。"习家池水碧蓝明亮,注目凝视,那蓝天白云、殷殷红日、苍翠山岭、亭台桥楼倒映于一池之中。"微风一荡拂,林影久徘徊。"这迷人的境界让人如梦似醉。

"爱此不能去,载歌写中怀。"习家池不仅以独特的造园艺术广为后人所推崇,而且历代文人墨客多游览于此,李白、杜甫、孟浩然、皮日休、欧阳修等文豪先后在此,或泛舟池中,乘月采诗;或笑迎芙蓉,纵论古今,留下了首首千古绝唱,篇篇不朽诗章。

林维源园 位于台湾台北市郊之板桥,占地约三十亩,是清代台湾最著名的园林。园址在清咸丰末同治初,是林维让所建林宅。后经营建,至同治末光绪初,庭园已初具规模。光绪二年(1876)及五年(1879),林维源捐金协助海防及督办台北府筑城有功,历授官职,乃于光绪十四年(1888)大肆扩建,凿池、堆山、构置亭、阁、楼、轩,历时19年竣工,盛极一时,成为台湾一大景观。据载,修筑此园之工匠、材料,多从闽南各地延聘或采购,部分石材甚至来自云南,总工程费用达50万两银。此园综合了台湾文化和闽南一带的造园趣旨,不同于江南园林的自然雅洁,以精细华丽、复杂而又严谨的风格独具一格,成为体现中国园林之美且富有地区风格的代表性园林。

至清政府与日本签订《马关条约》,台湾沦为日本殖民地。林维源举家迁回厦门,庭园逐渐荒废。待台湾光复,林家后人将宅院提供给难民暂住,庭园日渐衰败。1982年底,经过各方努力,开始了大规模的全面整修,至1986年底修复完成并开放,一代名园重放光彩。

园中主要景物有方亭、汲古书屋、方鉴斋、来青阁、开轩一笑、横虹卧月、香玉簃、观稼楼、月波水榭、定静堂、大池、假山。榕荫大池为不规则形状,池清水广,设有码头,盛时池中可以泛舟,池中小岛及半月桥互衬互补、相映成趣。池北假山,据传为仿福建漳州山水,不用天然石料,而以灰泥就势作成,山形雄奇峭拔,山中绝壁悬瀑,远观峰岫参差,入内备觉幽胜,真可谓"虽由人作,宛自天开"。园内的花式漏窗,既精美又极尽变化之能事,且富有剪纸艺术情趣,借疏星淡月,构成了虚实相济的迷人意境,表达了远念、隽永、深远的情操。

综观全园,虽经多次修建,但景物之间配合巧妙,复杂之中蕴含着严谨的秩序,可观、可游、可居,不愧为综合了台湾文化和闽南一带造园趣旨的佳作。

皇家园林

皇家园林概述 皇帝是我国封建社会的最高统治者,拥有至高无上的权力,因而在生活上往往极其奢侈。从历史来看,古代帝王多数不满足于禁宫中正规拘禁的生活,常常在京城中或附近的山水之地上建造园林。这种主要为皇帝及其家族服务的园林称为皇家园林,古籍上亦称之为苑囿,这是因为早期的皇家园林,主要功能是放养动物,以供帝王打猎娱乐,以后才逐步发展成处理政务、起居生活、游玩休憩相结合的花园。与私家园林相比,皇家园林的分布范围要小得多,它们主要建在历代古都的四周。由于园林较易毁坏,所以目前留存下来的古代苑囿并不是很多,主要集中在明清两朝的京师附近。这些园林的景色与集中在长江三角洲的文人私家园林有着较多的不同,但都具有很高的文化与旅游价值。文人私家园林与皇家园林是我国园林艺术遗产中最重要的两大部分。

皇家园林按其所处的地理位置,又可分为三种不同的形式。最小的苑囿是利用宫城禁地之中的小块空地,堆叠假山、整植树木,从而形成的庭院式花园,如位于北京故宫正中轴线最北端的御花园、位于建福宫西侧的花园以及慈宁宫花园、宁寿宫西花园(即乾隆花园)等。它们的面积均不大,又因为受到建筑殿宇的影响,布局往往较为规正,但多少能够局部地改善宫廷的起居环境,可以说是点缀在一片黄色琉璃瓦海洋中的绿洲。第二类是宫城近旁的苑囿,这些花园往往利用自然山水营建而成,规模比宫内小苑要大得多,同时,又因为距宫城较近(常常在皇城之内),游赏方便,所以很受帝王后妃们的喜爱。历史上曹操在邺城兴建的铜雀台园、隋文帝在长安兴建的大兴宛等都是这类傍宫苑囿,今日北京的北海及中南海(历史上统称为西苑)也是这种皇家园林。

第三类是山水苑囿。宫内花园和宫外苑囿,都处在繁华的京都之中,往往要受到城市环境的限制,常常不能满足帝王们恣情山水的欲望,因此要在京城远郊甚至更远的地方营建园林。这些园林占地范围极大,常常将真山真水纳入花园中,所以能塑造出充满自然野趣、多样变化、风光优美的景色,以满足帝王们工作、生活、娱乐等各种不同的需要,是皇家花园中最富艺术价值且景观最多、最美的一种。历史上汉武帝的上林苑,唐代长安的南苑和骊山离宫,清代北京西郊的三山五园,即香山静宜园、玉泉山静明园、万寿山清漪园以及圆明园和畅春园,都是著名的山水苑囿。

除了这三种帝王可生活起居于其中的园林外,本辞典将另外两种带有祭祀性质和纪念意义的园林也归属到皇家园林之中。一是为皇帝祈丰年祭天地日月而筑的坛庙所辅设的园林,如北京的天坛、社稷坛(今中山公园)等;二是祭拜祖先宗庙的园林,如太庙等。位于北京附近的明、清两朝的皇陵,树木葱郁,环境地形条件绝佳,是一种较特别的风景园林。这些不同的园林虽然各有特点,但其服务对象均为皇帝及其家族,所以将它们统归入皇家园林之中。当然这些园林的利用率不是很高,皇帝仅在祭天地或祭祖时才偶尔一往,只有在今天,才真正向游人开放,其重要性远远不及前面所述的可供起居游玩的园林。

苑囿是皇帝的花园,皇帝作为封建社会的最高统治者,可以任意调动全国的人力、物力和财力,因而苑囿风景的设计创作就具备了许多有利的条件。首先是基地选择极其自由。除了宫城内的一些小苑受到地域的限制之外,大型山水园林通常都依山傍水,选择自然环境优美的地方建造,有时甚至让整村整屯的百姓迁居。其次是有强大的财力作为经济基础。只要皇帝喜欢的美景,花再多的钱亦要建造,甚至到了亡国的关键时刻,也可以不顾国家安危,敛财造园。因为有钱,建苑所用的材料都是最高级的,楠木,大理石,金、银、铜等贵重金属在苑囿中到处可见。最后是技术力量强,工程质量高。皇帝造园时,往往招聘全国的高级匠师。这些匠师带来了各地的造屋、叠山、开池等方面的经验和技巧,所以苑囿是当时造园水平的集中表现。

由于这些有利条件,苑囿景色有下面几个特点。

1. 气魄宏大,充分利用了天然山水风景的自然美。苑囿的气魄宏大首先表现在占地多、规模大,常常纳进了真山真水景观。西苑三海是我国最大的城市园林,避暑山庄、颐和园以及香山静宜园、玉泉山静明园等均是范围较大的山水园林。有的甚至将当地的山水风景精华也组入花园中,例如古代著名的燕京八景中的"玉泉垂虹"和"西山晴雪"分别是静明园和静宜园的主景。人们在一般名山胜水风景区中所能见到的自然峰岭、峡谷、沟壑、溪泉或平湖景观,大多能在苑囿中欣赏到。

2. 巧夺天工,创造出宛似天工的景色。有些苑囿是平地造园,境内没有真山真水,但是设计师和工匠们由于具有深厚的艺术修养和精湛的技艺,同样能创造出宛似天工的山水风景。例如圆明园,建造在海淀的一片低洼地上,虽然园内只有人工堆叠和开挖的假山假水,但所创造的景色却比天然的更美。乾隆帝曾夸耀说:"天宝地灵之区,帝王豫游之地,无以逾此。"

圆明园占地总面积有三百五十多万平方米,并完全在平原上挖湖导渠、堆山植树、营建宫馆,其中水面占到全园面积的一半左右,所堆山脉断续延长达三十余千米。如此浩大的工程,构思却极为精细。每一水、每一山、每一景,都经过了认真推敲,形成了环环相套、层层推进,风景多而不杂、空间隔而不断且互为因借的集锦式园林。虽然园内建筑很多,但是形式多变、上下参差,因地形、随地势散布在园中,与山水风景融为一体。凡是有机会一睹圆明园美景的游人,无不为其自然天趣而折服。

3. 分区明确,具有多样变化的园林景观。苑囿范围大,景全景多,要是处理不当就会现出堆砌零乱的毛病,因而苑囿常常被较为明确地分成若干个景区,大的景区又由许多景点组成。它们之间常常以山石林木、廊墙或者桥堤相联络,同时又利用这些联系景物自然地转曲和相互地遮挡,将游赏空间分隔开来,达到既联又隔的艺术效果。苑囿大的景区划分,一般是根据地形特点和使用性质的不同而确定,各园为皇帝处理政事等而设立的宫区常常是独立成区,而苑区的划分则不尽相同。如避暑山庄的苑区按自然条件分为山区、平原区和湖区;颐和园也一样,除了东宫门内的宫区外,万寿山的前山,昆明湖的南湖、西湖,以及山北的后山后湖区,都是各具特色的主要游览区。特别是万寿山后山,遍植林木,建筑小而散,风景自然幽邃,和前山开阔景观形成强烈的对比。

园中又有园,是苑囿风景的又一个特点。这种布局方法来自于皇帝的封建意识。他们要看尽人间的美景,因而就将江南的著名园林胜景搬进自己的花园,就近游赏。今日颐和园中的谐趣园原称惠山园,是以无锡寄畅园为蓝本的;避暑山庄中的文园狮子林、烟雨楼、小金山等小园分别模仿了苏州狮子林、嘉兴烟雨楼和镇江金山寺;而圆明园中的小园更多,杭州的西湖十景全被搬入园中。园中园的艺术手法,能使苑囿风景取得"大中见小""小中见大"的对比效果。游览了小园,人们更能感受到大园山水景色的宏大和宽广,而从大的风景空间进入小园,则又备觉庭园小景的精美和小巧。

4. 主题突出,重视多姿多彩的建筑点缀。要是问一问去过北京的旅游者,北海公园中什么景物给你留下的印象最深,那么,大部分人都会举出高踞在琼华岛之巅的白塔,或是湖北岸一字排开的五龙亭,或是快雪堂东北五色琉璃砖砌成的九龙壁。假如把地点换成颐和园,人们也多半会说是佛香阁、长廊或者是连接龙王庙岛和东岸的那座汉白玉雕成的十七孔长桥。在苑囿中,不少著名的景点都有建筑或建筑小品参与。这些建筑精巧华丽,本身就是我国古代建筑艺术的精华,它们的形制、色彩、造型往往是独一无二的。而在苑囿风景中,它们又起着画龙点睛的作用,只要看看避暑山庄的七十二景,看看圆明园最出名的四十景,就可知大多数的景点都和建筑有联系。有不少景点题名,甚至直接书写在建筑门楣的匾额上,或者镌刻在牌坊、牌楼和影壁上。可以说,如果没有这些多姿多彩的建筑,那么游览者对整座园林风景的理解就要打个折扣。

凡是艺术,总是要表达一定的思想内涵,皇家园林也不例外。它的风景虽然千变万化,美不胜收,但也不可避免地反映了封建帝王一定的思想意识。首先,苑囿景色的设置反映了帝王唯我独尊的思想。与宫殿相比,苑囿摒弃了规正对称的布局方式,殿堂建筑显得比较朴素自由。但是由于封建统治者唯我独尊的思想作祟,不少苑囿建筑过分强调高大雄伟,和周围环境显得不够协调。如颐和园前山排云殿和佛香阁一组建筑,这是承清慈禧太后旨意在1892年修复时改建的。从湖边停靠御舟的码头(龙口)到高大壮观的云辉玉宇牌楼,经排云门,跨金水河到排云殿,一条规正的中轴线穿过佛香阁直达山顶的智慧海。排云殿依山筑室,黄瓦玉阶,步步登高,很符合慈禧讨吉利的心理。正殿殿顶覆琉璃瓦,远望一派金光闪烁,殿后是八面三层四檐的佛香阁,阁高41米,耸立在20米高的石台上,成为全园最高的建筑。这样一组色彩浓艳、气势宏大的祝寿朝贺用的殿堂,其上下左右又罗列了许多奇阁异亭,与园林的风景环境是不协调的,反映了封建王朝最后一个独裁专权者慈禧操持朝政、显耀权势的骄横心理。

其二,不少苑囿景观的设置具有全国统一、四方太平的象征意味。避暑山庄在湖区集中了江南各地的名景,平原区呈现出蒙古草原的景象,而园外又建有代表着我国各族文化的十二座寺庙(现存八座,即"外八庙"),像众星捧月似的罗列在四周,正体现了"移天缩地于君怀"的思想,象征各族和睦、天下太平。甚至连一些庭院摆设,也反映了这种思想,如慈禧的寝宫乐寿堂前的台阶上,左右分列了铜鹿、铜鹤、铜瓶等六种物件,表示"六合太平"之意。另外苑囿中还常常可以见到平面为折扇扇面的亭榭建筑,如颐和园的扬仁风、琼华岛上的延南薰等。这些景物是借用扇子的形状表示帝王要弘扬仁义道德之风,体恤民心,天下才能太平无事。

其三,秦皇汉武时代开始,帝王为了求得长生不老,往往在苑囿中仿造东海三座仙山,以此寄托他们羡慕神仙洞府的感情。这类景致在之后的苑囿中仍可以看到。圆明园福海中有三仙岛,颐和园昆明湖中也置有三岛。在白塔山北麓山腰立有一高达数米的汉白玉柱,柱顶塑有一铜仙人托着一个荷花形铜盘,这就是仙人承露盘。虽然封建帝王也明白长生不老是不可能的,但建造这类景致以求"画饼充饥",似乎成为一种传统,屡屡在苑囿中出现。

其四，苑囿风景中常常还掺杂着某些宗教色彩。封建帝王总是惶恐天势不顺、天下不安而动摇他们的统治，因而要借助宗教的力量。一方面以宗教麻痹百姓，另一方面也以此作为自己的精神寄托，祈求菩萨保佑自己的江山稳固。清朝帝王为了拜佛的方便，往往在苑囿中设立寺院。颐和园的佛香阁、智慧海，避暑山庄的永佑寺等均是著名的寺庙建筑。北海这座陆地较少的滨水园，竟然有寺庙五六处：琼华岛上的永安寺及白塔，海子西北隅的小西天极乐世界和万佛楼等，几乎占到北海建筑的一半以上。还有，本来带有神话色彩，后来渐渐披上宗教（道教）外衣的龙王，也被请到苑囿中。在昆明湖蓬莱岛（又称南湖岛）上建有龙王庙，十七孔桥东边立有镇海铜牛，都带有祈求龙王保佑风调雨顺、五谷丰登之意。另外，那些站在殿前恭祝长寿的铜鹤、象征瑞祥的鹿、背上负着石碑永葆江山不沉的龟、蹲在门前道旁专门压制邪气的石辟邪等，也都含有宗教的意味。它们已成为苑囿风景的一种特色，但其内涵却带有某些糟粕意味，正如景点题词楹联中那些为帝王歌功颂德、阿谀奉承的文字一样。我们在欣赏时，必须注意扬弃。

御花园　位于北京紫禁城南北中轴线的北端。始建于明永乐十五年（1417）。《明宫史》载："坤宁宫之后，则宫后苑也，钦安殿在焉，供安玄天上帝之所也。"御花园是离古代帝王宫殿最近的一处园林。花园占地十八亩，南北长90米，东西130米，呈横长形。

御花园为保留至今最古老的宫内苑囿，其景色特点与一般以山水为主题的皇家园林有很大的不同，归纳起来可概括如下：1. 布局对称严谨。中间有条明确的轴线，主要建筑及园林小品皆相对布置。如花园的西北一带，由位育斋至千秋亭，与园东北一带的摛藻堂至万春亭的建筑，从形式到布局，均采用了一左一右、两两成双的对称式；包括建筑的命名也取东西对仗的办法，如金香对玉翠（明时称凝香为金香），浮碧对澄瑞，万春对千秋等。这种工整的布局、严格的对称，在一般园林建筑中是很少见的，御花园因地制宜地大胆采用这一形式，主要是为了与整个故宫布局相协调。然而，尽管建筑形式与格局如此对称，但由于山石、树木、环境景观的不同处理，并没有给人以雷同的感觉，表现出我国古代园林艺术的高超水平。2. 多古树名木。因花园建造年久，故园内多古松古柏，其美丽如画的姿态和苍翠的绿色，给这座特殊的园林增添了不少古雅之美。3. 建筑密度高。一般园林均有山有水、风光自然，但御花园居深宫，受宗法礼制思想之影响，在总体上仍然是故宫建筑群的延伸，因此，园内建筑很多，亭、殿、馆、所较密集，呈现出一种特殊的园林风貌。

天一门 自坤宁门进入御花园，沿中轴线由南向北视，映入眼帘的为园中古柏参天，花木扶疏，山石、陈设争奇斗艳，松茂遮荫下的铜炉，以及迎面与坤宁门遥相呼应的青砖券洞、琉璃瓦歇山顶天一门一座。天一，星名，亦作天乙，《通占大象历星经》记载："天一星，在紫微宫门外右星南，为天帝之神，主战斗，知吉凶。"《清宫述闻》载："顺治九年内(1652)新置额尚称天一之门。"天一门两侧设低矮的红墙黄瓦围墙，墙下南侧植翠竹丛林，迎风摇曳。门前石雕须弥座上置鎏金麒麟一对，看守门户。该处清幽雅致的景观，与宫院严整肃穆的气氛迥然不同，形成对比鲜明的艺术效果。

天一门内是一座高大的殿宇——钦安殿。殿四周环境极佳，明夏言曾作诗赞之："钦安殿前修竹园，百尺琅玕护紫垣。"殿坐北向南，面阔五间，进深三间，黄琉璃瓦重檐盝顶，屋顶中央设鎏金宝顶。该屋顶的建筑形式，在宫殿和园林建筑中极少出现。殿的基座为汉白玉石雕须弥座，前出月台、阶石、御路雕石，东、西两侧亦作阶石，四周环以汉白玉石雕望柱、栏板，建筑造型庄重别致。石雕栏板尤为精细，雕刻题材为二龙戏珠，栩栩如生，疏密有致的卷草花纹，刀法圆润，为故宫建筑石雕中精品佳作。钦安殿的东、南、西三面环以低矮的宫墙，形成花园中一座独立的院落，由于垣墙体量尺度安排极得体，园中景色与院内殿宇，并不给人以截然分隔之感。

钦安殿前须弥座下左、右各植有一棵白皮松，斑斓的树干、浓绿的针叶与洁白的石栏形成鲜明的对照。尤其西边一棵白皮松根部外露，犹如一条卧龙，又像一位矍铄的老者卧看门里的连理柏，为这一带比较沉闷的环境平添了无限情趣。殿前东、西各有一座方亭，平面方形，四角攒尖琉璃瓦顶，为清乾隆时期所建，原名香亭。其构造有些别致，亭子前半间敞开，后半间四面安有隔扇门而成为小室。这样的分隔和布局在我国古园中实属罕见。

堆秀山 钦安殿后东北侧是一座人工叠山，背靠着高大的宫墙，腾空而立，名堆秀山。堆秀山未兴建时，其地原有明代建筑观花殿一座，明万历十一年(1583)，奉神宗朱翊钧之命拆去，于同年兴建堆秀山。山顶筑有亭子一座，名曰御景亭。亭平面方形，四角攒尖鎏金宝顶。叠石山脚正面中间的券洞门上方有一题名为"堆秀"的匾。"御景亭"和"堆秀"之名皆为明万历皇帝所赐。清代至今仍保留着明代的旧称。现存的匾额皆清代所制。东面山脚石块上还刻有清乾隆皇帝所题的"云根"二字，以赞赏石山似层云迭起之美。

堆秀山虽是叠砌垒垛的假山,但匠师们精心设计和巧妙地使用大小不一、形状各异的太湖石,在比较狭小的地面上,使其拔地腾空而起,叠垒成一座怪石嶙峋、岩石陡峭的崇石峻岭。山上有些石块酷似鸡、狗、猪、猴、马、兔等"十二生肖"的动物形状,或卧或站,姿态各异,吸引人们去揣摩猜测,因而增添了观赏的趣味。

御景亭 在堆秀山之巅。亭方形四柱,四角攒尖,绿色琉璃瓦黄剪边上覆以鎏金宝顶。四面设隔扇门,亭内设宝座。这是帝后在每年九月九日重阳节登高的地方。山下有岩洞,东、西两侧有蜿蜒曲折的盘山磴道。登亭眺望,整个紫禁城、景山、北海等景观尽收眼帘。山上设有水法,以铜缸注水,靠水压力由高引水而下,使之从山前的石龙口喷出,形成二龙戏水的奇观。

摘藻堂 在堆秀山东侧,一座南向五开间前出廊的建筑,西侧毗连耳房一间。《国朝宫史》:"山之东为摘藻堂,堂内经、史、子、集插架四周。"《清宫述闻》:"乾隆三十八年(1773)谕:摘藻堂向为宫中陈设书籍之所,牙签插架,原按四库编排,朕每憩此观书,取携最便。"堂前古柏参天。乾隆十四年(1749),《御花园古柏行》诗云:"摘藻堂边一株柏,根盘厚地枝擎天。八千春秋仅传说,厥寿少当四百年。"乾隆皇帝所说的那棵古柏至今尚存,并得到悉心照料。

凝香亭 在摘藻堂东侧,即花园的东北角的亭子。亭建于明嘉靖十五年(1536)。《清宫述闻》载:"凝香亭为明代金香亭旧址。"《明宫殿额名册》载:"金香亭……万历十九年(1591)毁。"亭单檐方形,唯屋顶以蓝、绿、黄三色琉璃瓦相间铺宽,外观十分绚丽,亭后植翠绿青竹,给这个小小的空间增色不少。

浮碧亭 在摘藻堂南面,鱼池上的亭子。《国朝宫史》载:"堂前有池,地上为浮碧亭。"亭建于明万历十一年(1583)。白石雕栏板望柱环绕着一个鱼池,池长方形,正中南北向横跨一石拱桥,桥上建有四面敞开、前出抱厦的浮碧亭。屋顶形式前为卷棚,后为四角攒尖,覆以琉璃宝顶。亭内天花有八方,中间是双龙戏珠藻井。信步亭中,四周环视,园中佳景历历在目。俯看池水,清澈碧透,游鱼来往嬉戏,金鳞隐现;水面睡莲宛若簇锦,竞开在成片绿叶之上;岸边山石花木、亭堂雕栏洒向池中的倒影,使景物上下颠倒成双,组成一幅幅美丽的图画,景色动人。

万春亭 浮碧亭以南与其遥相呼应者为万春亭,亭建于明嘉靖十二年(1533)。《国朝宫史》记载:"浮碧亭南为万春亭。"《清宫述闻》按:"亭清咸丰时(1851—1861)重建,亭内供关帝像。"万春亭构造精巧典雅,亭子的平面为方形,四面出抱厦平面呈✤形。但亭的最上层却为圆顶,这可能是仿"天圆地方"说。圆攒尖顶上瓮黄色竹节琉璃瓦,明代称为"一把伞"。瓦上小下大,一块一块拼宽起瓦陇。

琉璃宝顶饰有龙凤图案,上覆鎏金伞盖,两侧有云状饰物,十分华丽。柱、额枋、斗拱油饰彩绘,金碧辉煌,造型纤丽,为园内造亭之精品。亭掩映在松涛之中,信步园中可以观赏到多彩多姿的景色。

绛雪轩 万春亭前阶石右侧有井亭一座。平面方形,屋顶为八角形盝顶,有八条戗脊。小巧精致,位置适宜,其造园景点价值高于实用之上。再往南,坐东西向背靠东宫墙,为一座五开间建筑,硬山琉璃瓦顶,正中三间出抱厦,平面呈"凸"字形,曰绛雪轩。《国朝宫史》记:"亭南为万春亭。再南西向者为绛雪轩,轩前多植海棠。"《清宫述闻》载:"庭前古海棠数本,以此得名。"因海棠初放颜色殷红,花落时色白如雪,轩名绛雪即出于此。乾隆帝尝与群臣吟咏于此,曾赋:"秾春何处归来早,堆秀山前绛雪轩。"《绛雪轩》云:"绛雪百年轩,五株峙禁园。"今轩前海棠已无存。百年前,慈禧命人从河南开封移来瑞圣花(即太平花)植于轩前的方形琉璃花坛内,替代了荡然无存的古海棠。虽然太平花谢落时,也如雪花纷飞,但已不是绛色了,也与轩名不相符了。轩本身室外的油饰彩绘,也别具一格。既不用灿烂耀目的金线彩画,也不施以鲜艳强烈的朱柱丹楹,而是一反常规,改用上下一色的"斑竹纹"彩绘,门窗亦改用楠木之色,梁、枋、柱、框像是包裹在青翠的绿竹中,整座建筑给人以朴实淡雅之感,从而也给花园的这一景点(东南角)营造出一股轻松雅致的气氛。

木变石 在绛雪轩前一汉白玉雕石番莲座上,矗立一峰,森立介如,迫视之,霜皮具存,宛然木也,抚之即坚致,扣之其声琤琤,则又兀然石也,此乃俗称之木变石也。石上镌有隶书清高宗《咏木变石》五言诗一首:"不计投河日,宛逢变石年。磕敲自铿尔,节理尚依然。旁侧枝都谢,直长本自坚。康干虽岁贡,逊此一峰全。"并署有"乾隆丙戌新正中瀚御题",其下方镌有篆书"得意象外""乾隆宸翰"方印各一。

轩前的琉璃花坛制作极为精致,无论是体量还是造型都恰到好处,下部为五彩斑斓的琉璃须弥座,饰有行龙及串枝宝相花图案。上部用翠色栏板,绛紫色望柱环绕,基座与栏板之间,使用一条白石地伏的上枋,色彩明快,对比强烈,却又十分协调,为花园内花坛之杰作。轩南东宫墙建有琉璃门一座,即琼苑东门,为往返御花园与东六宫之间的门户。

延晖阁 钦安殿西北侧是一座三开间、黄琉璃歇山顶的高阁,称为延晖阁。"阁据宫墙之上,宽不过五楹,高未逾百尺,冬日政暇,拾级而登,布裀而坐,则禁城宫阙,皋应凤楼,历历在目。"阁坐北向南,背靠宫墙而建,外观为上下两层重檐,实际上内部在两层之间没有暗层。阁的上层四周环绕回廊,体态轻盈,道光帝《登延晖阁有会》云:"前明创建御花园,高阁巍然倚禁垣。修竹数竿幽韵惬,长松百尺翠涛翻。"阁与东部的堆秀山,在中轴线的两侧,形成了一左一右的对称格局。同御景亭一样,此阁也是登高远眺的去处,登阁俯视,园中景色秀丽,古柏成行,古木参天;北望景山郁郁葱葱,苍松翠柏。乾隆、道光、咸丰等几个皇帝,皆登此阁吟诗赏景,咸丰帝有"延晖阁畔柏森森"的诗句。

四神祠 延晖阁南古柏成行,在柏林的尽端,遥相对应,建有一座小巧玲珑的建筑,称为四神祠。据《清宫述闻》云:"四神祠之名,见于《春明梦余录》,以嘉靖十五年(1536)建,而不详何神。遍查《古今图书集成》,群神并道观内皆无四神之目。博古图有汉四神鉴,而所图则青龙、白虎、朱雀、玄武。按此即道家所称四方之神。"也有说四神是风、云、雷、雨的。这座建筑应当算是祠堂,祠为八角形攒尖,前出抱厦歇山顶,其建筑形制则完全是一座亭子,或取于道家的"八卦"之意。其尺度低矮与对面的高阁形成鲜明的对景。

祠西侧偏南建有井亭一座。亭内架有横木两根,中间安有滑轮,这是当年用来打水的遗迹。亭的梁枋彩画也为两种式样,即在梁枋饰以花草枋心式苏式彩画的表面上,敷地仗新做"斑竹纹"彩画。祠后叠石为山,山峦蜿蜒南伸,南端建有青砖摆砌的露台一座,台上部四周环绕白石雕栏板望柱,可拾阶而登,亦可从叠山蜿蜒登上台巅。

位育斋 在延晖阁西,中隔有一花坛,是一坐北向南五开间硬山卷棚顶式建筑,唯前檐不出廊。其建筑结构和形制与东部摛藻堂大同小异。斋的西北角建有一小方亭,称为玉翠亭。玉翠亭与东北角的凝香亭,建筑结构、四角攒尖的瓦顶颜色完全相同。黄、蓝、绿三色琉璃瓦相同铺宽,形如棋盘格,显得十分活泼,这在紫禁城建筑中是很少见到的。

位育斋前也有鱼池一座,同东部的鱼池、浮碧亭完全相同。唯此池的西南角向里收进一步,呈凹进变化的长方形。池中跨拱桥,桥上建有一亭,曰澄瑞亭。亭建于明万历十一年(1583)。《清宫述闻》记载:"位育斋前有池,池上为澄瑞亭,即亭为斗坛。嘉庆二十三年(1818)修理澄瑞亭。"亭的结构造型与东部的浮碧亭完全相同,可谓异曲同工,是绝对左右对称的格局。清代后期,曾在澄瑞亭内设坛,四面安装了护墙板、门窗,现已不复存在。

澄瑞亭南有一座千秋亭。明嘉靖时改建,用作供佛相,清仍其旧。清咸丰八年(1858)二月,千秋亭西边水房内不戒于火,延烧千秋亭一座及西水房数间。现千秋亭为同治十一年(1872)所重建,距今已百年有余。其建筑结构和造型完全同于东部的万春亭。

养性斋 千秋亭南靠西宫墙的东侧,建有坐西朝东一高楼,称养性斋。斋东向者七楹,南北向连接者各三楹,皆有楼。斋在明代称乐志斋,毁于明万历十九年(1591)。清顺治九年(1652)改为养性斋,民国初年英人庄士敦即逊帝溥仪的英文教习,曾住此。

斋为两层,平面呈"凹"字形,下层太湖石环抱,上层回廊东、南、北三面出,极为秀丽。斋前山石遮障,环境优美。斋南园西南角宫墙开有琉璃门一座,即琼苑西门,为西六宫与御花园进出之门户。

承光门 钦安殿北,正中有琉璃牌楼门一座,称承光门。门北向,门内陈设鎏金铜像一对,门左右各接有短垣,高仅过人,但砌筑得十分华贵,干摆青砖下肩,土红墙身,黄色琉璃墙顶之下,承托着一排琉璃斗拱。墙东西伸延折而向北,再各接牌楼门一座,即东为延和门,西为集福门,北为顺贞门,由四座门围成一个园林空间,成为御花园特有的一种景观。与其他中国古园不同,这里的自然景观,如花门、假山,均被墙垣、殿庭约束住了,呈现出一种规正之美。

乾隆花园 即北京故宫寿宁宫花园,位于紫禁城东北隅。自乾隆三十七年至四十二年(1772—1777)曾有一项规模巨大的工程,即施工面积为四万六千多平方米的宁寿宫工程。宁寿宫乃乾隆皇帝做满60年皇帝后退位休养之所。全宫除了正殿(皇极殿)、寝宫(乐寿堂)等一系列殿堂楼阁之外,在西路还有一座专供乾隆太上皇憩息游赏的皇家园林——宁寿宫花园。由于花园内的各座建筑是乾隆皇帝亲自命名和御笔题写的,如"遂初堂",意味着遂了他在23年前渴望做太上皇的意愿;"符望阁",意味着花园符合他在位时想到年老归政后的休养之所;"倦勤斋",意味着归政后有"耄期倦于勤"之意,来点明此斋是乾隆帝在花园中憩息之所。花园内的许多匾额、楹联、诗词多出自乾隆帝之御笔,如古华轩内题联:"明月清风无尽藏,长楸古柏是佳朋。"同时,花园又建成于乾隆时期,因此,后来人们把这座花园叫做"乾隆花园","宁寿宫花园"之名则很少为人知晓了。

我国古典园林的设计,是在造园设计和建筑中借鉴传统经验,运用精湛的技术和富于变化的手法,因地制宜、灵活多变地进行规划布局,从而形成"巧而得体,精而合宜"的秀丽多姿的优美景色。乾隆花园的建造,很成功地应用了中国园林因地制宜、自由分隔的艺术手法,整个花园占地不足十亩,地形极为狭长。南北长

160米,东西仅宽三十余米,这种基地条件对园林创作是极为不利的。造园家根据中国园林的游赏空间均为一个个小的连续空间相组合的艺术特征,果断地采取了"隔"的手法。在设计过程中,首先要从造园的艺术要求出发,把这块南北长、东西窄且比例约为4∶1的狭长地,划成四块近方形或约为5∶3的矩形平面,作为四个主要景区;而每个景区又有独立的环境与别致的景色,景区内又有若分若合、似断非断的小庭院,因此使乾隆花园呈现出五进庭院,环环相套,景致变化丰富多样,具有江南文人园林创意构思且又是小巧精致风格的皇家园林风貌。

古华轩 乾隆花园的正门是衍祺门,朱红油饰的大门内,迎面的山屏自西向东连绵起伏、错落有致地展示在游人面前,遮挡了园内美景,使人莫知其深浅,这便是古典园林的"障景"手法。山中间形成一道峡谷,用天然彩石片铺墁冰裂纹状地面,蜿蜒曲折,沿曲径穿过峡谷则令人豁然开朗,进入第一景区——古华轩。古华轩是院内的主体建筑,下部有冰裂纹彩石台基,面宽五间,进深一间,四周环以回廊,周围安装坐凳与横楣,上覆元宝式歇山顶。轩内装有楠木镶嵌的井口天花,柱侧装有描金漆的落地罩,黑漆金花显得十分富丽雅致。轩前西南台基下有棵古楸树,当初建造该轩时,设计者有意将其保存下来,作为轩前的借景。由于古楸树的花冠甚美,古代文字中"华"与"花"同声,因而把建成的轩命名为"古华轩"。原有的树木与新建的厅堂相得益彰,成为该景区的名景之一。明代造园艺术家计成在《园冶》中记:"雕栋飞楹构易,荫槐挺玉成难。"这就是要求规划设计者应注意保护古树,力求达到"相地合宜,构园得体"。

古华轩四周景色优美,南面有绵延起伏、叠砌屏嶂的山脉和参天古柏;东面有太湖石叠石山洞,盘环山道;山巅建有耸立的仙台一座;四周装有青白石雕栏板、望柱,为登高观景之去处。叠石山脚下设有罩券门三座,西向可达古华轩院,南向可达仰斋小院,东则暗通养性殿,西则直达养性殿,构造十分巧妙。西边有叠山之端朝向东的禊赏亭,是一座平面为"凸"字形、重檐三出式歇山顶、中间为四角攒尖的亭式建筑,亭下设须弥座。四周有白石雕竹节、翠竹的望柱栏板,在东出的抱厦中,青石地面上凿成迂回旋转的流杯渠,渠内注入清泉井水,川流不息。这种人工制造的曲折渠槽称作"流杯渠"。乾隆帝按照兰亭流觞修禊的故事,将这座建筑题名为"禊赏亭"。

禊赏亭北侧有叠石为山的爬山游廊,山巅上建朝东旭辉庭一座,为面阔三间带前廊、进深一间歇山式建筑。由于叠山艺术精湛,自爬山游廊或面对旭辉庭前盘环山道皆可登上旭辉庭。山脚下有叠石山洞,穿过山洞可达第三景区。登临旭辉庭可俯视全区景色。尤其在金秋季节,秋风送爽、明月映影的时刻,轩前楸花翠柏相伴,令人陶醉。

从各景点效果来看,古华轩一景区院落设计是很成功的。小院的布局基本上采用均衡手法。轩的东、南、西三面均有景点可观,唯东南隅缺少建筑点缀,于是在此处精心安排了一个小院——仰斋,它是该景区画龙点睛之笔。院落不过数丈,自衍祺门向东设盲窗回廊,遮挡着东西两侧的景观,观赏仰斋小院景观须过盲窗游廊达仰斋。小院正屋两间,前后廊卷棚式;前后辟门左右错位。仰斋之西回廊中间有矩亭,为平面方形四角攒尖、仿江南造园建筑一座。矩,方圆规矩之意。仰斋、矩亭、回廊三座建筑合而围成一天井。东南角叠石为山,巅上建方形撷芳亭一座。小院的建筑布局,体量恰到好处,登撷芳亭既可观小院全景,又可远眺古华轩景区的远景,真可谓明月移树影,清风送涛声。

遂初堂 古华轩后垂花门,其造型如北京的四合院中的二门,为"一殿一卷"式的垂花门,进入这座垂花门则进入乾隆花园的第二进院,即第二个景区——遂初堂。这是一座封闭、严谨的三合院式的住宅建筑。遂初堂为这一景区的主要建筑,为五开间前后出廊式的厅堂,屋顶为卷棚歇山式。"遂初"典出晋孙绰之《遂初赋》,宋无锡尤袤藏书亦以"遂初"为名,筑堂于无锡九龙山下,有《遂初堂书目》传世。原谓去官隐居,得遂初心,兹喻以自况,乾隆因"归政理得,以待天庥"得遂初愿之意,故借用其名。东西厢房亦为五开间前出廊式的建筑,但只北三间出外廊,用拐角游廊与遂初堂前廊相接,而南二间则无外廊。垂花门两侧内南山墙开钻山门与倒座式的游廊相连接,形成一座有变化、清新别致的三合庭院。遂初堂是第二景区的主体建筑,又是承前启后进入第三景区的过厅。

耸秀亭 遂初堂后面是以山石为主景的庭院,满院叠山,山中岩崖陡立,谷洞幽深,四周环以楼宇,景观很是独特。登盘山小路可达山顶,山巅耸立着一座方亭叫"耸秀亭"。此亭虽小,却是这一观赏空间的景观中心,亭前有深达数米的悬崖峭壁,向上仰视可见"一线天"的奇特景色,向下俯视又有万丈深渊之感。叠石山下的峡谷幽深,接连着两个蜿蜒曲折较暗的山洞。南洞可通遂初堂后廊,另一山洞可与三友轩后面游廊相连。三友轩坐落在山麓之南,为北房三间、前后出廊卷棚式屋顶建筑。三友轩即岁寒三友(松、竹、梅)之意。轩北有高山作屏障,可防西北风,轩内设有地炕可防寒取暖,为冬季游园之所。轩内装修多以紫檀木透雕松、竹、梅的落地罩,做工极为精致。轩西山墙辟一大方窗,窗棂皆为以松、竹、梅为题材的纹路。从轩内向西观赏,山石林立,峭壁嶙峋,更增加了山景的层次。

山的西北两面建有延趣、萃赏二楼，皆五楹，上下层带前后廊。楼下的走廊与曲尺形游廊接连，成为一条沿廊观赏山石景色的路线；楼上外廊可供凭栏眺望庭院中的山石景观。萃赏楼明间前后皆有门，并有走廊的两层楼，它可把第三和第四两进院落分开，又是进入第四进院的过厅楼。

符望阁 是乾隆花园的第四进院落的中心，由前院游览，有两条通道可至：一是从萃赏楼下的明间穿堂到后廊，二是从楼上的明间穿到楼上的后廊。经过廊道与阁道（即两层廊）可达西连楼"养和精舍"，经曲尺外廊，过飞虹桥即可沿盘山小路上下从容信步，沿山道东行到碧螺亭。此亭为园林小筑中的精品，平面呈五边形梅花状（也称碧螺梅花亭），亭的所有砖、石、木等结构构件均以梅花为主，如柱础、坐凳白石雕栏板、井口天花楠木雕刻、重檐圆形黄色琉璃瓦顶紫色剪边、浅蓝琉璃宝顶均是梅花图案，是该景区较为特殊的建筑形式。亭南的叠石山崖陡壁与萃赏楼间，有一座高架的飞虹连接，若向下望去如置身于万丈深渊之上。这种上、下两层纵横交错的游览方法，与现代立体交通的立交桥颇有相似之处。

山峦以北即是符望阁，是该景区的中心，也是乾隆花园的重点建筑。《清宫述闻》记载："予葺宁寿宫，为归政后莼裘，因于宫内建阁名之曰符望。"阁下为白石须弥座，四周环绕白石雕栏板、望柱、阶石，外观巍峨壮丽。阁的平面为方形，纵横各五开间，为重檐三滴水四角攒尖方亭式三层高阁。阁首层内檐装修，将室内分隔得弯转曲折、富于变化。如果观赏室内景色，需要转换多种方位，尤其是有的门扇与镜子的形状一样，使人不得其门而入；有的门里是壁橱，又使人入门碰壁不得其门而出，因而后人又称这座阁楼为"迷楼"。

符望阁尽管是全园的景观中心，但它的平面位置并不处在全园的中轴线上，而是由中轴线偏东2米，这是园林布局随机应变的具体表现，与宫殿建筑严格拘于封建礼制的方圆规矩大不相同。为此，在这一景区的空间组合上，就把该阁的四周布置成精致的对景，并有松荫遮天来衬托。南边叠石峭壁之巅有重檐碧螺亭一座，与符望阁遥相呼应；西面的对景有三开间歇山屋顶的玉粹轩，东西用曲尺游廊建造出若断若联、小巧玲珑剔透的如亭建筑；中间还有挺拔秀丽的太湖石。从符望阁中向外远眺，不仅曲折弯转的游廊历历在目，而且阁后的倦勤斋也映入眼底，这样也增加了借景的层次。

倦勤斋 符望阁北面正对南向者，五开间出前廊卷棚式屋顶。倦勤，取自《尚书》："耄期倦于勤。"意为年老厌倦万机（皇帝治理万事，谓之万机）。斋之两侧用游廊与符望阁的两廊连接，形成四周为廊的天井院落，这就是全园最后一组景区，即第五进院。

从建筑的布局和艺术效果来看,符望阁为全园的最高潮,倦勤斋则为后罩房,恰似文章的高潮与结尾。但在这组天井院落中也颇感雅静精致。从院中西望,穿过游廊能看到松茂遮荫中的竹茹(竹香馆),平面为弯弓形矮墙,镶着带有琉璃花边的漏窗。从八角形门洞的画框中观赏轻巧玲珑的竹香馆,恰如一幅美丽的图画,吸引着人们的视线。竹香馆平面为"凸"字形,从外观看是建在叠山上的单檐三开间歇山顶小屋,而实际上是下层被山石所包砌的两层小楼,底层的窗框掩埋在山石中,其楼梯为南、北两端的爬山斜廊。采用爬山的斜廊,其一是南可通往玉粹轩的北耳房,达符望阁西院落,北则通往倦勤斋室内的戏台,是形式与实际功能相结合的手法;其二是把呆板的西面宫墙用优美的山石和馆舍、斜廊予以屏遮,是中国古典园林中藏拙手法应用得较好的实例。

景山 地处现北京故宫博物馆之北、鼓楼之南,占地23万平方米。园内山高47.5米,松柏葱郁,古树参天;园外红墙环绕,光艳夺目。山巅的万春亭,登临凭栏,历来被誉为近瞰故宫、远眺京城全景的最佳处。

历史上,景山之地曾是一片茫茫原野,并无土山。金世宗完颜雍大定三年至十九年(1163—1179)以琼华岛为中心建造了大宁宫,至开挖"西华潭"(今北海)时,方把所挖淤泥堆积于此,形成一座土山。到了元代,这座土山逐渐成了皇帝的御苑所在地。元世祖忽必烈修建大都时,曾将景山纳入总体设计之内,并修建了延春阁等建筑。元代的统治者常在延春阁举行佛事活动或进行道教的打醮仪式,并在阁殿的北面广植花草树木,将其开辟成专供帝后游赏的"后苑"。当时,人们把园内的这座土山称为"青山"。

15世纪初,明成祖朱棣定都北京,于永乐四年(1406)开始营建皇宫,认为紫禁城北面是玄武的位置,必须有山,于是把拆除旧城的渣土和挖紫禁城筒子河的泥土压在元代宫城延春阁的旧基上,形成了一座具有相当规模的土山,积成山峰,取名"万岁山",万岁乃为吉祥之语,颇得皇帝欢心;又名"镇山",乃取镇元朝王气之意。据传山下曾经堆过煤,以备可能闭城时用,故百姓对此又有"煤山"之称。此山为当时北京城内的最高点。明代沿坡遍植松柏,坡下种了很多珍贵的果树,故又被称作"百果园"。同时还饲养了成群的鹤、鹿、鹤、鹿,寓有长寿之意;山后则建造有雄伟的观德殿、永寿殿、观花殿等建筑,因此,每至重阳佳节,万历帝朱翊钧总要携后妃和内臣进苑登高、饮宴、射箭、赏花,纵情玩乐。

到了清朝初年,景山已是漫山苍翠,层阴匝地,清幽静美。身临峰顶,不难发现一条看不见的中轴线正好从故宫中央的主体建筑群中穿过。明代营城的这条中轴线,长 7.5 千米,南起永定门,经前门、天安门、端门、午门,穿过紫禁城,出神武门,经景山,一直延伸至鼓楼和钟楼。这条以五门三朝为主的轴线,是明清城市规划的基线,在建筑史上一直受到中外学者的重视。由于景山位于全城中轴线的中段,且又为当时全城的最高点,这一特殊的地理位置,使得景山这一人工堆叠的山岭园林具有很重要的观赏价值。

清顺治十二年(1655),顺治皇帝谕礼、工二部,"因其形式,锡以嘉名",更"万岁山"为"景山"。"景"是高大的意思,《诗经·商颂·殷武》中有"陟彼景山,松柏丸丸。是断是迁,方斫是虔。松桷有梴,旅楹有闲,寝成孔安"的诗句。人们登山观赏枝叶茂盛的苍松翠柏,盛景可观;商朝人曾采伐"景山"的松柏为武丁建造宗庙、岁时祭祀,所以此名又带有永思、追念之意。故清初将"万岁山"改名为"景山"。

清乾隆年间,曾大规模修建景山,并在山的东北面仿照太庙格局扩建了寿皇殿。该殿坐北朝南,外有四柱九楼的木牌坊三座,比例适度,建造瑰丽,形制壮观。分别位于东、西、南三面,通面阔 16.2 米。四柱九楼为四阿顶,黄琉璃筒瓦,吻兽,仙人,三小兽;明楼,平科六攒;次楼四攒为七彩重昂斗拱;边楼夹楼为五踩单昂斗拱;小尖楼为一攒五踩单昂斗拱。殿门前有两座石狮。寿皇殿正殿有九间,左、右山殿各三间,东、西配殿各五间,另有碑亭、井亭各二,神厨、神库各五。寿皇殿是清朝专为供奉皇帝祖先影像而建造的,所以不仅建造得富丽堂皇、辉煌肃穆,而且布局严谨、自成格局。在每月初一和四时节令、忌辰,皇室子孙都来此祭祀。寿皇殿东北为集祥阁,西北为兴庆阁;殿东为永思门,门内为永思殿,是清代帝后停灵的地方,光绪帝的棺椁即在此停放过。永思殿东为观德殿,又东为护国忠义庙。这处现存建筑群为清代的典型建筑。

万春亭 景山五峰上的五座亭子,修建于清乾隆十六年(1751),以万春亭为中心,两边亭子对称,雄伟华丽,虽历经修葺,但仍保存着清初的建筑特征。万春亭位于山巅,高 17.2 米,共二十二柱,亭三重檐,上檐和中檐均为九踩三重昂斗拱,下檐为七踩重昂斗拱,黄琉璃瓦顶,绿剪边,四角攒尖,气势高大雄伟,造型优雅,堪称我国古典园林中的佳作。其东、西两亭分别称为"周赏亭"和"富览亭"。两亭形制相同,均为八角攒尖,重檐,上檐为九踩三重昂斗拱,下檐为五踩重昂斗拱,绿琉璃瓦顶,黄剪边,檐上有吻兽、仙人。亭内两槽柱子,内外各八根,亭直径为 10.4 米。

两亭之东、西分别为观妙亭和辑芳亭,两亭的形制也相同,均为绿琉璃瓦圆顶,褐剪边,重檐,上檐为七踩重昂斗拱,下檐为五踩单昂斗拱。亭内两槽柱子,内、外各八根,亭内直径为 10 米。五亭依山势起建,相互辉映,对称协调,以万春亭为中心构成了一幅十分美丽和谐的景观。五亭内原各有铜佛一尊,称"五方佛",即中之毗卢遮那,东之阿閦,西之阿弥陀,南之宝生,北之不空成就。1900 年,八国联军侵入北京后,五方佛就被劫走四尊,只剩下万春亭中的毗卢遮那佛,因无法运走,被砸得粉碎。现亭内仅存须弥座,座四周有凸雕纹饰,座高一米许。

倚望楼 在景山南门内,清乾隆十四年(1749)建,楼倚山而建,高大巍峨。坐北朝南,凡三楹五间,歇山重檐,黄琉璃顶,箍头脊,梁、架均饰有彩绘。明间额上有木匾一块,书满、汉文曰"倚望楼",四周有汉白玉石栏杆,通面阔 20 米,通进深 12 米,用以供奉孔子牌位。依楼仰视景山,青葱景色,郁绿风光,令人心旷神怡。楼背负高山而建,楼前一面敞地,映衬得景山更为壮观。

罪槐 景山东坡山麓,原有的一棵明代古槐。1644 年 3 月 17 日,李自成率领 40 万农民起义军包围了北京城,城外明军纷纷投降。18 日晚,李自成下令攻城,一个姓曹的太监为义军打开了彰义城门,起义军攻进了外城。崇祯皇帝得知消息后,仓皇登上景山观望,只见四处烽火连天,知道大势已去,急令把太子遣出北京城避难,随后逼迫皇后在坤宁宫自尽,并亲手杀死了昭仁公主和袁贵妃等数人。19 日黎明,他紧急鸣钟召集群臣商量对策,文武百官不知去向。崇祯皇帝感到众叛亲离,走投无路。在绝望中,他满身血污,披散长发,仓皇到了景山,并咬破手指,在衣襟上写了遗诏。随后在一棵槐树上用腰带自缢而死。清军入关后,为招降明廷达官贵人,笼络民心,维护自己的统治地位,把这棵槐树叫做"罪槐",并用铁链把它锁了起来。为了教训后代不走明末崇祯皇帝的老路,还立下规矩,清室皇族成员路过这里都要下舆步行。这棵古槐于 20 世纪 60 年代末遭到破坏,后来园林部门在原址上重栽了一棵碗口粗的新槐,树形与原树确有相近之处。

北海 位于北京皇宫西侧,原是西苑的一部分,现总面积 68 万平方米,其中水面为 39 万平方米,陆地为 29 万平方米,是我国留存至今的城中皇家园林中最优美、最完善、最丰富的一座,其以独具匠心的布局构思和艺术水平的高雅深妙而著称。

北海历史悠久,历经辽、金、元、明、清五个朝代,近千年的沧桑兴亡;历经多次劫难,多次修建经营、添建。今天的北海,在清乾隆年间的基础上,经过 1949 年后多次修葺和认真保护,成为保留最完整的皇家园林之一。

据说辽太宗于会同初年(938)建都燕京,在此岛上设瑶屿行宫。金灭辽后,改称"中都",挖海扩岛,兴建离宫,运石堆山,建成皇家宫苑,岛称"琼华"。元中统五年(1264),元世祖忽必烈决定营建大都。三次扩建琼华岛,重修广寒殿作为朝会之所。据载,殿广七间,东西36.86米,深19.50米,高15.36米。在当时可谓工程浩大、气派轩昂、豪华无比了。至元八年(1271)再次扩建,改称琼华岛为"万寿山",又称"万岁山"。未过百年,明太祖定都南京,大将徐达进占大都,元帝北逃,大都改称北平。燕王夺位,又迁都北平,改称北京。明朝定都后,又对北海宫苑进行扩充修葺。明宣宗时于宣德元年至十年(1426—1435)再次对其大加扩建、修缮,历时十年。万历七年(1579),广寒殿坍毁废置。顺治元年(1644),清入京主政。顺治八年(1651),建白塔及永安寺。康熙时年年征战,顾及较少。乾隆时国家安定,大事园林之乐,于乾隆六年至三十六年(1741—1771)进行大规模修葺,不断添建、改建,前后用了30年的时间,形成如今之规模。光绪十一年至十四年(1885—1888),慈禧重修三海,又对北海进行了修葺及添建。光绪二十六年(1900),北海也遭到八国联军的践踏和破坏。1911年辛亥革命以后,北海一度被军阀霸占。民国十四年(1925),正式开放为公园,但因经费短缺,无力维修,使之日益荒芜残破。1949年后,国家投资疏浚湖泊,清除淤泥16万立方米。后逐年拿出资金维修建筑,增添各种设施,翻修道路,增装路灯,综合治理环境,铺草、栽花、植树、养鱼植荷,提高文化内涵,使古老的北海,面目焕然一新。

北海园林景观的特色是以大面积的湖面(即北海)为中心,所有主要景点均环绕海而设。作为古时皇宫西苑的最北部,北海园林的景色相对于中南海而言要更加开朗并富有野趣,亦是帝后及嫔妃极喜游乐之处。从与中海相隔的金鳌玉𬳶桥往北,约略可分为四个大景区:团城、琼华岛、东岸和北岸景区。其中以琼华岛的风景容量最大,景色最美。

琼华岛 走进北海正门(南门),便看见白塔高耸在一座山头,那便是中心景区琼华岛,又称琼岛。主要景观有永安桥,堆云、积翠牌坊,永安寺、法轮殿,龙光紫照牌坊,引胜、涤霭亭,云依、意远亭,正觉殿、普安殿等。假山、石碑、凉亭、殿堂高低错落,倚山而建。沿路攀登到顶,便是著名的白塔和琉璃小殿善因殿。琼岛东面、西面、北面都将建筑、廊阁依山势巧妙布置。掇石相衬,崖洞石室宛转相通。山石之上有建筑,建筑之下有岩洞。穿行游览,若明若暗,忽隐忽现,令人如置身洞天仙境。琼华岛的园林建筑、山石古树等立体景观令人叹为观止。此外,还有仙人承露盘、琼岛春阴碑、盘龙石盘、琳光三殿、半圆形阅古楼、沿湖环绕的楼阁长廊。著名的仿膳饭庄就设在其间漪澜堂内。东麓的如意牌坊、半月小域、智珠殿和四座小牌坊，历历在目。游览中既可在北麓亭廊中眺望对岸景区风光，也可乘船北渡，领略水上乐趣。

永安桥 连接琼岛和团城的纽带，建于13世纪，是用汉白玉石雕凿的三券洞石桥，桥为曲尺形，全长八十多米，宽七米多。汉白玉石栏板及望柱头上雕琢着荷叶纹与莲花纹。两端各有牌坊，北为"堆云"，南称"积翠"，故又称"堆云积翠桥"。牌坊两边，各有石狮分列，是我国石桥中少见的点缀手法。因为北端堆云牌坊后的狮子与永安寺相对，因此北京人有句歇后语称"永安寺的狮子——头朝里"。其实狮子是因桥而设，并不是因寺而设的。目前，这座古桥既是北海上琼岛的重要游览路线，又是游人颇为喜爱的景点，每至春夏，在白塔山浓荫翠屏的衬托下，白玉长桥显得格外玲珑精巧。

永安寺 过永安桥，堆云牌坊之北，有依山就势而建的寺庙，原为喇嘛念经和皇帝烧香拜佛之地。殿分三层，组合完整。永安寺山门内左、右列四大天王像，门内东西有钟楼、鼓楼。正中为法轮殿，原供释迦牟尼佛及罗汉。由殿后拾级而上有龙光紫照牌坊和东西引胜、涤霭两亭，亭为清乾隆十六年（1751）建，亭内石碑为乾隆三十九年（1774）立，亭内石碑上分别镌刻有乾隆御笔的《白塔山总记》和《塔山四面记》。前者用汉、满、蒙、藏四种文字将北海历史分刻四面，后者记述着琼岛四面景色。若在游览前浏览一下碑文，对参观可起指导作用，观赏起来情趣更是倍增。清高宗弘历对自己花费巨资建造的御苑曾有悔意，故碑文中还有他的"自责"。由此再拾级而上，便是正觉殿、普安殿。出殿之北门可直登善因殿和白塔山巅。现在琼岛上的建筑、叠石等景观基本上是乾隆三十九年（1774）前形成的。1993年，由永安寺山门起至山顶白塔，轴线及其两侧建筑大都按照光绪年间陈设资料进行了复原。

　　琼岛上的亭，建造形式独特巧妙，选址也出奇得当，如前山腰东、西对称的云依、意远两亭，像是高踞悬崖，地处险要，登亭既可坐憩，又可环观景色，另有一番意趣。

　　琼岛的叠石也具有独特的艺术技巧，不仅选石精细，而且堆砌奇巧，假山湖石规模之大、变化之多、技艺之高，在我国古园林中实属罕见。其中在引胜、涤霭两亭北侧，有两块奇特而峻峭的峰石，一曰"昆仑"，一曰"岳云"，值得赏玩。琼岛上的山石有金世宗时从汴梁艮岳御园移来的，亦有宋徽宗时从千里之外运来的太湖灵石，统称"艮岳石"，它们集中在琼岛南麓和东麓。琼岛上大部分假山石是由北京西南房山县运抵，故曰"辇自房山"。

白塔 是北海公园的中心最高点，又建在山顶上，通身雪白，只有宝顶上略闪金光，很远便可看见，成为北海的明显标志。清世祖崇信佛教，顺治八年（1651），应西藏喇嘛恼木汗的请求，在山顶广寒殿的废址上建成白塔，塔前建寺（永安寺）。山也因此更名为"白塔山"。塔高35.9米，下为砖石须弥座，座上三层圆台。中部圆形塔肚，塔肚最大处直径为14米。上部为相轮（即十三天）。顶部有铜铸华盖，华盖分地盘、天盘、日、月、火焰。地盘四周挂铜铃，又称"惊雀铃"。日、月、火焰均镏金。天盘、地盘上雕凿有镂空动物、花草图案。塔身正南有红底金字大型藏文装饰图案，象征吉祥如意，俗称"时轮金刚门"或"眼光门"。塔身周围有306个通风孔，据说塔内有木构架及通天柱，高达30米，柱顶放金盒，内装舍利两粒。塔的藏井内有佛龛、衣钵、供桌、五供、法物、经文等。白塔四周有汉白玉石栏环绕。凭栏远眺，居高临下，可览全城景色。白塔从造型、色彩、装饰上看，都可称是艺术上品，驰名中外。白塔自建成后，因地震修过多次。北海开放后及20世纪四五十年代又修缮粉刷数次。1964年彻底大修并加固，因而1976年地震只震毁"相轮"以上部分，塔身以下没有受损，震毁部分除了塔顶外，于次年即行修复。

善因殿 白塔前一座上圆下方、精巧华丽的琉璃小殿，每面宽4.4米，上层檐圆亭式屋面和宝顶均由青铜、紫铜制作而成，表面鎏金，下层檐是绿琉璃瓦黄剪边的方顶。前檐装修的抱框及四扇隔扇门亦为青铜铸造。周围墙上镶有小琉璃佛像455尊。殿内原供奉铜质大威德金刚一尊，金刚有九个头、三十六只眼、三十六只手、十八只脚，现在正在修复中。善因殿由于背后有高大的白塔衬托，显得小巧美妙、色彩斑斓、赏心悦目，是一件佛教艺术的稀世奇珍。

塔山 为琼华岛风景的骨架，因白塔建于其上而得名。塔山四面皆景，乾隆当年曾有《塔山四面记》，记述它的构图匠心。塔山东面，山路逶迤，古树参天，可见到一座丰圆形砖城，为般若香台，俗称丰月城，上有清乾隆十六年（1751）建的智珠殿一座及两柱小牌坊四座。城下有四柱七楼牌坊一座。南有慧日亭。东有陟山桥，过桥直通东门。迤北山脚下有御题"琼岛春阴"石碑，背面镌刻御制诗一首，围以汉白玉石栏。碑前有两个五尺直径圆石盘，盘内各有石刻虬龙，昂首盘卧，姿态生动。过碑或登阶、或穿洞，可观见春亭、古遗堂、峦影亭、看画廊、交翠庭，也可直达白塔山顶。

塔山西面，山石嶙峋，也有不少建筑物点缀，如悦心殿、庆霄楼。沿石坡而下，经荷花池,过小石桥,有幡青室、一房山(以室内堆砌太湖石而得名)。北为琳光三殿,即琳光殿、甘露殿、水精域。琳光殿古佛年久失修无存;古铜甘露大佛原高丈余,腹藏珠宝,亦被侵略军盗走无存;水精域则有古井一口,清高宗弘历还亲撰《永安寺古井记》,刻石镶嵌在墙上。琳光殿北有阅古楼,半圆形,两层共二十五间,楼内壁上嵌《三希堂法帖》石刻495方,共收集魏晋到明末134人的340件作品,另有题跋二百一十多件,约九万多字,是我国书法艺术之荟萃。乾隆也有诗称赞。阅古楼后有八角石亭,称"烟云尽态亭",梁柱上刻有乾隆诗二十六首。

塔山北面,陡崖峭壁,依山势布置精巧建筑,辅以廊阁,石室崖洞,掇石林木,重岩复洞,石路崎岖,亭台交错。游览中攀登穿行,情趣横生,佳境屡现,尽玩尽兴。还有酣古堂、写妙石室、盘岚精舍、环碧楼、一壶天地、延南薰(即扇面亭)及小昆邱,各具风格,可憩可游,如临仙境,诱人流连。偏西山腰有一砖砌高台,中树蟠龙石柱,柱上立铜仙人,面北双手托盘向天,高5.4米,即著名的仙人承露盘,四周有石栏护绕。虽说仿汉武帝求长生故事而造,实际上是缀景装点之艺术品。仙人承露盘之北,沿湖岸边一组月牙形两层建筑物,拥岛修成,东起倚晴楼,西至分凉阁,延楼游廊上下各六十间,与东侧碧照楼,西侧远帆阁相通。雕梁画栋,绚丽多彩。外有三百多米长的石栏环绕,可供坐憩,可观湖光山色。延楼后面,还有一些建筑:东为晴栏花韵,中为漪澜堂,西为道宁斋。再西有抱冲室、延佳精舍和得性楼,依山而建,高低错落,以爬山游廊相连通,亦甚小巧别致,如入山村,如临画境。漪澜堂内设一饭庄,菜点膳食,均仿照清宫御膳做法,陈设碗盏、服务方式与着装一如皇室色调,故名"仿膳饭庄"。

静心斋 在北海北岸,堪称我国古代皇家园林中造园艺术成就最高的"园中之园"。建于清乾隆二十一至二十四年(1756—1759),占地约8000平方米。乾隆在位时,称镜清斋,取意"明池构屋如临镜",映照心性品格,标榜明君的奉"三无私",即天无私覆,地无私载,日月无私照,以要求自己的克己之明与政治清明。光绪二十六年(1900),八国联军侵华时此园被破坏后,光绪二十八年(1902),慈禧下令修葺,在此前后,慈禧敏感地认为"镜清"与"靖清"有谐音之忌,于是在竣工之际,下令改镜清斋为静心斋。只此一改,思想性和艺术性都大大下降了。

乾隆在大规模改建北海时,十分重视水系和各处水景,而静心斋为各处水景之冠,园内共有大小水池八个和各式桥梁四座,尚有沁泉廊下的滚水坝等。

静心斋背靠园垣,东枕青山,西倚寺院,南面沧波。外部轮廓因形借势,曲折参差,云墙雪白起伏,碧鲜半亭遮掩房山,还有透花园墙和瓶式角门,加上散点山石、树木花草的点缀和掩饰,这些美好的外部形象使人感到内部势必更精湛、清雅、幽静、美妙。

沿太液池北岸走向静心斋时,一路感受到的是水面烟波浩渺的宏阔,"旷如也";而进入静心斋大门,顿觉深池小院的安宁亲切,"奥如也"。这时当能体会柳宗元所概括的:游观景物时,有一定规律的交替和变化,更能符合审美感受和生理要求。

静心斋全园以建筑分隔成几个大小不同的院落空间。较大的山池居于中央,建筑虽多,却都为山池主景作烘托,互为因借,主宾分明。

进入静心斋宫门,隔池便是带前廊后轩的主体建筑静心斋,额上悬有隶书的斋名,斋阔21.6米,深11米。当年用楠木建造,不施彩绘,十分素雅。清光绪年间,拆走楠木,代之以松木,才进行油饰彩绘。后轩面对全园最大的水景院落,池上建有沁泉廊。沁泉廊池北的水位略高,廊下横卧滚水坝,当水量丰富时,水由坝顶流过,发出清脆悦耳的声音,令人心旷神怡。沁泉廊后是一假山群体,此山冈峦深壑,虚实结合,悬崖斜挑,凹凸对比,聚散相间,藏巧于拙,宛转有势,浑然一体,变化万端。动观之后,再转静观,更感高远深厚,韵味无穷,真是叹为观止。假山手笔很大,叠造艺术水平很高,传说是张然的后代或门人所造。由沁泉廊向东望去,有汉白玉石小玉带桥一座,桥南是抱素书屋,屋前小水池一座,池左是韵琴斋,斋北有焙茶坞。小玉带桥略东北山峦上为罨画轩。沁泉廊西略南有一座青石平面曲桥,桥南便是画峰室。曲桥北为园内主山峰,顶上建枕峦亭,初建时为园中最高点,全园景物,俱在眼底。光绪年间添建了叠翠楼,楼建在高阜之上,又是两层,从而夺取了枕峦亭的"高"位。全园东西一百余米,南北平均约70米,里面楼轩之间以各式游廊环绕相通,山池之间绵绵婉转相连。

静心斋是一座风景优美、造园艺术高超的园林,它集北方的建筑形式即楼、台、亭、榭之大全,与南方私家园林、水景小室融为一体,又以造园手法中的小中见大、曲径通幽、小桥流水等使山峦起伏。全园景观因借得当,是一座人工仿照自然山水的成功作品。

西天梵境 又称天王殿,在北海北岸五龙亭后,是一座规模较大的寺庙建筑。明代创建,原是大西天经厂,翻译印刷《大藏经》。清初荒芜,乾隆二十四年(1759)扩建并完善其规模。寺院由山门外琉璃牌坊开始,向后排列为月台、山门、幡杆,左右有钟鼓楼,再北左右有石雕经幢,左刻《金刚经》,右刻《药师经》。天王殿建在前院正中。天王殿正北是著名的楠木殿——大慈真如宝殿,殿前建有月台,殿及月台均用汉白玉石栏杆围绕。两殿左右有东、西配殿。楠木殿后有丹陛桥一座,桥北拾级而上,为华严清界殿,八角形的七佛塔亭和外面全部用琉璃砖、瓦装修的琉璃阁。阁是砖结构,除了门窗、楼板、楼梯外全部用砖建成。琉璃阁壁上的每块琉璃砖上都有一尊佛像,所以又称万佛殿。

九龙壁 是一座精美华丽的琉璃建筑物,高约6米,厚1.5米,长约26米。全部用黄、白、紫、绿、蓝彩色琉璃砖瓦镶砌而成,两面各有九条不同颜色的蟠龙,姿态优美,生动活泼,有的在中间盘坐,有的在惊涛骇浪中翻腾戏珠。蜿蜒夭矫,栩栩如生。壁东端嵌有山石、海水、流云、日出等图案,壁西端嵌有海水、流云、明月等图案,是我国传统建筑园林中不可多得的装饰艺术品。其实九龙壁并不是孤立的,而是大圆智镜宝殿的一座照壁。细心的人数过,这座壁的前后左右、上上下下共有635条龙。这里原来是大西天经厂的一组殿宇,乾隆降旨建大圆镜智宝殿,殿前建真谛门、宝网亭、罗汉堂等。门前照壁是清乾隆二十一年(1756)添建的。九龙壁全国共有三座,其余两座位于故宫博物院皇极殿前和山西大同明代王府门前,均为单面龙照壁,只有北海九龙壁两面有龙,艺术价值亦高得多。壁后的真谛门及整组殿宇都曾遭到八国联军和国内军阀的抢劫和破坏,残存部分在1919年亦被一把大火烧尽。现在真谛门台基尚在,是五开间的山门,为北海内唯一的多开间山门,从山门亦可知当日建筑是多么雄伟壮观。九龙壁则在火灾中得以幸免,并得到应有的保护,成为北海乃至全国最美的古建筑小品。

五龙亭 太液池北岸的一组临水建筑,与阐福寺山门遥遥相对,由五座亭子组成。中间亭子称龙泽亭,重檐上圆下方,覆以琉璃瓦,内部吊井口天花中间龛井。左、右两座均为重檐方亭,覆以琉璃瓦,东面的称澄祥亭,西面的称涌瑞亭。再左、右均为单檐方亭,最东面的称滋香亭,最西面的称浮翠亭。由于亭在水中,各亭与岸边和亭与亭之间都有一定的距离,因而分别用石券桥、石平桥、石弧型桥相连接,亭子周围和各桥均围以汉白玉石栏板、望柱,这样五座亭子犹如一条游龙横卧在岸边,是北海一独特的景观。

五龙亭始建于明万历三十年(1602),清代多次重修,现在的亭子是清顺治八年(1651)改建的,作为帝后及近臣钓鱼、纳凉、赏月、观看焰火的地方。从亭中遥望琼华岛,湖光塔影,十分秀丽。诗曰:"五亭宛宛似游龙,绿水弯环太液通。向晚画船亭畔泊,藕花摇曳麝香风。"邀友亭中小憩、观景、叙谈,俗念全消,当是至乐也。

阐福寺 位于五龙亭北面,原是明代一座行宫,是皇帝后妃避暑游乐之地。据说清乾隆七年(1742)清高宗弘历曾将其改作后妃们举行"受茧礼"的先蚕坛的茧馆。乾隆十一年(1746)进行大规模改建。寺的山门前面有一座高高的月台,月台对面还有一座高大的牌坊,是北海内最大最华丽的一座,可惜早年已经毁圮了。山门内立幡杆,左右有钟鼓楼,两楼皆是长方形,大于其他寺院,院正中有天王殿,后院左右有配殿,正中便是大佛殿,殿是仿河北正定隆兴寺大佛殿而建,殿供奉一尊用金丝楠木雕成的千手千眼佛。殿前立石碑两块,殿后尚有八角碑亭两座和后殿一座。光绪二十六年(1900),八国联军入侵时挖走了大佛身上镶嵌的珍宝,掠走了各殿中的文物,捣毁了大佛及其他佛像。民国八年(1919),寺内驻有军队,失火焚毁石碑后全部殿宇。1949年后,将现有殿宇修缮成一处庙宇建筑景点。

极乐世界 在阐福寺西侧,俗称小西天,亦称观音殿。因为里边有一座泥塑假山,周围白云环绕,所以得名小西天。由于山顶上有一座佛龛,龛内端坐着一尊观世音菩萨,所以又称观音殿。殿建成于清乾隆三十五年(1770),为方形亭式建筑,面积1260多平方米。重檐,上覆黄琉璃瓦绿剪边,顶中间为铜制镏金宝顶。宝顶达两米多高,据说里边可以藏纳二十个人。殿四周环水,有桥相通,四面各有琉璃牌坊一座,四角各有重檐方亭一座,大殿气势磅礴,雄伟壮观。殿内原有一座象征"南海普陀山"的泥塑大山,山上塑有南海观世音和数百尊罗汉像,上下四周塑以云山雾海,俗称"海岛观音"。假山上遍布丛林古刹,犹如西天极乐世界。北面额上还悬有清高宗弘历御书"极乐世界"四个镏金大字,上面还盖有"乾隆御笔"之"宝"。

泥山塑像因将坍塌而被拆除。1983年,对此殿进行了加固修缮,配齐推窗、隔扇,修复石桥、牌坊,配齐全部汉白玉石围栏,并复原了前面的汉白玉石的券桥和月牙河,重新引进水源。1993年,仿造佛山,内容及尺度略有变化,供游人观赏。

万佛楼 在阐福寺西,极乐世界殿的正北面,随墙琉璃门三座,门曰普庆门,门内左、右各有石幢一座,规格、形制、内容与西天梵境相同。门内正中有方整石砌矩形水池,池上架汉白玉石拱桥,桥南北各有楼坊一座。两牌坊左、右各有带汉白玉石须弥座的山子石共四座。再北为万佛楼,居正中,楼高三层,是清乾隆三十五年(1770)清高宗弘历为其母庆寿而建的。三层楼内壁上布满佛洞,每洞内供奉金佛一尊,共一万尊,故称"万佛楼"。万尊金佛乃当年高宗为其母庆祝八十寿辰时,大小百官大铸金佛奉供而成。据说大的重达588.8两,小的重58两。光绪二十六年(1900),被八国联军洗劫一空,万佛楼也被毁,加以年久失修,有倒塌之险而被拆除。原来楼东、西各有垂花门一座,东边垂花门内为庭园建筑,高低错落,进门为澄性堂,堂前有用方整石砌成的矩形水池,堂后为用青山石砌成的不规则水池,池东山坡上建有方形的湛碧亭,西边建有灰墙灰顶的两层小楼致爽楼,池北面还有澹吟室等建筑。堂、亭、楼、室用四十多间游廊连通。西垂花门内建有十字八角形垂檐碑亭一座,造型别致、庄重,名妙相亭,内竖十六边重檐石幢座,上刻阴文"十六应真像"。院内植松柏、桑树。万佛楼前两侧尚有配楼各一座,可惜这个院子里大部分建筑已毁,现在仅存前面的东配楼宝积楼,后边的致爽楼、妙相亭和石幢、山子石了。

铁影壁 在阐福寺东侧,是六百多年前元代遗物,长 3.5 米,高 1.9 米,因其棕褐色而称之为铁影壁,实为中性火山块砾岩。壁前后两面均刻有大小狻猊,雕法粗犷,活泼生动,构图精美。元代浮雕,除了居庸关云台外,只此一处(件)。据传,此壁原是元代建德门古庙前的照壁,明初建德门被毁,照壁被移到德胜门护国德胜庵内,从此该处改称为铁影壁胡同。1947年,此壁被移到北海公园陈设,供游人欣赏。由于当时壁座束腰和下枭、圭角埋得较深,遗留在原处地下。直至 20 世纪 80 年代挖掘修整,将其运来北海,这一元代珍品才得以完璧展示。

澂观堂 在铁影壁东面,是一组随山势而建的三层院的建筑群。原来只有两层院,堂后为浴兰轩,建于清乾隆十一年(1746),是帝后的游憩别馆。乾隆三十九年(1774),乾隆得到《快雪时晴帖》石刻,便在后院添建了快雪堂及两侧游廊,将石刻四十八方嵌在两廊壁上。快雪堂用楠木建造,不施彩绘。之后历年都曾修缮,光绪二十六年(1900),此堂曾做过入侵军"联军司令部"。光绪二十七年(1901),将被破坏的部分重新修葺。据说民国初年,蔡锷曾在这里住过。民国十一年(1922),辟为"松坡图书馆",以资纪念,并设有蔡公祠。院内有乾隆指派专人采办太湖石(房山产)叠砌的假山石屏,其中有两块高大的山石,挺拔峻峭,巍峨壮观,形如云头对起,清高宗看后很满意,亲题"云起"二字镌刻其上。此石是北京的名石,值得鉴赏。山石前后所种的松柏树及浴兰轩后面东次间上开的门还是乾隆谕旨留下的位置。

濠濮间 建于清乾隆二十二年(1757),这里周围都是土山,中间是一片不大的水池,池南边便是中心建筑濠濮间,它三面临水,北面是一座九曲雕栏石桥,桥、栏朴实简洁。桥北头立着两柱单楼石牌坊一座,坊之南、北各有联额,南面联为"日永亭台爽且静,雨馀花木秀而鲜",额曰"山色波光相罨画";北面联为"蘅皋蔚雨生机满,松嶂横云画意迎",额曰"汀兰岸芷吐芳馨"。雨后晴空到此静坐冥思,当能体会到"画境"之妙趣。南有游廊向上,伸延山顶,经爬山游廊,过崇椒室穿云岫厂,再沿廊而降。东岸道路往北可达画舫斋、船坞、蚕坛及北海北门,往南可达陟山门(北海东门),出门不远便是景山公园西门。

由濠濮间往北过曲桥,穿石坊,进入迂回峡谷,一路观赏奇峰、怪石、波光、云影,可享受江南文人写意山水中之美感、诗情、画意。

"濠""濮"二字,均为古水名,典出庄子游于濠梁之上,辩论鱼趣和垂钓于濮水,不愿出仕的故事。帝王以此命名林苑,只是附庸风雅、自命超脱而已。

画舫斋 居濠濮间之北,建于清乾隆二十二年(1757),是清皇家行宫,布局别致幽雅,水殿回廊,独具一格。这组建筑宫门三间。进门为春雨林塘殿,殿后出轩,东有镜香室,西有观妙室,中间便是画舫斋,斋前后各有抱厦,四座建筑以卧角游廊连成一体,中间是用条石垒砌的方池,池中睡莲点点。画舫斋东有古槐一株及古柯庭、绿意廊、得性轩、奥旷室,这些建筑又形成一个小庭院,分外幽静,各建筑间均有游廊相连。画舫斋西有水柱游廊,通小玲珑之道也,诗云:"雕楹绮槛莹波光,四面朱廊绕碧塘。若过中州风景地,休将遗迹访欧阳。"据说清高宗弘历曾游于此处,清德宗载湉曾在这里读过书,慈禧也曾游宴于此。1949年后曾进行过多次修葺,经常兼作北海的书画展览厅。

蚕坛 在画舫斋之北,建于清乾隆七年(1742),是祭祀"蚕神"之处。坛门三间,内有祀蚕坛、采桑坊、亲蚕门、亲蚕殿、织殿、浴蚕池、浴蚕河、蚕神殿、神厨、神库、井亭、牲亭、蚕署、蚕室等。全部建筑除了二十七间蚕室外,全为绿琉璃瓦屋面,院内遍植桑柘,周围以绿琉璃瓦顶的红色高墙环绕。离蚕坛不远的北海东岸岸边有一座高大的船坞,是在明代藏舟浦的旧址上改建起来的。清代这里藏龙舟、龙船、凤舸,以便御用。此外还有各种绚丽多彩的画舫,如茶船、酒船、膳船、纤船、朴拉船、牛舌头船等,称"蓬岛飞龙船",为帝后荡舟游赏太液池时所用。

陟山门 由船坞往南便是北海陟山门,通称东门。门对琼岛及白塔,是帝后进出北海的主要大门。原来帝后到北海游幸、拈香、祭祀、游宴,大多出皇宫神武门,经北上门,经景山南门、景山西门,进北海陟山门,然后或去永安寺、阐福寺拈香,或去庆霄楼观冰嬉,或去蚕坛祭祀、采桑、缫丝,或去画舫斋游玩、读书。所以此门高大,比与中海福华门相对的阳泽门还要雄伟。东门向西可过三孔的陟山桥到琼岛。

团城 在北海公园南门外,是一座砖筑的圆形小城,也是一个有独特风格的小园林。城高4.6米,周长276米,面积4553平方米。它既属于北海公园,又独立成园。团城上风景秀丽,有辉煌的殿堂、参天的松柏、精巧的叠石、珍贵的玉佛、玉瓮和八百多年不断变化的历史。

辽代此处是湖泊中的一个小岛,称"圆坻"。金世宗于大定三年至十九年(1163—1179)挖湖取土,扩充琼华岛(即白塔山)和圆坻,于琼华岛上建广寒殿,圆坻上也建有一座殿宇相对。元世祖于中统三年(1262)建大都城时,在团城小岛旧殿基上建仪天殿,也叫瀛洲圆殿。当时团城四面环水,东、西、北三面各有一桥。明成祖于永乐十五年(1417)重修仪天殿,改名承光殿。在岛的周围用砖筑起城墙,拆除东面木桥,填水面为平地。嘉靖三十一年(1552)再次修葺,改名乾光殿。清康熙八年(1669)地震殿毁,康熙二十九年(1690)重建。乾隆十一年(1746)对团城进行大规模整修、增建,包括修城墙,叠假山,添建亭、堂、斋、厦,将乾光殿又改称为承光殿。光绪年间,慈禧在殿内供奉了白玉佛,此殿成为佛堂。

光绪二十六年(1900),八国联军入侵北京,团城上的衍祥门被击毁,白玉佛左臂被砍有伤痕,文物珍宝被抢空。民国二年(1913),袁世凯曾在团城承光殿内召开政治会议,谋划称帝丑剧。民国三年(1914),曹锟一度被拘禁在团城上。

1949年后,曾多次加以修葺。1953年,对团城进行了全面修缮。1955年,为了适应交通发展,加宽调直金鳌玉𬟽桥和两端道路,建设方案要切除团城南半部,后从保护古代园林艺术珍品出发,决定将国务院的围墙南移让路,从而保证了团城的完整。1961年,团城被列入第一批国家级重点文物保护单位,并开放供游客参观游览。

团城虽是面积不大的小庭园,但布置精巧,金碧辉煌,又有着著名的玉瓮和白玉佛,以及八百多年的古松"遮阴侯""白袍将军"和"探海松",使它成为园林艺术的瑰宝。

承光殿　白玉佛　承光殿是团城上的主体建筑,正中方形,重檐歇山顶,四面各有抱厦,单檐卷棚,飞檐翘角,下面有高台托起,层次变化多,造型优美,加上用黄琉璃砖瓦砌成的花墙和屋面以及雕梁画栋,显得十分辉煌华丽。

殿内四根大柱,柱上均有楹联。前排柱上是咸丰御笔:"九陌红尘飞不到,十洲清气晓来多。"后排柱上为慈禧所书:"七宝庄严开玉镜,万年福寿护金瓯。"上悬匾额"大圆宝镜",亦为慈禧所书,殿内井口天花为二龙戏珠图案,岔角绘鹤。

殿正北砖砌须弥座上置木制雕龙佛龛,内供释迦牟尼白玉佛像。白玉佛是由整块白玉雕琢成的坐像,高1.6米,全身洁白无瑕,光泽清润,神态慈祥颐静,堪称世上玉雕杰作。左臂披袈裟,冠部及衣褶均嵌红绿宝石,左臂上留有侵略者的刀痕。相传白玉佛是清光绪二十二年(1896)明宽和尚出国南游所得之物。他沿途游说,取得了邻国的尊重,获赠大小玉佛。返国时又沿途伪称为慈禧太后请佛归来。安抵北京后,畏"冒旨罪"而献玉佛,结果免罪得赐。玉佛从马家堡车站(当时火车尚未修入城内)迎进团城承光殿内,自此,承光殿成为慈禧的佛堂。

玉瓮亭 承光殿前有清乾隆十四年(1749)建的玉瓮亭,方形、石柱,面宽2.9米,四角攒尖顶,上盖蓝琉璃瓦,中为铜镏金宝顶。亭内有一大玉瓮,用整块杂色墨玉雕成,高0.7米,周长4.93米,膛深0.55米,可贮酒三十石(约650千克),瓮身雕有海龙、海兽,出没波涛之中,形象生动,气势磅礴,不愧为玉雕中的佳品。

传说玉瓮是七百多年前元世祖忽必烈用来盛酒宴赏功臣的酒缸。明万历七年(1579),广寒殿倒塌,大玉瓮流落到西华门外真武庙中,被道士用来腌菜。清康熙五十年(1711),重修真武庙,发现了这件珍品,于是移到殿内座上,庙改称为"玉钵庵"。乾隆十年(1745)高宗得知后,命人"以千金易之",移置团城承光殿内。次年建玉瓮亭,专事保护,改玉钵为"玉瓮",并题写《玉瓮歌》刻在玉膛内。乾隆还命四十名学士各写一首颂诗,刻在亭子石柱上,更增添了玉瓮及玉瓮亭的文化内涵。

古松 承光殿左侧有一株二十多米高、枝叶茂盛的大油松,姿态苍劲挺拔,如伞盖遮天,若虬爪拿空。这棵松树至今约有八百多年了,据说有一年夏天,清高宗弘历(乾隆)游北海上到团城,中午室内闷热,宫人在树荫下摆了案椅,高宗坐下休息,只觉清风拂来,暑气全消,龙心大悦,遂效法秦始皇游泰山树下避雨,封"五大夫松"的故事,封这株松树为"遮荫侯"。作为陪伴,还封了南面一株高大的白皮松为"白袍将军"。又封了一株古松为"探海松"(原树已枯死,现补植一株),原来老树枝干向西屈卧,树冠掠过雉堞下倾,似俯瞰千顷涟漪的太液池,故名探海松。如今古树依旧枝叶茂盛,青翠可人。

中南海 位于北京故宫西侧,原名西苑。始建于辽金,后经元、明、清各代不断的扩建,面积达一千五百亩左右(其中水面约七百亩)。古代,中南海一直是列朝封建帝王的行宫和宴游的地方。

中南海水面的开拓,可以追溯到宋末辽金时代。传说辽国萧太后的梳妆台,就在现在的白塔山上。海水系从玉泉山引来,自德胜门水关流入,汇为巨池,南北长2000米,东西阔二百余步,名"太液池"。以后不断修建,成为金朝皇帝的离宫。金盛时即有"西苑太液池"之称,那时也被叫作"西华潭"。

1260年,成吉思汗的孙子忽必烈到了北京。由于城里的宫殿已被烧毁,他只好暂时住在北海公园一带的金朝离宫万宁宫里。忽必烈下令重建都城,先修缮了太液池中的琼华岛,继而环绕着北海、中海和琼华岛修建了宫殿城池,又垒土为山,开拓水域,营建城中皇家园林。经过二三十年的建设,一座气魄宏伟、设计周密的新都城落成了。

明朝新建皇宫,向东迁移,西苑又成为行宫。明朝的内监将西苑称作"西海子",太液池为"金海",又将其分为三海——南海、中海、北海。三海之分,是由太液池上的两座桥隔成的。蜈蚣桥之南为南海,金鳌玉𬜯桥(即北海大桥)之北为北海,两桥之间为中海。中海里有一凉亭矗立水中,云霞倒映在水面,小亭宛在云水之中,故此亭名为"水云榭"。亭上有一石碑,刻有"太液秋风"四个大字,是著名的"燕京八景"之一。

"三海"的名称,始于明朝,后人一直相沿未改。西苑在明代已具现有规模,但现存建筑则多属清代的遗迹。清康熙、雍正、乾隆几代皇帝,对中南海大加拓建,常在此游玩,节庆时赏宴王公卿士,在勤政殿等处召见官员,处理国务,接见进京朝觐的外藩属国使臣,欢迎凯旋回朝的出征将领。中南海也成为清王朝的政治中心。乾隆喜好题诗题字,仅在中南海题联题匾和作的纪胜诗,就有数百首之多。

清朝鼎盛时期,中南海里每年总要举办几次很隆重很盛大的活动。顺治年间,每岁于阴历七月十五办"盂兰盆会",放荷花彩灯数千盏,浮于水中,南自瀛台,北绕万岁山而回。入夜时分,无数河灯,流光万点,随波飘荡,蔚为奇观,真是满池光华庆升平,火树银花不夜天,为苑中一大盛事。康熙、乾隆时,向例在中秋节前两三天,集上三旗大臣侍卫在紫光阁前校射,皇帝也要持弓搭箭,亲自下场施射。每科殿试武进士,也都由皇帝亲临紫光阁检视骑射。一到入冬湖水封冻时节,则命八旗禁旅在太液池上习冰嬉、练技艺,在冰面上分棚掷彩球,互相追逐比试矫健,并设旌门悬靶演习射箭,轮番阅射,按等行赏。乾隆皇帝也曾乘冰床游湖。

自民国初期至今,中南海大都是作为我国政治中心的所在地。袁世凯、黎元洪、曹锟的总统府,张作霖的大元帅府,北洋军阀政府的国务院、摄政内阁,都设在这里。1928年,国民党政府定都南京后,中南海曾经有一段时间被开辟为公园,就叫作中南海公园,任人游览。1949年后,中南海成为中共中央和国务院的办公场所。中南海林木葱茏,碧波荡漾,楼台殿阁,错落其间,布局协调有致,是我国古典皇家园林精华的集中之地。

瀛台 南海中央四面环水的小岛,建于明朝,当时称为南台。那时瀛台岛上林木深茂,建筑简单,只有一座昭和殿,殿前建一小亭名澄渊。亭南边布有村舍水田,因为液池水阔,总有不少凫雁水鸟翔集水面,极富水乡野趣。

由于中国古代传说东海有蓬莱、方丈、瀛洲三座仙山,清朝负责修造瀛台的能工巧匠"样式雷"(雷廷昌)充分发挥了把瀛台变成人间仙境的造园构思,从环境的深幽到建筑的造型以及楼阁的题名,都寓意在这一幻境之中。这正是帝王的意愿,要在这里进入神仙般的境界。南海中的这个小岛就是这么建成的。明朝,这里南临一片村舍稻田,帝王常到这里观赏稻波金浪的田园风光。清朝顺治、康熙、乾隆、光绪等皇帝,对此岛均有增建和修缮,始成今日之规模。小岛上建有翔鸾阁、涵元殿、香扆殿、迎薰亭等建筑和景点。

每年皇帝祭社稷坛礼成后,皆至瀛台更衣,然后再往畅春园向皇太后请安,所以乾隆有"祭罢回銮路转西,趋台仲月晓寒凄"的诗句。上元节时,皇族也到瀛台观看焰火。康熙、乾隆都曾在此听政、赐宴。乾隆幼时还在这里读过书。光绪皇帝在1898年戊戌变法失败后,被慈禧长期幽囚于瀛台,1908年就死在瀛台上的涵元殿。瀛台的正门叫翔鸾阁,建于清康熙年间。坐南面北,高两层,上、下各七间,两侧有延楼向南环抱各十九间,东楼叫祥辉,西楼名瑞曜。翔鸾阁的后面是涵元门,门内东向为庆云殿,西向为景云殿,皆为涵元殿的配殿。这一组建筑布局较规正,但造型、体量又与四周的山水风景配合默契,是西苑中的重点景致。

涵元殿 瀛台的正殿。原名香扆殿,清乾隆六年(1741)时改题殿名,殿中悬的匾额上书"天心月胁"四字。东室额曰"含经味道",西室联曰"于间得少佳趣,亦足以畅叙幽情",都是乾隆所书。这里是清皇室在瀛台游览、休息和筵宴的主要场所。康熙、乾隆时,经常在此赏宴王公宗室、大臣权贵,君臣一起饮酒作乐,联句赋诗,"仗马排芳岸,游龙达玉津",场面隆盛,热闹非常。乾隆十八年(1753)秋八月,大宴皇亲权贵一百五十多人,还命画院绘图于涵元殿壁间,以纪其胜。戊戌变法失败后,光绪被慈禧幽囚于涵元殿,整个瀛台便不再繁盛热闹,变得冷清寂寞了。

涵元殿之东为藻韵楼,之西为绮思楼,均为两层六间,正南相对是香扆殿。

香扆殿 原名蓬莱阁,因为瀛台正殿易名,就把香扆殿的殿匾悬在相对的蓬莱阁北门上方,阁南还照悬蓬莱阁的阁名。香扆殿之东有室北向,额曰"溪光树色",再北接西向的房子,名曰"虚舟"。香扆殿之西有室北向,额曰"水一方",再北接东向的房子,名为"兰室"。室名典雅,以景咏之,耐人品味。

从翔鸾阁至香扆殿,形成一个平坦完整、参差错落、环拱有序的大院落。由香扆殿两侧缘梯而降,方知香扆殿为上、下两层楼,东西奇石古木,幽径深洞,太湖山石垒就奇峰峭壁,在玲珑剔透、雍容华贵的殿阁之外,又加上了天然山林的景致。

木变石 香扆殿南侧就是明朝南台旧址,东为春明楼,西为湛虚楼,均为两层,高及数丈。两楼之间有一个高2.6米的木变石,乾隆《御制瀛台观木变石诗》曰:"异质传何代？天然挺一峰。谁知三径石,本是六朝松。苔点犹疑叶,云生欲化龙。当年吟赏处,借尔抚逞踪。"

迎薰亭 瀛台最南端面水背山为迎薰亭,隔海与新华门相对。此亭建于水中,有桥与瀛台相连。亭中联曰:"相于明月清风际,只在高山流水间。"站在亭前回顾四望,波光映目,水色山光,瀛台岛上的殿堂楼阁,凌檐翘顶,覆以黄、绿、蓝多色琉璃瓦,掩映在碧树浓荫之中,令人有置身于蓬莱仙境中的感觉。

补桐书屋 从藻韵楼折向东,在太湖石之上有一小院落,南屋名补桐书屋,北屋名随安室。清雍正二年(1724),身为太子的乾隆就在这里读书。当时院里有两株老桐树,其中一株因病枯死,后又补种上,所以命名为补桐书屋。枯死的那棵树,辟裂取材,制成四琴,也就藏在补桐书屋中。随安室之名,是取"随遇而安"之意。

待月轩 补桐书屋之东北为待月轩,乾隆闲来无事,偶尔来到这里待月东升。再北有一六角形的亭子,立于山岩之上,深荫之中,这个亭子名镜光亭,有诗咏之为:"临水虚亭号镜光,微风不动液池沧。岸傍人柳非昔树,常乃幻知幻是常。"镜光亭之东为牣鱼亭,建在湖上,左、右各有曲栏甬路通岸。

从绮思楼折向西,与东面补桐书屋相对称的地方,有一个小院落,南室名长春书屋,北室名漱芳润。附近山石上的曲台回廊名八音克谐台,为瀛台风景最佳之处。

长春书屋院西,临太液池边的亭子名怀抱爽。院后有三块剑石,坚秀挺拔,石上刻着乾隆写的"插笏"两个字。这些剑石并非天然熔岩,而是人工造就,点缀于此。

人字柳碑 怀抱爽亭稍北,瀛台西岸立着一个整块巨石的汉白玉石碑,这个石碑叫人字柳碑。原来这里有一株百年巨柳,清乾隆十八年(1753)秋天,忽有狂风袭来,轰雷炸响,有如摧枯拉朽之势。老柳树被吹得枝干倾斜,一枝倒垂着地,后来取本柳的一根枝条插入地下以为支撑,日久成活,与主干绞缚无分彼此,合为一树,两足分立,恰似一个"人"字,因而被人称为人字柳。乾隆得知后,深感奇异,专立此石碑,并作序赋诗:"俯液池以写影,望趯台而驰情。"遂成瀛台一景。

牣鱼亭 居瀛台东边水中,为南海胜景之一,清乾隆年始建。顾名思义,此处养鱼甚多。两边均有五曲石桥通连瀛台,使瀛台更富有神话中方壶胜境的气势。

新华门 中南海的南大门,建于清乾隆二十三年(1758),原名宝月楼,民国初年改为新华门。自明朝时,太液池的开拓和瀛台的营造已具现有规模,只是太液池南岸逼临皇城，却未建宫室，乾隆每登台南望，嫌其没有屏蔽，遂命根据液池的水阔和瀛台的胜景，建一殿阁，原拟造成三层，后改为两层，宽广七间，春日动工，秋季便告落成。登楼北望，池不觉窄，岸不嫌长，云阁琼台，奇峰古槐，宛似仙境；南望则长安大道，三市五都，玉堂金马，人流熙攘，热闹繁华；西边远山起伏连绵，隐约可见，朝岚夕霭，气象万千。楼建成后，"一泓水镜呈当面，满魄冰轮映举头"，春池秋月，都在楼前，所以取名宝月楼，比之为广寒之庭。以后移来回民在西长安街居住，与宝月楼相对还建了清真礼拜寺。传说这个楼是乾隆为他宠爱的香妃所建，香妃是回族人，使之登楼南望，见其同胞，如归故里，以慰乡愁，所以宝月楼亦作望乡楼。

丰泽园 建于清康熙年间，正门所悬匾额"丰泽园"三字，是清乾隆皇帝的手笔。康熙年间，园外有几亩稻田，园内植几十株桑树，康熙闲暇时到此"亲御耒耜"，表示劝课农桑、敦本重农的意思。雍正以后，每年仲春亥日，皇帝要到先农坛去祭祀神农，祈求风调雨顺，并亲自耕田，事先演礼均在丰泽园里进行。乾隆写的《丰泽园记》说：瀛台"较之此园固为美观，而极土木之功，无益于国计民生"，丰泽园则"行一事而合于天心，建一园而合于民情"。故比之瀛台上飞阁丹楼、金碧辉煌的建筑，丰泽园里的建筑确显古朴敦厚，不尚华丽。

丰泽园大门五间三启门。门内颐年堂，面阔五间，是其主体建筑。院内东、西厢房门上悬匾"云山画""烟雨图"，为西太后所写。颐年堂在清朝时最初称崇雅殿，继称惇叙殿，又改为颐年殿，民国初更名为颐年堂。颐年堂后为澄怀堂，是康熙初年儒臣给皇帝进讲之处。

菊香书屋 在颐年堂东侧，本是丰泽园的附属建筑，清时名"菊香书屋"，系藏书之所。康熙题联为："庭松不改青葱色，盆菊仍霏清净香。"院内古松数棵，草坪一片，环境清幽典雅。毛泽东1949年至1966年居住在此，其书房、办公室、会客室、卧室现均保持原貌陈列。

静谷 在丰泽园以西，门与荷风蕙露亭相对，全部用汉白玉石雕砌，门楼为金刚宝座塔形式，五塔矗立于须弥座上，样式别致奇特，很有佛宇梵阁的风格。门额上镌刻"静谷"两字，门上对联曰："胜赏寄云岩，万象总输奇秀；清阴留竹柏，四时不改茏葱。"北面门额上镌刻"云窦"两字，亦有一联："月地云阶，别向华林开静境；屏山镜水，时从芳径探幽踪。"均为乾隆所写。园内屏山镜水，云岩奇秀，华林芳径，竹柏葱茏，景色尤为旖旎，环境特别清雅静谧，是一个寻幽探胜的所在，素有"园中之园"之称。

进入静谷的小门,先是一株连理柏,纤柏两枝,互为撑持、并蒂同生,不知是天然生成,还是人工栽植。再往前走,过长廊,隔水相对为纯一斋,此斋碧水环绕,乾隆诗咏为"过雨乘晨爽""松檐仰古钗",斋名是康熙手书。

纯一斋以西即为春耦斋。斋前平台宽敞,立于水上,由玉石栏杆围护。春耦斋是静谷里的主要建筑,凝重浑厚,别是一种格调。在清朝时,春耦斋还属于丰泽园的一部分,乾隆写的《春耦斋记》说,建丰泽园,为表"民本食天""知稼穑艰"的意思,所以"园之内有斋,兹以春耦名之"。斋内藏着唐朝韩滉画的《五牛图》真迹,后又将项圣谟、蒋廷锡的仿画并藏斋中,乾隆作诗咏为"五牛致十五,考牧可因通",并誉为"艺苑胜事"。斋前原有戏台,常演出宫戏,专供帝后观赏。

春耦斋南,有一座建于山岩之上的房屋,名为植秀轩。轩内联曰:"几群鸾鹤随吟管,四面芙蓉入绿纱。"此轩周围湖山假石,竹木叠翠,有诗直写为"山轩名植秀,四面围绿竹",确是一个清幽之所。向西渡池穿过假山石洞,在静谷西墙根下,还有一个虚白室,三开间,面向东,北室联曰:"景向淡中宜藻缋,山从老处见精神。"南室联曰:"连林新绿间旧绿,入户泉音复鸟音。"都是描绘静谷景致的佳作。虚白室南边是爱翠楼,楼高两层,雕画极工。清朝时,此楼周围还都是竹林,乾隆写诗说:"种竹猗猗已作林,高楼出竹翠云侵。"描绘了"四季翠阴森"的意境。

紫光阁　位于中海西岸,南甍碧瓦,金牖丹楹,非常华丽壮观。阁南向,建于护以石栏的台座上。面阔五间,两层重檐,层间梁向内收杀而绕以回廊,可备远眺。阁后武成殿,南向五间,前出廊;两侧各有廊庑十五楹,向南与紫光阁连为一体。其地原为明正德年间(1506—1521)所建平台,是皇帝阅射之地,后废台改阁。清因其旧,康熙时增筑长廊,但当时阁系圆顶北向,和今所见形制迥异。现存之阁系清乾隆二十五年(1760)重建。乾隆皇帝仿汉唐故事,建阁以绘平定伊犁和大小金川的功臣图像,并炫耀自己开疆拓土、削平叛乱的赫赫武功。阁内除了绘有各种图像外,还立有乾隆十七年(1752)晓谕八旗练骑射、习国语石碑一座。武成殿两庑嵌有乾隆御制诗刻石 224 首。阁建成后,清朝皇帝多于此台宴饮王公和接见外藩。

万善殿　在中海东岸三面临水的半岛上。明代创建,原名崇智殿,清顺治改名万善殿,乾隆三十五年(1770)曾予大修,是供奉诸神之所。建筑南向,前为万善门,是寺庙的山门形式;门内即万善殿,庑五间,重檐歇山顶,立于绕以石栏的台座上,雄伟端庄;殿后又一圆形殿宇,重檐攒尖,造型别致,名千圣殿。原殿内均奉有雕刻精美的神像,可惜已毁,所存建筑尚保存完好,外观无大的变革。

流水音 在南海北沿东部的一泓池水中,系四角攒尖方亭一座,是清朝康熙年间在明代无逸殿的旧址上新建的。亭内有流水九曲,系沿古时"曲水流觞"的习俗而来,建成时命名为"流杯亭",康熙为此亭题额曰"曲涧浮花",常宴外藩于此。当年这里曾有飞泉瀑布下注池中,风棂水槛,溅玉飞琼,曲流水响,不绝于耳,乾隆又在亭上亲题匾额"流水音",故名。

结秀亭 海子边上路边一方亭,建于桥上,流水穿亭而过。附近原有几间平房,是康熙皇帝养蚕之处。乾隆曾作《结秀亭》诗说:"亭临七月验豳风,锄雨犁云凭览中。环秀当年定远近,劝农今古意还同。"诗中提到的"环秀",也是亭名。据《金史》记载,金章宗承安元年(1196)六月驾幸环秀亭观稼,大约也是在这西苑之地。

颐和园 原名清漪园,位于北京西北郊,距市中心约15千米,是我国现存的最完整、规模最大的一座皇家园林。

主要由万寿山和昆明湖组成。万寿山原名瓮山,为燕山支脉,高58.59米。传说早年因一老人曾在此山挖出一石瓮,因此得名。瓮山山前有一片由泉水汇聚成的湖泊,称瓮山泊,即昆明湖的前身。元朝水利家郭守敬为了解决京城水源问题,引北郊白浮泉水及沿途水注入泊中,将此泊扩建为北京第一座人工水库,由此引向元大都,以接济漕运。明朝又在泊边建了一些寺院亭台,以明朝弘治七年(1494)皇帝的乳娘助圣夫人罗氏在瓮山之阳建起的圆静寺最为著名,其旧址即今颐和园内排云殿所在。瓮山湖泊地处北京西郊,被人们称作西湖;又因湖周围西山群峰叠翠,万木葱茏,映在碧波荡漾的湖水中,自然风光优美如画,好似江南风景,遂又有"西湖景"之称。

到清朝"乾隆盛世"时,皇家园林的兴建也到了鼎盛时期。在对康熙、雍正时期已经建造的香山静宜园、玉泉山静明园、畅春园和圆明园进行改建扩建的基础上,乾隆以为其母庆祝六十寿辰为由,下旨在这四座御园的中心位置建造一座起统领作用的、规模最大的皇家园林,这就是今天颐和园的前身清漪园。乾隆十五年(1750),清漪园开始动工兴建。首先将西湖向东部扩展,使其面积、深度都增加了一倍,在瓮山圆静寺旧址兴建大报恩延寿寺。并于乾隆十六年(1751)将瓮山改名为万寿山,《万寿山昆明湖》碑记中有乾隆御笔曰:"得泉瓮山而易之曰万寿云者,则以今年恭逢皇太后六旬大庆……"此后,"万寿山"一名沿用至今。同时又取汉武帝在长安开凿昆明池操练水军的故事,将瓮山泊改名为"昆明湖"。从乾隆十五年(1750)兴建清漪园到乾隆二十九年(1764)竣工,历时15年,耗银448万两。

清漪园的建成,不仅荟萃了中国古典园林艺术的精华,而且成功地将北京西北郊绵亘数十里的皇家园林连成了整体,形成了闻名中外的"三山五园"。清漪园建成后,成了乾隆皇帝每年夏天赏景纳凉的游园。乾隆之后,经嘉庆、道光至咸丰年间,清漪园一直是圆明园的主要配园。咸丰十年(1860),英法联军入侵北京,清漪园同其他四座皇家园林一样遭到了焚毁。

慈禧掌握了朝政大权后,在营建海军学堂的名义下,动用海军经费,于光绪十三年(1887)开始了清漪园的修复工程。第二年慈禧以光绪的名义发布了"上谕",公布了重修清漪园的工程,并取"颐养冲和"的意思,将清漪园改名为"颐和园"。颐和园工程前后进行了近十年,耗费五六百万两白银,但也只恢复了万寿山前山的建筑,后山后湖和西堤以西的一些建筑未能全部恢复。

1900年,八国联军入侵北京,慈禧出逃西安,颐和园又遭浩劫,文物陈设被掠夺一空,建筑也受到了很大的破坏。慈禧从西安返回之后,1902年再次下令重修。

颐和园在慈禧执政后期,不仅是她长住的乐园,也是全国的政治权力中心。

1908年,慈禧死后,光绪皇后隆裕宣布关闭颐和园,"永不游幸"。辛亥革命后,根据袁世凯《优待清室条例》,颐和园成为溥仪私产。1914年,颐和园由清皇室售票开放。1924年,溥仪被赶出紫禁城后,颐和园正式被辟为公园。1949年后,颐和园经过屡次修缮。1961年,国务院将其定为第一批全国重点文物保护单位,颐和园得到全面修缮。

颐和园全园占地约290万平方米,周长8千米,有不同形式的宫殿园林建筑三千余间,按功能可分为政治活动、生活居住和游览三个区域。按自然地貌,则可统分为昆明湖和万寿山两大景区。园内主要建筑如佛香阁、德和园大戏楼、排云殿等均为清末木结构建筑的代表作。

颐和园从建园伊始,就着眼于统领三山四园,其园林建造的设计和布局有统一的规划,各方面技艺水平集造园艺术之大成,既蕴含了江南园林之绮丽秀美,更突出了皇家园林的恢宏气势和雍容华贵,还兼有各民族的建筑文化艺术,是当之无愧的古典园林杰作。

走进颐和园东宫门,首先进入以仁寿殿为中心的政治活动区,可感受到帝王的威严和至尊,建筑风格和物品陈设也突出了神秘、紧迫之感。仁寿殿后,是光绪居住的玉澜堂、隆裕皇后居住的宜芸馆和慈禧太后居住的乐寿堂,这里或清幽闲逸,或富贵吉祥。从仁寿殿南侧,绕过山道,传统造园手法——"抑景"在这里得到了巧妙的运用,使视野从土山的屏障中豁然解脱,浩渺的昆明湖展现在面前。

昆明湖面积221.1万平方米,占全园面积的四分之三。湖水荡漾,烟波浩渺,龙舟泛波,长虹卧浪,乾隆有诗赞曰:"何处燕山最畅情,无双风月属昆明。"站在湖边,远处重峦叠翠的西山群峰,近处宝塔耸立的玉泉山,仿佛都收入园中,造园艺术家成功地运用了"借景"一法,巧妙地扩展了空间。昆明湖上主要景物有西堤六桥、南湖岛、十七孔桥、知春亭、石舫等。绕流万寿山后山脚下的部分,称为后湖,中部两岸建有著名的苏州街。

从碧波万顷的湖面转向气势雄浑的万寿山,当年乾隆挖湖建园,曾将开拓昆明湖的土方按照园林布局的需要堆放在山上,使东西两坡舒缓而对称,宜于修造主体建筑。前山后山均依中轴线,依山构筑。前山以八面三层四重檐的佛香阁为中心,组成宏大的主体建筑群,从山脚的"云辉玉宇"牌楼,经排云门、二宫门、排云殿、德辉殿、佛香阁,直至山顶的智慧海,层层上升,气宇轩昂,金碧辉煌。东侧有转轮藏和"万寿山昆明湖"石碑,西侧是五方阁和宝云阁。后山以香岩宗印之阁为中心,此阁在清漪园时期是三层建筑,慈禧修复时,只恢复成一层建筑。周围上下是一组色彩鲜明的汉藏式寺庙建筑群:四大部洲、五彩琉璃多宝塔和独具特色的喇嘛塔。建筑气势十分壮观,规模仅次于前山建筑。万寿山上绿茵丛中,还点缀着景福阁、重翠亭、写秋轩、画中游等楼台亭阁。登临山顶,俯瞰远近,山清水秀,阁耸廊回,金碧辉映,满目皆景,处处入画。

在"三山五园"中,以山水风光为主要特色的皇家园林颐和园,独领风骚,堪称我国古典造园艺术的稀世奇珍。

仁寿殿 在颐和园东宫门内,清乾隆时期称"勤政殿",建于1750年,光绪时重建,改称仁寿殿,取自《论语·雍也篇》中的"知者乐,仁者寿",意思是实行仁政者长寿。这里是慈禧、光绪坐朝听政的大殿。仁寿殿坐西向东,面阔七间,两侧有南北配殿,前有仁寿门,门外有南北九卿房,构成了颐和园内的政治活动区。光绪二十九年(1903)后,这里也曾多次接见外国使者。

仁寿殿内高悬金字大匾"寿协仁符",殿中放着慈禧、光绪朝会大臣的宝座,宝座由极名贵的紫檀木精雕而成,椅背上雕有九条金龙,宝座四周设有掌扇、鼎炉、鹤灯,甪端等。仁寿殿内最吸引人的是一只蹲在石须弥座上的铜制怪兽,龙头、狮尾、鹿角、牛蹄、遍体鳞甲,即为传说中象征富贵吉祥的麒麟。

仁寿殿在室内装饰上突出一个"寿"字,在南北暖阁山墙上,分别挂有一个巨大的条幅,幅上是百只蝙蝠捧着一个"寿"字,寓意"百福捧寿"。在殿中宝座后边的屏风上,一共雕有两百多个"寿"字,用不同写法精雕而成,把一个"寿"字书写得穷工尽趣。仁寿殿四周房檐的滴水瓦上也刻上了"寿"字图案，两侧各七十八个，前、后各一百二十八个，共计四百十二个"寿"字。

玉澜堂 昆明湖畔一组四通八达的穿堂殿，建于清乾隆十五年(1750)。正殿即玉澜堂，有东西两配殿，东名霞芬室，西称藕香榭。玉澜堂东临皇帝临朝的仁寿殿，西北靠近慈禧居住的乐寿堂，后连光绪皇后隆裕居住的宜芸馆，而西南则是碧波荡漾的昆明湖。玉澜堂是光绪皇帝的寝宫，建筑别致，环境幽静，但在慈禧当政后期竟成了这位天子的幽禁地。

光绪二十四年(1898)，戊戌变法面临危机之时，光绪帝曾在玉澜堂召见袁世凯，希望袁世凯能为变法效力。但袁世凯阳奉阴违，致使变法失败，慈禧发"上谕"，称光绪有疾，请她再次"训政"。从此光绪被幽禁起来，先在瀛台，后移到玉澜堂。这时的玉澜堂前后左右新修了不少砖墙，门口由太监守候，全部封闭，形同监狱。

现在，玉澜堂已基本恢复了皇帝寝宫原样，但保留了东、西配殿的暗墙，以便让人重温中国近代史上的重要一幕。

宜芸馆 位于玉澜堂后，是光绪皇后隆裕居住的地方。建于清乾隆年间，光绪时重修。

宜芸馆院门为垂花门，上题宜芸门。东配房称道存斋，西配房名近西轩。宜芸门内侧廊壁上嵌有十块石刻，是乾隆摹写的各家法帖，原藏于谐趣园，重建时移此。宜芸馆正殿内的百宝嵌屏风宝座和香几，是同类家具中的精品，用了多种宝石，家具表面还用竹丝拼镶出"万字不断头"的图案，十分精致。

乐寿堂 位于万寿山东南麓，长廊东头，面临昆明湖，是一座大型四合院建筑。在清漪园时期，乐寿堂原为两层楼式建筑，1860年被英法联军烧毁，光绪年间重修时建成现在的样式。在慈禧当政的后期，乐寿堂成为全国的权力中心，很多重大决策都在此决定。

乐寿堂有前、后两进院和东、西跨院，占地三千多平方米，共计有大小房间四十九间，全部用廊连接，建筑形式十分完整。正厅由十五个房间组成，中七、前五、后三，面积三百多平方米。正门悬挂着"水木自亲"的匾额，堂前设有御码头，慈禧常从此上下御船。出乐寿堂院东门，可直达宜芸馆，再出宜芸馆前门可进入囚禁光绪的玉澜堂。出乐寿堂东门往北拐，通过走廊可直达德和园大戏楼。出乐寿堂西门，走邀月门，即可入长廊。可见慈禧居住的乐寿堂与园内其他各处的联系极为便利。

乐寿堂西内间为慈禧寝宫,东内间为更衣室,正厅设有宝座、御案、掌扇和用象牙等镶嵌的玻璃屏风。院内最引人注目的是那块称"青芝岫"的巨石,此石两侧还配有两块小的太湖石,玲珑剔透。庭院中栽植了白玉兰、紫玉兰、西府海棠、牡丹等名贵花木,取"玉堂富贵""万福荣华"之意。邀月门前的白玉兰和后院的紫玉兰(又叫辛夷),已有两百多年的历史,是乾隆时期栽种的。年年初春,前院玉兰花开,玉盏倒挂,洁白芬芳,香气袭人;后院紫红辛夷,花冠群芬,富丽堂皇的乐寿堂浸润在浓浓花香中。

青芝岫 在乐寿堂院内,巨型奇石,名为"青芝岫",俗称败家石。

青芝岫原是四百多年前,明朝太仆(官名)米万钟自北京西南郊大房山中发现的。号称友石的米万钟,为将其运往私家花园,不惜财力,雇用上百人,用四十匹马组成的大车运石,七日方出山,又五日才至良乡。后不知得罪何方人士,被宫中太监告了御状,财尽力竭,败家丢官,只好弃此石于良乡道旁田间。因此人们便称此石为"败家石"。一百多年后,乾隆帝去西陵扫墓时途经良乡,发现了这块"败家石",他见此石突兀凌空,气宇不凡,决定将它运回刚修好的清漪园内。为了使石进入乐寿堂,还不得不将正门拆掉。为此乾隆的母亲还发了牢骚,称"既败米家,又破我门,其石不祥"。然乾隆十分喜爱此石,为其取名"青芝岫",命工匠刻名于其上,还题了"神瑛""玉秀"于其东西两侧。

青芝岫长8米,宽2米,高4米,重约两万多公斤。此石"昂首而俯,足跂而敛。濯之色而青,叩之声而越"。石身上宽下窄,形如灵芝,千孔万溪,漏透且瘦,在两侧太湖石和红白海棠的烘托下,确有奇特别致之感。

扬仁风 乐寿堂的一座西跨院,自成院落。全园规模不大,俯瞰全园,即可看出建筑景物依繁体字"風"的字形建造,堪称奇妙。

园中北部石阶上有殿,俗称扇面殿,建筑呈扇形,有八条青石嵌砌入石阶形成扇骨,青石相交处,有一块汉白玉雕成扇轴,恰如一把打开的折扇。扇面殿和东、西两侧的围墙联接,组成"風"字的外围部分"几";殿前有石台,即为"風"字内的一撇"丿";石台前的方砖墁地、鹅卵石镶边小径和小径两边修剪整齐的方形植被,形成"風"字内的"中"字;小径尽头有一方池,池上围有石栏,这就是"風"字中最下面的一横;最后那一点,原存山石一块,现已不知去向。全园依"風"字建造,风雅精巧,独具匠心,实为造园艺术之佳作。

园名取自《晋书·袁宏传》典故:袁宏出任东阳郡守,临行谢安赠扇,袁答曰:"辄当奉扬仁风,慰彼黎庶。"扬仁风园中建筑既有"扇"又有"风",正合了扇扬"仁义道德"之风的寓意。

谐趣园 颐和园万寿山东麓,后湖尽头,著名的"园中之园"。始建于清乾隆十六年(1751),仿江苏无锡惠山的寄畅园而建,原名惠山园。嘉庆十六年(1811)重修时,取"以物外之静趣,谐寸田之中和"之意改称为"谐趣园"。咸丰十年(1860)被英法联军烧毁。光绪十八年(1892)重建,此后主要成为慈禧观荷垂钓之所。园中主要建筑涵远堂就是慈禧游园休息的地方。

谐趣园之趣味,一"趣"在廊。园中修建了知春亭、引镜、洗秋、饮绿、澹碧、知春堂、小有天、兰亭、湛清轩、涵远堂、瞩新楼、澄爽斋等楼堂台榭,并用百间迂回曲折的游廊相沟通,三步一回,五步一折,错落相间,玲珑有趣。二"趣"在桥。在只有2000平方米水面的园中,就有七八座不同形式的小桥,长的10米有余,短的不足2米。尤以知鱼桥最为吸引人,其趣在名。"知鱼"一词出自战国时庄子和惠子在濠梁边的一段辩论。三"趣"在水。园中荷塘,水源从竹丛中隐来,通过引镜后的暗沟悄然而去,满湖清水来去无踪。池中又按寄畅园八音涧修建了一处玉琴峡,水自后湖引来,顺势自上而下流泻下来,水声叮咚,犹如琴韵,故名玉琴峡。四"趣"在时。春夏秋冬,四时景色变化显著。春之杨柳,夏之荷香,秋池流碧,冬雪压枝,四季风景俱入园中,举目如画,趣味盎然。

谐趣园小而有趣,玲珑精致,花木扶疏,竹影参差,溪泉急湍,山石嶙峋,极富江南园林情趣。

宫苑"农舍" 在谐趣园西边的山坡上,有一排用石板盖顶的房屋,其房屋式样及周围环境和普通农舍相似,取名"乐农轩"。在其南侧还有一座草亭,柱椽陈旧,酷似荒野陋舍。这一组农舍式建筑位于规模宏大的皇家园林中,独一无二,令人惊疑。其建于1902年,正值八国联军入侵北京,慈禧仓皇出逃返京后。慈禧一行逃亡沿途多为北方山区,农民住房不少为石板盖顶。所以乐农轩可看作慈禧西逃之纪念。乐农轩建成后,前面山地上每年都种植一些五谷杂粮或普通蔬菜,成熟时,慈禧命太监宫女收割采摘,慈禧则坐在一旁观看。

景福阁 在万寿山东部山顶的景福阁,乾隆时为菊花形的昙花阁,慈禧重修时,改建为景福阁。阁南向,前后各五间,周围廊。四周廊间满缀宫灯,远看如列星。凭栏四望,全山景色映入眼底。慈禧喜欢这个地方,每年七月初七在此祭牛郎织女,八月中秋在此赏月,九月重阳节在此登高,吃福(野雉)、禄(鹿肉)、寿(羊肉)、喜(关东鲟鳇鱼)。盛夏伏暑季节,慈禧常在这里和后妃、宫女们压宝、推牌九,名叫"过阴天儿"。"过阴天儿"用膳时,由膳食房到景福阁,沿途排列许多太监,接连传递饭菜。按照规定,参加传膳的太监只能穿袍褂,不准用雨具,遇着狂风暴雨,就被雨打如落汤鸡,慈禧以此取乐。在景福阁的东北方有一所坐北向南的建筑院落,这便是益寿堂。街门为垂花门,门内有益寿堂五间,东、西配殿各三间。四周围以砖墙,满墙雕刻花纹和博古文玩图案,文化气息很浓,是当年皇上修身养性之处。

自在庄 1903年,慈禧在乐寿堂东北的半山腰中建自在庄,其样式如农村中的茶馆酒肆,馆伙全由太监扮装,慈禧常常带领后妃、宫女逛自在庄,或坐在竹篱茅舍的茶馆里吃野茶,或坐在野灶山厨的酒馆里喝酒吃点心,慈禧称之为"逛野景儿"。

养云轩 轩址在长廊东首之北,为乾隆时旧名,光绪年间重建。门如钟形,门前有莲池,俗名葫芦河,河上架石桥,乾隆题"川泳云飞"四字。门内有轩五间,慈禧住园时,为嫔妃、格格、命妇休息之处。当年如意馆女画师缪素筠以及女官德龄、容龄姐妹亦曾居于此。与自在庄一样,这里是万寿山前山东部一组富有山野气息的景点。

德和园大戏楼 颐和园中仅次于佛香阁的高大建筑,慈禧看戏的地方。清乾隆时期,德和园原为怡春堂,光绪十七年(1891),在旧址上建颐乐殿和大戏楼。大戏楼是我国目前保存最完整、建筑规模最大的古典戏楼建筑,它具有重要的艺术价值和历史价值。

大戏楼面对颐乐殿,高21米,翘角重檐三层,底层舞台宽17米。三层舞台之间均有天井和地井通连,顶部有绞车牵引,可表现戏剧中升仙、下凡、入地等神出鬼没的情节。戏台底部有一口深井和四个水池,用以设置水法布景,在演出《水漫金山》之类的戏时,舞台上能出现滔滔白浪。大戏台的后半部分是两层的扮戏楼,是规模巨大的后台,演员们在此化妆和上场前候场。大戏台对面是慈禧看戏的颐乐殿,殿中有专设宝座,但慈禧一般总坐在颐乐殿西里间窗前的木炕上。颐乐殿东西两侧的看戏廊原来被分成一个个小间,按规定,凡被赏看戏的王公大臣、贝子贝勒均坐在此处看戏。

德和园大戏楼与我国京剧艺术的发展有着直接联系。由于清朝历代统治者都爱好京剧,京剧艺术到了清末进入极盛时期,著名演员谭鑫培、杨小楼、王瑶卿等都曾在此为慈禧演过戏。

长廊 在颐和园循万寿山南麓沿昆明湖北岸构筑,始建于清代乾隆十五年(1750),1860年被英法联军焚毁后,于1888年又重新建造。

长廊东起邀月门,西讫石大亭,中间穿过排云门,两侧对称点缀着留佳、寄澜、秋水、清遥四座重檐八角攒尖亭,象征着春、夏、秋、冬四季。廊长728米,共有273间。它以建筑精美、曲折多变和极丰富的彩画而负盛名,是我国古建筑和园林中最长的廊。长廊的地基和廊身随着万寿山南麓地势的高低而起伏,走向因昆明湖北岸的弯曲而变化,四座重檐八角亭正是高低和变向的连接点。由于处理巧妙,人们步于廊中,廊引人随,但觉四面皆佳景,并不感觉到廊的起伏曲折,但游完一段回首一顾,才恍然大悟。当年乾隆沿湖建此廊,专为其母孝圣皇太后沿廊漫步和观雨赏雪之用。观览暴雨时,天水相通,湖面波涛汹涌;品赏飞雪时,漫天皆白,冰上银絮飞扬。人们曾总结出这条长廊的四大妙处:1.长达750米的长廊,无倚靠,无砖墙的支撑,两百多年间,虽经多次暴雨狂风的袭击,但却未被吹倒一次;2.长廊如彩带一般,把前山各风景点紧紧连接起来,又以排云殿为中心,自然而然地把风景点分成了东、西两部分;3.廊中夹亭,东西两翼各有亭轩三座。这些亭轩既有点景作用,又有在一定距离内倚衬和支撑长廊的妙用;4.长廊柁画是园中最珍贵的艺术品。在乾隆年间,乾隆皇帝派如意馆画师到杭州西湖写实,得西湖景546幅,没有雷同,没有杜撰,然后再将其原样移绘到273间长廊柁上,给这北方园林的建筑点染上了江南庭苑的风韵。长廊中全部彩绘约8000幅,除了西湖风景外,还有人物故事、翎羽花卉等彩画。慈禧重修时,曾两次派人到西湖写生。日伪时期,柁画被涂抹得面目全非。1959年,人民政府拨巨款,将256幅西湖风景画以及神话、历史故事等彩绘于梁柁上,又一次充实了彩画内容;又在重檐八角亭左右分别绘制了大型古装人物画,使长廊柁画更加引人入胜。

漫步长廊,步移景换,内有绚丽彩画引人品味;外有静山动水,明花烟树,使人目不暇接。长廊像一条彩带,把远山近水和山前建筑连成一体,具有很高的造园艺术价值,是颐和园中一处胜景。

佛香阁 耸立于万寿山前山正中,一座八面三层四重檐建筑,阁高41米,下有20米高的石台基,用巨石垒起114级台阶。佛香阁起于山腰,居高临下,体宽量大,气势宏伟,是颐和园的中心建筑,也是颐和园的标志性建筑。

佛香阁始建于清乾隆十五年(1750),最初的设计思路是仿杭州六和塔筑一座九级佛塔。塔建到第八层时,乾隆突然下旨停修,拆塔建阁,浪费白银数十万两,但更具皇家气派的佛香阁确实是园林艺术上的成功建筑。这是因为按初衷建立的字塔,尖尖地耸立于山上,与群体建筑风格不协调;加之附近一带历来多塔,特别是已有的玉峰塔,更嫌重复,而端庄宏伟的阁式建筑更能体现泱泱皇室风范,为后世留下了一座园林建筑精品。

咸丰十年(1860)，佛香阁毁于英法联军之手。光绪年间在原址上依原样重建，并供奉佛像。1900年又遭到了八国联军的严重破坏。1902年慈禧再次下令重新修复，1953年再度修缮，直至1989年彻底大修后才允许游客登阁参观。

开放了的佛香阁在一层供奉了一尊明朝5000公斤的铜佛像，二层布陈了一尊玉佛和万寿山昆明湖碑文，三层陈列了有关建造佛香阁的资料，阁顶绘制了国内八大名阁的彩画，曰"八方乐奏"。值得一提的是乾隆御笔刻于"万寿山昆明湖"碑上的记文。石碑高达9.87米，碑座、碑身、碑帽均用整块巨石雕成。碑记记述了当年开挖昆明湖以改善北京水利的情况，具有很高的文物价值。

登阁揽胜，可俯瞰昆明湖和万寿山的前山景色。从这里望去方见昆明湖酷似一个大寿桃，蜿蜒的西堤，恰似桃上的沟缝，寿山"寿桃"真乃天作之美。举目西眺，玉泉山宝塔近在眼底，西山峰峦层林叠翠。抬头北望，可见色彩绚丽的众香界、智慧海、仙台放彩。佛香阁犹如巨擘，将万寿山一带和十几里内的优美风景尽携于周围，成为京西举足轻重的园林胜景。

排云殿 地处万寿山前山建筑区的中心，原址即是乾隆皇帝为其母做寿而建的大报恩延寿寺，慈禧重修时，将延寿寺正殿改建，起名为"排云殿"。"排云"二字出自晋朝诗人郭璞诗句"神仙排云出，但见金银台"。慈禧原本将此地作为她的寝宫，故用"排云"，自比神仙。后慈禧得病，考虑到排云殿紧靠佛香阁，怕是触动了佛祖，才将寝宫移至乐寿堂，排云殿则用作慈禧每年十月做寿时接受王公大臣们贺拜的场所。

排云殿依山筑室，步步递高，黄瓦玉阶，为全园最富丽之建筑。排云门前，有一座金碧辉煌的牌楼。牌楼两侧分列十二块压石，一般常称"衙石"或"排衙石"。乍看如乱石，细看为相形，即鼠、牛、虎、兔、龙、蛇、马、羊、猴、鸡、狗、猪十二属相。这十二块山石原为畅春园中的风水压物。慈禧修排云殿时，嫌门前过于空阔，乃下令建造大牌楼。牌楼落成后，又觉得势孤不雅，故将畅春园中的地支压石移置于此。

牌楼南面临湖有御舟停泊处，俗称龙口。每年端午、中元、中秋三节，都要在龙口码头悬灯结彩，在湖中放河灯、焰火。

宫门内有东、西配殿，中有金水河，上跨石桥。越桥拾级而上达二宫门。门内正殿为排云殿。额"大圆宝镜"，面宽五间，进深三间，两边分列紫霞、玉华、芳辉、云锦四配殿，正殿左右均有耳殿，中间有复道相连，横列共二十一间。全部建筑均用游廊贯串，并用黄琉璃瓦盖顶，为颐和园内最为壮观的建筑群，在世界宫殿建筑中也属罕见。从远处望来,但见一片金光闪烁,檐下有彩绘檐柱、斗拱,在蓝天、白石台基的映衬下,更显得美丽庄严。殿中陈设和仁寿殿相同。

排云殿内正中宝座上方悬"永固鸿基""蕃厘经纬"字匾。殿内陈设多为慈禧七十岁生日时各地督抚大臣进贡的寿礼。其中有一对比真人还高大的麻姑献寿人物,是景泰蓝制品,在同类工艺品中独一无二;还有一对象驮宝瓶,包含一串吉祥套话:"太平有象,象驮宝瓶,平升三级,吉庆有余。"用的都是谐音。

智慧海 在万寿山顶,是乾隆年间修建的大报恩延寿寺(今排云殿)中的最北部分,是一组宗教建筑。"智慧海"一语出自佛经《无量寿经》:"颂曰:……如来智慧海,深广无涯底。"意思是称颂如来佛智慧如海无涯,佛法深厚无边。

智慧海为重檐歇山顶的两层建筑,造型古朴庄重,全部建筑均用砖石纵横相间拱券砌成,因此又称"无梁殿"。建筑外部通体用黄绿两色琉璃瓦铺成,顶部还增加了紫、蓝诸色,色彩绚丽,图案精美,尤其四面殿墙上镶嵌琉璃佛像,上层有440尊,下层有670尊,共1110尊佛像,更富特色。殿内供奉高大的观音座像。殿前有五彩琉璃牌坊一座。牌坊和无梁殿前后的石额依次题为"众香界""祇树林""智慧海""吉祥云",构成佛家的一首三字偈语。

1860年,英法联军入侵北京,火烧颐和园,智慧海虽未毁于大火,但侵略者却砍下了四面墙壁上所能够着的佛像头。直至1983年重修,才修补齐损毁的佛像272尊。

铜亭 即宝云阁,在颐和园万寿山佛香阁西坡,清乾隆二十年(1755)建。铜亭本是通体用铜铸造的佛殿,坐落在一座用汉白玉雕砌的须弥座上,铜殿内原供有佛像,殿高7.55米,重207 000公斤。铜亭为歇山重檐,四面菱花槅扇,其柱、梁、斗拱、椽、瓦、宝塔以及九龙匾额、对联等,都是仿木结构造型。通体呈蟹青色,造型精美,工艺复杂,工程规模巨大。据载,当年铸造时,仅为磨光表面,就挫下铜屑2500公斤。由于这座号称为"金殿"的佛殿状如亭子,故俗称为"铜亭"。1860年,英法联军劫掠清漪园,殿内佛像供器连同铜门铜窗都被抢掠一空,只殿内铜桌因体大量重没有被搬走。

铜亭连同亭上花纹都是用铸印法铸造出来的。铸印法又称拔蜡法,是我国铸造业使用的传统工艺。铜亭的工艺水平之精致、体积之大,在全国实属罕见,反映了我国古代金属工艺之先进水平。

转轮藏 万寿山前山的一组宗教建筑,为帝后礼佛诵经之处。正殿为三层楼阁,两侧各有双层的八角配亭。亭内有木塔贯穿,木塔又分六层,第一层木板上绘有云纹,贮存经书,上边五层,分别绘制了八十幅山水人物画。木塔可旋转,是佛教法器演化来的建筑物。在西藏一带的喇嘛教,诵经时,把经文放入特制的转经桶,拿在手中转动,便算念诵了桶内经书。此处的木塔结构即源于此。塔下有地道,设机关,每当帝后来拜佛祈祷,便遣人钻进地道,推动木轴,木塔就开始转动,塔上的经书随之转动,转完一周,帝后就算把所有经书念了一遍。

画中游 是万寿山西部山头上的一处重要的景点建筑群,它依山而筑,和万寿山东段的景福阁大致处在对等位置。正面中间为八角两层楼阁,东、西配置两亭两楼,西楼名"爱山",东楼名"借秋",用爬山廊沟通。阁后山坡有高大的白石牌坊。坊后山顶有一座三间正殿名"澄晖阁",两侧有廊向下通爱山、借秋两楼。这组建筑内集中了多种建筑形式,高高低低,错落有致,无论是登阁凭眺,还是漫步游廊,处处成景,仿佛置身于一幅中国山水画中。乾隆有诗云:"层楼雅号画中游,四面云窗万景收。只有昆明太空阔,破烟几点下闲鸥。"民间有几句顺口溜这样形容画中游:"画中游,画中游,一个亭子两个楼。西边一处叫'爱山',东边一个称'借秋'。远看似画近是景,入境好似画中游。"

耶律楚材祠 位于颐和园昆明湖东岸,文昌阁以北,仁寿殿南。祠院门向西开,院内有一个两米多高的石碑,旁边还立一个石翁仲。三间北房,屋内供着比常火高大的耶律楚材塑像,像前有长条供桌。北房后边小院中,也有三间北房,房中就是耶律楚材的土红色大坟。这处祠院是颐和园中历史最悠久的一处文物古迹。

耶律楚材(1190—1244)是元朝一位著名的政治家,是蒙古成吉思汗、窝阔台汗及乃马真皇后执政时的三朝重臣,字晋卿,契丹族,辽皇族子孙。元朝开国前的一些重要典章制度,大都出自耶律楚材之手,他为元朝入主中原、稳定政局乃至保存中原古老文化作出了很大贡献。因此在他死后,元朝为他择地而葬,建庙立像,以隆重纪念这位杰出人物。元明以来,这里留下了不少凭吊题咏的诗篇。

明朝初年,耶律楚材墓地遭到破坏,祠堂被毁,坟墓被平,石翁仲被推倒砸坏。又因夏夜流萤丛集石翁仲眼部,异传为石人两眼发光,将其视为凶灾怪异,石翁仲被推入水中。清朝乾隆建造清漪园时,发现了此处,乾隆认为,元朝乃异族统治汉族,而清朝也是异族入主中原,对这位异族的杰出人物应给予肯定,遂在原址上恢复祠墓,立碑记其沿革,褒彰耶律楚材的功绩。但因其位于皇家园林里,因此决定在坟墓西侧建一道围墙,将其圈在园外,这样就保持了皇家园林的"正统无邪"。现存规模系光绪时重修,祠堂、墓室一如旧制。

1979年,颐和园管理处在基建时挖出一个石翁仲,经专家认定就是原立于祠堂门前的石翁仲,遂将其移回原址。

知春亭 建在昆明湖东岸不远的小岛上,为重檐四角攒尖顶。倚柱可纵观全园的景色。由此向西,万寿山佛香阁高耸入云,远处的玉泉山、玉泉塔清晰可辨,绵亘起伏的西山群峰尽在烟雾飘渺中,在此尽可体验湖光山色之美景。亭畔遍植垂柳,春来柳丝吐绿,取"见柳而知春"之说命名。

廊如亭 颐和园中有亭四十余座,造型各异,点缀山水之间,平添园林情趣,它们几乎包含了传统亭子的各种风格特点。廊如亭在其中以其宏大而著称。

廊如亭位于十七孔桥的东端,因为它是一座八角重檐的大亭子,所以又称之为"八方亭"。它不但是颐和园中的最大亭子,也是我国现存同类建筑中的最大者。

廊如亭建于乾隆年间,当时的清漪园没有东墙,在亭中四面瞭望,亭北是烟波浩渺的昆明湖,远山在望;亭东、亭南两侧则是千顷农田,无尽田园风光,在此远眺,视野开阔,廊如亭因此而得名。

廊如亭建筑面积有一百三十多平方米,由内到外有三圈四十根柱子,其中圆柱二十四根,方柱十六根。亭顶采用重檐攒尖,檩上全部饰以旋子彩画,造型稳重舒展,气势雄浑壮观。之所以在此修建如此巨大的亭子,在园林建筑上大有讲究:为了与十七孔桥西端南湖岛上建在高台之上的楼阁亭台遥相呼应,不使景观上有西重东轻、一头过沉之感,因而建在桥东堤边这座八方巨亭就必不可少。从万寿山上向这一景点望去,也更衬托出十七孔桥的丰姿魅力。另一种说法是满族祖先为马背民族,帐篷乃其牧猎生活中的必需物,因此在满族统治者的皇家园林里,依帐篷形状建起了这种木结构的大"帐篷",以示不忘传统的生活方式。清朝的乾隆皇帝经常在此亭观赏昆明湖景色,大宴群臣,赋诗饮酒,陶醉于山水之间。

十七孔桥 昆明湖上,清乾隆时建,颐和园中最大的桥。桥长150米,宽8米,由十七个孔券组成,故名十七孔桥。远远望去,石桥飞跨于八方亭和南湖岛之间,状若一道长虹横卧在碧波荡漾的昆明湖上。其造型兼有北京卢沟桥和苏州宝带桥的特点。在石桥两边的栏杆上有精美石雕,每个望柱上都雕有神态各异的狮子,大大小小共有544只,两边桥头还有石雕异兽,十分生动。

这座巨大的石桥只可能出现在颐和园这座宏大的皇家园林中,无论是中国其他地方还是其他国家,都难觅能与之相媲美的园林景桥。它不仅沟通了从昆明湖东堤到南湖岛的水上交通,而且由于它横卧湖上,使空旷的湖面景区平添了景物层次。此桥设计构思巧妙,景观安排得体,成为造园艺术的传神之笔。

十七孔桥为何桥孔要取十七,有人说是为了得"九"之缘故。从石桥中间一孔往两边数去,每边都为"九",这和天坛圜丘坛由"九"的倍数组成一样。我国传统以偶数为阴,以奇数为阳,"九"即为阳数之极,为最大。封建皇帝自诩至尊天子,阳极之数"九"就成为他们最喜欢用的数目,因此在供他们享乐的园林建筑中也少不了隐含这个极祥极贵之数。

铜牛 昆明湖东堤,十七孔桥东端。清乾隆二十年(1755)用铜铸造,又称为"金牛"。铜牛大小与真牛相仿,卧伏在雕有海浪的青石座上,双目炯炯,栩栩如生。

据传铸铜牛于湖岸,是取镇压水患之意。铜牛背上铭刻有乾隆写的《金牛铭》,为篆体,共八十字。铭曰:"夏禹治河,铁牛传颂。义重安澜,后人景从。制寓刚戊,象取厚坤。蛟龙远避,伬数鼍(意斁,一种爬行动物)鼍(音元,俗称鼋鱼)。漾(音湾)此昆明,潴流万顷。金写神牛,用镇悠永。巴邱淮水,共贯同条。人称汉武,我慕唐尧。瑞应之符,逮于西海。敬兹降祥,乾隆乙亥。"旧时北京有金、木、水、火、土五镇,景山为土镇,大钟寺为金镇,昆明湖则为水镇。古人认为牛识水性,故铸铜牛以镇水灾。

蓬莱岛 昆明湖中一小岛,由十七孔桥与东岸连接。岛上青松翠柏,楼阁隐约如画,好似蓬莱仙境中的蓬莱岛,宫中太监常呼此名,俗称龙王庙。

龙王庙西有鉴远堂,正殿五间。戊戌政变后,慈禧所立"皇太子"大阿哥溥俊曾以此处作为学堂。鉴远堂后殿五间,取名澹会轩,戊戌政变前,光绪皇帝曾用此处作为夏季住园避暑时的书房,后因怕雷,不敢接近"龙王",故又迁回玉澜堂。再后是月波楼,两层楼房,上、下各五间,咸丰皇帝曾在这里避暑纳凉。

龙王庙的主体建筑是地处北部临湖的涵虚堂。清漪园时代,此处建有望蟾阁,三层,仿武昌黄鹤楼样式。乾隆皇帝曾在这里观看水猎。清咸丰十年(1860)遭英法联军焚毁。光绪年间重建为一层大殿。南向,面宽五间,后出厦三间,四面出廊,取名涵虚堂。

清晏舫 原称石舫,位于颐和园万寿山西麓岸边,建于清乾隆二十年(1755),园中著名的水上建筑。舫上原为中式舱楼,1860年被英法联军烧毁,仅船体幸免。乾隆建石舫,赋予它"水能载舟,亦能覆舟"的政治含义。光绪十九年(1893)重建时,仿外国游轮重建西式舱楼,并取"河清海晏"之意,命名为"清晏舫"。

清晏舫是园内唯一带有西洋风格的建筑,它建于水面上,船体长36米,用巨大的青石雕砌而成,酷似真船。两层舱楼系木结构,但都油饰成大理石纹样,远看上下浑然一体,似全石结构。舱楼顶部用雕砖装饰,精巧华丽,别具一格。船体部分有四个龙头凸出在外,每当下雨,龙口便吐出水来,这水是舱楼顶部承接的雨水,用四根空心柱从四角引导下来的。

凤凰墩 昆明湖东南隅即绣绮桥北面的湖中的圆形小岛。建于清乾隆年间,仿江苏无锡运河中皇埠墩(又名皇甫墩)景观。岛上原会有会波楼及东、西、南、北四配殿等建筑。相传道光皇帝有皇子四人和公主九人,公主倍于皇子,道光不悦。按风鉴家解释,凤凰属阴性,为后妃兆,公主倍于皇子,是凤凰楼给闹出来的。道光信以为真,一气之下,将会波楼拆毁。现今基址上建有一亭。

西堤六桥 仿苏堤六桥,建于西堤。西堤是乾隆修清漪园时仿杭州西湖苏堤春晓景观而建。每至初春,柳条吐绿,桃花放红,一条色彩缤纷的长堤,浮现在昆明湖中。游人至此,宛如漫步于江南三月的西子湖畔。

六桥最北端是界湖桥,其余依次为豳风桥、玉带桥、镜桥、练桥和柳桥。豳风桥原称桑苎桥,因为桥西一带原有水村居、耕织图这样一些与农事有关的景点。废桑苎而改豳风的原因据说是"桑苎"发音似"丧主",而慈禧的丈夫咸丰,名叫"奕詝","詝"与"苎"同音,尽管当时"奕詝"已死多年,还是要避这个讳。慈禧住园时,几乎每天都要乘龙舟游湖赏景。一次,她着渔婆装束,命后妃和宫女扮渔女,心腹太监李莲英扮渔船艄公,划着渔船,在豳风桥旁荡舟摄影。其他几座桥名多取自古诗。镜桥和练桥取自"两水夹明镜,双桥落彩虹"和"澄江静如练"诗句;柳桥则取"柳桥晴有絮"诗句。玉带桥是六桥中唯一的高拱石桥,通体洁白、柔和、匀称,恰如一条玉带,最负盛名。

玉带桥 昆明湖西堤,六桥中唯一的高拱石桥。清乾隆时建,光绪年间重修。

玉带桥拱高而薄,桥高出水面10米有余。桥身、桥栏选用青白石和汉白玉雕砌,通体洁白如玉,其形挺拔而流畅,柔和而匀称,宛如一弯玉带,格外秀美,故有此佳名。在颐和园诸桥中,其形其色最为出众,有鹤立之感。

桥下原为玉泉山泉水注入昆明湖的入水口。乾隆时期,清漪园(今颐和园)和静明园(今玉泉山)的往来主要靠水路,玉带桥为必经之地。为了皇帝的龙舟能穿行桥下,就必然要求桥拱高于一般的小桥,因此才出现了这么一座有别于西堤诸桥的高大石桥。由于造桥者的巧妙构思,其高而不危,大而不笨,优雅舒畅,实为园林景桥建筑中之佳作。

治镜阁 坐落于西湖团城岛上,内供无量寿佛,清乾隆年建。外团城、内重城均辟四门。阁三层,下层额题"仰观俯察",中层额"得沧洲趣",上层额"治镜阁"。咸丰十年(1860),被英法联军焚毁。今岛上林木森森,景色极美,是颐和园浩渺湖面上的一处世外桃源。

藻鉴堂 颐和园西南湖中的小园林,清乾隆年间始建。内有藻鉴堂、烟云舒卷殿、春风啜茗台等建筑。咸丰十年(1860)被英法联军焚毁,光绪年间重修。在整个湖区的布局上,藻鉴堂和治镜阁、蓬莱岛三座岛被称为海上三座仙山,是颐和园前湖水景的点睛之笔。

后湖 又称苏州河,是颐和园万寿山山北(后山)的一段水面,宽窄不等,弯曲自如地绕流北山坡。清乾隆年间由人工凿成,长约1千米。河水随山势弯转,时宽时窄,夹岸古松挺立,山石层叠。中段建买卖街,有"山重水复疑无路,柳暗花明又一村"的胜景。

在后湖中段两岸,建有一条买卖街,宫内均称为苏州街,专为帝后消遣而设。清乾隆年始建,店铺仿苏州样式。商人、顾客皆由太监装扮,煞有介事地进行交易,以博得帝后的欢心。咸丰十年(1860)被英法联军焚毁,今已修复。

后山还有一组宗教建筑景点,如中轴线上的四大部洲、西边的云会寺、东边的善现寺等,均为藏式喇嘛寺庙形式。乾隆时建,后毁于1860年英法联军入侵,现已修复,成为点缀在后湖后山一片绿色林木湖水中的彩珠。

四大部洲 万寿山后山的一组佛教建筑。建于乾隆时期,系仿西藏桑鸢寺形式修建。东为胜神洲,西为牛贺洲,南为赡部洲,北为俱芦洲,象征佛教世界的四大部洲。乾隆依佛经解释:"复有四方天,其数各为八。"故又在周围用不同形状的塔台修建八小部洲。在四大部洲和八小部洲间,还有两个凹凸不同的台殿,为月台、日台,象征着日月环绕着佛的意思。此外,还有红、绿、黑、白四座梵塔,一共由十八座建筑组成,中心为象征须弥山的佛殿香岩宗印之阁。

四大部洲的建筑平面分别为正方、三角、圆、半月形,以对应地、火、水、风。这一组寺庙建筑,融合汉、藏两地的建筑特点,依山而筑,色彩明亮,气势壮观,其规模仅次于万寿山前山建筑群。

"四智"喇嘛塔 在万寿山后山的汉藏式寺庙建筑群中,主殿香严宗印云阁的周围,分布着四大部洲、八小部洲、日月二台和由红、黑、白、绿四种颜色组成的高约15米的四座喇嘛塔。

按佛教释义,四座不同颜色的喇嘛塔分别代表佛的"四智",亦称"四界",即构成佛教世界的地、水、火、风四种成素,其属性为坚、湿、暖、动。每座塔均由台基、穿堂、莲花塔座、塔身、相轮、仰盘、覆盘、宝顶等构成。塔身的圆肚分为两层,分别雕刻着密宗的"如来八宝"等图。塔上部十三层环状圆锥形叫"相轮",代表佛经

"十三天"。

喇嘛塔与整个寺庙建筑,是乾隆时因宗教在政治上的重要性,决定"依西藏之摩耶(今西藏扎囊县桑鸢寺)之式"而修建的,目的是"绥靖荒服,柔怀远人"。1980年国家拨款彻底整修后,基本恢复了原貌。造型端庄、美观别致的四座喇嘛塔,在寺庙群中尤其引人注目,每座塔顶端悬垂着三十八只小铜铃,微风拂动,铜铃叮当,清脆之声与四大部洲的大铃铛浑厚的音响此呼彼应,分外悦耳动听。

多宝琉璃塔 位于万寿山后山汉藏式寺庙群中。清乾隆时建,是清漪园时的遗物。塔高16米,八面七层。塔身用七色琉璃瓦镶嵌,下承汉白玉须弥座,四周围以红墙,前设冲天两柱牌楼一座。对面立有用汉、满、蒙、藏文镌刻的《多宝琉璃塔颂》的石碑。琉璃塔建于园林,始于盛清乾隆年间,它表明了当时财力的殷实和艺术手法的多样化,今日屹立在西郊香山昭庙的七彩琉璃塔便是此塔的姐妹塔。多宝琉璃塔不仅因建造年代久远而具有较高的人文价值,它更具有很高的观赏价值。塔身琉璃闪闪发光,色彩变幻而多姿多彩,塔之造型细长苗条,成为颐和园后山浓绿一片的自然山水景色中极好的点缀。单就此塔建筑艺术来看,多彩的琉璃与白色的须弥座,高耸的体型与低矮的台基均是很成功的对比,再衬以红墙及牌楼,使它成为后山很成功的一组建筑景点。

圆明园 在我国灿烂的园林文化之中,有一处遗迹被保护起来,供人们参观凭吊,这就是我国历史上最完善、最美丽、最辉煌的皇家苑囿——圆明园。1860年,在英法侵略军的掠夺抢劫和焚烧之下,圆明园遭到毁灭性的破坏。至今,在它的遗址上,仍保留了一些山形和湖河的地形地貌,有些地段尚存有丘壑婉转、水木凄清的荒凉景色。它们虽然被毁灭了,但它在艺术上取得的高度成就却不曾泯灭。

位于北京西北郊海淀一带,实际是圆明、长春、万春三园的总称。长春园在圆明园之东,万春园在它们的南部,三园总平面形成一个倒置的品字形。

清王朝定都北京之初,来自关外的满族统治者很不习惯北京的干旱和炎热。而北京的西北郊水泉丰沛、林木繁茂、地势起伏,兼有江南水乡的秀丽和北方山林的粗犷。早在明代,这一地区就已为皇族贵胄看中,成为兴建私家园林的理想地带。到了清代,大约在康熙二十九年(1690),清圣祖玄烨在明代旧园清华园的故址上建起畅春园,开清代帝王园居的先例。他还赐给侍从圣祖车驾的皇四子胤禛畅春园以北的一片土地。胤禛很满意这里"林皋清淑,陂淀渟泓"的自然环境,按照它原有的水泉地势,布置一座取法自然的园林。康熙四十八年(1709),玄烨将它命名为"圆明园",圆明园的历史从此开始。

雍正三年(1725),圆明园被定为皇帝居住的离宫花园,大加扩建。首先是在原来赐园的南部营建规模庞大的政治办事机构和朝见区域;其次在东、北、西三面大肆拓展园地,使圆明园占地达三千亩左右。并在园中浚池引泉,沟通水网沟渠,增构亭楼馆所,形成一个个水流潆洄、丘壑遮隔的小景区。园成后,雍正亲自题署了二十八景:正大光明、勤政亲贤、九洲清晏、镂月开云、天然图画、碧桐书院、慈云普护、上下天光、杏花春馆、坦坦荡荡、茹古涵今、长春仙馆、万方安和、武陵春色、汇芳书院、日天淋宇、澹泊宁静、多稼如云、濂溪乐处、鱼跃鸢飞、西峰秀色、四宜书屋、平湖秋月、蓬岛瑶台、接秀山房、夹镜鸣琴、廓然大公、洞天深处。

1736年,雍正帝死于圆明园九洲清晏殿,清高宗弘历即位。弘历按照雍正旧例,奉畅春园作为皇太后的离宫,自己住圆明园。乾隆帝凭借稳定的政治局势和丰厚的财力,开始了对圆明园的第二次扩建。乾隆帝前后曾六次南巡,对江浙的湖光山色和名园胜景特别钟爱,这次扩建,主要是仿照南方的名景对原有的景色进行充实提高,也增建了十二处新的景点:曲院风荷、坐石临流、北远山村、映水兰香、水木明瑟、鸿慈永祐、月地云居、山高水长、澡身浴德、别有洞天、涵虚朗鉴、方壶胜境,和雍正建的二十八景,共称圆明园四十景。1749年,又在圆明园的东邻建造长春园,此后又合并几座私家小园林建起绮春园。嘉庆时,清仁宗颙琰进一步扩展绮春园,建成绮春园三十景(道光时,绮春园名称改为万春园)。

圆明园、长春园、万春园这三座园林组成一个群体,互相之间有门和路径相通,后建的二园实际上是前者的附园。因为三园都属圆明园总管大臣管辖,后人在称圆明园时往往包括了长春园和万春园,有时又叫圆明三园。

从乾隆时期的扩建开始,圆明园进入鼎盛时期,总占地达五千两百多亩,其中,人工开凿的湖河港汊占一半以上;人工堆叠的假山冈峦有三百多处;园内拥有众多的奇花异木、珍禽异兽、殿堂馆舍和楼台亭阁,其建筑总面积估计有两百三十多亩,相当于故宫建筑面积的总和。圆明园成为我国古代苑囿中最杰出的一座,乾隆帝曾自诩:"实天宝地灵之区,帝王豫游之地,无以逾此。"

在圆明园遗址西部,福缘门附近,有一方池塘,即圆明园的前湖。前湖之南,是圆明园大宫门和正大光明殿的遗址;前湖之北,有九洲清晏和后湖遗址。它们排列在一条南北轴线上,形成了圆明园宫廷区的骨架。清代的皇家园林,不仅仅是皇帝游憩的地方,同时也是皇帝处理政务和进行各种政治活动的场所。与此相适应,园林中常常辟出一片相对严肃规整的宫廷区,形成"前宫后苑"的格局。这是清代皇家园林的特色，圆明园也不例外。当年，在大宫门之外、中轴线两旁，就曾布置着内阁六部等中央政府机关和专门负责保卫圆明园的八旗的直房，甚至为皇帝服务的造办处、药房等也应有尽有。此外，在遗址西北角，还有一组规模宏大的宫殿遗址，它也是在一般园林中见不到的建筑物，而且建筑形式远较普通园林严肃雄伟得多。它就是安佑宫遗址，原是供奉清帝影像的地方。乾隆五年（1740），清高宗弘历下令依照景山寿皇殿的格式建造安佑宫，以安放乃祖、乃父康熙、雍正的影像。建好的安佑宫"重垣广墄，戟门九室"，规格超过了寿皇殿，不久，弘历又决定按照新安佑宫的样子重建寿皇殿。

除了这几个建筑较为密集的区域外，圆明园的广袤地段都是园林风景区。几代清帝对圆明园不遗余力的经营，中国古典园林艺术成功经验的浓缩和南北造园艺术的融合，赋予了圆明园空前的成功。"规模之宏敞，丘壑之幽深，风土草木之清佳，高楼邃室之具备，亦可称观止。"圆明园成为众多皇家园林中的佼佼者。

圆明园是一座水景园，人工开凿的水面超过全园面积之半。同时，为了克服平地造园、地势缺少起伏的缺点，在园中又安排了大量的人工叠山，叠山面积约占全园三分之一，总长度达三万多米。山有脉，水有源，形成了圆明园变幻无穷的景观。在山间陆上汩汩而流的是溪，是河；聚而成片的是湖，是海；海中突兀而出的是洲，是岛。山环水绕，巨大的园林区被分割成上百个景区。这些景区却又正由这些可见的山水和不可见的"意境"连接起来。中国传统造园艺术中理水叠山的手法被发挥得淋漓尽致。宫廷区前湖、后湖的严谨，东北部福海的辽阔，福海之南万春园水面的曲折，至今仍给我们留下了鲜明的印象。而一些以水为主题的景观命名，如三潭印月、平湖秋月、曲院风荷、苏堤春晓，直接来自西湖十景，更能引发游人回味江南美景。

在封建社会晚期，中国古典建筑陷入繁冗和程式化的泥沼，而圆明园的建筑物却力争活泼多变。如园中宫殿除了安佑宫、正大光明殿等大规模的建筑外，很少用斗拱。屋顶形状除了安佑宫大殿为四柱庑殿顶外，其余的有歇山、硬山、挑山、悬山或卷棚等祥式。其平面配置也在均衡对称中力求变化，有工字、口字、田字、井字、卍字、偃月、曲尺、扇面诸形。亭的形制也有四角、六角、八角、十字、流杯、方胜、圆檐等多种。游廊有扒山、叠落各式，与殿宇委曲相通。桥梁有圆孔、蓬瓣孔、拱尖孔与石平桥、木板桥等各种式样，有的桥上还建有廊屋。这些建筑巧妙而和谐地组织在一起，形成世界上规模最大的园林群，也是一座绝无仅有的花园城市。

中国古典园林追求一种"意境",运用"收千里于咫尺之内"的手法,模拟天下名山大川,是创造意境的常用手段。清高宗在四十景之一——上下天光的楼阁上看到一架曲桥浮在后湖北岸,湖水"縠纹倒影,滉漾楯槛间;凌空俯瞰,一碧万顷",于是他觉得"不啻胸吞云梦",有如作云梦泽之游。另一处西峰秀色,运用"借景"的手法,将敞厅布置到河边,面对远方黛色的西山。在敞厅驻足,仰视满目松峦峻峙,如置身于庐山脚下。

仿写天下名园是乾隆时期盛行的做法,也是创造意境的一个思路。清高宗一生六度南巡,于江南园林不能忘怀,他要求画师将他中意的园林摹绘成图,带回北京仿造。圆明园中仿写名园而成的小园很多,比如小有天园是仿杭州小有天园,茹园是仿南京徐达西园(瞻园),安澜园是仿海宁陈氏隅园。当然,这些仿造并非简单的重复,而是学习某种成功的经验。如安澜园,只是在原有的四宜书屋"左右前后略经位置,即与陈园曲折如一无二也"。

根据绘画与诗文的意境而创造园林景色也是圆明园的一大特点,园艺家们把诗情画意转变为现实,圆明园中的北远山村,追求的是唐代诗人、画家王维辋川别业的意境;蓬岛瑶台仿照的则是唐代画家李思训笔下的仙山楼阁。

作为一种仿写的例证,长春园北部狭长地带内的西洋楼群则是世界上唯一的在同一个建筑群中组织东西方建筑的例证。西洋楼的建筑从西向东,依次为谐奇趣、万花阵、养雀笼、方外观、海晏堂、远瀛观,它们是由当时在中国的欧洲传教士朗世宁、蒋友仁、王致诚等人设计监造的。在建筑群中,还安排了机关喷泉——大水法,为地道的外国人处理泉水的方式。

圆明园乃汇集了天下胜景的"万园之园",是我国古典园林艺术的光辉顶点,同时还是一座收藏极为丰富的皇家文物博物馆。园内建筑装修精美,室内陈设考究,收藏着难以数计的古玩骨董、善本古籍、珍奇异宝,是一座名副其实的艺术宝库。

正大光明 圆明园四十景中的第一景,宫区的正殿。殿后有一遮挡景色的假山叫寿山,峭石壁立,玉笋嶙峋,山体大致地貌至今保留着。绕过假山,便是入园后第一个大水面——前湖。虽然园内不少楼台建造得金碧辉煌,但这正殿却比较朴素,以乾隆自诂,则是"不雕不绘,得松轩茅殿意"。"义府庭萝壁,恩波水泻银。草青思示俭,山静体依仁。"这是乾隆写正大光明殿的诗句。相传元世祖忽必烈为了记住太祖创业的艰难,特地将一株青草种植在宫殿的阶石前,以示节俭,称之为"示俭草",乾隆诗中的"草青思示俭"也是表明自己愿过俭朴的生活。

勤政殿 位于正大光明殿东,是皇帝办公场所,乾隆自序道:"日于此披省章奏,召对臣工,亭午始退。"他在宝座后的屏风上写了"无逸"两个大字,表示君王的自勉。其实,这里环境十分优美,殿东有芳碧丛,由青竹茂密而得名。每至盛暑,皇帝便移到此处办事,在一片清凉碧芳的竹丛中议事、传膳。

长春仙馆 循正大光明殿后寿山的山口西行,就来到长春仙馆。这里碧水周绕,岛上有梧有石,景色明丽;屋宇深邃,重檐曲槛,透迤相接,岸边有曲桥相通。弘历当太子时曾在此处居住读书,他也学当时文人雅士的样子,自取雅号"长春居士";做了皇帝之后,这里也曾迎奉皇太后,以作膳寝之所。所以乾隆御制诗中这样写道:"常时问寝地,曩岁读书堂。秘阁冬宜燠,虚亭夏亦凉。欢心依日永,乐志愿春长。阶下松龄祝,千秋奉寿康。"

九洲清晏 与正大光明殿隔前湖相望的是圆明园中最庞大的一组建筑群,以圆明园殿、奉三无私殿、九洲清晏殿为主体。它在轴线上的第一进"圆明园殿"原是苑囿中的正殿,是园内最早的建筑之一,在1709年,康熙帝就题写了"圆明"二字的匾额。这组建筑坐落在一个大岛上,南为前湖,北临后湖,东、西为河渠港汊。实际上,它是后湖四周九座岛屿中面积最大的主岛,居于诸岛正中心。这种布局的象征寓意是:九个大岛隐喻着中华的九州,它们拱卫着一个大的中心水面,又象征着团结统一,所以取名为九洲清晏。同时这一景区河汊纵横,旁达诸胜,又仿佛是浔阳九派。

福海 是圆明园中最大的水面,面积近四百五十亩,加上周围各景点,这一区域共有五十多万平方米,占圆明园总面积的十分之三。湖面近似方形,长、宽各五百多米。湖中央置三岛,中间是主岛,两边各有一座小岛相辅。池中造三山,是我国古代苑囿的造园传统,它象征着东海的蓬莱、方丈、瀛洲三座仙山。这三岛也据此取名为"蓬岛瑶台"。

福海四周布置了十多个风景点。其中南岸的南屏晚钟、东岸的雷峰夕照、北岸的双峰插云和平湖秋月以及北岸内湖水域的三潭印月直接借用了杭州西湖十景中的五景,可知当时塑造福海景区时效法西湖风景的立意。

为了突出水面的宽广,福海四周景点很少设高楼大观,而是以疏疏落落的建筑及花木、水矶等组成主景。例如北岸内湖大船坞旁的四宜书屋,掩藏于山水之间,利用曲折的建筑廊榭以及小山围成幽雅的读书之处。当年乾隆曾这样来描绘它的佳处:"春宜花,夏宜风,秋宜月,冬宜雪,居处之适也。"

除了福海的浩翰水面外,四边还有许多小的河湖与它沟通(湖面共开有十个水口)。它象征着百川归海,四方江河水流均归福海,体现了四方归顺的寓意。大小水面互相依托,相映成趣,丰富了单一的水景,因而除了临湖面的景致外,这些分出去的小湖小港,又组成了环湖的第二层次的风景,增加了水面的曲折宁静。如著名的方壶胜境和廓然大公即是退居于内湖中的景点,但它们在整个景区中的地位并不比滨湖第一线的景点差。

"因水成景,借景西山"是圆明园景色的主要特点。前湖、后湖和福海以及周围的大小水面组成了园内一个完整的水网系统。但"借景西山"也是组景时主要考虑的,如在福海景区内,人工堆叠的山脉连绵不断,但总体看,西岸一带山脉较南岸、东岸和北岸的一般均要低一些,主要是为了更好地借景西山;同时又在东岸设置了两组远眺西山秀色的建筑景——接秀山房和雷峰夕照。其他如雍正皇帝最喜爱的西峰秀色等景,也是"西窗正对西山启,遥接峣峰等尺咫",极为独到地应用了中国古典园林的借景手法,成功地把西山景色组到园林风景中来。

蓬岛瑶台 福海中央的三岛即为蓬岛瑶台,它的结构和布局根据古代著名画家李思训的"仙山楼阁"画而设计。宫门三间,正殿七间,殿前东列畅襟楼,西列神州三岛,东偏殿为随安室,西偏殿为日日平安报好音。东南方向有一渡桥,可通东岛,岛上建有玲珑的瀛海仙山亭。西北方向又有一曲桥,可通北岛,岛上建殿宇三间。这种布局以小喻大,表示天上人间都被囊括在这三壶方丈之中。

接秀山房 接秀山房在福海东岸。它的内部装饰,无论是窗棂、多宝架还是落地罩,甚至一些花样摆设,全部采用紫檀木漆器,并且加以种种吉庆的称谓,如"万寿长春""九秋同庆""福增桂子""寿献兰孙"等,上面都嵌以金银、宝石、珍珠、珊瑚、翡翠、水晶、玛瑙、车渠玳瑁、青金石、绿松石、螺钿、象牙等,这些奇珍异宝上都镂刻着山水、楼阁、人物、花木、虫鸟。这种装饰的样式,从设计到刻技都是明末杭州一周姓工匠所创始,所以命名为"周制",它在我国雕刻史上占有重要地位。

曲院风荷 这是在福海西岸同乐园正南的一组建筑,正殿一排五间,仿自杭州西湖的"麯院"。西湖的"麯院",原是宋朝的一处酿酒作坊,四周有池,荷花随风摇荡其中,因而取名为"麯院风荷"(麯,现作曲)。乾隆喜欢这个景致,于是仿置圆明园中。这里池域广阔,碧波如镜,跨池还有一座九孔大石桥,乾隆曾经赞扬这里的景色赛过了杭州西子湖。

此外,本区还有不少著名的风景点,如仿杭州西湖胜景而建置的有三潭印月、雷峰夕照、南屏晚钟等。

乾隆、嘉庆年间,每年五月端午节,都要在福海举行传统赛龙舟盛会。是日,皇戚和诸大臣必须到这里陪同皇帝观赏。皇太后在蓬岛瑶台,皇帝本人和诸大臣在濒临福海西岸的望瀛洲,整个福海水面上,无数龙舟竞相争渡,情景壮观动人。

夹镜鸣琴 位于福海南岸中线上的一处名景,景色极为幽静。乾隆帝曾作词《调寄水仙子》赞曰:"垂丝风里木兰船,拍拍飞凫破渚烟。临渊无意渔人羡,空明水与天。"这里主题建筑是一架虹桥,其北面临大湖,南边又一个内港,所以取李白"两水夹明镜"的诗意,题为夹镜鸣琴。鸣琴是指桥东边山崖上有股流泉跌落,"冲激石罅,琤琮自鸣"。桥上建有一座四坡顶桥亭,俯瞰澄泓,画栏倒影,丰富了福海南岸的滨水景色。游人无论是拾级登桥,还是泛舟桥下,均可感觉到造园艺术中对比手法的魅力:一边是福海,平阔开展,水天一色;一边是港湾,回转曲折,山峦连绵,堤柳依依,甚为幽闭。

方壶胜境 原是海神的祭祠,是我国园林中仅有的一座。它是面临福海东北的一个内湖,大、小水面之间有一座可开启的吊桥作示意性的分隔,当桥开启,大的龙舟可由福海进入内湖,直达凸出湖中的迎薰亭。主体建筑是对称布置、前后三组的殿堂,上覆黄色琉璃瓦,倒影于水面上,犹如仙山的琼楼玉宇,极为壮观。特别是当游人透过桥洞,远望福海中心的蓬岛瑶台时,更会产生漫游在仙境的观感。

廓然大公 此景在福海西北角,并不临湖,而是被人造假山(高约10米)所包围,形成一处独立的园林;北向另凿一小湖,成为景区的中心,周有游廊相绕。乾隆曾评价此景:"平冈回合,山禽渚鸟远近相呼。后凿曲池,有蒲菡苕。长夏高启北窗,水香拂拂,真足开豁襟颜。"

因为此处比较幽闭,英法侵略军烧毁圆明园时竟幸免于难,光绪年间,慈禧还到此休息过。直至1900年,圆明园第二次遭劫时才被烧毁。

镂月开云 位于后湖东南角,原名牡丹台。建筑木料大都使用楠木,殿顶覆两色琉璃瓦。清康熙六十一年(1722),皇帝带领皇子皇孙观赏牡丹时,特别降旨将此景赐予他最喜爱的孙子弘历(乾隆)。乾隆即位后,改名为"镂月开云",乾隆三十一年(1766),又亲题"纪恩堂"三字匾额,表示对康熙的感恩戴德。院内种植着各色品种的牡丹数百株,四周布满苍松翠柏和奇花异草。

天然图画 在镂月开云以北,是一座方形楼阁。东边隔一条南北狭长的水面,是仿照杭州西湖苏堤而建的苏堤春晓。这里处处风景如画,乾隆特别得意,他说:"庭前修篁万竿,与双桐相映,风枝露梢,绿满襟袖。西为高楼,折而南,翼以重榭,远近胜概,历历奔赴,殆非荆关笔墨能到。"

上下天光 在后湖西北,建楼宇两层,登楼可尽览湖光水色。真是"上下天水一色,水天上下相连","凌空俯瞰万顷,尽览云梦水泽"。圆明园素以"水景著称",素有"因水成景,借景西山"之美誉。园内水面,以后湖福海为最大,上下天光即是水景中的精华,它营造的是一种江南名湖虚实结合的风景意境。

杏花春馆　在上下天光以西,馆舍东、西两面临湖,西院有杏花村,馆前有菜圃。这里的布局另具一格,远、近呈现田园风光。有"花光传艺苑""月令验农经"等胜景。我国古典园林素喜将田园风景作为一种景观组入园内,这便是计成《园冶》所说的,"选村庄之胜,团团篱落,处处桑麻"。皇家园林中,也常常以农家田园景为风雅,"杏花春馆"便是很典型的一处,它反映了园景欣赏的多样性和帝王的猎奇心理。

坦坦荡荡　紧靠后湖西岸,四周建置馆舍,中间开凿大水池,是圆明园中专设的养鱼区。乾隆特别欣赏这个鱼池,赞曰:"凿池为鱼乐国,池周舍下,锦鳞数千头,唼喋拨剌于荇风藻雨间,回环泳游,悠然自得。"皇家园林荟萃全国私家园林的精华之景,江南文人花园的临濠观鱼这种富有理趣的景点也常被引入园林,坦坦荡荡综合了嘉兴烟雨楼鱼乐园和惠山寄畅园知鱼槛的优点,利用了皇家花园水面大、范围广的特点,开凿鱼池观鱼养鱼,情调十分悠闲。

万方安和　万方安和坐落于杏花春馆以西。在碧波如镜的水池中,矗起一座三十三间,成"卍"字形的大型殿堂楼宇。这座建筑精巧绮丽,外形美观,有我国南方园林中户外室内空间互相流通的特点,水上建阁,冬暖夏凉。雍正每居此地,都舍不得轻易离去。

山高水长楼　楼在坦坦荡荡以西,为一座西向的两层楼房,上、下各九间。前环小溪,后拥连冈,中间地势平坦,是专门设宴招待外藩的处所。平时由侍卫驻守,经常在这里举行比武赛箭。每逢元宵佳节,皇帝在楼下观看烟火,后妃在楼上陪同,还邀请一些外藩使臣一起观赏。

同乐园　在后湖东北,园中最大的戏台。园内有清音阁三层,宽十丈,下层设机轴,可演神仙下凡等特技。其南有化妆室五间,其北有观戏楼五间。乾隆间,每年从正月十三日起,在这里举行酬节会,连日宴赏宗室王公及外藩陪臣,并赏听戏。每逢皇帝生日前后数日,也在这里演戏庆祝。按照定例,皇帝听戏,后妃必须陪同。大臣听戏,需在数日前,由奏事处列名单奏准,皇子、内廷王公、大学士、尚书、御前大臣、军机大臣、内务府大臣、南书房供事翰林等,均照例在东、西两厢入座。某某与某某同坐一室,亦事先指定。看戏时,均赏赐茶点。

水木明瑟　在后湖以北小景园集聚区正中,仿制于扬州水竹居。内设依靠水力转动的风扇,徐徐凉风,缓缓而过,是盛夏消暑的好地方。"水木明瑟"的意义很是令人费解,是从郦道元所著《水经注》的比喻中领会而来的。郦道元曾说:"竹柏之怀,与神心妙远;仁智之性,共山水效深。"乾隆曾作词以解原意,他说:"林瑟瑟,水泠泠,溪风群籁动,山鸟一声鸣。"这是园中最早的水法。

舍卫城 城址在水木明瑟以东,是园中专门开辟的一座小城镇,仿照古印度憍萨罗国首都城池的布局而建,是供奉各种佛像和收藏佛经的地方。城廓呈长方形,南北长,东西窄,四周筑有城墙,共辟四门。城内街道呈十字形,内建殿堂、房舍共326间,房舍、殿堂之间都用华丽的游廊相连接。另外,还建有数座金碧辉煌的牌楼。在城前,专门开设了一条贯穿南北的买卖街,由宫中太监扮作商人,开市叫卖,规模如同北京传统的庙会集市,热闹非凡。

西峰秀色 号称园中的小庐山,它的布局和形势仿照江西庐山的特色。后垣的花港观鱼,仿制于西湖胜景,连名字都原样搬了过来。这里峰峦别致,景色宜人,有彩棚珠盒之胜。每年七夕,都在这里摆设巧宴盛会。雍正到了这里就喜而忘返,常常留宿赏月。

安澜园 在廓然大公东北,殿堂五间,正殿叫四宜书屋。乾隆南游杭州时,看见杭州湾畔的海宁具有海塘特色,很是爱慕,特别中意的是陈阁老的隅园,乾隆赐名安澜园。回京后,还不时地恋想,于是将四宜书屋改建,取名安澜园。

北远山村 在大北门内偏东,稻田连畦,这就是北远山村。村落中,各房舍的题名都与农事有关,呈现出一派浓郁的田园景色。唐代诗人王维写的田园诗,就描绘过这样的田园风光。

长春园 位于福海东面,是一座中西合璧式的园苑,始建于清乾隆十年(1745)前后。它的秀丽风景和雄伟建筑,独具一格。如园中著名的狮子林十六景,是乾隆二十七年(1762)皇帝下江南时,命令将苏州狮子林描绘下来后仿建的。它的假山全由青石堆成,今天还能看到青石山的遗迹。

园北有一组西式宫殿建筑,俗称"西洋楼",这是中国园林建筑史上第一次引进西方建筑艺术。早在康熙、乾隆年间,就有一批教会传教士在宫廷中供职,如意大利人朗世宁,法国人王致诚、蒋友仁等,他们不仅是画家,而且也参加了西洋楼的设计。当年的西洋楼,全以汉白玉、艾叶青石砌成。墙身是西式的,房顶则采用中国特有的琉璃瓦。从现在的遗迹里还可以大致看出建筑的雄伟和雕刻的精细。这里是三园残迹遗留下来最多的地方。

大水法 西洋楼最壮观的喷泉。造形为石龛式,酷似门洞。下面有一大型狮子头喷水,形成七层水帘;前下方为椭圆形菊花喷水池,池中心有一只梅花鹿,从鹿角喷水入道;两侧有十只铜狗,口中喷出水柱,直射鹿身,溅起朵朵浪花,俗称"猎狗逐鹿"。大水法的左、右前方,各有一座巨大的喷水塔,塔为方形,十三层,顶端喷出水柱,塔四周有八十八根铜管,皆为喷水口。当年,皇帝是坐在对面观水法的。据说这处喷泉若全部开放,则有如山洪爆发,声闻里许。

万花阵 仿照欧洲的迷宫而建的花园。其主要特点是:用 1.32 米高的"卍"字形图案的雕花砖墙,将此园分隔成若干道迷阵,因而称作"万花阵"。每逢中秋之夜,皇帝端坐于阵中心的圆亭,宫女们手持用黄花彩绸扎成的莲花灯,寻径飞跑,先到者便可领到皇帝的赏物,所以此阵也叫"黄花阵"。虽然从入口到中心亭的直线距离不过 30 米,但因为此阵易进难出,容易走入死胡同。皇帝坐在高处,四望莲花灯东流西奔,折返往复,乐在其中。

海晏堂 西洋楼建筑中最大的宫殿,主建筑正门向西。阶前有大型水池,池左、右呈"从"字形排列有十二只兽面人身铜像,每昼夜依次轮流喷水各一个时辰(2 小时),正午时刻,十二生肖一起喷水,俗称"水力钟"。这种用十二生肖代替西方裸体雕像的精心设计,实在是中西合璧的杰作。

万春园 同治前此园称"绮春园",原是清怡亲王允祥的赐邸,后又改赐大学士傅恒,在清乾隆三十五年(1770)正式归入御园,定名为绮春园。位于福海东南。园中多嘉庆时的建筑,具有千亩的规模。清朝历代将这里作为皇太后的住所,所以同治年间慈禧重修圆明园时,改名为"万春园"。万春园既不同于圆明园的富丽堂皇,也不同于长春园的雄伟挺秀,而有淡雅自如的风格。著名风景有四宜书屋、凤麟洲等。园内"正觉寺"至今犹存,是三园劫后唯一幸存的建筑物。

静明园 即玉泉山静明园,是清代朝廷三山五园中的一座。玉泉山是西山东麓支脉上的一座小山,它的东边是颐和园的万寿山,西边是蜿蜒如黛的西山群峰。西山山脉自南而北,转弯向东,素有"神京右臂"之称。玉泉山就在它的腹心,地带平地凸起,主峰海拔 100 米,高出地面 50 米,山形秀丽,林木蓊郁,两侧峰拱伏南北,状如马鞍,山上多奇石幽洞,随处皆泉,是北京西郊的风景胜地。

玉泉山的风景建设,最早见于文字记载的是金代。金章宗完颜璟曾在中都郊外开辟了两处风景游览区,在东北郊建了一座行宫——大宁宫,地点即今北海琼华岛;西北郊建了行宫芙蓉殿,即今香山玉泉山一带。"玉泉垂虹"(清乾隆时改为"玉泉趵突")此时即作为"燕京八景"之一而闻名。

金明昌元年(1190)开辟了一条新河道,名叫"金河",引玉泉山水向东南流入高梁河以补充大宁宫附近水量之不足。玉泉之水与玉泉风光一起受到文人雅士的赞美。如明人王英《玉泉》诗云:"山下泉流似玉虹,清泠不与众泉同。地连琼岛瀛洲近,源与蓬莱翠水通。出涧晓光斜映月,入湖春浪细含风。迢迢终见归沧海,万物皆资润泽功。"描述了当时玉泉水景的迷人。

元灭金后,在中都东北郊另建元大都城。元世祖于至元年间在玉泉山修建了昭化寺。明英宗于正统年间敕建上、下华严寺于山之南坡,寺内及附近有华严洞、七真洞两个石洞。华严寺以东250米有金山寺,旁有玉龙河,泉水自洞内流出,即龙泉。其上建有望湖亭,明末已圮毁。上、下华严寺在嘉靖二十九年(1550)被蒙古瓦剌军烧毁。此外,山麓还有崇真观、观音寺。玉泉池旁山坡上有补陀寺,寺内有吕公洞,相传是吕洞宾往来之地。除去这些佛寺、道观、石洞外,还有看花台、卷幔楼等景点。

清康熙十九年(1680)将玉泉山进行扩建,改为行宫,三十一年(1692)更名为静明园,此后就成为皇家独占的园林了。乾隆时又进行了大规模的扩建,将玉泉山及河湖全部圈入园墙以内,乾隆十八年(1753)基本建成之后,玉泉山及山麓的河湖地段全部圈入宫墙之内,成为一座以山景为主兼有小型水景的天然山水园。园内经乾隆命名的景点有十六处,即静明园十六景:廓然大公、芙蓉晴照、玉泉趵突、圣因综绘、绣壁诗态、溪田课耕、清凉禅窟、采香云径、峡雪琴音、玉峰塔影、风篁清听、镜影涵虚、裂帛湖光、云外钟声、碧云深处、翠云嘉荫。乾隆二十四年(1759)全部建成后又增加十六景,即清音斋、华滋馆、冠峰亭、观音河、赏遇楼、飞云崿、试墨泉、分鉴曲、写琴廊、延绿厅、犁云亭、罗浮洞、如如室、层明宇、迸珠泉、心远阁。乾隆五十七年(1792),全园又进行了一次大修,此为玉泉山建设的极盛时代。

静明园南北长1350米,东西宽590米,面积约65万平方米,园门六座。正门南宫门五楹,西厢朝房各三楹,左右罩门,其前是三座牌楼形成的宫前广场。东宫门、西宫门的形制与南宫门同。此外,另有小南门、小东门和西北夹墙门。园内共有大小景点三十余处,其中寺、观就占十所之多。许多石穴洞景也都与佛、道的题材有关,山上还建置了四座不同形式的佛塔,足见此园浓厚的宗教色彩。可以设想,乾隆当年建园的规划思想显然在于模拟中国历史上名山藏古刹的传统而创造一个具体而微的园林化的山水风景名胜区。

玉泉山的主峰高出地面50余米,如果按山脊的走向与沿山湖泊所构成的地貌环境,则全园可以大致分为三个景区:南山景区、东山景区和西山景区。

山坡南面为南山景区,是以玉泉湖为中心的全园建筑精华荟萃之地。南富门内有两进整齐对称的院落。前进院落正殿七楹,名"廓然大公",后进院落殿名"涵万象"。这组建筑是园内的宫廷区,北临玉泉湖,和玉泉湖的乐成阁及南宫门在一条南北轴线上。玉泉湖是园中最大的一处湖面,湖中布列三岛。玉泉泉眼在湖西岸,泉北有龙王庙,殿悬"永泽皇畿"匾额。龙王庙之南为竹庐山房,是仿无锡惠山听松庵而建的。西岸山坡上还开锦斋和赏遇楼两处小景点及吕祖洞、观音洞两处洞景。吕祖洞前建道观真武庙,额书"辰居资佑",南有双关帝庙,额书"文经武纬"。湖两岸的建筑群背山濒水,与山顶的华藏塔上下掩映,构成一幅动人的风景画。

玉泉山主峰上依山势层叠而建的一组佛寺建筑——香岩寺、普门观和仿镇江金山塔的形制的八角九层琉璃砖塔——玉峰塔,构成了南山景区的重点风景。香岩寺以南的山坡上还有很多石洞,如刻有五百罗汉像的罗汉洞、供观音像的华严洞以及伏魔洞、水月洞、资生洞等,华严洞前建有"云外钟声"一景。主峰以东是裂帛洞,湖泉自石壁溢出为渠,湖西岸建观音阁,北岸临水有清音斋,东有心远阁,北为含晖堂,自成别具一格的幽邃小园林。湖水流经园东墙闸口注入玉河流往昆明湖。

玉泉山东坡及东麓为东山景区,以宽10米、长22米的影镜湖为中心,沿湖环列建筑,构成一座水景园。湖北岸楼阁廊榭,高低错落,曲折围合。植物配置以竹为主,故景题"风篁清听"。湖东岸有船坞及水榭延绿厅,此景区即"镜湖涵虚"一景,沿湖岸有分鉴曲、写琴廊,向南直达试墨泉。镜影湖北为宝珠湖,泉名为宝珠泉,湖西岸有含泛堂、书画舫,游人可自此循山道登至山顶。山顶主要景点是妙高寺,寺后有锥形五塔名"妙高塔",是园内另一制高点,又后为"该妙斋"。侧峰南面山坡上有楞伽洞、小飞来、极乐洞等景洞。"峡雪琴音"一景是跨涧架岩构筑的两进院落,是观赏山泉景观的好地方,附近山间还点缀着几座小型亭阁。

西山景区即山脊以西的全部区域。山西麓的开阔平坦地段上建置园内最大的一组建筑群,包括道观、佛寺和小园林。道观东岳庙居中,坐东朝西,共有四进院落。第一进山门殿,其前是三座牌楼围合成的庙前广场。第二进正殿仁育宫,第三进后殿玉宸宝殿,第四进后照殿泰钧楼。这是一座规模很可观的道教建筑,据乾隆御制《玉泉山东岳庙碑文》的记载:"东岳为五岳宗……去京师千里而远。岁时苾事,职在有司。方望之祀,非遇国家大庆及巡狩所至,未尝辄举。"而玉泉山位于京郊，"峰峦窈深，林木清瑟，为玉泉所自出。滋液渗漉，泽润神皋，与泰山之出云雨功用广大正同。……则东岳之祀于兹山也固宜"。他认为玉泉山下出泉随地涌流，与泰山之"不崇朝而雨天下"具有同样的神圣意义，故应建东岳庙以便岁时祭祀，足见此庙的重要性了。东岳庙之南邻为佛寺圣缘寺，规模稍小但也有四进院落，第四进院内建琉璃砖塔。东岳庙北邻之小园林名"清凉禅窟"，正厅坐北朝南，周围亭台楼榭连以曲廊，随宜穿错于假山叠石之间。

东岳庙之右，转东北沿山坡磴道盘行，当年"山苗礧叶，菲馥缘径"，这就是鸟语花香的采香云径一景。

清凉禅窟之北为含漪湖，湖北岸临水建含漪斋和游船码头。自此处循山之西麓往北可达崇霭轩。这里环境幽静，观赏山间出没的朝岚夕霭最为佳妙，所谓"铺空白绵常映带，时或清阊时疏旷。以之兴咏咏亦佳，以之散襟襟实畅"。

含漪斋之东即园之角门，自香山经石渡槽导引过来的泉水在此穿水门而汇入玉泉水系。角门外的石铺御道南连南宫门，往西直达香山静宜园。

清乾隆二十四年（1759），在南宫门外将原来的小河池开拓为高水湖，与早先开凿的养水湖连接，将静明园内之水经由南宫墙上的水关导引入高水湖，以灌溉附近开辟的稻田，高水湖亦借水而成景；并拆卸畅春园西花园内的先得月楼，将其迁建于湖的中央，命名为"影湖楼"。影湖楼四面环水，成为静明园墙外的一处以水景取胜的景点。登楼观赏玉泉山、万寿山以及远近的田畴湖泊，面面得景俱佳，正如乾隆所描写的："玉峰塔影近窗外，万寿山光远镜中。"每当水关启闸放水时，放舟顺激流而下，也是很有趣的水上活动。乾隆曾赋《放舟至影湖楼得句》诗以咏其事："园墙命启闸门扃，顺水放舟势建瓴。顷刻湖心楼便到，影来远近列峰青。"

咸丰十年（1860），北京西北郊诸园遭到英法侵略军的焚掠，静明园亦未幸免于难。园内建筑物大部分被毁，光绪年间曾部分地加以修复，西太后居住颐和园期间经常乘船到静明园游览。辛亥革命后曾一度作为公园向群众开放，又修复了一些建筑物，湖光山色大体上完整如初，仍不失为一座保持着原有特色的行宫御苑。

玉泉　玉泉山的泉水丰沛，从前泉眼很多，几乎处处皆泉。其中最大的一组就是玉泉，在山的西南麓。泉水从山根仰出，喷薄如珠，晶莹如玉，储而为湖，清澈见底，水自池底上翻水面，如沸汤滚滚，清高宗称之为"天下第一泉"。"燕京八景"之一的"玉泉趵突"即指此泉。泉水清澈甘洌，据明人记载："往时翰林学士黄谏品泉水，自郊畿论之，以玉泉为第一。"清高宗特制银斗，评比国内名泉之水，结果"玉泉之水斗重一两,惟雪水轻三厘,他水无轻于玉泉者"。评比之后,玉泉水更是身价倍增,闻名海内外。

裂帛湖光　玉泉山主峰以东有裂帛洞,湖泉自石壁溢出为渠,涌泉如珠,进流溅雪,作裂帛声,"裂帛湖光"即此景。湖园建有点景赏景的亭台小筑,湖西岸的山坡上建观音阁。北岸临水之清音斋以风动竹篁、泉涌如漱的声音入景,所谓"数竿竹是湘灵瑟,一派泉真流水琴",自是别具一格的幽邃小园林。清音阁之北为含晖堂,紧接其东就是小东门了。

东山景区包括玉泉山的东坡及山麓。这个景区的重点在狭长形的影镜湖,建筑沿湖环列而构成一座水景园。大部分建筑集中在北岸,楼阁错落高低,回廊曲折围合;植物配置则以竹为主题,"竹近水则韵益清",凉飕暂至,萧然有"渭滨淇澳之想",故名之为风篁清听。湖东岸临水为水榭延绿厅及船坞,西岸"澄泓见底,荇藻罗罗,轻儵若空中行,洑流沸出,若大珠小珠错落盘中",此即"镜影涵虚"一景。沿湖岸之水廊"分鉴曲"和"写琴廊"透迤而南,直达试墨泉。

玉峰塔　玉泉山主峰上一组依山势起伏而建的佛寺建筑之一。仿镇江金山塔的形制,为八角九层的琉璃砖塔。塔中空,有旋梯可以登临,极目环眺,远近的湖光山色、平畴绿野、村舍田园尽收眼底。玉峰塔既是全园的制高点,又是清漪园借景的主要对象,其选址、造型与山形的完美结合,可说是以建筑物衬景的极为成功的范例。

玉泉湖　园中最大的一处湖面,东西宽约150米,南北长约200米。湖中三岛鼎立乃是沿袭皇家园林"一池三山"的传统格局。中央的大岛上有"芙蓉晴照"一景,正厅为乐成阁,背后衬托着玉泉山的形似莲花萼的峰峦,峰顶相传为金章宗所建芙蓉殿的遗址,故以此为景题。湖两岸的建筑背山濒水,与山顶的华藏塔上下掩映,构成一幅完美和谐的风景画。

玉泉趵突　著名的玉泉泉眼之所在。泉旁立石碑二,左刊乾隆御书"天下第一泉"五字,右刊御制《玉泉山天下第一泉记》全文。乾隆曾将国内南北各地的九处名泉的泉水加以评比,认为"水之德在于养人,其味贵甘,其质贵轻。然三者正相资,质轻者味必甘,饮之而蠲疴益寿。故辨水者,恒于其质之轻重,分泉之高下焉"。评比的结果是玉泉的水质最轻,故命其为"天下第一泉"。经过皇帝的品评赐名,玉泉山之"玉水"遂身价倍增,有清一代,被专门指定为宫廷的饮用水。每日运入大内八十罐,以四分之三供各宫之茶房,余则交膳房,逐日运水均由宫监轮值专司其事。

翠云嘉荫　静明园内一处主要的小园林,园内竹篁丛生,又有两株古栝树郁然并峙、浓荫匝地。西半部为临湖的两进院落华滋馆,楠木梁柱,装修极为考究,是当年乾隆游幸静明园时的驻跸之所。它的东半部为甄心斋及湛华堂,曲廊粉垣环抱着一个小庭院的山石水池,环境十分静谧。

永泽皇畿　玉泉以北的一座龙王庙。其南循石径而入即为仿无锡惠山听松庵而建成的竹炉山房。西岸的山坡上还有开锦斋和赏遇楼两处小景点以及吕祖洞和观音洞两处洞景。吕祖洞的前面建道观真武庙,其南为双关帝庙。湖西岸的这些建筑群背山濒水,上下天光互相掩映,又与山顶的华藏塔遥相呼应,构成一幅颇为动人的风景画面。

溪田课耕　玉泉山南端的余脉侧峰构成景区西部的地貌基础。山麓有泉眼名"迸珠泉",附近河道蜿流,自垂虹桥以西濒河皆水田,这一带富有江南水村野居情调。侧峰之巅为小型佛寺华藏海,寺后建八面七级石塔华藏塔。山坡上疏朗地散布着漱芳斋、层明宇、福地幽居、绣壁诗态、圣因综绘等几处景点。

香岩寺　雄踞玉泉山主峰之顶的一组佛寺,它依山势层叠而建。居中的八面七层琉璃砖塔玉峰塔仿镇江金山寺塔的形制,各层供铜制佛像,中有旋梯可登临。极目环眺,西北郊的远近湖光山色、平畴田野、村舍园林尽收眼底。玉峰塔又是全园的制高点,园内园外随处都能看到"玉峰塔影"之景。它与南侧峰顶的华藏塔、北侧峰顶的妙高塔呼应成犄角之势,恰如其分地把山脊的通体加以着力点染。玉泉山秀丽的山形因此而逾发显得凝练生动,成为西北郊诸园的借景对象和西北郊风景区内成景的主题之一。玉峰塔之于玉泉山,实为画龙点睛之笔。

　　香岩寺以南的山坡上有洞景若干处,如四壁满刻五百罗汉像的罗汉洞、供观音像的华严洞以及伏魔洞、水月洞、资生洞等。华严洞之前,在明代华严寺遗址上建成云外钟声一处景点,从这里"西望西山梵刹,钟声远近相应,寒山夜半,殆不足云"。当年华严寺一带是玉泉山水最胜处,文人雅士游历最多,留下不少诗文。有一首《游玉泉华严寺》诗道出了景致的大概:"门外寒流浸碧虚,玉泉山上老僧居。芙蓉云锁前朝殿,耶律诗存古洞书。曲涧正当虹饮处,好山相对雨晴初。笑攀石磴临高顶,浩荡天风袭翠裾。"

妙高寺　位于东山景区北峰侧顶,寺前石坊,寺后妙高塔,又后为该妙斋。位于马鞍形山脊的最低部位上的景点峡雪琴音,为两进院落的建筑群架岩跨涧所构筑,"山巅涌泉潺潺,石峡中晴雪飞洒,琅然清圆",是观赏山泉妙景的好去处,附近还有几座小亭榭和若干洞景疏朗地点缀于山间。

香山 位于北京西山东麓,原为清朝皇家苑囿,总面积约两千三百多亩。这里山势奇异,树林茂密,涌泉溪流,幽静清雅。依山傍水,点缀着亭、台、楼、阁等建筑;天造人设,展现了山林苑囿的特色,当年曾盛极一时。

关于香山的名称,据金朝李晏《香山记略》说:"西山苍苍,上干云霄,重冈叠翠,来朝皇阙。中有古道场曰香山,相传山有二大石,状如香炉,原名香炉山,后人省称香山。"这指的是香山最高峰"鬼见愁"上那块大石,含云吐雾,在阳光照射下,岚光袅袅,似有几柱高香在燃烧。还有一说,过去香山有杏树林,一到春天,满山杏花香气,因而得名,此系误解。

早在金朝时,就有大官僚在香山建寺,金章宗时增建会景楼和祭星台。明世宗来此游幸说:"西山一带,香山独有翠色。"并赐名为大永安寺,亦名甘露寺,即现在的香山寺。明代,太监范弘奉旨展拓此寺,费银七十余万两。所以当时的《帝京景物略》说:"京师天下之观,香山寺,当其首游也。"香山寺为历代皇家苑囿和游山幸寺的驻跸之地。元、明两代都曾进行过重修。清乾隆十年(1745)起,又大肆扩建,据《日下旧闻考》载:扩建后,"佛殿琳宫,参错相望。而峰头岭腹,凡可以占山川之秀,供揽结之奇者……丙寅春三月,而园成"。后改名静宜园,置二十八景:勤政殿、丽瞩楼、绿云舫、虚朗斋、璎珞岩、翠微亭、青未了、驯鹿坡、蟾蜍峰、栖云楼、知乐濠、香山寺、听法松、来青轩、唳霜皋、香岩室、霞标磴、玉乳泉、绚秋林、雨香馆、晞阳阿、芙蓉坪、香雾窟、栖月崖、重翠崦、玉华岫、森玉笏、隔云钟。昔人有诗:"寺入香山古道斜,琳宫一半白云遮。回廊小院流春水,万壑千崖种杏花。"

香山的山林泉石之美十分引人入胜,二十八景中的璎珞岩、蟾蜍峰、森玉笏、芙蓉坪、玉乳泉等依然存在,昭庙、见心斋等建筑基本保留原状,其他的名胜古迹一部分亦依稀可寻。香山的树木至今依旧是园内的突出景观,尤其是那些千姿百态的古松古柏,无论单株的还是成林的都以其如画的意境而闻名于世。近年政府对香山进行了大规模的修缮,使古老的香山自然美和人工点缀的风景融为一体,形成了富有诗情画意、景色瑰丽的山林公园。

香山公园修建在三面环山的山坡之上,它以优美的自然风景为主,四季景物皆可观。由于这里地势高、林木密、泉流多,春天来得较迟,去得较晚。当别处已是春花怒放、蜂蝶纷飞的时节,这里只有不畏春寒的柳树稍吐绿意;当城里已近绿肥红瘦之时,这里却还是春色满园,山花烂漫。

夏季的香山,密林浓荫,清雅幽静。在林荫小道漫步,在湖边泉畔小憩,倍觉神清气爽,确是避暑清凉的好地方。松柏青翠,流泉潺潺,桃花、杏花、梨花、丁香等群芳怒放,特别是山的西南坡一带更是云蒸霞蔚,如锦似绣。山林之中,不仅雨季有溪间流水,晴天也有涓涓细流;尤其是烟云缭绕,在朦胧中玩赏,别有一番风味,充满诗情画意。进入伏天,香山有阵阵蝉噪,百鸟共鸣,极是热闹。据说香山的蝉是乾隆从承德避暑山庄带来的雌雄一对被投放到此地后繁殖起来的。这种蝉形体小、叫声大,与其他地方的蝉确实不一样。就连山上山下的也不一样,这也是香山的一种奇趣。

香山最美的时候还数霜秋季节。那时千峰叠翠,层林尽染,黄栌树遍布南山。红叶缤纷,与翠绿松柏相衬,二者交相辉映,格外绚丽多彩。香山的黄栌树,据说也是清乾隆时移植来的,二十八景之一的绚秋林便是其后来的样貌,但当时只不过是一小片"红叶"树而已。多少年来,由于西北风不断地把树籽吹散到南山坡上,香山逐渐形成了如今约有九万四千余株黄栌树的黄栌林带。每年秋季10月中旬至11月上旬,是观赏红叶的最佳季节。"香山红叶"早已闻名中外,所以每当秋季,游人如潮水般涌来,观赏那"京华秋色好,香山叶正红"的美丽景致,体验那"霜叶红于二月花"的意境。

冬季游香山,大雪初晴,仰望群峰,银峦素嶂,接日连云,千岩万壑披上银装;俯首平原,遍地玉屑,空阔无际,这就是著名的"燕京八景"之一的"西山晴雪"。乾隆曾在此立碑赋诗,赞美这里是赏雪的绝佳处。

香山风景名胜、古迹遗址很多。根据现有建筑名胜的分布,大体可分为三路:北路有昭庙、琉璃塔、见心斋、眼镜湖等,中路有芙蓉馆、玉华山庄、多云亭、"西山晴雪"碑等,南路有森玉笏、阆风亭、半山亭、香山寺、双清等。

昭庙 全名"宗镜大昭之庙",这是一座汉藏混合式样的大型佛寺,坐西朝东。山门之前为琉璃牌楼,门内为前殿三楹。藏式大白台环绕前殿的东、南、北三面,上下共四层。其后为清净法智殿,又后为藏式大红台四层,再后为六面七层琉璃塔。昭庙建于清乾隆四十七年(1782),为了纪念班禅额尔德尼来京为皇帝祝寿这一有关民族团结的政治事件,而模仿西藏日喀则的札什伦布寺建成。它与承德须弥福寿庙属于同一形制,但规模较小。此两者也可以说是出于同样的政治目的而分别在两地建置的一对姊妹作品。

见心斋 在昭庙之北,渡石桥可至,原称正凝堂。早先是明代的一座私家别墅园,清乾隆利用其废址扩建而成为静宜园内的一座最精致的小园林,也是典型的园中之园。嘉庆年间改名"见心斋",保存至今的大体上就是嘉庆重修后的规模和格局。见心斋倚别垣之东坡,地势西高东低。园外的东、南、北三面都有山涧环绕,园墙随山势和山涧的走向自然弯曲,逶迤高下。园林的总体布局顺应地形,划分为东、西两个部分。东半部以水面为中心,以建筑围合的水景为主体;西半部地势较高,则以建筑结合山石的庭院山景为主体。一山一水形成对比,建筑物绝大部分坐西朝东。东半部的水面呈椭圆形,另在西北角延伸出曲尺形的水口,宛若源头疏水无尽之意。随墙游廊一圈围绕水池,粉墙漏窗极富江南水庭的情调。正厅见心斋坐西朝东带围廊,其西北侧以曲尺游廊连接一幢楼房,坐北朝南,则是登临西半部山地的交通枢纽。水池的东岸建一方亭,与见心斋隔水相对应,但稍偏北,便于观赏西岸之全景。园门设在水池之北南两侧,北门是园的正门,入门迎面为小庭院,点缀花木山石,再经过三开间的临水过厅而豁然开朗,水景在望。自过厅往东沿游廊可迂回到达西面的正厅,往西循弧形爬山廊登临楼房上层,过此即进入西半部。

　　西半部是建筑物比较集中的一区。一组不对称的三合院居中,正厅"正凝堂"与东面的见心斋和西面的方亭构成一条东西向的中轴线,北厢房即作为东、西两部分之间交通枢纽的楼房的上层。三合院的北侧为两层的畅风楼,前临山地小庭院,既是全园建筑构图的制高点,也是俯瞰园景和园外借景的观赏点。南侧和西侧的山地小庭院各以一座方亭为中心,点缀少量山石,种植大片树木。循磴道沿南墙而降,穿过南厢房下的一组叠石假山,便可到达园的南门。

琉璃塔　　与昭庙建于同时,是香山两次遭劫后仅存的建筑之一。塔高近30米,为七级八角形。塔顶有黄色琉璃宝瓶及八条檐脊,塔底由八面张开的伞形瓦顶承托,周围饰有汉白玉雕栏,最下面是一座八角形的石砌塔基,别具风格。特别值得一提的是,宝塔层层的檐端都缀有铜铃,在幽静的山林中,每当微风吹来,铃声叮当作响,清脆悦耳。整座宝塔矗立于山谷之中,每当旭日东升,朝阳直射琉璃塔上,闪闪发光,艳丽夺目。而当夕阳斜照,山梁背阴浓墨重色,然而宝塔受光返照,瓦鲜砖亮,明暗相衬,好似一把宝剑插于山间,景色十分迷人。

眼镜湖　　从香山公园北门入园,走过一条不长的甬道,可见两泓池水,中间架有单孔石券桥,远看像一副巨大的眼镜,故称眼镜湖。眼镜湖畔,垂柳拂岸,湖面微波闪烁,游鱼追逐。北面湖畔有一人工叠石的山洞,洞上泉水潺潺流下,好似瀑布高悬,珠帘垂挂,此景名"水帘洞"。

玉华山庄　　在明代玉华寺的旧址上建造起来的,地处全园中心,院内比较宽广平坦,是爬山登高的间歇处,也是观赏"红叶"的好地方。每当深秋霜老,凭栏南眺,苍松翠柏簇拥着遍布山峦的红叶,又有金黄的野桑和栾树斑斑点点地点缀在松柏和红叶之间,再有那阆风亭镶嵌在那松林之中。往下俯视,香山饭店的白色建筑群,像一块晶莹透明的玉石,隐隐约约地夹杂在丛林中,更觉艳丽夺目。

西山晴雪 著名的"燕京八景"之一,有乾隆手书石碑。最早由金章宗为其起名为"西山积雪",乾隆改称为"西山晴雪",亦称为"西山霁雪"。若是冬季来游香山,大雪初晴,仰望群峰,连云接日,千岩万壑披上了银装;俯首平原,遍地玉屑,空阔无际,宛如一幅绝美的图画。

鬼见愁 香山的最高峰。所谓鬼见愁,意谓主峰两侧的深涧,地势险峻,鬼见亦愁。其实峰并不高,海拔只有557米。山顶有两块巨石(叫乳峰石),形状如"香炉",加上这里山势高耸,常出现喷云吐雾之状,远望好像香烟缭绕,所以又叫"香炉山",据说"香山"的名称也来源于此。登上峰巅,能饱览各处景色,令人心胸开阔。除了秋、冬两季,香山在一年中的大部分时间里,都是满眼青翠。所以明代孙丕扬有诗:"人传宝地紫光收,天语香山翠色浮。"袁宏道也有:"真人天眼自超伦,翠色香山此语真。"可见香山之美不在香而在"翠"。在主峰上极目远眺,晴空万里,树海苍茫,气象万千。永定河水潆洄如带,卢沟桥隐约可辨,昆明湖翠波如镜,玉泉山玉峰塔影历历在目,北京的城廓依稀可见。

璎珞岩 香山二十八景之一,以水瀑为主题。泉水出自横云馆的东侧,至岩顶倾注而下。乾隆赞之曰:"泉漫流其间,倾者如注,散者如滴、如连珠、如缀旒,泛洒如雨,飞溅如雹。萦委翠壁,潆潆众响,如奏水乐。"在它旁边的是清音亭,坐在亭内可以目赏小景,耳听水音。璎珞岩东边的是翠微亭,乾隆形容它:"古木森列,山麓稍北为小亭。入夏千章绿阴,禽声上下。秋冬木叶尽脱,寒柯萧槭,天然倪迂小景。"将这里的风景比作元代画家倪云林的山水小景。

青未了 雄踞于香山南侧制高处的小亭。乾隆在《青未了》诗序中描述,在亭中远眺"群峰苍翠满目,阡陌村墟,极望无际。玉泉一山,蔚若点黛,都城烟树,隐隐可辨。政不必登泰岱,俯青齐,方得杜陵诗意"。足见此处视野之开阔、观景条件之优越。无怪乎乾隆要以登泰山而俯瞰齐鲁相比拟,取杜甫诗意"岱宗夫如何,齐鲁青未了"为景题了。

青未了以西的山坡岩际为驯鹿坡,在这里放逐宁古塔将军所贡之驯鹿。坡之西有龙王庙,其下为双井,即金章宗梦感泉之所在;其上为蟾蜍峰。双井泉西北注入松坞云庄之水池内,再经知乐濠,由清音亭过带水屏山绕出园门外,是为香山南源之水。

香山寺 原是香山一带历史最悠久和规模最大的寺庙。始建于金大定二十六年(1186),金世宗来此游幸,赐名为大永安寺。旧名甘露寺,是因泉得名。古人云:"西山之刹,以数百计,香山号独胜。"以后,历元、明、清三代,都作过重修与扩建。据记载,香山寺原建有五层大殿,殿前有石坊、山门、钟鼓楼、城垣等,建筑规模宏伟。红墙碧瓦,掩映在苍松翠柏之中,为香山二十八景之一。今仅存正殿前的石屏、方碑和石台阶等遗迹。石屏中间为金刚经,左为心经,右为观音经。背为燃灯古佛、观音、普贤佛像。香山寺山门外两侧有两株古松,形如听佛说法,名为"听法松",虬枝秀挺,树叶繁茂。关于这两株古松还有一个趣闻,就是听法松下金鸡叫。站在"听法松"下路中心的方砖上跺几脚,就可以听到铮铮声,犹如金鸡啼鸣,悦耳动听。

入山门即为泉流,泉上架石桥,桥下是方形的金鱼池。过桥沿长长的石级而上,即为五进院落的壮丽殿宇。这组殿宇的左、右两面和后面都有广阔的园林,散布着许多景点,其中以流憩亭和来青轩两处最为人称道。流憩亭在半山的丛林中,可俯瞰寺垣,仰望群峰。来青轩建在面临危岩的方台上,凭槛东望,玉泉、昆明湖后田野千顷尽收眼底。所谓"前两山相距,而虚其襟以捧帝城",则"不但芙蓉十里,粳稻千顷,尽在目中。而神京龙蟠凤舞,郁葱佳气,逼窗而来。大挹山川之秀,信为诸胜地第一"。香山寺因此赢得当时北京最佳名胜之美誉:"京师天下之观,香山寺当其首游也。"

唳霜皋 六角景亭,在香山寺西南面的山坡上。唳为鹤鸣,霜为秋色,是一处以赏声、看景为主题的景点。当年有人写道:"山中晨禽时鸟,随候唳声,与梵呗鱼鼓相应,饲海鹤一群,月夜澄雾,霜天晓晴,戛然送响,嘹亮云外。"每当禽声鹤唳和着暮鼓晨钟,于此看秋色中的香山,美得令人欲醉。

洪光寺 在香山寺的西北面,山门东北向,其毗卢圆殿仍保持明代形制。洪光寺的北侧为著名的九曲十八盘山道,这里山势耸拔,小径以回和惊险取胜。盘道侧建敞宇三间,额曰"霞标磴",这一带植物景最佳。

乾隆时期的香山,"山中之树,嘉者有松、有桧、有柏、有槐、有榆,最大者有银杏、有枫,深秋霜老,丹黄朱翠,幻色炫采。朝旭初射,夕阳返照,绮缋不足拟其丽,巧匠设色不能穷其工"。秋高气爽正是北京最好的季节,香山红叶把层林尽染。内垣西北坡上的绚秋林就是观赏这烂漫秋色的绝好景点。附近岩间巨石森列,石上镌题甚多,如"萝梦""翠云堆""留青""仙掌""罗汉影"等,则又是兼以石景取胜了。

外垣 香山静宜园的高山区，虽然面积比内垣大得多，但只疏朗地散布着大约十五处景点，其中绝大多数属于纯自然观的性质。因此，外垣更具有山岳风景名胜区的自然美。它主要景点有三：一为晞阳阿，位于外垣中央部位的山梁上，东、北面各建牌坊一座，"有石砑立，虚其中为厂，可敷蒲团晏坐。望香岩来青，缥缈云外"。西为潮阳洞。再西为香山的最高峰"鬼见愁"，下临峭壁绝壑，已邻近园的西端了。二是芙蓉坪，是一处山地小园林，正厅为三开间的楼房。乾隆曾描写过这里的环境："最北一嶂，迤逦曲注，宛宛如游龙，回绕园后。"在此能够"翘首眺青莲，堪以静六尘"，望群峰犹如莲花，故得名芙蓉坪。乾隆对此景观评价甚高："昔人有云，岩岭高则云霞之气鲜，林薮深则萧瑟之音清，两言得园中之概。"三是香雾窟，这里是一处境界最为开阔的景点。"就回峰之侧为丽谯，睥睨如严关。由石磴拾级而上，则山外复有群山，屏障其外。境之不易穷如此。人以足所至为高，目所际为远，至此可自悟矣。"

双清 又名松坞山庄，在香山寺遗址以南，建筑在半山坡上的一处别致、幽静的小庭院。院西南叠石环抱，山上黄栌密布，山腰苍松翠柏，枝繁叶茂，院内绿树成荫。正中有一池塘，睡莲翠绿，金鱼游荡，池边建有八角红亭，周围曲廊环绕。院内一棵大银杏树参天矗立，树叶舒展。这里是山、泉、树、石、竹融为一体的天然景色。当年文人称此园"适当山之半，右倚层岩，左瞰远岫，亭榭略具。虽逼处西偏，未尽兹山之胜，而堂密荟蔚，致颇幽秀"。在别墅的南山坡上，还留有当年乾隆御笔书写的"双清"二字，笔力遒劲，至今无损。双清之名，一说得自金章宗"梦感泉"。相传八百多年前，金朝皇帝完颜璟来香山游玩，因为登山劳累，在这里休憩入睡，梦见身下波涛翻滚，惊醒后叫随从掘地，果然挖出一眼清泉，完颜璟就称此泉为"梦感泉"。这只是传说而已，但这里确实有两股清泉，潺潺流水常年不息，流向知乐濠和静翠湖。双清的名字也是由此而来。

蟾蜍峰 双清以南山腰处有一巨石，形状似蛤蟆，昂首侧立伸向天空，名蟾蜍峰。中国古代文人素有爱赏奇石的传统，对此石，有人描写道："巨石侧立如蟾蜍，哆口张颐，睅目皤腹，昂首而东望。"这是一处以奇石为主题的天然景观。

森玉笏 这里悬崖壁立数十仞，石缝中伸出许多杂树，颇有奇趣。而冬天下雪的时候，崖石周围积雪如玉。乾隆来香山游玩，看到这块形状似朝臣用的"笏板"，故赐名"森玉笏"。三个大字刻在峭壁上至今还清楚可见。在峭壁上还可看到许多歌颂森玉笏的题字和诗句石刻。

"梅"字巨石 香山刻石很多，计有挂云抱月、紫珊岩、蔚秀、一拳石等四十余处。

清乾隆皇帝亦喜到处看景留字题词,在香山朝阳洞一带,尚留有许多完好的石刻。这个"梅"字巨石是梅兰芳1922年所刻。它位于栖月山庄附近、蛤蟆山西北,有巨石两方,一前一后,后者高高耸立,宛如护卫前者。石刻巨大巍峨,上方为题记,文曰:"壬戌三月二十有四日,肃紫亭、齐如山、梅兰芳、王幼卿、李释戡同来,兰芳写梅,释戡题记。香山游者虽多,未必遂登此石,亦足以自豪矣。"中间刻有"齐如山监制"五字。下方刻有梅兰芳亲笔题写之"梅"字,字体潇洒苍劲,字高1.95米,宽1.9米。梅字木旁下方又刻有"兰芳"二字,每字高20厘米,宽15厘米。

南苑 位于北京城南,它的前身是元代的飞放泊,明代和清初曾有过多次的扩建。当时这里地势比较低洼,泉沼密布,水草丰茂,林木蓊郁,繁衍獐、鹿、雉、兔、黄羊不计其数。设"海户"1600人,人各给地,负责放养、管理苑内禽兽。皇帝经常到这里行猎,举行阅兵演武的活动,即所谓的"春蒐冬狩,以时讲武"。所以说,南苑是一座作为皇家猎场的特殊的行宫御苑。

乾隆年间,对南苑又进行了一次大规模的扩建。除了局部添建、修葺之外,重要的工程有两项:一是把土筑的苑墙全部改为砖墙,二是在苑内新建一座精致的园林——团河行宫。南苑的建设达到了全盛时期。

南苑占地大约230万平方米,设苑门九座:正南为南红门、东南为回城门、西南为黄村门、正北为大红门、稍东为小红门、正东为东红门、东北为双桥门、正西为西红门、西北为镇国寺门。苑内有晾鹰台,"台高六丈,径十九丈有奇,周径百二十七丈";有水泉七十二处;有海子三处,"旧称三海,今实有五海子,但第四、第五夏秋方有水,冬春则涸耳"。据《日下旧闻考》载,苑内的主要建筑计有:南苑官署,在大红门内;元灵宫,在小红门内西偏;旧衙门行宫,在小红门西南;永慕寺,在旧衙门行宫西南;德寿寺,在旧衙门行宫东偏;关帝庙,在德寿寺西南500米许;永佑寺,在德寿寺东南1000米许;宁佑寺,在晾鹰台北3000米许;南红门行宫,在南红门内500米许;新衙门行宫,在镇国寺门内500米许;团河行宫,在黄村门内3000米许。

团河行宫 南苑四座行宫中规模最大的一座,而且自成宫苑分置的格局,可视为包含在南苑内的一处独立的行宫御苑。

团河之源旧称团泊,在黄村门内3000米许。团河流出南苑苑墙入凤河,又东南流与永定河汇合。清乾隆三十七年(1772),对永定河进行了大规模治理,包括疏浚凤河及其上源团河。与此同时,在团泊之旁兴建行宫,这就是乾隆《庚子季秋中浣团河行宫作》一诗的"团河本是凤河源,疏浚于旁筑馆轩"之所指。乾隆四十二年(1777),行宫全部建成。

团河行宫的宫墙周长约2000米,大宫门设在南宫墙偏东处。宫廷区紧接大宫门之北,包括西所、东所两路。西所共有三进院落:第一进大宫门面阔三间,两厢值房、朝房,前为月河、石桥;第二进二宫门,迎面叠石假山"云岫";第三进正殿璇源堂,是乾隆驻园期间接见臣僚的地方。东所为寝宫,亦三进院落:大宫门、二宫门、后殿储秀宫。宫廷区以外的广大地域便是苑林区,利用团泊的泉眼开凿为东湖、西湖两个水面,湖中游鱼嬉戏,水上遍植荷花,并以浚湖土方沿湖岸堆筑土山,构成冈坞起伏的地貌。东湖水面较小,湖中央筑岛,岛上绿草翠柏掩映,建敞厅翠润轩,面阔三间,正好位于西所中轴线延伸的尽端。湖北岸为群玉山房,东岸为露香亭,西岸为漪鉴轩,南岸为鱼乐汀、涵道斋。西湖的水面广阔,北岸和西岸均堆筑土山,循石级可登临北山顶的珠源寺,北山之东建六方小亭境虹亭。湖西岸临水建濯月漪、狎鸥舫。从狎鸥舫后循爬山廊可达半山上的拂云岫。西北岸建御碑亭,碑上刻乾隆御制《庚子季秋中浣团河行宫作》诗。南岸的过月亭是建在桥上的桥亭,亭下即团河,河水流出宫墙外入于凤河。

南苑地域辽阔,除了三个海子之外,都是平坦地带。苑内建筑极为疏朗,到处松柏苍翠、绿草如茵,成群的麋鹿黄羊奔逐在密茂的树林中,一派大自然原野的粗犷风光,而团河行宫却又表现为细致婉约的江南园林的情调。此两者的强烈对比,愈发显示出南苑不同于其他皇家诸园的独特风貌。

南苑作为一座兼有皇家猎场和演武场性质的行宫御苑,行围和阅武活动自明代至清中叶都经常举行,直到清道光年间方才停止。清代把南苑行围阅武作为朝廷的大典,仪式隆重,场面壮观,必须选择吉日按照一定的程序进行。

如今南苑的海子早已干涸,现分属于大兴区和丰台区。团河行宫已重新修复开放。

钓鱼台　　位于北京西郊玉渊潭,是明清两朝较为著名的行宫御苑。早在金代以前,这里便是幽燕一带权贵富绅园林别墅的荟萃之地,以后逐渐败落,变成了茅舍村落,所以村名叫花园村。金代著名的文学家王郁,幼小就居住在花园村,成年后,又在这里隐居,很少有人知道他的才华。他常常约集二三知己在附近河边垂钓,并且自筑高台专备钓鱼之用。《明一统志》和《帝京景物略》都曾专门记述了此事。《归潜志》也说:"王郁飞伯,少居钓台,潜心述作,未尝轻求人知。李钦叔过钓台,得其所著赋及碑,大惊,遍荐于诸公。"钓鱼台之得名,也始于此。金代皇帝也很喜欢这一自然风景区。金哀宗常幸此游乐,并筑钓台,专作垂钓之用。明代权臣严嵩曾作《钓鱼台》诗忆述此事:"金代遗踪寄草莱,湖边犹识钓鱼台。沙鸥汀鹭寻常在,曾见龙舟凤舸来。"

到了元代,为丁姓所有,经过修缮,改称丁氏园。后来,丁氏因园中池水名玉渊潭,于是就用"玉渊"二字命名园中诸亭。

明朝万历年间,玉渊潭钓鱼台又成了慈圣太后的父亲武清侯李伟的别墅。

明朝末年,战事频繁,京师野战不断发生,玉渊潭钓鱼台被夷为废墟。至清乾隆时,西郊玉泉山、香山一带的泉流因无泄处,每逢夏伏季节,大雨成灾,危及京师。乾隆三十八年(1773),决定挖掘玉渊潭,使之成为接收西郊诸水的大水库。

改造香山引河,是清代西郊治水工程之一。这条引河,俗称"旱河",有河床、河堤。无雨季节,河床干涸,可以行车走马,有的农民还在河床上开辟麦田。一到雨季,山洪暴发,决堤淹村,沿河附近一片汪洋。

旱河的上游,从玉泉山静明园前的买卖街起,下经东宫村、南辛村、楼后村,到鲍家窑,再向东南流经小屯村西村口外,折而向南,经篱笆居村、梆子井村、南平坡庄至双槐树村,折向东南至半壁店五孔桥,从朱各庄折向正东,经罗道庄至西钓鱼台,再向东流入玉渊潭钓鱼台。

经过整治,玉渊潭得到了扩展,原先只有天然泉水自涌自溢的浅水池变成了一座水面广阔的大湖泊。在大湖四周堆山石,栽花木,建亭阁殿堂,立宫门,筑围墙,垒起了城门式的钓鱼台,玉渊潭钓鱼台又一度繁华起来。乾隆赐以别名"养源斋",但北京居民却直呼"钓鱼台"。其实钓鱼台只不过是养源斋园内一部分建筑(城门式钓台)的名称。为什么改名为"养源斋"呢?这里有两层意思:一是在五间正厅的前面,有水自泉流出,故名"养源";二是在封建帝王看来,所谓听政就是理民,理民是政事之源。养源斋正厅是皇帝听政的地方,所以取名为"养源"。

养源斋的西边有"品"字形的潇碧轩,窗格玲珑,玻璃四照。再往西过桥有澄漪亭,建于石山之上,亭中有乾隆御笔园景诗句:"墙外为湖墙内池,一般俯槛有澄漪。剔疏意在修渠政,何心瓶罍细校斯。"

养源斋是清代风景胜地之一,不少民俗活动也常在这里举行,如放河灯、登高、封台,等等。

在封建时代,每年的农历七月十五日为中元节,人们要在水中放灯赶鬼净邪。养源斋一带湖水宽阔,正是放河灯的好地方,每当七月十五,王公大臣们都来到这里观看河灯,因而钓鱼台又有"望海楼""望河楼"之名。

农历九月初九日为重阳节,是北京例行的登高日。每逢这一天,养源斋一带十分热闹。在钓鱼台城门西面和南面以及附近会城门村箭沟一带,都有跑马、赛车之会。清代,以骑射著称的八旗兵丁驻扎京城,骑射技术逐渐普及于民间。每遇庙会和令节,各族民众,尤其是满、蒙两族的居民,争先在庙会附近选择合适的地点,举行赛车、赛马。登高节这天,还有一些皇戚子弟和富家少年带上炊具、车马、幕帐、乐器,约集票友、歌妓,跑到城外郊野的高台土坡上,架起幕帐,摆上桌椅,大吃所谓的"爆、烤、涮",又吃又唱,纵情歌舞,有的还在山下跑车跑马。

清末,养源斋虽已败落,但仍是御苑禁地之一,除了皇亲国戚外,一般官家和民众仍不得随便出入。《越缦堂日记》的作者李慈铭,光绪六年(1880)庚辰科进士,官山西道监察御史,还需用重金贿赂留守太监后,才得以进园泛舟玉渊潭,畅游行宫。

1911年辛亥革命后,溥仪把养源斋作为私产赐给了他的太傅(业师)陈宝琛。陈氏喜之不尽,设宴狂饮。之后,立诗社,招游客,日无虚席。当时的北平大学农学院,早有改玉渊潭钓鱼台为校舍的打算,对陈氏的举动极为不满,发表声明,组织请愿,迫使陈氏"自动"交出。"七七事变"后,北平沦陷,陈宝琛当了汉奸,养源斋再一次为其占有。直到1949年后,玉渊潭钓鱼台才逐渐被开辟为公园,并在东部建造了一座建筑典雅、景色秀丽的钓鱼台国宾馆。

乐善园 即今日北京动物园,位于西直门外大街。原是明代的近郊御园,后被一些大太监占为私产,清初赐给康亲王。乾隆十二年(1747)收回改建御园,取名"乐善园",长河横穿其间。园西有山贝子花园,咸丰、同治两朝数易其主,直到光绪朝,被固山贝子收回,后又并入乐善园,统称"山贝子花园"。光绪三十二年(1906),批准农工商部的奏请,把乐善园改作农事试验场,并向东南和西南方向扩展,面积达一千零六十二亩,改名"农事试验场",从此,售票开放。后来又多次易名,先后有中央农事试验场、万牲园、天然博物院、乐善公园、国营试验场等。1949年后,命名为西郊公园,后改为北京动物园。今动物园内遗存乐善园建筑主要有畅观楼(建筑面积约1300平方米)、鬯春堂(建筑面积约320平方米)、豳风堂(建筑面积为200平方米)三处。

畅观楼是园中最大的一组建筑,慈禧来往颐和园时,中途在这里小憩。室内原来陈列着慈禧和光绪的御用器具,后被日本侵略者全部盗走。

鬯春堂在畅观楼之南,四周用垒石砌成,瑰丽堂皇。1912年中华民国成立后,国民政府的农林总长宋教仁常住于此。宋教仁是近代民主革命家,1913年3月20日,被袁世凯指使赵秉钧派人刺杀于上海。为了纪念他,特在他生前喜居的鬯春堂后建立了"宋教仁纪念塔"。

观稼轩临近北围墙,又名自在庄,轩前有菜圃。慈禧有时来到这里观赏种菜、育禾。

中山公园 位于北京紫禁城的右前方,面积三百六十二亩,是我国最著名的皇家坛庙园林之一。唐代这里是古幽州东北郊的一座古刹。辽代,在海子园建瑶屿行宫,将这座临近御苑的古刹扩建成大型僧刹兴国寺。元世祖忽必烈建大都城,兴国寺被圈入皇城内的宫门左侧,再次扩建为万寿兴国寺喇嘛庙,专供皇帝率领大臣拈香作佛事。明成祖永乐年间建北京宫殿的时候,根据周礼"左祖右社"制度,于承天门(天安门)之右,把万寿兴国寺改建扩展为社稷坛。辛亥革命后,1914年把社稷坛辟为中央公园。1925年孙中山先生逝世,曾在园内的拜殿停放灵柩。为了纪念孙中山先生,1928年改名为中山公园,将拜殿命名为中山堂。

中山公园在总平面规划上别具一格。社稷坛及其附属建筑,占据全园的中部,统称内坛。内坛四角,种植成片的果树和花卉。四周称外坛,有松柏环绕,有如翠屏。外坛东部有长青园、松柏交翠亭、来今雨轩等。西部和北部都是柏树林以及后来增设的一些娱乐和服务设施。南部是全园最丰富多彩的风景区。这一带有葱郁的古柏、形状各异的湖石、曲折的长廊,还有金鱼场、水榭、翠竹和著名的唐花坞,古迹有兰亭碑亭、习礼亭等,此外还有大量的芍药、牡丹、玉兰、杜鹃等名花。

社稷坛 中山公园内最重要的一组建筑,它由北向南展开。坛的主体建筑亦分布在一条中轴线上,依次为坛北正门、戟门、拜殿、社稷坛、坛南门、神库、神厨、宰牲亭等。四周围以高墙。园内以古柏著称,四周有上千棵树龄数百年的古柏,其中坛南门外的七株,据传是辽金时代古刹内的遗物。

坛的围墙南北长267米,东西203米,面积为5421平方米。北面围墙正中辟门,亦是坛中轴线的末端,是坛的正门。门为一座券洞实三间虚五间的单檐琉璃瓦歇山顶建筑。门的两侧连接坛的围墙,是进入坛的第一道门。

戟门 建在较为低矮的砖筑"工"字形台基上后端,前有甬路可达拜殿,后有台阶。始建于明永乐十九年(1421),为面阔五间、进深三间单檐琉璃瓦歇山顶建筑。门内原列有戟七十二把,1900年被八国联军掠走。

拜殿 又称"享殿",或"祭殿"。建于较为低矮的砖筑台基上前端。殿建于明永乐十九年(1421),修于明洪熙元年(1425)。面阔五间、进深三间单檐琉璃瓦歇山顶建筑。这座精美壮观的明代木结构大殿,室内不做天花板,而是采用"彻上明造"做法,是我国古代建筑中的艺术精品。它是明清两代皇帝每年二、八月主祭社稷时用来休息的地方。或若正当举行祭祀时遇风雨,可改在其中举行。故其取名拜殿,这个仪式一直沿续到清亡。1925年,孙中山先生在北京逝世,曾在拜殿停放棺椁接受北京各界人士的瞻吊。1928年,这里改名为中山堂。

五色坛 即社稷坛,是这组建筑中的主体,建在园内轴线的中心地坪上,坛为方形。这一方面是露祭的需要,另一方面,隆重的祭祀活动不能在毫无限定的平面上进行,故设置一个固定凸于地面上的丘。坛的基座为汉白玉石砌筑,分为三层:下层每边长17.8米,中层每边长16.8米,上层每边长16米,各层的长度相差仅为0.8米。土层台面上铺以五色土,中黄、东青、南赤、西白、北黑即为五土之神。五土之神"社",其中供奉的原隰之祇,是为"稷"。坛中央原有一方形石柱,名"社主石",又叫"江山石",表示江山永固。又根据天干地支和五行的学说,金、木、水、火、土是最基本的五种物质,它们代表五方五色,所以台的五色土,就成为全国疆土的象征。

坛四周的壝墙(矮围墙),建在砖雕须弥座上,墙身及顶均较为低矮,其上分别覆以四色琉璃砖。四面各有白石柱、框的棂星门一座。壝墙身内外贴有彩色琉璃砖,与坛面五色土的方位色彩保持一致。

社稷坛前(南端)是一宽阔的广场,气势宏伟壮观。自坛至坛的南门近百米之遥,有券洞门一座,为单檐琉璃瓦歇山顶建筑,即坛之南门。祭祀礼仪所需的神库、神厨建在坛的西南一侧,均为五开间琉璃瓦悬山顶建筑。宰牲亭建在坛的西北角。

保卫和平坊 在中山公园南园门内,社稷坛被辟为公园后,南园门成了公园的正门。迎门是一座纯白色大理石三脊单檐牌楼。这座牌楼原来建在东单牌楼北大街,坊顶琉璃瓦呈碧蓝色,七脊单飞檐,样式与东四牌楼和颐和园排云门前的大牌楼是同一格式。

清光绪二十六年(1900),八国联军入侵北京,清廷屈辱求和,次年与侵略者签订了《辛丑条约》,条约规定要在德国公使克林德被义和团群众杀死的地方建碑纪念。1902年,清廷建成了这座牌坊,命名为"克林德碑"。1918年第一次世界大战结束,德国战败,这座牌坊从东城移到了中山公园里,改名为"公理战胜坊"。1952年,把这座牌坊改名为"保卫和平坊",坊上刻有郭沫若题写的"保卫和平"四个大字。

长廊 中山公园南园门内回环曲折的长廊,是中山公园中最优美的建筑。长廊以南门为界,可以分为东、西两段。东段向东北曲折延伸,可以通到来今雨轩。西段先向西,再向南、北分成两股,一股往北通绘影楼,一股往南通水榭。全部长廊共231间。中山公园的长廊虽然不如颐和园千步廊那样精美辉煌,但它那曲折的布局使游人行走其间不断感觉到景物的变幻,极富情趣。

水榭 中山公园西南隅,创建于1916年。东西北三厅都以走廊相绕。南门立有垂花门,门外左右围筑花墙,金碧彩绘。北厅完全立在水上,以墩台为支架,水榭由此得名。水榭四周的风景点繁多,相依相衬,显得格外雅静。南面是昔日的银丝沟,春水清澈见底,杨柳垂依。西面土山之上山石嶙峋,松柏青葱,冬季雪天,大地银装,与金碧彩绘的水榭红白相间,风姿更加宜人。北面有荷池,盛夏莲花朵朵,清香袭来,使人不知暑热。东面隔着长廊遥望草坪,一年一度的春暖时节,浅草放绿,桃花吐红。这四季宜人的水榭,是中山公园中的重要名胜。

四宜轩 建在水榭西北池塘中的小岛上,轩房呈"工"字形。它原是清代的一所关帝庙,1919年改建成四宜轩,取"春宜花,夏宜雨,秋宜风,冬宜雪"之意。四宜轩前的汉白玉石座上陈列着一块从圆明园搬迁过来的太湖石,湖石剔透,上下有两个半月形的圆孔。上面刻着乾隆题写的"绘月"二字,俗称"绘月石"。

青莲朵 中山公园西坛门外小土山南面的一块太湖石,上刻乾隆手书"青莲朵"三字。乾隆南巡杭州,在杭州行宫见到此石,甚是喜爱,浙江巡抚连忙将石拆运至京,陈列在西郊长春园的倩园太虚空院中,取名"青莲朵"。有关此石的另一种说法是《养吉斋丛录》载:"杭州宗阳宫为南宋德寿宫遗址,有石曰芙蓉。"芙蓉是指这块青莲朵石,原来它是南宋德寿宫内的陈列物。

古城倒影 后河原名阙右门扇子河,是紫禁城护城河的一角,又名御河。社稷坛被辟为公园后,把这段御河划归园中,故此命名为后河。这后河最有趣味的景致,乃是古城倒影。游人至此,或坐在藤椅上品茗,或靠河沿铁栅凭栏眺望,东边是古老紫禁城上的五凤楼,西边是号称九梁十八柱的八角亭,西北远处,更有那洁白似玉的矗立于万树丛顶的北海白塔。俯视后河水面,巍峨的古塔倒映水中,使这座千年古都显得更加秀美多姿了。

柏树林 中山公园的南、西、北三面,都有成片的古柏,遮天蔽日,挺拔苍劲,总数有六百多棵，半数以上都是几百年以上的古柏。其中有七棵最老，围径达五至六米，一字形排列在园路的北侧。这些古柏据传是辽代种植的。东头一棵在柏树的木本中又长出了一株国槐，得名槐柏合抱。

唐花坞　公园的西南部的燕翅式的花房，中部是一座八角形双檐亭子，两旁是玻璃暖房，朱柱绿额，蓝色亭檐，玲珑美观。室内陈列各种名贵花木。

所谓唐花坞实际上是塘花坞，塘是烘焙的意思，唐花即是暖房里培育的花。唐花又叫堂花，《燕京岁时记》解释道："每至新年，互相馈赠。牡丹呈艳，金橘垂红，满座芬芳，温香扑鼻，三春艳冶，尽在一堂，故又谓之堂花也。"清代王士禛《居易录》记载："今京师腊月即赏牡丹、梅花、绯桃、探春，诸花皆贮暖室，以火烘之，所谓'堂花'又名'唐花'也。"

说起唐花培植，南宋周密在《齐东野语》中曾介绍当时的培育方法："其法，以纸饰密室，凿地作坎，缠竹，置花其上，粪土以牛溲、硫黄，尽培溉之法。然后置沸汤于坎中，少候，汤气熏蒸，则扇之以微风，盎然盛春融淑之气。经宿则花放矣。"《日下旧闻考》："其法自汉即有之。"

"门前乱落鹅毛雪，屋内方开富贵花。"在过去能欣赏唐花的只是少数人，而现在则比较普遍了。

兰亭碑亭　在唐花坞西，原是圆明园中的四十景之一，由一块石碑和八根石柱组成，叫作兰亭碑和兰亭八柱。圆明园被毁以后，1917年将碑移至此地。1971年重修。亭中八根石柱上分刻着历代书法家摹写的晋代王羲之的《兰亭集序》，并有一幅兰亭修禊图碑刻，即曲水流觞图，背面刻有清乾隆皇帝所书兰亭诗。

习礼亭　原是明、清两代专司礼节的机关——鸿胪寺里一座重要建筑，建于明永乐十八年（1420）。当时凡是初次进京的文武官员和外国使臣，要朝见皇帝就得先到鸿胪寺报到，然后排定习礼日期，一直要在习礼亭前跪拜演习熟练以后，才能见皇帝。

鸿胪寺原在天安门后东侧，公元1900年，八国联军入侵北京，放火烧掉了鸿胪寺，只剩下这座习礼亭，清政府把它迁入鸿胪寺附近的礼部。1915年，才迁到现在的中山公园。

来今雨轩　位于公园外坛部，1915年建，为大厅五间，四面出廊，现为餐厅供游人餐饮休息。"来今雨"典出杜甫《秋述》一诗的小序："秋，杜子卧病长安旅次，多雨生鱼，青苔及榻，常时车马之客，旧雨来，今雨不来。"杜诗中小序的意思是，"老朋友下雨还来，新相知下雨就不来了"。后来，人们便把"旧雨"指为故交，把"今雨"指为新知。

"来今雨"是从杜甫的"旧雨来今雨不来"这七字中截去前两字和末两字,而取中间三字所得。"来今雨轩"的意思是:"故交新知,欢聚一轩。"

轩前有一对相抱而生的槐树和柏树,人们称之为"槐柏合抱"。

青云片石 来今雨轩以西长廊西侧的一块坐东朝西的太湖石,上面刻有乾隆题"青云片"三字和八首诗。这块片石高约3米,长3.2米,周长约7米。它与颐和园乐寿堂前的青芝岫石,同为明代爱石成癖的米万钟的遗物。这两块山石采自北京西南的房山,运抵良乡,被迫弃于郊野。清朝乾隆年间,将两石中的大石青芝岫石运至颐和园,小石青云片运至圆明园时赏斋。乾隆称青芝岫石为雄石,称玲珑奇秀的青云片石为雌石。1925年,将青云片石从圆明园废墟移置于此。青云片石西面,原有辛亥革命烈士施从云和王金铭的军装铜像。后铜像被毁,乃将一块无名太湖石陈列于原有铜像的石台之上。

太湖山石 来今雨轩后面,1915年,由广东籍刘姓老艺人堆砌而成。这座假山堆满来今雨轩房后,坐在轩内,隔窗北望,好似置身于万岭重叠的丛山之中。堆砌假山,在中国旧有两派。南派以倪云林为代表,风格是就势堆山,因石块的形状而叠造山势;北派以张然为代表,风格是把绘画和砌石技术随意结合。刘姓老人所堆砌的假山,属于南派风格。

太庙 即现北京市劳动人民文化宫,位于天安门东侧,是北京著名的皇家坛庙园林。它是明清两代皇帝每逢大典时祭祀祖先的地方。太庙,天子祖庙之称。它是遵从《周礼·考工记》"左祖右社"规定的古制而修建的一组祭祀建筑,创建于明永乐十八年(1420)。祭祀建筑对每个王朝统治者都至关重要,在其都城营建中具有不可缺少的地位。因此王者,必定以大量的人力、物力、财力用当时最高端的技术材料、最完美的艺术手法营建这些建筑园林。

太庙位于故宫紫禁城南北中轴线南端门的东侧,并同西边的社祭坛相对而立。建于皇城之前,坐北向南,前临长安街,后倚故宫筒子河。呈南北向长方形,占地总面积为139650平方米。庙园四周有黄琉璃瓦顶的红墙三重,布局极为匀称。

第一道围墙里面是太庙的第一层院落,黄琉璃筒瓦歇山顶的太庙南门就开在这道围墙的南面正中。院内四周种满了成行的古柏,大都是五百多年前的古树。这种用密植松柏来营造庄严肃穆气氛的方法,从汉代起就开始采用。太庙庙园有一半以上的面积植松柏,使整座园林终年常青。院内东面南端还有一些假山凉亭等。院内南面偏东头，有一个小院落，院门朝西，门楼和房舍都是黄琉璃瓦歇山顶，这里从前是屠宰和剥洗祭祀用的牲畜的地方。这道院墙外西边有一座黄琉璃筒瓦盝顶的六角井亭。

第一层院子的正面中间，有甬路通向一组琉璃砖门。中间正门三座，两旁有两座旁门，门楼是黄琉璃瓦庑殿顶，檐椽斗拱等都是用琉璃砖烧制的，所以又称琉璃砖门。这组琉璃砖门就是第二道院墙的正门。第三道院墙长272米，宽208米，院墙以内正面就是七座小巧玲珑的单孔石桥，又称金水桥。各桥两侧都有汉白玉石护栏，桥下面原来是干沟，清乾隆二十五年（1760）才引金水河流经桥下成河，因其形似玉带故又称玉带河。七座桥东西排列，东西端二桥北面，各有黄琉璃瓦盝顶六角井亭一座。在第二道围墙东西墙的南端，各有黄琉璃瓦悬山顶房屋五间，东边的是神库，西边的是神厨，是调制配备和准备祭品的地方。

石桥以北是五间戟门，以前在门内外列戟120支，所以叫戟门。白石台基三层，四周都有汉白玉石护栏，正面台阶中间的丹陛上，浮雕着二龙戏珠、狮子滚绣球、海水江涯等纹饰。戟门的明、次间是三座实踏大门，戟门的东、西两侧各有旁门一座。戟门是庙园第三道围墙的正门，太庙的主要建筑，如太殿、寝宫等都在戟门以内的院落中。

辛亥革命后十多年，太庙一度仍归清室所有。民国十三年（1924）曾改为和平公园，1928年废除了园名，由故宫博物院收回管理，作为分院，仍然开放供人游览。由于管理不善，缺乏整修而日渐圮坏。以前太庙东面柏林幽邃，成群的灰鹭巢居其上，由于无人保护，数量日渐减少，终至绝迹。1949年后，太庙得到了彻底的修整，1950年的国际劳动节，将太庙改为"北京市劳动人民文化宫"，这座封建帝王的祖庙，成为劳动大众休息游乐之处。

戟门 太庙的正门，设在第三道围墙南面的中轴线上。"棘"通"戟"，古同"读"。棘门，即以戟为门。《周礼·天官·掌舍》："为坛壝宫，棘门。"建在只有一层汉白玉石雕须弥座上，且有雕石环绕。面宽为五开间，进深二间，用中柱，是明、次间辟门的单檐琉璃瓦歇山顶建筑，造型庄重，梁架简洁，天花板华丽而不失纤巧，屋顶起翘优美，出檐深远，显示了明代建筑的特征。由于祭祀礼仪的规定，在戟门外有列戟的仪仗，今已毁。

正殿 位于第三道围墙内封闭院落的中轴线上，与寝宫同建在有三重汉白玉石雕须弥座式工字形的台基上，前出月台，四周环以石雕栏板、望柱。虽不如故宫太和殿高大，但也十分雄伟和壮观。正殿为太庙建筑的主体，始建于明永乐十八年

(1420)，历经明嘉靖、万历和清顺治年间的多次重修。唯清乾隆元年(1736)大加修缮，历时4年。乾隆帝退位前(1795)又将三座大殿及配殿全部扩建，将太庙正殿面阔九间，改成现在的面阔十一间、进深四间的重檐庑殿顶建筑。后虽经历代重修、改建，但其建筑规模、结构、形制基本保持始建时的原貌，是迄今保存得最为完整的明代建筑群之一。殿前台基下东、西两侧，建有对称的十五间带前廊的庑房各一座。殿内的主要梁柱外包沉香木，其余木构件均为金丝楠木，天花板及柱皆贴赤金花，制作精细，色调淡雅，气味馨芳。这里是皇帝举行祭祀时行礼的地方。每逢年末大祭时，将寝宫中供奉的皇帝祖先牌位移到这座殿内，举行所谓的"祫祭"，牌位置于龙椅之上，仪式极其隆重。

寝宫 亡者之庙后有寝，以象生人之居，此以庙为主者，《礼记·月令》："寝庙毕备。"注："凡庙，前曰庙，后曰寝。"疏："庙是接神之处，其处尊，故在前；寝，衣冠所藏之处，对庙为卑，故在后。但庙制有东西厢、有序墙，寝制唯室而已。"寝宫位于正殿之后，为九开间单檐琉璃瓦庑殿顶建筑，是平时供奉皇帝祖先牌位的地方。宫前三重台基下，东、西两侧建有相互对称的五开间带前廊庑房各一座。寝宫的后檐墙是前院的终点。宫的东西两侧墙上辟随墙琉璃罩门，是通往后院后殿（祧庙）的门户。

后殿 即祧庙，远庙为祧，见《礼记·祭法》。古训云："祧即寝也，其字从兆，乃窈窕幽邃之义，寝在庙后，故以名焉，庙以奉神主，寝以藏衣冠，故守祧云：'其遗衣服藏焉。'聘礼言：'不腆先君之祧。'自谦故不言庙而言寝也。"后殿（祧庙）建在寝宫之后，以围墙围起一个封闭式的独立小院。祧庙即为这一小院的主体建筑，建在前有月台的石雕须弥座的台基上，为九开间、进深二间的一座建筑。庙前的东、西两侧建有相互对称五开间带前廊厢房各一座。

井亭 是为了礼仪和祭祀需要而建的附属建筑，位于第二道围墙内。院内东西走向横亘一条玉带河，上设七座石桥，井亭即建在东、西两端金水桥之北侧，即在戟门之南东、西两侧各一座。院东、西两旁有神库和神厨，在这里配制和准备祭品。井亭造型挺拔，形制典雅。它虽然是根据祭祀活动的要求，并配合神厨和神库而建，但在这里，井亭却成功地起到了丰富建筑群空间艺术效果的作用。

小燎炉 建在太庙正殿院内的西南角，是举行祭祀活动时焚烧祭品的地方。小燎炉为青砖砌筑，但其造型模仿木构建筑，下部为砖砌须弥座，上部仿木结构的柱、枋、斗拱以及菱花槅扇门和彩画，均为砖造或砖雕。整座燎炉如同一座古典建筑的模型一样，造型甚是精美。

天坛 位于北京天桥南大街和永定门内大街东侧、正阳门和崇文门以南,系明永乐十八年(1420)明朝迁都北京时所建。当时天坛与先农坛均位于城南郊,至公元16世纪修筑外城时方纳入城内。是明清两朝皇帝祭天与祈祷丰年的地方,每年冬至、正月上辛日和孟夏(夏季的首日),皇帝都要来这里举行仪式。现在的规模是嘉靖九年(1530)形成的。

天坛的整个组群由内、外两重围墙环绕,总面积273万平方米,约等于北京外城面积的十分之一、故宫面积的两倍,是我国现存规模最大、形式最精美的一处以坛庙建筑为中心的皇家园林,现被辟为公园。

天坛围墙的平面接近正方形,由于传统礼制的关系,天坛位于大街东侧,主要入口设在西面。天坛有壝墙两重,呈"回"字形,北沿为弧圆形,南沿与东西壝墙相交成直角,呈方形。这种北圆南方的形式象征古代的"天圆地方"之说,通称"天地墙"。外墙原来只有一座西门,为正门。内墙则有东、西、南、北"四天门"。这内外两道坛墙把整个坛域分为内坛和外坛。内坛建有祭坛和斋宫等。内坛中,东西有横墙一道,南为圜丘坛,北为祈谷坛。天坛就是这两坛的合称。内坛的位置并不在外坛的正中线上,而内坛的中轴线,也就是祈年殿和圜丘坛的中心联线,和东西内坛墙的距离也是不相等的,因此形成了内坛位于外坛内偏东,而内坛中轴线又在内坛偏东的布局。经过这样的安排,内坛轴线和外坛西墙的距离,能够拉长近200米,这样对于原来只有西门能出入的天坛来说,能够使祭祀者感到庙园比实际显得更加宏伟广大,而增强了深远感。为了夸大空间效果,设计者能摆脱历来的中心对称的设计原则,这在当时无疑是一种大胆而独具慧心的设计思想。

天坛的建筑,按使用性质可分为四组。在内围墙内,沿着南北轴线,南部有祭天的圜丘坛及其附属建筑;北部以祈祷丰年的祈年殿为主体,附以若干附属建筑。内围墙西门内南侧是皇帝祭祀前斋宿的宫殿——斋宫;外围墙西门以内建有饲养祭祀用的牲畜的牺牲所和舞乐人员居住的神乐署。其中圜丘坛和祈年殿是全部建筑的主体,它们之间以长约400米,宽30米,高出地面4米的砖砌大甬道——丹陛桥相连接。

封建帝王对于天坛的设计有着严格的思想要求,最主要是在艺术上表现天的崇高、神圣和皇帝与天之间的密切关系。例如,圜丘坛、皇穹宇、祈年殿平面都为圆形,内外围墙和祈年殿、圜丘坛间的隔墙作弧形,符合古代"天圆"的宇宙观。圜丘坛的石块与柱板数目符合天为"阳"的奇数或其倍数,并符合"周天"360度的天象数字。而祈年殿的内外三层柱子的数目，也与和农业有关的十二月、十二节令、四季等天时相联系。各主要建筑用蓝色琉璃瓦顶象征着"青天"。这一系列的处理，给整个天坛蒙上了一层神秘的色彩。

　　天坛的建筑布局，反映了古代建筑师卓越的空间组织才能。为了明确地突出主体，首先用一条高出地面的丹陛桥构成轴线，直贯南北，然后在其两端恰当地安排了体量与形状不同的建筑，成为全部的重心。轴线上各组建筑也采用突出主体的手法，如圜丘坛外面两层矮墙的处理，有助于空间的延展，使圜丘坛显得比真实尺度更高大一些。祈年殿门前狭长庭院与后面大庭院形成空间的悬殊对比，也加大了祈年殿的尺度感。

　　大片的柏树林，在营造肃穆、静谧的环境方面发挥了很大作用，利用姿态挺拔和色调沉静的常绿树所具有的庄严肃穆的特点，将其作为衬托祭祀建筑氛围的有效手段。无论在天坛西门内的辇道上，还是在高高的丹陛桥上，游人都会感到大片苍翠浓郁的柏林，使天坛显得更加神圣肃穆。

祈年殿　　圆形平面大殿，上覆三层蓝色琉璃瓦顶和渗金宝顶、朱柱和门窗，屹立在三层圆形白石台基上。它与皇穹宇遥相呼应，但大小不同、主次分明。在艺术构图上，祈年殿是天坛总体建筑中最主要的组群。祈年殿和它的东、西配殿由平面方形的围墙环绕，成为一个组群，与南端用方形围墙环绕的圜丘坛遥遥相对。这两个圆心相距约750米，在构图上，祈年殿以其高耸的形象与比较扁平的圜丘坛形成鲜明的对比。

圜丘坛　　天坛建筑群中用于皇帝每年冬至日祭天的地点，它是一个用白石砌成的三层圆形台子，周围用两重矮墙环绕。内墙平面作圆形，外墙平面作正方形，两重矮墙的四面正中都建有白石棂星门。这一组露天的建筑，简单庄严而开朗，在圜丘坛周围，还有三座高灯杆、十二座铁炉和一座琉璃炉作陪衬。

　　站在圜丘坛上举目四望，在蔚蓝的天空下，一座通体素白、雕栏玉砌的高坛，周围古柏森森，殿阁巍巍。坛台好似洁白的云朵，飘浮在红墙蓝瓦、青枝绿叶之间，给人以深沉、高雅、端庄、稳重之感。置身其上，会顿感天高云低，恍然如临香火缭绕的九天仙界。当年帝王率王公大臣、文武百官祭上天、参日月、祈丰年、舞升平的情景仿佛——重现于眼前，使人流连忘返。

皇穹宇　　位于天坛中轴线上的著名建筑。皇穹宇平时供奉着"昊天上帝"的牌位（祭祀时才移到圜丘坛上）。这组建筑是在平面圆形的皇穹宇两侧，各建长方形配殿一座，再以平面圆形的围墙环绕而成的。皇穹宇是一座单檐的圆形小殿，饰以蓝瓦、金顶和红色的柱与门窗，建造在洁白的单层须弥座石基上。内部的梁、柱、藻井和外面的装修及基座石刻都十分精美。

回音壁 皇穹宇外面的圆围墙高3.72米，厚0.9米，径61.5米，周长193.2米。墙壁是用磨砖对缝砌成的，墙头覆盖着蓝琉璃瓦，围墙的弧度十分规则，墙面极其整齐光滑，因之对声波的折射也十分规则。如果两个人分别站在东、西两端墙根，一个人靠墙向北说话，声浪就会沿着墙壁连续折射前进，传到一二百米的另一端，好像打电话一样，不但能使对方听得清清楚楚，而且回音悠长，娓娓动人，诚是奇趣，因而人称其为"回音壁"或"传声墙"。当年统治者造此墙的目的，自然是为了制造一种"天人感应"的神秘气氛，用所谓的祭天大礼以操纵政柄，统治人民。但这种建筑本身却显示了劳动人民的智慧和巨大的创造力。

三音石 皇穹宇台阶前，铺有一条石板甬道，甬道由三块石板从北向南铺成，俗称三音石。站在阶前第一块石板上发出声音，可以听到一次回声，站在第二、三块石板上发出声音，可以听到两次和三次回声。由于这是在供奉上天的建筑里发出来的，而且回声很大，因而乃有"人间偶语，天闻若雷"之说。

这种奇妙的现象，正是皇穹宇的特殊围墙造成的。因为围墙为圆形，其中每一段落部分都有极强的声波反射作用。皇穹宇台阶前的三块石板，位于垣墙的中心，所以不论站在哪一块石板上击掌一次，都能听到它的回声，只是由于音波从圆围墙折射回来的距离不同，因而才会听到次数不同的回声。

丹陛桥 祈年殿大院以南带有宽阔台基的神道，又名海墁大道，表示上天庭要经过漫长的道路。丹者，红也；"陛"原指宫殿前的台阶。古时宫殿前的台阶多以红色涂饰，故称"丹陛"。这明明是一条大道，为何称桥？原来道下有一条隧洞，与上面的大道形成立体交叉，故称桥。桥全长360米，宽29.4米，南北把祈年殿和圜丘坛连接起来。桥中间为神道，左为御道，右为王道。皇帝走御道，王公大臣走王道。整个桥体由南向北逐渐升高，南端约为一米多，而北端却有三米左右。这样的设计，象征皇帝步步升高，寓升天之意。

桥下面的走牲道，是赶运牲畜之路，故又称进牲门。祭日前，外坛西南隅牺牲所的"所牧"（即所长），率领"所军"赶运牛、羊、豕、鹿、兔等，穿过此门，送至宰牲亭屠宰，这种活动叫"进牲"。进牲时，前面龙旗鼓乐开道，牲只用黄绒绳牵引，很是隆重。

现在丹陛桥经过整修，平坦宽敞。登桥四顾，北面祈年殿辉煌绚丽，南面圜丘坛巍峨奇特，东、西天门遥遥相对，森严斋宫在古柏林中若隐若现，给人一种天高地阔、心旷神怡的感觉。

九龙柏　天坛公园里有大小松柏万余株,其中树龄在300—600年以上的约有2600株。最突出的一株就是九龙柏,它高达10多米,树径1.2米;粗大的树干,凹凸盘屈,纠缠扭结,恰似九龙盘旋,森然欲动,因而人称"九龙柏"。相传这棵古柏是明代1420年所植。目前,北京各大公园共有百年以上的古松柏15214株。这些被称为"活文物"的古树,大多植于辽、金、明等朝代。

双环亭景区　祈谷坛以西的绿树丛中,有几处精巧别致的亭台,彩瓦飞甍,时隐时现,花前树角,微露红栏。北面的一组双环万寿亭,它的截面恰似套环,亭体由两个重檐圆亭衔接并合而成,结构巧妙,造型新颖,在我国的木构建筑中,还是少见的。万寿亭两翼,各有一座小巧的方亭,叫作"万胜亭"。灰瓦作顶,造型朴素。亭子之间以游廊贯穿连接。亭子和游廊的梁坊上,绘有山水、人物、花卉以及西湖风景等画。万寿亭以南有一座扇面式建筑,称为"扇面亭"。灰色瓦顶,苏式彩画,玲珑精巧,越发衬托出万寿亭的挺拔峻秀。这些难得的优美建筑,原是乾隆六年(1741),皇帝为了庆祝他母亲五十大寿修建在中南海里面的。1977年迁到这里供游人观赏。在万寿亭东南,还有一座六角彩亭,名叫"百花亭"。它与西北的万寿亭、万胜亭、扇面亭参差相望,辉映溢目,故总称其为双环亭景区。人们钟爱这些建筑,它们不拘一格,多姿多彩,令天坛更加丰富多彩。

地坛　位于北京安定门外路东,是明清祭祀皇地祇的场所。始建于明朝嘉靖九年(1530),嘉靖十三年(1534)改称为地坛,清朝多次重修。

祭地的典礼在我国有着悠久的历史,在古籍上,地祇、后土都是指地之神。地坛的祭祀每年夏至日黎明举行,以五岳、五镇、五陵、四海、四渎从祀。

地坛的主体建筑是方泽坛,北向,为砖石结构的两层方台。四周有水池环绕,水池名为方泽,方泽坛因此而得名。下层有四个石座,用于祭祀时安放岳镇海渎神位。坛周围有两重正方形的矮墙,两墙之间有望灯台、燎炉和瘗坎。坛以南是面阔五间的皇祇室,平时皇地祇和岳镇海渎神位就供奉在这里。坛以西有神库、宰牲亭,西北有斋宫、钟鼓和神马圈。

1925年被辟为京兆公园,1928年改名为市民公园,1937年以后交农民居住种植,1957年4月建成地坛公园。

日坛　亦名朝日坛,位于北京朝阳门东南,明嘉靖九年(1530)建,是明、清两代皇帝每年春分日出寅时祭祀大明之神(太阳)的地方。为了营造、烘托气氛,坛内密植松柏,园林环境较好,现已被辟为公园,是北京著名的坛庙园林之一。入园游览,满园树木、花卉,郁郁葱葱,香飘蝶飞,令人心旷神怡。园中最重要的景观是祭日之坛,坛是由白石砌成的一重方台,西向;坛方广五丈,高五尺九寸。坛面,明代铺红琉璃,以象征太阳;清代改用"金砖",白石阶九级,早已被拆除。坛外的圆墙还十分完好。墙周七十六丈五尺,高八尺一寸,厚二尺三寸,墙正西三门六柱、东、南、北各一门二柱,柱及楣阈皆为石,扉皆朱棂。墙西门外,燎炉一,瘗池一。墙北门内有钟鼓一;墙北门外,东为神库、神厨各三间。西北为具服殿,正殿三间,南向,左、右配殿各三间,卫以宫墙,宫门一间,南向。明代的具服殿在坛之西南。清乾隆七年(1742)移建于今地。以上这些库、殿近年都进行了修葺,彩绘一新。

日坛之坛垣周二百九十丈五尺,西、北各门一,皆三间,北门西角门一,均覆以绿色琉璃瓦。现只存西门、北门。

月坛 本名夕月坛,位于北京阜成门西南,是明、清两代皇帝于秋分亥时祭祀夜明(月亮)之神的地方。现为月坛公园,是著名的坛庙园林。月坛为明嘉靖九年(1530)建。坛是用白石砌成的一座方台,东向,方四丈,高四尺六寸。坛面在明代是白琉璃,清代改为砖砌,坛四面都砌有六级的白石台阶,坛四周围有方墙,周长九十四丈七尺,高八尺,厚二尺二寸。墙正东三门六柱,西、南、北各一门二柱。柱及楣阈皆白石,扉皆朱棂。墙南门外,西为神库、神厨各三间,宰牲亭、井亭各一。南为祭器库、乐器库各三间。东北为具服殿,正殿三间,左、右配殿各三间,周卫宫墙,宫门一间,南向。祠祭署三间,北向,左、右各三门。坛东门、北门各三间,北门东角门一。坛垣方二百三十五丈九尺五寸。当年有护坛地三十六亩。20世纪以来,坛内建筑年久失修,且大量古柏被窃伐,坛与瘗坎亦早被拆除,一片荒凉。1949年后,政府对坛内古建筑进行了修缮,并逐年栽植花草树木,添建凉亭、花坛和水池,使之成为人们休憩的一座古园。

古代,凡夕月,每三年皇帝一亲祭,并定在丑、辰、未、戌之年,余年遣武官大臣主祭。玉用白璧;礼神用帛一,色白;牲用太牢;乐用六奏,用光字;舞八佾;祝版白纸黄缘墨书;祭器豆、登、簠、簋、铏、尊,均用陶,色白;祭器兼用太羹、和羹;祭服御玉色礼服。

先农坛 位于永定门内大街西侧。始建于明永乐十八年(1420),时称山川坛。

嘉靖九年(1530),山川坛分为天神、地祇二坛,分祭风雨云雷和岳镇海渎神祇。清康熙、乾隆时均有修葺和改建,并称先农坛。

坛原分内坛、外坛。民国时外坛坛墙被拆除、破坏,内坛的建筑基本保留下来了。坛内现存有庆成宫、神仓、太岁殿、诵豳堂、观耕台和先农台。

先农坛的坛基在现育才学校内。观耕台于清乾隆十九年(1754)在原木结构的台址上被改建为砖石结构的方形台,有用白色石雕刻的须弥座,四周有白石栏板围绕,三出陛。台南为籍田,人称"一亩三分地"。每年仲春亥日皇帝在此躬耕并祭祀先农神。先农神相传为神农氏。庆成宫是明代的斋宫,乾隆时称庆成宫。宫内有前、后两殿,均为五间,左、右有配殿,现殿宇均存。诵豳堂是民国时所称,原为具服殿,是皇帝亲耕和祭神时的更衣之所。神仓是乾隆十八年(1753)在明代旗纛庙遗址上建立的,仓制圆形,前为收谷亭,东西为仓房。太岁殿南向,面阔七间,是皇帝祭祀太岁神的地方。太岁殿南为明代的天神地祇坛旧址。

先农坛内除了现存的上述古建筑外,还有不少古柏苍松。

十三陵 位于北京昌平区北10千米的天寿山南麓,距北京市中心约50千米,自明永乐皇帝以来(1409年至1644年),十三位皇帝皆环葬于此,故有十三陵之称。整座陵园布局独特,林木葱茏,是至今保存最为完整的皇家陵园。

十三陵是驰名中外的古陵墓群,陵区方圆约400平方千米,又朝宗河萦绕东去,龙、虎二山对峙,景色苍秀,气势雄阔。十三座陵墓沿山麓散布,各据山冈,面向中心——长陵。

长陵是明第三个皇帝朱棣的陵墓,其东侧有景陵、永陵、德陵三陵;西侧有献陵、庆陵、裕陵、茂陵、泰陵、康陵六陵;西南侧有定陵、昭陵、思陵三陵,彼此相距自四五百米至千余米不等。各陵共用一个神道与牌坊、石象生等。整体规划由神道和陵园两个部分组成。

长陵据天寿山主峰前,它的南边6千米处有两座小山对峙,这就是藏龙山和卧虎山,是陵区的入口。明嘉靖十九年(1540),在这里建了一座五间石牌坊,全部用大型汉白玉石构件组成,形制为五门六柱十一楼,道阔28.86米,高14米多,是现存石牌坊中较大的一座。整座牌坊结构严谨,宏伟壮观,坊下石柱上四面都有精美的浮雕,共八对狮子滚绣球和十六条游龙,都是难得的艺术珍品。牌坊的中线正对着11千米外的天寿山主峰。

牌坊北约1300米,位于微微隆起的山脊上的大宫门是陵区的大门,门三洞,丹壁黄瓦，单檐庑殿顶，设有斗拱。这里原建有周长40千米的围墙，墙开10洞以供出入。内可容军士数千人，日夜巡逻守护陵寝。门两侧有下马碑，上刻"官员人等至此下马"，标志昔日陵寝的森严制度。

过大宫门六百余米，有碑亭立于神道中央。这是长陵神功圣德碑亭，为重檐歇山顶，内立龙道龟趺巨碑，碑高三丈，正面有明仁宗所撰碑文；背面有清乾隆的《哀明陵三十韵》；碑西侧刻有清仁宗论述明王朝灭亡原因的碑记。碑亭外四角，立有白石华表。

过碑亭北行，在长约1200米的神道两旁，是一组极为珍贵的石人、石器雕刻群，称石象生。有狮子、獬豸、骆驼、象、麒麟、马及文武勋臣像共十八对，分列神道两侧。在石象生中，狮子是威严的象征，居排首；獬豸有"辟邪""压盛"的意思，表示善断邪正；骆驼、大象是沙漠和热带丛林地区兽类，放在陵前有疆土辽阔广大的含义；麒麟是吉祥之兽；马以善走著称，且是皇帝坐骑。这些都是仿南京明孝陵遗制。文武勋臣像象征文武百官，是营建十三陵时增设的。神道从石牌坊到龙凤门长约2.6千米，自龙凤门至长陵约4千米，合计6.6千米，是十三陵的共同神道，各陵不再单设石象生、碑亭之类的建筑物，这和唐宋时每座皇陵都单独设有石象生不同。清代仿效明制，各陵也不单用石象生。

石象生北为龙凤门（亦称棂星门），门有三，其间连以短墙。门柱上饰云板异兽，略似华表。在两柱间的大额枋中央有石制火珠，俗称火焰牌坊。

在石牌坊至长陵全长约7千米的神道上，布置上述建筑物和石象生，形成了诸陵的肃穆气氛。龙凤门以北，地势逐渐升高，约5千米到达长陵的陵门。

十三陵中最著名的两座陵墓是长陵和定陵。长陵是十三陵中最宏伟的一处；定陵是十三陵中第一个被发掘的皇陵，以其地下宫殿著称。其他皇陵形制都相似，其中思陵是明朝第十六代皇帝朱由检（崇祯皇帝）的陵墓。公元1644年，李自成率农民军攻进北京，崇祯走投无路，吊死在煤山（景山），明亡。他生前未及修陵，起义军把他和皇后周氏一起草草葬入田贵妃墓中。清兵入关后，为了缓和民族矛盾，替他修建了碑亭，建享殿三间和左、右配殿各三间，并加了围墙，这是明十三陵中规模最小、建筑最简陋的一座皇陵，如今只剩了一块用方石作底座的石碑，而陵寝——恩陵，只剩下一个光秃秃的土坟头了。

十三陵的选择是明成祖时的礼部尚书赵羾和江西术士廖均卿等人负责的。他们"遍阅昌平诸山"，发现这里山环水抱，群峰叠翠。北部"龙脉"（天寿山）"若龙翔凤翥"，东蟒山，西虎峪，"若星拱""若朝列"，如青龙、白虎分列两侧；中部明堂广大，一带平原，是很有气势的形胜之区，就选定这里作为陵区。

中国历代皇帝为了提倡"厚葬以明孝"，以维护其世袭皇位和"子孙万代"的皇朝，不惜动用大量的人力物力修建巨大的陵墓。明十三陵采用长达约7千米的公共神道与牌坊、碑亭，以及方城明楼和宝顶相结合的处理方法，是在宋朝陵墓的基础上发展而成的。由于陵墓的功能特殊，一般总要以园林手段来渲染气氛，例如密植长青松柏，建置亭台、小筑如碑亭。门楼以及各种形式的石雕，实际上便是较为规则的园林，因此中国古代常常将坟墓称作墓园，帝王的墓便被称作陵园。十三陵占地面积大、地理形势绝佳，是古代帝王陵园中很有代表性的一座。

长陵　十三陵中最大的一座，也是明陵的典型。建成于明永乐二十二年（1424）。这座陵由巨大的宝顶、方城明楼和它前面的祭殿——祾恩殿组成。宝顶周墙做成城墙形式，覆盖着深埋在地下的地宫。宝顶前面正中部分做成方台，上立碑亭，下称"方城"，上称"明楼"。宝顶之前，以祾恩殿为中心，布置三重庭院，每重院墙正中都按动能需要，设置大小不同的门。

祾恩殿面阔九间，重檐庑殿顶，下面由三层白石基座承托，其面积和故宫中的太和殿大致一样，是中国现存的最大的木构殿宇之一。殿内的楠木柱至今完整无损，香气袭人，不饰彩画，更显得庄严肃穆。

长陵宝城为圆形，周长一千米余，直径达300米，特别宏伟。明以前除了唐陵利用天然山丘以固山为穴外，帝王陵墓大抵采取方上陵体，即坟堆是夯筑成的覆斗形坟（方形）；明以后，宝顶都做成圆形，不再有方上陵体。宝顶之下，就是地宫，即埋葬墓主的地方。

定陵　明神宗朱翊钧的陵墓，它坐落在大峪山下的苍松翠柏之中，是十三陵中第一个被发掘的皇陵。

定陵有内外罗城，外罗城内外有神厨、神库、宰牲亭、祠祭署、神宫监等附属建筑，外罗城门前有碑亭、石桥。陵园内建筑形制与其他各陵相同。

定陵地下宫殿距地面27米，总面积1195平方米，由前、中、后及左、右五个殿堂联成，全部砌石券拱。地宫石拱坚实，建成后距今已四百多年，无一石块塌陷，四周排水设备亦甚良好，绝少积水，足见当时营建地下建筑的高超技术。

清东陵　位于北京以东125千米的河北省遵化县马兰峪的昌瑞山，是清朝的帝后陵寝建筑所在地之一，也是一座大型山水园林，因为在都城之东，故称"清东陵"。这里埋葬着顺治、康熙、乾隆、咸丰、同治五位皇帝及其后妃、公主等，共计十五个陵墓。周围有红墙环绕,墙外还有60米宽的防火道。

马兰峪一带,山灵谷秀,水木清华,所以被选定为"皇朝亿万年之墓"。在东陵的北面,长城东西蜿蜒,做成天然的屏障。燕山山脉,起伏环拱,昌瑞山主峰凸出,两侧山峦层层降低,环抱着一片坦荡的平原;南面烟墩山和天台山左右对峙,犹如门阙;陵区内还有一些纵横流灌的小河,更显得气势不凡。

东陵的建造,是经过周密勘测才选中了这块"风水宝地"的。清康熙二年(1663)初建孝陵时,因为开创陵寝之地是"开福祉之隆基,绵万年之景运,龙山毓秀,兆域呈祥"之事,所以基址的选择至关重要。传说是顺治皇帝狩猎时,看到这块山环水绕、林木葱郁的山地之后,亲自定其为皇家陵园的。其实真正选择东陵墓基的人,并不是皇帝,而是清宫中掌管风水的钦天监杜如预、杨宏量等人,他们不仅精选密测了东陵的地势,就连盛京(沈阳)重修三陵的工程中,也都饱含着他们的心血。

清东陵,整个陵区布局严谨,统一协调。陵区幅员辽阔,南北长达125千米,东西宽约20千米,占地面积约25万公顷。陵区以昌瑞山顶的长城为界,以城南为"前圈",以城北为"后龙"。"前圈"为各陵设置的地方,"后龙"则是风水禁山。建陵时,因山头上明代长城有碍清朝的陵区风水,故强令拆除数十公里,至今残砖断石仍堆在山后。陵区外围设置了青、红、白木桩各940根。界桩内又修建了长达15千米余的风水墙。规定陵区内不准修庙,不准供神,清东陵以昌瑞山主峰下的孝陵为中心,分布在东西两旁。从孝陵隆恩门到金星山下,这条中轴线由宽12米的砖石"神道"把几十座大小不同的建筑物贯穿起来。从石牌坊、大红门、具服殿和神功圣德碑楼绕过天然的影壁山,再经过十八对石人石兽、龙凤门、一孔桥、七孔桥、五孔桥、三孔桥、神道碑亭,才到达陵院。一路上经过5千米有余的"神道",两侧各种植着十行紫柏,共计43660株,设专人看管。这些神路旁的树称为"仪树"。在孝陵宝城前和三孔桥南,左右各植两株大小相倚盼的蟠龙松,即乾隆御制诗内所谓的"伞松"。这种松树高不及丈,枝干横斜,广荫数亩,架以朱栏,有鳞鬣开张、屈曲纷拿之状,异常壮观。为了使陵墓更为肃穆,又在各座陵寝的宝山(后靠山)、砂山(两翼砂山)、平原、路旁遍植松柏,谓之曰"海树"。在孝陵神路东侧有通向康熙景陵的神路,西侧有通向乾隆裕陵及咸丰定陵的两条神路,按规制,这些神路两侧各植青松九行。景陵仪树29500株,裕陵11007株,定陵11848株。从皇帝陵的神路又有通向皇后陵的神路,也都植满了仪树。慈禧的定东陵就植有松树10234株,其他妃陵也各植仪树。整个清东陵仪树有二十万株,海树近千万株,数字之大，实在惊人。清东陵"前圈"4800公顷处，遍植翠柏苍松。整个东陵，漫山遍野，一片绿色。金黄碧绿的殿顶在松涛林海之中乍隐乍现，异常壮观。东陵是一所大园林，其中十四座陵寝又是园中之园。

清西陵　　清王朝在关内的一组陵寝建筑群，位于河北省易县永宁山下，距北京140千米，离另一组清陵建筑群——东陵二百余千米，俗称西陵。

西陵始建于清雍正时期（1723—1735）。雍正继位后，认为东陵"规模虽大而形局未全。穴中之土又带砂石，实不可用"。于是大臣替他选得当时易州境内永宁山天平峪，称此地"实乾坤聚秀之区，阴阳会合之所，龙穴砂水，无美不收，形势理气，诸吉咸备"，堪作万年吉地。雍正八年（1730）动工兴建，自此祖茔在关内分为两地。遵化县者称为东陵，易县陵区称为西陵，自雍正起，实行昭穆之制，一东一西，隔辈相聚，祖孙葬于一地。

西陵中以雍正帝的泰陵规模最大，气势也最雄伟。进入陵区，迎面就是作为总门户的大红门。与东陵不同，门外南、东、西三面布置着三座高大的石牌坊和一座五孔石拱桥，布局更为严谨。门内东侧是皇帝谒陵时更衣的具服殿。正北是高大的圣德神功碑亭，四角是四个石刻华表。跨过七孔石桥，神道两侧石象生垂首肃立，神道正中也有一座山，名蜘蛛山。东陵的石象生布置在山后，西陵的石象生布置在山前，绕过蜘蛛山不远就是龙凤门，泰陵遥遥在望，隆恩门前的广场正中，立着重檐神道碑楼，进入隆恩门后，即可看见重檐歇山顶的七间隆恩殿。殿后有围墙相隔，分成前后两院，暗合前堂后寝之意，围墙正中有三座琉璃门，其后为二柱门、石五供、方城明楼和宝城。

慕陵为道光帝陵，道光帝以节俭为标榜，打破常规定制，减除方城明楼、石象生、神圣功碑亭和宝城等，与众不同，别具一格。

西陵损坏较少，建筑保存也相当完整，有房千余间，苍松翠柏，郁郁葱葱，基本保持着原来的风貌。

同东陵一样，在陵区范围的五十余千米内，密植成千上万株仪树，远远望去，黄瓦、红墙掩映在一片翠绿松柏中，一望无际。空山鸟语，流水潺潺，清西陵一派山岳园林风貌，是京南游览胜地。

避暑山庄　　又名热河行宫、承德离宫，坐落于今河北省承德市北侧，是清代康熙、乾隆年间兴建的一座行宫御苑，系我国现存规模最大的皇家园林，占地564公顷。宫苑范围内具备了各种自然风景要素,有碧波荡漾的湖泊、古木浓荫的草场以及峰峦叠翠的山岭,湖光山色明媚秀丽。山庄各处的景物依照传统的造园规则予以设置,在富于变化的山水间因地制宜地利用自然环境,分别构筑殿宇亭榭、洲岛堤桥,不仅和谐地融人工建筑与自然风光于一体,同时还装点了优美的自然,使之更加生动感人。众多的建筑物则融合了我国南北方的建筑艺术风格,庭院组合按照周围景致和实际使用的需要,或采用严整对称的格局,或采用参差错落的布置,而筑有的亭台楼阁都以简素淡雅的外观、宜人的尺度得到统一,从而呈现出一种恬淡古朴的情趣。山庄四周环绕的延绵群山以及其间的奇峰秀岭构成了宫苑重要的借景,它们使园景突破了空间的边界而得到了无限的扩展。此外,山庄中随处可见的诸多联匾、题刻和有关诗文形成了中国古典园林特有的景观,一方面,作为园林景物的补充及宫苑建筑的点缀,它们展示着传统书法艺术和文学作品自身固有的风采;另一方面,还向人们提示、阐释着周围的景物,甚至述说着当年作为一国之君的山庄主人在此生活之际所持的心态和感慨,使人跨越时间的界限而引发丰富的联想,产生无穷的回味。整座山庄处处都能令人感受到中国传统造园艺术的无穷魅力,因此被人视作我国古典园林中的珍品。实际上它确实也代表了我国明末清初造园活动的最高成就,是我国古代社会后期造园艺术的典范。

避暑山庄始建于清康熙四十二年(1703)。康熙四十一年(1702),清帝玄烨出塞北巡,原来是希望在每年都要举行狩猎活动的围场与都城北京之间寻访一处理想的地点营建行宫,但途经此地时深深地被这一带优美的景色和宜人的环境所打动,当即决定以这片令人心旷神怡的土地作为行宫基址,并指示随行人员着手勘测,翌年就征调了大量的民夫工匠开始动工兴建。自此,在这沉寂了千百年的优美土地上,一座令世人瞩目的巨大园林渐具规模,避暑山庄的历史也就此展开。

康熙皇帝之所以要在距京城250多千米以北选址营建如此一座行宫御苑,并非仅仅为了躲避夏日的炎热,以享受大自然的优美与宁静,此外还有政治上的原因。清人早在入关之前,为了聚集更为强大的力量与明王朝抗衡,曾与漠南蒙古族各部结盟,组成蒙古八旗。入关后为了确保后方的安全,仍对蒙古各部采取怀柔和笼络的政策。随着清王朝全国统治地位的确立,他们与昔日盟友间的关系也发生了变化,成了统治者与被统治者的关系,而这一时期沙俄已经向远东扩张,加紧了对我国北方边疆的侵略活动,他们利用当地各少数民族之间的矛盾挑起事端,以期达到分裂中国的目的。对此,康熙在平定南方之后于康熙十六年(1677)开始定期北巡,对蒙古各部的王公贵族作例行召见,此举一方面是让当地百姓目睹天子的威仪,以达到震慑的目的,同时又采取宴乐、赏赐、封赠等手段使他们感受到清廷的恩宠。康熙二十年(1681),在塞外木兰地区设置了地域广袤的围场,表面上是遵循周礼,恢复秋狝之礼,让八旗子弟行围习武,以保持剽悍强健,但实际上其中却包含着炫耀武力的用意。康熙二十九至三十六年(1690—1697),康熙还曾两度领兵亲征,粉碎了厄鲁特蒙古准噶尔部首领噶尔丹的分裂阴谋。正是康熙年间在塞外的一系列政治活动,促成了木兰围场以及围场至北京之间近二十处大小行宫的建设,而地处围场与北京之间的避暑山庄一方面因为风景优美、气候适宜,同时又由于位置适中,"去京师至近,奏章朝发夕至,综理万机,与宫中无异",所以山庄建设一开始就是将其作为塞外又一处政治活动中心予以考虑的,其规模远远超过在它以南或以北的其他行宫。

在山庄建设的过程中,康熙年间的营造工程持续了10年时间,在康熙四十二年至四十七年(1703—1708)这5年间,主要任务是整治水系和经营湖区及其周围景物。避暑山庄内的湖泊原是由武烈河上游的一系列温泉及周围各山岭间的溪涧之水汇聚而成的。康熙初创山庄之际,为了使湖面更增曲折深远的意境和前后丰富的层次,对原有湖泊进行了疏浚改造,以浚湖土方堆筑了环碧洲、如意洲和云洲,并用一弯曲的长堤——芝径云堤,将它们彼此联络,于是湖面被分割成为形态不同、意趣各异的数片区域,形成了澄湖、长湖、半月湖、如意湖、上湖和下湖多块既彼此独立又能环绕沟通的大小水面。为了保持自然野趣,各处湖岸多以草木覆固,极少砌。为了提高和控制水位,在湖区的东北和东南各建有一座水闸,东北水闸主要用于拦截武烈河水引入宫苑;并巧妙地在闸上修建了一座水阁,它成为山庄的一景,康熙皇帝将它命名为暖流暄波(现仅存水闸部分)。东南水闸原为山庄出水口,之后湖区扩展,它被围入湖区,上面加筑了三座亭榭,乾隆年间被御题为"水心榭",也成为湖区著名的景点。康熙四十四年(1705),尽管山庄还在大规模建设之中,玄烨北巡就开始在此驻跸,当时皇帝的生活起居主要是在湖中各洲。如意洲的"无暑清凉"是居住部分,建筑排布整齐,院落有明显对称的轴线,周围设有一些附属的跨院建筑。云洲的月色江声使之成为阅卷小憩之所。建筑、院落虽然也有轴线,但布局较"无暑清凉"更为灵巧,通透的敞廊因借四外的湖光山色,自有一种赏心悦目、宁静幽邃的情调。由于康熙皇帝在山庄营建之初就要求周围自然风光尽可能地不受损害,希望建筑物不施彩绘雕刻,不用黄瓦朱柱,因此山庄之中所有殿宇亭榭均被定下了简素淡雅的基调。

康熙四十七年(1708),湖洲区以及湖周的建设已完成,避暑山庄最初设想的规模也已达到。正值此时两江总督噶里因贪污被查处,作为惩罚,康熙皇帝令其出资继续修建山庄。于是自次年起,山庄工程又延续了5年。这一期间主要是开辟湖洲正南的宫区以及在山岭地区营建诸景。康熙五十年(1711),宫区中的正宫基本竣工,自此康熙皇帝北巡驻跸山庄时的居所由湖洲搬迁到了正宫,从而使宫、苑的区分更为明确。同年康熙皇帝还在所建苑景中选取了三十六处,分别为之赋诗题名并亲书额匾,它们是:烟波致爽、芝径云堤、无暑清凉、延薰山馆、水芳岩秀、万壑松风、松鹤清樾、云山胜地、四面云山、北枕双峰、西岭晨霞、锤峰落照、南山积雪、梨花伴月、曲水荷香、风泉清听、濠濮间想、天宇咸畅、暖流暄波、泉源石壁、青枫绿屿、莺啭乔木、香远益清、金莲映日、远近泉声、云帆月舫、芳渚临流、云容水态、澄泉绕石、澄波叠翠、石矶观鱼、镜水云岑、双湖夹镜、长虹饮练、甫田丛樾和水流云在。此外还题写了避暑山庄的庄名,御书匾额悬于正宫中宫门上。一年后开始建山庄外垣,这座壮丽的塞外宫城便屹立于世人面前。

雍正皇帝继位后,宫廷斗争十分剧烈,其在位期间一直忙于巩固皇权而无暇对山庄进行增扩改建,但仍对此表示出关注和重视,即位第一年(1723)即在庄前新城设立了热河厅。雍正十一年(1733),改为承德州,承德之名就此而起。

乾隆年间,避暑山庄的建设又趋兴盛,其原因与康熙时期相近似,除了为了改善与各少数民族关系之外,还在于此时的清王朝已经进入全盛时期,而乾隆皇帝本人对中国传统文化有着极高的造诣,对造园艺术也具有极大的兴趣。乾隆时期避暑山庄大兴土木开始于乾隆六年(1741),直到乾隆五十五年(1790)方告竣工,50年间几乎没有停歇的时候。在此期间最初主要是对原有的建筑进行维修,在宫区增建松鹤斋、东宫两组建筑;不久又调整了湖洲水系,将宫垣向东拓展,并使武烈河河道东移,随之在原河床及两侧地势低洼处增凿了镜湖和银湖,此后苑内的工程就在湖洲区、山区和原野区全面展开。

原湖洲地带的如意洲在乾隆初曾遭火焚毁,重建后虽然许多景物仍沿用旧名,但布置和位置均与早先有了很大的出入,并且还在洲北设置了青莲岛,上建烟雨楼。原湖区东岸经过水系调整也成了湖水环抱的洲渚,乾隆年间在这一带创设了不少的景物。最南端是仿倪云林狮子林之意而新创的文园狮子林,它被誉为最著名的园中园之一,在此小园中就有十六景之多,其间的叠石及建筑处理都相当有特色。自狮子林向北是清舒山馆,这组建筑屋宇较多,但因对地形经过了精心的处理,使之形成了一处清静而舒畅的所在。清舒山馆之东偏北有一小岛伸入镜湖中,岛上建有戒得堂,其建筑组合较为复杂,庭院中更设假山水池,使得参差的建筑、错落的庭院更趋生动。在戒得堂北,与之隔岸相望的是花神庙,庙中供奉十二个月的花神。乾隆年间原野区的建设主要保持了中部原始风貌,在东西两侧分别设置景点。原野区东部所设建筑景物主要有春好轩、永佐寺、嘉树轩等几组。西侧则有千尺雪、宁静斋、玉琴轩和文津阁。山岭地区范围广大,因此所建的景物也特别多,山岭之间依山就势构筑了大量的平台奥室、曲廊轩馆,仅仅是小寺观就有水月庵、碧峰寺、鹫云寺、珠源寺、广元宫等多处。

尽管乾隆年间山庄经过50年的修建,庄中美景多不胜数,但出于对祖父康熙皇帝的尊重,乾隆皇帝也仿照前例,选择了三十六处景胜题名赋诗,它们分别是:丽正门、勤政殿、松鹤斋、如意湖、青雀舫、绮望楼、驯鹿坡、水心榭、颐志堂、畅远台、静好堂、冷香亭、采菱渡、观莲所、清晖亭、般若相、沧浪屿、一片云、蘋香沜、万树园、试马埭、嘉树轩、乐成阁、宿云檐、澄观斋、翠云岩、罨画窗、凌太虚、千尺雪、宁静斋、玉琴轩、临芳墅、知鱼矶、涌翠岩、素尚斋和永恬居。

自从康熙时期创建避暑山庄后不久,这里实际上已成为清帝北巡时在塞外的政治中心,清政府召见蒙古、西藏、新疆等地少数民族的部族首领和宗教领袖,以及接见外国使者的朝觐大多在此进行。为了便于朝觐者的居住、观瞻和宗教活动,康熙、乾隆二帝在山庄营建时期还在山庄之外东、北两侧的山地上陆续建造了十余座风格迥异的寺庙,被称作外八庙。这些庙宇大多仿自少数民族地区以及汉族的著名寺庙,因此各具独特的造型,外观金碧辉煌,正与山庄宫苑的清秀素雅形成了强烈的对比。然而山庄与外八庙又共同构成了一个建筑艺术组群,彼此之间交相辉映,互为借景。

清王朝在乾隆皇帝之后日渐式微,山庄的利用也逐渐稀少。嘉庆二十五年(1820),嘉庆皇帝在避暑山庄去世后,清廷停止了北巡活动,山庄也自此开始萧条。直到咸丰十年(1860)因英法联军进逼北京,清帝避难承德,一年后咸丰皇帝又病逝于山庄寝宫,之后就不再使用。由于长期失修,山庄渐渐荒芜颓败。清帝退位后,又屡遭军阀、日寇的抢掠和盗卖,山庄受到进一步的摧残。直到1949年以后,避暑山庄才开始得到保持和维修。1961年,避暑山庄和外八庙中的普宁寺、普乐寺、须弥福寿之庙和普陀宗乘之庙均被列入全国重点文物保护单位。20世纪70年代末以来,已有不少被毁景点和景物逐步得到了重建或恢复。如今的避暑山庄,虽然经历数百年的时代变迁,受到自然的侵蚀和人为的破坏,但由于乾隆之后使用不多,它的原始格局基本没有变更,经过不断整修和复建,已大体上恢复了昔日的瑰丽风姿。

正宫 位于避暑山庄南端,始建于清康熙四十九年(1710)前后,是清帝北巡期间生活起居和处理政务的地方。依据传统的礼仪制度,正宫的整体布局和建筑规模采用了仅次于皇宫的规格;出于康熙皇帝对山庄建筑的要求,其外观仍按简朴素雅的主旨设计,使之与通常的金碧辉煌的帝王宫殿迥然有异,但由于这组建筑的性质和使用目的特殊,其在山庄之中仍然成为最为严谨的一组。

正宫的大门与山庄正门合二为一,名为丽正门,之后顺轴线依次为阅射门、塞门、澹泊敬诚殿、依清旷殿、十九间照房、烟波致爽楼、云山胜地楼以及后宫门岫云门。前后共九进,为中国古代建筑中所规定的最高等级。前三门附会了《周礼》所载离宫的雉、路、库三门之制。正宫的前五进被用于外朝,丽正门内两侧原设有朝房,以澹泊敬诚殿作为正殿,是常朝之所。依清旷殿之后是内寝部分,两楼左右对称布置着四座居住小院,具有浓郁的北方民居院落的气氛。为了追求古朴典雅,各庭院都种植了青松,内寝部分还堆筑了假山,呈现出亲切自然之感。

被乾隆皇帝列为后三十六景之首的丽正门是一座城楼式的大门,建于乾隆十九年(1754),坐北朝南,前设巨大的红墙照壁,门外置石狮二,左右各立下马石碑一座,大门于墙垣中辟矩矩形门洞三阙,上建城楼五间,覆以歇山卷棚顶。门楼外观虽然质朴无华,尺度并不巨大,但在比例适宜的墙垣、雉堞、石狮、照壁等的衬托下仍不失其威严的气度。天门两侧墙垣延绵地向远方伸展,墙上设有马道雉堞,宛若京师紫禁城之势,故被称作"塞外宫城"。

阅射门是一座面阔五间的门屋,造型与当时一般的府邸大门无异,由于它是行宫的内大门,所以也被称为午门。清帝北巡时常在此处举行阅射活动,又有了阅射门之名。康熙五十年(1711),康熙皇帝亲题庄名,将"避暑山庄"匾额悬挂于此,于是又被称作避暑山庄门。阅射门内是一道塞门,虽名之为门,实际是一座大型屏风,塞门的使用也是传统礼仪制度的体现,这在一般府邸中也常见,起着分隔和阻挡视线的作用。

澹泊敬诚殿作为山庄正殿,清帝驻跸时的常朝和重大活动均在此举行。它始建于康熙四十九年(1710),乾隆十九年(1754)时又用从云贵、四川地区征调而来的楠木全部予以重建,所以俗称楠木殿,其间的所有梁架、门窗等木构件均用本色楠木,不施彩绘。殿内高悬康熙御笔"澹泊敬诚"匾额,额名取自诸葛亮"非澹泊无以明志,非宁静无以致远"之句,康熙皇帝借此以表达他在山庄中甚至是日常生活中所追求的立身之道。

正殿后的依清旷殿和更后的十九间照房是皇帝上朝前小憩和放置出巡仪仗

之物的地方。依清旷殿在乾隆年间被更名为四知书屋。十九间照房后过夹道有一座面阔七间高两层的楼房,这就是内寝部分的主殿,被康熙皇帝题为三十六景第一景的烟波致爽楼。自正宫建成后,此楼便成为康熙皇帝的居所,夏日身处楼中,烦嚣尽失,远眺窗外秀色,暑气顿消,即便是炎风拂过也能倍感爽意,于是联想到山庄所处之地"地既高敞,气亦清朗"。四外青山环抱,苑内绿水荡漾,古木佳树荫翳成林,自有一派柳宗元所谓的"旷如也"的境界,因此康熙皇帝将此题名为"烟波致爽"。

过烟波致爽楼又有一进楼厅,亦为二层七间。前庭叠石作磴道,供上下楼用,处理颇为独特。由于正宫地势较高,此楼之后仅有低矮的后宫门,故登楼远眺,苑区的湖光山色尽收眼底,林峦烟水一览无遗,遥望之际,似有万千气象,故康熙皇帝赋《云山胜地》诗云:"万顷园林达远阡,湖光山色入诗笺。"并将其命名为"云山胜地"。云山胜地楼之北是一座北方建筑中常见的垂花门,名为岫云门。出门下断崖就到了苑区,其西为乾隆三十六景之一的驯鹿坡。

万壑松风　康熙年间在宫区营建的第一组建筑,位于正宫东北、松鹤斋之后,正殿北向,据冈面湖,近旁还有鉴始斋、静佳室、颐和书房、蓬阆咸映等建筑,以游廊彼此联络,殿宇错落,庭院参差,游廊通敞,与近旁的正宫、松鹤斋布局迥异,形成了明显的对比。在正宫建成之后,康熙皇帝将此作为看书、小憩和批阅奏章的书院。因这里地处高阜,下临湖洲,西为群岭,举目遥望,但见苑中绿水青山,四外长松环翠。西面山间,风起虚谷,激荡万松,如笙簧迭奏,简直胜于杭州西湖的万松岭,因此被康熙皇帝题名为"万壑松风"。乾隆皇帝幼时也经常在此读书,亲受其祖的训诲,在他即位后为了纪念其祖,将主殿更名为纪恩堂,并作有《御制避暑山庄纪恩堂记》以记其事。

松鹤斋　在宫区中部,其西紧傍正宫,北与万壑松风为邻,是一组与正宫近似、规模略小的建筑组群,原为嫔妃的居所,清乾隆十四年(1749)改建后在此侍奉太后清圣宪皇太后,据"常见青松蟠户外,更欣白鹤舞庭前"之意取名为松鹤斋。松鹤斋前后共为六进,取坤六之数,自南而北分别为门屋、正殿、松鹤斋、十五间房、后殿继德堂、畅远楼、后宫门。它也以十五间房后夹道为界划分内外,如今正殿与十五间房已毁,后殿亦仅存殿基,畅远楼尚在,形制与正宫云山胜地相似,亦能居高临远,欣赏苑内景致,楼后出垂花门即为另一组建筑组群万壑松风。

东宫　宫区最东侧的一组建筑,人们习惯称其为东宫,建于乾隆年间,南起山庄东门德汇门,北抵下湖之滨,是宫区规模最大的一组建筑。自建成之后,清帝在山庄期间日常召见大臣、颁布诏旨、宴乐、看戏等活动均在此举行。东宫南侧为前殿、福寿园。福寿园南端是一座三层戏楼,名为清音阁,俗称大戏楼,形制与北京颐和园内的德和园戏楼相仿,其北正对戏楼是两层高的福寿阁,两侧以廊庑周联,形成观看演出的坐席。福寿园以北是一组两进的院落,前殿面阔五间,额曰"勤政殿",是乾隆三十六景中的第二景,后殿七间,名为卷阿胜境,两殿的左右还各建有配殿,呈现出北方严整的四合院布局形式。这里是乾隆皇帝处理政务之所。东宫建筑在1933年遭到日本侵略军的严重破坏,1948年又被一场大火彻底烧毁,如今仅存建筑基址。登临德江门城楼,遥望一座座的殿基、柱础,尚能清晰地感受到这组宫殿建筑的宏大。1979年,人们在卷阿胜境的基座上恢复了此殿,使之独立于下湖之畔。

芝径云堤　山庄宫区之北,自万壑松风下坡,过木桥,有一条蜿蜒长堤,可通向湖中三洲。因各洲大小不一,形状各异,犹若"芝英",犹如"云朵",又似"如意",所以堤按洲形被命名为"芝径云堤"。康熙营建山庄苑囿的首期工程即从此堤开始,或者说是始于开湖堆洲筑堤的理水工程。湖中三洲实际上仍是中国传统苑囿中的一池三岛格局的变体,以洲代岛,用长堤联络洲渚,分割水面,并充当观景路线。这也是中国传统造园中常用的手法。循堤而前,近旁是开阔的水面,远处有起伏的群山,对岸的亭台楼阁时隐时现,四外的山水景致明灭变幻,向人展现出一幅生动的山水长卷。长堤用土堆筑,呈自然之状,间置通舟楫的小桥,上植夹道垂柳,南北各树宝坊,使长堤产生了变化,隔岸相望,层次分明,湖波镜影,胜趣天成。

环碧洲　芝径云堤"径分三枝",由第二处叉道口往西连一小洲,洲上杂木丛生,野趣盎然。洲上设一组庭院,厅室廊庑成备,正殿曰"环碧",故习惯上亦将此洲称作环碧洲。洲西临水处筑一圆形小亭,上覆黄草攒尖顶,亭后连一敞廊,依坡势逐级而上,可至一小轩,轩广三间,北向。整组建筑朴实无华,周围水面广植菱荷,洋溢着江南水乡的乡野气息。此处既是上下舟楫的码头,亦为观赏菱荷的场所。亭中悬"采菱渡"额,乾隆皇帝将其列为三十六景之一,并赋诗曰:"菱花菱实满池塘,谷口风来拂棹香。何必江南罗绮月,请看塞北水云乡。"

月色江声　由芝径云堤北行,不远即分出一支堤,向东,尽端有一洲名"若云朵",如今习惯称其为"月色江声"。洲上略偏西为一组前后四进的建筑组群所据,实际上月色江声只是康熙所书的南侧第一座厅堂的匾额,取意于苏轼《前赤壁赋》中的"惟江上之清风,与山间之明月,耳得之而为声,目遇之而成色,取之无禁,用之不竭"数语。是地虽无大江绝壁,但前为湖岸,每当皓月当空、细浪拍岸之际,亦颇有赋中所描绘的意境。月色江声面阔五间,屋后连以敞廊,由东西两侧向后环抱,与其北的正堂"静寄山房"合为一院。院内除了数株树木外并无更多的点缀,游廊通透,以廊柱与树干的远近疏密造成丰富的层次感。此院之东原还有房舍院落相连,如今业已不存。西南角置一四角方亭,名"冷香亭",亦为临湖赏荷佳处。静寄山房面阔七间,其北为莹心堂,面阔也是七间;其西设西向的峡琴轩,面阔三间,外附回廊;其东有小室三间。四座建筑以廊相连,形成第二组院落。峡琴轩两侧游廊采用内墙外廊的形式,使西向立面得到统一,以凸出峡琴轩,使之成为面湖的视觉中心,或西面入口。莹心堂以北是一组较为严整的四合院,北面正房曰"湖山罨画",两侧对称布置配房,面阔都为七间,以游廊联络,自成一院,此院略窄于其南两院,布置十分精美,内列数峰青石,其间点缀花木,具有极为亲切的庭园气息。整组建筑虽然近似串联的三重四合院布置,前后有序,主次分明,但实际上各院之间都有变化,且南北向四座主体建筑亦未重合在一条轴线上,因而使整个建筑组群显得生动活泼。厅堂转房都采用卷棚歇山屋顶,造型颇优美。建筑尺度宜人,外观不作更多的雕饰。邃宇肃穆,游廊周通,使人倍感亲切。

如今月色江声洲上除此再无其他建筑,仅绿树浓荫相掩映,四面为水环抱。月色江声洲西南及西北是水面开阔的下湖和上湖,东侧则是狭若溪流的澄湖之尾和下湖之水交汇处。洲与外界的联系除了芝径云堤外,东面还有二桥,南侧一桥可通往清舒山馆、文园狮子林及水心榭,由北侧一桥能至小金山或花神庙、戒得堂等景点。

如意洲　芝径云堤的北端是湖区最大一洲,因被堆筑得如同一柄玉如意,故得名为如意洲。清康熙年间山庄初建时,如意洲曾是康熙皇帝驻跸时的居住处,所以洲上景物丰富,建筑也较多。康熙皇帝所题点的三十六景中就有无暑清凉、延薰山馆、水芳岩秀、西岭晨霞、金莲映日、云帆月舫和澄波叠翠七处在如意洲上。

康熙年间如意洲上设置的景物大多在乾隆初遭火焚毁,乾隆年间重建后又设置了一些新的景点,被列于乾隆三十六景的有一片云、清晖亭、般若相、沧浪屿及观莲所。

无暑清凉　如意洲的南端,前临湖岸。自芝径云堤抵达如意洲后略向东折,过一小山就到了无暑清凉,这是由数个院落组成的建筑,正厅南向,高大轩敞,前为三间门屋,后有两重院落,旁边又有小院,彼此以长廊围合联络,具有园林建筑的通透与灵巧。面对着满渚的红莲、缘岸的绿树,轻风吹拂,暑气尽消,令人倍感"三庚退暑清风至,九夏迎凉称物芳"的诗意。入无暑清凉转而向西为洲上另一景,名为延薰山馆,建筑质朴无华,不腆不雕,具有山居的野趣。康熙皇帝常以此为小憩之所,"启北户,引清风,几忘六月"。离无暑清凉不远,地下有清泉涌出,水质甘醇,于是选择了适宜的基址建屋数十间以作为书房。康熙皇帝认为:"水清则芳,山静则秀。"故其题名为水芳岩秀。当年是前后三进的院落,前有三间门屋,中为七间厅堂,最后是两屋五间的小楼,其侧还有用廊连接的一座三间小屋伸向湖边。康熙皇帝常在政务繁忙之余到此精研书画,临帖习字,品茗尝果,观览景致,无疑有涤烦洗尘之感。这三处景观后来都被作了变更,如今所见这三个景名被置于一座院落之中。这组建筑在轴线上整齐地排列为三进,最前是五间的门屋,上悬"无暑清凉"之匾。其后为面阔七间的厅堂,屋内的题额为延薰山馆,两者之间左右各有三间厢房,并用游廊围成一院,呈典型的四合院布置形式。最后一座建筑被称作水芳岩秀,面阔七间,它与延薰山馆之间仅用游廊围合而无厢房。轴线两侧各有一些建筑和院落,虽然也能让人领略到园林建筑的灵巧变幻,然而却无法让人体会原先所赋诗文及景名的境界和含义了。

金莲映日 延薰山馆向西又有一组建筑,名为金莲映日,它是一座七间两层的楼阁,前用游廊围成广约数亩的庭院,院中遍植旱金莲。此花枝叶高挺,花朵直径达6.7厘米。每当朝阳初升、晨光斜射金莲之时,金彩纷呈,登楼俯视只觉得灿然匝地,好似黄金铺裹。据称当年的金莲花产于五台山,被当作贡品而移植于山庄之内,如今所见已非原先的品种,它们产自附近围场一带。

西岭晨霞 云帆月舫 在如意洲西岸边的另两处景观,它们在乾隆初年已经被毁,之后没有再建,故今已难觅遗址了,然而依据康熙皇帝的题诗以及古人所绘的景图,似可发现它们也是很有情趣的景点。西岭晨霞建于岸边,凌波起阁,阁上四出轩窗,清晨旭日初起,但见湖西群岭间林影错绣,与朝霞和水光交相辉映,美不胜收。其旁还有错落的厅堂、游廊以及庭院,自厅堂至阁置一段长廊,"始登阁,若履平地,忽缘梯而降,方知上下楼也"。据此可知厅堂、庭院建于高阜之上,楼阁紧贴水面,这一巧妙的设计不仅能使人在楼阁、厅堂以及院内各处都观览到四周的景物,而且它自身也成了一处优美的对景,湖西各处都可以见到其参差的身影。云帆月舫也在洲西,是一幢舟舫状的建筑,其下是石砌台基,前后及前端的两侧设有台阶以供上下,四周围以白石短栏。台上建筑面阔仅一间,进深达十余间,四周以回廊相绕,它的前后两端上有小楼,形成前舱和舵楼之状,中间为平台,当中以敞廊连接前舱和舵楼。整座建筑宛若楼船,尤其是在月明之夜,天上轻云浮动,湖洲烟霭初起,月光似水,山色朦胧,于此之际楼阁似乎开始了凌波远航,真有一种驾轻云、浮明月的"直挂云帆济沧海"的诗意。

澄波叠翠　如意洲北的一座临湖敞轩,面阔三间,康熙皇帝题额为"澄波叠翠"。静憩轩中,眼前是清涟澈底的澄湖,对岸是浓荫如练的万树园,更远处是层峦重掩的北山,云簇涛涌,气象万千。若棹轻舟、荡湖中,则倒影反照,氤氲可鉴,无论是从轩内观湖观舟,还是从船上看轩看山林,都具一番特有诗意的景色。诚如韦应物诗中所写:"碧泉更幽绝,赏爱未能去。"

观莲所　设在金莲映日之南的一座小亭,这里的水面种植了大片的莲花,当年是整个湖洲区莲荷长势最为繁盛之处。游览至此,小憩亭中,但见近有"芙蕖万柄,涵光照影",远处"鸥浮上下,鱼戏东西",使人流连忘返。

沧浪屿　位于如意洲西北。自西岭晨霞向北,缘岸而下有一座小院,其间是一座三间的水阁,北向,上悬乾隆御题"沧浪屿"匾额。水阁北向,窗下临池,池周掇山为壁。山石嵌空,峭壁直下,似有千仞之势。石山之上有飞瀑流水,直泻小池之中。池内水清如镜,游鱼可鉴。这座院落占地甚小,据记载"占地不满十弓",但其间山水处理却相当精致,叠石尤见其妙,为苑中一处景胜。然而原有建筑及景物早在20世纪初已被毁,如今所见是近年依据记载重修的。

一片云　相对于如意洲西,东侧的景物较少,乾隆年间,将洲东的两座小建筑题为二景,一是一座四角方亭,被题为清晖亭;另一是一座小殿,被称作一片云。清晖之名取自谢灵运的诗句,在此主要描述了四周的浓荫和湖上碧波在阳光照射之下所产生的美景。清晖亭独立于湖畔,它与对岸的小金山互为对景,于亭中可欣赏金山岛的楼阁亭榭。而在东岸遥望如意洲,则见万绿丛中一亭独出,自有一种画龙点睛之感。一片云实际上只是对山庄景物的一种感慨。避暑山庄中山环水抱,景致绝佳,不仅湖光山色,亭台楼阁皆入画境,而且风雨烟霭、晨雾夕霞也都能幻作美景。即便是身处同一地点,朝晴暮雨之中往往表现出各不相同的神韵,这就如同天边的云彩,随风飘动而不断变幻,令人难以捉摸。因此乾隆皇帝将如意洲东南的一座小殿题作一片云,并赋诗叙述了山庄烟云变幻以及自己的感慨。

般若相　位于如意洲中部的一所精舍,建于清乾隆年间,前后共三进,左右有配殿,布局与北方常见的小寺院相仿。第一进为山门,额曰"法林寺";入内为正殿,悬御书"般若相";其后为后殿。法林寺是清帝礼佛参禅的地方,其中供奉着精美的佛像,故也被视作一处景观。

如意湖　指芝径云堤以西的水面,湖泊西岸草木繁茂,芷岸荫林,苔阶漱水,景色宜人。芳渚临流亭之南曾于康熙时构一东向小亭,亭额题为"如意湖"。亭前碧波浩渺;对岸如意洲上殿宇参差、花木扶苏;洲后是卧波长堤、柳色如烟;远处是庄外众岭,奔涌起伏。湖光山色美不胜收,乾隆重题新景时,将其收入三十六景系列之中。

芳渚临流 重檐方亭,建于如意湖西岸。亭临曲渚,有巨石枕流。原来长湖之水自长桥泻出后至此折而向南,流入开阔的如意湖中。小亭左右的湖岸与山脚都为天然岩石,延绵二里许,岩面苍苔紫藓与石隙丰草灌木,有如范宽所作的山水画,极富自然之趣。康熙诗曰:"堤柳汀沙翡翠茵,清溪芳渚跃凡鳞。数丛夹岸山花放,独坐临流惜谷神。"

水流云在 澄湖北岸最西端之亭,系重檐方亭,下檐四面联以抱厦。仰观此亭,翼角层层叠落,颇为壮观。此亭原来渐近长堤,可望见长湖水面及澄湖、如意湖之水,水天相连,澄碧云映,"雨后云峰澄,水流远自凝"。在此地观此景,自然而然地会想到杜甫"水流心不竞,云在意俱迟"的诗句,故据此诗意题景曰"水流云在"。

濠濮间想 湖洲区北岸建有数座独立小亭,西侧第二座名为"濠濮间想"。此亭面对澄湖及如意洲诸景,背衬浓荫密林,澄湖水清如练,游鱼跃于波间,亭后长林绿岫,飞鸟鸣唱枝头,诚有庄周南华秋水的意境。濠濮间想亭为单檐八角攒尖形,如今所见的是近年重葺的。

莺啭乔木 湖区北岸诸亭之一。东有甫田丛樾亭,西为濠濮间想亭。此亭造型颇为特殊,六面,南北向较宽,以此来正对南面的澄湖及北面的万树园。夏季,万树园中浓荫数里,林间栖息着无数的小鸟。在晨曦始明而朝露未干之时,众鸟已在枝头欢歌高唱,与苑内阵阵清风相应和,流声逸韵,无疑如山中一部笙簧。据此意境,名亭为"莺啭乔木"。

甫田丛樾 澄湖北岸最东一亭曰"甫田丛樾",亭原为八角重檐攒尖形,如今重新修建后成为单檐方亭。亭北是万树园东缘,此地平原如掌,草木丰茂,常有雉兔之类的小动物出没其间。康熙驻跸避暑山庄时经常带领随从人员弋射行猎于此,故视之为田猎围场。所谓"甫田"有大规模田猎之意,康熙称"秋凉弓劲,合烝徒,行步围",这里"诚猎场选地"。

烟雨楼 如意洲北澄湖之中有一小岛,名为青莲岛。小岛四面环水,仅岛南一桥飞跨,与如意洲相联系。乾隆时期于岛上新构一组建筑,是为欣赏澄湖水景以及点缀湖区景致而建的。因其特征与浙江嘉兴南湖中的烟雨楼颇为相似,或说是模仿烟雨楼而设置的,故亦名之为"烟雨楼"。主楼居北,两层五间,屹立湖畔。楼上轩窗洞达,回廊周通,登楼可四望湖景,一碧无际。楼下临水处有平台伸出,缘此石栏,依栏能欣赏澄湖水色以及对岸的林莽山岭。每当山雨湖烟之际,水天一色,景物迷蒙,更添胜概。烟雨楼之南设门屋三间,门内左右置廊庑与楼相连,合成一处小庭。楼东有"青杨书屋"三间,东向,傍楼而建。书屋周围绿杨蓊蔚。屋南葺方亭一,外设坐栏,内有楣扇,为林荫纳凉的佳处。屋北构八角敞亭一,楹柱之间毫无遮拦,居其中不仅可赏湖洲及沿岸景色,远处的安远庙、磬锤峰、永佑寺塔亦皆可映入眼帘。楼西连一跨院。院南为三楹小室,曰"对山斋"。斋北以粉墙围隔,内植树木花卉,面北设一月洞门,可抵湖畔。斋南叠石为假山,下有曲折洞室,上置六角小亭,亭角翼翼,额曰"翼亭"。登石山入小亭,自永佑寺塔、小金山上帝阁,如意洲亭台楼阁、芳渚临流亭、珠源寺,直到文津阁诸景皆可环顾,四面周览,似有目不暇接之感。

青莲岛面积不大而所构景物极丰,几乎覆满全岛而再无隙地。由于经过了精心的推敲,其布置紧凑而尺度适宜,故并无拥挤之感。小岛四向开敞,可将游人的视线向外无限扩展,令远山近水皆为我有,产生风月无边之感。此外,岛上巨木扶苏,岸边遍植荷苇,在盛夏时节,水面微风拂过,送来阵阵清香,沁人肺腑,能与江南水乡相媲美。整座小岛宛若一处精美清幽的小园林。

小金山 在澄湖与上湖的交界处,东岸有一高阜凸入水中,阜后开凿了一条小溪使之与东岸分离,形成了三面临湖、一面为溪的小岛,这就是金山岛,或称小金山。小岛用大量的黄石堆叠而成,尤其是岛东小溪两侧,巨石参差、山石壁立,有如深山峡谷,气势极雄伟。小岛面积虽然不很大,其间的建筑也不太多,但因布置适宜,同样也呈现出高低错落、层次丰富的巍峨之势。小岛顶端有一片平坦之地,南侧建小殿,面阔三间,单檐歇山顶,内悬"天宇咸畅"之匾,是为康熙三十六景之一。其北为八角攒尖的三层高阁,名为上帝阁。阁中一层额曰"皇穹永佑";二层奉真武,额曰"元武威灵";三层供玉帝,额曰"天高听卑"。前后两座建筑以它们彼此不同的高度尺寸和造型相互对比、补充,造成极为生动的组合形式。天宇咸畅之西循廊而下,折而向北又有一座西向的殿宇,五间歇山顶,名为镜水云岑,也是康熙三十六景之一。殿前有面阔三间的小屋,两侧曲廊环抱,正中辟为露台。它既是自此上下舟楫的码头,同时又似山寺入口前的广场,构思十分巧妙。沿廊曲屈而北,直抵小岛正北的芳洲亭,小亭凸入水际,贴水而建,形象十分亲切。在整个金山岛上,"层崖千尺危嶂,涵渌几重碧潭",再经上帝阁、天宇咸畅、镜水云岑、曲廊、露台、芳洲亭等建筑的包裹装点,实有一种"沉吟力尽难得,悬象俯察仰参"之感,即便是以"有若琼楼仙岛"来形容,似乎也未必能真正恰如其分地表达此处的景致之美，因此它以高阁凌空、殿宇参差而成为湖区诸景的构图中心或远借之景。同时若身处岛上，登阁远眺，苑内风光及庄外山色皆历历在目，从而生发出一种"仰接层霄，俯临碧水"的美感。尤其是在夕阳之下，凭廊依殿向西而望，湖面流波耀金，艳丽无比。水光岚影，明灭变幻，真令人应接不暇。

水心榭 在康熙时期原是湖水流出山庄的出水闸，与进水口暖流暄波一样，经过了精心的处理，作为水工构筑物形成一景。乾隆时期山庄向东拓展，于此闸之东又开镜、银二湖，并在东侧布置了众多的景区和景点，水心榭亦因之成为内苑景点。如今所见水心榭位于下湖与银湖之间，架石梁为长桥。桥中构三间敞榭，重檐飞椽，四面敞达。两侧各置重檐方亭一。桥下设八孔闸门，榭下有六孔，两亭外侧各一孔，以控制两面水位。在此处亭榭之中，凭栏四望，东湖芙蕖万柄，青翠香然；西湖银涛叠浪，丹碧楼台；南向则罗汉峰一带层岭掩映；北向则可见金山上帝阁影落湖中。真是四面山水皆入画境。而水心榭本身亦因飞楠高骞，倒映水上，异趣自生。

文园狮子林 在避暑山庄东南隅。乾隆年间山庄向东拓展，下湖以东更凿镜湖与银湖，于是在两湖之间依倪云林《狮子林图》之意而构筑文园狮子林。该地东北临镜湖，东南面是城垣，其西滨银湖，北为沟通镜、银二湖的小溪。以开湖土方将其北侧与东侧堆筑成土冈，因而形成了东北高西南低、西向银湖开敞的地势。文园狮子林实际上是由两组彼此联系的小园和一座建筑庭院组成的，东园为狮子林，依地势堆山构洞，点缀亭台，形成峰石林立的山石园。西园称"文园"，凿池引泉，莳花植木，成为以赏水景为主的小园。两园之间夹一以清闷阁为主建筑的书院，屋宇参差，别有一种情趣。乾隆曾对此处诸景分题吟咏，备十六景之胜，其名为狮子林、虹桥、假山、纳景堂、清闷阁、藤架、磴道、占峰亭、清淑斋、小香幢、探真书屋、延景楼、画舫、云林石室、横碧轩及水门。

虽然文园狮子林荒废日久，建筑都已不存，假山石洞亦完全坍圮毁坏，但依据地形、尚存的基址以及综合有关的文字记载、图画描绘仍不难辨识出园中的格局，以推想当年的风貌。由于山庄的主要建筑及景观都在西面，因此文园狮子林西向低平，渐东渐高。这一方面是利于借景，以便远眺，同时也可在其西看到文园狮子林内重重叠叠的建筑、石峰及林木，产生丰富的层次感。文园的入口面西，处于银湖之滨，为面阔五间的门屋，其内即文园。园中偏北凿池颇广，水静如镜，名为"小瀛湖"。湖西连小溪顺园墙向南，再折而向东流出园外。由门屋入园，前为溪流所阻，稍北有桥飞跨溪上，名"虹桥"。桥东之地呈三面临水状，上构敞厅，额曰"纳景堂"，此处可四面观景，三面是水，东面是对着倚墙而叠的假山。文园南侧点缀着小亭、松树及灌木丛，颇有自然之趣，园北则傍湖置石舫，状若泊湖之舟。纳景堂东即为书院部分，正中是两层的清闷阁，左有探真书屋，右为清淑斋，南面建门屋，彼此相接，合成一院。庭院虽小却十分亲切和宁静。门屋之外的西面高墙下，即文园中有溪流出，屈曲绕行，前面是略有起伏的土坡，间以疏林，掩映着一抹宫墙，极富乡野之趣。清闷阁后又起一楼，名为"延景楼"。楼窗四面洞达，不仅可俯视文园狮子林中各景，远处的湖光山色亦能一望无遗。清闷阁小庭院东即为狮子林。其东叠石为山，颇有气势。山上怪石林立，状峥嵘而崔巍。至南北两端皆折向西延绵而下，使狮子林似乎营建于山坳之中。狮子林中心是横碧轩，其前凿一小池，其后开一小溪，溪水来自文园小瀛湖，穿过延景楼北游廊而进入狮子林，绕桐碧轩而注入轩前小池，东侧另分一流穿行于园东假山间，最后向东出狮子林入镜湖。狮子林北面的假山中构一蜿蜒石洞，称"云林石室"，山上有亭二，一曰"仞鱼亭"，另一曰"占峰亭"，占峰亭平面为梅花形，造型颇优美。亭南有磴道可上下，下可至一石桥，桥上设藤架，"中矩随曲折"。狮子林东北角的石山上另有亭式佛阁，称作"小香幢"。

　　文园狮子林是避暑山庄中范围较大而且极为精美的园中之园，虽然是在真山面前筑假山，大湖之侧开小池，极人工之巧，但却产生了有若中国传统山水画的意境，使之与山庄之中的山岭、湖洲、原野形成了强烈的对比，诚如乾隆所说"若颜西岭言，似兹秀者寡"。如今狮子林部分假山已修复，文园狮子林的秀美风姿已重现于游人眼前。

涌翠岩　远近泉声以西，长湖对岸，山石巍峨，石隙间有泉水涌出，淙淙而下，悬作飞瀑。瀑前一组群筑傍山临水，借景泉瀑。主殿东向，面阔三间，额曰"涌翠岩"。其后起小阁，三间两层，名"自在天"，是一微型佛楼，颇为别致。其南另有一楼，耸立于山麓，称"绿云楼"。楼旁置敞轩三间，匾曰"木映花承"，前有三楹小室，叫做"水月精舍"。此处以水石胜，长湖似带，山泉潺潺，巨石危磊，岩壁苍紫。如今长湖已湮，建筑早已无存。

文津阁　玉琴轩及宁静斋之北乾隆时依西山麓的一组院落。原来这组建筑以粉墙相围合，内有假山泉池，林木扶苏，屋宇参差。院内主建筑为面阔六间的藏书阁，外观两层，内实三层，以庋藏清乾隆三十七年（1772）开始钦定编纂的《四库全书》，其形制与当时同期所建的故宫文渊阁、圆明园文源阁与奉天（今沈阳）文溯阁相同，皆来自浙江宁波范氏天一阁藏书楼，取"天一生水，地六成之"之意，故面阔采用六间,阁前凿池贮水,实际上也有消防救火之用。水池周以嶙峋的峰石假山为岸,池南及东侧假山高峻。面对文津阁,上凿蹬道以供登临。东端设月台,西侧构趣亭。乾隆曾赋诗曰:"阁外假山堆碧螺,山亭名趣意如何?泉声树态则权置,静对诗书趣更多。"如今亭废,仅存月台及亭基。

假山之下构筑曲曲石洞,通往山南门屋,使人入门屋即为假山所阻,穿石洞绕行之后才见开敞的庭院以及院内景物,这种"开门见山""欲放先收"的布置是中国传统园林中常用的手法。庭院西侧为廊庑侧室,与阁相通。阁东苍松下立乾隆御制的《文津阁记》石碑。文津阁庭院开敞,景物精美,院中碧池澄澈,倒映着白云山影。池畔山间,点缀着垂柳劲松。背后借景南山积雪,前面临接千尺雪、玉琴轩。水光山色,风涛泉声,营造了极为宁静的气氛,是非常优美的景色。既适宜于就阁静读,也可供游观赏景,为避暑山庄之内现存的一处精美的园中之园。

万树园 避暑山庄湖洲区以北有一片广袤的平原,占地将近千亩,其南濒临澄湖,西侧紧接山麓,东面是山庄的宫垣,围合成一块巨大的三角地。这里草木茂盛,曾有不少雉兔之类的小动物栖息其间。清康熙时期的山庄建设并没有在此设置太多的建筑景物,仅仅作为宫苑内的水系整理,沿山脚自山庄东北隅的水闸至澄湖西北角开凿了半月湖、长湖和内湖,傍湖建造了几座亭榭之类的小建筑,而广大的原野依然保持着原始自然的形貌。康熙皇帝驻跸山庄期间常将这里当作习马练弓以及率少数扈从进行弋猎的场所,因此与澄湖相邻处的一座六边形小亭据此被命名为甫田丛樾。

乾隆年间山庄的营建活动较前一阶段更为频繁,营造规模也进一步扩大,原野地带此时涌现出了许多新景点,但为了不破坏原先康熙皇帝保留这片原野的用意,建筑景物都被设置在东侧沿宫垣一带以及由内湖和长湖环绕的狭长区域中,中部大片的旷野、丛林、草地仍被保持着原先的形态,仅有被命名为万树园和试马埭的两个地方构成两景。

万树园虽以园名,但未施土木之功,亦无明确的界限,是一片呈现自然状态的林莽,其间有许多超过百龄的古木巨树,遮天蔽日,如幕似盖。乾隆时期除了仍在此举行弋猎活动外,还将此地作为夜宴及接待觐见使者的地方。乾隆十八年(1753),厄鲁特蒙古的杜尔伯特部在其首领三策凌的率领下克服了重重险阻,东迁归依清政府,此事引起了乾隆皇帝极大的关注,他不仅派人送去了牛羊和粮食,而且决定于次年夏季在山庄接见三策凌。此后在这里不断有接见少数民族的部族首领、宗教领袖以及外国特使的活动。乾隆五十九年(1794),乾隆皇帝还曾在万树园中会见了英国首次通过外交途径来华的特使马戈尔尼以及他的近200人的代表使团,这在清朝前期的对外关系中是一件极为重要的大事件。

万树园西有一片青碧如茵的草地,即为乾隆三十六景之一的试马埭,它与万树园亦无明界可循。这一带林疏草茂,当年山庄中饲养的鹿群常在此觅食漫游,极富塞外草原的自然风姿。由于此地地势极为平坦,经鹿群啃啮后碧草有如修剪后的绒毯,乾隆皇帝曾为之赋《绿毯八韵》诗,并镌碑立于万树园南侧,石碑至今还被保留着。由于此地地旷草柔,驰道如箭,正是习练弓马的好地方,因此遵祖制将这里辟为校阅比武之所,立石御书"试马埭",成为山庄一景。

试马埭以西原有长湖为阻,如今湖已淤塞不存。湖西一狭长地带地势较平,原先也曾是原野中的一部分。康熙时曾于其南端设立一景,名为远近泉声。这是一组庭院建筑,其中有小屋数间,以游廊围合成"田"字形的院落,据康熙皇帝所说,这组庭院以北,地有清泉涌出,汩汩然声闻四外,名为趵突泉。西面山崖上,人工引泉开瀑,流水飞泻,若银河倒悬,于庭院之中凝神细听,瀑声轻唱,泉音低吟,彼此应答,情趣盎然。庭院外另建一亭于内湖中,可观赏瀑和亭旁植栽的白莲,花芬泉响,诗意无穷,景物之美堪与庐山相比。可惜这组极富诗意的景色早已毁损无存。

远近泉声之北还有三组已经毁损不存的景点,分别是千尺雪、玉琴轩和宁静斋,它们都建于乾隆年间。千尺雪仿照苏州的寒山别业而建。苏州的寒山别业原是明代赵宦光隐逸之所,坐落于天平山后的寒山岭,其间"凿山引泉,悬石壁而下,飞瀑如雪",故被命名为千尺雪。乾隆皇帝南巡时深为其景所动,遂将赵氏别业改作行宫,每次到苏州均要在此小住。因此在山庄的扩建工程中仿其意构置了这一景点。千尺雪之后又有依山而建的小屋,额曰"宁静斋"。斋后有楼,楼额为"澹泊宁静"。一斋一楼组成了一区庭院。宁静斋西与斋隔水并峙的另一组建筑称玉琴轩,轩旁临曲池湍流,水激山石潺潺有声,其韵妙若琴筑,故取名曰玉琴轩。曾有诗云:"何必丝与竹,山水有清音。"于此倾听泉石之声确实有一种难以形容的妙趣。这几组建筑虽地上部分已经无法寻觅,但殿基、山石等还基本完好,近年来已经开始着手重建。自此再往北就是山庄中著名的藏书楼文津阁了。

万树园东侧在乾隆年间也曾建有几组建筑。南侧紧邻宫垣的一组院落名为春好轩,其间构小屋数间。北侧是一座寺庙,名为永佑寺。寺东又有由嘉树轩、乐成阁等数幢建筑组成的院落。如今东侧的景点中只有永佑寺后的琉璃塔尚存。

蘋香泝 万树园东南有湖水分流处,此处湖水"出依绿荚,中多青蘋",夏日清秀袭人,故于北岸建殿三楹,名为"藻香泮"。原有建筑业已不存,如今所见为近年重葺的。藻香泮之东为苑内船坞,现在基址尤存。此处有温泉冒出,泉水喷涌若漱珠吐玉。由于水温较高能使湖面严冬不冻,并形成蒸腾雾气,融融喜人。岸侧立黑石,上刻御书"热河泉"三字。

驯鹿坡 塞外山林之中原有野生鹿群栖息,而避暑山庄山广林茂,水美草肥,更是适宜于麋鹿生长的理想环境。按照传统苑囿的含义,畜养禽兽是其主要特征之一,因此山庄之内也饲养了大量的梅花鹿。饲养目的一方面是可以随时提供清帝食用或药用所需的鹿制品,同时也能在清帝步围行猎时充作猎物。由于避暑山庄环境清幽、人迹稀少,加上鹿群经过了人工驯化,故更显得温顺可爱。在山庄的水畔山冈偶尔出现觅食嬉戏的鹿影,无疑给苑景增添了无限的生机,故乾隆在湖区西岸的山坡上,立巨石镌"驯鹿坡"三字,作为苑内一景。

永佑寺 耸立在万树园东。清乾隆年间在避暑山庄之外大肆兴建庙宇之际,山庄内也陆续修筑起了一批寺院。如松鹤清樾之西建有碧峰寺,再往西是鹫云寺;湖区西岸营建了珠源寺,松云峡中有山神庙、水月庵、旃檀林及广元宫;湖区北岸构筑了龙王庙,青枫绿屿之后有斗姥阁,山庄东侧有花神庙,万树园东为永佑寺等。与山庄之外的外八庙相比,庄内诸寺显得小巧而精美,与苑囿的山水原野相融合,更显自然神韵。遗憾的是山庄之内的这些寺院或因年久失修而坍圮无存,或因人为折盗而破坏殆尽,如今仅永佑寺舍利塔还巍然屹立。

永佑寺始建于乾隆十六年(1751),据记载,当年寺前立着三座精美的白石牌坊,坊后为山门,面阔三间,正中高悬御书"永佑寺"额。山门之内为五间前殿,左右立石碑各一,镌御制碑文。其后是五间正殿,额曰"宝轮殿",东西各置配殿三间。再后即后殿,亦为五间,东西亦有配殿,各三间。寺东还构建一殿,曰"能仁殿",殿后即为舍利塔。

永佑寺舍利塔相传最初是按杭州六和塔以及南京报恩寺塔的形制设计的,故亦俗称六和塔。由于营建时期与此塔同期开工的北京二塔,一已被焚,一已倒坍,故其工程一度受命停顿。之后经过改造,直至乾隆二十九年(1764)方告竣工,其外形呈现如今所见的形制。塔高六十余米,八角九层,为仿木结构的楼阁式砖塔。门窗柱枋全由青砖刻出,斗拱、桁椽、屋面则全用绿色琉璃贴面,拱眼之内则嵌以黄琉璃。上用镏金宝顶,光灿夺目。这是山庄之内如今能见到的唯一一座装饰豪奢的建筑。如今寺内建筑皆已无存,塔下一层的八面廊庑以及廊外白石栏杆亦已毁损,下层壁间的浮雕佛像亦因风雨侵蚀而脱坏严重。但是挺秀高大的塔形掩映在万绿丛中,仍不失为避暑山庄的标志性建筑,不仅使庄内原野区平缓的林际与天际线中有了高耸突兀的建筑轮廓,同时也成了远近诸景可资假借的构图中心,使景观变得生动起来。

青枫绿屿 山庄北岭多枫树。盛夏时节枫树枝繁叶茂,其浓荫与优美的姿态绝不亚于梧桐和芭蕉。入秋经霜之后万叶皆红、丹霞竞彩,别有一番风韵。因此,清康熙年间在南山积雪和北枕双峰之间的山坳处营建了一组庭院建筑,并将其题名为青枫绿屿。此地向东已近断崖,往西则山峦叠嶂,南北各有矗立的山峰,近旁是成片的枫树丛林,景色丰富而优美。青枫绿屿南以三间门屋作为小院入口,院内主建筑南向,面阔五间,悬"风泉满清听"匾。其前有两室,分别称作霞标和吟红树。其后又围出一院,院东建有曲尺状平台,可以登临眺望宫苑之东的武烈河、磬锤峰以及延绵的群山,似乎也能形成"水作青罗带,山如碧玉簪"的情景。门屋之外的东侧还有一幢西向的三间小屋,乾隆年间被命名为罨画窗,前人赞此为:室居山椒,前临断崖,曲室深窈,疏窗洞达。其西青枫荫翳,茑萝交枝;其东景物开敞,一览无遗。远岫叠峰,峰峦云烟,林泉山石,阴晴晨昏,变幻无常。幅幅如画,皆入户牖之间。原建筑早已毁圮,如今所见为近年重建的。

锤峰落照 榛子峪北高冈之上有一方亭,其北可见珠源寺等庄北诸景。西北与四面云山亭遥相呼应。向西则重山复岭,万松叠翠。南望能俯视风泉清听、松鹤清樾等建筑组群。面东则苑内湖光与庄外山色尽可映入眼帘。每当夕阳西下,晚霞初映,亭东山水金紫万状,蔚为壮观,有如张宏《浮岚暖翠图》横陈于前。山庄以东五里外的磬锤峰格外引人注目,一峰孤立,耸然依天,在夕照之下,金碧耀眼,诚如康熙诗所云:"巉岩自有争佳处,未若此峰景最幽。"故以"锤峰落照"为名。

凌太虚 位于松云峡内,是南冈上一座四方敞亭。在其北坡稍东侧,依山面峡建有两组相邻的院落,上院主殿曰"清溪远流",左右置配殿,前有临路亭轩,平面布置规整,但屋宇高低则依山势而参差。下院主体建筑称"含粹斋",周围有廊庑小室,布置灵活而随宜。这两组建筑皆以此敞亭作为借景,小亭高踞冈脊,拔地倚天,如揖峰峦,颇有凌云之态,故颜其额曰"凌太虚"。

四面云山 避暑山庄西北群山之中,顺梨树峪西行,过澄泉绕石,有盘旋迂回的上山小路,小路尽处是山庄内最高一峰。上构一四柱方亭,题名为"四面云山"。在亭中四望,周围峰峦罗列,如揖似拱。回首俯视,苑中湖洲宫室,有若翠玉珠玑镶嵌。天气晴好之时,数百里内外峦光云影皆历历可见。远山竞秀,近岭争奇,不可名状。小憩亭中,有长风四达,即使是伏暑盛夏,至此亦觉萧爽如秋。

南山积雪 塞外之地,气候偏冷,即使到了初春时节,在岭北峰巅往往遗有未融的残雪。避暑山庄之南,亦有重山环拱,因此在庄北高峰之上构一小亭,供早春观赏南山雪景之用,并额其颜曰"南山积雪"。自亭中南望,可见群岭之上"皓洁凝映。晴日朝鲜,琼瑶失素"。仙宫瑶池的琼楼玉宇也不过如此。

北枕双峰 避暑山庄内西、北两侧皆为连绵的山岭,庄北最高峰上,有亭翼然。登临此亭不仅能俯瞰苑内景致、庄外群山,连外八庙的雄姿亦可遍览。亭之西北有一峰挺立,山势崎岖逶迤,名为金山;亭之东北又有一峰拔起,其状高峻雄伟,称作黑山。两峰对拱翼抱,适与亭成鼎足之峙,故康熙据此形势颜其额曰"北枕双峰"。

外八庙 避暑山庄东、北两侧的山坡地带自清康熙五十二年(1713)起陆续建造了十余座寺庙,这些寺庙也是清王朝在解决北部、西部边疆和西藏少数民族问题的过程中,出于政治、宗教的需要而营建的,因此它们融合了各少数民族宗教建筑的特色,造型独特、金碧辉煌,与山庄的清秀淡雅形成了鲜明的对比。在艺术构思上,这些庙宇犹如众星拱月似的拱围着山庄,它具有各边关少数民族臣服满清中央统治的寓意,也象征着全国各民族的团结统一。因此在建筑园林史上,人们往往将避暑山庄与园外庙宇视作一个整体。这与当时的管理体制也是相吻合的。乾隆年间,为了对这些庙宇进行管理,在山庄管理机构下,设立了八个"下处",于是人们习惯上称这些庄外的寺庙为"外八庙"。

溥仁寺 外八庙之中溥仁寺和溥善寺修建最早,是蒙古诸王公贵族为了庆贺康熙皇帝六十寿辰而出资建造的,建成于清康熙五十二年(1713)。这两组寺庙均位于武烈河东磬锤峰下,依山傍水,前后相邻,所以通常被人们称作前寺和后寺,如今仅存前寺溥仁寺,后寺早已毁圮。近年来人们对溥仁寺作了修缮,它以焕然一新的面貌展现在世人的面前。溥仁寺规模不大,采用了中国北方寺庙的形制,坐北朝南,顺轴线依次为山门、天王殿、正殿与后殿。入山门后左右分别有钟鼓楼及幡杆,山门与正殿之间两侧设有配殿。正殿面阔五间,进深三间,单檐歇山琉璃瓦顶,额悬慈云普荫匾。后殿名为宝相长新,面阔九间,进深一间。寺内松柏参天,塑像及雕刻均为清初之物,颇具艺术价值。

普宁寺 清乾隆二十年(1755),在武烈河北岸营建了普宁寺和普佑寺(已不存),这两座寺庙的建设与当年安定西北边疆有着直接的联系。当年清军前往天山,讨伐居住在那里的厄鲁特蒙古准噶尔部首领达瓦齐的叛乱。乾隆皇帝为了纪念这次平叛的胜利,决定在山庄之侧营建一座喇嘛庙,题名为"普宁",是希望西北各族人民"安其居,乐其业,永世普宁"。为此乾隆皇帝亲撰《平定准噶尔勒铭伊犁之碑》以记其事。碑现在山门内碑亭中。此后准噶尔部又一首领阿睦尔撒纳再次反叛,清军又于乾隆二十二年(1757)前往征讨,获胜后乾隆皇帝于寺内增设了《平定准噶尔后勒铭伊犁之碑》,碑文宣示了不允许祖国分裂的决心。普宁寺的形制采用了汉藏混合的形式,寺院前部按我国北方汉族寺院设置,由山门、钟鼓楼、天王殿、大雄宝殿以及左右配殿等组成,前后为三进院落。后部则模仿西藏境内历史最悠久的桑耶寺,建在高于前部9米的金刚墙上。它以正中的四层高阁大乘阁为中心,在其东、南、西、北四面各建一藏式平台,上各立一座汉式殿宇,四台殿两侧又各有更小的台及殿,这种布局形式主要是象征藏传佛教中所谓的须弥山、四大部洲及八小部洲。此外,在大乘阁东、西各有一殿以象征日、月,大乘阁四角备用一塔,分别为红、蓝、绿、白,以象征密宗的"四智"。大乘阁之后设置了一区园林,依据自然的山坡和叠石形成了起伏的假山,山间磴道蜿蜒,遍植松柏,虽说是寺内附园,但同样也蕴含了宗教的寓义,它象征了所谓世界边缘的铁围山,用园林化的手法来渲染佛国天堂的境界。

安远庙 清乾隆二十九年(1764),在武烈河东岸的坡地上建造了安远庙。该庙的修建过程被载于庙中正殿前的御制《安远庙瞻礼书事》碑。前面所述的达瓦齐、阿睦尔撒纳叛乱时,厄鲁特蒙古中的达什达瓦部坚持统一、反对分裂,积极出兵平定叛乱,但因该部人数较少,势单力薄,迫于力量悬殊,被迫放弃伊犁东南的原居住地而向西迁徙,最后于乾隆二十四年(1759)迁至热河。乾隆二十九年(1764),清政府为了照顾该部的宗教习俗,准许他们在驻牧地的山冈上仿照伊犁河畔的固尔札庙修建寺院,以作该部部众朝拜观瞻之所,所以人们也将此庙称为伊犁庙。该寺布局规整,内外设三重院垣、建棂星门及三道山门。最内一层院墙内以六十四间房屋相环绕,正中为三层重檐的普渡殿,七间见方,内供黄教绿渡母神像,底层四壁绘有宗教壁画,色彩绚烂,情景生动。

普乐寺 清乾隆三十一年(1766)在安远庙之南的高冈上,兴建了普乐寺。当时西、北部各地的少数民族与中央政府的关系日益融洽,经常有使者前来朝觐,为此而修建了此寺。普乐寺的绝大部分都是按北方传统寺院布置而成的,将山门之前辟为广场,门前两侧立旗杆,入山门左右为钟、鼓楼,前面是天王殿,入天王殿为一组四合院式的殿宇,正中即正殿宗印殿,两旁置左右配殿。宗印殿后是一座形制颇为特殊的阇城,阇城设墙垣三重,外层四向辟门,内为回廊,前门内有乾隆御制《普乐寺碑》。第二重墙上有雉堞,墙内四角及正中各置琉璃喇嘛塔一座。第三重之内是被命名为旭光阁的圆形建筑,周圈二十四柱,重檐攒尖顶,上用黄琉璃瓦和贴金宝顶,气度非凡。阁内置一曼陀罗,内奉上乐王佛,其上覆圆形藻井,体形巨大而制作精美。由于普乐寺的旭光阁造型奇特而高大醒目,成为该寺的主要特征,故当地人俗称其为圆亭子。

普陀宗乘之庙 清乾隆三十二年(1767),乾隆皇帝为了庆贺自己六十寿辰及皇太后八十寿辰而在避暑山庄以北营建了普陀宗乘之庙。考虑到寿诞之时将会有许多蒙古、青海、西北及西藏等地的少数民族上层人物前往祝寿,而他们大多信奉藏传佛教,因此该寺就依仿西藏布达拉宫的形制。普陀宗乘即为布达拉的汉语意译,于是也就有了小布达拉宫之称。普陀宗乘之庙因地形形成了前部平缓、后部陡升之势,寺前为山门,门前是五孔石桥,门内设一重檐碑亭,亭北建极富藏族风格的五塔门,再北是一座三间四柱琉璃牌坊,牌坊迤北山势渐陡,两旁设置了近二十座藏式白台,高低错落,疏密有致。再往前行即为该庙的主体建筑大红台。大红台高约45米,正面红墙自上而下镶嵌着六个黄绿相间的佛龛,最上端还嵌有琉璃塔状的装饰。红台正中是万法归一殿,平面四方形,上覆重檐四角攒尖鎏金铜瓦顶,万法归一殿之外为一圈群楼。东侧是一组戏楼庭院,戏楼之后有洛伽胜境殿和权衡三界亭。万法归一殿西南又有千佛阁,殿后又有慈航普渡亭等。整座寺庙红墙、白台、金顶、黄绿琉璃与周围的苍松翠柏交相辉映,使之呈现出庄严而极为华丽的形貌。此庙于乾隆三十六年(1771)竣工,时值皇太后八十寿诞,庆典就在此举行。而同在此年曾被分裂分子胁迫而迁居到伏尔加河流域的蒙古土尔扈特部,在其首领渥巴锡的率领下,经历了千辛万苦,历时半年多终于回到了祖国,乾隆皇帝除了在避暑山庄的万树园赐宴庆贺外,还在万法归一殿为之诵经祝福,并撰写了《土尔扈特全部归顺记》和《优恤土尔扈特部众记》,并刻石立于普陀宗乘庙内。

须弥福寿之庙 清乾隆四十五年(1780)是乾隆皇帝七十寿辰,各族的王公贵族云集热河。此前,六世班禅请求前往京师并至承德祝寿,乾隆皇帝闻知后异常高兴,遂下令在普陀宗乘庙东仿照班禅的居所扎什伦布寺修建一座寺庙,这就是须弥福寿之庙。须弥福寿是扎什伦布的意译,故该寺也被人称作扎什伦布。须弥福寿之庙按轴线布置,自南而北顺轴线依次为石桥、山门、碑阁、琉璃牌坊、大红台、金贺堂、万法松缘殿和琉璃宝塔。寺内主建筑设于大红台上,正中为主殿妙高庄严殿,是六世班禅讲经传法的场所。此殿方形,高三层,上覆重檐四角攒尖顶,顶面用鱼鳞状鎏金铜瓦,四条垂脊上各安置金龙两条,腾跃欲飞,形象生动。殿内尚保留着当年乾隆皇帝倾听班禅讲经时所用的坐床以及铜、木佛像等遗物。主殿四周围以三层高的群楼，群楼使用木制门窗，外壁采用厚实的砖墙，墙上开设琉璃垂花窗。大红台东为东红台，高亦为三层，与大红台形制相仿而略小，楼顶建一四角攒尖顶，它是班禅弟子的居所和习经之所。班禅的居室位于大红台西北，是一处藏式小院，院内主殿名为吉祥法喜殿。庙后的八角琉璃塔高七层，额曰"万寿塔"，形制与北京香山琉璃塔相同，下层设塔周回廊。正南辟门，其余各面嵌以浮雕佛像。二层有平座石栏，二层以上整个塔身均用琉璃贴面。塔旁还有九间楼、罡子殿、单塔、白台等建筑。乾隆四十五年（1780）七月间班禅抵达承德时，乾隆皇帝立即在避暑山庄的澹泊敬诚殿进行了接见，并颁赐金册、金印，次日还亲往须弥福寿庙看望班禅，对其待遇隆重之极。之后在乾隆皇帝撰写《须弥福寿之庙碑记》中曾提到，一百多年前〔顺治九年（1652）〕五世达赖是由清廷敦请而赴京师的，当时边地尚有不愿归附朝廷者，而此次六世班禅自愿朝觐，此时诸如厄鲁特等部族亦已无不归顺，须弥福寿之庙的兴建就是为了"答列藩倾心向化之悃忱"。

乾隆年间，避暑山庄附近所建的庙宇还有乾隆二十五年（1760）建于普宁寺旁的普佑寺、乾隆三十七年（1772）建于普陀宗乘之庙以西的广安寺、乾隆三十九年（1774）建于广安寺旁的殊象寺及罗汉堂等。它们以各自独特的民族风格和地方特色拱卫着山庄，在武烈河谷地区形成了一个瑰丽多姿的庞大建筑艺术组群。它们在那里默默地向人们展示着我国古代建筑艺术的杰出成就，叙述着古代工匠的才智与技艺。

古莲花池　位于河北省保定市中心裕华中路上。历史上它曾是一座将军的私园，盛清时为著名的书院园林，也曾作为清朝廷在京南的行宫，清末又成为当地文人集会的公共豫游园林。使用性质有如此多的变化，在我国古代园林史上实属罕见。现存园林布局和景点设计基本上是按盛清乾嘉年间的行宫十二景修复的，具有皇家园囿的基本特点。其园名"古莲花池"为民国初年大总统徐世昌所题。今大字横匾仍高悬在三门四槛、歇山翘角的门楼上。古莲花池是一座处于闹市的行宫花苑，素有"城市蓬莱"之称，是河北畿南的著名古园。古人曾有"城市嚣嚣寻胜地，倏而别是一重天"的赞誉。

古莲花池的历史可追溯到金元时期。金贞祐元年（1213）蒙古军分三路南下攻金，攻陷顺天军城（即今保定），屠城三日，全城变为虚墟。正大四年（1127）出生于河北定兴县的张柔率军到此重建保州城。当时张柔已是成吉思汗麾下的大将，为行军千户、保州等处都元帅,成为蒙古大军西征时与金兵相峙的汉族地主武装首领。在新建城池的同时,张柔十分注重城市的园林风景建设,引水入城,"占城中什之四",有西溪、南湖、北潭,每当夏秋之交,荷芰如绣。另滨水建园四座:西曰种香、北曰芳润、南曰雪香、东曰寿春,其中雪香园即是今莲花池之前身。此园于1227年动工,约在1234年修成,张柔将它赐给部将千户侯乔维忠,当时园内水面阔达数千亩,湖西北岸边,便是三面临水的临漪亭。当时文人郝经受邀游历后,曾写下《临漪亭记略》一文,赞园景之妙:一泓碧波澄澜荡漾,游鳞嬉戏,芙蓉满放,环湖茂树葱郁,轩榭玲珑,异卉芬蒨,楼台亭阁重庑列,隐现于林泉之间,"清风戛然,迥不知暑。澄澜荡漾,帘户疏越,鱼泳而鸟翔,虽城市嚣嚣而得三湘七泽之乐"。

元末明初,保定由于战乱和繁重的赋役征敛,城市受到极大破坏,雪香园也经历了270余年的荒废,但城中大水面(莲池)一直保留着。到明嘉靖四十四年(1565),因为知府张烈文喜爱园林,政暇之余常来莲池荡舟游乐。他认为这个经久不涸,阔达30亩水面的湖塘临近府衙门前,犹如一面清鉴,关系到保定一郡的人文风气,不可荒废,于是在这一年他出官费加以复修,于池中蓄鳞艺莲,环池植柳如槛;并在池北清除了一些住房,修筑围墙,开辟门户;在池正北傍岸依照原样重建了临漪亭,莲池在荒废了270年后才初步得到了恢复。从此,这座名园成为官府独占的游乐场所。

万历十五年(1587),知府查志隆又在此基础上进行了较大规模的整修和扩建。他审地度势,认为临漪亭东面与理刑厅一墙之隔,理刑厅东面又同一私宅的敞庐隔墙相联,既杂乱拥挤,又有碍观瞻,且使署衙与莲池之间来往不便,遂决定重新调整建筑布局,用高价收买了民房,将其拆除改建为北连府署大街、南达池岸、宽可容车的甬道。当时,由甬道往西是理刑厅,再往西是临漪亭。夹岸新构堂、榭、廊、庑、庖厨、庛舟水庐等园艺建筑物。这些工程的告成,使莲池基本上恢复了初建时所具有的潇湘情趣,并以"莲漪夏艳"的称号被列为保定古城八景之一。

古园修复后,查志隆还亲自撰写了一篇记文勒于碑石(此碑现存莲池内东碑廊)。文中记叙了他此次重修莲池的情况,特别突出地阐明他主持重修此园的深刻用心。他提出要以莲池湖塘作为一面"水鉴",来验照自己度量是否宽宏,志向是否坚定,施政是否清廉,行为是否符合知府正堂上悬挂的"正大光明"匾额之意。他同时告诫今后来此宴乐的官吏、僚佐,不要徒事游玩,也要以此水为鉴,鉴身、鉴心,看是否有负皇恩和苍生。又在甬道上增建一门,上悬"水鉴公署"四字横匾,以便使来者触景会意,肃然自省;同时也昭示文武官员及郡民上下,保定府秉政应鉴之碧水苍天。这就是莲池历史上曾以"水鉴公署"作为别称的由来。

清朝,莲花池受到朝廷的重视,乾嘉时代是莲池历史上的鼎盛时期。

自明代改保定路为府后,清代沿袭未改。清康熙八年(1669),直隶巡抚衙门由正定迁到保定(1724年升级为总督部院),从此,保定府就成为直隶省省会。雍正十一年(1733),直隶总督李卫奉旨在莲池开办书院,增置宾馆。乾隆十年(1745),又将宾馆扩建为行宫。乾隆、嘉庆、光绪三朝帝后均来此驻跸巡幸。特别是乾隆皇帝,在1746—1792年的46年中,就先后六次来此游赏。至今,乾隆、嘉庆在这里召见直隶都宪大员时所赐"御书明职"诗及君臣莲池即景吟诵唱和的诗文,仍有不少尚可见于园中的碑碣之上。

莲池经过1710年、1733年、1751年三次大规模的整建和重修后,园内已是假山叠巘,奇花争艳,古木森荣,鹤舞鹿鸣。池中岛浮楼台,倩影清鉴;画舫容与,桥亭映带。环池庭院重重,珠玑充盈,飞光溢彩,玲珑幽雅,别有洞天。山、水、楼、台、亭、堂、庑、榭参差错落,组成了著名的莲池十二景,使这一园林胜甲畿南,博得了"城市蓬莱"的盛誉。书院学者济济,文人荟萃,形成了直隶省的文化中心,名驰中外。据莲池尚存的乾隆三十九年(1774)镌刻的《莲池行宫奉发议定规条》碑可知,当时园内楼、堂、轩、阁,陈设着珊瑚树、玛瑙、水晶、芙蓉石等珍玩异宝;金银器、玉器、铜器、古磁器之类的文物达数百件;名贵的古籍、字画,各种挂屏、文房四宝亦达数百件,专供皇帝、贵戚临幸时赏玩。

莲花池当时是严禁游览的。平时,就是各衙门官吏来此公干也必须验明特别发给的"腰牌"方可出入。遇有皇帝驾临,戒备森严的情况更是可想而知。

清朝二百六十余年中,对古园维修的费用也是十分惊人的。常年例修拨银二三千两不算,见于记载的大修就有六次,1733年一次维修就用去白银数万两。除此之外,皇帝也时常拨内帑作修补费用。

鸦片战争以后,清王朝日趋衰落,1846年,在民穷财匮、"祸乱"四伏的形势下,道光皇帝被迫下诏裁撤行宫,宣称皇帝从此不复靡费巡幸,以示"节俭"。莲池百年来作为行宫的历史才暂告一段落。同年直隶总督讷尔经额接旨后,将莲池行宫复改为宾馆。

1894年,甲午中日战争爆发。前方,清朝海军全部覆没,陆军败报也纷至沓来。北京,慈禧太后却仍旧忙于她的六十庆典。为了给太后诞辰献媚,直隶布政使陈宝箴也拨巨额库银修葺莲池,以使园中"山石、林泉、亭榭、台阁焕然一新",来粉饰太平。

1900年,八国联军攻陷北京后又包围了保定,10月15日,英、法、德、意四国军队分城划区,纵兵大抢3天,莲池古园成了第二个圆明园,被劫掠一空,园林圮毁。第二年直隶总督李鸿章为了迎接由西安返京的慈禧太后,下令将永宁寺改为行宫,又重修莲池作为行宫御苑,但与乾嘉时期的花园景色相比,已是鲁殿灵光,只剩二三了。

1949年后,这座古园被列为河北省重点文物保护单位,园现占地面积约23600平方米。经过不断的修葺和改进,古园又焕发了青春,它以妩媚绚丽的风光吸引了大量中外游客。其景点布局和游览顺序现简介如下:

步入古色古香、端庄秀丽的莲池大门,便可见迎门秀嶂春午坡,走过春午坡,便可见东、西碑廊,其中有历朝历代修建莲池的碑记及有关莲池书院碑记,还有乾隆、嘉庆皇帝巡幸盛况的碑刻等。从春午坡至牌楼,层次跌宕,恰似重门当途。步过牌楼却豁然开朗,濯锦亭滨临池水,憩息亭中,清风徐来,碧波如锦,可领略荷塘清趣。亭之东原是直隶图书馆,现存放莲池资料文物。馆南与之相连的是端庄秀丽的水东楼,楼上可凭栏俯瞰园中佳景,其西与君子长生馆遥遥相望;楼下东南角,有水东碑群,其中有唐碑、王阳明诗碑以及西夏文经幢、明政训碑等。从水东楼再往南,有两塘相通的弧形渠道,环抱着一座奇石林立的假山,旁有一珍贵剑石,石旁为含沧桥,过此桥登山便可见山顶观澜亭。山下篇留洞有乾隆行宫和书院时的诗刻。此洞南有一座古老的元代三拱石桥绿野梯桥。步过此桥,向东可通寒绿轩,轩前仍然修竹成林。园中最高的假山红枣坡耸立在南边,六幢亭高据山巅,亭内存放有西夏、金、元等朝的八角经幢六座。沿台阶西行下可见不如亭。

北塘内水中有一亭,名曰"水中亭",即原乾隆十二景中的宛虹亭,亭北有曲桥势若游龙,衔接北岸;亭南有宛虹楼,此亭巧妙地将北塘分割成东大西小两塘,点出了莲池自古是以理水胜的传统。池水以中心大岛为界,分为南、北两塘,南塘呈半月形,外围峭壁环峙;北塘呈不规则长方形,四周有玉栏围护。其间古藤、老槐、垂柳、名石点缀其间。俯视一泓碧水,白莲皎洁,红莲妩媚,荷香飘溢,沁人心脾。从水中亭走过宛虹桥,便来到康乐厅。厅面阔五间,进深三间,是这座古园大岛上的主体建筑物。它的前身即乾隆十二景的藻咏楼,这里前矗峻岩,后临芳诸,池水三面环之,景观绝佳。

北塘西岸正中是君子长生馆,它是莲池西面的主要建筑。古时这里是著书立说、钓鱼赏荷的地方。在此馆两侧还各有一座相互对称的配房,南为清雅的小方壶,北是洁净的小蓬莱,这里总称"蓬莱三岛"。此馆北侧是由响琴榭、响琴涧、响琴桥组成的一组小巧古雅的建筑群。这组建筑其形像琴,涧水流声也像琴,堪称奇妙。在小方壶的南面,有一雕花月门内修竹遮掩着的一重院落,名曰"昆阆",这里原为十二景中的鹤柴,它是典型的廊院式建筑,南为厅,北为轩,以北轩为主,四周廊庑相通,构成一个完整的格局,是古莲花池内的园中园。

由响琴桥东行数步,有一四方攒顶小亭,这里风清气爽,因而亭名为"涃然"。此亭东南不远,有一块硕大奇特的太湖石名"太保峰"。由太保峰往东便是高芬轩,其西有黛柏盈阶相伴,西临碧水,背倚长廊,此轩共作两间,位居碑刻长廊中段。粉壁上有康熙书"龙飞"二字刻石,还有乾隆的论书法。北碑廊以书法为主,其中主要内容是莲池书院法帖,集选了唐、宋、元、明历代书法大师的代表作。这里有康熙皇帝所书的唐句、蔡京的《贺李宗升迁诗碑》和王阳明的《客座私祝碑》等名家手笔。

春午坡　进莲池北大门,迎面有北高南低两座假山,形成莲池当门秀嶂,曰"春午坡",是原乾隆十二景之一。昔日坡上种有芍药、牡丹数百株。因为此处不但向阳,并且北面为高大建筑和假山,东西为靠壁廊各九间,所以冷空气吹不进来。每当风和日暖,这里的芍药、牡丹竞相开放,蒸彩如云,蜂蝶飞舞,诗意盎然,故有"坡前日暖春意早,岩下风和霜汛迟"的诗意。每逢春午花开时,蒸气成彩,一片绯红。正如东坡诗云:"春午发浓艳。"乾隆皇帝故以"春午坡"三字名之,并四次来此题诗刻石嵌于此。现在南边的假山以及两假山上的芍药和牡丹都已不存,但乾隆所题诗和刻石尚在北边假山上。

牌楼　春午坡后的一座三间四柱、柱间斗拱、出五跳的彩绘牌楼,其顶出檐深远,起翘柔和,斜脊上置兽头,造型庄严中见秀巧。牌楼枋心正面"古莲花池"四字篆书园名熠熠闪光,背面由著名现代书法家黄绮先生籀书"莲漪夏艳",这一古园景点枋心两侧的栏额上还有黄先生的楷书"摇红""涤翠""霓带""霞衣"等景点题词。由春午坡南至牌楼约有四丈之遥,恰若重门当途,使人入园之初,便生层次跌宕、如临仙境之感。

濯锦亭　牌楼西南濒临池水处的一座飞檐微翘、红柱擎托的古亭濯锦亭。相传,元代万户府的侍女们常在此浣纱。此亭是前人摘取唐代杜甫"濯锦江边未满园"的诗句前两个字而定名。憩息亭中,清风徐来,碧波如锦,可领略荷塘清趣,感受那"接天莲叶无穷碧,映日荷花别样红"的古诗意境。

古藤花　自濯锦亭北岸西行至高芬轩,原来满植藤花,蔓攀古槐,扭曲而上,绿叶蔽天；春夏之交，藤花盛开，紫穗高悬，垂于池面。曾组建有藤花榭、紫藤水埠、寿藤景，今藤花榭、紫藤水埠早已不存在，现藤花仅存有一二株攀于枯老古槐之上。

花南研北草堂 位于濯锦亭西池畔，为原乾隆十二景之一，是一座有敞厦为门的院落。正面草堂阔三楹，襟宇高洁古朴，檐庑静深轩昂，是宾宴的场所。乾隆皇帝驾临行宫，亦在此召见直隶官员。堂院左、右隔墙分带两座小院，有月门相通。左院名为"重阆之居"，供饮宴前后憩息之用。右院名"因树轩"，由复道回廊组成庭院，复道即是建在画廊顶部，是雕栏环绕的平台走道。那时这种复道回廊是连通园中其他各景的，因其本身建造结构别具特色，其作用也各有不同。平常可登临上层平道，信步随意在园中游赏；雨天可由下层画廊漫步于楼台亭榭之间，玩味山林、湖泊所特有的烟雨空蒙之色。此外，它回环宛转于诸景之间，使之浑然联成一体，起到美妙的衬景、补景作用。"花南研北"意为花圃之南、水畔之北，这就为现遗迹无存的此景，点明了当年草堂所在为春午坡之南、莲池湖畔之北的位置。

万卷楼 位于花南研北草堂之西，约距池岸百步。楼为双层，呈"门"字形，卷棚歇山式楼顶，画栋雕梁，镂刻栏槛。楼内陈列着列朝赐书和御制诗章，是历代藏书之所。楼前是复道画廊环绕的两进院，此楼在南北中轴线上，楼前有五楹之厅，正中设有宝座，上悬乾隆皇帝御书"绪式濂溪"。其前有宸咏亭，亭内有御制诗碑。出南门有临水平台，一架古藤笼罩其上，名为"紫藤水埠"，游人可于此处离岸登舟，怡游于碧莲湖中。万卷楼就是原古莲池行宫的乾隆十二景之一。

高芬阁 位于池北岸正中，万卷楼之西，此阁上下双层，飞阑綮峙，下俯清流，可居高临池观荷赏景。因取《晋书》中"高芬远映"的文意，名阁、名景，因此得名。其西与奎画楼参差相连，楼中藏有清康熙皇帝御书石刻和名人书画。光绪庚子年（1900）高芬阁与其附近的奎画楼、万卷楼、花南研北草堂等古建筑同时被焚，除了"高芬阁"后改建为轩，余者俱已不存。现高芬轩西有黛柏相伴，东与古槐为友，面涵碧水，背倚半壁长廊，前后共作两间，三面虚敞，北为粉壁，壁间镶有清帝康熙擘窠书"龙飞"二字石刻。据史记载，这两个巨字是乾隆特为莲池行宫带来供奉的"圣迹"，当年紫轴锦缥悬挂于奎画楼上，后直隶总督将它摹勒于汉白玉石之上，精拓工裱成幅，后来真迹佚失，仅剩此刻，嵌于北壁。

响琴 万卷楼西侧的一组以声景为主题的园林古建筑群，它分别由响琴涧、响琴榭、响琴桥和听琴楼组成。响琴涧是当年鸡距泉水流入园中池塘的一段濠涧。濠涧的外沿构筑成头西尾东、平面放置的一把古筝形象。在"古筝"的头部响琴榭跨筑其上，榭顶造型极似一架扬琴。而"古筝"的尾部状如竖弦琴的响琴石桥横架涧、塘的连接处。涧内散置礁石，桥下急流击石，叮咚有声，清脆悦耳，其声似琴。这组小巧玲珑的古建筑造型恰似三架不同的古琴，同时奏出高山流水之曲。人在北面听琴楼上俯视三"琴"，倾听那清越激扬的弦音，充满了诗情画意。游者至此，领悟其妙，不能不为有慧心的设计者击掌叫绝。

君子长生馆 北塘西岸正中，歇山五脊庑殿式建筑，面阔五间，进深三间，四周明廊宽畅，槅扇门窗均为步步锦图案，苏式彩绘雕梁画栋十分精美华丽，正门上高悬"君子长生馆"匾额；匾下喜鹊登梅，透雕门楣，工艺精湛，花鸟栩栩如生。馆前正间凸出有抱厦三间，抱厦之外有平台，建于水上。抱厦檐柱上挂一楹联："花落庭闲，爱光景随时，且作清游寻胜地；莲香池静，问弦歌何处，更教思古发幽情。"此联为清代遗物，点出了此间的幽雅气象。行宫时代，这里曾是弦歌绕梁的"课荣书舫"，塘内遍种荷花。同治年间，《畿辅通志》众编修触景生情，将"课荣书舫"改名为"君子长生馆"，古代士大夫以莲花出淤泥而不染、高雅洁净、有君子之风范自居，希望它能长生常盛，故名"君子长生馆"，既示荷花，亦是文人的自喻。

昆阆 原为十二景中的鹤柴，是典型的廊院建筑。南为厅，北为轩，以北轩为主，四周廊庑相通，构成一个完整的格局。古时鹤柴为养鹤之处，这里高槐栋柳，白石苍苔，仙客羽衣，翱跹其下，景色佳妙，有"池边双白鹤，水宿不云飞。明月敞虚阁，芦花吹缟衣"的意境。现北轩立有中日师生纪念碑，南厅为接待室，庭廊内展出的有微碑和盆景。一进门，在翠竹掩映下有一巨大的、玲珑剔透的太湖石屏风，东侧为内外廊，中间为月亮门，中间隔断墙上砌有各种图案的漏窗，通过漏窗借景，使莲池的景物内外相互呼应。关上月亮门，后宅就成为一个完整的空间了。它是莲池中的园中园，颇受中外嘉宾赞赏。

蕊藏精舍 位于昆阆，南行转东，茂林修竹之中，坐落着两重寂籁深幽的庭院，就是蕊藏精舍。西院朱门红墙之内是十诵禅房。"十诵"是"十诵律"的简称，总指佛门十项戒律，是佛门弟子坐禅律门之处。过禅房是藏经楼，内奉教典七千余卷。与此院相连的东院，南北相向各有精舍三间，题名"煨芋室"和"篆橐"。煨芋的典故出于唐朝，当时宰相李泌在衡岳寺偶遇和尚懒残，见其行为异乎群僧，李泌特意在夜深人静时前往拜见，懒残在火盆旁正津津有味地吃着煨熟的芋头，好半天才叫跪拜一旁的李泌坐下，又叫他将自己吃剩下的芋头吃掉后，才对李泌说："你有做十年宰相的命。"后来，李泌果然"匡佑四圣"，在德宗朝代做了十年宰相。篆橐当时专储道教经文，"篆"指道教的秘文秘录。"蕊藏精舍"出自佛典《华严经》，经中有"花藏世界海"一说，认为九洲之外有一仙岛名为蕊香幢，是诸佛论法讲经的处所。由于蕊藏精舍有佛院煨芋室,有道院篆荟,因此它体现了封建统治者崇佛、尊道的观念;同时也为了点缀园景,借以渲染莲池行宫所具备的蓬莱仙境。

1949年后,藏经楼煨芋室等一批古建筑物被改建为办公大楼和文物库楼等,现已按原样修复。

宛虹亭 北塘内水中有一亭,名曰"水中亭",即原乾隆十二景中的"宛虹亭",亭北有曲桥,势若游龙,衔接北岸;亭南有宛虹桥,如长虹凌空飞架水中。此亭巧妙地将北塘分割成东大西小两塘,点出了莲池自古是以理水为胜的优良传统。池水以中心岛为界,分为南、北两塘,南塘呈半月形,外围峭壁环峙;北塘呈不规则长方形,四周有玉栏围护,两岸有古藤老槐、垂柳名石点缀其间。俯视一泓碧水,白莲皎洁,红莲妩媚,荷香飘溢,沁人心脾,人居亭中,如醉入荷乡鱼阵;可四面八方远眺全园诸景,景色之美冠全园。

藻咏楼 坐落于南边大岛之西南,与万卷楼同在一条中轴线上,是全园中心。北临高险的假山,南临芳诸池水三面环绕,这里"嘉木扶疏以映阶,灵石偎佹以延牖",楼底层红栏明廊,栏槛回绕。楼堂上下,棱窗锦幔。由复道回廊可直接来到藻咏楼的楼上,在此循栏四望,园中诸景依次浮现眼前,壁间字画琳琅,几上香薰冉冉。古时这里是赋诗酬唱之处,故楼名为"藻咏"。1900年藻咏楼被焚毁后,1902年又在原基址上重建为厅,后改名为"康乐厅"。康乐厅建于宽阔的台基上,面阔五间,进深三间,双马鞍形屋脊,檐角微翘,四周廊庑相通,其廊、槛、窗、门的式样仍保持了原藻咏楼时的格调。它是这座古园大岛上的主体建筑物,现作为专用展厅。

篇留洞 藻咏楼东有危岩耸立、怪石嶙峋的假山,山上洞口可与山下两洞相通,乾隆皇帝曾先后四次题诗于此,有"到此曾是四篇留"之说,足见其景色之美。山顶上有乐育亭,翼然独立山巅,可观湖中碧波。这里树木苍郁,花草繁盛,并有仙女、寿星石雕掩映其中,山中洞内的顶、壁皆由钟乳石精叠巧筑而成,在灯烛的照耀下,呈现出云雾流动、幻影迭生的万千景象。这座山洞题名"篇留"出自苏东坡"清篇留峡洞"的诗句。为原乾隆十二景之一。

观澜亭 此亭位于南北两塘相通的弧形渠道环抱着的一座假山上。山上四周怪石林立,远看有的像玲珑的宝塔,有的像昂首报晓的雄鸡,有的像盘坐远眺的金猴,有的像奔腾驰骋的骏马,千姿百态,意趣横生。这座假山是园内最大的假山,沿石阶登上此山,山顶平缓,空旷处巍然耸立着一座体态空灵的四角小亭。此亭原为香茅覆顶,名为"乐育",光绪庚子年间(1900)草亭毁于战火,修复时改建为现状,并改名为"观澜亭"。人立亭中,下眺北塘,莲叶参差,犹如碧涛滚滚。登高观澜意在于此。

绿野梯桥 篇留洞南,是元代一座古老三拱石桥,将主岛与南岸连接起来。此桥通体由汉白玉石砌成,桥栏透雕净瓶莲叶,为1949年后重修时的新作。主拱顶端吸水兽头造型朴拙浑厚,刀法粗犷洗练,是典型的元代风格的石雕。此桥虽经历代重修,但桥身仍为初建遗物,因而它是莲池中现存的最古老的建筑物。

寒绿轩 步过绿野梯桥,向东一处颇富山林村野情趣的精舍轩亭。这里修竹成林,翠绿欲滴,庭院、疏篱幽藏其间。宋代诗人欧阳修曾有"竹色君子德,猗猗寒更绿"的咏竹佳句,轩名"寒绿"意即取于此。竹林深处围有竹篱的一栋瓦房是寒绿轩,向南进月门,但见四旁多古槐,院内绿荫蔽日,即竹烟槐雨之居。此名摘自宋代词人吴文英的《梦窗词》句。现寒绿轩面阔五间,进深一间,高敞西向。轩前竹林迎风摇曳,瑟瑟生凉。每逢瑞雪满园,这里更显苍翠清新。

红枣坡 红枣坡枣枝葱茏,间有松柏柳槐,浓荫蔽日。坡上酸枣丛生,奇枝怪形,老木扭曲而生约30厘米之粗,树龄古老,约300年之久。每到秋季,红枣成熟,圆润如珠,挂满枝头,引来不少观众为之垂涎欲滴。相声大师兼语言学家侯宝林先生在登红枣坡时很有感触地说:"莲池十二景的名称都很文雅,只有此坡俗称'红枣坡',真像老戏的名字,这坡确实使人感到野趣横生。"

不如亭 红枣坡下边西南面的六角小亭,相传此亭原名为"如意亭"。这西南是蔬菜园,在封建时代是达官显贵们酒足饭饱后纳凉小憩之所。后来一些在科考中落榜的读书人来到此亭,看到亭南农夫在园中耕种获果,思量读书屡试不第、老死科场贻误终身的可悲境遇,感叹仕途艰难,还不如回家种田,遂有人提笔把"如意亭"改为"不如亭"。现今小亭犹在,是游人憩息的好去处。

莲漪夏艳 保定古莲池源远流长,自1227年始,莲池内遍植白色荷花,故而得名为"雪香园"。池内种荷距今已近八百年,志书记载莲池虽几经兴衰,唯园内深水存,荷花得以保存。明以后书中俗传记为"莲花池",后来由于莲池种花年代久远,故称为古莲花池。1949年后,莲池即改为东塘种红莲,西塘种白莲。每年夏季,池内白莲皎洁,红莲妩媚,红白荷花盛开争香斗艳,故又得美名曰"莲漪夏艳",为保定古城八景之冠。

东西碑廊 进莲池大门,有东西对称的碑廊共十八间,其中有历朝历代修建莲池的碑记及有关莲池书院的碑记,还有雄伟的乾隆和嘉庆皇帝御制碑文,以及古朴的元代《老索神道碑铭》和总统府题名碑记。这里有竖碑三十七块,卧碑八块,共计四十五块。碑廊是古园很重要的文物景,在游赏园内山水林泉、亭台楼阁诸景后,细品历代名家碑文,可对古园的历史沿革及风景特点有一个更为完整的了解。

碑群　莲池东边的碑群,是莲池最精彩的部分,这里有唐代的田琬德政碑,还有诗、书、碑刻三绝的王阳明诗碑,尤其是西夏文经幢,是研究西夏学重要的实物资料。政训碑是明代嘉靖四十三年(1564)监察御史徐骧巡按保定时留下的训政诗文,由保定知府和清苑知县会衔刻立成碑。此碑文分"政训"和"民隐"两个部分,是研究明中后期韵文历史的重要资料。这组重要碑群中还有"河图"碑等,共有竖碑六块、经幢两块。

北碑刻长廊　位于莲池北面,有长廊三十二间,全长 100 米,真可谓碑刻长廊。从东至中间高芬轩,所有展出以莲池书院法帖为主。清道光十年(1830),直隶总督那彦成将其家藏的唐以来诸家名贤的墨迹都集刻于保定莲池书院,取名《莲池书院法帖》,内有旧拓怀素《自叙帖》、褚遂良《千字文》、颜真卿《千福寺多宝塔碑》、米芾《虹县诗卷》、赵孟頫《蜀山图歌》、董其昌《云隐山房题记》及《书李白诗》等。现刻石嵌于莲池北碑刻长廊,以资书法爱好者参考和研究。

福陵　在辽宁沈阳市东北 11 千米的丘陵上,因此又称东陵。它是清太祖努尔哈赤和皇后叶赫那拉氏的陵寝。前临浑河,后倚天柱山,形势雄伟,气象森严。在如涛的松海中,红墙黄瓦隐约显现,构成了独具风格的帝王山陵。

　　福陵于后金天聪三年(1629)初建,康熙、乾隆两朝陆续增建,陵寝面积达 194800 平方米。四周绕以矩形缭墙,南面正中为正红门。门东西墙上,嵌有雕着蟠龙的琉璃壁。门前两侧峙立着下马碑、华表、石狮和石牌坊,形成庄严肃穆的门面。门内是长长的神道,苍松翠柏之间又成对地排列着石狮、石马、石虎和石骆驼。往北地势渐高,沿"一百零八蹬"台阶拾级而上,到达一块平整的台地,便是陵墓建筑的中心所在。"一百零八蹬"是砖砌的台阶,以象征三十六天罡和七十二地煞。台地正中建重檐歇山式牌楼,内立刻有汉、满两种文字和由康熙亲撰的"大清福陵神功圣德碑"。碑楼左右有祭祀用的茶果房、涤器房、省牲亭、斋班房等建筑。再往北即为陵寝的主体部分,城堡式的方城雄踞山上,方城四角有角楼。南面正中为隆恩门,上有三重檐的高大门楼。北面正中有明楼,中立"太祖高皇帝之陵"石碑。正中的建筑为隆恩殿,坐落在须弥座式大型台基上,气势威严。东西两侧辅以配殿,正殿三楹,配殿各五楹。隆恩殿为祭祀之所,内供奉神位木主。正殿后立有石柱门和石五供,殿前设焚帛亭。方城后为月牙形的宝城,也叫月牙城。上面隆起的土堆叫"宝顶",下面就是地宫,埋葬着努尔哈赤和叶赫那拉氏。

福陵,川萦山拱,万松耸翠,大殿凌云,是女真族的山城与传统的帝王陵墓巧妙的结合和统一。它规模宏大,既有群山环抱,增加了深远的空间层次;又有很大的园林绿地,与规整肃穆的建筑相辅相成。清代诗人高士奇有"回瞻苍霭合,俯瞰曲流通。地是排云上,天因列柱崇"之句,描绘了福陵风光的优胜。福陵在清代是防守严密的禁地,现在成了沈阳市郊的著名园林。

纪念园林

纪念园林概述 纪念园林是我国古典园林中较为特殊的一类,它以缅怀纪念某个先贤、高士、哲人或其他重要人物或事件为园林主题,具有较强的历史人文意味。也有些园林所纪念的人物只见于上古的传说,如伏羲、轩辕、女娲等,但因为通过数千年的流传,他们已成为华夏文化源头时期的中心人物,早就是人们纪念甚至祭祀的对象。根据纪念方式的不同,纪念园林的景观主题大致有以下几类:

1. 庙宇。这类园林的中心是历史上某一杰出人物的庙宇,因此带有某种祭祀崇拜的意味,最常见的有祭祀孔子的孔庙、祭祀关羽的关帝庙,以及诸如轩辕宫、孟姜女庙、司徒庙等。它们的布局格式和景观特点往往与寺庙园林有许多相似之处。

2. 祠堂。中华传统文化很重要的一个特点是对祖宗的崇拜,继而形成了很强的宗族观念,祠堂实际上是民间的祖庙,仅仅是级别规模稍低而已,因此,古代为了纪念某个重要人物,往往要为其立祠,特别是一些对后世很有影响的哲匠、诗人及书画家的祠堂,往往成为后人集会缅怀及休憩之地,拥有较好的园林风光。如纪念李白的青莲祠、纪念王羲之的右军祠、纪念诸葛亮的武侯祠等均是著名的园林。

3. 故居。有些园林以古代名士的故居为主题,如山东淄博市的蒲松龄故居为村野风光浓郁的庭院式纪念园林,而湖北襄樊市西郊以诸葛亮故居为中心的隆中古园则是一处综合类的纪念园林,它以三顾堂、武侯祠、草庐亭等为主景,集合了四周的躬耕田、小虹桥、半月溪等自然景区。由于许多历史杰出人物的祠堂往往是故居改建而成的,或者是在故居的遗址上建的,因此这类纪念园林每每与第二类综合交叉在一起。如四川新都著名明代文人杨慎的故居桂湖园中的主建筑便是升庵祠堂。成都杜甫草堂是杜甫故居,但后人也在园中建起祠堂,使工部祠成为园中的重要景点。

4. 陵墓。这是纪念园林中较重要的一类。我国古代素有厚葬的风俗,对先人的墓地环境较为重视,因此以墓为中心,常常环以绿树清溪,使之成为墓园。有的民间墓地为了方便后人定期祭扫,常在附近专门修建供休憩的美丽园林,如小说《金瓶梅》中曾多次写到西门庆家的墓园。墓园中最大的是帝陵,如明十三陵,清代的东、西陵,曲阜孔林、绍兴禹陵等也具有相当规模。后人为了凭吊纪念的方便,常常将名人之墓设在城市近郊的山水风景园林中,如杭州西湖西北一带就有岳飞墓、张苍水墓、于谦墓、苏小小墓等,使名人之墓成为点缀山河的重要人文景致。

5. 古迹。主要指历史上某一著名人物生活、使用过的古建筑、古园林或建小品等遗址。这类园林大多具有较深厚的文化内涵,历代文人骚客游玩极多,留下的唱和题咏丰富,容易引起后人抒发思古之幽情。如成都锦江之滨的望江楼,是以唐代女诗人薛涛汲水制笺之井发展而成的古迹类纪念园林,在明清是成都士人最喜游览之处,留下的题咏诗文可谓汗牛充栋。

纪念园林尽管有各式各样的主题,布局风格也极为多样,但常常表现出某些相同的特征。首先是园林的文化氛围较浓,园中景色往往与某一历史杰出人物的生平、著作及其他贡献相关。有的将其手植的古树、用过的器物保护起来;有的将其重要诗篇词章镌刻在木板上、碑帖上作为主要厅堂的陈设,而后世文人的评价、纪念缅怀之辞也时常用作对联、题匾、碑刻等。因此,游赏此类园林,常常可于美丽的景色之中领略到悠久的古文化气息。其次,这些园林一般具有较高的知名度,是当地百姓和外来游客最喜爱游历的名胜。特别是历史上著名的政治家、文学家、书画家的园林,通常成为后世文人集会、唱咏、迎送宾客的豫游之地,带有较强的公共性。如纪念王羲之的绍兴兰亭园,已成为每年书法艺术节的所在地。有的纪念园由于具备独特的文化价值,在其中游玩常常成为当地最高官员的一件政事,如凭吊成都武侯祠,在明清时期几乎成了新任治蜀大员到任后的首件大事。最后,一些较大的纪念园林为了满足乡绅士人的凭吊、集会、游赏等需要,常常表现出多种功能的综合性,纪念、游览、集会、休憩等有一定的分区。如兰亭园,以右军祠、御碑亭为一区,较为庄重;以流觞曲水及流觞亭为另一区,比较欢快自由;而其余景点如御碑亭、兰亭碑亭等通过竹径引导,组成了幽静恬淡的游赏区。再如太原晋祠,除了纪念主题圣母殿景区外,还将关帝庙、打唱台等深受市民大众喜爱的建筑景物也组合了进去,使之成为综合各类内容的大型风景园林。

晋祠 位于山西太原市西南 25 千米悬瓮山下晋水发源处。始建于北魏或更早,为了纪念周武王次子叔虞而建。叔虞封唐,其子燮因晋水而更国号,晋祠由此得名。北魏郦道元《水经注》中记载道:"沼西际山枕水,有唐叔虞祠,水侧有凉堂,结飞梁于水上。"北齐高纬曾改晋祠为大崇皇寺,后晋又称为"兴安王庙"。北宋天圣年间(1023—1032),追封唐叔虞为汾东王,并为供奉其母邑姜修建了圣母殿;金代建有献殿;明代增设对越牌坊、钟鼓楼和水镜台等。就这样经过历代的屡次增建,形成了一组规模宏大的园林建筑群。

晋祠的总体布局,与一般祭祀建筑对称严肃的格局不同,采用较为自由分散的方式,结合山坡、泉水、珍贵树木等自然景观,因地制宜,构筑众多的殿堂楼阁、亭台池桥，空间环境兼有开敞堂皇的局面和曲折深邃的雅趣。建筑掩影在古木和清流之间，意境古朴而幽远。祠内各建筑和景点很少采用人为的重重院落，而是自西向东，由大门、水镜台、会仙桥、金人台、对越牌坊、钟楼、鼓楼、献殿、鱼沼飞梁和圣母殿形成一条不太强烈的轴线，诸多景观散布于轴线两侧，又有一带清泉从祠中环形流过，形成了优美自然的山林野趣。

祠内现存的古建筑和其他古迹非常多，在四十多处著名景观中，圣母殿、献殿、鱼沼飞梁皆为宋、金时旧物，在中国古代建筑史上占有重要位置。其余近百座建筑，大多建于明代以前。一个园林中拥有如此众多的古老建筑，晋祠堪称独一无二。祠中贞观宝翰亭中有唐太宗李世民《晋祠之铭并序》碑刻，极为珍贵。其他碑刻中，较有名的是傅山所书"难老"、高应元所书"对越"和杨二酉所书"水镜台"，人称"晋祠三面碑，难老、对越、水镜台"。

圣母殿两侧为难老、善利二泉，难老亭为北齐天保时创建，明代重修，八角攒尖顶。晋水主要源头由此流出，常年不息，水温保持在18℃左右，水质清冽甘甜。圣母殿左侧有著名的周柏，殿内有宋代所塑四十三尊彩塑，是姿态各异、表情不同的圣母和侍女形象。难老泉、周柏和彩塑侍女像并称"晋祠三绝"。

纵观晋祠的艺术风格，其能充分利用悬瓮山麓的自然地形，布局灵活，长于借景，以祠庙为主，与自然景观巧妙融合，形成了疏朗清新的郭外邑园。从大门到圣母殿的东西中心轴线贯穿园景，构成最佳景区；北部从文昌宫起，有东岳祠、关帝庙、三清祠、唐叔虞祠、朝阳洞、待凤轩、三台阁、读书台、吕祖阁等崇楼高阁，随山势高低而错落有致；西部从胜瀛楼起有白鹤亭、三圣祠、真趣亭、难老泉、水母楼、公输子祠等，既有高台耸峙，也有亭桥点缀。三片景区互为应答，古树参天，泉水穿石，兼有私家园林的婉转清雅和皇家园林的宏大深远，无愧于唐朝诗人李白曾留下的"晋祠流水如碧玉""微波龙鳞莎草绿"的佳句。

圣母殿 在晋祠中轴线东端，是晋祠内主体建筑。创建于北宋天圣年间，重修于崇宁元年（1102）。元、明两代虽有修葺，仍保留宋代形制和结构。殿身坐西朝东，面阔七间，重檐歇山顶，绿色琉璃瓦剪边，雕花脊兽。四周回廊，为我国现存木构古建筑中最早的回廊实例。殿内结构采用减柱造，殿内空间及前廊都很宽敞，殿内无柱，扩大了空间，有利于设置塑像群，创造了良好的室内效果。装修采用"彻上露明造"，直接暴露梁架，手法古朴，空间高敞。外部造型斗拱宏大，出檐深远，殿前八根廊柱为木雕蟠龙形状，造型生动。圣母殿所处环境十分优美，前临鱼沼，后拥危峰，左有古柏和高台，右有泉水和亭阁，深得林泉之趣，其建筑构造和样式又是难得的宋代大型建筑实例,是研究中国建筑史的珍贵资料。殿内立有宋代彩塑四十三尊,主像为圣母,端坐于木制神龛之中,其余四十二尊侍从像分列两侧,计有宦官像五尊、女官像四尊、侍女像三十三尊;除了龛内二小像为后世所补,其余皆为宋代原作,尤以侍女塑像最为逼真传神,富有艺术魅力。这些侍女像衣着艳丽,手中各有所奉,为宫廷生活的写照,其身世、年龄、境遇亦各有不同,人们似乎能从她们的神态中感受到她们或喜悦、或恍惚、或平静、或悲哀的心情,因而被雕塑艺术家评价为我国历史上最伟大的雕塑作品之一。

献殿 在晋祠东西中轴线上,金大定八年(1168)建,明万历二十二年(1594)修葺,原为祭祀圣母时供奉祭品之处。建筑为单檐歇山顶、琉璃雕花脊,面阔三间,进深二间,其梁架处理手法古朴,只在四椽栿上放一层平梁,实用而牢固;斗拱简洁,出檐深远,前后墙当心辟门,东面为对越牌坊,西面隔鱼沼飞梁与圣母殿遥遥相望,成为晋祠空间序列上的一个重要过渡。其外墙采用在墙槛上安直棂栏杆的手法,外观恰似一座凉亭,造型轻巧而开敞,与周围环境很协调。

鱼沼飞梁 位于晋祠圣母殿和献殿之间。鱼沼为一方形水池,与难老泉、善利泉并称为"晋水三泉"。池中立有八角形小石柱三十四根,柱础用宝装莲花,柱上置斗拱、梁枋,承托起平面为"十"字形的桥面。桥面中央升高,南、北两端下斜与地面相平,东西两端连通圣母殿和献殿平台,整个造型宛如展翅飞翔的大鸟,故名飞梁。北魏郦道元《水经注》中已记载晋祠中"结飞梁于水上",现存的飞梁则可能是北宋时与圣母殿同时建造的。桥栏与鱼沼围栏皆为石雕勾栏,制作精细。这种优美的"十"字形桥梁形式,为晋祠园林景致增色不少,也是我国古代桥梁实物中仅有的一例。它把东、南、西、北四方游线汇集于此,富有变化和层次感,衬托出圣母殿作为主体建筑的重要地位。桥东月台上还有铁狮一对,神态勇猛,造型生动,是宋政和八年(1118)所铸。

金人台 在晋祠中轴线上,前面为会仙桥,后面有对越牌坊,又名莲花台、铁太尉。台呈正方形,砖砌,四周砌栏板,正中设琉璃焚帛炉,高约4米。因晋祠处于晋水源头,为了防水患,需以金神相镇,故台土四隅各铸铁人一个,台因此得名。其中西南隅铁人造型和铸造质量最好,是北宋绍圣四年(1097)所铸;西北隅铁人为次年所铸,明永乐二十一年(1423)补铸其头;东南隅铁人为北宋元祐四年(1089)造;东北隅铁人为1913年补铸。台前会仙桥下,有智伯渠流过,颇有小桥流水的江南风味,与金人台恰成刚柔相济之趣。

水镜台 在晋祠中山门内轴线上,始建于明代,是当年酬神演戏的舞台,规模和形式沿用元代乐楼旧制,为晋中一带仅有的明代乐楼。台平面方形,重檐歇山顶,四周围廊,坐东向西,似与圣母殿遥遥相望。清乾隆年间,在台前又增修了单檐卷棚式台面,周檐加花罩、垂柱、雀替等木雕装饰,造型组合独特有趣,细部装饰秀丽精巧。台上"水镜台"横匾,是清代书法家杨二酉所书,字体秀美,颇负盛名。水镜台周围空间开朗,是进入晋祠山门后的第一个景点。左右不远处,有胜瀛楼、文昌宫分峙两旁,构成一组疏朗有序的园林空间。

智伯渠 在晋祠内贯穿而过,在祠区东南角和山门北面流出,曲折蜿蜒,如一环玉带,把晋祠各景连接在一起。此渠据说是晋国智伯瑶决晋水灌晋阳时所凿,后人曾用来灌溉农田。渠上建有小桥八座,形式各异,以连通两岸。另有流碧榭、真趣亭、不系舟、玉琼祠等园林建筑,或傍水而筑,或跨于渠上,构成一幅生动优美的山水长卷。晋祠之所以形成自由分散的布局方式,与智伯渠的存在有很大关系。从山门至圣母殿的主轴线与渠水交汇于会仙桥,由此水、陆两组不同的空间流线相辅相成,勾勒出晋祠独特的园林空间风貌。

难老泉 在晋祠西部,俗称南海眼,是晋水的主要源泉。泉水从悬瓮山下5米深的岩层中涌出,流量达每秒1.8吨。水清如玉,常年不息,水温通常在18℃左右。泉名取自《诗经·鲁颂·泮水》中"永锡难老"之句。泉上有八角攒尖亭,称为难老亭,北齐天保年间创建,明嘉靖年间重修,与圣母殿北侧的善利泉亭互为对称。亭中"难老"竖匾是傅山所书,笔力刚毅挺拔。泉源西侧,建有水母楼,俗称梳妆楼,重檐歇山顶,四周围廊。楼内水神柳氏坐像,装饰简单,发髻未束,是根据"柳氏坐瓮,饮马抽鞭"的故事而塑。左侧真趣亭跨于水上,亭下踏石级可到水边,有洗耳洞景点;水中设一石雕小舟,称为不系舟。水中还有石坝一条如玉带横贯,坝下有十孔,是当年南、北两渠三、七分水的界限。

难老泉带来的水流赋予晋祠更多的灵秀和活力,山水相映,景色多姿。泉水附近更是晋祠自然景色的精华所在,水洁如镜,游鱼自如,长生萍四季一色。建筑点缀其中,形成了优美雅致的园林景色。

晋祠铭 全称《晋祠之铭并序》碑,在晋祠北隅贞观宝翰亭内,唐太宗李世民撰文并书。古晋阳是李渊、李世民起兵灭隋之地,唐朝建立后,唐太宗于贞观二十年(646)来晋祠酬谢叔虞神佑之恩,亲书碑文,歌颂宗周政治和叔虞功德,宣扬唐王朝的文治武功。碑总高3.9米,碑身高1.95米,宽1.20米,厚0.27米,方座螭首,青石雕成,额书飞白体"贞观廿年正月廿六日"。全碑共1203字,行书体,劲秀挺拔,飞逸潇洒,骨格雄奇,颇有王右军书意,且刻工洗练,是仅次于《兰亭集序》法帖的杰作,堪称行书楷模。

周柏　在晋祠圣母殿北侧,传说为周代古柏。树高十余米,侧身向南倾倚,与地面形成45度夹角,枝叶披覆于圣母殿屋顶之上;下有另一棵柏树,正好支撑着倾斜的树干,名曰撑天柏。明末傅山为之题书"晋源之柏第一章"。古树确切年岁虽难以确定,但显然已是经历了漫长的岁月。其造型苍古奇特,雄伟无双,而且挺拔依旧,枝叶翠绿,似苍龙昂首,与古老殿宇一同构成壮美画面。

解州关帝庙　位于山西运城市解州镇西关,为祭奉三国著名人物关羽而建。关羽(？—220年),字云长,原籍在解州东南十千米常平村,为蜀国武将;死时谥封"忠武侯",至宋代被追封为"公""王",到明清时复被尊为"协天大帝""忠义神武大帝",成为与孔子齐名的"武圣人",关帝庙因此遍及全国各地。解州关帝庙因在关羽故乡而成为武庙之祖,规模宏大,建筑精美,历代长盛不衰。此庙始建于隋开皇九年(589),宋、明两代曾扩建和重修,清康熙四十一年(1702)毁于大火,经十余年始修复,即为现存格局。其总面积达一万八千余平方米,坐北朝南,内外古木苍翠,楼宇雄伟。布局上分为南、北两个部分,以"忠义"为主题进行构思排布。南部为结义园,取三国刘、关、张"桃园三结义"故事,由牌坊、君子亭、三义阁、假山等组成,君子亭内有线刻结义图案,四周桃林茂盛。北部为正庙,模仿宫殿格局采用"前朝后寝"方式,沿南北中轴线设前后两院。前院中路依次布置端门、雉门、午门、御书楼和崇宁殿,东、西两侧配以崇圣祠、追风伯祠、胡公祠、木坊、碑亭、钟亭、官库等建筑物。后院寝宫以"气肃千秋"的木牌坊和春秋楼为中心,左右设刀楼、印楼。整个建筑群布局严谨,轴线分明,殿阁巍峨,气势宏伟,俨然是皇宫气派,人称"小故宫"。其主体建筑春秋楼和崇宁殿非常有特色,其他许多建筑也以历史故事和传说为主题,令游人更添兴致。如刀楼供奉关羽所用青龙偃月刀,印楼供奉汉寿亭侯印信,追风伯祠供奉赤兔马。庙内还有色彩绚丽的琉璃影壁、刻工精制的石构牌坊、镂满纹饰的万斤铜钟、制作精巧的铸铁香炉、绘有关羽生平故事的壁画,等等。庙内林木森然,花草满院,令气势磅礴的古庙透出勃勃生机。

春秋楼　在关帝庙中轴线北部,现存建筑为清同治九年(1870)重修。楼名取自关公夜读《春秋》的故事,因《春秋》又称《麟经》,此楼又名麟经阁。其面宽七间,进深六间,重檐歇山三滴水屋顶,两层楼,总高约30米。上下两层皆有回廊,檐下有木雕龙凤、云纹、花卉、人物、走兽等图案,形态优美,工艺精致。屋顶覆彩色琉璃瓦,檐角高翘,轮廓优美。楼前有木牌坊三楹,上书"气肃千秋"四字,左右相向布置同样是重檐歇山三滴水的刀楼和印楼，由此围合成一个紧凑但并不完全封闭的方形庭院，庭中古柏参天，花草茂盛，并设有香炉。楼内置关羽金身坐像一座，气宇轩昂；东西两侧，各有楼梯三十六级，可供上下，楼上暖阁龛内塑关羽夜读《春秋》侧身像一座，右手扶案，左手捻须，形神兼备。楼身结构奇特别致，上层回廊的檐柱立于下层的垂莲柱上，呈悬空之势。登楼远眺，前有中条山翠若屏障，后有盐池白似银湖，庙前桃园一片，庙中檐廊层叠，一派壮丽威严的景象。

崇宁殿 在关帝庙正庙前院，是祭奉关羽的主殿。北宋崇宁三年（1104），徽宗封关羽为崇宁真君，因而得名。现存建筑为清康熙五十七年（1718）所建。其形制宏大，装饰精美。屋顶为重檐歇山形式，面宽七间，进深五间，四周布置回廊，立石雕蟠龙柱二十四根。殿前月台宽敞，勾栏齐备，殿顶皆用琉璃，色彩绚烂。殿中有木龛，雕工精巧，龛内塑有关羽坐像，着帝王冠服，神态刚毅端庄。龛外雕梁画栋，仪仗威严。龛上有康熙帝手书"义炳乾坤"匾，门楣上方有咸丰帝手书"万世人极"匾，檐下有乾隆帝"神勇"匾。整个大殿，造型庄严，装饰华丽，正如庙中碑文所谓"殿皆石柱，雕龙飞腾，庙貌宏丽，甲于天下"。

晋窦大夫祠 又称英济祠、烈石神祠，位于太原市西北20千米的上兰村，在汾河峡谷左侧；北靠二龙山，左傍烈石寒泉，右临赵戴文祠，是祀奉春秋时晋国大夫窦犨的祠庙。窦犨，字鸣犊，封地在今太原，曾于狼孟（今阳曲黄寨）开渠兴利，因而得到后人的纪念；宋代元丰八年（1085）神宗封之为英济侯，故祠庙又名英济祠。其创建年代不详，但唐代李频《游烈石》诗中"游访曾经驻马看，窦犨遗像在林峦"之句，证明唐代此祠已存。元丰八年六月，祠为汾水所淹，遂北移重建，历代多有碑记。现存建筑中，山门、献殿、大殿等是元至正三年（1343）重建，局部还有着宋、金时代的建筑风格。其献亭较大，后檐柱用大殿明间廊柱代替，结构严谨而独特。

祠庙建筑巍峨壮观，古朴幽深。大殿中塑有窦犨坐像，神态自若。祠周围环境更是十分优美：清泉自烈石山苍崖下汩汩而出，清澈见底，游鱼可数；泉水温度较低，人称"寒泉"，与翠柏古祠交相辉映，古雅有趣，"烈石寒泉"成为太原名胜之一。寒泉旁小庙前有"灵泉"二字碑刻，相传为宋徽宗赵佶所书。

孟姜女庙 也称贞女祠，系河北省重点文物保护单位。位于山海关以东6千米的凤凰山上，据《临榆县志》载："贞女祠在东关外十三里望夫石之巅，祀孟姜女，此祠创始于宋以前。"至明万历年间，张栋主事重建。崇祯年间副使范志完重修，又增设龛。清康熙年间又重修,民国十七年(1928)及1949年后又多次修缮。庙是根据民间流传极广的孟姜女哭长城的故事而创建的。相传秦始皇修长城时,孟姜女夫被征,女万里寻夫,后得悉其夫已劳瘁而死,痛哭不已,长城为之倾圮,女亦投海而死,庙在冈上。

山南顺一百零八个台阶拾级而上,可达庙内。庙宇系砖木结构,其建筑包括山门、钟楼、前后殿、振衣亭等。

钟楼位于山门右侧,内悬古钟一口,钟体铸有铭文、捐助人姓名及八卦图。前殿、后殿为庙园中的主要景观,大殿之后是一派园林风貌,这里流水潺潺,古木森森,园中最负盛名的景致为望夫石,石实际上是山体一块裸露的巨石,石上存有几个似脚印模样的石窝窝,传说孟姜女寻夫至此,曾蹬石望夫,石上刻有"望夫石"三字。石旁有清乾隆皇帝留下的"御笔"题诗:"凄风秃树吼斜阳,尚作悲声吊乃郎。千古无心夸节义,一身有死为纲常。由来此日称姜女,尽道当年哭杞梁。常见秉彝公懿好,讹传是处也何妨。"石后有孟姜女望夫前梳妆的梳妆台和更衣的振衣亭。

北侧另有新建的两座建筑。一座内展出有关研究孟姜女方面的资料,另一座内是孟姜女故事泥塑群。东西两面还有凉亭等风景小筑。整座庙园环境清幽,花木繁盛,因位处山巅,于亭中可眺望四周景色。天气晴朗时,可隐约观览南边海景。

前后殿 庙中主要建筑,前后殿均为悬山顶,三楹四窗。前殿内塑孟姜女像,旁塑二童,背包罗伞。孟姜女像泥塑彩绘(系1979年作品)。原像被毁于1966年,系身着青衫素服,面带愁容,遥望南海。龛上横额写有"万古流芳",两旁楹联写有"秦皇安在哉,万里长城筑怨;姜女未亡也,千秋片石铭贞",像后有"姜坟雁阵"彩绘壁画。殿内墙壁镶有自清代以来各名流诗词题刻的卧碑多块。其中乾隆、嘉庆、道光等系"御笔"。殿前楹联上、下联分别为"海水朝朝朝朝朝朝朝落""浮云长长长长长长长消"。此联出处不可考,读法也不一致。它利用汉字的一字多音、一字多义和谐音的特点而引出多种读法。楹联生动地描绘了自然界中景观的无穷变幻。

后殿原供观音、文殊、普贤三大士像,1966年佛像被毁。现改为展出有关孟姜女千里寻夫故事的连环壁画及其他文物资料。

姜女坟 孟姜女庙东南约5千米的南海中,有两块礁石并立,高的状似碑,矮的形似坟,常年潮汐未能将其淹没。民间流传有孟姜女跳海殉夫一说,又因这两块礁石距孟姜女庙很近,古人敬仰孟姜女的刚烈贞操,故将其比作姜女坟,流传至今。

这里海岸开阔,风光旖丽,每年春秋南来北往的大雁、海鸥、野鸽等时常在此翱翔、栖息,因而成为山海关名胜之一,称"姜坟雁阵"。古往今来,许多文人墨客都曾来此游览凭吊,并留下了众多优美的诗文,为这里的自然景观平添了深厚的人文内涵,令游者引发悠悠遐思。

成吉思汗陵 位于内蒙古伊金霍洛旗伊金霍洛镇东南15千米,为元太祖、一代天骄成吉思汗之陵园。13世纪初,成吉思汗发动了两次攻打金朝的战役,一直打到黄河北岸,占领了金中都(今北京)。后又进军欧洲,建立了横跨欧亚的大帝国。1226年,又率兵南下进攻西夏国,次年在行军途中病死。相传大汗生前爱河套一带草肥水丰,故其灵柩一直存放于此。明正统以后,鄂尔多斯蒙古部进驻河套一带,将传为大汗灵柩的"八白室"供奉在今达拉特旗的王爱召镇。清初,朝廷为了笼络蒙古上层贵族,将八白室迁至伊金霍洛旗,成为蒙古族世代祭奠的大汗陵。抗日战争时期,大汗灵柩成了日本帝国主义掠夺的对象,故八白室先移到甘肃兴隆山,后又迁到青海塔尔寺。1949年后,在中央政府的支持下八白室被迎回原地,并建了新的陵园。陵园占地很大,处于草原向阳的缓坡地上,入门有一条石砌陵道,陵道尽头是一个大广场,广场北侧正中立有四柱三间大牌坊,穿过此坊,便是陵园的祈祀祭拜部分,中央为主建筑纪念堂(祭堂),两侧有花坛、载杆、战旗等小品,堂后为丛林绿地,构成了较为对称的陵区花园。近年在祭拜部分东侧,又新建了一座金帐园,供人们游憩参观。国内主要景观有成吉思汗行军所居的大金帐一座、军官大帐两座以及战车、门楼、哨岗楼等。这是电影《成吉思汗》的仿古道具,作为对当年大汗战争生涯的纪念而置于陵园旁,供人参观游览。

纪念堂 在陵园中央,是祭奠成吉思汗的主要场所,也是陵园的主要景观。建筑形式为三厅加两庑,中央为主纪念堂(祭堂),两侧为次堂,中间为庑廊,因地处高原,堂及廊庑均为封闭式,由朱红大厅与轩窗沟通与室外园林的联系。纪念堂造型处理很是独特,它巧妙地将蒙古族和汉式的传统建筑融合在一起。正中主厅高二十余米,下部为八角形,内置金柱,上出重檐,顶为圆形蒙古包式穹窿,内部精工彩绘藻井,外部用蓝色琉璃瓦铺出浑厚典雅的云头,其余为金黄色琉璃瓦满铺,土置汉式金宝顶。两重飞檐起翘优美,上铺绿色琉璃瓦。檐下为白墙朱红门窗,整座祭堂金碧辉煌,四周丛林石栏相围,十分光彩夺目。主堂正中端坐着成吉思汗塑像。绕过坐像便可至寝宫,宫内安置了黄色蒙古包四座,里边供奉着大汗夫妇及其孙贵由夫妇的灵柩。每年公祭均在此进行,远近蒙古族及其他族人民都会赶来参加,声威极大。在主堂两侧的庑廊中,精工彩绘了成吉思汗生平事迹壁画。次堂内陈列着他用过的武器、战旗等物品。堂外则绿树成行,栏杆相绕,具有较为庄重的北国园林风貌。

昭君墓　　位于内蒙古自治区首府呼和浩特市南9千米处,大黑河南岸的冲积平原上,占地数十亩,是西汉宫廷待诏王昭君(名嫱)的坟墓,为塞上著名的纪念园林。西汉竟宁元年(前33),王昭君得知匈奴呼韩邪单于入朝和亲,便自愿远嫁匈奴,被单于立为宁胡阏氏。关于这墓园,唐朝杜佑《通典》就有记载。

全园以高达33米的夯筑封土堆为主体,墓草青青,远远望去一片青色,故又称青冢。入得园来,令人顿感满目青色,极为舒畅。墓道中轴线由下至上,有平台石阶相联系。坐北朝南的墓地封土堆上建有一座纪念亭,它与下面园中的亭子遥遥相对。墓道中轴线两侧布满了花架与古木。艳丽的鲜花与苍劲的古木互相对比,互相陪衬,郁郁葱葱,与墓地形成了一个自然的统一体,使人忘却了这是处在塞外的内蒙高原上。墓前还有董必武题写的《谒昭君墓》诗碑:"昭君自有千秋在,胡汉和亲识见高。词客各抒胸臆懑,舞文弄墨总徒劳。"近年来,园中又增加了一座胡汉和亲的青铜雕像,体现了民族团结、和平友好的共同心愿。此外园中还有文物陈列室,向游人展示了和亲的历史与历代文物珍品。青色的昭君墓犹如翡翠,永远镶嵌在辽阔的内蒙大地上,万古长青。

明孝陵　　位于南京市紫金山南麓独龙阜玩珠峰下,是明朝开国皇帝太祖朱元璋的陵寝。墓于明洪武九年(1376)开始选址筹建,原址有梁代古刹蒋山寺,朱元璋喜爱此处风水绝佳,遂将寺拆迁到独龙岗,并赐名为"灵谷禅寺"。洪武十四年(1381)正式开工营建,次年葬入马皇后,因马皇后谥号"慈孝",故称"孝陵"。洪武十六年(1383)完工。当年建造孝陵,曾动员了无数的军工民夫,耗尽了难以统计的物力和财力。明孝陵的建筑范围,东起孝陵卫,南到卫岗下马坊,西抵城墙边,北至独龙阜半山腰,方圆绵延22.5千米。当时陵墓区内植树万株,饲鹿千头,派到这里管理守护的卫兵多达五千七百余人,范围之广,建筑规模之大,在明以前的历代帝王陵墓中是少见的。陵墓建筑大致分成两个部分。第一部分为神道,从卫岗的下马坊起到石象生和棂星门,总长八百余米。

下马坊,是明孝陵的第一座建筑,坊额横刻着"诸司官员下马"六个大字。当年文武官员到此必须驻轿下马,表示对朱元璋的尊敬。下马坊北约500米,是明孝陵的正门——大金门，黄屋重檐，红色墙垣分别向东西蜿蜒，气势非凡。进大金门，迎面是高大的碑亭，石基砖墙，状呈正方形，俗称四方城。碑亭的中央矗立着一座高大的石碑，即"大明孝陵神功圣德碑"，是明成祖朱棣为了颂扬其父朱元璋的功德而立。越碑亭过御河桥，向西便是通向陵墓的神道，神道两侧自东向西排列着狮子、獬豸、骆驼、象、麒麟和马六种石兽，各种石兽都有四座，两立两蹲，形象逼真。石马尽头向左拐，在另一段神道两旁立有一对高大的石华表和四对石人。石人中两对武将，身披甲胄，威武雄壮；两对文臣，头戴朝冠，神态肃穆。这些石人石兽代表了明初雕刻艺术的风格，是不可多得的珍品。整个神道呈弯弓形，弓腹环抱着梅花山。每到初春，漫山遍野的梅花吐艳，宛如一片"香雪海"。据记载，这里是三国时东吴孙权与步夫人的墓地，原称孙陵冈。传说朱元璋建陵时，有人主张迁走，但他不同意，说："孙权在三国时也算一位英雄，就留着给我看大门吧！"因此，明孝陵的神道，不同于其他帝王陵墓，是环绕梅花山呈曲折形的。沿神道走下去便到棂星门，过御河桥就到了题有"明孝陵"三个大字的紫金城大门。有墙垣由门的左右伸出，向北围拢，直到将独龙阜围住，孝陵殿、明楼、宝城等孝陵的主要建筑就在里边。

第二部分是陵及祭祀建筑，包括正门、碑亭、享殿、大石桥、方城、明楼、宝城。当时，大门又称紫金城门，原有文武方门五座。大门内还有中门，中门内有神帛炉，外有宰畜亭和具服殿，这些建筑均已颓圮，现在的大门等建筑是以后重修的。清康熙皇帝南巡来此谒陵后，亲题了"治隆唐宋"，立碑于此，并将中门改为碑殿。中门北边不远，原是孝陵殿；殿共九楹，中宫供奉朱元璋和马皇后的灵位，殿后的平台，设立着供奉御座。孝陵殿后是坚固的宝城，中间有一条可以拾级而上的隧道。走完五十多级台阶，就到了宝城城闉之上的明楼，明楼北，即为明太祖朱元璋和马皇后的合葬处。朱元璋虽为农民起义领袖，但十分奸诈残酷，当年下葬，以活人殉葬，共有宫人十余名、嫔妃四十六人。孝陵的规模、用料，均为现存最大的帝陵之一。

梅花山 原名孙陵冈，也叫吴王坟，因东吴大帝孙权葬在这里而得名。梅花山古时还有一处名胜叫"商飙馆"，又称"九日台"，为齐武帝所建，曾是古金陵四十八景之一，是明孝陵著名的植物景区。

早在20世纪30年代初，梅花山已形成一片梅林。游人踏春游毕孝陵后几乎均要到此观梅，于是称此山为梅花山。1946年，筑"观梅轩"。轩呈长"凸"字形，分为三间，四周设砖砌的栏杆，入口设于东、西两间凸出处，颇尽曲折之妙，成为广大游人驻足赏梅、远眺城廓的佳处。

　　1949年后,陵园管理处在梅花山大量植梅,并几度扩大梅园种植面积,引进国内外优良品种。1988年,梅园面积达二百六十亩。1992年以来,梅园面积扩至四百亩,莳梅达一万多株,梅花品种增至一百五十余种,绝大部分为珍贵品种,如猩猩红、骨里红、照水、宫粉、玉蝶、送春等,其中"别角晚水",全国独此一株。于此同时,陵园还在梅林隙地配置终年常绿的茶树和大片的杏花、碧桃、樱花等春花品种。每年早春二月,这里山花似锦,清香馥郁,色彩缤纷,踏青赏梅者接踵而至,形为决川。

　　为了增色添彩,新扩建的万株梅园,引紫霞湖清流贯穿于内,使园内气韵流动,情致活泼。园内的博爱阁、孙权墓、水榭亭、梅娘塑像等几组建筑和一系列名人诗词碑刻与自然景观交相辉映,为梅园增添了高雅的文化氛围,亦使古老的明孝陵焕发出勃勃生机。

南唐二陵　　位于南京市南郊的祖堂山南麓,是南唐先主李昇及中主李璟的陵墓,史书上称李昇墓为钦陵,李璟墓为顺陵,二陵均依山而作,陵外辟有园林,四周环境很是幽静清秀。祖堂山自古便是风水宝地,其北,石脉与牛首山相连,牛首、祖堂在我国佛教史上占有一席地位。公元627年左右,唐朝名僧法融禅师在这里设禅开教,创立牛头禅,因法融长期在祖堂山修行,他又是佛家南宗"江表牛头"的第一祖师,故山也易名为祖堂山。自此以后,祖堂山一直是金陵的名胜之地。据记载,山上原有伏虎洞、神蛇洞、象鼻洞、息泉、长庚泉、太白泉、飞来石等名胜。登上祖堂山主峰,极目四眺,南面一望无际的平原尽收眼底;西面宛如银龙的长江由西南而来,向东北奔腾而去;北面古城的南京隐约可见;东边天印等山峦起伏连绵,二陵的陵园便是在这些风景的拥围之中。陵园在山之南麓,由陵门、石亭等组成,园中林木森森,花草茂盛,沿石板道缓曲向北,便到了陵宫。陵宫全由石砌,上面覆土,是当年李昇于937年称帝后自己选定墓址后营建的。目前南唐二陵为省级文物保护单位,亦是牛首祖堂山风景区中的重要景点。它以其优美的园林环境和颇有价值的古建文物吸引着越来越多的游览者。

地下宫殿　　即南唐二陵的陵体建筑。二陵中李昇之钦陵因为是开国之君的墓,故规模较大。

　　从外形看,是一个隆起的圆形土墩。墓室分为前、中、后三室。前室和中室的东、西两面各附一间侧室,后室东、西两面各附三间侧室,共计十三室。全长约

21.48米，宽10.45米。一走入墓道，迎面就可看到，在第一进拱形墓门上涂有朱漆。墓室的建筑，仿木结构，有柱、额、斗拱等形式，斗拱和倚柱上绘有彩色的牡丹等花纹，虽因年代久远，大部分已经剥落，但仔细观看，仍依稀可辨。据考古工作者介绍，这些彩画是目前已发现较早的一些古建筑彩画。在中室的北壁门上，有一幅双龙戏珠的白石浮雕，双龙张牙舞爪，鳞甲生动；宝珠的周围刻有火焰，下为祥云衬托。门边左右两壁上，还镶嵌着两尊大型武士浮雕像，武士身披盔甲，手持长剑。据说早先敷金涂彩，在发掘时还可看到上面有金碧痕迹。后室内，有八根柱石撑托的用整石雕磨而成的斗拱，斗拱上绘有彩画，四壁涂有朱色。室中停放着青石棺床，棺床四周雕刻着龙及海棠纹饰。室顶装饰有绘着日月星辰的"天象图"，底下石板上也刻画了一幅江河山岳图，象征着封建帝王所统治的天地。

李昇陵西边的李璟陵，建筑形式与钦陵大致相仿，也分前、中、后三室。前室与中室，东、西各附一间侧室，后室东、西两侧各附两间侧室，共十一室，墓室全长21.9米，宽10.12米，规模比钦陵稍小一点。

南唐二陵精美的建筑彩画和雕刻艺术，反映了在五代十国时期，南唐这个偏安江南一隅的封建割据小朝廷的政治、经济和文化的情况，为人们研究这段历史提供了宝贵的资料。

彭园 位于徐州南郊马棚山，占地五百二十亩。为在旧名迹故址上新建的古典式纪念园林，园内有彭祖祠，故名。彭祖，相传为颛顼玄孙，以长寿著称，原为夏人，至商末仍在。活有八百余岁，后封于彭城（即今徐州市）。彭园三面环山，冈峦起伏。蜿蜒曲折的轮廓构成美丽的天际线，气势雄伟，姿态入画。该园主要由山林区、景武湖区两大部分组成，风格空灵宕逸，神韵天成。山林区是古迹建筑景集中之地，包括中部南北两座等高的马棚山（海拔16米），山林一百五十亩。建于北山南坡的种德堂，是一组仿宋古建筑（内设游乐室、字画陈列室、茶室），取苏轼"人徒知其栽花艺果之勤，而不知其所种者德也"之句。种德堂后面有六角亭，因徐州历来是兵家必争之地，有重兵守卫方能安定，故名戎安亭。南山东麓建有寿彭饭店，据古籍载，彭祖是我国最早的烹饪大师，且又长寿，故饭庄以寿彭为名。此山南北两侧，新建彭祖祠和碑廊，以纪念徐州的开拓者。南山顶巅的凤鸣阁为全园的标志性建筑，高18米，平面呈"十"字形，三层清式建筑，富丽堂皇，登阁远眺，大有"山舞苍龙水舞绸"之感。该区众多建筑同周围景色环境有机地结合，主体突出，寓意含蓄，形成了对山林的点染，产生了山外山楼外楼的无尽延伸感。

景武湖区在北山西麓,陆地约 70 亩,湖面 23 亩,东与青山梅林相依,西借云龙山诸峰为远景,南面的凤凰山、泰山隐然可见,此处岚影波光,澄澈空明。西门东面的观鼎桥,由双桥组成,长 32 米,宽 13 米,桥下置一汉白玉圆鼎,雕琢精美,玲珑剔透。相传大禹治水,划九州,铸九鼎于国都,作为传国之宝。周显王十二年(前357),一鼎没于泗水,秦始皇东巡时,遣千余人求诸泗水而未获。而今河清海晏,万象更新,斯鼎复出,可谓正当其时。过了观鼎桥,便有一尊三米多高的花岗石彭祖雕像赫然在目,相传彭祖被尧帝封于大彭氏国后,带领先民用双手开创了徐州古代文明。该雕像东南面设有乐复乐茶庄,庄名取自苏轼《答王巩》"彭城之游乐复乐"诗句,于此绿荫掩映的茶庄啜茗观赏眼前的幽绝景致,确实令人油然而生"乐复乐"之感。遥望湖北,垂柳依水,虹桥卧波,两桥间的景色尤为绚烂若绵:碧峰凝翠,水榭玉立鳞波,萦回九曲石桥连接东南两岸,与湖西临水云影天光石舫互为对景;沿岸间或分部露天曲廊,上有蔷薇攀缘,木香纷披;平畴水际间,玉钩坝、古泉坝突兀于水面,系两块崚嶒巨岩,鬼斧神工,造化使然。苏轼有"路失玉钩芳草合,林亡白鹤古泉清"诗句,不仅作为两岩名称由来,同时将该区空灵婉约的自然风貌,升华为一种诗意境界。由于布局上的成功,该区形成了深远与幽曲兼而有之的观感,极富层次变化,并具平湖如镜、倒影如画之美。

综观全园布局及造景,彭园既擅山水之胜,复含蓊郁之态,巧设亭榭,妙砌假山,虽为人作,宛自天开,实为一座富有诗情画意的纪念性园林。

戏马台 位于徐州城南,云龙山之北的南山(又称户部山),海拔 69.9 米,占地十一亩三分,是名闻遐迩的纪念西楚霸王项羽的古迹纪念园林。公元前 206 年,项羽自立为西楚霸王,定都彭城,在此营筑高台,以观将士戏马,故称戏马台。这里地处古城南门外的重要制高点,易守难攻。曾任徐州知府的苏轼曰:"城三面阻水,楼堞之下,以汴泗为池,独其南可通车马,而戏马台在焉。其高十仞,广袤百步。若用武之世,屯千人其上,聚樵木炮石,凡战守之具,以与城相表里,而积三年粮于城中,虽十万人不易取也。"可见戏马台在军事上的重要作用。两千年来,这里成为人们凭吊西楚霸业千秋雄风的遗迹。公元 416 年,东晋大将刘裕北伐奏捷,班师经过彭城,恰逢重阳节,便在此大宴群僚,以壮军威,后来修建了台头寺。公元 450 年,北魏拓跋焘举兵南下,曾立毡帐于此,运筹帷幄,虎视城中。明隆庆三年(1569),在台头寺旧址建三义庙,清代易名关帝庙。公元 1624 年,徐州大水,户部分司主司张璇将徐州户部分司署移至台上,遂名户部山。清光绪十三年

(1887)，徐州道段喆曾建奎星阁、耸翠山房。明清时期，还建过文昌祠、刘牧祠、朱子祠、观音殿，等等。这类古迹，由于历经战乱，大多毁坏。唯有古亭石碑，历尽沧桑而犹存。

1986年4月，徐州市政府决定重建戏马台，为历史名城增添异彩。在设计的总体构思上，始终遵循循古而不泥古的原则，既注重历史格局和原貌，又根据园林主题因地制宜，合形辅势。因此，修缮后的戏马台气势恢宏，古朴典雅，主体突出，结构严谨，分隔之中有贯通，障抑之下有泄透，聚散相间，虚实结合，婉转有势。整个园林以风云阁为中心，前以古建筑群为主景，后以山林游览区为曲笔，二者在高低、隐显及造园风格上都有显著不同，曲折而有变化，切题而有法度，充分体现了我国古典园林空间组合的巧妙手法。

风云阁 在大门内正中台阶之上，是园内主建筑。入园登上百步青石台阶，穿过朝南门，可见风云阁屹立于中轴线上，隔断墙上"拔山盖世"四字赫然，墙垣东首上立有新铸大鼎，重5.44吨，高2.24米，象征着项羽的霸业雄风。风云阁又称戏马台碑亭，为整个园林的主景部分。该碑亭的石碑是明神宗万历十一年(1583)监司姜士昌所立，碑上"戏马台"为徐州兵备右参政莫与齐所书，字迹浑厚苍劲。清道光二十八年(1848)徐州知府周焘始建碑亭，光绪十三年(1887)徐州道段喆重修。亭为双层，重檐六角，彩栋釉瓦，亭面檐下嵌"从此风云"四字篆额。现在的风云阁依然保持着当年原貌，高11米，位于建筑群的最高处，四周以廊、院围合，形成了周边建筑群，作为对主景部分的衬托。风云阁以南为陈列区，由东西两院组成。东院门楼横匾的"楚室生春"四字，为林散之所书。雄风殿内陈列楚汉战争示意图、秦末农民起义示意图，并有由九块方形巨石组成的"西楚春秋"石刻壁画，该壁画长13.5米，形象地展现了项羽一生的重大事件和这位"力拔山兮气盖世"的西楚霸王叱咤风云、驰骋疆场的非凡气概。在艺术技巧上，既借鉴了汉画像石的表现形式，又融入现代的创新意识。殿前两根顶檐蟠龙石柱，为明代隆庆三年(1569)建三义庙时的原物，殊为珍贵。院内塑有项羽石雕像，高2.9米，顶盔掼甲，按剑而立，威武雄壮。东西配殿分别陈列长16.8米，高1.5米的大型壁画"巨鹿大战"和"定都彭城"沙盘。西跨院的正殿戏马堂由耸翠山房改建，屏风上绘有"秋风戏马"图，东西配殿分别陈列砖刻"鸿门宴"壁画和"霸王别姬"油画。砖刻壁画长9米，高2米，这在国内园林中尚不多见，堪称艺苑奇葩。

崇台揽胜，是风云阁以北的山林风景的景名，由前部项羽事迹展示区登山即可进入自然山林，随石阶登高可至园内最高的九重台。如果说，由院落组成的陈列区是以"奥如"取胜的话,那么风云阁以北游览区则为一处旷观之所。或言之,深长的院落略微使人感到心闷,正是为了起到先抑后扬的效果,给游人高潮到来的期待,接着便是豁然开朗,这是我国古代造园经常使用的对比手法,能产生一个强烈的韵律变化过程。崇台揽胜和九重台系北部最高建筑,凭栏眺望,可谓"九里烟云九天净,四方景物四时新"。戏马堂后有碑廊依山势而下,曲回向东,有追胜轩、品墨亭,再折向南至乌骓槽,全长近百米,廊壁镶嵌张籍、苏东坡等历代文人诗碑,廊坊上陈列着八十幅工笔重彩的"楚汉春秋"故事彩绘。轩内刻有登临戏马台历史人物线雕石像,亭内有"西楚大观"等书法碑刻。该区苍松古柏,虬枝偃塞,"秋风戏马""人杰鬼雄"等景点分别点缀其中,颇耐观赏。

史公祠　　位于扬州广储门外,梅花岭畔,今为史可法纪念馆。史可法是明末抗清英雄,清顺治二年(1645)督师扬州,抵抗清兵。后扬州城破,史可法殉节,因寻遗骸不可得,便葬其衣冠于梅花岭,实现史公生前"我死,当葬梅花岭上"的遗愿。史公祠坐北朝南,朱红大门悬有朱德题"史可法纪念馆"匾额。门内有银杏两株,为乾隆年间所植。院后为飨堂,中央置史可法塑像,两旁有郭沫若题写的楹联:"骑鹤楼头,难忘十日;梅花岭畔,共仰千秋。"正中悬"气壮山河"大匾。两厢橱内陈列史可法书写的《复多尔衮书》,他给母亲、夫人的遗书以及出土的玉带。橱内还陈列了江泽民总书记和金日成主席参观史公祠时的签名和题词。

飨堂后为史可法衣冠冢,墓前有"史忠正公墓"牌坊,墓前立"明督师兵部尚书兼东阁大学士史公可法之墓"碑,墓侧植松柏、蜡梅、翠竹。墓后有土阜,即梅花岭,遍植梅花。

祠西为史可法祀祠,堂中设史公神龛,内供史公画像,龛上悬"亮节孤忠"匾额,旁挂"数点梅花亡国泪,二分明月故臣心"楹联。另有郭沫若、赵朴初、蔡廷锴、陈叔通、胡厥文、刘海粟等名人题词手迹。

隋炀帝陵　　位于扬州市邗江区隋炀路。隋炀帝杨广登基后曾三下江都(今扬州)。隋大业元年(605)他即位以后,先后发动一百多万人开通济渠,连接洛、黄、汴、泗诸水达于淮河,又扩大了山阳渎,连接淮河和长江。河开成后,他就带领妃侍、诸王、公主、百官、僧尼、道士等一二十万人,巡游江都,并建造了十分豪华的江都宫。隋炀帝第二次和第三次到江都,则住在已建好的江都宫中。他在宫中与萧皇后过着穷奢极欲、纸醉金迷的生活,后被部将宇文化及所杀。

杨广死后,萧后与宫人用漆板床板做成棺材,将其殡于江都宫西院流珠堂内,后改葬于江都宫西吴公台下。唐武德五年(622)又移葬于雷塘之北。

年深日久,隋炀帝陵渐渐荒芜,已不为人知。直到清嘉庆十二年(1807),才被住在雷塘附近的扬州学者阮元发现,遂被加以整修。

隋炀帝陵前,有阮元修陵时立的石碑。碑文题"隋炀帝陵"四字,是当时的书法家、扬州知府伊秉绶书写。右侧为"大清嘉庆十二年在籍前浙江巡抚阮元建石",左侧为"扬州府知府伊秉绶题"。陵的南边,有块石护坡,游人可拾级而上。陵四周则植以松柏。

罗聘故居　朱草诗林,在扬州市区弥陀巷内,乃清代扬州八怪之一罗聘故居的花园。故居坐北朝南,分东、西两个部分。东部为住宅,西部为花园。

罗聘,字遁夫,号两峰,清代乾隆至嘉庆年间的著名画师,是扬州八怪中最为晚出的一家。他擅长画鬼,自称有鬼眼,能白日见鬼。他所画的《鬼趣图》,轰动京城,名士公卿纷纷为其题跋,随之此作流传到日本,至今传为佳话。其故居朱草诗林内,坐北有堂屋两间,即罗聘诗集所名的"香叶草堂"。堂之西南,依墙筑半亭,内悬一匾,上题"倦鸟巢"三字,系清代晚期金石书画名家吴让之手书。亭之西,面东筑书斋三楹,修短廊相接。堂之东墙,筑一带长廊,廊北与堂东山墙连,廊南有角门,旧与住宅相通。花园经两次修葺,园中叠石种木,雅淡宜人,为扬州市文物保护单位。

阮元故第　阮元的宅第,位于扬州市毓贤街,建于清代嘉庆年间。阮元在道光年间官至体仁阁大学士,加太傅衔,故称他的住宅和家祠所在地为"太傅街",今改为毓贤街。

阮元,字伯元,号芸台,扬州人,清乾隆进士,曾任翰林院编修,浙江巡抚,湖广、两广和云贵总督,位极人臣。他著述甚丰,为一代通儒,是扬州学派的巨匠。

阮元的宅第,以阮氏宗祠居中。至今,"太傅文达阮公家庙"石刻横额仍嵌在门外壁上。祠堂东西两侧建造住宅,一个多世纪以来,阮氏后裔居于此。

舣舟亭　位于常州市区东郊,古运河东去之咽喉口,是名胜古迹与自然风景相结合的纪念园林。

舣舟亭相传是北宋著名文学家苏东坡于宋神宗熙宁六年(1073),在杭州通判任内运司差往润州(今镇江)路过常州时的系舟处。苏东坡作《除夜野宿常州城外》诗两首,诗曰:"行歌野哭两堪悲,远火低星渐向微。病眼不眠非守岁,乡音无伴苦思归。重衾脚冷知霜重,新沐头轻感发稀。多谢残灯不嫌客,孤舟一夜许相依。""南来三见岁云徂,直恐终身走道途。老去怕看新历日,退归拟学旧桃符。烟花已作青春意,霜雪偏寻病客须。但把穷愁博长健,不辞最后饮屠苏。"后人为了纪念东坡遂建亭于此,此亭始建于何时不详。但宋代史能之的《咸淳毗陵志》中已有"舣舟亭"记载,可见南宋时即有此亭。

相传最早的舣舟亭是用竹子建造的,许是东坡酷爱竹子的缘故。至清初,亭已荒废颓残。乾隆六次下江南,往返常州十二次之多,曾四次写下有关舣舟亭的诗。据志书和《纪事本末》载:清乾隆第二次下江南时(1757),至舣舟亭,为了显示对苏东坡的敬仰,给舣舟亭题了"玉局风流"的匾额。自乾隆为之题诗书额以后,舣舟亭又修葺一新。后至1954年重新建亭造园,亭台廊榭,尽显古典风貌。1982年采用传统砖雕工艺,修缮了大门,刻上镂金"舣舟亭"三字。进园门粉墙分隔,山石对景,门洞作框景,漏窗作借景,走廊相连,配植松竹花木,错落有致,一派古典风格。

舣舟亭为歇山重檐四方亭,置于小山坡最高处。亭西侧坡下有一洗砚池,是东坡当年洗砚磨墨所用。常州著名诗人洪亮吉诗中"紫藤花开墨池涨,古色斑斓各相抗"之句即指洗砚池。史学家赵翼《洗砚池歌》中曾写道:"石池形似槽,长三尺许,深半之。"《合志》中说:"此池系白石凿成,底旁有小孔,去其楔,水立涸,以新水盖之,容十五六石许,积水盛夏不腐。"亭南临古运河边有一座"官亭",象征东坡乘坐的官船,其实东坡很少乘官船,常乘坐的是小舟。现存清乾隆御碑六块于御碑亭内。舣舟亭周围有水池假山、亭台廊榭,并植桂花,每逢中秋佳节,幽幽桂香,引人发思古之情。

舣舟亭园林总面积六十亩,其中半月岛面积为二十亩。1986年拓宽京杭运河常州市区段,故舣舟亭临河处改道,形成一个运河环抱、形似水中月亮的"半月岛",由横跨东西的广济桥连接舣舟亭与半月岛,融亭、岛为一体,飞虹倒影,熠熠生辉,更添美景。半月岛上建有重檐八角的崇舣亭、东坡书院的歇山组合厅,和三层十字脊重檐阁的仰苏阁,另有可观赏的石月云峰。岛上遍植各种花卉、树木、草坪,四周为砖石小道,道旁配有水磨石栏杆,岛南临河建有双层游览长廊。漫步半月岛,凭吊东坡古迹,欣赏古运河南来北往的繁忙航景,东眺雄伟的朝阳立交桥,江南水乡景色尽收眼底,使人心旷神怡。

青山园　　位于无锡市河埒口青山路上,背依惠山二茅峰,左右被惠山高低起伏山坡所围,前有灿山作屏障,独处翠林幽谷,环境深邃幽静。这里在古代是惠山的一座寺庙,后毁。1988年在青山古寺遗址的基础上扩建而成。

园门依山而建,层层叠叠,采用紫砂乌龙壁装饰,古朴而又别致;门前石亭挺立,对面灿山脚下,悬崖峭壁,岩石呈橄榄色,晶莹涵蕴,形如柱础,为罕见的橄榄石岩,使人未进门先赏石景。园内遍植杜鹃、海棠、山茶、樱花、红枫、丹桂等,春天五彩缤纷、山花烂漫;秋日万紫千红、花香醉人。碧瓦粉墙的青山山庄、明代东林名士高攀龙墓、莲花鱼池、幽篁小筑,以及碧波荡漾的游泳池散布其间。园后可乘缆车直上惠山之巅,参观巍巍电视塔,饱览吴中巨变。

青山山庄　　青山公园的主要风景建筑群,位居全园中心,利用青山古寺废墟兴建而成,由凝翠阁、青山胜迹、素斋馆等组成。一式琉璃碧瓦作顶,整个建筑随坡而建,渐进渐高,左右上下,高低错落,使人感到清丽幽雅。青山遗迹中保留了古井,供有卧佛,为古寺遗迹。凝翠阁筑有三层,雄踞其后,卓然屹立,登阁凭栏,环顾四周,满目青山。举目远眺,无锡市区高楼林立;丛楼之后,秀丽的五里湖隐约可见;远处大浮、峄嶂诸山,峦影空蒙,太湖巨区,微露一角。

高攀龙墓园　　青山园西北部,过青山山庄顺蹬道而上,青松遍地,山谷回风,松涛滚滚。在松林之中有一砖砌罗城,中有石围墓墩,前有祭台、墓碑,"明高攀龙之墓"刻于碑上。此墓原在园前的灿山山麓,"文化大革命"中被掘毁。1985年,把它迁到这块高氏祖坟之上,苍松翠柏,遍布墓地,显得简朴而庄重。人们可以来此瞻仰这位有高风亮节的东林名士。

亭林园　　位于江南水乡江苏昆山市区西北隅,介于苏、沪之间,占地六百亩,为江南少有之城市山林。玉峰山坐落其中,百里平畴,一峰独秀。亭林园四周曲水环抱,山川秀丽,林木丰茂,芳址野趣,景物天成,集名胜古迹及奇峰异石于一体,历代均为江南著名游览胜地。后因纪念著名学者顾炎武先生,以其号名园。园内有顾亭林祠,故又是一处以山水风光取胜的纪念性园林。

亭林园风景名胜历史悠久。南朝梁代建惠聚教寺,梵宫森严,规模宏伟,香火甚盛,相传有梁代张僧繇的绘画、唐代杨惠之的塑像、五代李后主写的匾额,居"南朝四百八十寺"之首。玉峰山巅筑灵霄塔、妙峰塔。至唐宋间玉峰已是台殿林立,古木参天,被各名家广为称颂。唐孟郊的《苏州昆山惠聚寺僧房》:"昨日到上方,片云挂石床。锡杖莓苔青,袈裟松柏香。晴磬无短韵,古灯含永光。有时乞鹤归,还访逍遥乡。"唐张祜有诗:"宝殿依山险,凌虚势欲吞。画檐齐木末,香砌压云根。远影窗中岫,孤烟竹里村,凭高聊一望,乡思隔吴门。"北宋皇祐年间,王安石曾夜登玉峰,掌灯读壁间张、孟诗碑,和《昆山慧聚寺》二首:"峰岭互出没,江湖相吐吞。园林浮海角,台殿拥山根。百里见渔艇,万家藏水村。地偏来客少,幽兴只桑门。"又:"僧蹊蟠青苍,莓苔上秋床。露翰饥更清,风花远亦香。扫石出古色,洗松纳空光。久游不忍还,迫迮冠盖场。"宋后玉峰山麓又筑有贲园、养余园、李氏园、郑氏园、遂园等私家园林。明吏科给事中许从龙,筑养余园于西山,著名文学家王世贞作《养余园记》,称"其地环阳而郊阴,右负城,左瞰山,竹木森秀,台榭馆阁之类,错居而有所,窈窕静深,洁不容唾,规池短沼,负抱宛转"。清刑部尚书徐乾学,于北麓建"遂园",华池曲径,假山湖石,为江南名园之一。清康熙玄烨南巡,幸游玉峰,御书"天光云影"颜其堂。玉峰胜迹有七十二景之说,素有"江东之山良秀绝"之誉。唐代诗人孟郊、张祜的五言律诗与宋王安石的和诗,被称为"山中四绝",此外,陆龟蒙、苏轼、杨维桢、倪瓒、沈周、高启、玄烨、林则徐、龚自珍等均在玉峰留下题咏名篇传世。

玉峰于光绪三十二年(1906)被辟为公园,名"马鞍山公园"。民国二十五年(1936),为了纪念乡先贤顾炎武先生,更名为"亭林园"。

玉峰山 又名昆山,因山之东西略高,中间较平,形似马鞍,故又称马鞍山。山前后两壁陡峭,绿水曲径回绕,园林家陈从周称它"山不高,而具丘壑,水不广,而多深意,此天然安排大假山,非人工所能望及",认为苏沪百里平原,唯此山孤峰独秀,并题有"江南园林甲天下,二分春色在玉峰"的赞词。玉峰山以山形胜,虽然高仅80.2米,方圆仅1.5千米,但满山青翠,草木蓊密,素有七十二景之称。它兀立于一派平畴之上,环山有清澈的古娄江盘绕,景色极为绮丽。山分东、西两大峰,东山坡较为平缓,拾级而上,一路花木扶疏,两旁有石门有山峰,也有如大珠小珠落玉盘的石泉。沿着清代修筑的蹬道往上走,劈面耸立着一块青绿色的巨石,藤蔓缠绕,芳草簇拥,仿佛人工堆砌而成,人称"擘云峰"。站在峰边仰望,蓝天显得分外清晰,似乎一伸手就可以摘到云彩。顺曲径转两个弯,眼前豁然开朗,一亭翼然出现在前面,名曰"野鹤亭"。在亭内歇息,可以看到宋代豪放派词人刘过的墓地。刘过作过《龙洲词》,晚年客逝昆山。在野鹤亭,耳闻山腰间风穿松柏的呼啸,品味亭柱上篆刻的清末诗人的词句"山有神仙骨,林多草木香",你会感到历史和现实、虚幻和真实,正巧妙地融合在一起,不禁令人沉思。东山峰岭不高,但峰回路转,天趣自成,至岭端有巨石散布,一侧有一石室,名抱玉洞,洞前有一览亭、妙峰塔、玉龙壁、玉宇琼台诸建筑,这一区景点遍布,有攀云峰、一线天、偃松岗、小天台、石门;有连环、水帘、桃源、朝阳数洞,神秘莫测;另有翠微阁,又名"昆庄",四周林木森秀,阁内曲院回廊,明洁清幽。原为宋代诗僧冲邈所居,其别号翠微,著有《翠微集》。"江涵秋影雁初飞,与客携壶上翠微",是品茗赏景的好去处。西山山势较为陡峭,多危岩险峰,犹如砍削而成,主要景致有紫云岩、老人峰、群豕峰、夕阳岩等。如果选一个好的角度,可以发现这些大大小小的山峰千姿百态,叫人生出丰富的联想。那老人峰,犹如颤巍巍的老翁侧着脸庞,在颔首沉吟;群豕峰,好像一群黑色的野猪,被谁驱赶着蜂拥而上。紫云岩在晨雾缭绕中,仿佛戴上了一顶凤冠霞帔,妩媚动人,岩石兀立于群峰之上,是玉峰之最高处,岩顶建有以王安石诗意命名的百里楼,前有文笔峰,人称东南擎天柱。玉峰山之阴,为逶迤起伏之长坡,漫山松竹,满目青翠;有近年修复之遂园。山之阳,有东斋,现为顾亭林纪念馆。亭林先生与王夫之、黄宗羲并称为"明末清初三大思想家",他的名言"天下兴亡,匹夫有责",家喻户晓,名震天下。园亦以其号命名。纵观玉峰之朝晖暮霭,春去冬来,变化万千;其峰岭谷洞,四美皆具,可谓有天目之清幽,雁荡之灵秀。

昆山石 玉峰山中所产的白石,其质如玉,玉峰之名由此而生。昆石之开采始于宋代,其天然洁白晶莹,玲珑剔透,峰峦嵌空,故又名玲珑石。它与太湖石、雨花石并称为"江苏三大名石",为案头清供及园林用石的佳品。古人曾有诗赞曰:"隐若连环蜕仙骨,重于沉水辟寒香。孤根立雪依琴荐,小朵生云润笔床。"好的昆山石虽只数寸大小,但势如大山,峰峦洞壑,奇巧殊绝,无须刀斧雕琢。明代米万钟所著的《米氏奇石记》中曾云:"阴阳滋养,风露薄蚀,虽复顽然,若有灵气矣。"大凡奇石是受风雨自然的侵袭而成,唯昆山石成于变质岩层之中,不知造山运动时何以会产生这种现象,可谓天下奇观。由于昆山石量少,又得之不易,故价甚贵,陆游曾有"一拳突兀千金直"的诗句。昆石有十多种,以东山的杨梅峰,西山的荔枝峰,后山的海蛰峰和前山翠尾岩上的鸡骨峰、胡桃峰最为名贵。昆石的开采和加工,是很不容易的。毛坯在山洞里采下以后,先在太阳下曝晒五六天,使浮在外表的红泥发硬剥落,再用草酸水洗去黄垢并晒干,这样,玲珑秀巧的昆石就显得洁白如雪、晶莹如玉了。东山南麓顾炎武纪念馆前面的一对亭子中,陈列着两块较大的昆石峰,一块是"春云出岫",一块是"秋水横波",它们是昆石中的一对珍品,凝神看去,那情态确如青云缠绕山峰,秋水拍击着石崖,堪称自然大手笔所创造的珍奇艺术品。

林迹亭 在东峰半山的松柏丛中,亭原名为"奥如旷如之亭",清道光年间建造,构造雅朴大方,颇具古意,亭前石柱上刻有道光十四年(1834)林则徐集陆放翁、范成大诗句的手迹"有情碧嶂团圞绕,得意孤亭缥缈间",故称为"林迹亭"。当时林则徐任江苏巡抚,为了兴修水利,视察太仓浏河海塘,途经昆山,登临玉峰山,挥毫写下这样的诗句,既抒发了自己的爱国主义思想和高尚的志向,也寄托了前程未定、心宇浩茫的情感。

文笔峰 耸立于西山之巅,建于明代,石构经数百年风风雨雨,此笔形石峰已无人工砌筑之痕,远远观之,犹如玉峰山上一座刺破青天的奇峰异石,又如一支朝天巨笔耸立于峭壁上。它的建立据说是为了纪念昆山历史上第一个状元卫泾。历代文人墨客题咏殆遍,唐代孟郊、宋代王安石均有游山题诗,明代顾鼎臣有《文笔峰歌》留世,清代康熙皇帝曾在1705年登马鞍山,题:"万里人烟春雨浓,菜花麦秀滋丰茸。登高欲识江湖性,染瀚留题文笔峰。"关于它还有很多传说,有的说,玉峰山有七十二景,历代有不少画家前来写生作画,因为笔小显不出气魄,连名列金陵八大家之首的昆山人龚贤也无可奈何,于是树立大笔,叹为观止。也有的说,昆山历来是文人雅集之地,在戏曲史上地位很高的昆曲便发源于此,也产生了如明末清初著名的思想家、文学家顾炎武和散文家归有光等人物。为了表示对他们的纪念,在西山最高峰立下了这支丈余石笔,它犹如山水画上的题签,为整座山峦增添了色彩和情趣。此峰新的题名为当代著名佛学专家赵朴初先生的墨迹。

遂园 在玉峰山北麓。这里坡长多松竹,满山苍翠,山下原有一片宽阔的沼泽地,杂草丛生,据县志记载,在清康熙年间,刑部尚书徐乾学在此买地造园,名遂园。康熙南巡时,曾到过这里,并题有"鸢飞鱼跃"的匾额,后渐荒废。1949年左右,仅留下几块太湖石及一些水中的木桩。因为原先水中小岛上栽有梅树,故当地的故老均称这一区域为梅花墩。20世纪80年代初,为了使玉峰增艳、古园添姿,政府有关部门在山北理水叠山造景,重修梅花墩。梅花墩以山上的青松翠柏为背景,山麓遍植梅树,并顺山势和原有河道,开挖了曲水溪流。以后,又不断增修,渐渐恢复了当初遂园景色。遂园为山麓小园,依山筑园,因水成景,入园有古朴典雅的门楼,其门楣"遂园"为陈从周所题。园内花木繁荫,亭台错落。有家山轩,轩后有碑廊,随地而转折起伏,西有某花亭、甲子桥,东有上天台。园内曲水围环、小桥花径、黛瓦白壁,更溢古意,清游小憩,无阛阓嚣尘之扰。

奇花古木 指园内种植的琼花、并蒂莲及古玉兰等。绚丽多彩的植物景观把玉峰山衬托得更加美丽。园内树种繁多,木本植物有百余种,其中珍贵树木和地方乡土特色花木有白皮松、罗汉松、五针松、广玉兰、香樟、银杏、桂花、蜡梅、枫香等；特别是夏初，人们可以在园内看到六株古树披上成千上万朵的白色玉环，它是由八朵小花构成的，体态恬静，神情飘逸，天姿高洁，使人有"此物本非世上有，只合瑶池仙境逢"之感。经中国科学院植物研究所、江苏农学院鉴定，此乃花中珍品——琼花，属中国独特的"仙花"，其树冠之大、体态之美、花朵之多仅次于江苏扬州的琼花。

园东侧东斋前池塘内，并蒂莲在初秋盛开，红姿映翠，清香远溢，苏州老盆景艺术家周瘦鹃称其"色香双绝，不同凡卉"。相传此莲由元代名士诗人顾阿瑛手植，20世纪50年代初，由该县正仪镇迁移至亭林公园落户。亭林公园内古树名木种类之广、树龄之长、数量之多在城镇公园颇为罕见。有百余株古树名木，树龄都在200—300年左右。园内的古柏交柯成廊，为江南园林所仅有。据传此为明代昆山县令所植，故又称为郎官柏，历经数百年仍萧森葱郁。广玉兰虽年逾二百多年，但树冠依然端正雄伟，乳白色的花朵芳香馥郁。

西泠印社　　杭州西湖著名纪念园林，位于孤山西头、西泠桥畔。这里花木扶疏，亭阁参差，是孤山园林的精华所在。西泠印社是我国研究金石篆刻的著名学术团体。18世纪的清代乾隆、嘉庆年间，浙江的金石篆刻艺术盛极一时，自成一派。杭州人丁敬（1695—1765）是"浙派篆刻"的开山祖，也是"西泠八家"之一。到了近代，赵之谦、吴昌硕更自辟蹊径，篆刻之外兼工书画，成为一代大师。清代光绪三十年（1904），杭州金石家丁仁、王褆、叶为铭、吴隐等人经常在孤山研讨印学，初创研究金石书画的学术团体；经过十年经营，规模日益扩大，终于1913年正式定名为"西泠印社"，推吴昌硕为社长。当时不仅国内金石家闻讯而至，日本著名篆刻家河井仙郎、长尾甲等人也远渡重洋，赶来入社。西泠印社以"保存金石，研究印学"为宗旨，创立以来，曾先后发展了国内外社友一百余人。他们每年清明节、重阳节备举行一次雅集，展出社友的作品及收藏的文物，互相观摩评赏，交流心得。同时定期举办金石书画展览，出版印谱、碑帖和书画。西泠印人，苦心孤诣，治学严谨，在保存和发扬祖国的优秀民族文化及促进中外文化交流方面，作出了十分有益的贡献。

西泠印社不仅以金石篆刻闻名于世，而且以风景佳丽见称，是"湖山最胜处"。它布局紧凑，空间结构绝妙，景物依山势而建，茂林修竹，疏密有致，把亭台、小山、水池、曲径、石塔、叠石和花木，组成一个十分完美的整体，显示了我国园林艺术的传统风格。从西泠桥附近的月洞门进去，走过一泓金莲池塘，西边是一座小巧玲珑、极为别致的建筑——竹阁，竹阁的对侧则是一幢很雅致的飞檐建筑，即柏堂。绕过竹阁、柏堂，迎面竖立着一座古朴的石坊，上有"西泠印社"隶书门额。两旁石柱上刻着一副篆书楹联："石藏东汉名三老，社结西泠纪廿年。"是印社创始人之一叶为铭所书。由此沿着曲折的山径拾级攀登，经鸿雪径直至最高处，在翳翳的古木深处，错落地散布着仰贤亭、宝印山房、山川雨霞图书室、还朴精庐、华严经塔、题襟馆等建筑物，以及规印崖、小蓝谷、印泉、闲泉、岁青岩、缶龛、潜泉、小龙泓洞等许多名胜。这些亭台楼阁、花木叠石、水池、宝塔、曲径，经园艺家的匠心独运、精心布置，组合成一个完美的有机整体，充分显示了我国园林艺术典型的传统风格，堪称西湖园林中最富诗情画意的杰作。

柏堂　西泠印社最古老的建筑之一。柏堂坐北朝南，是一幢很雅致的飞檐建筑，为北宋志铨和尚所建。据说南北朝时，有人在此地种棵两株柏树，其中的一株枯萎后质如金石，叩之有声，志铨和尚就建堂于其旁，名曰"柏堂"。苏东坡诗句"此柏未枯君记取，灰心聊伴小乘禅"就是吟咏柏堂的。堂中悬挂着清末著名学者俞樾所书的匾额，白底黑字。堂前一泓清池，数茎睡莲，典丽古朴，幽雅宜人。柏堂曾被辟为杭州市业余书法、篆刻工作者的作品陈列室。

竹阁　西泠印社最古老的建筑之一，坐西朝东，小巧玲珑。始建于唐代，为诗人白居易所筑。当年白居易在杭任刺史时，每出游湖山，总爱在竹阁偃卧憩息。他的《宿竹阁》一诗中有"晚坐松檐下，宵眠竹阁间"之句，可以想见当年诗人邀游山水、怡然自得之状。现在的竹阁，是清光绪二年（1876）重修的。竹阁四周修竹如帘、临风吐翠，几株梅树舒枝其间，情趣盎然。

四照阁　位于孤山山巅之南、西泠印社园区内。此阁创建于北宋初年，后倾圮，清光绪三十年（1904），由西泠印社同人重新建造，是西泠印社最为古老的建筑之一，原址在现华严经塔处，1924年因建华严经塔，才移建于此。四照阁东、西、南三面皆轩槛西湖，北面为门。阁上有两副楹联："面面有情，环水抱山山抱水；心心相印，因人传地地传人。""合内湖外湖风景奇观，都归一览；萃东浙西浙人文秀气，独有千秋。"生动地写出了这里的特色与意境。宋代诗人郑獬《登四照阁》诗云："湖山天下之绝境，群山绕湖千百重。碧笋四插明镜绿，此阁正落明镜中。当轩不置窗与槛，湖光山翠还相通。侧耳似闻天仙语，接手便欲翻长空。"这首诗正点出了四照阁的特有景色。

三老石室　位于西泠印社园内，在观乐楼前面，20世纪初由西泠印社社友集资建成。汉三老石室内,收藏有我国古代石刻"汉三老讳字忌日碑""汉齐桓公吴王画像石刻""魏侯景明憯墓志铭"等珍贵文物多件。其中,"汉三老讳字忌日碑"是清咸丰二年(1852)于浙江余姚客星山出土,为东汉建武二十八年(52)的石刻,距今有一千九百七十多年的历史,素有"东南第一石"之称,是汉碑中弥足珍贵的珍品。古碑出土时碑额已断缺,碑文中有217字尚完好,字体介于篆、隶之间,浑朴遒劲。民国时,这块稀世古碑曾一度被人辗转盗卖,几乎流入日本。幸被西泠印社社友获悉,由吴昌硕、丁辅之等人多方奔走呼吁,发起书画义卖和个人捐款,募集了八千块银元赎回,并在孤山西泠印社内,特地建造了一座石室予以珍藏,才使这一珍贵文物保存了下来。当时,吴昌硕曾撰写了一篇《汉三老石室记》,记述了这块古碑遭遇劫难的始末,此文也刻了碑,一并陈列在三老石室内。

岳飞墓园 位于杭州栖霞岭南麓临湖处。系南宋民族英雄岳飞的祠墓所在地,是老幼皆知的我国著名纪念性墓园。自南宋隆兴元年(1163)宋孝宗为岳飞洗冤昭雪,"以礼改葬"岳飞遗骸于栖霞岭南以后,岳飞已经在这里长眠了八百多个春秋。岳飞,字鹏举,河南汤阴人,是南宋初抗金名将。当时南宋朝廷主战派和投降派的斗争非常激烈。岳飞坚持抗战,联合各地抗金力量,组成了岳家军,屡战屡胜。当大军直逼开封,光复京都指日可待之时,以宋高宗赵构为代表的投降派,一天中连下了十二道金牌,逼岳飞退兵,以致"十年苦功,一朝尽废"。绍兴十一年十二月二十九日(1142年1月27日),被奸相秦桧以"莫须有"罪名杀害于风波亭(即今杭州小车桥附近),死时年仅39岁。孝宗接位以后,由于政治上的某种需要,孝宗为岳飞昭雪平反,并将遗骸迁葬于此,追复岳飞官职,后又加谥武穆。宁宗时,又追封岳飞为鄂王。此后,岳飞的抗金事迹随着小说、曲艺、戏曲的传播,成为家喻户晓的故事。杭州的岳坟知名度也与日俱增。墓园主要由前面的祠庙(即岳王庙)及后面的坟墓组成。宋明以来,这一纪念名胜一直是杭州西湖西北景区的游览中心,是人们缅怀先贤、慷慨悲歌的必经之地。1961年,成为我国第一批全国重点文物保护单位。

岳王庙 南宋嘉定十四年(1221),朝廷决定为岳飞建祠庙,于是改建栖霞岭下智果院为岳飞庙。八百年来,此庙屡毁屡建,现存建筑始建于清代,1979年全面整修。庙由门楼、忠烈祠、启忠祠组成。庙前,扇面形的赭黄色墙正中,是巍峨庄严的重檐歇山顶的门楼,正中悬一块龙凤盘绕、黑底镏金的"岳王庙"三字竖匾。进入门楼,两排有十二根红漆柱子;步下门楼,是一溜青石铺地的甬道,两旁的参天古木与庙后郁郁葱葱的栖霞岭连成一片,烘托了整座庙宇壮严肃穆的气氛。站在甬道上,迎面可以看到正殿(忠烈祠殿)中央的岳飞塑像。座像头戴红缨帅盔,身着紫色蟒袍,臂露金甲,足履武靴,右手握拳,左手按剑,面相丰满,颇有儒将潇洒风度,其高4.54米,置于稳重的底座之上。大殿正门重檐中间,高悬一块"心昭天日"巨匾,这四个字,刚劲雄浑,是叶剑英的手笔。殿两壁墙上是明代莆田人洪珠写的"精忠报国"四个大字,它和天花板上由370多只姿态各异的仙鹤组成的"百鹤图",是岳飞浩然正气和坚贞品质的象征。座像顶端悬一巨匾,上有"还我河山"四字,是这位民族英雄毕生为之奋斗的目标。岳庙照壁前的南北两厢各有一道碑廊,立有各种纪念性碑石125块,是园中的重要文化景观。启忠祠在忠烈祠西,原来用来祭祀岳飞父母,故名"启忠",一旁建有南枝巢、正气轩等建筑。现在收藏并陈列有关岳飞的抗金史迹。两祠殿堂建筑之后便是墓园。

岳坟 从岳庙庭园过精忠桥,跨过饰有兽环的墓阙重门,便到了岳飞墓的墓园。古朴的墓阙,是这次整修中按南宋建筑风格设计的。阙前有照壁,上嵌有明洪珠手书的"精忠报国"四字,进阙门为墓道。墓道两侧有六石俑、二石马、二石虎、二石羊,象征生前仪卫。正中古柏交柯下,便是岳飞墓,墓碑上刻着"宋岳鄂王墓"五字;左边是岳飞长子岳云墓,墓碑上刻着"宋继忠侯岳云墓"七字。墓有石栏围护,石栏正面的望柱土,刻有前人留下来的一副对联:"正邪自古同冰炭,毁誉于今判伪真。"同这副对联相对,墓阙后面还有"青山有幸埋忠骨,白铁无辜铸佞臣"一联。墓阙后两侧,面对岳飞墓,跪着反剪双手的秦桧、王氏、万俟卨、张俊四座铁像。表明了古代造园艺术家、雕塑家对诬陷、残害岳飞之奸贼的愤恨,也表明了人民大众的正义感和爱国心。整座墓园古柏森森,气氛极为庄重,它的前祠后坟的格局,规正中体现出自由的风格,是我国纪念性祠庙园林的典型。

精忠柏亭 从岳庙墓园正厅出来,西首靠墙处,有一座小巧玲珑的亭子,叫精忠柏亭。亭内陈列着七八段柏树的化石,即是"精忠柏"。据传,宋时,它原是长在风波亭旁的一株大柏树,岳飞在风波亭上被秦桧杀害后,这株柏树也跟着枯萎,变为化石,挺立不仆达六百余年。清嘉庆年间(1796—1820),司狱范正庸为之画图立石,但不久即为兵火所毁。同治年间(1862—1875),司狱吴廷康在狱门左近土中,掘得已毁的精忠柏数段,垒土为台,置于其上。此后,这些柏树又亡失,直到1922年,才在众安桥下被发观,供人瞻仰。其实树木要经过数万年才能成为化石,人们因仰慕岳飞,采柏化石之说以喻坚贞不屈,编出了精忠柏的传说。

碑廊 岳坟照壁前的南、北两厢,各有一道碑廊,陈列着125块碑石。它是岳墓、岳庙的重要组成部分。北碑廊是岳飞的诗词、奏札等手迹,南碑廊是历代名人凭吊岳飞的诗词、岳庙几次重建的碑记。旧日碑廊中共有87块碑石,在整修中只找回45块。其中经过修补的有明嘉靖九年(1530)文徵明手书的《满江红》词、明天启甲子(1624)《忠烈庙增建五祠记》碑文、岳飞绘像等。重新刻凿的有岳飞书写的《送紫岩张先生北伐》诗和脍炙人口的岳飞《满江红》词全文。在这次整修中,还特地从岳飞故乡河南汤阴县岳飞纪念馆拓来岳飞手书的诸葛亮《前出师表》和《后出师表》,重新勒石37块。此外,还从杭州众安桥旧岳庙移来24块石碑,其中一部分《岳飞奏札》,是当年岳飞纵横驰骋在抗金沙场上的胜利捷报。三块《谢讲和敕表》则是岳飞与投降派作斗争的历史见证。

文澜阁 在杭州孤山南面的浙江博物馆内,是我国珍藏《四库全书》的七大书阁之一。

文澜阁建于清代乾隆四十七年(1782),原是康熙行宫御花园之一角,以圣因寺行宫后面的玉兰堂为基础改建。咸丰十一年(1861)焚毁,部分藏书散失。光绪六年(1880)开始重建,并把散失、残缺的书籍收集、补抄起来。辛亥革命后又几经补抄,文澜阁的《四库全书》才恢复旧观。1949年后,书阁经过多次修缮,面貌一新,成为一所别具一格的藏书楼和西湖著名的纪念园。

明清时,我国有三部举世闻名的巨著:明成祖时的《永乐大典》(22937卷),清康熙、雍正时的《古今图书集成》(10000卷),乾隆时的《四库全书》。其中《四库全书》是我国历史上最大、最完备的综合性丛书。自乾隆三十八年(1773)开始编纂,到乾隆四十七年(1782)才完成,前后共用了近十年时间,参加编校审核工作的有360多人。全书共36000多册。册面经部用绿绢,史部用红绢,子部用蓝绢,集部用灰绢,共有6752函。著录之书,达3457种,共79070卷。全书用工整的楷书写成,共230万页,9.97亿万字。我国自有文字以来三千多年间的政治、经济、哲学、文学、天算、舆地、科技、医药等各方面的著作,兼收并蓄,蔚为大观。这部书全是手抄本,开始只抄了四份,分藏在北京的文渊阁、圆明园中的文源阁、承德避暑山庄中的文津阁、奉天行宫中的文溯阁,称为"内廷四阁"。后来,又续抄了三份,分藏在江苏扬州的文汇阁、镇江金山寺的文淙阁和杭州西湖的文澜阁,时称"江浙三阁"。现在,江南只有浙江的一部了。

文澜阁园林布局主要特点是顺应地势的高下,适当点缀亭榭、曲廊、水池、叠石之类的建筑物,并借助小桥,使之互相贯通。主体建筑文澜阁是仿照宁波天一阁建造的。一进门,迎面是玲珑的假山,堆砌成狮象群,是现今西子湖畔假山造型最为精美的一座。山顶池中一峰独立,名曰"仙人峰"。东为御碑亭,正中为文澜阁,重檐硬山式,面阔六间,共两层,中间有一夹层,实际上是三层楼房。阔的山墙处,有清光绪题写的"文澜阁"碑亭,再向东为太乙分青室,已于"文化大革命"中被烧毁。文澜阁作为旧时皇家藏书楼,现在是江南地区仅有的一座了。

先贤堂 位于杭州吴山茗香楼西侧古药王庙旧址。药王庙原是为纪念神医孙思邈而建的。为了纪念与杭州有关的历史名人,20世纪80年代,将其改辟为吴山先贤堂。先贤堂内陈列着二十八位先贤的史迹,其中有民族英雄于谦,世界科学史上的巨星沈括,在杭州留有政绩的白居易、苏东坡、钱镠、阮元,卓有成就的爱国文人陆游、褚遂良、刘松年、黄宗羲、陈洪绶、李渔以及忠臣义士伍子胥、施全等。通过蜡像、彩塑、油画,再现了先贤形象。除了人物外,先贤堂对杭州历史上之大事,如秦始皇南巡、南通运河、李泌凿井、吴越立国、方腊攻克杭州、葛岭大战、康熙南巡、乾隆南巡、杭州光复等,均用大型壁画展现。先贤堂既表现了杭州源远流长之优秀文化传统,也丰富了西湖之人文景观。

张苍水 章太炎墓园 浙江杭州南屏山荔枝峰下的太子湾,有张苍水墓和章太炎墓。他们两位,一个处于明末清初,一个处于清末民初,同是抗清著名人物。这两位英雄人物的坟墓葬在一地并非巧合,而是章太炎先生生前仰慕张苍水为人,嘱咐死后埋骨于张苍水墓旁的。张苍水,名煌言,字玄著,浙江鄞县人,他从26岁起投入抗清斗争,历时19年,曾长期与郑成功合作,"三度闽关,四入长江,两遭覆没",都蹶而复起。他被俘后就义于杭州弼教坊(今中山中路),在刑场上他从容遥望凤凰山一带,说了声:"好山色!"墓在南屏山麓,乾隆年间重修时,著名的浙东史学家全祖望写了神道碑铭。1983年张苍水墓经过重修,圆形,砖砌。墓西侧为罗子木墓,东侧为杨冠玉和舟子墓。张苍水墓筑成,盛在镐曾题联云:"作万古忠义心,不愧文山随北ного;争一片干净土,愿从武穆峙南屏。"张苍水墓与岳飞墓、于谦墓被尊为湖上三坟,为世人所敬仰。章太炎,名炳麟,浙江余杭人,近代民主革命家、思想家和学者,对文字学研究颇深。他生前七次被捕、三次入狱,而革命之志终不屈挠。对于他当年的斗争精神,鲁迅先生说:"真是所向披靡,令人神往。"1936年6月14日,章太炎在苏州病逝,因抗日战争兴起,直到1955年4月才迁葬,埋骨于杭州张苍水墓边,实现了他的遗愿。现在,这两座墓都修得很好,长长的墓道从苏堤南端直伸入丛林深处。张苍水墓道甬道两旁还排列着石人石兽,气象庄严;章太炎墓背靠南屏山,面对西子湖,墓为水泥结构,圆顶。墓碑篆书题"章太炎之墓"五字,是他生前反对袁世凯被软禁在北京时,为了表示战斗决心而写下的。人们到此,肃敬之情油然而生。人民为了纪念这两位抗清名人,在张苍水、章太炎墓园前修建了石牌坊、张苍水祠和章太炎纪念馆。墓道、牌坊、馆祠连成一片,四周松柏苍郁,环境清幽而又肃穆。

钱王陵园 位于杭州临安区北太庙山南坡,为五代吴越国武肃王钱镠之墓园,是浙江省幸存的唯一王陵,为浙江省重点文物保护单位,全省最早的仿唐五层砖塔——功臣塔与它遥遥相对。塔之南麓钱坞垄为钱镠出生之地,至今还留有婆留井一口(婆留乃钱镠别称)。钱王墓坐北朝南,地面封土堆高约9米,直径50米,圆形。墓前左右有青龙、伏虎两小山护卫。墓前立有碑,有石拱桌和拜石。墓碑刻阴文楷书:"唐故天下兵马都元帅、尚父、守尚书令兼中书令、吴越国王谥武肃、钱王之墓。"墓道长约300米,宽100米,恢宏显赫。原有华表一对,石羊、石马、石虎各一对,石翁仲两对,享堂五楹。"钱王古冢"曾是"临安十景"之一。钱王陵园圆拱门两旁四季花木葱郁,芙蓉亭坐落在树影花丛中,景致佳丽。其亭联为"东南重望,吴越福星;保国惟贞,勤王惟诚"。穿石径,过曲桥,则为钦翠轩。系两层茶轩,雕梁画栋,古朴典雅。凭窗落座,秀色可餐。由此向上行数十米,即达山顶。这里一楼巍然耸立,背溪面城,层楼叠翠,红柱碧檐,飞阁流丹,气势壮观。大匾"安国楼"三个字流金溢彩,高悬楼台正中,有楹联曰:"南山生来北山殡,北山太平南功臣。"我国唐五代时期,列国纷争,战乱频仍。钱镠所辖之吴越国境内却始终未涉战乱,人民免于兵革之殃达八十余年。此应归功于钱镠所采取之"保境安民"以及"谨事大国"之政策。登上楼顶,倚栏远眺,天目山峰峦叠嶂,青山湖碧波明镜,苕溪水迂回而行,与功臣塔遥遥相对,雄俯南天,令人胸襟开阔,心旷神怡。

郁氏双烈亭 位于杭州市富阳鹳山东侧山麓,距"春江第一楼"约300米处。富阳是近代著名文学家郁达夫的故乡,为了纪念郁达夫和郁曼陀两兄弟,故乡人民在鹳山东麓建立了"双烈亭",茅盾同志为其题了"双松挺秀"四个遒劲大字。郁达夫(1896—1945),名文,我国五四新文化运动的奠基人之一,著名的文学家。1945年9月牺牲于苏门答腊岛丛林,后被国家追封为烈士。郁曼陀,名华,郁达夫长兄,生于1884年。16岁中秀才,光绪末年留学日本,专攻法律,学成回国先后在司法部门任职并兼任大学法学教授。有著述,为当时我国刑法学权威,且工诗善画。1939年,在任上海特区法院刑庭庭长时,因刚正不阿、严惩敌伪凶顽、营救革命志士,遭敌伪枪杀。1947年4月,富阳地方人士在鹳山举行公祭,安葬了烈士血衣。1980年,富阳县人民政府为了纪念这两位爱国人士和文化名人,在郁氏兄弟少小读书亭的旧址重建此亭。该亭五角飞檐,玲珑古朴。亭下正檐悬挂着茅盾题书的"双松挺秀"匾额。四方亭楼柱上对称挂着赵朴初、俞平伯题写的楹联。赵朴初集郁曼陀、郁达夫句为联:"莫忘祖逖中流楫,同领山亭一钵茶。"俞平伯集郁达夫句,题联为:"劫后湖山谁作主,俊豪子弟满江东。"前者苍劲,后者雄浑。亭北墙嵌有富阳县人民政府所立的两块镌有烈士肖像和小传的石碑,碑文由黄苗子书写,字体质朴舒展,拙中有味。两帧白描肖像出自著名画家叶浅予手笔,形神兼备。亭子中间竖有石碑,刻有郭沫若于1961年为郁曼陀遗画的题诗,诗云:"双松挺秀意何如?仿佛眉山有二苏。况复埚簏同殉国,天涯海角听相呼。"

严子陵钓台　　位于浙江桐庐县城西南18千米的富春江畔,富春山又叫严陵山,迤逦15千米,似屏风般立于富春江之北岸。富春山清丽奇绝,四时风光秀美多变。山中有东西两大石台,高约百米,耸立对峙。这二石台,"西传皋羽伤心处,东是严光垂钓台"。严光垂钓台即严子陵钓台。严子陵,名严光,字子陵,与汉光武帝刘秀是同窗好友。刘秀多次召其做官辅政,官封谏议大夫,严光坚辞不受,甘居山林,到此江畔过田园耕耘生活,以垂钓为乐事,古人以为这是严光的高风亮节。后人追慕他的贤名,称此处为严子陵钓台。

钓台兀然屹立于山巅。上有石亭,原建于明正统六年(1441),上刻"不事王侯"四字,亭屡建屡毁。现在的亭是1981年重建的,由当代书法家沙孟海先生题额,曰:"七里滩光。"亭柱上有一副楹联:"登钓台而望,神怡心旷;想先生之风,山高水长。"在东台与西台之间有一石亭,称为"双清亭",内有一副楹联是:"拾级拜严子,亮节高风今古还誉;隔江祭谢公,忠心赤胆日月魂。"上联赞严光,下联的谢公乃指在西台恸哭文天祥的谢翱(字皋羽)。西台也有一石亭,亭上有联道:"生为信国流离客,死结严陵寂寞邻。"亭前竖立着一块刻有《登西台恸哭记》的石碑。钓台脚下富春江,两岸秀峰连绵、翠冈重叠,一江绿水,波光粼粼、迂回曲折,景色幽静秀丽,有"小三峡"之称。平静如黛的湾中之水,宛如一面巨大的镜子,镶嵌在如翡翠一般青葱苍郁的山峦之间。靠江岸有用一青石砌成的严子陵牌坊,正面赵朴初题"严子陵钓台"五字,背面由沙孟海题额曰:"山高水长"。钓台濒江宇楼连亘,粉墙黛瓦,古朴典雅。有客星亭、清风轩、静庐、天下十九泉亭、碑园等,是一处著名的纪念性园林。

严先生祠堂　位于富春江边严子陵钓台脚下的纪念性园林。唐代已建有"严陵祠",宋景祐中,范仲淹又在钓台脚下建严先生祠堂。范仲淹在《严先生祠堂记》中赞扬严光:"云水苍苍,江水泱泱,先生之风,山高水长。"1949年后,原有的严先生祠堂因富春江水电站的建设,被淹没于水中,现在的严先生祠堂是1983年桐庐县人民政府重建的。新建的祠堂保持原来祠堂古雅的建筑风格,中间端坐严先生塑像,色泽类似紫砂,神态安详,有高士风度。东壁是范仲淹写的原刻《严先生祠堂记》石碑,虽已斑驳脱落,字迹漫漶,但其中"云水苍苍……"几句名言仍依稀可辨。祠堂之西曲桥环拱处,客星亭双檐挑角,临江翼然。传说严子陵被当年同窗好友、汉光武帝刘秀召到京城,与帝同寝,故意将腿搁在皇帝的肚子上,刘秀的大臣夜观天象,惊呼:"客星犯主!""客星"之名即由此而来。祠前原有石碑林立,许多也已被淹没。现已按原碑文诗词,请书法家重书碑石,辟建碑林,其中有汉光武帝与严子陵书以及唐、宋、元、明、清各代诗人名家的诗词刻石,如李白、杜牧、苏轼、朱熹、陆游和唐寅等的诗文。李白有诗曰:"松柏本孤直,难为桃李颜。昭昭严子陵,垂钓沧波间。身将客星隐,心与浮云闲。长揖万乘君,还归富春山。"

桐君祠　位于浙江省桐庐县城东门外风景秀丽的桐君山上,是这座山水风景园的重要景观。桐君确有其人,曾著有《药性》和《采药歌》。南朝梁陶弘景的《本草序》中就说他"识草木金石性味",明代李时珍的《本草纲目》序例第三部分,即为《桐君采药录》。桐君老人为我国有文字记载的最早的药物学家,相传因他行医济世被尊为桐君。后人为了纪念桐君老人,建有桐君祠。桐君祠建于宋代,祠内端坐着桐君老人塑像,白髯飘飘,笑容可掬,塑像后壁画上,有华佗、李时珍等历代名医的画像,堪称"历代名医谱"。柱子上镌刻着我国著名书法家孟庆甲写的一副对联:"大药几时成?漫拨炉中丹火。先生何处去?试问松下仙童。"

兰亭　位于浙江省绍兴市西南约12.5千米的兰渚山上。此处群山合抱,曲水环绕,山光水色秾丽,是山阴道上风景佳绝处。据《越绝书》记载,这里最早是越王勾践种植兰花的地方,汉代又曾在此设驿亭,故称"兰亭"。然而,真正使兰亭声名远播的是晋代的一次文坛盛会。东晋永和九年(353)暮春三月初三,大书法家王羲之和当时名士孙统、孙绰、谢安、支遁等共四十二人,为过修禊日宴集于兰亭。

修禊是古代的一种风俗，此日临水为祭，以除不祥。他们列坐水边，让盛酒的羽觞从上游循流而下，流到某人面前，某人就得即席赋诗，不然罚酒三觞。这次聚会有二十六人作诗三十七首，王羲之为这些诗作了序，记下宴集的盛况，并写出与会诸人的观感，这就是有名的《兰亭集序》。他还当场精书了这篇序，字体道媚劲健，成为后世书家临摹的法帖。《兰亭集序》不但有很高的文学价值，就书法来说，更是一座无人企及的艺术高峰。唐太宗对这件珍品爱不忍释而用它来殉葬。现在流传下来的《兰亭集序》是唐太宗让冯承素、虞世南、褚遂良等勾摹下来的。名士雅集，名文记盛，名书传世，这就使得原来已有山水竹树之胜的兰亭更加出名，吸引了许多游人前来观赏。据《越中杂识》记载，早在两百多年以前，到此游览的人就络绎不绝。

现今的兰亭是一座古朴恬静的江南园林。建于明嘉靖二十七年（1548），由于历史的变迁，亭址已非原地。但是仍然依山傍水，"竹风随地畅，兰气向人清"，正如《兰亭集序》中所述："此地有崇山峻岭，茂林修竹，又有清流激湍，映带左右。"园中临溪有流觞亭，亭西有王右军祠，祠中正殿有王羲之像。殿前有墨华池，池中建墨华亭，两边壁廊嵌有古代碑刻，其中唐宋以来书法家临摹的《兰亭集序》就有十余种。流觞亭后有御碑亭，中立清代康熙、乾隆二帝御碑。流觞亭东另有碑亭，内立清代康熙帝书兰亭碑一块。亭前为鹅池，池畔石碑亭中立书有"鹅池"大字巨碑一块，传为王羲之亲笔。

兰亭是历代书法家的朝圣之地，每逢三月初三，许多书法家奔赴兰亭怀古续胜，举行追仿当年修禊觞咏的兰亭书会，流觞溪畔赋今诗，墨华亭下添新墨。山明水秀的兰亭因此成为我国一座有着独特文化意蕴的园林。从造园的角度讲，"山为骨架，水为血脉"，兰亭中有了流觞溪这样一条溪岸蜿蜒曲折、水声琤琮悦耳的山溪，满园皆因此而有了神采和生气。

鹅池 在兰亭中。一泓碧水，几只白鹅悠然嬉游，"白毛浮绿水，红掌拨清波"，即为鹅池。相传，王羲之生平爱鹅，家中曾经养了不少鹅。民间更有他以字换鹅的故事。据说山阴地方有一老道，久慕王羲之书法，求他写一本《黄庭经》，老道知道王羲之爱鹅，就特地养了一群逗人喜爱的大白鹅。王羲之路过，见白鹅羽毛白净，形态优美，不由得驻足欣赏，进而要求买鹅。老道说，钱我不要，鹅你尽管拿去，但要替我写一本《黄庭经》。王羲之欣然答应，立即笔走龙蛇，不过半日，书成搁笔，老道也早已把群鹅用笼子装好了。这就是"书成换白鹅"的故事。至于王羲之为何特别喜爱鹅，有不少讲法，有的说是因为白鹅洁白无瑕；有的说是因为欣赏鹅在水中的闲逸潇洒；还有人说是因为王羲之执笔时，食指如鹅头那样昂扬微曲，运笔时像鹅的两掌齐力拨水，他爱鹅是为了研究执笔、运笔。清代著名书法家包世臣曾有绝句："全身精力到毫端，定气先将两足安。悟入鹅群行水势，方知五指力齐难。"王羲之写过许多不同的"鹅"字，鹅池旁有碑亭，中立书有"鹅池"两个赫赫大字的石碑，"鹅"字铁划银钩，势如风云，传为王羲之亲笔所书。又传说他刚写好"鹅"字时，忽闻皇帝圣旨到，忙搁笔接旨，他的儿子王献之顺手提笔续写了"池"字。一碑二字，父子合璧，成为千古佳话。碑上覆盖的三角亭，构筑精巧，造型别致，独具一格。

流觞亭 在兰亭曲溪之西。兰亭内"引曲水以流觞"，觞，是古代饮酒的器具，旁边有两翼，觞斟上酒，随水流动不致下沉。因状如鸟之羽翼，故也称羽觞。建于溪畔的流觞亭，面阔三间，单檐歇山顶，四面围廊，玲珑而雅致。亭内高悬"曲水邀欢处"匾额，左右陈列一轴《流觞曲水图》，画的即是当年兰亭修禊情状。这幅兼工带写的人物山水画，用笔工整，设色淡雅，画中人物姿态各异，有的举杯畅饮，有的低头沉吟，有的袒胸露臂、醉态毕现，无不描绘得惟妙惟肖。那曲水中，一个个羽觞由荷叶承托着正顺流缓缓而下，杯停之处便是杯旁之人吟唱之时，因此有的正铺纸执笔，有的却拈须沉吟……这幅画为游人所流连。流觞亭前，沿曲水叠石磊磊，凹凸相间，起伏有致，虽是人工所为，却颇有自然之势。据说凸起的石头共有四十二块，正是当年参加兰亭盛会的四十二人的化身。亭之南侧，有小兰亭，亭内立石碑一方，镌刻"兰亭"二字，为清康熙帝手书。"文化大革命"中碑被砸成三截，虽经修补，未能完全复原，"兰"字缺尾，"亭"字缺头，但古意犹存。亭旁有池，飞檐水影，别有佳趣。

右军祠 在流觞亭之北。王羲之官至会稽内史、右军将军，因此被称为"王右军"。祠前巨樟遮天蔽日，环有齐膝的石栏杆。祠的建筑形式古雅，祠前清水环流，祠内一泓池水，名为"墨池"。王羲之成为书圣绝非一日之功，传说他勤练书法，常在此池中洗笔砚，年深日久，将池水都染黑了。池中有四角方亭，名曰"墨华亭"。亭出水中，有宋一代人水殿之意，更为他处所无。南北两端有石板小桥相通，池两侧的回廊壁上，镶嵌着《兰亭集序》多种版本的刻石，为历代书法家临摹书圣的遗墨。浏览这些碑刻，人们会感到这些模仿之作尚且有如此精深的工力，王羲之本人的书法更是达到登峰造极的境界了。右军祠正中，是一幅王羲之爱鹅构想图。两侧对联曰："毕生寄迹在山水，列坐放言无古今。"表达了书圣无意仕途、放迹山水的旷达性格。现在右军祠是举行中外书法交流活动的场地，著名的"兰亭书会"也在此成立。流觞曲水,翰墨芳香,令人回味无穷。

御碑亭　在流觞亭之西。碑高6.8米,宽2.6米,厚0.4米,据说重达1.8万公斤之多。碑的正面镌刻清康熙帝临摹的《兰亭集序》全文;碑之背面为清乾隆帝书写的《兰亭即事》七律一首,诗云:"向慕山阴镜里行,清游得胜惬平生。风华自昔称佳地,觞咏于今纪盛名。竹重春烟偏澹荡,花迟禊日尚敷荣。临池留得龙跳法,聚讼千秋不易评。"此诗表达了这位遍游全国胜迹的皇帝对兰亭的倾慕之情。御碑四周及顶额、底部都雕有龙、凤、牡丹、祥云等图案,雕工精细,造型生动优美。

大禹陵　位于浙江省绍兴市稽山门外会稽山麓,是一座规模宏大的寺庙园林。它包括禹陵、禹庙等古典风格的建筑群及其他古迹和庭园。

大禹是中华民族传说中的治水英雄。在大地洪荒的远古年代,他栉风沐雨,含辛茹苦,率领民众与水患作斗争。通山川,疏江河,历经十数年终于大功告成。相传大禹"巡狩大越"病故后,葬于会稽山下。禹陵即为大禹葬地。禹陵坐东朝西,高地平展一条用青石铺成的长长甬道,甬道尽头为大禹陵碑亭。亭系明代嘉靖年间的郡守南大吉所立。禹陵古称"禹穴",就在碑亭的附近。古籍《越绝书》称禹的墓址"穿圹七尺,上无漏泄,下无积水。坛高三尺,土阶三等,延袤一亩"。如今的墓地地形与书中描绘的情况相当接近。碑亭左有禹穴辨碑亭,右有咸若亭。《禹穴辨》是考证大禹葬地的文章,为"西泠八家"之一、清代浙派篆刻的创始人丁敬所作。

禹陵碑亭四周古槐蟠郁,松竹交翠,四季常青的茶丛吐露清香。在这一片苍翠之中,禹庙的五进殿宇高高耸立,分外醒目。千百年来,禹陵和禹庙一直是游览胜地,我国古代许多文人学士,如李白、元稹、陆游、徐渭等都曾登临此处,兴感抒怀,赋诗咏唱。

禹庙　紧靠禹陵。相传最早是禹的儿子启所建。现存的禹庙始建于梁大同十一年(545)。以后又几经倾圮和修葺,禹庙的主体结构保持着清代早期的建筑风格。禹庙门口有座石栅亭,内竖岣嵝碑,又称禹王碑。中轴线上有午门、祭厅、正殿三进,顺山势逐渐升高。殿前铺设石阶,称百步金阶。登上金阶就是祭厅,是历代祭祀大禹的地方。左右置东、西两庑,放置历代歌颂大禹功绩的碑石。正殿高24米,重檐歇山顶,画栋雕梁,金碧辉煌。大殿屋脊上塑有游龙、逆龙、凤凰,是绍兴地区特有的石灰堆砌工艺。那逆龙背上插着利剑的造型,使人想起大禹这位治水英雄与洪水作殊死搏斗的情景。大殿正中平台上,塑有大禹立像,高6米,身着黑底朱雀双龙华衮,双手捧圭;冕旒之下,面部充满忧国忧民之情。立像背后绘制了九把斧凿,象征着大禹疏通九河的千秋功绩。像前楹柱上书"江淮河汉思明德,精一危微见道心"一联。大殿前左侧,有御碑亭,碑文系清乾隆所书。大殿东南坡上有著名的窆石亭,状若秤锤的窆石,传为禹下葬时所用。禹庙周围群山叠叠,岚影环抱;庙宇高甍飞檐,红墙四围,气象奇伟。

窆石亭 位于禹庙大殿东侧坡地上。石上覆亭,石呈圆锥状秤锤形,高206米,底围2.30米,上小下大,顶端处有一碗大的圆孔。传说这块"窆石"是大禹下葬时使用的一种工具;也有另一说是下葬后的镇石,即陵墓所在的标志,所以认为这块窆石下才是大禹真正的葬地。这块奇石引起人们对这位远古英雄的追念,虽然它的作用至今还是一个谜。窆石四周刻有不少文字,按其内容可分为篆书刻辞原文、后人题咏和题名。由于年代久远,有些文字早已模糊,而篆书刻辞尤难辨认。从宋时直到清代有不少金石考古学家,如王顺伯、翁方纲、阮元、俞樾等都对它作过考证。近代鲁迅也曾撰写了《会稽禹庙窆石考》,对窆石题字、时代和形制等作了辨析和考证,认为窆石即为"碣",乃古代刻石的一种。他还断定篆文刻于三国孙吴时代,至今已有一千七百多年的历史。窆石上刻有龙朝夫的题诗,诗曰:"沐雨栉风无暇日,胼胝还见圣功劳。古柏参天表元气,梅梁赴海作波涛。至今遗迹衣冠在,长使空山魑魅号。欲觅冢陵寻窆石,山僧为我剪蓬蒿。"石上的后人题名,以宋代"会稽令赵与升来游,男孟握侍"和元代"员峤真逸来游,皇庆元年八月八日"最为著称。近代绍兴著名书法家徐生翁在窆石上的题字曰:"会稽山万古,此石万古。"窆石长年累月因经人反复抚摸而变得很光滑。窆石亭旁立有石碑两方,上书"石纽""禹穴"。传说大禹生于西羌石纽村,葬于会稽,故有此两碑。

岣嵝碑 又名禹王碑,在大禹庙东西辕门之间。碑上所刻文字怪异,至今不能完全确认。唐代著名文学家韩愈曾有诗描写碑字的形状:"科斗拳身薤倒披,鸾飘凤泊拿虎螭。"据说此碑为夏禹治水时所书刻,其实这是谬传。碑的内容虽是治水,但字体与词句都比殷商甲骨文进步,与金文略相仿佛。从岣嵝碑的字形和词句判断,可能是后人为了纪念大禹功绩而作。岣嵝碑的文字原刻在湖南衡山云密峰。因衡山又名岣嵝山,故名。明嘉靖二十年(1541)冬,绍兴知府张明道得到岳麓书院的拓本,将其重新摹刻于石上,置于禹庙,并筑石亭石栏加以保护,这就是绍兴岣嵝碑的来历。它为禹庙增添了盎然古意,并留下碑文之谜供游人寻味。

天一阁 位于浙江省宁波市内月湖之西,占地面积近万平方米,是我国现存最古老的藏书楼。清乾隆时著名学者阮元曾说："范氏天一阁,自明至今数百年,海内藏书之家,惟此岿然独存。"

天一阁建于明代嘉靖四十年至四十五年(1561—1566)之间,至今已有四百余年历史。创建人范钦(号东明),嘉靖十一年(1532)进士,做过工部员外郎、随州知州、袁州知府,其后又在江西、广西、云南、陕西、河南、福建、广东等地任地方官,足迹遍及大半个中国。他平生酷爱读书,每到一地必广泛搜集书籍,对当地的公私刻本及无法买到之书,则雇人抄录,经史百家兼收并蓄。其中尤以地方志占很大比重,此外还搜集了许多珍贵的碑帖拓本等。嘉靖四十年(1561),范钦官至兵部右侍郎,因与权臣严嵩父子不合,为避祸计,告老还乡,居宁波湖西,以读书、藏书自娱。他和当时著名书法家、藏书家丰坊(南禺)时相过从。丰家有万卷楼藏书极丰,不幸失火,珍藏图书烟灭大半。剩余部分,就转让给了范钦,并以刚劲的书法写下了"碧沚园,丰氏宅,售与范侍郎为业,南禺笔"几行墨宝。从此,范钦的藏书更加丰富了。当时苏州太仓有位藏书家王世贞,与范钦互相仰慕,凡属罕见之书,均与之交换抄录,使范钦又增加了不少善本。

藏书最怕火,次怕流散。范钦有鉴于此,就将其原来藏书处"东明草堂",改建为"天一阁"。这是他根据《易经》"天一生水,地六成之"的说法,取以水制火之义。书楼的结构也由他自己精心设计:楼上一大通间,排列书橱,不置隔墙,空气疏通,干燥明亮;楼下并排分六间,含"天一""地六"之义。书楼与住宅房屋不相毗连,远离火烛,严禁烟火入阁;又在阁前开凿一池,名"天一池",暗通月湖,蓄水备用,实为防火之具体措施。宁波原有数家藏书皆毁于火,或因子孙分支保存不善,未经几代就流散了。范钦暮年,唤两房儿子到榻前,他把遗产分成两份:一是白银万两,一是全部藏书,问他们谁要银子谁要书。结果大儿范大冲继承了藏书,并遵老父之嘱,决定"代不分书,书不出阁"。又拨定部分良田,将收入作为保养书楼之经费。范氏为保护图书,煞费苦心。明末清初思想家黄宗羲看了天一阁藏书后,感叹道:"尝叹读书难,藏书尤难,藏之久而不散,则难之难矣!"表达了这位大学问家对精心保存古籍的范钦由衷的赞赏之意。清乾隆三十七年(1772),开修《四库全书》,令全国藏书家提供珍本书籍,以供选编。天一阁共献书638种,为全国之冠。乾隆特赏赐《古今图书集成》一部,以志嘉奖。清高宗弘历(乾隆)久闻天一阁之名,在营造放置《四库全书》的书楼时,指派杭州织造寅著到天一阁考察阁的建筑格式规模,测绘图样。其后分列全国的文渊、文澜、文津、文汇、文源、文宗、文溯七大阁,皆仿天一阁而建。从此天一阁更是誉满天下了。

天一阁原有藏书7万多卷，均系宋明的木刻本和手抄本，有的是稀有的珍本和孤本。有明代的地方志、政书、实录、明人诗文集及历科试录（即科举题名录），还有各种碑帖名画等。由于历代的刀兵之劫、官宦勒索、帝国主义分子的掠夺、盗贼的偷卖等原因，散失惨重。据民国时期统计，仅《地方志》损失就有16000部。到了20世纪40年代末，天一阁藏书只剩13000余卷，其中不少还残缺不全。宁波解放时，周恩来曾在一次会议上指示南下大军，要保护好宁波天一阁。1949年后，天一阁被列为浙江省重点文物保护单位。管理部门不仅想方设法搜集散失在各地的原藏书，还陆续增添了由当地藏家捐献及征集购得的珍贵书籍。如张季言"樵斋"藏书五万卷，冯孟颛"伏跗室"藏书，朱赞卿"别宥斋"藏书，孙翔熊"蜗寄庐"藏书，杨容林"清坊阁"藏书均在万卷以上，先后赠送给天一阁。目前天一阁藏书已有40余万卷之多，阁藏善本达8万册。其中独具特色、为全国各大图书馆所少见的有两大类：一是明嘉靖年间刻印的全国各地方志274种，另一是明朝乡试、会试登科录411册。这些古籍都是研究古代（尤其是明朝）历史、胜地、人物、风俗，以及各地气象、水文、地质、矿产等的宝贵资料。此外，还保存着不少名贵的手抄本，如明代正德年间吴琉撰辑的大型类书《三才广志》蓝格手抄本（此书原有1184卷237本，现存75本），据说《三才广志》从未刻印过，至今也未发现第二部手抄本；又如汲古阁影宋抄本《集韵》等，阮元称赞它为"稀世之珍"，段玉裁誉之为"此书尤精乎精者也"，都是珍品。

近年来，由于天一阁的古籍和文物日见丰富，国内外各地前来查考文献的专家学者和旅游参观的人越来越多，因此又在东首开辟了一座宽敞的花园，名为"东园"；西首新建了一幢具有民族风格的书库和陈列室，使其总面积扩展为1万平方米，古阁增添了新的光彩，更见奇伟。

天一阁的总貌可以用郭沫若1962年10月来阁时创作的一首诗来概括："明州天一富藏书，福地琅嬛信不虚。历劫仅存五分一，至今犹有万卷余。林泉雅洁多奇石，楼阁清癯类硕儒。地六成之逢解放，人民珍惜胜明珠。"

天一池 天一阁不仅以中国最古老的藏书楼称誉海外，而且还以幽美的园林艺术闻名江南。原来范钦在营建藏书楼时，就在楼前开凿一方水池，名为"天一池"。池上垒石为山，环植竹木；池水经暗沟与月湖连通，如遇意外，可以引水灭火，既美观又实用。到了清康熙四年（1665），范钦曾孙范光文将书楼前后花园，又作精心安排：山高水低，盘陀起伏，曲径通幽，引人入胜。此园在半亩土地上，集江南园林之秀，可说是独步四明。其间山石的堆砌、花草的袅绕、松竹的栽植、亭榭的布局，都辐辏藏书楼,形成耐人寻味的独特景致。高处奇峰峻峭,低处回流倒旋;上设山亭,下置水榭;岸上古木苍劲,亭边翠竹摇曳;池边芳草萋萋,水中游鱼阵阵。从山顶俯视天一池,有长石如象鼻伸入池中吸水;全座假山堆福、禄、寿三个字形,还有九狮嬉戏其间。虽方寸之地,却移步换景。结构疏疏密密,色彩浓浓淡淡,组成一幅立体的美术杰作。阁后假山,又是一种姿态,山上用鹅卵石铺成小径,参天古木,蓊翳于上,奇石修竹,罗列其间。下有山洞,左右前后,曲折相通。

后假山全景是五狮献剑:当中一只大狮,口含宝剑;两旁四只小狮,神情宛然。山旁又有一水池,清澈见底,山色倒映水中,颇有"云间东岭千寻出,树里南湖一片明"之味。

明州碑林 林额为书法家钱太希所书,内为集中在天一阁后的许多名贵的石刻,都是从宁波市各地发现的古碑,共八十多块。计有宋碑七方,元碑十六方,明碑三十四方,其余悉为清碑。前假山墙上所嵌的石刻,是天一阁原藏之物,如泰山石刻二十九字(为秦朝李斯所写小篆)、明丰坊临王羲之《兰亭集序》石刻、丰坊正书《大悲咒》和《大慧礼拜观音文》石刻、丰坊古篆序论和范钦题跋石刻。西边一块残碑,是重修天一阁时从天一池中掘出的宋朝新建大报功祠碑记,文中有韩世忠的名字;右边一块是摹仿清光绪八年(1882)祝永清所绘的天一阁图;左面一块是新绘的天一阁南亭榭图;东面残碑三块是明万历年间宁波府委经历典守廒仓告示碑,也是从天一池中掘出的。假山东墙嵌有明末忠臣陈良谟和烈士钱肃乐、张苍水三人的题字,以及清黄定文跋和黄宗炎撰全祖望附记石刻五块。至于后墙上和地上的古碑,都是从别处移来的,最古老的是宋嘉祐四年(1059)宋故天水郡赵隐君墓志铭,最近的一直到清光绪二十四年(1898)修建的宁波府儒学碑。有的虽与天一阁无关,但都有一定的历史价值。

东园 原是天一阁东南面的一片荒地,与天一池仅有一墙之隔,面积约6000平方米。为了保存古物和适应旅游者的需要,天一阁从1960年之后,陆续平整土地,修理道路,种植花木。又从市郊移来两座石亭并石马、石虎和铁牛等,将其放置其间。1974年,又搜集了碑石数十方,嵌入新筑的围墙上,此地初具园林规模。1982年起,移建清末硬山式木结构平屋和歇山式平屋各一幢,室内陈列明清法帖石刻和名家书画。又在园中挖土成池,堆土为山。山水之间有曲陌相连,溪上架以石桥,造景幽美。池名"明池",广约1300平方米,蓄水量比天一池大十倍。此园于1986年竣工开放,定名为"东园"。因园在阁之"东",池名为"明",含有纪念"东明山人范钦"的意思。入阁参观者至此,或独步幽篁里,或欣赏花丛间,或少憩于石亭,或徜徉在池边,更可领略江南园林清逸秀丽的风貌和宁波古代文化的遗存。

北库 随着天一阁图书的增加,同时慕名前来查阅文献资料的学者愈来愈多,于是在阁之北面,建造了一幢钢筋混凝土结构的一列三层楼房,使用面积980平方米,可储存三十万卷古书。在设计时,特别注意凸显天一阁古建筑的优点:方向朝南,前后开窗,二楼和三楼各通为一间,以利透风防潮;屋顶"人"字形,以利散热;两旁砖墙作壁,以利防火;室内硬质纤维板,以利防尘;外部装饰小青瓦屋顶和马头墙,具有当地民间建筑的朴素风格。新书库建成于1981年2月,定名为北库,与明州碑林并列。从宝书楼到尊经阁,从明州碑林到北库,均有石路可通,沿路绿树成荫,清雅古朴。北库底层设有图书阅览室,窗明几净,环境幽静,确实是一个读书的好地方。

包公祠园 即包河公园,位于安徽省合肥市中心区的南侧,原为旧城城濠,"包河"之名,得自于宋代著名清官包拯。相传包拯为官清廉自持,刚正不阿,又为宋仁宗找到了亲生母亲李太后,仁宗执意要赐半个庐州给他,包拯只领受了城南一段护城河,并告示子孙:河,不好分,不好卖,不准争产相斗,只准种藕养鱼,安分而守。年复一年,河内荷花盛开,鲫鱼肥美。当地民谚传曰:包河鲫鱼背呈黑色,象征包公的铮铮铁骨;红花藕藕节细长,脆嫩无丝,象征包公的刚正无私("丝"与"私"谐音)。

包河之中旧有香花墩,上建包公祠;隔河南岸,新建有包公墓园;另有众多胜迹沿河而设,目前,已成为合肥市环城公园绿色项链上的一个重要景区。这里风景优美,林深树密,曲桥通幽径,亭台连水榭,依依杨柳,漫漫荧荷,是合肥市一处著名的古迹纪念园林。

包公祠 在合肥市包河中的香花墩上。清李恩绶《香花墩志》载:"包河之中香花墩,为包拯读书处,亦称包公墩。"清嘉庆《合肥县志》和光绪《续修庐州府志》载:城南濠水中旧有寺宇,明弘治年间,知府宋鉴将其改建为"包公书院",命包公后裔在此读书。嘉靖十八年(1539),御史杨瞻再改书院为"包孝肃公祠",重新修整。清嘉庆、光绪年间也曾重修。

包公祠由正殿、回澜轩、清心亭、流芳亭、直道坊、东轩等建筑组成。正殿为包公享堂,堂中祀包公塑像和石刻像各一尊。石像为清代所刻,塑像为1979年重修时所建。塑像高约3米,冠带朝服,坐北面南,双手扶椅,气宇轩昂,肃肃然作同案状。塑像两旁有楹联,其一为:"照耀千秋,念当年,铁面冰心建谠言,不希后福;闻风百世,至今日,妇人孺子颂清官,只有先生。"回澜轩在正殿以西,东、北临水,古时为官绅士宦、文人墨客避暑饮宴之处。清心亭、直道坊取包拯《书郡斋壁》诗"清心为治本,直道是身谋"句意。回廊环绕正殿前后左右,廊内立有石碑,镌刻有晚清权臣、合肥人李鸿章《重修包孝肃公祠记》。祠东有井亭,亭内有井,名"廉泉"。祠西厢房设有文物陈列室,有碑刻包公《家训》:"后世子孙仕官有犯赃滥者,不得放归本家。亡殁之后,不得葬于大茔之中。不从吾志,非吾子孙也。"

包公祠四面水环树绕,极为幽静肃穆,尽管游览者终日不绝,但进祠之后,无人喧哗,人们静静地瞻仰包公塑像,领略包公风范,在参观游览之际,均会情不自禁地对中华文明史上这位清官抚顺安良、刚正不阿、正直无私的品德生出无限崇敬之心。

廉泉 在合肥市包河公园内的包公祠东侧,又名"龙井""廉井""包公井"。井上有亭,亭间雕龙,倒映井中,如金龙戏水。

据传,此井为包公所留。为了示范后人,包公取"官清如水"之意,并立下大愿:凡为官者饮此水,赃、廉立判——赃者如饮毒酒,廉者如饮甘露。

清朝咸丰年间,举人李国衡作《井亭记》,说到一个传说故事:某人至合肥任知府,不相信井水能判官身的清浊,于是来此饮井水,刚喝上一口,立即头痛,而且越来越厉害,如炸如裂,抱头呼叫,供出自己贪赃不法的前事。不几天,满街议论,他不敢在包公的家乡做官,便悄悄地溜了。

廉泉井,折射出包公的堂堂正气、无私胸襟,也反映出老百姓对赃官的痛恨和对清官的赞颂。作为包公祠的一景,它积淀了许多深刻的政治、文化内涵,给人们以众多的启示。

包拯墓园 在包河南岸,与包公祠相对。包拯于北宋嘉祐七年(1062)病故于开封,安葬在故里合肥东郊大兴集。为了更好地接受保护,1987年,包拯墓园被合肥市人民政府迁建于此。墓园由主墓区、附葬区和管理区组成。主墓区为一组带有宋代建筑风格的院落。建筑布局因地制宜,随势起落。沿中轴线而进,有高丈余的整块花岗石石碑,上刻重建包拯墓园碑记;有高4.2米、宽10.5米的大型照壁;有标表等级的子母双石阙;穿过双阙便是神门、望柱、墓前石刻群、享堂、包拯主墓、墓室、附葬区等。墓园周围有神墙围护,内有神道贯通。各院落的神门、侧门或角门之间,皆有平台相通连接;整个建筑群规正严谨,带有象征包拯刚直不阿秉性的寓意。满园苍松翠柏,碧草如茵,古朴幽静。专供祭祀的享堂,规模最大,飞檐翘角,红柱灰瓦,二十根整木大柱矗立,挑昂布斗,列椽接梁,享堂内设有神龛正中安放着包拯像。神龛上方置有"为政者师"等匾额，楹柱上雕有楹联，气氛肃穆诚敬。拾级而下可入墓室，墓道内有仿古灯具、嵌壁碑刻等，墓室入口有厚重的石门，门前正中有包拯墓志铭，石门内安放着存有包公遗骨的金丝楠木棺具。包拯墓园重建后，已成为合肥市游人不绝的凭吊胜地。

教弩台 又称曹操点将台、明教台。位于合肥市区淮河路东段、逍遥津公园南面，高近 5 米，面积 3734 平方米，略呈正方形。

三国时，魏将张辽在逍遥津大败孙权，次年（216），曹操西征张鲁后东归，途经合肥。他在战场巡视时，看到此处为淝水与津水交汇的三角洲，南距淝水仅 50 米，东距津水、北距逍遥津均只百余米，全在强弩射程范围之内，而西去 4 千米，即是合肥城，是防卫的前哨阵地。于是，这位雄才大略的军事家，以其吞吐东吴之志，将这里选作防守江淮的战略要地，下令在此堆土筑台。土台四周陡峭，便筑起三十八级台阶，连通上下。战时，登台可以瞭望敌情、调兵遣将、指挥作战。在野平天旷的合肥地区，此台的构筑，军事上的意义十分明显。曹操又下令挑选 500 名强弩手，编成军阵，在此练习射箭，准备抵御吴军的进攻。台上有供饮水的"屋上井"和松树环绕的休憩之所听松阁。

教弩台上有古寺，始建于公元六世纪的梁武帝时期，名"铁佛寺"，后经隋末动乱而荒废。唐大历年间（766—779），有人于台上掘得铁佛一尊，高 5.94 米，庐州刺史裴绢奏明朝廷，代宗皇帝李豫下诏于台上重建寺院，定名为"明教院"。明代改称为"明教寺"，沿用至今。所以，教弩台也被称作"明教台"。唐人吴资曾作五言诗纪事："曹公教弩台，今为比丘寺。东门小河桥，曾飞吴主骑。"点明了教弩台、明教寺的历史及相互关系。

明教寺屡经兴废。清咸丰三年（1853），复毁于战火。现存庙宇，是太平天国遗老袁宏谟所建。据碑载，袁氏原为太平天国将领，起义失败后，感于"英雄气短，佛海春长"，愤然出家，披剃于肥西紫蓬山西庐寺，取法号通圆，后参禅于明教寺。他矢志重建该寺，浪迹天涯，四方募化，历经十余年苦行，终于在光绪十一年（1885）完成夙愿。现在的大殿和后殿仍保留原建筑风貌。20 世纪初，复有赛陀、三根和尚改造大山门、重建藏经阁之举，并为佛像装金。

明教寺在 20 世纪 60 年代末遭受严重破坏，除了殿宇幸存外，佛经、佛像均荡然无存。1980 年后，人民政府拨专款翻新庙宇。北京市宗教部门赠送明代铸造的铜佛五尊；寺内又添制观音、地藏等佛像三十二尊，并全部装金，还订购了全套新版的《中华大藏经》万卷，古寺又焕发出青春。现在教弩台已被列为安徽省重点文物保护单位。

屋上井 教弩台上有屋上井，井在大殿左侧，以井口高出附近街道平房屋脊而得名。原为魏军汲水用井，俯身下望，能见井水，水位比地面水位高出许多，使人迷惑不解。水味甘美，四季不竭。晋代曾对井栏井壁加以整修，井口石栏上刻有"泰始四年殿中司马夏侯胜造"十二字隶书，为公元 268 年遗迹。井圈石色青润，圈口长期为井绳磨擦，勒成二十三条深沟，光亮如玉，朴质古老，堪为漫长岁月的见证。游人来此，无不手抚指摸，遥思曹营当年的军旅生涯。

听松阁 在台上东南隅。当年，曹操设此台为的是教射强弩，弓手露天而习，炎炎赤日下难当酷热，大汗淋漓，于是便在台上遍植松树，以遮荫消暑。年长日久，就变成松涛阵阵的荫凉之地。后人于此建阁，取名为"听松"。"教弩松荫"被列为"庐阳八景"之一。阁上撰有楹联："教弩耸高台不为炎刘消劫难，听松来远客谁从古佛识真如。"过去，登临阁上，可以俯瞰全城，远见墟烟如带，渔火摇红，顿生"登临收楚越，吞吐尽江淮"之感。

逍遥津 在今安徽省合肥市中心。古为淝水上的渡口，有津桥可渡，以《庄子》名篇《逍遥游》中的"逍遥"二字命名。东汉末年，三国鼎立，吴主孙权率十万大军围攻曹魏重镇合肥，合肥守将张辽以七千兵抵御。张辽不惧强敌，亲率八百勇士，夜袭逍遥津北的吴营，孙权与甘宁逃至逍遥津桥，桥板已被拆除，孙权乘骏马飞跃淝水，终于脱险而去。逍遥津桥由此被称为"飞骑桥"。古典名著长篇小说《三国演义》里描写的"张辽威震逍遥津"，即由此而来。

现逍遥津已被辟为传统式的古典主题公园，占地约 31 公顷，分为东西两园。东园以陆地为主，有花圃、茶舍和临水建造的水榭长廊；西园以水面为中心，内有小岛、湖心亭、水榭轩、园中园等，园中渠道纵横，碧波荡漾，拱桥曲岸、亭榭小筑掩映在桃红柳绿、修竹茂林之中。逍遥津已成为合肥的游览胜地。

张辽冢 在合肥逍遥津西园内。张辽，三国时曹魏大将，被曹操派驻屯守合肥。吴主孙权率军十万围攻合肥，魏军仅有七千人应敌。张辽临危不惧，身先士卒，冲锋陷阵，挡者披靡，使吴兵闻风丧胆。孙权在逍遥津北被围，仅有凌统三百骑护战，仓皇飞越小师桥，跳过津南逃命。吴军各将在张辽威猛而又神出鬼没的打击下，均告溃败。从此江南人人胆寒，闻张辽大名，小儿也不敢夜啼。张辽死后，相传人葬其衣冠于逍遥津西园水渚中，今人游览至此，面对一抔黄土，凭吊千古英雄,春风秋月,倍添浪花淘尽、浊酒笑谈之慨。

吴敬梓故居　　在安徽省滁州市全椒县城襄河镇城北河湾,为吴敬梓曾祖吴国对所建,因吴国对为清顺治戊戌(1658)一甲三名进士(俗称探花),故此宅又称探花第,又因此宅后花园名"遗园",故此宅也称"遗园"。

吴敬梓(1701—1754),字敏轩,晚号文木老人,安徽全椒人,著名小说《儒林外史》的作者。吴氏先祖居全椒程家市乡间的梅花陇下山吴村,旧居名"西墅草堂",顺治十五年(1658),吴国对中一甲第三名进士,很受顺治皇帝的赏识,授翰林院编修,又迁翰林院侍读、国子监司业等职。于是卜地,于全椒城北门外、拖板桥西的河湾街兴建府第。第宅有十多进房屋,大门两旁竖有双对旗杆,门前临襄河,后有园。因地处郊野,大概取"远我遗世情""遗世而独立"之意而名之"遗园"。州门涧(一说"舟门涧")流经园北,又引流入园造景,园内溪水萦回,楼台亭榭,柳岸花田,风景秀丽,著名的赐书楼也置于园内。园前的宅第宽大而开阔,以雕龙画凤的探花宫为主体的建筑群,雍容华贵,雄姿夺目,与景色秀丽的园林形成对比。隔河相望,城内西南隅的襄河边,有吴国对胞弟吴国龙的远园。吴国龙为明崇祯癸未科(1643)进士,官授户部主事。入清后,顺治帝召见并授工部给事中,后改河南道御史,转礼科掌印给事中。吴国龙取陶诗"结庐在人境,而无车马喧。问君何能尔,心远地自偏"之意而建远园。远园小而精美,玲珑别致,与遗园像两颗耀眼的明珠,镶嵌在襄河两岸,对峙耸立,遥相呼应。遗园后北面的走马岗上,建有元武阁(俗称北极阁),南与笔峰(山)相望。雕梁画栋,秀出林表,邑人游宴,均到元武阁,称盛一时。现я遗址"高丈余,广数丈,皆巨砖砌成"。《儒林外史》四十七回中"虞秀才重修元武阁"即指此。清康熙四十年(1701)夏,吴敬梓出生于探花第。以后,遗园是他生活之所,远园是他和从堂兄吴檠等人饮酒赋诗之处,而元武阁则为他与友人经常登临游弋的胜地。雍正二年(1724),吴敬梓守孝遗园,并作《遗园四首》。但此时的遗园已非昔日气象。家道衰败,遗园颓废。据程晋芳《文木先生传》记载:敬梓"素不习治生,性复豪上,遇贫即施,偕文士往还,倾酒歌呼,穷日夜,不数年而产尽矣"。雍正癸丑年(1733)二月,吴敬梓舍弃遗园,迁居南京,开始了他流寓客居的生涯。

咸丰八年(1858)三月,太平军攻入全椒城,清军顽抗,大批建筑毁于兵火。遗园、远园、元武阁皆遭此劫,遗园仅存门前四座旗杆的基石。

为了纪念吴敬梓这位文化名人,县政府于20世纪50年代末,曾于城南平顶山筹建了吴敬梓纪念馆。后该馆被改作他用,征品亦有所散佚。

1984年10月,在吴氏故居附近的元武阁旧址上重新建馆,翌年底竣工。新馆占地面积为5000平方米,建筑面积为一千余平方米,仿照明清风格,以门厅、过厅、正厅为中轴线对称布局,并用廊庑衔接。厅四周以及庭院中,移花栽竹,布置园林,生气葱茏,环境优美,第三级平台和过厅分别建有汉白玉栏杆,正厅、两庑和回廊各施以生漆木雕工艺。该馆建筑雄伟,翘角飞檐,两庑玲珑,雕梁画栋,气势庄严,古朴典雅,既有南方园林之秀,又有北方古建筑之雄。门厅上方,镶嵌着国画大师刘海粟亲笔题写的馆名。过厅正中矗立着巨型石碑,碑阳刻着鲁迅先生对《儒林外史》的评价:"迨吴敬梓《儒林外史》出,乃秉持公心,指摘时弊,机锋所向,尤在士林;其文又戚而能谐,婉而多讽:于是说部中乃始有足称讽刺之书。"碑阴刻着《吴敬梓传》。正厅塑有吴敬梓坐像。馆内陈列着《儒林外史》《文木山房集》的各种版本和"蘧园石刻""默岩手稿"等吴氏家珍,还有中外名流、学者、书画家、地方人士的题词、画像、字、画、诗词、金石以及有关研究资料、论文等。

米公祠 位于安徽省无为市无城镇西北隅米公祠街12号,园林现占地约三十亩,是闻名全国的、古老的纪念园林之一。园址建于宋大观元年(1107),为宋代著名书画家米芾所建的宝晋斋遗址。现为无为县图书馆、无为县文物管理所所在地。

旧时的米公祠有诗曰:"瓣香人共敬,应数此邦中。老更文章著,颠原政事通。英光存庙貌,图像绘神工。仰止清风拂,高攀槛外桐。"时代变迁,原米公祠大部分设施、建筑已不复存在。经历代修葺,现存的园林大部分为明清后所建。全园古朴精巧,人文古迹集中,是一处清雅的文人纪念园。园大致分为三个部分,园南为雄伟端庄、琉璃飞翠的三层楼阁,为无为县图书馆劝学楼。此楼复建于1984年,屋顶呈四角形,飞檐翘角,十分壮观。1990年10月著名版本目录学家顾廷龙先生来馆视察时,亲笔题名并书匾额。

园北为无为县图书馆藏书楼及办公所在地。该馆建于1923年,是安徽省最早建立的图书馆之一,历史悠久,馆藏丰富,藏书达十四余万册,其中古籍书逾四万,藏有历代名家法帖、拓片,米芾晚年杰作《章吉老墓表》,古字画、《古今图书集成》《四部丛刊》《四部备要》《四库全书》、宗谱、地方文献等。

园中即原宝晋斋遗址,有宋米芾所建的投砚亭、墨池,清顾浩所浚的杏花泉井等。并建有碑廊,壁间嵌有历代古碑,1951年,无为县长潘效安请人将原刘兼璋有裴斋内105方自唐至清历代名家碑刻集运到图书馆,嵌于墙壁四周供欣赏。内有米芾行草书"墨池"两个大字、大篆《宋真宗御制文宣王赞》、米芾最早的书法《题李龙眠画》、米芾《白菜画》以及苏轼、黄庭坚、蔡襄、唐寅等名家碑刻,是安徽省最大、最集中而最罕见的碑林,闻名全国,深为国内外游人所赞羡。整座祠园古木交柯,松柏森森,新篁摇风,玉兰飘香。绿丛中又点缀着米芾所钟爱的铁山、祭拜的砚,使这座古园如画的自然景中,充满着沁人的文意。

宝晋斋 在祠园中部,原为宋米芾建造以蓄晋人书法之处。米芾崇宁三年(1104)知无为军,大观元年(1107)去任。在任期间,米芾以所藏晋人书法刻了一本《宝晋斋法帖》,流传于世。《清河书画舫》辑有《米南宫秘玩目》,根据《书史》《画史》,此目录只载米芾几十件"铭心绝品",其中书法以蓄王羲之《桓公破羌帖》(简称《破羌帖》)、谢安《八月五日帖》(又称《慰问帖》)和王献之《十二月帖》为主;名画以顾恺之的名画《净名天女》(即《维摩天女飞仙》)、戴逵《观音》为主。米芾将上述晋人手迹于崇宁三年(1104)勒石州廨,自命斋名曰"宝晋斋"。宝晋斋自建至今900年。斋初有聚山阁,观群山之巅,蜿蜒起伏。小池与墨池相逼,两汪池水,小桥横贯,水心亭在墨池中央。清风徐引,池水荡漾,禽声嘈嘈,又植杨柳、梧桐数十株,为文人墨客栖聚场所。米芾或邀友于亭上,一吐为快;或尽兴泼墨,虽风流文采万万不得,神情恬适,尘俗消散,顿忘身在宦海之中。宝晋斋后遭兵火,碑石俱没,历代相继修葺。

清乾隆三十九年(1774),州守张峤摹刻陈洪绶所画《南宫拜石图》于石,并为题识,碑立祠左。是年暑,州守琨玉修祠,建有书画舫、香月亭及宝晋斋、拜石轩,记自书勒石。现存的"宝晋斋"三个大字碑刻即琨玉手笔,雄浑苍劲。嘉庆元年(1796),州守顾浩修葺题额。有诗云:"米公生平书绝伦,风樯阵马动八根。"建红雨亭,植杏树、桃树数十株,栽竹数十竿,养鱼数百尾。修红雨亭时,掘出一石似人形,传即是当年米公的"拜石"。

投砚亭　墨池 均在米芾宝晋斋内,系米芾北宋大观元年(1107)所建。投砚亭又称水心亭,为四根柱子的六角小瓦亭;墨池环绕四周,在宝晋斋中央,占地约三亩。初为米芾读书小憩场所,每暇,则临池挥洒自如草书"墨池"两大字,植于池畔。适逢蛙声鼓噪不辍,米芾随即书"止"字,裹砚投之,蛙声遂止。而翌日池水亦成墨色,此即"投砚止蛙"之传说,亭、池也因此而得名。

宝晋斋连同投砚亭后遭战乱兵燹毁坏,米芾所临宝晋斋诸帖悉漫漶存亡,独"墨池"两字碑尚存,但有断裂,明嘉靖癸丑(1553),万安朱君麟得之于颓垣之下。

明万历初池溢咽塞,朱君少华唐郡相遇鸠江,聚材重构而稍修葺,池之堤更砌以石,池之中为水心亭,架小桥以贯通,又积土垒石,于小山植米公"墨池"碑。池水荡漾,与亭相掩映,天光云影,上下一碧。万历二年(1574),岁甲戌冬十二月,州牧赵范作《重修墨池记》。

清乾隆丙辰(1736),州牧范从辙仲春抵任,即问米公墨池所在,察见桥危水涸,荆榛塞途,摩娑碑碣,喟然长叹。于是,危者植之,涸者浚之,芟除芜秽,补葺修茸,种梅数十株、竹数十竿、芙蓉数本,养鱼千头,有高柳、碧梧、古杏,皆百余年物,浓荫织翠,野鸟自翔,或公事之闲坐卧池上,惬意之极。池右有红雨亭,登高望古塔(宋黄金塔),观风云变幻。墙边有小池与墨池相逼,毗陵张兰隅为之绘图。康熙甲辰(1664)冬火犯尽没。乾隆丙辰(1736)除夕前修葺。州牧范从辙补作《重修墨池记》。嘉庆三年(1798),州牧顾浩补之修葺,并在杏林中浚一井,曰"杏花泉"。

1951年,投砚亭被狂风吹倒,无为县政府修复此亭,县长潘效安作《重修水心亭记》。1992年省文物局、无为县政府又拨款重修投砚亭、墨池。池畔垂柳轻拂,池周小路环绕,可令游人逍遥一游。池水荡漾,花香宜人,松柏葱翠,令人心醉神往。

拜石 现存无为县米公祠宝晋斋遗址内。拜石是米芾著名的轶事,《宋史·本传》《梁溪漫志》均有记载。米元章知无为军,闻无为城楚泽门外约20千米地的河边有一怪石,似人形,人们以为异物而不敢取。米公命车辇数乘移到公廨。石运到后,他惶恐地命设席袍笏拜于庭下,口中念念有词曰:"吾欲见石兄二十年矣!"有诗云:"休讶南宫拜是颠,冰心原同与石坚。欲知狂喜相逢意,一月当天映万川。"米芾每日袍笏拜石,口呼石兄、石友,一时传为美谈。

米芾酷爱异石,在宝晋斋之前,也立有异石,以供清赏。《书异石帖》即记载了这块石峰:"上皇山樵人以异石告,凡八十一穴,状类泗淮山一品石,加秀润焉。因题为'洞天一品石'以丽其八十一数,百夫辇致宝晋斋。后七日,甘露下其石,梧桐、柳、竹、椿、杉、蕉、柔花蕙草无不露也,自五月望至廿六日作此诗时犹未已。"现存的米芾的拜石在宝晋斋内,高约八尺,形状奇特,具有米芾相石的四大特点:瘦、秀、皱、透。

拜石在兵燹中没入土中,清嘉庆元年(1796),州牧顾浩修葺宝晋斋,建鉴亭时在土下复得此石,石似人形,证明是拜石,自建草亭。晚清甲科举人浙江盐运使方六岳,题写"拜石亭"匾额。

米芾爱石成癖,他身为宋人,却冠唐服,真是:"衣冠唐制度,人物晋风流。"米公性高洁,为人自负,一生疯癫的行径和怪癖的举止,多半是恃才傲物,小半是与世不谐,他又不与世俯仰,因而仕途困踬,从不为丢官而后悔。米公好石之由,在于石之高洁,是天地至精之气的凝集,与他自己性相宜也。米芾拜石之雅举,为后世文人所乐道。元倪瓒《云林诗集》中有《题米南宫拜石图》诗:"元章爱砚复爱石,探瑰抉奇久为癖。石兄足拜自写图,乃知颠名不虚得。"直至近代齐白石还作有《拜石图》,可见其影响之深远。

杏花泉 位于米公祠园内,墨池南畔。清嘉庆三年(1798)九月二十四日,州牧顾浩在疏浚墨池时,见有泉水而建于杏林之下。此泉水质好,终年不涸,夏凉冬暖。顾浩曰:"老圃开生面,清泉出墨池。不因疏浚力,安得涌流时。细眼多于藕,浮花瑞若芝。根源仙杏共,应以杏名之。"因而取名为"杏花泉"。

20世纪60年代,此井没入土中,井口被掩盖,种以蔬菜。1984年无为原县图书馆建造"劝学楼",为了保存这个景点,找到井口,尚保存完好。1993年原县文物管理所将井台整修,供游人观赏。

铁山 无为市旧时有"三山六水一分田"之说。三山即铁山、芝山、孔山。无为县形若卧牛,地若飞凤,其孔山、芝山为飞凤两翼。

铁山即陨石,在宋米芾宝晋斋遗址内,现为无为县图书馆西院。重约500公斤,状似磨菇。无为乃船形之地,旧曰"会龙滩",又称"泽国"。相传蛟龙曾聚会此地,为了防止蛟龙作祟,上苍以铁镇之。铁山落地之处即谓"铁山圹",现在宝晋斋北,占地约五亩。

1958年"大跃进"时,此"铁山"曾被投入无为县大江钢铁厂熔炉之中冶炼多日,丝毫未损,后运到县图书馆西院保存至今,成为游人必顾之物。

宝晋斋碑刻 无为市米芾宝晋斋碑刻,几经沧桑,多有散失。今幸存的有米芾行草"墨池"两大字、宋真宗诣阙里米芾所作大篆《宋真宗御制文宣王赞》(又称《御制文》)。米芾是"宋四家"之一,平生书、画都达到了极高的境界,《宋史·本传》说他:"特妙于翰墨,沈著飞翥,得王献之笔意。"米公书法不袭前人之作,以奇险为上,初学颜真卿,后学柳公权、欧阳询,继后又学褚遂良,可谓八家皆全而独创一格。"墨池"为行草,乃米公成就最大的一种。后人评曰:绰约朴茂,气象浑厚,劲健秀媚,精妙庄美。《御制文》为篆书,整座碑刻刚毅、沉着、畅达,进退自如,如此鸿篇佳构,世间稀有。该碑高约五尺,宽两尺有余,原藏在学宫戟门。1949年前为刘兼璋有裴斋之物。1951年迁来米公祠。碑刻除了米公作品外,还有苏轼、黄庭坚、蔡襄、文徵明、唐寅、祝枝山、赵佶、赵孟頫等数十位自唐至清的历代名家的碑刻150多方。

宝纶阁园 位居歙县呈坎村,距现黄山市徽州区14千米,黄山风景区40千米,是徽州建筑艺术最高、规模最宏伟的祠堂园。占地十余亩,明朝嘉靖年间由罗东舒建造,后经族人多次维修,至今保存完好,距今已近五百年,是皖南典型的祠庙纪念园林。

宝纶阁气势轩昂,雕刻精湛,布局工整对称而灵活,风格庄肃而威严,集古、雅、美于一体。祠堂主体坐北朝南,喻示着宗族势力神圣不可侵犯。南界临河,建一照壁隔墙,与粉墙黛瓦、族居房舍隔岸不相重。东侧为集散空间,通祠堂南向入口。从东侧远望,宝纶阁轮廓高低错落,高墙飞宇,与流水、绿树、人家融为一体。全祠分东、中、西三个部分,东部为内院便门通道,既满足功能需要,又使祠堂空间规整中见灵活;西部为次堂之所在,通过花园与一、三进相连,这种格局是徽州明清祠堂的基本格式,是祠堂式园林的典型特征。中部三进两院,进门为午朝门式,六石柱立脚,高过屋顶两尺;柱顶有雕刻精致的石狮,檐内外为十二个六铺作的如意斗拱和挑檐坊。祠门凝重恢宏,强调宗族势力之威严,一进立石柱八根,石柱与木柱皆以雕花装饰,一、二进之间有八丈见方的天井,左右厢房工整对称,厢房前青石栏杆精刻走兽麒麟、戏水飞龙、花卉云纹,院中对植古柏秋桂,雄柏擎天,桂荫蔽地,终年葱郁,满院生机。二进殿宇宽敞宏大,能容三四千人,可见当年族丁之兴旺。正面排方石柱六根,柱础特大,堂中四根立柱,一人难以合抱,殿檐挑出深远,屋顶硕大,正脊高耸,使殿宇显得格外庄重。二进大厅后,又是一座古木森森的庭院,院北立着这座祠堂园的主建筑——宝纶阁。

宝纶阁 位于整座祠堂中路的第三进,是建筑群的主体。崇阁巍峨,层楼高起,二楼檐下挂着吴大鸿手书"宝纶阁"横匾。正厅长28米,进深7.4米,楼下柱高4.3米,檐角飞挑,屋面圆穹,前檐外包月梁举架一层,梁柱间用云朵雕作盘斗,梁柱上和额坊上绘有各种线卷草及云纹,造型优美,绚丽多姿,具有徽州民间彩绘特色。镂空的梁头柱托和设计巧妙的荷花托,充分展示了徽州精湛的木雕艺术。二楼五十四根木柱整齐排列,屋顶阁栅外露,外衬水磨青砖,推窗南望,层峦叠嶂,远山近水尽收眼底,游人临境,仿佛置身艺术殿堂,当心旷神怡。美籍华裔著名活动家安思远先生参观游览了宝纶阁以后,深深被其艺术价值吸引,捐赠50万人民币用于宝纶阁的修复工程,已于1993年11月29日修复峻工,对外开放。宝纶阁具有明代建筑遗风,肃穆深邃,古木掩映,让人惊叹徽州明清时期宗族势力之威严至尊,同时也向人们展示了一种独特的地方文化艺术。

柏桂古木　　宝纶阁一进院内,东植柏西栽桂,按徽州方言,"柏"即"百",寓意长命百岁;"桂"谐音"贵",有暗示花茂多贵子之意。一对古木始栽于宝纶阁营建之初,至今已近五百年,建造者一开始就采用了很具代表特征的、有生命的吉祥物来隐喻,象征宗族百世兴旺代代相传之意,如今古木已自成一景。桂花树底部四枝丛生,平均胸径0.22米,枝繁叶茂,浓阴蔽日,遮荫覆盖面积达200余平方米,仲秋季节,香海一片。柏树胸径0.3米,主干部分脱皮,更显刚毅遒劲,主干雄擎天空,充分显示"百世争荣""永不衰竭"之旺盛生命力。随着岁月流逝,时代变迁,宗族势力已荡然无存,这对古木却依然以它们的勃勃身姿体现了宝纶阁建筑、文化、美学艺术的辉煌。

竹山书院　　位于安徽省黄山市雄村,占地约三亩,建于清乾隆二十四年(1759),是徽派园林艺术中较为典型的公共书院园林的代表,为里人曹氏翰屏、暎青兄弟遵先辈遗命而建。曹氏为世居雄村之望族,世代为官。祖上有曹文埴,曾出任过《四库全书》总裁官和户部尚书;有曾为乾隆、嘉庆、道光三朝元老、大学士、军机大臣的曹振镛父子。乾隆年间曾连续四代为翰林,官居一品,村口建有石牌坊"四世一品"以纪其事。

为了教育本族和乡里子弟、弘扬新安好儒传统,曹氏所建书院仿古学舍之意取名为"竹山书院"。竹山书院布局紧凑,手法洗练,延山引水,借景自然。风格幽静文雅,空间融通而富于变化。全园分书院和附园两大部分,书院部分居南,大门面东,朝向新安江桃花坝,广阔明净,入口选址高出一筹。院屋之南墙与坐北朝南之雄村上社衔接,使书院学馆不至于孤零零而让建筑形体更趋完美。书院通过墙廊、天井划分成一主两次三间课堂,空间组织高低起落、对称灵活,天井内花木掩映,使书院内部既严谨而又富生机。

附园部分居书院之北,约占全园三分之二,该部分亭廊院墙围合,山石花木辅衬,因地因题设景。西、南两面由建筑围合。西面北端以北阁为界,与其南之桂花厅、清旷轩呈曲尺形布列,平面凸凹,错落有致,通过曲廊、檐廊、随墙廊的衔接把单个的风景建筑群连成整体,连绵于园的西南面,整体形象高低参差、虚实相间得宜,辅以精巧的徽派栏杆、挂落、门窗、槅扇木装修,使群体构图产生活泼、生动而富于变化之视觉效果。附园部分北面地势略高,建置两层八角形文昌阁,作全园主景,隐喻书院附园性质。文昌阁与北阁之间以一泓带状清池相连,一株古梅横斜池畔,疏影映于清风微波中,很具有诗意。池南为小型黄石叠山一组,破山腹为园路,周围散置若干石组,与景石构成对主山的朝揖呼应之势,甚合画理;其余平坦空地间,散植数株秋桂,点出桂花厅之名。附园东面完全敞开,仅以胸墙分隔内外,揽摄广阔的新安江自然风景于园内,造园之"延山引水"手法用到绝妙处。胸墙之南建"眺帆轩"与书院过渡相连,并通过随墙与西南面建筑群体融为整体。该部分充分再现了徽州古典园林中严于选址、巧妙构思之造园手法,集诗、文、景、题于一身,将文化内涵深深浸润于景致中,使景致意境深远。

桂花厅 位于竹山书院附园内,北与北阁相连,南与清旷轩游廊相接,并在联系处留出小天井朝西开月洞门,以黄石堆砌于小天井内。建筑为清代徽派遗风,坐西面东,题额"桂花厅",概因园中桂花而得名。当年该村族旺,文人辈出,族人引以为豪,为了弘扬治学传统,族中立下族规成约:"凡曹氏子孙中举者,可于此园中植桂一株"。族里子弟互勉共进,使书院讲学士气也因之达到高潮,厅前原栽桂花树50余株,至今仍保留7株苍老茂盛之桂花树。桂花厅自身在形体上与周围建筑群体搭配得宜,平面内凹,构成了别具特色的游赏空间。

清旷轩 竹山书院内,北接桂花厅,南连牡丹圃,三开间,坐西朝东,外出月台,三面石栏雕镂精致,额题"清旷轩",由郑定篆书,前列两柱悬"畅以沙际鹤,兼之云外山"板联。正壁饰曹学诗所撰《所得乃清旷赋》,此赋以柱联十字为韵撰成。清旷轩平面外凸与古木秋桂相得益彰。轩后被辟为竹园,于花窗中望之,千竿滴翠,潇叶点点。该轩作为附园西南面建筑群体之主体,空间布局十分灵活,通过空廊、檐廊、随墙廊与外空间相连,以点景小院渗透其间,虚实相济,曲直成理,清心旷远。

文昌阁 又名"凌云阁",建于竹山书院附园正北,两层八角形,巍然耸立,作全园主景,登高远眺,新安江及其东岸起伏,苍翠群山尽收眼底。窗外悬匾题为"俯掇群伦"。上层祀供有文昌帝君神座,两旁为两副板联,一为曹学诗所撰,文曰:"司禄籍于蕊宫,壁彩奎艺,散出飞霞楼阁;悟文星于碎月,天光云影,收回活水源头。"另一联为里人曹元瑞所撰,文为:"红缦星云垂凤篆,青华桃李蔚鸿文。"下层祀供关夫子,关、周二将侍其左右,额间悬"贯日凌云",两旁石柱悬联作对:"扶君臣朋友之伦心悬日月,证圣贤豪杰之果道在春秋。"联匾为曹文埴所撰。文昌阁不仅以恢宏建筑气势驾御着整个竹山书院,更以博怀诗篇撼震山川江流,给人以于时代浪头看千古风流之感慨。

新安碑园 位于安徽省歙县城西、练江北岸、历史名楼太白楼后的山坡上,面积约三十亩,是近年营建的纪念性人文古典园林。其构思取江南园林布置手法,因地制宜,依山而筑,是徽州最具影响的古典式碑园。著名碑帖《余清斋法帖》《清鉴堂帖》曾一度湮没散失,后几经辗转为歙县岩寺鲍氏所得,藏于室内,寂然默默不为人所知。1949年后,人民政府为了保护文物将此帖原碑收集于太白楼内,"文化大革命"之中,幸免涂炭。20世纪80年代初,为了弘扬民族文化,县政府决定陈列并保护《余清斋法帖》《清鉴堂帖》两套碑帖,在太白楼后扩建园林,取古之新安郡及渊源流长的新安文化之意,冠名新安碑园。

新安碑园以著名碑帖为展示主题,建筑亭台随坡就势,依山蜿蜒,粉墙黛瓦隐现于青山绿翠中,远远望去,尤如"白云深处人家"。碑园环境优美,错落有致,极富韵律,风格清新高雅,墨香四溢。全园大致分为太白楼、古墨衍芬两大景区。太白楼景区位于山脚,背山面水,与新安江、和熙拱桥、碎月滩胜景联为一体。西侧建有太白楼(先园而建),依山设半壁碑廊与之相接,廊壁镶嵌着徽州历代遗留名碑石刻。沿廊西进,以游山步道蜿蜒北上,通达古墨衍芬景区,半腰间置有颜真卿"山中天"鼋龙石碑。该景区开门见山,入园点题,建筑与自然有机结合,楼、廊、碑、帖与山林名胜互为烘托,相得益彰。

古墨衍芬景区,为碑园精华所在,以厅、堂、亭、廊作庭院式布局,依地势高低,峰回路转,或明或暗,或起或落,别有一番情趣。建筑风格为典型的徽派特征。入口为单飞檐徽式门楼,典雅别致,门楣横题"古墨衍芬",由著名园林家陈从周手书。内庭孤植月桂一株,芬芳弥漫满园。四壁回廊镶嵌碑文诗刻,行、草、隶、篆各领风骚。橱窗陈列《余清斋法帖》《清鉴堂帖》两套著名碑帖,两帖汇集了从晋到明代(265—1644)一千三百余年历代书法家之珍品,共刻碑帖163块,其中有晋代王羲之、王献之,唐代虞世南、颜真卿,宋代苏东坡、黄庭坚、米芾、赵孟頫,明代董其昌、文徵明、祝枝山等名家真迹。《余清斋法帖》由杨明时刻于明代万历二十四年(1596),《清鉴堂帖》由吴桢刻于崇祯七年(1634)。杨、吴乃雕刻之乡歙县名家。他们的精工雕刻,钩镂慎密,不损原韵,蜚声于中日书法界。该景区另建有两清堂、披云小筑等景点,并凿池引水,沽泉为溪,于有限空间树无限意境。同时通过曲径、回廊、漏窗、隔断以及空间的韵律变化使碑文、诗刻犹如历史书法史诗展现于游客面前,将游览、感受、欣赏高度统于一体。空间布局上以"曲径通幽处""柳暗花明又一村"见长。

太白楼 新安碑园入口西侧,北依青山,南接古桥,滨江临水,飞檐翘角,双层楼阁,正门四柱三步架,建筑面积约200平方米。相传唐天宝元年(742),诗仙李白访歙州隐士许宣平时,在此酒楼饮酒,观赏练江第一滩——碎月滩景色,景助酒兴,酒助诗情,李白脱口吟出赞景诗:"梯木划断云,高峰顶积雪。槛外一条溪,几回流碎月。"后人为了纪念李白练江之游,在江边建太白楼,后遭太平军焚毁。1955年和1980年两次重修。太白楼气势磅礴,具有明清遗风。其内现陈列着上千件文物展品,客厅挂有太白图,为客居沪上著名画家江观清(歙县人)所绘,厅柱悬有安徽著名书法家葛介屏存书赞景联:"四壁云山开醉眼,一楼风月话诗仙。"表达了对诗仙李白的思慕之情。登楼凭栏,天外层峦、江滩碎月、古城风貌,一览无余。

《余清斋法帖》 藏于碑园古墨衍芬内,刻自明万历二十四年(1596)。明季丰南人(今黄山市徽州区西溪南人)吴廷收藏名家真迹甚丰,出其所收晋、唐、宋书法真品任由当代名流董其昌、陈继儒鉴定评判,延请邑人著名书画家杨明时双钩上石汇刻成《余清斋法帖》这套集帖。此帖问世之日即名噪京都,深为前人称誉。清光绪年间由书法家杨守敬在日本各地广为推崇,引起海外人士研究此帖的兴趣。日本中村不折在其《法帖书论集》中指出《余清斋法帖》:"于晋,采自晋帖的佳者和大抵称得上真迹那样的钩摹本;于唐宋,则全采自真迹,使此帖具有权威性。""其多收羲、献等未刻于他帖的名迹,实为灿然。"全套碑帖原碑三十方,计碑六十一块,碑面除了苏轼《前赤壁赋》残缺不全外,其余基本完好。

《清鉴堂帖》 藏于碑园古墨衍芬内,刻自明崇祯七年(1634),问世较晚。明末,歙县莘虚人吴桢收藏法书名画,与董其昌、陈继儒为友,刻《清鉴堂帖》,皆经董、陈二人鉴定、评跋。其目较《余清斋法帖》为多,钩摹亦精,集诸家之精华,风格各异,流派纷呈,传世以来,为后人所重。据《歙县志》录其目录,有王羲之手迹《澄清堂主帖》上、下卷,晋、唐时的《黄庭经》《东方朔画赞》《曹娥碑》《乐毅论》四小楷帖,又有唐人虞世南《破邪论》《汝南公主墓志》,苏、黄、米所书十七帖,元人赵孟頫书《过秦论》及董其昌《墨禅轩说》。历代所见古人名迹跋者甚众。全套法帖,现存碑石69块,计103面,据《歙县志》校对,尚缺颜真卿《祭侄文稿》和怀素《自放帖》(缺二碑石),其有出入待考。

少昊陵 位于山东曲阜城东4千米旧县村东北处,为我国著名古陵之一,俗称万石山。少昊,一作少皞,名挚,号金天氏,传说为远古东夷族首领,《礼记》《尚书》《道藏》等均将其归入五帝之中。曾迁都曲阜,修太昊之法。部族以鸟为图腾,相传曾以鸟名官。春秋时郯国之君即其后裔。

陵始建年代不详,《曲阜县志》载,宋代时即已"垒石为坟"。宋真宗过鲁后,于大中祥符五年(1012)大修,并雕以石像、石栏,以示祭祀、保护。政和元年(1111),又以万石砌陵,故可以推测,当时之陵墓,无论形制、规模均与现存之墓相似。后明、清两朝又先后加以修缮,此陵遂较为完整地流传至今。

现陵地占地面积约125亩,共有古建筑17间,四面环墙。陵门3间,门前有清乾隆元年(1736)所立石坊一座,上书"少昊陵"三字;门后即为享殿,共5间,殿中悬清乾隆帝书"金德贻祥"匾,殿东、西庑各3间。陵前神道两侧,古柏罗织多达近400株,还有明清间刻石20余幢。陵墓与传统堆土为坟不同,呈覆斗状,全为巨石叠成,除了顶端为平顶外,与金字塔无异,故被称为中国的金字塔,这在中国古代实为罕见之墓制。陵墓底边长28.5米,顶边长2.75米,高12.2米,四边斜坡长15.2米。顶部加筑一方型小石庙,高2.6米,内奉宋宣和年间制汉白玉雕少昊坐像。神道南约50米处,有景灵宫遗址,原宫系宋代为少昊之父轩辕帝所建,据元至正十年(1350)的"重修景灵宫"石碑载,元代曾重修此宫,其"崇宏壮丽无比",惜已不存,仅遗臣碑两幢。一碑俗称"万人愁",高15.8米,宽3.76米,厚1.2米,龙首龟趺,气度轩昂。然碑面无字,相传宋宣和年间立碑时,正值金兵南侵,未及刻字,故后人有诗叹曰:"丰碑不书字,遗恨宣和年。"现将两碑修栏保护,并将遗址四周加墙维护。

因少昊为中华民族上古祖先,其部族图腾后又演化为我们民族最具象征性的吉祥标志之一——凤凰,故其对中华文明影响甚巨,加之其具备独特的陵墓构制,确为非常珍贵的文化遗产。又因北方古为经济、政治、文化中心,故大型宫庭式墓葬甚多,瞻仰此类景观,除了观赏其客观具有之艺术性外,可多从文化、历史角度加以审视,知其堂奥,可得其真髓。

铁山园　　山东曲阜孔府后花园,位于孔府内宅后。明弘治十六年(1503),由明代著名诗人、茶陵派代表人物李东阳设计监工建造。后正德、嘉靖年间又经严嵩主持扩建重修。因李东阳、严嵩均曾任太子太傅、吏部尚书、华盖殿大学士、国史总裁等职,为时之显要,可见铁山园的修建在当时亦是颇引人注目的工程,规格之高,在家庭之后花园中可谓罕见。由二人主持修建的另一原因是李东阳之女为孔子六十二代孙衍圣公孔闻韶之妻,而严嵩之女则嫁与孔子六十四代孙衍圣公孔尚贤。故二人依其高势,斥费巨资是可以想象的。清嘉庆年间,孔子七十三代孙衍圣公孔庆镕再次亲主大修扩建,并于园中置大型铁矿石装点园景,遂定名铁山园。

园占地五十余亩,景点设计极为丰富,且随宜搭错,多具江南园林之妙,与孔府前部之严整迥然有异。既有假山、凉亭、松径、竹丛等平陆山间之幽妙,又有鱼浦、荷塘、花池、曲桥等河间水上之清秀,更兼备色奇异的盆景因势点缀,可谓"虽由人作,宛自天开"。春夏秋冬,其景自异,淡妆浓抹,日月常新,这在北方宫廷式建筑群落中是极其少见的独特景观。其中,尤有一松,干分五枝,中抱一槐,号"五松抱槐",甚为奇异,堪称绝景。20世纪90年代,日本友人又于此赠植樱花、金莲花、八千代、八重松、万寿菊等,为铁山园增添了异国情调。

孔林 位于山东曲阜城北1.5千米处,为孔子及其后裔的家族墓地,因孔子被历代帝王尊奉为"至圣先师",故此地又名"至圣林"。墓地内原只有坟及孔门弟子种植的各类树木,东汉永寿三年(157)方修建,当时亦仅神门、斋宿各一间,占地约15亩;南北朝时增植树木600余株,渐具林形;宋宣和年间,墓前又造石仪;元至顺二年(1331),加修林墙、林门,方成相对封闭的林地;明弘治年间,又建驻跸亭、享殿等,以利帝王祭祀;清康熙二十三年(1684),扩林为现今之3000亩规模;雍正八年(1730),又斥巨资大修,遂有今日之盛。现孔林围墙长达7.25千米,平均高3.5米,厚约5米。因历代广植林木,现各种树木多达10万余株,其中仅古木有2万余株,以楷木居多,另有柏、桧、枫、柞、槐、檀、雒离、女贞、五味等数十种。进入林中,但见新老树木纵横交错,隐天蔽日,气象森严,为中国古代罕见之特大墓群园林。又因孔门多有官宦名士,林中墓前,碑碣坊柱林立,石人石兽数不胜数,反映出孔家在过去显赫的社会地位,其中著名墓葬有孔丘、孔鲤、孔伋祖孙三代墓,衍圣公孔令贻及孔毓圻、孔闻韶墓,清代著名戏曲家孔尚任墓及乾隆帝女"鸾音褒德"坊等。其中,许多墓碑为历代名人所题撰,如明代诗人李东阳、严嵩,清代文学家、书法家翁方纲,宋诗派诗人何绍基及近代维新派领袖、思想家康有为等。

孔林始于林前漫长神道。首先映入观者眼帘的是位于神道中段的万古长春坊,俗称五门牌坊,始建于明万历二十二年(1594),清雍正年间重修,为石制六柱五门式,六柱下夹抱石鼓,上分姿态各异的石狮,檐下横额刻以团花、祥云,中额阴刻"万古长春"四字,以示孔门家道兴旺,永无衰竭之意。坊前两侧有万历二十二年(1594)和二十三年(1595)建碑亭各一座,均为歇山式双层飞檐,绿琉璃瓦覆顶。东亭内碑题"大成至圣先师孔子神道",西亭内碑题"阙里重修孔子林庙碑"。

过神道即为至圣林坊,即孔林大门,又称大林门,始建于明永乐二十二年(1424),清康熙年间重修。坊为四楹三间木结构,双层飞檐,坊楣楷书"至圣林",

坊前有石狮一对,东雄西雌,均昂首扭颈,仪态威赫。

至圣林坊北500米处,为至圣林门,俗称二林门。建于清雍正十年(1732),为洞式拱门、红壁,上有重檐歇山式观楼三间,绿瓦红柱,环设游廊,中间门洞上嵌石阴刻篆书"至圣林",此门原系古鲁城北门,两侧的林地垣墙,即建于古鲁城墙遗址上。

洙水桥位于二林门西北百余米处,因横跨洙水而名。洙水原系周鲁国城北护城河,后河因人贵,被誉为"灵源无穷,宜与天地共长久"的圣水,东西向穿林而过。桥为单券石拱桥,桥前有四柱石坊,南北均刻"洙水桥"三字。桥北为绿瓦三楹挡墓门。孔子墓坐落于享殿后,孔尚任墓则位于孔林东北隅。

孔林因其特定性质,既无南方正宗园林游廊曲桥、山遮水映之美,亦无北方宫廷式建筑严整威赫、大气磅礴之概,但它却别具一番幽深苍老、凄清深邃之气,林中累累坟茔、苍苍古木,处处显示出其历史文化价值。

挡墓门 位于洙水桥北,后过甬道为享殿,是历代祭孔时设香坛处。据《孔氏祖庭广记》载:最初为"弟子于冢前以瓴甓为坛,方六尺"。东汉时易之以石,唐代改为石坛,明弘治年间始建享殿,清雍正时重修至现规模。殿面五间,仍是绿瓦覆顶,嵌以黄脊,飞檐斗拱,朱栏丹柱。殿内存有清弘历帝手书《谒孔林酹酒》碑。殿前甬道依次立有四对巨型石雕,即华表、文豹、甪端、翁仲。华表为陵墓标志,文豹、甪端为灵异祥和之兽,翁仲则是以骁勇威猛著称的秦将为原型。上述石雕守墓,体现的是贤良明达、威严镇慑之意。

孔子墓 在享殿后,墓呈隆起马背之势,俗称"马鬣封",以象征墓主之尊贵。冢前后各立墓碑一刻,前碑篆刻"大成至圣文宣王墓",系明正统八年(1443)黄养正书,碑首刻二龙戏珠,碑前有石雕香炉,祭供香火。后碑篆刻"宣圣墓",为宋代所制。墓东为孔鲤墓,南为孔伋墓,三墓布局有"携子抱孙"之意。另外,孔子墓西,有瓦房三间,乃子贡守墓处。《史记》载,孔子既殁,弟子于坟旁筑庐守墓,三年期满离去,唯子贡对导师情难割舍,遂再独守三年始归。房前立"子贡庐墓处"碑。庐及碑均系明嘉靖三年(1524)都御史陈凤梧主持修立。

孔尚任墓 位于孔林东北隅,环林路南侧。孔尚任(1648—1718),字聘之,号东塘、岸堂、云亭山人,孔子六十四代孙(旁系),为清代著名戏曲家,代表作为《桃花扇》,表现明末清初民族、政治斗争,影响甚巨。墓前有清雍正十三年(1735)立墓碑,上书"奉直大夫户部广东清吏司员外郎东塘先生之墓"。1949年后,于墓前种植桃花以示纪念。孔尚任以其卓越的文学成就与孔子、子思一起,成为最受曲阜人民景仰的文化先人。

蒲松龄故居　　位于山东省淄博市淄川区(原为甾川县)蒲家庄,是中国17世纪著名作家蒲松龄(1640—1715)的出生地和生前居住地。1954年扩建为纪念馆,由蒲松龄故居、墓园和蒲氏生前在其附近收集写作素材的满井(柳泉)组成。蒲家庄本是一小型农民村落,系蒲松龄先祖约于明代中期自今辽宁移居于该地而逐渐形成的。庄的四周筑有土夯围墙,东、南、西三向开有城门式庄门。蒲氏故居位于庄的中部街北,到1949年时已经残破,1954年政府拨款依原貌修复,以后不断扩建。故居临街建有屋顶式大门,由相连的南院、北院和西院组成,建筑简朴坚实,具有旧时北方农家居室的典型特征。北院正房三间即聊斋,蒲松龄即出生于此室,后来家居、写作、待客也多在此。现室内陈列有蒲氏74岁时的写真像,像的两侧悬有郭沫若的手书联语:"写鬼写妖高人一等,刺贪刺虐入骨三分。"还陈列有蒲氏生前使用的桌、椅、床、几、砚台、手炉、烟斗、石景等,均极俭朴。西院为新建的接待室和陈列室。陈列室内陈列有蒲松龄的部分手稿,代表作《聊斋志异》的中外文近三十种版本,还有历代传抄的蒲氏所著诗、词、俚曲、杂著等多种稿本以及合编出版的《蒲松龄集》。并有以《聊斋志异》为题材改编的戏曲、连环画等众多通俗出版物。当代著名文人郭沫若、沈雁冰、田汉、老舍、丰子恺、刘海粟、臧克家、李苦禅等为蒲氏纪念馆所亲作的诗、画等,也多陈列于此。

蒲家庄东面500米许,有蒲松龄墓园,古柏数十株掩映其上,坟丘高约一丈。1949年后,在墓前建有四角形砖结构碑亭一座,内嵌清雍正三年(1725)张元撰《柳泉蒲先生墓表》石碑一方。20世纪60年代,此碑被毁,墓亦被破坏,现均依原样修复。庄东百余步的农田间,还有蒲松龄用以为号的柳泉泉眼,即当年的满井。据记载,蒲氏在世时,井水常满,外溢成溪,周围柳树百株,环合笼盖。井边原有道路,蒲松龄常设茶于此,招待过往行人,搜集创作素材。现在,墓园和满井均被辟为观赏景点。

范公亭　　在青州市西侧,是山东青州市重要的名胜古迹,现已被扩建为公园。

范公亭初为北宋著名政治家范仲淹亲自筹措、督工修建。皇祐二年(1050),范仲淹以户部右侍郎知青州。据当地传说,范仲淹到任不久,青州一带爆发一种"红眼病",蔓延迅速。范仲淹亲自汲水制药,发放民间,很快制止了疾疫。恰在此时,青州城西门外的南阳河畔有泉水涌出,水质清纯甘甜,饮用、制药皆宜,百姓认为是范公德感天地，称之为"醴泉"。范仲淹也深以为奇，为了保护此泉，就亲自主持在泉上建了一座亭子。后人感念范仲淹，称醴泉为范公井，称亭为范公亭。此亭历经多次修葺，据传现在的亭仍保持原貌，为六角形，亭柱均上木下石，别具一格；亭顶开一圆孔，与井泉上下相对，游人可以"坐井观天"。

亭的东面有三贤祠，为后人祀先后知青州的富弼、范仲淹、欧阳修三位高士之所。范公祠居中，建于范仲淹离任不久。富公祠和欧阳公祠原均建在城西瀑水涧畔，明末皆移建于范公祠左右，统称"三贤祠"。清顺治十八年（1661），青州知府夏一凤鸠工重修，并于祠后高台建后乐堂三楹，以示继承范仲淹"先忧后乐"的遗风；同时增建院墙，将范公亭围于院落中心。院北有高地，名范公台。民国初年，又在台的南侧增建澄清轩八间，亮窗前后均出厦，为游人休息之所。

范公亭院内有唐楸、宋槐数株，老干虬枝，可数人合抱，虽已历经千载，仍生机盎然。院门南侧，有翠竹千竿；院前则是一片参天大树，粗可合抱，使范公亭显得格外清幽。树下竹旁，有众多重修井、亭、祠、堂的碑石或缅怀先贤的题刻，其中有明都御史陈凤梧的题诗和冯玉祥书写的联语。

顺河楼 在范公亭北面百米处，是一座亮窗出厦、三楹单层古建筑，因顺河而建，高踞于石砌高台之上，远望似楼，故名顺河楼。此"楼"与古青州西门隔河相对，中有永济桥相连，轩窗临水，垂柳斜掩，景色俏丽。宋代著名女词人李清照和她的丈夫、金石学家赵明诚，在青州居住的14年间常来此处游赏，因而后人把顺河楼视为纪念李、赵的胜迹。现已依原貌修缮一新。

如今，范公亭、顺河楼两组古建筑，已和新辟的阳溪湖一起，扩建为范公亭公园。范公亭背后依河崖重修的青州古城墙一角，城墙内侧新建的宫殿式黄琉璃瓦顶青州博物馆，也构成园内可供观览的一大景观。整座园占地三百多亩，地势低洼，古树成荫，南阳河与阳溪湖荡波其间，形成了一片独特的宜人气候小区，严冬不结冰，盛夏无酷暑，气温常与市区相差3至5℃，是难得的旅游胜地。

孟府 位于山东省济宁市邹城市城南关，东邻孟庙，为孟子嫡系后裔世居官衙及府第。始建年代不详，据测，当不晚于宋宣和四年（1122）第三次迁建孟庙之时。又因其中有以"赐书楼"为典型的明代建筑，以及府内有明万历三十七年（1609）刻《为悬恩照例优免以杜攀扰事》碑，故可以推断孟府在明代可能进行过大规模维修及扩建。元至顺二年（1331），孟子被封为"邹国亚圣公"后，此府又被称为"亚圣府"。

孟府南北长226米，东西宽99米，面南，为七进式院落，共有各种厅、堂、阁、室184间，主体建筑大堂前为官衙，后为内宅，故建筑风格前后迥异，一森严整饰，一典雅随意。

孟府大门为传统飞檐斗拱式，三楹，门楣正中悬"亚圣府"金字匾额，两扇黑漆木门分绘约2米高彩绘门神。门前横街有两座牌坊，左为旌忠坊，右为节孝坊，门侧并有石狮一对。整体气氛威严煊赫，等级堪与封建王侯相比。

二门，又称"礼门"，改为三启，正中门扇绘披甲武士，两侧为执笏文官，上悬"礼门义路"匾，形象地揭示出孟子学说的主旨。二门的修建，一为显示宅主地位显赫，二为增加官衙的纵深感，借建筑体现威严。

二门后为封建王公家庭常见的"仪门"，门独设，不与垣墙相连。因门顶四角悬垂木刻花蕾，又称"垂花门"。此门非喜庆大典、皇帝幸临、接读圣旨不开，开前须鸣礼炮十三响。此门是孟府在封建社会极受尊宠之象征。

仪门后便是孟府主体建筑——大堂。大堂坐落于一方形露台之上，四周围以石栏、丹墀。堂为五楹出厦式，檐下悬清雍正帝手书钦赐孟子六十五代孙孟衍泰"七篇贻矩"堂匾，意为《孟子》七篇，可为天下规矩。门前廊柱上悬挂"继往开来私淑千年承燕翼，居仁由义渊源百代仰先烈"楹联，点明孟子承先孔子、私淑百代的历史地位。堂内设暖阁及各种仪仗牌、刑具等官衙摆设。堂前露台东南及西南角依帝宫格式分设"日晷""嘉量"。因大堂为孟子嫡裔世袭"翰林院五经博士"处理公务、举行仪式、申饬家法规之处，故其布局、摆设肃穆庄重，建筑形制亦较阔大，加之露台前甬道旁两株参天古桧，更显其森严气象。大堂东侧另有"五代祠"，为孟氏宗族家祠。西侧则是"见山堂"，形如曲尺，造型别致，为宴饮会客场所。见山堂对面月亮门外，有太湖石一块，上刻清金石家阮元及书法家孔继涑手书诗词。相传，"开门见山"之"山"即指此石。

大堂后内宅建筑风格较为随意典雅，反映出较浓重的生活氛围，依次有"世恩堂""赐书楼""延绿楼""后花园"等。其中，"世恩堂"为孟子七十四代孙孟繁骥居所，典型的四合院院落，屋外雕梁画栋，装饰华贵；室内古玩字画，布置雅洁。院中荼蘼花、冰糖石榴、核桃、月季、紫荆等古木新花更为小院平添了几分妩媚与清爽，尤其是春夏之交，阵阵花香，沁人心脾。"赐书楼"为存放皇帝钦赐墨宝、书籍、家族档案之所。"延绿楼"等两处四合院，则为孟氏近族住所。

孟府为中国古代北方王公大臣典型的官衙及府第相融为一的建筑格式。由于封建政治对建筑的渗透与影响，当大量北方官衙及庙宇在当今演化为游赏景观时,其与南方正宗园林建筑便形成了迥然不同的风格,其突出特点是以主体建筑为核心,整体造型严整有序,前后布局层层推进,左右安排则力求对称,使这些建筑群落在客观上具有了南方园林所不具备的庄严浑厚气象及深沉绵邈的历史厚重感。

孟林 位于山东省济宁市邹城市东北 12.5 千米四基山西麓,为孟子及后裔墓地。据《三迁志》载,北宋景祐四年(1037),孔子四十五代孙孔道辅任兖州知府时,访得孟子墓,始修孟庙(后迁往邹县城)以示祭祀。两年后重修,并立《新建孟子庙记》和《增置四基山孟夫子墓陵祭田记》两碑以记其事。元丰七年(1084),朝廷赐库钱 30 万,增修墓、庙,购置祭田,广植柏桧。政和四年(1114),使者闻孟庙"废久弗治",又"赐钱三百万新之",并"赐田百亩,以给守者"。后明、清两代不断增修扩建,至康熙时祭田、墓田已达 5846 亩,林内现存各代所植柏、桧、柞、楷等古木逾万株。

孟林前为 1500 米长神道,古柏夹映,气象阴森。神道中部有金水河,上有御桥一座,桥旁旧有石碑,上书"亚圣林"。过桥而上,长约 500 米的石铺甬道直通孟子享殿。享殿本为帝王陵寝内专有祭奠庙宇及封天祀祖之所,孟林设享殿,表明孟子位列天尊的政治地位。享殿为五楹单檐庑殿式建筑,为明嘉靖四十一年(1562)邑令章时鸾据宋三楹殿改建而成,以使其"奠置有案,出入有阶,启闭有户,周围有垣"。现享殿除了左右厢房已毁外,基本保存原貌。殿内存石碑六幢,对孟林、孟庙演变史多有记载。殿后即为孟子墓,墓前一方巨碑,刻"亚圣孟子墓",上覆攀龙碑首,周围古木交叠,绿草如茵。

另,孟子墓西北有古冢三座,世称三家冢,据载为孟孙、季孙、叔孙之墓。

孟林选址讲究,依山傍水,环境清幽,虽不如孔林规模隆盛,亦别有一番疏清之气。漫步林中,追念古人,抚碑阅木,三千年古国文明宛如目前。

嵩阳书院 位于河南登封市城北 2.5 千米处的嵩岳大室山脚下,是宋代四大书院之一,与江西庐山白鹿洞书院、湖南潭州(今长沙)岳麓书院、湖南衡阳石鼓书院以及河南商丘应天府书院齐名。书院原为嵩阳寺,创建于北魏孝文帝元宏太和八年(484),隋唐之际,改为道观。唐高宗李治游幸嵩山时,曾以此为行宫,后又于麟德元年(664)移嵩山寺碑于会善寺,正式在此建奉天行宫。五代后周时,改宫为大乙书院,成为著名学府。宋初又改名为大室书院,并钦赐九经子史,置校官,生徒至数百人。到宋仁宗景祐二年（1035）又加以扩建，并更名为嵩阳书院，直至今日。宋仁宗十分重视儒学，曾赐田一顷给书院，又设院县掌理事务，当时著名学者司马光、范仲淹、程颐、程颢等先后于此讲学。清康熙年间，书院规模又加以扩大，先后增建了先圣殿、先贤祠、三贤祠、丽泽堂、藏书楼、道统祠、博约斋、敬义斋、三益斋、四勿斋等。从大门到藏书楼，共分五进，廊庑俱全，蔚为壮观。四方求学之士不远千里而来，嵩阳书院培养出许多名流学者。现在书院大体保持了清代的布局。中轴线上的主要建筑，从大门到藏书楼，前后有五进院落。最前是卷棚大门三间，其内原有两门，再后为先师祠，次为讲堂，讲堂后有道统祠，最后为藏书楼。中轴线两侧配房为一般硬山式，即清初所建的程朱祠、丽泽堂、书舍、学斋等，院内原有乾隆时所建御碑亭，今唯余亭址。从整体风格上看，嵩阳书院的建筑与一般寺院不同，它多是滚脊硬山房，覆以灰色筒瓦，古朴雅致。现有房舍100多间，建筑面积约10000平方米。环境清雅，景色宜人，是读书学习理想之地。宋以前，嵩山一带许多山林，多被佛教寺庵或道教宫观所占有，所谓"嵩山名胜，山环水抱之区，无地不染梵尘"。而学子读书研究学问之处，因受"钟灵毓秀"理论之影响，也要求选在山明水秀、风光美丽的地方。因此，在学术风气很浓的宋代，便将曾作为寺观的奉天宫改为书院，在我国古代教育史上留下了光彩的一笔。

将军柏 嵩阳书院著名的古树名木景，为汉武帝曾经封过的三株古柏，大将军柏在大门内，二将军柏在后院，三将军柏已于明末毁于火。今存两株古柏，姿态奇突，古干虬枝，是极受游人欢迎的景点。大将军躯干斜依，腰围三丈余；二将军高达十余丈，腰粗达五丈五分，左右两枝，形若雄鹰展翅，奋翼欲飞。它们的得名来自一则传说：早在公元前110年，当时书院没有建立，汉武帝率领群臣，前来祭祀中岳时，曾经过这里。看到一株柏树高大得出奇，便将其封为"大将军"。随后见到更大的一株柏树，但因"大将军"已经封过，只好封它为"二将军"。小的柏树被封为"大将军"，高兴得前合后仰，结果笑歪了身子。大柏树听到自己被封为"二将军"，心里极度生气，于是肚子被气破了。其实是年深日久，树干长裂了。从它们被封至今已有两千一百三十多年的历史。据传，它们受封时已经是高大罕见的古柏了。林业学家鉴定说，这两株古柏是原始森林的遗物，它是我国现存的最古老、最大的柏树，但仍然生机旺盛，每当山风来时，枝叶摇动，有时如响环珮，如吹笙竽；有时如惊涛澎湃，震撼山谷。苍劲挺拔的将军柏，给嵩阳书院增添了奇特诱人的风光。古往今来，不知有多少游人为之吟诗作赋。明代陈斐有一首《三将军古柏歌》写道："扶疏掩映嵩阳宫，仙跸曾经汉武封。溜雨霜皮合六抱，凌霄秀色辞群峰。"清代李觐光也写了一首五言律诗来描绘古柏的美："翠盖摩天回，盘根拔地雄。赐封来汉代，结种在鸿蒙。皮沁千年雪，叶留万古风。茂陵人已矣，此柏自青葱。"

在将军柏周围有许多石刻，其中有个八角经幢，上有唐代韩愈于元和四年(809)三月二十六日所撰的题记，记述了韩愈与著作佐郎樊宗师和李渤、处士卢仝、道士韦濛和僧荣等同游少室、太室的经过，还刻有宋代欧阳修的跋文。此外，还有宋代登封疆域图碑、汉柏图碑等。

大唐感应碑 即《大唐嵩阳观纪圣德感应之颂》碑，是唐代嵩阳观旧址的标志，碑由六块巨石组成，是我国唐碑的优秀代表作，现立于嵩阳书院门前。

据说，在隋炀帝大业八年(612)，嵩阳寺改名为嵩阳观。嵩山有名的道士潘延，为隋炀帝炼长生不老的仙丹，费资巨万。他说炼金丹需要石胆、石髓，就调来数千民工凿石、挖穴，不见石胆、石髓，又另换地方挖，连续凿挖了数十处，仍找不到石胆、石髓。潘延又提出，没有石胆、石髓，可以用童男童女的胆、髓代替，需要胆、髓各"三斛六斗"。潘延最终还是炼不出什么仙丹，后来被杀了。到了唐高宗调露元年(679)，高宗偕武则天驾幸嵩山逍遥谷，访道士潘师正，又求长生之术，还曾把嵩阳观作为行宫。在万岁登封元年(696)，武则天又到嵩山，并在观前建朝觐坛，受群臣朝贺。唐玄宗天宝年间，又有道士孙太冲为唐玄宗炼丹。书院后边有一口石砌古井，名叫"炼丹井"，上面雕有蟠龙，就是孙太冲当年炼丹时挖的。《大唐嵩阳观纪圣德感应之颂》碑，就是为了记录这件事而立的。

《大唐嵩阳观纪圣德感应之颂》碑，为唐玄宗天宝三年(744)刻立。碑高约三丈，宽八尺，厚四尺，是中岳嵩山的第一大碑。其碑文为唐朝宰相李林甫所撰，内容是叙述道士孙太冲为唐玄宗炼丹九转的故事。字为徐浩八分古隶书，字迹秀雅。明代傅梅观此碑后，作过这样的评论："其文与事，俱不足道，正宜铲去之，为名山洗垢。惟是碑为徐定公浩古隶，笔法遒雅，姿态横生，艺林中正自难废耳。"傅梅的评论，表达了人们对奸臣李林甫的憎恶和对徐浩书法艺术的赞颂。此碑不仅书法高超，而且浮雕也极为精湛。碑座上精雕十个石龛，龛内为十个高浮雕武士像，武士一手高举扬舞，另一手，有的握蛇，有的抱鱼，有的执蟾，睁目挺腹，开裆丁步，呈斗武的姿态。碑首结构严谨，造型雄奇，高有丈余，用四块巨石分三层雕琢叠造而成。下层浮雕双龙对舞，两侧浮雕麒麟；中层浮雕连续的大朵云气花纹；上层浮雕带座宝珠，宝珠两侧为两只卷尾石狮，前爪把持宝珠，后脚蹬宝珠基座。整个浮雕的刀笔圆熟，形象生动，充分反映了盛唐时期石刻艺术的达练风度。

太昊陵 在河南省周口市淮阳区城北15千米的蔡河之滨。太昊即伏羲,是中华民族最早的先祖。太昊处于人类从母系向父系转变的时期,教民渔猎放牧,制嫁娶之礼,画八卦记事等,为中华民族古代文明奠定了基础,被后世尊称为"人祖"。淮阳古为陈国,传为伏羲之都城。为了追念他的功德,春秋时期已在此筑陵、建庙,宋太祖诏立陵庙,又大肆建设。明、清两代曾对陵庙进行了大规模整修,派遣重要官员祭奠。但原有建筑多被黄水淹没,仅保留苏小妹所书的墓碑一通。现存殿宇多为明清重建。陵园占地五百余亩,陵园分内、外两城。以陵墓为中轴线,由南而北逐次展开:先是午朝门、翠飞挑角门楼,左右配有东、西天门。进午朝门为玉带河,三座石桥架于河上。过桥穿夹道先为道仪门,后为先天门,这是一处颇具民族特色的台阁门楼。过先天门到太极门,从太极门过钟、鼓二楼,进入陵院,正中矗立着统天殿,龙凤大脊,宏伟壮丽。殿内存伏羲巨型塑像,左右配有神农、黄帝、少昊、颛顼的塑像,都是中华民族的共同祖先。统天殿之后为显仁殿;再进为太始门,门两厢有台阶角门,可绕殿循游,故又称"转厢楼"。最后是太昊陵,高约20米,周长150米,上圆下方,有天圆地方之意。陵后是蓍草园,相传伏羲曾操蓍画卦,故名"神蓍"。太昊陵实为一处带有较大园林的古代宫殿式的建筑群。陵园内碑刻林立,古柏苍松葱郁,较为庄严肃穆。

关林 位于河南省洛阳市南7.5千米处,南临著名的龙门石窟,属于纪念性园林,占地百余亩。相传是三国时期蜀国大将关羽的首级埋葬处,后人于此建构规模较大的寺庙。公元220年,吴、蜀两国因荆州之争爆发争夺战,结果蜀军战败,关羽败走麦城,为吴军俘获。吴军将领把关羽杀害并把其首级送往曹魏洛阳,有意嫁祸于曹操。而曹操却以诸侯的礼遇葬关羽首级于洛阳城南。明朝万历年间才在关冢前种植柏树,并建立关帝庙。清朝乾隆年间又加以扩建,形成今日之规模。

整个园林群落由中轴线贯穿,通过大门、仪门至拜殿、大殿、二殿、三殿、牌坊。大殿开间为面七进三,正门上有明代高浮雕的关羽故事画,绘制精美;二殿为五开间,门上匾额"光昭日月"由清光绪帝所题,殿内有关羽彩色塑像,两侧为关平、周仓塑像;三殿也为五开间,因殿内原有关羽的卧像,故又称寝殿,卧像现已不存。三大殿后为三门道石雕牌坊与八角亭,亭内有祭祀性内容的描述。亭后为关冢,是其首级埋葬处,关冢面积很大,犹如小山头。

中轴线两侧的廊房都是后来建的。东廊房陈列了东汉至明清洛阳发掘的墓志、碑刻四百余件;西廊房为石刻陈列室,有东汉至明清石刻作品七十余件,这是古代中原文化发展的缩影。

园林内有八百余株柏树,苍劲有力,繁茂高大,为关帝庙增添了伟岸之魅力,园林寺庙因此而得名为关林。有的树沿中轴线两侧排列,有的则自由散落在园内四处;也有一些小面积的树林群落,它们与寺庙建筑形成对比,错落有致,丰富活跃了寺庙的布局,完善了游览的视觉形象。有些柏树造型十分独特,树叉如龙首,树干像龙身,盘旋地向上展开;有的柏树被劈为两段,如圆规般定立在地上。雄浑的柏树群落与精美的雕梁画栋的殿阁,形成了苍郁幽雅与富丽堂皇的对比结合。这种对比结合颇具魅力,它赋予了园林很强的游览审美性。园内还有铁、石狮子一百十只,塑像二十三尊,这些也为游览增添了不少情趣。

每年的正月、五月和九月的农历十三日,均会在此举行关林庙会,演戏、杂耍,十分热闹,这些活动又为关林平添了浓郁的中原民间文化与伊洛风情。

紫云书院　　位于河南省许昌市襄城县城西南12.5千米的紫云山中。紫云山是伏牛山的余脉,主峰高有37.5米,其间一峰名榭坡山,因山上遍植榭树而得名,又名书院山。满山苍翠可爱,林木深处,山石嶙峋。山上有泉水涌出,汇流成溪,弯弯曲曲而下,流水潺潺。书院建在沿小溪入山250多米的向阳山谷中,前有小石桥可通,周围苍松翠柏,青竹重重。书院建于明成化四年(1468),当时的太子少保、户部尚书李敏因父母丧事返乡,爱此山风景秀丽,环境静寂,曾在此建屋三楹,读书作文,并讲学钻研。后李敏丁忧期满,奉命巡抚大同,便将此处书屋典籍献给国家。成化十八年(1482),明宪宗赐额"紫云书院",并依文庙之制扩建殿宇斋堂,人们遂称此山为书院山。次年,李敏病归,养疴于书院,与诸生讲习程朱理学,襄城书院山成为一时儒学研究的中心。自此以后,文人学士春天看花踏青,夏日避暑清谈,秋季观赏红叶,冬天踏雪寻梅,络绎不绝,书院成为县城及周围的著名风景园林地。盛清时,书院主要景致有莲沼、观澜桥、此君亭、吉祥洞、墨香泉及南屏等,今已颓圮,但遗迹尚存,现已修复,以满足旅游之需。今书院环境依然秀美清寂,并尚存当年旧制清构门楼、天殿及东西配殿、东西厢房等建筑。

古隆中　　"襄阳城西二十里,一带高冈枕流水。高冈屈曲压云根,流水潺湲飞石髓。"这就是地处鄂西北历史文化名城襄阳以西、拥有1200公顷风景地的古隆中山水景象。

隆中是我国三国时期杰出的政治家、军事家诸葛亮17至27岁勤苦躬耕、博览群籍之处。著名的兴汉蓝图《隆中对》和脍炙人口的"刘备三顾茅庐"的史事都发生在这里。

早在西晋永兴年间(304—306),镇南将军刘弘至隆中观诸葛亮故宅,命太傅李兴掾为文。东晋升平五年(361),史学家、荆州刺史别驾习凿齿瞻仰隆中,又为其宅铭。南北朝时期,盛弘之的《荆州记》、鲍至的《南雍州记》、郦道元的《水经注》等地志史籍对隆中诸葛故宅均作了明确的记载。唐代在隆中立有两碑:一是唐宣宗大中三年(849)所立的《蜀丞相武乡忠武侯诸葛公碑》;二是立于唐昭宗光化三年(900)的《唐改封诸葛亮为武灵王碑记》。北宋时期,大文豪苏轼游历了隆中,有感而作《游隆中诗》。南宋时期,奉命至临安商议恢复中原大计的漳州提刑司检法刘光祖路过隆中,衹谒遗宫,触景生情,写下了《祭诸葛亮文》。明代一朝,隆中诸葛故居经过了几次大变迁:一是成化初年(1465),荆南道观察使吴绶建宅于"委在草莽"的废墟上,后圮陋;二是弘治二年(1489),迷信专横的襄简王朱见淑毁庐建陵,迁祠于山之左臂,不久倾于风雨;三是正德二年(1507),光化王朱祐橝在隆中东去数十步的山窝里建祠祀亮,后圮;四是嘉靖四年(1525),御使王秀加固祠于东山洼,因年久失修而毁;五是万历二十年(1592),李桢在东山洼里重建草庐之所为。清代,隆中武侯祠又经历了建而圮、圮而建的过程。康熙三十八年(1699),下荆南道蒋兴芑"惮于图复旧址,因陋就简",重建了武侯祠。康熙五十九年(1720),赵宏恩在"乱草牵衣,断碑卧水"的故墟上萃集良才,建祠祀亮。乾隆二十年(1755)、三十八年(1773),李敏学、永昇相继鸠工庀材,新其祠宇。光绪十四年(1888)和十九年(1893),裕禄、程文柄又予以葺修。民国二十一年(1932)冬,蒋介石检阅军事莅襄,慕侯之为人,拨币修祠,并立碑为记。

诸葛故居几经千年风雨,诸葛故地清静幽雅无比:举目而视,但见那隆山耸立、郁郁葱葱,乐山旋峙,透迤通幽;旗山似门,岩峦合匝。三山环拱,冲谷相间;俯视其形,隐若玦环。那依山势汩汩而流的清泉饱含着四季芬芳,披红戴绿地越过小虹桥,飞溅于奇石竹丛之间。林间幽径、茅庐庙堂、亭廊台榭,处处都充溢着甘冽清泉那涓涓的音符和美妙的旋律。漫步于渊潭旁、龙泉湖岸,凝视一尘不染、明亮如镜的湖水,天共着水,水吻着天,水天一色,使人瞬间忘却尘世的烦扰,飘飘然犹入太虚。古隆中四时景色皆宜,武侯祠内千里飘香的古桂如车盖,古书院内随风起舞的圣柳姿态妩媚,三顾堂内洁白如雪的绣球犹若蓝天白云,小虹桥清香四射的蜡梅傲雪挺立,更有那茅庐近旁森森古柏,卧龙深处苍松翠竹,躬耕田内灿灿稻麦,青石古坊楣旁蒙翳草木。这大自然的结晶与历史人文景观相融合,使隆中这个清幽的小山村披上了浓厚的山乡情、碧野趣。著名文学家罗贯中在《三国演义》中对其描述道:"山不高而秀雅,水不深而澄清,地不广而平坦,林不大而茂盛。"

石牌坊 挺立傲守古隆中,风霜不改似卧龙。这就是在隆、乐二山间忠实地扼守隆中冲口的清石牌坊。

牌坊建于清光绪十九年(1893),高6米,长10米,仿木结构,四柱三门楼,十个抱鼓紧紧衔住四柱。坊顶起角弯爪,单檐斗拱,带脊起吻。其上"古隆中"和诸葛亮"澹泊明志,宁静致远"的古训等书法作品苍劲有力,镌刻精良。高浮雕"渔樵耕读""琴棋书画"等栩栩如生,再现了隆中淡泊的田园风光。整个牌坊寒光四射,在森森古柏的映衬下显得古朴壮观。

武侯祠 步逾古隆中牌坊,沿着绿荫掩映下的石级而上,一片苍松环翠、缕缕香烟缭绕、声声悦耳金钟之处即隆中传统的十景之一、祀奉诸葛亮的祠宇——武侯祠。

武侯祠始建于晋朝,依山势而呈四进殿六庭院,四进殿堂错落有致,古朴庄重;六层院落,布局严整,深邃幽静。在雕薄蔚采的殿宇内,董必武、郭沫若等名家的题词以及历代书法家书就的金匾银对琳琅满目。诸葛亮纶巾羽扇的塑像栩栩如生,左、右两旁分别耸立着其子诸葛瞻、其孙诸葛尚的雕像。三义殿刘备、关羽、张飞铜像金光四射,似乎正在倾述衷肠,义结同盟。卷棚式殿宇内蜀汉政权核心武将披甲戴冠,摩拳擦掌。文臣塑像神态迥异,犹如正在畅怀议政。前往虔诚祀奉的香客络绎不绝。四进六院终年香雾弥漫。每至秋月,天公又送来古桂的自然清香,静轩内四人合抱不围的金桂如漫天繁星,沁人心脾。二进天井内两棵参天的古柏苍茂繁盛,犹如一对威严的卫士守护于古刹寺院内。整个祠宇众集珍贵文物于一体,堪称园林、书法、雕塑等艺术精品之宝库。

三顾堂 "贤人隐岩穴,帝子再三寻。野处终身志,雄谈济世心。路回山隐隐,树锁昼阴阴。千载称鱼水,高风冠古今。"这是明朝荆南道观察使吴绶的《三顾堂》诗。

三顾堂建于明朝成化年间(1465—1487),它是刘备三顾茅庐的纪念堂,其内保存着许多有艺术价值和历史研究价值的碑碣石铭。在朵朵白云般绣球花掩映下的高大正殿中悬挂着王任重、陆定一等手书的匾额对联。古书架上的卷卷竹帛、屏风前面厚实的古榻、墙壁之上清人笔下"三顾茅庐"的画卷都使人联想到刘备、关羽、张飞不畏严寒、风雪访贤的情景。三顾堂外那三棵苍茂入云的古柏正是刘、关、张三访隆中的见证者。

草庐 一池荷塘月色、古木环拱之处即罗贯中笔下的竹篱茅舍——草庐。

草庐是诸葛亮当年隐居隆中时苦读交游、切磋学问并形成自己治国理民政见之处,著名的"隆中对策"就发生在这里。其地清雅别致,淡泊宁静,二进二院内松竹相间,柴门半掩,竹篱环绕。步入草庐静听那织机叽叽作响、石臼咚咚之声,细看那缓缓而动的牛车、缕缕飘舞的炊烟,犹如置身于诸葛亮生活的时代。那一庐一堂、一草一木都留下了诸葛亮的辛勤汗水。"摄衣岘山巅,停舟鹿门浃。凭吊草庐人,抱膝山之趾。"这是元朝著名诗人凌如焕的《题隆中草庐》。一千七百多年来,多少文人志士视草庐为诸葛亮的化身而前往凭吊,寻觅诸葛亮成长的印迹,在这里留下了许多千古绝唱,乃宝贵的历史文化遗产。

卧龙深处 出三顾堂依山势盘旋拾级而上,一片高深且平的石林山泉间即为卧龙深处。据传,卧龙深处是诸葛亮当年与其亲朋好友经常聚会的地方。是地终年云雾漫漫,珍禽欢歌,异兽相戏,颇具山野情趣。登之犹如隔绝世事,步入堂内更觉置身于古刹寺院。卧龙深处以三进二天井的对称建筑为主体,南通丹青苑,北连畅怀院,宏伟古朴的大殿内庞德公、黄承彦、司马徽等荆襄名士塑像形态逼真,他们似乎还在那里侃侃而论。畅怀院内终年游人满至,举杯端坐,倾述衷肠。丹青苑内文墨大师络绎不绝,挥毫运笔,吟志述怀。

六角井 位于三顾堂北侧,它是诸葛亮隐居隆中时草庐院内的生活用井。据东晋史学家习凿齿《襄阳耆旧记》记载:"襄阳有孔明故宅,有井,深五丈,广五尺,曰葛井。"明吴绶有诗吟道:"庵前存古甃,云是汉时穿。周洁厨中物,灵通地底泉。流香来一脉,遗泽永千年。良夜涵明月,光澄六角天。"同时代著名诗人王越在《六角井》诗中也深有感慨:"一脉深沉起卧龙,风云未遂济时功。古今多少英雄泪,尽在先生此井中。"

襄陵 在一条山间曲径旁,密林掩映下有一占地约100平方米、高约10米的封土堆,此即明襄简王朱见淑陵墓。朱见淑于明弘治二年(1489)袭封襄王,他"慕隆中佳秀,择为茔地……遂迁诸葛亮庙于山之左臂"。明末李自成领导的农民起义军路过襄阳,来到隆中,以无比愤慨的心情捣毁了此墓。数百年过去了,此墓已成为隆中文物保护对象之一,成为人们游览隆中的又一去处。

草庐亭 在清风和煦、万枝起舞的日子,山中便会传出阵阵悦耳的风铃声,循声而去,一座双层六角亭庄重地矗立于松竹丛中,此即建于清朝康熙五十九年(1720)

作为草庐遗址的标志亭——草庐亭。草庐亭砖木结构，青砖灰瓦，在参天古木的环拱下显得分外典雅。其门额楷书"草庐亭"三字苍劲有力，檐柱镌刻着对联："扇摇战月三分鼎，石黯阴云八阵图。"

古柏亭 "锦官城外柏森森，几度曾歌梁甫吟。今日亭前见颜色，风霜不改岁寒心。"这是明朝著名诗人王越的《古柏亭》吟诗。古柏亭是隆中古十景之一，它始建于清朝康熙五十九年（1720），建亭的目的是"揭以古柏"，"以昭亮节"。这个坐落于卧龙深处脚下的双层六角亭古朴庄重，终年饱受云雾的沐浴。

抱膝亭 为了"使后人永思武侯巾扇之度"，"毋以沮溺之例视侯，而感思侯之别有寄托"，清康熙五十八年（1719），郧襄观察使赵宏恩在诸葛亮寓居隆中期间常抱膝长吟之石上竖立了一座挺拔端庄的云亭——抱膝亭。

抱膝亭砖木结构，六角三层，飞檐高翘。其下可听泉水涓涓，上可尽染星光白云。登临高处顿生磅礴气势之感，若凌云，似九霄，后人有感而吟道："亭势凌云，抱膝迥留千古胜。"

躬耕田 据《三国志》记载："玄卒，亮躬耕陇亩，好为梁父吟。"躬耕田就是诸葛亮当年耕耘之处。其地处隆中山冲谷地，北临小虹拱桥，南依亘绵乐山，东接"古隆中"牌坊，西靠古洞幽泉。当年诸葛亮隐居隆中时借此生存，和妻子黄氏在这里留下了无数的汗水，造就了这片良田沃土，换来了累累硕果。至今，这里还是麦香千里，稻花扬扬。明吴绶有诗吟道："食力安生业，山前数亩田。雨晴耕白水，春暖放乌犍。东作思无逸，西成望有年。后来持此术，伯业富西川。"

老龙洞 这是一个水天一色的世界，天公神手妙画出一个老龙古洞，给这块净地增强了古老的气氛。老龙洞头枕隆山，脚踏乐山，西秉龙梢，东握躬耕良田。这得天独厚的自然境界，犹如世外桃源。洞内潺潺流长的清泉终年不竭，它带着沧桑世事流经"千古碧萝悬"的山崖，穿过亭廊庐榭，流向修竹丛林；它滋润了大地，哺育了一草一木，浇灌了诸葛亮的躬耕田地。汨汨清泉在这形若玉玦的天地中形成了一个个湖塘池堰。那清澈的泉水涵映着红日月光、青山丛林、亭廊台榭，使隆中景色更加美丽。古人曾有联赞曰："让彼苍松翠竹，共绘人间美景，得此古洞幽泉，尽销眼底俗尘。"

古书院 在甘洌的渊潭旁、曲廊通幽处矗立着一组四进三院、规模较为宏伟的建筑群体，此即闻名遐迩的古书院。

据明朝《天顺襄阳郡志》记载："隆中书院在县西二十里，诸葛孔明尝寓居于此。其地山水环秀，后人因其故宅立庙祀之，元至正间改庙为书院。"隆中书院自创立至清朝乾隆年间最后辍肆,断断续续存在了四百余年之久,为社会造就了大批文人学士,对襄阳一带的教育事业产生了很大的影响。这里环境特别幽静,曾有诗曰:"庭幽泻月光,风摇圣柳,院静飘书声,雨打芭蕉。"

吟啸山庄 人称"抱膝梦回梁甫吟"的理想去处,在山坳里依山势而建,筑就于丛林之中。四进三院的建筑群体古朴而雅致,内有错落有致的曲廊、乳雁戏绕的亭榭,隐约地呈现出宋代大文豪苏东坡笔下潋滟渊潭的淡泊境界。古人曾赞曰:"山川近且秀,不到懒成耻。"

观星台 在山林葱郁的乐山东段有一饱受日月沐浴、历千余年而不衰的石质青台,此即诸葛亮当年观察天文星象之处——观星台。

相传诸葛亮隐居隆中期间,上研天文,下究地理,经常登临乐山观察星象,积累了丰富的天文、地理知识,而后广泛运用于军旅大事。一千多年过去了,观星台已演变成了诸葛亮智慧的化身,深受人们的青睐。后人有感赞道:"台形丽日,观星总括万年奇。"

梁父岩 突兀雄立于乐山东段,为诸葛亮隐居隆中期间面对混乱的国家局势而经常登临引吭长吟、抒发情怀的岩石。早在晋代,人们就把它作为诸葛亮的化身而络绎不绝地前往凭吊,竹帛之上也多有笔墨。明代吴绶在缅怀了岩石之后有感而作:"半山岩石好,梁父昔时吟。出处关成败,兴亡自古今。云埋万丈地,德著百年心。今日登临者,惟闻野鸟音。"

草庐碑 堪称世之瑰宝的"草庐碑"雄立于抱膝亭后一带冈峦林荫深处,相伴古泉溪流长达四百余年,其通体寒光四射,尽染青林红叶;碑帽四龙错落盘绕,疏密得当,颇具龙腾云涌之概。碑面楷书"草庐"二字,碑阴镌刻"龙卧处"三字,皆当时著名书法家江汇手迹,书体苍劲有力,镌刻深邃精良。赑屃碑座栩栩如生,龟首高昂,力逾南山,即古朴又富有生趣。整通碑体集书法、雕刻艺术和历史研究价值于一体,无疑为一件珍贵的历史文化遗产。

棋盘石 在松柏交翠、绿荫蔽日的乐山南麓有一条透迤深邃的山沟,沟内怪石林立,终年雾气腾腾。其中一块巨石酷似棋盘,在云雾中时隐时现,它就是诸葛亮及其岳父黄承彦经常下棋的地方——棋盘石。

相传一个雾霭浓洌的清晨,一个农夫赶着毛驴自远而来,行近沟前,朦朦胧胧地看到两个老人正在下棋,于是,他把毛驴拴在沟内一棵树上,自己前往观战。待一盘棋下完,农夫回身牵驴时却不见驴之踪影,原来下棋老人即诸葛亮和其岳父黄承彦,二人仙游故地。农夫看完一盘棋,世间已过了几百年,沟内毛驴早已是肉烂骨腐。将这美妙的传奇故事付诸一块普通的青石之上,使其更加神奇,更富感染力。

半月溪 潺潺而逝的山泉流过竹丛,穿越石林,缓缓流入一片浓密挺拔、高耸入云的杉木丛中,在这里积水造就出一个明亮似镜的水潭,即半月溪。

相传阴历每年八月十五日,天公挥舞神笔,将倒映到水中的月亮勾勒成美丽的圆月状。荷桥云雾中即兴起舞的嫦娥之倩影尽收溪中,美丽异常。据传,刘备二顾茅庐时曾在这里遇到诸葛亮的好友崔州平,两人进行了一番关于国家形势的辩论。对此,古人有诗吟道:"山弯溪亦绕,一曲湛寒流。月照玻璃缺,水涵玉玦浮。"

琴台 即乐山顶部那块酷似琴瑟的巨石,据习凿齿《襄阳耆旧记》载:"(诸葛亮)宅西面山临水,孔明常登之,鼓瑟为《梁父吟》。"琴台以独特的文化内涵,在风风雨雨中存在了千余年之久。它渗透了诸葛亮无数的汗水,寄托了诸葛亮博大的情怀。千余年后,那悠悠琴声似乎还飘荡在隆中山间小溪,琴声如泣如诉,引起了人们的思绪。琴声如枪似剑,它曾使司马懿百万大军闻风丧胆。琴台,是智慧的象征,是诸葛亮的化身。

小虹桥 "雨霁长空横素影,云收大地露真形。水从半月溪边过,人在苍龙背上行。"这动人的诗篇惟妙惟肖地描绘出了小虹桥秀丽的景色。小虹桥位于躬耕田畔,形若彩虹地飞凌于溪泉之上。其下终年泉水潺潺,其上梅香尽染。相传,当年诸葛亮出入隆中时经常经过此桥。《三国演义》说,刘备访贤隆中时,不遇,策马回归,"见小桥之西,一人暖帽遮头,狐裘蔽体,骑着一驴,后随一青衣小童,携一葫芦酒,踏雪而来;转过小桥,口吟诗一首。诗曰:'一夜北风寒,万里彤云厚。长空雪乱飘,改尽江山旧。仰面观太虚,疑是玉龙斗。纷纷鳞甲飞,顷刻遍宇宙。骑驴过小桥,独叹梅花瘦!'"这酷似画卷的诗篇向人们展示了一幅美妙的虹桥雪景。一千多年来,有多少文人志士前往寻觅刘备三顾茅庐的足迹,体味风雪诗情。

抱膝石 明万历三十年(1602),著名诗人袁中道游历了隆中,当他注目凝视抱膝苍石时有感而作诗:"火井催人出,鱼梁罢客来。惟余抱膝处,冷石绣苍苔。"

抱膝石位于乐山东端、梁父岩南侧,因诸葛亮常在此抱膝吟啸而被注入了特定的文化内涵。其石"隆起如墩,上可坐十余人"。明吴绶在《抱膝石》中写道:"躬耕田上石,一片绿生苔。长得风云护,曾延将相来。"王越在同名诗中也写道:"慨想先生抱膝时,满怀幽意有谁知?于今一片苍苔石,胜似襄阳堕泪碑。"

荷花池 与抱膝云亭隔涧相望,尽染躬耕田稻花芬芳的荷花池,开凿于清光绪九年(1883)。民国二十二年(1933),湖北第八区行政督察专员刘骥组织人力进行过一次整修,并凌架铁索以通抱膝云亭。

一池秋月一池风,荷花争芳一池中。每当秋高气爽的时令,一池秋水尽含蓝天白云,那漂浮于水面之上的睡莲犹如点点繁星。月夜,一轮皎月从这"点点繁星"中冉冉升起,将亭亭玉立的荷花投影于出污泥而不染的荷叶之上。清晨,荷花无私地将沁人心脾的芬芳奉献,偶有几滴晶莹的露珠在荷叶上随风嬉耍。当火红的太阳透过竹林树丛折射到露珠之上时,其光芒四射,煞是迷人。那精灵的山雀、艳丽的鹦鹉叽叽喳喳地跳跃在池畔、亭上,给隆中的山水带来了无限的生机,堪称风景的点睛之笔。

龙泉书院 位于湖北荆门市西门外蒙山东麓,以拥有蒙、惠、龙、顺四泉而著名。龙泉书院建于清朝,清乾隆十一年(1746),荆门知州舒成龙因修建来龙桥,在蒙山山麓采石,掘通一泉,并在泉侧乱石中得到宋绍兴年间石碑,上刻有荆门知军吕元题诗:"泓泉敷润有深功,石窦涓涓海眼通。岁稔时和霖雨足,风云长静白龙宫。"遂以末句"龙"字命此泉为龙泉。乾隆十九年(1754),舒成龙在泉北兴建书院,引泉水入书院,名"龙泉书院"。

龙泉书院最初建有洗心、育德、东山三堂,春华、秋实二馆,敬业、乐群两斋以及方堂书屋、文明湖等。书斋课堂,清幽古雅;小桥流水,曲折迂回;古木参天,鸟语花香。道光六年(1826)和同治六年(1867)均有修缮。光绪十二年(1886),知州凌兆熊添筑文明、尺木两楼,崇脊展檐,翘角飞梁,高旷轩昂,布局严谨;还在听泉亭的旧址上建自鹤亭;亭顶置铜鹤,展翅举足,翩然欲舞。书院建筑古色古香,规模宏伟,极尽园林之胜。

东晋建武元年(317),僧人慧远曾在此设坛讲经。南宋绍熙二年(1191),著名理学家陆九渊任荆门知军时,又在讲经台上筑亭,宣讲理学。龙泉书院落成后,远近学子纷纷前来就学,一时盛极。舒成龙建龙泉书院时,曾在讲经台的旧址上重建台亭,并在亭后山石上凿"讲经台"三字,太守张世芳题名"仰止",后两百年间,亭毁台存。1981年,重建仰止亭。

现存建筑有文明楼,崇脊展檐,高旷轩朗。楼前有文明湖,系引龙、惠二泉之水汇集而成,泉水潺潺,一泓清澈,楼台倒影,参差其间。山麓另有蒙泉、顺泉,亦在附近与龙、惠二泉汇流。宋代诗人苏辙有《蒙泉》诗云:"涓涓自倾泻,奕奕见清澈。石泓净无尘,中有三尺雪。"尽述景物之妙,甚是传神。

陆羽纪念馆 位于湖北天门市西湖公园内。陆羽(733—约804),字鸿渐,一名疾,号季疵,自称桑苎翁,唐复洲竟陵(今湖北省天门市)人。据《新唐书·隐逸传》记载:陆羽为一弃婴,湖心西塔寺的智积禅师晨起闻群雁喧集以翼覆一婴儿,奇之,遂收养陆羽。即长,以《易》自筮得《蹇》之《渐》曰:"鸿渐于陆,其羽可用为仪。"乃以陆为姓,羽为名,鸿渐为字。陆羽在西塔寺度过童年,后因不愿为僧,逃离寺院,初为伶人,作诙谐数千言。天宝中,陆羽的才华为竟陵太守李齐物赏识,赠与他一些书籍,后负书上火门山(天门市境内)从隐士邹夫子苦读,享有文名,崔国辅为竟陵司马,与羽结交。安史之乱时,陆羽离乡,漫游江南体察世事,广采博览。客居浙江湖州,与诗僧皎然结为忘年交。后移居苕溪草堂,"闭关对书,不杂非类,名僧高士,谈宴永日",公元765年,创作完成中国历史上第一部茶学著作《茶经》。陆羽词艺卓异,为当时闻人,唐朝廷曾诏拜陆羽太子文学、太常寺太祝,皆不就,并写下这样的诗句:"不羡黄金罍,不羡白玉杯,不羡朝入省,不羡暮入台;千羡万羡西江水,曾向竟陵城下来。"宋代陈师道云:"夫茶之著书,自羽始。其用于世,亦自羽始。"明代陈文烛《茶经·序》云:"是茶用于古,羽神而明之耳……稷树艺五谷而天下知食,羽辨水煮茶而天下知饮,羽之功不在稷下,虽与稷并祀可也。"自陆羽之后,饮茶始蔚为风气并远播海外,唐赵璘《因话录》载:"聪俊多能,……性嗜茶,始创煎茶法,至今鬻茶之家,陶为其像,置于汤器之间。"自唐时起,陆羽一直在民间被尊奉为茶神。

陆羽纪念馆占地二十六亩,由三组古典建筑群,即陆羽故居建筑群——古雁桥、山门、陆公祠、西塔寺,纪念陆羽古迹群——东冈草堂、桑苎庐、鸳鸯池,服务设施建筑群——品茶楼、摄影厅、古宝斋组成。山门匾额"陆羽纪念馆"为当代著名诗人贺敬之所题。前殿匾额题"陆公祠";殿门抱柱楹联书:"陆海白沧桑,三生感叹说周愿;公侯付尘土,一代文行如孟轲"。陆公祠大厅内抱柱书:"陆隐苕溪,昔去天涯思故里;公为茶圣,今逢盛世返新祠"。中堂匾额书"桑苎风清";两侧抱柱书"陆敬舆高才,不及先生者,辞官遁世,行踪遍九州,幽壑名川品水味;公输子实巧,那来处士之博学工文,著作追千古,焚膏继晷撰茶经。"陆公祠北檐下匾额书"陆羽古居";两侧抱柱书:"门临柘水之滨雁桥发迹,家在竟陵城下牛背读书。"整个建筑群具有南方古典园林风格,与西湖风光互为映衬。湖烟缥缈,碑石林立,鸿雁横空,白云出岫,中外游客在此泛舟西湖,凭吊陆羽遗迹,充分体现了纪念陆羽的主题思想。

文学泉 文学泉，一名品字泉，俗名三眼井，位于天门城北官池之滨，井上覆有八角形巨石，上有三圆孔呈"品"字形排列，孔大仅容桶出入。泉水清澄明净，水质甘甜清凉，诚为烹茗佳品。史载此泉为晋代西塔寺高僧支遁所掘，距今已有一千七百多年。相传，陆羽年少时常在此汲水煮茗，为陆羽品茶原井。陆羽不但著有中国历史上的第一部茶学著作《茶经》，且"聪俊多能，学赡辞逸"，为当时闻人。因陆羽曾被诏拜为"太子文学"（不就），故世称此泉为文学泉。自唐时起，历代文人骚客高僧名士于此多有题咏，如唐时诗僧齐己吟道："种竹岸香连菡萏，煮茶泉影落蟾蜍。"唐裴迪题《西塔寺陆羽茶泉》诗："一汲清泠水，高风味有馀。"宋朝著名文学家、黄州太守王禹偁曾专程尝此泉水，凭吊陆羽并题七绝《陆羽泉茶》一首曰："甃石封苔百尺深，试茶尝味少知音。唯余半夜泉中月，留得先生一片心。"清安襄郧兵备使陈大文曾在此筑涵碧堂，于泉畔陆羽亭中立古碑，碑面题"文学泉"三字，碑阴书"品茶真迹"，并汇集历代吟咏文学泉的诗文勒于石上。文学泉一度干涸，清乾隆三十三年（1768），天旱无雨，里民掘荷池寻水时得到一断碑，碑上有"支公""文学"等字样，且旁有泉水汩汩涌出，知县马士伟于是甃井，树石槛，建阁立碑复其旧观。文学泉不但在国内久享盛名，在海外亦声誉卓著，日本、韩国的茶学专家视此泉为圣迹，视陆羽为茶界的祖师。

陆子泉 沿天门城北行20千米便是石河火门山，山拔地而起，峰峦并峙，逶迤绵延5千米以上，南瞰千里江汉平原，北邻巍峨耸峙的大洪山山脉。据传，汉光武帝刘秀曾率一支队伍途经此地驰援昆阳，夜过火门山北上，队伍经过时火把满天，烤红了山口两侧的岩壁，故此山被命名为"火门山"。天宝初年，陆羽受竟陵太守李齐物的赏识，经太守引荐，负书上火门山从隐士邹夫子求学读书，啸游山水，采茶煮茗，在火门山北坡凿一泉。据《天门县志》载："陆羽井在天门山北山半，有坠石丈许，中开如狮口，深不及尺，水常停不溢，不竭，无穷可寻，味甘而不寒，内沉绿藓，外斑石花，传为陆子读书此地，取水烹茶处。井下石有数窟，其一圆而细，陆羽置盖处也。"陆子井即今之陆子泉，迄今仍泉水长流，四季常盈。

陆羽亭 位于天门城北门外官池之滨，毗邻"文学泉"。初为清乾隆戊子年（1768）竟陵知县马士伟所建，道光八年（1828）知县邵勷又予以重建，1957年经周恩来总理过问，由天门县委重建，1981年天门市人民政府再度修建。陆羽亭高7米，呈六角形，为双层木质结构，两层顶端各垂七个金瓜，中间一个略大，有如众星拱月。由此远眺，西湖红荷盈池，鸥鹭戏水；抚亭漫步，追想茶圣陆羽闭关读书，独行野中，杖击林木，手弄流水，夷犹徘徊，吟诗诵经，诚所谓"一生为墨客，几世作茶仙"矣。

古雁桥　由天门城西行2千米有一座圆拱形石桥,桥名"古雁桥",又名"雁桥",相传为陆羽被遗弃处。桥全长14.2米,宽5.93米,高4.2米,桥为圆拱单孔结构,两侧立历代文人墨客撰写的纪念陆羽的碑文石刻。据《天门县志》载:明万历年间,中书朱万祚始建此桥。清康熙二十一年(1682),竟陵知县钱永仰慕陆羽,令县丞李允发任监造,重建此桥,立碑桥侧,亲题曰"古雁桥"。乾隆十一年(1746),邑士胡泓捐款重修。道光二十七年(1847),合城士民捐款重修。旧时桥下流水潺湲,前有雁叫关,有水路直达西塔寺。时有名流雅士访雁桥、观茶井,慨然追念陆羽的为人,在此流连忘返。

雁叫关　古雁桥之南50米有一座高耸的牌楼,此即为"雁叫关"。据《新唐书》和《天门县志》记载:西塔寺智积禅师晨起闻湖畔群雁喧集以翼覆一婴儿,以为吉兆,故收养之,于雁翼覆羽处建"雁桥",于初闻雁叫处建"雁叫关"。"雁叫关"始建于明代中叶,滨临水苍,关前建品仙茶楼一座,供茶神陆羽像,楹联题曰:"品水雅意不在酒,仙子高风只是茶。"寄寓了故乡人民对陆羽的缅怀之情。

鸿渐关　据《新唐书·隐逸传》记载:"复洲竟陵人。不知所生,或言有僧得诸水滨,畜之。即长,以《易》自筮,得《蹇》之《渐》,曰:'鸿渐于陆,其羽可用为仪。'"乃以陆为姓,羽为名,鸿渐为字。"鸿渐关"即据此而建。初建于明嘉靖年间,由知县杨应和创立。民国二十四年(1935)迁于其北的十字街,即现在的鸿渐大道的南端,鸿渐街为现时天门市最繁华热闹的一条街道。

柳子庙　位于湖南省永州市零陵区的潇水西岸。为了纪念唐代著名思想家、文学家柳宗元而建。柳宗元(773—819),字子厚,河东解州(今山西运城解州)人。唐永贞元年(805)八月,王叔文主持的永贞革新失败,柳受到株连,被贬到永州当员外司马,在这荒蛮之地过了十年忧患生活。柳宗元性爱山水,居永州时,以其特有的审美情趣对四周自然山水之美进行了逐一的发掘和整饬,写下了《永州八记》等不朽名作,奠定了他在中国文学史上的辉煌地位。现存《柳河东集》中的六百余篇文章,就有三百九十余篇作于永州。唐以后,柳宗元被尊为文章宗师,影响极大,后世文人仰慕他在永州游山玩水、耽乐于天地之间的高风,于此建庙立祠,历代祭拜。庙始建于北宋至和三年(1056),当时称"柳子厚祠堂"。南宋绍兴十四年(1144),又迁建于愚溪北岸今址,称"柳先生祠堂",当时文人汪藻曾撰《柳先生祠堂记》载:"零陵之祀先生于学,于愚溪之上,更郡守不知其几,而莫之敢废。"现在的祠庙建筑为清光绪初年重建,同时又更名为"柳子庙"。庙的布局较为规整,其建筑为传统木构形式,前后共三进。院内花木繁盛,呈现出纪念性园林特有的葱翠和庄重。庙门正上方悬有"柳子庙"的石刻匾额,为晚清书法家所作,字体流畅,端庄厚重,两边嵌有石刻楹联,上联为"山水来归,黄蕉丹荔",下联为"春秋报事,福我寿民"。联文出于柳宗元好友——唐文学家韩愈所写的荔子碑。入门第一进为戏台,穿戏台过看戏坪,登十三级石阶可到中殿。中殿面阔较大,进深三间,布局宽宏,雕花门窗,正面悬有赵朴初先生所题"柳宗元纪念馆"匾额,殿顶为硬山,两侧立有风火山墙,为典型的湖南民居燕尾墙式样,其上布满彩绘、泥塑和浮雕。题材多为山水、人物、神话、民间风俗,集中反映了永州一带的风土人情,也展示了永州多姿多彩的民间建筑工艺。过中殿甬道再拾级而上即为正殿,殿正中陈列有柳宗元石雕像,较真实地刻画出这位文学家晚年的神态。1989年,于永州召开了全国柳宗元学术研讨会,与会学者对柳子庙的史学研究价值给予了肯定。现在这座纪念性的庙园已成为零陵潇水的一大旅游景观,接待四方宾客来此缅怀先贤,游历山水。

大戏台 在庙门内,是建筑轴线上的第一进。柳子庙的布局别出新意,它结合纪念性祠庙园林的公共豫游功能,将既可看戏、又可集会的大戏台直接置于庙门内,打破了一般园林置戏台于后花园的做法,在我国古建园林实例中是较少见的。戏台为重檐歇山顶,为了使屋顶有更多的变化,在底檐之下,又在四角单独地向外伸出起翘很大的角檐,形成极为美观的飞翼翘角的组合,使戏台建筑在造型上更为秀丽,别具一格。戏台正中悬有一横匾,上书"山水绿"三字,文出自柳宗元著名的《渔翁》一诗,字则由晚清大书法家何绍基亲笔题写。戏台四周花木丛丛,其后是一片较为空旷的场地,作为里中百姓的看戏场所,而乡绅文士等则多数在中殿前的游廊上观看,中殿高出看坪十数级台阶,犹如今日戏院之楼座。可见当时设计时的周详考虑。

荔子碑 又称"三绝碑",是我国古代园林中的著名碑刻,碑存柳子庙内,共四块,每块高2.4米,宽1.32米,厚0.21米,石碑硕大规正,平额无座。上面刻有唐文学家、柳宗元好友韩愈所写的《柳州罗池庙碑》,碑文由大文学家苏轼书写,因诗以"荔子丹兮蕉黄"起首,故世称荔子碑。再加上柳宗元的德政和对文学的贡献,后世文人常将此碑称作"三绝碑",其中既包含了对此碑文字、书法、置树地点的赞美,又表达了人们对中国文学史上三巨子的仰慕。原碑在宋代保留在广西柳州的罗池庙内,明代由刘克勤摹刻并置立于永州镇愚溪庙,庙内所存碑为清顺治年间(1644—1661)永州知府魏绍芬重刻。这一著名的碑石景将历史上的三位名人联系在一起,更增添了这座庙园的文化内涵。

芙蓉楼 位于湖南洪江市黔城镇东头,滨临沅江上游㵲水南岸,是后人为了纪念唐代诗人王昌龄而建的园林,用作当地文人乡绅宴游集会。王昌龄是盛唐著名的诗人,仕途却很坎坷,开元十五年(727)中进士后,一直做些小官,后来得罪了朝廷,被贬谪到岭南,遇赦回京后不久,又被贬为江宁县丞。天宝七年(748),诗人已是50岁了,再次被贬到湖南龙标做县尉,当时的龙标是所谓的"苗蛮"杂处之地,极为荒凉僻远,他的好友李白听到这一消息,写了《闻王昌龄左迁龙标遥有此寄》安慰他,其中有句"我寄愁心与明月,随君直到夜郎西"。唐龙标县县城即今黔阳县黔城镇,虽地处偏远,但自然风光极美,王昌龄身处逆境而不消沉,反而建楼亭、栽花草,邀朋友野游,吟诗作对,咏叹美好风光以自娱。在这些诗中,以《龙标野宴》最能表达诗人当时的情怀:"沅溪夏晚足凉风,春酒相携就竹丛。莫道弦歌愁远谪,青山明月不曾空。"芙蓉楼的得名来自诗人另一首诗《芙蓉楼送辛渐》:"寒雨连江夜入吴,平明送客楚山孤。洛阳亲友如相问,一片冰心在玉壶。"由于此诗没有明确说明芙蓉楼的确切地点,所以引起了吴地镇江及楚地黔阳的芙蓉楼之争。宋明以来,两地均建有芙蓉楼,几度兴废。黔城的芙蓉楼是一座雅洁秀隽的小园,布局合宜,为清代江南文人园林的风格。楼为园内的主景,复建于乾隆年间,道光十九年(1839),黔阳县知事龙光甸重修。该楼是全木结构两层楼阁式建筑,正面三间,带观景回廊,两层间设腰檐,顶为歇山式青瓦顶,南向正中檐下,悬有黑底金字大匾,上书楼名。楼周围有玉壶亭、凌波榭、乡贤祠、览翠亭、迎宾亭等景点,与自然山石溪流和林木花草互相掩映。拾级登楼,可凭栏远眺四周山光水色,有"登眺则群山拱翠,俯视则万木交阴,沅水自北来环其下"的壮丽景色。整座小园环境清幽,亭台小筑散建于古木翠竹之中,百花丛中芙蓉独艳,素有"楚南沅江上游第一胜迹"的美誉。

玉壶亭 在芙蓉东南向的林木翠竹之中,为单檐六角小亭,一边为玲珑假山和芙蓉花丛。亭名取自王昌龄名句"一片冰心在玉壶"。这是后世文人经常引用的诗句,来表明自己光明磊落、清廉自洁的胸怀。亭中立有著名的"一片冰心在玉壶"碑。初看只见碑上刻着一只古色古香的壶,但细品之后,便可发现,这一阴刻的壶线是由"一片冰心在玉壶"诗句的七字篆书巧妙组成的,堪称我国古代文学艺术与雕刻艺术的最佳组合。此碑为清朝道光辛丑(1841)状元、江西布政使龙启瑞设计书写的。龙启瑞为龙光甸之子,书法造诣很深,他未仕之前,潜心研究王昌龄的诗文,特别是王昌龄在龙标的事迹,有文传世。玉壶碑文的书写可谓别出心裁,发人所未发,是湘中园林文化景色之一绝。

碑廊 园中之曲廊,在芙蓉楼西边和南边,廊穿行于花木山石之中,是游人缓步游赏的主要通道。廊面向芙蓉楼一边敞开,另一边则筑以粉墙,壁间嵌有《王少伯宦楚诗》和跋以及历代文人游芙蓉楼所题诗文题对等。清道光年间,黔阳县知事龙光甸及其子龙启瑞对王昌龄横遭谪贬愤慨不已,又对他尉龙标的政绩十分敬仰,为使诗人事迹在湘南永远流芳,便"爰检全唐之集,摘录尉楚之诗",共得诗人在楚地所写之诗二十九首,定名为《王少伯宦楚诗》,由龙启瑞书碑文,龙光甸撰跋,跋为骈四俪六,妙语解颐,极有文采。诗及跋均镌石立碑,置于芙蓉楼花园中。诗文以楷书写,刻于青石碑上,并列而置。为了表明芙蓉楼在黔城,宦楚诗第一首即是《芙蓉楼送辛渐》,从而引出了楚吴之争,也为我国园林名胜史写了一段插曲。

迎宾亭 在芙蓉楼北边的㵲水南岸上。居高临下,立于峭壁之山,亭侧巨石露头,如国画中的散点石,一侧有石阶向下可至水边观景,其选址很是巧妙。亭六面六柱,顶为六角攒尖,上覆青瓦,南向有题匾,前为入园游览的主要通道。入园者必先经此亭,故曰"迎宾"。亭柱上置美人靠式坐椅,下透空,这可能汲取了湘南民居做法,显得很是玲珑轻巧。此亭亦可作游园后的小憩之处,依亭俯瞰㵲水上轻舟竞渡,别有一番趣味。迎宾亭斜对面,为芙蓉楼原大门,门采用我国传统的坊门形式,四柱三间,枋额作弧形月梁式,垂直向置三层,底下正中为拱形门洞,两侧为拱形浅龛,上绘有龙标山水风光。洞门上为"龙标胜迹"四个大字,再上则是一幅很精细的泥塑,题作《送客图》,这是龙光甸当年修复芙蓉楼时,其母黎氏根据《芙蓉楼送辛渐》的诗意亲手绘制的,后请雕塑名家刻于此。《送客图》为淡彩泥塑,可见出笔触层次,可称芙蓉楼园内一宝。

柳侯祠 广西柳州市最著名的一处名胜古迹,为了纪念唐代大文学家柳宗元而建的一处古典园林,位于柳江北边柳侯公园内。

此园初建于唐代长庆元年(821),当时名为罗池庙。因宋代追封柳宗元为文惠侯,故于崇宁三年(1104)改称柳侯祠,清代宣统元年(1909)重修。以后又几经修葺,成为寻幽访古的好去处。

柳宗元,字子厚。青年时期即"颇慕古之大有为者",期望建功立业,写下许多笔力雄健、见识深远的名篇。柳宗元参加政治革新活动,失败后,于唐永贞元年(805)贬任永州(今湖南省永州市零陵区)司马。元和十年(815),改谪柳州刺史,在任四年,抑郁成疾,终于柳州。柳宗元任刺史时的柳州,人烟稀少,猛兽出没,经济、文化大大落后于中原发达地区。柳宗元在柳州释放奴婢,拓荒挖井,植树造林,发展生产,兴办学校,实行了许多兴利除弊的仁政,深得柳州人民的景仰。千百年来,柳侯祠也因此始终游人如织,成为人们追思先贤的名胜之地。

柳侯公园内,古木参天,浓阴遮地,四时鲜花不败,清香沁人。沿着林荫道前行,可见一泓碧水像一面宝镜展现于眼前,池水澄澈明净。池旁有碑,刻"罗池"二字。待皓月当空、清辉满园之时,月光洒落池中,盈盈秋水,恰似情侣凝眸,脉脉含情。"罗池夜月"从唐代开始便已驰名,成为柳州一景。相传当年柳宗元经常至此散步游览。

绕过罗池花径,古雅的粉墙、花窗呈现在面前,粉墙里面便是柳侯祠。祠匾为郭沫若手笔,字迹苍劲挺秀,豪迈奔放。门联集自韩愈的诗句:"山水来归黄蕉丹荔,春秋报事福我寿民。"进祠门,但见天井宽阔,繁花似锦,修篁摇曳生凉。柳侯祠为红柱丹梁的三进古屋。头进荟萃了明清以来的石刻二十余块,壁间悬挂柳宗元生平资料及后人的书画作品,琳琅满目。

二进为中厅,引人注目的是两口年代久远、石色斑驳的古井。柳宗元到柳州以后,见众人到柳江汲水,岸高路陡,行走艰难,于是派员勘地寻源,挖井引水,为百姓解决了饮水难题。这两口石井,便是柳侯"有德于民"的生动见证。

柳侯祠是典型的名人纪念性园林,在游园赏景的同时,寻访古之名贤足迹,追怀前人的高风亮节,能感受到优秀传统文化的熏陶。

正殿 柳侯祠正殿坐落于第三进中,殿中央端坐着柳宗元的塑像。一位头戴褐色幞头、身着唐朝官服的长者,正手执狼毫笔,凝神攻读。柳宗元的政治生涯虽历尽坎坷,然而他的许多优秀作品却流芳百世,在我国古代散文发展史上留下了光辉篇章,不愧为"才气文章百代尊"。正殿中还有元代的柳宗元刻像等珍贵石刻二十余方。尤其值得一提的是并立的两方荔子碑:右为南宋嘉定十年(1217)所刻原件,左是仿宋的清代复制品,碑文摘自韩愈《柳州罗池庙碑》的《享神诗》。因其句首云"荔子丹兮蕉黄",后人便称它"荔子碑"。诗赞柳侯,作者韩愈,字为苏轼亲笔,唐宋三大文豪的文采神韵凝集于一碑,实在是难得的佳迹,故人们又称之为"韩诗苏书柳事碑"或"三绝碑"。游人驻足碑前,无不细细揣摩,津津乐道。殿堂正中的玻璃柜中,用金丝绒衬着一块残碑,文曰:"龙城柳,神所守,驱厉鬼,出左首;福土氓,制九丑。……元和十二年。柳宗元。"笔走龙蛇,锋毫恣肆,是柳侯仅存的手迹。因为此碑与短剑一同出土,故称"剑铭碑"。相传此碑能扶正驱邪,将其拓片贴于船舱里可遇风则止,遇浪则平,逢凶化吉,所以世人皆争索,奉为至宝。传说虽不足信,却说明柳侯的嫉恶扬善,深得民心。

衣冠冢 柳宗元的衣冠冢位于祠后,松柏拥翠,肃穆雅静。柳宗元逝世不久,遗骸被运回长安。柳州地方人士在原来的灵柩停放处修建了衣冠墓,作千秋凭吊。

离墓前行,过月桥,一片柑林环拥着一座别致的六角长亭,匾曰"柑香亭"。柳宗元当年提倡种植黄柑,如今不仅遍布柳州,而且植满南疆了。黄柑飘香时,使人不禁油然回忆起柳宗元的《柳州城西北隅种柑》诗:"手种黄柑二百株,春来新叶遍城隅。方同楚客怜皇树,不学荆州利木奴。几岁开花闻喷雪,何人摘实见垂珠。若教坐待成林日,滋味还堪养老夫。"柳宗元在柳州不仅种柑,还亲自植柳。他在《种柳戏题》诗中说:"柳州柳刺史,种柳柳江边。谈笑为故事,推移成昔年。垂阴当覆地,耸干会参天。好作思人树,惭无惠化传。"

秦始皇陵园 位于陕西临潼区正东 6 千米处,现占地 25 万平方米,是全国最大的帝王陵园之一。陵园南依骊山,北临渭水,气势宏伟。1961 年国务院公布其为全国重点文物保护单位。秦始皇陵园是由秦王朝著名政治家李斯主持修建的,公元前 247 年即秦始皇 13 岁即位时开工,直到公元前 210 年,秦始皇死时竣工,历时长达 37 年之久,动用劳动力七十余万人。

秦始皇陵园原建筑宏伟壮观,碧柏翠松,一望无际,历史上曾遭项羽、黄巢及军阀温韬等人的挖掘、焚烧,陵园被严重损坏,现地面建筑荡然无存,仅留墓葬封土。墓近似方形,顶部平坦,腰部略呈阶梯形。封土丘现高 47 米,周长 1410 米。考古勘探证明,封土周围原修筑内外两重城垣,内城南北长 1350 米,东西宽 585 米,周长 3870 米;外城南北长 2165 米,东西宽 940 米,周长 6210 米。陵园内外城四面均有城门及阙楼,现仅存墙基。陵园内发现多处大型建筑遗迹,出土了大量青石、砖瓦等建筑材料。其中巨型夔纹半圆形撩朽,直径 0.6 米,高 0.48 米。宫殿屋脊所使用的鸱尾高达 0.9 米。秦陵园宫殿堪称是古代建筑史上的奇观。据《史记·秦始皇本纪》描述,秦陵园地宫的情况为:"穿三泉,下铜而致椁,宫观百官奇器珍怪徙臧满之。令匠作机弩矢,有所穿近者,辄射之。以水银为百川江河大海,机相灌输,上具天文,下具地理,以人鱼膏为烛,度不灭者久之。"以后,《汉书·楚元王传》以及《水经注·渭水》中都有类似这样的记载。尽管陵墓由于种种技术原因没有被正式发掘,但综合这些文献,仍然可以较为正确地将其描绘出来:它位于第三层泉水之下,熔化青铜浇铸冥宫四周,上丹漆、彩绘的图案,并镶嵌珍贵璀璨的夜明珠为日月星辰；又作神州五岳地势模型，用瑾玉镌刻青松翠柏、奇花异卉，饰缀其上，交映生辉。模型中有名山奇川和江河湖海，内注大量的水银，安置机关，使之往来循环，长流不息。又铸金银游龙凫雁，用玻璃做龟鱼等水中祥瑞动物，雕刻沙棠沉檀为浮舟，置于川流之中。地宫内的其他陈设同地上皇宫如出一辙。文武百官依次有序排列，各种珍宝琳琅满目。宫内照明用东海人鱼膏油炼制蜡烛，点燃后照得如同白昼，长久不灭。为了防墓被盗，各墓道入口均设有自动发射的弩机，正可谓固若金汤。

秦始皇帝是新兴地主阶级的杰出政治家，是中国历史上第一个大一统王朝——秦朝的开国皇帝，他对死后百年安乐陵园的选择、构思、修建都是空前绝后的。登上陵巅，极目远眺，渭水如练，蜿蜒东去。陵南群峰屏立，一片苍翠。山岭绵延曲动，像盛开的莲花，秦始皇陵园便处在莲花的环抱之中。1986年，国家投资对陵园进行了扩建维修，陵墓周围广栽石榴，每年五月榴花似火，与丛绿交相辉映，景色极为艳丽明媚。

秦东陵　位于秦始皇帝陵园西南韩峪乡、骊山西麓海拔540—700米的山坡地带，南北长约4千米。古代帝王常有封侯守陵的传统，东陵侯亦曾显赫一时，成为高官的代名词。唐大诗人李白在感慨人生短暂、世道无常时，亦写到东陵侯，使东陵声名日著。诗曰："庄周梦胡蝶，胡蝶为庄周。一体变更易，万事良悠悠。乃知蓬莱水，复作清浅流。青门种瓜人，旧日东陵侯。富贵故如此，营营何所求？"根据《史记·秦本纪》载：秦宣太后、悼太子、昭襄王、庄襄王皆葬于此。秦东陵陵园分三个自然区域。第一陵区有两座墓冢：一个墓冢残高7米，上为圆形，下边近似方形，底边南北长19米；另一个墓冢高5米，底部南北长17米。考古期间曾散见一些美叶纹、葵纹、蝶纹瓦当等物纹。第二陵园东西4000米，南北1800米，占地72万平方米，陵园内有两座等级较高的"亞"字形大墓。从二号陵园向东走1.5千米，便是东西长500米，南北宽300米，总面积15万平方米的三号陵园。陵园由防御设施、陵区主墓、陪葬坑和陪葬墓组成。

秦东陵的发现，将为研究中国古代墓葬史、战国先秦王陵墓葬形制结构、等级制席、陵园内部布局等提供翔实资料，在整个秦史研究中，也占有重要位置。

兵马俑坑　位于秦始皇帝陵园东1.5千米处，是秦始皇帝陵园的组成部分，共有三个俑坑卫护着不可一世的始皇陵。1974年3月发现，随后组织专家勘探、试掘。1975年经国务院批准挖掘一号坑，并在此基础上建起了一座长230米，跨度70米，高22米的钢结构现代化展厅。几年来通过对二号、三号坑的挖掘，发现三个坑成"品"字形排列。一号坑面积14260平方米,出土兵马俑六千余件,战车百余乘。二号坑平面为矩尺形,面积六千多平方米,是一个步兵、弩兵、车兵、骑兵诸兵种的合成编阵,其中战车89乘,车兵俑261件,陶马356匹,骑兵俑116件,鞍马116匹,步兵俑六百余件。三号坑平面呈"凹"字形,面积562平方米。内有战车一组,执殳武士俑64名,为军阵指挥部。三个坑形成一个庞大罕见的古代军阵场面。陶马战车与原物为1∶1比例,兵俑面目各异,身高1.7至1.9米左右,戎装盔甲,威风凛凛。这七千勇士浩浩荡荡,象征着秦始皇当年的雄武,令世人叹为观止,是中国乃至世界的文化奇观,秦始皇陵也被称为世界第八大奇迹,1987年被联合国科教文组织列为世界文化遗产。

铜车马 1980年出土于秦始皇帝陵墓封土堆西20米处的7.8米地下,共两乘,1984年10月1日正式对外展出。据统计,一套车马全部零件3262件,铜制1742件,金制737件,银制983件,总重1241公斤。两车均系单辕双轮车,各由四匹铜马驾驶,铜车马按照真人真马尺寸为缩小二分之一用青铜仿制而成。前车长2.25米,高1.52米,横宽0.74米,进深0.485米。马高0.66米,体长1.1米,御官俑立姿御车,身高0.92米,上身穿双重长襦,内层长襦红色,外层淡绿色,白色领,下身穿白色长裤,足登方口齐头翘尖履,头绾梯形扁髻反贴脑后,上戴鹖冠,腰系佩剑,双臂前举,手揽缰辔。后车长3.17米,高1.042米。车与平面呈"凸"字形,四匹马高0.902—0.932米,体长1.1—1.148米。铜马双目端视前方,鼻孔喘息般地张开,腰肥体健,腿长体顾,前额佩着金银络头,双耳竖立,牙齿紧咬滴衔。御官俑跽坐,高0.51米,身穿长襦,圆领外翻,脑后梳扁髻,面庞圆阔,五官清秀,上唇有两片浮雕式的平"八"字胡;神态安详,目视下方,精神集中,面露笑容。人物栩栩如生,马匹姿态生动,装饰华贵精致。白底彩绘,典雅素洁,纹饰细腻考究,体现了我国古代劳动人民伟大的智慧和惊人的创作工艺,是"世界八大奇迹"的重要组成部分,是世界艺术史上无与伦比的瑰宝。

黄帝陵 简称黄陵,相传是我中华民族的始祖轩辕黄帝的陵墓。坐落于延安市黄陵县城北1千米的桥山之巅,整座园林面积约400万平方米。目前,国家有关部门为了保护这座被海内外炎黄子孙称作"天下第一陵"的古迹园林,将帝陵及黄帝庙四周的东湾、西湾、马山、印台山等林区划归为陵园,形成占地达2200万平方米的古迹风景旅游区。

黄帝,是古代传说中的我国中原各族的共同祖先,他败炎帝于阪泉,杀蚩尤于涿鹿之野，被各部落尊为天子，相传中华文化中的甲子、历法、算数、律吕、文字等，皆始于黄帝。由于司马迁《史记》载有："黄帝崩，葬桥山。"所以自古以来，桥山黄帝陵一直被尊为正宗，其声名大大盖过于其他地方如河北、河南、甘肃等地的帝陵。历史上第一个正式祭奠黄帝陵的要推秦始皇，他在公元前220年西巡时，"过黄帝祠，备礼致祭"。汉代桥山上正式起冢为陵，其规模要大大超过原先的小祠。据称冢内葬有黄帝用过的旧物，系衣冠冢。当年汉武帝征朔方还，曾在此祭黄帝，筑台祈仙。现帝陵前10米处所立的一座高台，便是汉武仙台。自汉以降，唐、宋、元、明、清各朝代皇帝登基，均亲赴，或派大员到这里代表自己祭拜黄帝。直至民国初年的1912年，孙中山就任大总统后，也委派代表团到桥山祭拜轩辕黄帝，并亲书："中华开国五千年，神州轩辕自古传。创造指南车，平定蚩尤乱。世界文明，唯有我先！"

黄帝陵寝之地，沮水环绕，群山拱抱，山上古柏参天，遮荫蔽日，环境很是肃穆幽静。明代诗人张丰山曾作《谒桥陵》诗赞其美："披云履水谒桥陵，翠柏烟寒玉露轻。衮冕霞飞天地老，文章星焕海山清……"从山下有用石块铺成的登山道直通山顶陵前，隐于葱松翠柏间的黄陵坐北面南，冢高3.6米，周围48米。其正南远处立有一石碑，名为下马石，此碑扼上山道口，石上刻有"文武百官到此下马"字样，古代凡祭陵者，均须在此下马，步行至陵前。陵前建有祭亭，亭中有一高大石碑，上刻"黄帝陵"三个大字，为郭沫若手书。祭亭后又立有一块石碑，上刻有明代嘉靖年间滇南唐锜书写的"桥山龙驭"四个如斗的大字，碑旁一座高十米余的台，便是汉武仙台，旁立有碑石说明之。陵前复有一碑亭，内置清乾隆四十一年（1776）陕西巡抚毕沅书立的"古轩辕黄帝陵碑"。

轩辕黄帝是我国远古时代传说中的伟大人物，是华夏各族的共同始祖，具有很强的感召力和凝聚力，特别是众多海外赤子，一回到祖国的大地，便赴黄陵寻根访祖。目前此陵已经过全面整治修缮，新建的三皇五帝纪念馆也已基本完工。古老的黄帝陵已重新焕发出美丽的光彩。

黄帝庙 又称轩辕庙，是黄陵的祭庙，位于桥山东麓。按照中国古代帝王陵寝制度，帝陵的主要祈祭活动均需在祭庙中进行，故此庙与桥山之巅的陵冢是上下呼应的一个整体。与陵一样，庙也始建于汉代，现庙是宋太祖开宝五年（972）所建。庙平面呈方形，是典型的中国古典院落建筑，大门朝南，上悬"轩辕庙"三个大字匾额，主门两侧各有一边门。入门有一座过厅，厅北院中建有一座长方形的过亭，亦称碑亭，亭内东西两侧置立有碑石五十余通，均系历代帝王及文人祭拜黄帝的祭文和重修庙宇的碑记等石刻遗迹，具有较高的艺术及文物价值。庭院之北即为大殿,是主祭黄帝之处,殿前檐下,高悬着"人文初祖"的金字大匾,殿内正中置有轩辕黄帝的石像,像高3.9米,宽3.3米,重有1.15万公斤,帝像立于高大的木制像龛之中,四周的龛板上,刻有青龙、白虎、朱雀、玄武四方神兽。帝像头戴玉冠,身着布袍,手指东方,回首欲呼,再现了当年引导先民、开拓创造新天地的图景。

轩辕柏 即黄帝手植柏,是黄帝陵园最著名的古树名木景。植于黄帝庙大殿的前左侧,相传为黄帝亲手栽植。古柏高19米,围径达10米,虽历经四千七百多年的风风雨雨,至今仍虬枝葱郁,挺拔苍劲,焕发着很强的生命力,堪称国内各古柏之冠,被国内学者誉为"世界柏树之父"。大殿前还有一株高大古柏,名为将军柏,又称"挂甲柏",传说当年汉武帝征朔方还时驻跸黄陵,曾挂金甲于此树,故印烙于树上,至今斑纹密布的树皮上还能隐约看出挂甲的痕迹。树上小孔中,有柏液流出,似有断钉在内,据记载,陵山原有千年古柏六万多株,后经战祸天灾,毁去大半,但仍留有不少青翠如新,衬托着数千年的古陵。

辋川遗址 位于陕西蓝田县西南5千米处的秦岭北麓。当年,这里曾是我国唐代诗人兼画家王维自己的山居别墅园林。园林胜景在唐后渐湮没,但后世寻访者、探幽者不绝其人,成为古城长安南郊的著名游览地,称为"辋川道上"。辋川之美在于它的山水自然风景,这里是关中平原与秦岭山脉之交汇处,泉水颇丰,清代文人胡元瑛说:"辋川在县南绕山之口,水沦涟如车辋,故名。"这种自然条件是营建园林的绝佳处。当年王维买下宋之问的别墅营园,曾创造出许多名景,被人传诵千余年而不衰,成为中国园林史上的一奇。王维的山居园林是沿山谷布置的,园中有溪流有小湖,主要景点有孟城坳、华子冈、文杏馆、斤竹岭、茱萸沜、鹿柴、北垞、柳浪、金屑泉、白石滩、竹里馆等二十余处,王维常与游人在这里过着弹琴赋诗、耽乐林泉的悠闲生活,并按景点作诗记之,后集为《辋川二十咏》,又多次作过辋川图描绘园林景色,成为后世画家仿效的园林精品。

今日辋川道上风光依然,山间长满了花草野藤,溪流淙淙,山谷坡地上林木葱茏,浓绿欲滴,林间不时出现古朴的农舍,炊烟袅袅,一派恬静的田园景色。每当春夏烟雨迷蒙,整座山谷溪流被罩上了一层薄薄纱幕,这便是有名的"辋川烟雨"。在这迷人的景色中,还保留着当年王维园林的遗址,如位于飞云山的鹿慈寺,便是辋川别业中家宅的故址所在。王维晚年笃信佛教,在他母亲死后,便改所居别墅为鹿慈寺,今日寺前还留有王维手植之古银杏一株,树高20米,冠有15米,径为1.8米,这棵千年古银杏为雌雄合株,生长健壮。古刹四周环境优美,堪称重峦叠嶂、松柏常青，风光宜人，是文人凭吊王维的主要所在。辋川道上还有天然溶洞六座，如锡水洞、碧天洞、黄龙洞等。洞内石笋、石钟乳变化多样，还发现有地下小溪，其中有几洞开发甚早，壁间发现古人题刻。有关部门已将辋川道上定为古城西安南郊的一个重点项目并对其进行综合整治开发，将辋川的山水风光、人文古迹如古建遗址、寺院古刹以及溶洞景观协调地组合在一起，以新的古迹自然纪念园林的风貌展现于游人面前。

武侯祠 位于陕西省汉中市勉县城西 3 千米处，占地三十四亩，是以祭祀蜀汉丞相诸葛亮为主题的纪念性园林，整座花园以建筑为中心，布局严谨，古木参天，集中体现了我国明清园林建筑艺术的高超技艺和独特风格。

公元 234 年，诸葛亮五出祁山，病卒于五丈原军中，遵其遗命葬于定军山下，由于他生前德高望重，深得民心，举国上下纷纷要求为其立庙。后主认为"又逼宗庙"而不允许，百姓只好私祭于巷头或道陌之上，直到蜀汉景耀六年（263）步兵校尉习隆、中书郎向充等上表，后主刘禅才下诏书为诸葛亮立庙于沔阳。这是全国最早的武侯祠，比成都的武侯祠还早 41 年，它是唯一由皇帝下诏修建的武侯祠。据《水经注》《通鉴纲目》等有关史料记载以及明代诗人薛瑄"武侯遗庙汉江南，乔木参天锁翠岚"诗句，以及现存的唐碑与清嘉庆二十二年（1817）《重修忠武侯祠碑铭》来看，祠庙始建在汉江南岸定军山下武侯坪上，靠近武侯墓地。明正德八年（1513），都御史兰璋奏立侯庙于沔城（今勉县老城）东 0.5 千米，距武侯墓 5 千米。

武侯祠因其历史悠久，留下了历代名人的墨迹。唐李商隐、宋陆游、明薛瑄、黄辉，清王士祯等文人，以及乾隆皇帝御前侍卫、工部尚书松筠，康熙皇帝第十七子果亲王，同治年间出使日本的大臣黎庶昌，近代爱国名将冯玉祥等在此都有题词、留言。祠内现存碑石六十余通，匾额二十二方，楹联十一对，均为难得的稀世之宝。由于社会变革，武侯祠也间有兴衰。据碑文、史料记载，1700 多年来，几经坍塌，历代均有修葺。特别是唐贞元十一年（795），武侯祠倒塌，破烂不堪，由当时山南西道节度使严震提议在原地建新庙。自此以后，元至元六年（1269），明永乐六年（1408），成化十九年（1483）、二十一年（1485）等，当地守臣都相继进行了维修。正德八年（1513）迁于今址。后清代康熙、雍正、嘉庆、同治、光绪等时期也曾进行过修葺。特别是果亲王于雍正十三年（1735）奉命入蜀过沔时重修武侯祠和嘉庆七年（1802）拨资维修的规模最大。目前保留下来的建筑均为明清时期修建的。

武侯祠坐南向北。山门是明代建筑风格，为重檐歇山式建筑，琉璃屋面，气势较宏伟。入山门便是乐楼。诸葛亮死于农历八月二十三日,为了纪念他,特定此日为庙会。建筑低矮而宽敞,台檐柱上有浮雕,为羌族文化遗物。其后依次排列的是东、西辕门,牌楼,琴楼,钟、鼓楼,戟门,东、西过门,东、西厢房,大殿,崇圣祠,琴台,仿草庐,读书台,六有山房与静观精舍,东、西配殿等建筑。武侯祠布局严谨,建筑宏伟,雕梁画栋,琉璃飞檐。整个建筑由北到南殿宇排列整齐,中轴线直穿六进,大都三院并联。现有古建筑二十余座八十多间。祠内古柏参天,花木繁茂,争奇斗艳,旱莲、丹桂相映,四季花开如春。武侯祠融书法、文学、绘画、雕刻、园林于一炉,是汉中地区最大的古建筑群之一,也是陕西著名的旅游胜地之一。

戟门 为主体大院正门,悬山式建筑三间,上盖灰色筒瓦,双龙镶脊,脊兽鸱吻,排列有序。门前两侧置石狮子一对,门楣正中有"精忠粹德"和"大器无方"匾额两方。山墙正面砖柱上刻"日月高悬出师表,风云长护定军山"对联一副。东间靠山墙有石碑四通,上刻有建戟门时间和诸葛亮前、后《出师表》全文。靠南正面的两边砖柱上有清末状元西蜀资川人骆成襄撰写的"此地始终关大汉,何年将相似先生"对联一副。南面正中门楣上有"名世挺生"和清雍正乙卯年(1735)三月果亲王允礼题的"醇儒气象"匾额两方。古时宫门立戟,以示威严。唐代诗人贾岛有"玉山突兀压乾坤,出得朱门入戟门"之句。这里取"枕戈待旦,志枭逆虏"之意。

拜殿 又叫献殿,在武侯祠正殿前,是大门与正殿间的过渡,用作正规祭祀前的准备。厅堂三间为卷棚式硬山建筑。殿内靠两侧山墙及正面檐下,唐、明、清各代碑石林立。既有赞颂诸葛亮的诗、词、歌、赋,也有历代维修记录。清果亲王的"遭逢鱼水自南阳,将相才兼管乐长。羽扇风流看节制,草庐云卧裕筹量。丹心一片安炎鼎,浩气千秋壮蜀疆。庙貌嵯峨沔水侧,入门瞻拜肃冠裳",和冯玉祥将军题诗"成大事以小心,一生谨慎;流仰风于遗迹,万古清高"最引人注目。拜殿上方高悬"典垂景耀""大汉一人""代仰清高""其犹龙乎""天下奇才""莫大乎天""理意胐诚""伯仲伊吕""王佐奇才"等十副匾额。笔力苍劲、熠熠生辉。殿内正中置明隆庆年间铁炉一座,高1.87米,重五百多公斤,边上饰狻猊文和龙文,造型别致,古色古香。

大殿 武侯祠整个建筑群的主体建筑,为歇山式五间建筑,高大宽宏,飞檐翘首,正脊高大,饰以浮雕,画栋雕梁,斗拱重叠,上盖灰色筒瓦。大殿正面每间以条格窗棱四扇门装饰。正中上方高悬"山高水长"匾额一方。门口挂对联两副,一是"扶汉心坚,惟谨慎乃能担当事业;伏龙誉早,必深潜而后腾踔云霄"。另一是"未定中原,此魂何甘归故土;永怀西蜀,饮恨遗命葬军山"。这两副对联是对诸葛亮一生的总结。正中神龛内高坐诸葛亮塑像,慈祥睿智,栩栩如生。龛下关兴、张苞站东列西,威武雄壮。神龛上方高悬嘉庆皇帝御书"忠贯云霄"金匾一方,两侧有"羽扇纶巾天下士,文经武纬后人师"对联一副。殿后小天井东西各有园门一座,东门上额书"路转琴台",西门上额书"径通草庐"。

唐碑 武侯祠内现存最为珍贵的石碑为唐贞元十一年(795)"蜀汉丞相诸葛武侯新庙碑铭并序"一碑,是全国各地武侯祠中最早的一块唐碑。碑高2.37米,宽1.22米,厚0.29米,赑屃座。据《升庵外集》载:"俗传龙生九子,不成龙,各有所好……一曰赑屃,好负重,今碑下跌是也。"碑阳由唐沈回撰文,无锡书丹,碑阴刻有南宋时祈雨的记载,文曰:"知县事平阳台孟宗……绍兴七年(1137)六月三日。"在宋祈雨题刻石右侧,还刻有明代祈雨五言诗两首,题为《沔阳道中悯旱二首》,下款为"戊午清明尚书甘为霖题"。碑元初被暴风摧仆,后又复立,正面有一段元人题刻,记载此事。文曰:"历观先贤遗事,大书厥勋,积有年矣。往岁,一日风号雨暴,俄尔倾颓,幸碑石无毁,非先贤之灵乎?爰卜良辰,扶而植之,大朝至元六年岁次己巳八月吉日,本贯辰州人,利路副元帅韩重立。"〔己巳为元世祖忽必烈前至元六年(1269)〕碑之左侧棱上有"嘉靖十一年(1532)五月七日,松山张鲲过谒"题记一行。此碑集唐、宋、元、明题刻于一石,是研究武侯祠沿革的实物资料,具有较高的文物价值。

桂树 是武侯祠内著名的古树名木景观,使这一古老的祠园充满着郁郁生机。桂树共有六株,树高均在10米以上,枝干粗壮,冠如莲盖,长年翠绿欲滴。花分金、银两种,其中金桂四株,银桂两株。一般农历八月中旬开花,金桂呈红黄色,银桂呈乳白色。花开之日,香气四溢,闻后天香入骨,沁人心脾。

桂花盛开于百花将眠、万物凋零之时,在翠叶丛中露出点点黄花、白花,相互映衬,妙含天机,姿态别具,展现出"天香飘绿绮,红粟泛金卮""丹葩间绿叶,锦绣相叠重"的美丽景色,给游客带来了美的享受和无尽的遐想。

凌霄花树 在武侯祠内献殿前,为一碗口粗攀附在古柏上的凌霄花树,俗称"爬柏凌霄",亦为古树名木景。凌霄花树是我国比较稀有的花树之一。学名"紫葳",属落叶木本藤科,是依附性较强的一种攀缘性植物。此花既可供人赏玩,又可入药,微毒,能止血化瘀。叶与黎棠叶相似,花呈喇叭形,色赤似火。每年自夏至开花到立秋,花期长达百日之久。花繁易谢,朝开暮落,遍地红英,红绿相映,妖艳至极。据《忠武侯祠墓志》载:"凌霄花具有高雅、纯静、顶风、傲寒、入圣、脱俗之特点。"植于殿前,象征着诸葛亮为"兴复汉室"鞠躬尽瘁、为国为民的高风亮节,寄托着人们对一代名相的无限思慕。

旱莲 在武侯祠庭院内,已有三百多年的树龄,旱莲又名"应春树",属木兰科。旱莲花朵白红相间,花心略呈粉红色,花形酷似莲花,故而有旱地莲花之美誉。莲花盛开之时,白莲带雨洁白无瑕,粉莲垂露盈盈欲滴,红莲映霞灼灼似火。其色、香、姿、韵曾博得历代文人墨客的称颂和赞美。旱莲花开之时枝干突兀,片叶不存,鲜花布满枝头,临风摇曳,十分动人。花开月余,籽如红豆。

蝴蝶梅 园内古木景中还有一株珍奇稀有的蝴蝶梅花树,已有300年的历史,树主干直径25厘米以上,高3.5米,树冠2.5米。蝴蝶梅,也称晋梅,属蔷薇科,落叶乔木。叶子状若扶桑,每年三月开花,花期一月有余。蝴蝶梅花色洁白,花瓣分左右各四瓣。前两瓣大,后两瓣小,形状酷似玉色蝴蝶,故有蝴蝶花之称。花盛开之际,满树白花,恰似千万只玉蝶汇集一堂,微风掠过,翩翩起舞,盘绕枝头,上下翻飞,煞是好看,观者无不拍手叫绝,是游武侯祠不可遗漏的一大景观。

汉张留侯祠 简称"留侯祠",俗称"张良庙"。位于陕西汉中市留坝县城西北15千米的庙台子镇,地处五山环抱、二水夹流的紫柏山中峰。占地面积4179平方米,建筑面积3469平方米。相传汉代开国谋臣张良晚年曾隐居于此,故设祠以祀之。因张良曾被封为留侯,故称"汉张留侯祠"。它系汉中地区重要的祠庙类纪念园林,也是陕南现存最大的古建筑群,1956年8月6日被陕西省人民政府公布列入第一批重点文物保护单位。

东汉末年,张良第十世孙汉中王张鲁为了纪念其祖,因张良曾送刘邦至汉中,返经褒斜栈道过此,又因张良退隐来此辟谷之说,始于紫柏山中建留侯祠。据明末崇祯年间《紫柏山免粮记》碑文记载:"隋唐时古庙棋列,名与五台、蓬、峨并崇,盛于宋,极于明。"这些庙宇多毁于明末战乱。山顶庙宇,游人攀登不易,渐废,今人仍称之为"老庙"。中峰祠庙也仅存大殿一座。至清康熙二十二年(1683),汉中太守滕天绶,在紫柏中峰祠堂毁于明末战乱的庙址之上,重建了张良祠庙,始成今日庙貌之规模。道光二十五年(1845)修筑北花园,二十九年(1849)修三清殿院及大山门,三十年(1850)修授书楼;咸丰四年至七年(1854—1857)修南花园。

1949年后,当地政府很重视这一古代遗构,于1955年、1959年分别拨款对年久失修、已破漏不堪的留侯祠进行修葺。20世纪60年代,留侯祠遭到破坏。1981年11月3日,陕西省留坝县张良庙文物管理所成立,当地先后拨出巨款对这处古建筑群进行整饬修葺。现留侯祠已焕然一新,成为陕南的旅游胜地。

汉张留侯祠,地处海拔1700米的紫柏中峰,五峰二溪,青山碧水环于外;云海雾涛，楼台亭阁隐其中，到处是参天古树，茂林修篁；奇花异草浓郁馨香，石径岩梯千回百转。这里系我国亚热带地区的北界，由于北部秦岭的阻隔，南北暖冷气流在此滞留交汇，终年温润多雨。因此春、夏、秋三季，终日云雾缭绕，雾霭蒸腾，置身其中真有如入仙境一般。清同治年间即有民谣流传："柴关岭雾气腾腾，张良庙赛过北京。"因所处地理位置的特点，这里夏季无暑，特别凉爽宜人，最高温度仅21.6℃，是西北地区避暑之胜地。

全祠布局紧凑，建筑风格独特，既有北方寺院的恢宏，又有南方园林的精巧，当年设计师细致柔和地将把宫廷宏伟的气势融入田园山水的秀丽之中，实为西北建筑中所罕见。全祠坐西向东，一洞二园，三桥四亭，五池六楼，五院十殿，共156间房舍，分为东、中、西三个相对独立的景区。东部是庙门和三清殿大院，是庙内建筑最集中的群落。庙门北向，前有照壁，门系高9米的砖砌牌楼，中辟券门，额楣镌刻砖匾"汉张留侯祠"五个遒劲潇洒的大字。过进履桥，穿大山门，进三清殿大院。这里原是道家进行宗教活动的场所。主殿三清殿、东华殿，气势轩昂。后院中立一八角盔顶建筑，曰"灵官殿"，其造型别致。其他建筑环布院内，错落有致，造型各异。

正西拾级而上，过二山门，便进入中部大殿院，此为留侯祠中心建筑，为祭祀张良的场所。二进四合天井，前为三间硬山顶拜殿，后为三间歇山顶正殿，南北寮房、客堂，其建筑巍峨壮观，庄严肃穆。建筑风格继承了北方宫殿的特点。据《紫柏山志》载："明末，庙毁于战乱，祠内仅存大殿一座。"这仅存的大殿，就是张良正殿。殿内有张良泥塑坐像一尊，供南来北往者拜谒。殿内八卦形天花板藻井，殿顶鸱吻神兽，檐下卷棚浮雕龙凤呈祥，丹柱朱门雕梁画栋。院内有历代名人题写的匾额楹联九十余副和碑石三十九通，素有"小碑林"之称，使人目不暇接。其中清代兵部尚书于成龙楷书木匾"相国神仙"、清书法家赵廷俊的草书木匾"帝宰人龙"、王渔洋的草书"青山好"词碑、国民党爱国将领冯玉祥的隶书楹联"收秦关百二山河，奇谋独运；辅汉家统一事业，成功不居"、辛亥革命元老于右任的"三绝碑"最为游人称道。

从正殿南、北旁门分别进入南、北两花园。这为西部景区，面积最大，约占总面积的一半。它以自然景观为主，以人文景观为辅。其间"仙牛拐竹""授书楼""拜石亭"是其主要景点。这里的山水池鱼之乐、怪石异花之趣、亭台楼阁之雅，使风景、名胜、文物、古迹巧妙地融合在一起，相映成趣，游览者至此流连忘返。正如楹联所书："客入赤松家行忘栈道，山连紫柏坂境若蓬莱。"

拜石亭 在小巧玲珑、典雅幽深的北花园西南隅,是一座六角盔顶"拜石亭"。据《留坝厅志》载,它建于清康熙二十二年(1683),为道人陈松石所筑。此亭风格独特,与西北边方形歇山式"回云亭"、三间硬山顶"上官厅"、东边三间悬山顶"下官厅"等建筑形式迥异。园中紫柏、苍松,花草、树木,曲径、回廊,假山、石池被尽收眼底。亭后修篁簇拥,幽美清新。亭高6米,筒瓦垂脊,走兽屹立。亭内汉白玉半圆石桌、石几、石鼓格调清雅。正墙中嵌有明隆庆五年(1571)监察御史太子少保文渊阁大学士赵贞吉告老还乡,回四川内江经此登台讲学时所撰的《怀山好》词碑,这是庙内现存最早的一通石碑。亭柱悬挂现代著名草书大师于右任先生于1948年3月题写的草书楹联:"不从赤松子,安报黄石公。"它引出了黄石公圯桥授书张良的故事。《史记·留侯世家》载:公元前218年,韩国贵族公子张良,为报灭韩之仇,于博浪沙(今河南省原阳县内)击秦始皇失败后,逃亡下邳(今江苏睢宁县内),于圯桥遇仙翁黄石公,圯桥进履,得《太公兵法》,后助刘兴汉,终成大业。同时也道明了拜石亭得名之由来:黄石公授书后告诉张良:"十三年,孺子见我,济北谷城山下,黄石即我矣!"十三年后,张良从刘邦至济北谷城山(今山东东阿县内),果见山下一堆黄石。张拜之并取祀堂上。张良死,黄石同葬于墓中。亭前巍然矗立一尊巨碑,上书"英雄神仙"四个大字,苍劲有力,赫然夺目,与石亭、泉水、竹篁、殿宇相衬,确有"亭前留竹影""小住即仙乡"之感。此处正是人们小憩、欣然留影的佳处。

授书楼 沿拜石亭北侧"云梯"盘桓拾级而上,过回云亭、琴亭,共攀登197级石梯(全长两百余米),便登临了张良庙内最吸引人的古建筑授书楼。授书楼处紫柏中峰海拔1700米处,高出正殿庙院百余米。它取黄石公圯桥授书张良之意,为庙内最后建造的纪念物,始建于清道光三十年(1850)。楼为上、下两层方形歇山顶建筑,高8米,四根巨柱贯顶,八角冲出上翘,宛如蝴蝶展翅、凌空欲飞。由于它建在突兀耸立的巨型大理石上,显得格外巍峨挺拔。周围松柏参天,白云缭绕,远望似漂浮在蓝天白云间的一叶小舟。若天气晴朗,登楼远眺,则能见云锁山腰,涧明谷底,令人心旷神怡,悠然意远。楼台四周以石栏相围,栏上浮雕精美,图案生动。整个建筑构思奇特,设计得体,楼中塑有黄石公授书张良像,栩栩如生,再现了当年圯桥授书之情景。正如楼前楹联所写:"书不在多一卷可做帝王师相,楼毋轻倚高声恐惊霄汉神仙。"楼后有木栏板梯,可登上二层,二层外围设有木栏杆,中为格子窗板阁,内塑黄石公手持拂尘像一尊。此楼原系众人集资所建,除了我国善男信女外,尚有德国、日本友人慷慨解囊。经一百三十余年的风雨侵蚀,到1980年已风雨飘摇,无法登临。1981年政府拨巨款落架大修,翌年终于恢复了它当年的丰姿。登斯楼，可闻紫柏松涛，可观紫柏日出，可睹紫柏烟云等奇观。凭栏远眺，群峰环抱，"云海苍苍"；俯首下瞰，楼阁参差，苍松"飞翠"；置身其中，得云山苍苍之境，生飘飘欲仙之感。

仙牛拐竹　与北花园一山梁之隔的南花园五云楼后，有一片翠竹，随曲径进入深处，只见幽竹万竿，好一片绿的世界。若稍稍留意，会发现其竹甚奇：出土尺余，弯曲别致，犹如水中竹影。林中有奇物静卧竹丛——一尊石牛。传说老子东游陕西，于周至楼观台登坛讲经，著《道德经》五千言后，被尊称为道教鼻祖，后得道升天。在上界听闻紫柏山张良庙鱼鼓响彻天庭，又见庙中香烟缭绕，老子喜教兴，即令当年过函谷关时所骑青牛，从楼观台驮送经典前往张良庙。仙牛经栈道至此紫柏山麓，忽然一阵狂风大作，将经典吹撒满地，青牛也随风卧地化为石牛。经典所到之处，片片竹笋吐露，被疾风吹得歪歪扭扭。故每年出土之竹，基杆均异样弯曲。此虽为传说，然这弯竹实为奇特，它只生长于张良庙内，移栽庙外，皆成笔直。游人见此，皆言："莫非此真仙气所为？"由此，当地流传着这样一句歇后语："张良庙的竹子——翚拐拐。"竹子也因其形而得名为"拐竹"。卧于竹丛中的石牛，雕刻粗犷，再现了汉代大笔勾勒的艺术风格，与周围自然风景和谐融合，实为张良庙的一大奇观。

于右任"三绝碑"　汉张留侯祠拜殿北端，有一通高1.8米、宽0.87米、厚0.2米、坐北面南的大石碑，上书八个盈尺草书大字："送秦一椎，辞汉万户。"这便是现代草书大师于右任先生于1942年秋谒留侯祠时应马含真道长之请挥写的题词。在众多的匾额、楹联、碑谒中，它被誉为"三绝碑"。

　　张良一生的历史，从报韩仇强秦，到以三寸之舌为帝师，封万户，位列侯，后终弃人间事，从赤松子游，洋洋万言也难以详尽。然于翁仅用八字，给予了高度概括，字字千钧，言简意赅。一"送"一"辞"，乃将张良绝伦之处点化出来，此为一绝。八个大字，一气呵成，气韵连贯，笔墨峭劲，"龙凤舞时斜又正，雾烟飞处断还连"，真乃神品，此为二绝。八个字上下联句，字工句整，对仗工稳，音律和谐，天衣无缝，此三绝也。

兴庆宫公园　位于陕西省西安市东门外咸宁西路北，占地50万平方米，是在唐代兴庆宫遗址的基础上建造的纪念园林。

　　这里原是唐玄宗李隆基在藩邸时，与其兄弟五人的住宅。开元二年(714)隆庆旧宅改建为离宫，因避隆基讳，称为"兴庆宫"。开元十四年(726)，又收并周围的邸宅和寺院,重加修建,谓之"南内",是玄宗时期政治中心的所在。从陕西省博物馆所收藏宋刻"兴庆宫平面图石碑"看,兴庆宫的布局是以龙池为中心,把宫殿建筑与园林建筑密切结合,殿阁相映,绮丽豪华。整个宫内,实际上只有兴庆殿是一所正殿,其他建筑如大同殿、南薰阁等,均为楼房,还有亭台等小筑,组成了一处休闲性的花园。龙池又称兴庆池,在兴庆宫南角,原为一低洼地,积水成池,后引龙首渠灌入池内,扩大至数顷,深数丈。水面呈椭圆状,它是兴庆宫中的景观中心。当年,文人曾有不少诗句描写这一带的美丽风光,如"东沼初阳疑吐出,南山晓翠差浮来""向浦回舟萍已绿,分林蔽殿槿初红"等。由于历史变迁,沧海桑田,旧日美丽的宫苑已不复存在,但据考古发掘,从遗址状况仍可窥其大概。兴庆宫位于今兴庆宫公园园地和以北的地方。其宫南北长1250米,东西宽1080米。正门在宫墙西北段,以隔墙把宫城分为南北两个部分。北部有宫殿群,有兴庆殿、南薰阁、大同殿等,南部是园林区,有勤政务本楼、花萼相辉楼、兴庆池、沉香亭等。

　　今日的兴庆宫公园是1958年在唐代兴庆宫遗址的基础上按照唐代原名和风格兴建起来的。以面积达150亩的大湖面为主景,湖水曲折回绕,向西南、东南分流,形成两个独立小湖,分别以单孔拱桥和三孔拱桥连为一体。湖水碧波荡漾,游艇争流;垂柳拂岸,树木葱郁,花卉似锦;曲廊亭阁,雕梁画栋,景色宜人。以湖为中心,景环水随,倒映湖中,真可谓园中有水,水中有园,层层叠叠,虚虚实实,体现了我国传统园林艺术高超的技艺和强大的感染力。

沉香亭　兴庆宫中最著名的景点,经常与唐明皇与杨贵妃的爱情故事联系在一起。相传唐明皇和杨贵妃最爱在此亭内赏牡丹,有一次,游得高兴,即命李白入宫,写新歌诗助兴,结果,李白因写了"借问汉宫谁得似?可怜飞燕倚新妆"两句,被高力士进谗言,得罪了贵妃,致使终身仕途不得意。沉香亭亦成为文学史上的典故。据传,亭之得名,是因为整座亭用沉香木构造,游赏时,阵阵香气摄入鼻翼。今亭建于1958年,系仿唐代建筑风格,碧瓦丹楹,倚山筑台,凌空建亭,四角攒顶。上覆琉璃瓦,彩绘华丽;下面朱柱挺立,雕梁画栋,造型别致,与周围风景和谐地融为一体,构成一幅美丽的画面。登临亭台,可远眺兴庆湖西的花萼相辉楼、西山叠石、北边湖畔的南薰阁。亭上方横匾"沉香亭"三字为郭沫若书写。环绕沉香亭的牡丹坛,呈立体状牡丹图案,上植各色牡丹,每年暮春,凭栏俯视,整个花坛好像一朵盛开的五色牡丹,分外绚丽迷人。亭北满山红叶梨,掩映着"李白醉卧"的雕塑和彩云阁。

花萼相辉楼　位于湖西岸,歇山式楼厅建筑。楼前草坪茵茵,花卉争艳;背依西山,树木蔽日,奇峰突兀,重现了"花萼楼前雨露新"的境地。史载唐玄宗与其兄弟在此楼同衾共枕,以示睦和共济。以花萼相辉题名,取《诗经·小雅·棠棣》"花复萼,萼承花,互相辉映"之意。玄宗常在此楼接见宾客友人。

长庆轩　一组精巧玲珑、高低错落的仿唐建筑,与沉香亭和芙蓉岛形成鼎足之势。侧依翠竹山,青竹丛林中点缀松柏、红梅,形成"岁寒三友"的园林意境。长庆轩南面建有日本遣唐使阿倍仲麻吕(晁衡)纪念碑。

南薰阁　位于湖北岸,傍湖而筑,气势宏大,造型端庄,与厢房、门厅组成壮丽的建筑群,置身阁楼二层,兴庆湖景色尽收眼底。自南薰阁北出便是一片极具野趣、起伏自然的草坪密林,此处浓荫覆盖,雀叽蝉鸣,幽静恬然。沿林间曲径可登公园最高点——北高峰,登峰尽领诗情画意。一旁北门茶社,殿、亭有曲廊连接,可品茶、观书画。

阿倍仲麻吕纪念碑　1979年,为了纪念日本遣唐留学生晁衡(日名阿倍仲麻吕)留唐1200周年,在兴庆宫公园东南角建造了阿倍仲麻吕纪念碑,以纪念他为中日两国的友好往来和文化交流所作出的贡献。

碑高3.6米,面北,仿唐式,汉白玉精工雕琢。"阿倍仲麻吕纪念碑"八个汉隶贴金大字鲜艳夺目。碑的东侧,镌有阿倍仲麻吕《望乡诗》:"翘首望东天,神驰奈良边。三笠山顶上,想又皎月圆。"碑的两侧,刻着李白名诗《哭晁卿衡》:"日本晁卿辞帝都,征帆一片绕蓬壶。明月不归沉碧海,白云愁色满苍梧。"纪念碑是中日友好往来的象征,自落成后,已迎送了众多的国内外游客。

司马迁祠　位于陕西省韩城县南约10千米,是后人为了纪念汉太史公司马迁而建,亦称汉太史公祠。始建于西晋永嘉四年(310),北宋年间曾数次重修,以后历代又多次修葺。

司马迁(前145或前135—?),字子长,祖籍龙门夏阳(今陕西韩城南),是中国古代杰出的史学家、文学家和思想家。早年游踪几遍全国,到处考察风俗,采集传说。西汉元封三年(前108)继其父司马谈之职,任太史令,尽读史官所藏图书。后因替李陵辩解,获罪下狱,受腐刑。出狱后任中书令,忍辱负重,发愤继续完成所著史籍,这就是《太史公书》,后又被称为《史记》,是我国最早的通史,其开创了纪传体史书之先河。《史记》评价历史事件和人物,眼光独到而敏锐,形象生动而鲜明,不仅对后代史学有深远的影响,而且是优秀的传记文学作品。建于司马迁故里的司马迁祠,既因为太史公曲折坎坷的经历和伟大作品《史记》而著名,又因为其古老建筑和雄浑险峻的山水景色成为陕西名胜,令游人心向往之。

祠庙建于韩城南原芝川镇南坡高起的龙亭原半岭上,东瞰黄河,西枕梁山,北为立壁,南临深壑,芝水旁流而过,下有古车马道,地形极为壮丽;而由此往北40千米,就是著名的黄河门阙"龙门"。祠庙建筑依地形坐西向东,自坡下拾级而上,有四层高台,以石级相连。第一台建有清代悬山木牌坊,上书"高山仰止"四字。第二台原有建筑今已不存,从第二台处,磴道折向左方。第三台为砖砌牌坊河山之阳门,在二、三台之间又筑有砖砌山门。从山门开始,磴道变得更陡,经九十九级石阶而上,到达第四台,乃整个祠庙最高处的庙院。庙院包括庙门、献殿、寝殿和墓冢,周围城砖雉堞。平缓的院内方砖墁地,青砖山门,加上庙院内老树参天,呈现出一派古意,令人顿发思古之幽情。站在第四台回首远眺,黄河静静而去,与平缓的河滩、高耸的山冈相映成趣,使人们在开阔与险峻、起伏与静谧中体会到了历史的延续。

司马迁祠整个景观的构筑结合地形,非常有特点。石级贯穿前后,又有高低转折,视线随着前进路线角度不断变化,产生"步移景异""路随山转"的效果。其中又有几处平台、几重门坊,形成丰富的层次。从每个门洞向后回望,自然景色宛如在画框之中;陡峭的磴道到达第四台结束后,呈现在人们眼前的又是一个平缓开阔的庙院,充分运用了"动静对比"的手法。这种一波三折的空间处理手法,似乎就是司马迁伟大的成就与苦难的经历的真实写照。古人有诗题曰:"司马坡下如奔澜,回首坡上若飞峦。到门蹭蹬几百级,两手抠衣鸣惊喘。徐入庙庭稍平息,置身已在青云端。夹道柏林怪且秃,但闻风吹声凄然。"其情其景,尽在其中。

祠中建筑,山门及寝殿大木构架手法古朴,似为宋代遗制,其他现存建筑均为清代所建。寝殿后墓冢,相传为司马迁衣冠冢,圆形,青砖甃砌,与献殿、寝殿同在庙院中轴线上。这种祠墓合一、居中布置的方法,更充分地利用了地势的纵深,大大强化了祭祀的庄严肃穆的气氛。祠内还有许多历代游人、学士凭吊题咏的碑石,无怪乎太史高坟、韩祠芳草古时即为韩城之胜迹。

伏羲庙　位于甘肃省天水市秦州区伏羲路,是纪念炎黄子孙祖先伏羲而设的纪念性园林。始建于明朝弘治三年(1490),嘉靖三年(1524)重修。伏羲,又称太昊,相传伏羲氏的部落就在天水附近的渭水流域。

整个庙由中轴线贯穿规划,两门三进,对称布局。全庙建立在高于街面3米的台基上。主体建筑太极殿位于内庭园的轴线中央,殿的台基为26.4米长,1.8

米高，13米宽。开间为面七进五的规模，重檐歇山顶。主殿两侧有鼓乐亭、碑亭等厢房式建筑相互对称。外庭园的轴线南端有当代书法家舒同题写的碑文"羲皇故里"，两侧的厢房现为文物陈列室。庙内有数十株古槐、古柏，挺拔高大，苍古浓郁，给全庙的纪念性特点营造了神圣的气氛。太极殿内有伏羲氏的彩色塑像，藻井顶棚的六十四格中绘有六十四卦图，二排八根金柱的上端绘有河图，殿内四壁墙上有记述伏羲氏活动的壁画。

每年都有祭祀伏羲氏的庙会。届时，人流络绎不绝，香火甚旺，有民间游艺活动举行，具有浓郁的乡土风情。在祭祀活动中有商贸经营的内容，体现了祭祀的民俗性。庄重、古朴的伏羲庙虽属于人文景观，却有着自然清纯的内质，犹如处于黄土高原与秦岭山脉交界处的天水一样，兼有浑厚质朴与清新自然的双重特色，十分耐人玩味。伏羲庙不仅仅是天水最富有特色的寺庙，也是华夏纪念性园林中不可多得的名园。

伏羲庙林 位于伏羲庙的内、外庭园内。明代建庙时植种，有古柏、古槐几十株。内庭园以柏树为主，分布在轴线旁的道路与月台两侧。虽然是规律性排列，但树的造型千姿百态，高大遮天，生动无比，与规整的轴线形成了巧妙的对比。尤其是在月台东侧的两株柏树呈斜向"V"字形生长，形态奇特，打破了树干一般为直竖形态的传统印象，改变了视觉形象，与其他的树木形成了强烈的对比。从不同的角度来欣赏此树，姿态各异，妙趣横生。外庭园以古槐树为主，古槐规整地排列在中轴线两侧的厢房前，树形挺拔高昂，庄重雄浑，与内庭园形态多变的树木形成了对照，产生了引导游人入内的宽畅之感。这些柏、槐的种植，为人文景观的寺庙增添了自然气息，富有庄重、自然的韵味，创设了纪念性园林所需的特定氛围。严谨的庙宇注入了生动的气韵，林木与建筑交相辉映，显得既生气勃勃又古朴典雅。庙内林木不再是单纯的、可有可无的点缀，而是渲染庄重肃穆气氛所不可或缺的，是纪念类祠庙园林的重要组成部分，也是园内主体形象之一。

成都武侯祠 位于成都市武侯区武侯祠大街，占地五十六亩。大门上高悬"汉昭烈庙"巨匾，武侯祠位于昭烈庙之后院。庙北还有汉昭烈皇帝刘备安息之惠陵，故此处实为庙、陵、祠一体的名人纪念园。

成都系三国蜀汉政权的都城。由于蜀汉皇帝刘备忙于为桃园兄弟报仇，常年居于军中，治蜀之事主要就落在了丞相诸葛孔明的肩上。诸葛亮治蜀有功，一直受蜀中父老的爱戴。据史书记载，孔明初亡，百姓遇节朔皆私祭于道上。西晋末的十六国时期,占据四川的成汉政权首领李雄,将诸葛亮视为"勤劳王事"的典范,第一次在当时少城内建了孔明庙,时时拜谒。此事大约在公元305年前后,距今已有一千七百多年的历史。后桓温平蜀,成都毁于兵燹,少城被夷为平地,只有孔明庙幸存。

孔明庙后更名为武兴王庙,历来香火不绝。但武兴王庙何时改为"丞相祠堂",又于何时迁于南郊,尚无史实可稽。不过从杜甫《蜀相》诗"丞相祠堂何处寻,锦官城外柏森森"判断,至迟在唐代中期,为纪念诸葛亮而建的丞相祠堂,已是一座绿荫蔽天的名人园林了。另从唐代少仪诗"执简焚香入庙门,武侯神像俨如存。因机定蜀延衰汉,以计连吴振弱孙……"和杨汝士诗"古柏森然地,修严蜀相祠。一过荣异代,三顾盛当时……"可知,唐代的丞相祠,是单独立庙,与现在所见的"君臣合庙"是大不相同的。

据《蜀古迹记》云:"宋曹彬建隆二年(961)为都监。伐蜀,谒武侯祠。视宇第雄观,颇有不平。"曹欲毁祠,左右皆谏不可。忽报中殿有石碑裂土而出,彬迳视之,其刻字宛如新书。碑记云:"测吾心腹事,惟有宋曹彬。"彬当即拜曰:"公神人也。小子安能窥测哉。"于是不仅未毁武侯祠,还令蜀守"新其祠宇","为文祀之而去"。这新建的祠宇究竟在何处?《天社任渊记》云:"(昭烈庙)西偏稍南,又有别庙,忠武侯在焉。老柏参天,气象甚古,诗人尝为赋之。"由此可知在宋代,昭烈庙和武侯祠仍然是分立的两座祠庙。而武侯祠的具体位置,在昭烈庙的西偏南处,且古柏参天,形象古朴。

明代初叶,蜀献王朱椿见武侯祠香火旺盛,在百姓的心目中武侯的地位似乎高于昭烈皇帝。他认为这不符合君尊臣卑的封建礼仪,于是下令将武侯祠合并于昭烈庙中,名曰表现"君臣一体"的关系。实际上,仅仅在刘备殿东侧增塑一武侯像,将诸葛武侯降到陪祀的地位。明末,昭烈庙毁于战火,武侯塑像同遭厄运。

现在所见的成都武侯祠,是清康熙十一年(1672)重建的。明蜀王朱椿废武侯祠是不得民心的。可是,"君尊臣卑"的封建等级制度,在清代仍起作用,故康熙时重建武侯祠时,仍然采用"君臣一体"的建庙原则,将昭烈庙和武侯祠二庙合一。不过,清代的建筑工匠顺应百姓心愿,在不违反封建礼教的前提下,巧妙地突出了诸葛亮的崇高地位。今天,人们在入口处看到的,仍然是"汉昭烈庙"的巨匾。但人们却"视而不见",仍称之为"武侯祠"。国务院公布的全国重点文物保护单位名单,也是以武侯祠为主,包含汉昭烈庙和惠陵。这充分显示了人民对历史人物的评价是不以权位高低论英雄的。

武侯祠系庙、祠、陵三者合一的纪念性园林，按功能可分为昭烈庙、武侯祠和惠陵三大景区。从悬挂有"汉昭烈庙"匾额的主入口入园，昭烈庙位于主轴线的前区，穿过由古柏、碑亭陪衬的甬道，入二门，即进入昭烈庙区。刘备殿居中，其桃园结义的关、张两个弟兄的塑像分列左右。该殿宏伟宽敞，两侧低矮的廊庑陪衬，加大了空间的纵深感，东西厢房分列的数十名蜀汉文臣武将塑像增添了刘备殿的威严。武侯祠位于中轴的后区，空间横向舒展，殿宇近于民居风格，透以园林绿化，既示君臣有别，又表现了诸葛亮"澹泊宁静"的品格。惠陵位于祠的西面，红墙竹径自成体系，有独立的入口、甬道和祀殿，肃穆庄严。清人完颜崇实撰写的一副楹联，对惠陵的历史价值作了很好的评述："一抔土尚巍然，问他铜雀荒台，何处寻漳河疑冢；三足鼎今安在？剩此石麟古道，令人想汉代官仪。"

武侯祠的绿化以柏树为主，森森古柏，苍劲古朴，为祠宇增添了不少肃穆氛围，使人对杜甫的"丞相祠堂何处寻，锦官城外柏森森"产生联想。在武侯祠区，建筑典雅素秀，园林穿插其间，湖光倒影扩大了视野，增加了视觉情趣；桂荷同碧，兰竹幽香，唤起人们对诸葛治蜀功绩的崇敬。在西苑听鹂馆，春夏之交的惊蛰节前后，尚可领略"隔叶黄鹂空好音"的诗情画意。

听鹂园 在武侯祠内昭烈庙东侧。入口为一古典式(仿清代牌坊)坊门，屋顶为灰色筒瓦，门额上嵌"听鹂"二字，系当代著名书法家舒同手书。这就是武侯祠内的园林精品：听鹂园。此园的命名，系取意于杜诗"映阶碧草自春色，隔叶黄鹂空好音"。园中精心设置了山、石、桥、亭、榭和长廊，造园者的巧妙调度，使本来不大的园子(仅三亩多一点)，倍增了无限的情趣。东边靠外围红墙处，在参天古柏、丛丛翠竹的掩映下，人工叠砌了一座假山，形象古朴，宛若天成。山上建小亭一座，原木作柱，树皮为瓦，粗犷自然，野趣浓郁，取名为"遐思"。亭畔有泉水溢自石隙，飞漱山石，淙淙有声。登遐思亭环顾左右，三国碑廊、爱树山房、荷花池、清心亭、鱼水亭等建筑，依山傍水，参差错落，与环境相得益彰。亭前道旁，间植海棠、红梅、茶花、杜鹃等观赏林木，四时有花可赏，美不胜收。水榭旁广植贴梗海棠，花开季节如锦缎曼舞，光彩照人。桂花、蜡梅、栀子等相对集中成林，夏、秋、冬三季皆有花香飘溢，令游人心醉。西面与大园交界处，临水建有一段粉墙。墙中部建有六角方亭，取名清心。木柱灰瓦，在粉墙的映衬下素雅宜人。部分柱脚落于水中，沿池设飞来椅，荷开时节来此小憩，莲藕清香沁人肺腑，实为清心之境。清心亭两侧粉墙上开数孔扇形景窗，使墙内外之景色互为因借，拓展了园林空间，给游人增加了无限的遐想。园内常展出川派盆景的优秀作品，是园艺师们交流盆景艺术的场所。此园在清代原为官厅爱树山房——本为武侯祠道长藏书版之处,后变为官员拜谒武侯祠时之小憩之所,故又称官厅,因历届要员都十分重视这个清幽的环境,故得以完好地保存至今,并不断地得到完善。

荷花世界 在武侯祠内诸葛亮殿(静远堂)之西侧。此园以大型水面桂荷池为中心,池东为与诸葛亮殿西厢房背靠的敞廊桂荷厅(又名荷花世界),池之正北面为古玉皇楼改建之桂荷楼,双层飞檐,制作精湛,是一座具有川派特色的园林建筑。楼层作阁楼处理,面池为木雕通窗,玲珑剔透;楼下为敞厅,临水设飞来椅。至此小憩,可从不同角度领略该园美景。沿池桂树亭亭,几株枝繁叶茂的老桂垂枝入池,奇绝多姿。每至金秋,桂蕊飘香,落英遍地,令人陶醉。桂荷楼西侧的台地上有一重檐圆形草亭,曰琴亭。下层供游人小坐观景,上层设琴案一张,上置古琴,喻诸葛亮有抚琴之好,是一组充满寓意性的建筑,使该园更具古朴神秘的气氛。琴亭旁为一段带各式景窗的花墙,静坐亭内,园内外如画景色,眼底尽收。池西岸有一船舫形建筑,作水榭处理,题名静远轩。俯观鱼水,仰瞻陵堂,确能得静远之意。池南有廊道及观星楼,沿廊信步,步移景异,美不胜收。将临池敞轩命名观星,以寓诸葛武侯善观天文之意,更增人文色彩。荷花世界与听鹂园分列诸葛亮殿的左右,两小园的水系绿化将诸葛亮殿簇拥,既体现了诸葛亮自号"山人"的性格,又使武侯祠有别于昭烈庙威严肃穆的皇家气派,因而被学者们视为名人纪念园的杰作之一。

三绝碑 武侯祠大门(悬挂汉昭烈庙匾额之主入口)至二门(刘备之汉昭烈庙)之间,有一长约50米的甬道,古柏成巷,碑亭相衬,肃穆巍然。碑亭中陈列着历代有关武侯祠的金石铭文,观之,可知该组建筑群的历史梗概。据史家鉴定,这些碑刻,皆为稀世之宝,其中尤以东侧碑亭中的《蜀丞相诸葛武侯祠堂碑》历史价值最高,因其撰文、书写和刀刻均为唐代名流,故人称该碑为"三绝碑"。此碑立于唐宪宗元和四年(809),距今已有一千二百多年的历史。碑文由唐代名相裴度所撰。元和四年,裴度在西川节度使武元衡府上当幕僚时,陪武元衡拜谒武侯祠。裴度怀着对诸葛亮的仰慕之心,倾情撰写了这道碑文。文中高度评价了诸葛亮一生的丰功伟业,颂扬了诸葛亮的高风亮节。借古喻今,希望借诸葛之治蜀丰迹,激励武元衡更好地关心蜀中父老。全文寓意深远,词语精妙,为后世广为称道。裴公撰文后,碑文由唐代大书法家柳公权之兄柳公绰书写。柳公绰当时任成都少尹,为裴度之文友,故得以配合。柳公绰书写的碑文雄浑刚劲,端庄丰满,为书法珍品。刻工鲁建为唐代名匠,刀法细致,他完美地保持了柳书特色,故称一绝。明弘治十年(1497),四川巡按荣华游武侯祠后,兴奋不已,在碑上题写跋语,盛赞裴度"文体绝正"、柳公绰"笔法遒劲"和鲁建"技艺精良",三者俱佳,故后世誉称为"三绝"。此碑的阴、阳和左右两侧遍刻唐、宋、明、清各代的跋语、题诗或题名,具有极为重要的文献价值。

惠陵 位于武侯祠内西侧。系蜀汉昭烈皇帝刘备的陵墓,按古代帝王陵寝制度,有陵必有庙。刘备死后谥号"昭烈皇帝",附于惠陵为祭祀而建的庙宇就名曰"汉昭烈庙"。其实庙是因陵而建,只不过现存之汉昭烈庙与武侯祠占据了主轴,刘备的墓园居于西侧,且轴线被一横向道路切断而不能通向大街,故使游人产生了陵是庙的附体的错觉。据史书记载:刘备于公元221年在成都称帝,年号"章武",在位三年。章武二年,刘备出征东吴失败,退守白帝城(今四川奉节县境内),次年病逝于奉节城内之永安宫。据陈寿《三国志》载:蜀汉章武三年,初夏四月,刘备崩于白帝城永安宫。五月,棺柩运回成都。八月入葬惠陵。后甘、吴二夫人也合葬于此。据此,惠陵已有一千八百多年的历史。依游览线路安排,从武侯祠入惠陵一般皆从侧门而入。诸葛亮殿西面的桂荷楼右侧有一月洞门,门额上书"中有汉家云"。穿月门,即进入惠陵陵区。"汉家云"的"云",是"龙"的意思。因为按照古代人的猜想,有龙必有云,故以云代龙,使意境更为含蓄。月洞门后,为翠竹参天、曲折幽静的红墙夹道,隐约中可见巍然耸立的古冢。沿夹道转至南面,便可见正面嵌有清乾隆五十三年(1788)落款的一通大石碑,书刻"汉昭烈皇帝之陵",两旁碑刻无数,此处即为惠陵。墓冢上碧草丛生,乔灌披拂,在参天竹木的拱卫下,庄严肃穆。陵前有享殿、陵道,正南端有陵门,门对面有照壁,布局严整,气象威严。

蜀汉英烈塑像 全国各地武侯祠庙不少,而塑造众多文臣武将神像者,唯成都武侯祠堪称全国第一,举世无双。武侯祠内的塑像共四十七尊,除了六尊为无名侍从外,其余四十一尊皆为蜀汉政权的著名人物。塑像分为三组,分布在刘备殿和东、西两侧廊庑及诸葛亮殿内。这些塑像都是清康熙十一年(1672)重修武侯祠时塑造的,道光年间作过一些调整。入选的人,都是以对蜀汉政权的忠义为标准,违此道德规范者,即使是刘备亲骨肉,也不得入祀。刘备的亲生儿子刘禅(小名阿斗),就因他降魏被封为"安乐公",是个不忠不孝之徒,未能进入昭烈家庙。刘备殿正中,为高约3米的昭烈皇帝刘备泥塑金身坐像,仪容丰满端庄,耳大垂肩,双手过膝,与史书记载的形象吻合。东、西偏殿分别配祀关羽、张飞及其近侍、猛将塑像。关羽凤眼蚕眉,面如红枣,很符合《三国演义》这部小说中描写的关羽的忠义形象。其子关平捧印,周仓执青龙偃月刀,势态庄严。张飞杏眼圆睁,髭须倒竖,令河水倒流之吼声,似乎仍在空中缭绕。张飞之子陪祀左右,丈八蛇矛立于祀案之前,表现了张飞粗中有细的凛凛威风。刘备殿左侧偏后,设有刘禅之子、刘备谪孙北地王刘谌之神位。公元263年,魏兵压境,刘禅贪图享乐无心抵抗并已决心降魏。刘禅之子刘谌不忍见国破家亡,带领家室哭拜于昭烈庙后,均自杀殉国。刘谌的行动符合封建时代礼仪,被视为忠孝两全的典范,故获得与祖父同享祭祀之殊荣。为蜀汉政权建功立业的文武英烈塑像分列东、西廊庑。东廊是以庞统为首的文臣群像,共十四尊,尊尊气宇轩昂,刚毅中又不失高雅。西廊以赵云为先,也是十四尊,是为建立蜀汉政权在沙场建功的猛将。不少战将身着官袍,面含睿智,展示了他们文武双全的儒将风范。诸葛亮殿中立祀着"三世忠贞"的诸葛亮祖孙三代塑像。诸葛亮塑像祀于正中,全身贴金,头戴纶巾,手持羽扇,面容安详,意态潇洒,既似在从容谈兵,又好像在运筹国事。东壁祀武侯之子诸葛瞻,西壁祀诸葛瞻之子诸葛尚。蜀汉政权晚期,当邓艾兵伐绵竹时,诸葛父子率兵抵抗,双双壮烈阵亡,因而被史家评为"三世忠贞"。成都武侯祠的塑像,个个栩栩如生,反映了四川泥塑匠师的精湛技艺,颇受行家赞誉。由于每座塑像前都有该人的简历和主要功绩。因此,参观武侯祠塑像,等于阅读三国时蜀汉政权的史纲。

杜甫草堂 位于四川成都青羊区浣花溪畔,占地约20万平方米,是我国唐代伟大的爱国诗人杜甫在成都的故居。

唐肃宗乾元二年(759),杜甫为了躲避安史之乱,携家眷经陕西、甘肃流亡到四川。初至成都,暂时借居在浣花溪畔的一座寺庙中。后来在友人的帮助下,在溪畔找了一块荒地,依靠一棵二百多年的柏树干为柱,搭起了一座简易的茅屋,与"田文野老"结谊,过着"为农"的生活。"浣花溪水水西头,主人为卜林塘幽""万里桥西一草堂,百花潭水即沧浪",是杜甫对其草堂故居的写照。

公元762年,成都少尹徐知道发动叛乱,杜甫又被迫离成都北上,在梓州(今三台县)住了一段时期。三台县至今仍留有梓州草堂遗迹。

公元765年,杜甫的挚友和他文学事业的支持者严武病故,杜甫在蜀中没有了依靠,含泪沿江东下。在云阳小住后,又移居夔州(今奉节县),建有瀼西草堂,遗址至今尚存。公元768年,杜甫又迁往江陵。颠沛流离,身心受损,两年后,一代诗圣逝世于湘江之上的孤舟,终年不足六旬。

唐末,诗人韦庄来成都凭吊杜甫故居。见草堂故址一片萧瑟,茅屋只存柱础。乃在原基址建茅屋一间。为了"思其人而成其处",故没有随意扩大规模,而是保留了杜居的本色。北宋时,草堂的基本风貌犹存:"茅屋一间遗像在,有谁于世是知音?"(见宋神宗熙宁年间问世的《题杜子美书室》诗)南宋高宗绍兴九年(1139),张焘镇守成都。张满怀报国之志,但因宋室偏安,外侮日盛,心境难平。叹国家不幸,将杜甫诗作全部铭成碑文,新建沧浪亭存之,并广植松柏篁竹,使草堂从杜甫故居变为纪念杜甫的祠宇。

元末,成都毁于战乱,杜甫草堂也未能幸免。明初,蜀献王朱椿重建杜甫草堂。把中部作祠宇,两旁建侧屋,后面建草堂,以表"存其旧"的历史文脉。同时,把人流的主入口改在前面。改变了南宋后期"虚堂尘不扫,小径门可款"(陆游《草堂拜少陵遗像》)的萧条景象。明孝宗弘治十三年(1500),在草堂中增设书院,四周建围墙,增添了若干辅助用房,使草堂规模大展。因草堂在院前,常受游人喧哗干扰,又重将草堂移至后院。明世宗嘉靖十六年(1537),成都知府邵经济在草堂增建东、西梅亭,并凿池叠山,园林面貌初具。后来,四川巡抚刘大谟复加修整,更名为"草堂别馆"。导引百花潭水流其中,水上置廊桥。东向建怀古亭,西向造息机亭,以"草堂别馆"为其总称。嘉靖末年,成都经略王忠又于祠内建乾坤一草亭。万历三十年(1602),华阳县令何宇度对杜甫祠进行了修葺,并铭刻杜甫像及传略于碑石。后又在百花洲上建浮槎、沧浪二亭,增树木花卉,使草堂又从纪念祠宇发展成为名人纪念园林。明末蜀中大乱,草堂毁于兵燹,具有近千年历史的草堂遗迹,变为灰烬。

清康熙十年(1671),川湖总督蔡毓荣、巡抚罗森又重建草堂。"不侈雕镂,不事丹腹,体公俭也。"朴实无华的草堂,又迎佳宾。乾隆中叶,杜甫的后代杜玉林任四川按察使,对草堂又加以修整和扩建,至公元1778年竣工,规模比康熙时扩大了许多。乾隆五十八年(1793),草堂又进行过一次大规模的修缮,并刻《少陵草堂图》石碑,此碑至今尚存于工部祠之西壁,是研究乾隆时期杜甫草堂的珍贵资料。嘉庆十六年(1811),由四川总督常明、布政使方积等重建草堂。勒《杜公草堂图》碑嵌于西壁,今尚存。此次重建,在祠内增宋秘书监、渭南陆游公配之。光绪十年(1884),四川总督丁宝桢又将北宋诗人黄庭坚配祀祠内,故后世有"荒江结屋公千古,异代升堂宋两贤"的名对留传后世,故工部祠又称"三贤堂"(杜甫、陆游、黄庭坚三位贤者异代同堂)。

1954年,政府拨款大规模修缮了草堂,基本依原布局整修,并建立了杜甫纪念馆。

进入草堂正门,跨过石桥即为大廨,大廨两壁,悬挂有一副长联:"异代不同时,问如此江山,龙蜷虎卧几诗客;先生亦流寓,有长留天地,月白风清一草堂。"廊后为诗史堂。自宋以降,人们尊杜甫为"诗圣",称他的诗为"诗史",盖出于此。现在堂内奉杜甫、李白两尊塑像。当代三位名人书写的对联,极为醒目。朱德手书"草堂留后世,诗圣著千秋"刚毅凝重。郭沫若草书"世上疮痍,诗中圣哲;民间疾苦,笔底波澜"运笔洒脱,如龙蛇腾飞。陈毅以其刚强的性格,即兴摘取杜诗名句手书"新松恨不高千尺,恶竹应须斩万竿",对人生有极大的启迪。诗史堂后有一小桥,跨桥后入柴门就进入工部祠,因祠内共祀杜甫、陆游和黄庭坚塑像,故又称"三贤堂"。"荒江结屋公千古,异代升堂宋两贤"的联语,道出了堂名的内涵。三贤堂左侧为草堂书屋,右侧为恰受航轩,均以透空廊道相连,增加了视觉的空间层次。在草堂书屋后的园林中,建有一座"少陵草堂"碑亭。木不加丹,草顶作盖,使游人对杜甫当年"茅屋为秋风所破"的境况产生联想。三贤堂右侧为新辟之游园,凿湖堆山,临水作榭。夏可赏荷冬可咏梅,景观颇佳。为了疏导节假日如织的游人,现已在后园毗邻公路的地方开辟了一个出入口。草堂的主入口,为了管理方便,已移至原草堂寺的正山门处,历史上的杜甫草堂,现在变成草堂公园的园中园了。

少陵草堂图 清乾隆五十八年(1793)铭刻的草堂全景石碑,是反映明清时代成都草堂园林特色的石头史书。图中该园坐北朝南,有明显的主轴,但不强求对称。以均衡求协调,颇多园林旨趣。主辅为草堂主体,由南向北可分为四个院落空间。前院为草堂院,大门为三开间硬山卷棚屋面,两侧以瓦帽石墙为院墙。正对大门入口的是草堂厅,四柱三间,悬山屋面,由东、西厢房和廊道组成矩形院落。东、西厢房有通道与东、西园林连接。第二院为品德院,正中为品德堂,基高屋伟,歇山屋面,为草堂内最宏伟的一组建筑。院东为含翠轩,与院西的贮晖亭取得均衡。品德堂乃讲学和集议之所,故该院的建筑,比其他院落略为庄重。品德堂后为柴门,二者中间有溪流横穿,架小桥可通柴门。小桥东有不受暑斋,观其名可知此为纳凉胜境。主轴的最后为少陵祠,正殿三间,硬山屋面,有前廊,朴素俭约,有少陵遗风。少陵祠西边为一楼一底的锦江春色楼,前临水,后枕山,环境清幽,仿山林野趣。主轴东边为自然山水园,散布着听簌阁、俯青山房、枕流亭、抱术亭等园林建筑和小品,充满自然情趣,是草堂园内的园中园。主轴西边有一条副轴线,虽可与主轴横向相通,但有独立的大门,自成系统。进门后,正面为慰忠祠,以廊庑围墙形成一横向矩形院落。慰忠祠后有乾坤一草亭、菜香亭、望云亭等园林小品和池石假山。从整个布局看,系统明确,层次分明,或围或敞,错落有致,虚实相生,是研究清中叶四川园林的重要史迹。

杜公草堂图 清嘉庆十六年(1811)重建草堂后刻治的竣工图。该石碑现存于草堂内工部祠之西壁,是后世草堂维修或扩建的基本蓝图。该图的布置特色,当时的四川按察使、成都知府曹六兴撰写的《成都草堂工部祠增寺僧岁修经费碑记》有详细论述。现摘其与园林布局有关的文字如下:"……相度区画,堂庑亭阁,位置略具。其中为草堂,额曰'诗史',宴集之所也。左为'独立楼',右为'露梢风叶之轩'。堂东有径,达草堂寺西隅。堂之籡,曰'春水舍'、曰'竹斋'。其南大厅三楹。左右廊各五楹,引西北隅溪水,入注西南,而环其前,以桥度之。春秋佳日,可泛以舟也。堂之北为公祠,其门曰'药栏花径'。前有小桥,桥西有阁曰'水槛'。分东西隅之水,由水槛绕花径而东,汇为池,广可二亩。丛篁万竿,水碧如玉。小艇经桥下可达于祠。祠三楹,造像树栗主祀杜公。以宋秘书监渭南陆(游)公配祀。祠左一亭,书公《卜居》《堂成》二诗,刊板嵌诸壁。亭北有屋,覆果亲王书碣(康熙第十七子果亲王允礼,于雍正十二年(1734),因送达赖喇嘛进藏,在成都短暂停留。游草堂时,曾题'少陵草堂'四字,后铭刻为碑,至今尚存)。祠西一轩如舟,曰'恰受航轩'。北为草亭,草亭之北为台,曰'春风啜茗'。……周遭短垣,竹木阴翳。三面皆水,水曲各垒小山,杂植花果之属。桤林笼竹,犹见吏隐之风韵焉……"如今,杜甫草堂之规模较嘉庆时有所扩大,服务性的建筑也不断增多,但昔日的诗情画意却逐渐被冲淡了。

文君井 位于四川邛崃市临邛镇。相传西汉时"文君当垆,相如涤器"卖酒为生时,曾使用过该井,因之名传后世。现为文君井公园,占地仅十亩,水光粼粼,树影婆娑,建筑典雅素秀,文化遗存丰富,是一座玲珑袖珍的名人纪念园。

卓文君之先祖本为赵人,秦破赵后,卓氏家族被迫迁于四川临邛。至文君父辈,因经营盐铁有方,成为一方豪富。宅第宽广,有家僮百人。文君才貌双全,通诗文、善抚琴,并能从琴音辨人感情。当时新寡居父母家,常隔院倾听客居卓宅之司马相如吟诗抚琴,对司马相如之才华十分敬重。也许是司马相如对文君的人品早有所闻,客居卓府西厢,时以琴声表达对文君的慕恋之情。某月明星稀之夜,司马相如心血来潮,倾抑心中之情,奏弹并吟唱了《凤求凰》曲,引得文君心动,夜奔相如住地,成就了一曲追求自主婚姻的千古绝唱。

司马相如(前179—前118),字长卿,因慕战国时蔺相如之才,故取名为司马相如。生于四川成都,受业并执教于文翁石室,是西汉时期著名的辞赋大师。《子虚赋》《上林赋》等作品受到高度赞扬,为汉赋文风之形成作出较大的贡献。

司马相如不仅文才出众,且仪表堂堂。初赴长安,汉景帝视其形象英武,授武骑常侍之职。相如不安心于做侍从,转赴梁国(今河南商丘)投景帝之弟梁孝王刘武,为刘武门客,专心从事文学创作。相如成名之作,大部分创作于这段时期。后刘武病故,相如又返回成都。应同窗学友、时为临邛令的王吉之邀到临邛作客。王吉慕相如才华,邀请当地社会名流举行宴会为相如洗尘。临邛富贾卓王孙应邀在座。卓王孙附庸风雅,盛情邀请司马相如到卓宅客居。初至卓府,卓王孙又设宴接风。酒至半酣,王孙请相如抚琴,美妙的琴音召来了卓王孙之爱女、新寡回娘家居住的卓文君隔窗窥听,由此种下情根,遂衍出了上节所叙之追求婚姻自主的历史佳话。

文君井虽历史悠久,史传记载其也有过辉煌时期,但论者较多,确证者鲜。现在之园子,主要是光绪二十七年(1901),邛州州守陈嵩良提议恢复的。由邛州人张梓主持复建工作。先在传说中的古井右侧稍后处建水榭,中置琴台,寓文君闻琴声夜奔相如之故事。榭前广拓水面划分三区,内植芙蕖,湖水断续相接,以桥沟通。又建船厅三楹,绕以临水回廊。使本来不大的园子,经廊榭分割水中虚影,增加了空间的无限情趣。民国二年(1913),又在井之南建妆楼,寓文君绣阁之意。妆楼居园中制高点,近可凭栏俯视全园景色,远可眺望西南诸山,借景于百里之遥,气度恢宏。继后又在里仁街建大门,悬"文君井"匾额,文君井园被正式推向社会。这以后又时有增修,园艺家们为了增加园林幽情,在琴台西南面叠石造山,散步可攀至顶,高约二丈,上置茅亭点景。随后又在山之南建扇形水轩三楹,结茅为盖,与山顶草亭相映成趣。山隙池畔广植君平竹,修篁弄影,婆娑多姿,倍增幽情。文君井成园后,引来无数骚人墨客,抒情怀古之诗韵颇多,临邛宁缃的《文君井赏夏》诗,对该园特色的感受较深,值得一读:"买得文君酒,来寻司马琴。碧烟曳篁径,金井坐桐荫。曲沼莲花浅,夕阳芳草深。此间堪赏处,还是竹成林。"

1949年后,对文君井的维修较为重视,除了对原有园林和建筑进行修缮外,又在井北面建碑墙如屏,镌刻"文君井"三字,突出该园的历史渊源。背面刻文学大师郭沫若手书之文君井诗:"文君当垆时,相如涤器处。反抗封建是前驱,佳话传千古。会当一凭吊,酌取井中水。用以烹茶涤尘思,清逸凉无比。"

近年来文君井不断有所增修,井之南东方向建六角亭,亭之南置漏花矮曲墙。琴台之东临池再补回廊与井东之碑廊连接,碑廊壁上嵌古今名碑刻。又效"文君当垆"故事在文君井东面建文君酒肆、当垆亭、水香榭、听雨亭等小品建筑,将其散置于各个景点,秀雅多姿,并重建妆楼名曰漾虚,使全园充满以文君井为内涵的文化氛围。

望江楼 位于成都东门外原九眼桥下游约 1.5 千米，北边濒临锦江。这里，岸柳成行，篁竹万竿，亭阁相映，楼影波光，是因纪念唐代女诗人薛涛而建成的风景游览园林。"古井冷斜阳，问几树枇杷，何处是校书门巷？大江横曲槛，占一楼烟月，要平分工部草堂。"这副对联，道出了望江楼的历史内涵。联中所言能与杜甫相颉颃的"校书"，即是唐代女诗人薛涛。她原籍陕西长安，自幼随父来川。喜文学，懂音律，以诗才闻名于世。与同时期的著名诗人元稹、杜牧、白居易、裴度、刘禹锡等都有交往。据《蜀故》记载，她一生共有诗作五百余首，但流传至今的仅八十多首。因薛涛号洪度，故清末已有专收薛涛诗作的《洪度集》问世。

据史家考证，薛涛的早期住地在万里桥侧、浣花溪上的百花潭，晚年迁居碧鸡坊，并建有吟诗楼。因历史沧桑地名更易，原址已无从考定。望江楼之所以成为纪念薛涛的胜地，其一是因为古《华阳县志》载，薛涛墓在县东五里薛家巷，唐西川节度使段文昌还题有"西川女校书薛洪度之墓"石碑。而今望江楼所在地，历史上曾属西川华阳县所管辖，且也在其东部，故被人传讹为薛涛之墓葬处。古代文人纪念先贤总是要设法觅寻到与此人有关的名迹，而墓葬处是其中很重要的纪念之地，自然受到后世的重视。其二是此地是明初官府仿制薛涛发明的写诗小笺纸（世称薛涛笺）之处，于是又传当时汲水制笺之井便是当年薛涛用过的薛涛井，于是园林的文化价值大增，成为锦江之滨的一处名胜。清代在井之周围陆续建起了浣笺亭、五云仙馆、泉香榭、流杯池、吟诗楼等建筑，引来无数诗人墨客，题咏碑刻、匾额楹联渐次增多。历史上，这一带是买舟东下的水码头，又是通往川东的官路起点，是送别饯行或出郭迎宾最佳之地。相传三国时代孔明送费祎出使东吴，就是在这一带登舟的。临行时孔明祝曰：君万里之行始于脚下。故历史上最早的桥名为万里桥。薛涛井附近的园林，因临江建有楼馆亭榭，可供饮宴叙旧，此处便成为送迎宾客或假日出游之胜地。园名"望江楼"的正式得名，要在清光绪十五年（1889）崇丽阁建成以后，因阁高 30 米，紧靠江边，晴朗的日子，可眺望东去西来的船舟达十里之遥，故人们称之为望江楼。"望江楼上望江流，江楼千古，江流千古"的名句传开后，"望江楼"之名，不胫而走。当初的主要景观薛涛井，反而退居为园林的次要景点了。目前望江楼及其周围园林，已近二百亩，风姿绰约，山水迷人，是一处著名的古典风格的纪念性园林，除了高楼之外，还有濯锦楼、吟诗楼、浣笺亭等景点掩映在翠竹浓树之中。

崇丽阁 即望江楼,位于望江楼公园内之锦江河畔。清光绪年间,出生于华阳县的园林艺术家马长卿对友人说:县中科第衰歇,是因回澜塔倒圮。为了振兴地方人才,他提议在风水极佳的薛涛井前建一高阁,以倡文风。马长卿之倡议获得了社会广泛支持。经数年营作,该阁楼于清光绪十五年(1889)建成。阁高三十余米,上两层八角,下两层四方,与常见之奎星楼形制相似。翘角飞檐,金顶耀目。既有北方官式建筑的稳健雄伟,又有江南园林建筑的秀丽玲珑,亭亭玉立于锦江之滨,为当时成都最高之巨构,独领风骚数十年,被公认为成都的标志性建筑之一。此阁取名为"崇丽",是从晋代文学家左思所作《蜀都赋》中"既丽且崇,实号成都"的名句中摘"崇""丽"二字而成的。崇丽阁建成后,举行了隆重的庆典,文武官员和乡绅文士上百人出席了揭幕式。庆典礼仪完成后,文状元、四川学使赵以炯,武状元、重庆镇总兵田在田率先登楼,成为一时之佳话。崇丽阁是园内最高建筑,且又北临锦江,视野极为开阔,登高远望,可见数十里之遥,时人均呼之为望江楼。它的本名崇丽倒鲜有人提及了。此楼一直是古代士人送客望孤帆远影的地方,历代题对诗词极为丰富,如清人顾复初曾有一阙《凤箫吟》,写在望江楼上送友人东归看到的情景,并抒发自我感受,上半阙写得尤为情意绵绵,动人心魄:"漾愁情一江春水,绿波细卷晴烟。青山围不住,乱愁点点,分付晚峰尖。画楼天样远,画楼人隔几重天。怅不见,征帆斜日,忽到尊前。"这里诗人登高远望,所见山水景色,均带上了离愁的情调,令人怅惘不已。

崇丽阁长联 因崇丽阁巍峨壮观,成为锦江岸边最吸引人的一处园林景观,为它赋诗赠联者不计其数。因位置有限,入选镌刻悬挂者,十之其一。悬于底层之一副长联,其字数超过昆明大观园九十九字之长联,细嚼此联,犹如重温西川历史,也使人感到一个心怀忧情的知识分子的愤懑。联曰:"几层楼独撑东面峰,统近水遥山,供张画谱。聚葱岭雪,散白河烟,烘丹景霞,染青衣雾。时而诗人吊古,时而猛士筹边。只可怜花蕊飘零,早埋了春闺宝镜;枇杷寂寞,空留着绿墅香坟。对此茫茫,百感交集。笑憨蝴蝶,总贪迷醉梦乡中。试从绝顶高呼:问,问,问,这半江月谁家之物? 千年事屡换西川局,尽鸿篇巨制,装演英雄。跃岗上龙,殒坡前凤,卧关下虎,鸣井底蛙。忽然铁马金戈,忽然银笙玉笛。倒不若长歌短赋,抛撒些闲恨闲愁;曲槛回廊,消受得好风好雨。嗟余蹙蹙,四海无归,跳死猢狲,终落在乾坤套里。且向危楼俯首:看,看,看,哪一块云是我的天!"

薛涛井 在崇丽阁的东南方,是园中最著名的古迹景,原名玉女井,因为井四周土层内多沙碛,地上又林茂竹深,地下水经层层过滤积于此井,故水质甘冽,透澈清明，是烹茶、酿酒的优质水。因薛涛生前用作写诗的纸张，是她自制的一种深红色小笺，很受世人喜爱，时人称之为"薛涛笺"。明代蜀王府汲此井水仿制薛涛笺，后来便误传为薛涛制笺曾用此井之水，故称此井为薛涛井。清康熙三年(1664)正式立"薛涛井"碑，渐成锦江之滨的重要名胜，一时文人墨客、凭吊者不计其数。井台外，石栏周环，附近竹木森森，环境很是幽寂，不远处，还建有吟诗楼、浣笺亭、清婉室等风景建筑，成为望江公园景观的重心。

翠竹海 望江楼植物景以竹为特色，人称翠竹如海，幽篁万竿。这与薛涛对竹的钟爱是分不开的，薛涛生活多坎坷，古籍言其曾沦为艺妓，但她能洁身自好，十分爱竹有节不屈的品格，并有"虚心能自持""苍苍劲节奇"等颂竹的诗句。人们为了纪念她，曾在薛涛井四周植竹，今日望江公园的植物景突出了这一主题，广为搜集各种价竹子，目前已成活一百三十多个品种。除了四川本地竹种外，还试栽了省外不少名种。有的粗壮挺拔，高耸入云；有的娇小玲珑，高不盈尺；有的叶片硕大，长约尺许；有的叶片窄小，如羽毛发丝。竿茎的形状，或圆或方，有空有实，如人面、如佛肚、如鸡爪、如算珠、如龟纹虎皮，色彩丰富，万态千姿。竹石盆景是该园的代表作，有独特风格，为园林艺术界所称道。因此，望江楼又有了"锦城竹园"的别称。

二王庙 被誉为"玉垒仙都"的二王庙，坐落在都江堰市城西约1千米的玉垒山麓、都江堰旁。它前临岷江碧流，与青城大面山隔江相望；后依秀峰翠岭，与灵岩相接；左挟伏龙，紧靠离堆公园；右带索桥，直视千里雪峰；依山傍水，庙貌巍峨，气象雄伟，有如海市蜃楼。二王庙集宗教、纪念、风景于一体，历史悠久，古迹众多，建筑奇丽，景色优美，历来是游览胜地。

二王庙原是纪念古蜀国望帝杜宇的殿堂，名"望帝祠"。南北朝时期，齐明帝建武年间(494—498)，益州刺史刘季连把望帝祠迁往郫县，原址改祀李冰，更名为"崇德庙"，含崇敬李冰恩德之意。宋开宝五年(972)，都江堰流域大丰收，人们缅怀李冰创建都江堰的功绩，使成都平原"水旱从人，不知饥馑，时无荒年"，于是大兴土木，重修崇德庙，并增塑李二郎像。李二郎史无其人，但民间广泛流传李二郎协助其父降龙治水的故事。《灌县志》说他"监工最力"，所以李二郎可能是神化了的堰工。宋元以来，李冰父子先后被敕封为王；清初，崇德庙遂改为"二王庙"，相沿至今。每年农历六月二十四日，为纪念李冰父子的日子。是日，鼓乐喧天，鞭炮齐鸣，香烟缭绕，朝觐者如潮水般涌向二王庙，十分热闹动人。

古往今来，二王庙也历尽沧桑。明末，二王庙毁于战火；直至清同治、光绪年间,始相继修复。1925年,遭火灾;20世纪30年代,开始修复并扩建,奠定了今天二王庙的格局。20世纪60年代,二王庙曾遭严重破坏。经过近十年整修,殿宇辉煌,成为富有民族传统和地方色彩的旅游胜地,不仅恢复旧观,而且盛况空前。

二王庙的古建筑群,可谓是典雅宏丽,别具风格。二王庙依山傍水,地势狭窄,上下高差达五十多米,然而楼堂殿阁的建筑面积却达六千多平方米。设计师匠心独运,使二王庙"五步一楼,十步一阁。廊腰缦回,檐牙高啄。各抱地势,钩心斗角"。上下转折多变,巧妙地用围墙、照壁、保坎衬护,造成多层次、高竣、幽深、宏丽的景象。

一般庙宇的山门都为一个,二王庙的山门却很别致。设计师利用大道两边的地形,在东、西两侧各建一座山门,好似殷勤好客的主人,同时欢迎东、西两面的游客。进入山门,过四合庭院,折而向上,便可见建筑在2米多高保坎上的迎宾"乐楼"。乐楼横建于通道之上,小巧玲珑,古色古香,庙会节日,设乐队于其上,奏乐迎宾。游人从乐楼下拾级而上,便到了灌澜亭。亭阁建在高台上,翘角飞檐两重,高台正面砌为照壁,刻治水格言,与下面的乐楼和后面的参天古木相互映衬,显得高大壮观。过灌澜亭,折而向左,经灵官殿,又进入一个宽敞庭院,抬首仰望,东、西、北三面高墙,围护着巍峨高耸的戏楼。戏楼三层雕檐,正中高悬冯玉祥将军手书的"二王庙"金字匾额。匾额下的双合大门,正对着陡斜的层层石梯,由石梯底层仰望,二王庙如在凌霄。双合门前有两个巨大的镂雕石狮,一雄一雌,对称地并坐在两边梯级花台上。雄狮在左,雌狮在右。雄狮口衔圆宝,桀骜不羁,前肢戏弄绣球;雌狮舌尖微露,仪态温良,前肢抚摩着幼狮,形象生动,性格鲜明。

沿石阶而上,穿过戏楼底层夹道,顿觉视野开阔,眼前是一座重廊环绕的大庭院。正中平台上是纪念李冰父子的两重大殿,前殿祀李冰,后殿祀李二郎,周围香楠、古柏、银杏绿柳护卫。清晨,霞光临照,晨风阵阵,柳絮槐花,漫天飞扬,犹如仙女散花。黄昏,晚岚四起,云雨霏霏,整个二王庙又隐没在烟波云海里,宛如海市蜃楼。"玉垒仙都"即由此而来。

大殿东侧是危岩,临岩建一悬空吊脚楼,石柱支撑,回廊曲绕,掩没在古木森森的丛林里,明亮宽敞,雅座舒适。游人至此,往往小憩片刻,一杯青城香茶在手,凭栏远望,漫江碧水,从吊脚楼前悠悠东去,幽静、恬美、风雅,别有意趣。

大殿西侧有文物廊。右侧有一小园林,春兰、牡丹、芍药、金菊、丹桂、冬梅等名花异卉甚多,真是"花开四季,八节常春"。

园林左有盘山石级蜿蜒而上,直达二王庙最高建筑老君殿。过老君殿便进入古木林。林内古柏,苍劲挺拔,银杏樟楠,枝叶交益。林间芳草萋萋,泉水汩汩,"鸟鸣山更幽",游人至此,可以领受山林之乐。出后门左行便至观景台。

二王庙文物古迹甚多,几乎都与李冰父子有关,带有较浓的纪念意义。

都江堰灌区图　一幅有历史价值的壁画。一进山门,便可见画图横陈于照壁,清晰可辨。灌区图绘于清末,画的是清末都江堰灌区,画笔虽然简朴,却是了解都江堰旧貌的宝贵史料。

李冰父子塑像　李冰父子治理岷江,创建都江堰,功绩卓著,李冰曾被敕封为"大安王""英惠王",李二郎曾被敕封为"显英王",因此,李冰父子旧时塑像,蟒袍冠冕,正襟危坐,俨然神化。"文化大革命"期间像被毁。1974年,经四川美术学院师生重塑。李冰像塑于前殿,身着秦代袍服,手持治水绢图,正襟斜坐,凝目沉思,仿佛治水方案已成竹在胸。李二郎像塑于后殿,脚登麻鞋,身着便服,右手持锸,左手撩衣,腰间束带随风飘舞,昂首阔步,好像正在奔赴治水工地。两座彩塑,造型工巧,刻画入神,栩栩如生,充分表现了中国人民征服大自然的智慧和力量,很有艺术特色。

文物廊　在大殿西侧,廊内陈列有明代铸造的铁花瓶、铁蜡台、道教符碑以及徐悲鸿的"天马"、张大千的"玉女"、关山月的"黄粱梦"等珍贵碑刻。

商木　置庙中商木亭中,褐色,树身直径3.6米,是我国迄今发现的最古老的树木之一。这株珍贵古木,系1977年都江堰市聚源乡农民从土中发掘出来的。经北大历史系考古专业碳十四实验室测定,为夏末商初古物,距今已有三千四百多年历史,为研究古蜀国提供了宝贵资料。

堰功堂　建于园林旁。堂内陈列李冰以下历代治堰有功人士的文物事迹,以示褒扬,以资纪念。目前,堰功群像正在筹塑,并已有六尊塑像建于梯形小殿阁中。

伏龙观　位于都江堰离堆公园北端,危临伏龙潭碧波,雄踞于号称"中流砥柱"的离堆之上,三面环水,十分壮观。

伏龙观原名"范贤馆"。据史载,它修建于西晋末年李雄据蜀时,为蜀中贤士范长生而建。北宋初年,人民怀念治水英雄李冰,大兴土木,扩建殿宇,并因袭李冰父子降龙治水的传说,改范贤馆为"伏龙观",相沿至今。

来到伏龙观下,只见四十多级石阶,重叠直上。缓步拾级而上前殿,可见殿前一方形敞园,石柱前两对青狮白象,昂首摇尾,似向游人扑来。伫立敞园,可见左侧字大如斗的石碑"离堆"和右侧神奇古怪的"神禹岣嵝碑"。岣嵝碑相传为大禹治水时所立,为石刻中最古者,亦称"禹碑"。真迹原在衡阳云密峰,近人疑为明杨慎伪造。

进入前殿（即二王殿），迎面竖立李冰石像。像高2.9米，重4.5吨，造型简洁朴素，袖手胸前，微露笑容，神态从容持重。石像胸前襟袖间有隶书铭文三行：中行为"故蜀郡李府君讳冰"，左为"建宁元年闰月戊申朔二十五日都水掾"，右为"尹龙长陈壹造三神石人珍水万世焉"。建宁是东汉灵帝的年号，距今已有1800多年。1974年修建外江节制闸时，从4.5米深的河床中挖出。它为研究都江堰的历史和研究我国古代水利科学提供了可贵的资料。前殿左侧立着另一尊残缺的"持锸人"石像，出土于1975年修外江闸护滩时。石像缺少头面，高1.5米，重约2000公斤。从长衣宽袖，腰间束带，双手持锸挺立的姿势看，估计是"三神石人"之一，陪祀李冰的侍者，或无名英雄治水堰工，也许就是李二郎的化身名。

飞龙鼎 陈列前殿右侧，圆形，两耳，三足，高1.6米，重约千斤。鼎上铸龙11条，惟妙惟肖，各具不同神态。鼎腹六条飞龙，或二龙戏珠，或张口吞物，或悠然静卧。鼎口二龙若张口吐水，昂首欲飞。鼎足三龙，爪控元宝，头托鼎腹，龙身竖立呈柱形。传说龙有九子，鼎足三龙便是善于负重的第五子狻猊。鼎上尚有法轮、伞盖、云纹、花卉，精巧玲珑。飞龙鼎出土于清咸丰年间。据考证，唐睿宗的两个女儿玉真公主和金仙公主，不满意祖母武则天的残暴，离宫出走，后隐于青城求仙学道。这飞龙鼎便是两位公主遁迹青城时的遗物。

都江堰灌区模型 在二王殿正中，是我国古代最伟大的水利工程的示意模型，具有较深刻的科学和历史文化意义。殿后壁上，有郭沫若题词："李冰掘离堆、凿盐井，不仅嘉惠蜀人，实为中国两千数百年前卓越之工程技术专家。离堆所在，或以为乃嘉州乌尤山。余嘉州人也。今至此观宝瓶口，犹余斧凿痕。谓在嘉州者，乃妄说耳。青城近在眉睫，未及登临，为一憾事。"

怀古亭 在伏龙观后面离堆悬岩上。它那突兀峥嵘、翘角欲飞的雄姿，与玉垒山虎头岩、斗犀台隔江相望。滚滚波涛，从鱼嘴飞流直下，势如铁骑奔腾，声如春雷轰响，怒吼着，直端端冲向离堆，猛击悬岩。伫立亭上，有如置身于千军万马之中，山川似乎在震动，楼阁似乎在颤抖，令人心惊胆寒。然而，不管洪水如何凶猛，离堆始终迎头顶住，傲然屹立数千年，山岩下的狂澜雪浪，翻滚回旋一阵后，便从怀古亭下，乖乖地涌进宝瓶口，滚滚东去。此情此景，会使人想起李冰与水怪战于水中，化犀牛斗于台上的故事；会使人想起李二郎降孽龙、锁孽龙于伏龙潭中的传说。据历史记载，李冰率民"凿离堆、辟沫水之害"，怀古亭下的宝瓶口，是靠火烧水浇，一锤一斧，一锤一锄，肩挑背负凿通的，充分反映了古代劳动人民改造自然的巨大力量。

观澜亭　在怀古亭右侧，上有方毅题词。游人至此，凭栏远望：岷山雪岭，青城秀色，都江怒涛，古堰雄姿，尽收眼底。俯视滚滚江水，经虎头绝壁，侧玉垒雄关，急流似箭，汹涌澎湃，离堆砥柱却岿然不动。

眉山三苏祠　位于眉山市内西南角的纱縠行，原为苏氏故居，明洪武年间将故居改建为三苏祠，以倡导文风，景仰前贤。初始占地约五亩，是川西民居式庭院，后不断扩充，特别是1950年后经多次修葺，现已建成为占地约八十亩的大型古典式纪念园林了。

据史籍记载，明代建三苏祠时，仅有祭祀殿、启贤堂和木假山堂三个部分，明末被毁。清康熙四年(1665)，眉州知州赵蕙芽倡导重建。依旧制前殿供三公（苏洵、苏轼、苏辙父子），后设木假山堂，方池环绕，缭垣砥道，文脉依存。赵公去后，祠渐衰毁。后郡守黄公赴眉执政，下车之日即前往三苏祠拜谒，见祠宇倾圮，园林不振，慨然叹曰：地有乡贤大夫而不祀，此郡之羞也。三苏道德文章辉耀人寰，凡经过之地，莫不成为胜迹，况眉山故乡乎！乃置设祀田，以租税养祠，保祠宇长久整治而不废。黄公之举颇受乡里崇敬，三苏祠因之而渐次兴盛。至同治、光绪时期，皆有大修，除了三殿恢复扩展外，又于北面建来凤轩，在木假山堂与来凤轩之间设坊为屏。堂屏之间拓方池，池中布峻峭山石，如天然图画。左、右翼设长廊，晴雨不受干扰。东、西池塘均与中部大池沟通，引瑞莲堰河水入注，终岁不涸。池面开阔，广约四亩，皆方形，古风犹存。东北角设抱月亭，是观赏主殿堂之最佳景点。

光绪元年(1875)，四川督学张之洞谒三苏祠，提议在祠东北隙地建云屿楼，高两层，增加了俯视远眺祠宇之观景点。又于池右起客舍如船舫，凸入水中，盛夏赏荷景极清雅。又以檐廊覆列代碑刻，为赏读者划定了安全空间。光绪二十四年(1898)辟披风榭于池之北岸，榭西筑土山，丛植花卉，叠石为级，倍增山野情趣，山尽处经梅邬达销寒馆，四周竹丛万竿遮天蔽日。下为洗砚池。又于披风榭左构廊道通启贤堂。启贤堂前寻到苏宅曾用过的古井一眼，立碑为记。至此，三苏祠的总体布局基本形成。

1949年后，国家对三苏祠的修葺给予了大力的支持。明清时形成之格局基本保存，部分有所扩大。临街建正门三楹，红墙环绕，绿荫为衬，倍增纪念祠宇的氛围。近年又在披风榭北面塑汉白玉东坡塑像一尊。置身东坡亭内，视线越水面穿披风榭而正对着潇洒豪放的东坡塑像，使人们增加了对三苏祠文化内涵的理解。

寺庙园林

寺庙园林概述 寺庙园林可泛指那些属于为宗教信仰和意识崇拜服务的建筑群所附设的园林，这里主要介绍佛教寺院和道教宫观的园林。佛教自汉初传入中国后，发展较快，在南北朝时达到顶盛，寺院如雨后春笋般遍布各地，唐诗人杜牧的"南朝四百八十寺，多少楼台烟雨中"从一个侧面写出了当时寺多、寺美的特点。佛教讲究空静，僧人为了很好地参禅修行，多喜欢在山明水秀之地结庐建寺。他们认为人的肉体要与自然合为一体，从自然中汲取了悟的养料，才能获得心灵的最终解放，因此，大江南北的山水名胜之地，几乎被佛堂伽蓝占尽。道教的情况也一样，虽然它的正式出现是在东汉末期，但早在先秦就有了萌芽，如秦始皇派人去东海求长生不老药，在苑囿中建三山模仿东海仙境等。道教将先秦道家老子作为祖师，道家爱好清静、主张无为的思想对道教也有很大影响。道教注重内丹（气功）和外丹（炼金丹）的修炼环境美，所以他们的宫观也要建在自然风景优美清静的山水之地。到了东晋，凡名山大川几乎都有道士的足迹，后来他们又将看中的风水宝地"收归己有"，将它们封为"三十六洞天，七十二福地"。宋以后，佛、道不再相争，渐渐和谐共处，现存的许多名山风景区，往往是佛寺道观并存。它们除了供奉的神像不同之外，在寺庙园的规划布局和建筑特征上，并没有很大的差别，其艺术特点是基本类同的。

按照园林所处的位置，寺庙园可大致分为两种：山水园和城市园。山水园是指那些处于名山胜水自然环境中的园林，它们每每和四周美丽的风景融为一体，其园林景色着重于对自然山水的改造和利用上，即利用奇特的自然地形地物，如山泉溪流、巨石怪洞、悬岩古木等来组景。如此因地制宜、以美景来构寺园的历史可追溯到东晋的高僧慧远。《高僧传》记载他在庐山营建的寺院："远创造精舍，洞尽山美。却负香炉之峰，傍带瀑布之壑，仍石垒基，即松栽构。清泉环阶，白云满室。"寺庙园与山水环境的结合大致有五种形式：1. 背山面水，寺庙设在向阳的坡地上。如福建晋江的南天禅寺、厦门的南普陀等，这种布置使寺园依地形逐渐升高，低处则林木峥嵘，群芳荟萃，绿树浓荫中露出红墙翘角；高处则视野开阔，可远眺四周青山绿水，景观变化较大。2. 沿溪流在谷地中曲折布置，如杭州的灵隐寺园和虎跑寺等。这类地处山坳山麓的园林，其最大特点是山深林静，环境幽邃，一侧溪泉相伴，甚有"深山藏古寺"的意境。3. 有些寺庙，耸立于名山之巅，居高临下，与雄伟的山势结合在一起，呈现出较庄严的宗教气氛，如九华山绝顶的天台寺、华山北峰的真武宫、泰山顶上的碧霞寺等。4. 还有些寺庙依小山而建，从山麓一直建到山顶，形成"寺包山"的特殊景观。如镇江金山寺采取"依高差分梯台，按地势划景区"的方法，寺院建筑围山层叠错落而建，塔楼高耸，轮廓线富有变化。若从江上望去，层层叠叠的佛堂楼台好像直接从水中升起，甚为壮观。5. 有些寺庙建在山中的小盆地中，四周青山拱卫，秀色可餐，人称"山包寺"，如黄山东部的皮蓬古寺、镇江焦山的定慧寺等。

　　在繁华的城镇中，也建有不少佛寺道观，这些寺庙的造园条件要比山水间的差些，一般均为平地一块，其范围也受到各种限制，常常占地不大。尽管如此，僧人道士们也总是想方设法在寺内空地上植树点石，建造园林小景，有不少寺庙还买下附近荒废的园池，略加修复，使之成为相对独立的庙园。据北魏杨衒之《洛阳伽蓝记》载，当时城内不少寺院均附建有单独的园林，如宝光寺的园池"葭菼被岸，菱荷覆水，青松翠竹，罗生其旁"。文人雅士，每逢良辰美日，相约一起来游此寺园。其他如景明寺、冲觉寺、河间寺的园林山水，也颇有名。有的寺虽然没有独立的园林，但僧房后院也有极雅静的环境。如正始寺的"众僧房前，高林对牖，青松绿柽，连枝交映"。今天处于城中的寺庙，也一直继承了这一传统，以造园手法来创造一个安静舒适的环境，以满足修身养性的需要。其中不少拥有精致的花园，如苏州戒幢律寺、广州六榕寺、上海龙华寺等。单纯就园林景色而言，这些寺庙园林与一般私家园林并无多大差别，水池、假山、曲桥、游廊等这些一般园林中常见的造园要素，也是城市寺庙园的主景。实际上，寺庙所属的这些园林和一般私家园常常随着所有权的变化而相互转换。如苏州西园曾经是官僚文人徐家的花园，上海的豫园也一度成为城隍庙的庙园等。有的城中寺观虽然没有独立的精美花园，但却有较好的绿化布置，并结合廊、亭或钟鼓楼、牌坊、经幢等小品布置，自然地形成静谧幽曲的园林空间，像苏州寒山寺、常熟破山寺等均是。

　　尽管寺庙园林有的在山野，有的处城中，有的布置得严肃庄重，有的较为自然幽曲，但它们都是为宗教活动服务的，常常表现出以下特点：1. 在进行祭拜活动的主要殿堂之间及两侧，常规地栽植着较多常绿乔木，对称置放建筑小品，以烘托庄严的宗教气氛，形成一个以建筑为主的且较为规则的园林空间。2. 寺庙园林由于有僧侣道士一代又一代的精心管理，景观甚为古朴，往往古木参天，多名贵且有文物价值的古树，如天台国清寺的隋梅、北京潭柘寺的古柘等，这些焕发生机、古拙苍劲的大树，能使人产生庄严、神秘的观感，从而增强园林的艺术感染力。3. 古庙大刹多保留有较为珍贵的宗教文物及其他艺术品，如嵩山中岳庙的宋铸铁人、镇江甘露寺的铁塔、苏州寒山寺的张继诗碑和唐式青铜乳头钟等。这些文物所显现出的古雅美,装点于园林的自然美景中,具有很高的欣赏价值。4. 寺庙园林多数建有高耸的宝塔和楼阁,如镇江金山寺的善利塔、甘露寺的多景楼等。它们既是人们登高远眺的绝好观景处,又是寺庙的重要标志,是园内很重要的景观,具有极强的吸引力。5. 寺庙园一般均对香客和游人开放,具有某些公共园林的性质,如设有接待用的客房,有时甚至允许俗家人长期借居,像《西厢记》中的张生客居于普济寺园林那样。处于名山胜水风景区的寺庙园林更是担负着迎来送往的任务,在历代文人的游记散文中留下了宝贵的一页。

白马寺　　位于今洛阳市东约12千米处,北依邙山,南临洛水,绿树红墙,梵殿宝塔,环境肃穆幽静,被誉为"中国第一古刹"。

自古云:"东土寺古属白马。"白马寺是佛教传入中国之后由国家营建的第一座寺院。它建于东汉永平十一年(68),距今已有一千九百多年的历史了。古籍记载,汉明帝刘庄夜寐南宫,梦见金人飞绕殿庭,身高丈六,顶有白光,自天而降。醒来他就召集群臣"圆梦"。大臣傅毅说:"西方有神,其名曰佛,形如陛下所梦。"于是汉明帝就派遣郎中蔡愔、中郎将秦景等十余人出使天竺(今印度),拜求佛经。行至大月支国(今阿富汗),缘会天竺高僧摄摩腾、竺法兰,并获得佛经和释迦佛像。二梵僧应汉使邀请,以白马驮载佛经佛像同返京都洛阳。翌年,汉明帝敕命于京都洛阳西雍门处修建僧院,以纪念白马驮经之功,故名白马寺。白马寺是佛教在中国赖以发展生长的第一座菩提道场,被佛门弟子尊为"祖庭"和"释源"。

白马寺建成后,在近两千年的漫长岁月里,饱经沧桑,几历兴衰。东汉时候,中国还只有少数几个佛寺,主要是为来华的信奉佛教的西域商人而修,汉人是不准出家的。曹魏黄初年间(220—226),印度僧人昙柯迦罗在白马寺译出了中国第一部佛律——《僧祇戒心》,从此,汉人朱士行第一个出家当和尚。西晋时代,汉人削发为僧者日多,洛阳周围的佛寺已达十多所。著名僧人竺法护在白马寺先后译出《佛说文殊师利净佛律经》《魔逆经》《正法华经》等佛学著作。北魏王朝大崇佛教,洛阳周围佛寺栉比,多达1367所,当时已译出佛经415部共1919卷。

白马寺成为当时世界巍然大寺之一。隋、唐二代,佛教盛行。寺院有了自己的产业,中国式的佛教已经完全形成。许多中国和尚自己译经和阐述教义,开始出现各种各样的佛教学派。武则天极力提倡信佛,指示和尚怀义、法明等辑制《大云经》,令工匠在洛阳龙门雕刻高达17米的大卢舍那佛,指派怀义为主持,大兴土木,扩修白马寺。武则天还多次东临白马寺,形成了风靡一时的宗教热潮,白马寺也达到空前繁荣的阶段。传说中的唐代白马寺比现在的规模大,寺门前有高大的石牌坊,寺周有很宽的护寺河。寺内殿阁辉煌,诗人许浑写道:"墙外洛阳道,东西无尽时。"据说,曾为中日友好作出了重大贡献的唐代高僧鉴真和尚也曾来到洛阳白马寺,朝拜"释源"。

"释源"白马寺受到唐以后各代封建君王的重视,几加修葺,香火不断。宋太宗下令扩修白马寺,由著名文人苏易简为白马寺撰写"断文碑",此时寺内僧人多达千人以上。元代至顺四年(1333),书法家赵子昂亲书《洛京白马寺祖庭记》碑,记述白马寺的由来始末,字体潇洒劲秀。其碑至今犹存,是一件十分珍贵的艺术品。明代嘉靖三十五年(1556),又一次大规模地整修白马寺,由掌印太监兼总督东厂黄锦主持。据保存在白马寺的《重修古刹白马禅寺记》碑文记载,当时曾修建前后大殿、钟鼓二楼等数十间,新塑诸佛、菩萨、侍从等神象,新修石狮一对,配置供器多件,植树千株,共占地六十二亩。我们今天看到的白马寺,大体上就是此次重修后保留下来的规模和布局。

白马寺面积约六十多亩。由山门、大雄殿、千佛殿以及毗卢殿组成。寺东有金代建的齐云塔。寺园内古柏参天,凌霄相缠。加上阳春的牡丹,盛夏的白莲,中秋的桂花、隆冬的蜡梅,清香四溢,更助游人之兴。

白马寺为一长方形的院落。步入牌坊式的寺门,由南向北,迎面为寺内第一大殿——天王殿。殿内两侧泥塑四大天王像。中央雕龙贴金佛龛内,满面笑容,赤脚打坐者是弥勒佛,为明代夹纻造像。面北站像为护法神韦驮。

大雄殿是寺内主殿,是僧众举行佛事的场所。此殿经明代重修。正面须弥座上端坐佛教创始人释迦牟尼佛,高2.4米,是明代泥塑。两侧站像为释迦牟尼的两个大弟子:左阿难、右迦叶。座像为两位菩萨:左文殊、右普贤。这里的一佛两菩萨,也称"释迦三圣",两侧为十八罗汉。

千佛殿正面主佛三尊禅坐于莲花宝座之上,中为释迦牟尼,左为东方"琉璃世界"的药师佛,右为西方"极乐世界"的阿弥陀佛。佛前左、右站像为护法天将,都是明代夹纻造像。殿壁上,木雕佛龛内,共有壁佛五千多尊。

清凉台位于观音阁之后,古柏掩映,雄伟壮观。最后一个大殿是毗卢殿,高耸于清凉台之上。它与大雄殿一前一后,一高一低,错落有致,使整个建筑群层次分明,结构严谨。清凉台左、右两侧配殿,分别是摄摩腾、竺法兰两位高僧的清代泥塑像。中轴线上的五重斗拱式殿阁,加上中轴线两侧的厢房等附属建筑,布局规整,左右对称,表现了我国古代建筑风格和建筑艺术的特点。主佛端庄凝重,慈祥肃穆,双目欲睁似闭,神气超脱。菩萨花冠璎珞,体态端庄。文殊手持经卷,智慧渊博。普贤手握"如意"棒,德行圆满。观音端坐莲台,大慈大悲,和气善良。天王各持法器,卫护四方,分外威严。十八罗汉造型更是独具匠心,有的合掌坐禅,无限虔诚;有的圆睁怒目,神情奇特;年轻的分外纯真坦率,高龄的异常深沉含蓄。它们个个形象逼真,栩栩如生。这是我国古代造像工匠的杰出的艺术创作,是一组不可多得的历史文物。造像中有玉雕、木雕、铜铸、泥塑,等等。寺东南不远处,立一座密檐式方形砖塔,高约35米。塔共十三层,每层砌砖出檐,由下向上。自第六层起逐层内收,线条柔和流畅,造型别致。这座玲珑挺拔、典雅秀丽的古塔,名叫齐云塔,又名金方塔。据《三宝记》称,在白马寺东南,旧有土阜隆起,夜放光芒,民间呼为圣塚。汉明帝刘庄询问摄摩腾,答道:"天竺国有阿育王,藏如来舍利(释迦佛骨)于天下,凡八万四千所,中国境内有十九处,此其一也。"于是,汉明帝刘庄令建木塔于土阜之上。北宋末年,木塔焚毁。金大定十五年(1175)改建砖塔,即今之齐云塔,已有八百多年的历史,是洛阳一带保存下来的最早的古建筑之一。它与清凉台、腾兰墓、断文碑、夜半钟、焚经台一起被誉为"白马寺六景"。

少林寺 位于河南登封市西北少室山北麓的余脉五乳峰下,寺依峰坐北朝南,不远处少室山屹立若屏,四周群山环列,沟壑纵横,山色深幽,曲径萦回,自然风光绝佳,自古是人们消夏避暑的好去处。唐诗人白居易多次游历过少林,对寺园的清爽气候和优美的山水很是赞叹,他在《从龙潭寺至少林寺题赠同游者》诗中写道:"强健且宜游胜地,清凉不觉过炎天。始知驾鹤乘云外,别有逍遥地上仙。"

少林寺建于北魏太和十九年(495),素有"古刹中州数少林"之称。孝昌三年(527),印度僧人菩提达摩在此首创禅宗。故历史上称达摩为禅宗初祖,公认少林为祖庭。据文献记载,达摩为南天竺人,于南朝宋末年航海来到我国南方,后北渡长江到魏境,曾驻锡洛阳最大的永宁寺,北魏文学家杨衒之《洛阳伽蓝记》中曾记载过他。后羡少林寺风景之清丽,来此传法。达摩的禅法,是一种新的修行法,其特点在于壁观,即让人面墙静坐,排除心中一切杂念和执见,从而得道。在佛学上,它出自南天竺一乘宗,即"大乘空宗"的教义。今天少林寺山门西侧石坊上题有"大乘胜地"之额即自此而来。据传,当年达摩曾在寺西山上的石洞中面壁苦修了9年,才将衣钵传给了禅宗二祖神光(法名慧可)。今日此洞题为达摩面壁处,成了少林寺的一大景观。以后寺院经历北周武帝的灭法之劫,到隋唐开始达到了它的全盛时期。隋文帝杨坚定鼎之后,诏赐少林寺西北 25 千米的柏谷坞一百顷田作为寺产,使少林寺成为北方实力最强的寺庙庄园。唐初李世民讨伐王世充时,得到过少林僧兵的帮助,由此寺僧受到朝廷表彰,此后,寺僧常习武术,少林武功威名远扬。唐太宗贞观年间,少林寺大加修建,规模扩大,高宗李治及武则天曾数次游寺,并题书以赠。自此以降,我国的封建王朝与少林寺一直保持着良好的关系。到清代,少林寺仍保持着中土第一古刹的极大规模,清政府通过建立僧会司和钦名住持僧的办法,来管理与控制少林寺,并多次拨款,重建和修缮了不少殿宇和僧房。在清末民初的军阀战乱中,少林寺遭到了历史上最严重的一次破坏。1949 年后,寺院逐步得到整修,恢复了全部围墙,翻修了山门、达摩亭、千佛殿、地藏殿、白衣殿、东西寮房和大部分古塔,1981 年,根据有关资料重建了天王殿、大雄宝殿、六祖殿等殿堂,少林寺基本恢复了昔日的英姿。

常住院 即人们通常所称的少林寺,这是少林寺园的中心部分,是住持和尚和众执事僧起居及进行佛寺活动之地。除了常住院,少林寺还有初祖庵及二、三祖庵等殿宇。

常住院沿山坡而建,从山门至千佛殿共七进院落,另外还有一个塔院。山门是一座面阔三间的歇山顶建筑,方门圆窗,门额上悬挂着康熙御笔"少林寺"横匾。殿内佛龛中供奉泥塑弥勒佛像,龛背面立木雕护法韦陀神像。山门左右的东、西掖门,是供车马入寺的边门。山门前有对称的明代石牌坊两座和清代石狮子两尊,把山门陪衬得十分壮观。

山门之后,有唐宋以来古碑数十通,人称碑林。

碑林之后,高阶以上,是天王殿。此殿面阔五间,重檐歇山顶,上覆以绿色琉璃瓦。天王殿后为大雄宝殿基址,东西分别有钟楼、鼓楼基址。大雄殿后为藏经阁基址。

在天王殿东北角的碑楼内有大唐碑一通,为唐玄宗开元十六年(728)建。正面上部刻有李世民于武德四年(621)四月三十日为表彰寺僧助唐攻郑的战功而写给少林寺主的教文。此教文之下,为裴漼撰文并书写的《皇唐嵩岳少林寺碑》,记述了自北魏孝文帝开创少林寺,直到唐玄宗开元之世两百多年间的重要事件,是研究少林寺史的重要文献之一,也是寺内最重要的碑刻(俗称"李世民碑")。此外还有清高宗弘历于乾隆十五年(1750)的题诗御碑,明《达摩一苇渡江画像碑》等也都幸存下来。在钟楼的基址上,还有金代的大铁钟和明代的地藏王铁像两件铸铁文物。当初,大火吞没钟楼时,大铁钟正好跌落到地藏王铁像上,两物相撞,钟碎像毁。但大钟碎片尚可对拢，铁佛头身亦可拼合。此钟铸造于金泰和四年(1204)，重5500公斤。据说，声闻三十里。地藏王像铸于明弘治元年(1488)，现高1.75米。

藏经阁后是方丈室、达摩院和千佛殿三座院落。方丈室面阔五间，是寺内住持和尚居住和处理日常事务的地方。因清朝乾隆皇帝游嵩山时曾住在这里，后人便媚称其为"龙亭"。殿檐下悬有记着中日僧人名字的元代铁钟。在方丈室东、西两侧，有静中静（原名"廓然堂"）与方丈退居两所僧舍。左、右厢房各五间，为东寮与西寮。南面一排平房原来是垂花门，墙壁上镶有北宋宣和四年(1122)蔡京书《面壁之塔》石铭，金元光二年(1223)祖昭绘《二祖慧可大祖禅像》等碑铭、题记十余方。

方丈室之后，高台凸起，拾级而上，见一座面阔三间的庑殿式精巧殿宇——立雪亭，又名达摩殿，是纪念禅宗二祖慧可向初祖达摩"求法断臂"故事的建筑。传说达摩的修炼相当刻苦，整日面对墙壁静思。二祖冒雪向他求法，达摩却不理睬，二祖直立不动，一夜过后大雪没膝，达摩仍不肯收他做弟子，二祖便用利刃自断左臂，献给达摩，达摩这才肯收。殿内佛龛中供铜质达摩像，边立者为二祖慧可。神龛上有清乾隆皇帝御书"雪印心珠"横匾一方。从石柱题记可知，这座小殿为明代创建。

立雪亭北，是少林寺常住院内最大的殿宇——千佛殿，又名毗卢阁。殿前有宽敞的月台，台的三面筑有石级踏道和石雕望柱栏杆，正面踏道中部有浮雕云龙莲鹤图案的陛石，把大殿陪衬得十分壮丽。大殿面阔七间，屋顶覆以绿色琉璃瓦，屋脊上雕饰着龙凤、花卉等图案。南面三间格扇门，左右配槛窗，中门上悬"西方圣人"竖匾。殿内中心间置佛台木龛，内供铜毗卢佛，东山墙下供白玉石南无阿弥陀佛，是明朝周王所送，西壁下有达摩像。此殿最引人注目的是东、西、北三壁连为一体的《五百罗汉朝毗卢》大型彩色壁画。画面320平方米，是明清时期同类壁画中罕见的规模。画师们以云气山水把人物群像区分为上、中、下三层，每层又以不同的人数组成许多组群。这些罗汉，姿态各异，栩栩如生。大殿地面上，有许多凹坑，俗称"脚窝"。据说是和尚们在殿中演武练功的遗迹，前后四行，每行十二个，共计四十八个。

少室晴雪 古嵩山八景之一，从少林寺南望少室山绝壁悬岩的一处奇特景观。少林之南是东西屹立若屏的少室山北麓。嵩岳太室、少室两山之中，少室山较为险峻，山形变化亦大，从山南望，但见奇峰峭立，如同亭亭莲花，在唐代已有"少室若莲"之说,当地百姓也常称少室山为"九顶莲花寨"。而从县城自东向西眺望少室山,两峰高峻,很有点像古人戴的帽子,故宋代少室山又有"冠子山"之称。而要是从少林寺自北向南望,只见少室山逶迤若屏,高峰之下,自西向东,并列着五座小峰,当地称之为旗、鼓、剑、印、钟五峰,奇妙的是在剑峰西侧有一巨石如削,雨过天晴之际,石面光洁耀目,色白似雪。古人在规划少林寺时,有意无意地将此景的最佳观赏点定为方丈院。因此站在少林方丈室的屋檐下遥望此景,特别引人入胜。由此,少室晴雪一景亦与少林寺结下了不解之缘。

塔林 在少林寺西南约500米,为历代少林高僧的墓地。塔林现辟作墓园,其正门向东,园内有自唐至清千余年间放置和尚舍利子(骨殖)的砖石墓塔二百二十余座。塔式样繁多,造型各异,塔的平面以方形为多,也有六角、八角、圆形砖墓塔,它们是综合研究古代砖石建筑和雕刻艺术的宝库。塔身上一般均有铭文,记载所葬高僧法号及事迹。因此该塔林又是佛教史和书法艺术的宝库。其中日本僧人邵元撰并书的照公和尚塔(建于1339年)塔铭及天竺和尚就公塔(建于1564年)是我国对外文化交流史上的重要实物资料。塔林现已成为少林寺园外的一个重要景点,供香客游人参观瞻仰。这里地处少室山北边的一个谷地,三面青山合围,园内留有数株古木,乌栖其上,每逢晚霞满天,飞鸟齐还,合着密密排列的各式墓塔,景观颇有些悲壮凄幽。

初祖庵 在少林寺西北五乳峰下,自塔林北上可至。现仅存大殿、千佛阁及东、西两座方亭。大殿东南有古柏一株,相传为唐初禅宗六祖慧能所植。庵内尚存古碑四十余通。初祖庵大殿是迄今所知河南省内最有学术研究价值的木结构建筑物之一,建于北宋徽宗宣和七年(1125),是研究宋代建筑名著《营造法式》的实物例证。除了梁架、斗拱等基本构件保存着北宋木构遗物外,殿内外十六根石雕柱子、墙下部的护脚石以及佛台四面的北宋浮雕石刻,有卷草、猛狮、武士、麒麟等,造型极为生动,是研究北宋建筑装饰艺术的有代表性的作品。另外,大殿以北有黄庭坚、蔡卞等名家的碑刻,也都是少林寺内的重要文物。

沿初祖庵北登五乳峰,可抵山上的达摩洞。洞前有明万历三十二年(1604)建造的石牌坊一座,额题"默玄处"三字。相传当年禅宗初祖达摩曾在此洞面壁,所以又名面壁洞。

少林碑林 在少林山门之后,碑文多出自名人手笔,有重要的研究价值。如唐永淳二年(683)九月建的《大唐天后御制诗书碑》,立在东披门内,由武则天撰文,王知敬书丹。书体工整雅健,缜密洁整。碑首与碑身由一石雕成,虽不高大,却极为精致。碑文主要叙述了唐高宗李治和武则天出行的盛况,回顾了隋末农民军进攻少林寺的影响,表现了作者思念亡母的悲伤情绪。稍南为《唐少林寺灵运禅师功德碑铭并序》,形制与前碑略同,记述灵运禅师的一生事迹。碑文行书,字体挥洒自如,秀劲多姿。宋《三十六峰赋》碑,立在山门内甬道东侧,碑文行草,楼异撰,僧昙潜参寥书丹。赋文介绍了少室山的名峰奇景,是人们认识少室山的向导。《皇元赠大司空晋国公少林大宗师裕公道行碑铭》,立于山门内东侧的慈云堂旧址,元仁宗延祐元年(1314)建。碑文为赵孟頫书丹,郭贯篆额,内容记述了裕公(福裕)于战火之后,致力于复兴少林寺的事迹。明《少林禅师道公碑》立于裕公碑旁,为书法家董其昌撰文并书丹,万历三十七年(1609)正月立。此碑不仅书法可宝,而且对认识少林寺的历史、宗派源流都有重要价值。

此外,还有不少碑刻如《凤林禅师碑》《嵩山六十峰诗》《重建少阳桥碑记》《王大公祖承修少林寺工程记》以及《少林观武》等,对于研究元明以来的少林寺史、嵩山风光和少林拳法等都有一定的参考价值。

中岳庙 历代祈拜中岳嵩山的庙宇,是中岳最大的古建筑群,庙内外风景如画,古柯如盖,亦是著名的道家庙园。嵩山,古称外方山、太室山、嵩高、黄室等。夏商之际,已称嵩山为中岳,主峰为峻极峰。中岳庙的前身为先秦的太室祠,东汉时祠前建有阙,东汉以后,庙址多有迁移。武则天时,尊中岳为神岳,庙声望大增。唐玄宗开元年间,又改建庙于黄盖峰下,即现今庙址。每年六月,唐明皇均要遣河南府尹到岳下敬祭。北宋,宋太祖赵匡胤也崇中岳,下令为中岳之神制作衣冠剑履,从此中岳神像着衣戴冠,成为五岳各神中级别最高者,当时河南登封县令兼庙令。经唐、宋两代整修,中岳庙规模宏大,有"崇墉缭绕,屹若云连"之称。今天中岳庙殿宇多为明清重修,但基本保留了当时的宏伟规模。

中岳庙是一组宫殿式的建筑群。位于太室山南麓,背依黄盖峰,面对玉案山,西有望朝岭,东有牧子岗,群山环抱,景色绝佳。庙内古柏参天,石板砌路,两侧有建筑小品卫护,庭院宽阔,芳草如茵,前后亭廊相连,园林景色很佳。加上庙内外有丰富的历史文物,自古便是人们游历胜地。它的中轴建筑,除了太室阙外,主要有中华门、遥参亭、天中阁、配天作镇坊、崇圣门、化三门、嵩高峻极坊、峻极殿、寝殿、御书楼等,共十一进院落。中轴线东、西两侧,还分别建有太尉宫、火神宫、祖师宫、神州宫等。中岳庙的建筑制式和布局,是清高宗弘历依照北京紫禁城的形式设计重修的。现存的殿、阁、宫、楼、亭、台等建筑,四百余间,石刻碑碣百余座,占地面积达37万平方米。规模宏大，结构严谨，气势雄伟，金碧辉煌，为中州祠宇之冠，是我国著名的寺庙园林。

太室阙 中岳庙的象征性大门，建于东汉安帝元初五年（118），距今已有一千九百余年的历史。阙是一种装饰建筑，表示"尊严"，一般立于城、宫、庙门前的甬道两旁。阙分为城阙、宫阙、庙阙、墓阙等多种。阙和牌坊有某些相似，而显著不同的是阙上没有横梁。

据历史记载，嵩山地区原有"五阙"：太室阙、少室阙、启母阙、许由庙阙、灵星坛阙。许由庙阙和灵星坛阙早已毁掉，今仅剩"汉三阙"。太室阙是用琢制整齐的青石块垒砌而成，分为东、西两半相对而立，间距约8米，高约4米，厚约0.7米。顶部为石制屋顶，压以兽脊，是东汉建筑的缩影。阙上有篆隶铭文和浮雕。额题为"中岳太室阙铭"。铭文笔调浑圆，苍老秀劲。浮雕的内容是：车马出行、四神、怪人、羊头、树木、禽兽以及其他花纹。图案大方，达练朴实，形象真切，带有浓厚的生活气息，是研究我国汉代社会政治、经济、文化、风俗和建筑艺术的珍贵资料。现太室阙已有建筑围护，定期对外开放，站在阙道中北望，由中岳庙大门、中华门到黄盖峰上的黄盖亭，一条中轴线延伸千余米，气势轩昂，是我国对称布置寺庙园林的典型。

中华门 在太室阙后，为中岳庙前门。从太室阙到中华门，是一条笔直的神道，长约300米。中华门外，两座四角亭，分立于神道左右。亭内为东汉安帝元初五年（118）雕刻的石人翁仲，象征中岳庙大门的卫士，高约1米，头顶平整，腰系大扣纽带，古朴大方，是研究汉代雕刻艺术和衣着服饰的宝贵资料。据史书记载，翁仲姓阮，为秦代大将军，死后，铸像置于咸阳宫司马门外。后人凡铸刻无名的铜像和石像时，常用"翁仲"这个名字。中华门是中岳庙现在的前门（古代天中阁为中岳庙前门），它原来是木建牌楼，名为"名山第一坊"。现在是砖瓦结构的歇山式牌坊，开有三券圆门，为1942年改建，更名为"中华门"。

天中阁 在中华门后，原为中岳庙正门。建于明嘉靖四十一年（1562），原名"黄中楼"。清代重建时，改名为天中阁。此阁雄伟壮丽，高达二十余米，面宽五间，进深三间，重檐绿瓦，朱柱画栋，飞檐凌空，风格独特。阁下辟三券圆门。门上虎头大钉紧扣，门两侧蹲立着一对高大的石狮，门前是宽大的月台。在这些建筑的陪衬下，天中阁显得格外雄伟高大，巍峨壮观。天中阁前庭院内，还建有遥参亭，重檐八角，金色琉璃瓦覆顶。亭的枋木和雀替上，雕有透花的人物和戏曲故事。这座小亭，制式秀丽，建造精巧，它是古时人们拜谒岳神的地方，故名为"遥参亭"。

镇库将军 即宋铸铁人,立于古神库内。沿天中阁后石铺甬道拾级而上,便是松柏掩映的崇圣门。崇圣门的东面有古神库一座。宋代重修中岳庙时,把旧有的神像埋于此地,上面建个四角亭,取名"古神库"。两旁分立四尊宋代铁铸的"镇库将军",高约4米,重约1500公斤。铸像握拳振臂,怒目挺胸,威风凛凛,栩栩如生,是研究宋代冶铸艺术和武士风度的宝贵资料。崇圣门的西边还有一座四角小亭,和古神库遥相对称。内立"无字碑"一座。清代顾炎武说:"因岳神之德,大得难以用文字形容,故立空石,以示纪念。"

四状元碑 中岳庙著名的石碑,立于崇圣门后面的甬道两边,还有四座大碑,因碑的撰文者都是当朝的状元,所以人们称之为"四状元碑"。西边两座:一是宋太祖开宝六年(973)刻立,卢多逊撰文;一是宋真宗乾兴元年(1022)刻立,骆文蔚撰文。东边两座:一为宋真宗大中祥符七年(1014)刻立,王曾撰文;一为金世宗大定二十二年(1182)刻立,黄久约撰文。

庙内还有数座重修中岳庙的碑碣。这些碑刻的记载告诉我们,中岳庙始建于秦,已有两千多年的历史,是我国最早的庙宇之一。它原名太室祠,是祭祀太室山神的场所,初建规模较小。汉武帝游中岳,登嵩山,闻山呼"万岁",十分高兴,遂令祠官扩建太室祠,即中岳庙。沿甬道往北不远处又耸立着一座门楼,称化三门,与北京故宫的五门制度一样,在中岳庙建筑群的中轴线上,也排列着多重门楼,从而形成一进进的庭院,直到主殿峻极殿。

四岳殿 在化三门后甬道两侧。即东岳泰山殿、西岳华山殿、南岳衡山殿、北岳恒山殿。古人称中岳庙为土神之宫,五行土为尊,所以中岳为五岳之首,配之以四岳殿,表示五岳俱在,五行俱全。在东岳殿和南岳殿之间有一亭,亭内有座《中岳嵩高灵庙之碑》。此碑系北魏文成帝太安二年(456)刻立,碑高3米,宽1米,碑首浅雕蟠龙,额下凿一圆孔,与后代碑制迥然不同,是中岳嵩山现存最古老的一座碑刻。碑文为嵩山著名道士寇谦之书写,主要是叙述重修中岳庙的经过。旁边有一座《圣旨碑》,为元顺帝至元元年(1335)刻立。碑文系元顺帝的圣旨,内容是晓谕百姓,不许破坏中岳庙的一切东西。因文体不是汉语文法,其意较为费解。

峻极门 又名将军门,在化三门后,是中岳庙大殿峻极殿前中心院落的山门,正门两侧为东、西掖门。这座大门建于金世宗大定年间(1180年左右)。明崇祯十四年(1641)失火烧毁。清顺治十年(1653)重建。乾隆年间(1736—1795)重修。面阔五间,进深六架,歇山绿瓦,彩绘斗拱,是清代的典型官式建筑,为中岳庙古建筑群中极为珍贵的建筑之一。

正门两侧原有两尊泥塑武士像,高达4.5米,执钺握斧,威武庄严。东掖门外边,有一座《明五岳真形之图碑》,为明神宗万历三十二年(1604)刻立。碑上按照五岳的坐落方位,雕刻着五岳图,图下刻记着关于五岳的传说。这里还有别具一格的八棱碑,刻于宋真宗天禧三年(1019),碑高1.73米,围粗1.53米,内容是宋真宗为祭祀中岳而自撰的《御制中岳醮告文》。东掖门里边,立有一座《大金承安重修中岳庙图》碑,刻制于金章宗承安五年(1200)。以透视图的形式,用线刻的手法,精细地表现了当时重修中岳庙廊房八百余间和碑楼七十余所的建筑布局,是研究中岳庙建筑史的珍贵资料。峻极门的西掖门外台阶下西侧,有明神宗万历三十八年(1610)河南巡抚李思孝草书的《谒中岳》石碑,此碑书法之美,称得起"行如泉注的流畅,顿如山安的稳重"。

嵩高峻极坊屹立在峻极门内。坊起三架,上下两层,额书"嵩高峻极"。坊檐别具一格,正楼和次楼,分别施九踩和七踩斗拱,黄瓦盖顶,雕梁画栋,剔透玲珑,极为秀丽,为清代木结构建筑的精品,是中岳庙诸坊之秀。

峻极殿 即中岳大殿,红墙黄瓦,金碧辉煌,是中岳庙的正殿,殿额匾书"峻极殿"。这座殿重建于清世祖顺治十年(1653),重修于乾隆年间,并增饰彩绘和金妆塑像。宏伟的峻极殿和北京故宫的太和殿极为相仿,高达20余米,面阔9间,进深5间,面积为920平方米。正面中路石阶,镶有垂带式御路。御路上浮雕着精美的二龙戏珠和群鹤闹莲。月台下面为拜台,东、西为两座秀丽的御碑亭。东为御香亭,内立乾隆十五年(1750)的御碑。西为御帛亭,内立乾隆四十八年(1783)的御碑。其字乃草书,笔势如箭,挥洒淋漓。

大殿两厢为东西廊房,与峻极门构成一座完整的院落。宋太祖乾德二年(964)重修后,建制为72间。明代失火烧毁,清代顺治十年(1653)重建为92间,乾隆六年重修时改为84间。房内原来置有各种"阴司报应"塑像,俗称:"东廊房西廊房,七十二个大阎王。"这些亭、台、廊、庑,更加烘托了峻极殿雄伟庄严的气氛。

峻极殿天花板上彩绘着盘龙藻井。藻井的雕刻艺术极为精湛。蛟龙卷须昂首,盘绕升腾,生动逼真,巧夺天工。关于藻井,还流传着一个生动的神话故事:从前,在修建中岳庙时,来了一个衣衫褴褛的木匠老头,领工的很看不起他,怕做坏了材料,只给他一个柏树根疙瘩,叫他去锛。老头天天锛锛砍砍,谁也没理会他在做什么。做好后他悄然而去。后来在安装天花板时,正中央缺了一块。这时领工的想起了那个老头,却找不见,留下的还是那个柏树根疙瘩,疙瘩上只划着十阡八道的墨线,他生气地踢了一脚,结果从里面蹦出来一个很漂亮的盘龙藻井。往天花板上一安，恰恰正好。大家说，这是鲁班"显圣"了。

  大殿正中央是一处雕琢华丽的大型神龛。龛额匾书"嵩高峻极"，为康熙御笔（今已不存）。龛内供有精塑的岳神天中王像，高约5米，身着金袍，冕旒正笏。龛外是两尊高大的武士塑像，高达6.67米，甲胄光亮，执锥侍立，威风凛凛，雄伟异常。东、西两侧悬着金钟玉鼓。钟为明神宗万历元年（1573）铸造，重500公斤。鼓径3米，击之声闻7.5千米。钟鼓均为皇帝、朝臣及道士祭祀天中王时奏乐之用。神龛内原设有长明灯，点燃的全是善男信女供奉给天中王的芝麻油，满满数缸，一年四季，昼夜长明。在大殿后门内，有一座大碑上刻着"☲"字，据说是因为庙后的黄盖峰西边有一座山，叫"火焰山"。而"☵"字属于八卦中的"水象"，包含着以水灭火的意思。古人唯恐中岳庙失火，故立此碑。

岳神寝殿 在峻极殿的后面，是一座单独院落中的主建筑。岳神寝殿是一座歇山式建筑，黄瓦覆顶，斗拱飞翘，明宪宗成化十六年（1480）重建，清代乾隆元年（1736）重修。殿中央原供天中王和天灵妃的塑像，高约3米。塑像两端有两个大型紫檀木透花雕刻的龙榻，榻上的绣花缎子被下，有天中王的睡像。东榻上睡像为檀木雕刻，西榻上睡像为彩色泥塑。龙榻一端，有身着宫服的天灵妃坐像作陪。因此，人们俗称"睡爷爷，坐奶奶"。天中王与天灵妃的衣冠剑履，为宋太祖乾德元年（963）御制。殿棚上面亦有彩绘藻井。其图案，明间为腾龙，暗间为翔凤，绘制之精彩，设计之大方，堪称佳品。

  出寝殿，拾级而上可至御书楼。御书楼是中岳庙中轴建筑的最后一座殿宇，它建于明神宗万历年间。当时，神宗在殿内存有道箓，故此殿原名为"黄箓殿"。清代时，各个皇帝祭祀中岳的御文多刻于石上，置于此殿，所以人们又称它为"御书楼"。民国初年重修时，改为现在的歇山庑殿式楼房。面阔十一间，上下两层，顶为黄色琉璃瓦，下为精制青砖墙。御书楼两侧为十间顺山房，是存放历代帝王祭祀中岳所刻碑碣的地方。

  中岳庙除了主要殿宇以外，还有神州宫、小楼宫、祖师宫、火神宫、太尉宫等，这些宫为守庙道士居住的地方，其建筑亦很庄严秀丽。

黄盖亭 在中岳庙后门的山巅上，是中轴线上的最高点——黄盖峰，北魏文成帝时的中岳庙旧址。中岳庙下迁之后，它成了中岳行宫，现有八角琉璃亭一座。黄瓦重檐，石栏三重，凭栏远眺，太室横卧于后，少室崔嵬于右，箕（山）熊（山）远屏，阜丘排立；俯视岳庙，亭台楼阁相间，石雕玉刻相错，绿树如海，红墙如霞，风景如画，美不胜收。

会善寺 位于河南登封市西北6千米处,是嵩山古代名刹之一,建于太室山南麓积翠峰下。峰虽不高,但独具风貌,古人称它"碧石斑锦,照灿丹青"。山坡长满了青松翠柏,清泉穿寺而过,风景环境很是优美,是河南著名的佛寺花园。

会善寺的前身,是北魏孝文帝的一座离宫,后来成为名僧澄觉大师的精舍。隋文帝杨坚开皇年间(581—600)赐名为"会善寺"。唐代大加增饰,并新建了殿宇、戒坛和窣堵波型的宝塔,是寺园的全盛时期,唐代著名的天文学家僧一行,便在这里出家隐居,当年他设计建造的琉璃戒坛的遗址至今仍保留着,供人们思古缅怀。

一行和尚俗姓张,名遂,生于唐高宗永淳二年(683),魏州昌乐(即今河南省南乐县)人。曾祖张公谨是唐太宗李世民的大臣,但到了张遂少年时,家境衰落,生活贫困,甚至还要由邻舍接济。张遂自幼好学,擅长历象、五行,博览群书,学识渊博,在京都颇有名气。武则天称帝之后,她的侄子梁王武三思权势很大,喜欢结交一些有学问的名流学士,从而抬高自己的身价。张遂不愿同武三思同流,但又惹不起他,为了继续探研学问,避开祸端,大约20岁时,张遂便毅然离开了京都,出家剃度于嵩山,师事普寂禅师,取法名为一行。一行聪颖过人,过目成诵。之后,普寂又让他投奔高师,到天台山国清寺跟高僧学习数学和其他经论。唐玄宗李隆基开元五年(717),一行被皇家接回长安,主持编修《大衍历》,并在仪器制造、天文测量和创制新历等方面取得了优异的成就,成为中国著名的天文学家。开元十五年(727),当《大衍历》五十二卷初稿刚刚写成的时候,这位天文学家不幸去世,享年仅45岁。但是,他所编造的《大衍历》,不仅促进了中国天文学的发展,而且还在唐开元年间传到了日本,在日本使用了近百年之久,在中日古代文化交流史上作出了积极的贡献。唐以后,寺院开始衰落。五代后梁时,会善寺曾一度废毁。宋太祖赵匡胤开宝年间(968—976)又修葺了佛殿,修造了四面佛像和其他神像。元代以降,亦屡有修整,使这座佛寺一直保存至今,但规模却越来越小了。

目前,会善寺园主要保留有常住院、戒坛遗址、净藏禅师塔,以及北朝以来的一些古碑和其他文物。然而,寺内外古木茂盛,清泉长流,充满自然野趣的园林风貌仍然吸引着众多游览者。

常住院 会善寺的主要建筑,原有规模相当宏敞,现仅有山门、大殿及左右配房组成的一进院落。山门是一座面阔五间的清代硬山建筑,中三间皆辟圆券门,正门上有横额一方,上题"会善寺"三字。中门内供有白玉石佛一尊。大门左右,各有披门一间。大门前有石狮一对,其下石座各面都浮雕着动物图像,造型颇有特色。大门外有一株古老的银杏树,给古刹增添了清幽的气氛。山门后,是一座古朴的大雄殿,面阔五间,进深三间,为单檐歇山顶。殿内原有清代泥塑佛像三尊,今已无存。

古碑 会善寺收藏有两通古碑,极有文物鉴赏价值。一是《会善寺碑》,建于北齐后主高纬武平七年(576),一面刻碑文,一面刻佛像,是嵩山地区不可多得的北朝石刻。另一是唐《道安禅师碑》,建于唐开元十五年(727),由唐代名家宋儋撰文书丹,记述了高僧道安禅师的生平与功德。此外还有唐代佛帐、明钟与清幢等。

戒坛遗址 在寺西墙外的半山坡上,据唐德宗贞元十一年(795)陆长源撰《会善寺戒坛记》载,该坛是高僧元同禅师与一行禅师所建,平面为一方形,四角立有石柱,柱的外面饰有天王像浮雕,天王足下踏有鬼怪山水等像,即为柱础石。坛内置五佛塑像,故名"五佛正思惟"戒坛,亦称"琉璃戒坛"。思惟,佛教指佛在贝多树(三花树)下静思,因汉晋间高僧曾在嵩山西峰种有贝多树,一年三花,故以五佛思惟命名。戒坛曾是会善寺的宗教活动中心,每天都有数百人来此供佛,每年于此受戒者达千人之多,"钟梵相闻,幡盖交荫",丛林之盛,甲于东都。寺院的规模很大,山门建在南岭,诸殿沿山坡层层升高,坛居其中,成为嵩洛一带最有影响力的佛寺之一。到了五代朱梁之初,为了营建汴京宫门,曾拆去会善寺的许多建筑,其中也包括戒坛。因为石柱所镂神像有赤裸上身者,故未运走,幸得保留下来。如今保存于古坛遗址附近的文物,尚有东魏造像碑一通,刻于孝静帝天平二年(535),一面刻千佛龛,另一面上部刻大佛龛,内作一佛二菩萨二弟子像,龛眉浮雕的飞天童子诸像及碑侧图案,皆极精致,为嵩山石刻艺术中的上乘之作。佛龛下为碑文,该碑是从嵩阳寺迁来的。坛址东侧,另有唐碑一通,一面刻陆长源《会善寺戒坛记》,另一面刻唐代宗大历二年(767)《敕牒戒碑》。

净藏禅师塔 在戒坛基址西南不远的山坡上,是一座单层重檐八角墓塔,建于唐天宝五年(746)。塔下有高大的台基,总高约4米。塔形完全模仿唐代木结构亭式建筑,檐下有人字形斗拱,塔身正面建有圆券门,左右为直棂窗,正东、正西面雕造出饰有整齐门钉的板门。背面嵌塔铭,八个转角各砌出角柱。其上置叠涩檐一层,再做平面为圆形的须弥座和仰莲各一层,以火焰宝珠收顶。它是研究唐代木构建筑的重要参考材料,也是我国现存的最古老的一座八角形砖塔,在建筑史上有重要价值。

松林龙泉 会善寺周围的松柏林及泉水景,因寺院四周林木茂盛,清流潺潺,而流到寺山门附近则潜遁不见,很是神奇。特别是较之附近山岭,富有生气得多,故在此有很美丽的传说:会善寺的东岭,原先是光秃秃的,不长树木。因为中岳的山神曾受正戒于会善寺的珪禅师,所以珪与神相约,使风雷夜作,次日北山的松桧便飞到会善寺的东岭,而且长得特别茂盛。会善寺原来缺水,喝水困难。传说唐时有一高僧名叫晏公,讲经说法非常动听,竟然把一条神龙引来,晏公便求神龙解决喝水问题。神龙答应让泉水流到山门即没入地下,以供寺中食用,但不能用于灌溉。因而此泉称为"会善泉",又名"龙赠泉"。泉水发源于西岭石岩下,因地层关系,至山门形成了潜流。

法王寺　位于嵩山太室山南麓玉柱峰下,环境非常清幽,在嵩山诸多寺院中,法王寺的历史最为悠久,可追溯到东汉永平年间。在建立我国第一座寺院白马寺之后四年,汉明帝又在永平十四年(71)建立了此寺。当时是为印僧竺法兰译经而建。它不仅是嵩山第一座佛寺,而且也是我国最古老的名寺之一。近两千年来,这座古刹几经兴衰,但仍然保存了不少文物古迹。此寺恰好处在嵩门(两座山峰对立如阙门)的正西面,每年仲秋节,成了人们欣赏月景的好地方。

法王寺的名称,在历史上多有变革。据明人傅梅《嵩书》称:东汉永平初称大法王寺,曹魏明帝青龙二年(234)改名为护国寺。西晋惠帝永康元年(300)又于护国寺旧址之左,建法华寺。魏孝文帝曾避暑于此。隋文帝仁寿二年(602),又在此寺造舍利塔,因而更名为舍利寺。唐太宗贞观三年(629),敕补佛像,因而改称为功德寺。唐玄宗开元时(713—741)称御容寺。至唐代宗大历间(766—779)更名为广德法王寺。后唐时,将寺分为五院。宋仁宗时,复合五院为一寺,赐名为"东都大法王寺"。元明之际,仍以法王寺名之。"法王"是佛的别称。清景日昣认为,洛阳白马寺,原为接待四夷宾客的机关,名鸿胪寺,因安置印僧,才改建为白马寺,而汉时专为佛教建筑的嵩山法王寺,才是"中国作寺之始"。

法王寺所处地势甚好,三面有高山峻岭相峙,势若交椅;南面曲径幽幽,缓坡而下,通向县城。寺居半山坡上,俯视翠柏葱郁,环顾层峦叠嶂。一条清溪长年不断,自寺东潺潺流过;山鸟草虫,整日欢唱不停。特别引人入胜的是,每年中秋节的夜晚,一轮皎洁的明月,从寺东的嵩门缓缓升起,风光是那样惹人喜爱!这便是"嵩门待月"的来历。不少文人学士为此题写了不少赞美的诗篇,如明人郑大原诗云:"崧(嵩)门胜迹冠中州,幸此登临值仲秋。皓魄初悬苍谷口,清光满射碧山头。祇园暂息尘劳梦,民社宁忘国计忧。徙倚欲归情不厌,松涛钟韵两悠悠。"

法王寺现存建筑,前为硬山式山门三间。山门之后的大雄殿,为面阔五间硬山式建筑。殿前宽阔的月台中部,原有石砌池塘一座,宽约丈许,名曰"紫金莲池"。相传生公(一说是禅宗二祖慧可)在此讲经说法时,地涌金莲,开中秋一月。大雄殿后,为地藏殿,面阔七间硬山式建筑。殿前月台,即为仲秋待月之台。

法王寺的另一景观是古木参天,山门内院有千年白果树数株,枝叶繁茂,树径数围,游人夏日至此,顿感凉爽清新。衬着背后的青山黛影和千年古塔,更觉得这一寺园的古朴清幽。

法王寺塔 由地藏殿东角门出去,沿山径田垅北上,在不远的台地上,有四座巍然屹立的古塔。西南角的一座高塔,通称为"法王寺塔",平面为正方形,高四十余米。在建筑史上,称为单层密檐式塔,外廓呈抛物线形,塔身以上为十五层密檐,檐间有假门窗,通体用白灰敷皮一层。塔身南面辟圆券门,门内为空筒状内室,佛台上部有泥塑佛像一尊,下台奉汉白玉佛一尊。从塔的特征看,当为初唐所建。其东一塔,样式亦很古朴,塔身特高,是一座单层单檐式砖塔。平面方形,高约9米。南面开券门。塔顶宝刹与莲花等皆用青石雕刻而成,工艺特精。覆钵硕大,建造年代当不晚于前塔。其北又有两座方形砖塔,塔身明显变短,很可能是唐中晚期的建筑。因为四座塔之石铭均已不存,其绝对年代无从稽考。也有人认为十五层砖塔,即隋文帝仁寿二年建的舍利塔。除此四塔外,在寺西山坡上,还保存一座元延祐三年(1316)建造的六角砖塔,名为"月庵海公圆净之塔",高约8米,建筑工艺相当精良。寺后西北角的耕地里,另有一座清康熙二十四年(1685)建造的六角砖塔,名"弥壑澧公和尚塔",此为禅宗临济宗三十二世法祖弥壑的墓塔。寺院周围还有不少古碑、小塔等小景点,是喜爱佛教史的文人学子驻足细赏的对象。

相国寺 又叫大相国寺,是开封最出名的古刹,不少古典文学名著均写过此寺,故知名度很高。寺内有古木多株,花园中池清石秀,又是一座美丽的寺园。它的历史很是悠久,可追溯到战国时期。

相传,相国寺所在地是战国时代魏公子无忌即信陵君的故宅,宋代相国寺前立一信陵亭,这一地区的坊也以信陵坊为名。

建寺的历史可以上溯到南北朝时期。当时佛教盛行,北齐文宣帝天保六年(555)在此首次创建寺院,名建国寺,后遭兵火毁坏。唐代初年,此地是歙州司马郑景的宅园。长安元年(701),名僧慧云来汴,他说在夜晚中有异气出现在郑景宅园的池内,便借故购得郑景宅园,并在此造弥勒像,兴建寺院。动土时,掘出北齐建国寺旧碑,因而仍以建国寺为名。公元712年,唐睿宗李旦下诏改建国寺为相国寺,并亲笔题额"大相国寺",从此相国寺之名沿用至今。唐李邕所撰《大相国寺碑》有"真容见寺,先帝书额。藩邸鸿名,建国前迹"之语,对唐代相国寺的历史作了极为精炼的概括。

  唐代相国寺规模宏大,建筑巍峨。它的寺基,周围达五百四十亩,内分六十四个院。《大相国寺碑》有这样的记载:"棋布黄金,图拟碧络;云廊八景,雨散四花。国土威神,塔庙崇丽,此其极也。虽五香紫府,太息芳馨;千灯赤城,永怀照灼。人间天上,物外异乡,固可得而言也。"可见当时相国寺的盛况。由于它是中国传统的木结构建筑,又无避雷设施,在唐昭宗大顺二年(891)因遭雷击起了一场大火,"重楼三门,七宝佛殿,排云宝阁,文殊殿里廊,计四百余间,都为煨烬"。后来,五代时期建都于开封的梁、晋、汉、周四朝均重修过相国寺。

  到了北宋,相国寺达到了全盛时期,成了东京城的最大寺院。宋太宗至道元年(995)五月重修大相国寺,"广殿庭门廊楼阁凡四百五十五区"。寺内建筑,雕塑壁画,琳琅满目。宋代帝王多次巡幸相国寺,焚香祈祷。帝王生日,文武百官都要到寺内设道场,因此,相国寺亦称"皇家寺"。这里夏日可乘凉,冬日可赏雪。尤其是正月十五上元节,更是一派热闹景象。《东京梦华录》记有上元节相国寺闹花灯的场面:"大殿前设乐棚,诸军做乐。……九子母殿,及东西塔院、惠林、智海、宝梵竞陈灯烛,光彩争华,直至达旦。"

  可惜明代后期相国寺与开封城一起遭到了劫难。在明代两百多年间,相国寺曾经多次重修,并改名为崇法禅寺,但人们仍常以相国寺相称。在明末农民起义期间,封建统治者为了挽救其覆灭的命运,竟在崇祯十五年(1642)掘开黄河,水淹开封,水自北门入,贯东南门出,奔声如雷,城中百万户皆荡尽,只存钟鼓楼及各王府屋、相国寺寺顶、周府紫禁城。经这次洪水,泥沙淤积,相国寺和整个开封一样,变成了一片废墟。

  到清乾隆三十一年(1766),相国寺得到了一次全面的重修。乾隆帝下诏称:"既经重修,不可图省,减其旧观。"为此拨了万两银子,动用了巨大的人力,费时三年,规模和气派虽不及北宋,但大体说来,仍相当可观。今日相国寺的建构布局基本保留了这次重修后的规模。

大雄宝殿 相国寺园主要景点是一层层推进的建筑院落,其中为人们赞赏的是大雄宝殿及南侧的花园、八角琉璃殿及悬钟楼。

  游人一走进大门,便见黄灿灿的"相国寺"三个大字嵌于牌楼正中,依门而卧的一对琉璃狮雄赳赳地守在大门的两边。门柱上是用琉璃砖砌成的各种花纹兽面，两旁花墙镶着佛像、飞天、立僧和宝莲花等各种形象的琉璃磁砖。

进入门内，正北为二殿五间，东西两壁坐四大天王塑像。经过二殿便可到正殿。只见重檐复宇之下悬一"大雄宝殿"匾额，内供佛像，龛上有清高宗亲笔题的"古汴名"三字，据熊伯履《相国寺考》说，"名"字后当有脱字，或"刹"或"蓝"。殿周围是白石栏杆，上镂狮子。殿南阶螭龙盘绕，雕工精巧，阶下有一花园，园中有一太湖池，池水清澈见底。池中奇峰异石耸立，泉流如断线珍珠，显得环境更加清幽。

八角琉璃殿 穿过月亮门，便是引人注目的八角琉璃殿。它的建筑别具一格，外面是环绕成一个圆周的八角殿，里面是高高耸起的八角亭。亭里站着一座高 7 米、全身贴金的四面千手千眼佛。据说，这座佛像是一个民间艺人用一棵白果树雕成的，造型生动，雕法奇特，充分显示了古代劳动人民的智慧。

八角殿后正北，高楼耸起，雕梁画柱，好似府衙。上檐匾篆书"藏经楼"，下檐匾曰"龙藏庄严"。明人顾禄《登相国寺藏经阁》诗云："金碧楼层炫晓霞，梵王高阁壮中华。上摩绛阙三千界，下瞰红尘十万家。"可见此楼建筑的宏伟。殿内有一组"铡美"彩色塑像，吸引了许多游客。只见宫灯高悬，上写"开封府"，正堂横额"光明正大"。一幅日出海面图，两边有一副对联："为国执法至公无私，与民做主光明正大。"包公执法铁面无私，公主、国太难徇私情，陈世美五花大绑，王朝、马汉准备开铡。这组彩塑反映了劳动人民以正压邪的愿望和要求。

悬钟楼 自藏经楼再往前行，便到了悬钟楼。这里挂了一座高约 2.67 米、重五千多公斤的铜钟，钟为清代所铸，上有"皇图巩固，帝道遐昌，佛日增辉，法轮常转"十六个大字。此钟霜天声闻最远，所以人们称它为"相国霜钟"，击之作"嗡嗡"声，诗人歌颂它曰："鲸音怒吼三千界，蝶梦惊回百八声。望遍山河迎曙日，心随车马启重城。"为古开封八景之一。

相国寺内有技艺精巧的铸像、塑像和雕像，还有价值可贵的壁画和墨迹，有些壁画出自名家之手。吴道子画的文殊维摩像，被世人称为"绝伦"。杨慧之所塑的净土院大殿内的佛像、张平山画的布袋佛、苏东坡的题字石刻，都为这座古老的寺院增辉添色。中国古代文化的光辉灿烂，在这里又一次展现了出来。

风穴寺 风穴寺坐落在河南省汝州市东北约十千米的中岳少室山南，汝河之滨。这里群山环抱，松柏苍苍，泉水淙淙，环境优美，是河南省重点文物保护单位，也是一处著名的寺庙园林。

风穴寺始建于东汉初平元年(190),距今已有一千八百多年的历史,初名"香积寺",隋唐以后称"千峰寺""白云寺","风穴寺"是它的俗名。它是中州一所著名的佛教寺院,古人说寺址所处的环境比少林寺还好,明代诗人王洙有诗曰:"若论风穴胜,应在少林前。叠嶂云千树,平桥月半川。亭新开紫闼,洞古接青天。几度登临后,栖迟白昼眠。"

沿山间崎岖小路前进,跨溪过桥,行约 1500 米,便到了风穴寺风景区。展目望去,金碧辉煌的古建筑群出现在万木丛中,星罗棋布的塔林,高入云霄的七祖浮图,飞檐重叠的钟楼,潺潺流水盘绕其间。寺内殿堂楼阁,依山就势,高低参差,错落有致,主要建筑有七祖塔、中佛殿、观音阁、望州亭、悬钟阁以及成群的基塔。寺之得名来自寺后山坡上的大风穴和小风穴,风穴其实就是形状特殊的石洞。每当天将起风之时,洞内怒吼不已,随之从洞内吹出的大风猛不可挡。有时洞外无风,而洞内还嗖嗖不断。从大风穴沿山向北,另有一个外狭内广、深不可测的洞口,谓之小风穴。每时喷出滚滚云气,呜呜有声。这一奇特的自然景观对游人很有吸引力,也使得寺园知名度大增。

七祖塔 是寺内最高的建筑,高约 27 米,是唐玄宗开元二十六年(738)所建,呈方形密檐式九层砖塔,古朴秀丽,庄重大方。昔日有僧千人,塔前香火隆盛。明朝御史方大美游后留诗云:"遥看寺插白云边,风穴松门敞法筵。不住钟声鸣万壑,倏然香气射三天。山围雁塔浮金界,水涌龙宫喷玉泉。顾我巡行嵩汝地,何当重问慧公禅。"

根据五代后汉《风穴七祖千峰白云禅院记》和清代咸丰年间所刻《书贞禅师开山轶事》碑文所述,风穴寺在隋末被毁。唐开元年间,贞禅师张贞由衡阳行北,居于洛阳白马寺,后又来到这里,自己在废墟上盖了一间小茅屋住下。他经常下乡化缘,把募捐来的钱财积蓄起来,修建寺院。他还自己动手,绿化附近山坡。他继达摩之后传授禅宗,被称为风穴寺的开山七祖。死后,门徒收其骨灰,于唐开元年间创建此塔,将骨灰放在塔内。唐宣宗大中十三年(859),道源和尚来此主持重修寺院时,在塔内塑一尊释迦牟尼像,又将真禅师的舍利藏在佛心。唐宣宗将它命名为七祖塔。

中佛殿 由七祖塔向南,迎面的一座红砖绿瓦、飞檐飘角、金碧辉煌的宫殿式建筑。从碑刻中看,此殿建于五代后汉。殿内有一组彩塑,甚为精细。主佛两侧,塑有二弟子、二菩萨,静立于仰莲座上。塑工精细,姿态各异。在这座殿后墙东侧,有一"风穴寺"碑记,这块碑立于清康熙五十年(1711),它不仅记述了金装塑像的年代,更重要的是记载了立碑人是日本蓝都寺比丘性元。这就表明了中日两国僧侣自古以来频繁交往,一直到康熙年间,没有间断。性元和尚漂洋过海,长途跋涉,不远万里来到风穴寺,正如唐代鉴真和尚远渡重洋到日本一样,为中日两国文化的交流作出了贡献。

悬钟阁 从七祖塔西行,便是风穴八景之一的悬钟阁——钟楼。从碑刻看,钟楼是明代重修过的。在钟楼中有四根粗大的木柱,顶天立地,柱端架一横梁,梁上挂一口四百多公斤的大钟,为宋徽宗宣和七年(1125)所铸。宋代大钟流传到后世的已经很少了。这个大钟铸造精致,音律准确,声音洪亮,致使钟楼一迹被誉为汝州八景之首,名曰"风穴钟声"。诗人词家,来此游历,留下了不少诗词。明人张维新有绝句云:"楼上疎钟夜未阑,丹梯袅袅白云端。一声法撞飘空界,满地松荫宝月寒。"由钟楼前行,便是庄严宏大的毗卢殿,该殿建于明宪宗成化年间,到明武宗正德四年(1509),历经四十多年才竣工。大殿前面有一个月台,台的四隅雕有神态各异的石兽,有的奔驰,有的静卧,雕造生动。殿的中部有一佛坛,坛上有毗卢佛塑像。每年清明和八月中秋节,常有人来烧香祈祷。

喜公池 从毗卢殿往后行,穿过石栏杆下的接圣桥,便到了观音阁。阁分上下两层,雕梁画栋,富丽堂皇,为清朝初期所建。观音阁后面有一股清泉,泉旁是一片竹林,泉水经竹园从一个石雕龙口喷出,扬起一道水柱,落地生花,再聚而成溪,汇入喜公池。池水清澈透明,幽静凉爽,颇有南国水乡景色。清顺治年间,太史张玗与寺僧云峨喜禅师畅谈池边,话颇投机,张玗欣然命笔,题名为"喜公池",云峨喜禅师沉吟片刻,脱口诵出:"汝海玄渊一脉真,崖廊漏逗响清新。苍凉山色堪行乐,澹碧溪光妙入神。世虑消磨闲日月,林泉依约澡风尘。剧谈笑别儒宗后,千载池空冷照人。"这里是风穴寺园风景最秀丽处,游人至此坐留静赏者多。

桂香庵 从小溪穿过神奇妙幻的玉带桥,可到桂香庵。过去,这里颇有名气。它背依青山,面向清泉,桂树丛丛,八九月间桂花盛开,芬芳馥郁,香飘数里,历代游客到了此地,游魂缥缈如入仙境。清代诗人申怀南写了一首《桂香庵即事》,诗云:"半生湖海惜光阴,喜得名山寄远心。竹树有缘容客醉,桂香结伴傍禅林。千峰独看天边月,一水时闻涧底琴。拟向翠微成小筑,好从静里觅知音。"从桂香庵洞窟上攀,环顾四方,佛塔遍布山坡,高低错落,或为青石建造,或为青砖垒筑,大小共八十多座,包括元塔十六座,多为三层,亦有五层者,多呈六角形;明塔五十二座,多为方形;清塔十四座,大部分仿明代手法,但塔的外形更加秀丽。

潭柘寺　　又名岫云寺,位于北京西门头沟区的东南部、太行山余脉宝珠峰的南麓,周围共有九座连绵的峰峦构成"九龙戏珠"的地貌形胜,充分体现了"深山藏古刹"的传统。因山有龙潭和柘树,又名潭柘山,因而寺随之被称为潭柘寺,是一座著名的寺庙园林。

潭柘寺的地理环境极好,寺后九峰环抱,犹如玉屏翠障,寺前山峰好像一座巨大屏风,山间清泉流水潺潺,翠柏苍松繁茂,正如俗语所说:"潭柘寺前有照,后有靠,左右有抱。"

潭柘寺历史悠久,北京地区曾流行有"先有潭柘,后有幽州"的说法。据清朝神穆德写的《潭柘山岫云寺志》上记载,潭柘寺的前身是西晋(265—317)的嘉福寺,距今一千七百多年,而北京城如果从元世祖忽必烈建元大都算起,大约比潭柘寺晚800年。唐代武则天时,寺庙扩建,改名为龙泉寺;金代皇统年间(1141—1149)重修后,改名为大万寿寺;元代及明初都有修建,但历经变乱,寺院多有损坏,也多次修缮,明天顺元年(1457),恢复旧名嘉福寺;清代是潭柘寺最为兴盛的时代,康熙、乾隆时期,均进行过大规模重修,又赐名为岫云寺,即现在寺庙正门大匾上所写之名称。现存寺院建筑,大部分是明、清两代的作品。

潭柘寺的规模崇宏侈丽,是北京郊区最大的一座寺院。因山建寺,殿堂逐级而上,参差错落地层层排列,建筑精美,范围宽广,四周有高大的围墙环绕。寺庙内外,古树参天,寺前流水淙淙,僧塔如林,修竹成荫。寺院坐北朝南,全寺的建筑主要可分为三部分,主要建筑均建在一条南北中轴线上。中轴线最南面是一座巨大的木牌坊,形制为三间四柱三楼,顶覆黄琉璃瓦,檐下装饰有斗拱。木结构全部彩绘,前额上书金字"翠嶂丹泉",后额书"香林净土",皆为康熙御笔。牌楼的下面放有一对石狮,雄壮威武。牌楼前面有古松两株,形状奇特,离地三米多高,枝叶掩映,犹如一顶绿色的天棚。山门前建有一单孔石拱桥,横跨在深涧之上,名为"怀远桥"。过桥即为山门,砖石结构,歇山顶,面阔三间,开有券门三座,券脸均为汉白玉石雕花,明间上正中悬石额,上为康熙御笔"敕建岫云禅寺",山门的两侧为红院墙,蓝琉璃瓦顶,墙上嵌有琉璃大字,右为"佛日增辉",左为"法轮常转",在阳光的映照下,闪闪发亮,十分气派。

进得山门,迎面一殿为天王殿,天王殿两旁为钟鼓楼,钟鼓楼后面依次为大雄宝殿、三圣殿。

山门里的建筑由于地势的缘故,一个比一个高,中轴线的终点是一座楼阁式的建筑，名为毗卢阁。站在最上层，举目远眺，远处群山如黛，近处全寺尽收眼底。

东路以园林为主，包括方丈院、延清阁、舍利塔、石泉斋、地藏殿、圆通殿、竹林院等庭园式的院落以及康熙、乾隆驻跸的行宫。这一区茂林修竹，名花异卉，潺潺泉水萦流其间。配以叠石假山，悬为飞瀑平濑，还有流杯亭的建置。一派花团锦簇、赏心悦目的园林气氛，与中路恰成对比。

西部院落大多由寺院式的殿堂组合而成，主要建筑有楞严坛、戒坛和观音殿等。

寺院建筑群的外围，分布着僧众养老的安乐延寿堂以及烟霞庵、明王殿、歇心亭、龙潭、海蟾石、观音洞、上下塔院等较小的景点，犹如众星拱月。由于寺院选址比较隐蔽，山门之前亦延伸为线性的序列导引，沿线建置若干小品建筑，峰回路转，饶富兴味。所谓"屈折千回蹊，微露一线天。榛莽嵌绝壁，登陟劳援攀"，其园林化的处理又自别具一格。

此外，寺外还有龙潭、东西观音洞、明王殿、歇心殿、安乐堂和上下塔院等。清人曾把寺外围的自然风景及寺内的园景选出十处，定为"潭柘十景"：九龙戏珠、锦屏雪浪、雄峰捧日、层峦架月、千峰拱翠、万壑堆云、飞泉夜雨、殿阁南薰、平原红叶、玉亭流杯。

由于潭柘寺位于独具特色的山岳风景的环绕之中，寺内的园林、庭园、庭院绿化及外围的园林化环境的规划处理也十分出色，故历来就是北京的游览名胜地。

大雄宝殿　寺内最大的殿堂，全寺布局之中心。建筑高大雄伟，面阔五间，重檐庑殿顶，上覆黄琉璃瓦绿剪边，上下檐装饰有斗拱。上下檐明间部位悬挂有金字大匾，上檐为"清静庄严"，下檐为"福海珠轮"。殿前有宽大的月台，四周绕以石栏，有汉白玉石垂带踏步可供上下。正脊的两端，各有一巨形碧绿琉璃鸱吻，系以金光闪闪的鎏金长链。鸱吻的色彩鲜艳，形象生动自然，传为元代遗物。这种古代饰件现在北京地区是颇为罕见的。鸱吻是作为镇物的，传说始于汉代，实始于晋代。宋高承《事物纪原》卷八引吴处厚《青箱杂记》记载："海有鱼，虬尾似鸱（鹞鹰），用以喷浪则降雨。汉柏梁台灾，越巫上压胜之法。起建章宫，设鸱鱼之像于屋脊，以压火灾，即今世鸱吻是也。"据说，康熙皇帝初来潭柘寺时，在马上看见鸱吻跃跃欲动，大有破空飞走之势，于是命人打造金链子将它锁住，免得飞走。现在鸱吻上的四条鎏金鸱带就是康熙帝的赐品。这些当然只是传说，但却增加了寺庙古老、灵异的神奇色彩。

大殿内正中供奉硕大的佛祖释迦牟尼塑像，神态庄严，背后有背光，背光之上雕饰有大鹏金翅鸟、龙女、狮、象、羊、火焰纹等。佛像的下面是石质须弥座,左右两侧分别立有阿难、迦叶的塑像。这些塑像雕刻精美,三座佛像木质漆金,为清代遗物。

帝王树 在三圣殿的两侧,是两株巨大而有气势的银杏树,是寺内著名的古树名木景。东边一棵,高达几十米,腰可数围,相传为辽代所植,距今已近千年,现仍枝繁叶茂,郁绿苍翠。据说这棵树在康熙帝来潭柘寺时,新生出一个侧枝,以表庆贺。乾隆下诏将这棵树命名为"帝王树"。

出于讲求对称,后来在帝王树的西边种植了一棵"配王树"。银杏本身就是古老的树种,有"活化石"之称,又加上受过帝王晋封,就更引人注目了。

毗卢阁 是潭柘寺中轴线上最高处的两层建筑。面阔七间,山调大脊,山墙的两侧有台阶直通上一层。下层室内有木质漆金菩萨五尊,较为吸引游人。西方阿弥陀佛,表示智慧;北方不空成就佛,表示事业;正中是法身佛,名毗卢遮那,是大日如来之意;东方阿閦佛,表示觉性;南方宝生佛,表示福德。

殿内挂有乾隆手书的大匾"圆灵宝镜"和励宗万题"寺枕龙潭七祖分支传妙法,山连鹫岭九峰环翠拥诸天"的楹联。殿的上部为三世座佛,下承六角形须弥座。站在最上层,举目远眺,远处群山如黛,近处全寺尽收眼底。

猗玕亭 俗称流杯亭,在东院,亭四方重檐四角攒尖,绿琉璃筒瓦,黄琉璃宝顶。四周有坐凳栏杆,亭内巨大的汉白玉石基上,雕琢有弯弯曲曲的蟠龙形象的水道,像龙头,又像虎头,当泉水通过时,放下带耳的酒杯(古时叫作"羽觞")于水上,任其漂浮,酒杯随水旋转,止于某处,则取而饮之。我国古代汉魏时期有"曲水流觞"的习俗,就是每年三月三日聚于曲折的小溪两旁,用耳杯盛酒投于水中,任其漂流而下,停下就饮,用意是修禊禳灾。后人将这一习俗延续下来,并加进新意,凡酒杯流到某人之处,那人就要饮酒作诗,久之形成了一种娱乐助兴的游戏。

这种流杯亭在北京共有四处,另外三处是中南海中海岸的流水音、什刹海恭王府萃锦园中的流觞亭和故宫宁寿宫花园内的碧螺亭。作为文人雅兴游乐的流亭出现在寺庙园内,在全国实属少见。

戒台 在寺内西路,是出家的佛教徒受戒的地方。歇山卷棚顶,绘有和玺彩画,前檐处悬挂着一块大的横匾,上书"戒坛"。室内正中为一汉白玉做成的"品"字形须弥座,周围有彩画的木栏,台上有一垂花木罩,罩中供奉一尊接引佛,它是用松木雕刻而成的,是寺内唯一的一尊木制佛像。

观音殿 在潭柘寺西路建筑的顶端,面阔三间,歇山黄琉璃瓦顶,檐下装饰有斗拱,廊下悬挂着一块金字横匾,上为乾隆皇帝手书"莲界慈航",殿内供奉着一尊观音菩萨像。元世祖忽必烈的女儿妙严公主曾在潭柘寺内朝拜,并留下拜砖,现在殿内展出。相传妙严公主曾在本寺修道,每天五体投地顶礼朝拜观音。时间长了,朝拜的地方逐渐磨出了额和手、足之印,最后地面的砖也碎裂了,只留下两个深深的足印。1592年,明万历孝定太后钦佩公主的虔诚,曾把这块印有足痕的砖装进花梨木匣内,带回宫中珍藏,后又送回寺内。因此,人们称那块砖为拜砖。20世纪60年代,原砖被砸,现在展出的是按有关资料仿制的。

文殊殿 位于观音殿以东。殿内的一尊千手千眼佛是新展出的,这尊佛像有四头十脸。从脖子向上,头依次变小,好像小塔,正面有四个脸面,左右各三个。佛像有四十条胳膊,正面六条大臂,两肋各十六条小臂,好像展开的翅膀。每只手心中还刻有一眼,并持有法器四十多件,玲珑剔透。因为手目众多而被称为千手千眼佛。

石鱼 在观音殿以西,寺内最西北端的殿堂——龙王殿廊檐下悬挂的一条石鱼,是清康熙(1662—1722)年间的制品,长1.5米,重约75公斤。

相传石鱼是我国南海龙宫的一宝,龙王把它奉献给玉皇大帝。当时正逢大旱之际,各种瘟疫流行,玉皇大帝将石鱼"赐"给潭柘寺,试图为民除害。一天晚上,石鱼突然从天而降,正巧落在院内,鱼的身上分十三个部位,代表十三省,哪省有旱灾,敲击后便可下雨,同时还可为民医除病苦。

塔院 在寺院的前方,院内有辽、金、明、清的和尚墓塔数十座,可称集各时代塔之大观。塔的形状可分为密檐式、覆体式等,尤以密檐式塔为多,高度不一,全部为砖石结构,从规模上讲,可以称为北京地区唯一的塔林。

潭柘古松 潭柘寺坐落于崇山峻岭之中,古松苍劲。山门前"清、奇、古、怪"四松都已有几百年树龄,依然生机勃勃。

从毗卢阁往东不远的一株古松已有七百多年的历史。古松高28米,胸径0.97米,苍劲潇洒,好像凤尾附在树干上。它与对面另一株形态相似的古松相映成趣,像两只绿尾孔雀翩翩起舞,同白色的延寿塔共同构成潭柘寺的一景——双凤舞塔。

龙潭 在寺后面的集云峰上。"潭接一涧,夹涧多樱桃,桃杏相间,涧流一线,派泻千条"。现有涓涓细流顺渠蜿蜒经寺流出。山上有一座围有栏杆的水池,池中龙潭泉如佛珠,涓涓不绝,清澈见底,喝一口甘甜爽口。

柘树 在潭柘寺门前牌楼西侧有几株柘树,是保留下来供游人观赏的。史书记载的"柘树千章"的情景已不复见。

柘树是一种罕见的树种,属桑科的小乔木或灌木。柘树夏季开花,雌雄异株,果实与桑葚相仿,圆形,可食,也可酿酒。柘木质地坚硬,是贵重的木材。

西观音洞 在潭柘寺西边。洞内清泉涌流,池水清澈见底,并有金鱼在水中戏游。山石旁有两眼水井,蹲坐在井边有一石质虎。相传这是一只看泉虎,日夜看护着山上宝贵的两眼清泉。井水质甘味甜,沁人心脾。

泉的东南方有一老虎洞。洞口刻有"神虎"二字。此洞是由几块山石天然形成的。相传乾隆年间,一只猛虎闯入寺内,听到方丈讲经,甚受感动,从此不吃肉腥,不伤人身,并与和尚们同食粥饭。老百姓见了很害怕,于是方丈对老虎讲:"过午再来。"老虎未听清,以为让自己过五天再来,便饿死在这座洞里。现洞中神态逼真的老虎像也为人们增添了不少游趣。

西山八大处 指隐现在北京西山群峰中的八座庙宇。西山是北京最负盛名的郊游胜地,古称"神京右臂""太行山第八陉",又名小清凉山。《宸垣识略》中对西山有如下描述:"西山……青霭相间,流泉满道,或注荒地,或伏草径,或散漫尘沙间。春夏之交,晴云碧树,花香鸟声,秋则乱叶飘丹,冬则积雪凝紫,信足赏心,而雪景尤奇。"可见西山入春桃柳俱发,临夏浓荫蝉唱,秋深则红叶满山,而隆冬之日,大雪漫山,晶莹洁白,别有一番景象。所以旧时"燕京八景"中有"西山霁雪"一景。张鸣凤《西山记》又说:"西山内接太行,外属诸边,磅礴数千里。"其实,这里所说的西山,是西郊诸山的总称。众山中,最著名的是妙峰山、玉泉山、卢师山、翠微山、百花山、香山等。八座古刹就坐落在这些名峰仙岭之中。它们东、西、北三面被翠微山、卢师山所环抱,南面敞向华北大平原。翠微山挺拔叠翠,是西山最俏丽的山峰,原名觉山。传说因明代翠微公主葬于此山而改此名。现翠微公主墓早已湮没无存,但因翠微此名与山景贴切得当,所以一直沿传至今。

卢师山在翠微山后面偏北,与翠微山两峰对峙。相传隋朝末年,有卢师和尚从江南驾一船来,发誓说,船止则止。小船从桑乾河漂至崖下,和尚便在此结茅而居。过了几年,有大青、小青二童子来谒,愿拜和尚为师学参禅。有一年,天大旱,官府征求祷雨者,二童子表示愿施雨。于是乘云上天,顷刻间甘霖如注,才知二童子是龙。龙回来后,投入潭中,潭宽一丈多,用巨石覆盖,下深不可测,就是青龙潭。以后二龙出来,则有云气相随,天旱时祝祷求雨,必有显应。崖下塑二童子侍师像。明朝时春、秋两季均遣官致祭。崖上有一柏树,生于石面,不凋不荣,是卢师和尚所植,山上有卢师寺,即今清凉寺。

八大处原名四平台,也曾叫八大刹,是一组历史悠久的园林式古迹的总称。这些建筑分别出现于我国隋唐和明清时期。它们是一处长安寺,二处灵光寺,三处三山庵,四处大悲寺,五处龙王堂,六处香界寺,七处宝珠洞,八处证果寺。这一带风景优美,生长着各种名贵花木,保存着珍贵的石刻以及元代雕塑等,并拥有世界珍品——释迦牟尼的佛牙和珍藏过佛牙的塔基。

西山八大处风光,由于从明朝以来的几百年间屡加建设,每朝意胜,自是蔚然可观。所以所谓八大处名胜之称,更是由来已久,清代乾隆曾有《西山晴(积)雪》多首,其中之一题道:"银屏重叠湛虚明,朗朗峰头对帝京。万壑晶光迎晓日,千林琼屑映朝晴。寒凝涧口泉犹冻,冷逼枝头鸟不鸣。只有山僧颇自在,竹炉茗椀伴高清。"

但由于近百年来八国联军和军阀混战的侵略、破坏,早期建筑几乎损失殆尽。现存佛寺多为清代所建。目前,这里虽然也恢复了一些旧日景观,但和其他园林相比,毕竟疏于照料,显得过于荒芜破败了。

一处"长安寺" 原名善应寺,依翠微山而拓建,屋宇宽敞,布置堂皇,故又名翠微寺。建于明弘治十七年(1504),清康熙十年(1671)重修。寺门东向,院落两进,前殿为释迦殿,后殿为娘娘殿。该寺过去以奇花名树著称于世,迎门高大的汉白玉台阶两侧,现有玉兰、紫薇等珍贵花木。寺前有珍贵的白皮龙爪松两株,虬枝古干,松枝拂云,相传是元初所种植,已有七百多年历史。此外,寺中还有古老的百日红和珍贵的金丝木瓜,在花卉中极为少见,珍木古柯,名花异卉,使这座古刹园林环境极为美丽清幽。在寺廊原有一钟,相传为明神宗朱翊钧所制。故史籍记载:"都城之西山,名蓝胜迹不可胜考,其规模宏丽表表杰出者曰善应寺。"

二处"灵光寺" 在翠微山东麓,创建于唐大历年间(766—779),初名龙泉寺。辽咸雍七年(1071)曾于此建"招仙塔"。金大定二年(1162)重修,改名为"觉山寺"。明成化十四年(1478)再次重修后改为今名。

灵光寺过去以奇丽的古建筑和雕塑闻名。辽代建筑的招仙塔,十层八棱,俗称画像千佛塔,绕塔基有铁灯龛十六座,极为壮观。塔于1900年被八国联军所毁,现仅存塔基。20世纪50年代清理塔基时,于地宫中发现一石函,函内装一沉香木匣,匣内藏"佛牙"一颗,匣上书有"释迦牟尼佛灵牙舍利"和"天会七年(1129)四月廿三日"字款以及梵文经咒。据佛教经典记载,佛祖释迦牟尼圆寂火化后,留下四颗牙齿,其中一颗传入中国,经印证,从塔基中发现的这颗佛牙,就是11世纪被安放在北京西山招仙塔基地宫的那颗。为了安放这颗新发现的佛牙,1959年,在灵光寺北院新建一座高达51米的八角十三层密檐的佛塔,名佛牙舍利塔,以供奉这一佛教宝物。这座塔碧瓦金刹,绮窗复拱,挺拔秀丽。

我国古园中设观鱼之处不乏少见,特别是江南园林中,几乎园园有之,但北方寺庙园中的观鱼处则以这里为上。灵光寺南院有一澄莹清澈的池水,据说从清咸丰时即开始在池中养殖金鱼,故名金鱼池。池中建有水心亭,浮铺子午莲,金鱼以朱红色、玄黑色的居多,也有蓝脊黄腹的,非常罕见。游人凭栏赏鱼,另有一番情趣。

有一年,慈禧出游来到八大处,进了二处灵光寺,一见金鱼池就乐而忘返,坐在太师椅上赏鱼,边看边哈哈大笑。观看五彩斑斓的游鱼在碧绿的荷叶间穿梭往来,并被其中一条大金鱼所吸引,当即下令:"捞上它来,我要御赐。"侍从们从水中捞出大金鱼,慈禧当即摘下自己的一只赤金耳环挂在鱼腮上。当时灵光寺的和尚们欣喜若狂,视这条金鱼为佛门至宝,千方百计加以保护,有人写诗咏叹此事:"散步林泉雨后天,又来古寺赏池莲。金鱼幸得佛门水,永免网罟结善缘。"至于是否真有此事,还有待进一步的考证。

池西有天然峭壁,高达20米,且周围古树参天,可称得上一个奇观。池后有古庵,附近有元代翠微公主墓,庵北有观音洞和石井,都是寺中值得一览的名胜。

三处"三山庵" 因位于翠微、平坡、卢师三山之间,故名三山庵。此庵仅有一层院落,正殿门口有一块长方形的汉白玉石,上有自然形成的行云、鸟兽、山水人物花纹,颇具欣赏价值,人称水云石。正殿东有一敞亭,在此俯视翠微山,山光塔影,犹如画卷,故有"翠微入画"之誉。经三山庵,沿通幽之径,可作登山揽景之游。八大处古有十二景:绝顶望远、春山杏林、翠峰云断、卢师夕照、烟雨鹃声、雨后山洪、水谷流泉、高林晓月、五桥夜月、深秋红叶、虎峰叠翠、层峦晴雪。这些景有的得逢巧适时,才能看到;也有的时过境迁,已经难得再见。如"五桥夜月"中的五桥,已被柏油山路所取代。但沿途上山,还是可以获得许多大自然的野趣。

四处"大悲寺" 旧名隐寂寺,位于平坡山半,始建于元代,康熙五十一年(1712)重修,御赐今名。乾隆六十年(1795)再次重修。大悲寺前后有殿宇三进。门前的两棵树,长在两个约0.7米高的云纹石座里,像两个大盆景。原来这是石旗的旗座,后因石旗破坏,有心人便各植一棵杨树在里边,以后被人们称作"树旗",是这里一景。寺内庭院前的两株银杏树最为著名。此树中心空大,树干高耸,树粗达数围,在主干周围各生出十多棵支树,像是满堂子孙簇拥着老祖,别有风趣。这两株银杏,以古老长寿驰名京城,据考树龄已逾 800 年之久。

寺内台阶两侧种植两池翠竹,雪盖冰封时,亦傲然挺立,青翠欲滴,独具特色;沿台阶而上,在释迦牟尼殿内,分列十八罗汉,欲起、静坐、讪笑、沉思,神态各异,栩栩如生。传说此为元代著名雕塑家刘元所塑,全用檀香木和香砂制成,到近处观赏仿佛还有股香气袭来。

明《重建大悲寺碑》文谓,该寺"地直圆通(六处),翠微之界,山势至此,冈陇盘回,风气郁积,有树木泉源之胜"。这碑文画龙点睛地道出了大悲寺名胜精华所在。

五处"龙王堂" 又名龙泉庵,位于大悲寺西北,依山取势,随其自然。建于清康熙十一年(1672),后经重修。寺山门东向,院落两进。该寺以泉流曲折、流泉晶洁、终年不冻、永不干涸著称。迎门而立是苍劲的古松怪柏,石阶下有一隐蔽的石洞,循着叮咚悦耳的水声,可见一精雕石龙头,清凉的泉水从龙口中流出,经曲折的泉道,注入有铁盖的方池,深 1.67 米,人称"甜水螭吻"。此泉又分上、中、下三潭,俗称甜水泉,泉旁有大石,如床、如几、如枕、如凳。游人至此,多愿在"清泉小榭"品茶小憩。

经此去香界寺路上,屹立着一块巨大的岩石,石上的擦痕,是数十万年前冰川留下的遗迹。著名地质学家李四光曾于此石上留下"冰川漂砾"四字手迹,现已建亭对此石加以保护。

六处"香界寺" 旧为平坡寺,创建于唐代,地势极平坦。平坡山被推平建寺的说法,即由此而来。明洪熙元年(1425)重建后改名为大圆通寺。清康熙十七年(1678),再次重修,赐名为圣感寺。乾隆十三年(1748)重修改今名。香界寺是八大处的主寺,殿宇依山而建,雄伟壮观,原为帝王游山驻跸之所。穿过山门,钟鼓二楼分峙东西两侧,正中为天王殿,供奉三世佛,两侧有十八罗汉彩塑。天王殿后有两块石碑,东侧为乾隆御制碑,记述建寺原委经过。西侧石碑,传为康熙年间从地下挖出,正面镌刻"敬佛"两个大字,笔力雄浑;背面雕有"大悲菩萨自在真像",慈眉善目,颔下长髯,堪称石雕佳品,据考为唐代所制。

殿东有乾隆的行宫,大厅里有乾隆亲题匾额"绿净平华"。行宫方形庭院内种有迎春、芍药、牡丹、海棠等名花,其中有一株白玉兰为明代所植,花香袭人,高与楼齐。暮春花开,芬香四溢,花瓣洁白,花蕊金黄。

院内有桫椤树两株,亭亭直立,寺僧视其为无上珍木。据说此树来自西域,不可多得。

七处"宝珠洞" 位于翠微山顶,始建于清乾隆四十六年(1781)。门外有木牌楼一座,外额书"欢喜地",里额书"坚固林",均为乾隆御笔。过牌楼右侧山石上,有石刻乾隆御制诗。宝珠洞有一座正殿及两厢配殿,殿后有一岩洞,即宝珠洞的洞穴。洞深广各约5米,一人多高,入洞黝黑,昼不见人。传说香界寺的桂芳和尚常用气功开凿此山,日久成洞。因洞旁卵石累累似珍珠,黑白光滑,故得此名。

宝珠洞是八大处登高远眺最佳之处。寺中有敞亭,天气晴朗时,登亭远望,永定河碧波荡漾,如玉带蜿蜒,昆明湖、玉泉山、北海白塔、卢沟桥等景物,尽收眼底。

八处"证果寺" 在卢师山下,创建于隋,初名广陀林,唐改名为感应寺,明景泰年间改名为镇海寺,天顺年间改为今名。证果寺正殿释迦牟尼殿前,有石碑二,记述了证果寺的由来。碑后有大铜钟一口,高约2米,周围4米,四壁铸有《摩诃般若波罗蜜多心经》的正楷经文,字体清秀端庄。

寺东北有著名的秘魔岩,它原名碧摩岩,又名虎王洞,面对峭壁,下临深渊,为八大处著名风景区。秘魔岩有一块自山巅悬空伸出的天然巨石,状如狮子张口。岩石上刻有"天然幽谷"四字。岩石之下有个石室,传说隋唐时代有一个名叫卢师的和尚从江南来到燕京郊野,在此居住。由于他为民祈雨有验,皇帝感卢师之德,敕赐法号感应禅师,并建圣感寺,以为供奉之所。现石室内有石门、石窗、石桌、石凳、石床等,从这里可以遥想当年佛教徒在此栖息的情景。

碧云寺 位于北京香山静宜园的北面,西山余脉古聚宝山(又名寿安山)的东麓,是西山风景区最雄伟壮丽的一座古老寺院。明代蒋一葵在《长安客话》中对碧云寺有如下评价:"大抵西山、兰若、碧云、香山相伯仲。碧云鲜,香山古,碧云精洁,香山魁恢。"马汝骥《碧云寺》诗说:"西山台殿数百十,侈丽无过碧云寺。"足见碧云寺在当时人们心目中的地位是远远超过西山诸多寺庙的。

碧云寺创建于元代,相传其地为金章宗玩景楼旧址,原名碧云庵。明代武宗正德十一年(1516),以佞幸得宠的御马监太监于经,扩建了碧云寺,并立冢于寺后,作为死后的葬身之所,并在这个小山冢上种植了青松,据说这种作法叫作"青松压顶",故当地称这座寺为"于公寺"。后来于经下狱瘐死,未能葬于碧云寺。明熹宗天启三年(1623),魏忠贤再度扩建碧云寺,又在于经原墓地的基础上加以扩建,为自己准备墓地,但5年后魏忠贤获罪而死,墓穴遂废。经过两度扩建,富有明代建筑特点的碧云寺业已形成。到了清代,绮丽壮观的碧云寺吸引了清帝王和后妃,乾隆十三年(1748),又对碧云寺进行了大规模修建,增建了一座罗汉堂和一座金刚宝座塔。1925年,孙中山先生病逝于北京,曾在此停放灵柩,后来移灵南京紫金山,将衣帽封葬于塔内,称其为孙中山先生衣冠冢。

全寺依山势而建造,坐西朝东。整个寺院的布置,以排列在中轴线上的六进院落为主体,南北各配一组院落。院落采用各自封闭的建筑手法,层层殿堂,依山叠起,这主要是为了适应阶梯式的地势而形成的特别布局。寺院虽依山势逐渐高起,却不使总体的布局暴露无遗,采用回旋串连、引人入胜的建造形式,每进院落各具特色,给人以层出不穷之感。整个寺院,由山门至寺后的石寺,高度相差约一百余米。远远望去,山坡之上青松翠柏,蓊蓊郁郁,掩映着寺墙,自然景致极好。

碧云寺三面环山,寺门面对平野,气势雄伟。明袁宗道有文:"巷尽,见朱门碧涧,是为碧云。涧深丈余,作琴瑟响。堂殿依山,从夷入危,历数百级,乃登佛殿,然苦宫室蔽亏,不堪远瞩。登中贵坟垣,乃及山腰,从上望都城,睥睨可数。"此处有副对联:"恐坏云根开地窄,喜看山色放墙低"。

"碧云寺",顾名思义,用"万峰围殿阁,碧色净如云"的诗句,可谓恰到好处。

碧云寺的园林以泉水取胜,从寺后崖壁石缝中引山泉入水渠,绕长廊而出正殿两庑,再左右折复汇于殿前的石砌水池。池内养金鱼千尾,供人观赏。利用活水把殿堂院落园林化,这种别致的做法亦是因地制宜,所谓"西山一径三百寺,唯有碧云称纤秾""山僧不放山泉出,缭绕阶前声瑟瑟"。如果说香山寺的园林重在开阔,则碧云寺更着意于幽静。

石狮 在碧云寺大门前,游人沿一条槐径入碧云寺,中有绿玉之华白石桥一座,下面是数丈深的沟壑,沟底溪流淙淙,四周古树参天,环境幽雅,清凉宜人。过桥即达寺的大门,门前有明刻石狮一对,雕琢精细,形象威猛,是北京城雕刻得最好的石狮之一。据说是魏忠贤制备,所以有人写诗道:"剩得双狮在,营坟枉自忙。"

天王殿 天王殿是中轴线上第一座殿庭建筑,原有四大天王(俗称金刚)塑像,即东方持国天王、西方广目天王、南方增长天王、北方多闻天王,他们各守一方,保风调雨顺。这四大天王像毁于北洋军阀时期,现殿内只剩下弥勒佛像,故此殿又称弥勒佛殿。殿正中供奉的满脸笑容、腆着大肚的铜佛,高2.5米,是我国五代(907—960)时名为契此的和尚,又称布袋和尚。传说他是弥勒的化身,所以后人塑像作为弥勒供奉。我国多数佛教寺庙都供奉大肚弥勒造像。这尊铜弥勒佛像是明代铸造的,工艺精细,线条流畅,具有一定的文物价值。

正殿 过了天王殿是碧云寺正院,即一般寺庙的大雄宝殿,院中有一水池,四周围以雕栏,一座石桥架于池上,池水清澈,游鱼历历可数。传说明万历皇帝曾游西山至此,见池中锦鳞穿梭,色彩缤纷,出没于藻丝之间,龙颜大悦,遂设宴于桥上观鱼,从此石桥便成为御道。水池四周有银杏、古柏和白松,排列有致,是寺庙初建时所植。

过石桥即为正殿,殿前设有月台,台上矗立着八棱经幢两座,经幢之上遍刻经咒。大殿内顶为蟠龙藻井,雕梁画栋。殿内正中供奉着佛祖如来(释迦牟尼)坐像。泥塑漆金,宽袍大袖,一手捏诀,一手平放,身后有高大的背光,四周透雕火焰纹。释迦牟尼像左有迦叶尊者和文殊菩萨,右有阿难尊者和普贤菩萨,四大夹侍,均为泥塑彩绘,衬火焰纹背光。山墙上还有壁塑,塑的是悬崖云海中姿态各异、形象活泼的十八罗汉和《西游记》唐僧取经神话故事像,刻画了一个云山缥缈的神仙世界。释迦牟尼像后的隔断墙背后,则塑有观音菩萨、善才童子、龙女、韦驮等像,并衬以观音救八难故事的悬塑以及山石云海等,同前殿浑然成一整体。这里环境庄严,是寺中最主要的参拜场所。

菩萨殿 正殿之后,碧云寺第三进院落的主体建筑。面阔三间,歇山大脊,前出廊,檐下装饰有斗拱,匾额上书乾隆御笔"静演三车"。室内的井口天花是用梵文组成的。殿内供奉五尊泥塑彩绘菩萨像。院内古树覆阴,有银杏、娑罗、古柏等,枝繁叶茂。其中娑罗树最为珍贵,原产自印度,树顶像把曲柄的伞,枝干盘曲,叶片长圆形状恰似枣核,每杈有五叶或七叶,故又称其为七叶树。佛祖释迦牟尼是在娑罗树下寂灭成佛的,因而这种树是佛门的宝树。明代大诗人王渔洋诗云"禅房鸭脚古,别院桫椤阴",说的正是如此。

罗汉堂 位于寺内南院,建于乾隆十三年(1748)。整个建筑是仿照杭州西湖净慈寺罗汉堂建成的。顶部正中矗立着象征"西方净土""极乐世界梵宫仙宇"的宝塔、楼阁,整座建筑平面作"田"字形,每面九间。为了采光和散水,中间开有四个小天井,堂的中心建有一座重檐歇山十字脊的多角亭阁,中央矗立着一座小型喇嘛塔,建筑造型新颖别致。堂的正面出轩,塑有四大天王泥像。堂内展列木质漆金罗汉五百尊、神像七尊,加上左梁上蹲着的济公活佛,总计五百零八个。罗汉像均为坐像,高约1.5米,奇形怪状,神采各异,栩栩如生,可算得上是清代佛像中比较稀少的艺术珍品了。

塔院 在寺院殿宇的后面,以名闻中外的汉白玉金刚宝座塔为中心,是碧云寺景色绝佳处。院内南部有一座雕工精致的汉白玉石牌坊,坐西朝东,四柱三楼,檐下装饰有斗拱,玲珑秀丽,凝重大方。牌坊的两侧各有"八"字形石雕照壁,正面檐下有石质斗拱。照壁的正面雕刻了八个忠烈人物的浮雕像,并有题名。

石牌坊后有两个八角形碑亭，南北相对，重檐八角攒尖，上檐为圆形，下檐为八角形。檐下装饰有石雕斗拱，极有特色。亭内为穹窿顶，顶部有龙头藻井。亭内置清乾隆御制金刚宝座塔碑，左亭内为满蒙文字，右亭内为汉藏文字。在碑亭与石牌坊之间的院落中，有水渠环绕。水渠两旁以小红矮墙围绕。渠上架小单孔拱形石桥，过桥直通金刚宝座塔院。塔院以一个牌坊入门，四周围以短墙。院心偏南面，耸立着一座金刚宝座塔。院内和塔后小山上遍植松柏，虬曲幽郁，松涛苍翠。

金刚宝座塔 位于全寺的最高点，建于乾隆十三年（1748）。塔是仿照北京西直门外五塔寺的金刚宝座塔建造的，在佛教术语中叫金刚宝座塔，是典型的印度形式，印度菩提伽耶城释迦牟尼悟道成佛的地方有一座纪念塔，仿其形式建造的都称为金刚宝座塔。这种塔北京地区有四座，另三座是西黄寺的清净化城塔、真觉寺（五塔寺）的金刚宝座塔和玉泉山的妙高塔。

碧云寺塔高 34.7 米，由宝座及五座金刚塔组成，宝座分为三层。塔和宝座全部由琢磨过的汉白玉石砌成，四周还雕刻有西藏喇嘛教的传统佛像，下为一层高大的台基。宝座正中开券洞，券洞两旁雕有佛像和兽头形纹饰。券洞上额匾书"灯在菩提"。券洞内有一石须弥座，座后券墙上有一汉白玉石匾额，上书金字"孙中山先生衣冠冢"。从券门内登石阶可至最上层的宝座面，宝座上有七座石塔。座上的出口是一屋形方龛，其前方左右各有一圆形喇嘛塔，其后则有五座十三层密檐的方塔，中央一大塔，四隅各有一小塔，这是一种独特的建筑形式，是曼陀罗的一种变体。曼陀罗是梵语的译音，意思是经坛，后来演变成象征性的图案。按照喇嘛教的说法，井字中央是须弥山，即释迦牟尼的所在地，四周分布着水、陆、山与代表它们的佛。佛塔的基座为须弥座，塔肚四面刻佛像。塔肚之上是用十三层相轮组成的塔脖子，最后为铜质塔顶。铜质塔顶中央铸有八卦，四周垂以花缦。塔顶上端又立一小塔，上有眼光门，门内有一座佛。

主塔的后面有一古柏，名为"九龙柏"，树干分为九杈，犹如九条蛟龙昂首云天，距地面约 30 米高，树龄已有三百多年了，依然生机盎然。在这里种树，目的是象征释迦牟尼在菩提下历经多种磨难而终于成佛的意思。

整个金刚宝座塔，布满大小佛像、天王力士、龙凤狮象和云纹梵花等精致的浮雕，是根据西藏地区的传统雕像仿造的，由此可见，清代时的建造技术和雕刻艺术已达到极为完善的程度。

金刚宝座塔的台阶前有两个八角形碑亭，里面各立一块碑，主要记述建塔的经过。

水泉院　是碧云寺内风景最优美的地方。院中有一天然流泉,自石罅中流出,汇而为池,水光粼粼,清澈照人,淙淙若琴声。此泉名为"卓锡",水质甘甜爽口。卓锡泉明朝时即已闻名京城,文人墨客至此多有题咏。泉源之上留有龙王庙和岩下假山上的弈棋台,有诗形容这里的环境是:"门径俯清溪,茅檐古木齐。红尘飘不到,时有水禽啼。"泉的右面是数丈高的石壁,令人惊奇的是峭壁上竟生长着几十株古柏,树根扎于石壁中,浓荫蔽日。若盛夏至此,坐在假山上小憩,听流水筑琴,观古木纵横,爽心悦目,暑意顿消,实为避暑消夏的好地方。石壁下,临水池有一洞,内左右各套一洞,名清静心,也称三仙洞,是明朝遗迹。一泉左池旁有一片竹林,微风徐来,簌簌声如彼此在絮语。水泉院以它幽静的环境为人们喜爱,被誉为画家的课堂。

　　水泉院还有一棵高大的银杏树,人称"三代树"。相传此处原为一柏树,柏树死后,根部又生一柏,第二代柏树死后,在腐朽的空树干中又生出一银杏,银杏长成而枯柏仍未倒,围护银杏于其中。现在银杏树周围仍可见到枯柏残桩,堪称一奇景。

大觉寺　位于北京海淀区小西山山系的旸台山。寺后层峦叠嶂,林莽苍郁,前临沃野,景界开阔。寺始建于辽代,名清水院,为金章宗时著名的"西山八院"之一。明宣德三年(1428)重修扩建,改今名。清康熙五十九年(1720),当时的皇四子即后来的雍正帝对该寺进行了一次大规模的修建。乾隆十二年(1747)重修。以后又陆续有几度增改、修葺,遂成为今日之规模。

　　寺观建筑群坐西朝东,包括中、北、南三路。中路山门之后依次为天王殿、大雄宝殿、无量寿佛殿、大悲坛四进院落。北路为方丈(北玉兰院)、僧房和香积厨等生活用房。南路为戒坛和清代皇帝行宫,后者即南玉兰院、憩云轩等几进院落,引流泉绕阶下,花木扶疏,缀以竹石。雍正、乾隆御题的一些对联,如"清泉绕砌琴三叠,翠筱含风管六鸣""晴窦明亭相掩映,天花洞水自婆娑""泉声秋雨细,山色古屏高",皆形象地描绘出这些庭院景观之清幽雅致。

　　寺后的小园林即大觉寺的附属园林,位于地势较高的山坡上。西南角上依山叠石,循磴道而上,有亭翼然,名"领要亭"。居高临下可一览全寺和寺外群山之景,园的中部建龙王堂,堂前开凿方形水池龙潭。环池有汉白玉石栏杆,由寺外引入山泉,从石雕龙首吐出注入潭内。池水清澈见底,游鱼可数。乾隆曾赋诗咏之曰:"天半涌天池,淙泉吐龙口。其源远莫知,郁葱叠冈薮。不溢复不涸,自是灵明守。"园内还有辽碑和舍利塔等古迹,但水景与古树名木却是此园的主要特色。参天的高树大部分为松、柏,间以槲、栎、榛树等。浓荫覆盖,遮天蔽日,诚为夏日之清凉世界。

水景和古树名木也是整个寺院的特色。

早在辽代即因水景之胜而得名为"清水院"。由寺外引入两股泉水贯穿全寺,既作为饮用水,也成为多层次的各式水景。泉水流至憩云轩后依陡峭之山势成三叠飞瀑绕轩而下。于轩内"拂竹床,设藤枕,卧听泉声,淙淙玎玎,愈喧愈寂,梦游华胥,翛然世外"。方池即中路山门内之功德池,其上跨石桥,水中遍植红白莲花。

如今寺内尚有百龄以上的古树近百株和三百年以上的十余株。无量寿佛殿前的千年银杏树早在明清时已闻名京师,乾隆曾专为此树写了一首诗:"古柯不计数人围,叶茂孙枝绿荫肥。世外沧桑阅如幻,开山大定记依稀。"以松柏、银杏为主的古树遍布寺内,尤以中路为多。古树四季常青,把整个寺院覆盖在万绿丛中。南、北两路的庭院内还兼植花卉,如太平花、海棠、玉兰、丁香、玉簪、牡丹、芍药等,更有多处修竹成丛。因此,大觉寺于古木参天的郁郁葱葱之中又透出万紫千红、如锦似绣的景象。

卧佛寺 位于北京西山北部的寿安山南麓,始建于唐代贞观年间(627—649),原名兜率寺。寺内原有唐代(618—907)塑造的一尊檀香木卧佛,现已不存。元代英宗至治元年(1321)在原址上扩建,并铸造了一尊巨大的释迦牟尼卧式铜像,因此主殿即称为卧佛殿。铜佛长5.2米,重54000公斤,据《元史》记载,共冶铜25000公斤,铸铜用工达7000个。这个卧式像是释迦牟尼在印度拘尸那迦城外临终前的纪念像,身后十二尊圆觉是他的十二个大弟子。这种姿态表示他在生病的时候,自知不起,就在娑罗树下,向弟子们嘱咐后事:"佛法慈悲为本,我一生以和平仁慈对待众生,你们要本此教义,努力布道。"第二天就圆寂了。

后来在元明宗至顺二年(1331)又一次大兴土木修葺这座寺庙,并改名为大招孝寺,明代重修为永安寺。清雍正十二年(1734)再修,更名为十方普觉寺,而卧佛寺是它的俗称。

琉璃牌坊 寺前耸立的一座四柱七楼的琉璃牌坊。牌坊前的石甬路两旁古柏浓荫,遮天蔽日。琉璃牌坊的正面有"同参密藏"四个大字。"密"为密宗、佛教,"藏"指佛经。意思是共同参拜、学习密宗的佛经。牌坊的背面有"具足精严"四个字,意思是凡到此寺的人都能获取精华，得到佛家的恩惠。牌坊是我国古代寺庙园林中常见的建筑小品，它能加强中轴线气势和烘托园林庄重肃穆的环境，碧云寺的这座牌坊造型匀称，色彩调和，在古柏浓荫的衬托下，成为入园游览的第一胜景。

三佛殿 是卧佛寺内最主要殿堂，因供奉三世佛（释迦牟尼佛、药师佛、南无阿弥陀佛）得名。三世佛殿五间，歇山绿琉璃瓦黄剪边，单翘重昂七踩斗拱，明间悬匾"双林邃境"。殿内正中为三世佛端坐在莲座上，原为木质漆金，"文化大革命"期间遭到严重破坏，现已修复。在约1米高的须弥座上，三尊2.5米高的泥塑贴金佛像端坐在莲花座上，殿堂的两侧是彩塑十八罗汉，它们都是近几年恢复的。

殿前有一小月台，台两旁各置清碑一块，均为龟趺螭首，左为清雍正十二年（1734）十一月初六日"御制十方普觉寺"碑文，阴面乾隆诗；右为乾隆四十八年（1783）诗碑。

殿两侧现有银杏树各一棵，距今千年有余。树围可数人合抱，高盈数丈，荫庇上百平方米。入秋则绿叶渐渐变黄，飘飘洒洒，其景致早已闻名，故卧佛寺又有"黄叶寺"的别称。殿前还有蜡梅一丛，值冬雪纷至，则绽出团团馨香娇艳，是卧佛寺冬景中之一奇。

卧佛殿 寺内的精华部分。宽三间，深二间，歇山绿琉璃瓦黄剪边筒瓦顶，重昂五踩斗拱。明间檐下黑色金字匾"性月恒明"（慈禧书），殿内中央蓝底金字匾"得大自在"（乾隆书）。据记载，殿内原有二佛：一是檀香像，早已失传；一是铜像，即现存殿内的铜卧佛。卧佛建于1321年，佛像长5.2米，用铜25000公斤，铸铜用工7000人。铜佛作睡卧式，头西面南，左手自然地平放在腿上，右臂曲肱，右掌托头，衣褶分明流畅，双目微合，安详地横卧榻上。卧佛后围坐着十二个泥塑佛弟子，他们面部表情沉重悲哀。这个情节来自于佛教《涅槃经》，说的是释迦牟尼涅槃于娑罗树下，对十二个弟子训示的情景。

卧佛头西脚东，据说是表示不忘西方（印度），传教东土（中国）；面向南侧，表示普渡众生，不敢苟自逸；右臂曲肱，右掌托头，表示病魔缠身却仍不敢沉枕；左臂顺膝手指掐"吉祥印诀"，表示急求痊愈，仍想为众生服务。另外佛像铸于元代，元代崇信喇嘛教，因此佛的面貌稍有印度人的影子。佛教故事记曰，释迦牟尼病倒前一天，曾在娑罗树林中向诸弟子作最后的训教和遗嘱。娑罗树，叶似枇杷叶，花苞如拳，似桐花，一簇三十余朵，花开一个多月才凋谢。书中有载，卧佛寺原有两棵娑罗树，相传是玄奘去印度取经时带回，可惜在1949年5月4日被大风吹折。今仅在三世殿前有一棵娑罗树。卧佛旁边的展柜里，放着好几双巨大的鞋，是清代几个皇帝所奉。

藏经楼 在卧佛殿后面，重檐硬山灰筒瓦，五间，前出廊。楼两旁各配房三间。藏经楼傍依山冈，林木葱郁，由曲折蜿蜒的石级登山顶，可俯视全寺和远处的田野。过去此处曾设亭台，1983年，在旧亭台的基址上，重建一亭，命名为寿山亭，十分雅致，当是游人停憩、观赏、吟诗作赋之处。经寿山亭，穿过院墙上的月亮门，就可登高远望了。每到秋季，红墙红叶、苍松翠柏、金瓦蓝天，相映生辉，构成一幅美丽的图画。

樱桃沟 从卧佛寺往西，沿山麓向西北走，在郁郁葱葱的寿安山和老虎洞之间，有一条外宽里窄的山沟，这就是樱桃沟花园。西边不远处有一个巨大的岩洞，约2.5米高，7米长，能容纳二十余人，就是有名的白鹿岩。传说远在11世纪辽代的时候，有个骑着白鹿的仙人来到这里游玩，看见风景很美，舍不得离开，就在这里住下了，从此，它就叫作"白鹿岩"，樱桃沟花园门额上书的"鹿岩精舍"就是由这个故事演变而来的。"鹿岩精舍"是樱桃沟的主体建筑，舍前一架小石桥跨越山谷，石桥原是端王府之物，桥侧有一石，上刻近代著名学者梁启超补题的"退谷"二字。院内精舍数幢建在坡上，一方草亭对溪水，松竹错落，顽石棋布，宛若世外桃源。

樱桃沟虽然已无樱桃树，但仍不失为一处风光绮丽、景色如画的游览胜地。在北方，这种格调清雅幽静的处所并不多见。清代名士孙承泽曾久居于此，号"退谷居士"，在此撰写了《天府广记》一书，流传于世，并把樱桃沟改名为"退谷"。这里还有一棵"石上松"，生长在一块耸立的石峰上的裂隙里，高大挺拔，傲然而有气魄。

顺樱桃沟小径蜿蜒前行，能见到顽石渐巨，苍松愈奇，溪流增阔。尽头一巨石昂然当道，似横空出世，自天而降一般。巨石形似元宝，故名"元宝石"。相传昔日曹雪芹尝徘徊于此，在石下著书。因《红楼梦》中所叙"青梗峰"处与这里景物相仿，且"通灵宝玉"亦与此石相似。于是有人认为此石便是曹雪芹笔下"通灵宝玉"的实物模型。

元宝石下，有一股甘泉自石隙流出，是樱桃沟溪水之源，故称"水尽头"（水源头）。泉水清凉甘冽，水质纯净，边上还有石刻"志在山水"几字。除了泉溪外，还有竹林，是此处风景的两大特色。

法源寺 位于北京外城，前身为唐代的悯忠寺。以后屡毁屡建，较大规模的重建是在明正统二年（1437），改名为崇福寺。此后，明万历年间及清初均进行过多次修整和增建,清雍正十二年(1734)改名为法源寺。目前保留的现状规模为清中叶以后的情况,它的庭院绿化在当时的北京颇负盛名,素有"花之寺"的美称。

法源寺前后一共六进院落:山门之内第一进为天王殿,第二进为大雄宝殿,第三进为观音殿,第四进为毗卢殿,第五进为大悲坛,第六进为藏经阁。每进的庭院均有花木栽植,既给人以曲院幽深和城市山林之感,又富于花团锦簇的生活气氛。其中不乏古树名木,如唐代的松树、宋代的柏树,更为难得的是数百年树龄的银杏和高大的文官果,枝干婆娑,荫覆半院,清末著名文人罗聘有诗句咏赞后者为"朵朵红丝贯,茎茎碎玉攒"。当然,其他品种的树木也不少,而最为时人所称道的则是满院的花卉佳品如海棠、牡丹、丁香、菊花等,所谓"岁岁年年花不同"。清人咏赞法源寺花卉的诗文不计其数,北京居民到此赏花游玩、文人到此作诗文聚会的终年不绝。

法源寺花事之盛大约始于乾隆年间。海棠为该寺名花之一,主要栽植在第六进的藏经阁前。乾隆时的诗人洪亮吉有咏此处海棠之句云:"海棠双树忽绝奇,花背得红面复白。岂唯花色殊红白,月午晓露光尤澈。"直到清末,法源寺之海棠仍十分繁茂,不断吸引游人,所谓"悯忠寺里花千树,只有游人看海棠"。

牡丹亦为法源寺之名花,主要栽植在第五进大悲坛之后院,据清末震钧《天咫偶闻》载:"僧院中牡丹殊盛,高三尺余。青桐二株,过屋檐。"丁香花主要栽植在第一院的钟楼和鼓楼附近与第三进的观音殿前,以及别院的斋堂僧舍庭院中,有白丁香、紫丁香等品种。盛开之时香闻寺外,文人们几乎每年都要在寺内举行"丁香会"。菊花亦颇有名气,早在乾隆年间寺内已设"菊圃"专门培植菊花。

戒台寺 位于北京西郊门头沟区马鞍山麓,寺院正式名称应为万寿禅寺,因寺内有一座全国佛教建筑中最大的戒台,故一般人均称它为戒台寺或戒坛寺,寺的本名反而鲜有人知。古寺素以环境清幽、园林美丽而著称,是北京郊区著名的旅游景观。

戒台是佛教寺院向信徒传授戒律的地方,在我国只有大的庙宇才有设置。戒台寺始建于唐高祖武德五年(622),旧称慧聚寺。辽代道宗清宁年间一位被誉为"钟普贤之灵,孕凡夫之体"的高僧法均和尚来隐于此山,于寺左创建了一座菩萨戒坛,广度四众,日度数千人。道宗封他为崇禄大夫守司空传菩萨戒坛主,称他"行高峰顶松千尺,戒净天心月一轮"。从此,戒台寺名声大震。元末戒台寺毁于兵火,明宣德九年(1434)重建,改名为万寿寺。清代康熙、乾隆年间又进行过扩建,但寺内主要建筑还大都是明代的。1966年,因修理天坛斋宫需用木料,拆除了寺内千佛阁,寺中塑像也于此间大部分毁掉。20世纪80年代以来,经过大修,重新塑了若干佛像。

戒台寺坐西朝东,建于山麓的缓坡上,主要殿堂由两条东西向轴线组成。南侧靠前一组由山门殿、天王殿、钟鼓楼、大雄宝殿、伽蓝殿、祖师殿、千佛阁(遗址)及洗心殿组成。山门殿前有石狮一对和清康熙御碑一座。山门殿前庭院朝南北各开一配门,庭院中有一棵千年古槐。天王殿院内钟鼓楼分立左右,院内有四株古松树,明、清、民国石碑数块。大雄宝殿院内左右各为伽蓝殿和祖师殿以及厢房楼阁,院内有四棵古松。宝殿前有月台,后有带汉白玉石栏的石阶梯,由梯登上高台至千佛阁遗址。阁左为北宫院,右为南宫院。自此向北走即可到达另一组主要建筑群——戒殿。戒殿一组建筑居北侧靠后,全部建于高台之上。高台是用毛石挡土墙维护的,上有石栏、望柱及栏板。沿栏有五大名松:活动松、自在松、卧龙松、九龙松、抱塔松。

寺内另一组主要轴线由明王殿、戒殿、大悲殿及左右庑的罗汉堂组成。

寺外南侧山麓有上下塔院各一,为此寺历代僧众的墓塔群。寺后山上有许多石洞,最著名的有太古洞、观音洞、化阳洞、庞涓洞、孙膑洞。太古、观音洞外有一八角形十一层小塔;化阳洞右直下百米处有一石龟,如浮于波浪之中;庞涓洞极深邃,两壁皆石乳,有一极深之井,投以瓦砾,宛转铮铮之声不知所终,传说此井与浑河相通。戒台寺庭院众多,格局别致,古木参天,环境清幽,虽地处京郊,但颇具江南寺院的风貌。登建筑高处,可俯瞰浑河,远处群冈叠翠,气象万千,不愧是京郊的寺庙园林胜地。

戒台 在戒殿内,殿内高悬的巨匾"树精进幢",是乾隆御笔。戒台是明代建造的三重汉白玉的石台,平面正方形,底层23米见方,共高3.5米。各层台四面均刻佛龛,每龛中置一戒神像。底层每面十二个龛,中层每面九个,上层每面七个。据记载,戒神高1米,共二十四位,"胄弁戒服或具器械,高一尺者甚众,妖鬼男女还焉,其部也"。现在戒台四周龛中的戒神,都是由泥人张新塑的,属于鬼怪或世俗人衣着的塑像。戒台的四周均有雕刻纹饰。台顶上有释迦牟尼坐像一尊,原像于1973年移至浙江天台山国清寺,现有的为新塑。台上原来应放十把香木坐椅,正面三座,两侧左三右四。是当年传戒时三师七证的座位,戒台上空正中为藻井。

活动松 "潭柘以泉胜,戒台以松名。"活动松是一棵有五百多年历史的古油松,若牵动一枝,全树如受风袭,摇曳不止,簌簌有声,俗称活动松。树旁立有乾隆题石碑:"老干棱棱挺百尺,缘何枝摇本身随,咄哉谁为挈其领,牵动万丝因一丝。"

五百多年的老树,牵动一枝而全树摇动,妙在树身向东倾斜,与地面约成80度角。拖长的主枝轮生下垂,形成巨大伞盖。这个伞状的大树冠又东大西小,偏向东面,正好与树的倾向一致,树的重心向东偏移,重心不稳,摇摇晃晃,只要牵动一枝,全树就会摇摆不止。古人在数百年前就巧妙地运用大自然景物中的特例来造园,形成一大奇观。

另外,寺内还有自在松、卧龙松、九龙松和抱塔松,合称戒台五松。

墓塔群 戒台寺内墓塔众多,耸立在大雄宝殿以北的是两座辽代砖塔:法钧和尚的衣钵塔和墓塔。衣钵塔内葬有法钧和尚的衣服和度钵。法钧和尚是我国辽代的高僧。在戒台寺内修建了戒台,并开坛演戒,四时不息,在当时影响很大。这两座塔在1983年整修后,再现了当年的风姿。

寺内有月泉和尚的墓塔,原坐落在戒台寺北的西峰后面,因月泉和尚在寺内当过四年方丈,贡献很大。清末,寺内方丈将塔移到寺内。塔虽小,但造型别致。腹盆式塔墓是八方形刻满文字的塔身;八方形塔顶,每一面刻一使乐神,有吹有弹,形态各异,栩栩如生。

出寺门向西眺望,极乐峰下太古化阳洞旁矗立的是明代马鞍山护国宝塔,塔身用汉白玉石凿砌而成,并刻有八十八尊佛像。

沿古松夹径的山路向东眺望,上塔院里有一高大的鹅头禅师塔,是一座密檐式砖塔。塔身上有灵门、灵窗和小巧玲珑的斗拱。密檐上有塔刹,此塔建于明代。鹅头禅师姓刘,法号如幻,是明代的一名高僧。传说他开坛演戒,明代第六个皇帝英宗得知消息后,召他进宫。一见如幻和尚高额深目,眉宇森秀,仪表非凡,十分高兴,便称他为"凤头和尚"。如幻连忙答道:"不敢攀龙附凤,吾乃鹅头也。"从此人们便称他为"鹅头禅师"。

千佛阁 曾为全寺的中心建筑,可望百里,现只遗台基及柱础。阁面阔、进深均为七开间,外观为两层,中间有腰檐及平座暗层,庑殿顶,阁高二十余米。内部两侧各有五个大佛龛,每龛内有二十八个小龛,每个小龛内有三座形态不同的三寸大小的佛像,加上其他的大小佛像,阁内总计全部佛像在1000个以上,所以称为千佛阁。

白云观 位于北京阜成门外,为道教全真派的著名道观之一。始建于唐开元年间,原名为"天长观"。金代重建,改名为"太极宫"。元代作为著名道士长春真人丘处机的居所,改名为"长春宫"。明洪武年间改今名,又经晚清时重修为现在的规模。

白云观建筑群坐北朝南,呈中、东、西三路之多进院落布局。其后的园林是光绪年间增建的。此园的总体布局略近于对称均齐,以游廊和墙垣划分为中、东、西三个类似庭院的景区。

中区的庭院正当中为建于石砌高台上的云集山房,这是全园的主体建筑物和构图中心。它的前面正对着中路的戒台,后面为土石假山。假山的周围古树参天,登山顶则近处的天宁寺塔在望,远处可眺览西山群峰,故有诗句描写此山为"一丘堪枕白云边,古塔高悬紫柏前"。中区两侧有游廊分别与东、西两区连接。西区建角楼退居楼,院中的太湖石假山为此区的主景,山下石洞额曰"小有洞天",寓意为道教的洞天福地。自石洞侧拾级登山,有碣,上书"峰回路转"。山顶建小亭妙香作为点缀,兼供游人小憩。东区的院中亦以叠石假山为主景,山上建亭名有鹤。亭旁特置巨型峰石,上镌"岳云文秀"四字,引发人们对五岳名山的联想,从而创造道家仙界洞府之意境。假山之南建置三开间、坐南朝北之"云华仙馆",有窝角游廊连接于中区之回廊。

海神庙　　位于河北省秦皇岛市山海关区老龙头景区内,是明、清两朝渤海渔民祭祀海神之处,亦是人们登览观海的重要景点。庙原由道士管理,是我国古代很独特的一所滨海庙观园林。这里亭台楼阁,高低错落,三面环水,碧海澄波。每当云雾缭绕,便时隐时现,好似瀛洲仙境。

海神庙始建于明初。明代海运开通,石河口被辟为漕运码头,商贾往来,盛极一时。船户渔民往往将安全寄托在海神身上,遂有建海神庙之举。明、清两代,香火极盛。明代万历十三年(1585)、清代乾隆四十四年(1779)、光绪元年(1875)均对海神庙进行重修。1900年,八国联军进犯山海关,海神庙毁于战火中,旧址虽在,庙貌却已无存。

1988年山海关区政府为了发展风景旅游,复建了海神庙,供游人观瞻。

新建的海神庙建筑伸入海中130米,坐南朝北。总建筑面积达1700平方米,由牌坊、三孔桥、山门、钟楼、鼓楼、海神殿、游廊、天后宫、栈桥、观海亭等部分组成。

牌坊、三孔桥、山门、海神庙由北向南,最先映入游人眼帘的是一座巨大的牌坊。前额书"安澜",后额书"伏波",暗含着人们祈求风平浪静、船行无阻的良好愿望。

过牌坊便是一座三孔石桥,穿桥而过可见山门。山门上书"海神庙"三字,古朴庄重。山门左右各有耳房一间,门前各有幡杆一帜。

海神殿 进入山门,可见两尊神像。左为天应,右有天佑,相传是天后娘娘降伏的两个海怪。过山门入庭院可见海神庙的正殿——海神殿。

海神殿左有钟楼,右有鼓楼,殿前还有两尊怪兽,左"乘黄",右"龙马"。据《山海经·海外西经》及《瑞应图》载:"(乘黄)其状如狐,其背上有角,乘之寿二千岁。""龙马者仁马,河水之精也。……有明王则见。"乘黄、龙马守卫着海神殿,使海神更增添了神圣之感。

海神殿居于整个庙宇的中心位置。殿门上方悬有乾隆御笔书额"汇溟宁宴",殿门西旁有一副对联:"翕受奠坤维澜安拱极,灵长资坎德派演朝宗。"殿内,海神(北海广泽王)端坐于宝座上,身着黄袍,气宇不凡。侍者安然立于两旁,两厢各有站班像四尊,左为赶海夜叉、顺风耳、风婆、雨神,右为巡海夜叉、千里眼、电公、雷母,造型生动,栩栩如生。殿后另有一联,横额为"风平浪静",联为"五湖四海皆是我,九江八河一家人",表现了出海人浪迹天涯、四海一家的宽广胸怀。

天后宫 出海神殿再进二层院落便是祭祀天后娘娘的天后宫。天后宫为两层重檐式建筑,大殿一层檐横额"盛德在水",对联为:"向四海显神通千秋不朽,历数朝受封典万古留芳。"大殿内塑天后娘娘像一尊,天后娘娘头戴金冠,仪态端庄,面目慈祥,与海神相比,似更具人间温情。两旁童男童女侍立。

大殿二檐下悬一块匾额"天后宫"。殿内有八仙塑像,造型各异,情趣盎然。

天后宫院内东西墙上还镶有魏武帝、北齐祖廷、隋炀帝等帝王文人观沧海、祭海神天妃的十首诗作。庭院中另有一铸铁香炉,上刻"风调雨顺",六角各悬风铎,微风送过,叮咚悦耳。

天后宫北面二楼悬挂匾额"万里波澄",系清康熙四十二年(1703)所题;一楼悬"珠宫涌现",系乾隆九年(1744)御赐。殿后左右壁镶嵌有卧碑,上有乾隆、嘉庆的题诗。

观海亭 重檐八方亭,名曰"观海亭"。观海亭单檐外展,端庄古朴。

观海亭是海神庙入海的最顶端。置身于观海亭上,就仿佛乘一叶小舟漂流在大海上,但见海天一色,云雾茫茫。每至雷雨天气登此亭,观巨浪排排自脚下滚过,看狂涛阵阵向自己扑来,倍感大海汹涌澎湃、万钧雷霆。

显通寺 位于山西五台山台怀镇北侧,是五台山五大禅处之首,也是五台山自然风景和寺庙建筑群的中心。

五台山位于山西省五台县东北,方圆五百里,风景优美,寺院林立,与安徽九华山、浙江普陀山、四川峨嵋山并称为我国四大佛教名山。周围有五峰高耸,顶如平台,故名五台。东台望海峰,台顶海拔2795米,面积约7万平方米,夏季可观日出胜景;南台锦绣峰,台顶海拔2485米,面积约14万平方米,顶上有石砌普济寺,花草茂盛,品种繁多;西台挂月峰,台顶海拔2773米,面积约20万平方米,顶上有石砌法雷寺,寺内有铁铸、泥塑、木雕菩萨共六尊;北台叶斗峰,台顶海拔3058米,面积达37万平方米,是五台山最高点,也是华北地区最高峰,顶上有石砌灵应寺和一个面积300平方米的水池;中台翠岩峰,台顶海拔2894米,面积约14万平方米,顶上巨石堆积,苔藓生翠。五峰之间,称为台内,有峰峦层叠,沟壑纵横,林木葱郁,牧草如茵,山环水抱,景色秀丽。山中四月解冰,九月见雪,山顶背阴处积雪经年不消,虽三伏盛夏,气候仍凉爽宜人,是理想的避暑胜地。

显通寺的历史,与佛教传入我国兴盛发展的历史同步,也与五台山作为佛教圣地的历史同步。早在东汉永平十年(67),蔡愔从天竺取佛经回国,洛阳建立了我国第一座佛寺白马寺,随即五台山建大孚灵鹫寺(今显通寺),二者成为我国最早的佛教寺院。从此,五台山便成为佛教中心之一,经历代不断修建,形成了以五峰之间的台怀镇为中心的寺庙群,最盛时寺院达三百余座。现存寺庙共四十七座,台内三十九座,台外八座,于是五峰上下,寺院林立,台内台外,殿宇相望,不同时期、不同风格的殿、楼、塔、幢组成了一个规模宏大的古建筑群,不仅在宗教上具有极为重要的地位,而且在中国建筑史上同样具有极高的价值。在五台山诸寺中,显通寺以其历史最古老、规模最大、拥有文物最多而成为"祖寺",朝山礼拜者,必先来此拜谒,声名远扬海内外,佛教影响远及日本、尼泊尔等国。

显通寺在东汉永平年间初建时,因附近山峰与印度灵鹫峰(传说中释迦牟尼修行处)相似,初名为大孚灵鹫寺;北魏孝文帝时扩建,因寺侧有一花园,赐名花园寺;唐武则天时曾改名为大华严寺;明洪武年间又重修,赐额"大显通寺"。现存建筑,均为明、清两代所建。寺院规模宏大,占地达8万平方米;各种建筑共计四百余间,院落重叠,空间开阔。寺外山峦起伏,有若屏障,寺内苍松翠柏,殿阁巍峨。中轴线上有殿宇七座,形式各不相同,依次为观音殿、文殊殿、大雄殿、无量殿、于钵殿、铜殿、后高殿,两厢有禅堂、僧舍等,院落幽深完好。大雄殿为全寺主殿,规模宏大,造型独特,檐下有清康熙帝御笔"真如权应"匾。无量殿为砖砌结构,面宽七间,进深四间,重檐歇山顶,砖雕精致,藻井华丽,殿中供无量寿铜佛一尊。铜殿为明代铸造,高达3米,重檐歇山顶形式,重达50万公斤,外形为上下两层,上层四面设有六扇门,下层四面设有八扇门,柱额窗棂上镂刻各色花纹,精美无比;铜殿内有一座高约1米的铜佛,周围壁上布有铜刻小佛像万尊,为世所罕见。寺内其他文物也极丰富,如万历年间铸造的铜塔,原有五座,现存两座,形制优美,高达8米;钟楼内悬有5000公斤铜钟,其声洪亮,可传遍全山;还有明版藏经、华严经字塔、玉佛、铜铸唐武后像、五台山各寺庙印信、菩提叶绘五色罗汉像等珍藏。

显通寺院落空间处理各具特色,随地形高低变化,巧妙安排,与自然风光和谐结合,既体现了佛教庄严肃穆的气氛,又不失人情味,成为著名的寺庙景观。

佛光寺　位于山西五台山西南部,五台县米豆村镇佛光山山腰,距县城约25千米。创建于北魏孝文帝时期(467—499),及至隋、唐,香火极盛,影响远至日本。唐会昌五年(845),武宗禁止佛教,寺宇遭毁。唐宣宗继位后,复兴佛教,佛光寺大殿于大中十一年(857)重建,保存至今,成为仅次于五台县李庄南禅寺大殿的我国现存最古老的木构建筑。寺中还有北魏所建六角形祖师塔,金代所建文殊殿,明、清两代所建山门、伽蓝殿、万善堂、香风花雨楼以及厢房、窑洞等建筑。佛光寺因保存了数量众多、历史价值极高的古建筑,在中国乃至世界建筑史上占有重要的地位。

佛光寺的总体布局,就山势高低错落,形成三个台阶;轴线随之转折,并不拘泥于正南正北方向;庙宇建筑高大古朴,层次丰富,布局疏朗开阔,主从分明。寺中古柏参天,三面群山环抱,环境十分优美;大殿端坐于最高一层平台上,背倚山崖,俯瞰全寺,气势雄伟。寺内还有唐代塑像、壁画、石经幢、墓塔、汉白玉雕像等,均属珍贵文物。

佛光寺大殿　在佛光寺东端最高处,是佛光寺内主要建筑。唐大中十一年(857),在弥勒大阁旧址上重建,殿内梁架上留有题记可证实建造年份。虽历经千余年风霜雨雪,仍保留完好,展现出唐代建筑雄伟大方的风貌。大殿立于石砌高台上,由数十级石阶联系上下。殿前古树高耸,寺外青山如屏,一如"深山藏古寺"的意境。殿身面宽七间,进深四间,单檐庑殿顶,屋脊上立有高大鸱吻一对,为黄绿色琉璃质地,屋面覆琉璃板瓦。檐下斗拱宏大,高度达到檐柱的一半;屋檐出挑深远,檐角处伸出约5米,造型古朴豪放,比例雄浑优美。其内部梁架结构,粗壮有力,简洁明快。内外檐装修,全用土朱涂刷,不施彩绘,格调高雅古朴。大殿集中反映了唐代木构建筑的特点,年代古老,规模宏大,技艺精湛,为我国现存古建筑中数一数二的珍品,在世界建筑史上也是著名的实例。

殿内有唐代塑像三十五尊,形象生动逼真,浑厚圆润。内墙留有唐代棋眼壁画数幅,左右四梁下留有唐人墨迹,都有很高的艺术和文物价值。殿前有一座八角形石幢,是与大殿同一年所建。

文殊殿 在佛光寺内前院北侧,金天会十五年(1137)建。面宽七间,进深四间,单檐悬山屋顶。其结构精巧,形制特殊,是我国古建筑中少见的实例。外形古朴简练,檐下补间铺作用宽大斗拱,如花朵绽放,具有辽金建筑的特点。内部结构采用减柱法扩大空间,屋架近似"人"字形柁架,受力合理,手法独特,很有研究价值。殿顶脊中有元代所补琉璃宝刹,外观秀丽,色泽浑厚。殿内有金代塑像六尊和明代五百罗汉壁画。殿前院中央,有唐乾符四年(877)所造石幢一座,形制与佛光寺大殿前石幢相近。

殊像寺 位于山西五台山台怀镇杨林街附近,为五台山五大禅处之一,因寺内供文殊像而得名。始建于唐,元代延祐年间重建,后毁于火灾;明成化二十三年(1487)再建。寺庙建筑高大浑厚,布局严谨协调。山门、天王殿在前,禅堂、僧舍居后,廊庑配殿为两翼。正中建文殊阁及钟鼓二楼。文殊阁面宽五间,进深四间,重檐歇山顶,三彩琉璃剪边,檐下斗拱密致,外观别致大方,是五台山诸寺中规模最大的殿阁。阁内全部塑像,完成于明弘治九年(1496),佛坛中为文殊菩萨驾驭狻猊形象,高达9米,为五台山塑像之冠;龛背面塑有药师、释迦、弥陀三世佛像,两面墙壁,悬塑五百罗汉渡海群像,形象秀美,工艺精巧。

塔院寺 位于山西五台山台怀镇,在显通寺南侧,为五台山五大禅处之一。原是显通寺塔院,明代重修舍利塔时独立为寺,改用今名。寺内舍利塔最为有名,俗称白塔,藏式,形如藻瓶,塔高60米,周围宽近80米,立于正方形基座上。塔身以米浆拌石灰砌筑而成,在青山绿丛之中,白色的高塔雄居于寺庙群落之间,格外引人注目,成为五台山的标志性建筑物。其塔刹、露盘、宝珠皆为铜铸,塔端宝瓶高约5米,露盘四周及塔腰悬风铎600枚,风吹铃响,声闻数里,极具古刹风致。白塔中层,建塔殿三间,内有三大士铜像、瓷质济公像和木雕刘海戏金蟾像。白塔近旁,东有小塔一座,为文殊发塔,小巧玲珑,雕饰精致。白塔之前,有五间大雄宝殿。白塔之后,有藏经阁,设木制转轮藏二十层,满放藏经。由此围成的院落,以白塔为中心,东有禅院,四周廊屋围绕,布局完整,气氛清静。寺门前还有三间木牌坊一座,斗拱精美,造型典雅,是明万历年间所建。

罗睺寺　　位于山西五台山台怀镇显通寺东,是五台山五大禅处之一,属于佛教中的黄教寺庙。创建于唐代,明弘治五年(1492)重建,清代又多次重修,现存天王殿、文殊殿、大佛殿、藏经阁等,完好无损。其寺院入口处,因地制宜,最富特色:进入山门,受两侧建筑的限制,高筑红墙,围出一条宽仅2米、长达一百多米的小巷,小巷随地形弯曲,铺满鹅卵石,气氛古朴清静,深得"曲径通幽处,禅房花木深"的意境,把民居和园林的空间处理手法自然而然地加以融合运用。巷端二门旁,有精致的石狮一对,年代颇久。寺内还建有藏式砖塔一座,高约3米。正殿面阔五间,重檐歇山顶,殿内有木制活动机关莲台一座,莲花高3米,内有四尊佛像,可以人力操纵轮盘,八片莲瓣随之开合,称为"开花现佛",竭尽机巧。每年农历六月十四文殊菩萨诞辰,传说佛子罗睺罗为其祝寿,以跳鬼相娱,此寺僧人穿奇装异服,戴上鬼面,随锣鼓节拍跳跃起舞,游人争相观赏,兼有宗教和民俗色彩。

菩萨顶　　位于山西五台山台怀镇显通寺北侧灵鹫峰上,为五台山五大禅处之一。相传五台山是文殊菩萨道场,菩萨顶为文殊菩萨居住处,故又名真容院,亦名大文殊寺。创建于北魏,历代重修,明永乐以后,蒙藏教徒进驻五台山,此寺是黄教大喇嘛驻锡之地,遂成喇嘛庙之首。清康熙、乾隆二帝几次朝拜五台山,都在菩萨顶住宿,书匾题铭,撰写碑文。现存建筑,为清代所建,风格上带有清代皇家建筑气氛。其规模宏大,占地3万平方米,有院舍430余间。寺址位于山巅,居高临下,门前筑石阶108级,直通而上,气势雄伟;从山下仰望,白色的石级、红色的院墙、绿色的树丛和三彩琉璃瓦顶交相辉映,显得富丽堂皇。石级上端,有牌坊三间。山门内有天王殿、钟鼓楼、菩萨殿、大雄宝殿等主要建筑,两侧有配殿,后部有禅院、回廊,规模完整,布局严谨。菩萨殿重檐歇山顶,副阶周匝,大雄宝殿为单檐庑殿,勾栏围绕。所有建筑均用三彩琉璃瓦,其色泽历经几百年而鲜艳如新。寺前院有康熙御笔"五台圣境"碑一块,方座螭首。东禅院僻静幽雅,院中有乾隆御碑亭,碑为汉白玉四棱柱形,高3米,每面宽1米,用汉、满、蒙、藏四种文字镌刻题词,是五台山最大碑刻。

碧山寺　　位于山西五台山台怀镇东北2千米处北台山麓,又名普济寺,俗称广济茅蓬，是五台山诸寺中的"十方禅院"之首，历来僧人最多，可容纳四方僧众来此"挂单"。全寺占地1.6万平方米，创建于北魏，现存建筑为明成化年间重建，清代重修。寺院背倚青山，面对清水河，溪水潺潺，林木茂盛，空气清新湿润，风景优美宜人，充满山林野趣。建筑群以牌坊、山门为先导，以方丈、禅室、宾舍等套院为两翼。主体寺院分为前、后两进。前院有天王殿、钟鼓楼、毗卢殿和戒坛殿，东、西有配殿厢房；后院地势高起，设垂花门、藏经阁，左右复有经堂香舍。建筑群随地势相宜布置，又严谨规整，前院多为单层殿堂，后院皆为重檐楼阁。戒坛殿中有石造戒坛，上有释迦牟尼塑像，像前还供奉有一尊高约1.5米的白玉佛像，雕琢精细，神态端庄，据说是印度所造，十分难得。寺内有明成化、正德、嘉靖历年碑刻，记述甚详。

纯阳宫 位于山西太原市五一广场西北，又称吕祖庙，始建于明万历二十五年（1597）。此处为供奉吕纯阳的道观，相传宋代已建有小庙，元代长春真人弟子披云子曾在此观。明万历年间，道教一度复兴，晋藩王朱新扬、朱邦祚重建纯阳宫，扩大其规模，形成一处园林风格的道教建筑。清乾隆年间，知府郭晋增建巍阁三层。1953年，辟为山西省博物馆二部，增建关公殿及碑廊，并筑有叠石假山。

纯阳宫布局和建筑形式不同于一般道教庙观，并不追求庄严宏伟的气势，而是带有轻松幽静的园林气氛，建筑造型富于变化，构思巧妙。从南面望去，一带宫墙，树丛中掩映着高低起伏的琉璃瓦顶。进入承恩门，古槐参天，建筑群体组成五进院落，沿南北轴线纵深布置，基本上是对称的格局。第一进院落中有四柱三楼牌坊一座，东部有假山和关公亭，西侧是石刻碑廊。第二进为一前院，简洁方正。主体建筑纯阳殿居于第三进院落中央，单檐歇山顶，气势较大。第四进院落是建筑造型最为奇特之处，纯阳殿后，有一石壁和洞券，题"别有洞天"额，石壁上筑有楼阁，悬"瀛洲妙境"匾。穿过石洞，院中央立有著名的八卦楼，庭院呈八角形，八方均有建筑，底层为砖券窑洞，二层四周建楼，四角上立有八角攒尖小亭，造型层次丰富，姿态轻灵，为我国道观建筑中仅见。第五进院落也由两层复楼围合而成，但只有正楼底层是采用砖石窑洞结构，其余均为木结构。靠院南砌有石阶，可登二层建筑，也是第四、第五进二层楼唯一的上下通道，布局特别幽深。正楼背后，面向文瀛湖，筑有危阁三层，名为小天台。扶梯而上，可以远眺湖光山色、市井城堞。

纯阳宫在造景上虽沿用常规的中轴对称布置方法，但又跳出常规构筑亭台楼阁,寓变化于统一之中;建筑既与道教教义相合,又采用了山西窑洞的空间手法,是一个难得的道观园林。

八卦楼 在太原纯阳宫内,建于明万历年间。双层楼阁,位于纯阳宫第四进院落中央,底层呈正方形,上层为一平台,平台中央建有八角攒尖亭,平台北面由飞桥通往周围复楼,布局和造型均属罕见。周围院落,呈四方抹角状,都是下层窑洞、上层楼廊,人称"九窑十八洞",带有浓郁的地方风格。

美岱召 原名灵觉寺,又名寿灵寺。位于内蒙古土默特右旗,东距包头市五十余千米,是一座城堡式的寺园。"召"为蒙语"寺庙"的音译,美岱召背依阴山山脉,南向是肥沃大草原和湖沼,地理条件很是优越。它的历史,可追溯到明朝隆庆年间,土默特蒙古部主阿勒坦汗受封顺义王,在土默川上开始建城,由于蒙古贵族笃信佛教,实行政教一体,故城实际上与寺合而为一,成为独特的城寺。美岱召建成于明万历三年(1575),当时朝廷赐名福化城。喇嘛高僧迈达里胡图克图曾于万历三十四年(1606)来此传教,故当地蒙古僧陀均习惯以其名来称寺,于是寺又称迈达里庙或美岱召。城寺四周有用土筑砖石包砌的城墙,平面近似于长方形,周长为681米,占地2.67万平方米。除了一般寺院用作谒拜的佛殿僧堂外,城寺内还有顺义王世代居住的楼院,存放前代王爷、后妃骨灰的白塔以及一般的辅助用房,整座城寺实际上是集城堡、寺院和邸宅为一体的封闭式园林,颇具特色。从南向正中的城门入寺,人们可循阶梯登上城楼,其建筑式样与一般城池颇相似,主要用作防御。城墙上较为宽敞,内外均砌有雉堞,四角建有式样别致的角楼。角楼重檐歇山顶,红柱灰瓦,背后青山衬托,很是秀巧。登楼南望,则是茫茫草原,远处可见黄河边的点点湖泊。寺内建筑布局不拘一格,除了前殿、大殿前后有序,其他院落(殿堂),均随宜而建,空处有不少青松翠柏,构成园林环境,目前已成为包头郊区的一处名胜游览地。

大殿 在城寺山门内中轴线上,是院内主景点,殿规模甚大,汉式木构建筑,上下两层,底层有腰檐,上出平座栏杆,楼层为重檐歇山顶,故外观为三层檐,檐及尾顶均为黄琉璃瓦铺,造型恢宏庄重。大殿与前殿有廊庑相通,之间为庭院。大殿内供奉佛像,四壁有精美的壁画,其主题记述了蒙古王爷的受封经过及喇嘛教的经典故事。大殿前还展览有当年王爷、王妃用的车辕及弓箭武器;前殿与大殿组成了城寺谒拜部分的前院,其后在同一条中轴线上,还建有太后庙,又称娘娘殿,可能是前后有别之故,庙自成院落,与前院不通,有专门进出,布局较为特殊。太后庙为三层楼阁式建筑,面阔三间带回廊。二、三层均出腰檐平座,上为单檐歇山顶,腰檐及顶均铺绿色琉璃瓦,造型较为秀丽。楼内供檀香木塔,内储太后骨灰。楼西侧,建有小白塔,亦是储骨灰所用,后院植被较好,庭院葱葱,与背后青山甚相呼应。

千山　　位于辽宁鞍山市东南25千米处。千山是长白山的支脉,整个山脉呈东北—西南走向。南北绵延达200多千米,几乎纵贯整个辽东半岛。

千山素以寺庙园林擅名。一进入景区,但见重峦叠嶂的山峰、古老宏伟的庙宇、嵯峨奇丽的怪石、苍翠多姿的古松、蜿蜒缠绵的溪流……古往今来,一直是吸引游人的人间胜境。千山,被列为我国东北"诸山之冠",推为辽东名胜之首。

千山历史悠久,最早记载千山情况的史籍为《明一统志》。据说,在一千三百多年前的隋唐之际,千山就有寺庙建筑。后来,经过佛教、道教兴盛的金、元两代和明清时期,千山逐渐成为辽东佛、道寺庙的集中地。清代时,山中有七寺、十二观、九宫、十庵。千山自古就有"无峰不奇,无石不峭,无庙不古,无处不幽"之誉。

千山整个风景区的面积约44平方千米,可供观赏的景点达180余处。千山群峰挺立,突兀争奇,既雄伟险峻,又不乏幽深秀丽。相传,女娲补天烧炼五色石时,不慎掉落一块,这块来历不凡的五色石在此落地生根,长成千朵莲峰,与长白山相连争秀。千山,像一幅铺展不尽的山水画卷。著名的有仙人台、五佛顶、莲花、月牙、狮子、弥勒、净瓶、钵盂、海螺、卧象、献宝、鹁鸽、三台、漱琼、松苔、上夹、下夹、笔架等山峰。仙人台为千山最高峰,海拔708.3米。登山遥望,诸峰千姿百态,如龙蟠,如虎跃,似鸟翔和潮涌,一一尽收眼底。

千山庙宇众多且布局巧妙,它们坐落在千峰万壑之中,有的高耸于险峰之上,有的隐蔽在古松怪石之荫。古老而宏伟的寺庙,与优美的自然景物彼此烘托,融合为一体,构成一幅幅雅致幽静的动人画面。这些寺庙周围往往建有小园林,形成园包寺、寺裹园的景象,将建筑融合在山水园林风景之中。千山中保存良好的寺院有龙泉寺、祖越寺、中会寺、大安寺、香岩寺、五龙宫、太和宫、无量观、普安观、圆通观、青云观、慈祥观、武圣观、南泉庵、鎏金庵、伴云庵、木鱼庵、遁颐庵等。

千山,遍山怪石嶙峋,造型奇特,像牛似马,若豹类猫,虎伏虎跳,龙隐龙跃,无不栩栩如生,使人在寻幽访胜中增加了许多乐趣。千山还有大量的洞穴,多数是天然形成的,只有少量由人工稍加穿凿而成。有些洞穴如香岩寺后山的老祖洞、龙泉寺的了凡洞,曾有僧人、道人在里面修炼;还有些洞很奇特,如洞中有洞的观音洞、寒气袭人的冰洞等,不仅形态古怪离奇,而且不少都寓含典故、传说,增添了一层神秘的色彩,令人顿生探奇之心。

千山林木茂繁,尤其是苍劲挺拔的松柏,让人赞叹不已。它们或昂首峭壁,直指苍穹;或老枝纵横,盘根错节;或匍匐山岩,翠枝横斜。放眼所及,漫山遍谷郁郁葱葱,风过松涛涌起,景象壮观。

一年四季千山都堪游,自然风貌各不相同。风和日丽、漫山尽绿的春天,奇花异卉遍布全山,特别是盛开的梨花似瑞雪纷纷,在春阳下轻轻摇曳,令人油然而生"山花芳菲日,游山当此时"之感。夏日,满山青翠欲滴,湖光山色变幻万千,山中凉风习习,暑气全无,令人神清气爽。秋高云淡之际,层林尽染,红叶遍山,如火似锦,绯红与墨绿交织成片片彩缎。千里冰封的冬天,千山银妆素裹,冰雕玉琢,分外妖娆。

千山悠久的历史,留下了众多人文胜迹。唐太宗驻跸遗址至今仍在,清代康熙和乾隆皇帝也在千山留下足迹。明清时期,官宦、文人名士纷纷来游千山,并题有许多匾额和诗词,对千山赞叹不已。如明代韩承训《千山列屏》诗道:"层叠千山五寺藏,石门南面俨成行。银屏冬去雪山阔,锦帐春回金谷长。岚暗虎龙深隐伏,气蒸云雨结微茫。无人拈出生花笔,辜负当年五色祥。"清代姚元之的七绝云:"明霞为饰玉为容,山到辽阳峦嶂重。欲向青天花数朵,九百九十九芙蓉。"

千山风景名胜区,依山势走向分北部、中部、南部和西南部四景区。四个景区各具特色:北部景区山色秀丽,庙宇成群,名胜密集。其他三个景区,山势蜿蜒,涧深坡陡,丛林深密,古老的寺庙建筑散落其间,绚丽而庄严。千山融合自然山水风光与寺庙建筑园林于一体,既有极其开阔的赏景视野和整体气势,又有细微之处的精心安排,这也许就是它名扬天下的原因。

无量观 千山道观之首,位于山之东北部。千山历代为佛家之胜地,道教进入较晚。清康熙年间道教才在山中兴起,而道教的最早建筑就是无量观。由开山道士刘太琳主持营建,后人尊奉他为开山祖师,今存祖师塔即是刘太琳的墓塔。无量观亦称无梁观,原分上下两院,上院即今无量观,下院叫玄贞观,现已无存。无量观现有三官殿、老君殿、西阁、玉皇阁等建筑。这些建筑一律为单檐硬山式,除了玉皇阁是砖石结构外,其余均为砖木结构。梁枋都有彩绘,下有透雕燕尾。这些建筑具有清代建筑的风格和特点,且布局十分得体,庙宇虽多,但并不显得拥挤杂乱。它们各依山势,化整为零,或独立于高山之巅,或静卧于山峰环抱的盆地之中。各处殿堂洞府与古塔、古碑、古木、怪石间,寺庙建筑与自然风景交相辉映,精妙而别致。西阁,是无量观最优美的建筑。它依岩筑屋,环境幽静出尘。内有观音殿,坐落于山腰,玲珑剔透,宛若精致的盆景。西阁的建筑中,有一座雕梁画栋的钟楼和两个细磨对缝的平台。三层小小的僧院,四座古色古香的飞脊砖门,五六间苍松陪衬的僧舍,给人清静典雅之感。三官殿是无量观的正殿,它建于山间盆地中,是一座整齐洁净的院落。房脊雕有呈盘旋状的六条龙,檐头有泥塑跑兽,梁上贴金,门外明柱皆石制并施朱红色。正殿两侧是东、西厢房,前后是角门。殿内共塑二十六尊神像,三官塑像前方分别是护法王灵官和护坛土地。王灵官有三只眼,中间的慧眼,专察邪人恶事,为民护法。东侧有八仙过海群像,西侧为瑶池王母塑像。另外还有尧王访舜、禹王治水两幅壁画。三官殿东面山坡上有秀美的老君殿,这里是去玉皇阁、夹扁石的必经之路。因老君为道教之祖,故殿门匾额刻"道教之家"四字。殿内除了供奉太上老君等三尊塑像外,墙上还绘有老君过函谷关、孔子问礼于老聃的壁画。殿前是一块平坦坡地,有铁栏护卫。倚栏俯视,石耸峰峭,树海林涛,别有一番景象。无量观最高的建筑是玉皇阁,它矗立于山巅,道人称之为"观顶"。玉皇阁历经千年竟未倾圮,可见其坚固。阁内塑有玉皇大帝神像。右侧有一简陋的伴云庵。阁前是砖铺的半圆形平台,砌有半人高砖墙。游人至此,顿觉清风徐徐,眺望四周均是青山翠岭,颇为壮观。无量观景点繁多,星罗棋布。旧称二十四景,实际远不止此,达五十余处。除了建筑景观外,无量观的景点可概括为石、塔、松、洞、天。无量观的怪石堪称奇观,石之得名,有象形的,有象声的,也有寓意的。如正殿石阶小路旁,一块上尖下宽、两米方圆的岩石,顶部有三寸见方石孔,这叫拴马石,古时马行到此,再也上不去了,就拴马于此石后徒步上山。至今石上被缰绳勒过的痕迹,仍依稀可辨。拴马石近旁有黑石一方,上刻"聚仙台"三字。石顶平坦,有石条、石柱圈围。中有石桌石墩,相传昔日常有仙人会集于此。象首峰,独出峭壁,上圆且大,下圆而细,状若象首,长鼻下垂,独成一景。夹扁石,被称为千山一绝,它是巨石堆垒间的一道石缝,窄得只容一人侧身而过,若昂首直走,则寸步难行。凡到千山者都要到此一"夹"为快。鹦鹉石,形态逼真;木鱼石,击之如笃笃木鱼声;无根石,岌岌欲坠,虽浮置却又纹丝不动。太极石,直径约 3 米,其状如丸,石上的"太极石"三字字面倒悬。相传此石 60 年一翻身,据《辽阳县志》载:清道光二年"六月大风雷雨,千山太极石翻身。"可见是风雨冲刷使大石字面倒悬的。千山的塔,多为墓塔,著名的有无量观祖师塔、八仙塔、葛公塔、玲珑塔。其中葛公塔最为精致,由张学良将军等捐资所建,用细质花岗岩砌筑,塔身镶有汉白玉石板,上刻葛月潭所绘兰、竹及"海为龙世界,天是鹤家乡"

题字。葛月潭是沈阳太清宫道人,为东北地区道教首领,能写善画。千山的古松,漫山遍野。旗杆松,高约30米,山风吹得松枝呼呼作响,恰似军旗招展,引领着千军万马呼啸向前。无量观正门西侧的绝壁上,生长着一棵高不过1米的小松树,遇风则摇摇欲倒,有弱不禁风之势,惹人爱怜,故名可怜松。此松名为可怜,实则强悍,它傲视风霜,至今已四百多年了。古人赞扬它:"莫把岩松号可怜,空山涵养已多年。频看乔木摧斤斧,是彼直成地上仙。"太极石之南山冈上,有松高达40米,为千山最高松,名正直松,傲立不屈,秀丽多姿,是诗人画家笔下的好素材。西阁南天门外大石崖上,有松柏各一株,并立而生,相依为命,名松柏侣。无量观景区的石洞相当可观,有名的如罗汉洞、观音洞等。所谓"天",或指高处的山石,或指通向高处的石级,或指与天有联系的处所。绕过象首峰,有依山势砌筑而成的三十三级石阶,称"三十三天"。石阶非常宽敞,足有5米。每上一步一层天,极目晴空,浩浩无际,云山渺远,树海苍茫,"举头试望绝高处,一色苍茫接蔚蓝"。三十三天的左侧峭壁上凿有八步踪印,仅能容足,这是去"一步登天"的必由之路,异常险要,一步紧似一步,故称八步紧。古人描绘它:"绝顶苔青路未封,过来人已早留踪。要知吃紧为人处,一步何曾放得松。"过八步紧,经过夹扁石,眼前一块巨石,上系一铁环,环下凿一踪印,手抓铁环,脚登踪印,纵身一跃便可攀上,此即为一步登天。继续攀登,便到著名的天上天景点。至此,心情豁然开朗,眼界顿觉开阔,白云在头顶萦绕,仿佛举手可拂。举目远眺,群峰绵亘,满目碧翠。若晴日,可望见辽阳白塔等景致。俯瞰脚下,无量观美景尽在眼底,真有置身天上之感。在卧虎峰西北,有一条巨大的石罅,由一座巨崖崩裂形成,如神斧劈就一般。这一线天宽一米左右,长三十余米,高十五六米。仰首一望,悬壁凌空,蓝天一线,令人称绝。

祖越寺 在无量观西阁之下,是千山五大禅林之一,也是千山最早的庙宇建筑之一。据考证,它最初建于唐朝,当时建筑宏阔,大于现在几倍。金元时期,因山洪暴发,寺庙被冲毁,遗址即在现址前的低洼开阔处。从遗址中曾发掘出浮雕石栏板、望柱莲花佛座、柱基、残石碑头、瓷片等。现在的祖越寺为明朝建筑,清乾隆、道光、光绪年间相继重修、装饰。现有七幢建筑,释迦殿为正殿,东侧是胡仙堂和客室,东西配殿南有钟、鼓楼。祖越寺的建筑紧凑规整,建造在蜿蜒、狭长的喇叭形山谷中,庙宇低洼部分全用石块垒筑垫高,可见工程的艰巨。祖越寺环境优美,山色秀丽。东西山峰如合掌将寺庙紧紧抱合,像双手捧着一颗明珠。峰青崖翠,林涛激涌,与红柱绿瓦的殿宇相互映衬。寺旁,山水汩汩而下,清新凉爽;后山,小亭岌岌而立,幽雅脱俗。古人多有诗作赞美祖越寺之秀丽壮观,如"岩松宿雾长浮翠,石涧流泉漾落花""松涛涨壑千岩响,花雨浮空满地斑。坐久虚堂疑误入,恍然身世出人寰"。寺后石壁上刻有"独镇群岳"四个大字,虽经风雨剥蚀,仍引人注目。祖越寺山门东侧有古松一株,枝桠虬结,似龙舞蛇行,为罕见奇松。此松近旁另有一大松,欺压得它不能正常生长,只能斜生侧长,给人一种畏惧可怜之状,故得"惧松"之名。松旁立一石碑,上有清光绪元年(1875)刻写的八个字"天花乱坠地涌金莲"。传说清朝时,一位著名讲经大师曾在此讲经,他深通佛法,饱读经书,讲经时声声梵言,句句隐语,口若悬河,一时天花纷落,金莲从地下涌出。后人乃立此碑,以记其盛。祖越寺虽历经沧桑,但它精湛的建筑和山色美景仍深深吸引着游人。

龙泉寺 在千山北沟中部的幽壑丛林中,是千山五大禅林中最大的一座佛寺。它半依峭壁,半筑短垣,素以风景秀丽、殿宇壮观而居禅林之首,是千山最著名的风景区。龙泉寺的得名,据说是因为山中有泉,蜿蜒如龙流入寺内,故名龙泉寺。又传说,当年唐太宗李世民曾来此饮水,水甜适口,太宗赞赏不已,故有此名。龙泉寺的确切建造年代已无考,相传始建于唐代。据现有碑记,寺的后堂建造于明嘉靖三十七年(1558),东庵建于万历二十一年(1593)。现存的建筑多经清代重修,有大雄宝殿、天王殿、韦驮殿、毗卢殿、龙王庙、藏经阁及禅房等。龙泉寺是千山庙宇中保存较好的一处古建筑群,它布局严谨,浑然一体地融合了自然风光和人工建筑。龙泉寺素有"龙泉十六景",即松门塔影、讲台松风、瓶峰晨翠、螺峰夜月、吐符应生、龟石朝日、蟠龙石松、象山晴雪、狮吼钟声、石门弥勒、龙泉演梵、石径梨花、悟公塔院、西阁客灯、鼓亭落日、万松主照。有些景点现已无存,有些名称稍有改动。碧水龙潭,是千山唯一的人工湖,湖面约1万平方米,长40米的三孔拱桥横卧碧波之中。千山峰多、庙多,唯独缺水,此湖确为千山增添了几分姿色。碧水盈盈间,几尾小鱼穿梭于拱桥与峰林的倒影中,顿时显出诗情画意来。从此湖西行,可见一座九层古塔,上书"真和尚塔"四字。塔侧有株古松,如伞似盖,与门楼、古塔形如一体,此即悟公塔院,又名招提院,原是悟彻大师说法处,古塔是他的墓塔。从此西行约500米,可见路侧一大石,上刻"洞天一品"四字。四周群峰叠嶂,唯此石独立于山坳小溪旁,且石体俊秀,该当一品之誉。再由此北行即达龙泉寺山门。进山门可见三块圆形巨石,名三星石,又称迎宾石,最大一块上镌有"法水常流"字样。寺内法王殿内塑有弥勒坐像和四大天王像。寺内西阁过去是接待上宾的地方,夜晚万籁俱寂,借闪闪灯光可看到殿宇绰绰,林海茫茫,"西阁客灯"遂成一景。

如今游人仍可寓此,夜听松涛,晨观云海。前人有诗云:"到此忽行山上舟,蓬壶仙岛可神游。夜深小阁诚仙境,一派松涛似水流。"清朝太史王尔烈曾在西阁读书,为题匾曰"琼岛虚舟"。王尔烈对千山美景十分醉心,对龙泉寺更是推崇备至。他有一副联额写道:"峰不必一千,万象已呈真宰妙;景岂止十六,四时当作会心游。"西阁下有一小峰,上尖下宽,远望如瓶,峰上有小松数株,清翠可爱,如插在瓶中小花,此即"瓶峰晨翠"一景。清朝太史缪润绂有诗赞美它:"可有杨柳洒万家,晓岚滴翠到檐牙。痴心拟共山僧乞,移傍书窗插杏花。"西阁后坡有一石,高约7米,上面平坦可坐人。据说从前有老僧在此讲经说法,石之四周苍松环绕,风起松舞,故名讲台松风。龙泉寺的藏经阁内钟楼上,悬一口古钟,钟楼南有一巨石如卧狮,首北身南。敲击古钟时,钟声震石,回声如同狮吼,大有震林壑、慑百兽之势,故名狮吼钟声。由狮石东望,有山如象鼻下垂,山脊上长有灰白色苔藓,即使夏日亦如覆着一层冬雪,故名象山晴雪。狮石西南是弥勒殿,殿内弥勒坐像坐南面北,称"倒坐弥勒"。又因殿下山石与西面山石相对成门形,所以也称为石门弥勒。弥勒殿旁立一高大石杵,名"镇山宝杵",这是一根经过雕刻的花岗岩石柱,相传柱下巨岩当年曾不断延伸,大有同西面山石碰合之势,于是设立此石杵"镇"住了移动的山石。龙泉寺法王殿和大雄宝殿之间有观音庙,庙下有泉,泉水从石罅流出,味甘醇,即使连日干旱,泉水也不枯竭。泉眼上方有石刻"龙泉演梵"四字。龙泉寺西北有一高峰,陡崖峭壁有飞凌霄汉之慨,故名丈石凌霄。又因峰如海螺,站立其上可俯览龙泉寺、祖越寺和无量观诸处胜景,特别是明月高悬之时,景色更美,此即"螺峰夜月"一景。前人诗曰:"峰从盘折见嵯峨,泉夜能邀月色多。谁断龟龙狮象外,奇观翻出一青螺。"

南泉庵 千山旧有十庵,但至今保存完好且可供游赏的就数南泉庵了。它位于龙泉寺西部的平坦谷地中,依山而建,正面围墙高出平地近10米。登上40级宽阔石阶入院,迎面是一座大殿,殿前石阶下有两株树龄近300年的柏树,树下两通石碑,东西对称而立。南泉庵是一座道院,据明万历四十年(1612)重修碑记载,自唐建庵,以后屡次重修,先后建了佛堂、斋堂、门楼、垣墙等,后来又补葺开拓殿宇三间。清代,道教进入千山后,又相继重修与扩建,使南泉庵具有了现在的规模。此庵建筑十分规整,整齐的院落幽雅宜人,四周群峰簇拥,苍松翠柏环绕,平淡中显现出恬适之情韵。庵中当年是收藏经版和刻印经文之所,可惜所藏经版和印刷经文的经堂今已无存,仅遗址还可见到,一进院门,地下有青石房基,这就是当年经堂的遗迹。南泉庵以精美的彩绘和雕刻细腻的建筑艺术见长,加上清新秀丽的风景,使探奇揽胜之心得以满足。

五佛顶 在千山北沟西端。"庙高不过五佛顶"是久已流传于民间的一句俗话,因为它是千山第二高峰,海拔554.1米。明朝时,它叫佛头山,清代在山上立了五尊石佛,从此改称为五佛顶了。由龙泉寺西北行至五佛顶脚下,向上攀登,先至普安观。它建在距峰顶尚有100多米的南侧绝壁之下。此观原名西明庵,创建于明隆庆年间。后因寺僧独居于庵后玉皇洞修行,得道圆寂,于是在清朝时改为道院后易名为普安观。观址虽在山腰,但地势却十分平坦,观的东、北、西三面有石壁屏围,宛如蹄形的天然帷幕。观前是一片平地,两侧是几株青松。站立于此,犹如站在一座高山舞台上,向南望去,青山翠岭,肩比踵连,树海云天,浑然一片,"高山舞台"实为极佳的观景台。普安观分为东、西两殿,东殿为老爷殿,一室三间,供奉关公、邱祖、黑老太太。西殿是一座千山少有的两层小楼,叫老君楼,楼上供奉太上老君、观音菩萨和吕祖;楼下东、西各一室,供游人歇息。楼中间有通道,可通殿后玉皇洞,玉皇洞是一天然石洞,经人工穿凿扩大,内有玉皇大帝、普安等四尊铁像。从普安观到峰顶的路非常险要,尽是令人望而生畏的悬崖峭壁。峭壁上凿有层层石级,宽约0.5米,长40多米,其中有段石阶仅容一人,无返身余地,故名梯子峰。过梯子峰折向北去,愈攀愈险,有一陡崖,是登五佛顶最险要处,从前,登山都要借助崖边的一棵松树,拉住此松才可攀上顶峰,因此游人尊称它为"救命松"。现在,老松经游人长年累月的拉拽,已枯萎而死,仅存树根于石缝间。"救命"之重任落到了后装的铁栏杆肩上。登上此崖,险势已去,五佛顶即在前头。五佛峰顶约50平方米,四周围护铁栏杆。由南而北立有五尊半身石佛,造型生动,姿态自然。五佛顶高峻挺拔,处于群峰簇拥、诸山拱卫之中,同仙人台遥遥相望。居顶临巅,听山风阵阵,看峰峦叠叠,美景佳境令人赏心悦目。前人有诗赞曰:"石雕古佛镇名山,灵境嵯峨万壑环。……俯临东岭低千仞,遥指西河缩一湾。……"下山时,在东部山腰有一巨石独独矗立,与对面石崖相望,形似关卡,名云霞关。崖侧有小溪,流水叮咚,清脆悦耳,周围草木繁茂,遮天蔽日,盛夏游山者最喜在此小坐纳凉。

五龙宫 中部景区的中心,也是整个千山的中心,它襟龙泉,带祖越;接中会,引香岩。庙宇周围是五条山梁,从南、北、西三面蜿蜒而来,到一孤峰前突然止步,恰似五条苍龙翩翩起舞,形成五龙戏珠之势。五龙宫的建筑及四周景色既不同于无量观的庙宇成群、曲径幽深,也不同于龙泉寺的依山傍谷、迂回曲折。五龙宫的墙垣皆以方石砌成,最高处近5米,远望如一城池拔地而起,雄伟壮丽,成为千山一座独具风格的庙宇。此宫由前殿、后殿、钟楼、书房等 20 余间房屋组成,正殿供真武大帝神像。五龙宫创建于清乾隆年间,后又屡次重修、扩建,至今保存完好。五龙宫的景物十分优美秀丽,前有龙潭溪水潺潺流淌,后有险峰峭壁,古树参天。踏上盘山路攀登宫后山峰,可见小巧玲珑的玉皇阁、大仙堂掩映于青山绿树之间。至峰顶,可览老龙滩、石人沟的秀色。从宫的前殿往前数米远处,有一巨石,长十余米,前高后低半掩地下,形如反刍的卧牛,名卧牛石。近看"牛腹"处,有一口人工开凿之井,口呈半月形,名月牙井。据道士称,此井常年不涸,其味甘美,为千山之冠。由此沿龙潭溪水上行半里许,从两侧由丈余陡壁构成的一道天然石门内穿过,可见两块巨石,形成一个下窄上宽的石槽,长约 3 米,中有一泉,龙潭溪水即由此流出,水凉刺骨,但寒冬亦不结冰。由老龙潭继续上山,经九曲盘道,过茂密丛林,直上山巅,可望五岭逶迤、众山如涛的景象。

慈祥观 在五龙宫东北方的向阳坡上,是一座较大的道院。它建在一个东西长 40 余米、南北宽 20 余米的长方形平台上。观内有正殿、客堂、七圣祠等十余幢建筑,环境肃穆幽静。慈祥观有一个有趣的特点,即正殿不正,也就是正殿不在整个观的中轴线上,而在中轴线偏西三分之一处。这可能是该观多次增建扩建的缘故。但给人的感觉并不觉得布局混乱,相反,却有一种风格独特之感。观内原有观音菩萨塑像十八尊,特别具有艺术价值的是正殿内一架九龙透雕万岁牌,高约 0.5 米,上部雕一龙戏珠,左右两侧各为二龙戏珠,底座为四龙戏珠,座前栏板上又雕有二狮守门。以上所雕九龙皆张牙舞爪,成盘旋状,唯后柱二龙昂首向前探视。这座万岁牌雕刻极为精致,高超的技艺令人赞叹不已。慈祥观创建于清嘉庆十五年(1810),创始人是陈本丹道士。慈祥观现有景观十一处,秀丽宜人的风景与古色古香的建筑融为一体。从观内向正南望去,可见山坡上一株奇松,苍翠茂密,形如扫帚,故名扫帚松;它枝干繁多,无宾无主,又名干头松。这种松树十分稀有,在千山风景区也很少见,观赏价值很高,全山七八株中唯慈祥观前这株最为典型。前人有咏此松诗道:"如针似盖满山中,只此团松迥不同。簇干攒枝形若帚,化生异种托神功。孤植昂然八尺余,不偏不倚对茅庐。观中倘有飞尘扰,愿假山灵一扫空。"观的东北方,裸露的峭壁上有一巨大圆石,石缝中嵌着一株一米左右的松树,名嵌松崖。崖上另一株枝干横生、虬姿峥嵘的松树,每当山风吹来,它最先婆婆起舞,似通报风神的降临,故得名探风松。慈祥观周围多奇石,正西山上有一高 16 米的大石崖,形如象头,被称作象头崖。悬崖间有一个人工穿凿的石洞,旁有脚窝,据传为古时玄合真人打坐之处。观后西北山上,有 3 块巨石顺山势叠垒,自下而上渐小,呈圆锥状,形若海螺,名曰海螺石。不远处,又有6块半圆形巨石交叉相叠,其中第二块和第三块巨石之间,长出一株形状奇异的松树,树干呈蛇曲状,向东南方向水平伸展约3米,前端似凤头,尽头又生一枝,舒展向上,好似凤凰展翅,故称丹凤朝阳。从此盘旋上山,有老洞,相传慈祥观的开山祖师陈本丹道士曾在此苦修。附近的蝙蝠洞据说常有蝙蝠藏匿。山沟内有清泉,泉水清澈,常年不涸,道人多用此水沏茶待客,水味醇美如甜酒,人称如醴泉。从泉水处上行,可见一块高2米的巨石,非雕非琢,俨如雄狮面目;青苔盖顶,宛如狮头卷毛,遂得名狮子石。

中会寺　千山五大禅林之一。因居五寺之中,北有祖越、龙泉,南有大安、香岩。且昔年五寺多集会于此,因而得名。中会寺不仅风景甚佳,而且此寺历史悠久。据寺内现存的明万历八年(1580)重修碑记载:中会寺"历汉唐宋元,中经水火,不知几变"。清嘉庆四年(1799)重修碑记载:"襄平南千山上,自唐敕建古刹有五,中会居其中。"从中可知,中会寺于唐代已建成,甚至可追溯到汉代。现在的中会寺为明代重修,故建筑大多具有明代的风格。如今一进山门即可望见一处用石条砌筑的流水洞,上面是一块很平坦的地方,此即唐代中会寺旧址。每当雨季,流水洞水花飞溅,流水潺潺,此为中会寺十二景之一的滴水廛楼。中会寺周围树木葱郁,曲径幽深,大殿楼阁掩映在浓荫疏影之中。未进山门,先可望见中会寺东山峰上的白色砖塔,上尖下方,形如瓶状,这便是中会寺十二景中的净瓶峰。中会寺分上、下两殿,后殿依山,前殿临涧,布局精巧,整个寺院建筑都在用砖石砌成的大墙内。除了前、后殿外,还有天地楼、韦驮楼、钟鼓楼、禅堂等。雕梁画栋与朴素的民房式砖瓦建筑互相烘托,既美观大方又规整得体,体现了民族建筑艺术的精湛。中会寺胜迹众多,前殿院中有古柏一株,有300年的树龄了,至今郁郁葱葱,绿荫遮盖了半个院子。古柏旁有井名"西湖",井水甜美,食之不竭。远道而来的游人,在口干舌燥之时,喝上一口西湖井水,于柏荫清风中小坐,疲累顿消。寺之东南山峰下,有一天然石洞,过去常有僧人居内悟修,火炕遗迹仍清晰可见。清人涂景涛将其题名为宝泉玲珑洞。洞前有明墓葬一座,洞后有明万历碑一通,山坡上有一米深石井,名宝珠天井。中会寺后山有大石如卧牛仰首,名为犀牛望月;寺南山上有黑色山石形似罗汉像,名为石堆铁罗汉;寺西南有峰峭立如观音坐像,名曰观音倒背;寺西南山巅两峰之间,一孤石形状似螺,名曰海螺峰。这些天然石景与其他景点统称为中会寺十二景。它们各具特色,有的一眼望去即惟妙惟肖,有的须细细琢磨,方看出其中奥妙;有的应远眺,有的须近瞻,千姿百态,妙趣天成。前人游千山留下诗句云:"花香浮塔院,霞影落立岑。杳杳钟声动,遥峰护碧林。"就是对中会寺一带风景的生动描述。

大安寺 在千山东南部,在五大禅林中素以"雄旷"著称。此寺是名副其实的古刹,据《辽阳县志》载:"寺内有唐代重修碑。唐太宗……曾驻跸。东山下有英烈观,相传即驻跸地。""山中石碾甚多,谓当日屯兵碾米所用。"在大安寺周围,有较大的遗址数处,说明它在漫长年代中有过多次变迁。从遗址和遗物看,明代时大安寺的建筑已具相当规模,如有一口重达500公斤的铁钟,铸于明嘉靖时,如当时没有坚固的大钟楼,是架托不起这口大钟的。据记载,明代许多上层政要都曾游历过大安寺,清初清太宗(皇太极)还曾向大安寺拨十名寺僧,供给衣粮。后来因火灾寺庙被毁,藏经俱焚,寺僧潜逃,遂由龙泉寺代管。清道光四年(1824)和十三年(1833)又重修了大安寺,以后历代又有屡次修缮。现在寺内有三十余间建筑物。大安寺地处诸峰环抱之中,雄伟壮阔。寺址较高,宜举目远望,有深远寥廓之感。《辽阳县志》中形容说"千山山势以秀耸著奇,而大安一角独称雄旷",系"五寺中独出之胜境也"。寺之东西有英烈观山,山下有英烈观,此观原名为璎珞观,相传唐王李世民曾驻跸此观,因而易名。大安寺之南有一绝壁,形似立于天地间的巨掌,故名佛手拿空,又叫佛手山。寺的东北有一天然石洞,形状如棚。传说昔日有一寺僧在洞内修行,来了一只猛虎,因僧人佛心虔诚,老虎似受天意而不加伤害,僧、虎同居一洞,相处如友,此景得名石棚卧虎。大安寺还有一处著名奇景,叫通明夕照。寺西的通明山顶有一横向石窟,宽约3米,每当红日西坠之时,夕阳透过石窟斜射寺院,形成别致的一景。大安寺地处偏僻,不如无量观、龙泉寺等处游览便利,但它深邃雄奇的景观特色仍吸引着大批游人。寺周的山峰,或壮阔,或雅静,与古迹斑驳的庙宇组成了一幅和谐的画面。古人曾这样赞美:"灌木连云不见天,藤萝蓊翳响流泉。思登初地难停脚,笑挽洪崖共拍肩。"游人至此,如入仙境。

香岩寺 在千山南部,千山五大禅林之一。《辽阳县志》载:"寺当山阳,山花极盛,春夏之交,满山花开,香气氤氲,故名香岩寺。昔人谓香岩名胜最多,为一山之冠。盖龙泉至狭,大安近险,祖越亦少纡回,惟香岩外境既旷,近复双崖夹护,鸟道千盘,如往而复,万树参差阴翳,时有怪石出没其间。"进入香岩寺境,确有远峰近坡层次鲜明、深远开阔之感。香岩寺是千山的早期建筑,相传始建于唐,最迟也不晚于金元时期。寺东山上的双峰塔就是金代古塔,为千山现存的最古建筑。塔的造型美观大方,砖雕上的飞天等图案精致生动,是香岩寺的著名景点之一。寺前有元代雪庵和尚墓塔和雪庵碑,寺内有明清石碑十余块。香岩寺的建筑为千山其他庙宇所不及,素为人们赞叹。这里的庙宇都属单檐硬山式,脊上有彩色浮雕装饰,斜脊有跑兽;檐下有五铺作的补间、柱头、转角斗拱等;枋下燕尾,有盘龙与脊牛等透雕;梁、柱头上有三重昂和动物、花卉彩色装饰。如此精巧的结构和玲珑剔透的雕刻装饰,充分体现了我国建筑艺术的精湛和古代匠师的艺术才能。香岩寺的古迹多半与寺僧有关,雪庵是香岩寺高僧,据记载,他善画山水墨竹,用笔俊劲,颇有才学。雪庵塔、老祖洞和炼魔石等古迹都同雪庵有关。由双峰塔沿沟底行,可见右侧山坡上有一个用六块石板垒成的石亭,每板长约一米余,宽超过 0.5 米,亭高不及 2 米,南面的一块石板有轴,可以开闭,为石门。相传雪庵当年在此亭中打坐。由此上行至老祖洞峰的峭壁下,有一天然石洞,仅容一人曲身而入,洞门上方有一天窗,透进一线天光,此洞曾为雪庵所住,因他被尊奉为老祖,故此洞被称为老祖洞。洞门上方镶嵌一块青石板,刻"雪庵洞府"四字。过林间小道,有一石名炼魔石,相传雪庵曾打坐于此。香岩寺中天王殿与大雄宝殿之间有一株令人称奇的古松,它皮似龙鳞,枝干盘曲,高昂低回伸展,松荫满院,人称蟠龙松,树龄已达三四百年了。寺西北有肖形峰石卧虎峰、鹦哥石、笔架山等。峰下的山坡植被丰茂,特别是金秋时节,五彩缤纷,如锦似缎,名曰锦绣坡。

冰洞 在香岩寺西面的一座山峰,因山顶有巨石形似石猴,人称石猴峰。石猴峰山腰的密林中,有一突起的石壁,上凸下凹,在凹处有几个小洞,深不可测,这就是千山著名的冰洞。冰洞的奇特之处在于,在严寒的冬天,从洞内向外喷热气,而在酷暑季节,洞口却结有雪白的冰,洞口附近的气温只有 -5℃ 以下。对此怪异的现象,游人无不称奇叫绝。关于这个奇洞,有一个传说:当年修建香岩寺时,正是大伏天。炎热的天气使许多工匠中暑倒下,无法解救,焚香祈祷都无济于事。一天,一位老禅师梦见石猴峰下有两条大蟒,口吐冰片,可治中暑之症。第二天,老禅师赶忙来到石猴峰下,果然见到两条大蟒。他便向大蟒求索冰片,大蟒不给,便争斗起来。最终大蟒被治服,钻进此洞内,昼夜不停地向外喷冷气,在洞口结成雪白的冰片。老禅师取回冰片解救了中暑的工匠,香岩寺也很快被修建起来了。传说当然不足信,但却给有趣的冰洞蒙上了一层神秘的面纱。如今,人们在暑天还常到洞口取冰解暑,而冰洞的奥秘还有待真正揭开。

仙人台 在千山东南。它是千山第一高峰,海拔 708.3 米。在千山诸峰中,它第一个迎来曙光,最后一个送走晚霞。关于仙人台,有许多动人的传说。相传曾有仙人在此下棋,至今山顶还有石棋盘,因此仙人台又名仙人弈棋台。前人诗中有"棋临沧海千年局"和"闻说仙台顶,棋枰今尚存"等句,即指此而言。又传说,道士丁令威曾化鹤飞来仙人台,所以清高宗在《寄题千山》诗中有"空传丁令有遗台"之句。昔时还有道士从台上坠下而死,谓超凡出俗,即可成"仙"。种种传说使仙人台于巍峨雄壮中,又蒙上了一层神秘的面纱。游千山不可不登仙人台,俗话说:"仙人台,仙人台,不是仙人上不来。"语虽夸张,却道出了攀登仙人台的艰难和登上仙人台后给人带来的愉悦和乐趣。从香岩寺向东行约1千米山路,即达仙人台脚下。陡峭险峻的山路直上峰顶,十分难行,需全力攀登。峰巅绝顶处有一峭石,高约15米,状如鹅头,向北倾斜。昔日石上置有八仙青石像和石棋盘及青石栏板等。巨石朝东的一面有两米多高的观音菩萨浮雕像,上额横刻"仙人台"三个篆字,系清代涂景涛所题。仙人台峰顶是一斜坡,上生古松数十株,三面临深涧,极为险峻,俯视令人头晕,唯有北面有一陡峭小道迂回曲折,为上下山的通道。登上仙人台,凭吊古迹,发思古之幽情,一览众山小,均为快事。前人有一首《仙人台》写道:"天风吹轻衣,缥缈立绝顶。棋声若可闻,欲上梯痕迥。俯视屏嶂开,层叠青碧醒。万象罗吾前,所历皆炯炯。荒碑纪丙午,零落难细调。蜗篆古虫鱼,苔斑汉彝鼎。忽看峭壁来,高力破溟滓。下临无底壑,石棱剑戟挺。奇绝动心魄,长啸惊侪等。"登上仙人台,可远望渤海,近瞻钢城,八百里云烟尽收眼底,千朵莲峰历历在目,令人胸襟顿开,豪气干云。

岱庙 位于泰山南麓、泰安城中心,是我国古代最著名的祭祀山川的祠庙之一。它南北长406米,东西宽237米,总面积96222平方米,被誉为中国三大宫殿式建筑群落之一。庙貌恢宏,俨然帝居,青垣周匝,雉堞高耸,古木荟郁,殿阁巍峨,碑碣如林,文物荟萃,是一处有着丰富文化内涵和人文景观的观赏性园林,亦是中国古老文明的缩影和泰城的修眉明眸。

岱庙为泰山神府邸,古代帝王在此举行祭祀大典。泰山有庙"秦既作畤,汉亦起宫"。《汉书·地理志》载:"博有岱山庙。岱山在西北求山上。"("求山"为兖州山之误。见王先谦《汉书补注》)《水经·汶水注》引《从征记》云:"泰山有下、中、上三庙,墙阙严整";"门阁三重,楼榭四所,三层坛一所,高三丈,宽八丈";"庙中柏树夹两阶,大二十余围,盖汉武帝所植。赤眉尝斫一树,见血而止,今斧创犹存。"帝庙内有神器库,"库中有汉时旧乐器及神车木偶,皆靡密巧丽。又有石勒(石虎)建武十三年(37)永贵侯张余上金马一匹,高二尺余,形制甚精"。所以,西汉已有泰山庙当无疑问。宋大中祥符元年(1008),宋真宗东封泰山,翌年下诏严饰庙貌,建天贶殿。至徽宗宣和四年(1122),已有殿阁楼堂813楹,并重建庙墙,形成相沿至今的总体规模。金、元、明、清各代屡有修葺。清康熙七年（1668），郯城地震波及泰安，除了五凤楼、厚载门外，东西华门并门楼、角楼及庙内建筑俱塌毁。山东布政史施天裔委泰安武举张所存担纲修庙，逾8年恢复旧制。民国年间，庙遭兵燹战乱，建筑文物损毁严重。20世纪60年代，复遭劫难。80年代，翻修、重建部分建筑，庙貌焕然一新。1988年1月，被国务院公布为全国重点文物保护单位。

岱庙总体布局以旧泰安城南门为基轴，双龙池、遥参亭、岱庙坊、正阳门、配天门、仁安门、天贶殿、后寝宫、厚载门、岱宗坊，登山盘路由南而北次第排开，形成山城一体格局。岱庙建筑采用帝王宫城布局，纵横扩展，均衡对称，以红墙黄瓦为基调，更显得辉煌、雄伟、庄严、富贵。中轴线纵贯五进院落，东侧辅以汉柏院、东御座、东道院，西侧佐以唐槐院、雨花道院，形成以高大厚重的天贶殿为主体、各自独立又相互统摄的建筑群体。

岱庙建筑古朴厚重，是历史文化名城泰安的写照。徜徉于重檐虬枝之下和碑林之间，如读千古书卷，使人顿生一种深沉凝重的历史感。

遥参亭 又名草参亭，在正阳门以南，为岱庙门户。古人祭泰山神，先在此参拜，然后入庙，故取"遥遥参拜"或"草草参拜"之意。唐代名"遥参门"，宋代在门内建亭，改称为"遥参亭"，明代围以丹垣，清代在门前修遥参坊，光绪年间在坊前建双龙池。亭南北长66米，东西宽52米，总面积3432平方米，形成南北纵向二进院落，主要建筑有遥参坊、山门、正殿、四面亭、后山门。亭内今有泰山书画展及文物陈列。

岱庙坊 又称东岳坊，位于遥参亭以北，正阳门以南，清康熙十一年（1672）山东布政史施天裔创建。坊起三架，通体浮雕，高12米，宽9.8米，进深3米，四柱立于两块长方形石台上，殿脊九脊歇山顶，正中脊上立一宝瓶，四端各有高翘龙尾的吞脊鸱吻，其下作斗拱承于横梁之上。柱侧抱鼓石上各雕有石狮一只，身旁有数只戏耍的幼狮。梁柱、额板及滚墩石上分别雕镂有铺首衔环、丹凤朝阳、二龙戏珠、群鹤闹莲、天马行空、麒麟送宝、喜鹊登梅等三十余幅祥瑞图像。石坊中间二柱两侧均刻有对联，南联为施天裔撰书："峻极于天，赞化体元生万物；帝出乎震，赫声濯灵镇东方。"北联为山东巡抚兵部侍郎赵祥星撰书："为众岳之统宗，万国具瞻，巍巍乎德何可尚；操群灵之总摄，九州待命，荡荡乎功孰与京。"陈从周先生称岱庙坊为山东石坊翘楚。

庙墙与门楼 岱庙城墙辟有八门并四角楼。南向五门，中为正阳门，上有五凤楼，楼檐下悬岱庙匾额；门两侧各有一掖门，掖门两侧东有仰高门，西有见大门；庙墙东向一门为东华门,又称青阳门;西向一门为西华门,又称素景门;北向一门为厚载门,上有门楼。四角楼红墙黄瓦、三层叠檐夹脊歇山顶,各以八卦方位名之:东北为艮,东南为巽,西北为乾,西南为坤。

配天门 在岱庙第一进院北侧。门取"德配天地""配天作镇"之意。面阔九间,黄琉璃瓦九脊歇山顶,梁檩彩绘,东、西两侧原有三灵侯殿和太尉殿,门前有明代铜狮一对,门前两侧有碑二十余通,最著名者为东西对峙的两通宋代丰碑。

仁安门 位于配天门以北,门取"天下归仁"之意,康熙帝御书门额。建筑形式同于配天门。配天、仁安两门之间有高台甬道相通,为岱庙第二进院。门前有明代石狮一对,门两侧原有回廊与天贶殿相接,今不复存在。

阁老池 北出仁安门,首先看到的是一石砌方形栏池,池内外有九块玲珑剔透、形态各异的太湖石,状如老人,故称"阁老池"。池北拾级而上为连接小露台、大露台的高台甬道,甬道上有扶桑石和孤忠柏。

天贶殿 在岱庙第三进院落中玉栏环抱的露台北侧,与故宫太和殿、曲阜孔庙大成殿并称为中国三大殿。该殿创建于宋代,元代重修时改称为"仁安殿",明代重修时更名为"峻极殿",民国年间复称"天贶殿",现存大殿为康熙时重建。殿面阔九间 43.67 米,进深五间 17.18 米,高 22.3 米,六柱五架梁重梁起架,十一檩副阶身内周匝廊式。殿顶为五脊重檐庑殿式,上覆黄琉璃瓦,双檐之间悬"宋天贶殿"匾额,檐下罩罳环绕。殿身梁檩枋额遍绘沥粉贴金琢石碾玉彩画。檐柱下旋红色槅扇成前廊,八根粗大檐柱伫立于廊前,下有覆盆柱础,廊柱和殿身檐柱上施单翘重昂七彩斗拱。殿内顶中间有天花彩绘藻井,藻井下为神龛,龛内端坐东岳泰山之神像,神龛前上方悬清康熙帝题"配天作镇"和乾隆帝题"大德曰生"两块巨匾。神像前为供案,供案前一字排开明代铸铜五供。供案上陈列着清乾隆年间御赐铜五供,上均铸有五岳真形图案。供案两侧列有金瓜斧钺等仪仗。殿内东次间立有一座明代铸铜"照妖宝镜"。殿内北、东、西三面墙壁上绘有《泰山神启跸回銮图》壁画。大殿两端檐下有一对御碑亭,大殿与小亭形成强烈对比。天贶殿与太和殿、大成殿不同之处是大露台连小露台,宽阔的露台玉阶重叠,仿佛将大殿捧入云端。大露台中央置明代铁香炉一尊和北宋建中靖国年间铸铁桶一对。大殿两侧回廊环抱,廊引人随,给人以强烈的节奏变化感。东廊房与钟楼相接,内中陈列十九块历代名碑,佼佼者有汉衡方碑、张迁碑、晋孙夫人碑、唐双束碑等。西廊房与鼓楼相接,陈列有汉画像石四十八块,鼓楼内有历代钱币陈列。大殿前院内古树蔽日,立有宋代以来碑碣四十余通,内容多为祭祀、修葺泰山、岱庙纪实,有很高的资料价值。

后寝宫 天贶殿以北为后寝三宫,原祀东岳大帝妃"淑明后"。中寝宫建在高大台基上,黄琉璃瓦九脊歇山顶;东、西两寝宫建在较低的台基上,青瓦九脊歇山顶。三宫由红墙连接,形成第四进院,院内有植于康熙年间的参天银杏两株。后寝宫今辟为泰安历史文化展室。

后花园 后寝宫以北为后花园,是岱庙最后一进院落。园分东、西两个部分。东园内置树桩盆景,园南部石砌高台上矗立着一座鎏金铜亭,亦称金阙。此亭原在岱顶碧霞祠,20世纪70年代初移庙内。面阔三间,九脊歇山顶。西园内植四季花卉,院南部石台上有明铸铁塔一座。园北庙墙正中为后载门,上建有仿宋门楼,登楼远眺,泰山雄姿一览无余。

汉柏院 在第一进院东侧,原为炳灵院,除了炳灵门外,旧建筑无存,因院内有相传汉武帝所植柏树五株,故称"汉柏院"。院北部炳灵殿的基址上筑有高台,台上有亭,可于亭上赏柏,因称"汉柏亭"。院中有八角池,名影翠池,池中柏影幢幢。院中荟萃了历代名家碑碣百余通。

东御座 在汉柏院以北,明代为迎宾堂,清代帝王祭泰山驻跸在此。乾隆年间拓建,改称为"驻跸亭",因靠近东华门,故称"东御座"。东御座是一座南向四合庭院,由山门、正殿、东西配房组成。正殿和配房建在露台上,门、殿、房之间有环廊相接,殿、房的檩、檐、廊遍施彩绘。露台下西南侧有南向青砖碑楼,内嵌有瑰宝秦刻石残片。院两侧环廊墙壁上嵌有郭沫若登岱诗文和题词碑八通。

普照寺 位于泰山南麓,凌汉峰下,为岱阳唯一保存完好的佛教寺院。寺所环境绝佳——寺背依高大屏风般的凌汉峰,峰与左右侧的"天外""全真"两峰形成"∩"字形山谷,使谷底的普照寺宛如安坐在巨人的怀抱之中。青松翠竹四围,整座寺院与风光迷人的山水融为一体。清代释奚林描绘寺景:"门前几曲流水,寺后千寻碧峰。鸟语溪声断续,山光云影玲珑。"这座寺园的格局较为规正,坐北朝南,南北长81.5米,东西宽82米,基本为方形,但古代园林建筑匠师又巧妙地利用地势,因顺自然,在规正中体现出一定的灵活性,创造出别具一格的园林风貌。整座寺园在层层递进的山坡平台上形成四进院落,平台之间有台阶相连;又以不高的院墙将山川纳入视野,较小规模的建筑群体统摄了较大的景观;以一山门、二山门、大雄宝殿、筛月亭、摩松楼为中轴,东、西两侧辅以殿庑、禅房、竹林、花园。寺传为六朝古刹,金大定年间奉敕重修,额曰"普照禅林"。明永乐七年(1409)高丽满空禅师、清康熙初年(1662)崇川诗僧元玉先后卓锡于此。嘉庆年间,"寺内所遗故釜可饭百僧"。其时,因管理不善,"地归售典,山木砍伐殆尽,殿宇毁残,荒凉满目,几为樵牧场,仅余瑞僧一人。其弟子盛光立志修庙,抱募疏走遍城乡,得邑人襄助,建正殿、两廊、山门,将童山遍植树木,越二十年蓊郁成林"。到光绪初年,"规模大备其制也",是我国古代僧众以人力绿化荒山、美化环境、创建园林的佳例。

普照寺隐于清幽静谧的山坳之中,由岱阳环山路北上,走过曲折迂回的山径,顿见茂林修竹掩映的寺庙,使人油然而生"深山藏古寺"的感觉。寺庙建筑格调清新素雅,与山光水色浑然一体,人文景观与自然景观融为一炉,畅游古寺,使人忘情于尘世之外。

钟鼓楼院 普照寺山门位于高台之上,一进山门又是一组向上的台阶,登上九级台阶,进入钟鼓楼院,钟鼓楼两旁为苍翠欲滴的茂林修竹。甬路两侧对称生长着五对高大的柏树。东北墙下立有明正德十六年(1521)的《重修山记碑》,记述了中朝两国五百年前的交往事迹和满空禅师的一些重要活动。另有清光绪六年(1880)的《重修普照寺碑记》,记述了清代普照寺的兴衰及盛光等人重修寺庙的情况。西北墙上嵌有碑碣八块。再上九级台阶进二山门,门里两侧有石幢一座,元初立,记载着僧法海于元成宗元贞初年(1295)重修普照寺的情况,院内东、西山墙各有砖砌发券拱形门与东、西禅院相连。

大雄宝殿 在二山门内正院之北侧。大殿三开间五脊硬山顶前后廊式,殿内神台上供奉释迦牟尼鎏铜像,背衬太阳火焰佛光,东配殿陈列明清铜佛像等文物,西配殿陈列清末大理石磨砂瓷、镶钧窑宋瓷等挂屏,院正中伫立双檐盖罩铁香炉一尊,院南部东、西两侧各置粗壮挺拔的银杏一株,殿前两侧各植油松一株,大殿两侧有垂花门通后院,可至寺园著名景点筛月亭。

筛月亭 出垂花门登上高于大殿后檐的高台,由封闭沉闷而豁然开朗。院中央台上建有筛月亭,亭单檐四方,形姿甚为娟秀,亭檐飞翘,如振翅欲飞的鲲鹏。小亭四根柱上各镌有四联,点出了这一赏景亭的风景特点。联文曰:"引泉种竹开三径,援释归儒近五贤。""曲径云深宜种竹,空亭月朗正当楼。""收拾岚光归四照,招邀明月得三分。""高筑两椽先得月,不安四壁怕遮山。"联语极精妙地道出了寺庙的环境风光和月光如水的空灵境界。亭东有棵古松,是六朝遗物,古松伟于虬枝,树冠幢幢如墨沿飞瀑奔泻而下。天晴月朗,月光透过树冠如碎银撒满亭中,令人心醉神迷。亭名即有此古松而来,取"古松筛月"之意。亭北为摩松楼,意为六朝松摩顶之楼,楼面阔五楹,上下两层,五脊硬山顶,上层有前廊明柱,是居高临下的观景好去处。整个小院于布局紧凑中见疏朗,一亭、一楼、一松,彼此顾盼呼应,极有韵趣,堪称普照寺园林之精华。

菊林院 从布置上看,普照寺园分成三组,位于中轴线上的是正院,从山门经钟鼓楼、大殿直到摩松楼。中轴线以东也有三进院落,前两院禅舍清幽,为僧人起居之所;后院是石堂院,院内有补刻冯玉祥诗画碣二十四块。中轴线以西也有三进院,前两院植翠竹花卉,是极为幽静宜人的小花园,乃古代哲人高贤游泰山乐意居住之处。20世纪30年代,冯玉祥将军隐居泰山时亦将这里作为寓所。为了纪念这位一代名将,1985年在中院立周恩来撰书的《寿冯焕章先生六十大庆》碑,碑文贴金,周围有补刻的冯玉祥书画碣二十四块。后院是菊林院,北有带前廊的正房五间,与摩松楼相接,曾是冯玉祥将军的住处,门上悬"菊林旧隐"匾额,檐下有内外两副楹联,内联为道光年间泰安知县徐宗干书元玉文:"松曰好青;竹曰好绿;天吾一瓦,地吾一砖。"门前蜡梅环拥,院中银杏参天,并有清代寺僧理修与师傅共植的"师弟松"一株,树干及眉,冠如华盖,枝如逶迤疾走的龙蛇。树下有光绪年间楚人何焕章"一品大夫"刻石。

千佛山 位于山东济南市中心以南,重峦叠嶂,翠峰连绵,直抵泰山北麓。千佛山距市中心2.5千米,属于泰山山脉余脉,主峰海拔285米,东接佛慧山,西连马鞍山,南与螺丝顶山相依,是济南市的一道天然屏障。这个遐迩闻名的山水风景园林,树木苍郁,松柏满谷,殿宇错落,是自然景观与人文景观的融合,是人与自然的统一。

千佛山历史悠久,古称历山。先秦《尚书》《韩非子》《墨子》等古籍所言"舜耕历山",相传便指此地,故亦名舜山、舜耕山。济南,战国时称历下邑,西汉时称历城县(属济南国),现有历下区、历城区,皆因山而名。《史记》记载,周灵王十七年,齐晋交战,即在此山下。东晋时佛教流传,千佛山成为人们祭祀舜帝的地方,年年于此举行"迁祓"仪式,祭以除恶。久之,"迁祓"转音为千佛。隋代开皇年间,在山腰依崖岩凿石窟九座和雕塑佛像百余尊,后建千佛寺,以之得名千佛山。盛唐尊佛,大兴土木,又于山巅兴建庙宇、楼阁、亭台,朝山拜佛者络绎不绝,千佛山遂蜚声海内外,为济南市三大名胜之一。

1989年落成的千佛山石坊,雄伟壮观。由此进山,沿柏油路上行不远处,有一开阔平台,东西两侧蹲立两尊威武的石狮。继续上行,登山有东西二路盘道,各三百级左右。山径曲折,松柏夹道,步移景换,苍秀含幽。沿途有茶厅、半山亭、古坊。循西路登山,先至唐槐亭,亭西北麓不远处有娥英池。由唐槐亭拾级而上,山势渐陡,抬头望去,一架红柱彩椽的木牌坊迎面而立,额匾正面四个行书金字"齐烟九点"。过此坊门,峰回路转,上行处又立一坊,即云径禅关坊。坊内即兴国古寺,山门坐东面西。寺门前山崖上镶嵌有乾隆的诗碑。这里崖壁峭立,佛宇亭台遍布,兴国禅寺、历山院东西横向排列,组成一大建筑群落。兴国禅寺为主体建筑,是千佛山的主要名胜。寺内有千佛崖造像、极乐洞、龙泉洞、黔娄洞、大雄宝殿、观音堂、对华亭;历山院内有文昌阁、鲁班祠、舜祠、一览亭等。兴国禅寺、历山院背倚高崖,其东西两端崖上均有陡峭石阶可达山顶。

历山顶狭长,青石裸露,有如大鱼脊梁。登临顶峰,放眼北望,可见"明湖如镜,黄河如带"。转身南望,佛山对面数里便是墨绿色的螺丝顶。那里山腰裸露一片黄色山崖,便是镌刻有北魏造像的黄石崖。山巅东西两端建二亭,互为呼应,遥遥形成对景。西端之六角重檐小亭,名曰望岱亭,亭内驻足远望,泰岱余脉尽收眼底;山巅东端,有两层楼台赏菊阁立马,凭栏于此,可赏秋日佛山灿烂野菊。"佛山赏菊"为济南八景之一。"佛山",指千佛山东南不远处之佛慧山,上有大佛石窟造像。千佛山、螺丝顶、佛慧山,三者之间构成一宽阔幽深的山谷盆地,郁郁葱葱,连绵一体,浑然天成。

登山盘道　始修于清朝道光二十五年(1845),由居历山东侧的富豪乔朗斋首倡捐金修建。盘道原由山的西麓开始,即原兴国寺下院处,名为"崇佛院",一度香火鼎盛,后倾圮,遗址今已被辟为果园。旧日盘道至胡国公祠,则分为东西二路。胡国公即唐代名将秦琼,官拜左武卫大将军,死后谥为胡国公。据历史的真实记载,此处则系纪念任齐州太守的宋代文学家曾巩所建之"曾公庙"。原有明英宗正统年间重修之曾公庙碑记,庙到清朝还有,只是碑记不存,因而被后人误为秦琼庙。而今庙早已塌毁。绿树浓荫下一片开阔的平台,有石桌石凳可供游客休息。由此向上,盘道仍分东西两路。西盘道338级,迂回曲折,游人多由此路缓步登山;东盘道283级,较陡直,游山之后则可由此路轻履而下,以窥佛山全貌。浓荫掩映的盘道两侧,古木参天,花草丛生。石径曲折蜿蜒,伸向翠微深处,更显佛山之博大、深重、浓郁。

唐槐亭　建于1957年,又称四面亭、半山亭,是一座翘角飞檐、十六柱的凉亭。亭上匾额"唐槐亭"三字,为当代著名书法家舒同书写。亭西侧古槐,虬枝偃蹇,树干半朽,而枝叶犹茂。树根部生出一株幼槐,穿透古树主干,生机盎然,两树宛如慈母抱子,后人因之称其为"母抱子槐"。相传唐代山东好汉秦琼曾拴马于此树,故称唐槐,又称秦琼拴马槐。

娥英池 在唐槐亭西北,以自然石砌成。此池以舜之娥皇、女英两妃命名。池西侧一注水口掩山石下,其前有一横石隆起,水激石上,水花飞溅,水流过横石落入池中,形成一道水帘。池周绿树环抱,绿荫映池中,波光云影,摇曳不定。盛夏小憩此处,山风拂衣,青翠扑面,情趣无限。

齐烟九点坊 过唐槐亭,拾级而上,陡峭山崖处有一木质丹柱彩绘牌坊。抬头仰望,牌坊匾额正面有"齐烟九点"四个行书金字,乃道光年间历城知县叶圭书写,苍劲潇洒,极见功力。"齐烟九点"匾额背面是"仰观俯察"四字,临摹化用王羲之《兰亭集序》中"仰观宇宙之大,俯察品类之盛"之佳句。游人立于此处,既可"仰观"山峰之秀,又可"俯察"城廓之美。此坊建于清道光二十三年(1843)。"齐烟九点",语出唐代诗人李贺《梦天》诗句:"遥望齐州九点烟,一泓海水杯中泻。"清人王琦在《李长吉歌诗汇解》中为原诗末联作注云:"九州辽阔,四海广大,而自天上视之,不过点烟杯水,梦中之游真豪矣!"诗中"齐州",非指古山东齐国,而是指整个中国。此处系借用李贺诗句,特指济南千佛山北黄河沿岸青烟色的众多山头("九"泛指多数)。由此处北望,但见匡山、粟山、药山、北马鞍山、金牛山、标山、凤凰山、鹊山、黄台山、华山(古称华不注)、驴山、卧牛山等十三座山丘自西而东,一字排列。此处题李贺诗句,深得其意境。千佛山雄伟巍峨,居济南众山之首,群山则犹如九点烟尘。登上此处,极目远眺,真有杜诗"一览众山小"的情怀。

云径禅关坊 兴国古寺门前有一木质结构牌坊,四柱三门,红柱彩顶,雕梁画栋,古朴精美。此坊始建于清代乾隆初年。坊正面匾额有"云径禅关"四个鎏金大字,其意指此处为千佛山高处,坊内寺院耸入云端,显示佛门之清幽超凡。匾后有"峰回路转"四字,语出宋欧阳修《醉翁亭记》,形容古寺藏于山峦深处,暗示历经劫难的世俗之人只要看破红尘,皈依佛门,自可走出迷津。此坊匾额均为清代道光年间王观成所题。1972年维修,分别改用当代书法家黄立孙、姜守迁的隶书墨迹。

穿过牌坊,迎面石壁嵌有乾隆皇帝的御碑,上刻其1748年春三月登临所题《千佛山极目有作》,行书潇洒流畅。"文化大革命"期间,幸亏一老人趁夜深人静上山,悄悄用石灰涂抹掩住此碑,方使之幸免于难。御碑东侧有一幅清代石刻"弥陀普救慈竹"图,记载兴国古刹往昔岁月辉煌一页。

兴国禅寺 又名千佛寺,是一座年代久远的山间古刹。始建于唐贞观年间,宋代扩建,后毁于战火。山寺几经兴废,现存寺庙是经过明、清两朝重修后的建筑。院内尚存明成化七年（1471）《重建千佛寺永远千年碑》，可为重建山寺历史的佐证。

兴国禅寺依山而筑，逶迤错落于山腰之间，隐现于绿树云烟之中。此寺南依悬崖峭壁，北临百丈深涧，东西狭长，院落幽深。寺门朝东，为石砌拱形，上嵌石匾"兴国禅寺"，是已故全国佛教协会会长赵朴初书写；寺门两侧有石刻对联，右为"暮鼓晨钟，惊醒世间名利客"，左为"经声佛号，唤回苦海梦迷人"，清末济南秀才杨兆庆书写。寺门左右为钟鼓楼，三者连为一体，内有高一米许的铜钟。寺院占地约19300平方米，东西长，南北窄，分东西两个禅院，有殿五座。后院的大雄宝殿坐西面东，飞檐、斗拱、彩椽、琉璃瓦、青石阶，气势庄严堂皇。殿内塑千手佛，造像艺术极高，可惜这些珍贵的艺术瑰宝皆毁于"文化大革命"之中，院内千佛崖耸然壁立，其上凿有隋唐石窟佛龛。千佛崖下有三洞，即龙泉洞、极乐洞和黔娄洞。院内还有明代古亭"对华亭"、佛像陈列室、碑廊、石坊和吕祖洞等。明代刘敕有《咏兴国寺》，传留至今："数里城南寺，松深曲径幽。片湖明落日，孤嶂插清流。云绕山僧室，苔侵石佛头。洞中多法水，为客洗烦愁。"

隋唐摩崖造像 兴国寺院内南侧有一大片山崖峭壁，其上凿有隋代佛龛、石窟九座和佛像百余尊。大者三米多，小的仅只二十厘米许，有的凝神伫立，有的合掌禅定，神态各异，实在逼真。据造像题记，最早的为隋开皇七年（587）刘景茂造像，还有唐代贞观年间（627—649）的造像，其中不乏上乘精品。这里崖壁陡峭，终年受不到阳光照射，潮湿的峭壁上布满青苔，藤萝攀附其上，郁郁葱葱的崖壁上有栩栩如生的佛雕散落其间。史载石窟雕像源于印度。佛教传入中国，南北朝时造窟风气极盛。北周武帝宇文邕多次诏令禁断佛、道二教。后杨坚取代北周，建立隋朝。隋文帝杨坚诏复佛寺，其生母为历城人，因之特意在济南大兴佛事，济南成为当时佛教中心之一，历山石窟佛雕由是兴焉。此崖佛像雕塑虽仍承北朝风格，但面貌已显柔和，衣褶亦重写实，开唐代石雕之先声。"文化大革命"中这些佛雕国宝惨遭毁坏，现供游人观赏的六十余尊佛像全是1976年后经修复重现其艺术光辉的。

千佛崖下三奇洞 千佛崖下有三洞，即极乐洞、龙泉洞和黔娄洞，堪称兴国寺内一大奇观。

极乐洞规模宏大，是造像群的主窟，且与龙泉洞相通。洞内正面雕有立佛及胁侍菩萨像三尊。中间立佛是身高3米的"阿弥陀佛"，大肚笑颜，是西方极乐世界的教主。左为大势至菩萨，右为观世音菩萨，各高约2.5米。洞内两壁还有坐佛浮雕二三十尊。除了洞顶，壁间空隙大都为佛像占据。"文化大革命"后在加固此洞施工过程中，在洞中石壁坍塌处又新发现六十余尊隋朝石刻小型佛像，极为珍贵。洞内东壁曾嵌有清初诗人施闰章《济南九日登历山》石碣一块。清顺治年间,施任山东提督学政。在济南任期,他主持疏浚了趵突泉,并修缮了秦汉经学大师伏生墓和以孝闻名的孔子弟子闵子骞祠,为明代"后七子"领袖李攀龙树立了墓碑。在主持童生考试院试时,他将《聊斋志异》的作者、时年仅19岁的蒲松龄点为第一名秀才,甚得后人称道。

龙泉洞在极乐洞之西,两洞相通。洞口上方金文石刻"龙泉洞"是济南当代著名书法家任晓麓的手笔。洞自上而下,深约2米。洞内泉水旺盛,四季不枯,洞壁布满青苔。洞内南壁镌有六尊佛像,下有一向下之深洞,即龙泉。盛夏洞中寒气侵人,山风吹来,洞口隐隐作声,犹如龙吟;凝目视泉底,水波晃动,又似有玉龙蟠踞水中。龙泉洞以此得名。

黔娄洞在极乐洞之东。此洞相传是春秋齐国隐士黔娄隐居之地。清朝嘉庆年间尚有塑像。黔娄一介书生,一生洁身自持,不慕权势。鲁恭王礼聘其为相,坚辞不就;齐威王派使节持黄金百镒,请他到朝内为卿,亦不肯去。他一直隐居山中,著书四篇讲述道家学说,名为《黔娄子》,今已亡佚。封建时代,黔娄一直是安贫乐道、穷困潦倒的书生的象征。洞温湿,深及数丈,进洞三折有一人工开凿呈长方形的洞室,二十余平方米,高两米余。洞口有介绍黔娄子生平的石刻题记。

三洞之东石阶上架有石坊一座,便是清乾隆五十七年(1792)所建的"洞天福地坊"。该坊青石仿木结构,按卯榫雕砌而成,简洁朴素,蔚为壮观。经过此坊,便进入道家仙人所居名山胜境。

吕祖洞 过洞天福地坊,沿石级凳上十余米的高山冈,便至兴国寺内最高处小院吕祖洞。吕祖洞萝蔓遮掩,花木丛生,这里纤尘不染,为全寺最幽静处。明代将其列入历下十六景,是谓"石洞绝尘"。洞口两侧多古代碑刻。吕祖,即民间相传八仙之一。佛教寺院,偏有道仙洞穴,也算一奇。起因不可考。传说清康熙年间,纪念吕祖诞辰日(农历四月十四日),济南士人华可宗等到此祭祀后饮酒叙谈,有幼童失手将茶壶落于石上,壶不碎,留两小孔,排列整齐,敲之铿锵悦耳,众人惊异不止。有人恍然:"二孔即二口,二口为'吕'字,纯阳帝君来临了。"不失为一段佳话。

对华亭 建于明代,因北对华山而得名。"对华亭"三字集自元代大书法家赵孟頫书帖。清初,称此亭为"一览亭",1979年恢复原名,而于历山院内又新建一览亭。对华亭是一座半壁花棂、半壁玻璃的三间小厅,红墙绿瓦,显得小巧、古朴、典雅。该厅建造在高出寺院十数米的崖壁间,位置奇绝。每当阴雨天气,浮云穿堂而过,水汽湿人衣襟,如凭虚御风,顿有飘飘欲仙之感。

"十二屏风"碑刻　兴国寺院东门外,右侧墙壁上嵌有"十二屏风"碑刻,颜体正楷,字大如掌。这组巨碑立于清光绪元年,碑文系济南知府石小南感慨人生、痛切身心之作,由山东巡抚丁宝桢书写。丁宝桢以诛杀慈禧太后宠信太监安得海而天下闻名。书如其人,严正遒劲,粗浑有力,赢得世人好评。碑左侧耸立一棵唐代古槐,绿荫覆盖碑面,寺院更显肃穆深沉。

历山院　出兴国禅寺东门,迎面石阶陡竖,拾级而上,便是历山院,俗称东庙。东庙历山院是儒、道、佛教杂居的地方。庙中古建筑参差起落,古木葱茏,十分清幽。寺院南有一排古殿,大舜庙高踞其间,文昌阁、鲁班祠和碑廊萦绕周围,形成一组名胜系列。寺庙北临数丈峭崖,峭崖之上是一条新建的九曲回廊,回廊中间有一座玲珑剔透的四面亭,即1979年新建的一览亭,取自杜甫诗句:"会当凌绝顶,一览众山小。"水泥结构,古开敞式建筑。整个建筑面积210平方米有余,主亭高6.9米,翼角飞翘,四面落地明窗。其北面基部探出崖外是仰观俯察的极好位置。凭栏远眺,明湖如镜,黄河如带,泉城景色尽收眼底。亭前院中屹立着一株合围的参天宋柏,苍劲峭拔,躯干如雕。

文昌阁　建于清代,筑于高台之上。文昌,星名,亦称文曲星,道教尊之为主宰功名利禄的神。文昌阁内,除了供奉文昌帝君外,两侧还有科举考试官朱衣使者和主宰文章兴衰的魁星。文昌阁建于清代康熙年间,悬崖之上起一高台,高台正中有圆形拱门,门上镶嵌"文昌阁"石匾。拱门前有两株古柏傲然挺立,拱门顶部、正殿之前亦有两株柏树。相传自建阁以来,济南"文风蒸蒸日上,凤起蛟腾",人才辈出。

鲁班祠　在文昌阁东侧。该祠建于宋、元年间,四楹出厦,造型大方。鲁班像为1983年8月重塑。建筑工匠"祖师"鲁班端坐正中,粗裳短褐,神态平和,有忠厚长者的风度。两侧各有一童侍之,左边捧书,右边捧曲尺、墨斗,俨然一位朴实忠厚的能工巧匠的形象。

舜祠　约建于北魏,又称"重华协帝殿"。郦道元《水经注》记载:济南"城南对山,山上有舜祠"。现存舜祠是清代建筑,六楹出厦,花窗棂扉。据清乾隆进士、礼部尚书黄钺《游济南历山记》载:"谒舜祠望像,衮冕执圭,如三十许人。"塑像久废,1983年10月按原样重塑。舜头戴冕旒,手执镇圭,须髯垂胸,神情庄重。左右二妃娥皇、女英凤衣霞帔。塑像俱罩以神龛,有帷幔垂挂。抱柱楹联为范曾撰写:"古帝谐深情记得潇湘斑斑竹泪,娥皇钟隽秀长怀历下千山泉。"

　　舜祠内保存着一批碑记石刻,其中尤以清阮元撰文、桂馥书写的《历山铭》最为珍贵。

赏菊阁　望岱亭　均建在千佛山顶。赏菊阁在山巅东端,因地势凹凸不平,阁的主体由八根基柱托起,形如二层。灰瓦红柱白栏,分外醒目美观。秋季立此亭东望,对面佛慧山等遍开野菊,"佛山赏菊"乃济南八景之一,阁名缘此。山顶西端有一六角重檐小亭,驻足亭内南望,泰岱余脉尽收眼底,故名望岱亭。

黄石崖　登千佛山顶,便见南面不远处,有一座松柏覆盖的墨绿色山峦,俗称螺丝顶。此山海拔350多米,与历山遥遥相望,似近在咫尺。此山山腰处有一片裸露的黄色山岩,即闻名于世的有北魏造像的黄石崖。此山崖前有一天然台基,高一米许,称为"天台"。纵身而上,便见山岩内凹,崖壁前伸,形成一条奇妙的石廊。石廊长30多米,宽约1米,高约10米,顶上巨石穹窿,似天造之房檐,整个石崖给人以殿堂般的感觉。崖壁上有清泉淙淙流出,裂隙旁镌刻"敛泉"二字。

　　黄石崖石壁上有石窟及摩崖造像85尊,残存的佛龛19个,造像题记8种。据题记载,这些浮雕佛像是从北魏正光四年(523)到东魏兴和二年(540)间雕造的。佛像只有很少几座为释迦牟尼像,多为弥勒佛像。所雕佛像,一般高约1.5米,无论坐佛、立佛,都秀骨清姿,宽袍大袖,表现出汉化的特点。坐佛衣裾前垂,立佛作微行说法状。衣纹流转自如,遒劲有力。飞天的造型十分优美,长颈细腰,神采飘逸,特别是裸体飞天,身上仅系飘带,手持乐器,作盘旋飞舞状,风度娴雅,楚楚动人。造像题记字体都是楷书,不过保留了较多隶书的意味,体现了由篆书向楷书过渡的特点。螺丝顶较之千佛山更为高大,登此处大有"一览众山小"的感觉。顶峰有东魏的《大般涅槃经偈》古碑。

开元寺遗址　开元寺旧名"佛慧寺",明初改称为开元寺,始建于唐朝,重建于宋代。今已废圮。历史记载,隋代此地即已有佛事活动。开元寺建于佛慧山腰一开阔台地。这里三面峭壁削立,翠峰环抱,环境十分清幽。据载,这所寺殿依石壁而建,有正殿五间,东西配殿各三间,殿前有宋代所植丁香树数株。殿东石壁上,凿窟造佛,其中一尊大佛像首颈已断。传说明建文二年(1400),燕王朱棣举兵南下,以图夺取帝位。兵部尚书铁铉坚守济南,朱棣屡攻不下,迷信有佛保佑,故将此佛头颈打断。断头佛巨像下有一石洞,水从石岩流下,洞旁刻有"天生自来泉"五字,此即甘露泉。石壁上有不少历代石刻,最有意义的是宋代女词人李清照的父亲李格非的题刻。

大佛头　佛慧山主峰文笔峰下有一大佛龛,拱楣之上镌有"大雄宝殿"四字,是清末御史张英麟所题。龛内依山壁凿有一尊巨型头部佛像,高7米,宽4米余,俗称

"大佛头"。济南人夸耀说,石佛的耳朵眼里可以坐进四个人打扑克。从造型艺术看,佛头天庭饱满,下巴半圆,似是唐代杰作;雕凿虽较粗糙,但气韵生动,雄伟壮观,使人顿生崇敬之情。洞口外原有石柱两根,后倒塌,现仅余山壁洞口。大佛头凿于何时,无碑志可考。

万佛洞 自千佛山东盘道上行,不远处便是近年落成的"万佛洞"。它集中国四大著名石窟敦煌、龙门、麦积山、云冈之特色于一体,用仿照的方法将四大石窟浩瀚的艺术瑰宝加以精选、浓缩、重构,形成了《莫高集锦》《龙门精华》《麦积奇观》《云冈荟萃》四个部分,万千彩塑和壁画构成了一座思接千载、视通万里的石窟艺术博物馆。万佛荟萃于历山,堪称当代中国石窟艺术一大奇观。

灵岩寺 位于山东省济南市长清区方山(又名玉符山)之阳灵岩谷中。始建于东晋永和十年(354)。据传,东晋高僧朗公于永和七年(351)在泰山琨瑞山创建神通寺后,常到方山讲经,曾使得"猛兽归伏,乱石点头(即岩石显灵)"。后来朗公又率众来方山开山建寺,取名为"灵岩寺"。北魏太武帝太平真君七年(446)灭佛法,寺院被毁。至正光元年(520)法定和尚又在方山之阳、甘露泉西侧重建灵岩寺,寺院初具规模。唐贞观年间(627—649)高僧慧崇将寺院迁至西南麓,宋熙宁年间(1068—1077)始移建于现址。灵岩寺于唐初就已发展成为全国四大名刹之一,与浙江天台的国清寺、江苏南京的栖霞寺、湖北当阳的玉泉寺共誉为"天下四绝""天下四大丛林"。宋代灵岩寺更盛于唐,僧徒达千余人。景德元年(1004)真宗赐名为"景德灵岩禅寺",宋神宗熙宁三年(1070)起,灵岩寺住持由皇帝钦定。这一钦命之制一直沿至明代。

寺居群山环抱之中,南北5千米,东西10千米。北有形似蹲狮的方山,东有形似骆驼的朗公山,南有形似大象的竹山。以峰峦奇秀、风光旖旎、柏檀葱郁、景色壮丽、四季宜人著称。寺园外主要建筑景有石构"灵岩胜境坊"、崇兴桥,山门内殿堂布置较为灵活,舍弃了一般寺院沿中轴线对称布局的格式,而将建筑、古木、奇石、庭院很协调地组合在一起,主要殿堂有山门殿、天王殿、大雄宝殿、千佛殿、五花殿、御书阁等,寺园西北隅有规模较大的墓塔林,堪与嵩山少林寺塔林相媲美,另有唐构密檐砖塔和八角九层的辟支塔。寺园附近古迹名胜颇多,如灵岩寺四周还有卓锡泉、双鹤泉、白鹤泉、甘露泉、可公床、白云洞、明孔洞、证明殿、巢鹤岩、一线天等。寺院一侧有磴道盘曲迂回上山,拾级可登至方山之巅,远眺四周山水风光。

灵岩寺过去以其在佛教发展史上的重要地位和幽美的自然风景,为历代文人墨客所敬仰和向往。著名诗人、文学家、书法家,如李邕、曾巩、王安石、苏辙、赵秉文、辛弃疾、党怀英、郝经、薛瑄、王世贞、顾炎武、梁启超、郭沫若、赵朴初、刘海粟和日本高僧邵元等均登临题咏,或留墨迹。清乾隆皇帝曾八次来此泼墨抒怀。如今,灵岩寺是全国重点文物保护单位之一,其以悠久的历史、众多的文物古迹和优美的风景,吸引着国内外广大游客来此游览观光。明代文学家王世贞说:"灵岩是泰山背最幽绝处,游泰山而不至灵岩,不成游也。"

灵岩胜境坊 位于寺园外金舆谷西口的一座单门石牌坊,建于清乾隆二十六年(1761),为寺的第一道山门,坊上镌"灵岩胜境"四个大字。东行约200米处,有一石拱桥,曰崇兴桥,系宋大观二年(1108)灵岩寺高僧仁钦禅师所建。桥西北侧并立两块石碑,其中一块是宋碑,碑阳面刻《仁钦禅师修建崇兴桥记》。由郭思撰文,郭升卿书,王高书篆额。再东行过对松桥不远的苍松翠柏丛中有一凉亭,曰"接官亭"(或叫"下马亭")。官员到此一律停轿下马,僧人在此迎送。继续向东行即为松林,十里长道葱茏茂密的松树蟠曲多姿,遮天蔽日,古有"十里灵岩翠如荫"的赞语。十里松林的尽头处矗立着一块3米多高的大石碑,上书"大灵岩寺"四个楷体字,是元山东廉访副使文书讷(西夏人)所书。碑之北约50米处就是寺院山门。

山门殿(也称金刚殿)是明清建筑,三开间,原塑有护法金刚即"哼哈二将"。过山门,隔一小院为天王殿。

天王殿三开间,是明代建筑,正中供奉着弥勒佛,背后供的是韦驮佛,两侧原塑有四大天王。今以由各处迁移来的唐、宋、金、元、明、清历代碑刻取代。这些碑文是研究灵岩寺历史沿革的最好史料。天王殿北门外东侧为钟楼,尚存明代铜钟一口;西侧为鼓楼,鼓已无存。院北即为大殿。

大雄宝殿为五开间硬山式建筑,初建于宋嘉祐年间(1056—1063),原称献殿,供僧人讲经说法、参事生禅之用。明万历年间(1573—1620)进行全面修缮后改称为大雄宝殿,现殿之石柱础均为宋代遗物,余为明代遗物。殿前两侧各有千年古柏和银杏多棵。

千佛殿 千佛殿是灵岩寺的主殿,艺术精华所在,也是本寺保存最完好、规模最大、最宏伟的建筑,面阔七间,进深四间,单檐庑殿式,九踩单翘三昂斗拱,八根檐柱覆莲、龙、凤柱础,雕工精细,花纹清秀,线条流畅,具有唐宋风格特征。始建于唐贞观年间(627—649),宋、明嘉靖年间曾重修。最后一次重修是明万历十五年(1587),殿内大梁上记有"大明万历十五年岁次丁亥九月初八日德府重修"字样。

千佛殿因殿内佛像众多而得名。现殿匾上"千佛殿"三个字是时任全国佛教协会会长赵朴初先生的手笔。殿正中供奉的是"三身佛"(法身、报身、应身),或称"三世佛"。中间为法身佛,为宋僧以藤胎髹漆塑造;东侧为报身佛,是明成化十三年(1477)用铜2500公斤铸成;西侧为应身佛,是嘉靖二十二年(1543)用铜2500公斤铸成。佛像上方两侧梁上有三十三天之一的"飞天";殿两山及后壁前后左右原有铜、木小佛像千尊,因屡遭劫难,现仅存393尊。殿内最吸引人的艺术精华还是那四十尊被称为"海内第一名塑"的彩色泥塑。殿前东侧有两块石碑,对这组彩塑艺术作了恰如其分的评价。其中一是梁启超先生所题"海内第一名塑",另一是当代艺术大师刘海粟先生八十八高龄时(1983年11月23日)题的"灵岩名塑,天下第一,有血有肉,活灵活现"。这组彩塑的雕塑艺术高就高在"有血有肉,活灵活现";好就好在尊尊塑工精细,质感明显,口目传神,给人以"活"的感觉。这四十尊与真人一样大小的泥塑中无一雷同。观其姿态,或结跏趺坐,或远眺,或沉思,或手指口讲,或拄杖,或合掌,或侧耳细听,或争辩,动作无不准确生动。察其神情,有的静坐思考,有的探求真谛,有的怒目而视,有的据理力争,有的含睇默思,有的笑容可掬,有的俯首低吟,有的纵目远望。看其气质,有的清姿秀骨,有的穷苦潦倒,有的雍容华贵,无不以形传神。各部分处理细致,手部、颈部的血管、脉络分明可见,骨胳、脉络位置分布得当,衣着服饰完全保留了僧服的时代特征。线条流畅、曲折、自然,做到了内外协调一致,真是个个栩栩如生,呼之欲动,游人到此无不赞口不绝。

摩顶松 五花殿西侧的古木景。五花殿又称五花阁,位于大殿后方。建筑为正方形,四面各五间,歇山式飞檐玲珑,回廊壮丽,全部用石砌筑,颇有特色。阁两层,上供三大士(观音菩萨居中,文殊菩萨居左,普贤菩萨居右),下供圆通菩萨。宋嘉祐年间(1056—1063)由琼环禅师创建。明正德年间(1506—1521)重修,清乾隆十一年(1746)重建,后因失火殿毁。殿西侧有一棵摩顶松,实为苍老可爱的千年古柏。史载"高可三丈,大五抱"。"柏"为何称"松"?因"柏"与"悲"是谐音,山东方言难分,古人忌讳"悲"这个不吉祥之字,故将"柏"呼为"松",后来有人在此栽一柿子树,取"百(柏)事(柿)如意"之吉言。广大游人都要在此大树前留个影,祈盼一生"百事称心如意"。这棵老柏树还有这样一个故事传说:"唐僧临去西域取经前曾来灵岩寺,手摸殿前'松'说:'吾西去求法,教汝枝西长,归时东向,使吾弟子知之。'唐僧走后,果然新生枝叶全向西长,数年后,西指之枝忽然向东指,寺僧见之便曰:'吾师回矣,快迎之。'此时唐僧正好回寺。"这就是"摩(摸)顶松"的命名缘由。当然这仅是民间传说,并不可信。因为据史料载唐僧并未到过灵岩寺。只不过是人们把唐玄奘"神化"罢了!

御书阁 始建于唐贞观年间(627—649),宋大观元年(1107)为仁钦所重建,专为存放宋徽宗所赐之御书。明代万历十六年间(1588)阁内改塑大悲菩萨,故更名为大悲阁。崇祯年间(1628—1644)又改塑玉皇大帝,改称为玉皇阁,后为维护其历史地位仍复名御书阁。墙上嵌有宋代书法家蔡卞、蔡安特等历史名人的题诗墨迹刻碑多通。另外在鲁班洞内还存有唐碑三通,宋碑两通,金、元、明、清时期的石刻四百余通,如唐代书法家李邕的《灵岩寺碑颂并序》、宋宣和六年(1124)《施五百罗汉记碑》和宋代《苏轼醉诗碑》等。这里还有两棵已濒临绝迹的稀有树——青檀,一叫"云檀"(在《圆通经》石碑阁基上方),一称"龙檀"(在阁东峭壁上),均已千岁高龄,盘根错节,若卷云升腾,似龙蛇飞舞,为树中一宝。阁下千佛殿之东还有一棵高大古柏——汉柏。相传汉文帝有一夜梦见灵岩寺东边有一棵千年寿命的柏树,次日命大臣邓通前去察看,邓通到此一看,只见有一棵刚刚发芽的小柏树,邓通回朝后如实秉报。汉文帝听后就对天祝祷:"愿此树与寺并传不朽。"并立碑。至今树与碑俱在。据测此树确系汉代所植。北侧墙上还有一通引人注目的石碑,这就是宋代著名诗坛领袖苏东坡的墨迹《苏轼醉诗碑》。

墓塔林 在寺西台地上,由千佛殿西行循花园游路可至,塔均建于苍松翠柏之中,外有围墙,前有石阶引导,呈现出一种庄重严肃之气氛。塔林是安葬唐、宋、元、明、清历代高僧的墓地,因墓呈塔形,为数众多,故称墓塔林。现存墓塔167座(其中唐初1座,北宋6座,金代5座,清代3座,其他均为元、明两代遗物)和志铭石碑81座,保存如此完好的墓塔林,在全国只有两处,另一处就是河南省登封区嵩山的少林寺。墓塔风格,历代各异,是研究佛教历史的最珍贵资料。碑中《息庵禅师道行碑记》是日本国山阴道但州正法禅寺住持沙门邵元撰并书,清亭石匠张克让等镌,这里凝结着六百多年前的中日友谊。循塔林东门出,游道蜿曲于山腰上,东行不久,便可看到一座造型挺拔俊秀的密檐式塔,便是辟支塔。据记载,该塔创建于唐天宝十二年(753),塔高54米,底周长48米,八角九层,可循级而上。据说建此塔共用了63年时间。

蓬莱阁 坐落在山东烟台市蓬莱区北约1千米的丹崖顶,是由蓬莱阁、吕祖殿、三清殿、天后宫、龙王宫、弥陀寺六组建筑群与山海风景组成的古建筑园林风景游览区的总称,亦是中外驰名的寺庙园林。总占地面积32800多平方米,建筑面积

18900多平方米。阁居崖顶,下临大海,波涛滚滚,殿宇凌空,云烟缭绕,素有"仙境"之称。古代传说蓬莱、方丈、瀛洲为海上三仙山,上有仙人及长生不老药。据史记载,秦皇、汉武都曾先后来此求仙觅药。神话故事"八仙过海"即在此地。据考,蓬莱阁始建于北宋嘉祐六年(1061),明万历十七年(1589)重新扩建,清嘉庆二十四年(1819)又重修。阁高15米,八角重檐,周有回廊,檐间悬金字匾额,上题"蓬莱阁"三字,为清代书法家铁保所书。阁南有三清殿、吕祖殿、天后宫、龙王宫、弥陀寺等,错落有致,与阁既浑然一体,又各成系统。登阁瞭望,北望长山列岛,虚无缥缈;东北海疆,澄波万里;海市蜃楼之今古奇观,尤令人心往神迪。苏东坡曾有《登州海市》云:"东方云海空复空,群仙出没空明中。荡摇浮世生万象,岂有贝阙藏珠宫?"阁东有苏公祠,内有苏东坡的石刻楹联:"海市蜃楼皆幻影,忠臣孝子即神仙。"阁东南有观澜亭,为观日出的好地方;阁西有避风亭,又名海市亭。蓬莱阁素有著名景点十处,称"蓬莱十景",即万斛珠玑、仙阁凌空、万里澄波、神山现市玉、晚潮新月、日出扶桑、狮洞烟云、渔梁歌钓、铜井含灵、漏天滴润等。在主景高阁右侧,近又修复了水城、戚继光纪念馆等。丹崖山南坡则古树参天,绿荫匝地,天后宫、龙王宫等古构均掩映于浓树之中,景色很是古雅清幽。蓬莱阁历来为文人学士雅集之地,现留有古人观海述景的题刻二百余方。这些流芳翰墨,更为海天增色。

崂山 位于山东青岛市东北郊,挺立于黄海之滨,是我国著名的道教宫观园林的集中地,亦是山东胶州湾一带的风景名胜游览区。崂山方圆三百余平方千米,主峰崂顶海拔1133米,山势东峻西坦。东临崂山湾,南濒黄海,海山相连,水气岚光,变幻无穷,其雄奇壮阔、灵秀幽清的自然景色,为内地名山所不及。《齐记》中有"泰山虽云高,不如东海崂"的赞句。自古称崂山为"神仙之宅,灵异之府"。据史书载,秦皇、汉武为了寻求仙药,曾先后登临此山。宋元以来,进山炼药者增,寺观次第兴建,崂山遂成为道教名山。山上层峦叠嶂,宫观林立。现存主要道观寺庙有:上清宫、下清宫、太平宫、华楼宫和华严寺等。庙宇四周竹林繁茂,浓荫蔽日,古洞奇峰,星罗棋布。气候温和湿润,夏季凉风微吹,自古即为避暑、游览之胜地。

下清宫 亦称"下宫""太清宫"。位于崂山之东南,前临大海,三面环山。原是宋太祖为华盖真人刘若拙所建的道场。明万历间倾圮,憨山和尚于宫前建海印寺,寺旋毁,复建此宫并加扩大。现有三宫、三清、三皇殿三院。宫中奇花异卉,四季不绝。耐冬花开,红艳似火。蒲松龄《聊斋志异·香玉》篇所写红衣女子绛雪,讹传是宫中耐冬之化身。宫中汉柏、唐榆、宋银杏均历经风霜,至今仍柯干嵯峨,蓊郁葱倩。凌霄花盘绕汉柏而上,蜿蜒似龙蛇,名曰"古柏盘龙"。三清殿前碧水一泓,大旱之年亦不涸竭,道人称之为"神泉水"。三皇殿内壁嵌元世祖忽必烈护教文碑及成吉思汗所颁金虎符文。宫后巨石上有康有为的题刻:"青山碧海海波平,汗漫重游到太清。白果耐冬多阅劫,崂山花闹紫薇明。"宫东道旁还有一巨石,高三米多,上刻"波海参天"四个大字,下刻小字"始皇帝二十八年游于此山"。每当月夜,天风海涛,空明一片,崂山胜景太清水月即是此。宫内文物还有明版道经和明文徵明墨迹等。

上清宫 亦名"上宫",在下清宫之西北,此宫原在山上,名"崂山庙",相传汉代郑康成曾设帐授徒于此。宋太宗时改建,并赐名为"上清宫",后被洪水袭毁。元大德年间(1297—1307)华山派道士李志明于现址重建。明清时均有增修。宫四周群山环抱,环境清幽,宫前有数百年的银杏、牡丹。蒲松龄曾假托此处牡丹写意,作《聊斋志异·香玉》篇。元代道人丘处机曾居于此,并留题刻,宫前二百余米有丘祖坟,即丘之衣冠冢。另有迎仙、朝真二桥,竹树蔽荫,松风水响,人行其间,别有佳趣。崂山名泉之一的圣水泉自鳌山石下流出,甘冽清澄。

太平宫 初名"太平兴国院",因位于崂山东部上苑山北麓,仰口湾畔,故又称"上苑",也是宋太祖为华盖真人刘若拙敕建的道场。金明昌年间(1190—1196)重修。正殿为三清殿,照壁上有"海上宫殿"四字,配殿为三宫殿和真武殿。宫西绝壁下有天然洞,洞顶镌刻"混元石"三字及星斗图案。洞旁眠石上刻"犹龙洞"。洞旁有丘处机的刻石咏崂山七绝二十首及序。宫东北有"狮岭横云"胜景。

华楼宫 位于崂山北部华楼山,始建于元泰定二年(1325),由道人刘志坚所建,明、清、民国均有修葺。主要殿宇有老君殿、玉皇殿、关帝殿,宫依山面壑,地势高爽,宫北有巨石,上刻"碧落岩"三字。岩下有甘冽不涸的崂山名泉——金液泉。宫东有石台崛起数十丈,远望如危楼摩穹。传为仙女梳洗楼,又名"聚仙台",崂山胜景华楼叠石即指此。"聚仙台"三字为明代陈沂所书。老君殿内历供之老君像系元代原塑,风格古雅,形态逼真。

华严寺 位于崂山东部那罗延山(亦称华严山)西南麓,是崂山诸多庙宇中唯一的一座佛教寺院,为明崇祯时即墨县人黄宗昌所捐造。初名"华严庵",亦称"华严禅院"。原址在今址之西山,后毁于兵火。清初黄坦助慈霑禅师重建于今址。民国二十年(1931)改为"华严寺"。寺中旧藏文物甚多,除了大部藏经外,有明版经典、名人书画及佛像等,惜均毁于战乱中。藏经阁建于山门之上,登阁凭眺,沧海万顷,水天浩渺。西南群峰,屏开壁立,阁下松竹,浮青摇翠,景色独佳。山门外有塔院,内有九级砖塔一座,为寺之第一任住持慈霨墓塔。旁有两株苍松蟠屈环抱塔身,称之为"松抱塔"。

此外,四周还有明道观、神清宫、太和宫、通真宫、蔚竹庵、法海寺等庙宇近二十处,避暑旅游者及香客终年不绝。

栖霞寺 位于南京东北19千米栖霞山西麓,背枕海拔286米凤翔峰,左有龙山,右有虎山,为山峦拥抱着。前有大片园林,山上多枫香、槭等红叶树,每岁深秋,山梁红叶如丹,层林尽染,有"秋栖霞""栖霞丹枫"诸称,游人香客不断。

栖霞古寺已有一千五百多年历史,南朝时期隐居在摄山的南齐处士明僧绍与佛教来往密切,于齐永明元年(483)捐宅为寺,取名栖霞精舍,这便是寺的前身,栖霞山也由此得名。后因北方僧朗法师来此讲三论经,梁武帝派僧怀、慧令等至此受三论大义,栖霞寺遂成为南方三论宗之圣地。

隋唐时,扩建栖霞寺殿宇49处,楼阁延袤,宫室壮丽,改名为功德寺,与山东灵岩寺、湖北玉泉寺、浙江国清寺并称为"天下四大丛林"。后来唐高宗来此游览,为了纪念明僧绍,又将寺名改为隐君栖霞寺。今天在寺前左侧的碑亭中,还可看到立有一座高达2.74米的石碑,这就是唐高宗李治所立的《明征君碑》,由李治亲自撰文,书法家高正臣书写。碑后还刻着"栖霞"二字,笔法雄健,苍劲有力,传说为李治亲笔书写,是江南现存唐碑中比较珍贵的文物。以后,栖霞寺屡有兴废,武宗时废寺,宣宗时(851)又重建。南唐改妙因寺,并大肆修建。至宋代,980年改名为普云寺,1008年恢复栖霞禅寺名,1093年又改为严因崇报禅院,或景德栖霞寺,或虎穴寺。明洪武二十五年(1392)恢复栖霞寺名至今。明栖霞寺统属于灵谷寺,景况不如前。清余宾硕《栖霞寺》有诗云:"海日初生江气开,摄山(栖霞)天半拥楼台。征君宅傍孤峰下,帝子碑沉乱石隈。衰草白云迷晓磬,秋风黄叶满苍苔。不辞临眺伤摇落,词客哀时酒一杯。"

清代,康熙、乾隆两帝南巡都到此游览,乾隆驻跸行宫即建于寺后,咸丰年间,寺受战火破坏严重,光绪三十四年(1908),镇江金山寺宗仰和尚,受栖霞寺法意和尚恭请为住持,宗仰和尚不负众望,收回流失的寺产,广集捐助,得孙中山捐银一万元,寺方复兴。宗仰和尚于1921年7月圆寂,葬于寺后山上,并建乌月山僧(宗仰别号)宗仰塔,章太炎撰写了《栖霞寺印楞禅师(宗仰号)塔铭》。

中华人民共和国成立后,栖霞寺得到政府保护,但"文化大革命"期间横遭厄运,佛像被砸毁。1979年后始重修殿堂,再塑佛像,僧人陆续返回,庙宇享殿恢复了原来格局。今栖霞寺前园林布景精巧,景色动人,新建石牌坊一座,上有时任中国佛教协会会长赵朴初题书"栖霞古寺"金字横额,然后是重建雕刻精美围栏的月牙池,过月牙池,即见栖霞寺山门,两旁八字墙上书有"千佛名蓝"和"六朝胜迹"八个蓝色大字。左侧为唐高宗立《明征君碑》及碑亭。进山门,迎面为弥勒殿,供奉弥勒佛像,背后为韦驮佛像。后大殿为毗卢殿,供奉毗卢佛,佛高5.6米,加须弥座共8.6米,两旁立帝释、梵天两位菩萨。两侧为十八罗汉,各高2米以上。毗卢佛像背面为观音菩萨,毗卢殿内还供奉从中南海移来的木刻贴金佛龛佛像。毗卢殿后为方丈室,内有法堂,楼上便是国内著名的栖霞寺藏经楼,正中有佛龛,供奉缅甸赠汉白玉佛像,两侧排列着藏有佛教经、律、论全著的书橱。藏经楼前西庑设鉴真纪念堂,因唐高僧鉴真第五次东渡失利,返扬州途中曾驻歇于栖霞寺内,纪念堂内供奉日本友人于1963年所赠的为了纪念鉴真东渡1200周年特制鉴真塑像,也陈列着有关史料。今寺内有僧人30名,设有中国佛学院栖霞山分院。

栖霞寺晨钟暮鼓,梵韵清音流传不绝。

明镜湖 在栖霞寺左前,清高宗乾隆二十二年(1757)南巡时兴建,今面积约3000平方米,湖中有六角湖心亭一座,以曲桥与湖岸相连,清高宗乾隆赐桥名"彩虹",故这一景点即称为"彩虹明镜"。咸丰时期,曲桥曾为兵火所毁,1921年重建,1964年和1979年曾二度整修。1981年6月12日,明镜湖床突然塌陷,曲桥断塌,7月13日湖心亭倒塌,湖水泄漏一空。

为了查明塌陷原因,消除隐患,由南京栖霞山铝锌银矿矿务局出资32.6万元,进行栖霞山水文地质勘察,专家根据勘察结果认为,明镜湖塌陷原因为该地段受断裂层控制,湖的基底发育有浅层井状溶洞,上覆土层薄而透水性好,加之矿山疏于排水,是自然演化和人工加速双重机制综合作用的结果,是小规模、缓发型塌陷。同时制定复建彩虹明镜方案,复建工程从20世纪90年代开始,包括桩基与湖底板工程、曲桥与湖心亭重建和新建栖霞古寺石牌坊等,于1992年4月竣工并对外开放,在社会各界和佛教人士的努力下,古刹的这一名景终于得到了恢复。

千佛崖 明僧绍南齐永明元年(483)捐宅为栖霞精舍后,其子临沂县令明仲璋与智度禅师于永明七年(489)在寺后东南石壁上开凿佛龛,最早开凿的为三圣殿,因其体量最大,又称为"大佛阁",供奉的无量寿佛10.8米高,两侧为观音、大势至菩萨,各10米高。齐梁时期,又有惠文太子、豫章文献王、竟陵文宣王、始安王遥光、宋江夏王霍姬、梁临川靖惠王萧宏等王公贵戚为祈福开龛凿佛，"大者数丈，小者不足一尺"，萧宏还饰彩涂金。这些佛龛大都一佛两菩萨或一佛两弟子，有的还刻双狮听道。其雕刻精美，装饰之金碧辉煌，传颂一时，与山西大同云冈石刻并誉，是我国佛教艺术的珍贵遗产。此后历代有增建与修补，明隆庆（1567—1572）后，补造者众，然清咸丰年间被战火毁坏甚多，今存佛龛294个和摩崖石佛515尊。

由于千佛崖系侏罗纪长石砂岩，结构粗糙，矿物颗粒间的胶结较疏松，经一千余年风雨剥蚀，石佛五官、手指剥损亦极严重，甚至断首缺肢。1925年，住持若舜为求石佛完整，用水泥钢筋修补，致使古代石刻艺术严重损坏。千佛崖石窟间，有历代名人题刻，其中，宋代学者陆游书"栖霞山千佛岩"，南唐书法家徐铉、徐锴题名，较具艺术价值。

目前，千佛崖已受到国家保护。

舍利塔 在栖霞寺东南角，傍依千佛崖，原为隋文帝仁寿元年（601）建木制舍利塔。据记载，隋文帝杨坚幼年寄养在尼姑智仙的尼寺里，13岁时才还家。不久，周武帝宇文邕灭佛，智仙躲到杨家，预言杨坚日后会做皇帝，重兴佛法。杨坚当了皇帝后，深信自己是得到了佛的保佑，并对群臣宣称"我兴由佛法"，特别是到了晚年，更是大力提倡佛法。传说，智仙在杨家避难时，曾送杨坚一串舍利，后来杨坚将这串舍利分授于各州，并在仁寿元年下诏要全国各地兴工造塔。一时间寺塔四起，遍及各州，栖霞舍利塔就是其中的一座。现在的舍利塔为南唐时重修。南唐（937—975）改建为实心白色石塔。石塔呈八角形，出檐五层，高度约18米，下有八角台座，每边长5.4米，直径13米，有上枋、束腰、下枋，束腰内施间柱。台高1米，其上置有副子（垂带石）之踏跺四级，台上沿周边设勾片造石勾栏，转角处施雕刻莲瓣之五边形望柱。

石塔立于台座中央，下有八角低平石座两层，直径分别为7.3米及6.1米，高为0.45米及0.4米。上承高2.2米之八角须弥座。座由方涩、枭线、混线、覆莲、束腰等组成，最大直径5米，束腰之角柱浮刻有力神形象。座顶再施仰莲两层，以承塔身。底层平面八角形，直径3米，高3米，塔身正背面均雕刻版片门两扇，门下有门栏。塔身左刻文殊像，右刻普贤像，其余四面刻天王立像，披甲执兵，威武雄壮。底层檐高0.9米，檐下有圆檐椽及方飞椽，椽头卷杀。檐口刻莲瓣圆形瓦当、重唇滴水及封檐版。脊端刻有龙头为饰。第二层塔身高1.1米，檐高0.9米。下施宝装莲瓣一道，塔壁每面辟二壶门，内刻趺坐莲台佛一尊，其上再垒八边形石盘，檐亦如底层。其余各层高度及直径皆逐层递减，唯结构与形制皆雷同。至顶用莲瓣、束缨、云纹等为饰之叠石六重,象征覆钵、相盘及火珠。

舍利塔造型雄健,雕刻精美,是难得的南唐石刻艺术代表作,也是如今江南最古老的石塔之一,1988年被列为全国重点文物保护单位。

鸡鸣寺　　位于南京玄武湖南岸解放门里的鸡笼山上,是我国著名的古刹,已有一千七百余年历史,亦是南京著名的游览胜地,在古代曾被列为金陵四十八景之一。

鸡笼山,北依玄武湖,南至进香河,东接九华山,西邻鼓楼岗,高约100米,周围长五千余米。据记载,齐永明年间,齐武帝萧赜去钟山游猎,经过这里听到鸡鸣,便把这山称作"鸡鸣埭",也叫"鸡鸣山"。又因山形似鸡笼,故又称其为"鸡笼山"。明太祖朱元璋曾在山上设钦天台,人们还一度称它为"钦天山"。寺院便建在山东端山顶的浓荫深处。据说鸡鸣寺的前身,是梁朝兴建的同泰寺,建于公元527年。据《建康实录》记载:"寺在宫后,别开一门,名大通门,对寺之南门,取反语以协'同泰'为名。帝晨夕讲议,多游此门。"南朝皇帝为了利用佛教统治人民和为自身祈福,曾在宫城内外修建了许多寺庙,同泰寺就是其中最大的一座。寺内有六座宏伟的大殿、一座七层大佛阁和九层宝塔以及十余所小殿、佛堂等。殿堂相连,塔阁相映,寺里供奉着十方金像和十方银像,金碧辉煌,盛极一时。

梁武帝为了达到欺骗人民,巩固他的统治的目的,在鸡笼山麓建起同泰寺后,经常到寺里听说法讲经,开展"无遮大会""无碍大会",并假惺惺地三次舍身到同泰寺去当和尚,每"舍身"一次,都让群臣用巨款到同泰寺把他赎回来。梁以后,"舍身"成为南朝皇帝的一种"嗜好",陈武帝曾舍身于大庄严寺,陈后主舍身于弘法寺。

南朝,佛教在建康格外盛行。建康城内外,先后修筑了大批寺院。当时东郊的钟山上下、东北郊的栖霞山麓,城南的长干桥畔,西南远郊的牛首山、祖堂山一带以及西郊的清凉山等地,寺院林立,梵刹毗连,仅分布在钟山周围的大寺小庵,据统计就达70余座。梁朝佛教鼎盛时期,建康的佛教寺院多达五百多所。晚唐诗人杜牧有诗写道:"千里莺啼绿映红,水村山郭酒旗风。南朝四百八十寺,多少楼台烟雨中。"正是当时佛教兴盛的写照。

鸡笼山上的同泰寺建成后,不过十几年,便被雷火烧毁。后来梁武帝又大兴土木,准备修筑更大规模的寺院,但寺院没等造成,就在"侯景之乱"中又一次遭到了破坏。公元922年,杨吴在同泰寺故址,建置台城千佛院。南唐时改为净居寺,到了宋朝又改称为法宝寺。到了1387年,明太祖朱元璋观其山势秀丽,便命崇山侯李新督工造寺,"尽撤故宇,而开拓之",并下令迁东郊灵谷寺内圣僧宝志大师骨灰"法函"至寺埋葬,上建五级宝塔,因山名而将寺院命名为"鸡鸣寺",沿用至今日。此山在六朝时"为北郊之冈,冈下有坑堑,凡诛戮者皆置之,俗呼为万人坑"。明初修城,将山与坑均收入城内,而这些冤鬼的"余魂滞魄尚未泯没,往往结为黑气,人有触之者,则昏迷僵仆,甚至殒命亡躯"。朱元璋听说后亲往察看,又下令"建十王功臣等庙"和国子监于山阳,"用以镇压其地",并请来"西番有道僧"七人至寺,专做道场七昼夜以慰亡灵,"妖气始灭,自是不复作矣"。从此,其成为金陵名刹之一。宝志塔毁于清康熙二年(1663),重建后,康熙二十三年(1684),康熙第一次南巡时至此,亲题"鸡鸣古迹"四字。乾隆十五年(1750),在寺内修建行宫"凭虚阁"。第二年(1751),乾隆第一次南巡至宁,即驻跸于此,并手书"鸡鸣寺"匾额。鸡鸣寺建筑毁于太平天国战争,清末又进行重建,后渐破残。1979年,国家拨巨款重建寺庙,招回尼姑,重开佛寺,修复了山门、观音楼、豁蒙楼、景阳楼、大雄宝殿、韦驮殿、志公台、藏经楼、上客堂、僧房等建筑,并新塑了佛像。

鸡鸣寺由于地位适中,环境优美,交通方便,闹中取静,不仅是佛门宝地,而且是游人登高望远的胜境。1982年被公布为南京市级文物保护单位,1984年在新评金陵四十景时,以"鸡鸣春晓"被市民选入。

台城 在鸡鸣寺东北侧,依湖耸峙的城垣,与南京其他地方的城垣显得不同。城基由条石砌成,长约250多米,厚10米左右。城下有门,称为台城门。民间相传这就是六朝台城遗迹。东晋至南朝时期,鸡笼山麓一带一直为皇帝宫殿所在地。那时皇帝居住的宫禁之地又称台省,所以后人便称这里为台城。

相传南朝侯景之乱中,梁武帝饿死于此。梁武帝名叫萧衍,是历史上享年较高的一位皇帝,终年86岁,在位48年。他是个开国之主,也是个被囚之君。据史载,梁武帝是个博学、勤俭的君主,他"卷不辍手","下笔成章","阴阳、纬候、卜筮、占决、草隶、尺牍、骑射,莫不称妙"。寒冬腊月,五更起床办事,手冻裂了,仍孜孜不倦,不肯停笔。生活也很简朴,"膳无鲜腴,惟豆羹粝食而已","身衣布衣,木绵皂帐"。但是,梁武帝终究是个封建皇帝,他重用士族,对人民残酷剥削,由于他的支持和纵容,萧梁的宗室和官僚士族贪污腐化成风,对外也显得贪婪无能。公元548年,南梁豫州刺史侯景举兵谋反,第二年三月攻破建康的台城,把梁武帝软禁于台城净居殿,直到最后将其活活饿死。

历史上台城最初是三国东吴后苑城。公元247年,东吴实际创始人孙权在原孙策将军府改建太初宫,宫城的范围,东起莲花桥、大石桥东口一线,西近中山路,南临估衣廊一带,北到唱经楼,周围大约1650米。宫中建有神龙殿、临海殿等。他还在鸡笼山到覆舟山一带兴建了一座苑城,作为皇家花园和皇宫卫队营地。东吴后主孙皓即位后,不仅重修太初宫,而且在其东面大开苑囿,垒土作山,盖楼砌阁,饰以珠玉,缀以奇石,兴建了一座豪华奢侈的昭明宫。太初宫、昭明宫和苑城组成了东吴的宫城。

以后,东晋和南朝的封建统治者,都沿以东吴宫城,并不断进行大规模的改建和扩建。东晋初年,改为建康宫。后来在东吴昭明宫和苑城的基础上又扩建成规模宏大的建康新宫。宫内重楼叠阁,大小建筑达三千五百多间,并在鸡笼山南至成贤街一带兴建了一座华林园。园内建有"二观、十堂、十四殿",崇阁巍峨,飞楼凌空。刘宋时期,宋武帝刘裕大规模扩建华林园,园内添建了景阳山、天渊池、景阳楼、光华殿、风光殿等建筑。后来,其子刘义隆即位,称宋文帝,又大兴土木,在华林园东侧原晋皇宫药圃建成皇宫的花园,称乐游苑。到了梁朝,华林园内又增建了重云、兴光两层殿阁,殿前还建有朝日楼、夕阳楼。陈朝时更甚,风流天子陈后主在华林园中大造宫室,其中以临春、结绮、望仙三阁最为壮丽,楼阁高百米左右,每阁都有数十间房间,门窗栏槛均用香木作成。整个建筑饰以金玉,间以珠翠,外施珠帘,内设宝帐。陈后主自居临春阁,命宠妃贵嫔分居于结绮阁和望仙阁。三阁之间,有阁道相通。陈后主终日与妃嫔、文臣学士在华林园内寻欢作乐,并把形容诸妃嫔的艳诗,如《玉树后庭花》《临春乐》等,谱成歌曲,挑选美女奏乐歌唱,君臣酣歌,通宵达旦,盛极一时。

胭脂井 在鸡鸣寺东山腰上,相传为六朝华林园内的名井景阳井。因井栏石脉中有胭脂色的红痕,故名。关于这一美丽的红痕,还有一段传说。五代末,隋军进攻江南,守江诸将告急求援,陈后主仍与宠妃酣唱于华林园,对军情一概不理。后来隋兵攻入建康,台城被困,陈后主便带着他所宠爱的张丽华、孔贵嫔躲入华林园内的景阳井。最后他被隋兵用绳索拉了上来,所有人全部被活捉,因此后人又将这口井称为辱井。井上石栏的胭脂颜色,传说是贵妃、贵嫔躲入井时,以帛擦拭过,留下胭脂痕,故后人称其为胭脂井。唐朝诗人刘禹锡的一首诗,正是对陈后主荒淫无度生活的深刻讥讽,"台城六代竞豪华,结绮临春事最奢。万户千门成野草,只缘一曲后庭花。"这一著名的景点,现已专立了标志石碑,上刻"古胭脂井"字样,井旁还增建一亭,供游人歇息。

药师佛塔 在大雄宝殿西南侧山腰上,为新建的钢筋混凝土仿木结构的古典式佛塔。塔七级八面，高44.8米，斗拱重檐，内梯外廊，塔内供奉25尊药师佛。底层中央一尊明代铜质药师琉璃光如来，系由中国佛教协会从北京雍和宫调来。从第二层起，每层中央都供奉着四尊用樟木雕刻的药师佛像，均置于用明代金丝楠木制作的佛龛之内，每龛都有玻璃护着。塔檐翘角共悬挂风铃七十二个，遇风则清脆作响，令人赏心悦目。塔的一层正面横额"药师佛塔"四字为赵朴初所题，这一新景观已成为寺院登高远眺的最佳观赏点。

灵谷寺　　在中山陵东面，是南京钟山风景区著名的寺庙园林，整座寺院掩映在郁郁葱葱的林木之中，环境极为秀丽幽静。它是古代钟山七十多所南朝佛寺中唯一留传至今的一座。始建于梁天监十四年（515），原系梁武帝为名僧宝志所建的开善寺，距今已有一千五百多年。开善寺在唐朝乾符年间改名为宝公院，南唐时又改称为开善道场，北宋时则改名为太平兴国寺，由于王安石把钟山的一些小寺并入该寺，所以它就成为钟山规模最大的一座佛寺。明朝初年，太平兴国寺改名为蒋山寺。洪武十二年（1379），朱元璋为了建陵墓，把蒋山寺从独龙阜拆迁到独龙岗，这就是今天灵谷寺所在地，并赐名为"灵谷禅寺"，题书"第一禅林"并刻匾悬于寺门。

　　明代的灵谷寺占地500亩，供养了近千名寺僧。寺内殿宇巍峨，松径通幽，环境极佳，素以"灵谷深松"而著称，主要建筑有金刚殿、天王殿、无量殿、五方殿、大法堂、律堂、宝公塔等，寺内还有方丈、静室、钟楼及148间画廊。上述建筑除了无量殿保存至今，其余均毁于清朝初年的战火。此后，清统治进入所谓的"康乾盛世"时，灵谷寺又重新修复，成为东南名刹。但到太平天国时期，灵谷寺再度毁于战火，遭到空前破坏。1867年曾国藩在无量殿东侧建造了龙神庙，并恢复了宝公塔、金刚殿、天王殿及一些房舍。规模虽远不及当年，但红墙碧瓦掩映于苍松翠柏间，林间鸟语花香，仍不失为钟山风景最佳处。

　　今天灵谷寺的主建筑就是清同治六年（1867）所修的龙神庙，位于无量殿东侧，院落共有三重。西首院落中的大雄宝殿供有释迦牟尼、观音菩萨、地藏菩萨，殿两侧排列十八罗汉。东首院落原是观音殿，后改为玄奘法师纪念堂，供有玄奘法师像和法师顶骨纪念塔，以及法师生平介绍、法师译撰的佛经317册。后院有藏经楼、法堂、祖堂、客堂等。主建筑之外，包围着大片园林绿地，在郁郁浓荫中，掩映着无量殿、松风阁、灵谷塔、灵谷寺、三绝碑等十几处名胜。每年秋季是灵谷园的黄金时节。参天的枫香、麻栎、乌桕等阔叶树霜打叶红，尽染层林，与钟山苍翠松涛相互映衬,构成一幅迷人的图画。丛林中上万株桂树竞相怒放,香气袭人,飘溢数里,让人顿觉空气清新,耳目聪明,流连忘返。要是登上六十余米的灵谷塔顶凭栏眺望,整个钟山风景历历在目,使人沉浸在"万壑有声含晚籁,数峰无语立斜阳"的诗情画意之中。

无量殿 在灵谷寺拱形山门内,是寺内仅存的一座古建筑,殿建于明洪武年间的1381年,至今已有六百余年,其间虽经几次重修,但主要结构始终未变。殿东西总长为53.8米,南北宽为37.8米,面阔五楹。整座建筑全用大砖砌筑,拱形结构,无一梁枋,故又称"无梁殿"。殿顶为重檐歇山,九脊琉璃瓦顶,正脊上置有三座琉璃瓦的小喇嘛塔,殿前有宽敞的月台,殿后有平坦的甬道。内部每间为一砖砌拱券,共五券。中央明间券洞最大,跨度达11米多,高14米,在我国古代建筑史上并不多见。殿之立面仍按传统做法,做成仿木结构形式。檐下有挑出的斗拱,立面还建有门窗。这座大殿其建造年代之久、结构之坚固、气势之宏伟,要超过五台山显通寺、太原永祚寺、苏州开元寺、峨眉万年寺等的无量殿,堪称国内一绝。虽经沧桑兵燹,至今仍完好无损,反映了古代建筑技术与艺术的高超水平。无量殿后有一座依山而筑的松风阁,两侧松柏扶拥,登楼而观灵谷四周景色,视野极为开阔。每当微风轻拂,松涛盈盈,令人有"南窗萧瑟松风起,细听山泉汩汩来"之感受,产生山林寺庙园林欣赏的审美升华。

三绝碑 在无量殿后松风阁西北,是一处集古代诗、书、画艺术为一体的珍贵文物。这块碑为南朝梁高僧宝志的画像碑,系唐代三位名家的杰作:像为盛唐画家吴道子所画,像赞由诗人李白亲题,字由大书法家颜真卿所写,三位大艺术家的成果集中在一块碑上,实在不易,故人们均称之为三绝碑。原碑早已损坏无存,现在所珍藏的碑为清乾隆年间法守和尚根据旧拓本摹刻而成的。

半山寺园 原名为报宁禅寺,位于南京中山门内北偏、后宰门街东端,占地十亩,寺早废园尚存。我国古代园林归属常有变动,一些宅园每每因主人舍宅为寺,而成为寺园,半山寺亦然,它原为南京城内享有盛名的文人园,即北宋杰出的政治改革家、伟大的文学家王安石所建的半山园。现存建筑为清末重建,计有宅院、方亭、碑刻,布局疏朗,环境幽雅,有山有水,是保存尚好的一处具有江南文人园林风格的寺庙园林。现为南京市级文物保护单位。

半山园 此地原名白塘,位于宋江宁府城东郊,为一片无人居住的荒地。因其处于府城东门白下门(今大中桥处)至钟山的半道,即白下门至白塘、白塘至钟山各为七里(3500米)处,故王安石取其名曰"半山",所修园即名"半山园"。

这里相传为东晋名相谢安(字安石)的住所,名为谢公墩。王安石在此废墟上建园后,曾风趣地写下被后人称为"争墩诗"的诗句以志其事:"我名公字偶相同,我屋公墩在眼中。公去我来墩属我,不应墩姓尚随公。""谢公陈迹自难追,山月淮云只往时。一去可怜终不返,暮年垂泪对桓伊。"

王安石(1021—1086),字介甫,号半山,江西临川人,一生与南京结下不解之缘。宋宝元元年(1038),其父王益任江宁通判,17岁的王安石随父迁来南京。22岁进京应试,以第四名进士登仕途。熙宁二年(1069)升任宰相,大刀阔斧地推行以理财、整军、富国、强兵为内容的一整套改革运动,史称"王安石变法",对于改变国家"积贫积弱"起到了显著的效果。由于顽固的保守派的反对,熙宁九年(1076)十月王安石被排挤出朝廷,降任为江宁府通判。翌年六月辞去府判,营建白塘,过隐居养老的生活。关于披荆斩棘建造半山园的情形,王安石有五言诗记其事:"今年钟山南,随分作园圃。凿池构吾庐,碧水寒可漱。沟西雇丁壮,担土为培塿。扶疏三百株,莳楝最高茂。不求鹓雏实,但取易成就。中空一丈地,斩木令结构。五楸东都来,厮以绕檐溜。老来厌世语,深卧塞门窦。赎鱼与之游,喂鸟见如旧。独当邀之子,商略终宇宙。更待春日长,黄鹂哢清昼。"

半山园十分简朴,"其宅仅蔽风雨,又不设垣墙,望之若逆旅之舍"。但他安闲自得,乐在其中,在此居住了8年(1077—1084),"平日乘一驴,从数僮游山寺。欲入城,则乘小舫,泛潮沟以行,盖未尝乘马与肩舆也"。他超脱世俗,交结清尚之士,出入名山古刹,遍游江南胜迹,精神富有。或论经说法,收徒讲学;或著书立说,传诸后世;或吟诗作赋,自解自嘲,写下了大量的名篇佳作,为祖国的文化宝库增添了新篇章。如其文字学名著《字说》一书,就是在此"删定"的;至于那细腻入微、清新高洁而脍炙人口的诗词绝唱,诚可谓量多质高,给人以无穷的享受。如写钟山雪景,有"朔风积夜雪,明发洲渚净。开间望钟山,松石皓相映"句;写钟山春色,有"涧水无声绕竹流,竹西花草弄春柔。茅檐相对坐终日,一鸟不鸣山更幽"句,"京口瓜洲一水间,钟山只隔数重山。春风又绿江南岸,明月何时照我还";写心境,有"幽独若可厌,真实为可喜。见山不碍目,闻水不逆耳"句,"终日看山不厌山,买山终待老山间。山花落尽山长在,山水空流山自闲"……游览半山园,王安石时的建筑虽已无存,但追思其人其事,给人以无穷的回味。

报宁禅寺 宋元丰七年(1084),63岁的王安石得了重病。重用王安石推行变法的神宗皇帝得知后,即"遣国医诊视"。病愈后,王安石为了感激宋神宗的关怀,上书要求舍宅为寺,以为皇帝"永远祝延圣寿",并请赐寺名。神宗即命其名为"报宁禅寺",而且亲书匾额。王安石因得御医诊治而病愈,为祈求"圣寿"舍宅为寺;宋神宗则得悉王安石病愈人宁,即以王安石具书"报宁"事名之,足见此君臣二人非比寻常的关系。

因由半山园为寺庙,人们习惯地因地易名而俗称其为"半山寺"。至元末明初,因扩建都城应天府城,被圈进城墙之内;又因其紧贴皇城而被划入禁区,寺遂废。至晚清道光年间,由两江总督陶澍等重建。咸丰三年(1853)又毁于太平天国战争。现存建筑均为同治九年(1870)所建。民国时期寺废,改为半山园小学。1949年后,划归海军指挥学院至今。

宅院 在山岩下、泉水西的平地上,东西长25米,南北深33米,内分东西二院,均为平房悬山建筑,坐北向南,分而相连,一门出入,二院间有二边门相通,中设一宽1米的防火隔巷。以西院为正院,分前后二进,各为三楹,前进中间为门厅,后进为厅堂,二进间为方形天井。东院为侧院,分三进,各三楹,中间为两个长方形天井;前进向北开门,与第二进门、窗相对,第三进为内厅,无院墙。

方亭 在宅院东南侧山岩之上,为六米见方、坐东向西、歇山亭顶的建筑。登亭可居高望远,西眺石城,北瞻钟阜,是赏心悦目的好去处。

碑刻 共有三方。《重修半山亭记》碑,原立在方亭东檐口下,面西,现已移出至亭东4米露天下。碑高1.43米,宽0.65米,厚0.12米。碑文记录了半山园的历史及重建的经过,为署两江总督魁玉于清同治九年(1870)十月所书。道光十六年(1836)九月奎光所撰无题记事碑,长0.65米,高0.3米,原嵌砌于防火隔巷西壁上,现移砌至门厅西壁。其上记载了道光三年(1823)修葺寺宇、道光十四年(1834)"议筑亭于岩上"并"引水入内,回环九曲"等细节。门厅东壁石碑与西碑正对,大小尺寸相同,系为记1984年重修半山园事而镌刻。

惠济寺 位于南京市浦口区汤泉镇北400米处,属于老山森林风景区的组成部分,山环水抱,林木苍翠,空气清新,不远处有温泉数十眼,水质滑爽,含有多种矿物元素,自然环境良好,是南京市郊一所较有名的寺庙园林。

寺始建于南唐(937—975),名汤泉院,由名宦韩熙载撰写碑记。宋初称惠济院,熙宁(1068—1077)中漳南道人隐居于此;孙觉(字莘老)、秦观(字少游)等名士常结伴来游,秦观《游汤泉记》中留下记载。元祐年间(1086—1094)改院为寺,惠济寺之名一直沿用至今。清道光年间(1821—1850),江浦人毛麟(人称毛善人)、岁贡生苏兆奎在寺内创立英华书院。寺庙建筑毁于咸丰年间(1851—1861)太平天国战火中。至光绪(1871—1908)期间,在废墟上"复建数楹"。明、清两朝,惠济寺园因其景色清丽古朴,复有古树名泉,为南京文人墨客喜欢的雅游之地,诗文题咏传世不少,其中明人张瑄的《游惠济寺》一诗较为如实地写出了当时的园林风貌:"胜境汤泉甲一方,白云深处有僧房。梅花落讶初飞雪,草色浓疑未著霜。云母屏开珠箔润,博山炉暖水沉香。春来剩有新题咏,尽付奚奴古锦囊。"至20世纪50年代,数楹庙宇已不复存。直到1980年,因筹建惠济寺公园,又重建屋宇,修造公路,广植松、竹、花、草,并新辟无心白果苗圃,惠济古寺才重放光彩。

古惠济寺遗存　寺内古物,尚有石柱础、古残碑、古井、古银杏四类。石柱础共有9方,内有雕刻缠枝牡丹等纹饰的3方、素面的6方。残碑有两方,均为青石刻制。韩熙载所撰之碑,宽1.17米,已断成若干块,现已收集到5块,约为碑之大半,尚残存百余字,行草体段,其中有"迨有神护者"等语。碑额完整,半圆形额头,作盘龙纹饰,额刻篆体"汤泉禅院之碑"6字。文字苍劲古朴,不愧大家手笔。另一方长0.44米,宽1.10米,厚0.13米。已断为两截,上刻隶书"英华书院"4字,下款为"道光岁次甲午(十四年,1834年)"6个楷字。

古银杏树　惠济寺除了有老山这一风光旖旎、得天独厚的自然环境外,能吸引无数文人墨客探胜访幽而千百年不衰者,实因有三株形状独特的古银杏,堪称稀世之瑞。银杏,俗称白果树。这三株银杏的年代说法不一,有说六朝所植,有说南唐所种。无论孰说为确,称之为千年古树当属无误。三棵树,有心的雅士按其长相,拟作三氏兄弟,以伯、仲、叔排行,并赋以四字雅号。实地观之,让人品味无穷。长者伯氏取名为"千年垂乳"。树高20.2米,干围7.45米,有7根气根由悬空下垂入地,最大一根直径0.3米,长0.90米。7根气根,犹如一雌性乳房裸露,给人以无限的情趣。次者仲氏取名为"撑天覆地"。树高24.7米,干围7.4米,枝叶繁茂,生机盎然,树荫覆盖广半亩有余,足供千人席地纳凉。三者叔氏取名为"雷击复苏"。树高23.9米,干围4.7米,约在百年前一次雷击时触电,劈裂树干并烧毁半株,数年后复苏。现树干中空,人如入隙仰首观天,便会生出犹如天成一线之感。又一难得奇事:三株银杏所结之果,内无果心,与一般白果不同,食之无苦涩之感,为稀有的优良品种。由于此树苍老奇特,方圆百姓视之为神,经常有人前来为之披红挂彩,焚香跪拜,以祈求平安,甚至认树为父,结为干亲。这种习俗,数百年来经久不衰,至今仍香火旺盛。

为了保护古树名木,1982年,南京市人民政府把三株古银杏列为市级文物保护单位。

林散之诗碑 林散之(1898—1989),江浦县乌江镇人,是我国当代著名的书法家、画家、诗人。在金陵有诗、书、画"三绝"之称,尤其以草书见长,在中外享有"草圣"之美誉。1978年12月20日,他追忆1951年偕友人游惠济寺而作《古银杏行》并刻于碑。碑为青石,高2米,宽1米,厚0.19米,立于银杏树旁。诗、序、跋、释文共521字,行草体段,苍劲潇洒,一气呵成,字态奇逸,堪称一代佳作。该诗记述惠济寺之史事,录于下:

汤泉镇阴惠济寺,中有银杏希世瑞。于寺东隅奇生一,于寺西陬偶生二。长者巍巍伯氏行,仲者雍穆拱名次。修容叔氏更奇特,岸然离立耸孤志。怒枝高亚力撑天,繁荫苾勃香罗地。肉死皮皴蚀冻雨,乳垂子落滴寒翠。荒渺幽迥忘岁年,生不南唐定宋季。可怜莘老与熙载,不能详此入碑记。忆昔寺蒙恩宠赐,昭明游息之所寄。良夜几闻读书声,芳园时发春草思。星移世易人物换,独余老木煦生意。千年俄倾真如醉,邯郸惊醒卢生睡。樗散幸为无用材,斧斤乃不遭妒忌。古干人谁三代器,破瓦心惊九朝事。黄蒿苊苊跳狐狸,青燐隐隐号魑魅。菀枯空作身世悲,兴亡屡下山河泪。前之览者知凡几,后之贤者又将至。我今对树发长叹,苦留怀古几行字。

诗内述及"莘老""熙载",原夹注为"宋时孙莘老、秦观、韩熙载游处其间,碑志漫漶,不可辨识矣";"昭明"无注,特加说明:相传昭明太子萧统曾在汤泉读书,并于沐浴泉"太子泉"旁"手植二松",长成后即称"太子松"而成为汤泉一景。

郁林观 位于江苏连云港市郊(原称海州)的花果山脚下,背依狮子崖,面对波光潋滟的大村水库,和海清寺塔互为对景。草木繁茂,书刻荟蔚,被明顾乾誉为"仙宫碑篆",为云台山三十六景之一。

郁林观建于隋开皇年间(581—600),据此处的唐隶碑文记载,唐开元年间的海州东海县令曾利用这里的天然水系构筑了一个人工园林,他"光发幽蹋,起予泉石,缔思构匠,蠲洁形胜",并"披丛篁,凿崩壁",使狮子崖上的山水雪练倒挂,"悬流喷水"。崖下泉流叮咚,好似"宫商自合"的音乐。天然的山顶水源经这位县令设计和施工,成了"藏宿雨而时来"的飞泉,甘美的飞泉水滋润了这山中的"红紫无名"的"历时花木",真乃古木森阴,名花交映,如同仙境般的山水堪称"真人之别馆","元始之离宫"。千百年来,人们推此地为"东海第一胜境"。宋代苏轼有诗赞曰:"郁郁苍梧海上山,蓬莱方丈有无间。旧闻草木皆仙药,欲弃妻孥守市阛。"

此观名胜有狮子崖,埋云石,丹石壁立如映朝霞的"朝霞壁",飞瀑悬空、薄雾弥谷的喷水崖,北宋文学家海州通判石曼卿在此读书吟诗时洗足的濯缨泉。其中又以"唐隶"和"宋篆"两刻石最为珍贵,堪称我国书法艺术史中的刻石瑰宝。此外,郁林观还有很多古今名人刻石题勒。其中有宋兵部尚书李弥大等的《宋四士题名》,海州通判刘居实的《宋刘居实题名》,明嘉靖年间的海州知州王同的"飞泉"和"采山钓水,抹月批风"刻石,谭亨甫书的石曼卿诗刻石,石曼卿所书的"濯缨泉"刻石以及叶圣陶先生亲笔书写的"唐隶宋篆之亭"题勒刻石。今郁林观虽已倾圮,两壁刻石也已"苔藓斑驳,不可尽识","而金薤琳琅著名,远近求拓本者,殆无虚日"。

"**唐隶**" 即《东海县郁林观东岩壁记》,刻于唐开元七年(719),由海州司马崔惟平之子崔逸文,书刻均无款识。其文情景交融,寓意于山水之间,辞章绮丽清新,对仗工整。隶刻的净面高2米,宽3.8米,共390字。正文21行,每行17字,字径约3寸。书法体势分间宽博,气韵开达,疏密停匀,遒劲飘逸,极富汉碑《石门颂》特色,显见书者深得汉代书学的宗旨。早在首开金石文字整理之端的北宋时期,著名金石家赵明城和他的夫人,即宋代女词人李清照在他们所编辑的《金石录·今存碑目》里已经记载了这块唐隶刻石。该石刻和南京栖霞山唐刻、镇江焦山唐刻,同是江苏省目前发现的最有价值的唐代石刻。

"**宋篆**" 即《祖无择三言诗勒》,立于唐隶刻石的西斜对面,高约5米,宽约6米,共102字。正文12行,每行7字,字径约8寸,由祖无择拟文,苏唐卿篆书,王君章镌刻,各取三人文、笔、刻之擅长,尤为精妙。此刻刻于宋庆历甲申年(1044),书法属小篆,笔力苍劲,结构严谨,作风古朴。据《宋史·祖无择传》记载,祖无择为北宋进士,累官知制诰,曾与王安石共事,有文名。苏唐卿,陕西武功人,做过寺丞及黄县县令等官,是我国宋代成就很高的篆书家,他的作品是宋人小篆中十分精彩的代表作。吴玉搢在广搜古今墨拓时,将苏唐卿郁林观篆刻编入"古今篆刻之次",载入《金石存》。20世纪60年代,北京中国书法研究社编印的《各种书体源流浅说》还特别介绍了苏唐卿的郁林观石刻。

三元宫 江苏连云港市花果山寺庙园林建筑的主体部分,位于花果山顶,倚山而立,气势雄浑。据顾乾《云台新志》称:"圣宫,坐苍梧绝顶,四环苍海,万象森罗……真宇内大灵山也。"

　　三元宫始建于唐,重建于宋,明万历十五年(1587)六月山阳善士谢淳毁家独建,历时九年,于万历二十四年(1596)九月落成,庙宇林立,规模宏大,"香火达二万家"。据《云台新志》记载:"远近香火,虔趋不绝,孟春尤盛,每于上元前后,朝山者如归市焉。"此为云台三十六景之一的"灵山香会"。明万历三十年(1602)九月六日神宗朱翊钧亲赐三元宫为"天下名山寺院"。大明天启年间镌刻的"敕赐护国三元宫"石匾额至今仍高高悬挂在三元宫前山门的门楣上,可以想见400年前明代三元宫的雄伟规模。清代康熙、乾隆、道光年间三元宫曾有过几次重修,就后来所余存的断壁残垣可以看出旧时的形制和规模。1938年日军进犯连云港,使这座近千年的寺庙园林毁于一旦,只剩前山门依然是明代规模,巍然屹立。1980年以来,国家先后拨出专款近千万元修复重建三元宫,这是近400年来规模最大的一次重建。今天的三元宫彤瓦红墙,金碧辉煌,堪与历史上的全盛时期相媲美。尤其珍贵的是三元宫宝殿前的两棵千年银杏又焕发青春,一雌一雄,东西对称,绿意盎然,使这座古老的寺院又增添了几分古朴和几多生机。

三元宫作为花果山山水风景园林的精华,处于整个景区的中心部位,在以《西游记》故事为主线的花果山游览区内,起着联系各个景点的纽带作用,同时又是花果山的重点景致,具有控制平衡的作用。站在三元宫前的平台上俯瞰花果山全景,但见青山卷浪,花果飘香;排淡河、烧香河如从蓝天飘然而下,盘山公路似一条镶翠的玉带在云雾间萦绕。轻风拂面,如入画境。

屏竹禅院 处于三元宫建筑群之一隅,利用天然的优势精心设计建造而成,查士标称之为"二分人力八分天",乃是一处佳妙的园林建筑小品,自古就是三元宫历代高僧潜修参禅的幽静去处。云台山二十四景之一的"屏竹松风"便在此地。

沿着竹篁摇曳的竹间小径,和着淙淙的润水声,出三元宫西行500米,便看到了修竹环绕间斑驳古朴的屏竹禅院。门前用青石铺成的阶梯,疏朗而陡峻,一对玉色石抱鼓分立两旁。铭有"屏竹禅院"四字的门楣,真书间架,魏体笔势,挺拔而庄肃。灰黑色的砖溢出了古拙的意趣。院内有限的空间里,可见走廊数折,庭院多处。雅室月门,花圃碧池,使游人心旷神怡。室内小座,细品香茗,凭窗欣赏弥山修竹,其意境深远。

由于竹屏的灵异、木石的畅茂、禅院的清幽,游客山僧留下了许多赞美的诗文,如"绿竹四环屋数椽,尼僧潇洒爱林泉。间门花落无人扫,古榻琴横有客眠……""门从竹里丛中入,路向花间缺处来……"于是,屏竹禅院便有了许多美丽的名字,诸如西竹园、松风殿、屏竹社等,但到了清道光年间(1821—1850),屏竹社已渐破败,和尚们逐渐离去,唯有一位名叫子兰的高龄老僧仍伴着这块风景胜地。

如今，屏竹禅院经过修复和整理，终于又古貌新生，"屏竹松风"名景又现光辉。

团圆宫　是为了纪念唐代高僧玄奘一家在此团圆而建造的，史书上又称其为"三元家庙"或"唐僧家庙"。它位于屏竹禅院东10米，上有玉皇阁，下有三元宫，坐北面南，和三元宫、玉皇阁同在一条正中轴线上。

团圆宫有正殿三间，分上下两层。东西各有三间偏殿，方正的平面院落显得整齐协调。门前几株古老的银杏枝繁叶茂，生机勃勃，衬托着这座古建筑的古朴庄重；周围的参天松柏松涛阵阵，愈发使这座古建筑透露出无比的清幽。团圆宫大殿内所供塑像为唐僧兄弟四位，即唐僧加上"三元"兄弟，另有唐僧的父亲陈光蕊和母亲殷氏。殷氏父母像位于上首。须知庙堂、佛像、罗汉、金刚、菩萨，全国各地到处可觅，而欲一睹唐僧一家"全家福"像的风采，却只能拜访花果山上的团圆宫。在塑像的东首立着一块万历三十年（1602）的圣旨碑。此碑正文刻面完好，篆额亦在。碑文上说："敕谕云台山青峰顶三官庙住持及僧众人等，朕发诚心，印造佛大藏经，颁施在京及天下名山寺院……"足见早在四百多年前的万历年间，云台山已被朝廷承认为"天下名山"。团圆宫东间即为藏经楼，为收藏"佛大藏经"处，亦可照应唐僧西天取经的故事。东西偏殿现已成为花果山园林管理处第一管理区的办公场所。

水帘洞　由团圆宫东行百余步，便是《西游记》里着意描绘的"花果山福地，水帘洞洞天"，相传为三元修真之所。水帘洞为一面南的自然洞，"人"字形洞口，洞中宛若堂奥，内有石泉一方，"冬令不竭，水甚甘美"，故老相传，此泉为入海口，称作"海眼"，据说当年孙大圣去龙宫借宝就是从这里去的。洞外的崖壁上涓涓细流不绝，"细看水点崖中滴，疑是珍珠倒卷帘"。崖壁上，有郡守王同于明嘉靖二十三年（1544）所题"高山流水""神泉普润"八个大字，文意明显为隐喻"水帘"二字。另有清嘉庆年间师亮乐所题"灵泉"和道光皇帝御书"印心石屋"等刻石。20世纪50年代末，由于花果山上道路施工，水帘洞水帘珠断，如今经景区管理部门整修，纷挂的水帘又映衬着斑驳的题刻铭文以及苍翠的陈苔古藤，足以使人领略到美猴王故居的风采。

玉皇阁　原为玉皇宫，在水帘洞上，为三元宫建筑群中最高的一处庙宇建筑。顾乾《云台新志》说："建自隋开皇五年，至宋景定三年张安抚重建。"据考证，至少在明万历十五年（1587），玉皇宫即为三元宫建筑群的一部分，至今"玉皇宫"的石匾额尚在，但已不是明代遗物了。1988年，在原玉皇宫的遗址上设计营造了玉皇阁。玉皇阁三级六面，中有螺旋踏级盘旋而上，阁顶高耸，檐角翘然欲飞，整个建筑线条明快而秀丽,风格雄浑而古朴。阁前连接登山石级踏步新建了宽阔的石甬道,游人在奋力攀登陡峭的石级后,在这儿稍作调整,然后一举登至玉皇阁顶,举目眺望,满山秀色和烟云尽收眼底,"丹翠流空,不可名状"。俯视三元宫、团圆宫和水帘洞,上下连成一线,结构严密而合理,构成了颇具规模的古建筑群体。在这个玉皇大帝的府第天宫中,似乎可以窥见《西游记》中的天上宫阙。

自在天 三元宫附属建筑之一,坐落于三元宫前、云台山门右侧,坐北朝南,东临深谷,西依丹墀,独处一境,清雅幽邃。正面是观音殿,丹柱朱门,殿宇俨然;右下侧是三间偏殿,室内明窗净几,庭前有石凳,可坐可卧;东侧建有一依山势起伏的长廊从正殿的山墙通向门楼。透过数折走廊上六边形的隐窗可见院外翠竹摇曳,整个建筑设计独具匠心,精巧别致。穿过正面的方形洞口进入院内,但见满院桂花枝影错动,镶嵌在桂花丛中的青砖小径已有经年,苔痕碧绿。坐在偏殿的明窗净几旁饮水小憩,饱览院中无限风光,其心境超然,自在之意油然而生。每逢桂花飘香的季节,花甚鲜美,味极香浓,无数蜂蝶穿梭其间,其香远,其意清,沁人心脾,游人至此,宛如饮了玉露琼浆,沉醉忘返,好一番怡红小院风光。

拐杖柏 三元宫古木名景。屹立于三元宫山门前右下侧,因其苍劲挺拔,枝冠与枝干弯曲成"丁"字形,形似一根拐杖,故名。拐杖柏至今已经历了一千二百多年的风风雨雨,圆圆的树干下半部已完全开裂,成了半边干瘪的树壳,但它依然枝繁叶茂,生机勃勃,游人至此无不惊呼怪异。据花果山间故老相传,拐杖柏之得名亦与《西游记》神话传说有关,传说此柏乃是太白金星的拐杖所化。此古木景历史悠久,苍古浓郁,不仅给游客带来了极大的视觉美感,而且又有丰富的趣闻传说,具有一定的文化内涵,堪称三元宫之一宝。

美人松 在三元宫东南约200米,为三元宫又一古木名景。美人松连理双枝,婆娑多姿;赤红的树皮色泽娇艳异常,树干盘旋遒劲,欲上先下,欲左先右,远远望去,美人松犹如两位身材修长的窈窕淑女,相依相偎,亲昵异常。美人松之得名不仅因为它本身长得美,更为主要的是许多与《西游记》有密切关联的脍炙人口的民间神话传说为美人松蒙上了神奇的面纱。

  传说唐僧西天取经后掌管天下名山寺院,在他回云台山与家人团圆时,为了考查三元宫的和尚修炼情况,便将一棵千年古松点化成一名双髻美女,端坐于三元宫门外作刺绣女红,其娇艳之姿如同瑶池仙女。一天早晨,花果山间云雾弥漫,山石花木隐现其间。三元宫看守山门的老和尚猛然发现了这个美女,不觉邪念牵动,淫心顿起,偷偷摸到跟前,冲上去一把搂住,定睛一看,却原来是棵松树,从此以后,人们就称此松为"美人松"。据说那"美女"被和尚搂入怀中时曾将身体扭了几扭,所以美人松才长成现在这种虬曲回折之态。

美人松不仅具有极强的观赏价值和丰富的文化内涵,而且还有重要的学术价值。据现代植物学家研究,美人松是赤松属,此种树不能自己繁殖,所以十分罕见。日本植物学家认为中国的赤松是由日本传入的,而花果山美人松的存在,说明了"日本传入说"的虚妄。

大明寺 位于扬州西北郊的蜀冈之上。它既是一座著名的佛教庙宇,也是一方风景名胜,由大雄宝殿、平远楼、平山堂、西园、鉴真纪念堂组成。

这座寺庙,因建于我国南朝宋孝武帝大明年间,故称为大明寺,距今已有一千五百多年的历史。乾隆皇帝巡游扬州时,怕"大明"二字引起人们对明王朝的思念之情,亲笔将"大明寺"改为"法净寺"。1980年春,恢复了大明寺名称。

大明寺前,有一座高大、古朴的牌坊,前有"栖灵遗址"的篆书横额,乃因寺内曾有九层栖灵塔。《大观明州图经》云:"隋文帝仁寿元年(601),以诞辰诏海内清净处立塔二十所,此其一也。"唐代著名诗人李白、高适、刘禹锡、白居易等人都曾登临此塔,写下了动人诗篇。刘禹锡《同乐天登栖灵寺塔》诗云:"步步相携不觉难,九层云外倚阑干。忽然笑语半天上,无限游人举眼看。"由此可见当时塔之雄伟壮观。唐会昌三年(843),栖灵塔遭火焚毁,这里就成了栖灵塔遗址了。最近,有关部门决定重建此塔,1993年夏已举行了奠基仪式,现已建成,为寺内一景。

进山门迎面是一尊弥勒佛像,它的背面则是护法神韦驮。山门的东西两厢站立着四大金刚,姿态各异,栩栩如生。

过山门即见大雄宝殿。殿内迎面坐着释迦牟尼等三尊大佛;背面为海岛,上有观音脚踏鳌鱼头的立像。殿内东西两侧则分列着十八罗汉。这里香烟缭绕,经声不断,每年元旦前夕,常有日本客人来此撞钟,以祈福佑。

平远楼 在大明寺大雄宝殿东南隅的文章奥区小院内,此院为文化气息甚浓的寺中小园。其圆月形门与西偏的仙人旧馆直对。奥区的北面有晴空阁,后改作念佛堂,现为鉴真和尚东渡事迹陈列室。奥区之南,即是平远楼,此楼坐北朝南,倚冈而建,共三层,最上者高寺一层,最下者矮寺一层,第二层与寺平,故又称平楼。登此楼观景,风光绝佳。《平山堂图志》载:(汪)应庚所建平楼,"其孙(汪)立德等,增高为三级。飞槛凌虚,俯视鸟背。望江南诸山,尤历历如画"。郭熙《山水训》云:"自近山而望远山,谓之平远。"平远之意,冲融而缥缈,因以平远名之。此楼于盛清一直是文人墨客聚会之处,画家汪涤崖于此画过黄山诸峰。咸丰时,楼毁于兵火。同治年间,盐运使方浚颐重建,并撰有联云:"三级曩增高,两点金焦,助起杯中吟兴;双峰今耸秀,万株松桧,涌来槛外涛声。"今楼底为礼宾之大客厅,厅南有很大的院落,沿院墙三面,为掇石平冈低阜,院东南隅有巨碑卧置,上刻"印心石屋",为清道光时旧物,碑阴刻有园林图一幅。院之正南,有琼花属的聚八仙一株,如伞如盖,气势不凡。院之东北,有石级自上而下,一侧竹木相间满眼苍翠。综观此小园,素雅恬静,是我国寺庙园中的精品。

鉴真纪念堂 在大明寺后,大雄宝殿东北。鉴真55岁时住扬州大明寺,是名满江淮的佛教律宗大师。他应在华留学的日本僧人邀请,自唐天宝二年(743)始,前后十年,六次东渡,出生入死,百折不挠,终于在天宝十二年(753)到达日本。他在日本生活了十年,建造佛寺,弘扬佛法,制药治病,传播知识,为发展中日两国的文化交流和增进两国人民的友谊作出了巨大贡献。

为了纪念鉴真大师,1973年修建了鉴真纪念堂。纪念堂主要由碑亭和正堂两部分组成。碑亭内,有一块巨型大理石纪念碑。碑的正面刻着郭沫若亲题的"唐鉴真大和尚纪念碑",背面刻有赵朴初书写的碑文。碑亭东西有长廊曲折向北,与纪念堂正殿的两侧相接。正殿是由我国著名的建筑学家梁思成先生主持设计的。该殿参照鉴真在日本留下的主要遗物——唐招提寺的金堂,保持了唐代建筑的艺术风格。正殿中央的须弥座上端放着鉴真大师的坐像。这是1980年鉴真像回扬州"探亲"期间,扬州雕塑艺术家仿造奈良唐招提寺的日本国宝鉴真干漆夹纻像制作而成的。坐像前置放的一只玲珑剔透的铜香炉,是日本天皇所赐。纪念堂的庭院里耸立着的石灯笼,则是唐招提寺长老森本孝顺所赠。它们都是中日友好的象征。

平山堂 在大明寺大雄宝殿西南边的仙人旧馆内。这是北宋庆历八年(1048)由扬州知州欧阳修营建的。由于登堂远眺,"江南诸山,拱揖槛前,若可攀跻",故名平山堂。当时欧阳修常在这里会宴宾客,击鼓传花,饮酒作诗。《避暑录话》载:"(欧)公每暑时辄凌晨携客往游,遣人走邵伯,取荷花千余朵,以画盆分插百许盆,与客相间。遇酒行,即遣妓取一花传客,以次摘其叶,尽处则饮酒。往往侵夜载月而归。"如今堂内还挂有"风流宛在""坐花载月"的匾额。后来苏轼为了纪念他的老师欧阳修,特在平山堂后面建造谷林堂,以自己的"深谷下窈窕,高林合扶疏"中的"谷""林"二字命名。后人为了纪念欧阳修,还修建了欧阳祠。祠中有欧阳修石刻像,远看白髯,近看黑髯,颇有特色。平山堂于元代颓圮,至明万历年间方重新修建,清康熙时,于堂前建行春台。咸丰间,堂又毁于兵火,复于同治九年(1870)重建,现堂宇五楹,堂前加一卷廊,堂后有短廊与谷林堂相接。堂上悬有当时盐运使方浚颐书大字堂名匾额一块,堂中楹联甚多,多以写景见长,是寺园中重要的文学景观。其中以清扬州知府伊秉绶所撰联"过江诸山,到此堂下;太守之宴,与众宾欢"最为脍炙人口,其余有"衔远山,吞长江,其西南诸峰,林壑尤美;送夕阳,迎素月,当春夏之交,草木际天",以及"晓起凭栏,六代青山都到眼;晚来对酒,二分明月正当头"等。堂前数十步,有一石栏,栏内即行春台所在,是游人隔江看镇江三山的地方。

西园 在平山堂西边,是大明寺专门辟建的一处园林,又称"御苑",始建于清乾隆元年(1736),重建于清乾隆十六年(1751)。大明寺、平山堂气势雄伟,与此相适应,该园开阔而粗犷,有深山大泽的气象,在扬州园林中独具一格。

西园建于蜀冈之上,四周丘陵起伏,所有的设置也就随势点缀,错落有致。园中有大池,池水清澈,游鱼可数。池西、池北翠竹森森,古木萧萧,有小轩筑于其间。竹木林中,环池筑小径上下两道。池东南则有黄石假山,气势雄浑,碑亭分布其间。举目环顾,池周乱石散置,为坻,为屿,为嵝,为岩,千姿百态,映照成趣。

两处碑亭:一处是摹刻复制的清康熙帝题杭州灵鹫的御笔,一处是乾隆帝游平山堂的御制诗。

园中最著名的是"天下第五泉"。蜀冈中峰之泉,史籍中早有记载。唐人张又新写过一篇《煎茶水记》,他在记中引用刘伯刍的话,把国内最宜于煎茶的水分为七等:镇江金山中泠泉水为第一,无锡惠山石泉水为第二,苏州虎丘石井水为第三,丹阳寺井水为第四,扬州大明寺井水为第五,松江水为第六,淮水为第七。"天下第五泉"水味醇厚,欧阳修在《大明寺泉水记》中也说:"此水为水之美者也。"

现在园内有两口"第五泉",一在东岸上,泉旁矗立一碑,镌"第五泉"三个大字,为明嘉靖中巡盐御史徐九皋书;一在西侧池中,为清雍正间凿山池时发现,当时还从井内淘出唐钱及古砖刻等,时人认为这才是真的古之第五泉,于是建井亭于其上。李斗《扬州画舫录》云:"盖蜀冈本以泉胜,随地得之皆甘香清冽。"这里面还有一段传说:这口井被发现后,有人向著名书法家王澍(字虚舟)索取题字,其时他因病不能举笔,便叫人来无锡惠山歇马亭拓其少时所书"天下第二泉"石刻,他将"二"字改为"五"字便成了。这就是嵌在寺门外西院墙上的那五个擘窠书,正好与蒋衡书的"淮东第一观"相对应。这也是此处的石刻字体和惠山处相同的缘故。

西园池中有亭阁,池畔有假山,山石为黄山石,叠石奇巧,在南方并不多见。

水池南端有五泉茶室,可于室内品茶,临水观鱼。新近又于池西北角建大殿数间,并供有佛像。此外,东岸有鹤冢遗迹,相传清光绪年间大明寺住持在寺内养过一对仙鹤,鹤死后即葬于此。

西园与大明寺、平山堂、鉴真纪念堂组合成一个完整的风景区,成为旅游胜地。

高旻寺 位于扬州市南郊古运河与仪扬河交汇处的三汊河口,介于瓜洲渡与郡城之间,是驰名中外的清代八大名刹之一。寺依水而建,山门临河,早在康熙年间,寺旁就已盖起了皇帝南巡时居留的行宫,其建筑与寺联为一体,成为很有特色的寺庙园林。由于地形所限,寺大门并不在中轴线,入寺右折才是大雄宝殿。殿面阔五间,内供三世佛,殿后左右建御碑亭,中为金佛殿,内供奉康熙皇帝命人送来的大内金佛。再后则是高峻的七级佛塔,名天中塔。此塔除了佛教上的重要作用外,更是此一带江上的最高点,起着指导船只航行之作用,故这一江段又名宝塔湾,后康熙又将其改名为茱萸湾,并有"名湾真不愧"之句。塔后为方丈室,左边为僧房斋堂等。再进便是花园,寺旁即是行宫,由右宫门入,有书房、西套房、桥亭、戏台、看戏厅等,厅前为控制花园水池水位的闸口亭以及廊房十余间。一侧有歇山楼厅,厅后有石板房、箭厅、万字亭、卧碑亭等。当年康熙帝曾赐此园匾额三块,分别为"晴川远适""禅悦凝远"及"绿荫轩"。乾隆也赐"江月澄观"及"众水回环蜀冈秀,大江遥应广陵涛""潮涌广陵,磬声飞远梵;树连邗水,铃语出中天"对联和匾,其所描绘的意境为这一寺庙园林增色不少。高旻寺园在20世纪60年代中期遭到很大破坏,现已修复。

观音山禅寺 在扬州瘦西湖畔蜀冈东峰上。原是隋炀帝游广陵所筑迷楼的旧址,南宋贾似道于此建摘星寺(又称摘星楼)。元世祖至元间(1264—1294)僧申律复又开山建寺。明洪武十二年(1379)僧惠整重建,名功德林,亦称功德山。清乾隆三十年(1765)清高宗下江南时,曾赐观音山禅寺诗、匾。咸丰三年(1853)寺又毁于兵火。现寺院建筑大部分均为晚清所建。于山下可循石级登山,上有山门,山之题匾南为"观音山",北为"功德林"。入寺有天王殿,殿内有弥勒佛、韦驮及四大金刚。过天井为圆通宝殿,殿内供奉高大的观音菩萨,殿后为藏经楼。大殿天井两侧殿堂,东门内为赐福堂,再东为关房和禅堂,禅堂楼上即为鉴楼。相传杨广就是在这里的江都宫中被部下所杀。为了警戒后人,故在此建造了鉴楼。匾跋曰:"此楼传为隋迷楼故址,明崔桐书匾之曰'鉴楼'。"大殿西为紫竹林,南为琼花园。禅寺的位置正好是扬州唐城遗址子城的西南角,登楼可俯观唐城遗址和瘦西湖名胜,景观绝佳,所谓"江淮南北,一览可尽"即指此园。

金山 位于镇江市区西北3千米,高约44米,周550米,面积45.09万平方米,是一处由金山寺、百花洲、中泠泉等景区组成的市郊山水名胜园林。

金山历代别称甚多,宋周必大《二老堂杂志》云:"此山大江环绕,每风涛四起,势欲飞动,故南朝谓之浮玉山。"又因金山原位于长江之中,是"万川东注,一岛中立",又名泽心山。东晋年间"晋破苻坚,获氐贼,置此山下",称"氐父山"。后宋真宗梦游此山,见山似牛伏于江上,又有"龙游山"和"伏牛山"之称谓。"金山"之称始于南朝梁武帝,因佛教《华严经》中有"此阎浮堤外,香水海中有七金山,绕须弥卢,因海水漾洄,播溢无定,设七大金山以镇之"语,故名。距今有一千五百余年历史。

金山之胜,不独擅山光水色胜,而且以独特建筑风格著名。曾巩《金山寺水陆堂记》:"其浮江之槛,负崖之屋,椽摩栋揭,环山而四出,亦有以夸天下者!"景区内古建筑主要有一塔、二台、四亭、六阁、十殿,故素有"金山亭台楼阁多"之说。所有这些建筑从山麓到山巅,平面与空间布局轴线多变,纵横曲凸折凹。一幢幢殿宇厅堂并立,亭台楼阁、椽木栋梁、栉比相衔、密集重叠。七级八面慈寿塔由峰巅北侧拔地而起,突兀云天,使山势整体陡然升高,而南巅留云亭耸立,取得空间构图平衡。远看山寺浑然一体,形成独特的"寺裹山"景观。

"寺裹山"特色中的建筑景观在端庄稳重中处处蕴含着"秀",亭亭玉立的慈寿塔、彩丽剔透的楞伽台,飞檐翘角的夕照阁、凌空欲飞的留云亭,以苍穹为背景,形成盈秀净明的景色格调。山麓的朱栏曲桥、卧波桥亭、古雅花厅、纤巧榭轩,景象明丽轻盈。中泠泉院泉池相映,亭楼静对,修篁满园,林荫覆护;百花洲湖光潋滟,山影入波,云岩凭涟,小亭翼然,一湾碧漪,三尺平桥,风景氛围清纯雅洁。金山之秀自古多赞誉,董传策《游金焦两山记》云:"两山之胜。……金小而丽,其望远焦旷而幽。"宋司马光:"秀刹冠嵯峨,松门络薜萝。"南唐韩垂:"灵山一峰秀,岌然殊众山。"

金山景区自然景观得益于山水相缪、湖洲互渗、泉池环布、丘峰起伏之自然地理态势,与"寺裹山"为构景特技,拔高山势,藏拙低丘,恢宏全景,与建筑群体形制和造园氛围意境融合,从而凝聚成端庄中的"秀"和无媚俗的"丽"。

"江流吴楚三千里,山压蓬莱第一宫"的金山,一千五百余年来"冠盖相望于道"。历代无数文学大家、风流诗客、宗师史家、名家名相、盛世帝王、民族英雄甚至高僧灵童,不但俱来朝山揽胜,留下"诗山文海"的千古绝唱,更留下了历史史迹、战争遗痕、文物典故、民间传奇以及禅宗楷模。十多个世纪的文化积累,使金山具有极为丰厚的人文景观资源。我国古典小说的经典作品,如《水浒传》《西游记》《红楼梦》(脂批中述及原稿之情节)、《说岳全传》《警世通言》《喻世明言》《醒世恒言》《初刻拍案惊奇》《二刻拍案惊奇》《聊斋志异》《金瓶梅》《乾隆巡幸江南记》等,无论故事情节与景物描绘都有大量内容与金山有关。历代汗牛充栋的传奇、笔记、戏曲中涉及金山的更是数不胜数,其中《白蛇传》就是传之四海、家喻户晓的代表作。金山人文景观中的文学属性,使它在人们的心目中充满了诗情画意和故事性、神秘性、传奇性。

金山的造园艺术手法在中国园林史与建筑史上占有重要地位,影响甚大。北京颐和园堆万寿山、建佛香阁即仿金山的整体构图造型、势态与手法。承德避暑山庄中"天宇咸畅"一景,全盘模仿金山的格局与意境。扬州瘦西湖小金山景区则更是"借得金山一角不嫌其小"了。金山的景观艺术达到如此境地,其造景设计运用了多种独特的方法。

1. 取造化之态,构人工之势,于低丘独峰上得恢宏气魄。宋代王安石诗咏金山:"数重楼枕层层石,四壁窗开面面风。"即云金山是层层上放的裸岩,所有建筑因山随势,顺应自然,山巅山麓、山腰山背、峰侧洞内,均布建筑,巧妙利用山林地形。内外高下,疏密相间,飞架鼎耸,大规模丰富了建筑群体构景,取得鳞次栉比、排比上趋、直冲霄汉之气势。金山屹立于扬子江中,一改山门朝南常规而为西向,游人透过朝西山门望去,正合"大江东去,群山西来"意境与气魄。

2. 建筑比例精巧。凭借天然巨景,构成水平、垂直向交叉纵横的建筑群。《园冶》云:"巧于因借,精在体宜。"合宜的体量是人工构筑和自然天趣互相和谐的关键,它除了需满足建筑功能外,还需接受自然景观、地形地貌的影响,观音阁采用天井插入法,将室内空间化整为零,又把大屋顶有分寸地分割成几个小屋顶,既解决了功能要求和环境容量的矛盾,建筑体量又得以适当缩小。即使是高大如七级八面的慈寿塔,亦利用整个山体建筑群的体量与之对比,用无垠的天穹作背景,使之视觉上仍让人感到塔的比例精到,体量适宜。同时通过借上天、下水、远山之巨景,扩大整体景色空间,增加景色层次,丰富景物与天候相异时的变幻情态,从而提高环境的空间艺术价值。登塔北顾,浩浩扬子江,樯帆往来;西望塔影湖,平波如镜；东盼北固、焦山，雾裹云遮，浪涌波击；南眺十里长山、城市山林。红尘缤纷，无论皓月泻银还是旭日喷薄，无不被借成金山之景。

慈寿塔是全园的主景，亦是游览高潮处。升高主体，使得观赏点升高，视域左右扩充，景面延伸，产生了仰视视效，并以明朗无际的蓝天为背景，使得主体慈寿塔造型轮廓生动，线条鲜明，亭立娇然。塔体与山亭及轩堂翼角还丰富了山体天际线，使原本圆钝的丘体，显现出富于变化的轮廓，灵秀非常，翼然欲动；同时取得了金山本体峰峦的远观效果，使整个山体随视点、视线上升，山势在视觉上一并上趋，增加动势。夕照阁、观音阁、佛印山房等一组建筑主要强调水平体量，这样和慈寿塔垂直体量在对比中取得均衡。竖向动势与横向静态在构图与视觉感受上都取得了平衡。

3. 山水互融得体，虚实相得益彰。古金山是"万川东注，一岛中立"，到清朝同治初年，江沙淤积，方与陆地联成一体，虽已无"大江环绕，每风涛四起，势欲飞动"之气势，但整个风景区内河、港、湖交错，形成山水环抱的风景线。山的立面和水的平面形成对比与衬托，山的实体和水的虚体相对比，使景面更幽深、雅静、曲折、清秀。山水间加上水湾、洲头、小岛，层次变幻，形成纵深画面，常得"柳暗花明又一景"之意境，这样山在水的流通中变活了，山的倒影使山灵动明秀了，水的迂回有依托了，有开合障透了，故"水随山转，山因水活"在金山景区中得到最佳体现。

4. 空间组织先抑后扬，富有韵律。从金山南麓侧门进入，首先进入以稻仓楼为主体围合成的四合院，其空间较为宽敞。出稻仓楼到志宫殿，过渡中的空间被压缩，在这个过程中经历了建筑空间光影由明到暗的转变过程。志宫殿由"爬山廊"连接至楞伽台，联廊依山崖筑，一面通透，并于中段有一亭可供小憩观景，这时视觉与景观开朗。循山而上，穿过被山体和建筑壁面极度压缩之梯径，到楞伽台，这时堂、台开敞，明窗净几，挑台低栏，天地豁然开朗。风景展开，"窗前沧海凭开眼"。由楞枷台后门出，观音阁、佛印山房、问梅阁等一组建筑形成南北方位轴线，空间狭长，视域收缩，景观退入室内。进入塔院，空间极小，近乎闭塞。登塔中又被锁闭于幽暗之中，而登塔后远眺，"城市山林"一览无余，景面极度开放，江天云水，气象万千。视觉可极被八方，游览心理达到高潮。此种空间组合经重重楼阁，每进一层疑无路径，洞门一开又豁然开朗，收放相间，迂回曲折，最后经漫长狭小空间，视线在极度压缩中，突然被开放到最广阔的视野的手法，不但于先抑后扬中得到明暗、大小、开合极富变化的韵律感，更使游览心理、视觉效果、景观意境得到了极大的丰富，更显景色独有的特色和奇异的功效。

山门　天王殿　四柱三间,石柱叠式木斗拱牌坊,为寺之入口建筑,建于清代。牌坊上悬"江天禅寺"竖额匾为清康熙帝所书。山门朝西临水,取"大江东去,群山西来"之意。

天王殿始建于唐,屡毁,明正统年间重建,正德年间太监马俊重修。清顺治年间倾圮,寺僧行海复建,咸丰三年(1853)又被毁,同治八年(1869)两江总督曾国藩兴修。1985年殿内重塑四大天王与弥勒佛。殿为五间三进七架后廊大式硬山顶。

大雄宝殿　始建于东晋初年,元代《万寿阁记》载:"山有佛祠,始建于晋明帝时。"初名为泽心寺。《金山志》载:梁天监四年(505)梁武帝曾往金山泽心寺建水陆大会,北宋真宗于大中祥符五年(1012)亲书"龙游山"三字赐之,于天禧五年(1021)复派内侍给钱三百万修寺,飞白"龙游禅寺"四字赐之。南宋初,寺毁于兵火。南宋淳熙四年(1177)起,润州主政者经多年募捐,重建大殿等,学士洪迈撰碑记。明正统年间(1436—1449)寺复毁于火。江南巡抚周忱命都纲弘霁主金山寺,重建大殿,并奏请朝廷颁发藏经。清康熙二十五年(1686),康熙帝陪母登山幸寺。手书"江天一览"四字与"敕建江天禅寺"匾额。咸丰年间(1851—1861),太平天国战火中寺殿复毁。光绪年间重建。1948年春,寺内大火,大殿等两百余间建筑尽毁。1987年始复建大雄宝殿,于原址上兴建,开间、进深、标高均大于原构,钢筋混凝土仿木结构,重檐歇山顶,苏式彩画,明黄琉璃瓦,1989年竣工。

楞伽台　北宋元丰八年(1085),张安道传授《楞伽经》四卷于苏东坡,并赠钱三十万。命苏东坡抄经印送结缘。苏轼于金山寺抄经后,寺住持佛印意为"印施有尽,若书而刻之则无尽"。遂镌刻成版,藏于抄经处,至南宋孝宗乾道年间(1165—1173),寺住持僧宝印于东坡抄经处筑室,创建楞伽台,几经兴废,明万历三十四年(1606)重建,清光绪五年(1879)移建于禅堂楼上,民国年间复移至今址重建重楼台,中凸雪浪亭一座,最高层处有清王文治撰联云:"窗前沧海凭开眼,台上楞伽可印心。"楞伽台又名苏经楼、书经楼。

志公殿　稻仓楼　志公殿为了纪念泽心寺开山始祖高僧释宝志所建,宝志,金陵人氏,7岁入佛门,和梁武帝共修水陆仪文。梁天监四年(505)同僧祐建水陆大会于泽心山(即金山)。稻仓楼原为寺庙贮藏粮食之处,20世纪60年代改为仓库。现为市佛教协会办公处。楞伽台、志公殿、稻仓楼组合成一完整建筑群体,依山叠上,高低错落,疏密有致,使用功能与立面艺术处理和谐统一。

妙高台　"妙高"乃梵语"须弥"之意。宋元祐初年(1086),寺住持佛印凿崖所建,高逾十丈,上有楼阁,亦称晒经台。几经兴废,明清两代均曾重建。1948年毁于火灾,原台址一说位于山巅,一说位于藏经楼左下方,现遗址面积约190平方米。宋高宗建炎四年(1130),金帅金兀术率兵30万直奔京口,宋名将韩世忠带兵船于瓜洲口扎寨,引金兵入江中,事先埋伏之兵船四周搏杀。火攻,韩夫人梁红玉将军于妙高台上号旗指挥擂鼓助战。金兀术被围芦荡四十九天,惨败而退。妙高台即为世传梁红玉擂鼓退金兵之处。宋苏东坡于妙高台创作怀念其弟的千古绝唱《水调歌头》一词:"明月几时有?把酒问青天,不知天上宫阙,今夕是何年?……但愿人长久,千里共婵娟!"并于中秋之夜,在妙高台上由著名歌者袁氏高歌,东坡自舞弄影,传为千载佳话。妙高台为赏月绝佳处,王阳明十一岁时就曾吟有诗句:"醉倚妙高台上月,玉箫吹彻洞龙眠。"

文魁阁　夕照阁　文魁阁,又名文昌阁,宋高宗赵构游建康登金山,其长子孝宗从游,至此地赋诗曰:"崒然天立镇中流,雄跨东南二百州。武士每登须破胆,毋劳平地战貔貅。"命郡守建此阁,刻孝宗诗于阁下,取名为"奎文阁"。清同治年间重建,改称为文魁阁。阁内原文魁菩萨已毁,阁重檐,内通高三层,平面约26平方米。夕照阁建于清同治年间,与文魁阁相邻。

观音阁　观音阁分大、小两座,又名观音殿,因原供奉观音故名,亦名大士阁。阁为明永乐八年(1410)内侍郑和(三宝太监)所建。明洪熙初年(1425)、正德年间(1506—1521)两次重修,改名为观音阁。明万历年间(1573—1620)复建,碑记云:"此地岩峦耸秀,云水澄鲜,静坐经行,尘情顿豁。"后毁于太平天国战火,清同治年间(1862—1875)募捐重建。五间五架硬山顶,阁内保存有清乾隆帝弘历数次游巡时留下的七块御笔诗碑,诗文吟咏了金山诸景及对景观之评议。观音阁北侧有黄鹤楼,亦名纯阳楼,面阔三间,为东晋郭璞祠旧址。

佛印山房　原为宋代寺院中商僧居住处,现佛印山房建筑群包含原问梅阁。现山房中藏有金山"镇山四宝"供展览。四宝是:周鼎——遂启祺鼎,周朝青铜器,是周宣王奖给北伐统帅遂启祺之鼎,距今已有两千七百余年历史,出土于陕西岐山。1884年湖北汉阳叶志先捐藏于金山寺,并附鼎图、鼎铭文拓片及古诗文各一。玉带——宋神宗元丰年间(1078—1085),大学士苏东坡与金山住持僧佛印禅语参机,苏氏输,留下了随身玉带,带上原镶玉二十四块,清初焚毁四块。清乾隆帝南巡金山时,御命玉工补玉四块,上刻弘历题诗。金山图——明代文徵明所作的大字书画长卷。画中江水苍茫、涛波荡漾中金山青碧屹立,朱字彩檐犹如一叶浮玉,留下了当年水漫金山之景。并跋《金山诗追赋》一首,其后有历代名人题跋。铜鼓——东汉铜鼓,清代镇江知府元魁在广东获得,赠予金山寺。面径47厘米,军中所用,战斗时可作战鼓,宿营时可作炊具,俗称"诸葛鼓"。由文魁阁、夕照阁、大小观音阁、佛印山房组成金山西立面上方建筑群的主体,椽摩栋接,丹辉碧映,层层叠叠,参差上趋,形成金山主立面"寺裹山"之特色,并与慈寿塔形成垂直与横向两大建筑趋向平衡之势,使山势、体态、轮廓更为丰富多变,增其壮观。

慈寿塔 始建于萧梁。清镇江知府《重修金山慈寿塔记》中云:"山有浮图七级,名慈寿塔,创自齐梁。"唐卫国公李德裕复建。日本画僧雪舟绘《大唐扬子江心金山龙游禅寺之图》中可见双塔。宋代丞相曾布于元符年间(1099前后)于半山腰建双塔,南北对峙,名"荐慈""荐寿"。政和四年(1114),金山寺改为道观,塔毁。1170年前后,寺住持宝印复建双塔。明代初,双塔俱废。至隆庆三年(1569)寺僧于北塔旧址重建新塔,名"慈寿"。清代初,塔毁于火,官府捐募重建。咸丰三年(1853)塔毁于太平天国战争。同治年间,寺宇恢复,塔仍未建。光绪十年(1884),住持僧隐儒向清廷呼吁建塔,慈禧太后命自行募修,隐儒托钵南北,并得两江总督刘坤一支持,于光绪二十二年(1896)始重建,历时五年,于1900年建成,耗银29600两,仍名慈寿塔。

塔高30米,7级,八角平面,砖木结构。内旋式木梯,每层四门。逐层交错,外围回廊。青石须弥座。基层直径6米,边长2.75米,高4米,以上各层尺度收缩递减,形制近宋式。塔院内有古诗碑多块。登塔凭栏,西望烟波万顷,东眺狂澜远驰,北眺柳岸芳草,南看峰峦黛碧,耳闻风铃动响,眼底尽收红尘市廛。古人诗云:"孤峰嶙峭耸碧霄,独登塔顶绝尘嚣。纵观万里都无碍,渺视乾坤眼界遥。""数重楼枕层层石,四壁窗开面面风。忽见鸟飞平地起,始惊身在半空中。"1981年对塔基山体危岩进行大规模加固工程,并建排水系统。1982年将其定为市级文物保护单位。

留云亭 又名"江天一览亭"。原山巅之北,旧有烟雨、奇观、空碧、观澜、玩古、留云吞海六亭。后俱圮。明景泰五年(1454),郡守命寺住持僧于旧址重建留云亭。清康熙二十四年(1685)年复修。同治十年(1871)复建。曾国荃将康熙帝所书"江天一览"御碑置于亭中。"文化大革命"期间碑毁,"文化大革命"后重立。古籍载:"晦冥之朝,风雨之夕,云气往往停焉。"故名。登留云亭可俯瞰全寺、全山、全城,乃极目江天处。

法海洞 头陀岩 法海洞又名"裴公洞",曾名"蟒洞",位于山西北悬崖头陀崖(即"祖师崖")。洞为石室,洞壁刻有"浮玉山"三字,系宋代赵孟奎书。洞口横额为"古法海洞"。法海,俗姓裴,为唐宣宗宰相裴休之子,于庐山皈依佛门,法名"法海",人称裴头陀。后云游至泽心寺,届时寺宇荒废,于此洞中参禅打坐,原踞洞中之白蟒避走。法海修复寺庙,唐宣宗赐名"金山",法海遂为金山寺开山祖师,圆寂后,徒僧将其肉身装金供奉洞中。肉身朽,复置石像,后毁。"文化大革命"后,重塑法海坐像于洞中。1981年对洞基危岩进行全面加固。头陀崖壁上方有"千古奇观"与清光绪年间湘吴八龄童李远安书"天地同庚"榜书碑刻。

金鳌岭　七峰亭　岭位于金山西北,昔有培塿七座凸起,亦名七峰岭。唐诗云:"晴江万里云飞尽,鳌背参差日气红。"七峰亭原为七峰阁。南宋绍兴年间,秦桧挟宋高宗连下的十二道金牌召岳飞回临安,岳飞归经金山,与道月禅师于七峰岭详梦。岳飞返临安后于风波亭被害,秦桧复派何立至金山削平七峰以败风水。后韩世忠于此建七峰阁纪念岳飞。阁屡复修,清咸丰三年(1853)毁于战火。光绪二十五年(1899)重建。1948年被火焚毁,20世纪50年代复建为七峰亭,六角平面,攒尖顶,直径5米,木结构。

古仙人洞　如意寮　该洞为宋政和四年(1114)改金山寺为道教神霄玉清万寿宫时留下之遗迹。相传因吕洞宾于此洞窥视江面而得名。洞位于金鳌岭下,洞口面北,依洞建半亭,洞深6米,面积约9平方米,洞内曾供奉观音,又名白衣洞。古诗云:"鬼斧穿山骨,明明透一窗。仙人时举武,壁立下窥江。"

仙人洞东后侧内依山壁建有一组古建筑,隐深幽寂,另辟洞天,名"如意寮",原为寺中年高僧侣晚年养息之处,20世纪80年代修复。

白龙洞　松风石　浮玉亭　白龙洞原名龙洞,又名珠洞、龙门。宋《高僧传》载:此洞内原有白蟒,吐毒气如烟雾。人遇则亡,遂人迹绝,成荒山。唐代宗年间(772年前后),高僧灵坦(武则天之侄孙)至此,赶走白蟒,入洞参禅。"白龙"即指白蟒。"白龙洞"亦是民间传说《白蛇传》中"白娘娘水漫金山寺"之出典处。今洞口前方有用白石雕刻的白素贞与小青两尊石像,各高约八尺许。洞内壁是有石缝,深约二丈,可入人,民间相传此内可直通杭州西湖断桥。洞底壁有篆刻"古白龙洞"四个大字。洞后侧于两山壁间有石级可登上洞顶山体,峰如一线天光成阶梯。洞顶侧有亭翼然,六角攒尖顶,四周美人靠,名"浮玉亭",于20世纪50年代建成。亭后山壁有摩崖石刻"松风石"三字,为康熙帝玄烨所书。

玉带桥　宋元丰年间,苏东坡与佛印于方丈室禅语参机。东坡曰:"暂借和尚四大(地、水、风、火),用作禅床。"佛印曰:"山僧四大本无,五蕴非有,内翰欲于何处坐?"东坡语塞,遂被佛印"收此玉带,永镇山门",并获送一领袈裟。为了记传此典,明代山僧太虚始于白龙洞前募建玉带桥。明万历六年(1578),僧如然重建,镇江知府吴扐谦书"玉带桥"三字镌刻其上。东坡玉带长二尺,宽二寸,缀二十四块长方、圆、心形米色白玉。桥仿玉带,由白石砌筑,单跨起拱,以求形似,桥名亦定为"玉带"。现桥长 16 米。

朝阳洞　日照岩　朝阳洞位于日照岩,洞深 5 米余。洞上有"朝阳洞"石额,为明代郡守滕谧所书。洞临峭壁,前有平台半亭,位于山东,正迎旭照。晨观江上日出,天水皆赤,诚为奇观。自古为观日升之佳处,故得其名。

往昔金山位于江中时,朝山客登陆之前,于舟中仰望日照岩石壁,唯见一片金碧辉煌,故明代以前石壁上已刻有"日照岩"三字。明代《题朝阳洞壁》诗云:"蜗庐凿出空青里,四壁萧然净如洗。天鸡唱彻晓云收,旭日瞳眬射窗紫。"日照岩下为三层白色围栏,富有韵味,崖壁下嵌有巨形石碑,碑面为线刻《印心石屋山水全图》并三篇跋文,系清道光十五年至十六年(1835—1836)所刻。

御码头　金山位于江中时,此码头为各方来客乘舟登陆之处。清康熙、乾隆两代皇帝多次下江南南巡金山,均泊此码头上岸,故名"御码头"。原为石砌,半月形,临水十三级石阶,两边护以石质雕栏,左右设钟鼓楼,咸丰年间被毁。现为公园内河岸畔遗址,石岸栏上仍刻有榜书"御码头"三字。1994 年重建了御牌坊、双旗杆、康熙南巡御碑。

信矶　盘陀石　信矶位于金山东北麓。矶上有八龄女童书刻之擘窠大书"信"字。金山原在江心,信矶为屹江几块大孤石,鼋鼍穴即在此石脚下。鼋,大鳖;鼍,即扬子鳄,远近沉浮,出没波涛。寺内老僧常年站于此矶石上喂食,一闻木鱼声,鼋鳖应声纷至,昂首江面就食,故称"信矶",亦称戏鼋石。韩世忠抗金兵曾派部将浮环渡江探察,冒险于此上岸,自金山相连陆地,石犹存而鼋景已失。

盘陀石距信矶三尺余。"盘陀"即不平整之巨石。宋代苏东坡、王安石、苏舜钦等名士常于此垂钓、吟咏、晤谈,故又名"钓鱼台"。东坡诗云:"中泠南畔石盘陀,古来出没随涛波。"现石亦已上岸,濒临内河。

鹘山　又名鹘峰、鹘石。昔时拳然凸出于江波中,若鹘之独立。古时又曾有雄雌二鹘栖于石上,因其名。佛教《华严经》云:"南方有国,名胜乐,峰名妙高,比丘德云居此,善财童子参之。"因金山有妙高峰(台),故亦称鹘峰为"善财石"。古人亦将金山比作江中舟楫,鹘山似舟尾之舵,故又名"舵山"。苏东坡、佛印常聚于此,明代郡守滕谧曾书名勒石,现存明丹徒县令庞时雍题"中流砥柱"四字于石上。古诗颂其云:"块石孱颜立水滨,天然异样不同群。"清光绪年间随金山上陆。

石牌山　云艮风月亭　石牌山又名石排或石牌,即云艮岛(亦称云根岛),石态奇峭,纹理变幻,险峻突兀,景色独特。岛古时位于长江江心,称为"三岛",亦名"笔架山"。岛与金山同时上陆。1958年开挖人工湖,柳堤贯穿岛中,被一分为二。岛西部成半岛形伸入塔影湖中,岛周绿波盈漾,远离尘嚣,氛围超脱。岛端小四方亭玉立,飘然如舟,名"云根风月亭",为湖上佳景,并与中泠泉形成上好对景。原岛岩上有苏东坡书题"碧潭万丈"四字。

郭璞墓　云艮岛东部有一巨型孤石,似桃形,石色黑冗,质态苍古,石周围有相树,富有历史深沉感,此即郭璞衣冠冢。郭璞(276—324),河东闻喜人,东晋文学家、训诂学家,且精于风水命相,博学多才,人称其辞赋为东晋之冠,曾注释《尔雅》《山海经》《楚辞》等经典,官至著作佐郎、记宝参军。因不附权贵王敦谋反,被杀。平乱后,被追赠为弘农太守。《金山志》载:"郭公墓,在山之西石簰山……相传郭璞葬此,有石碣,虽江水泛滥,不没。"杨升庵云:"郭璞精风水,凡遇吉地,必剪爪发以瘗之,因而郭璞墓所在皆有。"明万历三十三年(1605),巡按御史黄吉士为郭璞树碑、立传,于岛上立碑刻文"晋赠弘农太守郭璞之墓",现碑湮失。历代名士来此凭吊者不绝,留下诗文甚多。明朝日本使臣中心叟作《吊郭璞墓》诗云:"遗音寂寂锁龙门,此日青囊竟不闻。水底有天行日月,墓前无地拜儿孙。秋风野寺供生饭,夜月渔灯照断魂。我有诔歌招不返,停帆空见白鸥群。"

塔影湖　百花洲　为鉴赏金山寺包山及山顶宝塔倒影于水而建的人工湖。1958年开掘而成,水面广达百余亩,波光粼粼,水质尚未污染,但需清淤与及时维护。湖为天下第一泉景区与百花洲的环境背景,同时形成广阔水景,又以水脉连接两个景区,造就金山整体景观的水中倒影,景色独特,并改善金山景区之小气候。湖面有泛舟、赏月、垂钓、游泳、习凉、夜游灯展等多种旅游娱乐功能。湖中有大型仿古画舫直达金山公园。湖旁有新建的古典式园林百花洲。

　　百花洲三面环水,独立成园,为古典庭院式园林,以门楼、主堂、园轩、漂台、曲廊、花厅、石坊、码头、花架、曲桥等仿古建筑构成沿湖游览线,且为中泠泉芙蓉楼景区对景。园中心用"百花仙子"白色大理石雕塑点出主题,园中用大面积植物造景,且傍依三孔仿古桥,开掘水系与金山寺景区由画舫水上相连。该景区于1994年规划、设计并施工竣工,为镇江市一全新仿古园林景区。当代书法大家萧娴、谢稚柳、钱君陶、陈从周、周慧珺、柳曾符等均为百花洲题匾书联,丰富了其文化内涵。

中泠泉　曾名南泠泉,自唐以来世称"天下第一泉"。泉原在江心波涛最险处,江水自西方来,受石牌山和鹘山之阻,水势曲转,分为三泠(泠即水曲),即南泠、中泠、北泠。泉位于当中一水曲处,故名"中泠泉",又因位于金山西南,又称"南泠泉"。宋代又称"龙井",泉甘冽、稠厚、醇浓,盛入杯中放进八十钱而不溢。唐代品泉名士刘伯刍分天下水为七等,评中泠泉水为第一,故其得名为"天下第一泉","茶仙"陆羽、宰相李德裕等都极赞赏中泠泉。据《中泠泉记》云:当年汲其水必须于"子午二辰",用特制铜葫芦,并用长绠入石窟至一定尺度方可得真泉。中泠泉一度迷失,至清同治八年(1869)被重新发现,于泉眼砌方池。同治十年(1871)立碑,建亭覆之。光绪年间镇江知府王仁堪筑石栏,拓地四十亩,种柳万株,广植荷菱,并筑土堤,以挡江流。并于池壁书刻"天下第一泉"五字,即今址。中泠泉随金山同时上陆。现泉址保存完好,并自成一濒湖封闭的雅致恬静之园。中泠泉以"天下第一泉"之名而千余年来名闻遐迩。1992年扩建中泠泉庭院,重建门楼,整体抬高泉池,重钻泉源,增建碑廊,开设泉史陈列室,填平旧塘,满园绿化;并新辟三亩院地,云墙护围,五角亭耸立,内即是天下第一泉之泉源。

鉴亭 在泉畔,八角重檐,双层立柱,攒尖葫芦宝顶,直径7米,始建于明宣德年间,后废,清同治十年(1871)重建,又圮;光绪年间复建。亭名"鉴",寓"以泉为镜,可鉴清浊"之深意。历代名流如岳飞、文天祥等莅临鉴亭品泉吟咏,留下诗文者甚多。文天祥诗云:"扬子江心第一泉,南金来此铸文渊。男儿斩却楼兰首,闲品茶经拜羽仙。"1988年亭按原样改建为钢筋混凝土结构,并复悬旧联:"肯把须眉傲霜雪,可知寰宇待澄清。"

中泠阁 在中泠泉池北为两层外廊硬山顶厅堂,乃原水陆堂之旧址。楼前壁嵌有清同治常镇通海道观察沈秉成书立的"中泠泉"泉名碑及《中泠泉记》碑、候补道薛书常书立的《中泠泉辩》碑。楼上下四壁悬挂有古诗画、楹联,乾隆帝撰联云:"泉泠石为瘦,峰高树与遥。"楼为休息品茗之佳所。

花木扶疏间以泉池、鉴亭、茶楼组成中轴线布局庭园,现全园为仿古园,与金山公园之间由仿古马车迎送。

芙蓉楼 天下名楼,以唐代王昌龄《芙蓉楼送辛渐》之千古绝句"一片冰心在玉壶"而闻名海内外,原位于镇江鼓楼岗,与万岁楼、千秋桥相邻,同为闻名遐迩之名胜古迹。该楼屡建屡毁,楼址多移,曾位于镇江古城之西北向。1992年该楼重建,迁址于镇江市西北向的中泠泉景区内,东临塔影湖,西依中泠泉,两层歇山重檐,底层为观景茶室,银杏木落地花罩,花几花槽四围,大型唐三彩壁画《水芙蓉》《木芙蓉》壁饰两侧,正中为木刻巨屏古芙蓉楼形胜图与《重建芙蓉楼记》。楼层为雅集与接待贵宾厅堂,芙蓉造型的吊灯高悬,满堂明式红木家具,琴几、棋桌、画案齐备,四屏大型壁画《平明送客图》等均为扬州漆画,明窗净几,凭栏眺望百花洲、金山寺,怡人心神。琉璃檐下为江泽民题楼名匾、陈从周题"千古江山"匾、顾莲村题"人文气秀"匾等,光彩夺目。楼南侧为曲廊与掬月亭,北侧为茶艺馆冰心榭,榭内唐式家具布置,水石盆景玲珑,玻墙折光,少女琴筝箫笛声中有茶道表演。

焦山 位于镇江市东北九里大江之中,系仪扬山脉向北移动后遗留下来的一座小山。山高约71米,周两千余米,包括滩地占地五百七十亩。自金山上岸后成为长江下游唯一四面环水供人们寻胜探幽的绿色岛屿。因东汉高士焦光隐居于此而得名,又因四面环水,满山竹林茂盛,树木葱茏,宛若碧玉浮江,故又称"浮玉山"。另外,还曾有过樵山、谯山、狮子山、双峰山等名称,又因其原为长江入海口,东面松寥山、夷山如两个石阙分峙守卫,故也称其为"海门山"。

焦山风景主要由象山景区、定慧寺、焦山公园和碑林四个部分组成。其中象山在长江南岸,与焦山成夹江相望之势,是一处以山水、寺庙及诸多文化古迹综合而成的名胜园林。焦山风景的一个重要特征是"幽"与"雅"。焦山自古以多竹出名,郑板桥诗云:"静室焦山十五家,家家有竹有篱笆。"释悟霈诗云:"涛声竹声杂风雨,山翠竹翠争纷霏。"寺庵殿堂、亭台楼阁皆掩隐于茂林修竹之中。山不高大,势不险峻,却有"深山藏古寺"之意境。"焦山何有有修竹,采薪汲水僧两三"(苏轼诗),故焦山特具"山裹寺"的风景特色。云山秀林,"应喜尘氛飞不到,绿荫深处好徘徊";微风细雨,"风摇竹影有声画,雨打梅花无字诗";庭院深深,"杳杳钟声晚";老树横檐,"萧萧竹影稠"。石洞藏仙,山林野逸;碑林藏铭,古树参天,"石令人古,水令人远",景色典雅,质朴自然。同时,焦山以古树名木众多而著称。古树名木是自然景观中最吸引人的要素。山上百年以上古树达16株之多,如六朝桧柏,相传已有1200年。宋朝槐树、明朝银杏、清朝枫杨及古朴树等,树势苍老,清奇古怪,散布于山腰水畔、院内寺旁,几乎每株古树都自成一景,清幽古朴,超然出世。"名园易得,古树难寻",古树名木反映了焦山公园古老悠久的历史及其沿革,是构成焦山古朴幽深典雅之景观特色的重要因素之一。

焦山园林景观的又一重要特征是"雄秀"。焦山耸峙江心,浪涛击天,岿然不去,有"海不扬波"之气势。清代道光年间,15岁少年王燮和书写的"中流砥柱"颇能说明其雄秀形势。东峰之吸江楼,自古是观赏日出的好地方,"楼高天易晓",红日出山,"水天皆赤,真伟观也"。吸江楼正好与金山形成对景。金焦相望,北固在侧,一水横亘作出争雄之势。更见百川东流,一岛中立,登楼则"江山楼吴楚,一望千里青","烟笼树色平如截,风鼓涛头卷不休",真乃"波光云影动楼台",山青水阔,气势浩瀚。"茫茫万顷送斜照,江山可爱何云归","江山胜概"云集于此,雄秀之极。山西之壮观亭,雄踞山腰,面向大江,天穹无垠,视野广远,景观壮阔。烟波江上,"金山远峙金碧开","南徐北固奔赴来","众峰罗列若翠屏,对面象山互起伏",确有"大江东去,群山西来"之气势。嘉树古亭极尽借景之妙法,将自然中的光、色、声、影融为一体,展示了一幅幅变幻莫测的、流动的画卷。

焦山风景名胜园林内植物资源丰富,植物造景基础丰厚,主要树种有:银杏、华山松、垂柳、枫扬、枸树、红枫、槐树、竹类等。植物覆盖率达百分之八十以上,山上以落叶针叶混交林为主,远视林冠色丰富,但植物色彩季节变化不大。冬季叶落,且常绿树种较少,浮玉景观之绿意尽失。为此,应在山上遍植松柏类、竹类和枫类,以保持四季浮玉景观,并增加色彩之变化。山下常绿树与落叶树比例较为协调,以植物为主的景观有枇杷园、竹园和盆景园。春季一片翠绿,万紫千红;秋季枫叶尽染,银杏橙黄,水杉褐红,秋色浓郁。总体上目前植物配置欠佳,尤其缺乏水景种植配置,水边造景较粗放。

四季变化,阴晴转换;山光云影,晨雾暮霭;隐隐汀洲,渔歌唱晚;杨柳依依,雨雪霏霏;鸟宿檐下,雀鸣山林,使焦山更显得淡雅、野逸、朦胧,山林深蕴,恰似一幅巨幅的泼墨写意山水画。在幽密层叠的林冠的荫盖之下散星般地坐落着亭阁殿院,峰回路转中隐现白墙青瓦、翼角花栏,形成了"山裹寺"的特有风格。

焦山景色之胜,自古就有十六景之说。十六景为:山门松影、定慧潮音、枯木品泉、华严月色、香林花圃、海云墨宝、自然问道、危楼观日、别峰果园、西岸远景、安隐栖禅、东麓新林、江亭礼佛、岩洞寻仙、石屋藏铭、庵院槐荫。此十六景高度概括了焦山的景观特征,有画龙点睛之妙。从造园艺术来看,焦山是极有特色的,游览欣赏时要从以下几个方面来体味设计师的匠心。

1. 随形就势,因地制宜。焦山东南山麓地势较低,以少量建筑不能形成"大观",因而成片布置以宝墨轩、香林庵、观澜阁等景点以控制东部空间,但为了保持幽静的特色,建筑相互之间又较疏朗错落,并通过回廊、花墙、古楼、嘉木将建筑庭院空间分割,或闭合,或开朗,或开合相结合。焦山顶巅和北面山坡地势高,风景控制面广,因此散点布以汲江楼、壮观亭、别峰庵、焦公洞,使景位不同,景面各异,立体构图平衡,面面皆成佳境,利用山凹低麓布局建筑群,幽隐深蔽。于山峰山腰显处零星点缀小筑绿屏半障,诱人探秘,"山裹寺"特色俱就。

2. 以少胜多,以点带面。山东峰顶之吸江楼,就峰顶而造,成为了整个景区的最高点,也成为景区的高潮景观。仅一楼而控制了整个焦山的风景空间,表现了

"外旷内幽"的景观特色。以鸟瞰视域,勾画出江涛狂澜、芦滩苇荡、水柳碧依、竹木秀幽、亭阁错落、禅房曲深而至婷嬉浮玉、古城环山的整个景观的意境。

3. 巧于借景,江、天、云、山、树、月交织组合。山西半腰南朝桧柏凌空出世,此处空间开阔,可充分借长江、金山、北固之景。构景中采用了让出风景面、敞开宽阔地带、设立风景点的手法,就古柏树旁构筑壮观亭,此景位尽得山外之景,云外之天,舟涛之动,钟磬之静。又山南江池交织,就水边建华严阁,阁上赏月,韵味无穷,"江中月"与"水中月"景貌,格调气氛迥然不同,而此处可兼而得之,"江上之清风,与山间之明月……是造物者之无尽藏也",形成"华严月色"的景观特色,此处巧于因借,创造了绝佳的意境。

4. 寺庙建筑群体布置与四周园林环境密切配合。定慧寺的建筑布局采用了"天井迭进"布局,吸取了园林和民居的布局特点,以若干小空间单元适应复杂地形,组合建筑群,又突出中心大空间独立完整的格局。保持了以前后主殿为核心的中轴线,又与天井迭进平行的多层次建筑交织,加强了功能分区与采光通风之需,并使空间层次富于变化,造成曲折、含蓄、幽深、神秘、静穆的气氛。

海不扬波亭 即定慧寺之山门,清康熙四十八年(1709)建。与其他寺院山门不同,它采用了亭的形式,平面方形,门楼形制,重檐歇山顶。门联为"长江此天堑,中国有圣人",语平文浅,言简意深,是巴州廖纶于光绪七年(1881)所书。进山门迎面是碑石照壁,上刻榜书"海不扬波"四字,是明代进士胡缵宗于嘉靖元年(1522)所书,1979年修复重镌。

定慧寺 位于焦山南麓,始建于东汉献帝兴平元年(194),距今已有一千八百多年,是山中十五所寺庙里历史最悠久、规模最宏大的一所,也是我国著名古刹之一。原名普济禅院,唐代玄奘法师弟子宝寂和鉴真大师弟子神邕,先后来此主持、兴建,恢复殿宇,成为"十方丛林"。宋景定四年(1263)被焚毁,复重建,易名为"普济禅院"。元代又易名为"焦山寺"。明宣德年间再行扩建。清康熙四十二年(1703)康熙南巡赠额,改今名"定慧寺"。1980年前后大规模修缮。天王殿系明朝正统年间释宏衍建。清光绪癸卯年(1903)住持仁寿重建。殿正面墙上嵌有"横海大航"四大篆字,系嘉庆年间南昌万承纪篆书。现大殿系1988年重建,仍保持明代建筑风格。面阔五间,进深二间,九架前后廊,重檐歇山顶。大雄宝殿始建于唐代,屡建屡毁,清宣宗、道光年间重建,仍保持明代建筑风格。面阔五间,进深五间,十三架庑廊,重檐庑殿顶,殿内藻井绘龙描凤,中梁螺丝结顶,活板凑合,为唐代宫式结构。大殿左面是五观堂,右面是祖堂,殿前存两株八百年左右的古银杏。

原八胜坊已毁。

御碑亭　枕江阁　御碑亭位于天王殿东前侧，原东西各有一座，现仅存东御碑亭，为四角攒尖方亭，亭内石碑正面系乾隆第一次南巡(1751)时作《游焦山歌》，背面系乾隆第三次游焦山(1762)作《游焦山作歌叠旧作韵》。诗曰："金山似谢安，丝管春风醉华屋；焦山似羲之，偃卧东床袒其腹。此难为弟彼难兄，元方季方各腾声；若以本色论山水，我意在此不在彼……"亭傍古银杏一株，植于宋淳熙年间。枕江阁，故址在焦山祠右，原名大悲阁。清同治年间复建为濒江小阁，始改今名。诗云："风传疏磬飞云外，帆带斜阳出浪中。"现枕江阁于1986年迁建于天王殿东侧。

海云堂　念佛堂　海云堂是定慧寺方丈室。在大雄宝殿东后方，原内有枯木堂，宋朝枯木建造。明万历庚寅年(1590)修题"枯木堂"额。堂内原藏有周鼎、玉佛、杨文襄公玉带各一。清乾隆三十年(1765)移建大雄殿西，光绪癸巳年(1893)重建于大殿东。现海云堂修复于1980年，堂内挂有徐达章《太狮少狮图》一幅。柱联云："海涌莲花花涌佛，云笼宝树树笼山。"念佛堂在海云堂前，亦修复于1980年。

华严阁　安隐岩　华严阁原建于三峰阁遗址，早废。清光绪年间建华严楼，后毁于火。民国二十年(1931)重建于今址，占地300平方米，两层，背依峭壁，面临大江，名"华严阁"，此处为临江赏月之绝佳处，"华严月色"为焦山十六景之一。阁上有赵朴初题"无尽藏"匾，黄养辉撰联："大江东去，群山西来。"均道出了"一片浮玉，十分江景"的山水佳境。阁东院内有古树一株，干枯中空，苍虬古拙，按时绿茂，为一奇观。阁东侧下方为"安隐岩"，洞深丈许，洞口壁上嵌有苏东坡石刻画像及焦山十六景诗咏。

香泉　"龙飞凤舞"碑刻　香泉，又名东泠泉。位于原枯木堂天井内，水井形式。相传是焦光炼丹取水之处，故又称"炼丹井"。其水清冽，与江水不同。相传痴病者饮井水即愈。明朝文豪作歌云："伽蓝殿前有古井，清如明镜甘如酒。昔者焦生此炼丹，山中老衲相传久。""枯木品泉"原为焦山十六景之一。泉前东侧花墙上嵌有"龙飞凤舞"大字碑刻，为清朝两江总督徐传龙书。相传每逢端午节，当地居民在此赛龙舟，祭奠屈原。此时百鸟惊鸣，直飞云霄，"龙飞凤舞"就是对当时热烈场面的描绘。泉院墙上"中流砥柱"四字碑刻系清代道光年间十五龄童王燮和书，雄浑虬劲，形容焦山雄姿。

观澜阁　文昌阁　观澜阁在自然庵院内。自然庵建于明朝弘治年间，建筑群造型变化有致，空间处理甚为成功。观澜阁系清道光二十七年(1847)赵衷建，三间二层，歇山顶。楼上三面大窗，登临远眺，江潮汹涌，波澜起伏，故名。阁右为蝴蝶厅,正方形歇山顶,厅后北极阁,三间三层,硬山顶,前有竹林一片,风摇竹影有声似画。北极阁左接黄叶楼,二层、硬山顶。楼前院内假山掩隐,松枫挺立,精巧别致的"一步桥"就在古枫杨树下,整个院子,景致幽雅。据《焦山志》图绘,阁所在地,是乾隆南巡时行宫的一部分。

文昌阁位于焦山东,建自清嘉庆初年,后毁于火。同治年间,自然庵住持六静和尚提议重建。现阁修缮于1984年,平面方形三层,歇山顶。一举目左顾右盼,眸下雄扼中流。

古炮台 位于山之东麓,鸦片战争前夕,清道光二十年(1840)筹建,与象山、都天庙等处炮台成掎角之势。当时由江宁将军布勒亨会同京口副都统于兆祥主持筹建。八个用石灰土与三合土夯实的炮堡呈扇形,面对长江入海口,整个炮台是暗堡式。同治十三年(1874),两江总督李宗羲等发起,彭玉麟驻山督造。在山边滩心筑暗炮台一座,内设炮八尊,后又筑明炮台一座,可东西转击。抗战时,为日军摧毁部分。1983年全面整修。山之东西两峰顶,有快炮台遗址几座,系光绪二十六年(1900)两江总督张之洞添设,快炮台可四面出击,并附设兵房、弹房药库等。道光二十二年(1842),英军发动扬子江战役,焦山炮台守军面对七十余艘敌舰,英勇战斗,终因寡不敌众,炮台失守。然而,仍殊死抵抗,直至全部壮烈牺牲。古炮台是我国近代反帝斗争的重要遗迹。

松寥山 夷山 焦山之东北江中的二个山岛,唐时称"松廖夷山",乃焦山之余支。李白有诗云:"石壁望松寥,宛然在碧霄。安得五彩虹,架天作长桥。仙人如爱我,举手来相招。"孟浩然有诗:"夷山近海滨。"松寥山又称瘗鹤山、松山、夷山又称寥山、小焦山,又因人迹罕至,鹰鹃栖息,鸟粪覆盖,又有鹰山等别称。两山似石阙分峙守卫海口,故又谓之"海门山"。松寥山海拔12.1米,夷山海拔23.5米。现于该景区内建有"松寥原始文化景区"、荟萃原始岩画、图腾雕塑、山海经碑刻、傩戏巨型面具等原始文化景观。

三诏洞 位于焦山西山腰,又名焦公洞,洞高阔各4米,深约6米。相传东汉高士焦光避乱隐居于洞中,读书炼丹,砍樵度日。其学问高深,精通医术。汉献帝闻之,三下诏书请他出山,皆不应诏,世称"三诏不起",故名三诏洞,并改当时的樵山为焦山。

焦山原有焦山祠,为宋真宗病时梦见焦光赠药后病愈,宋真宗于大中祥符六年(1013)封焦光为明应公,立祠春秋祭祀。内有焦光塑像,宋隆兴中郡守加封英济,米芾写铭。清顺治十年(1653)焦公像移至洞中,后倒塌。光绪二十四年

(1898)中秋,焦光后裔焦尔昌重修,并题石额。"文化大革命"中石像被毁。现洞中石刻像身着隐士服,脚穿草鞋,右手持书,仪态潇洒,系1979年重塑。

壮观亭　六朝柏　亭位于西南山半腰,明天顺八年(1464),郡守姚堂建从李白"登高壮观天地间"的诗句取名。华盖殿大学士徐有贞撰记,正德七年(1512)重建,后废。乾隆间复建,亭六角,石柱上三副楹联:"江天共一览,心迹喜双清。""砥柱镇中流,此处好穷千里目;海门吞夜月,何人领取大江秋。""金山共此一江水,王母来寻五色龙。"精确地概括了此亭胜境以及金山与焦山浑然一体之关系。亭前桧柏,称六朝柏,相传植于六朝年间,又传为唐代时种,挺拔飘逸,如蛟龙昂首,自成一景。宋有诗云:"一株天矫六朝松,多是坂埋与石封。不要点睛亦飞去,前生原是在天龙。"赵朴初登壮观亭有诗云:"壮观二字应无负,第一江山第一楼。"

百寿亭　清末善士范氏,见山路崎岖,捐资铺设花岗岩山路直达别峰庵,庵主遂建百寿亭于此山路中段,为范氏祈福。亭方形,四周有墙,三面拱门,亭檐间用小瓦镶成一排"寿"字图案,东西二门山路贯穿其中。亭南墙内壁竖嵌四块碑石,上刻一百个异体篆体"寿"字。亭额为"百寿亭"与"水云深处"。"文化大革命"后亭内碑毁,修缮后于原处书写了一百个异体篆体"寿"字。

别峰庵　位于山之西别岭上,故名。又名"别山庵",始建宋代,是一座翠竹环抱的精致的方形四合院。明万历六年(1578)祠部郎吕元重建,清乾隆二十七年(1762)再建。庵门"天开图画"额为熊青岳相国书。康熙时陈士镛题云:"沧海云开腾日月,晴江潮落舞蛟龙。"庵内花树一庭,小斋三间,疏篁数竿,清朝诗、书、画"三绝"的郑板桥曾在此读书。板桥手书门联"室雅何须大,花香不在多"今犹在。刘海粟手书"板桥书屋"勒石于庵左圆门之上。郑板桥在此留下了丰富的诗画书法作品,如楹联有"山光扑面经新雨,江水回头为晚潮","楚尾吴头,一片青山入座;淮南江北,半潭秋水烹茶"。庵西是六架卷栅庵门,东是三间九架庵堂,北是三间七架前廊硬山斋房,南是回廊,庵于1981年修复,别峰庵是焦山十六景之一。

吸江楼　位于焦山东峰绝顶,海拔70.7米,始建于宋。亭圮后,元代于此建镇海塔。明成化、弘治中,三山都纲妙福移建西峰顶。嘉靖、万历年重建。清乾隆二十六年(1761)复建于东峰。亭中供木雕四面佛像,故名四面佛亭。后曾用名吸江亭。同治十年(1871)常镇通海道观察沈秉成改建为楼,始改今名,并撰记。民国二十年(1931)建炮台而毁。1942年释雪烦就原址重建简楼。1966年佛像被砸,1979年楼拆毁。现楼复建于1980年,费时一年,用工万余。平面八角,二层重檐攒尖顶,钢筋混凝土仿木结构,内盘旋梯,回廊四通,八面有景,历来为观赏日出与江潮之佳处。陆游在此叹曰:"水天皆赤,真伟观也。"清诗云:"南楚水从天半路,东溟船自日边来。"沈迈士(沈秉成之嫡孙)于1982年91岁时为楼书"江山胜概"门匾。陈从周先生题楼名匾。"危楼观日"乃焦山十六景之一。

碑林　宝墨轩　为海云庵、香林庵、玉峰庵旧址。1959年至1960年,云集原焦山藏碑、南郊鹤林寺古墨林藏碑及镇江市内市郊分散的古碑,建碑林于此。藏碑自南北朝至清末共四百余方,分书法、史料、艺术、墓志、石雕、绘图诸多门类,内容丰实,价值极高,享誉海内外,被称为"书法之山",为国家级文物保护单位。

宝墨轩原为焦山山中藏碑之处。藏有秦李斯篆文、晋王羲之《破邪论序》、唐颜真卿《题多宝塔五言诗》30首共44块、宋米芾"城市山林"四字横额、黄庭坚《蓄狸说》、苏东坡《题文同墨竹跋》、元赵子昂小楷、明祝允明小楷、清乾隆帝绘梅、成亲王《归去来辞》、数种《兰亭集序》及刻于清道光八年(1828)的澄鉴堂套碑42块,镌刻了从宋熙宁五年(1072)至清康熙末年(1722)四朝代74位名人对文同、苏轼巨幅《风竹》的题跋。宝墨轩藏碑,楷、篆、隶、草、行俱全,书法精妙,在金石史中占重要地位。此外,焦山还保留有乾隆御碑四块五面。第一通碑正面:乾隆十六年(1751),第一次南巡时作《游焦山歌》。背面:乾隆二十七年(1762),第三次南巡时作《游焦山作歌叠旧作韵》,位于定慧寺天王殿前。第二通碑刻于乾隆三十年(1765),第四次南巡时,自丹徒跋马至象山渡江驻焦山所作诗,位于三诏洞南路侧。第三通碑刻于乾隆三十年(1765),《自金山放舟至焦山叠苏轼韵》,位于汲江楼下路西侧。第四通碑刻于乾隆四十五年(1780),第五次南巡时作《游焦山作歌三叠旧作韵》,位于旧玉峰庵。

山西之摩崖石刻和东麓之碑林是我国碑刻艺术中之珍品。从南北朝到清朝至民国,历代石刻都保存得较完好,跨度大、内涵广、层次多,是全国重点文物保护单位。碑林内重要的碑刻有:《大唐润州仁静观魏法师碑》,乃初唐精品,为江苏省内最大、最完整的唐碑,是研究封建政治与宗教关系以及古润州军事扼防要地等的重要资料。《澄鉴堂石刻》、王羲之《破邪论序》、颜真卿《题多宝塔五言诗》30首、米芾"城市山林"横额、苏东坡《题文同墨竹跋》、黄庭坚《蓄狸说》,还有秦代李斯小篆、明代祝允明小楷石刻以及名人《兰亭集序》多方皆为名家墨宝,对研究文学史、金石史具有极大的参考价值和人文价值。《瘗鹤铭》原在山西之瘗鹤岩上。它与洛阳《石门铭》齐名,素有"南北二铭"之称,可称国宝。历经风吹雷劈,石崩而坠江,现碑残缺古拙,仍能见其笔势开张,点画飞动,极尽字形之真态,自古被称为"大字之祖"。

瘗鹤铭 我国现存价值极高的"二铭",即京口的《瘗鹤铭》、洛阳的《石门铭》之一。《瘗鹤铭》铭文是悼念家鹤,署名"华阳真逸"撰,"上皇山樵"书,并有"逸少"等字,故千余年来大多人认为其是晋王羲之的书法,另一种说法是南朝陶宏景、唐代顾况所书,碑文书法代表南朝时代风格,是篆、隶向楷书演变过程中的典型作品。宋欧阳修、沈括对其十分推崇,宋四大书画家之一黄庭坚评曰:"大字之祖。"曹士冕《法帖谱系》认为"笔法之妙,为书家冠冕","世以其难得尤以为奇"。清翁方纲认为其将"六朝诸家之神气悉举而淹贯之,又无论米黄之下矣!"历代将其评为稀世珍品,吸引了无数文人墨客直至帝王将相前来观赏。《瘗鹤铭》石刻原在焦山西沿江岩崖上,早年岩崩,堕落江中。长年为风雨所侵、江水所蚀、人为凿取,至清康熙五十一年(1712),由镇江府陈鹏年从江中捞起五块原石,仅存86字,其中残缺9字。始置大殿左侧亭内,后嵌华严阁西壁,1960年按考证原摩岩样嵌立,建亭护之。亭周碑廊回环,院中幽篁翠碧。

碑林中另有两种《瘗鹤铭》碑刻,一是宋代翻刻水拓本,共4石,计82字,于康熙五十三年(1714)立;一是铭全文,乾隆二十二年(1757),乾隆帝南巡时在焦山临摹《玉烟堂》本《瘗鹤铭》,上石镌刻。

槐荫精舍 在原玉峰庵内,因院内有古槐一株,植于宋嘉泰年间,至今已八百多年,胸径1米余,高达20米,径粗冠大,荫凉气爽,故名。其舍为两层楼阁式建筑。亭、廊、院、舍内碑刻众多,槐荫之下,有《大唐润州仁静观魏法师碑》。碑刻于唐代仪凤二年(677),碑脊四龙相绞,俯瞰下击,神态矫猛;碑下赑屃昂首,形态生动。书法精严遒丽,为初唐妙品。此碑原在大港,20世纪50年代初移于碑林,是江苏省最大、最完整的唐碑。

院内有御碑亭一座,为乾隆第五次南巡时御诗碑。碑座、碑周云龙纷纭,雕工极精,一派帝王气魄。"庵院槐荫"是焦山十六景之一。

摩崖石刻 焦山西麓沿江自浮玉岩、观音岩、瘗鹤岩、雷轰岩、巨公岩至栈道岩,刻满了自南北朝至民国历代名人的诗文题刻。按地理位置可分前、中、后三个部分。前部石刻以南宋陆游题刻为精品代表。宋隆兴二年(1164)陆游做镇江通判时留下的题名石刻,全文为:"陆务观、何德器、张玉仲、韩无咎,隆兴甲申闰月廿九日。踏雪观《瘗鹤铭》,置酒上方,烽火未息,望风樯战舰在烟霭间,慨然尽醉。薄晚,泛舟自甘露寺以归。明年二月壬午,圜禅师刻之石,务观书。"这是陆游一生中仅存之书法真迹,词文壮丽。旁有清代状元陆润庠诗刻等。中部石刻以宋书法家赵孟奎"浮玉"二字最为注目,苍劲丽秀,旁有"松鹤精神""尚古风"榜书石刻。上有《瘗鹤铭》半截残石尚在崖上,存55字及米芾观看《瘗鹤铭》留下的题名石刻;下有近代中国律师协会1920年于焦山题的五言诗:"为废不平约,呼号满神州。来此暂偃息,行作世界游。"与浮玉岩相对之石屏,宋吴傅朋书"石屏"二字刻于石上,石屏下有醉石。"醉石"二字系朱方公书。其间家国忧思,怀古咏今,寓情纪事,观铭留名等诗文刻石尤多,琳琅满目。后部石刻为自巨公岩到百寿亭之间的一段石刻。巨公岩上多为清代名士名臣石刻。山西北半山腰之百寿亭南墙内壁上刻有一百个不同的篆体"寿"字。变化巧妙,别具匠心。崖壁上有"鹤山""江流天地外,山色有无中"等擘窠大书刻石,气势恢宏。整个摩崖石刻融为一体,磅礴壮观。完整清晰之刻面就达50块,美不胜收,文化、历史、美学价值均极高,现为国家级文物保护单位。

雷震石 焦山名石景,在山之西,石坠于江,屹立于江滩,成一孤峰,又名雷轰石、霹雳石。岩上有唐丹阳掾王瓒自题的《冬日游焦山诗》,宋米芾题名云"仲宣、法芝、米芾元祐辛未孟夏观山樵书"刻字。此外,焦山著名石景还有鱼䲭石、印石及石屏,鱼䲭石在山北水际,二石对立,形似角䲭,故名。印石在焦公祠下,风涛激荡时有声,又名"音石"。石屏与浮玉岩对,下有醉石。石屏望远乃焦山之名景。

象山古渡 在象山北麓、焦山隔江南岸,该区功能属公园区。近来绿化基本成形。1987年于原古渡口新建待渡舫,该渡口为目前旅游焦山唯一的渡口。待渡舫造型仿古旱舟,混合结构。舟身西端为歇山顶敞开半亭,作人流集散地。中身四间为候船室,东端歇山两层楼阁为接待室。花栏格窗,磨砖楣框,石雕花饰,稳重透剔。西额匾陈从周先生书题"象山古渡"。东门联新刻板桥旧联:"苍茫海水连江水,罗列他山助我山。"内立舫上,浮玉江景即在足下。"山裹寺"的景观特色亦即能体会,且与对岸渡口问渡亭遥向对应。古渡口区中还有仿古曲廊、小轩等。

北固山 位于镇江市北侧,濒临长江,由亘长连绵的前峰、中峰、后峰组成。主峰为后峰,亦是主景区,峰高53米,长100余米,凸出于江滨。三峰由狭长山埂相连,为甘露岭,即龙埂。三国时代起,即有"北固山"之名,梁武帝于大同三年(537)登山后敕令改名为"北顾山"。唐代时京口为金陵,故当时名"金陵山"。自李白诗"丹阳北固是吴关"传咏后,"北固"之名沿传至今。镇江古城原只围进北固前峰,中,后峰在城外。明代嘉靖年间倭寇从海上进犯镇江,守兵仓促间将前峰与中峰间山埂切断,即为今镇焦址址。清代时镇江城又筑外城墙,把中、后峰全部围入城内。北固山自古为军事重地,屯储军实,驻军防卫,三国东吴孙策、周瑜就曾设主帐于此。

北固山自古以其"雄险"之姿著称天下。山势前峰稳沉,再由龙埂驾中峰之脊蜿蜒直上后峰,临空破江,突兀挺立,绝壁镇涛,势拔江城。武圣岩如虎踞大江,甘露如龙盘长冈。相传北固三峰是由巨莽、赑屃浮于扬子江中而形成的。甘露寺、多景楼飞驻峰冠,力压动趋山势,形成"寺镇山,山镇江"之巍巍壮观景色。前峰十三门至后峰顶"长一百八十三丈三尺余"的峰埂被前人称为"天下之险";中峰、后峰相交处丘峰凸起,更耸立凌云铁塔,古诗云:"长江好似砚池波,提起金焦当墨磨。铁塔一支堪作笔,青天够写几行多?"可谓登此一览天下小。后峰西北巅铁柱峰(石帆峰)虽被霹雳击折,但仍代代传颂其险峻奇异。沿江"长三十四丈八尺,高十四丈五尺"的绝崖武圣岩,斜穿江中,其势欲飞,历代叹为观止。崖底"观音洞"平临江波,声回惊涛,凉雾绕袭,又为一绝。前峰古楼岗为三国东吴孙权所筑"铁瓮城","顶宽六丈四尺余,高二丈,西南高六丈",由此环绕山川,更擅形胜。登北固三峰,吴山楚水,万种气象扑面而来,地窄天宽,雄视楚越,浪击千古,宏开鹫岭。东、西浮玉遥相揖对,金、焦二山呼之即至。古人于此赞江色:"潮平两岸阔,风正一帆悬。""川涛观海若,霜磬入江渍。"古人于此赞山色:"天涯青嶂远,树杪白云闲。""潮头落日,山风开岚。"北固山一千五百余年来被誉为"天下第一江山",就因为其"控楚负吴,襟山带江",雄浑奇险。

"峰巅片石留三国,槛外长江咽六朝",北固山以雄伟险绝的山川胜境与悠久深沉的历史遗痕,引来了历朝历代身负雄才大略的历史人物,或据险创业、扼守,或登临长啸、高诵,为三峰留下了许许多多史迹与绝唱。"登山则情满于山,观海则意溢于海",情之所发,意之所趋,穷极"天下第一江山"之深蕴灵气,一幅幅雄浑多彩的历史画卷使北固山的人文景观具有极高的历史文化价值。

北固山人文景观中三国时代历史遗迹尤为丰富。苍老古朴的狠石、天惊地动的试剑石、云崖夹峙的溜马硐、峰尖飞翼的祭江亭、静恬清泓的凤凰池、闻名神州的甘露寺、千载佳话的梳妆楼、寂卧山麓的太史慈墓……无不是三国鼎立时孙刘联盟的历史巨剧的遗痕。清诗云:"北固嵯峨枕碧流,登临霸迹忆孙刘。百年戎马三分国,千古江山一倚楼。"是绝好的写照。北固山三国遗迹也成为古典名著《三国演义》的重要素材,而《三国演义》中刘备甘露寺招亲,"周郎妙计安天下,陪了夫人又折兵"的传说又使北固山甘露寺名闻海内外,同时产生了戏曲《龙凤呈祥》与诸多家喻户晓的故事,使得旅游心理上的"观赏距离"极其亲近,使寻古探胜变为平易近人的直观愉悦。深远的历史、浓趣的传说、缤纷的艺术在情与景中交融,激越的思维与旷古的景物、感性的景观与理性的景感互渗互透,此类特定的人文景观使旅游者达到赏景的高层次境界。

几千年来历史人物在北固山留下的遗痕使景区人文景观的历史跨度增大,历史侧面亦更为丰富。这里是汉荆王刘贾的封地、东吴开国者孙策的主帐地、都督周瑜建水军处;这里留下了蜀主刘备、梁武帝萧衍的慨叹赞语,还有李德裕的卫公塔、米芾的海岳庵;这里回响着辛弃疾的千古绝唱、陆游的忧愤诗芒;这里镌刻着米万钟、吴琚的擘窠大字,康熙、乾隆二帝曾多次在这里驻跸;这里也隐藏着清代平民所献的麒麟的冢与宋代大词家柳永的墓……从山川地域志到军事战略史,从文学艺术到古墓、异兽,从文人墨客到帝王将相,这座山水名胜园林的人文景观具有多种类型的历史文化内涵。

前峰汉墓 前峰又名正峰,三国孙吴时曾于此筑铁瓮城,城高9.3米,周长1050米。又称子城,其北前峰之巅有方形小子城,即十三门,抗战时拆除。孙权由吴迁都镇江,宫殿即建于前峰,后为周瑜帅府,从晋代至清代,历朝府署均在此址。故保留历史人文遗迹颇多,最早的要推汉荆王刘贾墓。墓位于前峰南麓,为西汉初王侯墓葬。刘贾是汉高祖刘邦之堂兄,楚汉战争中为将军,成皋之战,建立奇功;垓下会战,共灭项羽。汉统一后,被封为荆王,润州即汉初荆国都城。后淮南王黥布叛变,刘贾奉命讨伐,兵败富陵被杀,后葬于此。墓西向,明万历甲午(1594)季夏重立"汉荆王之墓"墓碑。墓清代时开启过,棺柩用木架悬挂。原墓前有荆王庙,三进六间,抗战时被炸毁。现为市级文物保护单位。

南麓山门 1987年兴建,1988年秋竣工,耗资40万。山门正厅前后廊歇山顶,抬脊,左右廊房。厅外左右两侧单向外廊,琉璃窗,风火山墙收头。两端"八"字照壁墙。厅、廊、墙一式黑色无光琉璃瓦。厅前两尊青石赑屃,花岗岩广场。正门匾顾莲村书"北固胜境",正厅匾祝嘉题"环山飞翠",厅正中大型白石诗碑,辛弃疾《永遇乐》词,沙曼翁书。两侧照壁石刻陈从周先生书"控楚负吴,襟山带江"。厅前后悬柱联三副。建筑整体木构架,雕梁画栋,气势恢宏。

凤凰池　凤凰亭 池在中峰西麓,直至明代,池与山西北之甘露港相通,水入长江,春夏潮水满池,可泊舟。后潮位渐退,滩地逐涨,甘露港成陆地,池域缩小,至"文化大革命"时期被填平。20世纪80年代开掘原池域前区,1988年围以黄石岸线,并叠石峰、砌汀步、建平桥。原池中有凤凰亭,相传刘备招亲后,与孙夫人常于池亭流连,"乐不思归"。庐陵王臣诗云:"山云欲到龙初起,池水空清凤未还。"明太祖朱元璋亦曾临池上,召见选拔儒生。宋淳熙中曾建"淮海书院"于池上,后毁。

明崇祯十四年(1641)旧址复建。"香山书院",清顺治年间增修,更名为"三山书院",后废。中峰临凤凰池上葺有元武殿,后改建为"北固山房"。现池岛上立有文天祥遇难处石碑。

试剑石　　石原在凤凰池内,出水0.99米高,分裂成四块,断面如剑削。石东北面刻有"试剑石"三字。相传三国蜀吴联姻后,刘备、孙权同游至此。刘备对巨石持剑默祷:"若能成王霸之业,挥剑石为两段。"剑落石裂。孙权亦执剑卜曰:"若能破曹兴吴,亦断此石。"剑劈石开。试剑石又名"恨石"。凤凰池填平后,石处土中。1989年夏复通池水,位于水中,恢复旧观,并立孙权、刘备比剑之花岗石雕像。

太史慈墓　　位于山南麓的山门与龙埂之间。《北固山志》载:汉吴将太史慈墓在第二峰西南角高阜上。太史慈,字子义,孝母重义,猿臂善射,弦无虚发。东吴孙策拜其为中郎将,后被曹将张辽战败,中箭而亡,时建安十一年(206),孙权将其厚葬于北固山下。墓碑刻"吴孝子建昌都尉东莱太史慈子义之墓"。史官诗赞:"姓名昭远塞,弓马震雄师。"清同治九年(1870)重修城垣时重见墓址,次年修墓立碑。光绪十七年(1891)春建墓门,都督监造,观察题额。抗战前重修葺。后塌山泥封,20世纪80年代中简略修复,为半圆形贴山壁坟茔。

石阙　凝虚亭　　石阙位于中峰龙埂南端平台,1988年秋建成。仿汉阙形制,通体用米灰色花岗石镌刻雕制,重檐山字顶脊,汉式浮雕斗拱,檐额雕青龙、白虎、朱雀、玄武,碑正文为辛弃疾词《南乡子·登京口北固亭有怀》:"何处望神州,满眼风光北固楼,千古兴亡多少事?悠悠,不尽长江滚滚流。"高近五米,重十余吨。端庄古朴,雄浑坚实,为北固山标志物之一。凝虚亭位于中峰龙埂中段,原址旧亭久毁,今亭为山道游息亭。六角钻尖顶,木结构,莲叶宝珠顶,冰纹罩挂落。北固山峰原有十余座亭阁,凝虚是其中之一。

海岳庵遗址　　位于中峰西麓,凤凰池东南向。自晋唐至宋,此地皆为名流所居。北宋哲宗时,米芾以南唐后主李煜的珍玩"研山石"向苏仲恭学士换得此宅园地,建墅名"净名斋",又于宋徽宗崇宁元年(1102)改建为"海岳庵",自号海岳外史,珍藏历代文物图书。百余年后,宋嘉定年间,岳飞之孙岳珂于旧址改建为"研山园",珍藏法书名迹,尤爱米芾翰墨,悉摘米诗中语命名园中胜概处。明宣德三年(1428),甘露寺住持于原址复建"海岳庵"。万历四十一年(1613),丹徒县令重修。清乾隆二十八年(1763),丹徒邑宰拓基改建为"宝晋书院",七楹,三十间。乾隆五十年(1785),镇江太守扩建,后全毁于太平天国战火。光绪二年(1876),太守重建门堂、斋房,题联云:"六载守京江,所期寒士欢颜,安得万间广厦;一庵怀海岳,差幸昔贤遗迹,犹存千古名山。"20世纪50年代,被辟为公园区。

柳永墓遗址 《北固山志》载:宋屯田郎中柳永墓在土山(北固山别称)下。《柳氏家谱》载:"耆卿卒,葬丹徒土山。"柳永,宋景祐元年(1034)进士及第,大词家,著有《乐章集》,时人云:"诗,当学杜;词,当学柳。"其词作甚至流传国外。西夏国民谚:"凡有井水处,即能歌柳词。"皇祐末年(1053)柳永潦倒死于镇江,棺柩寄寺二十余年,无人殡葬。至熙宁八年(1075),王安石之弟、太守王安礼买北固山下穴地安葬了柳永。清代水军统制羊滋手下兵士凿土时,发现柳永之侄书刻的墓志铭与一只玉筐。铭文云:"叔父讳永,博学,善属文,尤精于音律。为泗州判官,改著作郎。既至阙下,召见仁庙,宠进于庭,授西京灵台令,为太常博士。"民间相传,柳永无后人,卒后,生前知音艺妓集资,由其侄为其敛葬。

晴晖亭 自前峰十三门下之龙埂直至晴晖亭前,共六百余米。又名清晖亭,方形四门,西通东吴路西麓古山门,南接甘露岭龙埂道,东联宋代铁塔,西进别岭峰巅。体形稳重,造型古朴,为至后峰之必经的咽喉口。

铁塔 唐穆宗长庆五年(825),润州刺史李德裕建石塔,瘗葬上元县长干寺阿育王塔舍利11粒。乾符四年(877)石塔毁。北宋元丰元年(1078),寺僧募建9层铁塔,建于原址。明万历十一年(1583),狂风海啸,塔颓,当时有童谣"风吹铁宝塔,水淹京口闸"。是年重建,改为7层铁塔。清同治七年(1868)正月初一夜,塔顶突然折断。光绪十二年(1886)七月初二雷雨霹雳,击落上面四层。直至1960年修塔,于原宋代的莲座、一二层之上修复原倾落的明代三四层,现为五层铁塔。塔为八角平面,每层四门,腰檐均铸佛像、飞天女,莲座镂云水龙珠纹,塔身并铸有"国界安宁"等北魏字体,艺术价值极高。整修时于塔基地宫内出土金棺、银椁、舍利子、铜铁玉瓷玻璃件、李德裕建石塔碑记等14类2570余件文物。铁塔亦称卫公塔,为省级文物保护单位。

"天下第一江山"碑刻 三国时,刘备至东吴,登北固山,曾赞曰:"真乃天下第一江山。"南朝梁大同十年(544),梁武帝登临峰巅观江山形胜,大悦,赞叹:"京口实乃壮观!"并重建北固楼,又书"天下第一江山"嵌作其门额。现存"天下第一江山"刻碑是南宋孝宗时(1177前后)著名书家、淮东总管吴琚所写,清康熙二十八年(1689),镇江府通判程康庄上石镌刻。初嵌寺廊,后移东大门迎壁。"文化大革命"中"一江山"三字被毁,后据古拓片修复。赫然大字,气势非凡。

北固碑刻 摩崖石刻 《宏开鹫岭》:位于"天下第一江山"碑之北。明代大书法家米万钟所书,"出寰上人重修甘露寺,书此赠之",字迹宏浑厚润。《临川二太守纪》:位于山道东壁,明万历十四年(1586)知府曹一鹏率僚属立。《石帆楼》:位于西端券门迎壁,明监察御使张一鲲篆书。《乾隆御碑》:大殿之西御碑亭内,东西两面共两块乾隆御碑,清光绪二十七年(1901)两江总督刘坤一书立。《重修镇江府城记》:位于西端壁,清乾隆元年(1736)镇海将军王钱立,杨醇撰记。《天下第一江山》:位于西端迎壁,清乾隆宠臣大书家刘墉临摹及题字。《重修镇江内外城记》:位于山道东壁,清同治十三年(1874),知府蒯德模立。《古走马涧》:西端券门额,清光绪甲午年(1894)春长白穆克登布书。《南徐净域》:东端卷门额,清范承衡书。卷门联"地窄天宽,江山雄楚越;沤浮浪卷,栋宇自孙吴",清苏涧宽书。《乾隆辛未年春二月游甘露寺□苏东坡韵》:御笔诗碑嵌在"头头是道亭"西南侧壁间。《甘露流芳》:欧阳清立书。《甘露寺杂咏》:江陵苏惟霖书。《北固山用唐韵诗碑》:直隶监察御史张一鲲书。《道光十四年正月三十日镇江府丹徒县正堂示发碑》《勒马》:东北麓摩崖石刻,明崇祯年朱云熙书。《欸乃一声山水绿》:东北麓摩崖石刻。《钓鲈处》:即东晋淝水大战之都督谢元钓鱼处,东北麓摩崖石刻。《凌云处》:原虾蟆池南石壁上,上有虾蟆石。

东廊 自晴晖亭起至祭江亭,原有碑廊,名东廊,又称花廊,长六十余米,17间,每间均嵌碑刻。明代大造园家计成著《园冶》中描绘北固东廊:"随形而弯,依势而曲","宜曲宜长则胜","予见润之甘露寺数间高下廊,传说鲁班所造"。清光绪十六年(1890)曾重修。原廊已毁,坡阶依旧,存"天下第一江山"等碑于旧址。相传甘露寺刘备招亲时周瑜曾伏三百刀斧手于是处。该廊于1993年复建。

双麟冢 位于铁塔之侧,明万历二十一年(1593),丹徒唐里湾一朱姓人家之牛产一麟,青黑色,玉顶光润,口红色,下具九孔,脐后排九乳,通体鳞纹,声如洪钟,众指为怪,埋于地下,郡人殷士望挖出麟,绘图报郡守,郡守命葬于北固山。万历二十五年(1597)春,另一朱姓人家之牛又产一麟,目赤流丹,如前麟,几日即亡,与前麟合葬,故名双麟冢。

甘露寺 位于顶峰中。《北固山志》:"世传创自吴初。"三国孙刘联姻,刘备至京口招亲,即在甘露寺相亲。《九域志》:三国吴建,建寺时甘露降,因名。《郡邑旧志》:"吴王皓甘露改元(265)时建。"宋嘉定《镇江府志》:"唐宝历中李德裕建。"《三山志》:润州刺史李德裕"以州宅之地予甘露寺为拓其基"。另据《后汉书·陶谦传》云:"寺创始于汉献帝初期。"北宋米芾《通史》云:"寺梁天监中盖。"乾隆时《重修甘露寺记》云:"盖寺实建自梁武帝时。"寺原建于北固山下,唐僖宗乾符年间毁,后镇江节度使重建。宋大中祥符三年(1010)寺圮,郡守奏朝廷,宋真宗下诏命转运史将寺移建山上,并"赐田四千亩"。元符末年毁于大火,重建后于建炎年间复毁于兵灾,绍兴年间复建。元代天历年间火焚,又移建山下。至顺年间复重建山上。明、清两代达最盛期,犹如"十方丛林",康熙、乾隆二帝数次巡临,并建行宫。太平天国战争时又毁,清光绪年间镇江观察黄祖络筹款修建。抗日战火又使寺仅剩磨砖山门、清水围墙、木构架殿堂一座,山门额为"古甘露禅寺",并存1929年的《重建甘露寺佛殿记》。20世纪80年代初修缮。甘露寺因刘备招亲"龙凤呈祥"之典故,名声远播海内外。殿东有"福德神祠",西有"老君神殿",皆只存门楼遗址。

祭江亭 位于后峰最高处。相传刘备夫人孙尚香闻知刘备兵败病死白帝城,于亭中设奠遥祭后投江自杀,故人称"祭江亭"。梁武帝登亭远眺江山,六朝时称"北固亭"。晋郎中郡守荀羡登亭望海云,"虽未睹三山,便自使人有凌云意",遂名"凌云亭"。宋代郡守书额"北固山亭",后毁。明万历中,县令重建,名"浴日亭"。清康熙中复名"摩云亭"。道光三十年(1850)邑人换用石柱,刻联"容光洗流水,荡胸生层云","此身不觉出飞鸟,垂手还堪钓巨鳌"。光绪十六年(1890)重修,并设石桌凳,军门易文光题额"江山多处"。后康有为题匾"江山第一亭"。现存亭为方亭,石柱、歇山顶,为明崇祯年间建。此亭位是北固诸峰中观景最佳处,江涛澎湃,舟楫飞驰,苍茫空阔,亭驾云御空,势欲飞出。宋辛弃疾的《南乡子·登京口北固亭有怀》更是传颂千古之绝作。

狠石 又名石羊、很石。位于多景楼西北,头向长江。原为一块羊状石,无头,石雕制补上,左侧腹刻"狠石"二字。历史传说有《舆地志》云,城南石羊巷有两只石羊,孙权、刘备一同狩猎后酒醉,各倚一石羊论天下。唐罗隐诗:"紫髯桑盖此沉吟,很石犹存事可寻。汉鼎未安聊把手,楚醪虽满肯同心?"宋武衍诗:"二雄曾向此盘桓,鼎立功名各未安。留得坐时顽石在,至今人尚说曹瞒。"说孙、刘同倚一石羊论破曹大计。宋苏轼游甘露寺诗序云:诸葛亮曾坐石上与孙权共商破曹大计。宋元符年间,狠石因火毁剥,寺僧曾伪托一石。至明正德十四年(1519),郡守滕谧于北固山下演武场发现狠石,立碑建亭,并撰《狠石记》。后亭废,狠石埋于土,被明县令庞时雍发现,郡守王应麟复建亭立碑于演武场侧,并悬匾"武侯遗石"。清顺治年间《北固山图》中有狠石,后即失踪。至光绪十六年(1890)于辘轳巷移"狠石"至多景楼后侧。1986年复被毁,现狠石为是年从镇江南郊觅得之古石雕一具,置于旧址。

溜马涧 即走马涧。《北固山志》载:"走马涧在壁西,小径直达山巅,两壁夹峙,中通一线,石峭立险涩。"《丹徒县志》载:"相传汉昭烈走马处。"相传刘备、孙权于北固山因南人驾舟、北人乘马之议,二人策马比试,奔驰于硐,飞走山下,跃回岭上,停于坡间,扬鞭大笑。故又名跑马坡、驻马坡。明崇祯十二年(1639)太守程峋修整,砌砖道。次年夜郎人朱云熙书"溜马硐"三字于临江石壁。明人诗赞:"驰骤龙驹气概多,二人对辔望山河。东吴西蜀成王霸,千古犹存驻马坡。"硐上旧有广照塔,建于宋代,今废不存。洞道于1993年复建,曲折峻险,沿石阶梯道崖壁悬铁链为扶手助登攀,并于洞道起点处立石马三匹,均为清代石雕。

甬道券门　一览亭　甘露寺门墙前为后峰山脊,如栈道,自东端"南徐净域"券门起始至"古走马硐"券门止,共五道券门,券门两侧俱有砖石门额,分别刻有"金焦在望""六朝风月""人天法窟""东吴遗迹""是处可游""千古江山"。层层券门消除了山脊道的冗长感,并产生了韵律美与神秘感,额题既点景又述史,形成历史氛围。自东至西最后出古走马硐见一览亭作收景。一览亭六角平面,石柱钻尖顶,亦称驻马亭。此处北望江景,南瞰城貌,下为古洞,边缀湖石,是上好景位。

石帆楼遗址　后峰西端"一览亭"之东北傍有"石帆楼"遗址,现存白石柱础于原位,埋于土表草丛,古名"木末楼"。旧此址有石帆峰,形如舟帆,又名铁柱峰,高百米左右,后被大风吹折。峰上于明末时建有石帆楼,明监察御史张一鲲题名碑今存。楼经风被毁。清代康熙、乾隆、道光、光绪各时期都曾重建屡修。历来为天下名士登临题咏处。遗址前有"旁峰石柱",亦是古代遗物。

多景楼　位于后峰北崖之巅,为长江三大名楼之一。此址唐代建临江亭。北宋熙宁年间建多景楼,取李德裕《临江亭》诗句"多景悬窗牖"之意。毁于战火后郡守重建于铁塔旁,东向。又毁,南宋乾道年间于今址复建,北向。屡建屡毁,明弘治年间暴雨冲圮,天启二年(1622)郡守重修。清康熙初年重建,更名为"春秋楼",后倒塌。道光年间,邑宰于元武殿东侧改建为南向。咸丰三年(1853)全毁。光绪十六年(1890)秋镇江观察移建于后峰旧址,原为三层,下有基台,抗战时被破坏。1958至1959年重修建,今为两层,回廊四通面面皆景,崖下惊涛拍岸飞泻千里,对岸翠峦碧空融为一体,宋诗云:"云乱水光浮紫翠,天含山气入青红。一川钟呗淮南月,万里帆樯海外风。"辛弃疾任镇江知府时登楼吟书《永遇乐·京口北固亭怀古》词:"千古江山,英雄无觅孙仲谋处……"成千古绝唱。苏东坡于此留下《采桑子》名作。历朝历代士人于此登临留下佳作无数。米芾作《多景楼》诗:"华严兜率梵天游,天下江山第一楼。"并书楼额,今犹悬于楼檐。多景楼址相传为刘备招亲的相婿楼旧址,故俗称"梳妆楼"。此楼为北固山最著名的建筑景,它不仅以绝壁危楼点绘出峻险壮观的山水景色,更是以每窗孔每门洞构成"楼外山川,天外烟岚"的框景而称绝。无数文人雅士、巨卿王侯登楼放眸:"何处望神州,满眼风光北固楼!"宋元以来达到鼎盛,欧阳修、苏东坡、曾巩、沈括、米芾、辛弃疾、陆游、陈亮、赵孟𫖯、曾肇、萨都剌等都在多景楼留下了咏叹佳作。其中尤以辛弃疾的《永遇乐》《南乡子》流传千古。陈亮的"鬼设神施,浑认作,天限南疆北界。一水横陈,连岗三面,做出争雄势",陆游的"江左占形胜,最数古徐州,连山如画,佳处缥缈著危楼",曾肇的"屈曲危楼倚半空,诗情无限景无穷",曾巩的"云乱水光浮紫翠,天含山气入青红",刘过的"一楼坐断水中央,收拾淮南数千里",柴望的"关河北望几千里,淮海南来第一楼",简文帝的"去帆入云里,遥星出海中",王安石的"京口瓜洲一水间,钟山只隔数重山"以及敦诚的"大江一线青潮落,京口千帆暮雨收"等写尽了云生楼台,风响殿阁;万舟弄潮,千峰争雄;霸业沧桑,峥嵘云烟;忧国怀乡,金戈铁马。霞天潋波上下吞吐之中,蕴含了无垠的历史文化内涵,其气魄之恢宏,史事之多彩,风光之壮阔,意境之壮烈,诗词艺术之神妙,使景观的人文价值的品级极高。诗因景发,楼依诗名。

头头是道亭 多景楼原上层额为"无尽藏",南檐额为"悠然见南山",中层额为"天下江山第一楼",北榭额为"是岸",东亭额为"头头是道"。今北榭已圮,东侧"头头是道"亭仍在。小方亭,钻尖顶,东南西三券门,北为美人靠。"头头是道"原为佛家用语,又寓意亭四通八达。今亭出东门即接祭江亭,下南门即见乾隆御碑、湖石叠峰。跨西门即达多景楼,靠北栏崖栈虽已湮失,但仍犹身于崖壁。均近在咫尺,饶有情趣。

彭公祠 杨公祠 后峰清代时有三祠:彭公祠、杨公祠、魁果肃公祠。今存彭、杨二祠。据清俞樾《彭杨二公祠记》云:石帆楼之侧为彭刚直祠,其左为杨勇悫祠。彭历拜安徽巡抚、漕运总督、兵部尚书,皆辞后,朝廷仍命每岁巡阅长江。杨官至陕甘总督。彭、杨又助曾国藩创立长江水师,与太平军转战长江中下游。彭、杨归养后又常巡游北固形胜,慨然曰:"昔人称此为第一江山,洵不诬也。兵火之后,名迹丘墟何时复其旧观乎!"彭、杨亡后,朝廷追念,命建专祠,并同时始复山中诸名迹。是役用白金一万余两,于庚寅孟秋六月毕工。

观音洞 位于后崖北陡壁五圣岩下,临江。洞深三丈,高宽各丈余。元代至顺年前有云游僧于洞结庐供奉大士像。至顺年间洞口外建观音庵,名"小普陀",早废。清光绪六年(1880)寺僧复建层三楹,起楼,后塌。20世纪50年代,洞中有观音塑像、莲座供桌,洞西有瓦屋。"文化大革命"中被毁,今存山洞与洞外石壁上明末县令庞时雍题刻的"云房风窟"四大字。随气候之变,洞内常浓雾绕动,有明代石刻观音像碑一座。洞西侧滨江,建有仿古建筑连沧观,观背靠悬崖绝壁,濒依江岸,为仿清建筑,平面突兀,九翼飞角,迎江悬清代长联,室内悬"听涛"横匾,是观江景绝佳处,亦是北固山、焦山水上游览线之登岸处。观东即秋水潭,池水清洌,西傍钓鲈处,古意盈然,背负临江亭,影照"勒马"摩崖。观前不远,即是刻有"溜马硐"三字的山壁,沿上山磴道可达一览亭。

晁衡望月望乡诗碑 晁衡为唐代诗人,原为日本遣唐使,名阿倍仲麻吕,日本书道协会等数个民间文化团体为了纪念他对中日友谊作出的贡献,与镇江各界联合建碑,诗碑由碑冠、碑身、碑座、石灯笼、围栏组成,一式白色大理石镌刻制,全仿唐代样式形制,遍刻浮雕图案。碑正文为中日两国书法大家书中文、日文之《望月望乡》诗全文。并由赵朴初题额,碑阴为建碑记及中日建碑各团体单位及设计施工者名录。诗碑通体洁白晶莹,诗文金光绚灿,造型巍峨,图饰纤秀,一派唐风。其依邻宋代铁塔,二者双双耸立于罡风江月之中。碑建成于1989年。

临江亭 原位于后峰峰巅,为唐代名胜,唐诗人储光羲五咏临江亭后,该亭名噪数百年,自宋建多景楼占其址后,该亭千余年来未重建。1994年北固公园重建是亭,复立于后峰西侧悬崖之巅,突兀于大江之上,下临狂澜,极目扬州瓜洲。亭正圆五柱重檐顶,整体由米黄色花岗岩镌雕,并有低栏石座,有险道直达。石柱刻有楹联,联文云:"潮生建业水,风散广陵烟。""落霞明楚岸,夕露湿吴台。"

惠山寺 位于无锡锡惠公园的北部,是江南著名的古刹。此寺始建于梁大同三年(537)。由于它坐落在钟灵毓秀之地,随着"天下第二泉"而名满四海。在唐宋时代香火旺盛,当时的寺院规模极大,寄畅园、愚公谷原来都属于它的范围。几经沧桑,屡毁屡建,寺名也曾多次更改。现"惠山寺"额仍高悬在金刚殿的大门之上。寺内佛教遗迹尚留有古华山门、唐宋石经幢、金刚殿、香化桥、金莲桥、大同殿等建筑。寺坐西朝东,依山势而筑,渐进渐高。寺内翠柏成行,古木参天,气势壮观。惠山寺门现在为锡惠公园的惠山大门;整个惠山寺现已包含于锡惠公园之中,成为国内主要的寺庙园林景观,整日游人如织,古寺已焕发出新的光彩。

唐宋石经幢 无锡现存的最古老的地面文物之一,在锡惠公园的古华山门内,南侧为唐陀罗尼经幢,北侧为宋大白伞盖神咒幢,两幢相距10米。唐幢建于唐乾符三年(876),高6.26米,底部直径1.48米,由幢基、幢身、幢顶三个部分组成。幢身为八棱形石柱,各面刻《佛顶尊胜陀罗尼经》并序书,为白鹿山人李瑞符书写,经文依稀可见,字迹挺秀。幢基分三组,底层一组为八边形须弥座,中层一组刻有水波纹,八角束腰镌刻四只姿态各异的狮子。上层一组八角形束腰上每面刻壶门,内雕有结跏趺坐的佛像。幢基之上承覆仰莲,承托幢身,沿周边立石栏,转角处为莲瓣首望柱。在刻有经文的幢身上有八角形宝盖装饰,角隅处都镌有狮首华盖,口衔连珠璎珞带,上面承托仰莲瓣,中间有束腰柱形,四面各有一个坐佛。再上是八角形宝顶,角隅处刻有八天王力七头浮雕平盖,四周浅雕牛、羊、鹿角和獠牙。宝顶上刻瑞花图案,幢顶为八角攒尖腰檐,檐角上翘,其正中立钵形梳花(宝座)承宝葫结顶。

宋幢建于北宋熙宁三年(1070),高6.22米,底座直径1.40米,它的形制和体量与唐幢相仿。幢身不刻经而周刻《大白伞盖神咒》,并有后记,字迹也较模糊。

石经幢历经千年变迁,幢基最下部三层已湮于现在的地坪之下(唐幢被埋1.02米,宋幢被埋0.98米)并略有倾斜。1989年经文物保护部门全面修复,将两幢升高至地面,并扶正、补缺,已基本恢复原貌,并将宋幢中心点向正西方位移21.9厘米,整体顺时针方向移转4°85′。

惠山寺唐宋石经幢是江南地区现存较为完整的佛教石刻艺术遗物。这两座经幢挺拔高大,层次分明,设计华美,雕刻精细,充分显示了晚唐时代的雕刻艺术风格,它们不仅是研究我国古代佛教文化的重要实物,而且具有很高的艺术欣赏价值。1956年10月公布其为省级文物保护单位。

金刚殿 在锡惠公园惠山大门口,是一座飞檐翘角的两层古建筑,殿门之上高悬红底金字的"惠山寺"额。字迹刚健遒劲,为明正统年间工部员外郎陈勉的笔迹。殿前廊柱上挂有清末无锡知县廖纶所撰的对联:"大哉王言,山为第一,泉第二;巍然庙貌,祠为教孝,寺教忠。"概括了惠山寺的地理环境及寺庙、祠堂的作用。此联由现代书家武中奇重书。殿后悬有"江南第一山"匾,为名画家李可染书。穿过金刚殿向里,在翠柏林立之间,一条笔直的大道,穿过香化桥,徐徐向上,伸向惠山深处,使人感到庄重、肃穆、古雅、清幽。

金莲池 在惠山寺二山门内、御碑亭前,此池开挖于南北朝,池水来自第二泉,水质清冽。当时常有妇女在此浣纱,初名为"浣沼"。唐代陆羽在《惠山寺记》中称它为千叶莲花池。因当时池内植有重瓣莲花,晚唐诗人皮日休曾在这里留下了"千叶莲花旧有香,半山金刹照芳塘"的诗句。后来被野生的睡莲科水生植物金莲花所代替,这种植物每逢春夏季节开出朵朵比水仙花略大的金黄色花朵,在每朵花中间,都有绯红的花芯,星星点点布满池塘,十分可爱,俗称金莲花,因此该池也被称为"金莲池"。明代初年,无锡教谕王达曾为金莲池写下了这样的诗句:"芳池水绿鱼翻藻,翠叶田田露华晓。花开万朵出金莲,玉涧朱栏互相绕。"从这首诗可以断定,六百多年前,此池中已生长了这种金莲花。现在每年五一节以后一直到秋天,依然能欣赏到王达当年在诗中描写的景色。

金莲桥　位于惠山寺御碑亭之前,桥东西向横架于金莲池上。此桥建于宋代,明初的《无锡县志》中就有记载。桥长10.7米,宽3.4米,为三孔石梁桥,两端桥台和桥墩上雕有四个鱼首和四个螭首,桥身南侧中孔石刻花板边沿正中刻有"懋德堂李府"五字。据史载,北宋靖康元年(1126),钦宗赵桓曾把惠山寺赐给力主抗金的名臣李纲作为功德祠(家庙)。故"李府"可能与李纲家族有关。桥两侧石梁上雕有"缠枝牡丹间化生(童子)"图案,石栏杆由莲花望柱和透雕荷叶净瓶的石华板组成。桥栏两端各有一个抱鼓石。桥身中孔较高,东、西两个边孔成斜面,使整个桥面略呈弧形。整座石桥显得古朴、坚实、稳重。

桥身石料宋时全部采用紫褐色武康石凿制而成。明天顺四年(1460),惠山寺僧楚石曾对石桥进行大整修,"浚其池梁,石而栏焉"。后历代也作修理,现存七块桥面和两侧四块刻有图案的石梁以及石栏杆中的莲花望和抱鼓各一个,都为宋代原件,保存尚好,有些部件历代几经修葺,不断更换配制,但整体结构还是保存了当年营造的法式。石梁两侧具有宋代特征的吉祥图案——"缠枝牡丹间化生",精致浮雕还清晰可见。它是江南寺庙园林中不可多得的古桥梁。现为省级文物保护单位。

御碑亭　在锡惠公园大同殿前金莲池西畔,是一座高大的重檐方亭,正中置有一块乾隆御碑,高3.40米,宽1.10米,厚0.33米,碑额和碑座上都刻有云龙纹。乾隆六下江南,都到惠山游览,写下了不少诗篇,地方官选择了其中四首刻于碑的四面。正面一首是乾隆于辛未年(1751)初次来惠山写的七律:"寄畅园中眺翠螺,入云抚树湿多罗。了知到处佛无住,信是名山僧占多。暗窦明亭相掩映,天花涧草自婆娑。阇黎公案休拈旧,十六春秋一刹那。"碑的背面和南北两侧刻有乾隆第二、第五、第六次游惠山所写的诗。

这座巨大的石碑在"文化大革命"中被破坏,1980年后重新恢复。碑亭之上由著名书法家舒同重书匾额。

洪武古银杏　在惠山寺的大同殿下,树高21米,直径1.91米,树枝孤傲挺拔,树干瘢瘦累累,树叶遮天盖地,树旁一石镌有:"相传明洪武初年惠山寺僧普真字性海所植。"看来此树已有六百多年的树龄了。在树干的6米左右附生一株常绿的攀缘植物——薜荔,也已生长了两百多年,清代秦琳有诗为证:"大同殿下绿苔滋,银杏浓荫覆石埒。笑指树头新结子,青青多在寄生枝。"银杏是雌雄异株的植物,这棵古银杏系雄性,不会结果,但是 1982 年在南侧离地 10 米处的一个枝头上结出七粒果实,植物学界认为这是一种罕见的"性反转"现象,雄性结果,为这棵古银杏增加了神秘的色彩。近年来这棵古老的银杏树上出现了好几个喜鹊巢,分列树顶,喜鹊昂首翘尾,高鸣迎宾,一片盎然生机。

听松石床　在惠山寺大同殿古银杏旁,又名"听松石",俗称"偃人石",是一块天然巨石,石身长 1.99 米,宽 0.87 米,高 0.56 米,石质坚韧,呈褐色,石面平坦,翘起的一端如枕。整块巨石宛如卧榻,可供人偃仰。巨石顶侧石面篆有"听松"二字。据明洪武《无锡县志》载,为唐代篆书名家李阳冰的手迹。据清光绪《无锡金匮县志》载,唐高宗时,无锡县丞江都公孙罗爱山泉之胜,定居无锡,偕李冰阳游惠山,李特为其篆"听松"二字于石床,以资纪念,"听松石床"由此得名。晚唐诗人皮日休的《惠山听松庵》诗,专门描写当时石床周围的景色,诗中写道:"千叶莲花旧有香,半山金刹照方塘。殿前日暮高风起,松子声声打石床。"

石床上除了刻有"听松"两字之外,还在右侧刻有 102 个行书,字迹漫漶不清,约略看出大意是:宋政和甲午年(1114),有几个姓张的人,把被山土覆盖的石床重新进行了安置。石床平面还刻有笔势雄伟的行书三行,每行七字,记载了南宋赵希衮曾于嘉熙己亥(1239)过此(赵为宋太祖第九世孙)。

明成化七年(1471),无锡县丞把此石床移至惠山寺北二里的听松庵古松之下,清康熙十年(1671),惠山寺僧又将此石移回大同殿,置于古银杏下。道光十五年(1835),特筑六角亭,四周置木栅,加以保护,给亭取名为"听松",并刻石为记。亭于咸丰十年(1860)被毁,同治五年(1866)重建。1955 年又进行修葺,由红学家邑人冯其庸书亭额。

听松石床为全国著名的江南奇石之一,石床题字具有较高的书法艺术价值。

大同殿　惠山寺的主体建筑,也称大雄宝殿,由于它建于梁大同年间而得名。清同治年间在这里建立了昭忠祠,1949 年后仍把这一带的建筑称作大同殿。大殿虽不复存在,一座精致的砖刻门楼上刻有"大同殿"三个金字。入门一座十分讲究的木石结构的碑亭挡住了去路,亭中有一通四周和背面刻有飞龙的石碑,名"昭忠祠碑"。清同治年间,太平军曾在惠山一带和清淮湘军激战,太平军失守,淮湘军也死伤惨重,李鸿章奏请在此建昭忠祠,此碑文为朝廷同意建祠的复文。绕过碑亭拾级而上在祠堂大门前,有一口泉名"龙眼泉",是惠山比较古老的泉井,是建造大同殿时开凿的,因此又名"大同井"。

祠东向,沿中轴线由头门、正门、前殿、后殿组成。前殿庭中由南北相对的月门隔成二院,北院为点缀湖石假山的花木禅院,南院墙外设有戏台。祠堂建筑十分精致,梁、枋、柱头、门楼都有吉祥图案、戏文、故事等雕刻装饰,木雕精美,砖刻细腻。祠堂利用惠山寺旧址,倚山而筑,阶梯式向上,在殿与殿之间都有庭院,对衬而有层次,具有我国古代建筑的特征,是无锡目前保存得最为完整的清代古建筑群。1989年全面修缮后已辟为"无锡历史名人馆"和"无锡乡土人情馆"。

点易台 位于大同殿最后的后殿之上。从后殿南侧拾级而上,随石级曲折,进入一院,这是惠山的"静清深处"。明代南京礼部尚书邑人邵宝就在这附近筑点易台,专门点读《易经》,历经沧桑,遗址已荡然无存,所幸1988年在"二泉书院"旧址土中发现《点易台铭》四面碑一通,此碑高1.77米,面刻"点易台"三字,其他三面刻有《点易台铭》,字迹苍劲古朴,是当年邵宝手书。因此移建拜石亭于院中,亭壁还嵌上邵宝撰写的《海天亭记》残碑和《周文襄公颂》及他的后裔邵涵初撰写的《新建拜石亭记》等石刻;并在拜石亭两侧巨大的山石上,重刻邵宝手迹"点易台"三字;还设置"太极"石一座,大体恢复了点易台旧貌,以纪念这位无锡历史上有一定影响的学者。

清代无锡学者严玨,对《易经》也有研究,在邵宝筑点易台后两百多年,曾瞻仰先贤故址,并作诗一首,其中有"眼看八卦纵横列,犹见遗础照绿台",反映了当年点易台的情景,现在又过了两百多年,这古朴的四面碑上的"点易台"三个大字,当年染上的朱砂,仍清晰可见。

拜石亭前有九步廊向南连接松风堂和易情轩,这里地处惠山山腰,高旷而宁静,寄畅园、惠山寺、愚公谷、锡峰塔影,历历在目,美不胜收。

云起楼 在惠山寺大同殿之南,原为僧人所居的"天香第一楼"旧址。它是由曲廊、石泉和亭台楼阁及寺庙建筑等组合而成的一组具有江南特色的寺庙园林建筑群。此地循山依坡,建筑了一道爬山廊,它左弯右曲,盘旋而上,巧妙组织了亭、阁、泉、石,最上面以一座雕栋画梁、周围花窗、前设檐廊的十分精巧的小楼结顶。此楼在清代康熙年间翻建以后,号称"江南布衣"的文学家姜宸英认为:"山取其腾踔如龙,楼取其变化如云。"故取名为"云起楼"。人们登临其上,尘嚣隔绝,感到出奇的宁静,如入凌空仙境。

随曲廊漫步下行,从高到低,层次分明,廊旁花木、假山、泉石、亭台布置得体。下行数丈,廊南为"惠泉山房",内陈古代品泉茶具和煮茶竹炉。廊北紧靠假山一座方亭,依廊而立,名为"布衣亭",为清乾隆六年(1741)建,亭顶饰有动物生肖造型,后几经修葺,仍保持其特有的建筑风格。亭下有一石泉,名"罗汉泉",为明代惠山寺僧开凿,建此特殊的两层方亭,上可赏景,下可护泉。从亭边廊下拾级而下,有一小门把上、下曲廊拦腰隔断,喻意此门可隔绝尘世,下为红尘凡间,上为佛门仙境,所以在门楣上刻有"隔红尘"三字。由于上下景色迥然不同,再加上取了这个带有神秘色彩的名称,因此围绕着"隔红尘"三字,流传着一些有趣的故事。

出"隔红尘"北折,有一座长方形台阁和曲廊相接,此阁由戏台改建,也是赏景的理想之所,特别是金秋时节,立于台内,平视前方,一片金碧辉煌的古银杏树荫下,龙光塔影,隐约可见,酷似一幅《古园秋色》。台后小院,一棵高大的金钱松,拔地冲天,挺立于云起楼前,使周围的环境更显苍古。

沿曲廊向南迂回而下,走到尽头,在黄石堆砌的转弯角处,有一座天然泉井,隐蔽在山石之下,名"松泉",泉上有块碣石用篆体镌刻泉名,这也是清代书家王澍所书。王澍所书的"天下第二泉"这五个擘窠大字,十分醒目,人们进入二泉庭院,一眼就能看到;而这"松泉"二字,深藏石间,要用心寻找,才能发现。这二字采用"铁线篆",风格严正,结体紧密,笔力遒劲,如百年枯藤,沉劲入骨,爱好书法的游人,可以仔细探寻,玩味一番。

在俯察"松泉"之余,仰观云起楼,朱栏黛瓦,翘角飞檐,在层层曲廊亭台的扶持下,遥立云间,真有超尘脱俗之感。

戒幢律寺　　位于江苏苏州城西阊门外上塘河北岸,与留园隔虎丘路相望。因戒幢律寺原是明代嘉靖年间太仆寺卿徐泰时的私宅,与西面的花园放生池统称为西园(当时徐宅还有东花园,叫东园,即今之留园),故俗称为西园寺。

寺始建于元代顺帝至元年间(1335—1340),初名为归元寺,明大仆寺卿徐泰时营建东园时,将归元寺改建为别墅宅园,并易名为西园。泰时去世后,其子工部郎中徐溶(杉亭)舍宅为寺,仍称归元寺,明崇祯八年(1635),住持茂林和尚为了弘扬律宗改寺名为"戒幢律寺",俗称为西园寺。清乾隆、嘉庆年间法会极盛,成为江南名刹之一,与杭州的灵隐寺、净慈寺鼎峙。咸丰十年(1860)毁于战火,光绪八年(1882)至光绪二十九年(1903)间陆续重建。寺院布局严整,殿宇雄伟,佛像庄严,是苏州最大的也是保存最完整的寺院。现存建筑成轴线分布,由南向北为牌坊、天王殿、大雄宝殿和藏经楼。两旁有观音殿、罗汉堂及虎廊。

牌坊　　位于上塘河北岸路北。为三门四柱五楼坊,石柱石枋木构顶,居中之御额已毁,中间石枋上书"敕赐西园戒幢律寺"八个红字。

天王殿 过牌坊沿石板道前行近百米,即到三拱门的黄墙黑瓦重檐歇山大殿,面宽三间,这就是天王殿,也叫金刚殿,又叫山门殿。檐下横匾书"戒幢律寺",殿内供"大肚弥勒""韦驮"及"四大天王"(清代之泥塑像)。

大雄宝殿 出天王殿是长约30米的庭院,正中有放生池约长20米、宽5米,上有石拱桥,曰"香花桥"。过桥便是大雄宝殿,殿前月台长约25米、宽约18米,周有石栏板,台中置鼎炉,高约5米,上铸"宝莲禅寺""光绪壬寅年"。据记载,清光绪壬寅年即光绪二十八年(1902),正值戒幢律寺重修即将竣工之时,此时新铸鼎炉是可能的,但从"宝莲禅寺"四个字看,此鼎炉应属禅宗寺院之物,为何来此律宗寺院内,尚待进一步考证。大殿面宽七间,进深六间,重檐歇山,檐间横匾书"大雄宝殿",下层檐下横匾书"西乾应迹"。殿内正中供奉"三世佛"(释迦牟尼佛、药师佛、阿弥陀佛),迦叶、阿难立于释迦牟尼坐像之两旁,殿堂两侧立着二十诸天像,北壁两侧东为骑狮子之文殊菩萨,西为骑象之普贤菩萨。三世佛像背后是"海岛观音彩塑"。三世佛像的坐像前的供桌雕有"西游记""八仙"及"五十三参"等故事图案。雕工精细,浑健有力,层次分明,形态生动。

藏经楼 在大雄宝殿后,楼面宽五间,楼下为选佛道场,前壁立有清康熙二十一年(1682)、五十年(1711)、乾隆十一年(1746)、二十五年(1760)重修碑记。楼上为藏经楼,藏有相当珍贵的佛教经典,其中有元代著名高僧善继用鲜血写成的《华严经》等。

观音殿 大雄宝殿的东配殿,面宽三间,内供三尊不同姿势的观音菩萨像和善财、龙女的塑像,柱上有联曰:"妙相圆融遍尘刹而无求不应,悲心志切度群生而有感皆通。"殿北面是斋堂。

罗汉堂 大雄宝殿的西配殿(三间)和罗汉正堂(方广各三进共四十八间)组成,西配殿中为通道,两侧各有高约50厘米的大悲咒(观音)化身木雕贴金像42尊。正堂建筑呈"田"字形,可以四通八达,两面循回,入口处上有匾额,书"灵山一会",堂中除了四周的五百罗汉像外,中间还有"四大名山塑座"(四面分别塑造着四大名山的度化者文殊、普贤、地藏、观音四菩萨像)、"千手千眼四面观音像"(高四米多,四面相同,每面有250只手,每只手上均有一只眼,所以也叫"千手千眼佛"(香樟木雕)、"三方佛""大肚弥勒佛""寒山""拾得""韦驮""关公""疯僧""济公"等。这些泥塑是清代作品,虽不及东山镇西卯坞紫金庵的罗汉塑,但也形神并茂,别具一格,堪称泥塑之杰作。众多的塑像形态表情各不相同,衣裙褶纹飘飘欲动,栩栩如生。每一尊罗汉都有其明显特征,尤其是疯僧和济公像的造型艺术更为高超,据说是塑造五百罗汉像的两个带班老师傅的比美之作。疯僧的面貌形象造型既充分地突出了"疯"的神情表现,又不落俗套,衣着流褶纯秉古风,疯僧身上那根腰带,塑得如同真的丝带束在腰间,那个结塑得好似用手一拉就能开,逼真自然极了。济公像塑得更是别开生面。从右侧看他的眉梢皱纹是满面笑容;从左侧看他的嘴角皱纹又是满脸愁气;从正面看他则是喜非喜,是愁非愁,简单说就是"右面笑,左面恼,正面好气又好笑"。济公的眼塑造得更神,不管你在哪一个角度看他,他好似都在盯着瞅你,你走到哪里,他的眼睛就跟随你转到哪里。艺人的精湛技艺把泥像塑活了。

西园寺还有一样吸引游客的特景。即西面的花园中,不仅有宽广明净的大放生池,池间苏台春满等厅馆亭榭、曲栏回廊掩映于花木山石之间,而且池中有五色鲤鱼和稀有动物——大鼋。据说这数只大鼋是明代所养的大鼋繁殖的后代,寿命已有三百多年,每到夏天天气炎热时就能浮出水面与游客见面。游人也常以馒头、饼之类的食物投于水中,以引大鼋出水寻食,以饱眼福。据目睹者说:"一个拳头大的馒头,大鼋能一口吞下。"由此可推想其躯体之大了,真不愧被称为"神鼋"。有一首佚名诗《西园看神鼋》,诗曰:"九曲红桥花影浮,西园池内碧如油。劝郎且莫投香饵,好看神鼋自在游。"

寒山寺　　位于江苏苏州阊门外枫桥景区江村桥旁,距苏州城 4 千米。因古有《枫桥夜泊》诗"月落乌啼霜满天,江枫渔火对愁眠。姑苏城外寒山寺,夜半钟声到客船"而闻名于世,是中外游客游览苏州必到的寺庙园林。

寺园始建于南朝梁天监年间(502—519),初名"妙利普明塔院",相传唐贞观年间(627—649)天台名僧寒山、拾得两人来此寺,后来拾得东渡至日本,寒山在此寺担任住持,遂将塔院改名为"寒山寺"。宋太平兴国元年(976)重建七层塔,寺曾多次被毁于火,屡经兴废,破坏最严重的一次是清咸丰十年(1860),清军与太平军交战,纵火寺中,层楼叠阁,荡为烟埃。寺内原有一尊古佛像,相传是商纣炮烙铜制,也被毁于兵灾。现存建筑是清光绪年间重建的,主要有山门、大殿、藏经楼、碑廊、钟楼、枫江第一楼等。除了殿宇外,寺院内有面积较大的园林,园内点石栽花,曲廊相绕;廊内墙上,嵌置历代名人吟诵寺院景色的碑帖;东南隅小院布置精细,花木繁盛,游人均喜耽乐于此处观览风景,倾听钟声。寒山寺前临枫江,山门西首不远处便是著名的枫桥(即江村桥),此桥为江南水乡典型的高石拱桥,清流桥影,垂柳依依,每至日落夕阳西下之时,确有张继诗中所描绘之意境。寺山门前有砖砌黄墙影壁,上有"寒山寺"三个刚劲有力的大黑字,为东湖陶濬宣题。山门面宽三间,进深二间,为黄墙黑瓦硬山式建筑,门上方横匾书"古寒山寺"是云阳程德全题,这两副题字点出了这座寺院的文化内涵。

大雄宝殿 是寺内主要建筑,位于山门内,大殿面宽五间,进深四间,歇山式建筑,殿前有石栏月台,月台中间有高约5米之铁鼎炉,是清宣统三年(1911)重建寒山寺时所铸。殿中央供奉释迦牟尼、迦叶、阿难等三尊香樟木雕像,两侧为十八尊铁罗汉。整座建筑高敞雄伟,而飞檐翘角又透出几分江南建筑的秀气。穿过大殿,是一座小庭院,迎面便是一座颇有特色的楼房,这便是藏经楼。楼面宽三间,两层硬山式建筑,外加两勾头房,现是展览室。楼上是藏经楼,楼下为寒拾殿,殿内横匾为"寒山拾得"。八角形的石座上有寒山、拾得二僧像,一个手捧净瓶,一个手持莲花,眉开眼笑,表情活泼可亲;背后有"千手千眼观音"石刻像,高约2米,宽1米多;两侧壁上是宋代张樗寮所书的《金刚经》石刻。大雄宝殿两侧配殿各三间,分别供奉500尊香樟木雕小罗汉(高约50厘米)和寒山、拾得塑像,共502尊。佛像造型古朴,形态逼真。

碑廊 左(南)配殿之南还有一院,东、西各三间,东为钟廊,西为碑廊,钟廊现有大、中、小钟各一口,大铜钟高约2米,是1986年仲夏照原钟复制的,上铸"寒山寺"。中型钟也是铜钟,高约1.2米,是清乾隆五十四年(1789)九月制的八卦钟,最小的铜钟高约1米,也是八卦钟。碑廊中陈列着十三块书法石刻碑,其中有宋代岳飞的题刻"文章华国,诗礼传家",题联:"三声马蹀阏氏血,五伐旗枭克汗头。"书迹雄浑苍劲。相传是秦桧用十二道假圣旨把岳飞由抗金前线召回,岳飞由京口(镇江)往杭州,路过苏州在寺中停留数日所书的联,表达了他的抗金决心,不料此联永存千古。有明代唐寅和董其昌的书法石刻,还有清代朴学大师俞樾补写重刻的唐张继诗《枫桥夜泊》的石刻。此外还有文徵明和康有为的诗碑,这些都是寒山寺的珍贵文物。

钟楼 规模不大的方形重檐攒顶楼,但因唐代张继诗《枫桥夜泊》的问世,寒山寺与其钟声就随着诗句的流传而名扬中外。人们到此游览必要到钟楼一览,钟楼在大雄宝殿之东南侧,底层四周有一米左右宽的外廊,四墙均为黄色,上下层四面各有一窗,由小楼梯可上至上层,上层正中顶悬钟,钟下供地藏王菩萨像,钟上铸有八卦。钟高约2米,直径约1.4米,声音洪亮。人们可能认为这就是张继诗中所提到的"夜半钟声",其实不是。张继时代的寒山寺钟早已在几经沧桑中失传了,明代嘉靖年间重铸的大钟也在明末时流入日本,康有为有诗云:"钟声已渡海云东,冷尽寒山古寺枫。勿使丰干又饶舌,化人再到不空空。"

为了保存张继诗句的古迹,清光绪三十年(1904)江苏巡抚陈夔龙于重修寒山寺时,又仿照旧钟式样重铸第三口"寒山寺钟",这就是现悬于钟楼的那口大钟,钟楼也是那时所建。

枫江第一楼 在寺山门南面,上下两层歇山式,旧枫江楼坍塌于新中国成立前,现楼是新中国建立后从苏州城里拆迁来的一座著名花篮楼。因楼的底层采用减柱做法,少用两根楹柱,垂柱头雕以两只花篮,故又名花篮楼。其楼梯是围绕中心柱旋转而上的,颇为奇特。登上楼层,依窗远眺,江南山水秀色尽收眼底,天平、灵岩诸山蔚然一色,绵亘如屏;近处,长带似的运河,迤逦而过,看到河中往来穿梭的船只,不禁触景生情,又想起张继诗句"夜半钟声到客船"。

在寺西北里许,有一座铁铃关,它是明嘉靖三十六年(1557)建成、清道光九年(1829)重修的水陆城门,是苏州西面的第一道关口,也是苏州唯一遗存的抗倭遗迹,系"寒山寺"周的一景。站在枫桥之上东望雄伟的"铁铃关",俯视北来南去的古运河和川流不息的小舟,仿佛置身于画中,又听到了"夜半钟声"。

紫金庵 又名金庵寺,位于苏州西南郊。

在能与"天堂"比美的苏州西南,有一伸入太湖的半岛,半岛上有一东洞庭山,在山的中部有一个不大的山坞,叫西卯坞。坞内苍松翠竹,丛中有一座玲珑典雅的古刹——金庵寺,又名紫金庵。寺规模不大,建筑仅二门一殿一堂,总占地面积不足3000平方米。但因它处于"山中幽绝处,当以此居先"的自然山水中,四周是一片郁郁葱葱的自然园林,风景绝佳,再加上寺内保留着姿态生动、形神兼备、工艺精湛、号称"三绝"的彩塑,其声著国内外,真可谓"寺小神通大"。

寺为唐初叶时胡僧所建。明景泰三年(1452),郑杰所撰的《洞庭纪实》中有"金庵在西卯坞内,昔(唐)有胡僧沙利各达耶于此结庵修道,玄宗时诏复修殿宇,装金佛像,焕然重新焉"的记载。据史料载,金庵寺在盛唐和南宋时曾有两次大的修葺。唐贞元年间废,明初重建,清康熙年间重修,乾隆十一年(1746)增建净因堂。由于几经兴废,现建筑结构已无唐代遗迹。

由西卯坞穿过林荫小道,迎面就是一座坐东朝西的小小山门,门额上横镌"古紫金庵"四个苍劲雄健的大字;东行不远,又有一座坐北向南的门,这就是寺的二山门。进二山门过庭院就是罗汉殿。

罗汉殿彩塑 进入紫金庵的主要殿堂罗汉殿,正中佛坛复莲宝座上端坐着三尊主佛像——释迦三世佛,中间是释迦牟尼佛,左为东方"琉璃世界"药师佛,右为西方"极乐世界"阿弥陀佛。迦叶和阿难两弟子侍立在释迦牟尼的两旁。这三尊佛像保留了唐代雕塑丰腴的特点,并具有女性特征,显得端庄慈祥。三世佛头梳螺形发髻,身披褒衣博带式袈裟,结跏趺坐,背衬毫光;两手垂放腹前,掌心向上,作禅定式;嘴角微翘,温尔含笑,两眼俯视,似乎是望着前来礼佛的人。两侧佛龛中分列十六尊罗汉(左右侧各八尊)。据载,这十六尊罗汉塑像是南宋时由雷潮夫妇所作。康熙《苏州府志》载:"金庵在东洞庭西坞,洪武中重建,内大士及罗汉像,系雷潮装塑。潮夫妇俱称善手,一生止(只)塑三处,本庵尤为称首。"这些彩塑有四个特点:1."大小适度,造型正确"。具有西域人丰颊高鼻、粗眉大眼之特征。2."以神人化,各现妙相"。具有精神超忽、呼之欲活之质感。个个栩栩如生,神姿各异,从第一尊至第十六尊可用十六个字(慈、虔、瞋、静、醉、诚、喜、愁、傲、思、温、威、忖、服、笑、藐)点出各像之特征。3."对比强烈,相互呼应"。如"温"与"威"、"愁"与"笑"、"虔"与"傲"之间相互衬托得宜。4."装銮精致,塑技高超"。以兰叶描和铁线描等雕塑手法把罗汉的衬衣、中衣、袈裟三层服装描绘得十分清楚,不仅衣褶线条流转自如,而且能表现出它的丝绸苎麻质感。服装上的刻花填彩具有宋代瓷刻的风格,图案丰富多彩,翎毛花卉、博古人物一应俱全。

除了殿内佛像和罗汉像塑艺高超之外,还有两件更为卓然不凡的作品。一件是罗汉像上部一诸天像手持经盖(盖在经书上的绢帕),诸天左手将经盖轻轻顶起,露出手指形,右手撩角,经盖自然下垂,皱褶流畅,飘飘然如丝绸手绢。另一件是观音大士头顶的华盖,侧视之,像印有紫红缠枝牡丹花的绛红色盖面宛如真丝织品,从下向上仰视方能看出是1—2厘米厚的泥塑。这两件精湛的艺术品与十六罗汉像并称为"金庵三绝"。

金玉满堂 紫金庵著名的古树名木景,位于罗汉殿北侧的庭院内。净因堂为五开间的楠木建筑,清乾隆十一年(1746)建,共用白金七百余两。堂前庭院内有金桂、玉兰树各一棵,相传已有八百多年的树龄。玉兰树能开紫色和白色两种花,人们称这两棵古树为"金玉满堂"。院门上书"香林花雨"四字。堂西侧有白居堂、晴川轩、听松堂等建筑,环境十分幽雅。特别是听松堂,堂内一排明窗对着林木葱郁的山峰,倚窗凭栏,可以听到松涛和泉声,真是"山中幽绝处,当以此居先"。

兴福寺 又名破山寺,位于江苏常熟虞山北麓中部(距常熟古城区约2千米)。溪涧萦纡,古木参天,梵宇宏敞,妙相庄严,颇有深山老林藏古寺之幽趣,是江南著名的寺观名胜,"破山清晓"为原常熟虞山八景之一。

寺始建于南齐,由邑人郴州刺史倪德光舍宅为寺,距今有一千五百余年历史。初名大悲寺,梁大同三年(537)庙宇整修,发现殿内一巨石隆起,石纹所示,左看似"兴"字,右视若"福"字,故改名为兴福寺。因寺居破龙涧下,唐贞观后又称破山寺。开元间著名诗人常建游此寺作《题破山寺后禅院》诗,此寺遂有"破山清晓"之称。唐咸通九年(868)懿宗赐大钟一口,重680公斤,并赐"破山兴福寺"额,从此此寺名声大振,遂为江南名刹。至宋代,形成"破山八景",即破龙涧、文举塔、御书幢、救虎阁、宗教院、四高僧祠、龙神堂、空心潭,名闻遐迩。常建《题破山寺后禅院》一诗又为大书法家襄阳米芾手书,遂使寺院名声愈盛。后屡有废兴,迄今千余年。今寺门匾额"兴福禅寺",系今人沙孟海补书,"毗尼法界"为明末清初江西布政使孙朝让书。

寺背山而筑,门前破龙涧迂曲而过,沓嶂四遮。殿堂亭廊,自南而北分为五列,并有东西两园。主体建筑集中在中轴线上。头山门为天王殿,硬山顶式,广三间。四椽栿底有铭:"皇明万历己未岁丁丑月丙寅日癸巳立。"斋堂(亦称事陀殿)为硬山顶三间,进深七架,金柱上有铭:"甲寅年造。"系清雍正十二年(1734)住持僧通理重修。"大雄宝殿"(匾额系田桓于20世纪70年代末补书)为歇山顶,广五间,八架椽。殿前壁嵌有明万历《重修破山寺记》石刻一通,记述该殿于万历三十二年(1604)由僧明昱主持重修始末。救虎阁,在天王殿偏东,相传系五代后梁高僧彦偁救虎处,清嘉庆间邑人陈揆重建。尚有禅房、四高僧殿、藏经楼、观音堂、龙王殿、云会堂、佛堂、讲堂、伴竹楼、空心亭、印心石屋、日照亭、罗汉亭等多为清代建筑(有的为清代重建)。

东西两园建筑,疏密相间,曲径通幽,间有放生池、白莲池、空心潭(池、潭原产珍贵动物绿毛龟、无尻螺)、君子泉、米芾碑亭及翁同龢归里后息影处等点缀其中,更使千年古刹倍添生机。寺前山门有唐尊胜陀罗尼经石幢两座。

20世纪60年代末,寺内建筑遭严重破坏。1980年后逐步修复,现已成为常熟市近郊著名的寺庙园林,每年接待众多中外游客。

米芾碑亭 位于兴福禅寺大雄宝殿东侧长廊中部。方亭内正壁嵌"常少府《题破山寺后禅院》诗"石刻一块。唐开元间诗人常建作,宋书法家米芾书。诗为五律曰:"清晨入古寺,初日照高林。曲径通幽处,禅房花木深。山光悦鸟性,潭影空人心。万籁此都寂,但余钟磬音。"字为行书,旁有两行为里人言汝泗题跋,字略小。跋文为:"余守襄郡日,得元章书,因勒石破山,或亦补斯寺之阙也。乾隆三十七年中秋日素园言如泗附识。""半百玩松山人穆氏大展铁笔。"

清代邑人言汝泗任湖北襄阳郡守时得米芾手书，带回常熟，于乾隆三十七年(1772)请石刻名家穆大展(半百玩松老人)刻石，立碑于兴福寺内，此为诗碑之来源。唐诗、宋书、清刻，人们称之为"三绝"，是不易多得的艺术珍宝。

降龙古涧 即虞山破龙涧，又名斗龙涧。位于虞山北麓，由兴福寺(破山寺)前经过。相传在唐贞观年间，有一位高僧在这里讲经，一条白龙化成白发老人随众前来听讲，高僧诵念揭谛咒语，召来了揭帝神与巨龙角斗，龙败山裂而成，故名。据说，涧中有诸红色石块为当年龙血所染，往昔人们取之作绘画颜料。

破龙涧长达数百米，自西山而下，蜿蜒东去，涧旁古木参天，长林蔽日，涧上有一巨横架，名为"罗为桥"。桥边怪石浑厚嵯峨，每当大雨之后，山瀑奔腾，水声隆隆，空谷回音，悦耳动听，是赏景的好去处。

空心潭 位于兴福禅寺东园。破龙涧奔泉流入其内，潴为深潭，因唐常少府《题破山寺后禅院》诗"潭影空人心"而得名"空心潭"，潭呈荷叶状，水质清冽，可供煮茗。周围以黄石堆砌，凹凸起伏，倒映水中，颇具情趣。上有九曲石桥，名"影心桥"。此潭产无尻螺、绿毛龟。潭边有亭，因潭而建，故名空心亭。建筑精致，飞檐凌空，曲廊环抱，亭四周松柏修竹、丹枫金桂，更显得幽雅别致。亭内篆额"空心亭"三字，为华阳洪钵畦次子所书，洪子书写时仅13岁，字体苍劲古朴，书法功力很深。

救虎阁 位于兴福禅寺天王殿东侧，前临白莲池。始建年已不详，现为一小院落，阁高两层，清嘉庆间邑人陈揆重建。其内高树掩映，群翠环抱，陈设古朴，清静幽深。相传系五代后梁高僧彦偁救虎处，彦偁午夜在阁内坐禅时，听到阁下有虎啸声，出阁见有一虎中箭负伤伏地，高僧为虎拔箭裹伤，放归山中。不多时，有朱姓猎户追虎而来，彦偁向朱宣讲戒杀放生之道，猎户受感动而改业。数天后，该虎又来寺前桥上伏下，大叫三声向高僧致谢。现寺东留有伏虎桥。

唐幢 唐尊胜陀罗尼经幢石刻，又名唐幢。立于兴福禅寺山门前，左右相对。左幢为平原陆戾书，琅琊王东镌，大匠东吴陆最唐大中八年(854)八月二十二日树；右幢为京兆全真书，大匠东吴陆永树。石幢均高4.06米，底座及幢身均呈八角形，分三个部分组成，共为九层。底层雕覆莲，二层雕四狮，三层雕如意云四爪双龙，五层雕云龙，六层素面，七层幢身八面均刻经文，八层雕云龙，九层幢顶，十分珍贵。

四高僧墓 位于兴福寺东、寺路街南侧，为历史上兴福寺四位高僧的墓地。即唐怀述，字体如，学涅槃伊字沙门，武宗灭佛，寺毁遭汰，大中间仍复僧衣，始终无瑕，被誉为凌雪青松。唐常达,字文举,游学于江淮诸寺间,通涅槃,善书,遁迹虞山,虽贵士单车诣门莫得而见,唐咸通十五年(874)合掌逝。五代梁彦偁,戒行清苦,有虎中箭负伤卧地,彦偁为它拔箭裹伤,猎人寻踪而至,见彦偁所示矢镞,遂感悟罢猎,后梁贞明元年(915)逝。宋晤恩,字修己,悬解之性天然,曾南学昆山聚慧寺,后归建宗教院于虞山,北宋雍熙三年(986)坐化。宋释居简《破山高僧塔》诗云:"寺倚四僧传,僧今已蜕蝉。"明弘治桑瑜《常熟县志》载,高僧常达塔在兴福寺东南三百步,怀述塔在常达塔东北,彦偁塔在兴福寺东,晤恩塔与彦偁塔相近,总称四高僧塔。崇祯间程嘉燧《破山兴福寺志》又载:"四高僧墓,去寺二百步,向入于民家,万历某年僧如子募侍郎钱公赎归于寺。"今存并列四墓,均坐西朝东,1979年重修缮,占地2026平方米。墓上各置石佛塔一座,高约2.5米。墓园广植松柏,外设围墙。北壁以单间冲天式石坊一座作墓门。坊额上镌神兽等图案,明柱上镌楹联:"异代并成罗汉果,空山时落曼陀花。"墓周翠岚环绕,修竹如海,古朴静寂。

联珠洞　　位于兴福禅寺后约一千米之半山腰。穿过林荫山道,有石级可登联珠庵(庵建于清同治年间),洞在庵殿后。洞一人多高,广9米,深15米,可容纳上百人,在虞山诸洞中,以此洞为最大。洞内冬暖夏凉,盛夏进洞,顿觉凉意,暑感即消。洞口镌刻"联珠洞"三字,系李根源所书。洞顶有孔,可见蓝天,光束射入。山泉由顶孔流入,纷洒如珍珠联贯而下,"翠箔银丝万缕齐""云幄润含珠网密",故名为"联珠洞"。联珠洞地势幽深,1926年大革命时,中共常熟县委及澄、锡、虞地下党曾将其作为革命活动场所。

方塔园　　位于常熟古城东部,为邑中著名的寺庙名胜园林。园内主景点为崇教兴福寺塔,原名崇教宝塔,俗称"方塔"。原有塔寺,称崇教兴福寺。南宋建炎四年(1130),僧文用谓县城客位高,主位低,请于县令李阖之建塔镇之,功未就而文用卒。咸淳间(1265—1274),僧法润(一说法渊)重建。历元、明、清,几经重修。清咸丰间,寺内建筑俱毁,仅存方塔。新中国成立后于1963年9月开始进行大修,拨正了倾斜达47厘米的刹杆。1987年又修复副阶。

　　塔虽建于宋代,仍沿袭唐代方形楼阁式木塔形制。塔为四面九层盔形顶,砖木结构,逐层递收,立面的轮廓呈抛物线状。翼角萦绕,造型清秀,角悬风铎。从平地至刹顶高62.256米。

　　方塔面阔三间,明间设门洞,底层为拱券形,其余均为壸状。每层平座深0.9米至1.1米不等,门两侧隐出直棂窗,转角置半圆角柱,柱间阁枋子,斗拱承挑出檐,荷载上面的平座,座周绕有几何纹样的栏杆,每面分三扇间立"擎檐柱",直支檐下。塔心柱从七层楼面起直贯塔顶,用圆形榧木三接而成,直径0.6米,总长32.44米。塔刹自下而上由复钵、鼓形束腰、承露盘、相轮七重、宝盖、盔形龙首翼角、宝瓶、宝珠等铁制构件组合而成,重1.5万公斤。

塔室底层作八边形,与二层间做有隔层,正中有"宫井"与底层连通,原供四面千手观音立像,现已废。井口暂作天花隔封,自二层起,室平面改为方形,每层置有木扶梯,可登顶层,极目俯瞰,一览虞山古城,美景尽收眼底。

塔院东北有古银杏一株、古井一口,皆宋代遗物。1977年园内建亭榭、茶室,堆筑舒袖、展翅假山,移植花木,辟为方塔公园。1978年,中国佛教协会会长赵朴初为塔题额"崇教兴福寺塔",摹勒于山门之上。20世纪80年代于后园建镜花阁、雨香堂,又将大东门总管庙的大殿移建于塔寺旧址。20世纪90年代园内又辟月季园,花容秀美,千姿百色,景色宜人。后园增建长廊、亭、堂,凿荷池,堆假山,设常熟市碑刻博物馆、常熟名人馆。

崇教兴福寺井　　位于方塔园崇教兴福寺塔右侧。元卢镇《重修琴川志》载:"崇教兴福寺在县治东稍北二百步,建炎四年,建寺基,本洇泇池。"井上置以整块巨形青石雕成的井栏,正八角形,高0.52米,孔径0.48米,每边等长0.60米,对角径1.53米,重达数千斤,古朴敦厚,端庄凝重。旁竖湖石山子一座,上镌"南宋古井"四篆字。井壁用长方形砖垒成,其临底部处部分用砖与塔基之砖相同,模印有"二层,陆贞甫造"等铭文。可证此井与塔同时所建,而早于塔建成之年代。今存井,测深5.7米。

曲水园　　位于上海青浦区青浦镇,面积2万多平方米,是上海市郊著名的古园之一,建于清乾隆十年(1745)。原是县城邑庙的园林,故又称为灵园。又因当时以庙捐名义——助"一文愿",作修园经费,故百姓皆称其为"一文园"。嘉庆三年(1798),邑侯杨东屏觞刘云房学使于园内,见其曲水佳景,就借东晋王羲之《兰亭集序》中曲水流觞的典故,将灵园易名为曲水园。宣统三年(1911),曲水园由庙园改为公园。民国十六年(1927)复更名为"青浦中山公园"。1980年恢复"曲水园"原名。

《青浦县志》载有曲水园的建造史,清乾隆十年(1745)、十一年(1746)间,在邑庙之东,建有觉堂、得月轩、歌薰楼、迎晖阁。并有花径小溪,规模不大,颇有景色,仅供香客小坐休憩。以后逐渐添建亭、台、楼、阁,并挖池植莲,叠山种树。规模不断扩大,景色日益增浓。

乾隆四十九年(1784),王希伊《灵园记》曾较详细地描写了当时园景:"余自甲辰秉铎以来,见阖邑踊跃,输将拓地、庀材,渐次就理。浚池累山,植以红莲,亘以长堤。堤有亭曰'涌翠',矶曰'濯锦',石梁曰'喜雨'。由此而麓而巅,重峦复嶂,树木蓊郁……从九曲廊而上,凭高纵目,遥山蜿蜒,村霭墟烟,宛如米家画帧。又东为'花神祠'……不几年而遹观厥成,佥曰灵哉,是宜名园。斯役也。""灵园"之名,就在这时命定的。

咸丰十年(1860),太平军占领青浦,清军和华尔洋枪队攻城时,曲水园毁在炮火之中。

光绪十年(1884)又复建,前后经历27年,完成了曲水园原有景点的复建工程,并增建了放生池、园汀和围墙。这就是遗留到今天的曲水园。

20世纪80年代中期,上海市府拨款96.5万元进行了大修,修复了常年关闭的古建筑群,即西园一区;并在空旷的东园,断以粉墙,通以游廊,新叠假山两处,蜿蜒起伏,精致含蓄;同时对所有的古建筑进行修缮和复建,重现了曲水园二十四景。古园恢复了青春。

曲水园素以二十四景著称,并有二十四景咏写景诗传世,是当时县城主要的豫游公共园林。曲水园起因于庙宇,所以在建筑和景点布局上带有庙宇园林之特征。屋宇恭正,坐北向南。其总体布局是一轴三堂,即凝和堂、有觉堂、花神堂,这是园内主要的三堂。凝和堂居中,有觉堂和花神堂,东西并峙。三堂垣墙相隔,各成其园,但由曲径相连,以奇石、花木点缀,虽然中轴线较为明确,但并不呆板,既不失江南园林那种小桥流水人家的景色,又有别于一般私家园林的清静素雅,带有较浓郁的宗教意味和文人集会的风格。曲水园以水景取胜,堂堂近水,亭亭靠池。山架二池水,游园必绕池。所以赏游曲水园,就有"深深院落重重水"的幽深感觉。

曲水园大体可分成西园、中园、东园。西园由夕阳红半楼等八个景点组成,这里游廊曲栏、小桥流水、山洞石屋,件件都很玲珑剔透,精巧别致。由长达27米的得月轩,南北相通,引入中园。中园二池一山,地势夷旷。从曲廊石屋的西园进入中园,就有豁然开朗的感觉。中园是水景为最。前池是一水三亭,后池一水三屋;前池有长堤拱门(环龙)桥,后池有凌波九曲桥,景色各异,耐人寻味。二池中间攀假山,山上古树参天,重峦叠嶂,盘道上下,峰回路转。山固水活,水环山流,游览其中,有山水如画的不尽之美。穿过百米长的紫藤架,可进入东园。东园由小桃源、晓春园、秋红冷香园和桃红柳绿的溪水、绿波长廊组成山村野气的景色,在游别了喧哗的城市后到这里,真是别有洞天,有世外桃源之感。在植物花木布置上这座庙园具有四季皆景的独特之处:"春日樱桃争艳,夏天荷花出水。入秋金桂馥郁,冬令蜡梅璀璨。"真可谓"一年三百六十日,天天花开色不同"。

凝和堂 位于园首正中,坐北向南,面对入口仪门,北靠前荷池。始建于清乾隆十一年(1746),复建于光绪二十三年(1897)。该堂建筑轩昂,东西排列三间,中间宽阔,厅柱四根,方砖铺地,东西二厢由回廊相连。廊有坐槛,可供游人坐歇赏景。中堂悬挂"凝和堂"匾额,原为李鸿章所书,后被日本人窃去,连二壁字画也一并而去。厅柱原有抱对一副,上书长联共一百二十余字。"凝和"二字,有安定祥和之意。在堂的建筑和院落的布局上,也给人一种安定祥和之感。仪门入内,就是凝和堂院落。院落中间,笔直甬道,用平整的大方石板铺就。径入向内,拾数级登堂,堂前百年古树,侍立四周,盘槐如盖,玉兰如银,秋桂如金,博得口彩:"金玉满堂。"院中石磴整齐,坐槛清洁,是一处洗耳涤尘的悠静庭院。凝和堂是院景的中心,循堂前廊往东可通芭蕉院,进"虫二"门,("虫二"两字是"风月无边"四字的趣玩)。入后园可游览各景点。堂西侧,走喜雨桥,游假山等景色,也可折南,走二桥(二乔)入西园,赏鉴精巧的古建群。游览凝和堂,不但可以欣赏堂的建筑艺术,还能观赏庭院中姿态各异的湖石和虬曲苍劲的苍松翠柏、古树名木。堂周无处不佳景,东厢芭蕉绿荫清雅,堂北荷池涌翠激池点芙蓉。隔池遥看小飞来(假山),山峦亭阁如画。堂西小溪横卧,清波盈盈,红鲤嬉水,非常逗人。清人金二溪熙曾写道:"粤维灵园成,斯堂实经始。时和民亦和,万人乐愉此。四序霭春光,熙熙介蕃祉。"

有觉堂 在曲水园西园,介于迎仙阁和御书楼之间,四面院落,包围着方方一室,室周游廊环抱,面面相同,故又叫"四面厅"。该堂建于清乾隆乙丑年(1745),建造考究,用料精良,特别是室内的藻井天花是由数百块正确无误的花板镶接而成,精巧美观。堂庭院不大,屋宇居中,庭院中有百年古桂花树,树叶茂盛,高耸数十米,西窗紫竹蔽日,还有芭蕉、蜡梅和绣球,堪称深宅大院中的幽室。跨出东庭院,可进入得月轩,过南庭院,可游迎仙阁和夕阳红半楼,清人金二溪熙有诗云:"轩窗面面开,风日豁然朗。不信纷嚣中,内外别天壤。恍如梦如醒,四顾惬心赏。"

花神祠 又名花神堂,在凝和堂之东。四面围墙,独立成园。祠为园林中常见的厅堂结构,三面环廊,四面有窗,下有台阶,屋宇高爽。背靠荷花厅,遥望小飞来,窗景优美。这里原是祭祀花神的地方,所以叫花神祠。古时常年关闭,只逢农历二月十二百花生日,才开门祭祀,祠屋壁上原来塑有十二月花司神像,早在民国时被破除了。现在改名为花神堂,常年开放,供人游赏。花神堂屋宇宽敞,庭池广阔。庭院内花木茂盛,东、南、西三面由湖石筑成花台,环抱堂屋,北面堂屋左右有对称的围墙门两道,西门通往凝和堂芭蕉院,东门左接紫藤长廊,绕游荷池,通向小飞来(假山),右入接景廊进东园。三面花台有百年古桂、玉兰、蜡梅、茶花等树,年年叶茂花繁。树丛中有似禽非兽的湖石点缀,或卧或立,耐人寻味。东南角上有古罗汉松,已有四百余年树龄,旁有百年凌霄一枝,依松生长,扶摇直上,二者相合,虎虎生气,在凌霄花繁的日子里,绿叶如盖,红花似锦,好一幅"凌霄扶松"立体图,令人赞叹不已。院中东西分峙两棵百年树龄的白皮松,虬曲向上十多米,好像两条白龙升腾。所以花神祠一院,不仅屋宇严正宽敞,围墙屏喧,环境幽静,又有百年苍松古木,气氛显得高雅脱俗。前代向有两首美景之诗,一赞花神祠,二赞院景美。赞花神祠诗:"十二红栏曲,冠帔俨仙装。月令各有司,玉册罗群芳。花朝酹杯酒,羯鼓歌东皇。"赞其院景诗:"凝如玉壶冰,此景特幽绝。老梅四五株,小鸟鸣啁哳。更傍金粟林,秋来落黄雪。"这就是"冰壶"一景。花神祠建在清乾隆四十九年(1784)。

夕阳红半楼 位于西园"舟居非水"(旱舫)西面,是园内胜景。古建筑、园林专家陈从周教授曾为"曲水园"题词:"清溪曲流,夕阳红半。"所赞便是此处。该楼建于清乾隆戊子年(1768),原来面积也小,上下两层,东面接园,叠石为梯,西通邑庙,常作通道。经1984年大修后,和原来楼下的孝子堂合一而建,面积扩大,和迎仙阁等建筑呼应。原来靠邑庙东墙的二间半孝子堂,改建为石屋,用湖石叠就,面积15平方米,上下洞门三个,上面建夕阳红半楼,南北穿楼,以石为梯。中间也能穿洞,拾级上下,楼和石屋相通。夕阳红半楼坐北向南,前后二室,不仅有石级盘道上下,而且和迎仙阁相通,饶有趣味。东面廊通舟居非水、得月轩,一直可游达坡仙阁、小飞来(假山)各景。登楼坐歇,可照楼下一泓水,天色映池,变幻无穷,确有"如入仙境"之妙。池边有佛船,名"舟居非水",由迎仙阁架通其间,楼舟相通,可尽游上下。红半楼南面翠竹青青,古桂馥郁,楼北芭蕉托楼,清雅秀丽,这里的一楼一池,一舟一阁,都精巧夺目,其清雅秀丽的氛围,使人流连忘返,实为胜景之地。清人金二溪熙咏其道:"可望不可即,小楼三尺许。天半横朱霞,轩轩思欲举。爱兹西日晴,却胜听春雨。"陈从周教授为其题额,更使名楼生辉。

迎仙阁 位于西园舟居非水和夕阳红半楼之间,上下两层,坐北向南,东西横向。西接夕阳红半楼,东连舟居非水,由于迎仙阁架于其间,构成了迂回曲折、曲尽其美的一组亭台楼阁群。那舟居非水左侧的一泓水,恰在迎仙阁下面,而池小能映天体,收尽天光云色在池间。千变万化的景色,美不胜收。站在迎仙阁上,西望夕阳红半楼。只见那古桂、紫竹翠,湖石擎着楼的似画般的景色,美不可言,真似仙境落人间。仙阁之"仙",顿觉有感。故素有其咏道:"迎神奏操琴,旧为水仙池。故木阴交合,谡谡松风吹。山鸟昼自乎,落花春满池。"此阁建在清乾隆乙丑、丙寅年间(1745—1746)。

舟居非水 俗称旱舫,其建筑形式较为特殊,布局上也有别于他园。它的建筑在石驳岸上,而不在水中。因为建在岸上,所以又叫"岸舫"。建于清乾隆二十三年(1758)。岸舫位于曲水园二桥(二乔)溪水西岸,船头停在桥西塊,船尾连在得月轩的建筑上。此小筑之妙处就在:是舟不居水,而登上船后,犹在河当中。这真是:"是真是假假也真,是实是虚虚也实。"一切尽在意境中。清人金二溪熙赞其美而咏道:"世间最稳地,莫如岸上舟。亦饶烟水趣,而无风波忧。旨在张融语,啸歌任夷犹。"这是对舟居非水的绝妙写照。确实如此,鉴赏此景,耐人寻味。舟居非水是西园第一景。当进入西园时,就能一眼望见那溪西石驳上这座船形的建筑。跨过二桥(二乔),就能一步登舟,登上船后,就不见石驳只见水。船的东侧是一条溪,西侧是一泓水绕过船头。在船上但见波光粼粼,仿佛船在游动。居舟西望可见夕阳红半楼和其倒影。舟居非水前通夕阳红半楼,后达迎仙阁和有觉堂。曲折其间,百游不厌。

得月轩 在荷花池西彼岸。始建于清乾隆丙寅年(1746)。南北排列,隔堤沿池而建,长达30米。东面有窗,面向荷池。窗下并行着玉蛛长堤,水光粼粼直流轩边,景色动人。轩东是浩瀚的荷花池,池水如镜。六月赏荷,中秋赏月。轩中赏池,能见彩云水中漂,明月水上浮,坐轩赏月,咫尺可得。所谓"近水楼台先得月",其名便来自此句。清金二溪熙咏其道:"楼台暝色深,此间月先到。画壁素光流,纵横披荇藻。道人证空明,夜夜来相照。"乃是得月轩景色的写照。得月轩上下南北贯通。南通有觉堂和舟居非水名景,北达玉字廊、玉字亭、"小飞来"等景点。可迂回上下,也是得月轩建筑上的独到之处。

喜雨桥 建于清乾隆五十年间(1785)。坐落在前荷池西边的长堤上,桥顺堤南北而建。南端堤首是涌翠亭。北首接连玉字廊、玉字亭。环池向东就是小濠梁。全桥都由花岗岩叠就,是一座环拢石拱桥,桥身规正坚固,精巧玲珑。桥面中央石板上,雕有"双龙戏珠"图,桥面四根石柱上,雕有栩栩如生的石狮子。这座桥上梁的栏板由花岗石板制成,连着堤上石坐槛,(石栏杆)可供游客小坐休憩,所以桥的建筑很是考究。由于桥在长堤上,遥望桥身,凌空如虹。游览桥上,别有一番风味。喜雨桥雨天景色格外好:"溶溶绿波池,雨点如鼓琴。夹堤双镜明,雨入如碎银。涌翠一池荷,叶上明珠滚。"走桥喜雨日,得名喜雨桥。清金二溪熙也有题咏:"雨志一时喜,桥垂千载名。蜿蜒亘玉蛛,夹堤双镜明。晓日弄新霁,溶溶绿波生。"

荷花池 位于凝和堂之北,是曲水园的中心水景,为原园中二十四景之一,题为"天光云影"。有咏道:"源头通活水,一鉴方塘开。天光杂云影,梁间波漾洄。悦此静中动,独坐心悠哉。"池开凿于清乾隆乙丑、丙寅年间(1745—1746)。初凿时四周景观平平。到乾隆甲辰年(1784),进一步疏浚累石,种植红莲,并亘以长堤、堤架、桥梁。池周建亭叠景造阁,遂成为园内名景。荷花池源头通活水,西引盈港水,东通环城河。这荷池与众不同之处是有一座庞大的小飞来假山飞架池中,把荷花池隔成南北二池,成为游山必绕池,玩水必游山的那种"游山玩水"小天地的奇特景色。在造景布局上,前后二池各有小筑亭台点缀。前池畔鼎立三座亭,名"涌翠""寅曦""小濠梁"。后池四周有三屋,名"镜心庐""清籁山房"和"竹榭"。二池架桥各有致。前池是环拢小石桥,后池是凌波九曲桥。姿态多变景色浓,天光云影不相同。

绿波廊 位于东园环城河边,是曲水园的东园边际。绿波廊泊水而建,南北蜿蜒长达70多米。环境之美,正如杜甫诗中所写:"名园依绿水,野竹上青霄。"在园边水际建此长廊,而不设园墙,使园内外景色融为一体,景色更美。长廊东面是清澈如镜的河水,背面是花木葱郁的园景。漫步廊中,两边景色各异,很有趣味。廊宽虽不过一米多,但跌宕多变,曲折有序。廊的中间,有桥也有亭。西面是壁,壁上窗洞各异,窗景如画。东面靠河设坐槛,有吴王靠,即曲栏坐凳。游览廊间,或坐或走,都很宜人。东面绿波盈盈,四季各有景。西壁窗洞各异,移步换景。绿波廊又是连接园内景点的纽带。它北起小桃源,南至秋红冷香院,曲水园东部景色,由它串在一起。长廊本身又是一景,要是从河东望来,园内古木青竹衬托着青砖白墙华廊,景色美如画。尤其是廊的倒影更迷人,蜿蜒曲折,随波而动,真是生动至极。

虎跑寺 位于杭州西湖西南隅大慈山白鹤峰下,距市区约5千米,又名"虎跑梦泉",新西湖十景之一,是著名的山水名胜园林。

  虎跑有钟楼、罗汉堂、济公殿、济公塔院、五代经幢、弘一法师纪念塔等名胜古迹,而泉水则是虎跑的主景。走近山门先是"听泉",天王殿内是"释泉",叠翠轩内是"赏泉""试泉",滴翠岩下为"寻泉",至茶室为"品泉"。

走进山门,两旁青山耸峙,叠嶂连天,中间是一条平坦的青石板路,一泓清泉沿着路旁的溪涧,琤琮而下。石板路尽头,是一座供人小憩的凉亭,亦称二山门。这里假山重叠、松枫参差、泉声悦耳,令人流连驻足。穿过凉亭,是一座石桥,桥下是澄碧的池水,由此拾级而上,就进入著名的虎跑寺了。

虎跑寺,原名为广福院,唐大中八年(854),改名为大慈禅寺,又称大慈定慧禅寺。五代后晋开运二年(945),改名为仁寿寺,至北宋太平兴国三年(978),又改为法云祖塔院。元朝大德年间(1297—1307)又恢复唐时"大慈定慧禅寺"旧名。明清时,寺宇亦多次毁建,现在的建筑,大多为清光绪时重建。虎跑寺以虎跑泉为中心进行布局,自有一番雅趣。泉池四周,分布着叠翠轩、桂花厅、滴翠轩、罗汉亭、碑屋、钟楼等建筑。院内引水凿池,架设拱型石桥。济祖塔院、捞岩楼等殿宇依山而筑,错落有致。寺内松柏交翠,寺后修竹漫山,四周群峰环峙,溪流淙淙。在泉边空地上,修建了花坛,栽种了各种花卉。泉后滴翠岩下的岩洞口,新塑的石虎起了点景的作用,使这座深山古寺成为一处深受游人喜爱的雅致清幽的园林。

虎跑泉 位于虎跑寺内。虎跑泉得名于一个"虎移泉眼"的传说。相传唐元和年间有一名性空高僧,见此地青山盘郁,环境清幽,便想栖禅于此,后因苦于无水,又欲他适。一夜忽梦仙人相告:"南岳有童子泉,当遣二虎移来,师无忧也。"次日,果见二虎用脚跑(音刨)地作穴,顿时清泉涌出,遂命名为虎跑泉。

虎跑泉是一个两尺见方的泉眼,清澈明净的泉水从山岩石罅间汩汩流出。泉后壁刻着"虎跑泉"三个大字,是西蜀书法家谭道一的手迹,笔法苍劲,功力深厚。泉前有一方池,四周环以石栏,池中叠置山石,傍以苍松。间以花卉,宛若盆景。游人至此,坐石可以品泉,凭栏可以观花,怡情悦性,饶有情趣。

虎跑泉水色晶莹,味甘洌醇厚,有"天下第三泉"之称(北京玉泉为第一泉,镇江金山寺冷泉为第二泉)。明人高濂在他的《四时幽赏录》中曾说"西湖之泉,以虎跑为最。两山之茶,以龙井为佳",虎跑泉水龙井茶,被历代文人雅士称为西湖"双绝"。从地质结构看,此处系X型断裂发育体,泉水沿断裂层流出,经过发育良好的石英砂岩层,源源不绝地流向泉位附近。最高水量每秒可达2升,地质上叫"裂隙泉"。据化验,它的总矿化度每升只有0.02—0.15克,水质纯净,泉水分子密度高,表面张力大,因此被列为杭州名泉之首。品茗之余,向盛满泉水的碗中逐一投入硬币,只见碗中泉水高出碗面达3毫米而不外溢。清代丁立诚《虎跑泉水试钱》诗中赞道:"虎跑泉勺一盏平,投以百钱凸水晶。绝无点点复滴滴,在山泉清凝玉液。"戏水已成为游览虎跑的一项乐趣。

　　一千多年来,虎跑泉备受诗人们的赞美。我国历史上著名的诗人如苏东坡、聂大年、高德旸、宋濂、毛奇龄等,都曾在此品茗题咏,留下了很多诗文。苏东坡对虎跑泉极为赞赏,也爱饮虎跑泉水,曾写诗云:"虎移泉眼趁行脚,龙作浪花供抚掌。"1959年2月,郭沫若同志游览虎跑泉时,也曾留诗一首:"虎去泉犹在,客来茶甚甘。名传天下二,影对水成三。饱览湖山美,豪游意兴酣。春风吹送我,岭外又江南。"

　　甘美的泉水,使古今诗人们齿颊留香,而那"虎移泉眼"的传说,更为诗人们所津津乐道。

梦虎雕塑　　位于虎跑公园滴翠岩后的山腰平台上,根据"虎移泉眼"之民间传说创作,于1983年完成。整个塑像借用一组巨大的山岩叠石。只见两只猛虎接踵跑地出泉,性空禅师却犹自怡然梦中。石雕前,一泓清泉潺潺流往山下,雕塑充分利用自然地形、山涧,把人物和山虎、海泉、自然山水、庭园建筑融为一体。高僧梦卧之形态,二虎自林中跑出的步态,既有宁静感,又富有野趣,静中有动,动中见静。石壁间有当代书法家沙孟海的行书"虎跑泉眼"四字和顾廷龙的大篆"梦虎"二字,成为虎跑这座内涵丰厚的山林公园的画龙点睛之笔。

弘一大师塔　　位于虎跑后面的竹林内。弘一法师,姓李,名文涛,字息霜,叔同,1880年出生于天津。19岁与母迁居上海,不久又去日本上野东京美术学校研习西洋画,并进音乐学校研究钢琴。1910年回国,先后在天津、上海任教。1913年到杭州,任浙江两级师范学校美术、音乐教师,是我国著名的新文化运动的启蒙者之一,也是我国新剧运动的创始人,精音律书画,工诗词篆刻,是一位多才多艺的艺术家。著名美术家丰子恺、潘天寿等,都是他的学生。他39岁即1918年到虎跑剃度出家,云游四方。法名演音,自号弘一,人称弘一法师。1942年冬,弘一法师圆寂于福建泉州,时年63岁,后归葬虎跑。1954年,丰子恺与章雪村、叶圣陶、钱君匋等,在虎跑为其安葬骨灰并建石塔。石塔曾在"文化大革命"中被毁。1980年重新修复,是年10月,沪杭有关人士还集会于虎跑寺,举行了隆重的祭塔仪式,纪念这位法师诞生100周年。1984年,又在虎跑建"李叔同纪念馆",供人观瞻。

净慈寺　　位于杭州西湖南屏山慧日峰下,重檐分翘,斗拱交错,建筑宏丽,为西湖历史上四大古刹丛林之一。

　　净慈寺是吴越王钱弘俶为了迎供当时著名的高僧永明禅师而建的,它创建于五代后周显德元年(954)。寺初名为"慧日永明院",北宋时改名为"寿宁院",南宋绍兴年间又改名为"净慈报恩寺"。在此期间,重要的毁建有三次,每一次重建,规模都超过前时。当时人们品评江南寺院名次,净慈寺与灵隐寺、余杭的径山寺、宁波的天童寺和阿育王寺,同列为"禅院五山"。明时,净慈寺曾两毁两建,康熙曾为寺宇撰写碑记勒石,又为寺宇书额,但规模均远不如前。此后一直至清末,还有过三次修建,使这座著名古刹恢复了旧时壮观。

净慈寺以天王殿、大雄宝殿、罗汉堂为主体建筑。1949年后,净慈寺经1959年和1984年两次重新修建,大雄宝殿黄色琉璃瓦,屋脊庄严瑰丽,殿顶天花板上是姿态纷呈的群鹤图。历史上的净慈寺除了前、中、后三殿外,还有建于南宋淳熙年间的慧日阁、奉祀济颠和尚的济公殿,济颠重建寺宇时从四川运木的出口神运井及大殿东、西两侧的鳗井和双井。净慈寺前是开凿于宋朝的万工池,因费工两万余,故名万工池,最近重修为放生池。

运木古井 位于净慈寺内,又名神运井,水极甘冽,引汲不竭。此井在民间有一个美丽的传说:净慈寺被火神娘娘烧成白地,疯僧济颠决心重建寺院,他从四川募来大批木头,这些木头都从这口井中拽出,当拽至九十九根时,有位匠人说了句"够了",木头即拽了一半,再也拽不上,至今一直留在井内。现在游人用绳子缒灯照亮,可看到一根与井围相等的巨木浮现水面,印证了济公运木古井重建寺院的神话传说。

韬光 位于杭州灵隐寺西北的巢枸坞。唐长庆年间(821—824),四川诗僧韬光出游来此,想到师父"逢巢即止"的教诲,于是就在这里居住下来,寺以人名,地以寺名,故曰韬光。

韬光,作为西湖著名寺庙园林,已有一千多年的悠久历史。韬光在这里建寺后,当时的杭州刺史白居易常慕名往访,两人吟诗唱和,流传了不少佳话。相传白居易邀韬光进城,而韬光用"城市不堪飞锡去,恐妨莺啭翠楼前"的诗句婉言相辞。于是白居易只好亲临韬光,汲水烹茗,吟诗论文。相传寺中的烹茗井即白居易亲自汲水烹茗的地方。历史上韬光以观海佳处著称。从灵隐寺西侧直上,经岣嵝山房,蜿延曲折的韬光石阶山径长1.5千米,沿途古木幽篁,处处皆画。岣嵝山房,是明李元昭在慎庵的废址上修建起来的一座园林式别墅,构筑于回溪绝壑之上。李元昭精于书画,深得山水之趣,他利用这里的山林自然景色,建了紫盖楼、翠雨阁、孤啸台、礼斗阁、香雪巢等亭榭楼阁;又借助自然环境,布置了桃溪、茶坂、梅坞、桔坡等景目,整座山房布局得宜、自然天成而富有雅趣。明代萧士玮在《湖山小记》中赞扬了岣嵝山房与韬光道互为因借的关系:"大约韬光善让割其余以予岣嵝,而益成岣嵝之幽;岣嵝善借,据其胜以傲韬光,而反增韬光之妍。"遗憾的是,岣嵝山房现在挪为它用,游人已难寻当年风貌了。

转过岣嵝山房,石磴盘旋曲折,修篁亭亭玉立,树木苍劲高大。峡谷幽深,林海漫天,山风轻飑,鸟语啁啾,在这韬光境上步步向上攀登,仿佛行走在九曲通幽的绿色胡同里。

与韬光山径相伴而行、跌宕蹦跳于茂林修竹之间的,是韬光泉。从前灵隐寺僧剖竹引泉,随曲折磴道流至香积厨(厨房),水声琮琤,有若弦索,与林间风声鸟语浑然而成天籁,更显寺中古雅宁静的恬淡意境。穿过半山亭,便是几度兴废、历经千年风霜的韬光寺。寺依崖而建,敞厅及厅旁的韬龛、涌芬阁,均为1961年改建和修葺。韬龛近侧的金莲池,水清见底,久旱不涸。池中种植金莲,相传此花为韬光和尚引种,是一种罕见的水生观赏植物。每逢开花季节,黄灿灿的金莲花在水面迎风摇曳,吐着幽幽清香。从金莲池旁循石级向上攀登,又可见炼丹台,相传为上八洞神仙吕纯阳炼丹处,台后有一洞穴,称"丹崖石室"。又有一亭高耸,亭匾上书"观海"二字,钱塘十景之一的"韬光观海"即指此处。亭名"观海亭",亭柱上镌有二联,一联云:"楼观沧海日,门对浙江潮。"出自唐朝诗人宋之问的题灵隐诗句。另一联云:"湖光塔影连三竺,海日江潮共一楼。"为近代黄文中所撰。

天竺古园　　从杭州灵隐到天门山,周围数十里,统称其为天竺山。从灵隐"咫尺西天"照壁沿天竺溪而上,依次为下天竺、中天竺、上天竺,有"天竺香寺"和"佛国胜地"之称。

韬光观海,天竺则观山。从灵隐合涧桥东侧循路向南,一路青山巍巍、曲涧淙淙,山岚云影,崖陡谷深,极富山林野趣。著名的山峰有下天竺的灵鹫峰、莲花峰、月桂峰、稽留峰,中天竺的中印峰,上天竺的乳窦峰、白云峰、天竺峰。灵鹫峰即飞来峰,与之相接的莲花峰,山虽不高而形特美,山上有巨石壁立,顶上开散,犹如一朵盛开的千瓣莲花。月桂峰因山上多桂树而名。稽留峰又名许由峰,传说古代高士许由曾隐居于此。中印峰因西域僧人宝掌和尚来此开山创建中竺寺而名。乳窦峰一山高耸如乳,山上有泉色白如乳汁。白云峰常有白云缭绕。天竺峰双峰削立,高与云齐,为西湖第一高峰,因形同天门,故又称为天门山,为西湖群山的主峰。

天竺道上有不少古树名木,如七叶树、枫香、柴楠、黄檀、榆树等。大诗人李白到此游览后即兴赋诗,其中有诗句:"天竺森在眼,松风飒惊秋。览云测变化,弄水穷清幽。"

天竺山奇石更奇,特别是下天竺莲花峰一带的山石,更是晶莹清润,嵌空玲珑,俊美无比。白居易和苏东坡离杭时,拾取一二块天竺石作纪念。下天竺寺和尚还将"佛殿立石"供游人观赏。

倘徉天竺山,处处山峦秀色,诗情画意,宋朝诗人杨万里有诗云:"城里哦诗枉断髭,山中物物是诗题。欲将数句了天竺,天竺前头更有诗。"

上天竺 又名法喜寺,离中天竺约1000米,西湖著名寺庙园林之一。晋时僧道翊结庐山中,由五代吴越忠懿王开路筑基,就地创建佛庐,初名天竺观音看经院,后改称为灵感观音院。原匾额由当时大书法家蔡襄书。南宋庆元年间(1195—1200),改额为"天台教寺"。元代毁后重建,改名为"天竺教寺"。元末复毁,明初重建。清乾隆皇帝游江南时,赐名为法喜寺,寺内供奉观音菩萨,也有长联一副:"山名天竺,西方即在眼前,千百里接踵朝山,海内更无香火比;佛号观音,南摩时闻耳畔,亿万众同声念佛,世间毕竟善人多。"法喜寺在海内外佛教界享有盛名,是讲经说法的圣地,故又名法喜讲寺。寺面积很大,建筑雄伟,布局庄严,当年可与灵隐寺相媲美。寺内殿堂很多,除了大殿外,有肃仪亭、夜讲堂、白云堂、两峰堂、雪坡轩等。寺四周有白云峰、白云泉、乳窦峰、乳窦泉等名胜,向为杭州著名游览胜地。宋元祐中,苏东坡出知杭州,曾数次来游,留下了《雨中游天竺灵感观音院》等诗篇。宋学者诗人朱熹、吕祖谦、戴复古,元赵孟頫、倪瓒等均有游上天竺诗。宋代抗金英雄岳飞的《归赴行在过上天竺寺偶题》诗篇更是气壮山河,令人感奋。

中天竺 位于稽留峰下,离法镜寺约1000米,又名法净寺,是西湖著名寺庙园林之一。该寺建于隋开皇十七年(597),曾有西域僧宝掌来此入室。此后也曾改称为崇寿院和万寿永祚禅寺。明代正德年间被焚毁,明洪武初,赐号"中天竺禅寺"。清代称为法净寺,清光绪十八年(1892)重修。原有大殿,飞檐垂栱,十分壮观。附近有孙公泉、篆刻石壁,寺后有千岁岩、枫木坞等胜景。此寺原供奉送子观音,两旁楹联颇有情趣:"香烟传出千年事,灯蕊结成如意花。""我具一片婆心,抱个孩儿送汝;你做百般好事,留些阴骘与他。"明清时,中天竺大殿内有一副柱联:"我门中缔结福缘,岂惟在一炷清香,几声佛号;你心里能全善果,自然的秋生桂实,春茁兰芽。"如今,中天竺寺佛门重开,也是西湖一大寺观。

下天竺 从灵隐咫尺西天照壁沿天竺溪走近1000米,便是下天竺。下天竺又名法镜寺,为西湖著名寺庙园林之一。法镜寺创建于东晋咸和五年(330),相传为印度慧理和尚所建。初建时与灵隐寺同一山门出入,高低互见,钟鼓相闻。隋开皇十五年(595)扩建后,改称为南天竺寺。五代以后,又曾数易其名,清乾隆年间整修后改名为法镜寺。寺内住持为尼僧,旧有楹联说它"甘露瓶中荣宝树,慈云座下锡祥麟"。可见当初寺内的景观何等荣华。当时寺内另有一副楹联,概括了它的历史:"开辟灵山,创来千百余年,唯此道场第一;慈悲佛国,添得上中两院,居然天竺成三。"下天竺前对月挂峰,寺后有金佛洞、三生石、莲花泉等胜景,流传着不少民间故事。《武林旧事》说:"大抵灵竺之胜,周回数十里,岩壑尤美,实聚于下天竺寺。"唐代李白、崔颢、张籍、白居易、张祜,宋代杨万里等著名诗人都有游天竺寺诗词。崔颢诗中道:"晨登天竺山,山殿朝阳晓。崖泉争喷薄,江岫相萦绕。直上孤顶高,平看众峰小。"寺中原有"七叶堂",夏日入堂,褥气顿消,以避暑佳境著称,白居易曾写过《七叶堂》诗。20世纪80年代以来,下天竺恢复为佛寺。

灵隐寺　　位于杭州北高峰南麓,后有北高峰为依托,前有飞来峰作屏障,淙淙不绝的灵隐涧横亘寺前。是西湖许多古老丛林中最大的寺院,同时也是我国最著名的古刹园林之一,为浙江省重点文物保护单位。

　　灵隐寺,又名云林禅寺,创建于东晋咸和元年(326),至今已有一千六百多年的历史。当时,印度僧人慧理来杭,见这里山川毓秀,以为是"仙灵所隐",即在这里建寺,名之为"灵隐"。五代吴越国王钱弘俶崇信佛教,大建寺院,并命延寿和尚扩建灵隐寺舍,建九楼、十八阁、七十二殿,有房屋一千三百多间,僧徒3000人。宋时,灵隐寺与余杭径山寺同被朝廷封为中华禅宗五大宗派之一的临济宗,被国内外佛教视为"祖廷"。历朝以来,由于兵火灾害,屡毁屡建。现在的灵隐寺是19世纪以来重建的。后经20世纪50年代、70年代和80年代的三次大规模整修,面目焕然一新。

　　灵隐寺最前面是天王殿,上悬"云林禅寺"匾额,是清代康熙的手笔。相传有一次,康熙皇帝来游寺,住持和尚请他写"灵隐寺"匾额,康熙当时感到寺宇掩隐于白云和绿林之中,觉得把白云的"云"字和绿林的"林"字凑合起来更为合适,因此就写成"云林禅寺"。天王殿大门两侧刻着一副对联:"峰峦或再有飞来,坐山门老等;泉水已渐生暖意,放笑脸相迎。"大殿正中坐着袒胸露腹的弥勒佛,人称"皆大欢喜"。两侧是身高8米的四大天王,俗称"四大金刚",象征"风调雨顺"。守护南方的是手执"青锋"宝剑的增长天王,守护东方的是手弹琵琶的持国天王,守护北方的是手执宝幢和擎雨伞的多闻天王,守护西方的是手执赤索的广目天王。弥勒佛阁后是佛教的护法神韦驮像,这是南宋遗存的古迹,整座佛身用香檀木镶嵌而成,不用一枚钉子,可以一块一块卸下,这是古代劳动人民的智慧结晶。

过天王殿便是大雄宝殿。这是一座单层、重檐、三叠的建筑,高达33.6米。大殿规模宏敞,气势雄伟。殿正中的释迦牟尼佛像,高19.6米,是1956年浙江美术学院的雕塑家和民间艺人共同努力,以唐代禅宗著名雕塑为蓝本,用二十四块香樟木雕成的。两厢排列着二十"诸天"佛像,后面跌坐的是十二圆觉。大殿后面是"五十三参"海岛立体群像,有姿态各异的大小佛像150尊,这里面包含着不少佛典、神话和传说。其中,出海观音脚踏鳌鱼头,手执净瓶,端妍靓丽,更为出色。灵隐寺经幢石塔,历史久远。大雄宝殿前丹墀两侧,有八面九层楼阁式双塔,刻有神态各异的菩萨浮雕,已有一千多年的历史。天王殿前的一对经幢是宋开宝二年(969)遗物,由吴越王钱弘俶所建,刻有经文。

灵隐寺周围,古木参天,绿叶掩映下的"冷泉""壑雷""春淙""翠微"等亭阁,各有千秋。冷泉亭以冷泉得名;壑雷厅建于宋朝,亭下流水潺潺,取苏东坡诗意"跳波赴壑如奔雷"而立亭名;翠微亭位于飞来峰山腰,系南宋抗金名将韩世忠为了悼念岳飞而建;春淙亭建于明代,取苏东坡诗句"两涧春淙一灵鹫"之意命之。灵隐自古以来就是引人入胜的景区。

经幢 位于灵隐寺天王殿前,左右各一。经幢始建于唐代,作为镇邪祈福之用。现在天王殿前的这对经幢是宋开宝二年(969)吴越王钱弘俶所建,上刻有"天下大元帅吴越国王立,大宋开宝二年己巳岁闰五月"字样。初建在别处,后迁移至此,是至今西湖仅存的经幢中最完整的一对。左面的一座经幢刻有《大佛顶陀罗尼经》;右面的一座刻有《随求即得大自在陀罗尼经》,故又称为大自在塔。在幢基和幢上部皆雕有菩萨像,幢身上部构件,有的刻为仿木结构斗拱,有的刻着莲花,有的刻着飞云,造型生动,线条流畅,为不可多得的石刻精品。清代僧人晦山诗称:"地涌虬蟠角,天成神鬼工。"

大雄宝殿 位于灵隐寺内。大雄宝殿是佛教供奉释迦牟尼的建筑,"大雄",意为大勇士,含一切无畏的意思,是古印度教对释迦牟尼的尊称。大雄宝殿重建于清光绪年间,属仿唐建筑,气势嵯峨,是我国单层重檐的著名古建筑之一。殿高33.6米,殿内主像释迦牟尼高19.6米,连座高24.8米,用近百块香樟木雕成,是我国最大的木雕坐式贴金佛像,不但改变了原来佛小殿高、比例失当的状况,而且使佛像更加雄伟壮观。释迦牟尼像造型优美,气韵生动,两眼和悦地俯视众生,体现了佛庄严仁慈的气度。殿两则站立着护法神二十诸天塑像,西侧第一尊是专管地狱的阎罗天子,东侧第一尊是专管海洋水利的婆竭龙王,其他都手执法器和兵器,象征着神通广大,佛法无边。殿后东、西还分坐着十二圆觉塑像("圆觉"为"圆满的觉悟"意思,言即将成佛,佛教中称他们是辅助行道的菩萨),东面是文殊、普眼、贤首、光音、弥勒、净音;西面是普贤、妙觉、善慧、善见、金刚藏、威音。他们都是佛教大弟子,现在的佛经就是由他们整理而成的。殿内原有很多楹联。元人赵孟𫖯联曰:"龙涧风回,万壑松涛连海气,鹫峰云敛,千年桂月印湖光。"此联已不存,今史学家江庸题联曰:"古迹重湖山,历数名贤,最难忘白傅留诗,苏公判牍;胜缘结香火,来游初地,莫虚负荷花十里,桂子三秋。"大殿后面是以"童子拜观音"为主体的海岛立体群塑,用泥塑成,塑有姿态各异的佛像150尊,群塑正中是一尊大慈大悲救苦救难的观世音菩萨,手执佛瓶,倾倒"法水",仿佛正在普救众生。这立体群塑里面还包含着不少佛典、神话和传说。

石塔 位于灵隐寺大雄宝殿前丹墀两侧,是北宋建隆元年(960)由当时称雄江浙的吴越国王钱弘俶为永明大师建立的,至今已有一千多年的历史。该塔为楼阁式双塔,八面九层,造型优美,刻有神态各异的菩萨浮雕,堪称石塔建筑中的翘楚。每层的腰檐和平座都用斗拱支出,雕刻精美。塔上每层都有四个壸门和四块壁。壸门上呈火焰状。一、二层壸门两旁镌有菩萨像,三层壸门镌有线条流畅的图案。四壁镌刻佛教故事。塔基呈莲花状。第三层有一方小小的石匾,上书"吴兴广济普恩真身宝塔"十字,今已残缺不全。这两座石塔据梁启超考定为宋代雕造。清僧晦山有诗云:"矗出如双阙,浮图耸殿阴。""八面雕镂古,千龄剥锈深。"

理公塔 位于灵隐飞来峰龙泓洞口,一名灵鹫塔,是杭州现存的唯一的明塔,相传是灵隐寺创始者慧理埋骨之处,故又是西湖为数不多的高僧墓塔之一。理公塔用石块砌成,全塔由下至上逐级收分,结构朴实无华,别具一格。六面六层,殊为罕见。理公塔最早建于何时,已无可考。据《灵隐寺志》记载:"万历丁亥(1587)六月,为霖雨所圮,中获石刻云:'开宝八年(975),募众重建释迦砖一座,在清绕桥灵山里。'"可知在宋代以前就有了理公塔。现在这个塔是明代万历十八年(1590)修建的,砖砌,七层八面,高6.6米有余。二层有虞淳熙所撰塔铭,三层刻《金刚经》及"光明净域""南无宝藏胜佛"等字,四层以上皆刻佛像。塔的壸门两侧皆刻有图案,整个塔显得质朴而端庄。

翠微亭 位于灵隐飞来峰半山腰。翠微亭小巧玲珑,亭旁山径旋绕,掩映在苍松古木之中,朴素而端庄。此亭是宋朝抗金名将韩世忠为了悼念岳飞而建的。南宋绍兴十二年间(1142),抗金民族英雄岳飞被秦桧以"莫须有"罪名杀害后,一时忠臣良将,纷纷解职。韩世忠也被夺兵权,归隐湖上,自号"清凉居士",常戴一字青巾,骑着毛驴,浪迹于西湖山水泉石之间。一日,偶登飞来峰,由峰名"飞来"想起故人岳飞,也联想起岳飞《池州翠微亭》诗:"经年尘土满征衣,特特寻芳上翠微。好水好山看不足,马蹄催趁月明归。"有感于心,就建此亭以示纪念,它寄托了韩世忠对岳飞的深情厚谊,使这两位抗金名将并垂不朽。现在的翠微亭是1924年时在原有的亭址上重新修筑的。昔人已逝,然亭尚存,登上翠微亭,前人精神仍然令人景仰。正如翠微亭上的楹联所言:"路转峰回藏古迹,亭空人往仰前贤。"

飞来峰 位于灵隐景区内,又名灵鹫峰,海拔二百多米。相传东晋咸和元年(326),印度和尚慧理云游来杭,看到这座嶙峋石山,认为很像印度的灵鹫峰,说:"此乃中天竺国灵鹫山之小岭,不知何以飞来?"此后,他就在这里建寺,取名为"灵隐",将寺前石山称作"飞来峰"。飞来峰当然不是印度飞来的,但它低矮瘦削,山岩突兀,与四周灵隐山、天竺山、北高峰高峻挺拔的外貌确实不同,因此令人有从外界飞来之感。从地质上考察,飞来峰由石灰岩构成,当是二叠纪(距今约2.5亿年—2.99亿年)地壳变动时的产物。而周围群山则属于千里岗砂岩,两者的地质构造是很不相同的。

飞来峰,满山秀石玲珑,姿态极美。特别是林木长在岩缝中,屈曲多姿,更觉奇特。小径可通山顶;山下石涧萦绕,淙淙不断,再逢春水发时,曲折奔突,又为老林古刹增添了不可多得的奇观。古人有诗云:"飞桥飞寺绝清幽,峰到飞来万景收。百尺虬枝穿石罅,一条雪浪绕山流。"此诗正是这里幽美环境的真实写照。

飞来峰的石灰岩由于长期受地下水的溶蚀作用,形成了许多奇幻多变的洞壑。据前人记载,飞来峰过去有七十二洞,但因年代久远,多数已湮没。现在仅存的几个洞,大都集中在飞来峰的东南一侧。最南端的一个大洞叫青林洞,洞口形如虎嘴,俗称老虎洞。洞内怪石林立,有一块小石上镌有"金光"二字,所以又叫金光洞。洞中有济公的石床和石桌,传说当年济公和尚在这里饭饱酒醉之后,就躺在洞内那张石床上睡大觉。青林洞的东北是玉乳洞(又名蝙蝠洞)。因为从洞顶岩石上滴下的水,含有石灰岩溶液,呈乳白色,故名。洞内岩石千姿百态,有的如冰柱,有的如石笋。洞前有一块岩石平台,称为翻经台。相传南北朝诗人谢灵运曾在这里翻阅经书。北面有龙泓洞,靠近春淙亭和理公塔。宋代郭祥正有诗道:"洞口无凡木,阴森夏亦寒。谁知一泓水,曾有老龙蟠。"这就是龙泓洞得名的由来。因洞口山崖上有石刻观音一尊,所以又称为观音洞。从龙泓洞向北,就是射旭洞,透过岩顶的石缝,能看到一线天光,这就是著名的"一线天"。在冷泉亭对面有藏六洞,可听到淙淙不绝的水声。洞旁石壁上有一个小洞,用力口吹,有呜呜声响,俗称喇叭洞。西edge山上还有呼猿洞,相传是僧人慧理呼唤黑、白二猿处。"冷泉猿啸"曾是"钱塘十景"之一。

  飞来峰的摩崖石刻,是我国古代石窟艺术的瑰宝。国务院于1982年把它列为第二批全国重点文物保护单位。在主要洞壑与溪间摩崖峭壁上,共刻有五代、宋、元石刻造像470多尊,保存较好的有335尊,其中有独尊、有群像、有浮雕。年代最早的要算青林洞口的弥陀、观音、大势至等三尊小佛,成于五代后周广顺元年(951)。这里的石刻气韵生动,制作精细。

  自古以来,在飞来峰赏景以烟、雨、雪、月四景最有情趣。烟景,迷离;雨景,淅沥之声为瑶琴八音;雪景,曾被列为西湖八大雪景之一;月景,万籁俱寂,冷泉淙淙,这四景不可多得。明人袁宏道称赞说:"湖上诸峰,当以'飞来'为第一。"

摩崖石刻艺术集萃园 位于灵隐飞来峰下。在飞来峰诸洞穴及沿溪涧的巉岩峭壁上,雕刻着从五代至宋元时期的石刻造像四百余尊,其中年代最早的要算青林洞入口靠右摩崖上的弥陀、观音、大势至等三尊小佛像,为公元951年所造。

  集萃园借飞来峰山林之势,依石刻造像之利,因势赋形地塑造了大足石刻、安岳卧佛、龙门麦积山、云冈石窟、乐山大佛等石窟造像。"集萃园"全长250余米,塑造了代表不同地方、各个年代的佛像近万尊。

  入口两侧立天王浮雕,高各3米、宽1.18米,三面各刻272尊小佛图。入口中央为山东兴国寺佛像,代表北魏风格。左面是一座高3米的菩萨立像,代表中唐塑像艺术;右面是观音像,高3.18米,宽1.43米,展现了历代石刻风范。移步大足石刻区,那代表大足石刻经典的群雕给人以巨大的震撼力,"九龙浴太子""养鸡女""牧牛图"等采用高浮雕与圆雕相结合的表现手法,神形兼备,具有很高的艺术欣赏价值。安岳卧佛区主像释伽牟尼卧像长15米,代表盛唐风格,卧像周围有149尊大小佛像,造型极其生动。而云冈石窟区分别雕刻了云冈第20窟和第12窟像,雕饰奇伟精美、气势雄浑。其中奉先寺摩崖龛像长55米,高13.8米,是我国最宏大、精美的唐代石雕佛像。

  麦积山石窟区精选宋代第165窟依原像等高雕塑。在集萃园,人们还可一睹人称"山是一尊佛,佛是一座山"的乐山大佛。这座大佛长25米,佛座高15米,崖壁雕有主持开凿大佛的僧人海通像及创作雕像13尊。

  集萃园石窟艺术或雄伟壮奇,或玲珑精致,与飞来峰古朴的元代石刻相映成辉，使灵隐成为中华石窟艺术精华的汇集地，丰富了西子湖畔人文景观的内涵。

呼猿洞 灵隐飞来峰著名古洞之一。呼猿洞极富传奇色彩。相传一千六百多年前印度僧人慧理来到杭州，看到这里峰峦突兀，怪石嶙峋，风景绝异，惊异地说："此峰一向有黑、白二猿在洞中修行，必相随至此。"于是他就在洞口一呼，果然有黑、白二猿出来，这就是呼猿洞得名的由来。自古以来，灵隐山中多生猿猱，灵隐寺僧人也有养猿的传统，灵隐寺开山祖师慧理曾养白猿一只，并赋诗一首曰："引水穿廊步，呼猿绕涧跳。"南朝的智一禅师也曾畜猿于山涧。至宋时，灵隐寺方丈瞎堂禅师不但养了一批猿，还给它们穿衣戴冠，雅称其为"猿行者"。宋以后，猿不复存在。明代大画家陈老莲(洪绶)遗憾之余，作《呼猿洞》小诗数首，其中一首道："洞黑复幽深，恨无巨灵力。余欲锤碎之，白猿当自出。"清时，猿又复现。据志书记载，呼猿洞"内广堂皇，冥如长夜。又一洞，炬火伛行数百武，或高平如砥，或龃龉如牙。又一洞，非臘蛹不入，故人惮而未详"。或说此洞通天竺，或说此洞达余杭。前灵隐寺住持、已故中国佛教协会副主席巨赞大师年轻时曾深入洞中，他在《灵隐小志》中说："余尝深入，初尚宽敞，渐进渐仄，有时匍匐于地，才可以过。地皆细沙，甚平软洁净，约行里许，力尽乃出。壁间有乾隆年间题名，墨色如新。"

冷泉 位于灵隐寺前、飞来峰西麓。冷泉，在唐朝前，尚未被发现。据《武林山志云麓漫钞》载，原名龙溪，又叫灵隐浦。当时涧浦深广，可通舟楫。那时，冷泉可能就潜藏在渺渺深水之中。至唐朝中期，元藇任杭州刺史时，发现了冷泉，并在泉上建亭。宋代政和年间对冷泉进行了疏浚，扩大了三倍多，并修建了水闸，以蓄水排洪。当时灵隐寺的如璧禅师撰文说，冷泉"可以育鱼鳖而豢蛟龙"，放水，则"雷奔电激，飞雪喷雾，使人临是池者，恍如在天台、庐阜，窥石桥而睨三峡"。范成大有《冷泉亭放水》诗："古苔危磴着枯藜，脚底翻涛汹欲飞。九陌倦游那有此，从教惊雪溅尘衣。"冷泉掩映在绿荫深处，泉水晶莹如玉，清澈明净的池面上，有一股碗口大的地下泉水喷薄而出，无论溪水涨落，它都喷涌不息，飞珠溅玉，琤琤琮琮，徐疾有致，有如天籁。宋人林稹《冷泉》诗云："一泓清可沁诗脾，冷暖年来只自知。流出西湖载歌舞，回头不似在山时。"明代大画家沈石田对冷泉评价更高："湖上风光说灵隐，风光独在冷泉间。"

冷泉亭 位于灵隐寺前飞来峰下冷泉池畔。冷泉亭建于唐朝中期，为当时杭州刺史元藇所修。初建时在水中央，明万历年间移建于岸上。1953年后修葺一新，是一个黛瓦丹柱、翘角飞檐、精致典雅的四角亭。

冷泉名胜，山水荟萃，美在天然。坐卧于冷泉亭上，纵目四顾，眼前的秀丽景色,宛如含蕴隽永的诗章、巨大神奇的山水画卷。自唐代以来,有关它的诗咏不可胜数,宋僧智圆《冷泉寺》诗云:"晚花闲照影,古木冷垂阴。凭槛不能去,澄澄发静吟。"古人常到冷泉亭来消夏,清人江亢文诗云:"莫道炎威可炙手,云林尚有冷泉亭。"冷泉亭上,旧有许多对联。明代书法家董其昌联云:"泉自几时冷起?峰从何处飞来?"清代名将左宗棠联云:"在山本清,泉自源头冷起。入世皆幻,峰从天外飞来。"……这些对联,即景生发,状物寓意,造语新奇,妙趣横生。

更有意思的是,晚清著名学者俞樾(曲园)在《春在堂随笔》里记述了一则他和夫人在冷泉亭上觅联的轶事:一天,俞樾和夫人同游灵隐,在冷泉亭小憩。俞夫人看到亭柱上那副"泉自几时冷起?峰从何处飞来?"的对联,觉得问语甚隽,遂请曲园拟一联作答。曲园略加思索,即应声答道:"泉自有时冷起,峰从无处飞来。"夫人道:"不如改作'泉自冷时冷起,峰从飞处飞来'。"数天后,俞樾次女返家,闻知冷泉亭觅联之事,笑答道:"何不改作'泉自禹时冷起,峰从项处飞来'?"曲园惊问"项"字何指,其女解释说:"不是项羽将此山拔起,哪能飞来?"当时曲园正啜茗,闻之不觉大笑,竟"不禁襟袖之淋漓也"。这些楹联已成为冷泉亭不可分割的组成部分,诱得人们流连忘返。

黄龙吐翠　　"黄龙"指杭州栖霞岭下的黄龙古洞,是栖霞各景中最著名的一处寺庙园林。

黄龙洞开辟于南宋淳祐年间,为当时都城临安五大祀龙处之一,原为佛寺,后成道观。山门两旁一副蓝底金字的对联"黄泽不竭,老子其犹",道出了它曾是道观的信息。据志书载,南宋淳祐年间(1241—1252),原来居留在江西黄龙山的慧开和尚来此结庵说法,忽雷声震地,山岩中迸出一穴,清冽的泉水源源涌出,人们认为这是江西黄龙山的黄龙随慧开和尚居留之处,因名之为黄龙洞。后来在这里兴建了佛寺,到晚清改辟为道观,在佛、道的共同维护与修建下,这里成为一座独具韵味的山间园林。

黄龙洞　　峰峦环抱,明洁清幽。两旁深黄色的围墙,拥着一道山门,门楼上挂有"黄龙洞"三字匾额。进了黄龙大门,循石阶而上,道路两旁松篁交翠,池里睡莲飘香。走过长长的石板路,当面拦着一道米黄色的围墙,墙上排列着九个漏窗,每个窗子上塑着形状不同的飞龙,形象生动,称之为九龙窗。窗内翠竹萧疏,亭台隐现,耐人寻味。第二道门的两侧,分别用鹤、鹿雕窗。这些设置,既别致,又点明了黄龙洞这个景点的主题特色。进第三道门,就是黄龙洞的主景区。左侧出圆洞门,有方竹园,园内种植着一丛丛方形竹子,是竹类中的珍品,十分罕见。右侧有游廊,廊外有深池,使人有深渊莫测的"龙潭"之感;池对面高耸的假山壁上有一龙头雕塑,一道清泉从龙口中喷向深潭,意为神龙行雨云际,颇耐想象。池中有山洞、磴步,并有怪石立峰,上镌"有龙则灵"四字。池周亭榭假山,参差耸立,布局紧凑,耐人寻味。旁边又有一块用小卵石铺成的地坪,四周有紫竹、斑竹、琴丝竹等平时很少见的小竹园。通过藤蔓虬结的门洞,进内又是一个竹园,有亭子、石桌、小径等园林布置,环境幽雅。由主景区向后山攀援,一路假山透迤重叠,全部用浑重朴实的黄石依着山势堆叠而成,有的孤峰独立,有的聚众造型,有的堆砌成山,由于苔痕斑驳,看来好似浑然天成。外望只觉石峰林立,重峦献翠;入内则迷离曲折,剔透空灵,给人以雄奇壮观之美感。这组布局丰富、平面落差悬殊的假山,是西湖假山洞景中最大的一座。穿过这条盘曲的石径,就到了山顶的卧云洞,因洞内常有云雾弥漫而得名,古朴有致。

　　黄龙洞是西湖山林中独具风采的奇观园林。它有山,山不高;有水,水不广;有院,院不大;有洞,洞不深。造园艺术经与自然造化结合在一起,便收到了"多方胜景,咫尺山林"的艺术效果,加上古老的宗教文化的积淀和新颖的仿古游乐活动,使"黄龙吐翠"跻身于新西湖十景之中。

方竹园　　位于黄龙洞门廊左侧。绿色的栅栏内生长着竹中珍品——方竹。方竹竹身细长,竹下部呈方形,节上有钝刺。前人称赞它"行方而知圆,虚怀若谷,劲节可风,潇洒不俗"。整个园内还种植了许多琴弦竹、凤尾竹、紫竹、斑竹、箬竹、鸡毛竹等,株株吐翠,使纷至沓来的游客乐而忘返。

玉皇飞云　　玉皇山位于杭州西湖之南,壁立尖耸。清雍正年间(1723—1735),浙江总督李卫在山顶建福星观,又称为玉皇宫。咸丰末年(1860—1861)福星观毁于战火,同治九年(1870)重建,成为道教供奉玉皇大帝的场所,故有玉皇山之称。玉皇山高246米,从山下林海亭起,登山石阶有两千六百余级,"玉龙山上接穹罗,左带钱江右枕湖"。登上山巅,远处群峰苍翠,江湖隐约,山间烟雾缭绕,岚气缥缈,如片片飞云,"玉皇飞云"即从此意境而来。福星观入口处叫南天门,两侧各有三进庭院,现在玉皇山顶的建筑群,大部分是在原道观的基础上修缮重建的,原福星观格局依稀可见。新建的登云阁、望湖楼等供游人居高临下凭栏远眺。观内尚存宋朝古迹白玉蟾井和清代辟建的天一池。白玉蟾井的井围用白玉石制成,镌雕着三足蟾等饰物。天一池的开凿,是为了消弭杭城火灾,池名取"天一生水"之意池中碧水晶莹,终年不涸;池周围叠有假山,植有花木,颇有庭院之胜。于玉皇山顶观景,原来还可观览到八卦田一景,八卦起源于《周易》,后成为道教经常应用的理论。当年玉皇观道士为了美化俯瞰的景色,将山下农田按八卦图形分别种植四季呈现不同颜色之农作物,游人在山顶观光,可看到山下五彩纷呈的田野,增强了风景的趣味性及多样性。

抱朴庐　　杭州现存唯一的道观园林,位于西湖宝石山西端的葛岭。据传说,晋代葛洪晚年就在这里结庐炼丹。葛洪著有名作《抱朴子》,此地就因之名为"抱朴庐"了。葛洪(283—363),江苏句容人,自号抱朴子,学识渊博,他是世界上第一个解开熔解黄金奥秘的化学家。葛洪的《抱朴子》一书,共七十卷,其中内篇二十卷论述了战国以来神仙家的理论,记载了炼丹的方法。这部著作在国内受到当时的方士和后来道教徒的重视,收入《道藏》,被奉为道教的经典著作,在国外也为一些研究世界炼丹史的学者所推崇。抱朴庐现存炼丹台、炼丹井等遗迹。

宝成寺造像　　位于杭州吴山紫阳山东麓、感花岩左前方宝成寺内,为省级重点文物保护单位。宝成寺原名释迦院,是五代吴越国王妃仰氏所建,宋大中祥符年间改称为宝成寺。元至治二年(1322)时,由都指挥使伯家奴在石壁上刻凿了三尊造像,其立像即麻曷葛剌造像,属佛教密宗造像,表现的是"大日如来"降魔时的威严形象,其造型短腿鼓腹,须发虬卷,面显威怒,足蹬魔女,双手持一人颅,两臂各挂人头,形状狰狞可怖。左右夹持菩萨为文殊与普贤,各骑青狮、白象,狮象背蒙人皮作坐垫。文殊与普贤的项上各挂髑髅一串。后人曾将这些造像当作"军神"膜拜,像旁附有题记,是国内罕见的我国古代造像史与佛教史的一份珍贵实物资料。

青衣古泉　　位于吴山"元宝心"。元宝心,指从十五奎巷上吴山、从吴山旧城隍庙南坡下山的交会中心处。青衣泉是杭州最古老的名泉之一,开凿于唐代开成元年(836),原筑有道观,宋理宗曾赐名为"重阳庵"。南宋权臣韩侂胄在此建府第,引青衣泉水入府内阅古堂前,因此,该泉又名为阅古泉。诗人陆游曾在这里游览品茗,写下了《阅古泉记》,该文描述山、树、泉、景,十分细腻。除了青衣泉外,还有白鹿泉。古时,白鹿泉与虎跑、龙井并称(虎、龙、鹿)为三大名泉。

保国寺　　位于宁波市洪塘镇安山村境内的灵山山岙。四周群山环抱,层峦叠嶂,林木葱郁,风景优美,为浙东著名的以佛殿古建筑为中心的寺园。该寺创建年代相传是在东汉世祖时,原名叫灵山寺。唐会昌五年(845)灭法,原灵山寺被毁。唐广明元年(880)重建,唐僖宗赐保国额。宋治平年间曾一度改名为精进院,后又复称保国寺。园占地面积一万三千多平方米,其中古建筑面积5700平方米。

保国寺是江南较典型的寺庙园,整个建筑群平面布置南向微偏东,中轴线上有三进院落四座建筑,即天王殿、大雄宝殿、观音殿、藏经楼。殿堂依山势而建,坐落在不同高度的台地上。大殿月台左右有钟楼、鼓楼相对称。中轴线上主要建筑两侧并无配殿和走廊,而是以墙垣与两旁的钟楼、鼓楼、僧房、客堂相分隔。东西附属建筑均南北长、东西狭,紧贴于上述墙垣的外侧。这种建筑布局同当时的住宅建筑约略相同,但在佛寺建筑中是罕见的。

古建筑中,最具文物价值也是游人必到的是建于北宋的大殿,江南雨多,气候潮湿,木构易腐,故保存至今的北宋大木结构可谓鲁殿灵光。早在1961年国务院就把保国寺列为第一批全国重点文保单位。1976年建立文保所,1978年正式对外开放。

除了大殿外,其他多为清代建筑。1983年迁入明代厅堂三间。1984年迁入唐代经幢两座。现在保国寺已成为一个拥有唐(经幢)、宋(大殿)、明(厅堂)、清(天王殿、观音殿、钟楼、鼓楼)及民国(藏经楼)等各个时期木构建筑群体的寺庙。

1972年以来,宁波市园林部门对保国寺寺园进行了重大修建,恢复了叠锦台、望日亭、灵龙泉等景点,加强了绿化,美化了环境。1991年9月,市政府决定在原有寺园的基础上,建立保国寺公园。千年古建筑与26.64万平方米的自然山林相得益彰,保国寺已成为名闻遐迩的旅游胜地。

宋构大殿 现存大殿是北宋大中祥符六年(1013)重建的,距今已有一千多年历史,为我国江南地区最古老、保存最完整的木构建筑之一。清康熙二十三年(1684)增建了四周重檐,成为重檐歇山顶形式。大殿在建筑上有其独到之处:平面布置进深(13.35米)大于面阔(11.91米),呈纵长方形,这在全国小型佛寺殿堂中是很少见的。在前槽天花板上绝妙地安装了三个镂空藻井;采用了复杂的斗拱结构,斗拱粗壮朴实,按宋《营造法式》规定,用的是四等材,称七铺作单栱双杪双下昂偷心造。斗拱与昂都用榫卯巧妙衔接在一起,不用一枚钉子,整座大殿稳巧有致,承托了屋面约50吨的重量,有很好的防风抗震能力;柱子的设计更是别具匠心,外观呈瓜楞形,其结构是柱心四根小柱起承重作用,外面包镶四瓣木条,称四段合包镶作瓜楞柱,既节约木材,又不影响牢固,而且外形美观,是宋代并柱实物孤例。柱身有明显的侧脚,即明显地从四周向中心倾斜,以增加稳固度。柱础计有鼓形、须弥座式、覆盆状櫍式三种。

保国寺大殿在建筑上具有很高的历史、艺术、科学价值,是宋《营造法式》的典型实例,反映了当时建筑艺术上的独特风格和在力学研究上达到的高水平。所以在《保国寺志》中载有不少前人题咏:"山岙藏得古招提,宫殿岿然结构奇。""升斗昂栱人巧极,祥符千载永留名。"赞叹大殿建筑结构上的雄伟新奇。

叠锦台 在灵山半山腰,位于保国寺山门外。清康熙年间,僧显斋所建。古枫作盖,修竹垂荫,聊以憩足。三峰布秀,一面开奇,登斯者,莫不游览坐玩。锦本为缣绣之物,为何命亭？原来天地有自然之锦。经星分野,纬宿衡宫,素月西流,红曦东上,此自然之机杼。华岳耸翠,江汉腾波,人物鸟兽飞潜动植,无不点缀其间,天地自然之锦叠然献于亭前。人在叠锦中犹鱼之处乎水而不知水也。凭栏远眺,思绪奔涌,假纤手运巧思而织为诗文,奇丽错综皆由造作而成,可与自然之锦相媲美。"青山万紫与千红,点缀天然出化工。风景满林如锦叠,亭前凭眺乐无穷。"1975 年园林部门恢复建造,为一长 33 米、宽 6 米的回廊亭式建筑,两座歇山顶方亭,中间回廊连接,南北又各一条廊相通,幽遂曲折。上有 500 年的银杏、香樟作盖,旁植黄杨、凤尾竹,下俯灵龙趴于潭上,听泉声潺潺,流经仙人桥。高朋满座,猜拳行令,风光不让醉翁亭;抚弦操琴,运筹帷幄,犹如诸葛登城楼。此何地者,叠锦台也。

灵龙泉 在去保国寺踏步半路上,有一灵龙泉景点,溪壑夹于狮岩与象峰之间。寺内外八条地下水系汇经此,注入下面大溪壑。溪上原有仙人桥一座,拟恢复建造。1977 年,市园林部门在溪上垒坝高 6 米,一条仿石巨龙趴于坝潭沿,口中流水常年不断,喷吐于下面大岩石上,水珠飞溅,龙尾隐于后面山洞中。洞旁赫然有"灵龙泉"三字。多少游客驻足,骑龙头留影。最宜大雨过后,溪流湍急,水从半圆形坝顶全然涌出,水珠水气,烟霞云雾,正是灵龙腾飞的光景。灵龙有其美丽的传说:为了帮助农民抗旱而私下雨的一条龙,触犯天条被罚到灵山,但它看到这里的农民也同样遭到旱灾威胁,就化了东海水来灌溉稻田,使农民摆脱干旱痛苦,而它却被玉帝永远锁在这里,至今它还在每天喷水。

望日亭 保国寺之左辅为象峰,正与右弼之狮岩相对。象峰之上乃石顶,极为平坦,登望东海岛屿,仍在指顾间,顿觉心旷神怡,心胸豁达。《保国寺志》记载,亭旁原有古残碑一方,上有"五夜峰头望日出,平明海底看曦腾"之句。1977 年市园林部门恢复建造,为一八角形亭式建筑,外面一圆形护栏,亭中一小圆桌,四条凳子两两相对,供游人小憩。亭子南、西、北三面栽松,东向一览无余,正是观日出好去处。1953年十月朔,寺僧亲睹日月两轮同轨合璧,有诗为证:"望日欲登象鼻峰,寺中飞渡五更钟。东方遥见阴阳合,平旦方知乌兔逢。""为观日月双联璧,五夜风霜特地来。"

天童寺　　位于浙江宁波鄞州区的太白山麓。太白山谷深林密,景色幽邃,古有"深径回松""清关喷雪""双池印景""西涧分钟""玲珑天凿""太白生云""东谷秋红""南山晚翠""平台铺月""凤冈修竹"太白十景之称,今被辟为森林公园,游人云集,四时不绝。宋时王安石有诗道:"山山桑柘绿浮空,春日莺啼谷口风。二十里松行欲尽,青山捧出梵王宫。"今日对景诵诗,仍感贴切。

天童寺历史悠久,为天下禅宗五山之二。传说西晋时有高僧义兴,在此结茅修行,感动天帝,帝命太白金星化作童子,每日助他担水砍柴,以至于成。遂名此山为"太白山"。到了唐代,又有僧人法璇(称太白禅师),于太白山东麓建太白精舍(后人称此为古天童),每日诵《法华经》,又有一童子供奉薪水,法璇称他为"天童",并以天童为山名,因此太白山亦称天童山。唐肃宗至德二年(757)古天童移址并加扩建,就是现在的天童寺址。北宋时改名为景德禅寺。明代仍改称为天童寺。明洪武十五年(1382),明太祖朱元璋册封天下名刹,定天童寺为天下禅宗五山之二。历唐、宋、元、明、清诸代,天童寺都是著名的禅宗道场。禅宗是最富有中国特色的佛教教派,从教派的谱系来看,和印度释家有渊源关系,但从教义的发展来说是完全中国化了。因此可以说它是中国之佛教。禅宗在日本也有较为广泛的影响,这是从中国流传过去的。禅宗后分北、南两派,南派禅宗又分成曹洞、云门、法眼、沩印、临济五家,称为禅宗五山。而天童则为曹洞宗。

天童寺的梵宇琳宫,雄伟壮丽。原有999间房屋,规模之庞大,国内少有。历来几经毁建,现在尚存730余间,占地总面积达44600平方米。寺内有天王殿、大雄宝殿、钟楼、回光楼、返照楼、御书楼、千佛阁、罗汉堂、藏经阁等殿、堂、楼、斋、轩、居等20多幢大建筑。寺前有内外两个"万工池",山门口有"琵琶石",在石上顿足,即有回音传来,像琵琶有弦声。寺西有玲珑岩,奇石嶙峋,古木葱茏,山径曲折,流水淙淙,实为天童寺附近风景最佳之处。

玲珑岩　　在天童寺之西。渡罗汉桥,从曲径盘绕而上,历经磴石百级即是。垒石倒嵌,欲坠不坠。既若蜂房,又似蚁穴,奇形怪状,忽凸忽平。岩有观音洞、善才洞、拜经台、穿心洞、洞外天等,还有盘陀石、甲寿泉等,都是自然形成,不加人工雕琢。更有古木飞泉,种种殊异,不可言状。明密云禅师有偈道:"远望宛然如铁壁,近观窍穴自分明。曾无一点瞒他得,故指玲珑今古称。"

太白绝顶 是太白山的最高峰。远眺三面环海,南向东湖;近视万山环拱,千峰竞秀。所以有人说:"诸山罗列尽儿孙。"最高峰之西约百步,有响石,纵横1.65米多,扣之则铿锵有声。附近有钵盂峰,上圆下展,宛如覆盂之势。峰之西北有佛迹石,系一只0.66多米长的右脚印。一只脚印在鄮峰下即阿育王寺后山,称为"佛迹岩"。传说古时佛从鄮山要到太白山来,就一步跨过,各留一足印在石上。至今鄮山佛迹亭上题有一联"半山留佛迹,一步到天童"可以印证此说。

冷香塔院 在天童寺东500米左右,即青龙岗。松篁夹径,白梅成林。院内有寄禅禅师骨藏。1990年重修一新,垒石为墙,墙内四周石壁上刻着寄禅诗作。中间石亭内,石碑上有寄禅素描刻像,十分庄严。寄禅原名敬安,湖南人,家贫幼孤,为人牧牛。18岁在湘阴法华寺出家为僧,27岁时至宁波阿育王寺充知客,于佛舍利前,剜背肉以燃灯,又燃两指以供佛,此后自号"八指头陀"。清光绪二十八年(1902),他52岁,任天童寺方丈,历11年。持教义,行世益,阐发慈悲宏旨,利济人群,方内方外都对他十分敬重。寄禅自幼辍学,但生性颖悟,耳目所受,即通彻于心,成为当世著名的诗僧,评者认为有清一代,所有诗僧无可匹敌。著有《八指头陀诗集》十八卷,《白梅诗》一卷,文集四卷,语录四卷。

古天童 在寺东三里地为东谷,于东峰、乳峰下面,平旷处屋宇数楹,即古天童,乃义兴始祖开山之处。今隰州古佛,幻藏在此。内祀十大高僧,有碑碣六通,已遭剥蚀。相近有归来庵,山翠透窗,流云绕户;有泉石之清静,无车马之扰攘,乃幽人所居之地。

罗汉沟 天童寺西涧,俗呼"罗汉沟"。沟中怪石蹲踞,而迅湍奔腾,声如雷鸣。虽天朗气清,而激水喷溅,如在大雾中行。涧之流经二池之西有石梁跨于两岸,可以观听。

清关桥 由天童寺前南行,绕万工池数十步,即清关桥。峰萦水映,崖赤松青,与白练千条奔响若吼,互为吐吞。桥下有红豆崖,由此至伏虎亭,清阴布地,翠盖弥天,古松夹道,游人至此,如在绿幕中行,颇有兴趣。"清关喷雪"为天童十景之一,有诗写道:"岩萃如带锁禅关,雪浪奔腾乱石间。自有天机藏不住,一时喷出万重山。"

镇蟒塔 在小白岭上,揖让亭旁,甘露庵内。六角玲珑,亭亭矗立,又叫"五佛镇蟒塔"。相传唐代岭上有一条大蟒蛇作祟,伤害过往行人。当年有位心境禅师,施展法术,请来五位大佛,降伏了这条大蟒蛇,造塔镇蛇,保护了百姓安全,所以甘露庵也叫"太平庵"。至今塔前山坡里还有许多圆形小石,外面灰黄,中心黑色,俗称"石馒头",传说是心镜禅师喂蛇用的。而今这座筑在堂上的七层楼塔,成了天童寺进山要道上的一个"岗哨"。

阿育王寺 位于浙江省宁波市鄞州区的太白山麓华顶峰下,距城20千米,是我国佛教禅宗的名刹,寺园占地有八万余平方米,建筑面积一万余平方米,其余均为园林及佛教建筑小品,是集传统古建筑、绘画、雕刻和文物古迹及名胜于一炉的佛寺园林。寺园内殿宇雄伟壮观,金碧辉煌,庭院内古木参天,数百年的古樟古松,使古刹增添古意。而寺周则峰峦叠起,层层翠嶂很有层次。特别是寺北有山形似笔架,称之为玉几山;从侧面看山上数峰又似五只凤凰朝向寺院,古称为"五凤朝阳",与天童寺的"九龙捧珠"相配。古刹因藏有释迦牟尼的真身舍利子及玲珑精致的舍利宝塔而名闻中外。寺园现有建筑均为清代以来所建,中轴线上依次建有阿耨达池、天王殿、大雄宝殿、舍利殿、法堂和藏经楼等。古寺历史悠久,可追溯到西晋太康三年(282)。据佛教经典记载,古天竺国的阿育王(属古印度孔雀王朝),在一夜之间造了84000座宝塔,每座塔中均藏有佛祖释迦牟尼的真身舍利,造好后,派神护送至分布于世界的"八吉祥六殊胜地"(即风水宝地)。是时,僧人刘萨诃(法名慧达)决心寻找其中的一座,当他由北而南至会稽郡东海之滨,忽闻地下有铮铮钟声,便虔诚膜拜诵经,三日三夜后,果见从地下涌出一座光明腾耀、眩人心目的小宝塔,塔四方五层,高0.46米,方广0.23米,内悬宝磬,中缀舍利。这便是阿育王所造的舍利塔之一。慧达得塔后,便就地修持行道,建造精舍。这就是阿育王寺的始创经过,后又于寺内建塔亭。晋以后,寺院屡有兴废,但一直是浙东地区的著名宝刹,是佛教"中华五山"之一。

阿耨达池 即一般寺院的放生池,在山门之内,池长约60米,宽40米,池水清澈,游鱼可数,涵映四周建筑园林景色,是寺前园林的主要景点。因池内放养锦鳞,受传统观鱼景"鱼乐我乐"故事的影响,亦取名为"鱼乐国",游人香客一进入二柱单门歇山式黑瓦顶的石牌坊门(即二山门),即可见此题匾。池东北角建有三重檐歇山式三开间的钟楼,多姿的建筑屋顶曲线映于水中,分外好看。与天童寺一样,阿育王寺只有钟楼而未建鼓楼,这与古代风水堪舆学的察形相地有关,古人认为西边不宜建屋。寺之头山门在东南角,是一座黄墙黄琉璃顶的歇山式门亭建筑,造型较美,是入寺的明显标志。

舍利殿 在大雄宝殿后，面宽五间，为重檐歇山式黄琉璃瓦顶建筑，是古寺最高等级的殿堂，在两侧古樟虬枝的掩映下，显得很是庄严，殿名源自于传说中的佛祖舍利子。殿高15.3米，檐间方形额匾为宋孝宗御笔所题，曰"妙胜之殿"，檐横匾上书金底黑字的"舍利殿"。殿内正中上悬竖额书"佛顶光明之塔"，是宋高宗御书。横匾"光明庄严"，挂于南面。殿正中是高约7米的石塔，内置七宝镶嵌的"舍利放光"的木塔，石塔后供释迦牟尼佛祖卧式涅槃像，长约4米。整座舍利殿实在是古代书法艺术的展示厅，除了殿内的匾额对联，殿前月台两侧壁上也立有四块珍贵的碑刻。其中有唐代万齐融撰文、处士范的重书《大唐阿育王寺常住田碑》和宋代苏轼为寺内宸奎阁落成书写的记文。殿后小院内树木婆娑、翠竹萧萧，更有美泉从壁间龙口滴出，汇成泉池，池长约2米，宽约1.5米，题作"申乳泉"。过小院便是法堂和藏经楼。楼二层五间，楼下为法堂，楼上为藏经楼。内珍藏开山祖师慧达所得的释迦牟尼真身舍利塔原物，以及清乾隆年间刊印的"钦赐龙藏经"一部，计1662部共7247卷。目前，整座寺园已修缮完毕，基本恢复了历史上的盛况，游人、香客常年川流不息。正如寺内大雄宝殿内所悬楹联上说的："五千经藏，三宝法轮，记从白马驮来，众生普渡；两浙名山，六朝古刹，几历红羊劫换，绀宇长新。"

国清寺 我国佛教天台宗的发源地，影响甚大，位于浙江省天台县城北天台山下。天台山是我国东南沿海的著名山岭，素以群峰层翠、巘岩多姿、飞瀑流泉和早晚霞彩著称，古有天台八景之说。国清寺坐落于如此秀美的山中，得天独厚，四周景色极为出色。在布局规划上，寺院既注重佛教重大教派祖诞的庄重威严，强调建筑及庭院的中轴线，层层推进，但又不死守陈规，拘泥一格，常常考虑地形环境及构景的需要作因地随宜处理，整座寺院内，古树成林，长松巨樟，掩映着层层殿宇。名木景中最著名的是隋代古梅，是寺园的重要景观。寺外，前有两条清澈的溪流弯曲绕寺而过，后枕层层青山，四周有五峰环峙，形胜极佳，景色清幽而秀丽。

国清寺历史悠久，南朝陈太建七年（575），高僧智凯入天台，爱此处风景之美，创建草庵。隋开皇十八年（598），晋王杨广承智凯大师遗意建天台寺，大业元年（605）又赐额"国清寺"。从此，以讲述《法华经》为主要教义的天台宗（亦称法华宗）成为我国佛教开宗立派的先河，亦为汉代佛教四大宗派之首。唐贞元二十年（804），日本僧人最澄来此寺，从天台十祖道邃习教义，次年回国创立了日本佛教天台宗，该宗教徒尊国清寺为祖诞，时时来华参谒，成为中日文化交流史上的美谈。历史上国清寺曾多次整修过，现寺的规模及建筑园林基本为清代重修。其布局主要分为三条纵轴线,中轴是主线,依次有弥勒殿、雨花殿、大雄宝殿。雨花殿前庭院两侧立有钟、鼓楼。西轴线上依次有安养堂、观音殿、文物室、妙法堂。妙法堂即是寺院中常设的藏经楼,堂分上下两层,楼上为藏经阁,藏古经千万卷,底层为讲堂,设天台宗讲席,为寺僧讲解《妙法莲华经》,故国清寺全称应为"国清讲寺"。东轴线上依次有斋堂、方丈楼、迎塔楼等。此外,还随宜在寺园中修有竹轩、禅堂、静观堂等殿堂。

大雄宝殿 位于中轴中路第三进,是寺内最高等级的建筑,下有石台基,顶为重檐歇山顶,造型雄伟。大殿明间正中供奉着明代铸造的铜释迦牟尼像,重13吨,高6.8米,制造精良,是我国佛寺中较少见的整体浇铸的铜佛。铜佛背壁后,有以观音像为中心的慈航普渡群塑。大殿两侧,列有元代雕制的楠木十八罗汉坐像。大殿两侧辟有小院,其东院内有古梅一株,相传为隋代寺院初建时天台五祖章安手栽。古梅枝干夭矫,背衬红墙,墙上嵌有数块刻石,四周置有石制矮栏围护。隋梅以前曾枯死过,但其根仍活,后主干枯而复生,枝桠萌生新叶,堪称一奇。现古梅枝叶茂盛,生意盎然,逢春繁花满树,游人无不赞叹。

丰干桥 横跨于寺前溪涧上的古石拱桥,据传此桥建于宋代,与寺前东侧小山上的宋构砖塔约略同时。国清寺入寺的前导与山门等的处理很有奥思,丰干桥为这一系列中的重笔。国清寺建筑三条轴线均为南北向。按一般规律,其山门亦应向南开。然而,由于地形环境所限,南向地域甚逼仄,因此寺之山门改为向东,开在中轴前院的东墙上,而在南向置一照壁,上书"隋代古刹"四个大字。壁前即为自西向东弯环流过的水涧,而丰干古桥的定位也有奇趣,它并不正对照壁中央,而是斜跨水去,正对"隋代古刹"的最后一字"刹"。壁后浓树遮天,由山道一路行来,经一行墓、寒拾亭、过此桥,然后在"刹"字前循石板路折向东,再一转折,才见山门洞开。这一曲折有味的寺前引导游路,堪称现存古寺园林中的一绝。桥东侧小山上有一砖塔是这一引导的路标,塔的建构亦奇,其基础为隋代格式,而上部建筑则是宋建炎三年(1129)所构,可能是寺宇复修时在隋构塔基上加建的。塔桥四周,山岭葱郁,古迹比比皆是,显示了这一隋代名刹的园林风貌。

一行墓 在国清寺前七佛塔后。一行(683—727)为唐代高僧,我国著名天文学家。俗姓张名遂,幼即博览经史,尤精历象阴阳五行之学。为修定《大衍历》曾在国清寺居留,向寺僧求教数学,后人为了纪念这一故事,在寺前建墓,墓前立碑,上题"唐一行禅师之塔"。国清寺与一行有关的名迹还有一处,在丰干桥侧。传说一行当年来寺时,正值北山大雨,因而寺前东山涧中水位猛涨,并逆向往西涧倒流,此乃很少见的景象,故后人刻石碑一方,上镌"一行到此水西流"七字,并将此碑嵌于丰干桥侧。

普济寺 又名前寺,位于浙江省舟山市普陀山白华顶南、灵鹫峰下,是我国东海佛教圣地普陀山供奉观音大士的主刹。寺园规模宏大,建筑殿宇有七重,中轴线上有天王殿、大圆通殿、藏经楼、方丈殿等,两侧由伽蓝殿、罗汉堂、承德堂、梅曙堂、钟鼓楼等组成,建筑面积达11400平方米。寺前有御碑亭、海印池、八角亭、多宝塔等景致,组成了一座颇具特色的佛国园林。由渡海登山的主要码头短姑道头到御碑亭,长约1.5千米,称为妙庄严路,是明朝主持此寺的高僧朗彻因山路崎岖而化缘募修的,为寺园的前导部分,途中有短姑圣迹碑、南海圣境牌坊、正趣亭等景点。寺历史悠久,其名称历代不同,唐大中十二年(858),日本僧惠萼带着于五台山朝拜时所得的一尊观音圣像回国,途经普陀山为铁莲花所阻,遂同岛上张姓居民共同于普济寺东南不远处的小半岛上创建不肯去观音院,故史称普济寺由惠萼开山于唐朝。宋乾德五年(967),太祖赵匡胤派太监来山进香,以后多次对普陀山拨款建寺,渐形成东海佛教圣地。宋神宗元丰三年(1080),王舜封出使三韩遇风涛,朝圣山潮音洞叩拜祈祷,果平安济渡,归来以事奏闻,神宗大喜,遂钦命于山建寺,赐名"宝陀观音寺"。宋宁宗嘉定七年(1214),又赐"圆通宝殿"额,指定寺重点供奉观音,将普陀山辟为佛门净土。元代朝廷多次派人来此朝山进香,并赐金修寺,普济寺海印池东侧多宝塔便是这一时期所建。明朝初年,朱元璋实行海禁,曾焚寺移民。到万历年间(1573—1620),寺回迁,朝廷拨款重修,扩充寺院,并赐额"护国永寿普陀禅寺"。清初普陀山曾遭荷兰军入侵,殿宇遭殿,康熙三十八年(1699)再次拨金重修,并赐额"普济群灵",由此寺得名普济,并沿用至今。普济寺坐落在小岛南部偏东,周围林木参天奇石累累,自然环境很是美丽,加上诸多佛教建筑小品,整座寺园内外,景点众多,自古便是香客游人的观赏游憩之处。明人黄猷吉曾有一首《游宝陀寺》道出了寺周景色的奥妙:"直为探奇过上方,居然台殿水中央。到知海岸真孤绝,遥望瀛洲亦渺茫。石洞寒潮鸣梵呗,竹林明月放圆光。鲸波一洗烽烟息,仰见慈灵遍八荒。"

南海圣境坊 位于普济寺南1500米短姑道头登岸处,此坊是入寺游览前导部分的第一景。坊高大雄伟,立于伸入大海的山岩之上,底下为石板铺筑的入寺大道妙庄严路。坊为钢骨水泥仿古建筑,四柱三间,由安徽无为县居士陈锡周捐款建造,成于民国八年(1919)。正面坊上题有"南海圣境"四个大字,故名。因此坊立于码头边海岸上,故俗称为海岸牌坊。坊上另有题额"同登彼岸""宝筏迷津",均有佛教寓意,正面楹联为大兴冯恕所撰书:"有感即通,千江有水千江月;无机不被,万里无云万里天。"又有四明王禹襄所书一联:"一日两度潮,可听其自来自去;千山万重石,莫笑他无觉无知。"此两联将自然山水景色与佛学教义很自如地融合在一起,既点出了普济寺园的景色特点,又极大地引起了人们对佛教名山的游趣,堪称寺园景联的佳作。

正趣亭 自短姑道头至普济寺共长1.5千米,由石板铺成,宽敞而平坦,每隔一定距离配有雕刻荷花块石,既牢固又保持了佛教特色。路旁古樟参天,浓荫蔽日。中途有正趣亭,在正趣峰下,为清代康熙时所建。正趣亭旧名坐坐亭,清代张超宗所写《正趣亭》诗云:"孤亭坐坐夕阳斜,百折千重路转赊。山鸟似知来客意,连声啼上杜鹃花。"诗意清雅。《华严经》中载观世音菩萨为善财说法,有正趣菩萨从他方世界来,一步能超剎尘世界,光明照处,一切众生皆免灾害,就由此得名。

海印池 在普济寺前,又称为莲花池或放生池,原为种莲兼放生。池有十余亩大,东西备建桥堤。现池内广植莲花,盛夏之际,清波如镜,花开似轮,沁人心脾,如临仙境。《彦周诗话》中有:"世间花卉,无逾莲花者,盖诸花皆借暄风暖日,独莲花得意于水月,其香清凉,虽荷叶无花时,亦自香也。"以赞莲花之幽香。海印池中有二桥横跨,东有永寿桥,西有瑶池桥,两桥相望,造型为长弧拱桥,曲线柔美,桥洞为半月形,古朴典雅。二桥之间的水面上,建有一座古色古香的八角亭,亭南北正方向开有两门,前后备有低平小桥与岸相连,小桥视去很像便道,但下有桥洞,可通池水。东西正方向上各开有一圆形花格窗。整个亭子位于一八角形台座上,台座有线脚,颇似须弥座,直接从水中升起,顶四周有黄墙围护,墙上有梁枋二道,上出角梁,支撑着探出深远的檐口,顶为八角攒尖式。此池亭及二桥,构成了普济寺庙前园林的构架,游人香客均喜缓步过桥,赏寺院黄墙绿树倒影于水中的景色,尤其是八角亭,造型稳重规正但又具有园林小筑平易、亲人、可爱的特点,点于水池中央,成为庙前园林视觉形象的焦点。

御碑亭 在八角亭正南方的池岸上,北边紧邻海印池。亭平面为方形,比八角亭要高大庄严,重檐歇山顶,亭中竖有清雍正皇帝所书5.28米白玉碑一方,故名御碑。上载普陀山历史,碑额上雕龙栩栩如生,书法超妙,石刻精致,可谓双绝,碑极名贵。

在御碑亭右侧有一座石牌坊,相传是钦命"文官下轿,武官下马"之处。御碑亭左侧的永寿桥前,有一堵菩萨墙,上书"观自在菩萨",字高82.5厘米。相传大士悲智双圆,从悲则称观世音,从智则称观自在。旁刻《心经》,颂云:"海上有山多圣贤,聚宝所成极清净……勇猛丈夫观自在,为利众生住此山。"

多宝塔　在普济寺东南,靠近海印池,取《法华经》多宝佛塔之义定名。在元代元统年间(1333—1335),宣让王为孚中禅师建,故又名太子塔。此塔五层,高31.68米,塔顶造型作盝顶式,形如一官帽子;下四层四周原有佛像,雕工精湛,造型别致,富有浓郁的元代风味,如观世音塑像体态妙若少女,神情凝重妩媚,给人以亲切温柔之感。背景为十八罗汉,每个罗汉神态不同,而整个雕塑又浑然一体,和谐统一。

法雨寺　又名后寺,在白华顶左,光熙峰下,是浙江普陀山著名的佛教寺园。寺前有海会桥,青玉涧诸水绕流,桥卧其上。清光绪十五年(1889),住持化闻修成。此桥为入法雨寺之正路,旁系玉堂街之尽处。玉堂街系明代法雨寺僧字玉堂者修砌,故名。周围古木撑天,极为幽静。寺前原有影壁,上书梵文"嘛呢叭弥吽",意即"神力不可思议",今无。寺内有天王殿、玉佛殿、圆通殿、大雄殿、藏经楼等。另有钟楼、鼓楼各一。玉佛殿内原有在清末由缅甸请来的白玉释迦佛像一尊,像高1.65米,玉色皎洁,雕琢亦工。圆通殿中原奉观音菩萨,两旁供十八罗汉。寺内有著名的九龙殿,系从南京明故宫拆迁而来。外观金碧辉煌,殿内宏制巧构,顶端穹隆成拱圆形,正中悬挂着一个大珠球,四周悬着八根坚椽,每椽均雕着昂首舞爪的蟠龙,围着顶盖正中的苍龙,九龙飞舞,争抢珠球,栩栩如生,巧夺天工。此寺依山凭险,层层叠建。进入山门依次而上,仿佛步入天宫。

法雨寺初名海潮庵,创于明神宗万历八年(1580),至万历二十二年(1594)由郡守吴安国改额为海潮寺。万历三十四年(1606)赐额"护国镇海禅寺",后遭火焚。清康熙二十八年(1689),定海总镇黄大来奏请修建,于三十八年(1699)赐额"天花法雨",遂改名为"法雨禅寺"。雍正九年(1731),准浙江总督官保李卫奏请,赐帑金7万两修前、后两寺。

法雨寺自大智开山于明万历八年(1580),中兴于别庵,其后清代的立山、化闻和民初的开如诸住持,皆能"恪守成规,家风不坠"。北京印光法师于清光绪十九年(1893)随化闻来山,住法雨寺达三十余年之久,曾编著《文抄菁华录》《普陀胜迹》等书,对普陀山贡献很大。

延福寺　位于浙江武义县西南的桃溪镇福平山,是古婺州(今金华)著名的古刹。寺处于青山绿水之中，周围环境幽静而秀丽，是当地乡绅士人极喜游赏之地，并评出有延福六景：翠屏山、五柳溪、悬磬石、木鱼山、石洞井和长生池。今除了长生池被废外，其余各景尚存，全寺内外各景点均已修复整饬。寺院由山门、前殿、大殿（亦称正殿）和后殿共四进组成，大殿前设有水池，一泓清波由雕刻精美的石栏围起，旁栽花植竹，颇有园林气氛，全寺占地约有五亩。据县志载，延福寺初建于五代后晋天福三年（938），由高僧宗建明立基所创。元朝延祐四年（1317）重建，目前留存的正殿便是当时的古构。明正统年间全寺又毁于兵燹，仅大殿幸免。现在寺内其余建筑均为清朝建构。其中后殿观音阁建于清康熙九年（1670），木构架较为古拙粗壮，一些受力构件雕刻成狮、鹿、牛等动物，显得富丽堂皇。保留完好的东厢房，具有明代江南大木建筑的特色，颇具文物价值。整座古刹由垣围起，墙外群山逶迤、峰峦环列、风光如画。

正殿 即延福寺之大雄宝殿，为保留至今的江南元代建筑中的精品，殿平面为正方形，面阔及进深均为 11.8 米，正面五间，明间宽阔，开有板门，次间、梢间为墙。灰瓦重檐歇山顶，出檐深远，造型稳重而不呆板。正脊的鸱吻、山花的博风板均为元代江浙一带传统式样，古拙可爱。正殿全木构，结构合理，它妥帖地运用了我国古建筑斗拱的力学原理，将两层飞檐向前向上托起，保持了整座构架的平衡。这一做法，多少继承了宋朝木构建筑的风格，因此大殿是我国建筑史上不可多得的由宋到明过渡阶段的江南古构之实例。正殿的内外墙垣上，还保存了十八幅规模较大而且完整的题壁诗画，传说是出于明末清初的一位尚书之手。题诗全以草书写就，内容多为感慨天地久长，人世短暂；或是离别悲伤的主题，其中一首云："柳絮飞时别洛阳，梅花发后到三湘。世情已逐浮云散，离恨空随江水长。"抒发了作者厌世离恨之情。壁画大多为山水，以绝壁悬岩之险远之景为最多，其构图虽简朴，笔墨无多，但"笔愈简气愈壮，景愈广意愈浓"，气势雄浑，较有艺术感染力。这些画的意境与延福寺周围的缓坡丘陵、青山溪流等恬静之景适成对比，成为寺园景色的一种艺术补充。

广慈寺 位于浙江永康市的东方岩顶上，是东南著名的名山寺院。广慈寺身居名胜风景区，四周环境极为奇特，园林主要为寺的前导部分及寺后的山峦。寺园所在的方岩高约 400 米，方圆 2500 米，平地拔起，四周如削，峰底与峰顶面积几乎相等，酷似一擎天巨柱，上出重霄，远远望去，如一座青葱城堡，山鹰盘桓其间，白云缭绕其上，气势十分雄伟。据《东南揽胜》评曰："山景之胜，不外岩、洞二者，岩以突兀见赏,洞以不测为奇。"方岩的山岩景,孤峙突兀,甲于东南。近代文学家郁达夫有一次游方岩、参古刹后,写下一篇《方岩纪静》,将所见山水之美与中国传统绘画相比较:"从前看中国画里的奇岩绝壁,皴法皱叠,苍劲雄伟到不可思议的地步,现在到了方岩,向各山略一举目,才知道南宗北派的画山点石,都还有未到之处。"广慈寺是方岩顶上最大的建筑群,原名大悲寺,初建于唐朝大中四年(850),北宋治平二年(1065)更为今名。寺院依山布置分前、中、后三殿,构筑得很是宏伟,特别是屋顶,将正规寺院的大式木构同浙江民居风格融合在一起,飞檐起翘,颇有变化。殿顶大多为歇山式,有的山花朝前,有的山花侧向,相对相和。辅以博风板上乡土气息浓郁的装饰和白墙灰瓦,很是多姿多彩。寺内有名树多株,古拙可爱,寺后更是一片葱茏青翠,清幽静寂。山顶有屏风洞、读书堂、听泉楼等胜迹。与其他寺庙园林一样,广慈寺也有很长的一段前导游路,从岩下到寺院,仅有一路可通。山腰一段,特别惊险,坡陡峻峭,石级如梯,人称"百步峻",长约1000米,峻上有步云亭、飞桥等,名如其景,十分可游。过飞桥攀登而上,可至天门,过了天门,陡梯变为平坦石板道,不远处便是寺院。

胡公庙　　在广慈寺院内。胡公名则,字子正,永康人,北宋端拱二年(989)进士,官至兵部侍郎,庙系乡人为纪念胡公而设。我国传统宗教建筑彼此并无极端的隔离,特别在名山胜水风景区内,常常是佛、道、儒合而为一,和平共处,有的竟在一殿堂内供奉着佛祖、三清、孔子(如恒山悬空寺等),成为奇妙的人文古迹景观。广慈寺内设纪念性祠庙,亦然。在浙西,胡公庙驰名方圆数百里,传胡公为人正直清廉,某次浙西大灾,胡公曾奏免衢、婺两州民丁钱粮,百姓甚为感德。因胡公少时曾在方岩读书,后人便在广慈寺内立庙祭祀,其因可能是胡公之德与佛学广慈之教义相一致之故。胡公自幼钟爱方岩景色,在他端拱元年(988)春赴京应试时,曾写有《别方岩》五言十二韵,其中有"遍游曾宛转,欲别重留连。明日东西路,依依独黯然"之句,表达了对方岩景色的留恋之情。寺内尚存有历代赞仰胡公的碑数块。

广济寺　　又称广济院,原名永清寺,位于安徽芜湖市赭山西南麓,是一所历史悠久的吉刹。相传唐朝开元年间(713—714),新罗国(朝鲜半岛国家之一)王子金乔觉上九华山辟地藏王菩萨道场之前,曾在此小驻,则其建造年代应追溯到开元以前。金乔觉后被尊为地藏王菩萨的化身,广济寺也随之声名远扬,成为金地藏的行院。每年农历七月三十日是地藏王生日,广济寺都会涌来几万游客赶庙会。香客们还通宵守夜以在子夜烧第一炷香。唐至德二年(757),笃信佛教的唐肃宗御赐广济寺"九龙背纽金印"一枚,重4公斤。印文字体为唐代官印体上方大篆,即每字盘曲九横。字为"地藏利成金印"。旧习为上九华必先来广济盖此印。寺院建筑自唐以后,历代均有兴废,现寺内主要建构为清光绪重修的。大殿重檐歇山顶,满铺琉璃瓦,斗拱出三挑,四周林木茂盛,是赭山重要景点。寺旁有滴翠轩,为北宋黄庭坚读书处,有石刻题额。附近还有其他景点,是芜湖著名的寺园。

现今的广济寺是全国重点文物保护单位。经1984年、1992年两次重修,已基本恢复了原来的规模。

广济寺一侧山势陡峭,因此使寺院内的建筑颇有特色。全寺四重殿堂,弥勒殿、药师殿、大雄宝殿、地藏殿,殿殿相接,层层高出;尤其是大雄宝殿到地藏殿,山势壁立如削,依山凿阶81级,每级半脚宽,26.4厘米高。两殿高低相差20米。因此梯被称为"天梯"。梯旁高台下有一参天古银杏树,华盖如巨伞遮了两层殿顶,据说此树已有500年树龄,因此亦被人视为镇寺之宝,每逢庙会便给它披红挂彩。地藏殿旁观音殿后曾是黄庭坚读书的滴翠轩。现存黄庭坚、黄钺的人像碑刻嵌于壁间。寺后有古塔一座,始建于宋元之间。芜湖八景之一的"赭塔晴岚"即指此塔。元代翰林学士、延祐年间芜湖县知事欧阳元有诗记其胜:"山分一股到江皋,寺占山腰压翠鳌。四壁白云僧不扫,一竿红日塔争高。"

玉虚宫 位于安徽黄山市齐云山擎云拱拱日的紫霄崖下,是该道教名山著名的游览景点。据明《齐云山志》载:"紫霄崖,壁立五百余仞,势欲压,过之者,足为涉而气已夺。"崖上镌有"天下奇观""第一洞天""紫霄崖""银河泻碧"等石刻。书法迥异,格调高雅,琳琅满目,令人目不暇接。玉虚宫建于明正德十年(1515)。该宫外接悬岩,内通幽洞,由天乙真庆宫、玉虚阙、治世仁威宫三座石坊并列组成。石坊上镂以神鸟兽浮雕,代表正一道教的风格流派。宫内供奉玄天上帝塑像,壁画中详细记述了真武大帝脱胎问世、云游四海、降妖灭魔、造福于民、治理天下、称帝一方的历史,宫右侧树有唐寅碑。紫霄崖右侧,为一线天和存步楼,由此登高可至毓秀亭和插剑峰,置身峰顶,纵目四顾,但觉身与云齐,晓烟迷蒙,十分壮观。而置崖下,又是飞雨流泉,抛珠吐玉,景观对比度极大,于游人有很强的吸引力。历来是文人雅士喜爱游历的道观园林。明代金锐曾有诗称赞玉虚宫四周的景色:"列壑团云长霭霭,诸峰吐雾自朝朝。雨帘寒洒珠玑乱,天阙晴开金碧遥。笑卧此间忘岁月,药栏几度长新苗。"

唐寅碑　位于玉虚宫右侧。碑高7.6米,宽1.4米,厚0.4米,冠齐云山白岳碑林之首,有碑王之称。唐寅(1470—1523),明代文学家、书画家,字伯虎,号六如居士、桃花庵主、逃禅仙吏等,江苏吴县(今苏州)人,风流倜傥,自放于名山大川。与祝允明、徐祯卿、文徵明齐名,被誉为"吴中四才子"。明正德十一年(1516),唐寅来到齐云山,受玉虚宫住持汪泰元之邀,为玉虚宫撰记艺文。唐寅秉烛挥毫,一气呵成,写下《紫霄宫玄帝碑铭》。碑记为骈体文,通篇1028字,字句整齐,对偶工整,声韵和谐,辞藻华美。碑铭由新安书画名流汪肇篆额,戴炼书目,徽州高手朱云亮镌刻,耗时两年竣工。通篇不乏歌功颂德的溢美之词。碑之背面为《紫霄崖兴建记》,历经500年风雨,碑铭字字清晰可辨。1981年唐碑被列为省重点文物保护单位。

太素宫　全称玄天太素宫,位于安徽省黄山市休宁县齐云山齐云岩下月华街,是江南著名的道教宫观,也是一处规模较大的道教山水园林。宫观建筑为明朝嘉靖帝敕建的,依山层层向上,有明显的中轴线,建筑巍峨壮观。其东西两侧,殿庭院房、亭台楼阁,因地制宜,巧为安排,加上徽派民居等形成月牙状的山中线形建筑群,人称为月华街。其是齐云山道教活动中心。弯弯的小街中心,是月华池,街由此得名。四周有石鳖坞、龙王岩、龙泉池、舍身崖、碧莲池诸景,另有小壶天、香炉峰、钟峰、鼓峰等胜境。这里山秀壁陡,怪石嶙峋,香烟缥缈,弦乐梁绕,以特定的地理形胜,结合特定的道教法事,创造出一种天上人间的仙境。太素宫的园林景点主要集中在庙外游览道路两侧,从登封古桥入仙关,经洞府,过天门到玉华街,一路风景佳丽处,均点有亭台等赏景休息处,形成一条寺庙园林所特有的前导游览区。太素宫作为齐云山主要道教宫观的历史可追溯到唐代乾元年间(758—760),道士龚栖霞就在天门岩一带依岩筑室,绝粒修真。南宋宝庆年间(1225—1227),方士余道元自黄山游至齐云岩,得当地居士金安礼的资助,创建佑圣真武祠于齐云岩,相传真武神像为百鸟衔泥塑立,特别灵验,招来香火,日渐鼎盛。崇道的善男信女,纷纷献地疏财,筑庵建庙,创立了道教基业。明永乐年间(1403—1424)又辟真武观于齐云岩。到嘉靖年间(1522—1566),明世宗好道教,敕建太素宫,御制"齐云山玄天太素宫"碑,并钦赐山额,齐云岩的道教达到全盛时期,一时仙境洞开,游人日盛,文人雅士往游极多。如唐寅、徐霞客、戚继光等均慕名踵至,吟歌题咏,在山上留下了他们的足迹。清以后,太素宫渐渐荒废,近年已逐渐修复,成为皖南的旅游胜地。

登封古桥 位于齐云山北麓,横跨横江之上,是登齐云山之隘口。桥长147米,宽8米,穹高12米,为九孔石拱桥,造型古朴典雅,雄伟壮观,与九里十三亭形成完整连续构图。古桥始建于明万历十六年(1588),由徽州知府古之贤与休宁县士绅黄廷祝倡建。据《登封桥碑记》载,大桥完工日,知府驾车前来参加庆典之时,朝廷擢升古之贤为广东按察副使之驿书亦至,为了褒扬其德政,百姓在桥头立一华表,署之"登封",这便是登封桥的来历。清乾隆五十三年(1788),桥被洪水冲毁,黟县西递人胡学梓,以家资重修。乾隆五十六年(1791)胡病故,其子继续督建,历经4年,于乾隆六十年(1795)竣工,迄今二百多年。登封桥历经数百年风霜,依然横卧,奏出了太素宫前导游路的第一个音符。

渐入仙关 过登封桥至望仙亭段。在4500米登山道上,古人建有13座亭阁,依次是第一仙关亭、步云亭、环峰拱秀亭、登高亭、中和亭、白岳亭、凌风亭、瞻敬亭、松月亭、海天一望亭、云水亭、渐入仙关亭、望仙亭,现存步云、登高、凌风、松月、海天一望诸亭,亭亭风格别具。"九里十三亭",按道教说法:"九"为阳极最大数,代表至高无上;"十三"是阴数,合龟背上十三块板纹,隐喻长寿之意。这样"九"和"十三"便形成了阴阳太极。在空间安排上,"渐入仙关"采用了引人入胜之造园手法,不仅作入园铺垫,而且在序列游览上达到步移景换之最佳效果。

洞天福地 到达月华街之前的一座小道院。明正德十六年(1521)道士邋遢仙创立洞天福地祠于桃花坞,其祠后倚展诰峰,前临桃花洞,左邻望仙亭,西靠象鼻岩,地势呈"门"字形,坞内古树参天,林荫蔽日,百鸟啼鸣,真可谓:"桃源一洞天,神仙之福地。"万历二十三年(1595),道士黄无心隐居于洞天福地,重修祠宇,立"洞天福地"坊于入境口,并扩建洞天福地祠。祠坐南面北,为二层三间徽派园林建筑。由东至西依次为玉极宫、弥罗宫、斗姆阁,祠后为通明殿,殿后为混元洞,洞内有仙人床、邋遢仙墓,洞前二坎梵为八卦池,洞右有泉水入华池。整体建筑,规划协调,嵯峨别致。

真仙洞府 在月华街景区内,为望仙亭至三天门段。纵跨500米,悬崖峭壁,洞壑玄奇。在怪石如突俯、相连如城垣的悬崖间,苍劲飘逸之正、草、隶、篆各路石刻,任凭圣贤以崖作纸,挥毫泼墨,指点江山,或题咏胜境,或褒扬事功,或触景抒怀,点化自然,创造玄门神奇。崖间洞穴累累,依次为八仙洞、圆通岩、罗汉洞(又称真仙洞)、雨君洞、文昌洞、珠帘洞。道士依洞筑室,供奉各路神仙塑像。崖巅天池清流飘洒,滴滴如珠,绵绵成串,晴雨不歇,乃"珍珠帘"奇观,明代著名旅行家徐霞客在《游白岳山日记》中赞曰:"珠帘飞洒,奇为第一。"

小壶天 在月华街景区内。从太素宫经梅轩道院，穿堂入室，前行不远即是小壶天景点。明代石坊，开设葫芦形门户，其上镌刻"小壶天"三字，穿葫芦形门户，进入狭长深邃的石窟。石窟长20米，宽3.3米，高2.5米，上仰鹊桥飞架，下俯千仞悬崖，堪称境外天险。立于壶天门北望，框得一幅远山近水、蓝天白云的美丽图画，晴朗放远，黄山天都时隐时现。石岩清泉，四季流溢，称之为"元液"。古人凿盆状蓄水池于石壁之上，配之小铜壶，烧泉煮茗，使游人香客品茗观景，别有一番世外情趣。小壶天内外石壁上，镌有"退思岩""峰壶深处""石上清泉""一线泉""飞升所"等题刻，生动自然，使自然增色生辉。此处又为居士习练飞身腾空之场所，古人又名其为"舍身崖"。相传明初有位孩童，不慎失足，跌落于舍身崖下，恰巧被养素道人坐念《灵飞经》所救，正合道教劝人行善的教诲，故流传甚广，景点也因此而传名。

西禅寺 位于福建福州怡山（山形如落凤，又称凤山），占地约6.7万平方米。原是福州西湖旧十景中的西禅晚钟、怡山啖荔两个景点，又是福州五大禅林之一。今已独成景观。

寺址原为道观。相传南北朝时期，梁朝方士王霸在这里炼丹，遇到灾荒年月，常"鬻金运米"救灾，深得郡人的尊敬。唐贞元十二年（796），曾建冲虚观祀之。及至咸通八年（867），观察使李景温从长沙沩山招来僧人大安，才改为佛寺。初名清禅寺，不久更名为延寿寺。后唐长兴四年（933），又改称为长庆寺。嗣以地处城西而称西禅寺。自建寺迄今，历经一千多年沧桑岁月。宋明及清都有所维修，尤其是清光绪年间微妙禅师向海外募金重建。在抗日战争中，日机轰炸福州，此寺中弹六枚，遭到严重破坏，幸当地群众捐资修复。1949年以来，政府重视文物，多次扩建修缮，遂成园林大观。

西禅寺以大雄宝殿、天王殿、罗汉阁、藏经阁和法堂为主体，有大小建筑物四十余座，寺院规模颇为壮观。大雄宝殿比鼓山涌泉寺大殿更为雄伟，而且全用石柱建成。马尾造船厂还在殿前捐造了铁塔和天灯。藏经阁原藏明刻楞严正脉经版，可惜毁于"文化大革命"。明远亭已建为山门，其盘龙大柱用大青石雕成，雕工极为精致。寺内两尊巨大的玉雕佛祖像，光华夺目，栩栩如生。寺前一大水池，池上石桥曲折，缀以亭榭，游人如入画中。佛塔巍峨，高入云天。登塔俯瞰，殿阁僧房全在绿荫中。

寺院多植花果树木，如荔枝、松柏和杜仲等，旧日尤以荔枝驰名，宋时所栽荔枝犹存百余株。据《西禅小记》记载，法堂前后四株还是唐代慧稜法师手植，今已不结果实。宋荔的优良品种，《西禅荔枝谱》谓"蔡襄所谓丁香荔枝者是也"。不仅核小如丁香，成熟的时间也早。"长庆门前刚摘尽，满街斜日卖枫亭。"西禅寺的荔枝摘完了，兴化（今莆田市）枫亭的荔枝才上市。寺僧年年举办荔枝会，吟诗啖荔成为韵事。历代文人如唐之周朴，宋之黄庭坚、蔡襄、李纲，明之曹学佺，清之黄任等，于游西禅寺都有题咏。蔡襄七律云："山城只有四围青，海国都无一点尘。荔子风标全占夏，荷花颜色未饶春。水边清吹传觞久，路上残阳立马频。不是闲来夸景物，欲将谣俗寄王人。"写出了当年荒郊野寺的风光。今日城市规模扩大，此寺已地处市内，但环境仍然清幽，为福州市区首屈一指的寺园佳胜。

南普陀寺 位于福建省厦门市的南端，寺坐北朝南，北依峥嵘凌空。白云缭绕、松竹苍翠、岩壑深幽的老五峰，南濒大海，绿树掩映，巨石垒垒，风光秀丽，清幽寂静，是闽南著名的寺庙园林。寺院殿宇宏伟，为闽南名刹。始建于唐代中叶（公元9世纪），初名为普照寺。五代僧人释清浩改建为泗洲院。宋治平年间（1064—1067）重建后，复名普照寺。元代至正年间（1341—1368）被毁。明初僧人觉光重建。后毁于兵火。清康熙年间由靖海将军施琅（1621—1696）重建。因寺内供观音菩萨，又地处浙江普陀之南，故改为名南普陀寺。

寺轴线上的主建筑，从南至北依次有放生池、天王殿、大雄宝殿、大悲殿、藏经阁；东院是僧房、僧厨；西院是闽南佛学院。南普陀寺园依山而构，建筑庭院逐级递升，寺后有山道可登峰顶，待到攀上顶澳岭上，只见五座山峰呈现眼前，这就是著名的五老凌霄，为古时的厦门八景之一。每逢仲春，云雾缭绕山寺，五个山头显露在云雾之上，远望恰似五个老人凌空居坐空中，而云层之下，翠竹青松和葱葱林木又隐约像老人垂下的长须，景色优美，因此自古香火旺盛，游人不断。

放生池 位于天王殿南广场上，是入寺游览的第一景。池用花岗岩石条砌筑，东西长，南北短，北池壁正中嵌"放生"石刻碑；北岸拾级而上有一平台，即天王殿（山门）前之月台，高约1.5米，周有花岗岩石栏板，东南栏下石墙上嵌一石刻碑，上书一个约一米见方的"佛"字。池北踏上数级便是天王殿，殿为五开间重檐歇山顶，全用石柱，廊檐各柱均刻有红字楹联，二檐间正中有一横匾，上书"天王殿"三字，殿顶装饰也有宝塔与腾龙等，造型结构与泉州开元寺基本相似。殿内供四大天王，而迎面正中坐着的是手拿布袋袒胸露肚、笑容可掬的弥勒菩萨。天王殿北穿过一院，是主殿大雄宝殿。

大雄宝殿也为五开间的重檐歇山顶,石柱结构,南向檐间自东至西均匀排列着"佛日增辉"四个篆体字,各柱均有楹联,明间檐柱对联为:"经始溯唐朝与开元而并古,普光被厦岛对太武以增辉。"这座大殿营造得金碧辉煌,梁顶上雕有九鲤化龙、麒麟奔走、凤凰飞翔等图案,刀法细腻,是我国南方佛寺建筑中的精品。大殿前院内东西有钟鼓楼,合"晨钟暮鼓"之法理,这两座楼阁是1921年转逢和尚担任方丈时募建的。

大悲殿 位于大殿后,原为明代古构,为八角形三重飞檐攒顶石柱斗拱结构,建于约2米高的石台基上。殿通高约15米,殿内全斗拱藻井,金碧辉煌,华丽壮观,原结构是木质,后因毁于火,民国十九年(1930)重建时改用混凝土仿木结构,仿木效果达到可以乱真的程度,数得上新建筑材料用作仿宋建筑的一枝花。南向一层门上悬挂一横匾,蓝底金字,上书"佳大慈悲"四个行体字。殿内供奉着四尊观音菩萨,迎面是坐莲观音,若温顺慈祥的凡女。其余三面是千手观音,妙相庄严,栩栩如生。大悲殿后的一进建筑是藏经阁。

阁外形为三重檐,下层廊外有石围栏,中层有木围栏,上层有围脊无廊,下层正门上方挂一匾,上书"法堂"二字。内为二层楼阁,阁内珍藏着中外佛典经书数万卷,另有宋钟等佛教文物。二楼为玉佛殿,现陈列玉佛中有缅甸赠送的释迦牟尼涅槃白玉像和明代宣德元年(1426)铸的铜观音菩萨施甘露像。

石刻题字 敬置于寺园内,与葱葱林木巨石相配合,成为南普陀很有文化意蕴的一景。其中著名的有抗倭名将俞大猷的诗章刻石,有抗荷将军沈有容在明万历二十九年(1601)的题名,有第一个到台湾的福建学者、《东番记》作者陈第的石刻,还有乾隆御制碑刻等。最受香客游人青睐的是寺后山坡上一巨石上刻的一个大"佛"字,字高一丈四尺,宽一丈,由清人振慧书于光绪三十一年(1905),笔画丰满有力,粗犷豪放,犹如柱粗之笔一挥而就。"佛"字四周,山石绿树相间,石径盘曲交错,另是一番南天景色。半山坡上还建有太虚寺,是纪念弘一法师(李文涛)的石碑亭,游人在此远眺厦门港,山风海涛,景色壮丽;俯视南国建筑风格的、郁郁葱葱的林中古刹,无不陶醉于佛香仙境之中。

雪峰寺 位于福建闽侯县西北雪峰凤凰山麓,距福州市77公里,创建于唐咸通十一年(870),六年后始具规模。它由唐代高僧义存筹募创建的,在东南一带甚有影响。义存(822—908),俗姓曾,泉州南安人,12岁出家作侍童,17岁落发,谒芙蓉山恒照大师后,云游吴、楚、梁、宋、燕、秦之地,在幽州宝刹寺受具足戒。后又到武陵德山（今湖南常德）参宣鉴（782—865）并承其法系。咸通六年（865）回归芙蓉山，后住雪峰山广福院，故称"雪峰义存"。四方僧人云集法席，门徒常达一千五百余人，声誉甚高。唐僖宗赐号"真觉大师"，并赐紫袈裟。著名弟子有云门文偃、玄沙师备等，禅宗中云门、法眼两宗即出其派下，在佛教史上颇有影响。北宋太平兴国三年（978）改称为"雪峰崇圣禅寺"，俗称为"雪峰寺"。寺规模雄伟，为"福州五大禅寺"之一。现存建筑多为清光绪年间所重建。主要殿宇有山门、大雄宝殿、法堂、斋堂等，殿内佛像高大，雕刻艺术精湛。十八罗汉姿态各异，神采不同，尊尊栩栩如生。唐代木刻观音以及血写的《心经》《贝叶经》等，十分珍贵。山门外有柽树四株，相传大的两株是唐代王审知和僧人义存手植，小的两株为明代寺僧所植，离寺不远有枯木庵，内有枯木不朽，高丈余，大十围。枯木内外，有唐宋以来名人题刻二十余处。其中最早的为王审知造庵题记，字大如碗，挺拔遒劲，是我国罕见而珍贵的天然木牌。寺左还有义存祖师塔一座。

六榕寺 位于广州市六榕路，面积七千多平方米，是一座已有一千四百多年历史、海内外闻名的佛教寺院。

南朝梁大同三年（537），昙裕法师奉梁武帝之命，在此创建宝庄严寺和舍利塔。北宋初寺塔毁于火。北宋太宗端拱二年（989）重修寺院，僧人崇奉禅宗六祖以修"净业"，改称为净慧寺。哲宗绍圣四年（1097）重建宝塔，内供贤劫千佛像，名曰千佛塔。因塔身斑斓，故后人称之为花塔，保护至今。哲宗元符三年（1100），苏轼来寺游览，见环植榕树6株，欣然题"六榕"二字，六榕寺之名因此而得。寺内保存了一批珍贵历史文物：除了花塔外，还有端拱二年（989）以紫铜精铸的六祖慧能像、宋苏轼题字、明代观音菩萨铜像、释迦太子铜像、清康熙二年（1663）以黄铜精铸的三尊大佛像等。还有1985年泰国教育部赠送的释迦佛铜像一尊，高2.6米，重1吨，供奉在新建的友谊佛堂中。

1983年，在花塔之西重建大雄宝殿，庄严华丽，高14米，面积300平方米，供奉三尊清代铸造的大佛（中释迦佛，左阿弥陀佛，右弥勒佛），各高6米，重10吨，仪态慈祥，是广东省现存最大的古代铜像。在大殿南侧，重建了说法堂。

1987年重建观音殿，高13米，面积233平方米，供奉清代铸造的观音菩萨铜像，高4米，重5吨。同年重建僧舍、功德堂等。

六榕寺之名因六棵榕树而得。如今，苏轼所欣赏的那6株榕树虽然早已终其天年，但寺内树木依然繁荣茂盛。榕荫园榕荫掩映，菩提婆娑，补榕亭前细叶榕数株,是1865年所植。寺内既有150年树龄的老菩提树,又有近几年新植的菩提。老树新枝,既象征着六榕寺的悠久历史和无限生机,又为这所寺院增添了浓郁的佛教氛围。

花塔　六榕寺内的主要建筑。梁武帝大同三年(537)曾在此建舍利塔,宋初毁于火灾。现在这座花塔建于北宋哲宗绍圣四年(1097),因内供贤劫千佛像而名为千佛塔。又因塔身华丽斑斓,故后人亦称之为花塔。塔高57米,外观9层,内分17层,砖木结构,八角形。花塔整体造型轩峻雄伟,碧瓦朱栏,粉墙红梁相映成辉,宛若瑰丽的擎天之柱。据载,塔基下瘗藏舍利子和镜、剑、鼎等古代宝物。近年维修时发现塔壁尚存北宋砖铭多处。塔顶有元代至正十八年(1358)的千佛铜柱,柱身密布小佛像一千尊,还有祥云缭绕的天宫宝塔图。铜柱连同顶端的宝珠、护练和层层覆盘,共重5吨多。壮丽的花塔体现了宋代建筑风格,独具特色。登上塔顶,可俯瞰羊城。

六榕碑　在六榕寺补榕亭侧,有六榕碑高3.25米,宽0.77米,镌刻"六榕"楷书二字。北宋哲宗绍圣元年(1094),苏轼贬岭南,数游广州。元符三年(1100)九月,偕子苏迈到广州。广州安抚使程怀立迎接,设宴款待。苏轼在净慧寺游览了一天,即席手题"六榕"寺榜。寺榜从元符三年至清代,多次雕漆,后来为了防止题款损坏,仁和两广盐运使王文诰乃于清嘉庆二十三年(1818)十月监摹并跋刻于石上。苏轼"六榕"二字,端庄朴拙、苍劲浑厚,令人念及苏子生平际遇,颇有沧桑正道之感慨。

六祖紫铜像　在六榕寺榕荫圆六祖堂内。铜像为跏趺座,底座高0.71米,像高1.35米,宽1.16米,重1吨。六祖俗姓卢,号慧能(又写作惠能,638—713),祖居河北范阳,慧能生于广东南海新兴,是唐代杰出的高僧,得五祖弘忍传衣钵,《金刚经》,为禅宗六祖。到岭南,创南宗禅,倡顿悟,主张"我心自有佛","下下人有上上智"等,影响渐大,成为禅宗主流。北宋端拱二年(989),净慧寺僧以紫铜精铸六祖像。铜像浑圆大方,介于似与不似之间。六祖闭目坐禅,神态平静自然,双眼微闭,微凸的眉弓及闭合的双唇,显出无限智慧和彻悟,平和中蕴含着丰厚的神韵。简洁畅达的线条、栩栩如生的外形和细致入微的心理刻画,超出了一般佛像的尊严、慈悲、雍容,强调圣哲的明慧、圆通、超然无滞。铜像端坐于方木椅上,右手自然放在左手上,显得安详旷达,颇得宋代文化之精神。宽阔贴体的单衣,圆转流畅的条纹,表现出衣服的质感。领襟边缘和袖口处浅雕卷草花纹。这种大与小、粗与细的线条对比,耐远观,经得起近看,是宋代雕铸之精品。

南岳庙 祈祀南岳衡山的庙宇。位于湖南衡山南岳区北街尽头,坐北朝南,后有赤帝峰,前有寿涧水,庙址呈长方形,总面积达98500平方米,院内古木参天,绿树掩映,飞檐凌空,光华四射,显得十分壮丽。其是古代五岳庙中规模最大,也是保存得最完整的庙园之一。与其他岳庙园林一样,它是一所在山水包围之中的规则式园林,具有较明确的中轴线,但经造园家的精心组织,在规正中仍透出丝丝的活泼和生机。

岳庙的始建年代已不可考。据《南岳志》载:唐初建司天霍王庙,后经宋、元、明、清6次大火,又经16次修缮扩建,才成为现在的规模。大殿是清德宗光绪八年(1882)按照北京故宫的样式重修的。

正门叫棂星门,牌楼式建筑,由花岗石砌成。左右各有东、西便门。正门两旁,有一对石狮子,姿态雄伟。门内翠柏挺立,绿草如茵,使人顿觉有清新幽静之感。

再进为奎星阁,其上为戏台。台前横额是"古往今来"。台门两边有木雕苍松、白鹤,颜色尚鲜艳。阁东有钟亭,悬有大铜钟一口,系元代铸造,重4500公斤。阁西有鼓亭,置有大鼓。现两亭完好,只是钟、鼓已毁。

三进为城门式的三大洞门。正中叫正川门,左右各为东、西川门。洞门原为重檐门楼,抗日战争时期为敌机所炸毁,后来装上石栏杆,登临其上,仍可远眺。

正川门内有玲珑别致的御碑亭。亭内有清圣祖康熙四十七年(1708)为重修岳庙而立的一个巨大的龟驮石碑,碑文系康熙的亲笔。

四进为嘉应门,东西有角门,角门的部分斗拱还保留着宋代建筑的特色。门内先前有许多石碑,书法甚佳。

自嘉应门左右角门起到寝宫止,东西住房,各有53间,现在加以改建,内设南岳文物保管所、南岳书画馆、大庙招待所等,几十根红柱相连,整齐壮观。

五进为御书楼,画栋雕梁,楼上原有清代几个皇帝写的匾额和碑文。

六进为正殿。殿前是一块大坪。正殿耸立在十七级的石阶上,正中的石阶嵌有汉白玉浮雕游龙,形象生动,极为精美。殿高23.76米,为重檐歇山顶建筑,内外共有72根大石柱,象征南岳七十二峰。整个殿顶,覆盖着橙黄色的琉璃瓦,并饰有宝剑、大小蟠龙和八仙中的人物。飞檐四角,垂有铜铃。檐下窗棂、壁板,都雕刻着各种人物故事或花木鸟兽;后墙上绘有大幅云龙、丹凤。所有这些图案,色彩斑斓,鲜艳逼真。

大殿台阶周围,有麻石栏杆围绕,柱头上雕刻的狮子、麒麟、大象和骏马,千姿百态,意趣横生。栏杆中嵌有汉白玉双面浮雕144块。这些浮雕上的人物以及动物和植物,有些是想象出来的,有些是真实的写照,还有些是《山海经》中的故事,生动极了。

殿中原来设有岳神座位。历代统治者对岳神都加赐封号,如唐初封为"司天霍王",开元间封为"南岳真君",宋代又加封为"司天昭圣帝",等等。

整个大殿,显得庄严肃穆、气势雄伟。

七进为寝宫,宫内原有铜佛重5000公斤,是明崇祯年间(1628—1644)铸造的。

最后是北门,东为注生宫,西为辖神祠,出北门即可上山攀登祝融峰。

全庙周围,都是红墙围砌,四角有角楼。角楼以内,东边有观八个,西边有寺八座,以正殿为中心,连接楼阁亭台。庙宇古木成林,常年郁郁葱葱,红墙黄瓦,构成了一组宫殿式的建筑群,充分表现了我国古代劳动人民在建筑、造园、雕刻和绘画方面卓越的艺术才能。

祝圣寺 位于湖南省衡阳市南岳区东街,距南岳庙约250米。按道教五行方位,南属火,故南岳主峰名为祝融,祝融原是上古的一个帝王,以火施化号赤帝,后人称之为火神,祝圣寺得名亦出于此。

相传大禹治水时曾经来过这里,并在这里建立清冷宫祭祀舜帝。到唐代始建为寺,初名为弥陀台。后来又改称为殷舟道场、报国寺等。清圣祖康熙四十四年(1705),湖南巡抚赵申乔,听说康熙皇帝要到南方巡视,便大兴土木,把这里改建成一座规模宏大而又豪华的行宫,后来皇帝没有来,于是又改名为祝圣寺。寺的主要结构,有前殿、正殿(即说法堂)、藏经阁、方丈室、罗汉堂以及禅室、斋堂、寮房等。这些建筑,光彩华丽,甚为壮观。

罗汉堂左右墙上嵌有石刻的五百罗汉像。清德宗光绪六年(1880),寺内有个心月和尚,擅长石刻。他从江苏天宁寺得来版本,连续3年刻成。这些罗汉像线条流畅,栩栩如生。其中,或双膝盘坐,或坦胸露腹,或持禅杖,或挥禅帚,或目光前视,或俯首沉思,无不忘情物外,意境天然。真是篆刻工巧,神彩飞扬。

祝圣寺为南岳六大丛林之一。1949年前,平日僧徒有200人左右,集会时多至500—600人,可见当时之盛。现南岳佛教协会会址设在这里。

以前,祝圣寺周围山林泉石,别有风姿,其中点缀着不少古迹景点。寺西原有禹柏庵、御书阁。寺后有柳宗元撰书的唐宪宗元和三年(808)般舟和尚碑、元和五年(810)弥勒和尚碑等古迹。寺后还有一片森林,翠柏撩云,松涛滚滚,夏日游人至此,格外凉爽宜人,不愧为衡山一处著名的风景林地。

福严寺 在湖南衡阳衡山掷钵峰下,由高僧慧思创建于南朝陈光大元年(567)。慧思是佛教天台宗的第二祖。他对《法华经》《般若经》很有研究,在北齐的名声很高。由于佛教内部的斗争,他到南方另图发展。到南岳后,得到了先前来到南岳的海印禅师的大力支持。据传说,当时山上岳神很爱下棋,棋术又特别高明,谁都没有赛过他。慧思为了取得岳神的信任,找一块基地建立佛寺,到山顶与岳神下棋。慧思三战三捷,岳神最后服输,并允许他任意挑选一块地方作为传教之地。这时,他就把自己手中的锡杖向空中一抛,锡杖飞了起来,越过几个山头,在天柱峰的南面落下。于是他选中了这块地方建立了般若寺,即今福严寺。不久,又建立了小般若寺,即今藏经殿。更重要的是,慧思取得了陈政权的支持,在佛、道两教的斗争中,佛教一步一步地获得了胜利。

慧思的声誉在南岳大振,并且传到了国外。陈宣帝太建五年(573),朝鲜的玄光和尚到南岳来,拜慧思为师,慧思亲授《法华经》,玄光回国后广为传播。在中朝文化交流史上,慧思的功绩不可抹杀。

到了陈后主(陈叔宝)时(583—589),相传有一个妃子到南岳避难,她向慧思学佛,削发受戒,慧思把她安顿在小般若寺。乱平以后,又被陈后主派人接回。她在陈后主面前,对其师竭力推崇,陈后主便特召慧思到京城建康(今南京)去做国师。临行前,他的弟子们极力挽留,可是他去意坚决,就把多年来的一个僧钵向般若寺后的一座石峰上掷去,至今人们还把这座石峰叫作"掷钵峰"。

到了唐玄宗时,佛教禅宗七祖怀让也以般若寺为道场。宋以后,将般若寺改为福严寺。现寺为清同治八年(1869)重建,整座寺院依山势而建,砖木结构,院内古木交柯、山石嶙峋,景色很是古朴,是南岳佛教的六大丛林之一。寺的东面有山门一座,横匾有"天下法院"四个大字,意思是天下的佛教徒都以它为传法的寺院,两边的对联是"六朝古刹,七祖道场"。进山门便到知客厅,厅前的石柱上刻有"福严为南山第一古刹,般若是老祖不二法门"的对联,可见福严寺的重要地位。

寺内有岳神殿、正佛室、方丈殿、莲池塘、禅堂、斋堂等,这些结构,浑然一体。寺内原有铜质岳神一尊,重6500公斤,铜佛像三尊,各重5000公斤,都是六朝陈废帝时所铸,现已无存。

寺西后门,有一株古银杏树(白果树),围粗约1.5丈,上半截已被雷电劈去大部分。树龄已有一千四百多年的历史了,但仍展枝抽叶,生机还相当旺盛。寺东后门,有方形石井,叫"虎跑泉"。传说有一只猛虎在一块大岩石前,伸出前爪,使劲抓岩,同时大叫几声,泉水就从岩石里哗哗地流出来,因此叫作"虎跑泉"。在寺后山坡的石壁上,刻有唐朝宰相李泌写的"极高明"三个有力的大字,其旁又有石刻:"高无见顶相,明不借他光。"中间是一个"佛"字。这就把佛捧到至高无上、无以复加的地位了。

福严寺周围,古木挺拔,山花喜盈盈地绽开笑脸。名刹古迹,山林美景,是一处值得游览的胜地。

藏经殿　　在湖南衡阳衡山祥光峰下,又名小般若禅林,原为般若寺(即福严寺)的分院,是慧思禅师于南朝陈光大二年(568)所创建。相传陈后主的一个妃子因避难来南岳,向慧思学佛,其地点就在这里。由于明太祖赐《大藏经》一部,存放寺中,所以称其为"藏经殿"。以后又相继改为祥光寺、普光寺,后来仍叫藏经殿。现在的建筑是1933年所重建,红墙黄瓦,掩映在古林深处。

藏经殿的景物特点是:树多、花多、水多、鸟多、名胜古迹多。这里土厚水深,温度不太低,植物容易生长。其中珍贵的树木,如湘椴、杜英、猴喜欢、甜槠、香榧等,确实不少,比较完整地保存着亚热带山地常绿阔叶混交的原始植被,可以作为林业教学、科研的一个场地。最使游人感兴趣的,就是那殿前坡地溪流旁边的摇钱树、连理枝和同根生三棵奇树了。摇钱树,学名金钱柳,树干不太高,但每逢秋季,那金黄色的果实,像一串串的古铜钱从枝头垂挂下来,随风摇动,声响叮叮,真是引人注目。同根生是在同一棵树的根部长出两种不同品种的树来。一株是青桐树,一株是山毛榉,好像同胞兄弟,一对双生子。连理枝,学名叫云山青冈。它的一个分枝已经长出了一节,但却弯回去又和树体结合在一起,像个茶壶把附在树干上,人们因而叫它为"连理枝"。在我国文学史上,常以"连理枝"比喻爱情的坚贞。唐白居易《长恨歌》中就有"在天愿作比翼鸟,在地愿为连理枝"这个流传千古的诗句。

树多自然鸟也多。莺啼百啭,燕语呢喃,充满了无限生机。你如果在黎明时听百鸟争鸣,黄昏时看飞禽归宿,藏经殿是个好地方。藏经殿的周围,到处都长着奇花异草,四季飘香。春季里,满山的映山红,灿若朝霞。特别是殿后的大白玉兰,已有五百多年的历史了,径粗大于33厘米,高达6.6米余。早春二月,还是春寒料峭，它却舒展翠叶，开出白若羊脂般的花瓣，吐出沁人心脾的芬芳。这香气，是那样的飘溢，那样的诱人，那样的馥郁，把藏经殿点缀得更加春意盎然。

藏经殿的前面，有一条林间小溪，流水淙淙，常年不断。若是雨季来临，山间瀑飞泉涌，景色更是迷人。

藏经殿附近的名胜古迹很多。殿后约百步，是古华居，铁瓦石墙，比较精美坚实。在殿的左前方，是梳妆亭，相传为明桂王的母亲陈太妃整妆的地方。在殿对面的马鞍山上，有允春亭，是游人的休息之处。在殿的西面，是侧刀峰，怪石嶙峋，上有飞来船、猴子石等古迹，保存完好，唯钓鱼台已有损坏。在衡山诸寺庙园中，藏经殿风景最秀丽，素有藏经殿之秀的美誉。

西塔寺 位于湖北省天门市竟陵西湖覆釜洲龙盖山上，初以龙盖山命名曰龙盖寺。始建于东汉中叶，东晋时，高僧支公驻锡该寺，诵经讲法。支公名遁，字道林，俗姓关，陈留人，精通佛典，为般若学六大家之一，由于支公法名远播，传至唐代，寺中逐渐添修为一大禅院。智积禅师精通佛法，陆羽在寺中，由智积教养成人，以诗文闻名于世，品水采茶，著成《茶经》三卷，名噪海内，龙盖寺益发香火鼎盛，声名大振。智积圆寂后建塔于寺，遂改寺名为西塔寺。自此，历代名流雅士于此多有题咏，如唐裴迪作诗云："竟陵西塔寺，踪迹尚空虚。不独支公住，曾经陆羽居。"宋时，西塔寺改名为广教院，黄州太守王禹偁专程来此凭吊陆羽并题七绝一首，诗中有"唯余半夜泉中月，留得先生一片心"的字句，仰慕陆羽的心情溢于言表。明朝，废去广教院，仍名西塔寺，洪武三年（1370），在智积发现陆羽居处建雁桥，在群雁喧叫处建雁叫关，与西塔寺相互映衬。万历二十一年（1593），参议周芸于寺内桑苎庐后修建陆公祠于支公祠旁，礼部尚书李维桢作记刻碑。崇祯年间，寺僧觉岸谋建藏经阁，死于采木途中，竟陵派文学家谭友夏为其作诔曰："足目皆飞，志气不止。汝是沙门，人曰客死。何其谬哉？各触悲喜。取或伤廉，与或伤惠。死或伤勇，思汝愤愤！"其后，老僧真清又刊《茶经》，四方募化，重修和加修子律堂、藏经楼、斋僧堂、桑苎庐，修建茶醉亭，知县杨一俊作文为记，给谏王鸣玉主碑文，谭友夏亲书"大雄宝殿"四字高悬大殿梁上，又于山前垒土过湖直抵堤街，从此游人日众，在此兴怀吊古，饮陆井之清泉，香火长烧，钟鼓齐鸣，西塔寺极一时之盛。明末，西塔寺几经兵燹，"草堂荒产蛤，茶井冷生鱼"，一派荒凉景象。清康熙二十一年（1682），知县钱永重修古雁桥；乾隆三十三年（1768），知县马士伟修建陆羽亭；道光二十七年（1847），再修古雁桥，书法家胡松门隶书桥额，西塔寺烟火渐盛，又成了所谓"淡淡湖光是画溪,吴天烟雨竟陵西"。据明杨一俊《西塔寺》和《天门县志·西塔寺》记载:西塔寺坐北朝南,山门上墙头拱起成半圆形,有路达西湖之滨,路中有石桥,石桥上建"浮香阁"一座,供游人休憩揽胜。路口耸立着一座牌楼,顶上嵌"西塔寺"匾额一块。正殿造在龙盖山顶,重檐巍峨,铁马四悬,雄伟壮观,八块宽厚雕花殿门,殿中有一尊一丈多高的佛像。殿东有藏经阁,西有斋僧堂,四面殿堂环绕,回廊穿插,疏密得体。殿左侧立一钟架,架上有一尊莲菩萨,大钟高悬;殿右侧设鼓架,架上置一大鼓,气象森严。正殿之后有一空园,遍植白牡丹,园后是支公祠,支公祠之左是陆公祠,寺中供奉陆羽像,西边立历代名流撰写的楹联、诗、赞文。晚清至民国时期,西塔寺几经洪水,后又为日寇所毁,只落得颓垣断瓦,邑拔贡周运恭曾撰一哀联:"胜迹两千年,只剩得古井斜阳,西湖夜月;倦游三十载,何处寻品茶陆子,走马支公。"

文殊院 位于四川省成都市区北部,是一座历史悠久的佛教禅院,占地八十余亩。殿宇峨巍,园林幽深,古迹众多,历史上是川西四大丛林之一。现因唐代高僧唐玄奘西行取经之前曾在此处受戒,故国家分留一份玄奘头盖骨给该寺保存,文殊院之声名,更远播海外。

相传此寺初建于隋,唐代称信相寺。明代毁于兵燹,此后兴废无常,文物屡遭劫难。

现存殿宇系清康熙三十年(1691)重建,嘉庆十九年(1814)和同治六年(1867)又两次扩建,方奠定了现在的基本格局。山门对面的照壁为清灰色砖雕,技艺精湛,壁面镌刻的"文殊院"三字,乃康熙年间该寺慈笃海月禅师手书。据佛教界传说,海月禅师乃文殊菩萨化身,他道行高深,智慧超群。当时夜间常见空中火光影辉,依迹寻至其修行之处,是谓文殊菩萨应身,故更名为文殊院,并请海月题书刻壁。

进山门,沿中轴依次为天王殿、三大士殿、大雄宝殿、说法堂和藏经楼五列大殿。三大士殿有一横向条形广场,中设铜质香炉,东西两侧分设钟楼、鼓楼,其余殿宇两侧分别为僧舍、斋堂及执事人员办公室所拱卫,形成严谨的四合院空间,建筑高低错落,空间开阖有致,气象庄严,加上各种宗教仪品的陪衬,倍增神秘气氛。主要殿宇皆为木石结构,八十二根通长石柱,打磨精细。各殿之间均用石板铺路,天晴无灰土,雨后无泥泞,保证了殿堂之整洁。木作工艺精湛,撑拱、挂落做工细致,造型优美。窗棂形象半户,仅窗心的花纹就有梅花、菊花、古钱、蜂窝等三十余种。寺内有石刻、铸铁、铸铜、彩塑、木雕等各种造像四百余尊,其中有十五尊大铜像,是1827年该寺本园方丈亲赴云南购铜并觅技艺精湛之匠师铸造的。许多铜像都堪称上乘之品,姿态优美,形象生动。唯有韦驮之像,列全院造像之首,且还富有迷人的神话色彩。据说,造韦驮之前,寺主提出要求,既要有大将军的威武神态,又要有英俊少年的仪容,降魔杵上要镂空花,铠甲上的连锁图案要环环紧扣,多次反复铸造,均未如愿。正当铸工们束手无策之际,一位游方僧人自告奋勇,一次即成功,引得人们无限的敬意,后来人们传说这是神灵显圣,文殊院必然要发展辉煌。

中华人民共和国建立后,政府多次拨款维修寺院,扩大园林,种植了上千株银杏、香樟、梅花及玉兰等名贵花木,又增建了园林中的廊桥亭榭诸小品,近年又接受国际香客的布施,建造了保卫和平塔、碑廊等建筑。素食馆"香斋堂"名声远扬,平常日座无虚席,节假日和法事日更是水泄不通、人如潮涌。文殊院现已成为四川境内香火最旺的禅林之一。为了保护该寺院之环境不被高楼大厦所干扰,成都市有关部门已将文殊院周围数百米划作古典园林建筑保护区。

青羊宫 位于四川省成都市青羊区百花潭北面,为道教的著名胜地。相传为道教始祖李老君(老子)的遗迹。老子转世降生于此,因此建庙,初名为青羊观。唐初,老子被敕封为"太上玄元皇帝",故易名为青羊宫,是中国全真派的重要道观之一。

据《旧唐书·崔宁传》载:"鲜于仲通尝建一使院,甚华丽。玄宗幸蜀,尝居之。"《资治通鉴》载:"玄宗之离蜀,以所居行宫为道士观。"依此推断,成都青羊宫,始建迄今,至少已有1200年以上的历史。

唐永泰元年(765),节度使郭英仪谋反,占青羊宫为兵营,道观遭到严重破坏。苔封古坛,芜没仙乡,景象十分凄凉。直至唐僖宗中和四年(884),皇帝特下明诏,重建灵宫,并恩赐内外行库钱二百万,征召工匠对青羊宫进行了大规模的修造。此次建造的宫观极其壮观,唐宋文学家的作品,多有论及。杜甫在《雨映行宫》诗中,就谈到他坐在浣花溪畔的草堂,也能看到巍峨的"行宫"(即青羊宫)。宋代诗人何耕在《青羊宫》诗中写到"缥缈百尺台,突起凌半空",说明当时的建筑的确很气派。可惜这座名冠西川的宫观,明末毁于兵燹。清康熙初年,又才逐步开始恢复。康熙三十四年(1695),又在毗邻增建二仙庵,供奉道教八仙中的韩湘子和吕洞宾。一宫一庵占地三百余亩,就道教丛林而论,建于城郊而有如此宏大规模者,全国罕见。

现存之青羊宫主体建筑,系清康熙时重建的。从山门入口,依次为灵祖楼、混元殿、八卦亭、三清殿、斗姥殿和紫金台,紫金台又名唐王殿,置于一个人造的高台上,两侧配有降生台和说法台,气度轩昂而庄重。

青羊宫虽为道教丛林,但其建筑形式集楼、台、亭、堂、阁多种形式于一体,造型及色彩接近民居风,兼之林木蔽天,百鸟汇聚,颇多园林情趣。该宫的建筑在川派古建筑中颇具特色。就规模论,混元殿名列四川宗教殿堂之冠;就建筑所包容的哲理内涵,当首推三清殿前的八卦亭。宫内留存的大量文物,颇具迷人色彩,这是青羊宫香火不绝、信士日众的原因之一。三清殿中的一支铜铸四不像,俗称铜"青羊",传说摸其身体的某一部位,即可治人身体相应部位的病痛。每日前往拜谒者络绎不绝,此羊已光如铜镜,令人喜爱。据有关资料介绍,此羊系清雍正元年(1723)由一个名叫张鹏翮的大学士从北京买来送给青羊宫的,其底座上还刻有诗句记其事:"京师市上得铜羊,移往成都古道场。出关尹喜似相识,寻到华阳乐未央。"落款为"信阳子题"。传说此四不像的怪羊为南宋贾似道家香炉,故铸造技艺精湛。与之相对的另一只羊是1829年由云南匠师陈文炳和顾体仁铸造的。青羊宫得名在前,青羊移入该宫三清殿在后,有的人以为青羊宫是因有两只青羊而得名,实为本末倒置,应予澄清。关于青羊宫之得名,传说可上溯至周代,老子西行至函谷关,为关令尹喜著《道德经》,临别时对尹喜说:"子行道千日后,于成都青羊肆寻吾。"(见《蜀王本纪》)后来,老子成名,道家在成都青羊肆建青羊观,唐代才更名为青羊宫。这比那只四不像的怪羊,要早一千多年。

新都宝光寺 位于四川省成都市北面,沿川陕公路北行18千米的新都区北郊,占地一百二十余亩。因历史悠久,寺院宏敞,有四川丛林之首的称誉。又因其五百罗汉堂规模宏大、塑造水平极高、形象生动而闻名国内外,国际佛教界前往拜谒者络绎不绝。

宝光寺相传始于东汉,隋代称大石寺,寺内之佛塔名福感塔。唐僖宗避黄巢之乱曾驻跸于此,故有"行宫"之说。僖宗返回长安后,命悟达国师重修该寺,更名为宝光,改福感塔为舍利塔。唐代建造寺庙的柱礎尚存一二,规格颇高,可推想当年规模之宏伟。

宋代圆悟国师主持该寺时,有"缁徒三千",海内闻名,香火极旺。明末寺院毁于火灾,清康熙九年(1670)重建,至咸丰年间(1851—1861)形成现在之规模,与川西闻名的昭觉寺、草堂寺媲美,并称为"三大伽蓝"。

宝光寺建筑群由一塔、五殿、十六院宇组成,塔位于山门入口正中,尚存佛教传入中国早期的"塔院型"风格。自山门起,沿中轴线推进,依次为天王殿、十三重檐方形舍利塔、七佛殿、大雄宝殿、藏经楼。大雄宝殿建于清咸丰年间,单檐歇山屋面,青灰筒瓦,面积七百多平方米,主体结构皆用石柱,凿造精美,根根皆整石,省内不多见。藏经楼高二十余米,重檐歇山屋面,木作及泥塑精湛,为川西上乘之作。

远近驰名的罗汉堂,位于大雄宝殿东侧,由一条暗廊相通,屋面上透出的点点星光,更增添了进入罗汉堂的神秘。罗汉堂建于清咸丰元年(1851),平面呈"田"字形,围合成四个天井,既可采光又可通风。十字交叉处屋面升起,供千手观音塑像一尊,并概括地提示了佛教四大名山的特色。罗汉堂的五百多尊塑像,被宗教界列为国内珍品之一,为了防止游人过多带来的不利因素,现已用玻璃隔断加以保护。

宝光寺除了宗教殿堂外,绿化面积较大,远观四季郁郁葱葱,园内四时有景,尤以梅花、兰草等花卉著称于世。园内之名胜亦多,梁大同年间凿造的千佛碑、唐代石雕、明清墨迹金石等处处皆是。虽为宗教寺院,除了供善男信女朝拜之外,已发展成为四川境内的旅游胜地之一。

青城山　　位于四川省都江堰市西南。其山门距省会成都68千米。为我国道教的发祥地,是我国首批公布的国家重点风景名胜区。

青城山是邛崃山脉南段的东支(古人将它归入岷山山脉),背靠西山皑皑雪岭,俯临沃野千里的成都平原。以大面山(即赵公山)为主峰,以天师洞为枢轴,周匝120千米有余。

"云作玉峰时北起,山如翠浪尽东倾。"这两句诗形象地道出了青城山的地貌特色。从青城第一峰到建福宫青城山门处高差悬殊,大起大落。登高鸟瞰,那青峰翠石,如绿色巨浪,奔腾东去。青城山形千奇百怪,如狮卧、如虎踞、如鹤飞、如龙蟠、如笔架、如宝塔,深壑纵横,幽深莫测,身临其境,无不赞叹这大自然的鬼斧神工。

古人记述中,青城山有"三十六峰""八大洞,七十二小洞""一百八景"之说。

"三十六峰",始见于王象之所著《舆地纪胜》:"三十六峰在青城山储福观,天仓诸峰屹然三十有六。天气清明,于储福天峰阁望之,一一可数。其前有十八,谓之阳峰;后有十八,谓之阴峰;每峰各有一洞。"

"八大洞,七十二小洞",始见于唐人杜光庭《青城山记》:"有七十二小洞,应七十二候;有大八洞,应八节:第一太乙洞、第二九仙宝室洞、第三娑罗洞、第四高台玉室洞、第五麻姑洞、第六宝园洞、第七圣母洞(亦名圣主洞)、第八都督洞。"

关于"一百八景",源出宋人王象之《舆地纪胜》(见清代咸丰年间粤雅堂本第一百五十一)。所记为"成都府路永康军一百八景",非专指青城山。明代杨升庵在《蜀志补罅》中说"青城有一百八景",细查其所列景名,只有少数至今保留在青城山的地名中。

青城山雨量多,湿度大,水汽不易蒸发,山上常为雾所笼罩,云海茫茫,雾漫苍林,水声常在耳,空翠湿人衣。

由于青城山区云气蒸腾,光线经不同密度的空气层,发生明显折射,把远处景物显示在空中,形成"山市"的奇幻景象。彭洵《青城山记》云:"青城山中,当天清气朗,一望皆城郭都市,瓦屋螺青,车马人影,往来络绎,甫诧异间,移时隐灭。"蔚为奇观。

青城山四季常青的丰富植被,形成青城山特有的自然景观,成为富有魅力的山岳旅游资源。翠绿的树色,体现出青城山自然景观的清幽。由于道家崇尚朴素自然,青城山的道观亭阁多深藏于繁枝密叶之间,显得格外幽深。其建筑多取材自然,不假雕饰,富于自然天趣;与山林岩泉交相融混,极为幽雅。其风物传说多为道教仙话,具有玄妙深远的意蕴,使山林更为幽秘。这一切使仙山享有"青城天下幽"的盛誉。用"幽"字来形容青城山,概括了千百年来人们对它长期观察和欣赏之后所作的审美评价。唐肃宗上元二年(761),诗人杜甫游青城,他在诗中赞叹青城"丹梯近幽意"。其后诗人陆游等用"穷幽行荦确""坐观山水气幽清"来形容青城。但最鲜明地点出"青城天下幽"的,则是近人吴稚晖。1938年,他在文中说:"顾青城在亦雄亦奇亦秀外,而其幽邃曲深,似剑阁、三峡、峨眉皆无逊色。故以'天下幽'标明青城特点。"

青城山在古代典籍《山海经》中称为"成都载天山",亦称为"西山"或"长坪山"。《山海经》第十七有:"大荒之中,有山名曰成都载天。"王家祐著《青城道教仙源录》云:"最初的'成都'就是'青城都',在青城山,又称天谷(即天府)。'成都'即'成都载天之山',是"开明氏蜀国"的祖山。'天谷'即'阳谷',是扶桑所生长的昆仑山(又分称为群巫之山、博父之山)。"宋人王象之《舆地纪胜》云:"长平山在味江之上,昔杜宇与居民避水其上,城垒居第,往往尚在。"《华阳国志·蜀志》说杜宇"遂禅位于开明。帝升西山隐焉"。均指今之青城山。《山海经》第十八云:"西南黑水之间,有都广之野,后稷葬焉。其城方三百里,盖天地之中,素女所出也。"杨升庵《山海经补注》说："黑水都广,今之成都。""素女在青城天谷,今名玉女洞。"清嘉庆十九年(1814)辑录的《全唐文》本有杜光庭《青城山记》,称青城山为"一名赤城山,一名青城都,一名天国山"。

古代青城山的范围,说法不一。唐开元十八年(730)徐太亨在《青城山丈人祠庙碑》云:"夫丈人山者,本青城山,周回二千七百里。"晚唐杜光庭在《青城山记》中说:"蜀之山近江源者,通谓之岷山,连峰接岫,千里不绝,青城乃第一峰也。"《福地纪》云:"青城山高三千六百丈,周回五千里,有甘露芝草,天池醴泉。"《地理忘》云:"天彭青城,连峰不绝。"杜光庭在《青城山记》中又云:"此山前号青城峰,后曰大面山,其实一耳,同体异名。"又《洞天福地纪》说:"第五青城山洞,周回二千里。"

青城山从开明氏的"蜀都原基"演变为古帝王祭山川之所,再演变为天师道的胜地,东汉建安三年(198)立为天师道八游治之一。青城山的大范围未变,但山中的活动中心却有时在大面山,有时在鹤鸣山,有时在天国山,有时在天仓山。《益州名画录》云,唐末李升和黄筌绘有《青城山图》,今失传。现存为明刻《青城山图》和清代光绪年间的《青城山图》。

建福宫 过长生宫,经赤城阁,沿清溪上行,迎面便是五峰并峙如屏的丈人峰山。它绵亘1.5千米,最高处海拔1120米。南坡为陡壁,白云缭绕,黛色参天。山因宁封丈人而得名。《列仙传》云:"宁封子者,黄帝时人也,世传为黄帝陶正。"道教的十大洞天都有一位主治神仙,青城山的主治神仙便是宁封。古丈人观原址在天国山中,融昭寺崖前。唐开元十八年(730),刺史杨励迁于今鬼城山下。

南宋淳熙二年(1175),因成都制置使范成大的奏请,赐名为"会庆建福宫",取古谣"帝以会昌,神以建福"之意,简称"建福宫"。

丈人观旧有五岳四渎壁画。《益州名画录》云:"道士张素卿者,简州人也。"唐乾符中居青城山常道观。中和元年(881)僖宗遣使与道士杜光庭封丈人山为希夷公。素卿上表云:"五岳既已封王,丈人位居五岳之上,不可称公。"敕改丈人为希夷真君。王蜀先主修丈人观,请画五岳四渎、十二溪女及岳渎曹吏。诡怪生于笔端,观者恐惧,实画中之奇绝也。

真君殿四壁有孙太古画黄帝而下三十二真仙(见《吴船录》)。其藏经阁后壁有杨大明所画龟蛇,广丈余,最雄杰(见《画继》)。山门有甘遗荣所写八分书——《纪符瑞碣》(今俱不存)。宫前古有玉华楼,大楼制作瑰丽,"翚飞轮奂",极土木之胜。范成大在《玉华楼夜醮》中说:"丈人峰前山四周,中有五城十二楼,玉华仙宫居上头。"

1958年后修青城停车场及民居中陆续发掘出宋代《会庆建福宫飞轮道藏记》及大石缸、石蜡台等物和巨型莲花石保坎,似为会庆建福宫或玉华楼遗物。

今建福宫系清光绪十四年(1888)重建,建筑面积1196平方米。后有丹台翠林掩覆,前有亭楼映衬,建筑中轴线与进山公路约成45度交角。游人沿着苍楠翠覆的石级梯道,小折两次,穿过外山门,步入内山门。门额上题"建福宫"三字。两旁有著名学者颜楷撰写的楹联:"一楼和气看山笑,半榻禅心印月圆。"殿宇由山门、回廊、正殿及厢房组成。正殿有宁封和杜光庭塑像及古木山。侧壁有清代壁画。后院颇清静,有两株上百岁的仙人松,枝繁叶茂。后殿内塑有三尊彩像,中间是太上老君,道教尊为教主;左面是东华帝君,即神话中所说的东王公,分管男仙;右面是道教全真派的创立者王重阳。殿堂板壁刻有张三丰祖师的诗。后殿楹柱上悬有长达394字的青城山长联。

建福宫有赤城岩,崖壁有抗战初期为国民政府主席林森挖的防空洞。

赤城岩畔有悬流,名"乳泉",取自唐代曲龙山仙《玩月诗》中的意境:"月砌瑶阶泉滴乳。"泉从青崖高处徐徐流下,其声汩汩,若弄古筝。泉下有池,阔深数丈,中建一亭,名"委心亭"。

梳妆台,位于丈人山麓,从建福宫楠木林右侧上山,传为明末庆符王陈妃遗迹。易心莹曾于此题诗:"水月山花万种愁,镜妆高处晓云收。迷离蝴蝶传金粉,婉转峨眉想玉钩。香草有情台畔绿,溪光无语庙门秋。红颜寂寞知多少?不及荒寒一墓丘。"传说明末庆符王屯兵于此,希望重振大明江山。后来,他带兵出山征战,清晨陈妃于此处边梳头、边眺望奏凯归来的庆符王。不料其夫战死,陈妃也自尽。后人为了纪念他们生死不渝的爱情,于此建亭。

丈人山旁有鬼城山,传为岷山真人鬼谷区(即容成公,传为黄帝师,蜀中八仙之首)的隐居处。后蜀孟昶时刘蟾亦隐居于此。它又名月城山。1985年在此筑水坝(宽20米有余,高10米),形成水面约24000平方米的山间小湖,名叫月城湖。四周青山倒映湖中,令人神清气爽,荡舟湖上,十分惬意。月城湖龙居山一侧,有两石峰形如竹笋,称为石笋峰。

长生宫 位于青城山入山处,为晋代范长生修真故址。观中原有巨楠一株,高数十米,围9.9米,世传为长生亲植,丹光赤霞时现其上。

南宋《方舆胜览》云:"长生宫,旧名碧落观,在青城县北二十里。昔有范寂,字无为,刘先主时,栖止青城山中,以修炼为事,先主征之不起,就封为逍遥公,得长生久视之道。刘禅易其宅为长生观。"陆游在《剑南诗稿》中有《长生观观月》等诗,并曾见唐末孙太古所绘范长生像。

长生宫在明末毁于战火。清光绪六年(1880)由道士杨元茂主持修复。入山门有棵百余年大紫薇,林荫深处,依次有三重大殿:前为灵官殿,拾级步入正殿,有范长生像,上为经楼。殿前两根大石柱,有联云:"开国搜蜀才,蒙昭烈帝临存,英雄名士各千古;栖真得元寿,锡逍遥公爵号,富贵神仙有几人。"其旁有联云:"东晋尚清谈,功德在民惟隐士;西川曾保障,英雄退步即神仙。"

侧壁有诗碑,刻有唐求、陆游等人诗。

后殿是三清大殿,一对石狮作础,石柱耸立,比前殿稍高,前后殿之间,隔一宽敞的天井。

1938年至1945年,成都私立荫唐中学校,曾迁此避日寇空袭。作家碧野在此校任教。

1951年仍有正殿三重,连斋舍共66间。1954年改作粮食仓库。1968年,养鹿场收饲料,不慎起火,殿宇毁去大半,林木受损。现为青城制药厂。近年来林木逐渐恢复,早先的白鹭又成群飞来。1990年政府将制药厂迁出,建设成三星级宾馆,房屋为仿唐建筑群。

天师洞 常道观,距建福宫2000米。因观后有天师洞窟,俗称天师洞。它在白云溪和海棠溪之间的山坪上,海拔高度1000米。后有第三混元顶耸立如屏,左接青龙岗,右携黑虎塘,三面环山。道观东向略偏北,前方白云谷视野开阔。纵目望去,"千岩迤逦藏幽胜,万树凝烟罩峰奇"。

常道观始建于隋代大业年间(605—616),原名为延庆观。《方舆胜览》云:"隋时建,有张天师造像及唐明皇手诏碑。"明代焦维章于嘉靖三年(1524)游天师洞,有记说:"洞在石壁十余丈上,与径迥殊,前令胡公悬为栈道,沿入洞中。中塑道陵像,左塑唐明皇像,或云伪蜀主孟昶也。山之形胜,奇峰清淑,不可殚述。"

天师洞现存建筑,系清代康熙中叶,由住持陈清觉主持重建。后由彭椿仙从1920年至1939年改建而成。整个建筑群占地面积约为7200平方米,房屋建筑面积5749平方米。天师洞的山门、三清殿和黄帝殿布置在中轴线上,作为道观群空间布置的核心。大小十多个天井和曲折环绕的外廊,随地形高低错落,把殿宇楼阁连成一片。建筑空间和景观的变化、道路的回环起伏、光线明暗的对比、廊柱上的楹联诗刻,加上天井中的古木奇花,使古观充满诗情画意,与周围的自然山水交相映衬,分外幽雅。

云水光中,是吊脚楼式的阁楼,建于1901年。亭榭两眉的榜书集清人郑燮字

"心清水浊""山矮人高"。在此小憩,既可仰望山门壮丽景象,也可透过密林,观山光云影。阁前有黄心古树一株,它与庙后一株均为保氏黄心树(又名黄心夜合),大者胸径95厘米,树高35米,枝繁叶茂,暮春开鹅黄色花,清香四溢。

古常道观山门,骑建在高高的陡坎上,长长的石级直通重楼叠阁的庭院,令人称奇。挺拔的柳杉分立石级两旁。左侧有青龙殿,右侧有白虎殿。正中高悬"古常道观"金匾。两边一副贴金对联:"胜地冠两川,放眼岷峨千派绕;大名尊五岳,惊心风雨百灵朝。"

观门石级梯道两旁镶细砂石板,上刻黄炎培、谢无量、吴稚晖等人的诗文。门中间匾额大书"第五名山"。

三清大殿是天师洞的主殿,为重檐歇山顶楼阁式建筑,建于1923年。殿前通廊九级石阶,前檐排列六根大石圆柱,立在高1.2米雕工精致的石狮、麒麟和独角兽的柱础上。殿堂横列5间,共580平方米,重檐飞甍,古朴宏伟。前后檐柱和金柱共有高44米的大石柱28根,均用整石制作,其中有16根刻有联文。石柱上端的撑弓、弯门全系镂空花刻,图绘飞禽走兽、花草人物,但都着色素雅,与主建筑协调和谐。楼上是"无极殿",有传为明代的木雕屏花八扇,全系镂空雕刻的芙蓉、荷花、孔雀等,形象生动,色彩明快。楼正中有八角形"楼井",既能采光通风,又使游人无压抑之感。其正中悬有清康熙皇帝御书"丹台碧洞"匾额。殿内供奉道教至高无上的三位尊神:居于玉清仙境(在清微天)的元始天尊(手衔灵珠,象征洪元世纪)、居于上清仙境(在禹余天)的灵宝天尊(怀抱太极,象征混元世纪)、居于太清仙境(在大赤天)的道德天尊(手持羽扇,象征太初世纪)。其中道德天尊即太上老君,为道教最早崇拜的尊神,东汉时便已享祠祀。南北朝时始将元始天尊、灵宝天尊、太上老君合称为三清。

殿右有道教祖堂。三清殿后石壁刻有《青城山图》和道教主要经典——《黄帝阴符经》《老君说清静经》《太上大通经》等。

殿前银杏阁侧,有一株古银杏,高50余米,胸围706厘米(胸径224厘米),主干1至5米间生气根(白果笋)密集下垂。树干高4米处径围达20米,传为东汉张天师手植。

大殿右旁为西客厅,仿园林布局,结构精巧。堂前花圃中有清代的公孙桔、红山茶数株。客堂后厅有回廊,可凭栏纵观天仓山、白云溪风光。

天师洞左侧有三岛石奇观,巨石鼎足危立,上合下分。它又叫试剑石、降魔石。清光绪九年(1883),六十一代天师张仁晸来此朝祖时手书"降魔"二字。相传,当年张天师来此降魔,忽然电闪雷鸣,天昏地暗,巨石从空飞来,张天师心知妖魔作怪,奋力挥剑一劈,巨石破裂坠地,形成一条深邃的岩缝。狭缝中有石级,可侧身扶岩而下。石旁有慰鹤亭,俯临海棠溪,岩畔山花烂漫,绚丽多姿。

三岛石前,青岩环合,乳泉从"月亮弯岩"滴流而下,琤琮有声。下有一汪形状不规则的水潭,崖壁刻"洗心池"三字,景色极为幽邃。道教学者葛洪在《抱朴子》一书中说:"洗心而革面者,必若清波之涤轻尘。"又在《神仙传·张道陵》中谓:"陵与弟子入蜀……使有疾病者,皆疏记生身以来所犯之罪,乃手书投水中,与神明共盟约,不得复犯法,当以身死为约。""洗心"便是五斗米道宗教仪式的遗存。

黄帝祠在三清殿后,殿宇重檐回廊,横额上有于右任先生手书的"古黄帝祠"四个金字。祠内供奉轩辕黄帝金身像。它是天师洞最早的殿宇,初创于隋。祠前走廊有"轩辕黄帝祠碑"。上刻冯玉祥将军在 1943 年撰题的颂词:"轩辕黄帝,伟大民祖,战功烈烈,仁爱民族。制礼作乐,能文能武,垂教子孙,流芳千古。"祠旁有救苦天尊塑像,墙角有明代仙人松和凌霄花。傍岩处有古六时泉,又名潮泉。唐代《元和郡县志》云:"此是第五洞天,上有流泉悬澍,一日三时洒落,谓之潮泉。"《玉匮经》云:"六时洒水,以代晷漏。于阴时即飘然而洒,阳时必无。"

前行为三皇殿,内有伏羲、神农、轩辕三皇石像各一尊,各高 90 厘米,背有铭文。神座前有《大唐开元神武皇帝书碑》,高 1.4 米,广 70 厘米,厚 10 厘米,行书,字径 2 至 7 厘米,是不可多得的唐代文物。殿内还有《龙门派碧洞宗道脉渊源碑》《椿仙彭真人重修常道观碑》,张大千绘《天师像》碑刻,赵蕴玉绘《吕祖像》《邱祖像》碑刻。殿右侧有吊足楼名白云阁,旁有宋代九株松(今仅余三株)。

两权歧棕,在天师殿牌楼前,唐僖宗《赐杜光庭诏》有"祥鳞忽现,棕干分荣",可见其古老了。

天师殿前,牌楼三间,墙壁上部嵌清代石刻复制岳飞手书诸葛亮前、后《出师表》(据南阳武侯祠刻本复制)。

天师殿位于第三混元顶岩腹洞前,清光绪十年(1884)重建。根据其地形高耸而又狭窄的特点,采用前低后高、旁低中高、纵横相连的手法,使其浑然一体。牌坊上悬清人黄云鹄书"龙蹻仙踪"匾。两旁层层飞檐,用木板空花封口,代替了古建筑的斗拱和凤凰窝。其照面、立人、抱柱等,均彩绘花鸟图案。屋顶重檐,爪角凌空欲飞。屋面用"跌""棱"手法与"台"法相配合,呈阶梯式递进。

洞窟在最上层,建有雨篷和低栏,以不影响视野为度。远望平畴,绿野在目。俯视常道观,建筑错落有致,甚为壮观。石龛有隋刻张道陵天师像,面有三目,神态威严。左手掌直伸向外,掌中握有阳平治都功印,为天师镇山之宝。

汉天师像旁有他的三十代孙、宋代虚靖天师塑像,和气文雅。按规定江西龙虎山历代天师选定后都要求来青城山朝拜祖庭。

从洞府南门出来上行数百步到古龙桥,又南为掷笔槽,亦称为"涮笔槽",裂槽从岩顶直到山足,深约 70 米,宽约 18 米,两岩断裂,下临深谷,古代以木飞架其间,令人心颤目眩,后依岩凿壁成通道,旁置石栏。到此,头顶丹岩,俯瞰深谷,景色奇险,名为偏桥。《蜀中名胜记》引《五岳真形图》云:"其中龙桥处二山,相去百余步,峰峦危竦相对……两边悬崖,俯临不测。山旁有誓石,天师张道陵与鬼兵为誓。"喝令魔王不得再为害百姓,朱笔画山,笔迹成槽,留下奇观。

三清大殿天井石板上刻有十二生肖浮雕。青石栏杆石刻"天籁婴灵",造像幽默生动,妙趣横生。有人把这组人物石雕说成是道士嘲笑和尚,但细看就会发现:小石像虽是光头,却无戒疤,有的还有"毛根儿",或者天灵盖凹陷未长平,又都穿"衩衩裤",显然是一群天真活泼的婴儿。中国古代把这些天真活泼的初生儿,叫做"赤子"。《道德经》说"常德不离,复归于婴儿",教诲人要保持纯洁、善良的赤子之心,认为修道的炼士会返回到婴孩天真纯朴的境界。这组表现赤子意态的石雕,还精心设计了一些乐器,那海螺遇到山风,会自动发出悠扬悦耳的声音,称为"天籁"。赤子与天籁都反映了道家的哲理和审美情趣。

祖师殿 从龙桥栈道前行至访宁桥,道路一分为二:右经朝阳洞至上清宫,左行过桥 1000 米到祖师殿。古观始建于晋代,原名为洞天观。唐天宝七年(748),幽蓟人道士薛昌居洞天观中炼丹修道,后饮章陆酒流血而亡,世人谓之仙去,其浴丹井今犹存。宋代宣和年间更名为清都观。郫人张俞,隽伟有大志,游学四方,六辞诏令,隐居白云溪清都观前。《宋史·隐逸传》载:"文潞公(彦博)镇蜀……市观侧之地以赠之,号白云隐居。"当时清都观有五百灵官像,但此观荒废甚早。王灈诗云:"天上清都人莫到,山间仙观欠荒凉。惟余旧浴丹砂井,一酌犹令齿颊香。"

现存殿宇建于清同治四年(1865),因供奉真武大帝和三丰祖师,故名真武宫,又叫祖师殿。为小巧玲珑的四合院,背靠轩辕峰,面对白云溪,环境清幽。古迹有浴丹井、读书台(传为唐代道教学者杜光庭读书处)。《舆地纪胜》载:"清都观在延庆上二三里,一名洞天观。唐道士薛昌浴丹井、杜光庭墓俱在观后。"但今日唯存丹井,杜墓已无迹可寻。此处还有清人黄云鹄题记的云松塔。

从殿右觅小道攀登可至磴口(天仓山和乾元山之间的夹岩),沿三险小道,下行至青城后山。磴口北侧有缓坡,可登轩皇顶(海拔 1247 米),上有山坪,可俯瞰味江风光。

冯玉祥将军在抗战期间三次来青城山。1945年住祖师殿,当年8月,日本帝国主义宣布无条件投降,将军不胜喜悦,在观侧建亭刻碑,自撰碑文云:"三十四年八月初,予来青城山,下榻真武宫。十一日晨,日本接洽投降消息传来,同志鼓掌欢呼。时予方在灶间取火,闻悉不禁喜极泪流。八载艰苦,竟获全胜;积年大耻,终免尽雪,予能不为吾民族国家庆乎!乃筑亭以为纪念,名曰闻胜亭云。冯玉祥敬志。"此碑现移祖师殿,作为文物保存,供人瞻仰。

天仓山有有储福观,殿已不存。查宋代《方舆胜览》云:"储福宫在天仓峰下,有唐代宗女玉真公主及明皇(铜)像。乃公主修真之地。有天峰阁,望三十六峰如列屏焉。"陆游《剑南诗稿》云此地为"唐玉真公主修真之地",今已无法确指。有人认为储福观故址在原泰安乡八卦台天仓山阴。

上清宫 沿宁桥右行,过卧云亭,即大小朝阳洞。小洞仅容十余人,大洞可容百余人。洞穴开朗,清幽雅致,传为宁封栖真处。

过朝阳洞,经三弯九倒拐,越壮观台,再沿山脊前行,左侧岩壁有摩崖石刻:"天然圣迹""天下第五名山""青城第一峰"。

上清宫位于高台山之阳,始建于晋,唐玄宗时重建。现存观宇为清同治八年(1869)起至民国间,由道士杨松如、龚仰之陆续重建(建筑面积4202平方米)。宫门为石砌券洞,上有门楼,蒋介石手书"上清宫"三个榜书大字。两旁联文为于右任撰书:"于今百草承元化,自古名山待圣人。"石阶两旁各有一株高大的银杏树(右侧一株系十三棵合成)。登石级步入三清殿,绕回廊再上玉皇殿,内供太上老君,旁祀纯阳祖师、三丰祖师。殿藏1940年出土的《宋知宫皇甫先生墓碣》,碣高0.8米、宽0.4米,中刻"宋知宫皇甫先生墓"。两旁小字为"绍熙五年十一月十九日立"。皇甫坦为南宋名医,曾为帝后治病,卒于青城,《宋史》有传。

殿右侧南楼前有鸳鸯井。乾隆年间《灌县志》将其称为"八卦鸳鸯井"。传为五代前蜀所凿。二井一方一圆,象征男女;其泉源相通,但却一浊一清,一深一浅。井旁刻有张大千手书"鸳鸯井"三个大字。清人高溥有《题鸳鸯井》诗:"盈盈双井小廊西,锡号鸳鸯费品题。地面相离刚咫尺,泉源歧出异高低。水原清净无澜起,理有雌雄莫浪迷。寄语栖真诸羽客,盈虚消息即玄机。"殿右侧厅有楠木板壁,刻《道德经》全文。殿左侧有长廊通向配殿,内祀孔子和关羽,取名为"文武殿"。神座下有九龙浮雕,甚为精美。两旁有张大千绘麻姑、王母、三丰祖师、花蕊夫人画像石刻和黄云鹄诗碑。天花板画有墨龙和二十四孝图及三国故事。文武殿右下为麻姑池,传为麻姑浴丹处,"形如半月,深广数尺",水色碧绿,一年四季,不竭不溢。池旁有张大千题书"麻姑池"三字。

由文武殿前长廊再前行到皇经楼,出院门至圣灯亭。旁有小径上至峰顶,即呼应亭。

出山门,左下行,可到天师池。《舆地纪胜》说:"昔天师(张陵)居赤石城崖,于此作池,以饮鸟兽。"池下侧有旗杆石,巨石径数尺,有插旗之窝,传为明末张献忠所留之遗物。前有跪马坪,为其操练军马处。有小道可至豹谷(传为"杀人槽",亦称复仇谷),长约百步,高三四丈,两岩壁立,相去丈许,景色阴森。现在青城山道协将跑马坪修建为花园,已种植数千株名贵花木。

上清宫至第一峰路侧有玉皇坪,坪内有前蜀王衍行宫遗址。其旁又有碓窝坪石碓径0.7米,深0.3米,传为明末张献忠所部据青城时的火药遗物。

高台山彭祖峰,即青城第一峰,上有呼应亭,取"登高一呼,众山皆应"之意。凭亭远眺,岷山数百峰如翠浪起伏;岷江如带,蜿蜒飘展;千里平原铺锦绣。回首西望,千寻绿嶂夹溪流,青城后山味江风光,历历在目。夜宿上清宫,赏神灯,看日出,观云海,各有奇趣。

上清宫回建福宫的路侧,有"大字岩",摩崖刻"清城山"三字(每字1.3平方米),传为隋唐间刻。沿观日亭石阶下行百余米,转林间小道,有玉女洞古迹。玉女即神话中的仙女。

圆明宫　由上清宫下行至四望观,路分三岔:循清溪南下过月城湖1500米回建福宫,东1000米去圆明宫。因道教崇奉圆明道母天尊而得名。

圆明宫建自明代万历年间,位于丈人山北木鱼山的小坡谷地。它以宝园山为屏,孤峰独秀,较其他道观更为幽静。周围楠木成林,沿林间石板路下行,道左有几块巨石棚成小洞,名为吕祖洞,相传是吕洞宾结茅修炼处。再行百步到宫门,两边排着三十多米长的南天竹绿篱,还有几株老松相伴。门两边即景有联:"栽竹栽松,竹隐凤凰松隐鹤;培山培水,山藏虎豹水藏龙。"殿为三重,中轴线正对宝园山。山门不在中轴线上而开在灵官殿左侧厢房一边。写着"圆明宫"三个大字的宽大照壁伸向前方,正对大道,强调了入口处肃穆宁静的气氛。进入内山门,中央为三重殿堂,左边是客堂、斋房共八十余间。

前为灵祖殿,清代同治十二年(1873)建。灵官神像下有浮雕石座,甚为精美。灵官乃道教纠察护法之神,亦称玉枢火府天将,赤面三目,披甲执鞭,十分威武。

中殿是斗姆殿,登十四级台阶而上。斗姆即圆明道母天尊,为北斗众星之母,是道教信奉的女神。其像三目四首，左右各出四臂。

后殿颇宽阔，中供四御，是道教仅次于三清的四位天帝：一是玉皇大帝，二是北极大帝，三是勾陈上宫天皇大帝，四是土皇帝祇。殿两边有八仙壁画。

三层殿均各有庭院，栽有高达数米的山茶和杜鹃花，树下摆着春兰秋蕙。一旁"别有洞天"小院内栽有桂花梅花，使人有"小院回廊春寂寂，碧桃红杏水潺潺"的诗意。

圆明宫对侧半里远，尖峰顶山麓有白云观，亦名清虚观。现仅存殿屋三间，为农居。

玉清宫　在丈人峰北坡。从圆明宫往西南上行五百多米即到。它古名为天真观，祀天皇真人，久废。1938年在旧址上重建，取名为玉清宫，有殿两重：纯阳殿供吕祖、丘祖；下殿建在台基上，前面敞开与厢房形成三合院，祀宁封丈人和药王孙真人。传说孙思邈晚年曾居青城山，并在此完成著名的《千金方》。宫内有从丈人观移来的清咸丰年间的石刻宁封像。

玉清宫环境幽静，在殿堂平台上，可俯视山下平畴，视野开阔。抗战期间，陈铭枢将军曾来此游览，留下诗作："虎踞龙蟠毒雾封，迢遥寄恨上高峰。蜀中子弟新仍锐，东下貔貅怒发冲。"宫左保坎下有莲蕊石（天然砾石，形如莲花）。宫后有天然泉，传为天皇真人饮水处。

从玉清宫往下行出山3000米左右是中兴场。往上走500米左右可拐到四望观，沿山道可登丈人峰顶。

玉清宫出山门斜向下行，可到丈人观，亦称为"丈人行宫"。途中有神仙洞，长约百米。原有四合道院，1963年拆毁。

泰安寺　位于四川省青城后山泰安古镇上场口。泰安寺历史悠久，宋《舆地纪胜》载："长平山在味江之上，有泰安寺，寺门盖花坪老泽路也。"彭洵《青城山记》载："（泰安寺）相传唐代初建，逮明复振，楼殿壮丽，甲于青城。明末兵毁，清初重建。"唐杜光庭《谢恩宣示修丈人观殿功毕表》《谢恩令僧行真修丈人观表》均言及长平山（泰安）惠进大师僧行真，故知泰安寺始建于晚唐。又据明代嘉靖钟面记："始于（元）至正元年，建于成化二十一年，重建于正德七年。"相传，明末寺僧了空与蜀王残部勾结，和张献忠的部属作对。后得土人带路，张部由通灵沟偷袭该寺，获胜。寺在战乱中被焚，僧众溃散，了空触岩而死，留下了"偷营沟""禅师岩"的传说。

清乾隆年间，重建泰安寺，计有正殿、三霄殿藏经楼、戏台、灯楼和厢房、斋厨等。民国时该寺庙仍有僧人,且有产地五千余亩(包括荒山)。后逐渐毁坏,仅存正殿和厢房。1986年重新整修,重塑佛像,使庙宇得以香火不断。寺旁有舍利塔一座和古碑三通(碑名《重修一楼双功序》《太安寺清醮碑志》《盂兰会》)。四周有难以合抱的古银杏、桢楠和红豆树等数十株。寺侧五溪合流,五峰环聚,自然风光十分秀丽。

泰安寺前的古驿道,自古即为灌县通往金川必经之路。唐时的味江寨、宋代的味江镇设置于此。集市交易较为繁华,每年正月十五那日泰安寺还要举办灯会。现存的清代道光年间泰安寺《重修一楼双功序》碑,记其盛况说:"泰安寺灯棚之设,由来久耳。……每际上元,灯会辉煌,十晚通宵,耀如白昼。"实为山乡少见。

近年来,由于旅游事业的发展,泰安寺附近已成为青城后山游客食宿往来的中转站。

普照寺 青城山向南延伸的支脉,在四川省都江堰市境内依次有笔架山、香积山和青峰山。青峰山位于大观乡西南,海拔820米。在上自青峰顶、下至会龙桥、北抵雪山寺山梁、南连计家庵山脊的范围内,分布有四百余亩亚热带常绿阔叶林,多为楠树、樟树、柏树、杉树、银杏树,也有山茶、海桐和红豆树。林下草本植物种类繁多,其中蕨类植物即达四十余种。在幽深的密林中,隐藏着佛教古刹普照寺。游人从都江堰市灌口乘车,行20千米抵大观镇;再沿简易公路过会龙桥进入青峰山山林,登石级曲折而上,即抵普照寺山门。

普照寺依山临溪,建筑构思奇特。其规模之宏伟、布局之精巧,使人赞叹。寺墙围长1.2公里,意取佛教二十四诸天。西北隅巧依山岩山梁,不建围墙,取"地不满西北"之意。寺院内部有六重大殿,加斋堂、僧舍等,共计365间,取黄道周天数。分为二十四个天井,又合于二十四诸天。罗汉洞左右各有石级三十三级,取三十三重霄数。正殿的廊柱用两人合抱的青石雕成,十分壮观。藻井和神龛基座均有绘刻的佛经故事,亦极精美。与山门紧接的是飞马灵官大石屏,它建于清代乾隆五十六年(1791)。屏阳为石刻深浮雕灵官驱马图,栩栩如生;屏阴为碑记,刻有《普照庵来脉胜景》。屏后矗立着石灯竿一根,通体浑圆,上刻游龙,顶部镂空,可放油灯,建于道光五年(1825),其工艺之精湛,令人称绝。再后即为乾隆戊申年(1788)修建的木牌楼。

普照寺始建于清代康熙二十四年(1685),其前身是鏊华庙,原在殷家漕。僧心莲将其拆迁于此,初名为普照庵。四传至弟子印广,与其徒正文、正现,相继主座七十余年，将三间小庵扩建为三重大殿，更名为青峰山普照寺。后有方丈果时，从成都文殊院摹来房样布局，于道光初年动工改建，经历代嗣法方丈不断完善，至光绪十二年(1886)始告全功。且于藏经楼置经板橱架七十二大架，内藏木刻佛教经板数万片。惜于1971年，"灌县革命委员会"决定拆该庙建筑用作扩建铁厂。仅余藏经楼及周围建筑共六十一间。1982年，灌县人民政府拨款对普照寺现存殿舍进行维修，注意保护寺庙及山林，并将普照寺定为灌县河西佛教徒宗教活动点，恢复传统的普照寺鋆华会和观音会。

1987年，正果法师的皈依弟子圆果居士（女作家何洁），协助该庙主持修复庙宇。她们在都江堰市和大观乡人民政府的领导和支持下，修建禅院，新建山门，整修山道，将现存楼堂殿宇藻饰一新。用自然风光作装饰的招待所和食堂、茶肆初具规模，并在寺庙外院创办内明写作中心。将由著名佛像画家陈世秋先生主笔绘制的《观音三十二应身像》陈列于画堂。系列佛教壁画长廊开始筹建。中国佛教协会会长赵朴初先生书写"普照寺女众道场"题额。

普照寺现存建筑，首推藏经楼。基部用5—6米高的青石大柱47根。前檐8根摆柱上采用砂石镂空倒悬的石狮为衬。柱下垫的石础镌刻有佛教故事人物。石柱上雕刻清代官员及文人的楹联、书法、联语，雕刻精工，颇为绝妙。楼侧有石雕舍利塔，建于清代道光六年(1826)，全用青石条板嵌合而成，制作精美。其他文物还有明代正统五年(1440)铁铸钟、缅甸羊脂玉石刻佛像、土玉石刻心莲和尚像等。藏经楼后有普照兰苑，由中国科学院植物研究所投资兴建。两千多盆各式兰草为楠柏环抱的古寺频送幽香。

普照寺西北角有龙王塘和野鹿池（又名饮鹿泉）。

普照寺东下侧有雪山寺遗址。寺建于元末明初。大雄宝殿后壁原有明代壁画，长4米，高2米余，绘唐僧取经故事。1914年比利时人科士达曾来此拍照。1948年张大千曾来参观壁画。雪山寺因年久失修，1951年仅余右殿两重，连僧舍共30间。1954年拆毁。

普照寺附近，还有明代道官坟、清代何先德夫妇（"夫妻桥"的倡建者）合冢等古迹。

香积寺 位于今四川省都江堰市青城山镇石桥村香积山。据现有资料，市境内最早见于记载的佛寺即香积寺（《地图经》作"灵岩山寺"）。最早记载香积寺的书是南京地理总志《舆地纪胜》。此书记载：鸡骨禅师，西魏(535—556)时来青城山，唯嗜食鸡，因号焉……今有塔在香积山后，号鸡骨禅师塔。此山名胜，自陆游来此留下诗作后，便脍炙人口。寺毁于明末。清康熙初年（1662），禅宗之临济宗释照泰来此山，披榛置钵，重修庙宇。再传弟子通敏，复大振山门。历二十余年，建成三重大殿及斋厨寮合计五院，除此以外尚建成摩云、虎啸等亭榭多处。明末清初，第十代弟子祖长、祖德两度维修，并增建藏经楼一院。1951年，仍有正殿四重，僧寮客房共38间，寺僧3人，种地数亩。该寺古迹有"十景"，即龙门洞（陆游诗"我来香积寺，清晨历龙门。孤峰撑苍昊，大壑裂厚坤"即指此）、鸡骨池、漏米石、摩云亭、化虎石、点头石、五叠泉、白龙池、大字岩、孤鹤顶。

1958年修建太平乡农业中学校舍，拆去28间，剩余归所在生产队使用，1962年全拆无遗。唯余山门处石狮一对、镌有"龙门"二字的摩崖刻石一方、《香积寺记》古碑一通，并遗址及旧景格局尚存。

般若寺 位于四川省都江堰市蒲阳街道东5千米之丹凤山南麓，今花溪村境内。佛教教派甚多，有大乘、小乘之分，大乘教的理论依据是《般若经》，建立所谓"空"的学说，认为万事万物都是虚幻不实的："色即是空，空即是色。"般若寺始建于明宣宗宣德四年（1429），为大乘教的丛林，故取名为般若寺。一般人称它为"玻璃寺"可能是将"般若"讹呼为"玻璃"，也可能玻璃是透明的，望之无色无形，实为"色空"，故以"玻璃寺"名其寺。明末，般若寺曾毁于战火，清康熙三十八年（1699），禅僧海林曾加以修葺，后湖北僧人东影偕门徒孙福海来此，募资重修前后殿。1921年和1927年，能清法师又光再建观音殿和药师殿，始具现在规模。般若寺左右两山环抱，寺前松竹参天，寺周古木葱郁，晴朗之日，出成都西门，虽遥距百里，亦清晰可见。寺前浓荫夹道，有丹梯百级直达寺门。殿宇依山势而建，前后四殿，一殿高过一殿，为木石结构，备极雄峻。寺内宽敞清幽，有"小青城"之美誉，游人至此，能令人尘念顿消。

寺内文物有清康熙时铁钟、乾隆时铸铭文铁鼎、道光十三年（1833）及同治四年（1865）石碑两座。石碑刻有处理川北顺庆府南充县、天津南皮县土豪恶棍侵掠般若寺之诏饬。还有明蜀王妃用银末粉书写的《金刚经》一部，蝇头小楷，字迹娟秀，工整如刻，实为珍贵文物，现存市文管所。寺后尚有巨松两株，形如插旗，矗立山顶，传为明末八大王张献忠扎营插旗之树。寺前后丘顶，各有一亭，前名"松风"，后名"迎晖"。微风过处，阵阵松涛盈耳。故笑禅《补灌阳十景》诗有"般若吟松风"句。般若寺堪称灌阳美景。

碧水寺 碧水寺位于四川省绵阳市区涪江东岸,占地2.47万平方米,是川西北历史悠久的佛教园林。碧水寺初名为水阁院,始为一道观。唐代中期佛教徒依山崖刻凿佛像,修建寺庙,因临江多泉水,且碧绿可口,故易名为碧水寺。又因崖壁间有清泉一泓,常年不涸,流淌时有"叮当"之声,又俗称为滴水寺。北宋大观年间,朝奉大夫文轸与李益侯、仲侯等游历碧水寺,见经像漫天、庙宇破烂,遂集资对经像逐一彩绘,使之焕然生色,又将距寺里许的唐开元寺巨型石刻圆雕观音像请于寺内供奉,并对庙宇进行全面维修扩建,一时此寺声誉大振,香火更加旺盛,成为川西北著名的佛教圣地。元、明、清各代,寺庙时有修葺扩建,基本上保持着宋代规模。新中国成立后,特别在"文化大革命"中,碧水寺被视为"四旧",遭到严重破坏,房屋被占,部分经像、园林被毁。20世纪80年代初期,地方政府将其收归市文管所保护管理。在政府、社会各界的大力支持下,相继恢复重建了碧水寺大殿、北亭、环秀楼、夕阳门、子安居、碧波轩、凌云阁、望涪亭、馨香园等名胜古迹,并于1985年重新接待游人。1991年将其立为省级文物保护单位和园林风景点。

碧水寺既有浓烈的宗教气息,又有自然园林情调,是一处兼有朝山拜佛、休闲度假的综合性园林景点。寺呈不规则的长条形,以大殿为中心,大体可分为左、中、右三个各具特色的景区。

居于寺中心位置的大殿是全寺的核心,也是精华所在。殿高四层30米,歇山、抬梁、重檐仿古建筑,自下而上逐层依次收小,形成阁楼之势。登临其上,清澈的涪江、城区高耸入云的大厦、远方群峰竞秀的山川尽收眼底,令人心旷神怡。大殿底层交错陈列着古今文人题咏碧水寺石碑近30方,具有较高的史料和观赏价值。二层奇石飞悬,在飞悬的石壁上完整地保留着唐代佛教造像18龛和金刚经一方,殿堂内供奉着唐代石刻圆雕男观音,高3.2米。左、右两侧排列着两对明清时的韦驮铜像和石刻武士像。殿内宗教气氛浓烈,朝拜者络绎不绝,年接待游人达六十多万人次。三层为一宽敞大厅,厅里正面崖壁上镶着4块长1.5米、宽2.4米的"三教合一"清碑,两侧陈列着近现代各种质地观音造像30余尊。顶层为临时性展厅。

碧波轩 凌云阁 与大殿同时建,系大殿的配套建筑。在碧波轩里陈列着清乾隆间(1736—1796)石刻罗汉十八尊和一尊宋代释迦牟尼像。凌云阁内有明代真武祖师铜像和三大士圆雕石刻。这里与大殿一样,终年香火不断,信徒蜂拥。

大殿北行200米是子安居。这里虽同属碧水寺范畴,但实际上是一处纪念唐初四杰之一——王勃(字子安)的纪念性文人园。子安居占地约十亩,除了子安居外,主要建筑还有北亭、环秀楼和夕阳门。北亭创建于唐初,时王勃被贬留寓绵州(唐时,绵阳为绵州),地方绅僚薛升华等在北亭设宴为其接风洗尘,王勃遂作《绵州北亭群公宴序》。王勃离开绵州时,为了感谢薛升华的热情接待,又在这里作了《秋夜于绵州群官席别薛升华序》。后人将两篇序书刻于亭壁,以作永久纪念。唐、宋、元、明各代都对北亭有过多次维修、重建。清初,涪江改道,北亭被毁。1949年后,为了承袭历史,市文管所在子安居重建北亭。新建的北亭,重檐攒尖顶、碧瓦朱甍,雄伟挺拔、工艺精细,有小黄鹤楼之称。亭壁上重刻了王勃《滕王阁序》《绵州北亭群公宴序》和《秋夜于绵州群官席别薛升华序》,绘制有"北亭群公宴"故事图,并在亭前雕刻了汉白玉王勃像。子安居翠竹依依,松海交错,绿篱夹道,身临其间,既可受到传统文化的熏陶,又可得到自然美趣的享受。

馨香园 位于大殿后约150米,园子不大,主要建筑仅一条轩和望涪亭,是一处供游人小憩和品茗的静地。长轩面临涪江,背山长卧,左与望涪亭相连,结构轻盈,舒殿平和,通饰风窗、撑弓、挂落,具有川西北清代民居风格。望涪亭四足落于江中,平台伸入江上,与长轩构成半封闭式院落。堤岸遍植杨柳,院内广栽茶桂,每当春和景媚之际,游人载酒游此,畅吟抒怀,乐极而归,是绵阳最为理想的休闲场所。

曹溪寺 位于云南省昆明市西郊安宁温泉对岸的葱岭山腰,是西南著名的禅宗寺庙,初建于南宋大理国时期(1127—1279)。寺的得名传说与唐代佛教禅宗六祖慧能有关。当年慧能在广东韶州大兴佛法,传播南宗顿悟教义,后又派其弟赴云南边陲传法,经过温泉,看到此处山水形势与韶州曹溪口极相似,于是建此寺,从此西南禅宗亦大兴,打破了西藏佛教密宗(即喇嘛教)一统天下的局面。此系传说,在时间上不甚符合,但当年创建寺院的高僧仰慕广东韶关曹溪,因而题寺名为曹溪是完全可能的。曹溪寺背枕葱岭,面俯螳螂川,右珍珠,左温泉,四周地理环境颇似广东曹溪,据寺内现存古碑所言"衡六祖之云席,分一勺之法流"亦可证两地两寺的渊源关系。曹溪寺处于温泉风景区中间,寺院内外景色极佳,自古以来一直是西南文人雅士游玩之地,明代文学家杨慎被贬到昆明后,曾在寺内借居过,并留有多首诗篇,其中《新春始泛歌》写道:"螳螂川水青如苔,曹溪寺花红满台。韶光满眼莫惜醉,几个扁舟乘兴来。"当时,杨慎曾参与了寺庙大修,并作有《重修曹溪寺记》,现保存于观音殿内。今日曹溪寺以丰富的文物古迹、苍翠的古树名木景和天下奇观而成为闻名遐迩的寺庙园林,主要景点有:宋构古殿、宋代木雕华严三圣像、元梅、优昙花、珍珠泉以及天下奇观天涵宝月及三潮圣水。

南宋古殿 即大雄宝殿,是曹溪寺主要殿宇,是宋代遗留下的古构,现今保存完好。抗战时,著名建筑学家梁思成在考察西南古建筑时,曾对此殿作过鉴定,确证此殿初建于南宋时期的大理国。殿内梁柱结构虽经多次修缮,但基本保留了宋代南方建筑的造型及结构特点:一是柱头低矮,建筑高度与建筑面积比值较小,整座殿堂稍呈扁形;二是柱间距离较小,堂内显得柱多而不宽;三是梁多,层次多,但不是叠梁。梁柱都较短而密,用料较粗大;四足斗拱部分,拱的端头只是下部削为弧面(宋称"券"),上部端头仍为齐头平面,不加修饰,方形截面。

大殿表面看去是三格,实际上四根中柱把殿堂分成五格,俗称明三暗五。整个殿不太高,外观呈宽形,显得稳固庄重。走进大殿,柱子粗大且数量特别多,仅一个后墙角就立着七根大柱,看去给人一种凝重之感。

古殿正是因为用料粗壮,结构古朴,所以它虽然经历了八九百年风雨,至今仍然雄视南疆。在这漫长的岁月中,虽然几经修理,但主要梁柱一直没有换过。近年维修时,还在大梁上发现过宋代字迹。

天涵宝月 是我国古建筑设计中应用天文学知识创造神秘景观的著名实例。当年大雄宝殿建构时,设计师将月光、佛像和大殿巧妙地组织在一起,创造了这一奇景,曹溪寺也因此而声名日著。此景首先利用了大殿朝向上的优势。大殿与一般寺庙坐北朝南不同,为坐西朝东。殿明间(正间)大额枋正中有一个大圆空窗,直径为41厘米。据历代记载,每逢甲子年的中秋节,月亮由圆孔射入,不偏不倚,正照在殿内阿弥陀佛像的前额上,然后随着月亮渐渐升高,月影慢慢下移,直到大佛肚脐消失。这种奇观叫作"天涵宝月",又叫"月映佛胸"或"曹溪印月",也有人赞之为"月印佛像佛印月"。这一奇观反映了我国宋代天文学成就、寺院建筑和佛像雕塑技术已经发展到了一个很高的水平,这是天文、建筑、雕塑巧妙结合的典范。

天涵宝月的奇观确实比较稀罕,得饱眼福的人实在太少,不是机会难遇,就是天公不作美,很难见到。人们只凭耳闻口传,越传越神。

"曹溪映月"奇观是存在的,但周期不一定就是甲子年的中秋节。据云南天文台专家分析推算,月映佛胸要求的条件是:月亮从东边初升时,月亮赤纬必须在0°~40°之间。月亮经过这个范围的时间,每年都有好多次,但是,还必须排除下列情况:一是农历初一到十五之间,月亮升起,太阳还未落山,因阳光较强,即使月光照到佛像上,也看不出来;二是在农历二十五到三十之间,月亮呈残月形,光线很弱,不能在佛像上投下月影。因此"曹溪映月"的时间应是农历十五到二十五之间。根据上述条件,只要查每年出版的天文年历,就可以知道当年"月映佛胸"的日期。如1984年具备上述条件的机会就有七次之多。现在筇竹寺的当家和尚光量早年曾住过曹溪寺,据他说晚饭后常在院里坐到很晚,每年都看到几次"曹溪映月"。现在曹溪寺里的人也偶有看到。

曹溪寺奇观,不仅有月映佛胸,还有日映佛胸。月映佛胸难得见到,而日映佛胸是比较容易见到的。每年春分、秋分前后,一连有好几个早上都会出现"日照佛胸"的奇景。时间大体上在日出后30分钟到50分钟。这时阳光透过圆孔,正照大佛面额,大佛贴金,经朝阳一照,顿时金光耀眼,满屋生辉,景象比"月映"更为壮观。

华严三圣像 宋代木雕佛像,供奉于大雄宝殿内。据佛教协会副会长周叔迦考证,这些佛像为南宋建寺时同时完成的,一直延传至今,属于珍贵文物,在国内实属罕见。

这三尊佛像,高仅1米左右,为坐式,和真人的大小差不多。雕工刀法细腻,技艺精湛。佛像面容慈祥,形象生动。每尊佛像的莲座上还有四个铁环,这是穿绳子用的。云南农村自古就有这种风俗,每年在一定的时候,要抬着佛像游乡,让人们供奉求拜,据说还可以消灾避邪,清洁地方。这四个铁环就是为了便于这种活动而造的。

曹溪寺的佛像,除了"木雕华严三圣像"外,比较有价值的还有大殿正面三尊仰首而望的大佛——"西方三圣"。这是三尊高大的铜铸像。有人认为曹溪寺殿堂不大,佛像太高,不太协调,这三尊大佛可能是从什么地方搬来的。曹溪寺佛像不算多,全部只有四十七尊,但风格式样各异。大殿正面的"西方三圣"和对面的韦驮、后面观音殿里的"三大士"和厢房里的伽蓝神是铸像,观音殿里最后一排中间和右边两尊是篾编纸糊像,其他的是泥像。

三绝碑 置立于曹溪寺后殿,碑文为杨升庵所作,是寺内一宝。"名人因胜境而留名,胜境因名人而增胜",这是风景名胜的一条规律。温泉曹溪寺也不例外。曹溪寺声名远播,得力最多的当首推明代著名的文学家杨慎,人称杨状元。

杨慎(1488—1559),字用修,号升庵,四川新都人,自幼聪明颖悟,才思过人。明正德六年(1511),参加殿试,得中状元,被委任为翰林修撰。嘉靖元年(1522),朝廷发生了"议大礼"的内阁纠纷事件,杨慎在此案中遭到"廷杖",被充军到云南。1524年杨慎到达昆明以后,友人之子毛沂接他到自己住的高峣,为他修了一座"碧峣精舍"。从此,杨慎开始了他谪居云南的后半生沦落生涯。

杨慎博雅好古,在滇期间,足迹所至,诗词题额,无处不留。杨慎在昆明,住得最多的是高峣,其次就是安宁。他曾在自己的诗中写到:"高峣亦吾庐,安宁亦予宅。屏居三十年,宛如故乡陌。"

在安宁,杨慎经常游览和留居的就是温泉和曹溪寺。明嘉靖癸巳年(1533),曹溪寺重新翻修,寺僧请他留记,他欣然从命,挥笔作赋:"连然金方,螳川宝地,蔚何名蓝?实曰曹溪,衡六祖之云席,分一勺之法流……"落笔数言,极赞南疆胜地,点出曹溪源流。这篇记由朱提(昭通)山人萧忄夅书写,勒石立碑题名《重修曹溪寺记》。萧忄夅写这块碑文,花了很大功夫。他集唐朝书法家北海刺史李邕的字体写成。由于是用著名书法家的字体,写太史杨升庵撰的碑记,而文章内容是记述著名风景,因此人称"三绝"名碑。

碑廊 在大殿北侧厢房楼下。曹溪寺现存碑碣16块,这些碑碣,内容有文人诗赋,有名人额题,有寺院翻修记录,有寺院田产登记,十分丰富,是很有价值的珍贵文物。在这些碑碣中,除了"三绝"名碑以外,最有价值的是崇祯皇帝朱由检御笔亲书的一块石碑,宽约四尺,高尺余,书"松风水月"四个大字。字大盈尺,笔力刚健挥洒,向为人们所推重。还有一块《重修曹溪寺碑记》,为清康熙三十三年(1694)云南巡抚王继文所题书。碑文说:"安宁州之北,望之蔚然而嵯峨者,有凤城山。山腰有寺,名曰曹溪。明杨文襄公(杨一清)极记其盛,一异境也。余于政治之暇,偶一往游。隔岸奇峰峭壁,若猿、若马、若洞天、若华盖、若海峤之蜃楼,变幻莫可名状。山下出泉,温而且洁。滚滚若薰风之鼓荡,士大夫品题遍岩穴焉。横渡螳螂之川,由平冈而上,则茂林佳树,与曹溪相映带。凡一凹、一壑、一花、一石,俱非目所经见。阳明王子曰:'眼前风景色色异,惟有人声似世间。'其谓斯矣。"

这些碑碣,过去一直散落在寺内各处,由于管理不善,有部分已经倒塌损毁。近年在进行全面维修时,除了一部分保护得好的仍留原处外,其余的都移到此处重新安立,设栏围护,供人们观赏,称之为碑廊。

钟、鼓楼 两座方形楼阁式小楼,造型一致,呈对称形分立大殿前院两下角。楼为两层,尖顶飞檐,四面有很大的圆窗,钟、鼓悬挂其上,扣之八方可闻,是昆明地区古刹中仅有的孤例。曹溪寺本来就坐落在一个小山冈上,殿庭三进,递次升高。钟、鼓楼立在很高的台阶上,前面房屋低矮,使之显得更加突出。游客登楼,凭高视下,可纵目驰骋,仰视天地之大,俯察万物之盛;偶击钟、鼓,声闻数里,顿觉心旷神怡;凭窗而立,凌空留照,蓝天托袖,白云拂带,犹如置身仙宫。

鼓在寺院里,主要是作为一种作息信号。佛经《百丈清规·法器》云:"法鼓凡住持上堂、小参、普说、入室,并击之。击鼓之法:上堂时三通,小参一通,普说五下,入室三下,皆当缓击。"又云:"大钟:丛林号令资始也。晓击即破长夜,警睡眠;暮击则觉昏衢,疏冥昧。"一般寺院为了弘大佛光,常将洪钟高悬,晨昏扣击,声闻远近,警醒那些步入迷津的冥昧之徒,使那些欲行不正而尚心怀犹豫之人闻声住手。有诗为证:"供给金钟又一新,黔宁香火寿千春。晨昏撞动神灵地,唤醒沉迷远近人。"

佛寺撞钟有明确规定,早、晚二时各撞一百零八下,意为称赞金刚界曼荼罗中一百零八尊佛、菩萨的功德,觉醒眼、耳、鼻、舌、身、意六根,三世一百零八种烦恼之迷梦。撞钟时引杵要缓,扬声定要长,凡三通各三十六下,共计一百零八下,起止三下稍紧。

曹溪寺这口大钟,是明朝弘治年间一批善男信女捐资熔铸的,历时已数百载。这口大钟还有一场劫难。"文化大革命"时期,曾被一伙强徒劫到八街,后来又被抢回安宁,挂在安宁大桥头的树上。直到曹溪寺恢复旧观,才又物归原主。曹溪寺的旧鼓早已皮破木朽,现在这面大鼓是重新仿做的。

如今曹溪寺钟楼、鼓楼,两相眺望,钟声清越,鼓声敦厚;深山吉刹,疏钟密鼓,这是自然和人力的巧妙和谐。

元梅 植于寺内大殿前院右侧,是我国现存的十二株古梅中,首居第一的元梅,树龄在700年以上,人称"活的文物"。由于年代久远,这株古梅树的树干已经老枯结块。其中一枝已经枯死,另外一枝尚有生气,年年绽放花蕾。近年根部又发了一新枝,正茁壮成长,使老树又有还童之望。古树下面,人工垒了一道石山托住树干。老树斜石,恰似寿星倚古床。

1982年,国家园林部门开展了"中国梅花品种图志"的科研工作。古梅调查,成为了这个科研项目的一个内容。武汉市园林科研所王其超工程师从1982年至1984年对国内知名的十二株古梅逐一进行了调查,其中包括昆明黑龙潭的"唐梅"和曹溪寺的"元梅",得出了"元梅树龄与寺史有关,迄今有700—800年历史",并为十二古梅之首的结论。

优昙花 植于大殿前院左侧,与元梅相对置立。

所谓"优昙"是取其"不是昙花,胜似昙花,优于昙花"之意,而真正的昙花乃是仙人掌科的昙花,昆明人称之为琼花。

作为元梅的参照物,王其超对这株优昙花也进行了考察,结论是可能与元梅同时,也有700年高寿了。它是现存昆明地区最古、最大、最好的一株优昙,也是一株活的文物。明代著名的旅游家徐霞客当年到云南游曹溪寺时曾有过记载："……观优昙树,其树在殿前东北隅二门外坡间,今已筑之墙版中,其高三丈余,大一人抱,而叶甚大,下有嫩枝旁丛。闻开花当六月伏中,其色白而淡黄,大如莲而瓣长,其香甚烈而无实。"徐霞客来时花时已过,他看后摘了几片叶子放入囊中作为收藏。

古代佛教宣传说优昙花3000年才开一次,把它比为如来佛,要到能旋转瑞轮、威服一切、权力无边的转轮王出世,优昙花才会一现。《妙法莲花经·方便品第二》说:"佛告舍利弗,如是妙法,诸佛如来,时乃说之,如优昙钵花,时一现耳。"昙花一现这个成语就是从这里来的。

其实优昙花并不像人们传说的那么神奇,它就是木兰科的山玉兰,长绿乔木,枝叶很像枇杷。曹溪寺这株优昙花,年年都开花,而且花期也不算短。一般每年从5月下旬开始,一直开到7月上旬。开花期间,每天都开三至五朵或十来朵不等,只是每朵花开放的时间确实很短。它和琼花一样属于夜香型,每天下午7点半左右开始开放。开花之前一般都有先兆,往往头天晚上8—9点钟,绿色的花萼就先张开,露出一个紧裹着的白色花苞,清早若看到这样的花苞,那么它晚上一定会开放。到傍晚7点钟左右,花苞开始启动,只要10至15分钟就能达到盛开的程度。原先还是一个紧闭的花苞,转瞬之间,就变成了一朵盛开的花朵。在树下静观,甚至可以看到花瓣在一点一点地张开。由于优昙花的花瓣非常肥厚,未开时裹得又紧,开放时,花瓣之间紧紧地贴在一起不易分开,往往要等细胞吸足水分,逐渐膨胀,蓄足力量,才能使两片贴在一起的花瓣突然弹开。这种弹开的动作非常明显,而且力量很大,有时会震得一朵花都抖动起来。一朵花开放常常要抖三四次。世上鲜花千万种,像优昙花这种脉冲式的开放现象,真是世所罕见。曹溪寺优昙花,明末遭兵燹,"罹蜀寇斩伐",仅存故根。清初,原树根上又萌发新枝,现在已长成7—8米高的粗壮树干。树脚有一段1米左右的古根还分辨得出故根来。清康熙三十三年(1694),由左都御史范承勋主持,对曹溪寺进行过一次规模比较大的修建,专为这株优昙花建了护花山房和亭子。亭子今已不存,护花山房题名为"傍花楼"(即今大殿两侧耳房的左房),还从佛珠泉(珍珠泉)引来泉水浇灌优昙花,并在大殿前"凿石为池,停蓄其流,养金鳞,植松竹,为偃之所"。现存《傍花楼记》碑备述其事。这个池就是现在大院里的放生池。池壁有一石雕龙头张口吐泉,涓涓细流,不紧不慢,叮叮咚咚,悦耳爽心;池中红鲤空游,与客同谑,别有情趣。

珍珠泉 在曹溪寺山门南100米处。这里古木参天,浓荫蔽日,环境极为幽静。

中间有一个直径 5—6 米的环石圆池,源旺水清,汪汪一碧。池底有天然气气泡冉冉浮向水面,成珠成串,源源不断,莹光熠熠,恰似珍珠。传说这是潭底一位珍珠姑娘大把大把抛撒出来的珍珠。

有一年曹溪寺遭受大旱,大沟小溪干得起火,连螳螂川底都晒得开裂,周围数百里内,草木枯焦,庄稼干死。这时有一位名叫珍珠的好心姑娘,将阿树罗公主送给她的一泓甘泉分给乡亲,从而遭到龙王的报复。为了拯救全村人的生命,她甘愿将阿树罗公主送给的珍珠项链化作串串清泉,而自己却被锁在泉眼中,千年来抛洒珍珠不息。人们为了纪念她,亦因为池底一直有珍珠冒上,称此泉为珍珠泉。现在此处已经成为著名的风景游览点,每天吸引着众多的游客。近年整修,珍珠泉前新建了一个六角重檐亭。亭下就是观鱼台,一个半亩宽的月池,放养着很多金鳞。高山碧池,凭栏观鱼,可领略"潭中鱼可百许头,皆若空游无所依"的佳趣。

这里环境清幽宜人,地势平坦,是歌舞游乐的好地方。特别是满月中天时,可在此闻松风,观水月,正是欣赏"曹溪夜月"的好时机。

曹溪夜月 曹溪寺周围山景及螳螂川的月下景色,又称松风水月,景名碑立于寺院下面平台侧山壁上。云南地处高原,大气层比较薄,日月光线穿透性好,常年月光非常明亮。尤其进入秋季以后,雨水渐收,空气洁净,月色更为明朗。傍晚,登高远眺,初月东升,赤红如火,冉冉而上,如负重荷;待到跳出云缚,如少女揭去面纱,洁白如玉。此时皓月大如车盖,近可手揽;嫦娥玉兔,历历可察。葱山景色,别有清佳。从螳螂川到曹溪寺,沿山路上下,疏叶筛影,草径盘桓;披襟岸帻,且行且立,松风入怀,水月相映;崇祯皇帝御笔亲书"松风水月"便是此处。曹溪寺下面的松石参差处,杨升庵曾镌"赤壁天成"和"曹溪夜月"两额于崖石上。登壁俯视,平畴远屋,棋布旷原,螳川清涟,静练萦野,如绣如画,始知"古之人不余欺也"。月中登刹,琼楼倚栏,只见江山映带,寒光如梦,似入琉璃世界。前人王琦有《曹溪夜月》诗赞曰:"葱茏山半古招提,石秀泉香宝树奇。一曲清江萦玉练,四围翠岭界琉璃。"

近来,曹溪寺经过不断整修,面貌焕然一新。周围景致经过精心整理,已呈异彩。每当天朗气清,皓月当空,寺内寺外,游人不绝。特别是中秋佳节,更是赏月的高潮。人们结伴携侣,荷食提浆,来此赏月,共度良宵。

三潮圣水 安宁八景之一,历来名声很大。曹溪之所以为曹溪,此潮泉是主要原因之一。其址在曹溪寺山门外北边的山坡上,泉水每日早、中、晚三次定时涨潮出水。每次涨潮时间约为 30 分钟,涨潮时水量骤然增大,其余时间出水很小,甚至全无。当年徐霞客来到曹溪寺,由一位住在寺里读书的姓党的书生陪同,游览了

"圣泉"。他在游记中记道:"遂同党生由香积北下坡,循坳而北,一里半,观圣泉。泉从山坡大树根下南向而出,前以石环为月池,大丈余,潴水深五六寸余,波淙淙由东南坡间泻去。余至当上午,早潮已过,午潮未至,此正当缩时,而其流亦不绝,第潮时更涌而大耳。党生言:'穴中时有二蟾蜍出入,兹未潮,故不之见。即碑所云金龇,号曰"泉神"者矣。'"徐霞客来此时,月池前还有一个新建的亭子,名曰"问潮亭",以供游人品茗观潮。亭上题诗:"泉水来潮池澹澹,落潮池影平如镜。"

这种定时涨潮出水之泉,地质学上叫作间歇泉,俗称潮泉。实是自然界中的一种奇观,具有较高的观赏价值。曹溪寺潮泉的形成原因目前还未有科学结论,但它夜间不来潮,仅白天早、中、晚三次来潮,每次来潮的间歇时间也不完全相等,这应该是受地表以外因素的影响,很可能就是受固体潮的影响。

金殿　　原指云南省昆明市东北7千米鸣凤山上道观太和宫内的一座铜铸殿宇,后人即以它来称这座道观园林,是云南著名的风景名胜。鸣凤山又叫鹦鹉山,以鹦鹉集飞于此而得名。这里山峦逶迤,树色葳蕤,素有鹦鹉春深的美誉,为昆明文人雅士极喜游玩之地,清人张九钺曾有句赞云:"鹦鹉山前鹦鹉飞,鹦鹉花开红满枝。花前把酒祝花语,君在天涯何时归。"将铜房称作金殿,显然是美称,故一般百姓也称其为铜瓦寺或铜房子。实际上金殿是一座山林庙园,这里林木苍蔚,松涛悦耳,碧瓦飞甍,铜殿巍峨,加上满山香花袭人,遍地芳草如茵,游人至此,无不顿感耳目一新。山上不仅有"红茶翠柏千年树,绛阙玄都百雉城",而且还有"铜瓦苍凉帝子宫"的铜殿,堪称我国道教园林中的佼佼者。

根据地方文献和寺内《碑记》记载:金殿建造于明朝万历三十年(1602),云南东川等地产的铜,每年都要按国家规定数量外运,从四川转水路运至湖北的城陵矶铸钱,因战争兵燹关系,道路阻塞,无法将铜运送至中原。当时鹦鹉山道观的道长徐正元,便呈请巡抚陈用宾和世袭黔国公沐昌祚,依照湖北武当山七十二峰的中峰——天柱峰金殿的形式,进行修造,冶铜铸成殿宇,用来供奉北极真武大帝,并且取名为"太和宫"。建造竣工之后,由于它"左挹华山之秀,金马腾辉;右临昆海之滨,碧鸡焕彩",从此就成了滇中颇具特色的名胜区。

到了崇祯十年(1637),巡抚张凤翮和黔国公沐天波,将这座金殿搬到大理宾川的鸡足山,使相传为迦叶尊者"入定"的四方丛林更为增色。崇祯十二年(1639),地理学家徐霞客旅行到了滇西,在鸡足山见到的"金顶",就是从省垣鸣凤山搬迁去安置的。

目前的这个金殿,是清康熙十年(1671)吴三桂重新建造的。现在金殿的横梁上还留有一行铜铸的楷体字:"大清康熙十年,岁次辛亥(1671)大吕月(十月)十有六日之吉,平西亲王吴三桂敬筑。"

吴三桂当年建此巨构,主要是求神保佑,为自己祈福,正像《游铜瓦寺》文中所写:"俱天降罚,乃遁于浮屠、老子之教,斩山以为窟,篁金以为像……"但更重要的目的还在于:铜与大理石都是云南的特产,所以金殿的铸造与修建,是为了显示地方特点和优势,表明在他的治理下云南的富足,有向朝廷表明实力的意思。从这样一幢用金属作为主要材料的特殊建筑可以看出三百多年前昆明高超的冶炼铸造工艺水平及建筑艺术水平。金殿风景区无论是宫内宫外,均是一片苍翠。古人诗中常称其为环翠宫。特别是它所处的山水环境极为清幽秀丽,四周群山逶迤不绝,古柏苍蔚参天,从山下仰望,郁郁葱葱,寺宇不露。游憩在此山中,不仅可以避免城市喧嚣,而且颇有回归自然、进入世外桃源的感受。近代昆明人王灿游太和宫时,曾写下了一首七律,抒发了自己的赏景体会:"踏遍松花一路香,风篁泉竹送清凉。溪桃照服知春好,林鸟鸣枝笑客忙。拟向深山剐灵药,真从欲界得仙乡,道人颇解长生诀,高卧蓬莱与世忘。"

太和宫 位于金殿风景园林的山顶,是一座城池式的道观。游人来到鸣凤山下青羊河的迎仙桥头,由山脚沿着石级曲折而上,便见三座号称"天门"的石牌坊,高耸屹立在万松林中,影影绰绰,气象萧森。进入"一天门",这一带古柏参天,浓荫蔽日;越过"二天门",左右有两排廊房,过去是分别供奉道家神像的地方,现在已改建为展室和游人休息的处所;再通过"三天门",便上到高达一千多米的平台之上,眼前展现的则是一座有城楼、垛口的古堡式建筑——"紫禁城",城内便是昆明古老的道观太和宫,也是骚人墨客们赞誉的凤鸣仙馆。宫门朱漆金字,灿烂辉煌,上面书题"棂星门",左右楹联写的是:"无双玉宇无双地,一半青山一半云。"仅仅用了十四个字,便将山色、名胜概括无遗。

进入门内,地势更加平坦,苍松挺拔,古柏森森。在院子中央,用晶莹洁白的大理石、苍翠的墨石加上红砂石,相间砌成须弥座,座上矗立着一幢庄严雄伟的宫殿,这就是《小方壶斋舆地丛钞》中有过记载、驰名海内的昆明铜瓦寺,亦称"金殿"或"金顶",是国务院公布的全国重点文物保护单位。

金殿高6.5米,占地180平方米,全部重量20万公斤有余。建筑结构完全模仿木结构重檐式飞阁,殿宇的梁柱斗拱、覆瓦房椽、屋瓴鳌脊、宝顶飞檐、匾额楹联、供桌神像、瓶炉器皿,全部都用铜铸成,是一座布局协调、浑然一体、结构严谨、宛若天成的大型铜制品。整个殿宇用站柱十六根,柱子下面的底脚铸成莲花柱础,柱子上装饰着云和龙以及火焰、宝珠等花纹。六扇大门的裙板上都雕刻着龙凤图案,线条流畅,形象生动。至于殿前的台阶及四周的栏杆,全是用点苍山上的大理石琢磨而成,温润如玉,通过这种装饰,黄瓦白墀掩映于青山绿树间,显得更加瑰丽,为此张九钺在《游铜瓦寺记》中赞誉说"为前古所未有"。殿前楹柱上挂有一副对联,写的是:"金殿凤凰鸣晓日,玉阶鹦鹉醉春风。"与山名极为贴切。

殿外台阶下,两旁有相对的侍亭两座,左面还立有 10 米高的刁头杆,杆上升起一面七星皂旗,也是"纯以铜质为之",亭亭特立,更加显示出道观气氛,象征着北极真武的"普法"无边,保佑风调雨顺、国泰民安。昆明许瞻鲁为此曾撰有一副对联:"七星旌旗指碧汉,五龙雷电绕玄都。"铜殿建造精良,在国内保存得如此完好的精铜建筑,除了北京颐和园内的铜亭外,就要算这座金殿了。

金殿的右侧叫"环翠室",左侧叫"霞绮宫",明朝云南巡抚陈用宾曾亲笔书题有对联一副:"春梦惯迷人,一品朝衣,误了九寰仙骨,鸡鸣紫陌,马踏红尘,教弟子向那里跳出;空山曾约伴,八闽片语,相邀六诏杯茶,剑影横天,笛声吹海,问先生从何处飞来。"这副对联挂出后,人们相传说是巡抚大人在这里遇见吕洞宾而写作的,这显然是附会。但也可以看出,明朝从正统年间,道教已经很盛行,官吏士大夫虽然利欲熏心,却又尽量寻找机会标榜自己的"飞仙出世"思想。一方面,它反映了封建士大夫们对"一品朝衣"的高官厚禄无比留恋,深深感到其像"春梦惯迷人";另一方面,他们对"九寰仙骨"的仙踪归宿又无比向往,进而希望得到"剑影横天,笛声吹海"的仙人吕纯阳的超度,从而能够"挟飞仙以遨游,抱明月而长终",但毕竟又感到二者相互矛盾,最后不得不提出"教弟子向那里跳出"这种无法解决的问题,寄希望于"飞来"的"先生"。从楹联的艺术手法上看,写得潇洒飘逸,格调清新,形象生动,情景交融,而且意境深远,对仗工整,读了之后,最耐人寻味。可算得楹联中的又一佳作,特别是挂在这座凤鸣仙馆的道观内,显得更加贴切和得体。这里保存有不少神器文物。其中一柄七星宝剑是真武用以伏魔制怪的镇山法宝。另有一木柄大刀,民间传说是吴三桂使用过的,还有诗词记载其事。

钟楼 位于金殿紫禁城的东北后山上,由城东门出循山路可至。钟楼为金殿山水园林的制高点,是昆明园林部门为了使此园更加完美,亦为了存放原昆明城内保留的一口明代古钟而建的。钟楼成于 20 世纪 80 年代初,立基于鸣凤山后山最高处,底下有高高的大理石台座。楼平面呈"亞"字形,共三层,高 26.3 米,层层飞檐翘角向上,有钩心斗角之势。斗拱挑出深远,檐下施金漆彩画,十分巍峨壮观。楼内有梯可登,每层四周设凭眺围廊。若登至顶层极目四望,景色绝佳。四周山色黛影,重重叠叠;南边昆明的都市气派尽收眼底;近处,鹦鹉山的浓荫之中又透出铜瓦寺的金光点点,和着徐徐的清风,真可谓"登斯楼也,则有心旷神怡,……喜洋洋者矣"。在钟楼穹顶上,悬有大铜钟一口,铸于明永乐二十一年(1423),原挂在昆明老城西南角的正门宣化楼上,重1.4万公斤,是西南地区最大的古钟。从铜殿到钟楼的路上,可见到一株著名的古山茶,名叫"蝶翅"。山茶树干高出檐外,每年春节前后,开花总在千朵以上,繁花似锦,宛如红云一片,前人的诗句曾吟咏道:"登楼看花及花半,尚有半出楼檐牙。"尤其是在"山头日已斜"时,观看"蝶翅迎风舞",则又别具情趣。另外还有一株古紫薇,它由于花期较长,每年夏初开花,要持续到七八月才凋谢,所以《群芳谱》又把它称作"百日红"。金殿的这株紫薇,相传为明朝人所种植,开时花繁艳红,灿若朝霞,迎风摆动,婀娜多姿,自然使人想起欧阳修的诗句:"亭亭紫薇花,向我如有意。"

圆通寺 位于云南省昆明市区东北角,南临圆通街,北依圆通山,是昆明最大的佛寺园林,也是春城的一大风景名胜。古时昆明八景之一"螺峰叠翠"中的翠螺,便是指寺后的圆通山。寺园的历史可追溯到唐朝,当时南诏国的蒙氏曾在山上盘坤岩修建补陀罗寺,山也因此而被称为补陀罗崖。元朝大德五年(1301),云南行中书省左丞阿昔思,倡议在山南麓建圆通巨刹,直到延祐六年(1319)才完工,前后共营造了18年。圆通宝刹殿宇规模宏大,且遍植花木,使"卉木篁竹,果林蔬圃,映带后前",极一时之盛。山也因此改名为圆通山。明清两朝,又多次修葺,园林环境更加完美,香客游人,络绎不绝,此寺成为昆明最大的佛教名胜。与一般城中寺院的正规布局不同,整座圆通寺实际上是一座山麓的水景园林,全寺殿宇环水池而设,水池略成方形,中间有一条明显的中轴线,由南向北,依次建有山门、圆通胜境坊、八角亭。由八角亭跨桥而去,可直通北岸正殿,即圆通宝殿前宽阔的临水月台。水池东、西两侧,为配殿及辅助用房,前有长廊相绕,长廊绕池一周,并串起了滨水的亭榭。重檐八角,黄琉璃瓦的大亭正位于水池中央,它是园内的景观中心,也是一处仅次于正殿的佛堂。亭南北均有古色古香的石拱桥,池中点缀着山石荷花,时而可见锦鳞酣游。环池一周,随意可坐可留,以供游人细赏,甚有江南水乡园林的风貌。正殿后,则又是一番景色,这里是圆通山的绝壁悬崖,山岩苍古,多历代名人摩崖石刻。东北有石磴云梯,盘绕可上圆通山顶。

圆通胜境坊 位于入寺的主要甬道上,寺正门开于圆通街上,两侧宫墙肃穆,碧瓦飞甍。入门便可见一大牌坊屹立眼前,坊四柱三间,横跨于石板铺砌的干道上。中间梁枋之上,镌刻有"圆通胜境"四个大字。传说此坊建于段氏大理国时期,但资料记载"圆通胜境"四字为沐天波手书,则此坊应是明末寺院重修时所建。进入牌坊,游路渐渐向下,两侧古柏森森,绿荫覆径,鲜花缤纷,是寺园很美丽的前导部分。再前,可见一池清澈的碧水,重檐八角秀亭屹立水中央。亭下为一大石台基,四周文石栏杆相围,前边绣桥飞跨,桥下流水淙淙,亭内曲栏折回,后面大殿上,透出一脉青山,景色绝佳。正如八角亭二楼窗前楹联所摘李传《题衲霞屏》旧句所言:"水声琴韵古,山色画图新。"

圆通宝殿 即寺园大殿,大殿建构恢宏,装饰富丽,重檐歇山顶,上施黄色琉璃瓦,殿前出宽大月台。殿虽屡经重修,但仍保持了元朝时的木架结构,最引人注目的是殿内一对龙柱,高达10米,上雕青、黄二龙,龙腾盘跃,舞爪裂须,作欲斗状,十分生动。宝殿正中塑释迦牟尼如来佛,左边塑阿弥陀佛,右边塑药师佛,四边塑有五百罗汉。这些佛像均精雕细作,造形、比例十分得体合宜,线条优美流畅,传为建寺当初,重金聘请成都名匠罗都道太来此塑造。大殿正中,悬有"佛谷云深"大匾一块,两侧挂着前清云南布政使刘鸿翔撰书的一副楹联:"圆如满月丽天,麈幽弗显,广照大千世界,觉路同登,休论珠火为眉,青莲作眼,但入选佛场,莫非罗汉;通喻慈航泛海,无往不达,普渡亿万众生,菩提共证,岂必金花著面,卐字横胸,始知转轮王,即是如来。"此联是嵌字联,以"圆""通"作为开头,写得佛家气氛浓郁,深寓释教哲理。由宝殿两侧石级而上,可到另一平台。此台背后便是圆通山绝壁,留有历代名人名家的摩崖石刻,诸如吴道子的观音碑、张三丰的造像碑,并有"陡屺""南天一柱"等大字石刻,堪称寺园最有价值的人文景观。

采芝径 位于宝殿东北角,是登山必由之路,小径盘回于峭壁上,素有"石澄梯云频曲曲"的美名。过去径侧石壁上刻有一联,颇有哲理:"步步小心,须防石头路滑;层层着眼,方知峰顶人高。"石壁上还刻有前人许泓勋所题七律一首:"圆通古寺树叠千,松柏青苍断复连。或阁或楼或石磴,在腰在足在山巅。遥瞻昆水群峰胜,俯视春畴万户烟。为喜老僧饶韵致,公余招我一谈禅。"讲述了采芝径上下观景的妙处。循径上山,可至明月石,石为一光滑润莹的石壁,以纳明月光而得名。清康熙间,总督范承勋曾修景亭于上,并题"衲霞山麓"四字刻在石壁上,故石又被称为"衲霞屏"。清朝巡抚王继文曾有一首七绝赞此处景色:"湖光山翠拂衣来,千仞云根老碧苔。倚徙孤亭迟月上,神龙忽拥夜珠回。"旧时,这一带多为游人选胜登临处,节日更是游人云集,据道光《昆明县志》载,九月九日,于此登高,饮菊花酒,赏中秋月,成为一时之时尚。

咒蛟台 位于山下潮音洞边。潮音洞为唐时古洞,有甘泉涌出,后泉脉断流,然其丹崖两壁,一道中通,怪石参差,深邃莫测,是圆通山的古迹景。咒蛟台为原盘龙寺和尚阿咱李所建,传说过去有蛟龙潜伏洞内兴风作浪,阿咱李能诵大禹治水留在云南的《峋嵝碑》文,而降伏蛟龙,于是便修筑咒蛟台于洞侧,蛟患就此平息。咒蛟台之所以久负盛名,主要与盛清诗人孙髯翁相关。诗人原籍陕西三原,随父任落籍昆明,终身不应科举,自称"万树梅花一布衣",以诗文自娱,曾得乾隆诗坛盟主袁枚的称赞。当年诗人曾一气呵成写下了名闻遐迩的大观楼长联,声名日增,然他却息隐于圆通寺咒蛟台,晚年自号"蛟台老人",以卖字卜卦为生。当时老人所居小屋名"夕佳阁",取陶渊明"山气日夕佳,飞鸟相与还"之诗意。因小屋家徒四壁无余物,故又称"壁立堂"。诗人晚年穷困,死后夕佳阁亦荒圮了。晚清诗人戴淳游咒蛟台,曾感慨写下一首词:"君不见,孙髯翁,卜居依螺峰。老梅杈桠千树古,新诗险怪七言工。人才仅以布衣终,壁立堂址今蒿蓬。"诗人虽死,但诗名常留人间,咒蛟台旧址便成了人们怀念诗人而争相游览的古迹景点。

黑龙潭 位于云南昆明城北15千米龙泉山五老峰脚下,为西南著名的道观园林,园内有汉祠、唐梅、宋柏和明墓,被人们誉为四绝俱全的名胜游览地。

黑龙潭道观的前身,是古代的黑水神祠,这是清朝云贵总督阮元根据《汉书·地理志》"益州有黑水祠"的记载而考证出来的。但汉祠已年久湮没,早就无祠可寻了。南诏、大理时期,黑龙潭曾一度修建过,杜光庭的《题鸿都观》云:"双溪夜月明寒玉,众岭秋空敛翠烟。"所写潭景甚美。元朝时期,又在这里扩建庙宇,但是由于兵燹等原因,元代的建筑也遭毁不存。明朝初年,沐英定滇之后,沐氏世袭的黔国公们又多次在这里大兴土木,从事修建,潭边的黑龙宫相传就是在公元1454年修的。第二年又在旧址上修建了龙泉观,大体具备了今日的规模。

黑龙潭分为上下两个道观,下观名黑龙宫,旁边就是"金银宫阙耀龙漪,碧艳遥翻阿耨池"的黑龙潭,潭水一湫,面积不大,而水深数丈,水由潭底冒出,仿佛大珠小珠上浮,源源不竭,水色黝然而深黑,潭就因此得名。不仅附近村落的居民取它作为饮料,人们还视其为观鱼的场所,根据明代(天启)刘文徵纂修的《滇志》记载:"湫多鱼而不畏人,上建亭为观鱼所。"沿池北石阶而上,可至上观龙泉观,层楼叠阁,殿宇重重。整座庙园内古木森森,多奇花异草,除了著名的唐梅、宋柏外,复有明代山茶花,被称为"黑水祠中三异木"。如今这座山岚烟雾、潭水异木、古建名迹荟萃的园林,已成为昆明郊外著名的旅游胜地。

黑龙宫 下观,为园内的主要古建筑,相传此处即为汉黑水祠原址。宫紧靠黑龙潭西边,面潭向东而立。相传建于明朝景泰年间,殿宇前后共有两院,后院的大殿上悬挂着书题"梵琳宫"的匾额。

下观最引人入胜的是它的园林,正对宫门即是寒潭一片,右侧为起云阁和珍珠泉,于宫内隔水可静赏远处的林泉草木。宫西侧为一架小石桥,潭水透过桥下,流向北边的池塘。信步走过石桥,便是一片葱茏的园林景色。这里林木苍翠、鸟叫蝉鸣,山岩碧藓滋生,松涛呼啸,岚影浮沉,霞光掩映,流泉淙淙,使人怡然自乐,流连忘返。当游人循小径履苔披荫绕池畅游之后,北去沿着石级盘旋往上攀登,便可到达龙泉观。

龙泉观 上观,为园内最大的建筑群。其布局严整,有明显的中轴线,殿宇共四重,每进之间均有苍古雅致的园林,是黑龙潭景点最集中之地。第一进为龙泉观山门,位于黑龙潭北边较高的台地上,沿石阶可至。建筑为古典歇山顶式殿宇,外形刚健大方。门上悬挂着"汉黑水祠"的匾额,据说是唐继尧所书题,旁有一段较长的《跋语》:"《汉书·地理志》益州滇池县注:有黑水祠,黑水本雍凉界,在滇西境,汉人盖于此望祀,故名。今称黑龙潭,实滇中第一古祠也。爰书数字,以质游人。"清代新会人黄炳坤,来云南作腾越厅同知时,路经昆明,曾在观内书题一副楹联:"寒日半规闻鹤语,古琴三弄有龙吟。"

进入山门,第二进为祖师殿,原塑有白玉蟾师的坐像,现坐像不存,殿也改作展室。祖师殿后为前院,天井中央放置有铜鼎一个,据说铸造于道光年间,重一千二百多公斤,古色斑斓,可供鉴赏。鼎旁有古柏两棵,粗围盈抱,树干苍虬,这便是宋柏。再往上走,进入第三进,便是正殿。殿内原供奉玉皇,环境十分清幽,殿中有一根站柱,人们称其为"龙勒柱",传潭内潜龙曾一度出来,盘在这根柱子上听某仙师讲经,柱子便留下了龙勒的痕迹,前人有诗句写道:"是龙是柱莫测,传闻离合千年中。"正殿旁边有准提阁,昆明许希孔在阁中柱子上书题有对联一副:"不是虎丘,宁无聚石谈经处;谁穿花径,为有喷泉喜客来。"

进入第四进,便是三清殿,殿东面的厢房叫"玉照堂",西面的厢房叫"逍遥楼",画栋雕梁,高大轩敞。殿前多种梅树,枝干盘曲如铁,半枯半荣,大都为几百年前所种植,虽是老树杈枒,但还能疏疏落落而着花,可以说是古香古色。

这四层殿宇的布局,大体依山势建筑,层次回巡而上,整个建筑从布局到装饰,都立足于古朴幽雅,并遵循数百年前殿宇建筑的规制,加强了园林的文化意味和游赏价值。

三异木 唐梅、宋柏及明茶,均为黑龙潭之古树名木景。唐梅在三清殿前,相传原为唐朝沙门道安亲手种植,盘根错节,枝桠曲屈如铁钩银划,虽半枯半荣仍能疏落开花,苍古浓郁。其实,真正唐梅已于数百年前枯死,此为后来补栽者,但在观内玉照堂的墙壁上,还保留有前朝画家工笔细画古梅繁花似锦的画本的石刻。由于真实写出了唐梅的古拙典雅,后世临摹者甚众。刻本拓片也流传很广,使其声名日著。据记载,清道光年间文坛名家阮元督滇,赴龙宫探梅后曾写过《咏梅》诗二首:"千岁梅花千尺潭,春风先到彩云南。香吹蒙凤龟兹笛,影伴天龙石佛龛。玉斧曾遭图外划,骊珠常向水中探。只嗟李杜无题句,不与逋仙季迪谈。""铁石心肠宋开府,玉冰魂魄古梅花。边功自坏鲜于手,仙树遂归南诏家。今日太平多雨露,当年万里隔烟霞。老龙如见三沧海,试与香林较岁华。"诗句被刻在堂中的石头上,人们也争拓带回装裱悬挂。在观内还有古字碑,也叫"凸字碑",刻于1789年,上面写"万物生之"四个字,字迹潇洒自如,刻工技艺精良,乍然一看,使人误认为是凸字,无不群立注视,叹为观止。

宋柏在龙泉观前院中,共有两株,古柏枝干夭矫,粗围盈抱,高标云际,枝繁叶茂,翠色参天,为昆明境内独一无二之物,唐朝诗人杜甫曾有"霜皮溜雨四十围,黛色参天二千尺"的诗句,可以借用写照龙泉观的宋柏。

明茶是指龙泉观正殿墀阶下的一株古山茶花树。品种为珍贵的"一念红",此山茶树大花繁,树干已粗到两手不能围起,每年花季着花千朵,大过饭碗,耀人眼目,每朵花之浅瓣中有深红一捻,故名。李东阳《茶花》诗称赞它是:"玛瑙攒成亿万朵,宝火烂熳烘晴天。"他还有一诗,形容得愈加夸张,但确实道出了此古茶花自然美艳的魅力:"城北楼台一抹红,五云缭绕黑龙宫。忽惊碧树花千朵,疑有晴霞倚半空。"

明墓 位于下观黑龙潭南侧起云阁附近。为明末诸生薛尔望全家殉节后合葬的坟墓。薛尔望又叫薛大观,是崇祯年间的一个读书人,住在昆明东门外的薛家巷。他在吴三桂引清兵入关后,"耻食清粟",就带领全家七口到黑龙潭投水自尽,为国殉节。后人为了哀悼他,收了他们全家尸骨,埋葬在潭旁,以表示景仰,并且还修建了一个亭子,称作"起云阁",阁中挂有清朝初年许宏勋写的一副对联:"寒潭千载洁,玉骨一堆香。"清朝末年,云南考上经济特科状元的袁嘉谷也写过一联:"扶一代纲常,秀才真以天下任;奉千秋俎豆,伊人宛在水中央。"均表达了对薛尔望民族节气的敬仰。墓为古迹名胜,然四周自然景色也很优美。不远处即为一平似镜的龙潭黑水,东侧又有珍珠泉,亭侧墓旁,柏树森森,梅、茶诸花盛开,常引得游人驻足品赏,流连忘返。特别是每当夕阳西下,晚霞映天,观内钟声在苍烟暮霭中回荡,更显得古雅清幽,再映衬上"两树梅花一潭水,四时烟雨半山云"的烟水虚景,使黑龙潭的园林景色更加宜人。

筇竹寺 位于云南省昆明市西北10千米的玉案山上。玉案山又名列和蒙山,顾炎武的《肇域志》记载说:"远望其形方广,出西南诸峰之上,有石棋坪,又曰棋盘山,其下有泉,曰菩提泉。"寺庙依山建筑,峰峦环抱,乔木丛生,寺前古柏森森,溪涧汩汩,是一所十分优美的寺庙园林,园多古树名木,特别是那两棵挺拔的元代孔雀杉,郁郁葱葱,映衬着红墙碧瓦,既庄严肃穆,又令人感到空气清新,古人在壁上书题"玉案晴岚"四字,可以说是名副其实,到这里游览的人,精神莫不为之一爽,正像剑川赵樾村题筇竹寺对联中所描写的:"解脱万缘,筇杖拔云收海镜;游戏三昧,竹枝和日画山川。"走进山门,见有松柏四棵,左右分植,约系明代遗物,至今已有三百多年的历史,门上题额为"西来胜迹",并且悬挂有对联一副:"地产灵山,白象呈祥,青狮献瑞;天开胜境,犀牛表异,筇竹传奇。"此联道出了寺的历史故事。此寺是中原佛教禅宗传入云南第一寺,相传在北宋年间的大理国时期,有鄯阐侯高光和他的弟弟高智在太华山下的滇池之滨打猎,兄弟俩突然发现了一头奇异的犀牛,就紧紧追赶,到了玉案山上,犀牛竟然不见,只看到几个相貌古怪的和尚坐在地上,走到近处一看,这些和尚又不知去向,只留下几根筇竹插在地里,兄弟俩使尽力气怎么也拔不出来;第二天,这几根筇竹便长成了绿竹漪漪的筇竹林,高氏兄弟便在这里修建寺庙,并取名为"筇竹寺"。这段神话显然是为了使寺庙富于神秘的色彩而虚构的,但是通过查考文献,高氏为侯在大理国确有其事。明朝崇祯年间,徐霞客来这里游览时,见到寺后修竹茂密,苍翠欲滴,认为这是寺以竹命名的主要缘故。至元代,寺院更加繁荣,并且得到过大都元仁宗的圣旨,现碑尚立在大雄宝殿内,当时寺里拥有大量的土地、人口、商店等。

筇竹寺在明永乐十七年(1419)被火烧毁,永乐二十年(1422)便开始鸠工重修,一直修到宣德三年(1428)才告竣工。成化十三年(1477),明朝派驻云南的太监钱能在这里开了"千日道场",筇竹寺的规模因此更加扩大,成为昆明的大庙和重要名胜区。崇祯十一年(1638),徐霞客来到昆明,在这里受到了地方人士金公趾、严似祖等的盛情接待。清康熙二十三年(1684),总督蔡毓荣、巡抚王继文又加修葺,殿宇大体保持明代的规模和风格。以后年久失修,殿宇逐渐倾塌,后历经维修,渐复旧观。特别是光绪九年至十六年(1883—1890),历时七年的大修最为重要,因为工匠是请技艺水平较高的四川隆昌帮,建筑、雕塑及彩绘等工程都非常精致,驰名全国的筇竹寺五百罗汉,就是在这次大修中塑造的。在这次修建中,还补刊了昆明书法家钱南园在寺里书题的楹联旧句:"锡驻即前因,地拥花宫,劫历百千万亿;竹生含佛性,尘空梵境,欢同人鬼龙天。"

1949年后,省市园林主管部门又不断拨款修缮,整修房舍及殿宇,平治道路,滋养花木,使现存寺庙建筑,既保存了元明风格,又为之焕然一新。

筇竹寺随山势的起伏建筑寺庙,殿宇布局严谨,共分四层,逐级上升,山门内为一个长方形庭院,规正庄严,尽头即是天王殿。在此院东边隔着漏窗粉墙,却是一个不规则的庙外花园。园内叠石为山,花木茂盛;南边很妥帖地立着一座轻巧的钟楼。这种规则又轻巧的两座庭院比肩而立,在我国古园中尚属少见。由天王殿门进去,中间又是一个大院,种有梨树、梅树、山茶、杜鹃、玉兰、粉团等花木,四时都有鲜花开放,从这里人们也能领略到昆明永远是春天。此院之北边,是园内最重要的建筑大雄宝殿,院南侧与天王殿并列的,东有梵音阁,西有天台来阁,大殿两侧与此二阁内,塑有名闻海内外的五百罗汉像。大院西头是接待外来云游僧人的客堂,东边是僧堂、斋堂等,大殿两侧为游廊及附属建筑。由此再上一个台地,即为第四进院落,正中坐落着此院的主殿——华严阁。古人曾有联写游览此寺园的体会:"游事此地无双,古佛开山,高寺千年留挂杖;传道名僧不一,英龙护宇,深林百尺挂飞云。"

五百罗汉塑像 塑立在寺内大雄宝殿两壁及大殿对面梵音阁和天台来阁中。两阁为了放置罗汉像,均被隔成三间,依壁环绕排列有三层,总数为500尊。每尊高一米多,为泥塑群体彩绘像,艺术价值极高,被誉为"东方雕塑宝库中的明珠"。这组大型泥塑群雕,是四川雕塑名手黎广修接受筇竹寺住持梦佛和尚的邀请,带着两个徒弟和一个哑巴来到昆明,从清光绪九年到十六年(1883—1890),七易寒暑,呕心沥血、精雕细塑而制成的。这些塑像,与清代一般神像的塑造方法迥然不同,它摆脱了通常佛寺中造像的固定模式,通过宗教题材,把握艺术情节发展的高峰,突出所要创作人物的典型性格,用大胆夸张的手法,塑造了具有强烈个性的形象,雕塑的虽然是佛教"不生不灭"达到"真人"的阿罗汉,但实际上表现了人性的特点和生活的特点,反映了现实生活中存在着的思想感情。塑像形形色色,各具神态:有的像怒目金刚,有的系慈眉菩萨;有赤脚行者,有袒腹弥陀;有的像在侧耳聆听,有的像在互相谈心;有俯首沉思的比丘,又有欣然相顾的尊者,——罗列其间,如话、如诉、如聆听、如莞尔,如有所思、如拟所作,形象各异,神情不同,入内观赏,像处在活人群体中。据说当时为了使五百罗汉的塑像能体现出不同的性格,每逢省城的"街子"天,黎氏师徒四人,一清早就要赶到昆明来,仔细观察市场上各种人的性格、神态、表情、衣着及装饰,作为雕塑创作的素材,回去以后进行艺术加工,使每个塑像的衣衫褶皱潇洒飘逸,神情肤色悉本天然,笑貌愁纹纤毫不苟,不仅生动朴实、神态逼真,而且形象栩栩如生、惟妙惟肖,画面清新明快、色彩鲜艳、造型美观,确实是当时社会各阶层人物的真实写照,历来人们都认为"筇竹寺的罗汉是人的气味多,神的气味少"。从艺术技巧上来看,雕塑是把国画工笔画的纤细线条和水墨画的风格,结合雕塑表现手法,融为一炉,形成独特的风格,使中外游览人士,无不叹为观止。为此朱筱园用苏东坡《吴道子画罗汉诗》韵写有《古风》一首:"刘銮塑手传前元,天庆神像奇无痕。孰知苴兰城外筇竹寺,新塑罗汉五百朝世尊。妙莲座涌祇树辟,旃檀林馥天花翻。石壁可喝针可吞,若木手折扶桑暾。驯狮伏虎跨龙象,神采轩动畴敢扪。金人入梦像教设,渡江折苇如浮鼋。一花五叶播震旦,南北分派留芳荪。曹溪一勺宗风敦,法席冷落今重温。劫灰飞尽庙貌复,生气勃勃垂云根。"

罗汉的塑造者黎广修,字德生,四川合州人,不仅是雕塑高手,而且对佛学很有研究,文学书画的造诣也比较深,在寺内右边厢房墙壁客堂上,除了留有一堂绘赠梦佛和尚的淡墨山水画屏外,还手书了两副对联,一副是:"大道无私,玄机妙语传灯录;仙缘有份,胜地同登选佛场。"另一副是:"西土启云山,天遣白象青狮,常随追五百罗汉;南陵列玉案,地毓犀牛筇竹,必护持三世菩萨。"两副对联在某种程度上,表现了他对佛教禅宗教义的理解和领悟。

圣旨碑 筇竹寺的镇寺法宝之一,系元代延祐三年(1316)元仁宗从大都(今北京)发来一道圣旨的碑刻,现嵌于大雄宝殿正门偏左的壁间。大殿面南而建,高大轩昂。正中供奉元代塑立的释迦牟尼三世佛,两侧为神志各异的罗汉像。元代是筇竹寺的鼎盛时期,这与朝廷的支持是分不开的。

元朝灭掉大理国,有个鄯阐人李某,博学多识,在公元1254年到中原游学,历时25年,拜过当时的四大名师,"最后登班集之堂,嗣坛主之法,其学大备",深受元世祖的赏识,赐名为洪镜,国人称其为"雄辩法师"。此人约在公元1280年前后回到昆明,在玉案寺(即筇竹寺)用民族语讲《大方广佛华严经》,成为云南禅宗的鼻祖。雄辩死后,他的弟子昆阳人玄坚继承衣钵,在筇竹寺当住持,受到元武宗颁赐《大藏经》一部;延祐三年(1316),元仁宗从遥远的大都发来了一道圣旨,敕封玄坚为"头和尚",允许寺庙可以拥有许多土地、人口、马匹、商店、当铺以及澡堂等,并要求军民官员保护这座寺庙,由于得到这一"圣旨"的保护,内地佛学在边疆得到了进一步的确立和发展。这道圣旨曾用汉文、蒙文刻在石碑的两面,嵌于大殿壁间,一直保存至今,这就是有名的《筇竹寺白话碑》,也称"圣旨碑"。从碑文的内容,可以看出当时的昆明叫"鸭池城子",和《马可波罗游记》中所写的"到达省会,名雅歧",系同一个意思;碑末用"龙儿年四月二十二日",可以看出仍用属相纪年,反映了蒙、汉语言的交融。此碑是研究13和14世纪云南历史、宗教文字等极为宝贵的文物。

西岳庙　　在陕西省华阴市华山脚下的华岳镇,南距华山5千米,西距华阴县城1.5千米。庙宇宏伟,古柏参天,四周围墙环绕,是我国历代封建帝王祭谒华岳的神庙,也是一处较大的寺庙园林。据文献记载,该庙原来在现址以东的黄神谷,称"集灵宫",始建于汉武帝时期(前141—前87),到三国魏文帝黄初元年(220)才迁到今华岳镇官道北。北周武帝天和二年(567)及唐开成元年(836),曾予重修。宋太祖建隆二年(961),曾更大规模地翻修过一次,到了明、清两代,修葺的次数更多。其中工程最大的两次,是清乾隆四十二年(1777),进行了3年,才告成功。

西岳庙的山门被称为"灏灵门",它和五门楼同为高大的砖石建筑,形制与北京故宫的端门颇相类似,为明代遗物。五门楼内有美丽的花园,其中有一棵古木,相传周昭王时老子西行途中曾系牛于此,故名青牛树,颇引游人注意。在五门楼之后,是清代改建的棂星门,枋檩上的彩画保持着明代早期式样。从这里进去,便是绿林掩映中的正殿"灏灵殿",是琉璃瓦单檐歇山顶式建筑,面阔七间,进深五间,周有回廊,殿基高大宏伟,整座宫殿全部坐落在一个大月台上。月台平面为一"凸"字形,周围用石条砌成,显得气势巍然。殿内悬挂有清代康熙、道光等题的"金光昭瑞""仙掌凌云"等匾额。

西岳庙是历代帝王巡视陕西的驻跸之地,过去还建有皇帝的寝宫,也是游人瞻仰浏览的胜地。唐代诗人元稹在《华岳祠》诗中有"山前古寺临长道,来往淹留为爱山"之句。庙内原来镌刻的碑石很多,因年久湮没,多遭毁坏。我国著名的书法碑帖,东汉桓帝延熹八年(165)的《西岳华山庙碑》,原来就存放在这里。碑文记载了汉代统治者祭山、修庙、祈天求雨等情况。明嘉靖三十四年(1555)地震时碑毁,至今存世的仅有宋拓"长垣""华阴""四明"及清代金农等少数拓本,成为著名的书法珍品。庙内还有后周《华山庙碑》、宋庆历七年(1047)程琳谒祠题名石刻、明嘉靖四十年(1561)九月重刻《唐玄宗御制华山铭碑》以及明万历年间的《华山卧图》,图首附刻王维、李白、杜甫、韩愈、陈抟、陈琦等唐、宋以来的名人文士的咏华山诗。此外还有《华山图》、嘉靖十七年(1538)《重修西岳庙碑》、乾隆御书"岳莲灵澍"等石额碑刻,均是游人喜欢驻足观赏的古典文物和艺术品。

华严寺 位于陕西省西安市长安区南少陵塬半坡之上,为佛教华严宗的发源地,是唐代著名的樊川八大寺院之一。现存古建遗迹及佛塔,还恢复了园林环境,以接待游人。

寺院修建于唐德宗(李适)贞元十九年(803)。清乾隆年间发生了崩塌,现存砖塔两座。东边是华严宗初祖杜顺禅师塔,四面七层,高13米,上层刻有"严主"二字,第三层石刻有"无垢净光宝塔"六字。西边一座是华严宗四祖清凉国师塔,六面五层,高7米。

华严寺为长安古寺庙群组之一。寺院居高临下,是登高远眺的好地方。站在华严塔前,俯视樊川,风光如画。望南重山叠雾,正如唐代诗人岑参《题寺》诗中所说:"寺南几千峰,峰翠青可掬。"

白云山庙 位于陕西省榆林市佳县城南5千米处的白云山上。因山上终年白云缭绕,故得此名。庙宇建筑面积有八万一千多平方米,属于寺庙园林。

白云庙创建于明万历三十三年(1605),清雍正二年(1724)重修并增建。共建庙宇53座,整体建筑规模宏大,气势壮观,是明清时期西北最大的建筑群。

经黄河滩上白云庙,须攀登六百余级台阶,台阶陡立腾空,宛如瀑布飞流,古称"神路"。路口有双层飞檐、多层斗拱的木结构牌坊,高12米,顶端主脊后有26个兽头,八处挑角悬挂风铃。坊楣上书"白云无尽""黄河玉带""神威有赫",此为入山第一建筑。五龙宫为该庙底层建筑,有正殿、两廊、观音楼等,屋宇典雅秀丽。宫北为一、二、三天门,路途险阻,筑有一百六十余级石台阶,两旁砌以精致的石栏杆——青龙、白虎、朱雀、玄武分列其上;两侧松柏夹道。登上二天门,凭栏远望,如入仙境,令人心旷神怡。继续北上即为真武祖师殿,为主建筑,辉煌雄伟。殿前殿后,均有廊房配殿。殿前左右分建钟、鼓二楼,式样新颖,工艺精巧。据当地人讲,钟楼的钟声,隔黄河的山西境内犹能听到,因而有"白云晨钟"之称,被誉为佳县八景之一。院中耸立着一株参天古柏和一对盘龙铁旗杆,另有精工雕刻的蹲卧石狮一对。大殿内有真武铜像一尊,高大的泥塑像侍立两旁,周围墙壁上布满了彩色壁画。这里是该庙道徒举行宗教活动的主要场所。在真武殿的四周,建筑颇多。阁有瑞芝、超然、文昌、玉皇,庙有东岳、关帝、三灵侯,祠有二斗、圣母,殿有三清、三官,洞有白云洞。

白云庙古建筑群在建庙选址时,择取了濒临黄河、山势陡峭、因山借势、古柏花木掩盖、白云环绕这样一个幽雅环境,被誉为"白云胜景"。整个建筑以真武祖师殿为中心,殿、亭、阁、楼、台参差错落,星罗棋布;建筑物中别具风格的出檐、挑角、屋脊、兽头,古雅灵奇,显示了我国劳动人民的聪明智慧。庙内现存彩色壁画一千九百余幅,各种碑碣108块,匾额四十余块,以及石狮、古钟、浮雕、石刻等大量珍贵文物,这是明清时期保存较为完整的建筑、绘画、雕刻、书法、冶炼等民间技艺的结晶。

目前这里已开通了旅游专线,每年农历四月八日为其庙会,届时蒙汉群众来此朝山和贸易者络绎不绝,极为兴盛。

仙游寺 位于陕西省西安市周至县南约17千米的黑水峪内,为文人和寺庙园林。这里四山环抱,一水中流,峰峦奇绝,甘泉飞瀑,是西安西南线西端融自然与人文景观为一体的著名旅游景点。

仙游寺的历史可追溯到公元前11世纪的西周王朝。以巡游四海著称的周穆王曾在黑龙潭边奏乐宴饮三日,对这一带的旖旎风光流连忘返。后来,他把心爱的盛姬埋葬在黑龙潭边,在墓旁广植盛姬生前喜爱的翠竹,把龙潭改名为"玄池"。到了春秋时期,秦穆公的女儿弄玉与萧史的爱情故事也发生在这里。弄玉自幼爱好音乐,擅长吹箫,通晓音律,她与风流俊逸、才华出众的萧史志趣相投,结为夫妻,住在仙游寺边的玉女洞,悠扬动听、超凡脱俗的箫声引来祥龙瑞凤,他们双双结伴成仙而去。这就是"乘龙快婿"典故的由来。到了隋开皇十八年(598),隋文帝在这里修建了名为仙游宫的避暑行宫。这位自幼由尼姑抚养,在尼庵里长大的皇帝笃信佛教,3年之后,诏令在全国各地选择环境优美、高爽清静的处所建立佛塔和寺院。仙游宫在这时被改建为仙游寺。唐代中叶以后分为三寺,现存于黑河南岸的仍称为仙游寺,北岸的称为中兴寺,另一座已废弃。

仙游寺园有历代著名诗人墨客的轶闻遗迹。东汉末年的经学大师马融在这里面壁发奋苦读,留有"马融石室"遗址。唐代卢纶、王勃、岑参、李商隐、朱庆余等在这里写下脍炙人口的诗篇。特别是元和元年(806),白居易应制举考试及第被任周至县尉,从政之余与挚友陈鸿来到仙游寺,论及天宝轶事,不禁感慨万千,一气呵成写出以李隆基与杨玉环缠绵悱恻的爱情故事为主题的《长恨歌》。陈鸿为了补充《长恨歌》不能详述的轶闻遗事,又写了《长恨歌传》。这一歌一传,珠联璧合,相互辉映,成为世代传诵的千古绝唱。到了北宋嘉祐七年(1062),大文豪苏轼任凤翔通判时,也多次游览仙游寺园,留有"苏章石壁"。

仙游寺依山傍水，风景如画，"仙游十景"各具一格，而且形势险要，成为历代兵家必争之地。唐末黄巢起义军、明末高迎祥李自成起义军、清末太平天国起义军都曾在这里安营扎寨。他们更为这里变幻莫测的云雾、奇峭多姿的山峰、珍贵罕有的文物古迹增添了一层令人神往的历史色彩。

宝塔放光 位于仙游寺园内，为隋仁寿年间建造的佛舍利塔。塔高35米，七层方形砖砌，底边宽8.7米，下大上小，形如锥立，比例适当，线条优美。层檐有出檐斗拱，气势雄伟壮观，塔顶为八卦悬顶建筑，饱经了一千四百多年风雨剥蚀和多次地震，仍然屹立。令人称奇的是塔西南角塔壁有一块黑色痕迹，时暗时亮，据说塔顶也常出现一种异光，时大时小，时聚时散，飘忽不定，灿若明霞。"宝塔放光"被列为仙游寺胜景之首。

龙潭虎穴 位于仙游寺南北两寺之间，黑河上有个深潭，方圆约六七米，水色黝黑，深不见底，潭上石壁峭立，形势险峻，一旦雷雨交作，溪光山色，变幻万千，如临仙境，人称仙游潭，传说有青、黑、赤、白、黄五龙匿居，又称为"五龙潭"。龙潭东面，怪石丛立，宛若猛虎盘卧潭边，构成"龙潭虎穴"的风景。

九峰叠翠 仙游寺南面，有九座错列别致的峰峦，如同天幕拉开，十分美丽动人。远远看去，九座峰峦好像九位亭亭玉立的少女，有的俯首静思，有的展袖欲舞，有的正襟端庄，有的娇态可掬。尤其是阳春三月，春暖花开，九位少女半隐山冈，云鬓拥翠，别有一番情趣。

茅碥积雪 仙游胜景，妙趣无穷。仙游寺周围青山绿水，偏偏玉女洞上一片原野景色迥异。月光下光泽洁白，好似茅草碥石上覆盖一层积雪。白居易在这里诗兴大发，写下《仙游寺独宿》诗："沙鹤上阶立，潭月当户开。此中留我宿，两夜不能回。幸与静境遇，喜无归侣催。从今独游后，不拟共人来。"

玉女垂帘 中兴寺之东，秦穆公女儿弄玉吹箫引凤的玉女洞中有一股飞泉叫"玉女泉"。泉水飞流直下，形如珠帘，构成"玉女垂帘"之景。苏东坡留题玉女洞，有"洞里吹箫子，终年守独幽。石泉为晓镜，山月当帘钩"的诗句。

兴教寺 位于陕西省西安市城南20千米的少陵塬畔，是唐代樊川八大寺院之一。

唐高宗李治麟德元年（664），著名高僧玄奘法师圆寂后葬于白鹿塬。唐高宗总章二年（669），又改葬于樊川凤栖塬，并修筑了五层灵塔。唐肃宗李亨题塔额"兴教"二字，从此得名。

兴教寺坐北朝南,门内钟、鼓两楼夹道对峙,气象庄严。穿过林荫松柏道,进入大殿,殿内轩敞肃穆,玻璃宫灯高悬,龛台陈列有铜像及缅甸雕刻的白玉弥勒佛像各一尊。殿后高台上建有庭院,花坛内棕榈终年吐绿,与古藤翠竹相映成趣。正北是经堂,堂内锦幡垂拂,香烟缭绕。正院两侧各有一座跨院。东院为藏经院,经楼立于参天古柏之中,内藏经书数千卷。西院名慈恩塔院,古柏桃林之间三塔耸立。玄奘法师舍利塔立于正中,砖筑五级平面正方形,是园内现存的唐建砖塔之一。塔底层北面镶石刻《唐三藏大遍觉法师塔铭》,叙述了玄奘的生平事迹。底层洞内有清代泥塑玄奘像一尊。三塔北有三间刹殿,内陈列玄奘及其两大弟子石刻影像,壁间悬有《玄奘行程图》及《古代中缅友好往来史》等图。

由兴教寺眺望终南山,诸峰重峦叠翠,滴水如带,蜿蜒西流,景色十分优美。唐代诗人杜甫在《奉陪郑驸马韦曲》诗中有"韦曲花无赖,家家恼杀人"的诗句,生动地描述了兴教寺这一带的景色。今天这里已成为旅游胜地。

楼观台 位于陕西省西安市周至县东南15千米的终南山北麓,是我国最古老的道观园林,占地面积约5平方千米。它的创立可追溯到周朝,相传西周大夫、函谷关令尹喜在此结草为楼,以观天体,称作草楼观,亦称紫云楼。后老子李耳西游入关,便迎归草楼,时老子新作《道德经》五千言,故在楼南高冈上筑台为尹喜授经,故又称为授经台或说经台(两者合称便是楼观台),从此楼观台声名大振。据古籍载,此地历来为长安及关中的游览胜地,周穆王游这里时曾建造了楼观宫,秦始皇又建庙于楼南,汉武帝曾立宫于楼北。东汉时期,张道陵创立了道教,推崇老子为教主,并把《道德经》作为主要经典,楼观台从此被奉为道家圣地,历代帝王如晋惠帝、隋文帝、唐高祖等都曾游历此地并增建或修葺楼台。特别是唐高祖李渊认老子李耳为皇族远祖,钦赐在此地修建了规模宏大的"宗圣宫",同时大修"说经台",并改名为老子祠。唐玄宗即位后又把宗圣宫改为宗圣观,当时,楼观台筑有台、殿、阁、宫、亭、塔、洞、池泉等五十余处,是这一道教胜地的全盛时期。以后各朝,楼观台均曾经过修建增补,但基本上保持了大唐盛世时的格局。

由于楼观台是道教著名宫观,建筑华美,环境清幽,历朝历代,游人不绝。文人学士、书法名家留下了绚丽多彩的诗词和遒劲飘逸的墨迹镌石,赞美之词甚多,有言云:"关中河山百二,以终南为最佳;终南千峰耸翠,以楼观为最名。"今天的楼观台,古树参天,修竹环抱;石级幽径,盘曲其间,亭榭台阁,散落沟坡;池水喷珠,游廊回旋;花圃吐蕊,馨香袭人……主要胜迹有说经台、藏经阁、炼丹炉、吕祖洞、仰天池、栖真亭、老子墓、宗圣宫、玉真观、玉华观等,是关中著名的旅游胜地。

说经台 即老子祠,位于楼观台园的中心,该台踞立于一座小山头的山巅,四周翠竹苍松环绕,溪泉鸟语交响,从清静幽深的入祠山门入山,便是东西两侧的碑厅,其内置立着历代珍贵的石碑及刻石文物,厅对面有六角亭两座,西亭内石碑上刻有"上善池"三个大字,为元代大书法家赵孟頫手笔。祠内正殿为祀拜老子之处,置有这位先秦哲人的泥塑像一尊,此外,祠内还有配殿,左右亭房,道人所用的斋舍若干,是国内保留较为完整的建筑群。自说经台北行2千米为唐宗圣宫遗址,现尚保存着唐时所植银杏和古柏数株。古柏中以系牛柏最为有名,相传老子来此说经时,曾系所骑青牛于此树。从说经台西行,古迹较多,1千米处有一泓终年不竭的清泉,称之为仙女泉。复西行3千米,有一小桥横跨台上,称为遇仙桥,颇多传说故事。遇仙桥西便是传说中的老子墓,墓为椭圆形,高约4米,占地面积约为20平方米,四周皆植常绿松柏,是楼观台园中较为重要的一景。

仰天池 位于说经台东南5千米的一个山峰上,此峰为园内较高的一座山峰,海拔1500米,据古碑记载,此山名"地肺庵山"。山势较为险峻,石骨外露,有磴道拾级可至山巅。仰天池呈椭圆形,面积约有两亩,水深可达2米。因山高水清,天光云影悉映入水中,观之别有情趣。池边,备有小船,游人可搭乘小舟泛于池中,上下天光伸手可揽,堪称楼观台游览的一绝。除了天池水景之奇外,楼观台还有一著名的奇石景,即响石,它安放在气势雄伟的八卦悬顶老君殿后院中间。响石外形如一块八角形的石碾盘,传说此石为女娲炼石补天余下的五块奇石之一。它的造型较为特殊,且能发出声响,只要敲击其上,就会发出铿锵之声,其声能随击石之轻重而变,若黄钟大吕,暗合音律,游人见之皆称此石似有灵气,是自然造化的奇迹。

白云观 位于甘肃省兰州市区的黄河南岸,占地2万平方米,沿滨河路开门,隔河与白塔山斜对,为兰州著名的道观园林。始建于清代道光十九年(1839),是由总督瑚松额奏请清廷建立的祀吕祖庙。全观由中轴线贯穿主体建筑太极殿中心。东西两侧有厢房、钟鼓楼对称排列。山门为砖墙,重檐斗拱,下开三个明代风格的拱形大门,气魄非凡。进入观中回望山门后面的古戏楼台,雕梁画栋,三面斗拱,卷棚歇山顶。楼台高10米左右,高大宽畅,古朴俊雅。庭园内有数株古槐树,高大挺拔、浓荫蔽天,给人以清凉、舒畅、幽静之感,虽处市区却有闹中取静的境界。白云观不仅仅是宗教活动场所,同时也是游览审美、建筑欣赏、消夏纳凉的好去处。它以其特有的宗教文化及园林景色吸引着众多的游览者。

中国园林鉴赏辞典

下册

陈从周 —— 主编
刘天华 —— 执行主编
姜汉椿 —— 副主编

华东师范大学出版社
-上海-

名胜园林

名胜园林概述　　在我国古典园林的分类中,除了私家园林、皇家园林、纪念园林和寺庙园林之外,还存在着一种涵盖面较广的类别——名胜园林。一般来说,凡是没有特定服务对象,带有某种公共游赏性质的古代园林,均可以归属于此类。名胜园林按其所处的位置又可分成两种:第一种一般位于城市近郊的山水秀丽之地,它们占地大,范围广,具有较大的综合性,我们称之为山水名胜园林;另一种位于城内,有较明确的范围,其观赏主题常常是具有较高文化价值的历史古迹名胜,如古代名楼、名泉、名桥等,可以称之为古迹名胜园林。从园林史上看,城市古迹名胜园林常常是由山水园林演变而来的。如黄鹤楼、滕王阁当年均是武昌、南昌城外观看大江风景的名楼,如今随着沧海桑田的历史变迁,均已成了城中名胜园林。因此,两者之间常常没有很明确的分界线,它们的艺术特征也有许多相似之处。尽管这些园林数量较多,但基于上述考虑,我们仍然将它们放在一起品评鉴赏。城郊的名胜园林多数是利用原有的天然山水林泉,结合城市的治理建设,经过适当加工改造和艺术点缀而成的园林名胜游览区。与其他园林不同,山水名胜园林一般没有一个比较明确的地域范围或界线,因而具有较大的开放性。它们是以自然山水风物为基本骨架,长期积淀了古迹名胜等人文景观而形成的,常常包含了帝王苑囿、私人别墅花园以及寺庙和纪念性园林,具有较大的综合性,是城邑居民共有的公共风景游赏区。名胜园林与位于名山大川的自然风景区不同,首先,它必须近城镇,市民百姓在节假日能很方便地前往游览,有的甚至像常熟虞山那样,"十里青山半入城",工余休息之时,也能前去赏景。如杭州西湖、无锡惠山、常熟虞山、肇庆七星岩等。其次,它们不以自然高山峻岭的奇伟景观取胜,而是以秀山秀水、春花秋叶和古迹名胜为观赏主题。在使用性质上,山水名胜园很接近现代的城市或城郊的公园,在规划布局上则充分体现了古典园林顺应自然、美化自然的传统,堪称是古代城市园林和名山胜水风景区之间的一个过渡。

　　从历史看,山水名胜园林的发展要比其他园林慢。大唐京师长安南郊曲江池一带的游憩区,一般认为是首创的山水园林。到两宋,随着经济的发展,邑郊山水园林渐渐繁荣。当时城市手工业、商业发达,人口增多,一般的市民不可能营建自己的私园,只能到近郊的山水林泉中去满足欣赏自然美的需求,于是城郊的风景地便不断得到开发,成为一种公共游豫园林。这类园林的风光要比一般园林更富野趣,也更自然,因此其开发也得到了地方官员、文人雅士的支持。发展到明代,全国的大、中城市几乎都有各自的山水园林,仅是被称作"西湖"的,就有三十六处,便有"天下西湖三十六"之说。每逢月夜花晨,这些园林中游人往来,纷错如织,甚至出现官民同乐的景象。宋代文学家欧阳修对百姓争游琅琊山曾有如下描写:"至于负者歌于涂,行者休于树,前者呼,后者应,伛偻提携,往来而不绝者,滁人游也。"城市山水名胜园林的开发常常与城邑的综合治理结合在一起,其中主要是治水。水是城市的命脉,又是农业之根本,古代一些贤明的地方官,往往结合郊区水利和城市供水设施的建设,综合开发邑郊名胜园林,如杭州的西湖风景与白居易、苏东坡任职时的建设分不开,北京西郊的园林风光亦与元代科学家郭守敬对郊外水系的综合治理有关。此类名胜园林的形成常常是由点到面,在一个较长的历史时期内逐步积累完成的,具有较强的历史时间意义。园内名胜古迹多,甚至有"唐宋元明清,从古看到今"的说法。

随着沧海桑田的历史变迁,当年的郊外名胜园林有些演变成了城内园林,这就组成了另一类名胜园林——以某一历史名迹为观赏主题的古迹名胜园林。如万里长江的几大名楼,历史都很悠久,当年是为了观赏四周山水景色而建的,像王勃"落霞与孤鹜齐飞,秋水共长天一色"这样的名句所描绘的其实便是滕王阁四周的山水景色。唐宋以降,它们是郡城士人及百姓登高赏景游览必到之处。久而久之,四周就成了市肆,商业繁荣,它们渐渐成了城中的名胜园林。这类园林每每以某一古建筑或其他古迹,如古洞、古桥、古井、古泉等为园景的中心,由于与之相关的题咏赏景诗文极多,虽然在历史上屡毁屡建,但其文化价值及观赏价值并没有减弱,相反,随着时间的推移、游赏者的增多而愈加著名,常常成为当地引以为豪的园林文化遗产及旅游名胜。这些园林的古迹常常又与历史上某些名人逸事有关联,因此又与纪念园林有相通之处。如成都锦江之滨的望江楼公园,主要是为了纪念唐代女诗人薛涛而建,但其中的古井——薛涛井又是一般城中名胜园林常见的主题。因此在分类上只能就其主要的游赏功能和主景的纪念意义来考虑它的归属。山水名胜园林与古迹名胜园林虽然占地大小相差甚多,环境也有很大不同,但它们的园景构成均是以观赏山水林泉或古迹名胜为主,具有比较相近的艺术风格和观赏特点:1.自然天真。能充分利用自然山水的风景资源,加以艺术的整饬改造,使景色既富有山林野趣,又充满富有匠意的艺术构思,那里既有青山绿水、洞壑溪泉、花草树木等自然景,又有亭台楼阁、危磴曲径、仙祠古刹、精舍浮图等人工创造物,两者妙相配合,更突出了园林风光的自然天真。如骊山温泉山水园是以山、泉自然物和唐朝苑囿遗址为骨架的风景园林,山清水秀,松柏满坡,山麓几座遗迹古园如九龙汤、华清池等的点缀丰富了游赏的对象,同时也勾勒了山水风景。2.风月宜人。古人常将富有变化的天象气候景观称为"风月景",山水园林地域广阔,赏景视野大,这就为远距离欣赏山林溪泉、亭塔楼阁的整体气势和阴晴雨雪的变幻创造了条件。与城市一般园林相比,名胜园林风景有着更多的层次、更丰富的变化,其中最主要的原因是园中的实景常常能和大自然中一些活的、虚的景观,如日之阴晴、月之盈亏、风起云涌、朝雾暮霭等融合在一起,形成动静结合、虚实相济的迷人景致。而艺术家的设计也为人们及时欣赏风月景创造了条件,如为了欣赏月色,每每依傍着开阔的水面设置平台亭榭;为了观赏日出,往往在山巅高处建造观日出的赏景点;为了欣赏山峰出没在云际,则又常在山麓低平处设立宜于仰观的亭阁;等等。3.文化的积淀。山水名胜园林具有较强的历史的延续性,它的形成常常经过几十年甚至数百年、上千年的改造、经营和积累,经过好几代名人贤达与文人墨客的关注和参与,因此在其景色中,常常积淀着深厚的文化意味。首先,山水名胜园林常与历史名人联系在一起。如李白之于宣州(今安徽宣城市)敬亭山,杜牧、岳飞等之于池州(安徽池州市贵池区)齐山,苏轼之于广东惠州西湖等。唐柳宗元被贬永州(湖南永州市),曾致力于山水园林的建设,他说的山水"美不自美,因人而彰"主要就是指城郊山水园林的风景。其次,山水名胜园林的景区或景点题名常常反映了较深的历史文化内涵。名胜园林是城市居民闲暇时游乐的场所,也是文人乡绅宴集吟咏之处,园林景色及其题名的好坏也几乎成了衡量该城文化水平高低的标志,因而受到地方官员及社会贤达的重视,为了使园林美景代代相传,也为了与其他城市比美争胜,古代一些城邑常邀请本乡文化名人对主要园景进行品评题名,最后以"八景""十景"作为该园的形象概括。到明代,城郊八景之说风行天下,北京有燕山八景,西安有长安八景,连小城小镇也有引以为豪的八景、十景,成为古典山水园林命名的一大传统。从风景欣赏来看,这类标题风景既指出了园林的精华,又富有诗意,有利于游赏者把握主要的风景特点,培养赏景情感,领悟迷人意境。

杭州西湖　旧又称武林水、钱塘湖。湖三面环山,东面紧靠闹市区,因在城之西,故名。古代西湖曾与钱塘江相通,是一个浅水湾,后被泥沙淤塞而成为一个潟湖。此湖水受山泉活水的冲洗,经历代疏浚治理和开发美化,演变成中外闻名的城郊山水风景园林。对它的最早治理,可上溯到汉代华信筑钱塘的记载。中唐以后,李泌修挖六井;白居易治杭州后,结合水利建设,筑环湖堤岸,以提高水位蓄水灌溉,同时又修竹阁、白堤等景点。山光水色的美,使西湖风景之名声日益响亮,已基本成为杭城至关重要的市民游览区。宋代,著名文学家苏轼两次来杭任地方官,在前人治理的基础上,他进一步结合航运及灌溉治理西湖,增添了苏堤六桥、三潭等实景,使西湖变得更加美丽。在这些审美境界高、艺术修养好的地方官及其他文人画家的评点、改造之下,西湖在很长一段时间内都是我国南方最美丽的风景园林,据说,当年金兀术便是因为仰慕杭州西湖"三秋桂子,十里荷花"的名声而决定南侵的。此后,西湖十景、钱塘八景一直名动天下。目前,西湖山水名胜园林范围有五十余平方千米,湖上及环湖一带山水间是景点荟萃之地,分布着主要景点及景区四十多处和文物古迹三十余处。整座风景园林内平湖似镜,山峦叠翠,花木繁盛。峰、岩、洞、壑之间,穿插着泉、池、溪、涧;黛绿浓碧之间,点缀着楼、台、亭、塔。西湖风景最大的审美特征还在于实景与虚景的结合,因为西湖园林地域范围大,赏景视野较开阔,层次较丰富,就更能够将自然界中的天光云影、风雷雨雪以及朝暮晨昏、四季更迭等天象气候及光影变化等虚景组合到风景画面中来,形成动静结合、虚实相济的迷人景致。如西湖十景所表明的风景意境,几乎全都蕴含着山水亭台和云气光影、朝暮四时等虚景相结合的美;苏堤春晓是在早春之晨曦中,观看平湖中一痕长堤和堤上的烟柳新绿;曲院风荷则是夏日静坐曲院廊中,赏风吹荷叶、万杆摇碧的水景;平湖秋月是在中秋之夜赏一碧平湖中明月沉浮之景;断桥残雪是在隆冬腊月观赏古桥残雪的一片银白清冷。其他诸如柳浪闻莺、花港观鱼是植物、建筑与多姿多彩的动物景的配合;双峰插云、三潭印月是山岭、园林小品与云、月的组合;雷峰夕照是佛寺巍塔与晚霞夕阳的结合;南屏晚钟一景最为别致,将古刹钟声与宁静湖景相联系,使人们在视觉和听觉上同时得到美的享受。因为西湖园林风景如画,它一直享有西子湖的美名。当年苏东坡一首《饮湖上初晴后雨》恰如其分地点出了西湖风景醉人的艺术魅力:"水光潋滟晴方好,山色空濛雨亦奇。欲把西湖比西子,淡妆浓抹总相宜。"

湖滨　今又称湖滨公园,位于杭州西子湖的东岸,一面是水光潋滟的西湖,一面是绿荫匝地的湖滨路,犹如濒临西湖的一条绿色长廊。公园就在城边,游览方便,是游赏西湖美景的必经之处,景色绝佳。

湖滨公园长约1千米,由六块大小不一的园地连缀而成。清朝时,这里是清兵驻地,人称"旗营",杭州人又称"旗下"。这里原来有一道长4.5千米、高6.27米、厚1.98米的大围墙,辛亥革命后,拆去了围墙,废除了旗营,开辟了公园。当时从南至北,依次为一公园、二公园、三公园、四公园、五公园、六公园。湖滨公园就是在以前六公园的基础上扩充修整的。目前公园范围进一步拓展,包括了圣塘路沿湖绿地的大片范围。

湖滨公园地处闹市,然而沿湖的悬铃木和七叶树把它和湖滨路隔开,使它闹中取静,恬淡安静。濒湖有波澜形的铁链栏杆和绿色石柱路灯,栏外就是碧波荡漾的西湖。园内栽植着垂柳、松柏、香樟等浓荫覆盖的大树,美人蕉、月季等各色花卉组合成一个个精致的花坛,四季飘逸着沁人花香。

建筑典雅的石函精舍、湖畔居предост供游人览景、品茗、休息,园之北区还筑有花架和廊台楼亭等园林小品。湖滨公园以一公园、六公园为大。一公园有一座结构古朴、造型典雅的亭子,此亭名"晚香亭",正面横匾为当代书法大家沙孟海老人所题书。亭子右侧旁立着一座花岗岩纪念碑,端庄凝重,与晚香亭相映成趣。碑石上镌刻着"晚节留香"四个大字,字迹雄浑刚健、气韵生动。园内现建有五彩缤纷的巨大造型花坛和精巧的园亭,全园显示了清新、雅洁、开朗的特色。一至五公园还设有停靠各式西湖游船的埠头,泛舟游湖的人们可从这里出发,荡漾湖中,饱览湖光山色之美。

站在湖滨公园观赏西湖山水,景色四时咸宜,花晨月夕、晚霭暮烟、雪朝雾旦均有奇趣。"水光潋滟晴方好,山色空濛雨亦奇。"湖滨观景,如诗似画,一派人间仙境的迷人景象。

柳浪闻莺　　从清波门至涌金门连绵一千米多的濒湖地带,园地面积达 20 多万平方米。它依湖傍城,是一座集观赏和娱乐于一体的大型综合性园林。

柳浪闻莺是"西湖十景"之一。每当春日,万千柳枝迎风摇曳,宛若群浪翻空,浓荫深处,不时传来呖呖莺啼,清脆悦耳,故称之为"柳浪闻莺"。南宋时,此地有许多名胜古迹,有学士港、问水亭、柳洲亭、聚景园,还有钱王祠、仙佬墩、集贤亭、耸翠楼等。宋后,园已荒废。到元代,有阿老丁者,因从元世祖征西有功,后来在杭兴建凤凰寺,死后葬于此,自此后,这里成了"回回坟"。到清代,康熙南巡,恢复旧时西湖十景,但柳浪闻莺之园景仍囿于一隅。

现在的柳浪闻莺是从 1951 年开始整修的,它包括闻莺园、聚景园、友谊园,甚至再南边的涌金门、长桥园等也是这一濒湖园林的有机延伸。柳浪闻莺是一座以葱茏柳色和婉转莺鸣为主景的公园。沿湖岸边,荟集着西湖最佳的春柳"浣纱柳""醉柳""狮柳"数百棵,轻柔婀娜的柳丝,被风轻轻吹摇,若绿浪翻舞,如碧波漾涌,千姿百态,撩人情愫;黄莺悠扬婉转的鸣啭透过柳丝织成的风帘翠幕传入游人耳膜,给人平添几许遐想。园内杨柳点景,雪松、紫楠、女贞、广玉兰等常绿乔木,樱花、海桃、碧桃、玉兰、绣球、月季等各种花卉,争妍斗艳、添光溢彩、交相辉映。

艳丽的花坛,宽广的草坪,生动的雕像,宁静的树林,绵长的湖岸,古雅的亭台廊厅,形成开敞豁达、清新明净之特色,也是柳浪闻莺的美景和魅力。

涌金公园　与柳浪闻莺公园相连,是传说中西湖金牛出水的地方。宋时,因涌金门至钱塘门五里堤岸遍插垂柳,所以又叫"柳洲"。

涌金公园属自然山水园林,占地2.67万平方米,以前曾建有问水亭、集贤亭、耸翠楼、湖堂等建筑。清时,总督李卫在此设校场,并建射亭,故被称为"亭湾骑射",为旧时西湖十八景之一。岁月荏苒,这些遗迹已荡然无存。1956年,此地被辟建为涌金公园,临湖处构筑花廊,后又增建了金鱼园,种植了碧桃、荷花、紫薇、蜡梅等四季花卉,与柳浪闻莺形成整体。

长桥公园　位于西湖东南隅清波门与净慈寺之间,属于自然山水园林。

长桥公园因临近长桥而得名。长桥在宋时就有,为西湖水渠闸门。宋时桥有三门,水口宽阔达500米,长里许,上筑亭,十分壮丽。两旁遍植桃柳,宋时被列为"湖山胜概"之一。后来因为西湖水道淤塞,桥景败落。《西湖游览志》记:"长桥颇短,而以长名者。"杭州谚语有云:"断桥不断,长桥不长。"1984年,此处改建为长桥公园。

长桥公园占地面积不足38亩,公园东南面种植着成片桂树,每当秋风送爽,香飘满园。园内是大片草坪,曲折回环的园路把各个景点互相连接,池塘、假山、叠石、绿荫,给人以清静幽深的感受。公园临湖处的亭廊,是凭眺西湖北区湖光山色的极好窗口,它将湖光山色引入,使长桥平添了一种纵深感。

钱王祠　位于杭州柳浪闻莺公园内。钱王祠是祀五代吴越王钱镠(852—932)的祠宇,原是钱镠故居。钱镠是吴越国的创立者,临安(今杭州市临安区)人。唐朝末年,因有军功,拜为镇海镇东军节度使,拥兵两浙。不久被封为越王,又封吴王。唐亡后自称吴越国王,以杭州为都城,雄踞一方,吴越成为五代十国时期十国之一。钱镠称王后,大兴土木,在今凤凰山一带兴建宫室,扩建杭州城,又大兴水利,筑海塘、修水闸、大力疏浚西湖,防治了江潮之害,也促进了农业生产发展。后人建祠以纪念他。钱王祠内,大殿中原有钱镠等五人像。钱王祠有"表忠观"的名称,宋时有苏东坡所书表《忠观碑》八块。苏轼碑记历述钱镠如何建功立业及以后如何保境安民,最后述其子孙归顺宋朝之事,说:"其有德于斯民甚厚,……其有功于朝廷甚大。"此碑初刻于宋熙宁十年(1077),后因年深日久,碑文字迹漫漶、石碑断裂而被废弃。现在的石碑,是在明嘉靖年间,由当时杭州知府陈柯重新易石摹刻的,是颇为珍贵的文物,今移置杭州碑林,而钱王祠旧址已改建为聚景园。

白堤 西湖上的带状纪念性风景园,全长 1 千米。北傍葛岭、宝石山、北里湖,南靠外西湖,东起断桥,经锦带桥而止于平湖秋月。

白堤横亘湖上,把西湖划分为外湖和里湖,并将孤山和北山连接在一起。白堤在唐代原名白沙堤,宋代又叫孤山路。明代堤上鳌石铺沙,广植桃柳,故又有"十锦塘"之名。张岱在《十锦塘》一文中写道:"十锦塘,一名孙堤,在断桥下,司礼太监孙隆于万历十七年(1589)修筑。堤阔二丈,遍植桃、柳,……车马游人,往来如织,兼以西湖光艳,十里荷香,如入山阴道上,使人应接不暇。"白堤平静坦荡,景色秀美。堤上内层是婀娜多姿的垂柳,外层是绚丽多彩的碧桃,远望如一条彩色的锦带。春天,堤岸柳烟葱翠,桃花灼灼;夏日,里湖新荷出水,"千层翠盖万红妆";仲秋,"万顷西湖水贴天,芙蓉杨柳乱秋烟",踏月柳梢间,柳中人影绰;寒冬,堤上铺琼砌玉,晶莹朗澈。

唐代大诗人白居易在杭州任刺史时,常到白堤漫游,其所作《钱塘湖春行》一诗云:"最爱湖东行不足,绿杨阴里白沙堤。"白沙堤即指白堤,后来人们把此堤称为白堤,是因为人们误把唐代白居易在钱塘门外所筑的一条"白公堤"当作此堤,其中也包含着杭州人民对这位贤明的地方官的深切纪念之情。

白堤上有两座桥,东面一座是断桥,家喻户晓;西面一座是锦带桥,知者寥寥。实则锦带桥是白堤上极佳的观景点,站在桥上,近可眺平湖秋月的露台,远可挹孤山的绿树楼阁。许承祖在《西湖渔唱》中有专咏锦带桥的诗:"波光山色半模糊,锦带桥平入画图。约略前身是渔父,一竿双桨占西湖。"

断桥残雪 位于白堤去孤山的起点,在里西湖和外西湖的分界之处,属西湖山水园。

断桥始建于唐代,唐代诗人张祜《题杭州孤山寺》诗曰:"断桥荒藓涩,空院落花深。"宋时称宝祐桥,元时称段家桥。《成化杭州府志》有"成化十年(1474)知府李端修段家桥"之记载。明人王瀛有诗云:"桥识断名元不断,跨河有路入孤山。"元代后,也有人呼其为"短桥"的。因为当时西湖南面有一处长桥,有长不可无短,于是就把这座位在西湖北面的桥称为"短桥"。

断桥是一座独孔拱形长桥。过去十分简陋,桥上铺石级,桥中央置有桥亭,装有木栅门,晨启暮闭。现在的断桥,是 1941 年改建的。20 世纪 50 年代又经修整,现两侧有青石栏杆。桥东畔筑有"云水光中"水榭和"断桥残雪"碑亭。桥堤烟柳拂人,中央桃树望如锦带。白居易有诗句:"谁开湖寺西南路,草绿裙腰一道斜。"伫立断桥桥头,纵目远望,远山近水,尽收眼底。明洪丞《断桥闲望》诗云:"闲作步上断桥头,到眼无穷胜景收。细柳织烟丝易滑,青屏拂鸟影难留。斜拖一道裙腰绕,横着千寻镜面浮。投者近来忘俗累,眷怀遒客旧风流。"

　　断桥在西湖近百座桥中独享盛名。我国著名民间故事《白蛇传》中的白娘子就是在这里与许仙相识后又在此重逢的。脍炙人口的民间传说更为断桥增添了许多浪漫色彩。

　　断桥残雪是西湖著名十景之一。"西湖十景"起源于南宋画院的山水题名。南宋画院画家马远、夏珪等作画多作"一角""半边"之景,意在讽刺赵宋王朝偏安一隅。当时,大雪初霁,原来苔藓斑驳的古石桥上,雪已残而未消,在这批有骨气的画家看来,就难免有残山剩水之感,于是就拟出了"断桥残雪"这一景目。不过,断桥确是冬天观赏西湖雪景的好所在。每当瑞雪过后,在桥头远眺,处处琼楼玉树,湖山玲珑剔透,远山近堤,银装素裹,桥的阳面冰雪消融,阴面仍是铺琼砌玉;自高处眺望,断桥不断,展现出断桥残雪的意境。

云水光中水榭　位于断桥侧畔,临湖而筑。1994年新作修饰,黛瓦朱栏,是湖畔著名水榭之一。

　　云水光中水榭是白堤的起始点和葛岭的入口,在此可远眺外湖漾漾水色,近赏里湖连天荷叶,令人思绪悠远深长。宋人柳梢青曾写过一首词,专咏这里的景色:

　　"水月光中,烟霞影里,涌出楼台。空外笙箫,云间笑语,人在蓬莱。天香暗逐风回,正十里、荷花盛开。买个扁舟,山南游遍,山北归来。"

　　水榭中有"断桥残雪"碑亭,碑文为清康熙皇帝御笔。

孤山　在杭州市西湖的西北,高38米,面积20.1万平方米左右,四周湖水环绕,是西湖诸岛中唯一天然形成的湖岛,也是西湖风景中纪念性古迹最集中之地。它东连白堤,西接西泠桥,南临外湖,北濒里湖,湖水萦绕四周,山孤立于湖中,故名孤山。

　　孤山开发历史悠久。文豪名士白居易、苏轼、欧阳修、林和靖、于谦等均在这里留下了他们生活的足迹,是西湖胜景中一处最著名的开放性纪念园林。唐时佛教在此兴建寺庙、开辟山林,一时"楼阁参差,弥布椒麓"。南宋建都临安后,孤山得到了进一步开发。南宋理宗淳祐十二年(1252),在此兴建了规模宏大的四圣延祥观和西太乙宫,自孤山东侧的玛瑙坡直至孤山西侧的俞楼等处,均被划作御花园。宫观亭榭,参差错落。元时,西太乙宫被废。清时,康熙南巡,又大兴土木,"辟孤山,以建行宫",兴建了瞰碧楼、贮月泉、玉兰馆、领要阁等亭台楼阁。雍正时(1723—1735),又在原行宫的基础上筑圣因寺,它和历代开发景观一起,使这一湖上岛屿越发娇美可爱。

孤山是西湖风景区的菁华。赏玩孤山,我们可以充分体味到我国古代的园林建筑艺术。咫尺山林,多方胜景。这里园林布局精巧,多姿多态的假山,曲折雅致的花径,上下错落,意境深远。后山梅林成片,每到新春,红梅绿萼,倍添情趣,孤山探梅,是西湖胜事之一。更有古老的麻栎林,深秋时节,红叶如丹,绚丽夺目。孤山南坡,是园林艺术的集中点,尤以西泠印社和中山公园两处最负盛名,是孤山园林艺术最精彩的部分。中山公园以曲折富丽见长,是为了纪念孙中山先生而命名的。这里曾是清朝康熙、乾隆两朝皇帝的行宫所在地。该园深处,还藏着一处非常别致的"西湖天下景",面积虽不大,但周围假山却显得深邃而高峻,足见叠石的构思和手法的高明。西泠印社则以精巧玲珑著称,这是著名的研究金石篆刻的学术团体活动场所。在孤山顶上,还有一处名为"缘云径"的叠山石,苍劲挺拔,古意盎然,加上花木衬托,望之蔚然深秀,仿佛一堆堆饱满的青云,故称为"缘云径"。这里石中有花、花中布石,草木飘香竞秀,叠石参差林立,融自然美与艺术美为一体。

在孤山,旧有许多名泉,其中名噪一时的有闲泉、仆夫泉、参寥泉、六一泉等。仆夫泉如今已湮没;闲泉在西泠印社的四照阁后,泉呈"S"形;参寥泉在旧智果寺内,传说此泉见证了诗僧道潜(别号参寥子)与苏东坡之间深厚的情谊;六一泉存于孤山南麓,这眼泉水则见证了北宋两位文学家欧阳修与苏东坡之间的友谊。

孤山不仅有着秀丽的自然景观,而且还蕴含着浓厚的人文色彩。那座修竹如帘、梅树舒枝,又小巧玲珑、建筑别致的竹阁的主人白居易曾"晚坐松檐下,宵眠竹阁间";北宋诗人林和靖隐居孤山,爱梅如妻,视鹤为子,"梅妻鹤子"成为西湖孤山的佳话,一直流传至今。

西泠桥 从栖霞岭麓到孤山之间的柳荫深处,横跨着一座环洞拱桥——西泠桥。西泠桥旧址,古时称为西陵、西林、西村,原是一处风景如画的渡口;从北山一带到孤山,都要从这里摆渡。古人诗画中所谓"西村唤渡处""船向西泠佳处寻",都是指这里。清朝王纬有一首诗描绘这里的景色:"明湖里外一桥通,风景由来各不同。游舫西村春色静,幽林北苑画图工。"提起西泠桥,人们就会想起苏小小。苏小小是个歌妓,南齐(479—502)时钱塘人,住在西泠桥畔。她能诗善歌,很有才华,又秉性高洁,守着清白身躯不肯事人。一日乘车外游,在白堤遇到一个叫阮郁的青年骑着马从断桥缓缓而来。两人一见倾心,苏小小邀阮郁来家中相叙,临别吟了一首诗:"妾乘油壁车,郎骑青骢马。何处结同心?西陵松柏下。"这首诗在古乐府里流传了下来,写出了一个被迫害、被侮辱的弱女子对爱情和幸福的渴望与追求。诗中的西陵,就是现在的西泠桥。

慕才亭 在杭州西湖西泠桥畔,原是苏小小的墓亭。聪敏美丽的苏小小在白堤偶遇阮郁,一见钟情,与之结为夫妇之后不久,阮郁被父亲催回,两人只得匆匆话别。阮郁这一去,从此音信杳无,苏小小也因此郁郁成疾。为了消愁解闷,她坐车去南山看桂花,在烟霞岭见穷书生鲍仁正在破庙中苦读,很是同情,于是赠银助鲍仁上京赴考。待鲍仁考中赶回想要感谢她时,苏小小却因病与世长辞了。鲍仁哀痛之余,照苏小小生前遗言,在西泠桥畔造墓建亭,以示缅怀。亭名"慕才亭",亭上题有"千载芳名留古迹,六朝韵事著西泠"等楹联,后墓废,亭毁于1966年。现在的亭是1982年在原址上复建的,上有一联曰"湖山此地曾埋玉,花月其人可铸金"。茅盾生前认为此联简赅,胜于长联,有可贵之处,应予保留。

放鹤亭 在孤山北麓、九曲桥边,为了纪念北宋隐逸诗人林逋(和靖)而筑。林和靖终身不仕不娶,隐居孤山,养鹤种梅,植梅花360余株,以每株收获的梅子作为一日生活所需,有"梅妻鹤子"的雅称。其《咏梅诗》脍炙人口,为梅花诗作中的千古绝唱。放鹤亭建于元代,历代文人雅士多有题咏,对林和靖的隐居生涯十分称道,其中,林则徐题写的"世无遗草真能隐,山有名花转不孤"最为人们所津津乐道。今放鹤亭重建于1915年。平台宽阔,栏杆精巧,亭壁有康熙临摹的明代董其昌书《舞鹤赋》,共四百余言,碑文字迹清晰,圆劲苍秀,仪态万方。亭外遍植梅树,为湖上赏梅胜地。亭的上方有林和靖墓,1966年被毁,现已修复。

中山公园 在杭州孤山南麓。孤山是栖霞岭支脉,山高38米,四周碧波萦绕,一山孤峙湖中,因而得名。山上多梅花,也称"梅花屿"。因白居易有"蓬莱宫在海中央"之句,又名"蓬莱岛"。中山公园沿孤山山麓展开,由低而高,再由高到低,这种特殊的公园布局在环湖的公园之中别具特色。中山公园融孤山于其中,它的西面和西泠印社、文澜阁相连,东面则与放鹤亭毗邻,外里西湖是它的天然背景,北山的栖霞岭、近处的宝石山为其衬托,文物胜迹点缀其中,青山碧水交相辉映。

中山公园曾经是封建帝王的行宫所在。南宋理宗淳祐十二年(1252)在孤山南坡兴筑了规模宏大的西太乙宫,大半孤山都被划为御花园。清朝康熙皇帝多次游览西湖,又在孤山大兴土木,建造行宫。雍正年间(1723—1735),对行宫稍加修建,改为圣因寺,与灵隐寺、昭庆寺、净慈寺合称"西湖四大丛林"。1927年为了纪念孙中山先生,改称为中山公园。

中山公园的布局以曲折富丽见长。从公园大门进去,经一段林荫甬道,便是一座石壁,上镌有"孤山"两字,笔力雄浑,为宋人所书。石壁两旁各建有一座石亭,颇为古朴,是20世纪30年代为了纪念南洋华侨捐款、救济浙江灾民而建的。拾阶而上,则是一座宽大的平台,平台东面是一处小巧玲珑的园林,这就是誉满天下的"西湖天下景",中间的亭阁便是西湖天下景亭。这里的假山叠石布置得高低参差,疏密有致,与周围的亭阁、曲桥、水池、花树一起,构成了一座精美的小庭园。沿着由低而高的盘旋曲折的台阶向上,便到达中山公园的最高处,那里建有四照亭、团结亭。亭旁有苍劲挺拔、古意盎然的假山叠石,周围花木衬托,蔚然深秀,清新幽静。这里林木葱郁,亭台隐现,可见到不少由距今6700万年到1.3亿万年前白垩纪地质年代火山喷出的流纹岩所组成的嶙峋怪石。攀上巨石,极目远眺,那碧波潋滟的西湖尽收眼底。孤山顶上还有一组名叫"缘云径"的假山叠石,挺立在林木之中,远远望去,仿佛是浮动在孤山顶上的朵朵青云,别有情趣。沿缘云径拾阶而下,便是中山公园的后半部。这里为大面积草坪,与湖岸相连。草坪的东南处是成片的中山纪念林,林内建有中山纪念亭。这片纪念林是1929年春天栽植的,林以落叶阔叶树为主,有枫香、麻栎、三角枫、乌桕、银杏等数十种,茂密参天,郁郁葱葱。林区的低层附有地衣、苔藓、藤蔓等植物,构成了立体式的树木景观。岩坡上种植了大量的迎春、梅花、杏花、樱花、垂柳、夹竹桃等花卉树木,它们与里西湖盈盈碧水相映,给人以美的陶冶和享受。

现在,中山公园的游览面积已从原来的40多亩扩展到20.1万平方米。这里园林布局巧妙:林木葱郁,亭台错落,小桥流水,曲径通幽,天然美和人工美融为一体。大自然赋予孤山以悬崖峭壁,历代园林艺术家又巧妙地将它们与假山叠石砌在一起,从而收到了"咫尺山林,多方胜景"的艺术效果。

西湖天下景亭 位于中山公园内。原是孤山行宫御花园的一角。四周壁岩环抱,其间凿池架桥,配置以假山叠石:有依池而筑的假山,有挺立水中的仙石笋,上下参差,左右拱卫,曲折疏密,挺拔雄浑,极为奇绝,是一处可与苏州私家园林媲美的庭园。亭柱上挂有一副闻名遐迩的对联"水水山山处处明明秀秀,晴晴雨雨时时好好奇奇",为民国时陇右黄文中所题,此联可以顺读,也可以倒读,点景生情,道出了西湖和此处四时景色的绝妙之处。

苏堤春晓　　在杭州西湖西侧,南起南屏山麓,北至栖霞岭下,全长 2.8 千米,自南而北横贯西湖,是西湖著名的带形风景园林。

提起苏堤,人们自然会记起北宋诗人苏东坡。苏东坡曾于宋代熙宁四年(1071)、元祐四年(1089)先后到杭州,做过 3 年通判和 2 年知州。1089 年,杭州恰逢大旱,西湖干涸,农田龟裂。苏东坡见状,力排众议,一面上奏朝廷,极言开浚西湖的重要性,列举了西湖不可荒废的理由,另一面组织 20 万民工疏浚西湖,然后利用湖泥葑草,筑成了这条横亘西湖南北的长堤,堤上架设了映波、锁澜、望山、压堤、东浦、跨虹 6 座石拱桥。苏东坡有诗记述此事:"我在钱塘拓湖渌,大堤士女争昌丰。六桥横绝天汉上,北山始与南屏通。忽惊二十五万丈,老葑席卷苍云空。"后人为纪念他的功绩,就把这堤称作"苏公堤",又称为"苏堤"。

自宋以来,苏堤六桥侧畔,曾建有许多亭台楼阁。映波桥畔,旧有先贤堂,祀古代高士许由等 40 人。锁澜桥侧,筑有湖山堂和三贤堂。湖山堂"结构雄杰,面势端闳,前拥双塔,后植两峰,矗起拱卫,顾盼生辉";三贤堂祀白居易、林和靖、苏东坡 3 位诗人。望山桥畔,康熙题"西湖十景"时,于此勒石建亭;乾隆年间,总督李卫改建岑楼,并于楼后构曙霞亭。压堤桥畔,旧有水仙王庙、崇真道院、荐菊亭等建筑。东浦桥畔,建有名为"松窗"的庭院。跨虹桥畔,则为曲院风荷亭。堤畔台阁涌立,光盛无比,真是"树烟花雾绕堤沙,楼阁朦胧一半遮"。

至明初,当年六桥侧畔迷离壮观的楼阁台榭大都已不复存在,苏堤以西的湖面,又均成葑田,堤上柳败花残。明正德年间(1506—1521),知府杨孟英疏浚西湖,将堤面拓宽五丈三尺,沿堤复植桃柳,于是苏堤又复旧观。清雍正二年(1724),苏堤又修筑一次,同时补种了花木,重现了十里长堤的盛景。至 1949 年前,原来丰姿绰约的苏堤,只剩败柳残花,再无春晓。1949 年后,对苏堤进行了全面整修。堤上铺设柏油路,两岸加砌石块,六座拱桥均改建、加固,沿堤增植垂柳、花卉,修建花架、亭榭,景色更加清幽美丽。

如今的苏堤,树烟花露,绕堤共有 4600 多株花木和 72000 平方米的草坪。堤上 3 只圆形的花坛,随季节的更换,培植应时的花卉,供游人观赏。苏堤景色四时不同,晨昏各异,晴、阴、雨、雪均有情趣。尤其寒冬一过,苏堤仿佛是一株报春花,报知西湖春讯的来临。晴天,风吹柳丝婀娜起舞,如青烟,如绿雾,舒卷飘忽。而那间隔在柳树间的红白碧桃,却喷红吐翠,灼灼闹春。雨天,三面群山经春雨梳洗,分外青葱翠绿。春晨,漫步堤上,看晓雾中西湖苏醒,新柳如烟,春风骀荡,好鸟和鸣,故有"苏堤春晓"之称,为"西湖十景"之首。景碑在压堤桥堍碑亭中。

六桥烟柳 是苏堤又一动人景处。"十里长堤柳色新,六桥凝碧水潾潾",苏堤六桥,变化有致,韵味十足。六座拱桥,座座是眺景佳地,人行桥上,眼望四周,步移景换,各成佳趣。站在南端第一桥的映波桥上,近处花港公园的亭台长廊,倒映水中,随波荡漾。在第二桥锁澜桥上眺望湖中景色,三潭绿岛沉浮在春波之中,远处的保俶塔,轻纱遮面,迷迷蒙蒙,倩影飘忽。站在第三桥望山桥上通览湖面,烟林雾障,映пол层叠,淡描浓抹,顷刻百态,给人以丰富的联想空间。第四桥叫压堤桥,花木扶疏,水清自流,桥畔建有一座"苏堤春晓"碑亭。第五桥为东浦桥,是欣赏平湖日出的好去处,湖中水舞金蛇,奇绝无比,向东可与楼阁参差的孤山隔湖相望。第六桥称跨虹桥,夏日雨后,天开云散,伫立桥上,常可见一道彩虹,从蓝天直垂桥面,夕阳西坠时,只见湖光山色显出彩虹缤纷。春雨迷离之际,长堤六桥隐现于薄霭微云之间,这种水被云吞、山水相连的景色,形成了一幅极妙的"六桥烟柳"水墨图。

小瀛洲 杭州西湖中的三潭印月、湖心亭、阮公墩,历来被人们誉为海上仙境——"蓬莱三岛",湖心亭是"蓬莱",阮公墩是"方丈",三潭印月为"瀛洲",所以三潭印月又称"小瀛洲"。三潭印月是湖中三岛中最大的岛,面积达105亩,岛上又开池造景,形成大湖包小湖的格局。水面占全岛面积的60%,是我国山水园林中岛式花园的绝唱。

小瀛洲是由人工堆垒而成的水中陆地,它的前身是五代吴越时辟建的水心保宁寺。因宋元祐四年(1089)苏轼建三塔而得名。苏轼疏浚西湖后,在堤外湖水深处立了三座瓶形石塔,称为"三潭"。苏轼所立三潭在明初就被毁了。明万历三十五年(1607),钱塘县令聂心汤在西湖三潭的旧址上建造了一个放生池,用西湖葑泥筑起了这个湖中小岛,又在岛外筑了一条环形堤埂,使它形成"岛中有岛,湖中有湖"的格局,作为放生之所。清雍正五年(1727),浙江总督李卫又在此苦心经营了一番,筑了横贯南北的曲桥和连接东西的土堤,使全岛成"田"字形,并在岛上兴建亭楼轩榭。

小瀛洲以园林称胜,具有我国江南水上园林的艺术特色,其园林建筑呈现出一种含蓄美。这里园中有园,小中见大,迂曲多变,步移景异,恰似一幅流动的画卷,时而幽静,时而旖旎,千变万化,出奇制胜。岛上所有园林全都借助九曲石桥造景,四围柳堤湖光,远处青山翠峦,前后彼此衬托,使岛上园景丰富而不杂乱,深邃而不局促。明人张宁有诗曰:"片月生沧海,三潭处处明。夜船歌舞处,人在镜中行。"小瀛洲的园林建筑和景物布局,在18世纪初(清雍正年间)已基本形成,1949年后,在原有的基础上又多次予以改修、扩建,使其更具规模,别有风采。从小瀛洲登岸,迎面是浙江先贤祠,穿过殿屋就是清代建的九转三回的九曲桥。桥对面湖中高耸着一块形似九只小狮的九狮石,桥右是开网亭,桥中央是亭亭亭。步过九曲桥是小瀛洲中心绿地,左侧白粉矮墙,漏窗竹影,是竹径通幽。沿粉墙继续向前,傍水而建的是木香榭、迎翠轩、花鸟厅。过此再度踏上曲桥,就是康熙手书的三潭印月碑石,曲桥尽头是我心相印亭,它们错落有致,极尽巧思。岛上的绿洲、堤岸,遍栽月季、蔷薇、紫丁香、白玉兰、海棠等多种多样的花卉;岛中的池塘缀满了各式各样的睡莲;岛上的幽径旁有摇曳的翠竹。整个湖岛是花的世界,缤纷灿烂,芳香馥郁,令人心醉。

三潭印月 位于小瀛洲南端湖面上。盈盈碧水中浮着三座石塔,塔高2米,塔基为圆石座,塔顶为葫芦形,塔身呈球形,上面有5个小圆孔。

《说杭州》云:三潭又名三塔。三塔建于何时?据西湖史志籍记载,至迟在南宋后期,湖中已有三塔。不过当时的三塔与现在三塔的位置大相径庭,一塔在压堤桥左面,一塔在东浦桥右面,一塔在苏堤望山桥的左面。南宋以后,三塔被毁。现在的三塔为明天启元年(1621)所建。

三潭印月是西湖著名十景之一。南宋时,三潭印月为"三潭映月",每逢月夜,尤其是中秋佳节,塔中置灯,洞口蒙上薄纸,灯光从各个石塔的圆孔中透出倒映在湖面上,宛如一个个小的月亮,天上之月又成水中之月,景观十分奇妙。清康熙题西湖十景时,改"映月"为"印月",一字之差,流泻出"碧水光澄漫碧天,玲珑塔底月轮悬"的自然意境。这3座亭亭玉立的石塔,处在盈盈绿湖之中,月色溶溶之夜,月光、灯光、波光、月影、塔影、云影,交相辉映,融成一片。"碧天清影下澄潭,万顷金波镜里看。""纤云扫迹浪花收,塔影亭亭引碧流。半夜冰轮初出海,一湖金水欲溶秋。"三潭印月奇异而清朗的月色,引得多少诗人雅士为之倾倒,赞颂不绝!

竹径通幽 位于小瀛洲的中心绿洲,上有明亮的厅堂,因满园翠色映进厅堂,故谓之"迎翠轩"。左侧有一堵绿树红花掩映着的白粉矮墙,墙外千竿翠竹,绿影婆娑,墙内古木参天,枝叶扶疏。墙内墙外,似隔非隔,似断非断,相互掩映,形成了"园中之园"。粉墙中间,是一圆洞门,上题"竹径通幽"四字,乃康有为手迹。圆洞门两边各有两个嵌花漏窗。圆洞门外,一条由石板铺成的幽深竹径,通往竹林尽头处。漏窗竹影,清幽恬静,别有情趣。进入圆洞门,即通向一座精致的房子,名曰"闲放台",它为清彭玉麟退仕后所建,命名取自高适"圣朝休甲兵,吾其得闲放"的诗句。

这竹径、粉墙、月门、花窗的隔景处理,是小瀛洲造园艺术的独特手法之一。

洲上三亭 小瀛洲不仅以水光山色见长,它的园林小筑也极有个性,其中三亭,即开网亭、亭亭亭、我心相印亭最为游人所乐道。小瀛洲九曲桥右第一折之转弯处,有一凸出水面、造型奇特的三角亭,即为开网亭。亭巧立于水中,三柱,有一个三角形起翘玲珑的亭顶,"开网"系佛教中放生之意。因此地旧时为放生池,此亭只有一面可通,于是取佛教"网开一面"之意,取名"开网"亭。亭柱上有联云:"一檐虚待山光补,片席平分潭影清。"高踞于曲桥之上的一座小巧的方亭,原名"百寿亭",后按明朝诗人聂大年的诗句"三塔亭亭引碧流",改名为"亭亭亭"。它与开网亭一左一右,如展双翅,彭玉麟题联云:"两岸凉生菰叶雨,一亭香透藕花风。"在小瀛洲南堤之上,有一座临湖而立的矩形小筑,即是"我心相印亭"。"我心相印"是佛教用语,意思为"不须言,彼此意会",也即通常所言"心心相印"之意。亭前有石栏,凭栏瞭望,湖中三潭尽在眼前,亭柱上悬挂着著名作家周而复写的一副楹联:"山光静对烟波际,塔影清涵水月间。"

湖心亭 位于杭州外西湖中央,小瀛洲北面。湖心亭是湖中三岛中最早营建的,明初称为湖心寺。明嘉靖三十一年(1552),知府孙孟在寺的旧址上盖了振鹭亭,后改用琉璃瓦,亭角悬挂铜铃,风起时,铃声悠悠,一时成为湖上闹处,改名为清喜阁,但不久被风雨所倾。万历年间(1573—1619)又进行重建,改名为"太虚一点",因亭居于外西湖中央小岛上,故又称湖心亭。亭为岛名,岛为亭名。有匾额"宛在水中央",联曰:"亭立湖心,俨西子载扁舟,雅称雨奇晴好;席开水面,恍东坡游赤壁,偏宜月白风清。"清雍正年间,亭重修后上层增添楼阁,新造三间堂屋,屋后是临水长廊。康熙亲临岛上题亭额"静观万类",题楼额"天然图画",又写下一副楹联:"波涌湖光远,山催水色深。"后迭经变故,亭阁颓圮,又几成荒岛。现在的亭是1953年重建的。

湖心亭是一座宫殿式的楼阁,金色的琉璃瓦盖顶,翘角重檐,壮丽宏敞。亭的四面均为落地长窗,开朗明亮。亭外四周围以栏杆,环以步道。岛上临水处遍植垂柳,亭畔隙地则广种四时花木。全岛美木掩映,确有白居易诗所说的"蓬莱宫在海中央"的丰姿。

湖心亭四周绿水环抱,是平眺西湖山色的最佳处所。"山横三面碧,湖绕四围青",这就是湖心亭的特色。在这里平眺湖光山色,不论是月白风清之时,还是朦朦胧胧之际,都给人以一种极其平和的美感。历来的文人墨客在游赏了湖心亭之后，留下了许多珍贵的墨宝。"百遍清游未拟还，孤亭好在水云间。停阑四面空明里，一面城头三面山"，这是清许承祖在游览了湖心亭后，发出的由衷赞叹。又如张岱所撰的湖心亭楹联云"如月当空，偶以微云点河汉；在人为目，且将秋水剪瞳神"，勾画出了湖心亭"中央宛在，一半勾留"的独特山水风韵，带给人一种深曲的意境和奇妙的遐思。

阮公墩 位于杭州西湖，是与三潭印月、湖心亭鼎足而立的另一个湖上绿岛，面积八亩五分，为名胜园林。

阮公墩是1800年清代浙江巡抚阮元用疏浚西湖时的葑泥堆成的，后人为了纪念阮元疏浚西湖的功绩，即为此地取名为阮公墩。此岛地势低，土质松软，故一直未能营建亭台别墅。因此，杭州人又把阮公墩叫作软公墩，杭言"软"与"阮"谐音。一百多年来，此岛一直保持其自然本色，绿树生烟，秀草没径，野花烂漫，鸟雀啁啾。

1981年，园林部门对这个小岛进行整治开发，添填了1000多吨泥土，建造起248平方米的竹屋茅亭，铺设了140米长的环形园路，种上了600多株乔、灌花木，构成了"绿树花丛藏竹舍"的水上园林。"阮墩环碧"于1985年被评选为"新西湖十景"之一。

阮公墩的园林设计以"小洲、林中、人家"为主题，开合变化、动静呼应，情趣意境难穷。舍舟登岸，迎面一峰石上镌"阮公墩"3字，左侧是半明半暗的半室茅屋，沿右边小径绕岛走去，是一座用杉树皮结顶的忆芸亭，无疑有纪念、追忆阮元（号芸台）之意。由此折向环碧小筑竹厅，穿过回廊，就到了云水居。整组建筑和桌椅，都是由精打细磨的修竹制成的。

1984年在阮公墩创办了仿古旅游活动。当船靠岸，环碧庄的家人们拱手相迎，丫鬟们行礼。步入古色古香的云水居，员外热情款待，侍者频频敬茶，淑女操起古琴，跳起"霓裳羽衣舞"，杭州知府即兴作画，闺阁小姐抛绣球招亲。夜游阮公墩，可以领略到古代人的生活风情和意趣。

环碧小筑 阮公墩上园林的主体建筑，是由厅堂、曲廊、竹篱、柴门组成的一个院落，布局设计极富田园风味。其外形轻巧、素雅、畅朗、大方，建筑用材和院内陈设均为竹制，而且整个庭院布局疏密有致，小中见大，给人以舒畅而又宁静的感觉。主厅为云水居。出云水居，是枯树作柱、茅草作披的柴门。步出柴门，又是一个宜人的天地，六桥烟柳、曲院风荷、栖霞众林遥遥相对，借景丰富，意境深远。

云水居 为环碧小筑的主厅。竹子挺直、细腻、光洁,具有轻巧、高洁、淡雅、朴素的特色。整组建筑、桌凳,都是用精打细磨的修竹制成。游人至此,仿佛来到一个脱尘入净之处。云水居内悬挂一副阮元所书的楹联:"胜地重新,在红藕花中,绿杨阴里;清游自昔,看长天一色,朗月当空。"这副楹联是阮元当时为平湖秋月所题,但移至这里,仍然贴切自然,与周围清雅的景观相得益彰。

曲院风荷 原仅一碑一亭半亩地,被称为杭州西湖十景之一。近年来大力进行扩建,规划将苏堤跨虹桥西侧、岳坟街以南、西山路以东,直至卧龙桥郭庄共430亩左右的地,包括岳湖水面在内,全部划为曲院风荷区。如将西里湖利用的部分水面算在内,总面积有600多亩。这是西湖环湖地区最大的一个自然山水公园。

曲院风荷,初称"麯院荷风",原在九里松的洪春桥南侧。宋时那里有一家酿造官酒的麯院,取金沙涧的水做酒。那时,这一带原有许多荷塘,夏天花开,香闻数里,故有"麯院荷风"之名。后来年代一久,院颓塘湮,这一景也就荒废了。直到清朝康熙皇帝来杭时,改"麯院"为"曲院",改"荷风"为"风荷",并亲书"曲院风荷"题字,在现苏堤第六桥——跨虹桥边立碑建亭,此地遂成为一处风景点至今。

如今的曲院风荷,是以夏景为主题的大型公园,公园分为5大景区:庙(岳庙)前景区、竹素园景区、风荷主景区、滨湖密林区、古园保护区。这里以观荷为主,也是曲院风荷的主景区。近年来曾从全国各地引来四十多个荷花品种,其中有并蒂莲、品字莲、千头莲、重台莲等,花大色艳,形状奇特,都是平时难以看到的。从颜色区分,有红、白、粉红、洒金、锦边等;从产地来说,有原产于西湖本土的,也有来自太湖、洪湖、宝应湖等处的。并有诸色睡莲,大小成片,使荷池更加丰丽多彩。有可在一个普通碗里长叶开花的碗莲,还有花红瓣大、叶厚质坚,如一面大铜锣平铺在水面上的大王莲。夏日来此赏荷,能使人领略到"眼明小阁浮烟翠,身在荷香水影中"的情趣,感到凉爽和舒心快意。这里已建成的有迎薰阁、红绡翠盖廊、波香亭等。假山花树,水光庭荫,把这些古雅的临水亭榭装扮得格外标致。还有大小桥梁和曲线柔和的园路,如淡雅的飘带,系着各组景物。人们沿着曲曲弯弯的园路一路游赏,深深感到这里的布局既含蓄又深远。还有一处"玉带晴虹"的景点,横跨在分隔岳湖和西里湖之间的金沙堤上,桥上建有亭子,宛似飞燕掠空。此桥无论从造型还是色彩上看,均属上品,晴光照耀之下,恰似长虹卧波,站在桥亭上观景,只觉处处生情。

曲院风荷还辟有西湖密林度假村。公园中的密林区,参天的树木,浓荫蔽天,颇有"深山老林"的气概。林中竖有幢幢架空的桦木结构小屋以及木板平房,可以租赁给游人;还出租吊床、营帐和炊具,供游人野营野餐,以享受无尽的野趣。

掇景园 位于曲院风荷南边的杭州花圃内,也是圃内最宜人处。从花圃的东大门入内,映入眼帘的是一座青松配石的特大盆景,造型新颖,别具风格。这里回廊曲折,摆设古朴,陈列着几千盆精致的盆景,大的占地约2平方米,小的仅数十厘米见方。主要有水石盆景和树桩盆景两大类。水石盆景运用"一峰则太华千寻,一勺则江湖万里"的艺术手法,利用英石、沙积石、化石、石笋、斧劈等多种石料以及小树藓苔,拼凑成山,置于浅水盆中,在咫尺中再现大自然奇景。山上设亭,水面行舟,或辽阔或幽深,各异其趣,真有方寸之地而意境无穷、奇峰险崖而咫尺天涯之感。树桩盆景,则利用多年老桩,或银杏、或榆树、或松柏、或雀梅,老干曲折,盘根错节,似千年大树,似古木逢春。此外还有灵芝盆景、化石盆景等,都很精雅。在盆景陈列室外的草地上,配置着江南三大名石之一的"绉云峰",体态秀润,十分引人注目。

绉云峰 位于杭州花圃掇景园盆景室内。绉云峰与苏州留园的瑞云峰、上海豫园的玉玲珑并称为江南园林中的三大名石,在《聊斋志异》《香祖笔记》等书中都有关于它的记载。该石全长2.6米,狭腰处宽仅0.4米。石的全身曲折多变,有"形同云立,纹比波摇"的天趣。石的右边刻有"绉云"两个篆体字,左下方有"绉云峰"三字,系近代著名书法家张宗祥手笔。石的背后有"具云龙势,夺造化工;来自海外,永镇天中"字样。

花港观鱼 位于花家山前,东接柳烟葱茏的苏堤,北濒宁馨恬静的西里湖,南靠碧波粼粼的小南湖,面积近300亩。这是杭州在20世纪40年代后扩建的第一个自然山水公园,也是杭州园林植物配植中取材比较名贵的部分。

据志书记载,以前,在西山大麦岭后的花家山麓,有一条清澈的小溪流经此处注入西湖,因名"花港"。至于"花港观鱼"的名目,则源于宋朝。宋时,内侍卢允升在山下建造卢园。南宋宁宗时(1195—1224)宫廷画师马远等拟出"西湖十景",把卢园题为十景之一,名为"花港观鱼"。清代康熙皇帝南巡杭州时,手书"花港观鱼"四字,在池畔勒石立碑。乾隆游江南时,又在碑阴镌刻了诗句,景观由此出名。

沿着柳荫婆娑的苏堤,过映波桥,便是公园的东大门。由此进内,迎面是一座玲珑剔透的湖山石,湖山石后面是一排苍劲挺拔的雪松。左侧是一个幽静的竹园,修竹婆娑中隐翳着一幢画楼——小万柳堂,俗称蒋庄。右边花木扶疏中微露一亭一碑,即是当年康熙题景处。穿过竹院,绕过雪松,是一块宽阔的大草坪。草坪一角,耸峙着一座叠石假山,假山上建有一阁,名藏山阁。穿过大草坪,便是红鱼池,是著名的花港公园观鱼处。这里观鱼有别于他处,游人在观鱼池的曲桥上投放食饵或鼓掌相呼,游鱼就会从四面八方游来,争饵抢食。有时一鱼领先,群鱼相随,浩浩荡荡,染红了半个湖面。谢觉哉游花港观鱼后赋诗道:"鱼国群鳞乐有余,观鱼才觉我非鱼。虞诈两忘欣共处,鱼犹如此况人乎。"从红鱼池沿曲径前行,便是公园的主景牡丹园。园中高处耸立着一座重檐八角亭,古朴端庄,这就是牡丹亭。从牡丹亭下来,穿过松林湾,只见玉桥飞架,绿水萦绕,游鱼可数,草树繁茂,清幽恬静。林间枝头,鸟声应和,极富自然野味,这便是20世纪40年代后新辟的新花港。沿着新花港迤逦向南,步过平桥,即到公园南区,又是一块绿草如茵的大草坪,草坪西侧是半圆形花坛,四季鲜花常艳;草坪东侧有水榭依水而筑,供游人品茗小憩。

花港公园充分发扬了我国传统的造园艺术,在布局、结构、风格等方面都独树一帜。整个布局运用开合收放、虚实相间的处理手法,通过空间处理,把牡丹园、鱼乐园和新花港三个独立的景点有机地统一于一体,充分体现出花港观鱼的花、港、鱼三位一体的自然景色。整个布局以鱼乐园为平面构图中心,以牡丹园为立面构图中心,用草坪的辽阔开朗衬托鱼乐园的曲折宁静,又以鱼乐园的平静水景映托牡丹园的高低起伏。依山临水处,又配置了不同形体、高低错落的亭台、楼阁、花廊、水榭以及曲桥拱桥、假山叠石,起伏疏密之间,使人感到既富丽堂皇、雍容华贵,又处处溢满诗情画意;既灿烂辉煌,又素洁雅逸。整座园林虽由人作,却宛若自然,毫无人工斧凿的痕迹,雄浑幽深,变幻无穷。

花港 据志书记载,从前,在西山大麦岭后的花家山麓,有一条清澈的小溪流经此处注入西湖,因名"花港"。水因山名,地以水名,后来就把这一带统称为花港。宋代,内侍官卢允升在花家山下的花港侧畔建造了一座富丽堂皇的花园别墅,称为"卢园"。园内种植奇花异木,又叠石为山,凿地为池,引花港水入池,蓄养异种鱼数十种,于是游人聚集,雅士题咏,颇极一时之盛,咸称胜观,故那时就有"花港观鱼"之称。后因年久而荒废。至清康熙年间,重又在苏堤映波桥北的定香桥畔建亭,挖池养鱼,并将康熙书写的"花港观鱼"题字刻在石碑上面。1949年后,在松林湾后新辟有花港,它贯通着西里湖和小南湖,把整个花港观鱼公园环抱在水中央。港中水清如玉,游鱼可数;港畔草树繁茂,浓荫蔽天;林间枝头,鸟声不绝。花港公园现已成为中外游客一致称赞的全国大型甲级山水公园。

鱼乐园 在花港观鱼公园中部南端。鱼乐园是花港观鱼公园的热门景点。池岸线采用自然叠石驳岸,起伏曲折,富有变化。池中堆土成岛,池上架设曲桥,四周花木簇拥,湖石嵯峨,小亭轩榭,临水傲立。池中几万尾金鳞红鲤,"鳞萃毕陈,或潜深渊,或跳清波,以泳以游,咸若其性",跳脱戏水逗引游人,风过时,落叶片片漂浮水面,那"花著鱼身鱼嗒花"的画面着实让人忘情。人一拍手,它们就成群结队而来,若投饵其中,则群鱼争食,洵为胜观。小桥、流水、红鱼,动中有静,静以衬动,四周花影迷离,天光恍荡,真是"余红水面惜残春,不辨桃花与锦鳞",令人深得"濠梁之乐"。

掬水园 在花港公园东门进口处之左侧,傍湖而筑,掩映于幽篁花木之中。原名为小万柳堂,为无锡廉惠卿所建,后归蒋氏所有,更名为兰陵别墅,俗称"蒋庄"。这幢古色古香的画楼,建筑精巧,布置典雅。厅堂上悬有一联云:"宅畔拓三弓,养志犹惭,胜地烟云恣供忆;径开来二仲,清时有待,明湖风月任淹留。"蒋庄近水台地上有两棵广玉兰,高13米许,冠幅十余米,盘根错节,为杭州百年以上的古树名木之一。

牡丹园 在花港观鱼公园的中心,是花港的主景区。缓缓的山坡上,假山叠石高低错落,一条回旋曲折的鹅卵石小径,把牡丹园分割成十几个各具形态的小区。园内栽种着数百枝名贵的牡丹和芍药,配种着盘曲多姿的五针松和秀逸潇洒的竹丛。重檐翘角、古朴雅致的牡丹亭耸峙于园的最高处,置身亭中,既可欣赏灿若云锦、国色天香的牡丹,又可饱览园中远近秀色。距牡丹亭不远的坡地上,有一用黑白鹅卵石仿梅花姿态图案铺砌成的小平台,名曰"梅影坡",取自林和靖咏梅花诗中的"疏影横斜"意境。

据明田汝成《西湖游览志余》载,杭州古无牡丹,唐代长庆年间(821—824),开元寺僧惠澄从都下得一枝,白乐天携酒赏玩。诗人张祜有诗记其事:"浓艳初开小药栏,人人惆怅出长安。风流却是钱塘寺,不踏红尘见牡丹。"到了宋朝,杭州牡丹颇盛。苏东坡任杭州通判时,写过《牡丹记叙》一文,中有"圃中花千本,其品以百数"之句。可见当时种植牡丹已相当普遍了。

牡丹素称花中之王,花港牡丹园里种植的牡丹品种有姚黄、乌龙卧黑池、酒醉杨妃、娇容三变、赵粉、二乔、掌花案等百余个品种。在牡丹园里,除了牡丹和芍药外,还有杜鹃、梅花、紫薇、海棠以及红枫、黑松等多种花木,"最是江南春好处,一番风信一番新",这里四时花事不断,无月不花。

太子湾山水园 位于杭州南屏山、九曜山麓,面积12万平方米。太子湾,原是西湖西南隅的一片浅水湾,碧波粼粼,倒映着南屏山上的古树老藤,四周怪石嶙峋;古刹钟声,穿越薄雾闲云,飘逸、幽雅、肃穆。宋时被择为庄文、景献两太子的埋骨之所,湖湾因此而得名。1986年,随着钱塘江—西湖引水工程的竣工,这里被辟为太子湾山水园,深得游人青睐。

太子湾山水园以园路、水道为间隔,分为东、中、西三个景区。东部景区是一大草坪,曰望山坪,草坪南端,有一直径约十米的地块,用红、黑二色磨面石块拼砌成太极图形,供游人练拳习舞,歌咏欢娱。这里坪面宽广,视野开阔。中部景区呈丘陵坡地,以琵琶洲和翡翠园为主景点,高高隆起的琵琶洲和参差毗接的翡翠园相倚相连。西部景区有水波不兴、玉鉴中开的玉鹭池和以秋色称胜的丹枫白芦景致。

太子湾山水园的独特之处在于真率朴拙,园中亭廊均用树皮、杉木、茅草建造,小巧玲珑,拙朴中见隽雅,粗犷中藏细密,与山水园林景观浑然一体。园内花草树木,负势竞上,相互轩邈,映带成趣。起伏多变的坡地上穿插点缀着形式风格各异的建筑小品,虚实相间,呈现出丰富的景观层次和深邃的山野意境。

太子湾山水园的精到之笔在于利用了引水工程明渠改建的平面形状多样化的水体。水道或与路同行,或绕丘而转,或平铺如泊,曲折回环,聚散有致。水道两岸多呈自然式缓坡延伸入水状,随意点缀些许石矶、石坎,这些石矶、石坎或高或低、或倚或侧、或断或续,与临岸密植的宿根花卉、水生植物相映相辉,野趣盎然。数座用带皮杉木坯料筑就的小桥,造型、构架各异,跨水而立,成为极佳的赏景点。太子湾公园以山水园的自然野趣和秀丽风景,成为杭州当代青年举行婚礼的理想港湾。

琵琶洲 位于太子湾山水园中部。琵琶洲是太子湾公园主景之一。它高高隆起,因形若琵琶而得此称谓。丘坡上种植玉兰、含笑、樱花、银边八仙、丽蚌草、彩叶草等观赏花木,下层衬以绣球、火棘等宿根花卉和灌木,花影迷离,馨香沁人。北侧临水筑有一亭,以杉树原木为柱,茅草覆顶,古朴别致。四周既无堂轩错落,亦无回廊环绕,游人登亭小憩,纵目览景,有"坐观万景得天全"之感。

翡翠园 位于太子湾山水园中部,毗邻琵琶洲,为太子湾公园主景之一。

翡翠园顾名思义,苍绿如翡翠。此地绿树绿叶绿草坪,绿的花草种类繁多,变化有序,既精巧又不流于雕琢,让人赏心悦目。园中的融春亭为全园画龙点睛的中心建筑,它融合了太子湾如画的山水,吐纳九曜、南屏四时灵气,在此纵览太子湾、池湾、洲岛、花木、清溪、小桥流水、云岚风光尽收眼帘，使人能充分领略大自然山水园林的风韵魅力。

南屏晚钟　　杭州西湖十景之一。南屏晚钟，即净慈寺钟声。南屏山在净慈寺后，横亘于西湖之南。净慈寺钟声悠扬洪亮，恰似"枫桥半夜听"，可与苏州寒山寺钟声相媲美。明洪武十一年（1378），因旧钟太小，又重铸了一口一万余公斤的巨钟。因寺面临西湖，寺后的南屏山又多峭壁空穴，传声效果好，有"山南映山北，钟声入翠微"的赞词。尤其在夕阳西下、暮霭四起之时，几杵钟声，悠扬回荡，山鸣谷应，惹人情思，扣人心扉，境界独特，物我两忘，故曰"南屏晚钟"。明代文学家宋濂还为其作了一篇《钟铭》，此后又由康熙题字立碑，并于寺前建立碑亭，正是"钟声响彻夕阳天"，从此净慈钟声就更著名了。1984年重修净慈寺，日本曹洞宗（佛教禅宗五家之一）大本山永平寺前贯首秦慧玉等发起捐款，由杭州制氧机厂铸造重十余吨、高三米的青铜大梵钟。钟体内外镌有赵朴初等书写的《妙法莲华经》七卷及铭文，共六万八千字。大钟采用"蒲牢雕龙"作钟钮，以八瓣莲花为钟唇，每瓣铸有一个撞钟点，其中六处撞钟点上铸有梵文。钟脊上立南无毗婆尸佛和南无释迦牟尼佛等七个佛龛。新铸梵钟于1986年11月21日首次敲响，从此，南屏晚钟这一景观重又恢复。据寺院规定，撞钟时间为每日晨四时，晚八时。每次撞钟一百零八下，其缘由之一是一年之中有十二个月、二十四节气、七十二候（每五日为一候）；二是传说钟声可消除人间一百零八种烦恼。"此岸彼岸，大鸣小鸣；千秋万世，相承和平"，赵朴初先生撰写的钟铭文，道出了每个观赏者和听钟者的心愿。

小有天园　　位于南屏山麓慧日峰下，净慈寺旁。今在南屏饭店内。

小有天园，人称"赛西湖"，乾隆二游江南时，题为"小有天园"。此处原为宋朝兴教寺旧址，寺内旧有金鲫池，相传为我国最早发现金鱼的地方，苏东坡游小有天园时，曾留下"我识南屏金鲫鱼，重来拊槛散斋余"的诗句。元末，兴教寺被废弃，直到清代，郡人汪之萼于兴教寺的旧址上修建了一座别致的花园，即为后来的小有天园。

小有天园内园林建筑优美，园中瘦岩石笋，秀峭玲珑，宛如鬼斧神工一般，石上刻有北宋大臣、史学家司马光所书《家人卦》《乐记》《中庸》等摩崖石刻，园内配以清泉碧池，莲叶荷塘，古树参天，林深叶茂，一派静谧幽雅的景致。前人论及此园，认为它园林之美、古迹之多，环湖之内，"无有出此园之右者"，为著名山水园林。

雷峰夕照 位于杭州净慈寺前夕照山上,为西湖十景之一。夕照山,原名中峰,海拔约46米。《临安志》载,从前曾有雷姓的人筑庵居此,故又名雷峰。五代时钱弘俶建塔于此,称雷峰塔,使此山更加有名。今日,山上万树葱茏,叶影婆娑,绿荫沉沉。牵人情怀的雷峰古塔遗址,深掩于峰右的层层树海下面,每当夕阳西下,落日即将隐入山际之时,南望雷峰,在岚翠掩映中,塔影横空,满湖金波,仪态万方,景色诱人。自南宋以来,雷峰夕照就被列为西湖十景之一。历代诗人对雷峰塔的风姿赞叹不绝。元朝诗人尹廷高有诗云:"烟光山色淡溟濛,千尺浮图兀倚空。湖上画船归欲尽,孤峰犹带夕阳红。"明代诗画家李流芳曾画过一幅《雷峰暝色图》,并题句道:"余在湖上山楼,朝夕与雷峰相对,而暮山紫气,此翁(指雷峰塔)颓然其间,尤为心醉。"

雷峰塔遗址 位于净慈寺前的夕照山上。雷峰塔建于公元975年,为五代吴越王钱弘俶庆贺其宠妃黄氏得子而建,钱弘俶还为此塔亲自撰写《黄妃塔记》,记叙建塔始末,故该塔原名为黄妃塔,后因其地盛产黄皮木,遂讹传为黄皮塔。又因塔处于当时的西关门外,因此又有西关砖塔之名。然而大多数人因塔在雷峰,都称它为雷峰塔。千百年来,雷峰塔与一个家喻户晓的神话故事《白蛇传》紧密联系在一起,传说雷峰塔为法海和尚镇压白娘子之处。

雷峰塔初建时拟造13层,后造了7层。塔初建成时,钱弘俶又听信风水之说,去掉2层,用来藏佛螺髻发和8.4万卷佛经。塔身重檐飞栋,窗户洞达,塔内八面砌以《华严经》石刻,塔下供有16尊全铜罗汉像。登塔远眺,湖光山色尽收眼底。

到了明嘉靖年间,倭寇入侵杭州,怀疑雷峰塔内藏有伏兵,纵火焚塔,将塔外部的楼廊烧尽,只剩下赭色塔心,从此失却旧日风貌。"雷峰颓塔紫烟中,潦倒斜曛似醉翁""湖上两浮屠,雷峰如老衲,保俶如美人"等词句,是对劫后雷峰塔的真实写照。

被焚毁的雷峰塔虽仅留塔心,但也凌空突兀,又耸峙了四百多年。后来,不断有人挖取塔基的砖块,使其终于在1924年9月25日倒坍,仅留遗址供人们寻觅。新建的雷峰塔建于原址,为中国首座彩色铜雕宝塔。

湖曲院 位于雷峰塔西面,原为宋孝宗内侍甘昪的别墅,故又名甘园。院内有望湖亭、西湖一曲及建在水中央、素有"小蓬莱"之称的蓬莱堂等台榭。院内还有一棵古松,老干虬枝,刚劲盘曲。整座园林亭台错落,碧水萦回,花木扶疏,十分雅致。

胜景院 位于雷峰塔路口,为南宋皇家苑囿之一。宋光宗时,慈福太后把此院赐给权臣韩侂胄。韩侂胄对该院大加修葺,构筑许闲、和容、凌风、夹芳、堆锦、鲜霞等亭堂楼阁数十座,处处雕梁画栋,竭尽壮丽,颇极湖山之美。诗人陆游当时曾撰有《南园记》一篇,写出了院中胜景:"奇葩美木,争效于前;清泉秀石,若顾若揖。于是飞观杰阁,虚堂广厦,上足以陈俎豆,下足以奏金石者,莫不毕备,升而高明显敞,如蜕尘垢;入而窈窕邃深,疑于无穷。"

宝石山 位于杭州西湖北岸,是北山山脉的末端,它和南面的吴山遥遥相对,宛如环抱西湖的两条纤秀长臂,是西湖著名的自然山水园。由距今一亿多年的火成岩生成的宝石山,历史上曾名石甑山、石佳山、寿星宝石山、巨石山、保俶山,高200米,地质结构属于火成岩中的流纹岩和凝灰岩。山上有一种嵌在紫、灰石头中名叫"碧玉"的宝石,经阳光照射,会发出熠熠霞光,故取名为"宝石流霞",为"新西湖十景"之一。整座山巉岩危耸,奇石显露,既有伟丽的自然景观,也有丰富的人文景观。宝石山南麓,留存有历史悠久的秦始皇缆船石。山上还有一条小山岭,石壁上有两个深深的大脚印,传说五代时,在"钱王射潮"那天,有一队弓箭手,在这里的狭窄山道中受阻,吴越王钱镠一怒之下策马赶车,用脚一蹬,便蹬开了一条较宽的山路,使队伍顺利通过,后世将此处命名为"蹬开岭"。山顶的保俶塔玲珑修长,高耸挺拔,宛如玉笋插天,风姿绰约。塔后有一块巨石,高踞山巅,下临深谷,远望如一朵云霞,故名"倚云",又名"屯霞"。离保俶塔不远处是来凤亭,亭前有一块卵形巨石,大可数十人合抱,凌空搁置在其他山石之上,摇摇欲坠,看了颇有惊心动魄之感,堪称自然奇观。此石初名"落星石",后由钱镠封为"寿星石"。由来凤亭向西,即为川正洞,这是巨崖下的一个小洞,里面有石榻石几,可供游人休憩。转过川正洞有巨石迎面耸立,横阻去路,中间有一条极窄的裂缝,仅可容一人侧身而过,两边峭壁如削,头上蓝天如带,气势惊人。过此则又豁然开朗,树林中山径蜿蜒,分别通向葛岭、初阳台以及栖霞诸洞,真是"山遮石堵疑无路,水转峰回别有天"。川正洞的后面即为宝石山最高峰,该峰从断桥、孤山、西泠桥三个不同角度看去,分别呈现三种形态,即"一峰三态":从断桥处望看,形如巾帻,故名"巾子峰";从孤山东麓沿湖(或湖上正面)望去,形同狮子,故又名"狮子峰";若从西泠桥上东望,又宛如一只正欲跃向湖中的巨蛙,所以也称"蛤蟆岭"。这是宝石山的最高处,俯视万丈深渊,同时也为宝石山最险处。

保俶塔 耸立在宝石山上,是杭州和西湖的标志,历来享有"保俶如美人"的称誉,又名应天塔、宝石塔、宝所塔。据说宋开宝年间,吴越王钱弘俶奉宋太祖之召进京，久留不返，吴越国宰相吴延爽为了祈求钱弘俶平安归来而建此塔。又名应天塔，是吴越国大臣借此向赵宋王朝表明钱弘俶能顺天应时之意。塔初建时有九级，塔旁建有崇寿寺，十分堂皇。宋代咸平年间（998—1003）重建时改为七级。南宋书法家张即之因其亭亭玉立、风姿绰约，曾在塔石上大书"湖山胜概"四字加以赞美。此后的500年间，塔屡毁屡建。现在的塔身是1933年重建的。保俶塔高45.3米，塔基较小，形成了几乎与地面垂直的直线，从塔下仰望塔尖，有高不可仰之感；从山下远望塔身，亭亭玉立，秀丽玲珑。其在建筑处理上成功运用了比例和尺度的关系，堪称国内同类古塔中的佼佼者。

来凤亭　设于宝石山保俶塔左边的岩石上。据闻宝石山远看像一只凤凰，保俶塔就像凤凰头上的冠毛，因此将此亭取名为"来凤亭"。来凤亭呈六角形，为清雍正九年（1731）总督李卫所建。李卫为迎迓清帝南巡，见这里木落秋高，山岩瘦削，风景绝佳，特建此亭，并名之为"宝石凤亭"，列为"西湖十八景"之一。

秦皇系缆石　宝石山南麓，有块巨石，据《史记》载，公元前210年，秦始皇出游南巡，从咸阳出发，经长江顺流而下，过钱塘（杭州），到会稽（绍兴）祭大禹，因风恶浪高，无法过江，就泊舟宝石山下，系缆在这块山石上。北宋宣和年间（1119—1125），杭州籍僧人思净将此石凿刻成一尊巨佛，但未完成就病故了。后人在这尊石佛上加盖了一座寺院，起名为"大石佛院"，石佛也被称为"大佛头"。现在，这半身石佛像面部的耳、鼻还依稀可辨。

葛岭　又名葛坞，位于杭州宝石山西面，横亘在宝石山与栖霞岭之间，绵延数里，山清水秀，素有"瑶台仙境"之称，岭高一百六十多米，最高处就是初阳台。

据载，距今一千六百多年前，这里是晋代葛洪（抱朴子）的炼丹处。葛洪，江苏句容人，晚年来杭州，在西湖宝石山坞建抱朴庐，并在山上开井，筑台炼丹。他每天很早到山顶修炼气功，享寿81岁。葛洪想炼长生不老之药，当然不会成功；但通过炼丹，在化学实验方面却取得了成就。人们把他住过的山叫作"葛岭""葛坞"，并保存了炼丹台、炼丹井、抱朴庐等遗址。葛岭在南宋时曾为奸相贾似道霸占，他在此建造了半闲堂、养乐园，日夜与姬妾踞地斗蟋蟀，或游湖饮酒作乐，引起人民极大的愤慨。戏曲《红梅记》描写的就是李慧娘死后化为鬼魂，向贾似道讨还血债的故事。

从北山路沿山麓小道拾级而上，沿途古柏郁郁葱葱，山泉低鸣悠奏，又时有松鼠欢跳其间。入口处赫然耸立着一座赭黄色的穹门，两边书有一副对联："初阳台由此上达,抱朴庐亦可旁通。"由此入内,穿过"襟带江湖一望中"的流丹阁,循着石阶攀登,一座气势磅礴、雄浑嵯峨的山峦,蜿蜒延伸,迂回曲折,时断时续,显出无限的风光。转过黄石叠山,迎面苔痕斑驳的仙岩坡上,隐现出"麓岭"两个擘窠大字。仔细辨认,旁边还镌刻着"湖山唯一胜景""咫尺瑶台"两行小字。由此左转,山腰上有一座迎客而立的四角方亭,上书楹联"明月倒涵渔港棹,晓霜背听凤林钟"。穿过四方亭,就进入一个宁静幽深、鸟语花香的新境界。这里有晶莹的泉池、精巧的小桥、壁立的奇岩、玲珑的假山,假山、石山又有"人间福地,不亚蓬瀛"等题字,四周石径萦回,绿树垂荫,满是堆黛拥翠,使人犹如置身于瑶台仙境之中。右上方是葛岭庵、抱朴庐旧址,掩映在浓荫翠盖之中。这里的亭台楼阁、粉墙、假山、古木十分幽雅。四周的智果寺、大佛寺、玛瑙寺泉井虽已湮没,但上岭路间,潺潺泉水依旧流淌不止。葛洪所建炼丹台、炼丹井即坐落于此。从抱朴庐攀上山顶,就是初阳台,这里是看日出最好的地方,素有"葛岭朝暾"之称,被列为"钱塘十景"之一。

初阳台 葛岭最高处,海拔125.4米,是葛岭最著名的一处名胜。台由石块垒成,上覆亭子,登临向东眺望,远处钱塘江一片浩瀚,直至东海。每当晴天破晓,在这里看红日初升,但见霞光万道,湖水似锦,景色极为壮丽,因而是观看日出的极好去处。"葛岭朝暾"由此被列为"钱塘十景"之一。《西湖志》记:"十月朔日,日行之道却当台之正面,是以可观。或云,日初起时,四山皆晦,唯台上独明,山鸟群起,遥望霞气中,时有海风荡潏水面,更有一影互相照曜,传是日月并升。"因而有民间神话故事《寻太阳》。

吴山 又称城隍山,位于杭州西湖的东南面,是紧邻杭州市区的低山丘陵风景园。吴山由紫阳、云居、清平、宝莲、七宝、石佛、宝月、骆驼、峨眉等十多个小山连接而成,山势平缓,海拔约在百米左右。登上山顶,"胸前竹石千层起,眼底江湖一望通"。西湖、钱塘江历历在目,杭州全城尽收眼底,是登高揽胜的好去处。其中以紫阳、云居两山为最高。

吴山名称颇多,据有关史料记载,春秋战国时期,这里是吴国的南界,故总称吴山。后来吴王夫差屈杀吴国大夫伍子胥,并沉其尸于钱塘江,吴人怜之,就在此立祠纪念,因而吴山又称为"伍公山""胥山"。后人为了纪念正直敢言、人称"冷面寒铁"的明代浙江按察使周新,在山上造城隍庙,规模大、香火盛,因而杭州人又都叫吴山为城隍山。

吴山自古有五多:古树多、井泉多、庙宇多、奇岩多、民俗风情多。古树中以香樟为最,冠大如盖,终年常青。吴山东北麓有一井泉,开掘于吴越时,水源旺盛,水质甘冽。螺蛳山旁小巷内有名叫黑龙潭的井,白居易在杭时曾来此为民求雨,四宜亭下有郭璞井,相传为晋代郭璞所凿。吴山佛寺道观杂处,最有名的城隍庙遗址尚在,药王庙已改辟为先贤祠。紫阳山麓有宝成寺,建于五代,如今已修复一新,寺内有麻曷葛剌石刻造像,此像镌刻于元至治二年(1322),为国内所罕见。吴山山奇石秀,洞壑幽深,最高处为紫阳山,又名瑞石山,山顶北面有一组怪石,平地而起,称"巫山十二峰",亦称"十二生肖石"。

旧时,吴山店铺林立,游人杂沓,各种商业、行会、文化活动层出不穷,演戏的、卖艺的、算命测字求卜的、以文会友的、结社吟诗作画的,比比皆是,成为杭城传统民俗风情的"窗口"。如今,"吴山天风"被列为新西湖十景之一。"天风"二字取自元代诗人卢琦的诗句"天风吹我登驼峰,大山小山石玲珑";而"吴山天风"的景名则是取秋瑾"老树扶疏夕照红,石台高耸近天风。茫茫灏气连江海,一半青山是越中"之诗意而定的,赋予这秀丽风光和名胜古迹以新鲜的时代精神及阳刚之气。

吴山是吴越南宋文化荟萃之地,山上点缀着不少古迹和摩崖石刻。北宋嘉祐二年(1057),梅挚到杭州做太守,因赵祯(仁宗)赐诗中有"地有湖山美,东南第一州"之句,他在这里造了一座有美堂。云居山东铁崖岭旧有芥子园,为清代戏曲家李笠翁从南京移居杭州时所筑,但遗址已不可考。苏东坡的咏牡丹诗和明吴东升书写的"岁寒松柏"四字刻于原宝成寺旁感花岩上,下面山崖上有宋代书法家米芾的手迹"第一山"三个大字,笔力遒劲。紫阳山西坡、原三茅观旧址附近有一块岩石,上刻"吴山第一峰"五个大字,这里是历史上观看钱江潮的胜地。

吴山在地理上伸向市区且拥有得天独厚的优美的自然环境。古书上说,这里过去"市镇隐振,漏尽犹喧;道院僧庐,晨钟暮鼓;青楼画阁,杂以笙歌",可见繁华的市面就在脚下,是很热闹的。人们上了山巅,则见"缥缈凌虚,碧天四迎,山川包界,脉络缕分,或昂而为直,或穹而为脊,或掉而为尾,若乱若联,运掌可数"。所以,这里是游人欣赏西湖美景,瞻观杭州市容的最佳去处。

吴山大观 位于吴山紫阳山顶,为"西湖十八景"之一。上有大观台,为清初李卫所建,是登高远眺的好去处。《西湖志》记载:"每当秋涛初壮,东望海门,汪洋澎湃,直趋富春,然后潮平岸阔,风正帆悬,一举目间,江山如画矣!""湖上诸峰,竞秀争奇,堆青泼黛,澄潮万顷,楼台金碧,揽之都在襟袖。其下市廛鳞次,烟火万家,铜街绮陌,接栋连甍。""至四时花鸟之盛,云物之奇,气象之雄,繁华之胜,莫不于斯台得之,洵吴山之大观也。"

极目阁　位于吴山东端,高楼耸起,四面临窗,可环顾吴山南北景色。极目阁,取意于唐朝诗人王之涣的"欲穷千里目,更上一层楼"诗句,是一幢古色古香的两层楼建筑,前后平台雕栏砌石,四周回廊环绕。楼下是茗香楼茶室,楼上即为极目阁。登阁眺望,视野开阔,市区鳞次栉比的高楼广厦历历在目,钱江和西湖景色尽收眼底。倘若夜间在此临眺,全城灯光闪烁,与天上的皓月朗星相争辉,那景色更加奇丽动人。

宋樟　茗香楼茶室周围的古老樟树是吴山风景区的一个特色。这些樟树树龄一般都在400—500年左右,其中吴山的5株香樟被列为杭州园林文物管理局重点保护的古树名木。位于吴山极目阁前的一棵宋樟,树龄高达八百多年,老干新枝,翠叶繁茂,生机盎然,为吴山群樟之祖,被称为"吴山宋樟"。生长在去紫阳山之路的岩壁上的另一株香樟,树龄亦有七百多年,虽然根已裸露于地面,顶梢也有枯枝,但树干高大,云冠浓荫,苍劲挺拔,古风犹存。

紫阳石林　位于吴山最高处紫阳山。山上大片裸露的石灰岩,表面光洁,微带青紫色,阳光下有如宝光瑞气萦绕山间,故前人称之为瑞石山。西上紫阳山,一路上峰石玲珑,岩洞幽奇,有的似刀削斧劈,有的似奇兽异物。古人据其形为这些奇石取名曰蟾蜍石、蹲狮石、寿星石、橐驼石、翡翠石等。山上五步一蹬,十步一壑,山崖如伏鼋,曲径如走蛇。在那斑驳的石壁上还题有"涤心池""青芙蓉""栽药圃"等各种景名。因名赏景,别有情趣。紫阳山西面,为三茅观旧址。前面岩石上刻有"吴山第一峰"五个大字,相传是南宋朱熹手迹。提起这五个大字,这其中流传着一个故事。北宋词人柳永所填《望海潮》词,歌颂杭州风光和繁荣,传到北国金邦,金主完颜亮便派画工潜入临安府,画了一张西湖图带回金邦,制成屏风,并画上金主策马立于吴山第一峰的形象,再题诗云"提兵百万西湖上,立马吴山第一峰",反映了金朝对南宋美好江山的觊觎和野心。

在这摩岩右侧坡下,怪石千姿百态,绵延数百米,岩石上还刻有"拥秀""蓬岛"等题字。石林西端有"吕字岩",由两个"口"字形的石头连成。石林之中有一岩,罅壁间书有"龙宫"二字,相传是康王赵构躲避金兵时的藏身之处。

巫山十二峰　吴山山顶平坦,翻越旧城隍庙遗址,沿路有一组石景,错落参差,这就是"巫山十二峰",分别取名为笔架、香炉、棋盘、象鼻、玉笋、龟息、盘龙、剑泉、牛眠、舞鹤、鸣凤、伏虎。又因为它们酷似十二生肖,故又称"十二生肖石"。这些生肖石千姿百态,惟妙惟肖,生动逼真。旁有一石状如倒覆的大瓢羹,名"瓢羹石"。

山上还有瑞石洞等名胜。洞旁山石兀立,有一石称"飞来石",玲珑有佳趣。向西不远处就是"金凤阁"旧址,其中一石酷似金鸡,一石宛如凤凰,前人就在"金鸡"和"凤凰"之间筑一楼阁,取名为金凤阁。

江湖汇观亭 吴山左挹钱塘江,右掠西子湖,是汇观江湖、鸟瞰市容的胜地。江湖汇观亭位于吴山紫阳山顶大观台旁,六角攒尖重檐。登亭极目四望,之江如带,风帆片片,明湖如镜,翠黛碧波,蔚为大观。亭内楹联是从杭州城隍庙前移来的明代徐文长题辞:"八百里湖山,知是何年图画;十万家灯火,尽归此处楼台。"此联截用明代徐渭绍兴府山联,气魄宏伟,十分贴切地概括了吴山上所见到的大好风光。

感花岩 吴山瑞石洞东侧的石壁,以苏东坡的石刻感花岩诗而闻名。壁上留有苏东坡题的《宝成院赏牡丹》诗:"春风小院却来时,壁间惟见使君诗。应问使君何处去,凭君说与春风知。年年岁岁何穷已,花似今年人老矣。去年崔护若重来,前度刘郎在千里。"相传唐诗人崔护来吴山春游,因口渴,叩开一户人家的门讨茶饮,受到一个年轻女子的热情招待。临别时,两人竟依依不忍离别。次年春,崔护重上吴山,再到故地寻访此女,不料,桃花鲜艳如故,而所爱女子已不知去向。崔护惆怅之余,遂在壁间题诗云:"去年今日此门中,人面桃花相映红。人面不知何处去,桃花依旧笑春风。"苏东坡到宝成寺赏牡丹时,有感于崔护之事,便在壁上题了上面所引的"牡丹"诗一首。明朝时,吴东升在东坡诗的两旁,书"岁寒""松竹"四字。"岁寒三友"松竹梅,在"松竹"二字之下,恰好有风化破裂的石纹,酷似一枝梅花,以石代字,别具匠心。朱术珣在苏诗上方书"感花岩"三字。这些题诗题字,虽经历了数百年的风雨,现在仍清晰可读。

玉泉 位于杭州仙姑山北的青芝坞口。它是西湖著名的游览胜地之一,与大慈山下的虎跑泉、风篁岭下的龙井泉合称为西湖三大名泉。

玉泉寺原名清涟寺。相传南齐建元年间(479—482),昙超和尚在此开山筑庵,从此香火不断。五代后晋天福三年(938),改庵为寺,题为"净空寺"。南宋淳祐年间(1241—1252),理宗题名为"玉泉净空之院"。到清康熙三十八年(1699),复由康熙帝改名为"清涟寺"。著名的玉泉就在原清涟寺内。现在的玉泉庭院,则是1964年在原址上重新设计建造起来的,面积0.73公顷。

玉泉,是一个长约四丈、阔约三丈的方形泉池,深丈余。明净的泉水,汩汩自池底涌出,晶莹如玉,这是"玉泉"得名的由来。传说南齐时,有个来听昙超说法的老人,自称是一条龙,恳求昙超帮他去教育违犯天条的众兄弟。大师却说庵里缺水,老龙就拍了一下手掌,泉水便涌出来了,因而玉泉又名"抚掌泉"。"坐来重抚掌,更得佐茶樽。"美丽的神话,给名胜古迹增添了魅力,同时也给诗人们提供了饶有兴味的吟咏题材。

新建的玉泉庭院造型新颖。它的大门是个对景圆门。步入大门,迎面是一个方形大窗框,框内的小天井里,立着一块嵯峨的湖石,旁边栽种着数竿翠竹,宛若一幅巨型的竹石写意图。由此进内,就是玉泉主景玉泉池。池内饲养着五色巨鲤。这里自宋代以来就吸引着众多的游客。"玉泉鱼跃"曾是"西湖十八景"之一。依栏观鱼,群鱼时而衔尾浮游,优哉游哉,时而翻腾纵跃,争逐食饵,使人深得"鱼乐"的意趣。池畔亭廊上方悬挂匾额,上书"鱼乐园"三字,为明代著名书法家董其昌手笔。从前,亭柱上还有一副楹联:"鱼乐人亦乐,泉清心共清。"这副对联和鱼乐园的匾额,实在是深得"鱼乐"意趣的。从鱼乐园向西进入内园,即为著名的古珍珠泉。这个名泉面积一丈见方,水色透明,池底纤细可辨。在池边以脚顿地,震动池水,即有珠状的小水泡连续上升,极似珍珠。从珍珠泉穿过圆洞门,就是晴空细雨泉。现因地下水源的破坏,当年那种"溟蒙如雾散余清"的趣景已难窥见了。玉泉庭院那个绿水盈盈的人工湖,是1949年后利用洼地叠岩筑岛、架石为桥而建成的,而后又布置了簇簇花丛、亭亭林木,是植物园园景之一的山水园。北边山坡旁是一座庭园式的山外山菜馆,既便利游客,又为玉泉增添了新的景观。

玉泉鱼跃　玉泉以其泉水的清冽甘甜而成为西湖三大名泉之一,但其名噪西湖的则是观鱼,玉泉鱼跃,曾是"西湖十八景"之一。这里的鱼多体形较大的青鱼、草鱼和红、黄鲤鱼,大的体长一米有余,重达三十余公斤。游人一边品茗,一边可凭栏观鱼,但见几百条五色大鱼在一池绿水中忽东忽西,浮沉上下,那种优哉游哉、怡然自得的情形,令人忘情。若投饵池中,则群鱼扬鳍而来,争逐食饵,翻腾纵跃,泼剌有声,又是一番奇观。清人见此曾有过这样的描述:"鱼游闲适回缓……客循池走,鱼则亦尾客影而游;客倚阑,鱼则亦聚阑边仰沫若有求。喜瓜饼,憎间具,数钱一握,投必争:在前者为后者所挤,尾出水面,以下拥上,则众鱼掀一鱼全出水,忽一跃入水,众鱼惊散,而水清如故。客坐定,鱼复回绕不已,若歆若慕。"晶莹澄澈的玉泉,从容悠闲的游鱼,使人倍感清净高洁。

鱼乐园　建于玉泉院内,为玉泉主景。鱼乐园池长约四丈,宽约三丈,水深丈余。池内饲养着五色巨鲤,池畔环绕着亭廊厅堂,上悬匾额,书有"鱼乐园"三字,为明代著名书法家董其昌手笔。临水处围以大理石栏杆画槛,南北亭廊的小天井里,栽种着各种翠竹,竹影婆娑,满地碎金;有的配置着松竹梅小景,佳趣盎然。在东端有限的空地上,则植树建亭。这些园林小品同泉池融成一体,使玉泉显得格外清幽。

晴空细雨池 在玉泉景内,又称法雨泉。晴空细雨池所处地层属松散砂砾石层,玉泉山多硅化石灰岩,地下水常成片出露,处处涌水,泉眼极多,经过阳光照射,看上去仿佛落着细雨。志书上说它:"泉眼上涌,浮激波面,滴滴作雨状,每斜风疏点,游人或惊而去。""晴空细雨"之名,由此而生。"喷为大小珠,散作空濛雨","耳边曾未闻淅淅,眼底辄复看蒙蒙",前人的这些诗句,对这里的奇异景色作了生动的描绘。

古珍珠泉 在玉泉景内,面积仅一丈见方,水色透明,池底纤细可辨。杭州的泉水以珍珠泉命名的有四个。一个在西湖大慈山袭庆寺旁。据志书记载:在后周世宗显德年间(954—960),寺东忽有泉水自地中迸出,寺僧鬻为方池;闻叩击之声,泉水就如贯串的珍珠累累上升。宋时,宫廷取其水酿酒,味甘醇,名"珍珠酒"。其他两个,一个在净慈寺前的雷峰塔路口,一个在皋亭山的珍珠坞中。现在,这三个珍珠泉已湮没多年了,仅玉泉这个珍珠泉尚在。如果在池边以脚顿地,震动池水,即有珠状的小水泡连续上升,酷似珍珠。

九里云松 从杭州洪春桥到灵隐,一路苍松夹道,称"九里云松",是"钱塘八景"之一,全长4.5千米,苍松常与山间白云相接。九里云松始于唐玄宗开元十三年(725),杭州刺史袁仁敬发动民工在这里植松,"左右各三行,行距八九尺",日后松树长大,阴霭连云,遂成一景。"阴霭如云,日光穿漏,若碎金屑玉。人行其间,衣袂尽绿",即道出这一景的特色。古时青松道上还建有九里松亭。自唐至明朝中期,数百年间九里云松一直是巨松成林,松树"大皆连抱,而高成百尺",前人对"九里云松"这样描绘:"西入行春翠霭中,长松夹道势凌空。湿凝云气山山雨,晴卷涛声树树风。"从明万历年间(1573—1620)起,松树越来越少,松景每况愈下,明朝后期尚存二百六十株,到清初只剩十余株了。九里云松旁,古时曾有南宋左军步军教场,宫廷酿酒机构"曲院"曾是名将韩世忠别墅。1962年后,在两边各植十行树,形成了一条宽二十多米的林带。新植上马尾松、黄山松、黑松、湿地松,配以樱花、杜鹃、紫薇等四季花卉,重现了"松排山面千重翠"的自然山水景观。

茶人之家 位于西湖九里云松古道东端的洪春桥畔。茶人之家由茶厅、迎客轩、茗家世珍陈列室等庭园组成,建筑古朴典雅、错落相接,布局虚实结合,平淡中包容幽深,小巧中藏纳博大,自然山水与茶文化特有的氛围十分协调。

穿过林荫小道,首先映入眼帘的是一飞檐翘角的建筑,这即是茶厅。茶厅正门挂有"茶人之家"的匾额,两旁有副楹联"一杯春露暂留客,两腋清风几欲仙",点出了此园的意境。从侧门经回廊进入内院,便是海内外茶友切磋交流茶艺的主要场所。院内回廊曲折,庭院四周假山环抱,右侧是迎客轩,廊柱上挂有一副草书楹联"得与天下同其乐,不可一日无此君",道出了茶的魅力。轩内有一巨幅壁画,自神农尝百草起,描绘了我国茶叶历史的渊源变迁,壁画中段再现了茶文化史上著名的"径山茶宴"场景。出迎客轩转过回廊即为"茗家世珍"陈列室,供来宾观赏茶叶成品、茶叶书刊、字画、茶具等,室中央还有茶圣陆羽蜡像。经由接待室和陈列室,可步入一个小庭院,院中修竹摇翠,红枫献艳,石笋贴墙而立。游人身临其境,俗虑全消,全心全意投入茶趣之中,流连忘返。

水乐洞　　位于石屋洞西面的烟霞岭下,距石屋洞约二千米。

水乐洞是杭州西湖诸洞景中最为奇特的一个喀斯特岩洞,洞名为北宋诗人、杭州郡守郑獬在公元1069年所取。苏东坡在《水乐洞小记》中说:"钱塘东南有水乐洞,泉流岩中,皆自然宫商。"水乐洞全长六十多米,有两个入口处,比较宽敞,形似矮厅,左、右两个洞口之间,有一天然巨崖相隔。右洞口向左斜,左洞口是一方形泉池,上铺石板,从洞深处潜流而来的地下泉水至此涌出,终年不绝。泉声激石,铿锵悦耳,如水中奏乐。洞中还有一处称为"石鼓"的岩石,用石头轻轻叩击,咚咚如鼓声。跨过泉池上的石梁入内,豁然开朗,别有洞天。这里是两个入口处相连的地方,宛若广厦,陈设着石凳石桌。在此小憩,琤琤琮琮的地下泉声不绝如缕,使人脑海中油然涌起"悬崖滴水鸣金磬,激涧流泉走玉砂"的诗句。洞内千奇百怪的钟乳石,如"水结龙背""三节莲藕""石手扶笋"等,万态纷呈,惟妙惟肖,蔚为奇观。有一处"空中石鼓",以手指轻轻扣击,即"叮咚"作响,悠扬悦耳。1966年前,洞内还有梁山伯和祝英台的石像。南宋奸相贾似道在此修建水乐园亭,广植花木,以水乐为意,将堂榭亭阁分别取名为"声在""漱石""玉渊"等。

坐在临洞口的石鼓矶上,下面是用青石板铺设的平整地面,四周是线条丰富的岩壁,幽雅宁静。在这清凉的环境里,细听脚下"古琴"的鸣奏,欣赏壁上"听无弦琴""天然琴声""高山流水"等许多古人的题刻,自有一番情趣。古人有诗云:"玉箫金管尽繁声,却喜山中水乐鸣。"长住城市里的人,在此停留片刻,确实会感到十分清新。

水乐洞以其奇幻的洞景、悠扬的水乐、古朴的叠石、竞妍的花卉,吸引着人们前往探胜寻幽。

石屋洞 位于杭州石屋岭南麓,满觉陇口。相传南宋高宗赵构曾封它为"南山第一洞天"。五代吴越王曾在此建大仁寺,又名石屋寺。1949年后拆去寺宇,改建为一座幽雅的山水园林。

从四眼井沿满觉陇而上,行不多久,便是石屋洞园。一进大门,便是一个占地约三亩的庭院,庭院右侧是掩映在桂花丛中的古色古香的桂花厅;左侧靠粉墙处,筑有一座朱柱黛瓦的半亭,亭旁有一圆洞门,跨过圆洞门,又是一个芳草如茵的幽静院落。院子左侧是新建的歇山翘角屋面桂花厅,与原桂花厅隔墙相对。院内假山、小池与厅后的天然山石浑为一体。由此沿小径、踏石阶而上,便可到达吟香亭和摘云亭。吟香亭用钢筋水泥仿重木制成,古朴自然。摘云亭是全园的制高点,四角重檐,端庄凝重。沿小径而下,就是石屋古洞所在。石屋洞纵深七至八米,宽十余米,高五至六米,洞形高敞,轩朗如屋,故称为"石屋洞"。此洞洞中有洞,洞洞相通。站在洞口石阶上探视,主洞右侧上方有一小洞,可容数人,称"石别院",又名"小石屋"。主洞左侧洞后有一深穴,上宽下窄,状如浮螺,古人冠以"沧海浮螺"之名。再左又有一洞,深不可测。再左复有一洞,是近年才挖通的"乾坤洞",据传当年南宋赵构皇帝被金兵追击时曾藏身于此洞,因而得名。

石屋洞不仅洞景奇幻,更以洞内摩崖石刻闻名于世。据《钱塘县志》载,"洞内镌罗汉五百十六身",是公元936—944年间的作品。北宋熙宁六年(1073),当时任杭州通判的苏轼随杭州知州陈襄等人来游,在石屋洞石壁上留下一方题名刻石。经过近千年的变化和"文化大革命",如今石刻已不复存在。旧时,石屋洞恰是仲秋赏桂的著名胜地,人们到这里,好像到了神话中的月宫。在标着"石屋洞"的古朴门楼两壁,镶嵌着嫦娥和吴刚的两个造型漏窗。洞外青龙山麓一带迤逦数里,桂树片片,莳有近七千株桂花,树龄最久者达两百年左右,品种有金桂、银桂、丹桂,素有"桂花开遍满觉陇"之称。洞内庭院中遍植桂花、红枫、鸡爪槭等树木,围墙上的花窗或呈桂花状,或呈嫦娥奔月状,突出了秋的主景。同时,如在"桂魄流光"、石屋洞厅、桂花厅等处选座休憩,于桂雨缤纷中一尝桂花栗子羹和桂花糖等杭州特产,则更添仲秋赏桂的情趣。

桂花厅 位于西湖南山石屋洞园内,歇山翘角屋面,古朴端庄,轩厅中高悬"桂魄流光"横匾,庭院里遍植桂树,黄如金、白如银、红如丹,一串串、一簇簇,缀满枝头,树树堆金雪,清香沁肺腑,是新西湖十景"满陇桂雨"秋游赏桂的热点。庭园门口墙垣上是"嫦娥舒袖""吴刚捧酒"图案的花窗,服务部里供应西湖特产桂花糖、桂花莲子羹等。入秋后这里金粟溢香,红叶迷眼,中外游客纷至沓来。清人张云璈有诗云:"西湖八月足清游,何处香通鼻观幽。满觉陇旁金粟遍,天风吹堕万山秋。"

烟霞洞 位于杭州水乐洞后山的烟霞岭上,处在南高峰和翁家山之间,与水乐洞石阶山道相连,相距约五百米。烟霞洞在烟霞三洞中洞体最大,开发历史最早,相传为五代后晋开运元年(944)的弥洪和尚所发现。

烟霞洞洞深约二十米,洞口立着一块篆刻石碑,上镌"烟霞此地多"五字。洞顶的呼嵩阁香檐巍峨,气势雄伟,似一座遥远年代遗留下来的古城堡。

烟霞名的来历,众说纷纭。一说是因为烟霞洞所在满觉陇一带群山四合,山气汇集,久驻不散,加上山上山下散落的民居,晨昏炊烟四起,在阳光的照射下会形成奇幻的烟霞景致。一说是因为洞内大大小小的钟乳石在阳光的照射下闪耀着五色异彩,宛若一片蒸腾弥漫的烟霞。还有一说是烟霞洞位于烟霞岭上,洞以岭名,故名烟霞。

烟霞洞的石窟造像,造型优美,雕刻精湛,是西湖石刻艺术中的上乘之作。相传后晋开运年间,有个叫弥洪的和尚在洞口结庵,那时洞内只有六尊罗汉石刻像,后吴越王又命补刻十二尊,才凑齐十八尊罗汉。后世又多有累加,除了一些小型供养像外,大的有三十八尊,均利用天然岩穴镂刻而成。这些造像绝大部分是五代的作品,少数几尊成于宋、清。今所见五代石刻有洞内十六尊罗汉、三世佛坐像与四尊胁侍菩萨立像。宋之石刻有两尊释迦牟尼像、披帽佛像、弥勒佛像等。入口处的苏东坡像则为清时所刻,无论造型、表情等都很生动,有很高的艺术价值。尤其宋初刻在洞口两壁的观音和大势至刻画细致、线条流畅、神态生动,是全洞造像中最精美的两尊。这些造像,在十年动乱中曾遭破坏。近年来按历史原样修复了一些,风格颇为一致。

烟霞洞外怪石林立,洞口一块硕大无比的巨石,孤零零地屹立一边,似从天而降,人称"落石岩";几步之外有一块巨大的岩石,似大象头部,两耳紧贴,鼻子下垂拖地,故名"象鼻岩";若俯身下视,又可见大象腹下有一小石岩,似一只胆怯的小象,躲在母象腹下不敢出来,神形俱肖,栩栩如生,岩上刻着"象象"两字。烟霞洞上有高阔的"联峰"巨岩,岩上石笋倒垂,形如佛手,故名"佛手岩"。明代书法家和诗人董其昌、陈继儒、李流芳等都有题诗刻石,宋代大诗人苏东坡在佛手岩上也曾经留有题刻,惜已毁无存。

烟霞洞环境十分清幽,周围古木参天,奇峰壁立,翠微苍苍,青萝拂衣。在嶙峋的山石和老树古藤之间,随山势高下,建有亭、阁、轩、堂,设有小店茶室。1936年底,"西安事变"和平解决后,周恩来代表中国共产党于次年3—4月与蒋介石在烟霞洞旁的烟霞寺举行秘密谈判,就国共合作一致抗日初步达成协议。烟霞寺现已被辟为茶室,供游人品茗小憩,其幽静、静谧堪称西湖茶室之最。在此凭栏小饮,近眺南高峰,远望钱塘江,景色如画,使人心旷神怡,恍入仙境。"一角夕阳藏古洞,四周岚翠接遥村",正是这一景色的真实写照。

烟霞胜景　位于烟霞岭烟霞洞园内。从水乐洞沿烟霞岭至烟霞洞,便见一圆洞门,上题"烟霞胜景"四字,步入圆洞门,是一个幽雅的小园。小园当中耸立着一座小小的叠石假山,上缀小树,围以鲜花,相映成趣。这里有外宾接待室、茶室、小卖部,供游人憩息品茗。沿小园侧畔左弯右转,一路回廊曲折,堂奥纵深,千回百转,整座建筑精巧玲珑,古朴雅致。透过室内净窗,只见树影遮墙,峰峦叠窗,设计之精妙,可谓匠心独运。

霞园　位于烟霞岭烟霞洞园旁。穿过烟霞胜景庭园,有一新辟公园,这便是"霞园"。园内两旁是用鹅卵石铺成的甬道,参差的岩石上刻满了前人的题诗和题字,虽经几百年风雨剥蚀,但有的仍清晰可见。通过甬道向上攀登,即到山腰的吸江亭。亭峰近处,就是烟霞洞顶的呼嵩阁,再往上走,又一亭耸立于危崖峭壁之上,这就是陟屺亭。柱石上刻有一联,云:"得来山水奇观与君选胜,对此烟霞佳景使我思亲。"站在亭上,只见峰岭攒簇,郁郁苍苍,奔腾似浪,真有远吞江海之势。

九溪烟树　位于杭州西湖西边群山中的鸡冠垅下,一端连接烟霞三洞,一端贯连钱塘江,呈"Y"字形,游览线全长7千米。九溪十八涧一头源出杨梅岭下,一头源自龙井狮峰山,两源在流经过程中,次第汇集了青弯、宏法、唐家、方家、渚头、云栖、小康、佛石、百丈、诗人屿、孙文泷诸坞山水,而后在九溪茶室汇流入钱塘江。所谓"九"和"十八"不过是泛指溪流的数量多。九溪十八涧的地质构成,基本上是沙岩。山坡陡峻,谷底基岩裸露,沙岩堆积很少,因而水浅溪清。水质含有硫磺性矿物质,微温,即使秋凉天气,涉水玩乐也不会感到凉意,加之水面时阔时狭,撩水作戏,乐趣无穷。这里山峦起伏,林木葱茏,若遇阴雨天则云缭雾障、烟岚瀛濛,"九溪烟树"无可争议地成为了新西湖十景之一。

从九溪车站一路逦迤而行,一幅山水春野长卷渐次舒展眼前。初入谷口,甚觉平坦,道旁水田成片,山麓民居幢幢,鸡犬之声相闻,一派田园风光。继而渐入渐幽,两侧层山叠嶂扑面而来,经过一片枫杨树林后,路旁有一座前后敞开的凉亭,名为林海亭。亭中有一副楹联:"小住为佳,且吃了赵州茶去;曰归可缓,试同歌陌上花来。"再往前,路愈转愈深,景越入越秀,只觉身旁奇峰四合,岚色青葱,溪流湍急,泉声淙淙。流水漫过路面处,都设有汀步,行人须踏汀步而过。平时走的都是平坦道,到此踏上散置在激流中的汀步石,摇摇晃晃的,不免有些慌张,但也有一番趣味。"春山缥缈白云低,万壑争流下九溪。拟溯落花寻曲径,桃源无路草萋萋。"想来古人也有同感。忽又路转山回,一片平坦谷地出现于四山环抱之中,绿水萦带,竹茂林密,一座朱柱黛瓦的亭阁掩映于溪畔的秀木繁荫中,这就是九溪茶室。茶室前面的溪流聚汇处,是一碧波澄清的湖泊。溪畔有一座六角形的亭轩。左面顶上平坦处建有一座亭子,名"望江亭",是登高远眺的好去处。穿过幽深竹径,来到亭上向前远眺,可见钱塘江"之"字弯曲处,烟波浩渺,水天一色。右边八角亭上,一条新铺的蹬道沿着陡壁幽壑,曲折上升,融入树影深处。人们登临其间,有如攀登蜀中栈道,惊险万状,依傍浅水潭的林壑间,一股洁白似玉的飞瀑陡然跃出石壁,飞身而下,迸珠泻玉,这就是九溪人工瀑布。山腰有亭,掩映在乔松悬崖之间,背衬蓝天白云,游人到此,似有置身云端之感。

九溪富山,九溪富水,九溪之美在于自然、平常、野趣、天籁。游九溪,须以平常心,悠悠地、细细地领略这里的山崖、烟岚、绿树、溪声、鸟语、云影,品味其中的深厚内蕴,方能觅得种种不平常的山水审美感受。晚清大学者俞樾(曲园)对九溪十八涧特别欣赏,说:"西湖之胜,不在湖而在山,白乐天谓冷泉一亭'最余杭而甲灵隐',而余则谓九溪十八涧乃西湖最胜处,尤在冷泉之上也。"他曾作叠字诗赞美之:"重重叠叠山,曲曲环环路,丁丁东东泉,高高下下树。"此乃是以平常心观平常景、赋平常诗,却传达了不平常的山水美景,因而广为传诵。

灵峰梅坞 以梅为主的自然山水园,位于杭州青芝坞西北角的灵峰山下。灵峰三面竹山环抱,深坞通幽,泉水淙淙。五代吴越国时建有灵峰寺。现在来鹤亭、泉池等古迹犹在。灵峰素以红梅著称,"灵峰寻梅"是西湖历史上有名的冬日景观之一。灵峰梅园地势独特,吐蕊较早,梅的品种极多。据载,清道光二十四年(1844),这里已有近一万平方米之地的梅花,环植梅树数百,后几经毁坏。宣统元年(1909),周庆元又曾补种。据他的《灵峰志》载:"……就寺外灵峰亭乃至半山来鹤亭,补栽三百本,复营是庵。"为此周庆元还曾题有一副楹联:"占得灵峰十笏地,分来孤屿万梅花。"但此后,灵峰梅景基本湮没,只剩古梅近百株而已。1986年重新布局建设,如今的灵峰梅坞,占地十万平方米,栽梅五千余株,又呈现出"漫空竹翠扶山住,数点红梅补屋疏"的幽景。灵峰还有古朴的梅桩,它们有的呈卧式,有的倒置为游龙状,有的则清奇古拙,独有幽趣。

龙井　位于杭州风篁岭上,"龙井问茶"为新西湖十景之一。龙井景区有龙井泉、龙井寺等众多名胜古迹,属于自然山水园林。

龙井,本名龙泓,又名龙湫。龙井泉是全国著名的美泉之一。早在三国东吴赤乌年间(238—251)就已被发现,旧传龙井泉与海相通,有龙居之,故名龙井。《西湖游览志》载,三国东吴赤乌年间,葛稚川曾在这里炼丹。那时的龙井是:"……林樾幽古,石鉴平开,寒翠甘澄,深不可测,疏涧流淙,泠泠然不舍昼夜,闲花寂草,延缘其旁……鸟韵樵歌,响答虚谷。井中相传有龙居焉,祷雨多应……上覆以楼,为惠济龙王祠。"其实龙井是由石灰岩节理和溶洞中的地下水汇合而成的,并不是什么龙的住所。龙井是一圆形泉池,泉池后壁是峻峭的山岩和古朴的叠石,清冽甘美的泉水从山岩间涓涓流出,汇集于井中,通过石罅流入下面两个相连的方形水池,再倾入玉泓池,而后跌宕下泻流入风篁岭下的溪涧之中,形成了一路疏涧流淙、泉声叮咚的清丽景色。到龙井的游客,常到井边去领略一下那稀奇的分水线。用棍棒轻轻搅动池里的泉水,水面就会出现一条不断蠕动的、由外向内渐渐缩小的水纹,称为"分水线"。如果是雨天,分水线就更明显。据说这是地面水和泉水相互冲撞,因流速和比重的差别而形成的。

龙井寺,创建于五代后汉乾祐二年(949),相传为一个名叫凌霄的杭州居民募缘所建,初名报国看经院。北宋熙宁年间(1068—1077),改名为圣寿院,南宋时改称广福院,后又改称为延恩衍庆寺,但原寺址在离井里余的风篁岭下的落晖坞,即老龙井。至明正统三年(1438),才迁移至井畔,从此,遂以井名称龙井寺。现在,寺宇改建为龙井茶室,是国内外游客憩息、品茗的好场所。

龙井周围多参天古树和名胜古迹,井旁有"神运石",附近山林中还有"风篁岭""一片云""龙泓涧""涤心沼""过溪亭""方圆庵""翠峰阁"等,清乾隆帝游龙井时,称其为"龙井八景"。由于此处自然景色优美,乾隆帝又题"湖山第一佳"五字,并将产在狮峰的龙井茶献给皇太后,龙井茶从此被列为贡品。龙井茶叶有"狮、龙、云、虎"之别,即指狮峰、龙井、云栖、虎跑四地所产之茶,其中尤以"狮峰龙井"为上品,具有色绿、香郁、形美、味甘的特色。乾隆在龙井狮峰胡公庙品饮龙井茶,非常喜欢该茶,将庙前十八棵茶树封为"御茶"。现茶农用栏杆将这十八棵御茶围护起来,与龙井御茶相配套,形成一个旅游点。西湖风光美,龙井名茶佳。龙井,既以泉称誉古今,更以茶播名中外,名茶、名泉,相得益彰。

一片云 在风篁岭上,为龙井八景之一。"一片云"是一片石,高约三米,青润玲珑,形似祥云,看似人工镂刻而成,实为天然生就。状若片云,因以为名。明朝田艺衡有诗云:"凌虚一片石,云霭常阴阴。一自凿混混,玲珑直至今。秋风吹不去,湖月照登临。寰宇无薄眺,长空有高吟。苟非偶心赏,落落谁知音。"据说辩才居于龙井时,常盘桓左右,并题有"兴来临水敲残月,谈罢吟风倚片云"的诗句。明朝孙隆曾在一片云石旁构筑"片云亭",并把辩才所题诗句镌于石上。现"一片云"三字为后人摩刻。

神运石 在风篁岭上龙井泉旁。据志书记载,它是明正统三年(1438)清淘龙井时,由八十军士从水中拽出来的。该石高约两米,奇状突兀,石体瘦硬,状似游龙,颇具气韵。石上刻有"神运石"和"玉弘池"等字样,"运"和"池"二字特别大。石上原来还有许多题字,现已漶漫不可辨读。明朝田艺衡曾有诗赞云:"怪石何年出井中,千眼百眼相玲珑。鬼神爱惜欲飞去,婆娑老树缠春风。"

过溪亭 在风篁岭北侧岭下的虎溪桥上,为龙井八景之一。虎溪,是龙井流泻下来的泉水汇成的一条溪涧,因溪中一巨石形似伏虎,故名虎溪。溪上有一小桥,曰虎溪桥。北宋元丰二年(1079),高僧辩才(元静)禅师自天竺归老于龙井寺后,曾立一清规张贴于寺内,其中一条是:"山门送客,最远不过虎溪。"苏东坡任杭州太守时,闻辩才之名,专程往龙井探访,两人促膝谈心,相见恨晚,遂成莫逆。临别,辩才相送,边走边谈,竟送过了虎溪桥,破了清规。辩才笑道:"杜子美有云'与子成二老,来往亦风流',尔我之谓也。"于是就改桥名为"过溪桥",并建亭于桥上,名之曰"过溪亭",又叫"二老亭",以志纪念。苏东坡有诗记其事:"此生暂寄寓,常恐名实浮。我比陶令愧,师为远公优。送我还过溪,溪水当逆流。聊使此山人,永记二老游。"过溪亭上有联曰:"秀萃明湖,游目频来过溪处;腴含古井,怡情正及采茶时。"

水城门园 凤山水门园位于杭州中山南路与万松岭路交汇的中路上,是为了纪念杭州城垣古迹而设的园林。杭州城垣最早建筑于隋朝,"隋杨素创州城,周围三十六里九十步"。五代吴越国时曾两次扩建城墙。南宋在杭建都,又大规模修筑城垣。当时出于关防需要,除了在各交通要道设城门外,还在穿城而过之河道上开设水门。凤山水门就是其中之一。杭州城内河道纵横，沟通西湖、钱塘江、大运河，保证城内用水。南宋时，据《梦粱录》载，城之四周开"旱门十有三，水门五者"，即共设有五个水门。元朝禁止天下修城。杭州在南宋时所筑皇城，于元代时多被拆毁。直至元顺帝至正十九年（1359），张士诚入据浙江，才征民重修城垣，设陆门十座，水门五座，并以南宋故宫之和宁门为南门，定名为凤山门，又称正阳门。在城门旁之中河河道上设水门，即凤山水门。明清两代城垣又经几番修整，但凤山门与凤山水门位置一直未变。辛亥革命后，杭州城门被拆除，凤山水门只拆了城墙部分，石砌的拱形水门至今完好。1949年后，在城市建设中，除了凤山水门，古城垣全部清除。因此，凤山水门乃杭州古代城垣中唯一保存下来的古水城门。水门由三座不同跨径的石砌拱券并联而成，宽约五米，外券中部筑有方形闸档，闸档后部，在外券与中券之间，有石雕门臼，当时是可启闭的水城门；每座拱券顶的中部都有一块雕有蟠龙的锁石。如今经过修整和扩建，已开发为水城门公园。四周广植花卉树木，红花绿草簇拥，古老的水城门又与中河上垂柳、古桥相辉映，是游人探胜访古的好去处，也成为杭州人民休憩、游览的一个文物园苑。

六和塔园 耸立于钱塘江畔月轮山上。与一般塔式建筑不同，此塔并不是佛寺的部分，而是为了镇海潮和导航而建的，具有精神及物质的双重意义，随着历史之推移，此塔及附近园林已成为杭州著名的古迹类纪念园林。六和塔，又名六合塔。"六和"之名，取自佛教"六和敬"之说（即戒和同修、见和同解、身和同住、利和同均、口和无争、意和同悦）；至于又叫"六合塔"，则取天地四方之意（古人称天地四方为六合）。五代后梁开平五年（911），有人在此掘得大钱一枚，吴越王钱镠认此为吉祥之地，于是建造大钱寺。北宋开宝三年（970），大钱寺废，吴越国王钱弘俶为了镇钱塘江潮在大钱寺的南果园中建塔。初建时，塔身共九级，高167米有余，是一座木塔。自建成后的一千余年间，由于历史上兵燹不断，塔身屡建屡毁。现在的六和塔是在清光绪二十六年（1900）修缮的。

六和塔为多层密檐砖木结构，塔基占地866.6平方米，塔身八面，塔顶层与塔刹为明正统二年（1437）所构筑。各层的斗拱、重檐、塔身三者在尺度阴影处理上极为恰当，整个塔身外观上的明暗间隔收分合度、轮廓衬托分明。六和塔内部可攀登而上的实为七层，每层塔芯中部均有一小室，沿塔内四周设有环形楼梯，盘旋而上，供游人拾级直达顶层。砖石砌筑的塔芯须弥座上，雕有各种花卉、人物、鸟兽图案，保留了南宋风格。清乾隆十六年（1751），清高宗弘历（乾隆）南巡到杭州登六和塔游览,每层都题了匾额,自顶层到底层依次为"七宝庄严""六鳌负载""五云扶盖""四天宝纲""三明净域""二谛俱融""初地坚固"。塔底层南面檐廊内有南宋敕赐开化寺(塔院名)尚书省牒碑;西北面壁龛中有明代线刻真武像,内廊壁上嵌有南宋绍兴五年(1135)沈该、汤思退等书写的佛教《四十二章经》刻石。每层檐角挂有铁马(铃),微风吹拂,铁马玎琮有声。檐上的光和檐下的阴影衬托分明,塔身造型优美,比例适度,巍峨挺拔,极为壮丽。

　　六和塔既是我国古典建筑艺术瑰宝,又是杭州钱江畔的游览胜地,今天,以宝塔为中心,已将此地辟建成美丽的园林,四季花卉常开,林木葱郁欲滴。穿过塔园,拾级登上六和塔顶倚窗眺望,钱江奔流,舟帆点点,大桥横亘;塔后青山屏卫,黛拥翠抱,山河壮丽,使人感奋不已。六和塔园林是我国古典园林创作中远借、俯借艺术手法应用最成功的范例之一。

中华古塔博览苑　　六和塔园内新建的一处景点。位于六和塔后侧,精选全国各地有代表性的古塔100座,按原塔高度以1∶10,1∶8,1∶6,1∶2等不同比例缩小仿建,大多数采用了原塔所用的砖、石、木等材料,采用不同质材替代的,也力求达到真塔的实际效果。其是一处融知识性、游赏性于一炉的文化小园。

　　塔苑的建造注重体现历史文化价值和建筑艺术价值。进入塔苑,一座座造型别致的古塔林立,就塔的类型而言,楼阁式的有西安玄奘塔、苏州虎丘塔,密檐式的有辽阳白塔、云南大理千寻塔,亭阁式的有山东历城四门塔、河南修定寺塔,金刚宝座式的有北京碧云寺金刚宝座塔、山西圆照寺金刚宝塔,此外还有镇江过街塔、敦煌花塔、少林寺墓塔群等。塔苑之塔虽不能登临凭眺,却足供观瞻鉴赏。人们可以从各个角度,在建筑、雕塑、绘画、工艺、风格等方面领略到不同历史时代和不同地域环境的我国古塔风貌及其艺术特色。

　　中华古塔博览苑还将古塔和月轮山的地形地貌、自然环境和谐地结合起来,布局高低错落、疏密有致。众多古塔并与巍巍六和塔相互呼应,相映成趣,成为一处具有丰富文化内涵和游览观赏价值的园林文化景区。

超山梅园　　以梅为主景的自然山水园,位于余杭区境内,是历代观梅胜地,素以"十里香雪海"著称。进入超山后,沿途皆可见到梅树,环山数万平方米梅林,在花汛时灿灿然一片。清代王在晋赞叹曰:"白花平铺散玉,十余里遥天映白,如飞雪漫空,天花乱出。"山脚下是大明堂,这里四周围是梅树最密集的地方,有闻名江南的唐梅和宋梅。超山种梅历史悠久,五代后晋(936—947)开始种植,距今已有一千余年历史。超山梅花品种很多，以素梅为主，也有铁骨红梅、绿萼梅、果梅、玉白等。如今有一株有八百多年历史的宋梅，虬干曲枝，苍劲有力，花开六瓣，是当今罕见的品种。近旁是赏梅胜地浮香阁，阁前石坛上一株唐梅，其冠如伞，老干新枝，生机盎然。吴昌硕墓掩映在梅花林中，墓由条石砌筑，圆形，高2米，直径3米。墓碑由诸乐山撰书。墓道上侧是20世纪80年代新建的吴昌硕纪念馆，采用园林式格局，颇为雅致。吴昌硕生前多次到超山赏梅、写梅，生前嘱儿子吴迈，过世葬于超山。他在超山留下不少墨迹，曾有一诗曰："十年不到香雪海，梅花忆我我忆梅。何时买棹冒雪去，便向花前倾一杯。"极写他爱梅写梅而得之于梅的心情。从浮香阁登山，经过翠韵亭、疏影亭、松风亭，便是超山绝顶的"超峰"。每逢花期，在此极目四望，眼前"十里梅海"，相继而开的金黄色的蜡梅、铁骨红梅、玉琢白梅、"玉妃舞夜"的绿萼，娉娉婷婷，清香沁人。林纾在《超山梅花记》中叙花汛的盛况道："纵横交纠，玉雪一色。步武高下，沿梅得径。远馥林麓，近偃陂陁。丛芬积缟，弥满山谷。"

宋梅亭 在超山大明堂前，为1923年周庆云所建之单檐四角亭。亭前约十步，即超山最名贵之宋梅。亭额"宋梅亭"三字为著名书法家余任天所题。亭柱四角环置石凳，于亭中心设石桌，布置得简明古朴。众多游客在宋梅亭小憩，把这里视作赏梅的第一佳处。当年亭落成之际，立碑文云："徘徊花下，不胜望古遥集之思。因语同游，拟构亭其旁，乞安吉吴缶庐绘宋梅小影，勒石记之。"落款为"记时癸亥，乌程周庆云。"吴缶庐即吴昌硕，时年他正八十高龄，勒石一幅《宋梅小影》。一枝苍老的枝干旁逸斜出，几点冷香缀在枝头，古雅而尽着风流。亭中石柱上镌刻有七副楹联，其中最吸引人的是吴昌硕所撰的一联，联语用石鼓文写成，语句古艳而深沉，字迹朴茂而雄健："鸣鹤忽来耕，正香雪留春，玉妃舞夜；潜龙何处去，有萝猿挂月，石虎哓秋。"把超山周围景色与梅林的盛开融于一体，开拓了引人遐思的优美意境。钮衍写的一副楹联："几度阅兴亡，花开如旧；三生证因果，子熟有时。"此楹联借梅花和梅实构成一联，对仗工整，含义隽永。书画家姚景瀛也有一联为："腊雪不沾墙下水，冻梅先祖岭头枝。"集唐代诗人李商隐、罗邺的两句诗而成一联，极赞梅之品性。马一浮所撰一联是："与林和靖同时，高风在望；问宋漫堂到处，香雪如何。"借梅花自喻，表达了可贵的高风亮节。这些楹联，虽寥寥数语，却是妙词佳句，洞幽烛微地点写了超山梅园之景观，融自然美与人文美于一炉，弥足珍贵。

鹳山 坐落在杭州市富阳区东郭,临富春江平地拔起,并延伸至江中,三面环水。山仅高42.9米,面积3.46万平方米。因山多天然岩石,原名石头山;唐属道观,曾称观山;后因其形宛如迎江伫立、引颈入水的鹳鸟,遂名鹳山。

从江中望鹳山,只见古树参天,芳草如茵,曲径通幽,亭台楼阁分置绿荫丛中,好似瑶池仙山。舍舟登岸,沿西麓繁花夹道、绿荫森森的石阶蜿蜒而上,有一高约10米的山岩临江壁立。平坦的岩顶上有一株两人合抱的古樟,翠盖亭亭,绿叶舒卷,宛若一柄巨大的绿伞。古樟之西有著名的"春江第一楼",为鹳山主要建筑之一,也是眺望富春江景色最佳之处。澄江亭建于鹳山矶头,依山傍水,亭后石栏上刻有"东观放生"四字,系颜真卿所书。置身亭中,可饱览富春江水天空阔的壮观景象。郁达夫与其二兄郁浩对此曾有"秋月横江白,渔歌逼岸青""山远烟波淡,潮来岛屿平"等描写。

鹳山山顶东侧有揽胜亭,它是鹳山唯一幸存的古建筑,在宋代《咸淳临安志》中就有记载。1977年修葺一新,隐现于绿荫丛中,因景观幽美,已成为多部影视片的取景地。

清代道光年间,知县陆玉书在鹳山矶头西南面,立"严子陵垂钓处"石碑,"文化大革命"中被毁。1979年重立石碑,碑高1.85米,宽0.93米。此处石矶伸入江心,江水回旋成潭,鱼虾聚集,是垂钓的极好去处。垂钓处左侧"登云钓月"石刻出自苏轼手笔。南宋淳祐年间,县令李迪曾在鹳山建严子陵祠,内有石碑,刻有"钓台真迹"四字。明代徐渭游鹳山时,在祠内题诗曰:"碧水映何深,高踪那可寻?不知天子贵,自是故人心。"可惜祠屡建屡毁,已无遗迹。

鹳山东麓建有龟川阁,供游人登眺,以领略富春山水之美。西侧江岸,建有"春江第一廊",长74米,面积230平方米。长廊依山傍水,为游人小憩、漫步、赏景、留影之佳境。

富阳是现代著名文学家郁达夫的故乡,郁达夫之兄郁华是著名的法学家,因维护民族利益、保护爱国人士而遭日伪分子暗杀。为了纪念郁氏兄弟,鹳山建有"双烈园",由三部分组成:双烈亭、郁曼陀血衣冢旧址和松筠别墅。

春江第一楼 坐落在鹳山岩顶。原为木结构三层楼阁,清咸丰十一年(1861)毁于战火,同治年间重建,改为两层式,又名雷公殿,上塑雷神,下塑佛像。楼阁大门有清代名宦周凯后裔周宝善书写的匾额。现今的楼阁是1964年改建的,粉墙青瓦,飞檐翘角,精巧而雅致。楼前新匾额"春江第一楼"五字,出自当代书法家沙孟海手笔。楹联为:"烟嶂万重天外绕,云帆千片望中来。"楼内盆景花卉,四季常新,正中悬巨幅绘画《祖国颂》，两旁对联："山川竞秀云物美,世界常新天地宽。"此楼最宜眺望江景,富春江平波舒卷,明秀脱俗,景色随季节交替和阴晴晦雨而变化万状。春天,江满桃花水,岸绿芳草地,沙洲新篁初绿,疏篱桃李争艳。入秋,江两岸一树树火红的乌桕,似锦似霞,与秋水长天相映,构成瑰丽的山水长卷。清晨,江面氤氲,山光云影飘忽不定,岸上牧歌时断时续,江上渔舟剪波,白帆隐隐。黄昏时分,凭栏远眺,余晖熔金,落霞散绮,青山似烟,极目空清。如于明月团圆之夜登楼眺景,则见江面波光粼粼,渔火点点,舟楫声声,令人想起"素月分辉,明河共影,表里俱澄澈"的佳句。如遇风雨之日,更有奇景叠现,一江烟雨,四面云山浮漾其间,好似一幅泼墨山水画悬挂于天地间。春江第一楼后面有题为"太液池"的石窟,一泓碧水,终年不涸。若舟行江上观赏鹳山,此楼则如山之眉目,为画龙点睛之笔。

龟川阁 富春江水自西南奔流而来,至鹳山东麓回旋成深渊,这附近的江段名龟川。据清代《富阳县志》载:"每逢秋月皎洁,水波不兴,尝有老鼋浮拨水面唼月。"这就是春江八景之一"龟川秋月"的来历。此处扼山川之胜,朝岚夕霞,沉璧跃金,风雨晦明,气象万千。1986年营建龟川阁于此,供游人登眺。楼阁依山临江,以粉墙青瓦的基调,配以栗壳色格子花窗,淡雅朴素,具有江南园林小筑的独特风格。阁中有李一氓、黄苗子、叶浅予等题写的对联;阁旁立张堃撰写的追述"龟川秋月"传说的碑石。除了龟川秋月,富阳的春江八景另有:鹳岭晴云、樟岩朝雾、花坞夕阳、恩波夜雨、吉祥晓钟、中沙落雁、苋浦归帆。如今,有的已不复存在,有的则增添了新的内容,形成了新的景观。

龟川秋月 位于富阳区鹳山东麓。根据"春江八景"之一"龟川秋月"景点旧况,于1986年在临富春江处建三层的龟川阁。底层因避涨水,未作使用,中上两层在阁柱上,有当代文化名人李一氓、黄苗子、叶浅予、唐云、吴祖光等题写的楹联。"龟川阁"三字横额由前全国书法家协会主席启功先生手书。中秋之夜,这里是赏月的佳处。阁旁立有一碑,碑文记叙了"龟川秋月"的神话故事。

鹳山西南山麓有一处岩基直伸江中,三面环水,形似半岛,称为"石矶"。因江水回旋,矶头处已形成深潭,宛如一人工湖,鱼虾聚集,是垂钓的极好去处。矶头处立有"严子陵垂钓处"石碑一块。石矶东侧一巨石上,镌有"登云钓月"四字,字体遒劲,笔力苍劲。据清道光《新城县志》记载,它出自苏东坡游览此地时所书手迹。矶头处建有一个精致美观的六角亭,名叫"澄江亭",若是晴秋明月之夜,在此观景或泛舟,或许能见到老鼋浮拨水面、吞食水中月影的情景,雅称为"龟川秋月",为"春江八景"之首。亭之背后朝西石栏上,刻凿着"东观放生"四字,据《富阳县志》载,此系唐代书法大家颜真卿所书。

双烈园 在鹳山上,是郁华、郁达夫两位烈士的纪念地,分为三个点。郁氏双烈亭,是一座傍山面水的亭阁,1980年在郁氏兄弟读书亭的旧址重建。亭额"双松挺秀"四个遒劲大字由茅盾所题;北墙碑刻烈士图像及传记,叶浅予构图,黄苗子书写;亭中碑刻"双松挺秀意何如? 仿佛眉山有二苏。况复埛寰同殉国,天涯海角听相呼"是郭沫若《题曼陀遗作》诗。亭中楹联集郁曼陀、郁达夫句"劫后湖山谁作主? 俊豪子弟满江东","莫忘祖逖中流楫,同领山亭一钵茶",分别由赵朴初、俞平伯书写。鹳山东南山腰有郁曼陀血衣冢。郁华,字曼陀,郁达夫长兄,著名的法学家。在抗战时期,他利用自己的特殊地位,坚持司法尊严,维护民族利益,营救爱国民主人士,严惩民族败类,同时坚拒敌伪之诱胁,不为所屈,遂于上海遭到暗杀。民国三十六年(1947)4月,富阳地方人士举行公祭,并于鹳山建墓安葬烈士殉难血衣。由郭沫若撰文、马叙伦书写的血衣冢志铭,高度赞扬郁华一生之伟绩。墓之横额由于右任题写。鹳山的东面山腰有松筠别墅,原是郁华奉母养老之所。别墅为砖木结构三开间楼房,以民国初年总统黎元洪书赠郁母陆氏"节励松筠"匾额命名。陆氏于1937年12月日军入侵县城时,在楼内尽忠绝食殉难。现在,此楼辟为"郁华、郁达夫烈士陈列室",陈列郁达夫各种版本著作三十余种和郁华遗物、手迹等。整个双烈园环境清幽肃穆,松柏耸翠,四季常青,宜静坐静思。

桐君山 位于浙江桐庐县城外富春江与分水江(古称天目溪)的交汇处,是富春江上历史悠久的古迹园林,也是桐庐的名胜游览地。桐庐古名江口,唐开元二十六年(738)始为县治,其三面环山,两江襟带,山水风景环境极为优越。出城渡分水江便是桐君山。山之得名来自一则传说:相传上古时有一异人深谙药理,行医济世,采药至此,在山侧大桐树下结庐栖身,有问姓名者,但指桐下茅庐以示,时人尊称其为桐君,山也因此而得名,城也改名为桐庐。山一峰突兀,满目青翠,望之如一块翠玉浮于江上,故古时又称浮玉山、小金山。清学者梁启超曾赞其为"峨嵋一角",康有为亦有"峨嵋诸峰不及此奇"之说。其历来被誉为镶嵌在富春江上的一颗明珠。从县城往游,渡清溪、过石坊,循磴道而上,一路上林木苍翠,修竹深秀,鸣禽上下,野花芬芳。攀至半山腰,有亭翼然,此为凤凰亭,供人休憩静赏。亭六角攒尖,屋面反翘,曲线柔和,出檐深远,探出绿丛之上,犹如凤凰展翅。登至山顶,可见新修圆月形山门,两侧朱墙上开有八角形花窗,窗用白粉勾边,红白相映,衬以绿树,很是雅致。圆门上镌刻有砖匾,上书"仙庐古迹",点出了桐君的出典。山顶为一块相对平缓的台地,有桐君祠、睢阳公庙、白塔、四望亭、江天极目阁、竞秀阁等胜迹古构,临江悬崖石壁上有古人摩崖石刻多处。

桐君祠 又称桐君庙,是山上的主要建筑,为纪念桐君老人而建。其外形为江南民居风格,灰瓦、白墙、朱柱,殿内正中为桐君彩塑坐像,老人一手持葫芦,一手放于膝上,笑容可掬。据考证,桐君为黄帝时代人,《隋书》《旧唐书》中均有记载,因识本草药性,黄帝命其与巫彭同处方、尝饵,识草木金石性味。后桐君采药来到桐君山,一心济世于民,不图名利,深得百姓敬仰,堪称中医药鼻祖。像前挂有楹联:"大药几时成,漫拨炉中丹火;先生何处去,试问松下仙童。"表达了人们的怀念之情。

桐君白塔 耸立在桐君祠旁,塔为仿楼阁式砖塔,六面七级,高二十余米,顶为六角攒尖顶,上有铁刹,因塔周身涂白垩,故称白塔。白塔造型很是清秀苗条,每层以砖叠涩出檐,檐角微翘,犹如亭亭玉立的白衣少女站在桐君山头。白塔又是富春江来往船只的指路航标,若坐船在富春山水中荡漾,可见塔影倒悬于水中,古人曾以"塔影中流见,渔灯半夜沉"的诗句对其加以描绘。故白塔不仅是桐君山上的著名景致,也为富春山色增添了妩媚。

四望亭 位于桐君山上临江悬崖上,与白塔左右对峙。亭平面四方,朱柱黛瓦,重檐攒尖,十二根座于青石台基上的朱漆木柱支撑着两层亭顶,造型古朴中见秀气,浑厚中有玲珑。亭建在凸出的岩基上,是桐君山观景最佳处,极目四望:富春江缓缓东去,远处水天一色;天目溪清流潺潺,曲折自山中流来;近山苍翠,远山如黛,层层叠叠极有层次,诚如清人刘嗣绾诗中所言:"一折青山一扇屏,一湾碧池一条琴。无声诗与有声画,须在桐庐江上寻。"故名四望亭。人称富春江是观帆影烟波、水光山色的最佳处。此亭非仅为观景而设,其本身亦是一处很美的景点。由桐君塔处看来,在如画的山水背景上,古树虬枝掩映着富有古雅美的亭台,使人工和天然融为一体,达到了中国传统造园艺术的最高境界。

江天极目阁 位于桐庐县桐君山上。阁内设茶室雅座。茶室楼上陈列着现代著名画家叶浅予先生的巨幅画卷《富春山居新图》,该画卷长31米,宽95厘米。元代名画家黄子久(公望)居富春江,呕心沥血,历经数年才画成历史名作《富春山居图》,清人王修玉作诗说:"今日已无黄子久,谁人能画富春山?"历时数百年竟无人呼应。叶浅予为了报答故乡人民养育之恩,游遍富春山水,用了3年时间,于1980年画成此卷,春江风物,展示无遗。1982年在北京、杭州展出后,即奉献给他的故乡。游人在此极目江天、品茗观画,得山水之胜,赏艺术瑰宝,真当乐而忘返了。

南北湖 泛指浙江杭州湾北岸、海盐县澉浦镇一带的山水风景,以其腹地的南北湖而得名。此处山水风景早在宋代便已开发,当时有小西湖之称,其湖光山色及海景颇具特色,渐渐成为嘉兴及松江两府较为著名的邑郊风景园,著名文人黄宗羲、陈梁、贝琼、孙太初、查慎行、黄之隽等均到此游览过,并留下了不少品赏诗文。晚清以降,南北湖一度颓败,近年为了发展旅游业,修复了许多传统景点,此处业已成为沪杭一带较为重要的游憩之地。南北湖景色有三大特点:一为"全"。园林地域范围较广,东起长山闸,西至茶磨山,南自滨海的黄沙坞,北到六里堰,占地约35平方千米。其间,既有平湖,又有曲溪;既有丘陵小山,又有绝壁悬岩;既有大海沙滩,又有险礁渔帆。加上深山古寺、摩崖石刻、亭台草堂等人文景观,使整座山水园呈现出极为多样的风景美来。二为"幽"。全园山峦重叠,起伏多变,地形十分复杂,再加上土壤种类繁多,故宜种性广,山野整年被各种绿色植物覆盖,一片葱茏,满目生机,极为幽静曲折,充满山林野趣。三为"奇"。景区各山系属天目山余脉,主要由火成岩构成,由于风化海溶,多奇石异峰,有如长墙,有如磨盘,有如望夫,有如倒针,并有悬崖陡壁。奇中之最当推鹰窠顶的"日月并升",每年于阴历十月初一能在峰顶观看日月从东海同时升起,堪称天下奇观。这些丰富多彩的景观历来为江南文人雅士所称道,古时澉浦八景有很美、很具诗意的景名:"云岫合璧""澉湖(即南北湖)秋月""鹰窠晴雪""茶磨松风""孟泉瀑布""巫门渔笛""石帆蜃气"和"葫芦叠翠"。除了迷人的自然山水之外,风景园内还有众多人文古迹景。如有宋代的云岫庵,有凤凰山石刻,有清代建造的藏有万卷书的西涧草堂等。这些各具魅力的景致自然错杂交融,组成一个和谐统一、风光独特的山水游憩园林。

南北湖,古名永安湖,又名高士湖,原是杭州湾边上的一个葫芦形的潟湖。至清代,一位鲍姓的两浙盐运使疏浚此湖,并用淤泥筑一长堤,将湖面分成南、北相对独立的两个部分,湖名亦由此而来。湖之开发历史,可追溯至南宋。当时,朝廷为了发展对外贸易,于澉浦镇设立市舶官,建市舶场。据记载,当时这里商船樯桅如林,与广东、福建,甚至与大食、麻逸、三佛齐等国均有贸易往来。商业及加工工业的发展使人口大增,节假日的郊游也兴盛起来,附近的平湖秀山便成为市人游览的好去处。全湖水面约1800亩,常年可以泛舟,且其三面环山,南边临海。其山高下曲折,蜿蜒多姿,层峦叠翠;其水明净甘冽,细波粼粼。湖光、山色两相衬映,和着山间农舍的袅袅炊烟,岩边牛背的牧童短笛,使人赏心悦目,流连忘返。湖中长堤称为中湖塘,长约 500 米,堤西端建一座多孔石桥。东西头与岸接合处又各建一亭,是古时文人仕女雅游的必到之地。北湖中有一小岛,上原建有一亭,称高士亭,亦唤湖心亭,是为了纪念明代孙一元、许相卿等高士所建,现已废圮。中湖塘上还有一处近代的人文景点,即明星亭,1932 年上海明星影业公司将南北湖选作电影《盐潮》的外景场地,后建此亭留念,它是我国早期电影发展史的实证。北湖边还有一株树龄 500 年以上的古柏,主干挺拔,一枝横空,针叶稀疏,犹如一位饱经沧桑的老寿星屹立湖边。园林家陈从周对南北湖景色评价极高,认为此处山不高而有层次,水不深而有曲折,"它的好处,是比扬州瘦西湖幽深,比杭州西湖玲珑,能兼两者之长"。诚然,杭州西湖美得浓艳,而南北湖则美得自然,西湖是盛妆倩女,而南北湖则是未施脂粉的浣纱村姑。

湖畔诸山　南北湖西、北、东三面环山。西南向除了鹰窠顶外,后面还有一座高阳山,山高 251.6 米,是风景园内最高峰,山路陡峭,是游人登山运动的好去处。站在山顶极目四望,远近湖山及无垠无际的海湾景色尽收眼底。每逢夕阳西下,其景色更美。湖西有一组远近高低各不相同的山峰,近有较矮的鹿山,其后有高百米的谭山岭,最远有北木山、南木山,皆高约 150 米。山上巨木参天,植物景致绝佳。北木山以大叶榉、七君松为主,入冬有大批候鸟栖息,还有倒针石等奇石景。南木山则盛产毛竹、茶叶和水果,山间村落错杂有致,农舍炊烟缭绕,颇有"远上寒山石径斜"的意境;山顶有池,登山小路边建有石塔,是典型的山居自然风光。湖北有观音山、屏风山及鸡笼山,湖东有荆山、飑山和凤凰山,它们的得名或以形似,或以神话传说,或以山上出产,各有所依。这些高低不一的山峦环抱着平湖,不仅是很好的屏障,更由于其高低参差、层次分明,使整个风景园山水景色近翠远黛,犹如一幅天然的江南山水图画。

云岫庵　鹰窠顶山巅岩下的古刹,始建于北宋建隆元年(960),庵名取自晋代诗人陶潜名句:"云无心以出岫,鸟倦飞而知还。"明代此庵香火最盛,是礼佛观海胜地,传说普陀山观音菩萨在晚上常来云岫庵,故素有"夜普陀"之称。大殿内供奉观音像。庵在历史上屡毁屡建,现存为清光绪年间重建,1983 年重修,占地约八亩,有正殿、配殿、山门等。庵周围树影婆娑,环境很是清幽。右侧有石阶通往鹰窠顶绝顶,有石亭及石宝塔。云岫庵有镇山五宝,谐音称为金、银、铜、铁、锡。金为"藏金阁",阁建筑雅朴,木雕精美,雄冠浙北。银指庵前的一棵古银杏树,其胸径粗达数围,为明代遗物。铜为铜鱼洗,用手摩擦洗耳,水会自己喷薄而出,虽然这是简单的共振原理,但香客游者还是视其为圣物。铁为寺内所藏大铁鼎。锡是"雪窦泉"的谐音。此泉终年不竭,味甘洌,为品茗佳品,经化学分析,泉水中含较高的偏硅酸,属于优质矿泉水。近年,庵前新建一亭,额匾题曰"鸟还亭",与"云岫"相呼应,亦加强了山水风景的文学意味。

鹰窠顶 南北湖风景园中最著名的山峰,又名云岫,为滨海诸山之最东南者,其悬崖石壁直接从杭州湾升起,故清文人黄之隽称其"绝于海"。峰海拔186.8米,苍鹰喜作巢窠其上,故名。峰峦主要由火成岩构成,经风化变迁,石形奇异怪状,较具观赏价值,有狮头岩、合掌峰等名石。从山麓至峰顶有石砌磴道蜿蜒曲折而上,名曰"九曲径"。上登途中遇风景绝佳处,建有多座亭台以供人憩赏,如初憩亭、三休亭等。在峰巅略低处,有宋构古寺云岫庵,香火甚旺,寺周有较多景点。从庵右登石阶二百余级,即到怪石环立的峰顶,此处前望大海,后瞰平湖,湖光、山色、海景尽收眼底,堪称杭州湾畔的一颗明珠。此峰除了环境幽静、景色秀丽、古迹众多外,最负盛名的是于峰顶可观赏到海内外罕见的天象奇景——日月并升。明末李天植在《云岫山游记》中说:"噫!地非人不显,人非地不快,而人与地非天不奇。"这"奇"便是指日月并升。鹰窠顶可谓集天、地、人三者之精气而创造出的天然山水园林之美景。

日月并升 古时澉浦八景中的云岫合璧,为南北湖最具魅力的自然天光云气景观。据实地考察及古籍记载,日月并升有两种景象:一种是太阳从东海(杭州湾)跃出海面之后,红日中有一个略小的黑影,看上去颇似月亮,月影在太阳中不断晃动,持续时间有二十多分钟,随着太阳光线的增强而消失;另一种是日出后在其边上有一月影,左右相对,分布如眉,这种景象较为少见。目前,这一景观的形成仍是一个难解之谜。太阳上的黑影是什么?是月亮还是海水反射?还是大气折射?在日出时,日与月并见于东方是否可能?人的审美欣赏,往往喜欢追求奇险,明清以来,每逢农历十月初一,总有成千上万的游人和天文爱好者于日出前登鹰窠顶观日出。许多文人学士记述下自己的观察和感受,使得数百年来关于日月并升的记载甚为丰富。尽管从科学上讲,它至今仍是一个有待探索的天文奥秘,但这一奇景所呈现的特别的风月天象之美一直令游赏者陶醉。古人中,明代万历年间陈梁的《云岫观合朔记略》对这奇景的描述最具体:"须臾,海底推出一轮,色若丹砂,心目晃昱,稍见红敷,谓常日耳。窃究合升必并见月,今天气如许,佳月在何处?方竞猜疑,而残晕忽送月印日心,两轮合体,雪里丹边相摩荡,还转不止,海天俱动,不可思议。目中或作黑日千百,或作黄日千百,或作白日千百。恒恐身为所摄,与山俱堕,抱石凝眸。喷!喷!又二刻许,日光稍稍侵目,渐不可逼视矣。"明末清初大学者黄宗羲在观日月并升之后,曾访问云岫庵主僧,描写了另一种罕见的景象:"其初红者上升,已而白痕一抹出于红内,始分为二……"20世纪80年代,杭州谢秉松专门编写了《日月并升考辨》一书,陈从周为之序,则此中华奇景必将声名日显。

石帆蜃气　石帆即石帆村,其北紧靠南北湖,为海边一渔村。村外有五百余米宽的海滩,滩之东头为狮头山,西头即是鹰窠顶山,两山伸出海去,拱卫着中间的渔村,形成一弧形的曲岸线,地理形势十分优越。海滩外不远的海中,有一形似帆船的石礁露出海面,村也因之而得名。滩之砂土细密、质硬,游人均喜在滩上赤足挖螺捉蟹、戏耍娱乐,情趣盎然。蜃为海中的巨蛤(蚌),古代以为海上美妙的海市蜃楼虚景为巨蛤呵出的气凝聚而成,此处面对石帆,景象变幻万千,故题作石帆蜃气。石帆村又是观潮的佳处,这里是杭州湾和钱塘江口的交汇处,一般潮水落差6米左右,中秋大潮,落差可达八九米。为了防止潮水冲坍岸地,村前筑有弧形海塘,塘高约十米,以鱼鳞状砌筑,极为坚固,是古代劳动人民改造自然、与天奋斗的实践丰碑。

葫芦山　位于南北湖与长山之间,石帆村东侧,因山似葫芦而得名,山之大头伸入海中,东南侧还有一细细小岛山,西南边海中则是狮头山,两山一岛顾盼相对而立,组成高矮大小相配甚为得宜的海上山景。此三座山系花岗岩山体经海融风化而留下的余脉,因此山形较奇特,多悬崖峭壁。主山外的沙滩上和浅海中,散落有许多巨石孤峰,每逢涨潮时,惊涛拍岸,白浪滚滚,非常雄伟壮观。从海上看来,巫子山、葫芦山及狮头山又遥遥相对,组成一个较为完整的景观空间。葫芦山顶还保存有一座完整的明代军事建筑,即作为哨所的葫芦山寨,其长宽各二十米,残高有两米,主面向大海,北向有一门通往一座烽火墩,如发现海上来敌,就举火为号,作"瞭海洋船,火报声息"之用。

长墙山　位于风景园的东侧边界,三面环海,一边与陆地相连,形势十分危峻,山狭长,两侧较窄且陡峭,形似长墙,故名,乡人又称之为长山。山东距南北湖三千米,高近百米,雄峙在钱塘江口,站在山巅远眺,晴天能依稀见到对岸余姚市的岸线黛痕,亦为古人重九登高处。山之南麓有黄道关的遗址,是古代澉浦军港和商港入海口的保护设施,南宋时曾驻军一千五百人;明中叶后倭寇来犯,这里也曾驻扎过戚家军;清代为了加强海防,曾在此筑黄道关炮台。1949年后浙北重大水利工程长山河在山之南侧入海,建长山闸,业已成为新的游赏景点。长墙山东侧海中有大小两座小岛,俗称父子山,又称巫子山,小岛与长山相对而立,中间水道却似一水门,称巫门,附近渔家均喜在此撒网捕鱼,渔歌互答,又别是一种风光。故古代文人将"巫门渔笛"列入风景园八景之一。

茶磨山　距南北湖1.5千米的一座小山,高仅33米,是环湖诸山中的小个子,但"山不在高,有仙则灵",此山之所以出名,首先在于它的外形特征鲜明:山顶有一大石形似磨盘,石广平可坐百人,石下有洞可列十余席,山间多松林,海风一吹,阵阵松涛不绝于耳,这就是很有名的澉浦八景"茶磨松风"。另外,此山还有较多的人文景致。明嘉靖年间,兵课给事中许相卿与奸臣权贵严嵩斗争失败后辞官还乡,曾隐居此山。忠臣谏士一向为后世文人所敬重,故山中目前还保留有历代缅怀名贤的摩崖石刻多处,其中以"天南第一山""清修壮节"等最为珍贵。

黄沙坞　位于鹰窠顶山之西南麓,距南北湖约2千米,为三面环山、一面对海的水边小坞,小坞气候特别优越,冬暖夏凉,无寒冬酷暑。由于地处一隅,平时人迹罕至,犹如陶潜笔下之桃花源,故又名小桃源。坞中植被茂盛,四周山上终年郁郁葱葱。这里除了观山看海、环境清幽之外,更是南北湖较为出名的农家田园景点之一。由于气候温暖,很适合橘子生长,故于七百余年前的元代已开始种植柑橘,如今坞内橘园成片,田野小道穿越其间。春天,橘园内一片青翠,银花绿叶,繁星点点,香气扑鼻;入秋,漫山金黄,果实累累,人行其下,四周挂满金果,品尝游览,别具一番情趣。

鉴湖　位于浙江绍兴市南1.5千米处。古越原是一泽国,鉴湖旧址在离城数里许的跨湖桥一带。古称"鉴湖八百里",可以想见当年鉴湖是何等雄阔深秀。

东汉永和五年(140),会稽太守马臻关心民间疾苦,发动民众筑堤潴水,总纳山阴、会稽两县三十六源之水,横亘80千米,周围179千米。今日绍兴的湖塘、贠石湖、容山湖、白塔洋等,都是古鉴湖遗址。这项浩大的水利工程将曹娥江和浦阳江之间九千余顷黄茅白苇之地改造成了稻麦丰熟的良田沃土。马臻此举,使百姓大得其利,但难免要占用那些土豪劣绅霸占的沿湖田地庐墓,因而招致了他们的忌恨。这些人罗织罪名,竟使马臻遭诬陷被冤杀。但他为民治水的功绩一直为人民所景仰和传颂。马臻被杀后,百姓暗中运回他的遗骸,葬于鉴湖东畔。以后历代为马臻立祠修墓的不乏其人。马臻墓有青石牌坊一座,上刻"利济王墓"四个楷书大字。墓用条石砌垒,高1米,横长的墓碑上刻着"敕封利济王东汉会稽郡太守马公之墓"。

因相传黄帝铸镜于此,故鉴湖又名镜湖。此外,或因地形特征,或因名诗佳句,或因湖泊归属,古往今来鉴湖还有庆湖、贺家湖、南湖、长湖、大湖、贺监湖、照湖等别名。现在所讲的鉴湖通常是指东跨湖桥至湖塘西跨湖桥一带的水系,周围近百里。湖水湛若镜,澄若练,眠凫惊鸥,掩映出没;湖上堤桥随设,渔舟时见,白帆翩翩;远山四周如屏,山色青翠欲滴。鉴湖是典型的江南水乡田园之景,它平和恬静,朴素无华,但却充满了田园牧歌式的美,同样具有很高的审美价值。

如今,鉴湖水面较宽的有瓜子湖、黄鳝湖、大铜盘等。瓜子湖比黄鳝湖大,大铜盘又不及黄鳝湖大,所以当地有趣语说:"铜盘虽然大,黄鳝放不落。黄鳝虽然大,吞不下瓜子。"由于沿湖风景优美,古代的文人学士如王羲之、陆游等都曾在湖畔寓居、游赏,留下了许多古迹,其中以陆游的故里三山和诗巢快阁最为闻名。快阁是陆游晚年饮酒赋诗的地方,屋宇并不十分宏敞,但庭院楼阁、假山鱼池都设置精雅。登放翁小楼听雨处的快阁,凭窗可纵览鉴湖和稽山的风光。三山即石堰山、韩家山和行宫山,沿湖矗立。相传陆游晚年闲居于这里的渔隐堂,写下了大量的诗文。在韩家山和行宫山之间有一小池,俗称陆家池,池西旧有陆家庵。陆游故宅就在池西,襟山带湖,景色如画。可惜年代久远,遗迹难寻了。

鉴湖之美若不施脂粉的村姑,质朴而本色,袁宏道诗曰:"钱塘艳若花,山阴芊如草。六朝以上人,不闻西湖好。"唐代诗人李白和杜甫都曾留下脍炙人口的佳句——"镜湖水如月,耶溪女似雪","越女天下白,鉴湖五月凉"。贺知章、陆游等更是钟爱这里的"湖山奇丽"而终老此乡。

绍兴东湖 位于浙江绍兴市五云门外约3千米处。绍兴地处杭州湾钱塘江南岸,会稽山脉绵延西南,江河湖泊萦带东北,白水翠岩,山川清俊灵秀,自古有"山阴道上行,如在镜中游"之誉。在密如蛛网的河川湖泊中,绍兴东湖素以景色奇丽著称。

东湖早先并不是湖,而是一座青石山。相传秦始皇东巡会稽,曾在此停车饲马,因此又称箬篑山。山上青石坚硬,质地致密,从汉代开始就成了采石场,取用甚多。到隋朝,因扩建绍兴城,在山上大规模开山取石。此后千百年间,一代又一代石工长年累月地手胼足胝辛勤劳作,从山崖上采下片片石料来,终于把这座青石山的北坡开凿成独特的悬崖峭壁。低洼处形成幽深的水塘,被掏空的山腹形成洞穴。到了清朝末年,当地士绅陶浚宣在塘外筑堤近千米,堤外是河,堤内为湖。堤上种植柳树、桃花,并兴修亭榭点缀其间,于是,一个美丽的以湖泊为主景的园林宛然显现。因湖在城东,遂名之为东湖。

东湖长约200米,宽约80米。湖岸是用青石板铺成的石径,曲折有致的长堤和秦桥、霞川两座构筑古朴的石桥将湖面剪成三片。绿水逶迤,幽深而空漾。湖中是小巧的乌篷船,头戴黑色毡帽的船工手摇橹,脚划桨,一口淳厚浓重的绍兴乡音,与这山水湖石共同构成了一幅具有浓郁地方色彩的明丽画卷。

东湖水深岩奇,湖洞相连。坐乌篷船缓缓进入陶公洞,一股清冽冷气扑面而来。洞中水色黛碧澄澈,轻轻耳语或用手拨水,会引起嗡嗡不断的回声。仰首望天,四面均被百尺陡壁所包围,一线天光从顶端射入幽暗的洞中,人在其中,宛如井底之蛙。郭沫若有《东湖》诗云:"箬篑东湖,凿自人工。壁立千尺,路隘难通。大舟入洞,坐井观空。勿谓湖小,天在其中。"陶公洞附近有听湫亭,舍舟登岸,拾级而上可直达山顶。山上翠竹丛荣,摇曳生姿。又有龙池一泓,镶嵌其中。举目眺览,一派绮丽的水乡风光。

仙桃洞与陶公洞相邻,洞内水深18米,岩壁高45米。进洞迎面是一副石刻对联:"洞五百尺不见底,桃三千年一开花。"仰望四壁,峰陡天高;屏息倾听从石缝中渗出的水珠滴落湖中的清脆响声,恍惚置身于世外。偶有碎石落湖,激溅涟漪,荡漾回声,平添情趣。小船穿梭在洞穴之间,当年石工留下的凿痕清晰可见。藤萝悬挂崖壁处,恰似搁在绝壁上的一把"藤椅",传说那是神仙的座椅,实则是一个巨大的鸟巢。洞内从不见阳光,故盛夏入内凉气袭人,爽如清秋。

仙桃洞西面是桂岭,傍岩临湖,好像一座小岛。岛上桂树郁郁,盘槐葱葱,翠绿丛中点缀着假山亭榭。漫步湖堤,左顾右盼,峭壁奇岩,突兀峥嵘;有的对峙如门,有的深曲倒悬,险峻不可名状。而湖畔则有香积亭、饮渌亭等,翠堤朱亭,柔美明丽。两相对照,一刚一柔,相得益彰。

东湖西首有陶社。辛亥革命前,陶成章曾与秋瑾、徐锡麟等人在此秘密聚义,后被刺杀于上海。辛亥革命后,孙中山先生亲到东湖,隆重致祭陶成章烈士。陶社面山临湖,一幢古色古香的瓦屋内悬有烈士遗像,横额为孙中山先生题写的"气壮山河"四字,两旁是陈叔通亲撰楹联:"皖变是先驱,九死完成光复志;越贤为杰出,万流凭吊广慈魂。"

雪窦山 雪窦山在浙江省宁波市奉化区西北部,其脉来自天台摘星峰,经华顶峰,东走数百里,为四明山。再经二十里云,即雪窦山,亦称乳峰山。重冈复岭,千岩万壑,奔攒涌注,汇于高空。然后瀑落天半,此下近千米皆是绝壁,有一窦飞流,喷薄如雪,因此名为雪窦山。

　　山顶平阔,纵横宽抱约有数万平方米。绿野平川,宛如武陵之桃花源,而雪窦寺(资圣禅寺)即在其正中。雪窦山四面山头攒耸,而乳峰特高;其支入中峰而向东,即为桫椤峰、东翠峰。又折而前去,逆竖一峰,插天内向,形颇奇特;又东为翠度峡,更有天马、琴峦诸岫,作为外拱。由乳峰而西引,有屏风山为西嶂,层岩陡峭,叠巘倚空。再前涌结崇台,即为妙高台;与案峰相遘,为千丈岩口,状如狮象,左右蹲踞。又旋绕入内垣,为象鼻山。西涧水自屏风山上雪峰玉龙洞十八折而下;东涧水从中峰白龙洞环流资圣寺南面,穿过伏龙桥,会西水为一脉,合汇于象鼻山足,奔腾入锦镜池,越过关山桥,再循涧而出,曲折数百湍至千丈岩。喷怒崩崖,飞流激石,惊心动魄。四围形胜,盘亘周广,中间却凸起园岑,是为含珠林,辉映山壑,蔚成奇观。

雪窦寺　天下禅宗十刹之一,创建于晋代,年份已无从查考。唐会昌以前,初名瀑布院,有尼结茅在山顶,后建在山麓,改名为瀑布观音院。咸通八年(867),改名为雪窦寺。宋真宗咸平二年(999),赐名资圣寺,成为十方禅刹,以临济禅宗住持者、常通禅师为一代祖。据传宋仁宗有一次梦游高山,见双流效奇,珠林挺秀,岩石磅礴,梵宫巍宏,心向往之,诏命天下画工,绘山川形胜以进。其中,雪窦山景图与其梦境相同,默契仁宗之心,仁宗遂派遣太监钦赐袍、服、香、茶、金宝等物,以表崇奉之意,并准其免去徭役,禁止樵采,重视保护。从此雪窦之名大扬。宋理宗时,以仁宗感梦,又颁赐亲书"应梦名山"四个大字,至今尚在寺南。有宋一代,从太祖开始,先后为雪窦寺下过十一道旨谕,赏赐不已,不少文人如梅尧臣、王安石、曾巩等都来此留题。

　　雪窦寺亦曾经过几毁几兴:唐大中末年,裘甫起义,曾据此寺以抗官兵,寺被毁;到了咸通八年(867)始重建。宋绍兴二十七年(1157)寺又毁,隆兴元年(1163)僧如湛重建。元至元二十五年(1288)又毁,越二年,僧善来复建。明崇祯末年再毁,清顺治间僧石奇重建。综上所述,雪窦古寺已四毁四建。1966年,寺被严重摧毁,今又作第五次重建,大雄宝殿、弥勒殿等均已修复,使千年古寺再放光彩。

千丈岩　雪窦寺前方有飞雪亭,可以凭栏斜眺千丈岩瀑布。千丈岩高约160米,以瀑布为中心,两侧峭壁数百米,形成一个半月形空谷。由雪窦寺南来两山之间缺口处,流出一泉,如银河下影,从天而降。落到半壁一块凸出石上,跌散成万斛玑珠,击碎飞堕。散而复聚,再落到又一块凸岩之上,化作无数雪花,纷纷扬扬,满谷飞舞,蔚为奇观。王安石有诗赞道:"拔地万重青嶂立,悬空千丈素流分。坐看玉女机丝挂,映日还成五色文。"千丈岩瀑布可以俯视,还可仰观。如站在岩下仰止桥上,抬头望去,满谷之中濛濛烟雾,流光溢彩;水丝湿衣,沁人毛发。仰止桥西有午雷亭,亭旁巨石耸立,上刻"烟声"二字,为明代奉化县令胡梦泰所书,形声相合,极为工巧。宋曾巩诗云:"玉虹垂处雪花翻,四季雷声六月寒。凭槛未穷千丈势,请从岩下举头看。"

妙高台 在雪窦寺西行北折转角之处,巉岩突起,宽平如台;下临峻谷,深不可测。台上有高松数株,耸立霄汉。台高出于这一带群山,对面千峰簇聚,旷览无际;两旁冈峦起伏,连袂并峙。从隐潭流出之水,环绕其下。南北丛山之间,夹一狭长平原地带,村落阡陌,错综其间,细作鸟瞰,一切都具体而微。此处实雪窦山最胜之所在。相传宋时知和禅师在台顶修持,结藤为龛,以石为榻,坐禅诵经,并有两只老虎伴随其旁。平台后有院落数间,缀以花木盆景,简单而精细。蒋介石当年曾下榻于此。明薛甲题妙高台诗云:"长风高卷白云开,石壁千寻鸟雀回。回望群山齐踊跃,不知身在妙高台。"

隐潭 隐潭在雪窦寺西北约2.5千米,连绵山冈突然中断,双崖陡峭,涧水从中下注,冲击成潭。潭分上、中、下三个,都是同一条水流。上隐潭从山顶沿峭壁石磴而下,至涧底约百余米,谷宽四五米,抬头仰望,涧水从一线天空直冲而泻,谷风泠然,飞流溅沫,犹如五月黄梅雨,濛濛湿人衣裾,奇观不亚于千丈岩。从上隐潭再往下走约200米,就是中隐潭,山势开敞,涧水平流,潭亦未隐。再往下,山形周遭如石城,上有石笋离立,在一座小山似的巨石下隐藏着半亩大小的洞穴,瀑水从巨石右前方岩壁中注入潭中,蜿蜒如一道白虹。这就是下隐潭。潭幽水白,寒气森森。僧人山夫正是这样描写的:"丽日何来雨,阴崖亦撼风。泉奔潭泛白,霜岸叶难红。"

徐凫岩 雪窦西7.5千米,重崖峭壁,飞瀑千丈,满目璀璨,冬夏不绝。其上为鞠猴岩,有三个大字,刻于石上。徐凫之名传说不一。一谓古时有一仙人乘凫上升,以此得名,岩上有遗迹尚存。又按奉化县(今宁波市奉化区)《宋志》作"如浮"岩,以岩状如浮。又按《元志》作"徐无",皆为谐音。有诗云:"萧然上方境,人稀知地僻。中峰路难辨,丹山云仍积。徒闻古仙人,石上余足迹。"他亦不敢肯定,只是"徒闻"而已。

商量岗 土名为"相量岗",主峰为奶部山,是奉化境内第一高峰。传说古时有三位高僧在岗上商量建寺地点,决定分头寻找,果然分别找到雪窦、杖锡、鹳顶三个寺址,故名"商量岗"。岗顶为一块数十米方圆的平地,中间有一处隆起,好似乳蒂。"乳蒂"上有一圆形小城楼,系当年蒋经国所建。西首为电视塔。站在山顶上,周围数百里尽收眼中。电视塔下面有平屋数间,高旷超世。沿谷而下有二湖:一名"东瓜湖",一名"西瓜湖",各有数亩方圆,隔坡相邻。每当晨光初透,宿雨尽收,还可以在岗上观赏云海。簇拥诸峰,载沉载浮,远近高低,变化无穷!

江心屿 又名孤屿,位于浙江温州市北瓯江的江心,是温州市区著名的风景名胜园林。岛为峡长的条形,东西长,南北窄,与闹市区一水之隔,往游十分方便。江心屿开发历史极为悠久,南北朝时著名山水诗人谢灵运特别喜爱此处景色,曾留下多首写景赞美诗,据称,孤屿之得名便来自谢灵运"乱流趋正绝,孤屿媚中川"之句。

这座横卧在瓯江中的孤岛,在古代原是两峰对峙、中贯川流的两个小岛,岛间有深不可测的龙潭,后来四川有个和尚名叫清了,云游全国名山,来到这里讲经,东海龙王见来听经的人拥挤不堪,就作起法来,移山填潭,将两山头联合为一,遂成今天模样。其实,这个小岛原是山峰,因地壳运动陷落部分成河床,而隆起部分则成岛屿。近年,为了疏浚河道,抛石拦沙,又使江心屿面积扩大,西北面沙洲上又新建了公园,占地约百余亩,使之成为一座以自然山水及古迹名胜为主要景观的岛屿风景园林。江心屿在造园艺术上的最成功之处是将岛外的山水佳景均为我所用,它十分独到地借用了远山近水、月色江声及渔火帆影,使小岛上的景色与周围山水环境很和谐地融合在一起。古代文人所题的"孤屿十景"的景名很全面地反映了其景色特征,十景为:春城烟雨、塔院筠风、瓯江月色、罗浮雪影、海淀朝霞、翠微残照、孟楼潮韵、海眼泉香、沙汀渔火和远浦归航。春城系指温州,该城濒水而建,城内有七座小山丘陵,每当水气蒸腾或山雨欲来之时,从江心屿望去,皆入画中。塔院指小岛上东、西双塔,塔下青竹成林,故有筠风之景。第三景借月色。第四景借水上雪景,罗浮山为江北原上的诸山,温州不多见雪,数年一度的雪景便引得城内百姓倾城而登屿观游之。五、六两景分别借天空云彩光影变化的虚景。孟楼为屿上两层小阁,于此听潮音最佳。海眼系指原中川之中的一眼名泉。九、十两景又分别是欣赏山水画卷中动态的渔火白帆景色。擅此十景之胜,江心屿历来便是浙南儒子名士争游之地,享有"瓯江蓬莱"的美誉。岛上留存有不少古迹名胜,如建于唐宋年间的双塔、江心寺,纪念爱国英雄文天祥的"文信国公祠",以及孟楼、谢公亭、澄鲜阁、王十朋读书处等。今天,整座水中园林绿树成荫,古木交柯,殿堂巍峨,亭台玲珑;江面上大浪东去,白帆点点,景色优美,已成了温州市民及各地游客的主要赏景游览地。

江心寺 江心屿上的主要寺院,原在江心屿西端,初建于唐朝咸通年间,香火甚旺,是文人雅士喜游乐之地。北宋靖康年间,金兀术攻陷京城汴梁并大肆南犯,赵构(即后来南宋高宗)南逃,曾在温州江心屿东岛普寂寺小住,有人说其时天空有龙飞过,赵构大喜,亲题"龙翔浴光"四字,并改普寂寺为龙翔寺。后赵构在临安做皇帝,开创了南宋百余年基业。赵构甚喜江心屿风光,于南宋绍兴七年(1137)钦点蜀僧清了为江心寺住持,并赐一千亩良田为寺产,俗称灯油田。其时,江心东、西两屿间的中川已经逐渐为泥沙淤塞,但风水认为中川是龙脉,不能填塞,清了以赵构曾居于此为由,奏请赵构准予填川造寺,蒙准,便率众填平,迁江心寺于此,寺也由此改名为中川寺,居于长条形孤屿之中心,位置绝佳。此后,每逢春、秋两季,皇帝均要派大员来此代圣上拜祭,为了官员歇脚候船,在江心寺对面的瓯江滨水还建造了一座望江楼。元明时期,寺院曾毁于兵火数次,随后即复建。今寺院殿宇为清乾隆五十四年(1789)所建,后有修缮,但基本保留原构。江对面的重檐八角望江楼亦为清式亭台。现存江心寺布局严正,中轴线上有山门(与天王殿合)、圆通殿和三圣殿,左右有钟鼓楼、庑廊及配殿厢房。寺内及寺前滨江场地上古木参天,四周云水环绕,环境很是清幽。

双塔 建在江心屿东、西两座山岩上。温州北边瓯江中在古代原有四座塔,分别建在四座山岩上,后因江流带下上游泥沙之沉积,江面逐渐变窄,龟山、蛇山与瓯北连为一片,故今日于温州滨江观之,北岸山上有两塔。江中仅余孤屿东头、西头两塔。东塔建于唐咸通十年(869),塔下巨岩名为象岩,象鼻伸于南侧江中,与江中心之象礁南北对应。东塔曾遭火灾,塔上部和塔刹,以及所有各层挑檐均已毁去,看上去如一根巨大砖石柱,奇妙的是塔上部折断处生长了一棵大榕树,树冠很大,将塔顶完全罩住,好似巨柱上戴了一顶绿冠。园林植物学家认为,此榕树之成活,完全靠其悬在塔身中庞大的气根吸取水及养分,堪称屿上植物景中一奇观。西塔六面七级,始建于北宋开宝二年(969),上距东塔建造整一百年。塔下原为兴庆寺,现为温州市博物馆址。西塔保留完好,各层腰檐外轮廓形成很柔和的曲线。塔下所踞巨石称作狮子岩,南侧江中亦有狮礁与其相呼应,为了行船安全,象、狮礁上各有塔灯导航,东西双塔与东西双航标高下顾盼,水陆相映,极为有趣。

文天祥祠 位于江心屿江心寺东,是纪念南宋文学家、抗元爱国英雄文天祥的祠堂,始建于明成化十八年(1482)。祠立于江心屿是因为文天祥曾两次居留于此,留下了脍炙人口的诗篇。文天祥(1236—1283),吉州庐陵(今江西吉安)人,南宋理宗宝祐四年(1256)状元,是当时朝中反击蒙古侵略者的主战派。1275年元兵南下,直迫临安(今杭州),他在赣州组织义军入卫临安,次年任右丞相,在浙江、福建一带组织抗元大举。德祐二年(1276)一月,他奉诏北上,代表皇帝与元军在杭州城外谈判。途经温州,宿于江心寺(即中川寺),并留有《北归宿中川寺》,抒写了肩负重任,希望能像南宋初年与金兀术谈判时一样,与北军达成协议,再让南宋王朝维持下去的期望。结果谈判未果,文天祥也遭元军扣留,后伺机在镇江逃脱,四月从海路至温州,又在江心寺居住,逗留一月后去福建,与张世杰、陆秀夫等坚持抗元。端宗景炎二年(1277)进兵江西,恢复多处州县,不久又为元兵所败,退入广东,次年被俘。元将让他写信招降张世杰,遭到坚决拒绝,书《过零丁洋》诗以明志。后被送往大都,于元至元十九年(1282)十二月就义于大都柴市。现存祠堂是清代重修的,紧靠江心寺,南边临瓯江,建筑亦是传统院落式的。祠内有古木多株,烘托出庄严肃穆的气氛;祠殿内有明万历九年(1581)刻立的《北归宿江心寺》诗碑等珍贵文物。由于祠外风景清秀,远山近水毕呈眼前,祠内人文景色荟萃,文天祥祠历来是江心屿的重要观光景点。

浩然楼 又名孟楼,在江心屿南边正中,介于江心寺与原龙翔寺(观已为温州革命烈士纪念馆)之间,前临江,后面是寺宇与文天祥祠建筑群。楼之名传为纪念唐代诗人孟浩然而题,故又称孟楼,但据前朝文人考证,孟浩然未曾到过江心屿,浩然楼之名应该与文天祥的《正气歌》相关,即有纪念爱国英雄之浩然正气之意。楼两层,重檐歇山顶,面阔三间,构架等均为清式形制,因地处南国,上下两层均开敞,便于迎风待月。因为不设轩窗,故出檐很是深远。此楼位置非常宜于观景,登楼东望瓯江入海口,江水滔滔、白帆点点,水天相连、遥无边际。除了如画的风景图卷,此楼更是欣赏山水清音天籁之声的好地方。江心屿十景中的"孟楼潮韵"一景便是描绘了在此楼听潮音的妙处,岛上象、狮两岩正处于楼之两侧,加上江中的东西两礁,使潮水之拍打极具韵律之美,故有孟楼听声之景。

澄鲜阁 又名江上楼,位于西塔狮岩脚下,前临瓯江,是观赏江水景色及远眺春城烟雨景的最佳观赏点之一。阁之得名来自南朝宋著名山水诗人谢灵运的咏瓯江景色的绝句:"乱流趋正绝,孤屿媚中川。云日相辉映,空水共澄鲜。"相传当年谢灵运为永嘉太守时,常来此游赏观景。此楼于隋唐时已有建构,现楼之始建日期可上溯至北宋崇宁元年(1102),以后屡有兴废。现存楼阁为清式硬山二层建筑,白墙灰瓦,配着绿树朱柱,映着江水,分外娇好。若进小楼凭窗闲坐,俯望江水远山,正如古人所说的,是看江天大观之最胜处也。澄鲜阁东南数步有一座六角小亭,临江危立,世称谢公亭,是谢灵运来屿观山水经常伫立处,后人为了纪念他而建,年代十分久远,是蕴含着人文意味的亭台小筑景,亭侧有一株古榕探出水面,与亭形成一个很完美的风景画构图。

雪来亭 立于江心屿东塔象岩下西北角内湖畔,题匾为1964年郭沫若先生游屿后所题。亭为临水扇形平面小筑,亭外杨柳依依,碧水涟涟,隔江北望,可见罗浮山清秀山影,是小憩静赏之好去处。其亭名来自文天祥《北归宿中川寺》诗:"万里风霜鬓已丝,飘零回首壮心悲。罗浮山下雪来未?扬子江心月照谁!只谓虎头非贵相,不图羝乳有归期。乘潮一到中川寺,暗读中兴第二碑。"文天祥写此诗时正值南宋朝风雨飘摇之际,当时元军直迫临安,皇帝诏他立即北上,与元军谈判。他从北路由福建北返,宿于江心寺。联想到当年宋高宗被金兵追逐,宿于江心屿,而后否极泰来,建立南宋小朝廷,开创了南宋一百五十年基业的史实,不禁思绪万千,写下了这首著名的诗歌。文天祥从南宋宝祐四年(1256)中状元起,二十多年来一直主战,在各地领兵阻止元军南侵,但朝中主降派从中阻梗,最后元军还是大兵南侵,所以有"鬓已丝,壮心悲"的感慨。罗浮山是江心屿北边的丘陵,温州处于浙南,冬天少雪,传说有雪就有喜事,雪主瑞祥。"虎头贵相"引用的是东汉班超的典故,"羝乳"用苏武牧羊的故事来表示此去谈判有可能被俘北归的担忧。尽管形势不容乐观,但他还是在诗中暗暗祈祝,希望自己这次北上能够再度中兴,使南宋皇朝延喘下去。这首诗淋漓尽致地表达了爱国英雄忧国忧民、尽忠报国的博大胸怀,也给江心屿风景添加了一层浓浓的文化内涵。建亭之初,郭沫若来游,反用了诗中"雪来未"的意思,题作"雪来亭"。人们每到此游赏,除了观览江水悠悠、青山层层之外,均要诵读此诗,发缅怀先贤思古之幽情。

王十朋长联 悬挂于江心寺山门两侧。王十朋(1112—1171)是南宋温州乐清人,字龟龄,初在梅溪乡间讲学,学问渊博,闻名远近,秦桧死后应试,绍兴二十七年(1157)中状元,任秘书郎、侍御史等职,官至龙图阁大学士,为官清廉,对北方金兵主战北伐。王十朋年轻时曾寄读江心屿中川寺,原在东塔西侧有王十朋读书处遗址数椽,现已毁。王十朋住于江心屿风景之地,目睹瓯江上的云涌潮涨,倍觉天地造物安排奇妙有趣,于是撰写了脍炙人口的著名长联。其左联是"云朝朝朝朝朝朝朝散",右联是"潮长长长长长长长消"。此联为谐音联,有多种读法,最常见的读法是:云早潮,早早潮,早潮早散;潮常涨,常常涨,常涨常消。因此联写景意美,读来朗朗上口,十分有趣味,后传扬开,以致我国许多风景名胜地均挂有此联,其叠音字"朝"及"长"各有多寡。王十朋读书时还作过寄迹孤屿的诗:"浙海江深波浪流,悃悯思想怨悲愁。客官守定寒窗宿,达道逍遥近远游。"每句偏旁齐整,富有文字及诗句的形式美。王十朋寄居岛上时,常与寺内住持长老说文谈禅,在江边赏景听潮,在翠竹深处啜茗弈棋,有一次长老为了考考这位才子,出上联云"江畔高亭,明月清风留客醉",王十朋未加思索立即对曰"屿上古寺,白云流水伴僧闲",真可谓富有意境美的工整佳对。王十朋中状元后曾衣锦荣归重游江心屿,访当年读书旧址,应方丈之邀,挥毫即兴书下"虫二"两字,高度赞赏了江心岛景色"风月无边"。

樟抱榕 江心屿著名的古树名木景,在江心寺西侧江边上。樟树主干粗硕,为南宋时所植,距今已有八百余年树龄。因树干中心年老有空洞,为一棵榕树气根所寄生,随即在樟树中间长成一棵大榕树,故名。因榕树有向水性,故横枝探入江中,致使古樟也逐渐倾斜,看去犹如一双爱人相抱横卧于江堤上,而冠探伸入江中,形态极为离奇,被列为我国园林风景中奇树异木类的重要范例。关于樟抱榕,有许多美丽的故事传说,在民间故事《高机与吴三春》中,就有"千年古树樟抱榕,樟抱榕下相思红"之句,故人们又称它为"爱情树"。明末隆武年间,状元顾锡畴受唐王命,前来温州筹饷抗清,全家居于江心屿,得知温州总兵贺君尧横行乡里,曾当面严加指责,结果贺恼羞成怒,于夜半派人偷袭江心屿,杀了顾氏夫妇,唯小孩及时躲入樟抱榕之树洞,幸得逃脱性命。后人为了纪念清官顾锡畴,又常将此古木称作"救命树"。

方塔园 位于上海松江区松江镇东,是一座以方塔为主体的文物园林。占地面积约13.4万平方米,设有北门、西门、东门,从北门沿一条林荫小径入园,远远便先见方塔亭亭玉立。小径曲折,花木夹道,穿过小径是一用花岗岩石铺饰的长方形广场,四周是古代建筑群。南面是宋代方塔和明代照壁,北面是从市区搬来的清代天后宫大殿,西面有仿古建筑唐式大厅。建筑群之间古柏、古松、古银杏枝叶披拂,生意盎然。从明代古园林中移来的美女峰、五老峰等假山点缀其中,使整个方塔园显得既严整和谐,又自然多趣,正所谓"冗繁削尽留清瘦",有意识地烘托出文物古迹的主要地位。在全园的格调韵味上富有宋代文化典雅、朴素、宁静和明洁的特征。附属建筑多用仿古形式,体现了风格的谐调。园中筑山挖湖,湖东有一座宋代石板桥,名为"望贤桥",十分古朴,是上海地区最古老的石桥之一。

从方塔园北门出来,可见一段古老的残墙(现在松江二中门口)。据专家考证是元代建筑。史籍记载,古时此处是一座大楼,称作"云间第一楼"。相传这里原是东吴名将陆逊的点将台。"云间第一楼"东面原有一座高大石亭,由四根方形石柱支撑,外形别致古拙,据说这石亭就是春秋时吴王寿梦行猎时所建的行宫——华亭。古华亭的出典也就在于此。

方塔　处于方塔园中心位置的古塔,原名为兴圣教寺塔,建于北宋元祐年间(1086—1094),距今九百余年。寺建于五代后汉乾祐二年(949),现已毁。塔九层方形,总高48.5米。它的形制和结构因袭唐代砖塔,如砖身之壸门形式,门内通道上施叠涩藻井及内室用券门等。由于年久失修,损坏严重。1975年进行复原大修,面貌焕然一新。在修复工程中发现塔底层有一地宫,出土了不少珍贵文物。其中一只雕着龙虎相争图案的汉白玉石匣中有一尊长约40厘米的释迦牟尼鎏金卧佛铜像,其旁放银盒、"佛牙"以及唐、宋铜钱百余枚。方塔的斗拱部分保存北宋原物的比例达62％,券门上的月梁、外檐之罗汉枋、撩檐枋等均为原物,是江南古塔中保存原有构件较多的一座。更难能可贵的是,在方塔第三层西壁上还保留着两幅宋代壁画,图案至今清晰。方塔结构精巧,各层内外檐都用斗拱支撑,坚固美观。顶部塔刹高近8米,由覆盆、相轮、宝瓶等组成。四根铁索从尖顶拖向四角,名浪风索。最引人注目的自然还是方塔秀丽的塔体和宽敞别致的裙檐,这与众不同的优美塔形有一动人的传说。相传北宋时有位手艺高超的老匠人专门造塔,有人请他到松江来,要求他造一座江南最美的宝塔。老匠人终日苦思,反复设计,竟没有一个理想的方案。一日返家进屋,只见女儿在灶边烧饭,他喊了一声,女儿没听见,于是他又大喊一声,女儿急忙转过身来,这时她身上的裙子因急速转动而飘扬起来,一瞬间展示出极美的造型。老人灵感顿生,忙让女儿再转几圈,当场把这美妙的姿态画下。后来老匠人就根据女儿纤巧的身材设计了塔体,以翩然舞动的裙子为灵感设计了塔檐,以小巧的耳环为原型设计了塔铃。方塔造好后果然以美丽的造型而名扬四方。古时有《竹枝词》赞曰:"巍巍楼阙梵玉宫,金碧名兰杳霭中。近海浮屠三十六,怎如方塔最玲珑。"

明刻照壁　与方塔近在咫尺,是方塔园中的著名古迹。照壁,又称影壁,是旧时置于宫殿、官衙、寺庙、豪宅门前的隔断。这座大型砖刻浮雕照壁建于明洪武三年(1370)。它原建在府城隍庙门前,庙在抗战时毁于炮火,而照壁却安然无恙地保存下来。照壁高4.75米,宽6.10米,以一只砖雕的狂妄巨形怪兽为主体。这怪兽独角直竖,眼如铜铃,口大齿锐,生有鹿角、狮尾、牛蹄、龙鳞。四脚各踩元宝、如意、珊瑚、玉杯,旁边还有灵芝和摇钱树,集中了人间的金银财宝。传说此怪兽贪婪无比,任何东西都想吞食,所以它的名字就叫"狻"。狻最后到海边望见旭日,也妄想吞吃,结果蹈海而亡。根据传统的民间习俗,照壁上还刻有各种吉祥画面。如莲花旁有一瓶,瓶中插着三支戟,意为"连升三级";一颗大印挂在树上,旁边有只猴子,叫作"挂印封侯";又有"凤含天书""八仙过海""鲤鱼跳龙门"等。整座砖雕线条遒劲细致,画面生动,立体感极强,是一件不可多得的古代艺术珍品。

汇龙潭　位于上海嘉定区嘉定镇南大街孔庙前,是一处利用原私人宅园和孔庙建筑群的部分旧地在20世纪70年代中期修建的园林,因前面的汇龙潭而得名。

汇龙潭由新渠、野奴泾、唐家浜、南、北杨树浜五条河汇集而成。南面原有堆叠的土山应奎山,明万历十六年(1588)凿潭后,土山四面为绿水环绕,因有"五龙抢珠"之称。沿潭筑石栏,望柱上端雕镂七十二只姿态各异的小石狮。汇龙潭碧水澄澈,据说无论如何干旱,潭水绝不干涸。传说河底有五眼大井,其中一眼直通东海。这虽不足信,但潭水深是事实。旧时每逢五月端午,各村各镇选派水上健儿驾龙舟聚集汇龙潭比赛。如今潭中修起了湖心亭、九曲桥,已是另一种风采了。桥取名为玉虹,取雨霁放晴、玉虹垂潭之意;朱漆小桥,面水临波,迂回曲折,夏夜来此观鱼赏月,别有情趣。潭畔有棵古枫杨,虽根部枯空,仍绿叶婆娑,生命顽强。树内嵌一块巨石,传说小刀会义军将士在树下慷慨就义前,怒蹴石而入树,坚不可移。地方志上有小刀会队伍在嘉定兵败,一千六百余名义军被清兵惨杀在汇龙潭畔,"潭水泛赤"的记载。

潭东南有魁星阁。重楼飞檐,濒水而立,颇有气势。楼阁四门洞开,分别书写"朱雀""玄武""墨林""书府",本是孔庙奉祀魁星之处,为历代文人学士所崇拜,现在这里是游人登高望远之所。

过两座"八"字形石桥,即可上四围绿水的应奎山。山上树木青葱,山石危峻。拾级而上,山顶有凌云阁,结构严谨精巧,轩敞雅致。登阁放眼,远处是"雨中春树万人家"的嘉定镇,鳞次栉比的住宅群中,法华古塔高高耸立。俯瞰脚下,绿荫丛中碑塔、牌坊、石桥、亭榭和邻近的孔庙大殿巍巍屹立。

宽广的草坪上矗立着抗清纪念塔,记载着侯峒曾、黄淳耀抗清就义的事迹。纪念塔之南,有从市区迁来的近代建筑艺术精品百鸟朝凤台,它以精美绝伦的圆穹形藻井闻名。从此台沿曲折幽径步向园东新凿的碧荷池,池周假山或如层岩叠嶂,或似奇峰峭立。修竹摇翠,涓涓清泉潺潺入池。池中塑有昂首戏水的游龙,池畔有一座井亭,全由石块砌成,尤显古朴纯厚。

园之北部,有鸳鸯厅、缀华堂、翠筜阁、波影亭、翥云峰、万佛塔等建筑。其中鸳鸯厅前的一座青灰色假山,玲珑剔透,高达丈余,秀媚而又雄浑,上刻篆书"翥云峰"三字。据记载,此石原是明崇祯年间御史赵洪范从云南运来嘉定置于住宅岁有堂前的。后为嘉定状元王敬铭之父王晖所得。据说翥云峰每逢天阴雨前会有水珠淌下,能测天气阴晴,传为奇谈。

百鸟朝凤台 位于汇龙潭园内草坪上。它原是上海静安区(原闸北区)塘沽路沪北钱业会馆的遗物,约建于清光绪四年(1878),是演戏的戏台,因此又名"打唱台",又因圆形藻井外面的四角雕刻着凤凰,有"百鸟朝凤"之称。此台平地拔起,气势轩昂,再加上装饰得金碧辉煌,愈加显得瑰丽夺目。台之最精彩处是藻井,圆穹形的天花板部分由曲木搭成,运用小斗小栱镶成螺旋状态,每个栱头都雕成鸟雀形状,朱漆飞金绚烂如霞。整个结构既错综繁复又有条不紊。抬头仰视,460只"展翅飞翔的鸟雀"围着拱顶中央的"太阳",给人富丽堂皇之感。戏台的屏门饰以三国戏文浮雕,刀法细腻,形态逼真,车马旌旗,战将兵卒,无不栩栩如生。打唱台旁遍植苍松翠柏、樟树杉木,映绿掩翠,芳草萋萋,与园内的曲池幽径相辅成趣,而又各臻其妙。

虞山 位于常熟古城西北平畴绿野之上,半抱古城,素有"十里青山半入城"之称。山古名乌目山、海隅山、海巫山。因状如卧牛,又称卧牛山,是江南著名的邑郊山水风景园林。商末,周太王次子虞仲(即仲雍)让君位于弟季历,后来虞死后葬于此,后人纪念其让国的高风亮节,故改称虞山。

虞山山体由西北向东南展布,峰峦连绵起伏,长约9千米,颇有大山之势。海拔263米,山脊线长6400余米,山体最宽处2200余米。山南坡短而陡,出现陡峭崖石,以奇石高耸著称,拂水晴岩、剑门奇石、石梅等景点,多集中于此。山北坡长而缓,多成幽深溪涧,以洞涧溪泉取胜,如桃源涧、石屋涧、破龙涧、坠石涧、秦坡涧等。山中多泉,较为著名的有焦尾泉、天龙泉、舜过泉、君子泉、玉蟹泉等,水质清洌。山间有岩洞,如老石洞、小石洞、水帘洞、联珠洞等,洞内多有地下水出露,如小石洞之冽泉、水帘洞之趵泉。

虞山植被丰富,满山青葱,秀色可餐,此外还有著名的珍贵树木红豆,种子久藏不腐,红艳可爱,可供细玩。此外,还有红枫、含笑等传统栽培花木和宝岩杨梅、兴福桂花栗子等著名果品。

自虞山东南蜿蜒入城,有吴文化始祖先贤仲雍墓,古吴国第一代国君周章墓,开启东南文化之祖、孔子七十二贤弟子之一的言子墓,还有闻名遐迩的辛峰亭、虞山门、梁昭明太子萧统读书台;山北、山巅有兴福寺、维摩山庄、古剑阁、藏海寺等名胜及明末爱国英雄瞿式耜墓;山西亦多名人墓葬,如元代大画家黄公望之墓,明代抗倭名臣王铁之墓,清初大画家、开创"虞山画派"的王石谷的墓,明末清初一代文宗钱谦益的墓,清同治和光绪两朝帝师、支持维新变法的翁同龢的墓,清末民初著名文学家曾朴的墓等。

虞山与常熟古城、山南尚湖融为一体,是其特有的景观特色,以丰富的吴文化历史遗存和山水相依的自然景观为主要内容,自然山水秀雅,人文景观丰富,历来是江南著名的风景园林和旅游胜地。虞山园林景区由虞山和尚湖组成,面积1260公顷,根据地理环境和景观特色,大致可划分为6个游览景区。

辛峰景区:古朴灵秀,胜迹处处。以辛峰夕照为中心,由辛峰亭、虞山古城垣与虞山门、仲雍墓、言子墓、周章墓、读书台、虞山公园等处景点组成,面积32万平方米。

维摩景区:苍峰翠岳,清幽秀雅。以维摩旭日为中心,由维摩山庄、桃源涧、石屋涧、春秋烽燧墩等处景点组成,面积43万平方米。

兴福景区:深山古寺,高林掩映。以破山清晓为中心,由兴福寺、破龙涧、罗汉桥、日照亭、联珠洞、四高僧墓等处景点组成,面积29万平方米。

剑门景区:奇峰突兀,怪石嶙峋。以剑门奇石为中心,由古剑阁、剑门奇石、藏海寺、常熟田、拂水岩、拂水双桥、瞿式耜墓等处景点组成,面积21万平方米。

小石洞景区:名泉洞涧,山林野趣。以秦坡飞瀑、小石洞为中心,由小石洞、老石洞、秦坡涧、黄公望墓、翁同龢墓、翁氏瓶隐庐等处景点组成,面积123万平方米。

尚湖景区:山长水阔,港汊深深。以湖田烟雨为中心,由尚湖及湖中荷香洲、枫林洲、钓鱼岛、烟雨洲、桃花岛、鸣禽洲、湖滨公园和植物园等处景点组成,规划面积为854万平方米。

言子墓 位于虞山东岭,与仲雍墓相邻。古墓依山建筑,四周苍松掩映,红墙环绕,规制宏伟,古朴苍然。其墓附属建筑较为齐全,有罗城、祭台、墓道、石桥、石亭、石坊、围牌、飨堂、石碑等,是江南著名古代墓园,1956年被公布为省级文物保护单位,亦是虞山风景园的主要景点。

言子(前506—前443)名偃,字子游,又称叔民,是孔子七十二弟子中唯一的江南人。擅文学礼乐,曾任鲁国武城宰,阐扬孔子学说,用礼乐教育士民,境内到处有弦歌之声,为孔子所称赞。后人配祀孔庙,为"孔门十哲人中第九人",启迪南方文化之先驱,世称"南方夫子"。唐以后多次追封。明嘉靖时改称为"先贤言子"。清康熙时设置五经博士一员,由言偃后裔世袭。

言子墓始建年代已失考。据《言氏谱牒》记载,西汉武帝时,十七世裔孙言成大始修祖墓,后渐荒芜。南宋以降,历代多次修葺,今墓门石坊为花岗石三间冲天式,高7.8米,通宽11.15米,正中匾额镌刻"言子墓道",两旁石柱镌刻楹联:"旧庐墨井文孙守,高垅虞峰古树森。"稍后影娥池上跨石拱桥,名"文学桥"。桥后第二道石坊亦为花岗石冲天式,高4.71米,通宽10.05米。石坊中间正面镌刻"道启东南"四字,为乾隆首次南巡时(乾隆十六年,1751),言子裔孙迎驾苏州得乾隆御书,背面镌刻"灵萃勾吴"四字,由裔孙言如泗于乾隆二十三年(1758)建。坊前道旁有石狮一对,雄姿威武。半山甬道中间,有重檐歇山顶石亭一座,正中悬康熙四十四年(1705)康熙第五次南巡时御书"文开吴会"匾额,后人称为御书亭。沿甬道再循石级而上,为第三道牌坊,坊三间冲天式,高4.65米,通宽9.68米,额题"南方夫子",雍正间江苏布政使鄂尔泰建。坊后即是罗城。罗城内现有墓碑两块:"先贤子游言公墓"石碑为明崇祯九年(1636)苏松巡按御史路振飞重立,另一块"先贤言子之墓"碑为清光绪二十年(1894)重立。雍正六年(1728),由苏松常道王澄慧筑围墙。

言子墓周围尚有龙头石、珠石,寓"龙戏珠"之意;言子飨堂为一院落,院内有石墨高丈余,一抱粗,姿态奇特,从平地凸起,其形如墨,故称"石墨";近旁墨池一泓,清泉常年不涸;还有"先贤吴公修建祠墓记略""重修先贤言子林墓记"石刻等古迹。园内古木参天,环境幽静,充满纪念性园林的庄重气氛。

石屋涧 位于虞山维摩山庄后山腰处,涧因有巨石凸出,形如洞屋而得名。相传商末太公望避纣时曾隐居于此。唐陆广微《吴地记》曰:"石室在常熟县海隅山,石室凡十所,相传太公避纣居之,常熟去海近,或是。"石屋檐上镌刻有"云际幽月"四字。石室内有晚清吴树芬石刻:"石顽不顽,非屋似屋,天开奇境,人受遐福,伯仲皆隐,巢由饮犊,把酒看云,烹茶燃竹,泉清若斯,慎勿濯足。"屋临涧上,涧长八十余米,系桃源涧之源头,春夏雨后,山水汇注,飞湍奔泻,声逾琴筑,蔚为奇观,此涧下泄,则汇入桃源涧。涧西有舜过泉,水质清醇,久旱不竭。相传因虞舜过此汲饮而得名。泉四周以山石垒成方形,上镌清乾隆四十九年(1784)徐成所书"舜过泉"三个大字。

桃源春霁 虞山北坡有五涧,桃源涧为出常熟古城区北虞山第一涧。明弘治年间桑瑜主持纂修的《常熟县志》载："桃源涧在镇江门外百步许,又名桃花涧。"桃源涧位于石屋涧下端,长数里,涧旁昔有桃花林,每当春雨初霁,涧水奔流飞泻,状如白练倒悬,桃林落英逐流而下,银波斑斓,眩目清神,令人遐想,似武陵桃源胜景,故名"桃源春霁",为虞山十八景之一。清康熙年间钱陆灿主持纂修的《常熟县志》载："旧传夹涧种桃殆遍,花时烂漫,不减武陵,游者踵接。"涧两旁多巨石,自明代至民国期间,在临涧岩石上的题词、题名镌刻有:明万历间花卉画家华亭孙克弘所书"飞寒";清道光十七年(1837)二月,苏州知府王梦麟暨常熟知县蓝蔚文、昭文县知县金咸同至桃源涧遇雨观瀑时的留名;道光三十年(1850)春,苏州知府王梦麟来常熟巡视白茆河工时,同常熟县知县黄金韶、昭文县知县章惠游桃源涧观瀑时的留名;晚清书法家陶浚宣书"桃源涧"三个大字;光绪十六年(1890)八月,江苏布政使杨敬传游虞山时所题的"寒泉古月";光绪二十一年(1895)胡乃煦、曾之撰、孙同康、强子善、蒋元庆、陶浚宣同游桃源涧观瀑时的留名;民国十六年(1927),曾品仁、诸公巽、周启新、张禹声等观瀑后的留名及所题的"桃源"。书法笔力遒劲,古朴浑厚。

春秋烽燧墩 位于常熟虞山东岭自仲雍墓起,至小石洞,全长约10千米,共200余座,均沿山脉走向,以3或5个成"品"字形群组分布于山脊顶峰及山坡交叉要道等处。大墩直径15—20米,高5—8米。小墩直径约5—8米,高2—3米。其建筑结构系采用虞山长条形石块、石片垒成下宽上窄之长方形洞室,以大石块封顶后再用山泥堆成馒头形、覆船形等状。在一端筑有甬道,口朝西向为多。俗称"藏军洞""烽火墩"等,其名有望海墩、金鸡墩、玉兔墩、乌目墩、七星墩、祃祈墩等。1982年,常熟市文管会与苏州博物馆曾重点发掘了维摩山庄南侧一大墩,从中发掘出了原始青瓷碗、豆、罐等器物。经考证,其属于春秋时期吴文化遗址。关于其性质,目前在考古界中存在着军事设施、祭祀、房屋、墓葬等多种说法,迄无定论。

剑门奇石 剑门位于虞山之巅。其处峰峦险峻,悬崖凌空,壁立万仞,气势雄浑,为虞山名景佳绝处。相传吴王夫差在此试剑,将石一剑劈开,裂为石门。顶端有巨石三块,称为"三沓石",上石如舟,中石如几,下石如斛,犬牙相交,架于缝间,欲坠未坠。两壁巨石临崖,直立如刀削。仰视天成一线,气势磅礴,蔚为壮观,俯瞰幽谷深邃,怪石嶙峋,层峦叠嶂,故有"剑门奇石"之称,为虞山十八景中最有名的一景。元代画家黄公望常于此写生作画。峭壁之上多留名题字,有明嘉靖十五年(1536)镌刻的"剑门""奇石"楷书大字;万历三十二年(1604)知县谭昌言去任时镌刻的"去思石"三字;清康熙帝南巡时,华亭沈宗敬迎驾献画,用康熙所赐御笔书写而摩勒上石的"烟岚高旷"四字;另有范小谷书"观止"两字和王鸿书"仰止"两字;清道光十四年(1834)两江总督陶澍、江苏巡抚林则徐、江苏布政使陈銮、江苏按察使李彦章等登虞山的留名镌刻;道光十七年(1837)知县陈延恩、常熟蒋因培、婺源齐彦槐、嘉善黄安涛登临剑门的留名镌刻;此外,尚有同治辛未(1871)三月孙云鸿书"青云得路"篆书四字;光绪庚寅(1890)秋八月篯雯所作《游山记》一篇,魏碑体。

虞山南麓原建"洞天福地"石坊,入坊沿石阶拾级而上,至剑门山巅。山道险峻陡狭,宛如长鞭,故称"霸王鞭",中有七十二个透气站,使人有蜀道难之感。然登上剑门放眼南望,尚湖如镜,河湖交叉,阡陌纵横,一派秀丽的江南水乡田园风光,令人心旷神怡。剑门附近有拂水岩、拂水双桥、明末民族英雄瞿式耜墓。剑门峰巅北部有藏海寺、报国院,南部有剑阁,皆为名胜古迹。

拂水晴岩 位于虞山最高峰锦峰南侧。剑门之西为锦峰山涧,涧两侧石壁如削,涧上架桥,名"长寿桥"。桥下石壁中豁,形成深谷,每逢雨后,涧水激泻,劲风南来,拍击巨石,倒卷飞瀑,似万斛蕊珠,凌空飘洒,宛如银帘。即使天晴日出,游人行至桥上,仍有蒙蒙细雨扑面而来,是为奇观。明万历间邑人张应遴《虞山胜地记略》称:"昔人竞称李世贤'无云何处雨,洒面皆轻寒'之句,而黄勉之'云壁悬垂汉,风珠细拂霄'胜之,又沈启南'绝壁云扶将堕石,豁崖风勒下奔泉'尤脍炙人口,而王元美'风岩昼激诸天雨,阴壑寒生万树涛'足敌诸诗,均足状剑门拂水之胜。"清初大画家王鉴、王石谷分别绘有《拂水层峦》《拂水岩》图。长寿桥架拂水岩之上,明嘉靖间建,清光绪年修。明崇祯龚立本《常熟县志》载"岩临山阿,两崖中豁有长寿桥跨之",系花岗岩石板桥,东西走向,高4米,面宽1.4米,全长13.2米,方形桥洞阔3.9米。桥南向梁端上镌"长寿桥"三字,并镌刻小字"明严文靖公建,光绪癸巳重修。"拂水晴岩为虞山十八景之一。

剑阁 位于虞山之巅锦峰、剑门奇石峭壁之上,原为明代侍御钱籍(字汝载)所建。阁中楹联曰:"无边风月供嘲弄,有主江山属剪裁。"后受子累,为仇家所控,以其所题联句有图谋不轨之嫌,后仅以身免,阁亦渐圮。民国丁祖荫《重修常昭合志》载:"剑门俗传吴王试剑石也,明钱籍曾构剑阁于此,今已无遗迹。"1989年重建,为两层四歇山顶重檐楼阁式建筑,高18.33米,建筑面积258.32平方米。规模宏大,气势雄伟。登阁居高临下,虞山雄姿,尚湖秀色,尽收眼底。昔古剑阁有联曰:"绝壁剑开,伊阙羊肠应让险;重湖镜列,洞庭彭蠡合争奇。"此处确是一派雄秀并存的壮丽景观。

藏海寺 位于虞山锦峰拂水岩之上,初名为拂水东庵,明洪武四年(1371)僧道原建。嘉靖间增建地藏院。清顺治十六年（1659），僧通琇自京师还山，奏请建塔葬母，奉敕赐币金建大慈塔院，后改称拂水禅院。乾隆间，里人陈士煌增建大悲殿并撰记。咸丰十年（1860），寺残破。光绪间递加修葺，渐具规模，并兼管相邻之报国院。"文化大革命"中又毁，仅存遗址。今已恢复大雄宝殿、山门等建筑。藏海寺前有香花桥。清庞鸿文《常昭合志稿》载"拂水岩上有拂水禅院，门外有石桥跨山涧"，即指香花桥。桥为花岗石单孔拱型，南北走向，拱圈采用纵联分节并列式砌置法，造型轻巧灵秀。面宽3.2米，长2.2米，南桥坡八级3.4米，北桥坡五级2.3米，全长7.9米。七节石拱券，直径2.15米，高2,7米。东向桥柱镌刻楹联为"弓影腾空流通万壑，花名独表香透重门"；西向桥柱镌刻楹联为"雁齿横排云烟出没，虹腰高卧泉石奔腾"。两联对仗工整，用词绝妙。香花桥始建于明，清光绪丁酉孟夏谷旦重修。藏海寺周古木森林，仅银杏一种，就有5株，皆400—500年之古树，目前仍英姿勃勃，生气盎然。原寺内放生池畔一株古柏，传为宋柏，形态古拙别致，主干虬曲龙蟠，密密的褶皱紧缠其身，盘躯而上。分枝宛垂，苍老叠翠，神韵不竭。

报国院 位于虞山锦峰山涧之上，原为里人褚应韶所建真武庙。明嘉靖帝以泥金彩绘斗姥及真武像各一轴赐武英殿大学士、吏部尚书邑人严讷，严讷不敢供于私家，遂就真武庙基建院以奉，敕赐"报国院"额。清顺治年间，严讷孙严栻曾修；康熙年间，严栻孙榜眼严虞惇亦修；乾隆时，严有禧再修；咸丰后，并入相邻之藏海寺，渐圮。1949年后唯存山门，今市佛教协会重建后，已恢复真武庙等建筑。报国院东有"常熟田"，传为常熟得名之由来。

瞿式耜墓 位于常熟虞山之巅、拂水岩西百余米的牛窝潭。瞿式耜（1590—1650），字伯略，一字起田，别号稼轩，常熟人。明万历四十四年（1616）举进士，授江西永丰县知县，政绩卓著。崇祯元年（1628），擢户科给事中。针对事弊，屡有建白，抨击阉党余孽，为被害人讼冤请恤。未几，为政敌借端攻击，削职家居。弘光元年（1645），出任广西巡抚。时清兵已破南京，瞿式耜未雨绸缪，立志御清。隆武时，靖江王朱亨嘉争位，闹分裂，威胁瞿式耜，瞿坚拒不从，后联络军将，设计擒拿朱亨嘉。清兵入闽后，隆武政权崩溃，与广督丁魁楚拥立永明王朱由榔于肇庆，建号永历。瞿式耜进文渊阁大学士，兼吏、兵两部尚书，留守桂林。清兵三次袭桂林，瞿式耜与士卒共甘苦，击退清兵；并练兵筹饷，抚辑流亡，延揽人士，联合农民军共同抗清，收复湖广大片失地，威震华夏。永历四年（1650），清兵大举围攻桂林，城破，与总督张同敞同被执，以文天祥自比，数拒清定南王孔有德等招降，坚贞不屈，被囚禁四十余日，与同敞唱和自若，赋《浩气吟》以明志。从容就义于风洞山之仙鹤岩。永历五年(1651),追赠瞿式耜为粤国公,谥文忠。清乾隆四十一年(1776),清廷追谥忠宣。著有《瞿忠宣公诗文集》《瞿式耜集》等。据王夫子《永历实录》、计六奇《明季南略》等载,瞿式耜遇难后,由吴江义士杨艺为具衣冠棺殓,并与张同敞瘗于风洞山麓。顺治八年(1651)六月,瞿式耜孙昌文至桂林,见孔有德,请迁祖父柩,孔许之。八月,昌文迁瞿式耜与邵夫人柩,合葬于桂林城北明月洞。顺治十一年(1654)正月,昌文护柩归常熟。《临桂伯稼轩瞿府君暨一品夫人邵氏合葬行实》载:"(顺治)十四年十二月十七日,安葬于宝岩文懿公谕茔之左沙,同墓而异兆。"《虞山集》载,康熙十八年(1679),昌文为瞿式耜迁葬于虞山拂水岩牛窝潭,树碑立碣。

今墓占地数亩。前有石坊、月池、墓道、拜台、罗城。罗城内有墓冢三穴,主穴为瞿式耜,昭穴为其子玄锡,穆穴为其孙昌文。主穴后树立青石碑一通,镌刻隶书"瞿公忠宣之墓"。月池前有冲天式石坊一座,额镌"清赐谥忠宣明文忠瞿公墓"。坊联为严栻集道隐(金堡)追和《浩气吟》句:"三更白月黄埃地,一寸丹心紫极天。"背面联为"古涧风回千壑响,寒潭影落万松枝"(陈鸿书)。墓周围虬松掩映,苍柏森森,气势悲壮。1979年修复,现为省级文物保护单位。

秦坡瀑布 秦坡涧位于虞山北麓距常熟古城区5千米处,为虞山溪涧中最为壮观、规模最大的一条山涧,涧旁山径蜿曲,高林掩映,涧长百余米,直达山巅。涧顶有两峰相峙,一名石城,一曰石门,如巨崖压云,坐镇涧头,涧下有七星墩一座,为春秋吴文化遗址,涧中乱石硕大如桌,居高临下,气势非凡。每当雨后初晴,飞瀑急泻如从天降,喷雪奔雷,声震林壑,数里外即可听到,令人惊心动魄。明万历张应遴《虞山胜地纪略》云:"入秦坡行,鸟道盘纡,从篁灌木间,沉沉如雷鸣者,皆涧声也。涧中怪石蹲牙,俯仰奔突,汇乱流曲折下注,殆虞山最深秀之境。"明倪巨《秦坡涧》诗曰:"雨后秦坡水,势若天潢注。非风亦飞雷,摇动山中树。""秦坡瀑布"的壮丽景观,令游客文士赞叹。秦坡涧附近,有玉蟹泉。泉傍石岐为一潭,浅可见底,大水不溢,久旱不竭。泉底常有白沫泛起,如蟹吐沫。《虞乡续记》云:"秦坡涧上山之自西折北处,穴如罂口,喷沫如蟹口状,故名玉蟹泉。"泉水质醇厚,味甚甘美,前人赞其为虞山第一泉。泉畔刻有"玉蟹泉"篆碑一块,并有一游程碑,为清光绪间邑人王庆芝、宗嘉树、杨同升等所立。

小石洞 位于虞山北端山腰,为虞山规模最大的洞泉,该处原有小云栖寺,始建于清康熙间,久经沧桑,古寺已毁,仅存山门和小石洞。进山门数十步,便见石洞,洞深三米余,上窄下宽,泉居其半,拾级而下,底层石崖覆盖如屋,可容十余人。洞内冬暖夏凉，泉从石隙溢出，水珠滴沥，碧水盈盈，清澈见底。山光云翳，洞顶树姿，均映入泉池。洞壁有"天下名泉""冽泉""露珠泉"石刻，"露珠泉"因洞壁滴水如珠而名。泉水甘冽，为烹茗上乘之品，由于洞势深广，洞顶树木横卧，洞口有古藤一株，高数丈。攀悬洞顶，状如华盖，蟠根虬枝，苍老古朴，为明代藤溪草堂遗物，乃罕见古木。洞四周树林荫翳，修竹如海，具有山林野趣，环境清幽，昔有望湖楼建于寺中，可眺望尚湖风光。

老石洞 位于虞山西北山坡、小石洞之北。洞口题"冷泉"二字，洞深数十米，有石级曲折而下。洞无水，寒气逼人，阴森可畏，入洞须秉烛以行。清末书法家邑中狂士季厚镕（子陶）于洞中题"秉烛游"，并于附近构屋数楹及建牌坊一座，书曰"古今三庙"。于室内供奉春秋吴国高士季札、汉孝子黄香、元大画家黄公望及季氏先祖神位。一说祀巫咸、姜尚、虞仲三人，又在洞中书楹联："仙老此洞，痴大于黄。"

黄公望墓 位于虞山北麓小石洞左，背靠虞山，面对湖桥。黄公望（1269—1354），元代画家，字子久，号一峰，又号大痴道人。本姓陆，名坚，幼年父母双亡，永嘉黄氏寓常熟小山，收其为义子，遂改姓名。元代至元间，浙西廉访使徐琰聘为掾吏，一度被诬入狱，后入"全真教"，往来杭州、松江等地卖卜。公望自幼聪颖，有神童之称，工书法，通音乐，善散曲，精于画山水。画法师承董源、巨然，晚年自成一家。常在虞山、三泖、富春等处领略自然景色，致力于创作。在水墨画中，运用书法草籀的笔意，景色苍茫简远，气势雄秀，设色则以水墨浅绛居多，为世所推崇。对明清山水画的影响很大，后人把他与王蒙、倪瓒、吴镇合称为"元四家"。现存画迹有《富春山居》《天池石壁》《九峰雪霁》等图，并著有《写山水诀》《大痴道人集》等。墓始建年月已不详。据明崇祯龚立本《常熟县志》载："山人黄公望墓在小山南麓，其地石多彩色，尚有宗族居此。"清《黄氏五集》记载："嘉庆二十二年（1817）十六世孙黄泰始修祖墓并建石坊。"墓现有罗城、拜台、石级、墓道、牌坊等，坐北面南，占地800余平方米，墓冢为单穴，封土直径4米，高1.5米，冢后石碑为花岗石，镌刻"元高士黄公一峰之墓"，边镌"清嘉庆二十二年岁次丁丑重修，十六世孙泰敬立"。墓道顺山坡而下，两侧翠柏耸立，长达60余米，肃穆壮观。墓坊在环山公路内侧，为单间冲天式石坊，原坊毁于1958年，20世纪70年代重立。坊额镌"元高士黄大痴先生墓道"。1957年8月、1982年3月两次公布其为省级文物保护单位。

翁同龢墓 位于常熟古城西、虞山鹁鸪峰山麓，与其父翁心存墓毗邻。

翁同龢（1830—1904），字声甫，号叔平，别署均斋、瓶笙，晚号松禅、瓶庐居士、井眉居士等，别号天放闲人。常熟城区人，晚清名臣，中国近代史上著名的政治家、书法艺术家。清咸丰六年(1856)一甲第一名进士及第,授修撰。先后为同治、光绪两代帝师,历官刑部、工部、户部尚书、协办大学士、都察院左都御史、总理各国事务大臣等,两入军机处。其在军机处时,正值中法战争爆发,主张抗战并支持刘永福的黑旗军保卫疆土。中日甲午战争时,又力主抵御外侮,反对李鸿章求和。后举荐康有为,支持变法维新。光绪二十四年(1898)被慈禧太后削职回籍;十月又被下令革职,永不再用,交地方官严加管束。翁同龢归里后,隐居西门外鹁鸽峰墓庐。光绪三十年(1904)五月,抑郁卒于里第。宣统元年(1909),吴中士大夫请为湔雪,由两江总督端方代奏,准开复原官,后追谥文恭。翁同龢出身世宦,有丰富藏书。诗文简练凝重,书法纵横跌宕,力透纸背,有颜真卿风骨,著名于时,遗著有《瓶庐诗稿》《瓶庐文钞》《翁文恭公日记》等。

其父翁心存(1791—1862),字二铭,号邃庵,清道光二年(1822)进士;授翰林院庶吉士,历官礼、户、工部尚书,体仁阁大学士,充上书房总师傅,入直弘德殿,为同治帝师,卒谥文端。

翁心存、翁同龢墓有罗城、坟堆、拜台、墓道、墓门等。墓并列三冢,中间一大冢正中葬翁心存母亲张太夫人,昭穴葬翁心存夫妇,穆穴葬翁心存长子陕西巡抚翁同书夫妇。东侧一冢为翁心存次子湖北巡抚翁同爵之妻杨太夫人墓。翁同龢墓位于西侧一冢,与妻汤氏、陆氏合葬。墓后有青石碑一通,高1.325米,宽0.48米,厚0.105米,镌刻"乙山辛向兼卯酉三分","皇清诰授光禄大夫特谥文恭协办大学士户部尚书曾祖考叔平公,诰封一品夫人曾祖妣汤夫人,诰封淑人庶曾祖母陆淑人之墓","曾孙翁之廉、之循敬立"。1984年修复花岗石冲天式墓坊一座,位于虞山环山公路旁,额镌"翁氏新阡"。墓域背倚虞山,层峦叠翠,周围广植松柏,气势颇雄。现为省级文物保护单位。

翁氏丙舍 又名"瓶隐庐",位于虞山鹁鸽峰山麓谢家浜,为翁同龢削籍归里后息隐处。丙舍为翁氏之祠堂,面临尚湖,背枕虞山,擅山林之胜。为清同治间翁同爵、翁同龢兄弟所建。民国丁祖荫《重修常昭合志》载:"瓶庐在鹁鸽峰下,翁文恭公同龢庐于父墓旁,为归隐之所。登楼揽翠,开轩面湖,具有山林深致。"清光绪二十四年(1898),两朝帝师翁同龢因力主光绪帝亲政,被慈禧太后夺职归里后息隐于此。丙舍正门由翁同龢题额"翁氏丙舍"。沿路侧屋坐北三间,靠东厢房,为接待宾客之处,布置陈设简单雅致。南面正屋五间,中置天然几、太师椅,供翁氏半身朝服像。靠东为翁氏起居处,题额"紫芝白龟之室"。窗外庭园植古柏一株,堆假山一座。东墙辟一便门,门框系瓶,由翁同龢题"瓶隐庐",据传寓守口如瓶或隐于瓶中之意,并传镌有"原始环对,息流闭门"楹联。靠西厢房三间,沿山塘辟一小门,门外凿井一口,名渫井,系翁同龢削职归里隐居丙舍时所开凿。原有花岗石井栏,据传翁氏意恐慈禧加害,凿此井以备自裁,故亲书"可用汲"("汲"为"急"之谐音)三字,取意《易经》井卦,勒之井栏;又亲书"渫井"二字,镌于栏上,取不污之意。后其甥俞钟銮引《易经》中"井渫不食,为我心恻"之语,谓翁此语恐有讪王之嫌,翁遂命舟连夜将井栏投入尚湖深处。西北有茅亭一座,题额"乾坤一草亭"。东端为池塘,放养鱼鸭。现已修复,与翁同龢墓并为省级文物保护单位。

虞山公园 位于常熟古城西北,旧称"半巢居"。始建于1931年,初名为"常熟公园",因其时城西隅尚有逍遥游公园称"虞山公园",故此园又称"新公园"。1950年更名为"人民公园",1984年4月复更名为"虞山公园"。公园倚虞山东麓,傍明代城垣,地形跌宕起伏,景点错落层叠,更有秀木泉石、文物古迹,自然景色与人工点缀融为一体。

旧时虞山公园主要建筑有中山厅、民众教育馆、北郭草堂、挹秀山房、新亭、湖心亭、九曲桥、双苑亭、栗里、环翠小筑等,部分建筑今已废圮。

现公园占地十多万平方米,较前扩大了数倍。公园入口处为宽阔的草坪,绿茵中雕塑耸立、喷泉烟霏。远处虞山亘绵,岚翠透迤。其南为倚晴园,园内亭台楼阁、廊轩萦回,湖石叠巘,荷池清澈,花木深深。主景点倚晴楼是两层古建筑,雕梁画栋,装修精致纤巧。登楼南望是游乐场、儿童乐园。近处引人注目的是红枫林,春秋佳日,枫枝展红,妖艳如醉。倚晴园西是栗里茶室,取陶渊明"栗里高风"之意,厅堂高爽宽敞,清幽明净,堂前植栎树十余株,苍劲挺拔,撑开片片阴影。"栗里"前一片草坪,立卷云石,其状舒卷如云,高丈余,晚清《续孽海花》作者、邑人张鸿于石上题词:"刳神胎,出灵氛,一舒一卷,为天下云。"近旁另立碧芙蓉石,玲珑剔透,为明末抗清英雄瞿式耜私家园林东皋草堂遗物。栗里向西,下临一泓清水,经萦回曲折的谷涧,泻入湖心池。湖中九曲桥凌波横卧,湖心亭飞檐翘角,伸入波心。两岸青枫扶疏,碧桃绚烂。亭北为夕照榭,亭南一小岛,其间有双茆亭。冈阜回互,清流缭绕,廊棚茅亭,绿树迷离。顺山势上,见假山高冈,土石相间,似虞山余脉,其上叠石,一称"凝",一为"碧",均为太湖石。石后隐一亭,名曰"挹翠亭"。登上山坡,松林深处有听松亭,亭下听松泉为山涧溪泉汇集之处。憩于亭中,耳闻清泉潺潺、松涛飒飒,倍觉深邃静谧。听松亭西南,山势崛起,青松枫林掩映,粉白花墙随地势蜿蜒,其内为盆景园,陈列着松、枫、雀梅、黄杨等数百树桩盆景,形态各异,配置巧妙,高低参差,千姿百态。园中精舍环翠小筑为旧时建筑,轩豁洞敞,精巧别致。庭前沁雪石剔透空灵,传为元代书画家赵孟頫题"鸥波亭"前旧物。盆景园向北,山坡上有王石谷亭,灵秀轻巧,翼角起翘,玲珑活泼。王石谷系清初六大画家之一的常熟山水画大师。亭中正壁镶嵌《王石谷骑牛还山图》石刻拓片,为王石谷于清康熙三十二年(1693)离开清宫画苑时,宫廷画家扬州禹之鼎所绘赠,是珍贵的文物。从王石谷亭穿林拾级向上,便是半山轩。半山轩由一组回廊和两幢轩阁组成。从下仰望,半山轩兀然坐落在山脉,背依绮丽的虞山,面临跌宕的石坡,轩前黄石数块,有直立,有半蹲,或仰卧,或跌坐,形态各异,神形俱备。上下轩阁各抱山势,爬山廊蜿蜒曲折地将其连为一体。登半山轩俯瞰,古城秀丽风光尽收眼底,金风萧瑟时,满园丹枫,霜叶尽染,景色佳绝。过半山轩,沿城垣顺山势而上,可通达虞山门。从半山轩西行,林中有亭"翼然",亭内忠王碑全文四百九十余字,是太平天国时期所刻文字数最多、字体最佳的碑石。

虞山公园,选址得宜,独具一格,以其秀丽的自然风光和丰富的人文景观吸引着游人,为常熟市内著名的游憩胜地之一。

维摩山庄 位于虞山箬帽峰之下,为虞山游览区的中心地段,虞山上山路经辛峰游览区可直抵维摩,往山巅可通达剑门,穿步行道至山麓即为兴福游览区。

山庄原为维摩寺,南宋隆兴元年(1163)僧法运建,初名石屋维摩庵。中有石井名"涌泉",淳熙三年(1176),邑人右丞相兼枢密使曾怀奏请为功德院,敕赐"显亲资福禅院"额。明初,僧寿松建观音殿。明宣德四年(1429),僧昙敷建天王殿并甃石为路,取名为"维摩寺"。万历年间,僧法乘建金粟堂、不二法门及方丈室,后圮。清康熙年间,僧起雍暨陆瑞升等建大慈殿,乾隆三十年(1765)邑人屈成霖重修,顾镇撰记,有殿、堂、廊、轩、楼、阁、园、池之胜,并增建望海楼,填补了古寺南北观景点之不足。望海楼朝南坐北,登楼南望尚湖,波平似镜,北眺长江,浩瀚若海,天晴日丽,江中帆影可数。遂为本邑名刹,与慧日、破山、三峰诸寺齐名。山门有楹联一副:"大观江海合,杰构宋梁余。"咸丰十年(1860)毁于兵燹,光绪间重建。1985年,利用原维摩寺遗址全面修建,取名为维摩山庄。

维摩山庄群翠环抱,楼阁倚立,回廊曲折,意趣横生,且其布局与一般寺庙不同,殿堂僧寮,均坐西朝东,每逢旭日初升,朝东寺宇最先披彩,金光灿灿,从古城遥望,似仙山梵宫;反之拂晓登望海楼,东观日出,云海苍茫,霞光万道,气象万千,明有"满空晴旭照山林,翠竹丹枫画可评"的诗句赞之。维摩旭日为虞山十八景之一。现山庄前园,植桂百株,树姿挺秀,清香四溢。后园深邃清幽,绿荫匝地,间有小香雪海(俗称姊妹厅)、葫芦池、钵盂泉等诸多园林山泉名胜。后园还重栽红梅一二百株,斜横疏瘦,凌寒独茂,再现昔日"维摩探梅"胜景。山庄之南,有望湖石,建有歇山式石亭一座,据亭可南望尚湖,饱览湖光山色。

巫咸祠 位于虞山东南麓,"读书台"后园。旧时祀商相巫咸及其子巫贤。据邑志载,宋庆元间邑人在虞山之青龙岗掘土得一古碑,上书"商相巫咸冢"五个古字,县令孙应时遂建其祠于言子祠之夹室。明嘉靖八年(1529),知县胡凤请于巡抚都御史陈祥、提学章衮,始正式檄文建殿四楹及飨堂四楹于虞山致道观西侧,立石门表曰"商贤相巫公祠",并置司春秋致祭。里人都御史陈察撰文,国子监祭酒陈寰篆额。明末废。清顺治十年(1653),里人王梦鼎、邵灯等重建于昭明太子读书台后,钱谦益撰记。后亦废。乾隆九年(1744)重建。乾隆四十一年(1776)移祀今址。咸丰十年(1860)又毁,光绪二十九年(1903)再重建。1949年后再毁,1985年重建。现祠改为茶室,供游人品茗小憩。又在其后山坡建方亭一座,亭壁立《先贤巫公祠记》石碑一通,为明嘉靖间陈寰撰并书篆额。登亭揽胜,虞山尚湖风光绮丽,古城街巷幽深曲折。

仲雍墓 位于虞山东岭,周围苍松翠柏环抱,居高临下,气势磅礴。迄今已历三千余年,是常熟有历史考证的最早古墓。现为省级文物保护单位。

仲雍又名虞仲、吴仲、孰哉。商末周族领袖古公亶父(后称周太王)次子。古公亶父生有三子,钟爱幼子季历之子昌(后之周文王),意欲传位于季历后立昌,仲雍与兄太伯体父意,主动避位,从渭水之滨(今陕西岐山之地)来到无锡、常熟一带,断发文身,与民并耕,当地人民拥戴太伯为勾吴之主。太伯无子,仲雍继位,卒后葬于虞山。唐《艺文类聚》载梁简文帝撰虞山《招真治碑记》中有"远望仲雍而高坟萧瑟,傍临齐女则哀垅苍茫"之句。唐陆广微撰《吴地记》中亦有"县北二里有海隅山,仲雍、周章并葬于山东岭上"的记载。

仲雍墓现有建筑,建于明成化(1465—1487)年间,由其一百零六世裔孙浙江参政周木奉旨修缮,并建墓道、石坊。仲雍墓墓门"敕建先贤仲雍墓门"坊(即"清权坊")位于北门大街西侧,为弘治七年(1494)江南巡抚都御史刘廷瓒重建。清乾隆二十五年(1760),其后裔周士烈、周祖烈等又表请重建。重建石坊为花岗石三间冲天式,高4.78米,通宽11.08米,中间紫石匾额上枋镌刻二龙戏珠,正中嵌"圣旨"二字,书"敕建先贤仲雍墓门",上下额枋镌刻双狮滚绣球纹,由两江总督尹继善,江苏巡抚陈宏谋、庄有恭,江苏学政李因培,布政使苏尔清,按察使钱琦,督粮道朱奎锡,昭文知县署理常熟县事康基田,教谕王锡龄,县丞方发等列名。坊背面匾额镌"清权坊"三字。清权祠(即仲雍专祠)在墓门稍后,明成化十七年(1481),

苏州提学副使娄谦建于墓旁。弘治七年(1494),苏州巡按御史刘廷瓒改建于虞山东岭(辛峰亭西下与乾元宫相邻)。其后五年,知县杨子器改建,仁和夏时正为之撰《改建清权祠记》。万历五年(1577),知县留震臣重修树碑立石,苏州府通判刘体道撰《重修清权祠记》。清康熙二十五年(1686),知县杨振藻重建。乾隆五十三年(1788)移建于今址。嘉庆三年(1798)周氏之裔孙重修。咸丰十年(1860)毁。同治十三年(1874)重建。现有建筑建在山坡,共两进,前进为三间歇山顶式,后进为正殿三间,原供仲雍墓主。上山坡为南国友恭坊,于清乾隆三十一年(1766)其裔孙周荣等建。坊为花岗石冲天式,高4.65米,通宽9.43米,明间正中匾额镌"南国友恭"四字,两侧石柱镌刻楹联"道中清权垂百世,行侔夷惠表千秋",由江苏学政曹秀先书。背面匾额镌刻"让国同心"四字,系乾隆三十六年(1771)十一月谷旦,江苏督粮储道胡文伯题并书。此坊于乾隆五十四年(1789)由其裔孙周觐文等重修。由石磴拾级数十可抵位于墓前的先贤虞仲墓坊,为乾隆十年(1745)常熟知县张耀璧建,亦为三间花岗石冲天式,高4.45米,通宽6.67米,中间正面匾额镌刻"先贤虞仲墓",坊柱镌楹联"一时逊国难为弟,千载名山还属虞",由苏松常太粮储道兼巡视漕河参议程光炬题并书。坊背面匾额镌"至德齐光"四字。其后是罗城、拜台、墓堆。墓碑有4块:明崇祯九年(1636)苏松巡按御史路振飞重立"商逸民虞仲周公墓"碑;清康熙四年(1665)常熟知县赵育溥重镌"商逸民虞仲周公墓"碑;康熙三十七年(1698)重镌"先贤虞仲周公之墓"碑,署名常熟县知县陶濬、主簿常文谟;另一块"先贤虞仲周公墓"碑,为张耀璧重立。

仲雍为吴文化始祖,其墓甚为壮观,是邑中著名的文物古迹之一。

周章墓 仲雍曾孙,周武王灭商后,寻求太伯、仲雍后代,时周章已在勾吴继位。武王立吴国,加封周章为吴君,列为诸侯。周章墓,位于虞山东岭,仲雍墓左侧稍下。墓始建年月已无考。唐陆广微《吴地记》载有周章墓在常熟虞山东岭。墓现存墓堆、罗城、拜台、墓门、墓道等。在罗城内有青石碑一通,镌刻"古吴王周章陵墓",为清乾隆二十九年(1764)由裔孙周士烈、周祖烈立。周章墓与仲雍墓、言子墓均位于常熟虞山东岭,左右紧靠,为江南著名的古墓葬群。

辛峰夕照 辛峰亭位于常熟虞山东岭之巅,高79.2米。宋嘉泰初县令何恣建,初名"望湖亭",因登亭可望东(常熟昆承湖)、西(尚湖)二湖而名。南宋嘉定三年(1210)县令徐次铎取登亭一览景色全收之意,将其更名为"极目亭"。明嘉靖年间易名为"达观亭"。万历年间,邑人副使萧应宫归田后,复将其更名为"辛峰亭"。

亭为重檐六角砖亭,两层,高8米。飞栋丹壁,葫芦宝顶,造型优美,巍然踞巅,数十里外尚清晰可见,为常熟古城标志。

登亭俯瞰,下临梁昭明太子读书台、石梅园等亭台楼阁,仲雍、周章、言子墓掩映于苍松翠柏之中,南眺昆承湖、尚湖,两湖如镜,北览茫茫长江犹如玉带,水乡景色一览无遗。至夕阳西坠,晚霞绚丽,水波泛金,山色暮霭;古城灯火,时明时灭,此即"辛峰夕照",为虞山十八景之一。

虞山门　虞山古城垣 位于虞山东岭,始建于西晋太康四年(283)。以虞乡建立海虞县,县治设海虞城(即今常熟古城区)。梁大同六年(540),南沙县地置常熟县,县治设南沙城(今常熟市福山镇)。唐武德七年(624),常熟县治移至海虞城。其时县城形制狭小,城以竹木为栅,无城楼雉堞,建筑简陋。元至正十六年(1356)改为砖砌,并腾山筑城,巍巍虞山城垣这一军事设施构成了古城常熟独特的城市风貌和人文景观。故明初姚广孝赞曰"水多归海近,城半在山高",沈德潜也有诗赞曰:"七溪流水皆通海,十里青山半入城。"遂在江南诸城中独有形胜,闻名遐迩。至明嘉靖三十二年(1553),倭寇入侵,知县王铁筑城抗倭,城周一千六百六十六丈有奇,高二丈四尺,基宽八尺,有内外城濠,西北仍环山而垣。建城门七座:山巅虞山门、东宾汤门、西阜成门、南翼京门、东南迎春门、东北望洋门、西北镇海门。各门都建城楼,除了虞山门、镇海门外,其余均设水关。万历二十二年(1594),知县张集义增城陴、加女墙、砌马路。后虽屡经修葺,形制未变,至民国后期,日渐颓圮。

1993年,虞山城门、城墙在原虞山门旧址沿原城垣墙基走向,按明清形制重建。重建城墙长112米,高7米,上宽5.4米。为双面城砖砌筑,城墙底部砌花岗岩侧塘石。并一如传统做法,设有箭垛、马道。虞山城门上还建有重檐式城楼一座,面积134.6平方米。登上城楼,极目环顾,青山绿水,古城巷陌,山、水、城融为一体。城门洞宽5.5米,横跨虞山上山路,其上"虞山门"三字为晚清著名政治家,同治、光绪两代帝师翁同龢墨迹。虞山城门高耸雄伟,再现了古城常熟"城半在山高""十里青山半入城"的独特城市风貌和人文景观。

书台积雪 位于常熟虞山东南麓,园内高林掩映,奇石突兀,文物石刻琳琅满目。

入读书台园内,步小径,穿过寻天然趣洞门,一眼望见土阜隆起为台,即是该园主景点昭明太子读书台,相传为南朝梁昭明太子萧统游学著述之处。据明邑志载,台上原亭久废。明弘治年间县令杨子器重为构筑,未久即圮。继任知县胡巍、县丞邹旸等以为书台不可无亭,遂再葺之,又毁。嘉靖十五年(1536),知县沈弘彝去任前,周览邑中古迹,登临台上,有客告以亭之兴废,沈深以为慨,乃斥俸复作新亭。亭柱均以石构，又翳理四周杂树，设磴道石阶，嘱邑人邓韨撰《读书台铭》，时有邑人邵复出示昭明太子像一帧，亦令绘者摹之于石，同置于亭壁。邑人邵武知府古琴家严天池增建外门，榜题曰"昭明遗构"。清顺治间王梦鼎、邵灯等再修。乾隆八年（1743），苏州粮备道觉罗雅尔哈善重书"读书台"额。今存其台高3.54米，南北14.64米，东西12.75米，居高临下，岿然而峙。台上石亭为长方形，单间卷棚顶，高3.65米，纵5.16米，横4.60米。亭正中壁嵌石刻"读书台"三字，系乾隆时觉罗雅尔哈善书。右侧嵌砌石刻，上部镌刻昭明太子萧统像，下部跋文，为明嘉靖间里人邓韨撰文并书。左侧石刻为明嘉靖间邑人国子监祭酒陈寰篆额，邑人副都御史陈察撰并书《重建昭明读书台记》。亭中石台正面刻《虞麓园记》，为清道光间倪良耀所书。这些碑刻书法流畅，雕刻精细。

　　读书台四周景观层次丰富，植枫香、榆、榉、朴、栋等树，皆为四五百年前之古树。台后下临空谷，浓荫掩映之中，有焦尾泉，泉水清冽甘醇。在泉罄后山坡上，有仓圣祠，明代建筑，为了纪念我国文字创始人仓颉而建，后屡经修缮。在祠西侧洞门上至今保存砖刻篆字"仓圣祠"三字，背面砖刻行书"朝晖沐塔"。清晨，从洞门观"崇教兴福寺塔"（俗称方塔），可见霞光瑰丽，古塔生辉，真乃饶有情趣。祠正室1978年已题为"焦尾轩"，泉与轩的篆额均由我国著名教育家、文学家叶圣陶所书。台亭泉轩，高低有序，前后顾盼，相得益彰。

　　读书台后园以山景为主，奇石峥嵘，松竹岚翠，摩崖石刻、历代题咏甚多。有"磊壁"石洞，瑰奇险峻。有楷书"山辉川媚"，为清康熙五十九年（1720）书法家言子裔孙言如泗所书，并于乾隆四十二年（1777）重题留名；有行书"松风水月"四字，亦为言如泗手笔；有乾隆十一年（1746）苏松常粮储道程光炬所书"蒙泉"。在仓圣祠后山坡六块巨石上，分别镌刻"寿""富""康""德""考"五个大篆及"味石主人题，东埜书"（即朱宪斌、王朝瑞）等字样。稍前矗立一巨石，西向刻楷书"适可"，上镌小字行书"昨夜飞来"，系近代书法家、铁琴铜剑楼主人瞿启甲所书。

　　再向上虞山翠峦叠秀，其间建有商相巫咸纪念亭、雅集亭。登亭四顾，虞山秀色，尚湖碧波，常熟古城，尽收眼底。

　　读书台占地1.2万平方米，小巧玲珑，古朴秀雅。地势起伏跌宕，古树参差错落，间植花木翠竹，缀以盆栽小景，步移景易，时迁景变，意境深远，体现了以小胜大、以朴胜华的造园艺术特点。我国古建园林专家陈从周教授曾有《江南好》词一首来赞美此园。词曰："虞山好，景色招人来。一望长江舒极目，园林俯视现楼台，重见画面开。"

隆冬雪后,银装素裹,读书台更是撩人游兴,故为虞山十八景之一,名"书台积雪",又称"书台怀古"。

雅集亭 位于常熟市虞山东南麓、昭明太子读书台后山坡。为明弘治十七年(1504)县令计宗道建。亭为三间石亭,歇山顶式。正德初年,县令计宗道与吴门及邑中名流杨循吉、沈周、桑瑜、桑瑾、王鼎、汪颖、狄云汉、冯玘、景祐、章格、陆润、钱仁夫、钱承德、周惠、蒋钦、邹韶、陈言、江湖一叟十九人相约觞咏于亭,由计宗道撰《虞山雅集亭记》,沈周绘《虞山雅集亭图》,合各家诗文刻石嵌砌于亭壁中,一时传为文坛盛事,后亭圮。清嘉庆十九年(1814),泰安县令蒋因培重建。由吴县吴慈鹤撰文、顾莼所书的《重建明蒋忠烈公雅集亭诗并序》碑一通,称亭为蒋因培十世祖明赠光禄寺卿蒋钦与计宗道等人觞咏处。亭中悬花岗石匾额,由苏州石韫玉隶书"雅集亭"三字,并撰文记述建亭始末及重建时间。嘉庆二十二年(1817),泰州画家朱鹤年重绘《雅集亭图》,勒石于亭。现亭于1985年重建,亭坐北朝南,花岗石构筑,歇山顶,正方形,面宽单间3米,高5米。亭周奇石嶙峋突兀,苍松篁竹拥翠。亭遗址山壁镌刻《石亭铭》:"两湖如镜,万树连云。文学仰止,遗爱唯殷。"登亭远望,尚湖、昆承湖弥漫相连,景色佳绝。

尚湖 位于常熟古城西南2千米处。湖盆东西长7.5千米,南北宽2—3千米,面积约12.45平方千米。据南宋龚明之撰的《中吴纪闻》记载:"常熟虞山有石室十所,昔太公避纣居之。"相传姜尚垂钓于此,因而得名"尚湖"。因与东湖(昆承湖)相对,故又称"西湖",又因虞山横列其北,虞山峰峦全部倒映入湖,故亦称"照山湖""山前湖"。旧时,以尚湖为中心的"湖甸烟雨"被列入常熟虞山十八景。

尚湖碧波万顷,清澈如镜,湖内芦苇丛丛,港汊深深,锦鳞如织,鸥鹭戏水。元代画家黄公望酷爱尚湖风光,常于山麓湖畔饮酒长歌,观摩湖山胜景。今浙江书画院保存的《虞山雨霁图》画的就是尚湖的"湖甸烟雨"。

尚湖现水域面积为8平方千米。穿湖堤横贯南北,将湖山相连,湖内分布7座人工洲岛,荷香、橘香、鱼乐与烟雨4个洲置穿湖堤两侧,枫林洲位于湖东部,鸣禽洲位于湖西部,与桃花洲隔水相望,整个尚湖犹如一只展翅扑向虞山的彩蝶。7个洲总面积达73万平方米,另有内洞面积33万平方米。堪称湖中有洲,洲内有湖,这与古代造园园中套园的格局相合。

荷香洲为尚湖最大之洲,面积13.7万平方米,洲上绿柳垂岸,芳草如茵。春天,国色天香,百花争艳;夏日,绿荫如盖,风荷映日;金秋,枫叶似火,丹桂飘香;隆冬,寒梅沁芳,鹤鹳翔鸣。洲上四景园、流香馆、博雅堂,雕梁画栋,飞檐翘角,古朴典雅;茅亭竹廊,碧波泛舟,盈溢着江南水乡的气息。驻足其内,远眺虞山,近观尚湖,山长水阔,吴中山水撩人游兴。

尚湖之滨,虞山南麓,湖甸绿野千顷,河流回环;间有村舍错落,竹篱粉墙,鸡犬相闻,渔歌酬唱。每当雨雾迷蒙之时,农舍缕缕炊烟,隐现变幻,形成一幅似烟似雾、水天难分的景色,故有"湖甸烟雨"之美称,为虞山十八景之一。

尚湖西端通山塘河处有湖桥,系三孔石桥,介于湖山之间。日落月出,岚影波光,每逢中秋月圆,寰天澄清,石桥每孔含一轮明月,波动荡漾,明月成串,遂得"湖桥串月"之名,亦为虞山十八景之一。

虎丘 位于江苏苏州古城外西北四千米、山塘河北岸,又名"海涌山"。春秋时,吴王阖闾葬于此,相传葬后三日,有"白虎蹲其上,因号虎丘",人亦说因山丘形状如虎而得名。据说秦始皇和孙权先后来此发掘吴王殉葬宝剑,一无所得,凿处遂成剑池。东晋时,司徒王珣与弟司空王珉在此建别业,后舍宅为东、西二寺,始有"虎丘山寺"之名。唐代因避太祖李虎讳,改称为"武丘",寺名改为"武丘报恩寺"。唐会昌年间,佛寺遭禁毁,后移建山顶,两寺合一。后周显德六年(959)重建宝塔,留存至今。北宋景祐四年(1037)建御书阁,熙宁七年(1074)建石观音殿。元至正四年(1344)建断梁殿,元末张士诚凿环山溪。明洪武二十七年(1394)寺庙建筑毁于大火,永乐年间大规模重建。宣德八年(1433)再遭火毁,正统二年(1437)又加重修。崇祯二年(1629)复毁于火,崇祯十年(1637)又得以修复。清代虎丘极盛,康熙皇帝六次巡幸,乾隆皇帝三次巡幸,景点多达二百余处,屋宇竟有五千余间,香火兴旺,街市繁华,名扬天下。咸丰十年(1860),大量建筑遭兵灾毁坏。民国初年,虎丘盛况逐渐恢复,又经历抗战而荒凉。直至1953年,政府加以修复,再现了昔日胜景。

虎丘不仅有两千四百多年的历史,而且其自然环境优美奇特,园林建筑配置巧妙,人文古迹丰富多彩,自古以来就一直是江南一大名胜。其山高仅三十余米,占地不过两百多亩,但山之四周,皆一片平畴,水网交织,是江南水乡难得的丘峦;西南方远处,有狮子山遥遥相望,势成应答。山南麓的山塘街,是苏州城阊门外繁华热闹的街市,又与山中的绝壁、陡峰、石坂、深潭形成鲜明的对比。宋代朱长文称虎丘有三绝,明李流芳评虎丘"宜月、宜雪、宜雨、宜烟、宜春晓、宜夏凉、宜秋爽、宜落木、宜夕阳",苏东坡谓:"到苏州而不游虎丘,乃憾事也。"这些评说,实不为过。因为虎丘近在苏州郊区,来往便捷,外表看似平和,入内气势雄奇,正与古人所追求的"城市山林"的园林理想相吻合。

虎丘山势,造型特别。东、西、北三面山峦环抱,有若屏障,围出中间一片空间;南面留出开口,正好成为进山的通道。各景点随势布置,形成山上山下互相映衬的两个部分。山下部分沿游览线路依次有头山门、海涌桥、二山门、憨憨泉、试剑石、枕头石、古真娘墓,可到达山下的开阔空间千人石。千人石东临一泓碧水的白莲池,面对深幽莫测的剑池和陡峭险峻的绝壁,壁下有轻巧的二仙亭和剑池月洞门。举目仰望,古塔巍峨,居于山巅之上;环顾四周,山丘起伏,亭台各抱地势,构成一幅既由人作又是天成的山水画卷。

四周的山丘上,园林建筑参差布置,各色景点精彩纷呈:东面有孙武子亭、东丘亭、雨花亭、仙人洞、放鹤亭等景点;西面有拥翠山庄、冷香阁、第三泉、致爽阁等景点;北面是虎丘山主景,由东向西,有望苏台、小吴轩、五十三参、云岩寺、可中亭、悟石轩、解脱门、双吊桶。西北最高处矗立着苍劲古朴的虎丘塔。山上山下,地形交错起伏,建筑造型各异,游览路线随势布置,上下贯通,曲折蜿蜒,令人目不暇接。亭台楼阁,个个有来由;奇石深潭,处处留传说。其自然景色和人工巧异融成一体,历史人文和空间魅力交相辉映。

虎丘后山与前山景点丛立的情况恰成对比。大片的竹林、树木和茶园,一派自然恬静的田园风光。其间散布着玉兰山房、通幽轩、十八折、小武当、分翠亭、中和桥、云在茶室等名胜和遗迹。在虎丘山东南隅,有清代塔影园遗址;在山南麓原大云庵旧址上,1982年建成一座仿古园林"万景山庄",主要陈列苏州盆景艺术作品。山塘街青山桥东还有纪念明代市民英雄的葛贤墓、五人墓。虎丘山内外留有很多历代名人墨迹碑刻,为名山胜迹增色不少。

云岩寺塔 在苏州虎丘山上,俗称虎丘塔。陈代时(557—589)虎丘即建有塔,后毁。后周显德六年(959)重建此塔,北宋建隆二年(961)落成,留存至今。其间从南宋建炎年间至清咸丰年间曾遭七次火灾,塔顶和各层外檐均已毁坏,仅存砖身,残高47.7米。塔平面呈八角形,高七层,砖身木檐楼阁式。底层面积约140平方米,由下向上各层逐次向内收进,外轮廓显示出柔和的曲线。外壁每层转角处砌有圆倚柱,每面用倚柱划分为三间,中为塔门,左右是砖砌直棂窗,各层之间有柱额、斗拱、平座,细部精巧。塔内部建有塔心室,因各层室内顶部用大小斗拱和砖砌叠涩构成形状各异的藻井,制作极为精美,还留有用白石灰粉和红黑二色颜料绘制的彩画,是难得的早期建筑彩画。

此塔因历史久远,加之所在山体地基受力不均匀,塔身已严重倾斜,现塔顶偏离中心线2.33米,塔身倾角为2度47分,塔重心偏离中心线约1米,经专家多年精心加固维护,倾斜已被基本控制,却又成为中国古塔的一大奇观,常与意大利的"比萨斜塔"相提并论。在历次修缮过程中,还从塔内发现了石函、经箱、铜佛、铜镜、越窑青瓷莲花碗等珍贵文物。

虽然虎丘塔留下的是一个残损的外形,但也因此更显苍古、伟岸,雄踞于虎丘山最高处,成为虎丘名胜中最突出的形象。人们已把虎丘塔看作是虎丘山的标志,甚至是古城苏州的标志。

剑池 在苏州虎丘山上。史籍记载剑池下为春秋吴王阖闾之墓,搬运土石,穿土凿池,积壤为丘,三年乃成;阖闾爱剑,故以"扁诸""鱼肠"等三千把名剑殉葬。相传秦始皇和东吴孙权都曾令人到此凿石求剑,均无所得,留下深潭,遂成剑池。1955年疏浚剑池时,发现池下有阖闾墓葬的迹象,但为了防止损坏山顶古塔,不便继续发掘。

剑池呈长方形,周长六十余米,清水一泓,深约六米。两侧山崖对峙,峭壁如削,藤蔓披拂,景色幽深。崖顶有石拱桥飞架于上,因桥面有两个井洞,为宋代寺僧取水之用,故此桥名为"双吊桶",为剑池更添气势。池东有石级可转折而上,经可中亭到解脱门,登上山丘。两侧石壁,有诸多名人题刻。其中东壁上"风壑云泉"四字,传为宋米芾所书;西崖篆刻"剑池"二字,为元代周伯琦所书,但民间以为是晋王羲之"神鹅易字"留下的墨迹。

剑池南面,有粉墙一道,圆门洞开。从外望来,池水隐约,暗光浮动,粉墙、月洞门和东面二仙亭轻盈灵巧,两侧山崖凝重险峭,石桥高居崖上,山头古塔巍峨,气势逼人,构成一组雄奇与俊秀、人工与自然相互映衬的园林景象,空间构图十分独特。在二仙亭与月洞门之间的墙壁上,嵌有两方石刻,每方两字,合成"虎丘剑池"四字,每字都有近一米见方。据说"剑池"二字为唐颜真卿手笔,"虎丘"二字为明石刻名家章仲玉补摹,因此民间有"假虎丘真剑池"的说法。然观之竟如一气呵成,起到了很好的点景作用。

千人石 在苏州虎丘中心,是一块平坦大磐石,由南向北倾斜,面积数千平方米,可容千人,气势不凡。中间两块大岩石凸起,顶面平坦,四壁如刀削而成,非常罕见。千人石上有古石经幢二:一为《佛说大佛顶陀罗尼经》石幢,在巨石中央,为五代时所刻;一为《金刚经》石幢,在西面白莲池畔,为明万历年间所刻。相传晋代高僧竺道生(?—434)来虎丘讲经说法,有千人在此听经,甚至石头也有了悟性,由此产生了"生公说法,顽石点头"的典故。千人石前石壁上有唐李阳冰篆书"生公讲台"和明胡缵宗书"千人坐"。石周围丘峦环抱,景点众多,尤其北面宝塔高耸,剑池深幽,山崖雄伟,轩阁相连,是虎丘景色的最佳之处。石西面有白莲池,黄石为岸,矶石古朴,池水平漫。池中有方石一块,上镌"点头"二字,两旁浮满白莲,并建有石板平桥。水石趣味,既浑然天成,又得益于含蓄的加工,是网师园等苏州园林砌筑黄石池岸师法的对象。

二山门 在苏州虎丘南部,又称断梁殿。始建于唐,重建于元(后)至元四年(1338)。为单檐歇山板瓦顶,面阔三间,进深二间,外观古朴优美,边柱有明显生起。内部结构较为特别,采取"四架椽屋分心用三柱"的方法,即大梁不用一根整木,而是将两根月梁置于中柱两端,仿佛把大梁一断为二,故有断梁之称。主柱用楠木,卷杀明显。殿中存元、明大青石碑四座,记有虎丘历史,轻敲石碑,咚咚作响,被称作"响碑"。山门南有花岗石雕砌海涌桥,北通虎丘主景区,是虎丘空间序列上的一个过渡,并具有较高的古建筑研究价值。

第三泉 在苏州虎丘拥翠山庄北、千人石西山丘上,又称"陆羽井"。泉为一方长池,四面石壁,深约两米,与天然石涧相通。相传唐代茶圣陆羽曾寓于虎丘开泉凿井,并以此泉为标准,评定各地水质。又传明刘伯温论水七等,以虎丘石井为第三等,故此泉有"第三泉"之名。今泉底连有一青砖井,砖的形制与六朝砖相同,由此推断,此泉开凿时间应在隋唐之前。现泉流已枯竭,乃引河水而灌之。池壁石色纹理,秀如铁花,故壁上镌有清初范成勋所书"铁华岩"三字,另有芝南所书"第三泉"。泉西有月洞门,拾级而下,可达千人石。泉东有四角方亭三泉亭,原建于宋代,明代曾重建。现存之亭为1925年重建,亭后有门,可通致爽阁、冷香阁。第三泉空间虽小,但因山就水,空间自然,结合建筑小品,营造了有趣的园林气氛。

拥翠山庄 在苏州虎丘二山门内古"憨憨泉"遗址西侧,建于清光绪十年(1884),由苏州状元洪钧与陈叔同、朱福清等人集资而建,是当时文人雅集之处。

此园布局,结合虎丘名胜,利用地形环境,构成山地园林的风格特点。全园总平面近似长方形,面积六百多平方米,依山傍塔,南北纵深发展,共形成四层台地。亭台楼阁,各抱地势,树木葱茏,掩映有致,远远望去,已有"结庐灵境"之意。从虎丘二山门登上二十余级石阶,可进入第一层台地的山庄院门,院墙上嵌有四个石刻大字"龙虎豹熊",显示出山庄藏龙卧虎的气氛。院中抱瓮轩,三开间两进深硬山顶,前后有廊;院外台下,就是古"憨憨泉";院后开有东侧小门可回到虎丘主道,又有石阶通往第二台。第二台改变了对称布置的方式,由问泉亭、月驾轩、拥翠阁分处不同高度的地面上,构成一组峰回路转、高低对应的园林建筑小景。问泉亭为巷栅顶四角方亭,三面开敞,北面筑墙,虚实相间,引导游人视线;拥翠阁地势较低,东西朝向,沿虎丘主道遍设窗扇;顺湖石假山拾级而上,是四角攒尖顶的月驾轩,向东开敞,南北有廊,成为与第三台建筑视觉上的联系。第三台灵澜精舍,是山庄的主要建筑,三开间,三进深,南面长窗落地,西有小天井,东面有抱厦侧廊和大平台。登台俯瞰,下有假山石峰,散植夹竹桃、石榴、紫薇、黄杨、白皮松、青桐等花木,建筑隐约其中,趣味盎然;远眺山外,可饱览姑苏城外延绵到狮子山一带的水乡景色;回首仰望,虎丘塔雄踞山巅,气势不凡。是观赏虎丘景色的绝佳视点。灵澜精舍之后,与建在第四台地上的后堂送青簃组成了一个方正封闭的庭院,左右都有爬山廊,简洁整齐。

拥翠山庄在名胜腹地经营小园景色,因地制宜,巧于借景,视线变化丰富,收到了事半功倍的效果,成为虎丘风景名胜之中的一个有机组成。

石湖 江南著名的山水名胜园林,其风景以吴越遗迹和江南水乡田园风光取胜。园林以石湖和横山支脉上方山、吴山为山水骨架,位于苏州西南方 5 千米,地处苏州古城与太湖之间,是距市区最近的风景区,古人有"吴郡山水近治可游,惟石湖为最"的评价。

石湖是太湖的分支与内湾,"湖南北长九里,东西广四里,周二十里,深不盈仞"(仞为八市尺)。相传石湖在春秋时已为巨浸。越人掘溪进兵,横截山脚,凿石开渠以通苏州,因湖底皆石故名石湖。石湖西为横山,因四面皆横而得名。主峰顶有七墩,俗称七子山(海拔最高 294.5 米)。山临太湖若箕踞之势,又名踞潮山。山中有芳桂、飞泉、修竹、丹霞、白云五坞,故亦名五坞山。临湖支脉为上方山和吴山。石湖山水,千顷一碧,诸峰映带,颇为胜绝。自古至今,石湖为苏州著名风景游览胜地。《石湖志略》:"石湖,山水之会也,城廓宫榭多百战之遗,台池苑囿极游观之盛。"因而被誉为"石湖佳山水"和"吴中胜境"。

北石湖畔的越城是苏州新石器文化的重要遗址。春秋战国时期,石湖山水是吴王苑囿游赏之地,也为吴越相争的古战场。据记载与相传,两千五百多年前吴王建都于苏州时,在石湖附近营建起了离宫别苑,湖畔曾有养鱼的渔村、酿酒的酒城、习兵演武的射台等,上方山山冈的东侧有一平坻的山岩,据说即为吴国祭天的拜郊台遗迹。吴越相争之际,越人自太湖开凿越来溪,贯穿石湖而过,直抵苏州城下,并在石湖东岸筑城与吴军对峙,后人称其为越城。据记载,越城遗址到宋代尚存土墙雉堞。吴亡后，又称范蠡载西施经由石湖而入太湖隐居，并以此演绎出许多优美的传说。南北朝时，石湖被进一步开发成为士人游乐之地。四周山上建起多座佛寺、佛塔，渐渐成为山水园林的主景。五代钱元璙在吴山建吴山院，以后南宋著名诗人范成大亦归隐石湖，筑石湖别墅于越城之阳，孝宗皇帝亲赐"石湖"题额，自此石湖声名日隆，环湖山庄别业兴建不断，如此盛况一直持续到清末，明清间许多文人学者均有游石湖之诗画传世。今日，石湖已成为苏州市近郊的主要风景园林，内有石湖、上方山、吴山、七子山四个景区，历史上曾毁坏的渔庄、行春桥、潮音寺、倚山殿阁、范成大祠堂、吴中胜迹坊及楞伽塔院均已修复开放，这些古迹名胜点缀在秀丽的湖光山色之间，常使往来游人驻足忘返。

楞伽塔 位于上方山巅，塔高二十二米，七级八面，砖塔仿木结构楼阁式，塔影古朴玲珑，与山一体，丰神特秀，成为园林景区的主景。塔院三进，修复二进。古有楞伽八景。于此下瞰，石湖胜景一览无遗。塔之历史悠久，其始建可上溯到魏晋南北朝之际，随着佛教的广泛流播，崇佛之风也遍及苏州地区。南朝梁天监二年（503），法镜和尚在上方山东麓创建了楞伽寺，此后香火渐盛，不时有所增扩，数百年间也曾成为一方胜境。隋朝大业四年（608），吴郡太守李显又建佛塔于上方山顶，以寺名塔，称楞伽塔，"以九舍利置其中，金瓶外重，石椁周护，留诸弗朽，遇劫火而不烧，守诸不移，漂劫水而不易"。到北宋太平兴国三年（978），塔被重建，易为砖造楼阁式，外观八面七级，之后历代虽都曾有修葺，但结构与形式并无太多改变，至今仍基本保持了宋时的形貌。楞伽塔千余年峙立湖畔山巅，湖光塔影已成为石湖风光的标志。北宋末叶，楞伽寺进入了最兴旺的时期，治平年间（1064—1067）重修后改称为治平寺，其规模超过了以往任何年代，寺依冈阜而为台殿，形成了白云经、法镜阁、双冷泉、楞伽室、藏晖斋、先月楼、青莲峰等诸多胜迹。至今尚有一些殿宇、基址留存。

范成大祠 石湖著名古迹名胜，位于行春桥东、茶磨屿下。祠堂背山面湖，堂构两进，回廊曲槛，门厅额"范文穆公祠"，享堂悬匾"寿栎堂"。堂正中塑范成大倚坐之像，两壁嵌有明刻范成大手书《四时田园杂兴六十首》诗碑七块，为苏州文物瑰宝。石湖声名鹊起与南宋著名诗人范成大（1126—1193）有着密切的关系。诗人自青少年时代起就经常钓游于石湖，"结茅种木，久已成趣"。乾道七年（1171），范成大卸任返归故里，便开始在石湖越来溪故城之侧营构别墅。因地势高下而为亭榭，面山临湖，以取潮山之幽旷。别墅之中建有农圃堂、北山堂、千岩观、天镜阁、玉雪坡、锦绣坡、说虎轩、梦渔轩、绮川亭、明鸥亭、越来城等建筑及景物，而其间以天镜阁为第一。于是一时之间不少文人墨客都慕名前往,并多有诗文赞美之,称"登临之美,甲于东南",之后石湖名声大振,其地为人所爱重。湖西南一带兴建了许多园圃,"往往极侈丽之观"。春日士大夫游赏,常以不到石湖为憾。此后范成大经常在这里居住,自号"石湖居士",并写下了诸多与石湖有关的诗篇,其中以《四时田园杂兴六十首》最具盛名,范成大也因此赢得了田园诗人的美名。淳熙八年(1181),孝宗亲书"石湖"二字以赐,范成大将其携归摹刻于上方山石崖之上,近千年来一直成为石湖的著名景观,可惜石刻毁于20世纪70年代,仅有拓本尚存。

明代正德年间(1506—1521),御史卢雍为了纪念范成大,在茶磨屿下、潮音寺旁建范成大祠,背山临流,风光绝胜。崇祯时重修并建御碑亭,置宋孝宗所书"石湖"。清嘉庆年间,又将范成大"四时田园杂兴诗刻石"嵌于祠壁。同治年间又予重修,并使其与相邻的潮音寺合而为一,称茶磨山庄,门额"石湖书院",即为祠堂旧构。现存有正堂三间、诗碑七块,以及原潮音寺的寺阁、盘道、石梁、观音石像、旱舫、寿栎堂等,旱舫中还存有清乾隆南巡游石湖时所书的御碑。

行春桥 石湖一带宋代古迹遗址甚多,除了范成大石湖别墅外,还有茶磨屿下的潮音寺与石湖北侧的行春桥、越城桥等。潮音寺依山而建,创于南宋淳祐年间(1241—1252),寺前一池山泉清澈如镜,石崖摹刻着"小天台""梵音胜迹"等,两米多高的观音雕于整块巨石开凿的石室之中,赤足伫立于石刻莲台上,故人们也称此为石佛寺。行春桥位于茶磨屿东,与堤相连,横跨于石湖北渚,始建年代无考,南宋淳熙十四年(1187)重建,"补覆石之缺,易藉木之腐,增为扶栏,中四周而两旁翼之",次年四月桥成,淳熙十六年(1189)冬至范成大为之作记。中有"……石梁卧波,空山映发……往来憧憧,如行图画间。凡游吴中而不至石湖,不登行春,则与未游无异"。而"岁久桥坏,人且病涉,向之万景,亦偃蹇若无所弹压,过者为之叹息"。可见该桥不仅是连接两岸的通行要道,对于构成石湖景观也有着极为重要的作用。行春桥原有桥洞十八,明崇祯年间重修,易为九孔,此后俗称九环洞桥。与行春桥相连跨越来溪上的是一座单孔拱桥,名为越城桥,也是宋、明时期重新修建的。元明之后两桥之间逐渐成为时人泛舟赏月的胜地,每年八月十八夜画船箫鼓遍石湖,形成"石湖串月"的传统游览盛会。

渔庄 即余庄,位于石湖东岸越城桥旁,原是晚清举人、书法家余觉的别墅,现已辟为景点。民国二十二年(1933),余觉于石湖宋天镜阁故址建别墅,自题"觉庵",俗名"余庄"。面积二亩三分,建屋十余楹,石岸八九丈,长廊六七条,西通场圃,莳花植竹,生意盎然。庄内有圆亭、回廊、古桂、石榴,厅堂濒湖,前筑渔亭,为观览石湖风光的绝佳处。隔湖的上方,七子诸山、楞伽塔影、行春桥、越城古桥与湖中轻舟白帆,波光水影,白云蓝天,如画般的江南水乡山色,尽展于前。余庄还有主厅福寿堂、后厅、院落和半亭等建筑景物,是石湖山水园中一座雅洁小巧的私家园林。

名墓　　石湖不仅是人们游娱赏玩的胜境,同时也被视作埋葬逝者的风水宝地,数千年来有无数人在此构筑坟茔,以希望能获得一些山水的灵气。在诸多墓葬中有两处是颇为知名的。其一在石湖南侧,墓主是南朝梁、陈间的著名文人顾野王。顾氏通晓天文、地理、擅丹青,尤精于经书及文字训诂,著有《玉篇》三十卷。初仕梁,入陈后官至光禄卿、黄门侍郎。他在苏州地区的故迹甚多,去世后葬于石湖之南,濒临秀美的石湖,其墓后有一斜倚巨石,据传是自天而降的陨石,因此民间就流传起了种种传说,该墓也被称作落星坟。另一在上方山南吴山岭,这是明代大学士申时行的墓。该墓是苏州地区墓葬规格最高的一座,如今尚存碑亭、享殿、神道、御碑、月池和墓冢,神道之侧有偃仆的石像生,墓冢石刻成建筑门窗之形,极为精致;享殿是苏州地区仅存的明代建筑;墓冢周围青竹环绕,景色极为清幽。如今这两处墓葬均被列为文物,是石湖周围又一人文景观。

灵岩山　　位于江苏苏州木渎,距城 15 千米,高 182 米,它以山石灵秀、景色优美、古迹众多而著称,曾被誉为"灵岩秀绝冠江南",是"吴中第一峰",千百年来一直是著名的游览胜地。历代文人雅士来此游赏凭吊者无数,特别是春秋时期吴王夫差曾在此山筑苑建宫,留下了众多古迹遗址,引得历代文豪大为感叹。李白来此访古寻幽,曾有"旧苑荒台杨柳新,菱歌清唱不胜春。只今惟有西江月,曾照吴王宫里人"的诗句。以后白居易、韦应物、刘禹锡、李商隐、范仲淹、苏舜钦、文徵明、唐寅等人,亦均游历灵岩,留有题咏诗文。明代中叶之后,江南山水风景及园林名胜渐趋成熟,市民百姓游历之风大盛,灵岩胜迹更是名声远扬。

　　康、乾年间,清帝数次南巡,灵岩山也是必到之处,如今山间还留有登山的御道。而且此间的御道稍异于附近其他山岭,它用仄砖铺筑,两旁护嵌条石。康熙皇帝曾经三次、乾隆皇帝曾经六次临幸灵岩,康熙二十八年(1689),康熙皇帝还在山顶驻跸,设有行宫。康、乾两帝到灵岩山时还敕赐御书经卷等,留下不少摩崖题刻,如今灵岩山风景经过整修,更加美丽,满山松林郁郁葱葱,亭台殿宇,有雄伟者、有秀巧者,很妥贴地融合在山水之中。

十二奇石　　灵岩素以奇石景擅名,这与其地质构造有关。灵岩山的山石属花岗岩层,因其节理,被风化后形成了许多巨大而浑圆的奇石,地质学上将其称为球状风化,以前曾有十二奇石之称,就是灵芝石、石马、石鼋、石鼓、石射棚、披云石、望月台、醉僧石、槎头石、牛眠石、石幢、佛日崖。张郁夫赋诗云:"灵芝天挺独超群,佛日崖边马迹分。鼋鼓鸣更宜望月,射棚飞的欲披云。醉僧渴望槎头乐,牧竖闲寻牛背纹。读罢经幢无个事,钟声塔影送斜曛。"相传灵岩山名就源自著名的灵芝石,此外还因山中奇石而有象山、砚石山、石鼓山、石城山等别称。然而从明代起屡有开山卖石之事发生,山上许多有名的巨石已不复存在,十二奇石也所剩无几。据说作为灵岩山象征的灵芝石毁于明万历初(1573年前后),僧天际闻知后整夜哭泣,次日引起了山崖崩塌。万历末(1619年前后)吴人黄习远不忍名山被毁,四处奔走,终于得到户部马仲良的支持,捐俸赎山,才使灵岩山免遭更严重的破坏。如今继庐亭后的巨岩上还能见到《户部马捐俸赎山永禁开采》的石刻,而黄习远为此奔走之事记录在他的诗作《灵岩山》中。

古苑遗韵 灵岩山最古老的人文景观与春秋战国时期吴王在此筑苑建台有关。古籍记载,吴王阖闾十年(前505)立夫差为太子,使之屯兵在外,自己在姑苏营宫室、立射台。今苏州西南灵岩山一带都是当时的离宫别苑。灵岩山东南的木渎镇相传就是吴王为建姑苏台集聚木材的地方,积木三年(一说五年),塞木于渎,于是就有了今天之名。如今自木渎镇到灵岩山的公路以前名为"由姑岭",是当年联络姑苏台和灵岩山离宫的必经之路,吴王常于此前往姑苏台,校阅太湖水兵。由姑岭旁有一条河道,相传因吴宫宫女常在那里沐浴梳妆,溢脂流香,于是当地人将其称为"香水溪"。春秋故迹最为集中的地方,当属灵岩山上的馆娃宫,即今灵岩寺及其近旁。在山南有一片峭壁断崖,据称就是当年吴王所筑石城的遗址。又称当年夫差与西施常到此游玩,崖旁有一石室,是他们小憩之所,所以后人将此处称作"西施洞"。后世人们游历此地题诗甚多。因此无论是石壁的雄浑还是历代的题刻,都被誉为灵岩最奇处。馆娃宫位于灵岩山巅,是用越国战败后进献的石材木料营建的巨大离宫,殿宇参差,廊庑周联,铜钩玉槛,饰以珠玉,其宏伟壮丽闻名于当时,但六年之后,越军攻灭吴国时,被战火烧成了残垣断壁,成为后世文人乐于凭吊怀古之地。

灵岩寺 位于灵岩山顶,相传即在吴宫的遗址之上。寺院黄墙掩映,庄严巍峨,四周古木参天,是山上的主题景区。据记载,该寺最早是由东晋末年司空陆沅舍宅改建而成的。另有一说是三国名将陆抗舍宅为寺。到南朝梁代经扩建后名为秀峰寺。据《灵岩小志》载:南朝梁代天监十五年(516),曾有一形貌古怪的游僧到此借宿,夜半借笔砚将自画像绘于殿隅壁上,次日游僧不见,仅留画像,于是众寺僧惊愕,焚香礼拜,请福禳灾,将其称为灵岩圣僧。后有梵僧见像,惊诧不已,说这是西土智积菩萨,自此智积菩萨被尊为灵岩山寺的开山祖。唐代起该寺奉律宗,始称灵岩寺,香火极盛。会昌年间唐武宗灭法,灵岩寺也遭毁。到唐乾符五年(878),寺院重修,唐僖宗据传说赐额"智积菩萨显化道场",此寺遂成为全国著名的大丛林。北宋元丰年间(1078—1085),灵岩寺改奉禅宗,由圆照禅师在此主持,他与当时著名文人富弼、苏辙等有着频繁的交往,留下了许多赠答诗作。在此时期,寺院进一步扩大。北宋末年灵岩寺再度被毁,到南宋初已是一片荒凉。绍兴二十七年(1157),寺庙赐与了蕲王韩世忠以荐先福,称"显亲崇报禅寺"。明代初年被赐"报国永祚禅寺"额,永乐十年(1412)进行了重新修缮,之后弘治年间(1488—1505)毁于大火。清顺治六年(1649),弘储禅师开始重建。至咸丰十年(1860)又毁于战乱。如今寺貌是印光法师在20世纪20—30年代主持重建的,辟建了十方净土道场,自此寺中改奉净土宗。

灵岩寺山门前古木参天,绿树成荫。入山门为弥陀阁,亦称天王殿,五间单檐歇山顶。过山门有方池,被称作砚池,相传由古代人们在此采石制砚所遗坑池改造而成,故名。池上跨一石拱桥,名为界清桥,据称是宋代遗物。过桥即为大雄宝殿,建于1934年,重檐歇山,气势雄壮。殿后有楼,上层为藏经楼,正中奉西方三圣立像。楼下是念佛堂,中奉西方三圣接引像。再后为功德堂。大雄宝殿之东是智积殿,奉灵岩山开山祖,相传始建于唐代开元年间(713—741),原在吴王井侧,此后屡毁屡建,今殿是近年将苏州财帛司庙大殿移至此改建的。再东为塔院,内有著名的灵岩塔。该塔始建于南朝梁代,五代时重修,南宋绍兴十七年(1147)又予重建,明万历二十八年(1600)塔遭雷火,木构部分都被烧毁,仅存砖塔身,近年经过整修,已基本恢复了昔日的风貌。佛塔以北有五门大厅,称香光厅,塔南是钟楼,原名为法华钟楼,建于清初。咸丰年间,钟楼与寺同毁于战乱,之后重建于1919年。寺西现为寺院的花园。据称这就是原先馆娃宫御花园遗址,其中有浣花池、金莲池、砚池、玩月池、吴王井、响屧廊、琴台、梳妆台等古迹遗址。

灵岩山馆 灵岩山作为一方名胜,在两千多年的历史中留下的古迹几乎随处都是,只因沧桑变迁,早期的遗物已经随时光的流逝而渐渐消失,如今依稀可辨的仅限于清代之后的了。在灵岩山西南山麓原有一处灵岩山馆,是清代毕沅的别墅。毕沅自幼颖悟,十岁审声韵,十五岁能诗,乾隆时被擢为进士,官至湖广总督。灵岩山馆之中原建有御书楼、九曲廊、澄怀观、画船、云壑、砚石山房诸胜。清嘉庆年间(1796—1820)归虞山蒋氏,后被称为蒋园。咸丰十年(1860)被毁,如今唯池亭遗迹尚依稀可见。

山路景亭　登山游道两侧的三座风景小筑。沿山道拾级登灵岩,第一座小亭称继庐亭,建于1943年,因重修灵岩寺净土宗道场的印光大师别号继庐行者,故以继庐名此亭,作为对大师的怀念。循道再上又有一迎笑亭,据传此亭初建于宋而未题名,苏东坡到此,应方丈之请而题为迎笑,后毁圮,清代重建后由一无法师书额。乾隆十五年(1750),乾隆皇帝曾驻息亭中,见山间松柏苍翠,风起松摇,涛声阵阵,即御题为松啸亭。因亭处半山,故又俗称半山亭。再继续上行,又有一亭名落红,取"象王回顾落花红"之义,原亭后毁,1937年重建。入亭可见万松拥翠,一径穿云,前挹湖光,左迎晓日,景色绝佳。乾隆十五年被御题为迎晖亭。自落红亭往西即西施洞,1943年灵岩山住持以为西施洞与修道净土不甚相应,拟改为观音洞,据传不久即见观音于洞中现像,于是请画家于洞壁粉墨勾勒并加镌刻,自此改名为观音洞。近年在洞口建有仿元构石亭一座。落红亭迄东山坡上是1947年建的印光塔院,近年又予以修缮,并于塔院内设印光法师纪念堂。从落红亭再循阶而上有石阶百步,原开凿于山崖之上,十分险峻,称为鸟道,后在乾隆十五年改作砖砌,之后在乾隆二十一年(1756)再经开凿,从而成为一段斜坡。百步阶右侧原有数块巨大的奇石立于道旁,后被凿为接引佛像。在百步阶之上是灵岩山观景最佳处,由此南望,有纵横的阡陌,湖光帆影。还可见山南一条河渠自山脚直通太湖,径直如矢,这就是著名的采香径。据传是为了吴王、西施离宫入太湖而开辟的。再向上就是灵岩寺了。

天平山

江南名山,位于苏州古城之西南约8.5千米,是苏州附近最著名的风景胜地之一。天平山海拔二百二十余米,在相邻诸山中最为高峻,而山顶平坦,故得名为天平。据说山上时常能见缭绕的云雾,所以古时也被称作白云山。天平山有着优美的自然风光,尤以奇石、名泉与枫林名扬远近,被誉为"天平三绝"。天平山奇特的景致自唐代起渐为人们所欣赏,千百年来名人的游踪又给此山增添了无数的人文景观,于是在唐宋之后这里就成了名振一方的游览胜地。

万笏朝天　天平山上多奇峰怪石,"如扦如插,似卧似立,若搏若噬,蟠拏撑柱,不可名状"。如此诡异的山石地貌得归功于大自然的鬼斧神工。大约1—2亿年前的地质运动造就了苏州西南郊的诸多小山丘陵,在现今天平、灵岩山一线因花岗岩岩浆上侵,冷凝固结后形成了山脉。之后亿万年的风雨侵蚀,不仅使岩层裸露,而且还将其切割成无数小块,因岩层节理,终于形成了如今所能见到的那种嶙峋参差、森然壁立的石林奇观。在古代,人们将此形象地喻为官宦的朝板,因而赋予其"万笏朝天"的美名。在天平山众多的峰石中,卓笔峰最为壮观,数丈高的巨石毅然立于山巅双石之上,上尖下粗,断面浑圆,就像一支向上耸立的绘天巨笔。在其周围拱卫着林立的怪石,更烘托出它的奇险突兀。登石纵览,群山苍碧。下瞰太湖,烟波浩瀚,四周景色如画,美不胜收。山中又以龙门一线天最为险绝,山腰间有两巨岩壁立对峙,中辟一小径为上山要道,小径逼仄,仅容一人侧身而过,似有一种一夫当关,万夫莫开之势。龙门往上相距不远处是著名的飞来峰。巨石高近10米,上锐下侈,前临崖谷,微附盘石,若接若离,有如自天外飞来。此外还有状如山笋的玉笋石、形似屏风的护山石、雄浑崔嵬的炮台石、举手遥指的手指石,等等,仅有名的奇石已数不胜数。因而前人曾有"一峰复一峰,峰峰作笏立","万笏皆从平地起,一峰奇插白云中"的形容。

白云泉 天平山的山泉来自大气的降水,贮积于地面表层的水分在下渗的过程中,一部分沿岩石缝隙流出地面从而形成清泉,这在地质学上被称作裂隙泉。由于水流在渗透之时经受了岩层的过滤,并同时溶解了石层中的某些矿物质,因而泉水清澈,醇厚甘冽,水质上乘。相传唐代陆羽品水,将半山腰的白云泉定为吴中第一。其实白云泉得名于唐代著名的文学家白居易。曾担任过苏州刺史的白居易在其任上写过这样一首诗:"天平山上白云泉,云自无心水自闲。何必奔冲山下去,更添波浪向人间。"此后北宋范仲淹又有名篇《天平山白云泉记》,称:"挹之如醍醐,尽得清凉心。闻之异丝竹,不含哀乐音。""兹焉如有价,北斗量黄金。"自此后白云泉才名显于世。池旁石壁上原镌有白居易、苏舜钦等名人的诗文,但如今已模糊而不可辨了。此泉出石隙似丝如线,涓流不绝,因此也被称为一线泉。旧有山僧以竹管导泉入石盂,于是又有钵盂泉之名。

万丈红霞 指秋日红枫景观。天平山的红枫并非当地原产,而是明代万历年间(1573—1620)移植的,当时范仲淹十七世孙范允临辞官归苏,自福建带回,移植于天平山山麓。原移栽了四百余株幼苗,经四百多年后山上尚存174株,最高大的1株在范公祠内,高达8丈,3人合抱,虬干屈曲,直指苍穹。这些枫树与当地产的枫树品种不同,每至深秋,树叶开始由青变黄,再由黄变橙,由橙变红,由红变紫。因各树叶变色过程的先后使树呈现出五彩缤纷的样貌,故被称作五彩枫。从明末之后,天平观枫渐成为当地风俗,满山红叶闪耀在绿树丛中十分艳丽,故一直有万丈红霞之誉。"天平秋色"也成了吴中名景。

天平山庄 天平山名声鹊起,主要源于北宋名臣范仲淹。范仲淹幼年时家境贫寒,曾于大中祥符初(1010前后)在天平山醴泉寺苦读,每天"断齑划粥""冷水沃面""昼夜不息",终于得以高中。之后范仲淹为官正直清廉,以"先天下之忧而忧,后天下之乐而乐"为己任,同情劳苦大众。出于对范公的敬仰,人们将与范仲淹有关的行迹都予以保存和保护,使之成为后世瞻仰凭吊的胜地。天平山左麓是范仲淹葬其高祖骨殖之地,之后成了范氏家族的墓地,被称作范坟,如今松柏参天,绿树成荫,成为山间一席极幽邃之地。范坟之侧是山间最大的古建筑群天平山庄,《吴县志》载:"天平山庄,范参议允临所筑,在其先文正公(范仲淹)高祖范隋墓侧,依山为榭,曲池修廊,通以石梁。春秋时游人最盛,清乾隆七年(1742)前大同知府范瑶与参议曾孙兴乐、兴谷重葺之,名赐山旧庐。"这里所说的赐山是指当年宋仁宗因范仲淹的业绩曾将天平山赐予范氏作为家山,世代相传,范氏子孙一直以此为荣。据《范氏赐山旧庐记》:"相与循览园池,慨想参议遗迹,次第复修,于是咒钵庵、寤言室、听莺阁、芝房、鱼乐园、来燕榭、缥经台、宛转桥诸胜,尽还旧观。"

高义园 位于天平山庄近旁。高义园原是始建于唐代的白云庵,宋时被改作范仲淹的功德院,清乾隆十六年(1751)乾隆皇帝南巡至此,有感于范仲淹的义行,取杜甫诗"辞第输高义,观图忆古人"之句营建高义园,并亲书园额。园前是一方荷池,称十锦塘,池周石栏低矮,池中曲桥临水。园中前后四进,依山而筑,渐进渐高,富有江南别墅庭院的特色。其中有藏书的乐天楼、逍遥亭、御书楼等。高义园东是范参议祠,以祀范仲淹十七世孙范允临。这三组建筑虽然自成一体,但彼此间有门、廊贯通,成为似分实合的一大建筑组群。高义园南枫林右侧是祭祀范仲淹的范公祠,创建于南宋,现存建筑为清初重建的。祠东有御碑亭,重檐八角,木构全用楠木,其中御碑为乾隆皇帝吟咏范仲淹义行的四首律诗,碑体以及碑亭石栏雕刻得十分精美,显示了清初建筑雕刻的高超工艺。

此外天平山上还有白云禅寺、白云精舍、青峰亭等建筑。白云禅寺在枫林之北,也称白云古刹,旧亦名天平寺,唐宝历二年(826)建,如今所见是清同治年间(1862—1875)重建的。白云精舍在白云泉侧,乾隆三年(1738)范瑶临崖而筑。原有轩、楼、阁等建筑,"咸相地所宜以构筑",如今已将其中之阁——兼山阁辟为茶室。自白云精舍西行,原有青峰亭,后毁。20世纪50年代在其遗址重葺一座平面为套方的亭构,造型颇为别致,并改名为白云亭。山中还有更衣亭、中白云亭等数座小亭。

惠山 位于无锡市西郊，是江南名山之一，亦是历史上著名的山水风景园林，其山有九峰九坞，高低起伏，其中头茅峰、二茅峰、三茅峰最突出，最高峰三茅峰海拔为328.8米。惠山属于天目山的支脉，在历史上它有好多名称：秦汉六朝时名"历山"，《隋书》称"九龙山"，《郡国志》称"冠龙山"，《枕中记》称"西神山"，唐陆羽《惠山寺记》中称它为"斗龙山"和"古华山"。其中"慧山"这个名称最通用，古时"慧""惠"两字相通，所以大家也都叫它"惠山"。对于江南平原地区来讲，此山翠岚层叠，清泉常流，秀丽而雄伟，古代名人把它誉为"江南第一山"。清帝乾隆多次南巡，在论述江南诸山时，认为"惟惠山幽雅闲静"，"江南第一山，非惠山莫属"。历代文人雅士游览惠山留下了不少名篇佳句，清代康熙年间一位状元诗人严我斯在一首诗中，从整体上生动地描绘了它的形象："九龙之山环九峰，一峰一态如一龙。兴云出雨气磅礴，鳞甲欲动凌苍空。"除了自然山岭之美外，惠山人文景观也很是丰富，而名胜古迹大多集中在东麓和惠山支脉锡山周围。为了便于保护和管理，1952年后，此处辟建为锡惠公园。这一带战国时原是楚公子春申君黄歇的封地，据传惠山春申涧就是他当年放马饮水的地方。南北朝时刘宋司徒右长史湛挺曾在此建造历山草堂，梁大同三年(537)改建成惠山寺。以后历代在锡惠山麓相继留下的遗迹有：南齐赐以"孝子"额、唐时建为专祠的华孝子祠、名闻海内外的唐代茶圣陆羽品定的"天下第二泉"、唐宋佛教石雕艺术——古经幢、宋代宰相李刚时期所建的金莲桥、明代江南名园——寄畅园，以及明清建造的龙光塔、张中丞庙、竹炉山房、忍草庵、太伯殿、碧山吟社等。历代文人雅士、社会名流为锡惠胜景留下了不少瑰丽诗篇和轶事佳话，其中清帝乾隆一个人就在这里写下了一百多篇赞美锡惠名胜的诗词。

　　1950年以后，陆续对锡惠两山的风景资源进行了全面修复和扩建，整修了原有的名胜古迹，利用一些荒山、洼地、残祠破庙，改建成了不少新的景点：1952年，首先在锡山建园迁出并填平了万余荒坟，植树两百多万株，修筑了登山石径和环山古道。以后又陆续整修了锡山之巅的龙光塔，在锡山上下新建了百花亭、晴云亭、观涧亭等点景建筑，与此同时，在惠山对秦氏家族献给国家但年久失修的寄畅园着手进行分期修复，对千年古刹——惠山寺也进行了整修。1957年以后，对名胜古迹比较集中的惠山东麓也全面开始清理整修。疏浚了战国时的春申涧，并对明代万历年间我国四大私家园林之一的愚公谷遗址进行了改造修复。整修了始建于唐代的华孝子祠、始建于明代的碧山吟社和清代的太伯殿。建造了荷轩、惠麓草堂、滨湖山馆、锡麓书堂、全栗堂等。同时在锡、惠两山之间的荒谷——秦王坞进行了大规模的开挖整理,挖出五万余土方,建成了一个人工湖,粼粼碧波,把两山秀丽景色融为一体,取名为"映山湖"。于1959年10月正式定名为"锡惠公园",对外开放。1980年,又按我国古典造园原则,在映山湖西南坡冈上因地制宜,精心建造了一座仿古园林——杜鹃园。园内景随形取,巧妙地融合了堆山、叠石、挖池、修涧等造园手法,建造亭廊堂榭,并遍植各种杜鹃,既有古园神韵,又能因花成趣,成为锡惠公园的园中之园。1983年,在天下第二泉之南、黄公涧南侧,为《二泉映月》的作者、我国杰出的民间音乐家华彦钧(阿炳)建造墓园,把他的遗骨从璨山移葬于此。锡惠公园是登山游览的好去处,几年来先后在此修筑了好几条登山石径,可以直上两山。东登锡山可以欣赏锡城风光,西上惠山三个高峰,可以鸟瞰太湖烟波,领略当年苏东坡在此所吟的"石路萦回九龙脊,水光翻动五湖天"的景色。

锡惠公园的风景以自然山水树林为主,有山有水,峰叠峦秀,翠拔蓝天,锡、惠两山高低错落,碧波荡漾,相映成趣;亭台楼阁,倚山临水;泉石玲珑,飞禽啁啾;满山遍野散布奇花异卉、古树名木,景色清幽秀丽。历代文化遗存及纪念性建筑遍布全园,列入全国、省、市文物保护单位的文物近二十处。1955年和1990年,在锡山东南山麓先后出土了从新石器时代到春秋战国各个不同时期的石器、陶器和碳化谷物,使无锡先民在这里活动的历史一下子又向前推移了四五千年。

1992年,对天下第二泉进行了清理、疏浚,使清冽泉水终日潺潺而流,恢复了昔日的风貌,游人可以当场品尝被唐代宰相李绅誉为"人间灵液"的甘冽泉水。在此前后,政府又在惠山寺大同殿一带新开设了无锡历史名人馆和乡土人情馆;修复了明代南京礼部尚书邵宝的点易台,重建了拜石亭,使当年《点易台铭》石碑重见天日;在锡山北坡还修复了始建于宋代的古建筑——唐御史中丞张巡庙,进一步增加了人文景观的内容。锡惠公园已成为以优美的自然山水风光融合众多文物古迹见长的城市山林和人文内涵丰富的江南游览胜地。

半山亭 在惠山头茅峰下的半山处。沿春申涧旁向上,经过"徐霞客登山游憩处"石刻继续徐徐向西北登攀,到达和对面锡山龙光塔差不多高的地方,有一方古石,酷似一张大棋盘,名"棋盘石",上刻有围棋、象棋等棋盘,人们在此可以下棋赏景。

在棋盘石偏北处,当年唐代宰相李绅曾在此建望湖阁。后改成半山亭,现在此望湖阁遗址上建有小院、平台、旱桥、月洞门,一座飞檐方亭面东而立,这组建筑错落有致,过去在此可以眺望芙蓉湖,因而名"望湖阁"。明代翰林修撰钱仲益曾在此吟咏一首带有自然野趣的诗,使人回味无穷,诗中有这样几句:"芳树远从湖外见,残云纷绕雁边飞。分明一片佳山景,却忆松边笋蕨肥。"现在芙蓉湖已被一片城市建筑所替代,南北古运河已改绕锡山而过,景色大变。

九龙坡 在惠山东坡章家坞与白石坞之间的山坡上,因惠山又名九龙山而得名。此坡山路弯曲迂回,陆坡处略加石级,是登山游览的理想之处。坡上青松遍地,松涛阵阵,回首东望,整个城市和锡山浮图渐沉坡下,登至半山处,一座圆形石亭翼然峙立坡上,名"云泉亭"。

出亭沿山腰向南行百步,突然出现悬崖峭壁,在石壁之下,有一潭清泉,水深一米左右,终年不涸,它处天下第二泉之南,当地人把它称为"南泉"。前有"拜经台",地势高旷平坦,树木葱茏,登山至此,可避风小憩。俯视山坞,万绿丛中,古庵炊烟,隐约可见;前眺远方,新开的大运河和古老的梁溪像两条银链,纵横交叉。

忍草庵 在锡惠公园西南隅,惠山头茅峰下章家坞内,是一座极其幽静的庵堂建筑。此庵始建于元至正十年(1350),明嘉靖二十二年(1543)蜀僧道林建屋宇数间,取名为"草庵"。天启元年(1621)僧人洪恩取唐宋之问"晨行踏忍草,夜诵得灵花"诗意,定名为"忍草庵"。

此庵占地十余亩,正殿建于明万历年间,清代以来又陆续建造了一些殿堂楼阁,咸丰十年(1860)遭焚毁。现存有天王殿、贯华阁、弹指堂、仁寿斋等六幢建筑,已十分破旧。草庵踞于山之半坡,后有泉池一泓,两侧山峰如翼飞展,背靠崇岩,前俯绝涧,右倚峭立石壁,左通幽幽曲径;殿阁参差,依山而筑,周围青松成林,无风自涛,清幽绝俗。每逢雨季,山涧飞湍,清泉满溢,水响山鸣,另有一番奇趣。

忍草庵原有独特的中天积翠、习坎冷泉、九峰晴雪、五湖烟雨、曳云宝铎、响月松涛、怪石眠空、秋林梵呗八景,可见自然环境十分幽雅,所以这里历代都作为江南各寺庙退院高僧终养清修之地。为了满足这一功能,在整个建筑布局上,客房建筑所占的比例和体量非常突出,另外也反映出高僧名释晚年生活所留下的许多高层次的文化遗迹。历来文人学士常在此聚会赋诗唱和,清康熙年间著名诗人顾贞观、严绳孙、陈维崧、汪琬、姜宸英等曾在此结诗社。康熙二十三年(1684)满族词人纳兰性德曾造访此庵,夜登贯华阁和当地诗人相聚,并留其小像于庵中。

目前忍草庵虽未整修,但清寂风韵不减当年。此庵现为市级文物保护单位。

惠山头茅峰 在锡惠公园西部,是惠山东部第一主峰。相传明代嘉靖年间,江阴有一家姓茅的兄弟三人分别在惠山三个主要山峰之巅结庐修道,因此把这三个突出的山峰按次序称为头、二、三茅峰。

头茅峰,海拔328米,这里原有叫"老君殿"的建筑,现在改为游人休息处,山门上嵌有刻着"头茅峰"三字的石刻。

从头茅峰向西,有一条略带弯曲和起伏的山顶石道与二茅峰、三茅峰相连接,时有自然卧石点缀道间。初夏时节,山道两旁金鸡菊盛开,黄色花朵连成一片,酷似一条金色巨龙横卧山巅,十分壮观。平日山道周围碧草野花散落其间,两边山坡松林密布,山风吹来,松涛阵阵。漫步在这山顶公园之中,令人心旷神怡。元、明间无锡诗人华幼武登山来此时曾吟道:"山色如美人,春风来更佳。幽花发红采,细草饶青荄。"现在游人仍可领略此种意境。

惠山二茅峰 在惠山之巅。它是惠山三个主要山峰中的第二个。从头茅峰向西700多米,经过一段起伏较大的山顶石道,就可登上此峰。原来峰高302米,1986年在山上建造了电视铁塔和塔座大楼,把山峰削去2米,现在山顶标高正好300米。7层电视塔座大楼及上部铁塔总高122米,游人可直登大楼之上,眺望全区胜景,鸟瞰无锡市繁华景象。

六七百年前,元代文学家邓文原登惠山之巅写下了"高风吹衣凌险远,太湖渺渺天西南"的诗句,现在人们可以登得更高,当然望得更远。"天西南"的太湖更显浩渺,太湖中马山和惠山遥相对峙,更清晰可见。

秦少游墓 在惠山二茅峰南坡的蔡龙山上。秦少游,名观,号淮海居士,是宋代文学家,与苏东坡友善,为"苏门四学士"之一。生前他曾在宋元丰二年(1079)和苏东坡同游惠山,写下了"层峦淡如洗,杰阁森欲翔。林芳含雨滋,岫日隔林光"的诗句,赞叹惠山美好景色,并流露出了"岩阿相与邻"的愿望,死后于宋政和年间移葬于此。墓门正南,三面环山,墓地设拜坛、护墙,用石块叠成墓圈,墓碑上刻有"秦龙图墓"四字,已年久石质风化,字迹模糊。此墓近来又进行了修缮,已被列为市级文物保护单位。

东坡诗碑 在惠山近三茅峰的山脊石道丛林中。从二茅峰沿山脊继续向西南,山路起伏的程度大大增加,其中有个最大起伏,无锡人称它为"拔船湾",神话中八仙曾在这两峰低凹处拔船出太湖,因此得名。经过一下一上的拔船湾之后,在一山峰丛林山路旁竖一横式石碑,这就是东坡诗碑。

在北宋熙宁七年(1074)春天,苏东坡来无锡看望好友钱颖,特地带了名茶"小团月"来品尝二泉水,并直登山顶,眺望太湖,写下了:"踏遍江南南岸山,逢山未免更流连。独携天上小团月,来试人间第二泉。石路萦回九龙脊,水光翻动五湖天。孙登无语空归去,半岭松风万壑传。"清代嘉庆年间,特把这首诗的下阙刻于石上,立于峰巅,游人从头茅峰翻山越岭来到这诗碑前,已亲身体会到了"石路萦回九龙脊"的味道,再往前一段就可充分领略"水光翻动五湖天"的壮丽景色了。在此立这石碑是最恰当不过了。

惠山三茅峰 惠山的最高峰,海拔 328.98 米。在峰巅有始建于明代的三官道院,1983 年把残破的房屋改建成游人休息处。从这里向前,崖陡谷深,青松浓郁,奇石横卧,在松林深处,有明代秦氏刻的"三吴第一山"五个大字,游人至此,顿觉心胸开宽,极目远眺,太湖茫茫,烟云袅袅,翠螺点点,七十二峰在朦胧浩渺之中,时隐时现,酷似无锡元代大画家倪云林画的一幅淡墨山水长卷。

惠山石门 位于无锡惠山最高峰的北侧。这里的景色和山明水秀的山南截然不同。从三茅峰向北下行,沿山路绕过隐风石,再略转几个小弯,突然出现悬崖峭壁,怪石嶙峋,一下子变成另一个天地。一排巨大的石峰,中间有一罅缝,俨然如门,因而得名。上有清泉,由巨石引流,喷洒溅滴,汇成一潭,隐于石壁之下,元代在此附近建有悟空精舍,因此此泉名悟空泉。在青苔密布的石面上刻有"石门"两个丈余大字,据说原为明代南京礼部尚书邵宝手书,现存的为清末无锡县令廖纶重书。悟空泉旁有一石径可通白云洞,洞旁有"白云深处""此乡可乐"等点景石刻。这里古木参天,虬藤缠绕,流泉淙淙;仰望天际,峰嶂陡峭,白云在青峰蓝天之间浮动,时有苍鹰凌空盘旋,气势雄伟,景色壮丽。邵宝当年曾形象地描绘这里的景色:"登登山路转山阿,须向仙人洞口过。涧水满时青草短,岩花深处白云多。"

石门附近还有"叠嶂栖云""洞庭秋色"等石壁题刻,石门之下还有珠帘泉、水帘洞,泉旁有明代天启年间所镌的"珠帘卷雨"等篆书。这里还有飞来峰屹立于孤峰之上。

石门一带,山径曲折,有"七十二个摇车湾"之称,环境宁静,是探幽觅胜的好去处。

锡山 位于无锡市西部。面向市区,是惠山主山向东南伸出的一支余脉,背靠惠山,山高 74.8 米,周围约 1.5 千米。《山经》云:"众山皆高,则高者客,而低者主。"所以锡山是无锡的主山。它风姿绰约,青翠秀丽,民间认为惠山蜿蜒如九龙,而锡山像群龙前的一颗明珠。

相传在周秦年间,此山盛产锡,锡山因此得名。但又有谚语说:锡山无锡。在 1955 年到 1958 年间的锡山东南麓复建工程及开挖映山湖的工程中,在土层较深的大面积范围内,并未发现开采锡矿的任何遗迹。后来在锡山内部开凿巨大的龙光洞地下工程时,对岩石进行采样化验分析,也没有发现锡、铅一类的矿质,证实锡山的确无锡。锡山自古便是无锡的游览胜地,山顶有龙光塔及龙光寺,山腰有石浪庵和百花坞等。

自1952年锡山开始建园以来,锡山的面貌日新月异,满山遍植林木,间植青松翠柏,山腰建造了晴云亭、观洞亭,山麓新建喷水池和九龙壁,山中开挖了龙光洞。近年在山北修复了始建于宋代的古建筑群——张中丞庙,使锡山风景更加美丽,游览内容更加丰富多彩。

龙光塔 在锡山之巅,长期以来成为无锡市的标志。在明洪武永乐年间,锡山顶上有石塔,后坍毁。惠山又名九龙山,锡山素有龙头之说。明正德年间,内阁大学士顾鼎臣认为无锡长期不出状元,是"龙不角耳",于是又重砌石塔,象征龙角,然而有人认为:"龙以角听,塔宜中空。"因此万历二年(1574)着手改建七层砖塔,两年后建成,由常州知府施观民题名为"龙光塔"。塔从清康熙以来有记载的大修就有7次,1993年10月政府拨款又进行了全面整修,使这座四百多年的古塔得到了妥善保护。

龙光塔为七层八角形楼阁式砖塔,高31.29米。塔底层壁间嵌有清末民国初年邑人周舜卿七绝四首石刻。顺着旋转梯层层向上,在第三层东外墙面嵌有刻着"龙光塔"三字的石刻,为明万历甲戌(1574)时著名书画家王问所书。塔顶有塔刹,由约1.5吨重的铜铸葫芦形宝珠和铁制套座构成,这是1924年大修时更换的。

游人登临其上,沿廊环视,无锡市貌一览无遗,古老的梁溪河、新开的大运河、高低起伏的九龙山岗尽收眼底。这里不愧为观赏无锡风貌的最佳点。如逢节日之夜,塔上彩灯齐明,远远望去,酷似一座"珠珍塔",悬于高空,成为无锡市的主要夜景之一。

龙光洞 在锡山内,洞的东北边入口处,刻有"隐辰"两字,"辰"有龙的含义,即把龙隐于山内之意。此洞有300多米长的一条主巷道,巷内灯光成行,如一条火龙深居洞穴中。洞内辟有可容五六百人的地下剧场,巷道之间还辟有13个厅室,内有不同展品,经常更换,供人游赏。这里温度常年保持在摄氏18度左右,冬暖夏凉,每当严寒酷暑,游人至此,如入另一个世界。

九龙壁 在锡山东南坡的大草坪上,是一座浮雕影壁,全用彩陶烧制而成,宽达26米,它背依青山翠峦,上有龙光古塔,下有草坪喷泉。游人在锡山脚下,就能看到九条色彩各异的飞龙在阳光下冉冉升腾。有位钱姓诗人面对这九龙壁,留下了七律一首:"西神山下九龙壁,昂首骧腾仰或立。橙赤红蓝绿紫青,条条似欲飞天幕。"有人将它比成北京北海公园内的九龙壁,为锡山新添一景。

石浪庵　在锡山顶旁,龙光塔的西南边。此庵始建于明代,庵旁有一片裸露的山岩,结构奇特,远望如海中潮水,层波叠浪,很有气势,"石浪庵"由此得名。

古庵高高耸立于石浪之上,南面而立,前有小院,用石栏相围。这里地势高旷,绿树成荫,庵外墙下原有一泉,名"仙姑池",清乾隆年间发现时已有石刻池名,不知何时开凿,可惜现已被乱石所湮没。这一带景色清幽,水石交融,意境极佳,明代一僧人留下这样一首诗描写石浪庵的景色:"我来已是重阳过,登眺同人属后先。怪石无风偏作浪,枯泉不雨欲生烟。"

晴云亭　观涧亭　百花亭　位置分别在锡山的东、西部山腰和南麓。明代永乐年间,无锡县学教谕李孟昭在《锡山晴云》一诗中,描写了登锡山欣赏到的朝霞晨曦的景色,诗中写道:"山高无锡奠名邦,晴云烂锦明朝阳。光吞深坞岚气润,阴接惠山眉黛长。"根据这一诗意,锡山东坡特建一亭,取名为"晴云",供人们观赏朝霞飞彩的梁溪晨景。

西边一亭,八角攒尖顶,面惠山而立,每逢雨后,游人可在这一带眺望惠山白石坞春申涧中飞瀑直下之壮观景象,故名"观涧"。在此亭东侧有一石泉,石壁之上刻有"锡泉"两字,是清乾隆年间开凿的。此外在锡山南麓还有一亭,周围植有各种花木,一年四季花开不断,烂漫芳菲,故名"百花亭"。

张中丞庙　在锡山北麓,是纪念唐代安史之乱时和太守许远一起死守睢阳城、率先为保卫大唐江山而献身的御史中丞张巡的祠庙。此庙始建于宋代建炎二年(1128),明代成化年间向东移至现址。庙内原有一副著名的对联:"国士无双,双国士;忠臣不二,二忠臣。"表达了对为国捐躯的张巡、许远两位忠臣的赞扬和怀念。近八百年来,此庙屡毁屡建,规模越建越大。现存的建筑是清同治八年(1869)修建的。1990年政府拨出巨款,对这组无锡市内不多见的古建筑群进行了全面整修,使此庙更显庄严巍峨。

庙坐南朝北,面向惠山直街,紧依锡山北坡,拾级而上是一座三开间的仪门,上有门楼,门前有厦廊,门楼后紧接着一座面向大殿的古戏台,坐北朝南,有精细的花岗岩石墙、石柱,歇山顶,正面两角飞翘,台顶有保存完整的穹隆形木结构藻井,精雕细刻,工艺高超。戏台东、西两侧有对称的观楼。农历7月25日相传为张巡生日,往昔常进行演戏祭祀活动。戏台前有三座石阶引向正殿,院中有两棵四百多年的古银杏分立左右,粗壮高大,直指云霄。大殿为此庙的主体建筑,高大雄伟,1992年殿中重塑张巡、许远像,再现了唐至德二年(757)睢阳城头悲壮的一幕。大殿西侧院中,还有许远殿和蓝花厅,院门上额砖刻曰"忠绩同标"。

此庙营造工整，装饰精致，梁枋上均雕饰有花卉、戏文等图案，通花屋脊。大殿之后原为庙的后园，现虽通公园环山大道，但沿锡山陡坡仍可看到用奇丽的太湖石叠筑的假山与锡山融为一体，使此庙宇更有特色。庙内立有五通记载历次修建此庙情况的明清石碑。清末无锡知县廖纶等人所题的"荫被南天""功先李郭""精忠贯日"和"人伦天道"等无锡不多见的巨匾，历经磨难，有幸重见天日，悬于殿堂之上，蔚然壮观。

无锡先民遗址 在锡山南麓。1955年秋全面修复园内景点时在锡山发掘出很多汉代以来的墓葬，同时还发现了一个范围很大的古村落遗址，面积几乎遍及整个锡山南麓，其中有石制的生产工具、陶制的生活用器物，还有灰坑、碳化的谷物等，经江苏省文管会清理考证，属于良渚文化遗址之一。这说明锡山山坡早在四五千年前，就有无锡的先民们在这里生活栖息，从事各种生产活动。为了纪念这一考古发现，于1992年在遗址上特建造了一座石碑，上面镌有良渚文化图腾标志，并刻有先民遗址的文字说明。

天下第二泉 无锡重要的纪念性风景园林。位于无锡市西部惠山东麓的锡惠公园内，它又名"惠山石泉""惠泉""陆子泉"，简称"二泉"。惠山之上遍植青松，惠山石质系乌桐砂岩，雨水经过松根储存和砂岩过滤，含矿物质多，水质明净，甘冽可口，是煮茗珍品。早在唐天宝年间（750年前后），得中进士第一的皇甫冉来任无锡尉，他品赏惠泉之后，给予高度评价，曾作《泉歌》，诗中直言他之所以愿意在无锡当个小官是因为"此心只为灵泉留"，这是现存最早的评价惠泉的文字记载。后唐代名士陆羽跋山涉水寻求名泉佳茶，在至德、上元年间（760年前后）寓惠山寺，他品评惠泉水质后，将其定为天下第二。稍后的唐代左司郎中张又新在他的《煎茶水记》中记载了陆羽及元和年间（807年前后）刑部侍郎刘伯刍都把惠泉评为天下第二的故事，从此"天下第二泉"就名传天下了。唐代宰相李绅也十分热爱家乡的惠泉，他在《别泉石》诗序中写道："惠山书堂前，松竹之下，有泉甘爽，乃人间灵液……"会昌二年（842）他携泉水赴京，分赠好友，他的同僚宰相李德裕也十分欣赏此泉，特命驿站把二泉水千里迢迢送抵长安，于是二泉名满京城。北宋文豪苏东坡慕二泉之名，专门带了名茶"小团月"来品泉，吟有"独携天上小团月，来试人间第二泉"的名句。宋徽宗赵佶还钦定二泉水为贡品，"月进百坛"。宋高宗赵构南渡时，饮二泉水后特题"源头活水"，并下令建亭护泉。元代书法家赵孟頫"裹茗来寻第二泉"，并特为此泉题写泉额。到了明初，惠山寺僧性海特制竹炉取二泉水煮茶,当时名画家王绂挥笔画了《竹炉煮茶图》,不少名人学士特来惠山品泉观图题咏,集为珍贵的《竹炉图卷》,遗韵绵绵直至清代。后来康熙、乾隆两帝分别六次南巡,每次必到惠山品泉,作诗题字,称颂二泉,天下第二泉的名声越来越大。20世纪80年代,由于民间音乐家华彦钧(阿炳)所谱的《二泉映月》登上国际乐坛,二泉更是蜚声海内外。

二泉古朴的庭院,是随着二泉的历史逐步形成的。早在唐大历年间(772年前后),无锡县令敬澄对二泉着手疏浚修建,当时常州刺史独孤及撰写了《惠山寺新泉记》详细记载了此事,文中记有:"考古按图,茸而筑之,……始发袤丈之沼,疏为悬流,及于禅床,周于僧房,灌注于德池,漾洄于法堂,潺潺有声……"从这些句子中可以约略见到二泉庭院的雏形。从会昌年间(841左右)李绅的诗序中可以看出这里已有书堂和松竹,已初具院落。到了北宋年间,文学家王禹偁在《过陆羽茶井》一诗中写道"甃石苔封百尺深,试令尝味少知音。惟余半夜泉中月,留得先生一片心",说明当时二泉已筑了讲究的石井壁,他半夜在泉边赏泉,思念当年陆羽品泉的苦心,说明此院已有人居住,并不荒凉。到了苏东坡来游时,吟有"还将尘土足,一步漪澜堂"的诗句,说明二泉庭院中已建了漪澜堂,天下第二泉已形成上、中、下三池。在宋高宗南渡后,泉上重新构筑了双龙戏珠的护泉亭,二泉庭院大体上已有了现在的格局。

明、清两代对二泉庭院进行了进一步的修饰。明弘治初年,在下池池壁设置了刻工精细的石螭首(龙头),让二泉水从上、中池通过暗渠源源不断从螭口吐出,汩汩有声,构成"螭吻飞泉"的胜景。同时在庭院的西南角,若冰洞的涧流曲注院中,可效兰亭觞咏。清康熙、乾隆年间,又进行了多次疏浚整修,移来了明代礼部尚书顾氏别墅中的一组巨大的"观音立鳌背""童子拜观音"太湖石,置于下池之前,泉亭周围也适当饰以大型湖石,并在下池池壁上添置青石刻花栏板,使二泉庭院规模益加完整。

二泉庭院现在还保存有几块有价值的石刻,泉亭后壁有三行石刻,上方一行为元代书法家赵孟頫手书"天下第二泉"的泉额,中间为嘉庆八年(1803)赵孟頫泉额失而复得的说明,下方一行石刻刻有明清两代修理泉亭的记载,共三篇。庭院北边围墙上嵌有清雍正年间吏部员外郎、书法家王澍手书的"天下第二泉",高1.1米,宽6.46米,这块巨大的石刻使整个二泉庭院更显古意盎然。

这座历经千年的二泉庭院,从1992年开始全面进行整修。首先对出水量日益稀少的二泉泉井彻底进行了整治疏浚,使泉流通畅,石螭首又日夜不停地流出清澈的泉水,恢复了"螭吻飞泉"的胜景;并对千古名泉的水质进行科学鉴定,结论是二泉水为富锌低钠软水,含有锶、锂、铜等14种对人体有保健作用的微量元素;还添置了汲泉消毒设备,使游人既能欣赏古院风貌,又能品尝清冽的甘泉。

1993年对古老的二泉亭也作了修葺,将泉亭之上的景徽堂恢复为陆羽祠,并对庭院下部的假山进行修饰加固,增设了通过山洞和北侧华孝子祠构通的出入口,增加了二泉庭院的活动空间。使二泉庭院西上陆羽祠,北通竹炉山房,南连万卷楼,东入华孝子祠。院内碑刻林立,泉流潺湲,湖石参差,藤蔓盘虬,曲涧缭绕,景色更加深幽古雅。

漪澜堂 在二泉亭前,二泉下池之上,是一座造型典雅的厅堂,宋代就有此建筑,苏东坡来此品泉时曾吟道:"还将尘土足,一步漪澜堂。"明代南京礼部尚书邵宝曾有诗描写当时游人来此品泉的盛况,诗中写道:"漪澜堂下水长流,暮暮朝朝客未休。纵有茶经无陆羽,空教煎白老僧头。"

此堂宋以来历代都作过整修,清帝康熙南巡时曾为此堂题写"品泉"匾,乾隆曾两次在堂内设御座品泉,并题写堂额。现在的漪澜堂是同治年间改建的木结构敞轩,三开间七架,歇山顶,四面环廊。书家费新我重书堂额。堂前挂有苏东坡的诗句:"雪芽为我求阳羡,乳水君应饷惠泉。"由邑人曾可述篆写。游人至此,可以小坐廊下,品尝泉水,欣赏二泉庭院景色,倾听"漪澜堂下水长流"的淙淙泉水。

陆子祠 又名景徽堂,在二泉亭之上。从二泉庭院南北两侧拾级而上,有一座高大的厅堂,屹立于山坡平台之间。三开间歇山顶,厅前加檐廊,前接平台,凭栏俯视,二泉庭院如在足下。这里原为陆子祠,是纪念唐代名士陆羽的。陆羽曾来此考察,撰写了《惠山寺记》,他独具慧眼,在一千多年前就高度评价无锡惠山地区的风景资源,认为它有不可估量的发展前景,并把惠泉评为天下第二。后来此祠改为尊贤祠。以后又几经变化,1929年重建后命名为"景徽堂"。1993年秋由市园林局拨款整修,恢复为陆子祠,陈列这位茶圣的有关事迹。

竹炉山房 在二泉庭院的北侧,此房原为惠山寺弥陀殿,曾名"听松房"。明洪武二十八年(1395),惠山寺僧普真(字性海)请人特制了一只小巧玲珑、精致非常的竹茶炉,邀请著名画家王绂创作了一幅《竹炉煮茶图》,学士王达作文,遍请当时名流题诗,装帧成《竹炉图咏》一卷,竹炉和图卷都曾藏于此殿。万历二十三年(1595)殿被火毁,邑人邹迪光捐资重建,更名为"竹炉山房"。山房几经修建,现存建筑是清代光绪年间重建的。山房门额于1979年由画家李苦禅重书。门厅和廊下立有五通乾隆诗碑,是乾隆帝历次来欣赏二泉景色和品尝二泉圆池、方池泉水后写下的诗篇。现在它们已成为研究"天下第二泉"水质和清代江南茶文化的珍贵资料。

雨秋堂 在竹炉山房院内,系山房的客堂,堂名取自明代画家王绂"气蒸阳羡三春雨,声带湘江两岸秋"的诗意。堂内布置精致,有楠木云龙雕花落地罩,堂中高悬乾隆御题的"顿还旧观",中堂后壁嵌有王绂所画的晴雨竹和乾隆帝补画的《竹炉煮茶图》石刻,两旁壁上还嵌有明、清两代社会名流为竹炉品泉留下的诗篇题记石刻三十多块,是研究明清诗书、绘画和茶文化方面的宝贵文物,被列为市级文物保护单位。堂柱上悬有集明代邑人秦夔诗句新制的楹联"冰雪清姿,岂受缁尘点污;岁寒贞节,何妨劫火焚烧",反映了这座古建筑屡遭劫难的历史。

万卷楼 在二泉庭院南侧,是一座古朴幽雅的两层小楼,楼后有遂初堂,楼堂之间的小天井中还有遂初泉一眼。在这座建筑的东边还有一个刻有"伴泉""映月"的月洞门通向一条著名的爬山长廊——垂虹廊。在廊的最高处连接着一座歇山式的古朴书屋,名"锡麓书堂"。这一组随地形精心布置且具有传统特色的建筑群,都是为了纪念南宋礼部尚书尤袤而陆续建造的。

尤袤,号遂初,宋绍兴十一年(1141)进士,曾任泰兴知县,因抗金有功官至礼部尚书。他在诗词方面和杨万里、范成大、陆游并称为"南宋四大家"。晚年告老还乡在锡、惠两山之间结庐数椽,埋头读书和抄书,集书三万卷,特筑万卷楼珍藏,此楼不幸毁于火。清末和民国期间,他的裔孙在二泉附近陆续修建了尤袤祠堂,建筑形式和名称大体上沿用当年的安排。楼堂之内布置得古色古香,匾额高悬,《竹炉煮茶图》挂于中堂之上,《万卷楼记》石刻嵌于壁间,遂初堂两旁还悬有一联:"依然锡麓书堂,南渡文章,上跨萧杨范陆;允矣龟山道脉,东林弦诵,同源濂洛关闽。"为清乾隆年间监察御史、邑人顾光旭所撰,由今人重书。这里丹桂成行,枫叶片片,榴花扶疏,是品泉赏景的理想场所。

华孝子祠 在"天下第二泉"的东北边,始建于唐代,是南齐孝子华宝的祠堂,经历代重建修葺,是一组具有民族风格的古建筑。祠东向,大门前立一座四面牌坊,是华氏宗族表彰其子孙得中功名及其他事迹的纪念性建筑物,它是木石结构,檐口外伸,四角高翘,上有"口"字形天窗,下凿正方形池井,造型别致,制作工整,装饰华美,在建筑结构和造型艺术上都具有独特的风格。由于它外形有些像亭子,而没有结顶,所以人们也把它误称为"无顶亭"。

华孝子祠大门也属牌坊形式,结构和四面牌坊基本相仿,只是形式上是"一"字形单体式。门档两边立有用竹叶状石灰岩琢成的抱鼓石门枕,由于硬币在此岩石上磨擦往往会被吸住,因此引起了人们的好奇。

入大门沿甬道进,有一座青石驳岸的长方形水池,名"承泽池",中架独拱石桥称"溯源桥",过桥可见一置有青石栏板的八角形精致泉池,名"鼋池"。南北池壁贴水处各置有一个石龙头,利用地形引二泉水的暗流穿过,形成南吐北吞的两龙相吻戏水之状,人们见此无不称奇。

华孝子祠的享堂就在鼋池西边,这座主体建筑建于明成化二十一年(1485),清乾隆二十七年(1762)翻修,基本保持明代风格,歇山顶楠木栋梁,檐柱、角柱和柱础采用阳山石料,建筑形状简朴古雅。1993年又进行了全面整修,享堂壁间嵌有一批碑刻,其中文徵明的《纺绩督课图》,画题为清代原刻;其他如《真堂斋法帖》《春草轩记》等三十多块碑刻在"文化大革命"中被毁,乃1984年根据原拓复制的。

碧山吟社 在愚公谷西部,"天下第二泉"之南。它背靠九龙翠峰,大门采用一排落地长窗,以廊为门,十分别致。两边侧厢对衬,四周回廊贯连。内有大厅五间,厅前门额刻有"碧山吟社"四个金字,是明代书画家文徵明的手笔。古老的玉兰、枇杷点缀在庭园之中。

碧山吟社始建于明成化年间(1482年前后),以无锡士绅秦少游后裔秦旭为首的十位老人在此集社吟诗。当时建有十老堂、捻髭亭和书室,并有长松、翠竹、鹤径、泉流、秀岭,或点缀其间,或衬托其后,环境清幽。著名画家沈周专程来此作《碧山吟社图》。在吟社建立六十年后,在明嘉靖年间,又有无锡名士顾可久、华察、王问等再次结社吟诗。到了清初,由秦松龄、严绳孙、秦保寅等重开诗社,由姜宸英把吟社唱和诗作编成《碧山集》。后来碧山吟社被长期湮没,直到辛亥革命后才找到碧山吟社匾,由唐文治撰写了《碧山吟社石刻记》置于吟社后院,院中还有石池一泓名"涵碧池"。1982年,碧山吟社进行了大修,门前路旁特地横一黄石,镌刻明代状元诗人吴宽一首描写吟社初创时盛况的诗作。1993年,在吟社创建510周年之际,在厅前回廊中嵌上石碑二十通,由无锡书法金石家挥笔奏刀歌颂无锡胜景,纪念碧山吟社。

若冰洞 在"天下第二泉"西南。沿二泉庭院南侧石阶拾级而上,向南走十来步,见石壁之间一小石桥通向石洞,即若冰洞,此洞因于唐代长庆年间(821—824)由惠山寺僧若冰开凿而得名。洞上刻名,洞下有一石池,泉水从池中顺着弯弯曲曲的石涧"九曲清流"泻入"云液"池流进二泉庭院。明代曾有文人雅士聚于尊贤堂之前,在萦回曲折的泉流旁,分曲而坐,让莲杯泛于泉上,效兰亭觞咏的韵事。明代文学家邵宝曾有"山中新作兰亭水,明日同人试一杯"的诗句,反映了当时的情景。民国初年画家南野老人华文川所题的"九曲清流"石刻,点出了这涧流有东晋王羲之"兰亭之流觞曲水"的意境。目前石洞尚在,泉水从1958年后逐渐枯竭。

九龙十三泉 在无锡市西惠山东麓。"九龙",泛指惠山。九龙十三泉是以著名的天下第二泉为首、散布在锡山与惠山之间的狭长地带的许多泉眼。其实九龙十三泉并非实数,只是说明惠山一带泉眼分布甚多,素以"名山胜泉"闻名于世。但是也有人认为"九龙"是专指通过暗渠承沿二泉泉流的九个石螭首。的确,二泉之下有九个形制古朴的石螭首,泉水淙淙,长流不息,人们把这些螭首叫作"龙头"。第一个在二泉下池,随着二泉水顺山势向东北山下流去,华孝子祠前鼋池内有两个龙头,一吐一纳,向北流入金莲池,直到二泉书院旧址的方池内的一个龙头。泉水向东的一路,流向惠山寺日月池,那里也有一个龙头把泉水源源不断地吐出,再向北流入寄畅园的镜池,再由镜池中的龙头流向园外。所以在锡惠公园内就有六个石螭首,其他三个分布在惠山镇上。至于十三泉就无法实指了。据地方志和古人笔记的记载,惠山一带的泉眼有不下三四十处。在锡惠公园内有名称的就有十六个之多。所以游锡惠胜景,闻流寻泉也是很有趣味的一种游览方式。

华彦钧(阿炳)墓 在天下第二泉之南、春申涧南侧的一片平坦的树林中。

华彦钧是我国杰出的民间音乐家,小名阿炳,原为无锡城中观前街雷尊殿道士,精通洞经乐,并熟练掌握琵琶、二胡等民族乐器的演奏技法,富有创作天分。中年穷困潦倒,双目失明,以街头卖艺为生,人称"瞎子阿炳"。他谱写的《二泉映月》《听松》等名曲都与锡惠名胜有关,现已扬名海内外,深受人们的喜爱。他于1950年12月病故,原葬于无锡西郊璨山脚下,"文化大革命"中墓地被毁。1983年10月政府拨款迁葬于此。

阿炳墓地有742平方米,形状像一座简朴的音乐台,墓墙正中嵌有石碑,上刻"民间音乐家华彦钧阿炳之墓"。墓墙背后没有常见的封土墓墩,而是以自然山坡代替了墓墩,阿炳遗骨就迁葬于山坡土中,让阿炳的英灵与青山常在。墓地周围绿树成荫,显得庄严肃穆。

1993年11月,在纪念这位音乐家诞辰100周年之际,于墓地石阶旁的树林中专门为他建造了一座2米高的青铜像。人们可以见到阿炳头戴塌边礼帽,身着长衫,脚穿一双破旧的圆口布鞋,侧着瘦骨嶙峋的身子,低头躬背,全神贯注地拉琴,再现了当年阿炳踯躅于无锡街头小巷,踏月操琴的凄凉形象。这座青铜像是由中央美术学院钱绍武教授精心塑造的。钱教授早年曾和阿炳住在同一院子里,朝夕相见,难怪此像如此传神。

目前阿炳墓园已成为广大音乐和曲艺爱好者奏琴唱曲的场所，时有悠扬的乐曲回荡于秀丽的林间山谷。

杜鹃园 位于无锡市锡惠公园的映山湖西南隅，它建于1982年，系按传统造园手法营造的古典新园。园址利用一片冈沟起伏的惠山坡地，因地制宜，精心规划，巧妙地布置了醉红坡、沁芳涧、醉春泉以及枕流亭、踯躅廊、云锦堂、映红渡、绣霞轩等景点，园内遍植了各种杜鹃，配植其他花木，并特意保留了一些原有的老树巨柯，很快成了清丽幽邃、因花成趣的杜鹃专类园，现在该园收集了各类杜鹃三百多个品种。每当杜鹃盛开时节，园内繁花似锦，绚丽多姿，其他季节园中景色也美不胜收：有垂柳碧桃的江南意境，有兰草幽香的山野清趣，有粉墙绿蕉的庭院小景，甚至池边的海棠、溪畔的鸢尾、林中的红枫、窗间的紫竹，都配植有致，耐人寻味。此园虽属新建，却深得古园神韵，陈从周教授曾作诗称道："看山雨里春如洗，廊引人随几曲工。塔影沉潭轻点笔，醉红题壁映山红。"1984年此园获得国家建设部优秀设计一等奖。

鉴塘 在杜鹃园东部。从竹影稀疏的月洞门，步入杜鹃园，顺着平坦的曲径，绕过花丛，只见一片小小的草坪伸向波光摇曳的一泓池水，睡莲点点漂浮其上，此池清澈可鉴，故名"鉴塘"。一座双角上翘的照影亭依着绣霞轩，伸向鉴塘之中。两面塘边，黄石假山，错落有致；粉黛云墙，绵绵相连。在青山翠岚的衬托下，倒映塘中，一虚一实，层次分明，色彩丰富，景色宜人。

沁芳涧 在锡惠公园杜鹃园内。沿着鉴塘南边不显眼的汀步石向下，进入一条黄石突兀、迂回曲折的涧道，人们可以在鹅卵石铺成的涧底漫步上行，时有细微的涧水悄悄地在脚下卵石间流动，渐进渐出，富有野趣。左顾右盼，一组组由奇石、垂萝、鲜花、兰草构成的花石小品出现在涧道两旁，阵阵芳香，回荡涧中，沁人心肺，此涧即名"沁芳涧"。

涧的深处，还布置有洞府、石龛，内设石凳、石桌供人小憩。石涧之上藤蔓垂丝，鲜花不断。在沁芳涧转角处，流出清泉一勺，终年不涸，名"醉春泉"，此泉是建园时发现的。

枕流亭 在杜鹃园西边。沿着沁芳涧，经过几个转折，在尾端高高的假山之上突然出现一座翘角方亭，枕涧而立。拾级盘旋而上可登此亭。亭内悬篆书"枕流"一额，为无锡金石家高石农所书。这里是全园的最高点，又是最深处，凭栏东眺，杜鹃园景色一望无遗，锡山塔影扑面而来。俯视亭下，沁芳涧一脉淙淙山溪，弯弯曲曲穿过杜鹃园的腹地。每逢暮春三月,沁芳涧就被簇拥在一丛丛各色杜鹃花之中,大有南宋诗人杨万里写的"清溪倒照映山红"的诗意。即使杜鹃花凋谢,也能欣赏"芳草鲜美,落英缤纷"的桃源意境。

踯躅廊 在杜鹃园西侧。它是一条连接绣霞轩、云锦堂和枕流亭的长廊,在山麓崖边随地形起伏,依山势曲折,迂回穿插于树林之中。

杜鹃盛开时节,廊外精心种植的黄色杜鹃"羊踯躅"和其他各色杜鹃,以廊柱挂落为框,构成一幅幅绚丽的图画,廊引人随,移步换景,游人可从不同角度,欣赏以杜鹃花为主题的景色。有一种开黄花的杜鹃花叫"羊踯躅",此廊左曲右弯如羊食杜鹃踯躅而行,故名。长廊之上,浓荫蔽日,每到炎夏,清风习习,凉气萦回,在此小坐,暑热顿消。

云锦堂 在杜鹃园中部,是该园的主要风景建筑。弯弯曲曲的踯躅廊和此堂上下相连,穿堂而过。从野趣横生的沁芳涧中部假山洞内拾级而上也可进入此堂。

云锦堂宽敞典雅,分前后堂和左右耳房。前堂悬有文学家冯牧题写的匾额,中悬一联"鹃园花底走游鹿,锡麓雨中鸣子规",点出了这一带的景色特点。后堂檐下筑有假山鱼池,点以丛丛倭竹,人们可在堂内观景赏鱼。两侧耳房内还陈列着各种名贵的假山盆景。杜鹃花盛开之时,堂内堂外、地栽盆栽,汇集着各色艳丽的杜鹃花,这里成为名副其实的杜鹃花的世界、如云似锦的厅堂。

醉红坡 在杜鹃园的云锦堂前。这是一片高低起伏的南向山冈,杜鹃花开时节,层层叠叠的映山红连成一片又一片,真有唐代诗人韩偓所吟的"一园红艳醉坡陀"的意境,因此在杜鹃园初建之时著名的园林专家陈从周教授来此观赏,把此山坡取名为"醉红坡",并挥笔题名,镌刻石上。每当雨后初晴,沁芳涧下的嶙峋山石得水而活,醉红坡上瑰丽的杜鹃花着雨更妍;艳红嫩绿,涧水晶莹,此情此景,怎能不使人陶醉?一位游人不禁吟道:"一片云霞耀眼明,涂丹堆雪化精灵。怜他山里凄凉艳,喜此园中姹紫英。"

绣霞轩 在杜鹃园中部、踯躅廊的一端。如从长廊穿越云锦堂之后顺廊而下,突然出现拱起的廊桥,横跨在沁芳涧上,这里是观花赏景上下过渡处,故名"映红渡"。游人驻足桥上,可以近听半岭松风,远眺古塔凌空。穿过映红渡,没几步就可进入绣霞轩,此轩虽小,但设计得高雅别致,轩前的醉红坡换了一个坡面,变得绿草成茵,林木葱郁,有一黄石立于坡上,上刻有陈毅元帅吟咏杜鹃诗的手迹:"淡黄粉白复朱紫,双瓣重叠似套筒。牡丹开后君为主,妒杀桃李与芙蓉。"花景、诗情两相交融,把游人引向更广阔的境界。

城中公园 在无锡市中心,占地 3.3 万平方米,是无锡近代第一座传统风格的公共园林,也是我国近代园林史上最早由邑人乡绅自己筹建的公园,1905 年开始辟建,最初定名为"锡金公花园"。园内巧布亭台楼阁、假山塔影、小桥流水。各种花木点缀其间,恰如镶嵌在闹市区的一块翡翠。

这里原是无锡最古老的名胜之一,楚考烈王徙封春申君黄歇于江东,建都古吴墟,相传曾在白水荡建行宫,故址就在今城中公园内。东晋时书法家王羲之在这里建宅,现在附近还留有"右军涤砚池"。南北朝时为崇安寺古刹后院。到了明朝这里建有"方塘书院",据载内有"飞梁曲径,参差布列"。晚清时正式建园。1950 年开始对公园进行了全面整修,增植了四时花木,治理了方塘。1983 年在园的西部扩建了亭廊轩棚和花坛,增加了层次和景观。

现在园内主要景点有:2 米多高的太湖石"绣衣峰"玲珑剔透,形如天女散花,屹立于公园路大门内;峰后有一山岗,南北纵横,如赤龙俯饮池水,故名"龙岗";岗上有 1927 年建的蓼莪亭和白塔。方塘之后有同庚厅、西社,园的中心有多寿楼,西有九老阁,还有清风茶墅、艺簃、天绘亭、归云坞散布其间。

鼋头渚 在无锡市西南,濒临横跨江、浙两省的太湖,离市区 18 千米,整个地势系一半岛,夹在太湖和五里湖之间,三面环水,充山、鹿顶山高低起伏,坐落其中。它与牛犊山、小箕山、湖中之山、马山、拖山互为对景。南有湖东十二渚,前有湖西十八湾。这里山外有山,湖中有湖,风景富有层次,开合收放自如,景色变幻无穷,现辟作公园。它的主要景点,系充山的一支石脉,直伸太湖,山石左右参差,酷似一只巨鼋张开双爪,翘首入湖。周围湖浪拍岸,使巨鼋更显生气,因而得名。站于鼋头,举目四望,近处翠峰起伏,波光粼粼,帆影点点;远处峦影空蒙,烟波浩渺,景色迷人。1959 年春,郭沫若游览太湖之后写下了"太湖佳绝处,毕竟在鼋头"的诗句。

由于鼋头渚风景秀丽,早在南朝萧梁时期,这里已建造了广福庵,明代鼋头渚的"太湖春涨"被列为无锡八景之一。20 世纪初,一些豪门富户纷纷前来划地建筑,于是横云山庄、陶朱阁、太湖别墅、若圃、郑园等陆续出现。立于其中能从不同地理位置,观赏鼋头渚周围的自然风光。20 世纪 50 年代开始,政府把这些分割的园林别墅和风景建筑,合并成为鼋头渚公园。1980 年,进行了全面的规划扩建,使新旧景点融为一体,游览面积从 32 万平方米扩大到 130 多万平方米。全园分为鼋渚春涛、万浪卷雪、湖山真意、鹿顶迎晖、充山隐秀等诸多景点。

鼋渚春涛 鼋头渚公园景点中的精华,这里山环水抱,层次丰富,平山远水,组合巧妙,是吴中山水的典型。尤其每逢春天,暖和的东南风一吹,太湖无日不浪,特别是鼋头渚周围,奇石错列,危崖嵯峨,水波汹涌,惊涛拍岸,气势宏伟。明代无锡状元孙继皋曾吟有"天浮一鼋出,山挟万龙趋"的诗句。末代状元刘春霖特挥笔写下了"鼋渚春涛"四字,刻于鼋头渚石刻背面。这里是中外闻名的"太湖第一名胜"。

在走向鼋头渚的路上,门楼、牌坊、石刻一个接一个。第一个门楼在湖山之间,有青松掩映,显得雄伟而古雅,上刻"山辉川媚",点出了这里的风景特色。沿着数百米山花烂漫的杜鹃坡向前,只见一古色古香的牌坊,上刻郭沫若所书的"太湖佳绝处"。这里湖面被山林岛屿所环抱,显得清幽绝俗。在东边山坡上,云逗楼、花神庙依山而筑。云逗楼呈正方形,四面设窗,朱门金顶,由蔡元培题额。楼旁石壁上刻有田原所书的"渐入佳境",预示人们越向前景色越美。

云逗楼对面的长春桥畔有何绍基题写的"具区胜境"牌坊,它面湖临水而筑,斗拱飞檐,古趣盎然。"具区"是太湖别称,在此向对面望去,大、小箕山像一双鸳鸯一前一后在水中嬉戏。在牌楼前有一奇石,上书"古云石",拱手而立,酷似迎宾姿态。穿过牌楼,鼋头渚上的灯塔在树丛中隐约可见,灯塔有十多米高,浅红色塔身,酱紫色塔顶,显眼而又雅致,这是太湖船只进入犊山门的重要航标。如果乘船游览,在万绿丛中看到这明显的小塔,一眼就能认出鼋头渚。

长春桥 通向鼋头渚的一条石桥,仿颐和园玉带桥而建。它高耸于湖面,日照湖水呈浑圆形,堤岸两边遍植日本野生的大山樱花,枝干粗壮,花色华丽,每年四月上旬,石桥两岸,樱花夹道,嫣红粉白,烂漫如云,在青山绿水的映衬下,分外妖娆。每当樱花盛开之际,正是春涛初涨之时,既赏"长春花漪",又观"鼋渚春涛",一举两得,不亦乐乎!

光明亭 涵虚亭 在鼋头渚的充山顶端,有一座八角重檐金顶朱柱的亭子,远远就能看到,这是根据"大园宜露"的原则,作为点景之作。刘伯承元帅十分赞赏太湖景色,特为亭题了"光明亭"。此亭立于巨鼋之背,登临其上,四望周围,山重水复,景色猗猗,美不胜收。郭沫若为此曾吟有:"光明无上处,帆影见归舟。"

在充山之下,鼋头渚东端,有一方亭和光明亭上下呼应。此亭紧靠太湖,八月秋涨,湖水接岸,真有"八月湖水平,涵虚混太清"之大气,故名"涵虚"。

澄澜堂 雄踞鼋头渚高处,是一座宫殿式建筑,面宽五间,周围游廊,豁达宽敞,这是"鼋渚春涛"的主建筑,中堂匾额书有"天然图画"四字。两旁有楹联"山横马迹,渚峙鼋头,尽纳湖光开绿野;雨卷珠帘,云飞画栋,此间风景胜洪都",巧妙地表达了对太湖天然景色的赞美。此堂居高临下,视野开阔,万顷波涛,历历在目。从此循山南行,一个个亭台楼阁,旁湖而筑,游人可以从各个不同角度欣赏太湖之美。

横云石壁　从鼋头渚沿湖向南,奇峰怪石组成弧形水湾,在悬崖峭壁之上,有好几个巨型石刻,上书"横云"和"包孕吴越"等字句。据传清代无锡县令、书法家廖纶于1891年正月与友人乘船同游到此,觉得此处景色秀丽,气势雄伟,欣然挥笔题字,并命人镌刻于石上。他雄健的字迹,使湖山增色,并把游人带往遥远的两千多年前吴越在太湖发生的"夫椒之战",吴王虽然胜利了,但他骄奢淫逸,结果很快被越国所灭。如今人们在这大好湖山中发现"包孕吴越"四字,必然会对历史陈迹产生无限遐想。

当年这位县令乘船从湖中观赏鼋头渚,只见上下苍茫,天水一色,湖岸一带迷蒙的景色,好似横在半空中的一抹彩云,故题下了"横云"两字。

另有一块扁平巨壁上,刻有"明高忠宪公濯足处"八个大字。"高忠宪公"指的是明代东林党首领高攀龙。他对当时的朝政腐败、奸党当道十分不满,便隐居蠡湖,常到此濯足,后人为了纪念这位具有高风亮节的名士,特在此刻石。

飞云阁　阚风亭　从澄澜堂南行,在紧靠湖边的山崖上,有一两层楼阁,名"飞云阁",从此回望鼋头渚,只见巨石卧水,白浪飞溅,巨石上灯塔耸立,直指青天,可以从侧面欣赏鼋头渚的壮丽景色。

阁下有一圆顶方架小亭,名阚风亭,"阚风"是传说中的仙境,此处风景上依青翠山峦,下临浩渺碧波,朝观红日东升,暮赏夕阳霞飞,实为人间仙境。

憩亭　戊辰亭　沿山径继续前进,见一方亭有拱券门通往山顶,名"憩亭"。游人至此可以小坐休息。壁间嵌有很有文物价值的石碑,上刻明代书画家王问于71岁时书写的《湖山歌》。王问是嘉靖进士,曾在户部和广东任职,为官清正,但因不肯为五斗米折腰而得罪了上司,毅然辞官归里,赡养老父,筑室湖上,以诗画自娱。这首劝君归隐的《湖山歌》诗意深沉,字迹遒劲,刻工精湛,是一件书法和文学艺术的珍品。爱好书法的游人除了能欣赏这块珍贵的石碑外,还能看到附近一勺泉边的"源头一勺",及"天开峭壁""劈下泰华"等石刻,它们也都出自这位书画家的手笔。

过憩亭后,建有三层亭楼,因建于民国戊辰年(1928)而得名。它傍湖而筑,湖边遍植青松,挺立于风雨之中,因此曾改名为"劲松楼",有一首诗概括了这里的景色:"劲松楼上望,帆影接天遥。万顷波澜壮,临风意兴豪。"

陶朱阁　广福寺　在"鼋渚春涛"最东边,陶朱阁是为了纪念自号陶朱公的范蠡而建的,由书法家林散之题额。阁面湖而筑,重檐飞角,其东、西、南三面环廊,北面连接广福寺,廊前有紫藤虬枝盘绕。阁内悬有《范蠡西施泛踪太湖图》,画中功成身退的越国大夫范蠡,悠然去国立于船头,饱览太湖风光。而以身事越的西施,面朝里坐,美容不露,画家有意让游人各自发挥想象。

广福寺根据"广土众民同登福地洞天"之意而取名。据传始建于萧梁时期,列为南朝四百八十寺之一。1925年复建,地处深山幽谷,晨钟暮鼓,为园林景色增添了神秘的气氛。中国佛教协会前会长赵朴初特为该寺题"大圆满觉"匾。寺东在竹林掩映中有小南海等佛教建筑。

万浪卷雪　从鼋头渚的广福寺前的石径下山,见一天然水湾,湾间芦苇丛生,山岩壁间,松柏成林,一条弯曲的小堤,浮于碧波之上,中架一拱桥,名"万浪桥"。每当湖面风起,万浪齐涌,呼啸而来,拍打桥堤,浪花四溅,如漫天飞雪,故名"万浪卷雪"。这里是理想的欣赏太湖浪花的地方。但是在风平浪静之时,这里出奇地宁静,如逢薄雾轻飘,远山近水如蒙上一层薄纱,时有扁舟穿梭而过,气韵生动,景色动人。从万浪桥向南,见又一山渚伸向湖边,如鹰首昂扬,两岸青山,犹如苍鹰展翅,因此在巨石之上刻有"苍鹰渚"三字。并题有"鹰骞霜天"之句,点出了这里天高云淡、苍山如染的秋色美景。渚上还建有典雅清丽的小亭,名"卷雪亭",也是欣赏湖光山色的好地方。

太湖别墅　在鼋头渚后山的最高处,是万浪卷雪中的主要建筑。1927年由本地乡绅王心如建造,王心如是著名学者王昆仑之父。此别墅内有山馆、楼阁和园庐,其中的松庐是王昆仑青年时期的书斋,方寸桃园是王昆仑父母归隐修身之地。此园倚山临崖而筑,自成院落,院中有枇杷、丹桂,四周林木丛丛,十分清幽。

"七十二峰山馆",是别墅的主建筑,后有山泉小池,平坡之上广植龙柏、丹桂。前有平台,可望太湖中三山、马山、拖山、椒山等七十二峰,山馆因此而得名。现在这里是"王昆仑故居陈列馆"。山馆西坡有万方楼,叠石而筑,屹立于湖畔崖上,筑此楼时,正值日寇侵占我国东北,千万同胞遭难,因此以杜甫《登楼》中"花近高楼伤客心,万方多难此登临"之诗意命名。楼西南有"天霓阁",是欣赏夕阳秋水理想之所。

后山有一条山路直通山馆,是王昆仑为了祝其父母六十双寿于1936年建造的,名"齐眉路",以东汉时居无锡的梁鸿、孟光夫妇"举案齐眉"的故事赞颂二老。

沿路万竿秀竹,参天古松,空气清新,环境出奇地幽静,和山前景色有天渊之别,好似进入另一个休闲天地。

湖山真意 在鼋头渚景点南缘、倚山临湖处。从"万浪卷雪"的苍鹰渚向东,沿山林小道,过九松亭,在挹秀桥南堍,随曲折的蹬道向上,见一小亭名"点红",隐于松林深处,与紧贴石壁的半亭成为对景。过半亭,见一忽明忽暗的山洞,入洞曲折蛇行数十米,豁然开朗,景色突变,远山近水,气象万千,湖东十二渚和湖西十八湾成东西两翼,拱抱着浩渺的湖面,大小岛屿散立其中,鸥鸟横飞,帆影漂浮,虚虚实实,静中有动,景色生动而有韵味。

天远楼 建于1986年,是"湖山真意"的主要赏景建筑,它高两层,飞阁流丹,轩昂宏丽,高耸于画境之中,登楼可赏梅梁湖山水真趣,眼前烟雾迷蒙,群峰翠立。太湖北端进入无锡范围以后,成为山外山、湖中湖,山色湖光交相辉映的袋形大水湾——梅梁湖。这里是太湖山水组合得最巧妙、最秀丽的一个区域,以"平山远水,山长水阔"之天然美景著称于世。凡登上天远楼者,无不为眼前美妙景色所陶醉。明代著名书画家文徵明赞美这里的景色,写下了:"天远洪涛翻日月,春寒泽国隐鱼龙。"楼名由此而来。

挹秀桥 在湖山真意北边的山间峡谷之上,是一座大型立交风景亭桥,造型别致典雅。桥亭下是旱桥。西行穿过植有千株樱花的"中日樱花友谊林",约800米,可达鼋渚春涛,桥东连接"充山隐秀",过桥北上可登"鹿顶迎晖"。这座设计巧妙的亭桥,既能点景、引景,又能观景,使鼋头渚公园东西南北各景点融会贯通。

鹿顶迎晖 从挹秀桥北堍循山路蜿蜒而上,可登鹿顶山之巅,观赏日出朝晖。据传因曾有仙鹿寄迹其间,而山以鹿名。鹿顶山地处鼋头渚公园的中心,海拔高度为96.6米,除了东南边的仙人洞山和它相仿,其他各个山头都在其下,因此鹿顶山成了四周视线的焦点;同时它处在山环水抱之中,周围风景层次非常丰富,赏景范围之广、景色之美,其他景点望尘莫及。鹿顶山上有六个山顶,自东向西,精心布置了六个风景建筑,它们是:金沤亭、碑刻影壁、舒天阁、准望亭、仙鹿群雕、呦呦亭。

西子池 范蠡堂 相传当年越国大夫范蠡携西施隐迹于鹿顶山下的五里湖畔,所以在鹿顶山麓以西施传说布置了一些景色。从挹秀桥北上百米左右,沿途的古树、垂蔓、石壁、清池,点缀得使人爽心悦目,池壁之上刻有"照影"两字。丽人过此,倩影翩翩,名"西子池"。池畔建有小巧玲珑的轩亭各一,分别以"西子""淡抹"命名。这里宁静幽雅,清趣横生。

从西子池畔登山,在山腰处,有庄重端方的范蠡堂,堂中塑有神态自若的范蠡像,用无锡特有的泥塑彩绘而成。两面壁间,根据范蠡的传说分别制有"泛舟""养鱼""制陶""经商"这四幅影壁浮雕。

金沤亭　碑刻影壁　鹿顶山最东一个山顶上,构有"金沤亭"。以郭沫若《游鼋头渚》一诗中的"四围腾黛浪,万顷泛金沤"而定名。从这里东望,1934年建造的宝界桥和1994年建造的新桥,并驾齐驱,横穿五里湖面,如双龙卧波,十分壮观。北望梁溪,大大小小的鱼塘,如无数方形明镜遍布两岸,江南鱼米之乡风光历历在目。亭旁有环翠楼可供品茗,静观天光浮碧。

亭西一小山顶置一巨大影壁,正面刻有艺术大师刘海粟90岁时所书的"鹿顶迎晖"四个擘窠巨制,苍劲古朴,气势不凡,碑后刻有《鹿顶迎晖建设记》,文采飞扬,情景交融。

舒天阁　在鹿顶山六个山顶的中间,高三层,24米,正好是整个山高的四分之一,体量适度。为让游人环视周围各景点,采用八角四重檐的形式,使人登上高阁,凭栏环顾,"四时有景,八方入画"。毕竟鹿顶是高峰,情趣不与四周同,可以毫不夸张地说,浩渺烟波三万六千顷,尽收眼底;缥缈翠微七十二山峰,历历可数,使人不禁发出由衷的赞叹:"太湖真美啊!"

呦呦亭　此亭建于鹿顶山最西的一个山顶上,透过漏窗,窥见六只"仙鹿"栩栩如生地在第五个山头的芳草间悠然觅食。《诗经·小雅》中有"呦呦鹿鸣,食野之苹。我有嘉宾,鼓瑟吹笙",故以鹿鸣之声名亭。在群鹿雕塑下有一石潭,潭畔石壁上刻有元代孝子无锡隐士华幼武《登鹿顶山》一诗:"雨洗春泥软,山高客兴孤。振衣临绝顶,拊掌望平湖。尘雾遥连楚,烟光直过吴。乾坤万里阔,不泣阮生途。"说明这里的优美景色很早就被文人雅士所赏识。

充山隐秀　从鹿顶山盘山公路下,过挹秀桥,就入充山隐秀。这里原名"若圃",也称"陈家花园",由一位陈姓工商业者在1928年建造,抗战时荒芜,后成为苗木场。1984年,开始按观赏植物园的格局建设充山隐秀,面积从原有的60亩扩大到160亩,分春花、夏荫、秋色、冬景四区,寓科普于游览之中。

从公园游览车停车处南边随石径而行,可见草坪清潭、小岛疏柳、石桥亭影。岛上建醉芳楼,登楼小憩,窗外水光摇影,新绿欲滴。稍远处,古雅的杏花楼倚山而筑,周围杏林层叠,初春时节,杏花如云,杏香轻溢,大有"借问酒家何处有?牧童遥指杏花村"的意境。从这里绕小亭,过曲桥,穿过竹影婆娑的"个亭",顺着弯弯曲径,进入树林深处,这里有大可合抱的鸡爪枫,每逢深秋,如一片红霞,飘入绿树丛中。这里还有繁花如雪的百年茶梅和松针如拂的大王松,其他观赏植物不胜枚举。

聂耳亭 在花木葱茏、大树掩映下,一座小型楼阁式建筑屹立其间,有两层,四面有窗,后有清池,环境幽静。1934年上海联华影片公司在此拍摄《大路》外景时,音乐家聂耳、剧作家于伶、导演张瑜和一些电影明星汇集于此。当时聂耳负责此片的作曲,独住这小阁楼上,写下了《大路歌》和《开路先锋》。1959年重修此阁时,定名为"聂耳亭"。1961年于伶旧地重游,写下了一首词,深深怀念这位杰出的音乐家:"鼋头独立,旧地重来何悒悒。断续歌声,水天遥忆故人劫。行行何去,湖畔尽多留情处。《先锋》《大路》,灼灼陈园春长驻。"1981年重新整修此亭,于伶特书亭额。亭旁还建立了聂耳纪念室,亭前安置了洁白的聂耳半身塑像。

江南兰苑 在南犊山北麓,可顺齐眉路向上,沿途茂林修竹,鸟语啁啾,不远处有座小兰亭立于清溪之前,跨拱桥,穿清幽小道,古朴的苑门,隐约可见。兰苑从自然地形出发,因地制宜,辟幽谷以留馨,构静室供细品,在方圆不过数公顷的天地中,一草一木、一水一石都布置得十分精到。

入苑门,见湖石假山与涧道构成前庭,假山之巅香帘瀑布,跌宕而下,顺流芳涧,环曲萦回。周围配植各种花卉,疏密有致,浓淡相间。展室主厅兰居和接待室由曲廊相连,这组建筑青瓦粉墙,简洁而富有变化,突出了江南园林的淡雅风格。屋后翠竹千竿,随风轻摇,景色宜人。室内盆盆青翠的兰蕙,幽香四溢,壁间点缀着名人颂兰的字画,增添了人们赏兰的兴味。循曲廊前行,左右翠嶂扑面,浮云片片,幽香阵阵。这里荟萃中外名兰,光江浙一带佳种就有上百种千余盆,其中有名种"绿云""神鼋冠"以及代表无锡的"西神"等。兰花品种之多可独步江南。1991年以后,在东部陆续建造了几座十分讲究的江南民居形式的石库门大门,由匡亚明题额,并增建了国香馆、绿云轩,使更多的名兰有被欣赏的机会。1994年10月,中国书法家协会前主席、82岁的启功参观后,亲笔写下了如此评语:"平生所见南国园林,宏伟瑰奇有过于此者;而幽静芳芬必以斯园为巨擘,流连欣赏,不能离去。"

三山映碧 站在鼋头渚西望,三山像首尾相接的三只神龟,浮游于万顷金涛之中。此景实际由四个小岛组成,首、尾两山名东鸭、西鸭,主峰名大矶,它前面的小石礁名小矶,大矶、小矶之间由一条土埂相连。从鼋头渚望去,山影重叠成了神龟之背,于是四岛便成了三山。早在明代有位杭淮的进士曾形象地描写三山的景色:"平湖突兀涌三山,望入苍烟缥缈间。蓬岛天连青未了,星台落槛秀堪攀。"

三山距离鼋头渚约2.6千米,面积12万平方米,现属鼋头渚公园,有游轮可达。它处在太湖北端、梅梁湖大水湾的中心,是湾内各景点视野的焦点,并为各景点创造了中景。它体量不大,却以小见胜,若隐若现,时浓时淡,像烟波中的蓬莱仙岛。岛上林木繁茂,清幽宁静,山上有耸翠楼和文徵明《太湖》诗碑亭。登山远望,真有"四围腾黛浪,万顷泛金沤"之感。林间矶滩,时有鸥鹭飞翔、野猴争食,与对岸景色相比,另有一番野趣。

红梅阁 位于常州城区东郭红梅公园内,园以阁名,是园内一处古建筑。

据《咸淳毗陵志》记载,红梅阁为唐昭宗年间(888—904)所建的荐福寺的一部分。宋时曾作为贡士试院,相传又曾为北宋道教南宗始祖张紫阳著书之所。淳熙年间(1174—1189)毁于战乱。元代重建,改名为玄妙观,改阁为飞霞楼。元末战乱,飞霞楼毁。明代在楼旧址建红梅阁,历经兴废。清嘉庆年间(1796—1820)道士徐浣梧复红梅阁,咸丰庚申年(1860)毁于兵燹。现存建筑建于光绪二十六年(1900),历时三载,阁成。

红梅阁建造在人工堆筑的2米高的土台上,重檐歇山式,分上下两层,下有围廊,下层戗角处砌转角立墙承重。阁面阔五间,高近20米,正面中央三间,各装方格长槅,正中六扇,两边四扇,东西尽间筑墙。上层周围辟牖。前后四周原筑垣墙,南端置冲天石坊,青石柱头刻云鹤纹,工法古朴,可能是旧址遗物,石坊额刻"天衢要道"四字,有明崇祯丁丑年(1637)题款。楹联为"道有源头,立言立功立德;工无驻足,希贤希圣希天",保留着道观色彩。阁前院内竖立着元代天庆观牌坊石柱,曰冰梅石,因柱石沥纹作冰梅状而名之。阁内嵌有道家"张紫阳先生之像",乃清光绪年间建阁刻石;阁东转角立墙上有光绪二十六年(1900)《重修红梅阁记》碑。

旧时红梅阁,院中植梅林,竹木蓊翳,稍南为太平寺浮图,潭心倒影。凭栏南眺,河水抱帆,西瞰菜畦一碧,其上金碧光辉与天宁寺之九莲阁巍然对峙。启北窗风动碧梧,翠竹间红梅在焉,花如绛雪,香沁心脾。其境幽旷,琼绝尘表,漫步其中者遐想仙踪,往往流连忘返。历代题咏颇多,清代孙星衍、黄仲则、洪亮吉、赵味辛等人,时而相聚于此,过饮唱和,赵瓯北有诗称:"出郭寻春羽客家,红梅一树灿如霞。樵阳未即游仙去,先向瑶台扫落花。"此处在古时常常被称为"常郡之巨丽","似仙都之仿佛"。

1949年后,在红梅阁院落外,扩建红梅公园,占地五百余亩,不断添设游览景观。红梅阁于1991—1992年间重修,四周原筑垣墙已去,四面扩建台基为两层台式,设石栏、台阶,改封闭式为开敞型,使内外空间更加流通,成为人们赏景观梅的好去处。现被辟为红梅公园内一处重点景区。

云台山 位于江苏镇江市区西北,是城内的一所山水名胜园林,景区范围为伯先路、京几路、小码头街、西津渡街。所围区域,面积约14万平方米,主要由伯先公园、西津古渡两个景区组成。

云台山古名"算山"。因"山多泽蒜","以出山蒜著名",故亦称"蒜山"。又因古时此山长期属于金山丛林所有,并与之隔江相望,故而当地民间称其为"银山""银台山",后变音为"云台山"。

云台山北麓山峰兀立,巅端开平,已成市区的一部分,西侧峰下,当年皆为大江水域,峰面原系临江水面的陡壁与渡口,近300年来江沙沉聚淤积,遂成平陆,并逶迤而西,与金山相连。现西津古街待渡亭即是镇江历史上的大古渡口,亭下数十级石梯即古码头所在地,面对滔滔长江,古名西津渡,亦名金陵渡。清代初年,于一侧玉山下又建"大码头",后因江滩淤涨,山下江面逐渐北移,山腰坡度形成滨江街道,因这里可西渡金山、北渡瓜洲,是去扬州的必经地与起点,故街道日益兴盛,成为楼肆商行标立的古商业街与古交通要道。

云台山冈峦起伏,高大雄峻,浓荫覆盖,景色清幽,层岩叠嶂,自然山林气息浓郁,登山四望,金山妍丽、焦山典雅、北固雄险、大江烟波、南郊叠翠,在其间可居城中而尽得佳山秀水、野林之趣,自南北朝以来,倍受赞赏。南朝诸多帝王登临赞叹,当时诗坛巨擘颜延之、谢庄、鲍照等兴游此山,对其伟巍蕴秀,皆留下赞美诗篇。宋朝苏东坡尤其青睐此处天然景色,曾作诗要求借得云台山一片松林长久卜居。山下的伯先公园,建于20世纪30年代,为纪念性公园,公园主区建筑在云台山南麓,公园坐西面东,依山而建,在充分利用山势和原有自然植物资源的基础上加以提炼升华,达到"虽由人作,宛自天开"的境界。

云台山前峰延伸到江边,为镇江古城西部屏障,历来为兵家必争之地。军事史的遗迹丰富。相传三国时,周瑜、诸葛亮曾在北山临江峰顶合谋击曹大计,两人手掌中各写一"火"字,相视大笑,遂定下"火烧赤壁"之计,因而云台山古名又称"算山"(即"算计"之意)。唐朝陆龟蒙《算山》云"水绕苍山固护来,当时盘踞实雄才。周郎计策清宵定,曹氏楼船白昼灰",即指此事。东晋时孙恩领导的农民军十余万人突击京口时,曾与后为南朝宁武帝的晋大将刘裕激战于云台山下。云台山顶伯先祠遗址东后侧之二翁亭,始建于宋代,于此凭栏四顾,京口山川,浩浩荡荡。宋杨杰诗云"海上波平千里白,江东兵壮万旗红。云开云合山头月,潮落潮生渡口风",写出了云台西津战略重地之壮势。

云台山的名胜古迹有独特之处,蒜山北麓有唐宋遗存的青石铺衢西津渡街,现为旅游观光街,石板巷道上曾留下数百年来磨印深陷之车辙。古街两侧,唐、宋、元、明、清,历代都曾留有遗迹、遗事。从观音洞、昭关石塔到西津古渡口、待渡亭等,都是具有文物价值的人文古迹景观。它们与山岭、江水完美地构成一个整体,成为很有特色的名胜古迹园林景区。

伯先公园　在云台山南麓,依山而建。其景色特点是充分利用山岭天然地形,于东南侧低地凿池,就石壁堆叠假山,沿山坡开筑梯台,层层推前,层层向上,形成水平和垂直方向的景观层次。游人拾级游览,但见水绕山转,山因水活,衬着花木建筑亭台,充满了空灵的生气。利用石岩崖壁加工而成的假山景、利用岩洞而组成的曲径幽洞之景,使游人赞叹不已。

其中最引人注目的是倚云亭及翠绿茶社,倚云亭位于原齐轩亭旧址,1984年兴建,大角攒尖顶,翼然于临市峭壁。于此可近览港街景,屋宇鳞次栉比,红尘万家灯火。远眺可尽收北固、焦崖、大江、南山诸景,直至茅山诸峰,可隐见其于烟霭间。

翠绿茶社原为八角平面单层建筑,后圮。1983年于原址重建,规模扩大。正厅三间,外回廊,歇山透花脊。三向设门,均置石匾,正匾为"翠微绿漪"。厅内柱联为"翠色满园,七碗茶香留上客;绿荫遍地,四时华放吊英雄",厅内品茗,可俯视莲池绿波粉荷、山间如云游客,俨如一幅"人在画中游"之景。

绍宗藏书楼　在山巅西侧,环境静谧清雅,林木葱茏。建筑为20世纪30年代中西合璧式风格,两层,附院落。建于1925年8月。金山原有藏书楼名"文宗阁",为清代分藏乾隆年间编纂的七部《四库全书》的全国七阁之一,后于咸丰三年(1853)毁于战火。20世纪30年代初,吴寄尘创建"绍宗国学藏书楼"于今址,是继文宗阁之意,时得柳诒徵、尹石公、冷御秋、严惠宇诸位人士赞助而成,专藏古籍图书,今已有8万册,其中不乏绝版、孤本、善本、手稿等具有较高学术研究价值的图书。

伯先祠遗址　伯先祠为公园初建时为祭祀赵伯先烈士而造的纪念性祠堂,位于云台山顶,后毁,现仅存祠基、石栏、石阶及巨型灵位牌一块(内藏)。祠址周围松柏银杏古老苍虬,林荫蔽室,气氛肃穆。于此,长江风帆,金、焦、北固三山峰峦,楼阁寺塔,均历历在目,气象万千,蔚为壮观。祠旧址东后侧有二翁亭。大角、尖顶,木构架,始建于宋代,屡有兴毁,今存为晚清时建,近来修缮。据《金山志》载:"浮玉僧建亭蒜山之顶,丹阳新旧太守林子中、杨次公首登之,因名二翁亭。"宋代杨杰诗云:"来陪杖屦蹑孤峰,故老旁观叹二翁。海上波平千里白,江东兵壮万旗红。云开云合山头月,潮落潮生渡口风。须约蒙庄老仙客,凭栏直下看龙宫。"

西津渡古街景 古街由市区银山门尽头起始,位于云台山麓。原为古渡口,因位于古城西3.5千米,故六朝时名西津渡。后因江面南涨北坍,渐成道路,名为义渡码头街,后又改称利民群巷,1981年更名为西津渡街。

由银山门五十三坡上趋,原为两侧弹石路面,正中青条石路轴面,曾留下百年来深陷之车辙。"五十三坡"意为童子拜观音五十三参,因前方有观音洞。此街原为渡江上金山、赴瓜洲必经之道,唐、宋、元、明、清、民国,历代都留有遗迹。自五十三坡门楼至古渡口共建有四道砖壁卷门,除门楼为1987年新建外,余者皆为明清遗筑。白石门额上分别题刻"同登觉路""共渡慈航""飞阁流丹""层峦耸翠""吴楚要津"。卷门历经沧桑,具有深沉的历史感。街后部为清末商业街,一式二层花栏楼肆,门市相连极具韵律。楼后山壁葱茏,古街犹如静处林谷之中。街至超岸寺止。古街1987年进行整体整修,砌青砖街墙,立街口门楼,铺通街石板,修卷门古亭。修旧如旧,修故如故,保持了原有的历史风貌。

这条长达千余米的古街景色,是我国园林造景中很独特的例子,街原由单调的交通道与过分热闹的商业街分前后两截相接而成。南部前区是长而静的交通道,于此,人为地设置了通道卷门楼,并点题式地设置了文学色彩浓重的景观匾额,使视觉上的层次感加深,从而使步履下的漫长感减少,并使路漫漫中卷门所隔空间相互渗透、延伸,神秘中得空灵,且充满了书卷气。南区道路一侧建筑中夹以景点,另一侧则砌以数百米青砖矮墙,把道下城市杂景加以屏障,使人处于狭长的空间气氛中,不受干扰,更显幽静深沉。此景观"佳则收之,俗则屏之"之法,加强了空间的深度感与历史的深度感,而矮墙的色彩素雅,高度适宜,虽长且围,但使人感受不到空间上的压抑。在这狭长的空间后面,出现过街石塔,正中居街心上空,造型精巧,色泽纯净,位置奇特。顿时,西街的特殊风貌即刻显现眼前,此是古街的中心景观与漫长"游览线"的高潮,同时又是长街南部古迹区的"收头"。此后即是古渡口、待渡亭,该亭奇巧地利用地形空间,并与卷门高壁组合,借一片墙而省略二翼角,为一任意四边形,二翼角;半歇山顶亭,且凌空于渡口石阶之上。其形制特别,景位极佳,亭内巨型白石碑刻"西津古渡"古画,艺术气氛浓重。此为古街的历史遗迹景观重心所在,是整个景区的点题景观。古画壁亦是古街北区商业街的起首区域，石塔与古渡两个中心景观毗邻，且位于长街整体的中心段位空间，遂构成主题景域，其无论选址与造景，还是各自的景象与双向的空间位置构图，都达到了匠心独运的完臻境界。古街北区的商业街则是一式两层花栏雕梁门面，如今尚遗存曲尺柜台的小店，具有当年民俗遗风，此区的"性格特点"与南区截然不同，但通过主题景位空间的既分割又过渡，古街南、北二区仍浑然一体，尽管前后风貌氛围相异，但在功能、内涵上却互补，组成一条景观景象多彩、构景艺术独特的古街，颇具"历史长河纪录"之概。古街的北区由蒜山峰与超岸寺收端，甚具气魄，且是绝佳对景，为古街增添了一份壮观，而整条古街紧贴云台山麓，山势及林木高倚一侧，此又为古街的另一"借山林成气概"的构景奇观。

古渡口 　古渡口位于蒜山麓，古名蒜山渡。六朝称西津渡，唐代称金陵渡。当年临滔滔大江，与北岸扬子津渡、瓜洲渡遥遥相对，为长江南北交通重要渡口。直至清初，又在玉山脚下设置"大码头"，古渡口被称之为"小码头"。后江滩淤涨，江面北移，古渡口上陆，坡度区域形成滨江市，南北长达二里许，商行林立，甚为繁荣。古渡口遗址今在西津渡街中段，尚有当年渡口入水石阶与待渡亭幸存。待渡亭始建年代可上溯到元代至顺年间，绍兴郡守程莲于玉山麓江畔建浮玉亭，后历代兴毁迁移至今址。清末后即纯属商行码头，供迎送商船队礼仪之用。亭高踞于渡口石阶之上，平面为任意四边形，一端依卷门山墙，一端出挑二翼角，形制独特，因地制宜。1987年按原样落地整修，亭内新置大型石碑，采山东白石制碑座碑身，碑面为清代周镐所绘"京江二十四景"之一的"西津晓渡"，阴雕线刻。自唐宋以来，历代著名文人于此古渡口候渡、迎送、吟咏者甚众，李白、孟浩然、苏轼、米芾等均留下诗篇。唐张祜《题金陵渡》诗云："金陵津渡小山楼，一宿行人自可愁。潮落夜江斜月里，两三星火是瓜洲。"据传元代时意大利旅行家马可·波罗于此登岸入镇江游历。

昭关石塔 　位于西津渡街中段。塔为元朝所建，喇嘛塔形制，白石镌制，高约5米，塔座双层，角均翘，座上置覆莲，上蹲塔身，塔身扁圆似钵形。塔身之上为"亞"字形塔颈，置覆莲座，上为"十三天"，又置仰莲座，上结宝顶。塔下为二品券门式塔基架，形成过街塔型，基架上刻"昭关"二字。塔重修于明万历十年(1582)，1987年加固塔基架。昭关石塔是中国现存的唯一的喇嘛塔形制过街石塔，在中国古建史上占重要地位。车来人往，必过塔下，富有独特的、浓郁的民族风格。塔南接宋代观音洞，洞外沿直削陡壁建有青砖高墙形成的"建筑"，洞隐入崖内，处理手法极非一般；塔北接救生会，为一封闭式进深院落群体，建筑空间处理甚佳。街巷深处连续砌青砖券门,因古街原是当年渡江上金山必经之码头,故门券石额上分别题刻"同登觉路""共渡慈航"等石匾,为这条古街增添了宗教的神秘色彩。"飞阁流丹""层峦耸翠"等券门石匾则概括了树木葱茏的云台山麓与古街浑然一体的自然风光特色,又使氛围古意盎然。此种设计独特、类型独特、风貌独特的古街是不可多见的。

救生会 救生会位于古街东端。前身为明崇祯中兴化人氏李长科所建避风馆,以利于江上往来者休息待渡,并募造救生船十只以拯救溺者。救生会成立于清光绪年间,以救援江上遇险之渡船渔舟。至今建筑群保存尚完整。清代咏京口避风馆诗云:"衮衮登楼兴,披襟坐上头。果知天地大,不尽古今愁。孤塔烟中断,诸峰波面浮。凭栏一长啸,明月夜横秋。"

超岸寺 位于西津渡口之西北、玉山之下、现小码头之西,始建于元代至大三年(1310),名为"玉山报恩亭"。明代弘治中,郡守王存忠重修。时有水府殿、观音殿、观澜亭、藏经阁、钓鳌亭等。清咸丰年间毁于战火。现寺为清末光绪年间重建。清康熙年间改成今名"超岸",取"超度众生,同登彼岸"之意。寺内藏有明永乐年间刻印的《藏经》,版本珍稀。并办佛学院,国外许多僧侣俱前往攻习佛经。兴盛期为镇江名寺之一,与金山寺、江天寺齐名。"文化大革命"时期被占用为仓库,现山门、大雄宝殿、藏经楼、偏殿基本保留原状,并存留清同治年间状元陆润庠题刻的"大总持门"石额。寺现为市级文物,被辟为镇江市革命历史博物馆。

莫愁湖 位于南京城西南,水西门外500多米处,占地46.9万平方米,其中陆地面积近13.4万平方米,其余均为水面,游人入园但见波光闪烁,湖畔胜迹毗邻。古代它曾享有"金陵第一名胜"的盛誉,"莫愁烟雨"被列为金陵四十八景之首,是一座一分园地三分水的纪念性古典园林。

莫愁湖历尽风变迁,这里原是长江与秦淮河的交汇处的河道,因江流西移而遗留下一片水面,古称横塘,因其傍倚石头城,又称石城湖,后因纪念洛阳女子莫愁而得名。北宋乐史所著《太平寰宇记》曾记道:"石城西有湖,名莫愁。"足见北宋已得其名。

莫愁湖风景较大规模的建设开发是从明代开始的。明洪武年间,朱元璋定都南京,喜爱此处风景美丽,遂沿湖筑楼,君臣常在此下棋,朱元璋佩服徐达棋艺,赐楼与湖园给徐达,楼曰"胜棋楼",湖园为中山王园,游人罕至。明亡,湖园日渐荒芜,华严庵等建筑皆毁,仅剩胜棋楼一座。清乾隆五十八年(1793),江宁知府李尧栋自捐俸银,整修华严庵,建苏合厢、郁金堂,补筑湖心亭、赏荷亭、光华亭等,并广植花柳,使它恢复了"金陵第一名胜"的丽姿,名噪一时。清郑燮赞美道:"湖柳如烟,湖云似梦,湖浪浓于酒。"袁枚曰:"欲将西子西湖比,难向烟波判是非。但觉西湖输一著,江帆云外拍天飞。"这些诗写出了莫愁湖柔丽、淡雅、平远的自然风光。平时,文人墨客丹青结社,题咏甚多,弦歌不绝,游人不断。咸丰六年(1856),洪杨兵变,莫愁湖建筑、古迹毁于兵火,荡然无存。同治十年(1871),两江总督曾国藩予以重修,旧观渐复。光绪十四年(1888),江宁藩司许振祎于郁金堂西、临水之上营建曾公阁,该建筑现已湮没。民国期间,韩国钧、石瑛两度"踵美前修",并在"西南隅拓地为亭,带以小池,编茅引泉"。1929年莫愁湖被辟为公园,供游人览赏。

1949年后,南京市政府曾于1952年、1958年先后两次对莫愁湖进行过大规模修葺,疏浚湖床,造山植树,绿地铺路,恢复古迹名胜。今日的莫愁湖,已是自然景观与人文景观有机融合的纪念性园林。它水域开阔,碧波激滟,湖滨亭、堂、楼、榭错落,曲径幽秀。春日,柳丝拂波,花儿浪漫;夏天,荷香绕岸,绿叶覆池;秋季,枫红桂香,月明水碧;冬日,银装素裹,山水如画,四季景致宜人。莫愁湖有石头城、清凉山的依托,自然山水宜人,更有丰富的古迹名胜和历代文人墨客的文藻辞章,成为古都南京一座很著名的古典风景园林。

胜棋楼　位于莫愁湖南岸、华辕轩北侧,是一座具有明清风格的历史建筑,造型庄重,工艺精美,青砖小瓦,古色古香。楼分二层,各有五楹,面南落地雕花长窗,檐下正中悬挂清代状元梅启照所书"胜棋楼"匾额一块,楼下大门两侧立柱挂有一联,为清光绪癸未年(1883)所题:"粉黛江山,留得半湖烟雨;王侯事业,都如一局棋枰。"对仗工整,含义深刻。胜棋楼始建于明初,原是明太祖朱元璋与中山王徐达弈棋之处,相传当年明太祖朱元璋与中山王徐达经常在此对弈。尽管徐达的棋艺十分高超,但每次总以失败告终,其中奥秘朱元璋心里也十分清楚,不是徐达艺不高,而是胆不壮,怕有胜君之罪。有一次,朱元璋事先向徐达说明,要他拿出真本事来对弈。这盘棋从早晨开始直到午后不分胜负。后来朱元璋连吃对方两子以为领先,便问:"将军为何总是迟疑不前?"徐达答道:"请皇上明察全局。"朱元璋低头仔细一看,不由得大吃一惊,只要徐达再走一子,自己就要陷入困境,而对方阵势摆得更为绝妙,只见徐达用棋子摆成了"万岁"二字,朱元璋由惊异转为欣喜,暗暗佩服徐达的用心良苦和棋艺高超,只得认输。为了表彰徐达,朱元璋就把这座楼连同莫愁湖赐给了徐达。如今楼上布置的龙椅、棋桌均是珍贵文物,君臣对弈蜡像,神情专注、栩栩如生。照壁中堂悬挂女书法家萧娴撰书的"钟阜开基,石城对弈"对联,言简意赅,造诣高深,寥寥数字将一个历史故事表达得淋漓尽致,隶书笔墨酣畅,气势雄劲。登楼北眺,钟山龙盘,石城虎踞;俯瞰湖面,波光云影,尽收眼底。据史料载,胜棋楼曾多次遭受自然灾害和人为战乱的破坏。而今,这座具有五百多年历史的古建筑重新焕发出生机。

郁金堂 莫愁女故居,是一座古式古香的四合宅院,整洁幽静,古朴雅致。苏合厢坐南,郁金堂坐北。郁金堂是莫愁女故居的主建筑,与胜棋楼相毗连,位于楼的西侧。相传莫愁远嫁金陵卢家后居住在这里,唐代诗人沈佺期曾有诗云:"淡烟疏雨似潇湘,燕子飞飞话夕阳。何处红楼遥问讯,卢家少妇郁金堂。"现堂为清乾隆五十八年(1793)复建,临水面北,二跨六间砖木结构,临水一跨为传统卷棚工艺。堂内曾悬莫愁肖像,其旁曾悬有清人彭玉麟所书楹联:"王者五百年,湖山俱有英雄气。春光二三月,莺花全是美人魂。"现联已佚失。堂檐下正中悬巨大烫金字"郁金堂"匾额,是近代艺术大师刘海粟手书。堂中红木桌椅、妆台,雕镶精巧,分隔布置成书房、客堂、卧室。客堂中有莫愁端坐、刺绣劳作之塑像,形象美丽端庄,楚楚动人,令人流连忘返。

宅院内壁镶嵌清代文物、莫愁女石刻像和梁武帝萧衍为莫愁而作的《河中之水歌》诗碑,楷书丰润温雅。1964年郭沫若先生的题诗"古有女儿莫愁,莫愁那得不愁。如今天下解放,谁向困难低头",也勒石成碑,为人观瞻。

莫愁像 在莫愁水院中。莫愁湖水面大,自然山水风光十分吸引人,但对游人最具吸引力的是古迹建筑景,它北临莫愁湖,由华严庵、胜棋楼、莫愁故居、水院组成。从故居宅院月洞门穿过,便到此莫愁水院,院四周红栏回转,环廊贯通,水院中央立着汉白玉雕刻的莫愁采桑像,在清澈的池中犹如踏浪归来。她头上发髻高绾,素裙垂地,手挎桑篮,神态自然,栩栩如生。这座雕像,是现代雕塑家根据历史资料精心雕塑的。环绕在池水四周的曲廊,又巧妙地连接着赏荷亭、四方亭、光华亭和待渡亭,建筑精致,别具风格。穿过清池回廊,西出待渡亭,眼前又是另一番景象:宽阔的湖面,波平如镜,别致的湖心亭似水上楼阁,托浮在湖的中央;石头城、清凉山,隐峙于湖的对岸;环湖而植的翠柳,远望犹如给碧湖披上了一道绿纱。除了莫愁像,此处又荟萃了众多诗画墨宝。赏荷亭内文坛泰斗、书画名家鲁迅、钱松喦、刘海粟、林散之等撰题的石碑,诗书兼备,供人们欣赏,引发怀古情思。莫愁水院的人文景观集历史、文化传说与建筑、雕塑、石刻、楹联为一体,充分展现了莫愁湖园林景色中的人文艺术魅力。关于莫愁女的身世,众说纷纭。历史上文人墨客所留诗词歌赋甚多,流传至今的就有三百余首。相传莫愁是河南洛阳人氏,南朝梁武帝时人，幼年丧母，与父相依为命，每日父亲上山采药，替人治病，莫愁则在家中采桑养蚕，织绮劳作。莫愁15岁那年，父亲在采药途中不幸遇难，莫愁凄彻心脾，肝肠寸断，因家境贫寒，只得卖身葬父。当时，都城建康有一员外姓卢，前来洛阳经商，偶遇莫愁遭难，他见莫愁美丽端庄，知书达理，产生了同情和好感，在帮助莫愁料理完丧事后，带她来到建康，让她与其子成婚。莫愁与卢公子婚后生活美满。时年梁武帝已七十高龄，闻报水西门外里许，卢家庄园牡丹盛开，即着便服前往赏花，员外惊喜见驾，带领家人跪迎皇上。只见园中牡丹烂漫，姹紫嫣红，那"魏紫"窈窕多姿，"姚黄"丰肌弱骨，还有朱砂红、玉版白、瑶池春、粉二乔……圣上如痴如醉，赞不绝口，遂问道："此花何处得来，何人所栽？"员外跪答："此乃洛阳名品，为儿媳莫愁所栽。"圣上当即传莫愁见驾，只见她若轻云蔽月，如流风回雪，素质盈盈，娇媚无比，真乃国色天香。圣上遂起占有之心，传旨让卢公子征戍辽阳，召莫愁进宫为妃。莫愁得旨，奋力抗争，宁死不屈，投横塘而死。梁武帝见一个柔弱的民间女子精神和人格如此刚烈不阿，良心触动，加之惧怕佛门因果报应之说的应验，将莫愁身世作歌一首，以示纪念。"河中之水向东流，洛阳女儿名莫愁。莫愁十三能织绮，十四采桑南陌头。十五嫁为卢家妇，十六生儿字阿侯……"《河中之水歌》与莫愁女传说，广为传诵、流传千古。

莫愁烟雨 清代"莫愁烟雨"被冠以金陵四十八景之首，见于清人绘制的《莫愁烟雨图》。钟阜石城横亘于前，江外诸峰遥相映带，湖域开阔，水波激荡；湖畔杨柳，垂条千丝，柔枝万缕，追风拂面；小桥、亭、榭错落，相映成趣，这是大自然赋予它的独特美景。雨前，清雾浮荡湖面，黑云压着湖畔的楼榭，水中的倒影静止了，伸展不开了。一会儿，雨珠在湖面跳落，泛起一层水汽，"忽如大珠小珠落玉盘"，倒影摇曳了，散开了，给人一种迷蒙的感觉，被雨丝水汽缭绕着的亭、台、楼、榭透出千般缥缈与迷离，呈现出为细雨轻烟所笼罩的朦胧美。有时，大雨倾盆，"一片汪洋都不见"。云水苍茫、流水汇聚，湖深水激，漫溢驳岸，直到雨停风止，"云向青山缺处流"，烟水平静下来，化解开去。有时东边下雨西边晴，湖上散布着流云，夕阳透射出云隙，为云霞镶上一道金边，天空显现出一抹彩虹，而这边雨淅淅沥沥、纷纷扬扬地下着。

雨过，莫愁湖的山水焕然一新，远山格外清，湖水格外碧，湖岸垂柳绿树显示出翡翠般的鲜亮色彩。"莫愁烟雨"美在神奇，神在烟雨迷离，奇在变幻莫测，令古今揽胜者叹为观止。

莫愁海棠 莫愁湖的主要植物景。海棠是蜀地名花，"其株翛然出尘，俯视众芳，有超群绝类之势",宋代诗人陆游赞海棠"一枝气可压千林",清代《广群芳谱》誉之为"花中神仙""人间尤物"。因其灿压群芳、柔情万般,花繁、叶茂、色胭、态娇,历代诗人比喻它为深闺中的美妇、纯情的少女。"女儿花"虽艳无俗姿,但是真富贵,由此联想到莫愁,她的一生如海棠那样风姿高秀、超远清空,她怨而不怒、命运跌宕,豪华与富贵改变不了莫愁勤劳、善良、纯朴的本质,她是真、善、美的化身,与海棠一样,为后人千古传颂。

20世纪60年代初期,莫愁湖就采用与莫愁女个性相似的花卉树种——海棠为主调植物配植大量引种,精心培育,目前已具有蔷薇科木本海棠垂丝、贴梗、西府、木瓜、玉白梅、长寿冠、樱桃叶等29个品种,共1500余株。每当春至,园内绯红如云,鲜媚殊常:垂丝柔枝长蒂,色韵芳菲;西府点点胭脂,春容明媚;贴梗红绿,浓淡相宜。自1981年以来,公园逢海棠盛开之际就举办海棠花会,以花会友,进行文化交流。文艺演出、书画家笔会、传统体育表演与莫愁海棠相呼应,一派闹春气息。

海棠科草本植物秋海棠及其观叶植物是莫愁海棠的又一脉,与木本海棠有异曲同工之妙,一样久负盛名。秋海棠嫩叶艳丽饱满,叶色丰富多变,盆栽点缀清新幽雅,切花装饰温馨美丽;配植庭院、布局花坛,新颖自然,是上等品位花卉。莫愁湖自然条件得天独厚,园艺工人技术精湛,秋海棠所属的二十多个品种以及由秋海棠延展的凤梨、五加、胡椒等其他科属七十多个品种的观叶植物,同样享有"莫愁海棠"的声誉。

雨花台 位于南京中华门外的南郊,距城约2.5千米,为古时著名的风景园林。台实为一片高约100米的山岗,长约3—3.5千米,因山岗顶部地形平坦,如平台一般,故称。雨花台大致分为三个部分,东称东岗台,因东晋豫章内史梅赜原住在这里,所以又称梅岗;中为中岗台,原是明代南京城外郭凤台门所在地,又称凤台岗;西为西岗台,但因东岗台和中岗台紧密相依,而西岗台则远在数里之外,所以人们又习惯将东岗和中岗合称为"雨花台",而将西岗台称为"菊花台"。

风景秀丽的雨花台,自古就是金陵名胜之地。据《丹阳记》记载,江南登览之地共有三处,雨花台即其中的一处。登山远眺,江峰环抱,近观城堞,景色壮丽。清代小说家吴敬梓的《儒林外史》一书中就有几处关于在雨花台看落日的描述。雨花台最负盛名的是雨花石,它是自然造化变幻出来的一种纯天然的艺术品,这些小卵石色彩艳丽而又协调,常常构成形形色色、生动逼真的图案,有的如天然山水,有的似禽鱼鸟兽,有的像奇花异草,美不胜收,令人目不暇接。除了色彩图案,雨花石的形状也甚为多样,有的扁如饼,有的圆如球,有的形如卵,有的状似核桃。若将它们放入碗盆内,注入水,置于案头,别具一番情趣,是古代文人雅士很喜爱的清玩供品。据考古,在南京鼓楼阴阳营的氏族公共墓地里,就已发现死者的口中和身旁,放着多枚雨花石,可见当地人对此美石的喜好,已经有五千多年的历史。雨花石虽然产于雨花台,但并非雨花台固有,它是大约二三百万年前,由古长江水搬运到此的。当年,滔滔江水带着上游冲刷下来的碎石,经过长距离的翻滚、跳跃、摩擦、碰撞和水流的冲蚀,变成了光润的卵石,在长江古河道一层层地沉积下来,形成了数十米厚的雨花台砾石层。此后经地壳运动,地形升高,江流北迁,便形成了南京南郊的雨花台高地。因此,风景中的一块小卵石,也包含着丰富的地质科学知识。今日雨花台风景以植物景取胜,由于中台现辟为烈士陵园,故遍植林木,约有87.1万平方米,主要栽有雪松、龙柏、水杉、桂花、玉兰以及大面积的竹林,形成了绿色的海洋,四季常春,郁郁葱葱。而在古代,这一带由于风景秀丽,故寺庙极多,从南门出,一路上寺庙相映,钟磬相闻;祠墓星罗,布满山麓。寺有普德寺、天界寺、碧峰寺、高座寺、永宁寺等;庙有仓盛庙、刘猛将军庙、八腊庙;祠有三忠祠、先贤祠、府尹王公祠、织造曹公祠等。这些古刹至今仍留有遗址,成为人们游览雨花风景时,探幽揽胜和发思古之幽情的好去处。

江南第二泉 位于雨花台东岗上。泉水清澈,周以山石甃池,一旁假山石上,醒目地悬挂着写有"江南第二泉"五个大字的匾额。这口泉有两孔,水量虽然不大,但清冽甘美,味色俱佳,宜于饮用,原称为"雨花泉"。东晋时期已十分出名,亦称"甘露井"。当时,泉旁原建了一座高座寺,也因此而改称为"甘露寺"。南宋时,大诗人陆游在游雨花台时,喝了这里的水,称它为"江南第二泉"。明代赵谦为之亲自书题了"江南第二泉"的匾额。现嵌于泓池之旁的匾题为现代书法家重书。

在江南第二泉的泓池之上,有一座幽静别致的茶社,东侧是一组新建的具有民族风格的园林建筑——曦园。进入曦园,一条由雨花石铺成的小道直通向北侧的两层楼阁。楼阁依山而筑,厅内窗明几净,堂前点缀以山石、水池,四周均植以松竹、花草,是人们游览之余休憩的好地方。游客至此,还可以喝上一杯香醇的雨花茶。雨花茶是1959年开始生产的一种高级绿茶,它没有老叶,每0.5公斤干茶要用三万余个嫩芽尖制成。干茶两端略尖像松针,白毫显露,茶色碧绿。开水冲泡后,汤色清亮,香气高雅,入口茶味浓郁鲜醇。常饮可明目提神,帮助消化,利尿解毒,现已成为中国经典名茶。

杨忠襄公剖心处 雨花台的又一处古迹,原来在宋朝建的褒忠庙内,现仅留石碑。杨忠襄公本名杨邦乂,字晞稷,北宋吉州吉水人,抗金英雄。1129年,金兵南犯,攻入建康(南京),当时任"建康留守"这一重要职务的杜充,采取不抵抗的态度,放弃了城池,逃过长江,在江北的真州(今江苏仪征、六合等地)向金兵投降。建康失守后,金兵涌入城内。当时的金兵统帅金兀术企图让担任建康府判的杨邦乂投降,但是杨邦乂不为敌人所引诱,坚贞不屈,遥指金兀术大骂:"若以夷敌而图中原,天能久假乎?恨不磔汝万段!"金兵大怒,将杨邦乂处死,并剖腹取心葬在这里。后来,宋高宗赵构为了表彰杨邦乂的忠心报国,特地在这里建起了忠襄公褒忠庙,亲赐"褒忠"庙额,立"杨忠襄公剖心处"石碑。褒忠庙已于清咸丰年间毁于兵火,而石碑保存完好,因园林扩建需要,现移至雨花台北山麓。

玄武湖 位于南京城东北,总面积473万平方米,其中水面积368万平方米。它东枕钟山北麓;西、南临明代城垣,鸡笼山、覆舟山环绕湖南,湖北隔龙蟠路与南京火车站相望,周长约15千米,是一座紧靠南京城的山水风景园。

  玄武湖历史极为悠久,它最早的名称叫桑泊。秦时名秣陵湖,汉末改称为蒋陵湖。东吴时,孙皓"开城北渠引后湖水流入新宫",后湖名声始著。晋元帝疏浚湖床,以便操练水军,因湖在金陵城北,故又更湖名为北湖。

  南朝时,玄武湖进入了它在历史上的鼎盛时期。出于帝王之都"四神布局"的需要,又由于宋元嘉二十三年(446)湖中两次出现所谓的"黑龙",湖名开始改称为"玄武"。宋文帝在湖中立蓬莱、瀛洲、方丈三座神山,春秋祭祀;旋即又在湖侧建孚泽庙,号黑龙潭庙。宋元嘉时还于湖南建了四所亭台和皇家花园乐游苑,大明三年(459)又于湖北建立西苑,后改名为上林苑。齐武帝时,萧赜把玄武湖作为狩猎场所,经常深更半夜出宫,带领宫女万余人,浩浩荡荡赴玄武湖至琅琊山一带(今和平门外石灰山)张弓猎兽,兴尽才归。梁代昭明太子萧统在湖畔的玄圃立亭馆、凿善泉池,邀集名人学士,游咏其间,编撰《文选》,创造了晋宋以来未曾有过的文学盛况。

  从东晋到梁代,玄武湖先后有过昆明池、饮马塘、练湖、习武湖、练武湖等名称。这均与六朝时期的统治者把玄武湖当作皇家水军的训练场和阅兵场有关。宋大明七年(463),宋孝武帝"克日于玄武湖阅水师,号湖曰'昆明池'",他亲自披甲指挥,湖面上雕旗兽舰,呐喊震天,意在自比汉武帝,雄心勃勃地想统一中国。陈太建十一年(579),陈宣帝"命都督任忠帅步骑十万陈于玄武湖,都督陈景帅楼舰五百出瓜步江",自己则"登玄武门,亲宴群臣以观,因幸乐游苑,设丝竹会,仍幸大壮观,集众军振旅而还"。场面极为壮观。那时的玄武湖水面极为辽阔,"北至红山,西限卢龙",面积是今天的3—4倍,又靠近皇家宫苑,因此是理想的水军训练场。据史载,六朝时期的阅兵活动有八次之多。

隋唐以后,玄武湖随着都城的北移,逐渐衰落了。唐代颜真卿在长江沿岸置八十一所放生池,玄武湖也在其中,一度更湖名为放生池。李白游玄武湖时,留下了"亡国生春草,离宫没古丘。空余后湖月,波上对瀛洲"的佳句。韦庄的"江雨霏霏江草齐,六朝如梦鸟空啼。无情最是台城柳,依旧烟笼十里堤",更令人唏嘘不已。此外,还有李商隐的"玄武湖中玉漏催,鸡鸣埭口绣襦回",张九龄的"凫鹥喧风管,荷芰斗龙舟。七子陪诗赋,千人和棹讴"等诗句也很著名。

宋熙宁八年(1075),江宁府尹王安石奏准宋神宗,泄去玄武湖水,得田二百余万平方米。他把这些田地分给"贫田饥人"耕种,以缓解金陵土地兼并严重,"为富者田连阡陌,为贫者无置锥之地"的尖锐矛盾。王安石良好的主观愿望是不容置疑的,但是玄武湖因此而消失了二百多年,这对南京北部的农田水利是不利的。经过元大德五年(1301)、至正三年(1343)的两次疏浚,玄武湖才重新在南京版图上出现,但面积已大大缩小,大约只有六朝时期的三分之一了。

明洪武十四年(1381),朱元璋选中玄武湖作为明朝中央政府黄册的存放地,建后湖黄册库。玄武湖从此成为一代禁地,与外界隔绝了二百六十多年。

后湖黄册库有库房960间左右,先建在梁洲,后又扩展到环洲、樱洲,内藏黄册最多时达一百七十余万本,可谓"文册浩穰,漫若烟海"。它有一整套收集、整理、存放、查阅、保卫制度,无论从规模上看,还是从管理手段上看,它都不愧是我国古代最完备的档案馆,就算在世界上也是名列前茅的。

明亡以后,玄武湖重新对外开放,康熙、乾隆均曾来此游历,并留下诗词。同治以后,玄武湖有了一些园林建筑,两江总督曾国藩在梁洲重修湖神庙,增建湖心亭、大仙楼、观音阁、赏荷厅。左宗棠修筑了连通孤凄埂与梁洲的长堤,解决了游人游玄武湖时的不便状况。宣统元年(1909),端方、张人骏更开辟丰润门(玄武门),筑翠虹新堤,扩大湖内绿地,徐绍桢又建陶公亭及湖山览胜楼。从此玄武湖的众多古迹名胜又成为南京市民最喜游乐的风景点,园林建设更趋完善。

今日玄武湖已经成为集山峦、湖泊、古城、古迹为一体的综合性的风景园林,除了历朝遗留下的古迹传说之外,自然山水的布置及疏朗野趣的风格更是吸取了古典造园理论的精华,形成了湖岛相间、堤桥联络的格局,被人们所称颂。玄武湖水面为一菱形,中间散布着五座小岛,称为五洲,各洲的景色各有特点。西面为环洲,翠柳绕堤,有"环洲烟柳"之胜;北面为梁洲,秋满秀菊,有"梁洲秋菊"之誉;东面为翠洲,雪松挺拔,有"翠洲云树"之趣;南面为菱洲,钟山倒映,有"菱洲山岚"之秀;中间环洲所抱者为樱洲,花满四季,有"樱洲花海"之美。在各洲的林木花草之中,掩映着郭璞墩、湖神庙、铜钩井、闻鸡亭、览胜楼等名胜古迹,使园林美丽的自然风光中透露出点点的历史人文气息。

环洲假山 出玄武门,循翠虹堤东去前进不远,就是环洲。环洲是湖中最大的岛,位于西南方,旧名长洲,它像一条玉带萦绕着樱洲。进入环洲,首先映入眼帘的是一座湖石假山,占地约三亩三分六。假山玲珑剔透,峭拔挺立,众多的太湖假山石堆砌成了形态各异的园林佳作,它们或似苍鹰展翅,或似猿猴啸天,或似禽栖兽踞。假山最高处有六七米,可引人工瀑布飞流直下,泻入凿地而围的水池。水池利用地形高低差分成上、中、下三池,以悬泉、石溪连通。假山之间,则夹道崎岖,曲径盘旋,引人于怪洞奇石之中。

这一景区最引人注目的景观是两座珍贵的太湖石峰,峰一高一矮相对而立,人称"童子拜观音"。这两块巨石已有七百多年的历史,童子石高 3.6 米,宽窄为 0.7—0.8 米;观音石高 5.3 米,宽窄为 0.8—0.9 米,石顶弯垂犹如帽子,形态极似观音,因而得名。据考证,观音石系北宋花石纲遗物,南宋时移来南京,明时置于魏国公府第的遂初园内,1954 年迁入玄武湖公园。

郭璞墩 位于环洲西北、假山背后的林木深处,占地三亩。俗名为"郭仙墩""郭公冈",为东晋著名文学家、科学家郭璞的衣冠冢。

郭璞,字景纯,为山西闻喜人,他"学博才高,词赋超群",在文学、训诂学、天文学、自然地理等方面均有造诣,并善于阴阳卜筮之术。公元 322 年,东晋大将军王敦谋反,命郭璞占卜此举的成败。郭璞厌恶战乱,不顾王敦的赫赫权势,直言不讳地说:"无成。"王敦恼羞成怒,将其杀害。后人有诗记述这件事:"当日危言排国难,何年残骨葬孤忠。君看浮玉山前石,玄武湖波一水通。"人们景仰他的一身正气,在此设立他的墓地,供人凭吊。1524 年,明嘉靖帝下旨在此建"圣谕亭";1934 年,南京市政府又在半山腰建"郭璞亭",并由市长石瑛写了一篇碑文,勒石立于亭内。

诺那庙　诺那塔 俗名喇嘛庙、诺那塔,建于 1936 年,位置在环洲东北角。

诺那庙是一座面阔三间的单檐歇山式殿堂,殿堂四壁各嵌以菱形格子窗棂;琉璃碧瓦的殿脊上,雕有蚩吻、鸱吻、骑鸡老道、螭等,形制古朴。大殿内原有诺那法师塑像,1954年被拆除,改建为文化俱乐部。大殿外左侧有两组廊房,现仅存一组。

诺那塔九级六面,钢筋水泥结构,有唐宋风格。底座四周用水泥栏杆圈护,开六面石阶,供人上下。底座四面刻有碑文,系国民党政府司法院长居正所撰并书的《普佑法师塔碑铭》,共2114字。另两面原为塔门,现已封闭。

庙、塔均为纪念诺那法师而建。诺那法师生于1865年,圆寂于1936年,他是将藏传佛教传于汉地的第一人,为圆觉宗心法传承的第五代祖师。生前曾为维护祖国统一、反对民族分裂作过贡献,担任过中国菩提学会副委员长、中国佛学会名誉理事长等职。1994年,台湾圆觉宗在公园管理处的协助下,来此重塑诺那金身,重修诺那庙、塔,这里成为沿海地区藏传佛教的极少数游览胜地之一。

樱洲 环洲所环抱的一座小岛,与环洲经古色古香的白桥和另一座景桥相通,洲之得名据说来自洲上遍植的樱桃树。每当初春,樱桃花盛开,远望似片片绯云,辉映蓝天;近看繁花似海,花浪轻翻。到春末,鲜红的樱桃,掩映在墨绿的树叶之中,犹如镶嵌在绿毯上的一颗颗红宝石,煞是喜人。在樱洲的北面,有一道质朴古雅的长廊,沿着莲花港蜿蜒许里。每到盛夏,站在长廊里,只见莲花港里荷叶密密匝匝,朵朵莲花点缀其间,微风吹过,空气中散发着一丝沁人肺腑的清香,常常使人联想到"接天莲叶无穷碧,映日荷花别样红"的诗句。

樱洲与历史上很有名的一位文人皇帝有些渊源。他是南唐末代皇帝李煜,据说在被宋太祖活捉之后,最初便是囚禁在这座岛中之岛上的。李煜为帝时,极喜玄武湖的风景,经常带着宫女和文臣泛游于玄武湖,并写下许多著名的词句。开宝八年的时候,赵匡胤率领士兵们攻破城门,南唐的国主被带到了汴京成为俘虏,他被囚禁在汴京的一座院子里。在被囚禁期间,写下了那首著名的《虞美人》:"春花秋月何时了?往事知多少!小楼昨夜又东风,故国不堪回首月明中。雕栏玉砌应犹在,只是朱颜改。问君能有几多愁?恰似一江春水向东流。"这后两句词,李煜运用夸张和比喻的手法,寄托了自己对国家的无限怀念和深切的哀愁,成为千古传诵的名句。

梁洲 位于玄武湖北部,由环洲经芳桥可至。玄武湖五洲中开辟最早、名胜最多的地方数梁洲。梁洲,又称老洲或旧洲。相传梁武帝的儿子昭明太子萧统曾在玄武湖内建果园,植莲藕,他还在梁洲设立了读书台,聚书将近三万卷。他博览群书,常常招集贤士,谈古论今,撰文编书。他从上起周代下迄梁朝的文章里,注意到各种主要文体及它们的文法变化,选编了一部共三十卷的《文选》,到目前为止,这是已发现的我国最早的诗文选集,对以后文学的发展有着很大的影响。后来昭明太子在荡舟游湖时,不慎掉入水中,染疾而死。人们便把他设读书台的地方称为梁洲。梁洲前设有石阶围栏,左右有枝条蟠曲成球形的龙爪槐护卫。洲上还有湖神庙、铜钩井、览胜楼等古迹,览胜楼相传为当年宋武帝为观览水军操练之用而筑的一座楼台,后毁于兵火。现在的览胜楼是清同治年间重建的。

梁洲历来以名花佳木著称,四时花开,常年飘香。特别是每年仲秋时节,人们常常在这里举办大型的菊花展览活动,上百种菊花汇聚一堂,千姿百态,暗香浮动,引来游人,络绎不绝。

湖神庙 铜钩井 位于梁洲西,与牡丹园毗邻。湖神庙的前身是"神祠",建于明洪武初年,传说当年朱元璋盖黄册库时,有位毛姓老人担心湖鼠会咬坏户籍。因这位老人姓毛,朱元璋就下令把他埋到黄册库下,意思是"毛"与"猫"谐音,猫能伏鼠,并立庙祀之,以为这样可以镇住鼠患。但是后来人们在湖中养鱼,又认为猫喜欢吃鱼,便改为湖神庙。现在人们看到的建筑为清代重建。太平天国战乱后,曾国藩于同治十一年(1872)重建此庙,占地两亩,游憩面积600平方米,包括湖神殿、观音阁、大仙楼,同时又建了赏荷厅、湖心亭两处。现存者为其主要建筑。

铜钩井是清光绪三年(1877)所掘,深两丈余,水质"清洁晶莹,沁心适口"。因掘井时获铜钩一具(估计是六朝时期汲水所遗),故取名为"铜钩井"。井沿有铁笔篆书"铜钩井"三字,并有廖纶所书边款,说明此井来历。

览胜楼 阅兵台 均位于梁洲东北。览胜楼建于清宣统元年(1909),由统制(后任江浙联军总司令)徐绍桢所建。当时是徐邀集文人雅士联吟结社之所,称为"湖山览胜楼"。此楼重檐斗拱,图案彩绘,为二层四角攒尖式建筑,经多次修缮,完好至今。

绕过楼后,为玉石雕栏的平台,称为阅兵台,建于民国时期,1987年重建。六朝和南唐时期玄武湖均有过阅兵活动,建筑这座阅兵台,即为了让游客发幽古之遐思,想象当年阅兵之盛况。

观鱼池 位于梁洲往翠洲的长堤旁,与翠桥相邻。池占地约一亩三分,池畔有观鱼小筑,建于1979年,是一座方形翼角的仿古穿斗式水榭,下衬一潭清水,水中有白鹭展翅雕塑,潭边用罗列的湖石与小的堤桥与洲岸相连。静坐湖内,有游鱼跳跃、柳丝贴水之趣,为游客休憩的好去处。

八功德水 历史上称赞玄武湖水质美的名称。玄武湖山环水,水环岛,岛中又有岛,故水景极美,水景美之首要条件是水清味甘。

玄武湖水,一是来自长江,一是源流紫金山。历史上玄武湖曾与长江相通,深受长江水的影响,特别是每年江潮汹涌时,来自上游的江水涌入湖内,被湖周围的山峦所挡,就像一匹长途奔驰的骏马来到驿站一样,举步蹒跚,停波息浪,不忍离去。古人在咏赞玄武湖时,就写过"水意恋名湖,北流不忍去"的佳句。

玄武湖既受江水,也贮山水。《玄武湖志》上有这样的记载:"其水发源钟山,渟蓄于此。"玄武湖东邻紫金山,"山阳之泉,有八功德水、曲水、钟山水、霹雳沟"等水,这些涓涓细流,汇成不绝的水源,流往玄武湖。其中八功德水,相传是在很早以前一位名叫法喜的僧人求来的天水。这位僧人在紫金山上修庙求佛,因山上无水,每天都要三更起床,到山下湖中挑水。为了彻底解决饮水问题,他便"竭诚礼忏,求西天阿耨池八功德水",一连求了7日,感动了上天,便把八功德水赐给了钟山。当然,这只不过是神话传说,据《肇域志》记载,此水确有"一清、二冷、三香、四柔、五甘、六净、七不饐、八蠲疴"的特点,故称八功德水,因此玄武湖自古就获得"清冷香柔流于一处,甘净纯美贮于一湖"的美誉。

玄武湖的水,因来自钟山,所以清澈得纤尘不染;玄武湖的水,因来自长江,所以终年浩荡丰盈。

荷艳藕香 玄武湖水面大,是夏季观荷尝藕的好去处,也成为了园林的一大特色。

每逢盛夏来临,荷花港和环洲西侧的湖面上,满湖碧叶密密层层,千枝红莲散发着阵阵清香,令人心醉。玄武湖中的荷莲,自古就受到游客的注目。凡来此游览的文人墨客,常把荷莲作为吟诗作对的话题。《玄武湖杂咏》中就载有"风清十里艳荷花,引得游人齐买櫂。花气侵人香不断,水光入座暑先收"的诗句。清人刘雨苍在《后湖杂咏》中的描写更为生动:"荻芦风送采莲歌,惊散鸳鸯起白波。立尽斜阳人影瘦,满湖荷叶雨声多。"此外还有"一色荷渠碧千顷""风动莲花一线开""夏日绿荷香满郭""万柄红莲千点鹭""百雉绯云阁道浮,后湖一片芰荷秋"等诗句,为人们展示了一幅幅绚丽多姿的画面。

玄武湖的湖藕,历史上也享有盛名。据《江宁县志》记载,"湖中芙蕖特茂,盛夏季节,红裳翠盖。苕亭矗立,弥望及天,花叶之罅,萦纡一水,才能通舟倚舷,仰观反出叶下。""湖藕巨如壮夫之臂,而甘脆,无渣滓,即江南所出,形味尽居其下。"深秋时节,玄武湖新藕上市,鲜嫩而脆甜,深受南京人民的喜爱。人们还把湖藕碾碎,榨出液浆,制成藕粉。这种藕粉白如冰雪,是馈赠亲朋好友的佳品。

武庙闸 位于湖的南部、解放门附近,是玄武湖的主要出水口。

东吴宝鼎二年(267),孙皓在此开城北渠引后湖水流入新宫;南朝宋大明三年

(459)又在此作"大窦"引湖水入华林苑天渊池。明初朱元璋建造南京城时一并设计、建造了该大闸,时称"通心水坝",其工程设计在当时达到世界一流水平。清同治时,因其南有武庙,改称为武庙闸。又因其在古台城附近,又有人称之为"台城水关"。1986年,公园重建"武庙古闸"景点,由方亭、观景轩、三曲长廊、赑屃驮石碑等建筑组成,工程面积154.48平方米。此处环境清幽,既可听水头跌落之声,又可望东西遥对的三藏塔与药师佛塔,是玄武湖的主要景点之一。

清凉山 位于南京市正西、汉中门北侧,由紧贴着城墙向北蜿蜒的数十座小丘陵组成,好似一朵盛开的鲜花。山为长条形,顶平坡陡,高约60余米,占地约1平方千米,是南京城内很著名的一所古迹风景园林。南京之别名"石城"也得名于此。清凉山最初名为石头山,相传古代有人从江北来,一路上所见的山丘皆无石,而一过江便发现这座山悬崖壁立,十分峭峻,于是呼之石头山。后来东吴定都建业,依石头山的天然石壁筑城,又称其为"石头城"。古时,由于这里西边隔着沙圩便是大江,山上又林木葱葱,夏日登临十分凉爽宜人,对于有火炉之称的南京来说,十分难得,故又得清凉山之名。清凉山以其山势之险要、历史之悠久,唐宋以来一直是文人墨客乐于游赏凭吊之地,著名文人王安石、苏东坡、陆放翁都曾到此访古览胜,遗留至今的尚有石头城、清凉寺、崇正书院、扫叶楼等古迹。清代诗坛盟主袁枚所营建的一代名园随园的古址也在这一区域。目前,这座具有较高文化历史价值的青山已被辟作供人们休憩的文化古迹公园。

清凉寺 位于清凉山公园大门正前方,为一组正方形建筑物。建于五代十国杨吴时代(10世纪初),为杨吴权臣徐温所建。当时名兴教寺,南唐升元初年(937)改兴教寺为石头清凉禅寺。南唐后主李煜时又改为清凉大道场。该寺在南唐时曾为李氏避暑离宫。后主李煜曾留宿寺中,故其诗文中有"未能归去宿龙宫"之句。寺中德庆堂之名由后主亲书。寺旁有一眼水井,即"南唐古井",俗称"还阳井"。传说南唐时寺僧人挖得一口水井,老僧饮用此水,年迈不衰,须发犹黑,有言道:"老不白头因水好⋯⋯"宋太平兴国五年(980)改为清凉广慧禅寺。明初遂称清凉寺,寺门红墙掩映绿树丛中,饶有画意。1987年修复了清凉寺,开设了清凉茶社,每当暑日之际,借着大自然凉爽的清风,喝着还阳泉水,真有种入龙宫的奇妙感受,难怪古时帝王要择此为避暑离宫,其意则不言而喻。清凉寺年代久远,寺内古木浓荫,遮天蔽日,从山门入内,但见山道两旁青竹吐翠,苍松挺拔,古柏峥嵘,清雅幽深,窈然静谧,真可谓步入了一个清凉世界。

崇正书院 位于清凉山东麓,建于明代嘉靖年间。书院在明代相当于私办的学校,据《同治上江两县志》记载:南京的高等学校,南唐时有国子监,宋代有府学,元代有路学。明代洪武时代,建有国子学,是全国最高学府。当时规模宏大,招有各国留学生。后来,帝都北迁,学校也随之北移过半。到嘉靖年间(1522—1566),南京的讲学之风盛行,周围建了不少书院,聚集门生讲学。当时督学御史耿定向亦在清凉山建立书院,取名为"崇正",其意为推崇封建正统的儒家学说。明万历初废书院。其后由学生焦竑等改建为祠,以纪念耿定向。清初祠又颓圮,后曾称之"云巢庵"。乾隆中期庵毁于火。至乾嘉年间(1796前后)由僧人展西加以修饰,又复称"崇正书院"。咸丰元年(1851)时遭战火。同治年间(1862—1875)重建为小九华寺。因相传是地藏王肉身坐禅之地,而每年七月三十日是地藏王的生日,所以这里每年农历七月,香火盛极一时,尤其是七月下旬。清代桐城派之集大成者姚鼐与僧人展西过从甚密,他应展西之约,写了篇《游故崇正书院记》,镌刻于书院回廊壁上。游记描写道:"其前有竹轩,窈然幽静,可以忘暑。后依山作小室丈许,启窗西向,则万树交翳,树隙大江横带,明灭其间,为登眺之胜。"此处已于1982年修复并接待游人。修复后的崇正书院,既保留了原古典建筑的风格,又增添了园林小景的新意,书院依山而筑,建厅三进。前面一进五间,缀以花窗的两侧回廊与三进相连,形成了雅致的庭院;二进九间,根据南方传统园林建筑风格设计的木栏、门窗,别具一格,显得典雅古朴;二进与后进大厅的壁上,悬挂着四幅巨型山水画,绘有金陵四季景"春牛首""夏钟山""秋栖霞""冬石城"。三殿前的一泓清池壁上还有用青石雕刻的三只含珠龙头,水从龙口细细流入池里,池中的莲花随着金鱼缓缓的游动而摇曳不停,仿佛亭亭玉立的少女在向游人频频打招呼。由上而下,透过二殿至一殿的花墙回廊,一眼望去,成片的山林郁郁葱葱,整个书院被一片绿色所环抱,更显示出它独有的幽静、清雅之趣。

清凉台 翠微亭 清凉山著名胜景,历代文人题咏极多,现仅留遗址,位于清凉山北麓山巅。地方志记载,清凉台本南唐翠微亭旧址。南唐(937—975)李氏曾在石头山建避暑离宫。翠微亭就是当时避暑宫之"暑风亭"。后几经修复,乾隆皇帝南巡时曾立碑于上,惜后复毁于兵。曾留有《翠微亭》一诗:"清凉山色几芙蓉,旧是南唐避暑宫。玉辇夜游明月好,娥皇舞罢彩云空。六朝城郭啼乌外,一枕江流铁笛中。留得翠微亭子在,水天闲话夕阳红。"现已修复,接待游人。

扫叶楼 在清凉山迤西而南的山阜上,是明末清初在画坛上享有盛名的山水画家龚贤的故居。

由崇正书院前石阶下山,转入西侧山麓,能看到清凉胜景中保存最为完整的扫叶楼古迹。人们沿登山石阶而上,便能望见一座雅致的楼台,楼台的拱券门上书写着"古扫叶楼"四个大字。门前修竹掩映,给古楼台增添了幽情雅趣。进入拱门向左走,便见二道门上刻有"半亩园"的字样,在楼前走廊尽头对面的壁上还留有"龚贤故居"的题字。

龚贤,字半千,号半亩,江苏昆山人。他生于公元1618年,长期居住在南京,自称"钟山野老"。年轻的时候,龚贤曾参与明末南京复社的政治斗争。公元1645年,他怀着极其悲愤的心情,离开了南京。在长期漂泊流离的生活中,他曾作过许多诗,寄托了对祖国山河的热爱以及对明王朝的怀念。到了晚年,龚贤回到南京,在清凉山这个十分清静的地方,购置了几间瓦房,作为自己最后的归宿,在瓦房附近有半亩空地,可以栽花植竹,遂命名为"半亩园"。他自号"半亩",即由此而来。

入扫叶楼,由楼前走廊走进"同堂画轩",只见厅堂四周放着许多诗书画稿,其中中堂的正中墙壁上,挂着一幅老人扫落叶的画,分外引人注目。画上的老人手持扫帚,清扫飘落的枯叶,神态悠然。此画虽系后人制作,却是仿龚贤原作。据说龚贤在这里居住时,曾将自己画的扫叶老人悬于楼堂,据传,画中扫叶老人即为画家自己之肖像,因此人们把这座楼台叫作扫叶楼。隐居在这里的龚贤,长期从事艰苦的艺术创作,在贫穷清苦的生活中度过了晚年。公元1689年,由于遭到清朝权贵的欺凌和迫害,他得病去世。龚贤的诗画都很出色,为后人留下了极为宝贵的艺术遗产。他的画,工山水,取法董源、吴镇,又能自辟蹊径;善用墨,层层渍染,浓郁苍润。他的诗,"格调清拔,意象幽远,令人百读不厌"。后人把他与当时南京地区的樊圻、高岑、邹喆、吴宏、叶欣、胡慥和谢荪等名画家一起称为"金陵八家",而以龚贤为八家之首。清咸丰年间(1851—1861)该楼曾毁于兵火。光绪十五年(1889)奉敕重建。之后又于1901年、1914年两次重修。20世纪60年代中期,扫叶楼遭到破坏,于1979年重新修复,并作为龚贤故居向国内外游人开放。走进扫叶楼院门,迎面院墙上所刻的"龚贤故居"四个字是由当今著名的大书画家林散之老先生亲笔所书。室内陈设布置均按当时文人记载,窗明几净,十分朴素典雅。

燕子矶 位于南京北郊长江南岸,面积仅二十余亩,素以拳石著称。系长江三大名矶之一。它三面临江,峭壁悬崖,凌空横出,巍然险峻,因形如展翅欲飞的燕子而得名。

燕子矶是幕府山观音峰一支脉,它与连绵起伏的十里岩山(即幕府山)遥遥相望,形成一组秀丽的依山傍水江山图卷。在古金陵四十八景中,这一带占有六景:"燕矶夕照""永济江流""化龙丽地""嘉善闻经""幕府登高""达摩古洞"。

"燕矶夕照"景名,突出了燕子矶的风景特色。因矶石呈红色而有赤壁丹崖之佳称,每当夕阳西下,灿烂的晚霞映照在石壁上,显得红灿灿的一片,在苍翠欲滴的沿山峰峦中,如镶嵌的一颗明珠,起到了"万绿丛中一点红"的点缀效果。

古往今来,燕子矶以其独特的自然山水美景吸引了众多的文人骚客,他们赋诗作词,赞叹壮景,抒发襟怀。清乾隆皇帝六下江南,曾三次登临燕子矶,每次来均赋诗一首。乾隆二十二年(1757)暮春,当他第一次登上燕子矶后,即御笔题写了"燕子矶"三个榜书大字并赋诗一首:"当年闻说绕江澜,撼地洪涛足下看。却喜涨沙成绿野,烟村耕凿久相安。"第二次登燕子矶间隔6年,时为乾隆二十八年(1763)暮春,赋诗曰:"峭壁捍长江,探奇胜绝双。目穷空宇合,耳骇雪涛淙。軟鸟瑞殷祖,泥驹造宋邦。从来称守德,天堑讵斯泷。"第三次登燕子矶仍间隔6年,为乾隆三十四年(1769)暮春。赋诗曰:"峭壁插长江,孤骞似飞燕。西引幕府峦,东接临沂巘。翠径入丹崖,花木绘明绚。春风三度经,每因驻云罕。设险信无过,天堑夫何恩。南朝凡几更,临波发浩叹。"地方官吏在燕子矶矶巅处特建御碑亭一座,为六角双层亭,中立巨型石碑一块,将乾隆的题字及三首诗分别镌刻在石碑的正面、背面及两侧。此亭于咸丰年间毁于战火,同治八年(1869)重建,再毁,又于1950年重建,现为单层四角亭。此外,明太祖朱元璋也题诗一首:"燕子矶兮一秤砣,长虹作杆又如何?天边弯月是挂钩,称我江山有几多!"此诗有记载,无刻碑。抗清明将史可法曾写《燕子矶口占》一首:"来家不面母,咫尺犹千里。矶头洒清泪,滴滴沉江底。"

南京市人民政府于1950年将燕子矶划为公园,在矶头沿山崖边用钢管修建了坚固而美观的防护栏杆,以后又逐年充实园内绿化,补植了许多松柏,配之原独特的青檀树,使得燕子矶更加郁郁葱葱。1985年在绿荫环抱的半山处又建造了一组仿古建筑夕照楼,以作游客们"把酒临风,品茗赏景,抒情赋情,休闲娱乐"之佳地。

陶行知劝生碑 峙立于燕子矶矶巅,为教育家陶行知先生在燕子矶留下的一段感人逸事的物证。1927年他在燕子矶乡创办晓庄师范期间,听说常有人因生活所迫来燕子矶跳崖,陶行知深为惋惜,他即在矶头上竖了两块木牌,亲笔题写"想一想死不得",下文写道:"人生为一大事来,应当做一大事去,你年富力强,有国当报,有民当爱,岂可轻死?死有重于泰山,或轻于鸿毛,你与其为个人的事投江而死,何不从事乡村教育,为中国三万万四千万农民努力而死呢?"木牌竖立以后,曾教育挽救了许多青年。后历经沧桑,此木牌未能保存。1993年3月燕子矶公园管理处用石碑重刻。

观音阁 位于燕子矶西约400米,在一带江山如画的岩山脚下。这里山峦奇峰,危石如屏,石形繁怪,景象奇特。游记记载:岩山十二洞,大都在悬崖峭壁下,经江水长期冲击而成。现可游览的古迹景点依次为观音阁、头台洞、二台洞、三台洞。

观音阁又名七根柱,明洪武三年(1370)依山建阁,正德初就阁建寺,为"永济寺"。古金陵四十八景之一的永济江流即在此阁楼上观赏到的江流佳景。大殿内原塑有满堂佛像,毁于"文化大革命",1993年重新恢复,流光溢彩,迎接八方游客及善男信女。在观音阁西悬壁下有两处明代古迹,一是铁链锁孤舟,二是马娘娘梳妆台。另外,沿山十二洞第一洞"蛤蟆洞"即在观音阁山脚下。

头台洞 在观音阁西约500米处,洞内有天然的龙牙滴水、犀牛望月等奇景。洞外石壁上有3.2米高、1.5米宽的一笔写成的"寿"字摩崖石刻,传为朱元璋微服私访时在头台洞内喝了"龙牙滴水"泡的茶后兴挥毫写就。

头台洞现已作为单独景点形成了一个小型公园,在此园中,还有观音洞、象鼻洞等自然景观。观音洞前壁形成天然海岛,塑有汉白玉观音像、地藏王菩萨和千手观音佛像。在西景区内有罗汉堂一座,内塑西方三圣和三十六罗汉像。每逢农历初一、十五,这里香客如云。

二台洞 出头台洞西行100米即上二台洞,这里有天然石屋石凳,有石凿观音龛,还有万历年间石刻吴道子绘的观音像及秀岩山人李言恭书写的《般若经》。二台洞内还有一法海洞,传说与镇江法海洞相通。

三台洞 距二台洞西约150米。岩山十二洞以三台洞为翘楚,它以玲珑别致、古朴秀丽、洞内看天为特色。三台洞自下而上共有三层。下洞宽阔,有一泉池,盈水尺许,清澈见底,这是观音泉,用观音泉泡的茶可与用虎跑泉泡的龙井茶媲美。观音池的石桥上有一尊木雕观音像,吸引了很多虔诚的香客。泉池畔有古碑,系唐代画家吴道子画的《童子拜观音图》。

观音泉池石壁上还有一著名的"碟子大天"胜景,在洞府的顶部,有一眼小洞,直通山顶。正午时分,阳光直射,可照进泉池,有一碟之影,故得名。

离泉池进中洞,洞内蜿蜒曲折,时宽时窄,仰视洞顶,黑暗中忽见天光一亮,这是通天洞,在此小憩,有坐井观天之感。循洞中蹬道上平台便至玉皇阁,玉皇阁是双层飞檐阁,阁后有洞称老君堂,内有玉皇大帝和王母娘娘塑像。离玉皇阁扶石栏沿着弯曲的山道前行,便是三台洞极顶——望江亭。登楼观景,长江犹如白练飘然西去。晴日,江天一色,绚丽美景;天阴,云横天际,烟波浩渺。

白鹭洲 位于南京市,是一处文化气息浓郁的纪念性风景园林,唐代大诗人李白曾在《登金陵凤凰台》中以两句诗十分巧妙地描绘了所看到的风景:"三山半落青天外,二水中分白鹭洲。"于是白鹭洲一时名声大震,历代文人墨客游南京,总要慕名寻访白鹭洲,游览佳境胜景。

其实,李白诗中所提到的"白鹭洲",与现在成为园林的白鹭洲并不相干,诗中的白鹭洲是古代长江中的一个沙洲,故址位于今江东门的白鹭洲一带。据说当时白鹭洲,也是风景优美、景色天然之地,常有文人墨客去那里赏景览胜。明代就被列为"金陵十八景"之一,清乾隆年间又被列为"金陵四十八景"中的一景。相传清代康熙皇帝和乾隆皇帝途经南京时,都曾游历过白鹭洲。然而,随着岁月流逝,昔日的白鹭洲已和长江南岸连成一片,形成了今日的沙洲圩,使诗情画意的白鹭洲更耐人寻味。今日人们所游历的白鹭洲坐落在秦淮河文德桥南。关于它的来历,有两种说法,一说它原是明中山王徐达的东花园,另一说法是此为明永乐年间明成祖朱棣赠给徐达子孙作菜园的。到正德三年(1508),徐达后人在园中大兴土木,垒山开池,建造园林。据记载,当时园内景色宜人,有世恩楼、心远堂、月台、小蓬山茱等景点。此后,白鹭洲就一直是南京名园,人称"太傅园"。后来毁于清咸丰年间的战事。现在的白鹭洲公园是在原先的基础上恢复的。全园因水成景,大小岛屿三座,鼎足而立,以开阔疏朗的自然风貌取胜。湖之东边是旧城墙,城上堞雉倒映水中,成为很好的借景,整座园内,湖、山、亭、桥、楼、阁,布置得宜,互相掩映,景色甚为秀丽。

烟雨轩 位于湖中大岛的东北角,是整座花园景观及地理上的重心。从石坝街上的园门入内游玩,步过一座曲线柔和的石砌七孔拱桥,便可见造型古朴典雅的烟雨轩。古人喜于烟雨欲来、山色空蒙之时,观赏山水风光,因为此时的风景会有比晴日时更多的变化,由此,古时山水风景区,"烟雨楼"之名甚多,最著名的便是浙江嘉兴的烟雨楼。此轩命名为"烟雨",亦是因为四周环水,风雨欲来,烟云满眼,景色格外有韵味。轩为开敞的亭榭造型,屋顶飞檐反翘,映在绿波浓树之间,分外秀丽。轩两侧,建有观鱼池,池水清澈,游鱼可数;池旁立有假山,山上怪石嵯峨。烟雨轩东面,有一依水平台,平台凸出湖上,与柳荫浓密的另一小岛——白鹭岛遥遥相对,因为这一带林木保护得较好,秋冬之际,度冬的鹭鸟常来此栖息。立平台隔水望去,水光潋滟。白鹭共长天一色,确实与"白鹭洲"这一富有意境的题名相吻合。

栖霞山　　位于南京市东北方二十多千米,是南京城郊极具盛名的山水风景园。

栖霞山,古称"摄山",因山中盛产甘草、野参等药草,食之可以滋润摄(养)生,故而得名。又因山形似伞,亦称"伞山"。六朝以前山中常有猛虎出入,所以还称为"虎窟山"。南朝时期,因山上筑建了栖霞寺,自此便称为栖霞山。又说,是因每年秋季满山红叶如丹霞一片,才称作栖霞山的。这一说法反映了栖霞山风景的一大特色,颇为人接受。栖霞山漫山遍植枫林,间以乌桕、黄檗、柿树、槠树等树木,每到深秋季节,树叶转呈红色,层林尽染,宛如堆锦散绮,远远望去,如火如荼;每当晚霞夕照,与红叶相映,欲跃欲燃,历来以"秋栖霞"而名传遐迩。自古以来,每当秋高气爽,这里的游人络绎不绝,或流连于霜枫红叶之中,或登临峰顶眺望,留下许多诗作。有人在诗中写道:"万树霜枫赤似霞,三峰高处夕阳斜。摄山秋色年年好,惹得人称二月花。"还有人写下这样的诗句:"秋色满山中,霜枫叶尽红。晚霞相映处,野火上山峰。"

栖霞秋色美,山色也美。它西望钟阜,东接宝华山,北临长江,南为象山,是宁镇山脉的一部分。山有三峰,中峰屹立,东、西二峰环抱。东峰蜿蜒而卧,势若游龙,被称为龙山;西峰气势巍然,状如伏虎,则叫作虎山;中峰层峦叠嶂,怪石嵯峨,奇峰凸起,名为凤翔峰。它是栖霞山的主峰,因峰顶曾建有三茅宫,故又称作三茅峰。

栖霞山不仅自然景色优美,瑰丽多姿,而且由于历代王公贵族来此营建馆舍,修筑庙宇,死后又殡葬于山的周围,因而拥有许多名胜古迹。著名的栖霞寺就坐落在东、西两峰的环抱之中。栖霞寺前,有一湖碧水,清澈透亮,波平如镜,人称"明镜湖"。湖上有一道九曲石桥,通向湖心的彩虹亭,环境幽静,被人们列为栖霞寺前第一景"彩虹明镜"。清康熙皇帝来此游览时曾有诗赞咏:"虹飞日照镜非铜,溪澈桥弯值偶同。奚必名中辨真假,借他假幻悟真空。"明镜湖前还有一弯如月牙的白莲池,满池清水,别有情趣。

在白莲池东侧,经过一片开阔的草坪,便是栖霞寺。只见古刹依山而建,红墙巍峙,楼阁高耸,飞檐凌空。大门上高悬"栖霞古刹"四个金光闪闪的大字,十分醒目。寺四周,古迹名胜很多,最著名的是舍利塔和千佛岩。

由栖霞寺东南的小门而出,一座建筑精美、风格独特的石塔,巍巍耸立在眼前,这就是始建于隋唐时期且有着一千多年历史的舍利塔。

在舍利塔的东侧,有一座依岩而筑的大佛阁,阁内中央供着依岩而凿的无量寿佛坐像,高 10 米以上,左右还凿有观音、势至二菩萨的立像,因此又叫"三圣殿"。相传当年栖霞寺的缔造者明僧绍舍宅为寺后,有一天晚上梦见山崖上有光,便想在山上凿造佛像,但不久病故未能造成。他的儿子明仲璋,继承了父亲的遗志,于公元 483 年,开凿了石殿,镌造了无量寿佛、观音、势至三佛。之后南朝的王公贵族,竞相捐款在岩壁镌凿佛像,凿成了著名的千佛岩。

千佛岩,依纱帽峰的山岩而凿,从大佛阁东去的山岩上及至岩的北侧。岭上岭下,或三五尊一龛,或十数尊一龛,遍及岩壁上下,大者数丈,小者盈尺,号称千佛,实有佛像 515 尊,每尊佛像的雕刻都十分传神。这些文物古迹点点洒落在迷人的山水风景之中,更增添了栖霞山的魅力,自古以来,它一直驰名江南。登临凤翔峰顶,极目远眺,江北诸山历历在目,长江一线如虹如带。传说清代乾隆皇帝五次南巡都来过这里,他把栖霞山称为"第一金陵明秀山"。

奇石名泉 栖霞除了秋日红枫等植物景美之外,奇石名泉也是它的一大特色。

据地质工作者考察,栖霞山属于褶皱断块山,它的地质构造比宁镇山脉中的其他山要复杂一些。很早以前,一些中外地质学家就对栖霞山的地质情况进行了考察和研究,并曾以"栖霞"来命名地质学上的一些著名地层。由二叠纪的栖霞灰岩和侏罗纪的象山砂岩构成的栖霞山,经过大自然的风化剥蚀,形成了栖霞奇特的天然景致。位于栖霞西峰南麓的桃花涧旁,有一大片起伏的青灰色石灰岩,远远望去伏石万叠,犹如大海中汹涌的波涛,被人们形象地称作"叠浪岩"。这是石灰岩长期受到雨水溶蚀形成的一种地貌形态。如今每逢雨季,来自中峰北麓和西峰南麓之水,顺涧而下,水击怪石,浪花喷薄,别有一番情趣,成为栖霞山一景。

离开叠浪岩前去不远,在西峰一侧,有一簇巨石矗立,其间两侧岩壁,陡峭如截,间有 1 米宽的石缝,仰见青天一线,这也是栖霞山一胜,人称"天开岩"。岩上有树,生于岩石隙缝之中,其根深入岩底,树冠凌空,古人留有"片云生断壁"等诗句。过去游人至此,常常发出惊叹,很少理解这种现象的由来,其实天开岩的形成,是受到地壳运动的影响,在地质学上属于平移断层。现在天开岩的西侧岩壁上,还留有当时岩块断裂移动所形成的擦痕。

在通往凤翔峰的石阶道旁,有几块青灰色石灰岩,岩面上有一细长的黑色岩石,形似出鞘的宝剑,被人们称为"青锋剑"。据说它的化学成分是二氧化硅,地质学者称之为"燧石"。这种质地细密而坚硬的燧石,在地壳运动中呈薄层状夹在石灰岩中,形成了燧石层。后来石灰岩表层经过大自然的溶蚀,逐渐消失,而坚硬的燧石裸露出来,犹如宝剑斜插在岩石上,形成了大自然的又一奇观。

栖霞山还有不少山泉。位于天开岩前的白鹿泉过去十分出名。相传有一年大旱,山中到处缺水,就连许多泉水也都已干涸。附近百姓在寻找水源时看到一头白鹿在此饮水,便发现了这个涓涓溢出细流的泉眼,所以称之为白鹿泉。在栖霞山麓,还有被列入"金陵二十四泉"中的白乳泉、品外泉和珍珠泉。据说品外泉的名称,是南宋大诗人陆游定的。他的意思是说,唐代以嗜茶著名的陆羽,喜欢评定天下名泉的次第,他一生品尝了各地的许多名泉,唯独不知道此泉,因而陆游便把此泉称为"品外泉"。不过近年来,由于附近采矿业的发展,地下水位发生显著变化,这些泉逐渐枯竭,目前正在设法抢救。

牛首山　　位于南京市西南,距城约 13 千米。由雨花台西之菊花台南行,横跨过新秦淮河上的铁心桥,就可到达了。牛首山是江南宁镇丘陵中的高大者,最高峰海拔 242.9 米。它山形较特殊,山顶上双峰并峙,形似牛头的两只角,所以人们称其为牛首山。牛首山在历史上早有记载,据《晋书》,当年东晋开国,司马睿定都南京,按古代京城规划的传统,要在城之南门"宣阳门"外建双阙,以昭天下,并命丞相王导陪同踏勘选址。王导知道国家草创,财力薄弱,有意指着兀立的牛首山,说:"此天阙也!"在王导的劝说下,司马睿便打消了建阙的念头。因此此山又称为"天阙山"。清代诗人陈文述曾留有描写牛首山形势的诗句:"双阙横天起,苍茫接石头。飞扬龙虎气,拱翊帝王州。形势齐中夏,烽烟息上游。大风云起处,犹作晋时秋。"南朝梁武帝曾在山上建立仙窟寺,故又称"仙窟山"。不过,民间一般习惯仍称其为牛首山。

牛首山,自古就是南京南郊的游览胜地。每当黎明揭晓,晨雾缭绕,日出以后,烟岚四布,所以在清代被列为金陵四十八景之一,有"牛首烟岚"之称。牛首山的景色,又以春天为最佳。每年春暖,桃花盛开,满山春兰、杜鹃竞相吐艳,和幽草、绿竹相映,景色如画。故在南京民间一直流传着"春牛首,秋栖霞"的说法,把牛首春色与栖霞秋色并誉。今日,牛首山作为南京近郊的一座山水名胜园林,正在不断建设恢复中。著名的牛首十八景近年已以新的面貌完全呈现在游人面前。

岳飞抗金故垒　　位于牛首山松林深处。是融合在自然美景之中的一处古战场遗址。牛首山上林深径幽,松涛盈耳,在松林深处有一开阔地,周围有一堆堆用石块垒成的围墙遗迹,这便是当年民族英雄岳飞抗金的故垒。1130 年,建康失守,金兵在杭州等地大肆掳掠后北返,途经镇江受到南宋大将韩世忠部队的阻击,便取道南京渡江。岳飞在牛首山设垒埋下伏兵,深夜令百人着黑衣,混入金兵军营中,进行扰乱活动,金兵大乱,自相攻击。岳飞又率众将士伺机冲杀,杀得金兵大败。金兵统帅金兀术只得率金兵向今下关龙湾一带撤退,岳飞率精兵赶到建康的南门外,与金兀术决战,再破金兵,一举收复建康。后人为了缅怀、纪念岳飞的忠烈爱国精神,曾在此地设立小亭,供人凭吊,发思古之幽情,今故石垒遗迹尚存,人们每至牛首山,必到此游览。

宏觉寺塔 耸立在牛首山南坡的千年古塔。它最初由唐代宗李豫于大历九年(774)所建,历史上几经毁坏及修复,现存宝塔为明代修建的。塔砖砌,平面为正八边形,共七级,每面正中为拱形塔门,四个为假门,四个为真门,门顶两侧各有小窗,塔顶铁刹和各层腰檐均已损坏,但塔身仍完好,是南京郊区现存最大的一座古塔。古塔前即是历史上甚为出名且建筑宏伟壮观的宏觉寺遗址。宏觉寺最早在公元503年由一个名叫徐度的大官僚兴工建造,称为普觉寺。大约在公元627年左右,唐朝的法融禅师曾在此设禅开教,使之成为牛头禅的发祥之地。佛书中记载的"江表牛头",据说就是指这里。因为法融和尚是南宗的祖师,所以南宗又称牛头宗,后来其僧徒在这里修了牛头第一祖融大师塔。塔上的铭文,是唐代著名诗人刘禹锡所撰写。公元774年,唐代宗李豫增建了寺后的七级宝塔。到了公元978年,寺改名为"崇教寺",明代又改称为"宏觉寺",此塔便称为"宏觉寺塔"。

历史上的普觉寺,规模宏大,建筑雄伟。寺院四周,还有白龟池、罗汉泉、虎跑泉、舍身岩、文殊洞、地涌泉、梁昭明太子饮马池等古迹。但是,抗日战争时期,由于日本侵略者的破坏,牛首山的庙宇寺院等文物古迹大多被毁坏,只有宏觉寺塔巍然独存。1956年,人们在塔下发现了一座地宫,内藏有明代的镏金铜塔、佛像、玉瓶和青花瓷罐等珍贵的文物,现都保存在南京博物院。宏觉寺塔于1957年被列为江苏省省级文物保护单位。

瘦西湖 位于扬州市西北郊,现有游览区面积100万平方米,其中水面几乎占一半。六朝以来,即为扬州城外著名的山水园林,堪与杭州西湖媲美,历代诗人文豪描绘极多。唐李白有诗云:"故人西辞黄鹤楼,烟花三月下扬州。""烟花三月"时扬州风景之美盛,都荟萃于瘦西湖。1988年,扬州蜀冈—瘦西湖风景名胜区被国务院列为"具有重要历史文化遗迹和扬州园林特色的国家重点风景名胜区"。

瘦西湖水道的形成,历史悠久。它本是隋唐以来扬州城的城壕兼泄洪河道,原名保障河,亦名保障湖、炮山河。经历代造园家营造,特别是由于清朝康熙、乾隆皇帝六下江南,盐商、士绅不惜斥资万金,聘请造园名家沿湖造园,到乾隆三十年(1765)清高宗第四次南巡时,已盛极一时。从1751年到1765年,瘦西湖上已形成如下二十景:卷石洞天、西园曲水、虹桥揽胜、冶春诗社、长堤春柳、荷浦薰风、碧玉交流、四桥烟雨、春台明月、白塔晴云、三过留踪、蜀冈晚照、万松叠翠、花屿双泉、双峰云栈、山亭野眺、临水红霞、绿稻香来、竹楼小市、平冈艳雪。1765年后,复增绿杨城郭、香海慈云、梅岭春深、水云胜概四景,合称"二十四景"。从天宁寺御码头到蜀冈平山堂南麓,"两堤花柳全依水,一路楼台直到山",在十里长的湖区两岸,"几无一寸隙地",创造了巧夺天工的湖上胜境,在我国古代园林史上独树一帜。

其时,钱塘诗人汪沆来到扬州看到处处烟波楼阁,觉得与杭州西湖十分相似,尤以清瘦为长,遂吟诗一首:"垂杨不断接残芜,雁齿虹桥俨画图。也是销金一锅子,故应唤作瘦西湖。"于是,瘦西湖的美名便不胫而走,流传后世。

清代中叶以后,二十四景大都倾圮,瘦西湖复为芜城。民国年间,相继修建了徐园、熊园、长堤春柳等景点。

1949年以后,经过四十多年的努力,瘦西湖所独有的"两堤花柳全依水,一路楼台直到山"的长卷风景画大部分已重现,瘦西湖乾隆水上游览线也于1991年全面开通。

瘦西湖为我国著名的湖上园林,窈窕曲折的湖道,串以长堤春柳、四桥烟雨、徐园、小金山、吹台、五亭桥、白塔、二十四桥、玲珑花界、熙春台、望春楼、吟月茶楼、湖滨长廊、石壁流淙、静香书屋等两岸景点,移步换景,赏心悦目。

长堤春柳是"绿杨城郭"的缩影。烟花三月,鸟飞草长,长堤上桃柳相间,红绿相映,柳随风舞,桃依水笑,分外妖娆。

徐园构筑于桃花坞旧址。听鹂馆、疏峰馆、春草池塘吟榭巧布其间。两只铁镬,相传为南朝萧梁时镇水之物。一泓碧水之中,几塘睡莲含苞欲放。

小金山为瘦西湖中最大岛屿。湖上草堂,绿筱沧涟,琴、棋二室为清流环绕。月观面湖而筑。高处有风亭,可登亭听风,尽览全湖秀色。

吹台建于长渚之端。相传乾隆曾在此垂钓,故亦称钓鱼台。此台的框景艺术为我国园林界所称道。吹台的四方各有一圆门,从东圆门望去,南圆门呈椭圆,摄入耸向云天的白塔;西圆门呈正圆,内框横卧波光的五亭桥。

五亭桥原名为莲花桥。上置五亭,下设桥洞十五孔,晴夜月满之时,每洞各衔一月,波光月影,奇幻无穷。匠心独运,乃我国亭桥建筑的杰作。

白塔耸立于万绿丛中。据传乾隆南巡来扬,盐商富贾为了恭迎圣驾,一夜之间以盐堆就。后仿北京北海白塔建成。

杜牧诗云:"二十四桥明月夜,玉人何处教吹箫。"五亭桥西,即二十四桥之所在。桥为玉带状拱桥,长24米,宽2.4米,围以二十四根玉石栏杆,拾级上下都是二十四级台阶。桥的西端借山洞、栈道,东端附曲桥、方亭,主次互映,变化有致。明月之夜,再现杜诗意境。

熙春台,传说曾于此为乾隆祝寿,故又名春台祝寿。碧瓦飞甍,端庄华丽。两级露台"横可跃马,纵可方轨"。毛泽东手书杜诗的汉白玉诗碑置于台前,实为点睛之笔。

望春楼具有江南园林风格,与雍容华丽的熙春台形成对照,各尽风姿。

玲珑花界为芍药牡丹园,以存"洛阳牡丹,扬州芍药",故有此称。

吟月茶楼与诸景隔湖相望。"念桥杜牧三生梦,吟月扬州第一楼"之楹联可堪玩味。

蜀冈—瘦西湖山水风景园林宛如一幅山水长轴,二十四桥景区是其中浓墨重彩的一笔,在"两堤花柳全依水,一路楼台直到山"的乾隆水上游览线中,处于承前启后的地位。

"瘦了西湖情更好,人天美景不胜收。"瘦西湖正以其清瘦淡雅、秀丽多姿的独特风韵,迎接来自八方的嘉宾。

卷石洞天 位于新北门桥西北侧,清初为古郧园。清代李斗《扬州画舫录》云:"郧园以怪石老木为胜,今归洪氏。以旧制临水太湖石山,搜岩剔穴,为九狮形,置之水中。上点桥亭,题之曰'卷石洞天',人呼之'小洪园'。""郊外假山,是为第一。"乾隆时为北郊二十四景之一。咸丰年间毁于兵火。20世纪80年代后期在此基础上新建。1990年5月正式对外开放。

卷石洞天门厅北端花墙内,叠湖石假山,上置六角飞檐翘角亭,以衬托门厅景观;兼有两组较大的五针松盆景存放于门厅两侧,使人有乍离闹市、顿入山林之感。

门厅东向,大门两侧为明末的两个石雕抱鼓石,门楣悬著名书法家舒同手书"卷石洞天"匾额,抱柱楹联为书法家孙轶青所书"水榭朝曦花绽露,山房晚照柳生烟",点明了该园朝夕景象情趣各异的特点。

步入园门,迎面是龙屏鹤舞:貌似龙舞的太湖石为景屏,黄杨树鹤舞造型点缀其间;刚劲的黑松和柔美的青枫分别置在迎面所见的廊桥两端,寓有刚柔相济之意,水中倒影,尤有情趣。入门北折是群玉山房,向南为薜萝水阁,其间以叠廊桥亭相связ。桥亭东西两侧,水庭山庭相连。"群玉山房"四字为当代书法家武中奇所题。壁泉三叠,潭水半泓,片石铺装,蒲草点苔,对联"半勺亦江湖万里,一石则泰华千寻",点明景意。进入大厅,北墙上有贴壁假山,下置环绕水池;东侧以知音舫半只点缀,通过巨幅镜面倒影,画舫的艺术造型得到完美体现,与西南角窗外象形石听琴峰相应,取意于"伯牙摔琴谢知音"的佳话。天花板以竹片拼花,并有无影灯悬挂,地面以麻石铺地,所置扬派盆景精品皆用自然树桩作支架,竹、石、木、水相映成趣,古朴典雅。

群玉山房西侧小院,典型地体现了旱园水意的巧妙构思:黑、黄两种鹅卵石按水流的形态铺于地面,黄色为土地,黑色为水流,水口与山洞相连,示意水从溶洞中流出,曲水漫漫,流入江河,创造出虽无水而似有水之妙境。

穿曲廊过桥亭,便到达南端的薜萝水阁。阁为二层,上层三面设美人靠,北面有画窗,可观山、赏水、望亭;下层设座栏,可观瀑、望莲、听松,实为休憩、赏景的佳处。

湖石假山位于廊之西侧,是卷石洞天的主景之一。洞口宽5米,进深8米,梁柱式结构。因精选长型自然湖石叠构洞口,天衣无缝,保持了"宛自天工"的山体效果。穿过主山洞向南,迎面耸立着高8米的山峰,峰顶置飞来石,与主峰相呼应,再向西进入曲折峡谷,似有屏障相阻,近前才发觉绝路逢生,豁然开朗,诚然是"山重水复疑无路,柳暗花明又一村"。整座假山上实下虚,上明下暗,上散下整,具有"卷云"飘逸轻盈与浑厚深远的层次感。山上建有重檐翘角的四面八方亭,古朴飘逸。"扬州以名园胜,名园以叠石胜。"卷石洞天以小中见大的手法,叠构出高山峻岭、山石水池等不同形态的神似境界,使人领略到"洞内有洞,洞中有天,水中有洞,水中有天"的洞天福地的胜景。

卷石洞天正是以其独特的风韵和诱人的魅力,成为瘦西湖山水名篇的开卷首章。

盆景园　位于大虹桥东首。其东为卷石洞天,可以观山;西为西园曲水,可以看水。而盆景园中更令人赏心悦目的是看花卉,观盆景。扬州园林素以花木植物景胜的特点在此园内表露无遗,这里春有琼花,秋有桂花,而盆景则一年四季都可以观赏。

扬派盆景是我国优秀的传统艺术,是再现大自然神韵的艺术珍品。扬派盆景相传从唐代开始流传,元、明形成扎片的技法,清代盛极一时,前后已有千年的历史。扬派盆景和扬州古代叠石造园艺术、绘画艺术等有着不可分割的联系。清代画家石涛和尚、扬州八怪以及众多的诗人和养花艺人都有密切交往,他们对扬派盆景风格的完善成熟有一定的影响。现在,扬派盆景为国内五大流派之一,与广州的岭南派、成都的川派、苏州的苏派、上海的海派齐名。

扬派盆景的特点是"整饬而富有变化,清秀而不失壮观",如中国画中的"铁笔细描"。扬派盆景一般取树木的老干虬枝和老根,种植于盆中,抑制其发育,并用整枝、剪根、提根、摘叶、摘芽等方法,进行长期耐心的艺术加工,使其根、干、冠、叶各具姿态。其品评的标准为"桩必古老,以久为贵;片必平整,以工为贵"。扎片的方法,是根据"树无寸直"的画理,用棕丝将小枝干多次扎弯,"一寸三弯",从而使树叶平展,称之为"云片"。云片的多少视植株大小及形状而定,要求舒展得势,虚实相映,以清、秀、古、怪的特色再现自然界中古木枯藤的苍古矫健和勃勃生机。用作扬派盆景的花木,常见的有松、柏、榆、梅、枫、雀梅、黄杨、银杏、虎刺等。扬派盆景的传统式样有"巧云式""台式""挂口式""过桥式""垂枝式""疙瘩式"等。

扬派盆景誉满中外,现存古盆景共有四十余盆,在国际国内的盆景展出中多次获奖,如黄杨盆景"瑞云"获1983年南京江苏盆景艺术展览最佳盆景奖;黄杨盆景"巧云"获1985年上海全国盆景评比一等奖;黄杨盆景"凌云"获1987年北京中国第一届花卉博览会佳作奖;黄杨盆景"翠云"获优秀奖;黄杨盆景"青云"获1989年北京中国第二届花卉博览会一等奖;黄杨盆景"彩云"获二等奖;黄杨盆景"岫云"获1989年武汉中国第二届盆景艺术评比展览会继承传统奖;黄杨盆景"行云"获1990年扬州江苏第六届盆景艺术展览会一等奖。尤其值得一提的是获1990年日本大阪第六届世界花卉博览会金奖的黄杨盆景"腾云",这株黄杨树龄已达280年,采用一寸三弯、云片状的传统造型技法制作,是我国在国际大赛中首次获得金奖的盆景。

虹桥揽胜　　大虹桥位于瘦西湖南大门外东侧,为一座跨度达30米的三孔石栏拱桥,始建于明代崇祯年间。原为木板桥,围以红栏,故名"红桥"。"朱栏数丈,远通两岸,虽彩虹卧波,丹蛟截水,不足以喻……诚一郡之丽观也。"清康熙时,文坛盟主王士禛(别号渔洋山人)修禊于红桥,在桥西倚虹园设冶春诗社,名士诗酒唱和,红桥名闻遐迩。乾隆年间,改建为单孔石桥,桥上建一亭,改"红"作"虹"。乾隆皇帝游览湖上,曾赋诗赞赏:"绿波春水饮长虹,锦缆徐牵碧镜中。"两淮盐运使卢见曾(号雅雨)继以虹桥为文酒聚会之地,作虹桥修禊诗,和者达七千余人,编成三百余卷诗集一部（现珍藏在扬州博物馆），并绘有《虹桥揽胜图》纪胜。由此，虹桥胜迹更闻名于海内。

今桥为1972年改建。登桥远眺，北为长堤春柳，南为西园曲水，清澈的湖水穿桥而过，极富诗情画意。

西园曲水　旧为北郊二十四景之一。建于清乾隆三十年（1765），原为西园茶肆。位于南湖、北城河、瘦西湖三水交汇处，水势曲折，故名。此园依水曲以置亭馆，昔有濯清堂、觞咏楼、水明楼、拂柳亭诸胜。园之中心，旧筑草堂四间，堂外垂柳拂槛，苍松如塔。堂之东南隅，有一土墩，可登临远眺蜀冈诸胜，上置"西园曲水"石额。园西有荷池。今高墩、荷池尚在，墩上增建一亭，池内置一石舫。水曲处，濯清堂、拂柳亭已复旧观。今辟是园为盆景园，扬派盆景荟萃于此。

长堤春柳　起初，长堤始于虹桥西首，逶迤5千米至蜀冈。沿堤有五景，首曰长堤春柳，为清乾隆年间盐商所筑，嘉庆、道光后荒废。1915年建徐园时，修复虹桥至徐园一段，即现今的长堤春柳。堤西高阜迤逦，林木葱茏；堤边湖石围拢的三处花景里，种植四季花草。另外还有一片水杉林和两岸的碧桃林，点缀着长堤之景。

长堤中段有一亭，临水而设，悬"长堤春柳"匾额，为清观察陈重庆手笔。依栏小憩，湖风习习，沁人心脾。"扬州宜杨"，沿堤遍植杨柳，间以碧桃。烟花三月，长条散风，游人如入画图。

徐园　位于长堤尽头，建于1915年，原为清代桃花坞故址。桃花坞是当年湖上观桃花的胜地。《扬州画舫录》对此描述甚详："桃花坞在长堤上，堤上多桃树。""北郊桃花以此为最。""白桃花以东岸江园为胜，红桃花以西岸桃花坞为胜。"今植有桃林约4000平方米，春日灿若红霞，蔚为壮观。桃林西侧瓦墙上嵌"桃花坞"石额，以存"千树桃花万年乐"之胜境。1987年，电视连续剧《红楼梦》摄制组曾于此拍摄"黛玉葬花"一节。

进园门，是一方荷池，缘池缀以山石，环植桃柳，池东有水渠与湖通，渠上架青石小桥。绕池东行，但见泱泱清波，桃柳交柯。

过小桥，经碑亭，有面南正厅三楹，宽敞雅致，匾额"听鹂馆"三字，取杜甫诗句"两个黄鹂鸣翠柳，一行白鹭上青天"之意。抱柱联为"绿印苔痕留鹤篆，红流花韵爱莺簧"，为清同治状元陆润庠撰书，此联道出园景的精华所在。

馆前为开阔的冰裂纹平台，墀前对植两株白玉兰，旁有一对相传为萧梁时代镇水之物的大铁镬。铁镬直径2米多，斑驳锈迹给人以沧桑之感。

听鹂馆东南为四角攒尖式碑亭，亭内《徐园碑记》为仪征吴恩棠所撰。

听鹂馆之西为春草池塘吟榭,取谢灵运的"池塘生春草"之意。榭为歇山式,前庑后廊。后廊壁上嵌有《冶春诗社记》碑。后廊复接七折曲廊向西通疏峰馆。榭之西南隅有小门通冶春后社。后社精舍三间,极为幽静。清末民初,扬州文人雅士常以此为文酒聚会之所,南海康有为等诸多知名人士都被聘为后社诗友,留下了许多诗篇。

徐园是为了祀徐宝山,由乡人集资兴建。徐原为盐枭,辛亥革命时任扬州军政分府都督,后因追随袁世凯,为上海革命党人所暗杀。

小金山 原名长春岭,乾隆年间盐商程志铨集资挖湖堆土而成。岭上多梅,岭东垣门因题"梅岭春深",今东坡仍是观梅胜地。山上有风亭,中有观音阁,下以月观、棋室、书屋、琴室、关帝庙、草堂、玉佛洞诸景环绕,错落有致。

风亭位于山顶,四角攒尖顶,翼角飞翘,有凌空欲飞之势。登亭远眺,南望瓜埠,北眺蜀冈,左右湖山,尽收眼底。亭上有楹联"风月无边,到此胸怀何似;亭台依旧,羡他烟水全收",联句巧嵌"风亭"二字,写景述怀,逗人情思。

1984年,扬州与日本厚木市结为友好城市,扬州向厚木赠送仿制风亭一座,厚木市为此专门建了8.7万平方米的公园安置该亭。

关帝庙,原称"三义庙",光绪年间又改为湖心律寺,现寺庙已不存。但两棵乾隆年间栽植的银杏却为其遗存,郁郁葱葱,高耸入云。院内置一钟乳石天然大云盆,相传为"花石纲"之遗物。

观音殿,俗称小南海,内置汉白玉观音大士像。殿前石额"香海慈云",乃从净香园移此,取名自金棕亭"慈云一片香海中"诗句。殿前有寒竹松风亭,亭下有玉佛洞。

小金山西侧有四面厅,坐东朝西,高敞明洁,悬"湖上草堂"四字匾,为清代大书法家扬州太守伊秉绶手笔。堂西十步,面南建一厅,匾曰"绿荫馆",为当代国画大师刘海粟题书。

绿荫馆西,有岸柳成行的长渚,宽丈许,长百余步,直插湖心。长渚尽头有阁临水,即吹台。相传乾隆皇帝曾在此垂钓,所以又称钓鱼台。

钓鱼台四壁皆门,由于所处位置极佳,其框景艺术之高超,向为造园家所称道。从东门外远眺,南圆门呈椭圆形,摄入竖立云表的白塔;西圆门呈正圆形,内框横卧波光的五亭桥。这一竖一横形成了一幅绝妙的美丽画景,成为绘画、摄影的绝佳之处。

小金山南侧为月观,单檐歇山式,面东临水而筑,三面廊,饰以雕花水槛,窗棂空阔。室内陈设精美,墨翰生香。梁上悬"月观"横匾,上有长跋,乃陈重庆所撰。梁柱上集郑板桥诗句:"月来满地水,云起一天山。"中秋时节,丹桂飘香,静影沉璧,游人到此,尘襟俱涤,诚为观月之佳处。

四桥烟雨 四桥烟雨即黄园,位于瘦西湖东岸,与小金山隔湖相望。原名为员园,清康熙年间所建,后归奉宸苑卿黄履暹之黄园。乾隆临幸时赐名为"趣园"。四桥烟雨楼为面西二层三楹,花脊,歇山板瓦顶,四面廊,面南底层全槅扇,二层为半墙槅扇。1990年于主湖道上架叠黄石春波桥,并在桥畔岛上置亭一座,别有情趣。

四桥烟雨景区之胜贵在因借。登楼极目所至,南面的大虹桥、春波桥,北面的长春桥,西面的玉版桥、小虹桥、五亭桥、藕香桥尽收眼底。若雨中登楼,瘦西湖空蒙变幻,尤能领会四桥烟雨之佳趣。

水云胜概 《扬州画舫录》载:"水云胜概在长春桥西岸,亦名黄园。"1949年后,在其遗址上建了水云胜概和小南屏两组建筑。

水云胜概位于景区中心,半藏在高阜树丛之中,面南三楹,高大宽敞,四面廊窗。厅前平台,高出平地3米,白色雕栏。凭栏远望,天水无际,五桥高跨,湖光山色,俱在目前。

此处地形开阔,陇坡逶迤,从低处至高处依次为湖面、平地、陇坡、高阜。高阜上栽植红枫、银杏、合欢、梧桐、雪杉、松柏各种乔木及竹类。陇坡上分片栽植琼花、桂花、梅花、海桐等灌木,并点缀紫薇、黄杨、山茶,形成花卉观赏区。平地上铺设针茅类草坪,点缀待霄草、美人蕉等宿根花卉。游人到此,或坐或卧,无不流连忘返。

五亭桥 建于清乾隆第二次南巡时(1757)。此桥模仿北京北海桥和五龙亭的构造,将桥亭合二为一,建成"上置五亭,下列四翼,洞正侧凡十有五"的亭桥,成为我国桥梁建筑史上的杰作。因建在莲花埂上,五亭似绽开的莲花,故又名莲花桥。

桥长65米,宽7米,横踞瘦西湖中央。宏伟的梯形桥身用青石叠成。中央主亭最大,三层飞檐,四角各连一亭,又以廊檐连成一片,气度非凡。檐顶黄色琉璃瓦覆盖,金碧辉煌。每亭四角飞翼,构成飞动之势。四角系以金铃,风来清音悦耳。亭内彩绘五龙藻井,瑰丽绚烂。桥周曲尺型巨大石栏上,雕塑小狮二十四只,神态各异,玲珑可爱。桥下十五个拱形桥洞,中间一洞最大,可通大型画舫;洞洞相连,可通小游艇。每当满月之夜,各洞衔月,倒悬波心,不可捉摸,成为瘦西湖上又一处赏月抒怀的妙境。

凫庄 位于五亭桥东侧,面积约亩许,建于1921年,原是乡绅陈臣朔的别墅。

凫庄构景最大特色是尽量取小，纤巧玲珑。东为水榭，临水平台围以白矾石栏杆，岸种杨柳，下栽芙蓉；北岸矾石凸入水际，上连湖石假山。山上花木扶疏，藤萝缠绕，野趣横生。庄西水阁数间，以曲廊周接假山，临流把钓，荷香鱼跃。庄南水楼三楹，以曲廊与阁通。不规则的荷池位于庄中，环植梅、桃数株，旁置土阜，筱竹几株，又叠一湖石，约人高，宛如老叟立于松柏之下。

凫庄似浮若泅，庄上亭、榭、廊、阁小巧精致，山池木石缀置得宜，正如《望江南百调》所歌："亭榭高低风月胜，柳桃杂错水波环，此地即仙寰。"

白塔 位于五亭桥南，建于莲性寺内。莲性寺原是扬州的一座古刹，原名为法海寺，创建于元代至元年间，距今已七百多年，康熙南巡时改称今名。寺内有夕阳双寺楼、云山阁诸胜。寺四面环湖，南侧有拱形石桥，桥因寺名，称法海桥。因当年桥下遍植荷花，夏季莲香沁人，又名藕香桥。寺内建筑有弥勒殿、大雄宝殿与藏经楼等。

白塔为砖瓦结构，高三十多米，塔下筑台五十三级，象征佛教"五十三参"。台上筑塔，塔分三层。下层为方形台基，四周围以栏杆，中间的须弥座，每面各有三个小龛，每龛内雕一生肖，共十二生肖像，象征一年十二个月、一天十二个时辰。中层塔身为圆形龛室，形如古瓶，南面设"眼光门"，内供白衣大士像。上层称"刹"，呈圆锥形，有十三级，象征佛教"十三天"。刹顶置六角形宝盖，角端悬挂风铃，上托一只黄铜葫芦顶。白塔高耸，挺拔秀美，成为全湖造景点睛之笔，与城南文峰塔遥相对峙，堪称邗上巨观。

白塔晴云 原为瘦西湖二十四景之一，位于莲性寺对岸，隔五亭桥与白塔相对。乾隆年间由程扬宗、吴辅椿先后营构。

1984年，爱国旅日侨胞陈伸先生捐款，于白塔晴云的旧址兴建了一座两进院落的小庭园。市园林部门又对围绕景区的汀屿、小池、曲溪、土丘等遗迹加以修葺，培植花木，基本上再现了"别业临青甸，前轩枕大河"的水乡意境。

庭园面南临水而筑，以龙脊花墙包纳一区。园门朝东，匾额上"白塔晴云"四字，为著名书法家赖少其书。入门为院落，冰裂纹青石地坪。偏北建屋三楹，匾曰"积翠轩"。院内东南隅湖石峭壁接墙，雨时引流成瀑。轩西建曲廊通往林香榭。廊西两重花墙间分割出狭长窄地，翠竹数竿，鸟峰独耸，面南有花瓶式小门可入内。轩前花墙上嵌《白塔晴云记》碑刻，热情赞扬了陈伸先生的爱国之举。

林香榭临水而筑，单檐歇山，三面廊，廊柱间皆以雕花美人靠作栏，可坐可扶。面南有平台凸入水际，围以白矾石雕栏。平台外有湖石假山两组，以平冈小坡的自然形态随势入水,水中土墩石护,老柳披拂。榭前集诗句成联曰:"名园依绿水(杜甫),仙塔俪云庄(马怀素)。"道出了该景点的魅力全在巧于因借:仰视,蓝天、晴云、白塔;俯视,亭桥、倒影、碧波。与吹台所见集锦式的框景相比,虽眺同一桥、塔,却另有一番空远、深邃的气韵。

叶林 建于清初韩园遗址上。韩园,原是清朝初年韩醉白的别墅,又名"依园",是园早圮。民国年间,叶秀峰于此造林数十亩,名曰"叶林"。新中国建立后,辟为公园。1989 年恢复今名。

叶林地势高坦,建屋三楹,坐北朝南,青瓦红墙,四角飞翼。

叶林以植物造景取胜。这里有金线松、银杉、桧柏、黑杉、紫薇等名贵树种。从日本引进的两株平头杉,现存一株,位于屋西,孑然立于紫薇林中。萌发于根部的三根茎杆,虬曲而上,树冠呈水平状,自成一景。19 株胡桃树,呈直角分布,树干修直,高约 15 米,深秋落叶后,树冠疏朗,周身淡黑,傲然立于凛冽寒风之中。屋前广场,环植银杏,已蔚然成林。银杏林之南和紫薇林之西,为新辟的两片樱花观赏区,春末,花开满树,洁白悦人。

叶林北侧为花卉盆景园,占地 5 亩;南侧为儿童游乐场,占地 10 亩;西侧为动物园。

二十四桥 位于瘦西湖由西向北转折处,1990 年按古制复建。该景区由熙春台、玲珑花界、二十四桥和望春楼四组景点组成。

熙春台,又名春台祝寿(传说曾在此为乾隆祝寿而得名),基本按原貌复建。主楼坐西朝东,上下两层,规模宏大,飞甍反宇,金碧辉煌。由著名书法家启功书写对联:"胜地据淮南,看云影当空,与水平分秋一色;扁舟过桥下,闻箫声何处,有人吹到月三更。"高度概括了二十四桥景区的特色。

内部装修和陈设,集中体现了扬州的传统文化。底层迎面巨幅壁画《玉女月夜吹箫图》,采用扬州漆画工艺;中间乐台呈新月形,可在其上演奏江南丝竹。楼上迎面一排仿古编钟,可击乐;后墙两壁用若干根大竹筒拼成半圆图案,竹筒上融书法、篆刻于一体,为历代名家歌咏扬州的诗句;顶层 365 只竹编灯笼,色彩纷呈,熠熠生辉。

熙春台两翼附属建筑如"八"字,南翼为湖石假山和复道,假山上置小亭;北翼以曲廊与十字阁通。十字阁,四角攒尖式,碧瓦朱柱,四面为廊。台西壁上镶嵌一块高 3 米、宽 4 米的黑色大理石,上刻《二十四桥景区记》。

熙春台主楼与五亭桥中亭处于同一中轴线上,隔湖遥遥相对。临水为宽广的二级露台,用花岗岩叠砌而成。左为二十四桥,右为九曲雕空石栏平桥。露台上立汉白玉杜牧诗碑,为毛泽东手书,笔势遒劲奔放,为整个景区增色添辉。驻足于此,露台宽大,湖面开阔,天蓝云白,水碧柳青,使人心胸舒展,神清气爽。

玲珑花界位于熙春台右侧湖之南岸,以九曲桥通熙春台。基本按原貌复建。以湖石围成多个花台,分区培植牡丹、芍药。鲜花丛中有几间厅房、一楹水榭、一座方亭。厅、亭之间用游廊相接。

二十四桥位于熙春台左侧,从西向东由山涧栈道、拱桥和曲桥三个部分组成。山涧栈道高跨湖汊,由黄石叠成,雄浑古朴。拱桥单孔,长24米,宽2.4米,24层级,白矾石栏板浮雕彩云追月,白矾石柱24根,上镌云纹。拱桥东头接四曲平桥,桥堍上置一方亭,名"吹箫亭"。整个造型呈玉带状,凌于青波之上,似飘若飞,明月之夜,给人以空幻神奇之感。

望春楼与熙春台隔湖相望,由望春楼、小李将军画本、荷池、喷泉池、贴壁黄石假山等组成。横匾"望春楼"乃集板桥字体而成。

"小李将军画本"乃按唐代画家李昭道的画意所建。李昭道和他的父亲李思训,开创金碧山水画派,表现出盛唐雍容华贵的气象。取名"小李将军画本",是指在此观看熙春台,有金碧山水的画意。

静香书屋 "石壁流淙"景区中的一个景点,系按扬州八怪之一金农当年的居室环境拟构的一座小庭园。位于二十四桥以北、湖之东岸,复建于1992年。取名"静香",典出于北宋林和靖"疏影横斜水清浅,暗香浮动月黄昏"的咏梅名句。因金农善诗文,精篆刻,擅书画,最工于画梅,故以"静香"名之。

一条曲折的纹砖小径,穿过芦丛、梅丘,通至园门。入园门,是一方荷池,约亩许。池北为水乡民居式房舍一栋,青砖墙,筒瓦屋顶。池东一簇芦苇,石舫半在水中。楠木石础曲廊自石舫逶迤至书屋东面水院,水院有小渠与池通,渠上架廊桥,有"天然桥"匾。过桥即至屋廊,屋前铺卵石平台,临池围有石栏,凭栏观鱼,颇多妙趣。

书屋面阔三间,黑底色匾额上书"静香书屋"四字,集金农楷隶墨迹。室内陈设一色海梅家具。正间有用楠木雕刻的松、竹、梅罩槅,正间与东西两间以太师椅、茶几、花架等隔离。西间置画案、书架、博物架。东间四张圆凳围着梅花桌。所有家具刻梅花纹饰,乃读书作画之佳处。

庭园西南隅为黄石假山,巍峨险峻,半山置一亭,题名为"龟山亭"。因假山峰顶为寿龟翘首以盼之状而得名。

庭园西面筑写意山冈,植春梅、书带草,透过山冈西望,则绿水映带,长廊逶迤。

整组建筑结构严谨,疏密有致,古色古香,典雅静谧,体现了中国古典式庭院建筑的特点。1992年以1∶1的比例参加德国斯图加特国际园林展中国馆的展出,获得金杯奖,并成为永久性保存的园林建筑景点。

长廊 长650米,建于1990年,位于瘦西湖二十四桥以北西岸。廊南端起自苏亭。苏亭乃瘦西湖筱园花瑞景区中的一景。乾隆年间,两淮盐运使卢雅雨将小倚南水亭改名为苏亭,以纪念苏轼。

长廊顺着湖岸自由伸展,有时凸出水际,有时退入湖岸深处,有时爬高,有时跌落。这样,不仅在平面上迤逦曲折,而且在空间层次上形成波浪式的飞动态势,显得自由活泼。廊虽临水,但在跨越曲塘时,却又有意抬高廊基,宛若长虹卧波,给人以轻盈跳跃的美感。长廊为朱红色,与绿水碧树相辉映,游人漫步,左右环顾,宛如置身于水面之上,别有情趣。

二分明月楼 位于扬州广陵路263号,占地面积1031.3平方米,其中建筑面积631平方米。始建于清代中叶,为员氏所建。光绪年间,转归盐商贾颂平。1962年5月被评为市级文物保护单位。

扬州古有明月楼,寓唐代诗人徐凝《忆扬州》"天下三分明月夜,二分无赖是扬州"之诗意。据《扬州府志》所记,元时,扬州有赵氏者,富而好客,有明月楼。人作春题,多未当其意。赵孟頫入朝过扬,主人迎至楼上,盛筵相款,所用皆银器。酒间出纸笔求作春题,赵孟頫援笔欣题:"春风阆苑三千客,明月扬州第一楼。"主人喜甚,尽撤酒器以赠赵孟頫。此佳联传诵至今。

二分明月楼经1991年修缮,重现了清代建筑的风格,深化了"明月"主题。主楼(一称"长楼")七间,面南而立,气宇轩昂,为员氏原建。厅堂上悬钱泳道光年间所题"二分明月楼"匾额。楼顶翘角飞檐,取势空灵,凭楼远眺,实为赏月佳处。楼前为一泓清潭,全园建筑均环绕此潭,精巧构建。楼东有黄石假山一座,上有通道,拾级可登东阁(原名大仙楼)楼上。阁有二层,坐东面西,阔三间,进深一间,与长楼夹一山,似相呼应。假山下多洞穴,幽曲连通。出洞口有月牙门两座;进门,有曲水流觞,即东阁底层。西为月牙池,与此相应,池南有井一口,井栏石上,刻"道光七年杏月员置"八字,当是员氏旧物。旧于平冈之中,筑有四面厅堂,后移至瘦西湖。今在其旧址,建扇面亭一座。西南为两层楼阁,名财神楼。围绕曲池,共有月牙形门、窗、池、桥六处。

二分明月楼原本有山无水,但无限水意蕴含其间,为扬州城市山林中"旱园水做"的范例。

冶春园和绿杨村　　冶春园东临御码头,西至问月桥,面积十余亩。园东、西各有圈门,东首圈门上嵌一石匾,镌"冶春"二字,为清光绪壬寅(1902)举人王景琦楷书。园内有水绘阁、香影廊、餐英别墅、问月山房等建筑。水绘阁、香影廊为面河而筑之茶肆,茅屋水榭掩映于清溪翠柳之间,环境极为幽静。餐英别墅、问月山房原为私家住宅庭院,中植四时花木盆景,堆叠山石小品,修篁绕屋,尘氛不入。轩内陈设清代红木家具,点缀精美盆景。冶春园为"瘦西湖乾隆水上游览线"必经之地。游客多在临河茶肆品茗小憩,然后泛舟湖上。

绿杨村位于问月桥西,为清乾隆年间瘦西湖二十四景之一"绿杨城郭"故址。今日绿杨村为红园花木鱼鸟生产基地,面积约 40 亩。内设盆景场、金鱼养殖场和鸟雀饲养场。

盆景场内培育大小盆景数万盆,其中有风格各异的树桩盆景,也有形式新颖的水旱盆景,还有意境深邃的山水盆景。红园盆景在历届全国盆景展览中多次获得一等奖、佳作奖,先后参加过在英国、法国、德国、比利时、日本等国举办的国际盆景艺术展览,以及在中国香港、中国澳门举办的江苏盆景艺术展览,为弘扬中国传统文化艺术作出了贡献。现盆景场内存有 300 年树龄的提根黄杨和上百年的榆树、五针松等一批树桩盆景精品,以及在国内有影响力的水旱盆景佳作。红园的商品盆景多销往英国、西班牙、荷兰、德国、意大利等西欧国家。出口盆景质量优良,曾于 1983 年获得国家经贸部颁发的"优质产品荣誉证书"。年年月月,来绿杨村参观的中外游客络绎不绝。

绿杨村沿城河一带为金鱼场,养鱼水面达三千多平方米,为江苏省最大的金鱼生产基地,主要名品有狮子头、鹤顶红、蝴蝶尾、红龙睛、水泡眼、朝天龙、五花珍珠、五花丹凤等。1989 年在第二届中国花卉博览会上,红白狮子头金鱼荣获二等奖。五花珍珠金鱼之饲养方法获科技进步奖。金鱼具有体健、形美、色艳的特点,每年出口到荷兰、英国、澳大利亚、土耳其、新加坡等国家。

鸟雀饲养场饲养和经营娇凤、芙蓉、八哥、画眉、文鸟、相思等笼鸟。其中家养鸟类娇凤、芙蓉出口到西欧、东南亚和中东国家。

荷花池公园　　位于扬州城西南,占地面积10.7万平方米,其中水面约8.04万平方米。

公园原名为南池、砚池,因池中广植荷花而俗称"荷花池"。园内曾有明清名园——影园、九峰园及砚池染翰等名胜古迹,是一处古迹纪念园林。

九峰园景区位于公园的东侧。复建而不复古,是一个以观赏峰石为主的、开敞的古典式公园。九峰园由敞厅、曲廊、峰石、厅堂等组成。敞厅内竖一刻有"九峰园"字样的峰石,厅堂中布置书画展览和历史考证资料。整组建筑由蜿蜒曲折的敞廊相连,其内点缀奇峰异石,自然分隔,形成各自不同的自然空间。

影园遗址区位于公园的北侧。在布局上,影园首先以水为中心,以山为衬托,形成山环水抱、山水辉映的意境。其次影园是湖上一岛,被内、外城河环抱,岛中和水面形成"湖中有岛""岛中有湖"的情趣。为了使建筑体现出疏朗而质朴的自然情调,故采用散点式布置,再现当年柳影、水影、月影的静谧幽深的意境。

荷花池公园的绿化种植,也采用传统与现代交融的手法。具体做法是:沿堤垂柳,夹以桃李,池内植荷,陆上以梅、兰、竹、桂、紫荆、木芙蓉、天竺、芭蕉、玉兰、海棠、枫树等为主,并配以大片草坪,以体现现代氛围。

茱萸湾公园　　位于扬州市区东北,位于古运河、新运河之间,是一个三角形的大岛,古地面积970亩。因北有茱萸村,故名茱萸湾,亦名湾头。它三面环水,一条小径与陆地相连,其北端是京杭大运河与古运河的交汇处,通向邵伯湖;南至古茱萸湾镇;大运河船只在它的西侧往来穿梭;古运河河水在其东侧静静流淌,引发游人的思古之情。

西汉时,吴王刘濞在这里开运河通海陵仓。隋仁寿四年(604),又开河以通漕运。隋唐时期,这里是进入扬州的门户,隋炀帝三次下扬州,都从此经过。在唐代,茱萸湾更是中外交往的重要港口。唐文宗开成四年(839),著名的日本僧人圆仁随遣唐使藤原常嗣入唐求法,即在此登岸。今存有清道光年间大学士阮元题写的"古茱萸湾"石额。

茱萸湾三面临水,风光秀丽,景色宜人,是历代宴饮观景、踏青游赏的佳胜之处,文士骚客在此留下了许多传唱千古的名篇杰作。唐代刘长卿诗云:"半逻莺满树,新年人独远。落花逐流水,共到茱萸湾。"清代赵彦俞《愁倚栏令·晚泊茱萸湾写望》云:"东风起,水悠悠,古湾头。尚有旧时残垒在,使人愁。黄昏细雨扁舟,垂杨外,来往群鸥。灯火寂寥三两处,是扬州。"

今天的茱萸湾公园,更加娟美清秀、风光宜人,宛如一幅天然山水画卷。亭台楼榭,交相辉映;松柏翠竹,郁郁苍苍;茱萸遍地,枝繁叶茂;鸟雀万千,野趣横生。漫步曲径园路,令人心旷神怡,流连忘返。

竹西园 又名竹西公园,位于迤逦西来的蜀岭南麓、绿水粼粼的古运河西岸,在今扬州市郊区城北乡黄金坝东北角。内占地面积130亩,其中水面约占60%。园复建于1989年,是集生产、经营、销售、出口扬州盆景和提供旅游服务于一体的具有扬州园林特色的新型古典园林。

竹西公园即唐代禅智寺遗址(又名竹西寺)竹西佳处,亦称"竹西芳径"。昔日繁华无比,文人雅士往来不绝。唐代大诗人刘长卿、罗隐、张祜、杜牧等都曾于此留下了许多脍炙人口的诗篇。张祜的"十里长街市井连,月明桥上看神仙。人生只合扬州死,禅智山光好墓田",杜牧的"暮霭生深树,斜阳下小楼。谁知竹西路,歌吹是扬州"都记下了唐代此处的风光。竹西寺也是历史上帝王赏游临幸之地。隋炀帝三下扬州,在此建造了行宫。乾隆帝三游竹西寺,每次都留有诗作,并为竹西寺题写了"竹西精舍"四字匾额。他第三次游竹西寺,对"竹西"景色极为赞赏,赋诗云:"上方寺侧构精舍,杜牧诗情绘竹西。筼径宜吟犹在曲,梅庭入画欲开时。"由于历史的演变,竹西佳境到清代后期已经荒废。

现在的竹西公园,共分五个区域,即园前区、娱乐活动区、山湖区、庭园区和生产区。游览线路按顺时针方向联系贯通。门厅五间,高阁耸立,檐敞廊开,青砖黛瓦,明窗亮格,上悬著名书法家林散之题书"竹西公园"匾额。进门厅耸立着一座高大的景屏,透过景屏方窗,绿竹清翠,亭榭朦胧,全园景色隐约可见。

公园中部是竹西精舍,这是公园的主体建筑。四周环水,中建厅堂三间,飞檐翘角,古朴典雅。室内上悬"竹西佳处"横额,两面悬有"谁知竹西路,歌吹是扬州"的对联。经大厅北上,过曲桥来到令人瞩目的仿古六角重檐的竹西亭,这是全园的制高点,登亭远眺,全园景色尽收眼底,四周绿柳成荫,碧波荡漾,景色宜人。

园中水面宽广,既有莲池,又有鱼塘,建有流芳桥和留芳亭。三面环水,既是观鱼赏荷之地,也是园内养殖之场,颇具田园风光。水面上有四桥相连。

跨月明桥往东南行,便是花卉盆景观赏区。

狼山 位于南通城南6千米处的长江北岸,山高109米,是南通城郊的著名风景名胜园林,亦是我国著名的佛教八小名山之一。在古代,狼山与军山、剑山、马鞍山、黄泥山合称为狼五山。狼山因其山形似狼而得名,又传山上曾有白狼出没,故又名白狼山。宋代淳化年间,州牧杨钧以"狼"字不雅,以"琅"易"狼",又以山上的岩石多呈紫色,改称紫琅山。《南通州五山全志》亦记载,因"感于烟光凝,暮山紫"而称紫琅山。但千百年来因"狼"字通俗形象,易传易记,人们一直沿袭旧称。

狼山古时为大海中的孤岛,相传秦始皇派方士徐福去东海寻找"不死之药",徐福途经狼山时,曾把这儿误疑为"海上之神山"。随着长江三角洲的形成,狼五山进入长江,并在宋咸平至天圣年间(998—1032)先后与陆地衔接。由于海水的升高下降,民间相传,五山在康熙以前曾七次下江,古人写此沧桑变迁云:"沧海桑田,不管万家忧乐;松风水月,常留四季清华。"

狼五山于汉唐之前已有人烟。据载,狼山最早的寺观建筑起始于唐总章二年(669)。其时狼五山前后江涛拍岸,上狼山大雄宝殿需假舟以济,楫以护渡,百姓感戴,遂名"慈航院"。五代天祚三年(937),静海都镇遏使姚存上西都(今南京)朝见回来,在今狼山北麓勒石题词,留下著名的"题名坡"。宋明道年间,人们始在狼山有规模地架桥铺路,营建寺观园林。北宋嘉祐四年(1059)如皋王观有诗曰:"山盘水转小桥通,殿角峥嵘倚乱峰。"可见当时狼山已是寺塔林立了。

自古以来,狼山"砥以障狂,可以卫内;据以设奇,可以威外",一直为江海要冲。唐僖宗乾符二年(875),因狼山地势险要而设狼山镇遏使。唐鉴真法师东渡日本和日本和尚圆仁来唐进行文化交流时都曾几次经过狼山并夜宿于狼山。唐骆宾王随徐敬业在扬州起兵反对武则天,兵败逃至南通,死后葬于狼山。宋末民族英雄文天祥拒和、南渡抗元,历尽险难曾辗转途经通州,殉节后葬于狼山。明初狼山一带曾修筑炮台,从嘉靖倭患始,南通设狼山总兵署,领导军民抗击倭寇。明末刘六、刘七领导农民起义,十余万人转战11省,到南通时曾激战数日,最后血染狼山。

清末状元张謇十分注意狼山的建设和发展,自19世纪末始,在狼五山修建诸多景点和游览休息场所,他在军山建气象台,重修刘郎路,在狼山北麓建林溪精舍、观音禅院,在马鞍山修建望虞楼、梅垞,在山北建西山村庐等。

狼五山沿江拱立,山水相映,景色秀丽,集寺院、古园、人文古迹于一体,具有丰富的旅游资源。其风光可分为山前和山后两个部分,山前以佛教禅院为特色,山后以山石、岩洞之自然风光为主体。寺院总称广教禅寺。广教寺殿宇雄丽,气势恢宏,建筑布局极具匠心,自上而下沿山脊中轴线呈腾龙之势:山下金刚门为龙口,两侧大悲殿、轮藏殿为龙的犄角,法乳堂则为龙头,山腹中的葵竹山房、三仙祠等建筑伸展成龙爪，山巅支云塔直插云霄，酷似龙尾。其间浮青叠翠，点缀着平倭碑、沙淦亭、望江亭、骆宾王墓、御碑亭、眠琴石等名胜，令人目不暇接。广教寺前大观台石门柱上刻有著名对联"长啸一声山鸣谷应，举头四顾海阔天空"，写尽江山景色。凭栏远眺，但见南坡烟波浩渺，水天一色，万里长江奔流不息。北宋王安石登狼山时曾留下"遨游半在江湖里，始觉今朝眼界开"的绝唱。山北景区现辟为北麓园，风景点多达二十余处。设计者巧借奇峰、怪石、岩壁、洞穴、溪流等自然风光，精心营造，植树种花，构筑小亭轩阁，将一片荒僻山林，建成一个集险、古、静、幽诸特色于一体的山麓园林，其"南畅北幽"的深远意境令人流连忘返，不由得发出"不游北麓，终身为憾"的感慨。

葵竹山房　位于狼山南坡腰腹处，始建于明嘉靖三十二年(1553)，原称四贤祠，奉祀宋代范仲淹、文天祥、岳飞和胡安国四大名贤。清道光年间陆续扩建，另名准提庵。民国初年，张謇书题"葵竹山房"，并用大理石镌刻为门首。葵竹山房外貌平朴无华，由几组深邃幽静的四合院贯穿而成，采用江南古典园林造园手法，精巧构思，依山就势，贴壁而建，迂回曲折，构图清新，布局奇巧。院内四季花木茂盛，古树郁翠，山石重叠，古迹罗列，院景四时幽雅怡人，为古典庭园造园之佳例，被收入《江南园林录》。同济大学、东南大学的专家学者曾多次专程前来考察。

　　葵竹山房内景物众多，有一枝栖、塔荫堂、法苑珠林、让一着亭等建筑小品，有屐石、半千石、小碑林、留云桥、水云深处等景物。院外还点饰着待月坡、琴石、饮虹涧、康熙御碑亭等景点。此处涧石亭阁浑然一体，恍然如画。葵竹山房在其空间组织上亦有其独到之处。自康熙御碑亭始，穿门廊进入塔荫堂、法苑珠林庭院，再穿过狭小过道进入半粟亭小园，最后经房廊夹道而到半千石的开敞空间。整个空间组织呈现收—放—收—放—收—放的格局，节奏紧凑、匀称而强烈。

康熙御碑亭　狼山著名古迹，紧邻葵竹山房之左。小亭四角玲珑，坐北朝南，轩开三面，北壁嵌立两块高大石碑，为清圣祖康熙题诗而镌刻。康熙曾书题《是夜对月再成绝句》："明月中秋节，驰书海外来。自今天汉上，万里烟云开。"并赐予狼山总兵刘含高。又书写朱子的诗："竹几横陈处，韦编半掩时。寥寥三古意，此地有深期。"并赐予知州施其礼。两碑亭分立于山道两旁，后二亭为风雨所毁，于乾隆十三年(1748)重建碧云天半阁，并将二碑合立于内。今日的御碑亭亦可称"碧云天半阁"，碑文字迹清晰，御笔当年，皇家之气犹在，游人在此无不驻足凝目。

北麓园　位于狼山北麓，总面积达2.4万平方米，其中水面约0.8万平方米，是南通现存较为完整的山水园林。

北麓园始建于1915年,当时清末状元张謇在此拓荒开渠,修桥铺路,筑室绿化,将其作为夏令避暑之所。1916年和1917年张謇又先后在此购地建成赵绘沈绣楼与林溪精舍两大主要景点。1956年2月,市政府以赵绘沈绣楼和林溪精舍为中心,进行改建、扩建工作,将之建成一座自然山水风景园林。因其紧依军山、剑山、狼山、马鞍山和黄泥山五山,故名五山公园。1979年改名为北麓园。

北麓园内奇石峭壁,缓溪幽林,建筑开合有度,风格灵巧而幽深,是典型的山麓园林。从布局上来看,全园可分为内园和外园两个部分,以园内赵绘沈绣楼和新建花房周边的围墙为界。外园景点大多为1949年以后所辟建,自公园大门入园,迎面而立一影壁,壁上刻有"南畅北幽"四个遒劲大字,一语道破狼山风光的奥妙之所在。影壁背后,别有天地,草坪如茵,两条卵石小径在幽幽林间时隐时现,通向内园。更为绝妙的是一带缓溪似从山涧淌下,突然驻足眼前,幽幽狼山山影和支云古塔清晰可辨地倒映在清亮亮的溪水里。这一部分平坦开阔,其布点造景既借助传统的"遮、掩、藏"手法,又具有西方现代公园简洁明快的特点。

内园是北麓园的精华,这里自然景观与人文景观交汇一体,奇洞怪石,陡壁精舍,幽古而深邃。园内山体内凹,呈壁龛状,岩石奇观首推海月岩,此处岩石层层叠出,奇而险,因狼山未登陆之前,海上明月当先临于此,故名之。其东有天祚岩相接,史载五代天祚三年(937)姚存上西都(南京)朝贡,回游至此题名,自此留下具有较高历史和文物价值的题名坡。题名坡之西,离地20米以上,山壁上有"五山拱北"和"五山之一"题字,字径逾丈。"五山拱北"为五代范同翼所书,后宋人又在其上题刻,字呈重叠状。天祚岩向东,鹁鸪岩石砌如截,鹁鸪洞、仙人洞、朝阳洞、朝阴洞一线排开,其中以东端朝阳洞最美最大,洞前二水相交,汇入洞中,曲折幽深,状若无底。但古时"吐纳随时变,乾坤此驻晖"的景象现已不复存在。

位于天祚岩下的赵绘沈绣楼和林溪精舍是内园同时也是整个北麓园内的主要建筑景观。赵绘沈绣楼是张謇专为收藏近代刺绣大师沈寿及其弟子刺绣和元代赵孟頫画作而建,故名之。其楼高三层,歇山顶,二楼挑出阳台,用铁制栏杆,在传统建筑中融进了些许西方建筑风格。楼西有厢房名天祚山房,楼前设灵山胜地牌坊,字系张謇手笔,其前一石桥枕溪,与观音堂相连。这一带房室相互关照,对应开合,小桥流水,古木森森,十分清幽。赵绘沈绣楼之西即为林溪精舍,其依溪而建,形式简朴端庄,其西分别有松巅阁、翠微亭、龛岩、大小磊落矶、鼓石等景点,它们或凌空翘楚,俯视全园,或攀岩探水,若隐若现,妙趣横生。这些景点似是随意点缀,疏密无章,但却因有精舍这一中心而显得曲折有度,别有情韵。

北麓园利用山势，借景立园，既具有古典园林依山临水、傍水建筑的特点，又融入一些西方庭园建筑的色彩。园内悬崖峭壁，小溪拱桥，流水淙淙，鸟语花香，被称为六月无暑、四季皆春的避暑胜地。观赏上，北麓园险、古、幽、静相兼，布局疏密得当，节奏紧凑，观赏者的心情随景变化，起伏有序，如同欣赏一首优美的交响乐，令人流连忘返。

林溪精舍 位于北麓园西南端，为张謇在狼山北麓构建的避暑别墅花园，始建于1917年，民居形式，硬山式屋顶，灰瓦粉墙，简朴端庄。张謇返居南通后，选址于狼山北麓阴凉处，着手修建避暑之处。他开渠植树，新开溪渠纳山泉之水，水清似镜，小溪倒映两岸树林，遂名之为"林溪"。随后又于临崖依溪处建一小筑，与夫人夏日居息，取名为"林溪精舍"（"精舍"意为"精行者所居"），整个工程历时三个月，耗资银元千余。张謇曾专为此写下了《新辟林溪记》一文，并铭刻于"精舍"之西一临水巨石上，现在虽一半浸于水中，但字迹依稀可辨。与一般园林建筑不同的是，在建此精舍时张謇还部分地借鉴了西方庭院建筑的手法，特别明显的是采用了百页窗，反映了那个时代东西方文化的交融。但整体布局上，还是突出了传统园林"巧于因借，精在体宜"的手法。林溪精舍的修建虽花费了张謇不少心血，但无论是外部景致还是室内装饰，一律以简为主，没有丝毫繁华沉冗之感。"精舍"开门见山，启窗临水，两侧小径相延，境界小而意味深远，体现了张謇晚年求静的思想。而整个景区除了面壁临水、追求幽雅恬静外，还注重采用拾遗补缺的借景法。沿"精舍"西去20米许，翠微亭、松巅阁一上一下，与之相互呼应，其间还不经意地点缀着几块奇石，山腰间一石因其形如一只大鼓，故明关中黄嘉宪为之题名曰"鼓石"。由于年代久远，又多风雨侵蚀，字迹已难辨识。山脚下一石形态安详，张謇为之题刻名"翕石"。而临溪处有二石探水，谓之"双矶石"，分别为磊落矶和小磊落矶，皆为近代金石书画大师吴昌硕题篆。顺这几块奇石布点之势，一"S"形石阶小道拾级升向山腰，此为翠微亭之所在，此处据景设局，以险取胜。张謇为该亭题楹联云"不尽千里目，别作一家春"，既是这里万千景象的浓缩和升华，也道出了末代状元的博大襟怀。

题名坡 北麓园一重要古迹，位于狼山北坡山脚，赵绘沈绣楼以西，天祚岩之下。坡呈南北向，面积约2平方米，平坦如砥。坡上方有"题名坡"三字，为张謇手笔。坡上刻有自唐乾宁甲寅年（894）至清代数十位古人的题刻，排列无序，因年代久远，风雨侵蚀，大部分题刻难以辨认，唯五代天祚年间姚存题字石刻尚依稀可辨。姚存题刻，80厘米见方，共二十七字，字迹剥蚀较多，经查考有关资料，补入缺损字后全文应为"天祚三年(937)□月十四日东洲静海都镇遏使姚存上西都(今南京)朝觐回到此"。题名坡是集人文景观与自然景观为一体的古石名景,具有较高的历史和文物价值,现被列为南通市文物保护单位。

云龙山 位于江苏徐州市南郊,历来为徐州的风景游览胜地和山水园林。山海拔140余米,长约3千米,连绵9节,好像一条苍龙卧于城之南郊,人们称其为"九节龙"。相传汉高祖刘邦曾隐于此山中,吕后遍寻不见,后见此山上有一股云气,形酷似龙,于是入山找到了刘邦,故又称为"云龙山"。山不高,易于攀登,山上松柏森森,四季常青,古迹众多,是州城百姓士人常年游乐之地。北面为入山主要道路,在登山路口巨石上,有明万历十四年(1586)莫与齐所书的"云龙山"大字石刻,上得山顶,则一片平坦,上有与北宋文学家苏轼相关的名亭放鹤亭及饮鹤泉、碑廊等胜景。东麓有兴化寺,西麓有大士岩院,北麓与市区相接,西北有云龙公园与云龙湖。登山可东望黄河古道蜿蜒向东,宛如一条白带,沧海桑田,令人感叹。

放鹤亭 在云龙山顶,因苏轼的《放鹤亭记》而闻名天下。亭始建于宋代,为文人张天骥所创。张天骥号云龙山人,博学而不愿为官,有隐士风度,结庐于云龙山下黄茅岗,驯养两白鹤以为友,并在山上盖一小亭,称之为放鹤亭。每日清晨登亭放鹤,晚上在亭招鹤。曾作放鹤招鹤歌,其中有"黄冠草履,葛衣而鼓琴;躬耕而食兮,其余以汝饱"之句,苏轼是张天骥好友,北宋元丰元年(1078)十一月初特为之作《放鹤亭记》。从此文人雅士过徐州,无不登云龙山以游放鹤亭,声名日著。

云龙公园 在云龙山的西北,占地361亩。原为明代窑主余源顺烧窑之地,形成了大片低洼地与池塘;之后,结合云龙山的风景整治,将低地与池开挖成湖,环湖建立亭台楼观,植以花木;为保护古建名楼,又移来市内著名的燕子楼,使之成为一座以山水景观为主的综合性游览园林。园中湖水占总面积的三分之一,景物皆因水而筑,廊腰缦回,楼榭卧波,轻灵有致,清秀幽雅,是云龙山风景区内的一座著名园林。

全园可划分为东、南、北三个部分。东部以盆景园及一组娱乐性建筑为主。盆景园又名艺林,占地约20亩,其西部的荷塘,有意折出许多小湾,既给人以岸曲水回之感,又自然地与外景隔开,形成园中园,别有韵致;荷塘巧妙地缀以岛屿、亭榭、小桥,各臻其妙。入北门迎面为临池假山,上有突泉、瀑布。沿园右侧北行,便可看到一棵榔榆,虬枝如龙,主干恰与"咫尺胜景"园门的门弧一致。随香而入,映入眼帘的是一将山石、花木、壁画、藤蔓精心构成的长11米的"江山多娇"巨幅盆景,气魄雄伟,雅健多姿;园内花树挺秀,香气馥郁。

该园南部以南湖为中心,它与北岸的假山花廊区、西岸的荷花厅水榭区和南岸的花圃区,相映成趣,共同构成一个如诗如画的园林景观。假山位于临水半岛上,在这片假山中游观行进,则觉高下参差,迂回婉转,如入涧壑,深感窈折幽胜。沿山麓崖道处复筑以小桥,使蜿蜒主线更具变化。连接陆地的北面有花坛;东面绕以长廊,其间繁花斗妍,木香纷披,形成天然纳凉之所。湖西岸绕有数百米长廊,蜿蜒如龙;中部巧设荷花厅;南端水榭,为歇山式临水建筑,处境幽绝:俯览则水光潋滟,游鱼可掬;远眺则群山如黛,倒影重之。此一园外借景,既填补了东南角的虚弱,又增加了空间的层次感。

北部的主景为知春岛,坐落于北湖中心,面积约 7.5 亩,虹桥与南岸相连。岛上以群植的方法达到造景的意图,迎春、迎夏、紫薇、海棠、樱花、红梅等花卉争奇斗艳,冬青、杨柳、龙爪槐、松竹等乔灌楚楚有致,殊为可人。至于此处,夏日的松风柳浪、冬季的梅影雪月、春天的繁花丽日、秋时的荷风香菱,均能给不同季节于此的游人以不同的美感享受。岛西南燕子楼临水而建,檐角翼然,空灵驱动,与北侧鸳鸯亭和曲廊相映成趣;每当群鸟齐鸣、菰蒲闻雨、月移花影、雾失楼台之时,此处恰好是层层氤氲、诗意迭出的地方。

燕子楼 原为徐州古代的五大名楼之一,遗址在今燕子楼小学内,传为关盼盼所居之处。因该楼檐角形似燕翼,春燕年年在此栖身,故名燕子楼。这一唐构名楼历史上屡经兴废,曾多次重建,曾于1933年重建,但抗日战争中又被毁。现楼立于园内知春岛西南,为1986年重建的。关盼盼大约生于唐贞元年间,彭城人,为唐代贞元至元和年间的徐州名妓。自幼聪颖,多才多艺,能歌舞,擅箫瑟,工诗画,深为唐武宁军节度使张愔所钟爱,张愔遂以重金将其赎为侍妾,并在府第建造了燕子楼。唐贞元二十年(804),白居易为校书郎时,来徐州游览,张愔在府中设宴款待,关盼盼为其歌舞助兴,白居易大悦,即席挥毫赠诗"醉娇胜不得,风袅牡丹花",然后"尽欢而去"。张愔死后,关盼盼独守空楼十余年,日日以泪洗面,以诗寄情。后白居易得知此事,遂有"黄金不惜买蛾眉,拣得如花三四枝。歌舞教成心力尽,一朝身去不相随"之咏,关盼盼读罢肝肠寸断,自谓:"妾非不能死,恐百载之后,人以我公重色,有从死之妾。是玷我公清范也。"并和诗曰:"自守空楼敛恨眉,形同春后牡丹枝。舍人不会人深意,讶道泉台不去随。"作罢不食而亡。对此,宋朝陈荐有诗咏曰:"乐天才思如春雨,断送残花一夕休。"陈氏以"残花"为喻,蕴含着对关盼盼身世遭际的无限同情。唐景福二年(893),朱温攻打徐州,节度使时溥战败登楼自焚,楼亦被毁。其后燕子楼屡建屡毁,楼址亦迁移不定。明神宗万历年间,立有"燕子楼"石碑。清康熙年间,燕子楼迁于城西南隅(今市区少华街西)。光绪九年(1883),知府曾广照于西南城垣上重建。光绪十五年(1889),徐州道段喆将此楼移至城西北,1933年又在原址重建此楼,惜楼于日伪时期被毁于兵燹。1986年,市政府拨款在云龙公园知春岛西南重建此楼,楼台两面临水,景色幽绝。楼东立有明代万历年间燕子楼石碑原物,"燕子楼"三字系秣陵解元所书。楼北清池畔新立石碑刻有赵朴初书白居易"燕子楼中明月夜,秋来只为一人长"诗句,以及日本人冈崎嘉平太所写、大江千里翻译的白居易的诗。楼为双层,飞檐斗角,形为燕翼,楼下平台浮波,楼上回廊环绕,廊间的花棱雕窗,巧妙地采用"漏景"的造园技巧,给人以步移景转之感。燕子楼内陈列着当代书法家所书苏轼、文天祥、白居易、张仲素等历代文人咏燕子楼的诗作。凭栏俯瞰,碧波芙蓉,红翠相间;林木荫翳,花柳如烟,天光水色,洵足醉人。

快哉亭公园 位于徐州解放路北端,占地72亩,属于古典式纪念园林。唐宋时期,在此建造过阳春亭和快哉亭;亭旁城垣高耸,城外泗水清澈,成为游览胜地。在漫长的岁月里,这里历经兴废。清光绪年间,将这里扩建为规模较大的游宴之处。民国十七年(1928),北伐军进驻徐州后,将其辟为中山公园,建造了九曲桥、水阁、凉亭、石桥,如今桥栏尚有当年铜山县县长刘炳晨书写的"乘风趁月、达岸、曲水、荷香、放生池"字样,后日趋荒凉。1949年后修缮开放,曾题为人民公园。

1981年徐州市政府根据人文历史、游览环境对园林进行了重大修建,创造出更为自然和雅致的园林空间,并易名为"快哉亭公园"。全园布局灵活,时闭时畅,曲直相间,气氛各异,以东、西荷池为中心,仿宋建筑为主体,风格古朴典雅。西门由新建宋式三开间两旁耳房组成,横匾上"快哉亭公园"五字,为李可染所书。迎面砖砌平台竖立"九州之一"大照壁,绕过屏障,西部景区豁然开朗。正东主体建筑品香堂系五开间歇山屋面,堂前临水平台、左侧环池曲廊,一起构成了一个比较自由的建筑组合。中部的荷塘成为这一空间的重点,使游览视线集中。曲桥卧波,以分隔、扩大空间面积;南岸假山苍健妖娆,与倒映水中的八角亭互为对景,形成各景在对比中烘托主体的效果,令人仿佛走入了一个诗画天地。品香堂后面堆土植木,偃蹇为盖,与东部景区隔开,这时或疑以无路,而穿过林荫小道,便是柳暗花明的东部景区。这种处理紧紧抓住了游人心理,抑扬顿挫,随之起伏,使处于静态的秀丽景色,给人以动态的欣赏意境。

东部格局较为宏畅,有静观的欣赏,有动观的游览,水曲因岸,水隔因堤,垂柳夹道,雉堞参差,小桥浮波,亭台依水。荷塘南北两岸有两组新修的仿古建筑,南岸是全园的主景快哉亭;北岸的逍遥堂和如意堂,厅廊萦回,开畅明净,楚楚可观,院内篁丛染绿,万竿摇碧,清池沁人,山石玲珑,婉约轻盈。该区简洁古朴,落落大方,不以工巧取胜,但以自然为美。尤妙在善于旷奥兼备,身入其境,顿觉变化多端,可称为探幽访胜的游览之所。

品香堂的北部有花房、温室、花圃、花架等,各种花卉四千余盆,组成一个以植物景为主题的观赏区,院内栽花种竹,荫以乔木,清水一池,瘦石透漏,成为一个幽静的园中之园。快哉亭公园以传统的造园手法来划分景区空间,增加了园林内部环境气氛的曲折变化,形成大中见小、小中见大的对比效果,各园之间,环环相扣,气韵连贯,创造出优美的景色画面和高雅的游览情趣。

快哉亭　位于快哉亭公园东南隅。唐代节度使薛能镇守徐州时,曾在此建阳春亭。宋神宗熙宁末年(1077),李邦直驻节徐州时,在阳春亭故址重建一亭。是时,苏轼正任徐州知州,游览于此,当清风徐来,殊觉适畅,即兴挥毫写下《快哉此风赋》,并命此亭为"快哉亭"。陈师道有诗咏曰:"城与清江曲,泉流乱石间。夕阳初隐地,暮霭已依山。度鸟欲何向?奔云亦自闲。登临兴不尽,稚子故须还。"即此依稀可以想见昔日的胜景。其后,快哉亭几经兴废。清同治十一年(1872),徐海道、吴世熊重建此亭。光绪十五年(1889),徐州知府桂中行重修,并将此亭扩建为游宴之所,规模较大。光绪十七年(1891)的线雕快哉亭石刻图文上有如下的描绘:"快哉亭地极幽胜……芙蕖映水,杨柳红桥,石路无泥,虹堤倒影,有楼阁参差,隐现于花光树色间者,则阳春亭及快哉亭也。"快哉亭面西,亭下可通行,亭内有三匾,中间书"快哉亭"三字,左右两面分别为"快哉快哉""果然快哉";南为景苏堂;东为聚星堂,堂东有花坛、伴花邀月墙壁和月门,甚耐观赏;月门北面建有薛堂,该堂东、北两面分别巧设阳春亭及文昌殿,西面的香风桥如玉龙卧波,直通霞苍露白草亭,荷池分布西、北两面。后因战乱绵延,日趋荒凉。

新亭为1988年重建,为一组仿宋建筑群,青石阶上月门面向西北,横匾上分别刻有苏轼题写的"快哉快哉"和"果然快哉";迎面便是快哉亭,系重檐四角攒顶的亭式建筑,亭上悬挂着刻有李可染手书的"快哉亭"的匾额,四根立柱悬垂两副对联:"水碧风清,想见亭中学士;园新阁雅,重招海内闻人。""举步进芳亭何其乐也,临风阅胜地真乃快哉。"属对工巧,耐人寻味,亭内置有苏轼《快哉此风赋》匾额,游人必驻足于此,观赏不已。快哉亭的右侧是景苏堂,里面刻有"清代快哉亭全图"；左侧是伴花亭、月门和邀月亭，亭堂间曲廊萦回相连，院内蜡梅与紫薇、瘦石与虬枝相映成趣；曲径花香，时盈客袖，短墙竹影，天然画本；亭前荷风柳浪，亭后雉堞参差，置身其间，顿觉与墙外喧嚣尘世判若两界。所谓"夜饮名亭月筛竹影撩人醉，行吟曲水风掠荷花扑面香"，正道出该园宜静观、宜雅游、宜作画、宜题诗的那种静中生趣的幽雅境界。

云台山 位于江苏省连云港市。山呈东北—西南走向，周围绵亘150千米，山色葱郁，云物幽奇，历史上寺庙、道观林立，香火旺盛，自古就是江苏著名的以寺庙园林为中心的最大的风景园林。1988年经国务院批准为国家级风景名胜园林。

按《山海经》晋郭璞注，云台山"六朝以前俱称郁州山"。《一统志》云："淮安府朐山东北，海中有大洲，谓之郁州，一名郁州山。"宋时起更名为苍梧山，苏东坡曾有吟苍梧山诗云："郁郁苍梧海上山，蓬莱方丈有无间。旧闻草木皆仙药，欲弃妻孥守市阛。"尤为确证。明顾乾《云台图识》云："《三元真经》云：三元神圣，驾五色祥云，乘九气清风，云台山上，放大毫光，故后人呼其名为云台山。"

云台山在很长的历史时期中一直孤悬海中，被海水分割为北云台、中云台和南云台三个部分，大小136座山峰。其中南云台最大，有前顶山、后顶山、竹节岭、香炉顶等70多座山峰。中云台最小，只有虎山、蝙蝠山等十几座山峰。北云台有宿城山、保驾山、烟墩山等50座左右的山峰。直到"康熙四十九年（1710）左右，海涨沙淤，始通陆路"，长期被人们视为只有神仙圣人居住的蓬莱仙山才与大陆连接起来。无怪乎当时一位诗人欢呼道："真看策马上云台。"

云台山由于受到水平地带性和海洋性综合气候的影响，气候条件良好，雨量较充沛，植物种类繁多，一年四季翠色不断，山石峻秀，涧瀑飞泉，淙淙溪水点缀其间，自然风光极其优美。

云台山山水风景园林基本可分为三个相互独立的景区。三大景区各具特色，相互辉映。南云台七十二峰中的花果山景区是云台山山水风景园林的精华，神魔小说《西游记》即是以此为素材写成的。丰富优美的自然景色、众多的人文景观衬托着以三元宫建筑群为中心的屏竹禅院、自在天、灵官殿、九龙桥、南天门等古典建筑，显得错落有致，相得益彰。数百年来无数游人争相趋赴，流连忘返于这优美的山水风景园林景色。位于北云台中的宿城山，向以清幽秀丽、"胜似桃源境"而吸引着古今游客。清代《法起寺碑》记载：云台山古名胜区其北为宿城山，绵亘15千米有余。"濒临地僻，绝尘市，宜为高隐焚修地。"中有金刚石、卧牛岭、留云亭、龙湫、仙人洞、瀑布泉、凤凰石、无梁殿八景。位于锦屏山北端的孔望山,松木阴蔽,果树林立,掩映着连云港市最早的古刹龙洞庵,山色清秀异常,是一处不可多得的山水风景园林。中有被誉为"中华母窟"的孔望山东汉摩崖造像和被誉为"东方天书"的将军崖岩画,它是我国迄今发现的时代最早的一处洞窟岩画。

花果山的神话传说、宿城山水的清幽、孔望山古老的文化遗存,构成了云台山风景园林的精髓。

孔望山 位于锦屏山脉北面,距连云港市中心新浦仅 2.5 千米。据宋朝人乐史《太平寰宇记》记载:"孔子之郯之时,因登此山,遂以名之。"又据明隆庆年间《海州志》记载:"孔子定海滨而问官。"至今孔望山上还有孔子问官台遗迹,"问官台"题刻即镌于孔望山东侧山顶,长 1.7 米,宽 0.6 米,字径 45 厘米,楷字榜书,阴刻铭框,其书法庄肃端凝,古拙朴实。"问官台"右下方有"孔望山"三个隶字题刻,字径 50 厘米,无款。据说,这里就是孔子登山望海之处。清道光十九年(1839),身为钦差大臣、漕运总督的林则徐来这里巡视海防时,凭吊问官台,并即景抒怀道:"千秋孔望谁能企?聊以观澜赋水哉!"千百年来,无数文人墨客游历孔望山,寻觅孔子足迹,感叹之余,曾留下了无数绝妙好辞赞颂。另据史料记载,孔望山在唐宋时曾叫龙兴山,山上的龙洞庵一度又叫龙兴寺。

孔望山海拔高度虽然只有 123 米,但它作为一座历史名山,满山林木葱郁,清秀宜人;山上石刻琳琅,处处胜迹。其主要景点有龙洞庵、龙洞石刻、孔望山佛教摩崖造像、汉代圆雕石像、石蟾蜍、秦东门遗迹等,另外还有离孔望山仅一山之隔的将军崖岩画,自然景观和人文景观特别丰富。尤其是近几年来经过园林部门的整理绿化,孔望山更是旧貌换新装,景色迷人,成为连云港市近郊不可多得的一处山水风景园林。

龙洞庵 位于孔望山南麓,是连云港市最早的一处寺庙园林。它的发迹,据考证至少在北齐武平二年(571)以前,距今已有一千四百五十多年的历史。到唐代神龙年间,这座庙宇还称龙兴寺,那时规模宏大,闻名四方,曾吸引了大量游人。后来由于寺庙西侧的龙洞声名越来越大,所以宋朝以后龙兴寺又改名为龙洞庵。

千年古刹龙洞庵历代屡建屡毁,至"文化大革命"时它早已破败。1982 年,连云港市拨重款,委托赵辉工程师按明代法式设计重新建造了龙洞庵,形制虽不大,但极为精巧。前山门建在高高的山冈上,在门前甚为陡峭的蹬道的衬托下,给人一种仰之弥高的感觉。进入院内,正面是大雄宝殿,左右有耳房,明窗长垂,雕花点染,显得十分清雅。大殿东侧一株糯米茶树,古根虬枝,绿叶粉花,清香四溢。糯米茶树为云台山著名的观赏树木,花可赏也可泡茶饮,但一般都长不大,像龙洞庵这棵百年以上的糯米茶树更属罕见。大殿西侧有一棵古柏,树龄也已逾百年,至今仍然是枝繁叶茂,绿荫如盖。在进入大殿的踏步西侧有一泓碧水汩汩流淌,名曰自流井,给这座建筑增添了许多生机。龙洞庵青瓦粉墙,飞檐画栋,环抱在嶙峋怪石和奇峰异岭之间,掩映在苍松翠柏、茂林修竹之中,松涛阵阵,溪流淙淙,山水相映,堪称胜境。唐代大诗人刘长卿有一首名为《登东海龙兴寺高顶望海,简演公》的诗歌吟咏这座寺院所处的山水环境道:"幽意颇相惬,赏心殊未穷。"可见这里山水风景的清奇和幽寂。

龙洞石刻 龙洞,又叫归云洞,位于孔望山龙洞庵后西侧,为一天然的海蚀洞,海浪长期冲刷的痕迹还依稀可辨。据郦道元《水经注》记载:东汉时期有一位文人崔季玲听说郁州山上有"仙士石室",便到此寻觅,看到龙洞内果真有位"道士"在苦行修炼,便以为正是他梦寐以求的"仙士石室",遂开口询问,但道人"独处休休然,不谈不对……"从此龙洞便成为闻名遐迩的天下奇迹,吸引了无数墨客雅士竞相趋游,留下了众多的书法石刻。龙洞石刻按年代可分为宋、元、明、清、近代石刻,共计二十四则,字体有篆、隶、草、行,大者数尺,小者似拳,林林总总,如同一个天然的书法宝库,弥足珍贵。这些石刻内容丰富,或宦游,或抒怀,或赋诗,或题名,驻足细观,耐人寻味。

孔望山摩崖造像 位于孔望山南麓,龙洞庵西侧200米。它就山石的自然形体雕凿而成,整个画面东西长15.6米,高9.7米,共计有一百余尊大小不等的佛教人像,各具姿态。佛像最高的1.14米,最小的仅10厘米,均为浮雕。有的几人一组,有的孑然不群。旧时,古海州士人称它为"秦王乱点兵",认为与唐太宗跨海东征有关。后来,有的考据家又将其定名为杂技造像。1980年,规模宏大的综合考据终于揭开了蒙在它脸上的千年神秘面纱,经史树青等专家论证,将其定名为孔望山东汉佛教摩崖造像。此造像为东汉佛教初渡中国时的产物,距今已有一千八百多年的历史,雕凿它的时代要早于敦煌石窟约200年,被研究家称为"九州第一窟"。现已被列为全国一级文保单位。孔望山摩崖造像的内容大多与佛教有关。在这百余尊造像中比较著名的是佛祖涅槃组雕:释迦牟尼横卧宝床,即将羽化而去,周围站立着不少佛众,头脸各异,表情凄楚。这组有五十多人的组雕形象生动地描述了释迦牟尼得道羽化时的情景,技术精湛。另外,佛祖舍身饲虎图、精彩的叠罗汉像等,也都是不可多得的上乘之作。

孔望山摩崖造像的发现，使印度佛教传入中国的年代比过去已知的提前了200年，更为重要的是它开辟了以孔望山为起点的"海上丝绸之路"研究的先河。赵朴初先生就孔望山摩崖造像吟咏道："海上丝绸路早开，阙文史实证摩崖。可能孔望山头像，及见流沙白马来。"

圆雕石象 位于孔望山摩崖造像东侧30米。石象是用一块椭圆形的青灰色花岗岩凿成的，长4.8米，高2.6米，背宽3.5米，体重达二十多万公斤，比真象还要大。整个雕塑造型雄浑肥硕，线条流畅圆润，虽雕凿不繁，但形态逼真，呼之欲出，为我国现有汉代兽雕中的庞然大物，也是圆雕兽类造像中的珍品。因为大象的脚趾雕刻得极像一朵仰瓣的莲花，故有人称这头大象为驮着佛降生的神圣的白象王。

将军崖岩画 位于孔望山南，在和孔望山仅一山之隔的一座草木扶疏、峻秀如画、孤立而平缓的小山峦上，是原始社会农业部落的先民用简陋的石器在长约22米、宽15米、海拔20米的一块平整而光亮的黑色岩石上敲凿和磨刻出来的，线条粗率劲直，风格原始。它是我国迄今发现的时代最早的一处原始社会的岩画，也是岩画艺术在汉族地区的首次发现。岩画的主要内容有人面、农作物和与之相连接的线条所组成的图案，反映了人类祖先对农业的依赖及对土地的崇拜意识，它是目前发现的我国唯一的反映农业部落社会生活的石刻画面。兽面纹与动物头骨图案反映了先民们使用牧畜进行神圣的祭祀。充满神幻色彩的星象图案镌刻在动物头骨图案之间，长达6.23米，犹如一条挂在九天的银河，各种星座闪烁其间，反映了原始先民们对天体的崇拜和祭祀。专家们认为，这是目前发现的我国最早的星象图，它的拓片现已陈于北京古观象台，堪称古代天文学史上的重要发现。十八种石刻符号则是原始社会的石刻文字。

将军崖岩画的发现，对我国的历史学、考古学、民俗学、艺术史的研究都具有十分重要的价值。将军崖岩画现已被列为国家一级文保单位，并被拨巨资加以保护，它与孔望山摩崖造像合称为"海州二刻"，名垂寰宇。

朐园 位于孔望山脚下的连云港市海州城内，凭依古老的护城河。朐园占地40亩，四周花墙环绕，门为古式建筑，飞檐映日，古趣盎然。园名由湖州著名书法大师费新我题写。园内建有水榭一座，内悬著名园林大师陈从周书写的对联"三山东来堆锦绣，一城北踞列画屏"，写出了朐园所处的山川形胜，是一处质量很高的园林景观。

宿城 位于连云港市东南方向的北云台山中，隔宿城山、围屏山、大桅尖诸峰和连云港港口相望,一直以清幽、秀丽的自然山水风景园林而著称。

宿城,传说是因唐王东征时大军驻此一宿,将士们在一夜之间筑起一座城池而得名,几百年来,此说流传甚广。其实,宿城之得名乃是因它优越的地理形势——"诸峰矗兀,环抱如城",是始筑于明洪武二十六年(1393)防倭的营寨。它的遗址就在今天的宿城乡果林队园内,残长尚有二百余米,最高处3米,最宽处12米,南至保驾山北侧,中隔龙潭涧,西枕万寿山,与清代史料记载"周一里四十步,女墙三百十二堞,高一丈五尺,有东西二六"之范围大体相当。

宿城山坞三面环山,一面向海,除了有一小径通宿城外,与外界无路可通。而在这样一处天然巧成的"坞壁"堡垒中间却是一片坦荡美丽的川原,"土地平旷,屋舍俨然,有良田美池、桑竹之属",宿城山水之清幽古今著称。清道光十五年(1835),清宣宗召见两江总督陶澍,"询及海州带刀佩之风"时,陶澍特别渲染宿城之美,说这里"鸡犬桑麻,有太平景象"。宣宗听后喜不自禁地说:"此景与桃花源何异!"自此,宿城被人们称为"世外桃源"。更为有趣的是,宿城不仅有陶渊明在《桃花源记》中所描写的桃源风光的现实社会基础,而且据《魏书·地形志》《海州志·沿革》和《赣榆县志》等史料记载,古之海州地区确有"武陵郡",陶渊明曾到过这个地区,这一点从陶渊明于东晋隆安四年(400)任镇军刘牢之(镇压农民起义军孙恩)的参军一事可以得到证明。陶渊明在他著名的《饮酒》一诗里这样唱道:"在昔曾远游,直至东海隅。"而据《晋书·地理志》记载:"郁州山世称东海。"南唐诗人李中亦认为陶渊明到过宿城山,他在《春日书怀寄朐山孙明府》里感叹道:"犹怜陶靖节,诗酒每相亲。"清两江总督陶澍自称是陶渊明的后裔,也是陶渊明的研究家,曾著有《陶靖节先生年谱考异》,就在宿城法起寺旁建造了晋镇军参军陶靖节先生祠堂,至今刻石的匾额仍在。

今日的宿城经过修葺和园林绿化,面貌一新。有飞流直下的船山飞瀑、引人入胜的保驾山、竹树掩映的仙人屋、龙钟神姿的卧龙松,无不引人游兴,令人流连忘返。

船山飞瀑 位于宿城东侧的船山上,原名为"滴水崖",清时为宿城八景之一。"山中一夜雨,石壁悬飞泉。"暴雨过后来到船山,远远地就能听到瀑布冲击山谷发出的轰轰巨响。船山,因古为舟船避风之所,故名,所以今人又称"船山飞瀑"。登上建在半山腰的红柱金瓦的"观瀑亭",举目眺望,飞瀑奔流,半山的云烟随涧水浮沉,瀑布全景尽收眼底,蔚为壮观。清李大全有诗赞曰:"山泉日日生,瀑布自空泻。凉气沁人心,坐令神清暇。"

船山飞瀑就山势分为三级,在洞谷中时隐时现。第一级瀑布从"阎王壁"上垂直落下,落差达十余米,仿佛白练飞挂,人称"匹练悬空"。飞瀑跌落峡谷隐流数十米,又从一道悬崖飞落而下。崖高约十余米,平展宽阔,光滑如镜。崖下有一大洞,人称"帘洞",长十余米,宽8米,高约2米。洞内北端有个四尺见方的清池,水澈甘冽;洞南壁有天然石峡遮住洞口,上望可见蓝天,曲径通幽,经此可进入下洞。帘洞前有一天然巨石,恰像奔驰的单峰骆驼,周围竹影摇曳,水声潺湲,幽情横生。

循山洞下行,洞水分作一道道银线,好似一条条银色的游蛇在洞沟中蜿蜒穿行,琤琮作响。立洞前观瀑,但见瀑水破天而下,如挂珠帘,故人们称这第二级瀑布为"珠帘高挂"。洞水下行约200米,就到了"滴水崖"。滴水崖高约十余米,宽约20米,岩石直立如壁,第三级瀑布就从这石壁上纷流飞挂,垂虹溅雪,声如雷鸣。另有细泉在壁缝间争流,遇阻溅起,仿佛荷叶滚珠。崖下北端有一裂罅洞,呈"人"字形,上有窄缝平横,可见一线天光。洞中可坐可卧,凉风习习,夏日到此,令人忘暑。从洞内观瀑,但见瀑布变作无数细流,宛如亿万珍珠缀串门帘,晶莹夺目。瀑布下方有"船石",水帘落下,珠抛玉洒,满山滚动,阳光一照,雨丝和彩虹齐飞,被人们称为"漱玉喷珠"。

瀑布飞流而下汇入山下清泉,溪水澄碧,游鱼聚泳。水中怪石累叠,崖边奇花争艳,遂成为宿城最为著名的一处山水名胜。

四望亭 位于宿城山谷中的保驾山之巅,为宿城诸景中一处绝好的观景名亭。四望亭平面为一正方形,是单檐四角攒尖顶的亭式建筑,红色的亭柱,白石栏杆,金色琉璃瓦顶,四角翘然欲飞,在四面山水形胜的衬托下,尤显得精巧别致,起到画龙点睛的作用。站亭内四望,宿城好似一幅壮丽的山水长卷,而保驾山则正如其中一个采撷了大自然精华的盆景,在四面绵延起伏、绿如绣屏的群山的拱卫之中,显得格外夺目、俊秀,令人欣喜。山脚下三千亩良田被棋盘似的田间小路和灌溉渠道织成翠毯方方。山上松竹吐翠,绿浪卷潮。一片片整齐的果园姹紫嫣红;青石垒起的梯田里,茶树茁壮,绿叶如毡。山脚西侧碧波粼粼的宿城水库,恰如群山环抱中的一面晶莹剔透的玉盘,给整个景致增添了无限清灵之气。

仙人屋 从万寿山沿山西行百步,便到了"欲扫苔痕寻旧径,洞门云锁已千年"的仙人屋。仙人屋原名为瓢崖,天生巨石如屋。清道光十五年(1835),身为三省阅兵大臣的陶澍亲履其境,寻幽探胜,改名为"仙洞人屋",并书"仙人屋"三个楷书大字于洞顶石壁之上。此洞鬼斧神工,石窍嵌空,门窗天成,有东、西二门。西门高达3米,下连石蹬;东门下临绝壁,竹篁丛林摇曳。屋有垂檐,南有窗,整个屋长有

13米，可容数十人。入西门可见北壁有横石如案。石案西侧有道光乙未年(1835)法起寺主持僧通谷镌刻的"半工居"三字，东侧石案下有陶澍所题纪诗。正南之窗，钱塘县令陈文述题其名曰"玉女窗"，陶澍亲为书镌，刻于窗楣之上。窗外平台上有"陶宫保坐此石"大字题勒。坐玉女窗前极目四眺，保驾山如青螺浮翠，宿城水库卧于留云岭与万寿山之间，不啻人间仙境。

金刚石 位于仙人屋西数十米，原为宿城八景之一。因这块突兀巨石插天而立，棱角分明，形若金刚，且位于东方，而佛经《菩提心论》中有"五智如来"，东方为"金刚智如来"，故称"金刚石"。清张百川有一首七绝赞曰："狰狞怪象历星霜，自古威名石敢当。却喜浑身金不坏，遥看怒目似金刚。"

卧龙松 位于宿城大竹园下，为宿城山水园林中著名的古木名景。卧龙松全长14米，主干8米，围粗1.2米，遍身披满鳞甲。主干出土后贴地蜿蜒8米后，突然昂首向上分为两枝，主枝直上，分枝盘曲，九曲回折，好似卧龙昂首，意欲奋起腾空，故名卧龙松。有诗赞曰："鳞爪俨然老睡松，前身定是水中龙。梦里不知沧海去，化作龙影卧山中。"

花果山 又名清风顶。据明代顾乾的《云台山志》记载："成化己酉，有鲁府王孙，落发为僧，持钵于此，爱其山水幽峻，可以栖禅，因募资重建，师号清风，久而遂以清风名顶。"它是南云台七十二峰之一，距城10千米，是连云港市郊区的著名风景游览胜地，素有"东海胜境"之誉。《山海经》《江南通志》《云台山图识》等都有记载。景区的玉女峰海拔625.4米，是江苏省最高的山峰。吴承恩的《西游记》描述了这里的美好景致："四季好花常开，八节鲜果不绝。"唐伯元的《游青峰顶记》描述这里的景色道："海上秋冬之候，草凋木落，独此山居翠微间，延袤数里，皆茂林修竹，四时长青，又顶上泉沃，处处湿履，草润如春夏，顶多巨石，产万年松，经霜愈秀。"入得山来，沿着曲折整齐的盘山公路一路行去，但见大村水库波光粼粼，千年古塔巍然耸立，"自山下至清风顶，历竹节岭，过南天门万寿桥，始诣圣宫。百步九折，扪历层峦，真仙界也"，此即顾乾志书所载云台山三十六景之一的"仙境朝参"。驻足九龙桥仰望，顿觉空间豁然开朗，"半壁江山"犹如一幅巨大精美的山水画在眼前铺展开来；翠微萦绕，怪石林立，溪水叮咚入耳，林木掩映中隐现出以三元宫为中心的一系列古建筑，金碧辉煌，毗连霄汉。优美的山水园林风光数百年来吸引了无数的墨客骚人到此一游，留下了众多的诗文题咏。特别是古典名著《西游记》的问世，更为花果山增添了迷人的光辉。

海清寺塔 在花果山脚下、大村水库之滨。该塔背依青山,面临千顷碧波,波光粼粼,塔身亭亭玉立,倒映在湖光山色中,与之互为辉映,景致颇具特色,它是山水风景园林中极好的一处古建筑景。被明顾乾列为云台山三十六景之一的"古塔穿云"即是此处。

据镶嵌在该塔西壁上的《柳峦记碑》记载,该塔始建于唐,号称"大唐第二至尊"。民间传说,该塔为唐朝大将尉迟恭和魏征所建,故又名唐王塔。又据唐伯元《游青峰顶记》所述:"在青峰下十余里,其右有破寺,寺前有塔,起梁宋年间。"据考证,现存的海清寺塔建于北宋天圣元年(1023),到天圣九年(1031)建成,距今已有九百九十多年的历史了,是苏北最古老也是最高的一座古塔。

该塔九级八面,高 40 米,每级东、西、南、北各辟券门,其余四面砌出直棂窗。外壁内绕以走廊,中砌八边形塔心砖柱,砖柱内有梯级踏步可沿级而上刹顶,正是"九级云梯攀到顶,一天星斗喜垂肩。关心海岛千山雨,放眼齐州几点烟"。塔的外观稳实健拙,底层施上下叠涩腰檐,二至九层为平座叠涩腰檐,连接它的断面两侧挑出腰檐各点的弧线,俨然现今数学上很规则的抛物线。整个建筑结构严密合理,线条明快秀逸,风格雄浑古朴。

海清寺塔虽然处于山脚的斜坡上,而且自建成以来先后经历了 14 次山崩,特别是经历了康熙七年(1668)发生的 8.5 级的大地震,《海州志》记曰:"城倾十之二三。"但此塔却能栉风沐雨,岿然屹立,至今未发现不均匀下沉,也未发现塔体明显倾斜。当真无愧于塔南门楣上"根深蒂固"四字刻石了。

南天门 在花果山登山十八盘所在的竹节岭顶峰,与三元宫、玉皇阁遥遥相对。南天门的前殿门为明代拱形建筑,下有石阶。由于地处岭巅、大涧之旁,山势豁达,云开天朗。青峰顶诸峰如列屏障,三元宫建筑群之楼台亭阁掩映于云烟之中,居高临下,一关耸峙,众山皆小。立身南天门如置身云端,好风泠然,使人有登天门之感,故有"南天门"之称。云台山二十四景曾将南天门列为"云护天门"一景。清道光年间,南天门有过一次修缮,两江总督陶澍曾题有"高镇南天"的横匾。虽然南天门整个建筑现已倾圮,但遗址犹存,门楼高耸,横匾依然高挂。其他诸如石刻浮雕,多为花卉以及象征吉祥的三吉瓶。

迎曙亭 始建于明朝,位于玉女峰顶,为一仿石六角亭,高十余米,凸出顶峰,风格朴素,是目前我国最大的金石结构亭。玉女峰为云台山主峰,海拔 625.4 米,是江苏最高峰。攀上玉女峰,立亭下极目四望,但觉千山皆小;俯视千峰万壑,临风振衣,阵阵烟云从身边飘过,仿佛在空中云游,这时方觉"登峰宜造极,造极即登天"

"绝顶吾能到,飞升岂必仙"确为写实之笔。

遇上日丽风清,登峰四眺,海天一览,旖旎风光尽收眼底。明云台山三十六景中的"山楼望日"及云台山二十四景中的"红涛浴日"均指此处,是观日的佳绝处。"当夫天鸡初喔,湛露方浓,望东海日出,大如车盖,赤若丹砂,与波涛相起伏,云天山海,万象皆红,洵伟观也。"

水帘洞 花果山风景园中最著名的景致,位于山巅,在三元家庙团圆宫的东侧。为一向南的自然洞穴,洞中宽大宛如堂奥,清泉纷挂,洞口崖缝滴水,点点坠落,恰似冰晶玉球,串以成帘,故名。洞外石壁上有"水帘洞""灵泉"等题名,其上有明代"神泉普润"和"高山流水"两块勒石,笔势雄浑而豪放。此洞在与吴承恩同时代的文人张朝瑞所写碑记里已有记载,《西游记》中将其写成是孙悟空的老家。洞外西侧尚留有清道光皇帝为两江总督陶澍写的"印心石屋"真书题勒。现洞已里外整修,供人们游览观赏。

照海亭 在水帘洞侧200米,为四方形、单檐四角攒尖顶的两层亭式建筑,始建于清光绪二十九年(1903)。它采用中国古典园林的传统手法,巧妙利用周围奇特的山石形胜,在海天洞上挺高拔险地精心营造了照海亭,使之成为洞、亭、水、石巧妙结合、浑然一体的园林景点。与一般园林亭榭相较,此亭有两大特点:一是此亭以墙代柱,四面围以白墙,四面开启的敞亮轩窗给人以宽阔的视野;二是考虑周围诸多高大巨石遮蔽,照海亭设计了两层凸出于诸巨石,而第一层则和海天洞相通,主要起到了加阔海天洞的作用。

照海亭下接之海天洞是晚清和尚悟五设计的,故又名悟五洞。悟五趁赴"远方""募化"的机会,游历名山古刹,学习古代园林的营造法式,"研求物理","参学仪规"。到花果山后,他爬遍了七十二洞附近的每个山坡,剔除了被苔藓泥土淤塞的自然洞隙,使海天洞上下四周连成一片,成为七十二洞中最大的一个山洞。洞内"或凸或凹"、"或欹或侧"、"窗渺幽深"、"可坐可卧",像一座有客堂、有内间的房子。游人入洞,恍疑自己"不在人间"了。因此,许多来此游览的墨客骚人在洞对面、洞附近的石壁上题下了"别有洞天""别有天地"的赞辞。海天洞整理完毕,悟五又觉得洞内远还不够开阔,洞上又缺少险峻的奇峰之类的能擢拔海天洞的地面景观,于是就创建了照海亭。飘逸的飞檐,金黄的宝顶,富丽堂皇,巍然入云。登高四眺,周围的山石、古构、洞水、灵植一览无余,真可谓海天阔地。为了方便由洞内登亭,悟五又设计了从洞右凿穴而成的富有野趣的蹬道。清人武学澍形容这处蹬道为"蛇蟠蚓屈如史公书"。而入亭的小门可启可闭,俯临幽谷,仰接高轩,有"一夫当关,万夫莫开"之险要气势。亭成之后又因无水,悟五匠心独运,从数十丈外的海曙楼前,在峭壁峻岭上穿凿洞眼,架起木制的渡槽将山水引进亭内。这些"源源而来,不分昼夜"的水,可润花,可溉圃,可洗砚,可煮茗。亭之背侧有许多气魄宏大、通体皱裂的巨石,或若鱼之口,人可以进出于"鱼口"之中。这些巨大的石头正处在山之正顶,耸入云霄,堪称照海亭稳健的倚托,故亭有"倚天照海之亭"之称,至今刻石犹存。亭之周围错落峙立着众多的奇石,巧相构搭,三五成群,各显身姿,较之江南园林的叠造假山,则更觉自然天成,野趣横生。

娲遗石 花果山山水风景园林中的精华所在。由照海亭沿蜿蜒石阶东向,两边巨石崔巍,荫翳蔽日,曲折幽静。石阶尽处,有一石横卧,上书"小蓬莱"。转过横石,眼前为之一阔,虽四周有巨石巉岩,但却无高大林木遮蔽。奇石相构搭间,茸茸绿草层生。前方有一方水池,水尤清洌,临之遍体生凉;水池旁石壁上刻有"阿耨达池"题勒,意为天下之水皆源于此。正当顶有一块大石,高5米余,宽7米余,下开一缝,缝内夹着一块1米余的椭圆形石块,底部悬空,欲落不坠,很像从大石里迸出来又夹住似的,上刻"娲遗石"三字。传说,孙悟空就是从这块石卵中迸裂出来的。缝前,尚有一块很像半个蛋壳状的石块,边缘破碎,参差不齐,破口朝着娲遗石。这块卵形的娲遗石顶部有一个自然猴头,背后的大石又像一个驼背的老猿,尖嘴、削顶、鼻眼皆明白可指。两猴状极亲密,似在亲吻。至此,人们对照《西游记》第一回《灵根育孕源流出,心性维持大道生》中的描述,可知两者如同孪生。三分人工,七分自然,游客至此,细细品味,情趣横生。

九龙桥 又名万寿桥,建于明万历十五年(1587),是一座具有民族特色的砖构拱桥,长33.4米,宽8米,高20米,桥拱顶高耸,拱门长跨,结构稳健。桥头茶庵曾有一古楹联赞誉此桥"一庵同吃赵州茶",将它与著名的河北赵州桥相类比。

　　九龙桥上依苍翠欲滴、白云缭绕的琵琶岭,下临九涧汇合的九龙口,一桥锁九涧,有九涧争流之称。每当夏秋季节暴雨降临,山洪沿九条涧沟奔腾而下,气势恢宏如同九条游龙汇集桥下,水流冲时,浪花四溅,响声若雷,故名九龙桥。立于桥上极目远望,但见青山半壁,层峦迭起,三元古庙的朱阙亭阁隐现其间。飞瀑悬空,紫纡四折汇于桥下。桥头有一五六人才能合抱的千年银杏,垂荫覆盖桥面,那扇形的绿叶、银色的果实可上触云霄,下吻流水。顾盼左右,庙宇楼台与拱桥相映生辉。如此美景相继被列为明云台山三十六景之一"长桥飞瀑"和清二十四景之一"龙桥喷雪",实为花果山的第一胜境。

草堂庵 位于九龙桥头西首,又名九龙将军庙,明代修建三元宫时始建,后毁于

1938年的战火。现在的草堂庵是1975年恢复修建的,它完全依据旧时的法式,草顶木梁无片瓦可寻,真正称得上是山中草寺。草堂庵背依竹节岭,下临九龙涧。岭上木秀石奇,涧下溪流急湍,水花如雪;涧两岸名花交映,景色俨然,与草堂庵上下照映,增添了几分野趣。

九龙桥茶庵　位于九龙桥东首,依山而建。庵前的数十级踏步陡峭而险峻,直达九龙桥头,衬托出庵堂的气度雄伟。穿过垂花门进入院内,方正的院落清幽宜人,半敞的走廊数折连接正殿和左、右偏殿,一棵高大的银杏树罩于庭前,更衬托出茶庵的古朴、幽静。大殿上"半日闲谈僧院竹""一庵同吃赵州茶"的古楹联道出了茶庵为饮茶小憩之所在。早上登山的游人到茶庵时恰好是日高近午,遥望山峰,真有"日高人渴漫思茶"的意境。到茶庵小坐,品尝一杯花果山的云雾茶,观风景、听溪流,俗虑顿消,足可怡然自得。

仙人桥　又名聚仙桥,位于竹节岭下,是进入花果山的唯一通道。相传有人于此过桥得道成仙而名。据说,从仙人桥往上就步入仙境了。仙人桥悬空单架,下临深涧,过客生寒;桥上古苔斑驳,旧景依然,桥首有一块明代镌刻的"仙人桥"碑铭,碑额阴书"阿弥陀佛"四字。立于桥上四望,但见千崖万壑,赪黛相间,颇为耐观。南面看炉顶山势高峻,"每逢霁雪,望之如玉山而立",为明云台山三十六景中的"炉峰霁雪"之所在。有一首"珠联格体"诗道出了此桥的好处:"聚仙桥上得逍遥,上得逍遥瑞气飘。瑞气飘香花结彩,香花结彩聚仙桥。"

八戒石　位于花果山水帘洞东,由一组巨石巧相搭构,俨然一尊天然的猪八戒头像:头着僧帽,拱嘴向东伸在树丛中,双眼眯缝,大耳敛于腮,作熟睡鼾呼之态,神形毕肖,栩栩如生。而趋之细察却发现这一组山石自然搭叠成好几个相连的洞,而横穿这些洞的两个进出口,恰似从猪八戒的一个耳朵里进,另一个耳朵中出,奇趣横生。尤其是八戒大耳朵样的巨石从脑后挂下来,"两石相对,高数十丈,交其头而离其身,中露一线,宽尺余。从缝中望石外天色,才如一线,号称佳境",形成了花果山上一处独特的景点——一线天。旁有啸云、朝阳诸洞,承露石、说经台并在左右侧,其间名人题刻最多。明顾乾将其列为云台山三十六景之一"石壁洞天",清黄申瑾将其列为云台山二十四景之一"天通一线"。

琅琊山　位于安徽滁州古城西南约5千米、现滁州市西南郊。古称摩陀岭,因东晋元帝司马睿为琅琊王时避居于此而得名,琅琊山为江淮低山丘陵地带,最高峰321米。层峦叠嶂的山区郁郁葱葱,蔚然深秀,溪水潺潺,景色怡人。始建于唐大历六年(771)的琅琊寺和建于宋庆历六年(1046)的醉翁亭更是闻名遐迩的古建筑群。继唐诗人顾况、韦应物,北宋诗人王禹偁、散文大家欧阳修撰写了描绘琅琊胜境的诗文后,文以山丽,山以文传,许多文人墨客、达官显贵、香客僧尼,纷沓而至,访古探幽,刻碑建亭,琅琊山成为国内著名的山水风景园林。宋曾巩、王安石、辛弃疾,明宋濂、文徵明、王守仁等都有诗文记其胜。琅琊寺和醉翁亭、丰乐亭内外,唐以来的摩崖碑刻有数百处之多。其中以苏轼所书《醉翁亭记》《丰乐亭记》碑,李幼卿、柳遂、皇甫曾等人的诗碑及吴道子所绘观自在菩萨的石刻像尤为珍贵。因山上林木葱郁,植被良好,1985年12月经国务院林业部批准,将此处辟建成琅琊山森林公园;1988年8月,国务院将其确定为国家重点风景名胜区。

琅琊寺 在琅琊山的主峰上,始建于唐大历六年(771),为滁州刺史李幼卿与山僧法琛所建,由唐代宗李豫赐名为"宝应寺"。后周显德年间(954—960),寺院遭到毁坏,滁州刺史王著重建。北宋乾德年间(963—968),又进行了扩建。太平兴国三年(978),宋太宗赵光义御赐寺院匾额,易名为"开化禅寺"。元代末年,该寺毁于战火。明洪武六年(1373),寺僧绍宁与无为禅师在故址上再次重建。后又毁。清嘉庆年间,僧皓清法师进行重建和扩建,将寺名改为"开化律寺"。太平天国时,该寺又因战火被毁。现在的建筑绝大部分是清光绪三十年(1904)以后由僧达修法师重建的,有些建筑是近几年由琅琊山管理处仿古重建和修复的。

琅琊寺大致可分为南、中、北三个部分。南部有一"祇园",苍松翠柏,绿竹满园,峭壁高耸,摩崖石刻颇多。园内有翠微亭、酴醾轩和悟经堂等宋明时建筑。北部小院内有雪鸿洞、庶子泉(也名濯缨泉)和三友亭。中部是精华所在,大雄宝殿为主要建筑,位于寺院中央,殿高四丈二尺,进深四丈六尺,正殿五间,以合抱粗的栋木为柱,檐角飞翘,檐口刻花雕龙,古朴典雅,气势壮观。殿内有释迦牟尼佛、十八罗汉等塑像,殿后院中,有吴道子所绘观自在菩萨的石刻像,堪为绝笔,另有一《金刚经》塔碑。字小而雕刻精细,实属碑刻中之珍品。大雄宝殿后边有一依壁而建的藏经楼(原名"御书阁"),专为收藏佛经文典。殿前有一明月池(旧名华严池,亦为放生池),池上有一三孔砖桥,名"明月桥"。大雄宝殿东南是韦驮殿,为寺之山门。琅琊寺院外东北山坡上,有一无梁殿,名"玉皇殿",不知何年所建,"梁柱皆以砖石为之,规制巍然,为诸殿之冠"。玉皇殿右前侧为清皓清法师所建烟霞堂旧址,现建有揽胜堂,堂前有棵300年的老银杏,巨干虬枝,生机勃勃。

琅琊寺周围还有归云洞、拜经台、石上松、南天门等胜景供游人览赏。

深秀湖 出琅琊寺山门沿琅琊古道下山约400米,即为深秀湖。深秀湖原为三面环山的水潭,1983年,琅琊山管理处在此按传统园林风格布置并扩建了游览风景点,取《醉翁亭记》中"蔚然而深秀"之意而命名。主要建筑有湖心亭、九曲桥、水榭、轩廊、石矶和北岸的蔚然亭。建筑有民居传统格调,与山区整个建筑群和谐统一。此景点还包括回北门、达修墓塔及一些古山洞,其中位于深秀湖东鸡爪山北坡的重熙洞为天然石灰岩山洞,洞内钟乳佳景,玲珑极妙,洞内有朝天石隙,有明人"一窍天"和"重熙洞天"石刻存于崖壁。

醉翁亭 出回北门下山约300米,即为醉翁亭景区。醉翁亭是该景区的主景,为我国四大名亭之一,1956年就被列为省重点文物保护单位。该亭系北宋庆历五年(1045)秋至庆历六年(1046)冬山僧智仙为滁州知州欧阳修所建。当年欧阳修常与同僚到此饮酒,自号"醉翁",遂以此为亭名,并写了散文名篇《醉翁亭记》。此名篇碑刻初刻于庆历八年,元祐六年(1091),应滁州知州王诏邀请,苏轼重书了《醉翁亭记》并刻碑传世。明天启二年(1622),南京太仆寺少卿冯若愚建宝宋斋以保护该碑。

醉翁亭初建时,只有一座亭子,北宋绍圣二年(1095),滁州人为了祭祀曾经担任过滁州知州的王禹偁、欧阳修,在醉翁亭北修建了二贤堂。宣和三年(1121),滁州知州唐恪在二贤堂西又建了同醉亭。宋末滁人又建了六一亭。到了明代,在醉翁亭周围又陆续增建了听泉亭、意在亭、影香亭、古梅亭、宝宋斋、冯公祠(为了纪念冯若愚父子)、解酲阁,清代又增建了翼然亭(后更名为洗心亭)、怡亭、览余台等,逐步形成了一个山水间的纪念性园林。醉翁亭的结构,上顶为歇山式,吻兽伏脊,飞檐翘角,十六立柱,周围设置木栏。南、北框门设有格花和浮刻花纹装饰,亭内有晚清时期制作的八幅"八仙过海"浮雕。檐下的雀替有八组古代故事的硬木透雕。亭旁山崖有南宋崖刻"醉翁亭"三个巨大篆字。亭前、侧旁有石刻多处,记载醉翁亭的兴衰和赞咏该亭的诗文。醉翁亭大门,一名欧门,清薛时雨重建,门上嵌刻着"翁去八百载,醉乡犹在;山行六七里,亭影不孤"绿色大字对联,表达了后人对琅琊山风景及欧阳修的深情。

酿泉 在欧门外东侧,泉又名"让泉",原名为玻璃泉。清康熙年间,州守王赐魁立"让泉"二字碑刻,泉水清澈寒冽,甘醇可口,四季不竭。"酿泉秋月"素为滁州十二景之一。酿泉和醉翁亭一带依山傍水,曲径幽深,泉水淙淙,林壑尤美。建筑群布局紧凑别致,亭台小巧独特,总面积不到1000平方米,却有多处互不雷同的建筑、景致,再加上一大批诗文碑刻,使景区充满了诗情画意。

野芳园 出欧门,经酿泉,过薛老桥(元代建造)东行百米多,就到了野芳园。

野芳园原名为"盆景园"。始建于1985年8月,是进入琅琊山山门牌坊后的第一个景点。此园的建筑风格仿苏州园林建筑,亭堂建筑飞檐翘角,白色马头墙,嵌砌漏窗,上覆青灰色的筒瓦和小瓦,色彩和谐淡雅。园的总面积约为4200平方米,建筑面积580平方米。园内主要建筑有赏心斋、盆景长廊、拥霞轩、晨曦堂、舒亭、乐乐亭。结合建筑的布局,辟有池沼,置有小桥、假山,植有花木,整个布局聚散相间、疏密有度,园内四季飘香。

丰乐亭 是以丰山为主体,以丰乐亭为中心的颇具文化内涵的一个小景区,是安徽省重点文物保护单位。丰山紧靠滁城西郊,游人举步可达。这里自然风景十分优美,名胜古迹有三十多处,其中西汉初期修建的高祖庙、明代初御赐的柏子龙潭灵碑等只剩遗址,但宋庆历六年(1046)欧阳修所建的丰乐亭、开凿的丰乐泉(后改名为紫薇亭)及明天启元年(1621)滁州判官尹梦璧作的《滁州十二景》石刻诗画等名胜,虽几经兴废,至今尚存。九百多年来,历代文人名宦,游丰山幽谷、览丰乐亭,祭汉高祖,祀柏子龙潭,留存了数百首诗词、游记、祭文。欧阳修的《丰乐亭记》、曾巩的《醒心亭记》更是脍炙人口。

丰乐亭是该区主景,为十六立柱挑檐翘角的四方亭,亭壁镶有欧阳修作、苏轼手书的《丰乐亭记》碑刻三面。亭周尚有紫薇泉、九贤堂等景观。

采石矶 位于安徽省马鞍山市南7千米的长江东侧,四面环水,占地面积1200亩,是皖南较著名的城郊山水风景园,现辟作公园。采石原名为牛渚,最早见于东汉袁康撰的《越绝书》,因流传于吴时的"金牛出渚"的神话而得名。采石之名始见于南齐沈约所撰《宋书·柳元传》。称名原因,《太平御览·地部》引《江源记》言此处古产"五色石",因名"彩石",流传甚广。现代地质勘探结果却证明此说系谬误。《大清一统志》说因古代在此开采石料,故名采石。至清代康熙年间,因采石山苍翠如盖,江上观景"似螺浮于水面",又补以翠螺山之称。其山海拔131.4米,西北面及至山南角皆绝壁临江,东南面沿山脉迤逦而下成坡泽平地。锁犀河自东南端北流呈弧状。公园大门在东面偏北平敞处,与河东采石镇以锁犀河相通。

明代以前,采石矶东南麓是以宗教活动为主的地带。东吴赤乌二年(239),建道教希仙观和佛教石矶院。希仙观南唐时改名为崇元观,北宋景德四年(1007),宋真宗赵恒"敕崇元为承天观",元至正年间重建后规制宏大,观内有玉帝铜像和古钟各十八尊,磁炉一只传为西晋石崇家珍物。清光绪年间废圮后,在其故址上建兵部右侍郎彭玉麟和长江水师提督杨岳斌、李成谋祠,合称三公祠。今已废,彭公祠被改建为李白纪念馆展厅。石矶院后更名为资福院,明洪武二十四年(1391)更名为广济寺,后屡有废建,至清光绪年间达到鼎盛,嗣后又渐衰落,今有原观音阁和正殿,仍名广济寺。此外,采石矶尚有宋代以后兴建的寺庙庵堂二十四座和祠五座,今除了李白祠尚存外,均已先后倾废。

采石矶地处险要,是古代兵家常争之地。六朝时,因地控上游是古都南京的门户;六朝以后,因其地为长江的南北渡口常为朝野所重,自古以来在此发生了大小二十余次战争。其中,孙策大破牛渚营、韩擒虎伐陈袭牛渚、北宋采石架浮桥、虞允文采石抗金兵、常遇春攻打采石矶等,皆为军事史上的著名战争。另外,还有不少神话传说生发于采石矶的云水绝壑之中,以李白骑鲸上天和温峤燃犀照水怪的故事流传最广。

明代在采石矶创建太白楼,使诗人李白的精神和艺术之美在其山水间流动和凝固,从此成为文人墨客登览和咏怀之所;并借李白江中捉月而死的历史传说和唐宋诗人在原采石李白墓前的歌咏,为此地注入了时空性和多重性的社会人文艺术之美,进而使种种文化意识氤氲于采石矶的山水林石之中。

采石矶辟为公园始自1935年4月20日,由安徽省建设厅作出决定并拟定简要设计,当涂县县长主持实施。内容分为三个部分:一是交通建设,拓宽采石火车站至公园大门路面,在锁犀河上架设木桥,由大门筑石级至翠螺山顶,置几凳,路灯;二是园林整饬,山西北植槐,东南植竹,山南上部植梅,下部种菊,太白楼、三公祠种平板草,滨江种茶,另开辟花圃;三是对太白楼、然犀亭、三元洞、玉皇殿等古迹予以整饬。同年11月9日,蒋介石、宋美龄游采石矶,临行嘱县长刘一公"提前将采石公园完工,阐扬东南名胜"。1937年因遭日军轰炸而被破坏。1949年后,采石矶公园才得到新生,经长期修整后,1959年成立采石矶公园并开始接待游人。

采石矶是典型的自然山水园林,其久远历史积淀的多层次、多趋向、多因素的文化意识和历史精神,被物化并吸收于山水境界之中,又使其园林具有文人写意园的艺术特征。得天独厚的地理环境使采石矶有着独特的天然美。长江不流经园内但虚涵入骨,是园林山体之血脉。临川的巨壁和江水的奔流相得益彰,山间禽鸟的鸣声与不息的涛声又相互融合,形成独特的园林声韵美。白云青山及其花木与江水溪涧在颜色上又成对比。再加上宗教意识和文学意识的历史积淀,形成了集萃式的以静态为主的山水园林所特有的综合艺术特征。园中,各种景观互相辉映,时空交感,在意境、风格、结构、形式等方面独步我国传统园林艺苑。

采石矶由翠螺山和东南麓两大景区组成。翠螺山以林木为主体,间以裸露的异形山石,南山腰间有李白衣冠冢和怀谢亭,西边临江崖上有蜗牛尾、西大洼两个自然景点,山顶旧有三台阁,现已重建。

东南麓大致可分北、中、南三个景区。北部原系菜农居地,山青地广,有茅屋数间,鱼塘两方。1973年划归公园后辟为苗圃。

中部是采石矶的精华所在,保留有太白楼、清风亭等著名景点,在自然山水中突出了人文风光。这部分北自花房,南至太白楼。进公园大门乘车可直达太白楼,步行即进入北端,以香雪坡为界,东为大草坪,坪中有待归亭;西为林散之艺术馆。穿过万竹坞可至太白楼北侧草坪山岛。山岛植有杜鹃、绣球、红枫、桂树、梅等花木,有四季景色。草坪之东有暮云亭倚江而立。

南部地势较高,濒临长江,并因山脉横斜而陵谷有致。东头有翠螺轩、翠螺亭,由此过广济寺往西登石级至高处有然犀亭、联璧台、蛾眉亭及巨型李白塑像。联璧台下峭壁处有摩崖石刻和"大脚印"景点。由蛾眉亭往西拾级而下至三元洞、横江馆,并可至江边沙地小埠,由此登舟游览长江。

翠螺山 亦称采石矶,旧名为牛渚山、采石山,西北面及至山南角皆临江,绝壁如削;南至山北,经东部平缓地为锁犀河环绕。今人称采石矶公园东麓平地以上为翠螺山,以区别各景点的地理方位。山突兀于江流之上,峭壁嶙峋,阴雨天便云雾缭绕,"即境即仙",有"千古一秀"之称。南朝梁诗人王僧孺《至牛渚忆魏少英》诗云:"枫林暖如画,江岸净如扫。空笼望悬石,回斜见危岛。"明代正统年间,工部右侍郎周忱巡抚江南,爱此山水,命人在山上植松万株,以隐巉石,日久树茂叶盛,四季葱茏。至清乾隆年间,太平知府陈守诒对翠螺山松树更新。中华人民共和国成立后,又不断对此山进行改造和调整。据调查统计,翠螺山现有植物120科,320属,680余种,山上400亩以马尾松、黑松群落覆盖,山下500亩为常绿落叶阔叶林群,另有银杏、桧柏、龙柏、金钱松、椰榆、朴树、三角枫、桂花等古树名木16株。山林间除了有野兔等小动物外,栖息各种鸟类鸣禽20余种,时时发出悦耳的鸣声,使山林充满情趣和野趣。西壁崖隙间有鹰鸽巢穴,时有三五飞出,盘旋江空;临江山崖上有低凹处巉石裸露,崖陡壑深,俗称西大洼;迤北为蜗牛尾,在峻滑奇险的山崖上有数块巨石伸出江表,似猛兽昂首长啸。崖壁间有古时采石和泊舟系缆的痕迹可辨。

锁犀河 一名采石新河、牛渚河,位于采石矶公园东,沿山而流,呈弧状。今为采石矶公园界定区东部的天然界河,河东为采石镇。据顾祖禹《读史方舆纪要》,当涂姑孰溪"又北历牛渚采石矶至宝积山入于大江"。知北宋以前,姑孰溪流经采石李白墓侧。白居易以"采石江边李白坟,绕田无限草连云"诗句状写之。至北宋,因淤积日重,遂于熙宁三年(1070)西移约300米疏新河。清代更名为锁犀河,乃用东晋温峤燃犀角犯水神的故事及其意而名。民国以前,锁犀河无桥,至1935年辟采石矶为公园,始在河上架设四丈长的三孔木桥。当时的设计者采用了造园艺术上的"亏蔽"手法,匠心独运,进行"不隔之蔽"的艺术处理,即不以高墙界隔,着意让园景外露,园门向桥而开,使没有蔽隔作用的锁犀河产生隔离尘嚣的功能。1958年锁犀桥改建为钢筋水泥桥,1991年又在桥两旁敷设大理石栏,游人信步过桥入园时,能够"无形中在精神上进行一次'洗心'的审美净化,使得尘虑涤静,心眼清凉"。

太白楼 原名为谪仙楼,位于采石矶公园翠螺山东麓中部,马鞍山李白纪念馆的主体建筑。始建于明英宗正统五年(1440),系工部右侍郎周忱命广济寺僧修惠所营建。清顺治十四年(1657)因"游人弗戒,点烟落火,火忽焚楼"。三年后,太平知府胡季瀛"从灰烬瓦砾中寻仙楼故迹,慨然兴复",同时将采石镇李白墓前始建于南宋的李白祠移建于楼后,成楼祠合璧之制。至康熙元年(1662)竣工,御使江南粮道周亮工书额,易名为太白楼。新建的太白楼"栋宇轩翔,规制壮丽","引天门而抱青山,枕长江以控二水,群峰耸翠,万派朝宗,遂与岳阳、黄鹤、滕王诸名胜争奇宇内"。咸丰四年(1854),被清兵傅振邦、江长贵在征战太平天国军时纵火烧毁。光绪元年(1875)兵部右侍郎彭玉麟捐资重建太白楼,李鸿章捐俸重建李白祠,光绪三年(1877)落成。民国时,采石镇士绅鲁亚鹤向各界募捐修葺,1935年春完工,秋季当涂县县长据安徽省建设厅的设计,新增太白楼前院和牌楼,额题"唐李公青莲祠"。1957年太白楼被列为全省重点文物保护单位,1958年修缮,1959年成立李白纪念馆后开始接待游人。

太白楼是采石矶的精华所在,是人文景观的中心。它以诗仙之名与翠螺山的物质环境相结合,美化了采石矶园林;又因有李白入江捉月的传说,将文学意识传递于无羁的江水,并以静态形式凝聚着带有时间流动感的社会性的人文之美,有着"即境即仙,自在我室"的历史文化精神。太白楼共三层,底层以砖垒砌,二、三层系木结构,雕梁刻枋,纱楣华美,飞檐镶以金色剪边,歇山屋面铺以黄色琉璃瓦,顶脊及翼角饰以鸱吻走兽。筒瓦滴水刻有鳌鱼行龙,意含李白"且放白鹿青崖间"和死后骑鲸上天的传说。整个造型古朴典雅,挺拔壮观。登楼可见莽莽长江和临川绝壁,令人产生种种遐想。楼后李白祠凭山而筑,共七楹,中楹檐下有彭玉麟所书"李白祠"匾额,门头横置清长江水师提督李成谋所书"气盖天下"四字,厅中立楠木雕刻的大型李白站像,系经郭沫若、刘开渠审定而造。李白祠前有石级与太白楼底层相通,两侧有庑廊与太白楼二层相连,皆就势而筑。"唐李公青莲祠"牌楼前有石狮一对,制作精细,形态活泼。1987年,在太白楼东侧增设李白纪念馆展厅七座,皆粉墙碧瓦,硬山顶砖木结构,陈设素净,并有五个小庭院将其连缀。这组建筑系由原彭玉麟祠堂改建而成,与太白楼构成对比鲜明的建筑整体,是颇有特色的双重性格的空间组合,体现出李白复杂的多重性格和其华美俊逸、天然朴实的诗歌艺术风格。

展厅前院庑廊的东西墙壁上,嵌有李白不同时期的诗歌碑石三十通,毛泽东、周恩来、郭沫若、林散之等书法家的书法艺术和李白的诗歌艺术,以及镌刻者的刀法艺术,在这里构架起历史的艺术空间。

李白祠与展厅后有花园,中以花墙相隔,又由满月之门相通,曲径幽深,合称沉香园。西园建有醉月斋,端庄雅静,斋基颇高,与园前李白祠几乎相齐。园中植青竹数竿,蜡梅数株,一半用太湖石垒砌花坛,植牡丹数本,将李白"云想衣裳花想容"诗句构成的艺术空间以物化形式呈现。东园面积颇大,呈曲尺缓坡形,由北往南渐低落。北端是叠翠楼、吟歌台、清风亭,中为花木石峰,南端丛林高阶直落,下有一泓清泉为酒仙池。整个布局章法,通过时空交感、立体交叉的构景艺术,体现出李白诗仙、酒仙之称和乐于泉林之美的品性。

清风亭 位于采石矶李白纪念馆后沉香园北端。始建于明正统五年(1440),系工部右侍郎周忱命采石广济寺僧修惠营建,周忱书题"清风"之额。此后随太白楼经多次修建,至清咸丰四年(1854)与太白楼一并为清兵烧毁。后有采石镇士绅卢亚鹏募捐重建,不久又被军阀烧毁。1921年卢亚鹏再建,以茅草盖顶,朴素至极,后又废。1987年扩建李白纪念馆时,将原彭公祠后旧亭复修,名清风亭。此亭造型独特,为两层楼式建筑,碧瓦朱甍,八角形攒尖顶,飞檐翼角;楼四面有槅扇窗,玲珑精致,下装楼板,可供人架梯而登览山水风光;底层有十二柱,饰以护栏环座,中有石碑记建亭始末,两侧亭柱悬清人陈绍周所撰对联:"自公一去无狂客,此地千秋有盛名。"亭前有千年古银杏冠如华盖,间置石桌石凳,右阶上为大型诗壁,由白色大理石拼接而成,上镌毛泽东草书李白《将进酒》诗篇。诗壁下为一用青石砌成的吟歌台,以空间物化形式留下振之以声,辅之以乐的歌吟。左阶下置有两座小阜,中间矗立一巨型太湖石,辅以短松数株、凤尾竹数丛,间植名花,使这片景点成为静态动态相综合的艺术空间。

暮云亭 位于采石矶翠螺山东麓中部,滨于长江与锁犀河分流处。南宋绍定三年

(1230)由左武大夫、郢州防使王明创建,太平知府汪绶摭杜甫《春日忆李白》中"江东日暮云"一句题名。原亭在采石江边李白墓前的李白祠旁,后建废多次。明代在亭中供奉李白衣冠。至清咸丰四年(1854)为清兵烧毁。民国时建有草亭,后因建设采石小学被拆除。1990年复建新亭。新亭为联袂式建筑,由两亭作菱形交接而成。亭基以青石砌成,高1.2米,呈台状,周边环以水泥柱栏。亭之南北皆以香樟丛林作隔。西借翠螺山青岚白云,韵味隽永;东借悠悠江水和茫茫云气,辽阔尽目,从而以暮云亭为不蔽之隔,构架起双向视角交叉的对景空间,涵盖着李杜友谊的意蕴。

怀谢亭 位于采石矶公园翠螺山东麓南部,北临李白衣冠冢,南为蛾眉亭。据《晋书》载:东晋镇西将军谢尚驻牛渚,夜巡闻邻舟少年吟《咏史》诗,遂移船相邀,知为临汝袁宏自作,大加赞赏,畅谈达旦。袁宏本自孤贫,经谢尚提携,声名日著,官至东阳太守,并成为东晋著名的文学家和史学家。后人称赏这段逸事,于江边建赏咏亭。至唐,诗人李白夜泊牛渚,因怀才不遇而作《夜泊牛渚怀古》一诗曰:"牛渚西江夜,青天无片云。登舟望秋月,空忆谢将军。余亦能高咏,斯人不可闻。明朝挂帆席,枫叶落纷纷。"此后历朝文人至此,多羡袁宏之识,又惜李白不遇,写下众多感怀伤时的篇章。1979年,因原江边赏咏亭早已废圮,为了纪念李白感怀谢尚提拔袁宏的逸事,在翠螺山原问月亭旧址建怀谢亭。亭呈六角,上部檐下挂以槅窗,嵌以玻璃,六面连缀,玲珑可爱;下部环周灌木,野花翼然。址在翠螺山腰坡缓地平之隙,李白衣冠冢隐约可见,南面山空水阔,决眦江山,廓乎百里,邈乎千里,"披层霄而上,仰面贪看,恍然置身天际。若并不知有亭也"。

李白衣冠冢 位于采石矶公园翠螺山东麓南部山腰,怀谢亭之北。冢为圆形,青石券拱,高2米,直径5米,四周青石铺地,再环以石栏,冢前大理石碑高1.8米,镌林散之隶书"唐诗人李白衣冠冢"八字。是墓原在采石江边捉月台旁,白居易《李白墓》诗云:"采石江边李白坟,绕田无限草连云。"诗人暨当涂县令许浑《经李翰林墓》曰:"至今孤冢在,荆棘楚江湄。"自唐至明初,皆言其为坟墓。弘治时方出现衣冠墓的诗句。后其墓地辟为小学,至1972年,迁其一抔黄土至翠螺山重筑,因其墓前原刻有"李翰林墓"的石碑断去一角,遂刻新碑称衣冠冢。新冢地处翠螺山一脉的凸起处,两侧呈凹形坡沟,树木葱茏,山花点点。冢坐北朝南,拥山面江,周边松柏簇拥,环境优雅,如嵌入苍崖翠壁,时有云气,往来缥缈,因李白之名而成为"山川灵气动荡吐纳的交点和山川精神聚积的处所",受到人民的敬重。

翠螺轩 位于采石矶公园翠螺山东麓南部。轩北有行吟桥与太白楼沉香园南门相通。据《旧五代史》记载,自顺义四年(924)始,国中连年大水,江河崩决。吴帝杨溥有患于此,封采石水神为"定江王"。升元二年(938)建"定江神祠"。北宋大中祥符八年(1015),诏封采石矶为"中元水府"。《宋史·礼志》载为"水府祠"。祠南"五通殿",始建于宋,元末陈友谅在此殿称帝,立为行宫,后兵败焚殿。明嘉靖年间,水府祠与五通殿重建,清末废圮。1978年在祠殿的废址上建翠螺轩。是轩造型美观,古朴典雅,轩举高敞,其建筑风格既富江南特色,又兼闽粤之明快,是一处迷人的建筑空间。翠螺轩分上下两层,底层唯一花厅,通过明廊与双层八角翠螺亭连成一体,复与一花架结成一片。跨廊水池中有拳石几枚,池后作隔为蔽,借山势砌成假壁十余米,颇似内厅之墙,往往惑人。二层置大小二厅,小厅门窗落地,北门外有养鱼池;南门外有眺台通明廊和翠螺亭二层。大厅凭山而立,成为南北两个空间景区的分割和过渡,形成颇有意味的对比。北侧以青山为屏,绿树掩映,娴静沉稳;南侧对苍苍江色,如"凌空俯视,一碧万顷,不啻胸吞云梦"。翠螺轩前芳草萋萋,桂树、红枫等名贵花木散植,有青石小路环绕其间。整个布局不露斧凿痕迹,"野"中有"雅",与周围风光浑然一体,显示出立体交叉的空间艺术。

峨眉亭 又名赑屃亭,位于采石矶公园翠螺山东麓南部,右邻三元洞,左近广济寺。北宋熙宁二年(1069)太平州(治今当涂县)知州张瓌创建。明代当涂名士陶安的《峨眉亭记》曰:"昔人因此山川雄丽,亭绝壁上,以尽登览之美。前直东西二梁山,夹江相峙,修妩靓好,宛宛如峨眉,遂以亭名。"东西梁山位于15千米以外的长江两岸。李白称之为天门山,有《望天门山》一诗:"天门中断楚江开,碧水东流至此回。两岸青山相对出,孤帆一片日边来。"这是船行天门山移步换景、动观赏景的审美体会。峨眉亭是造园家应用远借手法,把山光水色移植到人们心目中的杰作,因而能产生因人而异的艺术效果。北宋沈括《峨眉亭》诗曰"双峰秀出两眉弯,翠黛依然鉴影间。终日含颦缘底事?只因长对望夫山",道出了景媚情柔的美感。南宋户部侍郎陈垲则写道"女娲炼石乾坤定,为镇长江立两鳌。只阃此亭名赑屃,洗空烟黛对清高",是景壮情豪之抒怀。北宋贺铸、李之仪同登此亭,用同韵作《天门谣》词抒发各自观景所得,语含争论。南宋韩元吉、王奕、吴存三位诗人,虽相距数十年,也先后用同韵作《霜天晓角》词,借眼前山水,各摄画图,以浇心中块垒,使得峨眉亭成为"仁者乐山,智者乐水"的典型景观。及至文天祥被俘北上,再登此亭,亦发出"不上峨眉二十岁,重来为堕山河泪"(《采石》)的感慨。峨眉亭为长方形,因亭后山坡欹侧,故后之建亭者采用园林美学上的"亏蔽"手法,在临山面筑后壁,嵌入南宋、元、明、清有关诗文碑刻五通。亭前地势平坦,树木疏朗,青翠欲滴。在与联璧台相接处，新建有合金钢李白塑像一尊，高达3.7米，塑像体态飘逸，似大鹏展翅，注视着千古未变的"江流天地外，山色有无中"的美景。

然犀亭 又名燃犀亭，位于采石矶公园翠螺山东麓南部。始建于明代，王思任有《然犀亭》一诗。是亭造型简朴，颇富特色。四角石柱与上下计11根石条榫接，上四条石作枋，下三条石距地0.4米，可用作凳，供游人憩足。上擎亭顶，飞檐翼角。亭额悬"江天一览"横匾，亭中立石碑高1.6米，上镌行书"然犀亭"三字，系清光绪年间长江水师提督李成谋书。然犀亭蕴含着一段神话故事。六朝宋人刘敬叔《异苑》载，江州(治武昌)刺史温峤奉命赴南京平定苏峻叛乱，回师时泊牛渚矶，夜闻崖下有音乐之声，水深不可测，乃命燃犀角照寻之，顿时风浪停息，水清见底，见有怪者奇形异态，或乘车马，或着赤衣。当夜，温峤梦一赤衣人恶声问道："你我幽明相隔，路途不通，如何燃犀相逼乃尔？"说完愤愤离去。温峤惊郁，返江州后病死。后人遂在此筑亭以记此事。然犀亭在选址和布局上也有独到之处。其临江而建，亭及隙地不过30平方米，右侧百步虽有联璧台，因地势陡高而不可见；亭后虽有蛾眉亭、广济寺乃至翠螺山，却环植密林茂树以隔，地极局促却有"奥如"空间；唯亭之所对乃滚滚长江，极为空阔，只见寥廓悠长，水天一色，有着庞大的"旷如"空间。正是园林美学上"屈曲回护，高敞隐蔽，邃及乎奥，旷及乎远"这一思想的体现。

联璧台 俗名舍身崖，位于采石矶公园翠螺山东麓南部滨江绝壁之上。系公园内借景而设的著名景点之一。原是一块半悬江上、状如鹰翅并向内欹侧的巨石。《太平府志》载：明正德十四年(1519)，刑部主事方豪和太平知府傅希隼、池州知府何绍正、徽州知府刘志淑、安庆知府胡缵宗游采石矶，同登此崖，见大江滔滔，水拍云崖，浪花飞溅，轰然作响，气势壮观，因嫌俗名舍身崖不雅，遂改名为"联璧台"，由方豪书写，命工镌刻，下署"思道"(方豪字)。嘉靖三十一年(1552)，游人纪元凯、蔡景尧览此绝景，亦慨然作诗："蛾眉峭孤绝，游子狂不歇。不见谪仙人，空江自明月。"亦镌于石上。清康熙三十二年(1693)，联璧台巨石因年久风化，其凌空江表的一半断裂坠入江中，幸摩崖所刻仍存。联璧台占得地势，后边构有蛾眉亭，间有平坦地带，芳草如茵；旁矗巨型合金钢雕塑，衣袂飘举；左有然犀亭，庄重玉立；右为绝壁之上的人造林道，下视三元洞倚江而立，绝壁如削，缓缓江流逶迤而来，船帆点点，江鸥盘旋，皆在脚下。这些皆非联璧台所有者，竟皆为联璧台所有。而其正面，对着茫茫大江，身置其境，能吞吐广袤的境界，产生"宇宙虚廓合而为一的生生之气"。

广济寺 原名为石矶院、资福院,位于采石矶公园翠螺山东麓南部。明嘉靖十年《太平府志》载,广济寺始建于三国东吴赤乌二年(239),为江南名刹之一,相传后人修葺佛像时,见佛肚中有帛,上书"赤乌二年"四字,台瓦亦有"赤乌"字样,因而被誉为安徽佛教之"祖庭"。宋天圣十年(1032)赐额广济院,元时毁于兵火。明洪武三年(1370)僧永慈建楼阁,供观音以祀。洪武十二年(1379)僧明满重修,至洪武二十四年(1391)形成壮观规制,乃更名为广济寺。不久又毁于战火。清代屡修屡毁,至光绪年间,重造山门、大雄宝殿、后殿和观音阁。整个建筑为三进阶式四合院,傍山面水,质朴端庄,气势壮丽。山门两旁黄底黑字对联曰:"经传白马,寺创赤乌。"寺内陈置三尊大佛、四大天王、十八罗汉、韦驮、弥勒佛和观音菩萨及地藏王等,造型精致。两侧悬挂僧人自缅甸等佛国携回的佛教建筑图、菩提叶和佛教会摄影照片。1930年3月,著名教育家黄炎培游览采石矶,因太白楼破败卒不可登,而广济寺香火鼎盛,遂于寺内题中堂一首和对联一副,中堂曰:"万古一明月,斯人不可寻。此江变春酒,众醉到而今。"对联云:"此江若变作春酒,问余何事栖碧山。"正殿两侧各有小屋两间,清洁优雅,供游人憩息。四周古木参天,绿枝茂密,环境幽静,为历代文人雅士寻幽探胜之所。今大雄宝殿倾圮后已重建,正殿有汉白玉雕佛像一尊,高1.68米。

赤乌井 采石矶公园年代最久的古迹名景,位于翠螺山东麓南部、广济寺旁。三国东吴赤乌二年(239)建广济寺时掘成。井口呈圆形,井圈高出地面0.5米,上镌"赤乌井"三字。井口内壁有数道绳槽,深浅不一却光滑可鉴;圈壁上尚有一圆孔,极为光滑,约为系桶绳之用。地方志载赤乌井深不可测,现测得井深20.1米。昔近井旁有禅悦庵,后毁圮。为了保护古井,1987年在井上建一露顶方亭,露顶为圆形,蓝天白云时映井水之中,不仅使"圆天"、圆顶、圆口、圆水环环相套,并可产生"天光云影共徘徊"的美感。

三元洞 又名三官殿、三官洞,位于采石矶翠螺山南麓西部,原系临江巨壁下端一天然石洞,深不足5米,地势奇峻。清康熙初,僧定如于此凿壁开径,在洞中置天然石床、石灶、石几,凿石龛供道教天、地、水三官神位。康熙二十二年(1683)正月,池州知府于成龙"于云水绝壑中探三元洞",僧道开求其在洞外隙地建大士阁以"与山之若楼若亭参差颉颃"。于成龙遂建妙远阁于洞上的巨石上。嗣后虽有修建,但规制不一。1935年,三元洞主持张玉龙募捐重构楼房,上层妙远阁,下层三元洞,楼房半架于江水上。1993年国家投资200万元又重建。新建的"三元洞"景点仍依1935年的规制,其楼房依傍原天然石洞也略向江面延伸,增大了与水的接触面。楼大部分为两层,局部三层,沿江立柱,置于钢筋混凝土挑梁之上,置身洞内历历可数。游人可在洞中憩息,可至江边濯足。一层将原石洞上的部分岩石平饰后镌以浮雕,淡雅古朴;二层为茶室;三层为顾曲之所,迎面为一大型唐代十八乐女咏春图,紫红大桌上横置古筝,壁间挂有琴、琵琶,中置几叠山水屏风,使得音乐这种时间艺术以物化形式展现。置身其间,自然联想起俞伯牙"巍巍乎志在高山,洋洋乎志在流水"的琴韵。楼的临江三面均有槅窗,闭窗可见惊涛拍岸,远帆往来,江中沙洲,绿茵如带;推窗则如倚危楼,江水轰鸣,凉风掠面;俯视直见急流盘旋,脚底生风,形成集萃式的动态艺术系统和静态艺术系统相综合的立体交叉的艺术空间。三元洞整个建筑半隐于绝壁与江涛之间,在公园内可见其侧面。后门在北端,迤上至横江馆。大门在南端,进门先入隧道,两边巨岩相夹,上即二层楼底,道宽1米,于陡峭中筑石级,盘曲而下方豁然开朗。由此可见始建者的匠心及其构景艺术,是采石矶公园内集多种园林艺术为一体的景观。

横江馆 位于采石矶公园翠螺山南麓西部。采石原为长江古渡口。据中国科学院《中国历史自然地理》载,元代以前,采石江面宽不超过1千米。又因长江至天门山呈南北流向,这段长江古称横江,故唐代在江边设津驿名横江馆,以接待渡江宾客。李白《横江词》中有"横江馆前津吏迎"一句,杜牧有《题横江馆》一诗。明初,朱元璋破元军驻于此,遂改名为皇华驿。清代复宋元之名采石驿。后因江面渐宽,江中沙洲渐扩,尤其是交通工具的新出,采石渡口亦渐荒废,驿馆遂没。1978年于原玉皇殿遗址重建,与原址相去约2千米。新建的横江馆亦滨江,为悬山顶砖木结构,古朴大方。东面缓坡凸起,西北陡高,皆绿树纷披,苍翠可掬,环境幽邃。馆前地势开阔平坦,用青石铺以80平方米露台,环以条石可坐。过露台拾级而下,盘桓可直至江边沙地小埠,登船游江。

江上草堂 林散之艺术馆,位于采石矶翠螺山东麓中部,万竹坞西北端入口处,1990年10月15日建成开放。林散之为当代杰出的书画家,有《江上诗存》出版。其生前极为倾慕李白,曾多次登临采石太白楼咏怀凭吊,晚年有"归宿之期,愿与李白为邻"的夙愿。1989年其卒后,经安徽省政府转报国务院办公厅批准建馆,又以其书斋名江上草堂。整个建筑占地五亩七分,主体建筑傍山而建,呈曲尺形,钢筋混凝土结构,造型肃穆凝重,古朴别致。南侧大厅屋顶覆以茅草,檐下悬置赵朴初书"江上草堂"横额,厅内展出林散之不同时期的书画作品和手稿。东侧大厅为碧瓦粉墙,厅内展示林散之部分文房用品及其师友书画。两厅间以明廊连缀。西北围以围墙,在采石矶公园山水交替相傍的空间艺术中,构成一隅独特的艺术空间。墙内庭院布置淡泊古拙,北墙内为一片草坪,点以半卵形山石。厅前阶面和庭中曲径皆以细卵石墁地。中间小阜绿茵上参差植以古树化石7枝,高者可达10米,间缀杜鹃几株,宛如一大型盆景,体现出江上草堂主人林散之的人格个性,使得园林艺术风格也达到"意贵乎远,不静不远也"的境地。

万竹坞 位于采石矶翠螺山东麓中部,是一片竹类品种和亭楼水榭等人文景观相综合的集萃式的自然景区,占地四十余亩。始建于1981年,完成于1993年。1981年至1988年,先后自皖、赣、湘、蜀、鄂、闽、京、宁(南京)等省市引种竹类13属100多个品种。1989年至1993年,凿渠建桥,筑亭设廊,以使纷繁多姿的大片竹林与顾盼生姿的人文建筑互衬互补,最终构成幽雅娴静的艺术空间。全景区可分两部分,西北部以竹种林为主。其中有不少国内罕见的品种,如洞庭湖斑竹、蕲州蕲竹、四川青莲乡粉竹、成都望江楼公园琴丝竹、墨竹、龙麟竹、人面罗汉竹、方竹、碧玉间黄金竹、黄槽毛竹、金丝慈竹、银丝竹等。竹林中有草顶个亭一座,并有曲径纵横相通。东南部是万竹坞的精华所在,约占景区的五分之二,是万竹坞中一片疏朗而隽雅的建筑区。其构思布局既继承传统,又有创新。一条人工开凿的曲溪贯通南北,西纳翠螺山的春夏余水,东有阴沟与锁犀河相通。溪名"梦溪",取沈括"梦溪笔谈"之意。梦溪长约五百米,平均深约两米,黄石驳岸,岸上间有青石小路与竹林相通。梦溪北段设有曲桥,将西边的竹林与东边的桂林连缀。中段筑有三亭桥横跨梦溪之上。三亭桥碧瓦朱甍,与竹林绿色相映成趣,穿桥上三亭往东直通万竹坞正门。正门竖有小牌坊。梦溪南段东岸又有六角木亭,中立一巨型卵石,上镌"梦溪"二字,字径2尺许,苍劲有力。亭后沿溪建有八十余米曲廊达太白楼北侧草坪。廊柱内面各嵌以大理石条屏,计一百余块,上镌前代诗人的咏竹诗,是万竹坞的点题之处。长廊南端东侧有一小院,院内有百年以上青苍雪松3株,松旁新构楼名"竹书斋",古朴淡雅,使得小院自成天地。长廊西侧沿溪有一水榭,北侧岸边种青竹数竿,并有石笋十数支欹植竹中。此处又有玉带桥一孔与西岸翠螺山道相通。万竹坞西北角制高处有一石亭,石柱上镌有一联曰:"到此可消三分俗气,回归犹带两足青烟。"

摩崖石刻 采石矶有摩崖石刻四处:三元洞后门外的石壁上,刻有民国十年(1921)署名自然子的爱国诗一首,曰:"神州谁是主人翁,保卫祖国化大同。立志共筹谋国策,富强定不让西东。"字径二寸,颇苍劲。然犀亭右侧的巨石上刻有"联璧台"等字句(见"联璧台"条)。然犀亭前临江绝壁上,右上方刻逾尺四字"天下太平",左下方镌诗一首云:"锁钥东南控上游,纷纷争守逐江流。西来帆影三千轴,北拱宸京亿万秋。"皆为清雍正年间太平知府(治今当涂)李暲所书。石刻下恰有一石,方形如台,约 2 米见方,下临深渊;石台以东沿江水渐次落下至江边水湾,已被就势凿为盘山石级路,途中有"大脚印"石刻。传说系元末朱元璋攻打采石矶时,大将常遇春由战船飞登上岸留下的。脚印为一只脚的大半部分,在临江大石之上,深约 1 厘米,是采石矶公园内具有神话色彩的有名景点之一。

多景园 位于歙县城内、练江南崖边,占地 5000 平方米,与西干风景区隔江相望,是近年为弘扬徽派盆景艺术而建造的古典式园林。因汇山景、水景、盆景于一园,故名多景园。此园隔岸堤柳、滨江见影,粉墙作画、无声写诗,分隔有致、厅堂得体,风格清新典雅,不失为一处继承徽派传统造园手法之佳构。

全园依地形自东向西延伸,或亭廊,或景墙,或漏窗,步步为景,环环相套。在空间构成上划分为怡心、梅溪、玉照三个景区。怡心景区处全园东部,以怡心楼、照壁、飞檐门楼围合作入园序景,欲扬先抑,粉墙、隔断间缀置精湛盆景,布局新颖,围合紧凑,步步可驻足流连,使徽派盆景艺术拱星托月,一展神姿风采。

经半亭、过景门、入半壁廊便是梅溪景区,该区是多景园中心及精华所在。凿池曲溪、东偏南处以黄石堆砌半土假山,山、石、土构筑天工,满坡遍植徽梅,瘦梅横斜,小桥流水,疏朗而富有野趣。西部建一报春堂,双面通透,飞檐翘角,粉墙黛瓦,堂门正柱题有我国著名园林教授陈从周先生赞景联:"流水浮云,今日重来浑似梦;暗香疏影,白头犹及再逢春。"蕴味耐品,意韵穷远,点题、点景恰到好处。堂背面正对玉照景区,横题"奇馨遐被"。该景区疏密有致,构图简洁,师法自然,突出了徽梅素装淡雅的特点。

玉照景区居全园西部,与梅溪景区通过报春堂、流芳景门相连,建有挹秀廊、玉照亭,空间开敞、亲切,借景绝妙,以梅、竹为本,植物造景为主,园虽已至尽,而景犹未尽,给人留下"文尽意存远"之感受,创造了中国园林"景虽园内,意在天外"之意境。

挹秀廊 位于多景园西部、玉照景区内。临江外挑,套衍三面园门玉照亭,全廊分三段,东段半壁始接报春堂;直折向西为中段、双面直廊格式,套衍玉照亭;西段半壁廊折收,全长六十余米。建筑风格具有徽派特色,与报春堂有机融为一体,空间构成灵活多变,使玉照景区开中有合,隔中见透。玉照亭坐南朝北,三面园门,环环入景,别有情趣,夕阳逆光透过扇窗恰好照中寒梅玉肌,光、影、质、品、色,立体画影,景致奇妙。透过园门北眺,波光塔影,白云深处人家,框景入画;倚廊举目,豁然开朗,西干风景和熙拱桥,江滩水色,天然一幅画卷,构思匠心独运,风景这边叫绝。

敬亭山 位于宣州市城北5千米处,古名昭亭山,又名查山,山不高,海拔仅317米,但风景优美,自古就是古宣城郊区著名的山水风景园林。据考,敬亭山原为查山,西晋前称昭亭山,晋时为了避文帝司马昭讳改名为敬亭山,唐时为了避敬宗李湛讳又改名为昭亭山,至宋又因避讳复为敬亭,几易其名,明清至今,一直称敬亭山。据《宣城县志》载:敬亭山自谢朓、李白"相继赋诗,遂有名天下"。约公元500年,后人按谢朓"兹山亘百里,合沓与云齐"的诗意,建云齐阁,供文人墨客宴集把酒赋诗于阁中。唐代诗仙李白因在朝廷受权贵排挤,浪迹江湖,自53岁至62岁(753—762),十年间先后七次到敬亭山,并写下了流传千古之绝唱:"众鸟高飞尽,孤云独去闲。相看两不厌,只有敬亭山。"除了谢朓、李白之外,孟浩然、王维、白居易、颜真卿、欧阳修、范仲淹、苏东坡、杨万里、文天祥、汤显祖等历代文人雅士曾纷纷来到敬亭山挥笔泼墨,吟诗作赋。唐代著名文学家韩愈还曾隐居于此,更为敬亭山增添了神秘色彩。扬州八怪画祖石涛,黄山画派巨匠梅清、梅庚曾为敬亭山泼墨作画,留有名画《云齐阁》和《敬亭棹歌图轴》。1939年陈毅元帅戎马倥偬过敬亭山时,挥笔写下了不朽名篇:"敬亭山下橹声柔,雨洒江天似梦游。李谢诗魂今在否?湖光照破万年愁。"

敬亭山,林木苍翠,云泉相涌。楼、塔、庵、亭、祠、台掩映于万千气象间。风格幽美秀丽,文化意蕴千古称绝,全园依地形划分为前山、后山、白马湖三个景区。后山基本以原有植被、植物选景为主,辟有龙王洞、龙王泉和杜鹃岭等景点。这里林木郁蔽,山泉奇胜,满坡杜鹃,蔚为壮观,意境感受正如李白诗云:"蜀国曾闻子规鸟,宣城还见杜鹃花。一叫一回肠一断,三春三月忆三巴。"

白马湖景区利用广阔水域建成水上游览中心,使游人泛舟畅游,领略大自然山水风情。

前山景区为敬亭山之主体所在。名胜景点繁多,历史人文所形成的敬亭文化在该部分得以充分展示。现有双塔、独坐楼、一峰、溶洞等景点。修复了敬亭山碑廊、广教寺、独坐楼、十贤祠、翠云庵、额珠楼、穿云亭、丹梯亭、敬亭、云根石、梦珠泉、传灯阁等著名园林遗址建筑和名胜景点;并兴建梦游阁、顶峰廊及缘雪茶社等园林建筑,该部分山体极富"仙灵",峰回路转,云雾缭绕,楼台亭榭若隐若现,入得境地,犹如走进诗画里。

双塔 该区为进入山门后的第一个重要景区,它是整个园林游览的前奏。遗址、遗迹有山门坊、广教寺、詹文相墓、姜垛墓、敏应寺、坡仙碑碣、蒋华墓、金鸡井、裴公井和黄荣祖碑。双塔寺是该景区主体建筑,双塔寺指广教寺与双塔之合称。寺始建于唐大中年间(849年左右),历代沿修,相继不辍。塔初建于北宋绍圣年间(1096左右),至今已有九百多年。双塔具有宋代韵味、唐代遗风。双塔均为四方形,东西对峙,七层,高均20米,东塔比西塔略大,面阔2.65米,西塔面阔2.35米,两塔底层三面设门,东塔东面、西塔西面不设门,以上各层四面开门。内楼木板,飞檐砖木,塔底座有白色浮雕,中心无塔心柱和其他建筑装饰。二层内壁均横嵌北宋文学家苏轼所书正楷碑刻《观自在菩萨如意陀罗尼经》。双塔于1956年11月被列为安徽省第一批重点文物保护单位,后经国家拨款数次重修,现已被列为国家级文物保护单位。这里的风景较为宽阔而有层次,建筑气势恢宏高昂。山为水峙,水使景活,塔、寺、廊、碑、墓构成特定的文化背景,使山水空间环境更富诗情画意。

云根石 位于一峰山上。据史载:"一峰之巅,有怪石如木枯蕨,唐天宝年间(753)李白登游敬亭,见白云自石根起,遂题'云根'二字于石上。"由此得名,其后镌刻清人詹作楫作诗记其事曰:"云起山光青,云归山色碧。昔有谪仙人,手镌云根石。风霜练奇字,龙虎守妙迹。"山雨欲至,雾起"云根",宣州十景之一之"敬亭烟雨"便是所指。此处还有一峰庵、穿云亭、丹梯亭、古昭亭等胜迹,古墓、石刻也散布其左右。

独坐楼 位于前山高处,又名"拥翠亭",乃李白独坐吟诗处。选址巧妙,取景独到。此处叠山千层,青翠欲滴,独坐敬亭山,细细品赏,诗韵无穷。天宝十二年(753),李白于独坐楼写下了《独坐敬亭山》这首千古绝唱:"众鸟高飞尽,孤云独去闲。相看两不厌,只有敬亭山。"清人王可弟赋诗描写了独坐楼的独特景色:"探奇曾不厌,一榻拥昭亭,坐爱双溪碧,遥连叠峰青……"

赭山 位于芜湖市西北九华山路西侧,海拔86米,周长5千米,面积540亩。因山石含铁呈丹朱色,故称为赭山。传说干将莫邪在芜湖神山(赤铸山)铸剑时,曾在此选矿。这是芜湖市内的一处山水园林,现已辟作公园。

赭山"右控大江、船舻连云;俯瞰城廓、历历如绘",是环芜湖六十多座小山中的风景秀美者。因其明秀雅丽,集自然山林景色与寺庙、古典园林于一山,古往今来,负有盛名。屈原、李白曾游,杜牧称胜。宋文学家黄庭坚曾在赭山南麓千古禅林广济寺的滴翠轩读书潜修,曾写诗曰:"玉峰凝万象,绿萼绕群螺。古剑摩空宇,寒光启太阿。"南宋词人张孝祥也有五言长诗记游:"昨日一尺雪,今朝十分晴。杲日上积雪,光若虹气升。江平镜新磨,地迥玉琢成。赭山有令色,令我白眼青……"传说乾隆皇帝过芜湖,曾登赭山一览,只见"城并大江,气象宏敞","宛如画图间所见",不禁龙心大悦。今西北麓山腰处有石牌坊一座,上题"江城入画"。山顶有一览亭,登亭可纵览全市,大江滔滔奔流脚下,鸥鸟群集,帆樯连云。1985年,又在可远眺长江的西麓依山建了古典式琉璃瓦木楼舒天阁,楼下正堂有匾"江天一览",点出了此处的风景特点。从景区上划分,赭山有大小两座峰峦,人称大赭、小赭。两峰间为谷地,整座山岭林木葱葱,松涛阵阵,石径逶迤,景色很有野趣。

翠明园 赭山西南麓有明清徽派建筑风格的翠明园,后倚赭山,右接铁山,前为凤凰山,原是三山环抱中的一块林中空地,林木大半为四季常青的女贞树,树干洁白,树身高二十多米。低洼处有细泉常年不绝。1982年,园林部门在此依山借泉仿造古典式园林。在林间平整了地面,铺设了石桌凳,挖池蓄水周傍建亭廊堂榭。假山群的构筑颇具匠心,可供游客上下里外攀缘,从各个不同角度观赏。园门处有赖少其新题的"探碧"碑铭。林间后门有"滴翠"二字,为黄叶村的手迹。翠明园占地7000平方米,犹如一颗翡翠镶在赭山之麓。

汀棠园 位于芜湖市北郊芜宁公路边。面积近千亩,唐宋时已是文人雅士喜爱游览的郊外风景地,诗词题咏留存颇丰。园中水面占一半以上。因水质无污染,湖底平坦多沙,长期以来都是芜湖市的天然游泳池。20世纪末,由园所在地的棠桥村发起,在原来的基础上将其扩建成了一座以明清徽派园林建筑为主的纪念性园林。

园内水面宽阔,亭台楼榭布局巧妙,岸边堤柳依依,风景秀丽。芜湖古代八景之一"玩鞭春色",便是此处。景名之由来是宋代在汀棠(塘)边曾建一玩鞭亭,成为市民游春之地。其典出自东晋明帝遗鞭退兵的故事。据《晋书》中《明帝纪》之《王敦篇》记述:东晋太宁二年(324),晋武帝的驸马、大将军王敦屯兵芜湖鸡毛山,准备举兵造反。晋明帝"密知之"。他先是"屡遣大臣询问其起居",麻痹王敦,接着自己乔装成百姓,乘巴滇骏马"至于湖,阴察敦营垒而出"。这时王敦在午睡,突然梦见红日绕城,赤光炎炎。顿时惊醒过来,军士来报告说有数人窥探军营,内有一人面貌十分威武。王敦听说,一跃而起,将珊瑚枕掷碎在地,大叫:"一定是黄须鲜卑奴来探虚实,快去追赶,不要叫他逃脱!"左右将士五人,当即骑马出营追赶晋明帝生母荀氏是山西代郡鲜卑族人,因明帝外貌像母,须色浅黄,所以王敦呼他为"黄须鲜卑奴"。明帝逃至芜湖二十里铺(即今汀棠)下了马,将自己的七宝马鞭递给路边卖零食的老妪,叫她把鞭子交给后面来的追兵看,自己则用冷水将马粪泼凉,然后骑马向南京奔去。不一会,王敦的五位骑士追来,询问老妪可看到骑马人。老妪取出七宝鞭对他们说客人早已远去。五骑士便只顾争相玩赏宝鞭,耽误了时间,再看地上马粪又是凉的,便不再追赶。李白《南奔书怀》诗中有"顾乏七宝鞭,留连道傍玩"之句,说的便是这个典故。北宋元丰七年(1084),芜湖东门承天院方丈蕴湘,主持兴建了玩鞭亭与市内的梦日亭,成为芜湖游览胜地,许多文人留下题咏。苏辙有"马鞭七宝留道左,猛士徘徊不能过""骏马岂能追晚日,将军莫悔玩遗鞭"之句。张孝祥、黄庭坚等也有诗题吟。岳飞手下大将张宪的《玩鞭亭》一诗概括得较细:"野乌压营营作声,红光紫电围金钲。黄须小龙马上啸,白日饥豺梦里惊。老奴怒掷珊瑚枕,追兵起合琉璃井。巴马东归疾似风,道旁遗粪如冰冷。健儿空玩七宝鞭,荆台老姥空谁传?"元代时,玩鞭亭曾毁于战火,明初一晋姓人重建。清朝嘉庆年间,晋姓的后代又曾修缮过此亭。据说附近这一带晋姓为晋明帝所赐,是老妪的后代。民国初亭已荒颓。1984年玩鞭亭重建:亭高10米,二层八角,八柱落地,内有回廊,琉璃瓦盖,十分雄伟壮观。亭内绘有晋明帝巧计退兵的壁画四幅,著名书法家陈叔亮题匾。

园内水面上有二岛。一岛由九曲栏桥与岸相通。岛上琉璃井年代久远,井沿一圈绳痕深可没指。假山、花圃,宽敞的轩馆,有江南水乡田园风味。另一岛位于湖心,名珊瑚枕岛,岛上有曲板桥、巴骝山、花廊、芙蓉池,伸在水上有一钟亭,亭上横梁所吊铁钟为清代道光年间所铸,重1500公斤。该岛的构建特色是湖中有湖,岛上架岛。岛上的主体建筑流香榭被一泓碧水围在中心,登榭须走曲桥,过芙蓉池方可入内。夏日这里凉风习习,满目清凉,是极好的避暑消夏之处。

沿湖,还有嵌入历代诗人名作碑刻的诗廊,这一组徽派建筑既黑白分明,简洁大方,又在门窗的格式变化上下了功夫,在游廊的起伏走向上动了心思,做到随势高下,曲折自如,使人感到变化多端,余韵无穷。

镜湖 又称陶塘,位于芜湖市中心,始建于南宋,为豪放派词人张孝祥捐田所创。张从小随父寓居芜湖,自称"于湖(芜湖古称之一)居士"。政治上屡屡失意,使他从安抚使退隐。因其父张祁曾为秦桧之流系狱,复官后又告退归芜。遂至芜增辟己田300亩,蓄水为池,养鱼植藕,广栽杨柳,起造园林,以诗文会友。父子皆以陶渊明归田自况,曾筑归去来堂于府第。张孝祥有一首词《蝶恋花》写陶塘之景:"恰则杏花红一树。捻指来时,结子青无数。漠漠春阴缠柳絮,一天风雨将春去。春到家山须小住。芍药樱桃,更是寻芳处。绕院碧莲三百亩,留春伴我春应许。"可惜他退隐不久,便在 38 岁时病逝芜湖。逝世前张孝祥嘱咐将此塘捐给地方。古人曾有诗纪念此事:"升仙桥畔状元坊,曾寓于湖张孝祥。一自归来堂设后,顿教风月属陶塘。"叶绍翁《四朝见闻录》亦载:张孝祥"寓居芜湖,捐己田百亩,汇而为池,环种芙蓉杨柳,鹭鸥出没,烟雨变态"。陶塘名镜湖是因其水清澈见底、明洁如镜,远处赭山宝塔、近处柳岸行人及园内亭台楼阁均倒映如真。元代欧阳玄府君,立"镜湖细柳"为芜湖八景之一。清乾隆年间,芜湖名士马千之,将陶塘南侧一房山别墅辟为镜湖画社。社友金铎还刻了镜湖画社的闲章使用,于是美誉便渐成正名。

南宋以来,芜湖文人名士及名宦告老还乡者,多在陶塘沿岸构筑私家园林。明代著名私家园林的有桂园、闵园等。到了清代,沿湖园林更胜,留有名字概况可考者有:来佛亭,通向湖堤大路上的茶亭。传说湖上曾浮来一砖,上刻佛像,遂嵌置亭壁,因而得名。澹人居,歙县人胡蔚林所筑的别墅,在来佛亭东,今烟雨墩一带。一房山,亦为胡蔚林建。此前为张氏桂园,中有秋芳亭,坐落于数十株老桂丛中。长春园,又名非园,后为陆羽轩茶室。从来佛亭与长春园一带景点看,镜湖已如杭城西湖,逐渐形成了以游娱玩乐为特点的城中山水园林。另外还有读画轩、学圃草堂、龙家园、戴园等。这些园林,包围了陶塘东、南、西三面,北面遥对苍翠赭山和一片田野。

清乾隆年间,芜湖知县陈圣修,好诗文,着意兴盛地方名胜,曾将陶塘一带荒颓的园林重新修葺,将西南起自一房山、东至洪园,合并为一带状园林。用张孝祥"留春伴我"之词意,将其命名为"留春园",并疏浚陶塘,募工筑堤补路。陈府君乃又建湖心亭,曰"留春小舫",还购置画舫两艘,供人泛舟宴乐。此花船游宴之俗,至民国仍存,著名画家潘玉良早年便是在此幸遇潘赞化的。陈圣修为官一任,想留下一些口碑,于是又在留春园西割澹人居南半,设张于湖(孝祥)祠。此时镜湖已自然融明清建筑、名士风范为一炉,融历史人文与自然景观为一体。历史上镜湖曾盛极一时,《芜湖县志》云:"清乾嘉间,湖上亭林见诸名人题咏者,不可胜计。"康熙年间芜湖诗人邓光远有七律《鸠兹湖亭远眺即席和韵》(鸠兹,芜湖古称)流传至今,诗云:"湖心亭里望中迷,帘卷春风燕子泥。尺幅绽红萧寺嵌,一堆眠绿乱莺啼。水惟不竞形俱鉴,山欲飞来烟满堤。恍在武陵最幽处,开樽共坐六桥西。"六桥指西湖苏堤,可见当时留春园之雅与镜湖可鉴之美已使镜湖有"小西湖"之誉。可惜陈圣修卸任离芜湖后,此地又趋荒芜。

芜湖乡贤王泽,嘉庆年间中榜为翰林院编修。归芜后买下留春园翻修,名之曰"希右园",意在仿效右军王羲之以书法自娱。在园内建赐书楼,珍藏皇帝所赐诗文。芜湖八景有"吴波秋月"一景,但亭址已被江水淹没。王泽在水阁亦悬"吴波亭"之匾以续其胜景。并垒石为山,"种桃种柳插篱笆,移竹移桐点缀嘉"(王泽《湖上新葺小园杂诗》)。园内湖石山正面,有溪山好处亭,西厅为观一精庐,水阁上有名宦所赠楹联"有石湖老仙俊望,是香山居士后身",将王泽喻为宋代诗人范成大。这时的希右园显然已无留春园的繁华,"古藤卧地半枯槁,瘦柏欹墙时动摇"(王泽诗句),且又从公众园林成为私人宅园。可取的是,他亦如前几任园主一样,尊重镜湖的历史和孝祥先生。他曾在乾隆庚戌年(1790),与黄钺等将园中已荒废的张于湖祠移于赭山广济寺的滴翠轩,并为萧尺木、汤燕生等八名芜湖名人立像同祀。今尚存王泽的碑记石刻嵌于轩壁。修园时,他则将张孝祥"归去来"之堂匾仍悬于希右园正厅。道光、咸丰年间,太平军与湘军在芜湖大战,希右园毁于战火。

光绪年间,陶塘归李鸿章家族所有。李家在修建私家花园之外,开始顺应经济发展的要求和时代的潮流,将店坊、酒肆、茶社乃至妓院,穿插排列于花圃假山之间,以出租或经商谋利。镜湖园林的开放性、多功能性于此固定下来。当时著名的园有:大花园、留春园、西花园、景春花园、长春花园、迎宾阁、烟雨墩、藕香居、绮陶轩等。抗战期间有不少园毁于炮火,但至今沿湖一带景点和居民区仍多袭用旧名。

湖东北角上的迎宾阁重建于20世纪80年代。过一拱桥,便到了迎宾阁园林小岛。迎面是"少女与鹿群"的雕塑。左面是假山群,右边是仿古两层楼的主体建筑,大厅为前凸的六角形。厅前有数百平方米的水平榭台。榭前水面上有一人体现代雕塑,似为一女性在以湖为镜欣赏着自己的倒影。东南角上的高知园建于1984年,是日本高知市与芜湖市结为友好城市的见证。转过高知园的橄榄形巨大太湖石照壁,拾级而下便到了长达百米的九曲桥,桥上有一亭可供游人歇息观景,亭南水面上是约5米高的雕塑采珠女。九曲桥尽头是建在湖石山上的观岚亭。亭为水上戏台状,也成了京剧与各种地方戏曲爱好者每日清晨的练功之地。从观岚亭看北面赭山,山水相映相托,使人心醉神迷。亭上有题匾"赭塔晴岚"。亭右是沿湖数百米的"L"形木质长廊,雕工精细,两旁是可坐的木栏。这儿是镜湖的正南、东西两片水面被条带状南北走向的镜湖公园绿地分割，又在园中24米长的步月桥拱桥和小九曲桥下相连。镜湖公园绿地地势平坦，古木参天，花草遍地，石桌石椅面湖而设，整体面积近30亩。与中心绿地隔一条马路的是中华人民共和国成立之初由妇女们义务劳动建起的三八公园，现为花鸟市场与儿童乐园，尽头是（王）步文亭。步文亭的亭顶为"W"形，既是牺牲于1931年的中共安徽省省委书记王步文烈士姓氏拼音第一个字母，又像是一双伸向蓝天的手，亦算得上是现代亭阁中成功的例子。步文亭对面是于留春园旧址上重建的柳春园。圆亭、方阁、茶社，可在"回"字水榭中观鱼，是中秋赏月的镜湖最佳点。接着便是建有"山"字形小屋的游船码头、岛上花园烟雨墩。烟雨墩内两层楼是市图书馆的旧楼，现已辟为阿英、洪镕藏书陈列室。园内还塑有作家、演员王莹的全身坐像和洪镕的书形纪念碑。

湖西一带大酒店、商场、百货公司、电影院、歌舞厅鳞次栉比，但湖边曲折处仍见缝插针，小景点、小雕像、花坛、藤架、半环石凳石椅随处可见。

白色现代建筑中日友好会馆像浮在湖上的一只白天鹅。它的对面是芜湖明清著名画家萧云从黝黑的铜像和尺木（萧云从的字）亭。对面湖心亭，像这一连串美景的一个句号，但相对不远处的岸上那三只鹤的塑像与环状多层花圃，却似乎在提醒人们这不过是个冒号而已。

鞋山 位于江西省九江市湖口县城双钟镇南9千米处的鄱阳湖北湖中。海拔90.4米，全长370米，周长1千米，面积4万平方米。全山由石灰岩构成，悬崖绝壁，岬屼嶙峋。乘舟游览，远近山势虎踞龙盘，北似佛盖，南如玉莲，东类巨鞋，西若卧狮。南北走向，平面呈桃叶形，酷似中国宝岛台湾，有小台湾之称。四面碧波，孤峰独峙，雄踞中流，威镇彭蠡，以神奇峻拔、物华灵秀著称于世，是中国第一大淡水湖——鄱阳湖中的绝景。登临岩巅，如身置巨舰，航行在碧波万顷之上。南纳豫章千帆，北送清流入江，东迎长堤晓月，西伴匡庐夕阳。春来花黄尽染，夏炎银浪涌翠，金秋花红岩谷，寒冬白雪银装，野趣天香，美不胜收，俨如南海仙境。南朝梁释惠标《咏孤石》诗云："中原一孤石，地理不知年。根含彭泽浪，顶入香炉烟。崖成二鸟翼，峰作一芙莲。何时发东武，今来镇蠡川。"

此山，原名孤石，始见于东汉《水经》："孤石，介立大湖中。"唐称大孤山，出自顾况"大孤山远小孤出，月照洞庭归客船"诗句。又有大姑神女之誉，白居易有诗云："林对东西寺，山分大小姑。"宋代有凌波仙子的美称，黄庭坚《泊大孤山作》云：

"不见凌波袜,靓妆照澄凝。"因形似仙女绣花鞋,明清以来俗称鞋山。明代解缙《鞋山》诗云:"凌波仙子夜深游,遗得仙鞋水面浮。岁久不随陵谷变,化为砥柱障中流。"

鞋山古建筑,最早见于东晋干宝的《搜神记》:"宫亭湖孤石庙。"历代有大孤庙、大姑娘娘庙、鞋山庙、宝驮寺等名。千余年来,鞋山庙以大姑娘娘为主神,受到鄱阳湖滨乡民的敬奉。鞋山大姑神女相传为我国人类始祖女娲神女的化身,她们的法相都是人头蛇身。女娲和伏羲相爱成婚,繁衍了华夏子孙。又制娶嫁,正姓氏,做芦笙,创八卦,织罗网,教民渔猎,炼五色石以补苍天,功高盖世,是中华民族一位伟大、慈祥、贤淑、聪慧、勇敢、美丽、善良的母爱之神。每年端午节这一天,湖滨数以千计的青年男女,乘舟渡湖,云集神女仙岛鞋山,朝拜大姑娘娘,求得神灵保佑。

鞋山宝塔,又名大孤塔。位于鞋山之巅,高36米,底径9米,六面七层,每层三门,内有中柱旋梯,外附七层走廊,砖石结构。有关此塔的形成,民间流传着许多美丽动人的神话,其中传播最广的要算大姑娘娘与张天师斗法于鄱阳湖的故事。相传江西龙虎山上的张天师下山传道,乘船路过鄱阳湖,因遇狂风暴雨,误入水晶宫,盗走大姑的绣花鞋,却被大姑发现,两人斗法于湖中。张天师的法宝雌雄二剑为大姑所破,只好将雄剑插进偷来的绣花鞋中,往天上一抛,企图把大姑压在她自己的鞋底下。大姑避开了天师的算计,鞋掉在湖中变成了鞋山,宝剑化成了宝塔。

据《湖口县志》(同治版)记载,大孤塔始建于明代中晚期,初建时低小中实,明万历年间,兵部尚书熊明遇将宝塔增高并做空塔之心。清康熙年间,由江西巡抚安世鼎重修,"文化大革命"初期被炸毁,1987年重建,被列为鄱阳湖口风景名胜区的八景之一。

鞋山又是一个鸟岛王国,是著名的"阳鸟攸居"之地。这里不仅有成千上万的冬季候鸟,如白天鹅、丹顶鹤和雁群等,还有数以千计的夏季候鸟,它们于春初群迁而来,冬初又离此而去,栖息于悬崖绝壁之上,繁殖后代。每年盛水之期,即6月至10月,乘舟环山游览,百鸟飞翔,给人们带来无穷的情趣。此鸟又称"乞食鸟",历代游人在观赏时,将做好的饭团往空中抛去,不管高低远近,此鸟都能准确无误地接住,显示出非凡的飞翔技巧。

石钟山 位于江西北部的湖口县双钟镇,耸立于鄱阳湖与长江交汇处。有上下石钟山之分,上石钟山在南,下石钟山在北,著名的是下石钟山。全山面积9万平方米,海拔 61.8 米。

石钟山得名,始见于汉代桑钦所著《水经》:"彭蠡之口,有石钟山焉。"从此,石钟山便为世人所瞩目。缘何此山以钟命名?千百年来,这个问题引起了人们极大的兴趣和猜测,历代文人学者,众说纷纭,莫衷一是,至今还在争论。北魏郦道元、唐李渤、宋苏轼等,均主张以"声"定名;明罗洪先、清曾国藩、彭玉麟等,均主张以"形"定名。近代许多人提出新的看法,即石钟山"形声兼具"。

据《石钟山志》的记载和考古证实,早在西周时期,石钟山就有人类居住,汉代就有砖瓦建筑。先后建有宝钟寺、天花宫、四王殿、九王庙等建筑六十余处,由于战乱,均早毁圮。清咸丰十年(1860),曾国藩、彭玉麟在占领石钟山后,奉咸丰皇帝上谕,开始大规模的建设。共建有怀苏亭、船厅、临湖塔、泛舟崖、昭忠祠、报慈禅林、浣香别墅、上谕亭、梅花厅、飞捷楼等景点三十余处,占地一万多平方米,颇具规模。由于石钟山据江湖之险,当吴越之冲,历代为兵家必争之地。从远古的舜平三苗到解放军横渡长江的四千多年中,战乱频仍,建筑屡兴屡毁,到1949年前夕,石钟山已是残垣断壁,破烂不堪,蛇虫出没,一片荒凉。1979年成立"湖口县石钟山文物管理所",划入庐山旅游区范围,省、市有关部门投资一百二十余万元,本着修旧如旧的原则,进行重修,并实行对外开放。在修缮过程中,向民间收集了花窗、禁门、龙、凤、狮、象木撑,各种古戏、花鸟虫鱼木雕花板两千余件,使修缮后的石钟山基本保持了原来的风貌。1984年成立了"湖口县石钟山管理处",从文化、旅游、园林等方面统一管理,管理体制进一步完善。

石钟山历代为游览胜地。石钟山是由石炭纪的石灰岩构成的。由于降水和地表水的长期侵蚀,缓慢溶解,全山怪石嶙峋,奇石突兀,许多石块具有天然形成的皱(褶皱规则)、透(纹理贯通)、瘦(清瘦隽秀)、漏(孔隙漏光)、丑(奇形怪状)等特点。石钟山不但石奇,而且自然风光得天独厚,有山有水,有江有湖,山临水,水绕山,水是一奇。浩瀚鄱湖、滚滚长江,在此汇合,江水西来而浊,湖水南来而清,合流东去,25千米不相混合,现出一条天然的"水文黄赤界"。布局合理,融自然景观与人文景观于一体,是石钟山的一大特点。由于石钟山居江临湖,山水相对,具有浓厚的江南水乡风味。九万平方米的小山,经过名师巧匠的精心设计,达到了诗情画意的艺术境界。风格隽秀,是典型的江南风景区。全山大致分东、西、中三个相对独立的景区。东部景区由绿荫深处,沿名家碑廊,绕天河经飞捷楼、归去亭迤逦前行,梅花厅为最高点。这一景区以人文景观为主,以自然景观为辅,既具有园林风貌,又保留了田园气息。构思布局以露见长,以悠为胜。西部景区主要是自然景观,这部分以湖光山色为主调,开阔壮观。江天一览亭与清浊亭,隔崖相望,比翼双飞,"出尽风头",而泛舟崖则"自甘沉沦"。这部分涵露结合,该露者突出,应涵者幽深。而中部景区则是石钟山人文景观的精华所在。它以昭忠祠为中心,以报慈禅林、浣香别墅为两翼,形成一座封闭式的园林建筑。昭忠祠由前殿、正殿和后殿三部分组成。左边报慈禅林,一墙之隔,圆门相通,由僧房、戏台、大雄宝殿、海岛、前院和后院组成。右边浣香别墅,前后两幢,前幢名听涛眺雨轩,后幢名芸芍斋,前、中均有空院,中院花坛植桂树一株,香气醉人,高约丈余;廊壁多碑刻,苏轼的梅、兰、竹、菊,彭玉麟的《百寿图》等,琳琅满目。芸芍斋后有且闲亭,取忙且偷闲之意,亭内幽静清凉,亭前有鱼池,池壁多摩崖石刻,池边一棵紫薇树,池上一桥三折,通桃花洞。桃花洞,又名"渔人精舍",洞内有三个不同字体的"梦"字,为彭玉麟手书。

  从构思立意看,整个布局以露为主,涵露相容。有的宏伟壮观,有的小巧玲珑,有的深藏于崖石之中,有的耸立于山巅之上。小桥流水,花草树木,是那样地恰到好处,真是美不胜收。游人至此,漫步在绿荫如盖的小路上,无不赏心悦目,心旷神怡。石钟山的山光水色,千百年来,引得历代文人学者竞相登临揽胜。据统计,历代有一百多位文人在石钟山写下赋、散文百余篇,诗词千余首,留下了许多宝贵的精神财富。白居易作《彭蠡湖晚归》、张九龄作《湖口望庐山瀑布泉》、郭沫若作《登湖口石钟山》,自唐至清留下石刻、碑刻一百七十余处,其中唐朝魏徵的碑刻尤为珍贵(1959年江西省人民委员会将其定为省级文物保护单位)。面对如此景色,宋人杨次山站在石钟山上发出这样的感叹:"浊浪自分清浪影,真山从作假山看。"大文豪苏东坡更是如痴如醉,曾三上石钟山,不但写下了千古名篇《石钟山记》,而且"爱此江湖幽,维舟坐终日"。

怀苏亭 位于山南顶端。为了怀念苏东坡而建。系尖顶翘角六柱亭式建筑,原建于山南临湖塔附近。清康熙四十七年(1708),榷使朝尔岱建碑,镌苏轼《石钟山记》。嘉庆年间,学使吴恒镌《游石钟山歌》于壁,亭碑均圮。1959年建亭于现址。亭中立石碑,长2.5米,宽1米,正面镌苏文忠公像及苏轼三次登石钟山的说明词,背面镌清代书法家翁方纲手书苏轼《石钟山记》。此亭系山上的第一景点。有诗赏曰:"好山好水,客到此间攀石磴;无风无浪,我来何处听钟声。"既点出了建亭的历史由来,又点明了亭处的位置。

船厅 位于山之西南面。形状似船,故名,为舫式建筑。清咸丰年间知县岑莲乙建,同治年间镇军丁义方修。1979年重修。原有彭玉麟额书"烟波无际"和杜锡珪额书"湖山一览"。1966年,"烟波无际"匾额毁。相传为鲁班大师建造的神船的舱棚。原来,在鄱阳湖的南岸,有一个渔霸,利用木筏子过鄱阳湖,向百姓勒索钱财,害人性命。鲁班从京城回乡,路过鄱阳湖口,见百姓遭受如此苦难,特意为他们雕凿了鄱阳湖口最早的一条渡船——神船。从此,方便了百姓过鄱阳湖,鄱阳湖上出现了千帆竞发、百舸争流的景象。后来,沿湖两岸人民为了纪念鲁班大师的奇功伟绩,便将这条船小心翼翼地放在石钟山上保护起来。久而久之,那神船便与石钟山合成一体了。它像一条巨舟,航行在鄱阳湖上,坐在厅内,极目远眺,匡庐烟雨、鄱湖波涛、彭蠡夕照,一览无余。"湖山一览"点明了船厅的主景及环境美的特点。曾国藩曾有诗赞道:"水宽山远烟霞回,天淡云闲今古同。"云遮雾障,有时让人看不清"庐山真面目",给人以"虚"的感觉。但从古到今,天地同在,又让人感到"实"的存在,用对比的方式,将其深层意蕴传达给旅游者,构成一个虚实相济的迷人意境。

泛舟崖　位于山之西麓。危崖耸峙,下临深潭,相传为苏轼月夜泛舟处。1980年,依山傍崖,修建一条悬崖路,由江天一览亭底下隧道曲折循崖而下,越过两座石拱桥,走完156级石坡路,即达崖底——泛舟亭。1982年,石钟山文物工作者在崖下发现西周遗址,出土珍贵文物四千余件(片)。后又从崖底往北增修了一条70级的石坡路,穿"白云洞",可循级曲腰直上坡仙楼下的廊外廊。此处为自然景观,少人工雕琢。悬崖上,古榆腾空,高耸挺拔,绿荫如盖;湖面上,波光粼粼,碧波荡漾,渔舟唱晚。月夜游人至此,说不定会听到"水石相搏,响若洪钟"的窾坎镗鞳之声呢!黄崇艺有赏联曰:"月白清风,苏子探奇由此去;山回路转,游人寻胜入亭来。"

清浊亭　位于山之西南的百尺悬崖绝壁之上,为一圆形尖顶亭式建筑。相传为太上老君点化黄、青二龙之处,1984年改建。四根水泥立柱,镌一副对联:"江湖水分两色,石钟浪击千年。"登亭远眺,渔舟片片,白帆点点,江水西来而浊,湖水南来而清,现出一条天然界线,合流25千米不相混合,郭沫若《登湖口石钟山》诗中的"水文黄赤界"即指此。假如游客秋天来游玩,一定会欣赏到王勃《滕王阁序》中描写的"落霞与孤鹜齐飞,秋水共长天一色"的绝妙景色。此亭不但高踞悬崖之上,而且伸入湖中,是观江湖水分两色的最佳位置,故名。1986年7月25日,高占祥在登临游览时,陶醉于这里的景色,口占五言四句:"石钟浮九派,三省一望收。江湖分两色,清浊不合流。"它三面环水,水天壮阔;一面靠岸,围以红墙,点以翠竹,既给人以壮阔和险峻之感,又给人以启迪和希望。通过圆门,左通昭忠祠,右接泛舟崖北路,直上可达紫云廊。景点的构成,可谓"动中有静,静中观动",富有诗意,独具匠心。

上谕亭 位于山之北面,为八角重檐亭式建筑,又名八角亭。清乾隆五年(1740)建于通济门内孝感坊。咸丰四年(1854)遭兵毁。咸丰十年(1860),彭玉麟建亭于现址,立上谕碑。亭名及碑文均为曾国藩手迹,是石钟山碑刻名景。这块古碑长3.4米,宽1.3米,厚0.3米,重达1.5吨。正面镌"上谕亭"三字,亭名上面冠顶镌双龙抢珍图案,背面镌上谕全文。九条浮雕青龙,盘旋于两边石框之上,精雕细刻,栩栩如生,具有很高的观赏价值。与一般亭榭相异的是,"上谕亭"三字不是书于匾额上,而是镌于上谕的正面,以碑代亭,可谓"亭上有亭"。

梅花厅 位于山之中心,处山之巅,原名六十本梅花寄舫。为一八角二层、内厅外廊飞檐翘角的楼式建筑。是清彭玉麟为了怀念已故情人梅香小姐而建的,曾是彭玉麟养疴之所。1980年改建。这里留下了一段爱情的佳话:彭玉麟年轻时,以擅长书画而名播遐迩,为梅香小姐所爱慕,两人通过书画往来,渐生恋情,以至不求同生,但愿同死。后彭玉麟投笔从戎,梅香守志而死。彭玉麟得知梅香死音,十分悲伤,决心画一万张梅花图,写一百首梅花诗,建一座梅花厅,栽种六十棵梅花树,来寄托自己对梅香的哀思。梅花厅建成后,彭玉麟常养疴于此,面对清风明月,格外思念梅香,时常发出"长啸一声秋月白,寄怀千古远峰青"的感叹。梅花厅周围,原有六十棵梅树,疏影暗香,幽雅高洁。清丁义方有赏联曰:"瘦影当窗梅得月,凉云满地竹笼烟。"它把梅、竹、月、云、烟写得虚虚实实、虚实并存,诗情画意,跃然纸上。由于该厅处山之最高点,放眼望去,巍然耸立。登楼俯视,气象万千,湖光山色,交相辉映。要是盛夏登临,顿觉清风徐来,真是令人心旷神怡。此景点的构思层次高,布局精巧,既突出了它的雄伟和庄严,又让人体会到它的秀丽和浪漫。用对比的方式,给人留下一个感觉:游斯地,不登斯楼实是一大憾事。

飞捷楼 位于山之东面,现名太平楼,是一座气势雄伟的歇山顶重檐翘角的楼式建筑。1864年6月镇军丁义方建,未有名。此楼竣工时,适逢清军攻陷天京(今南京)之讯传来,彭玉麟亲书"飞捷楼"以名之。1956年为了纪念太平军驻山抗清而重修,取名为太平楼。1980年再次重修。1913年7月10日,李烈钧在湖口正式就任江西讨袁军总司令,通电全国,宣布讨袁,史称"二次革命"。当时,讨袁军总司令部就设在此楼。飞捷楼居高临下,雄伟壮观,三十根立柱,构成一个"回"字走廊。登楼远眺,俯纳万景,目不暇接。丁义方有赏联曰:"湖光与天远,山色上楼多。"它把湖与天、山与楼,联结得形象生动,使人开阔视野,感受到大自然的美丽。飞捷楼,左吞绿荫深处,右吐名家碑廊,隔天河与梅花厅咫尺相望,互相应对。天河桥,如一条绮丽的纽带,把流水与楼宇、翠竹与曲径连在一起,构成一幅小桥流水的风情画,野趣迷人。

昭忠祠 位于山之西北面。它是石钟山建筑群的主体。左有报慈禅林,右有浣香别墅,为封闭式的园林建筑。1853—1857年,太平军驻此期间,翼王石达开曾凭高建有营房堡垒。太平军失败后,曾国藩、彭玉麟奏请咸丰旨谕,在此建立"昭忠祠",陈列被太平军击毙的湘军将士的灵牌。为安慰部下亡魂,竣工之时,彭玉麟撰联曰"祀重春秋名垂竹帛,光照日月气壮山河",镌于大门两边石柱。1956年改为"太平遗垒"。为了还历史原貌,已改现名。祠前一对石狮,重达千斤,虎视江湖,令人生畏;左右两棵巨樟,树龄一百三十余年,挺拔青秀,华荫如盖。祠的前部为躬壁回廊,左右花坛,南天竹秀,绿叶披针;殿间廊壁,多历代名人诗碑,并有曾国藩、彭玉麟的"昭忠祠记"碑。拾级而上,即达正殿(现为文物陈列馆)。通过右侧圆门,进入报慈禅林的大雄宝殿,内有海岛神山,观音大士和各路神仙位于仙岛之上,殿前有一座戏台,古色古香,全国已不多见。通过左侧圆门,进入浣香别墅,又是一番景色,碑刻满壁,琳琅满目,金桂飘香。经芸芍斋进入且闲亭,亭前有一水池,三面岩围,一石亭立,岩刻棋布,流水涓涓;一桥三折,曲径通幽,进入"桃花洞",确实有世外桃源之情趣。景点的构成,集殿、台、亭、斋于一体,着意于内。同一风格,不同品味,一处一景,一景连一景,一景套一景,不仅展示了环境清幽的特点,而且突出了布局优美的意境。

南门湖 又叫甘棠湖,史称景星湖,位于江西省九江市区中心,占地122万平方米,在我国属于面积较大的城市风景湖之一。据说,一千七百多年前的景星湖,水面辽阔,庐山北麓瀑布沿山谷溪道汇流入湖。湖西北溢浦港与长江相通,船只可以进出,所以三国时吴国的水军都督周瑜选择在这湖面练兵点将。据传,公元208年曹操统一北方后,亲自率领八十三万大军由汉川南下,意在灭吴。孙权采取了联刘抗曹的战略方针,将在鄱阳湖操练水军的年轻水军都督周瑜调来柴桑(今九江),周瑜只集结三万水军,在景星湖操练,后率兵用诈降火攻之计,大破曹操于赤壁,这是历史上以少胜多的典型战例。人们为了纪念这位年轻英武、足智多谋的将领,在甘棠湖中间筑起周瑜点将台。唐代长庆初(约823前后),任江州刺史的李渤,见湖水与江水相连,湖两岸人民来往受阻,于是便跨湖筑堤,并立斗门(古时调节水位的设施,使湖江之水贯通)。此后,来往行人不必乘舟,徒步行走即可。后人为了纪念李渤,将湖堤称作"李公堤",李公堤长达五十多米。现堤坝上已铺为柏油公路,堤上有宋代建筑的思贤桥,于1949年后修建一新。人们漫游在绿荫覆盖、彩虹卧波的李公堤上,风凉水静,心旷神怡。甘棠湖像一块明亮洁净的巨大镜子。湖中时有点点游船,湖面时有翩翩白鸟,湖心小岛上的亭台楼榭,四周的高楼绿树,高远的蓝天、白云和庐山的峰峦,全都倒映在澄静的湖中。入夜,高楼华灯闪烁,水中灯月交辉,扑朔迷离,五光十色。湖面时有悠扬琴韵、婉转轻歌。此时会觉得自己仿佛置身在神话中的蓬莱仙境一般。

风景如画的甘棠湖,一贯被文人雅士所钟爱。北宋熙宁年间(1068—1077),理学家周敦颐(又名濂溪)到浔阳讲学,游览水色笼烟的甘棠湖后,便在堤上筑凉亭,取名为"烟水亭",取"山头水色,薄暮笼烟"的意境。古代诗人王赓言以甘棠湖画面为中心,描写了九江城郭在烟雨空蒙中影影绰绰的景象:"城郭楼台乍有无,芙蓉倒影入冰壶。谁将烟雨空濛景,画个东坡戴笠图。"全诗就像一幅江山水墨画。

游人如踯躅在李公堤上,往往会吟咏当年白居易描写甘棠湖的《湖亭望水》中的诗句:"久雨南湖涨,新晴北客过。日沉红有影,风定绿无波。"白居易笔下的雨后初晴、游客不绝的甘棠湖美景跃于眼前。

南门湖除了天然美景外,湖岸及湖中小岛上,名胜古迹遍布。李公堤坝南端的清代建筑天花宫庙宇,至今仍存,香客不断。坝两边林荫蔽道,宛如一条绿色长廊。还有按北京颐和园长廊形式新建的夕照坪长廊等。凭依着夕照坪长廊的栏杆观赏这座已有两千多年历史的古城夜色,别有一番风情。

湖南岸甘棠公园内辟有动物园,湖东岸的山丘也建成了九江市最大的南湖公园。湖北畔的孤溪埂,已成为全市人民的文化娱乐中心。

历代文人雅士对此间风景的题诗,是对自然景观的艺术写照,同时也能启发我们更好地欣赏这自然美景。

烟水亭 原名浸月亭,位于九江市甘棠湖中,取"山光水色薄笼烟"的诗意而命名。这里相传为三国东吴都督周瑜点将台之旧址。唐时,江州司马白居易曾于此眺望湖光山色,感兴而建亭于土墩之上,名为浸月亭,是取其《琵琶行》中"别时茫茫江浸月"一句的意境。北宋熙宁年间,理学家周敦颐来九江讲学,其子周寿,又在甘棠湖堤上建楼筑亭,取"山光水色薄笼烟"之诗意,而名之为烟水亭。此两亭均在明嘉靖前被毁。明末在浸月亭旧址上重新建亭,总其名为烟水亭。清咸丰三年(1853)毁于兵火后,为晚清老僧古怀募修,咸复旧观。1949年后,人民政府又多次维修,并于1972年建曲桥自亭接岸,以便于游客参观。亭前的点将台新建于1986

年。周瑜点将台内辟有周瑜史迹陈列室,室中塑有2.52米高的周瑜一手擎令旗、一手握宝剑的戎装立像,厅里陈列着周公瑾当年督师赤壁鏖兵的光辉业绩。1987年,又在周瑜点将台的南面水中添筑新台,并以拱桥将新、旧两台连成一体。烟水亭为水榭式建筑。亭内主要古建筑有船厅、纯阳殿、五贤阁、境波楼和浸月亭等一组亭榭相依、廊轩相连、结构精巧的建筑群。步入其中,颇得曲径通幽之趣。正殿左壁嵌有长方形石碑,上刻一巨大草书"寿"字,传为"八仙过海"中的仙人吕洞宾手书,是这里最珍贵的文物古迹。吕洞宾历史上实有其人,为唐代咸通进士,曾当过浔阳令。他写的这个"寿"字,形若游龙,气势磅礴,细观全字由"九转成丹"四字合成,体现了道家"炼丹修仙"的思想,观之妙趣横生。在亭前草坪上,有垂柳、翠柏、奇花点缀其间,两边有石凿的藏剑匣,古谓庐山双剑峰之"剑锋"正对九江飞来,因而凿下藏剑匣,将"双剑"藏入匣中。立于亭前遥望庐山,只见山如屏障,烟云缥缈,湖光山色,尽收眼底,确有"山光水色薄笼烟"之意境。

滕王阁 位于江西南昌市赣江之滨,是著名的楼阁名胜园林。滕王阁始建于唐永徽四年(653),由唐高祖之二十二子滕王李元婴任洪州都督时修建。上元二年(675),"唐四杰"之首的王勃省亲过此,即席写下千古不朽的名篇《滕王阁序》,加之后来王绪作赋,王仲舒作记,韩愈为文写《新修滕王阁记》盛赞曰:"愈少时,则闻江南多临观之美,而滕王阁独为第一,有瑰伟绝特之称。及得三王所为序、赋、记等,壮其文辞,益欲往一观而读之,以忘吾忧。"经历代文人名士讴歌吟咏,积雄文百篇,名诗千首,滕王阁蜚声海内,盛极一时。滕王阁之景观,实为"西江第一"。自唐初创建,经历代不断修葺,一直保持着较高的艺术水平。如王勃于《滕王阁序》中写到的"层峦耸翠,上出重霄;飞阁流丹,下临无地""披绣闼,俯雕甍,山原旷其盈视,川泽纡其骇瞩",均充分形容阁之雄伟华丽、兀突高昂之势。唐韦悫《重修滕王阁记》曰:"钟陵(古南昌名)郡控大江,环合州城,揭起楼榭,游之者莫不目骇魂褫,号为一方胜概。"宋范致虚《重建滕王阁记》也云:"其西有山焉,云烟葱珑,岩岫蓊郁,千态万状,毕献于前;有江焉,则波涛浩渺,岛屿陂陀,春涨秋澄,横陈于其下,岿然杰阁,盖一览而尽有之,兹其名所以并传而不泯欤!"

阁自始建后,曾重修三次,至唐大中二年(848)阁毁,观察使纥干众重建,规模有所增大,楼阁有所加高,为唐阁之最者。此次重建最为坚固,直至宋大观二年(1108)才阁圮重建,在唐基上又加以扩大,并在阁之南北各增建亭一座,南亭溯大江之雄曰"压江",北亭擅西山之秀曰"挹翠"。自唐大中至宋大观的二百六十余年间，为滕王阁极盛之时。宋南渡后，因江岸崩坍，阁移建城上，重建时间无文字记载。明以后遗址沦于江，至明吴润建迎恩馆后，阁又移至城外地上，阁址也逐渐南移。清代此阁于同治十一年（1872）由巡抚刘坤一最后重建，民国十五年（1926），此阁于北伐战争中烧毁。

关于阁址，唐韦悫记云："先是背郭郭不二百步，有巨阁称滕王者。"北宋时期滕王阁址犹为唐阁址，宋范致虚记曰："滕王阁在郡城之西……阁距于城门西北一百八十步。"两者相近，为同一阁址。而宋代南昌有十六门，城西唯章江一门，故范所指城门即章江门。阁址自宋以后，逐渐向东南内移，至清代，阁已在章江门以南，在章江、广润二门之间。1985年9月发现，清代最后阁址确在今民德路与沿江路交叉点西北50米处之滕王阁小学内。

据有关史料记载，滕王阁共迭兴迭废达28次，新建之滕王阁应为第29次重建。其于1985年底兴建，1989年10月8日（重阳）竣工。新阁之造型是以宋阁为原型设计的，为一宏伟之钢筋混凝土仿木结构建筑。

新阁阁址在沿江路叠山路口、赣江与抚河故道交汇处之新洲尾对岸，筑坝填江而成。该地背市临江，西为赣江，南为抚河，北为水产码头，东为沿江路。沿江路在滕王阁前修建下行隧道，而滕王阁前广场跨过隧道与东部之榕门路相接，形成高下立交，扩大了滕王阁前广场，甚为壮观。整个园区呈半月形，东西宽120米，南北宽约400米，占地4.3万平方米。

主阁建筑朝向为正西偏北16度，主阁坐落在两层高台之上，因唐宋诸阁均在高丘及城垆之上，为体现"层峦耸翠"及"高阁连城十二栏"之壮景，将高台按宋式设计成城墙式样，墙体按10%收分，真是"堂皇之峻，丹腹之华，至者观骇"。东面设广场，有大踏步，可供拾级而上至两层高台，高台下部有水池，在大踏步下穿过而南北相贯，楼阁云影，倒映池中，盎然成趣。一层高台南北两端各峙一亭，北曰"挹翠"，南曰"压江"，以游廊相连，高下曲折有致，对主阁起烘托作用，较宋阁益增其气势。

主阁平面呈"十"字形，东西两面底层均附有抱厦，南北除了辅以挟屋外，底层均有盝顶高低廊接出（其博风近似日本之唐破风）。

主阁共九层，总建筑面积约1.4万平方米。高台以下两层为地下室，高台以上七层为主要游览层，采用"明三暗七"格局，即三层明层、三层暗层及屋顶设备层。主阁总高度为57.5米（从最底层至屋顶鸱吻）。所有明层均有平坐挑出，形成上部绕阁回廊，游人至此，凭栏四眺，江山胜景，尽收眼底，一睹当年"落霞与孤鹜齐飞,秋水共长天一色"之极景。在阁内东部设有两座围绕电梯井而上之三跑楼梯,直达顶层及地下室。两层地下室内设通风机房、变配电室、消防控制、消防及生活水泵、电话总机房等。

立面造型分为四段,第一段为下部高台及须弥座栏杆,第二段为底层抱厦及回廊,第三段为中部两层平坐及回廊,第四段为顶部重檐。

屋面构成是以该阁核心正方形殿堂之歇山重檐(宋称九脊顶)与西部龟首之歇山重檐屋面相接成主屋面。而南北挟屋之单檐歇山屋面由两侧插入,出檐深远,檐角按宋式生出,檐椽及飞子在檐角斜出,造型秀美。瓦件全部采用宜兴产碧色琉璃,以唐宋多用此色;鸱吻为仿宋特制,高达3米。勾头、滴水均特制瓦当,勾头为"滕阁秋风"四字,而滴水为"落霞与孤鹜"图案。1840根檐椽及420朵内外斗拱为水泥预制,梁枋、柱为钢筋混凝土现浇,均依宋法。上部重檐斗拱用六铺作重拱出单杪双下昂。下部单檐斗拱用五铺作单杪单下昂。柱间及补间斗拱均按宋制设置。外柱柱头有卷杀,内柱直通,梁、枋均仿木卷杀。整个立面造型丰富多彩,有极强的艺术感染力。

彩画按宋法式,室内外斗拱用"解绿结华装"突出大红基调,拱眼壁也按此,将底色改为奶油色。室内外所有梁枋各明间用"碾玉装",各次间及特殊梁枋用"五彩遍装"。天花板每层图案各异,支条深绿色,大红井口线,十字口栀子花。椽子、望板均为大红色,柱子油为朱红色,门窗为红木家具色,六层大厅中央用288个小斗拱组成十二层螺旋形藻井,彩画采用"碾玉装"并沥粉贴金,极为壮观。各层大厅部分做成落地罩及飞罩,门窗均为雕花古式槅扇,各层所雕图案不一。各层均设木墙裙。大台阶及底层室外平台为剁斧面花岗石铺地,各层室内地面均为磨光花岗石铺地,灯具主要采用木制雕花宫灯,部分为玻璃宫灯。

内部陈设主要突出江西源远流长、丰富多彩的文化内涵。以王勃《滕王阁序》为中心,充实以"物华天宝,人杰地灵"的乡土内容,展示其古今文明发展之有机联系。据此赋予每层展厅一个命题。一楼为序馆和点题,二楼为历代"人杰"厅,三楼为宴游厅,四楼为山河"地灵"厅,五楼为王序怀古和人文荟萃之厅,六楼为仿唐礼乐歌舞厅。

园区的总体规划是将全园划分为四个大景区:西区临江造长堤玉栏,烟波浩渺,形成览江之景;北区地形跌宕,堆山叠石,楼轩屏立形成高下之景;南区草坪舒展,曲径穿林,竹茂桂香,形成平野之景;东区广场壮丽,水池环绕,万绿簇拥,形成恢宏巍峨之景。整个园区随着建设的进展,将以它更新的艺术魅力去征服世界。

匾额　楹联　主阁的外部匾额分四层设置,东、西正立面最高层之重檐下设"滕王阁"三字大匾,为宋苏轼(东坡)手书。匾尺寸为宽2米,长5米。三层按朝向设四块匾:东为"东引瓯越",集唐褚遂良所书《雁塔圣教序》中字而成;南为"南溟迥深",集颜真卿字;西为"西控蛮荆",集《爨龙颜碑》字;北为"北辰高远",集汉代《张迁碑》字。二层匾额则东为"江山入座",西为"水天空霁",南为"栋宿浦云",北为"朝来爽气"。此四匾原即为清蔡士英重修滕王阁时所拟匾额,诸匾字体乃集李邕、米芾、柳公权、黄庭坚等人字体,精心放大而成。一层有四块匾,正东为集唐怀素狂草之"瑰伟绝特"匾,正西为集王羲之字的"下临无地"匾。南北之高低廊檐下为今人启功所书"襟江"及吴作人所书"带湖"二匾。主阁内部匾额较少,第一层西大厅西墙上有白栋材书写的"西江第一楼"金匾。第二层人杰厅西厅正上方有"俊彩星驰"一匾。第三层西厅为宴游厅,西墙上方有"高朋满座"一匾。第四层地灵厅上方为"雄峙"一匾。第五层中央大厅墙上有苏东坡手书《滕王阁序》的铜版镌刻,两侧为"翰墨""丹青"二厅,均有匾。第六层古戏台在中央藻井上部有"九重天"篆字匾一块。

主阁楹联为摘古今人所撰之精华而用之,书写者均为当今国内外书法名家。其中以一层抱厦柱上悬挂之长4.5米的不锈钢楹联"落霞与孤鹜齐飞,秋水共长天一色"最为珍重,此联手迹是毛泽东生前为赠送其儿媳邵华所书。一层东厅一联为清代姚棻所撰,陶博吾先生所书:"我辈复登临,目极湖山千里而外;奇文共欣赏,人在水天一色之中。"

西厅一联为美籍华人刘汉屏撰联,是阁中最长之一副,共八十六字:"高阁此登临,数历代名贤,领千载风骚,地灵人杰,云开五岭,美尽东南,须知远海波扬,犹羡唱晚渔舟,气腾彭蠡;匡庐遥在望,阅古今兴替,纪百年功过,秋去春来,脉络三江,光辉寰宇,赢得群伦景仰,长忆阳明白鹿,道贯九州。"另一联是名家沙孟海撰书的二十八字联:"杰构鼎新,依然飞阁流丹,层峦耸翠;贤才辈出,不让睢园绿竹,邺水朱华。"二层中厅有一佳联,为清代婺源知县江峰青所撰:"有才人一序在上头,恨不将鹦鹉洲踢翻,黄鹤楼捶碎;叹沧海横流无底止,慨然思班定远投笔,终子云请缨。"三层外廊有清进士宋延春所撰联:"阁中序播千秋,重认长洲鸿印迹;江上帆收万里,恍疑华表鹤归来。"在五层有美洲中华楹联学会会长潘力生先生以隶书撰书的对联:"高阁识中兴,耸翠流丹,把酒试论陵谷变;骚坛驰凤誉,长天秋水,凝眸不尽古今情。"

滕王阁铜器　在滕王阁正东抱厦前有用青铜铸造的三足"八怪"宝鼎,乃仿北京大钟寺"八怪"鼎而造。三层西大厅东墙上有铜浮雕《唐伎乐图》,陈列品有仿春秋时代铜器文物复制品:虎牛祭案、牛头鼎、人面鼎、罍等6件。五层中厅屏壁上,镶有用黄铜版镌刻之《滕王阁序》,乃苏东坡手书。西大厅内有铜制对联一副,为宋人旧联,文曰:"南浦云开,秋水共长天一色;西山雨霁,落霞与孤鹜齐飞。"六层古戏台上陈列有湖北随县出土的"曾侯乙"青铜编钟的复制件,共24件,可进行演奏。另外在一层西大厅还有铜制滕王阁1∶25模型一座,底座用汉白玉雕成,堪称精品。在滕王阁园区内还分布有十二座形态各异的十二生肖铜雕。在园区东端汉白玉牌楼前有青铜马踏飞燕的铜雕一座,为旅游局标志。

"九"数趣闻 滕王阁建成以来,由于各种巧合的机会,和"九"数发生了关联。有趣的是:1.滕王阁是1985年重阳节开工,即阴历九月初九。2.1989年重阳节竣工也是九月初九。这主要是因为当年王勃在阁都督宴上写序那天,就是九月初九。3.从外地坪至主阁二层高台的大踏步共计89步(正巧合1989年竣工之数)。4.主阁的屋顶是重檐歇山屋顶,在宋式中称之"九脊顶"。5.滕王阁正巧又是九层楼,因此最上面一层取名为"九重天"。6.滕王阁外部所悬匾额的饰边全部用"九"条龙图案,称之为"九龙匾"。更巧的是整个主阁是承压在92根钢筋混凝土的钻孔灌注桩上。7.而最底层的柱子直径是90厘米。8.沿江边是数百米白大理石栏杆,有"九"根石雕盘龙灯柱。

玉坊迎宾 在园区南端有一座用白大理石雕制成的四柱五层楼的牌楼,高、宽均为10米,完全是徽州地区风格。四根立柱前后共有八座石狮,中间四狮为坐狮,两边四狮为倒爬狮,即后腿在上,头俯冲向下,形象独特,也是徽州所特有。在牌楼正中额枋上,南北雕有两块石匾,南面为"榮戟遥临",北面为"美尽东南"。牌楼即为园区的南大门,游客及来宾由此进园。整个牌楼上共雕刻:龙三十三条,狮十只,虎一只,兔一只,鱼两条,珠十个,铃十个,球十个,灵芝两枝。

长堤波光 在园区西边,下临赣江,建有一道二百多米长的花岗石长堤,上面有白大理石栏杆,采用宋代石作样式。栏板上雕有夔龙纹,栏杆柱头是云纹雕饰。整个栏杆如一条白玉带横亘于赣江之畔。游人徜徉江岸,扶栏远眺,波光帆影,西山远黛,江树沉沉,云天相接,使人悠然感怀不已。明张超有诗云:"清壑开虚阁,阴森草树浓。衣香移薜荔,幔影浸芙蓉。林吹凉如水,江云舞作峰。波澄天万顷,直取荡吾胸。"栏杆中有九根盘龙灯柱,夜间华灯四照,有如江上的一串明珠。堤边均用花岗石铺地,宽广而清洁,植有花坛,已成最好之游憩佳景。

曲桥廊亭 在主阁北侧,有一曲桥越过阁前池水而连接两岸。桥上建有曲廊及双亭。亭为五角单檐、绿琉璃瓦顶、苏式彩画。大红柱子、廊子及亭地面均铺以青石板,部分用碎大理石拼花。在廊亭上,游人常在此休息观赏,或戏引池鱼,或遥赏楼阁,或披襟迎风。周围广植垂柳,掩映依人,浓密可喜。沿池遍布太湖石及石凳,游客多喜在此小憩。

潭影风荷 在主阁南侧,阁前池水中建有三潭,用汉白玉雕成(如杭州西湖之三潭),成鼎足之状分布。潭内装有灯,夜间光射池上,如小小灯塔。在夏日,池内植荷花,暗香阵阵,出水芙蓉与三潭相映,意味盎然。

绿野寻踪 在园区南区有一大片绿茵草坪,十分怡人。在草坪上广植各种奇花佳木,有广玉兰、樟树、松树、桂花、竹等。更可贵者,此坪还植有许多日本樱花,其中有一株就是日本高松市代表团栽种的。在树丛中有小径穿行其间,曲折迂回,是游人最喜散步的地方。草坪间,或堆以怪石,或立以铜雕,在草坪边缘临近水池的地方,还建有白大理石凉亭一座。春日竹影潇潇、樱花如云,夏日玉兰花开,秋日桂花飘香,冬日青松婆娑。

仿古夜市 在园区东面广场两侧,建成两条仿古商业街,专营各种土特产品及工艺品,还有风味食品及快餐店。其建筑均设计成古建筑形式,屋顶大部分为硬山,少部分为卷棚歇山。有的门面做成牌坊式,有的采用垂花门式。在组合方面比较灵活,并在建筑之间巧妙安排一些小庭园,栽植些花木。每当天气晴和,夜幕降临,此地人流熙攘,一片兴旺之景。正是"盛世欣逢重建阁,二难四美不胜收"。

阁内壁画 滕王阁每层均设有壁画及壁刻。一层东厅正面有一幅汉白玉大型浮雕"时来风送滕王阁",是根据冯梦龙所著《醒世恒言》中的《马当神风送滕王阁》故事创作的。浮雕中王勃站立船头,顺风飞驰滕王阁,并在周围刻有故事发展的情节,如风神托梦、阎公高会、登阁挥毫,等等。二层是古代名人大型丙烯壁画《人杰图》,图长20多米,面积近70平方米。画面上生动地描绘了自先秦至明代江西历代名人,尽管每个人差异很大,但均统一在画面中,十分协调。画风有永乐宫壁画之遗风,堪称一绝。三层中厅壁画为丙烯壁画《临川梦》,取材于汤显祖在滕王阁排演《牡丹亭》的故事。四层正厅壁上是长达26米余的大型丙烯壁画《地灵图》,再现了江西"钟灵毓秀"的山川景色。其中有从梅关、三清山、龙虎山、井冈山、圭峰、庐山、石钟山直至鄱阳湖口的旖旎风光。画面大气磅礴,衔接自如,使人神游其中。五层西厅有磨漆画《百蝶百花图》,取材于当年滕王李元婴爱蝶,并擅于画蝶之故事。画面色彩绚丽,群蝶飞舞于花丛之中,象征中华文化之发扬光大。六层在两侧墙上,左右各镶嵌一幅大型唐三彩壁画,南墙上是唐代女乐舞蹈,其中有柘枝舞、胡旋舞和霓裳羽衣舞。北墙上是男乐舞蹈,是表现秦王破阵乐等男性粗犷的舞姿。总之滕王阁壁画是多彩多姿的。

乌石山 位于福州市内的风景园林,简称乌山,又称道山、射乌山。山高 86 米,面积 25 万平方米,始为释道场所。传说汉代九仙曾在此射乌,旧有射乌台。又传,先后有僧人在山上诵《华严经》《般若经》,念《大悲神咒》。自唐以来广建寺观,登览者以为可比蓬莱、方丈、瀛洲,遂成揽胜之地。据《三山志》载,其景有三十三奇,著名景点有宿猿洞、凌霄台、薛老峰、道山亭、黎公亭、先薯祠、吕祖宫、白塔寺等。

宿猿洞 在南麓小阜,传为隐者蓄猿之所。怪石林立,藤萝密布,洞崖三面均具石刻,南向篆刻"宿猿洞"三字。洞前荔枝色香味俱佳,蔡襄《荔枝谱》称其为"荔枝红"。宋熙宁间,屯田郎中湛仲谟愤于官场黑暗,隐居洞中,三不赴诏。宋代林迥晋咏其事云:"荔枝影里安吟榻,菡萏香中系钓舟。金印解还天子后,诏书重起不回头。"郡守程师孟重其人,与湛唱和篇什多镌石上。洞北程书石刻《宿猿洞饯仲谟》《功德院》二绝句,笔势飞动,刻工精绝。此洞惜于明代被废为丛冢。清季林翙重修洞外仁王寺,于洞口补植荔枝一株,并撰有"荔子是数百年物,名山以一二人传"的楹联,想借以恢复旧观。然而抗战期间又遭日寇摧残,景物已非昔日面目。

薛老峰 和向阳峰同在一个峰头,以唐咸通中侯官令薛逢题刻而得名。相传薛逢与神光寺僧人灵观游览题刻后,一夕风雨大作,闻山上数百人喧嚷。及至天明,"薛老峰"石刻已经倒立。陈学夔《榕城景物录》以为"或天以薛逢素无名宦功绩在侯官,徒与方外缁流游玩山水为乐,不欲其留名片石,而故颠倒陷之以示警乎?"所谓老天"示警"实为百姓警告。峰有崔公井,即唐崔干放鹤处。传崔干得青田鹤,于亭中冲天飞去,故称其亭为放鹤亭。崔氏公暇酷爱此峰,尝对从事说:"每旦群山犹暝,独此峰太阳先升。"因题"初阳峰"刻石。天台桥在峰侧放鹤亭旁,有石梁如天台石桥之状。

凌霄台 (又名邻霄台)位居乌山最高处。台上不危亭,初创时所用砖瓦土垩都一一称过,材料配置极度精确,因而一经损坏很难修复,果然后人每修必坏。明嘉靖间,倭寇进攻福州,省城严关固闭。宗臣令部属分守四门,开关纵民人避,保全数万人性命,民感其德而立宗公祠。又万历中,徐中行三度仕闽,熟知地方利弊,下令修浚(福州)西湖,追复豪右所占之地,州人先立祠湖上,后移宗公祠与宗臣同祀。台下东南侧的石观音为雷电所劈,有寺。台西还有奉祀五代罗源二烈女的石夹夫人庙。当赵汝愚守福州时,朱熹曾与赵登山揽胜,并于台侧镌石纪游。凌霄台高临城市上空,昔人登台有"窗中小宇宙,槛外俯星河"的感受。

三古亭 即道山亭、黎公亭、先薯亭,是三座有纪念性的亭阁。道山亭为宋熙宁元年(1068)程师孟所建。亭东石刻程氏篆书题名。元丰二年(1079),曾巩作《道山亭记》。亭侧有祀曾巩的瓣香堂。黎公亭是为了纪念明代抗倭将领而筑。明嘉靖三十七年(1558),倭寇入犯,福州告急,黎鹏举挥兵救援,与倭兵八战皆捷,保卫了福州城,州人建亭以示崇敬。先薯亭纪念的也是有益于百姓的明朝人。明万历年间福建大饥,华侨陈振龙从菲律宾引进蕃薯种,使无数饥民免于饿死。里人为之建亭,不忘其功德。以上三亭,形状各异,点缀在峰岭之间,殊为雅观。

除了上述诸景外,山麓乌塔与于山白塔一向以"三山两塔"著称。华严岩《般若台记》云:"般若台,大唐大历七年著作郎兼监察御史李贡造,李阳冰书。"为福州最早石刻。山南岩壁间,有唐代佛像一尊,高约2米,头梳螺髻,身披梵衣,袒胸露臂,法相丰满,轮光四射,领闽省浮雕佛像之先。由于年代久远,山上建筑有的已经圮废,或已改作别用,游览区今缩小为8万平方米左右,但却是精华部分,三十三奇景中的不少景点仍在范围之内。诸多文物都作了修缮。重新粉刷的吕祖宫、聚仙堂相依相偎,高踞山峦,视如古堡。山多古榕,老干盘曲,虬髯飘拂。绿树红墙,曲径通幽,鸟鸣上下,游人神清肌爽。若登高望远,追踪古迹,骋目形胜山川、繁华都会,沉思千年历史,缅怀先贤业绩,令人心雄志壮、思想升华。

乌塔 在福州乌石山山麓天皇岭,又称石塔,是唐贞元十五年(799)观察使柳冕所建,赐名为"无垢净光塔"。乾符六年(879)毁于战火。五代晋天福六年(941),闽主王延曦重建,更名为"崇妙保圣坚牢塔"。《建塔记》载"层一至九",而实际只有七层。也许当日王氏拟建为九层,或确已建为九层。王氏还在塔边建了石塔寺。旁有塔影池,清漪袭人,藻荇成纹,池上塔影如笔横水面。明林恕诗:"欲借乌山磨作砚,兴来书破彩云笺。"塔高35米,八角形,纯为石料建构,形体乌黑,塔基深达1.5米以上。每层都有小门、塔檐;每层八面塔壁都有佛龛浮雕;每层八个角檐都有石雕佛像。第四层嵌塔名碑,第五层镌《建塔记》,第七层有一块"祈福题名"碑刻,所刻为尚氏十五娘、王化二十七娘、顺昌公主、节度使王维潜、宫苑使王继源等男女题名三十二人。石塔寺至明嘉靖年间便已废为民居,唯余红墙一堵、偏门一道。塔经明代多次修复而保存下来。后因年久失修,曾有崩损。1957年重修时,用水泥灌浆,用钢条紧箍,甚为牢固。后再次修缮,还重建了碑亭。乌塔是福建现存最古老的石塔之一。参观乌塔可窥五代闽中建筑艺术。

福州西湖 位于福州西郊卧龙山下,又称小西湖。水陆面积约40万平方米。湖水澄碧,水源来自西北山地溪流,南经白马河注入闽江。湖中点缀开化屿、谢坪屿、窑角屿三岛,以柳堤与玉带、飞虹、步云三桥相连接。各岛多亭台楼榭、花草树木和文化古迹,集湖光山色之胜,是福州著名的风景园林。

此湖为晋太康三年(282)郡守严高筑子城所凿,当时既作城壕设施,又获灌溉之利。到了五代,闽王王审知复从湖边取土筑罗城,遂使西湖拓展至数十里。其子王延钧继位,更筑宫室于湖上,号曰"水晶宫",从此湖区便成游乐场所。宋赵汝愚还在湖上修建了一座"澄澜阁"。后因年代久远,湖区逐渐缩小。清道光八年(1828),林则徐为湖岸砌石时,仅存四百多亩。1914年,许世英辟开化寺前为公园,取祖逖中流击楫之意,在飞虹桥边树了一块"击楫"碑,并且增设了海棠亭、湖心亭等一些景点,但规模不大。1949年中华人民共和国成立后,几经修复、扩建,公园面积扩大到开化寺地界后,比原来大了五倍。如今的福州西湖,长堤卧波,垂柳夹道,水榭回廊,碧波画艇,常使游人流连忘返。

旧日福州西湖以十景闻名,即仙桥柳色、大梦松声、古堞斜阳、样楼望海、荷亭晚唱、湖心春雨、澄澜曙莺、湖天竞渡、西禅晚钟、怡山啖荔。由于湖区的变化,十景之中有的已成远景,如西禅晚钟、怡山啖荔、样楼望海等早被市区隔开;有的景点甚至已被高楼大厦所遮断。然而今日湖上风光更胜昔时,人们不仅仍能欣赏仙桥柳色、大梦松声、荷亭晚唱、古堞斜阳、澄澜曙莺的美景,领略湖心春雨、湖天竞渡的乐趣,而且还可瞻仰开化寺、宛在堂、李纲祠和桂斋等文化古迹。开化寺又称孤山寺,坐落在湖中小孤山(即开化屿)上,始建于唐代,清康熙年间重修。寺后亭上有明太守江铎手书"三山别岛"四字,黄任《十砚斋集》有诗云:"三山别岛署孤山,一碧琉璃四面环。我欲另开香雪界,乱梅花照乱流湾。"宛在堂在开化寺旁,为明代高汝舟招隐处(一说黄任所创),内有奉祀本省历代诗人的诗人龛。李纲祠(又称李忠定公祠)祀宋李纲,近旁有荷亭、桂斋,林则徐少时曾在荷亭读书,尔后修浚西湖时又以桂斋为办事处。荷亭立荷池中,每当荷花盛开,满池明艳动人。亭上观荷,赏心悦目。湖滨大梦山旧名为廉山,即上称"十景"中的"大梦松声",上有大梦山亭、假山洞府。元末平章陈友定西陵园(平章池)、明朝薛家池馆,以及清人萨玉衡的廉山草堂都在这里。这些建筑虽已改建为福州动物园,但全山林木繁茂,松涛依旧,风韵犹存,而且珍禽异兽任人观赏。山顶凭眺全湖景色,如置身图画中,西禅寺塔也遥遥在望。

苏东坡诗咏杭州西湖云："欲把西湖比西子,淡妆浓抹总相宜。"辛稼轩词咏福州西湖则云："烟雨偏宜晴更好,约略西施未嫁。"福州西湖的景致与杭州西湖有几分相似,但其规模较小、结构较自然,晴天比雨天更迷人,如同一个未出嫁的少女,有着娇小、纯真、开朗的性格。辛词道出了它总体的美学特征。

鼓山 位于福州东郊闽江北岸,海拔925米,山势绵延数十里。以其山有巨石如鼓(或谓山形如鼓),每当风晨雨夕响若鼓声而得名。寺院林立,景点遍布,是海内外驰名的寺庙园林。

鼓山与南面的旗山隔江相望,其文字记载始于晋代。郭璞《迁城记》早有"右旗左鼓,全闽二绝"之誉,但到唐代才开辟洪荒。唐建中四年(783),因传说山上有毒龙潭,潭中有毒龙损人禾稼,福州从事便请僧人灵峤入山,诵《华严经》以禳灾,并奏请立寺潭旁,赐名为"华严"。会昌中,大除佛教,僧徒尽数逃窜,寺院荒废近70年。五代梁开平二年(908),闽王王审知填潭建寺,备办百戏香花,迎请雪峰寺僧神晏为住持,乃宏开丛林,大转法轮。香火盛时,寺僧千人。到了宋代,真宗咸平二年(999)赐额"白云峰涌泉禅院"。明永乐五年(1407)改名为涌泉寺。永乐六年(1408)后屡遭灾变,或焚于樵火,或圮于山洪,历经郡人与寺僧的多次修复、兴造。入清以来,风雨楼台几经兴废。乾隆间,山场树木多有摧残,福建巡抚周学健、余文仪等,曾张贴告示严禁樵采。今之佛殿、僧房,大都经过清末民初的重修、扩建。1949年后,又加修缮、栽植,千年古寺得以完好保存。如今的涌泉寺,建构宏伟,古木参天。以寺为中心,景群分东西南北四路。西路有达摩十八景。南路有东际桥、黄石公庙,以及朱德题字的"兰花圃"和景色迷人的登山古道。四路景群,尤以东、北两路风光最胜。

东路回龙阁原名澄心亭,建于清乾隆二十七年(1762)。1934年焚毁后重建。阁为三层,外形类宫殿,颇为壮观。东入峡谷为灵源洞。两壁耸峙,下临深涧,跨以石桥,涧枯无水。相传神晏禅师在此诵经,因水声干扰禅心而喝令他流(已改由龙头泉流出),后人对此深为感慨。宋人徐锡之的《喝水岩》有"我若当年侍师侧,不教喝水过他山"之句。今人刘通亦有诗云："禅师喝水我听水,能使我心清如水。不知禅师什么禅,为何禅心怕流水?"洞前国师岩下,原有近代里人陈宝琛的听水斋。洞中摩崖石刻无数,尤令人赞叹不已。灵源洞东边龙头泉,其水从观音阁石壁间来,又从石制龙嘴吐出,龙头下装有轮机小钟,水激轮转,钟声隔时而响。水为优质矿泉水,高出杯面而不溢,置放钱币而不沉,用以泡茶,味极甘美。石门以东为水云亭（又称朱子亭），朱熹曾在此读书，亭内正壁刻朱熹对镜自画像。

北路大顶峰又称屴崱峰，为鼓山最高峰。常为云雾笼罩，天气晴朗方可攀登。若云遮雾裹，天必下雨，如谚语所云："鼓山戴帽，三日泥道。"使游人望而却步。登上峰巅，朱熹取赵汝愚"天风直送海涛来"诗意题刻的"天风海涛"四字赫然在目。旧有临沧亭，其楹联"眼中沧海小，衣上白云多"，可见境界的高远。立足峰顶，南望双江如环带，隔江诸山如象奔虎踞；西望榕城若画图，远近村落若星罗棋布；北望万山拥立，千峰竞峭，东望大海浩茫，五虎、川石诸岛，出没于烟波雾霭间。东方既白，一轮红日浴海而出，海天霞光万道。凤池山在大顶峰北，山上有池广十亩，不纳他流而大旱不涸。经凤池右转，可达海音洞，其洞深不可测，时闻海涛之声，或谓与大海相通。白云洞，在海音洞下悬崖峭壁间，始辟于明万历年间。《名胜志》载云："倚岩为屋，石天为盖，白云混入，咫尺莫辨。云收雾霁，郡城烟火迤若眉睫。洞旁有泉，味最清冽，溜水悬注，名吼雷湫。"

鼓山带江滨海，矗立市郊，高出云表，有海阔天空气象。合名山名刹为一体，融人文历史、神话传说、建筑艺术、自然景物为一炉。"鼓山半岩茶"亦久负盛名，"谁知屴崱峰头产，胜却天池与虎邱"，颇为人们所称道。1954年已修筑盘山公路，后又增设登山缆道，乘汽车或缆车均可直达山门。作为福州镇山的鼓山，为省城首屈一指的游览胜地。

鼓山涌泉寺 位于福州鼓山山半白云峰下，自唐建中四年(783)辟荒建寺以来，已有千余年的历史，是福州五大禅林之一。其主体建筑有大雄殿、天王殿和法堂。两侧辅以钟鼓楼、藏经阁、香积厨、方丈室等。四周有白云廨院、圆通庵、般若庵、积翠庵、深翠庵环绕。寺宇建构基本保持着明清两代的布局。天王殿巨梁大柱，结构美观，内祀四大天王塑像。大雄殿巍峨壮丽，金碧辉煌，殿下为罗汉泉。方丈室在法堂右侧，室前有铁树两株，一为开山祖师神晏手植，一为闽王王审知所栽，都能常年开花结实。钟楼悬挂一口2000多公斤重的金刚般若钟，钟上铭文多至6372字。宋时香火极盛，寺僧众多。至今香积厨内仍存宋仁宗景祐年间铸造的四口大锅。其中最大的一口，能容水20担，一次煮米250公斤、烧柴1500公斤，可供千人食用。寺门匾额"涌泉寺"三个大字，为康熙皇帝御笔。寺前左、右两座千佛塔，自南台龙瑞寺迁来。北宋陶制，每座八级高7米，雕塑佛像1078尊，造型生动，工艺精美。各级塔檐分别挂着许多铜钟，风中鸣响，清脆可听。藏经阁藏经甚丰，且多珍贵版本。康熙、雍正都曾将藏经敬谨收藏于寺内。有印缅《贝叶经》（七册），有明代南北藏、清代龙藏和日本叙藏，还有明清寺僧元贤、道霈等人的著述

7500多册,以及苦行僧刺血书写的经书675册。明清佛经雕版亦尚存万余方。除此,还保存了一批文物,包括书画和缅甸玉雕卧佛等。因而涌泉寺在佛教界有很高的地位。慈禧听政时,寺僧妙莲被尊为"国师"。古往今来,游人题咏甚多。清代黄任《鼓山志》,就收录了不少歌咏涌泉寺的诗词和楹联。徐㷆《宿鼓山室方丈》中有"松际窥人孤嶂月,山中留客半床云。疏钟出寺过林隐,怪鸟啼春彻夜闻"之句,抒写了深山古寺月夜的高寒清幽和诗人夜宿的独特感受。王廷珍为弥勒殿撰写的对联更是妙趣横生:"日日携空布袋,少米无钱,却剩得大肚宽肠,不知众檀越,信心时用何物供养;年年坐冷山门,接张待李,总见他欢天喜地,请问这头陀,得意处有什么来由?"1962年郭沫若游涌泉寺,亦作纪游诗云:"节届重阳日,我来访涌泉。清风鸣地籁,凝雨湿山川。浮岭多松柏,依崖有杜鹃。考亭遗址在,人迹却萧然。"表现出振兴民族文化的愿望。这里的"半岩茶"色香味美,游人观赏这胜景如林的千年名刹,品茶赋诗,自得于云岚缥缈之外。

鼓山摩崖石刻 共计三百多处,遍及全山,其中二百多处集中在灵源洞一带。灵源洞四周悬崖峭壁,刻满了自宋以来的历代题咏,汇集了篆、隶、行、草、楷各体书法。郭沫若1962年作《重阳日访涌泉寺》诗,原先写成条幅挂在明月楼,后来也镌刻在石门左侧岩石上。宋刻有蔡襄、李纲、赵汝愚、朱熹等人的书法艺术。如蔡襄手书:"邵去华、苏才翁、郭世济、蔡君谟,庆历丙戌孟秋八日,游灵源洞。"李纲手书:"昭武李纲伯纪邀华阳王仲薿丰甫、建溪吴岩夫民瞻、临川陈安节巽达、淮海周灵运元仲,游鼓山灵源洞。丰甫之子异叔明,伯纪之弟经叔易,纶季言,甥张津,子知同来。绍兴元年五月二日。"赵汝愚手书:"几年奔走厌尘埃,此日登临亦快哉!江月不随流水去,天风直送海涛来。故人契阔情何厚,禅客飘零事已灰。堪叹世人祇如此,危栏独倚复徘徊。"绍熙辛亥九月二十日,赵子直同林择之、姚宏甫来游,崇宪、崇范、崇度侍。王子充、林井伯不至。"洞中"忘归石""国师岩"是蔡襄用楷体书写镌刻的。"喝水岩"则系宋嘉祐辛丑岁(1061)施元长的题刻。蹴鳌桥下朱熹所书"寿"字,约高8米,宽4米,为闽中石刻之最。明代谢肇淛在《鼓山志稿》中称:"宇内名山铭刻之多,未有逾是山者。"鼓山摩崖石刻堪称福州碑林。

鼓山达摩十八景 (又称鼓山十八洞)在福州鼓山涌泉寺西。鼓山小顶峰右支,有峰如狮子踞地,称为狮子峰。此峰以地势山形、岩壑洞穴、险径怪石构成独特景致。登峰远眺州城最近,宋时曾建望州亭,今废。山有达摩洞,深7米,宽17米。洞中泉水,甘洌可饮。一尊高及2米的达摩坐像神秘莫测,岩壁间刻着"面壁"二字。古人作诗想象奇特,林尚铭《题达摩洞》云:"岩头古佛无人识,疑是当年一面壁僧。"洞前石壁，刻有达摩面壁、南极升天、仙猿守峡、古鹤乘云、仙人巨迹、福寿全图、蟠桃满坞、玉笋成林、蚁艇渡潮、渔灯普照、狮子戏球、金蟾出洞、伏虎驮经、神龙听法、铠甲卸岩、慈航架壑、八仙岩洞、千佛梵宫十八景品题。后又广植花木，新建亭台，修筑山道，成为园林佳境。

于山 位今福州市内。一名九日山，又名九仙山。海拔58.6米，全山面积11.9万平方米。谚语云："三山隐，三山现，三山看不见。"福州城中有山九座，以其位置、高度各不相同，有的隐，有的现，有的不到山前看不见。所谓"三山现"者，即指高出其他六山的于山、屏山和乌石山。宋人梁克家《三山志》有"三山鼎秀"的赞誉。三山风光殊异，同为一州之胜，是福州久负盛名的风景园林。

三山中的于山，以古民族"于越"氏所居地而得名。相传秦汉时期，闽越王无诸曾于九月九日登山禊集，又传汉代何氏九兄弟在山上炼过丹，这是九日山、九仙山别称之来源。原有名胜古迹，如九日台、九仙观、九仙洞、炼丹井、金粟园，都与上述两个传说有关。唐宋以降多建寺观，据明代黄仲昭《八闽通志》记载，有万岁寺、嘉福院、圆明院、九仙观等。戚继光平倭后，州人又建戚公祠。明万历年间，鳌峰坊还有诗人徐𤊹住宅红雨楼。到了清康熙四十七年(1708)，巡抚张伯行又在山麓创鳌峰书院，培养郡县高才子弟。近代学者谢章铤不忘用世之心，所筑的赌棋山庄也在东麓。山上原有浴鸦池、石龟池、龙舌泉、青牛洞、仙人床、跃马岩等二十四奇景。但在历史长河中，胜景名迹多有荒废。上述红雨楼，取"江花历乱如红雨"的诗意命名；又以楼前鸟语间闻、蝉声上下，名其楼为宛羽楼。楼边山坪原有小斋，后成尼庵。1949年后，政府重视文物，庙宇亭台修葺一新，一些荒废景点也已修复，今日于山早已旧貌变新颜，成为市区文化游览中心。

于山自闽越王登高游宴，作为游览胜地已有千余年历史。其山风景殊胜，寺观多，而又人文荟萃。最高峰由数块峭岩构成，以其形似巨鳌而称为鳌顶峰。置身峰顶，福州全景尽收眼底，千门万户均在履舄之下；向东远眺，烟水浩渺，在水天相接处马江依稀可辨。古人登山无不被美好景色所陶醉。宋王逵诗："眼看沧海近，身与白云高。"明林恕诗："天连螺渚风涛壮，月照龙江岛屿空。"峰具六鳌之胜，即揽鳌亭、倚鳌轩、应鳌石、接鳌门、步鳌坡和耸鳌峰。以山为中心，景群密集，因山曲折，有径可通。名人题刻则遍及全山。除了徐𤊹、谢章铤外，宋代状元陈诚、近代思想家严复、爱国将领邓世昌都曾在这里读书。明代抗倭名将戚继光，凯旋后还在平远台庆功醉饮。辛亥革命光复福州，革命军事指挥部也设在大士殿。因此以风景园著称的于山,兼有寺庙园、文人园的特色,且具有历史文化的深度。

万岁寺 在福州于山西南麓,俗称白塔寺。宋梁克家《三山志》载:"(唐)天祐元年(904),琅琊王审知所造,明年,赐名。梁开平中,表请其寺祝天子寿,盖取其名也。"宋熙宁八年(1075)创千秋堂候班,乾道九年(1173)丞相史浩改其名为"华封"。原寺已废,今寺为清代重建,凡三殿。第三殿为法雨堂,原有祈雨僧塑像。相传后梁贞明三年(917),春夏大旱,高僧义收誓死为民求雨,期以七日不雨必自焚,至第七日举炬欲焚之际,大雨果然从天而降。后来义收游洪州,将归俗,福州百姓遮道挽留,义收截下左臂对州民说:"吾去后不雨,出以祷,必应。"人们塑像以纪念他,将断臂接在塑像上,称为真身。清同治五年(1866),严复、邓世昌考上福建船政学堂,因马江校舍尚未建成,课堂暂设于万岁寺中。法雨堂即严复、邓世昌及其同学的听课场所。这里环境清幽,确实是读书的好地方,当年"晨夜伊毗之声与梵呗相答"。严复至老仍记忆犹新,其《海军大事记》云:"回首前尘,塔影山光,时犹呈现于吾梦寐间也。"堂前两根龙柱,自南郡会馆移来,雕工极为精致。前二殿殿堂完好,今辟为艺术展览馆,长年展销精美艺术品。寺后定光塔建于梁开平元年(907),八角七层,高41米。古人开基建塔,掘得光华四射的宝珠,故以"定光"为塔名。元黄镇成所作铭有"厚壤祛幽,圆珍发贮,累修于寸,石砻川运,材伐山输"等语。初建为砖木结构,以外环楼阁看似木塔。明嘉靖十三年(1534)遭雷击,火光照耀数十里。嘉靖二十七年(1548)修建时,朱梯装在砖轴内,似为石塔,实亦砖木构造,但已削低了四分之一。今日定光塔因用白灰粉刷而称白塔,乃是清乾隆三十八年(1773)的重修之物。塔旁石刻"金粟台"三字,为元少卿篆书。此台以宋程师孟取塔中闽国王氏所塑金粟像命名。明王恭登定光塔有句云:"绝顶层标出半天,于山宫宇翠微连。云飞百越苍波外,鸟度三山落照边。"而今福州面貌日新,定光塔虽无此前高度,登上顶层仍可一览榕城新貌。游万岁寺,当以登塔为最佳。

九仙观 在于山东向,俗称天君殿。宋崇宁二年(1103),郡人谓九仙、乌石两山"左弱右强",乃建天宁万寿观。绍兴十三年(1143)改名为"报恩广孝观",未久又改"广孝"为"光孝"。元至正初才改称今名。自建观以来,八百余年多有拓修。据明黄仲昭《八闽通志》记载,宋政和年间尚书黄裳曾增建楼阁;明永乐年间三宝太监郑和,正统年间内使柴山、左布政使周颐,成化年间镇守太监陈道都有过修建。又经清代重修,遂成宏伟规模。清陈学夔《榕城景物录》云:"汉何氏兄弟九人,当武帝时父为淮南王客。知王必败,遂窜入闽,隐居炼丹于此,称为九仙。九仙初生目俱盲,独长者一眼朗然如日,为诸仙前导。及游莆(莆田),遇胡道人,饮龙津庙井水,各眼尽开。嗣后隐于福清石竺山。徙莆九漈湖,各乘一鲤去,今谓之九鲤湖。于山东向有九仙观,其碑文义不可晓。"观名即来自九仙的传说。观有宁阳殿、喜雨楼(今圮)、玉皇阁(祀玉皇大帝)、碧霞宫。观中碑文有"我有一积金,寄在于山巅""不归庚申,便归乙未"等语,似谓有金埋藏于此,又有金粟园。观侧岩石嵯峨,称舒啸台,传为黄仲昭命名。黄于东轩编纂《八闽通志》,闲暇时常登台啸吟。台上尚存黄氏诗刻及编志记述。宋代建观时,原祀九仙,后来王天君喧宾夺主,竟成此观主神,正殿就变成天君殿了,这也说明了道教的演变。郡人王牧有诗咏其事:"汉唐兴废犹昨日,沧海茫茫天一碧。西风杯酒须尽欢,当时九鲤成陈迹。"而今九仙观辟为于山图书馆,以其丰富的藏书沾溉市民,匾额为郭沫若题字。

戚公祠 在于山万岁寺东,与万岁寺有月门可通,今为戚继光纪念馆。戚继光,山东蓬莱人,明朝抗倭爱国名将。嘉靖四十一年(1562),倭寇大举入犯闽海,戚继光奉命驰援闽中,大败倭军于福清、连江一带。次年又将兵入闽,与谭纶、俞大猷等追歼残寇于莆田。州人为了纪念他,特建戚公祠。后以圮废,1918年重建。抗战前夕,为了激发抗日救国热情而重修。1936年新修落成,广征纪念文字。郁达夫应于社同人之请,用岳武穆原韵,填写了一阙《满江红》:"三百年来,我华夏,威风久歇。有几个,如公成就,丰功伟烈!拔剑光寒倭寇胆,拨云手指天心月。到于今,遗饼纪东征,民怀切。会稽耻,终须雪。楚三户,教秦灭。愿英灵,永保金瓯无缺。台畔班师酣醉石,亭边思子悲啼血。向长空,洒泪酹千杯,蓬莱阙。"写得壮怀激烈,今已刻石。郁达夫在1936年、1937年两次游于山,都以戚继光事迹作诗,抨击蒋介石的对日不抵抗政策,希望有戚家军这样的雄兵猛将来保卫祖国。《于山戚公祠题壁》(1936)云:"举世只闻不抵抗,输他少保姓名扬。四百年来陵谷变,而今麦饼尚称光('光饼')。《游于山戚公祠》(1937)又云:"于山岭上戚公祠,浩气仍然溢两仪。但使南疆猛将在,不教倭寇渡江涯。"祠分前后两殿,每殿各祀一戚继光塑像,皆英武可敬。除了主体建筑外,尚有醉石亭、蓬莱阁、万象亭、平远台、补山精舍诸景。平远台始创于宋代,台边小桥旁,石刻"平远台"三字。当年戚继光平倭归来,福州官绅在台上设宴为他庆功。"饮至"之日,勒石于台,为序为铭,均出歙县汪道昆手笔。戚将军酒后步月,醉卧于巨石上,曾传为佳话。近代诗人张际亮有诗云:"六军一醉海天月,山中草木皆轩昂。"石前醉石亭即因此而建。补山精舍环境清静幽雅,为宋时寺僧接待宾客之所。万象亭虽在山半,却视野开阔;倚栏西望,通衢大道,车流如潮。坐蓬莱阁中,闻好鸟啼鸣,别是一番情趣。祠随山形建构,依势高低,四周嘉木葱茏。各景点分布于冈峦之上,隐现于绿荫之中。自古游人流连忘返。辛弃疾在《西江月》中写道:"万象亭中殢酒,九仙阁上扶头。城鸦唤我醉归休,细雨斜风时候。"今日这里不仅是进行爱国传统教育的好地方,而且还是欣赏都市旖旎风光的名胜地。

大士殿 位居于山中心。始建于宋大中祥符四年(1011),初名众香院,又改为嘉福院、观音阁。绍兴中,状元陈诚(福建长乐人)读书处。清康熙五十二年(1713),改建为万寿亭,内供"万寿无疆"碑。乾隆二年(1737),以祀南观音而改为今名。殿内有乾隆题《大士出山图》碑刻,叙述观音菩萨由男变女的故事。殿后有汉代九仙炼丹的丹井以及他们居住的九仙洞。1911年辛亥革命,革命军发动福州战役,前敌总指挥部设在殿内。当时革命军在于山举火为号发起总攻,一举攻克总督府及将军署,活捉将军朴寿,杀之于丹井附近。从此结束了清王朝对福州的统治,大士殿亦因这段革命历史而生光。

鼓浪屿 位于厦门西南方,系海中四面环水的小岛,面积仅1.77平方千米。岛上四季绿树成荫,花香扑鼻,素有"海上花园"或"闽海明珠"之称。岛上遍布掩映在绿丛之中的小楼房,不能通行汽车及自行车,自然生态环境保护得极好,实际上是一处市民共有的自然山水游憩园。岛园的自然景观以山岩及海水著称。前者最负盛名的是日光岩,它是鼓浪屿的最高峰,其浑厚圆润的造型很是引人注目,由山下游路曲折迂回,可直达岩顶。日光岩由于与明末抗清英雄郑成功的事迹有关,尚留有当年屯兵的山寨遗迹,山麓建有郑成功纪念馆,古今众多名人为之题词刻石,是厦门重要的历史纪念景点。日光岩南边,对着茫茫东海,是一条质量颇高、长达千米的金色沙滩,辟有海水浴场及海上娱乐区域。沙滩一端是厦门最有名的私家园林——菽庄花园,也是我国为数不多的滨海园林的代表作,全园利用天然地形,借山藏海,巧为布局,是将中华传统造园手法创造性地应用于山麓滨海地区的典范。海边还有不少奇石景,如小屿西南海边有两块相垒的岩石,中间是经水蚀而形成的岩洞,每逢涨潮,水拍岩洞,发出隆隆的鼓鸣声,古人称之为鼓浪石,鼓浪屿亦由此而得名。

日光岩 又称晃岩,俗称龙头山,是鼓浪屿的最高峰,隔海与厦门市的虎头山对峙,虽然此峰海拔只有92.7米,但气势雄伟,山上奇石磊磊,洞壑天成,树木葱茏,风景绝佳,有"鹭江龙窟"、古避暑洞等著名景点。山麓有莲花庵,又名日光寺,始建年代甚早,明万历及清乾隆年间均有重修。庵旁巨石上刻有明人丁一中所题的

"鼓浪洞天"四个大字,距今已有四百多年,是旧时厦门八景之一。附近石壁上,古代文人摩崖题刻甚多,但随着时光的流转,大多已斑驳脱落,更显其历史时间的价值。明末清初,郑成功曾在这里屯兵和操演水师,至今尚留有水操台和寨门遗迹。沿岩间曲径拾级而上,道旁石壁上保留的历代名人书画家的题词甚多,如"日月俱悬""与日争光""闽海雄风"等,其中最有价值的要推清代大书法家何绍基写的"脚力尽时山更好"七个大字,笔法俊逸潇洒,融篆隶笔意于行楷,自成一格,为书法界所推崇。而其表达的词意亦很深刻,激励游山者奋力登攀,从而进入赏景的更高境界。再上,便是古避暑洞,题名是清末台湾诗人施士洁所书。古洞为花岗石岩洞,洞内明亮、干燥、通风、清爽,夏日来此,尤感舒适。奋力再上,攀天梯,过天桥,便可登上岩顶圆台。此台号称"百米高台",游人至此但觉天风浩浩,极目远眺,海浪滔滔,厦门市肆、鼓浪风景以及大担、二担及青屿诸岛尽收眼底,能获得极大的赏景美感。

万石岩 位于福建厦门市东郊狮山,又名万石莲寺,是厦门历史悠久的邑郊园林风景地,巨石怪岩和葱茏林木花草是万石岩的两大主题景观,现主要景点已被划入厦门植物园内。狮山是厦门名山。因其位于城之东方,故以晨景为最美,特别在拂晓时分,晨雾茫茫,景色变幻莫测,是古城名景狮山晓雾之所在。由于这里景色佳丽,所以明代时已建有寺院殿宇,游人香客不绝;清康熙年间施琅又重建,殿堂精巧,亭台错落,四周万石森立,绿荫蔽日,是厦门著名的寺院,因处于万石丛中,故亦以"万石"名之。一旁有游道可上,拾级登主峰岩顶,但见巨石耸立,异树荫翳,可绵延数里,山巅刻有"万笏朝天"四字,岩下则幽壑流泉,汇入不远处峡谷中的万石岩水库,库水清澈可鉴,熠熠发光,映涵着四周磊磊峰峦,极为妩媚动人。举目环顾,狮山的醉仙岩、中岩、太平岩等奇峰连绵透迤,组成很有层次的山岩景色,秀丽如画。万石岩还留有不少人文景观,如明中叶的抗倭遗迹、郑成功抗清遗迹等,园中有象鼻峰,勒为石,清雍正时李暲所题。峰前刻有"锁云"的石壁前,相传便是南明永历四年(1650)郑成功杀郑联的地方。此外,太平岩石笑石前,也是当年郑成功读书处。这一带最能吸引游人的要数那漫山遍野的奇峰怪石,它们有的悬空壁立,突兀峥嵘;有的光滑溜净,偃卧山腰;有的如玉笋翠屏;有的若老人巨像,形态万千,拟人拟物,无不形肖酷似。在那岩壁石丛深处,更有许多曲洞流泉,泉水自巨石飞落直下,形成瀑布,白如雪,洁如玉,淙淙之声构成天然琴音,仿佛天然丝竹管弦,交响成韵。

醉仙岩 位于万石岩之西,循岩下水库右侧,有游路可登。因山形如醉人偃卧,故名。岩下有窈然深幽的褐色洞穴,洞内有天然石窍,深约二尺,原先窍内盛满山泉,终年不涸,可以酿制美酒。洞穴口有明朝万历年间镌刻的"醴泉"二字。岩上著名景点为天界寺,是清乾隆时月松和尚化缘筹划重建的。寺四周风景甚美,有问仙路、仙井、仙迹石、石棋局、仙浴盆等。原先,寺僧每天清晨撞钟,声音洪亮,闻名遐迩,被士人冠以"天界晓钟"之景名,载入志书。古寺后,奇石壁立,危峰叠嶂,镌有"天界"二字。沿一侧崎岖山道攀登,可至嵯峨巨石形成的天然岩洞,此洞两头贯通,天风飕飕吹过,似惊涛拍岸,又似猛虎长啸,故名天啸洞。洞壁镌有明万历年间抗倭将军施德政的《醉仙岩题壁诗》,其一云:"偏师春尽渡彭湖,圣主初分海外符。鼍鼓数声雷乍发,舳舻百尺浪平铺。争传日下妖氛恶,那管天边逆旅孤。为道凯歌宜早唱,江南五月有莼鲈。"诗风雄健豪放,气势磅礴,为洞景添增色彩。登上醉仙岩的旷怡台,俯瞰厦门,千楼万厦,浩瀚东海,尽收眼底,鹭江有如一条银色练带,流向天际,呈现出一种登高赏景的雄伟美。

太平岩 为狮山主峰,沿万石岩侧逶迤明灭的石径向上,经过中岩天竺寺可至。岩前石凌四起,石洞隐伏,悬崖夹道,流水淙淙,可谓林壑幽美,岚光欲滴。曲径间有乾隆年间徐友铭题"海上云根"和侨商黄仲训所题"眼中沧海"等石刻。过石刻,便是"太平石笑"名胜之所在。此景由四块巨石相叠而成,上两石一端贴合,一端张开,视之宛如巨石开口常笑,故名。石山镌有笔力刚健遒劲的"石笑"二字,石上还留有古人题诗:"忽见石开口,不闻石有声,夜因吞月色,朝为吐云情……"这里又是郑成功当年读书之处,据清代郁永河《采硫日记》所载,明末民族英雄郑成功在戎马倥偬之余,仍手不释卷,常率子郑经、郑聪在此读书。现已被立为景点。其后即是太平岩寺,寺内有海云洞、放生池;寺前有木棉数株,古干参天,已有数百年历史,又有乾隆时文人黄日纪的题咏石刻。近日古寺已整修完毕,增添了茶室亭台,使赏景条件得到改善,成为厦门人民喜爱的旅游胜地。

潮州西湖 位于广东潮州市西郊,距市区约1千米。湖水萦回,西接葫芦山,山苍水碧多幽境,为城郊园林。潮州西湖在唐代本是放生池,贞元三年(787),潮州刺史李宿在葫芦山的南岩建造观稼亭,尚有遗迹可考。宋时始称为西湖。南宋绍熙、庆元、嘉泰年间疏浚整治湖区。庆元五年(1199),潮州太守林㟽开渠引韩江水入西湖,同时扩展了南北湖区;在东西两岸开山凿石,建造湖堤。堤上种柳植竹,横架桥梁,贯通东西堤。西湖自此成为潮州名胜。林㟽曾写诗描绘了整治西湖的情景:"镜奁平处小桥西,桥外轻鸥掠镜飞。凿破青云放山出,拨开碧藓引湖归。"以后历代增建亭台楼阁,有寿安寺、莲花池、处女泉,清代摹唐贞元间潮州刺史韩愈手书的王维《白鹦鹉赋》碑刻,存于景韩亭。湖内有艮山,形如由南而北平放的大葫芦,故又称为葫芦山。其土岩石嶙峋,洞穴幽深,石上镌刻着许多唐以来的题咏。

涵碧楼 建于1922年,楼台高耸,倒映于湖水中。它原是西湖游人宴集场所。1925年国民革命军东征期间,曾在此进行革命活动。1927年南昌起义部队到达潮州时,指挥部曾驻此楼指挥战斗。抗日战争时期,涵碧楼被日本侵略军焚毁。1964年重建此楼,"涵碧楼"三字由郭沫若手书。

葫芦山 在潮州西湖内。山势自南而北,状似平卧的葫芦。唐贞元年间潮州刺史在山南麓建观稼亭。其后历代增辟老君洞、吕仙洞、古瀛洞天等岩穴。葫芦山巉岩突兀,很多石头形态奇特,有仙迹石、蛤蟆石、鳖鱼石等,均因酷肖其形而得名。山中多天然洞穴,著名的有青牛洞、栖霞洞等。此外,幽静别致的李公亭和文昌楼都是佳胜之处。然而,葫芦山最有价值的文化遗迹是《白鹦鹉赋》石刻和大量的摩崖石刻。山之东,濒临湖水,建有景韩亭。元和十四年(819),韩愈因《谏迎佛骨表》而被贬为潮州刺史,在潮州八个月后,改调袁州。清雍正年间,潮州知府龙为霖在广州发现了韩愈所书王维《白鹦鹉赋》手迹,字体行草兼用,飞舞多姿,他以重金购得,带回潮州,镌刻于石上,置于笔架山韩祠。后来从韩祠移来景韩亭,石刻共四块。摩崖石刻分布在山南山北的山脚和山坡上,共200余处。属明代以前的有120多处,唐代的《李公亭记》是最早的石刻。李公亭建于唐贞元年间,纪念刺史李宿,亭早已年久废圮。现山北的岩壁存有石刻"李公亭"三字,可以证明这里就是李公亭遗址。稍晚于唐代的石刻,有南汉时的《拓路题记》,它记录了葫芦山东面早在大宝三年(960)的南汉时代就沿着湖边开山筑路。宋、明遗留的诗刻,如林螺《重辟西湖》等,多咏写湖山景色。另外如章曰慎的写景诗中有"平临坛寺三千界,俯瞰江城十万家"之句,可见潮州城及西湖当年繁华的景象。明代潮州文风炽盛,登科的士子多在葫芦山雁塔附近的岩壁上题名,嘉靖时状元林大钦的名字也见于岩壁。葫芦山南岩的青牛洞,上刻"古瀛洞天"四字,以书法端整苍劲著称。清道光时林一铭所书"林间石照"、丁秉贤所书3米多高的"湖山图画"等石刻,均是书法精品。登上山顶,可俯瞰潮州全城,绿野风烟,碧湖城郭,尽归一览。

惠州西湖 位于广东省惠州市西,古称丰湖。它北界东江,西倚丰山,东、南两面与市区相接。惠州西湖南北纵长6千米,东西横宽4千米,面积约为24平方千米。湖水源出西部的山中,整个西湖由五个湖区组成,为菱湖、鳄湖、平湖、丰湖和南湖,五湖一脉贯通。

惠州西湖的营建有着悠久的历史。早在东晋初即建有龙兴寺,唐改名为开元寺。五代时,起居舍人张昭远住湖上,后人称他所居为"郎官湖",这是惠州西湖早期的名称。宋时余靖在《开元寺记》中称这一带"重山复岭,隐映岩谷,长溪带蟠,湖光相照"。北宋治平三年(1066),经地方官陈偁整治,湖水可溉田数百顷,且多鱼鳖,又可收苇藕蒲菱之利,因而得丰湖之名。绍圣元年(1094),大文学家苏轼因以诗讥讪先朝,被贬为宁远军节度副使,遂携妾王朝云、子苏过,谪居惠州3年。苏轼性喜林泉之胜,他流连于湖山之间,认为丰湖不逊于人间天堂杭州西湖,并助款修筑苏堤等胜迹,还写下了许多赞美惠州西湖的诗词,自此惠州西湖名声渐著。

天下西湖三十六,但可与杭州西湖相媲美的也唯有惠州西湖了。自古就有所谓"大中国西湖三十六,唯惠州足并杭州"之说。从面积、风光名胜、人文史迹、地理位置等诸方面来看,确实再也找不出第二个西湖与杭州西湖有那么多的相似之处。惠西湖比杭西湖更宽阔。杭西湖有孤山,惠西湖亦有孤山;杭西湖有苏堤,惠西湖亦有苏堤;杭西湖有雷峰塔,惠西湖有泗洲塔;杭西湖傍钱塘而近东海,惠西湖傍东江而近南海;杭西湖因苏东坡而声播海内,"惠州西湖岭之东,标名亦自东坡公";坡公在杭3年,在惠州亦3年;更具巧合意趣的是,苏东坡之爱妾王朝云,生于杭州西湖,死在惠州西湖。由之,惠州被誉为岭南的杭州。

惠州西湖与杭州西湖毕竟美不同貌。清康熙时,惠州州守王瑛曾经评论说:"惠之西湖苎萝之西子也,杭之西湖吴宫之西子也。"另有诗曰:"西湖西子比相当,浓抹杭州惠淡妆。惠是苎萝村里质,杭教歌舞媚君王。"这说明两湖相较,惠州西湖自有一种质朴自然、清新脱俗的气韵。

惠州西湖是典型的城郊风景园林,它充分利用了原有的天然山水林泉,加以精心的人工营造。惠州西湖在几百年的发展中形成了著名的八景:百花鸟语、红棉水榭、苏堤玩月、留丹点翠、玉塔微澜、桃园日暖、西新避暑、荔浦风清。此八景是惠州西湖胜迹之荟萃,同时它们又将五个湖面的景点有机地组合在一起。惠州西湖以水为主要的造景题材,因此重要景点均根据地形和湖水的明暗聚散加以设置,或临水倚岸,或深入水际,或半抱水面,或藏于湖岸的桃红柳绿之中。用疏浚湖泊的淤泥筑成的苏堤,如长虹飞架湖上,它连接了百花洲、芳华、点翠、浮碧和荔浦等景点。它是湖中的重要景致,又是主要的游览路线,还起到了分割湖面、增加景观层次的作用。环湖的一些宅园、书院等单个园林也多置于苏堤之南、丰湖沿岸,那风亭、鱼榭、钓台、茶轩、书楼文阁等建筑点缀于湖光山色之间,正合了造园经典《园冶》中所述:"江干湖畔,深柳疏芦之际,略成小筑,足征大观也。"

苏堤　孤山　平湖在惠州西湖五个湖区中面积最大,景物旷邈,胜迹众多。北端环绕有平湖堤,是北宋时陈偁所建,称为陈公堤。堤外即是东江,堤上有拱北桥。春水涨满西湖时,湖水即通过拱北桥闸,势如涌雪,泻入东江。平湖南端有苏堤,自西面的孤山向东横截湖面。苏堤建于宋绍圣三年(1096),由苏东坡助资孤山栖禅寺僧人希固所筑。原湖中狮山、孤山皆四面为湖水所环绕,与陆地只有舟楫可通。筑堤之后方可步行往还。苏堤初为泥木结构,经历代整治修缮,现为石堤。堤上有西新桥,是苏轼当年从弟妇手上捐出皇室所赐黄金钱数十枚建造的。落成时,曾同惠州父老聚饮,"三日饮不散,杀尽西村鸡"。漫步苏堤,一堤两岸种植垂柳和相思,湖天一碧,疏柳如烟。近可穷尽西湖的水色波光,远则可以饱览丰山、飞鹅岭的苍翠秀色。苏轼在惠州3年,留下了很多诗篇,也留下了很多有关他的民间传说。例如苏堤,便有这样的传说。苏轼寓惠第二年,他的爱妾王朝云患瘟疫去世。朝云生于杭州钱塘,12岁到苏轼身边做丫鬟,坡公见她聪明,便教之识字明理,朝云很快就初通诗文,成为最能理解坡公的侍妾。据说一次苏东坡捧着肚子在房内踱步,问家中妻妾,他肚中藏着什么。有的说"都是文章",有的说"满腹见识",东坡都摇头。最后朝云说:"学士一肚子不合时宜。"东坡大笑连声说:"对!"苏轼被贬谪岭南,家中侍妾都相继离去,只有朝云千里迢迢从中原追随他来到惠州这当年的"南蛮之地",并生一子。子未满岁,朝云便死了。苏轼对这位忠贞聪慧的侍妾的死感到无限哀惋,含泪为她亲立墓志铭,葬于西湖孤山。此后,苏轼只得亲自携扶幼子。据说他常常梦见朝云回家给儿子喂奶。苏东坡见她总是穿着湿淋淋的衣服,便询问缘由,朝云说是渡西湖所致。因此,苏东坡便决心筑堤,供朝云过湖,同时也给百姓带来了很大方便。朝云墓在孤山松林中。她生前曾学佛法,临终时诵《金刚经》四句偈而殁。清道光名士林兆龙为其墓亭写联:"不增、不减、不生、不灭、不垢、不净;如梦、如幻、如泡、如影、如露、如电。"故称此亭为"六如亭"。朝云墓宋时已毁,历代均有重修。如今墓旁增设碑廊,保存了苏东坡的九方遗墨。古人云:"不步苏堤,西湖未及也。"苏堤的景色和它的传说正是惠州西湖最具魅力之处。

百花洲　在西湖明月湾,是湖中小岛,与长桥相接。明正德年间甘公亮为惠州太守时,在洲上建落霞榭,分莳花卉,春天百花盛开,香气袭人,莺鸟啼唱,时人称之为"花墩",有"花墩花放白青红,蝴蝶双双扑晓风"的诗句。清诗人宋湘有《花洲曲》写景抒怀,"湖上花开,洲前水流"的佳句,吸引着骚人墨客纷纷前来赏景题咏。清光绪六年(1880)重修,在旧址上建镜芙轩,江逢辰等名人集此赋诗,仍称之为落霞旧址,后人改为百花洲。今落霞榭屡经修建,是赏花闻莺佳处;临窗四眺,可尽览十里平湖之风光。

红棉水榭 在百花洲西南小岛上。据《西湖志》记载,明清时,红棉水榭有两株高大的木棉树,苍古奇丽,每逢盛夏,红棉"万花怒放,红艳逼空",蔚为壮观。当时岛上建有形似画舫的湖光亭,古来文人雅士游西湖,爱在夏夜坐亭赏月,对月弦歌抒怀。在留下的众多诗词中,尤以清人"豪饮将军宴清客,此间风月不论钱"之句最佳,被推崇为吟咏惠州西湖的绝唱。现在,时物变迁,船亭已不复存。数株高耸俨然伟男子般的木棉树,已不知是那"苍古奇丽"老树的第几代儿孙了。然每到木棉花盛开时,火焰般的红花,烂漫迎空,如支支小火炬倒映湖中,那壮丽景色依然是西湖一大景观。

点翠洲 在平湖湖区中。北宋治平年间(1064—1067),洲上建有孤屿亭,明代建为点翠洲亭,亦即风亭。南山环翠,风景与杭州西湖"三潭印月"近似。明代孔少娥诗云:"西湖西子两相侔,湖面偏宜点翠洲。"后为了纪念辛亥革命"马鞍之役"战死的十五烈士,于1913年在洲上建"留丹亭",亭榭土墙绿瓦,朱柱彩绘,四周古树苍翠,碧波微澜。亭联为:"殿角生微凉,呼吸湖光饮山绿;天地有正气,留取丹心照汗青。"上、下联分别摘取苏轼、文天祥诗句缀成。亭之西有枇杷洲,另有二桥可通孤山与芳华洲。

泗洲塔 又名玉塔,在西湖西山,为湖上最古老的建筑物。塔始建于唐,为了纪念印度来华的僧伽而建。僧伽居于安徽泗洲,死于长安,泗洲最早建筑了僧伽塔,以后各地仿建的都称为泗洲塔。苏轼谪居惠州时所写《江月》诗中,有"一更山吐月,玉塔卧微澜"之句。南宋刘克庄称赞苏诗所写景色,说:"不知若个丹青手,能写微澜玉塔图",自此"玉塔微澜"成为西湖美景之一。塔为八角,外观七层,内实有十三层,通高37米,登临塔顶,可眺惠州全景。在朦胧的月夜观赏湖光塔影,西湖另有一种妩媚的风韵。湖水是"苎萝西施"的眼波和轻拂的衣裙,洲渚是淡扫的蛾眉,塔影则是发髻和云鬟。泗洲塔既是惠州西湖最佳眺景赏景处,它本身又是这一幅湖光山色图卷中的重要景物。

肇庆星湖 位于广东省肇庆市北郊4千米处,包括七星岩和鼎湖山两个部分,是岭南著名的城郊风景园林。叶剑英有诗赞美七星岩："借得西湖水一圜,更移阳朔七堆山。堤边添上丝丝柳,画幅长留天地间。"集杭州西湖之水与桂林阳朔之山于一身,这便是星湖的魅力所在。

星湖原为天然沼泽区,湖底有涌泉。唐代始辟为塘池,种植菱、莲、茨和养鱼。后又辟为规模较大的沥湖。20世纪50年代,为了治理水患,数万人奋战几个月,改造扩大了沥湖,筑堤蓄水,使之成为风景秀丽的浩瀚平湖,成为闻名遐迩的旅游度假胜地。

星湖湖区错落分布着七座陡立峻峭的岩峰,因其布列似北斗七星,因而得名为七星岩。七岩自东迄西依次为阆风岩、玉屏岩、石室岩、天柱岩、蟾蜍岩、仙掌岩和阿坡岩。

七星岩,古称冈台山,又称员屋山。由于交通便利,开发很早。远在晋代,星湖山水已见于文字记载,如《南越志》中"高要县有石室,自生风烟,南北二门,状如人巧。意者以为神仙下都,因名'嵩台'。中多石燕。"初唐文人李邕游七星岩时,写下《端州石室记》,留刻在石室洞口石壁上。唐以后,游客日增,星湖山水显扬天下,文人雅士为七星岩留下数百余处碑碣和摩崖石刻,描绘星湖风光的诗篇亦不计其数,如清初广东诗人陈恭尹所写《游七星岩》曰:"立马眺平芜,萧萧见苍壁。不知何处云,飞作兹山石。嵯峨各异势,纷诡非一色。旁通类户牖,中虚成室宅。藤根上郁盘,石乳下涓滴。时闻钟磐鸣,宛若仙源隔。灵峰互亏蔽,微径缘空隙。颇疑混沌初,有此机巧迹……"

星湖的整个湖面被蜿蜒交错的湖堤分割为五个湖区:东北面的东湖,东南面的青莲湖,南面的七星湖,西面的波海湖和中部的红莲湖,星湖是它们的总称。湖的面积共约四百六十万平方米,与西湖相近。湖堤总长达二十余千米,柳丝飘拂,浓荫覆道,宛如绿色长带飘落在波平如镜的银湖上。

星湖的岩峰与桂林的岩峰同为石灰岩,属于喀斯特峰林地貌。七星岩虽无桂林岩峰亘长连绵的磅礴气势,但它们排列紧凑,小巧玲珑,又挺拔秀丽。从高处眺望,被环抱在一片浩渺碧湖秀水中的七星岩,犹如天上的北斗横亘在茫茫银河之中。

星湖的岩峰具有浓郁的南国韵味。岩壁葱翠,林密树茂。古榕树盘根穿石,攀崖悬壁,枝干横空,须根摇曳。剑花,又叫量天尺,布满崖壁,当地视之为上乘补品。香味浓重的鸡蛋花,高大的海红豆,绿叶婆婆的假苹婆……这些热带、亚热带独有的植物装点着山岩,显示出星湖浓郁的南国景观特色。湖堤上同样如此,除了杨柳外,还栽种着各种亚热带林木,如葵树、凤凰树、紫荆、扶桑花、夹竹桃等。春来湖上,烟柳如翠云,万紫千红竞相吐艳;夏日,新荷亭亭,翠盖平铺,香远溢清;金秋季节,剑花累累,桂树飘香,秋水明净澄碧;冬天,寒梅峭拔,暗香浮动,野鸭掠水,寒雁落沙。星湖风光季季有别,处处引人入胜。

星湖风光的精华,被概括为"星湖二十景",为牌坊览胜、平湖幽堤、阆风夕照、玉屏叠翠、石林峭骨、虹桥雪浪、水月岩云、崧台揽月、石室藏奇、千年诗廊、碧霞映玉、天柱摘星、莲湖泛舫、阿坡泉涌、桂轩留醉、杯峰浮绿、敞天石洞、月魄松涛、仙掌秋风、波海朝晖。"水剪西湖千匹锦,山移阳朔几尊叠",星湖山水,天生丽质,又加人工精琢,真可谓山青、水秀、峰峻、洞奇,是南国的一颗绿宝石。

石室岩 七星岩岩岩有洞,开辟最早、最有价值的首推石室岩中的石室洞。石室岩古称崧台,高九十余米,是"七星"中的大岩。溶洞贯通南北,早在晋代就已成为名胜了。唐人李邕的《端州石室记》具体描绘了他人在石室所见到的奇观。此文作于唐开元十五年(727),南宋乾道五年(1169)被刊刻在石室岩麓。因石上有马蹄状凹痕,故又称《马蹄碑》。原文380字,因年久漫漶,今仅能辨认310字。记中盛赞石室岩"薄人寰,胜物外""窦乳练于玉颜,石床列于仙座"。此后一千二百多年来,历代诗人墨客、儒将名臣,在岩洞内外题诗者络绎不绝。其中著名者如李绅、宋之问、包拯、俞大猷、汤显祖、屈大均、陈恭尹、王士祯、朱彝尊、袁枚、黄遵宪等,都有题刻留存。尤其是李绅的题名、晚唐的《游石室新记》都是岭南罕见的唐代文物,极其珍贵。包拯的手迹以及明代抗倭名将俞大猷的诗刻:"胡然北斗宿,化石落人间?天不生奇石,谁擎万古天!"都为洞中石刻珍品。这些石刻论文体,有古体诗、律体诗、长短句、四言韵语、题名、对联、四六骈文、纪游文、叙事文、佛教经文;论字体,更是篆、隶、真、行、草俱全;因而,石室洞有"千年诗廊""碑刻书法艺术博物馆"之美誉。石室岩南麓洞口高仅二米多,但洞内豁然,穹顶高达三十余米,有地下河和支洞,并有光岩、黑岩、暖岩之分。从地下河坐小艇入黑岩,内有钟乳石奇景多处。岩壁的窍穴,可以敲击作鼓声、钟声,或吹作海螺声。石室岩顶有揽月亭,东北麓有陈白沙碑亭,南麓有水月宫。水月宫始建于明万历年间,崇祯时重建,20世纪50年代又加以整修扩建。这是一组呈放射状排列的水亭,中间一座八角重檐,四周各一座四角单檐,亭之间曲栏相连,玲珑剔透,又以一道长桥连接湖滨。在亭上观景,水、月、岩、云,浑然一体,一览尽收。现水月宫已被作为星湖的标志性建筑。水月宫前的几株古榕,气根悬垂,枝交叶茂,在榕荫下小憩,心平气舒。

阆风岩 旧名石角岩,是七星岩的最东峰。以道教经籍中有"昆仑山三角,其一角正北,干辰之辉,名曰阆风巅"之说而得名。此岩高耸如削,与玉屏岩之西峰对峙,气势雄伟。攀登峰顶,可东望羚羊峡、鼎湖山,俯瞰可环视星湖全景。岩之东、南、北三面临水,多溶洞。西麓的钟鼓洞内有一石,相传是歌仙刘三姐的化身。滴水叮咚作响,如闻仙乐。其东有含珠洞,洞外有两石下垂如悬磬,以手叩之铿然有金石声。南面有无底洞,深邃黝黑,曲折而下,难穷其底。巧石即窍石,阆风岩多窍,实为难得的巨大巧石。

玉屏岩 与阆风岩对峙,实为同一座岩石上的双峰。它中带横岭,四周陡峭。半岩有始建于明万历年间的三仙阁、玉皇殿等建筑。三仙为吕纯阳、钟离权、铁拐李。蹬道处有两个凹穴,传为"仙人履"。又有一大石半凌空中,以石击之,各处音响不同,故名八音石,又称扶啸台。蹬道石壁间有清初岭南文学家屈大均等人的纪游诗之石刻,还有横卧崖上欹斜若醉的醉石,更有一奇景:峻石夹立间,中通束狭小径,仅容一人往来。顶嵌大圆石,欲坠不坠,状如仰口含珠,故称为含珠径。左旁有屈大均题字曰"小千尺峡",意指它状似西岳华山著名的险境千尺峡。

天柱岩 是星湖最高峰,虽仅高114米,但因一峰峭立,犹如独柱擎天,意境高远。南坡建有天柱阁,杰构凌虚,最宜游眺。阁后有山道,凿石为门,称作螺旋洞。洞后上约百级石磴有文昌阁,阁后有玄虚洞,从栈道、天桥可通峰顶之摘星亭,此亭更有点睛之妙。在天柱岩的80米处,岩之北麓建有铁索桥、水榭、观鱼池、莲舫等景点。

蟾蜍岩 在天柱岩之西,高约七十米。四周壁立,峭拔挺秀。山上满布石沟、石笋、石块,其中一石酷似蟾蜍翘首望雨,故为岩峰之名。岩之东、南两边临水,岩麓洞穴众多。岩西建有依山面水的松涛宾馆,是小坐赏景佳处。

仙掌岩 七星岩岩峰最西的一岩。岩顶略平如掌腕,面积约一百平方米。北列几根竖立的石笋,形如五指,所以得名。此岩临星湖中心,三面环水,登顶四眺,北有万松岗,西有波海楼,南是湛若明镜的平湖,东望群岩如天仙七女临湖照影,湖光山色,云水交栖,极风韵之致。

阿坡岩 又有别称辟支岩、禾婆岩。高八十余米,独处于诸岩之外,相距达1千米。岩内有双源洞,洞长二百七十余米,地下水终年不涸,清澈见底,分东西两支流出洞外,因而叫双源。《广东新语》说此洞内有水"溉田数百亩,土人于此祀禾花仙女以祈岁",这就是"禾婆"得名的由来;"阿坡"实即"阿婆"一音之转。由于溶槽发达,洞顶平整低矮,洞中钟乳石姿采瑰奇。其中的天然宫殿石景,恍如神话中的王母瑶池、神仙洞府。

榕湖　杉湖　位于广西桂林市市中心。桂林,素以秀山秀水胜天下。桂林的秀水,除了绕城南去的漓江外,便数榕湖和杉湖了。两湖相通,以阳桥为界。此湖把桂林拦腰截为南北两段,跨湖的阳桥又把湖分为东西两半,东面湖畔旧时杉树成林,名杉湖;西面湖畔有古榕,名榕湖。

榕湖和杉湖原为宋代桂林城南的护城河,连通漓江。至明洪武八年(1375),因城池外拓,遂逐渐演变为风光绮丽的城内湖。当时名阳塘,因塘里盛植莲藕,故又名莲荡。明代文学家邝露在《游阳塘记》中说:"(阳塘)荡漾若数百亩,临水人家,粉墙朱榭,相错如绣,茂林缺处,隐见旌旗。"清代诗人纪曾藻在《咏杉湖诗》中说:"杉湖平处碧如油,绕郭峰峦一鉴收。晓后晴云葑绿树,夜来春雨涨红楼。桃花荠菜时时蝶,柳絮纯丝面面风。无限风光成领略,黄尘冠盖几人游。"可见此湖的美丽景致自古即如诗如画。

榕湖北岸,至今还留有一座古老的城门,相传建于唐代。门上原有古榕树一株,故名榕树门。城门上有石碑,刻郭沫若诗,其中有"高临唐代南门古,遥望杉湖春水深""山谷系舟犹有树,半塘余韵缈如琴"之句。

榕湖、杉湖是桂林游人盛集的地方,沿湖是林荫大道,湖边围着栏杆;林荫下置石桌石凳,亭台掩映;湖畔浅草如茵,花红柳绿,各式小巧雅致的建筑罗列湖滨,与潋滟波光相映。作为城市中心的一处园林,"榕杉湖舫"确实为桂林增色不少,令人流连。

榕湖　以湖畔的古榕而得名。湖心有小岛三个,其中西面岛屿花木葱茏,亭阁参差。湖岛与北岸有九曲桥相勾连。曲桥曲折有致,上覆垂柳,下近湖面,故有"九曲平湖"之称。湖岛景色春夏秋冬、阴晴雨晦,各各不同,因此四时游人不绝。漫步榕湖,除了饱赏湖光景色外,还可以寻胜访古。因湖畔风光幽雅,在清代,一些诗人、画家和学者多在湖边结庐而居。清初诗人李秉礼于榕湖西岸建湖西庄,现在旧址建起了环境优美的榕湖饭店。榕湖南岸原有清代画家罗存理、罗辰父子所筑的芙蓉池馆;晚清著名词人王鹏运、台湾巡抚唐景崧故居亦在榕湖湖畔。榕湖湖岸遍植桂树、樟树,一派葱茏,翠色掩映入湖,使得湖水格外像一片绿琉璃。晨曦刚露,暮霭初降,湖上一层似烟非烟的濛濛水汽,漫天云霞,一湖澄澈;在此沐徐徐拂面的湖风,观追逐柳影的游鱼,情趣盎然。

杉湖　与榕湖以阳桥为界,东为杉湖。阳桥建于宋代,历史悠久,当时名青带桥、通济桥。那时,桥附近是一个繁华的闹市。元人伯笃鲁丁在《阳桥记》中说:"涉桥左右,为商贾所藏宝物番货,以有易无,日以千百计。"明代初年,阳桥改建为石桥。近年阳桥又扩建加宽,并增置白玉栏杆。旧时杉湖沿岸曾有许多参天的杉树,杉湖因此得名。清光绪中叶,在杉湖北岸修建过一座补杉楼,唐景崧曾书有一联云:"循岸补杉林,十子诗名重振起;隔湖望榕荫,两楼灯火一齐高。"当时,桂林名士常在这里观赏景色,作赋吟诗。"十子"是龙启瑞、汪运等十名诗人,号称"杉湖十子",他们在湖滨饮酒酬唱的作品集有《杉湖十子诗钞》传世。楼旁旧有白龙池,为明代桂林四大名池之一。池作方形,四周用花岗石砌成,围以石栏。池内四壁刻着一条巨龙,东面是龙身,西面是龙尾,龙头从北面石壁间神出,欲抢南面壁上的龙珠,生动异常,艺术性很高。古池畔有近代著名学者、南社诗人马君武的故居,他喜爱杉湖,当年亲书门联一副:"种树如培佳子弟,卜居恰对好湖山。"杉湖的水面比榕湖略小,湖心有一个别致的湖心岛。湖之南岸和北岸各有一道曲桥与岛连接,它们如同两串精致的象牙细链,横贯于波光粼粼的湖面。小岛西侧置有高低错落的四个蘑菇形伞亭,新颖而精巧。杉湖最美是在春夏之间,澄碧的湖水倒映着远山,远物近景,相映如画。夜晚,湖边的灯光和星月争辉,月光与湖光融成一片,使人恍惚有银河落人间之感。

古南门 位于榕湖北岸,相传为唐代名将李靖修桂州城时所建,宋元时称小南门。现门上刻有郭沫若手书"古南门"三大字。据记载,旧时城上原有古榕树一株,树根从城墙内外盘错至地,包缠城门,往来行人车马,如从树根而出,所以称作"榕门"。明清时期的诗人曾用"榕树城门却倒垂"和"因树为楼树作门"的诗句来描写它的奇特景象。元代,建关羽祠在城上,明代改名为"应魁楼""仰高亭"。现在从城门西侧的小门进,右面城墙下有碑刻两方,上刻郭沫若《登榕树楼诗》和《西江月词》。楼前一棵粗约数围的大榕树,枝叶婆娑,参差披覆,像宝翠珠缨的华盖耸立湖边,为湖山生色。这棵古榕树已有上千年的历史,相传八百多年前,宋代大诗人黄庭坚为当朝佞臣所忌,被谪贬宜州(今广西宜山),于宋徽宗崇宁二年(1103)路经桂林,在这棵榕树下的湖边停船歇息。后人因此建榕溪阁来纪念他。榕溪阁久已湮没了,现在遗址处建有方形的榕荫亭。南宋诗人刘克庄来桂林,曾留下《榕溪阁诗》:"榕声竹影一溪风,迁客曾来系短篷。我与竹君俱晚出,两榕犹及识涪翁。"登上城楼可眺览远山近水,清人王拯也有诗曰:"湖上青山淡如秋,榕根残堞起山楼。楼中恐有曾题句,隐隐斜阳系客舟。"榕湖的景色早就令古代诗人学士流连,他们留下的诗词、佳话更丰富了榕湖的内涵。

独秀峰　位于桂林市中心的王城里,它是桂林的一座主山。山从平地拔起,孤峰屹立,四周的山,都向它环拱着。本来,一峰突兀,是桂林许多山峰的共同特点,然而独秀峰的崔巍峥嵘,却远胜于其他诸山。唐人张固有诗云:"孤峰不与众山俦,直入青云势未休。曾得乾坤融结意,擎天一柱在南州。"清代诗人袁枚在《题咏独秀峰诗》说:"来龙去脉绝无有,突然一峰插南斗。桂林山水奇八九,独秀峰尤冠其首。"

独秀峰不仅高耸,而且秀丽奇绝。远望,亭亭玉立;近观,山石嶙峋。每当旭日东升或晚霞映照着苍峰玉壁时,整个山峰好像披上了紫袍金带一样,所以又名"紫金山"。

由山的西麓沿一条曲折石磴道上山,先经允升门。过山门上行数十级,壁间刻有"秀夺群峰""第一山"等大字。平台上原有小憩亭,清光绪年间谢光绮重建后改为小谢亭。由亭曲折而上,经过螺磴穿云便到北面山腰,石壁上刻有清代桂林画家马秉良书题的"昆仑天柱立"五个大字。由此回首西北,远山浮云,恰似壁间石刻对联所描绘的那样:"烟景纵观开眼界,峰峦直峙近云天。"再往上即到南天门,天梯般的石磴共三百零六级。独秀峰绝顶是眺望景致最佳处。举目四望,天地辽阔,云山叠叠,遥列千重。数十里外的奇峰景色和整座桂林城奔来眼底,使人欣然神往。清人范崇仪诗曰:"一柱镇南天,登临四望悬。风云生足下,星斗列胸前。拔地山千仞,环城水一川。凭高发长啸,声彻万家烟。"峰顶石岩上遍布古代游人的题刻,浏览这些吟咏登高远眺之作,颇增情趣。

由原路下山,沿山麓东行,过太平岩、天师岩至东南麓,有一天然石屋,内有天然石窗、石榻,此为"颜公读书岩",是六朝时桂林太守颜延之读书的地方。他刻苦励学,布衣蔬食,为官廉洁,所作诗文与谢灵运齐名,时称"颜谢文章,冠绝一时"。岩外崖壁间刻有清代黄国材题"南天一柱",张祥河题"紫袍金带",耆英题"介然独立"几幅大榜书,有的字径在一丈以上,不仅是桂林而且是国内不可多得的巨制。此外还有唐建中元年(780)郑叔齐所作《独秀山新开石室记》、元顺帝时丁方钟画的孔子像,以及清代乾隆皇帝的诗、慈禧太后写的大"寿"字,等等。

独秀峰北麓,山脚原有一泓清泉,明代靖江王府将其开凿成池,因它形似初月,故名月牙池。它与白龙池、春涛池、圣母池并称为桂林四大名池。当年池前为桃林,东有竹圃,西辟柳园,四周建有亭阁水榭,绿荫掩映处泊有花舫。如今,池中建方岛,筑小亭,并以曲桥沟通东西。沿池设石凳,池水清澈,衬以曲栏水榭、青峰翠壁、绿柳斜阳，相映入画。

独秀峰是桂林奇峰的代表，同时它也是自然造化与人文胜迹融为一体的杰作。

读书岩 位于独秀峰东麓，是天然岩穴，形似石屋，内分上下两层，下层为水洞，其水与月牙池相通；上层虚明开朗，旁有天然形成的石窗、石榻。相传南朝诗人颜延之任桂林太守时，常来此洞读书写作。可惜诗人题咏桂林的许多作品都已散失，只留下"未若独秀者，峨峨郛邑间"两句，据说"独秀"之名即由此而来。宋元祐年间，孙览为了追念诗人，在岩口刻上"颜公读书岩"五大字，并于岩旁修建五咏堂，镌刻颜延之名作《五君咏》于堂内。相传石刻书法出于北宋大书法家黄庭坚之手。后来五咏堂被毁，石刻无存。清人梁章钜根据家藏旧拓重新刻石，抗战时此刻再度遭毁。读书岩因颜公盛名而吸引了历代文人雅士纷至沓来，岩壁间琳琅满目的题刻，就是古代游览盛况的见证。石刻中年代最早的是唐建中元年(780)郑叔齐的《独秀山新开石室记》，它兼具历史和书法艺术价值。它记载了独秀峰名的由来，描绘了独秀峰和读书岩的形胜，以及唐代在此修建宣尼庙、兴办学校、拓治独秀山等情况。石刻书法秀丽，用笔圆劲。洞口上方有元至正五年(1345)广西画家丁方钟绘、塔海帖木儿刻的孔子像。洞的西侧有元代元统二年(1334)李震孙的《广西道平蛮记》，是研究广西人民反元斗争的重要史料。碑旁还有清人梁章钜书刻的《峨峨郛邑间》五个大字，书法挺秀俊逸。由读书岩西上，为天师岩，岩口原有张天师像。洞内与太平岩、雪洞相贯通，曲折幽邃，玲珑奇巧。太平岩因明代靖江王府在清理此洞时，发现一枚宋代"太平通宝"古钱而得名。又因岩口刻有《刘海戏蟾图》而称刘海洞。洞内高敞，形似厅堂，壁间石纹，纵横密布；往西行，宛如层楼复道，下通澄潭。洞间石乳累累，闪金烁银，缤纷灿烂。北通雪洞，它像一个白玉雕琢成的地宫，四壁洁白，石钟乳晶莹透明，形似莲藕，因名"雪藕洞"，雪洞为简称。太平岩附近留存古代题刻亦不少，尤以明靖江王与宗室及地方官员的唱和诗为最多。

王城 从独秀峰顶俯视山下，一座长方形的城池包围着秀丽的独秀峰。它是明代靖江王府的一座城垣，周长1.5千米，内外砌以方青石，十分坚固。城辟四门：东曰"体仁"，南称"端礼"，西名"遵义"，北为"广智"。王城内原是唐代宣尼庙址，宋代筑大圆寺，俗称铁牛寺。元朝改大圆寺为万寿殿。明朝建立后，朱元璋封侄孙朱守谦为第一代靖江王，洪武五年(1372)筑王城为王府。据记载，当年的建筑布局是：前为承运门，中为承运殿，后为寝宫；左建宗庙，右筑社坛；红墙绿瓦，云阶玉陛,"悉依王制"。王府内广建楼堂厅馆、亭阁轩室,宫槐夹道,绿荫深浓。独秀峰下辟为御苑,莳花弄草,饲养鹿兔犬马,还有碧池彩舟,整个王府成了一个逍遥宫。先后有14位藩王盘踞于此,直至王室覆灭。独秀峰被霸占为御苑以后,这个从南北朝起就是人们游览胜地的景点,游人只能望而却步了。著名地理学家徐霞客为此曾发出"甚怅怅之"的慨叹。清初彭而述的《登独秀山诗》更表达了明显的愤慨:"参天百尺削芙蓉,不合王孙贮后宫。朱邸繁华销歇尽,丹崖翠壁枸杞红。"1650年,孔有德率清军攻入桂林;1652年,农民军打进桂林,孔有德走投无路,举火自焚。一座建造了二百五十多年的王府顿时化为焦土瓦砾。剩下的除了月牙池外,只有石头城垣和承运门、承运殿遗址了。今日步入王城,一座宫殿式大门展现眼前,它坐落在承运门台基上,石阶玉陛是当年遗物,雕刻华丽精美。穿过大门,高台之上耸立着一幢宫殿式楼房,重檐披覆,朱红大柱和门窗,古色古香。此楼虽不是当年建筑,但台基却是承运殿旧物,云阶玉陛、勾栏望柱也还保存完整,青石路也是旧时王府过道。清代,王城内改建为贡院。1921年,孙中山集师桂林,准备北伐,于王城内设立大本营。现在王城为广西师范大学校址。

叠彩山 位于桂林市区偏北的叠彩路旁。它由四望山、于越山和明月、白鹤两峰组成。于越山和四望山在前,东西屏列,山峦低平;明月峰和白鹤峰在后,并峙特立,气势巍峨;中间深谷巨壑,茂树葱茏。登高放眼,山岩层层横断,好像叠着的一匹匹锦缎,因此称为叠彩山。这一美名至少已有一千多年的历史了。唐代桂管观察使元晦在会昌三年(843)六月开始辟建叠彩山,修路筑亭,于次年七月竣工。元晦在《叠彩山记》中说:"山以石纹横布,彩翠相间,若叠彩然,故以为名。"因山腰有一个贯通南北的风洞,又名风洞山。

从山麓沿石级上几十步有叠彩亭,亭建于清代,中悬清人秦焕所写"叠彩山"匾额,柱上原有以"风洞"为上下联首字的对联,亦为秦焕所书:"风景大文章,流水潭烟空万象;洞天古图画,诗人名士共千秋。"亭东为于越山,山头建有于越阁,古往今来,到此吟诗作赋者数不胜数。唐诗人元晦作《于越山记》和《题越亭诗》,盛赞此处美景。诗中说:"临高神虑寂,远眺川原布。孤帆逗汀烟,翻鸦集江树。"宋人朱晞颜更把此处描绘成山川如画的境界:"不到越亭久,榴花今几红?江流寒泻玉,山色翠浮空。"从这些诗文中可知,早在一千多年前,于越山就是游览胜地。当年山下建有茅斋、写真堂、流杯亭、花药院……歌台钓榭,石室莲池,楼阁寺宇,洋洋大观。可惜这些古迹早已湮灭,如今只有南麓的猕猴岩和北麓的素洞还可资游观。素洞也称康岩,清末,康有为曾在叠彩山的景风阁住留讲学,他号长素。洞口刻有他留下的题记,洞虽不奇,但有名人踪迹,故也常招游人。

叠彩亭之西是四望山。山上树茂林密,藤萝蔓翳,每当金秋,桂花香气四溢,故而叠彩山又有桂山之称。四望山以山石奇特而著名,遍山的石芽、石槽和光怪陆离的奇石,好像一个用珠玑翠玉堆成的蓬莱仙岛。崖壁上"玉叠蓬壶""江山会景处"等巨幅题刻,使人一望而知这里是风景荟萃之地。四望山是历史悠久的游览胜地,山上原建有销忧亭,山麓筑有桂山草堂,山腰设桂台,是游人云集处。可惜因年代久远,大多仅剩残迹了。山之东崖上刻有"四望山"三个篆字,题榜之下,刻有《四望山记》,记中写道:"山名四望,故亭为'销忧'。亭之前后,绵络山腹,皆溪梁危磴。"两刻均为晚唐诗人元晦的作品。元晦为诗人元稹的从孙,曾写《叠彩山记》《四望山记》和《于越山记》分刻三山,是桂林石刻中的重要文物。

绕过四望山东麓,北上为叠彩门。山门悬有木刻对联:"到清凉境,生欢喜心。"入门昂首即见一青石大碑,为瞿、张二公成仁碑,是纪念抗清将领瞿式耜和张同敞。碑旁为仰止堂,粉墙黛瓦,庄严肃穆。厅堂内有二公石刻画像及《浩气吟》诗作。瞿式耜曾任广西巡抚,南明永历朝文渊阁大学士兼吏、兵两部尚书。张同敞为明朝名相张居正曾孙,官至永历王朝兵部侍郎。在南明抗清将领中,他们二位是佼佼者。在桂林,他们抱定"城存与存,城亡与亡"的决心,经长期艰苦作战,终因粮尽兵缺被俘,在囚禁中,不受诱降、逼降,誓死不屈,最终就义。被囚期间,二公作诗唱和,互勉坚贞,后人将之辑为《浩气吟》。"羞将颜面寻吾主,剩取忠魂落异乡。""幽魂应变天边月,照见孤臣铁石肠。"铿锵有声的诗句,显示了气贯长虹的英雄气概。

由二公成仁处上至桂厅,建筑朴素大方,清洁爽朗,可供雅集。厅后为叠彩岩,岩壁间刻有数十尊佛像,历代名人诗文石刻甚多。岩内有一南北对穿的风洞,凉风习习,虽在盛夏,久立则不胜寒。人们往往以"风洞山"代替整个叠彩山。

穿过风洞,北为叠彩楼,旁为望江亭。楼阁依山临岩,精巧别致。眺望远近,连峰叠嶂,秀山争奇;漓江之水,清澈澄碧;绿洲、白帆、田畴、村舍,新人耳目。由此盘石级而上,即达明月峰顶。明月峰是叠彩山主峰,峰头建有拿云亭,从"明月""拿云"之名称,就可想见其高峻。站立峰顶,极目千里,真有"天外奇峰排玉笋""山如碧玉水青罗"的美丽。由峰顶回经叠彩楼前,西出山径,过犀牛石下,绕登仙鹤峰。峰上有洞,名"瞻鹤洞",俗称为白鹤洞。洞内分上、下两层,上层东西对穿,明朗高爽。每当夕阳西下,新月初升,光照洞壁。壁间今犹存古人题刻多件,如

"白云深处"等。洞前旧为桃李园,明代靖江王宗室据为别墅,清代诗人李秉礼改为环碧园,为当时诗人画家吟诗作画处。

明月峰东麓江边有木龙洞,由此洞远望诸峰,葱郁无际,沙鸟风帆,水光山色,构成一幅美丽的图画。

风洞 叠彩山中的著名胜迹。由前面的叠彩岩和后面的北牖洞组成,状如葫芦,南北宽大,中间狭小。风洞以它的清风出名。盛夏酷暑,洞外炎日逼人,洞内不仅凉风宜人,甚至还有寒意。真正是到清凉境,生欢喜心。洞壁琳琅满目的石刻也很引人入胜,多为描写这里的清风景色。如明人刘台诗云:"嵯峨怪石倚云间,洞锁烟霞六月寒。我到登临花正好,凭栏指点几回看。"清代才子袁枚诗:"我身伛偻入,风迎更风送。折腰非为米,缩朒岂为冻。……游毕再登高,出洞如出梦。"除了这些咏物写景的作品外,还有一些题刻是很有资料价值的文物。风洞内摩崖造像共存 90 余尊,造像记 6 件。北牖洞口有尊石卧佛,已被磨得通身发亮,明人沈昌期诗云:"千古此酣卧,游人争抚摩。我欲呼之起,为君祛睡魔。"石座上又有尊铁罗汉,神态憨厚有趣。洞深广二三丈,高丈余。洞内设石桌凳,洞口建叠彩楼供憩息眺望。

明月峰 叠彩山的主峰。峰顶有石坛,原为五代时楚王马殷所筑,叫马王台。宋代理学家张拭在桂林任静江知府时,亦在峰顶筑尧山、漓水二坛,作为岁时祭祀之用,遗址尚存。峰头现建有拿云亭,置身其间,有"引手欲探天上月,俯躬疑碍日边云"之感。明月峰是登高揽胜的绝妙处,伫立峰头,纵目四望,茫茫天边,云山相连。秀丽的桂林群峰好似一座玲珑奇巧的沙盘,在眼底展现它的座座不同的身姿。明净的漓江如同从云山里飘出的一条银流,由远而近直逼明月峰下。每当夏天的傍晚,可看到"五岭夏云"的奇景。从明月峰北望,天空展开蔚蓝的帐幕,在岭端与天幕之间,飘浮着绚烂的云朵,夕阳发射出金黄的光焰,渲染成满天彩霞,幻化万状,辽阔的天际,铺展出一幅幅万紫千红、美不可言的彩锦来。

木龙洞 位于明月峰东麓,靠山临水。它洞门高敞,南北对穿,犹如一座古城门。明代周进隆诗说:"重峦叠嶂瞰江流,空明一径通人游。不是天公此奇巧,康衢阻隔徒荒丘。"相传从前洞口有一株老干盘曲的古树,倒生于崖上,蜿蜒夭娇,活像一条苍龙。有一年,下了七天七夜的大雨,洪水陡涨,古树果然变成了龙,随波游到海里去了。明代天启年间,督学曹学佺置两条木龙悬挂洞中。后清末因雷震石崩被毁。由木龙洞向外眺望,北面尧山翠色欲滴,轻云飘绕;东南群峰似玉笋排空,临岸矶石横列江中……明代诗人陈于明《题木龙洞诗》中写道:"逶迤江路洞天开,奇嶂排空拥翠来。水石参差当槛出,亭台高下自天栽。双龙唾沫联银汉,半壁森阴覆苔藓。坐对尧峰画图里,暮烟凝处更徘徊。"出木龙洞,沿栈道式石崖路至临江岩。岩分上下两层,狭长深远,旁有窗穴,天光从上射入,玲珑通透,如烟似雾,可称奇绝。洞临漓江,江上竹筏帆船,渔舟钓艇,时相出没。临江有一天然大石,状似蛤蟆。蛤蟆石上坐落着一座喇嘛式古石塔,塔基由三个鼓形石饼组成,浅雕蝉翼纹和仰覆莲花纹。塔身四面雕拱形浅龛,佛与菩萨均趺坐于莲花形的须弥座上。塔顶为十二层相轮,逐层收进。顶部为六角形屋顶伞盖及葫芦形宝顶。此石塔挺拔秀丽,是一座唐代的小品建筑。"徘徊临古渡,塔影下匆匆。"别致的古塔,倒映江中,为这幅山水画图再添一奇景。

伏波山 位于桂林市区东北部,东滨漓江,北临叠彩山,西南与独秀峰相对峙。伏波山虽不高,但因平地拔起,故在峰下仰视,颇有山势凌云之感。尤其是临江东面,石壁如削,直插江中。每当春夏,漓江水涨,江涛汹涌而来,伏波而下,山名即取它遏澜回涛的特点。

进入伏波山山门,是一个洁净的园圃,各色花木,芬芳扑鼻。向东北登一临江平台,台上存放着清定粤寺遗物千人锅,可煮三担米,供千人食用。在台上欣赏水光山色,如在画中。晨观日出,一线红光横贯七星诸峰;晚望夕阳,紫霞万道,波摇金影;夜看皎月,月映江心,银鳞闪烁。若微风细雨时,远眺訾洲烟雨,孤帆远影,更是引人入胜。

由台后登数级石阶,就是伏波庙遗址。由于几经烽火,庙毁几尽。再上到大悲古洞,洞高广约七八尺,自明代起供奉观音菩萨。洞外西壁刻有清代名画家李秉绶的兰竹及张联桂的诗。返回山脚,有一口巨钟,也是定粤寺的遗物,重达两千七百多公斤。

拾级登山,数十级至山腰,有一亭。再登百多级,曲折而上山巅。俯瞰山城,一览无余。向东可瞩七星山,南眺则象鼻山、穿山历历在目,西望独秀峰秀拔耸翠,北瞻叠彩诸山环列如屏。清代张联桂《伏波山诗》云:"城边一峰拔地起,嵯峨俯看漓江水。江流到此忽一折,百道滩声咽舟底。"从山顶观赏漓江及诸峰景色,最能体味唐韩愈"江作青罗带,山如碧玉簪"的诗意。

从山巅取原道转下南麓,山腹中有著名的还珠洞。进洞约数十步即豁然开朗,像一个大厅,能容一二百人。岩中有一石柱下垂,高约丈余,距地寸许,它就是试剑石。石前为伏波潭,潭接漓江,碧水清澄,波平如镜。旭日初升时,光映潭中,反射入岩,金碧辉煌,好似水晶宫殿;若月夜泛舟于潭中,更别具情趣,素有"伏波晚棹"一景。从洞的左边登上一小悬岩,名叫"珊瑚岩"。据志书上称,伏波潭里产玉树,白色,像珊瑚枝。南宋庆元年间,朱晞颜获得一小枝,他把此事题诗刻志岩内,岩因此得名。千佛岩的岩壁上刻有佛像大小两三百尊,可惜在抗战期间被日寇炸毁不少。现存的其中一龛为唐大中六年(852)所刻,距今已一千一百多年了。造像大的高约1米,小的仅10至20厘米。它们对研究唐代佛教在桂林的传播很有价值。伏波山有石刻近百件,大多在还珠洞内,其中最出名、价值最高的是潘景纯、米芾题名和米芾自画像。

伏波山景致奇特,北宋诗人李师中在《蒙亭记》中说:"桂林天下之胜处,兹山水又称其尤。"早在唐代山南就建有伏波庙,宋代,伏波山下成为桂林水路游览的主要发落点,从此登舟顺漓江而下,可游象鼻山、雉山、南溪山、斗鸡山……溯江北上,可至叠彩山、虞山;横江东渡,舟由二江口入小东江,放舸顺流,下览普陀山、月牙山、龙隐洞诸胜。宋代伏波山的游览盛况,不仅从留存的六十多件宋人题刻中可以考证,而且从当时这里的风景建筑之多也得以说明。据记载,当年伏波山周围建有四堂四厅,即进德堂、正夏堂、喜丰堂、八桂堂和蒙亭、癸水亭、所思亭和月光亭。其中八桂堂尤为壮观,堂前堂后,筑有熙春台、流桂泉、知鱼阁,等等。当年骚人墨客雅集,吟咏唱和,留下了不少诗文。可惜后来年久失修,这些亭台楼阁多已湮灭。如今,伏波山早经重新整修,建起了山门院墙、回廊亭阁,铺筑石级道路,修缮文物,培植花木,伏波胜境成为桂林最优美的园林之一。

临江阁 在伏波山玉皇阁旧址上。玉皇阁建于明代,一进三开间。阁左有迎碧亭,右是凌虚亭,各三楹。亭阁早毁,在故址上新建起临江阁。阁分两层,依山而建。阁居山腰,山麓绕以回廊。它们虽然互不相接,但远看,阁宇凌空,回廊曲折,蜿蜒其下,构成一个似断还连、主次分明的建筑整体。临江阁东依悬崖,西傍大悲古洞,古洞近旁石壁上有明清题刻十余方。其中清代画家李秉绶的《竹兰画》和李质、李雍的"拾翠"二字最为人称道。"拾翠",是指此处为欣赏青山绿水的好地方。在此举目远望,群峰排插,青峦重叠。在水天相连处,山头有一很大圆窟窿,似一轮明月当空高挂,这就是桂林一大奇景月岩,又称空明洞。传说远古时代,桂林荒野中,妖魔鬼怪和巨蛇猛兽侵害人畜。神人揭谛身高十丈多,手持大弓,腰挂长剑,目光如电,声如洪钟。他在还珠洞前张弓搭箭,射死妖魔并射穿了石山,吓得牛鬼蛇神全都遁踪匿迹,人们从此在桂林安居乐业,月岩也从此形成。步入临江阁,开轩东眺,远山浓淡,眼下清流潺湲,水流云在。江底卵石水草、江中芳洲野鸥、隔岸炊烟人家,均历历在目,情致盎然。"远近名山排画障,郁葱佳气霭香烟。"由临江阁西下,平台上陈放着一口高大铁钟,苍苍古钟,斑驳陆离。此钟铸于清康熙八年(1669),口宽约五尺,高七尺五寸,重两千七百余公斤。它原为定粤寺内法器,后因寺毁才迁移于此。虽几经兵火,但历经三百余年仍完好无损。细观吉钟,顶为双龙钮,身铸纹饰和四层铭文,上层为《波罗密多心经》,二层为弦纹和曲线纹,三层为铭文,下层是龙珠纹和卷草纹。钟上的铭文是相当有价值的史料。

还珠洞 在伏波山东麓,故又称东岩、伏波岩。宋时在洞口临江处筑有蒙亭,所以也称蒙亭岩。至于"还珠"之名得于民间传说:此洞原叫玩珠洞,因为伏波潭里曾住过一条老龙,每当明月朗照,它就上来观景并在洞内玩珠,光照四壁,如同白昼。有一渔翁常停舟岩旁,有时深夜见洞内金光闪闪,甚为惊异。一夜,渔翁鼓起勇气进洞,只见一老人熟睡石上,身旁一颗宝珠将洞照得通亮。渔翁斗胆将宝珠拿走,随即又想到不能随便拿人宝物,于是又回洞,交还宝珠。后人感念渔翁忠厚,就称此洞为还珠洞。还珠洞玲珑通透,中多支洞,如层楼复道一般,如珊瑚岩、海螺洞、千佛洞等。洞中奇石以试剑石最独特,它悬空而下,上大下小,下端与地面不相接,距离约寸许,"状若浮石",又像是被剑砍断的。宋人方信孺诗云:"插水峭崖犹有路,垂天怪石本无根。"游人到此,莫不称奇。对这条由江水溶蚀而成的石柱,人们赋予了它很多传说。相传东汉伏波将军马援为了试剑是否锋利,对石柱沿地面挥剑砍去,石柱迎刃而断,因名试剑石。又传此石柱是神人揭谛劈开的,它能伸能缩,伸张时与地相接,广西必出状元,故又名状元石,流传着"岩石连,出状元"之语。但它总是收缩的时候多,伸张的时候少。这些有趣的传说为还珠洞增添了色彩和情致。试剑石前有石矶横卧江中,下临伏波潭。每当雨季,潭中波涛翻滚,吼声如雷;而到秋冬,潭水清澄碧绿,波平如镜,人称之为"蓉镜"。宋人张洵在石壁题刻一诗曰:"桂林山水冠衡湘,蒙亭正在漓水旁。清流洄洑眩波光,高崖古木争苍苍。下有菱荷满横塘,面面风来面面香。新诗一咏酒一觞,爽气浑如秋气凉。"被誉为"湘南洞穴之冠"的还珠洞,不仅风景优美,而且以丰富的石刻文物闻名遐迩。在这些古代石刻中,有纪游性的题名,有赞颂风光胜迹和修建建筑的诗文,其中年代最早的距今已有一千一百多年了。琳琅满目的题刻,既反映了古代这里的游览盛况,又为这幽岩古洞折射出历史文化的灿烂之光。这些石刻中尤为引人注目的是北宋大书画家米芾的题名和自画像。米芾来桂林,史无记载,因而他在还珠洞的题名留下了研究他生平事迹的珍贵材料。当时米芾仅23岁,他的真迹存世不多,尤其是他早年的作品,几为稀世之宝。能在欣赏美景的同时,见到这位书画大家的早年作品,是难得的艺术享受。这件题名石刻,笔法秀丽潇洒,骨力深藏,可见米芾是一位书画能力早熟的书法家。题名左旁,刻有米芾自画像,高1尺3寸,宽约1尺,作立势,头有冠,面微向左,右手舒二指,似有所示,身穿宽袍大袖,足着履,如作开步之势。神态自然,线条粗犷,笔法流畅。画像之上有宋高宗的像赞,赞曰:"襄阳米芾,得名能书。六朝翰墨,渔猎无余。骨与气劲,妙逐神俱。风姿亦然,纵览起予。"像赞旁还有米芾之子米友仁的题跋以及有关真迹摹刻的题记,都是珍贵史料。游览伏波胜境,精彩之处还不仅在山外,更在山腹。

雁山园 位于桂林南郊约23千米处,为一山奇水秀、别具一格的古典园林。它原名为雁山别墅,为清代唐岳所创建。唐岳字子实,桂林人,曾为广西团练总办,从清同治八年(1869)开始营建这座面积达15万平方米的别墅园林。别墅内有方竹山、乳钟山、桃源洞、青罗溪等自然山水。园主又开凿碧云湖,修建华丽的楼阁馆所,亭台水榭和养殖各种珍禽异兽,栽培名贵花木的鹿苑、梅林、竹圃,构成了一个山水相映、富丽多姿的私家园林。这座园林环境幽静,为岭南岭西所少有。前清末叶,唐岳后人将园林卖给当时两广总督岑春煊,岑别字西林,故改称此园为西林花园。1929年起,园林归公共所有。这一名园,虽几经沧桑,当年的大部分建筑已毁于兵燹战火,但它的自然景观仍美丽如故。

水,是园林风景的重要题材。有了水,园林才有了活泼的生机,才能给人莹润的感受。雁山别墅内外多水,园外四周青溪环绕,流水淙淙;园内有平湖,有溪流,有浅池,还有跌水。跨过溪上木桥步入园内,左右即为莲池,池畔是乌桕、桂树和冬青,将莲池衬托得愈加青碧。过莲池,横陈于前的是一条绿湛湛的青罗溪,富有诗意的美名取自唐代大诗人韩愈咏桂林诗中"江作青罗带"之句。青罗溪从园外的相思江流经方竹山下的桃源洞,纵贯园内。修园时,园主将溪流疏凿加工,使之与园中湖塘相连,形成纵横交错、星罗棋布的水面。依傍山石形势疏凿的青罗溪,两岸自然岩层与人工砌石相间,时而平直,时而曲凸,十分自然悦目。在青罗溪流出桃源洞处,有涤潭,潭中矶石突兀,四周古树阴翳,环境清幽。石上筑有小亭,有小桥与西岸相连。青罗溪下游建有元珠桥,小小的单孔石桥,小巧古雅,风韵独具。从桥上看园外雁山,前为昂首挺立的雁头,后似两翼大张的雁翅,那栩栩如生的样子,颇为有趣。过元珠桥向东便到了碧云湖,它又名鸳鸯湖,是人工开凿的湖塘。湖面开阔,湖心有水榭,有曲桥与南北岸联通。碧云湖是主人当年的主要活动区,据当年绘制的《雁山园图》可知,其时湖中、湖畔有三大建筑。在湖之南与桃源洞之间，建有涵通楼，它是别墅的主楼，楼阁两层，前有戏台；涵通楼的西南是澄研阁，它紧倚桃源洞口西北侧的悬崖，前临深潭，是园主日常起居的地方；碧云湖上建石舫，名为碧云湖舫，中间两层，四面临水。三大建筑由两层的复道曲廊相连接，东西长达一百多米，构成了一组体量庞大、有机联系的建筑群。可惜当年这些华构，有的已毁，有的改建，现存水榭、亭阁和楼房大多已不是原物了。

从碧云湖沿用卵石铺砌的花径，绕过乳钟山向北，可见一座朱红色古门楼，此即当年别墅的正门。门上刻"雁山别墅"四字，门联集陶渊明诗句："春秋多佳日""林园无俗情。"门前芳草萋萋，松柏交翠。对面一列土山，南北绵亘，冈峦起伏，正是雁山。

山是园内景物的主体。园内南有方竹山，北有乳钟山，各高约50米。山上怪石突兀，林木繁盛，岩石余脉在园中裸露。当年园主利用石山特点，修砌山道，建筑亭台。方竹山下有桃源洞，洞道曲折，青罗溪从洞底穿过。洞分两层，内有形状各异的石乳、石笋。因洞内曾出土动物化石，人称"龙骨洞"。后造园时唐氏取陶渊明《桃花源记》文意改之。又因洞外有红豆树，亦称相思洞。洞口悬崖上旧有相思亭，已废。现在是一钓台，相思江水就从钓台下的岩底汩汩冒出。在此垂钓，自有一番风味。

雁山园不仅是一个规模宏大且具有真山真水的园林，它还有一个突出的特色，就是园内古树成林，环境十分清幽，这在我国古典私家园林中是非常罕见的。踏进园门，就仿佛置身于密林幽境之中，参天古树大者有几抱，有的树上长满苔藓藤蔓，形态古拙。其中那方竹山南麓的古红豆树尤为珍贵，老干参天，枝叶婆娑，每三年开花结荚一次，殷红色的豆粒鲜洁可爱。自古红豆为寄情相思之物，故又叫相思豆。游人来此，以得几粒红豆为快。此外，园内还有绿萼梅、四方竹、丹桂，它们与红豆树并称为"雁山四宝"。这些名贵花木，只是当时园中遗下的一小部分。据说，当年园主对花木的栽种十分讲究。观赏植物的配置，不仅分区大片种植，而且四处罗致稀奇罕见的品种，如白玉兰、牡丹、墨兰、素心兰、金边兰、紫竹、方竹、透骨红等。名园古建筑虽遭很大破坏，但留下许多佳木名花也算大幸。

游完园林还可登雁山览胜，从主峰水源岭绝顶俯视，雁山公园犹如一块碧玉琉璃，方竹山和乳钟山就像其中的两块蓝田美玉，其山水风光另有一番可玩味之处。

灵水园　　又名灵源，灵犀泉是广西南宁市武鸣区八景之一，位于武鸣区西南郊约 1 千米处,是一个天然泉湖,九股清泉从石缝隙中涌出,如珠如玉,汇成约 3 万平方米的湖面,形似葫芦倒挂,水深 3 米左右,是一个有名的风景园林,总面积为 333 亩。

据清末编撰的《广西一统志》记载,灵水"昔有灵犀出水岸,光彩四射,故名灵犀泉"。犀牛,在一些地方曾被作为传说中的"龙"。清康熙十一年(1672),邑令庄振微,取"山不在高,有仙则名;水不在深,有龙则灵"之意,将它改为"灵水"。又据清朝末年知县温德溥主编的《武缘县志》记载,灵水"地辟于秦,时属领方县地"。到明洪武二十四年(1391),在现今县城之所建起城池以后,灵水岸边也建起了寺庙,游人随之增多,留下的诗词题咏也不少,仅《武缘县志》中收集的就有一百多首。现存最早的灵水题诗为洪武年间邑令郑学醇的《灵源诗》,诗中大赞灵水说:"太华神所擘,龙门禹初凿。未若兹灵源,髻拂由坤路……"郑公是广东顺德人,少年时曾畅游祖国的名山大川,万历十二至十五年(1584—1587),曾任武缘(今武鸣)县令,常到灵水游玩。他感到,即使是太华山和龙门这样有名的胜迹,也比不上灵水美。

1913 年,旧桂系军阀首领陆荣廷(武鸣人),把原来的灵水风景地修建成公园,在北岸修了公馆,建起亭台,开辟行道,修复灵水庙,还筑戏台等游乐场所。1921 年,军阀混战,灵水的一些设施受到破坏,灵水风光也因而萧条冷落了许多年。1949 年后,人民政府拨款重新修整。沿湖边新修了游览道路,增建了亭台楼宇,种植了许多花草树木,使得灵水周围,花树葱茏、曲径通幽、楼榭适布,衬托着岸边的嶙峋怪石和清滢透澈的一泓碧水,形成了灵水妖娆的美姿。

灵水有三大特点:一是水清,清到可以看到水底的鱼虾、水草、砂石。二是定量,常年不涸不溢,它的水位稳定。三是恒温,水温常年保持在 23℃ 左右,冬暖夏凉,夏日炎阳当空,投身泉浴,其水冰凉沁骨,能使暑气顿消;而冬日虽北风呼呼,潜泳其中,则和暖舒坦,是最理想的天然游泳池。

灵水公园分为南、北两大景区,南区以自然风光为主,灵水泉流就从南区流入武鸣河。区内山青水秀,竹木掩映。笔力刚劲的"龙津吐碧"石刻四字就刻在东岸小灵水出口的石壁上,站在石壁上眺望北区的长廊、得月楼、花树倒影,景色多姿多彩。

北景区东面有龙口亭,南有观泳亭,北有观泳楼、螃蟹山,西有九层皮、得月楼和洗衣长廊。岸边嶙峋怪石,石壁层叠,花树葱茏,楼榭适布,是灵水景胜集中的区域。

灵水不单是水质美、风景美，它还有耐人寻味的传说故事，如"龙津吐碧""螃蟹山""九层皮"等更能引发人们的遐思奇想。

九泉 灵源共有九个泉眼，称之为九股泉，最大的是东岸石壁下的龙口那一股，它上方的崖头上，有一个"龙口亭"，若到亭栏凭栏俯瞰，便可看到一股清明透澈的洪流，怒激石壁，奔腾而出，发出轰轰响声，大有涛奔雷怒之势，这是第一股；在观泳楼东侧，又有两股泉水从水底的石缝中涌出，翻滚沸腾，犹如锅中开水一般，这是二、三股；在观泳楼西侧，有一块巨石凸出水面，形似螃蟹，叫"螃蟹山"，从螃蟹山下的石洞中又冒出三股清泉，沸沸扬扬，仿佛要把螃蟹山拱起来似的，这是四、五、六股；在螃蟹山西面的九层皮石壁下，有两个溶洞，从洞中又涌出两注清泉，这是七、八股；在东南岸小灵水的乱石堆中，又有一股泉流流出，这是第九股。九股清泉，俗称"九龙喷水"，汇合在一起，就形成了清滢秀丽的灵水。

龙津吐碧 位于灵水湖东南面小灵水出口的岸壁上，刻有笔力刚劲的"龙津吐碧"四字，何时何人题书刻凿，无从考证。关于"龙津吐碧"的传说很多，其中一种传说是，这里从前是群龙戏珠之地，灵水，就是龙津吐碧而成。另一种传说更为有趣，说是从前这里有一湾清潭，水深莫测，四季不涸不溢，灌溉庄稼农田。有一年天大旱，连东海的水都要干涸了，可这里仍是清流潺潺，照样灌溉农田，使庄稼获得丰收。东海龙王得知这事后，大发雷霆，立即命令九条白龙来把灵水吸干，带回东海去。这一天，突然天昏地暗，飞沙走石，九条白龙怒吼着，从天而降，想一下子把灵水吸干带走。可是，当它们飞落灵水时，见这里碧水清滢，荇藻缤纷，鱼虾畅游，自得其乐；加上岸边花树繁茂，奇石峥嵘，风景如此秀美。干脆脱下龙衣，跃进水中，吞水吐珠，尽情嬉戏，竟忘记了本来的使命，不再回去了。时间一久，就成了这"龙津吐碧"的奇观。清代邑贡生刘王廷有《咏灵水》诗云："神物何年见，空留碧水新。潭心流玉液，石眼吐龙津。淡月澄江练，微风蹙水鳞。长空同一色，何处有纤尘。"人们根据诗意，在上述的岸壁上刻上"龙津吐碧"四字，成为灵水的第一景。

螃蟹壮观 位于灵水湖北面，在观泳楼西侧约10米处，有一块巨石，半露于水面上，形似螃蟹，蟹头高昂伸出水面，蟹腹蹲伏于水中，故名为"螃蟹山"。传说，那年东海龙王见九条白龙不回去，就派青蟹将军来寻找。青蟹来到灵水，见九条白龙在清泉中玩得正欢，自己亦看得发痴发呆，最后也情不自禁地跳下灵水游玩起来，越玩越觉得灵水可爱，越玩越不想走了，最后，也变成了一块巨石。螃蟹山高出水面约6—7米，山脚的水较深，游泳健儿常把它当作天然跳台。螃蟹山东面的石壁上，刻有"灵源"二字，系民国二十三年余江人吴迈所题，很远都可以看见。人们可以从螃蟹山的北坡登顶,顶上可站十余人。在螃蟹山上观赏灵水风光,甚为壮观。

九层皮 位于灵水北区的西北角,螃蟹山西边约50米处,有一块层叠有序的巨石伸入潭中,这块叠石共有九层,石纹脉络清清楚楚,石上亦黄青白相隔,色彩斑斓,故名"九层皮"。传说那年九条蛟龙飞来灵水戏水时,是先脱下龙衣才下水的,脱下的龙衣就放在这里,蛟龙在水中游来游去,吞水吐珠,尽情嬉戏,流连忘返,东海龙王恼火了,亲自来到灵水将九条白龙处死,龙衣就变成了现在的"九层皮"。站在九层皮上观看灵水,由于角度不同,景致亦异:远眺东面,龙口亭像玉雕似地挺立于石壁上,玲珑秀丽;南、北两座观泳楼,遥相对峙,楼下水面,游泳健儿运用各式泳姿,击水扬波,你追我赶;轻舟浮水面,怪石影玲珑,可见灵水美景,佳趣无穷。

经略台园 位于广西玉林市容县县城东人民公园内,面积不到2万平方米,是广西有名的古迹名胜园林,经略台上的真武阁是全国重点文物保护单位。经略台园因乃唐代诗人元结任容管经略使时所建而得名。真武阁坐落在绣江之滨的古经略台之上。台高5米余,紧依绣江北岸而筑,迎送江水。登阁居高临下,俯视银浪雪涛,远眺都峤群山,奇峰参天,面向开阔平原,旭日暮霞、朗天明月、龙潭碧波,相互辉映,竞秀争艳。

经略台西原有水塘堤柳等风景,现已因干涸改作他用,台四周林木成荫。台东以北一片平地,布置成不等边五角形图案的花园,中心建六角亭一座。东面堤坝上沿江新建廊屋排列。由园门经此,直到台的西侧,拾级东转台上。台之西,有两座景亭,北亭位于缓坡上,内有唐代铜钟一口;南亭位于堤上,大致在经略台前部的纵轴线上。台的西南,堤顶有老榕树一株,其旁新植林木。

城东园山青江广,竹木掩映,建筑得宜,风格隽雅而疏朗,在唐代就名满桂中。到了明朝,真武阁的建造,更使其名声远扬。真武阁建于明万历元年(1573),阁高三层,矗立于经略台之上,结构巧妙,稳固美观,是我国古代木结构建筑中的精品。全阁布置精巧,技术高超,风格特异,为建筑史上罕见。是全国重点的文物,也是广西容县和城东园的著名建筑。

真武阁 位于城东文化公园内,相传建于唐乾元至大历年间(758—779),因乃唐代诗人元结任容管经略使时所建而得名。原作操练军士和游观风景用。台上原有的建筑早废,到明代万历元年(1573),出于迷信,为了奉祀真武大帝以镇火灾,创建三层楼阁,它轻盈秀美而又挺拔崔巍,远伸着如翅之飞檐,似在招手欢迎人们登阁远眺,一览绣江两岸如画之美景。这就是我国著名的古代杰构——真武阁。

它不仅以四根悬柱之奇闻名于世,而且以其英姿倩影,使古今无数游客为之倾倒。它距今已有四百四十多年的历史了。

真武阁高 13.2 米,面宽 13.8 米,进深 11.2 米,是一座独具风格的木构建筑,我国著名的古建筑学家梁思成称之为"杠杆结构"。全阁用近三千条大小不一的南方特有的格木构体,以巧妙的杠杆结构方法,串联吻合,相互制约,彼此扶持,合理而协调地组成了一个十分优美、稳固的统一整体,不用一件铁器。二层楼上有四根内柱,承受着上层楼板、梁架、配柱和屋瓦脊饰的沉重荷载,柱脚却悬空不落地,这是全阁结构中最奇特、最精巧的部分。它的方法是在悬空柱上,分上、下两层,用十八根枋子(拱板)穿过檐柱(即底层内柱的上部),组成两组严密的"杠杆结构"方法,在建筑史上是一个罕见的例子。它在建筑布局、技巧和风格等方面都有很高的科学性和艺术性,是我国古建筑中的一颗明珠。据文献记载,这座雄伟壮丽的建筑,在漫长的四百多年历史中,曾经受过多次风暴的袭击和地震的摇撼,始终安然无恙,巍然屹立,充分显示了我国古代劳动人民在建筑技艺上的卓越才能和智慧。

在建筑的艺术风格上,真武阁也是独具一格的。阁立高台,飞檐深远,气势轩昂,豪放不羁;那如意斗拱,纵横交错,连绵不绝,恰似春花竞放,意趣盎然,其优美的花饰和工整的刀法,既富于节奏感,也具有音乐美,不愧是古代建筑中的一颗金光闪烁的明珠。

景子铜钟 唐贞元十二年(796)铸于古容州开元寺,距今已有一千二百多年的历史。现放置在城东文化公园内,受到很好的保护。此钟为青铜铸造。通高 1.83 米,身围 3.25 米,口径 1.09 米,重 1750 公斤,是广西现存最大的铜钟之一。钟身通体铜色光润,形象浑厚庄重,浮雕的纵横弦纹豪放流畅;中部铸有四朵圆形的花瓣纹,是备击的地方;顶部铸龙钮供悬挂,造型生动雄健。钟身正面平雕款识两行:"贞元十二年岁在景子十一月廿二日己酉当道经略使守容州刺史兼御史中丞房孺复与幕府及诸大将等于开元寺敬铸鸿钟一口重三千五百斤永充供养。"背面还阴刻有"开元寺常位钟"六字。岁在丙子的丙字写作"景",是避唐高祖之父李昞的名讳。史载房孺复贞元十年(794)任容州刺史、容管经略使,十三年(797)九月卒于任上,此钟当铸于他死前一年。容州开元寺建于初唐,寺址在州城东,但何时废毁,无从考查。然此钟虽数度沧桑,幸存至今,使我们可以从此钟看到我国古代劳动人民高超的冶铸技艺。今天,它已成为我们研究唐代社会政治、经济、文化和我国冶炼历史的珍贵文物。

岳麓山 又名麓山,位于湖南长沙市湘江西岸。古人将其列入南岳七十二峰之一。南北朝刘宋时《南岳记》载:"南岳周围八百里,回雁为首,岳麓为足。"山势中部高,南北低,总面积8平方千米,海拔高度多在200米左右,最高峰海拔300.8米,碧嶂屏开,秀如琢玉,层峦叠翠,山涧幽深。

岳麓山群峰对峙,林木葱茏,山色秀美。古以为"衡山之足"而得名,因其"泉涧盘绕,诸峰叠秀,俯瞰湘江"(《方舆胜览》)的优美风景,久已闻名于世。郦道元《水经注》载:"息心之士多所萃焉。"据《岳麓旧志》所载,"陶侃、马燧、裴休、杜甫、沈传师、刘长卿辈,开舍结庐"于此。

自西汉以来,历代都有遗迹可觅,尤以爱晚亭、岳麓书院、麓山寺、望湘亭、麓山寺碑、禹王碑等最为著名。另外,岳麓山有幽静美丽的峡谷,如清风峡,位于岳麓书院后,一线清泉,两池碧水,万木峥嵘,著名的爱晚亭即在其中。每至深秋时节,漫山红叶,古亭幽谷,风景绝佳。又有耸立的山峰,如云麓峰,古木参天,峰峦挺秀;望湘阁即在云麓峰上,铁瓦石柱,屹立峰巅。登望湘阁倚栏远眺,可尽览长沙风貌。

爱晚亭 位于岳麓山岳麓书院后边清风峡中的土丘上。建于清乾隆五十七年(1792),原名为红叶亭,也称爱枫亭。清代著名诗人袁枚来此游览时,依唐代诗人杜牧"停车坐爱枫林晚,霜叶红于二月花"的诗意,更名为"爱晚亭"。

清风峡幽静美丽,爱晚亭四周皆枫林,春时青翠,夏日阴凉,深秋则枫叶红艳,别有佳趣。而爱晚亭红柱飞檐,古亭幽谷,风景绝佳。

光绪、宣统年间,湖南高等学堂监督程颂万将张南轩与钱南园游山七律诗刻于亭中方石上,题名为"二南诗刻"。亭前石柱刻对联曰:"山径晚红舒,五百天桃新种得;峡云深翠滴,一双驯鹤待笼来。"亭右有清枫桥,下面有小溪,名兰涧。1952年,爱晚亭又经修葺,朱栏藻井,焕然一新,毛泽东题有"爱晚亭"额。

岳麓书院 位于岳麓山东面山麓,由潭州太守朱洞创建于北宋初开宝九年(976)。天禧二年(1018),真宗赐以"岳麓书院"门额,为我国宋代著名的四大书院之一。

书院在北宋创建时,为"讲堂五间,斋房五十二间",南宋初,因"兵革灰烬,什一仅存",当时重建"为屋五十楹,大抵悉还旧规",而讲堂前加圣殿,绘有圣贤像,讲堂后建藏经阁以藏书。后又历经战火,屡废屡修,现存建筑为清代重建,尚存大门、前厅、文昌阁等。

宋代理学家朱熹、张栻等均在此讲过学,最盛时学生多至千人,因此有"道林三百众,书院一千徒"之语。同时,又有"潇湘洙泗"之称。潇、湘二水在湖南,洙、泗二水在山东,拿孔子讲学的地方与它相比,足见当时岳麓书院的声望和盛况了。

文昌阁前有石碑,上刻"岳麓书院",即宋真宗所题。前厅左右两壁有石刻"忠、孝、廉、节"四字,为南宋朱熹手笔;"道南正脉"木匾为清乾隆所赐;厅下左廊有"整齐严肃"四个石刻大字,为清乾隆时御史衡山欧阳正焕书。附属建筑另有御书楼、六君子堂、十彝器堂、濂溪祠、湘水校经堂、赫曦台、自卑亭等。赫曦台位于书院大门前,为清乾隆时,书院学长为了纪念朱熹而建。

麓山寺 位于长沙岳麓山半腰。创立于晋武帝泰始四年(268),是长沙最早的一所僧寺,山门有对联:"汉魏最初名胜,湖湘第一道场。"以后历经修建,明神宗时更名为万寿寺,后毁于兵火,清光绪年间又重建。自晋以来,寺名数经更改,至民国恢复"古麓山寺"名称。

寺分前后二殿,前殿于1944年毁于战火,尚留基础遗址。现仅存前门和后殿藏经阁,阁前左右各有罗汉松一株,一株相传为六朝所植,已有一千余年历史;另一株为明代补植,合称"松关"。寺内有玉泉,寺后古树环抱之中,有泉从石隙中流出,冬夏不涸,清洌甘美,传说煮沸后,蒸汽盘绕如鹤舞,故名曰"白鹤泉"。

麓山寺为岳麓山胜迹,历代名人吟咏甚多,唐杜甫有《岳麓道林二寺行》,诗云:"玉泉之南麓山殊,道林林壑争盘纡。寺门高开洞庭野,殿脚插入赤沙湖。"

云麓宫 位于岳麓山右顶峰上。道家称之为"洞真虚福地"。据清康熙《岳麓志》所载:此处原有宫殿,但废弃已久。至乾隆年间,在此构殿五间,其后为三清殿,冶铁为瓦,立石为柱。咸丰二年(1852)毁于战火,同治二年(1863)修复。

此地峰峦挺秀,古木参天。云麓宫右有望湘亭,登望湘亭倚栏远眺,俯瞰湘江与长沙市区,历历在目。清诗人黄道让撰对联:"西南云气来衡岳,日夜江声下洞庭。"亭下有拜岳石,又名飞来石,石方广丈余,因其可以瞻望衡岳而拜,故名拜岳石。门外古树杈中有钟,曰飞来钟。

麓山寺碑 位于岳麓山下岳麓书院正厅左侧山坡上的亭子内。唐开元十八年(730),著名文学家、书法家李邕为长沙岳麓山麓山寺撰文并书写。李邕,字泰和,江都人,曾任北海太守,所以此碑又称"北海碑"。碑额题"麓山寺碑"四字,方篆阳文,碑文行书。碑通高3米,宽1.35米,28行,每行56字,全文共有一千四百多字。因多年风雨剥蚀,只剩下了九百多字。碑文历述由晋至唐麓山寺历代建庙及禅师传法的情况。碑文辞藻优美,书法遒劲刚健。

碑阴有宋元人题名若干处,最著名的有北宋书画家米芾在元丰三年(1080)所刻题名。此碑笔力雄健,对研究书法艺术有重要价值,是我国著名的唐碑。

禹王碑　在岳麓山最高峰禹碑峰上,高 1.7 米、宽 1.4 米,碑文分 9 行,每行 9 字,计 77 字。字体离奇,难以辨识,末行空 4 字处,有寸楷书"右帝禹刻"四字,南宋何致所刻。禹王碑原在衡山岣嵝峰上,相传南宋嘉定五年(1212),何致游南岳,闻樵人说"岣嵝峰石刻上有数十字",致疑为禹王碑,使引路至碑前读之,摹其文刻于岳麓山巨石上。

明嘉靖三十九年(1560),长沙太守张西铭建护碑亭,据明人杨慎译述,内容主要叙述禹接受舜帝的治水命令,日夜奔波于三山五岳之间,疏浚大川河流、治平洪水的功绩。

岳麓山的最高峰也因碑得名禹王峰。

天心阁　位于湖南长沙市旧城墙的东南角,与著名的岳麓山遥相对峙。创建于何年不详,但于清乾隆时曾重修。

此处城墙依山而建,曲折起伏,天心阁即建其上。据清乾隆《长沙府志》和乾隆二十四年(1759)李汪度《重修天心阁记》载:"城东南隅,地脉隆起,冈形衍迤,上建天心、文昌二阁以振其势。"登临天心阁可俯瞰全城,凝视湘江。

咸丰二年(1852),太平天国西王萧朝贵部在此驻扎,歼灭清兵甚众,城垣几度被攻破,萧亦于此役殉难。辛亥革命前夕,同盟会曾一度在此设立分会,陈作新等常在此商讨光复计划。1938 年 11 月 12 日,长沙大火,天心阁成为一片瓦砾,仅存城堞一角,峙立如故。20 世纪 50 年代后,此处广植花木,兴修亭轩。1983 年,天心阁按原式样进行重建,城墙残缺部分全用青砖补齐,保持了古朴风貌,重现了天心阁的雄姿。现在天心阁及附近城墙已辟作园林,供人们游赏,成为长沙市内一处著名的古迹。

石鼓山　位于湖南衡阳市北门外,雄踞在蒸水与湘江汇合地。面积约 4000 平方米,山有高 2 米的太石鼓,晋时庾仲初的《观石鼓诗》称:"鸣石含潜响,雷骇震九天。"北魏郦道元《水经注》记载:"具有石鼓高六尺,湘水所经,鼓鸣则有兵革之事。"

石鼓山峻峭耸拔,林木苍郁,风景宜人,有"湖南第一胜地"的美称。历代名人在此多留有遗迹,如柳宗元、韩愈、范成大、朱熹、张载、文天祥、徐霞客、王夫之等都曾到此或游览、或讲学。唐时李宽筑庐读书于此,宋时建立书院,并赐"石鼓书院"匾额,为当时全国著名书院之一,文人学者到此游历讲学者甚众,原建筑已于抗战时期毁于战火。

石鼓书院　位于湖南衡阳市石鼓山回雁峰下。创建于北宋至道三年(997),因唐代元和年间李宽曾构屋读书于此,故在旧址建书院。景祐二年(1035)赐"石鼓书院"额,南宋淳熙十二年(1185)重建,与应天书院、岳麓书院、白鹿洞书院同为当时我国知名的书院。

书院原建有楼、阁、亭、祠等建筑物,但在抗战时期均毁于战火。今故址内仅存明、清碑刻多处。

浯溪　位于湖南祁阳市西南约2千米处,湘江西岸。此处风景秀丽,山转水绕,《祁阳县志》载有:"浯溪胜景,天地生成,一木一石,别饶雅趣。"

浯溪得名于唐诗人元结。元结卸道州(今道县)刺史,归经此地,爱其山水胜异,结庐溪畔,并命溪曰"浯溪",建峿台、吾亭,各撰铭文,篆书,刻于山石上,后人称之为"三吾"。随后,元结又将上元二年(761)所撰写之《大唐中兴颂》请当时著名书法家颜真卿写成楷书大字,镌刻江边崖石上。从此游人日增,题名刻石几遍,形成我国少有的露天诗海碑林。宋黄庭坚,清何绍基、吴大澂等名家之碑刻尤为著名,清代越南使者来我国,经过此地,亦留有刻石四块。

桃花源　位于湖南省西北部、沅水下游,主景区面积8.12平方千米,是著名的文人园。桃花源始建于晋,初兴于唐,鼎盛于宋,大毁于元,时兴时衰于明清,荒废于民国,渐复于1949年后,大规模修复开发始于1991年。桃花源因东晋诗人陶渊明《桃花源记并序》而得名,自后便以避秦仙源之名扬名于世。相传晋人于今桃花源东北早建有桃川宫。有唐一代尤崇道教,复于其地建桃花观。宋乾德元年(963),置桃源县,亦以其地有桃花源之故,时道教仍盛行,桃花源的建筑也有所扩展。淳化元年(990),朗州官奉诏于此修五百仙人阁,竣工后命名为"望仙阁"。大抵宋以前建筑都集中于桃川宫一带,明以后始渐移至桃花山。

桃川宫,又名桃川万寿宫,历年屡次兴废。政和元年(1111),权发遣广南西路转运副使张庄奏请重建桃川宫,并新建景命万年殿及福、寿二星,经、钟楼阁,斋寮,厨库,廊庑,方丈,凡1330楹。次年,赐"桃川万寿宫"额,设提点掌之,以便祝釐。淳祐元年(1241),龙阳(今汉寿)富民文必胜施财谷,增创武当行宫于桃川宫之阴,规模略同于唐太和年间所修的行宫。现桃川宫内修有三清,并装饰了诸神像。桃川宫寮观宏敞,古木垂荫,水咽笙簧,云连屏障,望之蔚然深秀。姜白石有诗:"故宫在其北,屋瓦带松雾。"杨袚亦云:"野香分露滴,樵响落云衢。"可以想象其景物之佳胜。

"武陵何处访仙乡,古观云根路已荒。"沿桃花溪上山,至半山腰,可见桃花观。观重建于明万历三十七年(1609),名大士阁,塑观音像于阁中,乡人名之为观音堂。几经兵燹,数次倒塌。1894年,县令余良栋重建,后复遭火灾。1914年,知县杨瑞鱣全面修复,改名为桃花观,并辟古隐君子之堂以祀陶渊明。桃花观整个建筑分山门、前厅、正厅三个部分。山门为砖砌牌坊,有石刻"桃花观"额及"秦时明月,洞口桃花"对联。前厅为亭阁式,前檐两角悬铁马,厅正中置桃花石福寿屏风,书法遒劲,工艺精巧。紧连前厅为硬山砖木结构的正厅,厅两端为穿架,中间二缝叠架,左墙外构一别舍,曰"息机别馆"。观内有历代名人的题对匾、石刻诗文及近代名家书画、绣像,琳琅满目。山门内左右各有罗汉松一株,老干突兀,势若飞龙,枝叶繁茂如华盖。金月桂分立围墙两端,每当春、秋二季,清香扑鼻,沁人心脾。蹑风、玩月两亭,如靓妆少女,侍立左右。东西山峰环抱,苍松绿竹,郁郁葱葱,游人到此,都有"洞天福地"名不虚传之感。

蹑风亭 在桃花观前厅左侧,因《桃花源诗》"愿言蹑清风"句命名,县令杨瑞鱣于1914年建。后因白蚁为害,摇摇欲坠,1974年重修,为四方形两层砖木结构古典建筑。室顶耀金,琉璃呈碧,鸱吻向天,雕梁飞丹。楼上游廊环绕,厅顶饰以藻井。楼下厅内正壁,立有桃花石《桃花观序》碑。内外壁间有历代名人诗文石刻。厅内设有桌凳,供游人憩息、品茗、对弈,各从所好。凭栏远眺,桃花山西峰青松茂密,天然画屏;俯视修竹万竿,摇曳多姿。亭右平台下有"仙葡萄"一株,藤蔓纠缠,宛如龙蟠。传说昔日有某道童攀援其上,瞬间便至武陵郡城。

玩月亭 过桃花观右侧平台,便至玩月亭。亭因刘禹锡《八月十五夜桃源玩月》诗而名,与蹑风亭东西对峙。原为延至馆,1943年馆迁至山后,始建亭。因年久朽坏,1964年重建为具有民族风格的四方形两层建筑物。亭上下的结构与蹑风亭同。亭前有银杏一株,枝干挺拔,干霄蔽日。又有紫薇两株,枝叶繁茂。每当花成,红紫成团,绚丽缤纷。

龟山 位于湖北武汉市汉阳城北。古名翼际山,又名大别山、鲁山、梁城山。龟山东起长江口,西临鹦鹉大道,全长1800米,海拔高90.02米,面积约四百八十亩。龟山前临大江,北带汉水,状若巨鼋,气势雄浑,与武昌蛇山夹汉水对峙,形势险峻,历来为兵家攻守之处。相传大禹治水到此,遇一水怪作乱,数载不克,后得灵龟降伏水怪,化为龟山,将水怪永远镇压在山下。

自汉末吴江夏太守陆涣在此筑江夏城之后,历代各有增建,山上山下曾遍布亭台寺院和长碑短碣。因年代久远,屡遭天灾人祸,至近代已毁废殆尽,现存有禹功矶、禹王庙、摩崖石刻及修葺过的古琴台、莲花湖虹桥等。还有新建的电视发射塔、望江亭和迁至山上的鲁肃墓。景致或轩昂宏丽,或古朴娟秀,与对岸蛇山、侧后月湖、附近归元寺以及从山腰飞跨大江的长江大桥交相辉映,互为衬托,构成一幅绚丽多姿的画卷。登临树木蓊郁的山巅,可远望城郭烟霞夹岸回环、沙鸟风帆与波上下的景色。

禹功矶 位于龟山东端。与对岸黄鹤矶头锁江相望,形成长江中游的天然门户。有"天连吴蜀,地控荆襄,接洞庭之混茫,吞云梦之空阔"之势。相传大禹治水所经之处,是大禹治水成功的见证,后人便建禹王祠,故名此为"禹功矶"。以后名胜逐渐增多,如被传为大禹亲植的禹柏、元代所建的禹王庙、明代所建的晴川阁、清初名士毛会建从衡山摹刻的岣嵝碑等,但近代多已被毁。现除了有古色盎然的禹王庙外,新植了无数禹柏,加之禹功矶本身怪石嶙峋、直劈江水,使之更显挺拔奇丽,成为龟山的一处著名景观。

晴川阁 位于龟山东首禹功矶上,建于明初,至今已有五百多年历史。晴川阁为当时汉阳太守范子箴创建,取唐代诗人崔颢《登黄鹤楼》诗中"晴川历历汉阳树"之意而命名。它一出现就形成了"削壁临江断,危楼傍水悬。窗飞衡岳雨,门过洞庭烟"的奇特景色。它与黄鹤楼、岳阳楼、仲宣楼并称为楚地四大名楼。晴川阁建成之后,经过多次的兴废,明隆庆六年(1572)作了第一次重修,再现了"飞甍绮疏,层轩曲楯,宏敞骞峙"的壮丽图景,清顺治、雍正、同治年间多次重修,光绪年间又增建,使这座层轩飞阁,一次比一次规模宏伟,倍胜昔时。当时湖广总督张之洞为晴川阁写了"洪水龙蛇循轨道,青春鹦鹉起楼台"的门联。辛亥武昌起义后,晴川阁在40天的阳夏战争中受到了很大的破坏,仅存平房三间。20世纪80年代来有关部门重建晴川阁,这次重建使它与蛇山矶头石上黄鹤楼隔江相望,重现当年"三楚胜地,千古巨观"的壮观景象。

古琴台 位于龟山尾部、月湖侧畔,又名伯牙台。相传古时伯牙在此鼓琴,钟子期能识其律,知其志在高山流水,两人遂结为知交,钟子期死后,伯牙感知音难得,即破琴绝弦,终身不复鼓琴,后人感其情谊深厚,在此筑台以资纪念。据载,此台北宋即已有之,清嘉庆年间重修,后毁于兵灾。1957年春对琴台进行了全面的修葺。

现在的琴台庭院辖地约十五亩。亭台廊馆，装饰一新，千年古迹，得以焕发青春。琴台前面是彩釉瓦顶的门厅，额书"古琴台"三字，后面是甬道，有清道光皇帝手书"印心石屋"的照壁和曲折精致的琴台碑廊。廊内存有《江上琴台之铭并序》《伯牙事考》等碑刻。其中清书法家宋湘来竹叶蘸墨书写的"琴台题壁"笔姿苍劲。碑廊门上的"琴台"二字相传为北宋书法家的手笔。古琴台主体建筑是一栋单檐歇山顶式前加抱厦的殿堂，彩直精丽，金碧辉煌。檐下匾额上书"高山流水"四字，前面有用汉白玉筑成的方形石台，相传为伯牙抚琴遗址。台中央立有方碑，四周为栏，饰以浮雕，镌刻得十分生动。这处古朴雅致的园林掩映在湖光山色、疏林繁花之中，瑰丽多姿，风光明媚。

莲花湖　位于龟山南脚下。分东、西两湖，中有宽沟相连。每当荷花盛开，红白争艳，清香四溢，因此得名。东侧湖内有亭三座，中呈八角形，左右均呈方形，各以九曲桥相连，互相通达，登临赏荷，殊为惬意。西侧湖水紧靠中部小洲，亭台倒影，层叠隐现，亦颇宜人。尤其宽沟上飞架之叠拱木桥，是1955年按宋代张择端所绘《清明上河图》中河南开封汴水虹桥样式仿造的，古朴秀丽，典雅庄重。

蛇山　位于湖北武汉市武昌城内。西起司门口，东止东大门，全长1790米，海拔85.12米，面积约580亩。蛇山又名黄鹄山，绵亘蜿蜒，形似伏蛇，头临大江，尾插东城，与汉阳龟山对岸相峙，为古代军事要塞。

蛇山因兀立江头，拔地而起，气势雄浑，景色奇特而闻名于世，故有诗形容蛇山"高山如横枕，大江如环带。此境良独奇，俯仰乾坤大"。

三国吴黄武二年（223）筑夏口城于其上，晋太康元年（280）复立县于此。后经历代不断扩建，名区胜迹甚多。除了署寺宫祠外，驰名的楼阁亭台有黄鹤楼、白方楼、八极楼、静春台、奇章台、丰老阁、留云阁、西爽亭、仙枣亭、石照亭、压云亭、一览亭等20多处。飞檐崇脊，危耸半空，金碧辉煌，令人眩目，故有"鄂之神皋奥区"的美称。历代名人如崔颢、孟浩然、王维、李白、白居易、贾岛、范成大、陆游、陈孚、杨慎、张居正、潘丰等均先后登临游赏，行吟作歌，留有"寒花媚幽石，疏林带高阁""桃花深处暖云浮，隔树红妆倚翠楼"等名句。目前蛇山仍保留有陈友谅墓、胜象宝塔、岳武穆遗像亭、抱冰堂、长春观等古迹，还重建了举世闻名的黄鹤楼，修复了石镜亭、搁笔亭、传碑廊、涌月台诸名胜。

黄鹤楼　位于蛇山西首高坡上，称为天下绝景，相传为三国吴黄武二年（223）创建，历代屡毁屡建，仅清代就重修了四次。据六朝和唐代有关此楼的文字记载，宋、元、明各代绘画及清代丝织图案和清末所摄照片,给我们留下了不同时代的黄鹤楼形象,其式样或重檐翼馆,四闼霞敞;或台楼环廊,高标崚嶒;或层楼连虎,开朗幽胜;或独楼三层,耸天峙地,总之,昔日黄鹤楼,轩昂宏伟,辉煌瑰丽,峥嵘缥缈,几疑仙宫。传说王子安乘鹤由此经过,又说费祎驾鹤返憩于此,《报恩录》说得更是神乎其神:"黄鹤楼原为辛氏楼,辛氏市酒山头,有道士数诣饮,辛不索资,道士临别,取桔皮画鹤于壁,曰:'客至拍手引之,鹤当飞舞侑觞。'遂致富。十年,道士复至,取所佩铁笛数弄,须臾,白云自空飞来,鹤亦下舞,道士乘鹤去,辛氏即于其地建楼,曰辛氏楼。"传说这个道士就是吕洞宾。历代还有不少名人到此览景抒怀,唐人崔颢《黄鹤楼》"昔人已乘黄鹤去,此地空余黄鹤楼。黄鹤一去不复返,白云千载空悠悠。晴川历历汉阳树,芳草萋萋鹦鹉洲。日暮乡关何处是,烟波江上使人愁"一诗,更是名闻千古。至清光绪十年(1884)因附近失火延烧被毁,但遗址所在地,仍使人们流连忘返。

现在的黄鹤楼,于1981年动工重建,1985年完成,它以清代黄鹤楼为蓝本,采用现代建筑材料和工艺,体现了中国民族建筑的传统风格。楼为五层,尖攒顶,层层飞檐,黄色琉璃瓦覆盖,四望如一,高51米,拔地而起,金碧辉煌。楼前保存有白塔(胜象宝塔),楼后有修复的碑廊、搁笔亭等名胜古迹,形成了一组壮丽和谐的建筑群。

胜象宝塔 原在蛇山西端的黄鹤矶头,1955年因建武汉长江大桥而拆迁,1957年大桥竣工后,在引桥东头复原。塔原为元至正三年(1343)威顺王宽彻普化的世子所建,明洪武二十七年(1394)修复,是一座大菩提佛塔,用来供奉舍利或存放佛教法物。因分地、水、火、风、空五轮,故又称"五轮塔"。高9.36米,座宽5.68米,外石内砖,叠积而成,由底至顶,有塔座、圆瓶、相轮、顶刹多部,层层上拔,内收外展,色泽白润。塔座周围,分别雕以云神、水兽、莲花、羯摩杵花纹和大书梵文等,结构精妙,刻镂生动,堪称艺术杰作。

长春观 位于蛇山尾部武昌东门外。山势至此伏而又起,即李白《望黄鹤楼》所谓"中峰倚红日"之处。据传系元代为祭奉丘处机(号长春子)而建,故名。屡毁屡建,清代按明建筑形式重修。由前至后,倚山上行,中为五重,左右四院,层楼飞阁,巍峨宏丽,不仅为蛇山名胜之一,亦是武汉道教圣地,清人王柏心《过长春观》诗中有"紫府琼台仍缥缈,元都金阙故清虚"之句。现尚有大殿四、城楼一、道藏阁一、客堂二及其他附属建筑,并存有碑刻等文物。

陈友谅墓 位于蛇山南麓,迄今有六百多年历史。陈友谅(1320—1363),元末沔阳人(今湖北仙桃市),出生渔人,后入徐寿辉红巾军,曾任元帅、平章之职,元至正二十年(1360)杀寿辉称帝,建都江州,国号汉,年号大义。次年迁都武昌,元至正二十三年(1363)与朱元璋战于鄱阳湖,中流矢而死,归葬于此。翌年朱元璋进据武昌亲临致祭,并书"人修天定"四字于墓前。墓冢依工构筑,左右备配一六角亭。墓碑上刻"汉王陈友谅墓",墓前立有高大石牌坊,坊额正面题"江汉先英",背面题"三楚雄风",整个墓地掩映于疏林间,颇显幽穆。

东坡赤壁 位于鄂州市黄州汉川门外。原名赤鼻,亦称赤鼻矶,因此处断岩临江,凸出下垂,色呈赭赤,形如悬鼻,因而得名。宋代著名文学家苏轼于元丰三年(1080)被贬黄州,躬耕于东坡之上,自号"东坡居士",常游赤壁,写有《赤壁赋》《后赤壁赋》《念奴娇·赤壁怀古》等著名作品,"清风徐来,水波不兴""乱石穿空,惊涛拍岸,卷起千堆雪"等词句生动地描绘了赤壁的壮丽景色,赤壁之名亦因此益著。为了同三国时期发生的"赤壁之战"的赤壁相区别,清康熙年间重修时,黄州知府郭朝祚亲书其额,定名为"东坡赤壁",沿袭至今;又因其地处黄州,故亦称作"黄州赤壁"。

赤壁背靠山崖,面临大江,风景优美。历代名人游览赤壁,题词赋诗,留下了大量珍贵的诗文、字画、碑刻。唐宋之际有李白、杜甫、杜牧、苏轼、王安石、陆游、辛弃疾、岳飞、文天祥等的诗作。南宋诗人陆游曾两次游览赤壁,他的评价是"佳处"(《游黄州东坡诸胜记》)。北宋作家苏辙这样描写赤壁下的江景:"至于赤壁之下,波流浸灌,与海相若。"(《黄州快哉亭记》)从赤壁望去,江水连天,风帆上下,远山数点,怡情悦目,成为人们游览的胜地。

赤壁上的建筑物,最早建于晋代。唐宋时期,已有了供人游览的建筑物,唐代诗人杜牧形容这里是:"城高倚峭巘,地胜足楼台。"(《早春寄岳州李使君李善棋爱酒情地闲雅》)北宋大臣韩琦这样描绘赤壁的景象:"临江三四楼,次第压城首。"(《涵辉楼》)据文献记载,宋时,赤壁最著名的胜迹是四座名楼,即栖霞楼、月波楼、涵辉楼与竹楼。栖霞楼位于赤壁最高处,背山面江,晚霞映照西天,照射楼台上下,故而得名。南宋诗人戴复古曾如此描述晚霞照射栖霞楼时的情景:"一态未了一态生,愈变愈奇人莫测。"(《黄州栖霞楼即景呈谢深道国正》)风景极佳。竹楼位于赤壁边的荒城矮墙上,为北宋作家王禹偁所建。站在竹楼上,远望可以尽览山光,平视可以将波浪、江滩尽收眼底。月波楼同竹楼相通,亦是王禹偁所建。南宋爱国词人辛弃疾曾登上月波楼,写有《水调歌头·和马叔度游月波楼》词。王禹偁所修之月波楼在明代被毁,现存于汉川门楼上的月波楼为清人所修,并非宋月波楼原址。涵辉楼为何人修建不详,但至晚于宋天圣年间已有了。韩琦曾多次游览涵辉楼,并如此描写该楼景致:"山光拂轩槛,波影撼窗牖。"楼倚山面江,晚涵落日之斜辉,夜摇月光之清辉,故楼名也由此景象而得。

当时,赤壁胜迹尚有横江馆(相传系晋龙骧将军王濬驻守黄州时所建)、徐邈洞(传说魏时徐邈得道处)、白龟亭等。后经历代重建和增建,东坡赤壁形成了现有的规模,即一堂(二赋堂),二楼(挹爽楼、栖霞楼),一峰(剪刀峰),二阁(留仙阁、碑阁)和六亭(酹江亭、坡仙亭、睡仙亭、放龟亭、喜雨亭、问鹤亭)。整个建筑群鳞次栉比,峥嵘起伏,瑰丽典雅,掩映在绿树红墙间,饶富画意。

二赋堂 因纪念苏轼的赤壁二赋而得名,始建于清康熙年间,成于1674年,由知府于成龙主持修建,咸丰年间毁于战火,现存之二赋堂系同治七年(1868)重建,"二赋堂"题额为近代"洋务派"首领李鸿章所书。

"二赋堂"为"东坡赤壁"的主要建筑之一,雕梁画栋,精巧美观。前人定为"赤壁八景"(二赋堂、玩月台、睡仙亭、剪刀峰、放龟亭、白莲池、酹江亭、坡仙梅)之首。其面对长江,背倚悬崖,风景清幽。二赋堂为面阔三间,前有庑廊之单层大堂,堂内有二赋巨型石刻,"两赋蹁跹,宏文伟丽古今传"(黄有道《赤壁杂咏·二赋堂》),真是进门"唯闻翰墨香"了。堂正中,上下顶立一巨大木壁,将堂分为前、后两半。木壁正面为《前赤壁赋》木刻,楷书,由程之桢于1922年书写;背面为《后赤壁赋》木刻,碑体,由近人李开优书写。两幅木刻均高丈许,字大如拳。前者豪迈俊逸,后者苍劲有力。侧后壁左有楷书二赋石刻,由近人徐世昌化名水竹邨人于1921年书写,采用苏体而"略有晋唐笔意";右有模仿西晋著名书法家索靖的章草写的二赋石刻,由程明超于1922年书写。左边侧壁有仿苏体联语石刻:"古今往事千帆去,风月秋怀一笛知。"亦为水竹邨人书写。

酹江亭 据明代茅瑞征《赤壁集》记载,当时赤壁已建有此亭。现在的酹江亭于清同治七年(1868)修建,原名为御书亭,因亭内有清代康熙皇帝于康熙十八年(1679)临摹元代大书法家赵孟𫖯手书的《前赤壁赋》石刻而得名。1922年废御书亭,改名为酹江亭。

酹江亭得名于苏轼那首非常有名的词《念奴娇·赤壁怀古》的最后一句"一尊还酹江月"。苏轼在黄州写下的这首词,是他的代表作,也是宋词的代表作,开创了宋词的一代新风,创立了豪放词派,为词指出了"向上"的新路,一新"天下耳目"(王灼《碧鸡漫志》卷二)。因这首词很有名,后人多用"大江东去"或"酹江月"作为词牌"念奴娇"的代名。

在酹江亭可以远眺西山,眼望大江东去。亭内三面是石刻,正面是康熙手书的《前赤壁赋》,其余的是清代刘维桢、程之桢、英启等人的诗文石刻。刘维桢为黄冈县人,现存东坡赤壁之主要建筑物,即是其领头捐款于同治七年(1868)重修的。亭内尚有清代书法家叶志诜于同治二年(1863)正月初一进入85岁时一笔书写的"寿"字石刻。叶刻意学习苏体书法,此"寿"字亦颇有苏轼之笔意。

坡仙亭 位于赤壁矶头,清同治七年(1868)重建赤壁时兴建此亭。原亭甚小,1922年扩建时,将原酹江亭移走,扩建为坡仙亭。

宋元以来,人们常以"坡仙"称呼苏轼,故亭得名于此。苏轼在黄州时,经常览佛书,赴佛寺,参禅问佛,在一些词中也常常把自己描绘为"仙人"的形象,在他看来,"浮名浮利,虚若劳神。叹隙中驹,石中火,梦中身",故希望"作个闲人","对一张琴,一壶酒,一溪云"(《行香子·述怀》),去度日月。二赋中有"羽化而登仙""挟飞仙以遨游"等佳句,还描绘了"羽衣蹁跹"的道士形象。最初称其为坡仙的是宋代诗人戴复古,他在《赤壁》诗中写道:"白鸟沧波上,黄州赤壁边。长江酹明月,更忆老坡仙。"即在苏轼去世后四十余年,他就称苏东坡为"坡仙"了。

坡仙亭屹立于赤壁矶头,窗含大江,景物寥廓。亭内三面均有石刻,有苏词四首、画两幅,为苏轼手迹,甚为珍贵。其中《满庭芳·归去来兮》是宋元祐六年(1091)十月二日所作,《行香子·述怀》是绍圣二年(1095)九月九日所书,这两首词连同《临江仙·九十日春都过了》都是楷书,显示了苏轼楷书的特色。另一首《念奴娇·赤壁怀古》是草书,它取法于张旭、怀素,笔势奇劲,如骤雨旋风,飞动圆转,同词的豪放风格,相得益彰。后有款识:"久不作草书,适乘醉走笔,觉酒气勃勃,似指端出也。东坡醉笔。"此同张旭大醉后呼喊狂走而后落笔以及怀素酒醉兴到的运笔很相似。两幅画,一幅寿星,一幅月梅。寿星画系以"德、寿、殿、宝"四字组成的一幅组字画。月梅画半镰新月,一株老梅,老枝虬劲,嫩枝苗壮,花蕊初吐,于凄清中露出一缕生机,是很优秀的作品。苏轼长于画枯石竹木,所画枯木,枝干盘踞弯曲,似作者胸中抑郁情状之写真。黄州多竹,苏轼在黄州时喜画墨竹,他在黄州写给章质夫的书帖上说:"某近者百事废懒,惟作墨木颇精。奉寄一纸,思我当一展观也。"他总结画墨竹的经验说:"必先得成竹于胸中,执笔熟视,乃见其所欲画者,急起从之,振笔直遂,以追其所见。""成竹在胸"现已成十分通用的成语了。

睡仙亭 始建于清康熙年间,因宋代王禹偁曾在黄州建有睡足堂,得名于唐杜牧诗句"平生睡足处,云梦泽南州"。睡仙亭即由"睡足堂"附会而来。现存睡仙亭为清同治年间重建。亭下有赤赭色崖石,古时江水即由此经过,崖石上水流冲刷和撑船篙点的痕迹至今清晰可见。崖石上有石碑,钟谷书"赤壁"二字,正楷,笔力自然雄健。亭内有一石床及石枕,传说苏轼同友人游赤壁,酒醉后曾躺卧于此。由此可知,亭名睡仙亭已和睡足堂之含义完全不一样了。

留仙阁 清光绪十年(1884)修建,十月十九日即苏轼诞辰日落成,位于二赋堂左侧,因阁内刻有苏轼像,取坡仙留阁内之意,故题名为留仙阁。

阁内三面墙壁都嵌有石刻,正面有《东坡笠屐图》。苏轼晚年被贬于儋耳,同当地群众关系甚密,曾戴斗笠、穿木屐去拜访在当地结拜的好友黎子云。他还经常到田间采风,同农妇谈心,也戴着竹帽。这幅《东坡笠屐图》所画的就是苏轼在儋耳的形象。此画"须眉活现,工妙绝伦",非常传神。郭沫若在《儋耳行》诗中,曾赞曰:"俄而载酒亭前过,东坡笠屐正逶迤。"至于此画作者,聂文炳在《东坡笠屐图》题跋中说是元代大书画家赵孟𫖯;而程子大在《东坡笠屐图》诗序中说是明代宋旭于万历二十九年(1601)所画。阁内正面除了此画外,尚有苏轼乳母任氏的墓碑,苏轼乳母任采莲,四川眉山人,侍奉苏家数十年,"工勤巧俭,至老不衰",72岁时死于黄州。苏轼为她写有墓志铭,刻于雪堂。雪堂毁后,埋于土内,明嘉靖时出土,后遗失,现存的墓碑是清光绪十五年(1889)出土的,实际是一块伪碑。阁内右壁刻有近人范之杰于1922年73岁时画的《东坡赤壁游图》,阁内还有清末著名历史学家、藏书家杨守敬在黄冈县任教谕时留下的手书石刻。

挹爽楼和碑阁 挹爽楼为两层楼阁,建于1925年,站在楼头,"遥望西山,爽气朝来,扑人眉宇",使人想起苏辙《黄州快哉亭记》中"濯长江之清流,挹西山之白云"之句,因而得名。楼上层右侧陈列着书法、绘画等文物,左侧陈列着各种出土文物,下层即为碑阁。

碑阁四壁嵌着苏轼手书石刻,因此得名。清光绪十六年(1890),四川人杨葆初(寿昌)在黄冈做知县,因景仰同乡苏轼的书法,多方搜集苏轼书法名帖,"择其优者,摹成六册",名《景苏园帖》,刻于石,共126块。1925年扩建赤壁时,从已经"流落市贾之手且二十载"的张姓人家买得这些石刻,嵌于阁内,后又增加7块,可谓集苏轼书帖石刻之大成。其中最著名者当首推苏轼手书《前赤壁赋》了,此碑系楷书,其款识曰:"轼去岁作此赋,未尝轻出以示人,见者盖一二人而已。钦之有使至,求近文,遂亲书以寄……又有《后赤壁赋》,笔倦未能写,当俟后信。轼白。"苏轼曾于元丰五年(即作二赋的当年)亲书二赋,并刻之于石,但已毁。此手迹是在宋元丰六年(1083),即写二赋之后一年应友人王诜之约写的。传至明代,前缺3行,共36字,嘉靖三十七年(1558),由著名书法家文徵明补书。历代书法家对苏轼此手迹评价很高。明代大书法家董其昌称其作者笔力"欲透纸背",是"坡公之《兰亭》",宋人书法"无能逾是"。清人朱日濬认为东坡手书赤壁赋,"上下五百年,纵横一万里,罕有俦匹者"。

碑阁中其他苏轼书法手迹石刻,著名的还有《黄州寒食帖》,笔画粗壮丰满,字形左密右疏或右密左疏,楷、行相间,写得抑扬顿挫,如江河流泻,极尽变化之妙,是不可多得的珍品。另外,还有苏轼信札《与坐主久上人书》和《与长官董侯书》等书法作品。

栖霞楼 位于赤壁的最高处,宋初由江西临川人王义庆始建,江苏人间丘孝终在黄州做太守时重建。楼极宏丽,因楼背山面江,正对落日,夕阳映照,晚霞映满西天,染红大江,照射楼台上下,风景极佳,由此得名栖霞楼。南宋诗人戴复古曾在《黄州栖霞楼即景呈谢深道国正》中,描写了非常奇妙的栖霞楼景物,说其"淡妆浓抹难形容",晚霞照射时,"一态未了一态生,愈变愈奇人莫测",风景极其佳丽。

现存栖霞楼为1979年重建,由已故著名作家茅盾题名。

鹿门山

位于湖北襄阳市东南20千米。北临汉水,南接岘山。峭壁苍苍,烟树茏荫,景色幽丽。

鹿门山旧名为苏岭山,东汉建武年间(25—56),建苏岭山神寺于山上,门前刻两石鹿,人称鹿门庙,故山亦随庙名。也有传说称古时有一对金色梅花鹿居于此山。一日,一樵夫上山砍柴,遇见这对梅花鹿,樵夫顺手捡起石块掷去,击中其中一只鹿的前腿,顿时两只鹿均不能动弹,遂变为石鹿,苏岭山因此改名为鹿门山。西晋时,鹿门寺改称为万寿寺,唐代仍称鹿门寺。宋代为鹿门寺最兴盛时期,共有佛殿、僧寮、斋堂、方丈五百余间。

东汉末年庞德公隐居襄阳岘山,荆州刘表数请不出,后携妻登鹿门山采药不返,即隐居于鹿门寺。唐代诗人孟浩然、皮日休等也曾在此隐居。孟浩然隐居在此时,常与寺中法师谈玄论道,写有《夜归鹿门山歌》:"山寺鸣钟昼已昏,渔梁渡头争渡喧。人随沙岸向江村,余亦乘舟归鹿门。鹿门月照开烟树,忽到庞公栖隐处。岩扉松径长寂寥,唯有幽人自来去。"明代以前建有庞公祠,供奉庞德公像。明嘉靖四年(1525),在庞公祠的原址上又建祠,并祀庞德公、孟浩然、皮日休,人称三高祠。明末毁于兵燹,现存大殿、佛堂、寮房、斋舍均系晚清建筑。石鹿尚存一只,亦为晚清作品。

鹿门寺四周景色优美,寺右有灵溢泉,悬空倾泻,状如珠帘,形若瀑雨;其下甃石为池,曰暴雨池,泉水汇注池中,曲屈流经寺前,由石雕龙头口中喷出,终年不竭。寺中尚存有宋刻塔记和明清石碑等,记载着鹿门寺高僧事迹及其兴废始末。

西山 位于湖北鄂州市西2千米,海拔160多米,古名樊山,又名樊冈。它平地突兀而起,似从天外飞来,山势险峻,苍劲奇伟,林茂泉幽,石怪溪回,风景甚为优美,与黄石市东郊的回山和西塞山并称为古樊楚三名山。

魏黄初元年(220),三国吴王孙权在西山建避暑宫,自此西山成为游览之地。东晋建武元年(317),名僧慧远又在避暑宫的废址上建寒溪寺,后历代名人如陶侃、李白、刘禹锡、李阳冰、元结、杜牧、苏轼、苏辙、黄庭坚、吴国伦等均曾游憩于此,留下了不少诗赋名篇,添建了相应的亭台轩阁和园林花圃,愈成游览胜地。宋代著名诗人、书法家黄庭坚的《松风阁诗》手书真迹至今尚存于此,是游览者颇感兴趣的稀世珍宝。

西山风景区主要景点有灵泉寺、避暑宫、三贤亭、积翠门等,还有青龙桥、试剑石、洗剑池等遗迹和涵息、滴滴、活水、菩萨等名泉。在西山东南,还有广宴楼、拥翠亭、洗墨池、九曲亭、万松园等。洗墨池传为黄庭坚书《松风阁诗》时洗墨的池子。九曲亭又名"怀坡亭"。相传苏轼被贬黄州,常来此小憩。亭内堂屏板上留有苏轼的《武昌西山诗》和苏辙《武昌九曲亭记》,字迹遒劲古朴,可谓珠联璧合。此外,西山绝顶处的试剑石,相传孙权曾来此劈石试剑,石裂为两块,一立一卧,俨如剑削,此外,还有《怡亭铭》刻石、郊坛遗址和樊口戍等名胜古迹。

西山西望武汉,东北隔长江与著名的东坡赤壁并峙。当年苏轼被贬黄州,常过江至西山游览,写有《游武昌寒溪西山寺》《与子由同游寒溪西山》等诗。山上菩萨泉,略呈乳白色,味醇美,苏轼写有《杜沂游武昌以酴醾花菩萨泉见饷二首其二》诗,将此泉水比喻为"千牛乳",更胜于无锡惠山泉。其在《武昌酌菩萨泉送王子立》诗中,更是以泉代酒送友,诗云:"送行无酒亦无钱,劝尔一杯菩萨泉。何处低头不见我?四方同此水中天。"遐迩闻名的东坡饼,即是用此间山水调面油炸而成;驰名中外的武昌鱼,亦产于山下湖水与江水的汇合处。游西山,可听松涛声、尝武昌鱼、食东坡饼,实为赏心乐事。

灵泉寺 由名僧慧远于东晋建武元年(317)所建,原名寒溪寺,后几毁于兵燹,现存建筑为清同治三年(1864)重建。前殿为天王殿,殿中间龛内供着大肚弥勒佛,笑容可掬。两旁彩塑四大天王,身躯魁梧,造型生动。大雄宝殿内三尊金身佛像和十八罗汉,情态逼真,栩栩如生。寺前有灵泉,泉水色白味甘,以之沏茶,香味尤佳。寺后有三泉亭,因亭边有滴滴泉、活水泉、涵息泉而得名。又因晋陶侃、唐元结、宋苏轼三人曾在西山居留过,故又称"三贤亭"。三贤亭前植梅花,后攀紫藤,景色雅静,气候宜人,为避暑胜地。

陶然亭公园　　位于北京西城区南部,水溪交错,林木蓊郁,素有"城市山林"之称。

　　陶然亭公园有着悠久的历史,它是辽代南京和金、元都城的近郊。元明之际,这一带曾有许多私家名园,如剌梅园、封氏园等。元代在这里创建"招提胜境",后改称为"古刹慈悲禅林"或"慈悲庵"。明清两代,这里以为皇室官府烧砖造瓦而闻名。清康熙三十四年(1695),窑厂监督工部郎中江藻,在窑厂南面的慈悲庵内,盖了三间西厅供他休息,取白居易诗中"更待菊黄家酝熟,共君一醉一陶然"的"陶然"二字,名"陶然亭"。此后,每逢秋季,不少远来的游客和赶考的士人,都来这里登高赏景,饮酒赋诗,把陶然亭渲染成了有名的风景胜地。因亭为江藻所建,故又称其为"江亭"。亭南壁有江藻《陶然吟》和江皋《陶然亭记》石刻,亭北连以游廊。

　　到20世纪40年代末,昔日名园早已坍塌殆尽。整个陶然亭地区杂草丛生,坑水淤积,成为一片大大小小的芦苇坑。京都人们称之为"野鬼潭",又曰"南下洼"。

　　1949年后,政府组织挖陶然亭的苇塘,把挖出的泥土堆成七座假山,又把护城河水引到这里,使一片臭水坑变成了美丽的清水湖。沿湖种植了多种花草林木,铺修园路,东西长安街的牌楼和中南海的云绘楼也被移到了这里,开拓成了一座拥有众多古迹的古典纪念性园林。

　　走进北大门,迎面就是窑台,是从前烧砖取土的地方,现在遍植林木,形成一片青翠连绵的小山。绕过窑台,开阔的湖面豁然展现,湖向东西两面延伸,构成了不规则的长弯形,合抱着一个葫芦状的小岛。

　　小岛北口,镶嵌着一片锦绣花坛,沿花坛旁的石山道上去,就是锦秋墩之锦秋亭,相传这里是花神庙遗址。走过锦秋墩,面前耸立着一处高台。拾级而上,迎面古木荫蔽,覆盖着一座庙宇。庙门石额上刻有"古刹慈悲禅林"的字样,门的内檐,高悬一块木匾,刻写着"陶然"两个大字,此即著名的慈悲庵。

　　在陶然亭公园西湖南岸,妩媚多姿的云绘楼、清音阁更是别具一格。

　　几百年来,许多名人学者都在陶然亭公园留下遗迹。元好问、朱彝尊、王渔洋、翁方纲、林则徐、龚自珍等都有诗文联语传世。戊戌变法中康有为、谭嗣同等常在此聚会；辛亥革命前后，章太炎、秋瑾、蔡锷以及鲁迅等人先后过过这里，为这座园林增添了光辉。

慈悲庵 又名观音庵、慈悲院。位于园中东西两湖环抱的葫芦形小岛南端。清康熙二年(1663)《重修黑窑厂观音庵碑记》中记载，该庙创于元，沿于明，重兴于清。庙基为梯形台，高一丈余。庙的门额刻有"古刹慈悲禅林"六个大字，山门的内檐上垂挂着江藻手书"陶然"两个金色大字的木匾，墙上嵌有王玉树"城市山林"的石刻。庙宇是一座四合院式的建筑，东、南、西、北诸殿各三间，南殿为前殿，是过去的正式山门。后这座历史悠久的寺院已渐颓圮，1978年得到彻底维修，并受到保护。重修后的慈悲庵红墙灰瓦，彩绘一新，坐落在高大的虎皮石台上。周围湖水环抱，绿树成荫。拾级而上，坐西朝东的山门前毛泽东与"辅社"同仁曾用来作合影背景的大槐树几年前已枯死，现在原位置上又移栽了一棵。进入山门，前院正殿坐北朝南，原为供奉大士像的地方，现已被开辟为展室。南殿现为会客室，檐下一道石碑上刻有袁俊在民国十九年手书的"陶然亭"三个大字。穿过月亮门，进入西院即可见一明亮的敞厅，这就是园以得名的陶然亭。

寺院的东跨院为文昌阁，上下两层，门前出抱厦一间。著名的辽代寿昌年间的石经幢就竖立在小院正中，它是寺内最古老的一件文物。

南房中的最西一间，是进步人士和革命者经常举行秘密活动的场所，戊戌变法中的康有为、梁启超、谭嗣同等人曾在这里多次集会，变法失败后牺牲的康广仁就埋葬在附近。章太炎反对袁世凯称帝，也被囚禁在附近的龙泉寺。

陶然亭 慈悲庵正殿的西跨院内的三间西厅。清康熙二十三年(1684)，以工部郎中的身份兼管窑厂的江藻，工余之暇，经常到窑厂附近的元代古刹慈悲庵散步，见附近芦苇丛生，绿波荡漾，便在庵的西边"依僧舍构小亭"，建成后取白居易《与梦得沽酒闲饮且约后期》一诗中"更待菊黄家酝熟，共君一醉一陶然"诗句，用"陶然"名其亭。

陶然亭建成后，江藻的好友纷纷来游，他们在亭内欣赏四周景色，饮酒赋诗，小亭便显得拥挤。江藻不得已拆除小亭，建成一间宽大的敞轩，这就是江藻的族兄江皋在《陶然亭记》中所说的"更撤其亭而轩之"。后于敞轩"环以修廊，曲折相引。下凿方池注水"，加之在敞轩周围广植花卉，环境更加清幽，来游者与日俱增，一间敞轩又不能满足需要了，江藻便在敞轩以东"叠石为平台，临台架屋三楹"，灰筒瓦卷棚箍头脊，前后出廊，梁檩均施苏式彩画，在花墙漏窗的烘托下，颇有一番园林气氛。这就是今天慈悲庵的三间敞轩,但仍取名为"陶然亭",后人因此亭为江藻所建,故又称其为"江亭"。

江藻所写的《陶然吟》和其族兄江皋所写的《陶然亭记》两块石刻修复后,现镶嵌在敞轩的南山墙上,向游人默述着此亭的由来。

云绘楼 在陶然亭公园西湖南岸,绿荫深处掩映着妩媚多姿的云绘楼和清音阁。

这两座著名的楼阁,原坐落在中南海的南海东岸,建于乾隆中期。据清嘉庆时成书的《日下尊闻录》记载:"西苑太液池芸斋稍南为宾竹室,南为蕉雨轩。蕉雨轩南为云绘楼,三层向北。联曰:'道堪因契真佳矣,画岂能工有是夫。'又曰:'泉皱峰如能变化,太空云与作浮沉。'……又西南为清音阁,沿堤而南为同豫轩。"这座楼阁与南岸的紫光阁遥相呼应,是当时南海岸边一组完整的建筑群,也是帝王登楼观看太液晴波、行云流水和吟诗作曲之处。

1954年,将该楼迁至陶然亭公园慈悲庵西武家窑的遗址上。移建后的云绘楼,坐西向东,与慈悲庵西侧的陶然亭小轩正好隔桥对景;清音阁则坐北朝南,和湖北岸柳荫中的抱冰堂遥遥相望。双层的彩画游廊从这座楼阁的北面和东面伸出,各自连接着一座复式凉亭,而这两座复式凉亭又紧紧地连接在一起,彼此独立而又面向不同的方向。

楼阁下面山石重叠,四周茂林环绕,如沿曲径石阶登楼远眺,陶然亭的旖旎风光尽收眼底。

刺梅园 陶然亭公园一带衰颓以前,以黑窑厂和南下洼子为中心,东至黑龙潭,西至龙泉寺,北至南横街,南至城墙根,亭台楼阁布列,有许多优美的风景点,今仍有遗迹可寻。

在陶然亭东北、黑龙潭西北,旧有刺梅园与陶然亭相距最近,是明清两代士大夫最喜聚会、宴饮、赋诗联句的地方。《藤阴杂记》一书中,记录了不少诗句,仅谭吉璁一人就联句五十韵。太常高层云还把全园绘制成图。清光绪初,亭榭楼台都已杳无踪迹,池沼也变成苇塘。《光绪顺天府志》载有曹贞吉游黑龙潭还作过刺梅园诗:"刺梅花未发,有约故人来。落叶纷如梦,松风对举杯。"可见这里已是一片凄凉景象。园址现已圈入陶然亭公园。

封氏园 在陶然亭公园西南,原是金代一座古园,又名风氏园,俗名封家园或封氏松。

从金天辅六年(1122)金太祖初入燕京算起,到清康熙六十一年(1722),封氏园已有600年的历史,可以说是北京古老的园林之一。清初顺治、康熙两朝,封氏园的建筑虽已坍塌,但它在北京仍然享有盛誉。这主要是由于它有许多全城首屈一指的高大古松。明清两朝不少诗家聚集于此,就是慕松而来,饮酒赋诗取乐。《藤阴杂记》说:"封氏松,见诸家题咏。"可惜到了雍正朝,古松盛貌不复存在。鲍西冈著有《悼松》诗:"盖松已无存矣。"园址已并入陶然亭公园。当年种植的一株酸枣树至今枝叶繁茂,为城南罕有吉树。

龙树寺园 明代京都一座很有名的风景古刹,地处陶然亭公园西北、龙泉寺东南,地名龙爪槐。寺门外植有两棵龙爪槐,曾是古迹珍品。从此处可东览名园胜景,西眺西山风光,不少文人墨客常在这龙爪槐下诗酒宴会。清初,东面的名园逐渐坍塌,龙爪槐无人顾及,龙树寺也随之败落。光绪初年,周树模曾同樊山、竹勿访寻龙树寺遗迹,周氏在《寻龙树寺不得》的诗序中说:"寻龙树寺不得,遂过龙泉寺小憩。"足见当时寺园已颓废。

龙泉寺 在陶然亭公园黑窑厂西南。初建于宋,复建于明,重修于清初。明朝谢一夔在他的《重修龙泉寺记》的碑文中说:"地位亢爽,山水秀拱。"意思是说,这里地势高陡,站在寺门外,既可观赏西山青葱墨黛,又可眺望东、南两方的南下洼水库。清初,南下洼水源枯竭,庙门外变成了一片平野。乾隆以后,东面各名园相继废弃,这里成了"乱葬岗子"和苇塘,只有盛夏季节,菱芦四起,万树青葱;秋季则芦花摇白,清爽宜人,再衬以西山景色,也足以令人神往。宣统年间,张之洞曾在此建"蒹葭簃"别墅。当时张之洞入京主持军机,年逾八旬,每隔一星期,他都要到龙泉寺这"十里芦花荡"中静憩一次,观赏那田园野景,有时还约集三五同僚,行酒欢宴。后来,他索性在龙泉寺东院盖起了七间大北房,屋宇精致,窗门都是冰绽纹的隔扇,上嵌琉璃,取名为"蒹葭簃",既是他的静憩别墅,也是他的诗社社址。张之洞死后,他的门生、同僚把蒹葭簃改为"张文襄公祠",内供张之洞遗像。在南墙另辟一座祠堂大门,从此,这东跨院才脱离龙泉寺而独存。

窑台 在陶然亭公园正北不远处,也就是现在陶然亭公园的北部土山,是昔日窑台旧址,名黑窑厂。附近原有不少名园,大小土山,峰峦起伏。按照常例,砖瓦厂取土,均由平地刨挖到有泉水涌出时为止,而黑窑厂取土却有两个禁忌:一是厂址距内城太近,帝王害怕挖土过深会切断京城风水上的"龙脉",于是就严禁挖坑取土;二是窑厂附近各名园中的主人,差不多都是有权势的官僚,也不许在他们的园子四周挖坑取土。因此,黑窑厂只得挖山取土。从明永乐十八年(1420),到清康熙三十三年(1694)的274年间,黑窑厂北部的土山,几乎全被挖平,呈现为一片广阔的平川。窑厂官吏为烧砖敬火神,特在高坡上建起了一座火神庙。其南与之相对应的窑神庙地基,则成了南北对峙的两座高出地面数丈的土台。南面窑神庙土台因异常高大著称,取名为窑台。到清朝末年,窑台上的庙宇坍塌,土台成了一座光秃秃的名副其实的窑台,它是北京居民重九登高望亲人的地方,又是文人诗酒宴会的场所。清乾隆年间,窑台产权划归给慈悲庵。因窑台北面土山上的火神庙与慈悲庵大殿成一南北直线,寺僧认为这是风水上的不祥之兆,恐日后慈悲庵遭受火灾,要请水神驱火,于是就在窑台上为北方水神(真武)建造了三间殿房,取名为真武殿。诗人沈德潜有窑台登高诗。窑台也就成了文人于城南远眺风景之处。

紫竹院　今日紫竹院公园的前身,原为明清两朝供帝王游西郊的风景园林,乘坐龙舟之处被称作"别港",周围极有野趣。1954年,建成紫竹院公园,是以水景、植物景为主题的园林风景地。此处河道港汊,原来是为了绕行京西水利设施广源闸而开挖的。根据周梦旸所著《水部备考》记载,广源闸创建于元至元二十六年(1289),当时广源闸的桥是一座不能启闭的石桥,大船无法通行。明代,帝后乘龙舟游览西郊,必须设法绕过广源闸,于是,在南岸另外开凿出一条河汊子,以便皇帝的龙舟畅行长河,这就是明代的别港。明清两朝帝王的龙舟绕行广源闸,是从广源闸以东的东河口离长河进"别港",经紫竹院庙门前,至广源闸以西的西河口,再入西去的长河。

　　清乾隆年间,在苏州街南口建造了一座苏州建筑形式的酒楼,取名为"杏花村"。杏花村对岸,正是别港东、西河口之间的大片河滩。仿照苏州城葑门外朝天桥港汊"芦苇深处"的水乡风光,在这大片河滩上垒砌了太湖石,遍种芦苇,取名为芦花渡,俗称"小苏州芦花荡"。

　　芦花渡对岸的山坡上,明代建有一座道观,是别港御船坞的龙王庙。乾隆修建芦花渡时,改"别港"龙王庙为"紫竹禅院",作为内务府官员和太监的办公处,从此,人们就把别港改称为"紫竹院"了。

　　芦花渡里的芦苇移自江南,原名为马尾兼,北京人管它叫"江南铁杆荻",它比芦沟桥河西的铁杆荻粗几倍。每到秋末冬初,荻杆变成黑紫色,一望无垠的芦苇荡好似一片紫色竹林。"别港"龙王庙改成僧刹后,添增了观世音佛像。观世音居住的地方,就是传说中的"普陀山紫竹林"。据景寓意,"紫竹禅院"的命名合情合理,而紫竹院里没有紫竹的问题,也就可以迎刃而解了。慈禧喜欢自比观世音,常着观世音装束,坐在芦苇荡中的太湖石上,命李莲英扮作韦驮站在身后,命两名宫女扮作"童子"和"龙女",分立左右两旁。

在长河南岸,曾有一座在清光绪十年(1884)用长河的淤泥堆成的小土山,名叫九花山。光绪二十年(1894),慈禧拟定六十岁生日那天,到万寿寺摆设"无量寿经坛",拈香礼佛,祈祷长寿。但是,南岸小土冈一带,景色荒凉,慈禧乃下令奉宸苑依着山势遍种各色秋菊,因而取名为九花山。当时的九花山驰名京城。北洋军阀统治时期,九花山无人管理,几乎被夷为平地。

澄海楼 在河北秦皇岛山海关南的老龙头最高点。历来系文人墨客观沧海、忆魏武,对着山海自然景色发思古之幽情之所在,是著名的名胜古迹园林,素有"长城连海水连天,人上飞楼百尺巅"之称。其名得自清乾隆皇帝诗句:"日曜月华从太始,天容海色本澄清。"楼阁如龙首高昂,气势壮观。

澄海楼前身为明代修建的观海亭。明万历三十九年(1611),兵部主事王致中在观海亭旧址上营建了澄海楼。"楼高三丈,广二丈六尺,深丈有八尺",楼台高峙海涯,厥象龙首。澄海楼初建时为守城箭楼,到清统一,天下一揽,澄海楼便渐渐地成为了观海胜地。清康熙九年(1670)通判陈天植、乾隆八年(1743)知县张楷均重修此楼。

1900年,八国联军进犯山海关,一路烧杀抢掠,老龙头炮台被毁,澄海楼被付之一炬,仅存下"天开海岳"碑,依然立在老龙头上。

1985年,为了使毁纪近百年的这座著名楼宇再现当年雄姿,山海关在社会各界尤其是上海人民的鼎力支持下,修复老龙头,重建澄海楼。1987年,澄海楼又以崭新的面貌重新屹立在渤海之滨。

重建后的澄海楼完全按照旧制复原。九脊歇山式顶,两层楼,建筑面积327.76平方米,为了能表达巨龙之首气吞海岳的气势,澄海楼又在原有"高三丈"的基础上增加至14米,远远望去,重檐翼舒,更加雄伟。

现在澄海楼和其北的宁海小城,已成为北戴河游览的新的园林名胜景观。

墨宝名碑 历代名人来此登楼观海留下的书画墨迹及镌刻成的碑石,并留下了"元气混茫"匾一方及对联"日曜月华从太始,天容海色本澄清"一副;二楼则悬有今人摹写的明代大学士孙承宗所题"雄襟万里"四字匾。楼东西壁上还镶有八首明清文人志士的诗作。

进得楼内,可见一楼山墙上挂有复原的明朝绘老龙头图,并展出清理老龙头遗址时出土的各种明代城防武器,如铁雷、石礌、铁蒺藜等。二楼则有今人所书乾隆及文人墨客的联句。香案上摆有文房四宝,供领导人以及众多名人来此观海题诗。

澄海楼前原有三座石碑,即"天开海岳"碑、"一勺之多"碑、"知圣"碑,现仅存"天开海岳"碑。相传此碑为唐代所立,又名"薛礼碑"。碑高2.65米,宽0.7米。楼东侧立有《老龙头碑记》石碑和"爱中华修长城友谊长存,上海市山海关山海情深"长城赞助碑。"长城万里跨龙头,纵目凭高更上楼",古往今来,多少文人雅士慕名而至,就连皇帝凡经此也必登楼一观。文学大家顾炎武、李攀龙、魏源等都在此留下诗篇,清帝康熙、雍正、乾隆、嘉庆、道光等也都曾"入榆关登海楼望海",仅乾隆皇帝一人就四次到此凭楼观潮,并留下御书墨迹,赞颂了澄海楼巍峨壮丽的大好景色。

老龙头地势险峻,澄海楼更是居高临下,登楼远眺,但见雄关高耸,长城莽莽;海天一色,云水苍茫。山海一览,不禁令人胸襟为之开阔,豪情满怀。

宁海城 澄海楼北有一环城,周回仅0.5千米,堪称我国古代最小的边防城寨。环城西、北各有一门,门上均镌刻"宁海城"三字,这就是宁海城的位置所在。此城在明代主要是作为屯兵和操练士兵之用。

据《临榆县志》记载:"宁海城在南海老龙头北,周一里有奇,高二丈有奇,门二,居西北二方,明巡抚杨嗣昌建,设龙武营于此。"清光绪二十六年(1900)庚子一役后,英国侵略军根据《辛丑条约》而筑兵营于宁海城内,直到第二次世界大战时才撤走。经历了时光的流逝、战火的摧残,宁海城已残破不堪,至1987年才开始得以恢复。在清理遗址时,人们意外地发现了掩埋在沙土下10米深处的遗址走向和西门的内瓮城以及部分出土文物。根据原城池的建筑用材以毛石垒砌,以黄土夯筑的特点判断,可更确切地认为此城大约为明初所建。

出于军事防御上的要求,宁海城只在城西城北各开一门,西门城上有箭楼,城门内侧围以瓮城。内瓮城的设置大概是为了杜绝蒙古族部落可能从南海绕过入海石城而转攻西门的隐患。建筑结构在古代城池中实属罕见,史志中尚无记载。为了研究明代城池的修筑方法,山海关文物部门专门将瓮城内侧一面的夯土墙保留下来,用玻璃罩上,防止风化,以利游人观览。

在宁海城中央有一校场,是明代守卫老龙头的将士们操练兵马的场所。它的东、西各开一辕门,内有将台、跑马场和射箭场。

将台建于明代初期,民族英雄戚继光任蓟镇总兵时曾在此指挥修筑入海石城和训练水师。清光绪二十六年(1900)毁于八国联军之手,至1989年修复。台内陈列有七尊塑像,正中为民族英雄戚继光。塑像造型逼真,比例匀称。四周墙壁上有复制的明代绘制的《山海关古迹一览图》《戚继光练兵图》等八幅图。

登临将台上,但见栅栏林立,旌旗招展,虽已时过境迁,仍可领略到当年鼓炮齐响、战马嘶鸣的雄壮场面。

医巫闾山　　位于辽宁省锦州市北镇市城西6千米处,面积为630平方千米。医巫闾,是我国古代民族东胡语的音译,为"大山"之意。古时还称为微闾山、无虑山、医无虑山等,皆为音译。又叫六山,因"山抱六重"而名,现一般简称闾山。

闾山历史悠久,相传舜封全国十二名山,医巫闾山即为"幽州名山"。先秦文献《尔雅·释地》记载:"东方之美者,有医巫闾之珣、玗、琪焉。"周朝时全国名山有五岳五镇,时北镇即为幽州医巫闾山。隋开皇十四年(594)封医巫闾山为北镇名山。《全辽志》载:"山以医巫闾为灵秀之最。"因此,闾山又被誉为东北三大名山之首(另为长白山、千山)。

闾山,自古就以风景优美著称,正如古人所描绘的:"山峦相连,层层相套,掩抱六重,千姿百态。岩洞泉壑,种种奇胜。"闾山气魄宏大,峰峻石峭,金代诗人蔡珪诗曰:"幽州北镇高且雄,倚天万仞蟠天东。祖龙力驱不肯去,至今鞭血余殷红。"闾山,为历代帝王和名士所钟情瞩目,历代耗巨资在山中建有亭、台、殿、阁数十座,留下碑刻、摩崖百余处。辽太子耶律倍沉醉于闾山之雄奇,筑书堂于山顶;宋代名士陈抟(希夷)将闾山作为绝胜之地,润翰题壁;金、元两代名臣耶律楚材迷恋闾山奇秀,专题吟咏,有诗集《闾山集》传世。明代时,从帝王到名臣都称道闾山可与泰山、华山一并称雄。朱元璋开国后就将修筑闾山山神庙作为国家大事来完成,一批名臣相继游山揽胜,筑亭刻石,抒写胸臆,碑刻至今与青山同在。清帝对闾山更是推崇备至,康熙、雍正、乾隆、嘉庆、道光五代帝王都曾对闾山顶礼膜拜,遍历胜迹,留下题咏不下五十余件,这些碑刻人称为"小碑林",至今完好保存于北镇庙和观音阁内。当代不少文化名人也钟情于闾山,著名画家张汀先生多次到闾山挥笔作画,赞叹闾山景景入画,横看侧望皆成妙品。书法大家赵朴初先生游闾山后写下"高标北镇,秀耸辽西"的赞词。

闾山有其独到之美,尤以石奇、石大、巨石垒垒取胜。虽山岭连绵,山峰林立,峰峰皆奇石巧叠,或竖立如箭戟,或斜依如弹发,或横垒如城堞,千姿百态,令人称绝。闾山以峰峦为依托,以石景为基础,加以人工的寺庙亭阁为点缀,构成了一幅如画长卷。整个闾山有风景区十余处,保存、修复较好,目前可供游览的是观音阁、玉泉寺、大朝阳三大景区。

观音阁景区久负盛名,是辽至明清以来历代帝王登山之处,有近百处碑刻、摩崖留存。尤其是乾隆皇帝四到北镇三登闾山,题封了"闾山八景":道隐谷、圣水盆、旷观亭、吕公岩、望海寺、万年松、桃花洞和蝌蚪碑。部分今已失存。玉泉寺景区因山岩峭壁下有龙潭玉泉而得名。玉泉水深莫测,四时不溢不竭。水色幽蓝,游鱼无数。岩壁上刻有一条从天而降的青龙,半壁亭下,有关羽勒马提刀回首望玉泉的浮雕,雕像两侧对联:"鱼跃池中,隐约浮沉停赤兔;泉生海底,光明活泼照青龙。"泉旁有长廊、玉泉寺大殿、配殿、玉皇阁亭,四周古柏参天,山崖巅顶苍松掩映。景区南有大阁水库,碧流潺湲;北有闾山最高峰望海峰,山石块垒,真乃医巫闾山第一清幽空灵之胜地。大朝阳景区位于玉泉寺景区之西,山路曲回,重峦叠翠,林谷幽深,松涛阵阵。大朝阳又称三清观,是闾山四大道观之一,建筑现已不存。石崖泉水旁有"渔翁垂钓""仙鹤飞天"等浮雕和"大朝阳"三字石刻。此为下院。从下院往北坡攀登,悬崖下即是中院,殿宇与凉亭对峙,浓荫蔽日,怪石峥嵘。石壁上宋代陈抟手书"福寿"二字最为醒目,堪称闾山墨宝。从中院到上院,有著名的十八蹬凿于数十丈高的悬崖中部,登上蹬顶,可见洞中佛像。在洞口遥望脚下,奇峰数重,林海无垠。上院正南有鹅头峰,因峰状似鹅头而得名。此处是观云海、看日出的最佳处。其壮美可与黄山鲫鱼背相媲美,万千气象,收聚眼底。

清代诗人张鼎彝有诗曰:"北镇名山麓,嵯峨锦水东。遥分长白秀,直并太华雄。日丽群峰色,松吟万壑风。从容勤杖屦,胜概正无穷。"闾山,是造化的产物,也是人工巧匠的创造,它是我国北方非常难得的一处胜境。

观艺亭 建于清乾隆十九年(1754),位于通往观音阁的山路左侧。它是清高宗巡幸北镇、游览闾山时的休憩观戏之所。此亭背有望海寺、大石棚相映衬,左右是崇山峻岭,松林葱郁,清澈的溪流奔涌亭角。亭的顶面为黄琉璃瓦,柱顶云雀镂雕,檐头望板彩绘贴金,亭四角翘势欲飞,全亭绚丽辉煌。与亭隔溪相望,有一方正巨石,近百平方米,称作习武台,周有石雕栏柱。每当清帝巡幸时,名伶优伎在此石上献艺,所以亭名为"观艺"。

观音阁 俗称大阁。明代为清安寺,清初改为观音阁。寺庙为方正的四合院,院内两株古柏寿达五百余年,枝干遒劲,气象森森。寺内有正殿、前殿和东西配殿。各殿均系硬山式小木架结构。正殿为大雄宝殿,有释迦牟尼、观世音等塑像十一尊。前殿有弥勒及四大天王像六尊。阁前有亭台,前殿原立有清高宗闾山诗刻石和多通石碑。

道隐谷 俗称大石棚,在观音阁西侧,是观音阁景区的重要景点之一。传说辽太子东丹王耶律倍学道隐居此处,故名。只见一天然生成的檐状石棚,斜覆于山崖下,长约40米,宽约5米,最高处约20米,石棚下可容四五百人。石棚前古树参天,浓荫蔽日。石棚上一股清泉源源而来,沿棚缘而下。石棚顶部和石壁上刻有"天然幽谷""医间佳胜""水石奇观"和唐代著名诗人王维的名句:"明月松间照,清泉石上流。"在道隐谷周围,遍布奇石,如龟如蟾,如兔如狮,壁立者、插云者,其势若走若奔,若箭发,若莲开。石间之松亦各有其态,有母子松、顽强松、石抱松、可怜松、将军松、正直松等,真乃松石奇观,处处入画。

圣水盆 在道隐谷下,用石雕成,形如莲花。传说金太祖阿骨打破辽时,得奇石置之,以为纪念。每当秋月临空,皎洁的月光透过树枝,树影映于石盆中,泉水飞进水面,溅波跳珠,如无数金蛇狂舞,被称作"圣水秋月"之奇景。乾隆皇帝为此景题诗曰:"垂崖迸水落丝丝,冬不凝冰事匪奇。应为仙家修养法,将临玉女洗头时。"

吕公岩 观音阁景区重要景点之一。沿曲径攀登可达三个耸立的岩峰,因它们形如三朵初绽的莲花,故称其为莲花石,又叫吕公岩。传说华山道士吕洞宾曾游此峰顶,"蓬莱仙境"四个草书大字即为吕公"降笔",后人刻在峰下照壁石上的。近处有长白名士伊汤安留下的多首诗词,描写山川胜景。每当旭日初升、朝晖斜射时,吕公岩西壁下的树石之影,宛如一个仙女披着长长的秀发,丰姿绰约,似幻似真。相传每当日出,仙女必至圣水盆梳洗。因此吕公岩又称仙人影。乾隆题圣水盆诗中"将临玉女洗头时"的玉女即指此而言。登岩顶,举目四望,长林葱郁,群壑苍莽,鸟鸣在耳,幽泉眩目,似入仙山琼阁,流连忘归。

耶律楚材读书堂 沿吕公岩北坡攀岩而过,在山坳中有一座依山势而筑的大殿,这就是金、元两朝名臣、著名文学家耶律楚材的读书堂,乾隆皇帝有诗怀念他"成诗忆楚材"。读书堂环境清雅,泉石茂林相伴,自成一格。

桃花洞 过吕公岩,进入一个宽阔的谷地,其中有一岩洞,每当春天,洞旁盛开桃花,故得此名。出此洞口,有豁然开朗如见桃花源之感。清乾隆皇帝题咏的五言十三韵诗碑中,有"武陵虽假藉,洞口试徘徊"之句,即赞此洞。桃花洞旁有一口风井,与洞相通。因洞中之风不断由井口吹出,所以往井中投以草帽、手帕等物,会被风吹出井外,可谓奇观。

望海寺 观音阁景区又一主要景点。拔地而起的崖石,直插云端。峰顶有用几块巨大花岗岩天然垒成的一个瞭望台,经考证,这是明代长城的遗址。依山拾级而上,北侧有一悬空巨石,欲坠未坠,被称为"闾山第一石"。过白云门石门,登上瞭望台,山风浩荡,白云缭绕,令人有腾云驾雾、飘然欲飞之感。再往上攀登,过代屏石,爬"燕子翻",就可登上望海寺绝顶。在绝顶可极目南眺渤海,水天一色,蔚为壮观。再俯视观音阁,犹如天上人间。

将军松　大阁山门南,满坡的果树丛中,有一棵高耸挺拔的古松,树围4米。相传乾隆皇帝在一次游览大阁时,见乌云四合,山雨欲来,只好匆匆下山,刚到山下,大雨倾盆,乾隆便到这棵古松下避雨,免遭淋湿。因护驾有功,即封此松为"护驾大将军"。

大芦花峰　闾山大朝阳景区中的一个景点。它山势险峻,整个山峰为一块巨石,直插天际。其东坡悬崖壁立,直达山底。西坡舒缓,长满郁郁葱葱的柞树,峰顶和山腰常见古松盘曲其石隙间。古刹海云观坐落在大芦花峰上,楼阁下临深谷,似挂在百丈悬崖之上,气势雄伟。在悬崖的峭壁危石上凿有一石门,作为通道,大有"一夫当关,万夫莫开"之势。观堂前古松蔽日,山林间梅花鹿成群,是天然奇胜之地。

青岩寺　位于大芦花峰南2.5千米的障鹰峰山腰。障鹰峰是闾山西南第一峰,海拔621米。它的最大特点是一层层断裂的岩石罗列直到山顶,最大的断裂带竟有百余米高。沿紧贴石壁长2.5千米的栈道盘旋而上,即可到达上院。在一个天然的峭壁插天的石缝中,有一可容百人的石洞。洞口有清泉涓涓细流,洞上刻"虚无真境"四字。洞内有一尊石雕望海观音像,当地俗称为"歪脖老母"。

千家寨　大芦花峰西北的一个高峰。传说明末清初有千家百姓来此避难,皆得平安,因此得名。峰顶建有圆通观寺,山腰存有舂米石。千家寨有一奇峰,称"将军拜母峰",远近驰名。远眺,山顶似有一位脑后梳着发髻的老太太,神态安详地坐在太师椅上。"她"的面前有一位顶盔带甲的将军,单腿跪地,双手抱拳,朝拜母亲。将军旁边卧着一匹战马,回头凝视着"他"。这三块巨石,比例恰当,形象逼真、惟妙惟肖。

望海峰　医巫闾山最高峰,海拔约八百六十多米。在望海峰周围有一组辽代建筑群。山脚下的琉璃寺有七重大殿,殿顶全用琉璃瓦铺盖,金碧辉煌,尤其是在阳光照射下,灿然一片,眩人眼目。相传这是辽太子耶律倍的影殿。在望海峰绝顶,有辽太子耶律倍的藏书楼"望海堂"。山南有规模宏大的古城堡,俗称高丽城,另有辽代帝王的陵墓群。辽墓为青砖楦起,顶似穹隆,墓室轩敞,墓志保存完好。作为群峰之首,望海峰在闾山最负盛名。登上峰顶,放眼四览,层峦叠嶂,崔巍高峻,山色苍然,令人襟怀顿宽。这里还是闾山诸峰中唯一能见到佛光的山峰,当然这要看当时是否具备形成佛光的条件。

大明湖　　位于济南市区中心旧城北部,湖水面积为46.5万平方米,滨湖游览区面积39.5万平方米。湖水由珍珠泉、芙蓉泉、王府池等多处泉水汇聚而成,诸水经百花洲,穿过鹊华桥汇入大明湖,出北水门注入小清河入海。因此大明湖公园素有"淫雨不涨,久旱不涸"的特点。13世纪,意大利著名旅行家马可·波罗在其《中国游记》中赞颂大明湖:"园林美丽,堪悦心目,山色湖光,应接不暇。"这里湖面开阔,碧波荡漾,杨柳垂岸,芙蕖盈湖,画舫游艇穿行其上,亭台楼阁点缀其间,一派古老、典雅、恬静、秀丽的风光,是一座古老的风景名胜园林。

大明湖历史悠久,已经历了一千四百多个春秋。湖之得名始见于北魏郦道元《水经注》,书中记载:"泺水入焉。水出历县故城西南……其水北为大明湖,西即大明寺。寺东、北两面侧湖,此水便成净池也。"元代于钦撰《齐乘》记:"净池今名五龙潭。"六朝时,因湖内多生荷莲,曾名"莲子湖"。当时"湖阔数千里",乘舟顺流而下,可至现在的华山。隋唐时又名"历水陂"。李白《陪从祖济南太守泛鹊山湖三首》,有云:"初谓鹊山近,宁知湖水遥?""湖阔数千里,湖光摇碧山。"可见那时湖水的辽阔,大有"众泉汇流,平吞济泺"之势。宋代称"西望湖",又称"西湖",因湖位于西城得名;后渐湮塞,半为街市。宋代熙宁五年(1072),济南太守曾巩,为防水患,浚湖修渠,建北水门,以调节控制大明湖之水位,遂成今日基本雏形。金代元好问《济南行记》中称其为"大明湖"。1949年后,人民政府对大明湖进行疏浚和修缮。1958年以湖为主,将西、北两侧的古城墙址辟为公园,沿袭大明湖名称。

大明湖以其独特的湖光山色,似明珠镶嵌在泉城,恰如一泓碧水,烟波浩淼。一年四季,景色佳丽。《历城县志》云:"大明湖北注汇波桥,源通华不注,湖光浩渺,山色遥连,冬泛冰天,夏挹荷浪,秋容芦雪,春色扬烟,鼓帆其中,如游香国。"清人刘凤诰曾写下四海传颂的名联:"四面荷花三面柳,一城山色半城湖。"可谓对明湖借景、山色湖光的绝妙写照。因之,荷花也被定为济南的市花,柳树被定为济南的市树。

穿过花树掩映的"鹊华桥"(此桥被国民党军王耀武部拆除,改建为平桥),便是大明湖的南门(正门),这是一座具有民族风格的牌坊,金字、彩绘、红柱,为五间七踩重昂单檐式。坊上绘有"旭日云鹤""金龙戏珠"等图案,富丽堂皇,雄伟壮观。中间门额上"大明湖"三字金光熠熠,为清代书法家、济南文人于书佃手书。绿柳掩映,画舫、游船停泊于门内伸向湖心的码头西侧。隔湖远望,对岸北极阁、汇波楼、南丰祠、铁公祠诸多古典建筑,东西横向排列,波光云影相辉照,一派浩渺朦胧的风光,构成一派明丽深远的景色。

进南门西行不远处,便是具有江南风格的著名遐园。园内古木葱茏,假山亭榭,曲水虹桥,回廊幽静,境界如诗如画。

出遐园向西,便是"辛弃疾纪念祠"。稼轩祠东侧开辟了一处占地三千多平方米的广场,称为"幼安广场"。这里周围假山叠立,花坛树木环绕,美丽清雅,与稼轩祠相得益彰,宁静和谐。稼轩祠北临湖滨之九曲亭和玉带桥。

湖中多小岛,有翠柳屏、小南岛、湖心亭、北洋洲、汇泉堂和历下亭诸岛点缀湖面,错落有致,使辽阔的水面经过诸岛的分隔,避免单调,显出一种层次感。诸岛中又以闻名遐迩的历下亭历史最为悠久。历下亭位于湖心东侧,四面环水,环境清幽,岛北不远有新建的灿烂多彩的百米喷泉。古往今来,历下亭一直是文人名士的会聚之地。唐代大诗人杜甫曾在此饮酒赋诗,留下了"海右此亭古,济南名士多"的名句。

泛舟北去,便至明湖对岸。这里是济南古城墙遗址,滨湖一线名胜古迹众多,沿湖岸成东西横向排列。铁公祠居明湖北岸中段,为了纪念明兵部尚书、山东省布政使铁铉而建。祠内有八面亭。小沧浪亭居园中临湖处,立亭远眺,远山近水尽收眼底。济南八景之一的佛山倒影在此处可见。明湖远借巍巍翠黛佛山,如诗如画,气派非凡。园内有横贯东西的滨湖长廊,驻足于此,可尽情领略泉城湖光山色之迷人风韵。此处可为明湖风光之最。

由铁公祠东行,便是一座两层民族形式建筑明湖楼。"明湖楼"门匾为我国著名画家刘海粟所书。明湖楼东西顺序排列是月下亭、北极阁、南丰祠、汇波楼,湖水即是由汇波楼下之北水门出园,流向小清河的。由此继续东行,便至大明湖公园东门。而由铁公祠沿湖滨路西行,便至大明湖公园西区之游乐园。芳草如茵的草坪中间有各种游乐设施。继续南行,大明湖西门内风景如画,有龙泉池、鸳鸯亭、湖滨长廊,雄伟的毛泽东诗词黑色大理石壁刻迎园门横立。壁刻北面,是假山、清泉、苍松、草地,曲折蜿蜒的林间小径,向湖滨腹地延伸,构成湖滨的一片宽阔幽深的园林地带,与远山近水相映照,形成意境深沉的对景。

大明湖是济南市中心最迷人的水景。每当假日,游客如云,呈现出一派升腾景象。郭沫若题字赞曰:"杨柳春风万方极乐,芙蕖秋月一片大明。"

门坊 大明湖公园有东、西、南三个门。南门为公园正门,坐落在大明湖南岸中间,门前是东西走向的平坦宽阔的大明湖路,隔路便是鹊华桥南的百花洲和曲水亭街。此门是一座彩绘一新、金碧辉煌的富有民族形式的牌坊,为五间七踩重昂单檐式，飞檐起脊，脊上和微翘的檐角上，都饰有吻兽。牌坊顶为黄色琉璃瓦覆盖，檐下由云头斗拱承托。拱下的额枋彩绘是旭日云鹤、金龙戏珠、西蕃莲花等细腻优美的图案。油漆鲜艳的朱红色的六根立柱和十二根斜柱，支撑着三个阶式错落有致的牌坊檐顶，柱子的下端有鼓形石墩为基。中间门额上"大明湖"三字金光熠熠，为清代书法家、济南文人于书佃手书。牌坊两侧，新建了对称的配房，是仿明代民族形式的建筑。歇山、卷棚、透窗、红柱、绿色琉璃筒瓦，与牌坊极为协调，相映成趣。驻足牌坊，北可望大明湖，南可望百花洲，人如在画中。南门被视为大明湖的标志，甚或视为济南市的标志。

鹊华桥 大明湖南门外往东不远，原有一座东西向的旧式单孔拱形石桥，与道路同宽，高数丈，是济南有名的古桥之一，建于宋代。游人立桥顶向北眺望，可望济南北部含黛呈秀的鹊山和华山，故得名。济南八景之一的"鹊华烟雨"即指此处。元代著名书画家赵孟頫画有《鹊华秋色图》（现藏于台北故宫博物院）。乾隆皇帝东巡游明湖，登上鹊华桥留诗："大明岂是银河畔，何事居然架鹊桥？"乾隆写过此诗，离济方五日，传来皇后去世的消息。三年后乾隆又临济南，不敢复登此桥。乾隆为此留下了一首悲切凄婉的诗："大明湖已是银河，鹊架桥成不再过。付尔东风两行泪，为添北渚几分波。"乾隆两次题咏鹊华桥的故事，一时传为历山趣话。原桥毁于日寇之手，现改建平桥。

百花洲 在鹊华桥南，原面积约数万平方米，洲上有"百花台"，四面居家环绕。日后建房侵台，洲面越来越小，至今只剩水塘一片。珍珠泉、王府池等名泉通过曲折迂回的玉带河汇聚于此，后流入湖。昔日，每年夏季，小巧玲珑、别具一格的百花洲绿杨环绕，莲叶田田，荷香远溢，为人们赏荷纳凉胜地。《历城县志》载，游人从此处上船，穿过百花桥可进入大明湖。

曲水亭 原曲水亭位于大明湖畔鹊华桥之南。据文献记载，最初的曲水亭建在百花桥之南。今百花桥、曲水亭均已不复存在。

曲水亭系取古代曲水流觞之意，是封建社会士大夫及文人雅士的一种诗酒盛会或娱乐活动。始建何时，已不可考。名虽为"亭"，最初其实是三间坐东朝西的平房。史载，该亭位于旧山东巡抚衙门（即今珍珠泉省人大驻地）后面，珍珠泉、濯缨湖（俗称"王府池"）之水流经房前。旧日此地是文人荟萃之所。南北走向的曲水亭街和东西走向的后宰门街多"文房四宝"图书字画店。还有不少供穷秀才住宿的"文升园"、"高升店"、"学渊阁"、"文达楼"一类的旅舍。这里夏日柳枝披拂，曲水缓流，百花洲荷花盛开，美景如画。"亭"内有茶社可供人品茗歇足；备有围棋象棋,供高手对弈。清代书法家郑板桥曾为之撰写楹联:"三椽茅屋,两道小桥;几株垂杨,一湾流水。"

这一带流水、小桥、亭榭相映成趣,垂柳轻拂水面,河畔时有洗衣人,确实是一清丽雅致的去处。近年不少人动议复建此亭。古亭再现,当指日可待。

明湖居 清人刘鹗在《老残游记》中提到的听白妞(王小玉)唱大鼓书的地方。原建筑早已倒塌,其旧址在鹊华桥南、百花洲西侧,即今明湖饭店及其前、右方一带。明湖居原为一戏园,前有戏台,台下可容纳一百多张桌子。戏园原为清同治十年(1871)犁铧大鼓的创始者武定(今惠民)人郭大妮所建,郭出嫁后,其弟子临清人黄大妮承其事业。《老残游记》中白妞的原型便是黄大妮的徒弟,也是她的姨表妹,"黑妞"则是"白妞"的徒弟。20 世纪 20 年代后期,济南商埠成为繁华地段,修建了较明湖居更好的戏园。此后,名班不再光临,这里便渐趋冷落,改为茶馆,后又改建饭馆。

现明湖居,是 1964 年以旧存民居易名重建的。位置在原明湖居对面道北,与原明湖居仅一路之隔。东临明湖公园飞檐起脊、彩绘一新的南大门门坊,西连被誉为"济南第一标准庭院"的遐园,北临碧波粼粼的湖水,占地 442 平方米,北厅五间,为前后出厦之古式青砖灰瓦厅房,门前为青色条石砌成的高台阶;东西厢房及南厅各三间,也皆为前出厦之青砖瓦房。经过修整改建,北厅廊下的高台阶作为曲艺演唱戏台,三座配房和庭院中可安放听众座席。"白妞"的后学者、著名山东大鼓老艺人谢大玉曾多次在这里演出,以演唱传统唱段《黑驴段》而闻名。

遐园 大明湖公园的园中园,被誉为"济南第一标准庭院"。

遐园原是山东省图书馆别名,其建筑与图书馆浑然一体,这里是原贡院所在地。清代光绪三十一年(1905)废除科举制度,成立新式学堂。当时的山东提学使、湖南湘潭人罗正钧,特咨请山东巡抚奏请清政府立案,在此地建图书馆。因馆址在原科举考场贡院,罗正钧取《诗经·小雅》"皎皎白驹,在彼空谷"义,名之为"遐园",寓意大兴学风,造就人才,万古垂青。"遐园"二字即罗正钧所书,镶嵌在原遐园大门门额之上。该园仿照浙江宁波藏书楼天一阁式样,而又毫不逊色。可惜,这座秀丽的名园在战乱中屡遭劫难,原建筑物已所剩无几。1948 年济南市人民政府对遐园进行了修葺。1965 年,将图书馆东半部的园林部分,作为独立的遐园,划归为大明湖公园,并进行规模较大的改建工程,拆除大门和围墙,改建为石柱架构的长廊,增建凉亭,堆砌假山,疏浚溪流、池塘,栽植花草树木。今日之遐园古木葱茏,山石嶙峋,曲水虹桥,亭台回廊,错落有致。

遐园大门朝东，大门匾额"遐园"二字，由当代书法家金棻书写。两侧的长廊向南北方向延伸。走进大门，迎面是一座高大的假山，山势绵延至庭院南侧。山麓有径可攀登。主峰偏北处有台，取名为"朝爽台"。台上有一石柱支起的尖顶四面亭，名"风亭"，又名"石亭"。立亭中，南可望群山叠翠，北可赏碧波轻舟。假山北面和西部皆为池塘，与曲曲折折的小溪相通。山因水活，水妙曲折，虽由人作，宛如天开。这里，山、溪、池塘组合成为一处小巧玲珑的人工山水胜景。假山西侧大池内，建有一座船形儿童阅览室，长方形，四面出厦，红柱青瓦，原有玻璃槅扇，是为"明漪舫"。明漪舫四周潺潺清水沿曲溪北流，折而向东，再注入湖中。溪流西岸建有半壁长廊，曲折延伸至庭院北侧，长廊中段有一洞门，洞门西是一座古式小庭院（洞门今已封闭，西边小院划归山东省图书馆）。长廊北端跨溪架一拱桥，名"玉珮桥"。桥北院中为一方塘。桥西长廊曲折向西，拐弯处的南墙壁上，镶嵌一大型石刻，为岳飞手书诸葛亮《前出师表》《后出师表》，系由河南南阳诸葛武侯祠拓来。石刻北面小院西北隅，立有石碑一幢，为明代书法家胡缵宗书写的《临唐李当涂小篆谦挂之碑》。小院方塘东，是1948年后在原址重建的读书堂，坐北朝南，前有曲折的溪水。读书堂东侧湖边，又有一座假山，山南有池，山上有青瓦红桂、六角小亭，名"浩然亭"。立亭中，可尽览湖景，亦可远眺鹊华烟雨。此亭与南面假山上之"风亭"遥相呼应。由浩然亭下山，沿长廊南行，又抵遐园门首。

稼轩祠　位于大明湖南岸，遐园西侧，是一座古代官署型建筑。

祠堂大门上方悬挂"辛稼轩纪念祠"横匾，是陈毅元帅所题。稼轩祠为院落两进，腰门两侧均抄手游廊，正厅为卷棚式，其匾额"辛稼轩纪念祠"和楹联"铁板铜琶，继东坡高唱大江东去。美芹悲黍，冀南宋莫随鸿雁南飞"，是郭沫若于1959年所题。

稼轩祠规模不大，整个院落坐北朝南，由南向北三个院落，依次增大，建在一条中轴线上。大门阙青砖灰瓦，朱红色门扉，上雕花鸟。两旁各有门房一间，两尊石雕雄狮立门外两侧，门对面为黑色照壁，显得古朴典雅。门内矗立一巨大太湖石，瘦、透、漏、皱，造型堪称上乘。左、右两侧各有厢房三间，红柱架厦。厢房北端各有一耳房，耳房之间正北面是过厅三间。院内植有国槐、牡丹。穿过过厅，便是第二进院落，两侧是半壁游廊，与正厅相通。正厅之间，为卷棚顶式，红柱青瓦，玻璃槅扇，额枋和门楣都雕饰着精致的彩画。院内植有松柏、银杏、石榴、紫薇、月季、兰草等花木。大厅后面为第三进院落，是专供人们游览和休息的风景建筑。所有建筑物都有游廊相连。东西为半壁廊，墙上饰有扇面秋叶、海棠、六角形和圆形等各种异形窗。西廊北端是两层游廊,上层和临湖楼相通;东廊向北数叠依次上升,直通北楼楼上。每叠平台都由假山石堆砌,中段台上建亭,供游人登楼途中小憩。临湖楼为二层,楼上建有凉台,楼下设茶座,上下两层楼,均可观赏湖景。院内植有国槐、翠竹,西北隅竖有太湖石,整个院落清幽潇洒而错落有致。

楼北湖边有七曲石桥,蜿蜒伸向湖心。石桥尽头,有亭翼然。此亭建于清初,原为四角攒尖方亭,光绪三十年(1904)改建为今之六角亭,名九曲亭,又名藕亭。亭基为石砌,设有六券洞门,水流洞门,轰然有声。曲桥入水,方亭独立,亭桥相衬,浮影摇动。由祠堂大门至伸向湖心的方亭,形成稼轩祠的一条错落有致的深远的风景线。

历下亭 位于大明湖湖心岛上,由南门码头乘画舫可至此亭。

历下亭初建于北魏,在五龙潭附近,原名为"客亭"。唐天宝四年(745)夏,杜甫重游齐鲁,当时年事已高的北海太守李邕特地由青州府赶来与之相会,设宴款待。杜甫饮酒即兴赋诗《陪李北海宴历下亭》:"海右此亭古,济南名士多。"名士佳句,千古传颂。

北宋以后,历下亭移建大明湖南岸。明嘉靖年间重建。清康熙三十二年(1693),济南知府李兴祖得众人资助,于大明湖湖心岛重建历下亭。新建的历下亭,四面临水,绿柳环绕,兀立于繁花茂树之间。"历下亭,红柱碧瓦,八角重檐,古意轩昂",是一座典型的清代木结构建筑,高9米,宽7米,上悬乾隆帝御书"历下亭"匾额。亭前楹柱上镌刻杜工部名句:"海右此亭古,济南名士多。"清代大书法家何绍基题写。名书佳句,珠联璧合,为古亭生色不少。亭北有五间大厅,袭用了曾巩在州衙斋中的题名"名士轩"。厅前是郭沫若写的楹联:"杨柳春风万方极乐,芙蕖秋月一片大明。"厅内西墙嵌有杜甫和李邕的石刻画像,东墙是清书法家何绍基所写的《历下亭诗碑》。亭西三间大厅,为"蔚兰轩"。李兴祖有记略云:"癸酉(1693)夏,葺历下亭工竣,更垒土筑石于亭之西偏,为轩宇之间,额曰'蔚兰',取湖光山色相染之意。"

立亭前石阶上,南眺群山绵延逶迤;北望对岸殿阁巍峨;环视湖面,天光云影,微波轻漾。济南明湖秋月一景即在此处。对历下亭的秀丽景色,清初小说家蒲松龄有《古历亭赋》赞之。

历下亭是古往今来文人学士聚集之所。李白、杜甫、高适、辛弃疾、王尽美、郭沫若都曾来此挥毫咏叹,留下名篇佳句。

大明湖地势低洼,但游客在此却不闻蛙鸣,不见游蛇。相传乾隆皇帝南巡,游明湖在历下亭小憩,蛇游动、蛙齐鸣,影响了他的睡眠。于是他下令"蛇回洞,蛙不准鸣"。从那时起,大明湖添了别致一景——"蛇不见,蛙不鸣"。虽说带有迷信色彩,但这一确实存在的自然景象也增添了不少风趣。

汇泉堂 原名汇泉寺,在历下亭东面的小岛上。这里北对南丰祠,东眺百花堤,南近秋柳园。岛四周垂柳成行,佛殿居岛中心,青砖灰瓦,红柱长厦。殿前龙头槐下立一幢太湖石,平添几分古雅清幽韵味。清嘉庆五年(1800)曾重修汇泉寺。该寺原为两重院落,四周绕以雕花回廊。东院有一座两层楼房,上悬"文昌阁",由清代著名书法家刘墉题写。阁内悬挂李清照像。1948年后,经整修、绿化,改名为汇泉堂。因此处为诸泉水入湖汇合点,故以汇泉名之。这里清凉舒爽,人称此岛为清凉岛,现改称为汇泉岛。

秋柳园遗址 在历下亭东南岸杨柳深处。此地垂柳拂绿波,鸟鸣林荫间,环境十分清幽。翠竹丛丛,红花朵朵,中间一条小溪潺潺流过。小溪北端湖边有一拱形石桥,上镌"秋柳桥"三字。清代大文学家王士禛(1634—1711),少年时常在北渚亭读书。亭址即今之秋柳园。王士禛常邀文人好友在此会饮赋诗。他在此处所赋《秋柳》四首,和者甚众,风靡一时。后来历下文人在此处成立秋柳诗社,并建馆舍八间,名秋柳园。清代诗人朱照诗句:"数椽馆舍明湖侧,后辈人传秋柳章。"就是题咏秋柳园的。

汇波桥 汇波楼 南丰祠北面,一桥相隔,就是宋曾巩所建之北水门。宋熙宁五年(1072),济南太守曾巩为了疏导大明湖水修建汇波桥,原为玲珑剔透的拱型石桥,高7米,宽30余米,雄伟壮观,为济南著名古桥之一。后为了便利交通改建为平桥。北水门即当年齐州城的北城门,城门大致与一般拱型古城门近似。所不同者,是在门洞下面,两边为人行道,中间是水道,居中偏北处安装启闭水闸。

明洪武四年(1371)将济南土城墙改砌为砖石城墙时,在北水门上修建汇波楼。此楼为古人登临游览、宴会赋诗之处,济南八景之一"汇波晚照"即在此处。历史上的汇波楼早已毁损,今之汇波楼是1982年重建的。上悬我国当代著名艺术大师刘海粟题写的"汇波晚照"匾额。新汇波楼比原楼高大雄伟,为一座悬山歇山重檐两层楼式建筑。主楼高13.6米,建筑面积560平方米,由16根通顶圆柱顶托,楼的两层翘角挑梁上悬挂8个风铃,门、窗、槅扇雕以传统花式图案。四周回廊环绕,游客可凭栏远眺泉城,湖光山色尽收眼底。傍晚登楼,可观"汇波晚照"。

南丰祠 又名曾公祠,位于大明湖东北角滨湖地带。曾巩,北宋江西南丰人,为"唐宋八大家"之一,学者称之为"南丰先生"。1072年曾巩曾在济南"知齐州事"

(相当于刺史或太守)。他热爱济南的山山水水,留下了许多赞颂济南名胜古迹的诗文,除了《齐州二堂记》《齐州北水门》外,当时大明湖北渚亭、水香亭、环碧亭、百花桥等处,皆有他的题咏。任期不足两载,他铲除豪强,兴修水利,为人民做了不少好事。他修筑北水门,引洪水入大清河,消除了济南多年的水患,深得民心。他调离齐州时,"州人绝桥闭门留之,至夜乘间乃得去"(明刘敕《历乘》),百姓视之为"北宋一灯"。公元1436年,百姓建祠纪念他的政绩。清道光六年(1826)重建此祠,历城知县汤世培(江西南丰人)书写"晏公台"石匾,尚嵌在台前壁上。当时山东布政司规定:每年春秋两次由济南府学的教官前往致祭。登此台可南眺千佛诸山,峰峦叠翠,湖光山色,令人心旷神怡。南丰祠内古树参天,绿荫密布,环境极为幽静,可谓大明湖的园中园。建筑分东西两院,中间隔一座高耸的晏公台。据考,晏公台即曾巩诗中写的芙蓉台旧址。台上有晏公庙,是为了供奉"水神"晏成存而建。晏成存为古代官吏,治水有功,被封为平浪侯。庙宇已废圮,台上仅剩一苍峻峭拔的枯松。20世纪90年代,经济南市政府决定,将市内钟鼓楼之明昌钟(金代明昌年间古钟,高2.4米,外径1.8米,重约1.8万公斤)移于此台上,并在台上建崇楼以安此钟。西院建有前后厅戏台和东西廊,连为一体,画栏雕楹,玲珑紧凑。近湖有水榭三间,四面出厦,红柱青瓦,玻璃槅扇,内有茶几座凳。水榭东、西、北三面都是荷塘。祠院内植有垂柳、翠柏、国槐、冬青,环境幽静典雅。东院大厅红柱架廊,宽畅宏伟,厅前松柏苍然,晏公台前翠竹丛丛,东侧有小桥流水,南面荷蕖盈湖,俨然江南水乡,有曾巩故乡江西南丰之秀丽风韵。

北极阁 亦称北极庙、北极台。位于大明湖北岸,东邻南丰祠、汇波楼,原为放鹤亭旧址,庙宇建筑在7米多高的石砌高台之上,是一座高峻的道教庙宇。北极阁祀真武神。真武大帝是道教信奉的神。据说他是北方之神,同时又是水神,因此称"北极庙",建在济南北城大明湖上。庙始建于元代,明代永乐十八年间(1420)重修。庙前石阶30级,南北呈长方形,占地1078平方米。庙墙原与古城墙相连,巍然耸立。这是一处由钟、鼓楼、前后两殿及东西配房组成的古建筑。前殿内正中为真武帝君像,高2.5米。上有"位极天枢"一匾。殿中塑有形象生动、目光炯炯的四天君、青龙、仙真、风伯、雷公、白虎、仙曹、雨师、电母、龟蛇等十八尊泥塑像。东、西墙上还绘有真武的传奇等壁画。后殿塑有真武父母的坐像,神龛下两侧站立两玉女像,分别持仙桃和石榴。立阁前台上南望,"四面荷花三面柳,一城山色半城湖",泉城美景一览无余。古人有诗赞曰:"星临北极俯尘埃,形势嵯峨喜壮哉!万树风声缘阁入,一湖山色抱城来。"

月下亭 位于大明湖北岸、北极阁西侧,月下亭是赏月的极佳去处。"明湖水月"为此处一大奇观。这一组建筑小巧玲珑,自成格局。月下亭为六角尖顶,白柱青瓦,饰有彩绘,亭内设坐栏。月下亭建在荷池中央,池岸选用造型奇异的天然石块垒砌而成。荷池东侧紧靠北极阁西壁是一座由太湖石砌成的假山,峭拔陡立,峥嵘嶙峋。月下亭南北各有一座白石小桥,南通大明湖岸,北通幽雅的大厅。大厅四周翠竹丛丛。大厅东侧有一小院,院中有一座二层小楼,楼顶凉台可品茶休息,观赏明湖风光。

铁公祠 由明湖楼西行,过一石桥便至大明湖的主景区铁公祠。"湖光山色,咸萃于兹",此处景色堪称明湖之冠。此祠建于清乾隆五十七年(1792),是为了纪念明代兵部尚书铁铉而修建的。明朝建文帝时,燕王朱棣举兵南下夺取帝位,当时铁铉镇守济南,屡挫燕军。后燕王攻破南京自立为帝,铁铉因兵败被俘,不屈而死。人们敬其忠烈,建此祠祭祀。铁公祠是一民族形式的庭院建筑,占地有 6386 平方米,呈长方形,整个院落由曲廊相围。铁公祠是由小沧浪亭、八面亭、湖滨曲廊、荷花水池等设施组成的一个完整的建筑体系。此园以借景艺术将园内外空间融为一体,所借远山近水衬着园内的亭台假山花木,湖光山色里,人在画图中。东大门为锁壳式门楼,朱红大门。门内正面有一小型太湖石假山,以为屏景;大门北侧是半壁曲廊,和佛公祠、铁公祠相接。曲廊壁上,有各种透漏花窗,组成一幅幅小品图画。铁公祠居西,佛公祠居东,中间有镶嵌在墙上的六幅石刻立碑相隔。佛公祠祀曾任山东巡抚的佛伦。佛伦任内,惩办污吏,打击豪强,平均徭役,筹建粮仓,为地方群众做了不少好事。因此,铁公、佛公两祠同时修建。两祠皆为三间,坐北朝南,前檐出厦,红柱青瓦,古朴庄穆。铁公祠西为"湖山一览楼",中间由游廊相连,北有一小门。"湖山一览楼"坐北朝南,上下两层各五间。登斯楼可观赏对面群山和明湖全景。楼西又是游廊,折向南延伸至湖滨,墙壁镶嵌历代文人石刻。西廊中部有圆形洞门,圆形洞门两侧有对称二门,敞开型。洞门内壁两侧镶嵌着清代诗人刘凤诰作、书法家铁保书写的"四面荷花三面柳,一城山色半城湖"的著名联句石刻。其笔势苍劲有力,引人瞩目,是济南风貌的真实写照。游廊南端又与滨湖曲廊相连,小沧浪亭居东西滨湖游廊的中段,是全园滨湖地带的中心位置。铁公祠东门内两侧有 1984 年栽植的中日人民"友谊树"。铁公祠西草坪上,又添新景花坛钟,由花坛造型表盘和一台大型电子钟组成。它是 1984 年 8 月 20 日中日青年合建的,象征中日两国人民友谊像永不停息的时钟,代代相传。

小沧浪亭 铁公祠园内之小沧浪亭,外表朴实无华,而建筑精巧,设计独具匠心。

虽有亭之称,但还可叫"榭",因建在台上且半浸水中,又可称"轩"。它四面出厦,四周饰以雕花槅扇,三间水榭上悬清代大学者阮元书写的"小沧浪亭"匾额,水榭前临碧波荡漾的湖水,东西与湖滨回廊相连,左、右、后三面是荷花盛开的"曲池",曲池东侧是建在高台上的巍然屹立的八角亭。这组建筑物是参照苏州沧浪亭格局建造的,因名小沧浪亭。这里宽敞豁亮,是绝好的宴宾之所。清嘉庆九年(1804),山东巡抚、著名书法家铁保,在此地宴请其僚友山东提学使刘凤诰。席间,刘凤诰赞赏小沧浪亭的精巧别致,遂口拈一联,铁保挥笔立就。此即广为流传的名对:"四面荷花三面柳,一城山色半城湖。"小沧浪亭居园中临湖处,三面荷池,两面傍水,湖水穿渠引入庭中,境界清幽,独具秀色。立亭而望,全湖在目。晴朗之日,此处可见佛山倒影。清人刘鹗在其名著《老残游记》中,对这一瑰丽奇异的景致有极其生动传神的描绘。沧浪亭石柱上有一副对联:"清风明月本无价,近水远山皆有情。"道出了这一古老名园的特色。小沧浪亭小中见大,所借佛山明湖,是苏州沧浪亭所无法比拟的,小沧浪亭园林设计者可谓匠心独运。园内西廊墙壁上镶嵌着清代学者、书法家铁保、翁方纲、阮元等人的墨迹石刻,大都是吟咏小沧浪亭及大明湖的诗文。

趵突泉公园 位于济南市繁华地段西门桥南,占地五十余亩,是一座历史悠久、以泉水为主的自然山水公园。趵突泉,为济南七十二名泉之冠,古泺水发源地。最早有文字记载见于《春秋》,公元前694年,鲁桓公"会齐侯于泺",相传即指此地。北魏时,因泉畔建娥英祠,称娥姜水。郦道元《水经注》中记云:"泺水入焉。水出历城县故城西南,泉源上奋,水涌若轮。"宋名"槛泉",熙宁六年(1073)太守曾巩作《齐州二堂记》,始称"趵突泉"。趵突者,跳跃也,形容泉水喷腾不止、波涛滚滚的特点。"趵突腾空",为古时济南八景之一,被历代名人所赞颂。金代立名泉碑,趵突泉列七十二名泉之首。据载,趵突泉周围有泉35处,形成趵突泉群。金代文学家元好问《济南行记》称趵突泉为瀑流泉。清乾隆皇帝封其泉为"天下第一泉"。

1949年前,趵突泉的范围约有四亩,是吕仙阁的香火胜地。1956年辟为公园,至1965年,再次扩建,将趵突泉附近的金线泉、漱玉泉、马跑泉、柳絮泉、皇华泉、卧牛泉等形姿各异的名泉划入园内,疏浚泉池河渠,叠山立石,广植花木,修葺文物古迹,新建曲廊亭榭,初步形成一个小巧玲珑、清静幽雅,以赏泉观澜为特色的山水园林。

趵突泉公园分东门和南门。南门正对横贯泉城东西的泺源大街。典雅古朴的东门，位于环城公园西端，园内清流由此穿墙而出：一股经西门桥下，奔明湖公园向北流去；一股东去，流经南门桥，与黑虎泉水系汇聚折向北去。环城公园河道曲折环绕，有如泉城的一条玉带，趵突泉则是这条青翠飘逸的玉带之上的一颗明珠。

步入趵突泉公园东门，迎面是一座怪石嶙峋、剔透玲珑的假山，南北长30米，东西宽13米，主峰高4米。山下有洞，洞顶入口巨石悬垂，洞内面积约十六平方米。此假山形成公园入口的天然屏障，是我国古典造园艺术中"障景"手法的巧妙运用。

趵突泉公园以水景为主题，园内有趵突泉、金线泉、漱玉泉、马跑泉等二十余处名泉，似一颗颗晶莹的明珠洒落在园林之中，并自然形成园林的几个主要景区。趵突泉为中心景区，这里涌水量最大。泉自地下岩溶裂隙中涌出，三窟并发，水分三股，浪花飞溅，声若隐雷，势若鼎沸。位于三股水南邻，隔一道花墙若隐若现，有一新整修的面积为2000多平方米的水景区，这是中国古典造园"漏景"艺术的匠心独运。一片宁静的清波绿水与喧腾不止的趵突泉联为一体，恰成鲜明对比。趵突泉北岸有三座殿阁，最为巍峨壮观的是临水的"泺源堂"。

漱玉泉是趵突泉群中水位最高的一个泉池，宋代著名女词人李清照的故居就坐落在漱玉泉边。这里名泉荟萃，东北区假山之麓有马跑泉，西部有金线泉、柳絮泉、皇华泉、卧牛泉。群泉西侧为尚志堂，此处厅堂典雅，院中有奇花异木，清流绕曲廊，名石展美姿，游人至此，莫不为之心旷神怡，陶然忘归。

趵突泉西邻万竹园内的望水泉、东高泉、白云泉等，同属趵突泉群，其水自西墙外石桥下潺潺流入园中。园内枫溪，源头盖出于此。枫溪东西狭长，西侧有月岛，东侧架曲桥，过桥便是东园门内之假山；枫溪两岸山石耸立，柳丝轻拂水面，如烟似雾，景色更显深远；南岸亭榭曲廊的终端，便是典雅的沧园。沧园坐东面西，正对公园南门内风景区，假山清波，紫藤红花，已经废圮的明代七子之一李攀龙的读书处白云楼，于20世纪90年代在原址上得以重建。

园内多名石，有龟石、待月峰、夔石、寿石、白云峰、虬石等，又从各地引进奇花异木，使公园四季长青，红花绿叶，映衬清泉碧水，园景更显娇妍。

龟石 位于漱玉泉东侧竹林中，堪称济南第一名石。原为元代著名散曲家张养浩所收藏，与凤石、龙石、麟石同称为济南的四大灵石。龙石早已不知下落，凤、麟二石则早已毁损，龟石是1977年从济南文庙内移运于此园中的。龟石高约4米，重约 8000 公斤。此石挺拔露骨,多空窍,纹理清晰,多凹凸,具有瘦、透、漏、皱的特点,观赏价值极高。静观此石,似颇有灵性的雌雄二龟,昂首拥立,颈吻相交,情态颇为亲昵。此石耸立于翠竹、绿草、鲜花之中,似在倾听清流泉韵。

漱玉泉 漱玉泉边,曾是宋代著名女词人李清照的故居。她的《漱玉集》,即取名于此泉。漱玉泉一名由《世说新语·排调》之"漱玉枕流"典故化出。孙子荆年少时,欲隐居,对王武子言,愿枕石漱流,词语颠倒为"漱石枕流"。王武子问:"流可枕,石可漱乎?"孙лх机一动,答曰:"所以枕流,欲洗其耳;所以漱石,欲砺其齿。"隐含自洁其身、自励其志的意愿。以玉代石,有高洁柔润、意境崇高之意。北漱玉泉已经湮没,现存为南漱玉泉。1956 年扩建趵突泉公园时,经过精巧设计,泉池用块石砌成,长方形,长 4.3 米,宽 3.1 米,深 2 米,泉池东、西、北三面围以白玉石栏杆,池南壁无栏,泉水从石壁上平展溢出,状如水晶帘幕,经过一片云集的乱石斜滩,活泼欢腾地泻入一方圆数丈的池塘里,其声琅琅,响若漱玉。真可谓方池贮翠,晶莹如玉;流漱岩石,淙淙有声,该泉以其独有的特色名传千秋。漱玉泉石刻横嵌在漱玉泉池北侧石栏上,高 0.2 米,长 0.65 米。"漱玉泉"三字由济南当代书法家关友声于 1964 年题写。

李清照纪念堂 位于漱玉泉北十余米处。相传一代女词人李清照幼年曾随父母居住在漱玉泉、柳絮泉附近,她的词集《漱玉集》由此命名。1959 年,济南市政府在漱玉泉北立堂纪念这位女词人,当时的纪念堂只是一套带有三间厅房的小院。1980 年又将历经"文化大革命"破坏后的纪念堂扩大三倍多。纪念堂外观幽雅,青松翠竹相掩映。纪念堂大门是一座飞檐圆顶的四柱抱厦。门上和正中镶着郭沫若亲题"李清照纪念堂"的横匾。进入门来,迎面是郭沫若手书的"一代词人"四个大字,赫然在目。院内海棠花繁,芭蕉凝翠,长廊环拱,芳径居中。院内西侧建溪亭,小巧玲珑,集历史古迹于一处,缩小了时空间隔,令人想起女词人的《如梦令》:"常记溪亭日暮,沉醉不知归路。兴尽晚回舟,误入藕花深处。争渡,争渡,惊起一滩鸥鹭。"当年李清照所描绘的美丽画面,在游者眼前浮现。溪亭东面是叠翠轩,轩阁幽静,轩名幽雅,流连其中,顿生悠久渺远的历史感。纪念堂正厅为一宋式建筑的厅堂,高脊飞檐,红柱架廊,青砖灰瓦,秀伟壮观。大门两边,是郭沫若亲题的抱柱楹联:"大明湖畔,趵突泉边,故居在垂杨深处;漱玉集中,金石录里,文采有后主遗风。"

进纪念堂,栩栩如生的李清照塑像迎面而立。她手握卷帙,凝眸沉思,似正在构思酝酿新的词章。厅内墙上悬有历代名家为李清照的题咏,玻璃橱内陈列着李清照著作的各种版本。郭沫若为纪念堂题诗:"一代词人有旧居,半生飘泊憾何如?冷清今日成轰烈,传诵千秋是著书。""一代词人""传诵千秋",李清照和她在文学上的成就,将永远为后人所铭记。

尚志堂 位于趵突泉东北,因紧临金线泉,又名"金线书院"。该堂又名"校士馆""存右堂",始设于唐,明清改为尚志堂。清同治九年(1870),山东巡抚丁宝桢建书院于此,手书"尚志堂"额,此地曾刊刻过《十三经注疏》《石徂徕先生文集》以及王渔洋的诗文著作等。尚志堂现改为来宾接待室。尚志堂内有条石砌岸的清流,将院落分成两部分,回廊曲折环绕,庭院十分幽雅。堂前为玉兰院,植白、紫玉兰数十株,每逢花期,暗香浮动,神韵飘逸。院内有一太湖石,为宋代遗物,名为"待月峰",是1982年迁入此院的。石瘦细长,有多个洞穴,似各种月形,从不同的角度观赏,有各种不同的形状。夜深月明,月光可透过洞穴洒在地上,形异多变。有诗赞曰:"精灵俊逸玉玲珑,神工鬼斧浑然成。一年三十六轮月,变幻俱在此石中。"尚志堂东不远,有一历来文人畅饮、赏景的书亭,也是清同治年间山东巡抚丁宝桢所建,为尚志书院的一部分,因年久失修而拆除,现已重建,面貌一新。

泺源堂(娥英祠) 始建于北宋熙宁六年(1073)二月,唐宋八大家之一曾巩知齐州(即济南),在任期间政通人和,深得民心。曾巩鉴于泺水之滨无"使客"居住的馆舍,于是"为二堂于泺水之上,以舍客"。北堂曰历山,南堂曰泺源。曾巩在《齐州二堂记》中专述此事。其实,古之历山、泺源二堂早已消失。至金代,文学家元好问为了祭祀道教神仙吕洞宾,又改建此堂为吕公祠(亦称吕祖庙)。此堂为明代重建,并恢复原名。这是一座民族形式的阁楼,雕梁画栋,黄瓦红柱,建筑凝重古朴,气势雄伟。堂前抱厦柱上刻着元代文学家赵孟𫖯的咏泉佳联:"云雾润蒸华不注,波涛声震大明湖。"字体雄浑有力,由书法家金棻先生书写。诗句生动传神,与波光水影交相辉映。泺源堂后为娥英祠,是为了纪念传说中耕于历山的舜的妻子娥皇、女英而建。《水经注》载:"历城有娥姜祠(姜也作英),泺水俗谓之娥姜水,以泉源有娥英祠故也。"可见1500年前已有此祠。祠后还有一殿,合称为大殿。泺源堂后院墙壁上有明清以来文人的石刻。其中有明代杨继盛写的"铁肩担道义,辣手著文章",杨继盛是嘉靖年间进士,曾任兵部右侍郎,为人正直,因弹劾严嵩未成,反被罗织致死,为后人传颂。院内还有双御碑,一块碑石正面和背面分别刻有两位皇帝的碑文。碑石的正面,是清康熙皇帝于甲子年间(1684)题的"激湍"二字,背面是乾隆十三年(1748)手书《趵突泉游记》石刻碑文。

趵突泉 古人云:"济南山水甲齐鲁,泉甲天下。"而众泉之中又以趵突泉为最美。

泉池呈长方形,东西长30米,南北宽20米,周围绕以石栏,池水深约2米,池水清碧见底,如翠似玉。趵突泉有三个泉口,水分三股,昼夜喷涌。状如白雪三堆,水盛时高达数尺,声如殷雷阵阵。泉水质洁甘美,用来沏茶,色艳、味醇。传说乾隆皇帝南巡,一路饮用北京玉泉水,品尝趵突泉水后即改此泉水,沿途饮用。趵突泉水四季恒温,保持在18℃左右。严冬早晨,气候寒冷,濛濛水汽袅袅升腾,如云雾笼罩水面,岸上拱桥、亭榭均在云雾缭绕之中。古往今来多少名人雅士,争相赞美吟咏趵突泉的无穷神韵。金人元好问称之为:"且向波间看玉塔。"元人张养浩赞美它:"三尺不消平地雪,四时常吼半空雷。"元人赵孟頫有诗赞曰:"泺水发源天下无,平地涌出白玉壶。""云雾润蒸华不注,波涛声震大明湖。"康熙皇帝南游,观赏趵突泉,情不自禁,亲笔题写"激湍"两个大字。泉北有宋代建筑"泺源堂",西南有明代建筑观澜亭,池东为来鹤桥,桥南端耸立着一座古色古香的木牌坊,横额书"洞天福地""蓬山旧迹"。池西侧立"趵突泉""观澜""第一泉"等石碑,池周嵌有明清以来文人名士咏赞趵突泉的三十多方诗文石刻。

观澜亭 位于趵突泉西,始建于明代。明英宗天顺五年(1461),宦官重臣韦、吴二人来济,爱泉水"清冷特异,有如玉壶琼树幻化蓬莱阆苑之间","乃于泉之旁得隙地构亭,以壮憩息观览之胜"。当时的钦差巡抚山东都宪贾公,巡按侍御杨公、李公,因名此亭曰观澜,并嘱时人王麟为之记传。亭两面临水,灰瓦、红柱、方形,石阶浸入水中。石碑立水中,"趵突泉"三字,为明代书法家胡缵宗书写。清同治年间历城书法家王钟霖所题"第一泉"石刻,镶嵌在亭西墙上。亭后围墙上还有明代张钦所写的"观澜"石刻,语出《孟子·尽心》"观水有术,必观其澜"句。亭内有石桌石凳,可供游人休息。置身亭中,凭栏凝神静观,但见一泓碧水,清如明镜;三泉涌涛,浪花飞溅;势如鼎沸,声若隐雷;水草依依,鱼翔浅底。如值盛夏,跨过亭栏,下得石阶,此三股水近在咫尺,顿觉凉气袭人,精神为之一爽。在此处赏泉,与上得泉北岸泺源堂平台倚栏俯视,自有两种不同的感受。

来鹤桥 一座南北向的青石雕花栏杆小桥,原为木桥,明万历初历城知县张鹤鸣建,清顺治年间监察御史程公又重修此桥。清初诗人施闰章曾谓:"凭栏周瞩,仰而见山之青,俯而见泉之洁,且驭侧耳静听,盖未尝不喟然兴叹。"立在桥上,赏泉观山,远景近景,声色俱佳。

蓬山旧迹坊 位于来鹤桥南端,是一座丹柱画梁、金碧辉煌的牌坊,横额上书"洞天福地",背面书"蓬山旧迹"。"蓬山"指神话中东海里的蓬莱、方丈、瀛洲三座仙山,这里是将传说中的东海仙境移到了尘世人间。据载,金代所建的吕仙阁(今泺源堂旧址)前曾有吐漱清风坊,系明代书画家文徵明手迹,以后改为蓬山旧迹坊。

蓬莱茶社 位于趵突泉东侧,系一依水而筑的宽敞台榭。在这里可以观赏趵突泉池的全景。望窗外,来鹤桥纵跨东西两池。桥南首是一座彩绘木牌坊,过桥折西沿泉南岸新建的透窗临池廊榭,隔泉与古朴的泺源堂相对。这个茶社建在望鹤亭旧址之上,清代文人施闰章撰文称之为"漱玉亭",后改为"望鹤亭"。趵突泉水质清纯,用之沏茶,色如琥珀,香幽袭人。游客停坐此间,品茗听泉,临窗观涛,令人心旷神怡,可一洗旅途之劳顿。宋代文人曾巩有诗赞曰:"一派遥从玉水分,暗来都洒历山尘。滋荣冬茹温常早,润泽春茶味更真。"

金线泉 济南四大名泉之一,位于蓬莱茶社(望鹤亭)以东。由于两股泉水上涌形成对流,在水面上形成一条游动的波纹,日光映射池底,金光闪亮,有如游丝,忽隐忽现,在水面左右摆动。古人言,"若有金线犹夷水面",故名金线泉。据北宋临淄人王辟之所写《渑水燕谈录》考,金线出露是在宋初淳化元年(990)以前,至金、元两代金线则隐约少见,如今已消匿不见。而在其东南方向柳絮泉内,却又常现"金线"。"金线"乔迁"柳絮"之畔,故在柳絮泉南邻今又修泉。为与柳絮泉南邻的新金线泉相区别,1980年,在此池北侧石壁上横嵌"老金线泉"石刻,高1米,长0.42米,隶体,由济南书法家协会前主席李钟余题。老金线泉池呈正方形,每边宽4.4米,池深2.4米。而新金线泉之碑石是由老金线泉移来的,石刻是清同治庚午年(1870)春日吴兴丁彦臣所题,横嵌在泉池东侧石壁上,高0.28米,长0.92米,隶体。现在的金线泉是一个东西长、南北宽的长方形小泉池,长2米,宽1米,池深1.2米。池壁和池周围的栏杆均以雕刻精细的汉白玉砌成,风格典雅、文静、深沉。金线泉以其神奇的金线吸引着古往今来无数文人墨客,曾巩、苏辙、元好问,都有礼赞金线泉的诗篇,刘鹗的《老残游记》更有对金线泉的描绘和形成原因的推测解释。

皇华泉 位于趵突泉公园鱼展室前、金线泉东侧。泉池呈长方形,长6.3米,宽4.1米,池深2米。皇华泉得名于《诗经·小雅》中的"皇皇者华","皇华"是称颂使臣带着国君的光华远道而来。至于"皇华泉"是称颂哪个朝代的使节,民间说法不一。一说是称颂曾耕于历山之下秉承尧的旨意施恩于民的舜,一说是称颂汉文帝派到济南向伏生请教《尚书》的使臣晁错的。明代晏璧有《皇华泉》诗:"金线池东涌碧泉,皇华使节耀齐川。圣恩浩荡宽如海,散作甘霖遍八埏。"皇华泉古朴典雅,引游者发思古之幽情。"皇华泉庚申(1980)"石刻横嵌泉池北侧石栏上,高0.36米,长1.26米,由济南当代书法家魏启后题。

柳絮泉 位于趵突泉公园李清照纪念堂西南20米处。泉的北面是鱼展室。据清乾隆三十六年(1771)《历城县志·山水考》载,"柳絮泉在金线泉东南角,泉沫纷翻如絮飞舞"(此所指系老金线泉),故名"柳絮泉"。柳絮泉芳名纤丽,富有女性气质,纷翻的泉沫犹如才思喷涌,自然使人联想到《世说新语》中柳絮才的故事。柳絮才在历史上是才女的象征,自然会使人想到故宅就在柳絮泉与漱玉泉附近的宋代女词人李清照。柳絮泉池长3.5米,宽2.3米,池深1.5米,呈南北长方形。池壁用大理石砌成,池周置汉白玉石雕护栏。新金线泉紧靠在柳絮泉的南面,两泉近在咫尺,泉池相互映衬,造型相近,色调和谐。"柳絮泉庚申(1980)秋渔岸",此石刻横嵌在柳絮泉池东侧石栏上,高0.25米,长0.85米,隶体,李予昂(遇庵)书。

卧牛泉 位于现趵突泉公园鱼展室前,东邻皇华泉。泉池呈长方形,池壁用块石垒砌而成。宋苏辙《槛泉亭》一诗,写宋时趵突泉周围环境:"谁家鹅鸭横波去,日暮牛羊饮道边。"可见此泉很有可能因当时常有牛羊饮其水、卧其旁而得名。据《咏卧牛泉》诗记:"昔闻陶墓有牛眠,今见齐州溢井泉。千载历山遗胜迹,秋风禾黍满虞田。"可见此泉出露较早,水势旺盛,常年溢满,在农业上起到了很好的作用。"卧牛泉庚申(1980)"石刻横嵌在卧牛泉池北侧石栏上,高0.41米,长1.1米,济南当代书法家张立朝书。

马跑泉 隐藏于趵突泉公园东北角一座假山的山石背后,其西面便是李清照纪念堂。今与浅井、洗钵诸泉连为一体。马跑泉这个名称背后有一个慷慨悲壮的抗金爱国英雄将领的故事。相传1129年,金兵进逼济南,守城知府刘豫欲献城降金,守将关胜力主抗金。后在济南西门外一战,壮烈牺牲,战马见此,仰天长嘶,前腿用力刨地,出现一湾清水。为了纪念这位民族英雄,后人便将此泉命名为"马跑泉"。《济南竹枝词》云:"刨地出泉烈士马,当年碧血漾清波。淙淙千古一溪水,犹唱将军爱国歌!""马跑泉庚申(1980)",此石刻在马跑泉东岸自然山石上,竖向,高1.14米,宽0.42米,隶体,李予昂(遇庵)题。

沧园 为了纪念明朝著名文学家、"后七子"领袖李攀龙(沧溟先生)所建。李攀龙,历城(今山东济南)人,明嘉靖进士,授刑部主事,累官至河南按察使,著有《古今诗删》《沧溟集》等。李攀龙曾在济南东郊故居和大明湖南百花洲上各建一楼,名之曰白雪楼。明万历年间按察使叶梦熊又曾在今沧园西北靠近趵突泉的地方建了一座书院,初称"历山书院",因这个建筑群落中有特意盖的第三座白雪楼,故又名白雪书院。如今书院已毁圮无存,旧址变为一带藤萝走廊。沧园原名"勺沧园",寓意为"沧海一勺",有向沧溟先生李攀龙学习之意。清顺治年间布政司张缙彦重修白雪楼。咸丰年间再次重修。1949年后又对沧园逐年进行修葺。沧园有三厅两院,北临枫榭,曲廊环抱,庭院松柏苍翠,修竹婆娑,内有沧泉,院中培植各种名花异木,陈列盆景,形成一别具风格的庭院。国画大师王雪涛纪念馆现设园内。

枫溪 东西蜿蜒,流程狭长,水源由万竹园泉水聚成。溪内西侧建月岛,东架曲桥,最东为假山,在中段回廊凸出处建一小榭,探入枫溪水中,"枫榭"名源于此。榭内设石桌石凳,游人可在此小憩,欣赏枫溪两岸景色。从枫溪西端岸上立足向东望去,或由东端假山下向东远眺,但见碧水清流,柳丝轻拂,如烟如雾,景色有层次感,十分深远,为园内最大的风景线。

万竹园 位于趵突泉西侧泺源大街,系趵突泉公园组成部分。该园环境清幽,古朴典雅,始建于元朝。当时面积很大,因竹林成片、环境优美而得名。园内筑有胜概楼,赵孟頫曾有诗记载其壮观。明代大学士殷士儋罢官后归隐于此,营造蒙斋亭,改园名为通乐园。清代诗人王苹也曾在此居住,并在望水泉边建书屋,望水泉为济南名泉第二十四泉,故名其书屋为二十四泉草堂,时称"南园"。清末民初,北洋常备军第五镇统制张怀芝(后为山东省督军兼省长)购得此地,先拟为袁世凯修建生祠,后因国内政局变动,又改为修建私邸。张氏于1912年至1927年征集大江南北能工巧匠,历经10年,断续施工,方建成万竹园这座张氏宅邸。万竹园占地21亩,院内有济南七十二泉中的东高、望水、白云3个名泉,有3处砖石结构的庭院,13个院落,房舍186间,还有四亭、五桥和一处花园。园内充分利用泉池、溪流等自然条件,楼、堂、亭、阁,曲廊环绕,院院相连,布局合理,是一座兼有中国南方庭院与北京王府、北方四合院风格的古建筑庭园。此宅邸坐北朝南,原有门楼。门内数十米石板铺路至二门前的石桥。桥前有石狮一对,分置左右。进二门,迎面是一座假山,景色幽峭秀丽。绕假山右行,达东院大门;绕假山左行,达西院大门。由假山前西行,沿石径路进入花园。东院为住宅。大门坐北朝南,门台高起,青砖墙壁,黑瓦盖顶,古朴典雅。两门相距不过10米,中间有清溪环绕,水穿屋而入,透墙而出。溪边修竹青翠,秀丽多姿。临溪有平桥横卧,桥的柱头有精美石刻。这一狭长的空间由于巧妙地引进了水源,波光云影,生动活泼,起到了小中见大的作用。穿过二门,进入住宅院,坐北向南者为中厅,东西为廊房,四周有游廊相联,成为一个完整的院落。中厅门窗宽敞,是张氏平时主要的活动场所。穿过中厅即到后宅,中厅与后宅之间有一狭长通道。后宅入口为一精雕细刻的垂花门,门内是一大院落。东西廊房之外有游廊,廊房临院一侧,均设有敞亮大窗。南向者为两座雕琢精细的二层楼房,前后并列,中有一空中廊桥相通,新颖而又别致。西院系接待宾客的场所,北端建有家祠。西院大门朝东,入大门后是一广阔的院落,南房为南客厅,外有游廊与东西厢房相通,客厅南北有门,此处为宴请一般客人的场所。出院北走,有圆柱方亭,穿亭前走,至石板桥,桥下是水池,即"望水泉"。过桥进入内院,东、西厢房均为餐厅。北面是北客厅,为接待贵宾之所。厅后有水池,池上有桥,桥上建有六面亭。亭为内外两层,内层外层均为六柱。内层有玻璃门窗,夏日炎炎可纳凉其中,冬日大雪纷飞而亭内仍温暖如春。再往前走进家祠院,有东、西厢房,北房大厅为祠堂。家祠院之西邻,南有运动场,北有藏书楼,但均已废圮。西院整个院落之西邻为花园。万竹园张氏私宅之建筑,均系传统式布局,中轴对称,布局严谨。若将宅院全部房门打开,可以形成一条优美的风景线。花园在张氏住宅之西邻,成正方形;东、南两面有引流泉水的人工河,园内有假山、泉水(白云泉)、凉亭、草地、花草树木,甬路蜿蜒曲折于花园之内。万竹园张氏宅院对水的运用也是匠心独运、灵活多变。白云泉、望水泉、东高泉,三泉巧妙地嵌在建筑群之中,将房屋、花木、泉水融为一体,使院院相通,泉泉相连,若隐若现,有动有静,从而使万竹园成为既有居住性能又有艺术魅力的综合性建筑,达到身居闹市仍可得到山林之乐的目的。

泉林风景园 位于山东泗水县城东 25 千米,陪尾山下。因地处山麓、盆地相接处,地下水夺隙而出,"大泉七十二,小泉不胜数",形成方圆 2.5 千米的山泉风景园林。这里以水景奇观为基调,加以前后山岚之胜势、草木云烟之杳霭,构成一幅绝妙的天然图画,从而吸引了许多文人墨客来此寻芳揽胜,吟哦题咏,留下了大量的名作。

泉林素以历史悠久而著称。根据当地发掘的石器、骨器、陶器等古物的考证,早在 6000 年前就有人邻泉而栖。《帝王世纪》记载了黄帝生于寿邱(曲阜),长于泜水(泗水)。颛顼后裔封于姑蔑(《括地志》载:姑蔑在泉林南十里之遥)七世而至舜,"舜躬耕于历山(泉林东十二里),渔于雷泽(泉林东六里),陶于(泗)河滨","一年所居成聚,二年成邑,三年成都",均说明泉林一带已出现相当规模的村镇。经夏及商,卞明国在泉林建立,并联合附近的小国部、邾、鄫等在此歃血会盟(详见《春秋·隐公元年》)。春秋时期,孔子来到这里,望着长流不息的泉水,说出富有哲理的名言:"逝者如斯夫,不舍昼夜。"同时,孔子的得力弟子仲由即生于此地。北魏地理学家郦道元曾来此勘察,称这里为"海岱名川"。唐代大诗人李白写下了"秋波落泗水,海色明徂徕"的佳句。明朝王宠在《观泉亭记》中赞叹道:"穷古至今,澄清见底,不以潦而盈,不以旱而涸,与历下之泉相等者,则惟泗水陪尾山之泉为然也。"清帝康熙亦云:"陪尾山之阳,众泉出焉,石窦岭岈,清流荡漾。"很多古人在观赏泉林后发出感叹:"游泰山不游泉林,诚一大憾事!"1984年泰安地委副书记李北海同志看过泉林之后撰文道:"……与国内外一些名泉相比,泗水泉林可以说毫不逊色。不仅济南的'天下第一泉'和无锡的'天下第二泉'都近干涸,无法与之相提并论,就是汇水造就举世闻名的颐和园、昆明湖的北京玉泉和造就避暑山庄承德风景区的热河泉,不论就其水量、水质,还是其景观而言,都不会在泉林之上。天下一些风景确有名多实少之弊,所以有人发出'观景不如听景'的感叹,而泗水泉林则恰恰相反,实多名少,秀气没有外露。"他呼吁:"造就一个千姿百态、引人入胜的新的风景区,与泰山、曲阜相联,组成名副其实的'一山一水一圣人'的旅游胜地。"

古籍《读史方舆纪要》和《山东运河备览》称泉林为"山东诸泉之冠"。在群泉汇集,约3万平方米的地面上,其"百泉正出,悬出,穴出,如星,如云","或流出于石窟间,或隐现于沙土内",或为浅池,或成深潭,泉大如虎口,泉小似豆粒,"波涛潆洄,如流烟之作阵;涌腾怒吼,如翻云之成堆"。五步成溪,百步成河,众泉交汇,斗折蛇行,叮咚有韵,流入泗河。且水底粒石,光怪陆离,似珍奇献彩;泉中水藻,清翠如梳,如"水仙晶发",令人浮想联翩,流连忘返。据《泗河图》记载:泉群共分南、北、东三区,南区名泉有石缝、潘波、石豆、膏涌、石罄、石液、瑞、双石缝等;东区名泉有双睛、红石、响水、三水、淘米、涓涓、甘露新、搬井、涌珠、琵琶、天井、奎聚、新开一、新开二等;北区名泉有珍珠、趵突、黑虎、涛糜、雪花、卞桥、三台、卞庄等。另外未载入《泗河图》者还有踴泉、石滚、溪家、溢津、洗钵、莲花、礼、为思、窦石、鸣玉、五星等泉,无记载的野泉至今尚不知其数。泉林诸泉,各具特色,趵突泉翻波作浪,汹涌奔腾;黑虎泉声啸深谷,气势雄奇;珍珠泉若雾散银水,漱玉喷珠;红石泉似腥血涂石,景色奇特;双睛泉从圆洞涌出,如双目晶莹;淘米泉细砂如筛,浮涌如汤;金线泉两水汇流,如金线漂浮;雪花泉堆雪垒玉,波光生寒。这些泉水流量充沛,水质清纯,矿物质含量高,水温稳定,酿酒则酒冽生香,人饮则延年益寿,是亟待开发的矿泉水资源。

泉林的自然风光经久不衰,古今闻名,据《水经注》记载,早在北魏时期,即首建一座源泉祠,宋代再建泗水神庙。明代万历年间相继修建了"三坊""六亭",并在陪尾山侧建立了泉林寺。清代康熙、乾隆时期,是泉林的鼎盛之时,康熙、乾隆曾先后十次来此游玩观赏,并修建了富丽堂皇的泉林行宫,其建筑规模之大,堪与孔府相比,可惜毁于清末战火,现已恢复。另外西距泉林里许,有一座单券三孔石拱桥,名曰卞桥,始建年代不详,唯中孔拱券石上有金大定二十一年(1181)重修题记,距今已有八百多年的历史,系山东最古老的桥梁之一,成为省文物保护单位。

泉林融山水为一体,不虚自然造化之功,它北依泰山,东接沂蒙,西脉曲阜,南眺邹滕,"灵钟古卞,秀甲岱阳",是一处风光秀丽、气候宜人的游览胜地。

陪尾山泉群 位于泉林风景区的中心。清帝乾隆诗曰:"一山陪尾隔东西,左右分流各赴溪。"即描写了群泉分流的胜景。陪尾山为泗河之源,山顶有"子在川上处"五字碑,现碑已毁,新建"在川亭"一座。西山脚下有泉大如虎口,水从黑洞喷出,若物之竞发,虎之怒吼,故名"黑虎泉",该泉为群泉之冠,水流量为0.093立方米/秒。明代治河都御使章拯有诗曰:"意行至陪尾,道体识源头。漏泽有时竭,源泉无日休。品推黑虎胜,合作玉虹流。洙泗多名迹,东归纪胜游。"在黑虎泉南面5米处,有一翻雪堆玉之泉,名曰"趵突泉",其泉"若人之搏而涌击",声振山谷,势雄百涧。明代太守张文渊有诗赞曰:"万鏊中间见此泉,分明文豹突平田……"趵突泉南8米处,有一珍珠泉,泉从水底冒出,如串串珍珠,晶莹明亮,袅袅上升,如雪霰散于水面。明代知县张祚赞道:"冷冷清泉苦斗奇,蕊珠万颗弄涟漪……"陪尾山南200米处,有一泉,其水量仅次于黑虎泉。此泉因从水底喷出红砂,如腥血之涂石,故名"红石泉"。明代佥事王文翰有诗曰:"……中流不识自何来,藻色波光弄虹赤。"陪尾山南、山西还有响水泉、淘米泉、双睛泉等多如牛毛的小泉,"气吞海眼蛟龙出,昼夜琅琅不断鸣"。大小泉源,各具特色,或如蜂房蚁窝,或时喷时歇,或珍珠串串,或雪花片片,水波粼粼,水声泠泠,若繁星,若落英,"赪丹缥碧,五色艳炽,与水争奇,日光射之,如绘如织"。泊中水藻,似舞女拂袖,令人有飘然之感,泉林景观对于游人性情的陶冶具有很大的启发力量。陪尾山东南面有一片碧如明镜的大湖,谓之"紫锦湖"。湖北岸有石舫一条,长20米,宽5米,至今犹存。由石舫顺曲径通向湖心岛,岛上有一镜澜榭,"坐临轩槛,如入辋川图",红亭翠阁,曲水石桥,把陪尾山四周打扮得分外妖娆。

泉林行宫 位于泉林陪尾山下,总建筑面积为24,298平方米(不包括文武御桥)。泉林行宫始建于清康熙二十三年(1684),乾隆二十一年(1756)重建,坐北朝南,是一座古典园林式建筑群,亭台宫殿共114间。其建筑规模分宫前风景区、内宫区、文武御桥、行宫八景等。雕梁画栋,金碧辉煌,水光山色,相映成趣,这座富丽堂皇的行宫是皇帝巡游驻跸之所。清帝康熙、乾隆到曲阜朝圣,旋即至泉林观景。乾隆喜泉,常趁酒后余兴,赋诗咏泉,共作诗118首,楹联15副。行宫八景为乾隆帝所造,故每景皆由他咏诗一首。1.横云馆。诗曰:"陪尾西来一垂尾,三楹闲馆建于斯。谁知听乳窦鸣处,恰是看岩云起时。"2.近圣居。乾隆尊孔,故名"近圣居"。诗曰:"去圣如斯近,纡銮未至遥。林烟锁寒食,泉声漾虚寥。翰墨于焉挹,嚣尘一以消。潜求应不舍,家法具神尧。"3.镜澜榭。位于紫锦湖心。诗曰:"荇藻翠若梳,鳞介纷可数。出墙为泗川,西流自终古。"4.九曲舸。位于石舫与镜澜榭之间。诗曰:"拳石介中间,左右泉无数。出墙汇为川,始遵泗河路……溶溶开镜湖,彼岸多古树,我欲揽其秀,曲舸可通步。"5.柳烟坡。"嫩条才吐叶丝丝,弱自弗胜跛地垂。偏是晓烟能缀景,白纱轻罩绿罗帷。"6.古荫堂。"树古由来荫亦古,银树栖栖满庭铺。重经此复固遐想,种树人还识此无?"7.红雨亭。"一亭文杏四邻围,寒勒花枝未染绯。却忆去年临上巳,垂帘红织雨霏霏。"8.在川处。位于陪尾山西端,因孔子曾在此观泉,立"子在川上处"五字碑亭一座,乾隆在碑阴镌诗一首:"绰楔伊谁勒岣巅,四周乔木俯临泉。既称夫子在川处,安藉释迦教别传。责实循名又奚必,枕流漱石且云然。从今横尾一拳石,来往何仿著寸田。"泉林行宫八景毁于清末战火,虽已复建,亦难全诗中胜景了。

泉林寺 位于陪尾山之西50米处。始建于唐代,明代曾为"寿圣寺",后改为"泉林寺"。该寺院经历代重修,规模较大。东西宽40米,南北长70米,面积2800平方米。分前、中、后三进院,大门三间,门上边横镶一块石刻,书曰"泉林寺"。进大门为前院,前殿五间。中院正中为后殿五间,左右配房各三间。后院为僧人住宅,正房前后备五间,配房数间。明代人王宠云:"山之旁有寺曰泉林,自昔遁世隐沦之士多居。"清乾隆二十年(1755),因建行宫,将泉林寺拆迁西建,重建的寺院东西宽63米,南北长67米,面积4221平方米。整个建筑群,分前后两院和东西跨院。前院大殿供奉如来佛塑像,两配房为十八罗汉塑像。后院大雄宝殿五间,正中供奉释迦牟尼塑像。东跨院为钟楼,西跨院为僧人住宅。每年农历三月二十八起,有香火庙会六天,届时春雨初起,常有"三月二十八,细雨淋妈妈"的民谣。1949年后,该寺改为小学,古建筑逐被拆除,现仅存大门三间。

卞桥双月 位于泉林西500米处,卞桥镇东门外。据考证此桥为中唐时期所建,金、明两朝又重修加固。桥下中孔拱券石上有金大定二十一年(1181)重修题记,是山东最早的桥梁之一。桥系单券三孔石拱桥,东西长24米,宽6米,两端引桥各35米。桥头有两石狮相向蹲踞,桥面望柱、栏板刻有浮雕,线条古朴清晰,内容丰富,形象逼真,有滚龙猛虎、金刚力士、花卉翎毛、山水风景等。北栏板多以历史故事为题材,刻有"刘邦斩蛇""韩信点将""卞王刺虎""渭阳垂钓""姜子牙封神"等,南栏板有"首阳二贤""人首蛇身""周处除害""女娲捧璧"等,具有较高的艺术价值。更为奇特的是,桥下不仅碧波长流,两岸杨柳摇曳,而且每值中秋之夜,月印双影,微波轻荡,双月晃耀,堪称奇观,由此引出许多美妙的神话故事,至今流传不绝。

虎斗坡　观虎石　位于泉林南约2.5千米处。这一遗址的出现,源自春秋时鲁国大夫卞庄子打虎的故事。相传卞庄子一天偕馆竖子由卞桥出发到姑蔑城(泉林南5千米,辛庄)会盟。中途爬越两个山岭,见大小两虎正在争食一头牛。卞庄子欲杀二虎,但被馆竖子制止,曰:"两虎方且食牛,食甘必争,争则必斗,斗则大者伤,小者死。从伤者而刺之,一举必有双虎之名。"卞庄子听从了馆竖子的意见,坐在大石头上看两虎相斗,待小虎死、大虎重伤时,果然出奇制胜,轻取两虎。后来司马迁在《史记·张仪列传》中,通过楚人陈轸对秦惠王所讲的一段话,详细记述了卞庄子刺虎的故事。至今此说卞桥一带仍广为流传,家喻户晓,人们还将两虎相斗处,称为"虎斗坡",将卞庄子曾坐过的大石称之为"观虎石"。"坐山观虎斗"的成语即出于此。

三坊　即"林壑深秀坊""海岱名川坊""道源固脉坊"。"林壑深秀坊"位于陪尾山西端、趵突泉东面,坐北朝南,为过路石坊。明嘉靖年间泗水知县张祚建。"海岱名川坊"位于"林壑深秀坊"北约10米处,坐北朝南,亦为过路石坊。明万历二十四年(1596)沂州兵备戴燝、泗水知县尤应鲁共同主持修建。"道源固脉坊"位于水部公署门前东侧,坐西朝东,为公署前过街石坊。始建年代不详。以上三坊,均于康熙年间因建行宫拆除。

五亭　即"原泉""会泉""玉渀""有本""浮槎"五亭。原泉亭位于泉林水部公署东,趵突泉南,坐南面北,始建年代不详。会泉亭在水部公署东,坐西向东,知县尤应鲁于明万历二十四年(1596)重建。玉渀亭位于水部公署南,坐北面南,亦为知县尤应鲁主持重建。亭前有响水泉,亭上有沂州兵备戴燝题"玉渀亭"三字。有本亭位于水部公署东,坐西向东,工部主事陆化淳、知县尤应鲁共同主持修建。浮槎亭位于水部公署后院,跨于泉上,水部公署主事胡瓒主持修建。以上五亭均于清康熙年间建行宫时拆除。

水部公署　又称泉林分馆或冬宫行署。位于明代泉林寺左,坐北朝南,东西宽50米,南北长95米,面积为4750平方米。明嘉靖二十一年(1542)由知县蒋伟主持,在原有厅舍的基础上增建。入二门,中间有前、后厅各五间,厅前左右配房各三间。该建筑为水部公署主事住所,康熙年间因建行宫全部拆除。

雷泽秋声 雷泽湖位于泉林东约3千米。古时,四山相峙,洼地成湖。相传,舜曾"躬耕历山,渔于雷泽"。雷泽湖又名漏泽湖,属于季节湖,界于泗水、平邑、新泰三县交接处,面积达36万平方米。这里四周多山,每至夏、秋两季,雨水盛行,雨后客水倾至,积水成湖,水深至2米以上。秋后地窍自开,湖响若雷,待半月余水即漏涸。近代湖水下渗,湖泥积厚,至清末已开垦成田。民国十七年(1928)开始废湖安粮。如今已筑坝拦水,成为库容9973万立方米的贺庄水库。原《泗水县志》有诗曰:"春水盈盈秋复竭,雷泽隐隐振虚竑。须知太极相循理,只在阴阳消长中。"

尼山 位于曲阜城东南30千米处,北临泗水,东靠枋河,原名尼邱山,为中国封建社会至圣先师——孔子诞生地。据《史记·孔子世家》载,孔子父母祷于尼丘,而生孔子,故名丘,后因避孔子名讳,而改称为尼山。尼山孔庙位于尼山东麓,为五代后周显德年间始建,北宋庆历三年(1043)曾加以扩建,并增立讲堂、学舍,号尼山书院。元(后)至元四年(1338)及明永乐十五年(1417)又重加扩修,遂成如今规模。

尼山孔庙中心院落为五进式,门前立四柱石坊,坊楣刻"棂星门"。"棂星"即天镇星,古代天子封天,先祭棂星,故孔、孟之庙前多立棂星门,以示尊圣犹如尊天。庙内正殿名大成殿,取"孔子之谓集大成"之意,殿广三间,为传统庑殿式建筑,并施以红墙黄瓦。红色,自古以来便是吉祥、富贵、喜庆之色,故自周代始,宫殿建筑普遍使用红色,随后,一直为封建帝王显示至高无上和尊贵富有专用色。而黄色,由于其在五行中代表中央方位,故唐高祖时亦御定为皇帝专用色。从两种色彩的使用看,孔庙建筑完全按封建皇室级别设计,只因尼山孔庙非祭孔主要场所,故建筑规模比曲阜城内孔庙小得多,但殿、门、坊之名称、色彩却完全一致。殿前立有元、清两代石碑各两幢,记载尼山孔庙、书院修建过程,殿后为寝殿。

另,中心院落东、西两边各有门通两跨院,西跨院为毓圣侯祠,祀尼山神;再西有启圣殿、寝殿,分祀孔子父母。东跨院则设讲堂、后土祠等。尼山书院为一单独院落,位于孔庙北邻。庙门前东侧尚有一四角方亭,名曰"观川亭",下临智源溪(意为孔子出生地乃智慧之源),相传孔子于此望川而叹"逝者如斯夫",亭建于元(后)至元四年(1338)。沿门前智源溪,至庙东南石崖下,有一天然石洞,名夫子洞,相传孔子母祷尼山后于此生孔子,故名。又传孔子出生后貌丑被弃,被母虎衔入此洞中哺育,故又名坤灵洞。洞内原有孔子石像及石几、石床、石凳等,现无存。

庙北还有一壑,名中和壑,取"喜怒哀乐之未发,谓之中……致中和,天地位焉,万物育焉"之意。其壑石质优良,为著名鲁砚——尼山砚原料出产地,也算为这位中华文化第一巨人的出生地增添了一个值得玩味的典故。

尼山孔庙远离闹市,地僻景幽,山清水秀,建筑规模虽不大,但错落有致,与周围如丘峰岭相得益彰。身处山中,除了可感悟到孕育我们民族文化之父的这片风水宝地之灵秀之外,又似可听到书院中来自历史的琅琅书声,使人顿生雅趣。

禹王台 位于开封城东南约1.5千米繁塔之东,是著名的文化古迹园林。相传两千五百多年前,春秋时晋国大音乐家师旷曾在这里奏乐,故又名"吹台"。汉代梁孝王曾在这里加以扩建,时称梁园。唐代著名诗人李白、杜甫、高适曾于天宝三年(744)来这里登台赋诗,李白写有"平台为客忧思多,对酒遂作梁园歌"的诗句。

相传古大禹治水曾居于此,明代为了纪念禹王,在此建禹王庙,后改称为禹王台。现在的殿宇乃清朝时重建。殿四周松柏常青,花木茂密,是开封的旅游胜地之一。入园登上高台石阶,迎面可见重檐峻宇的御书楼。这里悬有清代康熙皇帝亲题"功存河洛"的匾额,楼内东壁有康有为游禹王台的石刻。过御书楼,穿过雅静庭院,就是禹王大殿,殿面阔五间,两庑各四间,大殿侧檐与两庑间用圆门连接,分为东、西两院。登上殿来,治水英雄大禹的全身塑像就巍然屹立在眼前。这塑像丰满魁伟,凝重端庄。他身着龙袍,双手执圭。塑像左右有两副歌颂禹王的对联,一副是:"江淮河汉思明德,精一危微见道心。"另一副是:"而耕而粒去巢就庐万代永颂王功德,斯世斯民饮水知源高台重铸禹金容。"东、西山墙正中,各嵌有壁画:东边一幅是《治水图》,取材于大禹治水"三过家门而不入"的佳话;西边一幅是治水后的《行赏图》和农民《乐耕图》。壁画生动地描绘了百姓对禹王的爱戴和安居乐业的情景。殿北壁嵌有岣嵝碑,以其碑文岣嵝之形而得名,相传此碑是大禹治水时所刻。

在禹王大殿的东侧是三贤祠,唐代诗人李白、杜甫、高适曾来此作诗,这个祠堂就是为了纪念他们而建,现在存有三位诗人的塑像。大殿西侧为水德祠,是明代人为奉祀中古以来治水有功的人而建的,清代又重修。祠堂牌位上刻着历代的治水名手,如秦代的郑国、汉代的王景、宋代的曹翰、元代的贾鲁、明代的于谦等37人的治水事迹。

从元代以来,黄河水患严重,开封附近的老百姓屡遭横祸、流离失所,生计无着。这就自然而然地怀念起那些为百姓做过好事的人,怀念那救民于水火中的大禹王及其他先贤。禹王台后地势平坦,挖有莲花池,池畔有水榭,周围翠柏林立,环境很幽静,已辟为公园。

龙亭 位于河南开封城西北隅,原是宋代皇宫后御苑的一部分。唐代在此地曾设宣武军节度使的衙署。唐末,朱温做宣武军节度使,便住在这里。后来,他建立后梁,当了皇帝,把衙署扩充、整修作为自己的皇宫,改名为建昌宫。五代的后晋、后汉、后周,也都以开封为都,建昌宫也是他们的皇宫。公元960年,赵匡胤在开封城北20千米的陈桥发动兵变,黄袍加身,也把都城设在开封,开始大规模地修建建昌宫,并派大臣去洛阳,把九朝古都洛阳宫的图样搬来,模仿扩建。经过北宋九代皇帝180多年的经营,这里成为豪华绝世的一代皇宫。今日龙亭和潘杨二湖一带,就是北宋皇城的旧址。1982年,经河南考古队发掘,深挖10米,在潘家湖里已挖出宋代的城门。

北宋亡后,金朝在南京(开封)建都,在宋宫的基础上建宫造殿。元灭金后,金殿毁于兵火。

明太祖洪武十一年(1378),朱元璋封第五皇子朱橚于开封,号为周王。在金宫遗址上修建周王府,前后共历265年。王府规模宏大,排场豪华,府墙层层,森严异常。王府四周设置高墙两重,外为萧墙,内为紫禁城,并有护城河环绕。府墙之内,殿宇楼阁鳞次栉比,庭院花草,五彩缤纷。现在的龙亭大殿建在周王府花园之内。这里原有一座不高的小土山,山上有松、柏、花草,山下有水塘、亭阁装点,景致幽雅。为了防备意外,周王府在这里堆积了许多煤炭,故称此山为煤山。公元1642年,农民领袖李自成率大军围攻开封,明朝巡按严云东便扒开黄河大堤,企图淹没农民军,咆哮奔腾的黄河水吞没了开封城,周王府也被泥沙淹没而成为废墟。

清初,开封城荒无人烟。顺治十六年(1659),巡抚贾汉复在周王府旧址上修建贡院,作为三年一次举人考试之地,房舍五千余间,从此,该地又兴隆起来。后因百姓在此地掘取周王府财宝,挖得坑坑洼洼,数年后,贡院东、西、北三面被水包围,不能居住。贡院于雍正九年(1731)迁到开封城东北部(今河南大学)。

康熙三十一年(1692),在贡院内周王府煤山之上修建一座万寿亭,亭内供皇帝万岁牌。每逢节日大典、皇帝生辰,地方官员在此朝贺。从此,人们把万寿亭叫"龙亭",把煤山叫龙亭山。现存的龙亭花园格局,基本为清中期以后的面貌。主要景致是高大轩昂的大殿及东、西两侧的潘杨湖。作为开封著名的古迹名胜园林,龙亭似乎还保留了当年汴京的某些习俗风貌。特别是新春元宵佳节,这里热闹非凡。百姓喜闻乐见的高跷、杂技、旱船、跑驴、姜公背姜婆、大头和尚戏刘翠等多彩多姿的节目,布满了龙亭和潘杨湖周围,令人眼花缭乱,大有宋代闹花灯之势。

龙亭大殿 又称万寿宫,是园内的主建筑,建于清雍正十一年(1733)。当时河南总督王士俊为了献媚清帝、搜刮民财、调动民力,大兴土木,把龙亭园原来的万寿亭扩建为万寿宫。每当皇帝生日和节日,他就带领众官员来这里朝拜。公元1750年,乾隆皇帝南巡来到河南,住在这里,于是就成了行宫。咸丰六年(1856),河南布政使瑛棨按照万寿宫大殿的式样,重建了一座黄色琉璃瓦大殿,这就是今天的龙亭大殿。

龙亭大殿坐北朝南,一座牌楼立于当前。殿高27米。从地面到大殿共七十二台阶。台阶中间是云龙石阶,石阶上雕刻着形态各异的云龙图案。站在大殿前翘首仰望,屋顶参差交错,共分两层,每层正檐高翘,檐角雕塑或狮或虎,或马或犬,形神兼备,各逞雄姿;加之檐角琉璃瓦上绘画的云龙,给人一种龙腾虎跃、奔腾向前之感。檐角下挂着铃铛,风吹铃动,叮当作响。殿内顶上绘有一幅幅形态各异的云龙图,细致精巧,体态生动。大殿正中有高三尺、长一丈的巨石——龙墩,四周雕满了螭龙图案。其实这并不是皇帝的"宝座",而是一块古碑底座。

大殿东侧有一石阙。上有康有为1923年春游龙亭时所作并亲笔书写的诗:"远观高寒俯汴州,繁台铁塔与云浮。万家无树无宫阙,但有黄河滚滚流。"此诗情景交融,字体雄浑遒劲。

潘杨二湖 位于龙亭南面的大道两侧,是与北宋边关名将杨家将故事相关的古迹景致。龙亭悠久的历史,在群众中产生了许多神奇优美的民间故事,代代相传,脍炙人口。传说中"宋太祖骑马上金殿"而遗留在石阶上的马蹄印,现在仍然清晰可辨。在龙亭南面,大道两旁,传说是潘仁美和杨业两家故宅,现在已成了两个大湖,东侧叫潘家湖,西侧叫杨家湖。因潘仁美是奸臣,湖水常年浑浊腥臭;杨业是忠良,湖水常年碧波晶莹。因两家有世代冤仇,虽有涵洞,永不相通。在北宋和明代,这里是皇宫和王府内的宫苑之地,两湖存于清朝时期,乃是在自然和人为的交互作用下形成的。明末淹没开封城的黄河水退了之后,老百姓争往周王府找宝物,越挖越深,出现了一个个大坑。清乾隆五年(1740)对水坑进行了人工整修,便成了两个大湖。传说杨六郎曾在这个水泊附近住过,便把西边这个湖称为杨家湖。有了忠臣杨家湖,另一个湖就被叫作奸臣潘家湖了。

沿杨家湖南岸西行，至古城脚下，就是宋代孝严寺遗址。据《汴京遗迹志》记载，严孝寺在城之西北隅、旧金水门内，即杨业的家庙。现在这些古迹均已不存在了。

龙门　位于河南洛阳南郊13千米的伊水两岸，景区主要分布在东侧的龙门山及西侧的香山上，中有龙门桥横跨，将东西两边连成一体。这里景色绝佳，自古就是东都洛阳的游览名胜地。《水经注》载云："两山相对，望之若阙，伊水历其间北流。"故古人又将龙门称为伊阙。每当春风吹绿了千山万壑，嫩绿的小叶和一簇簇山花给大地披上了美丽的新装，正是去龙门踏青的好时光。放眼望去，两山对峙，伊水中流，郁郁葱葱的青松装点着伊水两岸的河山。看到这幅美丽的山景，很容易使人想起唐朝诗人韦应物的《游龙门香山泉》："山木本自佳，游人已忘虑。碧泉更幽绝，赏爱未能去。"更令游人兴味大增的是此处的艺术瑰宝——举世闻名的石窟名胜。从北魏孝文帝迁都洛阳前后，历经东西魏、北齐、北周、隋、唐，在四百余年间，龙门东山、西山营造石窟大盛，至今共有洞龛2000多处，大小佛像180000尊，最高的17米，最小的仅有几厘米，还有历代造像和碑刻3000多方。它是全国重点文物保护单位之一，每年都有络绎不绝的国内外游客来这里参观。这些古代艺术珍品又与周围的山水自然融为一体，成为我国较为少见的自然美与艺术美相结合的园林名胜地。

潜溪寺　龙门西山的第一窟。走进大门，登上弯曲的石阶小路，可见迎面有一块北宋皇帝赵匡胤的题碑："开张天岸马，奇逸人中龙。"十个大字，刚劲秀丽。题字下面逼真地刻画了龙门石窟的外景。

前行不远即为潜溪寺。洞窟内雕刻着一佛、一弟子、二菩萨、二天王。寺下泉水涌流，故得"潜溪"之名。主佛阿弥陀佛端坐于须弥座上，比例匀称，面部丰满，双目俯视，造型敦厚，是唐初雕塑艺术中的佳作。天王身着甲胄，足踏鬼怪，竖眉挺立，表现了武士神情。

万佛洞　由潜溪寺前行可到万佛洞。它建成于唐永隆元年（680），因洞窟南北两壁满刻15000尊佛像，故而得名。正壁阿弥陀佛端坐于八角形束腰莲花座上，神情安详肃穆，背雕五十四枝莲花，每枝莲花上坐一供养人像，布局巧妙。南北两壁佛像雕刻的乐伎，衣带飘扬，婀娜多姿，形象十分生动。洞窟外的观世音像，右手执尘拂，左手提净瓶，尽管头部损伤，从其优美动人的体态中，不难想象那妩媚的面庞。

宾阳洞 跨出万佛洞，顺着山间小路而下，便到了宾阳洞。此洞包括三窟，最有名的中洞是北魏迁都洛阳后，宣武帝为了文昭皇太后做功德而营造的。从公元500年开始开凿，到公元523年建成，历时24年，用工80多万人。其中有佛释迦牟尼的两个弟子，有面相清瘦的菩萨，从面部到衣纹都刻画得很细腻。窟顶雕莲花宝盖，并雕有十个乐伎供养天人。天人秀挺飘逸，迎风翱翔，极为动人。整座石窟体现了北魏遗像的艺术特色。据说，洞口两壁还有浮雕《帝后礼佛图》，雕刻细腻，构图美妙，是我国雕刻艺术史上一幅代表性杰作，但被盗凿，现存于美国纽约大都会博物馆。

古阳洞 在西山南部。建于北魏孝文帝迁都洛阳（493）前后，是龙门石窟中开凿最早、内容最丰富的一个洞窟。洞内小龛琳琅满目，两壁刻有三列佛龛、佛龛拱额和佛像的背光，雕刻精巧，富丽堂皇。供养人像姿态虔诚，生动逼真，呼之欲出。洞内还有造像题记，其书法多显质朴古拙，所谓"龙门二十品"即在此洞内，是研究书法史的珍品。

古阳洞外的奉先寺是游人最密集的地方。据碑文记载，奉先寺为唐高宗时开凿，费时十多年。宋时，为了保护寺内佛像，修筑了九间大殿，因而，奉先寺也有"九间殿"的称呼。

奉先寺是龙门最大的露天大龛，也是唐代雕刻艺术的代表作。佛龛南北长26米，东西深41米，有卢舍那佛、弟子、菩萨、天王、力士等11尊雕像。主佛卢舍那高17.14米，面容丰腴饱满，修眉长目，嘴角微翘，流露出对人间的关注和智慧的光芒。卢舍那佛两旁的两弟子，一个是迦叶，态度认真，老成持重；另一个是阿难，温顺虔诚，朴素忠厚。菩萨的形象显得温柔开朗。天王手托宝塔，显得魁伟勇武。力士雕造得威武雄壮，他们左手叉腰，右手举拳，双目怒视，面向前方，腿上的筋肉高高隆起，活现出勇猛的性格。据造像铭载，武则天为了建造此寺，曾"助脂粉钱两万贯"，并亲率朝臣参加卢舍那佛的开光仪式。伊水东岸存一巨石，俗称擂鼓石，相传为武则天当年礼佛时击鼓奏乐的地方。

香山寺 在奉先寺前，伊水忽地东转。隔河相望，在翠柏掩映之中，有一飞檐飘角的古寺，这就是香山寺。唐代大诗人白居易晚年就闲居这里，号称"香山居士"。白居易对香山有着深厚的感情，写了不少歌颂龙门香山的诗，有名的如《香山寺二绝》，其中之一是："空山寂静老夫闲，伴鸟随云往复还。家酝满瓶书满架，半移生计入香山。"深知人民疾苦的诗人，十分同情人民的遭遇，期待天下老百姓都能过温饱的生活。他在《新制绫袄成感而有咏》中有云："心中为念农桑苦，耳里如闻饥冻声。争得大裘长万丈,与君都盖洛阳城。"当年诗人为了使伊水航道更畅通,还在73岁那年捐钱募款,招集民工,凿去了奉先寺前的八节滩,疏浚河道,为人民办了一件化险为夷的好事,自己还写了《开龙门八节石滩》一诗:"七十三翁旦暮身,誓开险路作通津。夜舟过此无倾覆,朝胫从今免苦辛。十里叱滩变河汉,八寒阴狱化阳春。我身虽殁心长在,暗施慈悲与后人。"从诗中可以看出诗人完工后的喜悦心情和造福于人民的精神境界。人们崇敬白居易,在此修了白居易墓。登上陡峻的石阶,来到峰顶,见一用青砖围砌的圆冢,石碑镌刻"唐少傅白公墓"。伫立墓前,抚今追昔,深感历史的公平,它不放弃对每一个暴戾者的惩罚,也不忘记对每一个布施者的祭奠。诗人墓地装点得肃穆庄严,向东可眺嵩山少室,向西可瞰长桥卧波,北顾邙山蜿蜒起伏,南望洞窟密似蜂巢,这真是龙门峰巅的一个佳胜之所了。

许昌西湖 又称小西湖。位于河南许昌市老城区西北隅,占地238亩,其中水面积64亩,在古代是堪与杭州西湖相媲美的城郊山水风景园林。东汉末年曲环作镇守许昌时,在此处挖土筑城,形成坑洼,后导入溟水,汇聚成湖。堤岸花柳掩映,水中鱼戏莲藕,景色颇为秀美。太丘陈寔常邀朗陵侯相荀淑游湖赏景于此。太史奏称"德星聚",敕建德星亭,亭成,卷檐重阁,飞金流彩,名动一时。

到了宋代,许州(今许昌市)西湖更享盛名,范仲淹、欧阳修、苏轼、苏辙、程颐、程颢、朱熹等文人墨客接踵而来,在此建亭筑室,赋诗作文,饱览风光。欧阳修在湖中心的小岛上建船形欧阁,阁映湖水,波光粼粼,犹如湖上泛舟。宋哲宗元祐年间,苏轼被贬以后来到许州,卜宅于此,建听水亭、梅花堂、书酒自娱。苏辙筑室许州,号称"颍滨遗老",在西湖建有读书亭。韩维建有展江亭。文彦博治许州时,又建曲水园。至此,园中的亭、榭、桥、廊、池、山、石、林诸景俱备,布局严谨,清幽明丽,风光更加宜人。苏轼离许赴杭任职时,得知许州知州赵德麟开拓西湖,寄诗赵德麟谓"西湖虽小亦西子",故而又名"小西湖"。

千百年来,小西湖屡经盛衰,到1949年,原有建筑名胜均颓废无存。以后陆续在旧址上重建了德星亭、展江亭、听水亭、鼓琴台等。1958年起辟建为西湖公园。小西湖景色,充分体现了"以水为特色,以古迹为主体"的总体规划思想,园内主要游览部分由红莲岛、聚星岛、书亭洲、梅山、松山等组成,位于公园的南、中、北部,以植物、山石、水体、园林建筑等组成不同景区。根据公园古迹主要是汉、宋两代的历史遗迹和地形狭长、水环全园的特点,将汉代古迹德星亭建在公园中部的聚星岛上,亭高15.4米,重檐琉璃瓦攒尖顶,为全园的构图中心,控制各风景点,上至二层可揽胜全园风光。宋代古迹分设于南部和北部,南部红莲岛上,靠近南侧依水建船形两层欧阁,于近水平台,堆砌山石,以廊连接湖亭、茶香榭、碧书轩、荷香堂等,形成一个水中园。园内设水池、堆石、植莲、种花植树,向东以曲桥连接娱乐区,向西通过拱桥到湖西岸,向北与德星亭遥相呼应,从南向北达到了欲收先放的效果。北部的书亭洲、梅山南侧,倚山傍水建梅花堂和听水亭,山上广植梅花与蜡梅,配置松竹等树木,给人以"半落梅花婉娩香"之感。书亭洲地势平坦,空间较大,将宋苏辙读书亭设于此,亭周开辟月季园,丰富景观。宋韩维将展江亭设在东北部的松山西端,登亭向西北俯视水禽湖鹅鸭戏水之动观,向东与松山东端的翠亭互为对景,向南观赏月季花色和梅山松姿。

今日西湖已成为许昌著名的游览名胜,全园碧水潆洄,垂柳迎风,亭台溢彩,花草拥翠,游人或湖上泛舟,或登高览胜,或临亭怀古,莫不情趣盎然。

德星亭 据《许州志》记载:德星亭在州西湖上,本汉陈太丘事而名。陈太丘名寔,字仲弓,颍川郡许(今许昌)人,任郡西门亭长、功曹,后升迁太丘(今河南省永城县西南)长,故人称"陈太丘"。他为官清正廉洁,因不满沛相恣意搜括百姓,愤然辞官归家。曾发现有盗夜入其家梁上,便叫子孙到跟前训之曰:"人当自勉,不善之人未必本恶,迫于饥寒遂之为非,如梁上君子是矣。"盗者惊骇感动,投地请罪。陈寔加以教育、劝勉。"梁上君子"的历史典故即出于此。其子元方、季方也是德才兼备的优秀人物,父子三人并著高名,时号"三君"。与陈寔同朝代的荀淑,字季和,亦颍川郡许人,博学有高行,曾任当涂长,后因举贤良方正,出补朗陵侯相,莅事明理,称为神君。子八人,皆有才名,时人誉称"八龙"。陈寔与荀淑志同道合,交往深厚,经常聚会一起议书论文。某日,陈寔携儿子元方、季方并孙儿陈群,驾车去拜访荀淑。荀淑热情款待,使子叔慈应门,慈明行酒,其余六子下首陪侍。就在两家三代人欢畅聚会时,朝中太史夜观天象,见众星相聚一起,于是奏称:"德星相聚,五百里内(东汉京都洛阳距颍阴城三百八十里)有贤人聚。"许州人据此在小西湖建造了一座"聚星亭"(亦名德星亭),来纪念陈寔、荀淑这些名贤。亭内陈设有陈、荀诸贤的故事画屏,成为许州著名胜景。后来历经战乱,到明初已荒废无存,故永乐进士孙子良有"到州先问德星亭,尽说荒芜入杳冥"的哀叹。1977年在公园中的聚星岛上,重建了德星亭,亭高15.4米,重檐琉璃瓦攒尖顶,为全园构图中心,控制各风景点,上至二层处即可一览全园风光。

欧阁 公园南部水面比较开阔,有红莲岛,其南侧依水而建欧阁。登阁眺望沿湖的迎春廊、烟雨亭、莲舫等，漏窗疏透、波光掩映，融园内外景色为一体，清新幽静，垂柳轻拂，荷花争艳，是吟诗、作画、品茶、赏花之胜地。

梅花堂 宋苏轼所建梅花堂和听水亭，在园北部的梅山南侧，倚山傍水筑之，由曲廊相连接。亭侧叠石堆山，人造泉水、小溪布其间，流水潺潺；堂后山上广植梅花和蜡梅，配植松、竹等花灌木，给人以"半落梅花婉娩香"之感。明代诗人黄璇赞许州梅花堂诗云："堂上树横斜，移栽几岁华。疏棂斗虬影，老干着冰花。洁白应难拟，清香讵有涯。退公无一事，吟赏醉流霞。"

读书亭 宋苏辙读书亭，设在公园北部的书亭洲。地势平缓，空间较大，从西、南、东进入书亭区，有豁然开朗之感。因月季花期长、花大色艳，既可近观，又可远望，所以在亭周开辟月季花园，丰富书亭景观。向南绕梅山，进入梅花堂，向东进入松山区，景色变化有致。

展江亭 据《许州志》载："展江亭在西湖中，宋韩持国（韩维）所作，今废。"许州知州宋庠有诗赞云："绿鸭东陂已可怜，更因云窦注西田。凿开鱼鸟忘情地，展尽江河极目天。"据此，将展江亭设在园北部地势较高的松山西端，圆顶重檐。登亭向西北可俯视水禽湖鹅鸭戏水之动观，向东与松山东端的翠亭互为对景，向南观赏月季花色和梅山松姿。

卧虎桥 相传唐代大画家吴道子尝游小西湖，来到西北隅桥头柳树下小憩，随手在地上画了一只老虎，走时忘记擦掉。后来行人路过，远远望见一只老虎卧在桥头，吓得这一带路断人稀。吴道子闻讯赶来，一看是他画的那只虎在作祟，当即擦掉，从而消除了"虎患"，恢复了太平景象。故后人把这座桥称为"卧虎桥"。

珍珠泉 位于距河南省安阳市区22.5千米的水冶镇西。这里古柏参天，琼宇瓦映，浓阴环照着一个偌大的泉池。泉水清澈晶莹，直见水底。泉池中泉眼汨汨，水泡串串，状如珍珠，故名。泉源主要有三处，中心泉为"宝剑泉"，也称"拔剑泉"。其东南有马蹄泉，西南有心字泉。此三泉之得名，均有故事传说，相传北宋名将韩琦领兵西征经此，兵马干渴而无水可找，韩琦气急，一剑入地，泉水随剑涌出，故称宝剑泉。又传韩琦战马至此地咆哮嘶鸣，马蹄一脚踏陷，清泉急涌，又成一泉，名马蹄泉。另有一泉弯绕而出，如"心"字状，故称心泉，又一说其形若龙，故称卧龙泉。此三泉为主泉，石径迂回、幽静深秀，中间有精工石桥相连，素有"十字流水桥磊桥"的美称。泉池周围青石镶边，人行小道石头铺设，上有石质扶手凭栏，望柱镶刻狮猴蹲卧像，漫游散步意趣非凡，三泉周围有九条土岭，宛如九龙相依，古谓有九龙三泉之称。现在珍珠泉共由八泉组成，水域面积12,339平方米。古往今来,珍珠泉以奇特的水韵,吸引着众多游客,是著名的水景名胜地。进入园林,但见水光潋滟,竹木青翠,颇感气润爽心。环顾四周九岭相向而卧,有的曲身蜷体,升腾欲跃;有的昂首吞云,犹若蛟龙戏水,"群龙闹海"。俯视则葱郁绚烂,繁花似锦。景色极美。湖中还建有小亭,亭旁古柏森森,环境幽寂,其中两株古柏相距有五尺,而在四尺高处相向而长,合而为一株,有如洞门,游人可通,古人异之,曾将它与珍珠泉合称为"柏门珠沼"。此为古镇名景之一,成为古城安阳的旅游名胜。

百泉 位于河南省辉县城西北2.5千米苏门山南麓,这里山清水秀、风光绮丽,有"辉县小西湖"之誉。泉自山脚涌出,泉眼密布,故名百泉。著名的有搠刀泉、涌金泉、喷玉泉等。泉水清澈,其从地下涌出时,伴以无数气泡如珠似玉、喷吐不止,所以又名珍珠泉。早在三千多年前的殷商时期,百泉已经得名,此后历代陆续有开凿。因百泉之水注入卫水,故此处又称卫源。隋朝于此始建卫源庙,唐代又结合县城的水利农田建设,对泉池进行疏浚。以后,开凿治理不断。明清为了保持泉湖水位,又增建五道闸门,并绕岸砌石,筑成长方形泉湖,面积达百亩之巨。并在泉湖四周建阁造亭,连以水榭石桥,使之成为豫地旅游胜地。历史上,不少著名文人学士均到此游览过,留有许多名胜遗迹。其中以晋人孙登隐居处的啸台、宋代理学家邵雍故址、元文人耶律楚材住地梅溪、明人彭了凡葬母饿夫墓及邵雍、许衡和孙奇逢等人讲学的百泉书院最为著名。

泉湖 百泉之水汇聚而成的水面,目前湖面保留约4万余平方米。基本为长方形,最深处达3米。水温常在20℃左右,冬温夏凉,湖水四季碧透,清澈纯净,又与苏门山交相辉映,景色如画。百泉湖畔遍布亭台楼阁,寺祠院殿主要有:清晖阁,位于百泉湖,始建于元朝,明代建阁三间,始名"清晖"。现存殿阁系清代重修,楼两层,高10米。四周翠柏环绕,雄伟壮观、幽雅寂静。阁前一桥,名飞虹桥。阁后一桥,名金棱桥。阁东南有一小亭,据传清乾隆帝曾在此钓鱼,后人改名为钓鱼亭。"喷玉""灵源""涌金""放鱼""下马"等亭沿湖而立,诸亭设计古朴,造型玲珑秀丽。卫源庙位于湖北岸,依山傍水而建,是祭祀河神的地方。该庙建于隋,以后历代均有整修。因百泉为卫水之源,取名为"卫源"。庙中清晖殿,系百泉现存最大的古建筑。湖东北隅有碑廊一处,系1974年修建。廊中陈列着历代名人学士游历百泉风景名胜而留下的众多诗文题刻及其他艺术文物碑刻共142块。最早的有北魏石刻造像,还有唐、宋、元、明、清历代的碑记和诗画碑,书法上篆、隶、真、行、草无所不有,极有文物价值。其中以北魏景明二年(501)所刻的佛教无量寿立佛造像，北宋画家崔白《布袋僧真仪像》最为生动逼真。

苏门山　在泉湖北边，是百泉山水风景的北部屏障，山不高，海拔184米，但其后却层岚耸翠，极有层次，山势也逐渐险峻陡峭，整座山岭上翠柏茂密，景色奇异。山腰有孔庙一座。山左脚有石砌古墓，名曰"饿夫墓"，是明末志士彭于凡殉节处。山右脚有一院落，绕以周垣，表以重门，院下约百余步有庐三间，是北宋理学家邵雍的故宅和讲学处，上处为宅，取名为安乐窝；下处为书院故址，取名为长生洞，上镌"高山仰止"四个字。洞有石级直通山顶。山顶有平台两层，是魏晋时孙登的长啸处，名曰"啸台"。"烟景独觉苏门多"，苏门百泉以其山水秀丽闻名于世，已成为豫北著名的旅游胜地。

邵雍祠　又称邵夫子祠，在百泉苏门山下百泉村。建于明成化六年（1470），为了纪念北宋哲学家邵雍而建。邵雍（1012—1077）字尧夫，范阳人，幼随其父迁至共城（今辉县），屡授官，辞而不赴，长期在苏门山下百泉书院讲学，著书立说，建有太极书院（即百泉书院），著有《皇极经世》《伊川击壤集》等。晚年迁居洛阳，死后被宋哲宗谥号康节，人称"康节先生"。祠为一座较为规正的四合院，依山面水，四面皆景，环境幽雅。主要建筑有门楼、击壤亭、拜殿、大殿及厢房，建筑富有中州民居形式。

飞云楼　位于山西万荣县城东南隅东岳庙山门内，创建于唐贞观年间，元、明两代曾重修，现存建筑为清乾隆十一年（1746）重建。其平面为正方形，重檐歇山十字脊四滴水屋顶。外观为三层，平座下又设两层暗层，共计五层，楼高22米；面阔、进深各为五间，每边长14米。虽然国内现存同时期、同类型的建筑并不少见，但飞云楼却以其独特复杂的结构和丰富多彩的造型而成为楼阁建筑中的珍品。在楼底层，中央立有四根通天柱直达顶层，与周围32根木柱共同承托高耸的楼体，前后墙壁开门，视线可以贯通，显得楼身轻盈优雅；第二、第三层四面各出抱厦，与最上端十字脊屋顶巧妙组合，构成了层次丰富、外形柔和的轮廓线。各层檐角共32个，都向上翘起，檐下共有307组斗拱，宛如云朵簇拥，给人以凌空欲飞的感觉，正合"飞云"之名。沿木梯登楼，可眺望四周城乡风貌，同时可领略到秀美与壮丽的情感。飞云楼的外观保留有较多唐宋时期的风格，结构则采用了清代山西民间的手法，二者协调结合，成为当地一个著名景观。

秋风楼　在山西万荣县荣河镇西南10千米庙前村土垣上，因存有汉武帝《秋风辞》碑而得名。其创建年代不详,现存建筑基本上是明代所建。秋风楼所处环境开阔壮丽,西侧就是黄河河滩,北面不远,是汾河汇入黄河处。著名的汾阴后土祠立于其近旁,院廊俨然,古朴苍凉;左近高低起伏的黄土山岗上,凿有农家窑洞,一派黄土高坡、大河奔流的北国景象。秋风楼立于高大台基之上,周围麦田环抱。楼为三层,总高30米,歇山十字脊屋顶,面阔五间,四周围廊。东西两间各有横匾,东为"瞻鲁",西为"望秦"。一、二层四面各凸出龟须座一间,上筑小型山花,与十字脊歇山屋顶相呼应。二、三层廊下置斗拱或平座,三层屋檐,微微起翘,檐下斗拱造型简洁有力,古朴精美。三层楼上存有元代大德年间(1297—1307)所刻汉武帝《秋风辞》碑。登楼远望,黄河如练,挂于天地之间,气势雄浑,意境苍古幽远。

雁塔风景园 位于西安市城南5千米,该园以驰名中外的唐代大雁塔为景观中心,包括慈恩寺遗址及仿唐的小型园林,如长安盆景园、清流园、蔷薇园、曲江春晓园等,占地一千亩。雁塔园是西安南郊曲江风景区的主角。唐代全盛时期,曲江一带风景秀丽,是都城士子倩女喜欢游乐之地,亦是我国园林史上最早有记载的城郊风景园林,当时著名文人岑参、李白、杜甫等均有游曲江、登雁塔的诗文传世。按当时习俗,每科进士及第的文人为了庆祝仕途成功,均要骑白马、戴红花畅游曲江,称作"曲江流饮"。他们先去曲江边上的杏园饮宴,然后再去大雁塔题名留念,所以"雁塔题名"成了唐代知识分子非常荣耀的一件事。白居易在他27岁高中进士后,也畅游雁塔曲江,并高歌:"慈恩塔下题名处,十七人中最少年。"十分得意。于是大雁塔的名声也越来越响,直到明代,陕西一带科举考试及第举人还要效法唐风在塔下题名留念。南郊曲江风景区总面积达七千六百余亩,有63个主要景点,除了雁塔园外,还有两个主要游览区,即以曲江池为中心,两岸为仿唐建筑的"曲江流饮"区和以王宝钏寒窑及秦二世墓为主景的历史遗址凭吊区。大雁塔原是唐代著名寺院大慈恩寺中的一座宝塔,慈恩寺是唐都城长安南郊的一座皇家寺院,规模极为宏大,建于唐贞观二十二年(648),是当时太子李治为了其母文德皇后追荐冥福而建的,李治登基后,又大加修缮扩建。据《大慈恩寺三藏法师传》记载:当时"重楼复殿云阁洞房凡十余院,总一千八百九十七间"。相传当时名画家吴道子、尹琳、阎立本、王维等人均在寺内作过壁画。以后历经兵燹沧桑,唐代寺院早已颓圮无存,而雁塔仍屹然挺立,成为我国唐代佛塔遗构中保存得最完好的一座。明清之际,在塔院周围栽花种树、建造小筑,渐渐形成以古塔为主体的纪念性古迹园林。经最近的扩建和装点,雁塔园的唐文化气息更浓了,景色也更美丽了。

大雁塔 本名慈恩寺塔,原在寺之西院。其雁塔之名,得自一则佛教故事。据《大慈恩寺三藏法师传》卷三中记:摩揭陀国有一僧寺,一日天上有群雁飞过,忽然有一大雁离群落羽,摔死地上,众僧诧异,认为是雁即菩萨,于是埋雁建塔以资纪念,于是得雁塔之名。该寺建于唐永徽三年(652),慈恩寺主持和尚著名高僧玄奘为了保护其由印度取经带回的宝贵经书,欲募捐造塔,最后得高宗资助,于西院修建。原塔初为一座仿印度建筑形式修的砖表土心五层方塔,玄奘将他从印度带回的经卷和佛像全收藏于塔中,但到武则天长安年间(701—704),塔已逐渐坍塌了,于是全部拆除,改建为方形楼阁式七层,登塔攀梯亦改为盘道。大历年间(766—779)又加了十层,后经战火破坏,只剩七层。明代塔又残坏,剩下七层,在外表又加砖面以保护,一直沿至今日,塔虽多经修缮,但其结构未经改动,外形仍为唐代风格,文物价值极高。大雁塔塔身高59.9米,塔基高4.2米,总高64.1米,基座东西宽45.9米,南北48.8米,是留至今日最高的砖构方塔。塔身上现存唐代文物较多,南面两侧镶嵌着唐太宗李世民所撰《大唐三藏圣教序》和唐高宗李治撰的《大唐三藏圣教序记》碑两通,均为唐大书法家褚遂良所书,字体秀丽,为唐代留存下来的名碑。塔的门楣、门框,以阴线刻雕着当时的建筑、寺院的立面图案,画面严谨,线条遒劲,是研究我国盛唐时期建筑的重要资料。

长安盆景园 位于大雁塔西侧,面积1.87万平方米,由几组唐代建筑风格院落组成,错落别致。盆景曲廊透漏,借山借景,迂回缭绕,直通全光温室展厅与观赏荫棚。百年古龙槐盘根错节的古藤,与空旷广场中池中金鱼戏水的巨型喷水池,组成了一片幽雅和谐的环境。假山、丛林隐处,山巅凉亭,游赏小憩十分惬意。露天有百年树桩盆景、情景交融的山石盆景,荫棚、展厅陈列有五大流派风格的千盆各类盆景,南秀北雄尽收眼中。由著名书法家舒同书写的"长安盆景园",镌刻在巨石上,立于盆景园门前。从园林艺术来看,盆景园小巧的自然景、建筑景,同园外屹立着的雄伟的大雁塔形成了景观上很强烈的对比,对游人有着较强的吸引力。

清流园 位于盆景园的内北侧,面积4000平方米,全园根据唐代著名诗人画家王维的绝句《山居秋暝》诗"明月松间照,清泉石上流"的意境创作,风格十分典雅古朴。一溪清泉掩藏了源头,绕园潺潺而流,园内设小桥、绿洲、湖泊、草亭。最神奇的是倒影虚景的设计,设计者经过了周密计算,竟把大雁塔的倒影在湖面上映现出来,真可谓构思机巧,用心良苦。

该园系中日文化交流合作项目,借鉴了日本传统造园手法,以小巧、简朴的自然植物和山石、木材为主,园中有山涧瀑布,石峰,各种石料组合,木结构的和式方亭,用卵石铺成的海滩观、湖中岛及天桥等景观,还有日本风格的石灯笼、洗手钵等,制作精良。由于日本古代文化受我国唐代的影响很大,以日式庭园点缀雁塔园,在布局立意上也是较为合宜的。

蔷薇园 位于大雁塔东北侧,面积一百三十余亩,是以花卉景为主的园中园,园内栽培有蔷薇科四个亚科共百余种植物,据记载,唐代仕女插花戴花已十分流行。特别在唐宫御苑中,牡丹、蔷薇等花卉景,姹紫嫣红,武则天就封牡丹为花中之王。杨贵妃爱花,也早已闻名。这一小院可谓是沿袭了唐人爱花的余绪,园中除了蔷薇外,还有郁金香等其他名花。园四周绿荫环绕,园内姹紫嫣红,景色宜人,是赏花休息的好场所。每年元月还举办"新春花市展",秋天举办"金秋花卉展",为古老的雁塔风景添上了极为绚丽迷人的一笔。

春晓园 位于大雁塔东侧,西靠唐代艺术博物馆,占地面积5.33万平方米。园名源于唐代诗人孟浩然的名诗《春晓》:"春眠不觉晓,处处闻啼鸟。夜来风雨声,花落知多少?"园内主要景点有关石入口、舞马衔杯、唐歌舞殿堂线刻、石佛、石灯笼等雕塑和据唐代田园诗人王维名诗设计建造的"鸟鸣涧""白石滩""金屑泉""柳浪亭""竹里馆"。规划建筑设计师从唐人许多名诗句中提炼出唐代园林艺术的深穹意境,用大写意的手笔,大胆地将秦岭、辋川等处大自然的山水风光模拟浓缩于一园。集自然美、文学美、建筑美、艺术美、生活美于一体,体现了中国传统的造园理论和手法。园林环境充满了自然情趣和诗情画意,又具有唐风和鲜明的地方色彩。园内地形自然起伏,水体模拟自然界的溪涧、瀑布、湖泊、沙滩,树木花草反映了自然界植物群落的错落分布:有山地松林、万竿竹园、开阔的草坪、银杏林、牡丹芍药圃、樱花路、玉兰树群等园林风景林及专类树木花卉种植地。

骊山 在陕西省西安市临潼区城南,海拔在800—1000米之间,东西长约5千米、南北宽约3千米,系秦岭山脉分出的一个支脉,山有两峰,称东绣岭及西绣岭,唐代著名的皇家离宫华清宫便坐落在西绣岭山麓,是我国保留至今最早的苑囿类山水风景园。骊山地质复杂,具有一定的地质科学价值。据地质学者研究,在白垩纪时期,骊山曾与秦岭一脉相连,直到燕山。运动末期,强烈的地壳运动导致了渭河地壳大幅度下陷,骊山凸起成为地垒,这样才与其南边的秦岭分离,两山之间形成了谷地。如此多变的地形地貌是营建山水园林的最佳处。

骊山在古代就已享有盛名。"骊山云树郁苍苍,历尽周秦与汉唐。"骊山得名,众说纷纭。《路史》说:"女娲氏继兴于丽。"商有丽国故称骊山,又说其山形似骏马,故以骊称。北魏曾名骊戎山、浮肺山。唐天宝元年(742)改骊山为会昌山。天宝七年(748)又改为昭应山,宋代又改为临潼山。以后的史书名称多有互见,但骊山之名用得最多,一直沿用了下来。因山势复杂、植被繁茂,为了更好地进行管理,国家于1987年成立了骊山森林公园,此园属于自然保护区。森林公园由石瓮谷、东、西绣岭和老君殿峰、老母殿峰、烽火台组成,人称一谷二岭三峰。园林区的建筑、植物配置都按山麓、山腰、山谷、山顶的不同部位而因地制宜地进行布置,突出了各自的景观特色。西绣岭主峰海拔1200米,这里有周幽王烽火戏诸侯的烽火台遗址,1986年修复,城台拔地而起,登台远望,万里江山尽收眼底。第二峰有纪念女娲氏炼石补天的老母殿和春秋战国时期的十八国斗宝台。第三峰修建有供瞻仰道家创始人老子李耳的朝元阁。下山腰有"长生殿"遗址,以及晚照亭、三元洞、兵谏亭等景点。从东绣岭东行过鸡上架,地势险要、崎岖攀援,是东、西岭必经之道,行人至此,头顶重峦叠嶂,脚临悬崖绝壁,耳听山雀长啼,若云若雾,飘然有脱离尘缘、万事皆空之感。这里,南边可望举火楼。西有石塔泉、丹霞泉、饮济泉,清澈见底,甘甜爽口,千年不竭,滋润骊岫。沿鸡上架东下400米即入石瓮谷。石瓮谷又名芝兰谷,因芝兰秀艳而得名,这里为骊山园景色最佳处。谷内景色幽奥,草木葱郁,花卉芬芳,蜂鸣蝶舞,沁人肺腑。身临其境,但见大自然镂月裁云之神工,使这里山势崎岖,气象万千;危石如坠,千姿百态;山崖有景,草木藏画;天空似线,日月回避。两旁峭壁有跃跃欲合之势;脚下涧泉,湍湍汩溅,跳跃在仄蹬盘空的密林陡石之间。明代著名文学家、旅行家袁宏道游览至此,无限感慨地赞道:"骊山佳处在此,睡海棠恐不能到。"骊山林木葱郁、松柏长青、景色秀丽。远望形似一匹骊骏,叱咤风云,驾驭着中国两千年的历史文化。千年帝王将相、百代文士骚客的美词华章,就是锦绣骊山的最好见证。骊山除了山水灵秀优美之外,整个风景区有集中林地2600多亩,疏林灌木林133万平方米,海拔500米以上生长着侧柏林,500米以下有20多个品种的林木高低参差,郁郁葱葱。"隐雾疑藏豹,埋云似踞关。"在春时细雨、夏雨滂沱、秋日晨岚、寒冬瑞雪之时,骊山风景区犹如一幅幅姿态各异的山水画卷,令人赏心悦目。

骊山晚照 流传已久的关中八景之一,景观位置在骊山园西翼至第三峰的断层北麓缓坡处。每临夏日傍晚,夕阳斜射,云蒸霞蔚,将丛林、楼殿亭台、崖壁幽谷、苍松碧柏、奇花异草,笼罩在金色的夕阳中,各呈异彩,景色万千。清人杨鼎明赞道:"丹枫掩映夕阳残,千壑万崖画亦难。此是骊山真面目,一生能得几回看。"其实秋日的晚照也很美。满山红叶,点缀在松柏林中,夕阳西下,一片红霞返照,把山染得通红,成为绝好的风景画。清人朱集义《骊山晚照》诗:"幽王遗恨没荒台,翠柏苍松绣作堆。入暮晴霞红一片,尚疑烽火自西来。"这首诗同时还配上了画,且刻之于石,影响颇广。

烽火台 位于骊山园西绣岭第一峰最高处。其外形为古城堡建筑,是古代点燃烽燧报警的高台,夜举为烽,昼燔为燧。因用狼粪作燃料,故又名狼烟。这里是西周烽台遗址。周幽王十一年(前771),周幽王为了博得宠妃褒姒一笑,听信佞臣虢石父的谗言,燃起骊山烽火,招致了杀身亡国之祸。1985年,临潼县政府在原遗址上用特制仿古砖筑起高13米、底座10米见方、上小下大的烽火台,顶部有一观景方亭,可燃狼烟。游人沿内壁转楼梯盘旋而上,登上台顶,一览诸岳渭水,江山如画,顿觉胸怀开阔,尘念顿消。

老君殿 位于骊山公园西绣岭第三峰上,海拔695米,建筑呈南北长方形,由主殿、四周回廊、东西亭台、前庭、后院、前后山门组成,总建筑面积为1953.72平方米。老君殿始建年代很早,《史记》中已有提及,天宝二年(743)唐玄宗为了巩固其政权,大兴道教,在这里重修殿宇,成立专门机构,设置官吏和管理人员,负责庙宇接待、祭奠活动。守卫殿内供奉的是道家创始人老子李耳的汉白玉雕像。像、座浑然一体,通高193厘米,是盛唐时代大型人体石刻艺术的代表作。雕像玉色细腻晶润;刀法洗练凝聚,工艺精湛;面相华贵丰腴,栩栩如生;神采飘逸超凡,既庄严肃穆,又温厚慈祥,似深思熟虑,给人以腹藏万叙、囊括宇宙之神韵;气宇轩昂恢弘,结跏坐在高78厘米、宽142厘米、长152厘米,四周饰有用高浮雕精巧手法雕刻的三层变形莲花瓣的宝座上,愈显华丽玄秘。殿内陈设豪华,彩画绝妙。四壁有唐代丹青大师吴道子描绘的唐高祖、太宗、高宗、中宗、睿宗五皇帝的画像及唐代贤相老将忠臣画像。主殿内除了供奉老子像外,又以南华真人庄子、通玄真人文子、冲虚真人列子、洞灵真人庚桑子配享。出土文物有"天宝二年内作宫瓦"、莲花纹方砖、青辊筒瓦、汉白玉造像残块、开元通宝、铜装饰品、铜花叶和"鬼"砖等。

虎斑石 位于西绣岭海拔400米处。石遍体黄褐菌锈斑驳,呈"凹"形状,又大又高,上有一绺一绺的弓形条纹,每绺7—8米长、2—3米宽,远望宛如一只斑斓大虎卧于山间,十分威武。因标"虎斑石""卧虎石",自古以来就是骊山的一个游览胜地。明代关中鸿儒武之望曾有《登骊山观虎斑石》诗:"苍翠郁嵯峨,石根带薜萝。龙蛇巢树杪,虎豹宿山阿。夕照穿林回,芳菲铺地多。巉岩迷去路,隔巘听樵歌。"近年来,在卧虎石附近广植松柏,修宽了通往这里的道路,游人每到这里,都要停留许久，观赏大自然神工鬼斧的精湛雕刻技艺。是摄影留念的极佳去处。

骊山绝壁 由于形成年代久远，又经多次地壳运动，骊山的断层错综复杂，造就了风景园中多处绝壁悬崖，是我国山岳风景中不多见的，每每吸引着众多游人。在北麓，由华清池上攀，陡峻的断层岩，形成了骊山森林公园的一峰、二峰；举目南望烽火台，又是一级断层陡岩；西部呈阶梯状地形，也是由几个很典型的断层组成的，这一带断层面倾角度在50—80度左右，山崖斜着刺向青天。一组是骊山北麓的西断层，一组是通过烽火台至石瓮谷的东北向断层。由于断层错落，沟壑遍布，断层岩壁立如刀削，断层岩面上往往保存着断层错动的构造特征，形成奇丽的景观。

举火楼 位于骊山园西绣岭东南半山腰间，面积60平方米，为砖木结构的两层古式楼房。据传说，此楼始建于西周。《竹书纪年》记载这里是周幽王所建的离宫与褒妃避暑之处，也是周幽王发布军令，命令烽火点燃的指挥台，故名"举火楼"。周武王率领战车4000乘击败商军，黄袍加身，建立西周，在骊山修建园林、行宫。传到周幽王已四百余年，享国日久，幽王荒淫无度，不理朝政，终日宴饮，常偕爱妃褒姒到骊山行宫游乐。为了游幸安全，防止臣属兵变，在骊山第一峰修筑报警设施烽火台，同时在行宫东13千米的戏水河两岸修建军事设施"幽王城"，在骊山山腰修建举火楼。举火楼东侧绝壁上刻有"别有天地"四个笔力遒劲的大字。楼址所在，山势绝险，气势雄伟。西、南两面崖如刀削，一望无底；东、北两面接幽谷，红花绿草，满目春色。这里兼有西岳之险、骊山之幽，是旅游赏景的最佳处。

东花园 位于骊山森林公园西绣岭东南山脚下，东距华清池开阳门50米左右，占地百亩，仿唐建筑。唐时东花园早已不存，1959年根据历史记载又恢复了东花园的建筑，以后逐年扩建、维修，使其更为富丽堂皇、幽雅别致，成为一座颇具规模的唐式花园宾馆，是集古典别墅式庄园、古园林与现代宾馆为一体的建筑。园内观风楼是唐式建筑的代表作。唐郑嵎《津阳门诗》有云："此时初创观风楼，檐高百尺堆华榱。楼南更起斗鸡殿，晨光山影相参差。"今将观风楼、晨光馆、重明阁等仿唐建筑汇于一堂，飞檐朱柱，高低错落，奇花异草，环绕其间。近年又新建晨曦楼、按歌台等一系列建筑，西侧有一座古朴别致的亭子叫"逍遥亭"，为唐中宗景龙年间兵部尚书韦嗣所建，他常与众官赋诗，被中宗封为逍遥公，此亭因此而得名。唐玄宗时，于此建逍遥殿，旁有午马台、大小珠场，依山傍水，茂林修竹，隐映烟霞，景观迷人。1959年重建逍遥亭于此登山要道处，亭呈六角形，中有天井，天井内植一棵雪松，供游人赏景小憩，发思古之幽情。

石瓮寺 位于东绣岭石瓮谷东侧,沿谷口十八盘上行可达,清代建筑,前后两殿。后殿奉祀地藏王菩萨,一尊白玉像趺坐于束腰覆莲座上,手持戒尺,着佛袍。刀法简练、体形优美、容貌逼真,是一件十分精美的艺术珍品。殿内壁画楹联,颇为雅致可观。寺前古柏苍翠挺拔,环境宁静。俯观谷景,北眺渭河平原,只觉得眼界开阔,胸襟豁然。后对石瓮寺进一步整修,且于周围增植侧柏、黄栌、棣棠、山竹、惠兰等花木,丰富了自然景观,使其更加清幽宜人。

石瓮谷 位于东、西绣岭分界处,是一处自然构成的幽谷景。其景区可延至东绣岭之上,谷内有悬崖、瀑布、流水等,自然风景资源十分丰富。自古至今,被誉为骊山景区的最佳处。由山下入寺谷,迎面就是三叠瀑布。悬崖绝壁之上,一股清泉飞泻直下,宛如白练,将黑褐色的岩石冲成深宽20—30厘米的石槽,水从石槽中以20米的落差又注入一天然大石,天长日久的冲击形成了一泓水潭,池溢满自流,山石花木倒映其中,极富静幽之趣。被水冲成的池,宛若石瓮,石瓮谷以此得名。石瓮呈圆形,口径80厘米,深5米多,口大腹小,内壁光滑,为大自然造化创作的一大奇观。整个石瓮谷内有叠水、瀑布、溪流、怪石,山势峻峭,石壁奇险,景色万千。1984年后,管理部门又请国内园林专家为石瓮谷设计了石瓮观瀑、跨江泻玉、幽谷鸣琴、遇仙山庄、石鼓小亭等十五个景点,现已先后完成,为古老石谷增添光彩。

三元洞 位于骊山西绣岭脚下登山必经之处,北临华清池,上通老君殿,是由佳境门登山的第一个景点,占地2000平方米。洞发掘于唐代,几经修复,外面植有雪松、花草,形成园林环境。洞内石壁完整,香烟缭绕。三洞分别奉祀道教至尊的"天官""地官""水官"三元。最奇妙之处是洞内有五个杯口粗细的天然通风圆洞,深不可及。春夏风向外吹,秋冬风向里吸。游客登山来至洞口,微风吹拂,凉爽舒适,倍觉神秘玄妙,并能祛病疗疾,谓之"神风"。近年经专家研究,论证了由于骊山属于大倾角断层,断层岩石之间的空隙遥遥相通,于是形成了自然风洞,经化验,认定风气中含有氡气,确有治疗关节炎、风湿病等多种疾病的作用。

骊山胡王汉槐 又称国槐,为著名的古树名木景,位于骊山山麓的胡王村,是由华清池经秦陵南路到兵马俑博物馆的必经之地。据《临潼县志》记载,该树植于汉朝,因生长在胡王村,故名"胡王汉槐"。树主干高3米,胸围7.6米,主干以上为庞大分枝,整株古木高14.5米,冠幅330平方米,围径在1米以上的大棱六条,最粗围径2.9米,最长侧枝12米,树龄在2000年以上,是我国目前为数不多的古槐。相传胡王汉槐与鸿门宴的历史故事相关。公元前206年,刘邦入关中灭秦进驻咸阳,并派兵守函谷关(今河南省灵宝县)欲阻项羽西进;项羽率大军破函谷关进驻鸿门(今临潼区新丰镇鸿门堡),并设宴以杀刘邦,后经多人掩护,刘邦得以脱险,逃到骊山脚下一小村庄,已精疲力尽,难以前行,便躺在一棵大槐树下休息,此树便是现在这棵古槐。后来刘邦打败项羽,建立汉朝。为了感激这个村庄百姓,遂赐名该村为"护王村",把这棵槐树命名为"护王槐"。后因"护王"与"胡王"谐音,后世便以"胡王"传下,称这棵树为"胡王汉槐"。它虽历经千年沧桑变迁,但至今仍郁郁葱葱。远望,树势奇特,枝干横生,形似一幢绿色楼房;近看,枝枝攀错,上伸外展,像条巨龙,许多学者、文人、艺术家、港澳台同胞及外国友人慕名前来观赏、考察、研究。"尽经风霜两千年,遮天蔽日叶一片。神州大地多大树,胡王汉槐数状元。"这是一位华侨参观后发自肺腑的赞叹!

华清池 位于陕西省西安市临潼区南郊骊山脚下,是在唐代皇家离宫园林遗址的基础上修复起来的文化古迹园林。总占地面积为8.56万平方米。其中各类宫殿式风景建筑有2.66万平方米。主景华清池是陕西关中一带著名的温泉景。白居易《长恨歌》中所写的"春寒赐浴华清池,温泉水滑洗凝脂"称赞的即是这一泉水。其水温常年为43℃,水中含有多种化学成分,适宜沐浴疗养。由于唐明皇与杨贵妃的爱情故事,骊山华清池在中国历史上知名度很高,古典文学艺术以它为主题的创作十分可观,众多游人中,有不少是为了亲眼看看当年风流天子与贵妃的生活场景而慕名前往,这又使它具有了较强的文化纪念意义。

相传,当年周幽王在这里修建离宫,其时温泉四周是纯自然的景色,沐浴时可见星辰,故称"星辰汤"。秦始皇统一六国后,曾在这里"砌石起宇,名骊山汤"。据说,这位不可一世的皇帝曾触怒了骊山神女,被唾一脸,后即发疮,久不能愈,于是只好求恕于神女,神女示意以温泉水洗之,即愈,故又称其为神女汤。由于这里离京城长安很近,所以一直是皇帝乐意游憩的离宫园林。而其全盛时期则是在唐代。唐贞观十八年(644),太宗李世民在此营建宫室楼阁,外观严整富丽,名曰"汤泉宫"。高宗时又改名为"温泉宫"。到天宝六年(747),唐玄宗再次在这里大兴土木,"治汤井为池,环山列宫殿",筑罗城,修山道,并筑御道将骊山离宫与兴庆宫、大明宫连接在一起,并改"温泉宫"为"华清宫",因宫殿建在温泉池上,故又称"华清池",并沿用至今。

华清池是古代帝王游览、休憩、沐浴的宫苑园林,唐玄宗李隆基对其尤其情有独钟,在开元二年(714)到天宝十四年(755)的42年间,他先后出游华清池共38次之多,杨玉环则前后共在这里居住了11年之久(745—755)。诗人白居易曾在《骊宫高》中写道:"八十一车千万骑,朝有宴饫暮有赐。中人之产数百家,未足充君一日费。"可见当时帝王生活的奢靡。天宝十五年(756)安史之乱后,盛极一时的华清宫于兵燹中毁损殆尽。现在的园林及离宫建筑多系清代重修的。1949年后,园林部门每年都对华清池进行修缮和扩建,使之真正成为名扬海内外的名胜古迹和休憩园林。

　　华清池位置在骊山之西北麓,故其坐南朝北,正门为东门,专供游人进出,门楣上悬有郭沫若所书的园名匾额。从规划上看,这座园林被宫墙划分为东、西两个部分。入门向南是东区,建有长汤、香凝池、尚食汤等。这里是较开阔的园林区,翠柏茂密,奇花异草盛开。南边是一个比较大的温泉浴池,称为"长汤"。进长汤前先要经过涤尘池,两池之间以游廊连接,廊周壁间立有古今名人书家所写诗赋的刻石,人称现代碑林。再向南穿过望湖楼的三个门洞,另有环园,内有荷花阁、五间亭等建筑景点。望湖楼东为原秦朝骊山阁道及阿房宫之遗址。

　　由涤尘池穿廊而西,便是西区。有九龙湖、龙首石舫、飞霜殿、东西配殿等。九龙湖分上下两池,中以九龙长堤分隔。堤上有晨旭亭、晚霞亭等。湖北岸是一组以飞霜殿为主体的仿唐宫殿建筑,较著名的殿宇还有沉香殿、宜春殿等。这些风景建筑回廊环绕,高大轩昂,制作精良,十分富丽堂皇,具有我国大唐建筑的气派。

　　九龙湖西岸是连接南北两组建筑的九曲长廊,长廊南端,依次排列着玲珑别致的海棠汤、莲花汤、九龙汤和龙首石舫,东边与石舫隔湖相望的是宜春阁。阁南有原唐华清宫御汤的遗址。

　　整座华清池园规模宏大,设计周密,布局严谨,建筑壮丽,它充分利用了骊峰山势和山前扇形的山洪冲积坡地。建筑轴线十分巧妙地与骊山西绣岭第一峰相重合。温泉源则是全园风景的中心。虽然今日的华清池园只是盛唐华清宫的中心部分,但它是在考古发掘的基础上复建的,园林布局及景点设置、建筑风格均是在大量研究唐代文献、唐代建筑之后确定的,是大唐建筑、园林文化在现代比较忠实的再现。

御汤遗址　位于华清池西半部东南角,遗址发掘面积为4200平方米。经过近三年的发掘清理和专家论证,这五个汤池遗址被定为"星辰汤""莲花汤""海棠汤""太子汤""尚食汤",同时清理出汤池殿基、石围墙、宫殿柱础、莲花方砖铺设的踏步、圆形陶水道等建筑材料。"悠悠温汤流千载,华清鼎盛数李唐。"唐贞观十八年

(644),李世民诏令左卫大将军姜行本,让作匠阎立得于骊山温汤涌出处"面山开宇,从旧栽基"。天宝六年(747),唐玄宗李隆基"以琯资机算,诏总经度骊山,疏岩剔薮,为天子游观"。这五个汤池严格体现了封建社会的等级制度。莲花汤殿宇构思巧妙,精美绝伦。汤池周环数丈,四面拾阶而下,池四周雕刻鱼、龙、凫、雁等动物。此池专供李隆基沐浴。海棠汤,浴池分上下两层,台式,用八块青石砌成,整个池面似一朵盛开的海棠花。上有莲花喷头,泉水喷出,飞珠溅玉,香岚袅袅。"春寒赐浴华清池,温泉水滑洗凝脂",这是白居易在《长恨歌》中对杨贵妃沐浴的生动写照。太子汤、尚食汤是专供百官沐浴的。御汤遗址是1990年动工保护性修建的,在游人面前重新展现了一座气势宏伟的唐代离宫建筑群。

九龙湖 位于华清池西区中段,为1959年扩建整修时人工开凿的,湖面积5300平方米。九龙湖取名于唐华清宫九龙汤。唐时,因其专供皇帝沐浴,也叫"御汤"。池上原有宫殿,殿外有九龙吐水,亦叫"九龙御汤殿"。又因池中有石莲花,又名"莲花汤"。湖水为沐浴温泉处理后下流而成的。湖南堤壁间九龙吐水,湖水中,红、白莲花争相斗艳,湖面波光粼粼,亭台倒影;湖岸叠石参差,柳丝婆娑,景象动人。初春,这里是"杨柳千条拂面丝,绿烟金穗不胜吹";生机盎然春移动,湖水如酒令人自醉。盛夏,这里又是"楼殿参差倚夕阳",百花满枝水更香;一步一景步步移,流连忘返回味长。深秋,鲤鱼戏水果满梢,金桂对着游人笑。寒冬,这里更是赏景的最佳处。每次大雪降临后,四周山林及楼榭歌台均是一片银装素裹,而九龙湖面却是热气蒸腾,烟水迷离,整座龙宫宛如笼罩在轻岚薄雾之中,或浓或淡,时明时暗,极有韵趣。此湖虽为近年人工开凿,但其景观设计及建筑构造都经过了周密推敲,尽量模仿唐代风格,呈现出我国古代皇家园林特有的华丽。整个湖面水景及林木花草、建筑亭台等既端庄古雅,又自然错落,与四周环境十分协调,充分体现了中国古典园林,特别是郊外帝王苑囿花园的融自然与人工为一体的美。

五间厅 位于华清池之东南隅,是一处著名的建筑景点。因该建筑有五间厅房而得名,其平面为矩形,坐南朝北,单檐歇山顶,南边是山崖,依山借势而构;北向为主面,可俯瞰荷花池和潺潺清流,环境很是幽寂。这里,发生过震撼中外的西安事变。1936年冬,蒋介石曾在此下榻办公,召见张学良、杨虎城两位将军。厅内家具均按照当时情况布置,由会议室、侍从室、秘书室等组成。在卧室外的落地长窗的玻璃上,至今还留着七处弹痕,这是当年兵谏捉蒋的见证。这一重大的历史事件给这座古朴的园林建筑增添了丰富的人文内涵。

华清池碑林石刻　华清池著名的人文景观。经过多年发掘、拓制，于1987年在东区二台阶西园落成。有北魏、宋、清各代碑7座，有宋、金、明、清碣石19块。有碑石7通，现代石刻22处，价值较高的石碑为北魏《温泉颂碑》。碑额篆书"魏使持节散骑常侍都督雍州诸军事安西将军雍州刺史松滋公河南元苌振兴温泉之颂"，计9行，每行4字，共36字，碑文20行，每行30字，计558字；造型风格：碑为圆首，有蟠螭两条下垂，线刻花纹。碑高1.5米，宽0.7米，石质为石灰石。据《临潼县志》，其书法"机圆体方，于羲献别别开形制，为唐欧褚诸名手所自出。篆额尤奇，与古崛嵝碑绝相似"。这是华清池最早的实物史料，是我国碑石艺术宝库中的精粹。1979年9月4日，国家文物事业局将其列为第一批书法艺术名碑之一；1982年，国家文物事业管理局又将此碑列入禁拓名碑之一。华清池碑文石刻既有封建帝王、辅弼朝纲的宰臣、驰骋沙场的名将，也有舞文弄墨的文人雅士，他们游山览古、瞻泉沐浴、即兴赋诗、刻石作记，留下了脍炙人口的佳作。

骊山温泉　位于华清池园内现御汤遗址东南处，发掘于西周，至今有六千多年的历史。泉上间壁书有"温泉水源"四个大字，水源用木栅栏护在人工砌成的壁洞中，小潭形似碾盘，2米左右，清澈见底。栅外有一井台，深3米，可以从此汲水供游人观赏。泉西有骊山翠秀园厅。从地质学看，泉正处于华清池—吕家村正断层，在华清池西侧可见到。该断层发生在震旦纪石英砂岩和前震旦纪的片麻岩中，倾角较大，延长很远。据测，骊山温泉至少在千米深处循环获得了热量而上溢成泉。按常温层深度计算，地下水温不低于80℃，因温泉上升时，在不同高度有不同的冷水混入，才使华清池温泉出地后四季保持在43℃左右，成为最佳的沐浴水温。另据测，华清池温泉水物理性质为无色无味，无沉淀，无悬浮。因此自古便得到帝王的青睐，成为古都长安郊区最重要的一座离宫。

金沙洞　位于华清池御汤遗址南端，面积约500平方米，是华清园内经多次发掘整饬后最新增添的又一景点。它是华清池中很有特色的洞穴风景。与一般常见的自然山洞不同，此洞在唐时是唐明皇与后妃们专用的沐浴休憩之地，以后被湮没封闭了很长一段时间，颇具神秘色彩，再加上明代首次发现时洞内还保留了以唐明皇和杨贵妃韵事为主题的塑像，更增加了此洞的"艳"与"奇"。所以开放以来游人络绎不绝。关于此洞的发现，可见于清人笔记《萤窗异草》，书中写道："骊山之阴有石洞，其额曰'天宝遗迹'，以石为扉，坚不可破，人亦莫知其所有。"一直到明正统年间（1436—1449），这一古洞的石门忽然裂开了一条缝，被上山砍柴的乡民看到，但乡民胆小不敢入洞，后将这一消息告诉了刘瑞等有胆识并性情豪纵有侠士风的几位读书人。后刘瑞等五人备足物品,入洞探险。洞穴较深,斗折蛇盘,一行人费了很长时间,才行至正洞,正洞亦有一门,门内有一架青玉屏,屏上还刻有隶书数行,因为保存条件较好,字迹还能读出,上面写着:"朕与妃子,每遇盛暑,避热此间,共享洞天之福,于兹五年矣。风流潇洒,不啻神仙,……但恐千秋万岁后,罕有知吾两相得之欢者,爰命良工,置石像于内,以流传不朽。间与妃子流览其中,不禁相视而笑,几忘其身之非石也。"这段文字的署名为"天宝十年秋七月御笔",竟是唐玄宗李隆基亲笔。转过玉屏,是一个大厅,内有皇帝御座,厅左为晓粹阁,内有唐明皇和贵妃像,皆以白玉为体,帝像白身游戏水中,而"以目招妃状","妃坐小石床,赤裸其上衣,酥乳轻圆,麝脐微露,无不历历可见,然而低黛云,容如腼腆,且以纤手扯绣带,以似欲解而不胜其羞者……"当然,清人笔记所载故事的可靠性很成问题,如真有唐时玉雕像,则是考古及艺术史上的重大发现。但通过这一故事,可知自唐以降,在民间文艺中,明皇和贵妃的爱情悲剧一直是永不衰竭的主题。华清池园金沙洞的开辟也是迎合了民间文艺的这一潮流,亦为这座唐离宫遗址园林增设了人们乐意游览的新景点。

玉泉院 西岳华山山麓的一座古园,园后紧接华山峪口,是游人上华山的必经之路。院内绿荫蔽天、泉石如画,回廊曲折、殿堂错落,是关中著名的园林。园初建于北宋仁宗皇祐年间(1049—1054),当时著名道士贾得升为其师陈抟建祠于玉泉院,陈抟号希夷,所以玉泉院又称"希夷祠"。全园景点均傍山临水,泉流淙淙,山气霏霏,绿荫蔽日,峰峦当窗,幽竹傍岩,亭台廊庑参差曲折,情趣盎然。整个布局显得开朗豁达,清新明净,明代杨慎写有《玉泉院》诗,赞美玉泉院的优雅风光:"玉泉道院水溶溶,石上闲亭对碧峰。幽径落花春去早,疏帘斜日燕飞慵。窗涵翠岫晴岚色,云断长溪两岸风。洞里睡仙何日起,不堪吟罢绕林钟。"关于玉泉院的名称,还有一个奇妙的传说。原来这里有一股明净的泉水,晶莹如玉,与华山峰顶的"玉井"相通,故称"玉泉"。唐朝有一位公主,一年夏天,偕同侍女去游览华山,在莲花峰玉井汲水洗头时,不慎将头上的玉簪坠落在井里,很不高兴。第二天公主下山后到这里休息,当她在泉水里盥洗时,却找到了在山顶上丢失的那枚玉簪。从此就给这个泉起名为"玉泉",以后又就地修筑了这个闻名的玉泉院。

玉泉院的园林建筑,充分利用了优美的自然环境,精心构造,使山上山下的景色融为一体,整个布局十分严整。院中有一副发人深省的对联:"从此登极峰,看玉女莲花孰好;归来想世路,觉苍龙犁沟犹平。"对华山的游人来说,可谓寓意深奥,回味无穷。

此院既是游华山的一个隽永典雅的序曲,又是游赏归来小憩、回味的好地方。它西侧有一爬山曲廊,兼作院内外的分隔,廊墙上开有一溜什锦花窗洞,游人缓步廊中,可俯瞰山下关中八百里秦川的平畴沃野风貌,与身后的高山峻岭在景观上形成一个极好的对比。

希夷洞 在院内山荪亭左侧。玉泉院以清冽甘美的泉水闻名,但最引人入胜的景点却是与宋代著名道士陈抟老祖有关的希夷洞。传说以希夷为号的陈抟老祖曾在此洞内修炼。洞内原有用玄武石雕刻的希夷卧像,造形奇特,雕刻精湛,很是著名。现在洞前的大厅里有清光绪二十七年(1901)十月光绪写的"古松万年"、慈禧太后写的"道崇清妙"匾额。康有为也在来游时写过《玉泉院》诗一首:"谷口清泉引曲流,长廊回匝树无忧。泉声岳色可忘世,让与希夷睡千秋。"诗中写的是玉泉院的景色,用的却是宋代陈抟的故事。陈抟是个道士,传说他在华山隐居时总是闭门独睡,累月不起。所以明代冯梦龙在《题陈抟》诗中写道:"昏昏黑黑睡中天,无暑无寒也无年。"后周世宗听说他有学问,又好睡觉,就把陈抟召到都城汴梁(今河南开封)宫中,锁在一间房子里,日夜派人监视,结果一个多月后去开门,老祖仍然睡着。后宋太宗也多次要他到朝中作官,均遭拒绝,并在《答使者辞不赴召》诗中说:"九重特降紫袍宣,才拙深居乐静缘。山色满庭供画幛,松声万壑即琴弦。无心享禄登台鼎,有意学仙到洞天。轩晃浮云绝念虑,三峰只乞睡千年。"表示终身不仕,以山水为乐。后来太宗赐号希夷先生,并下令地方为他修道观。又传说赵匡胤未当皇帝时,曾在华山东峰与陈抟赌弈,结果输了华山,免去华山钱粮,故谚有"自古华山不纳粮"的说法,由于朝廷重视,华山成为道教极为昌盛的著名风景名胜。

凤翔东湖 位于陕西省宝鸡市凤翔区东门外,全湖面积约为14万平方米。从北宋起,东湖已是西北及陕西的一大名胜,文人雅士慕名往游者极多,是西北高原上保存得较为完好的近郊风景园林。湖分内外,内湖历史悠久,传说商周时期,"有凤集于岐山",后彩凤飞翔过雍(凤翔古称)时,曾在此饮水,县因此而得名,泉也被称为凤凰泉,而东湖之水便是聚凤凰泉水而形成的。宋仁宗嘉祐六年(1061),苏轼被贬到凤翔府任判官,翌年,便结合农田水利建设,于政务之暇疏浚东湖,规度地形,倡导官民,借"古饮凤池"扩大疏浚,并引来城西北凤凰池泉水注入,建亭修桥,种莲植柳,一则可供灌田,二则可资游憩。于是东湖名声大盛,成为当地及周围郡城百姓极喜游历的风景名胜之地。苏轼在《东湖》诗中写道:"不谓郡城东,数步见湖潭。入门便清奥,恍如梦西南。泉源从高来,随坡走涵涵。东去触重阜,尽为湖所贪。"由宋至清,这座名园屡废屡修,成为当地的名迹和骄傲。至清光绪二十四年(1898),凤翔知府傅世炜再次治湖疏浚,并扩大水面,开凿外湖,增设亭台景点,形成了今日所见的内外湖格局。但是东湖的精华所在仍然是内湖,今日园内主要景点如洗砚亭、不系舟、来雨轩、八卦楼、春风亭、一览亭等均在内湖。

在莽莽的黄土高原上,开拓出如此美妙的水景园,反映出"因地制宜""虽由人作,宛自天开"的中国古典造园艺术之特点。有人评述,东湖园虽然是明清重修整治的,但在某种程度上仍然可以看出苏东坡当年造园的艺术匠意。游览东湖,仍可以品味出园景中蕴含的宋代山水画的恬淡闲适和古朴典雅的意境。

今日,凤翔东湖经过全面整修,已成为西北黄土高原上一处历史悠久、文化内涵浓郁的古迹风景园林。内有形式多样的古建筑二十余处,有不少亭台楼阁仍基本保留了宋代建筑玲珑别致的造型。在厅堂中及廊间粉壁上嵌有许多颇具文化价值的碑及石刻,包括当年苏轼留下的歌颂梅兰菊竹等的诗画书法的刻片。由楼阁环顾,但见湖内碧波荡漾,古柳环抱,亭台掩映,间有古树奇石点缀,颇有古朴典雅之意境。

喜雨亭 位于内湖景区,因宋大文学家苏轼的《喜雨亭记》而得名,后屡经重修,是园内最具历史文化价值的风景建筑。建筑是我国古典园林的重要造景元素,东湖从北宋创建以来,亭台建筑散点于葱茏烟树和迷离水景之中,成为园林之胜景,苏东坡亦曾有记述。后虽有损坏,但自明至今,数百年来多次修复扩建,形成了一个较完整的古典式风景建筑群,较著名的除了喜雨亭外,还有凌虚台、苏公祠、三公(周公、召公、太公)祠、不系舟、宛在亭、会景堂、凤鸣楼、适然亭、一览亭、来雨轩、洗砚亭、空濛阁、月转廊、藕香榭、雁南亭、望苏亭等。由于园以水景为主,故景桥亦多,如断桥、晓镜桥、沧浪桥、小曲桥等均是。这些建筑继承和发扬了宋代建筑的布局和形式,屋顶变化多样,造型精巧,具有较高的观赏价值。

岸柳飞雪 东湖著名的树物景,飞雪系指柳花白,满天飞舞似冬日之雪。当年苏轼建园之始,就于湖边密植柳树,今尚留 20 余株围粗 4 米以上者,这些古柳高逾 20 米,树龄在数百年以上,是园内主要的古树名木。明文人王麒就有《东湖柳浪》诗赞之,诗云:"风绕微波绿满池,倚风杨柳舞频欹。平湖分翠流春远,琴海笼烟月迟。"其实苏轼当年亲手栽柳,主要是寄寓一种怀乡之情:"今年手自栽,问我何年去。他年我复来，摇落伤人意。"而现今却成为园内名景。近年，湖周又补植了垂柳多株，每值仲春，游人如织，柳絮纷飞，犹如雪花扑面，煞是好看，人称"凤翔三绝"之一。

石螭吐甘 位于内湖西北角，是东湖水景的源头。当年修筑东湖时，因附近没有水源，便从城外西北方的凤凰泉引水两束，水由西北东流然后又折南，经县城东门外之石桥而进入西渠道，从内湖西北角经石螭口中吐泻入湖，由于泉水流量充沛，常年不减，水质甘洌，清澈见底，石螭口中终年如瀑泉挂下，叮咚有声，甚有趣味，成为园内主要的动水景观。当年苏轼曾有诗赞曰："但见苍石螭，开口吐清甘。借汝腹中过，胡为目眈眈。"

凌虚台 位于东湖园内苏公祠左侧。《旧志》载："陈公筑台，东坡作记，名盛久传，千秋不替。长存五柞，一极目而匪遥；仁寿九成，直举头而不睇。"为古代凤翔八景之一。

此台由北宋时凤翔府太守陈亮创建，苏轼写有《凌虚台记》和《凌虚台》诗而使此台声名日盛，诗云："才高多感激，道直无往还。不如此台上，举酒邀青山。青山虽云远，似亦识公颜。……台前飞雁过，台上雕弓弯。联翩向空坠，一笑惊尘寰。"此诗作于宋治平元年（1064）十月，台以人而名胜，人以台而替。后来台址三迁，最终移到了现址，清光绪年间重建并增建适然亭一座。现为游人登高远眺和欣赏湖光山色的主要景点。

苏轼书画石刻 位于东湖内展室。东湖原有苏轼和名人书画石刻，赞颂和记载东湖史的石刻达百余件。在"文化大革命"中被毁，保存下来的仅有二十余块石刻，其中最有价值的是苏轼书画石刻。他书怀其弟子由诗："花开酒美盍不归，来看南山冷翠微。忆弟泪如云不散，望乡心与雁南飞。明年纵健人应老，昨日追欢意正违。不问秋风强吹帽，秦人不笑楚人讥。"还有苏轼自画的梅、兰、菊、竹四条幅，刘海戏金蟾图，以及他临摹的唐代绘画大师吴道子的四幅"拜佛求仙"图石刻。苏轼曰："当其下手风雨快，笔所未到气已吞。"这些书画石刻都具有很高的历史价值和艺术价值，是传世之珍品。

渼陂湖 位于陕西省西安市鄠邑区城西2.5千米处，是一座在周秦皇家园林遗址的基础上发展而成的郊区古迹风景园林。平湖是园林的主景，水来自渼泉等数股泉水，清澈见底，游鱼可数。湖呈狭长形，东西宽四百余米，南北长七千余米，南边不远即是巍巍的秦岭山脉，环境条件较好，园林总占地面积达53.8万平方米，史称"关中山水最佳处",是古代京都文人市民游历的主要风景地。㴩陂湖的佳山佳水,早在周秦时期,便已经得到开发。坐落在湖西的王季陵,传为周文王父亲的陵墓,自周起便是都城的纪念名胜。秦代,曾在这里建起离宫别院,作为帝王家的休养之地。唐朝,这里湖水面积比今日还要宽广,可行舟楫,盛产各种鱼虾,杜甫等著名诗人均多次来此泛舟,览赏风景,留下了不少诗文。至宋,㴩陂湖仍然盛名不衰。苏轼在关中为官之余,也曾游览过㴩陂,他特别赞美湖中之鱼,"形如卧剑""红鳞照座"。

目前,㴩陂湖四周已辟为公园,经过整饬,在近水远山的自然风景中掩映着王季陵、空翠堂、茝阳宫、刘海庙等。若循主要游路经湖岸、上曲桥、穿过三星台及拱桥,便可到达湖中央的小洲——空翠堂。这里是湖中的景观中心,登堂环顾四周,极目远眺,但见平畴沃野、山光水色,组合成一幅美丽的图画,恰似江南媚比西子的杭州西湖。

三星台 各自独立的三座小岛,岛上筑台,由湖岸经曲桥可达,各台间亦由堤桥相连,成为湖中的重要景点。从远处看三台顾盼相对,绿荫台影,倒映于水中,又有小桥点缀,十分有趣。相传汉光武帝刘秀一次西征归来时曾在这里休息过,因此三台又因具有某种古文化意味而常被人们凭吊。三台对面,隔湖水相望的是紫阁峰,峰上新建有亭阁为点景,这些风景小筑朱柱黄顶,掩映在浓浓的绿丛中,成为三星台极好的对景。

空翠堂 又称杜公祠,位于㴩陂湖中央,由三星台过一座石拱桥可至。这里曾是杜甫泛舟放筏时小住之处,后人因此而筑室纪念之。堂之题名得自杜甫诗句"丝管啁啾空翠来",此句很恰当地描绘出景点的环境幽静。

王季陵 在㴩陂湖的西面,是周文王父亲的陵墓,距今有三千多年。坟冢高大,古木参天。每当夜幕降临,墓顶上便出现荧荧闪光,忽明忽暗,时聚时散,古时人们把这种自然的磷火称为"神灯",于是"王陵神灯"便成了㴩陂八景之一。古诗曰:"道弥六合垂无穷,子文孙武歌升平。商业八百犹未尽,香花芳草伴神灯。"颂扬了文武盛世的遗产。㴩陂湖畔还有一处古迹叫茝阳宫,是秦朝离宫的遗址。据载,公元前238年,秦始皇生母淫乱内宫,后其宠臣嫪毐叛乱,始皇杀之,并将其母送到茝阳宫囚禁起来。由于这一故事,湖畔这一古迹游人不断。历史上此处曾建有较多宫殿建筑,景色较清幽,现仅留存几座残破偏殿及一座钟楼,殿址前尚留有名叫"白泽"的一对石兽,形似狮子,造型雄健古朴,是古代石雕之精品。

新繁东湖　　位于成都市新都区新繁街道。始建于唐，历代皆有修葺，至清代，占地二十七亩，民国时期及1949年后又有所扩大，现占地四十余亩，其中水面约占三分之一。

东湖系晚唐名相李德裕(787—850)在新繁做县令时开凿的。他后升任西川节度使，再后奉调入朝，任唐武宗之宰相，被封为卫国公，也称李卫公。李德裕任新繁县令事，正史无记载。但李德裕平南诏时曾驻军成都附近，并因平南诏有功而建"筹边楼"，唐宋诗词中多有记载。故李德裕曾在成都附近居住过的这段史实，是毋庸置疑的。

李德裕系一代文士，雅好园林，在洛阳曾造有平泉庄，为历史名园，方志多有述及。五代时，四川仁寿孙光宪所著的《北梦琐言》中，有一节专门谈到新繁东湖："新繁县有东湖，李德裕为宰日所凿。夜梦一老父曰：'某潜形其下，幸庇之。明府富贵，今鼎来七九之年，当相见于万里外。'后于土中得一蟆，径数尺，投之水中。而德裕以六十三岁卒于朱崖(今海南岛)，果应七九之谶。"这是一段传说，不足为信，但孙光宪生于晚唐，《北梦琐言》著于残唐五代，相距仅数十年，对李德裕凿造东湖之事，当为有力的旁证。

北宋大中祥符八年(1015)，王安石之父王益来新繁任县令，常入东湖歇息。对东湖池水中的一茎双英莲开并蒂十分喜爱，作《东湖瑞莲歌》抒其情怀，可见当时之东湖风光十分引人。另据地方志书记载，王益任县令时，东湖是以绿化水面为主的风景园。篁竹清幽，姿态婆娑。陆游之《东湖新竹》诗，使新繁东湖之名，不胫而走。

关于东湖内之主要建筑，政和八年(1118)，宋俌作的《新繁卫公堂记》是这样写的："繁江(新繁之别名)令舍之西，有文饶堂者，旧矣，前植巨楠，枝干怪奇。父老言，唐卫公为令时凿湖于东，植楠于西，堂之所为得名也。公讳德裕，字文饶，太和中来镇蜀，由蜀入相。……南充雍少蒙莅邑之始，慨然思公之贤而慕之，……乃障后壁严绘其像。傍曰卫公堂以尊异之。"

南宋高宗建炎二年(1128)，沈居中任新繁县令，纳民意尊李德裕、王益和梅挚(新繁人，北宋进士、龙图阁大学士)为"繁乡三贤"，在东湖内建"三贤堂"，绘三公像于堂上供乡里瞻仰。沈居中之友樊汝霖作有《新繁县三贤堂记》云："吾友沈居中为新繁令，以暇日访繁土故事，则得贤者三人焉。其一唐宰相李卫公德裕文饶，其一我宋故赠太师王公益舜良，其一龙图阁直学士梅公挚公仪。……居中于是即县署之东创为堂，绘三公像其上，榜之曰'三贤堂'……呜呼！卫公之事业文章，世传之,史载详矣,而不书其为繁,岂以公功烈如彼其崇,一县之政不足为公道欤?……逮今余三百年,父老思之不忘。以县署最大一楠四柏,为公手所植。……前任人为此作'文饶堂',后更名'卫公',盖得之矣。而堂宇褊小不称,及是居中乃彻而大之,并与王、梅祠焉。"由此可知,自南宋高宗年间始,东湖已从单纯纪念李德裕之私园而发展成为纪念"三贤"的名人纪念园了。

明末蜀中战乱灾情不断,东湖荒芜。清乾隆五年(1740),知县郑方城重修三贤堂。乾隆四十四年(1779),知县高上桂维修东湖,并从云南大理崇圣寺弄来了金代黄华老人墨迹拓本,集其中八十七字,作五律诗四首,描绘东湖春、夏、秋、冬四时景色。由此可知,东湖已成为四季有景可赏的大型园林。此诗刻于两通石碑之上,今尚存。

同治三年(1864),苏州才子程祥栋为新繁县令时,对东湖进行了规模较大的整治:清理池塘、疏浚水系,维修建筑,增补花卉,使东湖景色倍增,大体上奠定了今日东湖的格局。程祥栋所著《东湖因树园记》,对该园的景色有较为详尽的描述:

"新繁县之有东湖,始于唐李卫公文饶。宋繁令王公益与邑人梅学士公仪作东湖瑞莲歌,此三贤堂所由名欤? 余以咸丰十年冬到官,见卫公手植四柏尚存,千百年甘棠遗爱也。惜为荆榛所蔽,蛇虺所穴,三贤堂亦荒秽欲圮。……鸠工庀材,浚湖通濠,导湔水以注之。因地制屋,种树竹以补之。重建三贤堂于旧址之南,去湫隘而更爽垲也。堂对青白江楼。泉水稻田,北流绕郭。东为平远台,又东接蝠崖。蝠崖者,即湖中淤土垒成,之状如蝙蝠。小亭翼然,远见彭灌诸山。崖以南,鹭渚鸥汀,连亘三桥,由古柏亭(因李德裕亲手植柏而名)而眠琴石而城霞阁,一路水竹箫掺,或曰此勾氏盘溪也,然无可考矣(据史载,宋代新繁城北有勾氏盘溪园,从文字可知,此园有溪、山、亭、轩、庵、寮、涧、桥等,取唐人李愿的太行之谷名盘谷者,名之盘溪)。崖左小港湾环,指渡鹤桥。而东则瑞莲阁(取王益著瑞莲歌为阁名)在焉。长廊迤西中有飞阁跨水者,檀栾夹岸,是为篁溪小榭。过此路愈曲,地愈平,湖亦愈宽。正向厅事五楹,曰怀李堂(怀念李德裕治蜀有功),堂后为花南砚北之轩,绿窗洞开,三面临流。西连月波廊,介乎菊畦之间,望之如折叠屏风。其北槿篱茅舍,日晚香斋。循廊之西南,凡三折至珍珠船,舫居也,空庭积水,荇藻交横。穿竹西芳径而南,直达于青白江楼之前,复与三贤堂会。结构之大略如是。"

程祥栋所述之园林境况,与清代所刻之东湖石刻图及《县志》上存留之木刻图版基本相符,唯民国以后维修不力,园景呈衰败之势。近年来,政府多次修葺,景观有所改善,但该园辉煌时期的"东湖十二景"的再现,尚待时日。

罨画池　　位于成都西南约 40 千米的崇州市内,占地 41 亩,是一座园林、祠宇、学宫三者相结合的综合性文化休息公园。罨画池北宋时已是烟柳繁花之地。北宋神宗时的殿中侍御史赵抃(1008—1084)任江源(今崇州市江源镇)令时,有《蜀倅杨瑜邀游罨画池》诗盛赞该园风光:"占胜芳菲地,标名罨画池。水光菱在鉴,岸色锦舒帷。风碎花千动,烟团柳四垂……"南宋爱国诗人陆游(1125—1210),本籍浙江绍兴,孝宗乾道九年(1173)春,调蜀州(后更名为崇庆州)通判,官廨建于罨画池南(即现在文庙所占位置)。陆公到蜀的第一首诗《初到蜀州寄成都诸友》,就提到罨画池:"流落天涯鬓欲丝,年来用短始能奇。……甓赓报与诸公道,罨画池边第一诗。"后陆游改摄嘉州(今乐山),官廨渐废。明代在官廨旧址建文庙,后又在文庙西侧建乡贤名宦祠,在东侧建学署,罨画池变成了文庙的后园。明末文庙毁,清初重修,康熙年间增建尊经阁,道光年间又增建湖心亭,完成了现在所见的沿中轴布局。清光绪初年,知州孙开嘉重修园林。扩大东侧水面,用廊桥与原有大池分为两区,新区成为幽静的园中园。新区内建有一组以琴鹤堂为中心的园林建筑,幽邃变幻,趣味无穷,特别是东面以三道云墙组成曲巷,将其他游湖人的视线加以阻挡,使此组建筑的环境令人倍感宁静。

明代建成文庙后,又在启圣殿东侧建陆游祠。明末陆游祠与文庙同遭厄运。20 世纪 80 年代,崇庆县在原址重建陆游祠。祠的大门位于文庙启圣殿东南十余米处,入大门过六十余米甬道。左以琴鹤堂之花墙为界,右有参天银杏作屏,给陆游祠增添了不少静穆的气氛。该祠的主体建筑均采用川西民居建筑风格,朴实典雅,体现了爱国诗人忧国忧民的高贵情操。至此,罨画池公园的文庙、陆游祠和以水面为主的园林休息区便基本定型。因水体部分基本上是在宋代罨画池的基础上发展起来的,被专家们评为宋代园林遗迹。现被列为四川省级文物保护单位。

罨画池公园大致可划分为三个相对独立的景区。南部是清初建成的文庙景区。从万世师表坊起,依次为月池、万仞宫墙(左辟贤关、右辟圣域,习惯上呼之为礼门、仪门)、棂星门、泮池(池上架三桥)、戟门、大成殿、启圣殿和尊经阁,这条中轴总长约 500 米,加之两厢钟鼓楼和廊庑陪衬,红墙黄瓦,龙柱飞檐,整座建筑庄严肃穆,是川西地区保存得较为完整的文庙之一,经常被选为拍摄古典戏剧的外景地。

北部以宋代遗留之古罨画池为中心,主池为长方形,湖心筑岛建亭,沿亭古木参天,盛夏时浓荫蔽日,满池荷香,沁人肺腑。沿池建有迎宾待月、长寿、留春、邀月等亭榭,正北面池处建有与谁同坐轩。沿池信步,人移景异,美不胜收。池南有一组以琴鹤堂和瞑琴待鹤之轩围合成的园中园,间以山石古木,东面以清代延凿之小池为界,临水筑半潭秋水一房山水榭;北面临大池造曲形花墙,是园中最静谧优雅的休息区。

东部的陆游祠是闻名遐迩的文人纪念园,园中馆舍多以陆游诗词名句命名,建筑典雅奇秀,室内外的匾额楹联大多选用陆游诗作或后世名人的颂词。文化氛围极浓,是文人学士经常聚会之区。

琴鹤堂 位于罨画池公园之中部,古罨画池东南,是罨画池中的园中园。此处原为一与大池相通的沟渠。清光绪年间,知州孙开嘉命工匠将其拓为近一亩的水面,与大池连接处以廊桥分隔,遂成为若即若离的两个景区。两池交接处新建一组园林建筑,琴鹤堂居北,瞑琴待鹤之轩位南,中以钟乳石叠成之假山为障,导水流环绕,潺潺水声不断,是一组具有四川园林特色的山水园。琴鹤堂为一组具有川西民居风格的厅堂建筑,东接问梅山馆,西以花墙为界,院中有小天井数处,树影婆娑,幽静变幻,的确是抚琴静心的绝好空间。与问梅山馆相接,临小池面东而建的水榭以"半潭秋水一房山"为名。此榭面阔三间,东、西面皆以花窗虚隔,玲珑剔透。临水面设飞来椅(亦称美人靠),使人可临空观鱼,手抚荷花,人与大自然融为一体。与"半潭秋水一房山"隔水相望的是望月楼,小楼两层,石砌楼梯模拟自然山石形态,由两侧攀援登楼。楼下作水榭处理,平台延伸入水面。荷花盛开的季节,端坐平台赏荷,三面是荷花簇拥,莲香沁人肺腑,故此榭的题额为"水面风来菡萏香"。小池之南端筑假山为屏,山石与此园中部的假山若即若离,构成整体。山上筑草亭点景,是俯视整个琴鹤堂景区的最佳观景点。琴鹤堂景区内的诗词匾额和楹联壁饰较多,大多以琴鹤为题,既为祈寿,亦表清高,具有文人造园的典型风貌。

同心亭 位于罨画池公园东部陆游祠之后园。两亭相联,中柱共用,以示同心之意。据史书记载,南宋蜀州江源(即今崇州市江源镇)人张縯(1138—1270),于隆兴年间中进士后,先任大理寺少卿,后出任州府。著作颇丰,有《中庸辨择》《陶靖节年谱辨正》《饰庵诗集》等数百卷存世。张縯是力主抗金的爱国将领之一。乾道八年(1172),在南郑抗金前线与陆游相遇。二人因志趣相同,常以诗词抒发爱国情感。"中原阻绝王师老,那敢山林一枕安",倾述了他们忧国之情。张縯早于陆游离世,陆游悲愤难抑,写了《祭张大卿文》:"邂逅南郑,异体同心。有善相勉,缺遗相箴……"同心亭即为了纪念此崇高友情而建。后世多以此作为友谊的典范,到此同游,以示友谊之忠诚。此亭之主要楹联"并马南郑肝披胆沥,和诗西川桂馥兰熏",表达了人们对陆张友情的崇敬。

升庵桂湖　　位于四川省成都市新都区东南隅,初为明代状元杨升庵的宅园,现已扩展成占地约 60 亩的以桂花而闻名遐迩的桂湖公园了。

　　杨升庵,四川新都人,贤相杨廷和之子。生于明弘治元年(1488),卒于嘉靖三十八年(1559)。名慎,字用修,升庵是他的号。升庵好学穷理,老而不倦,是博学多才的学者,著述之丰,为明代第一人。毕生著作四百余种,不仅熟知经、史、诗文、音韵、词曲,在天文、地理、医药、生物、金石、书画方面也颇有造诣。桂湖早年为杨升庵与夫人黄娥生活和读书的地方,黄娥也是当时有名的才女,与升庵唱和之作亦多,有不少作品成册留世。她对杨升庵的刚强性格的形成有很大影响,是一位受乡里尊重的状元夫人。

　　杨升庵 24 岁时殿试夺魁,中了状元,授翰林院修撰和经筵讲官。他不畏权势,坚持正义,敢于和宦官权臣对抗,对皇帝失检的行为,也敢于进谏。为此,他不仅得罪了一些大臣,也触怒了嘉靖皇帝朱厚熜,受两次"廷杖"后,被谪贬云南永昌卫(今保山市),下诏"终身不赦"。他 37 岁赴戍,皓首未归,终在九八之年老死戍所。因他戍边期间对开发边疆地区的文化、生产有不少贡献,至今仍为云南边疆各族人民所怀念,纪念升庵的祠宇,不止一处,升庵晚年也把云南称作他的"第二故乡"。

　　桂湖之湖,形成已久。据地方志载:"邑有桂湖,周围三十余亩,始名卫湖。"蜀汉章武中卫君常凿湖筑堰,以溉民田,后人德之,因名卫湖。唐时为南亭风景区,是文人学士聚会之地。唐宋以降,附近居民农夫,皆受该湖水之惠。至明代,杨府在湖畔建宅,又沿堤植桂,桂湖因之成名。后升庵受害戍边,杨宅受到冷落,桂湖也不景气。明末又遭兵燹,湖水干涸,葑草淤塞,几成废墟。"国衰园废",此即明证。清乾隆时,将湖收归官有,变湖为田,以增税收。嘉庆十七年(1812)邑令杨道南邀官绅众议桂湖,留田或复湖,决其一策。与会者一致公决复湖,以兴文教。按一池三山之制,湖中留三岛,湖体渐成,沿湖又新植桂树,以正其名。道光十二年(1832),邑令汪澍在嘉庆浚湖的基础上,又筹募资金,鸠工庀材,结舫居,造舟梁,植名花异草。岸南建观音堂,湖东建仓颉楼。道光十九年(1839),邑令张奉书于湖中主岛上扩地建升庵堂,前厅祀升庵像,后厅存升庵文物。右为澄心水阁,左侧垒石为障，建藏舟山馆。堂西筑月台伸向水中，是赏荷吟唱之佳境。再在堂南跨湖湖作舫（即今之航秋）。咸丰四年（1854），在湖中与升庵堂遥对之小岛上建谢公祠。民国以来，桂湖续有修造。先在升庵堂东南湖滨建草亭，接着又在与草亭隔湖相对之城墙上建坠月楼，在与航秋相对的城墙上建问津楼，在湖之西南城墙转角处建观稼台，最后又迁走观音堂和地方武装占据之火药库并建湖心楼，使桂湖之大体布局基本成形。以后，视景观与功能需要，又相继补建了沉霞榭、杨柳楼、交加亭、小锦江、饮翠桥、枕碧亭、香世界等楼桥亭榭。盛夏观荷，金秋赏桂；晨曦观日出，晚霞看碧波，时时有景。1949年后又屡有修葺，园址扩建，建筑翻新，又增添了不少公共设施，使桂湖成为国内外知名度极高的一处园林。为了适应日益增多的游客之需，又在桂湖后新建新桂湖公园，现代游乐项目主要由新桂湖承担，以保持升庵桂湖的文化特色。

  郭沫若为桂湖题写的门联："桂蕊飘香美哉乐土，湖光增色换了人间。"联头藏"桂""湖"二字，意蕴深厚，给人们留下了深刻印象。

鹅岭 位于重庆市渝中区之西、佛图关东侧山岭上，为渝中区最高处。面积6.6万平方米，是典型的山巅小园。它充分利用断岩绝壁、登高望远的地利，建造了许多特殊园林景观，主要景点有鹅项山庄、瞰胜楼、桐轩、榕湖、莲池、飞阁、江山一览台、苏军墓等。

  该园原名礼园，更早名宜园，又称李园。由重庆商务总会首任总理李耀庭之子李龢阳主持修建，是礼献其父之别墅，1911年建成。1950年由李耀庭之媳徐静余等捐给国家，由西南军区司令部接受，并划入邻近的鲜家花园、童家花园、八省会馆及采石场等边沿空地作机关驻地，面积扩至6.6万平方米。1958年2月交重庆市政府，改建为公园。1960年6月市园林局将其定名为"鹅岭公园"。

  旧园建有绿天仙馆、涵秋馆、璇碧轩、红荷湖（今名榕湖）、桐轩、飞阁（今飞阁为新建）、漪矸桥、鹅冠亭等。各式建筑精巧别致，依山傍水，临岩缀峰，无不自成一格，风韵独具。此地宜植树种花，驯鹿鹤、养虎熊，早就形成了一个多内涵的私家花园，成为民国初年重庆名人荟萃之地。文人学者如赵熙、向楚、何鲁，讨袁名将蔡锷等均来此游园，并挥毫题咏，留下墨宝。赵熙游此后集宋人诗句"江月不随流水去，天风常送海涛来"题于壁，蔡锷曾咏"候千古丽无对，览两江之双流"，"四野飞雪千峰会，一林落月万松高"。抗战时期蒋介石、宋美龄、冯玉祥都曾入园居住。民国十年（1921）后，该园虽遭兵燹多次破坏，1939年又遭日机轰炸，庭园破败,然仍具一定特色。

　　1949年后着力改造扩建,引进、培植花木,相继重建莲池、飞阁、花卉园、瞰胜楼、鹅项山庄等诸多景点,使之成为重庆观赏山城夜景和展示盆景、花卉等园林风采的主要公园。

　　该园植被丰富,除了风姿绰约的参天银杏外,其他花木亦奇彩纷呈。重庆市树——黄桷树的多种自然生态在这里表现得最为集中,足具代表。建筑除了形态别致精巧外,适与环境配合相得益彰,在改造及保护中又以现代建材(水泥钢筋)仿古造新,是重庆第一代表作。

瞰胜楼　俗称两江楼,位于公园东北最高点松古岭上,海拔380米。原址为鹅冠亭,因战事亭毁建碉堡;1965年改建为两江亭,面积30平方米;1982年再改造成此楼;1984年7月建成,原重庆市委书记任白戈手书楼名。

　　楼塔式,方形七层,高41.44米,占地862.6平方米,总建筑占地1911平方米。黄色琉璃瓦屋面金碧辉煌,甚为壮观。正面入口石壁飞瀑入潭,声势宏大,巧夺天工。潭边上露天平台,游人至此,初赏四周景色。到中部入正楼,放眼楼外,长江、嘉陵江尽收眼底,山城面貌历历在目。景随层高而伸远,因晴晦而变幻。入夜灯火浩渺,水陆难分,繁星与闹市交融,现代山城的景致体现淋漓,是重庆观夜景的绝好之所。该楼可供500人同时赏景,除了具有满足登高远望的功能外,还把人工瀑布、塑石巧妙地结合在一起,组成了一个内容丰富的人造景点。平台宽大别致,与楼体配合恰当。楼前广场宽广,更为临峰高塔壮色。

江山一览台　位于公园正北一悬岩沿上的一个石平台,原为旧飞阁之基,与现飞阁北面一路相隔。台沿黄桷树下立石碑一块,上为1911年昆明书法家陈荣昌所书"鹅岭"二字。整个岩沿为一列黄桷树(市树)绿带附岩而生。树龄多在百年以上,根蔓错杂,或紧扣石岩如爪,或临空飘曳如纱;枝干粗壮,古朴伟岸,绿荫如盖,领尽风骚。登台北望,极目数十里,顿觉群山矮小,嘉陵如带。一桥飞架,横贯南北,连通市区与江北,车流不断,舟楫点点。更兼夕照落霞,云烟飘浮,万家灯火,组成一幅活鲜鲜的山城江山图。

　　此台临岩生辉,充分体现了临岩景点的特点,融园林植物、赏景功能为一体,极富地方特色。

桐轩　在公园东北岩沿青桐林中,南靠岩壁,北对嘉陵。1991年造成,面积132平方米,石砌拱形,仿罗马式,三间并列,构成一厅两厢,四周雕塑着不同装饰图案。此轩取南朝梁萧纲《纳凉诗》"避暑高梧侧,轻风时入襟"之句意,其建筑为对称之最佳杰作。大厅正面桐轩二字嵌于左右两窗间,两侧是"互助""博爱"。各个窗户、门柱图案线条各不相同,顶部入口一横一竖,方位不同。厅内正北主景刻中周地图,东壁主景刻地球公转四季运行关系图,西壁主景刻东半球地形图,厅顶雕苍鹰俯冲欲下,似猎长方石案之物。

此轩科学意识、民族精神、玄机之妙无处不熠熠生辉。通观外貌别致,中西合璧,细看匠心独运,一反中轴对称常态,令人耳目一新。

漪矸桥 又名绳桥,建在飞阁东侧的榕湖上。榕湖,礼园时名红荷湖,1960年更名,周明书字镌刻于湖壁。湖取石凿岩,扩修而成,形如靴。沿湖植黄桷树,浓荫匝地,气根成柱,包石而立,展示了其生命力的强劲。石桥桥面呈"∽"形,长12.5米,宽2.5米,两孔成拱,大小不等,形异。桥栏石,刻为绳状,弯曲于桥上,与桥面曲形吻合。此桥系园主李稣阳亲自设计,返工九次而成,被誉为"稀世之桥"。桥下拱顶悬石笋,桥北湖中立钟乳石柱,有梯道穿石景达戏鱼台。桥南有宽大平台与之呼应,桥孔成为南北窗景。此景小巧而极富变化,充分利用地形,构思别致,设计巧妙,将四周景物集聚于一起,如众星捧月。无论于桥上桥下,仰俯远望无不别开生面,的确不愧为桥中佼佼者。

缙云山 位于重庆市之东,在北碚区与合川区境内,由九峰并列形成山岭风光。山上茂密的树林、众多的寺庙、优美的景色以及温泉等,构成了独特的风景,素有"川东小峨眉"之称。缙云山面积为197.28平方千米。自1982年将其定为第一批"国家重点风景名胜区"以来,吸引了越来越多的游人。

缙云寺 位于狮子峰南麓,南朝宋景平元年(423)始建。唐、宋、明历代均有"赐额",1932年在此寺创办世界佛学苑汉藏教理院,尽领佛教风光。庙因山得名,山因庙生辉,除了大面积自然森林状其神外,庙后花圃梅、茶一片,更在严肃中增添了一片柔情。

狮子峰 缙云寺后的山峰,海拔864米,为九峰中最壮观者。峰顶筑有山寨,1938年于顶建太虚台,更增加临峰远眺之利,是东观日出、西望北碚闹市之地。山道旁缙云名木簇拥,南竹阴蔽山沟,一阴一阳道尽山地风光情趣。

洛阳桥 缙云寺山门前的一座跨沟石桥,参天古树罗列其周,是正南入庙之孔道。宋代状元冯时行常在此读书。桥下有观月亭为此景增光。

北温泉 温泉寺所在地,庙因泉得名。南朝宋景平元年(423)由僧人慈应创建,北宋景德四年(1007)赐名"崇胜禅院",因其温泉早有庭院布置。1927年由卢作孚倡导兴建成北泉公园,成为一个名副其实的群众集资公共设施。它背靠缙云,面临嘉陵,属温塘峡地段。该地十个泉眼七个在园内,由此造成水景,久负盛名。唐以来名人题咏不断,近代更是名人学者常往之地,至今留下很多石刻、诗赋。1989年以"北泉温泳"入选新评巴渝十二景。

石刻园 北温泉石刻园除了石刻佛像外在碑亭等有石碑37块,宋1块、明6块、清18块、近代10块、不详2块,与历代诗咏相映成趣。

钓鱼城 重庆市合川区东渡乡内,离城区5千米,面积2.5平方千米。渠江、涪江、嘉陵江向北、西、南三方而去。该岛为隆起山地,南宋嘉熙四年(1240)在山筑寨,淳祐三年(1243)改寨筑城,把合川、石照两县治所迁到山上,以此为城名。后经加固设防,在1243—1279年这36年间是抗击蒙军的最后堡垒,不可一世的蒙哥大汗及前锋总帅汪德臣伤于城下,故而此城有"独钓中原""鱼台一柱支半壁"的美称。祥兴二年(1279)王立降元,至此,南宋最终灭亡。1961年将其列为省文物保护单位。1982年成为国家级的缙云山风景名胜区的一部分。1989年以"独钓中原"入选新评巴渝十二景。

护国寺 始建于唐,经明、清屡次重建、维修,以清道光十三年(1833)之貌留存至今,有对联"城号钓鱼三江送水开巴堑,寺名护国孤嶂飞云控蜀疆",门额"护国寺"。庙侧建忠义祠供奉抗元将领,祠内曾供奉降将,后人对此纷争不止,并有碑刻为记。

庙于岛顶平堤处修建,系忠烈一堂为人仰慕之地。庙前有独钓中原石坊,明万历四十六年(1618),进士李作舟手书,字径尺余。

钓鱼台 护国寺前西侧临岩巨石,传说有仙人曾在此钓鱼解城内民饥,并有石孔曰插杆石。此处有黄桷树附岩而生,钓鱼台石碑成为一处登高远望的景点,融自然风光与纪念物于一体,游人多在此留影。

钓鱼城卧佛 位于钓鱼台侧的一条悬岩下,佛顺岩体的自然层缝而刻,长12米,宽近2米,按衣着判定为晚唐作品。佛刻在岩层的凹缝边,成为佛门弟子夸耀其神秘奇特的得意之作。

五泉山 位于甘肃省兰州市的城南,山麓园占地面积约350亩,海拔高度一千六百余米,属于山水风景园林。据史籍记载,汉朝大将军霍去病西征时曾驻兵于山中的五泉旁。山因有甘露、摸子、掬月、蒙、惠五泉而得名。山上现存最早的主要建筑崇庆寺建于明洪武五年(1372),清同治年间又建了千佛洞、嘛尼寺、地藏寺、三教洞等寺庙建筑，后又陆续重修。1949年后又在山脚下建了水榭亭阁，植了花圃草木。山上、山下的景点就连成了一片。

全园林分成山上、山下两个部分。山上部分为历史遗迹部分，主要有千佛阁、崇庆寺、三教洞等寺庙建筑，由盘旋而上的石阶相连通。山上树木参天，曲径通幽；山势陡峭，山间泉水淙淙蜿蜒而下，形成了错落有致的山麓园。山中峰回路转，变化多端，在出其不意中体现了神秘幽深的特征。这也是我国古典山水园林的造园风格。山下部分为1949年后扩建的，主要由水榭曲桥、亭阁回廊、花圃林木等组成，风格上接近现代公园的形象。所不同的是，它与山上部分的结合，比较贴切自然，不强调对称布局而是沿着山道下坡处自然排列，过渡顺畅。五泉中的惠泉、蒙泉在山的东、西两侧，也称东、西龙口。由此而形成的泉口与山脚下岩石对映成趣，为景致增色不少。

五泉山这座处于黄土高原上的山水园林，兼容了古建筑寺庙、泉口、花圃树木与现代公园的特点，形成了综合性的山水园林。它与周围的黄土高原相比较，显得更加葱绿幽静、典雅质朴，犹如绿洲令人神往，是兰州城郊一座不可多得的山水园林。它装点了兰州，为其自然氛围与文化形象增添了很大的魅力。

千佛阁　位于五泉山半山腰的崖畔上，始建于清代同治七年（1868），后来于光绪年间重修一次，保留至今。千佛阁是整个五泉山最有特色的寺庙建筑，它地处悬崖边上，险峻高危，犹如悬空寺，其半壁直接与山崖的斜坡相连，令人惊心动魄。全阁长约200米，有两层半楼阁，飞檐彩画，红柱绿栏。阁中内壁与山崖紧密相连，有许多清代风格的佛像与小照壁。外廊边可凭栏远眺兰州市容，非常宽阔舒畅。两侧的视点又与皋兰山相联，如青山环抱之势。通过阁下曲折多变的石阶向上走去，千佛阁依山转势，角度多变，景观视角有步换景移之美，令人目不暇接。拾级而上，由仰角变化所带来的视觉美感，令人称羡叫绝。其实这是欣赏千佛阁外观造形的最佳视角与路线。沿阁东侧的石梯下行至山崖底处，有清澈的溪水与泉口，透明的泉水与粗犷的山崖互相依衬，审美情趣盎然，给人以强烈的游览欲望。千佛阁的西侧下方是建于明代的崇庆寺，两处对比，高低错落、相互依存、珠联璧合。古朴的寺庙与雄浑的山势融为一个整体。千佛阁是五泉山上最有特色的游览景点。千佛阁的造型与色彩在整个五泉山上都是最醒目、最突出的。

白塔山　位于甘肃省兰州市区的黄河北岸，可供游览的绿化面积达4500亩左右，属于城郊山水园林。兰州在古代被称为金州，是西域的军事重镇。白塔山原为军事关隘,山中的金城、玉迭二关均为古时候的守军要塞。全山因山头的白塔而得名。其主要景点都在山上,并随山势升高而不断变化,有三个台的建筑群落,相互呼应。满山林木葱郁,将各景点的亭阁、回廊时隐时显地连接起来,树木与建筑的相互衬托,富有节奏韵律。山上最高处是始建于元代的白塔。东、西、北、三面山巅各有东风亭、喜雨亭、牡丹亭遥相对应,与白塔形成了"拱抱金城"的地形态势。三星殿、三宫殿、云月寺、迎旭客阁、风林香袅牌坊等景点建筑点缀在山的各部位上,并与四通八达的山道相连接。1958年辟为公园,成为兰州市一大景点。

白塔山雄踞兰州市北,奔腾的黄河从山脚下穿流。黄河铁桥把山园、城市、河流连系在一起,形成了一个整体。在白塔前的迎旭客阁内眺望朝霞、晚霞辉映下的山势,壮美无比。俯视山下的兰州市容、街道建筑、车辆人流,颇具特色,并与城南的五泉山相对应。从整体看,白塔山园林是以白塔为核心,依山就势逐步发展起来的。古代作为军事要塞,说明其地势险要;作为园林造景,险要的地势造就了反差较大的景观。对于久居城市的人来说,登临此山就改变了平常的视角,它给予人们一种跌宕起伏的新的视觉感受,产生出景观审美上的憧憬联想,令人赏心悦目。

白塔　　位于白塔山巅。始建于元代,是为了纪念一位传经的喇嘛在兰州不幸病逝而建造的。明朝景泰年间(1450—1457)重建。塔体七级八面,仿宋代佛塔建制,砖石结构,上有绿色琉璃顶结盖,下基为圆体,是藏传佛教白塔的造形,将宋代佛塔与藏传佛教白塔合一,这是很少见的。紧随白塔身后的便是白塔寺,它与白塔连成一个整体,属于塔院寺类。寺内藏有铜钟、法器等宗教文物。塔与寺在后山的陪衬下显得庄重、古朴。观赏白塔的最佳方位是在旁边东山头上的东风亭内。此处观塔将白塔、寺庙、山坡、林木连成一个景观群体,形态跌宕起伏,宽阔深远,视觉效果强烈。白塔也成为了兰州的标志。

大观楼园　　位于昆明城西约3千米的近华浦,南临滇池,与太华山隔水相望,园因楼名,是一座以自然山水景及古迹楼观并重的城郊山水园林,名动天下。

500年前,这里曾是一片荒丘。明代,世袭镇守云南的沐氏,常在滇池练习水师,并在此建筑苑囿,因此处与太华山隔水相对,故名近华圃。清康熙二十一年(1682),湖北和尚乾印到此讲佛经,用化缘款修建了一座观音寺,游人增多,成为名胜。康熙二十九年(1690),巡抚王继文路经此地,相中了这里的湖光山色,命人鸠工庀材,修建楼台亭阁,挖凿池沼,添筑堤岸,遍植名花垂柳,其中最为壮观的是一座两层方楼。此楼建成后,秀逸多姿。楼前是开阔的滇池,远浦遥岑,风帆烟树,擅湖山之胜,遂改名为"大观楼",并与岳阳楼、黄鹤楼齐名,为此,云南姚安人由云龙曾撰写有对联一副:"与岳阳黄鹤相衡,一样雄奇,各有大名垂宇宙;揽昆海碧鸡之胜,同来眺赏,莫将佳日负春秋。"不仅赞赏了"山横金碧座中收""黄花倚醉水边楼"的景色,也把它和湖南的岳阳楼、湖北的黄鹤楼相提并论。大观楼建成之后,很快成为昆明的风景名胜。清朝初年,文人雅士经常在这里聚会。酌酒赋诗,对于当时的盛况,舒绍舆曾作过一副对联描写道:"群贤毕至乐无涯,有诗、有画、有酒;老子于斯兴不浅,此山、此水、此楼。"以后布政使佟国勋相继修建涌月亭、凝碧堂、催耕馆、溯洄轩、豁襟榭、怀古廊、水月寮等于湖畔,使大观楼又展现了另一番景色,在这里就可以领略到"望里云山不甚明,画栏西畔晓烟横。分明一样昆池水,一面阴浓一面晴"的诗情画意。接着又在水上修了浴兰渚、涤虑湾、唤渡矶、问津港、送客岛、适意川、忆别溪、合舟亭、聚渔村等。

　　道光八年(1828),按察使翟锦观再次重修,楼改为三层,使得楼阁更加壮丽,境界亦随之开阔,游人至此,无不顿感"渔舍晓烟消,长啸一声天地阔;野航初日起,乍传逸响海山清"。咸丰七年(1857),楼台亭榭均毁于兵火,现存楼观为同治八年(1869)重建的。1923年,楼及附近风景辟建为公园。1949年后,又扩大园址,并入了李园、庚园、鲁园、丁园、柏园等花园别墅,目前园内除了主楼外,还有观稼堂、揽胜阁、琵琶岛、挹爽楼等景点,加上亭树映月,点缀着柳堤虹桥,更是令人流连忘返,诚如古人所吟咏的:"太华山下水如油,云净沙明逼晚秋。第一风光谁识得,背人先上大观楼。"

大观楼　在园林中心景区近华浦之最南端,沿湖有平台石栏。楼为三层亭阁式,平面正方,外观为三层檐,顶为四方攒尖顶。由于层层向内收小,其轮廓很有变化,在稳健中显出轻巧。楼阁各向均为三间,一、二层的明间远大于次间,柱间均开有长窗,体现"不安四壁怕遮山"的立意。楼头原悬有清文宗咸丰帝赐的"拔浪千层"的匾额。底层明间极为宽大,深远的出檐下挂着块大匾,上书工整楷书楼名,字迹雄浑,为清人孙铁洲书。两侧柱上悬有盛清孙髯翁所书长联。柱两边次间,砌以白墙,墙上各开有一个大圆形花格窗,圆与方的组合使楼阁生动不少。楼后西侧有游廊相通,周围浓树古柯相绕。楼前水面上,立有三座石灯塔,仿杭州西湖,亦取名为三潭印月。登楼远眺,但见海水澄清,波光浩渺,大有"秋水共长天一色"之貌。远瞻西山,若隐若现,顿觉爽气袭来;俯瞰湖上,帆影悠悠,"无波不觉扁舟小,短缆徐牵过柳堤"的自然景色尽收眼底,为园中揽胜赏景之最佳处。

大观楼长联　悬挂于大观楼底层楹柱上,由清朝乾隆年间布衣名士孙髯(1711—

1773）所撰。孙髯字髯翁，号颐庵，陕西三原人，以诗文著称，自号"万树梅花一布衣"，常与诗朋墨友聚会于大观楼，他不写歌功颂德之辞，出类不群，傲然写出188字长联，名重一时，被后人誉为"古今第一长联"。上联为"五百里滇池，奔来眼底。披襟岸帻，喜茫茫空阔无边。看东骧神骏，西翥灵仪，北走蜿蜒，南翔缟素。高人韵士，何妨选胜登临。趁蟹屿螺洲，梳裹就风鬟雾鬓。更苹天苇地，点缀些翠羽丹霞。莫辜负四围香稻，万顷晴沙，九夏芙蓉，三春杨柳。"下联为："数千年往事，注到心头。把酒凌虚，叹滚滚英雄谁在？想汉习楼船，唐标铁柱，宋挥玉斧，元跨革囊。伟烈丰功，费尽移山心力。尽珠帘画栋，卷不及暮雨朝云。便断碣残碑，都付与苍烟落照。只赢得几杵疏钟，半江渔火，两行秋雁，一枕清霜。"

上联描写大观楼四周的景物，下联追叙云南历史，寓情怀于景色，情景交融，浑然一体，意境深远，对仗工整，是一副思想内容和艺术形式相统一的完美佳作。清人吴仰贤在《小匏庵诗集》中写道："铁板铜琶鞺鞳声，髯翁才气剧纵横。楼头一百八十字，黄鹤留题万古名。"将长联与唐代诗人崔颢的名篇《黄鹤楼》相媲美。

长联写成后，轰动一时，传抄殆遍，昆明名士陆树堂用行书写出刊刻，挂在楼前。清咸丰七年（1857）长联不幸与楼同毁于兵燹，同治五年（1866），马如龙重修了大观楼。光绪十四年（1888），云贵总督岑毓英让赵藩将长联重新楷书，题上自己的姓名，刻出来挂在原处。岑制长联即目前所悬者，全长一丈五尺，宽约两尺，作复瓦形状，阴文楷体蓝底金字，看去清新动人。孙髯翁除了长联以外，还有一首七律《大观楼》，亦很出名："月光拔作海门潮，屋涌椒兰水可淘。半夜神灯波上走，三春画桨镜中摇。笔床茶灶宜青草，酒市溪村接板桥。听唱竹枝来山渚，醉看塔影忽双漂。"大观楼自从孙髯翁题咏之后，其名便不胫而走，驰名海内。

近华浦 大观楼山水园的中心景区，浦为三面临水之半岛，有堤桥与岸相通，其地理位置正巧与太华山相对，中隔滇池青草湖，由洲浦观山，近在咫尺，故名。近华浦自清初以来，便是昆明文人市民极喜游乐的山水风景地，除了名楼大观楼之外，亭、台、楼、阁、矶、湾、港、溪，景色自然恬静，实际上组成了以大观楼为中心的水上古迹园林，是人们游园必之处。入浦有阁门，即原大观楼园门，入门右面为琵琶岛，是一道伸入湖中的短堤，始狭终阔，形状弯曲，类似琵琶，故名。以上藤蔓编架凉篷，下置石桌石凳，游人到这里憩息，颇感清幽。

在琵琶岛的后面，有用石块砌成的鱼池一个，亦楚楚可观。池子的后面是一座凉亭，虽不是画栋雕梁，却别具匠心。又有回廊，连贯交通于亭阁之间，既便于游人往来，又可躲避风雨。亭子西面为挹爽楼，规模宏敞，岸然立于水畔，楼边有杨柳多株,登楼远眺,滇池湖光、太华山色,尽在目前,令人心旷神怡。近人王灿曾有题联描写道:"朝云起雨,暮霭飞烟,世事古今殊,只余无恙西山,随时在目;雪浪吞天,风涛卷地,英雄淘泻尽,为问倒流滇水,何日回头。"往后稍走一段小径,便见揽胜阁,这里往日挂有一副对联:"明月清风谁是主,高山流水几知音。"揽胜阁的右边是催耕馆,为了与馆名相称,有一副对联写道:"云水光涵清吏驾,稻花香慰老农心。"左边则为观稼堂,也有联一副:"万顷新苗忻结子,四周香稻喜生孙。"揽胜阁前有园路直通大观楼,楼边有湖石假山,名彩云崖,假山堆叠,玲珑嵌空,颇具江南园林假山之皱、瘦、透、漏之姿。前人题咏很多。楼前水中有葫芦塔三座,鼎峙水面,是在1940年时,将状元楼外面放置的三个白石烽墩移来,加以环堤为带,垂柳如丝,颇像西湖的"三潭印月"。其他像"牧梦亭"、"豁襟榭"等,也点缀在湖畔,错落有致,每逢节假休憩时日,游舫云集,清波湖光,幽雅宜人。

近华浦的风景所以引人入胜,还在那耀眼的盈盈一水,尤其是那荷叶亭亭深处,更是藕香芬芳,沁人心脾。风平浪静的湖面固然让人心旷神怡,就是在那惊涛拍岸、风卷渔船的雨天,当看到"一竿风浪,满蓑烟雨"中的老渔翁,驾着一叶扁舟,无畏地向湖心驶去时,又能勾勒出一幅水墨"烟雨图"。

当荡漾轻舟顺流驶至湖中,往往会传来轻歌一曲,使你不能不停桡坐听玉箫声;曲终人不见,寻至芙蓉深处,惊起对对鸳鸯,插翅飞过桥去,这是多么优美的江上景色。此上种种,会使你想起:"歌罢采莲韵最娇,玉箫声里试停桡。惊人对对鸳鸯起,飞过秋江第一桥。"

傍晚,碧绿色的波浪,吹皱一池湖水,淡云、微雨、斜阳把大观楼、近华浦的景色,点缀得更加美丽,在这样诗情画意的境界里,滇池的湖光山色也像美人那样"淡妆浓抹总相宜"。用诗人的话来说便是:"碧浪风吹皱晚塘,淡云微雨界斜阳。湖光一派情无那,也学秋娘作淡妆。"

正由于大观楼的景色,不论在什么时候、在哪种境界中,都是这样的宜人,为此,郭沫若游览后便写下了:

"果然一大观,山水唤凭栏。睡佛云中逸,滇池海样宽。长联犹在壁,巨笔信如椽。我亦披襟久,雄心溢两间。"

翠湖　位于云南昆明市区西北隅。昆明之有翠湖,犹如杭州之有西湖,"闻道钱塘天下胜,阮堤知否是苏堤"。翠湖,是镶嵌在昆明的一颗绿宝石,"翠湖堤畔柳凝绿,江南芳草仍焦枯",它最早给春城人透露出春的消息,它是春城人最喜爱的园林之一。

历史上,翠湖原与滇池连成一片,它的东北有圆通、五华等苍翠的山峰环抱,是滇池的一个美丽湖湾。唐宋之际,翠湖还处在"三面临水"的城外。但自元代多次疏浚开挖海口之后,滇池水位大大下降,翠湖逐渐与滇池分开,但还藕断丝连,仍有河道与滇池相通。至明初拓城,翠湖才被围入城墙之内。大概因附近多种菜植莲,"清回透澈,蔬圃居其半",故俗称"菜海子"。还因为湖东北有九个泉眼,亦名"九龙池"。直至民国初年,辟为公园,才改名为翠湖。明初统治云南的最高长官沐英,效仿汉代周亚夫屯军细柳营,在翠湖西岸建立柳营,作为发号施令的中心。沐英素爱马,每当天气晴和,常在湖边饲秣洗刷,骏马良驹千匹,人欢马嘶,自有一番热闹景象。后来沐氏子孙在此建起别墅,建起了"台榭浮水面"的楼阁亭台。明末,大西军将领刘文秀以这里作为蜀王府。清初,吴三桂踞滇,又"填菜海子之半作新府,极其壮丽",新府内"花木扶疏,回廊垒石"。翠湖的中央,原是一处风景优美的岛屿,清康熙三十一年(1692),岛上建起了碧漪亭,即今海心亭,在北岸建有来爽楼,使"东面高楼西面廊"的翠湖,出现了"翼然亭子起中央"的景象。自此,湖这垂杨拂波,池中荷莲平铺,水面亭楼倒映,翠湖成为城中秀丽的风景名胜。嘉庆年间,碧漪亭旁增建了莲华禅院和放生池,游人可"濠上观鱼"。道光年间,阮元督滇,仿苏东坡修筑杭州西湖的苏堤,在翠湖中修筑了横贯南北的长堤,将湖水一分为二,这就是阮堤。阮堤上建桥三座,南为燕子桥,中为采莲桥,北为听莺桥,叠石堤边,游人可临水小憩。民国年间,唐继尧又在湖上筑一道东西交贯的长堤,将湖面再分为四,两道长堤相互绵亘,形成了翠湖梅花瓣似的基本格局。

如今的翠湖,风光迷人。池周护以石栏,湖东南角为水月轩,浓荫覆地,花草繁茂,鱼池假山,多置石桌供人品茗下棋。东北角是知春亭,修竹茂林,曲径幽深,风摇竹影,素雅清静。西南角有葫芦岛,棕榈挺拔,碧草如茵,富有南国情调。西北角是来爽楼。

海心亭,是翠湖的中心地区,昔日的莲华禅院放生池周围被改建成富有浓厚江南园林色彩的庭院,画廊曲折,亭台错落,春水盈池,赤鲤跃波,红柱黄瓦,金碧辉煌。楹柱多悬匾联,颇有佳作,其中出类拔萃者如黄奎光所写的"亦蓬瀛"三字,字大逾尺,学柳体而得其神髓;所撰亭联也很著名:"有亭翼然,占绿水十分之一;何时闲了,与明月对饮而三。"另外有凌士逸所写的一联:"十亩荷花鱼世界,半城杨柳佛楼台。"翠湖中心区的亭台、益廊,又以蓬莱亭为中心,呈扇面形环水散开。

翠湖之美,在于一个"翠"字。远望湖区,如烟,如雾,一层绿茸茸的轻纱笼罩着湖岸和湖堤；近观楼阁屋舍，又被一泓碧波簇拥，柳荫路曲，绿满汀洲，整个翠湖充满了生命的律动。

西山　　位于云南昆明市西十余千米，有山凸起滇池之上，"北起碧鸡关，中经华亭、太华、罗汉诸峰，直达南面的观音山，绵亘数十里"。唐代称它为碧鸡山，元明以来称太华山；因其在城西，当地人们习惯称之为西山。西山，是春城昆明最为著名的城郊风景园林，是借自然山水之美、得山野林泉之真趣的典范。

西山，山峦起伏，白云缥缈，好像睡佛卧于云中，故又有卧佛山之称。西山的另一美称是"睡美人"，从远处眺望，它宛如一位丰盈的女子屈腿坦卧在蓝天之下，她的脸、胸、腹、腿，以至下垂入水的头发，无不轮廓分明，一派绰约风姿。美人卧波，成为名扬天下的一景。关于她的传说自然流传很广：很久以前，滇池岸边有一对青年男女真挚相爱，但财主看上了美丽的姑娘，用计害死了小伙子。姑娘悲痛欲绝，披散着头发含泪迎风呼喊，直到声嘶力竭才仰面倒下，化成了这座"睡美人"山。尊贵的凤凰从远处飞来悼念，当地人称它作碧鸡，此山也就被称作碧鸡山。

西山，林壑优美，四时岚光滴翠，花雨流香。"睡佛云中逸，滇池海样宽"，"千崖万壑争雄秀，却无一处自平庸"。全山除了山石嶙峋的罗汉崖之外，全为茂密的林木所覆盖。步入山中，可以听流泉玲琮和鸣，可以看秀峰拔地。远眺浩渺滇池，无涯烟水，沧溟空阔；俯视历历晴川，波光荡漾，千帆如鹭。这美景奇观，前代文人早有恰当的描述和评价。明代诗人杨慎在《云南山川志》中写道："苍崖万丈，绿水千寻，月印澄波，云横绝顶，滇中一佳境也。"清人薛绍濂在《太华山诗纪序》中说："滇南太华，连绵诸峰，秀拔千寻，总曰西山，妙环昆海三百余里。山借水色，水映山光，云鬟雾髻，烟鹭沙鸥，游泳浮沉，天然图画。可以扩胸襟，涤尘心。"

西山之腹，有华亭寺，它是昆明最著名、最宏阔的一处佛教丛林。寺外松竹夹道，浓郁的绿荫遮天蔽日；寺内古柏参天，殿宇巍峨，气势磅礴。

太华山是西山最高峰，高出滇池水面470米。太华山腰有太华寺，它比华亭寺早建十余年，是西山的重要古寺，殿阁崇丽，苍深雄峻。登临太华，可谓一步一景。回望滇池，但见碧波万顷，水天混茫，一派诗情画意。太华寺内的缥缈楼和一碧万顷楼都是眺望湖光山色的佳绝处。历来文人雅士，多喜登临赋诗。如"万顷波光檐际凝，平铺一掌浮边城"，"万点村烟浮远树，山色空濛欲上船"，等等。

华亭幽深，太华雄峻，而位于西山北段的三清阁和龙门，则以险奇取胜。三清阁在罗汉山的苍崖峭壁之间，依山凿石而成。远远望去，仿佛天上宫阙。人称"不到三清阁,不知碧鸡山之美;不登龙门,不知罗汉壁之奇"。三清阁主要是道教宫观,"坪间梵宇仙宫,次第连缀",在此观赏滇池景色,令人有超凡脱俗之想,因此自古是游人必到之处。

龙门,是罗汉山峭壁上云华洞和达天阁整个石凿工程的总称。龙门高出滇池300米,正处在斧削一般垂直的峭壁之上,其险世所罕见。云华洞和达天阁内均有许多摩崖刻石、浮雕和石像。被誉为滇中第一胜境的龙门,是古代石匠和雕刻艺术家在万丈陡壁上付出血和汗的巨大代价创造出来的奇伟杰作。

西山经过近千年的开发建设,除了有以上这些名胜古迹外,北段还有普贤寺、杨慎故居、沐黔国思召堂及人民音乐家聂耳墓等胜địa。西山南段则有观音山、白鱼口等风光明媚的疗养区。如果凑巧,赶上"三月三,耍西山"的传统盛会,整座山都充溢着欢声笑语,草坪上、古寺里、峭岩间,对歌起舞,琴瑟和鸣,从晨至暮,响彻云间。

华亭寺 位于昆明西山风景区的中心。从山脚沿山腰迤逦而行,可见树梢隐现琉璃宝阁,红泥墙壁、圆窗雕饰,便是著名的佛教丛林华亭寺了。

华亭寺原是大理国演习(节度)高智升的别墅。后于元延祐七年(1320)重建,传说上梁时有群鹤翔集,声闻于天,诧为华亭仙翩,以为此景兆瑞,因以名寺。重建后高僧元峰驻锡于此,结茅传经。明代永乐、景泰间,又相继整修,成为我国西南梵刹之杰构。此寺明末清初毁于兵燹,后又屡次加以重修。至今它还是昆明规模最大的佛寺。

华亭寺的山门是一座高大的三层殿阁,飞檐翘角与苍劲的古树比肩。大门两侧是一副对联:"绕寺千章,松苍竹翠;出门一笑,海阔天空。"既生动描绘了古刹的清幽景致,又道出了许多游人的豪情逸兴。入门,庭院清奇幽邃,古柏森森,花团锦簇。院中一池碧水植莲养鱼,蓝天白云,明镜如绘,既得佛家"放生"之意,又给庭院增添了生机。小池之东回廊曲折,曲廊中段有雨华台,台旁有僧塔十余座。

绕池西行,为天王宝殿,石阶起处,左蹲青狮,右伏白象,镂工精美。天王殿大门口有当时谪居云南的杨慎所撰一联:"一水抱城西,烟霭有无,挂杖僧归苍茫外;群峰朝阁下,雨晴浓淡,倚栏人在画图中。"全联描摹青山秀水,有景有人,似一轴清淡秀逸的水墨长卷。殿后为上、下两台庭院。下院中有小池,正中有小巧别致的石拱桥,名莲莲桥。两侧设假山,院中高大的银杏亭亭玉立。过桥上台阶,为上层庭院,正中立一座比人还高的石香炉,香烟袅袅,四时不绝。往前就是大雄宝殿,大殿前檐悬满了"清净庄严"、"山高海深"等匾额;屋顶翘角,势欲腾空,琉璃碧瓦,映日漾光。殿后青峰矗立,林木油碧,恰似一架巨大的翡翠屏风,环护着宝殿。

殿内正中为释迦牟尼佛,左右为迦叶尊者和阿难尊者,再两侧是药师菩萨和阿弥陀佛。这五尊佛像俱金身,姿态庄严,额嵌毫光珠,身着水纹衣,背衬金龙盘绕的光轮,颇具宗教艺术的魅力。释迦牟尼像背面塑观音像。背壁塑二十四诸天神。大殿的左右壁上塑五百罗汉像,民间艺人驰骋丰富想象,使罗汉们喜怒哀乐各呈异姿。每遇佛事,寺内诵经礼佛,钟磬木鱼之声,响彻殿堂。

大殿后,原有建筑,今已不存,现培植名花于其中,尤以山茶、牡丹和杜鹃花为最。两侧壁廊镶嵌碑碣,多与该寺史迹有关。

华亭寺虽坐落于半山,但地势平坦,曲径通幽,茂林修竹成林蔽日,盘桓于此,清凉无暑,烦热顿消。优美的自然环境与庄严肃穆的古刹建筑结合得完美无缺,可谓寺庙园林的典范。

太华寺 位于昆明西山最高峰太华山腰,又称佛岩寺,是西山的重要古寺。初建于元,开山祖名玄鉴,世称滇南禅宗第一师。由于太华寺在昆明佛教丛林中声誉相当高,明初,镇守云南的沐英,想借助佛教"迁善去恶",对太华寺拨款整修,增建了缥缈楼、一碧万顷楼、思召堂等建筑,一时殿阁崇丽,蔚为壮观。沐氏还悬列祖列宗画像于寺中,沐氏统治云南近300年,位高权重,山寺几成沐氏庙堂。而达官贵人、文人学士、登临览胜者络绎不绝。"昆明池上古招提,楼阁参差近碧鸡",从诗句中可以想见当年的盛况。

太华寺环境幽美,紫翠环合,极富山林野趣。从山间便道前往,沿途古松森列,日影斑驳,修篁牵衣,小溪跳珠溅玉。抵寺门,一株古银杏苍皮虬枝,粗可四五人合抱,根部一侧已干枯,但老而不衰,仍生机勃勃,浮空漾翠。相传此树为建文帝手植,已历500年风雨。寺前石坊额曰"峻极云霄",两侧题为"凝岚""叠翠"。在苍苔藓封的坊柱上,刻有对联两副,侧联为:"滇海波平,鬘镜涟漪真可鉴;西山雨霁,太华缥缈总凭登。"正联为:"一幅湖山来眼底,万家忧乐注心头。"太华寺素以花木繁茂著称,殿内天井中名花荟萃,尤以山茶、玉兰为盛。徐霞客曾游太华寺,亲见"殿前夹墀皆山茶,南一株尤巨异"。明代另一位大地理学家王士性也在《太华山游记》中记述:"两墀山茶八本,高三丈,万花霞明,飞丹如茵,列绣如幄。""疑入石家锦步障。"现花事已不如当年,但新植玉兰正繁茂,每当春阳初照,一株株玉兰绽放白色花蕾,莹洁如玉,芬郁似兰,千枝万朵如冰似雪,整个天井成了玉树琼林。

太华寺的正殿檐下,悬着一块巨匾,上题"如如不动"。"如如"又译作"真如",意思是佛教的教义,是永恒不变的真理。这是对殿内供奉的释迦牟尼的赞颂。从大殿而上,是著名的缥缈楼,此楼殿宇雄伟,气概非凡,雕檐绘彩,台墀宽大。二楼供奉观音,檐前悬有"大悲宝殿"巨匾。殿背山面海,雄踞于高台丛林之上,群阁皆出其下,视野极其宽阔,俯视仰观皆相宜,"波光万顷涵碧空,松影千株绕座前","空中楼阁开天画,寺顶云霞接水光"。

大殿南、北各有两层殿堂,北侧为思召堂,明初黔国公沐英拨款修寺,寺僧感其德,建堂奉之,取名为"思召",典出周代召公巡行南方,在甘棠树下受民讼,后人思之,爱其树而不忍砍伐曲折,并称其为"召棠"以示怀念。后人将沐英比作召公,以此颂扬沐英的善政。大殿南侧为映碧榭,此楼中部凸出成亭台,伸进碧池之中,将约1300平方米见方的小池分大小两半,内有假山小屿点缀,池周环以曲廊,"小阁卷帘惊鹭起,清池投饵看鱼浮",颇具闲情逸致。

小池东面有望海楼,上下各三楹,额匾曰"一碧万顷",故也称一碧万顷楼。此楼是观赏湖光山色的极佳处,登楼凭栏,可阅尽滇池烟波。群峰绵延,湖平野阔,螺峰翠盖,万象毕呈。真是"烟波万顷碧成海,松竹满山青到门"。楼前原有李湖撰联:"漫云有画有诗,即放胆如何落笔?借问是月是海,且忘机试一凭栏。"历来文人雅士多喜登临览胜,明代杨慎谪滇,与诗友畅游太华,留下著名诗篇:"仙人掌上梵王台,雨霁秋清望眼开。湖势欲浮双塔去,山形如拥五华来。摩天鹳鹤窥明镜,呷浪鱼龙引渡杯。金碧西南无此景,为君扶病一徘徊。"诗句将滇池的体态、风情、神韵描摹得极为准确生动。

明代以前,滇池水位很高,楼前茫茫碧波直达东、西寺塔附近,望海楼上可晨看朝日浴海,夜观月轮霜影。惜明清以来,多次疏浚海口,滇池水位下降,尤其是"围海造田"更使湖面锐减,使一些动人景象大受损伤。如今,值得一看的还有一景:夜眺昆明,万家灯火似繁星闪烁……

三清阁 由太华山南行2千米左右,便见山崖陡峻,怪石嶙岣,峭壁千仞,卓立湖岸。悬崖上面有层层饰以丹青的亭阁在白云中若隐若现,犹如天上的琼楼玉宇,这便是三清阁。华亭、太华二寺为佛教丛林,而三清阁是道教宫观。道教在云南源远流长。玉清、上清、天清三境合称为"三清",指道家神仙居住的最高仙境。故道家所建宫观多以三清为名。元代,这里是梁王避暑宫。元末兵燹相继,是山久废。至明洪熙、宣德年间重建。到明末徐霞客来游时,已具规模,悬崖上寺庵"如蜂房燕窝,累累欲堕","坪间梵宇仙宫,次第连缀","更南则庵尽而崖不尽,穹壁覆云,重崖拓而更合"。从徐霞客游记的描述中可知当时的三清阁已是一处极富特色的胜景了。以后经过数百年的开拓整修,三清阁的景观已有较大变化。但瑰丽多姿,景、色、情、趣仍兼而有之。

踏上通向三清阁的盘山曲径，上七十二道台阶，达"三清境"石坊，正面额曰"罗汉崖"，有柱联云："置身须向极高处，举首还多在上人。"虽就实写景，更寓人生哲理，促使人向高处奋力攀登。过石坊是灵官殿，内塑道家护法神王灵官，面苍黑，手执鞭，左右有童捧笔执印。

沿阶北折而上，经过大悲阁，素称绝景的三清阁便在眼前。阁有楼，上下三楹，相传是元梁王避暑宫旧址。明代日本诗僧机先曾有"碧鸡飞去已千秋，闻说梁王曾此游"之句。三清阁地势高朗，周围环以石栏，游人在此凭眺滇池景色，有飘飘欲仙之感。天朗气清之时，崖岚树色与碧波相映，染人衣襟；每当傍晚，万壑烟霞，半天风月，好似身在蓬莱仙境。尤其是皓月当空的夜晚，水光正对着阁前的石栏，湖水荡漾着柔和的银波，层层雪亮，人们无不视为奇观。三清阁中悬有一联："极目太华高，偌大乾坤撑半壁；荡胸滇海阔，无边风月倚层楼。"正写尽了三清阁的景致特点。

三清阁北侧是飞云阁，阁中一副对联写道："半壁起危楼，岭如屏，海如镜，舟如叶，城郭村落如画。况四时风月，朝暮晴阴，试问古今游人，谁领略万千气象；九秋临绝顶，洞有云，岩有泉，松有涛，花鸟林壑有情。忆八载星霜，关河奔走，难得栖迟故里，来啸傲金碧湖山。"联意文笔潇洒，意境不凡，以八十四字写胜景情怀，非但将飞云阁四周景色概括无遗，而且把对家乡山川的恋慕也倾诉殆尽。

沿石阶再上是吕祖殿，殿中联曰："海为澜翻松为舞，石作莲衣云作台。"又折而往上，为凌霄宝阁坊，坊前巉崖间有一小泉，相传明代有道人在此修炼，凡饮用水皆用牛从山下驮来，历二十余年。牛老将死，以蹄蹴岩，出水成池，虽旱不涸。后人因而取名为"孝牛泉"。孝牛泉上有七圣殿，殿堂仅一间，匾额书"大罗天"三字，两旁对联："春水船如天上座，秋山人在画中行。"另有至圣殿、玉皇殿、太极宫等建筑，其中太极宫最为险峻，位于普陀胜景坊上的悬崖上，原祀老子。这些宫观大小十余座，是一组建在险峻峭壁上的古建筑群，游人至此，除了欣赏湖光山色外，这苍崖间的层楼叠宇同样令人惊叹不已。

龙门 本为达天阁石坊的题额，但人们习惯上将它作为孝牛泉南侧石道直至达天阁的全部石刻工程的总称。龙门，是西山景区中最险峻、最优美的景点。

孝牛泉西南侧，岩上镌有"别有洞天""引人入胜"等题字，有洞若门，曲径通幽。拾级而上，石洞逼仄，只容一人，再往前豁然开朗。有石室，北侧镌"览海处"三字；洞南侧刻一联："一径飞红雨，千林散绿荫。"字体遒劲雄奇。洞顶雕有彩凤衔印图，俗称"凤凰岩"，洞内正壁嵌"题滇池饯别图"等诗碑六方，北壁刻有《重修三清阁石洞序》,南壁则镌《新开华云洞达天阁捐输功德题名碑记》,是后人研究龙门开凿历史的第一手资料。龙门的整个工程是从清朝乾隆四十六年到咸丰三年(1781—1853)前后历时72年,断断续续开凿出来的。

由览海处前行十余米,至普陀胜景坊,由此进,石道都是用人力从峭壁悬崖中一锤一钻打出来的。石道盘旋婉转,高约与人等,行路有时得弯腰,途中石洞若窗,下临万丈深渊,视之惊心骇目;如两人相遇,须侧身贴壁互相让开。再往前至一方形石室,室分前、后二厅,后厅正壁缘岩雕送子观音,左右有骑龙跨虎的石雕神像,此洞名"慈云洞"。前厅形似天井,空明豁亮,伸出于悬崖之上,与达天阁遥遥相望,景色奇绝,正如柱联所云:"仰笑宛离天尺五,凭临恰在水中央。"前厅正中,雕有齐胸高的石香炉,里方外圆。石香炉上刻有彝族诗人那文凤于清道光年间写的诗:"万钻千椎显巨才,悬岩陡处辟仙台。何须佛洞天生就,直赛龙门禹凿开。紫竹荫书心里出,慈云霭露掌中来。昆池恰似观南海,不负当年梦几回。"此诗是题赠吴道人的,这吴道人即石室的开凿者。他名吴来清,生于乾隆年间,笃信佛教,常行修桥补路善事,方便众生。当时,石室下原有架木于崖的朱家庵,势若栖鹊危巢,登览滇池,烟霞变幻,阴晴皆有奇观。但登临时,木栈闪动,令人心惊胆颤;遇风霜雨雪,栈木又易损坏。有人建议吴来清开凿石道,另辟洞天,代替危巢朽栈。吴道人欣然接受,自肩其责,共历十五个寒暑,千锤万钻终于开出了这段石道石室。后人对吴道人的功绩给予了很高评价,对于他的掌故总是津津乐道。慈云洞的观音旁有这样一副对联:"凿石现普陀,将五百里滇池,都归佛海;援人登彼岸,愿一千双圣手,尽化慈航。"

从慈云洞上到达天阁要经过一段傍山的隧道,这段隧道被称为"云华洞",至今洞口立有隶书石碑为志。吴来清死后,主持开凿龙门一带石窟工程的叫杨汝兰,他主要打通了慈云洞到龙门牌坊间的石崖栈道。这一带的凿石,不仅工程大,而且雕刻精细。龙门石坊,就石雕成龙头、圆柱,状如木柱衔梁,涂金傅彩,金碧生辉。入门为石室,东面为半圆形小月台,护以齐胸雕栏;西面供奉神像。室设三个拱门,正门额曰"达天阁""天临海镜",左、右侧门为"名山""石室"。此处高临半天,峭壁千仞,注目下视,惊心动魄。俯瞰滇池,白茫茫一片,渔舟往来,犹如一叶浮于水面。达天阁中柱对联云:"举步维艰,要把脚跟站稳;置身霄汉,更宜心境放平。"对联语意双关,言简意赅,把做人处世的人生哲理寓于自然景物中,堪称上乘佳联。达天阁顶雕有仙桃一株,碧叶红桃,累累下垂;祥云缭绕,仙鹤双飞。正中神龛上有石刻神像三尊:中为魁星,北为文昌,南为关圣。魁星高约1米,右脚踏鳌鱼，左脚上抬蹬升斗；右手高悬握笔，左手横胸擒龙，彩带翻飞，神态生动。令人惊叹的是这个石洞内的神龛、香炉、花瓶、神像、云纹、仙桃、白鹤、门洞及楹联碑刻都是依就天然岩石镂空精雕而成的，浑然一体，"规划之巧，刻凿之奇"，令人叹为观止。但如果细看，会发现魁星手中的笔是另外放上去的。相传，开凿石室的一位匠师与同伴们整整工作了10年，眼看即将大功告成，他最后凿到魁星高举的朱笔时，不慎将其凿断，这一失误给整个工程带来了瑕疵，同时也给云南士子带来了不祥之兆。这位才艺出众、非常热爱自己劳动成果的民间艺术家，万分痛苦之下竟纵身从平台跳下，以生命殉身艺术。他的这种精神至今令人感慨不已。

西山胜景，首推龙门，龙门是西山这部乐章的高潮。巧夺天工的精湛雕凿艺术与自然风光有机地结合在一起，营造出一种让人怦然心动的环境气氛，确实达到了相当高的造园艺术境界。

杨升庵祠　在西山北段的碧鸡山麓、高峣村东南。明代状元杨慎，号升庵，四川新都人。曾任翰林院撰修，负责编纂国史。嘉靖元年(1522)，明世宗的父亲上尊号，引起朝廷文武官员不满，杨慎因参与了"议大礼"而触犯了明世宗，不仅遭受廷杖，并被谪戍云南直至去世。在长达37年的流放生活中，杨慎得到了云南各方人士的尊敬和保护，他的足迹几遍云南。行踪所至，常与当地学子研究学问，对云南文化的发展多有促进。他的故事在云南流传很广，他的遗迹在云南留存颇多。在众多遗迹中，西山的升庵祠保存时间长，影响也大。杨慎到达昆明后，被难友毛玉之子毛沂接到家中住下。后又专为杨慎建别墅，名"碧峣精舍"。从此杨升庵便在此读书、讲学和写下了许多诗文。杨慎为人博雅好古，胸藏万卷，且平易近人，当地的学人、和尚、百姓都喜与他接近，他也将碧峣精舍、高峣看作自己的第二故乡，曾有诗说："高峣亦吾庐，安宁亦吾宅。屏居三十年，宛如故乡陌。"杨慎死后滇中人士以碧峣精舍作祠堂纪念他。升庵祠本来非常清幽，多花木，阶下有流泉，水声琮琤，雅致宜人。但在"文化大革命"中，备遭破坏，几乎毁损无遗。从遗迹考查，升庵祠格局不大，仅一殿、两庑，加门楼，但小巧规整，天井内有古柏二三株，翠竹几蓬，寒泉入内，凿有小池。祠前有蜡梅十余株，每当冬末春初，香迎远近，暗芳袭人。祠中原有升庵画像和升庵竹杖，竹杖高五尺许，为四川大节竹，上有杨慎自镌铭："中空外直，劲节虚心。"祠宇所在地，地势高朗，背山面湖，景致颇佳。建祠400年间，达官贵人、名人学士、客商庶民纷纷慕名前往观瞻，留下无数诗篇，赞颂杨慎的品格和对云南文化的贡献。"先生旧栖此，遗迹空莓苔。滇池一片月，犹为前贤来。"感情深厚的诗句表达了对前贤先哲的怀念。

普贤寺 位于升庵祠旁。寺踞山脉结穴处,形如奔马顿辔兀立。相传,寺建于汉,内供普贤菩萨。明初,由僧玉琳重建,清康熙年间继修。寺共有三层,倚山而建,每层须沿石级而上,从山门到大殿,有石级数百。寺内前院供普贤菩萨,后院供观音;左厢房名"曙霞",右厢房名"幽月"。天井中绎桃、杜鹃、梅花、山茶繁盛,罗汉松、银杏树大可合抱,高撑云天,枝叶纷披,均有数百年树龄,远观林木蔚然,是西山古刹名胜之一。前殿匾曰"山海供养",大殿楹柱上题联一副:"自东汉以来,二千年变幻沧桑,重开古刹;位西山之麓,五百里苍茫云水,一荡尘襟。"从中可以想见其历史及景色。

洱海 古称叶榆泽,又名昆明湖,在云南省大理城东约 2 千米处,是我国著名的高原淡水湖之一,因其形似人耳、风浪巨大如海而得名。它北起洱源县,南至下关,长 40 千米,东西宽为 7—8 千米,平均水深约 10 米。洱海自古就很出名,西汉时,武帝遣使由蜀通西域,在此受阻,于是在长安御苑上林苑中凿昆明池以训练水军,成为我国古典园林中挖池堆山的著名范例。唐宋时,它与西边的苍山一起,成为当时云南地方政权南诏国、大理国都城附近很繁华的山水风景园林,所遗留至今的古迹名胜比比皆是。就自然条件而言,苍山洱海的自然风景在我国诸多城郊山水风景园林中是独占鳌头的。苍山在大理城西,在洱海与漾濞江之间,属于云岭横断山脉,它北起自洱源,南止于下关天生桥,造化似乎将它天生与洱海相配。山南北横列,为洱海天然屏障,山中共有 19 峰,嵯峨壁立,挺拔峻峭,高度一般均在 3000 米以上,主峰马龙峰,海拔 4000 余米,山顶终年积雪。山上 18 条溪水悬流飞瀑,雷霆轰鸣,自群峰下泻东流,终年不绝。而洱海接纳如许溪流,湖水充沛,清澈碧绿,波光粼粼,与苍山积雪交相辉映。苍山洱海的高原气候变化多端,山中云雾有时如玉带横束山腰,有时又浓如泼墨;湖面有时平静如处子,有时又风大浪急,成为风景园林天象气候景观很重要的素材。自古大理人将中原士大夫文人论虚景的四大要素"风、花、雪、月"同本地山水相结合,品定了"下关风,上关(洱源)花,苍山雪,洱海月"四大景致,其中以雪和月最为引人入胜,使苍洱风景园林享有"银苍玉洱"的美誉。

团山 洱海公园,原为洱海南端、距下关东北 2 千米的一座小岛,后因水位下降,成为与南岸相接的一座小山。此处原为南诏国皇家苑囿的养鹿场。团山是观赏银苍玉洱的最佳观景点,原山上建有楼观,后圮毁。1976 年扩建为园林,山上亭台长廊,按古代传统园林建筑设计,成为人们登山赏景的好去处。公园现占地一千六百余亩,巅峰海拔有 2049 米,从山下循石砌台阶二百七十余级可至最高点的观海楼。楼为黄琉璃瓦重檐歇山顶木构古建筑,外观轩昂雄伟,内部雕梁画栋,颇具皇家气概,两侧复建有亭台小筑,之间用青瓦朱柱长廊相连。整座团山,林木景极好,终年郁郁葱葱,除了内地园林常见的松柏古木,山上更植有当地的特色花木,如名贵山茶、杜鹃、雪莲、紫牡丹、观音柳、鸡山足等奇花异草,颇引游人注意。但最能引得人们心旷神怡的是登楼赏景。这里地处洱海南端,向北眺望,百里湖光山色尽入眼底。正中是烟波浩渺的一片碧水,点点白帆,偶尔,清风送来阵阵渔歌。西岸是终年积雪的苍山十九峰,盘桓起伏,云雾缭绕。山下,大理三塔依稀可见。东岸,鸡山屹立,塔寺半露;岸边村庄,星星点点;田畴似锦,阡陌纵横。最神奇的要数洱海的四季景色变化。春天,碧波荡漾,映入天光云影,色彩诡谲,变幻莫测。入夏,群峰苍茫,把海水染得澄碧如玉,成群水鸟随波蹁跹,犹如星星闪烁。金秋,天高气爽,蓝天白云倒映于平湖之上,缱绻难舍。冬季,皑皑苍山,银装素裹,朔风吹过,海面波起浪涌,一派萧肃景象。

金梭岛 又称"串涝"(白族语海岛之意),如一颗明珠镶嵌在洱海东南的湖面上,与洱海公园遥遥相对,距下关约 7 千米。由于洱海是断层陷落湖,在地理学上属于碳酸盐类湖泊,岸线多沙洲崖壁,因而形成"三岛""四洲""五湖""九曲"等较具个性的地形地貌。古人称之为"天生一派美人态"。金梭岛便是"三岛"中的最大者。岛南北长约 800 米,东西宽约 200 米,中部低而南北高,形似织梭,故名。古代,此处为有名的舍利水城,是南诏王的避暑之地,离宫别院曾辉煌一时,目前仍可挖掘到当时的断砖残瓦。岛上滨水处有村落人家,皆为白族渔民,户户青砖石墙,院内花草葱茏,清秀可爱。有趣的是,家家房前均置立有影壁,富有浓郁的民族气息。

小普陀 又称玉几岛,位于金梭岛以北约 10 千米的洱海水中央,全岛由一块巨大的石灰岩石构成,石高出水面约 4 米,四周均为岩壁,壁带有一定坡度,顶部平坦,形似一玉几,故名。全岛甚小,总面积不足 70 平方米,上建有观音阁。因小岛位于洱池东部,附会东海佛国普陀山,故乡人皆称小普陀。观音阁为一座小巧的传统楼阁式殿宇,平面方形,直接立基于小岛岩石顶部,四周有石栏杆相护围,小阁两层,重檐歇山式,顶木构架明显升起,屋角起翘较大,歇山山花装饰较富丽,垂脊、博脊均饰有走兽泥人,尚留有元明大理国的艺术风采。楼虽规模小,总高仅 7 米,但在水茫茫空阔无边的洱海中,却是鲜碧夺目,特别是在细雨濛濛或朝雾暮霭中看去,岛影隐约,小普陀宛若天仙琼阁,景趣意浓,目前已成为洱海旅游线上重要景点。

天生桥 位于大理市(下关)西,横跨于洱海唯一出水口西洱河上,桥高出河面8.4米,长为5.5米,但宽仅1米许,此桥是自然造化天生的杰作,系苍山最南端的悬岩与对岸哀牢山的石脉自然相连而形成的,故名,在地理学上也较有价值,相传此桥为三国诸葛孔明南征时七擒孟获之处,故当地又称其为天威径。桥自古便是西洱河两岸各族人民进行经济、文化交流的通道,又是人们欣赏峡谷急水的好地方。由于洱海水量充沛,从此峡泄泻而南去,岸陡谷窄,水流湍急,飞珠溅玉,宛若梅花怒放,终年不绝,遂有"天生桥下不谢梅"之喻,成为洱海一景。

大理三塔 位于大理西北苍山应乐峰下。地处古崇圣寺旧址,故又名崇圣寺三塔。三塔呈"品"字形,鼎立于苍山之麓、洱海之滨,气势非凡,是银苍玉洱风景园林中极重要的人文景致,其作用堪与雷峰塔、保俶塔之于西湖美景相媲美。三塔是南诏、大理时期一组庞大佛教建筑群后仅剩的硕果。居中的大塔是主塔,建于南诏国丰祐时期,相当于中原唐朝开成元年(836),历时40年才完工。两座辅塔的建成年代稍晚,约为五代时期大理国的建筑。主塔又名千寻塔,为密檐式砖塔,方形十六层,每层正面中央开有券龛,内置白色大理石佛像一座,总高69.13米,外形挺秀,曲线柔和,与唐构西安小雁塔有几分相似。南北两座辅塔的外形及构造基本相同,各高40米,八角十层,塔身上塑砌莲花、斗拱平座,还有形式繁多的佛龛团莲和倚柱等,外观轻盈华丽,与不施雕饰的主塔形成对比。三塔同在一个宽阔的广场上,略成三角形鼎足而立之势,彼此相距近70米,当年崇圣寺的中轴线正对千寻塔,气势极为庄严。今日若从下关乘舟泛游洱海,当北去蝴蝶泉时,能见到三塔的倩影倒映于水中,波光一动,水中三塔也轻轻抖动,此时,方能真正体会到明代地理学家徐霞客当年游大理所记的"万古云霄三塔影,诸天风雨一钟楼"的风景意境。

蝴蝶泉 位于大理城北约20千米处的苍山云弄峰下、神摩山麓的绿树丛中。泉池深4米,清澈见底,长、宽各2丈余,围以大理石栏杆,边有古老合欢树一棵,横卧泉池而过,枝杆矫健。相传此泉原名为无底潭,潭边有一对情人因反抗封建王公霸占女子雯姑,最后双双跳入潭中殉情,而化作一对彩蝶,自此始有蝴蝶泉之名。此泉是当地人民向往纯真爱情的寄托,因而十分出名,明徐霞客在其游记中亦有记载,《南诏野史》中也有记述。此泉最奇异的景象发生在春末夏初,每当古树开花,蝴蝶状的花朵挂满棱头,其时有五色斑斓、形态各异的二十多种蝴蝶,从四周山林中汇集于此,有的在泉上翩翩起舞,有的依次连须钩足,从树头倒垂至泉面,像条条绚烂的彩带。此即很罕见的"蝴蝶会",为苍山洱海特有的动植物景观,吸引了众多国内外旅游者。泉周已辟为园林,由郭沫若题额。复建有蝴蝶楼、望海亭、六角亭、月牙池及蝴蝶标本馆等亭台楼馆。

黑龙潭 位于云南省丽江市古城北,象山脚下。此地泉水喷涌,积水为潭,占地30亩,海拔2500米。远处有海拔5596米高的玉龙雪山,属于山野园林类。清乾隆二年(1737)在黑龙潭边建龙王庙,乾隆手书的"玉泉龙神"为黑龙潭的封号,故又称"玉泉"。沿丽江城新大街北行1千米,就可以见到一座高大的金壁彩绘的牌楼,这便是黑龙潭的大门。

整个园林以潭为中心,主要景点散布在潭的四周。飘拂的垂柳与深黛色的潭水自然结合,每当日丽天清时,清澈的潭水倒映出远处玉龙雪山的雪宝顶。呈现出"雪山四万八千丈,银屏一角深插底"的壮丽奇景,使人耳目为之一新,无论从何角度观看,均甚动人,极富特色。潭畔古木蔽空,山脚旁的小径蜿蜒曲折,令人尘氛洁清、清幽爽快的感受。潭中建有得月楼与穿潭而过的锁翠桥。潭畔地势较宽处建有龙王庙。其主体建筑为神龙祠,现为丽江图书馆,这是一组古式建筑,一进两院的中式房屋,依山面水、雕梁画栋、金壁五彩。拾级而上,庭内花卉鲜茂,尤以茶花为盛。馆中藏有纳西族文化珍品《东巴经》。

飞檐翘角的得月楼在20世纪60年代初毁于大火,1963年重建,楼高三层,四面临水,郭沫若题写匾额"得月楼"与两副对联。其中一副为:"龙潭倒影十三峰,潜龙在天,飞龙在地;玉水纵横半里许,墨玉为体,苍玉为神。"三十个字就生动形象地概括出黑龙潭独特的神韵。在翠柳如烟的潭畔北处还有著名的五凤楼与百花洲。

黑龙潭与丽江城四周喷涌的泉水相映成趣,特别当冰消雪融之际,更为壮观,形成家家流水、户户垂杨的独特风貌。宁静的黑龙潭与雄伟的玉龙雪山,互为衬托,相得益彰。

每年三月底为祭神龙会,届时潭中搭台唱戏,笙歌喧阗,歌舞狂欢,有山货、骡马交流会,一时人山人海、生意兴隆,十分热闹,给黑龙潭增添了浓烈的地方特色,魅力无穷。它是滇西北高原上的一颗明珠。

五凤楼 位于黑龙潭北面。原址在云南省丽江西北约10公里处、白沙古镇后的芝山上。旧名为法云阁,始建于明代万历二十九年(1601),是明代土司木氏别墅"解脱林"中的主体建筑。清同治甲子年(1864)正月被毁,光绪壬午年(1882)重建,是清仿明制重建的。1977年由政府拨款将其人工拆卸、搬迁复原于黑龙潭畔北侧。经过精心彩绘油漆,焕然一新,成为黑龙潭景区中颇有魅力的古典人文景观,为景区增色不少。进入山门,沿石阶而上,有平台丹墀,上植花木,以山茶花居多;前有大理石栏杆,依栏仰视,五凤楼巍然屹立。楼为三层木构架建筑,飞檐高挑,高约 6 丈,建于石阶之上的楼,显得气宇轩昂。楼基正方,共有 32 根柱子,飞檐八角,三叠共二十四角,交错映衬。从四面观看,都像五只展翅欲飞的凤凰,凝重而潇洒,五凤楼因此而得名。像这样神韵飞扬的建筑风格,在西南边陲是不多见的。它是纳西族与汉藏文化交流的结晶。象山脚下,黑龙潭畔有了这座五凤楼,增添了整个景区的游览魅力,并把自然景观与人文景观有机地联系起来,具有很高的观赏价值。在绿水垂扬的掩映下,五凤楼显得更加绚丽多姿、魅力独特了。

黔灵公园 黔灵山位于贵阳市西北角,距市中心约 2 千米。黔灵山由象王岭、檀山、白象岭、杖钵峰、狮子岩、大罗岭等群山和黔灵湖组成,面积 300 多万平方米,近代辟为公园。山上古树参天,林荫蔽日;气候温和,资源丰富。据专家考证,黔灵山上有 1500 多种高等植物,1000 多种名贵药材,50 多种鸟类和成群的猕猴。清康熙十一年(1672),赤松和尚流连于黔灵山的风光山色,有感而发,即兴题写七言绝句一首:"翠嶂清溪跨白牛,乐眠水草已忘忧。横吹铁笛无腔调,水月松风一韵收。"赤松,名道领,清潼川杨氏子,为临济宗三十三世。相传赤松为了验证这块福地,曾把一棵松树倒栽在山上,奇怪的是这颗松树竟奇迹般地活了,于是他就在倒栽松树处创建了弘福寺,并把此山命名为"黔灵山",以表该处为贵州人杰地灵之所。

一进大门,前边有一汪小小的荷池,每逢夏季,荷花点点,荷叶婆娑,引来游人无数。

再往前走,有两条可供游览的路线:一条沿檀山涧去麒麟洞,再从狮子岩过北峰,往动物园,折回丫口处下杖钵峰山坳到黔灵湖;另一条从象王岭山脚沿九曲径上弘福寺,再从弘福寺往北到黔灵湖。

"九曲径"是一条蜿蜒而上的石级小道,有 380 多级石阶,俗称二十四道拐。小径上下,都是陡峭的石山。石山上,古树林立,松涛阵阵,百鸟啁啾,有人闲游至此,触景生情,写下了这样的诗句:"盘桓'九曲'上黔灵,忽觉黄莺深树鸣。仰首凝眸寻不见,莺歌变作林涛声。"沿九曲径拾级而上,或数步一折,或数十步一折,曲曲弯弯,峰回路转。上得九曲径,回首眺望,但见远山峰峦叠嶂,绿丛点点,微风吹过,顿觉心旷神怡。

九曲径沿途古迹甚多,有明代地理学家徐霞客所记的"古佛洞",有清人黄宗源的题壁"第一山",有清人赵德昌所书"虎"字草体石刻,据说是赵的幕僚孙竹雅代书。还有吕洞宾像石碑、洗钵池等。最有意思的是"佛"字石刻旁的吹螺壁,一些奇妙的小洞遍布在石壁上,大可容指,吹之其声鸣鸣,虽不悦耳,却也动听。传说吹响小洞,能使人长寿。

穿过山丫口,再拐一道弯,前边是一块"凹"地,系第四纪冰川期遗迹,弘福寺就坐落其间。

弘福寺坐西朝东,其布局犹如一个巨大的"甲"字。寺院分南、中、北三轴,又各分前、中、后三进。高大的牌坊式寺门立于"甲"字下端。上面镌刻着"黔南第一山"五个鎏金大字。在中轴主建筑的左侧有曲尺亭、月池、画廊等建筑物。整个建筑群构图布局严谨,建筑工艺精巧。

走出弘福寺,登上海拔1300米的象王岭瞰筑亭、望城台,贵阳全城便尽收眼底。离开弘福寺,穿过青枫林,循着林间小径下到山脚,便到了黔灵湖。

黔灵湖水面300余亩,蓄水达100万立方米,过去是贵阳的饮用水源,现在成了人们垂钓、游泳、划船的好去处,站在湖边波光榭,但见水面波光粼粼,帆船点点,湖光山色,宛如画中。加上对岸松林冈上清影亭的点缀,真是"一镜烟鬟来眼底,湖波分绿上云山"。

从黔灵湖折回沿盘山公路往东走,穿过杖钵峰山坳,经过动物园再往东拾级而下,便是麒麟洞。此洞为岩溶溶洞,洞内有一钟乳巨石,形似麒麟,故称"麒麟洞"。洞口崖壁陡峭,杂树丛生,洞前有繁茂的紫薇和三百多年树龄的石榴树,邻近又有深潭、山涧,明诗人越英题诗赞曰:"风日晴和漾碧川,水光山色两相连。人间寻胜惟斯地,洞里乾坤别有天。"

甲秀楼 位于贵阳南明河侧畔,首建于明万历二十五年(1597)。天启元年(1621)焚毁,后总督朱燮元重建,更名为"来凤阁",复毁。清康熙二十八年(1689),巡抚田雯重建,恢复旧名。以后曾多次增修。宣统元年(1909)焚毁,巡抚庞鸿书重建。到1981年贵阳市政府拨款维修为止,甲秀楼共进行过六次大规模修葺。目前的甲秀楼,除了楼基与浮玉桥外,已非旧观,但其基本造型和建筑格式,仍为原样。

甲秀楼高约二十余米,有楼阁三层,底层有12根石柱托檐,四周护有白色镂空石栏。整座楼画甍飞檐,翘然挺立,烟窗水屿,如在画中,甲秀之名,盖取"秀甲黔南"和"科甲挺秀"之意。登楼远眺,四周景致,历历在目。透过层层叠叠的楼房,左边的栖霞岭上,林木葱郁,苍翠直入眼底;右边的黔灵山巅,烟笼雾罩,青黛横亘天际。为此,清人刘玉藻曾写下这样诗句:"霜花寥落不胜秋,雨后亭台事事幽。何日登楼穷远目,满城春色已全收。"

甲秀楼为贵阳主要名胜,素有"小西湖"之称,历代文人墨客往来于此,触景生情,题咏者不下百计,其中尤以清人刘玉山所撰长联最为著名,上联为:"五百年稳占鳌矶,独撑天宇。让我一层更上,眼界开拓。看东枕衡湘,西襟滇诏,南屏粤峤,北带巴夔,迢递关河。喜雄跨两游,支持岩疆半壁。恰好于矢碉骠,乌蒙箐扫,艰难缔造,装点成锦绣湖山。漫云筑国偏荒,莫与神州争胜概。"下联为:"数千仞高临牛渚,永镇边隅。问谁双柱重镌,颓波挽住。想秦通僰道,汉置牂牁,唐靖矩州,宋封罗甸,凄迷风雨。叹名流几辈,留得旧迹千秋。对此象岭霞生,螺峰云拥,缓步登临,领略些画阁烟景。恍觉蓬瀛咫尺,招邀仙侣话游踪。"此联气势磅礴,属对得当,叙事生动而又持之有故,堪与昆明大观楼孙髯翁的长联媲美。

甲秀楼前浮玉桥,原名"南堤"。为明万历二十五年(1597)贵州巡抚江东之所建,桥为九拱,近年拓为马路,埋了两拱,桥头有座小亭子叫"涵碧亭"。蜿蜒的南明河水顺流而下,浮玉桥下汇成深潭,水势回环往复,这就是明代著名的地理学家徐霞客在他的《徐霞客游记》里所说的"至此渊而不流"的涵碧潭了。从桥上扔下纸片,顺流急下,不一会儿又回旋到桥前。可惜因桥埋了两拱,"渊而不流"的现象已经不复存在。

如今,甲秀楼以它秀美的英姿,雄踞于南明河上,成了贵阳的标志。

梵净山 一名月镜山,位于贵州东北的印江、松桃、江口三县交界处,面积567平方千米,海拔2572米,是武陵山脉的主峰。据史书记载,风清月白之夜,山中的人可以在岩石上看见自己清晰的影像,故得名"月镜山"。又据梵净山金顶左侧古茶陵遗址保存的《茶殿碑》记载:"时在明季万历年间,李皇后修行于此,肉身成圣,白日飞升。因之创修庙宇,满塑佛像,建立四大脚庵,凿开五方道路,敕赐镇山印,号为古茶陵,而梵净山之名传焉。"至清代,又增修庙宇至48座,至今山上仍保留了不少古庙遗址和一些珍贵的碑刻,于中可想见"敬香男妇,时往时来,若城市然"的盛况。所以,《铜仁府志》称其"不独为黔中之胜概,亦宇内壮观也"。

自16世纪以来,梵净山便是驰名全国的佛教圣地,不同于其他佛教名山,梵净金顶有三个。其一是凤凰山顶,海拔2572米,是梵净山的主峰,曾修过庙宇,让信徒朝拜过。其二是老山——老山金顶,海拔2493米,四周是悬崖绝壁。万卷书、蘑菇石、老鹰岩、擎天石、万宝岩、九皇洞、叫化洞都在这一带,历史上也有过旺盛的香火。现在所说的梵净金顶在凤凰金顶与老山金顶之间,海拔2336米。这是一块高94米的擎天巨石。顶部常有彩云缭绕,故又称其为"红云顶"。有一条很深的裂隙将金顶的上部分为两半,名叫金刀峡。传说金顶本是一根完整的石柱,只因释迦佛和弥勒佛都看中了这个地方,相争不下,玉帝公平裁决,用金刀将金顶一劈为二,两佛各据一边,小小的金顶因此有了释迦殿、弥勒殿、天仙桥、晒经石、说法台、藏经洞、拜佛台等众多古迹。

梵净山也是世界上同纬度地区动植物生态保护得最完好的地区,现已被列为国家级自然保护区。从黑湾河进山,只见满目葱郁,溪水清澈,到了万步云梯便可欣赏到梵净山植被的垂直分布。从海拔不到400米的江口到海拔2572米的凤凰金顶,5千米的万步云梯,高度上升了1700多米。在这个垂直高度上,有四个气候垂直带谱、五个土壤垂直带谱和五个植被垂直带谱。梵净山的406种主要森林树种和500多种药用植物中,属于国家重点保护的珍稀植物有25种以上。

从山麓到鱼坳,海拔在500米到1300米之间,这是第一个垂直带,即常绿阔叶林带。在这个层次上生长的树木有青冈栎、黔稠、樟树、楠木等。

从鱼坳至天门土地,海拔从1300米升到1800米,开始出现落叶树种水青冈,这一段为第二个垂直带——常绿、落叶阔叶混交林带。

从海拔1800米到2100米之间,也就是我们所走过的长坡、回香坪一带,为第三个垂直带,树种特点是以多种水青冈为主,还有槭、樱、花楸等,是落叶阔叶林带。

海拔2100米以上,万步云梯穿进了云层,到2350米,便进入了亚高山针叶林带。这是梵净山的第四个垂直林带,以苍劲挺拔的铁杉、冷杉为主,而且这些处于云线上的树木为了保暖、保水,寄生了苔藓植物。

再往上到了梵净山的主峰——海拔2572米的凤凰山顶,这是第五个垂直带,即灌丛草甸带,主要植物是杜鹃和箭竹,一丛丛、一片片、一直蔓延到了金顶的石阶上。

在梵净山所有的植物中最珍贵的是珙桐,又名"中国鸽子树"。珙桐是一种起源古老的树种,是第三纪古热带植物区系的孑遗种。每当春天来临,那鲜绿的珙桐树枝头上,珙桐花的白色苞片异常耀眼,清风徐来,白色苞片在枝头上翩然飘舞,犹如只只白鸽在枝头跳跃。据考察,梵净山珙桐分布海拔线在1000米至1800米之间,集中分布区在海拔1300米到1400米,唯一一株生长在海拔800米处,仍能正常开花结果。

梵净山还是野生动物的乐园。据察,仅兽类、鸟类、两栖类和爬行类动物就有

304种。其中列入国家一、二、三类保护的珍贵、稀有动物就达17种,最为珍贵的当数华南虎和黔金丝猴。

具黄山之奇、秉峨眉之秀而又别有神异的梵净山,不仅是我国的佛教圣地,更以其深蕴厚藏和灵奇怪谲,引起了人们广泛的注意。

品园杂识

一、园林沿革

我国造园活动有着极为悠久的历史：可以说，从有文字开始，园林艺术一直是上古典籍所记载的一个重要内容。然而，园林是由花木泉石及亭台小筑组成的，它是立体的、自然的艺术，不能像书、画、篆刻等艺术品一样被妥善珍藏起来，而比起坚固、宏伟的正统建筑，园林的耐久性亦差得多。清代著名诗人兼造园家袁枚曾对此深有感慨，说他死后，子孙若能将自己精心构筑的随园完好保留30年，便已是十分不易的了。事实也是如此，历史上显赫一时的著名园林，现在均已化作过眼烟云，留下的唯有与之有关的园记及文人雅游时作的诗文吟对。这一部分，亦成为我国园林艺术不可缺少的部分，它组成了我国园林辉煌灿烂的过去。要系统、完整地了解中国园林艺术，必须掌握基本的园林史方面的知识。它主要包括各历史时期园林发展的概况及其艺术特点、各朝代的著名园林介绍和赏析等。

园林起源　　一般认为，园林的出现要比建筑艺术晚。英国哲学家培根说："文明人是先建美宅，营园较迟，可见造园艺术比建筑更高一等。"建筑艺术的诞生走过了从实用到审美的漫长道路，那么园林是否也是从实用起步的呢？这一问题目前还有些争论。汉代学者对文字的解释将"苑""囿"及"园""圃"截然分开："苑，所以养禽兽囿也。""古谓之囿，汉谓之苑。"将帝王田猎的花园作为我国古代园林的正宗源头，而将一般种果种树的绿化及种菜的地方称为"园""圃"，将园林活动中很重要的一部分内容划入了农业生产的范畴，这一论说对后代影响甚大，几乎所有关于园林艺术史的典籍均将先秦苑囿作为中国园林艺术的源头。然而，艺术起源的涓涓细流常常不是单一的。从20世纪60年代始，受现代美学关于艺术起源学说的启发，人们对中国园林起源有了新的思考，认为园林艺术除了起源于游戏，如古代统治者的狩猎活动之外，一般的生产劳动，即先民聚居地村落的植树绿化以及对鬼神的祭祀活动（上古的某种精神崇拜及庆典活动）也都是园林艺术的源头。

村野绿化　　在所有艺术中，园林和人类"文化"的诞生联系最紧密。"文化"的本义是耕作，文化一词在英语中是 culture，在德语中是 die kultur，都含有耕作的意思，可见人类学会耕作是具有伟大历史意义的事件。而园林的起源，也可追溯到原始先民学会农耕、建立村落、定居下来之时。正像建筑艺术从遮避风雨的棚屋开始,陶瓷艺术由原始人的泥胚盛器发展而来一样,园林作为带有某种实用性的艺术,与人类以自己的双手改造环境,使之更有利于生产生活有直接联系。这种以改造环境为目的的园林活动便是在原始村落的宅旁屋后以及公共活动地上的植树绿化。

先民们之所以要在村落宅旁绿化植树,主要是因为定居农耕以后的生产和生活活动局部地破坏了环境。首先是农耕需要大量的土地,原始刀耕火种的生产方式效率极低下,一块地耕种数年便失去了价值,如此年复一年,在人民聚居地周围,森林破坏很大。其次,建造房屋村落或冬日取暖等也花费大量木材,特别是滨湖近水低地的聚居村落,所毁坏的森林更多。像浙江余姚的河姆渡发掘的原始民居,均是用大木在低洼地上搭成基座,然后再在上面建木屋;西安沪水边上的半坡村、新石器时代村落,房屋结构也是以木材搭建的。可见在文明初创时期,人们对环境的破坏力也是不小的。这样下去,用不了很久,原始村落附近的生态条件就会变得较为恶劣,人们的住宅棚屋一般都缺乏林木的掩遮。然而,原始手工业的发展标志如制陶、纺织、磨制工具等活动多在户外进行,加上部落集会巫祝游戏等活动,均需要一个冬春防风沙、夏秋避烈日的户外活动环境。这就促使原始先民们应用自己已经获得的农业知识,在村落的公共活动地以及宅旁屋后植树绿化,进行园林活动。早期园林活动的另一种形式是先民们在自己住宅附近开辟种植瓜果菜蔬的小块园地。瓜果等是人们生活之必需,对它们的培育种植也是农耕活动的一部分,它们更是直接同生产联系了起来。这两种园林活动的综合和发展,就是园林艺术的早期形式——宅旁村边的园圃绿地。

人类最初的园林是极其简单朴素的,它是从实用功利出发的,还谈不上环境美化和审美欣赏。然而,人总是要按照美的规律来改造世界。随着社会的发展,园林中的审美因素一点点增加,并逐渐积累下来,慢慢地向着艺术的、审美的方向发展。这在我国早期的诗歌文学中,表露得甚为清楚。

《诗经》是我国第一部诗歌总集,里边所收的大多是商周之际中原各地的民间诗歌,其中有不少描写当时农村朴素的园林绿地风貌。如《陈风·东门之枌》写道:"东门之枌,宛丘之栩。子仲之子,婆娑其下。"歌唱的是枝叶茂盛的白榆树和绿叶成荫的柞木,人们在树下纳凉,少女在树下起舞。《陈风·泽陂》描绘得更加美丽:在那湖泽堤岸的边旁,蒲草和荷花那么芬芳。有一位容貌美丽的姑娘,身体健康而且姿态端庄("彼泽之陂,有蒲菡萏;有美一人,硕大且俨")。《鄘风·定之方中》中,写到了"树之榛栗,椅桐梓漆"等多种植物,显然,花草树木的种植,在那时已开始了。上古村宅园林绿地没有留下较为完整的资料,比较分散,并没有表现出很严密的艺术形式,但其朴素自然又结合一定生产的构思方式常常被苑囿或其园林所借鉴。特别是两晋南北朝时涌现出来的大量文人私家园林,在许多方面应该说是受到了村居园林绿地自然清新、朴实无华风格的影响。

畋猎苑囿　　园林起源的另一个源头是带有游戏性质的畋猎。畋猎与原始先民们为了生存下去而进行的狩猎搏斗不同,它是在阶级产生以后奴隶主为了娱乐而进行的骑射打猎。打猎,在从前曾是必须的,如今则成了一件奢侈的事情了。由于农耕的迅速发展,狩猎已不是人类生存的必要手段,然而人们对于已成为过去的生活方式往往有一种怀恋的情绪,并常常通过游戏或艺术的手段去再现它们,从而得到心理上的满足。随着社会的发展和阶级的产生,拥有大量奴隶劳动的统治者就有条件去再现已成为"奢侈事情"的畋猎生活。他们凭借着自己的权力在自然山水环境中划出一定的区域作为游戏打猎之地,于是就产生了最早的苑囿,成为我国古典园林很重要的类型。

根据甲骨卜辞的研究,商代帝王打猎的兴趣非常浓烈,现存甲骨碎片中有多块出现"囿""田猎"等与园林有关的文字,所记述事情亦有不少与打猎有关。如《殷契粹编》第959片中所卜的都是追逐麋鹿的事情,甚至天天占卜,连跨两月。打猎一次竟要两个月时间,其范围之广由此可见。司马迁《史记》中写商纣王是"材力过人,手格猛兽",以狩猎之勇作为其主要特征。在说纣的奢侈时,也强调了他苑囿范围之大:北到邯郸沙丘,西及河渭。又说其中苑台并称,多离宫别馆(见《史记·殷本纪》)。

周朝统治者在灭商的战争中看到了人民的力量,以商纣"不闻小人之劳,惟耽乐之从"而导致灭国的教训为鉴,"不敢盘于游田",即进行大规模的打猎(《周书·伊训》),但周文王还是有方圆七十里的囿,其中鸟兽鱼虫甚为丰富:"经始灵台,经之营之。""王在灵囿,麀鹿攸伏。""麀鹿濯濯,白鸟翯翯。王在灵沼,于牣鱼跃。"(《诗·大雅·灵台》)根据毛诗著说,周代的囿主要还是"养禽兽也,天子百里,诸侯四十里",虽然规模要比商代小得多,但性质未变,仍然是以畋猎游戏为主要内容的地域范围,纯任自然林木花草生长和鸟兽滋生繁殖。其景色自然朴素,内容简单粗犷,距离后代以山水风景为主的苑囿还很远。

尽管以游戏为主要内容的早期苑囿简单自然,但从人类审美经验的发展来看,它却包含着无限的生机,这里的林木草地、野兽飞鸟等不是作为谋生手段而存在的,而是作为一种财富而被占有,畋猎者从中可以获得一种心理上的满足,并由此产生一定的审美情感活动。正如一位艺术史家所说:"昨天曾经是非常困难的谋生手段和推进文明发展的艰苦经历,如今竟成了自由享受的广阔天地,这怎能不令人心旷神怡! 在这里,显示了人类掌握自然、改造自然、征服自然的力量,而这被掌握、改造和征服了的自然界,也就变成了审美的对象;越是过去给人类造成艰难困苦、危险和威胁的对象,一旦被人们所征服,它的美感也就越强烈。所以在许多不朽的艺术作品中,这种对于人类自身童年生活的回味,往往是美的永恒魅力的源泉。人工苑囿的出现,就是这种魅力的一种反响,因此可以说在苑囿中已经有了美的因素。"

祭祀游娱　对于上古时代的人来说,祭祀乃是日常生活中的重要活动。欢庆收获、祈祷丰年、部族首领的变化以及其他重大事宜都需要祭祀,而这些祭祀往往又与他们的生产方式有关,农业部族往往在田间地头进行,献上自己生产的农作物;游牧部族则常在猎场牧场举行,献上渔猎所获的珍禽异兽。类似的习俗甚至到今天在许多地方仍有保存,当然他们的心理状态可能与上古时代的人有所区别。正是由于祭祀活动的介入,一些特定的生产场所渗入了某种精神崇拜的意味,以后在这种意味中又加入了群众性欢娱庆贺的成分。

　　在中国上古时代,殷人对祖先、对鬼神的祀奉极为虔诚,几乎事无巨细,皆要禀明。但周人的习俗却与之有很大的差异,通常在庄严肃穆的祭典之后还有一番隆重的宴乐仪式,使之充满了欢娱的气氛。由于殷周之际对待鬼神态度的转变,促使祭祀的性质发生了变化,渐渐地变娱悦神灵为娱悦自身,原先的祝辞、舞乐向着文学、戏曲的方向演变,原来的祭祀场所也逐步转变成了游娱场所,园林的游赏功能也由此初步形成。由祭祀而娱乐,在其生成过程中,常常与前面所述的两种园林形式结合在一起。首先,帝王苑囿的内涵由于祭祀精神因素的加入而变得更为丰富,由单纯的打猎娱乐向着综合的"望氛祲、时游观",即向初期风景审美的方向发展。早在周初,天子在苑囿中田猎开始以"礼"的形式予以规定,其目的是为了"祭祀,待宾客,充君庖厨"。除了最后一项尚带有实用功利色彩之外,基本肯定了它的精神作用。《周礼》虽规定祭祀仪式要"不奢不约,以合礼中",但又说"无事不田,则曰不敬",可见当时对于田猎,已经很强调其精神作用了。此外,为了祭祀,先秦苑囿中大都置立了高台、建筑,包括台、楼、观、馆等,开始其主要作用是通神明、望氛祲、查符瑞及候灾变,但渐渐地,高台的登高观赏和风景的游赏功能被强调出来,而且其本身又成为苑囿风景中很重要的景致,成为先秦苑囿的最大特征。到春秋战国之际,礼崩乐坏,世俗的享受逸乐更为普遍,不仅昔日允许天子举行的祭典被诸侯僭用,而且以往娱神的仪式在民间也常演变成自身的娱乐。这时,各国诸侯台观壮丽,大兴苑囿之风;而在民间,高堂广厦亦有建树,并常常有民众在此进行祭祀庆典活动,形成祭祀活动与民居绿化园林结合的一种新形式。

民间祭祀活动在南方楚地比较盛行,著名大诗人屈原所作《楚辞·九歌》中对此有较多的描写。《九歌》是楚人祭神时唱的歌,与《诗经》一样,里边也有不少诗句写到了风景,既有花草林木的美,也有溪流滩石的美。例如《少司命》一开始唱道:"秋天的兰草和芬香的蘪芜啊,茂密地在堂前满布着。绿油油的叶子,白色的花朵,沁心的幽香阵阵地靠近了我。(秋兰兮麋芜,罗生兮堂下;绿叶兮素华,芳菲菲兮袭予)"歌咏的是建筑(堂)前栽植的芳香植物美。又如在《湘君》中,还吟唱了人们泛舟水上的游乐情景:"我划着桂桨和兰楫,敲打着河上的冰雪……看哪!石滩的水是那么飞溅,水中的飞龙是那么蜿蜒。(桂棹兮兰枻,斲水兮积雪……石濑兮浅浅,飞龙兮翩翩)"少司命和湘君都是楚人的神灵,由此可知,当时民间风俗的祭神活动大都与园林游赏活动结合在一起。特别是南方,有山有水,风景秀丽,所以人们游玩赏景的兴趣也高,可以说是具备了一定的对自然风景美的审美能力,而且人们已掌握了一定的花木培植经验,并以此来美化自己的堂前屋后。而这里所说的堂,每每是为宗族、村寨,甚至部落所共有的专为祭祀仪式所营建的建筑,与其周围的园林环境在一起,是人们集合游娱的理想地点,亦渐渐成为我国古代公共游娱园林的雏形。

园林史观 园林作为一种人为的存在,它的形成及演变的每一轨迹都与人有着密不可分的联系。也就是说,人们对自然万物的理解、对山水花木的欣赏以及对园居生活的追求始终支配着造园活动,并促使其不断发展,进而形成时代的特色,甚至民族的特色。中外园林史的区别从根本上说就是各自的人民用花木、泉石、建筑等要素来表达上述三个观念的差异。

中华民族因其繁衍生息的土地上特定的自然环境与气候条件,形成了他们的生产方式,也培育了独特的民族性格,不仅从中产生了与其他民族不同的社会形态和思维模式,而且也影响着中华民族的文化传统。在中国人传统的观念中,天地万物并不仅仅与自身的生存有关,同样也联系着社会的兴衰和个人的荣辱。由此推衍就出现了所谓"仁者乐山,知者乐水""善鸟香草以配忠贞,恶禽臭物以比谗佞"等审美情趣,以及对"松竹梅寒岁三友""梅兰竹菊四君子"等的偏爱和评品标准。继而又造成了对园居生活的普遍追求。从中国数千年的古代社会中可以看到,帝王权贵常凭借所据的人力、物力及财力以营建广袤而豪奢之园,巨儒文士则往往运用巧思构筑雅致而精美之园。至于那些生活拮据的贫寒之士,实无造园之力,有时亦要"省口体之奉,以娱耳目",甚至以笔墨纸张替代花木泉石,用无形的纸上园林来圆园居之梦。

就中国传统文化整体而言,园林是其中的一个组成部分,与文学、绘画、戏曲以至居处、饮馔、酒茶以及服饰车舆等各种文化现象一起受着民族性格、思维模式、社会形态的影响和制约,因而彼此间产生了疏密不同的联系,形成了相近似的共性,诸如自然、凝练、空灵、飘逸、含蓄等的表达方式并不局限于文学或绘画、戏曲,它们同样也是包括造园艺术在内的一切艺术的普遍规范。园林创作讲究诗情画意、师法自然,而其他艺术也有同样的要求,这就使之彼此交织,相互重合。然而以园林本身来看,它有着自身的独立性和完整性。园林并不从属或依附于其他艺术形式,其发展和演化既不与文学、绘画或戏曲同步,也不与之呈因果联系,诸种艺术形式彼此间只是一种并存关系,所以园林的发展遵循着自己的规律,有着生成、转折、全盛、成熟等各个发展阶段,只能按园林本身的特征予以分期。

从具体的某一园林看,自产生至衰亡的过程并不太长,在其存在的时期内往往今日筑一小亭,明日栽数丛花;时而增葺,时而改建,园林宛若一个有生命的物体,不断地生长和变化。而且是园的兴衰又与主人的荣辱有关,一旦得势即有大兴土木之举;但一朝失势,园林马上也会遭到没官、拆卖或者荒芜的厄运。但从整个社会的造园趋势看,常表现出与社会的变动有着直接的联系。如某一朝代更迭之后,其初期需要恢复经济以及吸取前朝灭亡的教训,故在造园活动方面表现得谨慎和有节制。但随着经济的发展以及其他社会因素的影响,到这一朝代的中期以后,造园活动开始兴盛。直至此朝的衰亡,那些园林又常为战乱所破坏。因而中国园林的发展常与社会的兴亡及个人的荣辱有关而作相应的周期性变化,造园历史往往与政治上朝代的更迭和社会的发展基本保持同步。

尽管如今已经无法见到清代以前完整的园林实物,但从遗留至今的前人记载及诗文题咏之中,不仅仍可了解当时园林发展的概貌,而且同样也能约略地领略那些园林的意境,从中获得美的享受。

先秦之囿　按照中国传统的古史观,自盘古开天辟地之后就有了谱系完整的中国历史，而中国所有的文化现象大多能在三皇五帝时代找出渊源联系。但据近代史学界的考证，所谓三代以前的事迹只是一些神话及传说，因此尽管诸如《山海经》之类的古籍中记述了黄帝、西王母的园囿，但真正有文字记载的中国历史起始于殷商。

商族先世本是游牧部族，一向无定居生活，成汤以前曾有八次大规模的迁徙，成汤至盘庚又迁都五次。商族畜牧业极为发达，从已经发现的记载当时史实的殷商甲骨卜辞中我们大致可以了解到商代的社会状况，并且也看到了与园林有关的文字，如"囿""田猎"等。关于商囿描述较为详细的则是在近千年之后，司马迁的《史记·殷本纪》载："（纣）好酒淫乐，……厚赋税以实鹿台之钱，而盈巨桥之粟，益收狗马奇物，充仞宫室，益广沙丘苑台，多取野兽蜚鸟置其中。"刘向《新序·刺奢》说："纣为鹿台，七年而成，其大三里，高千尺，临望云雨。"汉人所谓"苑"就是先秦的"囿"，由于年代相去甚远，已无法从中了解到更为具体的内容了。

进入周代史料渐丰，与园林有关的记载也日益增多。由于周人的祖先是散居在黄河中游地带的农耕民族，长期的农业生产实践使他们积累了丰富的种植业知识，而定居生活又对居住形式具有一定的要求。周代商而起，不仅势力范围得到了急剧的扩大，而且其生产方式、居住形式也影响到了北方的广大地区，从被认为是周初到春秋中期的诗歌总集的《诗经》中可以看到许多关于"园""圃""庭""院"的记载以及被后人用于园林中的花草树木的描述。在已经发掘的岐山地区西周早期建筑遗址中也可发现其院落布置极为严整，不难想象，当时人们对于植物的认识和对居住环境的追求已达到了较高的水平，这为后世大规模造园活动的兴起奠定了基础。

关于周代帝王花园（苑囿）的记载比较丰富，当时统治者每每以高台广囿为国力强大之标志。《诗经·大雅·灵台》是关于园林描述颇详细的一篇，诗中提到了灵囿、灵台、辟雍，多为后代造苑囿所模仿。除了天子的囿外，各地大小诸侯也竞相建花园、筑高台，虽然周代礼乐制度及对宫室囿台的规定仍是人们评价建筑主人地位高下的标准，但等级制度已经不再具有昔日的约束力，诸侯亦以奢丽逸乐、广囿高台来显示其地位和权势。以往作为天子受命象征的高台在此时已普遍为诸侯所据有。当时社会上层的人们已将台、囿与宫室、声乐、饮食相提并论，一概视作一种享受。

春秋战国是一个"礼崩乐坏""天下无道"的时代，囿的设置已经背离了原初的功用，享乐至上的风气使诸侯们对宫室、囿池、台榭的兴筑怀有浓厚的兴趣。这一时期不仅出现了楚之章华、吴之姑苏、晋之铜鞮等著名的宫室台观,还有朗囿、温囿、梁囿等一批囿园,甚至连卿大夫也纷纷营构高台。《左传·定公十二年》说:"(公)入于季氏之宫,登武子之台。"《水经注·泗水》称:"阜上有季氏之宅,宅有武子台,今虽崩夷,犹高数丈。"我国古代统治者的园林兴建至此达到了历史上第一个高潮。

文王灵囿

文王之囿作于晚年。前一年文王攻克了商王的亲信崇侯虎,于是将周都自西岐迁往丰邑(今长安县西),因而营建灵台、灵囿。《诗经·大雅·灵台》云:"经始灵台,经之营之。庶民攻之,不日成之。经始勿亟,庶民子来。王在灵囿,麀鹿攸伏。麀鹿濯濯,白鸟翯翯。王在灵沼,于牣鱼跃。虡业维枞,贲鼓维镛。于论鼓钟,于乐辟雍。于论鼓钟,于乐辟雍。鼍鼓逢逢,矇瞍奏公。"联系《诗经·大雅》诸诗的内容及当时的社会背景,作灵台乃有告天受命之意,故诗中完全反映出一派万物欢悦的气氛。虽然作灵台一年后文王就因病去世,终未完成取得天下的宏愿,但在 11 年之后,其子武王获得了伐纣的胜利,建立了周王朝。

文王灵囿盘游之说起于《孟子》,当时诸侯间大兴台池、畜养鸟兽业已成风,基于这种现状,孟子提出了"古之人君与民偕乐,故能乐也","民欲与之偕亡,虽有台池鸟兽,岂能独乐哉"。于是后世帝王在大开苑囿池之际往往搬出《孟子》所谓"与民同乐"的论点作为依据,故有人批评其为"以侈心待告王","以开人君盘游之乐"。

据《孟子》载,文王灵囿方"七十里",到唐初"辟雍、灵沼,今悉无复处,惟灵台孤立,高二丈,周回一百二十步也"(魏·王泰《括地志》)。经由近 2000 年的风雨侵蚀仍有如此规模,则当年灵台之高大就可想而知了。

秦汉苑园

秦朝的存在仅短短 15 年时间,而秦族的发展却有极为悠久的历史。据史书载,远古时代秦族的祖先与殷有着血缘关系,也是发源于我国东部的一支游牧部族,因不断地迁徙而抵达西陲,在夏、商、周时期一直与中原保持着密切的联系,并以养马名于当时。周孝王时(约前 890)因为周室养马之功而升为附庸,建邑于秦地,开始定居。平王东迁时因有护驾之功而被封为诸侯。

秦人的习俗异于商、周,由于立国前的迁徙游牧造成了多元的原始崇拜,因没有固定的场所和方向,1949 年后这种风俗一直保存。据《史记》载,秦自立国后不断有畤、祠的建设,所谓的"畤"即"埘",指禽兽栖息之地,在畜养禽兽的地方立畤祭祀反映了其游牧部族的传统,这种方法在后来汉代的苑囿中亦被袭用。春秋战国大兴宫苑台观之风对秦国也有影响,据史籍记载,秦最大的苑囿是始皇所建的咸阳宫苑。在统一后的次年(前220),"因北陵营殿,端门四达,以制紫宫,象帝居。渭水贯都,以象天汉。横桥南渡,以法牵牛"。秦始皇三十五年(前212)又"营作朝宫于渭南上林苑中,先作前殿阿房,东西五百步,南北五十丈,上可以坐万人,下可以建五丈旗。周驰为阁道,自殿下直抵南山。表南山之巅为为阙,为复道,自阿房渡渭,属之咸阳,以象天极,阁道绝汉抵营室也"。此外还筑有兴乐宫、梁山宫等。《史记》称"关中计宫三百,关外四百余",其宫殿及花园规模之大是中国历史上绝无仅有的。

汉初,为了吸取秦二世而亡的教训及巩固所取得的政权,除了萧何兴筑长安宫室外数十年并没有更大规模的建设活动。直到景帝时期(前156—前141)渐渐开始增拓苑囿,宫室、台榭的营建也日见增多。主观上虽因匈奴寇边而为备战牧马,营建宫室也由于已有宫室狭小而不够用度,但客观上却为武帝大兴土木开了先河。

武帝时期(前140—前87),汉代的苑囿与宫室营建也步入了辉煌时代。武帝大兴土木,先后营上林,凿昆明,置甘泉,作建章,"土木之役,倍秦越旧,斤斧之声,畚锸之劳,岁月不息"。致使汉畿及京兆内外宫观苑池无数,并修复了许多旧秦原有离宫,形成了我国古代苑囿大、全、多的特点。

两汉期间在帝王宫苑发展的同时,民间私园也已经开始发达,从诸多出土的明器陶屋、画像砖、石及一些古籍文献中,不仅可以了解到当时各阶层的住宅概貌,并且也可看到民间构筑宅旁小园林也相当普遍。

明器陶屋反映的大多是较为小型的单体建筑或简单的院落,从中可以发现当时的住宅大多具有庭院,或许是由于材料或制作技艺上的限制,庭院之中不见具体的布置;但在画像砖、石中刻画的形象则更为复杂,院内往往可以看到树木花草,而且有楼观、廊庑、门阙等形象,可见当时人们对庭院布置已相当重视,庭院的绿化布置已成为第宅修饰的一个重要部分。而且在一些史料中则描述得更为详尽,如《汉书·元后传》所载:"五侯群弟,争为奢侈,……大治第宅,起土山、渐台,洞门高廊阁道,连属弥望。……(成都侯商)后又穿长安城,引内沣水,注第中大陂,以行船,立羽盖,张周帷,楫棹越歌。……曲阳侯第,又见园中土山渐台,似类白虎殿。"《西京杂记》曰:"哀帝为董贤起大第于北阙下,重五殿,洞六门,柱壁皆画云气花荮,山灵水怪。或衣以绨锦,或饰以金玉。……楼阁台榭,转相连注,山池玩好,穷尽雕丽。"此外像梁冀园、袁广汉园等宅院,类似的记载相当丰富,这显示了当时权贵的宅中已不仅仅满足于莳花植木,而且有了山水布置,并不竭余力,炫耀奢华。

从明器陶屋反映的简单建筑到史籍所录的豪奢府邸,不仅展示了汉代的各阶层的住宅形式,同样也揭示了住宅园林的演化过程。由于以院落围合的住宅已经定型,则在财力物力有限的情况下,一般只能建数间小屋容身,一旦条件允许,庭院增多,就有点缀的必要。随着住宅扩大,庭院装点布置就趋向讲究,直至出现建筑上的雕镂修饰,院中陈设山水玩好。当然据史料所载可看出其中的生活及游娱与后世文人园林有着很大的区别,但这种豪奢的庭院布置以及堆山凿池之举无疑对后世中国宅园的发展具有极大的影响。

上林苑 中国历史上最负盛名的苑囿之一,位于汉都长安郊外(今西安附近)。此地旧有秦代苑囿,西汉初,高祖刘邦鉴于"秦二世而亡"的教训以及当时面临的经济凋敝的现状,于汉王二年(前205)冬十一月,将故秦苑囿园池还作民田。武帝即位后为狩猎、游豫,常微服出游,北至池阳,西至黄山,南猎长杨,东游宜春。由于骑射狩猎经常践踏农地,毁坏庄稼,引起了当地民众的怨愤,而且微服出行亦有诸多不便,朝中始有兴筑上林苑之议。当时东方朔认为,此举乃"上乏国家之用,下夺农桑之业","非强国富人也",但因武帝执意建苑而未被采纳。

建元三年(前138)开始营缮,之后又有不断的增筑扩建,使之达到了空前的规模。上林苑范围所属,东起蓝田、宜春、鼎湖、御宿、昆吾,沿终南山而西,至长杨、五柞,北绕黄山,濒渭水而东折,其地广达三百余里。苑中冈峦起伏,嵷巃崔巍,深林巨木崟岩参差,泾、渭、灞、沪、沣、镐、潦、潏八条河流流注苑内,更有灵昆、积草、牛首、荆池、东西陂池等诸多天然和人工开凿的池沼,自然地貌极富变化,恢宏而壮丽。由于苑内山水咸备、林木繁茂,其间孕育了无数各类禽兽鱼鳖,形成了理想的狩猎场所。当年曾有不少文人为之作赋,描绘苑囿胜概,叙述田猎盛况,其中以司马相如的《上林赋》最为著名。

上林苑所属之地,秦代曾建有许多离宫别馆,虽有一部分已经毁于秦末战争,但还有留存到汉代的建筑。武帝建苑后,对旧有景观进行了修复和改造,并有大量新构,因此苑内建筑数量众多,弥山跨谷,相望而不绝。据记载,上林苑中有昭台、犬台、扶荔、葡萄、承华等宫殿,又有上兰、平乐、远望、观象、白鹿、鱼鸟、走马、朗池、当路诸观,号称离宫七十余所。这些宫观殿所一般均非单体建筑,而是由许多屋宇组成的宏伟壮丽的建筑组群,本身就是很美丽的景点,而且从这些宫观的名称也大致可了解其间所具有的特定赏景功能,或为观览山水而设,或为观赏珍禽异兽、奇花异草而置。如建于元鼎六年(前111)的扶荔宫就是专门培植南方植物的地方,当时方破南越,得到了甘蕉、桂、指甲花、龙眼、荔枝等诸种南方花木,于是起宫观植于其中,以荔枝得名,因南北气候、水土均异,种植后多枯萎,自交阯移至的百余株荔枝无一存活,但此后乃连年移植不息,一次竟有一棵抽枝发芽,虽无花果,武帝犹视之若宝,不久却又死了,管理者亦为此而遭诛杀。

上林苑在西汉虽是帝王狩猎游豫之地,但原始的生产功能并未消退,武帝元鼎二年(前115)置水衡都尉之官执掌上林,其职责仍是"牧百兽","掌攻草木及林麓",平日为天子提供日常食用的兽物及各种祭祀所需的祭品,到秋冬则供天子射猎取之。甚至还有茧观、曝室这样的作坊,利用蒯池的蒯草织席,等等。这种功能作为一种传统一直被延袭到后世,如唐代的禁苑、明代的上林苑,只是后世的这些生产性苑囿已与游娱性苑囿分开,成为功用单一的生产基地了。

昆明池 位于汉都长安西郊上林苑中,是由人工开凿而成的。汉元狩四年(前119),武帝开拓西南疆域受阻于当时的昆明国,于是武帝意欲加以征伐。由于昆明国中有方圆150千米的滇池,为此特起大池以习水战,并称其为昆明池。昆明池周回20千米,池中列戈船数十,楼船百余,用以训练水师。另在池畔建起台观数十,供校阅戎舰。后因昆明国已破,而楼船矛戈林立,旗帜飞扬;台观巍然屹立,亦蔚为壮观,于是渐渐成了游观的场所。

后为了游娱需要,在昆明池周围建起了宫室。其中有较为著名的灵波殿,殿柱皆用桂木,据传轻风吹过即有清香飘逸。池畔起豫章观,帝常御观临观。池中则有豫章大船,"可载万人"。还有许多龙首船,皇帝常令宫女泛舟池中,"张凤盖、建华旗,作棹歌,杂以歌吹"。池周以石为驳岸,作金堤,列植杞柳等树,池东还有白杨观等。

由于秦汉间方士的鼓吹,昆明池也被染上了当时流行的神仙思想的神秘色彩,人们将其视作天河的象征,如《西京赋》所谓:"昆明灵沼,黑水玄阯……牵牛立其左,织女居其右。日月于是乎出入,象扶桑与蒙汜。"《三辅黄图》载,当时还见"有石父石婆神祠,在废池,疑此即是也",此外在池中还有豫章台及石鲸,鲸用巨石刻成,长约10米,相传每至雷雨,常鸣吼,鬣尾皆动,汉代常祭石鲸以求雨,往往灵验。《三秦记》载:昆明池通白鹿原,原上有人钓鱼,鱼拉断钓线带钩逃走。武帝夜间梦见鱼求其摘除钓勾,第三天武帝行幸池上,看到衔着钩线的大鱼,就说:"这不就是梦中求救的鱼吗?"于是为鱼摘去勾线,放走大鱼。三日后武帝又去游池,在池边得明珠一对。帝以为这就是所救之鱼给予的回报。

　　昆明池开凿之际曾得黑土,识者以为是劫烧之余灰。按今天的说法可能是出土的文化层,可见这一地区人类活动有着极久远的历史。因此古书上也就有了尧治水时尝停舟于此的传说。

影娥池　汉武帝时筑。皇家园林。据《三辅黄图》载,汉武帝开凿此池以玩月,在池旁修筑望鹄台远眺明月。月亮倒映在池中,汉武帝命宫女乘小舟弄月影,因而将其命名为影娥池,也叫眺蟾宫。

琳池　汉昭帝时筑。皇家园林。据《三辅黄图》载,汉昭帝于元始元年(1),命建琳池,广千步。在琳池南面筑桂台以观览远处景色,引东面的太液池之水入池。池内种植分枝的荷花,一茎有四叶,形状如成对的盖伞。昭帝时常命入国游玩,整日在园中游赏宴饮。又在园中建造了一条华贵的游船,在水中荡漾,经常流连忘返,后又在池中筑商台以供游玩。

建章宫太液池　汉武帝太初元年(前104),长安城内柏梁台遭火焚毁,这时有粤巫勇之进言道:"粤俗,有火灾,复屋,必以大,用胜服之。"由于当时武帝正嫌长安城内宫室狭小,此话正中下怀,于是马上动工,起建章宫。

　　建章宫位于长安城西,与未央宫仅一城墙之隔,且规模超过未央宫。周回15千米,南部为数量众多的殿宇楼台,"度为千门万户",其北是以太液池为主体的园林。两宫之间跨城池作飞阁,构辇道以上下。

　　建章宫以阊阖门为正门,高约82.5米,以象天门,因"橑首薄以璧玉",亦称其为璧门。门左为凤阙,右有神明台。门内对峙别凤阙和井干楼,皆高50丈,"辇道相属焉,连阁皆有罦罳"。门北为圆阙,高约82.5米,《西京赋》称其"圆阙耸以造天,若双碣之相望"。圆阙门内的百步又有礁嶢阙。三阙以内即为宫殿建筑组群。据《汉书》记载,建章宫宫区内共有单体殿宇及宫殿组群26处。有玉堂宫,其内殿12门,阶陛皆以玉为之。骀荡宫,春时景物骀荡,充满宫内。馺娑宫,行马疾驰一日方能游遍,形容极广。天梁宫,言其宫极高,梁木已达天际。枍诣宫,言其美木茂盛。奇华官,内陈四海、夷狄器服珍宝,如火浣布、切玉刀,并饲巨象、天雀、狮子、宫马于其中。还有鼓簧宫、奇宝宫、疏圃殿、鸣銮殿、铜柱殿、函德殿等,据其名大致可推想出功能和用途。建章宫的主殿为建章前殿,甚为高大,可俯视未央宫。殿西为广中殿,内可容纳万人。

　　宫区以北即为苑区,中凿大池周回10万平方米以象北海,因其极广故称为太液,池中起瀛洲、蓬莱、方丈三神山,并刻金石为鱼、龙、奇禽、异兽之属。成帝时常于秋日与赵飞燕在池中游乐。用沙棠木建造游船,以云母饰鹢首,称作云舟。池西利用挖池土方建凉风台,台上置观。池侧亦有台观等建筑,如避风台等。至晋人写《西京杂记》时,池周已长满了雕胡、紫荇、绿节之类的水生植物,其间生活着众多的凫鸥、雁子、紫龟、绿鳖,池边滩地上也能见到成群的鹈鹕、鹔鹕、鸧鸹、鸿鹕等飞禽。然而池中仍有鸣鹤舟、容与舟、清旷舟、采菱舟、越女舟等供人游赏。太液池南还有唐中池,池西还有孤树池。由此可以想象,苑区在其全盛期是一种怎样的景象了。

建章宫太液池的兴建原是受了当时方士神仙思想的影响。原来的柏梁台就是一处祭神的建筑,因而建章宫也被建成一处求仙祭神的场所。太液池一池三岛的布置主要依据秦汉方士所描述的东海之中的仙域,庞大的宫殿建筑组群象征着仙界的琼楼玉宇。宫中神明台则是武帝迎候神仙的地方。高耸的台室内外雕镂绘制着云气、珍禽异兽以及仙灵的图像,陈列着祭器祭物。台室周围环列着十二尊巨大的金铜仙人,舒掌托奉铜盘玉杯。据方士们说,用以承接云表甘露,取之和玉屑而服就能成仙飞升。然而武帝终未如愿,在300年之后连承露仙人亦未幸免遭拆除徙往他处的命运,令其"空将汉月出宫门,忆君清泪如铅水"。

尽管求神问仙的希望总不能成真,但建章宫太液池的前宫后苑布置以及一池三山的园林格局一直被沿用两千余年,甚至影响到日本。这一作用武帝和当时的方士是绝不会想到的。

甘泉苑 是西汉又一处规模巨大的宫苑,距汉都长安150多千米,位于长阳、扶风境内。此地原有秦代离宫——云阳宫,因其建于甘泉山上,故亦名甘泉宫。秦始皇二十七年(前220)曾置甘泉前殿,并筑甬道直达咸阳。秦末战争中此宫幸存,至汉初仍被用作避暑离宫,史籍中有文帝、景帝行幸甘泉的记载。自武帝建元年间(前140—前135)开始,不时地对甘泉宫进行增广扩建,使宫殿区周回长达9.5千米,并于宫西建甘泉苑。据称甘泉苑垣周回有二百五十多千米,内设宫殿台观一百余所,有仙人观、石阙观、封峦观等。

甘泉山相传自黄帝以来即为圜丘祭天之所,故汉武帝亦将其作为祭神求仙的地方。元狩三年(前120)因方士称仙人好楼居,武帝听而信之,在甘泉山上设通天台,高33米,"中为台室,画天地、泰一诸神,而置祭具,以致天神"。元狩末(前117)又为思念去世的钩弋夫人而筑通灵台,令方士作法,希望再能见到夫人。秦时咸阳附近建有白、青、黄、赤四帝之祠,汉高祖以为天帝应有五位,因而又立黑帝祠,曰北畤;武帝时期方士谓天帝之上还有更为尊贵的泰一神,因而武帝又在甘山上兴建泰畤。从武帝起祭祀泰一的活动延续了很久,成帝时曾为了求继嗣郊祀甘泉泰畤,汾阴后土,扬雄为之作《甘泉赋》。

甘泉苑大体可分为两大部分,一是甘泉山上的宫殿祀祠区,一为苑区。宫殿区在秦代离宫的基础上扩建而成,起初在秦甘泉宫前更置前殿,后来前殿边房中有生长灵芝的瑞兆,故又起紫殿,"雕文刻镂黼黻,以玉饰之"。此外还有高光宫、林光宫、长定宫等,长定宫为皇后居所,成帝的许皇后被废后即居此。祀祠区除了泰畤及通天台、通神台等祭祀建筑群外还有竹宫,以竹为材料,是甘泉祠宫,祭祀前天子居其中。宫殿祀祠区南建有赤阙,以象云色。西侧建徬徨观,其外即为苑区。甘泉山上还有迎风观、露寒观、储胥观等赏景建筑。

宋人程大昌在《雍录》中说:"至于甘泉,虽在长安东北三百里外,为夫方士辈多云古帝王之所尝都,故武帝立朝祇其上,而藩侯、夷酋有来朝者,亦皆受之于此。若其常制,则类以五月往、八月还,盖避暑耳。"据唐仲友《汉甘泉宫记》则云:"盖自孝文,迄于元、成,尝于此整军经武,祀神考政,行庆赏朝会之礼,非止为清暑也。"可见离宫苑囿融居止、游娱、朝会、祭祀于一体的功能自汉代已经形成。

广成苑 东汉一处较大规模的苑,位于都城洛阳西郊。此苑兴建始末,史料不详,《河南通志》称始建于汉代。据东汉马融在《广成颂》中描述:广成苑左有嵩岳,右临三涂,面对衡山,背靠王屋。苑中容纳了波、溠、荥、洛四河流域的地区,内有金山、石林二山。神泉侧出,还有丹水、涅池。动植之物,不可殚形。人工建造的则有昭明之台、高光之榭、宏池、瑶台、金堤之属。宫室周围还"树以蒲柳,被以绿莎"。尽管两汉时期的文学作品具有铺陈、夸张的倾向,但从中仍可窥见广成苑承袭了秦始皇、汉武帝时期的那种追求宏大壮丽的遗风,最初建成时的规模也一定相当可观。

然而东汉时期包括广成苑在内的数处大范围的苑并不像西汉宫苑那样使用频繁,从史料中可以看到苑经常处于任其荒芜的状态,据《后汉书》《东观汉记》所载,和帝、安帝时期曾数度将广成苑借于贫民开垦种植,因此马融在安帝元初二年(115)有上《广成颂》之举。当时马融为校书郎,有感于当时"俗儒世士以为文德可兴,武功宜废,遂寝蒐狩之礼,息战阵之法,故猾贼从横,乘此无备",于是作颂以讽上,认为文武之道不应废弛,希望重兴田猎之仪,使臣僚百姓复睹天子的威严。然而,当时秉政的邓太后信奉黄老无为治世的思想,崇尚节俭,不仅未采纳马融的意见,反因其与自己的治世国策相悖,使马融滞留东观十年,不得升迁。

广成苑到桓帝永兴二年(154)乃有校猎活动见于史籍,灵帝光和三年(180)方有修葺营建之举，但随即又被荒弃。

毕圭灵昆苑 建于东汉灵帝光和三年（180），分东西两处，皆在洛阳城南。东苑位于开阳门外，周回一千五百步；西苑在津阳门外，周回三千三百步。营建之前朝中曾有争议，杨赐认为先帝开鸿池，作上林乃为修"三驱之礼"，故不奢不约，以合礼中。而如今城郊已有苑、园五六，足以逞情意，顺四节，再要"坏沃衍，废田园，驱居人"，来畜禽兽、建苑囿，实有违天子"保赤子"之义，希望灵帝能罢营新苑以慰下民之劳。灵帝见此奏似有犹豫，问于侍中任芝和常侍乐松，但这二人却说：过去文王有百里之囿，人们以为太小；齐宣王有囿七十里（据《孟子》为四十里），人们以为大。如今若允许百姓共同使用皇苑就不会损害时政。于是灵帝欣然，开始建苑。

毕圭灵昆苑在两汉时期属于规模极小的苑，但其中还是有鱼梁台等台观建筑。此苑存在的时间也不长，时隔7年，天下大乱，董卓迁献帝人长安，驱洛阳百姓悉入关中，此苑成了董卓屯兵之地，不久洛阳宫室、祠庙、人家尽为董卓焚毁，毕圭灵昆苑也被破坏殆尽。

梁孝王兔园 梁孝王刘武是文帝次子，与景帝为同母兄弟，很受窦太后的宠爱，文帝去世后景帝即位，起初尚未立太子，一次在宴请梁孝王时说："千秋万岁之后，传位于王。"虽说这只是酒后之言，但太后和梁孝王听后都非常高兴。与景帝及太后的这层亲密关系，助长了梁孝王的骄横之气。于是其于封地睢阳开始大兴土木，增广府邸；营兔园于城东，招募游说之士及四方豪杰；出宫人殿，驰骋田猎，形同天子。随着他的权势扩大，势必引起世人的注目，同时也为皇帝所忌惮，因此"僭越"的罪名也就落到了他的头上。

梁孝王兔园位于睢阳城东10千米处，故也称东苑。"苑方三百里"，其间大治宫室，宫观延亘数十里。自宫修五十余里复道与平台相连。园中有池沼山林，山名百灵，池曰雁池，并置肤寸石、落猿岩、栖龙岫、鹤洲、兔渚等景于其间。园中遍植修竹檀栾、林木繁茂，内有为数众多的各类飞禽。春夏之交，梁孝王常与宫人、宾客弋钓园中，时有"车接轸而驰逐，轮错毂而接服"的盛况。园中除了俯仰钓射、烹熬炮炙之外，还有斗鸡走马等活动，因而经常吸引邯郸、襄国、易、逐之丽人及燕汾之游子相与杂逻而往游，以至"极欢到暮乐而不舍"。当时有歌谣唱道："春阳生兮萋萋，不才子兮心哀。见嘉客兮不能归，桑萎蚕饥，中人望奈何。"

梁冀园 梁冀是东汉贵戚权臣。自幼即仗其父兄之势而恣意妄为，后来官位显达，更是横暴无忌。梁冀为官二十余年，专擅朝政、树党羽、斥异己，直至废立天子，使朝廷内外无不侧目。由于梁冀自以为有援立三朝天子之功，故在擅政专权之外,更是殚极土木,大起邸舍园囿,用以显示其权势地位的显赫。

梁冀园位于洛阳,范围经亘数十里,据称是调动属县卒徒予以营建,经数年乃成。其"堂寝皆有阴阳奥室,连房洞户。柱壁雕镂,加以铜漆。窗牖皆有绮疏青琐,图以云气仙灵。台阁周通,更相临望。飞梁石蹬,凌跨水道"。园内"采土筑山,十里九坂,以象二崤。深林绝涧,有若自然。奇禽驯兽,飞走其间"。后又"起兔苑于河南城西,经亘数十里……移檄所在,调发生兔,刻其毛为识,人有犯者罪至死刑"。

梁冀权势倾国,已为皇帝所忌,只是畏其横暴,常常只能愤愤于心。后来梁冀又杀陈绥、刺皇妃,意欲钳制桓帝。此举终于将龙颜震怒,于是皇帝下决心去除梁冀。不久,梁冀因罪被诛,其家产没官,宅邸、园林亦因此而被全部拆除。

袁广汉园　　袁广汉是茂陵富户,据称其"藏镪巨万,家僮八九百人"。袁氏于北邙山下筑园,东西2千米,南北2.5千米。激流水注园中,构石为山,高十余丈,连亘数里。园中养鹦鹉、紫鸳鸯、犛牛、青兕以及众多的奇兽珍禽。"积沙为洲屿,激水为波涛",以至于江鸥海鹤在其间孕雏产鷇。山水之间培植着各种奇树异草。园中建有重阁修廊,徘徊连属,人行园中,到日斜影偏亦往往不能遍游。后来袁广汉因罪被诛,园宅皆没入为官,其中鸟兽草木都被移入上林苑中。

魏晋南北朝园林

自东汉后期战争频发起到隋文帝灭陈完成统一的将近400年的时间,是中国历史上最为漫长的动荡时期。

虽然这一时期战争不断,但思想文化领域却异常活跃。东汉的瓦解使儒家思想受到了冲击,于是名家、法家、道家思想又得以传播。对《易》学的探讨,形成了玄学。对外界的怀疑和否定,引起了内在人格的觉醒。由于社会的动荡,佛学产生了普遍而广泛的影响。空前的山林隐逸带来了对山水自然理解的深化。这无疑造成了人们生活趣向的转变,同时也深刻地影响着造园活动。

魏晋南北朝相继建立的大小政权大都在各自的都城进行苑囿宫殿的营造,以表示自己承袭帝统和受命于天,比较著名的苑囿有曹魏邺城的铜爵园、元武苑、芳林苑等。后赵石虎又在此营建了华林苑、桑梓苑。后燕慕容熙构建龙腾苑。北齐修华林园、游豫园等。洛阳前后有曹魏的芳林园、华林园、西游园和西晋的琼圃、石祠、灵芝苑等。北魏又改建华林园、西游园。南朝建康(今南京)东吴孙皓开始营建宫苑,东晋又有增设。刘宋在覆舟山修乐游苑,造元武湖,立上林苑。萧齐在不断扩充前代旧苑的基础上又起芳乐苑。梁代则在穿凿元圃、更立亭馆的同时修造了颇有特色的湘东苑。陈则在前代的基础上又予以整修扩充。此外像北魏的云中(今大同附近)、西魏、北周的长安这一时期也可见到有许多苑、园建造的记载。

由于这一时期各国间攻伐无常,统治者更迭频繁,一方面战争的破坏致使宫室苑囿存在的时间极为短暂,另一方面则为了表示他们承天受命的至尊地位,各方政权又大肆营建壮丽的宫室苑囿作为烘托陪衬,造园活动反而更显出从未有过的兴旺。魏晋南北朝的苑囿虽然仍在很大程度上追仿由秦汉之际开创的仙岛神域的格局,但因社会的变迁和动乱,人们思想和情趣的变化使之在形貌上发生了改观。战争的影响限制了苑囿只能建于城内或近郊。长生不死、服药求仙的人生观被否定,代之以生命短促、及时行乐的思想,因而苑内祭祠活动大部分已经消退而游娱性质不断增长。士族对山林隐逸的兴趣而带来的山水审美的变化也影响着苑囿建设,而平地筑园又促使园林人工造景的技法得到发展。像魏明帝芳林园"凿太行之英石,采谷城之文石",对石质、石色的欣赏是前代所未见的,此外像北魏华林园中诸海"皆有石窦流于地下,西通谷水,东连阳渠,亦与翟泉相连"等自然水景和人工水景相复合的做法显然与秦汉大江大湖的风格有了很大的差异,这种精细的造景在很大程度上都反映了当时人们对自然美的领悟,对于后世造园活动中的山水体系的进一步发展具有极为重要的意义。

魏晋南北朝时期私家园林的发展,可以看作是前朝普遍的权贵豪族府邸宅园与此时盛行的士族文人栖逸山居不断融合的过程。晋初石崇的金谷园等还受到两汉私园大、全、景多的影响,但到了北周庾信的《小园赋》却已是"余有数亩敝庐,寂寥人外","榆柳三行,梨桃百余树","蝉有翳兮不惊,雉无罗兮何惧","云气荫于丛著,金精养于秋菊","名为野人之家,是谓愚公之谷"。这与早期的园林已有了极大的区别,而这些区别的产生则不得不归功于当时风行的所谓"山居隐逸"。

隐逸在中国也有极为悠久的历史,如果说巢父、许由的传说过于遥渺,那么伯夷、叔齐的故事已经不再含有更多的虚构成分了。在中国古代人们对隐士大多怀有崇敬的心情,但终因早期的隐居生活过于清苦,愿意身体力行者不多。东汉末年,士人阶层开始摆脱西汉提倡的"独尊儒术"思想的束缚,在独立的人格上逐渐觉醒,同时社会动荡、战争频繁,令人深感朝不保夕,比较注重现世人生的享受。诸多的原因使隐逸文化有了迅速的发展,到魏晋已成了普遍的风尚。此时的隐逸不再是高逸之士的专利,即便是高门名宦的士族或是汲汲求进的小人也大都乐此不疲。正是由于这种普遍的社会性追求,隐逸生活发生了急剧改变,此时已很少有先前那种"饥不苟食,寒不苟衣,结草为为裳,科头徒跣"隐逸的苦行生活,而比较注重居住环境的美,往往"背山临流,沟池环匝,竹木周布,场圃筑前,果园树后"。这种转变使人们对自然的认识和理解逐步深化,也使文人山居园林具有后世文人园林的基本特征。同时,在苏州等城中,宅旁屋后的小型文人园林也在这一时期开始形成。另外,随着佛教的广泛流传,产生了大量的寺院建筑。寺庙从一开始便与园林有着紧密联系,首先是帝王崇佛,将佛寺引入苑囿。由于苑囿原来就有祭神的功能,而秦汉之际又将神仙思想的影响化作"一池三岛"的苑囿格局,使之成为迎候神灵的地方,因而在佛教流行的时节,将寺院建到苑囿之中也就成了理所当然。《魏书·释老传》载:"高祖践位,……建鹿野佛图于苑中之西山。"其次是"舍宅为寺",连同原有的宅园也一起变为寺院的一个组成部分。如北魏在"河阴之变"中被杀的诸王,其家"多舍居宅,以施僧尼"。再次是名士与高僧的相互交往和影响。如《世说新语·栖逸》所记:康僧渊营构的精舍不仅是其研求佛法之处,而且也是与庾亮等名士聚谈玄理、游山赏景的地方。最后,还有佛教教义的具体化和形象化的需要,如莲池、放生池,等等。正是由于上述种种原因,寺庙园林也就开始形成。

铜雀园 位于曹魏邺城(今河北临漳)城内西北隅,亦名铜爵园,东与宫城毗邻,是一所著名的兼有军事坞堡性质的皇家园林,相传为曹操"铜雀春深锁二乔"的地方。城内建苑园在前代没有出现,这是当时连年争战的社会现实造成的。铜雀园内有曲池疏圃、下畹高堂、兰渚石漱、观榭高台。殿宇显敞,景色清幽。曹植春日游此园,曾作《节游赋》,状写园中景致,称"仲春之月,百卉丛生。萋萋霭霭,翠叶朱茎。竹林青葱,珍果含荣。凯风发而时鸟欢,微波动而水虫鸣"。于是携友人至园中驰马泛舟,饮酒吟诗,叹人生之短暂,感游豫可忘忧。

铜雀园中最负盛名的是铜爵三台。台因城墙为基,台高33米,相距各16步。中为铜雀台,上建屋120间,起五层楼阁,楼顶作铜雀,高约5米,舒翼若飞。其南是金凤台,有屋130间,置金凤于台顶。其北称冰井台,下有冰室三,上作冻殿一,有屋145间。三台之间作阁道相连,有若浮桥,连以金屈戍,画云气龙虎之纹于其上。"放则三台相通,废则中央悬绝",形制极为巧妙,登台远眺,西岳松岑、临漳清渠皆收眼底。

园中另有武库、马厩、粮仓,其受战乱的影响显而易见。至后赵石虎时又对园及台进行了修造,史载石虎"崇饰三台,甚于魏初"。

西游园 东汉洛阳遭董卓焚掠之后,城池宫室皆残破不堪,直至曹丕称帝方着手恢复，其时也开始兴筑苑池，西游园即为当时所创，此后在北魏时期又有所增饰。

西游园在千秋门内，南为御道，东邻宫城。黄初二年（221）筑凌云台，台高20丈，上壁方13丈、高9尺，台上楼观方4丈、高5丈，形制极为精巧，据称营建之际"先称平众材，轻重当宜。然后构造，无锱铢相负台"。以至于台虽高峻，常随风摇动，但终无崩坏。台前作明光殿，殿西累砖作道，可通台上。登台回眺可俯瞰洛邑宫室，南望则少室山岳秀极。北魏孝文帝时于台上凿八角井，建凉风观。台下二池，开阔者称碧海，迂折者名曲池。凌云台东有宣慈观，去地33米。观东为灵芝池、灵芝台。灵芝池开凿于黄初三年（222），深2尺，长广150步。水中垒木为灵芝台，台高20丈，上作连楼飞观，四出为阁道，风生户牖，云起梁栋，其内皆刻榱丹楹，图写仙灵。此处是帝王夏日避暑的场所。池侧刻石为巨鲸，其背负钓台，既似自地跃起，又如从空中飞下，极富动态。钓台南为宣光殿，北有嘉福殿，是帝王居园中起居及处理政务的地方，曹魏文帝和明帝都驾崩于嘉福殿中。钓台西设九龙殿，殿前九龙吐水，注入大海中。各殿与灵芝台皆有飞阁相通。灵芝池中有鸣鹤舟、指南舟，备帝王行幸泛湖用。

芳林园 魏晋南北朝时期洛阳城中著名的皇家园林，始建于曹魏时期。文帝曹丕凿天渊池，明帝曹叡筑景阳山，构成了园中的山水骨架。后为了避齐王曹芳之讳而更名为华林园，到西晋、北魏一直为帝王行幸之所。北魏宣武帝起又对此园进行了大规模的增饰扩充。

魏文帝黄初五年（224）初凿天渊池，有若大海，池中起九华台，周围布置宫殿观阁，初步形成了一处以水景为主的宫苑。明帝青龙三年（235）为了便于泛舟游娱，对水系作了调整，并于列殿之前立八坊，置才人于其中。引縠水过九龙殿前，以珉玉为玉井绮栏。井中有神龙吐水、蟾蜍含受。使博士马均作司南车，水转百戏，并立巨兽、鱼龙雕像等。又于天渊池南设流杯沟，西积石为禊堂。景初元年（237）于园内增崇宫殿，雕饰楼阁。凿太行山石英，采縠城文石于天渊池东南起景阳山。其时，明帝亲自掘土，率群臣公卿负土成山，三公以下莫不展力。还建昭阳殿于太极之北。铸造黄龙、凤凰及奇伟之兽。当时明帝还令人将西汉长安所遗的诸钟虡、铜驼及武帝立于建章宫的十二金人运至园中，但承露仙人过于沉重，拆运时又打碎了承露盘，不得已只能留弃于霸城。传闻露盘碎折之时"声闻数十里"，金人亦为之潸然泪下。据此，唐李贺为之作《金铜仙人辞汉歌》，发"天若有情天亦老"之叹。明帝时期，园内还广植松竹草木，捕禽兽充于其中。

北魏自孝文帝由平城（今山西大同）迁都洛阳后对城市、宫殿进行了扩建、整理和改造，但仍使华林园基本保持着曹魏时的旧貌，仅于九华台上造清凉殿，将天渊池改名为苍龙海。一次孝文帝行幸园中，郭祚说："山以仁静，水以智流，愿陛下脩之。"孝文帝则答："魏明以奢失于前，朕何为袭之后。"宣武帝年间开始对园中景物进行较大的增设改造。于苍龙海中更筑蓬莱山，上建仙人馆、霓虹阁、钓鱼殿。海西有藏冰室，六月出冰以给百官。另筑小山，采掘北邙山及南山佳石为之，上构楼馆，徙汝、颍之竹，罗莳其间。树草栽木，颇有野致。海西南为景阳殿，山东有义和岭，上建温室，山西有姬娥峰，上葺露寒馆，并飞阁相通，凌山跨谷。山北有玄武池、山南有清暑殿，殿东作临涧亭，殿西构临危台。景阳山南设百果园，果园成林，林各有堂。果林西有都堂，有流觞池，堂东有扶桑海。园内诸海皆有石窦流于地下，西通穀水，东连阳渠，与翟泉相通，无论旱涝，均能使园内保持一定的水量。北魏华林园的增筑改造均为当时的骠骑将军茹皓主持，其性微巧，造作兴玄皆能使宣武心悦。

芳林园在当时是帝王日常游娱的场所，尤其是在每年的三月禊日，季秋已展，皇帝都要入园游山泛湖，举行祭奠仪式。

华林园 东晋南朝时期著名的皇家园林。始建于三国时的东吴，位于玄武湖南岸，包括鸡笼山的大部分。东晋时园林已初具规模。东晋简文帝入华林园对左右说："会心处不必在远，翳然林木，便有濠、濮间想也，觉鸟兽禽鱼自来亲人。"刘宋时大加扩建，保留景阳山、天渊池、流杯渠等，利用玄武湖的水位高差，"作大窦，通入华林园天渊池，引殿内诸沟，经太极殿，由东西掖门下注南堑，故台中诸沟水，常萦流回转，不舍昼夜"。除了保留上代的仪贤堂、祓禊堂外，还新建景阳楼、芳春琴堂、清暑殿、华光殿、华林阁、竹林堂、含芳堂等殿堂。梁武帝时，又大兴土木，"于景阳山东岭起通天观，观前起重阁，阁上曰重云殿，阁下曰光严殿。殿当街起二楼，右曰朝日，左曰夕月。阶道绕楼九转，极其工丽"。侯景之乱，尽毁华林园。陈后主时又重建，并在光昭殿前为宠妃张丽华修建著名的临春、结绮、望仙三阁，"阁高数丈，并数十间。其窗牖、壁带、悬楣、栏槛之类，并以沈檀香木为之，又饰以金玉，间以珠翠。外施珠帘，内有宝床、宝帐，其服玩之属，瑰奇珍丽，近古所未有"。园中积石为山，引水为池，广植奇树异卉，盛极一时。隋文帝灭陈时被毁。

乐游园 皇家园林。建于刘宋。又名北苑。乐游园向东可远眺钟山之借景，北临玄武湖。园东北角有小山冈名复舟山，山多巉岩而陡峭，登山顶为观赏玄武湖景的最佳处。复舟山上原有道观真武观，刘宋时加以扩建，建正阳殿、林光殿，"置凌室于覆舟山，修藏冰之礼"。除了游乐、饮禊等活动外，皇帝还在园内的演武场观看将士的骑射操练;北朝使臣来聘,也在乐游园设宴招待。后毁。

龙腾苑 后燕慕容熙即帝位后,于龙城(今辽宁朝阳)城外营建龙腾苑,占地方圆十余里,起景云山于苑中,基广500步,峰高70丈。又建逍遥宫、甘露殿等。连房数百,观阁相交。苑内开天河渠,引水入宫。又凿曲光海、清凉池。营苑之时正值盛夏,士卒不得休息,渴死者过半,整个营造过程共征发役徒达2万人。据传,慕容熙曾至苑中,止于一大树下,忽听树中似有人呼:"大王且止。"熙恶之,命人伐其树,中有大蛇自树中出,其长丈余。后燕建始元年(407),慕容熙为了其昭仪苻氏下葬而出城,其时城中将吏乘机推高云为主,拒熙于城外,慕容熙只得退守龙腾苑,最后在苑内被杀,后燕亦因此灭亡,北燕取而代之。

仙都苑 邺城名园,原称华林苑,后更名。东晋永和三年(347),有沙门对石虎进言:"胡运将衰,晋当复兴,宜苦役晋人以厌其气。"石虎听而信之,于是令尚书张群发近郡男女60万和车10万乘运土筑华林苑及北墙于邺城之北。当时赵揽、申钟、石璞等上疏谏阻,称天文错乱,苍生凋敝,望罢营造,惜民力。又当面进谏,石虎大怒,说:"墙朝成夕没,吾无恨矣。"于是更督促张群夜以继日地赶造,以至于遇暴风大雨,死者数万。

华林苑距城1千米,周回数十里。中起三观,旁辟四门。开凿天泉池,作二铜龙于金堤之上,相向吐水,注池中。外引漳水,内通御沟,与天泉池相联系,构成了园内水系。石虎在园内种植了大量名贵果树,并创"虾蟆车",视民间有佳果则移植苑中。石虎生活奢靡,宫室皆漆瓦金铛,银楹金柱,珠帛玉壁,穷极技巧,园中建筑大致也与之相仿。

后赵之后,邺城又先后为前燕、后燕、北齐的都城。北齐武成帝和后主对华林苑进行了大规模的扩充改建,因苑内被增饰得有如神仙居所,故更名为仙都苑。

武成帝时开始在苑中封土筑五岳,其间引水为四渎、四海,最后汇为大池称大海。整个水系延绵长达12.5千米,可泛舟通船。苑内广置殿宇台观。其后,后主又有增筑,使苑景更为壮观。中岳之北有平顶山,山的东、西建轻云楼、架云阁各16间。南为峨眉山,其上左侧是绿琉璃顶的鹦鹉楼,右是黄琉璃顶的鸳鸯楼。北岳之南置元武楼,楼北为九曲山,山下凿金花池,池西是三松岭,更南筑凌云城,西有陛道回通天坛。大海之中有麋芜岛、三休山。岸侧为连璧洲、杜若洲、修竹浦,并建龙游观、大海观、万福堂、流霞殿等。池中起万岁楼,其门窗皆垂五色流苏帷帐,梁上悬玉佩,柱上挂方镜、香囊,地面覆以锦褥。大海之北为七盘山,山上及其周围建有飞鸾殿、御宿堂、紫微殿、宜风观等殿宇。正殿飞鸾殿为16间,柱础镌作莲花状,梁柱皆苞以竹,作千叶金莲花三等束之。殿后长廊檐下引水,周流不绝。西海两岸茸望秋观,与临春观隔水相望。北海中密作堂是一座漂浮在水上的多层建筑,每层刻木为歌女、乐伎、菩萨、仙人、力士、众僧,体内皆有机枢,可以舞乐动作,奇巧机妙,自古未见。另有贫儿村,中作市肆,后主命后妃、宫人扮作商贾、客官于其中交易,往来无禁,三日而罢。高阳王思筑宗城,后主令高阳王作城主据守,自率宦官、卫士鼓噪攻城以取乐。此外更有诸多亭榭,不可殚记。

北齐后主以昏愚无道而著称,因而苑内设置了许多匪夷所思的设施,形象丰富,无疑具有一定的开创意义。武成帝设置的五岳、四渎、四海,对隋炀帝的西苑有着直接的影响。后世清苑中的买卖街、城关之类也大都取法于此。

湘东苑 是梁元帝萧绎登基前所营建的府邸园林,位于江陵子城中,因萧绎当时封湘东王,故园名为湘东苑。萧绎自幼聪慧俊朗,博涉群艺,尤其是在绘画方面极有造诣,陈朝姚最称其"学穷性表,心师造化"。相传《山水松石格》即为他的作品。萧绎在绘画方面的才智以及对山水自然的理解自然也在园林布置和山水处理方面有所反映,显现出较当时北方园林更趋精美、更为雅致的特点。

湘东苑穿池构山,长达千米,形成了以山为屏障和以水为中心的格局。水池缘岸植莲,池岸杂栽奇木。环池设置殿宇亭榭,或倚山,或临水,或掩映于花木丛中,或居高而远眺园外景色。池南为芙蓉堂。其东有禊饮堂,后设隐士亭。亭北置正武堂、射棚、马埒等。池西构乡射堂,堂前安行棚,可以移动。东南是连理堂。据说在太清初(547)堂中椋(柰)树生连理,被认为是湘东王践祚的瑞兆,于是名其堂为连理。池北有映月亭、修竹堂、临水斋等。跨水另作通波阁。池前为山,山中构石为洞,潜行逶迤达二百余步,山上建阳云楼,极为高峻,远近皆能见。北有临风亭、明月楼等。此园由将军亹义熙负责营建。

金谷园 西晋石崇的府宅园第,位于河南县金谷涧中(今洛阳东北),去城千里,也称河阳别业。石崇在西晋曾为官二十余年,任上劫夺杀人,攫取了无数的财富,以至当年无人能与之相匹敌。史书称其财产丰积,室宇宏丽,生活极为豪侈。《世说新语》中记载了多条有关他穷奢极侈的生活及与人争胜斗富的故事。甚至连厕所中也放置了绛纱帐大床、陈甲煎粉、沉香汁之属,令数十丽服美婢侍引,有如闺阁绣房,其余房舍园池的奢华程度就可想而知了。所以后世常将石崇视作豪富的象征,金谷园也成了奢华园第的代称。

石崇自述他五十以事去官,晚年更乐放逸,笃好林薮,遂肥遯于河阳别业。其制宅地阻却长堤,前临清渠。柏木几逾万株,流水周于舍下。宅园之中"回溪萦曲阻,峻阪路威夷"。茂林、修竹、众果、药草之属莫不毕备。又有水碓、鱼池、土窟、观阁。"饮至临华沼,迁坐登隆堤。"娱目欢心之物皆有所设。养殖鱼鸟,蓄妓习伎,出则以游目弋钓为事,入则有丝竹琴书为娱,这大致显现了金谷园的景物以及此园之中的游娱情况。

后来石崇的仇家孙秀得势,收斩石崇于东市。此时他似有所悟,叹道:"奴辈利吾家之财。"但边上差官却说:"知财为害,何不早散。"致使石崇无言以对。数百年后,石崇及金谷园一直是诗人们咏叹的对象。唐许尧佐有诗云:"石氏遗文在,凄凉见故园。轻风思奏乐,衰草忆行轩。舞榭苍苔掩,歌台落叶繁。断云归旧壑,流水咽新源。曲沼残烟敛,丛篁宿鸟喧。唯余池上月,犹似对金樽。"昔日华丽的名园,至此已只是荒芜一片了。

始宁园　谢玄、谢灵运祖孙所经营的山居别业,位于会稽始宁县(今浙江上虞),范围极广,右濒长江(曹娥江),左傍连山(嶀山),平陵修通,澄湖远镜,极自然之形胜。

谢玄所建主要是在南山,宅前临江,隔岸见山。茸楼于江曲之处,春秋朔望,江水腾涌,蔚为壮观。登楼远望,山岭崔巍,可尽开眺之美。楼侧桐樟成林,森耸可爱,故人称此楼为桐亭楼。山中别有精舍之处,皆高甍凌虚,垂檐带空。俯眺平林,烟杳在下。当年谢灵运就出生于此宅之中。

到谢灵运年长,步入仕途,东晋已近衰亡,不久晋宋易代,风云多变。虽然他仍袭封康乐公,但因其本性桀骜不驯,故仕途颇为坎坷,常常只能以寄情山水来排遣心中的忧愤。刘宋永初三年(422)初秋,因遭排挤而离京出任永嘉太守,这更坚定了他归隐的决心。在任上他就遍历郡中名山,肆意遨游,动辄旬朔,民间听讼不复关怀。不久即称疾去职,回到了始宁故里,并开始经营山居,过起了优哉游哉的栖逸生活。

谢灵运时期,在其祖所建的旧宅之北又造新居,两处相距约1.5千米,有水陆两路可往还。自江楼旧宅前往,走陆路需跨山越岭,绵亘田野,但途中景致颇美观悦目,或乔木茂竹缘畛弥阜,或横波疏石侧道飞流。由新居循水路返回则可过北山栈道,下石蹬,泛舟而行,水径可见洲岛相连,平湖澄渊皆有异趣。所以谢灵运称此为"水通陆阻",但都能领略到自然美景。经营新居之际,谢灵运亲自涉水登岭,栉风沐雨,择良选奇,最后确定在这片四山周回、双流逶迤之地茸构屋宇,面南岭建经台,倚北阜筑讲堂,傍危峰立禅室,临浚流列僧房。茸室在宅里山东麓,东窗瞩田,兼见江山之美。门前一栋枕矶上存江之岭,南对江上远岭。又开道路通东、西二山,路南连岭叠嶂,青翠相接,云烟霄路,殆无倪际。由路入谷设三口,初入有竹径,既入东南傍山渠,展转幽奇。北面,路东、西因山为障,正北浅湖为池。南山崖岩东北枕壑,西岩带林,皆有水石之美。西侧距湖约20丈另葺基构宇于岩林之中,水卫石阶,开窗对山,仰眺曾峰,俯视浚壑。去岩半岭又建一楼,回望周览皆得远趣。缘崖之下为竹园,密竹蒙径,东西50丈,南北155丈。居此则北倚近峰,南眺远岭,山水林泉之胜悉以咸备。

南北两居的四近,东有上田下湖,西溪南谷,石塚石滂,闵硎黄竹,飞泉高树,近江远溇。南为双流三洲,青林激波,白沙生涟。西侧杨宾接峰,唐皇连纵。室壁带溪,曾孤临江。竹缘浦以被绿,石照涧而映红,月隐山而成阴,木鸣柯而起风。北面二巫结湖,两剆通沼,修堤逶迤,泉流浩洋,山矶下而回深,漱石上而升道。四境之外更有名川大山,其险绝幽邃难以言尽。因而谢灵运经常扶杖四游,乐而忘返。

始宁别墅周围虽然林木扶疏,禽兽众多,水系丰富,鱼鳖繁衍,但谢灵运以为"兽亦有父子相亲,应以好生为德"。因此不置罗罝,不事弋钓,让众生灵自然生息。日常所需则在北山起二园,南岭构三苑,夹渠辟两田,灌蔬自供,百果备列,五谷桑麻悉以自足。因此这里没有当年苑囿的田猎喧嚣,亦无府邸园林的金碧辉煌,处处可感受到一种自然和亲切,山水幽邃,室庐恬静,这种顺应自然的情趣正是后来兴起的文人园的基调。

宝光寺 南北朝时的寺庙园林。《洛阳伽蓝记》载:宝光寺在洛阳西阳门外御道北。当时园池平坦广阔,草木青葱,园中有一海,叫咸池,芦苇广植岸边,菱荷覆盖水面,池周遍植青松翠柏。京中士子,遇良辰美日,或休假之时,邀约朋友,来游此寺。寺外车水马龙,羽盖成荫,有的置酒于林泉之间,或在花圃题诗,也有泛舟折藕,热闹异常。

景明寺 南北朝时的寺庙园林。《洛阳伽蓝记》载:寺外皆为山池。寺内松竹兰芷,列于石阶、路旁,幽香馥郁,环境宜人。寺内有三池,萑蒲菱藕,青凫白雁,出没水间,令人心旷神怡,"伽蓝之妙,最得称首"。

冲觉寺 南北朝时寺庙园林。《洛阳伽蓝记》载:系清河王府邸改建,在洛阳西明门外0.5千米御道北。寺西北角有高楼,登临其上,俯瞰朝市,目极京师,古诗所说的"西北有高楼,上与浮云齐",即指此楼。楼下有儒林馆、延宾堂,寺中土山钓台,曲沼环堂,树响飞嘤,斜峰入牖,冠于当世。

河间寺 南北朝时寺庙园林。《洛阳伽蓝记》载:寺内廊庑精美,令人叹为观止,时人以为蓬莱仙境也未必能胜过它,后园亭台楼榭、池沼山石、朱荷绿萍,虽梁王菟园,想来也不如河间寺之美。

景林寺 南北朝时寺庙园林。《洛阳伽蓝记》载:寺在洛阳开阳门内御道东侧。寺西有园,园中多奇树异果,中有禅房一所,内置祇洹精舍,形制虽小,然构筑之精巧,罕有其匹。加上禅阁虚静,隐室凝重深邃,且嘉树掩映,芳草环室,虽在城中闹市,却如同在深山大谷中一般。

庐山东林寺 晋代寺庙园林。东晋高僧慧远,遍游大江南北,于孝武帝太元九年(384)来到庐山,喜爱庐山的秀丽,在江州刺史桓伊的帮助下建起了庐山的第一座佛寺——东林禅寺。《高僧传·慧远传》载:"慧远创造精舍,洞尽山美。却负香炉之峰,傍带瀑布之壑。仍石垒基,即松栽构。清泉环阶,白云满室。复于寺内别置禅林,森树烟凝,石筵苔合。凡在瞻履,皆神清而气肃焉。"慧远在庐山聚徒讲学,成为南方佛教宗师,东林寺也成为江南名刹,绵延至今。

隋唐园林

历时近400年的分裂和动乱终于结束了,隋唐时期实现了人民渴望已久的统一与安定,并且还将中国悠久的封建文化推向了成熟和繁荣。

隋文帝登基后的第二年,因嫌长安旧城狭小,水皆卤咸,不甚宜人,决定营建新都,于是就令宇文恺等人进行勘察,最后确定在汉长安东南龙首原更筑新城。仅9个月之后,新城即告竣工,名之为大兴城。城市规模宏大,布局严整,气度雄伟,以一种崭新的面貌展现在世人的面前。其中宫城位于城北居中,其后设置了大兴苑。大兴苑的具体形貌和功能如何已无史料可查,到唐朝被改称为禁苑。城的东南角有曲江池,西汉曾于此建乐游苑,此后一直青林郁郁,芙蕖繁茂,成为当地游娱胜地。因文帝不喜"曲江"之名,改称为芙蓉苑。文帝之后炀帝杨广继立。由于杨广曾到洛阳,发现那里"水陆通,贡赋等",便于控制全国,称帝后即令营建洛阳东都,其位置在旧洛阳城西,并同时建城西苑圃,名为西苑。据称苑内凿池堆山,号称"五湖四海",更设十六院,置四品夫人十六人各主一院。

由于隋炀帝好大喜功,奢淫无度,自大业七年(611)起,各地又燃起了起义的烈火,导致了隋朝覆亡。

唐都长安沿用了隋朝的大兴城,其中格局几无变更。唐时长安共有苑囿四处,即禁苑、西内苑、东内苑及南内苑。禁苑就是隋朝大兴苑,位于城北,占地广袤。据记载,唐时苑内有宫殿及许多亭构,苑囿用途主要是饲养禽兽、种植蔬果,以备四时的祭祀及招待宾客用,苑内设四监,分别掌管宫中苑中的花木种植、禽兽饲养以及建筑修缮事宜。这完全承袭了汉苑的功用和管理方式。西内苑位于宫城北侧，南北0.5千米，东西略与宫城太极宫等，呈狭长形，其中大安宫原是唐太宗为秦王时所构，宫苑之中多山村景色，深为太宗喜爱。东内苑在宫城东北，始建于唐贞观初年(627)，原被用于太上皇清暑消闲，称大明宫。高宗年间开始大肆兴筑，成为前宫后苑格局的庞大宫苑。渐渐地，前宫的含元殿转变成为处理日常政务的主要殿宇，而正宫太极宫反而不常使用了。后苑部分按照秦汉以来的传统开凿太液池，堆筑蓬莱诸岛，并营建了诸多景观及观景建筑。南内苑即兴庆宫，最初是唐玄宗继位前的藩邸，位于皇城之东，偏南，占地约一个半里坊。开元初辟为离宫，内有池沼、花木、宫殿、楼阁，玄宗和杨贵妃经常居住于此。唐代对城南曲江一带也进行了建设。疏浚曲江，开凿黄渠，引来浐水，临水建水榭楼阁，又在周围植树种花，使景致更为优美，成了唐代都人仕女公共游娱的场所。这里也是唐皇经常游幸的地方，为了便于行幸，东城筑为夹城，北接大明宫，南通曲江，中连兴庆宫。此外唐朝对隋洛阳西苑也有很大的改造，工程由韦机主持，并更其名为神都苑。

　　唐代前期的私家园林基本上仍承袭魏晋南北朝的遗风。从文献记载中可以看到城市的府邸园林往往仍趋于豪奢绮丽，山林的文人别业大多偏于清新雅致，但到了唐代后期，这种界限就渐渐变得含混而不那么清晰了。其原因在于初唐、盛唐年间城市园林的主人一般都为皇亲贵族或世家官僚，而山居或山林别业的主人大多是怀才不遇的文人或仕途受挫的士大夫。随着思想观念的不断变化，不仅士人的山水审美影响着城市造园，而且以隐逸为目的的士人园林也渐渐地进入了城市，于是真正的所谓"文人园"在盛唐以后逐步进入城市并得以迅速发展，与此同时魏晋以来风行的山居却正在走向衰落。

　　无论是城市园林或者山林别业，受社会风尚的影响是显而易见的。贞观前期，因唐太宗力行节俭，反对奢侈，故城市府邸园林也受到限制。到贞观后期，由于经济发展以及权贵们一二十年财富的聚敛，在生活上的享乐欲望已经难以克制，而此时的唐太宗也渐渐改变称帝之初的坚定的治世主张，放松了有关的限制，于是城市府邸园林的发展越来越快。据称在此期间"公卿贵戚开馆列第于东都者，号千有余邸"。长安也渐渐出现"公卿近郭，皆有园池，以至樊、杜数十里间泉石占胜，布满川陆"。这一时期城市园林虽然也有诸多豪奢之例，但在魏晋以来山水审美情趣普遍深化之后，已经不复有两汉时期的那种"柱壁雕镂，加以铜漆。窗牖皆有绮疏青琐，图以云气仙灵"以及"多拓林苑，禁同王家""奇禽驯兽，飞走其间"的景象。至多也只是"雕楹网萝薜,激濑合埙篪","宴游成野客,形胜得仙家"之类以示奢华,而且还时有"竹里过红桥,花间籍绿苗"那样的清幽格调。

士人阶层对于隐逸的最浅显的信条为"邦有道则仕,邦无道,乘槎浮于海",而唐初由于整个社会风气都有一种向上的趋向,所以山居或山林别墅的建设并不太多。盛唐时期,虽然整个社会仍呈现空前的繁荣,但内在的危机业已显露,于是人们对山林隐逸的兴趣再度提高,在文学领域出现了所谓山水田园诗人,在绘画方面产生了青绿山水和泼墨山水画家,同样在现实生活中又有了像王维辋川别业、白居易庐山草堂那样的隐逸山居。

唐朝后期,经过安史之乱虽然社会又趋平静,但是导致唐朝最终灭亡的藩镇割据的局势已经形成,而且统治集团内部的倾轧不断加剧。这时不仅时有朝廷与藩镇间的战争以及朝廷与农民起义军间的战争,而且还经常有宦官之间的攻伐、宦官与士大夫间的争斗以及士大夫集团间的党争。在此形势之下隐逸又成了时尚。然而当时的士大夫却并未像东汉末年那样走入山林深处,而是开始以极高的热情经营起城市园林来了。溯其原因,主要是时代心理发生了深刻的变化,隐逸传统之中渗入了禅宗佛学的"顿悟"之法。唐代前期佛教中出现了一种新的流派,即南宗禅,其主旨强调本心而否定客观世界。欲成佛道并不需像过去那样经历长时间的参禅念经等苦修,只要某一时刻"真正般若观照,一刹那间,妄念俱灭,若识自性,一悟即圣佛地"。虽然魏晋以来士大夫们大多喜欢参禅说玄,但在唐朝前期鼎盛的社会中并没有直接左右人们进取的激情。安史之乱以后严酷的社会现实又使他们回到需要用释道思想来平衡自己心理的境况之中,虽然山林别业也能令他们悠然自得,但比起城市生活终归略逊一筹,而禅宗正引导人们成佛无须顾忌外在的形迹,这正迎合了既要避世修身又不愿放弃攫取名望、财富及享乐的心理,于是他们用禅宗思想创造出了"中隐"的方法。按白居易的说法就是"大隐住朝市,小隐入丘樊。丘樊太冷落,朝市太嚣喧。不如作中隐,隐在留司官"。这种"中隐"理论的产生,使文人士大夫热衷于在城市中造园。自唐代后期起,出现了一大批像裴度那样的士大夫。裴度因"(当)时阉竖擅威,天子拥虚器,缙绅道丧。度不复有经济意,乃治第东都集贤里,沼石林丛,岑蓼幽胜。午桥作别墅,具燠馆凉台,号绿野堂,激波其下。度野服萧散,与白居易、刘禹锡为文章、把酒,穷昼夜相欢,不问人间事"。如果说魏晋南北朝的山居不能算作真正的文人园林的话,那么唐朝后期文人园已经正式出现。

唐朝因农民起义和藩镇反叛而于907年灭亡,唐亡后藩镇割据的局面仍旧延续下来。五代十国时期北方战争频繁,破坏严重,唐朝所建的宫苑、园林大多毁于战乱,十不存一。相对而言,南方较为稳定,隋唐时业已兴起的许多商业城市如扬州、南京、苏州、杭州等地的经济和文化在此时期也有发展,而且大多有园林建设,这为宋代园林的进一步繁荣打下了基础。

西苑 隋炀帝继位以前就发现,洛阳的地理位置及战略地位都优于长安,以洛阳为中心更便于控制全国,因此及至其登基称帝(604)即令杨素、宇文恺等人着手规划并主持建设。次年三月于城西阜涧之地构显仁宫,并发江、岭奇材异石,又求海内嘉木异草、奇兽珍禽以实园苑。五月开始营建西苑于显仁宫西侧,辟地周100千米,役民力常月逾百万。苑内聚土石为山,凿地成湖海。又起十六院,诏天下所有鸟兽花木驿至京师,当时天下所进花卉、草木、鸟兽、鱼虫不知其数。六年后苑中动植物之属业已繁息茂盛,桃蹊李径翠荫交合,金猿青鹿动辄成群,由大内往西苑的御路亦长松高柳,清幽宜人。炀帝则时时出入苑中,作行幸游娱。

隋西苑以人工水体为主景,内凿五湖,东曰翠光湖,西曰金明湖,南曰迎阳湖,北曰洁水湖,中曰广明湖。湖各方圆20千米,湖中积土为山,上构殿宇、亭榭、廊庑,曲屈盘旋,修饰华丽,屋室近于千间。又于其北穿北海,周环20千米,海中置蓬莱、方丈、瀛洲三山,相去各300步,山高于水面百余尺,上分别有通真观、习灵观、总仙观,其间殿宇参差,廊庑连属,颇为壮观;另有风亭、月观,皆设有机关,能使之或起或灭,有若神变。北海东侧有曲水池,其间建曲水殿,是上巳日禊饮之所。湖海之间开龙鳞渠,渠宽20步,可行龙凤舸,逶迤周通,不仅联系着苑中各个大小池沼,且环绕于十六院之间,以方便游娱和行幸。所谓十六院是苑内嫔妃的住所,依次为景明、迎晖、栖鸾、晨光、明霞、翠叶、文安、积珍、影纹、仪凤、仁智、清修、宝林、和明、绮阴、绛阳。每院制度相仿,其南、东、西三面各开一门。门外临渠,上跨飞桥。过桥百步,有杨柳修竹,四面郁茂,名花美草,隐映轩陛。其中建逍遥亭,结构精巧、丽冠古今。各院中置四品夫人主之,并有宫人二十,皆选有容色者实之。另有黄门宦官,主出入市易。各院另设一屯,有屯正一人、副二人,并用宫人在屯内饲畜养鱼、种蔬植瓜,水陆之产靡所不有。苑内另有游观之所不下数十,或泛舟湖海,或登阁升观,皆可欣赏美景。苑中各处均有佳树美木,尤其在十六院中,各植名花。秋冬时节即剪杂彩装点,色渝则更换。池沼之中也剪彩为芰荷。因此西苑四季皆见色彩斑斓,美不胜收。

隋炀帝时,视西苑如后宫,随时都可能前往苑中,往往半夜行幸,故宿御多夹道而宿。入苑常泛舟游戏,故宫人皆习采菱之歌,以轻舟画舫随帝而行。炀帝曾自制湖上曲《望江南》，有湖上月、湖上柳、湖上雪、湖上草、湖上花、湖上女、湖上酒、湖上水八阕，并令宫中美人习唱。每当八月仲秋更是宴饮歌舞，达曙方休。

《隋炀帝海山记》载，炀帝游西苑时已不时呈现出隋将覆亡的征兆。一次夜游北海，开海山殿，陈后主的幽灵显现，作诗来奏，讥其心谋太奢，恐日后无家，而建都城开运河之利只能为后人造福。又一次明霞院夫人告知玉李一夕忽长，荫横数亩，且有神人在空中说"李木当茂"。还有一次帝入栖鸾院，院妃梦与帝同游十六院，至第十院，俄而火起，帝坐烈焰中，救而不及。这些征兆到后来都应验于隋亡、唐兴以及炀帝被杀诸事之中。入唐后西苑更名为神都苑，园中景物亦有诸多改造，范围被减至周60千米。

大明宫 位于唐长安城东北，南接京城，西与宫城、西内苑、禁苑相邻，东西约1.5千米，南北近2.5千米，呈不规则的长方形。唐太宗贞观八年（634）于此龙首原高处建永安宫，次年更名为大明宫，当时是供太上皇李渊养老清暑之所，由百官出资赞助修建。高宗龙朔二年（662），因皇帝身染风痹，觉得大内太极宫卑下不适，故将此改为东内，置正门丹凤门，正殿含元殿、后殿宣政殿，左右设中书、门下三省及弘文、史二馆，其后设紫宸、蓬莱诸殿。次年又大加修造，因其中有蓬莱山、池，于是亦称其为蓬莱宫。咸亨元年（670）又改为含元宫，至中宗神龙元年（705）又复用大明宫之称。

高宗重修大明宫的工程是由司农少卿梁孝仁主持的，完全依据西汉建章宫的传统规划前宫后苑，这也成了以后大内宫苑的形制。宫殿雄踞高原，南望爽垲。天气晴好之日，南面终南山清晰可见，城中里坊街市亦如同在轩槛之间。后苑部分陡然下降，蓬莱殿后为含凉殿，再后即太液池。池侧回廊屈曲，池中筑蓬莱诸山，上有太液亭，池中浮有巨大的鹢首船，水上有拱桥飞跨。唐李珣有诗云："宫莺报晓瑞烟开，三岛灵禽拂水回。桥转彩虹当绮殿，槛浮花鹢近蓬莱。"另据唐代的许多诗文可知太液池中种植有菱荷，池岸栽种柳树和桃花。太液池的四外建有众多的殿宇，琼宫波光，景色甚是壮观华丽。

兴庆宫 唐睿宗有五个儿子，最初同住在东都积善坊，称为五王子宅。后来他们一起迁往长安，居东城隆庆坊，这里也被称为五王子宅。玄宗被立为太子后，仍与众兄弟极为亲密，共同生活在一起。直到玄宗登基，方让宁王和薛王搬到隔街的胜业坊，申、岐二王迁至胜业坊北的安兴坊，而隆庆坊旧邸则被改为南内兴庆宫。为了与诸王兄弟保持亲密的关系，于兴庆宫西南隅起花萼相辉和勤政务本二楼。玄宗不时登楼，听到诸王作乐，或召之升楼，与他们同榻共坐，或前往他们的府邸，赋诗宴嬉。当时人们对玄宗的友悌之情甚为赞美,称"天子友悌,古无有者"。

兴庆宫的兴建始于唐开元二年(714),开元十四年(726)又予以扩建。其占地为一个半坊,宫中分为宫、苑两区。宫区踞于北侧,小于所占基址的一半,东、西、中分别布置一组宫殿。正中以南薰殿为正殿。西侧正殿为兴庆殿,后殿大同殿供奉老子。东侧置以新射殿、金花落为主体建筑的两个院落组群。宫区正门西向临街,称兴庆门。兴庆宫南半部即为苑区,它以龙池为中心。相传为初隆庆坊内有水井,一日井水突然涌出,浸淫成大池,广袤数十丈,池中常有云龙、黄龙出,因此被称作龙池,周围居民纷纷移居他处。这固然纯属神话,按史书载这里地势较低,积水而成池,因坊名当初也称隆庆池,后为避玄宗之讳,与宫同时改用兴庆为名,因这是皇帝所有,故亦称其为龙池。为了使池水能有活水接济,开渠通龙首渠。池中种植菱荷等水生植物,并置楼船供泛湖游娱。池南建有龙堂,是玄宗经常举行宴饮的地方,韦元旦有兴庆池侍宴应制诗云:"沧池漭沆帝城边,殊胜昆明凿汉年。夹岸旌旗疏辇道,中流箫鼓振楼船。云峰四起迎宸幄,水树千重入御筵。宴乐已深鱼藻咏,承恩更欲奏甘泉。"池东北有交泰殿,殿西以沉香木建亭,曰沉香亭。亭周围遍植牡丹,亭香、花香相交映,传说为唐明皇、杨贵妃谈情说爱之地。池东南在花萼相辉楼与勤政务本楼之间有广场,这里常进行舞乐和马戏等表演。苑区之内建筑并不太多,而大多为楼阁。唐代诗歌中有不少有关兴庆宫苑池的描述,可据以了解其中的景物和游娱活动。开元二十年(732)将长安东城墙建成夹墙,自兴庆宫向南可往城南曲江,往北可通大明宫,以便于上朝和行幸游娱。玄宗得杨贵妃后常居此宫,政事悉委于右丞相,深居游宴,以声色自娱,最后导致了"安史之乱"。玄宗以后兴庆宫渐渐冷落。

华清宫 隋唐时皇家园林。华清宫在今西安城以东35千米的临潼区。据《长安志》载,秦始皇始建温泉宫室,名"骊山汤",汉武帝时加以修葺。隋开皇三年(583)"又修屋宇,列树松柏千余株"。唐贞观十八年(644),诏左屯卫大将军姜行本、将作匠阎立德主持营建宫殿,赐名温泉宫。天宝六年(747)扩建,改名为华清宫。骊山上下大兴土木,改建温泉浴池,台殿环列山谷,唐明皇年年都要来此。又筑会昌城,在温泉附近设置官员的官署和宅邸。后来,唐明皇长期在此居住,处理朝政,接见臣僚,华清宫成为与长安大内相联系的政治中心。华清宫与北坡的苑林区相结合,形成了北宫南苑格局的规模宏大的离宫御苑。安史之乱后,华清宫逐渐荒废,五代时改为道观,明清又废。

九成宫 隋唐时皇家园林。九成宫在今西安市西北350千米的宝鸡市麟游县境内,始建于隋开皇年间,原名为仁寿宫,后坍废。唐贞观五年(631),太宗加以修复、扩建,改名为九成宫。永徽二年(651),改名为万年宫。乾封二年(667),恢复九成宫之名。九成宫建在县城西2.5千米之天台山上,山并不高峻,但气候凉爽,风景幽美,据《麟游县志》载:"其山青莲南拱,石臼东横、西绕凤台、屏山,北蟠青凤诸峰,历历如绘。山脊平旷,周可一里,……是为隋唐故宫。"此苑的建筑特点是顺应自然地形,因山就势,与自然风景相得益彰。据《玉海》载:"贞观六年四月己亥,太宗避暑于九成宫,以杖刺地,有泉涌出,饮之可以愈疾。"魏徵曾作《醴泉铭》,其中有这样一段描写:"冠山构殿,绝壑为池;跨水架楹,分岩竦阙。高阁周建,长廊四起;栋宇胶葛,台榭参差。"可想见当年之大概。另据《新唐书·地理志》云:九成宫"周垣千八百步,并置禁苑及府库官寺",可见作为皇帝避暑的行宫御苑,规模也是相当大的。

芙蓉苑曲江池 位于隋唐长安城东南,是一处以自然景胜为主的公共游娱地,因流水屈曲,故名曲江。这里早在秦汉时期已是帝王游娱的场所,秦在此设宜春苑,汉时重修为乐游苑,王莽时期拆宫殿建庙宇,并称之为乐游庙。到隋初营建大兴城,曲江刚好在城的东南角,其地势较高,根据风水之说此地不宜设里坊,须凿池以厌胜之,于是城墙向内凹进一角,将此地摈于城外。由于隋文帝不喜这一"曲"字,而池水扩大之后荷蕖更为繁茂,红花翠盖一望无际,因而被命名为芙蓉园。唐代初年,池水一度干涸,在开元中又大加疏凿,遂为胜境。

唐玄宗时期是曲江池最为兴盛的时期。池南有紫云楼、彩霞亭、芙蓉苑、杏园、慈恩寺、乐游原、乐游庙等胜迹。周围花卉周环,烟水明媚,青林重覆,缘城弥漫。都城士人常到这里嬉戏游娱,尤其是在中和、上巳、重阳诸节,都人仕女几乎倾城而出,到此祓禊、登高。此时彩幄翠帱周匝云布,鲜车健马摩肩击毂,虹彩映日,馨香满路。皇帝在这里设宴置酒,赐饮群臣。京兆府,长安、万年二县亦均在此举行各种仪典,并相互攀比。沿岸张灯结彩,池中画船游弋。商贾陈列珍异,教坊奏演新曲。文人雅士赋诗,不日遍传于朝市。暮春以后、仲秋之前池中菰蒲葱翠,柳阴四合,碧波红蕖,湛然可爱。好事者赏芳辰,玩清景,联骑携觞,叠叠不绝。唐人描述曲江景物及游娱盛况的诗歌有很多一直流传至今。诸如"年光七里遍,春色杏间遥。""紫蒲生湿岸,青鸭戏新波。""鱼戏芙蓉水,莺啼杨柳风。""水殿临丹籞,山楼绕翠微。""北阙云中见,南山树杪现。"由此可以想见当年这里的景物。又如"公子华筵势最高,秦川对酒平如掌。""青春波浪芙蓉园,白日雷霆夹城杖。""闾阖晴开诀荡荡,曲江翠幕排银牓。""拂水低佪舞袖翻,缘云清切歌声上。""三月三日天气新,长安水边多丽人。"足以能够了解到曲江游娱的盛况。

　　"安史之乱"以后唐王朝逐渐衰弱,曲江游娱也不复出现开元、天宝年间的繁荣景象,殿宇楼台渐渐颓坏。唐文宗曾读杜甫《哀江头》诗,见其中有"江头宫殿锁千门,细柳新蒲为谁绿"之句,乃知天宝前曲江四岸皆有行宫台殿、百司廨署,思复升平故事,于是在大和九年(835)二月令神策军修凿曲江,准许公卿大夫在周围营建楼殿以壮之。但不久后发生了"甘露之变",曲江工程也只能结束。到唐末,人们只能在狐兔出没的残垣荒草中进行凭吊了。

辋川别业　　王维的辋川别业是自魏晋山居栖逸盛行以来又一座十分优美的山水庄园,在中国历史上也极为有名,地处唐长安城附近蓝田县的辋川谷,北距县城10千米。这里山林葱郁,田原肥沃,有河自南山穿谷而出,向北汇入灞水。唐初,诗人宋之问(656？—712)曾据此构筑蓝田别墅,王维晚年得之,常与道友裴迪浮舟往来,诗文赠答,过着悠闲的生活。依据王维诗集中数量众多的与辋川别业有关的诗篇,可知他在这里度过了较长的岁月,而从这些诗的描述中也能大致窥见别业的概貌。如《归辋川作》:"谷口疏钟动,渔樵稍欲稀。悠然远山暮,独向白云归。菱蔓弱难定,杨花轻易飞。东皋春草色,惆怅掩柴扉。"描写了别业的清丽和自然。《辋川闲居赠裴秀才迪》:"寒山转苍翠,秋水日潺湲。倚杖柴门外,临风听暮蝉。渡头馀落日,墟里上孤烟。复值接舆醉,狂歌五柳前。"叙述了生活的恬适和悠闲。此外王维还有专门一帙《辋川集》,序中称:他与裴迪经常游止的地方有孟城坳、华子冈、文杏馆、斤竹岭、鹿柴、木兰柴、茱萸沜、宫槐陌、临湖亭、南垞、欹湖、柳浪、栾家濑、金屑泉、白石滩、北垞、竹里馆、辛夷坞、漆园、椒园等处。依据集中诗章,对照《关中胜迹图志·辋川图》,可对别业的情况作一大致的了解。

　　辋谷之中有一山坳,名孟城坳,坳口旧有古孟城,当时遗迹犹存。王维移居此地即在城门附近营建居室,以原城门为出入口。城侧古木危柳,给别业增添了几分苍古悠远的气氛。闲暇之时主人常携友登城,观览游憩。居宅之中建有文杏馆,是待客的所在。虽然布置了曲廊奥室,但外观颇为朴质,与自然相融合。主建筑用茅草结顶,其内部梁柱却经精心装点,显现出典雅的格调,而且较为高敞。坐文杏馆中,南面可眺南岭峰峦,北面可观欹湖烟水,湖光山色尽收于户牖之间。府宅大门之外,是一条宫槐列植的小径,两旁大树交合,浓荫蔽日,径面苍苔斑驳,鲜绿可爱,顺小径可通欹湖。欹湖湖面开阔,水平如镜,荡舟湖中但见青山绿树、白云蓝天皆映于湖中,天水一色,不辨上下。环湖设置了许多景点。湖的南北各有一垞,是两岸上下舟船的地点,遥遥相对。南垞岸有嶙峋的巨石,在落日的余晖里更显得突兀和绚丽,与淼漫的清波相映成趣。北垞之侧建有一组屋宇,前近湖岸,后掩青林,远远望去,朱红的柱槛在杂树丛中明灭闪烁,分外醒目。屋旁小溪自谷中逶迤而出,将湖水带出山谷。缘溪有入山出谷的小道。水坞之中遍植辛夷树,早春二月,绿堤春草,红萼紫花首先迎来了明媚的春光。湖岸有成片的茱萸林,三月花发远香四溢,七月结实,红绿相间亦胜似花期。湖堤之上分行植柳,轻风微拂,柳丝若烟。上下相映,如波翻涌。无论是初春的鹅黄还是盛夏的浓绿,都能令人陶醉。此外水际还有滩、有濑,湖水激石,微风摇蒲,白鹭翱翔,游鱼戏水,呈现出无限的生机。临水建有亭榭,是观景、赏月、饮酒、赋诗、小憩、纳凉的地方。山上斤竹岭为美竹被覆,绿筱深密,辟小径穿竹而过,有溪流逶迤其间。步入岭中,满眼青翠。风摇竹叶、水激溪石皆成悠远的音韵。密竹丛中建有竹里馆,此处幽深无人迹,或独坐静憩,或抚琴长啸,恬然自得,几忘世上岁月。另有华子冈,松风落日,连山秋色,皆有无限诗意。秋凉月明之夜,登冈可欣赏到明月映郭,辋水沦涟。远村灯火,深巷犬吠,农人夜舂,山寺疏钟,既构成了清丽的图画,又合成了美妙的乐章。仲春之日,草木蔓发,春山可望;轻鯈出水,白鸥矫翼;露湿青皋,麦陇朝雊,又展现出另一种美景。山麓林野之间还设有鹿柴、木兰柴、漆园、椒园。这些既是生产经营的设施,也可供主、客清游赏玩。山岭之中多有溪泉,长年流注不竭,其中以金屑泉最受主人青睐,其地景色宜人,水质甘洌清甜,亦是王维与友人常到的地方。

王维对辋川别业的描述与他的所有山水诗文一样,给人一种清新而空灵的感受。这是由于他对现实冷漠,而将全部的身心和所有的才智都用于对大自然细致入微的观察上面,因此能用其生花妙笔勾勒出自然山水丰富多彩的面貌,展示出清丽动人的画面。苏轼评价说:"味摩诘之诗,诗中有画;观摩诘之画,画中有诗。"这同样也体现在他对山居别业的经营上,他把每一处的景致皆处理得如同诗画一般,并又用诗画的语言予以描述,其诗文就像把我们也带进了他的别业,并将所有的美景一幅幅地再现在我们的眼前,从而让人得到无穷的享受。

浣花溪草堂 唐代私家园林。唐代大诗人杜甫为了避安史之乱,于上元元年(760),在成都城西之浣花溪畔置草堂,2年后建成。杜甫在《寄题江外草堂》诗中简述了兴建草堂的经过:"诛茅初一亩,广地方连延。经营上元始,断手宝应年。敢谋土木丽,自觉面势坚。台亭随高下,敞豁当清川。虽有会心侣,数能同钓船。"可知草堂初占地仅一亩,后又加以扩建。建筑布置随地势之高下,充分利用天然的水景,园内主体建筑为茅草葺顶的草堂,建在临浣花溪的一株古楠树旁。园内广植花木,满园花繁叶茂,浓荫蔽日,加之溪水碧波,构成了一幅极富田园野趣的图画。

白氏履道里宅园 唐代私家园林。履道里宅邸为唐代大诗人白居易的府第。大和三年(829)白居易以刑部侍郎告病归洛阳,长期居住在那里。白居易有《池上篇》诗,诗前自序记录了宅园创造经过和景物布局。履道里在洛阳城东南,占地十七亩,"屋室三之一、水五之一、竹九之一",又筑池塘、岛、桥于园中。后又在池东筑粟廪,池北建书库,池西修琴亭;园中又开环池路,置天竺石、太湖石等;池中植白莲、折腰菱,放养华亭鹤;池中有三岛,先后作西平桥、中高桥以相联通。园中环境优美,亭台水榭,竹木掩映,白居易自誉其园云:"都城(指洛阳)风土水木之胜在东偏,东南之胜在履道里,里之胜在西北隅。西闬北垣第一第,即白氏叟乐天退老之地。"足可见其园之美。

庐山草堂 唐代诗人白居易任江州(今九江)司马时所创的山居寓所。元和十一年(816)秋,任江州司马的白居易登临庐山,为奇秀的山景所动,于是选香炉峰之北、遗爱寺南绝胜之地营建寓所,次年二月草堂落成,三月下旬始居新堂。草堂虽极为朴质,仅"三间二柱,二室四牖","木斫而已,不加丹,墙圬而已,不加白。砌阶用石,幂窗用纸、竹帘纻帏,率称是焉"。而且人工构筑亦极精炼,只有草堂、平地、平台、方池,呈一线布置,但因选址适宜,仍有着应接不暇的美景。近处有环池的野卉,池中有白莲、白鱼。稍远是石涧、古松、孝杉、修竹、灌丛、萝藤。堂东悬三尺飞瀑,昏晓如练色,夜中若环佩琴筑之声。堂西层崖危磊,竹槽引山泉,自檐注砌,累累如贯珠,霏微似雨露。春有锦绣谷花,夏有石门涧云,秋有虎溪之月,冬有炉峰积雪。阴晴显晦,昏旦含吐,千变万化,不可殚记。

白居易庐山草堂与谢灵运的始宁墅及王维的辋川别业具有很大的差异,这一方面因草堂是暂居的寓所,因而没有必要也不可能经营成极大的规模,同时也由于这一时期城市中的文人园林渐渐兴起,而山居形式即将被取代。然而庐山草堂对基址的精心选择,借助四外景致与自然融为一体以及不拘建筑传统形制,"广袤丰杀一称心力"的造园思想却对以后文人园的营建具有深刻的影响,不久后白居易在洛阳履遭里所构筑的宅园在诸多方面表现出与庐山草堂具相似的旨趣。直到明末,计成的《园冶》亦发现了彼此的渊源联系。

平泉庄 是唐赞皇公李德裕所建的别墅,在唐东都洛阳城外15千米处。唐玄宗年间,这里曾是乔处士隐逸之所,天宝末(756)此地即被荒弃,直到敬宗宝历初(825)为李德裕所得,经数年苦心经营,渐为当时的名园。

李德裕,字文饶,自幼曾随父李吉甫宦游十四载,"上会稽探禹穴,历楚泽登巫山,游沅湘望衡峤",每至名川大山都心有所感。其父曾有诗云:"龙门南岳尽伊原,草树人烟目所存。正是北州梨枣熟,梦魂秋日到郊园。"李德裕对此极为倾心,因而有退居伊洛之志。自出任浙西观察史期间,得龙门之西废园,即着手营缮。园基周围5千米,其间建台榭不下百余,有书楼、瀑泉亭、流杯亭、钓台之属。园中凿池引泉,模仿巫峡、洞庭、九派、十二峰之状为景。由于他曾在元和二年(807)及大和七年(833)两度拜相,因此修建平泉庄时即有许多人将远方奇石珍木、名贵禽兽送来并移于园中,其后或宦游所历随时访求,或他人投其所好不时地奉送,又有大量的奇花异草、珍松怪石移至园中,致使园中景致有若仙府。李德裕一生大多在外为官,身居平泉庄的时间极短,但他对此园一直十分关心,不仅先后题写了不少咏怀平泉庄的诗文,希望能终老林泉,并且还叮嘱子孙,不许售卖此园或者园中一草一木。然而结果却均未如他所愿,非但自己最后客死贬官之所崖州,而且园中名品怪石不久也多为洛中有力者取去。相传庄中有一名石,"以手摩之,皆隐隐见云霞、龙凤、树草之形"。五代时为一军阀所得,德裕之孙李延古托人希望赎回,军阀怒道:"自黄巢乱后,洛阳园石谁复能守?岂独平泉一石哉!"竟不能复得。

两宋园林　960年,后周归德节度使、殿前都点检赵匡胤在陈桥驿(今开封东南)发动兵变,代周自立,建宋王朝。北宋定都的东京汴梁(今开封),是在原唐代汴州府城的基础上改建而成的,虽然经过后周、北宋增拓扩建,并按唐洛阳宫室制度营建了宫城,但其制度规模终不能与唐长安、洛阳相比。然而宋都汴梁却因商业发达而打破了以往都城的里坊制格局。临街设店,各种铺面鳞次栉比,茶室酒楼林立,使城市面貌呈现出前所未有的繁荣。北宋时期帝王苑囿时有兴筑,数量众多,皇宫之后有后苑,太宗藩邸的园池亦为当时著名的苑囿之一,初名为潜龙园,后更名为芳林园。此外还有迎春苑、宜春苑、玉津苑、琼林苑、同乐园、金明池、牧苑等都是当年帝王经常行幸的苑囿。按宋时风俗,诸苑在特定的时令允许士庶纵观,如《东京梦华录》所载,每年3月1日开金明池琼林苑,谓之开池,车驾临幸,不禁游人,以至于殿上下回廊皆关扑钱物、饮食、伎艺人作场,勾肆罗列左右。如此景况是在前朝所看不到的。宋时汴京城的城市景观也经过了精心的处理,显得极为优美。如沿河及御道都列植槐柳,御沟之中尽栽芙蕖,近岸有桃、李、杏及杂花相间,春夏之际望之若绣。都城内外并有八景,谓"铁塔行云""金池过雨""州桥明月""天河涛声""繁台春晓""汴水秋凉""隋堤烟柳""相国霜钟"。此外又有八胜,即

"艮岳春云""夷山夕照""金梁晓月""资圣薰风""百冈冬雪""吹台秋雨""宴台瑞雪""牧苑新晴"。由这些景名大致可了解到当年城中居民可以欣赏到随四季的轮回、晨昏的更替以及阴晴雨雪而变化的美景。

徽宗时期，因"澶渊之盟"以来已有数十年未与当时的劲敌辽国发生重大战事，为了粉饰太平，夸耀繁盛，土木之役又起，不仅对金明池、琼林苑等进行了崇饰修缮，还营造了一座在中国历史上最为著名的艮岳。为了搜罗江南的奇花异石，还在苏州设立应奉局，并组织专门的漕纲运送，号"花石纲"，而"民于是役者中家悉破产，或鬻卖子女以供其需"，于是激起了江南人民的反抗。当时方腊起义即指明当时采办花石的专差朱勔为罪魁。而艮岳竣工不久，京城汴梁即被金人攻破，苑中禽兽成了饥民的食物，亭台楼阁也被避难者用于生火取暖。因此营造艮岳在历史上常被人们看作是北宋覆亡的原因。另一方面，自魏晋以来中国人对于山水自然的理解日益深化，艮岳的营建已开始从以往单纯在形式上摹写山水转向了在神韵之中欣赏和感受自然的情趣。而徽宗自己在中国传统艺术方面具有极高的造诣，工程主持者梁师成也"博雅忠荩，思精志巧，多才可属"，加上万乘之尊的皇帝拥有他人无法相比的人力、物力和财力，所以艮岳在造园艺术上也达到了前所未有的境界。

金人南侵，掳走了徽、钦二帝，康王赵构逃至江南，建立了南宋政权，史称为宋高宗。南宋初年，虽有岳飞、韩世忠等将领奋勇抗金，曾一度给人民带来"中兴"的希望，但以高宗为首的统治集团为了自己的利益而无意恢复中原，反而打击并杀害坚持抗战的将领，对金人割地纳币以换取苟安东南的局面。当时南宋以杭州为都城，称为临安，这里自唐代以来城市经济极为发达，在北宋元丰年间，已有"参差十万人家"。到南宋建都，这里"户口蕃息，已近百万余家"。都城内外，"人烟生聚，民物阜蕃，市井坊陌，铺席骈盛"。加之城西山明水秀，得自然之神丽，于是上至皇帝下到百官都在此兴起了纸醉金迷的享乐生活。

临安的地理环境极为优越，城西是万顷碧波的西湖，湖外三面青山环抱；城东濒临钱塘江，美丽的湖山胜境俨然是一座极大的天然花园。虽然临安的南宋皇宫简陋，规模狭小，甚至于正朝大殿时常要依据需要而更换殿名匾额，一殿被用于多种用途，但皇帝的御园却并未因此而有所省减。皇宫之后有大内御园，西湖周围及临安城内外另有德寿宫、玉津园、富景园、屏山园、玉壶园、琼华园、小隐园、集芳园、延祥园等。这些苑囿大都"俯瞰西湖，高挹两峰，亭馆台榭，藏歌贮舞，四时之景不同，而乐亦无穷矣"。

两宋年间的私家园林呈现出的一个显著特点就是文人园的迅速发展，究其原因，是多方面的。首先，宋朝既定的偃武修文国策，给文人带来了诸多优厚的待遇。诸如文官的俸给优于武官，进士及第时皇帝常用赐诗、赐宴、赐袍笏、赐驺从游街等方式以示奖励，以及每次开科取士名额几倍于唐时，等等。这吸引了广大的士子步入读书应举的道路，致使宋代文人数量陡增，这无疑是文人园得以普及的前提。其次，当时朝廷为了防止官员专权，各官僚机构都臃肿庞大，"冗官"的结果是各种力量彼此牵制，相互抵消，对任何问题均争执不休，难以产生有效的对策，而彼此争斗自然又危及到一部分人的前程，于是这些失意者通常只能以林泉山水来平衡忧愤之心。由于唐人创造了"中隐"的方法，城市山林普遍为人们所接受，进而取代了过去那种山居隐逸的形式，因此在这一时期已经很少见到较著名的山庄别墅，而更多的是购地营园，将全部的身心投入到造园艺术之中，当时司马光的独乐园、苏舜钦的沧浪亭等都是因此而营建的。最后，两宋三百多年间虽然因经济发展而呈现出繁荣富庶的太平盛世景象，但外族的军事威胁始终存在，而当时的国策又常令人难以进一步施展自己的抱负，因此人们心中普遍存在着一种无可奈何的压抑感，这就使得居官显赫者也要借助园林用以排遣淡淡的愁思和享受富贵优游的生活，晏殊的《浣溪沙》一阕就是这种心境的写照。

从史料中可以看到，两宋时期园林的营建极为普遍，几乎各州各县都能找到有关当年园林的记载。两宋的都城因其是全国政治、经济、文化的中心，集中了大量的官宦商贾，所以园林星罗棋布，如北宋汴梁，大抵都城附近皆为园圃，百里之内并无闲地，初春时节芳草如茵，杏花似绣，按当时风俗，各园相继开放，城中居民争相前往踏青揽胜，呈现出"红妆按乐于宝榭层楼，白面行歌近画桥流水"的盛况。南宋临安更是借助湖山之胜达到了无处不园的程度。南宋君臣沉溺于歌舞宴乐，致使园林的兴旺更过京师十倍。当时一些具有一定历史的城市，诸如北宋的长安、洛阳，南宋时期的苏州、扬州、湖州等地也由于经济发达，民物康阜而成为官宦退居之地，他们或在城中傍宅修建园林，或在郊区择地开筑池馆，造园之风盛传。同时，两宋时期园林艺术的水准、技法及大众园林审美观念也比前代有了较大的提高，成为我国园林艺术在明清之际的全面发展成熟的一个先声。

琼林苑 宋初四苑之一，位于东京汴梁（今河南开封）外城顺天门西南，南临顺天大街，建于北宋乾德二年（964）。大门北向，牙道皆长松古柏，两旁有石榴园、樱桃园等，内多有亭榭，为酒家所占。苑内松柏森列，百花芳郁。其花大多为闽、广、二浙所进。花间点缀亭榭，为数众多。政和年间（1111—1118）在苑东南筑华嘴冈，高数十米。上建横观层楼,金碧辉煌。山下有锦石缠道、宝砌池塘。池中行画船凤舸,水面架拱桥若虹,堤岸植拂水垂柳。每年的赐二府从官宴以及大比之年的进士闻喜宴皆在苑中举办,故后世状元及第有"领琼林宴"之称。

金明池 原是宋太宗登基后为了训练"神卫虎翼水军"而设,开凿于太平兴国元年(976),在琼林苑北,与苑隔街相对。金明池原先并非为游娱而置,故其布局异于一般园林。池近似于矩形,周长达3.5千米,外以墙垣相围,周约9里30步,建筑大多分布在南岸及池中岛上,这是为了便于校阅。不久训练水军的活动渐渐转变为固定的表演项目,宋人谓之"水嬉",金明池也成了大众游娱的场所。尤其是徽宗时期,每年自三月初一至四月初八开池,不禁游人,于是其间游人商贾,摩肩接踵,不论风雨,了无虚日。

金明池正门临街南向,入门即是池南岸,往西约百余步有北向临水殿,这里是皇帝赐宴群臣及君臣同观争标、水嬉的地方,原来只是彩幄帷帐,政和年间被改为木构殿宇。皇帝临幸时殿前还要搭出水棚以排列仪卫。近殿水中先列彩舟、乐船、画舫之类,表演诸军百戏以及杂耍、木偶等节目。随后开始进行龙舟、飞鱼、虎头等船的争标及布阵。水殿之西有一组顺南北轴线布置的建筑。南端是宴殿,殿南有横街,牙道柳径,乃都人击球之所,殿侧供皇帝、官眷临幸时停放车舆。宴殿之北是一座砖石驳砌的高台,"上构楼观,广约百丈",称宝津楼,从上面可俯瞰整个金明池。楼北为广场,原先广场的作用是训练列兵布阵、骑射格斗。后来则变成表演的场地,呈诸军百戏、杂耍、戏剧,供楼上皇帝及群臣欣赏。过广场正对宝津楼设棂星门,门内两侧有小台,争标之时上建彩楼,列伎乐其上。棂星门北架仙桥通往中岛,桥长约数百步,桥面三虹,朱漆栏楯,下排雁柱,中央隆起,状若飞虹,当时人们称其为"骆驼虹"。中岛在池正中,四周驳石为岸,上建五殿,按四方及正中对称布置,各殿间都有回廊相连。宴殿之西又有射殿,供皇帝亲临射弓。《梦华录》载:"驾诣射殿射弓,垛子前列招箭班二十余人……雁翅立,御箭去则齐声招舞,合而复开,箭中的矣。又一人口衔一银盂,两肩两手共五只,箭来皆能承之。"池东西两岸仅临池近墙广植垂柳,几无建筑物,北岸正对中岛五殿有盛龙船大屋,当时人称"奥屋"。船坞东是金明池北门,出此已到了汴河的西水门。

开池时期游人大多集中在东岸及宝津楼下,仙桥及中岛五殿之中也挤满了关扑、游览及做生意的艺人、商人等。池西游人稀少,但垂杨蘸水,烟草铺堤,成为垂钓之士理想的场所。入内者须买牌子,得鱼后还需倍时价买之,然而"临池斫脍,以荐芳樽",亦不乏其乐趣。到争标之日,东岸搭起了无数彩棚,更是盛况空前。

寿山艮岳 宋徽宗即位之初,曾为子嗣未广而苦恼,这时有道士进言,说是都城东北地协堪舆,只是地势略低,如能稍稍增高当有多子之应。徽宗因此命人培土筑冈,不久果然得到了应验。政和年间,徽宗以为承平日久,朝中无事,渐渐对苑囿、花木之事有了兴趣,而当时以蔡京为首的一班佞臣为了迎合圣意也趁机怂恿皇帝大兴土木。政和七年(1117),在户部侍郎孟揆的主持下,在当年堆筑土冈的地方起万岁山,苑囿建设自此开始,不久又将此苑的营造事务转交宦官梁师成全权负责。为了在全国搜求奇花异石,许多地方设置了应奉局,甚至一些并未得到贡献花石任务的地方也千方百计地找门路献珍异,以至于为了输运花石而凿城坏郭,折桥毁堤之事时有发生。后来皇上也知百姓为之所扰,因而稍加禁戢,只令朱勔、蔡攸负责调运江南花石,但他们的横悍更甚于他人,不仅调民大肆搜剔岩薮,甚至若见民间花石颇堪把玩,即径入而取之,为了调运入京还组织了专门的漕运船队,这就是著名的"花石纲"。

由于汴梁附近平皋千里,无崇山峻岭,少洪流巨浸,而徽宗认为帝王或神灵皆非形胜不居,所以对寿山艮岳的景观设置极为重视。取天下瑰奇特异之灵石,移南方艳美珍奇之花木,设雕阑曲槛,葺亭台楼阁,日积月累,历十数年时间,使寿山艮岳成了有史以来最为优美的游娱苑囿。宣和四年(1122)艮岳初成,李质、曹组分别奉旨作赋,又写了《艮岳百咏》诗一组,徽宗自己也作了一篇《御制艮岳记》。此后还有兴造,一直延续到靖康年间(1126—1127)。

整个艮岳以南北两山为主体,两山都向东西伸展,并折而相向环拱,构成了众山环列、中间平芜的形势。北山稍稍偏东,名万岁山,山周5千米有余,最高一峰达90步。峰巅立介亭以界分东西二岭。据亭南望则山下诸景历历在目,南山列嶂如屏。北望则景龙江长波远岸,弥漫十余里。介亭两侧另有亭,东曰极目、萧森,西曰麓云、半山。东岭圆混如长鲸,腰径百尺,其东高峰峙立,树巨石曰飞来峰,峰棱如削,飘然有云鹤之姿,高出于城墉之上。岭下栽梅万株,山根结构绿华萼堂,梅花盛开之时自有"绿萼承跗,芬芳馥郁"的境界。堂侧有承岚、昆云诸亭。又有外方内圆如半月的书馆,屋圆如规的八仙馆。还有挥云厅、揽秀轩、龙吟堂、紫石岩、朝真蹬等景点缀其间。由朝真蹬可往介亭,但蹬道盘行萦曲,扪石而上,忽而山绝路隔,继以木栈,倚石排空,周环曲折,形如艰险难行的蜀道。梅岭尽处山冈向南伸延,其间有遍植丹杏鸭脚(银杏)的杏岫。有栽于石隙土穴的黄杨,曰黄杨巇。修冈之上成片的丁香间缀以磊磊山石,称丁嶂。又有在自然的顽石之下杂栽椒兰,名为椒崖。再往南已是寿山东南,西临雁池,增土为大坡,坡东南柏树茂密，动以万数，枝叶扶苏，如幢盖龙蛇，是为龙柏坡。坡南又有小山，横亘1公里，其景穷极奇妙，称芙蓉城。万岁山西有长岭，自此向南绵亘数千米，与东岭相遥望。山口石间有水喷薄而出，形若兽面，曰白龙沜。周围有濯龙峡、罗汉岩诸胜，间以蟠秀、练光、跨云诸亭点缀。又西为万松岭，青松覆被密布于前后，岭半建楼，名倚翠。岭上下又设东、西二关，关下平地凿大方沼。沼中有洲渚，东曰芦渚，上葺浮阳亭；西称梅渚，上建云浪亭。池水向东流入砚池，西出为凤池。中分为二馆，东曰流碧，西曰环山，另有巢凤馆、三秀堂之属。艮岳的南山称为寿山，山林葱翠，望之若屏，虽然其方广仅数千米，但前山两峰并峙，山后冈阜连属，峰峦崛起，望之千叠万复，不知其几千米。山南起大池，名雁池，池中莲荷亭亭，雁凫栖止。临池倚山有噰噰亭，取"鸟鸣噰噰"之意。《艮岳百咏》称："圣主从来不射生，池边群雁恣飞鸣。成行却入云霄去，全似人间好弟兄。"亭直北是绛霄楼。寿山南坡叠石作瀑，山阴置木柜，绝顶凿深池，车驾临幸之际令人开闸放水，飞瀑如练，泻注到雁池之中，这里被称作紫石屏，又名瀑布屏。循寿山西行，密竹成林，其内是四方贡献的各种珍竹，往往本同而干异，又杂以青竹，故称作斑竹麓。其间有小道逶迤穿行。艮岳大门位于苑西，名华阳门，入门园径宽于驰道，两侧奇石林立，著名的峰石有神运、昭功、敷文、万寿等，其中神运峰"广有百围，高六仞，居于道中，外构亭以覆之"。石侧立碑，镌徽宗亲书御制记文。苑西仿农舍建西庄、山庄，周围辟稉稼菽麻之地，山坞之中又有药寮，附近植杞菊黄精之属。万岁山西北原有瑶华宫，后为火焚毁，于是据其地凿大池，名为曲江，自苑外引景龙江水，屈曲绕行，直至封丘门，池中有堂，曰蓬壶。西行为漱玉轩、炼丹亭、凝观、圆山亭等。整个苑中建筑则亭台楼阁，斋馆厅堂；山岭则冈阜洞穴，岩崖岫壁；泉池则川峡溪泉，洲渚瀑布。更有乔木茂草、走兽飞禽，其胜概难以尽述。来到苑中，四向环顾，若在重山大壑幽谷深岩之底，而不知东京汴梁原是开阔平夷之地，更令人难以置信的是这里竟是人工委积而凿而成。因而徽宗万机之余徐步一到，不知崇高富贵之荣。而腾山赴壑，穷深探险；绿叶朱苞，华阁飞陛；玩心惬志，与神合契，遂忘尘俗之缤纷，飘然有凌云之志，终可乐也。

寿山艮岳完工未久即遇金人围城，及金人再至，围城日久，钦宗命取苑中山禽水鸟十余万尽投之汴河，并拆屋为薪，凿石为炮，伐竹为笆篱，又取大鹿数百千头杀之以饷卫士。至都城被攻陷，居民皆避难于寿山、万岁山之间。次年春，祖秀复游，则苑已毁矣。明代李梦阳曾赋诗叹曰："城北三土丘，揭孽对堤口。黄芦莽瑟瑟，疾风鸣衰柳。云是宋家岳，豪盛今颓朽。我闻帝王富，东京实罕有。凿池通嵌窦,移山媚户牖。炭並楼观台,欻吸风雷走。崖阴翡翠吟,海窟蛟鼍吼。燕赵矜丽人,搜剔充妃后。君臣互沉湎,斯道讵能久。呜呼花石费,锱铢尽官收。北风卷黄屋,此地竟谁守!……

富郑公园 北宋时私家园林。系宋仁宗、神宗两朝宰相富弼的宅园。此园是当时洛阳少数几处不利用旧址而新开辟的私家园林之一。据《洛阳名园记》载,此园由住宅东门的探春亭进入,园中部为大水池,由小渠引来园外活水。池北为全园主体建筑四景堂,前为临水月台,"登四景堂则一园之胜景可顾览而得"。池西植大片竹林,辅以多种花木,又筑有方流亭、紫筠堂,花径中,有荫樾亭、赏幽台,抵重波轩。池之南岸为卧云堂,与四景堂隔水呼应成对景,卧云堂南为土山,种梅、竹,山上有梅台、天光台。园中又多山洞、水渠、曲径通幽,别有一番风情。

独乐园 北宋著名的历史学家司马光居洛阳时所建的园林,建于神宗熙宁六年(1073),当时王安石任宰相,推行新法,而司马光则是反对派的代表,因此依据其本人的请求出任洛阳西京御史台。园名"独乐",按他自己的解释:与民同乐是王公大人之乐,"一箪食一瓢饮不改其乐"是圣贤之乐;而自认为既非王公大人,又非圣贤,自伤不得与众同,故只能独乐,以尽其分而安之。

独乐园是我国古园中以少胜多的范例。占地仅二十亩,主体建筑读书堂只有数十椽屋,浇花亭益小,弄水、种竹二轩犹小,见山台高不过寻丈。其庭园的布置采用当时常见的模式,以水池为中心,池中筑岛,池岸环列各种建筑和景物。池南是读书堂,堂南为一组院落,以弄水轩为主体,院中有渠、有池,水自池北由管涵中出,在北阶下悬注池中,再分为以渠绕庭四隅,会于西北出院。这是一区与水景结合的小院,颇为生动清幽,池方及深各为三尺,有时覆版池上,中置壶,外以榻绕之,进行探壶游戏。《温国文正司马文公文集》中有诗云:"轩前红薇开,壶下鸣泉落。"大池之北是种竹斋,前后多植美竹,横屋六楹,东辟门,南北开窗,厚其塘茨,是清暑之所。池东有采药圃,杂种草药,圃北又植竹,并将竹按屋柱及廊的形式及位置种植,竹梢相交扎结,以形成屋和廊的形式;药圃之南是花栏,栽芍药、牡丹及杂花,花栏以北有亭名浇花亭。池中岛上也栽竹,中留出一块圆形空地,径三丈,又扎结竹梢形成圆庐之状,称作钓鱼庵。另外在园中起台,其上构屋,遥望四外群山,称之为见山台。

独乐园无论是占地面积还是园中景物数量,都无法与当时洛阳其他名园相比较,但因司马光在当时名望很高,连小孩都知道他在幼年破缸救人的故事,按宋时洛阳的习俗,每到开春,都市居民都要涌向各家园池中赏春游玩,独乐园也因司马光的缘故每年都有许多人前往。据说按当时的惯例，游人入园须向主人交一些所谓"茶汤钱"，司马光的看园人一次得到了十千，闭园后欲交与主人，司马光再三不受，看园人只得用此钱在园中构筑了一座小亭。

园中采药圃和钓鱼庵颇为别致，径用自然之竹，结其梢而为之，这种建筑无须构造之费，但能得自然之趣，在当时园林之中并不多见，这固然和司马光的园池"卑小简素"一样，是因他当时的生活比较清贫，但这种因地制宜、因材制宜的方法却成了后世园林规划营建的榜样。

乐圃 北宋年间朱长文所构的隐居之所，在苏州城内西北隅。五代时期吴越王之子广陵王元璙据守姑苏时曾营建了多处园林，至钱氏去国，其园都散为民居，朱长文的乐圃原也是钱氏诸多园林之一，几易其主后方为他的祖母所购得。当时亦高冈清池，乔木寿桧，粗有胜致。每到佳时良辰朱长文的父亲或叔叔常陪其祖母前来游观。朱长文虽在19岁时已举乙科进士，后因坠马伤足而不愿从吏趋。起初他想将此改建之后作为其父归老之地，但未多久，其父去世，于是此地就成了他自己的隐居之所。经数年的月葺岁增，园中景趣质野，有如山林岩谷。依孔子所谓"乐天知命故不忧"，以及颜子"在陋巷而不改其乐"之意，名园为"乐圃"。

乐圃占地约三十亩，当中辟为住宅，其北建堂三楹，两旁有庑，供家眷居住，其南又有堂三间，名"邃经"，供起居读书之用。宅东置米仓、鹤室、蒙斋。宅西为园圃。园北有高冈，名为"见山"，其上置琴台、构咏斋，朱长文常在此抚琴赋诗。冈下有池，自西北引水入园，逶迤至冈侧，注入池中，池东又凿小溪，直抵园的东南角。池中筑亭名为"墨池"，主人不时在亭中展玩名家字画、金石拓本。池岸又有一亭称"笔溪"，溪旁设钓渚，亦均为游憩佳处。钓渚与邃经堂约略相平直。溪池之上置三小桥，跨溪而南出者谓"招隐"，由墨池亭至池岸者称"幽兴"，循冈往北度水者曰"西涧"。过西涧桥又为一区，名为"西圃"，圃中建有草堂，堂后构华严庵，西南堆土略高，被叫作"西丘"。园圃之中林木葱郁，古树巨木盘根抱柯，极有雅致。另有畦圃栽培四时名花、日用药草以及时蔬鲜果，不仅以此奉宾娱亲，而且亦为亲自灌园耕耘，自有一种山林田野的情趣。

环溪 北宋时私家园林。系宣徽南院使王拱辰的宅园。该园布局别致，南、北有两水池，两池东、西两端以各小溪连接，而成池、溪水环绕当中一大洲的格局，故名环溪。主建筑集中在大洲上，南水池之北岸建洁华亭，北水池之南岸建凉榭，均为临水建筑。多景楼在大洲当中，登楼南望，"则嵩高、少室、龙门、大谷、层峰、翠巘，毕效奇于前"。凉榭之北有风月台，登台北望"则隋唐宫阙楼殿，千门万户，岧嶤璀璨,延亘十余里,凡左太冲十余年极力而赋者,可瞥目而尽也"。凉榭西有锦厅和秀野台,园中遍植松、桧等各类花木千株,时可赏玩。此园的布局可谓别具一格。

湖园 北宋时私家园林。此园原为唐代宰相裴度的宅园,但宋时归何人却不详。湖园主体是一大湖,湖中有大洲名百花洲,洲上建堂。湖北岸有大堂叫四并堂,堂名出于谢灵运《拟魏太子邺中集诗》序"天下良辰、美景、赏心、乐事,四者难并"之句。大洲多种花木,环湖多成片的林木和修竹。百花洲堂和四并堂隔水遥相呼应,为园中主建筑。此外,湖东有桂堂,湖西岸有迎晖亭、梅台、知止庵隐蔽在林莽之中,环翠亭超然高出于竹林之上,而翠樾亭前临渺渺大湖,既有池亭之胜,犹擅花卉之妍。时人以为园林"务宏大者少幽邃,人力胜者少苍古,多水泉者艰眺望",唯独湖园兼此六者,因而在当时也颇有名。《洛阳名园记》也说此园"虽四时不同,而景物皆好"。

德寿宫 在临安城望仙桥东,原是秦桧府邸。南宋绍兴三十二年(1162)高宗倦于政事,将此地重新修治,名"德寿宫",以打算将其作为养老之所,不久即退位而移居于此,当时人称"北内"。德寿宫殿宇楼阁森然,又有大量名花珍卉,其中被布置为东、南、西、北四区,并有亭榭溪池点缀其间。东有远香堂(赏荷)、清深堂(赏竹)、松菊三径(间植菊、芙蓉、竹,有榭)、梅坡、月榭、新妍亭(观荼蘼)、清新堂(赏桂)、芙蓉冈。冈南载忻堂为御宴之所,堂南荷池,建二亭,曰射厅、临赋。池中有至乐亭。另有集锦亭(观金林檎)、清旷堂(赏木樨)、半绽红(赏郁李)、泻碧池(赏金鱼)。西有冷泉堂(赏古梅)、文杏、静乐二馆(赏牡丹)、浣溪楼(观海棠)。北有椤木堂,匾题"绛叶",清香亭前栽春桃,又有倚翠亭、盘松亭、旱船之属。

乾道三年(1167)三月,孝宗令人前往德寿宫邀太上皇临聚景园赏花,太上皇赵构说:"频频出外不惟费用,而且劳人甚众。本宫亦有好花数株,不若来日请官家(指孝宗)过来闲观。"于是次日一早孝宗即带着皇后及太子同往。后苑中有许多小内侍及幕客,也效学西湖赏春之俗,在两廊间陈放了不少珠翠、花朵、玩具、匹帛、花篮、闹杆、市食之属。许从人及内侍人等关扑取乐。赏花之后至毬场看小内侍抛彩球、蹴秋千,又到射厅观百戏,后又登舟绕池闲游,直至酉牌方归大内。自此孝宗知太上皇不喜常常外出,就命修内司在德寿宫后苑内起冷泉堂。又引湖水、凿大池、叠巧石,为飞来峰,景物悉如西湖。于其西构大楼,取苏轼"赖有高楼能聚远,一时收拾与闲人"诗句,题额为"聚远楼"。

远香堂前有方池,四畔雕镂栏杆晶莹可爱,池有十余亩,内广植千叶白莲。堂东有万岁桥,长六丈,并用吴璘所进玉石甃成,桥中作四面亭,用新罗白罗木盖造,极为雅洁。淳熙九年(1182)仲秋,孝宗过宫赏月,夜宴于远香堂,池南列五十女童奏清乐,北岸芙蓉冈一带置教坊工近二百,待月初升,繁箫齐举,缥缈相应,如在霄汉。

德寿宫曾因生芝之瑞而一度被改名为康寿宫,后来孝宗居此又更名为重华,不久又作为宪明皇太后居所,被称作慈福宫,后又为孝成皇太后所住,名寿慈宫。此后这里渐被冷落,因而遂废。咸淳年间(1265—1274)度宗临政时将德寿宫的一半改为道观,名宗阳宫,以祠感生帝君。重建之后殿宇雄丽,圣真威严,宫中花木也被剪删整治,装点景界,又令人耳目一新。度宗每岁也要车驾临幸,行烧香典礼。德寿宫的另一半则已散为民居,园地改作道路,起桥曰宗阳宫桥,直通清河坊。

大内御苑 南宋皇家园林。大内御苑为宫城的苑林区,又名后苑,位置大约在杭州凤凰山的西北部,这里地势高爽,能迎受钱塘江的江风,地形旷奥兼备,视野广阔,"山据江湖之胜,立而环眺,则凌虚骛远,瓌异绝胜之观,举在眉睫",且这里较杭州其他地方凉爽,故为宫中避暑之地。《武林旧事》载:"禁中避暑,多御复古、选德等殿,及翠寒堂纳凉。长松修竹,浓翠蔽日。层峦奇岫,静窈萦深。寒瀑飞空,下注大池可十亩。池中红白菡萏万柄……又置茉莉、素馨、建兰、麝香藤、朱槿、玉桂、红蕉、阇婆、簷葡等南花数百盆于广庭,鼓以风轮,清芬满殿……初不知人间有尘暑也。"苑中广列宫殿,《马可波罗游记》对此也有记载:"(锦胭廊)宽六步,上有顶盖。这走廊很长,一直走到湖边。走廊两边,有寝宫十处……各有花园,在这些房间里住有一千宫女,侍候国王。有的时候,国王同后妃一同出游,带着宫女数人,泛舟湖上,舟上满复绫绵。"苑中遍植名花嘉木,宫殿参差排列,掩映在青山碧水之间,可以想见当时花木之胜及景观之美。

南园 在南宋临安城(今杭州)外南山长桥,原是皇帝的御花园。南宋庆元二年(1196)赐平原郡王韩侂胄,庆元五年韩侂胄请当时著名的诗人陆游为之作记。开禧三年(1207)韩侂胄在权力之争中被杀,园不久也被收归御前,并更名为庆乐园,后又赐嗣荣王赵与芮,改名为胜景园。

南园倚山傍湖,取天地之造化,极湖山之优美。韩侂胄受赐后据其自然,辅以雅趣,因高就下,通室去蔽,使之呈现出"升而高明显敞,如蜕兰垢;入而窈窕邃深,疑于无穷"的丰富变化,成为自绍兴年间以来最具登临游观之美的园林,当年王侯将相的园第无一能与之媲美。园中以许闲堂为主殿,其额是宁宗亲笔御题,其景有和容射厅、寒碧台、藏春门、凌风阁、西湖洞天、归耕庄等,另有夹芳、豁望、鲜霞、矜春、岁寒、忘机、照香、堆锦、清芬、红香等堂,又有远尘、幽翠、多稼、晚节香诸亭。园内射圃、走马廊、流杯亭、假山石洞,屋宇之属皆宏丽精美。归耕庄中点缀着蔬圃稻田,牧场畜栏。十样锦亭制度工巧,为当时罕见。凌风阁前有一香山更为出名,有人说是沙蚀涛激之余的玲珑岩石,也有人称其是古沈香或枯蘗木。

韩侂胄因与皇室有亲情关系,因而操纵朝政,排斥异己,被时人视作奸臣,陆游也因撰写《南园记》而受到非议。《南园记》当时曾被韩侂胄镌于石碑,至韩败,碑亦被毁。后来有人赋诗云:"清芬堂下千株桂,犹是韩家旧赐园。白发老翁和泪说,百年中见两平原。"又云:"旧事凄凉尚可寻,断碑空卧草深深。凌风阁下槎牙树,当日人疑是水沈。"

石湖别墅(附范村)　　石湖别墅是南宋著名诗人范成大的旧居,位于平江府吴郡(今苏州姑苏区)石湖之畔。当年石湖南北长4.5千米,东西广2千米,周回约10多千米,是太湖的内湾。湖东田圃相属、水港纷错。湖西山岭起伏,诸峰映带。水光山色,颇为胜绝。周围还有许多名迹,如春秋时期的吴王郊台、越来故城等。据称当年范蠡功成退隐,即于此泛舟入太湖。临湖的上方山巅建有著名的楞伽寺,殿宇参差,佛塔高耸。范成大早年家境比较贫寒,一直为衣食而奔走,曾有"若有一廛供闭户,肯将篾舫换柴扉"之叹,直到29岁方中进士而步入仕途,他的仕途却非常顺利,是南宋诗人中为官最为显达者。在范成大居官之际,即开始因其旧居、随地势之高下而为亭榭,《苏州府志》称其别墅中有农圃堂、北山堂、千岩观、天镜阁、玉雪坡、锦绣坡、说虎轩、梦渔轩、绮川亭、明鸥亭诸胜。范成大自撰的《石湖赋》中则云:"筑农圃湖山之观,耸碧城昆阆之丘。岫幌纳千峰之秀,云庄开万壑之幽。夜月兮嬉渔,春风兮芳洲。渺烟波兮鸥鹭,适忘机之乐;度雪桥兮龟鱼,听挂杖之游。至于水静鹄立,林幽鹤鸣,漾湖光于几席,占山影之台亭。花粲粲以昌披,木欣欣其敷荣。菡萏兮十里,琅玕兮满城。其他幽芳奇观,间见层出,又不可殚举而悉名。"由此可知别墅的景色极为优美,园内有四时名花,其外借湖山之景。当时的名人常有诗文盛赞别墅之胜。一次周必大过此,夜宴别墅园中,曾留题于壁,称此甲于东南。范成大谢以言重,而周必大却说:"吾行四方,见园池多矣,如芎林、盘园(都是当时较著名的园林)尚乏此趣,非甲而何?"后范成大过此二园,忆及前言,不无得意地说:"余非敢以石湖夸,……使予有伯恭(芎林的主人)之力,子严(盘园的主人)之才,又得闲数年,则石湖真当不在芎林、盘园下耶!"范成大在为官期间就时常到此小住,游山泛湖。及其晚年以疾告退,荣归故里,就以此为宅,自号石湖居士。南宋孝宗曾御书"石湖"二字以赐,被镌于山石之上。61岁时他曾在这里住了一年,写下了著名的《田园四时杂兴》六十首,他以清新的笔调描绘了石湖周围乡村生活的各个方面,展示了当时丰富多彩的风土民情。

范成大辞官后,因嫌石湖稍远,不能日涉,于是又在城中府邸之南别营一圃,尝阅杜光庭《神仙感遇传》所叙吴民胡六子泛海,飘至范老村遇见陶朱公的故事,大喜道:"此吾里吾宗故事,不可失也。"于是名园为"范村",刻两朝赐书于堂上,堂额曰"重奎"。其北又葺古桃花坞。园圃之中以三分之一植梅,所栽之梅逾数百株,有12个品种,姜夔曾有《梅花令》咏此,题下自注有"以宅南隔岸有圃,曰范村,梅开雪落,竹园深静……"之句,范成大晚年据自己生平所植,撰《范村梅谱》一卷。此外范村曾植菊花有36种,亦被谱为《范村菊谱》一卷。

西湖 杭城之西有湖,曰"西湖",这里一池碧波,三面青山,景色胜绝,自古以来就被视作东南佳丽之地。隋唐以来这里经济发展迅速,杭州渐渐成了繁华的都会。唐代白居易守杭期间,曾浚湖筑堤,不仅将水利赐惠于当地百姓,而且也使西湖更添美色。这在白居易自己的心中也留下深刻的记忆,晚年还写了"江南忆,最忆是杭州。山寺月中寻桂子,郡亭枕上看潮头,何日更重游"的词。后来北宋苏轼知杭,又对西湖作了疏浚,将淤泥堆筑长堤,上植桃花柳树,使之重湖叠巘,烟柳画桥,更丰富了湖山的景色和层次。他将西湖比作西子,认为无论是水光潋滟的晴日还是山色空濛的雨天,其景色都是那样优美,就像美人那样,浓妆淡抹都能显现她的风姿。当年更有词人柳永赋《望海潮》一阕,状写杭州繁华,至使金主完颜亮欣然起投鞭渡江之志,牵动长江万里愁。

北宋汴梁为金人攻破后,皇室南渡,据杭城为都,是谓临安。此时朝廷上下均为这里清丽的景色所动,纷纷在西湖周围营园建宅,整日迷恋于湖光山色,流连于歌舞嬉游,几忘中土。南宋年间在南山路、方家峪、小麦岭、大麦岭、西湖三堤路、孤山路、北山路、西溪路等处遍布园圃、寺观以及自然山水风景,都被装点得如花似锦,成为都人游赏之所,但当时人们认为"杭城景胜,尽在一湖"。朝昏晴雨,四序总宜。至仲春时节,景色明媚,花事方殷,于是公子王孙、富室骄民倾城而至。宋室南渡后也将开金明池琼林苑的惯例带到了临安,每年自二月初八至四月初八谓之"开湖",在此期间西湖画船满布,首尾相接,堤岸游人如蚁,摩肩接踵。店舍辐凑,赶乘开张。比汴京有过之而无不及。皇帝游幸之日,御大龙舟,诸司百官亦各乘大舫。当时谓"承平日久,乐与民同",因此凡游观买卖皆无所禁,画楫轻舫旁午如织。湖上随处可见果蔬、羹酒、戏具、花篮、画扇、彩旗、糖鱼、粉饵、时花、泥婴之类的"湖中士宜",又有珠翠冠梳、销金彩段、织藤、窑器、玩具等物杂陈罗列。歌姬舞女,严妆自衒,以待招呼谓"水仙子"。至于吹弹、舞拍、杂剧、杂扮、鼓板、投壶、花弹、蹴鞠、分茶、拔盆、杂艺、散耍、讴唱、风筝等更不可胜数,总称"赶乘人"。某些时令小吃一经御尝,时人即争相共趋,甚至因此而成为名点。朱静佳曾有诗云:"柳下白头钓叟,不知生长何年。前度君王游幸,卖鱼收得金钱。"另有宋五嫂鱼羹,亦因得皇上宣唤,遂名于一时,久之竟成富媪。湖畔诸多御园,开湖时节皇上也随时会有临幸,或赏花或小憩,并无一定之规。

入夏以后游湖者渐稀,而在蒲深柳密的凉爽之地则多垂钓之士,往往至月出始还。盛夏亦有登舟泛湖者,是为避暑之游,时有留宿湖心,竟夕而归。

辽金苑园 自五代至两宋在中国北方曾先后建立了辽、金两个少数民族政权,二者并相继维持了三百余年的统治。辽、金两朝虽然地域仅半壁,但它对后世却有很重要的影响,如自此以后北京就取代了长安、洛阳等以往古老的都城,成为全国的政治中心,辽、金燕京的部分苑囿也被一直沿用到明清。

辽代营建苑囿园林的史料较少,据《畿辅通志》载:辽萧太后曾在宣府营建三花园,北京城的北海团城也是辽瑶屿行宫的遗物。辽俗之中有两种仪典却似与早期的苑囿有着某种联系,这就是柴册和四时捺钵。所谓柴册是辽最高统治集团成员在皇帝即位或逢重大事件时举行的重要祭祀活动,需选择吉日,前期以木构三层高台,其上积薪、复毯、置小室。至期皇帝入室行礼,大臣及诸部帅列仪仗遥拜,然后共同燃烧薪木,封土石以志之,最后返回,拜先祖,宴群臣,这种仪典习俗与汉族帝王祭祀天地十分接近,而且也很容易使我们联想起周文王筑灵台的故事,《诗经·大雅·灵台》所谓"……庶民攻之,不日成之。……虡业维枞,贲鼓维镛。……鼍鼓逢逢,矇瞍奏公"的描述与此非常相像,因此,可以推断出辽代苑囿的最初功用与祭祀活动有关。辽人的生产形式主要是捕鱼和打猎,"随水草就畋渔,秋冬违寒,春夏避暑,岁以为常"是辽人的生活,皇帝同样也遵循这种习俗。辽代中期,皇帝四季游猎畋渔的地点被固定化了,当地的行营就被称作捺钵。辽帝春季钓鱼打雁,正月自上京出发,到长春州的鸭子河泺(今吉林月亮泡),初到时河冰未解,大雁未归,于是先在冻河床上凿冰钓鱼,不久天气渐暖,鹅雁开始返回,又开始了弋猎,辽俗规定在钓到第一条鱼及射下第一头雁时要举行隆重的仪式,皇帝亲自荐庙,群臣献干果,然后设宴庆贺,这也能使人感到与汉武帝大猎上林苑时的情景是如此相似。及至春尽,君臣始归。夏日多在黑山(今内蒙巴林左旗吐儿山),主要是纳凉避暑,暇日也进行张鹰游猎活动。入秋到永州伏虎山(今内蒙西拉木伦河与老哈河交汇处)射鹿。冬季是在永州东南广平淀,这里地势平坦疏旷,较为温暖,因而辽帝在此过冬,同时也进行狩猎及习讲武艺。这种四时捺钵制度与《周礼》所谓的四季田猎有着相同的意义,而后来清人出塞行幸及狩猎活动也能于此找到相同的含义。

辽代后期,政治腐败,终于在辽保大五年(1125)被金灭。辽亡之后金人不仅据有辽地,同时又挥师南下,一年后攻破汴梁,获徽、钦二帝以归,不久宋室南渡,金人得到了淮河以北的大片土地,并定都燕京(中都)。当时金主完颜亮按北宋汴梁的制度在辽南京的基础上重新进行了建设,其宫室、苑囿的材料大多折自汴梁。相传北宋年间汴京宫中有巧匠,名燕用,其制作极为精巧,每有兴造都在器物、构件上刻其姓名,至宋亡,这些器物果然都被运到了燕京,这被时人看作是上天的昭示。

完颜亮及以后的金帝大多喜爱山水游乐,中都的苑囿也有了大规模的建设,其中最为著名的是大宁宫,盖在辽代瑶屿行宫的遗址上。其中有琼华岛及琼林苑,据说其间堆叠假山的峰石大多取自汴梁的艮岳。此外又在西山营建了八院,成为金帝经常行幸的别苑。后来为人称誉的燕京八景也在此时见诸记载,它们是:太液秋风、琼岛春阴、道陵夕照、蓟门飞雨、西山晴雪、玉泉趵突、卢沟晓月、居庸叠翠。

辽代的统治一直未跨越幽燕,北地的自然条件及辽人的生活习俗限制了私园的发展。到了金代,其势力范围较辽更向南方扩大,汉文化的影响也更加深刻,因此金代所构筑的私家园林可以在许多地方志中见到,如河间府梁子直的成趣园、应州康公弼的小有园、高汝励的碧柳园,另外怀庆府还有当时官宦经常相聚宴游的沁园,等等。然而地方志的记载大都相当简略,故很难从中了解到更详尽的面貌。

西山八院 燕京之西群山自西南奔涌而来,蜿蜒起伏,是为太行支脉,称燕山。近京玉泉、香山诸峰泛称西山。这里林麓苍莽,溪涧镂错,云从星拱,争奇拥翠。春夏之交,晴云碧树,鸟语花香。秋则乱叶飘丹,冬则积雪凝素。景胜殊绝,不可殚记。金章宗时曾在西山中创设离宫别苑,号称西山八院,以作为宴游避暑之用。

自京城西出,玉泉山凸于众山之前,西山之胜自此而始。玉泉山多涌泉,沙痕石隙皆有水出,山东北一处尤为壮观,名玉泉。泉水喷涌而上,淙淙有声,色若霜雪,味极甘洌。泉前潴为小池,池东石桥跨溪上,这就是燕京八景之一——玉泉垂虹。泉水自此溢出,流注西湖(今昆明池)。金章宗在山上建芙蓉行宫,山巅一殿可远眺周览。西望诸山,崖峭岩危,隐如芙蓉,宫殿也因此而名。向东则可见田野、村郭、西湖,远处的京城也清晰可见。自玉泉山西行,数千米之后见左、右两山相夹,这里称退谷,谷口甚狭,乔木蔽日,谷中溪流屈曲,可以流觞。谷南辟为花圃,花事颇盛,建有看花台。石楼孤峙,四面皆花,北望退谷掩映于翠樾之中。顺谷而入,小径如线,涧水淙淙,深入数千米为溪涧源头,章宗在此建清水院,深院高台,石兽立前。玉泉山后有妙高峰,远望似仅一山,近视则峰石相倚如笋箨,石骨裸露,极为生动。山下两泉缭绕,山因水活,更添秀媚。妙高峰前有寺,名法云。西泉出自寺侧石隙,经茶堂两庑绕霤而下;东泉来自山后,经蔬圃、积香厨而至。两泉并汇于寺前方塘,溪泉名香水,章宗香水院建于此。有楼可卧观诸山,又有巨松,荫横数亩。玉泉山西稍南为香山。山中名迹甚众,有葛稚川的丹井等,辽中丞阿里吉曾建宅于此,后舍宅为寺;金世宗又予以增筑,赐名大永安寺(后又称香山寺);后章宗幸此,建会景楼,其前设祭星台。旁有梦感泉,相传一夕章宗梦见发矢中于地,因而有泉涌出,次早令人掘地,果有清泉涌出,因名。祭星台西有松密覆,又一日章宗坐骑失蹄,得松扶掖,于是赐名此松为护驾松。

金代世宗和章宗均喜好游娱登眺,西山遗迹甚众。自章宗创八院后,不仅每岁春秋无时不往,且其游踪更广。京西 35 千米的仰山、王平口的百花陀,都留下了金章宗的诗文石刻、观花石床等。自金以后西山遂成游憩胜地,而且开始大量兴建寺院庙宇。查慎行诗云"佛号曾呼禁苑中",即为此地变迁的写照。

元代园林 宋、金对峙之时,中国北方的蒙古部族已开始壮大,南宋开禧二年(1206),铁木真完成了蒙古各部族的统一,在漠北建立了蒙古国,自号成吉思汗。南宋咸淳七年(1270),其孙忽必烈控制了中国北方大部分土地,定国号为大元。元开国之初建都开平(今内蒙正蓝旗东),至元元年(1264)迁都燕地,但并未因金中都之旧,而是在其东北以金朝琼华岛离宫为中心,重新规划新城。历时 8 年,新城竣工,其规模宏大、制度严整使之成为继隋唐长安以来又一座气度雄伟的大都城。为了城中的用水和漕运,由郭守敬主持对城市水系作了大规模的疏浚和改造,这不仅解决了实际的功能需求,同时也使城市景观增色不少。

元代都城中的苑囿仅宫城之中一处,也就是金朝的琼华岛及周围地带,元时称万岁山太液池。元大都皇城主要由三组宫殿围绕苑囿布置,大内在太液池东,踞于城市轴线南端,其北为禁苑。池西南是太后居住的隆福宫,西北是太子居住的兴圣宫。太液池及禁苑占据了皇城一半以上的土地。元大都的苑囿虽然沿用了前朝的旧苑，但苑中还是依据当时的需要进行了增筑和改造，殿宇形制出现了前所未见的盝顶殿、畏兀尔殿、棕毛殿等形式，殿宇材料及内部陈设也按照元人固有的风俗习惯大量使用，诸如紫檀、楠木、彩色琉璃、毛皮挂毯、丝质帷幕以及大红金龙涂饰等名贵物品和艳丽色彩，形成了以往所没有的特色。

　　元代的私家园林主要继承和发展了唐宋以来的文人园形式，其中较为著名的有河北保定张柔的莲花池，江苏无锡倪瓒的清閟阁、云林堂，苏州的狮子林，浙江归安赵孟頫的莲庄以及元大都西南廉希宪的万柳园、张九思的遂初堂、宋本的垂纶亭等。有关这些园林详尽的文字记载较少，但从留至今日的元代绘画、诗文等与园林风景有关的艺术作品来看，园林已开始成为文人雅士抒写自己性情的重要艺术手段，由于元代统治者的等级划分，众多汉族文人往往在园林中以诗酒为伴，吟风弄月，这对园林审美情趣的提高是大有好处的，也对明清园林起着较大的影响。

万岁山太液池　　元大都皇城中的禁苑，其前身是金代的瑶屿离宫，中统三年（1262）进行了大规模的兴造改建，至元四年（1267）苑成，此后又有多次修缮。万岁山太液池在金朝时业已定型，当时称琼华岛，山上皆玲珑峰石，山下大池环抱。相传当年蒙古臣服于金，其境内有一山，其势秀峭，岩石玲珑，金有善观气数阴阳者称此山有王气，希望设法厌胜，于是金帝令人求之，说是欲得此山以镇金地，蒙古应允，于是金大发士卒凿掘辇运而至中都，并累积成山，四周开挑为海子，植树栽草，营构殿宇，使之成为游娱的离宫。而另有一说，云此苑是金人破汴梁后将艮岳的峰石花木连同拆下的宫室材料一起运至中都而建。

　　元时万岁山峰峦掩映，松桧隆郁，有若天成。山后用水车汲水至山顶，由石龙口吐注方池，池下用暗管引池水至仁智殿后，又用石刻蟠龙，昂首喷水而出，向东西流入太液池。山上有广寒殿七间，重檐庑殿，室内文石甃地，上覆藻井，四面琐窗板嵌，遍缀红云。中有小玉殿，内设金嵌玉龙御榻。前立玉假山一峰，西北建侧堂一间。山腰为仁智殿三间。广寒殿东为金露亭，上结圆顶琉璃宝珠。亭后立铜幡杆。广寒殿西称玉虹亭，形制与金露相似。山上另有荷叶殿、线珠亭、方壶殿、瀛洲亭、温石浴室、胭粉亭、介福殿、延和殿之属，一殿一亭皆擅一景之胜，山口蹬道屈曲，回廊蜿蜒，望之俨然如仙岛玉宫。山前架汉白玉长桥，二百余尺，直抵仪天殿后。殿在池中圆坻上，十一间，重檐圆顶，正对万岁山。长桥北立木牌坊，两侧立峰石，有日月石、棋枰石、坐床石等。万岁山四外太液池，周近十里，广种芙蕖。元武宗至大二年（1309）仲秋，皇上与诸嫔妃于池中泛舟赏月，玉兔东升，池光映天，绿荷含香，鱼鸟群集。于是画船中流，莲舟夹持，帝乃开宴张乐，令宫女披罗曳縠,前为八展歌舞贺新凉诸曲。太液池东南是元都大内,其后为禁苑的灵囿,畜养珍禽异兽。禁苑中另有香泉潭,为武宗时制,行幸之时潭内积香水,注其旁漾碧池。池中置温玉狻猊、白晶鹿、红石马等物。

万柳园 是元初右丞廉希宪的宅园,位于大都西南,与赵参谋的匏瓜亭、栗院使的玩芳亭、张九思的遂初堂(皆园名)相邻,当时号称胜甲城西南。园中有堂,名万柳堂。堂前开池,广数千平方米。园内花木繁盛。袁桷称,其中名花不下万本。一日廉希宪置酒万柳堂前,宴请卢疏斋、赵孟𫖯诸公,时有歌姬左手折荷,右手执杯,歌元好问《小圣乐》词,曰:"绿叶阴浓,遍池亭水阁,偏趁凉多。海榴初绽,朵朵簇红罗。乳燕雏莺弄语,有高柳鸣蝉相和。骤雨过,琼珠乱撒,打遍新荷。　人生百年有几。念良辰美景,休放虚过。穷通自定,何用苦张罗。命友邀宾玩赏,对芳樽浅酌低歌。且酩酊,任他两轮日月,来往如梭。"词中所述与眼前景物甚谐,赵孟𫖯喜而赋诗,称:"万柳堂前数亩池,平铺云锦盖涟漪。主人自有沧州趣,游女仍歌白雪词。手把荷花来劝酒,步随芳草去寻诗。谁知咫尺京城外,便有无穷万里思。"又一次正值营缮东宫,工部前来求花,说是:"牡丹名品尽在你家,请乞数本,将来太子也会知道这是出自廉公园中。"廉希宪答道:"如果是命令,那么即便是全部祖业,也在所不辞,但我事主上从未曲求恩泽,现在我已告病归家,怎么还能以花来献媚呢?"求者惭愧而退。廉希宪在元初声誉颇著,他是畏兀尔人,自其父起始迁居大都。廉希宪自幼笃好经书,深为元世祖崇敬,一次想尊其为国师,令其受戒,他辞之曰:"臣已受孔子戒矣。"他兴学举贤,重义轻财,为时人所重。

临漪亭园 元代私家园林。在今河北保定。本为元初汝南王张柔所建"雪香园"中一景区,张柔将其赐给部将乔维忠,乔维忠建为别墅。此亭四面临水,屋重庑列,鳞渌漪然,因名"临漪"。此园以水清、树茂、花异见胜,尤宜于消暑,在园内吟诗饮酒,别有情趣。此园环境幽雅,"虽城市嚣嚣而得三湘七泽之乐"(元郝经《临漪亭记略》),为当地一胜景。

明代园林 元末农民起义经过了十多年艰苦卓绝的斗争,终于推翻了元朝的统治。1368年朱元璋在南京登极称帝,建立了明王朝。成祖朱棣称帝后,一方面出于形势的需要,另一方面他在燕地经营多年,已有了较深厚的基础,于是不久就将国都迁往北京,此后北京成了明王朝的政治中心,而南京则退居于陪都的地位。由于南京作为明朝正式都城的时间并不太长,兼之开国初期百废待兴,所以城中除营建了一座制度严谨、宏大壮丽的宫城外,几无苑囿建设。明北京的苑囿均设在皇城之中，基本也是据元代的禁苑或沿用、或改造、或重建而成。西苑是明代最大的苑囿，位于紫禁城西，其基本的山水构架就是元代的万岁山太液池，燕王府后来也被作为苑中的一个组成部分。在最初的十多年间，苑内并无营造活动。明宣德八年（1433），宣宗称苑内建筑年代已久，恐其颓圮，遂命工修葺。不久英宗对苑进行了首次规模较大的改造。嘉靖、万历年间西苑又经不断的增筑改建，渐渐改变了原先以天然野趣为主的特色，人为的痕迹日趋明显。紫禁城后，中轴线北端另有二苑，一在紫禁城内，坤宁宫之后，称作后苑；一在玄武门外，称万岁山。两苑之地在元代也为禁苑，但明代重新营建之后已经完全没有前代的影响了。后苑与万岁山相距不远，营建也几乎同时开始。后苑布置没有采用中国园林随意、自由的传统手法，而是采用了与宫室建筑相仿的大致对称的格局。苑中以建筑为主，花木、假山只是其中的点缀和陪衬，使之呈现出庄严的气度。万岁山占地较大，并用开凿紫禁城护城河所出的土方堆高筑成了一座体量巨大的假山，山脊对称地耸立着的五座亭构，山间、山后所建的殿宇也形成了较明显的轴线。东苑在皇城东南隅，在元代这里也是禁苑的一部分。永乐、宣德年间这里仍是一处以水景取胜、极富自然之趣的地方。明中期后也进行了改建，宫室渐多，格局也日趋严谨。

　　明代的苑囿有着两个较为显著的特点。第一是苑囿都设在皇城之中。这主要与当时的政治形势有关。明代，北边经常受到蒙古威胁，如正统年间蒙古军队曾逼至北京西直门下，明英宗也被俘去。嘉靖时蒙古军队进到西山、玉泉山，寺观为他们焚毁，等等，出于安全考虑，只能放弃营建郊外御苑的打算。第二是苑囿的布局都趋向于端庄严整。其原因来自明代所推行的政治制度。中国的封建专制制度发展到明代已经达到了极点，统治者为了巩固自己的统治，不仅有杀戮功臣、大兴党狱、对文人采取文字狱等高压手段，即便在建筑形式上也进一步强调等级。明初规定，各等级的官吏庶民都只能按既定的建筑规模予以营建，如于制有违，俱行拆毁。因此，作为天下最高等级建筑的皇宫、苑囿，从布局到造型都在尽一切可能地体现出端正与威严。

　　在明代，私家园林的营建极度兴盛。两宋时期文人园林已经相当普遍，而且已开始对其他类别的园林产生影响。元代统治是建立在对内残酷压榨各族人民、对外实施征伐掠夺的基础之上的，这不仅摧残了社会经济，同样也破坏了营造园林所必需的物质基础，因而私家园林的繁荣又等待了一百余年的时间方缓缓来到。

　　明代的统治者对待文人所采用的是高压与笼络并举的手段，一方面大量招揽人才以供统治者驱使,另一方面却明文规定"士大夫不为君用,罪该诛杀"。在思想方面提倡程朱理学,强行规定"四书五经"为文人必读的教程,又创设了一套八股取士的科举程式,还密织文网,钳制不同思想,这不仅仅束缚了文人的思想,而且也使他们为了免灾祸而变得谨小慎微,因此唐宋时期文人造园所具有的那种借以摆脱束缚、寻求寄托、平衡身心、不满流俗的心态仍然能在明代文人造园中得以延续。另一方面,明初统治者恢复经济的种种措施在社会上获得了预期的效果,出现了安定与繁荣,这提供了园林发展的物质基础。明中叶之后,虽然农村土地兼并问题又趋激化,致使许多农业人口因破产而背井离乡,然而由于此时城市经济已经较为发达,这些破产农民正好为城市的商业及手工业提供了劳动力,因而更促进了城市的繁荣。城市之中出现了一大批富裕的商人和手工业主阶层,他们也渐渐成为了具有实力的造园者。从园林本身而言,虽然园主人可依自身的修养和造诣使园林表达不同的情趣和反映一定的思想,然而各类园林具有一个共同而且现实的共性,这就是能提供生活享乐,因此园林对于任何具备造园能力的人都有着极大的吸引力。从明代诸多文献可知,当时私家园林极为普遍,几乎全国各地都能见到这一时期所营建的园林。当然由于各地的经济、文化发展的不平衡,因而各地的园林在数量和质量上存在着一定的区别。当时私家园林最为发达的地方主要是北京、南京、扬州、苏州以及江南的太湖流域、杭嘉湖地区,等等。

北京和南京因其首都这一特殊的地位而成为一代官僚云集的地方,那里不仅有在朝中供职的各级官员,也有退官后赋闲养老的公卿大夫,他们往往凭借着在社会上的声望或特定权势,以及所拥有的实力,致使营宅造园的风气更高于其他地方。当然这些园林之中有以雕饰宏丽著称的显宦、贵族园林,也有以疏朗朴质闻名的名士园林,如北京海淀相邻的清华园和勺园就正好是这两种风格的典型代表。

江南地区自唐宋以后就一直较为安定,又兼之这一带有着优越的自然条件及气候条件,所以经济发达,也成为文人及富商的聚居之地。国家的财政在很大程度上需依赖江南,朝廷的官员也有很大一部分出于江南。所以造园就非常普遍,明代私园无论是在艺术上还是在技巧上都居于全国的领先地位。诸如上海潘允端的豫园、苏州王献臣的拙政园、太仓王世贞的弇山园、扬州郑元勋的影园等都代表着当时的最高水平,堪称这一时期造园艺术的代表作。

由于明代造园活动的普遍化,社会上出现了许多专事造园叠山的工匠,同时还有那么一批生活悠闲而不思仕途进取的文人,他们或将自己的才智用于诗文酬答之上，或放在绘画造园之中，这不仅促进了造园艺术的发展，并且也开始有人将造园这一工匠造作活动付诸文字，所以明代起出现了像《园冶》《长物志》这样专门的造园专著，这并非出于偶然，而是这一时期造园活动发展的必然结果。

弇山园 明代万历初年文坛领袖王世贞的宅园，位于江苏太仓城内。王世贞晚年偏好释道，以为神仙可致，据《山海经》所记，弇州山为神仙栖所，故其慕而名园，其本人也自号为弇州山人。弇山园在当时非常有名，这当然与其地位、家资及声望有关，但此园的景物也极为丰富，据他自己称，园中宜花、宜月、宜雪、宜雨、宜风、宜暑，四时变幻皆为胜绝。

园在隆福寺西，占地七十余亩，园外小溪渺渺，垂柳交荫，其西有古墓，松柏古拙，再西是关帝庙，碧瓦雕甍。其南为腴田，得乡野之景，园内平地起楼台，城市出山林。园中土石十之四，为山者三，为岭者一。水十之三，有溪、有池、有滩、有濑。建筑十之二，其佛阁有二、堂三、楼五、书室四、轩一、亭十。竹木花卉不知其数，约为十分之一。其余还有桥道、石洞、岩磴、涧壑、流杯渠之类。

自园门而入，织竹为高垣，旁蔓以蔷薇、荼蘼、月季、丁香之属，花期如绣似锦，取岑参"晓随天仗入，暮惹御香归"诗句，名之为惹香径。循径而西，渡知津平桥即可抵园中正厅弇山堂。竹垣之左杂种榆、柳、枇杷数株，围以养鹤，称清音栅。群鹤高唳，声彻云表。右侧为桔园，名为楚颂。径之阳以粉墙围成一院，中建阁奉佛经，额曰小祇林。入门有亭，周布美竹，成为一区清凉之境。竹后立石峰，其形若俯首深思者，且与经阁相望，题名曰点头石，隐含晋高僧说法，诸石领首听经故事之意。去石不远有一石桥名梵生，桥平而广，曾经是园内赏月佳处，后又有景物增葺，使之渐为他胜所夺。石桥前后，高榆古松，美荫不减竹林，而且树下通透，纳凉更胜竹林，被称作清凉界。过梵生桥约数十丈，中建阁，左右葺室，内藏佛道经书，阁后有池、岛，登阁启北窗，则池岛、西山诸景皆历历在目。阁下庭除了宽敞，四壁还绘有水墨佛经故事。经阁之东临水建屋，前植梨、枣、林檎数十树。阁西有鹿室及园丁杂屋。弇山堂面阔五间，堂南月台平旷，于此赏月，自初升至西下皆无遮掩。月台左右各植玉兰五棵，花时交映，灿然如雪。堂北枕莲池，东西约七丈，南北半之。曾有客游此，誉池不减王右军芙蓉池，后王世贞得旧园一石，上刻芙蓉渚，似特为此地景色而镌，故立于池畔。池南开小溪，宛转屈曲，沿溪遍植红、白木芙蓉，也与芙蓉渚名相合。弇山堂东，左右各立一石坊，右坊门虽设，前阻小溪，取陶渊明所谓"门虽设而常关"之意。左坊名为始有，自此而出，左溪而右池。缘池向南，其侧蕃以竹篱，为琼瑶坞。其中广植红白梅花，四色桃花。再往西过小平桥即可入山。由此折而北行,有屈曲沟渠,两岸叠筑黄石,名为磬折沟。道左又有梅坞,枝干伸出竹篱,横侵道上,故称此为香雪径。其前宽敞处立小亭,可饱览西弇山景胜,因而名之曰饱山。由饱山亭折而又向东行数十步,有萃胜桥。立桥上向北能尽见西弇山,东北中岛全貌也毕陈眼前,东南所见为佛阁及竹木的局部,从其隙处文漪堂之胜也隐约可见,故名萃胜。过桥沿小径即可进入西弇山。山中怪石林立,各峰皆据其形而制其名,如簪云、伏狮、侍儿、等等,多不胜数。西弇山临池处有突星濑,群石怒起,千形而百态。山冈间开凿溪池,曰蜿蜒涧、天镜潭。又有瀑布,名小龙湫。为石洞,称潜龙洞。山中高处起楼,曰缥缈楼,此楼是园内最高处,登楼启户,不仅尽收全园景色,而且园外的民居、街景,远处的田野、村落也纤悉莫通。楼附近还有大观台、超然台、啻虞榭,又有乾坤、草亭、丛桂亭等建筑,不仅能踞以观堂山中及四外景色,而且也为山上增景添色。西弇山和中弇山之间为水池所隔,上架桥曰月波。过桥,一峰迎立于前,名曰古廉。再前有壶公楼,西壁绕以峰石,自楼下向西南伸展,各出其态。不数步为率然洞,出洞设一渡口,称作西归渡。自此东转,又南折为磐玉峡,两侧壁立,岩崖参差,虽高不过三丈,然而有蜀府三峡之势。峡上有楼三楹,即壶公楼。其楼虽小,但四围皆美景,有"入狭而得境广"之感。阁左小室名曰"借芬",其右室称作"含雪"。其前一室供奉世尊,名梵音阁。其间回廊相连。中弇山是园内三山中最先经营者,因此其用材最为精美,但园主人王世贞以为似过于紧凑。自中弇山过东冷桥即为东弇山。迎面立一峰曰"窈窕峰"。自此向南为舫屋,转而北行又见数峰巨石。其间有亭曰分胜,至此东弇景胜渐渐显露。这里小径分之为二,循阳道入山可见百纳峰、芙蓉屏、云根嶂、飞练峡、流觞所、挹青峰、娱晖滩、嘉树亭、玢碧梁、九龙岭诸胜。山阴小道则曲折幽邃,时而行于涧底,时而穿于桥下,忽起忽伏,不设蹬石,而其途中所见则别有一番情趣。东弇山上建有山神祠及小亭若干,其胜多自然天趣,与中、西弇山以叠石胜形成了较强的对比,使园中人巧天趣一时并臻。由西弇山向东不经中岛壶公楼还可往北绕行,其处土山逶迤,杂植美竹,南临大池,其间有文漪堂、凉风堂、尔雅楼、风条馆之属,尔雅楼前凿云池以畜养金鱼。楼西别置一院以奉三教之像,名为同参。左室多藏宋版书,名曰少宛委,右室蕴火以御寒,称作襧云窝。中庭立数峰石,垣外有流杯沟。文漪堂后又有庖厨、仓廪、酒库等,其西为藏书楼。楼前为高垣,其下修廊数十丈,是出园之道。廊尽有门,其额为与众。再往北又设一门,匾书"琅玕别墅",自此出即已园外了。

熙园 明嘉靖、万历年间太学生顾正心的宅园,园在松江城外积善桥,距东郭约

1.5千米，占地近百亩，其间凿大池，汪洋浩淼，池周为楼台，亦胜甲一方。当时人称此园之胜首推山石岩壑之巧，其次为池泉溪涧之美，再次才是亭台建筑之奇。园主人父子辈皆擅长绘画，胸中自有丘壑，因此规模位置、增修点缀俱有顾恺之、王摩诘的笔意，堪与先辈名园相媲美。

熙园门前临水，门内建四美亭，入门往北则杉林丛竹夹植于道路两旁。前行数十步有楼翼然而立，其额曰熙园，自此渐入胜境。楼东堆筑假山，其上高树茂林，苍苔绿藓，有如武陵道中。小道在山中上下盘旋，缘道而北，陡入深壑，静听有水声潺潺，似乎附近有深潭大瀑。又转而南行，过山岭，有石桥横卧溪上，这里溪流蜿蜒，可以流觞。春夏时节，山花盛开，趺坐桥畔，则鸟语花香，水景山色令人醉而忘归。过桥即来到了全园的中心芝云堂。堂前有华沼一曲，荷香十里。对岸则疏峰万叠，古木千嶂。堂侧石洞曲折幽深。芝云堂后建有茵阁、药房等建筑，屋宇参差，复道连属。登阁西眺，林木扶苏掩映，其下玉树琼花，树梢飞檐翼角隐约可见。堂左架长廊，以遥对对岸冈阜，其上杂植梅杏桃李，春时花发，似红霞白雪，如在众香国中。绕廊而北有飞虹桥，甚为广平，于桥上赏月亦别有一种情趣。过桥，大士阁立于水际，名曰水月如来。再稍东建小亭于池畔。又东，过板桥为与清轩，轩前水面开阔，或默坐以观鱼嬉，或纶巾垂钓，皆得个中妙趣。遥望对岸，皓壁绮疏隐现于绿杨碧藻之中。堂右齐青阁高耸于林外，登阁北望，园外平畴绿净，村落淳朴，一派田园风情。阁前庭除宽广，对面翠嶂壁立，峭崿郁盘。随磴道拾级而下，傍水建屋，雕栏绣槛，虹飞霞属。屋内藏歌贮舞，是谓小秦淮。循曲廊向南迤逦而下，则建罗汉堂等一组小庭院，正堂中供奉三世释迦，旁侍五百罗汉，钟梵祭物，一应俱全。堂后藏经阁虽仅为三楹，内贮佛经甚富。堂前立巨石，四面玲珑，高十丈。据称获石之时，舟载至泖泾，船覆石沉，打捞之际，先得石座，后出峰石，两者正好相合，俨然原先旧物，恰似合浦还珠、丰城剑合故事。阁前香炉也是营建初掘地而出，故也称异物。罗汉堂东另有壮缪祠、濯锦梁、步虚梁诸景。其侧是假山石洞。由洞中穿行而出，就又到了芝云堂前。此园在明亡后废圮，清顺治末年因偿欠赋，毁家卖宅，堂宇尽废。

日涉园 明万历年间，陈所蕴在上海县城（今上海黄浦区）东南、其宅对门起园，是地原为被荒弃的旧圃，面积二十余亩。当时因园主人陈所蕴正忙于公务，听说张南阳在叠石造园方面极有名望，于是将此园的规划设计营建全部委托于他，后来园未完工而张南阳因病去世，又由曹谅接替，直至全部完工。此园经营，历时十多年，陈所蕴自己曾称园中积太湖、英石、武康奇石以万计，并誉其多山水亭台之胜。

园门之外是一条小径,夹道列植榆柳,围墙之上能见园内峰石突兀而出,令行人对园景产生无限的遐想。进入园门,前先可见尔雅堂,自堂东往北,过飞云桥,是竹素堂,堂南临大池,池畔立太湖石山,最高一峰有十余丈,名曰过云。山上建楼,据称曾有一对仙鹤飞到山上栖息,所以将楼命名为来鹤。山下有浴凫池馆,馆前堆筑土冈,其上植梅,其下栽桃,被名之为香雪岭和蒸霞径。自浴凫池馆上冈,中间架有木桥,名为偃虹。冈西有明月亭、啼莺堂、春草轩等建筑,皆朴质无华,取其自然野趣。冈东折而向北,有白云洞。穿过浴凫池馆,翻越过云峰,可由桃花洞出,前有漾月桥,过桥为东皋亭,北沿步屧廊可抵修禊亭。亭建于水上,在此可举行祓禊,亭背板上嵌镌诸摹《兰亭集序》石屏,再往东是一小院,内为知希堂,庭除中有古榆、老槐,相传均为唐物。堂后为灈烟阁、问字馆,其前后都堆筑湖石假山,设蹬道可供上下。登阁南望,则浦江帆樯;北望,则市井街陌皆展于窗牖之间。自阁道西出,又有翠云屏,其南为夜舒池,其北是殿春轩。轩后缘长廊可抵一小室,称作小有洞天。这里又为一组小院,前庭叠英石为山,山迤逦而东,达石笱山房,此处又有武康石假山,其间点缀着锦川、斧劈诸石。

陈所蕴题园名为"日涉"是取自陶渊明《归去来辞》的"园日涉以成趣",他也想据以作为日常游娱的场所,但是在营建之时陈所蕴就一直在外奔波,园成后他又前往汉阳为官,不得已,只能借助回忆,赋诗为文置于座侧,不时展玩以当卧游。明末此园转售他人,并有了改动,入清后被更名为"淞南小隐"。

淳朴园 明代私家园林。故址在今浙江海宁市硖石镇。沈祐建于明武宗正德九年(1514),园名取自杜甫"只疑淳朴处,自有一山川"之句。园在紫微山麓,园外,小水环抱,植芙蓉于两岸,曰"芙蓉溪";园内,凿池为渊,池中有载月舟,又以土山叠石为"一拳山",园中有"晏坐亭""可止轩""望道庵"诸景,园景及设施皆具淳朴之美,颇为时人称赏。

西佘山居 明代私家园林。施绍莘于明神宗万历四十七年(1619)移居此地所筑。故址在今松江市西北佘山中。佘山有东、西二峰,称东佘山、西佘山,山高秀,泉石颇胜,施绍莘此园应在西佘山。据施绍莘《西佘山居记》载,此园沿山坡而建,分山腹、山腰、山足三区,各有特色。园中山水、竹木、花草,亭、台、楼、轩,疏落有致,闲旷清幽,"简便而措之,平淡而享之。但觉山水花木,自来亲人,而我无应接之烦,是乃可为真享受矣"。

清华园 明代后期北京海淀的一座大园,为神宗时武清侯李伟所建。其地方广5千米,与米万钟的勺园相邻。园中穿池叠石,费愈亿万,巨丽之甚,甲于都下。但在园外远望，似仅见茅屋数间，入门后其胜渐显。前后以堤、岛隔为两湖，建别院二，邃丽各极其致。园中厅堂、楼阁、台榭、亭廊各擅其胜，均有富丽精美的装修、雕饰及彩绘，当时文人题咏甚多，赞其"紫衢开绣户，翠嶂捋朱楼""拂云飞阁邈，隐日曲房深""侯门矜壮丽，别墅也雕甍""雁翎桧覆虎纹墙，夹道雕栏织画梁""锦堂绣幕列钟鼎，曲房密室鸣箜篌"。园内起楼百尺，对山瞰湖。楼上复为台，登台视西山，玉泉似在台下。两湖间建大堂，曰"挹海"。堂北亭上悬肃太后亲笔御书"清雅"字匾。亭后有牡丹园，间以芍药、峰石，牡丹以千计，芍药以万计。自亭后直抵池岸，花期足称花海。牡丹多异品，其中以绿蝴蝶最为名贵。池畔有桥可至洲汀，汀北遍植芙蕖，五六月间，望之但见花繁叶疏，几乎见花不见叶。池北有山，虽由人作，但无斧凿之痕，自然胜于天成。园内山石众多，皆用名贵石料，《春明梦余录》称"屿石百座，灵璧、太湖、锦川百计"，又云"池东百步置断石，石纹五色，狭者尺许，修者百丈"。西北垒石激水，其形如帘，其声若瀑，旁建水阁。据称其石大都产之远方，每一峰石所费往往逾万缗。园中乔木花卉不计其数，湖面宽广可以泛舟。寒冬时节，湖面冰封，连木为冰船，以一二人挽之走冰上，迅速如飞，视冰雪似银浪，此又为一番情趣。入清后康熙在此园基础上修建了畅春园。

米氏三园 米万钟字仲诏，宛平人。明万历二十三年(1595)进士，官至江西按察使，后得罪魏忠贤党羽，被削籍为民，到崇祯初又复官为太仆少卿。米万钟擅书画，平生嗜好奇石，所蓄甚富，人称友石先生。米万钟在京城构有三园，一曰勺园，在海淀；一曰漫园，在德胜门积水潭东；一曰湛园，在皇城西墙根下。

勺园擅水之胜，取海淀一勺之意，故名。园占地约百亩，一望尽水，复以长堤、幽亭、虹桥相映衬，有江南水乡之趣。入园道上立牌坊，上书"风烟里"额。路侧乱石磊砢，高柳夹堤。路南筑堤入水中，中有危桥高耸，曰"缨云桥"，用"缨络云色"的典故。登桥能约略见到园内景物，以引人入胜。桥下迎面是围墙，上嵌石额云"雀浜"。稍北即为园门，门额题为"文水陂"。门内亦随处见水，跨水第一屋，名"定舫"。舫西高阜覆以松桧，称"松风水月"。阜中断处架九曲平桥，曰"逶迤梁"。过桥往北即到了勺园的正堂"勺海堂"。堂前缀以松、石，极有画意。由堂转过右边侧室有曲廊跨于水上，循廊南行，一室如舟舫，名为"太乙叶"，其周围水中广植莲荷，有如西岳华山莲花峰中，故名。由此再向东南，是一片竹林，立石镌"篠于筱"，语出左思《吴都赋》："其竹则篔筜筱篠。"修竹林内起一高楼，额曰"翠葆楼"，登楼四望，园内园外诸景毕陈于窗牖之间。园池之中，荷叶田田，树间林梢隐约能见西山峰峦。自楼折而向北，为水所阻，附近无桥，仅架一枯木老干，从上可渡水回到太乙叶,取名为"槎枒渡"。从楼往东,小路似鱼脊,拾阶可上,上为"松冈",疏松林中立石笋,置石几石凳供人小憩,越冈蜿蜒数十步,折而向北,有水榭,上结草顶,颇有野趣,水榭正与定舫相对,然而中隔水池,可望而不可及。榭下水面留一区不植芙蕖,以观赏鱼嬉。从这里可回到曲廊,其侧有一耳室,室中天窗仅一线,如夹于两岩之间。其上为平台,有梯可上,在台上但见荷叶相承而不知下面有屋。过台而下又有曲廊螺行于水面。循廊以进可抵勺海堂的后堂,虽然两堂前后相对,但中间也以池水阻隔,无法直接相通。启后堂北窗,则是园外千顷稻田,并无垣墙阻拦。自此返勺海堂,左面要经水榭,榭东一堤,上建小亭,亭中有井泉,亦仿华山莲峰玉井,只是华山为四面莲峰,而园中则井泉藏于千株真莲之间。由亭向南又有一院,中凿池若新月,称作"濯月池",院内窗户也都作新月状。池南是浴室,浴室也与定舫相平直,并用水相隔。勺园的特点是随处均能见到水面,建筑间多可望而不可及,往往路穷则舟,舟穷则廊,"几个楼台游不尽,一条流水乱相缠"。水面莲香,堤上柳烟。而且建筑多用朴质的外形,使之"郊外幽闲处,逶迤似浙村"。它与相邻的李戚畹清华园的豪华气度形成了强烈的对照。当时人们称勺园为米家园,有"李园壮丽,米园曲折;米园不俗,李园不酸"之谚。由于勺园距都城较远,不能日涉成趣,于是绘景于灯,丘壑亭台纤悉可辨,都人诧以为奇,称此灯为米家灯。

漫园也是米万钟所构,文献所载较为简略,其景胜亦不如其他二园,其中有阁,高三层。

湛园在米万钟住宅西侧,内有石丈斋、石林、仙籁馆、茶寮、书画船、绣佛居、竹渚、敲云亭诸胜,曲水绕亭,可以流觞,并也用以灌溉竹园、花圃。竹园之外有松关,转而往西,为花径,再行即到饮光楼,其下为众香界,由另一小路行数十步可抵一台,是为猗台,可俯瞰蔬圃。米万钟自己有诗云:"主人心本湛,以湛名其园。有时成坐隐,为客押青樽,闲云归竹渚,落日深松门。登台候山月,流辉如晤言。"宅中又有"古云山房",陈设平生所积奇石,其中最为著名的称"非非石",数峰屹立,俨然小型的九子峰。又有一黄石,高四尺,通体玲珑,光润如玉。一青石高七尺,形如片云欲坠,上刻篆字"泗滨浮主",旁有"元符元年二月丙申米芾题"小字。有客至则壶觞啸咏,取所藏小石娱宾。其中五石尤为奇特。灵璧石有二,一块高仅四寸余,但延袤坡陀势若大山,四面似画家皴法。另一非方非圆,浑朴天成,周围看皆如屏障,有两道红纹从顶上凹处垂下,就像朝霞中的瀑布。其高约八寸,围约尺许。此外三块,一块产自英德,如双龙盘卧,玲珑透漏,高四寸,长约七尺。一块产自兖州,巉岩浑雅,坚密细腻,叩之锵然,其大若拳。又一产自韶州,即仇池石。晶莹剔透,其色如铁,其声如磬,只也仅一拳,但其间峰峦涧壑咸备,层叠窈窕,奇巧殊绝。

影园 明末扬州最著名的园林之一,为当时杰出的造园家计成主持设计施工,是明代文人园中的代表作。园在南城外的南湖长岛南端,这里无山,但前后夹水,遥对延绵的蜀冈,四外垂柳拂水,莲荷千顷。其地之胜在于山影、水影、柳影之间,故名之曰"影园"。

影园主人郑元勋自幼就喜好山水竹木,亦擅绘画。年逾三十尚未中举,于是购废圃准备建造园林以奉养老母。明崇祯七年(1634),他会试又未及第,时又遭丧妻、眼疾等打击,忧郁万分,其母及兄弟就建议他以构筑园林来排遣,因而就延请了好友计成前往,开始了造园工程。此园经过八个月的施工初具规模,又历一年方告竣工。园中一扫当时流行的程式,处处体现出新意,使之具有朴野之致。园成后郑母至此,说是二十多年前曾有一梦,梦中来到一处造园工地,就问他人:"这是谁家的园林?"别人告诉她说:"是你二儿子的。"如今的景物似乎就是二十多年前所见。因此郑元勋又对园名"影"字作了"梦幻指示"之解,使园林又添上了一层神秘色彩。

影园大门东向临水,对岸为南城,夹岸多桃柳,俗称"小桃源"。门内积土为冈阜,松杉密布,高下垂荫,间植以梅、杏、梨、栗。有小径蜿蜒穿行林间。越过土冈,左边设荼蘼架。架外苇丛间有四五户渔民。其右为小涧,隔涧栽疏竹百十竿,下用不加修饰的小树枝干围成短篱。其后是石砌虎皮园墙。往前又设小门二,也用树干为之,取其自然之态,古拙而有野趣。入古木门,有高梧夹道。再入一门是为书屋。内悬董其昌所书"影园"匾额。书屋左右即为园景。书屋之侧有小径甚窄,折而前行,墙上梅枝横出,到花开季节自有"一枝红杏出墙来"的景致。循径而前,过柳堤,一座小石桥横呈于前,两岸苔华成行。跨过小桥一径折而可抵玉勾草堂,这里四面皆水。草堂内颇为高敞,栏槛、门窗之式都非常别致,异于常式。坐堂中则池内莲荷,四外柳烟,一派翠色。园外景物亦能尽收眼前,相邻有阎氏园、冯氏园、员氏园等,尽管有的业已颓圮,然而繁茂的竹木仍能为邻借之景。园北则古邗沟、隋堤、迷楼、平山堂、梅花岭、茱萸湾以及沿湖的杨柳延绵而不绝,成了影园的远景。草堂边临流建小阁,名曰"半浮",阁有大半架于水上,因而得名。在此可静听柳叶丛中黄鹂的鸣唱,有时也作为泛湖登舟处。草堂前一株西府海棠高达二丈,广十围,是为园中花木的珍品。绕池以黄石砌为高下石磴,大者只可坐十余人,小者四五人,有如苏州虎丘的千人坐。缘岸池中尽植芙蕖,坡岸上有梅、玉兰、垂丝海棠、绯白桃等花木,石隙中栽种着兰、蕙、虞美人、良姜等草本植物。池畔架曲板桥,穿行于垂柳中。过桥为一院,门上嵌"淡烟疏雨"四字。入门左右都是曲廊,循廊左行有三间西向小屋,是主人读书处,碧梧垂柳,浓荫蔽日,亦颇凉爽幽静。其处还有藏书室、小阁。起初阁颇高竣,阁上能见江南诸峰,后因流寇作乱,恐阁为贼所据,于是毁而改作小阁,其形制似较前阁更有韵味。庭院中多奇石,高下散布,循画理而不落俗套。室隅另作二岩,上多植桂树,缭枝连卷,溪谷嶜岩,得淮南小山《招隐士》所谓"桂树丛生兮山之幽"之意境。岩下又有牡丹、西府海棠、玉兰、黄白大红宝珠茶、磬口蜡梅、千叶榴、青白紫薇、香橼等花木,以备四时之色,花后立巨石为屏,旁植古桧,造型极佳。巨石后设小门,门外临水建亭名"菰芦中"。"淡烟疏雨"内的另一廊通复道,中临有似小亭的建筑,因其廊水相傍如人眼眉,故加三点水曰"湄",又因其后接阁古谓"荣",所以称其为"湄荣亭"。亭后有小径二,其一可通往六角形洞门,门内小院建小室三间,称"一字斋",其庭院较宽敞,护以紫栏,华而不艳。阶下有古松、海榴各一株,另建有花坛,以栽种牡丹、芍药。湄荣亭后半阁,自廊中有阶可上,阁名为"媚幽",为陈继儒所题赠,取李白"浩然媚幽独"诗句。阁三面是水,一面是石壁,壁耸立有千仞之势,上植二松,形态极美。下为石涧,涧中之水自池引入,涧旁巨石仆卧,石隙俱植五色梅,绕阁三面,至池而止,池只孤立一石,其上也有一梅树,入园所见即此。阁后就是玉勾草堂,在阁上能与堂中人说话,但要到草堂却要曲折迂回方能抵达。

影园占地仅为数亩,而人游园中却无景尽之感,这是由于园主人及主持之人胸中均有极高的山水造诣,因而不仅对园中一花一石、一亭一廊均要再三审度而置之,而且还着意与园外景色的协调,使之处处显得极为优美而不见斧凿之痕。

清代园林 清建朝之初,各地的反清情绪极为强烈,清朝的统治者在残酷镇压的同时又全面地继承了明代的律令制度,试图借以缓和民族矛盾。

作为怀柔手段之一,清人占据北京之后不仅对崇祯厚礼以葬,同时也没有像前代那样拆毁旧朝宫室,而是沿用了明代营建的北京紫禁城及宫城中的苑囿。顺治时期,清帝虽然很难忍受北京夏日的炎热,曾有兴建避暑离宫之议,但终因当时还有许多更重要的事务需要处理,因此这一愿望久久未能实现。这一时期清帝对西苑作了较大规模的改造,诸如在琼华岛南坡修筑了永安寺,山顶广寒宫址新建了白塔,在中海、南海附近及沿岸又增添了许多殿宇,等等。

康熙继位后，随着三藩相继被消灭，台湾回归，西藏内附，缅甸入贡，清廷所面临的最直接的问题就剩下与蒙古贵族的关系了。所以他自康熙十六年（1677）起开始定期出塞北巡，康熙二十年（1681）在塞外设置了木兰围场，康熙四十二年（1703）起在围场至北京之间营建了清代最大的行宫御苑——避暑山庄。康熙虽然身为满人，但他对中国传统文化有着深厚的造诣，六次南巡使他领略到了江南绮丽的风光，也接触到了各地的名园胜迹，兼之这时的经济形势已日趋好转，于是到康熙中期以后开始了清王朝的大规模造园活动。

康熙十六年（1677）及十九年（1680），康熙曾在北京西郊建造了两座行宫，即香山行宫及澄心园（后改名为静明园），但两处行宫均较为简单，仅仅作为短期或临时使用的离宫，一般只是"质明而往，信宿而归"。康熙二十九年（1690），清代第一座规模巨大的苑囿——位于海淀的畅春园，开始兴建，其址原是明代李伟的清华园，营建过程中有画家叶洮参与规划，江南造园名匠张然主持施工，使园景呈现出江南山水的特色。此后在避暑山庄的营建过程中也可以看到其深受江南山水名胜以及江南园林的影响。康熙时期为了北巡的需要还对自北京至木兰围场沿途的一些行宫进行了扩充和改建，有些也具备了御苑的景致，但规模都远小于避暑山庄。康熙之后雍正继位，对他原先的赐园圆明园作了改建。到了乾隆时期，清王朝的造苑活动进入了一个全面高涨的时期，乾隆也以其祖为榜样，六次出巡江南，因而对江南山水及园林印象极深，在位六十年几乎没有停止过营造工程，乾隆三年（1738）扩建放飞泊南苑，乾隆十年（1745）扩建香山行宫，后更名为静宜园。乾隆十五年（1750）开始在玉泉山前的瓮山和西湖间兴建清漪园，并将瓮山改名为万岁山，西湖称之为昆明湖。乾隆十六年（1751）在圆明园东建长春园和绮春园，同时也在承德开始了避暑山庄的扩建改建工程。乾隆十九年（1754）又在北京以东建造静寄山庄。乾隆年间的这些造园工程大多是历久经年，如避暑山庄直到乾隆五十五年（1790）方告完工。在此时期，海淀附近有圆明三园。向西伸延直到西山几乎全为苑囿所占，号称三山五园。北京城中则对明代御苑进行了大规模的改造，紫禁城中新增了建福宫西御花园、慈宁宫御花园、宁寿宫西路花园等，在明西苑之中又增设了静心斋、濠濮间想等园中之园。

清代自康熙至乾隆祖孙三代共统治中国达一百三十多年之久，这是清代历史上的全盛时期，此时的苑囿兴建也几乎达到了中国历史上前所未有的高潮。这一时期皇家苑囿在很大程度上受到江南私家园林的影响，正好与汉代民间园林模仿帝王苑囿的现象形成了一个对照。

到了道光时期,中国封建社会的最后繁荣已告结束,帝王已无其先辈的气度,国家财政日见窘迫,兼之西方殖民主义势力已开始用武力打破了中国的国门。咸丰年间,国内爆发了太平天国运动,西方殖民主义者的军队直接攻到了北京郊外,西郊的圆明三园——圆明园、长春园、万春园等都被抢掠一空并被彻底焚毁。咸丰之后虽然相继又有同治、光绪、宣统三帝,但朝廷的实权却一直执掌在慈禧太后之手,同治时曾欲修复已毁的圆明园,但终因国库空虚而中途停工。光绪时期对清漪园进行了修复,将其作为供养太后的离宫,并以颐养天年之义更其名为颐和园。这时的财政并未好转,因此造园只能挪用筹备兴建海军的经费,这成为中国近代历史上祸国殃民的史实之一。

清代的私家园林承前朝之旧,实为明代的余绪。明清易代使文人士大夫遭遇了重大的变革,代之而起的统治者又是来自边远地区的少数民族,这是一种令其难以接受的痛苦现实,民族矛盾以及怀念故国的情绪迫使他们又需要从山水林泉之中寻求寄托,用不合作的态度以示反抗,因此入清之后民间的造园活动十分频繁。康熙初期天下已趋安宁,经济也恢复了繁荣,使得更多的人具备了造园的实力,而自明代以来,由于政治、经济及社会诸多因素的共同作用,文人园林无论是艺术水准还是施工技巧都达到了前所未有的高度,这就确立了它在园林发展中的主导地位,影响极大,清代各个阶层在造园之际大多以文人园林为楷模,甚至形成了某种固定化的程式。康熙数度南巡,虽然大多是出于政治上的需要,但他图写南方名园胜迹带回京城予以仿造之举却促使南方及各地造园之风高涨。而乾隆六下江南更多地带有游乐的目的,由于这位皇帝在传统文化方面具有极高的造诣,而且对于造园艺术又有无穷的兴趣,因此南方各地的官宦、商贾为了迎合圣意更是不遗余力地进行园林营建。据传乾隆一次南巡时说起北京北海的白塔,询及扬州巡抚,问当地是否有如此景致。当时巡抚夸口说北京有的扬州同样也有。不久乾隆将抵扬州,巡抚闻讯后恐有欺君之罪,连夜令盐商用盐堆筑白塔。这就是扬州瘦西湖白塔的由来。当然这个故事中很难说有多少真实的成分,但却反映了这样的事实:当时扬州以及各地的富商大多已拥有了巨大的财富,为了得到皇上临幸的荣耀都竞相营宅造园,致使形成了清代造园的高潮。

乾隆以后,虽然帝王昏庸,政治暗弱,国势萎靡不振,外忧内患不断,然而民间的造园活动一直没有间断,并且日趋普遍。由于各地经济和文化发展并不平衡,其自然条件、材料来源以及施工传统都有一定的差异,因此各地的园林不仅有数量上的多寡之分和艺术水准上的高下之别,而且在园林的外观形貌上也形成了各自的特点。其中江南地区文人荟萃,造园历史悠久,经济、文化发达,致使其无论是在数量上还是艺术水平上仍居全国的首位,成为造园最为集中的地区之一。北京地区自元明以来一直是全国的政治中心,同时也是清代华北的经济文化中心,官宦云集,园林也极其发达,而且在建筑、山石、花木等造园基本要素方面也都具有地方的特征。处于南北交汇处的扬州自从隋炀帝开凿大运河之后就成了南北交通的枢纽,集中了四方的商贾,造园活动十分兴旺,清初康乾两帝南巡,此处又是必经的大埠,当时曾有"扬州园林甲天下"之美誉。其特点是吸收了江南山水处理的技法,采用北方宫式建筑形制;融合了徽州雕镂装饰。岭南地区也随着明清对外交通的发展而使经济有了迅速提高。清中叶之后造园活动也异常发达,由于气候的影响,在空间布局、花木配置、水石处理及建筑造型方面都形成了与北方相异的特色。此外,在内地及少数民族聚居的地方也有许多园林营建,并且也都有各自的特色。

平山堂西园　清代园林,因在平山堂西而名,又称"御苑""芳圃"。在今扬州,由清乾隆元年(1736)汪应庚创建。原为明塔院、井廊井旧址,在法净寺西。园以泉胜,有瀑突泉。中央地势低洼,"有池广数十丈,中为水亭"。池四周遍植佳树美竹,池北为"北楼",楼左为"御碑亭",刻有乾隆诗二首,池东南的舫屋独具匠心。园中泉水列为"天下第五泉"。乾隆时园最盛,嘉庆间渐衰,咸丰初毁于兵火。20世纪50年代初重新修葺,1980年扩建。

随园　清代私家园林,清文学家袁枚私园。随园旧址在今江苏南京五台山余脉小仓山一带。原为江宁织造曹頫故园,后归隋赫德,名"隋园"。后为袁枚购得,袁枚于清乾隆十三年(1748)修葺、扩建,由木工武龙台主其事,"一造三改",园成,取名为"随园"。全园设二十四景,以小仓山为最高,"凡江湖之大,云烟之变,非山之所有者,皆山之所有也"。建诗廊,长十丈,汇集了当时名人诗作,号"诗城";设镜屏,造成景中景,袁枚常以诗文会友,名重江南文坛,园亦驰名天下。袁枚钟情于此园,有随园六记,又尝云:"使吾官于此,则月一至焉;使吾居于此,则日日至焉;二者不可得兼,舍官而取园者也。"随园历时百余年而废,今唯南京博物院藏有袁起《载酒坊随园图》、同济大学图书馆藏汪荣《随园图》。

安澜园　清代私家园林。园址在今浙江海宁县西北,本南宋安化郡王家园。明神宗万历年间(1573—1620),陈与郊将其创建为隅园。清康熙二十四年(1685)后,陈与郊从孙陈元龙修葺,改名为遂初园。乾隆初,元龙子邦直扩建,园广至百亩,"制崇简古",国内有三十余景。乾隆二十七年(1762),陈邦直复增饰池台,为乾隆帝南巡驻跸地。乾隆赐名为"安澜园"。此园为清代江南四大名园之一,以古朴为特色,以写意山水为主体。清《南巡盛典》载,安澜园"镜水沦涟,楼台掩映,奇峰怪石,秀峭玲珑,古木修篁,苍翠蓊郁"。乾隆以此园"以图归",于圆明园中仿造,亦名安澜园。陈氏此园于咸丰年间毁,今存筠香馆、双清草堂等遗址。

就园　清代私家园林。园址在今安徽歙县西。为徐姓人家所有。此园广数十亩,于平旷之地凿方池,引溪水入园,于园中建假山复壁,高台楼堂,宜于借景。园内植梅、桧、竹、柏、石楠及牡丹等,"其间重阿曲房,周回复壁,窅然而深,洞然而明"。园外"田塍相错,烟墟远树,历历如画",周围"百余里中",名山奇峰,"浮青散紫,皆在几席"。此园的设计、布局,富有江南庭园柔和自然的风格,"盖池亭之胜,东西数州之地,未有若斯园者"。

云泉山馆　清代私家园林,故址在今广州市东北郊白云山。此园始建于嘉庆十七年(1812)。园分南、北两部分,以北园为主。园中有亭台廊轩,北园旁,引水入园。嘉庆二十一年(1816),黄培芳增修二十二景,"各得其意之所适"。山泉松竹幽雅,文人喜游乐居,此园后废。

霱园　清代私家园林,故址在今湖北武昌崇福山麓。原为明楚王朱桢王府遗址,刘处士于清乾隆五十八年(1793)建为园,亦名"刘园"。园广数亩,因山而建,以三门将全园分为三个部分。山水、池台、亭堂、花木,布置得体,内宜避暑,外利借景。"园不宏敞,而幽邃静逸,翛然尘外",为鄂州胜地。

露香园　清代园林,故址在今上海市露香园路。原为元代露香池遗址,明嘉靖三十八年(1559),进士顾名世将其筑为家园,时穿池得石,有元代书法大家赵孟頫所书"露香池",遂取名为露香园。园西,名世兄名孺建有万竹山房。园大数十亩,内有碧漪堂、阜春山馆、积翠冈诸景,擅一邑之胜,园后废弛。清道光年间,县宰黄冕集资,复建秋水亭、万竹山房,于空地设义仓,凿池植莲,聊复旧观。旋因火药库爆炸,此园毁为废墟,今为民居。

二、造园理论

人们均喜用诗情画意来形容中国园林艺术的美。在长时期的历史发展中,园林艺术与传统艺术中的山水风景画和田园诗文建立了密切的关系。这主要因为它们所表现的主题均为自然风景美,在某些艺术原则和创作方法上有不少相通之处。例如古典园林的山水布局、建筑亭台的安排、花木栽植等每每借用山水画论。而风景主题的意境构思和题对楹联等又常常从风景诗文中得到启发。由于古代一些著名造园家往往均为诗人、文学家和画家所兼任的,因此园林艺术在相当长的一段时间内没有建立起完整的理论体系。有关造园的片段论说只散见于文人笔记或小品之中。明代中叶以后,我国园林艺术达到了空前的繁荣,得到了长足的发展,并出现了一批专以造园为业的艺术家,完整的园林理论体系也逐步形成了,并有不少与造园相关的专著问世。其中最为著名的当推明末计成所著的《园冶》。然而与汗牛充栋的我国古代诗画论著相比,园林艺术理论的园地仍然显得贫瘠。经过清代及近、现代造园家、理论家的不断研究总结,我国园林的艺术理论也不断地得到完善和充实,其实用性也不断加强,归总而言,它主要可分成相地选址、造园原则、时空理论、借景对景、园林意境以及赏景方法六个方面。

相地选址 即园林基地的选择,这是中国传统园林创作极为重要的第一步。"相"有察看、分析和选择之意。相地即是对园林基地环境所作的综合调查、分析以及最后的抉择。一般来说,艺术作品都需要周围某些环境因素的烘托,油画需要一个雕刻精美的画框,国画可用不同颜色的绫子装裱,雕塑也有衬布和台座。有了这些陪衬,作品就会显得更精美。然而,这一类艺术品和它们环境之间的关系是相对的、松散的和灵活的,艺术家可以根据自己的兴趣而随意地改变它们。园林是从大的自然环境中用艺术手法划分出来的,它只能依赖环境、借助环境,而不能人为地改变环境。因此,积极地利用园林的固定特性、妥善处理好它同环境的关系、最大限度地利用环境美是园林创作的关键。我国古代造园历史悠久,人们似乎很早就看到了园林艺术的这一特性。据已故园林建筑家童寯的研究,虽然我国园林艺术结构复杂,景色多变,但是它最基本的构园要素以及这些要素的主要特性,却很形象地包含在繁体的汉字"園"中,这也是我国文字形意合一特性的一种表现。先从外边看,"囗"表示一个特定的范围,这表明建造园林必须要有一块特定的土地。再看里面的内容,"土"字高高耸立在上面,可以看成园林中的假山或高冈,同时"土"字也可解释为立在地上的木构架,也可以看成是园中和山结合得很好的建筑亭榭。而山石建筑俯临的小"口"则是清池一泓,代表着园林中的水体。水和山石建筑紧紧相连,表明了山水、建筑之间的相依关系。再下面的"ᅑ"字的形状很像枝桠交错的树木,是造园的另一要素植物花木。在妥帖安排好山水、花木、建筑的基础上,外面再围闭起来,这时的"囗"又可解释为围墙、栏栅等园林和外界的分隔。由"園"字,我们可以知道园林是以山水、建筑、植物为主要构园要素来创造风景的一门艺术。首先,它有一个固定的基地,即固定的山水地形结构,同时它又处在周围环境的包围之中,一方面要借鉴环境的美,另一方面又要用某种手段将创造的山水欣赏空间同外界的大环境分隔开来。这种固定性和环境烘托是园林艺术很重要的一个特点。处于江南山水中的徽州园林,便是应用古典园林相地理论的最佳实例。古代徽州(即今安徽歙县、屯溪一带)山清水秀,风景如画。黄山、齐云山等名山,蜿蜒于境内,又有清澈明丽的新安江流过,造园环境条件极为优越。徽州园林真正做到了"巧于因借,精在体宜"。在园林的结构布局上,与周围的自然环境紧密结合,借景于远山近水、竹树萧森的自然风光,使园林景色与远处的山水林泉、近处的田野村舍融合在一起,呈现出一种自然雅朴的风格。例如,歙县境内唐模檀干园,北面有黄山余脉作屏障,周围有檀干溪相绕,园坐落在村东头。小园布局充分利用了南、北两个山岭。北边耸立着青翠欲滴、姿态入画的黄山余峰,南边是古木参天、横卧若屏的平顶山,一远一近,遥相呼应,成为小园最好的借景。园内没有堆假山,因地制宜地引来檀干溪水,适当开挖低地,形成三塘相连、断续延绵的小西湖。据记载,从园门入,经过响松亭、环中亭、花香洞里天等亭榭建筑,沿溪行可达湖边,向北沿湖堤过玉带桥,就到了镜亭。镜亭是巧借园外山色的重笔,亭如画舫,静泊在水面上,亭外是一个石砌平台。依亭远望,可见两岸青山如拱如围。登上平台,又可见园外的原野小冈。俯身探水,可从水中看到蓝天白云和峰峦林木的倒影。从实借到影借,将四周环境之美一收无余。檀干园还通过清溪流水与唐模村的农舍村落紧紧联系在一起。缘溪进村,夹水为两条石板路,路随溪转。沿路筑有小屋,屋前每每建有跨街敞廊,廊中有坐凳栏杆,可供行人休息。小溪上每隔数十步,便有石板桥联系两岸。这清溪、小路和石板桥自然地将园和村庄连在一起,更加强了园林与周围环境唇齿相依的关系。

在园林艺术史上,有不少造园家对园林相地有较深刻的体会和独到的见解,能因地制宜地处理各种不同的环境条件,使园林创造的艺术美与周围环境美交相辉映。其中,研究最深刻的是明代园林理论家计成。在《园冶》一书中,他根据自己的游历和造园经验,将园林外部环境归结为六类:山林地、城市地、村庄地、郊野地、傍宅地和江湖地,并分别论述了它们在风景创作和满足游居功能等方面的优缺点。这种分类法是很有科学依据的,要是从环境美的类型特征上来探讨这六种基地,可将它们归并成三大类:第一是山水风景环境,包括山林地和江湖地;第二是一般田园环境,包括村庄地和郊外地;最后是城市人工环境,包括城市地和傍宅地。

山水地 山水风景环境是造园的最佳地点。园林选址在山水林泉中,能使艺术创造的园林美和园外的自然山水美浑然一体、互相辉映,因此历代高士贤人均喜居于山水间。明代著名造园家文震亨在《长物志·室庐》中对各种园林地作了分析比较和排列,他说:"居山水间为上,村居次之,郊区又次之。"将山水地评为第一等。计成也完全赞同上述观点,他在《园冶·相地》中写道:"园地唯山林最胜,有高有凹,有曲有深,有峻而悬,有平而坦,自成天然之趣,不烦人事之工。"自然山林高低起伏的地形和芳草杂树、小鸟小兽等动植物对塑造园林景色极为有利,只要稍加改造,就可以自成天然之趣,要是园林滨江临湖而建,那么其浩渺的水面也是造园的很好条件。正如计成所说的:"江干湖畔,深柳疏芦之际,略成小筑,足征大观也。"只要看看留存至今的古园,凡是处在山林或江湖环境中的,几乎都以山水作为重笔描绘的主题,它们的景色也比其他园林有更浓郁的山野趣味。在我国文化名城的郊外山水风景地,如扬州瘦西湖及蜀冈,镇江南山,无锡惠山及太湖之滨,苏州石湖及灵岩、天平山,杭州西湖等处,自古至今均是园林荟萃之地。北京西北郊昆明湖、玉泉山一带,从元、明开始,便集中了许多园林,到清代中叶,除了所谓"三山五园"等大型山水苑囿之外,光私家园林便有三十五家。之所以会如此集中,主要是因为那里有山有水,能造出好景来。山水地并非定要去郊外寻觅,如果城中有山有水,则更是营建园林的佳处。如江南名城常熟的虞山,"十里青山半入城",山中清涧奇石、绝壁危峰俱全,自古便是造园的胜地,史载南朝梁昭明太子萧统当年就选中了这块城中山林地造读书台,作为他选编《文选》的阅读研究之地,后来这里便成了一个以古遗迹和山林景色为主的园林。另外像仲雍墓、言子墓也均为虞山山麓的小型纪念性园林。

南京的清凉山是又一处著名的城市园林依山借水的典型例子。清凉山位于南京清凉门内,莫愁湖北,山上树木葱茏,"清凉环翠"是金陵八景中的一景。这里过去有不少寺庙园林,所谓"南朝四百八十寺,多少楼台烟雨中"的景色也指这里。山上一寺园中原有一座快阁,阁中挂有一副朴素的木联:"六朝金粉风微后,一味清凉月上时。"概括了这山园的诗境。阁前后左右,佳木浓荫,推窗眺望,则百雉并陈,长江如带,莫愁湖湖光明灭,钟山山色濛濛,加上江外群峦,环列似屏,真可谓万里江山尽入眼底,令人快乐无边。山上旧有翠微亭,是南唐李后主避暑之所。山下是清著名诗人袁枚的随园故址。这些园林均借山面湖,可见古代城市园林对山水环境的注重。

有些园林,为了取得山林的真趣,干脆将真山包入园内,产生"移得真山作假山"的景观效果。地处上海附近的江苏昆山,有一座玉峰山,是太湖中诸峰的余脉,高仅84米,周围1.5千米。在平畴万顷的平原上此峰独秀。山上有擘云峰、老人峰、文笔峰、紫云岩、群豕石等山景,又有栖霞、桃源、抱玉、长阳等洞景。峰北清水环绕,林木茂密,自古就是文人学士雅玩之地,唐孟郊、张祜及宋王安石都曾有赞诗,半山的林迹亭内还留有清代林则徐手书对联石刻。清末,玉峰山被辟建为古典风格的公共园林。环园一周,可以细赏此山的各种形姿和奇峰怪石,随山路上山可以到达各洞壑、亭台景点,是以自然山岭为主景的园林。

田园地 普通农耕田园环境中的造园基地。受地理条件限制,并不是所有的园林都能建于有山有水的优美环境中,有的园林周围或是一片田野农舍,或是地形特征不很明显的缓坡丘陵。比起山水林泉来,这种普通的田园环境可能要逊色一些,但它们也同样具有美的个性。古今中外的艺术家、文学家对平和恬静的田园风光一直很赞赏。如俄国的车尔尼雪夫斯基在田野、牧场和牛羊之中,看到了生活的恬静。我国古代文人也很善于从一般田园环境中获取田野牧歌式的美感,并将田园风光和丰年瑞祥、"农家乐"结合起来,使之呈现出一种朴素淳厚的美。唐代大诗人白居易曾有诗赞赏洛阳郊外午桥庄的园林风光:"引水多随势,栽松不趁行。年华玩风景,春事看农桑。"南宋范成大有诗描绘了田园的宁静迷人:"梅子金黄杏子肥,麦花雪白菜花稀。日长篱落无人过,唯有蜻蜓蛱蝶飞。"清代姚鼐也有写田野春天欢乐景象的诗篇:"布谷飞飞劝早耕,春锄扑扑趁初晴。千层石树通行路,一带山田放水声。"不同时代的三位诗人歌吟的田园之景,没有高山、清溪,只有麦浪、菜花、布谷鸟等田间常见的小景,但却透出一种特别的灵趣。建在这种环境中的园林常常将这些朴雅致的景色借入园中,使园景充满着一股浓郁的田园诗意。计成对村庄地和郊野地的评述,也注重于田园风景的塑造,他在《园冶·村庄地》中说:"古之乐田园者,居于畎亩之中;今耽丘壑者,选村庄之胜。团团篱落,处处桑麻;凿水为濠,挑堤种柳;门楼知稼,廊庑连芸。"在《园冶·郊野地》中写道:"郊野择地,依乎平冈曲坞,叠陇乔林,水浚通源,桥横跨水,去城不数里,而往来可以任意,若为快也。"今天,在郊外田野村庄中的古园,几乎均将田园风景作为园中的主要对景和借景。如浙江湖州市南浔是有名的园林之乡,又是丝茶的集中产地,因此镇上园林均借入了田野的"团团篱落,处处桑茶"。特别是位于镇子边缘的几座花园,如小莲庄、嘉业堂藏书楼花园等,都在园中设景点作为眺望田园景色的所在,真正做到了"门楼知稼,廊庑连芸"。有些园林没有借入田园景色的条件,有时也会在园中僻静之地设置富有田园意味的景致,表达了古人对田园景的偏爱。如苏州拙政园西北隅的绿漪亭,四周是垂柳、碧桃、梅花,亭前小溪游鱼可数,夹岸青竹摇曳,极富野趣,故又名劝耕亭。亭柱上还挂着一块木刻说明,道出了造园家的设计匠心:"诗经曰:'绿竹漪漪。'唐张率诗:'戢鳞隐繁藻,颁首承绿漪。'此处有水、有竹、有鱼,故名。亭西沿池栽植垂柳、梅花、碧桃,花时灿烂如锦。南岸山林屏障,隔绝繁华;北面翠竹丛丛,顺小径西行,但见芦苇摇曳,则有一番乡村风味,故又名'劝耕亭'。"

　　皇家园林中也常设置田园风光之景。例如北京圆明园的著名风景中,有不少是以田园农家风景为观赏主题的,如上下天光以西的杏花春馆,馆舍东、西两面临湖,西院有杏花村,馆前有菜圃,其他小景陪衬也均围绕这一主题,远近景色均呈现出一派田间风光。大北门内偏东的北远山村一景,是坐落在一片稻田中的农耕村舍,各房舍题名均与农事有关,也是田园意味很浓的风景。北京颐和园也一样,原先在西堤一带设有水村居、耕织图等与农事有关的景色。模仿杭州西湖苏堤建造的西堤六桥的第二桥豳风桥之名的来历与此有关。"豳风"是《诗经》中"国风"的一部分,是描写陕西农村风俗农事的诗歌,以此为桥名是因为它和水村居、络丝房、耕织图等景互对。据说豳风桥原来叫桑纻桥,"桑纻"本身便是"农家"的代名词,后来因为清咸丰皇帝叫"奕詝","詝"与"纻"同音,要避讳,故改名。慈禧住园时,颇喜欢这些景色,几乎天天都要乘龙舟游览。有一次她还穿着渔婆的服装,命后妃和宫女扮渔女,心腹太监李莲英扮艄公,划着渔船专门在豳风桥附近荡舟并摄影留念。

城市地　位于城镇中间或住宅前后的造园基地。这两者均位于人工创造环境中,近处无山水田园可借,因而给园林的结构布局和造景带来了不少困难,所以计成在《园冶·城市地》中的第一句话便是"市井不可园也",作为在城中造园的一个告诫。然而,为了生活和游赏的方便,也受到财力物力的限制,有相当数量的园林还是建于城中,这些园林在布局设计过程中,主要考虑的是如何解决人工与自然的矛盾,尽量促使城市不利环境条件的转化,使其在一定程度上还能为园林艺术服务。归总起来,这一转化可通过三种手法来实现:第一是闹中觅静,即在城市喧闹的环境中去寻找相对幽静偏僻的地方。这也是计成说的:"如园之,必向幽偏可筑。"一般城中园林选址均避开商业繁华地段而建于城墙根、小巷深处等静僻之处。这样,既可以避开喧哗之声,又可以将城墙堞雉及周围民居小院、河道港汊适当组入园中。像苏州的拙政园和沧浪亭,一在城北,一在城南,都靠近古城墙及河道。耦园偏在城东小巷,内外即是内城河,为此还专门设了听橹楼,以欣赏水中来往舟楫桨声。再如古城扬州保留至今的几座城市园也都位于曲折小巷深处,如何园在西刁家巷,小盘谷在大树巷,蔚圃在风箱巷,离开市肆和通衢大道均较远。第二,在选定基地之后,布局上要将园林的重要山水欣赏区放在后面,以使视觉和听觉与外部城市环境有一定阻隔,这便是古人说的"开径逶迤",即通过较长的便道或者迂回曲折的小路,才到达主要观赏区。如苏州留园从大门进去,要穿过较长的一条步廊,经过几座天井小院,多次转折,才能到达能观看大池假山的景点古木交柯。拙政园从临街的旧大门到真正的园门——砖刻门楼,也要步过一条又窄又长的甬道。这些处理,都是为了使园林的山水风景与外部的街巷行人有一个较大的间隔距离。同时,对于游人来说,也创造了一种先抑后扬、先暗后明、先小后大的艺术效果,增加了游赏的趣味。第三,如果园林必须与市场街道为邻,则每每采用高墙围隔和重门关闭的办法,使内外完全不流通,以达到"邻虽近俗,门掩无哗"的效果。有的古园,地处闹市,在最外一层高墙之内,局部重点景区还要再设一道内围墙作为缓冲,同时在两道墙内植些花树,造成一种人为的自然环境气氛。这些造园手法均反映了古代艺术家处理城市基地的高超技艺。

基地与边界　艺术作品要和环境相协调,也必须和环境有一个较为明确的分隔。例如绘画作品的画框、雕塑的台座等,一方面衬托了艺术主体的美,另一方面也起着分隔艺术品和周围环境的作用。虽然园林艺术具有它特殊的固定性,要求园内创造的风景和周围环境融洽和谐,但要是两者完全合二为一了,也就无所谓园林了。因此,不管是山水环境、田园环境或城市环境,造园家必定要以某种手段将人工创造或改造的山水和自然环境区分开来。在大多数场合,围墙能够起到这一作用。但这并不是绝对的,根据四周环境的不同,这一分界线可实、可虚,也可虚实结合。

一般说来,处于自然山水中的园林,与环境的分隔不可太实,以免阻挡园外景色的借入。山地园林常常利用台地的高差,或者临溪流的悬崖,稍筑一段用于安全防护的矮墙(有时是栏杆等)来示意性地分隔园内外。北京碧云寺坐落在香山东北角,寺院坐西朝东。当游人从山门沿着松柏参天、浓荫蔽日的山道来到金刚宝座塔下,向东南望去是一派山林田野,视野极为开阔。这里没有像一般寺庙那样用高墙围起,而是顺着山石峭壁,修筑了一段防护墙。这一边界较为空透,游人在此赏景,几乎不会意识到边墙的存在。北京香山公园内的香山寺建在蟾蜍峰北,整座寺园依岩而架,建在五层台地上。每登上一层台地,就能看得更远一些。各台之间,也仅仅筑些低矮挡土墙,是因地势分隔边界的范例。有些山地园林居高临下，眼界开阔，为了更生动地收入园外风光，也可以用开有什景窗洞的曲廊作半开敞、半流通的分隔。西岳华山，深藏在秦岭的华山峪中间。游人前往游览，都要经过山峪口的玉泉院。这是一座不大的山麓园，园内珍藏着明刻华山全图，又有清泉一股，是依山聚水、点缀有亭台的名山游览路线的第一站。玉泉院地势较高，西部是山口的一平台，可以俯瞰秦川大地烟云之变幻。造园家在此处用以小廊，廊内全敞，山池景致悉呈眼前。外墙上开了各式窗洞，游赏者循廊而进，映入眼帘的是一幅幅别致的以关中黄土沟壑为主题的风景画，有意识地点出了园林的环境美。滨水园林在临水的一面一般不设围墙，湖水曲岸就暗示了园林的边界。这样，园外大自然的清江澄湖之景，就完全地组合到了园内。杭州西湖边上的刘庄、郭庄、蒋庄等私人花园，无锡太湖上的蠡园和渔庄等几乎无一例外。

北京颐和园有万寿山和昆明湖，山水俱全，但它的园景构思仍然十分重视环境的烘托，特别是西、南两面的边界划分设计得甚为巧妙。西面为了不遮挡玉泉山一带的自然山水，围墙退得很远，隐于堤柳之间。由于园大，游赏者很少走到墙根前去。在前山和湖中看去，几乎不辨围墙的存在，浩渺的湖水合着西堤上的烟柳，便是昆明湖赏景时的西部边界。向南，湖水尽头是一派沃土绿野，原先因是皇家苑囿，有八旗兵丁的保护，从十七孔桥头的廓如亭向南，都不筑围墙。南湖端部仅用堤和园外水面分隔，堤上有闸门以调节水量，使得园内山水和园外田野平川连成一片。用这样的方法处理西、南两面的边界，形成了这一带景色自然清丽的格调，与万寿山前山佛香阁、排云殿和长廊等较为艳丽的建筑景观正好形成了对比。

不设围墙的虚透边界在江南园林中也有，如浙江湖州市南浔区的嘉业堂藏书楼花园位于镇郊的田野之中，周围是一片桑林稻田。为了使花园和周围恬静平和的自然环境在视觉上连成一片，造园家以河道代替围墙，在园四周挖了一条护园河，作为园林同田园环境的分隔，花园成了一座小岛。在入口处设一石板桥与陆地相通，可说是园林边界划分的妙招。

城市园林也并非一定要用高墙来进行围造。有时，它也可以利用一些典型的人工景观作为借景，如城楼、桥梁等。例如北京西苑三海，用大水面反映宫城的巍楼杰阁来作为借景，游人在水渚边、烟柳中观望紫禁城的嵯峨城阙，确实也能引发不少感想。在长期的造园实践中，园林艺术家区别对待城市环境的不利和有利条件，辩证灵活地引用隔或借的边界划分原则，做到有噪声就隔，有景致就借。

北京北海公园北部紧靠着前海西街有一座园中小园，名叫静心斋。这里原是皇太子读书之处，需要安静雅洁的环境。小院呈东西狭长形，北面与外边热闹市街有110米边界线（南北进深只有40米），这对小园的读书环境是不利的。但是造园家在这里却灵活应用了又借又隔的方法，结合风景的组织和创造，在北面设下了两道屏障。第一道防线是又高又厚的宫墙，可以隔去大街上车马人声的大部分噪音。墙内数尺之内，又设第二道防线——作为园内主要山景的壁山。壁山"高耸兀立，如环似壁"，这样小部分"偷越"过第一道防线的噪声又遇到壁山的阻挡。加上园内浓荫蔽日，就使北面来的喧哗声减小到最低程度，即便在今天，也很少听见外面马路上的汽车声。更妙的是，虽然市肆较闹，但是远处什刹海堤柳间酒旗飘动，也着实算得上一景，因此造园家在石壁假山上又架一条高山半廊，超过了北宫墙。廊南向对园子一面，全部开敞，北向则砌实墙，但开有板窗。平时窗皆关闭以隔声，需看景时则开启，特别是晚上赏景，万籁俱寂，唯什刹海一带万家灯火，对于深居宫闱的皇太子来说，也的确是很有吸引力的。这种多道设防、借与隔结合处理边界的手法，化不利为有利，实在是我国古典园林辩证艺术思想的充分表现。

造园原则 中国园林创作必须遵循的法则和理论。尽管中国古典园林有数千年的漫长历史，但系统的造园理论和原则的提出要到明中叶以后。在相当长的时期内，园林艺术的理论研究基本上是空白的，由于艺术形式的相通，造园家每每从园林的左右近邻，即山水画和田园诗文的理论中汲取养料，如风景布局、花木栽植及建筑点景常常受到山水画论的影响；而风景主题的意境构思、题对楹联等又时常从风景诗文中得到启发。这一特殊的亲缘关系使园林艺术一直没有建立起较完整的理论，仅有一些零星的论述散见于古代爱好造园的文人雅士的笔记与杂文之中。从明中叶开始，人们逐渐认识到园林艺术创作的特殊性，开始重视造园理论的研究。其中明末计成所著的《园冶》一书，系统、完整地总结了前人的经验，提出了园林艺术总的原则及具体风景设计应该注意的问题，影响极大，经过清代和近现代一些造园家和理论家的研究总结，我国园林的设计创作的原则大致有以下几方面：1.有关造园构景的总体理论。如有法无式、因地制宜、顺应自然、反衬与对比等原则。2.具体设计规划的艺术原则。如关于园址选择的相地，关于山水结构和造景的叠山理水，关于扩大空间的借景对景、围而不隔等。3.关于园林美欣赏的理论。如静观与动观、时空转换、自然与生气、意境与移情等。

虽由人作　宛自天开　明代造园家计成在《园冶》起首篇提出的中国传统园林的创作宗旨。其基本含义是指园林虽是人工创造的艺术，但其呈现的景色必须真实,好像是天然造化生成的一般,这一命题对中国园林的创作设计提出了很高的要求,它不是简单地抄袭自然,而是一种经过艺术概括和提炼的审美再创造。就园中与自然真实关系最大的山水景点塑造而言,它不仅是一种景点安排、地形塑造等形式上的某种追求,而且包含着艺术家某种精神意义的熔铸。要在山水的脉络结构中表现出真山真水的气势,艺术家必须对自然山水进行浓缩和提炼,在创作中阐发自己对山水美的理解和感悟,有着一定的主观情思意蕴的抒发,这与中国传统山水绘画、风景诗文的创作有一定的相似之处。要是简单地将自然界的山水形象搬来园中,不可能赋予园林以生气,机械的模仿只能弄巧成拙,使园景呆板而不真实,特别是范围不大的文化意味较浓的佳园,其造景必定经过艺术家匠意的锤炼。一般来说,为了表现出山水的真实气势,园中景色不是自然范山模水的缩小,而每每取真山水最有典型性的局部或一角,使它与园林小环境的尺度感相符合相协调,再进行某种自然的加强和点缀,才能宛自天开地表现出真山真水的自然美。现存古典名园中一些颇具魅力的山水造景,如苏州环秀山庄的大假山和网师园的莲花池,都是以局部模山范水为骨架,再灌注以造园家胸中的丘壑之情创造而成的。

主九匠一 "主"指园林的总设计师,对于古代文人私园来说,"主"每每是园林的拥有者,即园主;"匠"指实现设计师意图构想的劳动者。园林是庞大的、有实用功能的物质产品,它不是艺术家本人单独就能完成的,而必须通过劳动生产的手段,即通过匠师、工人的手来具体地创造艺术品,这就存在着诗画等艺术所没有的艺术劳动和一般劳动的评价问题。在最终的艺术产品中,艺术家的创造和工人的劳动之间存在着何种比例关系呢? 计成在《园冶》中对此作了很清楚的回答:"世之兴造,专主鸠匠,独不闻三分匠,七分主人之谚乎! 非主人也,能主之人也……第园筑之主,犹须什九,而用匠什一……"(《兴造论》)计成认为,一般的建筑兴造,设计师(能主之人)的作用要占十分之七;而建造园林,则造园家的作用要占到十分之九。这主要是因为在创造园林诗情画意的艺术境界时,造园家所付出的艺术劳动要比一般的房屋设计更繁重、更艰苦。计成的主九匠一的理论在某种意义上反映了古代文人对体力劳动者的轻视,然而从艺术构思及意境创造方面看,它强调了造园布局、立意及创作的重要性,突出了中国造园家的高超技艺,具有一定的积极意义。正像18世纪曾到过中国的英国宫廷建筑师钱伯斯所说的:"建造中国花园要求天才、鉴赏力和经验,要求很高的想象力和对人类心灵的全面知识;这些方法不遵循任何一种固定的法则,而是随着创造性作品中每一种不同的布局而有不同的变化。因此,中国的造园家不是花匠,而是画家和哲学家。"

因地制宜 造园时十分灵活地根据不同的基地条件进行布局安排,而不是依靠人力去改造地形,像西式花园那样去塑造规正的风景。如因着稍高的地形堆土使其成假山,而在低洼地上再挖深使其变成池湖。按古人的说法就是:"因者:随基势高下,体形之端正,碍木删桠,泉流石注,互相借资;宜亭斯亭,宜榭斯榭,不妨偏径,顿置婉转……"(《园冶·兴造论》)除了这最基本的含义外,它还具有另一层意思:因不同的地点和环境条件灵活地组景,有山靠山,有水依水,充分撷取自然的美景为我所用。因此建造在山林与滨水的园林无不将周围的山水环境作为造园设计的很重要的条件。就是平地造园,也要因环境制宜。如我国古典园林中集大成的精品圆明园,亦建在北京西北郊的一片平地上,但因基地泉水多,且离西山不远,故其园景设计的重点是"因水成景,借景西山"。当年修建此园时,雍正皇帝曾以"因高就深,傍山依水,相度地宜,构结亭榭"十六字总结了因地造景的原则。在远山近水、花草树木之外,因地制宜还包括了要不失时机地组织大自然一切具有观赏价值的、灵活变幻的迤逦风景为我所用。诸如风花雪月、云雾细雨、朝暮彩霞以及飞鸟鱼虫等均要因时因地借到园林之中,使园林景色展现出更迷人的风采。

有法无式 中国古典园林艺术创作的重要原则:"法"即法则,指总的艺术规律及原则;"式"是指呆板机械的规则图式。中国园林"虽由人作,宛自天开",它是大自然风景美的缩影。因此,造园必须按自然界风景的形成规律来创作、来组织。这一规律古代艺术家称之为"法"。诸如"巧于因借,精在体宜";"顺应自然";"山贵有脉,水贵有源,脉理贯通,全园生动"等均是。然而,园林风景的形象特征是千变万化的,就以地形塑造来说,山可以有危峰、悬崖、陡壁、平冈、小坡等,水可以有池、溪、涧、泉、湖等,而其他花草树木以及点缀的亭台楼阁等形式和种类更多样了。因此园林创作不应该,也不可能有固定的格式,这便是有法无式的基本含义。在具体造园时,对"法"的应用也极为灵活多变,包含着丰富的艺术辩证法。

顺应自然 按照自然界风景的形成规律来造园,使园林充满着自然的生气,这一原则古代造园家称之为顺应自然之理。不同类型的风景有不同的顺应自然的规律,中国古典园林造景的三大要素为叠山理水、花木栽植和建筑亭台,它们均有着各自的营造之理。

叠山理水 山有脉络走向,水有源头流向,这一自然界最一般的规律也是园林艺术山水塑造必须遵循的理,因此中国古园创作首先要确定园中山石的脉络走向,疏通园中的水源,并使它们妥帖地交融在一起,以造园家的术语来说便是"山贵有脉,水贵有源,脉理贯通,全园生动","溪水因山成曲折,山蹊随地作低平"。如果园林建造在山水林泉之中,那么按自然脉理来构山,就可以创造出"有高有凹,有曲有深,有峻而悬,有平而坦,自成天然之趣"的景色。如果是平地造园,则也要"高处可培,低方宜挖",尽量使地形适合环境,顺应自然。水是园林不可缺少的重要材料,所谓"山因水活,水随山转",有了水,园中的山林景色才更有生气。要是园中之山无脉络可寻,混成一块,园中之水又是无源头的死水,那么即使建筑、花木景点缀得再多再美,也不能创造出宛自天开的景色。因此园中之水总要疏通源头,使其与自然界水系相互沟通,才有活力,才会有"问渠那得清如许,为有源头活水来"的生命力。所以造园的起始阶段就要"立基先究源头,疏源之去由,察水之来历"(《园冶·相地》)。自然山水中的园林,得到活水较容易,只要接通天然水源即可,如杭州灵隐的冷泉、无锡寄畅园的二泉水等。城市园林,也要疏通水道,引入园外的河渠之水。不少古园有闸桥、闸亭等,均是为控制园内外不同水系而设的。有些城市园林,囿于环境,实在无条件引进流动的地表水,造园家也会因地制宜地在园中池溪的最深处,打几口井,将园中之水与地下水互相沟通,来保证水的活力,这一处理在江南等地下水位较高的地区,是救活水源的常用手法。

山水关系 我国古典园林艺术创作中必须处理的关键问题。不管是大型园林的真山真水还是一般园林中的假山、小溪,都要对山水进行整饬,处理好它们的关系,以创造出自然风光和山林景色。山水是互相依存的,它们之间的多种布局关系决定了园林风景的多样风格。有的园林濒湖傍海,以水景为主,则其景观就开朗豪放;有的建于山麓,或者据于山巅,园内就以山石景为主,园外又可借入名山之景,其风景就有起伏、多层次。尽管如此,全山全水的园林是不可取的。山再多,总要有溪水相绕,泉脉相通;水再大,也必有山骨可依。明代文学家袁宏道以其几十年游历之经验,得出了"山水相得,优于全山全水"的结论,是很有美学见解的。另一位明代文学家归有光也说:"天下之山,得水而悦;天下之水,得山而止。"这些认识,揭示了自然风景之中和山水之间的关系美,对园林中的山水美创造有一定的指导意义。

根据自然风景山水之间多样而复杂的关系,园林艺术中山与水的组合也极为多样。有的山水相依,水石交融。像苏州拙政园中部,从主厅远香堂北望,池中两座山岛的平冈水矶互错互映,展现出一种平和协调的美。有的山水相争,成峡谷,成深渊。如无锡寄畅园的黄石大假山直逼水池锦汇漪,临水山石壁立,一条小径沿石壁曲折在水中穿越,颇有点绝壁浅滩的风景意味。再如苏州虎丘的剑池,原为古代采石所遗留下的人造峡谷,在局部小范围内塑造出水石相争的面貌,表现了一种奇特、险峻的风景美。

园林理论家陈从周教授对于山水关系的变化有一段独到的论说:"园林叠山理水,不能分割言之,亦不可以定式论之,山与水相辅相成,变化万方。山无泉而若有,水无石而意存,自然高下,山水仿佛其中。"这里他不仅指出了山水关系变化万千,还告诉我们要特别注意景色中含蓄的泉石意味,也即是虚的山水关系。正像中国画创作中的"意到笔不到",这比一眼能看出的山水关系要有更多的变化,它是艺术家在自然山水关系上的提炼和创造。

花木栽植　花草树木是纯自然之物,是园林景观中很重要的一种。绿是生命之色,古园要是没有植物,一片灰黄,则必定毫无自然生气可言。园林植物的栽培原则是任其自然生长,不过分加以人工的约束。因而在古园中,游人看不到像西式花园中那样笔直的林荫道、看不到修剪得规规正正、呈各种几何形体的乔木灌木、看不到形式对称完美的花坛……那里随处是姿态自然舒展、生意盎然的花草树木,它们很随意地间杂种植在一起,连一些桃、李、枇杷等常见果树在园中也被用作造景的主题,姿态入画,古拙的老树和随时令而变化生发的鲜花纤草互衬互映,增添了园林的山野趣味。就是在一些城市园林中,也能欣赏到"老榆旁岸,垂杨临水,幽篁丛出"的野山意趣(拙政园中部池上两岛),以及"漫山枫树,桃柳成荫"的城市山林风貌(留园西部)。植物布置讲究自然的另一个特点是各类植物常常自然地间植在一起,犹似在自然山林中一般。又不求品种的名贵和齐全,山野村落中一些常见的树木如榆、槐、杨柳等都是园林的座上客,就是一些较低等的植物,如石上的青苔,像绿丝罗网织在山石上的络石,山脚根、石缝裂隙中长出的书带草和一些灌木,在园林中也到处可见,它们既增添了山石造景的自然真趣,又有遮掩某些残留的斧凿之痕的藏拙作用,是造就自然活泼的艺术效果的很好辅助。

动物点缀　小动物多姿多彩的美也是园林美自然真趣的一个原因。我国园林,向来有驯养小动物的习惯,诸如鹿苑长春、鱼跃鸢飞等都少不了小动物。园林中以小动物景观为主题的也不少,像卅六鸳鸯馆(苏州拙政园)、鹤所(留园)、听鹂馆(颐和园)等都是。除了一些会飞的珍贵小鸟之外,园中动物基本上都以自然的方式驯养,很自然地融合在风景中。《红楼梦》中有不少文字描绘了大观园中小动物的美,例如第二十六回中写仙鹤和各色水禽:"贾芸看时,只见院内略略有几点山石,种着芭蕉,那边有两只仙鹤,在松树下剔翎,一溜回廊上吊着各色笼子,各色仙禽异鸟。""(黛玉)刚到了沁芳桥,只见各色水禽尽都在池中浴水,也认不出名色来,但见一个个文彩斑斓,好看异常。"仙鹤的悠闲自得,水禽的旁若无人的嬉耍,都是艺术中表现出的自然真趣。除了驯养的动物,园林中的山林泉木等创造的自然环境也同样会引来野鸟昆虫的栖息,它们的生活习性、姿态更是带有纯自然的意味,所谓蝉噪虫鸣、鸟语蝶飞,所散发的山野气息更是园林顺应自然的最好手段。

建筑合宜 建筑是园林中占一定比重的人工创造物,具有它固有的营造规律,但在中国古典园林中也体现出顺应自然之理。自然真实是个内涵很广的美学范畴,它具有顺应环境、自然而然、合情合理、简朴雅静、和谐宜人等含义。山水、花草树木等景致的创造,之所以要顺应自然之理,也是为了塑造出雅静、简朴、和谐的观赏环境。一般说来,园林所表现的都是"曲径通幽处,禅房花木深""人闲桂花落,夜静春山空"这样安逸的意境。因此,所有其他的艺术手段,只要能够烘托、强化整个园林风景的恬静、和谐,就是自然的,就符合了风景创作的客观规律。

园林风景建筑的自然主要表现在两个方面:首先是建筑表现出的合乎自然的"曲"。自然山水风景形象,多为柔和的曲线,山石的轮廓线也好,池沼湖泊的边界也好,甚至树木花草的叶、花,几乎多是曲线自然之物,很少有笔直方正的几何形状。而建筑作为体现基本力学规律的人工创造物,直线是它的基本组成线条。为了和自然风景的"曲"相协调,园林建筑常常以曲代直:它的布局不讲轴线,可因观赏的方便和赏景的需要灵活自由地散布融化在园林之中;本应以直线组成的路、桥、廊等,也都因宜地变成了曲廊、曲桥、曲径。就单体建筑而言,踏步、台阶等可用有自然曲线外形的山石铺成。屋顶造型如屋角起翘、檐口滴水以及梁架部件也都呈现出一种很协调的弧曲线。还有那为了方便赏景而将栏杆改制成一种可坐的靠背低栏——美人靠,也全部用柔缓的曲木制作,使建筑更加轻巧。这一由"直"至"曲"的转化使建筑能和周围的风景环境和谐地组合起来。

其次是建筑的雅。雅,是我国传统美学的独特范畴,一般是指宁静自然、简洁淡泊、朴实无华、风韵清新。这些也都是园林建筑所追求的目标。根据经典的造园原则,建筑要"半间一广,自然雅称","时遵雅朴,古摘端方","路径寻常,阶除脱俗"(《园冶》)。为了保持木材的自然本色,除了帝王苑囿的一些主要建筑,一般园林建筑都不用彩画也不作雕镂繁复的装饰。这样,它那淡雅的色彩、白墙、灰瓦、栗色的木构件就和山石树木显得很调和。唯其如此,建筑形象在园景中才不至于过于突出而抢夺了山水林泉美的主题。可以说,除了必要的、有点景作用的小型建筑之外,多数建筑在园林中是作为一个配角出现的,这和一般建筑艺术高大挺拔、带有一定强制性的审美特征是完全不同的。为了自然雅称,园中可以建造半间的小筑,它非但摆脱出了三、五、七、九奇数制的设计规范,而且甘心忍受分半间的"宰割"。然而,这种牺牲却换来了园林风景的生动多趣,像今日苏州留园的揖峰轩和拙政园的海棠春坞,分别是两间半和一间半的特殊小斋,由于半间的结构别致又雅小,这两处庭院小景布置得灵活随宜,格调新颖自然,是园林庭院设计的精品。因此,中国古典园林中的建筑是完全为了风景创造服务的,除了个别有特殊生活功能的厅堂和某些亭榭等点缀风景的建筑,它们一般总是半隐半露,雅朴随宜,使整个园林仍然洋溢着大自然的盎然生机,体现了艺术创作中顺应自然的理趣和追求自然和谐的态度。

对比与协调 中国园林是自然山水美的缩影。它的风景画面千变万化,造园艺术手法也极为多样与丰富,因而只有总的艺术原则"法",而无固定的格式。除了"因地制宜""顺应自然"等法之外,园林创作对这些法的应用也非常灵活多变,包含着丰富的艺术辩证法则。这在园林的整体布局和风景结构中对比法则的应用上,表现得最为突出。园林在结构章法和具体组景时,常通过艺术的对比来达到某种效果,然后再在整体上进行协调,对比展示了艺术各部分之间的矛盾联系,它可以是整个园中这景区同那景区的对比,也可以是某个欣赏空间内这形式同那形式的对比。在规划园林总体结构形式时,造园家常采用的动静、虚实、曲直、大小、藏露、开合、聚散等艺术语汇,均属于对比法则的范畴。其中有些词汇如动静、虚实等都有着更广泛的内涵,涉及中国传统美学的其他理论领域。但从形式美的角度来分析,也可归结为不同状态、不同程度之间的对比。同时,园林的结构形式是艺术内部承担着整个风景构成的内形式,是同艺术的内容——风景空间的意境美景相关联的。因此它的形式美对比能容纳更多的审美含义。其他的一些形式美法则如节奏、韵律、反复等实际上也就是快慢强弱的对比和变化。

动静对比 动和静是自然界中一切事物所表现的必然形态,没有动,事物就得不到发展;没有静,也就没有平衡。园林美表现的节奏和秩序,就是在由运动到静止,再由静止到运动的循环反复之中体现出的。动和静既有相对的独立性,又是一对不可分割、相互依存的矛盾双方。艺术所表现的动静,各有不同的侧重。一般说来,绘画雕塑的形式美是静态的表现,电影戏剧之美又依靠动态的推进。而园林的风景形式是静寓动中,动由静出,这一变化和对比是其他艺术所没有的。

园林艺术形式美的动静对比首先在于总体布置上动静游览区的划分。如供人攀登的大假山、穿越的山洞和进行一些较大规模起居活动的厅堂及演戏唱曲的戏台等区域,都含有较多的动的因素。不少园林还设有一些文雅的戏娱项目,如临清流而赋诗的流觞曲水、水面上的射鸭活动(用藤圈套鸭子)以及北方帝王花园冬天的冰嬉等,这些更是属于动态的游览区域了。而置于山凹的书斋,让人小坐览赏的临水亭台,据园一隅供休憩、品茗、弈棋的小筑,又是宜于静观欣赏的相对静态的区域。这些景区,每每设有一些供仔细品察的景物,如抽象含蓄的石峰、姿态苍古的松柏,或者能借景园外,远眺大自然的山水林泉。在总的结构布局上,这些动静的观赏景区又很自然地由曲径、小桥、廊子等串在一起,从而使游览活动也呈现出一种节奏上明快和舒缓的对比。

　　动静对比又以园林规模大小有不同的侧重。一般稍大的园林,游览路线长,有回旋的余地,往往以动观为主,以静为辅;小园则相反,以静为主,以动相辅。这是根据不同的环境条件,对比双方矛盾的转化。苏州的一些小园,如畅园、壶园,甚至再大一点的网师园,主要景色都沿着中心水池布置,绕池一周,随处可坐可留,或槛前细数游鱼,或亭中待月迎风,或斋外看花竹弄影,景色也好,结构也好,都是以静为主而辅以缓步吟赏的小园。

　　另外,在园林的风景结构中,特定的风景形象也会表现出变幻的动静对比。如假山石峰、建筑亭台等造园景物是相对静止的,而水体、树木花草则根据不同的条件既表现出静态,又常常会显出美妙的动态。至于组入园内的气候景观,如风雨雾雪、动物景观、小鸟昆虫则又多以动态的形式美表现出来。这种种形象汇合交混,使艺术结构中的每一个部分都富含着动静的对比。并且,这种对比又常常发生转化。例如,游赏者坐石上小憩,或依栏静观,那么,所见的行云流水、鸟飞花落,都是动的,这是以静观动。时而缓步循径漫游,或者泛舟湖上,在动的状态下赏景,所见静止的峰峦建筑、高亭大树,就变成以动观静了。再者,园中各种风景形象本身又有动与静的对比而交替。山静泉流,水静鱼游,石定树摇,树静影移,无论是以动观静,以静观动,以静观静,以动观动,其形式美的表现均有所不同。这些转化又在一个方面反映了动静对比的统一,园林景色里没有孤立的动,也没有孤立的静,两者的相对又协调的特性,既构成了风景结构的框架,又增添了景色的活泼天真的氛围。

虚实相济　我国传统美学特有的理论,它包含了艺术形象的直接性和间接性,含蓄和传神以及深层意蕴的表达等多方面的内容。特别是以山水风景为主题的艺术,从景物生发情思、创造美的意境更是离不开虚虚实实。

范晞文《对床夜语》云："不以虚为虚，而以实为虚，化景物为情思，从首至尾，自然如行云流水，此其难也。"

园林要创造出自然而又饱含情思的风景来，也必须自始至终地处理好虚实的关系。园林的意境构思，在很大程度上依赖于化风景空间中实的景物形象为虚的情感抒发。实与虚的对比在园林中又常常表现为风景形式的虚与实、无与有、空与满、隐与显的变化和对照。具体而言，艺术家常常以陆地山石为实，以水面为虚；有景处为实，留空处为虚；近景为实，远景为虚；突出在主要游览线上的景为实，掩映在树木建筑后面只露出一丝消息的景为虚；此外还注重明实暗虚、物实影虚、建筑实庭院虚等许多方面矛盾风景形式的对比。在这众多的因素中，最为造园家重视的是山水虚实的对比。

受"仁者乐山，智者乐水"的影响，我国园林无一园无山，无一园无水，正像文震亨所说："园林水石最不可无，要须回环峭拔，安插得宜。"（《长物志》）安插就是布局。可见艺术结构中处理山水之重要。从虚实关系上看，山水代表着不可分割的矛盾双方，无水，山就不活，没有生气；无山，水就无所依存，无形可赏。因此山水的虚实相济是园林结构形式美中很重要的原则。要是水面大，过于虚旷，就要点以山石，构筑小岛等增加实的成分；若有过于实的陆地一片，也要找水寻虚。使园林景色呈现出水陆交融的迷人风光。颐和园是著名的皇家园林，其昆明湖约有两千五百亩，水面浩瀚广阔，望之似觉过于虚旷。因此，在园林结构布局时，艺术家在湖中疏密合宜地点上了龙皇庙岛（南湖岛）、藻鉴堂、治镜阁以及凤凰墩等小岛，以实救虚，达到了景观上的和谐。而苏州网师园殿春簃是一色鹅卵石子的铺地，北边三间小斋，几株紫薇，数竿翠竹，十分幽静，但小院缺水，从虚实对比而言，似乎过实。因此在院西南墙根，掘地得泉名"涵碧"，虚此一点，俾使全园生动。为此又倚墙俯泉建一半亭，使整个庭院的布局结构更为合理。

"月于低处作湖色，山渐暝时生水烟。"在园林结构布局的虚实对比中，要是确实无处觅虚，则可以采用旱园水做的办法。即布置一块稍低的平地，远看便疑为是一片水面而有虚感，特别是月夜游赏更有"月行似踏水"的奇妙美感。上海嘉定明代古园秋霞圃北边黄石假山后有一片低地，布局时，故意在此地留虚，不置一物，东边端部立一小轩叫"延绿"，凭栏而望，宛如一泓静水相绕山石，月夜赏景，真正可以体会到"月于低处作湖色"的诗意词境。

园中的虚实对比还可以从实的风景形象和池塘中的倒影或者镜中虚像的对比中得到启发。"水中月，镜中花"在古代文艺理论上历来被认为是虚的典型，而这些虚的形象在园林造景中常用来作为实景的对比和陪衬。"池塘倒影,凝入鲛宫",水边景色那妩媚有神的意境,每每和虚的倒影分不开。不管是文人小园还是帝王园林,那重笔描绘的精华之景多数要利用水面的烘托,有些还真的将"水中月,镜中花"结合到园中,不但利用水面倒影,还利用镜中虚象来映写景色。如拙政园小飞虹桥端有一亭斜置,一壁大镜正好收入园中山岛映池水的精华之景,使游人疑假为真,疑虚为实,所以亭名也以"得真"名之,真正收到了"卷幔山泉入镜中"的效果。还有网师园的月到风来亭,不但可以临水赏池月,还可从亭壁大镜中赏"镜月"。每当皓月当空,游人在此可赏到真假虚实的三个月亮,堪称虚实相济的大手笔。

以曲带直　在古典园林结构的曲直对比中,矛盾的主要方面在于"曲",是以曲带直。造园理论中的"水必曲,园必隔""不妨偏径,顿置婉转"等都是古代艺术家对园林的曲凹布局的经验总结。我们在园中漫游,到处看到的是曲折高下的假山、迂回盘绕的蹬道、循山脚的转折蜿蜒流淌的小溪以及平缓的池塘曲岸。那些作为园林结构联系脉络的廊、路、桥等也要随形而弯,依势而曲,"或蹑山腰,或穷水际"。这些在结构形式上现出的曲,增加了景物的层次,使艺术家有可能在较小的面积中表现出较为丰富的风景画面,又能使园景更富有自然山林气息。例如苏州的环秀山庄,是占地仅三亩的小园,但以补秋山房为赏景中心,水有两次曲折萦回,山也有三面穿插,使假山假水呈现出自然雄浑的姿态。

　　从观赏学上来看,曲廊、曲径和曲桥可以增加游览路线的距离,延长了赏景的时间宽度,扩大园林的空间感。同时,风景连续空间的曲又为游赏空间序列的节奏感和音乐感创造了条件,单一的"直"只能形成简单的重复空间,唯有"曲",才能带来各种变化,使空间现出抑扬顿挫的韵律。一般来说,游廊曲路两侧常常安排有不同的主题,当游人循廊和径而游,视线不时进行着小角度的转换,两边不同趣味的景就交替出现在游览者的面前。如拙政园的柳荫曲路一景,是一条随地形高下曲折的游廊,从直通见山楼二楼的爬山廊一直伸展到中西部相隔的"别有洞天"半亭。当游人沿着廊子或上或下、或左或右地漫游,东边透过绿幕似的垂柳是波光闪烁的水面和青葱的山岛,景观比较自然开朗;而西边因是游廊的曲势,衬以分隔中部和西部的花墙,形成了数座大小、形状各异的不完全封闭的小院。小院有选择地栽植了白皮松、梅、乌桕等观赏树木,又随便点了一些小石峰,雅小而精致,和东边景色正好形成了对比。信步游去,迎面的风景随着廊子之转曲在不断地变换,使游赏者倍感园林形式美的多样。

园林结构中的曲和直是既对立又统一的,既然是以曲带直,就还要包含着直的因素,而不能随意地乱曲。路、桥和廊的曲,曲中寓直,直中有曲,虽然纡回曲折,但总有一定的行进方向,或供渡水,或作联络。山水布局结构的"溪水因山成曲折,山蹊随地作低平"也是直中求曲折,平中见高低,不能违反自然的造景规律,否则将会使园景失去自然天真的风貌,给人以虚假扭曲的不舒服之感。这里面包含着丰富的艺术辩证法。

曲的另一层含义是使风景曲而藏之,不让所有的景都暴露无遗。这里,曲直对比又可以引申为藏露的对比。园林的布局章法常将一些重点的风景形象曲而藏之,使游赏者在经过一段时间的游赏之后,在"山重水复疑无路"的情况下,一转身,一抬头,出其不意地发现了"柳暗花明"的风景主题。这种安排能使整个游赏过程呈现出一种戏剧性的跳跃,给人的印象是很深刻的。如早期来我国的西方传教士赞叹说:"中国人的另一种技巧是,用树木或其他中间物将花园的某一部分隐蔽起来。它们挑逗游客的好奇心,他想走近去看一看,而走近之后,由于看到完全没有预料到的景色或者同原来想寻找的景色完全相反而大大觉得意外。"这一种技巧即是造园家常说的"景贵乎深,不曲不深"。凡构思精奥的园景必须是由曲至直、由隐到显,这一结构形式美的对比是增大景深和丰富园景的有效方法。宋人李格非在《洛阳名园记》中,曾将这种对比法则总结成"逶迤衡直"四字,并以此为标准来评述著名的富郑公园为"景物最胜"。因此,要使园林景观含蓄有味,不一览无余,就必定要有曲有藏,有深有密,有掩有映,唯其如此,艺术所创造的景色才能达到"曲有奥思"的美妙境界。

山水开合 开合的对比也即是聚散的对比,是园林艺术结构对比法则中较为特殊的一种。山水开合的概念是借用于绘画艺术理论。我国传统山水画的画幅构图,很讲究开合结散。清人蒋骥的《读画记闻》论曰:"山水章法如作文之开合,先从大处定局,开合分明,中间细碎处,点缀而已。"园林中的开合是将绘画中的平面布局定大位的开合方法发展到空间中三度风景形象的布局对比。从形式美法则看,开合包括了面积、体量、高度、质地和颜色等的集中和分散以及整体和局部的均衡和照应。因而,对于园林结构和造景,开合对比也是很重要的一条。自然风景的形成,也是有开有合:山有石脉,有峰峦起伏,两山之间必有沟溪,由于地壳的运动,又有悬崖绝壁,而较低的凹地汇集水流,便成了湖池,也都很明显地表现出开合结散。因此,园林结构中开合法则的运用也保证了艺术所创造的山水能更自然,更富有生气。就拿堆假山来说,要是合而不开,则势必浑然一块,如黏合在一起的土石堆；如果只开不合，就散而零落，没有主景而趣味全失。上海豫园黄石大假山出于明代叠山大家张南阳之手，张别号卧石山人，善绘画，用画法叠石堆山，开合变化得体，山路泉流纡曲，沟壑苍古，望之俨然有城市山林之趣。园林理论家陈从周评曰："磴道、平台、主峰、洞壑，数事而已，千变万化，其妙在于开合。何以言之？开者山必有分，以涧谷出之，上海豫园大假山佳例也。合者必主峰突兀，层次分明，而山之余脉，石之散点，皆开之法也。"

开合对比法则应用于较大的水池和湖面，就成了聚与散的对比，像假山的开合一样，池水也要有聚散的对比。否则，一眼望到四边的方圆规正的水面会让游赏者感到单调和呆板。水体的处理也必定要有合有分，有聚有散，景观才变化多样。通常来说，聚散的对比因园林的规模大小而有不同的侧重，小园水面小，应该以聚为主，以显得宽广连续。比较大的园林，其水面可适当分散些，有主有次，而使水面显得弥漫连绵，有不尽之意。但不论大园小园，不论如何聚散，都要因宜自然，不能"板、结、塞"。聚者可设置水口，远远望去，小桥架其上，仿佛水面未断。散者不能使水面琐碎零乱，可在水中置岛，以桥联络，似分又合。例如苏州拙政园中部水面较大，约占全园的五分之三，古代造园家便在池中偏北堆叠两座岛山，并以若干空透小桥相连，整个水面有聚有散，潆洄环绕，增加了风景的进深和层次。苏州狮子林的山池开合，忽略了小园水面要聚合的特殊性，仍以散为主，将本来不大的池面用湖心亭和曲桥分成了面积几乎相等的两块，又建造了体量过大的石舫，使水面局促零碎，观之如同塞满了东西。而周围又是假山围立，山高水浅，越发显得池小如盆。山顶石峰林立，假山曲洞似迷宫，皆为散有之，合不足，没有按自然山水的结构规律来开合布局，是园林结构形式美对比法则应用的不当之例。

小中见大　　大小是一对互为依存的概念，无大便无小，无小也无从说大。古典园林要以有限的面积造无限的空间，在大小对比中，其主要矛盾方面是小。可以说，园林艺术的创作过程每时每刻都在进行着由小到大的转化。"三五步，行遍天下；六七人，雄会万师"，这是古典戏曲小中见大的形式对比。园林艺术也要以少胜多，以小代大，精炼地、概括地使园中一拳一勺体现出自然山水林泉的情趣。假山不能太高，但要洞壑俱全；池面虽小，也要现出弥漫深远之貌；一些风景建筑的尺度，在不影响使用的条件下，要尽可能做得小巧，所谓低楼、狭廊、小亭。如廊的宽度不过三尺，高也多为五六尺；亭子的体量也要与假山小池相配，以矮小为宜，如拙政园的笠亭，留园之可亭、冠云亭，都以小巧玲珑著称，与景色配合得很是默契。园林范围虽小，但在布局结构时还要再度分隔，使之更小，从而强化对比之效果，这也可以说是应用了某种艺术夸张手法。园景中,比较大的主要是山水游赏空间与自由布置的重重小院有机的结合,已成为园林结构形式大小对比的一种特色。大的游赏空间景观自然多野趣,小的庭院则"庭院深深深几许",使游人不知其尽端之所在,增加了园景的幽趣。留园东部的重重院落和拙政园从枇杷园到海棠春坞的一组以植物主景的小院均是较为典型的例子。

园林的分隔还常常采用大园套小园、大湖环小湖、大岛包小岛等形式。艺术家在这些小的观赏空间内,每每设置很有特色的主题,能给观赏者很深刻的印象,产生较好的对比效果。如颐和园后山的谐趣园、北海的画舫斋、静心斋都是大园中很有名的小园。南浔嘉业堂藏书楼花园是岛中之岛格局的花园,大园四周绿水相绕,是一浮于水面上的大岛,而园中又凿池筑岛,形成大岛包小岛的别致结构。杭州西湖的三潭印月是一湖上小园,小岛没有沿用一般园林曲径通幽、山水交融之章法。而是易陆地为水面,成为大湖环小湖的形式。极目望去,青山环抱,苏、白两堤上桃柳成行,亭台依稀。激滟的西子湖水轻轻拍打着小岛,眼前则是一平似镜的内湖,几座精巧的建筑错落掩映在绿树中,是结构形式中大小、远近、动静对比很好的实例。

收放与畅阻 园林艺术在创造多种形式的游览过程中,必然受到许多条件的制约,存在着多种矛盾。为了强调某一特定的效果,造园家常常采用激化矛盾反衬对比的方法,欲放先收,欲畅先阻,欲明先暗,从而在新的放、畅、明的基础上达到矛盾的统一。

这就如好的艺术作品,往往将它所要表达的主题在复杂的矛盾中展开,使艺术品的每部分互比互衬。有时为了加强艺术的感染力,艺术家特别强调矛盾的某一方面,使对比更强烈,更鲜明,更能引起欣赏者的注意。园林艺术在具体处理中,常将收放、畅阻和明暗的对比交互混同地使用。作为一种空间效果,每每收就是阻和暗,放则类同于畅和明。城中古园为了转化环境的不利因素,常常深隐于住宅后面,要游园,或者要通过住宅的重重院落,或者要步过一条较长的便道。在结构形式上,这一段如同楔子或序幕的引导部分,也就成了艺术家进行"收、放"和"阻、畅"空间处理的重点。

如苏州留园从大门到园中主要山水景区所经过的很长的走廊,便是空间抑扬对比的好例子。一进园门是一个较宽敞的前厅,厅右伸出一小廊引导游人入园,以廊间壁无窗,光线晦暗,经三四折,又入一面对天井的半明半暗的便厅,厅壁有画,游人至此可暂缓行进,舒展观赏片刻。再行又入狭小的暗廊,转折数次后,眼前才渐渐亮起来,待到步入"古木交柯"小庭院,对面花墙的漏窗处,那明秀的园景才隐隐透出来。回首,只是一壁粉墙前的一株古木,一坛素花,上嵌一块点明景名的砖刻匾额,淡淡的几笔迎接着千万游人,点出了此园的幽雅气息。然后西折绿荫轩,这是面向大观赏空间的敞开小斋。到此,游人会感到山池分外明丽灿烂。以晦暗、闭塞、狭小来反衬园景的明快、开敞,对比效果非常强烈。

许多古园进门处常设有"障景"的山石树木之景,从结构形式美来看,也是先阻后畅和先收后放原则的应用。当然山石障景,不只是简单的"一石障目",而要根据不同条件创造出不同的景观。如北京恭王府花园入口先抑后扬的处理就很别致。此园园门深藏在两侧土山余脉所环抱而成的一个进深18米的围闭小空间的底部,好像是夹在大山幽谷之中。这里障景并非全然遮挡,而是将游人的视野限制在很窄的空间范围之内,除了在正中的厅堂能透过山石洞门约略看到之外,其他山水景是被围起来的,只能根据过去的赏景经验进行猜测。只有当你穿过门洞,山池亭榭才渐次展现于面前。像这些进入园中主题景区之前约略让游人看到少许景色,称作泄景,每每引起游人的联想和猜测,加强了他们对被围阻风景的审美兴趣。

协调与统一 园林布局章法的对比和互衬互映,必须经过协调,以免出现杂乱及繁复的弊病。"最完满的整一须调和最丰富的杂多",园林景色既多又变,就是最丰富的杂多,但只要经过造园家着意的安排,这种杂多就可以转化为完满的统一。要是不从整体结构上来布局就容易造成杂乱的效果。因此,造园从相地的第一步起,就要注意整体上的和谐。因为气候、基地条件的差异,园林往往会显出各自的风格个性。而结构布局就要牢牢抓住这一特征,使它成为统率全园景色的主调,"以一概杂",才能调和多样而变化的各种局部景色。例如鼓浪屿的菽庄花园,滨海而建,借山藏海,以海为其主要欣赏客体,无论你是坐亭中小憩,还是漫步廊中,都能看到大海瑰丽的形象。虽然局部也有假山叠石、亭廊曲桥等其他景点。但大海这一主旋律统率着全园的曲调,使该园多样的形式现出一种和谐的气氛。又如虎丘的拥翠山庄,依山而建,随地势高下而设置景点,山就是这园的灵魂。因此,园林艺术山的开合、水的聚散、空间的收放对比,都必须为其主旋律服务,要调整宾主关系,使重点突出,使一园有一园的主景,一区有一区的重点,又联络又分隔,才能使艺术达到"杂而不越"(《文心雕龙》)的效果。为了避免园中主题风景形象的冲突而引起不协调的观感,园中一些主要的景区常常围隔成独立的小区。像举世闻名的圆明园西洋楼,是清一色法国洛可可式建筑,要是混杂在园中,其效果之乱可以想见,但将它们联立而归成一区,又用墙和大园分开,就形成了这座"万园之园"中很有趣味的精华之景。

有时,为了形式上的和谐,邻近的庭院每每采用同一主题,层层推进,不断强化。留园东部的处理便是一个佳例,这里不少庭院均以石峰为点缀,五峰仙馆是湖石壁峰;石林小院虽小,但也置以变幻多姿的十余座石笋石峰,相互盼顾,有许多以石峰为主题的精妙构图;南边的东园一角,浓荫之中耸立着七八峰,同样是赏峰,这里却较宽敞,与小院的紧凑又成对比。再往北穿过鸳鸯厅林泉耆顾之馆,又见冠云峰屹立在浣云沼之前,左右辅以瑞云、岫云两峰,犹如戏剧高潮的出现。造园家让游人欣赏了一系列石景之后,再安排主角的出现。这一区域就是以石峰来统一各小景区的杂多。

烟云薄雾是园林造景中最活泼的因素,从形式美的整一角度讲,烟云所造成的迷蒙景象,也能给园林带来调和的色彩。细雨晨雾以及早晚天空中水汽的蒸腾,给杂多的风景形象笼上了一层迷人的轻纱,增加了园林景色的整一感。

空间美的创造　　人们要欣赏园林美景,最起码是要通过园门,进入到它的内部进行观赏,这一点正是园林有别于其他艺术的最大特点。每当来到园林之中,一切美丽的景物——峰峦溪泉、繁花绿树等,共同组成了独特的欣赏环境。在这一环境中,游人和风景之间(也就是审美主体和客体之间),存在着三向度的空间关系,这是园林风景真实感人的主要原因。在造型艺术园地里,映写山水风景美的手段是很多的。除了园林,还有各种类型的风景图画、风光摄影或电影等。当然,为了取得风景画面的真实性,它们也努力描绘和表现空间,寻求加强空间感的方法,如绘画的透视法,能按照人眼视物的规律,精确地模拟空间;摄影能逼真地记录下某一风景的空间状态。但是,一幅画画得再真实,一张照片拍得再传神,也只能是某一真实风景空间的平面表现。虽然有时它能迷惑人们的视觉,但永远也不能创造出把观赏者包容进去的真实风景。即使是最先进的全景风光电影,尽管在视角360度范围之内都有画面,尽管可以使用现代摄像技巧拍摄,但它也只是单一作用于人们视觉的银幕影像。人们感觉不到微风的吹拂,闻不到春天的气息,不能抚摸山岩石峰,不能随手采集野花……总之,任何其他艺术再现的风景美,都不能创造园林艺术所特有的空间真实性。我国园林风景空间与一般的规正空间不同,它是极为自由灵活和多变的,要真正品赏和把握它的美也比较难,需要掌握有关空间的基本知识。

空间观念和园林风格　　人们对空间的理解也存在着一个发展的过程。通过视觉、触觉,我们能直接感觉实体。而空间印象的获得,仅仅依靠某些感官是不够的,它是建立在形状、大小、距离、方位等一般知觉之上的高一级的综合知觉。全面把握空间的特性,还常常要加入某些理解的因素,因此人们对于空间的理解,也要后于实体。说起空间,人们会很自然地想到建筑。因为建筑塑造的空间最直观、最明显。每个房间的四壁墙,加上顶盖,地面构成了一个完整的立方空间。从艺术史上来看,人们最早的空间概念就是从原始的建筑营造活动中获得的。艺术史家认为,原始棚屋不管如何简陋,都是人类第一次用自己的力量去划分空间的尝试。随着社会的发展和文明的进步,人们对空间的感受能力也不断提高,经历了从简单空间到复杂空间、从室内空间到室外空间的逐步深化的过程。与建筑空间相比,我国园林艺术的风景观赏空间要自由、灵活得多。它常常是开敞流通、分隔随意和变化多端的。它没有像四方空间那样一眼就能望出的范围和体量,所以观赏者对园林空间的某些量,如大小、形状、方位等的知觉常常是模糊的、不确定的。认识和把握它的空间特性也要比正规的建筑室内空间来得困难。这致使不少游赏者每每忽略了园林空间的存在,而不能完全领会风景空间美的感人魅力。然而恰恰是这些灵活多变的空间组合,形成了我国园林特有的风神情调,使其现出了含而不露、曲直对比、虚实相济等我国传统艺术特有的美学特性。

　　由于传统文化和思想方法的不同,我国古代和西方国家对空间的理解存在着不少差异,这很自然地影响到对园林空间的认识,影响到园林美的创造。

　　西方古代学者和艺术家对空间的认识直接来源于数学和几何学,他们将空间看作为同实体一样的具体存在。近代西方唯理派哲学的创始人、法国学者笛卡尔认为:"凡有广延空间的地方必有实体。""空间和物体实际上没有区别。"他们认为,空间也是稳定的,可以触及的物质实在,是"关系明确的量"。对于规正、明确的建筑空间来说,这一概念是完全正确的,它规定了建筑室内空间的性质。因此西方古典建筑空间划分明确清楚,很少有流通的,或者半室内、半室外,互相渗透的综合开敞空间出现。就是对以接近大自然、以欣赏游览为目的的花园,西方人也要明确按建筑轴线来规划布置,使花园完全受到规正的建筑空间的制约。这也是西方园林艺术舞台在相当长的时期内被对称规则、强调中轴线的古典主义风格所占领的主要原因。

　　由于我国古代士人中间普遍存在着对自然山水美的崇尚,对风景欣赏的偏爱,所以人们对空间的理解要比西方人随意、自由得多。他们对空间的理解并不限于四周统统被围闭的室内,而是走向大自然,从客观外在的宏观世界来把握空间。古代学者所指的空间常常是渺无边际的,不可触及的"太玄"。所谓"四方上下谓之宇"(《淮南子·齐俗训》);"精充天地而不竭,神覆宇宙而无望。莫知其始,莫知其终,莫知其门,莫知其端,莫知其源。其大无外,其小无内"(《吕氏春秋·下贤》)。在这里,空间的含义已远远超过了一般室内空间的范围而扩展到整个自然中去了。

另一方面,他们又在很窄小的范围之内艺术化地进行空间的创造,古典园林书斋边的几竿翠竹、小院中的几座石峰都构成了很简朴淡雅的小空间。继而再小到放置几案上的山水盆景和砚石雅玩,如宋代大书画家米芾的"宝晋斋砚山"、苏轼的"湖上仇池"等。贡玩石景虽小,但均有很复杂的可供细赏的微小空间,甚至如同茶壶那样小的空间也可容纳大千世界的美景。古人常用的"壶中天地""壶中九华"的典故,很清楚地说明了他们对小空间的理解能力。这种灵活、辩证的空间观念很自然地影响了园林风景的审美欣赏。无论是登高远眺,极目天际,还是倚栏小憩,槛前细玩,凡视线所触及的广远天地、山林泉壑、星空云霞,或者近处的寸草片石、荷花游鱼,都可以构成大小不同的游赏空间。所谓"仰观宇宙之大,俯察品类之盛",空间就在这俯仰之间形成。"目送归鸿,手挥五弦。俯仰自得,心游太玄",嵇康的这首四言诗可看作是古人对自然风景空间的解释,在他俯仰自得,目光随着飞鸟远去之时,心绪就游历了巨大的空间,广阔的宇宙就成了游目骋怀的审美天地。同样,陶渊明的"采菊东篱下,悠然见南山"所乐道的也是对室外山水空间的微妙感受:在篱落围成的小小空间中,不期而至地发现了以悠悠南山为界限的更大的欣赏空间。

这种风景欣赏中任意流动和收放的空间意识,是园林艺术创作中"借景"原则的主要理论基础。

在留至今日的名园中,反映这一自然灵活空间思想的风景是很多的。例如著名的杭州西湖十景中的三潭印月,就其最基本的风景来说仅仅是湖面上三座很小巧的中间空的石塔。如果不用空间引伸——借的办法,孤零零的这三座石灯塔所规定的湖面上三角形小空间并没有很大的观赏价值。古代艺术家在游赏此景时绝不会孤立地去看这三座塔,而是很自然地将这一小空间扩展开去,将它们和小瀛洲岛上的堤柳、精巧的石牌坊、对岸的苏堤桥影联系了起来,从而使其由三角形的小水面而扩成一个较大的欣赏空间。如逢晴爽秋夜,皓月当空,塔中又点上灯烛,那月灯齐映水中,真假难分,清风徐来,微波轻起,展望出万千气象,实在令人心醉。可以说,我国古代的文人艺术家,在大自然明媚风光的陶冶中,在他们的静思默想中,培养了较高的对自由多变空间的欣赏和理解能力。这对于我国古典园林艺术水平的提高和空间处理技法的成熟的帮助是相当大的。

围而不隔 隔而不断 流动灵活、自由多变的风景空间,是我国园林艺术美含蓄、曲折、有韵味的不可缺少的条件。游古典园林,在穿廊渡桥、山穷水尽之时,常常会出乎意料地发现新的景致、新的主题,令人感到趣味无穷。这主要归功于中国园林在艺术创造上对风景空间塑造的重视,归功于在规划布局上灵活多样的空间处理方法。拿园林术语来讲,就是又隔又连、围而不隔、隔而不断的空间创造手法。受流动灵活空间观念的影响,我国园林创作中空间的围隔并不是绝对的,而是辩证变化、大小相间、既分又合的。为了使园林更耐看、更含蓄、更富有韵味,我国古典园林无论范围大小,无论是山地园、滨水园还是平地园,每每用各种不同的景物将全园分隔成大小不等的各个景区,在这些景区中,一般均有几个比较大的观赏空间,以便集中再现自然山水中的美妙风光。作为这些重点观赏空间的辅助和衬托,其余部分又常常用回廊、花墙、小型建筑等分隔出许多带有小风景主题的庭院空间。园林中这些观赏空间的划分,并不像建筑中常见的那样,用厚实的墙体严密地分隔,而是半隔半连,似隔又连,彼此十分自然地连接着,形成了富有变化的空间序列。例如颐和园占地很大,按照地形和赏景需要,它基本可划分成宫区、前山区、湖区、后山后湖区四部分。这四区风景各有特色,相互间既有分隔又有联系。前山区和湖区是花园的重点景区,这里昆明湖烟波浩渺,万寿山青翠高耸。在这大的山水观赏空间之中,艺术家巧妙地安排了乐寿堂、养荣阁、叫云殿以及山色湖光共一楼等大小不同的院落小景区,在湖中也点了南湖岛和治镜阁等景,各自形成小的观赏空间,那蜿蜒曲折环绕湖边的长廊,实际上也组成了许多小的、连续的风景空间。每一段都有特定的主题景致可赏。这些小的风景空间虽然各自成景,但和外面的大景区仍有着密切的联系;虽有分隔,而气势上仍然是息息相通的。不仅点缀了大的山水风景,而且造成了大小、敞幽、疏密等多方面的空间对比,增加了园林美的深度和趣味。

江南文人私家园林,更是在较小的范围内再度分隔,这一艺术原则也是基于艺术家对空间大小的辩证理解。所谓"水必曲,园必隔",小园要是取消了所有遮挡视线的廊、墙和树木假山等,就会变成一块弹丸之地。只有分隔它的空间,丰富它的层次,使之尽曲尽幽,才会使游赏者不知其尽端之所在而倍觉其大。这就是园林理论家所说的"园林越拆越小,越隔越大"的道理。这种分隔不是死隔,而是既隔又留有活眼的流通空间的处理手法。它们也往往围着园林中的主题景区（如网师园的荷花池、耦园的黄石假山、拙政园的水池和两岛、狮子林的大假山和水池）而展开，透过各色门洞和漏窗，大的山水空间和恬静的庭院小景互相衬托、互相辉映，为园景添上了迷人的一笔。游人进园观赏，须"廊引人随，信步曲径"，随着观赏点的移动，穿过一个又一个的风景空间，才能看到更多更全的景致，对园林的整体美才能有一个较为完全的印象。这种"围而不隔"的布局原则，是在有限范围之内创造无限空间美的唯一可行的方法。

园林空间的构成　我国古代哲学家老子有一段关于空间的辩证论说："埏埴以为器，当其无，有器之用；凿户牖以为室，当其无，有室之用。故有之以为利，无之以为用。"人们用泥土做坛坛罐罐（器），或者开门凿窗造房子，都是为了使用它们中间的"无"，但这个"无"是不能独立存在的，它必须通过"有"的手段，也就是用土"埏埴"或者垒墙开门窗，才能使有用的小空间和外部的大空间分开，从而保证了中间那个"无"的存在。对于园林来说，容纳游人在内的各种观赏空间就是"无"，而组成园林的各种景物，如假山石峰、池塘溪流、树木花草和亭台廊桥就是"有"，人们游赏的各种空间就是由这些多样的风景实体经过不同的排列组合而形成的。实体景物主要体现在两个方面，即游赏空间的边界和主题。也即是说，边界和主题组成了园林空间。

　　园林空间虽然要比建筑空间灵活、复杂得多，常常是变化多端、分隔随意、互相流通的，但要将局部的观赏空间从大的自然空间中划分出来，总是需要某些景物作为其空间的边界。边界规定了园林空间的大小、高低和阻畅等艺术特性。如一些假山的曲洞，四周都是垒石，不时从岩洞上方或侧面的天窗中射入几丝光线，这一空间的边界特点就是封闭，给游人一种坚实而压抑的观感。要是有人在北京颐和园前山临湖赏景，后边是一带长廊，远处白色一线是用汉白玉造的17孔长桥，端部龙皇庙岛宛如浮于水中的一枚翠螺，再远处浩瀚的水面上依稀可见西堤一痕……那么，这一规定的空间是开阔空透的。又如苏州留园东部的许多庭院那样，周围被花墙、树丛所包围，仅有一带小廊同别处沟通，那么那样的空间就较为曲折幽静。还有处于深山中的古寺园林，人称"曲径通幽处，禅房花木深"。沿曲折的小径蜿蜒而去，最后才到达花木丛中的寺院，那么这一空间必定是极幽静的。一般来说，园林各观赏空间的景色特性，如旷或奥、空或透、畅或阻、实或虚等，都与它的边界情况有很大关系。

风景主题　即园林某一特定区域的主要观赏景物。一般说来，园景的一般或突出、精练，或繁杂，对游人感染力的强弱，常取决于空间主题的好坏。一般的山水草木只能组成平淡的没有特色的空间环境，它不能吸引人们驻足细赏。只有那些特征鲜明、有个性的山石溪泉、古树名木或亭台建筑，才会增强山水游赏空间的感染力。

主题的大小和所在观赏空间的围闭程度和纵深范围互相呼应。一些以高大的假山和楼观建筑为主题的空间，一般不宜用高墙将它们团团围住，而可以用矮墙曲廊或者用散点山石、自然水面稍示分隔。如承德避暑山庄的小金山，是湖中一半岛。参差的假山上，立着层层递进的一座楼阁，四周没有别的高大景物将它同其他景区分开，实际上环绕四周的水体就起到了空间边界的作用，这就使这一欣赏空间较为开敞。

而一些以小的景致为主题的景区，因为主题尺度小，边界过于通透就会削弱主题的感染力，就要用建筑、植物作较为封闭的分隔。例如杭州西湖风景中的花港观鱼、曲院风荷两景，主题是荷花和金鲤鱼，所以就在湖滨单独划出院落。只有在曲院之中静赏，游人才会发现"小荷才露尖尖角，早有蜻蜓立上头"的细小动态美。也只有砌石为港，形成小的鱼乐天地，围观的游人才更有乐趣。

另外，像江南园林常见的庭院主题：一座石峰、几株青竹，或者几块奇石下种着一栏芍药花等小景，要是放到大的观赏空间中，使之混杂于山水之中，就不大会引起游人的注意。但用白墙将它们稍加围闭，这些景色的美就会焕发出来。在白墙的衬托下，这些小主题的轮廓更加清晰，色彩更加明亮。苏州留园东部鹤所与揖峰轩之间的方丈小院中，只有一块湖石和一株芭蕉，主题十分简单。但不管是在所内隔花墙观赏，还是在对面小亭静品，碧绿的大片蕉叶舒展着，与如朵云翻滚的灰白色石峰相辉映，其色、其形比画中的蕉石图更要美几分。在这些小空间中，主题因边界而使其美越彰。

园林风景空间的变化和流转，又导致了边界和主题有可能互相转换。这一观赏空间的主题很可能是另一空间的边界，小的风景空间的边界又是周围大的游赏空间的主题，这种互相转换的关系是园林风景空间美多样变幻的重要原因。如上海豫园黄石大假山，是园中创造山林泉壑野趣之景最重要的主题，不管是从仰山堂隔水相望，还是在渐入佳景曲廊中漫步，它都是豫园西部游赏空间的主题。然而当游人来到深隐在大假山北麓的萃秀堂，但见黄石峭壁平地拔起，这时它既成了厅堂的对景，又是这一尽端风景小空间的前部边界。

通感赏景 园林风景空间的美能调动观赏者所有的感官,形成真正的欣赏过程中的联通感受——通感。

风景欣赏的通感和文学作品或绘画欣赏时以审美联觉为主的"通感"是完全不同的。我们在读一篇记景文或看一幅风景画时常常会由视觉的感受刺激而生发出听觉、嗅觉甚至味觉的感受,这种联觉主要取决于欣赏者的生活经验。唐诗人白居易写过一首《画竹歌》,里边有这样几句:"婵娟不失筠粉态,萧飒尽得风烟情。举头忽看不似画,低头静听疑有声。"写出了看一幅风竹而似乎听到了竹林萧萧之声的通感联觉。要是我们在园林中欣赏过风吹竹篁而发出的碎玉倾泻似的声音美,那么对此就会有深刻的体会,而对从未见过竹子的人来说,他们是不会理解诗人所写的情景的。由此可见,对诗画的通感欣赏必须依靠现实赏景中五官协同欣赏的经验。经常游园赏景的人要比足不出户的人有更高的艺术鉴赏力,其原因也在于此。

在园林的欣赏空间中,风景中各种美的信息均会作用于我们的感官。那天光云影、溪水叮咚、兰馥桂香、虫鸣鸟语等灵活多变的景物都可以为游赏者所感受到,大大增加赏景的趣味,然而这仅仅是空间魅力的一个方面。在空间环境中,单一的景物也会表现出多种形态的美来,这是园林空间美的又一特点。例如苏州网师园荷花池北有一座看松读画轩,是环池四大主景之一。这景中的"松"是位于曲桥边山石上的三株古木——白皮松、罗汉松和古柏,它们姿态各异,有的主干夭矫,有的松根盘桓,有的探出长枝,拂向后面的三间轩屋。它们各以不同的姿态和鲜明的形象映入游人的眼帘。然而,当游人走近它们时,三种不同的枝干会使人情不自禁地伸出手去抚摸:白皮松树干上一块白一块绿的树皮比较光滑;罗汉松树干上裹着鳞片状老皮;古柏虽然一半裸露出粗糙的木质,然而柏枝依然翠绿。这时,借助于触觉,人们能感受到三株古木树干在质地纹理上的多样对比。偶尔阵风吹来,发出一阵"泼剌剌"的涛响声,那么它们又成了悦耳的天籁之声的媒介。当游人闻着淡淡的松香,看着地上松枝乱舞投下的影子,这三株古木的美就大大超出了远处观望时所得到的单一视觉享受了。

全身心的欣赏 在空间欣赏环境中,人们可以打破对风景形象的单纯视觉欣赏,调动身体的其他感觉器官,如听觉、触觉、嗅觉,甚至味觉去感受,也就是用整个身心去感受风景的美。

杭州西湖,孤山上的西泠印社是一处很别致的文人集会的公共园林,这座小园依山面湖,景色十分秀丽。沿一条苔藓苍苍、松柏掩映的小径拾级而上,可到山顶的四照阁。这里视线开阔，四面可赏西湖风景，是游西湖必去之地。阁内柱上，挂着一副饶有风趣的对联"面面有情，环水抱山山抱水；心心相印，因人传地地传人"，很巧妙地点出了西泠自然山水景观和历史人文景观的结合。因为这一特殊的观赏空间景多景全，所以引来历代骚人墨客的赞美。清人厉鹗，以其对园林风景的一往情深，曾很有见地地指出，在这里赏景，可以得到眼、耳、鼻、舌、身所有感官的享受，在《秋日游四照亭记》中，诗人写道："献于目也，翠潋澄鲜，山含凉烟；献于耳也，离蝉碎蛩，咽咽喁喁；献于鼻也，桂气晻薆，尘销禅在；献于体也，竹阴侵肌，痟瘅以夷；献于心也，金明紫情，天肃析醒。"

在这里，诗人的观赏并不单单局限于视觉，除了潋滟的湖水、苍翠的林木和烟云缭绕的青山之外，他还听到秋虫鸣叫高低不同的合奏；他还感受到了桂花的香气能去掉身上的俗气，萌发禅心；而在竹荫下小憩，则浑身感到舒适，可以消除肌体的疲劳酸痛；这许多感觉汇合起来，就会觉得整个身心沉浸在天朗气净的美景中，使人忘却醉后的疲乏。在造园的过程中，创造一个给游赏者五官综合感受风景美的环境是至关重要的。可以说，园林艺术的迷人意境，在很大程度上依赖于这种全身心的通感欣赏。在我国古代造园经典《园冶》中，作者也强调了五官对园林空间的协同感受，除了山水亭台可观望的景色之外，听声的有"松寮隐僻，送涛声而郁郁""隔林鸠唤雨，断岸马嘶风"，还有雨打芭蕉之声"似杂鲛人之泣"；闻香的有"遥遥十里荷香，递香幽室"，"扫径护兰芽，分香幽室"；五官和身体综合感觉的有"俯流玩月，坐石品泉"，"苎衣不耐凉新，池香荷绽"；还有对着美景品茗和"把酒临风"等以味觉来加深对园景的感受，如"凉亭浮白（大杯饮酒），冰调竹树风生；暖阁偎红，雪煮炉铛涛沸"等。

园林空间的时间性 欣赏园林，和欣赏文学、绘画、音乐等艺术不同，欣赏者处于运动的状态。不论是较快的走马观花，还是边看边坐的精心细赏，整个游赏过程都是一个随时间运动的过程。德国古典哲学家黑格尔说："运动的本质是成为空间与时间的直接统一。"所以园林艺术的运动观赏给它的空间艺术结构中注入了时间的因素。从时间和运动的角度看，以空间形式存在的园林风景是一种延续的物质。对游赏者来说，园林艺术就是山水、花木、建筑等构园物质顺时间的客观显现，它的空间结构也转化为时间进程上风景形象的连续和衔接。因此，游赏园林必定受到时间的制约。

我们看画，不管其尺寸多大，一般总是能全面、完整地进行观赏，它表现出的各种美、各种意味都局限于画幅范围之内，是不经过运动便可发现的直观美。与之相反,园林艺术创造的是一系列复杂的游览空间,空间主题的多样、风景形象的丰富、视线的阻隔,使游览者不可能一下子观其全貌。要欣赏园林艺术表现的山林泉壑美,必须走出堂奥,一步一步穿廊渡桥,攀假山过曲洞,亲自到艺术内部去观赏。也就是说,游园赏景必定要保证一个基本的时间量,这是园林空间时间性的第一个特点。

承德避暑山庄占地564万平方米,园内空间结构高低曲折,变化多样,自然的山岭、湖泊、平原,分布有七十二个景点,蜿蜒起伏的宫墙长达10千米。特别是占全园面积80%的山区,沟壑纵横,林木密布,有松云峡、梨树屿、松林屿、榛子屿等山间峡谷以及四十余座观赏建筑。游赏如此庞大而复杂的园林空间,没有几天的时间是不行的,它所含有的时间量是人人都能觉察到的。为此,游览像避暑山庄、北京颐和园这样的大型园林,或者是位于城郊的风景园林,要根据景区的划分和景点的分布,合宜地安排时间,切不可不顾这些园林空间的基本时间含量,草草一走了事,错过了许多好景致。

我国古代文人对园林风景的游赏,都喜欢慢速度,所谓"一唱三叹,流连忘返"。他们常常将游览和评论、吟诗作对、文学创作结合起来,着重于对风景美的品评细嚼,悟出其中的诗情画意,往往"不兴会神到则不去"。这种静赏细品的审美方式是不考虑时间因素的,例如明人袁宏道一次到杭州就游览了一个多月,"湖上栖息一月,与良友相对,一味以观山玩水为课"。随着时代的发展,山水风景的欣赏方式也在变化,这种不讲时效的游览显然不能适合今天游园的需要。然而,如果一味追求时间效益和速度,不能保证游赏园林空间的基本时间量,则常常会遗漏某些风景的局部,甚至某些具有点睛作用的细小景致,以致游人不能去体会线性游赏空间的疏密、节奏和韵律变化,从而使园林风景失去了引人入胜和激动感人的艺术魅力。

欣赏园林所需要的时间宽度和听音乐作品所需要的时间宽度并不完全一样。听音乐是被动的。从乐曲开始到结束这个时间宽度就是我们感受它的时间,它是不以欣赏者的意志而改变的。任何一个乐队演奏乐曲,都必须按照作曲家的规定。游赏园林是主动的,欣赏者可以走走停停,看看坐坐,根据需要、爱好和兴趣将游赏时间宽度进行一定的压缩和延伸,具有一定的灵活性。园林游赏空间的这一特点给艺术的创作带来更多的时间可塑性,造园家在设计空间布局时就要尽力创造更精彩更有意味的景色,从而引起游人更多的停留细赏,增加园林欣赏的时间宽度。

园林的音乐美感　　园林艺术的美,是随着时间的推移逐步地展现在游览者面前的。人们来到园中,循径而游,廊引人随,眼前出现的是一幅幅活动图画。每前进一步,欣赏空间中各景物的相对关系就会改变,这些图画的构图和形象就会更替,收到"移步换影"的效果。园林艺术的这一欣赏特点与其他时间艺术(例如音乐)十分相似。音乐形象是流动的,在时间上每一个顷刻,音乐所表现出的美几乎是没有重复的。每个音符、每句乐句都在时间上变幻跳跃,组成了动听的乐曲。园林艺术虽然表现为立体的固定风景形象,但在游人看来,它们也是流动的。随着时间的行进,园林欣赏空间中各种美丽的山水林泉、花木建筑,甚至风花雪月、鸟语蝉唱等,就汇合而成活泼、生动、连续的整体。

有了时间的渗入,造园艺术家才有可能对风景空间进行特殊的塑造,才有可能像音乐那样,将各种美的构园景物当作音符,将最基本的欣赏空间单元作为小节或乐句来进行创作,使园林空间的各种景色表现出较强的时间特性,使整个园林的观赏路线上有启示部、展开部、再现部、高潮和尾声,使园林空间的不同主题能进行独奏、联奏或者混成交响而形成多声部的大型作品。这样,以空间形式表现出来的园林语汇就获得了时间艺术特有的魅力。人们游园,就会觉得更丰富、更生动、更有趣味。例如苏州拙政园是我国园林艺术的瑰宝,它的山水结构虚实相济、划分合理。在游览路线的组织上,也是匠心独运,表现出浓郁的音乐时间特性。

要领略拙政园游览的音乐之美,要从中部原来的园门进去。一踏进园门,以拙政园风景美为主题的"乐曲"就奏响了。首先映入眼底的是小小庭院中的一架紫藤,藤干古拙苍老,而棚上新枝却是浓绿欲滴。这一明代大画家、文学家文徵明亲手栽植的古藤是"乐曲"前奏部的第一小节乐段,它预示着以后丰富而精彩的乐章。小院边上是一条用青砖铺砌的便道通往园中,好像是朴实而平稳的起始段。便道尽头是一座比例协调、制作精细的磨砖小门楼,游人到此,隐隐然已经感受到园内的自然气息,假山、树丛、曲廊等小景已能通过门洞望见,是平稳朴素的前奏结束前的几个重音。

步入这座门楼,"乐曲"就奏出了园林风景的主题。一座苍古的黄石假山挡立面前,由于此山的遮挡,园内的精华之景并不悉呈眼前,然而古拙山石上藤蔓低垂,题刻着"入胜"和"通幽"匾额的抄手游廊从两厢环抱而去,中间踏下几步,一条小径引向山下边的曲洞。这些小景,配合得如此得体,使这一园林风景协奏曲的

第一乐章有一个含而不露、耐人寻味的起始部。当游人信步随着曲廊游去,"乐曲"奏出了假山和前边水池中水抱石、石衔水的交融旋律,奏出了姿态入画的树石相依的旋律,奏出了主要厅堂远香堂和扑水小筑依玉轩顾盼相望、屋顶上山花互相对立的建筑美旋律。这时,视线越来越舒展,曲调也越来越优美奔放。当游赏者穿过远香堂雅洁的大厅来到滨临园中主要水面的大月台上赏景,眼前顿时感到一亮,宛如完全置身于图画中:粼粼水波上浮着两座翠岛,山上土石相间,乔木花丛参差,一派山林野趣;东西两边,山水中点缀着亭台,梧竹幽居和别有洞天隔山遥遥相望。恬静、平和、自然的园林抒情曲达到了第一个高潮。

"乐曲"在稍作休止之后,开始了第二乐章。它的特点是在山水林泉之美的浑厚背景上不断地变换着主题。要是欣赏者向西一路游去,有枇杷园中的金果累累,有玲珑馆前堆叠得如云霞翻滚的湖石假山,有嘉实亭空窗外的翠竹新篁,有海棠春坞小院中雅静的花树石峰小景……随着"乐曲"主题在时间上的不断展开,这些各有特色的小庭院景色也就连续地呈现在游人面前。这些变换着的主题还常常和庭院外边的大风景空间的山水主题混同合奏,那著名的对景——枇杷园云墙上的月洞门正好环住对面小山上的雪香云蔚亭——不正是大主题和变奏主题之间很巧妙的对位与和声吗?

当游人出海棠春坞小院,沿着紧靠中、东部隔墙的曲廊行进,就到了尽东头的滨水小筑——梧竹幽居。这里对山面水,广栽梧、竹,是一个"凤尾森森,龙吟细细"的幽静之处。"乐曲"在这里加入了很华丽的装饰音,这就是面水圆洞门两边挂的楹联,上联是"爽借清风明借月",下联为"动观流水静观山",题额是"月到风来"。这些诗意的装点把游赏者引向更高的境界。不仅道出了粼粼清波、磊块假山的动静对比,还借入了大自然的清风明月,构成了虚实相济的迷人意境,不由让人陶醉!

从梧竹幽居过一小石桥,折入水中两座岛山游览,"乐曲"又进入了一个新的乐章。这里两边皆水,南边隔着水池,柳条间隐约透出刚刚游过的一群小院,好像是上一乐章的变奏主题还在隐隐重复。北边,则是按照自然气势置列的老树奇石,有树石相依的,有树石相争的,是一组新的节奏轻快跳跃的旋律,犹如行进中的小快板。游赏者可以沿着山道拾级登高,去雪香云蔚亭。该亭四周植有不少红梅,点出了雪香的主题,而亭高踞于山巅之上,似乎离天近了,所以又加上云蔚。这里是拙政园的制高点,当年在此可以观赏园外娄门一带的城墙以及西南边的北寺塔,即所谓"斜飞堞雉""梵音到耳"。这里是借景园外的最佳观赏点,而国内山南山北的不同主题、不同趣味的景色又汇合在脚下,主题变奏多样,多声部的齐鸣交响汇合成了"乐曲"的最高潮。

就这么一段游览路线,已经包含了前奏、起始、变奏、重奏到高潮的众多音乐语汇。一般说来,只要是佳园,都可以在游览路线的组织上反映出节奏、主题和韵律的变化。如果把一个园林比作一部抒情的乐曲,那么各个主题景区就是这一作品的各个乐章,而各种造园景物材料以及飞鸟虫鱼、光影雨雪等自然美的信息便是谱写乐章的音符。每个乐章可以有不同的主题,可以有不同的变奏,但是不管这些主题如何高低起伏,它们总是和整个园林鲜明的主旋律互相呼应。

借景对景　　中国古典园林组景的重要艺术原则,即将不属于本园(或本景区)的风景通过一定手段组合到眼前的风景画面中来,以增加园景的进深和层次。我国古代造园家对借景一直十分重视,并认为园林设计最关键的便是借景。如计成在《园冶》中就说:"夫借景,林园之最要者也。"接着,他对借景作了进一步的论述:"借者:园虽别内外,得景则无拘远近,晴峦耸秀,绀宇凌空,极目所至,俗则屏之,嘉则收之,不分町疃,尽为烟景,斯所谓巧而得体者也。"如果从风景观赏学上讲,我国古园的借景至少有三个功用:

　　1. 能扩大园林的空间观感,把周围环境所具有的各种风景美信息借入园内,同时也通过借景使人工创造或改造的园林融合在外在的自然空间中,以增添园景的自然风趣。借景引用得好,就能使园林突破自身基地范围的局限,使整个风景面扩大和延伸出去,将园内园外的风景连成一片,这就要求在造园的相地阶段,就要将借景放在突出的位置上。在留存至今的古园中,以借为主的佳园为数很多,特别是处于自然山水中的园林,更是如此。如无锡寄畅园,选址在惠山山麓,西边紧倚惠山,东南又借锡山,整个园林景色与外面的山水林泉完全融合在一起。

　　因为处在真山包围之中,寄畅园内风景设计就以水池为中心。水池叫锦汇漪,池水南北狭长,时宽时窄,呈不规则形。池中部西岸的鹤步滩与东岸的知鱼槛相对,又将池水分成似分又合的两个部分。池北有由七块花岗石板组成的七星曲桥,在它的东北角,又建一廊桥隔断尾水,使池水似无尽头,给游人以来无踪、去无影的观感。池西,是一大片山林。主山是一土石相间的假山,山不高,起伏自然,头迎锡山,尾与惠山伸入园内的山脚相接,以致真山假山在脉络、气势上完全融合在一起。为了借景,园内的主要观赏点如知鱼槛、涵碧亭、环翠楼、凌虚阁等都集中散布在水池的东岸和北岸。游人在这些亭台中向西望去,近处是波光粼粼的锦汇漪,中间透过岸边整片山林,可见远处惠山的秀姿。近景、中景、远景,一层远似一层,就像很美的山林风景画,真可谓园外有园,景外有景。每当游人漫步在池西的鹤步滩等石矶驳岸之上,或穿越在山石丛林之中,只要抬头仰望,举目东南,但见苍翠一片的山冈上耸立着龙光塔和龙光寺,正暗合《园冶》中的"绀宇凌空,梵音到耳",便能感受到这种近水远山之美景的艺术感染力。

2. 借景增加了风景美欣赏的多样性。为了借更多的园外景色,园林中常设有高楼等登高远眺点。北宋苏轼曾有句"赖有高楼以聚远,一时收拾与闲人",唐代诗人王之涣亦有"欲穷千里目,更上一层楼"的名句,均道出了登高远望与观赏视野之间的关系。登得越高,看到的景色就越多,也更觉得山水风景的丰富和可爱。早在东汉末年,建安七子之一的王粲便作过《登楼赋》,写出了登高赏景强烈的空间深远感和由此触动的思乡之愁。计成的《园冶》也说:"轩楹高爽,窗户虚邻,纳千顷之汪洋,收四时之烂漫。"这"收"和"纳"均表现了中国古代造园家的伟大气度和高超技艺,他们能将"四时烂漫""千顷汪洋"等宇宙万物吸收到有限的艺术空间中来,使园林呈现出一派姹紫嫣红的丰富意境。杭州西湖孤山顶上有一亭名叫"西湖天下景",正因其高,看得多,才能冠以天下景之美名。从此处四望,西湖环绕,稍远青山四合,亭间所挂一联更妙:"水水山山,处处明明秀秀;晴晴雨雨,时时好好奇奇。"很恰当地道出了湖山风景的多样和变化。

3. 借景能使观赏者突破眼前的有限之景,通向无限。中国古典艺术特别强调象外之象和景外之景,借景是达到这一境界最有效的途径。美学家叶朗曾经举例说明园林艺术以借景来突破有限,而使游览者对整个宇宙、历史、人生产生一种富有哲理性的感受和领悟。如《兰亭集序》中王羲之从"仰观宇宙之大,俯察品类之盛"感到游目骋怀的欢乐,但从中又感到"固知一死生为虚诞,齐彭殇为妄作",有一种深刻的人生感和历史感。再如王勃的《滕王阁序》,在"落霞与孤鹜齐飞,秋水共长天一色"的风景美感中,也产生了"天高地迥,觉宇宙之无穷;兴尽悲来,识盈虚之有数"的感慨。正是由于对这些哲理意味的触发,借景才能构成自然与人合一的无限广阔的意境。我国园林风景中那些供人登高的建筑名胜,常常是历代文人名贤的必到之处,而且与他们的诗歌文章一起,被载入史册广为流传,其主要原因也在于此。

远借 园林借景因其方法的不同可分为多种。按计成《园冶》的分类可有远借、邻借、仰借、俯借、因时而借。远借是较远距离的借对,是我国园林借景中最常用的方法。郊外园林每每十分注意远借,如北京颐和园借入玉泉山及玉峰塔,圆明园借景西山,承德避暑山庄借景棒锤峰和外八庙,杭州刘庄、郭庄借景西湖,等等。有些城市园林为了闹中取静,往往筑有较高围墙,给远借带来困难,于是便要设立具有一点高度的观赏点,以便远借"廊外青山,天外流水"。如苏州拙政园的雪香云蔚亭,沧浪亭的看山楼,留园的远翠阁,上海豫园的望江亭、观涛楼等。尽管随着城市的发展,其中不少亭楼已失去了远借的功用,但其原有的构思是较明显的,即借于假山等制高点上,以使视线越过围墙的限制而能观赏远处景色。我国有着欣赏山水风景的悠久历史,人们对远借的审美意蕴有较深的领悟,诸如谢朓的"窗中列远岫,庭际俯乔林",王勃的"画栋朝飞南浦云,珠帘暮卷西山雨",杜甫的"窗含西岭千秋雪,门泊东吴万里船"等名句,均是写的风景中的远借。在著名的郊外山水园林中,建高楼以供游人远望更是一个传统。就长江来说,为了眺望水天一色的壮丽江景,从西到东,就有岳阳楼、黄鹤楼、太白楼、多景楼四大名楼。在这些楼中赏景,既可以极大地扩展风景的广度和深度,又能使游人联想起历代的名人雅士,堪称融自然、人文于一炉。

邻借 间隔距离较短的借景。计成在《园冶》中,对邻借有这样一段论述:"倘嵌他人之胜,有一线相通,非为间绝,借景偏宜;若对邻氏之花,才几分消息,可以招呼,收春无尽。"因此郊外园林四周的绿田净水,城中园林的隔院楼台、邻园春色,均是邻借的对象。苏州拙政园西部假山上的宜雨亭是邻借的范例。原先拙政园中部及西部分属两个园主,为了借入中部的山池景色,便建造了这一高踞山巅的小亭,因赏景视点较高,故围墙两边景色均可呈现于游人眼前。邻借并非一定要借园外之景,在古园中,造园家常常将大园划分成一个个较小的景区,不同景区的景致通过建筑的花窗门洞亦可互借互映,这种邻借亦称对景。由于对景的处理手法和目的不同,又可以派生出许多其他的借对名称,如分景、泄景、隔景、障景等,这些方法其实并没有原则的区别,均是创造和扩大园林游赏空间,增加其趣味的艺术手段。

中国园林的借景对景,一般均要通过一个中间环节:或者是建筑的门窗,或者是亭榭的柱与栏杆,或者是假山之洞口,这些特定的近景常常是作为借景对景的画框。因此它又体现了艺术家对风景的组织和整理,有着启迪游人、指导游览的作用。清初造园家李渔特别注重借景的形式,他在《闲情偶记·居室部》中专门列了一节《取景在借》,论述了门窗借景对指导游赏的妙用:"同一物也,同一事也,此窗未设之前,仅作事物观;一有此窗,则不烦指点,人人俱作画图观矣。"事物观是指任意的一般看景,画图观便是带有较强艺术规定、体会和领悟艺术意境的风景欣赏,两者有着本质的区别。由此可知,"借"对景的处理和组织,常常是园林艺术匠意之所在。

实借　虚借　实借是指借入的风景形象多为山水、树木花草以及亭台宝塔等实的景物。虚借是说园林要不失时机地借鉴自然界一切变化不定的、活的、变幻的风景信息,诸如风花雪月、朝曦暮露、梵音晨钟等,这便是计成说的"因时而借"。有不少古园设置了赏春花秋月、夏云冬雪的景点,主要就是因时的虚借。古典园林理论常说的"奴役风月,左右游人"的艺术魅力,旨在主张园林创作要使风月(指自然界的天光云气之景)为我所用,即是典型的虚借。古代旅游家及园林风景鉴赏家对虚借有很敏锐的把握能力,像南浦云、西山雨、秋江月等,都能引发他们的诗兴画意。而虚借与实借常常是密切相关联的,只有在空间无限延伸开去借入远山近水的同时,才有可能借得变幻而又丰富的虚景。杭州西湖平湖秋月的临湖主厅上挂有一联:"穿牖而来,夏日清风冬日日;卷帘相见,前山明月后山山。"上联点出的是虚借,下联说的是实借,虚实结合,创造了美好的艺术境界。

俯借　仰借　借入景色的高低不同而带来观赏视线角度的变化,俯是从上向下借,仰是从下往上借。杜甫诗"窗含西岭千秋雪"通过窗子向上看是仰借,而"门泊东吴万里船",从门洞看泊于江边的船只,便是俯借。由于俯仰之间视线不同,所借赏的风景画面构图也不同,所引起的游赏者的观景感受也不同。一般来说,从高处往下看,视线开阔,看得也远。见到远近山水均伏在你脚下,便会产生一种豪放、雄旷的审美心态;反之,从低向高处看,或从舟中,或从池中小榭看景,所见到的是一幅由近到远、层次分明、浓淡相间的风景画面,游赏者便容易生发"帘户寂无人,春风自吹入"的恬静、悠闲的审美情趣。

借景和距离说　从美学上讲,我们欣赏自然美景,必须和风景保持一定的距离。当一个人完全置身于景中,反倒不能全面领略其景之美,所谓"不识庐山真面目,只缘身在此山中"就是这个意思。园林的借景,不管是哪一种形式的借,都保证了风景和游人之间的距离间隔。根据距离的长短,又可以分为三种情况。小范围的对借,如从书斋的窗洞门口看庭院中的小景,像在苏州网师园殿春簃中静坐,观赏北窗外的新竹石笋,或芭蕉古木景,就是这种短距离的借景。距离稍拉开一些,中距离的对借,即这一风景院落同其他观赏空间之间的互对互借,如透过苏州拙政园枇杷院云墙上的月洞门看对面岛山上的雪香云蔚亭,或从苏州狮子林的探幽门洞观赏小院内的石峰等。要是再将距离拉开,即远距离的对借,便可组入园外远处的风景,如从无锡寄畅园的七星桥或鹤步滩回望锡山顶上的龙光塔,从北京颐和园的湖山真意看玉泉山上的玉峰塔等。因此,园林借景距离间隔的远近往往与所借风景的尺度成正比。一些精细的小景,距离要短;而借园外的山水,距离必定会加大。可以说,园林艺术的借景是审美过程中距离效应的很好应用。

园林意境　　"情景交融"是园林美欣赏的最理想境界,在中国传统美学中,这一境界便称作意境。在美学界,人们对于中国古典园林所创造的意境美,给予了很高的评价,认为中国园林在美学上的最大特点是重视意境的创造,中国古典美学的意境说,在园林艺术、园林美学中得到了独特的体现。在一定意义上可以说,"意境"的内涵,在园林艺术中的显现,比较在其他艺术门类中的显现,要更为清晰,从而也更易把握。

　　从理论上讲,意境是比形象(景)和情感(情)更高一级的美学范畴,它是扬弃了景和情的片面性之后而构成的一个完整、独立的艺术存在。意境包含了两个方面:"生活形象的客观反映方面和艺术家情感理想的主观创造方面。"因为艺术最基本的单位是形象,所以园林意境美首先离不开形象,即园中的各种风景。然而,并不是所有的风景形象都能产生意境,它们必须能真实地构成空间环境,并且具有自然风景观赏空间所特有的生气和活力。这就要求园林布局结构顺应自然之理,使园景现出一派活泼的生机。其次是主观情思意蕴的注入。闻一多先生曾说过:"一切艺术应以自然作为原料,而参以人工,一以修饰自然的粗率,二以渗渍人性,使之更接近于吾人,然而易于把捉而契合之。"(《冬夜评论》)园林是以山石花木等自然之物组合而成的,然而人们却常说它富有诗情画意。这诗情画意的艺术意味,便是融入了园林景色之中的人性,只有这样,人们在游赏时才会感到景色宜人,才会和风景进行情感上的交流。我们游览园林,所看到的小桥流水、山峦亭台和看纯自然的山水风光在观感上多少有点不同,就是因为在园林风景形象的布置和安排中,在游览路线的组织中,艺术家把自己的审美情趣和思想同多样的景色融合在一起,使游人在赏景时能去发掘这些内涵的意味而加深对园林意境的理解。唐代的司空图在《二十四诗品》中所列举的诗歌意境的不同典型,多用风景欣赏来补充说明。如"月出东斗,好风相从。太华夜碧,人闻清钟"(《高古》);"白云初晴,幽鸟相逐。眠琴绿阴,上有飞瀑"(《典雅》);"露余山青,红杏在林,月明华屋,画桥碧阴"(《绮丽》)……所有这些描绘,都不是孤立的、单纯的写景,而是景外有景,象外有象,并且加入了作者自己对风景的体会和情感,所表达的是有虚有实、有景有情的造化自然气韵生动的图景。

园林艺术也一样,有些园景使我们感到端庄华丽,有些又是那样的舒适恬静,还有些使我们感到清冷而有禅意。景物虽相像,但趣味却不同,这正是注入景中之情的不同而引起的差异。可以说,凡是好的园林,从大的结构布局到每一个景致,都融入了作者的审美追求,饱含着作者的思想感情,灌注了他对自然美和生活美的真切感受和认识。

情景的统一 我国近代美学的先行者王国维说,艺术作品应该是意与境的统一,"上焉者意与境浑,其次或以境胜,或以意胜,苟缺其一,不足以言文学"。对于园林,亦是如此,如果园林只有境而无意,只有景而无情,那么它只能是树木花草、山石水体等物质原料的堆砌,至多是无生命的形式构图,不能算是真正的艺术。只有在造景的同时进行意境设计,使客观的风景形象和园林设计者的情趣思想相结合,才能使景色现出生动的气韵,从而达到"形""神"的统一。譬如我们进入布置精细、品种繁多的花圃或盆景市场,虽然五彩缤纷,形色俱全,但充其量是一种机械的陈列,不存在什么主题和意境,不能给人以强烈的艺术感受。这正如清画家方薰所说的:"作画必先立意,以定位置,意奇则奇,意高则高,意远则远,意古则古、庸则庸、俗则俗矣。"(《山静居画论》)园林境界的高下雅俗主要也是由造园家创作时意趣的高低所决定的。

就拿苏州的几座古典园林来说,同样是荷池曲桥、假山石峰,怡园的就没有拙政园的可人有味;狮子林大假山上石峰林立,却不如留园石林小院的几座小峰顾盼有意,其中之奥妙,主要还在于创作意境的高下,园林如果只是单纯地追求景多景全,标新立异,而不注重"意"的镕铸,其景物必然不能很好地引动观赏者的情思意蕴,其形象也必然乏味。所以不管是园林的山水造景、亭榭设计,还是花木栽植、楹联题对,均要着重情感的诉说,这就是刘熙载所说的"寓情于景而景愈深"。

意境虽然包括着景和情两个部分,但是我们在欣赏体味时是不能机械地将它们隔裂开来的。园林中的"景"或者"境"不是纯客观的山水林泉景象,而是经过艺术家选择、提炼又重新组合加工而成的典型形象。"意"和"情"也不是造园家纯主观的意念,而是艺术家以自己的才能、学识、教养以及对山水风景的游赏经验,在园林创作过程中所产生的一种合乎艺术本质特征的激情和理念的外露。有些园林创作,在拼凑山水亭台之后再到唐诗宋词中去觅寻一些字句作为题对,就算有了意境,着实有点可笑,这种贴标签式的所谓景加情并不是真正的意境。正像王夫之说的:"情景名为二,而实不离。神于诗者,妙合无垠。"(《姜斋诗话》)所以意境并不等于意和境的简单相加,而是主观和客观、景象与情感的有机融合。只有这样，才能在创作或欣赏过程中达到"山性即我性，山情即我情，水性即我性，水情即我情"的物我两忘的交融境界。

点题和规定 我国古园有以文字形式点明风景主题的优秀传统，点题形式多种多样，如匾额、楹联、门楣、刻石、砖雕等，无论是何种，均是对局部风景意境的规定。园林艺术所创造的各种风景形象是相对固定的，具有某种限定的形式，但这些形象所具有的含义却是多元的、含蓄的，具有不确定的特点，不同的游赏者会有不同的观感，即便是同一游客在不同的时间、不同的气候环境下，也会产生差别很大的感受。拿普通的山石来说，一块丢落在荒山乱岗之中的顽石并不能表达什么思想，然而当艺术家将它移进了园林，放在水边并在造景中加以考虑，那么它就变成了表达造园家思想情感的媒介。但是由于这种表达没有严格的规定性，人们可以按照自己的习惯和爱好来领悟它的美。譬如诗人走过，或许会从中体会出水石相依的一种感情；画家会审视它的姿态和形式而将它形象地比作在水边喝水的小动物；而音乐家可能会从水石质地的对比和层次的起伏中，联想到节奏和旋律，联想到宁静或奔放、平稳或激越的音乐感。再看园林中常有的观赏植物梅花，有人看到了它的疏影横斜、浮香暗动的端庄典雅之美，有的则看到它"已是黄昏独自愁，更著风和雨"的孤独宁静。在没有点明意境主题的情况下，这些小景也带有着明显的不确定性，任人遐思联想。然而，作为艺术，造园家在构思这些景色之时，总想表达一定的情思意蕴，所以要对它们进行某种限定。譬如，水边山石如果题名为"浣月"，庭中梅花如果题名为"舞影"，那么游人对其意境的欣赏就有了一个比较确定的范围。前者突出了月夜观看水石交融的主题，后者则主赏日光下梅树枝影在白墙上的飞舞，从而自然地传递了设计者的思想立意。对于含有较深哲理的景色，其题对的规定和点题就更重要了。苏州网师园的濯缨水阁，除了反映隐居园林、濯足自娱的归隐思想之外，这里面对水池观看流水，还有着"逝者如斯夫"，诲人以珍惜光阴之意。因此阁内挂了一对十分有趣的楹联，"曾三颜四"对"禹寸陶分"，联为郑板桥所书，十分雅致。"曾"是指孔子的弟子曾参，他有吾日三省吾身的故事，故称"曾三"；"颜"是孔子的另一个学生颜渊，他有"非礼勿视，非礼勿闻""非礼勿问，非礼勿为"的名言，故称"颜四"。"禹寸陶分"之禹指大禹，陶指东晋陶侃：他们都是爱惜光阴的楷模，前者惜寸阴，后者惜分阴，所以叫"禹寸陶分"。上联以先圣先哲的名言来自勉，下联教导人们要珍惜光阴，这种退归林下又不忘儒家说教的矛盾思想寓意一般是较难领会的，由此亦见题对之重要。然而这种规定和暗示又很有艺术性，它以巧妙的对子点缀在园中，游人到此，每每驻足推敲品味,增加了风景的理趣。

题对和意境设计 题对是我国园林艺术特有的艺术手法。虽然它借助了文学诗歌等艺术手段,是以文学的美来使园林美更生发光华,但并不像人们所设想的,是造园完成之后延请文人雅士题咏一番的附加步骤,而是一开始就同园林美的构思联系在一起的,是艺术创作中不可分割的一部分。园林的创作构思,较重视各景区的意境设计,造园家在考虑整体结构时,往往要先从整体确定园林美的风格,以及能反映这些风格的重点景区的立意。通常造园家都用简约的笔墨、富有诗意的文字作一个概括,然后再仔细推敲山水、亭榭、花树等每一个具体景点的布置,使它们符合意境的需要,这一方法好像是揣摩诗意作画。清诗人汪春田有一首写造园的绝句:"换却花篱补石阑,改园更比改诗难。果能字字吟来稳,小有亭台亦耐看。"很透彻地说出了园林创作有着和诗歌创作很类似的特点。而在园林大体完成之后,就要对各景区的意境设计进行检验鉴定,反复品味,以期能找到最切合各景区主题的词句,作为题名或楹联刻在山石建筑上,这最后的一道"精加工"是在以前创作的基础上进行的,是诗意镕铸的继续和完成。红楼梦第十七回中有一段文字很恰当地点出了园林题对的重要。大观园工程告竣,贾政宝玉一行边赏景边咏吟题对,贾政说:"若干景致,若干亭树,无字标题,任是花柳山水,也断不能生色。"其之所以"不能生色",就是因为花柳山水在表情达意上的不确定性,不能直抒胸臆,而题对文字就能使不确定向确定转化,能画龙点睛地集中表现出风景的生气和意境。

园林的意趣及象征 园林艺术的创作具有两重性。一方面要在基地范围内真实、集中地创造出山水风景供人们游赏,另一方面其又是造园家抒发自己情感和意趣的重要手段。特别在园林意境美的创造中,为了使园景更耐看、更含蓄,做到"景外有景,象外有象",就必须在实在的风景形象中,注入更高一层的内容美。园林风景的这种内涵意味常常带有较强的哲理和象征意义,其起源又与我国古代悠久的风景欣赏传统和高士贤人的轶事有关,具有很浓的文化色彩。古代文人雅士常将这些内容称之为"趣"。南宋文论家严羽在《沧浪诗话》中说这种趣如"羚羊挂角,无迹可求。故其妙处莹彻玲珑,不可凑泊,如空中之音、相中之色、水中之月、镜中之像,言有尽而意无穷"。园林艺术要有诗情画意,也很重视风景中趣的镕铸。游园赏景,也必须着意去品玩风景中所蕴含的趣,这对于达到情景交融的审美境界是大有好处的。

鱼乐我乐 我国古典园林中,以观鱼同乐为主题的风景到处都有。如杭州西湖玉泉的鱼乐园、花港的花港观鱼、上海豫园的鱼乐榭、无锡寄畅园的知鱼槛,连北京颐和园也有两处,即前山的鱼藻轩及后山谐趣园的知鱼桥。鱼乐的典故源出古代哲学家庄子的思想。庄子《秋水篇》记道:"庄子与惠子游于濠梁之上。庄子曰:'鯈鱼出游从容是鱼之乐也。'惠子曰:'子非鱼,安知鱼之乐?'庄子曰:'子非我,安知我不知鱼之乐?'"庄子的无为浪漫、逍遥优游的思想,对后世士大夫们影响很大,在他们的园林中设立观鱼景点,也就是攀附庄子那种厌倦人世、"鱼乐我乐"与自然息息相通的隐逸思想。除了直接点明的观鱼和鱼乐景点之外,还有从濠梁引申出来的观水遐思的风景主题,这就是古典造园理论中讲的"假濠濮之上想入观鱼"。如现在北京北海公园的濠濮间、苏州留园的濠濮亭等。这些景致均有着观鱼知乐的理趣意蕴——与大自然合为一体、天人合一的思想理念。古典园林借这一文学故事所创造的景点常常由浅入深,包含好几层意蕴。如杭州玉泉鱼乐园题匾两侧有对联:"鱼乐人亦乐,泉清心共清。"它先是点出了鱼群在水中悠然自得的神态同化了看鱼人,触发了他们精神上的愉悦和欢乐。而鱼乐的环境,那一泓清水也澄澈了看鱼人的心境,使之清净淡泊,尘事皆忘。到此境界,园林美的欣赏可以说达到了情景交融的境界。

沧浪之水 "沧浪之水清兮,可以濯吾缨;沧浪之水浊兮,可以濯吾足。"这是先秦时候的一首歌谣。有一次孔夫子听到后对他的学生说:"小子听之,清斯濯缨,浊斯濯足,自取之也。"以此来教训弟子们要清高自爱。而《楚辞》中将这首歌谣的含义引申得更广:有位渔翁在河边碰到了屈原,就问屈原为什么会被楚王放逐,屈原回答说:"举世皆浊我独清,举世皆醉我独醒,是以见放。"这时,渔父就唱起了这首歌谣来劝导屈原。意思是说,如果王上英明爱才,顾惜百姓,你就可以在清水中把帽子洗净去为他治国;如果王上昏庸,奸臣当朝,你就干脆隐居在山水之中,濯足自娱,何乐而不为呢?这实际上是古代士大夫们"达则兼济天下,穷则独善其身"和"身在江湖,心存魏阙"两种思想矛盾斗争的形象反映。古代一些园林主人,有的是仕途失意被罢官的知识分子,有的是满腹经纶但又屡考不中的名士,他们对社会和朝廷有着某些怨气,因而常常以隐居山水之中、濯足自娱的高士来自比。每每在自己的园林中建造与这一故事相关的景点,例如拙政园的小沧浪便是明王献臣辞官回乡营园时布置的。有的还直接以沧浪为园名,例如北宋诗人苏舜钦原是主管朝廷进奏院(承转朝廷和地方之间来往公文的机关)的官员。此院常售卖积存下来的公文奏章的封套等废纸以用作公费。在北宋庆历四年(1044年)秋,苏舜钦邀请了一些知名之士,举行公宴,挪用了部分卖废纸的钱,被对头参了一本,结果被革职为民。罢官后的诗人在苏州城南买地营园,有感于《沧浪之水》这首歌谣,取名为沧浪亭,其园遂成为一代名园。

由沧浪之水而来的濯足濯缨,有时也用作景名。如苏州网师园的濯缨水阁便是如此,园主人如此命名并不是期望着被朝廷重新起用。给园起名为"网师"的清文人宋鲁儒自号渔隐,明显有归隐林下之意,之所以不用"濯足"而说"濯缨",主要是惧怕朝廷怪罪。古代文人在专制统治下常用反义词来表达自己的不满,如唐柳宗元被贬永州,以"愚"来名其钟爱的小溪风景,有愚丘、愚泉、愚沟、愚池、愚堂、愚亭等,其实都是反话。因为"濯足"意指朝廷腐败,只好以"濯缨"为名了,实际上还是临池濯足之意。濯缨水阁中还有一副对联很有理趣,上联是"曾三颜四",下联是"禹寸陶分",据称为扬州八怪之一郑板桥的手迹。这一富有理趣的楹联挂在此间,看起来是教人珍惜光阴,不要玩景丧志,实际上是反衬了园林风景的美,眼前的秀水青山令人流连不肯离去。

园林艺术是传统文化之树上的一个硕果,它和古代哲学、美学思想是紧密相连的。诸如庄子观鱼、沧浪之水等古代哲人学者的传闻故事便自然而然地反映到园林中来,这些理趣常常成为造园家或园林主人表达他们理想情操的一种手段。而对于欣赏者来说,这些理趣又每每是他们因赏景而抒发情怀的很好媒介。

舟船之趣　　园林中的建筑景是人工创造的艺术品,因此它有更多的可塑性。造园家常常利用某些特殊的造型来曲折地表达胸中的理念,而使它们带有浓郁的理趣。

唐代大诗人李白一生好游历,他曾写道:"人生在世不称意,明朝散发弄扁舟。"古代文人名士,要是对现实生活不满意,总是想遁世隐逸,耽乐于山水之间。而这种消遥优游,多半是买舟而往,所谓"实迷途其未远,觉今是而昨非,舟摇摇以轻飏,风飘飘而吹衣",对舟船往往有着特别的感情。他们将自己对山水林泉的怀恋、对仕途的担心、对社会的不满,统统化作了对舟船生活的憧憬。但是能像李白和陶渊明那样隐逸于山林的毕竟只是少数,于是大部分文人名士便在园林水边造旱船石舫,来寄寓他们不可实现的理想。纵观我国古园,无论是江南文人私家园林,还是帝王苑囿,均有旱船。其名称多样,有不系舟、画舫斋、画舫、香洲、石舫、清宴舫等。甚至岭南的古园清晖园和余荫山房也都设有模仿珠江"紫洞艇"的船厅,可见旱船景在园林中的地位。

欣赏旱船景,不能只是简单地看外形特征,而要从船的形状悟出它的理趣。

原来的那些园主人似乎只要一踏上船,就会有泛舟荡漾于湖山间的感觉。北宋文学家欧阳修在《画舫斋记》中谈了以画舫来命名其书斋的原因,将其中之奥妙说得很透彻:"凡偃休于吾斋者,又如偃休乎舟中。山石崎嵚,佳花美木之植,列于两檐之外,又似泛乎中流。而左山右林之相映,皆可爱者。故因以舟为名焉。……然予闻古之人,有逃世远去江湖之上,终身而不肯反者,其心必有所乐也。苟非冒利于险,有罪而不得已,使顺风恬波,傲然枕席之上,一日而千里,则舟之行岂不乐哉!"既要模拟泛舟游历山水的风景环境,又抒发了居安思危、退归林下的理想情操,这正是古典园林中舟船造景的主要内涵。

另一种富有理趣的建筑景是扇面亭。风景建筑以扇形为平面,一般很容易使游赏者联想起风的主题以及古代圣贤关心百姓的故事。《孔子家语》载:"昔者舜弹五弦之琴,造《南风》之歌,其歌曰:'南风之熏兮,可以解吾民之愠兮!南风之时兮,可以阜吾民之财兮!'"因而在帝王苑囿中建扇形亭榭的就特别多。如北京北海琼华岛后山的延南薰、颐和园的扬仁风都是扇形建筑,包含着"奉扬仁风,慰彼黎庶"的哲理,以标榜封建君王体察民心、慰问民生的治政方针。

自然情趣　在古代文人雅士的眼中,园林自然景物,诸如山水、花木竹石和一些小动物都带有灵性,并以同它们为伍、为友为清高,因而不少园林中的景致表达了这种对自然之物的喜爱和痴情。这种趣味以爱为主题,带有一定的永恒意味,如南北朝时,梁简文帝游华林园,对跟随左右的人说:"会心处不必在远,翳然林水,便自有濠濮间想也,觉鸟兽禽鱼,自来亲人。"这一故事,记载在《世说新语》中,流传很广。后人竞相仿效,以与鸟兽禽鱼亲近为高雅。园林中便设置与小动物亲近的景点,如苏州留园鹤所、拙政园的鸳鸯馆等。后来,这种对小动物的亲爱之情又扩展到植物景和山水景。如北京颐和园的"水木自亲"一景就是佳例。这一景名刻在乐寿堂正门上,门前码头是当年清慈禧太后水路来园下船的地方。这里视野开阔,极目四望,山岛葱茏,湖水潋滟,鸢飞鱼跃,一派生机。在此赏景,自然会从心底萌生出对自然山水草木等的感情,故以水木自亲为名。

"十笏茅斋,一方天井,修竹数竿,石笋数尺,其地无多,其费亦无多也。而风中雨中有声,日中月中有影,诗中酒中有情,闲中闷中有伴,非唯我爱竹石,即竹石亦爱我也。"这是清代扬州八怪之一画家郑板桥的一段题画词,很透彻地表露出画家对竹、石的深情厚意。竹、石等景不仅是他所看、所听的审美对象,而且是他闲中闷中的伴侣,画家常在诗中酒中来抒发这种高尚的友情。

古代文人以园林自然景物为友的故事很多,宋代书画家米芾拜石,呼石为丈、为兄;林和靖隐居杭州孤山,种梅养鹤,人称"梅妻鹤子"。计成在《园冶》中对园林风物也充满了感情,如"片山多致,寸石生情"、"径缘三益"等。"三益"便是三益友,园林中哪三物是主人的益友,不同时代的文人有不同的说法。唐代元结以山水、松竹、琴酒为三益友,宋代苏东坡以梅、竹、石为三益友,明代冯应京则以松、竹、梅为三益友,这就是人们所说的岁寒三友。一般能被称为"益友"的,都是具有耐赏的外形风姿,且生命力旺盛,具有不畏严寒、坚贞不屈品格的自然之物。人们在园中观赏这些小景,除了体会它们的形象寓意之外,还可以仔细揣摩造园家对它们的深厚情爱。

巧构奇趣 奇趣主要是指园林造景中一些奇特的构思设计。一般来说,我国园林以自然天趣为上,不提倡标新立异和奇特的构思设计。但是一些独具匠心的构思能给园景添上一笔别致的趣味,同时又表现出艺术家和造园匠师的聪明和才智,在园林史上留下了很有意思的一页。

我国江浙一带,水网四通八达,田园山水处处皆图画,本身便是一所大的自然园林。有不少富有创新的文人雅士不满足于一地一隅地建造自己的园林,于是别出心裁地想出建造浮在水上的"流动园林",以便随心所欲地在"大园林"中游赏。有的用大毛竹扎成巨筏,在筏上构建篷屋小轩,其中布置了桌椅靠凳、床帐卧具及棋琴书画等用品,还有日常生活所需的锅灶炊具等。筏四周围以朱栏,平时以青布围遮,舟行看景时就揭去。经年累月泛游水上,人称"浮海槛"。有的则在大游舫之上以棕做成茅亭样子的小建筑,前后堆土种花,按一般园林亭榭所布置。坐这种船出游看景,舟上小景为近景,远山近水为借景,趣味更浓。这种水上亭园并非明清才有,宋人孔平仲的《续世说新语》中就记有此筑:南朝有人将十多条大船合并为大舫,再在上面建亭榭,开池沼,种荷花,并于月夜邀请宾客,携歌童舞女,"泛长江而置酒",真是良辰美景、赏心乐事集于一船。后世时有人仿之,如清初文人查伊璜的"方舟"也基本如此。

用科学的手段处理园林植物,使花木景产生一般情况下看不到的奇趣。例如,早在宋代就有在密室中增温和强化施肥的记载,使得牡丹、梅、桃等观赏植物在正常花期以前盛开,这就是堂花(或称煻花)的来由,现在北京中山公园内就有唐花坞一景。清代宫廷每逢元旦赐宴,都要陈列盆栽的芍药、牡丹来增加喜庆气氛,这些花都是堂花。对于秋凉后才开放的桂花等,则将其置放于阴凉有风的山洞之内,虽在炎暑,也能催其开花。应用这些方法,就能更主动地满足文人雅士"莫叫一日不开花"的赏景要求。

据清人编纂的《常熟县志》载,元代陆庄的大户曹氏私园,名声"甲于江左",景色多奇趣。一天,主人邀请当时赫赫有名的大画家倪瓒来欣赏楼前荷花,画家欣然前往,但登楼一望,只见空荡荡的一座庭院,仅略有树木点缀,很是纳闷。后来主人伴着画家先去别处用餐,饭后再登此楼,只见下面方池约有半亩大的水池中荷花怒放,鸳鸯嬉水,还有浮萍水藻随波荡漾。倪瓒大吃一惊,忙问原来的空庭哪里去了?原来主人事先在别处池中预先种了数百盆花,而在空庭下面置有暗渠通另外池塘,开启阀门即可放水。乘画家用膳之际叫人搬来荷花布于庭中,然后放水灌之,水满后再放入珍禽水草,有若天然。这是花木和水景综合起来的奇趣,虽然标新立异,但和园林艺术的旨趣已大相径庭了。

构思离奇的建筑景在园林中出现得更多。南宋官僚张功甫在他的南湖园中,模仿秋千的形式建造了一座可来回活动的秋千亭,即在园内四棵古松之间,悬以大铁链,然后在铁链相交处搭屋建亭。游人登临摇曳,如凌霄驾云,于是就称此亭为"驾霄"。

明清时期,我国的金属浇铸工艺达到相当高的水平,于是全部用铜铸造的建筑也出现了,其中大多数是寺庙中的殿阁,人称金殿。这些光灿灿的建筑,点缀在绿树丛中,为寺庙园林增色不少。民间的园林中也有建铜亭的。清代吴敬梓在《儒林外史》中,曾写到南京中山王府内瞻园的假山上,曾建有一座铜亭。这座铜亭利用铜导热好的特点,将建筑结构构件同取暖设施一起考虑,使其在冬天可于地板下烧火取暖。在当时使用昂贵的建筑材料来造亭台,是为了炫耀园主在政治和经济上的特殊地位,并把它作为园景中一个争奇斗胜的内容。

这种炫耀在皇家苑囿中更是到了无以复加的地步。如1761年,为了庆贺生母孝圣皇太后七十大寿,乾隆决定在畅春园宫门外建一条苏州买卖街。建筑由各省总督、巡抚等大员筹资包建。生日那天,皇太后最感兴趣的是长芦盐商建造的孔雀亭。亭基八角形,全用汉白玉垒砌,上建木质重檐八角亭,柱檩全部油饰彩画,上嵌珠玉翡翠。最妙的是亭顶,以广东外商采运来的特大孔雀翎代替了琉璃瓦覆盖,上檐结顶也不用宝瓶,而是立一只展翅欲飞的孔雀标本。远远望去,整座亭子千波金线、万眼翎花,宛如一只大孔雀。1860年,英法侵略军焚毁此亭。

赏景方法 园林赏景是十分随意自由的审美活动。人们可以在假山背后幽静的小斋中,静看花竹、石峰在白墙上的弄影;可以信步曲径,倾听树林中翠鸟的啼鸣;可以拾级登上山顶,眺望远处的山光水色;也可以随廊漫游,品味间壁镶嵌的书条上诗句描绘的意境;还可以倚躺在湖边的石矶上,观看鱼儿戏水……总之,造园家没有规定赏景的次序,没有限制游园的时间,游人可以随心所欲地在园中徜徉。

园林欣赏的这一特殊性,是由园林多样变化、自然生动的艺术特性所决定的,它没有其他艺术审美的那种强制性。于是有不少人就觉得看风景是一种自发的经验性的欣赏活动,没有什么值得推荐的欣赏方法,这实际上是一种偏见。清代旅行家孙嘉淦在总结了他的游历经验之后,很中肯地指出"游亦有术矣"。这"术"就是游园赏景的基本方法。

我们中华民族有着极其悠久的欣赏园林风景的传统,前人对于游园之"术",亦有过不少论述,近现代的园林理论家也对欣赏园林进行了多方面的研究,对赏景的普遍方法,也有许多归纳和总结,综合这些阐述和研究,园林赏景可以用"游园先问、远望近观、动静结合、情景交融"十六个字予以概括。

游园先问　在游赏前先收集一些有关的资料和图片,请教那些熟悉园林的游客,对拟游的园林风景有一个大概的了解。这种在理性上的先认识可以提高游兴,以便在实际的游赏中更好地接受和领悟园景的意境。

先问的内容可分为两个方面:一是关于我国园林艺术的一般常识;二是具体园林的历史沿革和各景点特定的知识。每个游人的爱好、经历和文化修养是不同的,因而所喜爱的景色也有差异。如果游赏者事先了解到我国园林大体上可分为四大类,它们的景色特征不相同,那么在选择游赏对象时就有了依据。爱看规模大、景色全、较富丽的,就可去游苑囿花园;爱看有山有水、景色开朗、自然和人文风景并重的,可去邑郊风景园林;对寺庙、道观有兴趣,喜爱古朴幽深风景的,可去寺庙园林;爱看精雅小景、喜静赏文化气息较浓的园景的,就应该去游文人私家园林。应用已经掌握的一般知识,游赏者还可以事先对某些园林进行简单的分析,悟出其奥妙,使游兴更浓。如果有人去北京,也许听到过"先有潭柘寺,再有北京城"的说法。根据寺庙园林的共同特点——年代久远、有僧人管理、古树名木较多、你可推测潭柘寺也许是以清潭、古柏树为主题的寺庙古园。等到亲自前去一游,果然如此,此时所获得的愉悦和美感,是不言而喻的。

关于各园具体知识的了解,其范围更广。我国古典园林,都有自己的历史,有的还包含着曲折有趣的故事。游赏之前,大概了解一些历史,很有必要。例如人们来到苏州拙政园门口,对"拙政"两字往往感到纳闷。其实这和建园时的历史有关。明正德四年(1509),御史王献臣官场失意回归故里,在城东北隅低地拓建园林。他当时的心境不好,便借用晋代潘岳《闲居赋》中"灌园鬻蔬,以供朝夕之膳,是亦拙者之为政也"的语意,命园为"拙政"。这两字一是表示自己要归隐田园,远离风风雨雨的朝廷,另外也有嘲讽"聪明人"把升官发财作为政事,认为彼浊我清的意思。有些古园园名的更迭也颇有意思,如苏州留园,在明代称为"东园",为与园主徐时泰的另一所园林"西园"相别。到清代,因为园中多白皮松,易名为"寒碧山庄"。又因为园主姓刘,市民百姓就简称其为"刘园"。后园主易人,"刘"就改为"留",意为园景佳丽,能使游者流连忘返。再如绍兴东湖,因为特殊的历史原因而形成殊丽的景色,它一面是长堤拱桥映波迤逦,一面是刀削般的悬崖绝壁,露出苍古质朴的黄石纹理,壁下还有洞穴,坐小舟可进洞游览,但见水色黝黝,深不可测。无论是在堤上远眺,还是泛舟于绝壁深洞中,都能给游者一种奇险的观感。在江南山明水秀之地,为何有如此奇特的岩壁深湖之景?一查史籍便可得知,这里是汉以前的古代采石场,绝壁和深湖均是人类劳动、改造世界留下的痕迹,因为相隔年代久远,雨淋风化,植被覆盖,使其斧凿之痕全部消失,成为"宛如天开"的园林风景。这里,对历史的了解将有助于游人对园景特性的掌握。

  游园之前,还要多问一些该园的景色特征,如什么景最有名,布局上有何特色,重点在哪一部分等。例如人们游颐和园,要是先知道这园大致可分成四个主要景区:文物建筑景多的宫区;自然景物和建筑相辅相成、开朗多样的前山区;以浩瀚水面和堤、桥为主的前湖区;幽静并富有野趣的后山区。那么,游赏的时候,就可以"有的放矢",挑选自己喜爱的景色细赏。一般说来,古园是园园有特色,处处有佳景。只有事先了解了该园的重点景色,才不致于抓了芝麻,丢了西瓜。如北京北海的九龙壁、香山的鬼见愁、天坛的松柏古木、太原晋祠的难老泉等都是园中的主题景致,不可不游。

  "游园先问"还包括问问古人有哪些著名的咏景诗词和文章。"江山也要伟人扶,神化丹青即画图。赖有岳于双少保,人间始觉重西湖。"这是清代诗人袁枚说西湖的四句诗,他指出了杭州西湖不光具有水光山色的自然美景,也有像岳飞坟、于谦墓这类人文美景的辅助。近代郁达夫的"江山也要文人捧,堤柳而今尚姓苏"之句,说的也是这个意思。这些都告诉游览者:邑郊风景园林的特点——好山好水必定要经过人们的改造装点,才能更好地满足人们的游赏。古代一些咏景名句之所以会流传千年,脍炙人口,主要是因为这些词句恰如其分地点出了景色的美。如苏轼的"水光潋滟晴方好,山色空蒙雨亦奇"的咏西湖名句,清代袁枚的"半池雪霁水微绿,坐看野塘春草生"的咏苏州拙政园之句,南宋范成大的"古苔危磴著枯藜,脚底翻涛汹欲飞"的咏杭州灵隐寺冷泉之句,都入神地描绘了园景的风趣,对于游赏是很好的指导。

远望近观 人们欣赏园林风景,得到的是真切的空间感受,眼前呈现出的是一幅幅近景、远景配合得很好的立体图画。要细品这风景画面的美,就既要看近处的景致,又要望远方的山水。正确地欣赏园林风景应注意远望和近看的结合、宏观和细察的结合。"宿云似幕能遮月,细雨如烟不损花"、"风带残云归远岫,树摇余滴乱斜阳",这些古人赏景的名句,都是经过远近结合的欣赏得到的。那远岫、残云和明月,要放眼望去才能被组合到园景中来,而细雨中的花朵、浓绿树叶上的雨珠,则是就近便能看到的小景,这远近景色的结合使游赏者产生了强烈的美感。北宋画家郭熙的《林泉高致》揭示了欣赏风景为何要远望近观的道理:"真山水之川谷,远望之,以取其势;近看之,以取其质。"这里的"势"是指山水风景整体的气势神态,即要领悟到山水林泉整体气势的美,一定要在能见到全貌的远处看。"质"是指景物具体的形、色、纹理等,如山石的颜色纹理等,要欣赏这些景色的美,就一定要就近细看。晋代书法家王羲之《兰亭集序》中写道:"仰观宇宙之大,俯察品类之盛,足以极视听之娱,信可乐也。"这里的仰观,其实就是远望日月星空;俯察就是细赏周围的景物。可见远在晋代,士人们已经懂得了远近结合的赏景方法。

在具体的游园赏景中,人们往往较多地将注意力集中在周围的小景上。事实上,园林风景美的许多方面均包含于小巧而灵活的景物之中,如虫鸣鸟语、荷花游鱼、一湾溪流、叮咚甘泉等均是精巧而宜近观的小景。英国经验主义美学家博克对小巧的东西特别喜爱,他说:"美的东西都是小的,只能在小而可爱的东西里找到。"这当然有些片面,现实生活中小而可爱的东西实在太多了,像园景中因风飞舞的柳絮、浴水戏耍的鸳鸯、逆风倒飞的彩蝶等常引得游人停步细看。然而,光近看细赏,忽略较远距离的看景,往往使观赏者不能全面领略景色的整体美。美学家宗白华曾引用过一首古诗《舟还长沙》来说明看风景首先要远望,即间隔一定距离的欣赏,才能真正把握它的美。诗这样写道:"侬家家住雨湖东,十二珠帘夕照红。今日忽从江上望,始知家在画图中。"这位长沙女子之所以身在如画的山水中而不觉美,主要是没有机会从远处去观赏家乡的景色。而她得到"家在画图中"的观感,是一次偶然隔江望见的,这和苏东坡的"不识庐山真面目,只缘身在此山中"的道理是一样的。我们欣赏园林要是不善于在远处进行宏观的欣赏,而过多地把注意力集中在具体的小景上,就会得小失大,见石不见山,见树不见林。只有远近结合,才能既从整体上领略到园林风景明净、融洽、疏落或萧索等气势上的变化,又对园中山水林木留下鲜明生动的印象。园林赏景中,远望和近观是互相补充的,两者缺一不可。

在园林规划设计中,远近结合的观赏也常常是影响风景布局的一个因素。一些处于自然山水中的山麓园、滨水园,因为可借入园外的远景,每每将围墙造得矮些、空透些,而且在主赏远景的亭榭附近,置立一些山石、佳木作为近景。同时园内主要景致和静赏这些主景的观赏点之间的距离也要适当增大,使画面有较大的进深,让远处的天然山水正好作为园内创造山水的背景。如常熟城内的燕谷和赵园主题景以虞山为衬,无锡寄畅园以锡、惠山为屏,在游赏者看来,犹如一幅幅以远山为背景的风景长轴。要是园林被市肆所包围,无远景可借,则要在园内景物安排时考虑远近的结合,如苏州网师园看松读画一景,近景是轩外三株古松和松下的叠石,隔池相对的假山"云岗"和濯缨水阁就是衬托这些古木石峰的远景。远近本身是个相对的概念,城市园林限于范围,所创造的山水景物尺度不会很大,看其整体气势的距离间隔也小。如在上海豫园仰山堂中隔水看黄石大假山、在苏州拙政园远香堂中赏池中两座山岛,都带有远望的意思。这种远望,能很清楚地看到山形的奇峻雄伟和山势的开合顾盼,使游人产生一种登临细察的强烈赏景欲望,具有某种引导游赏的作用。

一些大型皇家苑囿和邑郊风景园林,有时包括真山真水,游赏起来,更要应用远望近观的方法。例如北京颐和园前山和昆明湖中一些景点布置,都比较周密地考虑了远近的结合。像湖中小岛藻鉴堂,是从南向北赏万寿山整座山景的好地方。那萦回如带的长廊,高耸的佛香阁和绿树中的点点黄瓦,组合得如此巧妙。造园家把这些景都作为处在一个平面上的远景,为了增加层次,又在岛北边布置了叠石假山,作为近景,倘若游赏者坐在堂中北望,近处是花木美石,中间是粼粼清波,远处是万寿山美景,合着湖水有节奏地拍打,简直会以为在层次分明的画中游观。

动静结合　我国园林,景色多变,幽曲无尽。要全面领略园林的美,就要一步一步沿曲径、随游廊,去游遍园林中的各个角落,所以动态的观赏是游园赏景的主要方法。但是园林艺术十分强调意境,一些好的景致往往是含而不露,带有较深的意味,观赏它们又需要一定的时间来细心揣摩和觅寻。人们常常会在这些名景之前停下步来玩味品赏,这就是古人说的"品园"。"品"往往是静态的,为此静观也是欣赏园林所不可缺少的。实际上,人们游园,无论是大型的山水园林,还是宅旁屋后的私家小园,都是走走停停、动静结合的观赏,只不过各有侧重罢了。这种行止随意、动静交替的游赏方式,本身也形成了游园过程中的快慢节奏,提高了游览者赏景的情趣。动观,有速度快慢之分。现代化的交通工具能有"一日千里"之动,在自然山水风景区坐上登山缆车,本来需要花一二天时间才能上去的山峰,在数十分钟内便可"捷足先登"。这种快速显然不适合用来观赏园林。游园的动观,是指游赏者随兴的缓步游览,也可以说是"闲庭信步"式的动。从审美心理学上讲,自由、闲散、宽松的心理状态往往最能感受外界美的信息,因而悠闲的缓步游览能加深人们对美景的体会,容易被景物所感动而萌发情思,从而领悟风景空间的迷人意境。例如,有人限于时间,想要在半天之内游遍承德避暑山庄,那只能沿着几条主要游路"跑马观花"一番。这种动观,速度太快,给游赏者的印象是粗浅的,就好比人们看缩写的《红楼梦》故事介绍,最多只知道黛玉、宝玉等几个主要人物和大概情节,而不可能体会到这部文学巨著感人的艺术魅力及其精妙所在。

除了信步缓游之外,舟游也是一种动态游园的好方式。特别是游览某些水面较大或者有溪流弯曲连结几个景区的山水园林,舟游要比步游更有趣味。坐在船中随波荡漾地赏景,既省力又舒适,还可以听橹桨划水的声音,具有一种步游所没有的趣味。清初园林家李渔最喜欢舟游,在他的《闲情偶寄》中,有一段文字记述了他泛舟西湖游览时,景色随着船动而变幻的丰富感受:"坐于其中,则两岸之湖光山色、寺观浮屠、云烟竹树,以及往来之樵人牧竖、醉翁游女,连人带马,尽入便面之中,作我天然图画。且又时时变幻,不为一定之形。非特舟行之际,摇一橹,变一象,撑一篙,换一景。即系缆时风摇水动,亦刻刻异形。是一日之内,现出百千万幅佳山佳水。"

过去,处于江南水乡的园林,每每都有船可通,人们常泛舟游赏。所谓烟波画船,就是和赏景游览联系在一起的。如南京秦淮河两岸园林、苏州虎丘、嘉兴南湖、无锡惠山等地,"箫鼓楼船,无日无之"。杭州西湖风景,船游更佳。明清之际,流行一种总宜船,取"淡妆浓抹总相宜"的诗意来命名。这种船,四面空透,顶上有篷,晴雨都相宜。清诗人郭麐有《水调歌头》一阕,描绘了乘总宜船游湖的情景:"其上天如水,其下水如天。天容水色渌净,楼阁镜中悬。面面玲珑窗户,更着疏疏帘子,湖影淡于烟。白雨忽吹散,凉到白鸥边。"有些园林利用园中池塘水系,开拓成可以舟游的水路,如上海豫园原先在大池(即今城隍庙九曲桥下水面)和乐寿堂西后的"方塘"之间,有东西两条"竹外长渠"可通,形成一个回路,"舟可绕而泛也"。帝王苑囿,一般水面较大,搭舟游览也是一种主要的游览方式。如清慈禧太后居颐和园时,每当春暖花开之时,总要带领宫娥彩女乘舟畅游昆明湖。明、清两朝,帝王后妃从宫中去西郊诸苑囿游览时,也常常到西直门外绮红堂坐龙舟,从长河走水路来往。沿河种有翠绿成荫的护堤柳和点景树,一直绵延10千米有余。

  静观是指在动态欣赏过程中的暂时停顿,如坐石观水、倚栏远眺、亭中小憩、山巅休息等。园林游赏中的"静"是自由随意的,游人可以根据自己对风景的理解或生理上的需要来决定。正如音乐中的休止、绘画的留白等,园景的静赏往往也包含着深层的审美意味。在园林创作中,对那些煞费苦心的精巧景致,造园家往往会作一些让人静观的暗示。人们游赏园林,在水池边或假山旁,凡筑有亭子、小轩之处,均应留意,多有精细含蓄的风景可赏,这些风景建筑便是让游人从动观变为静观的暗示。如上海嘉定秋霞圃池北的扑水亭,其实扑出于水中只是一种手段,真正目的是让人们能近观池南临水的湖石山壁。园林中的各式洞门、空窗、花窗等,往往也有很好的对景或借景,值得留心静赏。动观和静观并不是绝对的。那些大型山水园林,空间序列比较复杂,景多景全,以动观为主,但它每一个局部景区,也有精巧风光可赏,同样包含着静观的内容。江南的文人小园,面积有限,环绕中心水池或假山,设有许多宜坐宜留之处,宜以静观为主,但人们绕池一周或随廊漫游,也存在着动观的因素。"动"与"静"的游赏方式还常常和园中各种景物的动静状态互相交混。园林是充满活泼生气的艺术,其景色也动静多变,如山静泉流、水静鱼游、花静蝶飞、石静影移,都是静态中的运动。人们漫步曲径,泛舟池中,观看山石、林木、建筑等是以动观静;反之,如果坐石临流或槛前静赏,面对行云变幻、泉流淙淙、鸟飞蝶舞、柳枝摇动等,则是以静观动。正如古代哲学家说的"方动即静,方静旋动,静即含动,动不舍静",园林风景欣赏中如此多样而又充满变化的动静结合,是格外应该注意的。

情景交融 我国传统的赏景习惯,很强调外在的景物和游赏者内心情感的交混融合。要是游人游园赏景,不触动自己的情感,只是简单地一走了事,或许能报出一连串的景物,但不会有自己的体会和情感触动,那么这种欣赏只是停留在表面,只能算低层次的审美。要使人们的审美感受上升到一个较高的层次,必须加入一种催化剂,这就是"情感"。游园要有更多的收获,必定要以情看景、以情悟物。

  明代画家唐志契在谈到其创作山水的体会时曾说:"凡画山水,最要得山水性情。得其性情,山便得环抱起伏之势,如跳如坐,如俯仰,如挂脚,自然山性即我性,山情即我情……水亦得涛浪漾回之势,如绮如云,如奔如怒,如鬼面,自然水性即我性,水情即我情。"欣赏园林,也要得山水风景之性情,所谓"芳草有情,斜阳无语,雁横南浦,人倚西楼",在倚楼赏景的人看来,这芳草、斜阳、水禽等园林景物,都充满无限情趣。在园林艺术史上,这种移情于景、以情看景、赋自然之物以人性的例子是不少的。如宋代书画家米芾拜石,诗人林和靖以梅为妻、以鹤为子等都是脍炙人口的园林佳话,计成在《园冶》中也指出,只有以情感来领悟园林景色,才会觉得格外多致,这就是"触景生奇,含情多致"。因此,计成看桃花李花,会有"桃李不言,似通津信"的感觉;赏微风吹拂的杨柳,会觉得是少女在翩翩起舞;听雨打芭蕉之声,认为似龙宫鲛人在哭泣;观新绽出的荷花,会以红衣女子新浴出水来比喻。

欣赏园林,产生情景交融的境界先要有一个物质条件,这就是美的风景。要是景色平平就不大会触动情感之弦,只有在如诗如画的美景中,欣赏美感不断积累和加深,才会导致游赏者情感的外延,而产生情景的融合。古人说的"物情所逗,目寄心期"就是这个意思。物是客观的景物,物情是风景形象的各种特征,只有在各种不同景色的刺激下,才会引起游赏者的注意并予以仔细的品味揣摩,从而引起内心的情感活动,真正感受到园林的美。在赏景过程中,游人凡是看到那些令人情不自禁停下细赏的景色,就要展开想象的翅膀,充分调动已掌握的背景知识,在景象中去品出深意,看出情趣,达到赏景审美的高潮。

这种由景生情的观赏方法和文学艺术中托物比兴的处理手法很相似。"比"就是比喻,"因物喻志"。"兴"就是"言有尽而意无穷",也就是以一定的景物表达出无限的意味,这就要求观赏者进行由此及彼的联想和想象,抒发各种感情。造园家在园林景物的创造中,也常常使用比兴的手法。园中的山石竹木、花木鸟兽、甚至风雾雨雪、烟波云水均可用来比拟人的德性和姿态。如清康熙皇帝在《御制避暑山庄记》中说的"玩芝兰则爱德行,睹松竹则思贞操,临清流则贵廉洁,览蔓草则贱贪秽"等均是赏园景比拟的常见例子。游园时因景生情而产生的联翩浮想,实际上就是"兴"。游古园,最易产生的联想是因景而追忆起古代的历史人文故事。如游苏州寒山寺想起唐代张继的名诗,游杭州西湖断桥想起《白蛇传》中的许仙白娘子,游无锡寄畅园想起当年清乾隆南巡的驻跸等。

河北保定的莲花池是建于元代的古园,前人评曰:"虽城市嚣嚣,而得三湘七泽之乐,可谓胜地矣。"像这种映水莲花朵朵、古木建筑相附的古园景色,常常会使人发思古之幽情。君子长生殿是园内主要建筑,凌架水上,四周庑廊环抱,正门两边有楹联一副:"落花庭闲,爱光景随和,且作清游寻胜地;莲香池静,问弦歌何处,更教思古发幽情。"上联讲的是在园林佳景中探幽寻胜,边游边看,悠闲自得;

下联写由景色引起的情思活动,在莲映清池、静香四溢的环境中,游人会情不自禁地弹弦高歌,而张开想象的翅膀,历代的高士贤者、骚人墨客在这动情的一刹那间都汇集在脑中,从而分外感到古园景色的美。这种联想是由景生情、达到情景交融的不可缺少的审美心理活动。

  赏景中联想的丰富、情感的抒发和游赏者本人的文化修养及经历很有关系。我国古典名园,无论大小,一般都经过前代文人艺术家的评点题咏。那些建筑的题匾楹联、山石上的刻字等,常常是前人对景色的评价总结。它们既能引导游人正确体味眼前的风景意境,又能使人联想起古代艺术家的传闻轶事,是游赏风景时应该注意的。例如杭州南高峰烟霞洞和半山腰的吸江亭不仅仅是一所供游人休憩的园林小筑,更是隔山看钱塘江的静赏佳处。要是游人仔细品味亭柱上的楹联"四大空中独留云住,一峰缺处还看潮来",那么很快就能体会出这景点的魅力,整个身心好像与云同在,面对奔腾而去的钱塘江波涛,胸中的情思就会自然而然地流露出来,从肺腑中发出美的赞叹。

  还须指出的是,情景交融的赏景方法是在游园先问、远望近观、动静结合的基础上的一个提高。游园先问可帮助游人了解园林的历史和有关名人故事,在游园时便于展开联想;激发感情必定是在远望近观而对整体风景有了比较完全的了解之后;动静结合的游赏,能使游人引用比兴联想,悟透景中精妙的"奥思"。因此,上面说的四种基本赏景方法,是互相关联、相辅相成的。

三、 园景构成

  中国园林实际上是将自然界的美丽景色经过组织、浓缩,按照艺术家的美妙构思,再现于游人面前的一种艺术。它既具有自然山水风景的景观特点,又比自然之美更集中和精妙;既讲究景色的自然天趣,又强调艺术家主观意识的熔铸;既突出山石、水体、花草、树木等自然之物的造景作用,又重视其他艺术手段的辅助和点缀。因此,在我国古园中,景物的构成十分复杂。除了自然的山水植物之景,还有人工的楼台亭阁之景;除了源于自然界的山林泉石风景,还有从艺术而来的题对、书画、篆刻等景致;除了立体的、可触摸的实景,还有诸如天光云影、鸟语花香等瞬时即变的虚景。这些景色,在园林中互衬互映、相映交辉,成为我国园林的一大特色。归纳起来,我国园林最基本的构园景物主要有假山石峰、溪流池塘、花木植物、亭廊建筑以及风雾雪月虚景等。

园林假山 以土、石堆叠而成的山形造景。中国古典园林,无论是北方帝王苑囿,还是江浙文人花园,山水景色均是园中主要的观赏主题。纵观古园山景,除了大型苑囿及城郊风景园林多利用真山加以改造之外,极大多数均为人工堆叠而成,称之为假山。园林假山的规模、形式极为丰富多样。大的假山,高峻雄伟,上有亭台,下有洞穴,观之如真山一般。如始建于金代的北海琼华岛的白塔山,孤峙于一片碧净水面上,满山苍松翠柏、绿荫间亭台掩映,一般游人往往将它当作自然生成的真山。而江南文人小园中的假山,多倚壁而堆,以白墙为背景,它们多数不能登临,仅作为厅堂书斋庭院中的静赏山景,实际上已和园林中孤赏石峰无多大差别。假山是园林造景的骨架。没有假山,园林将是一片平坦,景观就显得单调而乏味。同时,假山又是园林水景的主要依托,只有在平地上堆出了峰、岭、谷、涧、坡、矶,才可能引入水源,创造出泉、瀑、溪、池等景色。在园林中,假山既能作游赏的主景,又能作为各个景区空间的分隔,是造园家塑造空间所应用的主要艺术手段。假山堆叠,一般用土、石两种材料。因所用的土、石比例的不同,又分为全土假山、全石假山和土石混叠山三种。土、石用量的不同每每带来假山造型特征的差异和气势风格的不同。不管是土山、石山或土石相合的山,都是园林造景的骨架。因此,园林创作的第一个结构层次就是堆叠假山、疏理水源。造园离不开堆假山,特别是要达到我国园林"虽由人作,宛自天开"的艺术境界,更少不了山石景色的主题。

土假山 园林史上最早出现的假山。先秦建筑"高台榭,美宫室"的建筑风格,为园林堆土筑山积累了丰富的经验。古籍《尚书》中有"功亏一篑"的比喻,就是来自用土堆山的实践。《汉书》则有"采土筑山,十里九阪"的记载,可见其历史的悠久。纯用土堆筑的土山须占较大的地盘才能堆高,且山坡较缓,山形浑朴自然,很有点山野意味。但是其占地过大,一般中小园林中很少采用。比较多的是用土来塑造带有缓坡的地形,使园林风景现出自然的起伏,古园中每每有梅岭、桃花坞,往往均是缓缓起伏的土坡地形。我国古园内最大的土假山是景山。景山正对北京故宫的后门神武门,和紫禁城有一条共同的对称轴线。它本来是元代大都城内的一个小丘,明永乐帝建宫殿,将开宫城护城河的泥土和清除元旧城的建筑垃圾堆在这小丘上,成为一字形横卧若屏的景山。景山几乎全是土构,占地大。山上林木茂盛,古柏参天。山有五峰,每峰上建一亭,拱卫在宫城的北边,成为建筑密集的宫廷很好的借景。

土石假山 土石相间的假山通常以石为山骨,在平缓处覆以土壤。也有的以土先塑造成基本山形,再在土上掇石。这种假山,最大的优点是山上林木花草都能正常生长,而且有土有石也更符合自然中山岭的形象。因此古典园林中,土石假山数量最多。土石假山具有较为多样的景观风貌,土多的地方,就呈现出平缓的土坡;石多之处,便形成陡峭山壁。山下还可用石构筑洞穴,并可用石铺成上山磴道,还可以以石垒起自然形式的石壁作挡墙在其上堆土栽树等,变化较多。上海嘉定的秋霞圃池南湖石大假山、苏州沧浪亭的大假山、苏州拙政园池中的两岛山,都是用土石混合而成的,它们在园林中都起到很重要的造景作用。《园冶》在谈到假山时也说:"多方景胜,咫尺山林,妙在得乎一人,雅从兼于半土……"可见只要叠山艺术家技艺高超,半土半石的假山最能体现出自然雅朴的风格。

全石假山 假山堆叠之最难者,需要较高的山水画艺术修养和技术水平。在中小园林中,此类假山较多,一些小庭院中依壁堆叠的山景造型,基本上均是全石假山。全石之山,可以再现自然山景中的一些奇特的景观,如悬崖、深壑、挑梁、绝壁等。它的堆叠,受传统山水绘画影响较大,用不同的石,要有不同的堆法,如堆湖石山,多用绞丝皴、卷云皴;堆黄石山,多用斧劈皴、折带皴。同时又要掌握对位平衡法,对选石、起重、连接等有较高要求,常采用悬、挤、压、挂、挑、垂等特殊施工手法,表现出古代造山匠师的精湛手艺。正因如此,我国园林中也有不少假山堆得并不成功。一般园林中,平庸的全石假山容易产生"排排坐""个个站""竖蜻蜓""叠罗汉"等拙劣的造型。但我国古典名园的不少全石假山,由于造园家艺术造诣较高,在创作中做到了源于自然,高于自然,使所叠的假山集中了自然山石景的长处,成为传世杰作。如苏州环秀山庄的湖石假山,是清代叠山家戈裕良所作。他在整体设计上着眼于山的气势,在局部处理中又注重山石的脉理走向,并使用了铁钉锡带,如同造环洞桥一般,以致大小山石紧密连成一体。石与石之间的接缝处以米浆和石灰粘合,现出的缝线好似石之脉纹。这占地半亩的假山景变化多样,有峰、冈、崖、壁、洞、罅等多种景观,但又不显得繁复琐碎。要是从南边的主要赏景平台北看,但见峰峦起伏,悬崖斜伸,石罅曲折,板桥横空。入游则步栈道,穿洞府,攀危崖,跨深谷,随谷之转折盘旋西上山顶。最巧妙的是主峰下的洞口正好纳西角的山洞于其中,两洞相套,深远别致。而在问泉亭看东南山景,但见双峰对峙,中间是一道幽谷。峰实而谷虚,石实而溪水虚,山水相映,主次分明,真正做到了"山形面面看,山景步步移"。

分峰用石 园林假山的气势和风格,与所用石料的性质有关。现在园林中用得最多的是太湖石和黄石。湖石属于石炭岩,主要成分是碳酸钙。由于水中或空气中的二氧化碳对石质中可溶物质的溶蚀作用，湖石表面极易产生凹凸，逐渐又形成小涡。小涡向纵长发展，就成了一条条隙罅，罅又加宽变成沟。向石身内部发展的沟要是穿通两头，便成了洞。发育良好的太湖石，大小沟罅交织成疏密有致的皱纹。涡洞相套而有层次，形成了湖石外形圆润柔曲、玲珑剔透、涡洞互套、皱纹疏密的特点。它成为我国山水画技法中，荷叶皴、披麻皴、解索皴、卷云皴的现实蓝本。黄石属于细砂岩，具有纵横交错的节理。由于水的冲刷和风化作用所产生的崩落，都是沿节理面分解的，形成大小不等、凸出凹进的不规则多面体。右面平如刀削斧劈，棱角分明。这些性质使黄石山具有刚硬平直、浑厚沉实、层次丰富、轮廓清晰的形象特征。它们也是我国山水画技法中大斧劈、小斧劈、折带皴的原始依据。因为湖石山和黄石山具有截然相反的特征，古典园林中常常将它们作为互相对比的主题分置在相近的两个观赏空间之中，如上海豫园中大小假山分别用黄石和湖石堆成，苏州拙政园远香堂南的黄石山和枇杷园玲珑馆前的湖石山也为互相对照的一组，上海嘉定秋霞圃水池南北相对的两座假山亦是一湖石山、一黄石山。造园家利用了不同假山的刚柔对比，使游赏空间序列现出一定的节奏和韵律，增加了游赏假山的兴味。

看假成真 园林中的假山和自然山水中的真山相比，显然包含着"假"的成分。但是这个"假"是从"真"转化来的，是对"真"的提炼。古代造园强调"有真为假，做假成真"，就是这个道理。人们在观赏风景中的假山时，也要"看假成真"，在思想上经过一个由假到真的转化。古园中的假山，常常具有较深刻的寓意，它在风景中的主题含义，要超出于本身的形象。只有领悟了这些蕴含在形象中的深层意义，才能完全地把握山景的美。《园冶》中说的"片山有致，寸石生情"，就是说利用比拟、象征使游赏者产生联想的造景手法。人们看山景，要有一个从景引起情感活动，然后再反射到景的认识过程，只有这样，才能达到情景交融的境界，产生置身于真实山林的感受。如扬州个园的四季假山便是这样的一组山景。在生活中，四季不能同现，四季山的说法本身就包含着"有真为假，做假成真"的意味。一年之中春最早，春山就在园门入口处。这是一山石造景：只见修竹丛植，竹间点有几株石笋，以雨后春笋的比拟启发游人"春来"的联想。竹林后为漏窗粉墙，竹石光影投射于墙上，日走影移，颇具春日山林之趣。入得园内，绕过桂花厅，便是夏山。那山岸曲折，溪流环绕，水声淙淙。树木浓荫的夏日景色中，立着一座石色青灰、石质圆润的湖石假山，玲珑剔透，叠法高妙，看上去宛如一朵夏云冉冉升起。山下有洞，山前池中植荷，旁有几株古木，特别是石缝中爬出的藤蔓上，水珠闪烁，的确呈现出一派盛夏景色。

秋山构思得最为出色。全山为黄石构筑,叠法应用大斧劈和折带皴,较成功地表现出山势的崚嶒。山体主面向西,每当夕阳西下,彩霞映照,山形山势显露无遗。但见危崖峻峭凌云,如万仞峥嵘;挺秀古柏于石隙之中探出,苍绿的枝叶与黄褐色的山石形成对比。游人要是从七间长楼倚栏远眺,风景酷似一幅秋山图。

冬山是用宣石堆叠的。山石洁白,远望给人以未消融的积雪之感。在阳光照射下,犹如雪后天晴,光色鉴人。在冬山附近的白墙上,造园家又开了二十四个圆洞。每当阵风吹来,穿越洞口激发出呜呜啸声,仿佛冬季西北风呼呼,强化了冬季的气氛。更为令人拍案称绝的是,当人们通过那透风漏月的花窗洞,又见到了由青竹、茶花、石笋等组成的春景,好像冬去春来,大地回春。很清楚,将有四时不同季节特征的假山集于一园,本来就是一种带有象征意味的创造,游赏者实际上也知道它们是假的,但在具体的观赏中,又常常被这些假山景的艺术魅力所折服。

园林石峰　单独置立的独块(或数块石质、石色、石纹相同之石拼成)的孤赏石景。其造型独特,姿态多变,犹如立于园中的抽象雕塑,是渲染园林山林气氛的重要手段。石峰常见于我国园林,它特别的艺术形象一直为人们所乐道,变幻多姿的峰石融合在诗情画意的园林中,成为我国古典园林的独特风致。我国园林立峰,历史悠久,也有其形成、发展和成熟阶段。石峰初见于园林,当在两晋时期。此时江南一带,士大夫官僚文人之园林,已建造得很精致,为了更多地注入自然天成的因素,就选天然美石,孤植于园林,这些奇石未经加工,姿态奇异,耐久挺拔,深得文人雅士的喜爱。当时擅名一时的苏州顾辟疆园便立有奇峰异石,唐人陆羽曾有诗赞之:"辟疆旧林间,怪石纷相向。"这怪石便是今日称的园林石峰。到南朝,石峰又很不寻常地被写入正史,《南史·列传十五·到溉传》载道:"到溉第居近淮水,斋前山池有奇礓石,长一丈六尺。"后来到溉与梁武帝以此美石赌弈而负,武帝遂将此石"迎石置华林园宴殿前,移石之日,都下倾城纵观,所谓到公石也"。可见此时自然奇石美石在园中的地位已经很高了。到唐、宋,士大夫文人以集石、玩石、品石为雅举,园林立峰蔚然成风。当时壁画留存至今的图幅中,便有许多庭院石峰的形象。再如晚唐名画家孙位所作的《高逸图》中,四位高士贤达也多以园林名峰为伴。诗人白居易不仅为宰相牛僧孺作《太湖石歌》,自己也极喜石,并曾于杨六尚书处借得两座石峰置园中,又作诗《杨六尚书留太湖石在洛下借置庭中因对举杯寄赠绝句》云:"借君片石意如何?置向庭中慰索居。每就玉山倾一酌,兴来如对醉尚书。"这里,白居易已不单单将石峰作为园中景致来观赏,而且以自己的情感来领悟石峰之美,继而将石看作是自己的亲朋好友,诚如南宋诗人陆游所咏的:"花如解语还多事,石不能言最可人。"由此以降,古代文人雅士的爱石赏石,可说是形成了一个"情结",形成了一个"石文化"的氛围,在普普通通的园林石峰之中,多少均包含了情感的因素,石被赋予了一种奇特的人格,在它们身上,寄寓着古代知识分子对自然造化的热爱及对石品质的赞美。也正因为此,历代研究者甚多,从宋代杜季阳作《云林石谱》以来,每朝多有《石谱》问世,石峰这一自然之物,通过园林艺术为媒介,与千千万万的文人墨客发生了联系,成为中国玩赏文化中很独特的现象。

石峰与造景 石峰置于园林,具有缩地点景、加强山林情趣的作用。它形形色色的形象包含着自然山林之美,与传统山水画"咫尺山水,蕴千里江山"有着异曲同工之妙。我国疆土辽阔,江山秀丽,天然奇峰异石多不胜数,各名山胜水的奇峰异石之景吸引了千千万万的观赏者。但由于这些美景胜迹,地处偏僻,不便常往,古代文人雅士和造园匠师,巧妙地将天然美石、树木置于园林。这些大小不一的峰石,似乎将各地的山石景浓缩、提炼过一般。它们有的空灵、有的浑厚、有的瘦削、有的顽拙,不同的峰石有不同的石纹石理和石质,而自身的虚实对比及光影变化又异常丰富。在不同季节、不同时辰、不同环境中,所得的观感异常丰富,具有较强的艺术感染力,增强了古典园林的山林情趣。除了作为园林大山水空间中的点缀和陪衬,石峰更多地被用来作为庭院空间的观赏主题。中国古园,特别是众多的私家宅园,是住宅部分的有机延伸,故园中建筑比重较大,常常是一个庭院套一个庭院,所谓"庭院深深深几许"。这些院落,空间较小,布置紧凑,要求有鲜明的主题。石峰既是纯自然之物,又具有很浓的雕塑意味,一直被用来作为这些小院的点景主题。纵观江南各古园的庭院,许多以石峰为主要景致,随之建筑亦以石颜其额,如扬州的片石山房,苏州狮子林的揖峰指柏轩,留园的五峰仙馆,怡园的拜石轩、石听琴室等均是。具体而言,石峰在园林中大致可有点、屏、引、补四种不同的造景作用。

点峰 点立的孤赏石峰。每每用作园林小观赏空间的主题,是古园中应用最广的置石方法。一般姿态好、形体较大的石峰,在园中都是作为点峰出现的。苏州有座明代古园,叫五峰园,以五座玲珑多姿的湖石峰而出名。这五峰高下相依、顾盼有致地立于一小假山上,使本来景色平平的假山变得生动而多姿,是很好的一组点峰。再如上海嘉定的汇龙潭公园,移来了原周家祠堂园的一座名峰——翥云峰,立于一较宽敞的庭院之内,成为引人注目的观赏主题。另外像北京中山公园的青云片峰、青莲朵峰,苏州留园的冠云、岫云、瑞云等名峰,都是点式布置的石峰。水池中的石峰一般均为点峰。

屏峰 能部分遮挡视线,起到分隔景区作用的石峰。这类峰石,一般要有一定的体量,有时也可数峰并用,达到屏蔽的目的。北京颐和园前山东部的乐寿堂,是清乾隆皇帝游园休憩之处,后来也是慈禧太后的住所。堂前有一横卧在石座上的巨石,将庭院一隔为二,这就是著名的青芝岫峰,是很典型的屏峰。当年乾隆对此石十分欣赏,曾有"居然屏我乐寿堂"之句。再如北京圆明园时尝斋前原来也有一整块的大石屏立于房前,这就是现在北京中山公园来今雨轩前的青云片峰,当年乾隆亦有"当门湖石秀屏横"的赞词。杭州西湖小瀛洲岛上的湖中湖上,有一座十字形曲桥,其旁是康有为手书的"曲径通幽"碑,为了不使游人视线通达,在中心湖中点了一座石峰作隔,是屏点结合的应用。

引峰 能指示方向和引导人们游览的峰景。一般利用各庭院之间的月洞门、花式漏窗来泄露峰石,以招引游人。苏州留园东部五峰仙馆后庭倚墙有一山廊,在到达鹤所之前有一个曲折,形成了一个廊外小院,内置一座外形很特殊的小峰——累黍峰,峰身上有许多黄色小石粒凸出,好像珍珠米相叠,吸引人们沿廊前来观赏。当人们依栏静赏之后,抬头忽见右侧白墙上有一瓶形门洞,透出隔院如画景色,便会很自然地往前游去,这小峰实际上起到接引景色的作用。北京故宫御花园以峰引景,较为别致。每当游人步入乾清门两边东、西两路长长的甬道,便见两座太湖石峰,位于通道尽头的石座上。青灰色玲珑多姿的峰石,衬以红墙黄瓦,色彩对比非常鲜明,宛如招引游人入御花园游玩。钦安殿前小院以矮墙与御花园相隔,东西两侧门外置有两座小峰,高矮相当,石座统一,衬以青松翠柏,亦起到引景作用。

补峰 灵活自由布置的石峰,作为园景不周之处或虚白处的补充,往往具有暗示的作用。例如在大假山边上补上几石,使山余意不尽;或者在曲廊与院墙的空曲处随意补点小峰,以增加廊中赏景的趣味;或者在乔松名花之下散点几石,使花树景更加入画,这些统统可称为补峰。一般说来,佳树之下点以玲珑湖石,使花石相映。梅旁点石宜古,松下点石宜拙,竹旁点石宜瘦,以达"花树数品,松桧苍翠,放怀适情,游心玩思"的境界。河流、溪涧中或林下、花径、山脚、坡麓散补数石,若断若续,或卧或立,或半含土中,望之便觉峰如有根,宛自天成。峰石与水景参差布置于书房小斋,给人以清淡脱俗、典雅宁静的精神感受;花木与山石散置于厅堂,可在有限的建筑空间内,引来山水画意,达到不出厅堂、坐穷泉壑的境界。

石峰的点、屏、引、补作用,没有绝对的分界线,往往一峰兼具数种功能。如上海豫园玉华堂前的玉玲珑,在左右小峰的配合下,成为一组著名的峰景。它们亦能遮隔视线,有漏屏的效果。现在峰后筑起一段粉墙,更突出了此峰的屏景特点。

石峰的置树　园林中置放最多的是立起来让游人观赏的峰石,称为立峰,立峰往往均有自然石的石座作基础,为了使峰石不倒,在石座上要凿出榫口(阴榫),石峰石底部也要进行加工,先凿平,再凿出榫头(阳榫),然后以粘结材料胶固之,古时糯米浆等常用作立峰之粘结剂。立峰亭亭玉立,直接从地上石座上升起,视之好似自然生成一般。除了立峰,北方园林中还有许多座峰,特别是帝王苑囿,为显示石峰的名贵,往往将峰石置于雕琢精美的规正石座上,犹如雕塑艺术品底下的石座,这种石类,称为座峰。北海、中山公园及颐和园等花园内的许多石峰如青云片、青芝岫等均是。还有些峰石直接卧于土中,作为配景,称为卧峰。如苏州虎丘后山小武当前利用地形高低布置了两块石峰,一立一卧,配合得很是默契。山脚边池畔之散点石亦可算作卧峰。它们有浑厚、稳固的形象特征。

石峰选点　选择峰石在园林中置立的地点。园林石峰要创造一个完美的艺术形象,需要环境的烘托,石峰之欣赏亦要求有一定的观赏条件。因此,选点得当与否,直接影响到石峰在园林中的观赏效果,是石峰造景的关键。大致地区分,石峰选点可有山水间及庭院中两种。中国古典园林,空间分隔随意,曲径通幽,虚实得宜,但在各小的观赏区域之外,每每均有一个以山或者水为主题的大的风景空间,置树于此的石峰往往有勾勒、强化和渲染山林气氛的功用。一般而言,山上立峰忌立颠顶,应该退一步在高峰之左右,使之有一定的余地,并且要综合考虑树木青草的配合陪衬,形成完整的山石草木的景物构图。水中立峰,要考虑水面大小,亦忌立山面之正中,要配合水边建筑和岸线的曲直,妥帖地定点。山水间的石峰,有时是作为风景配角而补立的,则要含蓄有味,切忌喧宾夺主。有时竹林、树丛中立些小峰,水池边随手点些奇石,能收到意想不到的效果。庭院立峰,每每作为观赏主题,或者是与某些观赏花树共同担当主角。这时,必须注意峰石与庭院空间体量的大小比例,稍大庭院,峰可高些,狭小者就应选小而有味之石。有些山峰姿态好,轮廓多变,则观赏点至石峰的间距宜长些,以便从整体上把握它的美;有些石峰纹理较美,皱漏生奇,则可立于小院,以便就近细赏。

总之园林立峰,看似随意,其实极有学问,石峰要创造一种别致的艺术意境,必定要有合宜的环境。它或远或近,或山上或池中,或斋旁或庭前,均要从游赏造景角度统筹考虑,其共同之处是必得有一二处可停可留的静观之处。一般而言,水中主俯观,山巅主仰视,庭院之峰则可近赏、可揣摩细品。孤赏石峰要注意背景和陪衬,群置峰要疏密得宜、有主有次,散置峰虽似随意为之,亦要有脉络可寻,做到不经意处最耐人寻味。其中之理,犹如诗中之眼,每每要着意推敲斟酌。

造奇 在置树石峰时,根据石的本身条件去创造一种奇特的引起游人注意的形象。古代对园林石峰,每每奇峰异石并称,可见造奇之重要。清初造园大家李笠翁曾说,新是奇的别名,只有不落窠臼,创新造奇,才能有真正的感染力。人们视物,常常有一定的习惯,例如自然界的山石一般均是上小下大的稳固形象,而不同于此的峰石就会给人以奇的感觉。园林立峰便要在技术允许的范围之内,充分展开联想,以寻找人们不易见到的姿态,创造引人入胜的情境。所以游览古园所见石峰造景,上大下小,姿态奇突者多,它能产生一种寻常看不到的飞舞之势,以收到危峰奇峰的效果。如果以数石相拼成峰,则多用挑、挂、压、挤等方法,使石外形跌宕多变,给予游人以奇峰兀立的印象。

藏拙 石峰有不同的石纹、石理及石态,形成可供人们观赏的姿态美和质地美。但是除了优点,每一块石也总不同程度地存在着某些缺陷和瑕疵,如沙隔、水痕、折裂、斧凿之迹等。所以在置立前,对峰石要详加审察,做到优劣心中有数,以在造景时扬长避短,露妍而藏拙。中国古代画论曾说"石分三面,树有四枝",立峰就要突出姿态好的主观赏面。如峰石立于庭院一隅,可以使形状、纹理较好的面向外,亦可使数峰联立,互相遮掩,而让其动人之处朝向亭廊榭斋等游人驻足静观的处所。有些石峰,有显明的斧凿之痕,则要设法包藏,尽量使拙劣处视之不显著。如峰身下部有病,可植些小灌木和书带草以遮挡。亦可使石峰近置窗前,游者在室内观赏便忽略其不甚美的下部,如峰石背面有缺陷则可近墙置立,或以树木竹丛遮掩之。例如苏州留园冠云峰为江南名峰,姿态秀丽,清俞樾言其"如伏如跧,透逾灵璧,巧夺平泉"。但其背部平直,后面能看出采石时斧凿留下的痕迹。所以立峰时,以对比、陪衬手法,强调正面。于前设有水池一泓,佳影粼粼,隔池为宽阔月台,直接奇石寿太古堂,这座临水月台为赏石之主要观景处。两侧为仁云庵及佳晴喜雨快雪之亭,又有围廊带绕,在这些游人常至之地,其背面之不足均藏而不露。而石之后侧又有冠云亭及青桐竹丛相掩护,石背面又栽植夹竹桃、紫薇,既烘托了石峰之美,又掩盖了疵病,是石峰藏拙之佳例。

石峰欣赏 园林石峰其实是大自然天然形成的雕塑品,它具有一种抽象的美,欣赏时要比看其他风景困难一点。就是某些取名为九狮峰、美人峰等的峰石,也只是根据其某些形象特点进行的意会,并不真如人为创作的雕塑那么逼真。有不少游人,喜欢倚石、爬石,甚至骑在石峰身上玩耍或照相,这只是出于好奇,并不是真正领悟了石峰的美。要正确欣赏石峰景,首先应该从形式和情调两个方面入手。

石峰造型,很有点像当今西方的现代派雕塑,它们只表现一种形式构图,很难说出像什么,但不管是何种形态都具有多变曲折的外形轮廓线。欣赏石峰,第一也是欣赏它的线条美。我国传统书画艺术,讲究线条美。园林立峰,也注重线条美。石峰的外形轮廓飞舞跌宕,有的柔和圆润,有的刚劲有骨,有的如行云流水,有的像奔马走兽。不同的石质又具有不同的隐显纹理线条。如北京北海塔山上有不少湖石名叫"象皮青",即在青灰色光润的石身上,天然嵌有白色细线,看上去好像象皮上的折皱。这种变化流动、自由飞舞的线条比规则整齐的线条蕴含更多的美。

第二,是赏石峰形体的美,如块面的虚实、凹凸平崚以及光影中明暗色彩的变化。好的石峰,本身就具有旋律的变化,这高那低,这皱那平,这透那实,这凹那凸,并有着多变的石纹石理和褶皱,有着丰富的形体美表现。倘若加上不同季节、不同时辰的光影、气候等条件变化,立、坐、卧灵活的置立方式和合适的陪衬,给游赏者留下的印象之丰富、观感的多变是无与伦比的。人们在园林中漫步,所见石峰或亭亭玉立,或倚墙半卧,或雄踞石座,有的像仙山灵芝,有的似锦缎彩纹。陪衬方式又多种多样:这里衬以白墙,旁植几竿新篁,月光之下,清影移墙,俨然一幅美丽的水墨竹石图;那里置以水边,岸芷汀兰,波光石影,隔岸相望,疑入鲛宫;隔院则立于小斋墙角,配上几叶芭蕉,仲秋夜雨,推窗外望,声形俱美。这些园林中常见的石峰造景综合了形、影、声、色等多种美的表现,能引起人们强烈的情思活动和美感。

品石标准 古人好石,称欣赏石峰为品石,即石峰之美,犹如茶、酒一般,必须反复品味,仔细揣摩,才能领悟完全。关于品石,历代的造园家有不少论说,标准也不尽相同。归纳起来,基本上可用透、瘦、皱、漏、清、丑、顽、拙八个字来概括。透就是玲珑多孔穴,前后能透过光线,外形轮廓飞舞多姿;瘦指石峰整体形象较苗条,忌肿肥,能露出石骨棱角;皱指石上起伏不平,能看出有节奏的明暗变化;漏指身里边有孔穴上下相通,好像有路可通似的。这四条是从具体的形象特性鉴别峰石的标准。而清、丑、顽和拙则是从峰石整体气势上予以品评。清者,具有阴柔的秀丽之美;丑者,富有奇特、滑稽感;顽者,指其有坚实的阳刚之美;拙者,即给人浑朴、敦厚之感。当然这"八字"标准,并不是绝对的,它们常常是互相关联和配合的。在好的峰石身上,它们每每协调起来,从而形成石峰的总体特征。一般说来,经前人品评过的各峰,其个性较突出。如苏州留园远翠阁前的朵云峰,体不甚大,然而集苗条刚健于一峰,显得玲珑而挺秀。江苏常熟人民公园有一湖石峰,表面皱纹如水浪相叠,传为元代书画家赵孟頫鸥波亭前旧物,叫"沁雪峰"。无锡梅园天心台前的三星石,原是清大学士于敏中园中之物,石瘦透多姿,形态各异,据说其中有一峰身上有81窍,孔孔相通,称为米襄阳拜石。这些峰石各具特色,历史悠久,多经过古代名人题咏,有较高的文物价值,在园林中亦作为古文化遗物供人观赏。

石峰寓意 石峰形体虽小,但属纯自然之物,历来为我国古代知识分子所崇敬。在这一形象中,隐含了较多的寓意,因而真正欣赏石峰,还要仔细品味它的象征意味。

北京恭王府花园假山上立有一石碑,上面刻着:"介于石,不终日,贞吉。"这是我国最早的文献之一《周易》上的卜辞,可见上古人们就赞赏石的坚硬贞洁的性格。

在我们中华民族的传统文化中,石一直占有重要地位。从女娲补天的传说到曹雪芹的《石头记》(即《红楼梦》),从文人雅士放在桌上的供玩小石到园林中的石峰,都多少反映了古人爱石的嗜好。他们认为云触石而出,肤寸而合,诗经中有"山出云雨,以润天下",这也是园林中峰石均喜以"云"为名的原因。成语中的"寿同金石""海枯石烂"等均离不开石,石成为永久坚贞、不媚权势的象征。以后,人们又把石看作为天地自然中精华的凝集,它浓缩了山水之美。宋代杜季阳曾广罗美石奇石,写过一本《云林石谱》,在序中,作者说出了爱石的原因:"天地至精之气,结而为石,负土而出,状为奇怪……虽一拳之多,而能蕴千岩之秀……"真是一拳一石,包孕了自然山林之美,它同山水画中的"咫尺山林,蕴千里江山"有异曲同工之妙。

园林中石峰造景的传统和古代著名的文人画家好石爱石也有密切的联系。他们的园林置石,常通过诗文、绘画流传下来,成为后代文人仿效的榜样。唐代的大诗人杜甫、白居易均爱石,白居易曾为宰相牛僧孺写过《太湖石记》,并说"石有聚族,太湖为甲"。爱石最有名的是北宋的米芾和明代的米万钟,两人都是画家兼书法家。米芾在守濡须(今安徽无为市)时,曾对府衙花园内的一座极丑的怪石峰"具衣冠而拜之",并呼石为兄,呼石为丈,后代仿学赞美者不乏其人。米曾自作拜石图,元画家倪云林在《题拜石图》中说:"石兄足拜自写图,乃知颠名不虚得。"直到现代,画家齐白石还有拜石图之作。在园林中,则建有拜石亭、拜石台和石丈亭等。如苏州怡园有拜石轩、石听琴室,北京颐和园有石丈亭,苏州留园有揖峰轩等。米万钟自号石隐,又称友石先生,喜蓄石,善画石。他还以自己敏锐的观察力,到大自然中去寻找美石,用来置于园林中。现在北京颐和园的青芝岫和中山公园的青云片峰就是由米万钟最先在游房山时发现的,他想运回北京的勺园,后因运输耗费巨大,倾家荡产也未完成(只运到良乡途中),后来人们就称此石为败家石。爱石到如此地步,在历史上亦属罕见。清乾隆皇帝在修清漪园和圆明园时,派人将石从良乡运到园中。两米好石成为园林史上的佳话,连清乾隆皇帝也作诗说"讵同二米为高简",要加入到他们好石的行列中去。

选石 园林假山的堆叠和石峰的置立,均要挑选适合作景致的石来进行艺术创作,这在园林艺术中称之为选石。自然界中不少石种都可以用作园林堆山立峰,选石亦要因地制宜,不能一味追求价值很高的名石奇峰。明造园家计成在《园冶》中专列了《选石》一章,很独到地总结了自己园林创作中选石的经验。计成认为,选取山石,首先必须考察石的出处,询问山峦与基地的距离。因为石在山上,本身是无什么价值的,仅费人工进行开采运输。所以要近些,开采容易些,这也是我国古园用石常取近便之石的原因。其次选石要注意石开采下来的姿态,要顺其自然,方方整整的石只宜做驳岸护坡,景石则要选其奇巧者,即外形有变化的,特别是立峰用石,大多数是选自然风化多曲折空洞的怪石。但在选取时,不仅要取其玲珑,还要力求古拙,有的要取其坚实,能逐渐往上堆的。同时选石还要注意选取质优不裂,纹理好看的,以便在堆叠时能依画理按皴法行事。在中国园林数千年的发展中,造园家不断总结园林用石,对各类石进行编谱汇总,宋杜季阳《云林石谱》收集了各地名石达百数十种,明计成《园冶》也列各地园林用石十六种,足证古代造园因地制宜使用地方石材的传统。就是帝王花园亦如此,如北京各苑囿,仅北海白塔山有部分青色太湖石为宋代艮岳遗石,其余皆为北太湖、土太湖等京畿附近所产白灰石。承德避暑山庄亦大量使用热河山中所产青石立峰筑山。以本地产山石立峰筑山,继承了古典园林"巧于因借,精在体宜"的艺术传统,由此也形成了假山立峰的地方风格。

太湖石 中国园林应用最广的石,主要产在太湖洞庭东西山附近,故名。其质属石灰岩,于水中经溶解及风浪冲刷,形成透漏玲珑之外形。后来凡外形玲珑多姿之石灰岩峰石均称作太湖石。太湖石作园林造景历史悠久,唐白居易便作有《太湖石记》,并品其为石峰之甲。古人品石的透、瘦、皱、漏的标准,主要也是针对太湖石而言的。因此凡是好的园林湖石峰,多经文人雅士品评及题咏,如苏州瑞云峰、冠云峰、上海玉玲珑等。太湖石色润而淡,峰身纹理细巧,参差有致,是园林造景的上乘之选。《园冶》对此石亦评价甚高:"苏州府所属洞庭山,石产水涯,惟消夏湾者为最,性坚而润,有嵌空、穿眼、婉转、险怪势……此石以高大为贵,惟宜植立轩堂前,或点乔松奇卉下。"

北太湖石 产自北京房山,其质也为石灰石,而外形酷似太湖石,故名。北京园林立峰以此石为多,清代苑囿的几座名峰,如青芝岫、青云片以及已毁去的玲珑石(原立置于圆明园)均是。北太湖石身起伏较大,轮廓飞舞有致,色或青灰,或灰白,堪称北京园林用石的佳者。另一种北方园林常见用石称土太湖,色带黄色,似产自泥中,外形较顽拙,不及北太湖漏透,其石表面多密布细孔小窝,犹如海绵,别有一种趣味。

黄石 园林山石造景运用最普遍的一种石类。黄石分布很广,古来造园大家均喜爱用黄石,计成云:"黄石是处皆产,其质坚,不入斧凿,其文古拙。"黄石多为叠山和拼峰,用作独峰的较少,黄石山峦外形刚直,棱角清晰,又因为石价便宜,能够堆叠大假山,而造成追似真山的气势,因此古园中艺术造诣较高的黄石山留有不少,如上海豫园大假山、苏州耦园假山等均是。黄石属细砂岩方解形节理,受侵蚀风化,造成沿节理方向大小不等的崩落,石片平削如斧,园中亦有以大片石立置用作孤赏石峰的。这些峰石尽管没有太湖石玲珑宛转的外形,但它们块面清楚、明暗分明,具有很强的个性,亦为不少士人所喜欢。

灵璧石 石产安徽灵璧县,故名。石产自土中,因开采年代久远,故石越采越深。到明末,好的灵璧石矿,已深达数十米。初采石身上遍布红泥淤积,需经人工用铁刀刮削数遍,再用铁帚和磁末刷去,加工清理,最黝黑、光亮的石身才能呈现。灵璧石多皱折,质地坚硬,扣之铿然有声,如钟磬般,十分名贵。明文震亨《长物志》评其为石之上品:"石以灵璧为上,英石次之,然二品种甚贵,购之颇艰,大者尤不易得,高逾数尺,便属奇品。"今日古园中所存灵璧峰体亦不大,以苏州网师园殿春簃院内冷泉亭内所置峰石为最著名。

英石 产自岭南英州(今广东英德县),故名。是岭南园林常见的立峰用石,江南园林也见英石峰,均从广东运来,较太湖石要名贵。英石见之于园林历史悠久,明《长物志》《园冶》均有记载。清李调元的《南越笔记》所载最为详实。并说当地称此石有阴阳之分:"其出土者为阳石,受雨雪多,质坚而苍润,扣之清越。"埋于土中的称阴石,其色质及纹理较阳石要差些。英石石身有较大的起伏褶皱,外形嶙峋突兀,宛若峰峦,有的石上还有白色细纹脉络。其色灰黑,如用棕帚打磨,则久之黝黑发光,如同打釉一般。石质较坚,敲之有声,是品质优良的园林用石。但其高大者较少见,现存英石名峰以杭州花圃中的绉云峰为最高大,造型最美。

昆山石 产于江苏昆山市的玉峰山。宋代《云林石谱》就对此有介绍:"其质磊块,巉岩透空,无耸拔峰峦势。"石质纯色白者如雪,黄者似玉,晶莹剔透。形态变化甚多,据言此石是白色石英在山岩中的结晶,故开采颇艰,因石英坚硬,故开出石峰体量一般不大,多数作盆景及几案供玩。大者亦见立于园林,其白色风姿于绿林丛中,很有韵致。今日昆山纪念性古典园林亭林公园东斋前亭中所置二峰——春云出岫及秋水横波是古园中昆山石峰之佼佼者。

宣石 产于安徽宣州(今宣城市)的宁国县附近。石色洁白,与江南园林中常见的湖石峰和黄石迥然不同,深得古代园林家的喜爱。宣石峰多见于扬州园林,如个园四季假山的冬山便是著名的宣石山,因其色白,又置于墙阴下,故远望犹如石上积雪一般,具有很强的造景作用。

松皮石 又称"锦川石",前者因其外形纹路如松树皮而得名,后者则以地名称之,如灵璧石、英石之属。锦川在东北辽宁省锦州城西,以盛产各种美石著称。松皮石是沉积岩,石身细长如笋,上有层层纹理和斑点。用作园林造景的多为细长苗条者,常栽植于庭院一角和书斋近旁,古人称之为松皮石笋,在江南园林中应用甚广。如苏州留园石林小院中高逾丈的松皮石笋、上海豫园万花楼前小溪南的竹石造景中的石笋均是此石。《园冶》中在选石章中专门收入锦川松皮石,可见此石在明清时已成为较主要的园林用石。古人评说此石,以纯绿色略带黄纹的、高者较为名贵。另有一种石笋上嵌有许多卵石,较古旧的卵石掉落,形成一个个窝眼,经雪雨洗刷,色质清润,常栽于花间树下用以点景,颇为雅观。

黄蜡石 因颜色艳亮如黄蜡而得名,产自岭南从化、清远一带溪水中,体态浑圆磊块、顽拙之极,犹如太卵石,与漏瘦之湖石、英石相比,别有一种风姿,广东园林及新修风景庭园用得较多。清李调元《南越笔记》记道:"岭南产蜡石,从化、清远、永安、恩平诸溪涧多有之。予尝溯增江而上,直至龙门,一路水清沙白,乍浅乍深,所生蜡石,大小方圆,碟砨多在水底,色大黄嫩者,如琥珀……"当时,文人有桃色佳者宝之,或卧坐于园中,别有意趣。今日广东园中或建筑中亦以它从小品摆设,具有独特的造景作用。

园林水景 水是我国传统园林中重要的构园要素,具有其他山石、建筑、花木等形象固定的景观所没有的特殊魅力。对于久居闹市、与自然山水环境隔绝的人们来说，见到自然状态的水，立刻会感到神清气爽，满目清新。因而园林水景也特别受游赏者的欢迎。

水是纯洁透明的液体，在千万年的历史发展中，水在人类的生理——心理结构中占有着重要的地位，见到自然清澈的水，人们的眼睛就会一亮，感到愉悦。园林中的水，每每以自然状态展现着，它是园林美真实、自然的表现中不可缺少的一笔。有位外国美学家这样来描绘自然界水的多样美：

水，由于它的形状而显出美。辽阔的、一平如镜的、宁静的水在我们心里产生宏伟的形象。奔腾的瀑布，它的气势是令人震惊的，它的奇怪突出的形象也是令人神往的。水的美还在于它的灿烂透明，它的淡青色的光辉而令人迷恋；水把周围的一切如画地反映出来，把这一切屈曲地摇曳着，水是第一流的写生画家。

由于艺术家的创造，这些自然风景中的水的表现也同样会出现在我国古典园林中。为了表现水的自然美特性，园林中要塑造湖、池、溪、瀑、泉等多种形式的水体，使无形无色的水根据不同的组景需要，现出不同的美来：平静的池水如一面明镜，涵养着四周的美景；从山脚缓缓流出的溪水晶莹明澈；假山上的瀑水倾泻而下又如白龙飞下；从泉眼无声无息涌出的水素净清辉……对于这许多园林水景，除了用眼睛观赏外，还常常能用耳朵感受到声音的美。"卧石听泉"是古代文人雅士所喜爱的高尚娱乐。俞伯牙深深体会到山中流水声的美，而将它化作了一支著名的古曲《高山流水》。直到今天，倘使在古筝上奏出它那抑扬顿挫、急转流畅的似水声又不似水声的旋律，仍然能使听众领悟到自然山水间音响美。叮咚泉声、潺潺溪流虽说还不是音乐，但是连小孩都爱听。水体景观这种声形俱美的表现，丰富了园林景色的层次，使园林风景从单一的作用于视觉形象扩展到另一个重要的欣赏感官——耳朵。古典园林中所设有的听溪泉声美的景点，如玉琴峡、八音涧、弹琴峡等，就是艺术家为了园林美的自然真实而对水体进行特殊塑造的结果。

静水如镜　我国园林中的水，着重取其自然。水可分为动态水和静态水，像平湖池塘的水，基本是静止的；而山溪泉瀑之水，则表现出不同的动态。一般来说，我国古园的水景，以静态为多。那些因水成景的滨湖园林，或以水池为中心的城市园林，大多有着一平似镜的水面。静谧、朴实、稳定是静水的主要特点，这也是静水深受古代文人雅士欢迎的一个原因。园林之水虽静，但不是那种无生气的"死静"，而是显出自然生气变化的静。水平如镜的水面，涵映出周围的美景，呈现了虚实变幻而迷人的美。那蓝天行云、翠树秀山、屋宇亭台等，仿佛都漂浮在水下，使人联想起天上的神仙府第。而当视线与水面夹角增大时,反射效果减弱,这时透过清澈的水面又可以看到水草的飘忽和鱼儿的游动。要是微风吹过,在水面上激起层层涟漪,这水又像是轻轻抖动的绿绸。所谓"清池涵月,洗出千家烟雨""池塘倒影,拟入鲛宫""越女天下白,鉴湖五月凉"等,都是人们对园林静水的赞美。清代,杭州有一文人私家园林,其名就叫"鉴止水园",止水,静也。这园名充分反映了园主人对于静水景色的喜爱。

　　同样是静的水面,造园家处理的方法却是多变的,能将静水的特点发挥得淋漓尽致。园小水面窄则聚之,缘岸设水口和平桥,使水域的边际莫测深浅,或藏或露,不让游人一览无余。漫步水际,水回路转,不断呈现出一幅幅引人入胜的画面。这样,水体虽小,却使人有幽深迷离的无限观感。大园水面宽则分之,平矶曲岸,小岛长堤,把单一的水上空间划分成几个既隔又连、各有主题的水景,形成一个层次丰富、景深感强的空间序列。例如北京颐和园昆明湖水面浩瀚,要是这一大片水面中空无一物,看上去未免单调。古代造园家在水中置了几座大小不同的岛,又以桥堤相连,使单一的湖面变成远近皆可赏的美景,表现了古代造园家对大面积静水处理的高超技艺。当游人站在佛香阁上俯瞰湖水,最先引起人们注意的是一颗镶嵌在粼粼碧波中的翠珠——南湖岛(又叫龙王庙岛、小蓬莱)。南湖是昆明湖中直接与万寿山前山相接的一处水面,葱翠的小岛位于湖中央偏近东堤,岛北岸的涵虚堂与佛香阁隔水相望,互成宾主,成为这一片湖景的构图中心。造型精美的十七孔长桥又将南湖岛和东堤上八角重檐的杰构——廓如亭连了起来,以致岛、桥、亭犹如半边屏障,将昆明湖水面分划成南北既分开又通连的两个部分。在水面西部,又有蜿蜒缓曲的西堤和六桥平卧湖上,与南湖岛等遥相呼应。再加上远处西湖中沉浮的藻鉴堂和凤凰墩等小岛,使单一的水面变得层次丰富有味。从主要观赏区万寿山前山看湖景,但见水上有岛的配列、堤的穿插、桥的联络,点线结合,主题突出,加大了湖面的南北进深。从这一水景展开下去,则是一望无际的园外平畴沃野和远山点点,它们一起组成了一幅旖旎壮阔、锦绣无比的画面。

　　江南文人园林中的水面,虽然要比苑囿中的小得多,但造园家也能根据环境的不同条件,创造出许多活泼的静水景。如苏州拙政园是因水成景的古园,整个水面要占到总面积的四分之三,主要建筑十之八九皆临水而筑。园中水池的左右两面有两座山岛,将正厅远香堂前的大水面分成前后两个部分。而荷风四面亭前的五曲小桥又空透地分划了水面,使池水向西一直流渗过去,现出弥漫之势。最令人叹为观止的是园内小沧浪水院的设计:由主厅远香堂的临水月台经倚玉轩,循游廊而行,不久便可见一座廊桥横跨水上。桥身微拱,造型轻巧,朱栏之上是一卷青瓦小顶,恰似一道彩虹飞落两岸,这便是水院的门户小飞虹。大池之水,从五曲桥下流来,又缓缓经廊桥直至小沧浪。小沧浪是空架在池上的三间小斋,南窗北槛,两面临水,南面是幽闭的小小水庭,十分幽静。坐斋中推开落地长窗北望,两边贴水游廊和对面的小飞虹廊桥构成了完整而又开畅流通的水院。静水中,略点几块步石,岸边石矶上灌木葱葱,构成了一幅江南水乡的恬静图画。

而小园像苏州网师园和上海嘉定秋霞圃的处理方法则是将水集起来,以加强水景的分量。园内的主要景色和观赏点往往作环池布置,无论假山、古树、亭台建筑都凭借水面,以使景色更美。有的园林家将这类园称作依水园,正合杜甫诗意"名园依绿水,野竹上青霄"。然而,小园的水景,也不是一聚了之,而是讲究集中之下的小分和引伸,如秋霞圃舟而不游轩旁伸入假山的水口,山光潭影对面的长长小涧和其上横跨的曲桥,均是对聚水的扩展和引伸,旨在增加水景的深度和层次。

有些园林,地处水位较高的河网地区,可谓得天独厚,造成园浮水上、景皆贴水的佳景。江苏吴江区同里镇位于太湖边上的水网地区,地低水高。镇上清代所建的退思园中,所有山、亭、馆、廊、轩、榭皆紧贴水面而建,看上去好像是直接从水中长出来似的,是名扬江南的贴水园。

一般来说,园林之水,水位宜高,使山林建筑皆近水,游赏起来使人们感到与水亲近。南方园林比北园清秀,近水、贴水也是一大原因。又如江苏如皋的水绘园,是明末名士冒辟疆和金陵名妓董小宛隐居之处。园中水景如绘,"面水楼台,掩映于垂柳败荷之间,倒影之美,足画本"。园中主厅叫水明楼,处于水院之中,周围绕以水花墙,里面各成小院,点石栽花,非常明净雅洁。这以水来绘园景的古园,足以让人们联想起当年名士才女生活在此园中,歌吟互答、卿卿我我的场面。

泉瀑动水 园林中的动水,系指山涧小溪及泉瀑等水景,它们既表现出不同的动态美,又以美妙的水声加强了园林的生气。动水景首推泉水,如泉城济南园园有泉水,成为景中之一绝。北魏地理学家郦道元在《水经注》中赞扬济南泉水"固窦中之绝胜,古今壮观也"。而泉水之美和园林之美合在一起,更令人赞叹不已。清刘鹗在《老残游记》中描绘的"家家泉水,户户垂杨"的景色,指的便是这种林泉合一的美。在济南的七十二名泉中,最令人神往的是趵突泉。趵突泉原来叫槛泉,是古泺水的发源地。泉水从地下溶洞的裂缝中涌出,三窟并发,昼夜喷涌,状如三堆白雪。泉池基本呈方形,广约一亩,周围绕以石栏。游人凭栏而立,顿觉丝丝凉气袭人。俯瞰泉池,清澈见底。在水量充沛时,泉水可上涌数尺,水珠回落仿佛细雨沥沥,古人赞曰:"喷为大小珠,散作空濛雨。"其周围的景色又同泉池融成一体,形成了一个个清幽而又趣味浓郁的园林风景空间。为了强调泉水景,造园家在泉池北面,建有凸出于水面之上的泺源堂,栋梁均施彩绘,黄瓦红柱的厅堂与池水银花交相辉映,十分悦目。游人静坐堂中,观赏那池水漪涟,别有情趣。在泺源堂抱厦柱上,刻有元代赵孟頫的咏泉名句:"云雾润蒸华不注,波涛声震大明湖。"每逢秋末冬初,良晨晴空,由于趵突泉泉水温度高于周围大气温度,水面上漂浮着一层水汽,犹如烟雾缭绕,使泺源堂好像出没于云雾之中。泉池西南部水中置有趵突泉石碑,给池面景观增加了内容,又使之与厅堂互为对景。清乾隆皇帝也十分喜爱此景,曾为趵突泉题过"激湍"两字,并把它封为"天下第一泉"。济南之外,江南无锡惠山园的天下第二泉、镇江金山的天下第一泉、苏州虎丘剑池第三泉以及杭州虎跑和龙井等均是园林中著名的泉水景。

瀑水也是园林中的动水水景。除了一些大型苑囿和邑郊风景园林的真山真水有自然形成的瀑布之外,园林中的瀑布多数是人工创造出来的动水景观。有的园林利用园外水源和园内池塘水面的高差,设置瀑水景。例如山西新绛县的隋唐名园——绛守居园池,就是利用了西北鳖蚤原上的水,将其经水渠引入园内而造成高约十余米的瀑布。当年水大时,好像白练当空,声不绝耳。有的园林在上游水源上垒石坝,使水产生落差。例如北京西北郊明代皇亲国戚李伟的清华园(即清畅春园的前身)是一座以静水为主景的园林,水面以岛堤分隔成前湖、后湖两个部分。造园家在后湖西北岸临水建阁,并且垒石以提高上游来水的水位。于是在水阁中可观赏两种不同的水景,临湖是一片平湖水光,而西北面则"垒石以激水,其形如帘,其声如瀑"。当时著名文人袁中道亦有句称赞道"引来飞瀑似银河"。还有的园林则借助人力引水,或者把雨水储于高处,需要时放水而造成动水之景。如南京瞻园的假山上和上海豫园点春堂前快楼旁的湖石山,原来都有瀑水景致。苏州狮子林原有的人工瀑布最为精彩。游人从暗香疏影楼折南,就到了池西的假山区,由爬山廊上,可登飞瀑亭、问梅阁和双香仙馆。在这一组山林建筑中,问梅阁是景色的中心。园林设计家在阁顶暗置水柜蓄水,待到主人宾客游园时将水导向亭阁之间的山石,水在山间几经转折才流进水池,宛如庐山三叠泉名瀑。

流水有清音 "何必丝与竹,山水有清音。"流动的水,因为地形条件的不同,能发出各种声音,它们是风景交响曲的主要演奏者。例如我们在观赏美丽的泉水时,还可以倾听它美妙的音响。它们有时发出"三尺不消平地雪,四时尝吼半天雷"的轰鸣,有的"幽咽泉流冰下难",发出似琵琶琴瑟的琤琤声。瀑水之声,往往随水量大小、落差高低发生由响到轻的变换,而最为游人所喜爱的是溪流的潺潺水声。

杭州九溪十八涧位于西湖南边狮子峰等群山环抱的鸡冠垅,是西湖园林风景的"山中最胜处",它是由九条溪流和众多的小涧盘曲汇合而成。每年春雨如油、绿满群山之时,山中便是一片"春山缥缈白云低,万壑争流下九溪"的景象。在从龙井到九溪茶室长约6千米的山道两旁,峰峦起伏,郁郁葱葱。小径在峰峦中蜿蜒,路边溪水淙淙,水面时宽时窄,地形时陡时平,溪流时急时缓。游赏者可以在这清澈见底的溪流边一面赤足嬉耍,一面倾听溪水美妙悦耳的天籁之音,真是其乐无穷。有时小径横溪而过,于是在溪水中点以步石,增加了风景的园林情趣。而水激砥石,发出铿锵之声,又别具一种情趣。正如晚清文人俞樾所描写的:"重重叠叠山,曲曲环环路,丁丁冬冬泉,高高下下树",把人们带进了如画的胜景。

为了游赏起来更为方便,造园家就提取了山水园林中幽谷溪涧景色的精华,使其再现于园林之中,无锡寄畅园的八音涧便是此类人造的溪涧听声景。"八音"为景名,突出了它的声音之美。八音涧是寄畅园西部假山中的一条黄石峡谷,谷长36米,深2—2.5米,西高东低,有一小径在谷中蜿蜒穿过。惠山下的天下第二泉水,伏流入园,在西端汇于小池,然后顺着谷中小道边上的石槽引流而下。小径多次转折,沟渠忽左忽右、忽明忽暗相随,极尽变化之能事。因落差而造成的流水之声,叮咚作响,在空谷中回荡,犹如八音齐奏。游人在涧谷中行走,头上是浓密的山林,古拙的老树盘根错节地与岩石互相争斗;身旁则是山泉细流,晶莹透澈,深邃幽奇。真是形声俱美,艺术地再现了俞樾所描绘的山间溪涧意境,成为寄畅园著名的一景。当年清乾隆皇帝下江南,住在园中,深爱此景,于是命人描摹成图式,在北京清漪园惠山园(今颐和园谐趣园)中仿造此景,这就是"玉琴峡"。

形、声之外,有些园林动水,还具有味美(主要指泉水)之特点。去杭州游玩者,不可不去虎跑,应该亲口尝尝虎跑泉泡龙井茶的美味。到无锡惠山的游人,也可以去天下第二泉旁的茶室中坐坐。还有以《醉翁亭记》扬名的安徽滁州酿泉水,也是天下闻名的可口甘泉。这些名泉之水清澈寒冽、甘醇可口。被誉为茶圣的唐代陆羽所品评的天下名泉二十余种,多数位于园林风景之中。它们和园林胜景结合在一起,大大提高了游赏者的趣味。根据美学家的研究,一般的味觉刺激仅仅能引起快感,就好比人们在家中喝瓶装的矿泉水,基本上得到的是味觉的快感享受。但如果人们来到青岛崂山,在道观中静坐品泉,耳边是松涛阵阵,眼前是海天一色、岛屿沉浮,身在古树的浓荫下,习习凉风扑面而来,那么此时甘甜爽口的美泉之味无疑将上升为这一邑郊园林胜景中不可分割的审美感受。环境如画的园林欣赏空间，将使泉水的味美提到了提升。正因为如此，山水园林和甘泉美水的结合常常成为很有特色的园林景观。凡有泉之园，每每设有茶室，如济南趵突泉边的放鹤亭，专供品赏甘露一般醇美的泉水，让人们领略到宋文学家曾巩"润泽春茶味更真"的诗意。要是人们游赏风景，见泉水而不品，来去匆匆，那么就不可能全面把握泉水景观之美。诚如陆羽的《茶经》所说："山堂夜坐，汲泉煮茗。至水火相战，如听松涛。倾泻入杯，云光潋滟，此时幽趣，故难与俗人言矣！"

水与山林　　在园林风景的美丽画面上，水是协调其他景物的调和色。那石峰假山的嶙峋轮廓，那古树老藤的长枝浓叶，那建筑亭台的秀丽风姿，甚至天上的白云红霞，经过水的反射加工，就会显现出一派柔和迷人的风光。可以说园林中任何景色都离不开水的陪衬和辅助。

在我国传统文化中，山水实际上是风景的代名词。中国画中没有风景画的分类，只有山水画，可见山水是密不可分的。我国园林的风景设计也体现了这一思想。可以说园园有山水，哪怕是几块山石，几座小峰，也是山的缩影；而掘地得一小泉，或院墙下的一角小潭，也是"一勺能见江湖万里"。例如苏州那座占地仅140平方米的残粒园，采用周边式布置了假山，挖了小池，通过山水塑造，在有限的空间里创造了相对扩大的空间效果。

山水之间的关系是否交融协调、浑然一体，是中国园林风景创造的关键。北京颐和园中昆明湖水和岛、堤、长桥，上海嘉定秋霞圃的水池、溪流水口和假山，无锡寄畅园八音涧的峡谷小溪等，尽管它们的水有大小，山有高低，但就山水关系讲，都是造园家成功创造的各种山水交融的形式。

山石造景要是无水，便是一堆死气沉沉的土石堆。园林景色中，假山石峰的生气和神采皆依赖于水的辅助。同样，水对山石的依赖程度更大。单纯的水，无色无形无定踪，它需要以山石陆地作为边界才能现出不同的个性。所有的湖泊、池沼、涧溪、泉瀑景致的创造，必定要先塑造山石土壤，然后才有水形可赏，才有水声可听。

南京瞻园的溪池景色，就是按照这一原则进行塑造的，它原是明初中山王徐达王府的西花园，太平天国时期为东王杨秀清王府，具有一定的文物价值。但园林景色经历代修整，已非原貌，不少景出自一般匠人之手，有悖于我国古典园林的造园原则。1960年，由已故园林建筑家刘敦桢主持修复，按照"山为骨架，水为血脉"的古典造园理论，以一水带三山，创造了池、溪、涧、瀑俱全的多样水景，衬托和加强了以假山、点石为主题的山林景色,成为修复古园山水景色的一个范例。瞻园的主体建筑妙静堂,位于园林南部。以堂为界将主要观赏空间分隔成一北一南、一大一小两个部分。最北边是用湖石堆成的大假山,山前水池环抱。东南有一脉伸入水中,成为一半岛形的山壁。山后有一溪流出,绕过此山脚,汇入大池中。临水的假山南麓是叠石绝壁,下有石径相通,贴水又有三曲平桥跨过,山水相交处设石矶缓坡入水中。因着池面凸进山岩的小水湾上,假山形成一条纵深的山谷,谷中架天桥。这一强烈的山水对比,更显得假山石壁的高耸。池水在完成了衬托北山的任务之后,从西南角的水口分出一支溪流,绕西山向南流去。西山为土山,仅临池溪一侧用湖石堆叠。山中有谷道曲径,山上树木苍翠,现出浓郁的山林气氛。小溪流过西山山脚,又折向东南,绕过妙静堂,注入南假山北边的水池。南假山是厅堂的直接对景,设计上更为精致巧妙。隔水池与堂相对的是临池湖石绝壁,高7米,长10米。山上有主峰、次峰、洞龛、山谷、水洞、瀑布等。水池中点有步石,供游人涉水近赏。此山的北向主面向内凹入,看上去像一用山石垒成的大龛,龛的两侧向外逐渐收小,成为立在龛两侧的两个墩柱,在结构上起到了扶壁的作用,既减少了叠石的厚度,又增加了假山立面的层次。龛顶悬有几支石钟乳,顶侧设有瀑布口,并与山顶涧道相接。这样整座南假山看上去犹如天然溶洞,与绝壁相对,富于虚实变化。绝壁西端有山谷,池水弯入谷内。一眼望去,山谷深远,池水绵延。绝壁前,隔山池有东西两座矮山环抱作呼应,山下有临池石径与步石相接,更衬托出绝壁之峭拔自然,山势峥嵘,峰峦崛起。这样塑造出的山水奇景,比自然山林风光更集中、更典型,可以让人们足不出户就欣赏到祖国的大好河山。

　　形声俱美的动水景色,也少不了山石的辅助点缀,少不了园林风景环境的烘托,如济南七十二名泉的第七泉是漱玉泉。泉自池底冒出,形成串串水泡,升到水面破裂,丝丝作响。泉池南有溢口,泉水流出成小溪。溪岸用自然山石叠砌而成,水从泉池来漫石穿隙,淙淙有声,最后跌入漱玉池中,形似挂帘。原来成点状的动水景致在山石的导流下成为线形的流水景观。泉池南岸是人工叠置的古朴假山,配置了黑松和油松等树木,点缀了迎春、蔷薇、海棠等花卉,形成了疏涧流淙、泉声优美的清丽园林景色。由漱玉泉转北,又是一座假山。山不高但山径盘曲,古木参天,藤蔓遍布,攀到高处,可四望园内外秀丽景色。沿山循缓曲步下,却又是一泓碧水涌出,这便是叮咚作响的马跑泉,泉池边仍然因岸叠石,建亭台楼廊。泉水流出,还是在叠石小溪中回转,形成了生机盎然的趵突泉园林小区。这里,假山既用来作为各泉水景点的分隔,又是游人观泉的理想背景。池面叠石以及导泉的溪涧更是泉水风景直接的组成者。山水泉石共同协作,互相辉映,体现了唇齿相依的关系。

水与建筑 建筑是园林风景中庞大的人工创造物,但经古代造园家的精心创造,与自然纯净的水能够完美地组合在一起,形成了别具一格的建筑水景,特别在一些因水成景的南方园林中,主要建筑一般均依水而建,如苏州拙政园的远香堂、苏州留园的涵碧山房、北京颐和园的乐寿堂等。除了这种面对广阔湖面或中心水池的建筑之外,水和建筑亭榭的关系是极富变化的:有的建于曲折蜿蜒、野趣天然的溪流之滨,宁静幽深;有的引水环置建筑,波光倒影,迤逦多姿;有的则凌跨于水面之上,玲珑活泼。水和建筑结合,相得益彰。建筑依水,为观赏变幻迷人的水景创造了很好的条件,而我国古建筑那多姿多彩的造型点缀在一平似镜的湖面上,又为园林水景添上了精彩的一笔。一些位于城郊的滨湖园林更要设置建筑亭楼来点缀水景。如浙江嘉兴的南湖是平原上的一片静水,四周没有山峦景色的陪衬,造园家便在湖中筑岛建楼,化不利为有利,使其成为一处水面和建筑结合完美的著名风景。南湖的主要建筑是烟雨楼,其名来自唐诗人杜牧名句"多少楼台烟雨中"。楼建于湖中岛上,岛以土为主,又有山石堆叠作陪衬。楼为二层歇山顶,形制较大,立于层层斜上的台阶上,四面临水,成为湖区风景的构图中心。远远望去,烟波水面上的巍楼呈现出一种雄伟的气势,成为人们必游之地。而登此楼四望,又是另一种趣味的景色。南湖多菱,莲叶萍花丛生。每年夏秋之际,人们泛舟采菱,嬉耍于水上,呈现出一幅很别致的江南农家乐的图画。周围堤岸上垂柳丝丝,茂林丰草,青翠喜人。绿荫丛中点缀着亭、廊、榭、轩等园林建筑。每当秋夜明月当空时看南湖,水平似镜,莲萍朵朵,皎洁的月光使浩渺的湖面犹如笼罩着一层轻纱,显得神秘朦胧。雨中欣赏湖景,则一片苍茫,岸边亭台堤柳隐约可见,所谓"雾露隐芙蓉,见莲不分明",比起风和日丽的情景,别具一番风味。

曲水流觞 我国古典园林中一种特殊的建筑水景,它起源于古代人们欣赏园林风景时的一种游戏。我国古代文人在园林风景名胜地集会时经常举行一种以题对为主要内容的文化游戏:人们沿着一条曲折小溪坐开,上游第一人为主人,出题让下游各人对和。每次开始时,便在水面上放上一只大盘,盘上载一杯酒,顺流漂下。每当酒杯漂到一个人的面前,这人便要及时接上一句。如接不上,就要罚酒三杯。最有名的曲水流觞欢聚是东晋永和九年(353),王羲之等人在会稽(今绍兴)兰亭的一次。少长群贤们聚在郡郊的风景地,作文吟诗,流觞取乐,王羲之曾为此写道:"此地有崇山峻岭,茂林修竹,又有清流激湍,映带左右,引以为流觞曲水,列坐其次,虽无丝竹管弦之盛,一觞一咏,亦足以畅叙幽情……"在美丽的园林风景之地,边赏景边观水,又能开怀畅饮,同时以游戏的形式进行文学创作活动,的确是很吸引人的。因而,曲水流觞一直是我国古代园林欣赏的一个内容。但是,要寻找一条适宜流觞的曲溪并不容易,后来不少园林就结合水景的布局,叠砌弯曲狭小的流水涧渠以便文人游戏。再后来,为了游赏的方便,便把这曲水设计得更小,放到建筑中,使这流水景和建筑亭台完全合并在一起。北宋编纂的官方营造法规《营造法式》中,还专门收入了流觞亭地面曲水的做法,可见当时这一活动的普及。今天位于北京恭王府花园园门右侧假山旁的流杯亭和北京故宫内乾隆花园主体建筑古华轩西侧的禊赏亭都是这类将动水引入室内的游赏建筑。它们都有上游水源,以保证流觞活动的进行。如恭王府花园假山东南角有一口井,需要时可汲水顺槽流下;乾隆花园禊赏亭的水来自衍祺门旁水井边上的两口大水缸。当然将自然溪流之曲水改作人造的小沟渠,其趣味和意境是大不相同的,但从这一园林很有特色的风景设计仍可以看出水和建筑的亲缘关系。

园林植物 　　在山水、植物和建筑这三大构园要素中,唯有花草树木是有生命之物。它们既是园林风景的主角,又是其他景致不可缺少的陪衬和烘托,它们那多样而又变化的风姿能引起游赏者多方面的审美感受。

首先,植物给园林风景涂上了一层富有生机的绿色。人们常说,绿是生命之色,园林要是没有植物带来的绿色,便成了一块没有生气的山水建筑模型。园林植物的绿,不是单一的,松柏等针叶植物是浓绿,竹子显翠绿,新叶绽出嫩绿,这些自然而多变的绿能使游览者赏心悦目,它构成了园林色彩的主色调,增加了风景的自然天真。"餐翠腹可饱,饮绿身须轻",由植物构成的绿色空间,为园林生活起居、学习工作提供了理想环境,所以植物景致也是园林满足游与居双重功能所必不可少的。

绿之外,树木花草还给园林添上许多绚丽的色彩,增加了园景的观赏价值。我国园林花木的配置,常常考虑到花木色彩的搭配,就像画龙点睛一样,这种色彩的搭配是园景中很重要的一笔。有位园林家说:"园林无花则无生气,盖四时之景不同,欣赏游观,怡情育物,多有赖于东篱庭砌,三径盆栽,俾自春至冬,常有不谢之花。"现在的苏州古典名园中,就有许多以观四时花卉为主题的景点,如春天看山茶花的有拙政园西部的十八曼陀花馆,看海棠花的有海棠春坞;夏天赏荷的有荷风四面亭、远香堂;秋天赏桂的有留园的闻木樨香亭、狮子林的暗香疏影楼;而怡园的梅林、狮子林的问梅阁,更是冬日赏梅花闻冷香的好地方。这些别具匠心的布置,可以说是部分地实现了北宋醉翁太守欧阳修的理想:"我欲四时携酒去,莫教一日不花开。"花卉之外,一些乔木也具有多样的叶色,如春夏两季郁郁葱葱的青枫入秋会变得红似二月花;古拙的银杏叶经秋风一吹,也会现出迷人的杏黄色等。如此之多的色彩变化为园林赏景提供了重要内容。

第二,植物具形美。赏色离不开赏形,两者是互相关联的。在园林风景中,植物的形美更使人美不胜收。大乔木的形体有锥形、伞形、卵形等,叶有单叶、复叶、针叶、圆叶等。花有各种花型,如小朵的桃花、垂丝的海棠花、状似绣球的绣球花等,还有雍容华贵的牡丹花、细密如金粒银珠的桂花、清秀的菊花……就是山脚边绽出的牵牛花,也常常变换风姿,有时是"微芳而孕丽容",有时"旦开而色暖暖",有时"寒独而影难伫"。

一些专供人们观赏的花树,其形其色更绝。如隋炀帝所看的琼花,形色香俱佳,古人赞曰:"梨蕊三分饰玉体,桂香一缕裹娇魂。"琼花不仅令帝王目迷神乱,而且也令世人多赞叹不已。后来由于兵燹战乱,琼花观观废花亡。1949年后,经园林工人觅宝访珍,在蜀冈重新发现琼花的同种——聚八仙,后移栽湖上园林,精心培植,使人们能再睹芳姿。聚八仙花大似玉盘,由八朵五瓣大花围成一周,簇拥着一团蝴蝶似的花蕊。花势中凸边平,呈椭圆形,像是八位仙子围着圆桌,品茗聚谈。花树高达近10米,每逢花期,朵朵玉花缀满枝桠,满树碧叶托着白花,好似隆冬瑞雪压枝头,溢光流彩,璀璨晶莹。

第三,植物能散发芳香。"三秋桂子,十里荷花",这是北宋词人柳永描写杭州西湖的名句,"香"景在园林风景中倍受喜爱。园林之香,主要来自植物。除了夏日的荷花、三秋的桂花之外,还有被称为冷香的梅花、淡而幽的兰花以及玉兰花、槐花等。另外,观赏价值很高的松、竹等也都具有一种特别的清香,"身来飞鸟道,香发出松林"。甚至苔藓、小草、灌木丛也会散发出诱人的气息,所有这些作用于嗅觉的无形的景观信息,增添了园景的动人魅力。同时,园林由于地势起伏,又往往被分隔成小的景区和院落,以致人们在游览时所闻到的香味常是一阵阵、若若无、淡雅含蓄的。

北京颐和园玉澜堂是一处临湖的寝殿,在清晨这里常常能闻到别处飘来的幽香,殿堂上挂着的楹联这样写道:"渚香细泡莲须雨,野色轻团竹岭烟。"它所描写的昆明湖边的景色十分传神,香不是浓香扑鼻,而是犹如莲蕊细雨般一阵阵从湖面吹过来,拂晓中晨雾在竹岭上轻轻聚散,表现出的完全是如诗如画般的意境美。

再如苏州拙政园的主厅远香堂,也是一处以闻香为主题的景点。堂前月台临大荷花池,水面深远。每当夏季到来,池荷盛开,一阵阵莲香便会从远处送来。北京恭王府花园萃锦园多以植物清香为主景。这里原来有吟香醉月、秀挹恒春、樵香径、雨香岭和妙香亭等五六处带有"香"的景致,丰富了园林的欣赏范围,提高了游人的情趣。

第四,植物景观不仅色美、形美、香美,而且还具有声美。游无锡惠山,不可不访听松石床,这是著名的赏植物声景的地方。石床原在惠山寺大雄宝殿前,后来被移到不二法门前一棵大银杏树底下。当年惠山山麓全是古松,置一块平面光滑、纹理古拙的石床,引人卧石听松涛,实在是造园家组景的高招。唐代,附近文人就喜欢来此地游赏听涛,诗人皮日休还留下了诗文:"千叶莲花旧有香,半山金刹照方塘。殿前日暮高风起,松子声声打石床。"又传说1127年,金兀术灭北宋,宋高宗赵构仓皇南逃,在去杭州途中经过惠山,在石床上过夜。半夜听到山上松涛齐鸣,疑是金兵追来,吓得他爬起来落荒而逃,从此这一听松景更是闻名遐迩了。除了松涛外,还有竹萧、雨打芭蕉、残荷听雨等许多景都与植物有关,如听松亭、松风水月、听雨轩、留听阁等,都是欣赏气候变化时,植物景和风、雨合作而奏出的声乐景。

自然与生机 中国园林植物景的主要特点是自然与生机,它们或成林于山巅,渲染了山景的苍古浓郁;或密植于水际,使水景更为曲折幽深。它们那种翳然生发、繁密茂盛的生态出现在风景中,最能使游赏者联想起自然界万物的生命力。像西方园林那种对称、人为地布置使之呈现出几何图案形的花园在我国是没有的。

我国园林的花木,虽然也要经过人工的莳栽和培植,经过造园家精心的组织安排,但绝大多数仍然保持了它们自然生长的姿态。不管它们是成片成林还是孤枝独秀,是虬枝古干还是枝叶扶疏,是乔立山巅还是横偃斜坡,其位置可上可下,可在石边可于水际,但姿态都要自然天成,具有诗情画意,不能过多地留下人工修饰的痕迹。这种不求品种名贵,只讲究形态的潇洒自然、耐品味和细赏的原则和中国山水画表现树木花卉的原则是同出一源的。

园林植物景可以渲染整个观赏空间的气氛。不同的花木合理地布置于园林,可以产生不同的意境,如不规则的阔叶树可以形成活泼、热烈的气氛,高大的针叶树密植则使景色显得庄严肃穆,垂柳枝条摇曳使人感到轻快,而春天的桃红李白又使人觉得春意盎然。如杭州西湖的苏堤和白堤,由于栽植的植物不同,各自具有富有个性的风姿。每当阳春三月,苏、白两堤便现出不同的春意,有人名之为苏堤春红、白堤春绿。春红是指苏堤上种了数千株碧桃和樱桃,春天树树花开,远远望去,仿佛在一片嫩绿的底子上缀上了一条鲜艳的红云带。苏堤原以"春晓"闻名,当晓风徐拂、宿露未干、残月初隐、旭日方升的时分,堤上空气特别清新,树木竞发幽香,这时候的桃花,还含着露珠,鲜洁滋润,盈盈欲滴,真是千姿百态,美不胜收。而"绿杨荫里白沙堤",白堤植柳之多,柳色之浓,自古闻名。唐代诗人白居易守杭州,就有诗曰:"谁开湖寺西南路,草绿裙腰一道斜。"春到白堤,层层绿色堆叠,充满着绿趣。如果坐船在湖中遥望,只见一层绿烟笼罩在长堤上,这就是烟柳。烟柳倒映入碧波,小船打桨而过,绿意更浓。

陵墓园林的植物景也很有特色,如位于河北省遵化市的清东陵。这座陵园北靠层峦叠翠的昌瑞山,山环水绕,林木葱郁。传说当年入关后的第一任皇帝顺治狩猎时经过此地,见其风景秀丽,"龙山毓秀,可以绵万年之景运",便决定在此修建皇家陵园。东陵绿化的特点是常绿树多,在强化陵园庄严肃穆的气氛中起了很大作用。从石牌坊、大红门绕过天然的影壁山到达各陵园,要步过长达数千米的神道,道路两侧各植紫柏十行,共计43660株。这些路旁行树称为仪树,设专人看管。为了增强陵墓庄严的气氛,又在各陵寝的宝山(靠山)、翼山(两侧小山)、路旁遍植松柏,称之为海树。据统计,整座清东陵有仪树20万株,海树近千万株,使整座陵园掩映于苍松翠柏之中,呈现出一片绿色。金黄碧绿的琉璃瓦殿顶与松涛林海交相辉映,异常壮观。除了陵墓园林外,不少寺庙园也以植物景来渲染气氛。

植物景还常常是园林的观赏主题,不少园子甚至以植物来命名。例如常州的红梅阁、杭州的红栎山庄等。扬州以植物为名的园子更多,有的以古树为名,如双槐园、百尺梧桐阁等;有的以香为名,如净香园;有的与竹有关,如竹楼小市、水竹居、个园等。在这些园中,植物景自然是风景中的主题。有些花园,没有出色的山水风景,却有几棵古拙的老树,也能吸引大批游人前去观赏,如以古柏景闻名的苏州光福司徒庙等。

我国园林风景空间的意境主题,常常题明在该景区的主要建筑上,而植物往往是烘托主题意境的最好帮手,特别是带有时令特征的景色,更少不了植物的辅助。要是观赏的是春景,那么观赏建筑四周必定有桃红柳绿,或者几竿新竹;要是夏景,就多临水植荷,或者蕉肥石瘦,浓荫匝地;要是秋景,多为丹桂或红枫;要是冬景,每每少不了蜡梅和山茶。例如杭州的平湖秋月一景,主题是赏月,就在主题建筑临水台榭周围植了丹桂和红枫,配以含笑、晚香玉等芳香植物。每当花好月圆之际,月光下湖水荡漾,微风中阵阵花香,四时月好最宜秋的意境不点自明。

花木与园林建筑的配置上是很有讲究的。一般说来,花色浓深的宜植于粉墙旁,花色淡雅的宜植于绿丛或空旷处。桂花、白玉兰、蜡梅等有香味的植物不宜种在空旷处,要用花墙、庭院稍加围隔,才能使香气随微风"递香幽室"。此外,桃宜小桥溪畔,桃花流水;杏宜屋角墙根,红杏出墙;榴宜粉墙绿窗,花艳果红。有些小院,高墙相围,阴地多而向阳地方少,在墙阴处宜多植耐寒耐阴的植物,如女贞、棕、竹等,以免到冬秋光秃无物。轩廊外、花架上则可以种些紫藤,入春后现出满树繁花和一架绿荫,为室外留坐赏景提供了方便。如苏州留园中部濠濮亭前有一架紫藤,横跨水上,枝干蔓蔓,叶绿欲滴,倒映水中,既是亭、岛的联系通道,又分隔了水面空间,是留园中部山池景区的重要一景。

花木品类　中国园林植物景所引用的花木种类非常繁多,有乔木、灌木、花卉、藤本以及纤草等。它们常常很得体地配植在一起,或唱主角,或当配角,给园景增添了无限的生机。例如古城扬州的园林,除去山环水抱、楼台亭榭、虹桥画舫之外,繁花芳草、佳竹秀木的植物之美,也极富有魅力。其中很大一部分是由于植物品类繁盛、姿态纷呈、变化万千。扬州瘦西湖园林种植最多的是垂柳,传说当年隋炀帝因钟爱柳,钦赐其姓杨,从此垂柳也称作杨柳。湖畔堤岸上三步一柳,亭亭如盖。沿湖漫步,放眼望去,犹如挂着一道道绿色帐幔。阵风吹来,柳条婀娜起舞,如轻烟,似绿雾,妩媚无比。除了杨柳,岸上又随处可见紫藤、石榴、山茶、杜鹃、碧桃、南天竹等花树的组合种植,充分展示了花木多样而又统一的美。据园林种植专业人员统计,我国园林常用植物种类有近百种。今选最常见、形象特征最明显的数十种介绍于后。

白皮松　古称栝松。为松科常绿乔木,是中国特有的珍贵庭园树种。树形多姿,苍翠挺拔,树皮为淡灰绿色或粉白色,呈不规则鳞片状剥落,视之斑斓如白龙,独具奇观。古时白皮松主要栽植于宫庭、寺院及陵寝墓地,后被造园家钟爱。北京颐和园、香山、北海等园均栽有白皮松。在园林中的白皮松常与假山、岩洞相配,使苍松奇峰相映成趣。苏州留园在清末,曾因园中多植白皮松而取名为"寒碧庄"。《长物志》对白皮松的庭园配置称宜"植堂前广庭,或广台之上,不妨对偶。斋中宜植一株,下用文石为台,或太湖石为栏俱可"。古人亦云:"松骨苍,宜高山,宜幽洞,宜怪石一片,宜修竹万竿,宜曲涧粼粼,宜寒烟漠漠。"足证古代园林家对植物景的研究之深。

桧柏　**侧柏**　又名桧、刺柏、圆柏。桧柏是中国古典园林中普遍栽植的主要观赏树种。适宜与宫殿式建筑相配。在庭园园路转角丛植数株,亦颇幽美,根际缀以太湖石,则尤别具风趣。山东曲阜孔庙内的一株古桧相传为孔子亲植。苏州光福司徒庙内有四株古柏,传为东汉将军邓禹所植,姿态奇趣,分别号称"清、奇、古、怪",名擅幽趣。北京中山公园多老桧,古木参天,枝干苍劲,气魄雄伟,相传是辽代遗物。与桧柏同具观赏特性的还有侧柏。侧柏又名扁柏、香柏,大枝斜出,小枝直展呈扁平状,叶为鳞片状,雌雄同株。北京天坛用简洁手法,大片配植侧柏与桧柏,使之与皇穹宇之汉白玉台栏杆和青石路形成强烈对比,烘托了主体建筑,又形成了肃静清幽的气氛。侧柏寿命长,陕西黄陵的轩辕柏,高19.3米,胸径粗约2米,估算树龄在2700年以上。山东泰安岱庙的汉柏,相传为汉武帝手植。

垂柳 又名清明柳、垂杨柳、倒杨柳、水柳。为杨柳科落叶乔木。垂柳小枝细软如丝,随风飘舞,柔条千缕,自古是著名的园林风景树种。陈溟子《花镜》赞垂柳"虽无香艳,而微风摇荡,每为黄莺交语之乡,吟蝉托息之所,人皆取以悦耳娱目,乃园林必需之木也"。柳又是春天的象征,陆放翁《春雨诗》云:"湖上新春柳,摇摇欲唤人。"垂柳垂垂袅袅于淡云疏雨间,使人犹觉一庭春色,一树春风。植柳宜于水滨、池畔、桥头、河岸、堤防,依依拂水,碧波绿丝,相映成趣。苏东坡在杭州任职时筑苏堤,相去数里,横跨南北两山,夹道植柳,绿荫垂条,别饶风趣。西湖胜景"柳浪闻莺",沿湖垂柳成荫,微风吹来,柳丝婆娑,碧浪翻空,莺歌呖呖,使人倍觉流连。

枫 红叶 枫又名枫香、枫树、灵枫,古称欇,为金缕梅科落叶乔木。入秋,叶色红艳,美丽壮观,是南方著名的秋色树种。枫在古代曾是多种秋令红叶植物的总称。枫也是对槭树科槭属植物的泛称。中国园林常栽的红叶植物除了枫香外还有:槭树科的红枫、三角槭、五角槭、鸡爪槭,漆树科的黄栌(北京香山红叶即此种)、大戟科的乌桕等。枫香树干通直,气势雄伟,《花镜》云:"一经霜后,叶尽赤,故名丹枫,秋色之最佳者。汉时殿前皆植枫,故人号帝居为枫宸。"南京栖霞山、苏州天平山红叶,栽植的主要是枫香。天平山古枫为明代遗物,迄今有四百多年树龄,现存192株,秋阳照耀,血染疏林,旖旎动人,有"红霞万丈"之称,为天平一绝。枫树与常绿树混栽,红绿相映,倍觉可人。陆放翁诗曰"数树枏枫映苍桧",是谓此景别有情趣。

竹 禾本科竹亚科多年生常绿植物,中国有26属约300种。翠竹四季长青,挺拔秀丽,潇洒多姿,气节高尚,自古在园林植物配植中占有重要地位。宋代苏东坡曾曰:"宁可食无肉,不可居无竹;无肉令人瘦,无竹令人俗。"在庭园布局中,栽植于后园或园之外围的竹,主要用于风景点缀、防风护围、产竹、产笋,一般常选高达10—20米的大型散生竹,如毛竹、淡竹、苦竹、刚竹等。园内布景用竹,常植于大门两侧,庭内山石之间、厅堂四周、亭际、窗前、园路两侧、池旁水边,一般选高 3—8 米的有较高观赏价值的中小型散生竹或丛生竹,如散生型的紫竹(乌竹)、方竹、斑竹(湘妃竹)、碧玉竹(金明竹)等,丛生型的佛肚竹、凤凰竹(孝顺竹)、凤尾竹(观音竹)、龙头竹等,其中凤尾竹与佛肚竹还宜盆栽。在园内林缘、台坡、园路石级左右,作地被植物群栽则选用高 1 米左右混生型的箬竹、矮竹(鹅毛竹)等。苏州沧浪亭、扬州平山堂假山之间栽植箬竹,枝叶纷陈,颇具野趣。

银杏 又名公孙树、白果、鸭脚子,为银杏科落叶大乔木。银杏是中国特有的世界著名树种,为史前古生代与中生代时期的孑遗植物(活化石)。雌雄异株,寿高千年,树姿雄伟,肃穆幽雅,叶片扇形,如鸭脚,是寺庙栽植的"圣树"。现山东莒县尚存相传为春秋战国时期的古银杏,四川灌县旱有汉银杏遗株。通常百年以上的参天银杏古木,各地常能见到。《长物志》云:"银杏株叶扶疏,新绿时最可爱。吴中刹宇及旧家名园,大有合抱者。"中国习惯好于陵墓、寺院植之。现也有用于园林草坪孤植或数株丛植,或为行道树,气态雄伟,增益风致。如杂植于枫林之中,深秋黄叶与红叶交织,亦为宜人佳景。

梧桐 又名青桐、榇,为梧桐科落叶乔木,是原产于中国的传统庭园树种。树态高雅出俗,又有"梧桐招凤凰"的传说,因此自古被认为是吉祥、昌盛的象征。历代帝皇宫苑、百姓庭院都喜种植,被誉为"庭前嘉木"。《后汉书·蔡邕传》记述了桐木制琴的故事,时邕在吴,闻焚烧桐木的爆裂声,知其良木,抢出制琴,音美,但琴尾焦。后人因而以"焦桐""焦尾"为上品乐器的代称。古人又传梧桐知秋,立秋之日,必有一叶先坠,故有"梧桐一叶落,天下尽知秋"之句。梧桐庭园栽植宜与竹配,明陈继儒曰:"凡静室须前栽碧梧,后栽翠竹。"称之为碧梧之趣。《花镜》亦云:"梧竹致清,宜深院孤亭。"苏州拙政园有"梧竹幽居",在一方亭之侧植梧桐、翠竹。金秋之际,身临其境,远望群山,近看流水,侧赏修竹,仰视秋桐,古人云:"人生得以如此,足矣、足矣!"

南天竹 又名天竺、阑天竹、东天竺、天竹,为小檗科常绿灌木。南天竹枝干丛生,直立挺拔。羽状复叶水平展开,形态风格如竹。叶色鹅黄、嫩绿、深红,随生长时期与季节变化,绚丽多姿。果穗如珊瑚状,红如丹砂,鲜红夺目,经久不落,冬季雪中赏玩,尤觉动人醒目。南天竹是中国传统庭园树种,民间传为吉祥之物。南北朝时程誉作《东天竺赋》,传说天竺是女娲用以炼石补天之物。明代高濂的《遵生八笺》又谓:"植之庭中,可避火灾。"故庭园多植之,尤适配植于山石之旁、庭前花台之上或墙角阴处。

山茶 又名山茶花、茶花、耐冬、玉茗、曼陀罗树,为山茶科常绿小乔木或灌木,是中国园林栽培的传统名花,常栽的还有同属的云南山茶(又名滇山茶、南山茶、大茶花)和茶梅。山茶植株矫健,花色绚丽,每朵花可开放二十余天,自11月至翌年4月,此开彼落,花期延续数月之久。清李渔评山茶曰:"山茶戴雪而荣,则是此花也者,具松柏之骨,挟桃李之姿,历春夏秋冬如一日,殆草木而神仙者乎?"山茶耐荫,园林配植宜于疏林边缘;假山旁植之可构成山石小景;亭台附近散点三五株,显得雅致;庭院中可植墙院一角,或于粉墙之前散植数株,自然潇洒。苏州拙政园有十八曼陀罗馆,于厅前栽种山茶十八株。杭州木兰山茶园、昆明云南山茶园,大片种植山茶,为饶有地方特色的观花赏景之处。

海棠 又名海棠花、梨花海棠、女儿棠,为蔷薇科落叶乔木。4—5月间开花,有红海棠、白海棠等重瓣花变种。园林栽植的海棠还包括许多同属不同种的植物,常栽的有西府海棠、垂丝海棠、木瓜海棠、贴梗海棠四种,除了贴梗为灌木外,其余均为乔木,亦统称为海棠。自古海棠被誉为"国艳"。唐相贾耽著《百花谱》以海棠为"花中神仙"。四川栽植海棠甚盛,古诗云:"岷蜀地千里,海棠花独妍。"南宋陆游酷爱海棠,《花时遍游诸家园》诗曰:"为爱名花抵死狂,只愁风日损红芳。绿章夜奏通明殿,乞借春阴护海棠。"海棠叶茂花繁,丰盈娇艳。垂丝婆娑,西府峭立,木瓜刚劲挺拔,贴梗枝桠横斜,各具幽趣。古人植海棠好于水际、墙隅、栏外、阶前。苏州拙政园内有海棠春坞,为园中之院,植海棠数株,花开烂漫,妩媚动人。木瓜海棠以浓绿针叶树为背景处植之,色彩尤觉夺目。贴梗海棠丛生,庭园中宜路旁植之。海棠亦有作行道树,江西上饶曾有"二千里地佳山水,无数海棠官道傍"的佳话。

梅花 又名春梅、干枝梅,古称蒜,为蔷薇科落叶小乔木。2—3月间,花先叶而盛开,冒寒怒放,香闻数里。花色有白、绿、红、紫等色。梅花是中国特有的传统名花,观赏梅的兴起始自汉,汉武帝初修上林苑,各方献名果异树,已有朱梅、紫花梅、同心梅等观花的品种。南北朝时艺梅、赏梅、咏梅之风渐盛,于是梅"始以花闻天下"。宋代是艺梅的兴盛期,如苏州邓尉梅花,早为宋人所植,花时香雪数十里,有"香雪海"之称。梅花的神、姿、色、态、香均属上品,古人赏梅有四贵之说,即"贵稀不贵密,贵老不贵嫩,贵瘦不贵肥,贵含不贵开"。梅性喜阳,应就南向栽植,可孤植、对植或列植。也可散植于松林、竹丛之间,与苍松翠竹相映成趣,雅称"岁寒三友"。与松、竹、菊配植可谓"四君子"。在园林山坞、山坡、水涯、溪畔、亭榭台阁旁成片栽植,构成"梅坞""梅溪""梅岭""梅阁""梅亭"等景点。南京中山陵的梅花山、无锡梅园之梅林皆属以梅花为主景的园地。

玉兰 又名白玉兰、玉树、玉堂春、望春花,为木兰科落叶乔木。花在3月先叶而开,色白微碧,香气似兰,盛时满堂皆花,莹洁清丽,宛似玉树,令人神往。另有紫花变种,花背紫红色,里面淡红色,浓淡有致,美丽动人。玉兰是中国庭园传统花木,已有2500年以上的栽培史。北京颐和园乐寿堂玉兰,传为乾隆年间清漪园遗物,当时玉兰蔚然成林,称为"玉香海"。玉兰庭园栽植,可于庭前、岩际、栏周、窗前、路旁植之。《长物志》曰:"宜种厅事前,对列数株,花时如玉圃琼林,最称绝胜。"中国古典庭园还喜将玉兰与海棠、牡丹、桂花同植一庭,象征"玉堂富贵"。

蜡梅 又名蜡梅、黄梅、香梅,为蜡梅科落叶灌木。蜡梅是颇具中国园林特色的典型冬季花木。在江南各地于寒冬腊月开花,故名蜡梅,其花色黄似密蜡,有香味。蜡梅原产中国中部,在湖北神农架还有成片原始林。唐代已引作庭园栽培,宋时甚盛。河南鄢陵是栽培较早的著名产区。江南蜡梅历史亦久,苏州虎丘山、怡园,上海嘉定、松江、奉贤都遗有明、清两朝的古蜡梅。蜡梅具有刚毅倔强、坚韧不拔的风韵,在数九寒冬,岸然开放于凛冽风霜之中,可谓"岁寒独秀"。蜡梅庭栽可就墙隅、窗前,于山麓、坡地、路旁或水流对岸成片丛植,组成景观尤觉可人。与南天竹配植,隆冬时,黄花、红果、绿叶,交相辉映,相得益彰。以常绿树为背景,配以天竹、沿阶草及山石,可组成精美的园林艺术小品。

石榴 又名若榴、丹若、安石榴、金罂,是花果兼赏的优美庭园树种,入夏,繁花如火,凝红欲滴;仲秋硕果高挂,华贵端庄。西晋潘岳《安石榴赋》谓石榴"丹葩结秀,朱实星悬,接翠萼于绿叶,冒红芽于丹顶,千房同膜,千子如一",是"天下之奇树,九州之名果"。观赏石榴以花取胜,多为重瓣花,花色有大红、粉红、黄、白、复色等多种。尤以红花浓艳夺目,为古代仕女所爱,古称仕女红裙为榴花裙,以后"石榴裙"则成了妙龄女郎的代称。石榴还被喻为繁荣、昌盛、和睦、团结的佳兆,多子、子孙、多福、多寿的象征。石榴喜光耐旱,宜于阶前、庭间、亭旁、墙隅、水际、山坡植之,亦可在花坛中孤植,或于草坪一角丛植数株。老桩铁杆虬枝,苍劲古朴,宜作盆景。

紫薇 又名百日红、满堂红、痒痒树、无皮树,为千屈菜科木本落叶小乔木。6—10月间陆续展花,花紫色,亦有白色、堇色、红色的变种,各称为银薇、翠薇与红薇。产于中国南方的南紫薇,宋代称为拘那花。紫薇的庭园栽培史已有1500年以上。据《拾遗记》载,因紫薇与恒星紫微垣同名,西晋怀帝曾颁诏,令在洛阳内外四方、京邑诸宫、观、林、卫之内及民间园圃皆种紫薇,以为压邪。唐代中书省官署内广植紫薇,唐玄宗开元元年曾将中书省更名为紫薇省,改中书令为紫薇令。因而紫薇名盛,誉称为"花之圣"。紫薇花期长,花色鲜艳,盛开时烂漫如火。宋代杨万里诗曰:"谁道花无红百日,紫薇长放半年花。"王十朋亦曰:"盛夏绿遮眼,此花满堂红。"所以紫薇有百日红与满堂红的别称。紫薇长寿,老树树干光莹,基干虬然如龙蟠,古趣盎然。昆明东郊太和宫庭间紫薇,相传为明万历年间遗物。园林中紫薇常配置于绿树群中。盛夏时,红花荡漾于绿叶之间,别有风趣。在水滨、窗前、屋旁栽植数株,或于路旁列植,亦极宜人。古人好于堂前对植两株,唐代杨於陵诗曰:"内斋有嘉树,双植分庭隅。"为其时之配景也。

牡丹 又名木芍药,为毛茛科落叶灌木。牡丹是中国特产名花,花品多,花姿艳,富丽堂皇,号称"国色天香""花中之王",象征幸福、繁荣、昌盛。牡丹作为观赏植物栽入庭园,始于南北朝。唐代牡丹盛于长安(今西安),史载:唐玄宗诏花匠宋单父在骊山种牡丹一万本。北宋时牡丹又以洛阳为"天下冠"。李格非《洛阳名园记》称,凡园皆植牡丹,盖无它。以后随时代变迁,牡丹又渐盛于河南陈州(今周口市淮阳区)、四川天彭(今彭州市)、安徽亳州(今亳州市)、山东曹州(今菏泽市)。牡丹在庭园中多植于花台(以砖石砌成)之上,称为"牡丹台"。北京颐和园将牡丹栽于山旁、树周,配以湖石,颇为别致。牡丹成畦栽植,护以低栏,以湖石点缀其间,亦甚优美。清陈淏子《花镜》谓:"如牡丹、芍药之姿艳,宜玉砌雕台,佐以嶙峋怪石,修篁远映。"此为中国古代园林牡丹配置之艺术也。

木芙蓉 又名芙蓉花、地芙蓉、拒霜花、木莲,为锦葵科落叶灌木或小乔木。木芙蓉晚秋花开,清姿雅质,拒霜怒放,独殿群芳,为花中珍者,古又有"冷艳"之称,享誉颇高。芙蓉花有白、桃红、大红、红白相间诸色,另有一种由白至红转色者称"醉芙蓉"或称"七面芙蓉""八宝芙蓉"。芙蓉花又艳如菡萏,故别名木莲,唐白居易《木芙蓉花下招客饮》诗云:"莫怕秋无伴醉物,水莲花尽木莲开。"木芙蓉原产中国,四川成都栽植颇盛,据《成都记》载,五代时"孟后主于成都城上遍种芙蓉,每至秋,四十里锦绣,高下相照",因而成都又称"蓉城"。芙蓉最宜植于池畔、水滨,波光花影相映益妍,《长物志》云:"芙蓉宜植池岸,临水为佳,若他处植之,绝无丰致。"

桂花 又名木樨、岩桂、山桂、金粟,为木樨科常绿乔木,有时呈灌木状。桂花是中国十大传统名花之一。枝叶浓绿,姿态优美,开花时适逢中秋佳节,更倍受喜爱。桂花的栽培史达 2500 年以上,现存汉中圣水寺院内的"汉桂"相传为西汉萧何手植,至今乃枝叶繁茂,芳香四溢。桂花自古被视为吉祥之木,仕途得志,飞黄腾达称为"折桂"。庭园栽植,厅前对植两株,古谓"两桂(贵)当庭"、"双桂(贵)流芳";各植金桂、玉兰一株,谓"金玉满堂"。桂花终年常绿,秋季开花,金风送香,可谓"独占三秋压群芳"。在中国古典园林中,桂花多与建筑物、山、石相配,常植于亭、台、楼阁附近,苏州留园中部景区,假山顶部建"闻木樨香轩",山上桂树丛生,怪岩奇石,崖桂飘香,景色迷人。杭州西湖玉泉山,群植桂花、紫薇,岁岁国庆,桂薇相交,无异仙境。

紫藤 又名藤萝、朱藤,古亦有黄环之称,为豆科木质落叶藤本植物。5—6月开花,花密集,蓝紫色,略有香味。盛开时,花序尤如成串葡萄。另有一变种,花白色,名银藤。紫藤是原产于中国的著名藤本花木。栽培历史悠久,唐代诗人李白作《紫藤树》诗,赞曰:"紫藤挂云木,花蔓宜阳春。密叶隐歌鸟,香风留美人。"充分描绘了紫藤溢彩流光、生机盎然的姿态。苏州拙政园现存一株明藤,为明代文徵明手植。紫藤枝蔓可长达十余米,缠绕支架而上,浓叶满架,繁英婉垂,休憩其下,倍觉清适。紫藤棚架宜设置于池畔、水滨及客厅附近,亦可绿化门廊及透空长廊。

凌霄 又名紫葳、陵苕。为紫葳科落叶藤本花木,是中国庭园中的重要棚架植物。又与紫藤同为园中春夏名花,宋代栽培颇盛。凌霄叶茂花繁,茎蔓常攀附大树等物,青云直上,高至百尺,几凌霄汉。7—8月开红花,花如金钟,纷披倒垂,随风摇荡,若有铃声隐约响于耳际,倍觉动人。但古人对凌霄的品格褒贬不一,褒者谓:"凌霄不屈不挠,勇往直前,凌云九霄。"贬者曰:"凌霄不能自立,仗势而上。"《三柳轩杂识》称凌霄为"势客"。凌霄庭园栽植需攀援棚架、假山、墙垣而生,李渔云"藤花之可敬者,莫若凌霄,然望之如天际真人",可恨者"欲得此花,必先蓄奇石古木以待"。苏州留园、狮子林内凌霄附假山植之,柔条纤蔓,悬垂而下,夏日红花满架,实为美观。

木香 又名木香藤、木香花。为蔷薇科半常绿攀援灌木,5—6月开小白花,香馥清远,高架万条,望若香雪,是中国庭园著名的棚架花木。另有重瓣大花与黄花变种。木香的庭园种植起于北宋宫廷。朱弁的《曲洧旧闻》记述木香云:"京师初无此花,始禁中有数架,花时民间或得之,相赠遗,号禁花。"古人对木香评价很高,宋人有诗曰:"唤将梅蕊同韵,羞煞梨花不解香。"木香在园林中常用于花架、花格墙、篱垣,或作崖壁垂直绿化。北京植物园的木香亭、颐和园扇面亭的木香架、北海永安寺东的木香棚,在初夏花盛开时都吸引了众多游客,成为园林中的佳景。

荷花 又名莲花、芙蕖、水芝、芙蓉、玉环、菡萏、六月春,为睡莲科多年生宿根水生花卉。中国荷花栽培远在2500年前,吴王夫差在苏州灵岩山的离宫为西施赏荷筑"玩花池"。宋代周敦颐著《爱莲说》赞誉荷花"出淤泥而不染"的崇高品格,明代叶受为荷花写了一篇《君子传》,将荷花人格化为神清骨润的仙人,并冠之以"花之君子"的美称。荷花是佛教的象征,佛像底垫为莲座,喻荷花是"报身佛所居之净土",佛在生死烦恼中出生,又从生死烦恼中开脱,故有"莲花藏世界"之说。民俗以农历六月廿四为荷花生日。中国园林的湖面常大片栽植荷花,以收到"风吹荷叶十里香""亭亭翠盖拥群仙"的效果。杭州西湖、南京玄武湖、济南大明湖等,每当盛夏时节,碧叶盖湖,红花映日,令人流连忘返。苏州拙政园东园有芙蓉榭,中园有荷风四面亭,夏日满池青翠,粉黛出水,阵阵荷香,使游人尽领荷花的娇美、幽雅、高洁的风情。庭院栽荷,亦有用缸单株种植,望之亭亭玉立,风流超逸,使人润心畅怀。

芍药 又名绰约、殿春、婪尾春、娇容、将离、留夷,为毛茛科多年生草本花卉,是中国最古老的珍贵传统名花之一,至少已有3000年的栽培史。芍药姿色娇艳,色、香、韵兼具,世谓:"牡丹为花王,芍药为花相。"《诗经·郑风·溱洧》曰:"维士与女,伊其相谑,赠之以芍药。"以示惜别之情。殿春,芍药花开。唐人以"婪尾酒"的典故称芍药为婪尾春,以喻宴饮中的最后一杯美酒。宋代扬州芍药最盛,太守蔡繁卿作万花会,用花千万余枝。清代瘦西湖二十四景之一的白塔晴云为芍药栽培胜地,每当春深5月,前往赏芍药的人群络绎不绝,称为"扬州花瑞"。芍药宜植于阳光充足之处,中国古典园林中常将其成片种植于假山石畔,以点缀景色。

菊花 又名鞠、黄华、九华、寿客、金英,为菊科多年生草本花卉,是中国栽培历史最悠久的传统名花之一。《礼记·月令篇》已载:"季秋之月,鞠有黄华。"东晋陶渊明,弃官归隐,爱菊成癖,传说九九重阳,陶无酒饮,坐宅边菊丛中,采摘盈把,望见白衣人送酒至,即便就酌。南宋时杭州已有菊花会,广东中山县小榄镇,自宋末始,年年举办菊花会,至今已有七百多年历史。菊花清雅高洁,深秋季节,百花凋零,傲霜怒放,古人推崇菊与梅、兰、竹同为花中君子。菊花在园林配置中可盆栽、地栽,布置花坛、花境,进行艺术加工制成大立菊、悬崖菊、盆景菊或扎成菊塔、菊亭、菊门及多种动物图形,千变万化,绚丽多彩,增添了无穷赏菊情趣。

兰花 又名山兰、幽兰、芝兰、兰草,为兰科多年生常绿草本花卉。兰花是中国最古老的名贵花卉之一,花开之日,幽香阵阵,顿使人心旷神怡,素有"香祖""国香""天下第一香"的美称。中国兰花是许多地生兰的泛称,常见的主要包括春兰(草兰、山兰)、蕙兰(夏兰、九节兰)、建兰(秋兰)、墨兰(报岁兰)、寒兰等。春秋末,越王勾践已在浙江绍兴种兰。魏晋后,已进入庭园种植。兰花历来作为高洁、典雅的象征,与梅、竹、菊合称为"四君子",又与菊、水仙、菖蒲并称为"花草四雅"。兰花还有浓厚的文学色彩与民族特色,通常以"兰章"喻诗文之美,以"兰交""兰谊"喻友谊之真。兰花朴实无华,叶色常绿,叶质柔中有刚,花开幽香清远,风格独异,具有极高的欣赏价值。兰有四清:兰香清而不浊可谓气清;花色素雅是谓色清;花姿端庄挺秀,叶终年鲜绿,刚柔兼备,此谓姿清;兰花还寓有一种内在含蓄之美,给人有情之意、无限联想,富有神韵,故谓韵清。兰花庭园栽植,常配置于假山、亭榭之间的隙地或石缝中,特具野趣。盆栽可置于书斋、客厅,生机盎然,富于诗情画意。

芭蕉 又名芭苴、天苴、绿天、扇仙,为芭蕉科多年生草木植物,在长江流域入冬叶枯,残茎翌春重发新叶,植株呈热带植物特殊之姿。芭蕉原产中国,是古老庭园树种中的佼佼者。西汉时司马相如的《子虚赋》中已有对芭蕉庭园栽培的记述。唐代僧人怀素以书"狂草"著名,相传在湖南零陵植芭蕉数万株,以蕉叶代纸习字,其居取名为"绿天庵"。芭蕉叶翠绿硕大,迎风而动,尤似拂扇,宋杨万里诗曰:"翠蕉自摇扇,白羽得暂闲。"芭蕉不仅绿荫如盖,孕风贮凉,还具有独特的音乐功能。雨打芭蕉,清音悦耳,时如春蚕咀叶,时如山泉泻落,又如玉珠弹跳,或如琤琤流水琵琶声,潇洒欢快,宋人贺铸《题芭蕉叶》诗赞:"隔窗赖有芭蕉叶,未负潇湘夜雨声。"《群芳谱》云:"书窗左右不可无此君。"芭蕉的庭园布景亦韵味神往。清李渔曰:"幽斋但有隙地,即宜种蕉……一二月即可成荫,坐其下者,男女皆入图画,且能使台榭轩窗尽染碧色。"《红楼梦》中记述怡红院内芭蕉与海棠配植,亦是中国古典园林布景之术,具红香绿玉之妙,有怡红快绿之感。

萱草 又名谖草、忘忧、宜男、黄花菜,为百合科多年生宿根草本植物。萱草在中国栽培早见于《诗经·卫风》的《伯兮》篇,记述一位妇女对参军丈夫的思念。诗云:"焉得谖草?言树之背。"李时珍《本草纲目》谓:"谖,忘也。""忧思不能自遣,故欲树此草,玩味以忘忧也。吴人谓之疗愁。"萱草古时喜栽于后院堂阶下。唐代聂夷中《游子吟》曰:"萱草生堂阶,游子行天涯。慈亲倚堂门,不见萱草花。"故萱草又是母亲的象征,母亲又有萱堂、萱亲的称呼。《风土记》载"怀妊妇女佩其花则生男",因而又有宜男草之名。萱草绿叶成丛,花色艳丽,其味清香,其花可食,常栽于花坛、花境、路边、草坡及岩石园中,有较好的观景效果。《长物志》曰:"岩间墙角,最宜此种。"

书带草 又名沿街草、麦门冬、麦冬、季墩草,为百合科多年生常绿草本植物,是中国庭园配景的主要花草。叶丛终年翠绿繁茂,生机盎然,常作为道路、台阶、花台的边饰。中国园林又多栽于假山石下或岩缝间，斑斑丝点，别饶野趣，是点染山林趣味和遮掩斧凿之痕的常用植物。传说书带草生于山东淄川城北汉代经学大师郑康成（郑玄）的读书处，故又有康成书带草之名。这一传说给书带草增了不少文化色彩，苏东坡有诗云："庭下已生书带草，使君疑是郑康成。"书带草植之庭砌，蓬蓬四垂，颇堪清玩。

园林建筑 建筑是人类生活必不可少的庇护所，也是人类以自己的双手所创造的艺术品，因而对游赏者有着特殊的吸引力。人们在园林山水中漫游，廊引人随，通花渡壑，凡是看到风景中的建筑，不管是位于山巅的小亭，还是掩映于花木中的静斋，都要跑去看看坐坐，因为经验告诉游人，这些地方往往有好的景致。园林中的建筑实际上是山水风景和游人之间的一种过渡，造园家一方面通过建筑来组织游览路线，指导游人去欣赏美丽的山容水态；一方面又利用建筑的庇护作用给游人提供观赏上的方便和舒适，例如夏天遮阳、雨天避雨、冬日御寒以及累时小憩和渴时品茗等。建筑是一门独立的艺术门类，有着自己的规律和艺术原则，像我国建筑的木构架结构系统，由台阶、梁柱、屋顶组成的三段式造型，独特的向上反曲的屋面，按中轴线层层递进的群体组合方式，被认为是东方建筑艺术的主要特点。但是在园林这一特定的环境中，建筑的艺术特性也发生了变化，它常常因园景的需要而进行调整，总括起来，园林风景建筑有四个特点。

首先，园林建筑具有"多曲"的特点。自然界的山水风景，多数呈现出柔和的曲线。山形石峰的轮廓线也好，溪流池湖的岸线也好，几乎多是曲线，自然景物很少呈笔直方正的几何形状。因而园林中的亭台楼厅也要与之相呼应，尽量地"曲"，除了体现最基本力学规律的梁柱构架必须保证垂直之外，平面有时变成了六角、八角、圆形、扇形等，本应该以直线组成的路、桥、廊等都因地制宜地变成了曲径、曲桥、曲廊，建筑屋顶外形、屋角起翘、檐口滴水、檐下挂落以及梁架部件也呈现出很协调的曲线，为赏景而设的美人靠几乎全用曲木制成，连踏步、台阶也常用自然石块来铺。这一由"直"至"曲"的改变，使建筑能和周围的风景环境和谐地组合在一起。

其次，园林建筑具有随宜多变的特点。古建筑那种强调中轴线、绝对对称的群体布局方式被摒弃了，为了适应山水地形结构的高低曲折，园林建筑布局极为随宜多变，可在山巅，可在水际，连作为主要活动起居场所的厅堂，也可从赏景的目的出发，"按时景为精"，灵活布置。一些处于山水间的园林，其建筑更是依随山势水流自然因宜地布置。如古城镇江沿长江自西而东有三座著名的寺院：金山寺、甘露寺和定慧寺。这三座寺庙园林的建筑布局完全不同。金山寺依山而建，层层拔起，完全将山包住，人称"寺包山"。焦山植被极好，宛如浮在江中的一枚翠螺，定慧禅寺坐落于山麓，小坡乔木将佛殿遮掩，从外面望去，只能依稀见到几段黄墙，人称"山包寺"。北固山突兀于江边，沿江一溜绝壁悬崖，甘露寺雄踞于山巅，人称"寺镇山"，是因地制宜布局建筑的典型。

再次，园林建筑一般具有雅朴的风格。"雕梁画栋"是古代诗人形容建筑美的常用语，可见古建筑的装饰比较华丽，园林建筑基本上不使用正规建筑繁缛艳丽的装饰，不用雕梁斗拱，追求雅朴的风格。"雅"是我国传统美学中一个很特别的范畴，通常是指宁静自然、简洁淡泊、朴实无华、风韵清新。这些，在古典园林的建筑身上，均有所反映。例如，正规建筑的模数采用一、三、五、七的奇数制，级别越是高，开间的间数就越大。而在园林中，非但有二、四的偶数间出现，而且还根据需要出现了一间半和两间半的形制。如苏州留园东部的揖峰轩，是石林小院中面对石峰的小斋，这里庭小景精，石峰、翠竹、芭蕉组成了小而雅的欣赏空间，因而小斋出现了两间半的布局。同样，苏州拙政园的海棠春坞也是一小庭中的主建筑，院中以垂丝海棠、石景为主题，小斋只有一间半的形制。正如《园冶》中说的"半间一广，自然雅称"，由于建筑作出的巨大"让步"，这两处小院景色呈现出雅洁、别致和活泼的风貌。

最后，园林建筑一般都比较空透灵巧。正规建筑中实的围墙在园林中往往被虚的栏杆或空透的门窗代替，一些位于山巅水际的亭台小筑，干脆连门窗也不要了，四根柱子顶着一个屋顶。在这些建筑内，人们可以自由自在地环顾四周，尽情赏景，正如古人所说："常倚曲阑贪看水，不安四壁怕遮山。"同时，建筑的空透开敞，又使室内外空间互相流通，打成一片。从外面来看，亭榭很自然地融合在整个风景环境之中；而坐在建筑中的游人，也同样感到还是处在大的山水游赏空间之中。北京颐和园前山西面的山色湖光共一楼。既能看见玉泉山和玉峰塔，又能看见昆明湖的粼粼碧波，通过它开敞的四壁，外边的景致几乎都被引到建筑里面来了。

《园冶》对此有专门的评论："轩楹高爽，窗户虚邻，纳千顷之汪洋，收四时之烂漫。"我国园林中出现的建筑十分多样复杂，它们的名称、大小、高矮、体量、造型各不相同。小的园亭，仅能供数人游憩；而大的如苑囿中的宫、馆，则常常成为封建社会最高统治者日常理政之处。高的楼阁或依大江，或穷山巅，是登高远望不可缺少的观景点；而水际花丛中的小榭，粉墙下的几楹小斋，则半隐半露，檐椽之矮，仅能供人出入。至于造型之多变，更是无穷。决定园林建筑形式的主要因素，诸如平面组合、屋顶构成、门窗划分、装修图案等均可因景、因地随宜地变化。因此要完整地欣赏建筑景，必须对园林建筑的类别和组成风景建筑的主要部件，直至屋内布置的家具陈设和点缀的字画题对等，有一个基本的了解。

宫殿 先秦时期，所有的居住建筑都称宫。秦汉以后，为了别尊卑，宫成了帝王居所的专用名词。苑囿中的主要建筑亦称宫，从西汉上林苑的"离宫七十所"，到清代避暑山庄、颐和园的宫区等均是。因此古代有时也将苑囿称作宫苑或离宫。许多帝王甚至舍弃皇宫，长期居住在离宫苑囿之中，如唐代的大明宫、清代的圆明园、颐和园及避暑山庄等，几乎成了国家的行政统治中心。

清代苑囿由于受到南方文人园林的影响，一反以往帝王建筑的那种金碧辉煌的形象，其中的建筑大多采用"小式"的做法，即黑瓦粉墙，台基低矮，不施斗拱、彩画。苑中宫室也如民间府邸的形式，只是尺度及建筑群体的规模因帝王的身份和需要比较大而已。

厅堂 私家园林中的主体建筑称之为厅或堂，园林中的山水花木通常在厅堂前面展开，使厅堂成为观景的最佳场所。同时在周围园景的衬托下，厅堂本身亦构成了园中的主要景观。

原初，厅与堂在功能上似有一定区别，"古者治官之处谓之听事"，也就是厅。而"当正向阳"之正室谓之堂。明清以降，建筑已无一定制度，尤其是园林建筑，主建筑常随意指为厅、为堂，在江南，有以梁架用料区分厅堂者，用扁方料者曰"扁作厅"，用圆料者曰"圆堂"。

园林中厅堂的布置"先乎取景，妙在朝南"。因此大多取坐北朝南的位置，尤其是一些小园，厅堂建于园之北侧，以争取最好的朝向。厅堂形式颇多，有南北对置形制相同两厅堂者，江南称"对照厅"，中间凿池堆山；北厅可南向观景，宜于秋冬；南厅则北面开敞，宜于春夏。有些厅进深较大，中以屏门、纱槅及落地罩界分前后，随季节而予以选用，称作鸳鸯厅。在江南鸳鸯厅中，露明梁架一为圆料，一为扁作，以示变化，所用门窗及其中的家具、陈设之类，前后厅堂皆有所不同。其形象及作用都似两厅合一，有的园林有需四面观景者，则用"四面厅"，两侧山墙皆用小槅扇窗，使四面通透，便于周览。

厅堂制度皆宏敞精丽，一般都不用天花吊顶，使梁架露明，即宋《营造法式》所谓的"彻上露明造"。江南鸳鸯厅中梁架常作雕刻及线脚，更显梁架露明的装饰意义。

园林中的厅堂因用于燕游赏景,故也俗称"花厅"。

楼阁 在中国古代属高层建筑,也是园林常用的建筑类型。与其他园林建筑一样,楼阁除了实用外还起着观景和景观两个方面的作用。于楼阁上四望,不仅可以俯瞰全园,而且还能收取远方的景致,所谓"欲穷千里目,更上一层楼"似也包含了这层意义。在景观方面楼阁往往也是画面的主题或构图的中心。如北京颐和园的佛香阁,高踞于万寿山巅的南侧,登阁周览,眼前是昆明池碧波荡漾;西有延绵的西山群岭及玉泉、香山的寺院塔影;向东则为京城城池宫殿,无限的风光尽收眼帘。而此阁作为园中重要的对景,在万寿山南麓以南随处都可见到其高耸的身影,它不仅冲破了万寿山平缓的山形,更增添了轮廓线的起伏变化,而且在周围殿宇、亭台的衬托下显得雄伟壮丽。承德避暑山庄的烟雨楼,四周是开阔的水面,远处有群山、林莽、宫室及各种不同的景物,也是观景的极佳位置,而其本身的造型与周围的山水、树丛、辅助建筑形成了对比,成为园中重要的景点。一些府宅园林因园地面积不大,楼阁大多沿边布置,作为对景则布置在显现的位置。如苏州拙政园的见山楼、浮翠阁。作为配景则隐蔽于乔木或其他建筑之后,如沧浪亭的看山楼、网师园的集虚斋、读画楼等。

楼阁如今通常泛指两层或更高的建筑物,而在原初楼与阁分属于两个不同的建筑类型。从功能上看,古时有"楼以住人,阁以贮物"之说,如文津阁、天一阁等藏书建筑都名之为阁。就造型而言,矩形平面的高层建筑既可称楼,也可称阁,但多边形平面的一般只能称阁,佛香阁为正八边形,浮翠阁为正六边形。由于平面上的差异,其屋顶也具有相应的变化,楼的屋顶大多为硬山或歇山,而阁经常使用歇山或攒尖形式,因此阁的造型较楼更为华丽。此外还有一种单层的阁则完全不同于楼,如苏州网师园的濯缨水阁、狮子林的修竹阁、承德避暑山庄的沧浪屿等。这些建筑都架构于水际,一边着岸,另一边伸入水中,与南方山区使用的干阑式建筑相近,因此据推测阁的原型即从一种下部架空的建筑物演变而来,而楼则是重叠在一起的两座单层建筑,故《说文》解释为"重屋曰楼"。由于时代的变迁,建筑的发展在较早的年代起,矩形平面的二三层建筑已经楼、阁不分,可随意命名为楼或阁,以至于楼阁连用,组成一个词,指所有的高层建筑。

斋 原意为洁身净心,即所谓斋戒,后引申到修身养性的场所,亦曰斋。由于任何建筑都能用于这样的目的,故斋就没有一定的形制,燕居之室、学舍书屋都能被称为斋。现存的古典园林中称斋的建筑亦各不相同,可以是一座完整的园林,如北京北海公园中的静心斋,山水花木、亭榭楼台无不毕备;亦可以是一个小庭院,如苏州网师园中的殿春簃及其小院,原先称书斋,其间有广庭小亭、石峰清泉。更多的则是单幢小屋,如北京颐和园的圆朗斋、眺远斋,半亩园的退恩斋,等等。尽管名斋的建筑各有所宜,但共同的一点就是环境大多幽邃僻静,能令人"气藏致敛""肃然斋敬"。

传统园林中设斋,一般造在园的一隅,取其静谧。虽有门、廊可随意出入园中,但需有一定的遮掩,使一般游人不知有此。斋前置庭稍广,可栽草木,列盆景。墙脚道旁植翠云草、书带草,令其繁茂青葱。铺地常使湿润,以利苔藓生长。从而有"苔痕上阶绿,草色入帘青"的意境。建筑的形式随意,依园基及相邻建筑妥善处理,但室内宜明净而不可太敞,明净可爽心神,太敞则不合"藏修密处"之意。庭院墙垣不宜过高,以粉壁为佳,亦可植蔓藤于下,使其覆盖墙面,得自然之幽致。

馆　馆在《说文解字》中被定义为客舍,也就是待宾客、供临时居处的建筑。《诗经·郑风·缁衣》的"适子之馆兮",《汉书·公孙弘传》的"起客馆,开东阁,以延贤人",即为此义。早期的苑囿中所设宫室并不经常使用,与帝王长年生活的宫殿有所差别,故称离宫别馆,《上林赋》中即有"离宫别馆,弥山跨谷"之语。后来私塾称"蒙馆",教书谓"就馆",或亦取延请宾客之义,因为那时的教书先生亦称"西宾"。至于书房名馆,大概是由学馆之义引申而来的。

在中国古典园林中,馆的称谓用得较多,且很随意,无一定形制可循。大凡备观览、眺望、起居、燕乐之用的建筑均可题名为馆。一般所处地位较显敞,多为成组的建筑群。至于称馆的书房则与斋相同,尽在幽僻之处。北京圆明园有杏花春馆,其地高爽,为春际观赏杏花之所。颐和园的听鹂馆则是一座小戏楼及其附属建筑。扬州瘦西湖的流波华馆是临水看舟的地方。而苏州拙政园的卅六鸳鸯馆和十八曼陀罗馆则是厅堂。

轩　中国古典园林中称轩的有两种,一是某种单体小建筑;另一是建筑构造上的专用名词,即江南园林建筑中厅堂前部的顶棚。其含义来自"轩"字的两种解释,前者为"飞举之貌",后者为"车前高曰轩"。

王粲《赠蔡子笃诗》曰"归雁载轩",木华《海赋》曰"翔雾连轩",《酉阳杂俎》李白"神气高朗,轩轩然若霞举"皆为飞升之义,而中国传统建筑又以翼角、举折等构成了轻盈欲飞的形象,如《诗经·小雅·斯干》所描述的"如鸟斯革,如翚斯飞"。因此计成以为,轩"宜置高敞,以助胜则称"。北京清漪园的构虚轩、无锡寄畅园的墨妙轩、苏州留园的闻木樨香轩等皆居高临下,于下处仰观似有升腾之感。

《正字通》谓:"檐宇之末曰轩,取车象也。"故江南厅堂前添卷亦称轩,以象车前高。轩的形式有船篷轩、鹤胫轩、菱角轩、海棠轩、弓形轩等多种,均有秀美的造形,其作用主要为了增加厅堂的进深,这种做法为江南所特有。

榭 本意是指土台上的一种木构建筑。《尚书·泰誓》曰:"惟宫室台榭,陂池侈服。"其注解为:"土高四台,有木曰榭。"这与我们今天所能见到的榭相去甚远。明代计成的理解是:"《释名》云,榭者,藉也。藉景而成者也。或水边,或花畔,制亦随态。"据此就可知道明清园林中的榭并不以建筑形制来命名,主要是依所处的位置而定。如水池边的小建筑可称之为水榭,赏花的小建筑可称花榭,等等。常见的水榭大多为临水面开敞的小建筑,前设坐栏,即美人靠,可让人凭栏观景。建筑基部大多一半挑出水面,下用柱墩架起,与干阑式建筑相类似,这种建筑形制实与阁的含义相近,故也被称作水阁,如苏州网师园的濯缨水阁、耦园的山水阁等。

台 本来是指高耸的夯土构建物,以作登眺之用。中国历史上最负盛名的台是周初文王的灵台,周文王经营灵台的事迹借助《诗经》得以流传。灵台立于灵囿之中,其形象"四方而高"。据唐人《括地志》载,直到唐代初年尚能见到"高二丈,周回百二十步"的遗迹,这类构筑物在春秋战国十分盛行,许多遗迹至今犹存,但秦汉之后日渐式微,以至于不复再见。清代乾隆年间,曾于北海建造了一座承露台,似欲继承先秦高台遗风,但台规模甚小,只能算作园林小品。

明清园林中"或掇石而高上平者;或木架高而版平无屋者,或楼阁前出一步而敞者",都被视作为台,可能在当时确有如此设置者,但这样的遗构如今都已看不见了,目前遗留的古典园林中使用较多的台是另一种形式,建在厅堂之前,高度与厅堂台基相同或略低,宽度亦与厅堂台基相同或减去两稍间宽,如北京恭王府花园安善堂前平台、苏州拙政园远香堂前平台、留园寒碧山房前平台等。这些台的作用是供纳凉赏月,一般称作月台或露台。

亭 园林之中使用最多的建筑。而且中国古园可以说是无园无亭,因此古代亦有人称园为"园亭"。亭的用途主要是供游人作短暂的逗留,即《释名》所谓:"亭者,停也,人所停集也。"当然亭在园中也是点景造景的重要手段,山巅水际、花间竹里若置一小亭,往往增添无限诗意。亭的形式相当多,就今天所能见到的,亭体量都较小,其平面有方形、圆形、长方、六角、八角、三角、梅花、海棠、扇面、圭角、方胜、套方、十字等式,屋顶亦有单檐、重檐、攒尖、歇山、十字脊诸式。其布置有时仅孤立一亭,有时则三五成组。或与廊相联系,或靠墙垣作半亭。园林构亭大多因地制宜地选择各种造型及布局,因此有"亭安有式,基立无凭"之说。

亭为了便于小憩与观景,柱间不设门窗,仅于下部用半墙或短栏,有的并安美人靠。有的在上部安装挂落。在有些亭中还设有装饰性的斗拱。小的亭一般每一面都为单间双柱,稍大些的也有用三间四柱的,一般中间略大。有些大亭还在前后或四面置歇山形抱厦,山花朝前。私家园林中亭的屋面材料以小清瓦为多,皇家园林则用筒板瓦,也有为了追求村野气氛而用草铺顶的,如承德避暑山庄的采菱渡小亭。

廊 并不能算作独立的建筑,它只是一种狭长的通道,用以联系园中的建筑而无法单独使用。廊能随地形地势而蜿蜒起伏,其平面可屈曲多变而无定制,因而在造园时常被作为分隔园景、增加层次、调节疏密、划分空间的重要手段。

园林之中大部分的廊都沿墙垣设置,或紧贴围墙,或一部分向外曲折,廊与墙之间构成大小、形状各不相同的狭小天井,其间檀木点石,布设小景。而有些园林为了造景的需要将廊从园中穿越,两面皆不倚墙垣或建筑物,廊身通透,使园似隔而非隔。这样的空廊也常被用于分隔水池,廊子低临水面,两面可观水景,人行其上,水流其下,有如"浮廊可渡"。园林之中还有一种复廊,可视作两廊合一,也可以为是一廊中分为二,其形式是一条较宽的廊沿脊桁砌墙,上开漏窗,使向外园景若隐若现,能产生无尽的情趣。随假山起伏的称作爬山廊,有时可直通二层楼阁。另外还有双层的游廊,用于楼阁之间的直接交通,或称边楼,这在早期则名之为复道,即古书上称"复道行空",故亦称"复道廊"。

廊的立面由柱划分为一个个的开间,江南园林建筑体量较小,开间一般不到一丈,檐口高约八尺,进深一般的廊为三至五尺,复廊约为七尺。北方园林各尺寸都略大,而帝王苑囿则更大。廊下设半栏、半墙或坐槛、美人靠,上安挂落。廊所倚之墙,若为园内隔墙,则墙面常设漏窗。

廊对于游人是一条观景的路线,人随游廊起伏曲折而上下转折,走在廊中,有"步移景异"的效果。又由于廊较游览道路多了顶盖,使游人免遭雨淋日晒,不受天气影响,更便于观赏雨雪景致。大量用廊构成了中国传统园林的主要特色之一。

舫 原是湖中一种小船,供泛湖游览之用,常将船舱装饰成建筑的形状,雕梁画栋,亦称"画舫"。园林之中除了皇家苑囿能有范围较大的水面外,其余皆不能泛舟荡桨,于是创造了一种船形建筑傍水而立,这就是园林中所见的舫。就形式而言,舫一般下部用石砌作船体,上部木构以像船形。木构部分通常分为三段,船头作歇山顶,因状如官帽,俗称"官帽厅",前面开敞,较高。中舱作两坡顶,略低于船头,内用槅扇分为内外两舱,两旁置和合窗,用以通风采光。船尾作两层,上层可登临,顶用歇山。尽管舫有时仅前端头部凸入水中,但船头一侧仍置石条仿跳板以联系池岸。当然舫的形制往往据各种条件而作出相应的变化,如苏州畅园由于园基狭小,仅临水做一悬山形小亭以似舫,亭后用一雕屏,仿佛其后还有画舫的其余部分,饶有情趣。而北京颐和园的石舫——清宴舫,则通体两层,不仅体量巨大,而且两侧还做成西洋蒸汽船轮翼形状。舫的共同特点就是都略有船的轮廓,内部装修都较精美。

舟 园林中在水面上赏景的专用工具,亦是点缀水景的动态景观。

早期的中国园林占地广袤,而且都有大面积的水体,泛舟嬉游也可作为园中主要的活动内容之一。船行湖中所能领略到的景致与岸上具有很大的差异,而水面漂移着的舟船又能点缀湖光,所以船只可以算作是一种特殊的活动于水面上的园林建筑,对于拥有大水面的皇家园林及郊外风景园林,舟船是不可缺少的。西汉年间关于皇帝携宫人随从乘船游娱的故事已有大量记载,其舟船样式也非常丰富,如汉武帝与赵飞燕秋日泛舟池上,其船用沙棠木制成,以云母装饰鹢首,称为"云舟",其旁还有鸣鹤舟、容兴舟、清旷舟、采菱舟、越女舟等簇拥而行,其场面之壮观可想而知。文人园林出现后,由于情趣爱好的不同,所使用的船只造型也产生了变化,巨舟宏舸不仅所费甚巨,而且更有外形过俗之嫌,小艇扁舟有时则会有不堪起居的缺点,于是船只被设计成轩窗阑槛,俨若精舍,船内设前仓,可容僮仆及置炉具茶柜;中仓能有供宾主宴饮与布置陈设的空间;后仓作为小憩之所,须能具备一应的起居器具。随着园林发展到晚近,私家园林的用地日小,池中难以泛舟,于是创造了船形的建筑——舫来取代昔日的游船。而皇家苑囿并无用地的局限,仍常备着各种游湖的舟船,有龙舟凤舸、楼船画舫多种形式。

桥 园中设置桥梁是为了联系两岸交通,同时在观景和景观方面起着重要的作用,所以形式非常丰富,制作也极为讲究。唐代白居易在其履道里、宅园中将跨池上岛的桥梁营建成为平桥和高桥两种造型,使园景产生了变化。明代米万钟在勺园入口前设置了一座高桥,走上桥顶已能约略感受到园中景色,很自然地达到了引景的效果。后世一些大型园林如北京颐和园,桥的应用更多且造型多变,几乎每座的样式都不相同。著名的有玉带桥、十七孔桥、知鱼桥等,造型都非常优美独特。为了追求形的变化,还将桥、亭合而为一,构成亭桥,如西堤上的练桥、豳风桥等。小园之中桥的体量就不宜过大,亭桥更不合适,通常采用平桥甚至仅为一条石梁。有时为了获得池面开阔之感还将桥面降低,紧贴水面。在一些稍大的园中，周围景物较多，跨池使用曲桥，其作用在于不仅可增加游人在桥上逗留的时间，以便其品味水色湖光，而且因每一曲在设计中都对应着一定的景物，行进之中就能感受到景致的变幻，取得步移景异的效果。

屋顶 中国传统的木构建筑在立面上可以看到由很明确的三大部分组成，这就是屋顶、屋身及台基。其中以屋顶的形象最为生动，最富于变化。因此世界各地都把形式多样化，并将屋脊、屋面、檐口都做成柔和的曲线状的大屋顶看作中国及东方建筑的主要特征之一。

由于中国园林自然随意、布局灵活，因此传统木构建筑的屋顶无论是在艺术特性还是美学价值上都表现得更为充分。

庑殿 四面都做成坡形的屋顶形式，宋代及其以前称作四阿顶。这种屋顶起源甚早，《考工记》曰："殷人重屋。堂修七寻，堂崇三尺，四阿重屋。"在周代青铜器、汉代画像石及明器、南北朝石窟中都能见到它的形象。可见其至少从殷商起一直被沿用至今。在古代，人们将这种屋顶形式定为最高等级，因此一般只能用于皇宫、庙宇的主要大殿之上，并视整个建筑组群的尊贵程度而做成重檐或单檐。单檐庑殿正中有正脊，四坡相交处作四条垂脊，故也称为"五脊殿"。重檐则在上层屋檐之下再作环绕殿身的四条博脊，下檐位于角部再作四条角脊。由于中国古代对于尊卑等级颇为看重，故民间不允许使用庑殿顶。现存的清代苑囿因处处模拟民间文人园那种追求素雅的意境，所以也未见采用，但在此之前的苑囿，依据文献可知，大多以金碧辉煌为基调，故可推测亦应有庑殿顶建筑的设置。

歇山 在园林建筑中是使用较多的屋顶形制之一，殿堂、楼阁、斋馆及轩榭等大多使用歇山顶，甚至一些亭子也做成歇山形。歇山可以视作是两坡顶加一圈回廊而形成的，这可能在宫式建筑中因使用了较为复杂的收山做法而不易看清其间的关系，在江南园林建筑中却十分明确，两侧的屋面就覆于侧廊上，为与殿式歇山建筑有所区别，称作"落翼"。常用"三间两落翼"的形式，即建筑主体面阔三间，再加一圈回廊。山花部分用砖砌实，上面做线脚及雕饰，如苏州留园西部活泼泼地。山尖位于落翼之后的仍称"歇山"，如苏州拙政园的远香堂。其桁条伸出山花梁架，端部用博风板等，做法略与官式相近。北方园林中部分殿堂则是标准的官式做法。

歇山顶有脊九条：正脊一，垂脊四，戗脊四，故也称为"九脊殿"。在古代，这种屋顶的等级仅次于庑殿，常被用于寺院的大殿及皇宫的次殿。较主要的建筑中也常做成檐，称"重檐歇山顶"，如北京天安门城楼即是。歇山的山花常是装饰的主要位置,博风板下做悬鱼、如意,板面饰金钉。山花面或开窗,或用雕饰、彩画。山花与博风间有一定距离,形成阴影,产生丰富的变化。

悬山 即两坡形屋顶形式之一,屋面伸出山墙之外,所以民间也称其为"桃山""出山"。悬山屋顶的形制较为原始,因为早年制砖业不很发达,墙垣用土。为了保护山墙免遭风雨侵蚀就需将屋面挑出墙外,因此这种屋顶形式最大量地被用于普通的民间居室之上。从汉代画像石、明器、魏晋石窟的壁画及后世绘画等间接的资料中,都没有见到悬山顶建筑用于较重要的建筑之中,可见其等级更次于庑殿、歇山。随着砖墙的普遍使用,悬山逐渐为硬山所取代,在中国古代社会晚期的中原、江南等地,悬山顶建筑已很少使用,但在南方较偏远的乡村、山区还在大量使用。

园林之中悬山顶建筑并不太多,江南园林中则更少,一般北方建筑中的垂花门常用悬山顶,颐和园也有数幢悬山顶建筑。悬山顶一般也有正脊和四条垂脊,桁条端头钉有宽大的博风板。还使用悬鱼、惹草、金钉等饰物,形象较为生动。

硬山 两坡屋顶的形式之一,与悬山顶相近似,但屋面止于山墙而不再向外挑出。这种屋顶样式在宋代已有所见,到明清被大量用于民居建筑之中。在硬山式建筑中,前檐一般稍深,以使木构门窗能得到一定的遮护,后檐仅有很短的伸出,两山墙侧已没有出挑。一般民居的硬山顶,只做一条正脊,而在颇为讲究的建筑中沿山墙再做四条垂脊,脊的外侧用排山沟滴。山墙常砌有墀头,并饰以多种形式的线脚纹样以及雕饰,檐口下的山墙也有用水磨砖做博风,以使整座建筑显得十分精美。这样的硬山顶建筑在北方园林中极为常见。南方园林中的硬山顶形式较北方简单,而且使用得也并不很多。

攒尖 园林建筑中运用得较为普遍的屋顶形式之一,大多用于亭上,部分阁也有使用。攒尖屋面较其他类型的屋顶更为陡峻,屋面向上逐渐收小,端部覆以宝顶。园林建筑中攒尖宝顶的样式极多,有须弥座上加宝珠式、宝塔式、炼丹炉式、宝鼎式、葫芦式,等等。使用攒尖顶的建筑一般面积都不很大,平面用圆形、正三角形、正方形、正六边形及正八边形等。正多边形攒尖使用垂脊,由宝顶下垂向各个翼角。圆攒尖较为特殊,屋面无脊,瓦呈放射状铺敷,瓦陇愈靠近顶端愈小,故所使用的瓦需要特制。一般园林中的攒尖顶建筑大多为单檐,但在皇家苑囿中也有用重檐的,这在北京的颐和园、北海、故宫御花园等处都能见到,三重檐的极少,但塔例外。

攒尖顶的形成与佛塔有关,汉代及汉代以前的有关文物中未能见到这种屋顶制,目前所能找到的最早实物形象是北魏石窟中的石刻雕刻及北魏嵩岳寺塔,此后实物渐多,宋画中已能见到许多用攒尖顶的亭阁。甚至有十字脊歇山顶正中冠以攒尖的,造型甚为奇特。《营造法式》中也载有关于攒尖亭榭的做法,书中称作"斗尖"。

单坡　单坡顶多为辅助性建筑,常附于墙垣或其他建筑的侧墙上,园林中也多有使用。沿墙设置的廊就是使用单坡屋顶常见的实例之一。其他也有单幢的单坡顶小建筑,两侧山墙一般也做成硬山。据推测,单坡屋顶在商代早期已有运用,河南偃师二里头的商宫殿遗址中已能看到单廊和复廊的遗迹,前者无疑是单坡屋面,而后者则可能合用一个两坡屋面或中间用墙分隔成两个单坡。汉代明器中则有更多的单坡廊和附于主体建筑的单坡杂屋形象。

盝顶　一种平顶加坡顶的屋顶形式,它始见于元代宫中,为平顶四周再设一圈短檐。这或许是由于元人人主中原后为显其尊贵,将他们过去习惯使用的平顶建筑予以改造的结果,于是出现了这种平顶加四坡的复合形制。这种屋顶形式别致,很有个性,园林中常作为景区主题,现存的明清园林中盝顶建筑也有应用,但大多见于北方。如北京故宫御花园的钦安殿,为重檐盝顶。恭王府花园的绿天小隐,为盝顶敞厅。南方亦偶见,如绍兴兰亭园中的兰亭。

卷棚　歇山、悬山、硬山式屋顶有一种变化型体,屋顶不置正脊,前后两坡的屋面在正脊处做成弧形过渡,用制成双曲面形的特殊版瓦和筒瓦将两个坡面上的瓦陇连为一体,这种形式被称作"卷棚",江南叫"回顶"。在中国古代建筑中,似乎处处都能体现尊卑等级,如同样的歇山式屋顶,重檐的等级最高,单檐次之,不用正脊的卷棚更次之。因此北方普通的四合院民居中只允许使用等级最低的卷棚硬山建筑。除去硬直正脊的建筑,固然少了某种威严的气势,却使形象变得轻盈柔和,因而成了园林建筑上常被选用的屋顶做法。北方园林中,卷棚歇山顶、卷棚悬山顶及卷棚硬山顶诸式都有大量使用,而在南方大多为卷棚歇山顶,一般游廊亦多用卷棚顶。

装修　明清时亦称装折。计成《园冶》说,一般的房屋建筑装修得体就很难做到,而园林风景建筑的装修就更不容易了。园林亭台楼阁的装修主要是指建筑上门窗、室内隔断、天花等构件。从广义来讲,栏杆、花式铺地也应该属于装修的范围,但人们常常将其作为独立的构件部分而分开。园林建筑的装修要在曲折变化中现出一定的条理,要注意形式美多样而又统一的规律。纹样图案既要继承传统,又要合乎时宜,主要厅堂建筑装修要端庄华贵,而书斋小筑的则比较随宜变化。廊、桥等的装修则以简洁、自然为宜。

门 中国古代,门通常只是指建筑组群及院落的出入口。府宅园林一般都在住宅前设置门屋,视主人的地位建成三或五间,如苏州的网师园大门、拙政园原初的大门(现在属苏州博物馆)等。皇家园林则更为华丽威严,不仅有北京颐和园那样的东宫门,甚至还有像承德避暑山庄那样将大门建成巍峨的城楼形式的门,以体现帝王的气度。然而这类大门平日并不使用,"门虽设而常关",非贵客来临或重大庆典一般都不启用。平日出入只使用门屋一侧的小门,形制较简朴,只是在墙上用条石做成门框内的安版门而已,江南称其为库门。园林与住宅之间或园中各院落之间大多是在墙面上开设门洞而已。门洞形式多样别致,常见的为瓶形、多边形及植物叶、花图案的简化形式,其中以圆形为多,称为月洞门。北方有用垂花门的,造型就较为华丽。园林建筑内部的门除了一般的板门外有两类较为特殊,它们多见于厅堂的室内空间分隔。一是屏门,它以木条做成框格表面覆平板,安装在正中明间的后部,平时不开启。有时漆成白色,素净如屏,作为悬挂中堂、对联的背壁;有时在其上刻上图画或镶嵌各色玉石,成为一个画屏。另一称为纱槅,结构造型与槅扇相同,安置在两端的梢间,内芯仔部分不用花格,或钉青纱,或装板裱画。后来玻璃运用普遍,其上就嵌玻璃形成了装画的镜框。裙板和夹堂板上的雕刻比槅扇更为精致。

槅扇 园林厅堂等主要建筑上的门古代称作槅扇,其结构和造型基本与窗相同,所以江南俗称其为落地长窗。槅扇被安装在建筑的正立面上,或只用于正中明间,或所有开间均用,每间之上视开间大小可设四到八扇,而以六扇居多。虽然槅扇具有自己的实际功能,但同时也是建筑立面上的重要装饰物。槅扇自上到下分为上夹堂、内芯仔(或叫亮子)、中夹堂、裙板、下夹堂数部分,都装在做有凹凸线脚的木框内。住宅部分建筑上的槅扇、裙板及夹堂板上大多仅刻有凸起的如意纹样,由小木条构成的内芯仔花格也大多平直端庄,而在园林内的建筑上,裙板、夹堂板上雕刻的题材更为广泛,有人物故事、禽鸟花卉、文房四宝、吉祥图案,等等。花格的纹样也更为丰富和华丽。江南园林中还有一种通体全用芯仔的槅扇叫作落地明罩。在过去玻璃还未普遍使用时,槅扇的芯仔背面多糊以绵纸、绢纱,南方则用一种磨薄的蚌壳镶嵌,称作明瓦,限于材料,花格大多较为细密。后来有了玻璃,花格渐大,常用的纹样图案的变化更加丰富美丽。

窗 园林中轩棚等小建筑及过道、亭阁等常用槛窗或半窗。窗的形式与槅扇相似,只是少了槅扇裙板以下部分。窗下或用栏杆衬板,或砌半墙。在一些较高大的建筑中,窗与槅扇之上再设扁长的横风窗。园林建筑中还经常使用一种开启方法比较特殊的窗户,其上面一扇固定,中间一扇可以用撑杆支起,下面则可取下,北方称为支摘窗,江南叫作和合窗,这些窗户都安装在两柱之间,窗框紧傍柱、枋,充满着整个开间。除此之外,有的建筑还在山墙上开窗,窗框做成方形、矩形、六边形、八边形、圆形等式,边缘砌以水磨砖,其中嵌木构花窗格,较大的还在外墙窗的上部做雨罩。这种窗子称作砖框花窗,一般不能开启,在南方的一些进深较大的鸳鸯厅中最为常见。分隔园林粉墙及廊间墙上亦常开花窗,其形式变化极其丰富,成为对景及泄露景色的常用方法。这些窗,有的雕镂精细,中间还可装灯成为灯窗,成为晚间观景的很好点缀,如颐和园乐寿堂南侧墙上的什锦灯窗;有的空透,成为园林风景画的各种景框,如上海豫园中部复廊之间墙上的空窗。这些各式花窗,是中国园林建筑的一大特色。

挂落与罩 园林建筑廊柱间的上端一般都安装有挂落,它是由细小的木条搭接而成的装饰花格,样式有万川、藤茎、冰纹等数种。由于万川可依据开间的大小增减"万"字,组成连续变化的图案,所以运用得最为普遍。从建筑外立面上看,挂落与栏杆位于同一层面,并且纹样相近,有着上下呼应的装饰作用。自建筑中向外观望,则在屋檐、地面和廊柱组成的景物图框中,挂落有如装饰花边,使图画空阔的上部产生了变化,出现了层次,具有很强的装饰效果。园林建筑的室内也有类似于挂落的饰物,被称为罩。罩有三个种类。一种称作挂落飞罩,与挂落很接近,只是与柱相连的两端稍向下垂。另一种两端下垂更低,使两柱门形成拱门状,叫作飞罩。还有一种两端落地,内缘做框,呈圆、方、八角等形状,名为落地罩。罩在室内是隔断构件之一,虽然罩下前后两个空间仍然相通,但感觉上已将室内分隔成了两个部分。罩在室内还是重要的装饰物,较挂落有更多的花格纹样和雕刻题材,除了用细小木条搭接外,往往使用整块银杏、紫檀、黄杨等高档木料予以雕镂。常见的有藤纹、乱纹、整纹、雀梅、喜桃藤、松鼠合桃等各种雕纹花饰。苏州狮子林古五松园的芭蕉罩、耦园山水间的松竹罩、拙政园留听阁的雀梅飞罩等均属罩中精品,造型优美,雕刻精致,在他处很难见到。

栏杆 中国传统园林中随处可见的构件,台基四周、踏道两旁、平坐外缘、楼梯之侧、廊柱之间以及亭榭、水阁、池岸、小桥、花坛等处都常有栏杆的设置。栏杆的作用或为安全,或为拦护,其材料以木、石为主,有时也有使用砖瓦、琉璃、竹子之类,形式繁多,饰纹千变万化,不胜枚举,但都极富装饰性。

木制栏杆出现极早,在距今六七千年前的浙江余姚河姆渡原始建筑遗址中已有直棂栏杆的应用,殷周时期的青铜器上也常可见到木栏杆的形象,汉代明器及画像砖中已出现了卧棂栏杆、寻杖栏杆及栏板式栏杆,基本具备了后世所使用的形制。到明代因人们对栏杆装饰意义的日益重视以及对精美典雅的追求,栏杆纹样更加多样化,《园冶》所载就有百式之多。园林所用的木制栏杆从种类来看,有寻杖栏杆、花栏、坐栏、靠栏数种。寻杖栏杆就是栏杆上部设有一根通长的扶手,其转折处或交于望柱,或两寻杖端交叉相接。花栏是指不用寻杖,整个栏杆高度均由一片华板构成,安置于两柱之间。坐栏一般用于游廊小亭之上,高仅一至二尺,备坐息之用,其上部置平盘,南方称坐槛,其下栏杆低矮,纹样也较为简单。临水的亭榭、水阁或楼上的坐栏为了安全起见,其外缘另装靠背,就形成了靠栏,一般断面做成弯曲状,南方有鹅颈靠、美人靠、吴王靠等名称,颇为形象,且极生动。

　　石制栏杆最初只具矮墙性质,渐渐地出现了仿木结构的栏杆,宋《营造法式》所载的重台勾栏及单勾栏完全是模仿木制寻杖栏杆。园林中石栏主要是沿水面的护栏及桥栏和苑囿石栏的栏板及望柱。雕镂精细,常见的有龙、凤、狮、水浪云纹等。一般园林做法简单,常使用石坐栏杆,只是在矮石柱上架设长长的条石,这种简洁的形式与园林的山水景致非常和谐,有一种自然而平易近人的气氛。园林的小石桥上还能见到一种木石并用的栏杆,它以石为望柱,柱身开有卯眼,用横木二至三条架于柱间,用料不多,但发挥了木和石各自的材料特性,在形象上也显得玲珑轻巧。园林的果圃花坛边还有使用竹子、树木枝干为栏杆的,其形式和做法更是相当随意,大多视周围环境及园景而临时决定,但其效果都很有自然朴质的山林野趣。

墙垣　在园林或建筑中的作用根据位置的不同而有较大的差异,通常外墙大多做得厚实高峻,以防范外人的窥视,即使希望透漏一点园中的消息,也只是墙头探出红杏一枝或显露二三峰石,因此一般的府宅园林大多呈现出高墙深院的形貌。甚至像承德避暑山庄那样将外墙做成城垣形式,上面可布兵防守,以增强其安全性。然而在园林内部,墙垣的主要功能只是对不同的院落用途或不同的园林景致予以分隔,这就无需追求坚固异常,而主要追求雅致。可用砖石垒砌,墙上开设洞门漏窗起到"引景""泄景"的作用;有时也可以用竹木编织的篱笆代替,其上的疏格不仅有漏窗的效用,而且篱边种植一些攀援开花植物使之美似花屏,得自然之野趣。

　　园林中的墙垣常见的有磨砖墙、乱石墙和白粉墙数种。磨砖墙较为精美,但很少大面积使用,一般只作为主要建筑或大门上的墙裙点缀。毛石墙带有一种质朴的野趣,但也需要考虑使用的位置以及砌筑精细程度,不然就可能给人以粗俗之感。园中最为常用的是白粉墙,其上是黑瓦覆盖的墙顶,墙面或用上漏窗洞门引来隔墙的景致,或在墙根栽上一丛花卉、几株芭蕉、数竿修竹,再以一二峰石点缀,俨如一幅精美的工笔花卉图。

园墙上常开设洞门空窗,其样式非常丰富,常见的门式有合角、八角、圈门、长八角、执圭、葫芦、汉瓶、贝叶、莲瓣、海棠及寿桃、扇面、方胜、蝠诸式。洞门与空窗一般都用水磨砖作框宕,边缘磨出纤细的线脚,在大面积白粉墙的衬托下显得十分典雅优美。园墙上使用的另一种窗即为漏窗,或称花墙洞,是用砖、瓦空砌成花格纹样,其样式更为繁多,仅苏州园林中所见就有百种以上,常见的纹样有万字、定胜、六角锦、菱花、书条、绦环、橄榄、冰纹以及多纹样组合形式,此外还有以成松、柏、牡丹、梅兰、竹菊、荷花、芭蕉、佛手、石榴、松鹤图、雀梅图、柏鹿图、人物故事、仙灵传说等为题材的。漏窗不用磨砖窗框,通常只在墙面上做一两道线脚,使窗中的花格纹样更为突出。

铺地　中国传统园林往往在游人活动较为频繁的地方都要对地面予以铺妆处理,这就是所谓的铺地。房舍的室内地面为了防潮及减少起沙,一般都要铺设水磨方砖。室外月台大多使用条石铺地取其平坦。而在园路、走廊、庭院、山坡蹬道等处,为了防止积水或风雨侵蚀,则常以砖、瓦、条石、不规则的石板、卵石以及碎瓷、缸片等材料,或单独使用,或相互配合,组成丰富多彩的各种精美图案,极具装饰效果。

明清园林中的铺地充分发挥了匠人的智慧和想象力,创造出变幻无穷的铺地图案,其中以江南苏州一带最为著名,被称作花街铺地。常见的纹样有:完全用砖的席纹、人字、间方、斗纹等;砖石片与卵石混砌的六角、套六方、套八方等;砖瓦与卵石相嵌的海棠、十字灯景、冰裂纹等;以瓦与卵石相间的球门、套钱、芝花等,以及全用碎瓦的水浪纹等。还有用碎瓷、缸片、砖、石等镶嵌成"寿"字、鹤、鹿、狮毯、博古、文房四宝以及植物纹样的。其他地方的园林中各种形式的铺地也都有使用,但样式不如苏州地区丰富。明清时皇家苑囿在大量使用方砖、条石铺地的同时,受到了江南园林的影响,也在园径两旁用卵石或碎石镶边,使之产生变化,形成主次分明、庄重而不失雅致的地面装饰。

字画　在中国传统园林中各种字画随处可见。园林各建筑之上几乎都有匾额、楹联,厅堂、斋馆内大多还张挂着名人字画,一些游廊侧墙上有时镶嵌着书法碑刻,甚至在院墙的月洞门上还要安置砖额,假山、水池之旁也有勒石题刻。这些字画不仅是一种装饰点缀,它们还构成了中国传统园林中的特殊景观。匾额按古人的解释是"署门户之文",通俗地说就是为庭院或建筑物命名,以达到区分彼此、方便使用的目的。早期的中国园林大多依据庭院的功能、建筑的用途予以题名,如秦汉上林苑的射熊馆、扶荔宫,观其名就可知道其中或是用于与猛兽格斗或是引种远方植物。后世民间园林有时也因厅前有广池莲荷而呼其为荷花厅,堂侧因玉兰繁茂而称其为玉兰堂。然而这对于处处追求典雅、讲究含蓄的文人来说似乎就显得过于直观或浅俗,于是他们将赋诗作文所常用的方法,如用典、隐喻等引入了园林或园林建筑的名称。人们所熟悉的沧浪亭,不仅反映出园内"三向皆水",以水体为主,而且援用《孟子》中的典故,表明园主苏舜钦不愿再卷入混浊的官场,与荣辱利害相磨戛的态度。综观现留古园,建筑上的匾额一般不太运用较为直观的名称,大都包含了多重深刻的含义。匾额由于字数的限制有时就需要用楹联予以进一步地补充说明,联文可长可短,长的可达千字以上。园林中的联匾大多出自名家,于文辞隽永之外更兼书法之美,加之或刻于砖石,或使用竹、木及各种石材为书写与镌刻的材料,更显出其自然之趣,耐人寻味。厅堂斋馆之中张挂书法和绘画源于民间风俗,堂屋正中大多要悬挂大幅的绘画,称之为中堂,题材内容常随时令节气而更换,如岁末贴欢乐图、新年供喜神图、端午挂钟馗像,等等。文人士大夫由于对字画的特殊兴趣,收藏既丰,因而也又生出种种讲究,首先是画幅要与建筑相适宜,厅堂内宜挂大幅横批,斋馆中宜小景花鸟。其次是室中书画忌真赝并陈、新旧杂处,书斋内更忌悬挂过多、左右对列。再则是较普通民家更注重时序月令,一般岁初宜挂福神、古名贤画像;元宵前后悬观灯、傀儡;二月用游春、仕女、花卉之属;三月三日换真武像;清明前后宜牡丹、芍药;端午有真人玉符、端阳、龙舟等题材;六月则使用楼阁、山水、树石、云山、避暑等内容;七夕宜用穿针乞巧、织女、芭蕉等图;八月有古桂、天香之属;九、十月张挂菊花、秋山、枫林;十一月宜雪景、蜡梅、水仙等图;十二月又有迎福、驱魅、玉帝、五色云车之类。至于移家则用葛仙移居等图,祝寿用寿星、王母;祈晴用东君图;祈雨有风雨神龙。凡此种种,不胜枚举。悬挂的绘画常常能反映出园主人的生活情趣,显示其收藏的多寡以及鉴赏能力与学识修养。游廊镶嵌的碑刻同样也是园主人收藏品之一,历代名家书法佳品都为搜求的对象,但也讲究侧重,忌多而杂,主要是供鉴赏把玩。

家具　人们生活中必不可少的用具。如今我们在园林建筑中所见到的陈列家具虽然造型典雅、制作精良,每件都宛如精美的艺术品,但在当初它们同样也有着作为日常用具的实际用途。中国家具在唐代以前尚未完全定型为后世所见的那种形式,因为汉民族长期习惯于席地而坐的生活方式,所使用的家具也相应较为低矮。自魏晋时期北方少数民族进入中原,带来了他们所习用的高坐家具,在与汉民族的融合过程中,垂足而坐的生活习俗也渐渐为汉人所接受。五代以后高坐家具渐成主流,到宋代与席地而坐的生活习性相匹配的低家具已基本消失。

元明以后中国的交通业已发达,对外贸易也日益频繁。南洋的红木、紫檀、花梨等硬木开始输入中国,为家具制作提供了优质的材料。而这一时期江南的苏州由于自然条件优越成为社会相对安定、文人士大夫荟萃之地,家具制作在文人情趣的影响之下形成了独具特色的苏式家具。明代的苏式家具用料纤细、线条流畅,构件断面多呈圆形或椭圆形。榫卯精确,造型美观大方,简洁而不用过多的装饰。使用清漆以突出木材本身的色泽与纹理,其尺度也顾及人的使用,这种家具样式在苏州园林中尚能见到,虽然已经不是明代遗留下来的实物,是后人仿制的,但明代家具的神韵仍被保持,人称为明式家具。到了清代,由于进口的优质木料渐多,而且中国南方的一些硬杂木也被用于高档家具的制作,渐渐地,构件断面变粗,并从圆形转化为方形或矩形,形体也有所放大,而且还出现了用罗钿大理石镶嵌的装饰,其造型渐趋繁琐,在苏州及江南诸多园林建筑中所见的家具绝大多数即为这一种类型。

明清时期人们在家具造型方面有了更多追求,开始出现了成套家具的概念,往往依据厅堂、屋舍的功用予以统一的设计,使置于同一建筑中的桌椅几案等不同形体的家具都统一在相同的材质、色泽以及线脚、装饰之中。而且因各种建筑用途及所追求的气氛的不同,家具的布置与尺度也具有一定的区别,如园林中的主体厅堂,家具都按轴线对称排列,桌椅几案的尺度也略大,以造成较为庄重的气势;而在书斋小榭之类的次要建筑内,布置就较随意,要求造型古雅可爱,尺度便于坐卧倚凭。现存的古典园林之中的家具及布置形式由于时代的变迁也已与当时的情况有了较大的差异,但大体上还能反映出旧时的风貌。

陈设 广义的陈设包括了建筑之中的家具、字画、灯具、摆设等所有的器物,但通常所指只是放置于几案之上的古董摆设而已。在中国古代,文人士大夫对于搜求古雅奇玩之物大多有着浓厚的兴趣,他们认为将这些摆设陈列在居室之中并不仅仅是为室内增添一些美感,更主要的在于可借助这些东西达到平日消闲、养性、悦心之目的,所以陈设雅玩常作为焚香操琴、游园赏玩等的补充和调剂。因此在中国传统园林建筑之中,陈设是必不可少的一个组成部分。

按照古人的陈设物用途大致有如下几类:一是文房用具。除了笔墨纸砚之外还有文具匣、砚匣、笔格、笔床、笔屏、水注、笔洗、水中丞、砚山、印色池、糊斗、镇纸、压尺、裁刀、书灯等诸多器物,这些都是古代读书人必备的东西,故有"笔砚精良,人生一乐"之说,然而虽说文房器具并非玩物,但人们也要求形制典雅而不俗,使之成为书房中的一大点缀。二是茶具。作为中国特产的茶很早开始就成为人们日常生活中必备的饮品,一般认为茶有清心怡神、醒酒解醉的功效。自唐代陆羽著录《茶经》以后,历代都有文人对品茶、品水及品评煎茶方法等予以记载。由于文人的普遍追求,饮茶也有了雅俗之分,于是文人士大夫饮茶要设专门的茶寮、茶炉,茶具需要古雅别致,煎茶须用特别的方法,啜茗讲究种种程式。据有关人员研究,日本繁琐而别具一格的茶道原是中国文人开创的,在宋、明时期传到日本。茶具首先要求其质地不损茶味为上。其次则要求料精质雅,使之成为既可供日用又能收藏把玩的器物。第三是清供摆设。此类陈设种类极多,据其质地又有铜器、玉器、窑器、雕刻及奇石、瓶花、盆景等种类。三代的鼎彝铜器造型古拙,纹样奇特,最为人们所向往,然而其值高量少,得之不易。后世历代都有仿造及新铸者,但秦汉之物失之于匠拙,不善模三代之精;唐宋之物伤之于巧,失商周古雅之韵;明清之时亦有铸造,民间之器常有朴拙可爱者,宫廷之物也偶有精美喜人者,但较之前朝终觉不及。古人论玉器除了讲究造型、雕纹及色泽外,也以年代久远为上,喜爱圭璧、仿铜鼎彝之属。三代秦汉的玉器大多古雅不凡,宋制双钩碾玉亦以精致著称,都为古代文人搜求的佳品。窑器主要指宋代以后的瓷器。以柴窑为最,传说有"青如天、明如镜、薄如纸、声如磬"的特点,但明代已很难觅。其次为官窑、哥窑、汝窑的作品,其色以粉青为上,淡白次之,油灰最下;其纹取冰裂、鳝血、铁足为上,梅花片、墨纹次之,细碎纹最下。元、明、清时期的窑器在古人眼中均不及宋物。雕刻主要是指漆雕器皿,间有竹、木,或玉器、琥珀、水晶之属,其物于生活中具有实际的用途,在观赏清玩上也有无限的韵味。至于瓶花、盆玩,不仅讲究花、石的造型,并且还有盆、座的要求,须相互协调,彼此辉映为宜。居室之中的陈放也有一定的章法和位置,诸如须随花瓶的造型置于不同的几案之上;夏秋用瓷,冬春用铜;堂屋宜大书房宜小;贵铜瓦、贱金银;插花忌用葫芦瓶,用环瓶;放置忌成对;室内盆花其盆宜圆不宜方;陈放忌用雕镂花架,等等。

  由于时代的变迁,一些特殊的陈设已较为少见,如书房之中的文房用具。茶具也与特殊的茶寮一起在园林之中消失。如今园林建筑中的陈设以清供摆设为多,但其中许多具有文物价值的精品也多为文博部门所收藏,一般所见到的大都是较为平常的普通之物,而且陈放的形式也不太讲究了。

灯具 张灯夜游是古代园林中的一件雅事,而且,因园林与府邸、住宅的密切关系,夜晚常有宴饮、纳凉、赏月之类的活动,灯具就成了园林建筑上的必备之物。

由于夜晚建筑中的一切均为夜色所笼罩而显得暗淡,唯有灯具明亮而且醒目,极易引起人们的注意,因此对于处处追求典雅的古代文人来说,灯具也必须造型优美、形制独特,于是在园林建筑中,灯具也常成为争奇斗胜的装饰物。如明末米万钟将其洵园景致绘于灯上,都人诧以为奇,称之为"米家灯"。在古代园林建筑之中,灯具的种类极多,造型和用材也千变万化。按照文震亨的品评,其中首推闽中出产的珠灯;其次为玳瑁灯、琥珀灯、鱼魫灯诸品;羊皮灯绘图精美者亦属可取;料丝灯中云南所产者因其用料和制作考究而被视作佳品,而丹阳所产者因常有横光而稍嫌不足。至于山东珠灯、麦秆灯、紫灯、梅花灯以及夹纱、墨纱灯,其中绘有花草、百鸟、百兽者,虽不乏制作精良者,但俱不入品。常用的灯具造型都四方如屏,中穿花鸟,以清雅如画者为佳。书房之中几案上所陈放的书灯一方面是为夜读照明,但由于它厕身于文房用具之间,更需考虑其装饰点缀的作用,一般取造型古朴、制式古老、体形小巧者为上,当时常将古铜驼灯、羊灯、龟灯、诸葛灯、凤龟灯充作书灯,其造型优雅,可为陈设古玩,但实用上却并不十分便利。此外,如定窑三台、宣窑两台诸式书灯也有同样的缺憾。

如今的园林大多是在日间开放,悬于梁下的灯具往往不太能引起游人的注意,而且诸多制式已经失传,现在所能见到的样式仅为宫灯、什锦灯、花篮灯几种,这类灯具大多产自苏州或仿苏州样式,故也被称作"苏灯"。有些园林中甚至张挂大红灯笼,这在过去,尤其是讲究一点的文人园中一般很少使用。

园林风月景 "风月"是古人对于风景中光线、气候景观的称谓。它们在园林风景中,也是重要的组成部分。然而,这些景观属于自然现象,造园家是没有能力创造出来的。因此,在园林的结构布局中,造园家往往创造条件,去组织、利用这自然中无价的"风月",给景色增添迷人的光彩。在造园学上,风月景是指非实体的风景形象,主要包括两个部分:一是指自然本身有规律的天象变化,如太阳的升落带来的光线的转换和阴影变化,月的盈亏圆缺和四季时令的更替;二是指灵活多变的天气现象变化,如空气中的水汽在不同条件下生成的云、雾、雨、雪以及风雷、霞光等。它们常常互生而形成可观赏的风景形象,例如朝辉、晚霞、彩云、飘忽不定的薄雾,甚至风雨交加、电闪雷鸣等。园林风景中,假山石峰、池湖溪涧、植物动物及建筑楼台等构园要素都是具体的,由造园家布置安排的"实景";而自然界光线、天气现象变化所引起的景观是活的,带有相当的随意性,造园家将它们统称为"虚景"。实景是园林的骨架,它们构成了主要的风景画面。但是园林不同于其他艺术,它自然天真的艺术效果的获得还要借助于自然界中形形色色虚景的辅助。有了虚景,同一个实景画面才会具有不同的美的表现;有了虚景,园林才会显现出更丰富、更诱人的神采。自然界充满无比多样的风月之美,那阴晴的变化、日光的转换、月亮的圆缺、季节的更替,以及古人常说的风花雪月、波光云影、虫鸣鸟语等都能触发游赏者的赏景意趣,因而在游览园林时,要不失时机地去捕捉和观察多变的风月景,以虚补实,将它们组合到风景欣赏空间中来,以领会和揣摩造园家所塑造的园林艺术的意境美。例如,清诗人萧承荨曾这样描绘上海豫园的美:"如墨云阴掩夕晖,模糊烟柳影依依。无端几点催诗雨,惊起闲鸥水面飞。水心亭子夕阳红,九曲栏杆宛转通。小坐忽惊帘自卷,晚凉刚动藕花风。"这首诗向我们展现了多么恬静、清新的园林风景图画。仔细分析起来,这一荷池、曲桥、亭台之景中,虚的风月之美所占的比重是很大的,有墨云、夕晖,几点催诗雨,一阵卷帘风,还有那在水面上游荡的水鸟,轻轻摇动的荷花……要是没有这些景致,园林风景的意境就要逊色得多。由此可见,含蓄变幻的风月虚景,在园林欣赏中所起的作用是很大的。它们活泼多变,没有固定的形式,比起山水亭台等直接显露出来的风景美更吸引人,要求游览者有更高、更敏锐的赏景能力。在园林的结构布局中,造园家为了帮助人们去捕捉并欣赏这些风月之景,常常在景区主题的建筑或山石上留下明确的提示。例如苏州网师园除了月到风来亭是迎风待月之处,濯缨水阁柱上的楹联"水面文章风写出,山头意味月传来",也是提醒游人不要忽略风月景的。苏州留园有佳晴喜雨快雪亭,拙政园有雪香云蔚亭,环秀山庄有补秋山房,怡园有锄月轩;上海豫园有卷雨楼;北京北海有烟云尽态,颐和园有意迟云在等。

动态变幻之美 "乍聚乍散看浮云,忽红忽青变幻忙。"园林风月景的最大特点是动,就好像是园林风景的表情和神采。古代画家在谈到山水、草木和烟云的关系时说:山以水为血脉,以草木为毛发,而以烟云为神采。这一很有见地的观点也深深影响了园林艺术。和自然山水一样,园林风景只有得到烟云虚景的辅助,才能更动人。大自然是不断变化运动着的一个整体,而集中表现自然美的园林风景更是将游赏者融入其中。要是人们所游览的园林景色没有阴晴雨雪、昼夜晨昏的变化,那么它给人们的观感只能是一堆无生气的山水模型。大画家黄宾虹说:"我看山爱看晨昏或云雾之中的山,因为山川在此时有更多的变化。"历史上,凡是酷爱风景、修养较高的艺术家均和黄宾虹一样,喜欢在晨昏晴晦变化时饱览山水的生气神态,有的还专门用艺术去表现变化时山水风景的美。北宋书画家米芾,是我国绘画史上米氏云山的发明者。所谓米氏云山,所表现的都是清晓新晴、烟云吞吐变化的特殊景色。米芾久居气候多变的潇湘和京口(今镇江),对自然山川的变化观察得十分仔细,他说:"大抵山水奇观,变态万层,多在晨晴晦雨间,世人鲜复如此。"镇江南郊诸山,风景秀丽,满山葱翠,历来是园林名胜聚集之地,有南梁昭明太子的读书台、著名的大刹竹林寺和招隐寺等。这里层峦叠嶂,又紧靠长江,水汽蕴聚,常化为薄雾细雨,弥漫于山水间,为艺术家山水风景画的创作提供了不可多得的真实蓝本。米芾曾这样来评述江南山水园林的动态美:"云气涨漫,冈岭出没,林树隐现。""夜雨欲霁,晓烟既泮。""好雨新晴,绮霞明丽。"

"水光潋滟晴方好,山色空濛雨亦奇。欲把西湖比西子,淡妆浓抹总相宜。"宋代文学家苏东坡的这首名诗,写的就是杭州西湖水光山色的"表情"。晴天水光潋滟,显现的是浓妆娇妍的美;雨天山色空蒙,显现的是素静淡雅的美。不仅南方园林有如此奇妙的景色,北方园林亦有。北京颐和园十七孔长桥上有一副对联,也很确切地点出了昆明湖、龙皇庙岛一带细雨濛濛之景与风和日丽之景的不同趣味。对联为:"烟景学潇湘,细雨轻航暮屿;晴光缅明圣,软风新柳春堤。"虽然这一联文字与苏东坡的诗不能同日而语,而且字里行间透露出对封建帝王的颂扬与奉承,但所写的园景还是很美的。上联写每当烟雨濛濛,整个湖景就像古曲《潇湘水云》所奏出的那种烟波浩渺、云水相映的境界;下联是每逢风和日丽的晴天,轻风送暖,春堤上新柳摇拂,人们就会缅怀先哲圣明,强调的也是变幻无定的风月之美。

烟水迷离之美　　风月景能协调风景空间中各种山水景物。时晴时阴的明暗交替,朝辉晚霞的光线变化,浓雾薄云的飘忽来去,给山水景物罩上了一层统一的色调。只有在这些动态的风月景的作用下,静态的山水泉溪、林木花草之间才呈现出调和融洽的关系。例如溪泉的水汽蒸腾、林木的露珠欲滴、山石的云蒸雾绕、奇峰的霞光照耀等,这些人们经常看到的园林小景都少不了风月景的联络和协调。风月景中对景物的调和作用最大的是晨曦暮霭、柔云薄雾等所谓的烟云之景。在它的笼罩之下,园林景色就会分外柔和,并呈现出一种韵味来,这也是人们喜欢赏早晚之景的原因。从风景画面的形式美效果来看,强光下的景物往往是纤毫毕露地呈现在游赏者的面前,这样风景空间的景色层次就减少了,前后进深也缩短了,其观赏效果就要大大逊色于晨昏光线柔和、薄雾轻绕的时分,可以说烟云之景有着增大园林空间的功效。例如苏州拙政园的中心水池两头,置放了两座别致的小亭,东为梧竹幽居,西是别有洞天半亭,门洞均为圆月形,是专设的隔水相对的景点。如果游人在晴天和阴晦之日都在此赏过景,就很容易辨别出其景色的高下。晴天赏景,所有山池、建筑、花树都一目了然,虽然隔着较大的水池,还是觉得彼此靠得很近。若是清晨从别有洞天东望梧竹幽居,逆着霞光,就可以发现许多晴天看不到的美景:曲折迂回的水面泛出明灭不定的光影,池中两岛在晨雾中显得迷迷濛濛,远香堂、倚玉轩等建筑在逆光中只显现出它们轻巧的剪影,水那头的洞门小亭退得很远很远,加上柳树花木的遮隔,整个风景空间显得十分深远。

烟云雨雾之景还能使花树建筑等较为浓艳的颜色显得比较柔和和整一,例如北京颐和园前山上,佛香阁、排云殿等建筑色彩浓艳,琉璃瓦在阳光下闪闪发光,有了烟云之景的辅助,其建筑的色彩与周围环境就显得更为调和。"云水空濛草树妍,湖山幽赏晚晴天。绕亭花放红于火,万绿丛中看木棉",这是古人赞扬惠州西湖"红棉春醉"一景的诗句。红棉春醉景亭建在西湖明水湾前的小岛上,岛上红棉周绕,春日花开如火如荼,与绿水相映,分外有趣。但是如此强烈的色彩对比的景色,在烈日当午之时去观赏,其趣味远不如云水空濛、湖山幽静的早晚时分。每当旭日升起之前,游人立于春醉亭中,远处淡淡的苏堤如带跨湖而去,湖水清澈晶莹,一丝儿涟漪也没有,十分柔静,而亭外红棉相绕,晨光中的满树红花在碧水、绿树的衬托下,显得更加娇艳而不刺目,此时方能领略到"万绿丛中看木棉"的奇趣。

美学家宗白华说过,风风雨雨是造成间隔化的好条件,一片烟水迷离之景是诗境,是画意。水汽蒸腾、烟水迷离能够加深赏景的审美感受,提高欣赏的质量。按照我国欣赏山水景的传统,风景悉呈眼前的清晰直观并不能产生诗情画意的境界,只有在烟云雾霭作用下的含而不露的风景,才能给观赏者留下更多的回味和思索的余地,从而使内心的情感和自然的美景交融在一起,引起强烈的共鸣,达到审美的功效。正因为烟云之景在园林中有如此之大的作用,历史上还有过人工制造烟云之景的故事。据明人谢肇淛的《五杂俎》记述,历史上有些著名的园林,如晚唐李德裕的平泉庄和北宋徽宗赵佶的艮岳,在修筑假山洞窟时,曾使用了焰硝(即炉甘石)。这是一种天然矿物,受潮之后便能滋生烟雾。这样就使假山沟壑时时处于烟云缭绕之中,赋予山水景以人工创造的"表情和神采"。

日光转换 日光是山水风景形象色彩的主要描绘者。宋代的画家郭熙早就看到了这一点,他说:"今山,日到处明,日不到处晦,山因日影之常形也。"意思是说,山色的明暗变化,外形的清晰或模糊,都与光线的强弱、照射角度有关。不同的光线,如霞光、月光和星光会给风景笼罩上不同的色彩。明人杜琼写过一篇叫《晓亭记》的短文,记述了在南京城内一座园林中的山上小亭中,看城外钟山在不同的光线烘托下,所呈现出的极其丰富的色彩变化:"盖钟山者,气象之极也。当其明雰,方在于朝,时作殷红,时作郁苍,时作堆蓝……素月照之,时作远黛,时作轻黄;星河影之,若素若玄。凡此无论昼夜,皆山之晓也。"这是多么绚丽多彩的画面,可以说,就是最有天才的画家,也很难将这一山色的变幻描绘出来。人们平日所见的"五光十色"的风景,其间赤橙黄绿青蓝紫的变化,离开了日光、月光和其他风月虚景的衬托渲染,也就不存在了。

朦胧的雨景 雨景是园林风月景中很独特的一种,常常给文人墨客以创作灵感,如唐代王勃的"画栋朝飞南浦云,珠帘暮卷西山雨",北宋曾巩的"朱楼四面钩疏箔,卧看千山急雨来",都是脍炙人口的名句。我国古典园林中每每因地制宜地设立赏雨景点。有的利用层层起翘的层面汇集雨水,使之飞挂而下,如上海豫园仰山堂上的卷雨楼等;有的主听雨声,或者有意留得残荷听雨声,如苏州拙政园的听雨轩和留听阁等。欣赏雨景,首先是欣赏雨给整个风景带来的整一的朦胧美。由于雨帘的遮隔,平时清晰可见的景色变得模糊起来,雨时大时小,雨幕中的景物也时现时隐,阵风吹来,雨帘晃动,雨中之景好像也飘忽不定。但是整个画面的调子是整一和谐的,一切杂芜之景似乎都被雨幕掩盖了,这种景象最能引发游赏者的情思意蕴,使其产生无穷的回味。雨中的杭州西湖是很美的。放眼望去,但见满湖烟雨,山山水水俱是一片迷蒙,湖上景物若隐若现,似有似无,那湖心亭、三潭印月、苏堤和白堤,只现出淡淡的影子,犹如隔着一层厚厚的纱幕。要是骤雨初歇,薄幕渐渐退去,这时的湖山云雾蒸腾,时露时隐,使人马上联想到"犹抱琵琶半遮面"的名句。那空蒙幽奥的景色,就像一幅刚完成的湿淋淋的水墨画卷。晚清著名诗人魏源,也深为这一景色所陶醉,他对西湖雨景的描绘非常传神:"峰耶曰是云,云耶曰是山。山为湖云混,雨后无其峦。谁知后雨湖,复为烟所悭。舟到烟暂开,百步时一班。如镜受呵气,难鉴西施鬟。千影万影内,出没争屡颜。纯是墨天图,黯黯有无间。"在雨帘云雾笼罩下的西湖,墨云和黛青色的山看上去十分相似,湖水被烟云所隔难见真容。诗人用"如镜受呵气,难鉴西施鬟"来比喻,真是再恰当也没有了。

赏雨景,其色彩的单纯也常常使游赏者为之动容。雨幕笼罩下的园林山水,往往会失却其本来的色彩,而呈现出几种极其素静淡雅的单色。好像是传统绘画中的水墨画,完全靠墨色的浓淡、深浅、层次来表现景物的美。北宋文学家苏东坡在杭州做地方官时,也常耽乐于山水风景中,作诗饮酒,快乐无边。他有一首写雨景色彩的诗:"黑云翻墨未遮山,白雨跳珠乱入船。卷地风来忽吹散,望湖楼下水如天。"黑云白雨,两种最基本的色彩成为西湖雨景的主调。古人爱雨中西湖,今人也不乏追随者。如《现代游记选》中刊有作家于敏的一篇《西湖即景》,写出了雨景对西湖风景的净化:"……西湖宛如墨染了一般,完全变成浓黑的了……中国画里有一派米点山水,用饱墨浑洒大大小小的点子,或疏或密,或浓或淡,用来表现山雨空濛的景色。我一向以为这种技法写意太甚,用处是不大的。不想一个偶然的机会纠正了我的看法。湖水是浓黑的,而苏堤则是一条白色的带子,堤上的六桥竟宛如汉白玉雕刻的了。变幻的天工造成奇特的黑白对比,这美是我生平未见的。"

赏雨听声又是雨景的一大趣味。江南园林中,利用雨点敲打植物叶片(主要是芭蕉、荷叶等大叶植物)而发出轻重、快慢、缓急的声音之景非常之多,甚至在竹楼、竹亭这样的建筑之内,倾听屋面上多变的雨声也不失为一景。而在大型的山水园林中听雨,其味更浓。唐诗人白居易一次游湖遇雨,看雨景、听雨声入了迷,他在《孤山寺遇雨》中写道:"拂波云色重,洒叶雨声繁。水鹭双飞起,风荷一向翻。空濛连北岸,萧飒入东轩。或拟湖中宿,留船在寺门。"隔轩窗听雨,诗人还嫌不够,竟想宿在船里,整夜细听那密雨的急奏。

纯净的白雪 园林赏雪,是我国传统的游览方式。纷纷扬扬、漫天飞舞的雪花以及其各式六角形的结晶给人们一种形式的美感;而那无声无息堆积起来的雪,洁白而纯净,又给予欣赏者一种质的美感。"一雪幻成银世界,孤筇直到玉楼天";"忽如一夜春风来,千树万树梨花开"。突如其来的一场大雪,常常将昨天还是流丹泼翠的美妙景色变成了一片白茫茫的世界。这一片纯白是对山水风景很好的修饰,它把那些污泥丑石、枯枝败叶遮掩起来,使远远近近、高高低低所有的林泉草木、山水建筑都显得洁净素淡,表现出从未有过的协调美。然而,富有生气的园林风景很少完全被白雪掩盖,那黄色的假山石壁,那青灰色湖石的悬崖之下,还有多彩的建筑屋顶之翘角,以及古木巨松的背风面,一般都不会被雪覆盖,它们那裸露出的色彩因为有白雪的衬托而显得更为美丽明亮。清代文学家曹雪芹在《红楼梦》第四十九回有一段描写宝玉等人雪天游园情景:"出了院门,四顾一望,并无二色,远远的是清松翠竹,自己却如装在玻璃盒内一般。于是走至山坡之下,顺着山脚刚转过去,已闻得一股寒香拂鼻。回头一看恰是妙玉门前栊翠庵中有十数枝红梅,如胭脂一般,映着雪色,分外显得精神,好不有趣。"此外,流水不会被白雪覆盖。要是雪后登高赏景,那条条溪涧就像嵌在银装素裹的园林中的碧绿丝带,所有这些汇合成了雪天园景的"高调子色彩交响曲"。自从清乾隆皇帝在断桥边题了"断桥残雪"的碑文之后,杭州西湖的断桥雪景就更出名了。断桥是白堤的起点,正当西湖里、外湖的分水点上。桥堍东北,便是立碑的御碑亭,与亭联立的是临湖水榭云水光中。这一亭一榭,和断桥浑然一体,点缀着湖山的美。平时这里的长堤青山与蓝天碧水交相辉映,风光迷人,而冬天雪景更是奇绝。无论是站在断桥看四周的雪景,还是待在亭榭中看桥上残雪,都有它特有的趣味。要是瑞雪初霁,远山近境,银装素裹;楼台高下,铺琼砌玉。人在桥边水榭中看断桥雪景,但见带着积雪的桥影倒映水中,更是滉朗生姿。古人曾称"诗在灞桥风雪中",桥、亭等风景建筑与雪配合,似乎更能加强雪景的魅力。我国北方园林,几乎年年有雪景可看。那西山层峦素静生辉,前山丽宫变成了琼宫玉宇的北京颐和园雪景;那"千山鸟飞绝,万径人踪灭",唯有湖区宫馆仍然生机盎然的承德避暑山庄冬景,确实吸引了许多不畏严寒的游客。

醉人的月色　皎洁的月色,从古到今,不知牵动了多少游子的离愁,也不知引发了多少骚人的诗兴。作为自然界有规律的天象景观,月亮是最有魅力的。新月如眉,望月如盘,月亮的盈亏交替给夜晚的山水林泉带来了沉静中的丝丝生气,月亮的光亮给风景园林涂上了一层迷人的色彩,为此月亮倍受造园家的青睐。计成在《园冶》中,多次提到月色对园景的美化作用:"溶溶月色,瑟瑟风声,静扰一榻琴书,动涵半轮秋水。""曲曲一湾柳月,濯魄清波,遥遥十里荷风,递香幽室。"还有"寒雁数声残月"是仰借天上之月,"俯流玩月"是俯借水中的月影等。这些在园林中,都得到了很好的实践。例如,承德避暑山庄湖区的月色江声,是湖中的一个岛屿,北面是上湖,南面是下湖,因为离宫区较近,帝王园居时常在此读书休憩。景区的主建筑是一座三进的院子,朴素无华,院中多松柏古木,夏天松荫遍地,很是幽静。每当皓月当空,月光倾洒,四周湖中碧波粼粼,湖水轻拍湖岸,此情此景,只可意会,无法言传。又如,苏州怡园的主厅藕香榭又叫锄月轩,南向面山,北向临水。临水一面,建有赏月的平台。"锄月"和"扫云"这些对常人来说是无法做到的事,一向用来描绘逸人隐士绝迹山林的志向。园林建筑以"锄月"名之当然也表明了主人归隐田园的决心,然而另一方面也反映了人们对月景的喜爱。在江南文人私家园林中,临水的厅堂每每都要建月台,以作夏日纳凉赏月之用。月台临水,一来取其空间较开阔,树木遮挡少,看月看得真切;二来可以看月在水中的倒影,一真一假,一实一虚,上下争辉更增添了景色的趣味。有的临水亭榭中,为赏月还要挂上一面大镜子,如苏州网师园水池西面的月到风来亭。这样,除了真月、水月之外,又多了一个镜月,人在亭中赏景,几乎处于"月"的包围之中。

　　人们喜爱赏月,主要是爱月光下的风景有一种特殊的素净之美。月光笼罩下,所有山水亭台都蒙上了一层朦朦胧胧的银灰色,风景的杂乱之处被遮掩了,山水景物被净化了。月景呈现出的朦胧美,和雨雾中欣赏风景的迷蒙美不一样,雨雾中的山水,每每带有某些动态的变化,随着雨幕的疏密变化和雾气的飘忽来去,景色时隐时显。而月光似水,月下赏景,给人以一种安宁素净的感觉,好像整个风景都被月光滤过一般。最喜竹石小景的清画家郑板桥有两句诗常用作造园的指导,这就是:"月来满地水,云起一天山。"因为月光具有宁静素净的观赏特点,要是照在地势较低的平地上,周围配以一些山石,看上去就好像是一池静水,这就是"月来满地水"的意思。在园林中,造园家常常利用月光来创造真真假假的水景,名之为"旱园水做"。如上海嘉定秋霞圃延绿轩是处于山间的尽端建筑,轩前有一片低地,右边是黄石假山,左边是园墙,在设计布局时,故意在轩前低地上不置任何景物,仅在园墙边置以山石,植些灌木。每当明月初上,从轩内向外望,山脚下一片银光,简直就像与山石相辉映的一泓静水。古城扬州新城徐凝门内的寄啸山庄,为欣赏闻名天下的"二分明月",专门在分隔东、西部的复道廊上设立了两个半月台,东半月台赏明月初升,西半月台观残月西落。在东半月台对面的院内,还有一座专赏旱园"水景"的馆舍——楠木船厅,在其廊柱上,悬有一副楹联:"月作主人梅作客,花为四壁船为家。"和一般园林中的旱船不同,这座船厅并不近水,而是置于以卵石瓦片作水波粼粼状的铺地之中,给人以水的联想。月夜到此厅静赏,那一片平整的铺地在四周湖石叠峰的衬托下,似有十分的水意,此时的明月,真正成了园林景色的主人。

  除了平地赏月之外,园林赏月形式是多样的,可隔窗赏竹木的月影,可在庭院一角赏月下石峰之景等。因观赏地点的高下不同,还有山月和水月之分。赏山月和赏水月各有各的妙处,精通园林艺术的清代小说家曹雪芹,在《红楼梦》中借黛玉和湘云之口,对此作过很好的解释。《红楼梦》第七十六回中,贾母领着全家在假山顶上的凸碧堂赏山月听笛声,而湘云偷偷拉着黛玉去水边的凹晶馆赏水月,她对黛玉说:"这山上赏月虽好,终不及近水赏月更妙。你知道这山坡底下就是池沿。山坳里近水一个所在就是凹晶馆。可知当日盖这园子时就有学问。这山之高处,就叫凸碧;山之低洼近水之处,就叫作凹晶。这'凸''凹'二字,历来用的人最少,如今直用作轩馆之名,更觉新鲜,不落窠臼。可知这两处,一上一下,一明一暗,一高一矮,一山一水,竟是特因玩月而设。有爱那山高月小的,便往这里来;有爱那皓月清波的,便往那里去。"湘云和黛玉二人爱水月,来到凹晶馆卷棚底下竹墩上坐下,"只见天上一轮皓月,池中一轮水月,上下争辉,如置身于晶宫鲛室之内。微风一过,粼粼然池面皱碧铺纹,真令人神清气净"。曹雪芹这段令人拍案称绝的文字,准确地指出了"山高月小"和"皓月清波"就是山月和水月不同的景色特点。

在现实园林中,人们也可以找到观山月和赏水月的不同景点。如扬州瘦西湖边上的月观和小金山顶上的风亭。月观坐西朝东,临湖筑瓦屋三间。明间上悬月观匾额,并有一副长联挂于两边:"今月古月,皓魄一轮,把酒问青天,好悟沧桑小劫;长桥短桥,画栏六曲,移舟泊烟渚,可堪风柳多情。"屋前有廊庑一架,临水有槛栏,槛外疏柳,横卧水际。此处湖面开阔,是赏水月的好地方。月观北边,有一山拔地而起,在山麓缘小径拾级登山,可达山巅的小亭——风亭。这里是小金山景区的最高点,可以南望古城,北眺蜀冈,西顾五亭桥,东看四桥烟雨诸景。亭亦悬一联:"风月无边,到此胸怀何似;亭台依旧,羡他烟水全收。"倘若有人在皓月当空的夜晚,来到此亭中,月白风清,四周佳景于一片银光中隐约于眼前,比起水边赏月,更多了一番情趣。

四、 园林文化

中国园林艺术在其数千年的发展演变中,不断地吸取其他艺术的养料,又不断地将民间较具文化意味的消闲活动包含进来,逐渐成为华夏文化园地内很有特色的一类,被称为园林文化。园林文化与其他文化活动一样,首先具有继承性。无论是现存的皇家园林,还是一般的民间园林,都能找到上古苑囿和村野园圃的遗意,许多名景的题名、立意及造景手法甚至前后相袭,数百年甚至千年不变,例如大型园林在池中置三岛仿东海仙山的做法在汉代苑囿就已有记载,采水中或土中侵蚀变化厉害的太湖石做立峰也早在东晋就已出现。其他诸如鹿苑长春、烟雨楼、杏花村、荷风亭、揽月台、不系舟等景点,也是每朝园林均不可少的。由于前后的继承,中国园林呈现出较强的传统力量。其次是地域性。由于地理、气候、物产及风土人情的不同,我国园林表现出一定的地域性,北方、江南、岭南、西南各地的园林均有自己的风格个性。例如北方园林较厚重端庄,江南园林较典雅秀丽,岭南园林较绚丽纤巧,西南各地园林较朴素古拙。此外,即使同处一个地域,各地仍有不少差异,如江南的苏州、徽州、扬州等地园林也各具风采,这些园林的不同往往和各地社会文化上的差异有关。第三是包容性。游园赏景不同于自然山水林泉之美的览赏,不同于观赏果蔬、林木、花草的种植,更不是纯粹品赏土木营建的优劣,也不同于赏玩诗文、绘画、雕刻等艺术,而是上述许多艺术欣赏活动的综合,而在园林这一游居结合的理想环境中,更可以找到中华传统文化中的许多精品。例如诗歌题对、书画琴棋、品茶饮酒、谈玄说佛、弄风吟月,等等,足见园林内涵盖面之大。另外,带有一定民俗文化色彩的喜庆宴集、戏曲堂会等也常常在园中举行,这些民俗活动更增加了园林文化的包容量。在众多的雅、俗文化活动中,与园林艺术发生直接联系的文化活动主要有诗歌文学、绘画、戏曲音乐及品茗饮酒等活动。

园林与文学 作为我国传统艺术花圃中的一枝奇葩,园林同其他艺术,诸如诗词文学、绘画、戏曲等,有着密切的关系。中国园林首先离不开诗歌,它那充满诗情的意境,它那美如图画的风景,常常通过文字的勾勒而表现得更加明显。历史上著名的园林胜景,往往以文字的形式流传千古。可以说,离开了文学,也就没有我国灿烂的园林文化。古代造园大师一般都有着很深厚的文学修养,他们每每将园林景色的主题先用简练的诗句勾勒出来,然后根据诗意作些草图,在施工时则仔细体味诗意,推敲山水、亭榭、花树等每一具体景物的位置,使园景最大限度地体现出诗的意境。而在园林山水造景、建筑亭台基本完成之后,还要用文学的点题对风景进行一次精加工,这些文学景致主要有对联、题匾、刻石、书条石、碑刻、竹刻、木刻及图记等。这种以文字形式对园林艺术的勾勒点题,是我国园林艺术有别于西方园林的最大特色,亦是对游赏很重要的指导。古典文学名著《红楼梦》的作者曹雪芹是一位很有造诣的园林家,他曾借贾政之口表明了对园林文学景观的重视:"若干景致,若干亭榭,无字标题,任有花柳山水,也断不能生色。"事实上,园林中的山石、溪泉、建筑、亭台在表情达意上具有一定的局限性,不可能直接告诉游览者景色的奥妙,而文学形式的诗词题对恰能画龙点睛地集中表现出艺术的生气和意境。

楹联 楹联就是对联,在园林风景中,它们多数挂在亭榭的柱(楹)上。实际上,它是古代诗词形式的一种演变。楹联短小精悍,独立成趣,常常是寥寥数语,便将山林泉木、亭台轩榭的意境勾勒出来,帮助游人领会园景的意味。在园林中,楹联是应用最多的文学形式,它虽然已经有机地融合在园景之中,但本身所具有的形式美仍然是广大游赏者注目的对象。楹联之美首先美在它的形式,即具有约定性和对称性。约定性包括其联必须是两句,右边的称上联,左边称下联。其次联文不论多长,换行时必须"平头",即上线保持水平,不可提高两字换行。最后对联必须竖着写,竖着从右向左读,竖着贴。对称性主要表现在字数、词性和声调三个方面。一副好的楹联,其上下联的字数相等,相对位置上的词词性要相同,平仄声要相对(上平下仄或上仄下平)。楹联按联意分,可有正对、反对;按格律分,又有严对、宽对。题联者为了引起游人的兴趣,十分注重对联的技法。经常运用的有嵌字联、叠字联、谐音联和集句联等形式。

楹联的基本形式 我国园林的楹联形式很丰富多样,归纳起来,基本上有下列几种:

1. 嵌字联:把事先确定的词语(大多为某一胜景的名字)巧妙地镶嵌在联中。如成都市新都区的桂湖是明代学者杨升庵故居园林,现代文学家郭沫若为其题撰一联:"桂蕊飘香,美哉乐土;湖光增色,换了人间。"上、下联联首嵌有"桂湖"景名。

2. 叠字联:一字连用,利用语音重叠来加强楹联的艺术效果。如杭州西湖原花神庙悬挂一联,上联为"翠翠红红处处莺莺燕燕",下联是"风风雨雨年年暮暮朝朝",上、下联均用五字重叠,是园林中很出名的叠字联。

3. 谐音联:利用同音或近音字创作的对联。如河北秦皇岛市孟姜女庙联:"海水朝(潮),朝朝朝(潮),朝朝(潮)朝落;浮云长(涨),长(常)长(常)长(涨),长(常)长(涨)长(常)消。"上联一连七个朝字,下联一连七个长字,如果不懂谐音的规律,是很难读懂的。这些讲究技巧的园林楹联,除了点出周围风景的意境之外,本身的文字常常由书法家书写或金石家篆刻,成为园林中很有观赏价值的人文艺术景观。如济南大明湖历下亭的楹联:"海右此亭古,济南名士多。"是唐代大诗人杜甫的名句,由清代书法家何绍基写成楹联,名诗、名书法合成的名联挂在名亭柱上,使历下亭倍受游赏者的青睐。园林中常见楹联均很短小精悍,字数最少的短联上、下联各四字。如扬州瘦西湖蜀冈鉴真纪念堂联为:"山川异域,风月同天。"除了短小精悍、言简意赅的短联,我国园林中还有百字以上的长联,有的甚至洋洋上千言(如四川江津临江城楼长联达1612字)。这种楹联实际上成了写景抒情的大型散文了。它们悬挂于著名的风景建筑上,常常作为独立的景致供人观赏。最著名的长联是昆明大观楼长联,上下联各九十字。上联集中写景,一开始就将大观楼赏景的宏大气势向游人展开:"五百里滇池,奔来眼底,披岸襟帻,喜茫茫空阔无边……"接着又从东、南、西、北四个方向描绘景色,整联笔力挥洒自如,气魄博大精深,构思腾挪变化,被誉为古今第一长联,成为大观楼公园的第一名景。

园林楹联,其实是由山水风景诗发展而来的。好的诗对本身便是一副绝妙的楹联,而好的楹联也像诗那样深刻隽永。不少园林佳联直接摘自古代名诗,如济南大明湖的历下亭、北京陶然亭、长沙爱晚亭等,都用名诗名句作楹联。有时,园林中的楹联并不直接引用一首诗中的两句诗对,而是汇集了不同诗人不同诗篇的诗句,这叫集句联。如有的园林挂出"夕阳无限好,高处不胜寒"的楹联,便是集句联。上联是唐代李商隐的诗句,下联却是北宋苏东坡的。这样的集句联,将历史上著名文学家和诗人同园林风景直接联系起来,对于渲染园景之意境是很有作用的。

名园与名联 历史悠久的名园每每拥有名联为之增辉,这些名联,既点出了风景的特色,又为园林增添了富有文化气息的景致。杭州西湖名扬四海,其名联亦多。如三潭印月,杭州西湖小瀛洲总的格局是在西湖中筑起一堵圆形的堤坝,坝内水面上又堆起一座小岛,并以"十"字形曲桥和小堤相连,造成湖中湖、岛中岛、园中园的胜景。但是有时游客看不出其中的奥妙,这就需要用题对明确点出风景美的所在。清末维新派领袖康有为曾为此胜景题过一联,他写道:"岛中有岛,湖外有湖,通以卅折画桥,览沿堤老柳,十顷荷花,食莼菜香,如此园林,四洲游遍未尝见。"真是对西湖这一名胜的绝妙概括,是十分得体的游览指导。

园林佳联有时把赏景者也结合进去,它所描绘出的情景,更使游人从心田升起强烈的美感。杭州西湖边上的楼外楼,悬一副对联:"客中客入画中画,楼外楼看山外山。"每一个读到此联的游人都会被"画中画"所打动,他们环顾四周,但见"淡水浓山画里开,无船不署好楼台。春当花月人如戏,烟入湖灯声乱催"的西湖景致比画还美,至此更加体味到"楼外楼看山外山"的意境。这样的景联,融景情于一炉,赏来自然回味无穷。

离楼外楼不远的平湖秋月,是杭州西湖一大胜景。历史上文人墨客的对联不在少数,其中也不乏有描绘风景意境的佳作,如清人彭玉麟一联:"凭栏看云影波光,最好是红蓼花疏,白蘋秋老;把酒对琼楼玉宇,莫辜负天心月到,水面风来。"上联以云影波光、红蓼白蘋,点出了深秋湖上的美色;下联以把酒对月,月到天心,绘出了平湖的夜景。上联写湖光,下联着意于月色,隐含了平湖秋月之意。全联情景交融,充满诗情画意,读来使人心神为之陶醉。

带有纪念意义的祠堂园林,为了向游览者介绍被纪念人的生平功绩,引发游人的赏景情感活动,楹联比一般园林要多。例如"锦官城外柏森森"的成都武侯祠,是纪念三国蜀相诸葛亮的。园林古柏苍郁,青瓦红墙,极为幽静。园内匾对很多,有的介绍诸葛亮的生平,有的评价诸葛亮的功绩,均是静赏景色、缅怀古人的极佳辅助。像"两表酬三顾,一对足千秋",是只有十字的一联短对,但含义很深,上联说诸葛亮以前后《出师表》酬答了刘备三顾茅庐的真情,下联说一场隆中对(在茅庐中向刘备细说天下形势的对话)预料了以后天下三分的形势,实在是流芳千古的政治预测,短短十个字,概括了诸葛亮的一生。

匾额 我国园林中另一种主要的文字形式的点景,它比楹联更简练,含义也更深浓。我国的园林风景,历来都用浓缩的诗一般的文字来点明景题,它们大多以匾额的形式挂于主要风景建筑的檐下或阴刻于假山石上,这种文学艺术同园林的结合是我国造园艺术家独创的具有民族特色的"标题风景"。一般来说,园林山水风景形象在审美过程中所引起的联想和想象有较大的偶然性和主观随意性,游人由于出身、经历、文化水平和艺术修养之不同,对景色的欣赏和理解也有很大的差异。造园家为了使自己创作构思的匠心为人们所理解,就要使景区的主要景物带有某种规定性,匾额题景名就具有这种规定性。例如,人们游览北京颐和园前山景区,从临湖的云辉玉宇牌坊、排云门一直向上至排云殿、佛香阁等,常常会被眼前各种造型的殿堂、斋馆所吸引,而无暇顾及周围的整体风光之美,为了把游赏者的视线引向更远的风景空间中去,造园家在佛香阁西面设立了一座三层的楼阁,其题额为"山色湖光共一楼"。这七个字再明白不过地告诉游人:这里有着美丽的湖光山色,楼台建筑不过提供了一个看景的观赏点。于是,大多数游人便会直上三楼,依栏仔细欣赏"碧树黄墙相掩映,曲廊似带绕湖边"的前山景色,以及昆明湖一片水光潋滟、玉泉山和西山层峦叠翠的山水风景,加深对这一园林风景意境的体会。

　　风景题名必须切题,要简略地概括出景色的特征。有些园景的景名,直接地点出了欣赏的主要内容,如见山楼、藕香榭、玉兰堂、石丈亭等。虽然它们也能起到规定作用,指导人们游赏,但往往过于实、露而使游赏者没有回味的余地,而且也容易重复抄袭。南宋文学家洪迈在他的散文集《容斋随笔》中曾议论过亭榭的题名:"立亭榭名最易蹈袭,既不可近俗,而务为奇涩亦非是。"综观各地山水风景园林的十景、八景之名,常常是大同小异,因此要避免近俗和流于一般。而那些发泄胸中郁愤的景名,则又容易"务为奇涩",这种隐晦的题名常会使游人感到"不知所云"而无法理解。就拿"拙政"两字来说,用作园名,似乎过于冷僻,一般人是无法理解潘岳《闲居赋》中这两字的含义的。当然,题名可以借用历史文学的典故轶事,以增加趣味,引起联想,但景名的目的主要还是帮助和引导审美欣赏,所以贴切地概括艺术可创造的意境,还是应该放在首位。

　　题名的艺术　　园景题名,不仅仅是诗文词藻应对之技,它是与造园构思相关联的艺术步骤。它既要规定,又不能规定死;既要含蓄、婉转地点明主题,又要给游人留下想象的余地,要做到由景发情,以辞发意,有韵味地表达出游人心里的赏景感受。根据景名题对虚实程度的不同,一般可有三种情况:

　　1. 既能言简意赅,贴切地概括出意境主题,又婉转地表达了艺术家的性情和气质。例如拙政园的远香堂和留听阁,均为夏日赏荷之处,但两者的题名均没有直接和视觉发生联系。"远香"主嗅觉,"留听"主听觉,较为别致,同时这两处题名又巧妙地与古典文学的名人名句相联系,以引起游赏者的联想。"远香"出自周敦颐的《爱莲说》中"香远益清"之句,"留听"为李商隐"留得残荷听雨声"的摘句。既点出了这两处欣赏空间的特色,又沟通了视觉、听觉、嗅觉之间的联系。特别是"远香"又婉转地抒发了对荷花"出淤泥而不染"品行的赞美,表明了园主人洁身自好、不媚官府的清高气质,融景物情思于一匾,堪称高手。

2. 比较直接地点出了风景欣赏的主要内容。这一类题名园林中最多,对一般游赏者的帮助也大,但往往过实的点景,而使韵味不够,如一般的望江亭、见山楼、扑水亭、荷花亭等均是。比较好的处理是以实带虚、虚实相济地点明风景的主题,使之既明了又有味。西湖十景天下闻名,稍微分析一下就可知它们的前两字是指明了风景欣赏空间实的环境条件和具体的风景形象,而后两字却捕捉了大自然中虚的多变的风景信息。如苏堤、曲院、平湖、断桥都是赏景的主要环境;而春晓是赏晨曦朝霞,风荷是赏荷花在清风吹拂下的动态,秋月是赏"水底沉明月,水上明月浮"的月夜景致;残雪是看春雪霁后的小阳春。这虚景实景的互相融合就构成了风景意境的骨架。其他如花港观鱼、南屏晚钟、柳浪闻莺、双峰插云等也都无不是如此。虚实组合的题名清楚明了,既突出了景致的精华,又能引发起游赏者的情思意蕴,美景加美名使西湖冠绝天下景色永盛不衰。

3. 有的园景题名,主要是借景抒发园主人或造园家胸中的郁愤,但又不能直说,所以景名隐晦,只有具有较高历史知识和较好文化修养的游赏者才能领会景致的真正含义。像苏州拙政园西部一扇形亭景题额为"与谁同坐轩",景名以异体隶书题写,含义又深奥,故一般游人到此往往不知如何来欣赏它。其实,这题名含义深隽,它原出宋代文豪苏东坡的名句:"与谁同坐,明月清风我。"这里园主人借来一用,以表明自己的清高,同时也包含着对苏轼的崇敬之情。从组景特点上看,它坐落在一小岛的东部,隔岸是曲廊贴水,轩窗外立一葱翠小山,很是静谧,确实也符合迎风待月孤傲清赏的意境。

综合来看,这三种题名均各有所长。第一类题名切题又含蓄,包含了丰富的审美内涵,但往往得之不易,用多了便会雷同;第二类明白易懂,但要避免直截了当的实题;第三类含义深刻,蕴含着较多的哲理,易引起游者的思考,但又常常晦涩难懂。而好的园景题名应该综合三者之长,既要达意,又要表情;既要明晰,又要含蓄,而且还要考虑到不同层次游赏者的审美能力。它已远不是普通的婉转曲折的咏景诗,而是园林艺术特有的创造美的一种手段。一些好的风景题名,诸如"一庭秋风啸松风之亭""佳晴喜雨快雪之亭""暗香疏影楼"等比起上面说的那些望江、看山的题名,审美层次要高出许多,对园林整体美的辅助是不可小看的。

碑与书条石　碑指方正石板上刻上文字或雕上图画,古代碑刻多用来记录某一重大事件,以求永久地流传下去,作为纪念。我国古典园林,大多保留有古代碑刻,这是园林中又一种以文学艺术表现的风景。这些碑上的文字多数为文学史上的名篇名句,而其书写又往往出自当时名书法家之手,所以具有较高的鉴赏价值。如苏州寒山寺园著名的张继诗碑、沧浪亭光绪年间所刻的全园图碑等均是。除了碑刻,在园林中曲折的游廊中,还常能看到嵌在廊壁白墙上的一方方小石板,板上也选刻了各种文学名篇、名诗的名句,因为石板多作长条矩形,故人们一般称为"书条石"。如苏州留园中部曲廊中便置有著名的书条石,因其数量多,使这"三百帖"书条石成为园中主要的文化景观。有时,廊间小石碑上不刻文字,而刻历代乡贤名士,便成了画像条石,也别有一番纪念意味,如松江醉白池廊间的云间邦彦图、沧浪亭五百名贤祠中的画像石等。一般而言,图像一侧均刻有简单介绍的文字,而使传统的绘画、篆刻和文学艺术很好地结合在这种小碑石上。书林中最著名的碑刻是乾隆皇帝主持刻写,然后又镶嵌在北海公园阅古楼墙上的三希堂法帖四百九十五方。这些碑刻是园林融合文学、书法艺术的很好范例。有些碑文还记载着园林的变迁、园景的精华等,可资今日游园赏景参考。例如留园东部石林小院墙上,有一块当年园主人刘恕写的《石林小院记》碑,详细记载了小院的建造经过和院内石峰的来历。细细读来,可以加深游人对这一精美小院的理解和领悟。

文因景成　景借文传　我国古典园林与文学艺术的关系是相辅相成、交相辉映的,园林美景激发了好的山水诗文的问世,而名诗名句又使名园名景流传千古。文学修养深厚的园主常常将古诗词中的名句用来命名园林,使园林与文学更如水乳交融般密不可分。例如,江南濒临太湖的吴江县原来有座谐赏园,是明隆庆年间(1567—1572)进士顾大典自求解官后建造的私园。主人工诗画,故园林建造得十分精雅。其名"谐赏"出自我国山水诗创始人南朝诗人谢灵运《山居赋》中的"在兹城而谐赏,传古今之不灭"。顾大典在他的《谐赏园记》一文中,对文人为何喜爱治园有一段很透彻的表白:"主人去家园二十年,官两都,历四方,足迹几半天下,尝登泰山,谒阙里,入会稽,探禹穴,陟雁荡,访天台,睨匡庐,汎彭蠡,穷武夷之幽胜,吊鲤湖之仙踪,江山之胜,颇领其概。意有不合,退而耕于五湖,得以佚吾身于兹园也。入则扶持板舆,出则与昆弟友生觞咏为乐,江山昔游,敛之丘园之内……"他的意思是说,文人学者外出游历的机会较多,对于自然山水美景,有很深的体会。在他们回归故里之后,所见山水风景,常常梦牵魂绕于心头而不能忘怀,就要在宅旁屋后建造园林作为休憩生活之处。在风景布局中,则要使昔日游历所见山水美景重现于邱园之内。园林创造的美好环境成为其"昆弟友生觞咏为乐"、吟诗作文的欢娱场所,园景成为他们诗文的主题,同时也借着这些文字,流传了下来。再如著名诗人白居易在洛阳故居所建的南园早已化为云烟,但诗人曾在一百多首诗中提及,反使这座宅园名声极大,最近洛阳的考古人员据资料对白氏故宅遗址的大致位置(现已是一片农田)进行了发掘,证实了诗中所写的园林布局是真实的。白居易在《池上篇》序中写得很清楚:"都城风土水木之胜在东南隅,东南之胜在履道里,里之胜在西北隅。西闬北垣第一第即白氏叟乐天退老之地。"这座第宅花园的布局以水池为中心,池中筑岛,岛上建亭,以桥相通,环池开路,又引水至小院卧室阶下,并以天竺石和华亭鹤(松江产的白鹤)作为点缀,是一座以水、竹为主景的小型园林。诗人的这所城中园林,十分重视游赏景色和起居娱乐的结合。例如池东作粟廪,"无粟不能守也";池北建书库,"无书不能训也";池西有琴亭,"无琴酒不能娱也"。整座园景雅致古朴,体现了主人"妻孥熙熙,鸡犬闲闲,优哉游哉,吾将终老乎其间"的设计思想。

像这样因景美而留下了不朽名篇,而后园林毁坏,后人由记载而复知当日有名园的"文因景成,景借文传"的故事,在历史上是屡见不鲜的,如作《资治通鉴》的北宋历史学家司马光的独乐园,作《梦溪笔谈》的北宋博学家沈括的梦溪园等。另外,像北宋李格非记有当时洛阳名园十九处的《洛阳名园记》,南宋周密记有当时湖州园林三十六所的《吴兴园林记》,以及明代王世贞记有当时南京十五园的《游金陵诸园记》等,更是对当时城市园林的一个总括。虽然其中大部分园林以后湮灭无存了,但却给园林史留下了不可多得的资料。

名诗与名楼 我国著名风景园林常建有供游人登高远望的高耸楼阁,这些主体建筑,也常常因为有古代文学家的名诗名作而流传千古,不断被后人修缮维护,并随着历史的发展越来越显示出它们的欣赏价值。如山西永济的鹳雀楼,地处中条山一隅,本来是不很出名的。但经唐代诗人王之涣《登鹳雀楼》诗的传颂,这一远眺风景的城楼就随着"欲穷千里目,更上一层楼"的名句而千古留芳。再如,"落霞与孤鹜齐飞,秋水共长天一色"这一被人们千古吟唱的名对,极精彩入神地描绘了滕王阁上秋天赏景的美妙景色。被誉为"西江第一楼"的南昌滕王阁是和唐初才子王勃的《滕王阁序》紧密联系在一起的,那"飞阁流丹,下临无地","披绣闼,俯雕甍,山原旷其盈视,川泽纡其骇瞩"等文字,成了后人描绘景色的楷模。滕王阁历时一千三百多年,重修达二十八次,不能不说是《滕王阁序》的功绩。

巍然兀立在湖广重镇武昌长江边上的黄鹤楼,亦因诗人的轶事和名句而闻名天下。据传唐代诗人李白游武昌蛇山黄鹤楼,被眼前美景所陶醉而引发诗兴,但抬头看见诗人崔颢的诗"昔人已乘黄鹤去,此地空余黄鹤楼。黄鹤一去不复返,白云千载空悠悠",深深为诗中所描写的情景所折服,随口说出"眼前有景道不得,崔颢题诗在上头",而不再作诗。今天黄鹤楼以崭新的姿态耸立在游人面前。每当人们登上雄浑瑰丽、气派非凡的巍楼,面对长江之水烟波茫茫,顿时感到古老的名楼焕发出新的生气,继续为美化祖国山河作出新的贡献。

另一座与名人名诗连在一起的名楼是龙标(今湖南黔城镇)的芙蓉楼。"醉别江楼橘柚香,江风引雨入舟凉。忆君遥在潇湘月,愁听清猿梦里长。""沅溪夏晚足凉风,春酒相携就竹丛。莫道弦歌愁远谪,青山明月不曾空。"这是唐代著名的边塞诗人王昌龄晚年被贬到龙标当县尉以后所写的两首写景诗。诗人到了这个当时十分荒凉僻远的地方,虽然处境非常艰难,但他却建楼台、栽花草,改造自然山水,修筑园林,并邀朋友共同游赏,醉心于山水林泉之美中,吟诗作赋,写出了"青山明月不曾空"这样潇洒、乐观的诗句。当时的芙蓉楼,就是诗人饮酒赋诗、宴请宾客的地方。楼成以后,宾客盈门,盛极一时,成为湘西沅江上的一大名楼。

此外滁州的醉翁亭、徐州放鹤亭、陕西凤翔县的喜雨亭等园林名亭因为有了欧阳修、苏轼等文学家的题记而一直保留到现在。连原来并不是专门写景的诗文也能成为风景园林名扬四海的原因。例如唐诗人张继在天宝末年(756)途经寒山寺,写下了《枫桥夜泊》一诗:"月落乌啼霜满天,江枫渔火对愁眠。姑苏城外寒山寺,夜半钟声到客船。"从此寒山寺名扬天下,成为中外知名的宝刹。步入悬有"寒山古寺"的大门,便是作为园中一景的张继诗碑,碑文原是明书画家文徵明手迹,因历经劫难,字迹模糊残缺,又由清文学家俞樾重写再镌。此碑之外,在碑廊及殿阁、走廊壁上还有历代名人韦应物、岳飞、陆游、唐寅、王士祯和康有为等题咏寒山寺的诗文碑刻几十方,使文学艺术景观成为这一寺庙园林的重要组成部分。

人们都喜爱用诗情画意来评说我国园林,而诗人文学家审美修养较高,对自然风景及名胜古迹之美比较敏感,容易被园林风景激发出丰富的情感而表达于诗文。随着这些诗文的流传,这些景致也愈加出名。很多游览者就是先知道诗文,然后才去实地游览的。而在具体欣赏过程中,这些诗文又成为引导人们去领悟充满诗情的园林意境的好帮手。园林美景和写景诗文是相辅相成的,风景是诗文的创作基础,诗文反过来又点染勾勒了风景的意境,宣传了园林的美名。

园林与绘画 我国园林,虽然历史悠久,但有着重实践轻理论的倾向。明代以前,除了一些园记和文人笔记之外,在理论上可以说是一片空白。园林设计的一些艺术原则和具体的布景方法,往往依赖于绘画,特别是山水画论。历史上一些著名画家的创作体会和经验总结对园林的发展和成熟,有着不可小看的影响。山水画是我国传统绘画的一个分支,它以自然风景为主要表现题材,和园林风景艺术关系极为密切。历史上一些成功的山水画作品及画论,对造园艺术活动有着重要的影响,而园林所创造的富有诗情画意的美好环境又陶冶了画家们的情操,它们相辅相成,在漫长的发展中形成了较为类似的风格。除了整体艺术构思之外,古代造园在绘图打样、假山堆叠、水体处理等具体操作中,也深受风景绘画的影响。据陈从周所著的《说园》所述,明清以来,造园先作图,几乎成了惯例。这和其他艺术创作一样,作图就是打草稿,图上画的景物能较直观地显示出园林的风貌,便于造园家进一步修改。浙江海盐于1901年建造了一座文人私园"徐园"。建园之先,就请画师作了三十二幅徐园图,这三十二幅园图墨迹清丽、笔触精妍,立意构图,均按造园理论行事。其中数幅,尚留有修改过的痕迹,如"此亭取消"、"右首加一月洞墙",足见这些画幅实是造园施工时的"蓝图"。据当年常盘桓于徐园的老人言,图中景色,除了园外借景及个别景点有较大的美化外,其他基本符合园中景致,虽然徐园已毁多年,但读此画页,依然觉得面熟,很有似曾相识之感。由此可见,风景画还常用作造园施工时直接的指导,是园林艺术创作不可缺少的帮手。此外,园林处理假山时常用的术语,如斧劈皴、折带皴、绞丝皴等也借用于山水画技法,至今仍然是叠山工人必须掌握的。

当然,山水画同园林毕竟是不同的艺术,园林艺术在发展中,也不断吸取了其他艺术的长处。但是从形象地再现自然景色等方面来看,两者有着更亲密的血缘关系,绘画艺术对造园的影响是不容小看的。

同出一源 我国古代士人崇尚天人合一,对自然山水风景有着特殊的感情,发展到两晋南北朝,对山水自然美的观赏已超越了"致用"及"比德"阶段,而以娱情畅神为目的,这种审美理想,促进了自然美艺术的诞生,山水画和园林犹如孪生兄弟一般,同时诞生于此时。东晋和南朝,绘画中山水景色的描绘,已逐步迈过了纯粹作为配景的古拙阶段,走上了写实的道路。这时最负盛名的画家是顾恺之,他不但人物画得生动有神,而且也在探索山水画的表现上走出了坚实的第一步。他所作的《女史箴图》中的山水配景已具高下曲折之势。他在《画云台山记》中具体地谈了观察风景、创作山水画的体验:"西去山别详其远近,发迹东基,转上未半,作紫石如坚云者五六枚,夹冈乘其间而上,使势蜿蜒如龙,因抱峰直顿而上,下作积冈。……次复一峰,是石。东邻向者峙峭,峰西连西向之丹崖,下据绝涧……"对危峰绝壁观察得如此仔细,确实需要较高的风景欣赏能力。另外《画云台山记》中对山水画如何布局结构,如何理解风景中的明暗关系、倒影关系等,均有阐述。可以说,在这一时期,古代山水画已经萌发出了最初的几片新芽。而此时也是士大夫们耽乐于山水游赏风景的风尚大开的时代,以吟咏性情为目的的文人园林已在江南出现。两种艺术门类差不多同时登上文化史的舞台,这绝不是一种巧合,而是因为两者艺术性质、社会效益的相近。一旦社会政治、思想文化条件成熟,它们就一起破土而出。

稍后,南朝宋的宗炳写成了我国历史上第一部山水画论——《画山水序》,提出了作画要畅神的观点。他主张山水画必须像真山真水,才能代替那些人们不能常去游历的林泉风景,而供人们在室内"披图幽对",达到"畅神"的目的。宗炳本人有极广的游山玩水经验,每逢看到好的风景,常常流连不肯去。他是对庐山风景建设有重大贡献的高僧慧远所组织的"白莲社"的重要成员,在筑台凿池、修建园林方面也很有造诣。

南朝梁元帝萧绎也是一位山水画家,他在他所作的《山水松石格》中说山水画要描绘"泉源至曲,雾破山明,精蓝观宇"等风景名胜;又认为画山水必须"丈尺分寸,约有常程",即遵循自己固有的艺术规律。同时,萧绎指出光形似还不够,还要注入画家本人的情思意蕴,只有这样,作者才能体验到"茂林之幽趣,杂草之芳情"。这种既讲究形似写真,又要求寄情传神的观点,在山水画发展的起始阶段就被明确提出,对我国园林"诗情画意"的形意合一风格,影响是很大的。

与此同时,南朝齐谢赫在《古画品录》中提出了画论六法,是我国古代第一次对造型艺术美学思想系统的阐述。他强调艺术品的整体形象要有内在的美,要充满生气,而这种内在美的获得又离不开"骨法用笔""经营位置"等具体的创作方法。这一理论被誉为"千载不易"的衡量艺术作品优劣的标准,既是风景绘画也是园林艺术创作的依据。

隋朝展子虔的《游春图》被认为是我国第一幅完整的山水风景画。这幅画主要表现的是山水、树木和建筑景致,虽然画中的笔法还不够成熟,树木花草和山石还存在着六朝时山水象征画法的遗意,但是它重笔描绘的山水、树木和建筑主题恰恰是园林艺术家造园时所应用的构园要素。

唐代是我国山水画发展的一个重要阶段,这时涌现了一批杰出的风景画家,如李思训、李昭道、王维、吴道子、张璪等。绘画理论也较前期更完全、更严密。山水画已成了中国画的一个独立分支,与园林艺术更接近了。它的理论对园林也产生了更大影响,如被造园家奉为经典的"外师造化,中得心源",就是由盛唐画家张璪提出的创作理论。造园也好,画风景也好,必定先要向大自然学习,熟悉并借鉴山水风景美的精华,这是"外师造化"的含义,但是张璪又指出,艺术创作并不是简单、机械地搬抄,它必须经过艺术家的消化吸收,能表达一定的思想,也就是要经过艺术意识的熔铸,这就是"中得心源"。这一创作思想在山水画和造园领域,影响均极为深远。五代后梁山水画家荆浩更进一步提出,绘画不仅要表现景物的貌似,更要讲究气韵和神似。"似者得其形遗其气,真者气质俱盛",中国园林的构思立意,也是基于这一理论。造园如果不经过造园家的艺术概括,将自然山水的峰石、草木统统塞进园林,那么园景一定杂乱无章,无艺术趣味可言。由此,足以看出,古典园林与山水风景画在其形成和发展阶段,有着极深的渊源关系。

郭熙与造园 郭熙是北宋著名画家。他的代表作《林泉高致》对后世的园林艺术有较大的影响。书中,郭熙开宗明义地阐明了创作山水画的艺术目的。他认为山水画主要是为那些有林泉之癖、爱好山水的君子服务的,他们对于风景梦寐以求,竭力追求"泉石啸傲""渔樵隐逸"的生活,但是又不能舍下家中的亲人,离开当官的位置去山林中漫游。有了山水画就可以在家中对画游赏"不下堂筵,坐穷泉壑"。这种山水风景艺术的价值观念不仅促进了以后山水画的发展,也同样引起了既能"游"又能"居"的宅旁私家园林的兴盛。

山水画是一种艺术创造,其中包括着艺术家对自然景色的理解和分析,《林泉高致》对如何观察自然、理解自然也作了比较详细的论述。首先郭熙认为艺术家对自然的认识要"博",也就是要"饱游饫看",在博见广闻的基础上再进行比较分析,辨别各种山水形态的本质特征,从而将各种山水景象"历历罗列于胸中"。只有比较广博地掌握了外在自然山水景色的规律性,才能"由博反约",自如地应用各种艺术手法,创造出典型的风景画面来。"饱游饫看"对于园林艺术来说也同样具有指导意义。造园和画山水有不少共同之处,只是易纸为大地,换笔墨为具体的水、石、花木等物质材料。为了更典型地在园中创造出自然山林景色,造园家也必须多游历名山胜水,研究自然景色的特性,以此来积累造园素材。明代著名造园家计成在《园冶》自序中说:"不佞少以绘名,性好搜奇……游燕及楚,中岁归吴……"也强调了游历。可以说,计成高超的造园技艺和完整的理论总结是与擅长山水画和爱好游历分不开的。同时,园林中山水景是造园师对自然风景进行提炼加工后创造出来的。所谓"加工"和"提炼",首先要有个基础。这个基础就是造园家对自然山水典型的把握、基础越扎实,艺术作品就越能成功。这就是郭熙所说的"所经之众多,所养之扩充,所览之淳熟,所取之精粹"。

郭熙还很周密地论述了风景中的山、石、水、草木、烟云等风景形象之间的关系。在这些景物中,画家最重视山、水的主导作用,并说"山得水而活,水得山而媚","山以水为血脉","水以山为面"。在园林中,山和水的组合也构成了风景的主要结构骨架,今天造园中经常使用的"山因水活,水随山转,溪水因山成曲折,山蹊随地作低平"等艺术原则和郭熙的画论是同出一源的。

自然山林的旖旎风光,仅有山水造景是不完全的,还需要其他景色的辅助。郭熙在论述山水之后,又补充说山要"以草木为毛发,以烟云为神采";水也要"以亭榭为眉目,以渔钓为精神",只有将这些景物妥帖地组合起来,才是真正山水之布置。在园林艺术创作中,这些景物同样是不可缺少的。特别是"以烟云为神采"明确强调了天气现象景观的作用,对园林艺术创作的影响更大。在我国古典园林中,这一理论应用得极为普遍,几乎每园都有观赏烟云山水的景点。有些园林,水面较大,由于水汽的蒸腾,更容易产生烟水迷离的观感。例如,北京北海公园琼华岛上的阅古楼,是北向呈半圆形的楼阁,这里原是清乾隆皇帝贮藏《三希堂法帖》碑刻之处。楼呈半圆形,正好观看北海浩瀚的水面。《三希堂法帖》的最末一刻为"烟云尽态"四字,正好是这一景区精华的伏笔。当游赏者在此观赏了这珍贵的书法艺术,出阅古楼循山道拾级而上,可到一亭,其题额也是"烟云尽态"。此时,只要游览者回首远望,山光水影之中烟云缥缈,对岸的五龙亭时隐时现,便能领会到"烟云尽态"的境界。两边石柱上有一副楹联:"刚喜应时沾快雪,便叫佳景入新晴。"揭示了造景家利用烟云之景勾勒山水神采的一片苦心。

辋川别业与辋川图 王维是唐代著名的田园诗人和画家,他的诗大多描写山水风景,而他的画也是"云峰石色,绝迹天机,善破墨山水,余韵及于后世",被人们尊为泼墨写意山水的创始人。苏东坡曾说过,读了王维的诗,好像觉得诗中有画;而见了王维的画,则又能品出浓郁的诗意,这是十分难得的评价。这位诗画双绝的名士晚年自己构筑园林,以深厚的艺术修养和高超的技艺创造出一座出色的山庄别墅式园林——辋川别业。诗人自己为园所作辋川图,图中"山谷郁郁盘盘,云水飞动,意出尘外,怪生笔端",后世文人墨客争相描摹。直至清代,四大家之一的王原祁还作过一幅很出名的《辋川图》。王维对自己的山庄别墅式园林十分喜爱,对园中主要景点各有吟诗,后世文人集之编成一部以园景为题材的诗集——《辋川集》,集诗、画、园三艺于一身,成为我国文化史上的一段佳话。

辋川别业位于陕西蓝田县终南山下,这里风景秀丽,层峦叠翠。由于离京师长安不远,所以不少官僚文人都在此选地建造庄园。王维经历了安史之乱的动荡,晚年在辋川别业过着亦官亦隐的优游生活。一次他在给好友裴迪的信中说到辋川环境的优美:"北涉玄灞,清月映郭。夜登华子冈,辋水沦涟,与月上下。寒山远火,明灭林外。深巷寒犬,吠声如豹。……步仄径,临清流也。当待春中,草木蔓发,春山可望。轻鲦出水,白鸥矫翼。"展现了一片典型的山庄园林景色。

辋川别业是沿山麓、山谷布置的山地园林,园中有溪流、小湖,主要景点有孟城坳、华子冈、文杏馆、斤竹岭、茱萸沜、鹿柴、北垞、欹湖、临湖亭、柳浪、栾家濑、金屑泉、白石滩、竹里馆以及漆园和椒园等。孟城坳是一个形如城堡的山坳,地势险要。"新家孟城口,古木余衰柳",这是一个古木参天的清幽环境。孟城坳后面有一山冈叫华子冈,地势较高,冈上林木茂密,秋天红叶满山,王维诗曰:"飞鸟去不穷,连山复秋色。上下华子冈,惆怅情何极。"可以想见,辋川是建在一片树木森森、群山环抱的谷地中,入口有冈岭遮挡。山中有小湖汇集各溪流、清泉,湖名欹湖。这里是别业的主景区,沿湖建有临湖亭,客人亦可泛舟从湖上进园:"轻舸迎上客,悠悠湖上来。当轩对樽酒,四面芙蓉开。""吹箫凌极浦,日暮送夫君。湖上一回首,青山卷白云。"远山近水,湖光山色,很是明净秀丽。湖面上荷花朵朵,波光粼粼。既可以临湖静赏,又可以坐船动观,沿湖还种植了柳树,"分行接绮树,倒影入清漪",那如绿色帐幔的柳丝,倒映于水中,使人耳目清新。从柳浪去栾家濑是一条随泉而下的小路:"飒飒秋雨中,浅浅石溜泻。跳波自相溅,白鹭惊复下。"明净的泉水,汩汩自地下涌出,晶莹如玉,汇集成小溪向湖流去。泉中最有名的是金屑泉,以"萦渟澹不流,金碧如可拾"而得名。还有"跋石复临水,弄波情未极"的白石滩小溪。沿溪可到园中胜景之一的竹里馆,画家以"独坐幽篁里,弹琴复长啸。深林人不知,明月来相照"来题吟,生动地刻画出绿玉满谷、翠影排空的山水中,弹琴复长歌的隐士形象。

辋川的山景也极其动人。鹿柴一景的特点是幽静:"空山不见人,但闻人语响。返景入深林,复照青苔上。"斤竹岭是"檀栾映空曲,青翠漾涟漪"。山庄还很重视田园景,如文杏馆、茱萸沜等是以杏、茱萸等植物为主体的景点。建筑上也注意到与山野村居的呼应,以"香茅结为宇"。这些都表明了画家兼诗人的王维,在造园上也是一位大家。难怪后世文人每建园林,总要以仿效辋川为高雅。辋川图及后代画家的临摹想象之作,便成了他们造园的蓝本。

艮岳与画院　北宋设立画院,归中央直接领导,这在一定程度上推动了绘画的发展。当时的山水花鸟画流行现实主义的写实画法,像画院高手所作的《千里江山图》《金明池争标图》等都很真实地描绘了祖国的山河风景和园林。这些风景画,已具有界画(画法极为工整,能作为施工时的参考)的某些特性,能够实际反映园林的格局和建筑楼台的形式。像著名的《清明上河图》,很形象地记录了当时汴梁街道、建筑和桥梁的风格,是研究宋代城市和民俗的珍贵资料。这种写实主义的绘画对一些园林山水造型和亭台建筑格式的流传,帮助是很大的。画院在北宋政和至宣和年间(1111—1125)发展到顶峰,当时的皇帝宋徽宗赵佶酷爱绘画,是一个出色的画家。他重形似,追求细节的逼肖。为了不出京师而能坐享山水之美,从1117年开始,营建了历史上最出名的假山花园——艮岳,至1122年完工。

艮岳是帝王游乐的花园,集中了全国的造园精品。为了征集调运江南一带的奇花异石,专门组织了花石纲,奢侈浪费不计其数。造园材料的精美只是一个物质条件,艮岳的建造还有一个强大的设计绘图班子,这就是赵佶本人领导的宫廷画院。赵佶在《御制艮岳记》中说,花园的选材、规划立基、山水塑造,全按图纸要求,"遂以图材付之,按图度地,庀徒僝工,累土积石"。可见这座园林,完全是按画家们的意图建造的,而总设计师就是宋徽宗。花园周围约5至6千米,以人工堆叠的湖石假山艮岳为中心,北引景龙江水入园,"冈连阜属,东西相望,前后相续","左山而右水,后溪而旁陇"。主峰之外,又配了石山寿山和土山万松岭,也就是"岗阜拱伏""主山始尊"画论的体现,艮岳之巅立有一亭,以突出它作为主峰的位置。三山构成园林的骨架,山石富于变化,冈峦或开或合,或收或放,幽深曲折;山上有亭有台,山下有溪有峡,山中有洞有谷,有磴有栈,还有泉、瀑等各式动水相辅。平面布局曲折多变,立体空间参差有致,正如《艮岳记》上所说:仰看山景"若在重山大壑幽谷深崖之底,而不知京邑空旷坦荡而平夷也"。人游其间,犹如观赏一幅幅连续的山林风景画卷。艮岳的水景,也经过很仔细的推敲。寿山两峰对峙,列嶂如屏,中间有瀑布泻入雁池,池水清澈可鉴。凫雁浮泳水面,栖息水草矶石间。池水出为溪,自南北冈脊两石间往北流,与景龙江相接。整个水系在谷深林茂的山中穿越,一旁曲径伴随,形成很自然的溪谷游赏路线。水面注意了聚与分的处理:雁池以聚为主,水面辽阔,周围是山高林密、云层低绕的山林景,观之弥漫不尽;后溪旁陇,用分流的办法,使溪流潆洄,并与崖壑、花木、建筑互相掩映,构成幽曲的园景。

"艮岳之东,植梅数万株",是皇帝领着画师文人吟风踏雪、饮酒赋诗的地方;艮岳之西,配植了大量的药用植物,这与徽宗笃信道教,欲求仙丹妙药有关;艮岳园中的西庄是按农家村舍设置的,供帝王欣赏田园之景。据《艮岳百咏诗》的记述,这所苑囿几乎囊括了建造园林所能想见到的一切景致,计有建筑(亭、馆、轩、楼、堂、阁、厅、斋、庵、庄、关、寮、门)四十六处,水(池、江、湖、溪、川、泉、峡、渚)十三处,山(冈、岭、岳、台、洞、峰、岫、谷、崖)二十八处,路(岸、路、径、栈)八处,要不是由具有一定艺术造诣的画家亲自部署规划,如此完全周密的园林建设是很难完成的,由此亦可见风景画与园林的渊源关系。

画家与名园 我国绘画艺术,源远流长,在它长期的发展中,曾出现了不少杰出的画家。他们不仅艺术修养好,技艺高超,而且每每喜欢治园,常常以园林美景来培养和陶冶艺术情思。

元代书画家赵孟頫于故乡归安(今属湖州市)建莲庄,景色佳丽。这位善画马的大家十分喜爱园林石峰,当年在莲庄鸥波亭前立有一块沁雪石,皱瘦多姿,很有韵律,至今仍存于常熟。一次游西湖,画家又觅得一湖石,两端有小洞相通,"清风飒至,其声如琴,即名石篁"。画家极为珍爱,带回莲庄常于树下抚玩。华亭(今上海松江)画家曹知白,山水画造诣极高,前代画论家评曰:"其平远法李成,山水师郭熙……笔墨清润,全无俗气。"他在家乡的园林也同画一样,以雅健为上。当时,享誉于江浙一带。画史记他"隐居读易,终日不出庭户。……晚益治圃,种花竹,日与宾客故人以诗酒相娱乐,醉即漫歌江左诸贤诗词,或放笔为图画,掀髯长啸,人莫窥其际也"。他在园中,仿效古之贤士打扮,"幅巾野褐,终日逍遥于嘉花美木清泉翠石间,风流文采不减古人"。这些文字,生动地描绘出一个终日优游于林园、亲自治圃管理、抚琴吟歌的画家形象。善画园林竹石小景的柯九思对治园兴趣更大,他在题宋人临王维《辋川图》时说:"辋川图出自摩诘,一一点染,其台榭景物,无不可游、可玩、可忘世。"可见画家对园林鉴赏力是很高的。有一次他游昆山名士顾阿瑛园时,看到玉山草堂前奇石寒翠峰奇丽无比,就仿宋米芾拜石对石峰下拜,后来还在此筑一台,叫拜石台。正因对竹石有如此深的感情,柯九思的水墨竹石才能名擅一时。被称作元四大家之一的山水画家倪瓒,主张画要写出"胸中之逸气"。他的画擅长表现疏木平林和空旷孤寂的无人之境,以此寄寓他隐逸旷达的情思。他的家园清闷阁,是广为人传颂的淡雅佳园。"所居有阁,名清闷,幽迥绝尘……松桂兰竹,香菊之属,敷纡缭绕,而其外则乔木修篁,蔚然深秀。故自号云林,每雨止风吹,杖履自随,逍遥容与,咏歌自娱,望之者识为世外人。"清阆阁还有一些很别致的园艺小品。画家在云林堂前植了各色花卉,又在花坛中铺以白色瓷砖,每当下雨浇花,落花便由瓷砖上顺水漂下,画家则在一旁"以长竿粘取之,恐人足侵污也",爱花、惜花到如此地步,在画家中也是少见的。除了家园之外,倪瓒还参与了一些名园的规划设计。如苏州的狮子林,就是僧维则请朱德润、倪瓒、赵元善、徐幼文等当时著名画家共同商讨规划的,朱德润和倪瓒还分别作过狮子林图,足见画家对名园的感情。据传山水画技法中的折带皴,是倪瓒取法常熟邑郊园林虞山岩层石理而创造的。这种皴法对于黄石山水的表现和黄石假山的堆叠,都有着很大的指导作用。

当时江浙一带,很多画家都参与了造园的规划设计活动。著名的书画家文徵明酷好园林,参加了不少造园活动。明嘉靖十二年(1533)王献臣营建了拙政园,曾邀请文徵明作记,以后画家数次以园景作画,绘成拙政园图三十一幅,后来清画家戴熙又将文徵明所绘各景合成一幅手卷。20世纪50—60年代,人们在拙政园中部入口处还能见到文徵明亲手栽植的紫藤。文徵明的曾孙、画家文震亨撰写了《长物志》十二卷,分别论述了花园居室的花木、山石、家具等,为研究造园史提供了宝贵资料。他另一曾孙文震孟所造的药圃园即今日苏州的名园艺圃。另一著名画家仇英曾多次将古代名园如晋石崇的金谷园、宋司马光的独乐园等想象成图,表明了画家胸中造园艺术修养的高超。再如苏州怡园是宁绍道台顾文彬所构,他儿子顾乐泉亦是画家,建园布局设计的很多方面都是他与画友研讨而成的,如王石芎、范印泉、顾若波、程庭鹭等当时的一些画家,都参与了此园的设计工作。

古代扬州是南北交通枢纽,商贾云集,经济发达。到清乾隆年间(1736—1795),扬州城内和湖上园林,达到其鼎盛期。这时也正是著名的以"八怪"为首的扬州画派活动的繁荣时期,两门艺术在这里相辅相成。例如清初画家原济(字石涛)是一位在山水风景画方面很有造诣的大师,他的精深的画论《苦瓜和尚画语录》阐明了如何准确把握山水风景美和进行艺术创作,影响很大。其中不少章节对山川、皴法、境界、蹊径、林木等绘画技法的论述,对造园艺术也有直接的指导作用。他提出的"搜尽奇峰打草稿"就是要求艺术家以丰富多彩的生活作为创作基础,又说对不同的山峰因其"具状不等,故皴法自别",这和园林艺术中"分峰用石"的理论一脉相承。原济还强调了风景艺术中"对景不对山,对山不对景""倒景、借景、截断险峻"等一些辩证观点,这些观点在画家自己的造园实践中得到了体现。扬州片石山房的湖石假山,被誉为是石涛假山的人间孤本(现已毁)。假山以大小不同的石块,按石纹的横直分别组成绝壁悬崖,采用了他"峰与皴合,皴自峰生"的画论,叠成了"一峰突起,连岗断堑,变幻顷刻,似续不续"的气势,重现了天地间的精华。

画家与名园之间有着千丝万缕的情思,有能力者则自建园林,而像原济那样的苦瓜和尚就替别人造园,以此来寄托对山木林泉的依恋。近代,还有一些画家是租居名园的。如画虎名家张善孖(大画家张大千的二兄)曾和书法家叶恭绰一起租赁苏州网师园作为作画吟咏和居住之所,张善孖因爱虎,还在园中驯养了一只幼虎,时时逗玩观察,这大概是中国园林养虎的孤例了。大画家张大千也一度居于园中。后来张大千移居海外,每到一地,首先也是按传统风格建造园林。1953年,大师迁居巴西,就在圣保罗附近选中一处树木葱郁、河流环绕的谷地营建八德园。园中有假山、池塘、松林、梅园等景致,亭台楼阁,曲径通幽。他还不惜重金采购梅花、芙蓉、牡丹、杜鹃、翠竹等中国园林必不可少的植物,取代了原来的花树。他开辟了八德池,养鱼植荷,使之秀色更添。这样,一轴具有中国园林风韵的"无声之诗,立体之画"在这片土地上,通过中国画大师之手诞生了。以后十多年中,张大千在园内吟诗作画,莳花栽竹,几乎把卖画的全部收入投入到了八德园的建设之中。1969年,张大千移居美国,又马上寻地作建园的准备,后来在加利福尼亚州沿海购得一地。因为这里修竹葱茏,植被青翠,遂起名为"环荜庵",随即大力经营,建屋栽树种花,使之成为当地著名的中式园林。其中最佳处是画家精心构思移石凿塘而成的长廊,廊内盆栽吐妍,廊外花木弄姿,又有小径通往各处景点。深受大师喜爱的"岁寒三友",是园中植物的重点。整座园林清风习习,花香鸟语,充满了诗情画意。

园林与戏曲音乐 除了诗词文学和绘画之外,另一个同园林艺术关系密切的传统艺术是戏曲音乐。我国古代的戏曲和音乐,其实是一个系统,它们之间没有西方戏剧和音乐之间的那种分界线。最早的音乐是指由宫、商、角、徵、羽五音组成的"曲",它常常和乐女的歌舞一起表现出来。同时,它和文学艺术也有横向联系,如宋词、元曲等,都是可以合着曲调唱的文学作品,后来出现的戏曲可以说是这条线上发展出来的一个分支。从古到今,音乐、戏曲和园林艺术之间,一直有着很深的"友情"。中国园林与古典音乐戏曲有着基本类同的艺术追求和手法,都讲究艺术的含而不露、有虚有实,讲究艺术的典雅而有韵味。古代造园在诸多方面对戏曲音乐均有所借鉴。古典园林与戏曲音乐的渊源关系主要表现在三个方面:一是山水林泉的自然声景成为园林的一种景致;二是人工创造的音乐艺术作品"曲"是园林赏景很好的辅助和陪衬;三是园林的优美环境是古典戏曲艺术的良好表现舞台。

山水有清音　中华文化有着欣赏山水风景美的悠久传统,以音乐描绘风景名胜,也由来已久。春秋时期的音乐家伯牙,就能够自如地在琴上弹奏出"高山流水"的曲调。他和钟子期在自然美景之中以琴觅知音,建立了友谊,终于结成生死之交的故事,成了人们千古流传的佳话。西方有位音乐理论家说过,大自然在人类的机能组织和外界的声音现象中设置了一些基本法则,这些法则是音乐作品完美合理的基础。就是说大自然中的声音现象和人们的听觉之间存在着一种天生的默契,这是游人来到山水园林风景中,在自然天籁之声的包围之中会感到舒适愉快的主要原因。而早在我国的先秦时期,人们已在欣赏山水风景的实践中,直觉地感知到这一种默契。以后,随着园林艺术的发展与成熟,自然声景成为园林中不可缺少的一个主题。"何必丝与竹,山水有清音。"古代造园家在风景塑造中,力求将富有魅力的"高山之声,流水之音"作为园林的一部分来表现。在留存到今天的古园中,倾听大自然美妙乐曲的园景主题比比皆是。如杭州南高峰下烟霞岭的水乐洞,淙淙泉水由洞流出,在洞壁的反射聚合下,游人便能听到悦耳的天然琴乐声;再如无锡寄畅园的八音涧,利用人为的峡谷沟渠的高低差来表现出水声的八音;还有北京颐和园的玉琴峡和承德避暑山庄的"风泉清听"等,都是人工模拟自然水声的佳例。此外,还有许多欣赏植物声景的观赏点,如听雨打荷叶的留听阁、听松涛的听松石床、听松风亭,听雨打芭蕉叶的听雨轩,听竹岚的潇湘馆、风竹馆等。

园中听乐　自然山水清音是美,但艺术创造的音乐作品也有它特殊的魅力,特别在园林的风景环境中听曲,更是如此。古典园林的规划布局,每每将游园览景和音乐欣赏很和谐地结合在一起。历代帝王追求享乐的所谓"声色苑囿",就是音乐、美女和园林的结合。唐代对外交流极其频繁,海外、西域的音乐歌舞纷纷传入中原,因此唐代是一个音乐艺术繁荣发展的时期。除了帝王的离宫别院中时时有乐器弹奏和歌舞表演之外,一般士大夫文人的私园中也每每以音乐作为赏景的辅佐。诗人白居易在洛阳东南的履道里营建有很美的一座宅园,在写景诗《池上篇》序的最后一段,诗人写了自己在洛阳家园中一边赏月,一边听乐童奏著名的《霓裳羽衣曲·散序》的感受:"每至池风春、池月秋,水香莲开之旦,露清鹤唳之夕,拂杨石,举陈酒,援崔琴,弹《秋思》,颓然自适,不知其他。酒酣琴罢,又命乐童登中岛亭,合奏《霓裳散序》,声随风飘,或凝或散,悠扬于竹烟波月之际者久之。曲未竟,而乐天陶然已醉,睡于石上矣。"诗人向人们展示了一幅多么悠闲自得的图景。先是自己操琴,再欣赏别人演奏的音乐,这种景音交混的境界,确实令人陶醉。当然,在园林中演奏的乐器,多为琴瑟笛箫等丝竹管弦,它们发音婉转悠扬,曲调幽雅动听,极为抒情,这和我国园林的轻风柔波、清丽含蓄的风格是完全一致的。

园林顾曲 元代以后,戏曲正式登上了艺术舞台。近代学者王国维说:"戏曲者,谓以歌舞演故事也。"要歌舞必有音乐,戏曲实际上是和着音乐曲调,载歌载舞,从而表现一定的故事内容。到明代中叶,由元代南戏发展而来的昆曲,在江南一带很是盛行,而这一时期,也正是江南造园活动空前繁荣、艺术水平日趋成熟的时期,园林和戏曲的关系越来越密切。一方面,园林从戏曲借鉴了亦动亦静、以少胜多、婉约含蓄的表现手法;另一方面,它又为小规模的戏曲表演(常常是文人雅士亲自参加的)提供了很理想的地点。明清两代,在园林中边赏景边顾曲是文人雅士很喜爱的娱乐活动。那水殿风来、余音绕梁、隔院笙歌、月下笛声等都是园林美和昆曲美令人神往的结合。

扬州园林,风韵独特,既是古时文人墨客集会吟咏之地,又是他们顾曲雅玩的场所。据清人李斗的《扬州画舫录》记载,在清乾隆盛世的几十年中,扬州园林中常举行诗文顾曲之会。其中尤以马氏的小玲珑山馆、程氏的筱园和郑氏的休园为最盛。每当诗文会期,这些园中陈设几案,上面放了笔、墨、端砚、笺纸和诗韵,以及茶壶茶碗、果盒、甜食等,供与会文友构思作诗。有时园林主人还要采办精美菜肴,热情款待文友。诗文会的诗作,各人须在一日内完成,收集到的诗立即刻印装订成册,三日之内便可发到各人手中。最为有趣的是主人还要请客听曲,作为对那些一日成诗会友的嘉奖。听曲的方式也很特别:先邀请文人到一所光线较暗的厅堂里,堂上只挂四盏小的琉璃灯。而出场演奏的人,又都是没有牙齿、秃发的老乐工,每人演一曲而去。正当客人纳闷时,突然间屏门大开,园主将人让进园中的正楼,但见花园内红灯千盏照得如同白昼一般,男女乐部各一,都是十五六岁的妙龄男女,于是主客尽情赏景听曲。当时园林中的这种诗文顾曲会,盛况空前,不少传诵一时的名句,如黄北垞的"流水莫非迁客意,夕阳都是美人魂"、张四科的"舟棹恐随风引去,楼台疑是气嘘成"、药根和尚的"雨窗话鬼灯先暗,酒肆论仇剑忽鸣"等都是文曲游园会上的佳作。而会上别出心裁两次顾曲的安排,倒有点像园林布置先暗后明、先抑后扬的结构格局。

直到 20 世纪 20—30 年代,一些知识界的名人还常在园中举行曲会,以发扬中华文化之精华。如俞平伯、朱自清等学者,当年在清华大学任教,也常在清华园工字厅水边听曲唱曲,在他们所写的散文中,可以看见有关此事的记述,至今传为美谈。

戏曲与园林建筑 由于赏景与戏曲的密切关系,江南文人园林的建筑布局和构造,也均考虑到听唱戏曲的功能需要,主要厅堂大多临水布置,或者在水际池畔再建水阁。如苏州怡园的藕香榭、苏州网师园的濯缨水阁、扬州寄啸山庄池中方亭等都兼有戏曲舞台的功能。因为在临水建筑中奏乐唱曲,其演出效果更好。《红楼梦》里的贾母对此是个内行,一次过节在决定演戏地点时她说:"就铺排在藕香榭的水亭子之上,借着水音更好听。"为了取得好的音响效果,有些兼顾唱曲的建筑在设计上也作了改进,如苏州拙政园三十六鸳鸯馆的主体是南、北两个卷棚顶大厅,有反射声音、增加混响的作用,四角又各出一个小间,戏曲表演时可用作后台。

园林家陈从周在他所撰写的《书带集》中,专门介绍了戏曲艺术家俞振飞与补园的关系:"苏州拙政园的西部,过去名补园。有一座名'三十六鸳鸯馆'的花厅,它的结构,其顶是用'卷棚顶'。这种巧妙的形式,不但美观,可以看不到上面的屋架,而且对音响效果很好。原来主人张履谦先生,他既与画家顾若波等同布置'补园',复酷嗜昆曲。俞振飞同志与其父亲粟庐先生皆客其家。俞先生的童年是成长在这园中。我每与俞先生谈及此事,他还娓娓地为我话说当年。"

由陈从周主持设计与施工的上海豫园东部的复建工程,也十分重视园景与诗情、画意与曲境的关系。豫园是全国文物重点保护单位,始建于明代,而明代园林是离不开顾曲的。陈从周在给海外读者介绍豫园修复时重点突出了"曲"字:"老实说我爱好园林,却是在园中听曲,勾起了我的深情的,到今天我每在游客稀少的园子中便仿佛清歌乍啭,教人驻足,而笛声与歌声通过水面、粉墙、假山、树丛传来更觉得婉转、清晰,百折千回地绵延着,其高亢处声随云霄,其低徊处散入涟漪,真是行云流水,仙子凌波,陶醉得使人进入难言的妙境。俞平伯先生说得好:'我屏息而听,觉得胸膈里的泥土气,渐渐跟着缥缈的音声袅荡为薄烟为轻云了。'俞先生是文学界老前辈,又是一门酷爱昆曲,可说是昆曲世家。过去他还住在北京老君堂旧宅中,我们在院子中拍曲,桐荫深处,新月初升,这种使人难以忘怀的景象,到今日还欲去还来,逡巡在脑际,这是中国文化与文学的高度享受。"正因为如此,豫园复建的东部,也在顾曲上做文章:建筑中的厅、堂、亭皆临水,依水面水;且多用卷棚顶,就是水廊也用砖砌平顶;至于曲折高下,水石潆洄,都能体现出昆曲婉约细腻的特征。

戏曲中的园林 在古典戏曲剧目中,相当一部分是描写男女爱情上悲欢离合的,而园林美好的环境正是谈情说爱的好地方,因而不少戏中每每有园林出现,都成为故事情节发展的主要场所。比起绘画、诗文作品中描绘的园林来,戏曲中的园林更有特色,它常常通过立体可触摸的布景形式(如山石、小亭等)出现在舞台上。演员兴味很浓的边歌边舞的游赏,使园林景色之美得到充分表现。

　　同时,舞台上的对白和唱词,又是经过精心创作的优美文字,是游赏古典园林很好的解释,也是领悟园林意境很好的提示。在古代,戏曲是拥有较多观赏者的大众艺术,无论是城镇还是乡村,每逢节假日,必要搭台唱戏。由此,也使一般百姓对古典园林艺术有更深入的了解,所谓"私定终身后花园,落难公子中状元"等民间谚语,均与园林相关。有的文学巨制中的名园,如《红楼梦》中的大观园,也是通过戏曲的流传而使妇孺皆知。可以说,园林戏曲剧目的繁荣,在一定程度上提高了社会的园林审美水准,也推动了民间造园活动的展开。

《牡丹亭》与府邸园林　　明代文学家汤显祖所作的《牡丹亭》是我国传统戏曲的一个突破。这出以园林建筑为名的名剧也是爱情戏,但它有着其他爱情剧没有的特色。作者让一对陌生的青年男女在梦中相会,由梦生情,由情而病,由病而死,死而复生。这种异乎寻常、出死入生的爱情,使全剧从主题情节到人物塑造都富有浪漫主义色彩,在戏曲史上独树一帜。戏中描写的园林景色之美,也同样充满了浪漫的情调,引得不少造园艺术家为之拍案称绝,时时吟唱。《牡丹亭》的剧情是这样的:南宋年间,南安(在今江西省)太守杜宝之独女杜丽娘,不满其父替她规定的稳重、矜持、温顺等官宦小姐的生活方式,思想上很是苦闷,由此引起了她对现状的不满和怀疑。《诗经》中爱情诗唤起了她青春的觉醒,春天的明媚风光也刺激了她要求身心解放的强烈感情。于是在丫鬟春香的怂恿下,杜丽娘到花园观赏春景。在牡丹亭中,她带着伤春情思慵倦地进入梦乡。梦中她与一青年书生相遇,他们互相愉悦彼此的容貌,互相倾慕彼此的才华,很快就相爱了。醒后杜丽娘忘不了那风流书生的神貌,相思成病,最终忧郁而死。杜宝将杜丽娘葬于花园梅花观后,不久调往扬州。过了三年,岭南书生柳梦梅赴临安(今杭州)考试,路经南安,暂住梅花观,偶然拾到一幅杜丽娘的画像,十分爱慕,终日焚拜赏玩。杜丽娘的幽魂得知,前来相会,见面后彼此才知道原是梦中相识的情人。这时杜丽娘已完全摆脱了封建礼教的束缚,她不满足以游魂来和情人一起生活,要柳生开掘自己的坟墓,让死去的身躯复活。为情人而死去,也为情人而再生,杜丽娘终于回到了人间,和柳梦梅成就了婚姻。后来,两人一起去临安,柳生考中了状元,到已调往淮安的杜宝府中请求允婚。杜宝反诬柳梦梅私掘女坟,争执不下。最后经杜丽娘尽力剖白和得到了皇帝的认可,夫妻才得以欢聚。

剧中,作为主角情感活动的铺垫,多次描写了杜府后花园美丽的景色。如第七出《闺塾》中,丽娘读了"关关雎鸠,在河之洲。窈窕淑女,君子好逑"之后,引发了春心,很想到园中游玩,但父亲要她"守砚台、跟书案,伴诗云,陪子曰",丽娘只能从书斋窗中看景,只得叹道:"怎辜负的这一弄明窗新绛纱。"通过他人说白,又表明了花园的布局:"景致么,有亭台六七座,秋千一两架,绕的流觞曲水,面着太湖山石。名花异草,委实华丽。"

第十出《游园·惊梦》是戏中第一个高潮,从杜丽娘的唱词中展现了明媚动人的园林春光:"原来姹紫嫣红开遍,似这般都付与断井颓垣。良辰美景奈何天,赏心乐事谁家院!朝飞暮卷,云霞翠轩。雨丝风片,烟波画船,锦屏人忒看这韶光贱!""遍青山啼红了杜鹃,荼蘼外烟丝醉软,牡丹虽好,他春归怎占的先。闲凝眄,生生燕语明如剪,呖呖莺歌溜的圆。观之不足由他缱,便赏遍十二亭台是枉然,倒不如兴尽回家闲过遣。"在以后的多出戏中,这种描绘园景的唱词还有很多,如"画廊前,深深蓦见衔泥燕,随步名园是偶然""芭蕉叶上雨难留,芍药梢头风欲收,画意无明偏着眼,春光有路暗抬头"等。演员在台上和着婉转悠扬的曲调,边表演边唱出这些意境深浓的歌词,确实令观者心醉。

《玉簪记》中的庙园　《玉簪记》也是一出名剧。在江南一带,几乎家喻户晓。这出戏写的是北宋末,金兵南侵,战乱中官宦之女陈娇莲流落在金陵女贞观做了道姑,并改名为妙常。书生潘必正赴京考试不中,投奔多年前出家在女贞观的姑母,在观中与陈妙常相识并产生了爱情。作为观主的姑母当然反对此事,逼迫潘生再次进京应考,想以此拆散他俩。潘必正登程后,陈妙常得知,乘船追赶,两人抱头痛哭,立下山盟海誓,并交换信物玉簪。后来潘生高中,把妙常接到家中欢聚。二人见过长辈才知双方父母早已指腹为婚联过姻,为他们订下了婚约。

这一出戏中的主要场景,也是一座江南园林,只不过将府第宅园换成了寺庙园林。潘生和妙常从相识到相爱,多次约会都在庵堂花园中。像潘生用琴奏出那"粉墙花影自重重,帘卷残荷水殿风"的《琴挑》一场戏;两人订立约会不期被姑母冲散,引起误会的《姑阻佳期》一场戏,都是边看景、边表情,以景衬情的"园林戏"。例如《姑阻佳期》写陈妙常在园中等潘必正时,有一段唱词:"松梢月上,又早钟儿响。人约黄昏后,春暖梅花帐。倚定阑干,悄悄的将他望。猛可的花影动,我便觉心儿痒。呸!原来又不是他,那声音儿是风戛帘钩声韵长,那影子儿是鹤步空庭立那厢。"这里,明月松影、庵堂的第一遍晚钟以及风吹帘钩声和庭院中白鹤的影子等都成了烘托曲境的不可缺少的景色。

《西厢记》中的寺园 以山西永济县蒲东普救寺为创作背景的《西厢记》,是另一出以寺庙和花园为主要场景的传统戏曲。戏中写了白衣秀士张君瑞一次在"琉璃殿相近青霄,舍利塔直侵云汉"的普救寺佛殿中邂逅相府小姐崔莺莺,两人一见钟情。张生为了能再见莺莺,就赁居在寺院客房的西厢,在丫鬟红娘的支持和帮助下,两人终于冲破封建礼教约束而结合。根据剧情的需要,剧中也是把花园作为秘密恋爱的理想环境。张生那一曲"争奈伯劳飞燕各西东,尽在不言中"的悠扬琴声是飞过花园上空传到崔莺莺耳中去的,而莺莺那首暗示张生月下相会的著名情诗"待月西厢下,迎风户半开。隔墙花影,疑是玉人来"的诗笺也是通过红娘在花园中传递的。还有莺莺花园祭月、月下焚香和张生隔墙吟诗等都少不了园林景色的衬托。尽管张生和崔莺莺的故事是经过加工的艺术创作,但普救寺和莺莺塔却因《西厢记》而闻名全国,虽然今天寺庙花园只剩下断垣残壁,却仍然吸引了不少旅游者。

"园林戏"比重较大的戏曲剧目还有很多,如《西园记》《花为媒》《白蛇传》等。园林在戏曲中如此频繁地出现,是和社会风尚分不开的。那时候城中居民,只要有条件,总要在宅旁屋后搞点绿化,做点小景。一般来说,剧作家文化艺术修养较高,游历较广,对造园艺术较为懂行,所写的园林意境也美。而戏曲是大众化的艺术,随着这些剧目的流传,对民间的造园活动,又具有一定的促进作用。

园家与曲家 如诗人、画家喜营园一样,戏曲家也爱治园,有的还卓然成大家。我国戏曲史上的著名人物,明末清初的李渔(号笠翁),深谙园林之道,是历史上精于戏曲、造园两门艺术的大师。李渔以曲论来指导造园,又以造园来比拟唱曲,无论在理论上还是实践上均对此两种艺术作出了贡献。在我国戏曲史和园林史上,李渔堪称是开创一代风流的重要人物,对后世的影响很大。他毕生重视戏曲和园林艺术活动,在他的《闲情偶寄》中,他对自己的评价是:"生平有两绝技,一是辨审音乐,一是置造园亭。"李渔一生带有传奇性的漂泊生涯实际上就是园林和戏曲之间亲密相通的历史佳话。

李渔的别号很多,如随庵主人、新亭樵客、澹慧居士、湖上笠翁等,这些别号几乎都与园林风景有联系。李渔出生在浙西古城兰溪西乡的伊山头村(下李村),这里山林清秀,溪流潺潺,乌柏成林,是大自然创造的一处天然园林,而建筑、小巷至今还保留着明清时代的古朴风采。李渔家境清贫,童年就从父出外谋生,曾在雉皋(今江苏如皋)一家药铺当过学徒,19岁丧父后回故里。这时他一面寒窗攻读,一面就在伊山之麓开地筑园,取名为伊山别业。这座小园充分利用了周围的自然环境美,因陋就简,采用当地的茅、竹材料造景,非常简朴素净。园景虽简,但李渔却给它们取了许多富有诗意的美名,如燕又堂、停舸、宛转桥、宛在亭、踏响桥、打果轩、迂径、蟾影口、来泉灶等,不知情的士人还以为这是有钱人家的庄园。

1646年,李渔35岁,清兵攻占兰溪,他离开府庠,安心在家做一个"人间识字农"。在这一时期,村民们组建了业余的戏班子,每逢年节或农闲时演出。喜欢曲艺的李渔就为他们撰写剧本,并担任导演。后来他替村民百姓调解一场山林纠纷而得罪了权贵,不得不披蓑衣,戴斗笠,乔装打扮成渔翁,撑筏离乡出走。从此他开始了漂泊的生涯,这也是他自号湖上笠翁的由来。

李渔先旅居杭州,曾以刻字卖文为生,闲时游山玩水,交往名士,在当时的西泠一带较有名气。后来又去北京,做贾胶侯(名汉复)府上的幕僚,并为贾府造半亩园,所堆假山天然多姿,被誉为当时京城园山之冠。这一时期,李渔创作力非常旺盛,写了不少小说和传奇。大约在50岁上下,他又移家金陵(今南京),购得一地筑小园,"地止一丘,故名'芥子',状其微也"。这一小园到后来因为介绍绘画通俗技法的《芥子园画传》而广为流传,名声很响。在离开杭州后的二十余年间,李渔还自组戏班子,到各地巡回献艺,利用这个机会,他游遍了祖国的名山胜水,拿他自己的话来说,是"二十年来,负笈四方,三分天下几遍其二"。1675年,李渔又回到了杭州,在西湖边上买了一处荒山坡,布置亭园。因为从山脚到山上分成几十级,故叫"层园"。这时他经济情况不佳,营造了几年才有了几间小屋和几条曲径。以后他一直在此园中安度晚年,并且自撰了两联,一联讲层园的环境好:"东坡凭几唤,西子对门居。"一联悬挂于居室:"繁冗驱人,旧业抛尽尘市里;湖山招我,全家移入画图中。"还是表示他要与他所钟爱的园林艺术终身为伍。

李渔一生著述颇丰,除了许多戏曲剧本和小说之外,他把半生漂泊江湖的艺术生涯的体会心得,整理成一大部理论杂著《闲情偶寄》,对我国传统艺术的许多方面提出了独到的见解。他自己觉得是"发人所未发",又将此书题为《一家言笠翁偶集》。这里的"一家言"即之前没有先例的意思,足见李渔的自信。

《闲情偶寄》所论的主要是戏曲和园林,其中"词曲部"和"演习部"对戏曲的结构、词采、音律、宾白、科诨、格局等进行了系统的论述,而"居室部"和"器玩部"则对房舍、窗栏、墙壁、对联匾额、假山石峰、借景对景以及家具几案陈设等作了周到的阐述。从这些论说中,人们很容易看到戏曲和园林在总的艺术原则上的相通之处。

园林艺术讲究布局结构,戏曲亦然。李渔在论戏曲时,专门立了一节——结构第一。他以匠师建筑宅园为例,说在"基址初平,间架未立"的时候,必定先要筹划"何处建厅,何方开户,栋需何木,梁用何材,必俟成局了然,始可挥斤运斧"。编戏曲传奇也"不宜卒急拈毫",而先要仔细安排故事发展的结构,只有"袖手于前,始能疾书于后。有奇事,方有奇文"。而且戏曲结构也要像园林一样,布置得曲折幽深,直露中要有迂回,舒徐处要见起伏。李渔说的"水穷山尽之处,偏宜突起波澜。或先惊而后喜,或始疑而终信,或喜极、信极而反致惊疑,务使一折之中,七情俱备,始为到底不懈之笔",也就是这个意思。

园林风景要自然富有天趣,戏曲艺术也强调"自然纯真"的美。李渔在《窥词管见》中说,词曲"须要自然而然,水到渠成,非由车戽。最忌无因而至,突如其来,与勉强生情,拉成一处"。这和明代造园家计成批评园林堆假山故弄奇巧,即"排如炉烛花瓶,列似刀山剑树"的"无因无至"做法,是同出一辙的。其实戏曲编导和园林创作一样,均要不落窠臼有新意,同时这种创新一定要符合"人情物理",符合自然规律,力戒"荒唐怪异"。在曲调和居室园林小品的构思中,李渔都强调了"虽贵新奇,亦须新而妥,奇而确。妥与确,总不越一理字"。

李渔在论述园林景窗时亲自设计了不少新颖的花窗,如便面窗(即扇面形的空窗)、尺幅窗(方形的空窗,又叫无心画)等,都做到了"新而妥,奇而确",标新中不失自然。他还以他深厚的艺术修养对园林景窗的审美功效作了独到的分析:"同一物也,同一事也,此窗未设以前,仅作事物观;一有此窗,则不烦指点,人人俱作画图观矣。"也就是说,经过造园家的艺术加工和取舍,一般的构园事物就变成了画中的美景,这时的窗也不只是一个沟通空间的建筑构件了,而变成了点染勾勒园景的艺术手段,此刻"坐而观之,则窗非窗也,画也;山非屋后之山,即画上之山也"。

此外,李渔还十分重视艺术意境。在谈到戏曲中情与景的关系时,认为只有情与景的和谐统一才能组成完美的整体,那种单纯写景"所见不及中情者,有十分佳处只好算五分",只有那些"妙在即景生情"的作品,才能抓住观众。这里,李渔也是强调了情景的交融,可见曲境也好,园林意境也好,都是通过艺术形象来引发起观赏者的情思活动,产生共鸣从而形成一种物我同一的境界。

明清以来,有不少文人在品评园林艺术的高下时,往往在诗情、画意之外,还加上一个曲境,足见戏曲的艺术成就对园林的影响是不小的。

园林与茶 茶,当它从"柴米油盐酱醋茶"开门七件事悄悄步入"琴棋书画诗酒茶"

的行列时,已升华为一种生活艺术了,成为民族文化的一个载体。品饮者于各自的择茶、选水、候火、配具和环境的构造与选择之中,表现出自己的审美追求。每一次品茶,都是一种艺术创作和艺术享受。茶文化与园林艺术,有着外在的联系,更有内在的和谐。

品茗者醉心寻觅的香茶甘泉,多在风景园林的佳绝处,西湖群峰的龙井、武夷山的岩茶、黄山的毛峰、庐山的云雾、君山的银针等,真是物华天宝。山水景观是天工造化,名茶的美质亦是自然所赐予的。诚如宋徽宗在《大观茶论》中所言:"至若茶之为物,擅瓯闽之秀气,钟山川之灵禀。"沏茶的好水同样在风景胜地、名茶产区。如西湖龙井茶,伴有虎跑、龙井泉;庐山云雾茶,伴有谷帘泉;太湖碧螺春,伴有惠山泉,等等。山、水、茶,常常是相依相连,三合齐美。同时,茶山风光和饮茶习俗,又形成独特的风景园林景观。这些可谓茶与园林的外在联系。

品茶与品园在艺术鉴赏和精神追求这一层面上有着共同点,而且两者相互交融,相得益彰,显示出它们内在的和谐。在苏州拙政园内十八曼陀罗花馆中,原有一联云:"小径四时花,随分逍遥,真闲却香车风马;一池千古月,称情欢笑,好商量酒政茶经。"有山水、明月、小径、花草之地,才是"商量茶经"之所。此一联,写尽了园林与茶经的相连与和谐。造园为品茶营构最佳时空,品茶是品园赏景的最佳心境。品茶与品园,都需要有一种闲适的心情,越是闲适高远、才情横溢的人,于品茶和品园中得到的情趣也越多。

茶之风物景观 山水园林的云雾滋养了名茶,而茶山的风物景观亦为风景园林增光添彩。杭州西湖的新十景中就有"龙井问茶"一景,还有武夷山中的岩茶园,都是风光旖旎、驰名遐迩。

宋代诗人范仲淹知杭州时写过一首《鸠坑茶》诗:"潇洒桐庐郡,春山半是茶。新雷还好事,惊起雨前芽。"秀美洒脱的富春山水,仲春时节美在茶山。

站在雄伟壮丽的岳阳楼上,向西眺望,在烟波浩森的洞庭湖中横卧着一个绿色的长岛,那层层叠叠的山峦,真是一个绿色的世界。除了蓊郁的树木,碧森森的竹林,就是葱绿的茶树了。君山七十二峰,峰峰有茶树,漫山遍野的茶林,把君山打扮得犹如一颗碧绿的翡翠,镶嵌在400千米洞庭湖中。游罢君山,给人留下最深刻的印象便是茶了。

"入山无处不飞翠,碧螺春香百里醉。"在太湖之滨的洞庭东、西山,是我国绿茶珍品——碧螺春的产地。山上茶果间作,茶树与枇杷、杨梅、柑桔等二十多种果树相交错,使这里的茶叶具有花果香的天然品质。尤其是采茶季节,春意盎然,满山苍翠,茶香百里,浑然是太湖的一颗绿色宝珠。

在四川的名山县和雅安县交界处,有座云雾缭绕的蒙山,据说西汉时候有个叫吴理真的道士,最早在蒙山顶上种植了七株茶,号称"仙茶",自唐玄宗时起,仙茶作为贡品年年岁岁运往京师……如今登上海拔一千五百多米的蒙山上清峰,在名闻古今的皇茶园边,用峰下古蒙泉沏一杯仙茶,啜上一口,吟一遍白居易的诗句"琴里知闻唯渌水,茶中故旧是蒙山",真似有山中遇故旧之感。

安徽宣城的敬亭山,因南朝诗人谢朓登临写了首《游敬亭山》,而后引得李白、梅尧臣等历代诗人纷纷前往凭吊赋诗。这里四季云雾缭绕,春夏百花溢香,茶树为茂密的森林所荫蔽,云蒸霞蔚,茶吮花香,花茶相依。游人来到绿雪茶社,品茗小憩,手捧一杯敬亭绿雪茶,顿时一股幽香扑鼻而来,细看汤清色碧,茸芽匀净,犹如片片雪花,啜饮一口,香郁甘甜,沁人心脾,令人难以忘怀。

好山好水,一般必有好茶。茶是天时、地利、人杰的总和,人们又可从茶中寻觅春天和山水。

龙井问茶　　龙井,是泉名,是寺名,又是茶名。始因泉而建寺院,有寺院而栽茶。这茶擅西湖园林之秀气,钟山泉雨露之灵禀,虽名袭泉、寺,却更闻名于泉、寺。

龙井泉和旧日龙井寺,在杭州西湖西面山峦起伏、风篁交翠的风篁岭,幽居于群山之间:东有烟霞,北为棋盘,西邻狮子,南是理安诸山。龙井泉是一口圆形的小池,相传为晋代葛洪炼丹时发现。假山叠石围抱四周,古树绿荫华盖其上。在山石奇峰间,留有前人的手迹"小沧浪""龙井试茗""鸟语泉声"等。泉水汩汩涌流,不舍昼夜,明净甘洌,泉底卵石可数。宋人楼钥诗咏中有"水真绿净不可唾,鱼若空行无所依"的名句,把泉之清冽写绝。

龙井寺傍泉而立,创建于五代后汉乾祐二年(949)。如今改建成茶室,曰"秀萃堂"。堂前有出自明人《试茶》的诗联一副:"泉从石出情宜洌,茶自峰生味更圆。"

龙井产茶始于何时,无确实的史料资证。陆羽《茶经》在记述杭州的茶叶产区时,只说到"钱塘生天竺、灵隐二寺"。可见唐朝时龙井还不产茶,或是产茶甚少,没有名声。首先把龙井和茶叶联系在一起,是元代文人、"元儒四大家"之一的虞集。他晚年寓居杭州,一次,游龙井,品尝到了用龙井泉水烹煎的雨前新茶,称赞不绝,作《次邓文原游龙井》,诗云:"徘徊龙井上,云气起晴昼……澄公爱客至,取水挹幽窦……但见瓢中清,翠影落群岫。烹煎黄金芽,不取谷雨后。同来二三子,三咽不忍漱。"虞诗不但记述了龙井产茶,而且把龙井茶的采摘时间、品质特点,以及品饮时的情状,都作了生动的描绘。

虞诗之后,记述和吟唱龙井茶的诗文随之渐多。《煮泉小品》《茶说》《茶疏》《茶解》《西湖纪实》《西湖游览志余》《龙井见闻录》以及《万历杭州府志》等40多种茶书、方志与有关文集,都有对龙井茶的记述。吟诗赞咏龙井茶的更不乏其人,明孙一元有《饮龙井》一首:"眼底闲云乱不开,偶随麋鹿入云来。平生于物元无取,消受山中水一杯。"还有于若瀛的《龙井茶》、童汉臣的《龙井试茶》等。

龙井茶之所以久负盛名,在于它具有独特的风韵:形似雀舌,扁平光润;色泽黄绿(习称糙米色),汤澄碧翠;香气鲜嫩,馥郁若兰;滋味甘鲜,醇和爽口。冲泡后,嫩芽柔叶,亭亭玉立,又似一旗一枪,交错相映,轻轻漂动,缓缓沉浮,甚是赏心悦目。

我国古典园林亭台廊榭多,处处有宜坐宜留的品茗之处,依栏赏景的同时,见杯中龙井茶漂动沉浮,真可谓槛外杯中双美齐。

名泉伴名茶 有了好茶,须有好水冲泡,所谓茶经水品两足佳,才是一杯好茶。古人云:"茶性必发于水,八分之茶,遇十分之水,茶亦十分矣;八分之水,试十分之茶,茶只八分耳。"沏茶以泉水为佳,陆羽《茶经·五之煮》说:"其水,用山水上、江水中、井水下。其山水,拣乳泉、石池漫流者上。"陆羽所说的"山水"即指泉水。泉水一般比较洁净,经常流动,经山岩石砾的自然过滤,悬浮杂质少,水质较稳定。泡茶佳泉,多在名山。这些泉井,是风景园林的一宗资源;当它与茶结了缘,其甘冽水质、地理风貌,历代传颂,又形成了独特的茶泉文化,更引人瞩目。

生产龙井茶的西湖诸山,到处都有"叮叮咚咚"响着的泉水。"当年野虎闲跑处,留得清泉与世尝。"人们在大型"梦虎"石雕前,倾听着南岳二虎来此山间"跑地作穴"而得清泉的美丽传说,悠然地品味着"龙井茶、虎跑水"这西湖"双绝",多么令人神往。郭沫若先生游虎跑后吟道:"虎去泉犹在,客来茶甚甘。名传天下二,影对水成三。"虎跑泉因与龙井茶结缘,而更名重天下。

以云雾茶著称的庐山,位于九江市郊,是城中百姓乐于游憩之处,有天下第一泉——谷帘泉。自陆羽品评"庐山康王谷水帘水第一"后,原本人迹罕至的康王谷,受到了文人墨客的青睐,纷纷慕名而至,并留下了绚丽的诗文。如今谷帘泉南面的山岩上,还有一处"谷帘泉"摩崖石刻,据考证是宋代理学家朱熹手书。

唐时列为上品贡茶的顾渚紫笋茶,产于浙江长兴郊外的顾渚山,亦是一处风景园林,唐诗人杜牧有诗赞曰:"山实东吴秀,茶称瑞草魁。"山上伴有金沙泉,水质特佳,杜牧亦有句云:"泉嫩黄金涌,芽香紫璧裁。"

张又新在《煎茶水记》中说："夫烹茶于所产处，无不佳也，盖水土之宜。离其地，水功其半。"当地所产的名茶，用当地的水来冲泡是最佳的。

天下第一泉 "茶者水之神，水者茶之体。非真水莫显其神，非精茶曷窥其体。"明人张源在《茶录》中把水对于茶的重要性说得非常透彻了。所以历来嗜茶者，在择茶的同时必悉心觅泉。

据传，陆羽曾以所经历之水，次第评定二十种，以庐山康王谷水帘水为第一，无锡县惠山寺石泉列第二，蕲州（今湖北蕲春县蕲州镇）兰溪石下水评第三，还有苏州虎丘寺石泉水、扬子江南泠水、扬州大明寺水、天台山西南峰千丈瀑水、桐庐严陵滩水和雪水等。其中大多为园林风景之地，名泉又是名景。

唐人张又新在《煎茶水记》中记述了刘伯刍"较水之与茶宜者凡七等"，与陆羽所评有同有不同。这七等依次是：扬子江南泠水第一，无锡惠山寺石泉水第二，苏州虎丘寺石泉水第三，丹阳县观音寺水第四，扬州大明寺水第五，吴松江水第六，淮水最下第七。

元人于钦，官至兵部侍郎，奉命山东，周览山水，考水经地纪，曾品定趵突、芙蓉、濯缨等七十二名泉，趵突居首。明代文学家晏璧也有诗云："济南七十泉流乳，趵突独称第一泉。"

清乾隆皇帝曾讥笑陆羽，说他没有到过北京，未尝玉泉的甘美，见识不广。他用特制的银斗称泉水的重量来评定泉水的名次，结果是："北京玉泉重一两，塞上伊逊泉重一两，济南珍珠泉重一两二厘，扬子江金山之泉重一两三厘，杭州虎跑泉重一两四厘……"以北京市郊玉泉为第一，还写了《御制天下第一泉记》。

曾被誉为"天下第一泉"的可能还不止这四处。其实在云雾缭绕的山崖，在千年绿荫的幽壤，有着更多宜茶的山泉，虽无"第一"之名，却都是茶的佳伴。

人间第二泉 位于无锡惠山第一坞白石坞下的惠山泉，是一口与茶结缘久远的泉井，因陆羽、张又新都品评排序第二，被誉为"人间第二泉"。

唐肃宗上元间（760—761），"茶神"陆羽受诗友、无锡县尉的邀请，自浙江湖州去无锡，曾在惠山寺小住，写有《惠山寺记》，所以惠山泉又名"陆子泉"。唐诗人李绅曾在泉旁筑过读书台，惯饮二泉水，曾有诗颂之，在诗的题记中说："茶得此水，尽皆芳味也。"当他进士及第赴京时，特地携泉水至京城。

中唐名相李德裕也是嗜惠山泉成癖，他烹茶不用京城水，要地方官通过驿站传递惠山泉，首创"水递"。

宋徽宗政和年间（1111—1118），二泉水被列为贡品，"月进百坛"持续10年之久。苏轼对惠山泉情有独钟,有诗云:"踏遍江南南岸山,逢山未免更留连。独携天上小团月,来试人间第二泉。"他在杭州任太守期间,一次病中思饮二泉水,便以诗向当时的无锡县令焦千之求索,有句云:"精品厌凡泉,愿子致一斛。"

元代诗人高启,曾寓居绍兴,有朋自无锡来,特地携惠山泉相赠,高启欣喜万分,作《赋得惠山泉送客游越》:"汲来晓冷和山雨,饮处春香带涧花……送示一斛还堪赠,往试云门日注茶。"珍视名泉不亚于名茶。

一直至明清,嗜茶人都有以泉赠友的雅举。如今当地人家,仍有或步行,或乘车,不辞辛苦,取二泉水回家泡香茗,乐在其中。

竹炉煮茶　惠山泉北的竹炉山房,门前有一联云:"削竹编炉,原是山房旧物;烧松煮雪,久为衲子珍藏。"房内壁间嵌着一幅《竹炉煮茶图》刻石,陈列着一具外方内圆、朴拙雅致的竹茶炉。这一房、一图、一炉,折射出三泉文化的璀璨光华。

竹炉山房原是惠山寺的弥陀殿,因明初住持普真竹炉煮茶的逸事,在明万历年间改成现名。普真是一位嗜茶的诗僧,明洪武二十八年(1395)他请湖州竹工制作了一具烹泉煮茶的竹茶炉,又请著名画家王绂画图、学士王达等作文题诗,装帧成《竹炉煮茶图》予以珍藏。竹茶炉此后一度流失。成化十二年(1476),北宋著名词人秦观的后裔、武昌太守秦夔归锡,与寺僧戒宏辗转访求,后于城内杨氏家中复得,遂取而归寺。秦夔还特地撰《听松庵茶炉记》云:"炉以竹为之,崇俭素也,于山房为宜。合炉之具,其数有六:为瓶之似弥明石鼎者一,为茗碗者四,为陶碗者四,皆陶器也;方而为茶格一,截斑竹为之,乃洪武间惠山寺听松庵真公旧物。"

过了二百七十多年,清乾隆十六年(1751)二月二十日,清帝乾隆来到惠山,他亲自领略了惠山寺"竹炉煮茶"那独有的风致神韵,援笔吟就长歌一首,有序云:"惠山名重天下,而听松庵竹炉为明初高僧性海(普真)所制,一时名流传咏甚盛。中间失去,好事者仿为之,已而复得……"乾隆虽十分羡慕这竹茶炉,却没有掠人之美,而是命工匠精心仿制,携回北京。仿制的竹茶炉今珍藏于北京故宫博物院。竹炉底板上镌有乾隆御诗及跋:"竹炉匪夏鼎,良工率能造。胡独称惠山?诗禅遗古调。腾声四百载,摩挲果精妙。陶土编细筠,规制偶仿效。水火坎离济,方圆乾坤肖。讵慕齐其名,聊亦从吾好。松风水月下,拟一安茶铫。独苦无多闲,隐被山僧笑。乾隆辛未春,过听松庵,见明僧性海所遗竹炉,命仿制并纪以诗。御题。"

又过了240年,无锡市园林局为了丰富惠泉文化,在1991年依照北京故宫博物院所藏实物,请中国工艺美术大师五木东先生复制了一具。如今这一房、一图、一炉,合着潺湲的泉水,向游人诉说着源远流长的二泉茶泉文化。

品茶赏景 有人说,水、茶、景三者皆绝,犹如中国的画、书、诗的统一。中国的许多茶室设在风景园林之中,而且正在观景点上。来到西湖孤山西泠印社,拾级而上,登四照阁,选一临窗座位,泡一杯龙井,凭窗眺望,湖中景物历历在目,在明净如镜的湖中,两堤三岛仿佛用绿玉雕成,南屏山和吴山,犹如翠屏锦幛,横亘眼前,心胸为之廓朗,真是面湖半日,强胜似达摩面壁十年。难怪历来茶家对品茶的环境选择很注重,从中显示出其强烈的个性。

有独爱在树间竹下品茶的:"竹下忘言对紫茶,全胜羽客醉流霞。尘心洗尽兴难尽,一树蝉声片影斜。"(唐·钱起《与赵莒茶宴》)"新茶吾所爱,最爱雨前茶。四月梧荫下,壶杯写乳花。"(明·袁衮《尝新茶》)"僧窗开向层崖杪,茶灶安于古树根。"(清·冯柱雄《青狮岩》)有喜好在山间水边啜饮的:"野泉烟火白云间,坐饮香茶爱此山。岩下维舟不忍去,青溪流水暮潺潺。"(唐·灵一《与元居士青山潭饮茶》)"挂杖寻源到上方,松枝半落澄潭静。铜瓶试取烹新茶,涛起龙团沸谷芽……"(明·于若瀛《龙井茶》)有的则倾心于寒灯月下:"山阁临溪晚更佳,绕崖秋树集昏鸦。何时再借西窗榻,相对寒灯细品茶。"(明·唐寅《题画山水》)"生拍芳丛鹰觜芽,老郎封寄谪仙家。今宵更有湘江月,照出菲菲满碗花。"(唐·刘禹锡《尝茶》)

总之一句话,品茶需要有诗意的环境。有"立体诗画"之称的中国园林,它所构筑营造的"诗山画水",正是品茶者所要寻觅的氛围。因而有许多风景园林因品茶而著名。

饮茶之相宜 翻开历代茶书,发现常有"相宜"一节,说的是适宜于饮茶的时间与空间。明人许次纾《茶疏》"饮时"项下,列出二十四种,抄录如下:

心手闲适 披咏疲倦 意绪纷乱 听歌拍曲 歌罢曲终 杜门避事 鼓琴看画 夜深共语 明窗净几 洞房阿阁 宾主款狎 佳客小姬 访友初归 风日晴和 轻阴微雨 小桥画舫 茂林修竹 课花责鸟 荷亭避暑 小院焚香 酒阑人散 儿辈斋馆 清幽寺观 名泉怪石

另有一本明代成书的《茶笺》(作者佚名),在"相宜"一章中有"茶候"一节,列出宜茶的六候是:

凉台静室 曲几明窗 僧寮道院
松风竹月 晏坐行吟 清谈把卷

从《茶疏》《茶笺》所举可知,品茶相宜之所多与风景园林相关,亦即品茶的最佳环境是中国园林艺术所创造的富有诗情画意的风景环境。

饮茶与人品　古人饮茶不但讲究环境的相宜,还注重人品的相宜,包括饮者的学养。

明太祖朱元璋的第十七子朱权撰有一本《茶谱》,他说:"凡鸾俦鹤侣,骚人羽客,皆能忘绝尘境,栖神物外,不伍于世流,不污于时俗,或会于泉石之间,或处于松竹之下,或对皓月清风,或坐明窗静牖,乃与客清谈款话,探虚玄而参造化,清心神而出尘表。"品茶,追求的是恬淡、静谧,表明一种高洁的情怀。用知堂老人的话来说,那是"一种忙里偷闲、苦中作乐的活动",是要在"不完全的现世享受一点美与和谐",在"刹那间体会永久"。对茶的品味过程,也是一个心理意识的积淀、融汇及至升华的过程。

品园,人们同样是走出喧嚣繁华的都市,偷得闲暇,投入自然的怀抱,不仅身入其境且心入其境,在人与景物的两相交融之中进行情感的交流。用柳宗元的话来表达,便是"心凝形释,与万化冥合"。

妙的是品茶与品园的契合,两者达到了融化为一。郁达夫曾偕友游杭州西湖的九溪十八涧,途中品茶小憩,在《半日游程》中他记述说:

沿溪入谷,在风和日暖、山近天高的田塍道上,二人慢慢地走着,谈着,走到九溪十八涧的口上的时候,太阳已经斜到了去山不过丈来高的地位了。在溪旁的石条上坐落,等茶庄里的高翁去起茶煮水的中间,向青翠还像初春似的四山一看,我的心坎里不知怎么,竟充满了一股说不出的飒爽的清气。两人在路上,说话原已经说得很多了,所以一到茶庄,都不想再说下去,只瞪目坐着,在看四周的山和脚下的水,忽而嘘朔朔的一声,在半天里,晴空中一只飞鹰,像霹雳似的叫过了,两山的回音,更缭绕地震动了许多时。我们两人头也不仰起来,只竖起耳朵,在静听着这鹰声的响过……同时不谋而合地叫了出来说:

"真静啊!"

"真静啊!"

……

我们一面喝着清茶,一面只贪味着这阴森得同太古似的山中的寂静……

品茶,把饮茶过程当成一种艺术的情感的载体,在饮茶过程中捕捉人的情感体验,从中得到艺术的享受和性情的陶冶。造园家们不仅把自然景观当作独立的审美对象,而且更着力于把自然山水当作情感的载体,所谓寄情山水。品茶和品园的共同点,就在于都非常注重情景交融,而情景交融,正是中国传统美学思想中光彩照人之处。

园林与酒 传说舜之女仪狄始作酒醪,那么,在差不多与禹同时的上古,中国人就开始饮酒了。在悠悠四千多年的历史长河中,酒成了我国传统文化中不可缺少的一部分。古时,帝王祭天、祭地、祭五谷和祖宗时均要饮酒,军队出征和班师回朝时要饮酒,考状元点翰林时要饮酒。民间的酒事也不少,送亲别友要长亭宴别,送旧迎新要喝新春酒,红白喜事要喝喜庆酒……而园林酒事,和这些饮酒均不同,它是一种添意加趣的助兴酒,能使园林赏景现出别样的趣味。

"醉翁之意不在酒,在乎山水之间也。"欧阳修的这一名句,道出了园林酒趣的真谛所在。从古代咏景诗文和游记来看,士大夫文人的游园赏景,常常少不了酒。他们或对景独酌,借酒来冲淡心头丝丝的愁绪和孤独,如李白的"花间一壶酒,独酌无相亲"、韩愈的"我来无伴侣,把酒对青山"等均是这种赏景情思的描述;有的则数人共饮,吟诗作对:"临风竹叶满,湛月桂香浮。每接高阳宴,长陪河朔游。"这种饮,其意不在于酒,而是利用酒性,使自己进入一种薄醉、微醺状态,而使情感激荡,思绪勃发,更易于以情悟景,以达到心灵与自然山水和谐同一的赏景境界。这便是欧阳修所说的"山水之乐,得之心而寓之于酒也"的真谛。就是一般宅旁屋后的私家小园,其游赏也每每缺不了酒的辅助。北京东城黄米胡同,清初建有一座很著名的小园,称半亩园,其主厅云荫堂曾挂有一联:"文酒聚三楹,晤对间,今今古古;烟霞藏十笏,卧游边,山山水水。"将小园卧游与饮酒诗文等融为一体,由此亦看出园林与酒文化的紧密联系。

苑囿酒事 古代帝王在苑囿中赏景游玩,声色取乐,必定少不了酒的助兴。在两汉大赋中,那种铺阵排列的园林景色描绘之后,也往往会写到酒宴群乐。特别是狩猎游历之后,皇帝常常会举行盛大的酒会,用以慰劳随猎的文公武将及将士百官,司马相如《上林赋》中就有"置酒于颢天之台"的描述,在苑囿一片苍翠林木中,君臣一起畅饮,周围歌舞女乐杂陈,真可谓"娱耳目,乐心意"也。如此在皇家园林中宴饮取乐、狩猎游戏的奢靡生活,早在先秦时期就已开始了。20世纪60年代初,在河南辉县赵固村的一座战国墓中,曾出土了一面铜镜,上面刻有当时王公贵族在苑囿中的燕乐射猎图景。图中正面是一座二层的临水建筑,主人宾客正在楼上饮酒作乐,楼下则是姬妾侍女环列,右侧有编钟编磬等乐器,左侧则是鼎镬罗列,温酒烹肉,气氛甚为浓烈。到唐代,苑囿中每逢节令,还常举行小型酒会,招待近臣名士。初唐诗人沈佺期有两首诗记录了当时于内苑赏景饮酒的情况。一是三月三日上巳节的梨园侍宴,有"野花飘御座,河柳拂天杯"之句,可见当时饮酒已很注意风景环境的美丽;另一首是九九重阳节《白莲花亭侍宴应制》云:"九日陪天仗，三秋幸禁林。"当然，皇帝在花园设宴，能出席的人均会深感皇恩浩荡，作的诗也以歌颂皇恩为主。如宰相张说一次赴宴，便有"春园既醉心和乐，共识皇恩造化同"的阿谀之句。有时帝王和后妃在花园饮酒赏景，也多让名士作陪，即席赋诗以唱和。当年酒仙并诗仙李白写下了著名的《清平乐》三首，赞扬杨贵妃的花容月貌，便是在长安兴庆宫龙池东侧的沉香亭上，史籍记载李白应明皇之诏，赶到花园，为明皇、杨妃的欢宴助兴。诗成由"李龟年歌之，太真酌西凉州葡萄酒笑颂，意甚厚"。由此以降，皇家花园中的赏景游玩每每少不了酒事。北宋汴京苑囿的游乐宴饮更是大盛，元祐七年春（1092）宋哲宗赵煦诏赐馆阁官员饮花酒，与会者三十六人，他们先游金明池、琼林苑，后又去于国夫人园赏景。当时科举及第后留京供职的词人秦观也参加了这次宴饮，并赋有诗文描绘当时盛况："西园夜饮鸣筘，有华灯碍月，飞盖妨花。"可谓盛况空前。后来在宋徽宗所建的"艮岳"中，也专门临流设置了请赋亭，供赏景宴乐用。一直到盛清时期北京西郊山水苑囿中的景点设置，君臣大宴或是后妃小游，亦均要饮酒助兴，诗歌为娱。

流杯赏春 兰亭修禊的曲水流觞宴饮游憩活动后来成了历代赏春踏青的一种模式。唐朝时每逢上巳节，都城长安城中半空，人们均去南江曲江池禊饮，皇帝亦赐宴群臣于曲江池。京师之外，各地亦都有这一习惯。唐开成二年（837）三月三日，河南府尹在洛水之滨效仿前贤也举行了一次修禊活动。因所邀宾客中有洛阳留守斐度、太子少傅白居易、太子宾客刘禹锡等名士，所以格外受人关注。参加集会共十五人，主宾合宴于舟中，竟游宴了一天，"自晨及暮，前水嬉而后妓乐，左笔砚而右壶觞，望之若仙，观者如堵"。白居易在席间举酒挥毫，写下《三月三日祓禊洛滨》诗一首并序，序中写道："尽风光之赏，极游泛之娱，美景良辰，赏心乐事，尽得于今日矣。"兰亭及这次洛水修禊赏春，均是在城郊山水园林中进行的，因为没有合适的曲溪流杯，所以白居易等人只好改作泛舟洛水之上，多少与兰亭曲水流觞有所不同。由于受地形条件的限制，在一般园林特别是城市园林中找寻一条宜于流杯的曲溪并不容易，所以后来不少园林就结合水景的布局，叠砌弯曲狭小的流水沟涧以供人们游戏。再后来，为了流杯的方便，便将曲水设计得更小，干脆放到建筑中，使流水和建筑亭台完全合并在一起。北宋官方编纂的《营造法式》，还专门收入了不少流觞亭地面曲水的做法，可见唐宋园林中饮酒游乐活动之盛。这从前人诗中亦可看见，唐诗人张籍及韦处厚都有《流杯渠》诗流传，所咏即韦氏盛山别业中的曲水景。宰相李德裕的平泉别业中也置有流杯亭，有诗咏道："激水自山椒，析波分浅濑。回环疑古篆，诘曲如萦带。宁憇羽觞迟，惟欢亲友会。"以后，园林中置赏春流杯亭更是比比皆是,成为古典园林中很重要的一景。在清代皇家园林中,避暑山庄康熙三十六景中有"曲水荷香";圆明园四十景中亦有"坐石临流"一景,乾隆曾题诗云:"白石清泉带碧萝,曲流贴贴泛金荷。年年上巳寻欢处,便是当年晋永和。"为了曲水流觞而将动水引入游赏建筑室内的流杯亭实例,在今日北京还保留有两处:一处位于北京恭王府花园圃门右侧假山旁的流杯亭,另一处是故宫乾隆花园主建筑古华轩西侧的禊赏亭。两处都是这类将动水引入室内的游赏建筑。它们都有上游水源,以保证流觞活动的进行。流杯亭的水源是假山东南的一口井,需要时可汲水顺槽流下;禊赏亭的水来自衍祺门旁水井边的两口大水缸。当然,将自然溪流之曲水改作人工造作的小沟渠,其意境与兰亭的曲水流觞是不可同日而语的,但也从一个侧面反映出古人对园林酒趣的重视。现在有不少园林的流觞亭,更是以虚带实,连小沟渠也不做了,唯取其意境而已。例如从上海豫园玉华堂前临水月台西侧小径北望,透过流翠圆月洞门,可见山光水色相互映发,曲桥西边的石矶上立一小亭——流觞亭,这便是豫园的曲水流杯处。水亭娟小,无法开渠,但亭外清流回环,甚得山水之趣。古诗曰:"清泉吐翠流,渌醽漂素濑。"据古籍载,魏左相能治美酒,其最有名的是醽渌和翠涛,这两种酒均是绿色,常盛于大金盏中,其色、其香、其味,令人赞不绝口。试想,这种美酒漂流于清泉之上,在如画的名园之中品饮,其诗情定会勃发。以往,每年三月初三,上海的文人骚客均喜集于此亭,仿兰亭故事饮酒赋诗,其乐融融。

醉翁与醒亭　安徽滁州西南5千米的琅琊山,林深壑秀,景致很是清幽。唐代,山中便建有琅琊寺,为江淮间一处佛教圣地,亦是城市百姓喜爱游玩的一个邑郊山水园林。山中更多泉,泉水清澈而寒冽,甘醇可口,特别宜于酿酒。自从欧阳修之《醉翁亭记》广为流传之后,此地便成为散发着浓郁酒香的山水风景园林。

1046年,欧阳修知滁州,得知琅琊之美,遂命山僧智仙建亭于酿泉旁,以为游息之所。太守十分喜爱此处景色,常登亭饮酒,"饮少辄醉",故自命"醉翁",并以此名亭,又作脍炙人口的《醉翁亭记》,在园林史上添上了带有浓浓酒趣的一笔。这里太守之醉,非为酒醉,而是对琅琊山风景的阴晴雨晦,以及四时变化之美的陶醉,是对嘉宾同饮、百姓随游的欢乐气氛的陶醉。欧阳修有园林癖,每至一地,均要游赏风景,吟咏山水。他曾有过许多描绘赏景乐趣的诗篇,其中有一首这样写道:"园林初夏有清香,人意乘闲味愈长。日暖鱼跳波面静,风轻鸟语树阴凉。野亭飞盖临芳草,曲渚回舟带夕阳。所得平时为郡乐,况多嘉客共衔觞。"在诗人看来,吹拂树枝的轻风,跳波嬉耍的鱼儿,枝头叽喳的小鸟以及浓树中露出一角的茅亭,均是那样地美,那样地令人心醉,因而只要与嘉宾稍饮少许,便会倍感醉意了。

今日的琅琊山风景之主题,也突出了风景中的酒趣:沿着水声潺潺的山溪上行,不久就可到达位于两座秀峰之间的酿泉,泉旁立有石碑,上题"酿泉秋月",是古代滁州著名的十二景之一。酿泉,制酒者也,这是园林酒趣诙谐曲的引子。不远处,翼然而立的便是主题景醉翁亭,亭为歇山单檐方亭,四周古木,山石环抱,亭后为一组纪念性小庭院,名为二贤堂,二贤即为欧阳修和苏轼,这两位文学家对琅琊风景园林的建设均有很大的贡献。据记载,《醉翁亭记》初刻于1048年,但字刻得较浅,当地乡绅士人以其不能远传为名,复于1091年请名声很大的书家苏轼改写楷书大字重刻,致使文章和书法相得益彰,成为风景文物中的珍品。此碑现保存在明代所建的宝宋斋内。

堂西侧,有当年太守和宾客饮酒赋诗的九曲流觞,上建有意在亭,亭面对青山,点出了"醉翁之意不在酒,在乎山水之间"的主题。为了观赏山水,这一风景区中还有怡亭、览余台、古梅亭等亭台建构,它们烘云托月地强化了心醉的主题。在这一序列游赏空间之后,有一个小游赏区——醒园,"醒"与"醉"相对而出,颇具意味,也预示着乐曲已经接近尾声。出醒园过一石桥可至洗心亭,意为醒后再在秀丽的山光水色中一洗尘心,此亭亦是这组风景的收尾。这一以醉为中心,充满酒趣的景致布局正中求变,小巧幽深,富有较强的文学趣味。

像这样由醉至醒的园林结构,在古代园记中亦有记述。如北宋李格非的《洛阳名园记》中所载董氏东园,也专设有"流杯""寸碧"两亭,园主人盛时,常常"载歌舞游之,醉不可归",而且这样的游饮,有时竟要持续许多天。而在两亭西边,有一大池,池中立堂,曰"含碧",水从四面泻入池中,而由地下暗沟流出,故朝夕如飞瀑,而池不溢。最奇怪的是喝酒再多,走入其堂,辄醒,所以人皆称之为醒酒池。今日绍兴饭店一侧的小园中,也设醒池和春波薄醉轩这一组景致,倒与绍兴"中国江南的酒乡"这一称谓颇为切合。杭州西湖边上的文人私园郭庄,当年也设有苏池,这些都是园林重酒趣的反映。

园林酒景 醉翁太守欧阳修创建的琅琊山风景园林,堪称为我国古园中酒景最知名者。除此之外,大江南北的名园胜景中,以酒而出名的也颇多。甘肃河西走廊盼酒泉,不仅以酒名园,而且以酒名市。酒泉原名金泉,泉眼在酒泉市东关酒泉公园内。水清澈见底,澄碧如酒。旁立有"西汉胜迹"碑一通。这里水量充沛,四周林木繁盛,历来为市人游历之名胜。相传汉武帝时骠骑将军霍去病出征匈奴获胜,在这一带驻军,皇帝赐御酒一坛,霍去病倾此酒于泉中,与众将士同饮,故后人改泉名为酒泉。这里"半亩澄潭,一汪皱绿",泉边景色清佳,泉水汇而成湖,湖面上有知春、湖心、湖堤小亭三座,雕梁画栋,小桥曲廊,堪称陇西小江南。"上有天堂,下有苏杭",以秀丽擅名中外的杭州西湖山水园林,也有不少酒景,最有名的要称十景中的"曲院风荷","曲院"原来作"麯院",是南宋皇家酿酒的作坊。《西湖志》载:"九里松旁旧有麯院,宋时取金沙涧之水造麯以酿官酒,其地多荷花,旧称麯院荷风。"另外,柳浪闻莺旧有仙姥墩,曾流传着裴姓大娘在此采百花酿酒款待群仙的故事。西湖春天,百花盛开,裴姓大娘所酿之酒香竟然引得仙人翩翩而来,大饮三斗而不醉。古时亦为西湖边上一处名胜。古时文人雅士游湖,均喜边看景边饮酒,由此湖中孤山上的楼外楼就格外有名,"山外青山楼外楼,西湖歌舞几时休",有歌有舞必有酒。除了楼上登高饮酒看景,还有携壶于小舟泛湖上,边游边饮的。更有意思的是旧时人们常将西湖南岸夕照山的雷峰塔比作醉翁。塔原为吴越国王之妃所建,是西湖南山景中不可缺少的点缀。明嘉靖年间倭寇侵犯杭州,疑塔中有伏兵,纵火焚烧,劫后仅剩赭色塔身。后明末画家兼诗人李流芳喻之为"醉翁",其景其意十分妥帖。

酒与山水诗文 "李白斗酒诗百篇",古之文人雅士,常常以酒作为诗歌创作的催化剂,而以园林美景作为创作的理想环境。他们游山玩水,每每携酒而往,喝到兴来,便要吟诗长啸,以抒发内心的情思,唐杜牧游安徽池州齐山,就有"江涵秋影雁初飞,与客携壶上翠微"之句。赏景、饮酒、赋诗,在古园中每每联系在一起,是备受文人钟爱的一种文化活动。

曹雪芹《红楼梦》中曾多次写到宝玉和众姐妹在大观园内饮酒作诗的情景,其中第四十九回写的芦雪庭看雪景、烤吃鹿肉、喝酒联句最为精彩。芦雪庭是园中幽偏处傍水的小筑,"盖在傍山临水河滩之上,一带几间,茅檐土壁,槿篱竹牖,推窗便可垂钓,四面皆是芦苇掩覆,一条去径,逶迤穿芦度苇过去,便是藕香榭的竹桥了"。一连几天大雪,大观园变成了一片银白世界,好似装在玻璃盒内一般。此时在芦雪庭赏景,真有"独钓寒江雪"的意境。在诗社众人联句之前,宝玉、湘云等已在庭中支起炉子,大嚼鹿肉了。这里,作者借湘云之口,就诗酒问题发了一通议论:"我吃这个方爱吃酒,吃了酒才有诗。若不是这鹿肉,今儿断不能作诗。"尽管景美,但无酒亦就无诗,可见酒之重要。

古代,文人于园林风景之中边宴饮边赋诗歌吟之风由来已久,汉梁孝王冀曾在今河南商丘建兔园,又称梁园。园中山池楼台之胜,盛极一时,是园林史上的前汉名园。一次,梁孝王在园中忘忧馆宴集当时文坛名士,边赏景边作赋,将景美、酒酣、文雅的人间乐事有机地融合在一起。宴会上,还以文之优劣设各档奖励,据籍载,枚乘所作《柳赋》、路乔如所作《鹤赋》为上者,各获赏绢五匹;公孙乘作《月赋》,羊胜所作《屏风赋》为中者,未有赏罚;而邹阳所作《酒赋》,韩安国所作《几赋》为下者,各罚酒三升。西晋以富著称的石崇也曾在其别墅花园——河南河阳金谷园内宴请宾朋好友凡三十人,"昼夜游宴,屡迁其坐,或登高临下,或列坐水滨……遂各赋诗,以叙中怀。或不能者,罚酒三斗"。后石崇将此次宴集诗文汇成集,并作《金谷诗序》纪其事,诗文与名园遂传于世。纵观我国园林史及文学史,凡赏景咏吟诗文的,每每都有酒作伴。苏东坡赏月夜美景,曾吟出"明月几时有,把酒问青天"之名句,张孝祥夜泛洞庭,也高歌:"尽挹西江,细斟北斗,万象为宾客,扣舷独啸,不知今夕何夕。"赏景达到如此境界,则可称获得了深刻的审美感受,酒的功绩不可抹杀。

五、名家名著

我国园林虽然历史悠久,但在很长一段时期内,并不为文人艺术家所重视,如同建筑艺术一样,往往被认为是匠人所为。人们看重的是它的结果,并不很注意它的设计者和理论体系。因此,在明代中叶以前,正统的史籍上可以说看不到造园家的名字。在著作方面,除了一些园林游记和文人笔记之外,也没有较系统的理论典籍出现。明、清两代,由于众多的诗人画家参与了造园活动,园林艺术亦成了文人雅士修身养性的一种手段,而受到了普遍的重视,因此才出现了比较专门的造园名家和理论专著。因此,下面介绍的历史人物大部分并不是专门的造园家,但他们都对古代造园艺术的发展作出过贡献;介绍的种种古籍大多也不是纯粹的园林理论,但它们却在各个方面对园林艺术产生过较大的影响。

曹操 字孟德,东汉献帝时为大将军,进位丞相,封魏王,其子曹丕篡汉后追尊为武帝。曹操为人多机智,才力超人。及造作宫室、缮治器具,无不为之法则,皆曲尽其意。公元204年攻占邺城后,大兴土木,建铜爵诸园,于建安十五年(210)以铜爵园西城墙为基起铜雀台,高30多米。以后又在其南、北各建金凤台与冰井台,高约27米。三台联属,各有屋百余间,甚为壮观。

曹丕 魏文帝,三国时魏国的建立者,字子桓。他性喜营宫室,筑苑囿,雕饰观阁。黄初元年(220)取白石英、紫石英及五色大石于太行谷城之山,构叠景阳山于芳林园中,树以松竹,实以禽兽。黄初二年(221)又构室陵云台。于时,百役繁兴,丕每躬自掘土,故群臣莫不参与其役,其为我国最早之叠石大家。

戴逵　戴颙　逵字安道,谯郡铚县人。少博学能文,工书画,善操琴,其余艺巧靡不毕综,性高洁不谙世务。东晋孝武时屡征不就,逼不得已乃逃吴。尝慨中古像设,类皆朴拙,至于开敬,不足动心。于是委心积虑,造山阴灵宝寺无量寿佛及挟侍木像,三年始成。又为招隐寺夹纻行像五尊,当时推为独步。

颙字仲若,逵次子。能世家学,逵每制像铚亦参与。时刘宋世子铸像瓦官寺,既成,恨面瘦。匠人迎颙审之,颙曰:"非面瘦乃臂胛肥耳。"如言治之,其患立除。世传,佛像藻缋雕镂,盖始于颙。

戴氏父子游吴时,人称吴中高士。尝建宅,土人共为筑室,聚石引泉,植林开涧,少时繁密,有若自然。三吴将守郡内衣冠邀其同游野泽,惧行便去,不为矫介。

慧远　东晋高僧。慧远遍游南北名山,于晋孝武帝太元九年(384)到庐山创建东林寺。《高僧传·慧远传》载:"远创造精舍,洞尽山美。却负香炉之峰,傍带瀑布之壑。仍石垒基,即松栽构。清泉环阶,白云满室。复于寺内别置禅林,森树烟凝,石径苔合。凡在瞻履,皆神清而气肃焉。"可知慧远是一位相地高手,是出色的造园家。

谢灵运　南朝宋人。陈郡阳夏(今河南周口)人,移籍会稽。晋时袭封康乐公,称谢康乐。入宋,曾任永嘉太守、侍中、临川内史等职,后被杀。为当时著名的诗人,开文学史上山水诗一派。谢灵运还曾扩建庄园别墅。据《南史·谢灵运传》载:"灵运父、祖并葬始宁县,并有故宅及墅,遂移籍会稽,修营旧业,傍山带江,尽幽居之美。"谢家在会稽的庄园,分"南北两居",南居为灵运父、祖早先卜居之地,北居即灵运新营之别业。谢灵运为此还作了当时著名的《山居赋》。

崔士顺　博陵人。北齐武成帝时为黄门侍郎,太府卿,乃"仙都苑"之设计师。时为增饰华林苑,封土为岳,皆隔水相望。分流为四渎四海,汇为大池,中可泛舟。山海之内皆建楼观堂殿。其北岳飞鸾殿、北海密作堂最为奇巧精妙,见者惊古今罕有。园苑中楼观、山池、台殿如若神仙居所,故改之曰仙都苑。

蒋少游　东安博昌人。北魏高祖时任都水使者,兼将作大匠。虽有文藻而不得伸其才用,恒以剖剧绳尺,碎剧忽忽,徙倚园湖城殿之侧,识者为之叹慨,而其恒以此为己任,不告疲耻。高祖将营平城太庙太极殿,遣少游诣洛阳,准量魏晋故基址。又尝为华林殿,诏修旧增新及领水池湖泛戏舟楫之具。又改作金墉门楼。景明二年(501)卒,赠龙骧将军、青州刺史,谥曰质。

周景　后周时人,世宗显德年间濬汴口,自郑州(今郑县)寻郭西濠达中牟。景知汴口既濬、舟楫无壅,将有巨商大贾贸易于此,万货临汴,委泊无地。周讽世宗,乞令许京城百姓环汴栽榆柳,起台榭,以为都会之壮。世宗许之。景率先应诏,踞汴流中要起巨楼十二间,至宋楼尚存。后人尊其为城市园林规划家。

蒯祥 明江苏吴县人,北京宫庭园林建筑师。本香山木匠,能主大营缮。永乐十五年(1417)建北京宫殿,正统中重作三大殿及文武诸司,天顺末作裕陵皆其营度。凡殿阁楼台,以至回廊曲宇,随手图之无不中上意。每修缮,持尺准度,似不经意,既成不失毫厘。初,授职营缮所丞,累官至工部左侍郎,食从一品俸。宪宗时,年八十余尚执技供奉。上每以"蒯鲁班"呼之,既卒,子孙世其业。今江南木工巧匠多出于香山。

文震亨 字启美,明末长洲人(今苏州),著名书画家文徵明曾孙,曾官至中书舍人。能诗擅画,咸有家风。长身玉立,善自标置,所至必窗明几净,扫地焚香。其居香草姹,水木清华,房栊窈窕,圜阓中称胜地。尝于西郊构碧浪园,南都置水嬉堂,皆位置清洁,若在画图中。致仕归,于东郊水边林下经营竹篱茅舍。明亡,辟地阳澄湖滨,忧愤发病而卒,或曰绝粒死。所著《长物志》十二卷,涉及园林、建筑、位置、制度,为今日造园界所重。

李斗 字艾塘。清初江苏仪征人。博学工诗,兼通数学、音律。晚岁著《扬州画舫录》十八卷,于名胜、园亭、寺观、风土、人物收集详赡,并末附"工段营造录",于清代工程做法提要钩玄,颇多心得,乃清初著名的园林鉴赏家。

石虎 字季龙,东晋时五胡后赵主石勒之侄,迅捷凶暴,所向无敌。勒死,虎废其子弘,自立为大赵天王。尝起太武殿于邺,造东西宫,皆漆瓦、金铛、银楹、金柱、珠帘、玉壁,穷极工巧。又起灵风台九殿于显阳殿后。又使尚书张群发近郡男女十六万、车万乘运土筑华林苑,周回五千米。凿北城引漳水入华林,苑中有千金堤,上作二铜龙相向,引水出龙口,注天泉池中。虎于苑中种众果,民间有名果,"虎作虾蟆车,箱阔一丈,深一丈四,抟掘根面去一丈,合土载之,植之无不生"。

张伦 字天念,北魏上谷沮阳人。孝明帝时官至大司农少卿。性豪侈,好为园林山池,斋宇光丽,园庭胜绝,非邦君诸王所能拟。尝叠造景阳山,重岩复岭,岭崟相属,深溪洞壑,逦迤相接。高林巨树,足使日月蔽亏;悬葛垂萝,能令风烟出入。崎岖石路,似壅而通,峥嵘涧道,盘行复直。虽由人作,有若天成。

杨广 隋炀帝杨广尝"辟地周二百里,役民数百万而营西苑"。苑内分十六院,聚土石为山,凿地为五湖四海。诏天下贡鸟兽、鱼虫、草木、花卉以实之。又凿北海,周围二十千米,中有三山,效蓬莱、方丈、瀛洲,台榭、回廊错列其间,湖水深数丈,开沟渠联系五湖、四海,尽造龙凤舸。自大内开御道直入西苑,夹道植长松高柳。

杨务廉 河东人。唐中宗时任将作少匠,素以工巧见用,每有营构,必务其侈。尝为长宁公主筑邸于东都,"东西尽一坊,潴沼三百亩","崇台、蔇观相联属"。及邸成,擢务廉将作大匠。又于西京取高士廉故宅及左金吾卫旧营合而为公主府,右属都城,左俯大道。垒石为山,浚土为池,山谷亏蔽,有若自然。旁起三重之楼以凭观,极尽园亭之美。帝及后常幸此。又并坊西隙地广为踘场。

务廉尝于沁州市内刻木作僧,手执一碗,自能行乞。碗中钱满,机关忽发,自然作声云"布施",市人竞观,欲其作声,施者日盈数千。

李德裕 字文饶,赵郡赞皇(今河北赞皇)人。唐大和七年(833)拜相,封赞皇县侯及卫国公。当国六载,弭藩镇之祸,决策制胜,威权独重。其私第在长安安邑坊东南隅。别构起草院,院有精思亭。舍宇虽不宏丽,而制度奇巧。庭除怪石、珍松、嘉树、芳草,俨若图画。另有平泉山居,位于洛阳城外十五千米,伊阙之南。初为文饶未仕之际讲学所,内有书楼、瀑泉亭、流杯亭、西园、双碧潭、钓台诸胜。周回五千米,清流翠集,奇石幽林,环绕其间。花木泉石之外,还畜鸂鶒、白鹭鸶及猿。初履其境,宛入仙府,然文饶"出将入相"三十年不复重游。

白居易 字乐天,自号醉吟先生。唐代太原人。贞元进士,迁左拾遗,贬江州司马,后召还,官至刑部尚书。乐天尝自述:"从幼迨老,若白屋,若朱门,凡所止,虽一日二日,辄覆篑土为台,聚拳石为山,环斗水为池,其喜山水病癖如此。"故谪居滋城时,于庐山遗爱寺香炉峰间立隐所构草堂。"三间两柱,二室四牖,广袤丰杀,一称心力。"乐天称此"仰观山,俯听泉,旁睨竹树云石"。致仕后,退居洛下履道里,又疏沼种树,以营新第,"地方十七亩,屋室三之一,水五之一,竹九之一,而岛池桥道间之"。又重修洛都香山寺,构石楼于其间。凿龙门潭八节滩,以利舟楫。居杭城时,筑白堤,遗惠至今。

梁师成 字守道,北宋末年宦官,官至太尉。徽宗称其"博雅忠荩,思精志巧,多才可属"。故令主持寿山艮丘营造之役。舟以载石,舆以辇土。朱勔、蔡攸辈穷搜太湖、灵璧、林虑等地佳石及江浙异花以实之。驱军民万夫与天下巧工绝技之匠以营之。按图缔构,垒土积石,阙地引泉,寿山周五千米余,高九十步。上以亭界分东西两岭,直接南山。冈连阜属,峥嵘环合,怪石复叠,崭岩参差,千状万态,巧妙造化。南山之外又有小山,横亘一千米,名芙蓉城。峰北为景龙江,江外有大池,名曲江池。寻江水穿石出隙,喷激溅注,缅缅如贯珠,霏微如雨露。宫室、台榭之最著者,有琼津殿、绛霄楼、萼绿华堂等。其余岩壑、洞涧、溪谷、沼沚、珍禽异兽、瑰花异木,括天下之美,藏古今之胜。月增日益,不可殚记。

艮岳营筑始自北宋政和七年(1117),迄于宣和四年(1122),越六载乃成。始名凤凰山，后以山在都城艮位，遂更名为艮岳。宣和六年(1124)，以金芝产于艮岳万寿峰，复改称寿岳。又以岳之正门曰华阳，故亦号华阳宫。

朱勔 北宋苏州人。父冲以擅治园圃名。蔡京器其能，遂以其父子姓名嘱童贯窜置于军籍中，并皆得官。因昵中贵，时时进奉花石。是时，徽宗颇垂意花石，京讽勔语其父，密取浙中珍异以进，初致黄杨三本，帝嘉之，后岁岁增加，然岁不过三贡。至政和中始构盛，舳舻相衔，号称花石纲。勔之采集，凡林园亭馆，以至坟墓间所有花木奇异者，悉用黄纸封识，不问其家，径收之。不论江湖不测之渊，巉岘难济之巅，凡堪玩之石必搜岩剔薮，斫山辟道百计以出之而后快。尝于太湖鼋山取巨石，"高四丈有余，广得其半，玲珑嵌空，窍穴千百"，专造大舟以载之，挽以千夫，凿河断桥，毁堰拆闸，数月方至京师。上赐"昭功敷庆神运石"，立于艮岳之上。勔缘此而授节度使，父子俱建节钺，乃起私第曰双节堂，盘门内构绿水园极广，植牡丹数千株，园中有水阁，作九曲路入之，常有游赏迷其途者。相传园中有鱼池十八处。

《吴风录》云："自朱勔创以花石媚进建节钺……至今吴中富豪竞以湖石筑峙奇峰阴洞，至诸贵占据名岛，以凿琢而嵌空妙绝，珍花异木，错映阑圃。虽闾阎下户，亦饰小小盆岛为玩。以此务为饕贪，积金以充众欲，而朱勔子孙居虎丘之麓，尚以种艺垒山为业，游于王侯之门，俗呼为花园子。"

俞澂 或作俞徵，字子清，号且轩，宋吴兴人。光宗时官至大理寺少卿，曾筑室曰无尘，面对浮玉山。又于园中叠山，峰之大小凡百余，高者6至9米，皆不事铓钉，而犀珠玉树森列旁午，俨如群玉之圃。众峰间萦以曲涧，瓮以五色小石，旁引清流激石，高下使之有声，淙淙然下注大石。潭上荫巨竹、寿藤，苍寒茂密，不见天日。旁植名药奇草、薜荔、女萝、菟丝，花红叶碧。潭侧栏石作杠，下为石渠，水自此溢出。潭中畜文龟、斑鱼。月下夜照，光影明灭，如在群山绝谷之间。盖子清本善画，胸中自有丘壑，故能出匠心之巧，至于此极。

倪瓒 字元镇，自号云林居士，元无锡人。工诗，善书画，居所有云林堂、萧闲馆、清闷阁。阁如方塔，三层，疏窗四眺，极目远山近水，尽收万状烟霞。至正间与僧天如等共商，叠成苏州狮子林，元镇为之图。中有狮子峰、含晖峰、吐月峰、立云堂、卧云室、问柏阁、指柏轩、玉鉴池、冰壶井、修竹谷、小飞虹，大名屋诸胜。湖石玲珑，洞壑宛转，植有合抱大松五株，因而又名五松园。今园中之景大体尚在，元镇之图亦可见。

米万钟 字仲诏，以性好奇石，故人称友石先生。祖籍秦地，父辈始徙家入京师。

仲诏生有异质,驰骋翰墨,工画山水,足称名家,平生嗜石,亦善画石。尝构漫园、勺园、湛园于燕京城郊。漫园在德胜门积水潭东,中有楼阁三层。勺园位于城西海淀,取海淀一勺之意名园,又因园景处处模仿江南烟霞,故亦名风烟里。园大6.7万平方米,穿池叠山,山峻湖广,登高俯瞰,四围尽水,长堤曲桥经纬其间,丘壑亭台星布于中。堤径乱石磊砢,垂柳乔松阴郁。有王思任诗为证:"才辞帝里入风烟,处处亭台镜里天。梦到江南深树底,吴儿歌板放秋船。"其园景分为五区,为色空天、太乙叶、松坨、翠葆榭及林于澨。又绘园景为灯,人称"米家灯"。湛园成于明万历二十五年(1597),其自题诗曰:"主人心本湛,以湛名其园。有时成坐隐,为客开青樽。闲云归竹渚,落日深松门。登台候山月,流辉如晤言。"园内有"石丈斋,石林、仙籁馆、茶寮、书画船、绣佛居、竹渚、敲云亭。曲水绕亭可以流觞,即以灌竹,竹外转而松关,又转而花径,则饮光楼在望,众香国盖其下也。别径十数级,可以达台,是为猗台,俯瞰蔬圃"。

高倪 明万历间人,系民间堆山艺人匠师,生平不详。《竹叶亭杂记》卷七载:"宣武门内武功卫胡同,桂杏农观察(莒)卜居焉。宅西有园,曲榭方亭之前凿小池,砌石为小山,有一石矻然苍古,为群石冠。苔藓蒙密,摩娑石阴,得'万历三十年三月起,堆叠石子,高倪修造'十六字。"

林有麟 字仁甫,明华亭人。万历间官至四川龙安府知府。工画山水,于所居素园辟玄池馆以聚奇石,因采宣和之后见于故籍之石,凡百余种,具绘为图,缀以前人题咏,为《素园石谱》四卷。始于蜀中永宁石,终于松江普照寺达摩石。大抵以意摹写,未必能一一肖其形。又著《青莲舫琴雅》四卷,凡古琴制度、名称、典故、赋咏悉为采录。

计成 字无否,号否道人,明末吴江人。少以绘名,最喜关、荆笔意。后游燕、楚、中岁归吴,择居润州(镇江)。偶叠石为壁,观之者俱称:"俨然佳山也。"遂播闻于远近。又应吴又予之招,葺园,于城东掇石而高,搜土而下。令乔木参差山腰,蟠根嵌石,宛若画意。依水而上,构亭台错落池面,篆壑飞廊,想出意外。另为汪士衡、郑元勋、阮大铖修建园林,并称于当时。间别有小筑,片山斗室,皆发胸中之奇蕴。

　　无否有《园冶》三卷传世,于装折、门窗、铺地、掇山诸作,力避流俗蹈袭之弊,尤重相地、借景,发前人之未发。海内论园林者唯此一书而已。

陆叠山 佚其名字,明杭州人。以堆山为业。《西湖游览志》载:"杭城假山,称江北陈家第一,许银家第二,今皆废矣。独洪静夫家者最盛,皆工人陆氏所叠也。堆垛峰峦,拗折涧壑,绝有天巧。号陆叠山,张靖之尝赠陆叠山诗云……"

张琏　张然　张琏字南垣,清初华亭人,后徙秀州。少学画,好写人像兼通山水,遂以其意垒石为假山,他人莫能及。一树一石、一亭一沼,经其指画,即成奇趣。南垣挟此技游于江南诸郡五十余载,自华亭至秀州外,于白门、金沙、海虞、娄东、鹿城等地皆有逗留。其作品中李工部之横云、虞观察之预园、王奉常之乐郊、钱宗伯之拂水、吴吏部之竹亭、徐司马之汉槎楼最负盛名。最初三吴大家名园多出其手,之后东至于越,北至于燕,延请者了无虚日。南垣以为:"人之好山水者,其会心正不在远。"因而一变旧样,因形布置,土石相间,颇得真趣。方塘石洫,易以曲岸回沙;邃阆雕楹,改为青扉白屋。树取其不凋者,石取其易致者。无地无材,随取随足。吴伟业《张南垣传》中载:"君为此技既久,土石草树,咸能识其性情,每创手之日,乱石如林,或卧或立。君踌躇四顾,正势侧峰,横支竖理,皆默识于心,借成众手。常高坐一室,与客谈笑,呼役夫曰:'某树下某石,可置某外。'目不转视,手不再指。若金在冶,不假斧凿,人以此服其精。"南垣又妙作盆池小山,数尺中,岩岫变幻、溪流飞瀑、湖滩渺茫、树木蓊郁。点缀寺宇台榭、石桥宝塔、颓垣短阑皆一一生动,令观者坐游终日而不忍去,亦从所未有。

南垣有子四人皆能传其术,以然为最知名。

张然字陶菴,继其父业,游于北地,供奉内廷三十余年。曾参与畅春园的修造,及瀛台、玉泉皆其布置。又为大学士王宛平构怡园,水石之妙有若天然,曲折平远巧夺化工。

张氏子孙多承其业,嘉兴仙圃、鹤洲、绿溪等园相传为南垣子熊所作,熊字叔祥,有父风范。

叶洮　字金城,号秦川,自称山农,清初青浦人。工画山水,胸有丘壑。康熙中祗候内廷,诏作畅春园图本,图成称旨即命监造。园中依高为阜,即卑成池,相体势之自然,一树一石经营布置皆出其手,系北京皇家花园设计师。

李渔　号笠翁,浙江兰溪人,生活于明末清初。对传统文化造诣颇深,并亲自参与造园,如为贾汉复葺半亩园,叠石垒土而为山,阙地寻泉而为池。池中水亭通以双桥,平台曲室奥如旷如。又自营别业号伊园,晚年更筑芥子园。麟庆《鸿雪因缘图记》曰:"当国初鼎盛时,王侯邸第连云,竞侈缔造,争延翁为座上客,以叠石名于时。"所撰《闲情偶寄》中有居室部,于设计布置别出心裁;种植部,以花木喻人亦可见昔日士大夫对园中植物的选择标准。是书被今人视作探究古代营造、葺园之要籍。

道济 名元济,字石涛,号大涤子,又号苦瓜和尚、瞎尊者、清湘老人。明末清初广西梧州人。性耿介,工书画,善山水、兰竹,任意挥洒,云气迸出。一生遍游宇内山川,晚寓淮扬,故所遗墨迹江淮间尤多。道济曾于扬州为江都余氏筑万石园,以画稿经营布置,用太湖石以万计,故名。园中有樾香楼、临漪槛、援松阁、梅舫诸胜。又筑扬州新城片石山房湖石假山。山在二厅之后,下临方池,山高虽不足二十米,但奇峭可爱,至今遗构犹存。

　　道济传世画论甚多,尤以《苦瓜和尚画语录》最为人称颂。书名画语,并非画法,乃系纯理之画论,讨论绘画的一般原则。其识见高超,思绪奔放不仅为画界所重,且对造园亦有借鉴意义。

仇好石 乾隆间扬州石工,有画名。尝为江氏堆叠净香园怡性堂前宣石假山,山上筑室,额曰"水佩风裳",联云:"美花多映竹,无处不生莲。"时好石年仅二十一岁,因点是石,得痨疾而卒。

董道士 名字不详,淮安人,以画名和《扬州画舫录》被归于书画名家之列。曾叠九狮山,被誉为扬州第一郊外假山。山在扬州城北门外小洪园中,原为郧园,以怪石老木胜。乾隆年间归洪氏,董道士以旧制临水太湖石,搜岩剔穴,为九狮形,置之水中,上点桥亭,题之曰"卷石洞天"。《扬州画舫录》称:"狮子九峰,中空外奇,玲珑磊块,手指攒撮,铁线疏剔。蜂房相比,蚁穴涌起。冻云合沓,波浪激冲。下水浅土,势若悬浮。横竖反侧,非人思议所及。树木森戟,既老且瘦。夕阳红半楼,飞檐峻宇,斜出石隙。郊外假山,是为第一。"

戈裕良 江苏常州人。以叠石名于当时,尤胜前代堆山妙手。以大小石钩带联络,如造环桥之法使假山久固不坏。改以往用条石作山洞的传统,以为"要如真山洞壑一般,方称能事"。至于修造亭台、池馆,一应位置,装修亦其所长。其作品中以仪征朴园、如皋文园、江宁五松园、苏州一树园、孙古云园以及常熟北门内的蒋氏燕谷园最为人称道。孙古云园即至今尚存的环秀山庄。其中湖石假山为戈氏遗构。下有洞,上置亭,山洞即以所谓"顶壁一气,成为穹形"形式修建,更趋写实。常熟燕谷园虽小,但曲折得宜,结构有法。20世纪30年代童寯老先生曾访是园,评价曰:"戈裕良为叠两山,东南隅用湖石,西北一山则用黄石,而湖石山实绝胜,世所称燕谷者也。"(《江南园林志》)可惜如今已毁。

大汕 字石濂,自称江南人氏,承觉浪天师衣钵,云游岭南,主广州长寿寺。大汕擅丹青,多巧思。叠石山,构精舍皆可入画,了无斧凿之痕。又常以花梨、紫檀、点铜、佳石作桌、椅、屏、柜、盘、盂、杯、碗诸物,往往有新意。持以赠诸当事及士大夫,倍受时人赞赏。

周师濂 清代会稽人。嘉庆、道光年间以诗、书、画名闻于当地。对于花木、盆景亦具极高造诣,经其手者,无不神韵倍增。《碧悟馆丛话》曾载:师濂"尝入市,见小摊上有磁片一,长寸余,宽半之。白地青字,隶'小灵鹫'三字,款书'米芾'。真赝虽不可得而知,书法亦古拙可爱也。购以归,乃叠浮石作小山,高二尺余,极深远幽邃之致。主峰嵌以所购磁片,山背以青田石作小碑,刻七律一首,云:'生成岩岫小玲珑,割取西泠一朵峰。蚁穴细穿珠终索,蚕丛独辟玉芙蓉。水涵秋碧新开盏,树老冬青宛卧松。此上韬先疑有路,仙风送我欲扶筇。'糁以石青。山多石罅,栽小松七、木桃一。不数年松皆挺秀,与千年古松同其奇拔,不过具体而微耳。木桃亦能结实,大如豆。山承以石盆蓄水养鱼,经数年不死,亦不长,一若均为兹山特产者。"

三辅黄图 古地理书。作者不详,成书年代无定论。宋人晁公武《郡斋读书志》认为是南朝梁、陈间人作;程大昌《雍录》认为系唐肃宗以后人作。《水经注》曾引用此书,《隋书·地理志》亦曾著录,可知此书成书年代当不晚于南北朝。原书一卷,后人改为六卷(亦有两卷),故掺入了后世地名及杂说。此书记述秦汉时期三辅沿革、城池、宫殿、寺观、陵庙、明堂、辟雍、台榭、郊畴等,间或涉及周代旧迹。各项建筑的位置、规模及掌故等皆予以详录,条理清晰,为研究关中历史地理的重要资料。

上林赋 汉司马相如作。本与《子虚赋》为一篇,《文选》收录时始分为二。《子虚赋》假设楚国子虚出使于齐,向齐国乌有先生夸耀楚王在云梦游猎盛况,非齐王所及。乌有先生不服,加以诘难。《上林赋》写亡是公笑子虚、乌有先生不足为道,乃大肆铺陈汉天子上林苑之宏美巨丽和天子射猎之壮观盛举,以压倒齐楚,表明非诸侯国所能比。文章写山泽之美,色彩斑斓,绚丽夺目;写草木之盛,千姿百态,目不暇接;写帝王生活,富丽堂皇,淋漓尽致。此赋辞采富丽,气势恢弘,是描写皇家园林的最有代表性的作品。

东京赋 东汉张衡作。全篇为《西京赋》和《东京赋》两篇。《西京赋》主要写西京山川形势的富饶和宫殿池苑的繁华等。在《东京赋》中,除了写东京的宫殿等,还描绘了大量宫廷之外的廛里甲第、阛阓九市、商贾百工、游侠辩士、五都货殖、角抵百戏等民族风情。此赋气势恢弘阔大,风格典雅密丽,铺叙细腻生动,笔调瑰奇多姿,为描写皇家园林的名篇。

水经注 古代地理名著,北魏郦道元撰。原四十卷,宋代已佚五卷,今本仍作四十卷,乃经后人割裂改编而成。以《水经》为纲,为《水经》作注,注文20倍于原书。所记水道1252条,较原书增加了近10倍。所记河道均穷源究委,并详述所经山陵、陂泽、城邑、关津和物产、农田水利设施以及有关历史事件、人物、神话、歌谣、谚语,是我国古代最全面而系统的综合性地理巨著。书中征引群籍凡437种,还收录了不少汉魏间碑刻,所引书和碑刻绝大部分已亡佚,幸赖此书得以保存。

山居赋 南朝宋谢灵运作。这是谢灵运为其庄园所作。谢氏庄园"左湖右江,往渚还汀。面山背阜,东阻西倾。抱含吸吐,款跨纡萦。绵联邪亘,侧直齐平"。谢氏庄园,从赋中看,可以说是一座典型的园林化庄园。它在规划布局上涉及卜宅相地、选择基址、道路布设、景观组织等方面,这在汉赋中是从未见过的,是风景式园林升华到一个新阶段的标志。

小园赋 北朝周文学家庾信所作,这是一篇颇有代表性的有关园林的辞赋。庾信在赋中写道:"岂必连闼洞房,南阳樊重之第,赤墀青琐,西汉王根之宅。余有数亩敝庐,寂寞人外,聊以拟伏腊,聊以避风霜……"从赋中可以看出私家园林从汉代的宏大变为南北朝时期的小型,意味着园林从粗放到精致的转变,同时也意味着私家园林小型精致的类型特征。尽管此时的私家园林的艺术风格尚较幼稚,但在中国古典园林的三大类型中率先迈出了转折期的第一步。

洛阳伽蓝记 北魏杨衒之(一作羊衒之)撰。以记北魏京城洛阳佛寺兴衰为题,实际记述洛阳城的经济、文化及人民生活由繁荣到衰败的情况,还穿插了许多政治、人物、风俗、地理以及掌故传闻等,对研究历史、文学、佛教等都很有参考价值。以记述、追叙佛寺园林为纲,全书分为城内、城东、城南、城西、城北五卷,对了解当时的寺庙园林颇多帮助。

滕王阁序 唐王勃作,一作《秋日登洪府滕王阁饯别序》。此文描写了滕王阁人杰地灵的胜概和宴会逸兴遄飞的盛况,全文由景入情,一唱三叹,极尽起伏跌宕之能事,对仗工整,辞采绚丽,气势奔放,为传世名篇。

永州八记 唐柳宗元作。包括《始得西山宴游记》《钴鉧潭记》《钴鉧潭西小丘记》《至小丘西小石潭记》《袁家渴记》《石渠记》《石涧记》《小石城山记》,为作者在永州时所作当地山水游记,故称"永州八记"。每记独立成篇,各具风致,而又相互联系;在表现自然山水的同时,体现了作者的现实感受与人生理想。"永州八记"是古代山水游记文学的代表作。

訾家洲亭记 唐柳宗元作。訾家洲,简称"訾洲",因訾姓居洲而名,一称"浮洲"。为漓江中一座沙洲,与象鼻山隔江相望,周环数里,在今广西桂林城东。唐宪宗元和十二年(817),裴行立在洲上修筑亭台楼阁,登亭陟楼,极观桂林山水美景,为水中一名园。柳文记述了裴行立建亭筑轩之事,且描述了在亭上所见景色之美。

零陵三亭记 唐柳宗元作。三亭,为读书亭、湘秀亭、俯清亭。故址在今湖南零陵县东山之麓。唐宪宗元和年间,薛存义开发山麓胜景时建。薛存义既善政治,又善于利用自然条件,将其辟为山水美境,建成一座优美的山水园。园中三亭,"陟降晦明,高者冠山巅,下者俯清池。更衣膳饔,列置备具,宾以燕好,旅以馆舍。高明游息之道,具于是邑"。可知此园在当时已是具有较为完备设施的山水园林了。

平泉山居草木记 唐李德裕作,李德裕是唐大臣,两次入相。平泉别业是李德裕在东都洛阳城外15千米处,经其多年苦心经营而成。园中除了书楼、瀑泉亭、流杯亭、西园、双碧潭等建筑外,还搜罗了来自全国各地的奇花异卉、珍木奇石。文章记述了各种花木的名色、来历,但却未涉及园中景物的布局,然而,从文中所记,人们还是能看出该园的非同一般。

草堂记 唐白居易作。唐宪宗元和年间,白居易贬谪江州(今九江)司马,他在庐山筑了寓园,并自撰《草堂记》。白居易的草堂"三间两柱,二室四牖,广袤丰杀,一称心力"。周围环境幽雅,"仰观山,俯听泉","一宿体宁,再宿心恬","春有'锦绣谷'花,夏有'石门涧'云,秋有'虎溪'月,冬有'炉峰'雪",作者称其草堂"甲庐山",可知爱之深。

岳阳楼记 宋范仲淹作。岳阳楼,时湖南著名古迹。滕宗谅在宋仁宗庆历四年(1044)贬谪岳州,重修岳阳楼,请范仲淹作记。此文先述重修岳阳楼的经过和作记缘由,接着以赋笔铺叙悬想中登楼所见阴晴早晚迥异其趣的壮观景象,大笔挥洒,恣意描绘,流光溢彩,清俊壮美。文中"不以物喜,不以己悲","先天下之忧而忧,后天下之乐而乐"的境界,更是历来为人传颂。此文为记中名篇。

沧浪亭记 宋苏舜钦作。宋仁宗庆历四年(1044),苏舜钦被劾罢官,次年,移居苏州,购得钱氏废园,加以修治,取"沧浪之水清兮,可以濯我缨;沧浪之水浊兮,可以濯我足"之意,为所筑亭名沧浪,并作《沧浪亭记》。文中记述云:"前竹后水,水之阳又竹,无穷极,澄川翠干,光影会合于轩户之间,尤与风月为相宜。"作者亦"时榜小舟,幅巾以往,至则洒然忘其归",表现了作者寄情山水的生活。园成后数年,苏舜钦卒。千余年来,历代兴废,屡易主人,景物增胜,但却一直保留了"沧浪亭"的旧名,至今仍为吴中名胜。

醉翁亭记 宋欧阳修作。宋仁宗庆历六年(1046)欧阳修贬官滁州时作。亭在滁州西南,山僧智仙筑,作者常与客饮游于此,因自号"醉翁",并以醉翁命亭而作此记。文写朝暮、四时之景不同,用"乐"字贯穿全文,突出醉翁之乐在于与民同乐。全文回环往复,趣味盎然。

独乐园记 宋司马光作。司马光为北宋政治家、史学家。神宗熙宁年间,王安石新法行,司马光反对新法,出判西京(洛阳)御史台。熙宁六年(1073),购地二十亩,筑园。此记记述了独乐园的布局:中为读书堂,南有屋一区,园中央为沼,台北有沼,沼上有岛,沼北又有屋六楹;园中多植花木,有多条小渠,且筑有亭子,又筑台以观山。此记首尾呼应,以突出"独乐"园命名之寓意。

梦溪自记 宋沈括作。沈括是北宋著名的科学家,他"于天文、方志、律历、音乐、医药、卜算,无所不通,皆有所论著"(《宋史》)。"梦溪"是元祐元年(1086)后作者在润州(今镇江)所营园居的题名。此记作者叙述了早年梦中所见,谈及元祐元年途经镇江,游僧人无外所置之园,恍然梦中所游之地,于是在此购地筑园,名曰梦溪。园中有百花堆、殻轩、岸老堂、苍峡亭、萧萧堂、深斋、远亭诸建筑,园中又"巨木蓊然,水出峡中",有"千木之花","有竹万个",林泉之美,令作者悠然自得。其后作者终老此间。

洛阳名园记 宋李格非作。洛阳是北宋西京,繁华异常,此记,记述其亲历的名园十九处,所记朴实无华,写了各园的大体布局和建筑,计有富郑公园、董氏西园、董氏东园、环溪、刘氏园、丛春园、天王院花园子、归仁园、苗帅院、赵韩王园、李氏仁丰园、松岛、东园、紫金台张氏园、水北胡氏园、大字寺园、独乐园、湖园、吕文穆园。然而,作者写园林的主旨并非模山范水,歌舞升平,而是以园圃的兴衰象征洛阳的盛衰;洛阳的盛衰,又关系着天下的治乱。作者要当政者尽心国事,否则便保不住园林之乐。此记所作30年后,中原沦陷,印证了作者的预言,这也正是《洛阳名园记》的价值所在。

吴兴园林记 南宋周密作。周密为宋代词人,著述亦丰,有《齐东野话》《武林旧事》《癸辛杂识》等。《吴兴园林记》原载《癸辛杂识》,后人另出单行本,名《吴兴园林记》。作者记"常所经游"的吴兴(今浙江湖州)园林三十六所,所记虽简略,却可见当时湖州园林之盛,且从中也可见其时湖州园林构筑、布局各具特色。

玉女潭山居记 明文徵明作。溧阳史恭甫,嘉靖间筑别业于玉女潭北,此记所记,重点在写"山居"。将各处建筑、景物由近及远,层层推进,逐一介绍。有记建在潭崖边坡地上为玉女潭增色的玉光阁,有记雨应验的灵应亭以及凝玉亭、漱玉轩、琅玕所、听玉寮,等等。山中建筑错落有致,掩映在扶疏的林木山石之间,犹如一幅幽静而意境深远的山水画,呈现在游览者面前。

谐赏园记 明顾大典作。谐赏园,顾大典家私园,在吴江(今属江苏)城西北。园名取自谢灵运《山居赋》中"在兹城而谐赏,传古今之不灭"句意,以名其园。此文记园中景物甚详,一一记述,了无遗漏。作者云:"大抵吾园台榭池馆,无伟丽之观、雕彩之饰、珍奇之玩,而唯木石为最古。""伟丽、雕彩、珍奇,皆人力所可致,而唯木石不易致,故或者以为吾园甲于吾邑,所谓无佛处称尊也",多少流露出作者对此园的喜爱。

弇山园记 明王世贞作。世贞太仓人,晚年好释道,以为神仙可致。《山海经》中所记"弇州山",据说是神仙栖息之所,他自号"弇州山人",在太仓城里所建的园墅,也题名为"弇州园"。此园占地七十余亩,且因平地起楼台,城市出山林,故而"名在天下"。作者自云"园之中,为山者三,为岭者一,为佛阁者二,为楼者五,为堂者三,为书室者四,为轩者一,为亭者十,为修廊者一,为桥之石者二,为木者六,为石梁者五,为洞者、为滩岩濑者各四,为流杯者二,诸岩磴洞壑,不可以指计,竹木卉草香药之类,不可以勾股计……此吾园之概也"。足见此园规模之大。且此记分为八篇,篇幅之巨,亦为园记中少见。

游金陵诸园记 明王世贞作。金陵(今南京)为六朝古都,然而却少园林。明代开国功臣徐达后人在万历以前修建的几所园林,幸有王世贞写了游记,其规模景物,方得大略可见。《游金陵诸园记》中,东园、西园、南园、魏公西圃、四锦衣东园、万竹园、三锦衣家园、金盘李园、徐九宅园、莫愁湖园十园为徐达后裔所有,同春园等诸园,则非徐氏所有。《游金陵诸园记》的一个特点,是不同于一般的游记都写赞颂之辞,对于园中作者以为不妥之处,均一一指出。

灵洞山房记 明王世贞作。"灵洞山房"乃赵汝迈(名志皋,万历年间除礼部尚书,后为首辅)于兰溪(今属浙江)灵洞山所筑别业。灵洞山,一名洞岩山,在兰溪县东10千米处,东北有一峰,称"小飞来峰",下有天池泉。山上筑有秘书阁、三山斋、六虚堂、太液轩、半山亭、莲花庵诸建筑,配以山、泉、洞及修竹、乔松,构成了一幅颇有意趣的山居图。此记在写作上的特点是记赵汝迈之所言,颇与一般的游记不同。

愚公谷乘 明邹迪光作。愚公谷,原为无锡惠山寺右的僧房,名听泉山房,一称龙泉精舍,被乡宦冯夔改为私园,万历年间,冯氏园废圮后几经转手,到了邹迪光手里,于是新造别业,名"愚公谷",俗称"邹园"。其园占地数万平方米,经邹迪光十余年经营,颇具规模。邹迪光自撰园记十一篇,洋洋洒洒近万言,名为《愚公谷乘》,记园极为详细。后愚公谷被数家分割,直至1949年后建锡惠公园,大略当其旧址,仍名"愚公谷"。

梅花墅记 明钟惺作。梅花墅在甫里姚家灵西,万历年间许自昌所构,"地广百亩,潴水蓄鱼,榆柳纵横,花竹秀擢,辇石为岛,攒立水中"。此文为钟惺于万历四十七年(1619)游园后,于天启元年(1621)据回忆所作的游记。记中记述梅花墅水边纵横垒石,环水为廊,各建筑安排巧妙,是一处优美的园林。

帝京景物略 明刘侗作。刘侗曾在北京住过数年,据自己的经历及友人于奕正帮助搜讨所得的有关北京山川、名胜、社会风俗等材料,于崇祯八年(1635)写成《帝京景物略》八卷。书中,颇有记述私家园林的篇什。如定国公园、英国公新园、英国公园、成国公园、宜园、曲水园、李皇亲新园、白石庄、惠安伯园、海淀诸处,不仅可知当时私家园林的分布,亦可窥见当时园林建筑的概貌。

西苑 清吴长元作。长元乾隆间久居北京,著有《宸垣识略》。书中收有明清时期北京重要的造园资料。西苑,在今北京故宫西部、西北部,包括中南海、北海在内。创自辽金,金时为离宫,名"西园(苑)"。元为大内禁苑,北海、中海两岸有隆福宫、兴圣宫、西御苑等,明兴建亭宇轩馆,名"西苑",清修葺、增建,仍名"西苑",至今犹存。本文所记,为乾隆时西苑的状况。按南海、中海、北海三区叙写,详尽介绍了西苑的建筑格局,从中我们能看出西苑变化的大概。

圆明园 清吴长元作,此记亦出自《宸垣识略》。圆明园自康熙四十八年(1709)起,到乾隆朝,历经五十余年的经营,其规模之宏伟,世所罕见,被外国人称为当时世界四大建筑之一。康熙、乾隆两朝历次南巡所见江南名园,如海宁安澜园、苏州狮子林、无锡寄畅园等,以至杭州西湖的景物,都在圆明园中有它们的局部摹本,其因包含了我国古建筑及园林艺术的精华而被誉为万园之园。吴长元所作,其依据未详,然此文详记了圆明园全盛时期的建筑和方位,或可从中窥见圆明园之一斑。

扬州画舫录 清李斗作。扬州在中国历史上是一个极为繁华的都市,特有的文化背景,造就了扬州园林特别集中的格局。成书于乾隆六十年(1795)的《扬州画舫录》十八卷,记录了当时扬州的社会生活和景物。其中,涉及园林的内容占有相当比例,所记诸园布局,特别详明。先总叙布局,再依次分述园内景物、布局,使读者对清代扬州园林有一个全貌性的了解。

将就园记 清黄周星作。黄周星为明末崇祯进士,入清后隐居不仕。《将就园记》,原作《将就园图记》,然此记中未提及图,或许当时有记又有图。但是,将就园并不存在,而是作者心存目想空中楼阁,全文分四个部分,记述将就园景物,写得生动详实,宛然如在,堪称纸上名园。至于记中所述的才子佳人和佛界仙境,实为子虚乌有之说。

愚园记 清邓嘉缉作。此记系作者于光绪四年(1878)为江宁胡恩燮的私家园林愚园所作的记。南京历来私家园林不多,此园俗称"胡家花园",晚清时,在南京颇为有名。愚园旧为明中山徐王西园,又购置园外闲地,经营构筑,"规模宏敞,郁为巨观",而甲于南京城。此记所述颇为详备,从愚园所处地理位置,到园内的山石、建筑、花卉草木,一一记述。此园进入民国后犹存,抗战时残毁。

中国园林历史大事年表

朝代	年号纪年	公元纪年	干支	记事
夏				
	履癸(桀)	约前16世纪		桀作琼宫瑶台,开先秦古典园林筑台之先河
商				
	帝辛(纣)	约前11世纪		纣王营建沙丘苑台
西周				
	周文王六年	约前11世纪		周文王自西岐迁丰,建灵台、灵囿
春秋				
	鲁庄公	约前680年		鲁公一年连筑三台
	秦穆公	约前630年		秦穆公作凤台
	楚庄王	约前600年		楚王有强台,左江右湖,其乐忘死
	楚灵王元年	前540	辛酉	灵王即位作章华台
	吴阖闾十一年	前504	丁酉	吴王起姑苏台,建长洲苑,五年乃成
	吴夫差年间	前494—前473		吴王增建姑苏台
	春秋时期	前770—前481		郑有原圃,秦有具圃,燕有泪,宋有桑林,楚有云梦
战国				
	赵襄子	前457—前425		赵襄子建避暑之宫,内设鹿苑,又作游圃、游囿
	齐威王	前356—前320		齐威王游于瑶台,极土木之巧;作琅琊台,依山临流,其高九仞 楚使使聘于齐,齐王飨之于梧宫,宫侧有层台秀起

续表

朝代	年号纪年	公元纪年	干支	记事
	齐宣王	前319—前301		齐宣王起渐台五重,上饰金玉珠翠 齐有雪宫,宫内设苑囿台池,禽兽鱼鸟。宣王见孟子于此,孟子向齐王讲述齐囿与周文王之囿的不同,以宣扬"王道"
	燕昭王	前311—前279		燕昭王起神仙台,四外景色优美,传昭王于此求仙;燕昭王起灵台,穷极珍巧
	楚襄王	前298—前263		楚云梦泽有楚王池、阳云台。襄王与宋玉等游于其间,宋玉作《高唐赋》等
	秦昭王	前306—前251		秦昭王于周至、扶风境内建射熊馆
	秦孝文王元年	前250	辛亥	秦大饥,应侯请发五苑果枣以活民。孝文王驰苑囿
	燕王喜二十八年	前227	甲戌	是年以前,燕太子丹日与荆轲游东宫,临池而观;易水樊於期、荆轲二馆之城有高山茂林,清泉曲涧,风烟披薄,触目怡情
	战国期间	前475—前221		《考工记》成书 《山海经》约于此时成书
秦	始皇帝二十六年	前221	庚辰	秦灭六国,仿六国宫室于咸阳北坂之上
	始皇帝二十七年	前220	辛巳	秦作信宫渭南
	始皇帝二十八年	前219	壬午	秦始皇东巡,上邹峄山,封泰山,禅梁父,登芝罘山,南登琅琊,作琅琊台 秦始皇遣徐市发童男女数千人入海求仙
	始皇帝三十五年	前212	己丑	于上林苑内作朝宫,建阿房前殿,发隐宫、刑徒70万余人分作阿房宫、骊山陵

续表

朝代	年号纪年	公元纪年	干支	记事
西汉				
	汉王元年	前206	乙未	项羽入关,焚烧旧秦宫室,火三月不息
	汉王二年	前205	丙申	汉王如陕,旧秦苑囿园池,令民得而田之 梁孝王大治宫室,起兔园,广睢阳城35千米
	高祖七年	前200	辛丑	10月,汉长乐宫成 2月,萧何治未央宫,高祖九年成
	建元三年	前138	癸卯	9月,武帝广征民田开上林,周回150千米,离宫70所
	元光二年	前133	戊申	武帝遣方士入海求仙,又立六一祠
	元狩四年	前119	壬戌	武帝穿昆明池,沿岸建有台观
	元狩六年	前117	甲子	《上林赋》的作者司马相如(前179—前117)卒
	元狩年间	前122—前117		武帝扩建秦林光宫,更名为甘泉宫,其侧置甘泉苑
	元鼎二年	前115	丙寅	正月,汉武帝刘彻起柏梁台,宫室之建自此日盛
	元鼎五年	前112	己巳	10月,汉武帝刘彻西巡陇西,猎新秦中。立太一祠五帝坛于甘泉
	太初元年	前104	丁丑	10月,汉武帝刘彻于长安城外、未央宫西造建章宫,斫太液池,中起蓬莱三神山,立神明台、井干楼之属,西部设虎园饲育珍兽 戾太子及冠,武帝为其起博望苑以通宾客
	太初四年	前101	庚辰	长安城内建明光宫
	天汉四年	前97	甲申	正月,汉武帝刘彻朝诸侯于甘泉宫

续表

朝代	年号纪年	公元纪年	干支	记事
	太始三年	前 94	丁亥	3月,汉武帝刘彻于甘泉宫飨外国客
	神爵三年	前 59	壬戌	宣帝起乐游苑
	建昭元年	前 38	癸未	元帝幸"虎圈"斗兽
	建始元年	前 32	己丑	成帝罢上林宫观二十五所 是年前后,茂陵富民袁广汉有园在北邙山下,后因罪被诛,园内动植物移至上林苑 12月,汉成帝刘骜作长安南、北郊坛,罢甘泉、汾阴祠
	建始四年	前 29	壬辰	秋,大雨水,河决东郡金堤,败坏官亭室庐四万所
	建平三年	前 4	丁巳	11月,汉哀帝刘欣诏罢长安南、北郊坛,复甘泉泰畤、汾阴后土祠
	建平四年	前 3	戊午	2月,附马都尉、侍中董贤贵幸,汉哀帝刘欣为董贤起大第北阙下,其宅"楼阁台榭,转相连注,山池玩好,穷尽雕丽"
	元始四年	4	甲子	王莽奏汉平帝,起明堂、辟雍、灵台
新	始建国二年	10	庚午	王莽始兴神仙事,起八风台
	天凤五年	18	戊寅	《甘泉赋》的作者扬雄(前53—18)卒
	地皇元年	20	庚辰	王莽拆离宫建九庙,西汉苑囿离宫大多毁于此
东汉	建武十九年	43	癸卯	12月,汉光武帝刘秀修西京(长安)宫室
	中元元年	56	丙辰	汉光武帝刘秀于洛阳城南起明堂、灵台、辟雍
	永平年间	58—75		明帝常于上林、广成行幸游猎,钟离意常进谏,以为"从禽废政"

续表

朝代	年号纪年	公元纪年	干支	记事
	永平八年	65	乙丑	汉明帝刘庄洛阳北宫建成
	永平十年	67	丁卯	蔡愔取回佛经,西域沙门迦叶摩腾、竺法兰同来;建洛阳白马寺及园,以居迦叶摩腾等
	阳嘉元年	132	壬申	顺帝起西苑,崇饰宫室 梁冀调发徒卒广开园圃,采土为山,十里九坂,以象二崤
	永和六年	141	辛巳	闰月,巩唐羌攻陇西、三辅,烧汉陵园
	延熹元年	158	戊戌	桓帝置鸿德苑令,次年建显阳苑
	光和三年	180	庚申	灵帝建毕圭、灵昆苑。苑在洛阳宣平门外,分东西两苑
	光和六年	183	癸亥	灵帝置圃囿署,以宦者为令
	中平二年	185	乙丑	于西苑建万金堂,次年又在广成苑起南宫玉堂
	初平元年	190	庚午	2月,董卓挟献帝迁都长安,自屯兵毕圭、灵昆苑,3月焚毁洛阳宫室宗庙,毕圭、灵昆苑毁
	建安元年	196	丙子	约于是年曹操封魏国公,以邺城为邑,始建邺城宫室、苑囿、里坊、城垣,城内建铜爵园,城东建芳林园,城西起灵芝园
	建安十三年	208	戊子	曹操于邺城穿玄武池,开渠引漳水入池,以训练舟师
	建安十五年	210	庚寅	冬,于铜爵园西以城墙为基起铜爵台,高十丈
	建安十八年	213	癸巳	9月,于铜爵台南起金凤台,次年又于铜爵台北起冰井台;两台各高八丈;三台连属,上各有屋百余间
三国	魏黄初元年	220	庚子	魏文帝始建洛阳宫室,崇饰观阁,取五色石于芳林园内叠造景阳山

续表

朝代	年号纪年	公元纪年	干支	记事
	魏黄初二年	221	辛卯	魏文帝筑凌云台,结构精巧
	魏黄初三年	222	壬寅	魏文帝开灵芝池于邺城灵芝园
	魏黄初五年	224	甲辰	魏文帝于洛阳穿天渊池,引古灌泉之水注入池中
	魏黄初七年	226	丙午	魏起九华台
	魏青龙二年	234	甲寅	魏明帝起灵禽之园,蓄养各地所献异鸟珍禽
	魏青龙三年	235	乙卯	3月,魏建洛阳宫,起昭阳、太极殿 魏于芳林园内起陂池;又于九龙殿前作玉井倚栏,引榖水注池中,神龙吐水,蟾蜍含受;另设水转百戏
	魏景初元年	237	丁巳	魏明帝大兴土木饰宫室,建苑园;取太行及榖城佳石于芳林园中筑景阳山,帝亲率群臣掘土造园
	魏太和青龙景初年间	227—239		魏明帝于天渊池南设流杯石沟,建禊堂
	吴赤乌十年	247	丁卯	3月,吴大帝孙权改作太初宫
	吴永安三年	260	庚辰	3月,吴作浦里塘
	吴宝鼎二年	267	丁亥	6月,吴归命侯孙皓作昭明宫,功役之费以亿万计
西晋				
	太康三年	282	壬寅	严高率众凿福州西湖
	太康五年	284	甲辰	5月,晋武帝司马炎改作太庙,匠作6万人,十年乃成
	永康元年	300	庚申	8月,洛阳金谷园园主石崇为赵王伦所杀;其园"却阻长堤,前临清渠。柏木几千万株,流水周于舍下。有观阁池沼,多养鱼鸟……" 《关中记》的作者潘岳(247—300)卒

续表

朝代	年号纪年	公元纪年	干支	记事
东晋	永嘉三年	309	己巳	建汉太史公司马迁(前145或前135—?)祠于陕西韩城南
	后赵石勒二年	320	庚辰	石勒于襄国起桑梓园。次年重修邺城三台
	永昌年间	322—323		王导宅西有园,果木成林,又有鸟兽麋鹿
	太宁年间	323—326		纪瞻建宅于乌衣巷,馆阁崇丽,园池竹木皆堪赏玩
	咸和元年	326	丙戌	杭州灵隐寺创建
	咸和二年	327	丁亥	王珣、王珉舍苏州虎丘云岩寺别业建精庐
	后赵建武十三年	347	丁未	8月,后赵石虎发动男女共16万人筑华林园,死者数万
	永和九年	353	癸丑	东晋王羲之(303—361)作《兰亭集序》
	前燕光寿元年	357	丁巳	前燕慕容儁自蓟迁邺重修三台
	兴宁元年	363	癸亥	《西京杂记》的作者葛洪(283—363)卒
	太和元年	366	丙寅	乐尊僧始建敦煌莫高窟
	孝武年间	372—396		孝武帝于后宫起清暑殿,开北上阁,常与美人张氏同游于华林园 赵牙为文孝王开东第,穿池筑山;于水侧设市肆,使宫人沽卖。假山版筑而成
	太元九年	384	甲申	释慧远居庐山龙泉精舍
	太元十一年	386	丙戌	王献之(344—386)卒。是年之前,东晋(317—)时期吴中有顾辟疆园,池馆林泉之胜当时号称吴中第一
	太元二十一年	396	丙申	北魏攻燕,屯兵于芳林园

续表

朝代	年号纪年	公元纪年	干支	记事
南北朝				
	北魏天兴元年	398	戊戌	7月,北魏迁都平城,营宫室
	北魏天兴二年	399	己亥	2月以所俘的高车士卒起鹿苑于南台之阴,北距长城,东包白登山,属之西山,广轮数十里,开渠引武川水注入苑中,疏为三沟,分流宫城内外,又穿鸿雁池 7月,校阅于鹿野苑
	北魏天兴四年	401	辛丑	5月,魏起紫极殿、凉风观、石池、鹿苑台
	后燕光始元年	401	辛丑	慕容熙即位,起龙腾苑,广袤十余里,内起景云山,开天河引水入宫;后又为昭仪苻氏穿曲光海、清凉池
	北魏天兴六年	403	癸卯	7月,魏筑豺山离宫
	东晋义熙元年	405	乙巳	陶渊明(约 365—427)作《归去来兮辞》
	北魏永兴二年	410	庚戌	7月,立射台于陂池西
	北魏永兴五年	413	癸丑	2月于北苑开鱼池
	北魏泰常元年	416	丙辰	11月起蓬莱台于北苑
	北魏泰常三年	418	戊午	10月于西苑筑宫室
	北魏泰常四年	419	己未	3月,于蓬莱台北营建离宫,9月于白登山修筑宫殿
	北魏泰常六年	421	辛酉	3月,发京师六千人修筑苑囿,起自旧苑,东包白登山,周回 20 余千米
	宋永初年间	420—422		戴颙出居吴下,士人共为筑室,聚石引水,植林开涧,少时繁茂,有若自然
	宋景平年间	423—424		少帝于华林园穿池筑观,朝成暮毁;又于园中列市肆,亲自沽卖,夕游天渊池,就舟而寝

续表

朝代	年号纪年	公元纪年	干支	记事
	宋元嘉四年	427	丁卯	谢灵运于元嘉四年返回故居始宁县,重修始宁墅,作《山居赋》以吟咏园墅风光
	北魏太平真君元年	440	庚辰	2月,魏发长安5千人浚昆明池
	宋元嘉二十三年	446	丙戌	宋文帝筑建康北堤,开真武湖(后称玄武湖),原欲于湖中起蓬莱三山,何尚之固谏乃止;又于华林园中起景阳山,以覆舟山南为乐游苑
	宋元嘉二十四年	447	丁亥	徐湛之重修广陵高楼以南望钟山,又于城北池畔建风亭、月观、吹台、琴室,植栽果树花木
	宋大明三年	459	己亥	宋孝武帝于玄武湖北立上林苑 约于是年竟陵王诞营建府邸,穷极伎巧,园池之美冠于一时
	宋大明七年	463	癸卯	正月,校阅水师于玄武湖
	宋永光元年	465	乙巳	前废帝于各苑园行游莫止,淫纵无度
	北魏皇兴元年	467	丁未	8月,北魏起永宁寺,构七级浮图,又造释迦立像,高四十三尺,用铜5万公斤和黄金300公斤
	宋泰始六年	470	庚戌	宋明帝于华林园茅堂讲习《周易》 刘宋东宫有玄圃园
	宋泰始七年	471	辛亥	宋起湘宫寺,极其壮丽
	北魏太和元年	477	丁巳	北魏京城有佛寺百所,僧尼2000余人;四方诸寺共6478,僧尼77258人 9月,起永乐游观殿于北苑,穿神泉池,建鹿野浮图于苑中西山
	齐永明五年	487	丁卯	2月,齐武帝幸芳林园禊宴,后起新林苑

续表

朝代	年号纪年	公元纪年	干支	记事
	齐永明七年	489	己巳	豫章王归田重修北宅园池
	太和二十年	496	丙子	2月,幸洛阳华林园 3月,于华林园宴群臣及当地老人 9月,于华林园听讼
	太和二十一年	497	丁丑	4月,孝文帝行幸长安故宫及昆明池 8月,于洛阳华林园讲武
	齐建武年间	494—498		齐明帝罢新林苑,将地归还百姓
	齐永元二年	500	庚辰	齐东昏侯以阅武堂改作芳乐园,穷极伎巧;时值盛暑,花木朝栽暮死,于是下令搜于民间,一时见树就取,道上运花队伍不绝;又于园中立市,令官人屠酤,上亲为市肆管理
	南齐年间	479—502		建康城内民家多有造园,到㧑以资财豪富著称,其园被誉为京师第一 中书通事舍人茹法亮"广开宅宇……宅后为鱼池钓台土山楼馆,长廊将一里" 张融、陆慧晓在姑苏有宅,"其间有池,池上有柳"
	北魏景明年间	500—504		夏侯道迁至洛阳,购城西傍水之地大起园宅
	梁天监四年	505	乙酉	武帝立,建兴苑于秣陵建兴里
	梁天监初年	约502—507		武帝将齐青溪宫赐与南平王萧伟,伟将其改为芳林园,并大加穿凿,增植果木,穷极雕丽
	梁天监中年	约510		萧恭封衡山县侯,广营第宅
	梁天监末年	约512		昭明太子重修玄圃,更立亭馆,与朝士名人共游其中 萧绎被封为湘东王,于江陵起湘东苑,穿山凿池,长数百丈,亭台楼阁,极富雅趣

续表

朝代	年号纪年	公元纪年	干支	记事
	北魏宣武帝时	500—515		茹皓性微工巧,为宣武帝于天渊池西筑山,采北邙佳石,取汝颖美竹,列植其间并构筑楼观,使之极具野致 冯亮雅好山水,又有巧思,造闲居佛寺,极具制度之美、山水之奇
	梁天监十六年	517	丁酉	梁武帝萧衍敕废境内道观,令道士还俗;武帝议自御僧官,沙门智藏反对
	梁大通元年	527	丁未	3月,武帝于建康鸡笼山东麓建同泰寺
	北魏永安二年	529	己酉	7月,孝庄帝入居华林园
	北魏永安三年	530	庚戌	孝庄帝如陕西,宴阿至罗于逍遥园,谓侍臣曰,此极像华林园
	北魏期间	386—534		魏人张伦叠造景阳山
	东魏天平三年	536	丙辰	齐文襄帝于邺城东起山池园宅,时俗炫之
	梁太清元年	547	丁卯	9月,王游苑成,武帝车驾行幸
	东魏武定五年	547	丁卯	杨衒之作《洛阳伽蓝记》,写尽洛阳寺园之美丽景色
	北齐天保八年	557	丁丑	北齐于天保初年发丁30万营三台于邺,因曹魏旧基,更增广之;又大起宫室及游娱园;是年三台成,改其名为金凤、圣应、崇光
	陈永定年间	557—559		裴之平不愿为官,于府宅中穿池筑山,植以花木,有终焉之志
	北齐河清年间	562—565		文襄之子孝瑜于府邸园中造龙舟、水堂,集诸弟宴射为乐 魏秘书监郑道昭入齐后不愿为官,于兖州城南小山中起斋亭园池;其子述祖更好为山池,松竹交植,以待宾客

续表

朝代	年号纪年	公元纪年	干支	记事
	北周建德元年	572	壬辰	12月,周武帝幸道会苑,见上善殿甚壮丽,令焚毁之
	陈太建七年	575	乙未	9月甘露降乐游苑,陈宣帝车驾行幸以采甘露,宴群臣,下诏于苑中龙舟山建甘露亭
	北齐承光元年	577	丁酉	齐幼主即位更增造宫苑,造偃武修文台,于后宫建镜宝、玳瑁诸殿,殿中装饰奇妙;当时又于晋阳起十二院,壮丽逾于邺宫;又于华林园立贫儿村,帝扮贫儿乞讨;又筑西鄙诸城,令人扮羌兵,作攻战游戏,园林与游戏之关系见于此
	北周建德六年	577	丁酉	正月诏毁前齐邺城东山、南园宫殿及三台,将瓦木诸物赐与百姓,山园之田各还本主
隋	开皇元年	581	辛丑	文帝建苑囿,后称为大兴苑《小园赋》的作者庾信(513—581)卒
	陈至德二年	584	甲辰	陈后主陈叔宝起临春、结绮、望仙阁
	开皇九年	589	己酉	隋军陷建康,毁陈宫室苑囿宗庙,建康几为废墟
	开皇十三年	593	癸丑	文帝命杨素于岐州之北营建仁寿宫,素夷山湮谷,营构观宇,崇台累榭,宛转连属
	开皇十六年	596	丙辰	梁轨建绛守居园池于山西新绛,其址留存至今
	开皇十八年	598	戊午	12月,自京师至仁寿宫置行宫十二所
	开皇年间	581—600		文帝时浚曲江,更其名为芙蓉园

续表

朝代	年号纪年	公元纪年	干支	记事
唐	大业元年	605	乙丑	3月,诏营东都,每月役丁200万,于阜涧间建显仁宫,采海内奇禽异兽、珍果异木充实园苑 5月,炀帝筑西苑,周回二百里 8月,炀帝游幸江都,次年四月还东京
	大业十二年	616	丙子	于毗陵郡置离宫别苑 7月,炀帝南逃江都
	武德九年	626	丙戌	6月,太宗下令放斥禁苑鹰犬;唐禁苑即隋大兴苑
	贞观八年	634	甲午	10月,唐太宗李世民(599—649)营建长安大明宫,内有太液池、蓬莱山
	贞观十一年	637	丁酉	7月,修老君庙于亳州,修宣尼庙于兖州
	贞观十八年	644	甲辰	建骊山温泉宫
	龙朔二年	662	壬戌	重修大明宫。4月竣工,改名为蓬莱宫 6月制各殿、门、亭名
	上元元年	674	甲戌	韦机为高宗筑宿羽、高山二宫;又建上阳宫
	圣历元年	698	戊戌	睿宗诸子列第于东都积善坊,称五王宅,苑甚美
	中宗复位后	705—709		太平公主于长安城南穿池葺殿,营建南庄 安乐公主令杨务廉于城西穿定昆池,累石为山,以为西庄 长宁公主于城内建邸宅,筑山浚池,增饰崇丽,号东庄 韦嗣立建别业于骊山,中宗常幸之,并亲为其题名。曰清虚原,幽栖谷
	景龙四年	710	庚戌	3月,幸渭亭契宴,游桃花园 4月,幸樱桃园,又入芳林园尝樱桃,又幸隆庆池,结采为楼,宴群臣,泛舟戏乐

续表

朝代	年号纪年	公元纪年	干支	记事
	先天元年	712	壬子	玄宗即位,以五王宅为兴庆宫,赐诸弟宅于兴庆宫周围
	开元年间	713—741		疏浚曲江,周围陆续营建宫苑宅园,台榭楼观相望不绝
	天宝六年	747	丁亥	改骊山温泉宫为华清宫,大加扩建;玄宗每年10月幸华清宫
	天宝年间	742—756		天宝末年,诗人王维(701—761)于蓝田得宋之问别墅,改建为辋川别业并赋诗作画
	宝应元年	762	壬寅	诗人李白(701—762)卒
	大历二年	767	丁未	鱼朝恩以通化门外赐庄为寺,因城中木材不足,坏曲江亭馆及华清宫殿以供其用
	大历五年	770	庚戌	造金阁寺及园,费钱巨亿
	大历六年	771	辛亥	兴修杭州灵隐寺及园
	元和十一年	816	丙申	白居易(772—846)被贬为江州司马,建庐山草堂,自作《草堂记》
	元和十四年	819	己亥	柳宗元(773—819)卒。曾于永州冉溪建山水园林
	长庆二年	822	壬寅	白居易在杭州治西湖
	长庆三年	823	癸卯	白居易归洛阳于履道里,得杨冯故宅,遂加以改建,池馆竹木有林泉之致,因作《池上篇》樊宗师作《绛守居园池记》
	宝历元年	825	乙巳	李德裕(787—849)建平泉山居于洛阳城外
	宝历年间	825—827		白居易为苏州刺史,建虎丘白公堤
	太和九年	835	乙卯	唐文宗命神策军淘曲江昆明二池,准允公卿大夫于曲江沿岸兴立园墅;由神策军建造紫云楼、彩霞亭等楼观亭榭 裴度于东都集贤里营建第宅,筑山穿池,竹木丛萃,极都城之胜概。又于午桥建别墅,植花木万株,有凉台暑馆,号绿野堂。

续表

朝代	年号纪年	公元纪年	干支	记事
	开成二年	837	丁巳	牛僧儒筑第于东都归仁里，宇清丽，竹木幽邃
	开成五年	840	庚申	李德裕《平泉山居草木记》成
	大中十一年	857	丁丑	重建五台佛光寺大殿，整修寺园
	光启年间	885—888		李茂贞于凤翔城东筑园，内植修竹万竿
	乾宁末年	约897		司空图修葺旧有中条山别墅，泉石林亭颇有幽栖之趣
五代				
	后梁乾化年间	911—913		袁象先建园宅于洛阳
	后梁龙德年间	921—923		李克用以代州柏木寺东西花园为游赏之地
	前蜀乾德年间	919—924		前蜀王衍起宣华苑
	南唐年间	937—975		南唐齐丘园在南昌府 南唐隐逸园在东湖
	后晋天福年间	936—944		吴越钱元僚于苏州建南园东园 吴越钱元僚于嘉兴南湖建烟雨楼
	后周宗训元年	959	己未	姑苏虎丘云岩寺塔始建，至961年建成，虎丘风景园成为姑苏一大名胜
北宋				
	建隆三年	962	壬戌	宋太祖扩建汴梁皇城，设后苑，苑内多为野店村居，宛若深山大泽
	乾德二年	964	甲子	设琼林园。此后时有增葺，至政和初方成
	开宝初年	约969		太宗即位前于赐府中建潜龙园 此时前后，北宋初年，琼林园、金明池、宜春园与玉津园为汴京四园；宜春园为秦卓王园，后于其址建富国仓；玉津园创于五代，后园内种麦，仲夏皇帝行幸观之

续表

朝代	年号纪年	公元纪年	干支	记事
	开宝三年	970	庚午	杭州六和塔始建
	太平兴国元年	976	丙子	于琼林园北穿金明池
	辽统和初年	约983		辽萧太后建三花园,一在宣府城,一在城东,另一在怀来
	淳化元年	990	庚寅	赵普归洛阳,建造赵韩王园
	咸平六年	1003	癸卯	孙冲作《重刻绛守居园池记序》
	景德二年	1005	乙巳	吕蒙正罢相归洛阳,营建第宅;内有花木园亭之胜
	大中祥符元年	1008	戊申	洛阳东园西园园主董俨(?—1008)卒
	天圣七年	1029	己巳	冯允成在吴县县厅西作延射亭
	天圣年间	1023—1032		太原晋祠内建圣母殿鱼沼飞梁
	辽重熙五年	1036	丙子	兴宗诏修宫阙官署,自此后不时增筑,至金人陷燕京时先后建弘义宫、永兴宫、积庆宫、延昌宫、章愍宫、长宁宫、崇德宫、兴圣宫、郭睦宫、文宗王府等宫苑
	庆历初年	约1041		晏殊于陈州得旧园,燕居其中,作《庭莎记》
	庆历五年	1045	乙酉	四月,诗人苏舜钦(1008—1048)流寓苏州,以四万钱购吴越时中吴军节度使孙承祐废园筑沧浪亭,自作《沧浪亭记》
	庆历七年	1047	丁亥	洛阳松岛园主李迪(971—1047)卒
	庆历八年	1048	戊子	苏舜钦(1008—1048)卒,沧浪亭后归章龚二氏;章氏大加扩建,其胜名甲东南
	熙宁四年	1071	辛亥	富弼(1004—1083)于洛阳创富郑公园

续表

朝代	年号纪年	公元纪年	干支	记事
	熙宁六年	1073	癸丑	司马光(1019—1086)退居洛阳建独乐园,自著园记
	熙宁年间	1068—1077		梅宣义在平江筑台治园,名五亩园
	元丰二年	1079	己未	《长安志》作者宋敏求(1019—1079)卒
	元丰七年	1084	甲子	王安石舍江宁"半山园"为报宁寺 朱长文写成《吴郡图经续记》
	元丰八年	1085	乙丑	洛阳环溪园主王拱辰(1012—1085)卒
	元祐二年	1087	丁卯	沈括(1031—1095)于京口筑梦溪园,并自记,后又著《梦溪笔谈》 李清臣改建洛阳归仁园
	元祐五年	1090	庚午	苏轼于杭州西湖筑苏堤
	元祐九年	1094	甲戌	晁补之(1053—1110)遭贬归巨野,建归来园
	绍圣元年	1094	甲戌	安涛出知河南府,改建丛春园
	绍圣二年	1095	乙亥	李格非亲历十九处洛阳园林,作《洛阳名园记》
	绍圣四年	1097	丁丑	洛阳东园主文彦博(1006—1097)卒
	元符元年	1098	戊寅	平江乐圃园主朱长文(1039—1098)卒
	元符三年	1100	庚辰	将作少监李诫编成《营造法式》,内载园林营造法及图式多刊
	大观元年	1107	丁亥	米芾(1051—1107)卒,曾在镇江筑园名海岳庵,又好奇石,创"米点山水"画风
	大观三年	1109	己丑	6月,罢蔡京,赐苏州南园
	政和七年	1117	丁酉	宋徽宗赵佶于开封平地筑万岁山,山成后改名为艮岳

续表

朝代	年号纪年	公元纪年	干支	记事
	重和二年	1119	己亥	正月,改佛及僧尼之号,更寺院为宫观
	宣和元年	1119	己亥	11月,朱勔(1075—1126)以花石纲媚上,东南民大扰
	宣和三年	1121	辛丑	正月,罢苏杭造作局及花石纲 4月,仍复诏花石纲
	宣和四年	1122	壬寅	艮岳中山水景物完全竣工,徽宗自作《艮岳记》,并命李质、曹组作《艮岳百咏》以进 12月,金军入燕京
	宣和五年	1123	癸卯	叶梦得(1077—1148)于吴兴建别墅,号石林,又作《避暑录话》
	靖康元年	1126	丙午	四川僧人祖秀到艮岳,后著《宣和石谱》,记艮岳叠石六十余种 闰11月,金人围汴,艮岳被毁;山石用作炮料,竹木用于篱栅,杀麋鹿以饷士卒,放禽鸟任其所之
南宋	绍兴元年	1131	辛亥	诏建临安宫殿,以凤凰山西北为大内御苑,后称为后苑 是年以后绍兴初年,苏州沧浪亭归韩世忠
	绍兴三年	1133	癸丑	杜绾著《云林石谱》,记述观赏石116种 《五总志》作者吴炯是年为枢密院编修
	绍兴十二年	1142	壬戌	韩世忠(1090—1151)于临安飞来峰建翠微亭
	绍兴十四年	1144	甲子	平江郡守王焕于郡圃之东北建四照亭、西斋
	绍兴十六年	1146	丙寅	黄思伯作《燕几图》
	绍兴十七年	1147	丁卯	郑滋于平江北池之北重建池光亭

续表

朝代	年号纪年	公元纪年	干支	记事
	金皇统年间	1141—1149		金熙宗改建辽代宫室,建琼花岛
	金天德三年	1151	辛未	3月,金广燕京城;旋于4月迁都燕京,闰4月调诸路工匠修燕京宫室
	绍兴二十二年	1152	壬申	陆游(1125—1210)在绍兴,作《钗头凤·沈园》
	绍兴二十三年	1153	癸酉	六和塔开始重建
	绍兴二十七年	1157	丁丑	平江郡守蒋璨建坐啸斋于四照亭南
	绍兴三十年	1160	庚辰	平江郡守朱翌建东斋于郡圃
	绍兴三十一年	1161	辛巳	平江郡守洪遵建秀野堂于坐啸斋西
	绍兴末年	1155—1162		沈德和筑园于吴兴城南,人称南沈尚书园 沈宾王筑园于吴兴城北,人称北沈尚书园
	隆兴二年	1164	甲申	洪遵罢官归波阳,筑小隐园
	乾道二年	1166	丙戌	洪适(1117—1184)归鄱阳,建盘洲别业;6年后自作《盘洲记》
	乾道四年	1168	戊子	洪迈家居,筑野处别墅
	乾道末年	约1169		沈清臣筑园曰潜溪,创晦岩书院,皆在吴兴
	金大定十九年	1179	己亥	金世宗完颜雍于中都琼华岛筑离宫,其最高处为广寒殿
	淳熙年间	1174—1189		《雍录》作者程大昌(1123—1195)喜爱吴兴山水,卜居城中,筑程尚书园;又于城外建别墅,称程氏园 史正志在平江有万卷堂
	绍熙三年	1192	壬子	平江郡守衰说友葺西斋,更名为双瑞堂
	绍熙四年	1193	癸丑	石湖园主范成大(1126—1193)卒

续表

朝代	年号纪年	公元纪年	干支	记事
	庆元三年	1197	丁巳	吴皇后赐韩侂胄南园
	庆元五年	1199	己未	陆游为韩侂胄作《南园记》
	元庆末年	约1200		章良能(?—1214)得沈清臣旧园宅,改建为嘉林园
	金明昌承安年间	1196—1200		金章宗于燕京西山创西山八院;于玉泉山建芙蓉院行宫金章宗于城郊建鱼藻池行宫;王郁隐于燕京西郊,建台垂钓,后称为钓鱼台
	嘉定十三年	1220	庚辰	綦奎于平江郡圃内开池布石堆山,构四亭
	嘉定十四年	1221	辛巳	綦奎于平江北池上构白桧轩宋勘定功德寺奉祀岳飞岳柯得米芾海岳园旧址,建研山园
	宝庆三年	1227	丁亥	王象之编《舆地纪胜》成
	绍定元年	1228	戊子	陆游《老学庵笔记》刻行冯多福作《研山园记》
	端平元年	1234	甲午	平江郡圃由张嗣古改名为同乐园
	端平三年	1236	丙申	扬州制使赵葵建万花园
	嘉熙四年	1240	庚子	平江池光亭圮
	宝祐年间	1253—1258		扬州建壶春园,内有佳丽楼
	蒙古中统元年	1260	庚申	元世祖忽必烈住入原金中都琼华岛广寒殿
	宋理宗时	1225—1264		祝穆编《方舆胜览》
	南宋时期	1127—1279		南宋行宫御园众多,有樱桃园、德寿宫、集芳园、玉壶园、聚景园、屏山园、南园、延祥园、天竺园、玉津园、富景园等。杭州园林繁荣,记园杂集著名者有周辉之《清波杂志》、王应麟之《玉海》、灌圃耐得翁之《都城纪胜》等

续表

朝代	年号纪年	公元纪年	干支	记事
元				
	至元八年	1271	辛未	2月,蒙古发民二万八千余人筑宫城理中都,城周回二十里;有内御苑、后苑、西御苑等,改金太液池内琼华岛,赐名为万岁山
	至元九年	1272	壬申	2月,元改中部为大都
	宋咸淳十年	1274	甲戌	约是年吴自牧撰《梦粱录》
	至元二十四年	1287	丁亥	约于是年周密(1232—1308)《癸辛杂识》前集成书,中有《吴兴园林记》,载36处园林;另著有《武林旧事》、《齐东野语》
	至元年间	1264—1294		廉希宪于大都城西建万柳园
	至元末年	约1285—1294		张九思于京城有别业名遂初堂,绕堂花木竹石,胜甲都城
	元贞年间	1295—1297		延庆州东北有香水园,仁宗诞生于此 李信修建园池,植牡丹数百本,人称牡丹园 监郡安侯曾于兖州滕县建静乐园
	至大年间	1308—1311		栗院使于大都城西建别墅,名玩芳亭,园中多花木,一时文人墨客多有游赏题咏
	延祐年间	1314—1320		僧宗敬在沧浪亭旧址建妙隐庵
	至治元年	1321	辛酉	王振鹏绘《阿房宫图》
	至治三年	1323	癸亥	王振鹏绘《金明池图卷》
	至治年间	1321—1323		宋本宅园名为垂伦堂
	至顺年间	约1332		董宇定有杏园于大都上东门外,植杏千株
	至正二年	1342	壬午	高僧维则于苏州菩提正宗寺内筑假山,称狮子林

续表

朝代	年号纪年	公元纪年	干支	记事
	至正四年	1344	甲申	虎丘建二山门断梁殿
	至正十五年	1355	乙未	"常清净"圆主曹知白(1272—1355)卒
	至正年间	1341—1368		镇南王建万花园于如皋城东 瞿逢祥隐于太仓城北,名其宅园为隐园
明				
	洪武元年	1368	戊申	朱元璋始建南京宫殿
	洪武三年	1370	庚戌	封朱棣为燕王,以大都皇宫为燕王府
	洪武四年	1371	辛亥	扩建杭州岳庙,修墓园
	洪武六年	1373	癸丑	倪瓒(1301—1374)作《狮子林图》
	洪武七年	1374	甲寅	徐贲作《狮子林图》,较详细,朱德润作《狮子林图序》
	洪武二十九年	1396	丙子	玉山草堂主顾瑛(1310—1369)卒
	永乐五年	1407	丁亥	置上林苑监以主持养殖种植事宜,属司农
	永乐十二年	1414	甲午	扩建飞放泊
	永乐十四年	1416	丙申	议迁都北京
	永乐十五年	1417	丁酉	2月,陈珪重建北京;始建北京内城及宫殿;紫禁城坤宁宫后置后苑;玄武门外为万岁山、北果园、寿皇殿等
	永乐十八年	1420	庚子	12月,北京内城及宫苑成,始建北京天坛
	宣德八年	1433	癸丑	重修原燕王府,改为西苑,宣宗亲为其作记
	永乐、宣德年间	1403—1435		于皇城东南建东苑
	正统年间	1436—1449		杨荣随成祖至北京,赐第于王府街,即于宅旁植杏,数十年间杏树成林,人称杏园;是年作《杨文敏雅集图序》

续表

朝代	年号纪年	公元纪年	干支	记事
	天顺三年	1459	己卯	4月,赐公卿大臣游西苑,韩雍、李贤等作记
	成化七年	1471	辛卯	沈周(1427—1509)建有竹居别业
	成化年间	1465—1487		杭州苏轼"三塔"被毁 吴宽在苏州有复园
	弘治二年	1489	己酉	吴宽筑第于皇城之西,称海月庵;是年十月作《文定海月庵冬日赏菊图序》
	弘治十二年	1499	己未	王一鹏作《西园园景图》
	弘治年间	1488—1505		江南才子唐寅(1470—1524)在苏州桃花坞筑园
	正德三年	1508	戊辰	杭州知府重浚西湖
	正德四年	1509	己巳	王献臣归隐苏州,建拙政园于大弘寺旧址,广袤二百余亩,胜甲吴下
	正德年间	1506—1521		正德初年,秦金占无锡惠山僧寮创别业,名凤谷行窝,即今寄畅园
	嘉靖六年	1527	丁亥	文徵明(1470—1559)抵京,建玉磬山房,绘其寓所景物为《燕山客舍图》
	嘉靖十二年	1533	癸巳	文徵明作《王氏拙政园记》和《拙政园诗画册》三十一幅
	嘉靖十三年	1534	甲午	重修北京元兔儿山,明称其为兔园,在西苑西
	嘉靖十七年	1538	戊戌	《金陵世纪》作者陈沂(1469—1538)卒
	嘉靖二十一年	1542	壬寅	明世宗自皇宫移居西苑
	嘉靖二十六年	1547	丁未	郡守沈启移兰亭曲水于天章寺前 田汝成《西湖游览志》刻行
	嘉靖三十二年	1553	癸丑	杭州西湖中建振鹭亭(湖心亭)
	嘉靖三十三年	1554	甲寅	文徵明作《泛舟石湖》图

续表

朝代	年号纪年	公元纪年	干支	记事
	嘉靖三十八年	1559	己未	潘允端始筑上海豫园
	嘉靖年间	1522—1566		北京月河梵院景物为当年都城之最
				史恭甫于宜兴张公洞西南创别业,称为玉女潭山居
				安国建西林别业于无锡;又建南林及嘉荫园
				孝廉张凤翼在苏州小曹家巷建小添园
				杨成建苏州五峰园
				李濂(1488—1566)撰《汴京遗迹志》
				龚宏建成嘉定秋霞圃
	隆庆元年	1567	丁卯	王世贞(1526—1590)建别业于隆福寺
	隆庆年间	1567—1572		吴江顾大典于宅东建诸赏园
	万历五年	1577	丁丑	潘允端豫园成
	万历六年	1578	戊寅	约于是年顾正心于松江建熙园
				约于是年王世贞建别墅于太仓,号弇山园
				约于是年王世贞作《娄东园林志》,记载太仓园林
	万历九年	1581	辛巳	王世懋乞休旋里,筑澹圃别业
	万历十一年	1583	癸未	9月,御花园垒石为山,建御景亭、鱼池、清望阁、金香亭、玉翠亭、乐志阁、曲流馆,宫后苑竣工
	万历十四年	1586	丙戌	杭州西湖望湖亭故址建龙王寺(今平湖秋月)
	万历十七年	1589	己丑	司礼监孙隆重修杭州白堤,夹道种绯桃垂柳、芙蓉山茶
	万历十八年	1590	庚寅	王世贞作《游金陵诸园记》,记南京徐氏家族的十余处园林
	万历十九年	1591	辛卯	御花园清望阁、金香亭、玉翠亭、乐志阁、曲流馆被拆毁

续表

朝代	年号纪年	公元纪年	干支	记事
	万历二十一年	1593	癸巳	徐泰时罢官归田,在苏州筑东西二园 沈榜《宛署杂记》刻行
	万历二十四年	1596	丙申	造园家张南阳(约1517—1596)卒;曾建豫园、弇园、日涉园等 谐赏园主顾大典(1540—1596)卒
	万历二十八年	1600	庚子	约于是年陈所蕴建成上海日涉园,历时12年
	万历四十五年	1617	丁巳	戏剧家汤显祖(1550—1616)卒,曾建有宅园玉茗堂 戈汕作《蝶几谱》
	万历四十六年	1618	戊午	曹学佺(1574—1646)《蜀中名胜记》刻行
	万历年间	1573—1620		赵汝迈于兰溪建灵洞山房 邹光迪于无锡惠山右建愚公谷,有六十余景 秦金之裔秦耀(1544—1604)改建凤谷行窝,更名为寄畅园 许自昌于甫里建梅花墅 顾名世在上海建露香园 《新镌京版工师雕斲正式鲁班经匠家镜》(《鲁班经》)有刊本 万历末年陈所蕴于上海县城内起日涉园
				万历末年米万钟(1570—1628)于北京海淀构勺园,另有漫园和湛园 万历末年贵戚李伟(一说为李伟后人)于海淀葺清华园,方十里
	天启三年	1623	癸亥	计成(1582—?)为常州吴玄营建园林,次年完工,为其成名之作
	天启年间	1621—1627		谷泰著《博物要览》,内收丰富的治园知识

续表

朝代	年号纪年	公元纪年	干支	记事
	崇祯四年	1631	辛未	王心一(？—1644)弃官归田,得拙政园东侧荒地,建归园田居,4年后成,并自记 秋,计成《园冶》定稿并自序
	崇祯五年	1632	壬申	计成为汪士衡在仪征建寤园
	崇祯七年	1634	甲戌	4月,阮大铖(1586—1646)为《园冶》作序,《园冶》刊行 计成为郑元勋(1598—1645)建成扬州建影园,为阮大铖建南京石巢园 文震亨(1585—1645)《长物志》成,在苏州高师巷建有香草垞
	崇祯八年	1635	乙亥	刘侗、余奕正作《帝京景物略》,其中记载定国公园等十余处北京园林 祁彪佳(1603—1645)告病归家,于绍兴柯山筑寓山园,两年后成,并作《寓山注》 苏州西园寺修葺
	崇祯十四年	1641	辛巳	徐霞客(1587—1641)卒,其《徐霞客游记》身后刊行
	崇祯年间	1628—1644		扬州园林极盛,以王洗马园、卞园、员园、贺园、冶春园、南园、郑御使园、筱园最为著名,时称八大名园
	明朝期间	1368—1644		蒋一葵著《长安客话》,记述京师园苑 何镗(1507—1585)著《古今游名山记》 王世懋(1536—1588)著《名山游记》 造园家朱雅征在世,并建造古猗园 明末造园家周秉忠建徐氏东园、惠荫园等 明末造园家顾山师建日涉园 明末造园家曹谅续建日涉园并最后完工

续表

朝代	年号纪年	公元纪年	干支	记事
清				
	顺治八年	1651	辛卯	拆除琼华岛上广寒殿,建白塔、永安寺,改名为白塔山
	顺治十年	1653	癸巳	陈之遴(1605—1666)得拙政园,大加修葺,未及寓目谪贬辽东
	顺治十四年	1657	丁酉	《北游录》作者谈迁(1594—1658)卒
	顺治年间	1644—1661		清以玉泉山为行宫 张惟赤于海盐筑涉园 冒辟疆于如皋筑水绘园 郑侠如于扬州筑休园
	康熙元年	1662	壬寅	拙政园入官,后归吴三桂女婿王永宁,大兴修筑,后籍没为官署
	康熙八年	1669	己酉	建北京西苑白塔
	康熙十年	1671	辛亥	李渔(1611—1680)《闲情偶寄》付梓,其中居室部有大量造园论述 约于是年造园家张涟(1587—1671)卒
	康熙十一年	1672	壬子	杨兆鲁(1623—?)于常州建成近园
	康熙十二年	1673	癸丑	隐士吴时雅于苏州东山构筑依绿园
	康熙十五年	1676	丙辰	《陶庵梦忆》、《西湖寻梦》、《夜航船》的作者张岱(1597—1689)卒
	康熙十六年	1677	丁巳	建客喇河行宫
	康熙十九年	1680	庚申	改建玉泉山行宫,更名为澄心园 《春明梦余录》作者孙承泽(1592—1680)卒
	康熙二十一年	1682	壬戌	《历代帝王宅京记》作者顾炎武(1613—1682)卒 《水绘园记》作者陈维崧(1625—1682)卒 是年以前,冯溥(1609—1691)建青州偶园

续表

朝代	年号纪年	公元纪年	干支	记事
	康熙二十六年	1687	丁卯	以明清华园旧址改建的畅春园成
	康熙二十七年	1688	戊辰	宝应乔莱辞官归第,筑纵棹园 陈淏子所著《花镜》刻成,后传至日本,并有日本刻本
	康熙二十九年	1690	庚午	徐崧、张大纯所著《百城烟水》刊行 恽南田(1633—1690)卒
	康熙三十一年	1692	壬申	改澄心园为静明园
	康熙三十三年	1694	甲戌	《依绿园记》作者徐乾学(1631—1694)卒
	康熙三十四年	1695	乙亥	宋荦(1634—1713)抚吴,重修沧浪亭
	康熙三十八年	1699	己卯	帝南巡至杭州,登吴山幸西湖,御题西湖十景
	康熙三十九年	1700	庚辰	高士奇(1645—1704)罢官归籍,于平湖得旧园,建江射草堂
	康熙四十年	1701	辛巳	赐四子宅,即圆明园前身
	康熙四十一年	1702	壬午	建两间房行宫选热河上营为离宫所在 汪灏奉旨编撰《广群芳谱》
	康熙四十二年	1703	癸未	建张三营行宫;热河行宫开始大规模建造 帝南巡,幸狮子林,赐额联 《涉园记》作者叶燮(1627—1703)卒
	康熙四十三年	1704	甲申	高士奇卒;曾筑江村草堂并为之记
	康熙四十五年	1706	丙戌	程文焕于苏州西绩山筑九峰园,后更名为逸园
	康熙四十六年	1707	丁亥	帝南巡,驻跸西湖行宫
	康熙四十七年	1708	戊子	热河行宫成,更名为避暑山庄 《纵棹园记》的作者潘耒(1646—1708)卒

续表

朝代	年号纪年	公元纪年	干支	记事
	康熙四十九年	1710	庚寅	张英等奉敕编撰《渊鉴类函》
	康熙五十年	1711	辛卯	御题避暑山庄三十六景
	康熙五十七年	1718	戊戌	石涛（1642—1708）卒，留扬州片石山房等名作于世
	康熙年间	1662—1722		造园家张然在世，供奉内廷
	雍正三年	1725	乙巳	将原王府改建为圆明园，帝自撰《圆明园记》
	雍正六年	1728	戊申	建玉泉鱼跃亭于泉上
	雍正十二年	1734	甲寅	李卫主编《西湖志》成书
	雍正十三年	1735	乙卯	扩建香山行宫
	乾隆元年	1736	丙辰	原明代东苑、兔园已析为民居，不复存在 拙政园中部归太守蒋棨（1733—1801），改名为复园；西部归太史叶书宽，名其为书园
	乾隆三年	1738	戊午	建团河行宫
	乾隆六年	1741	辛酉	再度营建避暑山庄
	乾隆七年	1742	壬戌	建钓鱼台行宫
	乾隆九年	1744	甲子	圆明园四十景成，御题《圆明园四十景图咏》，御书四十景名额
	乾隆十年	1745	乙丑	扩建香山行宫，建静明园 袁枚（1716—1798）于南京隋园旧址建随园，并自作记
	乾隆十二年	1747	丁卯	香山行宫更名为静宜园 在圆明园中建海晏堂等西洋建筑 春草园主赵昱（？— ）卒
	乾隆十五年	1750	庚午	扩建静明园建瓮山行宫 重修苏州行宫
	乾隆十六年	1751	辛未	瓮山行宫改名为清漪园，命名瓮山为万岁山，改金海为昆明湖 建长春园、绮春园于圆明园侧 高宗第一次南巡，重建西湖行宫，赐浙江小有天园名 自此年起扩建避暑山庄，建永佑寺

续表

朝代	年号纪年	公元纪年	干支	记事
	乾隆十九年	1754	甲戌	御题避暑山庄后三十六景名 建静寄山庄于蓟县 《逸园记》的作者蒋恭斐(1690—1754)卒
	乾隆二十年	1755	乙亥	重葺浙江绮园 《平山堂记》的作者全祖望(1705—1755)卒
	乾隆二十一年	1756	丙子	4月,意大利人朗世宁(1688—1766)为长春园东边新建西洋楼式花园起地盘样稿呈览,御旨照样准造
	乾隆二十二年	1757	丁丑	高宗第二次南巡,游天平山,赐高义园名,御题瞻园额 仿江南名园于长春园中,建如园、狮子林、小有天园等 英国人钱伯斯出版《中国房屋、家具、服饰、机械和家庭用具设计图册》,系统地向西方介绍中国建筑及园林
	乾隆二十七年	1762	壬午	高宗第三次南巡,幸浙江安澜园,赐园名;又幸成趣园,亦赐园匾 圆明园内仿建安澜园
	乾隆二十九年	1764	甲申	避暑山庄永佑寺塔成
	乾隆三十年	1765	乙酉	约于是年宋宗元于苏州宋代史氏万卷堂旧址筑网师园 高宗第四次南巡,驻跸安澜园 英国政治家威廉·坦普尔爵士(Sir William Temple)著《论伊壁鸠鲁的园林,或论园艺》,其中论述了欧洲园林与中国园林的差别
	乾隆三十二年	1767	丁亥	巡抚沈德潜建近山林于沧浪亭南,又名乐园
	乾隆三十五年	1770	庚寅	圆明园全部完工
	乾隆三十七年	1772	壬辰	始建大内乾隆花园
	乾隆四十二年	1777	丁酉	《考工记图》的作者戴震(1724—1777)卒

续表

朝代	年号纪年	公元纪年	干支	记事
	乾隆四十五年	1780	庚子	苏州徐氏东园内瑞云峰移至织造府行宫 蒋元枢(1738—1781)构常熟燕园
	乾隆四十九年	1784	甲辰	高宗第六次南巡
	乾隆五十年	1785	乙巳	《日下旧闻考》印行,其中八十、八十一、八十二卷专记圆明园
	乾隆五十五年	1790	庚戌	避暑山庄竣工
	乾隆五十九年	1794	甲寅	刘恕得徐氏东园并修复扩建,五年后成,名寒碧山庄 西吴悔堂老人编成《越中杂识》
	乾隆六十年	1795	乙卯	李斗(1749—1817)《扬州画舫录》初刊 瞿远村得苏州网师园并增建,由钱大昕(1728—1804)作《网师园记》 画家郑燮(1693—1766)卒
	乾隆年间	1736—1796		北京圆明园、畅春园、静宜园、静明园及清漪园称为三山五园 西藏拉萨建罗布林卡 乾隆末年,顺德清晖园建成
	嘉庆元年	1796	丙辰	戴璐《藤荫杂记》刻行
	嘉庆二年	1797	丁巳	《关中胜迹图志》的作者毕沅(1730—1797)卒
	嘉庆十二年	1807	丁卯	是年前后,戈裕良(1764—1830)为孙士毅宅叠假山
	嘉庆十三年	1808	戊辰	《浮生六记》的作者沈复(1763—1832)卒
	嘉庆十八年	1813	癸酉	张问陶(1764—1814)为查世倓作《邓尉山庄记》
	道光三年	1823	癸未	钱泳(1759—1844)《履园丛话》编成

续表

朝代	年号纪年	公元纪年	干支	记事
	道光七年	1827	丁亥	造园家戈裕良卒; 布政使梁章钜(1775—1849)重修苏州沧浪亭,增建五百名贤祠;又重修近山林,改名为可园;另梁氏著有《浪迹丛谈》、《楹联丛话》
	道光二十二年	1842	壬寅	顾禄(1793—1843)《桐桥倚棹录》刻行
	道光二十九年	1849	己酉	汪氏得孙士毅宅后,重修东花园,名环秀山庄
	道光年间	1821—1850		改绮春园为万春园 为了减省开支,撤清漪、静明、静宜三园陈设 苏州姜氏艺圃改为丝绸业七襄公所
	咸丰元年	1851	辛亥	赐恭亲王府,添建花园 陆以湉(1802—1865)《冷庐杂识》刊行
	咸丰九年	1859	己未	始建东莞可园,5年后成
	咸丰十年	1860	庚申	英法联军攻入北京,毁三山五园、集贤院等 拙政园大部分为太平天国李秀成忠王府 虎丘、沧浪亭、西园寺、寒山寺、鸣鹤园、蔚秀园、文澜阁、致爽阁等大批园林毁于兵火
	同治元年	1862	壬戌	是年前后林维让(1818—1878)在台北建林氏园
	同治二年	1863	癸亥	李鸿章(1823—1901)攻占苏州,拙政园中部入官
	同治四年	1865	乙丑	袁起所作《随园图》、《随园图说》印行
	同治六年	1867	丁卯	4月初四,伦敦赁卖圆明园掠去之物
	同治十年	1871	辛未	冯缵斋(1840—1887)重建海盐绮园

续表

朝代	年号纪年	公元纪年	干支	记事
	同治十一年	1872	壬申	顾文彬(1811—1889)在苏州尚书里复园的旧址上始建怡园,耗银20万两,7年后乃成 拙政园中部为八旗奉直会馆,仍名拙政园
	同治十二年	1873	癸酉	8月诏复圆明园 巡抚张树声(1824—1884)重修苏州沧浪亭,增建明道堂等景点,作《重修沧浪亭记》 盛康(1814—1902)得寒碧山庄并修缮,3年后成,更名留园 史伟堂建苏州半园(南)
	同治十三年	1874	甲戌	3月和4月两度行幸圆明园 7月诏停圆明园工程 8月诏修三海工程 学者俞樾(1821—1907)在苏州马医科购潘氏就宅建曲园
	同治年间	1862—1874		李鸿裔(1831—1885)得网师园,增建撷秀楼 冯桂芬(1809—1874)建苏州笑园 番禺余荫山房建成
	光绪三年	1877	丁丑	拙政园西部归吴县张履谦,名补园
	光绪四年	1878	戊寅	沈秉成(1823—1895)在苏州陆氏涉园旧址建藕园 邓嘉辑为江宁胡思燮别业作《愚园记》
	光绪九年	1883	癸未	青浦灵园旧址建文园
	光绪十年	1884	甲申	状元洪钧与陈叔通、朱福清等人集资建拥翠山庄于苏州虎丘
	光绪十四年	1888	戊子	2月,重修清漪园,并更名为颐和园,备太后行幸 12月,懿旨以水灾停减颐和园工程 盛康扩建留园,增东西二园,3年后成 林维源大肆扩建台北林氏园,5年后竣工

续表

朝代	年号纪年	公元纪年	干支	记事
	光绪十五年	1889	己丑	光绪帝奉太后幸颐和园,阅水师
	光绪十九年	1893	癸巳	吴嘉猷(?—1893)作《西园雅集图》
	光绪二十三年	1897	丁酉	王锡祺(1855—1913)《小方壶斋舆地丛钞》编成,历时20年
	光绪二十四年	1898	戊戌	9月21日,西太后囚光绪帝于瀛台
	光绪二十六年	1900	庚子	八国联军攻入北京,苑囿离宫惨遭破坏
	光绪二十八年	1902	壬寅	西太后重修颐和园
	光绪三十三年	1907	丁未	观察洪鹭汀在苏州韩家巷建鹤园
	光绪年间	1875—1908		李鸿章建苏州惠荫园,为安徽会馆 吴云建苏州听枫园
民国				
	民国二年	1913		昆明大观楼辟为公园
	民国三年	1914		颐和园作为私产售票开放
	民国六年	1917		贝润生(1870—1947)以9900银元购狮子林旧址并重建,1926年修毕
	民国九年	1920		燕京大学以6万银元向陈树藩购得鼐勤农园(原淑春等园)为校园
	民国十一年	1922		苏州东山金氏雕花楼动工,1925年成,耗金3741两
	民国十二年	1923		6月26日,故宫西花园失火,大量园林建筑被毁 岳庙修葺毕 兰亭建碑亭、右军祠、文昌阁
	民国十三年	1924		颐和园辟为公园 雷峰塔倒
	民国十七年	1928		陈寿先重建苏州听枫园

续表

朝代	年号纪年	公元纪年	干支	记事
	民国十八年	1929		吴待秋得苏州残粒园
	民国十九年	1930		虎丘募建致爽阁
	民国二十年	1931		燕京大学购蔚秀园
	民国二十一年	1932		日军入侵避暑山庄,部分建筑遭毁
	民国二十八年	1939		南京瞻园重建,王君涌为石工
	民国三十一年	1942		王振世(1877—1954)的《扬州览胜录》印行
	民国三十四年	1945		避暑山庄东宫烧毁

后记

　　编写《中国园林鉴赏辞典》的设想，起始于数年前著名园林专家陈从周先生欣然担纲本书主编。因大量的征稿、组织工作，几经周折，历数年之久，方成今日规模。然近年来，祖国各地对名胜、园林都花大力气进行开发、修缮、恢复，本书所收内容，已不能包容今日园林的景观，这是本书留下的一大遗憾。日后本书修订时，将作全面补充，这是希望得到广大读者谅解的。

　　在本书即将付梓之际，陈从周先生因久病医治无效，于2000年3月15日驾鹤西归，我们失去了一位尊敬的师长。而今天人永隔，再也无由得见陈先生的音容笑貌，谨以此书告慰先生于泉下，寄托我们对先生的思念。

本书编委会

2000.3

补记

《中国园林鉴赏辞典》将由华东师范大学出版社重新出版,颇多感慨。

《中国园林鉴赏辞典》2001年出版至今,已逾二十年,主编陈从周先生离开我们也已十余载,每每念及先生,心中怅然。

此次重版,华东师大出版社希望我们能对《辞典》做修订,然天华兄及我,都已近望八之年,实有力不从心之感,甚为遗憾。

《中国园林鉴赏辞典》从策划、组稿到出版,至今时间跨度超过二十五年。当年分布各地的百余位作者,估计都已退休,大都无法联系。

因疏于保管,原书中照片的胶卷,亦已散失,甚为可惜。

经与华东师大出版社协商,《中国园林鉴赏辞典》,由我们重新校读一过,一仍其旧,保持原貌。

二十余年来,各地对园林的保护、整修、开发,较当年肯定有许多新气象,我们期待有志者日后编写出更为精彩的新作。

原书作者如见到此书,请及时联系我们,当略支薄酬。

《中国园林鉴赏辞典》新版付梓之际,谨向华东师范大学出版社领导,向为此书的出版倾注许多心血的许静女士、乔健女士致以我们诚挚的感谢。

姜汉椿
2022年8月